Albanesische Studien

Johann Georg Hahn

ALBANESISCHE STUDIEN

von

Dr. jur. Johann Georg von Hahn

k. k. Consul für das östliche Griechenland.

———

Nebst einer Karte und andern artistischen Beilagen.

Jena,

Verlag von Friedrich Mauke.

Druck der kaiserlich-königlichen Hof- und Staatsdruckerei in Wien.

1854.

VORREDE.

——

Diese Blätter sind das Ergebniss vierjähriger Arbeit; sie enthalten gleichwohl nur Bruchstücke, nichts Vollendetes. Um die Gegenwart und Vergangenheit Albaniens in einem grossen Bilde zusammen zu fassen, dazu gehören
andere Kräfte und andere Mittel, als sie dem Verfasser zu Gebote standen;
er musste sich daher auf einzelne Skizzen aus diesem Bilde beschränken.

Der Verfasser vergleicht sich einem Reisenden, den der Zufall in ein
Goldland führt; hier liest er ein paar glitzernde Körner vom Wege auf, dort
schlägt er ein wenig Erz vom Felsen ab oder wäscht eine Hand voll Gold-
sand aus, und bei seiner Rückkehr legt er die gesammelten Proben den
Kennern zur Prüfung vor. Wenn ihm nun ein Bergmann bemerkt: Freund,
deine Muster enthalten wohl etwas von dem, was du glaubst, aber du bist in
deiner Beweisführung nicht secundum artem verfahren, und hältst Manches
für echt, was nur Katzengold ist, so erwiedert er: das war wohl nicht anders
zu erwarten, denn ich bin kein Mann vom Fache; es fragt sich aber hier nicht
darum, ob Alles Gold sei, was ich dafür halte, sondern ob da, wo ich gewesen, überhaupt Gold zu finden sei. Beschäftigt Euch also mit meinen Deduc-
tionen nur so lange, bis Ihr Euch hiervon überzeugt habt, dann schiebt sie
bei Seite, und legt selbst Hand an; Euch hierzu die Mittel und Wege zu liefern, war ich möglichst bemüht, und hierein setze ich mein Verdienst. Wenn
Euch aber die Arbeit Gewinn bringt, und Ihr Euch über die gehobenen Schätze
freut, so haltet es mit mir, wie es jene Pelasger mit dem Pelorius hielten,
der sie in das neuerschlossene Thessalien führte, und schenkt mir ein freund-
liches Angedenken.

Von diesem Standpunkte ausgehend, ersucht der Verfasser die Kritik,
den gesammelten Stoff von dem, was er über diesen denkt, eben so scharf

zu trennen, als er dies in der Darstellung zu thun bemüht war. Denn, was die in diesen Blättern enthaltenen Sammlungen betrifft, so darf er behaupten, dass er sie mit aller Liebe und allem Ernste zusammengetragen, deren er fähig war.

Er hofft daher, dass sie zu Recht bestehen werden, was auch immer das Schicksal der Hypothesen sein möge, die er darauf gebaut hat. Doch will er damit nicht behaupten, dass alle seine Angaben untrüglich seien, denn Niemand weiss besser, als er, wie schwer es ist, die Wahrheit in Albanien zu suchen, und darum werden auch Berichtigungen Niemanden erwünschter kommen. Was er aber verlangen darf, ist, dass sie mit demselben Ernste vorgenommen werden, als er gesammelt hat, und darum hält er sich auch berechtigt, gegen jede Touristenkritik Einsprache zu thun, welche etwa von der Heerstrasse aus, auf der sie das Land durchfliegt, das was hier berichtet wird, nicht zu sehen bekommt, oder wenn die von Pferdetreibern und Chanwirthen geschöpften Notizen nicht mit diesen Blättern harmoniren sollten.

Häufige Ortsveränderungen haben den Verfasser Jahre lang von einzelnen Theilen des Manuscriptes getrennt, andere waren noch nicht vollendet, als der Druck begann, und dieser wurde durch die grosse Entfernung zwischen Wien und Syra zu einer wahren Geduldsprobe. Unter diesen Verhältnissen musste der Verfasser darauf verzichten, dem Ganzen durch eine letzte Ueberarbeitung die gehörige Rundung zu geben, und etwaige Wiederholungen abzuschneiden. Von widersprechenden Angaben hat er jedoch bis jetzt nur eine bemerkt, sie betrifft die Anzahl der im griechischen Königreiche wohnenden Albanesen. Heft II, S. 1 ist diese auf die Hälfte der Bevölkerung des griechischen Festlandes angegeben; Heft I, S. 32 wurde dieselbe nach späteren Angaben auf 170,000 reducirt, und wie unzuverlässig auch diese Berechnung sei, ergibt sich daraus, dass neueren Nachweisen zu Folge im Sperchiusthale auch nicht Ein Albanese wohnen soll. Herr Finlay äusserte gegen den Verfasser, dass er nach einem ungefähren Ueberschlage die Anzahl der gegenwärtig in Griechenland lebenden Albanesen auf etwa 100,000, also $^1/_{10}$ der Gesammtbevölkerung, berechne. — Der im Jahre 1849 in der Austria veröffentlichte Aufsatz über das türkische Geldwesen wurde dem Manuscripte vor Ausbruch der gegenwärtigen Bankkrise einverleibt. Obgleich er sie daher nicht berücksichtigen konnte, so deutet er doch deren Quelle an, denn die dort geschilderte Münzpolitik musste fast naturgemäss zu dem Versuche eines fictiven Wechselcourses führen, an welchem die alte Bank gescheitert ist; wären die ungeheuren Opfer, welche dieser Versuch kostete, auf die Fortführung der begonnenen Münzreform verwandt worden, so wäre die Krise vielleicht zu vermeiden gewesen.

Manche Felder, auf denen sich der Verfasser bewegt, waren demselben vor dem Beginne der Arbeit fremd, auf andern war er nicht hinreichend zu Hause; er musste daher seine Zeit zwischen Sammeln und Vorstudien theilen, und dabei war er während seines Aufenthaltes in Jannina ungefähr auf eben so viele Bücher beschränkt, als er deren Hunderte bedurft hätte. Er arbeitete daher meistens in der Stimmung eines Jagdhundes an der Leine, dem allerhand frische Witterung um die Nase spielt. Ein späterer Aufenthalt in Deutschland wurde durch schwere Körperleiden verkümmert, und daher musste so manches nothwendige Buch ungeöffnet oder halbgelesen bleiben. Zu ersteren gehören z. B. von den Quellen Lykophron, Prokop und Anna Komnena, und von neueren Werken Mommsen's und Lepsius' Forschungen über Altitalien, Zeuss' Deutsche und Forchhammer's Hellenika; von anderen einschlägigen Arbeiten aber kennt der Verfasser, der seit 19 Jahren in der Levante lebt, vielleicht nicht einmal die Titel. Mancher Gedanke, den er für sein eigen hält, mag daher bereits von Andern besser und umfassender behandelt sein. Fehlt in solchen Fällen das betreffende Citat, so bittet der Verfasser den Grund nur in seiner unzureichenden Belesenheit zu suchen, denn da, wo er aus Andern schöpfte, wurde die Quelle stets sorgfältig verzeichnet.

Was die Darstellung betrifft, so war der Verfasser bestrebt, sie stets klar und nüchtern zu halten und nie mehr zu behaupten, als er vertreten zu können glaubte. Er bemerkt dies desshalb, damit man nicht etwa die an manchen Stellen des Buches wimmelnden Zweifelsätze und Fragezeichen für schwächliche Leisetreterei halten möge. Wer es unternimmt, eine Schneusse durch den Wald zu schlagen, der muss viele Stöcke stehen lassen, sonst kommt er nicht weit, aber er darf darum auch nicht behaupten, eine Chaussee gebaut zu haben.

Die Fragezeichen, welche diese Blätter an die Wissenschaft stellen, rühren an zu viele hergebrachte Ansichten, um den Verfasser befürchten zu lassen, dass sie keine Beachtung finden sollten; er macht sich vielmehr auf zahlreichen Widerspruch gefasst. Die Einen werden sich durch die Störung in liebgewordenen Ideenkreisen unangenehm berührt finden, und sich damit begnügen, die bei der Darstellung begangenen Verstösse der Sache selbst anzurechnen, um über dieselbe als eine Paradoxe in Bausch und Bogen den Stab brechen zu können. Andere werden diesen Denkfehler nicht begehen, sondern die Sache selbstständiger Prüfung werth halten, und diesen verspricht der Verfasser nach Kräften Rede zu stehen, und für jede Belehrung dankbar zu sein.

Zwar stellt sich nicht selten die Sorge bei ihm ein, zu viel bewiesen zu haben; er war daher auch über die Entdeckung pelasgischer Elemente bei den Doriern wenig erfreut, und erwehrte sich ihrer, so lange er konnte. Für ihn ist überhaupt Pelasgisches und Hellenisches so innig verschmolzen, dass das Eine nur auf Kosten des Andern getrennt werden kann, und er gesteht, dass er sich gerade in der umgekehrten Lage Derjenigen befindet, welchen die Pelasger unfassbar sind, denn je mehr Körper diese für ihn gewinnen, desto mehr verflüchtigen sich die Hellenen, desto dunkler wird die Frage: wer waren sie? und wo kamen sie her? Fast scheint es aber, als habe schon Herodot eben so gefragt, wenn er sagt: „getrennt von dem pelasgischen und an sich schwach ist der hellenische Stamm, von kleinem Ursprunge ausgehend durch den Hinzutritt zahlreicher Barbarenstämme zu einer grossen Masse von Völkern herangewachsen. Dagegen hat, wie mir scheint, das pelasgische Volk als ein barbarisches niemals eine bedeutende Zunahme erfahren."

Wie dem auch sei, der Verfasser würde sich hinreichend belohnt finden, wenn diese Blätter dazu beitragen könnten, das Hellenenthum zur Menschheit zurück zu führen, von der man es zu isoliren versucht hat; ist und bleibt es doch ihre schönste Blüthe, die aber erst auf dem rechten Standpunkte ihren wahren Glanz erhält.

Glück auf!

Syra, Ostern 1853.

INHALT.

ERSTES HEFT.

b

ZWEITES HEFT.

DRITTES HEFT.

ALBANESISCHE STUDIEN.

—

HEFT I.

1

I.

Geographisch-ethnographische Übersicht.

Albanien ist ein streng abgeschlossenes Land; es wird von seinen Nachbarländern durch scharfe, fast lückenlose Naturgränzen geschieden; doch nur in Bezug auf diesen strengen Abschluss nach Aussen lässt sich das Land als ein Ganzes betrachten; an sich zerfällt es in mehrere Parcellen, welche sich als Glieder verschiedener grösserer Systeme mehr zufällig, als nothwendig an einander reihen und jedes gemeinsamen Centrums, jedes organischen Zusammenhanges ermangeln. — Diese Gedanken liegen der folgenden geographischen Skizze zu Grunde, deren Hauptzweck sich auf ihre nähere Begründung beschränkt; denn sie möchten den Schlüssel zu den Räthseln liefern, welche albanesische Sitten, Bräuche und Idiome dem Forscher zu lösen geben. — Sie wurden daher vorangestellt, damit sie dem Leser als Leitfaden dienen, an dem er sich in diesen trockenen, oft weitausholenden, stets fragmentarischen Betrachtungen zurecht finden könne.

Albanien liegt zwischen dem 39. und 43. Grade nördlicher Breite; es ist ein schmales Küstenland, denn die grade Linie seiner Küstenlänge beträgt nahe an 100 Stunden, während man nur 30 Stunden durchschnittliche Breite annehmen kann, welche sich gegen die nördliche Gränze um ein Drittheil erweitert, gegen die südliche aber um ebensoviel verringert.

Das Land zerfällt in Bezug auf seinen natürlichen Bau in drei Theile, welche man das Alpenland, das Grammos- und das Pindusland nennen könnte. — Beginnen wir mit dem ersteren, weil es uns nicht nur näher liegt, sondern auch als letztes Alpenglied näher angeht, als die beiden anderen, und werfen wir vorerst einen Streifblick auf das nördliche Nachbarland, durch welches die Verbindungskette unseres Alpenlandes mit dem Stock der Alpen läuft.

Die Charte von Dalmatien und seinen Neben- und Hinterlanden bietet dem an scharfe Wasserscheiden und schöngegliederte Flussgebiete gewöhnten Auge einen höchst fremdartigen Anblick dar. — Von der Südspitze der istrischen Halbinsel bis zur Südgränze des Kaiserstaates wird die Küste von Bergzügen begleitet, welche dieselbe von ihrem Hinterlande abschliessen. Sie gewähren nur 4 kleinen Flüssen einen kümmerlichen Ausgang ins Meer [1]. — Hinter diesen Bergreihen beginnt aber nicht etwa das Donau- oder Saugebiet, sie bilden vielmehr den westlichen Saum eines weder zu jenem, noch zum Beckengebiete der Adria gehörigen, also gleichsam neutralen Territoriums, welches aus zusammenhängenden Massen grösserer und kleiner Bergkessel besteht, deren Wasser keinen sichtbaren Abfluss haben (Karstformation) [2]. Östlich von diesem, fast durchweg unfruchtbaren, häufig gänzlich unwirthsamen und rauhen Kesselgürtel beginnen die bosnischen Parallelketten, welche in der Richtung von Nordwest nach Südost streichen und durch deren Längenthäler die südlichen Nebenflüsse der Sau ihren Weg zum Hauptflusse nehmen.

Diese geschlossene Gestaltung der dalmatischen Küste möchte es erklären, warum weder zur Römerzeit, noch auch heut zu Tage ein ununterbrochener Strassenzug unmittelbar an derselben hinläuft. Es erschien zu allen Zeiten praktischer, an den schwierigeren Stellen der Küste die Communicationslinie in das vergleichsweise zugänglichere, und für den Verkehr wichtigere Hinterland zu verlegen. Übrigens bedarf es wohl kaum der Erwähnung, dass dieser nordsüdliche Strassenzug nur einen Theil des kleinen Verkehrs von Ort zu Ort vermittle, der Hauptverkehr dagegen den Seeweg einhalte.

1 *

4

Fragt man aber, wie es möglich war, dass sich die dalmatinische Küste von ihrem Hinterlande politisch loslösen, wie es den Venetianern gelingen konnte, den Eroberungslauf des Halbmondes zwei Spannen von dem ihm von der Natur gesteckten Ziele aufzuhalten, nachdem er nicht nur das Hinterland dieses schmalen Küstensaumes unterworfen und bekehrt, sondern seine Gränzen bis an die deutschen Marken ausgedehnt hatte, so möchte der Schlüssel zu dieser auffallenden Erscheinung vor allem in dem Bollwerke zu finden sein, durch welches die Natur den Küstensaum von seinem Hinterlande abgränzt. Dies Bollwerk schneidet den weitgreifenden Einfluss ab, welchen in der Regel die mit ihrem Hinterlande organisch verbundene Küste auf jenes ausübt, und bestimmt hier dessen Bewohner dem Meere den Rücken und den Donauwässern das Gesicht zuzuwenden.

Verbindet man die obigen Andeutungen über die Bodenbildung von Dalmatien mit einem Blick auf die Natur seiner Nachbarländer, so begreift es sich, dass dasselbe kein Land für den nordsüdlichen Weltverkehr sei und dass dieser durch die Natur selbst von der nordöstlichen Küste der Adria abgewiesen und in die weiten, fruchtbaren Donauebenen verlegt werde. Diese unwirthsamen Bergstriche mögen daher von den Völkerwogen stets weniger berührt worden sein als ihre östlichen Nachbarländer, denn sie waren weder zum Durchzuge geeignet, noch für den Ansiedler oder Räuber lockend und genügten höchstens dem Vertriebenen als Zufluchtsstätte [5][6]).

Das südliche Ende des obenerwähnten Kesselgürtels bildet den Kern des Gebietes von Montenegro [8]), ein Hochland, welches aller Thaleinschnitte entbehrend sich gegen Ost und Süd terrassenförmig erhebt, westwärts aber steil gegen das Meer abfällt, und in seiner ganzen Ausdehnung mit einem zusammenhängenden Netze von Felsenwänden oder höheren und niederen, aber stets felsigen Bergzügen überspannt ist. Die ganze Oberfläche wird auf diese Weise in unzählige grössere und kleinere Kesselgebiete zerspalten, von denen nur wenige gross genug sind, um den Namen von Hochebenen zu verdienen. Das Regenwasser, welches sich auf dem Boden der Kessel sammelt, wird rasch aufgesaugt oder findet durch unterirdische Canäle, zu deren Bildung die Steinart hinneigt, ihren Abfluss; daher bieten diese Gegenden, namentlich im Sommer, das Bild trostloser Dürre. Quellen, ja Brunnen, sind selten, manche Ortschaften trinken Jahr aus Jahr ein nur aus Cisternen. Baumvegetation fehlt, und wenn der Kesselboden eine bebaubare Humusdecke trägt, so ist sie so dünne und mager, dass sie oft keine, stets aber nur geringe Ernten liefert. Jeder dieser Kessel bildet eine natürliche Festung, deren meistens höchst schwierige Zugänge leicht zu vertheidigen sind. Montenegro verdankt daher seine Unbezwinglichkeit hauptsächlich der Eigenthümlichkeit seiner Bodenbildung.

Im südlichen Montenegro löst sich die Karstformation in eine Bergkette auf, welche die zwischen dem Meere und dem See von Skodra gelegene Landenge in nordsüdlicher Richtung durchzieht, dieselbe mit ihren Zweigen erfüllt und sich allmälig gegen das ebene Flussbett der Bojanna abdacht. Dieser Fluss bildet also eine Alpengränze. — Wir stehen hier bereits auf albanesischem Gebiete, denn die Landenge gehört grösstentheils zu dem türkischen Albanien [4]), und wenden uns nun ostwärts, um die Naturgränzen des Landes von dem montenegrinischen Kesselgebirge, welches als der nordwestliche Gränzstock des natürlichen Albaniens zu betrachten ist, weiter zu verfolgen.

Hier tritt uns vor allem die veränderte Bildung der hinter dem Kesselgürtel liegenden Gebirge entgegen, denn statt der parallel, gleich Ackerfurchen, streichenden und entweder gar nicht, oder nur lose unter einander verbundenen bosnischen Ketten, stossen wir im Osten des montenegrinischen Kesselgebietes auf einen strahlenreichen Gebirgsknoten, der seine Zweige nach allen Weltgegenden ausschickt. Es ist dies der letzte Alpenknoten, der, weil er grösstentheils auf albanesischem Gebiete liegt und von Albanesen bewohnt wird, wohl den Namen des „albanesischen" verdienen möchte [5]).

Das Centrum dieses Knotens, welcher in allen seinen Haupttheilen die Alpenhöhe erreichen möchte, scheint bei dem Bor zu liegen, wo sich seine beiden Hauptketten kreuzen, die von Nordwest nach Südost und von Nordost nach Südwest streichen. Auf der südlichen Hälfte dieses Knotens liegen die Quellen des weissen Drins, die der nördlichen Zuflüsse des vereinigten Drins, des Çem und der östlichen Zuflüsse des Sees von Skodra, welche alle ihre Wasser dem Mittelmeere zuschicken. Auf der nördlichen entspringen der Ibar, der Ljim und die Tara, Nebenflüsse der Donau. Die Wasserscheide der beiden Gebiete läuft auf den nördlichen Hälften der beiden oben erwähnten Hauptketten, welche vom Dormitor bis zum Gljeb ziehend eine, wie es scheint, lückenfreie, meist unübersteigliche Bergmauer von bedeutender Höhe bilden, über die nur wenige, höchst mühselige Pässe führen.

Leider ist dies interessante Bergland, namentlich in seinen südlichen Theilen, noch fast gänzlich unbekannt; nach den Schilderungen der Eingebornen möchten aber diese letzteren in Wildheit, Zerrissenheit und Unwegsamkeit ihres Gleichen suchen [6]) und die Wahrheit der Schilderung wird durch die Thatsache belegt, dass diese Berglande mit Einschluss des Rinnsals des vereinigten Drin, welches sie gegen Süden abschliesst, von keiner Strasse in westöstlicher Richtung durchschnitten werden, denn die einzige Communicationslinie, welche Nordalbanien in dieser Richtung besitzt und auf welcher der ganze Verkehr von Skodra mit dem östlichen Hinterlande läuft, zieht sich in der Art auf der Südseite des Drins hin, dass sie einen Bogen bildet, der den Fluss zweimal durchschneidet, und diese Strasse verbindet nicht etwa bloss Prisrénd, sondern auch die nordwärts davon gelegenen Städte Jakowa und Ipek mit Skodra. Bedenkt man nun die grossen Mühseligkeiten, welche auch dieser Weg darbietet [7]), und bringt man damit den instinctartigen Trieb des Karavanenganges in Verbindung, vermöge dessen derselbe, von Terrainschwierigkeiten unbeirrt, stets die gerade Linie aufsucht und die Bequemlichkeit der Raschheit opfert, so ergibt sich hieraus wohl der sichere Schluss, dass die Natur überhaupt keinen Weg in jener Richtung durch die erwähnten Bergstriche verstattet hat.

Die Massen des albanesischen Gebirgsknotens sind so mächtig, seine Höhen so bedeutend, dass man in ihm das Gliederungsprincip für weite Bodenräume zu suchen versucht wird. Eine nähere Prüfung ergibt jedoch das entgegengesetzte Resultat; das Gebiet, welches er beherrscht, ist im Verhältniss zu seinen Massen und Höhen sehr gering. — Im Westen und Osten ist er durch Tieflande flankirt; gegen Süden wird sein Einfluss durch das Rinnsal des vereinten Drins und das an dessen südlichem Ufer widerlagernde Grünsteingebirge, man möchte sagen gewaltsam abgeschnitten; im Südosten lagert sich das Scardusgebirge fast quer vor seine in dieser Richtung laufende Kette (den Bastrik) und im Norden endlich hat es den Anschein, als ob der Stoss, welcher die angezweigten Ketten hob, nicht von ihm ausgegangen, sondern in der allgemeinen Richtung von Nordwest nach Südost erfolgt sei.

Das westliche der erwähnten Tieflande besteht aus dem Becken des Sees von Skodra, seinem ebenen Ostufer und den südlichen Theilen des Gebietes der Moratza, welche in den See mündet. Das östliche ist die Ebene des weissen Drins; sie lässt sich als ein Theil der mösischen Hochebene betrachten, die sich ostwärts bis Wranja und Karatowa zieht und statt der Massengebirge, welche unsere Karten zwischen dem albanesischen Gebirgsknoten und dem Balkan verzeichnen, nur von leichten Höhenzügen durchschnitten wird. Denn die westöstliche Centralkette, welche in lückenfreiem Zuge von der Adria bis zum schwarzen Meere laufen soll, ist bekanntlich ein geographischer Mythus. Das Ostende der Alpen ist der Gljep, welcher, obwohl von bedeutender Höhe, jäh gegen das Ibarthal abbricht, und ihre südlichste Spitze bildet der Bastrik, eine andere Kette unseres Knotens, die sich zwischen den weissen und vereinten Drin hineinstreckt.

Aus dem Obigen ergibt sich, dass die Nordostecke Albaniens der schwächste Theil des Landes sei, denn hier findet sich eine bedeutende Lücke in der Bergmauer, mit der die Natur dasselbe eingefasst hat. Die Höhenzüge, welche zwischen dem Gljep und dem Scardus (der jetzt Schar heisst) streichen, sind niedrig und lose an einander gereiht und von breiten und so tiefen Querthälern durchschnitten, dass in ihnen die Wasserscheide der Donau und Adria nur mühsam bestimmt werden kann und man durch sie ebenen Weges von der Metojaebene, die ostwärts vom weissen Drin zieht, zum Amselfeld (Slav. Kossowo) gelangen kann. — Hier öffnet sich also das Land gegen Osten und zwar gegen das natürliche Centrum der europäischen Türkei, denn als solches betrachten wir die mösische Hochebene, und man darf daher wohl annehmen, dass von allen Ereignissen, welche jenes Centrum betrafen, wenigstens die Metoja in Mitleidenschaft gezogen worden sei. Auch mögen sie mitunter ihren Einfluss bis in das Thal des schwarzen Drins ausgedehnt haben, welches mit der Metoja zusammenhängt. Beide Flussthäler sind aber durch den obenbeschriebenen Gebirgsknoten, und das ihm südlich anlagernde Grünsteingebirge von dem Westen des Landes so abgeschlossen, dass man sie eher Aussenländer als Vorländer des Westens nennen möchte.

Das Thal des schwarzen Drins [8]) und das anstossende Becken des Sees von Ochrida wird von den Hauptketten zweier Gebirgssysteme gebildet, welche, ohne sich zu berühren, in paralleler Richtung von Nord nach Süd neben einander laufen und nur von den entgegengesetzten Seiten Zweigketten ausschicken.

Werfen wir zuerst einen Blick auf das westliche dieser Systeme. Man könnte es insofern das albanesische Mittelgebirge nennen, als es sich ganz auf albanesischem Boden entwickelt und nur mit drei von ihm auslaufenden Höhenzügen die Küste berührt. — An die nordsüdlich streichende Hauptkette setzen sich mehrfache Zweige fast rechtwinklich an, von denen uns drei näher interessiren.

Die nördlichste wird von unseren Karten als Kerubikette [9]) verzeichnet. Sie bildet im Verein mit den Südspitzen des oben beschriebenen Gebirgsknotens jene so merkwürdige Bergspalte, welche an 20 Stunden lang und dabei so enge ist, dass kein Weg neben dem Bette des durchströmenden Drin Platz hat [10]).

Die zweite Kette figurirt auf den Karten gewöhnlich unter dem Namen Kraba Dotna; sie nimmt bald eine nordwestliche Richtung und bildet mit den Vorbergen des Kerubi das Felsenthor, durch welches sich der Mati, vielleicht gewaltsam, Bahn zum nahen Meere gebrochen hat. Das Gebiet dieses Flusses besteht aus dem, von den erwähnten drei Bergketten eingefassten und mit Gebirgen erfüllten, Dreiecke, welches von ihrer südlichsten Landschaft Matt seinen Namen erhalten hat. Die Mitte dieses albanesischen Arkadiens bewohnen die Mirediten; der Norden gehört zu der Landschaft Dukadschin [11]).

Die dritte westöstliche Kette ist das Gabargebirge, über welches die Hauptstrasse von Tyranna nach Elbassán führt. Es verflacht sich gegen die Küste zu leichten Höhenzügen, von denen drei, die angränzenden Ebenen durchschneidend, als Cap Laghi, Cap Pali und Cap Rodoni in das Meer abfallen.

In dem Thale, welches die Kraba Dotna und Gabarkette bilden, fliesst der Arçén [12]), dessen Quellen in der nordsüdlichen Hauptkette zu liegen scheinen, von der sich jene abzweigen. Der Fluss durchbricht auf seinem ostwestlichen Laufe bei der Bergfeste Pertreilla (Petrella) den Höhenzug, welchen der Gabar in nordwestlicher Richtung ausschickt, und welcher mit den in gleicher Richtung streichenden Dotnabergen die Thalebene von Tyranna einfasst, und fällt 1½ Stunde nördlich von Cap Pali ins Meer. Die nordsüdliche Hauptkette verfolgt aber ihren südlichen Lauf auch nach Abzweigung der Gabarkette, indem sie noch die westliche Beckenwand des Sees von Ochrida bildet und erst an dessen Südspitze in die Thalebenen des Dewól abfällt.

Dies südliche Ende heisst heutzutage das Bagoragebirge, und durch seine Pässe führt die Strasse von Durazzo nach Bitolja und Salonik, welche hier wohl mit der römischen via egnatia zusammenfällt; der alte Name des Gebirges war demnach Candavia [13]). An der Südspitze dieses Gebirges entspringt der Schkumbi [14]), welcher südlich von Cap Laghi ins Meer fliesst. Man kann diesen Fluss als die südliche Gränze von Nordalbanien betrachten. — Aus der obigen Beschreibung möchte sich zur Genüge ergeben, dass die Gebirge dieses Landes ein selbstständiges gegen Ost und Süden abgegränztes und nur mit dem Norden zusammenhängendes Ganze bilden.

Wir wenden uns nun zur Betrachtung der Ostgränze von Albanien. — Diese wird durch eine von Norden nach Süden laufende Gebirgskette gebildet, welche, einem Rückgrad vergleichbar, durch die Mitte der illyrisch-griechischen Halbinsel ziehend, diese in eine östliche und eine westliche Hälfte theilt. Der Kamm der Kette scheint sich fast überall zur Alpenhöhe zu erheben, und bietet in einem an 4 Längengrade betragenden Laufe nur eine Lücke; es ist dies der Pass von Tschangón [15]), südlich von dem See von Ochrida, durch den der auf die Ostseite des Gebirges aus dem See von Ventrok entspringende Dewól (Eordaicus) dem adriatischen Meere zufliesst. In Ermanglung eines allgemeinen neueren Namens werden wir den nordwärts von dieser Lücke fallenden Theil der Kette nach Grissbaches Vorgang mit dem alten Namen Scardus bezeichnen und den südlichen Theil in die Grammos- und Pinduskette zerlegen.

Der Einfluss, welchen die Scarduskette auf die Bodenbildung ihrer östlichen und westlichen Seitenlande übt, ist ein wesentlich verschiedener, denn während sie gegen Osten zahlreiche und mächtige Zweige ausschickt und dadurch die Basis für die Bodenbildung der Osthälfte der Halbinsel abgibt [16]), ist sie für Albanien nichts weiter als eine Gränzmauer, an deren Fuss sich die

Thäler des schwarzen und weissen Drin hinziehen und jeden Einfluss des Gebirges in westlicher Richtung abschneiden.

In Mittelalbanien dagegen ändert sich dies Verhältniss, hier wird der Einfluss des Central-gebirges von keiner Parallelkette bestritten und er herrscht daher über die ganze Breite des Landes. Wir begreifen diesen Theil der Centralkette, welcher von dem Dewolpasse bis zur Höhe von Konitza und Greveno reicht, unter dem Namen Grammos, obwohl derselbe eigentlich nur eine Berg-spitze bezeichnet. Von ihm zweigen sich in westlicher Richtung die Tschapári-Berge ab und vermit-teln die Verbindung des kühnaufsteigenden weithin sichtbaren Tomoros mit der Centralkette, und weiter südlich folgen andere weniger bedeutende Zweige derselben Richtung. Im Grammos entsprin-gen der Dewol und Ljum-Beratit (Fluss von Berat), welche auf ihrem ostwestlichen Laufe das Gebiet der oben genannten Berge abgränzen und nach ihrer Vereinigung den Namen Sémen erhal-ten, — und da auch der nördliche Theil des Wiússagebietes unter der unbedingten Herrschaft der Centralkette steht, so möchten wir denselben gleichfalls zu dem natürlichen Mittelalbanien rechnen, welches in seinem Bau der einfachste, man möchte sagen der regelmässigste der drei Landestheile ist.

Weniger übersichtlich und verwickelter ist der Bau von Südalbanien oder Epirus, weil sich hier das Wasser- und Gebirgssystem nicht harmonisch zu einander verhalten. Die Basis für das Wassersystem ist hier nämlich nicht, wie in Mittelalbanien, die Westabdachung der Centralkette in ihrer ganzen Ausdehnung, von deren Achse die Rinnsale der Quellen rechtwinklich abspringen; dieselbe besteht vielmehr in einem Knotenpunkte, welcher in der Nordostecke des Landes mit dem grössten Gebirgsknoten des Pindus zusammenfällt und von dem die epirotischen Gewässer (sei es nun mittelbar oder unmittelbar) wie von einem gemeinsamen Centrum aus radienartig in den Rich-tungen von Nord nach Süd (Achelous, Arachthous, Charadrus), von Nordost nach Südwest (Acheron und Thyamis) und von Südost nach Nordwest (Aus) auseinander gehen, während der sichtbare Einfluss des Pindusknotens auf die Gebirgsbildung des Landes nur auf die östliche Hälfte desselben beschränkt ist, wohin er zwei Ästungen abschickt; es sind dies der Tschumérka zwischen den Flüssen Achelous und Arachthous parallel mit der Centralkette von Norden nach Süden strei-chend [17]) und der Nemórtschika, welcher sich in der Richtung von Südost nach Nordwest hart am südlichen Ufer der Wiússa bis zum Einflusse des Dryno hinzieht. Dagegen treibt der Pindusknoten keine Zweige in westlicher Richtung; denn die ganze Westhälfte von Epirus wird von Bergzügen gefüllt, welche mit der Pinduskette die nordsüdliche Richtung theilen, ohne mit dieser organisch verbunden zu sein.

Gestützt auf den divergirenden, aber von einem gemeinsamen Centrum ausgehenden Lauf sei-ner Gewässer glauben wir nicht zu irren, wenn wir in Epirus eine allmälige Hebung der Oberfläche von allen Theilen der Küste zu diesem gemeinsamen im Nordostwinkel des Landes gelegenen Centrum annehmen und als solches das von den Bergen Lakmon, Lingon und Tomoros gebildete Hochland der alten Tymphaea bezeichnen, im weiteren Sinne aber noch den Bergkessel der alten Dodonaea hinzurechnen.

In dieser convergirenden Steigung und Richtung des Bodens und seiner Rinnsale nach einer und derselben Landesgegend möchte auch der Grund zu suchen sein, warum Epirus, trotz des widerstrebenden Laufes seiner Binnengebirge, von jeher als ein Ganzes betrachtet worden ist und betrachtet werden wird. — Ist diese Ansicht richtig, so muss in den Vereinigungspunkt der aus-einanderspringenden Theile, sofern die Natur hiezu den nöthigen Raum verstattet, der politische Schwerpunkt des Landes fallen, sobald es alle zugehörige Theile umfassen soll. Jánnina ist daher die natürliche Hauptstadt des vereinten Epirus. Der See, an dem die Stadt liegt, bespühlt den westlichen Fuss des Mitschkéli (Tomoros), welcher als eine zweite Parallelkette des Pindus und wohl auch als die Ursache zu fassen ist, warum der Pindusknoten keine, mit der Richtung seiner östlichen Ästungen correspondirenden, Zweigzüge gegen Westen getrieben hat. Die hebende Kraft springt auf dieser Seite weit weniger von ihrer Hauptrichtung ab, und erschöpft sich daher in der Bildung von Parallelzügen. Das Becken [18]), in welchem der See von Jánnina liegt, bildet einen Kessel, das Seewasser muss daher seinen Abfluss unterirdisch suchen; die westlichen Katawothren speisen den Thyamis, die südlichen den Arachthous. — Das Seebecken gränzt jedoch gegen Westen nicht unmittelbar an das Gebiet des Thyamis, sondern wird von demselben durch eine zusammenhängende Reihe kleiner Kessel geschieden, welche den Sommer über trocken sind. — Das gesammte dem Mitschkéli westlich anlagernde Kesselland mag etwa 12 Stunden (S. N.) lang und 4—5 Stunden (O. W.) breit sein. — Epirus ist ein vollkommenes Bergland, denn selbst die Meeresküste ist gebirgig; nur das nördliche [18b]) und südliche Ende seiner Seegränze besteht aus Ebenen (Awlona und Ambracia) und von den wenigen Binnenthälern, welche ebene Flächen aufzuweisen haben, möchte keines bedeutend genug sein, um den Namen einer Ebene zu verdienen.

Gegen Süden wird Albanien grossentheils durch den weit in das Westland einspringenden Meerbusen von Arta abgegränzt; von dem östlichen Ende dieses Golfes bis zu dem Kamme der Pinduskette besteht aber keine natürliche Gränze und die politische (türkisch-griechische) Gränzlinie durchschneidet hier den Tsuhumérka (die westliche Parallelkette des Pindus) und das zwischen beiden Bergzügen eingeklemmte Achelousthal. Hier ist die zweite Lücke in den Naturgränzen von Albanien, weil es hier sowohl durch den Küstenrand, durch welchen die Strasse führt, als durch das erwähnte Flussthal mit dem südlichen Nachbarlande in natürlicher Verbindung steht. — Obgleich nun für den Verkehr nur die erstere dieser Verbindungen Bedeutung hat, — weil das schmale, unwirthsame Flussthal von dem übrigen Epirus strenge abgeschieden, und noch ausserdem gegen Westen von dem ebenso unwegsamen Thale des Arachthous flankirt wird, — so ist sie vielleicht gleichwohl der Grund, warum die Südostecke von Albanien (wenigstens gegenwärtig) von Griechen bevölkert ist, und möchte sie jedenfalls zur Erklärung der Thatsache beitragen, dass fast durch das ganze Mittelalter bis in die neueste Zeit diese Südostecke mit Aetolien und Akarnanien verbunden erscheint [19]). Was aber das griechische Nachbarland betrifft, so reicht es hin, die Namen Aetolien und Akarnanien zu nennen, um es als einen versteckten Weltwinkel zu bezeichnen, welcher von den Bahnen des Verkehrs und der Geschichte weit abliegt. Der geistige Einfluss, der von dieser Seite auf Epirus geübt wurde, kann demnach niemals von Bedeutung gewesen sein, wenigstens meldet die Geschichte nur von Raubzügen, die aus dem Süden dorthin unternommen wurden, und nach der Vereinigung beider Länder ward keine südliche Stadt, sondern das epirotische Arta Hauptstadt des Despotats und Sitz des griechischen Erzbischofs, und übten in türkischen Zeiten die Gewaltherren in Epirus mehr oder weniger Einfluss auf jene südlichen Nachbarländer.

Es erübrigt noch einen Blick auf die Küsten Albaniens zu werfen. Diese werden durch die Bucht von Awlona, welche für den südöstlichen Gränzpunct des adriatischen Meeres gilt, in zwei Hälften von sehr abweichender Bildung geschieden.

Die südliche Küste ist eine geschlossene. Von der Bucht von Awlona bis zum Canale von Corfu wird das Seeufer durch die westliche Böschung der Gebirge von Chimara (die alten Akrokeraunien) gebildet, welche sich als steile, selten durchbrochene Felswand unmittelbar aus dem Meere erheben. Diesen geschlossenen Charakter behält auch die südliche Fortsetzung dieser Küste bis in die Nachbarschaft von Prévesa (Nicopolis) bei, wenn derselbe auch, besonders im Süden, nicht so scharf hervortritt, weil die die Küste flankirenden Höhenzüge niedriger sind als die Akrokeraunien, zum Theile weniger hart an die Küste herantreten, und durch mehrere breite Querthäler den Binnenwässern freien Ausgang nach dem Meere verstatten, welchen sie durch Alluvionen immer weiter in dasselbe vorzurücken bestrebt sind. Eine solche Küste ist in der Regel reich an Buchten, Häfen und Rheden, und Epirus bildet keine Ausnahme von dieser Regel.

Die nördliche Küstenhälfte bildet einen scharfen Gegensatz zu der südlichen; — denn sie ist offen, eben, flach und von Untiefen begränzt. — Diese so verschiedenartigen Bildungen werden durch keinerlei Übergang vermittelt, sondern treten schroff aneinander an [20]). Als die Gränzpuncte dieses flachen Küstenstriches lassen sich die Bucht von Awlona im Süden und die Mündung der Bojanna im Norden bezeichnen, welche etwa $1\frac{1}{4}$ Grad auseinander liegen, er wird nur an 4 Stellen von ostwestlich-streichenden Höhenzügen unterbrochen (Cap Laghi, Sasso bianco in der Bucht von Durazzo, Cap Rodoni und nordwärts von der Bucht S. Juan di Medua) [21]). Seine Breite ist sehr verschieden, doch im Ganzen weit beträchtlicher im Süden, als im Norden; denn dort streckt sich die Ebene hie und da 8—10 Stunden in das Binnenland. Dies ganze Flachland scheint seine Entstehung den Flüssen [22]) zu verdanken, welche es durchströmen und unausgesetzt an seiner Vergrösserung arbeiten. Dafür spricht die Kette grösserer und kleinerer Lagunen, welche die Küste einfassen und die weit in das Meer hinaus reichenden Landzungen oder Bänke, welche die Flüsse bei ihrer Mündung ansetzen, und deren rasche Zunahme und durch jeden Sturm veränderte Gestalt eine periodische hydraulische Revision dieser Küste sehr wünschenswerth macht. Denn gar manches Schiff soll hier unvermuthet aufgefahren sein, wenn es im Vertrauen auf die Richtigkeit älterer Seekarten diese Küste longirte, und daher sollen sich nun namentlich unsere Kauffahrer in der Regel von derselben weit ferner halten, als nöthig wäre. Das Wasser, welches die Flüsse (namentlich Sémeni, Schkumbi und Drini) dem Meere zuführen, ist auch in der trockenen Jahreszeit trüb-gelblich gefärbt, und soll in Regenzeiten wegen der Masse von darin aufgelösten Erdtheilen völlig ungeniessbar sein. Die obigen Data berechtigen wohl zu der Annahme, dass dieser Theil der Küste in stetigem Vorschreiten gegen Westen begriffen sei, während die Ansätze, welche das aus den steilen Felsschluchten der Akrokeraunien herabstürzende Regenwasser an der Küste macht, vergleichsweise höchst unbedeutend sind, und aus reinem Stein- und Sandgerölle bestehen.

Eine solche Küste, unter dem 41. Grade nördlicher Breite gelegen, kann kein gesunder Aufenthalt für den Menschen sein. Wechselfieber und Sumpffieber haben hier ihren ständigen Sitz, grassiren aber im Spätsommer [23] am heftigsten. — Besonders gefährlich ist dann das sogenannte Bojannafieber, welches die Schiffer nach dem Orte, wo sie ihm am häufigsten erliegen, — der Mündung der Bojanna — benannt haben.

Im Canale von Otranto tritt die italienische Küste der albanesischen so nahe, dass bei hellem Wetter die höchsten Spitzen der Akrokeraunien von dort aus gesehen werden können. Die Entfernung vom Hafen von Otranto bis Cap-Linguetta beträgt nur 37½ Seemeilen. Dieser geringe Abstand möchte nun zwar die Ansicht in hohem Grade unterstützen, der zu Folge die ersten Bewohner der beiden Küsten, welche die Geschichte kennt, zu demselben Volksstamme gehörten, wir halten uns jedoch zu der Annahme berechtigt, dass die gegenseitige Wechselwirkung dieser Nachbarlande stets geringer war, als ihr geringer Abstand von einander vermuthen lässt, und erlauben uns zur Begründung dieser Ansicht einige allgemeine Betrachtungen über die Natur der beiden Halbinseln, zu welchen beide Küsten gehören.

Der Rumpf der griechischen Halbinsel theilt mit dem der italienischen die Eigenthümlichkeit, dass eine durch seine Mitte von Norden nach Süden ziehende Bergkette das Land in zwei Hälften spaltet [24]. Beide Länder unterscheiden sich jedoch darin, dass nicht die sich entsprechenden, sondern die entgegengesetzten Hälften von der Natur bevorzugt sind, denn in Italien ist dies die westliche, in Griechenland die östliche Hälfte.

Der Lauf des Apenin begünstigt im mittleren Italien die Westseite vor der Ostseite in Bezug auf das Areal, und die Küste besteht hier aus einer wenig unterbrochenen Reihe fruchtbarer Tieflande. Im südlichen Theile kehrt sich zwar dies Verhältniss um, '— Apulien ist weit ebener, als Kalabrien; aber diese westliche Halbinsel bildet das Verbindungsglied zwischen dem italienischen Festlande und Sicilien (was in der Urzeit wichtiger gewesen sein möchte, als heutzutage), und Sicilien fällt vermöge seiner Lage der Westhälfte von Italien zu. — Darum ruht der politische Schwerpunkt stets auf der Westseite und läuft hier die Hauptarterie des Landes.

Das griechische Festland hängt dagegen auf seiner Osthälfte mit dem Peloponese zusammen und die grosse Völker- und Handelsstrasse, welche Griechenland mit dem Norden verbindet, läuft nicht nur aus diesem Grunde, sondern auch desswegen auf der Ostseite, weil sich hier die böotischen, thessalischen, macedonischen und Donauebenen an einander reihen, und die sie abgränzenden Bergzüge dem Verkehr nur geringe Hindernisse entgegen stellen [25].

Sehen wir aber von der versuchten Erklärung der Sachlage gänzlich ab, und halten wir uns nur an diese, so zeigt sie, dass nicht nur Albanien, sondern auch die gegenüberliegende italienische Küste seitab von den Bahnen liege, auf welchen der Weltverkehr beider Halbinseln in nordsüdlicher Richtung zieht. Bedenkt man nun, dass die apulische Küste arm an Häfen und gleich der albanesischen ohne eigene Schifffahrt ist (und wohl auch stets gewesen ist), und dass sie es nie zu vorstechender politischer oder commercieller Bedeutung gebracht hat, so darf man wohl selbst in den Zeiten, wo die via egnatia die Hauptmilitärstrasse der Römer nach Asien war, oder wo italienische Fürsten albanesische Küstenstriche besetzt hielten, den von Italien auf Albanien geübten Einfluss nicht besonders hoch anschlagen. — Ist doch selbst der heutige

Verkehr zwischen beiden Küsten so gering, dass man fragen könnte, ob er überhaupt diesen Namen verdiene.

Wir schliessen diesen Ueberblick über das natürliche Albanien mit einer kurzen Zusammenstellung der Gruppen und Glieder, welche wir in demselben aufgefunden haben.

Erste Gruppe. — Alpenland, bestehend aus: a) der südlichen Hälfte des Knotens der albanesischen Alpen, zu welchem das nördliche (gebirgige) Moratzagebiet als Nebenglied gerechnet werden kann; b) dem diese Knotenhälfte westlich flankirenden Tieflande des Seebeckens von Skodra; c) der sie östlich flankirenden Ebene des weissen Drins, welche (durch die Metoja) mit der mösischen Hochebene zusammenhängt.

Westlich von dem oberen Moratzagebiete, welches die Montenegro zugewandten Bezirke (Berdas, wörtlich Bergbezirke) umfasst, und dem Seebecken von Skodra liegt der Bergstock von Montenegro, die Südspitze des dalmatinischen Kesselgürtels, durch den schmalen Küstensaum des österreichischen Albaniens von dem Meere getrennt.

Zweite Gruppe. — Alpenvorland, bestehend: a) aus dem Mittelgebirge, den Albaneseralpen südlich anlagernd und das Matgebiet einschliessend, östlich flankirt von b) dem Thale des schwarzen Drin und dem Seebecken von Ochrida, westlich von c) der Thalebene des Ischm und der sich westlich anschliessenden Küstenebene von Skjak; d) dem Gebiete des Arçén, welcher durch diese Ebene von Skjak dem Meere zufliesst; e) dem Gebiete des Schkumbi (Genusus), westlich Bergland (Kandavia), östlich Küstenebene, — mit der nördlich von ihm gelegenen Thalebene von Kawàja, welche von den Bächen Leschníka und Dártsche bewässert wird, und der Halbinsel von Durazzo.

Dritte Gruppe. — Grammosland oder das Gebiet des Sémeni (Apsus), der aus der Vereinigung der in der Centralkette entspringenden Flüsse Dewol (Bordaicus) und Uçum oder Beratino (Apsus?) entsteht, — westlich Bergland (mit Ausnahme der Ebene von Gortscha am oberen Dewol), östlich Ebene — wozu wegen gleicher Natur wenigstens das nordöstliche Gebiet der Wiússa (Aus) zu rechnen.

Vierte Gruppe. — Das Pindusland mit den Hochländern von Çagóri (Tymphaea) und Jánnina (Dodonaea oder Hellopia) und den Gebieten der früher benannten von diesem Centrum radienförmig aus einander gehenden Flüsse.

Unter diesen Gruppen ist die dritte oder das Grammosland ihrem Bau nach die einfachste, aber zugleich auch wenigst scharf gezeichnete und abgegränzte, so dass sie weniger wegen ihres eigenthümlichen Charakters, als aus dem Grunde eine eigene Abtheilung bildet, weil sie ebenso wenig, oder ebenso gut zu ihrer südlichen als zu ihrer nördlichen Nachbargruppe gerechnet werden könnte. Fasst man daher bloss den Charakter der Landschaft ins Auge, so wird man geneigt sein, die von der unteren Wiússa, dem Sémen und Schkumbi durchflossene Küstenebene als ein Ganzes zu betrachten, und dazu auch die nördlichen Ebenen des Arçén und Ischm bis zur Mündung des Drins zu rechnen, mithin die zweite und dritte der obenaufgestellten Gruppen in eine zu verwandeln. — Zur Mitte dieses Landestheils führen auch die bequemsten Uebergänge über die Centralkette, welche ihn gegen Osten abgränzt, nämlich die via egnatia und der Dewólpass [26]), und dies scheint der Hauptgrund zu sein, warum Mittelalbanien mehr gegen Osten gravitirt, als der Norden und der Süden des Landes.

Sehen wir nun zu, in wie fern diese natürliche Gliederung bei der politischen Eintheilung des Landes massgebend war und ist. Für unseren Zweck reicht jedoch ein Blick auf das Verhältniss in der ältesten Zeit und in der Gegenwart hin; die nähere Untersuchung aller Veränderungen, welche die Territorialeintheilung von Albanien im Laufe der Zeit erlitt, müssen wir Andern überlassen.

Die Geschichte kennt Albanien nie als ein politisches Ganze, das Land zerfiel allezeit in verschiedene für sich bestehende Theile, sei es nun, dass es von unabhängigen Stämmen bewohnt wurde, wie zu den Zeiten, wo es in die Geschichte eintrat, oder dass es grösseren Ganzen, wie dem römischen, byzantinischen, bulgarischen, serbischen und türkischen Reiche angehörte.

Im Alterthum entbehrt das Land sogar eines gemeinschaftlichen Namens. Es zerfiel damals in zwei Theile; der Norden wurde von Illyriern bewohnt; der Süden aber, oder das von uns so genannte Pindusland, das wir oben als ein natürlich zusammengehöriges Ganze zu fassen suchten, begriffen die Griechen unter dem Namen Epirus — Ἤπειρος sc. γῆ — ein Appellativum, welches schwerlich einheimisch war, sondern auf den griechischen Inseln des Jonischen Meeres gebildet wurde [27]).

Seine Seegränze reicht von der nordöstlichen Spitze der Akrokeraunien bis zum nordöstlichen Winkel des Ambracischen Busens, wo nach Scylax die zusammenhängende Hellas begann. An der Nordspitze der Akrokeraunien aber, das heisst, da wo die geschlossene Küste abbricht und die Küstenebenen beginnen, fing das Land der Illyrier an, und reichte weit über die nördlichen Gränzen des heutigen Albaniens. So beschreibt Scylax diese Küste. Illyrien umfasste daher vor der römischen Eroberung die drei ersten der oben aufgestellten Gruppen und Epirus bildete die vierte Gruppe.

Auch der Eintheilung, welche die Römer diesen Ländern nach ihrer Eroberung gaben, scheint im wesentlichen die obenaufgestellte natürliche Gliederung zum Grunde zu liegen. — In Ptolemaeus Zeiten gehörte die erste Gruppe zu der Provinz Illyrien, oder specieller zu Dalmatien, der südlichen Hälfte jener Provinz [28]), denn dieser Geograph nennt Lissus am Ausflusse des vereinten Drin als die südlichste illyrische oder dalmatische Seestadt [29]) und setzt im Inneren des Landes das Scardusgebirge als Gränzscheide sowohl von Moesien als von Macedonien [30]). — Die zweite und dritte Gruppe, d. h. die flache Küste und ihre Hinterlande, gehören zu Macedonien, und die Gränze zwischen dieser Provinz und Epirus scheint mit dem Scheidepunkte der flachen und gebirgigen Küste zusammen zu fallen, denn Aulon, Bullis und Amantia am Akrokeraunischen Busen nennt Ptolemaeus als die südlichsten macedonischen Küstenstädte, und Oricum, im südlichen Winkel dieses Busens gelegen, als die nördlichste von Epirus [31]). Wenn aber Strabo, oder wer sonst das diesem zugeschriebene dritte Fragment verfasst hat, abweichend von Ptolemaeus die via egnatia als die Südgränze der macedonischen Provinz angibt, so beschränkt er mit andern Worten deren westliches Küstengebiet auf die dritte der obenangeführten Gruppen, das Alpenvorland, und schlägt das Grammosland zu Epirus.

Dieser letzten Beschreibung entspricht aber die heutige Eintheilung, nach welcher das Land nicht nur in drei Theile zerfällt, sondern auch die Gränzen dieser Theile mit den von Strabo angegebenen zusammen fallen.

Das Paschalik von Jánnina [32]) begreift das ganze Pindus- und Grammosland; Hauptstadt ist Jánnina, welches, wie wir oben zu beweisen versuchten, in dem natürlichen Schwerpunkte des Landes liegt.

Das türkische Mittelalbanien umfasst genau diejenige Gruppe, welche wir oben unter dem Namen des Alpenvorlandes als ein natürlich zusammengehöriges Ganze zu fassen suchten. — Es entbehrt eines gemeinsamen politischen und commerciellen Centrums; die oben beschriebene Gliederung des Landes scheint der Bildung eines solchen zu widerstreben. — Die Centren, welchen es heut zu Tage untergeben ist, fallen ausserhalb (und zwar östlich) seiner Gränzen. Die verschiedenen Landesbezirke [33]) unterstehen nämlich sämmtlich dem Kaimakam von Ochrida und dieser untersteht wiederum dem Rumeli Walessi [34]) von Monastir, welches zugleich die Residenz des Seraskiers oder Generalcommandanten von ganz Rumelien ist. — Die nördliche Gränze des Küstenbezirkes von Tyranna reicht aber bis zur Drinmündung und zwar nach alter Tradition bis zu einem Maulbeerbaume, welcher in dem Bazarviertel des heutigen, am südlichen Ufer des Flusses gelegenen Alessio (alb. Ljesch) steht, obgleich dies der Hauptort eines zu dem Paschalik von Skodra gehörenden Bezirkes ist, und die Küstenebene zwischen Drin und Mat gewiss besser dem angränzenden Alessio als dem entfernten Tyranna unterstünde.

Der Norden des Landes zerfällt gegenwärtig in zwei politische Abtheilungen; — in das Paschalik von Skodra [35]), welches das Seebecken von Skodra und das untere Moratzagebiet, so weit sie türkisch sind, nebst dem grössten Theil des Alpenknotens begreift, denn auch die in seiner nördlichen Hälfte liegenden Bezirke von Gutzinje und Bjelopolje gehören zu demselben; — und das von Prisrénd, zu welchem die Thalebene des weissen Drins gehört, welche, weil sie ein Glied der moesischen Hochebene ist, niemals bleibend mit dem Paschalik von Skodra vereint war, sondern wenn sie kein selbstständiges Ganze bildete, mit einem der westlichen Paschaliks, in der Regel dem von Skópia, vereint war und dann gewöhnlich in die Bezirke von Prisrénd, Ipék und Jákowa zerfiel.

Die natürliche Gliederung des Landes ist aber nicht allein die Basis für seine politische Ein-theilung, sondern auch für sein Handelsverhältniss. Jede der vier Gruppen, in welche das Land zerfällt, bildet nämlich ein gegen Nord und Süd mehr oder weniger scharf begränztes Handels-ganze und besitzt ihre besondere von Westen nach Osten laufende Handelsstrasse, durch welche sie mit ihrem östlichen Hinterlande in weit engere Verbindung gesetzt wird als mit dem südlich oder nördlich anstossenden Küstenland. Dies gilt namentlich von der ersten und vierten Gruppe. Die Strasse, welche das Land von Süden nach Norden durchzieht, vermittelt nur den an sich ge-ringen Verkehr zwischen den nächsten Nachbarorten; sie darf daher nicht als Handelsstrasse ge-dacht werden, weil überhaupt kein Handelszug in nordsüdlicher Richtung besteht und sogar der Seeverkehr zwischen den einzelnen albanesischen Seeplätzen, von denen jeder selbstständige Verbin-dungen mit dem Auslande unterhält, sehr unbedeutend ist.

In Südalbanien ist Jánnina auch das commercielle Centrum des Landes, von hieraus beginnt die westöstliche Handelsstrasse und führt über den Zygópass der Pinduskette nach Thessalien, welches auch unter türkischer Herrschaft mehrmals mit Epirus durch eine gemeinsame administra-tive Oberbehörde, doch stets nur kurz dauernd, verbunden erscheint [26]).

Auch das Grammosländ hat seine besondere westöstliche Handelsstrasse, welche von Awlóna nach Berát und von da nach Górtscha geht. Dieser letztere in kräftigem Aufschwunge begriffene Handelsplatz steht durch den Dewólpass mit Kastoria und selbst mit Monastir in Verbindung, doch ist diese Handelslinie nicht so strenge von der Hauptstrasse des Mittellandes geschieden, wie die südliche und nördliche. Denn sowohl Berát als Górtscha benützen auch die Scala von Durazzo für ihre Aus- und Einfuhr. Die Haupthandelsstrasse des Mittellandes läuft von Durazzo über Elbassán, die Bagorapässe (Candavia) und Ochrida nach Monastir und von da nach Salonik und fällt daher wenigstens in ihrer allgemeinen Richtung mit der römischen via egnatia zusammen. — Mittelalba-nien, welches, wie erwähnt, mit seinem östlichen Nachbarland in dauernder administrativer Ver-bindung steht, entbehrt eines commerciellen Centrums, denn Durazzo (mit kaum 1000 Einwoh-nern) lässt sich nur als Scala des westöstlichen Handelszuges betrachten, und im Innern hat Elbassán in Berát und Górtscha gefährliche Nebenbuhler. — Das Handelssystem des Mittellan-des ist daher nicht so einfach gegliedert, wie das des Südens und Nordens.

Die Hauptverkehrstrasse von Nordalbanien endlich ist bereits oben näher beschrieben worden. Da in dem Alpenknoten kein Raum für sie ist, so läuft sie auf dem Nordrande des Alpenvorlandes in einem weiten südlichen Bogen von Skodra nach Prisrénd und von da durch den Pass von Kal-kandéle und das obere Macedonien bis Adrianopel. Die in nordöstlicher Richtung von Skodra über die Centralkette nach Guzinje und Bjelopolje führende Strasse ist für den Verkehr nur von gerin-ger Bedeutung.

Die Gränzen zwischen diesen drei Handelsgebieten fallen im Ganzen ziemlich genau mit den-jenigen der verschiedenen natürlichen Gruppen des Landes zusammen, und der Uebergriff, welchen Skodra aus dem angeführten Grunde gegen Süden macht, ist in commercieller Hinsicht ohne Be-deutung.

Wenden wir uns nun vom Lande zum Volke.

Die albanesische Race zerfällt in zwei Hauptstämme, den toskischen, welcher Süd-Alba-nien (mit Einschluss des Gebietes von Berát), und den gegischen, welcher Mittel- und Nord-albanien bewohnt. Die Dialekte, welche diese Stämme sprechen, weichen etwa in dem Grade, wie Hoch- und Plattdeutsch von einander ab, das heisst, Tosken und Gegen verstehen sich einander nicht, oder doch nur höchst nothdürftig, wenn sie in dem fremden Dialekte unerfahren sind, und es gehört für beide Theile einige Zeit dazu, sich in die ungewohnte Sprechweise zu finden.

Die Sprachgränze beider Dialekte konnte bis jetzt noch nicht genau ermittelt werden, sie möchte aber nicht bedeutend von der, zwischen der zweiten und dritten Landesgruppe laufenden, natürlichen Gränze abweichen [27]). Nach der gemeinen Meinung, welche sich bei derlei Fragen nicht mit kleinen Abweichungen befasst, sondern augenfällige Merkzeichen liebt, soll der Fluss Schkumb die Gränze zwischen der Toskerei und Gegerei bilden. Dass diese Sprachgränze aber eine uralte und dass die neueren Namen gleichbedeutend mit epirotisch und illyrisch seien, das macht eine Angabe Strabo's, auf welche wir später zurückkommen werden, sehr wahrscheinlich; der Geograph

sagt nämlich: „Wer die (am Schkumb hinführende) egnatische Strasse, von der Umgegend von Epidamnus und Apollonia ausgehend, verfolgt, der hat die Epirotischen Völkerschaften, welche bis zum
Ambracischen Meerbusen vom Sicilianischen Meere bespühlt werden, zur Rechten, und zur Linken
die Gebirge von Illyrien und die daran wohnenden Völker bis nach Macedonien und Paeonien" [38]).

Zwischen Tosken und Gegen herrscht eine gegenseitige, von den Vätern überkommene Abneigung, welche namentlich in den türkischen Feldlagern, wann beide Stämme vertreten sind,
häufig zu Neckereien und Händeln Anlass gibt. Sie fechten so gerne gegen einander, dass die
Pforte bei Unruhen in der einen Hälfte des Landes sich der in der andern Hälfte geworbenen Söldner stets erfolgreich bediente [39]).

Der albanesische Volksstamm ist aber weder auf das Areal von Albanien beschränkt, noch
füllt er dasselbe vollständig aus, denn ein bedeutender Theil des Volkes wohnt ausserhalb des
Stammlandes, und viele Gegenden von Albanien, namentlich Gränzstriche, werden von Nicht-
albanesen bewohnt.

Am weitesten hat der Albanese die Gränzen seines Stammlandes bei der Lücke überschritten,
welche im nordöstlichen Winkel des Landes den Gljep von dem Schar trennt, denn hier bewohnt
er nicht nur die beiden Seiten des Schar, das Gebiet des oberen Lepenatz und der Tscrolera
Rjeka, sondern er füllt fast den ganzen Westen des türkischen Serbien, d. h. fast alles Land zwischen der Moratza und Toblitza [40]).

Er reicht aber auch hie und da über den Kamm seiner nördlichen Gränzgebirge [41]) nach
Bosnien hinein. So finden sich z. B. in den Bezirken von Kolaschin am Tara, von Guzinje, von
Plawa, an den Ufern des obern Ibar bei Ruschai, ferner in den Districten von Suodol [42]) albanesische Colonien zwischen die slavische Bevölkerung eingestreut. — Albanesen wohnen ferner in
den westlich und südwestlich von Nowi Bazar gelegenen Bergstrichen [43]).

Nach Boué [44]) finden sich albanesische Colonien auch in der östlichen Rhodope, in Bulgarien,
in Arnautkoi bei Razgrad und in Klein-Asien.

Drei andere finden sich im Kaiserstaate; die eine bewohnt in Sirmien an der Sau die zwischen
Schabatz und Mitrowitza gelegenen Dörfer Ninkintze und Herkowtze. Diese Colonisten gehören zu
dem Stamme der Clementer, bei welchem sich, wie die weiter unten mitgetheilte Sagenchronik
zeigt, die Kunde dieser Auswanderung erhalten hat. Sie erfolgte in Gemeinschaft mit vielen Serben
im Jahre 1740 unter Leitung des Patriarchen Arsenius Janowitsch IV. [45]). Die zweite Colonie
bewohnt Brizzo, eine Vorstadt von Zara in Dalmatien, und zählt gegenwärtig 880 Seelen [46]). Die
dritte Colonie, aus 210 Seelen bestehend, sitzt auf der Halbinsel Istrien 1½ Stunden nordwestlich
von Pola und bildet das Dorf Peroi [47]).

Grössere albanesische Colonien finden sich im Königreiche Neapel. Die ersten Albanesen kamen
zu Zeiten Ferdinand I. von Neapel herüber, etwa von 1460 an [48]), um die Lehen einzunehmen,
welche derselbe an Georg Kastristis (Skendérbei) zur Belohnung der Hülfe verlieh, die ihm dieser
bei der Unterdrückung der grossen Empörung der italienischen Barone geleistet hatte. Es waren
dies das Herzogthum von Farrandina und die Markgrafschaft Tripalda. Im Jahre 1467 setzte
dessen Sohn mit zahlreichem Gefolge nach Italien über und erhielt wegen der Verdienste seines
Vaters von Ferdinand I. gleichfalls Ländereien und Privilegien. — Der von den neapolitanischen Königen den vor den Türken fliehenden Christen gewährte Schutz zog fortwährend viele
albanesische und griechische Flüchtlinge in die südlichen Landestheile. Diese Einwanderungen
hörten auch mit der Eroberung von Albanien durch die Türken (1478) nicht auf, und die von Carl V.
gewährten Begünstigungen hatten im Jahre 1534 und den folgenden neue Einwanderungen zur
Folge, welche selbst unter Philipps II. Regierung fortdauerten, und wenn sie auch durch die
strenge Politik der Vicekönige eine Zeitlang unterbrochen wurden, so erneuerten sie sich doch
wieder unter der Regierung Carla III., welcher das königliche macedonische Regiment errichtete, einer neuen Colonie ausgedehnte Ländereien verwilligte und die Stiftung eines griechischen
Bisthums und albanesischen Seminariums (1736) begünstigte. Endlich wurden einer neuen Colonie
von Ferdinand Ländereien und Privilegien bei Brindisi verwilligt.

Eine kleinere Colonie besteht im Centrum von Sicilien, wo sie die vier Dörfer Contessa,
Mezzojuso, Palazzo Adriano, Piana de' Greci inne hat, welche jedoch nicht zu gleicher Zeit,

sondern nach und nach in der angegebenen Reihenfolge gegründet wurden [49]). Ein Theil dieser albanesischen Colonisten hat sich im Laufe der Zeit italisirt [50]); diejenigen, welche der Sprache, Kleidung und Sitte ihres Stammlandes bis heute treu geblieben sind [51]), werden auf 86,000 Seelen geschätzt [52]).

Die bedeutendsten albanesischen Colonien befinden sich jedoch in dem griechischen Königreiche. Mit Ausnahme von Aetolien und Akarnanien, Lakonien und Messenien sitzen dort Albanesen in allen Provinzen des Festlandes und Peloponeses; sie bilden die überwiegende Mehrzahl der Bevölkerung in Böotien, Attika, Megara und Argolis; die Inseln Hydra, Spezzia, Poros (Kalauria) und Salamis sind ausschliesslich von Albanesen bewohnt; sie haben endlich fast das ganze südliche Euböa und den nördlichen Theil der Insel Andros inne. Genaue Angaben über ihre Anzahl fehlen, indem bis jetzt bei den amtlichen Zählungen die verschiedenen Volkselemente des griechischen Königreiches nicht unterschieden worden sind. Nach beiläufigem Ueberschlage möchten nahe an 200,000 Albanesen in Griechenland wohnen und dieselben hiernach etwa ein Fünftheil der Gesammtbevölkerung ausmachen [53]). Sie bekennen sich sämmtlich zur griechischen Kirche [54]). Die Zeit ihrer Einwanderung fällt in's 14. und 15. Jahrhundert [55]).

Wir gehen nun zur näheren Prüfung der Bevölkerung von Albanien über, und zerlegen zu diesem Behufe vorerst den südlichen Theil des Landes oder Epirus in 4 Sprachterritorien, nämlich ein rein albanesisches, ein rein griechisches, ein aus beiden Elementen gemischtes und ein wallachisches.

Das rein albanesische Territorium nimmt den Norden des Landes ein, seine südliche Sprachgränze läuft, von den Bergen von Desnico in der Pinduskette ausgehend, in südwestlicher Richtung zwischen den Orten Chiontades und Wurbjani gegen die Wiússa, durchschneidet das Bett dieses Flusses zwischen Mezareth und Ostanitza, läuft von da (vermuthlich auf der Gränze der Landschaften Çagória und Pogonjani) in gleicher Richtung bis zu der Bergkette, welche den Ostrand des Thales von Argyrokastron bildet, übersteigt dieselbe zwischen den Orten Prawista und Palaeo Episcopi, durchschneidet das erwähnte Thal in der Richtung von Süd-Ost nach Nord-West und steigt zwischen Ljazaráti, dem ersten Dorfe südlich von Argyrokastron (kaum ¼ Stunde von dieser Stadt entfernt) und dem ½ Stunde südlicher gelegenen Dorfe Derwidschjana, die den westlichen Thalrand bildende Bergkette hinan [56]).

Bis hierhin trennt die beschriebene Gränze das rein albanesische von dem in den Südosten des Landes fallenden rein griechischen Territorium. Ueber die westliche Fortsetzung dieser Gränze bis zum Meere, welche das rein albanesische Land von dem südlichen Küstenstriche trennt, dessen Bewohner zweizüngig sind, fehlen dem Verfasser nähere Nachweise und er vermag daher nicht einmal anzugeben, zu welchem Territorium das Gebiet von Delwino zu rechnen sei.

Es ergibt sich bereits aus dem Obigen, dass das rein griechische Territorium sich mit dem gemischten in den Süden des Landes theile, und dass das erstere dessen östliche, das letztere dessen westliche Hülfte einnehme; den Lauf der Gränze, welche beide Gebiete trennt, kann der Verfasser jedoch nur im Allgemeinen dahin bestimmen, dass sie in der nördlichen Nachbarschaft von Prewesa die Küste berühre und im Gebiete des Charadrus nordwärts laufe, später aber (wohl bei dem Olytska-Gebirge) sich gegen Nordwesten wende, bis sie die Bergkette erreicht, welche den westlichen Thalrand des unteren Dryno bildet, und, wie wir oben bemerkten, von der ostwestlichen Sprachgränze gekreuzt wird [57]).

Die Bevölkerung des Küstenstriches spricht zwei Sprachen, nämlich albanesisch und griechisch, und man behauptet, dass die Entscheidung, welches die Landes- und welches die fremde Sprache sei, dadurch erschwert werde, dass an den meisten Orten beide als Hauptsprachen neben einander beständen und von den Kindern zugleich erlernt würden; doch möchte wohl eine genauere Untersuchung andere Resultate liefern, denn so war und ist, um nur eines Beispiels zu erwähnen, in der berühmten Berglandschaft von Suli das Albanesische die Haus- und Familiensprache, wenn auch die Weiber und die Kinder griechisch verstehen, auch hörte der Verfasser von rein griechischen Sprachinseln, die in jenem Gebiete liegen und wo nicht einmal die Männer albanesisch verständen.

Das rein griechische Sprachgebiet zieht sich von der nördlichen Küste des Ambracischen Meerbusens, welches ihm ausschliesslich gehört, in nördlicher Richtung bis zu der oben beschriebenen

Linie, auf der es an das rein albanesische Territorium stösst. In diesem Gebiete liegen die Städte Jánnina, Arta und Prewesa, in denen selbst der türkische Theil der Bevölkerung das griechische als Muttersprache spricht.

Obgleich das rein griechische Sprachterritorium von Epirus den Südosten des Landes einnimmt, so stösst es doch nicht unmittelbar an das sprachverwandte Thessalien, sondern wird von demselben durch das wallachische Territorium getrennt, welches die Hauptkette des Pindus von der Breite von Conitza im Norden bis fast zur Breite von Arta im Süden inne hat [58]) und sich dabei noch in westlicher Richtung über den nördlichen Theil der Parallelkette des Pindus, welche die Quellen des Achelous von dem Gebiete des Arachtus trennt [59]) und über die östlichen Theile des Lingongebirges ausdehnt [60]). — Hier finden sich also die Wlachen in dem ungetheilten Besitz zusammenhängender Landstriche [61]); da dies aber gedehnte Gränzgebirge sind, so gehören die Pinduswlachen zu verschiedenen politischen Verwaltungen und leben im Zustande völliger Vereinzelung. Sie haben daher auch, gleich ihren über die griechisch-illyrische Halbinsel zerstreuten Brüdern, alles Gefühl von Zusammengehörigkeit verloren, wenn sie es überhaupt jemals besessen haben sollten. Der griechisch-illyrische Wlache unterscheidet sich von dem Griechen und Albanesen hauptsächlich durch den Mangel an Nationalsinn, und alles dessen, was damit zusammenhängt.

Die Pinduswlachen [62]) leben übrigens in schönen fleckenähnlichen Dörfern und erfreuen sich bei ihrer nüchternen und arbeitsamen Lebensweise grossen Wohlstandes. Ein Theil der Bevölkerung setzt nach der Sitte der Väter das nomadische Schäferleben fort und bringt den Sommer in den Bergen, den Winter in den warmen Küstenebenen von Thessalien und Griechenland zu. Ein anderer verfertigt das grobe Wollenzeug, aus welchem die Schiffermäntel (Capoti) gemacht werden. — Ein dritter endlich besteht aus Kaufleuten, Mantelschneidern, Schenkwirthen und Goldarbeitern, welche gleich andern epirotischen Bergbewohnern ihr Gewerbe in der Fremde treiben, ihre Familien aber in der Heimath zurücklassen.

Zur besseren Uebersicht recapituliren wir die obige Darstellung mit Benutzung der altepirotischen Landschaftsnamen. — Heutzutage spricht man albanesisch in der Chaonia und Atintania; albanesisch und griechisch in der Kestrine, Thesprotia [63]) und Kassopaia; griechisch in der Molossis, Dodonaea, Melotis und Paravia; wlachisch in der Tymphaia (mit Ausnahme ihres Westendes) und in den nördlichen Theilen der Perrhaebia und Athamania.

Wir brauchten oben den Namen toskisch, im Gegensatze zu gegisch, zur Bezeichnung des gesammten südalbanesischen Volkselementes. Diese Ausdehnung hat jedoch der Name nur bei den Gegen und den übrigen Nachbaren von Südalbanien; im Lande selbst hat er eine weit beschränktere Bedeutung. Toskeria heisst hier eine kleine Landschaft, die sich nordwestlich von Tepelen an das nördliche Ufer der unteren Wiússa anlehnt; doch antworten auch die albanesischen Bewohner der Landschaften von Argyrokastron, Çagoria [64]), Premet und Dangli (d. h. alles was im Gebiete der oberen Wiússa albanesisch spricht) auf die Frage nach der Bezeichnung, welche sie von den übrigen Südalbanesen unterscheidet, mit dem Namen Toske. Derselbe wird aber niemals auf den nördlich von den genannten Landschaften wohnenden Beratiner ausgedehnt, deren Dialekt, obwohl der Grundlage nach toskisch, schon vielfache gegische Anklänge enthält.

Das alte Chaonia, d. h. alles Land zwischen der unteren Wiussa und der See, heisst jetzt bei den Umwohnern und Nachbarvölkern die Laperei im weitern Sinn und die Eingeborenen Lapen. Da aber dieser Name von der Nachbarschaft in doppelter Beziehung als Schimpfwort gebraucht wird und den Begriff eines zerlumpten und unreinlichen mit dem eines diebischen und raublustigen Menschen verbindet, so weisen ihn die Eingebornen als beschimpfend zurück, und behaupten, dass sie von jeher nur Arber und ihr Land die Arberei heisse. Dieses umfasst ungefähr folgende vier Hauptstriche: 1. die Landschaft von Awlona [65]), welches die Tosken Wljóres, die Gegen Wljónes nennen und mit dem südlichen Ende der oben beschriebenen Küstenebene, zum grössten Theil von Muhamedanern bewohnt; 2. den von Chimára im Süden des ersteren mit dem aus steilen und nackten Felswänden bestehenden Küstengebirge, welches vor Alters die Akrokeraunien genannt wurde, mit griechischen Christen bevölkert; 3. den von Délwino im Süden des Landes mit dem fruchtbaren Gebiete des Pawlaflusses; 4. das sogenannte Kurwelésch, das lapische Hinterland, welches sich westlich von der Mündung des Dryno in die Wiússa und südlich von Tepelén erhebt, und auf das die drei eben genannten Striche den Namen der Laperei beschränkt wissen wollen. Der Kern dieses von keinem der früheren Reisenden betretenen Berglandes [66]) ist der Winkel, den die Berge von Argyrokastron und die am südlichen Ufer der untern Wiússa jäh aufsteigende Kette bilden und dessen Spitze von einer kleinen, mit originell geschnittenen Hügeln eingefassten Hochebene gekrönt wird. Auf dieser liegt Níwitza. Die grössten Theils aus dünnen Kalksteinschichten bestehenden Gebirgsmassen scheinen bei der Hebung die horizontale Lage, in der sie sich bildeten, wenig oder gar nicht verändert zu haben, aber durch mehr oder minder tiefe und klaffende Risse in senkrechter Richtung gespalten worden zu sein, welche dann durch atmosphärische Einflüsse und die Wässer, denen sie zu Rinnsalen dienen, allmälig erweitert wurden. Der Verfasser sah ein Paar solcher Risse, die bei geringer Breite an der Oberfläche eine solche Tiefe hatten, dass das Auge nicht bis zu dem Wasser dringen konnte, das man auf dem Boden dieser finstern Räume rauschen hörte. Dass ein solches Land nicht fruchtbar sein könne, bedarf wohl keiner Erwähnung. Trotz der sorgfältigsten Benutzung jedes urbaren Plätzchens zieht die Landschaft im Durchschnitt nur die Hälfte ihres Brotbedarfes. — Die muhamedanische Bevölkerung theilt sich in Schäfer und reislaufende Krieger und da der Wirkungskreis der letzteren stets beschränkter wird, so soll auch die sprichwörtliche Armuth dieser Gegenden in steter Zunahme begriffen sein.

In Mittelalbanien (dem Grammosland und dem Vorland der Alpen) sind die Volksverhältnisse weit einfacher, weil hier das griechische Element gänzlich fehlt und zwischen dem albanesischen nur wlachische Colonien, wiewohl zahlreich, eingestreut sind. Diese letzteren verbreiten sich nicht nur über die Bezirke von Elbassán, Pekín und Cawája, sondern finden sich auch zahlreich in dem Gebiete von Berát, besonders in dessen Küstenebenen, der sogenannten Musakjá, wo sie (im Gegensatze zu ihren Stammverwandten) vorzugsweise dem Ackerbau obliegen. Auch bestehen in den genannten Städten, ferner in Durazzo und Tyranna besondere Wlachenviertel oder Vorstädte.

Eine Ausnahme bildet das Gebiet des Sees von Ochrida, welches von Bulgaren mit Wlachen [67]) untermischt bewohnt wird und wo sich keine Albanesen finden sollen. Diese beginnen erst im Thal des schwarzen Drin. Ob das bulgarische Element in dieses Thal von Osten her herüberreiche oder nicht, konnte der Verfasser nicht genau erfahren. Boué's Angabe, dass beide Seiten des Schar von Albanesen bewohnt werden, lässt indess vermuthen, dass auch in den südlichen Theilen des Thales nur Albanesen wohnen.

Im nördlichen Albanien (Alpenland) finden sich weder Griechen noch Wlachen; dagegen wohnen in den nördlichen Theilen des Landes Serben und zwar nicht bloss innerhalb der natürlichen Landesgränzen, sondern auch innerhalb des politischen Albaniens, dessen Gränzlinie, wie oben bemerkt worden, nicht mit der natürlichen zusammen fällt.

Die Sprachgränze bildet demnach wenigstens in der Westhälfte des Paschaliks von Skodra eine dritte selbstständige Linie. Wir nehmen bei ihrer Verfolgung den See von Skodra zum Ausgangspunkt und theilen dessen Ufer in eine nördliche, kleinere, slavische und eine südliche, grössere, albanesische Hälfte. Auf der Westseite desselben läuft die Sprachgränze zwischen dem slavischen Dorfe Plawnitza und der Sumpfbucht des grossen Sees, — welche auf unseren Karten der See von Hum, von den Eingebornen aber der von Hotti genannt wird, — von dem Seeufer ausgehend in nördlicher Richtung mit anfangs östlicher, später westlicher Beugung, zwischen den Dörfern von Wrána (slav., griech. gläub.) und Túsi (alban., muham.), der Stadt Podgóritza (slav., muham. und griech. gläub.) und dem Dorfe Gruda (alban., kathol.) und steigt dann in nordöstlicher Richtung zwischen den Dörfern Fúndena (halbalb., halbslav.) und Triópschi (albanes., kathol.) mit der Bergkette, welche den nördlichen Rand des untern Çemflusses bildet, bis zum Berge Kom, von wo sie, so weit das Paschalik von Skodra reicht, in östlicher Richtung laufend mit den oben beschriebenen Bergketten zusammen fällt, welche die Wasserscheide zwischen dem Gebiete der Donau und dem des vereinigten Drin bilden. Ueber ihre weitere Fortsetzung gegen Osten fehlen dem Verfasser nähere Daten; er weiss nur, dass in dem Gebiete des weissen Drin Serben, und zwar, wie es scheint, in bedeutender Anzahl sitzen.

Ob und wie weit aber sowohl dieses Gebiet, als auch der nördliche Abhang der das natürliche Albanien abgränzenden Gebirgsketten, welcher, wie wir oben gesehen, theilweise von Albanesen bewohnt wird, zu den gemischten Sprachterritorien zu rechnen sei, das bedarf noch näherer

Untersuchungen, welchen auch die Bestimmung der albanesischen Sprachgränze in der mösischen Hochebene zufällt.

Der Mündung des Sumpfes von Hotti in den See von Skodra westlich gegenüber liegen auf dem östlichen Ufer des letzteren Sees zwei Dörfer oder besser Dorfhälften, welche die Häfen der beiden andern etwa 1 Stunde landeinwärts gelegenen Hälften bilden; das südliche heisst Schestáni, das nördliche Grínitza (die Häfen und die Bergdörfer werden im Slavischen durch die Beisätze Doni und Gorni unterschieden [66]).

In Schestáni-Gorni ist die Bevölkerung ganz, in Schestáni-Doni nur zu $\frac{2}{3}$ albanisch und katholisch; zu $\frac{1}{3}$ slavisch und griechisch gläubig. Von Grinitza sind aber beide Hälften ganz slavisch und griechisch gläubig. Von Schestáni südlich spricht alles albanesisch, von Grínitza nördlich alles slavisch [69]). Zwischen diesen beiden Dörfern zieht also die Sprachgränze vom See zu der Bergkette hinan, welche in der Mitte des den See vom Meere trennenden Isthmus hinläuft. Sie springt jedoch von dieser zugleich mit dem Flüsschen Rjéka Merkofscha, welches auch die politische Gränze zwischen den Bezirken von Skodra und Antivari bildet, in südwestlicher Richtung ab, und kreuzt mit diesem die zwischen den genannten Städten führende Heerstrasse. An dieser Strasse liegt $\frac{3}{4}$ Stunden südlich von dem Flusse das erste albanesische Dorf Grütha und $\frac{1}{4}$ Stunde nördlich das erste slavische Dorf, Mérkowitsch genannt. Das Flüsschen mündet eine kleine Stunde südwestlich von Grütha in den See von Schass (welcher in gleicher Richtung in die Bojanna abfliesst); die Sprachgränze muss noch vor seinem Ausflusse in westlicher Richtung abspringen und nordwärts von Ulkín (ital. Dulcigno) die See berühren; weil diese Stadt rein albanesische Bevölkerung hat.

Die Gesammtzahl der im türkischen Reiche lebenden Albanesen wird in runder Summe auf 1,600,000 Seelen [70]) angeschlagen, eine Schätzung, welche Boué eher zu gering, als zu hoch findet. Der Almanach von Gotha für 1852 setzt gleichwohl nur 1,500,000 Albanesen an. — Uns steht hierüber kein Urtheil zu; wir bemerken daher nur, dass schon Leake (1806) Albanien zu den bestbevölkerten Provinzen des türkischen Reiches rechnet.

Man nimmt allgemein an, dass in der albanesischen Gesammt-Bevölkerung das christliche Element von dem muhamedanischen überwogen werde; es ist uns jedoch nicht möglich, das Verhältniss derselben auch nur annäherungsweise in Zahlen zu bestimmen. Das muhamedanische Element [71]) verbreitet sich fast über alle Theile des Landes und ist, einzelne Ausnahmen abgerechnet, auf die albanesische Race [72]) beschränkt, denn Griechen und Wlachen, d. h. die nicht albanesische Bevölkerung im südlichen Lande, bekennen sich ohne Ausnahme zur griechischen Kirche und unter den im nördlichen Gränzrande lebenden Slaven scheinen die Muhamedaner in der Minderzahl zu sein. In der Regel findet sich die muhamedanische Bevölkerung in der Art mit der griechischen gemischt, dass sie das aristokratische Element bildet; dies ist namentlich in allen Städten der Fall.

Nur wenige grössere Landstriche sind ausschliesslich mit Muhamedanern bevölkert; zu dieser Ausnahme gehört das oben beschriebene Kurwelésch und wohl auch das ganze Thal des oberen Arçén mit den dazu gehörigen Gebirgen und die Landschaft Mát.

Dagegen gibt es mehrere ausschliesslich von Christen bewohnte Landschaften. Man kann zu denselben das ganze griechische Sprachterritorium rechnen, denn dort bekennt sich die ganze Landbevölkerung zur griechischen Kirche und finden sich nur in den Hauptstädten Joannina, Arta und Prewesa und zwar als kleinerer Bevölkerungstheil Muhamedaner, deren Gewerbe und Handel treibender Theil sich als Clienten um die reichbegüterten, aber meist sehr verschuldeten Geschlechter gruppirt, welche den eigentlichen Adel des Landes bilden, und nicht nur wegen ihrer Familienverbindungen, sondern grössten Theils auch wegen ihrer Abstammung [73]) als die Vertreter des albanesischen Elementes in jenen Gegenden angesehen werden können.

In dem rein albanesischen Theile des Südens ist ferner der Küstenstrich der Chimara ausschliesslich von griechischgläubigen Albanesen bewohnt, die sich früher einer durch grossherrliche Fermans verbrieften völligen Unabhängigkeit von den benachbarten türkischen Autoritäten erfreuten und nur zur Heeres-Folge verpflichtet waren. — Dasselbe gilt auch von den Bergstrichen des berühmten Suli, deren Bewohner bekanntlich bis zum Anfang dieses Jahrhunderts ganz in demselben Verhältnisse zu den Türken standen, wie die Montenegriner noch heut zu Tage stehen. Als Ali Pascha endlich die Bezwingung dieser Striche gelang, wanderte nur der Kern ihrer Bevölkerung aus, aber die Bewohner der zugewandten und namentlich der unterthänigen Orte blieben zurück.

Im Norden des Landes lebt der katholische Kriegerstamm der Mirediten frei von jeder muhamedanischen Beimischung, weil jedes seiner Mitglieder, welches zum Islam übertritt, nach altem Herkommen die Landschaft verlassen muss. — Im Paschalik von Skodra endlich ist Pulati, der östlichste Bergdistrict, ausschliesslich von katholischen Albanesen bewohnt.

Der türkische Albanese weiss, dass seine Voreltern Christen waren, und er vermag in vielen Fällen die Zeit nach Geschlechtern zu bestimmen, in welchen der Abfall seines Dorfes oder seiner Landschaft Statt hatte; denn die Bekehrungen zum Islam gingen in der Regel nicht nur massenweise vor sich, und der Beweggrund war dann stets der Wunsch, sich dem Drucke muhamedanischer Grundherren oder Nachbarn zu entziehen, sondern sie tragen auch zum Theile ein sehr junges Datum [74]).

Der Islam machte in Albanien bis vor wenigen Jahren beständige Eroberungen, sowohl gegen die griechische, als auch gegen die katholische Kirche, und es darf daher nicht Wunder nehmen, wenn Leake und Pouqueville in der Befürchtung übereinstimmen, dass das christliche Element dem Drucke der Verhältnisse, wie sie dieselben im Anfange dieses Jahrhunderts kennen lernten, auf die Dauer nicht widerstehen und dies altchristliche Land allmälig in ein rein muhamedanisches verwandelt werden würde.

Unter der Herrschaft des türkischen Reform-Systems mildert sich jedoch der früher auf den Christen lastende Druck mehr und mehr; seitdem namentlich die muhamedanische Bevölkerung der Conscription unterliegt, ist für die Christen nicht nur jede Versuchung zum Abfall beseitigt, sondern wünschen sogar diejenigen, welche den Islam nur zum Scheine angenommen haben, der Kirche, zu welcher sie sich insgeheim bekennen, auch wieder öffentlich anzugehören.

Solche heimliche Christen finden sich in Südalbanien nur in der nordöstlich von Berat gelegenen Landschaft von Schpath; dieselbe wird von einem streitbaren Völkchen bewohnt, das nur selten einem Türken den Eintritt in seine Dörfer verstattet, in denen sich Kirchen und Capellen finden und der Gottesdienst von einem in Berat wohnenden Priester besorgt wird; denn sie bekennen sich, wie alle Christen im Süden des Landes, zur griechischen Kirche. Um jedoch der Zahlung der Kopfsteuer und anderweitigen Bedrückungen zu entgehen, haben die Bewohner seit unvordenklichen Zeiten türkische Namen angenommen und gelten daher bei den türkischen Behörden für Muhamedaner. Seit mehreren Jahren verlangen sie, wohl hauptsächlich aus dem oben angeführten Beweggrunde, sich auch öffentlich zu ihrem wahren Glauben zu bekennen und gleich ihren Glaubensbrüdern Kopfsteuer zu zahlen und haben zu dem Ende einen eigenen Abgeordneten nach Constantinopel gesandt, dessen Bemühungen jedoch bis jetzt erfolglos waren.

In Mittelalbanien und dem Westen von Nordalbanien (dem Paschalik von Skodra) gibt es keine geheimen Christen; dagegen finden sie sich in dem Paschalik von Prisrénd so zahlreich, dass die Gesammtzahl der dortigen Kryptokatholiken auf nicht weniger als 8000 Seelen angeschlagen wird. Ihrer Abstammung nach sollen sie meistens Albanesen und nur einige im Norden des Landes gelegene Dörfer slavischen Stammes sein. Zu letzteren gehört das Dorf Giláni, welches durch das Schicksal seiner Bewohner eine traurige Berühmtheit erlangt hat, denn diese wurden bekanntlich wegen ihres öffentlichen Rücktrittes zur katholischen Kirche unter schauderhaften Misshandlungen nach Asien geschleppt, von wo kaum die Hälfte nach ihrer Heimath zurückkehrte, nachdem es endlich den Bemühungen der Diplomatie gelungen war, von der Pforte die Erlaubniss hiezu zu erwirken, — denn die grössere Hälfte war den Misshandlungen während des Transportes und dem ungesunden Klima ihres Verbannungsortes erlegen.

Im südlichen Albanien und den angränzenden Theilen des mittleren [75]) gibt es nirgends Katholiken, die dortigen Christen, seien sie albanesischer, griechischer oder wlachischer Abstammung, bekennen sich zur griechischen Kirche. In den nördlichen Theilen von Mittelalbanien und dem Paschalik von Skodra ist das christliche Element der Bevölkerung katholisch. In dem Paschalik von Prisrénd theilt sich dagegen die katholische Kirche mit der griechischen Kirche in die christliche Bevölkerung. Wir sind nicht im Stande das numerische Verhältniss beider Theile anzugeben, halten uns aber zu der Annahme berechtigt, dass der griechische bedeutend sein müsse, weil dort mehrere berühmte und reich begüterte griechische Klöster liegen, in deren einem ein griechischer Erzbischof residirt, dessen Sprengel sich über das ganze nördliche Albanien erstreckt.

Wollte man von diesem abgelegenen Landestheil Umgang nehmen, so könnte man das zwischen Schkúmb und Arçén von Westen nach Osten laufende Geräbe-Gebirge als die Gränzscheide beider Confessionen bezeichnen und Albanien, abgesehen von dem muhamedanischen Bevölkerungselemente, in zwei Hälften theilen, von welchen die nördliche von katholischen Gegen und die südliche von griechisch gläubigen Tosken, Griechen und Wlachen bewohnt wird.

Der katholische Klerus des nördlichen Albaniens steht gleich allen übrigen Kirchen in partibus infidelium unter der Leitung der saera congregatio de propaganda fide, auf deren Vorschlag die dortigen Bischöfe von dem Papst ernannt werden. Die albanesische Provinz zerfällt in sieben Diöcesen. Es sind dies die Erzbisthümer von Antíwari [76]), von Durázzo, dessen Vorstand seit geraumer Zeit seinen Sitz in Kurbíno an der Wardassa, einem Neben-Flusse des Mát (also an der Westgränze des Landes der katholischen Mirediten), aufgeschlagen hat, und von Skópia, dessen Residenz bereits seit Jahrhunderten nach Prisrénd verlegt wurde, und die Bisthümer Skodra, Alessio, Çáppa und Pulati. Diese Bisthümer stehen zu den Erzbisthümern in keinerlei hierarchischer Unterordnung und verkehren gleich diesen direct mit Rom. Obgleich die meisten derselben aus mehreren alten Bisthümern bestehen, welche im Laufe der Zeit zu einem Ganzen verschmolzen wurden, so ist der Umfang derselben dennoch zum Theile so gering, dass er an die christliche Urzeit erinnert.

Das Erzbisthum	Durázzo	hat	8	Pfarreien	und beiläufig	10,000	Seelen,
„	„ Antíwari	„	6	„	„ „	3,000	„
„	„ Skópia	„	6	„	„ „	10,000	„
„	Bisthum Skódra	„	26	„	„ „	28,000	„
„	„ Aléssio	„	24	„	„ „	19,000	„
„	„ Çáppa	„	25	„	„ „	16,000	„
„	„ Púlati	„	8	„	„ „	10,000	„

Die Gesammtzahl der Katholiken in Nord-Albanien beträgt demnach beiläufig 96,000 Seelen. Sie gehören grösstentheils zum albanesischen Stamme, indem nur der nördliche Theil der an der Nordgränze des Landes liegenden Erzbisthümer von Antíwari und Skópia (Prisrénd) von katholischen Slaven bewohnt wird.

In Albanien bestehen ausserdem fünf apostolische Präfecturen des Franciscaner-Ordens, deren jeder eine Anzahl Klöster untersteht [77]). Von diesen sind nur zwei oder drei mit ansehnlichem Grundvermögen dotirt, aber auch sie haben nie mehr als einen Klosterbruder, die übrigen sind arm und daher viele von ihnen verlassen, entweder weil deren frühere Inhaber weggestorben, oder weil sie sich wegen Mangels an Subsistenzmitteln nicht halten konnten.

Was den Zustand der albanesischen Kirche betrifft, so fand ich denselben, so weit ich mich mit ihm bekannt machen konnte, über Erwarten wohl geordnet. Die Wohnungen sämmtlicher Bischöfe sind nach Landesbegriffen höchst anständige Gebäude und die äussere Erscheinung der Prälaten ihrer Würde entsprechend. Was aber die übrigen Geistlichen und Landpfarrer betrifft, welche ich zu besuchen Gelegenheit hatte, so fand ich auch hier das gewiss unparteiische Zeugniss des protestantischen Missionärs Fletcher [78]) bestätigt, dass sich der katholische Klerus im Oriente in vortheilhafter Weise durch grössere Intelligenz, wie selbst im Aeussern durch Anstand und Sauberkeit, vor dem aller anderen christlichen Kirchen auszeichne. Die Kirchen sind zwar niedrig und klein und in ihrem Innern höchst ärmlich; doch werden sie sauber und anständig gehalten und von den Pfarrkindern sehr fleissig besucht. Nur die Stadt Skodra besitzt bis jetzt noch keine Kirche. Der Gottesdienst wird dort für den grössten Theil der Gemeinde im Freien gehalten; die reicheren Familien besitzen in der Regel kleine Hausaltäre, vor welchen sie im Winter Messe lesen lassen. Doch ist es vor einigen

Jahren dem dortigen Bischofe gelungen, von dem Pascha die Erlaubniss zur Erbauung einer Capelle in dem Hofraume seiner Wohnung zu erhalten.

Das Hauptregulativ der albanesischen Kirche bilden die Decrete des im Jahre 1703 in der Kirche des St. Johann des Taufers von Merkinje der Diöcese von Alessio abgehaltenen Provincial-Conciliums [79]).

Noten zum ersten Abschnitt.

[1]) Die Zermanja und Dschettina benützten hiezu eine kleine gleichsam zufällige Lücke, und welche Windung muss die letztere machen, um sie zu gewinnen! Die Einfahrt zu dem Meeresarm, in den die Kerka fällt, ist von senkrecht in das Wasser abfallenden Felswänden eingefasst. (Sie erinnert lebhaft an die Bucht der Laestrigonen. Odyss. X, 80. Der Verfasser lässt die Identität der Bucht von Sebenico mit der des Dichters dahingestellt sein, er bemerkt nur, dass ihm hier alles wie bekannt vorkam, obgleich er vor seinem Besuche von Sebenico kaum den Namen kannte, und er sich lange besinnen musste, ehe ihm der Grund klar wurde.) Nur der Narenta wurde ein Raum von einer geographischen Meile zur Bildung einer Küstenebene verstattet, an welcher sie fortwährend arbeitet.

[2]) Wer die Mühe nicht scheut, sich durch dies Gewirr Bahn zu brechen, der kann drei grosse Kesselsysteme unterscheiden, welche sich längs dieser Küste hinziehen. Das nördliche beginnt südlich vom Gebiete des Isonzo mit dem Planines und Zirknizer-Becken und zieht sich bis zum Flussthal der Zermanja. Seine Länge mag über 30, seine grösste Breite etwa 9 geographische Meilen betragen.

Zwischen diesem nördlichen Kesselsysteme und dem mittleren liegt eine etwa 2 geographische Meilen lange Wasserscheide, welche zwischen den Dörfern Kalderma und Dulgopolje laufend die hier unmittelbar an einander stossenden Gebiete der Kerka und Unna (im weiteren Sinne die der Adria und der Donau) abgrenzt.

Das mittlere System reicht bis zum Gebiete der Narenta und mag etwa 20 geographische Meilen Länge und 7 grösste Breite haben. Es wird mit dem südlichen durch die etwa 20 Meilen lange Kette der Raduscha, Bitownja, Iwan und Karindscha-Berge verbunden, welche die Wasserscheide zwischen der Narenta einer und der Bosna und Drina anderer Seits bildet. Das Gebiet der Narenta wird jedoch gegen Westen, in der Richtung nach der Küste von dem in ihren entgegengesetzten Spitzen mehr und mehr zusammentretenden mittleren und südlichen Kesselsysteme allmälig so verengt, dass dem Flusse kaum Raum zum Durchbruche nach dem Meere bleibt und von diesem aus sein Gebiet als hinter den beiden Kesselgebieten liegend angesehen werden muss.

Das südliche Kesselsystem reicht vom Gebiete der Narenta bis zu dem des Sees von Skodra, und mag etwa 18 geographische Meilen lang und 10 breit sein.

Das nördliche und südliche System schliessen sich in ihrer ganzen Länge hart an die Küste an, das mittlere berührt dieselbe nur mit seinem südlichen Ende (bei Macarsca), denn seine Hauptmasse fällt auf die östliche Seite der Dinarischen Hauptkette. Dagegen ziehen sich westlich von dem mittleren Systeme und getrennt von den beiden übrigen zwischen der Zermanja und Dschettina zwei kleinere Kesselterritorien längs der Küste hin, welche durch das Gebiet der Kerka von einander getrennt sind. Sie nöthigen die Zermanja zu einem nordwestlichen und die Dschettina zu einem südöstlichen Laufe, denn sie liegen zwischen dem Gebiete dieser Flüsse und dem Meere.

[3]) Ein genauer Kenner des Landes, und besonders seiner Grenzen, schilderte dasselbe dem Verfasser mit folgenden Worten: Da wo die Bäume aufhören und die Steine anfangen, da hört Bosnien auf, und fängt Dalmatien an. Die zum Theil fabelhaften Berichte der Alten von der Fruchtbarkeit von Illyrien möchten auf Illyricum proprium, d. h. die fetten Küstenebenen zwischen dem

Labeatis-See und den Akrokeraunien zu beschränken sein. — Wenn einige dalmatinische Küsten-streife ein freundlicheres Ansehen bieten als es die obige Schilderung vermuthen lässt, wenn einzelne Punkte sogar reizend genannt werden können, so verdanken sie dies nur ihren Bewohnern, welche den durch Handel und Schiffahrt erworbenen Wohlstand zum Bau-schmucker Häuser und zur Anlage schöner Gärten und Pflanzungen zu verwenden pflegen.

³) Alle ältere Karten sind in der Darstellung dieses Berglandes höchst ungenau, denn sie zeichnen eine Gebirgskette in nordsüdlicher Richtung als scharfe Wasserscheide zwischen das Gebiet des Busens von Kattaro und das des Sees von Skodra, verlängern demgemäss den Lauf der Rjeka Zernowitza bis zur Hauptstadt Cetinje, oder verlegen gar deren Quellen westlich von derselben und geben dem Gebiete der Moratza gleichfalls eine ungebührliche Ausdehnung gegen Westen. So fehlerhaft die Karte von Karaczay in ihren Details sein mag, so bleibt ihr doch das unbestreitbare Verdienst, die Kartsbildung des Kerns von Montenegro zuerst aufgewiesen zu haben. Als Grenzscheide zwischen der Kartsbildung und den Gebieten Moratza und Rjeka lässt sich im grossen Ganzen eine von Süden nach Norden über die Berge Oschmin, Dubowik, Doberschtikj und Stawor zu der Garatz-Kette gezogene Linie betrachten, welche von der Nordspitze dieses Gebirges auf den Medschedschie überspringt und von da an bis zum Ubli-Berge dem spitzen Winkel folgt, welchen die südöstlichen Wände des grossen Kessels von Nikschitj bilden. Von Ubli springt die scharfe Wasserscheide zwischen Moratza und Drina in nordöstlicher Richtung zum nahen Dormitor, wo sie weiter unten aufgegriffen werden soll.

⁴) Das Gebiet der Boeche di Cattaro bildete früher den nördlichen Theil des venetianischen Küstenterritoriums, das sich bis Durazzo erstreckte. Als die südlichen Theile an die Türken ver-loren gingen, blieb der Name Albanien auf jenem Reste haften, welcher noch heut zu Tage öster-reichisches Albanien genannt wird. Dasselbe wird ebenso wie Montenegro und der nördliche (und zwar grössere) Theil der obenerwähnten Landenge von Slaven bewohnt, deren Sprachgebiet sich auf dieser letzteren durch eine scharfe (später zu beschreibende) Linie gegen das albanesische abgrenzt. Im Verlaufe dieses Werkes wird unter Albanien schlechthin stets nur das türkische und speciell dessen albanesisch sprechenden Theile verstanden werden.

⁵) Boué ist unseres Wissens der erste, welcher diesen Gebirgsknoten entdeckt und näher beschrieben hat. Er sagt darüber in seiner Turquie d'Europe I, S. 21, Folgendes: Depuis la Ro-gosna-Planina, au S. E. de Novibazar, jusqu' à la Moratscha, dans le Montenegro les crêtes qui sont séparées en Bosnie par de grandes vallées sont réunies en un grand noeud de montagnes, dont on ne retrouve pas le semblable en Turquie, car celui du Pinde autour de Metzovo ne peut lui être comparé, ni pour l'étendue ni pour l'élévation. Ce district d'aspérités est limité à l' E. par les montagnes autour des bassins de Novibazar et d' Ipek, le Rogosna-Planina, le Kurilo-Planina, au dessous de Tzrkoles et les montagnes de Detschiani, au S. par les parties supérieures des vallées de Schalja, de Boga, de Hoti et du Zem, à l'O. par la Moratscha supérieure et la plaine élevée de Gatzko, le Dormitor et les montagnes de Volojak et de Pirlitor, tandis qu'au N. se trouve la vallée inférieure de la Tara, Bielopolje, la plaine de Suodol et les montagnes entre Senitza et Gleditza. — En ligne droite la largeur de ce noeud de montagnes peut avoir 14 l. de l'E. à l'O. et 16 à 18 l. du N. au S., tandis que du N.-E. au S.-O. on peut lui en donner au delà de 17 à 18 et du N.-O. au S.-E. 32 à 36. Ces dernières dimensions indiquent déjà que ce n'est qu'une réunion de crêtes allongées dans cette direction. En effet on y retrouve le prolongement S.-E. des chaines montenegrines du Polievitza, du Kom et du Koutsch dans les montagnes de Schalja et de Prokletia et dans celles entre Schalja et Deschjani. Le Ljoubischnia et ses contre-forts entre la vallée du Tara et du Lim, se continuent dans le Visitor, le Troitza, le Brata et les montagnes de Plava; la chaîne entre le Lim et le Vappa dans le Mokra-Planina, le Zmilevitza-Planina, le Dobrobouk-Pla-nina, tandis que les crêtes calcaires, sur le bord occidental du Vappa s'élèvent en puissantes mon-tagnes à partir de Suodol et forment le Haila, le Peklen, le Glieb et le Kourlic-Planina. — Enfin les crêtes de même genre, à l'E. de Senitza et à l'O. de Novibazar, ont pour prolongement le Go-reschda-Planina, les montagnes de Stari-Kolaschin et de Schetschevok, ainsi que le Staritza.

Dans ce petit Saint-Gothard font les sources de dix grandes rivières, de sept affluents du Drin et de quatre du Bojana, tandis qu'environ vers son milieu se trouve le lac de Plava, au centre d'un enfoncement tout-à-fait cratériforme. — Ces rivières sont la Moratscha, le Zem, le Drin blanc, l'Ibar, la Raschka, la Vappa ou l'Ouvatz, le Lim, le Tara, la Piva, et la Soutschesa ou la Drina. — Il faut y joindre encore les sources de la Morava Serbe et du Narenta, les torrens du Bagniska-Rieka, de l'Istok, du Bistritza à Ipek, de celui de Detschiani, de Djakova, du Grastenitscha, de Schalja, du Drinassi ou Kiri, du Rioli, de Boga et de Hoti sans compter une demi-douzaine de plus petits affluents du Drin, ceux du Zem, de la Moratscha etc. — Die nähere Beschreibung der einzelnen Theile des Knotens I, S. 28 und folg.

Wie hiess dieses Gebirg vor Alters? — Grisebach, der es, gestützt auf Strabo excerpt. VII, 3, Bertiscus tauft, übersah Ptolem. Lib. III, cap. 13, §. 19 und 35, welche diesen Namen nach Bisaltia verweisen. Dies Fragment kommt mir überhaupt verdächtig vor; kurz vorher (pag. 374, Korai) lässt der Epitomator auch den Ptolemaeus von dem Bertiscus in einer Weise reden, die mit dessen Texte im Widerspruche steht: ὁ Πτολεμαῖος μὲν τὸ τῆς Μακεδονίας βόρειον πέρας εἶναί λέγει τὴν γραμμὴν τὴν διὰ Βερτίσκου ὄρους καὶ Σκάρδου καὶ Ὀρβήλου ἐκβαλλομένην πρὸς ἀνατολὰς μὲν, ἕως μέσης τῆς Προκόντιδος· πρὸς δυσμὰς δὲ ἕως τῶν ἐκβολῶν Δρίλωνος ποταμοῦ, τοῦ ἐκ τοῦ Βερτίσκου ὄρους ἀνίσχοντος. Ptolemaeus bezeichnet wenigstens einen Theil des Gebirges sehr genau und nennt ihn Drinus; denn er sagt Lib. II, cap. 17, §. 6, ῥεῖ δὲ ὁ Δρίλων ποταμὸς ἀπό τε τοῦ Σκάρδου ὄρους (der schwarze Drin), καὶ ἀπὸ τοῦ ἑτέρου ὄρους κειμένου παρὰ μέσην τὴν ἄνω Μυσίαν, ἀφ' οὗ ὁ ἕτερος ποταμὸς Δρεῖνος ὄνομα ἐνεχθεὶς ἐμβάλλει εἰς τὸν Σάουον ποταμόν.

Dass aber auch den Albaneser-Alpen der alte Name Scodrus zukomme und dieser im Mittelalter Scordus geschrieben wurde, möchte sich eben so klar aus folgenden Daten ergeben: Liv. 44, cap. 27. Duo cingunt eam (Scodram) flumina, Clausula (jetzt Kiri) latere urbis, puod in orientem patet, praefluens; Barbana (jetzt Buanna) ab regione occidentis ex Labeatide palude oriens. Hi duo amnes confluentes incidunt Oriundi (Drinio) flumini (falsch, denn die Buanna fällt ins Meer, so auch Vibius Sequester de fluminibus s. v. Barbana), quod ortum ex monte Scodro multis et aliis auctum aquis mari Hadriadico infertur. — Mons Scodrus, longe altissimus regionis ejus, ab oriente Dardaniam subjectam habet, a Meridie Macedoniam, ab occasu Illyricum. Diese Beschreibung passt auf das genaueste auf unseren Alpenknoten, denn in Livius Zeiten reichte ja Macedonien westlich bis zur Adria und nördlich bis an den Fuss des Knotens. — Im Mittelalter zerfiel das heutige Bisthum Pulati, welches diesen Knoten fast ganz begreift, in zwei Bisthümer, ein westliches, mit dem von Skodra gränzendes, und ein östliches; der dem ersteren vorstehende Bischof hiess nun Pulatensis minor oder Scordensis, der zweite Bischof aber Pulatensis major (s. die Beweisstellen bei Farlat Illyric. sacr. VII, S. 263, wo der erstere auch als Scodonensis figurirt und auch die Formen Scordiniensis und Scordiensis angegeben werden). Er wird strenge von dem Scutarensis unterschieden, wie sämmtliche kirchliche Urkunden vom 13. Jahrhundert bis auf die neueste Zeit den Bischof der Stadt Skodra nennen, welche schon die Römer unter diesem ihrem albanesischen Namen kannten (slav. Scaddar).

[6]) Die steile Felsenkette, welche den Bor mit dem Kom verbindet, heisst sowohl im Slavischen als im Albanesischen die verfluchten Berge (s. prokleti, alb. τε νάμουηε. Diese Bezeichnung findet sich als Maladetta in den Pyrenäen und als montagnes maudites hinter dem Berg Salére in Savoien. Boué I, S. 31, N. 3); — wahrscheinlich in dem Sinne, wie wir ähnliche Naturbildungen mit dem Prädicate „Teufels" belegen.

[7]) Wir verweisen den Leser, welcher sich für diese Localitäten interessirt, auf Grisebachs meisterhafte Beschreibung; sie malt in Worten. Nur können wir freilich seiner Annahme nicht beistimmen, als hätten die Eingeborenen absichtlich und zur Erschwerung des Verkehrs den Weg in diese Wildnisse verlegt.

[8]) Von diesem Thale ist nur der südliche Theil bis zu den beiden Dibra einiger Massen bekannt. Von da bis zur Vereinigung mit dem weissen Drin aber meines Wissens terra incognita, wenigstens konnte ich Niemand finden, der es durchreist hätte. Der Weg von Ochrida nach Prisrénd zieht auf der Ostseite der Scarduskette über Kritschowo und schneidet daher diese Kette zweimal. Der erwähnte Thalstrich ist als die ärgste Räuberhöhle von Albanien verschrien, indessen bevölkert die Phantasie der Agogiaten alle entlegene und folglich unbekannte Striche mit Räubern und Unholden.

⁹) Ich habe es leider versäumt, die Nomenclaturen zu verificiren. Grisebach tauft diese Kette Ducaschin. Vermuthlich ist der obige Name mit Gerabe identisch, auch hörte ich die südlichste Kette, welche die Karten Gabar, Gabar o. Kraba, überschreiben, von den Eingebornen nie anders als Gerabe nennen.

¹⁰) Grisebachs Reise durch Rumelien und nach Brussa II, S. 344: „Etwa 5 Stunden westlich von dem Zusammenflusse des schwarzen und weissen Drin zwingt sich der vereinigte Fluss in eine ganz enge Felsenspalte und bald hört jeder Weg an dessen Ufer auf. Nach der Mittheilung der Albaneser behält der Drin die nordwestliche Richtung im engen unzugänglichen Felsenthale, bis er einige Stunden gerade gegen den Bertiscus (siehe Note 5, nach der obigen Beschreibung gegen das Südende der südwestlichen Hauptkette des albanesischen Knotens) stösst, der hier appellative Caradag heisst. Dann wendet er sich nach Südwest und West und fliesst von da in ungeheuer tiefem, nie betretenem Canale zwischen unersteiglichen Felswänden, indem er in die Gebirgsspalte zwischen Bertiscus und Ducadschin eintritt. Kein Weg führt durch diese Wildniss, kein Nachen hat sie befahren. Niemand weiss es zu sagen, ob es dort Wasserfälle oder Stromschnellen gibt. Es mag hier Punkte geben, wo die südliche Thalwand 2000 F., die nördliche 5000 unmittelbar aus dem Flusse sich erheben. Wie wichtig, aber auch wie kühn wäre die Fahrt eines Gebirgsforschers durch diese Tiefen, am südlichen Saum der Alpen! Und dies ist nicht etwa ein Felsenthor, das der Strom leicht überwindet, sondern der Canal hat vielleicht eine Länge, die 20 Stunden beträgt. Denn wo der Drin bei der Fähre von Scala das Gebirge beruhigt verlässt, sagte man mir, dass auch hier kein Weg in das Thal führe, weil die Felsen überall bis an den Fluss reichten. Auch war der Strom dort den Befragten nur eine halbe Stunde weit bekannt. Wo ich mich auch über das innere Flussthal erkundigen liess, immer war die Antwort: das sei unbewohnt, Alles Fels, kein Weg."

Id. S. 310. — „Da wo der Drin gegen die Felswände des Bertiscus anprallt, bildet die enge Spalte, in welcher er fliesst, die Gränze beider Gebirge und der so verschiedenen Formationen, die dieselben zusammen setzen. Denn der Bertiscus erhebt sich aus dieser Spalte mit einer ungeheuren Brüstung von Kalkgestein zu den Bergformen des Alpenkalks, während das linke Ufer aus den mit Felstrümmern bedeckten Abstürzen des Ducadschin von Jaspis gebildet wird. Diese Structur des Drinthals scheint sich auf einer weiten Strecke gleich zu bleiben, bis zuletzt der Drin in die Kreideformationen der Küste eintritt."

Nach Grisebach besteht das Ducadschingebirge aus Diorit, einer besondern Art Jaspis („ein Mineral, von dem man, so viel ich weiss, noch nicht beobachtet hat, dass es einem grossen Massengebirge, ohne sich abzuändern, das vorherrschende Material liefert") und Grünstein (Gabbro und Serpentin).

¹¹) Im engeren Sinne begreift dieser Name nur die nördlichen Berglande des Dreiecks bis zur Vereinigung der beiden Drin, in weiterem Sinne aber das ganze Dreieck nebst der südlichen Hälfte des nördlich daran gelegenen albanesischen Alpenknotens, und den Städten Jakowa und Ipek. (S. hierüber Näheres bei Grisebach II, 325.)

¹²) Alb. Ἀρζέν-ι, im Munde des Gegen lautet der Name Rçan französisch ausgesprochen. Alle dem Verfasser bekannte Karten ignoriren sowohl den obenerwähnten Durchbruch, als die selbstständige Mündung dieses Flusses, sie verzeichnen nur dessen obere Hälfte, leiten diese analog mit der nordwestlichen Wendung der Dotnakette in den Fluss, welcher die Thalebene von Tyranna bewässert, und bei seiner Mündung nach der westlich (nicht, wie die meisten Karten angeben, östlich) von derselben liegenden Stadt Ischm genannt wird, und geben dem ganzen Phantasiegebilde den Namen Hismo. — Dieser Irrthum erklärt sich aus dem sonderbaren Laufe des Arçén, der eine Bergkette durchbricht, statt durch ein Thal zu fliessen, das zu seiner Aufnahme bereit zu sein scheint, und dessen Bau im Süden durch niedrige, dem Thalweg folgende Höhenzüge so schwer zu übersehen ist, dass mir der Lauf der Wasserscheide beider Flüsse unklar blieb, obwohl ich dieselbe dreimal durchschnitt. — Das auf einigen Karten angegebene Küstenflüsschen Lissanna (welchem Namen ich vergebens nachfragte) scheint die Mündung des Arçén zu sein. Auf den Seekarten figurirt sie unter dem Namen St. Stephano. Die im Texte enthaltenen Angaben beruhen theils auf eigenem Augenschein, theils auf der übereinstimmenden Aussage vieler Eingeborenen.

Ueber das Thal von Tyranna und seinen Fluss mögen hier folgende Notizen ihren Platz finden. — Das Thal mag 9—10 Stunden lang und seine ebene Sohle 1—1½ Stunde breit sein. Gegen Osten wird es von einer Reihe kühn aufsteigender sehr pittoresker Berge eingefasst, die durch enge Schluchten oder Spalten von einander getrennt werden, und wahrscheinlich nicht die unmittelbare Fortsetzung der Dotnakette, sondern die Ausläufer von kurzen Zweigen dieser hinter ihnen nordwärts streichenden Kette sind. Aus diesen Schluchten kommen sämmtliche Wasser des sogenannten Ischm in ostwestlichem Laufe in die Ebene. Aus den folgenden sorgfältig erhobenen und mehrfach bestätigten Angaben von Eingebornen erhellt, dass sie hier angekommen, eine nördliche Richtung nehmen, aber was sie hierzu nöthigt, bevor sie noch den Fuss der Hügelkette von Press erreichen, und was namentlich ihre Vereinigung so lange aufhält, weiss der Verfasser nicht zu erklären.

Das südlichste dieser Wasser ist die Ljane (d. h. Arm), sie entspringt bei dem Dorfe gleichen Namens, 1 Stunde östlich von Tyranna auf dem Berge Daiti, der von seinem Hauptdorfe benannt ist. Dieser Bach läuft an der südwestlichen Seite von Tyranna hin.

Etwa $^3/_4$ Stunden nördlich von der Quelle der Ljane wird der Daiti-Berg durch ein Querthal von dem Berge Hérré oder Férré (zwei Dorfnamen) getrennt. In diesem Thale läuft der Ljum, d. h. Fluss; zur Unterscheidung von anderen auch Ljum Tyránese, Fluss von Tyranna, genannt; er entspringt 4 Stunden östlich von Tyranna und fliesst in westnordwestlicher Richtung etwa 20 Minuten nördlich von Tyranna vorbei. Beide Wasser vereinigen sich 4$^1/_2$ Stunden nördlich von Tyranna, 1$^1/_2$ Stunde nördlich von Press.

1$^1/_2$ Stunden nördlich von Tyranna führt die Strasse nach Alessio über die Tergjúse (d. h. Seil). Sie entspringt 5 Stunden östlich von diesem Punkte und durchläuft in westnordwestlicher Richtung eine Thalschlucht, welche den Férré-Berg von dem Berge von Kurtsein trennt.

3 Stunden nördlich von Tyranna geht der Weg über die Çeça (d. h. die Schwarze), sie entspringt 3 Stunden östlich von diesem Punkte, und läuft in gleicher Richtung wie der vorige Bach durch ein Felsthal, welches den Kurtsein von dem Berge von Kroja (d. h. Quelle) trennt.

6 Stunden nördlich von Tyranna führt der Weg über die Troja, dieselbe entspringt 1$^1/_2$ Stunden von diesem Punkte und läuft durch ein Felsthal, das sich gegen Westen öffnet.

Die Tergjúse, Çeça und Troja vereinigen sich etwas nördlich von dem Dorfe Buschnek, etwa 6$^1/_2$ Stunden von Tyranna, und der so gebildete Fluss vermischt sich 1 Stunde südöstlich von seiner Mündung mit dem Ljum. Von dieser Vereinigung an erhält der Fluss den Namen Ljum i Ischmit von der Stadt Ischmi, welche $^3/_4$ Stunden westlich von dem Zusammenflusse auf dem Kamme des Höhenrückens von Press liegt. Die Entfernung der Stadt von der Meeresküste südlich vom Cap Rodoni, beträgt etwa 3 Stunden, nördlich von demselben aber 1 Stunde.

[12]) Strabo VII, pag. 323. Ἡ μὲν οὖν πᾶσα (ὁδὸς) Ἐγνατία καλεῖται· ἡ δὲ πρώτη ἐπὶ Κανδαουίας λέγεται, ὄρους Ἰλλυριοῦ. Seneca epist. 31, spricht von den Einöden von Candavia, Lucan VI, v. 331, von den ausgedehnten Waldpässen in Candavia: — — terraeque secutus Devia qua vastos aperit Candavia saltus. Vielleicht begreift der Name das ganze eben beschriebene Mittelgebirge und hat sich derselbe bis ins 13. Jahrhundert in der Form von Χουναβία Vnauia (s. den hist. Abschnitt) erhalten, mit welcher Vermuthung sich jedoch die Erzählung des Aeropolit cap. 67, von seiner Inspectionsreise in Albanien nicht wohl vereinigen lässt. Dieser geht nämlich über Ochrida und Elbassan nach Durazzo, und sagt von seiner Rückreise: ἐξορμήσας γοῦν τοῦ Δυῤῥαχίου καὶ διελθὼν τὰ τῆς Χουναβίας καὶ τὸ ὄρος ὑπερβὰς ὃ δὴ Κακὴν Πέτραν κατονομάζουσιν, εἰς τὰ περὶ τὴν Μάτην ἀπῄειν, κἀντεῦθεν ἐπὶ τὴν Δέρβην ἀφῖμαι. Es scheint hienach, dass er von Durazzo durch das Arçenthal, die Thalebene von Tyranna (Χουναβία) und den bei Kroja (das zu seiner Zeit eine wichtige Festung war, cap. 49) nach Mát führenden Pass (κακὴ πέτρα?) in diese Landschaft kam. Sein Χουναβία läge demnach westlich von Mát, welches nach der obigen Vermuthung einen Theil der alten Candavia gebildet hatte. — Auch die unten zu erwähnende Angabe von einer hunnischen Einwanderung wäre hier wohl nicht unbeachtet zu lassen. Wer trotz dieser Zweifel Κανδαουία und Χουναβία für identisch hält (das toskische inlautende δ und d fällt mitunter im gegischen aus, z. B. ουμουνούς, er ward gefoltert, tosk. praesens μούνδεμ), wird geneigt sein, den Namen albanes. Κχνδαβία zu schreiben, wodurch jedoch vorerst zu seiner Erklärung wenig gewonnen ist. Der Verfasser glaubt denselben der Aufmerksamkeit seiner Nachfolger empfehlen zu müssen, obwohl seine Nachfragen bis dahin fruchtlos waren.

Dr. J. Müller führt in seiner (wenig zuverlässigen) Karte von Nord- und Westalbanien zwischen Ochrida und Monastir das Gandawa-Gebirge an, welches ein Stück der östlichen Parallelkette des südlichen Scardus zu sein scheint; ist diese Angabe richtig, so hat sich die reine Form des alten Namens bis auf die Gegenwart erhalten.

[14]) Alle ältere Karten führen den Dewól, welcher zum Gebiete des südlichen Semén gehört, in den Schkumb, und geben dadurch dem Gebiete des letzteren eine ganz ungebührliche Ausdehnung nach Osten.

[15]) Leake trav. in north. Greece I, p. 335.

[16]) Grisebach II, S. 125. „An dem östlichen Fusse der Centralkette liegen 4 grosse Ebenen, die ich ihrer eigenthümlichen Structur wegen mit dem Namen Ringbecken bezeichnen werde. Jedes derselben wird rings von hohen Gebirgsketten eingeschlossen. Sie sind Längsthäler, denn ihr Grundriss nähert sich der Kreisgestalt. Kaum sind sie vom Gebirge umgürtete Plateaus zu nennen, denn ihr Niveau ist verhältnissmässig tief gelegen. Ihre Eigenthümlichkeit besteht darin, dass die sie ringförmig umkreisenden einfachen Gebirgsketten nach allen Seiten eine alpine Höhe erreichen, und grösstentheils aus primitiven Felsarten, aus Schiefern oder körnigem Kalke bestehen. Diese metamorphische oder plutonische Gebirgsmauer pflegt nach innen unmittelbar ohne Vorberge oder jüngere Formationen an die wagrechte Ebene zu stossen, aus welcher sie sich grossartig erhebt, und die, in der Regel jeder Hügelbildung und selbst des festen Gesteins entbehrend, ein weites fruchtbares Alluvium darstellt, oder doch nur tertiäre Gebirgsarten enthält. — Jede dieser Ebenen wird von einem Strome bewässert, der in der Centralkette entspringt, und zuletzt einen einzigen Ausgangspunkt aus der Ebene in einer engen Querspalte der äussern Umgürtung findet. Diese aber steigt von aussen ebenso isolirt hervor, als von innen. Ohne Vorberge grenzt sie an das Meer oder an tiefe Thäler und Ebenen, während die Centralkette selbst an der albanesischen Seite sich ganz verschieden verhält. Jene vier Ringbecken nun, die deren Ostabhang vollständig vom Amselfelde bis zur griechischen Gränze, in einer Ausdehnung von etwa 50 Meilen begleiten, und dadurch das ganze westliche Macedonien und Thessalien erfüllen, sind folgende:

1. Das kleine Ringbecken von Calcandele mit den Wardarquellen oder das Tettowo.

2. Das weit grössere Ringbecken von Monastir mit seinen nördlichen Verzweigungen, von der Czerna bewässert.

3. Das Becken von Grewenó, von der Wistritza bewässert.

4. Das Becken von Thessalien, das grösste von allen. Die nähere Beschreibung s. im Buche selbst." id. S. 142. „Das Charakteristische dieser Ringbecken, in dem einfachsten Ausdrucke wiederholt, besteht darin, dass eine kreisförmige Urgebirgskette die eingeschlossene wagerechte Alluvialebene um das vier bis sechsfache nach allen Seiten an (absoluter) Höhe übertreffe, und wir gestehen, dass wir uns vergebens bemüht haben, solche Thalbildungen in andern Gegenden wieder zu finden. — Denn wo ist das Plateau, das ein solches Niveauverhältniss zu seinen Randgebirgen darböte? — Die Hochebene von Südbaiern (über 1500 F.) müsste von einer 9000 F. hohen Gebirgskette eingeschlossen sein, um von den so viel höher gelegenen Plateaus Asiens und Amerikas nicht zu reden, deren Randketten das eingeschlossene Niveau selten um das dreifache übersteigen. — Niedrigere Hochebenen aber, wie die von Böhmen, die dem Niveau der macedonisch-thessalischen Ringbecken näher kommen, entbehren grösstentheils des alpinen Charakters, indem ihre Gebirge selten über die Baumgrenze sich erheben, wie dies, abgesehen von einzelnen Senkungen und Einschnitten, durchaus im Scardus und Pindus der Fall ist. Unwillkürlich erinnert die Gestalt dieser ringförmigen Hochgebirgsketten an die Structur der Mondberge und bekanntlich hat man schon einige Versuche gemacht, ähnliche Bildungen auf unserm Planeten nachzuweisen."

Wir sind im Texte der Auffassung des genialen Geognosten gefolgt und wollen es späteren Forschungen überlassen, ob sie dieselbe bestätigen oder zur Annahme einer östlichen Parallelkette des Pindus führen werden, welche vom Musdatsch über den Nidsché (Bora), Doxa (Bermius), Pierus, Olymp, Ossa und Pelion streichend in den nördlichen Sporaden zu Ende geht und nur von zwei Flüssen (dem Haliacmon und Peneus) durchbrochen wird. Diese letztere Hypothese findet sich bereits in der von H. Kiepert berichtigten weiland'schen Karte des osmanischen Europas von 1849 angedeutet. Von allen mir bekannten Karten ist diese trotz ihres kleinen Formates die beste.

[17]) Grisebach II, S. 142. „Zwischen den Thälern der Arta und des Aspro Potamo verläuft die Hauptseitenkette des Pindus, die gleich der ersten in der Nähe von Mezzowo sich an den Gebirgs-knoten anschliesst. Ihre Richtung ist aber von allen bisher betrachteten verschieden, indem sie in weiter Erstreckung der Centralkette parallel verläuft und dadurch den Stromlauf des Aspro Potamo in einem gegen 20 geographische Meilen langen Längsthale bedingt. — Stellen wir dieses mit der grossen Thalbildung am Westfusse des Scardus zusammen, so erhalten wir eine allgemeine Idee über den Gegensatz beider Abhänge der Centralkette, so dass dieselbe gegen Macedonien und Thessalien weite Becken und ringförmige Nebenketten besetzt, gegen Albanien aber mit ihrem Fusse ausgedehnte Längsthäler berührt."

[18a]) Das Kesselbecken von Jannina ist, wie Leake in einer meisterhaften Auseinandersetzung (travels of northern Greece IV, pag. 168, sq.) dargethan, die alte Landschaft Hellopia oder Do-donaea; hier ist Dodona zu suchen. Leake weist der Stadt Dodona die auf einem Felsvorsprung am südlichen Ende des Sees gelegenen Ruinen zu, welche jetzt Kastritza genannt werden, hält aber das von den theilweise gut erhaltenen Mauern schärfbezeichnete Areal derselben für viel zu klein zur Aufnahme eines Heiligthumes wie das von Dodona, weil nach allen Anzeichen diese be-rühmte Orakelstätte gewiss ebenso gut eine kleine Welt für sich gebildet habe, wie die Heiligthümer von Delphi, Olympia, Epidaurus etc.*) Er glaubt daher, dass dasselbe ebenso wie jene in der Um-gend der gleichnamigen Stadt zu suchen sei. Aber wo? Leake weiss auf diese Frage keine be-stimmte Antwort zu geben und der Verfasser ist nicht glücklicher. — Leake äussert als einfache Vermuthung, das Orakel könne vielleicht auf dem in den See einspringenden Felsenplateau ,welches jetzt die Festung von Jannina trägt, gelegen haben; weil dieses der passendste Punkt in der ganzen Gegend zu sein scheine, und die Alten für solche Punkte scharfe Augen hatten.

Diese Vermuthung hätte viel für sich, wenn ihr nicht ein Bedenken entgegenstünde. — Auf der Nordseite dieses Felsplateaus findet sich, wenig über dem Niveau des Seespiegels erhaben, eine bedeutende Felsenhöhle und die Gestalt ihres weiten Eingangs lässt nicht wohl die Annahme zu, dass derselbe erst in neuerer Zeit durch ein Erdbeben oder einen Bergsturz gebildet worden sei. Es findet sich aber in derselben kein sicheres Anzeichen, welches auf deren frühere Ausschmückung schliessen lässt; nirgends ist die Spur des Meissels, nirgends eine Nische zu sehen. — Ist es nun wohl denkbar, dass eine unmittelbar unter einem solchen Heiligthume gelegene Höhle von den Alten so gänzlich vernachlässigt worden sei, dass sich darin nicht einmal ein Paar einfache Nischen zur Aufnahme von Bildsäulen oder sonstiger Anathemen finden? — Müsste dann nicht später die heilige Stätte der Heiden in eine christliche Kirche verwandelt worden sein?

Die Annahme Pouquevilles, welche das Orakel auf den zwei Stunden nördlich von Jannina gelegenen und mit schönen cyklopischen Substructionen gekrönten Hügel von Gardiki verlegt, wird von Leake mit Recht zurückgewiesen.

Bei dieser Ungewissheit kamen dem Verfasser, so oft er sich mit diesem Gegenstande be-schäftigte, stets unwillkürlich die herrlichen Ruinen von Dramischjoùs in den Sinn, welche etwa vier Stunden südwestlich von Kastritza an der Gränze des Kesselterritoriums und am Fusse des majestätischen Olytsika-Gebirges liegen, das von Norden aus betrachtet, das Ansehen einer ge-kappten Pyramide hat ($T\acute{o}\mu o\nu\rho o\varsigma$), das Gebiet von Suli ($\Sigma\epsilon\lambda\lambda o\acute{\iota}$) ist angränzend, die Worte Hesiods $'E\nu\vartheta\acute{a}\delta\epsilon\ \varDelta\omega\delta\acute{\omega}\nu\eta\ \tau\iota\varsigma\ \dot{\epsilon}\pi'\ \dot{\epsilon}\sigma\chi\alpha\tau\iota\tilde{\eta}\ \pi\epsilon\pi\acute{o}\lambda\iota\sigma\tau\alpha\iota$ übersetzen sich wohl am ungezwungensten „an der Landesgränze von Hellopia erbaut." Leake I, S. 268 schliesst selbst aus der Natur der Ruinen und ihrer Lage, dass sie keiner Stadt, sondern einem $'I\epsilon\rho\grave{o}\nu$ angehört haben. Ist nun wohl anzu-nehmen, dass in dieser kleinen Landschaft zwei grosse Heiligthümer in nächster Nachbarschaft von einander gestanden haben? — Aber hier fehlen die unumgänglichen Sümpfe und das Orakel würde an dieser Stelle zu weit von der Pinduskette abgerückt, in dessen Nachbarschaft die Quellen dasselbe verweisen. — Die Darstellung Leakes lässt durchfühlen (vergleiche auch IV, 80), dass er sich diese Frage selbst gestellt hatte, von derselben aber zurückgekommen ist.

[18b]) Wenn man dasselbe nicht dem natürlichen Mittelalbanien zurechnen will. S. weiter unten.

---

*) Dies Bedenken möchte auch der sonst scharfsinnig durchgeführten Conjectur Arneth's entgegenstehen, welcher in seinem Taubenorakel von Dodona, S. 13, den Sitz des Orakels auf der Spitze und die Stadt am Fusse des Berges von Kastritza sucht. Herodot VII, 111 liesse sich nur Unterstützung anführen.

¹⁹) Erst die griechische Revolution hob diese Verbindung namentlich auch in kirchlicher Hinsicht auf. In der Mitte des 12. Jahrhunderts scheint der Bischofsitz von Naupactus nach Arta verlegt worden zu sein. Der Erzbischof führt den Titel von alt Epirus, welchen auch die Bischöfe von Lepanto seit dem 5. Jahrhundert angenommen hatten, und nebenbei den eines Exarchen von Aetolien, s. Pouqueville II, S. 276 e. i. c.

²⁰) Dies ist im Norden des Landes nicht der Fall, wo der offene Charakter der Küste nur allmälig in den geschlossenen übergeht.

²¹) Einem eigensinnigen Liebhaber ebener Wege würde es durch Benützung anderer naher Binnenthäler leicht werden, von Awlona bis Skodra zu reisen, ohne auch nur einen Höhenrücken zu passiren.

²²) Es sind dies Wiussa, Semeni, Schkumbi, Dartscheja und Leschnika, Arçeni, Hismi, Mattja, Drini und Buana.

²³) Die albanesischen Sommerfieber, welche ausser Leake noch mehrere andere dem Verfasser bekannte Reisende zur Rückkehr nach dem Süden zwangen, gehören mit zu den Gründen, warum Mittel- und Nordalbanien bis jetzt noch so wenig bekannt sind. — Der Verfasser war glücklicher, aber er bezahlte die Kühnheit, das Land im Hochsommer zu besuchen, sehr theuer, in Durazzo wurde er vom Wechselfieber befallen, an dem er zehn Monate lang zu leiden hatte, und dies schlug in Skodra in ein hitziges Sumpffieber um, das ihn dem Tode nahe brachte; in Durazzo musste er Krankheitshalber einen Bedienten zurücklassen und den Stallknecht bis Kattaro dreimal wechseln. Mit den ersten Regengüssen verwandelt sich das beschriebene Flachland in einen grossen Sumpf und ist wegen der ausgetretenen Flüsse die Communication zwischen Süden und Norden oft wochenlang gänzlich unterbrochen. — Doch liegt es im Plane des österreichischen Lloyd, die bestehende dalmatische Dampfschifffahrtslinie, welche jetzt nur bis Kattaro geht, über die albanesische Küste auszudehnen und in Prewesa oder Korfu mit der triestiner-constantinopolitanischen Linie in Verbindung zu setzen. Dann wird auch Albanien aufhören eine terra clausa zu sein.

²⁴) Trotz ihrer wesentlichen Verschiedenheiten lässt sich zwischen beiden Halbinseln eine gewisse Familienähnlichkeit erkennen, welche die spanische nicht theilt und vermöge deren ihre einzelnen Glieder bis zu einem gewissen Grade unter einander verglichen werden können, z. B. Sicilien und der Peloponnes, Apulien und Attika, Thessalien und die Lombardie, die venetianische und macedonische Küste, Istrien und Chalkidike, Etrurien und Illyrien. Diese Aehnlichkeit möchte vorzüglich darin ihren Grund haben, dass die Gebirgszüge, welche die Wirbelsäulen beider Halbinseln bilden, im grossen Ganzen betrachtet analoge Richtungen verfolgen.

²⁵) Die Triften dieser Ebenen geleiten den am schwarzen Meere weidenden Normanden gemächlich bis an das Herz von Griechenland, das durch keinen Alpengürtel gegen Norden geschützt wird; die slavischen Einwanderungen im Mittelalter haben also nichts Wunderbares.

²⁶) Boué unterwirft IV, 43, sq. die militärische Festigkeit der albanesischen Gränze einer detaillirten Prüfung. Er findet, dass sämmtliche Pässe der Centralkette von der albanesischen Seite aus leichter zu vertheidigen wären, als von der östlichen, und daher bei einem Angriffskriege die natürlichen Vortheile auf Seiten der Albanesen ständen. Mittelalbanien sei aber in dieser Hinsicht der schwächste Theil von Albanien, denn wenn der Feind von Ochrida kommend die Bagora- (Candavia-) Pässe überschritten habe, so stehe er im Herzen des Landes, öffneten sich ihm die Wege nach Berat und Durazzo und trenne er den Norden und den Süden von einander, welche Theile von hier aus leicht zu erobern seien. Darum sei auch die Lage von Monastir als Schlüssel zu den albanesischen Pässen für die Pforte so wichtig, dass sie dahin den Sitz des Rúmeli Walesi verlegt habe.

²⁷) Der Name scheint sich erst zur Blüthenzeit von Corcyra auf das dieser Insel gegenüber liegende und durch den akrokeraunischen und ambracischen Golf abgegränzte Festland beschränkt zu haben, das homerische Festland dagegen ist das dem Inselreich des Odysseus gegenüber liegende Akarnanien. Strabo X, 331, ὥστε ὅταν φῇ ἀκτὴν ἠπείροιο τὴν Ἀκαρνανίας αὐτὴν δέχεσθαι. Etymolog. M. sagt: Αἶσα καὶ ἡ Ἤπειρος τὸ παλαιὸν οὕτως ἐκαλεῖτο καὶ οἱ κατοικοῦντες Αἶσοι, doch leider ohne Angabe der Quelle. Der Gedanke an Ausonia liegt nahe und im Munde eines Sicilianers würde die Stelle gewiss besser auf das italische Festland, als auf Epirus bezogen. Gegen diese Annahme lässt sich jedoch einwenden, dass beide Festlandsküsten gar viele geographische Namen gemeinsam haben. Dem alten und ἤπειρος entspricht das neugriechische ἡ στερεά.

4*

[28]) Ptolem. II, cap, 16, §. 5.

[29]) Ebenso Plinius III, 26, a Lisso Macedonia provincia. Die Drinmündung scheidet auch Illyria romana v. barbara von Illyria graeca.

[30]) Ptolem. II, cap. 16, §. 1. — Ἡ Ἰλλυρὶς περιορίζεται ... ἀπὸ δὲ ἀνατολῶν Μυσίᾳ τῇ ἄνω κατὰ γραμμὴν τὴν ἀπὸ τῆς εἰρημένης ἐκτροπῆς τοῦ Σάου ποταμοῦ μέχρι τοῦ κατὰ Σκάρδον ὄρος πέρατος. — ἀπὸ δὲ μεσημβρίας μέρει τε τῆς Μακεδονίας κατὰ γραμμὴν ἀπὸ τοῦ εἰρημένου πέρατος φθάνουσαν ἐπὶ τὸν Ἀδρίαν.

[31]) Ptolem. II, cap. 13, §. 3, 1 und 5; — cap. 14, §. 2; ebenso Plinius III, 26, at in ora oppidum Oricum a Colchis conditum. Inde initium Epiri montes Acrocraunii.

[32]) Dies Paschalik hat folgende Unterabtheilungen:

1. Der dem Pascha direct unterstehende Bezirk mit folgenden Abtheilungen, a) der Kassas von Jannina, b) die Mudirliks von Konitzka, c) Margarith, d) Paramythia, e) Grewena, f) Wenitza. Die beiden letzten Districte fallen östlich von der Centralkette in das Gebiet des Haliakmon. Dagegen gehören die südlich von dem See von Ochrida bis an das Tomoro-Gebirge (bei Berat) reichenden Bezirke von Goritza und Staria, obwohl sie auf der Westseite der Grammoskette liegen, zum Gebiete des Rumeli Walesi von Monastir, vermuthlich wegen der militärischen Wichtigkeit, welche ihnen der Dewolpass gibt.

2. Das Kaimakamlik von Argyró-Kastron besteht aus a) dem District von Argyró-Kastron, b) den Mudirliks von Delwino, c) Palaeopogjani, d) Tebelén, e) Filjates.

3. Das Kaimakamlik von Berát mit a) dem District von Berát, b) und den Mudirliks von Premét u. c) Awlóna.

4. Das Kaimakamlik von Arta mit a) dem Bezirk von Arta und b) dem Mudirlik von Préwesa.

[33]) Diese nach ihren Hauptstädten benannten Bezirke sind folgende: 1) Elbassán am oberen, 2) Pekín am unteren Schkumb. 3) Kabája nebst Durazzo an der Küste. 4) Tyránna mit dem Gebiete des oberen Arçén, des Ischm und der Küste bis zur Mündung des Drin. 5) Matt in der südlichen Hälfte des Kesselgebietes des Mattflusses (in der nördlichen wohnt der katholische Kriegerstamm der Mirediten unter einem erblichen Häuptling, der früher, so weit er sich dazu verstand, dem Pascha von Skodra, jetzt mehr dem Seraskier untersteht). 6) Dibra mit dem Thale des schwarzen Drin. 7) Gora und Mokra mit der Hauptstadt Bogradetz oder Bagoraditza am Westufer des Sees von Ochrida. Die in der vorigen Note erwähnten Bezirke von Gortscha oder Goritza und Staria werden, obwohl gleichfalls dem Rumeli Walessi unterstehend und mit dem letzten Bezirke gränzend, in dieser Aufzählung niemals einbegriffen.

[34]) Diese administrative Centralstelle wurde im Jahre 1836 bei der Verlegung der Residenz des Seraskiers von Rumelien, von Sofia nach Monastir creirt und die oben erwähnten Bezirke von Mittelalbanien, das Paschalik von Skodra und die Kreise von Prisrend und Ipek ihrem Gebiete einverleibt, welches früher sehr ausgedehnt war und gegen Norden bis Nisch (Nissa) reichte, allmälig aber viel von seinem Umfange verlor. Der Zweck dieser Massregeln war auf die endliche Bändigung des ewig gährenden und widerspenstigen Albaniens gerichtet. Daher wurden auch in den erwähnten Punkten von Nordalbanien keine besondern Civilgouverneure bestellt, sondern auch die Administration den jeweilig dort commandirenden Generalen überwiesen. Im Jahre 1846 (?) wurde das Paschalik von Skodra, nachdem es mehrere Jahre unter der Administration von Osman Pascha gestanden, von der Gewalt des Walessi eximirt und dem Divan unmittelbar unterstellt, aber die Bezirke von Mittelalbanien bleiben dem Walessi nach wie vor unterstellt.

[35]) Es zerfällt in das eigentliche Paschalik und in das Land der Malissor, d. h. Bergländer, welche in dem Alpenknoten wohnen. Das erstere enthält ausser dem direct dem Pascha unterstehenden Districte von Skodra 7 Mudirliks, denen je ein Musselim vorsteht.

Es sind dies: 1) Diwár o. Bar, (Ital. Artivari), 2) Ulkín, (Ital. Dulcigno), 3) Ljesch, (Ital. Alessio), 4) Çáppa, 5) Podgóritza mit Spusch (Σπουὐθ) und Schábjak an der Moratza, 6) Gutzínje, 7) Bjelopòlje.

Die Malissor haben ihre selbstständige Verfassung und Verwaltung, auf welche der Pascha durch die Agenten (Wekíl), welche die einzelnen Stämme bei ihm unterhalten, nur einen sehr beschränkten Einfluss übt. Von diesen Stämmen und ihren merkwürdigen Institutionen und Sagen wird im Verlaufe ausführlicher gehandelt werden.

Die Gewalt des Paschas von Skodra über die eigentliche Landschaft Dukadschin, welche zwischen dem vereinigten Drin und den Mirditen liegt, scheint gleichfalls sehr gering und problematisch zu sein.

[36]) Im gegenwärtigen Augenblicke (1850) residirt eine solche collegialisch organisirte Centralregierung in Jannina, und der dortige Pascha steht an ihrer Spitze. — Boué III, S. 189, von den Jahren 1837—1839 stand Thessalien unter dem Pascha in Jannina, der in Larissa einen Kaimakam hatte. — Leake Researches in Greece, S. 371. „Viele Ereignisse der alten Geschichte bestätigen das Factum, dass Thessalien für denjenigen eine leichte Eroberung sei, welcher sich in dem vollen Besitze von Epirus befindet."

[37]) Ueber diese Sprachgränze ward dem Verfasser nur eine specielle Angabe zu Theil. Der Weg von Berat nach Elbassan, welcher 8 Wegstunden beträgt, führt in einer Entfernung von 4 Stunden von beiden Städten über einen nördlichen Nebenfluss des Apsus, welcher nach dem an ihm gelegenen Dorfe Suljóva benannt wird, Nördlich von diesem Flüsschen sollen die Leute gegisch, südlich aber toskisch reden.

[38]) Strabo VII, Cap. 7, p. 323, hiermit stimmt auch das 3. Fragment dieses Buches überein, ὅτι ἡ Μακεδονία περιορίζεται —|ἐκ νότου δὲ τῇ ἐγνατίᾳ ὁδῷ ἀπὸ Δυρραχίου πόλεως πρὸς ἀνατολὰς ἰούσῃ ἕως Θεσσαλονικείας.

[38]) Einen weiteren Gegensatz zwischen Süd und Nord bildet die Verschiedenheit der Confessionen, zu welchen sich das christliche Bevölkerungselement beider Hälften bekennt, wovon weiter unten die Rede sein wird. Dagegen scheint der Unterschied in der Tracht weniger scharf in die Augen springend, denn das Fes *) ist allgemeine Kopfbedeckung, die Fustanelle wird auch im Norden, wenngleich weniger häufig, getragen, und die weiten Hosen von Tuch oder weissem Wollenzeug sind auch im Süden nicht unbekannt. Die Schifferhose von blauem Baumwollzeug findet sich aber durchs ganze Land nicht nur als Tracht des niederen städtischen Rajahs, sondern auch einzelner türkischer Landstriche, zum Beispiel des Kurweljesch (hier sogar als Frauentracht). — Ebenso allgemein ist der Schiffermantel von brauner Wolle, mit schwarzen Ziegenhaaren vermischt (capota, κακύτα). Nur die Flokate wird ausschliesslich in der Toskerei, hier aber von jung und alt, arm und reich, Sommers und Winters getragen. Dies ist eine Art Ueberrock von weissem Wollenzeuge ohne Kragen und Aermel, welcher Brust und Leib unbedeckt lässt und daher nur den Rücken und die Weichen schützt. Die Flokate ist unverkennbar eine Nachbildung des Schafpelzes, sie hat daher auf der einen Seite eine Masse weisser Wollfäden und darunter sogar ein Paar rothe eingenäht, welche das Vliess und die daran haftenden Blutspuren darstellen, und dem oberen Theile der Armlöcher sind ein Paar Dreiecke angenäht, deren Spitzen bis zur Hälfte des Oberarmes herabreichen und das Fell der beiden Vorderfüsse andeuten. Eine elegante Flokate muss bis zum Gürtel hart an die Taille schliessen, von da an aber gleich der Fustanelle in weiten Falten auseinander gehen und ist, wenn gelungen, ungemein kleidsam. Wir müssen uns auf diese wenigen Notizen über dies wichtige Capitel beschränken, denn dasselbe setzt weit grössere Vertrautheit mit dem Wesen und den Eigenthümlichkeiten albanesischer, bulgarischer, serbischer, wallachischer und griechischer Tracht voraus, als sie uns zu Gebote steht. Ueber seine grosse Bedeutung nur ein Beispiel. Die Ducadschiner und Malissor, die Bewohner der Berdas und die Montenegriner tragen zum grössten Theile keine Hemden und alle einen Ueberrock von weissem Wollzeug ohne Kragen, der die Brust offen lässt, bis zum halben Schenkel reicht und mit einem rothen Gürtel an den Leib geschlossen wird. Die zwei ersten Stämme sprechen albanesisch und sind Katholiken oder Muhamedaner, die zwei letzten sprechen serbisch und sind griechische Christen. Woher diese Aehnlichkeit, die sich auch auf Sitten und Bräuche erstreckt? Sind die Montenegriner slavisirte Illyrier oder

---

*) Die jetzt allgemeine Mode des rothen Fesos ist jedoch wenigstens bei der christlichen Bevölkerung von Mittelalbanien kaum hundert Jahre alt. Früher trug man schwarze oder weisse Filzmützen ähnlicher Form, welche in einigen abgelegenen Strichen auch jetzt noch getragen werden.

die Malissor und Ducadschiner albanisirte Slaven? Ein gründlicher Trachtenkenner möchte diese Frage am ehesten zu lösen oder wenigstens der Lösung möglichst nahe zu bringen im Stande sein.

⁴⁰) Boué II, 13 bestimmt den Umfang dieses albanesischen Districtes nach den Städten Wranja Guilan, Novo Brdo, Pristina, Kratovo, Kurschumli, Prekupolje und Medoka, er unterscheidet sie unter dem Namen Arnauten von den Malissor (den Bewohnern des albanesischen Theils des Alpenknotens, zu denen er aber S. 15 mit Unrecht die Bevölkerung von Podgoritza und Spusch rechnet, denn diese ist slavisch), die nach ihm bis zum weissen Drin reichen und einen Theil der Bevölkerung von Prisrend bilden.

Boué betrachtet die Arnauten als ein Mischvolk aus serbischem und albanesischem Blute, indem die Albanesen hier eingewandert seien, um den Platz einzunehmen, der in den Jahren 1690 und 1737 durch die Auswanderung der Serben nach dem Kaiserstaate frei geworden. Von ihren Stammnamen nennt er die Kutsch in Suharjeka, die Gasch in Mitrowitza, die Banjalutschi in Banjiska. Auch der Verfasser fand in Albanien die Meinung verbreitet, dass die Arnauten Auswanderer der westlichen Stammlande seien und dass die meisten ihre ursprüngliche Heimath und die Ursache, warum ihre Voreltern dieselbe verlassen, anzugeben wüssten. Wer indessen die Albanesen für Abkömmlinge der alten Illyrier hält, möchte wohl zur unbedingten Annahme dieser Meinung genauere Nachweisungen fordern, weil das Land, welches die Arnauten bewohnen, einen integrirenden Theil des alten Dardaniens bildete und die Dardaner unbezweifelt Illyrier waren. Der Verfasser hörte diese Albanesen mehrfach Ljap Gulab benennen und sie als die wildesten und rohesten des ganzen Volkes darstellen. Man hat übrigens im Stammlande nur sehr dunkle Begriffe von ihnen und er konnte daher nicht erfahren, ob dieser Name sämmtliche Bewohner jener Gegenden oder, was viel wahrscheinlicher, einen Stamm derselben, vielleicht den Hauptstamm bezeichne; Gulab heisst zwar auf serbisch die Taube; der Name erinnert aber auch lebhaft an den der Dardanischen Galaberi (γαλαβέρε-ja im Dialekt von Schpatt offne Blume, im Gegensatz zur Knospe).

⁴¹) Boué II, S. 13.

⁴²) Boué III, S. 194. „In Suodol, Ugrio, Glukowik, Dugopolje und vielen andern Orten, die dem Namen nach den Paschas von Nowibazar, Ipek, Skodra oder Mostar gehören, leben die Albaneser vollkommen frei und jedes Geschlecht oder Dorf wird von seinem Familienältesten regiert. Zeitweise sind sie den Besuchen der Kawasse ausgesetzt, welche, wenn sie nicht zurückgeschlagen werden, ihnen mehr nehmen, als wenn sie regelmässig Steuern zahlen würden."

⁴³) Boué II, S. 15 rechnet diese ebenso wie die Bewohner des Schar nicht zu den Malissor, sondern zu den Arnauten.

⁴⁴) Boué II, S. 15.

⁴⁵) Boué II, S. 16.

⁴⁶) Carrara la Dalmatia descritta, S. 123. Sie wurde von 27 albanesischen Familien gegründet, welche sich vor den Verfolgungen des Mahmud Begowitsch anfangs nach Perasto geflüchtet hatten und im Jahre 1726 von dem Bischof Samjewitsch nach Zara übersiedelt wurden. Dieser Bischof wusste durch Vermittlung des damaligen Provedittore Nicolò Crizzo für die Flüchtigen den Schutz des Senates von Venedig zu erwirken und baute ihnen auf seine Kosten eine Kirche, welche er später zur Parochialkirche erhob.

⁴⁷) Περούα bestimmt Περόι alb. das Thal. — Von dieser Colonie ist nur soviel bekannt, dass die Republik Venedig durch Vermittlung ihres Vertreters Girolamo Priuli und vermöge eines Documentes vom 26. November 1657 an 10 albanesische Familien, welche zusammen 77 Seelen zählten, und unter der Führung von Miho Draicowich dem türkischen Drucke entflohen waren, das Territorium von Pervi verlieh. Die Perver haben die albanesische Sprache und Tracht erhalten und bekennen sich zur griechischen Kirche. Einige albanesische Familien wohnen auch zerstreut im Territorium von Parenzo. — Bundelli, Colonie straniere d'Italia, S. 63.

⁴⁸) Bundelli, Colonie straniere d'Italia, S. 61, welchem die obigen Notizen entnommen sind, setzt die erste Einwanderung in's Jahr 1440 unter Führung des Demetrius Reres Castriota des Vaters (?) von Skenderbei, der für seine dem König Alphons I. geleisteten Dienste Ländereien und Privilegien erhalten hatte und zum Gouverneur von Calabria ulteriore ernannt worden war.

⁴⁹) Ein Theil der Bewohner von Piana de' Greci gründete in der Folge St. Cristina. Ferdinand IV. errichtete für diese sicilianischen Albanesen ein griechisches Bisthum.

⁵⁰) Bundelli, Colonie straniere d'Italia, S. 61. Dahin gehören namentlich mehrere Dörfer im Monte Gargano und in Sicilien die Dörfer Bronte, Biancavilla, S. Michele und S. Angelo, bei welchen sich jedoch verschiedene Spuren ihrer ursprünglichen Nationalität erhalten haben.

⁵¹) Swinburne travels in the two Siciles, Vol. I, Seite, 46 (1770), berichtet über die festländischen unter anderm Folgendes: Sie trugen sich albanesisch und nur die Männer verstanden italienisch. Mit Ausnahme derer in Cosenza gehörten sie sämmtlich zur katholischen Kirche. — Ein Seminar für Bildung albanesischer Priester gründete Clemens XII. in St. Benedetto Ullano in Ober-Calabrien.

⁵²) Bundelli, Colonie straniere d'Italia, gibt über die albanesische Bevölkerung im Königreiche Sicilien folgende tabellarische Uebersicht:

Nella Calabria Ulteriore.		Popolazione.	Nella Capitanata.		Popolazione.
Luoghi.	Diocesi.		Luoghi.	Diocesi.	
Amato	Nicastro	1,420	Campomarino . .	Larino	924
Andali	Belcastro	712	Chiuti	Larino	1,230
Arietta	S. Severino	215	Casalnuovo . . .	Volturara . . .	1,850
Casalnuovo	Gerace	608	Casalvecchio . .	Volturara	1,642
Tema	Nicastro	720	Porto-Cannone .	Larino	515
Zangarona	Nicastro	732	S. Croce di Mig-		
		4,407	tiano	Larino	3,220
			S. Paolo	S. Severo . . .	2,850
Nella Calabria Citeriore.			Ururi	Larino	1,234
Acqua Formosa .	Cassano	1,218			13,465
Castroreggio . .	Anglona	356			
Cavallarizzo . .	S. Marco	560	**Nella Terra d'Otranto**		
Cecarvito	S. Marco	1,065			
Cerzeto	S. Marco	520	Faggiano	Taranto	1,030
Civita	Cassano	1,472	Martignano . . .	Otranto	595
Falconara	Tropea	1,565	M. Parane . . .	Taranto	720
Farneta	Anglona	262	Roccaforzata . .	Taranto	310
Firmo	Cassano	958	S. Giorgio . . .	Taranto	1,242
Frascineto	Cassano	1,600	S. Martino . . .	Taranto	325
Lungro	Cassano	2,570	S. Marzano . . .	Taranto	750
Marchia	Rossano	475	Sternasia	Otranto	1,280
Marri	Bisignano . . . ,	308	Zolline	Otranto	592
M. Grassane . .	S. Marco	1,215			6,844
Plataci	Cassano	1,420			
Porcile	Cassano	550	**Nell' Abruzzo Ulteriore.**		
Rota	Bisignano . . ,	814			
S. Basilio . . .	Cassano	1,500	Badessa	Penna	220
S. Bened. Ullano	Bisignano	1,330			
S. Caterina . . .	S. Marco	850	**Nell' Isola di Sicilia.**		
S. Cosmo . . .	Rossano	514			
S. Demetrio . .	Rossane	1,500	Contessa	Girgenti	3,000
S. Giacomo . .	Bisignano	750	Messojuso . . .	Palermo	4,623
S. Giorgio . . .	Rossano	1,300	Palazzo Adriano	Girgenti	5,450
S. Lorenzo . . .	Rossano	950	Piana di Greci	Monreale	5,920
S. Martino . . .	Bisignano	1,110	S. Cristina . .	Girgenti	720
S. Sopia	Bisignano	1,200			19,713
Serra di Leo . .	S. Marco	280			
Spezzano	Rossano	1,700	**Totale.**		
Vaccarizzo . . .	Rossano	1,000	Calabria Ulteriore		4,407
		30,812	Calabria Citeriore		30,812
			Basilicata		10,090
Nella Basilicata.			Capitanata		13,465
Barile	Matera	3,250	Terra d' Otranto		6,844
Brindisi	Matera	2,060	Abruzzo Ulteriore		220
Casalnuovo di			Isola di Sicilia		19,713
Noja	Anglona	880			85,551
Maschito	Matera	2,780			
S. Constantino .	Anglona	1,120			
		10,090			

⁵³) Ein von Sachverständigen versuchter beiläufiger Ueberschlag der albanesischen Bevölkerung im griechischen Königreiche ergab folgende Ziffern:

30,000 Attica und Megara nebst Salamis (alles ausser Athen*), Piräus und der Stadt Megara).
25,000 Boeotien (fast alles).
 5,000 (?) Phokis.
10,000 (?) Sperchius-Thal.
25,000 Süd-Euboea, ausser der Stadt Carysto, welche griechisch spricht.
 6,000 Nordecke von Andros.
25,000 Argolis nebst Poros.
15,000 Korinth und Achaia.
10,000 (?) Südarkadien.
12,000 Hydra, ganz.
10,000 Spezzia, ganz.
———
173,000

So ungenau dieser Ueberschlag auch sein mag, so möchte sich aus demselben so viel mit Gewissheit ergeben, dass die Annahme derjenigen übertrieben sei, nach welcher das albanesische Element die Hälfte oder ein Drittel der Gesammtbevölkerung des Königreiches beträgt.

[54]) Die muhamedanischen Albanesen, welche früher die von griechischen Rajahs bewohnten Barduno Choria in Laconien als Feudalherren besassen, und diejenigen, welche die kriegerische Bevölkerung des Districtes von Lala in Elis bildeten, sind mit der übrigen türkischen Bevölkerung theils ausgewandert, theils im Revolutionskriege umgekommen.

[55]) S. hierüber Fallmereyer Geschichte der Halbinsel Morea im Mittelalter II, S. 240 sq.

[56]) So wurde mir die Sprachgränze in Argyrokastron angegeben. Leake travels in northern Greece IV, S. 102, sagt: The Karamuratátes were anciently a part of (the district of) Pogoiani; but being now all Mahometans, they are considered as forming a separate division, and are in fact an Albanian conquest (?); for Pogoiani is properly a Greek district. — Greek is spoken as far as Sopikí and Frastaná inclusive, beyond which the Albanian is in common use. Diese Angabe liesse sich mit der in dem Texte enthaltenen durch die Annahme vereinigen, dass die Sprachgränze, nachdem sie die Wiussa überschritten, auf dem Kamm des Nemertschka-Gebirges eine Strecke lang nordwärts laufe und sich hierauf wieder südwärts wende, mithin zwischen den Flüssen Wiussa und Dryno einen Bogen gegen Norden zu beschreibe.

[57]) Es bliebe zu untersuchen, ob die Sprachgränze nicht mit der politischen Gränzlinie zwischen dem Bezirke von Jannina (genauer dem von Kurendo) einerseits, und den Seedistricten von Paramythia, Filiates und Delwino andererseits zusammenfalle. Sollte aber diese Linie, wie fast überall, zugleich Naturgränze sein, so spräche die Vermuthung dafür, dass sie zu allen Zeiten für die Eintheilung des Landes massgebend und daher auch vor Alters die Gränzscheide zwischen den Küstenlandschaften von Kestrine und Thesprotia einerseits und der Molossis oder im engeren Sinne der Dodonaea (Hellopia) andererseits gewesen sei.

[58]) Den Beweis dieser Angabe liefert folgendes von einem gebildeten Wlachen entworfene Verzeichniss, welches die Namen der auf der Centralkette des Pindus und im Thale des Acheloos liegenden wallachischen Dörfer von Norden nach Süden enthält; sie finden sich fast sämmtlich, theils auf der Karte von Leake, theils auf der von Lapie.

1. Grivanò Koli — San Marina, Periwòli, Awdeljà, Kranjà, Miljà, Métzowo, Malakássi.
2. Kliniwo Koli. — Chaliki, Lepenitza, Kotori, Dragowítza, Kranjà, Doljaná, Sklinjássa, Nowoùs, Kastanjà, Klinowo, Sklinióru.
3. Porta Koli. — Motschnóra, Gardíki, Kjamýje, Tyfloséli, Dési, Wetürníko, Pyrra, Perfúli.

[59]) Syráko (Kolettis Geburtsort), Kalarýtes und etliche kleinere Dörfer.

———————

*) In Athen, wo sie früher die Mehrzahl der Bevölkerung bildeten, bewohnten sie namentlich die s. g. Plaka oder Altstadt (von dem albanes. πλjαχ weibl. πλjάχg alt). Auch jetzt noch werden mehrere Quartiere dieses Stadttheiles fast nur von Albanesen bewohnt, bei denen sich das Albanesische noch immer als Haussprache erhalten hat. — Auch in Megara hört man viel albanesisch sprechen, doch soll dessen alte Bevölkerung griechisch, die albanesische aber aus der Umgegend zugewandert sein.

⁶⁰) Der östliche Theil der Landschaft Çagòri, in welcher die Quellen des Arachthus liegen, heisst τα Βλαχοχώρια; (alle hier gelegene Dörfer sollen früher wlachisch gesprochen haben, die griechische Sprache hat gegenwärtig die wallachische in die an das Gebiet von Métzowo gränzenden Dörfer zurückgedrängt). Sie finden sich, 10 an der Zahl, bei Pouqueville I, S. 209 angeführt.

⁶¹) Nach der bei Pouqueville II, 394, enthaltenen Angabe würde sich die Zahl der Pinduswlachen zwischen 60 und 70,000 Seelen stellen. Hierzu kämen nach derselben Quelle etwa 11,000 Wlachen im Gebiete des Sperchius.

⁶²) Sind sie vom Norden eingewanderte Colonisten? oder erstreckte sich in der Urzeit die wlachische Race bis in diese südlichen Gegenden und sind sie die Reste dieser Urbewohner? — Wie dem auch sei, so sitzen sie im 12. Jahrhundert bereits so zahlreich in Thessalien (besonders in dessen westlichen Theilen), dass dies Land bei den Schriftstellern jener Zeit unter dem Namen ἡ μεγάλη Βλαχία figurirt, eine Benennung, welche sich für einen Theil der Ostküste des nördlichen Euböas, — wo sich jetzt noch, ebenso wie südlich vom Berge Delphi (Δίρφος), eine gute Anzahl wlachischer Dörfer findet, — bis auf den heutigen Tag erhalten hat. Leake travels in northern Greece I, 274 gibt die Zahl der in den Bergen von Epirus, Thessalien und Macedonien zerstreuten Wlachen-Dörfer, von welchen keines sehr klein sei, auf 500 an. Sind in diesem Anschlage auch die zahlreichen wlachischen Dörfer, welche in Mittelalbanien und in der Musakja liegen, so wie die im griechischen Königreiche befindlichen mit eingerechnet?

Die Pinduswlachen nennen sich nicht, gleich ihren im Lande zerstreuten Brüdern, Rum, sondern Armeng, worüber später mehr.

⁶³) Ob der östliche Rand dieser alten Landschaften zu dem heutigen rein-griechischen Sprachgebiete zu schlagen sei oder nicht, hängt von den Resultaten ab, welche die früher angedeutete nähere Untersuchung der Sprachgränze liefern würde.

⁶⁴) Das französische ç entspricht dem griechischen und albanesischen ζ, welchen Laut das heutige Deutsch entbehrt; unser hartes z entspricht nicht. Die albanesische Landschaft Çagoria, welche westlich von Preméd liegt, ist nicht mit dem östlich von Jannina gelegenen griechischen Çagóri zu verwechseln. Der oft wiederkehrende Name ist bekanntlich ein slavisches Appellativ und bedeutet: jenseits der Berge. Er setzt daher eine kleinere Landschaft voraus, die durch Gebirge von einer grösseren getrennt ist.

⁶⁵) Valona ist eine italienische Umstellung des ursprünglich griechischen Namens.

⁶⁶) Denn wegen des schlechten Einvernehmens, welches zwischen Ali Pascha und diesen seinen nächsten Nachbarn herrschte, blieb es Leake, Pouqueville und den andern Reisenden jener Periode verschlossen, und hieraus erklären sich die Irrthümer, welche ihre Karten in dieser Gegend enthalten, und die fabelhaften Berichte von den archäologischen Schätzen von Níwitza, welche Pouqueville gemacht wurden. Beide setzen diesen Ort, in der sie das alte Amantia vermuthen, an den Polyanthes, die heutige Suchista, es liegt jedoch auf der oben erwähnten Hochebene des Kurweljesch, dessen Hauptort es bildet, und diese Hochebene schickt ihre Wasser in nordwestlicher Richtung der Bendscha zu, welche ³/₄ Stunden westlich von Tepelén in die Wiússa mündet und zu der das Territorium des Dorfes Progonátes gehört, welches 2¹/₄ St. südöstlich von Níwitza liegt. Die cyklopischen Mauern, Säulenreste und Inschriften von Níwitza, von denen man Pouqueville in Tepelén erzählte, reduciren sich auf einige unbedeutende Reste einer alten Kalkmauer, die dem Verfasser so schlecht gearbeitet schien, dass er sie nicht für römisch zu halten neigt. Die alten Münzen, welche man ihm in Níwitza zeigte, dessen Häuser er zu dem Ende der Reihe nach beschicken liess, bestanden in venetianischem Kupfer und einem Silberstück des Herzogthums Achaia. Man versicherte, dass im ganzen Kurweljesch weder alte Münzen noch cyklopische Mauern zu finden wären. Der Verfasser hatte Níwitza zum Ziele eines besondern Ausfluges von Jannina aus gemacht, in der Hoffnung den räthselhaften Strassenzug der peutingerischen Tafel erklären und den Grund auffinden zu können, warum diese den ebenen Rand der Wiússa, an dem die jetzige Strasse hinläuft, verschmähe und durch diese unwegsamen Berge ziehe. Die oben erwähnten Thatsachen dienen jedoch nur dazu, diese Frage noch mehr zu verwickeln. Für künftige Reisende, die sich für dieselbe interessiren, mögen folgende Notizen hier einen Platz finden. Bevor Ali Pascha Chórmowo zerstörte, machten dessen Bewohner den Weg zwischen Argyrókastron und Tepelén in

dem Grade unsicher, dass alle nach Awlóna weiter nordwärts gehende Reisende, die so glücklich waren, einen Lapen zum Freunde zu haben, auf den sie sich bei vorkommender Begegnung mit den Eingebornen berufen konnten, den Gebirgsweg dem bequemeren längs der Flüsse führenden vorzogen; denn die sonst so verschrienen Lapen halten das Gastrecht heilig und geben ihm eine staunenswerthe Ausdehnung. Dieser Weg führt von Argyrókastron über Colónja (lässt aber Schtepési, über welches Leake die Römerstrasse führt und das auf einem gänzlich isolirten Punkte liegt, rechts) und das Territorium von Progonat (das Dorf selbst bleibt rechts), verlässt aber eine Stunde hinter Progonati den Weg nach Níwitza und fällt in das Thal der Suchista, nachdem er 2 Höhen überschritten. So wurde dem Verfasser der directe Weg von Jemand, der ihn gemacht haben wollte, beschrieben mit dem Zusatze, dass der Weg, welcher über Níwitza in das Flussthal führe, länger und schwieriger sei.

[67]) Auch in dem östlich von Ochrida liegenden Monastir und dessen Umgegend finden sich viele Wlachen. Der Verfasser hörte sogar behaupten, dass es um Ochrida und Monastir mehr Wlachen als Bulgaren gebe.

[68]) Die von Karascay alt Murich und Uscipolje verzeichneten Seeorte scheinen die erwähnten Hafenhälften zu sein.

[69]) Eine halbe Stunde nordwestlich von Grinitza liegt der in zwei ähnliche Hälften gespaltene, aber bedeutendere, slavische Ort Selza (slav. Séotza), welcher gleich der montenegrinischen Berda Kutschi bald zu Skodra hält, bald zu Montenegro stösst, mit welchem es angränzt. Seitdem die Inseln Léssendra und Wránina wieder zu Skodra gehören, steht es wieder auf türkischer Seite, nachdem es, so lange diese Inseln im Besitze von Montenegro waren, zu diesem gehalten hatte.

[70]) Zur beiläufigen Orientirung über das Verhältniss des albanesischen Elementes zu den zwei andern Urvölkern der türkisch-griechischen Halbinsel möge folgende Zusammenstellung dienen:

Wallachen: 1. in der Wallachei 2.600,000
    „   2. in der Moldau 1.400,000
    „   3. in dem südlichen Donaugebiete und seinen Hinterlanden ...... 500,000? [*])
                                                                4.500,000

(hiezu 2.600,000 österreichische Wallachen, ergibt für das gesammte [**]) wallachische Element über 7 Millionen).

Griechen: 1. Gesammtbevölkerung des griechischen Königreiches ...1.000,000
    „   davon Albanesen .... 200,000?
                                                                   800,000
    „   2. jonische Inseln .... 200,000?
    „   3. in der europäischen Türkei 1.000,000
                                                            2.000,000

(hiezu 1 Million Griechen in der asiatischen Türkei, ergibt für das gesammte griechische Element 3 Millionen).

Albanesen: 1. in der Türkei 1.600,000
    „   2. im griechischen Königreiche .... 200,000?
                                                              1.800,000

(auch mit Zurechnung der 80,000 neapolitanischen Albanesen möchte daher die Gesammtzahl aller Albanesen 2 Mill. nicht erreichen).

So wenig verlässig auch diese Angaben im Einzelnen sein mögen, so möchten sie dennoch zu folgenden allgemeinen Schlussfolgerungen berechtigen:

    1. dass unter diesen drei Einheiten die albanesische der Zahl nach die kleinste ist;

    2. dass auf der türkisch-griechischen Halbinsel nicht viel mehr Griechen als Albanesen wohnen;

---

[*]) Boué II, S. 23, hält die gewöhnliche Schätzung dieser Fraction auf 600,000 Seelen um die Hälfte zu hoch und setzt sie nur zu 300,000 an; er möchte sie jedoch, wenigstens nach seiner lückenhaften Aufzählung zu urtheilen, wohl unterschätzen.

[**]) Der Betrag der wallachischen Bevölkerung in Bessarabien ist dem Verfasser unbekannt, er möchte jedoch keinen Falls den so allgemein gestellten Ueberschlag wesentlich modificiren.

3. dass die Wallachen mehr als doppelt so zahlreich als die Griechen und mehr als dreifach so zahlreich als die Albanesen sind;

4. dass aber in der europäischen Türkei nicht viel weniger Slaven sitzen (7.200,000), als es dort und in dem griechischen Königreiche zusammengenommen Ureinwohner gibt (8.300,000);

5. dass das numerische Gewicht jedes dieser drei Urvölker so gering sei, dass sie nur die Vergleichung mit den baskischen oder keltischen Resten oder mit den schwächsten Zweigen der im übrigen Europa blühenden Racen (dem schwedischen, dänischen, holländischen) aushält;

6. dass die hervorragende Stellung, welche das griechische Element auf der Halbinsel einnimmt, keineswegs auf seinem numerischen Uebergewichte beruhe. — Diese möchte vielleicht vorzugsweise darin ihren Grund haben, dass das griechische Element der Hauptträger der nach ihm benannten orientalischen Kirche und seine Sprache die Kirchensprache ist und dass sich das ganze wallachische Element fast ohne Ausnahme und ein grosser Theil des albanesischen und slavischen zu dieser Kirche bekennt.

Wenn das Verhältniss der Griechen zu ihren Nachbarvölkern in gewisser Hinsicht mit dem der Franzosen verglichen werden kann, so haben dagegen die Schicksale des griechischen Sprachgebietes mit denen des deutschen manches Aehnliche. — Wie dieses heut zu Tage ungefähr denselben Umfang hat, den es vor der Völkerwanderung einnahm, so scheint auch das griechische im grossen Ganzen betrachtet, gleichfalls auf den Umfang zurückgeführt, den es vor Alexander hatte; — wir sagen im grossen Ganzen, denn man muss hierbei von dem Verluste der grossgriechischen Colonien, der Einbusse an der asiatischen Küste, dem Zuwachse an der thracischen, in Macedonien und Epirus und der Einsprengung der Albanesen unter die freien Griechen absehen. — Die Germanisirungen der romanischen Länder nach der Völkerwanderung waren (mit Ausnahme der von England), eben so wenig haltbar, wie die Hellenisirungen in Asien und Afrika in Folge der Eroberung Alexanders. — Wie anders verhalten sich dagegen die Romanisirungen, die ebenso massenhaft als lebenskräftig in die Gegenwart hinein ragen! — Man wende nicht ein, dass ihre Entwickelung durch den Sturz der Römerherrschaft nicht abgeschnitten, sondern von der Kirche als der Trägerin der lateinischen, d. h. der damals alleinigen Bildung fortgesetzt und durchgeführt worden seien, denn war etwa das Verhältniss der griechischen Kirche zu der alexandrinischen Erbschaft ein ungünstigeres? und dennoch ging dieselbe für das Hellenenthum verloren.

Eine fernere Aehnlichkeit besteht darin, dass im Kerne des griechischen Sprachgebietes die slavische Sprache fast eben so lange [*] als in der östlichen Hälfte des deutschen herrschte, aber heut zu Tage aus beiden gleichmässig verschwunden ist. Deutschland ermangelt aber gegen Osten jeder natürlichen Gränze, in welcher man etwa für Griechenland einen Erklärungsgrund für diese Erscheinung suchen könnte. Uns fehlt der Schlüssel zu all diesen Erscheinungen, wir beschränken uns auf deren Andeutung und überlassen die Erklärung Andern.

[71] In demselben soll die Secte der Bectassi besonders in Mittelalbanien und dem rein-albanesischen Theile des Südens (wo Argyrokastron für ihren Hauptsitz gilt) zahlreich vertreten sein. — Die Argyrokastriten und ihre nördlichen Nachbarn, die Lapen, gelten selbst unter den Albanesen für laue Muhamedaner.

[72] Diese Thatsache möchte für den albanesischen Charakter bezeichnend sein, der Grieche und Wlache opfert die politische Freiheit seinem Glauben, der Albanese erträgt den Druck so schwer, dass er die Befreiung von demselben mit dem Glauben seiner Väter bezahlt. Dies gilt namentlich von der Kriegerrace, welche überall zum Islam übergegangen, wo es ihr die Verhältnisse nicht verstatteten, sich strenge gegen ihn abzuschliessen und sich unter der Standarte des Kreuzes (es krönt die Fahnenstangen der Mirditen und Malissor) selbstständige Geltung zu verschaffen. — Den geringen religiösen Sinn des türkischen Albanesen beweist übrigens wohl am besten das Axiom „da wo das Schwert ist, da ist auch der Glaube," welches bei Gesprächen über Religion und zwar ganz in dem Sinne wie der Satz cujus est regio, ejus est religio zu figuriren pflegt.

---

[*] Fallmereyer Geschichte der Halbinsel Morea während des Mittelalters, Theil I, und dessen Reisefragmente aus dem Orient. — Finlay history of Greece from its conquest by the crusaders to its conquest by the Turcs, Edinburg et London 1851. — Curtius Peloponnesos I, S. 86 sq.

[73]) In den meisten vornehmen muhamedanischen Häusern von Jannina ist die Haussprache die albanesische. — Ihre Gesammtzahl ist jedoch gering und möchte sich kaum auf ein Dutzend belaufen. Die muhamedanische Bevölkerung von Arta steht der von Jannina sowohl in Zahl, als Reichthum bedeutend nach. Prewesa, welches früher den Venetianern gehörte, erhielt erst durch Ali Pascha, der es den Franzosen abnahm, eine albanesische Colonie, in welcher sich jedoch nur eine Familie zu grossem Reichthum aufgeschwungen hat.

[74]) Pouqueville voyage de la Grèce I, S. 259, erzählt das Beispiel eines solchen Abfalles ausführlich. Der District von Karamuratades in dem Thale der mittleren Wiússa, östlich von Preméti, zählt 36 von Albanesen bewohnte Dörfer, welche bis zum Jahre 1760 zum Sprengel des Bischofs von Pogoniani, eines Suffragans des Erzbischofs von Berat, gehörten. Um diese Zeit wurde der Druck, welchen die muhamedanischen Nachbarn von Preméti, Lexikówo und Colónja auf diese christliche Landschaft übten, so unerträglich, dass sämmtliche Dörfer im Anfang des angegebenen Jahres einmüthig beschlossen, die 40tägigen Osterfasten mit der äussersten Strenge zu halten, und wenn bis zum Tage der Auferstehung keine Hülfe von Oben käme, den alten Glauben zu verlassen und zu dem ihrer Feinde überzugehen. Als nun der Ostersamstag herankam und der Zustand der Landschaft sich nicht verbessert hatte, vertrieben sie ihre Priester und einige wenige Familien, welche an dem alten Glauben fest hielten, und holten von Premét einen Cadí und Imám herbei, vor denen sie ihren Uebertritt zum Islam erklärten. — Kaum war dies geschehen, so machten sie durch einen gewaffneten Einfall in das Territorium von Preméti der langverfallenen Rache Luft und wandten sich dann gegen die Kolonjaten und Lexikowiten. Mord, Brand und Raub begleiteten diese Züge; die gefangenen Weiber und Kinder wurden als Sclaven verkauft. Auf den Ruf dieser Thaten zogen ihnen die Wildfänge von ganz Albanien zu und ihr Name blieb gefürchtet bis zu den Zeiten Ali Pascha, der sie durch seine Künste sich untergeben zu machen verstand.

Ranke hat im zweiten Bande seiner politischen Zeitschrift mehrere authentische Documente über solche Uebertritte der Christen zum Islam gesammelt. Im Jahre 1610 klagt Bizzi, Bischof von Antiwari, über die Masse abfallender Christen, um sich der Zahlung des Charatsches zu entziehen, und fürchtet, dass, wenn dies so fortgehe, die Albanesen und Slaven sämmtlich Muhamedaner werden würden.

Zmajewitch, einer seiner Nachfolger (unter dessen Vorsitz das albanesische National-Concilium gehalten wurde, von dem weiter unten die Rede sein wird), citirt 200 Katholiken, die im Anfange des 18. Jahrhunderts aus demselben Grunde abgefallen seien.

In Skodra erzählt man, dass im verflossenen Jahrhundert ein ganzes Dorf nur aus Pique gegen seinen Pfarrer abgefallen sei, der nach oft wiederholten Ermahnungen, doch früher in die Kirche zu kommen, an einem Sonntage die Messe las, ohne die Versammlung der Gemeinde abzuwarten, und sich dann der Forderung der Versammelten, das Opfer zu wiederholen, nicht fügte, sondern die Drohung verlachte, dass sie in die Stadt ziehen und Türken werden würden.

[75]) D. h. das Gebiet des Schkumbi mit den Bezirken von Elbassan und Pekim und der Kessel des Sees von Ochrida.

[76]) Er führt den Titel Archiepiscopus Antibarensis, Dioclensis, totius Serviae Primas.

[77]) Es sind dies die apostolischen Präfecturen:

1. von Alessio mit 5 Hospizien, in Alessio, Rubigo, Troschjani, Sebaste und Capo Rodoni, albanesisch Múscheli genannt.

2. Die macedonische*) Präfectur mit drei Hospizien in Podána, Piscásio n Máttia und Lúria.

3. Von Kastráti, mit 6 Hospizien, in Kastráti, Hótti, Gráda, Triépschi, Sélze und Wúkoli.

4. Von Púlati mit 7 Hospizien in Schóschi, Plánti, Níkai, Aránja, Kíri, Dusmáni und Schálja.

5. Von Skópia mit einem Hospize in Çumbi.

---

*) Der Name ist eine Reminiscenz an die römische Landeseintheilung, welche, nach mehrfachen Anzeichen zu schliessen, in der kirchlichen Eintheilung von Albanien und Dalmatien eine reiche, bisher noch unbenützte Quelle besitzen möchte. Wir verweisen in dieser Hinsicht auf das in Deutschland zu wenig bekannte Riesenwerk Farlati Illyricum sacrum, in welchem sich ein ungeheures Material zusammengetragen findet. Leider war es uns nicht vergönnt, dasselbe in dem Grade zu benutzen, als es verdiente.

Die Hospizien der dritten und vierten Präfectur bilden ebenso viel Pfarreien, so dass (mit Ausnahme der Pfarrei von Dschuâni (St. Juan), in welcher die Residens des Bischofs von Pûlati liegt) die gesammte Seelsorge in den Bergstrichen von Nordalbanien den Missionären übertragen ist, weil dort kein Weltgeistlicher aushält. Die Entbehrungen, mit welchen die Missionäre in diesen ebenso wilden als armen Gegenden zu kämpfen haben, gehen nicht selten bis zum Mangel des täglichen Brotes, denn in harten Jahren müssen sie wörtlich Hunger leiden, weil sie nicht satt zu essen haben. Der Dienst in diesen Missionen ist freiwillig, und dennoch verbringen viele Brüder ihre halbe, ja ganze Lebenszeit in demselben. Wer das stille, anspruchslose Wirken dieser Männer, welches allein das Vordringen des Islams in jenen Bergen hemmte und hemmt, zu beobachten Gelegenheit fand, der wird ihr Andenken stets in Ehren halten. Ausser diesen ist auch einigen Hospizien der übrigen Präfecturen die Seelsorge der Umgegend übertragen.

[78]) J. P. Fletcher notes from Ninive and travels in Mesopotamia, Assyria and Syria I, pag. 98 und 140.

[79]) Dies albanesische National-Concilium wurde gehalten unter dem Vorsitze von Vicentius Zmajeviek, Archiepiscopus Antibarensis, Dioclensis, totius regni Serviae Primas, Visitator Apostolicus Albaniae, und unter der Mitwirkung des Archiepisc. Dyrachiensis, Archiepisc. electus Scuporum, Episcop. Sappatensis, Episcop. Alexiensis, Episcop. Scodrensis [*]) und Episcop. Pullatensis, ferner des Praefectus Apostolicus missionum Albaniae und idem missionum Macedoniae[**]), die mit der Formel meo et P. P. Missionariorum nomine assentior, und Minister Provincialis, der mit der Formel meo et Patrum de Observantia nomine unterschrieben ist.

Von dem Concilium provinciale sive nationale albanum habitum anno 1703 Clemente XI. Pont. Max. Albano gibt es zwei Ausgaben, die erste Romae 1706, und die zweite Romae 1803. Sämmtliche Acta finden sich auch in Farlat. Illyr. sacr. Band VII.

Wir entnehmen denselben einige Stellen, welche über den damaligen Zustand jener Kirche und der Landessitten näheren Aufschluss gewähren.

Para prima.

Cap. III. In hoc praesertim incumhendum est, ut nedum praefati a p o s t a t a e sacramentorum participatione careant, donec respiciant, sed etiam illi, qui licet turcico solemni ritu fidem non ejurarunt, fingunt tamen, se a christiana religione defecisse, adeoque in Turcarum consortio, Turcico more vitam degunt, dies jejunio sacros esu carnium profanant, et M a h o m e t a n i s n o m i n i b u s vocitantur, in congregatione tamen fidelium christianos mores induunt et officia peragunt Christianorum.

Cap. IV. Potest quidem a privata persona, quae omni caret auctoritate de fidei suae ratione tradenda interrogatus, tacere, et interrogantem silentio, aliove licito praetextu eludere; at vero nulla ei ratio suffragatur quominus sciscitanti judici publica auctoritate suffulto tacere, aut ambigue tergiversari queat, sed aperta fidei confessione, instante quoque vitae periculo respondere debet. (Jede solche Erklärung eines Kryptokatholiken wurde aber, wenigstens früher, in Albanien stets mit dem Tode bestraft.)

Cap. VII. De Festorum observantia. Aberant enim fideles montana incolentes, qui nonnullas Sanctorum solemnitates calendarii Gregoriani relicto methodo, tantum Graecorum more et calendario concelebrant, ne de impietate arguatur, qui antiquam sequuntur calculationem.

Cap. VIII. De sacris jejuniis. — Qualibet sexta feria et Sabbato ab esu carnium fideles omnes penitus abstineant.

In quatuor vero anni tempora discreta jejunia, quae duodecim dierum circulo absoluta — ne dum a carnis, sed etiam a comestionis lacticiniorum temperantia celebrentur. (Diese Vorschrift gilt auch für die ganze übrige Levante und Dalmatien.)

Cap. X. De juramento falso. Illa quoque omni prorsus execratione damnanda est incerti juramenti perniciosa consuetudo, qua fidelis, nulla habita certitudine de hominis innocentia, ipsam

---

[*]) Dies ist eine Ausnahme von der Note 5 angeführten Regel.
[**]) S. Note 76.

juramento comprobant, suspecti hominis indemnitati prospicientes. (Fruchtloses Verbot der Eideshelfer, welches Institut, wie wir weiter unten sehen werden, noch heut zu Tage in Kraft ist.)

Pars secunda.

Cap. II. De baptismo. — Detestabilem quoque consuetudinem Infideles et Schismaticos admittendi ad Patrini munus obeundum, episcopi severioribus poenis vindicabunt. (Cap. III enthält dasselbe Verbot in Bezug auf die Firmung.)

Quod tamen attinet ad conferendum baptismi sacramentum Turcarum filiis, miramur sane rei novitate perculsi, quod Sacrae Congregationis Universalis ad hujuscemodi baptismi pertinentia disciplinam in bonum provinciae nostrae edita, ita nunc oblivioni sint tradita, ut contraria detestabilis consuetudinis praxi omnino deleta videantur.

Das citirte Decret vom 6. September 1625 lautet folgender Massen: Sacra Congregatio Universalis Inquisitionis habita coram Sanctissimo, delatis litteris Archiepiscopi Antibarensis, in quibus supplicabat pro solutione infrascripti dubii: An cum Sacerdotes coguntur a Turcis, ut baptizent eorum filios, non ut Christianos efficiant, sed pro corporali salute, ut liberentur a foetore, comitiali morbo, maleficiorum periculo, et a lupis, an in tali casu possint ficte eos baptizare, adhibita Baptismi materia sine debita forma? Respondit negative; quia Baptisma est janua omnium Sacramentorum, ac protestatio Fidei, nec ullo modo fingi potest. — Dieselbe Antwort erhält der Episcopus Sappatensis durch das decretum sacrae congregationis s. officii vom 4. Mai 1641. (Dass die Taufe den Menschen von einem ihm von der Natur anhaftenden Geruche befreie, ist ein, in der Levante bei dem Volke feststehender Glaube.)

Cap. IV. De Poenitentia. — Injusti alienae rei possessores — non absolvantur, nisi restituant ablatum. (Diese Vorschrift widerstrebt albanesischer Denkweise so sehr, dass sie nicht selten Abfälle vom Glauben zur Folge hatte.)

Cap. V. De Eucharistia. — At ubi Turcarum vis praevalet et iniquitas, ne divinitatis Sacrarium nequissima, quod absit, Infidelium polluatur protervia. — Sacerdos (in deferendo Sacramento) Stolam semper habeat, propriis copertam vestibus, in saeculo, seu bursa Pyxidem recondat, per funiculos collo appendat et in sinu reponat. Nunquam solus procedat, uno saltem Fedeli, in defectu Clerici associatus.

Cap. VIII. De Sacramento matrimonii. — Errant igitur in invio erroris, qui falsissima hallucinati opinione, veluti non fuisset acceptum Concilium Tridentinum a Montanis Albanensibus, clandestina connubia inter eos legitime adhuc vigere posse affirmant.

Toto pectore incumbant Parochi, ut contrahentium assensus, omni impulsionis, coactionis, seu directae vel indirectae materia careat. — Temerariis eorum ausibus, qui invitis confoederantur uxoribus, anathematis poena infligatur.

(Uebrigens hat sich noch niemals eine albanesische Braut zu einem vernehmbaren Ja oder auch nur einer zustimmenden Bewegung verstanden und sind daher die Priester genöthigt, davon Umgang zu nehmen.)

Cap. IX. Solent enim — parentes — filiis suis tenera adhuc aetate in uxores alienas filias pretio comparare, domi tenere, et post aetatem doli capacem, illicito illos concubitu copulare. — Negligentes omnino matrimonia legali jure contrahere, nisi suscepta masculina prole, post quinque, decem et ultra annos nefariae conjunctionis. Et haec quidem pollutio egressa est super omnem terram; omnes enim, quotquot Albaniae montana incolunt, in hoc fornicationis foetore sordescunt.

(Auch diese Sitte ist noch nicht ausgerottet.)

Illis quoque Catholicis mulieribus, quae licet vi coactae, insatiabili Turcarum serviunt incontinentiae, — Ecclesiae Sacramenta denegentur. — At vero mulieres legitimo semel junctae matrimonio Catholicis viris his postmodum a fide naufragantibus, et Mohametanae sectae adhaerentibus, si Christianos ritus nulla Creatoris contumelia observant, ad Sacramentorum participationem admittantur.

Moneantur quam saepissime a Parochis, et excommunicationis poena ipso facto incurrenda deterreantur Parentes, ne filias suas matrimonii praetextu (quod certe nullum est, et omnino irritum) Turcarum prostituant voluptati.

Pars tertia.

Cap. II. De visitatione, befiehlt den Bischöfen ut quolibet saltem biennio totam dioecesin indispensabiliter perlustrent — —

Cap. III. und über die Resultate einen ausführlichen Bericht an die Sacra congregatio de propaganda fide zu richten, welcher 59 namentlich aufgeführte Punkte zu berühren hat, z. B. Nr. 34, die Einhaltung der vorgeschriebenen drei Aufgebote vor der Trauung; Nr. 35, die vorschriftsmässige Führung der Tauf-, Firmungs-, Trauungs- und Sterbe-Register, welche den Pfarrern obliegt.

Cap. IV — VII enthält die Gränzbestimmungen verschiedener Diöcesen. Lange dauernde, mit Erbitterung geführte Gränzstreitigkeiten zwischen den verschiedenen Bischöfen bildeten in früheren Zeiten eines der Hauptleiden der albanesischen Kirche. In einer solchen Gränzregulirung, welche im Jahre 1638 zwischen dem Bischof von Alessio und dem Erzbischof von Durazzo, als Vorsteher des eingegangenen Bisthumes Albanon, abgeschlossen wurde, heisst es u. a.: Et pariter ipse Illustrissimus et Reverendissimus Alexiensis spondet et promittit, se officio veri et boni Pastoris functurum, in commonendis et persuadendis Miriditis... ne hostiliter fines et subditos ipsius Illust. et Rever. Albanensis invadant.

Cap. VII. Frequens enim a b u s u s obtinet, ut familiae, quae ex una Dioecesi brevi itinere proficiscentes, intra fines alterius sedes figunt, sepelire soleant mortuos suos in sepulchro patrum suorum, quod situm est in parochiali ecclesia, ex qua recesserunt et praefatae ecclesiae, se in aeternum unitos et mancipatos fideles profiteantur, ab ejus quoque Parocho in administratione Sacramentorum omnimoda pendentes subjectione, ita ut Parochus loci, in quo novi accolae commorantur, nullam in eos exerceat jurisdictionem.

Cap. VIII. De Ecclesiis. — Nec detestabilis saecularium toleretur abusus, Sacramentum Poenitentiae et Communionis, ante ipsas fores Ecclesiae cantationibus et saltationibus profanis praecedendi et subsequendi.

Pars quarta.

Cap. I. De Parochis. — Extra montes potissimum, ubi nullum adest vitae periculum, arma non deferant.

Caput non abradant, nec comas nutriant. (Ueber die albanesische Sitte den Rand des Haupthaares zwei bis drei Finger breit um den ganzen Kopf herum zu rasiren, den Rest aber wachsen zu lassen, siehe die untenfolgenden Sittenschilderungen.)

Non immisceant se negotiis saecularibus, mercaturis potissimum et aliis quibusvis negotiationibus illicitis, ac saecularibus judiciis praesidentes, et criminales quoque causas judicantes, nullo modo dent operam.

Medicinam et Chirurgiam non exerceant, animo, non corporis se medicos profitentes. — Nec ullam miserae parochianorum paupertati in extorquendis decimis violentiam adhibeant, — imo eos, ne in apostasim prolabantur, sua largientes misericordiae viscera aperiant. — Nemo Parochos vel Clericos ad Turcica tribunalia citare audeat. Cum enim ecclesiastici hominis ecclesiasticus judex sit, ad solum Episcopale forum — accedendum est.

Quicumque in manu potenti, vel Turcarum brachio excelso suffultus in Parochiam se intruserit, aut ab ordinario suspensus, vel alia Ecclesiastica innodatus censura, violenta Turcarum officia, directe, vel indirecte expostulaverit, excommunicationis poenam incurrat, Romano servatam pontifici.

Cap. IV. De Fratribus Missionariis. — Missionariorum munus est docere, praedicare et baptizare.

Meminerint fratres, se Coadjutores esse Episcoporum. — Non coarctentur tamen ab Episcopis ad examen pro confessione audienda, nec intra fines suae Missionis ab eorum pendeant facultate, tam in exercendo munere confessarii, quam in obeundo praedicationis officio, cum ab ipsa instituti ratione, ac privilegio hujuscemodi careant obligatione.

———

II.

Reiseskizzen [1]).

I. Aus Südalbanien.

Die Bewohner des Thales von Argyrokastron. — Dies Thal wird durch zwei fast parallel laufende Kalkfelsketten gebildet, deren höchste Gipfel vielleicht 4000 Fuss erreichen mögen. Sie ziehen in der Richtung von Südostsüd nach Nordwestnord und erscheinen fast überall als eine ununterbrochene Kette, weil die Nebenthäler der Schuka im Osten und des Baches von Gardiki im Westen in der Art laufen, dass die durch sie bewirkten Einbrüche dem Auge entzogen bleiben. Zwischen beiden Ketten liegt eine etwa 10 Stunden lange, fruchtbare Thalebene, deren grösste Breite 1½ Stunden betragen mag. Durch diese zieht ein Fluss, der als das Hauptwasser der Landschaft bei den Eingebornen keinen Eigennamen hat, von den Fremden aber nach der Hauptstadt Argyrokastron benannt wird [2]).

Die südliche Fortsetzung des Thales hat mehr nordsüdliche Richtung und wird durch eintretende, aber häufig einsattelnde, Höhenzüge, wenn wir nicht irren, in drei schmale Parallel-Thäler getheilt, von denen das westliche überaus lieblich ist. Dies Thal und der in ihm fliessende Bach wurden uns Δρόπολις genannt. Die Bäche dieser Thäler, von denen wenigstens die beiden äusseren nur in besonders heissen Sommern trocken liegen, bilden den erwähnten Fluss [3]), welchem in seinem Laufe noch die oben genannten Bäche zufliessen.

Etwa zwei Stunden vor der Mündung des Flusses in die Wiússa treten die beiden Bergketten näher an denselben heran und bei der Brücke des Subaschi engen zwei felsige Vorsprünge sein Bett in der Art ein, dass sie den Gedanken erwecken, es möge hier vor Zeiten das Thal gesperrt und die Thalebene der Boden eines Sees gewesen sein, bis es dem Wasserdrucke endlich gelang, sich einen Weg durch die absperrende Felsenmasse zu erringen. Von hier an bleibt das Thal enge (doch gewährt dessen Sohle meistens Raum für breitere oder schmälere Feldergruppen), bis es sich endlich in das breite Thal der Wiússa mündet, in die sich der Dryno etwa ½ Stunde oberhalb Tepelén ergiesst.

Nördlich von dem Bache von Gardiki, also im Osten des Flusses, thürmen sich die Berge zu einem felsigen, äusserst zerrissenen und wilden Hochlande, welches bereits in dem ersten Abschnitte näher beschrieben wurde. — Die westliche Kette trennt die Ebene von Argyrokastron von einer kleinern und rauhern Thallandschaft, welche den slavischen Namen Çagoria trägt.

Die Landschaft von Argyrokastron gehört zu den bevölkertsten von Albanien und die Gliederung ihrer Bevölkerung ist so eigenthümlich, dass sie eine nähere Betrachtung verdient. Bei dieser treten uns vor Allem zwei grosse strenggeschiedene Gegensätze entgegen. — Der Süden des Thales ist griechisch, der Norden albanesisch und die oben beschriebene Sprachgränze durchschneidet dasselbe etwa in der Mitte.

Diese Gränze ist hier zwischen beiden Volkselementen weit schärfer gezogen, als in dem Westen und Süden des Landes, wo sich dieselben meistens sehr gemischt vorfinden, und dies ist hier um so auffallender, als die Sprachgränze in keiner Weise von der Natur vorgezeichnet ist und gleichsam nach menschlicher Willkür gezogen zu sein scheint.

Die albanesische und griechische Sprache als fremde betrachtet, scheinen sich hier, wie im Lande überhaupt, zu einander wie die deutsche und französische Sprache zu verhalten, d. h. auf 50 Albanesen, welche griechisch sprechen, kommt kaum ein Grieche, der albanesisch spricht. — Die griechische ist die Schriftsprache des Tosken und sein wanderndes Leben mag ihm deren Erlernung erleichtern. Doch scheint sich überhaupt der Albanese auf ihre Kenntniss etwas zu gute zu thun, und umgekehrt blickt der Grieche auf die albanesische Sprache als auf ein barbarisches Idiom mit souverainer Verachtung herab.

Die griechische Bevölkerung ist ohne Ausnahme christlich, die albanesische dagegen ist zum Theile auch türkisch. Argyrokastron [*)] und Libohowo werden von türkischen und christlichen Albanesen bewohnt; erstere bilden die überwiegende Mehrzahl. Die sich hier aufhaltenden Griechen gelten für Fremde. Die Bevölkerung von Práwista und Gardiki und alle Dörfer des Kurwelesch sind türkisch. Christlich dagegen sind die gewerblichen Dörfer der sogenannten Ljuntscherei und der Riça auf der nördlichen Ostseite und überhaupt alle Ackerdörfer der nördlichen, d. h. der albanesischen Hälfte des Thales.

Unabhängig von der Verschiedenheit der Race und Religion zerfällt aber die Bevölkerung je nach ihrem Stande oder Erwerbszweige in verschiedene Abtheilungen und diese scheinen in vieler Hinsicht so beachtenswerth, dass wir dieselben etwas näher ins Auge fassen wollen.

In Argyrokastron wohnen die Landbesitzer der Gegend, ihnen gehören alle Dörfer der Ebene zu eigen, und sie haben auch wohl noch andere Besitzungen ausserhalb des Thales. Sie wohnen in hochaufsteigenden wohl verwahrten Häusern, welche in den unteren Räumen nach der Strasse zu nur Lücken und Schiessscharten, höhere Fenster aber erst im dritten oder vierten Stockwerke haben. Der Hof ist mit hohen festen Mauern verwahrt und die schweren Thore sind meist doppelt, das äussere führt in einen kleinen Vorhof, der von dem Innern des Hauses überall bestrichen werden kann; das innere Thor steht so, dass man von der Strasse aus nicht in den zweiten Hof sehen kann [5]). Die Einrichtung dieser Bauten bietet also manche Vergleichungen mit den Stadtburgen des Mittelalters, und selbst der rohe, aber dennoch eigenthümliche Styl, in dem sie aufgeführt sind, möchte mehr an das Abend- als an das Morgenland erinnern.

Auch das Leben ihrer Bewohner war, wenigstens in früherer Zeit, dem unserer Stadtritter nicht unähnlich. Jeder Angesehene verwendete sein Einkommen zur Unterhaltung eines möglichst grossen Dienstgefolges, mit dem er in den Krieg zog, wenn der Sultan ihn aufbot oder auch, wenn er dazu Neigung hatte, bei den Paschas und Grossen des Reiches als Söldner diente. — In unruhigen Zeiten, wenn die Parteien, in welche die Stadt zerfiel, in offener Fehde lagen — und ein solcher Zustand bildete fast die Regel — hütete er mit seinen Leuten das Haus und verknallte hinter dessen Mauern viel unnöthiges Pulver gegen die Schiessscharten benachbarter feindlicher Häuser, denn weil sich dann ein jeder gedeckt hielt, so wurde bei dergleichen Stadtkriegen selten viel Blut vergossen.

Hie und da befassten sich die kleineren Herren auch wohl mit einer Wegelagerung, wenn sie besonderen Gewinn versprach, und im Geheimen ausgeführt werden konnte. Doch wurde diese Industriebranche von dem Adel niemals so offen getrieben, wie von dem unsrigen, und war mehr Sache der kleinen Leute. Dagegen trieb der Adel, gleich den römischen Rittern, neben dem Kriegshandwerke noch eine andere Industrie. Die Pachtung der Zölle, Zehnten und Monopolien war früher ausschliesslich in seinen Händen, und in der Regel bildeten sich die rivalisirenden Pächtergesellschaften je nach den politischen Parteiungen, zu deren Unterhaltung dies Geschäft wesentlich beitrug. — Diese Industrie hat der albanesische Adel in die veränderte Neuzeit hinübergenommen und sie bildet jetzt seine Hauptbeschäftigung [6]).

Der grundbesitzende, Söldnerei und Zöllnerei treibende, Adel bekannte und bekennt sich natürlich zu dem herrschenden Glauben. Um denselben schaarten sich in engeren und weiteren Kreisen die kleineren Leute aus dem Kriegerstande der Stadt und der Umgegend, und fanden bei demselben theils als Söldner, theils als Zöllner ihren Unterhalt. Die unabhängigern Charaktere unter den letztern legten sich aber auch auf eigene Faust auf's Reislaufen oder Wegelagern und nur wenige türkische Stadtbewohner befassten sich mit Handel oder

Gewerben, die in früheren Zeiten weniger geachtet waren und daher der christlichen Bevölkerung zufielen.

Die türkische Bevölkerung der auf der östlichen Thalseite gelegenen stattlichen Flecken von Libôhowo und Prâwista ist durch Sitte, Lebensart und Parteitreiben auf das engste mit den Argyrokastriten verbunden. Dagegen lebten die türkischen Bewohner von Gardiki und die christlichen von Hormowo — Namen, welchen Ali Pascha's furchtbare Rache eine traurige Berühmtheit gegeben — vorzugsweise von Söldnerei. — Die Hormowiten waren nebenbei arge Räuber, ihr Dorf liegt in den obenbeschriebenen Engpässen und sie hausten darin in der Art, dass die Reisenden, welche gegen Norden ziehen mussten, meistens den beschwerlichen und kaum minder gesicherten Weg durch die Berge des Kurwelesch vorzogen [7]). Diese Hormoviten sind keineswegs das einzige Beispiel kriegerischer Südalbanesen, welche dem christlichen Glauben treu geblieben. — Die christlichen Bewohner von Çagoría, der nordöstlichen Gränzlandschaft unseres Thales, und der Landschaft Chimara, welche in dem akrokeraunischen Küstengebirge liegt, leben grösstentheils von Söldnerei. — Auch in dem ganzen Kurwelesch ist das Reislaufen sehr im Schwunge; doch besteht hier ein grosser Theil der, wie oben bemerkt, rein türkischen Bevölkerung aus Schafhirten; — Ackerbau ist Nebensache, denn Felder sind wenig und der Boden ist mager, daher sagt man, dass das Kurwelesch in guten Jahren für 8, in schlechten für 4 Monate Brot ziehe, den Rest aber zukaufen müsse.

Die östliche der beschriebenen Bergketten fällt nicht so steil nach dem Thale zu ab als die westliche; ihre Lehnen bieten daher mehr Raum und hie und da selbst grössere Ackerstrecken, welche, wenn auch weit weniger fruchtbar als die Thalsohle, so doch die Mühe des Anbaues lohnen. Dies gilt besonders von dem mittleren, Argyrokastron gegenüber liegenden Theile — der sogenannten Ljuntscherei. Dort liegen 9 stattliche Freidörfer, deren Häuser, nach albanesischer Sitte, über einen weiten Raum zerstreut und mit Baumpflanzungen umgeben sind. Ihre christlichen Bewohner sind jedoch nicht Ackerbauer; für diesen Beruf ist der Boden nicht dankbar genug, sondern Handwerker, und diese treiben ihr Gewerbe nicht in der Heimath, sondern in der Fremde. Die Bevölkerung der Ljuntscherei besteht daher in der Regel aus Weibern, Kindern, Greisen und Presshaften, denen die Bestellung der Felder und namentlich der zahlreichen Weinberge und die ganze Sorge für das Hauswesen überlassen bleibt; alle arbeitsfähige Mannschaft aber ist in der Fremde und erscheint nur dann und wann besuchsweise in der Heimath.

Dieselbe Sitte herrscht in der nördlich anstossenden Landschaft Riça, denn von ihren 11 Dörfern, welche auf der Ostseite der oben beschriebenen Pässe liegen, werden 6 von wandernden Handwerkern bewohnt [8]). — Die 4 übrigen Dörfer sind sogenannte Tschiflikia, d. h. Eigenthum eines türkischen Gutsherrn, welches von Zinsbauern bebaut wird.

Die Ljuntscharioten sind Fleischer, Gärtner, seltener Kaufleute. Eine gewisse Anzahl Familién in drei Dörfern der Ljuntscherei und in zwei Dörfern der Riça (darunter ein Paar türkische) sind Wasserbauverständige, welche in Constantinopel seit unvordenklichen Zeiten die Wasserleitungen zünftig unter sich haben, und desswegen verschiedene durch kaiserliche Fermans verbriefte Privilegien geniessen. Die Ljuntscharioten treiben fast ohne Ausnahme ihr Gewerbe in Constantinopel.

Die Riçaten dagegen sind meistens Schnittwarenhändler; doch finden sich auch einige Weber; in mehreren Familien ist die Heilkunst erblich — dies gilt der Regel nach auch von den übrigen Gewerben, obwohl Uebergänge von einem zu dem andern Handwerke vorkommen, so waren z. B. die Bewohner von Ljábowo [9]) in früheren Zeiten sämmtlich Weber; jetzt sind die Weber in der Minderzahl und die Mehrzahl handelt mit Schnittwaaren. Eines der dortigen Geschlechter, die Michantschulates, höchst wahrscheinlich ein zugewandertes, bestand früher aus Schäfern. Jetzt sind alle Glieder desselben Schnittwaarenhändler.

Die erwähnten zwei Landschaften sind keineswegs der einzige Sitz wandernder Epiroten. Auch die erwähnten Çagoriten und Chimarioten verbringen ihr Leben als Söldner in der Fremde. — Die griechisch redenden Bewohner von Delwináki, dessen grosses Gebiet im Norden an die oben genannte Çagoria und im Westen fast bis zu den östlichen Bergen von Argyrokastron reicht, ziehen als Fleischer und Gärtner in die Fremde, und treiben ihr Handwerk grösstentheils in Constantinopel. In den Bezirken von Pogóniani, dessen Hauptort Delwinaki ist, und von Kúrrendo befinden sich wenig Dörfer, von denen nicht eine Anzahl Männer in der Fremde arbeiten [10]).

Das Beckengebiet des Sees von Jannina wird auf der Ostseite durch eine kahle Bergkette [11]) von der Berglandschaft Çagóri getrennt. Sie enthält 44 Dörfer, welche, mit Ausnahme weniger Ackerdörfer, sämmtlich von wandernden Bäckern, Krämern, Schenkwirthen, Aerzten und Zöllnern bewohnt sind [12]). Es findet sich in der europäischen Türkei, im griechischen Königreiche und an der kleinasiatischen Küste wohl schwerlich eine Mittelstadt, welche keine Colonie von Handwerkern aus diesem Çagóri enthielte. Ja sie verlieren sich mitunter bis in die verstecktesten Winkel von Asien.

Ein Gleiches gilt von den Häuserbauern (denn sie sind Maurer und Zimmerleute in einer Person) aus dem mittleren Albanien, namentlich der Umgegend von Kolónja und Dibra; dort treiben nicht nur ganze Dörfer, sondern ganze Landstriche ein und dasselbe Handwerk. Was in der europäischen Türkei und dem griechischen Königreiche mauert, Bäume fällt und Bretter sägt, stammt fast ohne Ausnahme aus Albanien, denn es finden sich dort auch Striche, die nur von erblichen Holzschlägern und Sägemüllern oder auch Erdarbeitern bewohnt sind. Diese Handwerke sind gesellig, daher wandern die Werkgenossen truppweise unter der Leitung eines Altmeisters und führen zugleich die zum Transporte des Materials benöthigten Lastthiere mit sich.

Es wird behauptet, dass die Zahl der in Constantinopel und dessen nächster Umgebung beschäftigten epirotischen Handwerker an 6000 betrage.

Maurer, Holzhauer und Erdarbeiter kehren grösstentheils um St. Georg in ihre Heimath zurück und verlassen dieselbe um St. Demetri, weil sie glauben, dass sie nur dann gesund bleiben, wenn sie den Sommer in der Bergluft ihrer Heimath zubringen. Sie mögen hierin nicht Unrecht haben, denn wenigstens in Griechenland, Thessalien und Macedonien ist die Zahl der Orte, welche im Sommer für ungesund gelten, vielleicht grösser als die der gesunden. Die genannten Handwerker verbringen ihre Arbeitszeit wo möglich an demselben Orte oder wenigstens in derselben Gegend, kehren aber im folgenden Jahre nur dann dahin zurück, wenn ihnen kein anderer bessere Aussicht auf Arbeit gewährt; die Wahl des nächsten Arbeitsortes bildet daher für sie eine wichtige Frage. Die unter einem Altmeister ausziehende Bande hält in der Regel für eine Arbeitszeit zusammen, doch kommen allerdings auch einzelne Uebertritte von der einen zur andern, oder auch Auflösung der ganzen Bande vor, was jedoch deren Mitgliedern niemals zur Ehre gereicht. Zur Ausführung grösserer Arbeiten treten mehrere Banden zusammen; noch häufiger aber theilt sich eine Bande in mehrere Abtheilungen und arbeitet zu gleicher Zeit an verschiedenen Orten. Eine Maurerbande zählt wohl selten über 20 Köpfe; die der Holzhauer sind mitunter zahlreicher; eine Erdarbeiterbande aus dem nördlichen Albanien aber zählt oft mehrere hundert Köpfe. Der Altmeister schliesst die Accorde und fehlt daher häufig vom Bau, um Arbeit zu suchen. — Der Accord lautet in der Regel so und so viel für die Quadratelle (= 2 Fuss) Mauer, doch kommen auch Accorde auf Taglohn und in Bausch und Bogen [13]) vor.

Händler und städtische Handwerker binden sich bei ihren Besuchen in der Heimath weniger an eine bestimmte Zeit und bleiben oft ganze Jahrzehnte in der Fremde; so erzählt man unter andern von einem erst kürzlich verstorbenen sehr reichen Kaufmann aus Çagori bei Jannina, welcher wenige Tage nach seiner Verheirathung zu seinem Geschäfte zurückkehrte und seiner Frau erst nach 12 Jahren den ersten Besuch gemacht habe. — Diese Art Handwerker kann man eigentlich nicht wandernd nennen, denn sie bleiben meistens an dem Orte, wo sie sich gewerblich fixirt haben, und werden als Beisassen desselben betrachtet.

Der Epirote ist in der Regel rührig, sparsam und erwirbt daher mit Leichtigkeit in der Fremde so viel, um mit seiner Familie in einem gewissen Wohlstande zu leben. Daher sieht man in solchen Arbeitsdörfern viel städtische Häuser, und deren Bewohner in bunte Fabrikstoffe gekleidet, während die bäuerliche Landestracht aus ungefärbten hausmachten Woll- und Baumwollstoffen besteht. — Die Kaufleute dieser Gegenden bringen es mitunter zum grossen Reichthume. — Es finden sich also in Epirus ganze Landstriche, welche von Familien bewohnt

werden, deren Mannschaften als Handwerker und Kaufleute in der Fremde arbeiten, und in
denen sich der Beruf des Vaters auf den Sohn vererbt. — Ueber die Sitten dieser Handwerks-
dörfer gibt der folgende Abschnitt nähere Auskunft.

Wenden wir uns endlich zu der letzten Classe der Bewohner unseres Thales. — Es ist
dies die ackerbauende. Sie steht wie fast überall auf der untersten Stufe. Die Bauern des
Thales sind ohne Ausnahme Pachtbauern, denn der Boden, den sie bestellen, gehört den
türkischen Herren in den Städten. Die Ernte wird hier, wie im ganzen Oriente, in der Regel
in Drittheile getheilt, wovon die Bauern zwei, der Grundherr eines erhält [14]). Leibeigenschaft
findet sich im türkischen Reiche nicht; Freizügigkeit besteht daher dem Rechte nach, obwohl
sie in praxi ebenso selten, als die Vertreibung des Pachtbauers durch den Grundherrn vorkommt. Die Söhne des ersteren theilen sich gewöhnlich in die Felder des Vaters; hat dieser
nur Töchter, so tritt in der Regel der Schwiegersohn der Aeltesten ($\dot{\epsilon}\sigma\acute{\omega}\gamma\alpha\mu\beta\rho\sigma\varsigma$ im neugriechischen) in seinen Besitz ein. — Dienstzwang als Recht ist unbekannt, doch nimmt der
türkische Herr in der Regel sein weibliches Dienstpersonal von seinen Gütern. Gewaltthaten
werden von den Herren zwar hier und da an den Mädchen und Weibern ihres Dorfes geübt,
aber von der öffentlichen Meinung stets missbilligt. Ueberhaupt herrscht in dem Verhältniss
zwischen Gutsbesitzern und Bauern viel Patriarchalisches und betrachten die letzteren ihren
Herrn als ihren Beschützer und Rathgeber, an den sie sich in allen ihren Nöthen wenden,
und der die Angelegenheiten seiner Bauern den Behörden und Fremden gegenüber als seine
eigenen vertritt. Da aber besonders in früheren Zeiten die Willkür des Einzelnen nur durch
die Sitte und das Herkommen gezügelt wurde, so darf es nicht wundern, wenn sich deren
Verächter mitunter die schreiendsten Missbräuche und Gewaltthaten erlaubten. Solches Auf-
lehnen gegen das Hergebrachte ist jedoch nicht in dem Charakter des Albanesen gelegen,
denn wenn dieser auch an sich wenig angebornen Sinn für Pietät zeigt, so scheint er ebenso
wenig zum Grübeln über das wie? und warum? des Bestehenden, die Basis der Skepsis, geneigt zu sein. — Noch übt hier das Herkommen eine unbestrittene Herrschaft, weil dem
Einzelnen der Gedanke nicht kommt, daran zu rütteln. — Es findet sich also in unserem Thale
als letzte Volksclasse ein gehorchender, besitzloser Bauernstand, welchem jede politische Bedeutung abgeht.

Wir haben in dem Obigen ein ungefähres Bild von den einzelnen Gruppen zu geben versucht, in welche die Bevölkerung unseres Thales je nach der Verschiedenheit ihrer Abstammung, ihres Glaubens und Berufes zerfällt. Diese Spaltungen führen nun zunächst zu der
Frage nach dem gegenseitigen Verhältnisse der einzelnen Gruppen. Diese Frage lässt sich nur
negativ beantworten, denn alle diese Gruppen leben in strenger Abgeschlossenheit neben einander und es besteht zwischen denselben keinerlei Ehegemeinschaft. Die Glieder jeder Gruppe
heirathen unter sich. Dass die Türken und Christen sich nicht vermischen, möchte weniger
auffallen, obwohl in andern albanesischen Gegenden, z. B. dem Districte von Awlona, solche
Ehen noch im Anfange dieses Jahrhunderts häufig vorkamen und in einigen entlegenen Winkeln von Nordalbanien auch heute nicht selten sein sollen. Aber auch der christliche Albanese vermischt sich nicht mit dem christlichen Griechen; noch mehr — kein albanesischer
Handwerker heirathet in eine albanesische Bauernfamilie und umgekehrt.

Es scheinen ausserordentliche Umstände erforderlich, damit sich zwei Völker-Racen, welche
dasselbe Land bewohnen, unter einander vermischen [15]). Wer solche Länder kennt, der weiss,
wie fern den verschiedenen Racen ein solcher Gedanke liegt. — Es ist als ob das Sonder-
bewusstsein, oder vielleicht besser der Sonderinstinct, in Bezug auf alles Fremde in dem Grade
bei dem Menschen zunehme, als er dem Naturzustande näher steht. Ein türkisches Sprichwort sagt: „was der Mensch nicht kennt, das hasst er." Toleranz und die Fähigkeit, sich mit
ungewohnten Zuständen und fremden Ideen zu befreunden, möchten daher vorzugsweise das
Product der höheren Cultur sein [16]).

Auf demselben Grunde beruht wohl auch die Abgeschlossenheit des christlich-albanesischen Handwerkstandes von dem christlich-albanesischen Krieger- und Bauerstande. Sprache
und Glaube sind hier zwar gemeinsam, aber die Lebensweise ist verschieden und dies reicht

hin, diese Stände von einander getrennt zu halten. Sogar in demselben Stande verbinden sich in der Regel nur solche Familien mit einander durch Heirathen, deren Vermögensverhältnisse sich gleich stehen, und dies gilt vorzugsweise von dem Bauernstande, welcher, obgleich in der Landesmeinung der letzte, auf Erhaltung der in seinem Kreise bestehenden Nuancen am aufmerksamsten ist [17]).

Bei der Schilderung der einzelnen Sitten wird sich zeigen, dass bei der Ehestiftung die persönliche Zuneigung durchaus nicht in Betracht kommt, sondern dass die jungen Eheleute nach der Wahl der Aeltern zusammen gegeben werden. Dieses Verhältniss erleichtert, ja es ermöglicht allein die Aufrechthaltung der bestehenden Sitte.

Aus dem bisher Gesagten ergeben sich zwei bemerkenswerthe Erscheinungen; nämlich erblicher Beruf und Beschränkung der Ehegemeinschaft auf die Berufsgenossen.

Wir glauben dieselben als die Hauptmomente der Kaste betrachten und daher behaupten zu dürfen, dass in unserem Thale und in den meisten Theilen von Albanien das Kastenwesen blühe.

Dasselbe mag anderwärts auf stärkeren Fundamenten ruhen; da wo die Sitten-, die Religions- und Race-Verschiedenheit concurriren, mögen die Bande, welche es um die einzelnen Gruppen schlingt, stärker und der Abschluss schroffer sein, die Erscheinung bleibt aber an sich dieselbe. Beruht jedoch das Kastenwesen, wie hier, wenigstens zum Theile nur auf der Sitte, d. h. dem Volksinstincte, der sich aus den Lebensverhältnissen des Volkes entwickelt, so wird es verschwinden, sobald sich seine Basis ändert, sobald ein wesentlicher Wechsel in den Lebensverhältnissen des Volkes eintritt.

Dem denkenden Leser wird bereits die Aehnlichkeit zwischen den geschilderten und den attischen Urzuständen aufgefallen sein; dieselbe dünkt uns so schlagend, dass es wohl der Mühe lohnen möchte, nachzusehen, welche von den über das altattische Phylenwesen bestehenden Ansichten die Analogie der geschilderten Verhältnisse anzurufen berechtigt sei. — Es möchte diejenige sein, welche in der urattischen Phyle eine Gesammtheit berufsverwandter Menschen erkennt, welche einen gemeinsamen Landstrich bewohnen, nur unter einander heirathen [18]), und den von den Vätern überkommenen Hauptberuf auf ihre Kinder vererben.

Nach dieser Analogie käme daher der altattischen Phyleneintheilung auch territoriale Bedeutung zu, denn wir sehen in unserem Thale die einzelnen Stände auf getrennten Territorien wohnen und die Arbeit nicht ebenso unbedingt getheilt wie in den Culturstaaten; hier ist der Krieger und Handwerker auch Ackerbauer, der Hirte treibt das Kriegshandwerk und bestellt zugleich die wenigen Felder, die ihm die Natur geschenkt. — Die Eintheilung fusst daher nicht auf dem ausschliesslichen, sondern auf dem Hauptberufe.

Der Stände und Phylen wären endlich vier, nämlich Krieger, Handwerker, Ackerbauer und Hirten [19]).

Wir denken uns die altattischen 12 Gemeinden, in welche die 4 Phylen zerfielen, ganz in der Weise der geschilderten als etwas gewordenes, nicht als etwas ersonnenes und gemachtes.

Wir werden weiter unten den albanesischen Geschlechtsverband als eine erweiterte Familie kennen lernen, deren Wesen bis ins Einzelne mit dem der altattischen Geschlechter übereinstimmt. Sogar die Zahl der zu einem Geschlechte gehörenden Familien trifft in dem dort erwähnten Orte Ljabowo ungefähr mit der alten Zahl zusammen, denn dort leben drei Hauptgeschlechter, deren jedes zwischen 20 und 30 Häuser umfasst.

Die 11 Dörfer der Landschaft Riça, zu welchen Ljabowo gehört, zeigen sich als ein vielfach zusammenhängendes Ganze, denn sie sind von Menschen bewohnt, welche Beruf und Sitten gemeinsam haben und durch Heirathen vielfach unter einander verbunden sind. — Wenn den dort blühenden Hauptgeschlechtern die kleineren zugetheilt, oder mehrere von diesen in ein grösseres Geschlecht zusammen geworfen würden, so würde die Anzahl der Geschlechter in dieser Landschaft wohl nicht weit unter der zur alten Phratria oder Trittys erforderlichen Anzahl von 30 bleiben. Theilte man dann die weit bevölkertere südliche Nachbarlandschaft der Ljuntscherei, welche gleichfalls von wandernden mit den Riçaten in Ehegemeinschaft stehenden Handwerkern bewohnt wird, etwa in zwei Theile, so erhielte man drei Trittyen, welche sich zusammen genommen beiläufig mit einer altattischen Phyle vergleichen liessen.

Wer aber die urattische Phyleneintheilung für etwas von selbst gewordenes hält, der wird wohl auch die in derselben bestimmte Zahl von 30 Familien für das Geschlecht und 30 Geschlechter für die Phratrie nur als beiläufige Durchschnittzahl ansehen und ihr keineswegs streng mathematische Schärfe zuerkennen.

Man setze den Fall, die kleine Welt von Argyrokastron habe sich zu einem enger verbundenen politischen Körper herangebildet und sich nun das Bedürfniss einer genaueren Volkseintheilung fühlbar gemacht, so möchte den zu dem Ende versammelten Bevollmächtigten schwerlich der Gedanke kommen, das bestehende Verhältniss über den Haufen zu werfen, und sich in neuen Eintheilungstheorien zu versuchen, denn sie hätten, auch wenn sie dies wollten, nicht einmal die Macht, ihre Beschlüsse durchzuführen, wohl aber werden sie sich bemühen, Regeln aufzufinden, durch welche einige Ordnung in das gebracht würde, was bis dahin reine Naturbildung war.

Es mag ihnen dann wohl gelingen, die kleinern Geschlechter eines Ortes zu einem grösseren Ganzen zu vereinigen, oder auch wohl ein oder mehrere kleinere einem schwächeren Hauptgeschlechte einzuverleiben. Wenn sie es aber unternehmen wollten, der mathematischen Abrundung zu Liebe von einem Hauptgeschlechte die überzähligen Mitglieder abzuschneiden und sie einem andern zuzuweisen, so würden sie sicherlich auf einen unbezwinglichen Widerstand stossen, weil sie dadurch einer tiefwurzelnden Volksansicht den Krieg erklärten [20]).

Wir werden unten sehen, dass die grossen Geschlechter unseres Thales in verschiedene Zweige zerfallen, dieselben scheinen daher auch jetzt die Elemente zu einer weiteren Entwickelung in sich zu tragen, vermöge deren sich unter begünstigenden Umständen das Geschlecht zur Phratria erweitern, die Zweigabtheilungen aber an die Stelle des jetzigen Geschlechtes treten könnten, ohne dass durch eine solche Ausdehnung der Geschlechtsverband zerrissen würde.

Es will uns bedünken, als ob diese Entstehungsart der attischen Phratria am wahrscheinlichsten sei, denn ihrem Wesen nach ist sie ein Familieninstitut; sie steht dem Gottesdienste des Geschlechtes vor, die ihr zustehende Untersuchung über die legitime Geburt der von Phratoren Erzeugten bezweckte ursprünglich wohl nur die Reinhaltung der Geschlechtsehre, denn war das Kind ein ächter Phrator, so folgte hieraus sein Bürgerrecht von selbst. Darum controllirte die Phratrie auch die von ihren Gliedern abgeschlossenen Ehen.

Wir werden unten sehen, dass in Albanien die einfache Sitte dem Geschlechte ungefähr dieselben Attributionen gibt. Damit sich aber das Geschlecht auf natürlichem Wege zur Phratrie erweitere, dazu gehört ein weiter Raum für die ersten Ankömmlinge und eine lange ungestörte Entwicklung. — Wir glauben daher, dass die Entwicklung der attischen Staatsgliederung aus der Familie und dem Geschlechte ein gewichtiges Zeugniss für das Autochthonenthum der attischen Bevölkerung ablege.

Wir vermuthen jedoch, dass diese Entwicklung nicht so vollkommen frei von Störungen war, als dies im Alterthum geglaubt wurde — weil verschiedene Anzeichen auf eine Eroberung des Landes hindeuten.

Das erste ist das Dasein von Zinsbauern. Wo sich dies Verhältniss findet, da spricht die Vermuthung dafür, dass es aus einer Eroberung des Landes hervorgegangen sei. Denn die ungestörte Entwicklung einer freien Ackergemeinde kann unmöglich zu einem solchen Resultate führen. Es wäre unserem Adel sicher nicht gelungen, die freien Bauern in Leibeigene zu verwandeln, wenn nicht zahlreiche Musterverhältnisse aus der ersten Eroberung des Landes vorgelegen hätten. — Die Türken verwandelten nach und nach durch Proceduren verschiedener Art eine Masse Freidörfer in Tschiflikia, liessen aber trotz der bei ihnen üblichen Haussklaverei die Bauern persönlich frei, weil man im byzantinischen Reiche zwar Zinsbauern, aber keine Leibeigenen kannte. Sie richteten sich also gleichfalls nach vorhandenen Mustern.

In gleicher Weise scheinen sich die ersten Eroberer von Attika das Eigenthum der besten Ländereien zugesprochen zu haben, ohne deren frühere Besitzer zu knechten; die Bergdörfer aber mögen auch dort, wie überall, unangetastet geblieben sein, weil sie in der Regel abgelegen und streitbarer bevölkert sind und ihr schlechter Boden die Habgier nicht reizt. — Auf diese Weise erklärt sich wohl am natürlichsten das Dasein eines besitz- und bedeutungslosen Bauernstandes in Attika.

Ein zweites Eroberungsanzeichen in Alt-Attika ist uns die Concentration der Staatsgewalt in Athen durch Theseus oder diejenigen, welche dieser Name repräsentirt; denn so weit wir den Geist beurtheilen können, der in einem Volke weht, welches sich nach Naturprincipien gliedert, ist es eines Theils unfähig, einen solchen Gedanken zu fassen, und stehen andern Theils dessen Ausführung auf dem Wege freier Uebereinkunft unüberwindliche Schwierigkeiten entgegen; er kann daher, ebenso wie die urrömischen Incorporationen, nur das Product des Zwanges sein.

Scheiterte nicht in weit gebildeterer Zeit und Angesichts grosser Gefahren die Redekunst des Thales von Milet bei dem Versuche die asiatischen Jonier zur Concentration ihrer Kräfte zu überreden [21])? Die Jonier waren aber keine Autochthonen, sondern eingewanderte Colonisten und Thales konnte sich auf den Synoekismos des Theseus als Präcedenz berufen; er verlangte nicht einmal so viel, sondern wollte den einzelnen Städten ihre Autonomie für die innern Angelegenheiten gesichert wissen. Thales würde bei den Bewohnern unseres Thales schwerlich glücklicher gewesen sein.

Wir setzen nun den Fall, die Argyrokastriten erobern das ganze Thal, wie würden sie verfahren müssen, wenn sie ihre Eroberung sichern und zugleich die möglichsten Früchte aus derselben ziehen wollen? — Würden sie die gesammte Bevölkerung in die Stadt treiben und sie zwingen, dort zu wohnen? Gewiss nicht; wohl aber würden sie alle reichen, d. h. mächtigen, unter den bisher in der Landschaft zerstreut lebenden Krieger- und Handwerkerfamilien in die Stadt ziehen und dadurch nicht nur den örtlichen Widerstand brechen, sondern auch die Stadtgemeinde stärken. Die ärmeren zu diesen Ständen gehörenden Familien könnten ungestört, ebenso wie der gesammte Bauernstand, der jeder politischen Bedeutung entbehrt, in den Dörfern wohnen bleiben, sie würden nur bei Kriegsnoth mit ihrer Habe in die feste Stadt flüchten.

Die Uebergesiedelten blieben in ihrem alten Geschlechtsverbande, und würden die Vertreter ihrer alten Heimath bei der Centralregierung. So ungefähr denken wir uns die attischen Zustände vor Klisthenes und die römischen Incorporationen.

Bei dem steigenden Flor von Argyrokastron würde der einheimische Handwerkerstand allmälig das Wandern aufgeben und seine Werkbude, statt in der Fremde, in der Stadt aufschlagen, wo er Vollbürger ist und bei der Regierung mitzusprechen hat. Ausser diesen werden aber auch Wanderhandwerker aus andern Gegenden von Epirus der aufblühenden Stadt zuströmen, dort aber, ebenso wie jetzt, als Fremdlinge [22]) angesehen werden, die auf staatsbürgerliche Rechte keinerlei Ansprüche haben. Nur diese letzteren wären also Metöken. Vielleicht liesse sich diese Unterscheidung zur Erklärung der widersprechenden Angaben [23]) über die attischen Demiurgen benützen.

Palaeo-Episcopí. — Der Knotenpunkt der Strassen von Jánnina nach Délwino und den Küstengegenden — und nach Argyrókastron und dem Norden des Landes, ist auf der Ostseite des Thales bei Palaeo-Episkopí, einem Orte, in dem man weder Frauen noch Kinder sieht; denn er besteht aus einem Conglomerate von Chans, Schenken, Mehl- und Tabaksmühlen.

Hier wird eines der Hauptproducte der Ebene, der Tabak, zu dem landesbräuchlichen staubfeinen Schnupftabak (bei uns Spaniol genannt) verarbeitet. Es befinden sich auch in Libóhowo und Seljó ähnliche Tabaksmühlen; doch gilt das Product von Palaeo-Episcopí für das beste. Dieser Fabrikszweig war früher sehr blühend und hatte einen weiten Rayon für seinen Absatz, der sich bis nach Asien erstreckte. In neueren Zeiten hat derselbe jedoch eines Theils durch die Errichtung von Tabaksmühlen in Monastir und an verschiedenen Orten des Königreichs Griechenland, anderntheils durch eine bedeutende seit kurzem verhängte Erhöhung der Accise so sehr abgenommen, dass z. B. dieses Jahr (1849) von den im Thale von Seljo stehenden 25 Mühlen kaum 4 oder 5 beschäftigt sind.

Der Tabak wird nach Entfernung der Blätterrippen in Säcken gebeizt (die Gährung dauert 20 Tage), hierauf getrocknet und in hölzernen Mörsern mit eisernen Stösseln pulverisirt. Gewöhnlich werden 4 solcher Stössel von einem Wasserrade in Bewegung gesetzt, dessen kaum 2 Fuss lange, sehr massive Flügel in Form von Löffeln gearbeitet sind. Der Wasserdruck wird hier, wie bei allen orientalischen Wasserwerken, dadurch vermehrt, dass das Wasser in senkrechten, bald runden, bald viereckigen Trichtern gefangen wird, welche meist von Holzbohlen, mitunter aber auch aus Mauerwerk gemacht sind, und möglichst hoch angelegt werden. Von diesem Trichter wird das Wasser bei den Tabak-und Holzschneidemühlen mittelschlächtig durch ein in einen Balken geschnittenes 3 — 5 Zoll weites Loch auf die oben beschriebenen Radlöffel geleitet.

Der orientalischen Mehlmühle dagegen liegt die Idee der Tourbine zum Grunde, auf welche man neuerdings auch in Europa mit so vielem Erfolge zurückgekommen ist. Bei ihnen geht das Wasserrad wagrecht und besteht aus einer Masse löffelartig gearbeiteter Speichen, in welche der Wasserstrahl aus dem obenbeschriebenen Trichter in einem mehr oder weniger spitzen Winkel von der Seite her einspritzt und es dadurch in Bewegung setzt. Es fehlt demnach hier nur die Raddecke zur Herstellung einer Tourbine nach neuer Theorie. 5 bis 6 Fuss über diesem Wasserrade, welches stets unterhalb des Erdbodens angebracht ist, liegen auf einem Gerüste die Mühlsteine, deren oberer durch eine senkrechte Eisenachse mit dem Wasserade in Verbindung gebracht ist und sich daher ebenso schnell und so langsam wie das Wasserrad bewegt.

Es lässt sich schwerlich eine einfachere Maschine denken. Sie ist offenbar das erste Erzeugniss der Idee, die Steine der Handmühle, welche im Orient noch in vielen Bauerhäusern zu finden ist, durch die Kraft des Wassers zu bewegen; doch hat diese Einfachheit den grossen Uebelstand, dass die Bewegung des Mühlsteines keine übertragene, gleichmässige ist. Der einseitige Druck, den der Wasserstrahl in senkrechter Richtung auf das Wasserrad übt, theilt sich auch dem Mühlstein mit, und macht seinen Druck auf den unteren Mühlstein ungleich, daher reibt sich dieser stets auf der Seite, von welcher das Wasser einströmt, schneller ab. — Aus diesem Grunde ist auch eine regelmässige Canellirung dieser Steine unthunlich. Der orientalische Müller schärft seine Steine nach den Spuren grüner Blätter, welche er durch dieselben laufen lässt. Diese Steine bestehen aus einer Masse von genau aneinander gefugten Theilen, welche durch 2 schwere Eisenreife zusammen gehalten werden. Die sich hiezu eignende Steinart soll in Epirus häufig gefunden werden. Auf dem griechischen Festlande finden sich dergleichen nur an wenig Orten und in schlechter Qualität; sie werden daher theils von der Insel Melos, theils aus Kleinasien eingeführt. Von Beutelmehl kennt der Orientale bekanntlich nichts, er siebt so viel Kleien aus seinem Mehle, als ihm gutdünkt, und hält auf grobe Schrotung, eine Ansicht zu der wir Europäer gleichfalls erst in neuerer Zeit zurückgekehrt sind.

Eine 4hämmerige Tabaksmühle liefert in 24 Stunden 8—12 Okka feinen Spaniol, der in Palaeo-Episcopi mit 8—10 Piaster per Okka verkauft wird. Man rechnet dort 7 Okka Schnupftabak auf 10 Okka Blätter. Der Handel mit demselben hat trotz der ausdrücklichen Bestimmung der mit der Pforte abgeschlossenen Handelsverträge, welche jedes Monopol mit Fabricaten verbieten, dennoch als solches erhalten; die Berechtigung zu seinem Betriebe wird jährlich verpachtet.

Der Ackerbau steht in diesem Thale mit dem griechischen auf gleicher Stufe, sein Hauptzweck geht auf die Erzielung des Weizens; das Brachfeld wird zu dem Ende durch eine Sommerfrucht, am liebsten durch eine Hackfrucht, wie Mais, vorbereitet und geht nach gemachter Weizenernte wieder in die Brache über. Bei bewässerbaren Ländereien tritt die Brache nur ausnahmsweise ein, man gönnt ihnen nur dann ein Ruhejahr, wenn sie allzusehr ausgesogen sind, und besäet sie abwechslungsweise mit Weizen und einer Sommerfrucht. Dass bei einer solchen Wirthschaft und der Unbekanntschaft mit dem Dunge die Felder um Argyrokastron im Durchschnitte das 10te Korn ergeben, spricht für die Fruchtbarkeit des Bodens, doch möchte die Gunst des Klimas auch mit in Anschlag zu bringen sein, weil auch Felder, deren Anbau unter deutschem Himmelsstriche niemals lohnen würde, bei gleicher Wirthschaft immer noch das 4te, 5te Korn tragen.

Der Pflug ist hier allgemein der homerische; der Ackerbau wird daher besonders aus diesem Grunde von vielen Reisenden als in voller Kindheit geschildert. In was unterscheidet sich aber derselbe von dem englischen Hacken? — Nach unseren Erfahrungen möchten wir überdies behaupten, dass derselbe in den meisten Gegenden dieses Berglandes der einzig anwendbare sei.

Das Getreide wird hier untergepflügt, aber zur Bedeckung der Maissaat bedient man sich einer eigenthümlichen Egge. Es ist dies eine aus Stöcken und dickem Reisig geflochtene Hürde, die Enden des Flechtwerks stehen auf der hinteren Seite weit ab und versehen so die Dienste eines Rechens. In der Regel beschwert sie der Bauer neben seinem eigenen Gewichte noch mit einem dicken Steine. In diesen Gegenden dauert die Maisaussaat selbst in unbewässerbaren Feldern bis in die Mitte Juli, denn der Sommer ist hier schon nicht so regenlos wie in den südlichen Gegenden.

Der Stand der Eisen-Production und -Fabrication gilt bekanntlich für den besten Barometer der Industrie eines Landes. Vielleicht lässt sich der Stand der Landwirthschaft in ähnlicher Weise nach dem Anbau der Futterkräuter bemessen. Es scheint uns nämlich, als ob die Entwicklungscalen der Landwirthschaft und der Industrie sich streng entgegen gesetzt seien; die letztere fordert grösstmögliche Arbeits-Theilung, die Landwirthschaft dagegen die möglichst innige Verbindung ihrer beiden Zweige, der Viehzucht und des Ackerbaues (wir sehen hierbei natürlich von anomalen Verhältnissen, wie Steppen-, Alpen- oder Zwergwirthschaft ab), diese beiden Zweige müssen auf das innigste in einander greifen, für einander arbeiten und auf einander berechnet sein, wenn das Ganze blühen soll. Das Verbindungsglied aber ist die Stallfütterung. — Sind diese Sätze richtig, so liesse sich daraus die Folgerung ziehen, dass je mehr das Vieh an das Weidefutter verwiesen, d. h. je schärfer Ackerbau und Viehzucht getrennt sind, die Landwirthschaft um so niedriger stehen müsse.

Wenden wir diese Formel auf Griechenland und Albanien an, so zeugt sie für einen sehr niederen Stand der Landwirthschaft, denn der Anbau von Viehfutter ist sehr gering. Das Kleinvieh ist Jahr aus Jahr ein, das Grossvieh wenigstens grösstentheils auf Weidefutter angewiesen. Sobald Pferde und Esel den Dienst, wozu man sie gerade brauchte, beendigt, werden sie an den Vorderfüssen gefesselt (damit sie sich nicht zu weit verlaufen) und auf die Weide gejagt, die Pflugochsen aber während der Ackerzeit unter Aufsicht auf die Weide geschickt und nur Nachts im Stall gefüttert, die übrige Zeit aber weiden sie mit den Kühen und Zuchtstuten. Dies Verhältniss erfordert ein grosses Weiderevier in der nächsten Umgebung des Dorfes, mithin eine grosse zusammenhängende Brache und macht die Baumzucht im Freien an den meisten Orten unmöglich. Ein solcher Zustand der Landwirthschaft setzt eine dünne ackerbauende Bevölkerung voraus, und bildet ein so festgegliedertes, streng in einander greifendes Ganze, dass jede Verbesserung mit Schwierigkeiten zu kämpfen hat, welche kein Einzelner und kein Unterricht, sondern nur die Noth, der Hunger, zu bewältigen vermag. So lange daher der Albanese noch wandern und sein Brot in der Fremde verdienen kann, steht wohl keine bedeutende Verbesserung in der albanesischen Landwirthschaft zu erwarten.

Ziza. Der Weg von Jannina nach dem Kloster Ziza führt an dem mit schönen cyklopischen Substructionen gekrönten Hügel von Gardiki vorbei, wohin bekanntlich Pouqueville das Orakel von Dodona versetzen wollte. Leake hat diese Ansicht schlagend widerlegt. — Am Fusse dieses Hügels liegt das jetzt zerstörte Kloster der Phaneroméni, welches früher wegen eines an dasselbe geknüpften, aber nun gleichfalls gebrochenen Bannes weit berühmt war. Alle Reisende, die des Wegs zogen, mussten nämlich, sobald sie an der Klostermauer angekommen, von ihren Thieren steigen und sie zu Fusse gehend an der Hand daran hin führen, denn diese blieben so lange wie eingewurzelt von dem Klosterbanne stehen und keine Macht der Erde vermochte sie zum Weitergehen zu bewegen, bis sich nicht die Reiter, mochten sie nun den Heiland oder den Propheten oder den Gott des Moses anrufen, dem Gesetze des Bannes unterworfen hatten. So zogen eines Tages ein stolzer albanesischer Kriegsmann und ein demüthiger Grieche selbander des Weges; der erstere ritt einen stattlichen Hengst und hatte 30 Beutel in seinem Gürtel, die er auf seinen Heerfahrten in der Fremde erworben; der Grieche aber sass auf einem bescheidenen Maul und in seinen Taschen soll es sehr leer ausgesehen haben. Als sie in die Nähe des Klosters kamen, erzählte der Grieche dem Albanesen von dem Banne und seiner Kraft, welche über Alle gebiete, wess Glaubens sie auch seien. Der Kriegsmann vermass sich hoch und theuer den Bann zu brechen, und es kam zwischen den beiden Reisegefährten zur Wette, in welcher der eine seine Habe an die des andern setzte. Als sie nun an das Kloster kamen, da fasste der Bann den frechen Albanesen, so gut wie jeden andern; drei Tage und drei Nächte hielt er dort auf seinem Pferde aus, erst am Morgen des vierten stieg er ab, übergab es und sein Geld an den Griechen und ward nie mehr gesehen.

Die kleine Hochebene von Ziza, zu welcher man aus dem Seebecken von Jannina durch ein Defilé hinansteigt, liegt wohl 600 Fuss höher als dieses. Der Boden ist sehr eisenhaltig und daher zum Getreide weniger als zum Weinbau geeignet. Wirklich führt auch der Weg zu dem auf einer nordwestlichen Anhöhe gelegenen Dorfe durch lauter gut kultivirte Weinberge, welche grossentheils den Bedarf von Jannina liefern. — Auf der Spitze dieser Anhöhe steht das bekannte Kloster von Ziza. Lord Byron gedenkt in Child Harold der grossartigen Rundsicht, welche dieser Höhenpunkt fast über alle Gebirgszüge von Epirus gewährt.

Ob etwa der bequeme Sylbenfall des Namens zu dem Ruhme des Ortes mitgewirkt, wage ich nicht zu entscheiden, auf mich machten die verschiedenen, nur zum Theil grossartigen Bergcontouren, welche sich auf allen Seiten und ohne Abwechslung dem Auge darbieten, sehr bald einen ermüdenden Eindruck.

Das Dorf mag etwa 150 Häuser zählen, deren Dächer aus weissen Kalkplatten bestehen, und daher von oben herab gesehen, mit Schnee bedeckt zu sein scheinen. Erstaunt war ich, in diesem Dorfe nicht nur eine Elementar-, sondern auch eine hellenische Schule zu finden; dasselbe war in Delwináki und Argyrokastron der Fall. Man versichert mich, dass jetzt in allen grösseren christlichen Dörfern Elementarschulen beständen. Alle datiren von der Einführung des Tansimats in diesen Gegenden, welche die Lage der christlichen Bevölkerung ungemein verbessert hat, ohne darum ihre Anhänglichkeit an die bestehende Regierung zu vermehren, weil mit der grösseren Freiheit und Sicherheit auch grössere Steuern in das Land gekommen sind.

Noch vor 10 Jahren sollen ausser in den grössten Städten und wenigen privilegirten Dörfern in Epirus keinerlei Schulen bestanden haben. Sollte sich der Aufschwung, welchen hier die Bildung der christlichen Rajah genommen, auch in andern Provinzen des türkischen Reiches wiederholen, so lassen sich hiervon die bedeutendsten Folgen für die Zukunft voraussehen.

Ich übernachtete in dem Kloster. Der alte Mönch, welcher in Abwesenheit des Priors die Honneurs machte, erging sich in der Erinnerung vergangener Zeiten und erzählte unter andern, dass er einmal in seiner Jugend mit andern Mönchen unter Ali Paschas Herrschaft mit den Klosterthieren in Jannina zur Begleitung eines Truppes Soldaten aufgegriffen worden sei. Diese plünderten sie im ersten Nachtlager aus und nahmen ihnen sogar die Sandalen von den Füssen und als sie nach 3 Tagen an den Fluss Wiússa kamen, machten sie unter sich aus, auf den Christen darüber zu reiten, um sich das Ausziehen der Kleider zu ersparen. Er und einige seiner Begleiter, die etwas albanesisch verstanden, hätten die Flucht ergriffen, aber ein alter Mönch wäre nicht so glücklich gewesen und habe, obgleich er vor Müdigkeit mehrmals hinfiel, 15 Soldaten über den Fluss tragen müssen. Einer, mit dem er im Wasser zusammenbrach, habe eine Pistole auf ihn abgefeuert, aber glücklicherweise gefehlt. Endlich habe der nachkommende Anführer diesem Transporte ein Ende gemacht. Als sie am vierten Tage entlassen wurden, nahmen ihnen die Soldaten noch die Stricke und Halfter mit, und auf dem Heimwege wären sie schier verhungert. Braucht der Leser bei dieser Erzählung an Plutarch erinnert zu werden? — Wir möchten überhaupt jedem Geschichtschreiber der Römerherrschaft als Vorarbeit ein gründliches Studium der Zustände des ottomanischen Reiches bis zum Beginne des Tansimats empfehlen, denn wir glauben nicht zu irren, wenn wir sagen, dass die Türken bis zu jenem Zeitpunkt die Erbschaft fast ganz in dem Zustande beliessen, wie sie dieselbe angetreten haben.

Obgleich der Greis zugab, dass dergleichen Scenen jetzt nicht mehr vorfielen, während sie
und ärgere zu seiner Zeit gang und gebe waren, so meinte er dennoch, dass die Gegenwart
mit der Glansperiode des Landes unter Ali Pascha gar nicht verglichen werden könne. Der
Tepeleniote ist der Nationalheld von Epirus; nicht bloss der muhamedanische und christliche
Albanese, auch der christliche Grieche ist stolz auf ihn; wir wollen dies Phänomen nicht erklären, sondern nur verzeichnen. Der Fremde stosse sich nicht etwa an die Beiworte Tyrann
oder Wütherich, oder berufe sich zum Beweise des Gegentheils auf eine oder die andere Gräuel-
that, die ihm von Ali berichtet wird, sondern prüfe genauer und er wird finden, dass diese
Behauptung keine Paradoxe sei.

Wer aus dem trockenen Süden kommt, mag sich gleich dem Verfasser an dem Wasser-
fall des Calamá (Thyamis) weiden, der etwa zwei Stunden nordöstlich von dem Kloster liegt.
Die auch im Sommer beträchtliche Wassermasse stürzt mit dumpfem Donner über eine senkrechte 60 Fuss hohe Felswand herab. Im Winter soll das Tosen dieses Falles mehrere Stunden weit hörbar sein. Die Vegetation seiner Umgebung, durch den ewigen Nebel des zerschel-
lenden Wassers genährt, ist sehr üppig und gewährt dem Bilde einen eigenthümlichen Reiz.

Weiter abwärts bei dem Kloster „der Väter (τῶν πατέρων)" macht der Fluss, wie man
mir erzählte, einen zweiten, noch beträchtlicheren und zwar unsichtbaren Fall; er hat sich
dort einen verdeckten Weg durch die Felsen erzwungen, an deren Fuss er wieder zu Tage
kommt. Unfern von diesem zweiten Falle ist eine natürliche Felsbrücke über den Fluss gesprengt;
der Grieche hat für dergleichen Naturwerke den schönen Namen „von Gott erbaut, θεόκτιστα,"
während wir sie durchweg dem Teufel zuschreiben.

Der Weg nach Delwináki führt durch schattige und vogelreiche Waldthäler, in deren
Sohle Wiesen oder Fruchtfelder hinziehen. Hier wehte mich Alles so heimathlich an, dass ich
mich oft unwillkürlich umsah, ob nicht irgendwo auch eine steile Kirchthurmspitze auf-
tauche. Von hier begannen die Wildtauben in grosser Masse, sie waren so wenig scheu, dass
ich mehrere vom Wege aus schoss, ohne abzusteigen. Hier, wie überall in dem nördlichen
Epirus, herrscht die Eiche [24]) und, mit Ausnahme der Stacheleiche in den Niederungen und
der Platanen an den Wasserorten, trifft man kaum irgend eine andere Baumart an. Trotzdem
habe ich keine alte Eiche gefunden, die sich mit ihren deutschen Schwestern gleichen Alters
messen könnte, denn was ich von alten Bäumen sah, war mehr oder weniger verstümmelt
oder angefault [25]). Auf den Bergspitzen soll man Tannen finden.

So wie jetzt, mag es auch schon vor drei tausend Jahren in diesen Thälern ausgesehen haben, als das Taubenorakel in Dodona [26]) blühte, und der Eichenkranz zum Schmucke epirotischer Münzen gewählt wurde. Der Donnerkeil, welcher in dessen Mitte figurirt, stellt gleichfalls eine epirotische Naturerscheinung dar, denn wir kennen kein Land, in dem es häufiger
donnert und blitzt als in Epirus. Die Akrokeraunien tragen ihren Namen mit vollem Recht [27]).
Wie innig war hier der Zeusdienst mit der Natur des Landes verwachsen!

Delwináki. — Dies ist der Hauptort des Bezirkes Pogónjani oder Palaeo-Pogoni,
welcher wahrscheinlich mit der alten Landschaft Melotis zusammen fällt. Der Ort liegt in einer
Felsschlucht und hat bei 200 Häuser, an deren behäbigem Aussehen man sogleich erkennt, dass
ihre Bewohner wandern.

Der Ort ist wegen der Schönheit seiner Frauen berühmt. Ich fand hier wirklich mehrere
echthellenische Typen, doch nicht in der Anzahl wie sie der Ruf vermuthen liess. — Ein
paar Köpfe kamen mir wie belebte Steinbilder vor. Auch in den griechischen Dörfern der
Dropolis im Süden des Thales von Argyrokastron fiel mir hie und da der hellenische Schnitt
der Schädel und Gesichtszüge auf. Mir war diese Erscheinung um so interessanter, als ich
mich während eines vieljährigen Aufenthaltes in Griechenland vergebens nach diesen Formen
umgesehen habe.

In Delwináki erzählte man mir viel von den Bedrückungen, welche der Ort von Ali Pascha
zu leiden hatte, bis derselbe zu seinem Eigenthum (Tshifliki) wurde. — Nachdem er den Bewohnern durch Einquartierungen und Vexationen aller Art eine Schuldenmasse von 300 Beu-
teln aufgebürdet, brach diesen endlich der Muth und sie erklärten vor dem Kadi in Argyro-

kastron, dass sie das Dorf nebst allem Zubehör ohne Zwang noch Gewaltigung an Ali Pascha verkauft und dafür den Kaufpreis voll und baar von ihm erhalten hätten. Sie trugen
die Geldsäcke wirklich aus dem Saale, worin Ali und der Kadi sassen, mussten sie aber im
Vorzimmer wieder abgeben, und der Kadi setzte nun in bester Form Rechtens die Kaufurkunde auf. Dies war die Art, wie Ali Pascha Ländereien an sich zu bringe pflegte, er beruhigte sich nicht eher, bis nicht sein Raub in gesetzlicher Form verbrieft war. Zum Glücke
für die Bewohner von Delwináki verbrannte ihre Kaufurkunde mit dem grössten Theil der
Archive Ali Pascha's in Constantinopel, wohin sie nach seinem Sturze gebracht worden waren,
und so blieb ihr Ort ein Freidorf (κεφαλαιοχῶρι). Andere Dörfer, die Ali Pascha entweder
von ihren Grundherrn, oder von den Freibauern auf solche Art erworben, sind nun Staatsgut,
denn Ali's gesammte, sowohl fahrende als liegende Habe wurde bei seinem Tode confiscirt.

Zwei Stunden von Delwináki verengt sich das Thal, durch welches der Weg führt, zu
einem Passe. Hier stellten sich vor 15 Jahren, bei Gelegenheit der ersten Recrutirung, die
aufgestandenen Albanesen dem damaligen Gouverneur von Jannina Emin Pascha entgegen. Sie
hatten einen südlich gelegenen Pass unbesetzt gelassen, welchen die grossherrlichen Truppen zu
ihrer Umgehung benutzten, und wurden mit Hinterlassung von 80 Mann aus ihrer Stellung
geworfen. Auch bei dieser Empörung erschien nur das Volk auf der Bühne und hielten sich
die souflirenden Chefs hinter den Coulissen. — Ein albanesischer Capitän aus einem benachbarten Dorfe, Namens Daka, hatte sich dem Pascha bei dieser Affaire besonders nützlich erwiesen; er fiel später seinen Landsleuten in die Hände, und wurde von denselben nebst seinem Sohne bei langsamem Feuer gebraten.

Bei dem Austritte aus diesem Passe rollt sich plötzlich die überraschende Ansicht
des Thales von Argyrokastron auf. Ihre Elemente sind höchst einfach; eine ebene, von einem
Flussbett durchzogene, Fläche, zu beiden Seiten von parallel laufenden, kahlen Kalkbergzügen
flankirt, die Farbentöne auf Grau und Gelb beschränkt, und dennoch ist der Eindruck ein
grossartiger. Ich fand hier die Bestätigung einer Bemerkung, die ich schon öfter gemacht
hatte, dass die griechische Natur, unterstützt von dem Zauber des südlichen Lichtes, mit geringen Mitteln grosse Effecte hervorzubringen, Schönheit und Einfachheit zu verbinden wisse.
Soweit ich die alten Griechen kenne, war ihr Natursinn nicht besonders entwickelt [28]) und
dennoch scheint es oft, als ob der einfache Adel ihrer Landschaften sich in ihren Kunst-
erzeugnissen wiederspiegle.

In der Thalebene selbst liegt kein Dorf, weil die Luft dort ungesund sein soll; diese
gruppiren sich bald höher, bald niedriger auf den Abhängen und Vorsprüngen der Bergzüge,
welche das Thal einfassen. Die zerstreuten zwischen Baummassen versteckten Häuser gewähren in Verbindung mit der fruchtbaren Ebene als Vorgrund und den schöngeschnittenen
Bergcontouren, welche sie überragen, eine Masse anziehender Einzelbilder. Der Flecken Libohowo liegt auf dem Abhange eines Vorstosses der östlichen Kette in die Ebene. Seine ansehnlichen, hochaufragenden Häuser sind truppweise zwischen dichten Fruchthainen zerstreut. Der
Anblick von der Ebene aus ist reizend. In der Mitte des Ortes liegt eine Art kleiner Festung, die einstige Residenz von Hainitza, der Schwester Ali Paschas, von welcher sie, nebst
deren übrigen Besitzungen, auf ihren Enkel Malik Bey gekommen ist, der für den reichsten
Mann des Landes gilt.

Argyrokastron. — Diese Stadt war in früheren Zeiten eine Art aristokratischer
Republik, deren Gewalthaber dem Pascha von Délwino, zu dessen Paschalik sie gerechnet
wurde, nur so weit gehorchten, als es die Umstände mit sich brachten. Stützte sich das Ansehen des jeweiligen Paschas auf eine tüchtige Hausmacht und einen energischen Charakter,
so beugten sich auch die Herren von Argyrokastron seinem Willen; war dies jedoch nicht
der Fall, so kümmerte man sich dort nicht weiter um den grossherrlichen Gouverneur und
lebte so zu sagen auf eigene Faust. Das Ansehen des Gouverneurs ging jedoch niemals so
weit, um die Privatfehden zu unterdrücken, welche die Herren von Argyrokastron entweder
aus freiem Antriebe unter sich anzettelten, oder vermöge der Erblichkeit der Blutrache von
ihren Vätern überkommen hatten. Noch zu Ali Paschas Zeiten gab es in Argyrokastron nur

wenig Häuser, welche frei von Blutschuld gewesen wären, und ihrer oben beschriebenen Bauart sieht man es deutlich an, dass sie besonders zum Schutze in schlimmen Zeiten bestimmt waren.

In einem solchen Hause sass oft der Herr, welcher einem Mächtigeren Blut schuldete, sein Leben lang, ohne es jemals zu verlassen, und eine allgemeine Waffenruhe gehörte in der Stadt zu den Ausnahmen; es verging selten ein Tag, wo nicht zwei feindliche Häuser einander beschossen. Zuweilen lief aber die Kriegsfurie auch durch die ganze Stadt, denn neben den Privatfeindschaften bestanden auch politische Parteiungen, in der Regel zwei, und wenn es sich um wichtige Fragen handelte, so griff auch wohl die eine Faction in Masse gegen die andere zu den Waffen. Sobald es jedoch die auswärtigen Interessen der Stadt erforderten, schwiegen diese Privatfehden; die feindlichen Parteien vereinigten sich mitunter selbst zu einer Expedition und begannen ihr altes Spiel erst nach deren Beendigung.

Trotz dieser innern Zerrüttung widerstand Argyrokastron unter allen Punkten von Epirus der Herrschaft Ali Paschas am hartnäckigsten, und er bekam es erst im Jahre 1812 in seine Gewalt. Er hatte lange vorher auf einem in der Ebene befindlichen Hügel der Stadt gegenüber eine kleine Festung bauen lassen, deren Besatzung [30]) dazu bestimmt war, die Stadt zu plagen, ihr die Zufuhr aus dem Thale abzuschneiden, das Weidevieh wegzutreiben, die Bebauung der den Stadtherrn gehörigen Felder zu verhindern u. s. w., und dieses ihr Geschäft je nach den Zeitumständen bald schärfer, bald lässiger betrieb, bald auch wohl gänzlich aussetzte. Solche Gewaltacte führten natürlich zu häufigen Scharmützeln zwischen den Angreifern und den herbeieilenden Städtern, so dass sich beide Theile im Grunde in fortwährendem Kriegszustande gegeneinander befanden. Gleichwohl löste man in der Stadt, wenn Ali das Thal passirte, stets ein Paar Kanonen zu seiner Begrüssung als grossherrlichem Wali, und traten viele Kastriten in seine Dienste.

Diesen letzteren Umstand benützte Ali, um sich der Stadt zu bemächtigen; als ihm der rechte Zeitpunkt gekommen schien, — und er verstand sich meisterlich auf dessen Wahl — erhöhte er plötzlich unter dem Vorwand eines fernen Unternehmens den Kriegssold um das Doppelte und liess dies besonders in Argyrokastron bekannt machen. Er erhielt grossen Zulauf aus der Stadt und besetzte dieselbe hierauf ohne Widerstand, weil sich die Zurückgebliebenen dazu nicht stark genug fühlten. — So erzählen die Argyrokastriten. Bei Pouqueville lautet die Sache anders und vielleicht hat er Recht.

Einmal im Besitze, suchte sich Ali in gewohnter Weise darin zu befestigen. Mehrere der angesehensten Familien wurden in entfernte Orte exilirt und von ihnen der Tausch ihrer Güter gegen andere erzwungen, bei welchem Geschäfte sie natürlich nicht der gewinnende Theil waren. — Dann erbaute er auf einem Vorsprunge, welcher die beiden Hälften der Stadt von einander trennt, eine Citadelle; diese ist im venetianischen Style angelegt, und hat ungeheure Casamatten, wird aber von mehreren Punkten ihrer Umgebung beherrscht. Sie ist bereits eine Ruine und theilt hierin das Schicksal sämmtlicher Bauten Alis [30]), welcher von einer soliden Bauart entweder keinen Begriff hatte, oder keinen Geschmack daran fand, und daher seinen frohnenden Arbeitern ihre gewohnte liederliche Baumanier einzuhalten erlaubte. Man weiss hier nämlich nichts von der inneren Verbindung der Steine, welche die beiden Aussenflächen einer Mauer bilden, jede Fläche ist so zu sagen eine Mauer für sich, denn die zu ihr gehörigen Steine werden gesondert auf einander geschichtet und der Zwischenraum durch kleinere Steine ausgefüllt, ob das Bindemittel Kalk oder mit Wasser genetzte Erde ist, macht hierin keinen Unterschied.

Um solchen Mauern einige Haltbarkeit zu geben, nimmt man zum Holze seine Zuflucht! und mauert gewöhnlich in einem Abstande von 3 oder 4 Fuss auf jeder Fläche eine fortlaufende Reihe dünner Balken ein, welche unter sich durch hölzerne Querbänder verbunden werden. Diese Holzleitern bilden dann das Gerippe der Steinmauern. Bei solchem Systeme kann es nicht auffallen, wenn man hier oft auf Mauern stösst, deren eine Fläche eingefallen, während die andere noch steht, oder wenn die eine Fläche Ausbauchungen zeigt [31]), während die andere glatt ist. Bei den Festungsbauten und andern Werken aus behauenen Steinen kommen dergleichen Holzgürtel natürlich nicht vor, in der Regel aber ist auch hier die Fügung nachlässig und daher der Verfall rasch.

Ali betrieb den Bau der Festung von Argyrokastron mit solcher Eile, dass dieselbe, nebst einem grossen Serail und den andern nothwendigen Gebäuden innerhalb ihrer Mauern, in 1½ Jahren beendigt war.

Das System der Blutrache widerstand jedoch seinen Bemühungen und wurde erst durch den grossen Sadrasem abgeschafft, der nach Unterwerfung des letzten erblichen Paschas von Skodra auf seinem Zuge durch Albanien auch nach Argyrokastron kam, und das Lösegeld für jede Blutschuld auf 1200 Piaster feststellte. Die Schuldner beeilten sich dieselbe abzutragen und „erst von da an verliess die Menschheit die Häuser und füllte die Strassen," wie mir ein alter Mann erzählte.

Die Stadt dehnt sich über drei felsige Vorsprünge aus, welche durch abschüssige Schluchten von einander getrennt werden, und bildet daher drei nur lose verbundene Massen. Quellen und Brunnen sind selten, der grösste Theil der Bevölkerung ist auf Cisternenwasser angewiesen. Eine von Ali Pascha angelegte, nach der Festung führende, Wasserleitung ist bereits baufällig. Wer die in den Schluchten angeklebten Viertel besuchen will, muss gut auf den Beinen sein; auch auf den Höhen sind manche Strassen sehr schwer zu passiren, weil ihr Boden aus abschüssigen Felsplatten besteht; aber der Gesammt-Eindruck der Stadt mit ihren frei- und hochaufragenden Häusern, welche gleichsam nach allen Seiten ihre Individualität geltend machen, ist sehr eigenthümlich und malerisch.

Gardiki. — Der Leser, welcher sich aus Pouqueville [22]) der furchtbaren Rache erinnert, die Ali Pascha wegen alter, seiner Mutter und Schwester angethaner Unbilden im Jahre 1812 über den Ort verhängte, wird sich unter diesem Titel auf düstere Bilder der Zerstörung und Oede mit Blut und aller Art von Jammer im Hintergrunde gefasst machen, denn was lässt sich wohl anders von einer Stadt berichten, deren sämmtliche streitbare Mannschaft an einem Tage niedergemetzelt, und deren Weiber und Kinder in die Sclaverei verkauft wurden? — Dem ist jedoch nicht so, wer heute Gardiki besucht, der findet kaum drei oder vier verfallene Häuser, alle andern sind und zwar von den Söhnen oder Enkeln der Erschlagenen bewohnt. — Ali verschonte bei der Katastrophe das aus nahe an 30 Männern bestehende Geschlecht eines Imams von Kolonja, dem er befreundet war, und erlaubte diesem die Feldmark von Gardiki zu bestellen, ja sie durften sogar nach einigen Jahren in den Ort selbst zurückziehen. Nach und nach aber stellte sich in den verödeten Häusern ein oder der andere unterdessen herangewachsene Sprössling ein und ergriff Besitz davon, und heutzutage blühen, wie gesagt mit geringen Ausnahmen, nicht nur sämmtliche Geschlechter, sondern sämmtliche Häuser, welche die Stadt vor der Katastrophe zählte, wenn auch vielleicht minder zahlreich bewohnt und in geringerem Wohlstande, wie früher. Es geht mit den Städten wie mit den Wäldern, es gelingt der Zerstörung selten, sie mit einem Schlage zu vertilgen. Wird das Feuer vom Windzuge rasch durch den Nadelwald getrieben, so dass hie und da ein alter Baum verschont bleibt, dann verschwinden die Spuren der Zerstörung rasch. Aber selbst dann, wenn das Feuer Zeit hatte, so gründlich zu arbeiten, dass alles Leben im Walde gänzlich erstorben, zeigt sich im folgenden Frühjahre unter der düstern Beschattung der schwarzen Stämme und Reiser der junge Anflug in üppiger Fülle, er entsteht aus dem Samen, der entweder auf der Erde liegend vom Feuer verschont blieb, oder erst nach dem Brande aus den hängenden Kapseln niederfiel. Gänzliche Vertilgung des Waldes tritt erst dann ein, wenn dieser Anflug von einem neuen Feuer verzehrt wird, bevor er Samen erzeugt, und die Ortslage so ist, dass ihr der Wind aus der Ferne keinen fremden Samen, zutragen kann.

Der Handel von Südalbanien. — Die Herrschaft Ali Paschas von Tepelen bildet eine wichtige Epoche in der Geschichte von Südalbanien, denn er schloss die Zeiten des Faustrechtes für dieses Land, indem er dasselbe unter seine eigene Faust vereinigte, die Macht der örtlichen Häuptlinge brach und Jannina zur Hauptstadt seines Reiches machte.

Man kann daher sagen, dass eigentlich erst Ali Pascha Albanien für die Pforte erobert habe und der Gründer des jetzigen Zustandes dieser Provinz sei, welche erst durch ihn zu einem festen Ganzen wurde.

Zugleich mit der politischen Veränderung des Landes trat aber auch ein Umschwung seiner commerciellen Zustände ein, denn der Handel gewann von da an nicht nur grössere Entwickelung, sondern suchte sich auch neue Wege.

In früheren Zeiten war der Landhandel der vorherrschende. Die albanesischen Kaufleute versorgten sich hauptsächlich aus den damals blühenden Fabriken von Turnowo und Ambeláki in Thessalien und aus den Märkten von Salonik und Constantinopel. Ja, sie besuchten sogar die Messen von Seres und Perlepé in Macedonien, um dort ihren Bedarf an europäischen Waaren einzukaufen. Der Seehandel, soweit er damals betrieben wurde, befand sich in den Händen der Franzosen, welche vor ihrer ersten Revolution mit Arta und Prewesa nicht unbedeutende Geschäfte in albanesischen Einfuhr- und Ausfuhrartikeln machten.

Die Verbindung mit Venedig über Corfù oder Prewesa war sehr gering.

In den Zeiten der französischen Kriege zog Malta den Seehandel von Albanien an sich. Mit dem allgemeinen Frieden trat aber ein grosser Umschwung in den commerciellen Verhältnissen dieser Gegenden ein, und wir finden jetzt, dass sich der Handel zu seinem grossen Vortheile vom Lande auf die See gezogen hat, und dass sich Oesterreich und England in denselben theilen. Frankreich aber ist gänzlich von dem Markte verdrängt und alle Bemühungen, die früher bestandenen Verbindungen wieder anzuknüpfen, sind bis jetzt vergeblich gewesen.

Jannina ist gegenwärtig der Haupthandelsplatz der Provinz und der Rayon seines Handels erstreckt sich weit über deren Gränzen, denn es versorgt nicht allein Tricala und durch dasselbe das westliche Thessalien sowohl mit Manufacturen als Colonialwaaren, sondern es concurrirt auch in Larissa, wenigstens in Bezug auf die ersteren mit Salonich. Es versieht sogar vorzugsweise den Markt von Castoria in Macedonien, dessen Kaufleute trotz der Nähe von Monastir den Bezug von dem grösseren Markte in Jannina vortheilhafter finden. Zu dem Aufschwunge des Handels von Jannina hat die Errichtung unserer Dampfschifffahrt wesentlich beigetragen.

In neuester Zeit erwächst jedoch Jannina für seinen nördlichen Absatz ein gefährlicher Nebenbuhler in dem rasch aufblühenden Gjortscha (etwa 3 Stunden südlich von dem See von Oehrida), welcher ihm bereits in den nördlichen Theilen seines Handelsgebietes empfindlichen Abbruch thut. Den dortigen Kaufleuten ist es nämlich gelungen, sich von dem Markte von Jannina zu emancipiren, directe Verbindungen mit Corfù (zum Theil auch mit Triest) anzuknüpfen und ihren Bedarf an englischer Einfuhr auf dem kürzesten Wege über Awlona zu beziehen. Die Lage von Gjortscha, als Knotenpunkt verschiedener Hauptstrassen, ist für den Handel sehr geeignet, und die Kaufleute von Jannina blicken mit Besorgniss auf die junge Grösse.

Jannina hat zwei Scalen, die von Sayádes, Corfù gegenüber, und die von Arta (Salaóra genannt) in dem Golfe gleichen Namens.

Die erstere hat keinen Hafen, sondern nur eine bei Westwinden sehr gefährliche Rhede; der Landweg beträgt ungefähr 20 türkische Stunden, er führt längs den Ufern des Kalamas und ist sehr schlecht. Es vergeht kein Winter, in dem nicht beladene Maulthiere von den steilen, schlüpfrigen Abhängen in den Fluss stürzen. Auf diesem Wege kommen daher meist nur die von unseren Dampfbooten in Corfù abgesetzten feineren Waaren und über dort eingehende englische Manufacturen.

Die Colonial- und schwereren Waaren, welche auf Segelschiffen eingehen, nehmen ihren Weg über die Scala von Arta. Der dortige Hafen, wenn auch nicht gegen jeden Wind geschützt, ist doch sicherer als die Rhede von Sayádes, und der 16 türkische Stunden betragende Landweg weit besser, daher denn auch die Landfracht um vieles billiger. Jedoch hat der Eingang des Golfes bei Prewesa nur 12 Fuss Wasser und ist daher für grössere Schiffe nicht fahrbar.

Der Handel der letztgenannten Stadt ist sehr gering. Ihre Verbindungen beschränken sich auf Corfù, Sancta Maura, woher sie sich mit Wein versorgt, und die kleineren jonischen Inseln der Nachbarschaft. Die im Innern des Golfes gelegene griechische Stadt Wonitza holt ihren geringen Bedarf an europäischer Einfuhr wegen der freien Communication von Corfù. Ebenso beschränkt sich der Verkehr von Arta fast nur auf die nächste Umgegend.

Der bekannteste Hafen an der südalbanesischen Küste ist der von Awlóna (ital. Valona) denn er dient allen im Eingang zum adriatischen Meere von Winterstürmen überraschten

Schiffen zur Zufluchtstätte und wird auch wegen seiner abgelegenen, versteckten Lage häufig zu Baraterien benützt.

Berat hat nur eine unsichere Rhede am Ausflusse des Beratino. Es benutzt daher meistens den Hafen von Awlóna zur Ausfuhr seiner Naturproducte und bringt sie in kleinen Barken dorthin.

Es finden sich zwar ausser den genannten noch manche gute Häfen an der Küste des südlichen Albanien, sie sind aber, weil sie kein entsprechendes Hinterland haben, meistens ganz verlassen und dienen nur zur Verschiffung der Naturproducte der nächsten Umgegend.

Die Douanenverwaltung hält längs der ganzen Küste an 20 Stationen besetzt; für die Einfuhr sind jedoch, wie gesagt, nur die Scalen von Sayades und Salaora von Bedeutung.

Aus dem bekannten Parga ist seit seinem Verkaufe an Ali Pascha jede Spur äusseren Verkehrs verschwunden.

Eigene Schifffahrt besitzt in Süd-Albanien nur die Chimara [38]), denn einige Kaiks in Préwesa und ein oder das andere Schiff, welches sich zufällig in dem Besitze eines Kaufmannes von Préwesa oder Arta befindet, können nicht in Anschlag kommen.

Wenn man die zwischen dem Festlande und den Inseln circulirenden jonischen Barken ausnimmt, so ist (wie fast überall in der Levante) auch an den südalbanesischen Küsten die griechische Flagge als frachtführend die vorherrschende, nach dieser kömmt die unsrige. Grössere jonische Schiffe erscheinen selten an der Küste, noch seltener englische. Andere Flaggen als die genannten sieht man nur bei schlechtem Wetter in Awlóna. Albaniens Verkehr zur See beschränkt sich in der Regel auf Triest und Corfù, denn es unterhält mit Griechenland, Livorno und Malta nur höchst unbedeutende Verbindungen. Mit der gegenüberliegenden italienischen Küste besteht ebensowenig directer Verkehr, als mit anderen Häfen des türkischen Reiches. Dasselbe gilt von Frankreich.

Aus einem beiläufigen Ueberschlage mit Zugrundelegung des für die Douanen der Provinz gezahlten Pachtschillings, ihrer Verwaltungskosten und der Contrebande etc. ergibt sich, dass der Gesammtbetrag der Ausfuhr und Einfuhr von Südalbanien zwischen 2 und 3 Millionen Gulden falle. Davon möchten $^2/_5$ auf die Ausfuhr und $^3/_5$ auf die Einfuhr treffen.

Nähere zuverlässige Bestimmungen über diese Verhältnisse, namentlich aber über den Betrag, zu welchem unser Handel bei dieser Einfuhr und Ausfuhr betheiligt ist, liessen sich trotz aller angewandten Mühe nicht eruiren. Wer sich jemals auf einem ungünstigen Terrain mit Sammlung genauer statistischer Angaben beschäftigt hat, der weiss, wie problematisch jedes auch noch so sorgfältig erzielte Resultat ist, wie hier alles mehr oder weniger auf Wahrscheinlichkeitsrechnung beruht, welche natürlich je nach den bei derselben zu Grunde gelegten Factoren die allerverschiedensten Resultate liefert.

Um daher nicht die Zahl der statistischen Phantasiegemälde zu vermehren, ist in gegenwärtiger Darstellung von jeder genauen Zahlenbestimmung Umgang genommen worden. So viel lässt sich indessen wohl mit Sicherheit sagen, dass die Einfuhr englischer Provenienzen die der österreichischen bedeutend überwiege, dass aber ein nicht unbedeutender Theil der ersteren über Triest nach Albanien eingehe und dass endlich Triest der hauptsächlichste Markt für die albanesische Ausfuhr sei.

Aus den obigen Bemerkungen möchte sich wohl zur Genüge ergeben, dass sich der Handel von Südalbanien in Folge des oben angedeuteten Umschwunges in neuerer Zeit dem westeuropäischen Handelssysteme enge angeschlossen hat. Dasselbe Verhältniss, nur in noch höherem Grade, waltet auch bei dem Handel von Nord-Albanien vor. Dieser Anschluss erscheint aber für unsere Handelsinteressen vorzüglich darum von Wichtigkeit, weil er jeder Entwickelung und Erweiterung derselben die Bahn gebrochen und das Feld bereitet hat.

Albanien ist, ebenso wie seine Schwesterländer, ein Ackerbau und Viehzucht treibendes Land. Es bezieht daher fast seinen ganzen Bedarf an Manufacturen aus dem Auslande und setzt dagegen seinen Ueberschuss an Rohproducten um.

In die directe Einfuhr von Südalbanien theilen sich, wie bereits erwähnt, England und Oesterreich.

Unter den indirecten Einfuhren anderer Staaten möchten nur russisches Eisen, von dem etwa 2000 Ctr. über Triest und Corfù eingehen sollen, russische Juchten und etwa 2000 Litren neapolitanischer Goldfaden zur Kleiderstickerei, der über Triest eingeht, besondere Erwähnung verdienen. Die Einfuhr zu Lande ist im Vergleiche zur Seeeinfuhr sehr gering.

Englische Einfuhr. 1. Colonialwaaren. Der Consum von Zucker scheint, nach manchen Daten zu schliessen, verhältnissmässig sehr bedeutend zu sein und soll von Jahr zu Jahr zunehmen. Die Einfuhr geschieht in der Regel über Corfù, und nur ausnahmsweise über Triest. Dagegen nehmen Kaffee und alle übrige Colonialwaaren, welche nicht in eigenen Ladungen in Corfù eingeführt werden können, ihren Weg über Triest.

2. Baumwollzeuge und Twiste. Alles Weisszeug wird hierlands aus Baumwolle verfertigt und Linnen kennt man nur dem Namen nach. Der Verbrauch von jeder Art weisser Baumwollzeuge ist daher sehr bedeutend; alles was davon in den Handel kömmt, ist, wie wohl überall in der Levante, englisches Product. Die albanesischen Frauen weben jedoch einen Theil des Bedarfes ihrer Familien selbst. Früher spannen sie auch den Faden dazu. Seit geraumer Zeit aber finden sie es vortheilhafter, englisches Maschinengarn zu verarbeiten, dessen Faden sie vorher, je nach Bedarf, doppelt oder dreifach zusammen drehen. Es steht zu erwarten, dass die aufmerksamen englischen Fabrikanten sich bald ihrem Geschmacke bequemen und sie auch dieser Mühe überheben werden. Die Einfuhr von Twisten niederer Nummern ist hier in reissender Zunahme. Diese Bemerkung gilt nicht nur von Albanien, sondern auch von Griechenland und daher wohl von der Levante überhaupt. Ausserdem werden noch beträchtliche Quantitäten grober Indiennes und gefärbter Baumwollzeuge aus England eingeführt. Von dieser Einfuhr geht noch immer ein Theil über Triest ein, jedoch wird dasselbe hierin von Corfù mehr und mehr verdrängt.

3. Eisen. In diesem Artikel beschränkt sich die englische Einfuhr auf Stabeisen. Man schätzt dessen Betrag auf 8000 Ctr. jährlich. Es wird namentlich zur Verfertigung von Hufeisen, Pflügen und ähnlichen schweren Artikeln verwendet. Im Detailverkaufe wird gegenwärtig die Okka (44=100 Pfd.) mit 1 Piaster 35 Para (der Wiener Ctr. 7 fl. 30 kr.) bezahlt. Englische Eisenwaaren werden nicht eingeführt.

4. Rohhäute. Buenos-Ayres-Häute werden in beträchtlichen Quantitäten über Corfù eingeführt und daraus grossentheils die einheimische Fussbekleidung (tscharuchia), eine Art mit Riemen oder Schnüren an den Fuss befestigter Sandalen verfertigt. Corfù bezieht jedoch mitunter diese Häute selbst von Triest, ihrem allgemeinen Stapel.

Hier möchte schliesslich der englischen Foulards zu gedenken sein, welche fast in der ganzen Levante die ähnlichen Fabricate anderer Nationen zu verdrängen drohen. Sie gehen über Triest ein.

Oesterreichische Einfuhr. Was unsere Einfuhr betrifft, so ist bereits erwähnt worden, dass Triest bei der Einfuhr vieler englischer Artikel betheiligt ist, indem mit Ausnahme des Zuckers die andern Colonialwaaren, Kaffee, Gewürze, Farbstoffe, Droguen und selbst ein Theil englischer Manufacturen ihren Weg über jenen Markt nach Albanien nehmen.

Unsere Haupteinfuhrartikel sind ausser diesen folgende:

1. Eisen. Stangeneisen, Stahl, Eisenblech und Eisendraht, jeder Art Eisenwaaren, namentlich Nägel. In diesen Artikeln beherrscht, mit Ausnahme des ersteren, das österreichische Product den Markt ausschliesslich. Man schätzt die jährliche Einfuhr auf wenigstens 10,000 Ctr. Trotz des grossen Absatzes, welchen sich dieser Industriezweig in der Levante verschafft hat, möchte derselbe noch weiterer Ausdehnung fähig sein. Eine nähere Prüfung der in der Levante üblichen Eisenwerkzeuge würde wohl noch manchen Artikel auffinden, welcher jetzt aus unserem Eisen mit der Hand geschmiedet wird, während er besser und wohlfeiler durch den Eisenhammer hergestellt werden könnte. Namentlich möchte die Untersuchung der Mühe werth sein, ob unsere Zeugschmide nicht die landesüblichen Hufeisen liefern könnten. Das levantiner Hufeisen besteht aus einer etwa 2 Linien dicken Eisenplatte, welche den ganzen Huf bedeckt. Die Okka Hufeisen, welche hier aus englischem Stabeisen verfertigt werden, kostet im Durchschnitt 4 Piaster. Der Preis des Materials ist, wie erwähnt, 1 Piaster 35 Para,

es kommen daher 2 Piaster 5 Para auf die Fabrication (Feuerung, Abfall 10%, und Hand-lohn). Die landesüblichen Hufnägel werden theils aus österreichischem, theils aus russischem Eisen gleichfalls im Lande verfertigt. Das Tausend Nägel (6 bis 7 Okka schwer) wird mit 25 Piaster (2 fl. 15 kr.) bezahlt. In diesem letzten Artikel möchte die Möglichkeit einer vor-theilhaften Concurrenz ausser Zweifel sein.

2. Wollwaaren. Alle hier eingeführte Wolltücher sind österreichisches Product. Es sollen davon wenigstens 2000 Stück jährlich eingehen. Alle Halbtücher, Merino's etc. kommen gleichfalls von Triest (etwas feiner Merino kommt auch von Constantinopel).

Die feinen Wiener Fese (türkischen Kappen) verdrängen wegen ihrer grossen Wohl-feilheit die Tuneser immer mehr; die Einfuhr der letzteren soll auf einen Viertheil ihres früheren Betrages gesunken sein, sie wird durch Corfù vermittelt. Die Fese der Fabriken Jordan und Vulpin zeichnen sich vor allen europäischen Producten dieses Artikels durch ihre ungemein haltbare Färbung aus. Auch die gröberen böhmischen Fese fangen an, die Livor-neser zu verdrängen, welch' letztere gleichfalls über Triest eingehen.

Gestrickte Wollartikel kommen von Triest; ihr Verbrauch ist sehr gering, da Albanien eine Sorte grober Wollstrümpfe selbst zur Ausfuhr bringt, und die übrigen Artikel dieser Art nicht begehrt sind.

3. Baumwollwaaren. Namentlich Indiennes, gefärbte Zeuge, gedruckte Schnupftücher etc., worunter jedoch das Meiste Schweizerfabricat; etwas gestrickte Baumwollwaare.

4. Seidenstoffe und andere Fabricate, mit Ausnahme von Seidenzwirn und Litzen, welche im Lande verfertigt werden. Letzterer Artikel, dessen Verbrauch in der ganzen Levante sehr bedeutend ist, möchte unseren Fabrikanten zur genauen Prüfung empfohlen werden können. In den Stoffen beherrscht das Wiener und Mailänder Product den Markt. Etwas hievon geht auch über Constantinopel ein.

5. Alles präparirte Schuh- und Sohlenleder und der grösste Theil der Juchten. Von letzterem geht auch etwas über Corfù und Constantinopel ein.

6. Alles Glaswerk, Steingut etc. Unter dem von Triest eingehenden Fensterglase findet sich auch belgisches. Obwohl viel unreiner als das unsrige, ist es nicht allein hier, sondern auch in Griechenland wegen seiner grösseren Wohlfeilheit gesucht, und droht daher das unsrige nach und nach zu verdrängen, ein Umstand, welcher die Aufmerksamkeit unserer Fabrikanten ver-dienen möchte.

7. Papier und Papierwaaren. Doch gehen auch französische Papiere über Corfù und Patras ein. Türkische Sorten kommen von Constantinopel.

8. Pelzwerk, wovon jedoch auch viel auf dem Landwege von verschiedenen Orten und von Neapel über Corfù eingeht. Der Verbrauch ist beträchtlich, weil sich der Städter im Winter fast ohne Ausnahme in Pelz kleidet.

9. Goldtressen und etwas Goldfaden zur Kleiderstickerei von Wien. Man schätzt den Betrag des letzteren auf 400 Litren, also kaum 1/5 der neapolitanischen Einfuhr über Corfù.

10. Uhren und Schmucksachen, meistens Schweizerwaare.

11. Tannenbretter, jedoch wegen des schwierigen Landtransportes nur zum Verbrauch an den Küsten. Derselbe ist nicht bedeutend.

12. Endlich alle im sogenannten Levantiner Kleinhandel gangbare Artikel; nur ein kleiner Theil hiezu gehöriger Constantinopolitaner Fabricate kommt von dort.

Landeinfuhr. Ausser den bereits erwähnten Artikeln gehen zu Lande noch ver-schiedene in Constantinopel verfertigte Luxusartikel, etwas asiatische Seiden- und feine Woll-stoffe, Fesquasten, gemalte Kopftücher etc. ein. Die in Wien gedruckten Nachahmungen der letzteren lassen, nach den hiehergekommenen Proben zu urtheilen, noch viel zu wün-schen übrig, und doch ist der Zeugdruck gegenwärtig so vervollkommnet, dass eine treue Nachahmung dieser mit der Hand gemalten und in der Levante verbreiteten Tücher nicht schwer zu sein scheint.

Aus Thessalien wird etwas Seide zum Verbrauche eingeführt, weil das Product der Provinz den Bedarf nicht deckt.

Aus Macedonien kommen etwas grobe Wollstoffe zu Teppichen und Decken, und Hufeisen, welche aus türkischem Eisen geschmiedet sind; der grösste Theil des letztern Artikels wird jedoch hier aus englischem Materiale verfertigt.

Ausfuhr. Die Ausfuhr von Süd-Albanien besteht, wie oben erwähnt, fast nur aus Naturproducten. Unter den wenigen Manufacturproducten, welche von hier in das Ausland verführt werden, ist allein das grobe Wollzeug, aus welchem die in der Levante allgemein getragenen Schiffermäntel oder Capots verfertigt werden, von einiger Bedeutung. Dieses Zeug wird grösstentheils in den durch die Pinduskette zerstreuten wallachischen Dörfern fabricirt. Etwa 1000 Pferdelasten sollen davon jährlich nach Triest, Venedig und Corfù ausgeführt werden. Jedoch ist der Verbrauch im Lande selbst noch bedeutender.

Die Seidenfabricate von Jannina, bestehend in aller Art Besatzlitzen zur Nationalkleidung und Seidenzwirn, werden nur auf dem Landwege in die benachbarten Provinzen verführt.

Von dem hier fabricirten rothen Schafleder geht etwas über Corfù nach Griechenland, ebenso wie einige Partien gemachter Kleidungsstücke, Wollstrümpfe etc.

Auch setzen die Schnupftabakfabriken der Tschamerei etwas von ihrer Waare (einem feinen Spaniol) dorthin ab, das Meiste geht auf dem Landwege in das Innere des Reiches. Doch ist diese Industrie in steter Abnahme.

Von den Naturproducten kommen hauptsächlich folgende zur Ausfuhr:

1. Getreide. Eine regelmässige Ausfuhr findet nicht statt. Der südalbanesische Weizen und Mais, wenn auch im Durchschnitt besser als das griechische Product, steht dem russischen nach. Diese Früchte finden daher gegenwärtig nur in Fehljahren guten Abgang auf dem europäischen Markte. Ihr Hauptstapel ist dann Triest. Etwas Hafer geht jedoch regelmässig von Arta und Berat nach den jonischen Inseln. Bei Missernten versieht sich Südalbanien aus Triest mit Getreide. Dies ist auch dann der Fall, wenn z. B. in der Umgegend von Jannina und Arta die Ernte fehlschlägt, in Berat aber gerathen ist, weil der Transport auf Lastthieren von dort zu theuer kömmt, und überhaupt die Handelsverbindungen beider Landestheile nicht darauf gestellt sind.

Es ist wohl nicht zu bezweifeln, dass, wenn sich nach Wegräumung der bestehenden Hindernisse der Verkehr zwischen Triest und Albanien vermehrte, die Feldfrüchte des letzteren, trotz ihrer geringeren Qualität, ein stehender Artikel unseres Marktes werden würden.

2. Oel. Oelwälder finden sich an der ganzen Meeresküste. Das Innere des Landes, welches sich terrassenförmig zur Pinduskette erhebt, eignet sich für den Oelbaum nicht mehr. In einem guten Oeljahre soll Préwesa 10,000 Baril, Parga 5,000, die es umgebende Tschamerei 6 bis 7,000, Awlona endlich an 20,000 [14]) liefern. Etwa ein Drittheil einer guten Ernte kömmt zur Ausfuhr, diese geht fast ohne Ausnahme nach Triest. Bei Fehlernten, welche gewöhnlich ein über das andere Jahr eintreten, deckt der Ertrag kaum den Landesbedarf. Auch wird von hier aus Oel nach Thessalien ausgeführt. Die Ernte beginnt im Monat November und dauert bis in den Frühling, weil die Früchte nicht zu gleicher Zeit reifen, und man hier nicht, wie in andern Gegenden der Levante, die Bäume durch Abschlagen der Früchte ruinirt. Die Ausfuhr beginnt gewöhnlich vom Monat März. Parga und die Tschamerei liefern das beste Oel, es ist feiner als das corfiotische und wird dem von Paxos gleichgestellt, daher auch 1 bis 2 Thaler per Baril theuerer bezahlt. Das Product von Préwesa und den andern Punkten steht zwar dem von Parga an Güte nach, jedoch ist es immer noch geschätzter als das corfiotische.

3. Valonea liefert hauptsächlich die Tschamerei, sie wird meistens in den Häfen von Wolia, Arpetza und Agios bei Parga (letzteres Product ist das beste) verladen, welche zusammen in guten Jahren über eine halbe Million Litren zu liefern im Stande sind. Die Früchte desselben Baumes geben zwei Sorten, die bessere wird Chamada, die gröbere Kokla genannt. Das albanesische Product wird, ebenso wie das griechische, mit den Eicheln versendet und steht daher stets um die Hälfte niedriger im Preise, als das gereinigte von Smyrna, doch behauptet man, dass auch die Qualität des letzteren vorzüglicher sei. Triest ist auch für dieses Product der Hauptstapelplatz; directe Ladungen für England und Livorno sind selten.

4. **Cedern.** Das Product von Parga gilt für das beste in der Welt und soll allein die Seereise vertragen; das von Corsica soll demselben am nächsten kommen. Auch Arta liefert etwas weniges zur Ausfuhr. Die besten Früchte werden im Monat Juni und Juli halbreif abgenommen, sorgfältig ausgesucht und fast ohne Ausnahme nach Triest geschickt, von wo sie in alle Theile der Welt versendet und von den Juden gekauft werden, nach deren Gesetz jeder Familienvater bei gewissen Ceremonien zur Zeit des Lauberhüttenfestes eine solche Frucht in der Hand halten soll. Die reife Frucht dient zu Confitüren und wird als solche im Lande stark verbraucht.

5. **Tabak.** Der Tabakbau wird besonders um Berat und in der Tschamerei betrieben. In letzterer Gegend wird eine vorzügliche Sorte unter dem Namen Djebel erzeugt, deren Same von Syrien herrühren soll. Die Okka dieser Sorte wird mit 7 bis 8 Piaster verkauft. Etwas Tabak niederer Sorte von 2½ bis 4 Piaster per Okka geht nach Corfù und Griechenland, wo er meistens zu Schnupftabak verarbeitet wird. Der Rest wird im Lande verbraucht, auch gehen gute Sorten aus Thessalien ein. Die neuerdings bedeutend erhöhte Accise soll nachtheilig auf die Tabakproduction wirken.

6. **Kermes,** hier Pirnokoki genannt, liefert die Tschamerei und etwas weniges auch die Umgegend um Arta. Der Betrag der Ernten ist sehr verschieden. Das Product geht über Corfù nach Tunis in die Fesfabriken, welche ihre Fabricate damit färben. Die Versuche, welche unsere Fabriken mit diesem Farbestoff angestellt haben, sind bis jetzt missglückt.

7. **Wolle** geht fast von allen albanesischen Scalen nach Triest, ihrem hauptsächlichsten Markte. Directe Sendungen nach England und Livorno sind selten. Die Hauptausfuhr ist im Monat Juni und Juli und ihr Preis sehr stetig, 8 bis 9 Piaster à 10 Litra.

8. **Felle.** Lammfelle gehen sehr zahlreich nach Triest; auch etwas Hasenfelle. Die Hauptausfuhr letzterer ging früher über Corfù nach Neapel, sie ist jetzt auf ⅓ ihres früheren Betrages gesunken.

9. **Schlachtvieh.** Albanien versieht Corfù und die benachbarten Inseln mit Schlachtochsen. Man schätzt die Zahl der jährlich dorthin ausgeführten Ochsen auf 10,000 (?) Stück, wovon jedoch nur etwa ⅓ Landesproduct ist, der Rest aber aus den Donauländern eingeführt wird. Die Ausfuhr an Schafen und Lämmern soll weniger bedeutend sein, wegen der eigenen Zucht dieser Inseln, doch geht auch etwas Schafkäse dorthin. Noch unbedeutender ist die Ausfuhr von Schweinen nach Corfù, von denen hie und da auch eine Ladung nach Malta geht.

10. **Blutegel.** Die Ausfuhr dieses Productes ist ausserordentlich gesunken. Es sollen jetzt jährlich aus der ganzen Provinz kaum mehr als 1,000 Okka versendet werden, während in früheren Zeiten der Bezirk von Parga allein an 3,000 Okka lieferte. Die Fischerei ist Monopol. Die ganze Ausfuhr geht auf unseren Dampfbooten nach Triest, doch nimmt auch ein grosser Theil der Ausbeute von Thessalien seinen Weg durch Albanien.

11. **Seide.** Hievon geht etwas über Corfù nach Tunis, doch reicht im Ganzen das Product der Provinz für den Verbrauch der hiesigen Litzen- und Seidenzwirn-Fabrikanten nicht aus, daher rohe Seide von Thessalien eingeführt wird; auch nehmen nicht unbedeutende Quantitäten von letzterer ihren Weg nach Triest über hier.

12. **Erdpech,** s. Awlona.

Awlona. — Der Name des Cap Linguetta (neugriech. Γλῶσσα) ist seiner Form entlehnt; denn diese lässt sich mit einer Zunge vergleichen, welche die gefürchteten Akrokeraunien dem aus der Adria kommenden Schiffer weit ins Meer hinaus entgegenstrecken. Sie besteht aus einer Kette nackter Felsberge und mag etwa 9 Miglien lang sein [35]).

Dies Vorgebirge bildet mit seiner nördlichen Fortsetzung, der kleinen Insel Sásseno, den Hafen von Awlona. Die zwischen dem Vorgebirge und Festlande liegende Bucht bietet tiefen und überall festen Ankergrund und Raum für die grössten Flotten; denn sie ist etwa 10 Miglien lang, und ihre grösste Breite beträgt 5 Miglien. — Doch liegt die Insel Sasseno zu weit von dem Cap Linguetta, und der im Norden der Bucht von dem Festlande vorspringenden felsigen Halbinsel entfernt, um die Befestigung der zwei Eingänge zu ermöglichen, welche auf der Ost- und der Südseite dieser Insel in die Bucht führen. Abgesehen von dem Kriegsschutze möchte jedoch kein Punkt an der albanesischen Küste alle für eine Flottenstation erforderlichen

Eigenschaften in dem Grade vereinigen, als der Hafen von Awlona; denn keiner möchte in geographischer Hinsicht so günstig gelegen sein, und zugleich solche Sicherheit, Bequemlichkeit und Proviantirungsgelegenheit darbieten als dieser.

Man rechnet in runden Zahlen von Awlona bis Ragusa 140, bis Brindisi 70, bis Otranto 50 und bis Corfù 50 Miglien.

Die Bucht von Awlona dient allen Schiffen zur Zufluchtstätte, welche im Canale von Otranto von Stürmen überfallen werden oder mit Gegenwind zu kämpfen haben; da jedoch die in dieser Gegend oft lange anhaltenden Nord- und Südwinde das Auslaufen aus derselben erschweren, so ziehen wenigstens unsere Schiffer, wenn sie die Wahl haben, in der Regel die Rhede von Durazzo vor, von welcher sie leichter wieder loskommen. So sollen im Anfange des Jahres 1846 über 30 Kauffahrer drei Monate lang hier festgehalten und erst am zweiten Ostertage durch einen frischen Ostwind erlöst worden sein. Man will in Awlona bemerkt haben, dass unter allen Handelsmarinen die unsrige am besten proviantirt sei, und daher am wenigsten ans Land komme; man führt als Beispiel einen grossen österreichischen Kauffahrer an, welcher vor einigen Jahren beinahe drei Monate lang in der Bucht gelegen sei, ohne auch nur ein Boot an das Land zu schicken.

Bei starkem Sirocco ist die der Spitze der Linguetta gegenüber liegende Scala von Awlona für leichtere Küstenfahrzeuge ein gefährlicher Aufenthalt; es müssen sich diese dann in den innern Winkel des Golfs zurückziehen, welcher von den Eingebornen Passaliman, von den Italienern aber Porto Raguseo genannt wird, und 10 Miglien südwestlich von Awlona entfernt ist. Dort mag das alte Oricum gelegen haben, obwohl sich keine Spuren davon vorfinden. Die Eingebornen behaupten aber, dass da, wo jetzt die verschlammte Mündung eines Baches einen kleinen Süsswassersee bilde, vor Alters eine grosse Stadt gestanden habe, und dass bei ruhigem Wetter die Mauerwerke derselben noch unter dem Wasser sichtbar seien.

Awlona ist der Haupthafen des Districtes von Berat, der jedoch einen Theil seines Bedarfes an Colonialwaaren und europäischen Fabricaten über Durazzo bezieht. Auch dient Awlona der Handelsstadt Gortscha hie und da als Scala für ihre Einfuhr aus Corfù. — Der ganze Import an Colonialwaaren und europäischen Fabricaten, welcher fast nur durch die jonische Flagge vermittelt wird, ist in den Händen von Corfù.

Dagegen geht beinahe die ganze Ausfuhr von Awlona, welche fast das Doppelte der Einfuhr beträgt, nach Triest und es nehmen an derselben neben der österreichischen auch fremde Flaggen Theil.

Die Ausfuhr von Awlona besteht hauptsächlich aus folgenden Producten:

1. O e l, als der Hauptartikel. Der Werth desselben wird auf etwa $^3/_4$ der gesammten Ausfuhr angeschlagen. Es geht durchweg nach Triest [36]). Man berechnet eine Mittelernte zu 10,000 Baril, wovon etwa $^3/_4$ zur See ausgeführt werden. Der Rest wird theils an Ort und Stelle consumirt, theils in die Hinterlande ausgeführt, und geht sowohl nach Argyrokastron, als auch nach Monastir, und von da nordwärts bis Belgrad. Die Olivenwälder bedecken die längs des Meerstrandes hinstreichende Hügelkette; weiter landeinwärts scheint der Oelbaum mehr und mehr abzunehmen.

2. W o l l e, etwa 50,000 Okka, geht sämmtlich nach Triest.

3. L a m m f e l l e, 10,000 bis 15,000 Stück, gehen nach Triest.

4. M a i s, nach Triest und Dalmatien, wenig nach den jonischen Inseln; — etwas H a f e r nach Triest; — etwas R o g g e n nach Cattaro; — 300 bis 400 Staja L e i n s a m e n nach Triest; — etwas Bohnen über Corfù nach Griechenland.

5. V a l o n e a, etwa 150,000 venet. Litren, wovon ein Theil aus dem südlich gelegenen Bergdistricte der Chimara hieher zur Ausfuhr gebracht wird. Sie soll der griechischen Mittelsorte gleichstehen.

6. S a l z, s. hierüber weiter unten.

7. E r d p e c h. Dasselbe wird in den etwa 3 Stunden nordöstlich von Awlona gelegenen Gruben von Selenitza gegraben, und kommt in der Scala von Awlona zur Ausfuhr, mit deren Douanen der Pacht jener Gruben in der Regel vereint ist. Der Pächter mischt sich in keiner

Weise in den Betrieb derselben, welcher der umwohnenden wallachischen Bevölkerung überlassen ist. Von dieser wird das Product an die Scala von Awlona gebracht, und dort nach einer festgesetzten Taxe von dem Pächter bezahlt. Das Mineral kommt in zwei Sorten in den Handel. Die Pegola grossa besteht in Blöcken und ist wenigstens noch einmal so theuer, als der Schutt, die Pegola sottile. Von der erstern werden etwa 300,000 venet. Litren gewonnen und zur Hälfte nach Triest und Venedig, zur Hälfte nach der Levante und Neapel ausgeführt. Die Quantität der Pegola sottile kommt jener der Grossa gleich, sie geht sämmtlich nach Triest. In der Levante bedient man sich dieses Peches vorzüglich, um damit den Stamm der Weinstöcke zu bestreichen und dadurch die Insecten von denselben abzuhalten [37]).

8. Schildkröten, etwa 40,000 Stück, wovon ⁴/₅ nach Fiume und Triest, ¹/₅ nach Brindisi gehen.

9. Etwas Geflügel, Schöpse, Salzfische, getrockneter Fischrogen und Butter gehen nach Corfù.

Die Scala von Awlona besteht aus einer Gruppe kümmerlicher Gebäude, welche hauptsächlich zur Magazinirung der zur Ein- und Ausfuhr bestimmten Waaren dienen. In ihrer Nähe liegt eine verödete, baufällige Festung, deren schlecht gebaute, achteckige Umfassungsmauer den türkischen Architekten nicht wohl verkennen lässt. Weder hier, noch in der Stadt selbst zeigt sich irgend eine Spur von dem Orte, welcher bei den Alten denselben Namen trug. Uebrigens hat sich der Name Awlona nur bei den Neugriechen erhalten, die Italiener haben hieraus Walona, die Gegen Wljones und die Tosken Wljores gemacht.

Die Stadt liegt eine kleine halbe Stunde östlich von dem Strande. Sie ist auf der Ostseite amphitheatralisch von einer Hügelkette eingeschlossen, welche einen wahren Hohlspiegel für die Sonnenstrahlen abgibt und dadurch in windstillen Zeiten die Hitze bis ins Unerträgliche steigert. Awlona ist als Fiebernest übel berüchtigt, und man hält es allgemein für noch ungesunder als Prewesa und Durazzo. Von einem Sachverständigen hörte ich jedoch die Ansicht aussprechen, dass das hiesige Klima weder besser noch schlimmer sei, als das der übrigen Scalen des Landes, welche ohne Ausnahme an flachen versumpften Küsten liegen, und daher die zur Erzeugung von Fiebermiasmen nothwendigen Vorbedingungen besitzen.

Die Stadt mag jetzt etwa 400 Häuser zählen; sie sind zwischen Busch- und Baumwerk über ein weites Terrain ausgestreut und von 7 schlanken Minarets überragt. Dies Alles gruppirt sich recht malerisch zu dem am Südwestende in rein orientalischem Geschmacke erbauten Palaste der Wljoriden, der ältesten und angesehensten Familie des Landes, und gewährt von den nahe gelegenen Höhen betrachtet einen überaus reizenden Anblick. Im Innern dagegen reiht sich ein Trauerbild der Zerstörung und Verödung an das andere; wohin sich der Blick auch wenden mag, überall treten ihm Rückgang und Verfall entgegen, er sucht vergebens nach einer Spur, die auf neues Leben, auf Fortschritt hinwiese, und das Aussehen der Bewohner dieser Ruinen bestätigt, dass es in Awlona kein Vorwärts gibt. Ich kenne keinen andern Ort in Epirus, dessen Bevölkerung ein eben so vernachlässigtes, zerlumptes Aeussere zur Schau trüge. Wie erklärt sich dieses Elend in dem Hafenorte einer reich gesegneten Provinz, in einer Stadt, die von einem ungeheuren Oelwalde und einer fruchtbaren Feldmark umgeben ist? Die Hauptursache möchte wohl in der Krisis zu suchen sein, in welcher sich die hiesige Volkswirthschaft befindet.

Bis zu dem Anfang dieses Jahrhunderts herrschte das Faustrecht im Lande, Blutrache und Fehderecht blühten wie ehedem im heidnischen Deutschland, und alle Verhältnisse waren nach den Consequenzen gemodelt, welche ein rechtloser Zustand mit sich bringt. Das ganze Volk war bewaffnet und Krieg und Raub sein Handwerk. Im Lande selbst lebte ein Theil der Bevölkerung auf Kosten der andern; Erpressung und Bedrückung oder Strassenraub und Viehdiebstahl waren die Quellen seines Unterhaltes. Die zwei ersten Quellen wurden von dem zahlreichen Adel ausgebeutet, die letzteren blieben in der Regel denjenigen Gemeinen überlassen, die sich besser dünkten, als der Rest des Volkes. Das Loos des friedlichen, meist christlichen Ackerbauers, war unaussprechlich elend. Der grösste Theil der waffenfähigen Bevölkerung lebte in der Fremde und bildete den Kern der Kriegsmannschaften, welche die Machthaber in den verschiedenen Provinzen des türkischen Reiches unterhielten, als sie noch die Civilgewalt mit der militärischen vereinigten. In den Barbareskenstaaten, in Cairo, Mekka, Bagdad und Erzerum, in Bukarest, Belgrad und Tripoliza war ehemahls der Arnaut eine eben so bekannte, als gefürchtete Erscheinung; denn kein anderer Kriegsknecht drückte mit solchem Uebermuthe auf die Bevölkerung, die er im Zaum zu halten bestimmt war, keiner war in der Kunst des Beutemachens so erfahren, als der albanesische. Nach kürzerer oder längerer Frist kehrte er mit wohl gespicktem Geldgurte in die Heimath zurück, um dort die Früchte seiner Mühen zu verzehren. Dieser Bevölkerungstheil war also ein productiver für das Land; denn er führte jährlich grosse Summen baren Geldes ein. So kam es, dass in den kriegerischen Bezirken ein gewisser Wohlstand herrschen konnte, ohne dass derselbe dem eigenen Boden abgewonnen oder überhaupt im Lande selbst gewurzelt war.

Die erste Veränderung dieses Zustandes wurde durch Ali Pascha bewirkt, welcher der Unabhängigkeit der verschiedenen Häuptlinge und Districte ein Ende machte, und sie sämmtlich seiner Herrschaft unterwarf. Mit dieser merkwürdigen Persönlichkeit beginnt eine neue Epoche in der Geschichte des südlichen Albaniens; man könnte sie die der Ruhe und Ordnung nennen, wenn man sich nicht strenge an die europäischen Begriffe dieser Worte binden will.

Doch bewirkte Ali Pascha keine Aenderung in der Lebensweise des Albanesen. Dieser blieb Kriegsmann nach wie vor; man schlägt die Zahl der von Ali unterhaltenen Söldner auf 30,000 an. Auch der griechische Revolutionskrieg war noch eine gute Zeit für denselben, weil die Pforte damals seiner Dienste sehr benöthigt war. Als aber bald darauf die Periode der Reformen eintrat, da begannen auch die Leiden des albanesischen Kriegsmannes und steigerten sich allmälig in demselben Verhältnisse, als diese Fuss fassten und Wurzel schlugen. Denn die Reform verschloss ihm eine Provinz nach der andern, indem sie die Civilgewalt von der militärischen trennte, die Statthalter der Provinzen zu einfachen Administratoren machte, und besonderen Organen den Befehl über die bewaffnete Macht anvertraute, welche nun nicht mehr von freiwillig angeworbenen undisciplinirten Haufen, sondern von einem stehenden, durch Conscription gebildeten Heere vertreten wird.

Der Kriegsmann muss nun zu Hause bleiben, weil Niemand seine Dienste mehr begehrt; aber auch hier fühlt er sich mehr und mehr durch den Druck beengt, welche die täglich mehr erstarkende Staatsgewalt auf die althergebrachten anarchischen Landeszustände und die fesselfreie Lebensweise des Einzelnen ausübt. Der Adel soll nun nicht mehr pressen und drücken, der Gemeine nicht mehr rauben und stehlen, alle aber sollen der von den Vätern überkommenen Blutrache entsagen und die Waffen ablegen, welche sie von Kindheit an bei Tage und Nacht zu tragen gewohnt waren; alle sollen den von Constantinopel geschickten Administratoren gehorsam sein, und nicht nur den christlichen Rajah als ihres Gleichen betrachten, sondern sogar gleich diesem Steuern [18]) zahlen und noch obendrein Recruten zum Heere stellen, die die Fustanelle mit fränkischen Enghosen vertauschen, und in Reih und Glied zu gehen erlernen müssen. Was Wunder also, wenn das aristokratische Element des Volkes, d. h. der muhamedanische Kriegerstand, dem Tansimat grollt, der ihm die althergebrachte Erwerbsquelle verschlossen hat, ihm die Entsagung seiner Standesprivilegien zumuthet und allen Zuständen und Verhältnissen den Krieg erklärt, an welche er von den Zeiten der Urväter her gewöhnt ist?

Diese Denkungsart des muhamedanischen Kriegerstandes möchte vielleicht den Schlüssel zu der Kette von Aufständen geben, mit welchen die Einführung der Reformen im türkischen Reiche zu kämpfen hatte. Sie zeigen sich nur da, aber auch überall da, wo die Bevölkerung kriegerisch und vorzugsweise dem muhamedanischen Glauben zugethan ist, und lassen sich wohl als der Widerstand fassen, den das aristokratische Element des Reiches den Neuerungen entgegensetzt, welche dasselbe mit dem Verluste seiner Vorrechte, d. h. mit seinem Sturze bedrohen. In dieser Hinsicht bietet die neuere Geschichte des osmanischen Reiches viele schlagende Vergleiche mit dem Kampfe dar, welchen das monarchische Element in Europa gegen das Ende des Mittelalters mit dem aristokratischen zu bestehen hatte, und welcher in den verschiedenen Ländern einen so verschiedenen Ausgang nahm.

In der Türkei ist das monarchische Element siegreich aus diesem Kampfe hervorgegangen; denn nach Vernichtúng des Hauptorgans der militärischen Aristokratie in der Hauptstadt und den Provinzen, der Janitzaren, hat die Concentration der Staatsgewalt bereits solche Fortschritte gemacht, dass ihr von keiner Seite mehr ernste Gefahren drohen. Erst nach diesem Siege möchte aber das osmanische Reich den Namen einer absoluten Monarchie verdienen, weil von da an erst der Wille der Centralgewalt in allen Theilen des weiten Reiches unbedingten Gehorsam fand, weil ihr von da an erst dessen Gesammtkräfte zu willkürlicher Verfügung standen. Es gab wohl niemals in Europa einen Monarchen, der in der Durchführung seines persönlichen Willens gebundener, dessen Machtvollkommenheit begränzter war, als die Vorgänger des Sultans Mahmud. Die irrthümlichen Ansichten, welche in Europa über diesen Punkt verbreitet waren, möchten sich hauptsächlich daraus erklären, dass man über dem Mangel an persönlichen Garantien, vermöge dessen je das stärkere Individuum die schwächeren nach Willkür berauben und tödten konnte, die grosse Masse von Attributen der Staatsgewalt ausser Acht liess, welche allmälig vom Throne der Sultane abgelöst, und von ganzen Körperschaften oder Provinzen usurpirt worden waren.

Das zwischen dem Flusse von Argyrokastron und dem Meere gelegene, im Norden von der Wiússa begränzte Bergland, die sogenannte Arberei, ist der südliche Hauptsitz der türkisch-albanesischen Kriegerkaste, und Awlona lässt sich als dessen Hauptstadt betrachten. Hier war der eigentliche Herd der verschiedenen, gegen die Neuerungen gerichteten, Aufstände. Der letzte dieser Aufstände erfolgte bekanntlich vor fünf Jahren, und nahm eine so ernste Wendung, dass der damalige Seraskier von Rumelien mit einer bedeutenden Heeresmacht zu seiner Unterdrückung herbeieilte. Nach Herstellung der Ruhe wurden fast alle Häuptlinge dieser Gegend und ihrer Nachbarschaft — und darunter die Nachkommen des ersten türkischen Eroberers der Arberei, welche die Regierung der Provinz früher erblich besessen, und denen der oben erwähnte Palast gehört — nebst vielen andern einflussreichen Leuten nach Asien in die · Verbannung geschickt, von wo sie erst seit Kurzem zurückgekehrt sind. Die Folgen dieses Aufstandes mögen allerdings zu dem veröedeten Aussehen der Stadt das ihrige beitragen, die Hauptursache scheint jedoch in der berührten allgemeinen Krisis zu liegen, in welcher die Nationalwirthschaft aller vorzugsweise kriegerischen Bezirke begriffen ist, und welche von denjenigen Landestheilen, deren Wirthschaft auf friedlicheren Erwerbsquellen beruht, wenig oder gar nicht gefühlt wird.

Es hat sich aus dem Alterthume die Notiz [88]) erhalten, dass einstmals Alexander eine Anzahl thessalischer Kriegssöldner, die er zu Gefangenen gemacht, in Ketten legen liess, weil sie das Kriegsleben der Bebauung ihres reich gesegneten Landstriches vorzogen. Diese Thessalier waren aber bekanntlich Pelasger, welche in der Urzeit aus dem heutigen Albanien erobernd in Thessalien einwanderten. Was damals der Zwang des Macedoniers schwerlich erreicht hat, das wird jetzt wohl dem türkischen Tansimat mit den heutigen Stammverwandten jener alten thessalischen Albanesen gelingen; er wird sie, wenn auch nicht ohne Widerstreben, von Kriegern zu Ackerbauern machen; denn es steht ihm ein unwiderstehlicher Bundesgenosse — der Hunger — zur Seite. Genaue Kenner der hiesigen Localverhältnisse behaupten, dass der Umschlag bereits begonnen habe, und folgern dies aus der steigenden Production einzelner Landstriche. Wenn diese Wahrnehmung gegründet ist, so bleibt dem Besucher von Awlona, der sich lieber mit Bildern des Fortschrittes, als des Stillstandes oder Rückganges trägt, wenigstens der Trost, dass die Keime zu einem besseren Zustande bereits gelegt seien.

Der Leser, welcher diesen Betrachtungen gefolgt ist, wird denselben die Ueberzeugung entnehmen, dass das Leben in Albanien von dem unsrigen weit abgelegen sei, manches wird ihn fremdartig berührt, anderes historische Erinnerungen in ihm erweckt haben, und er wird begierig sein, mehr über dieses Leben zu erfahren. Ein treues Gesammtbild von demselben zu entwerfen übersteigt unsere Kräfte; wir wollen es aber versuchen, einzelne Seiten aus demselben heraus zu greifen, und sie dem Leser anschaulich zu machen.

Beginnen wir mit einem Citate aus Cäsar, denn bis zu Cäsar und Tacitus müssen wir zurückgehen, um Parallelen für das Leben in Albanien zu finden; es steht aber gallischen und germanischen Zuständen so nahe, dass die Beschreibungen jener Schriftsteller buchstäbliche Anwendung auf dasselbe finden.

Cäsar schildert Albanien, wenn er sagt (VI, 11): „in Gallien sind nicht nur die einzelnen Staaten und die einzelnen Gaue und Orte, sondern selbst die meisten Häuser in Parteien zerrissen, an deren Spitze diejenigen stehen, welche nach der Volksmeinung das grösste Ansehen geniessen, und in deren Händen die Leitung aller Angelegenheiten ist. Diesem Zustande liegt ein altes Herkommen zu Grunde, welches jeden Mann aus dem Volke an den Schutz eines Mächtigen verweist: denn von diesen duldet keiner, dass seine Schützlinge irgend unterdrückt oder übervortheilt werden, und würde, wenn er anders handelte, alles Ansehen bei den Seinigen verlieren. Dieser Zustand der Dinge erstreckt sich aber über das ganze Gallien, denn alle Staaten sind in zwei Parteien gespalten."

Fragt man nach den Ursachen dieser Erscheinung in Albanien, so bleibt hier so viel Dunkles, dass man versucht wird, sie in dem angebornen Instinct des Volkes zu sehen. Freilich ist die Unterscheidung schwierig, welche Erscheinung der Naturanlage eines Volkes, und welche den Verhältnissen zuzuschreiben sei, unter denen es lebt; — ist aber diese Unterscheidung überhaupt stichhaltig? sind diese Verhältnisse, insofern sie nicht durch das Klima oder die Landeslage bedingt werden, nicht selbst das Product des Volksgeistes? — Der Albanese wird um von dem Triebe beherrscht, seiner Persönlichkeit die möglichst grösste äussere Geltung zu verschaffen; ist er mächtig, so geht sein Dichten und Trachten auf Behauptung und Vergrösserung seines Ansehens und Einflusses, ist er genöthigt sich einem Mächtigeren anzuschliessen, so sucht er auf jede Weise dies Verhältniss zu seinem eigenen Vortheile auszubeuten; Wohlwollen, Uneigennützigkeit, Hingebung, Treue sind hier eben so selten als ihre Gegensätze häufig. Es ist also nicht die Liebe, welche die hiesigen Parteien bildet und kittet, es ist die Noth, das seit Jahrtausenden im Lande herrschende Faustrecht und das System der erblichen Blutrache — der erste Versuch des Volksinstinctes das Individuum vor der Willkür Anderer zu schützen — welches die Einzelnen zwang sich an einander zu schaaren und sich dadurch die hier dem Einzelnen überlassene Sorge für Erhaltung des Lebens und Eigenthums zu erleichtern.

Dies führt uns auf den Gegensatz, der nicht nur zwischen albanesischem, sondern überhaupt zwischen morgenländischem und abendländischem Wesen nach unserer Ansicht besteht, und der in dem Grade schärfer wird, als das Abendland in der Cultur vorschreitet und das Morgenland zurückbleibt.

Im Occidente wächst und lebt jetzt der Mensch unter der Herrschaft des Gesetzes, welches ihn auf seinem Wege von der Wiege bis zum Grabe schützend und drohend begleitet und gleichsam im Gängelbande hält. Es befreit ihn von der Sorge für die Sicherheit seines Leibes und Gutes und zügelt seine verbotenen Gelüste. Gesetz, Sitte und Herkommen entziehen ihn in seinem Leben und Wirken der Willkür Anderer in weit höherem Masse als den Orientalen; der Abendländer hat daher von seinen Mitmenschen weit weniger zu fürchten und zu hoffen. — Gleich einer Gartenpflanze von den Institutionen gehegt und gepflegt, kann er ruhigen Sinnes gerade ausgehen und nur sich selbst und seinem Berufe leben. Dagegen lässt sich der Morgenländer mit einer Waldpflanze vergleichen, deren Existenz von unzähligen Gefahren umlagert ist; er muss stets rings um sich blicken, um nicht unvorbereitet überfallen zu werden, und da sein Fürchten und Hoffen weit mehr von der Willkür anderer Individuen abhängt, so ist er auch in der Regel dem Abendländer in Menschenkenntniss und Menschenbehandlung überlegen. Der Abendländer steht auf festem, der Morgenländer auf wankendem Boden; dem ersteren ist es verstattet, der Bebauung seines Feldes alle Kräfte ungetheilt zu widmen, er ist dafür mit den Kunstgriffen unbekannt, die dem zweiten geläufig sein müssen, um sich auf seinem Felde im Gleichgewichte zu erhalten. Während es daher dem heutigen Abendländer vergönnt ist, alle Keime der Wahrheit und des Wohlwollens zu entwickeln, welche die Natur in ihn gelegt hat, ist der Morgenländer durch die Verhältnisse, in denen er lebt, zu jeder Art Furcht, Misstrauen und Verstellung verurtheilt. — Nehmen wir von der angebornen Verschiedenheit der geistigen Anlagen Umgang, so scheint uns der Genuss und der Mangel persönlicher Garantien den Hauptschlüssel zu den Gegensätzen abend- und morgenländischen Wesens und Charakters zu liefern.

Gegenstand des albanesischen Parteigetriebes ist die örtliche Gewalt oder das örtliche Uebergewicht in Dorf, Stadt, Bezirk und Landschaft, je nachdem die streitenden Theile höher oder
niedriger stehen. Jeder Gedanke an Durchführung irgend eines politischen Princips liegt diesen
Kämpfen fern; der Albanese denkt nicht einmal daran, seine persönlichen Zwecke hinter ein solches
Schiboleth zu verstecken, er richtet sein Streben offen auf Beherrschung des Kreises, in dem er
lebt, und auf die Vernichtung des Gegners, welcher ihm diese streitig macht. Dass dem so sei, ist
leicht zu beweisen, denn wenn es sich hie und da ereignet, dass von den beiden örtlichen Gegnern
der eine in das Lager der ihm früher feindlichen Partei übergeht, so entsteht dadurch nicht etwa
eine Fusion zwischen diesen Gegnern, sondern der andere sieht sich genöthigt, dem Beispiele
des ersten zu folgen und gleichfalls die Farbe zu wechseln, sobald er sich überzeugt hat, dass
das neue Verhältniss seines Gegners kein bloss vorübergehendes, sondern dauernd sei. Uebrigens
ist ein solcher Wechsel als Ausnahme zu betrachten, nicht weil er dem albanesischen Charakter
sonderlich widerstrebte, wohl aber weil er durch die Verhältnisse erschwert wird, die dadurch
aus ihrem gewohnten Geleise gebracht werden.

Aus dem Gesagten ergibt sich wohl von selbst, wie schwer es dem Fremden fallen müsse,
sich in dem albanesischen Parteigetriebe zu recht zu finden, welches keine gemeinsame Tendenz
verfolgt, sondern nur einen Complex verschiedenartiger Privatinteressen bildet. Was die in den
einzelnen Familien bestehenden Spaltungen betrifft, so ist es mit einigen aufrichtig gemeint,
andere dagegen sind wohlberechnet, weil es das Interesse der Familie erfordert, um für alle Fälle
gedeckt zu sein, auf beiden Achseln zu tragen [40]).

Will man nun Näheres über das Leben und Treiben eines albanesischen Häuptlings erfahren,
so gibt auch darüber Cäsar die beste Auskunft (I, 18). „Dumnorix war ein höchst verwegener
unruhiger Kopf, der alle Eigenschaften besass, um sich beim Volke populär zu machen; seit
mehreren Jahren hatte er die Zölle und übrigen Abgaben der Aeduer zu einem geringen
Preise gepachtet, weil ihn bei der Versteigerung derselben niemand zu überbieten wagte.
Auf diese Weise hat er nicht nur sein Vermögen vergrössert, sondern auch die Mittel erworben,
um sich freigebig zu erweisen; er unterhält auf eigene Kosten ein grosses, berittenes Gefolge:
sein Einfluss beschränkt sich nicht bloss auf die Heimath, sondern erstreckt sich auch auf die
benachbarten Staaten; um diesen zu vermehren, verheirathete er seine Mutter an einen der
edelsten und mächtigsten Biturigen, nahm selbst eine Helvetierin zur Frau, und vergab seine
Stiefschwester und Basen in andere Staaten. Wegen dieser Schwägerschaft begünstigt er die
Helvetier, doch hasst er Cäsar und die Römer auch aus persönlichen Gründen, weil durch
ihre Intervention im Aeduerlande seine Macht verringert, und sein Bruder in die früher genossene
Gewalt wieder eingesetzt wurde. Wenn den Römern irgend ein Unglück widerführe, so hegt
er die Hoffnung durch Vermittlung der Helvetier zur Herrschaft zu gelangen, unter dem
Einflusse der Römer aber muss er nicht nur auf diese verzichten, sondern darauf gefasst sein,
auch den Einfluss zu verlieren, welchen er bereits besitzt. — Bei weiteren Erkundigungen
erfährt Cäsar sogar, dass bei einem Reitergefechte Dumnorix mit seinen Reitern das Zeichen
zur Flucht gegeben, und dadurch die übrige Reiterei nach sich gezogen habe. — Es liegt
endlich der dringende Verdacht gegen ihn vor, dass er die Helvetier durch das Land der
Sequaner geführt und beide Völker veranlasst habe, sich gegenseitig Geiseln zu stellen, und
dass er dies alles nicht nur ohne Befehl, sondern selbst ohne Vorwissen Cäsars und der
äduanischen Regierung gethan habe."

Werfen wir nun einen Blick auf das Wesen eines albanesischen Aufstandes. — Die Stellung
des muhamedanischen Elements zum Tansimat und zur Regierung ist oben erörtert worden; an
Unzufriedenheit und Beschwerden fehlt es nirgends, weder bei den Häuptlingen noch beim Demos;
der Letztere hat aber hier Landes keinen eigenen Willen, er ist nur ein Werkzeug in Händen des
Adels. Wenn es daher zu einem Aufstande kommen soll, so muss dieser von den Chefs der einen,
oder andern Partei zur Erreichung ihrer Parteizwecke für vortheilhaft erkannt werden. In der
Regel sind es die Chefs der Opposition, welche zum Aeussersten getrieben, dieses Mittel versuchen,
um ihren Gegner aus der Gewalt zu verdrängen. — Sie stellen sich dabei jedoch niemals bloss,
sondern schieben irgend einen Abentheurer vor, den sie dazu für geeignet halten. Dieser erscheint

an der Spitze einer Bande in entlegenen Gegenden, bald hier, bald dort, und dieses Erscheinen reicht hin, das Volk in Aufregung zu setzen. Er vermeidet, so lange er sich noch nicht stark genug fühlt, jede Demonstration; hat er aber den nöthigen Zulauf erhalten, und hat die Aufregung den nöthigen Grad erreicht, so formulirt er die Beschwerden des Volkes in einer Bittschrift an den Sultan und beginnt nun an den Orten, wo dies seine Interessen erlauben, zu requiriren und zu brandschatzen.

Die Stellung der Gegenpartei zu dem Aufstande kann nicht zweifelhaft sein, sie muss zur Regierung halten, ihre Lage ist aber desswegen sehr schwierig, weil sie nicht offen handeln darf, um ihren Einfluss auf den ihr zugethanen Theil des Demos nicht zu verlieren, welcher natürlich mit dem Aufstande sympathisirt; sie kann also diesem nur heimlich und mittelbar entgegenwirken. So lange daher nicht Truppen aus fremden Provinzen oder Linienmilitär gegen die Aufrührer geschickt werden, haben diese nichts Ernstliches zu fürchten. Wenn es aber dazu kommt, so entbietet der Commandant derselben sofort sämmtliche Häuptlinge der Provinz in sein Lager; da erscheint denn gar mancher Dumnorix, und der Commandant weiss das, wenn er auch weder Cäsar noch Herodot gelesen hat; die Massregeln, welche er zu ihrer Ueberwachung nimmt, sind aber in der Regel fruchtlos; die Aufständischen sind trotzdem von jeder seiner Bewegungen unterrichtet, und lassen sich niemals überraschen. Doch ist ja der offene Kampf nicht das einzige Mittel, einen Aufstand zu unterdrücken, er lässt sich auch durch Occupation seiner Centren und Quellen und anderweitige Entziehung seiner Nahrungskräfte dämpfen. Das Hauptaugenmerk der grossherrlichen Commandanten ist in der Regel darauf gerichtet, solche Aufstände auf diese Weise absterben zu lassen, und der Erfolg beweist die Richtigkeit des Calculs.

Wir haben uns bisher öfter der Worte Adel, Häuptlinge, Vornehme bedient, und wollen dieselben nun näher bestimmen, damit der Leser nicht von diesen Ausdrücken zu dem Schlusse verleitet werde, als bestehe in Albanien ein Adel in unserem Sinne. Da, wo Faustrecht und Blutrache herrscht, muss sich nothwendiger Weise alles nach der Scala der factischen Macht regeln, müssen die Schwachen die Masse bilden, und die Starken an der Spitze stehen [41]). Dieser Starken aber gibt es zweierlei Gattungen; zur ersten gehören diejenigen, welche von ihren Vätern Macht e r e r b t haben, und sich in derselben zu erhalten wissen.

Der Sprössling eines reichen Hauses braucht keine besonderen persönlichen Gaben, um mächtig zu bleiben, so lange er ein tüchtiges Gefolge ernähren kann; er wird durch die Gewalt des Herkommens und der Gewöhnung, welche, wie bereits erwähnt, in Albanien sehr gross ist, und durch die Interessen der Anhänger des Hauses getragen. Büsst er aber sein Vermögen ein und weiss er diesen Mangel nicht durch eine hervorragende Persönlichkeit zu ersetzen, so verliert er seinen Einfluss und die Familie tritt allmälig in die Masse zurück, von welcher ihr dann nur eine gewisse rein persönliche, altem Herkommen anhängende Achtung gezollt wird.

Die zweite Gattung von Mächtigen besteht aus solchen, welche sich ihre Macht selbst e r w o r b e n haben. Es sind dies Kriegsmänner niederen Herkommens, die sich meistens während ihrer Söldnerdienste in der Fremde, durch hervorstechende Tapferkeit und Klugheit Reichthümer und Ruf erworben haben und dann in ihr Vaterland zurückkehren, um ein neues Haus zu gründen, oder das väterliche zu heben. Ein solcher homo novus wird von der Volksmeinung in Bezug auf die Leitung der öffentlichen Angelegenheiten als vollkommen gleichberechtigt mit den alten Geschlechtern angesehen, und es gelingt ihm häufig, das alte Haus, welches in seiner Heimath an der Spitze steht und gegen das er meistens in Opposition tritt, aus dem Sattel zu heben, weil er in der Regel die Oppositionspartei bereit findet, sich ihm anzuschliessen.

So wie in Albanien, muss es auch in dem alten Deutschland und Gallien gewesen sein; daher halten wir den Streit über die Frage, ob es bei den Germanen und Galliern einen Adel in unserem Sinne gegeben habe, für einen müssigen.

Unserer Ansicht nach war der Adel jener Völker zur Zeit, wo sie in der Geschichte auftreten, so gut wie in Albanien, die Blüthe des Kriegerstandes, aber keine geschlossene Abtheilung in demselben. Der Nichtkrieger kann aber natürlich nirgends Häuptling werden, so wenig ein Hammel eine Ziegenheerde leiten kann.

Welche Macht übrigens in einfachen Verhältnissen dem Reichthum an sich zufalle, davon geben die Handwerksstriche und Stadtgemeinden in Albanien ein beachtenswerthes Beispiel. Man setze den Fall, wie er sich öfters ereignet, ein armer Junge aus der Çagórilandschaft bei Jannina sei in die Fremde gegangen, habe es dort zu grossem Reichthume gebracht, und kehre mit diesem nach Jahren in seine Heimath zurück; so wird ihm, wenn er nur immer will, alsbald derjenige Grad von Einfluss auf die öffentlichen Angelegenheiten der Landschaft zu Theil, welcher ihm nach der Grösse seines Reichthums zukommt. Dies macht sich ganz von selbst, weil es einmal als selbstverständig angenommen ist.

Man bemerke aber wohl, dass diese Archonten von Çagóri oder Epirus überhaupt etwas ganz anderes sind, als die Häuptlinge der Kriegerbezirke, vor denen sie sich schon als Rajahs, wenigstens früher, in den Staub beugen mussten. Sie sind nur reiche Bürger und ihr Einfluss auf ihre Mitbürger ist daher weit beschränkter; diese haben folglich weit weniger von ihnen zu hoffen und zu fürchten; alle lebten als Christen unter gemeinsamem Drucke — und dennoch gliedert sich alles nach dem grössern oder geringeren Reichthume [42]).

Das Verständniss epirotischen Archontenthums und Gemeindewesens wird dem Abendländer sehr schwer, weil ihm dabei jeder vergleichende Massstab abgeht, und er es mit nie Gesehenem und Gehörtem zu thun hat. An der Spitze der Stadt oder grösseren Landgemeinden figuriren Vorsteher (προεστοί), die einen oder mehrere Schreiber und bewaffnete Büttel unter sich haben. Dies sind also wohl die Angesehensten der Gemeinde? — Nein, es sind Leute zweiter oder dritter Ordnung, Werkzeuge der Archonten. Wer sind diese? — in X. der A, der B und der C. Warum nicht auch der D? — Er ist nicht reich und angesehen genug. — Wie reich muss denn einer sein, um Archont zu werden? — Das lässt sich nicht bestimmen; — wer wählt oder ernennt sie aber? — Niemand, sie werden und vergehen wie das Gras auf den Feldern und das Laub auf den Bäumen. — Ist der Dienst dieser Körperschaften collegialisch oder büreaukratisch organisirt? Das lässt sich nicht allgemein bestimmen; ist der Einfluss eines Mitgliedes überwiegend, so, commandirt er allein, ohne sich um die Ansichten seiner Collegen viel zu bekümmern; wo nicht, so verständigen sie sich unter einander. Dann halten sie wohl regelmässige Sitzungen? — nun ja, sie kommen zusammen und verständigen sich, bald zu zwei oder drei, bald zu mehreren, ziehen bei diesem Geschäft den einen, bei jenem den andern Nichtarchonten zu, und wenn sie sich verständigt haben, sagen sie dem Vorsteher, was er zu thun habe. — Wenn sie sich aber nicht verständigen können? — Dann bleibt die Sache so lange ruhen, bis der eine der streitenden Theile den Bischof oder Pascha auf seine Seite gebracht hat. Stimmzählung und Beschlussnahme nach deren Mehrzahl sind unbekannte Dinge. — Dies Schrankenlose des orientalischen Lebens, welches sich hier nur in Einem Beispiele wiederspiegelt, hat für den ruhigen Beobachter, nachdem er den ersten Reiz der Neuheit und den darauf folgenden Ekel überwunden, eine eigenthümliche Anziehungskraft, denn es erzeugt Gegensätze und Uebergänge, für welche in dem formalen Abendlande jeder Massstab fehlt [43]).

Was nun durch den naturgemässen Lauf der Dinge an die Spitze der Gemeinden oder Landschaften gestellt worden, das wird auch von der Regierung in dieser Stellung anerkannt, und hieraus geht ein Verhältniss hervor, welches sich annähernd mit dem modernen Kunstausdruck der Selbstregierung der Gemeinden und Körperschaften bezeichnen lässt, obgleich dieselbe eigentlich nur in so weit besteht, als es nicht den Regierungsbeamten oder andern Machthabern in sie einzugreifen beliebt. Mit diesen socialen Sommitäten verhandelt die Regierung; sie werden vorgerufen, um den Willen und die Befehle derselben zu vernehmen, für deren Ausführung sie auch verantwortlich betrachtet werden; sie gelten auf der andern Seite für berechtigt im Namen ihrer Körperschaft bei Bitten, Beschwerden oder Rechtsstreitigkeiten das Wort zu führen. — Erscheint bei solchen Gelegenheiten einer mehr oder weniger, so bleibt dies in der Regel unbeachtet; fehlt aber ein bedeutender Name, so wird er auch wohl ausdrücklich zucitirt. — Ebenso gewöhnlich ist es, dass ein Häuptling oder Archont oft von weither in die Hauptstadt beordert wird, um zu Rathe gezogen oder mit irgend einem öffentlichen Geschäfte betraut zu werden; — denn es besteht im Oriente überhaupt keine principielle Scheidelinie zwischen dem Beamten und dem Privatmanne; die Regierung wählt ihre Organe nach Willkür aus der Masse des Volkes. — Wie stark aber in vieler Hinsicht das Gemeindeband, wie sehr der Einzelne an den Willen der Gesammtheit gebunden sei, deren Mitglied er ist, dies beweist nicht nur die grosse Ausdehung des Retractrechtes, welches aus dem byzantinischen Rechte in das türkische überging, sondern z. B. auch das durch das Gesetz sanctionirte Verbot, Häuser an Personen zu vermiethen, welche der Nachbarschaft oder dem Viertel (μαχαλά) missliebig sind.

Die gewaltsame Vertreibung von Fremden, selbst von grossherrlichen Beamten aus einer Gemeinde oder Landschaft, ist gar nicht selten; ja es fehlt nicht an Beispielen, dass Gemeinden die Ausweisung eines Gemeindegliedes verlangten und dieses von den Behörden gezwungen wurde, sich entweder auf einige Zeit zu entfernen, oder auch seine Liegenschaften zu verkaufen und die Gemeinde für immer zu verlassen. — „Wir wollen ihn nicht an unserem Orte, er soll fort", dieser Refrain ist besonders den Weibern geläufig, wenn sie gegen irgend ein Individuum Beschwerde führen. — Es findet sich also hier genau die Denkungsweise, aus welcher im Alterthume der Ostrakismus und Petalismus hervorgingen.

Werfen wir noch einen Blick auf den Kriegerstand des südlichen und mittleren Albaniens, — es ist schwer sich von einer so interessanten Erscheinung loszureissen. Leider war es uns nicht vergönnt, uns mit ihr vollkommen vertraut zu machen; wir haben auf viele Fragen keine Antwort, und müssen uns daher auf einige Betrachtungen über ihren allgemeinen Charakter beschränken. Der Kriegerstand besteht hier als Stand neben andern Ständen; er ist Beruf. — Das ist er bei den Bergstämmen des nördlichen Albaniens, den Mirediten, Pulatensern etc. nicht, denn bei diesen ist die Sitte des Reislaufens unbekannt, obgleich sie sehr streitbar sind und jeder Mann die Waffen zu führen versteht; ihrem Berufe nach sind sie Hirten und Ackerbauer. Bei ihnen bildet das Bewusstsein der gemeinsamen Abstammung das Gliederungsprincip der socialen Zustände, sie sind noch wahre Stämme; diese Culturstufe haben aber die südlicheren Landestheile bereits hinter sich, daher gibt es dort auch nur mehr Geschlechter und greift der Geschlechtsverband weniger in die öffentlichen Verhältnisse ein.

In beiden Landestheilen herrscht aber die Blutrache, von welcher in den Sittenschilderungen ausführlicher die Rede sein wird, und wir finden dies Princip auch bei vielen andern Völkern, welche keinen eigentlichen Kriegerstand besitzen. Daher scheint es nicht sowohl die Blutrache, als vielmehr die Söldnerei zu sein, aus welcher der albanesische Kriegerstand sich entwickelt hat.

Sehen wir uns nun nach historischen Parallelen dieser Sitte in der Nachbarschaft um, so scheint es gewiss nicht unbeachtenswerth, dass uns in Griechenland grade diejenigen Landschaften als reislaufend genannt werden, welche für pelasgische Hauptsitze gelten, nämlich Arkadien, wo die pelasgischen Autochthonen unvermischt geblieben und etwa in der Weise zu Hellenen geworden zu sein scheinen, wie jetzt das albanesische Hydra, Spezzia oder Salamis hellenisch wird, — Thessalien, wo die erobernden Pelasger wahrscheinlich den herrschenden Kriegerstand bildeten, und Kreta, wo nach Homer mannhafte Pelasger ein Hauptelement der Bevölkerung bildeten. Freilich verbreitete sich diese Sitte zur Zeit des beginnenden Verfalles auch auf andere griechische Landschaften, doch scheint sie dort keinen festen Fuss gefasst zu haben, so dass sie vielleicht eher eine Mode als eine Sitte genannt zu werden verdient. Leider wissen wir aber von dem Söldnerwesen jener Gegenden viel zu wenig, um irgend eine Vergleichung anzustellen, und dasselbe gilt auch von der Söldnerei der alten Etrusker.

Um genügende historische Analogien zu erhalten, muss man bis zu den Germanen und Galliern vorgehen, hier sind sie aber auch um so schlagender. Wir stellen weiter unten die Vermuthung auf, dass bei diesen beiden Völkern zur Zeit, wo sie in die Geschichte eintreten, der Stammverband bereits gelockert oder getrübt gewesen sei. Hat diese Ansicht Grund, so ergäbe sich in dem heutigen, oder besser kaum vergangenen Zustande der albanesischen Kriegerbezirke und dem jener alten Völker eine auffallende Aehnlichkeit und diese wäre um so beachtenswerther, als mit Ausnahme der Blutrache und Söldnerei die albanesische Sitte ein Spiegelbild urgriechischer und römischer Zustände genannt werden könnte.

Bedenkt man nun, dass Römer und Griechen am Anfang ihrer eigentlichen Geschichte die Culturstufe der Blutrache bereits hinter sich hatten, die Albanesen aber noch heut zu Tage in ihr stehen, so muss denselben, sobald einmal ihr Autochthonenthum unwiderruflich fest steht, ein so starres Festhalten an dem Ueberkommenen zuerkannt werden, wie sie in der europäischen Geschichte wohl ohne Beispiel ist.

Wir stellten diese Betrachtung, welche vielleicht logischer an das Ende des Buches gehört, hier voraus, um den Leser vorläufig mit einem Standpunkte bekannt zu machen, von welchem die albanesischen Zustände aufgefasst werden können, ohne ihn darum apodiktisch als den allein richtigen bezeichnen zu wollen.

Uebrigens schilderten wir das kriegerische Albanien mehr so wie es war, als wie es ist, denn es wurde schon oben bemerkt, dass auch hier endlich die Zeit der Krisis über Verhältnisse hereingebrochen, deren Model sich vielleicht zu einer Zeit gebildet hat, wo es für unsern Welttheil noch gar keine Geschichte gab. Wer daher die Urzustände der europäischen Völker in lebenden Bildern studiren will, der zögere nicht lange sich aufzumachen, denn diese Krisis möchte dem Anschein nach rasch vor sich gehen. Ihre Natur ist oben angedeutet worden, hier mag nur noch eine Bemerkung über den albanesischen Adel ihren Platz finden. Die erblichen Dynastengeschlechter sind bereits bis auf einige wenige Ausnahmen gänzlich verschwunden. Im Süden wurden sie durch Ali Pascha vernichtet; im Norden aber, was davon übrig war, in den Sturz des letzten Erbpaschas von Skodra hineingezogen. — Unter den obwaltenden Verhältnissen möchten aber auch die Geschlechter zweiten und dritten Ranges demselben Schicksale, wenn auch auf minder gewaltsamem Wege, entgegen gehen. Einestheils ist die Mehrzahl derselben tief verschuldet und wird nun bei der allmälig eintretenden strengeren Rechtspflege zur Zahlung ihrer Schulden angehalten, anderntheils aber wird die Erneuerung eines alten Gesetzes über die Erbfolge in Bezug auf Immobilien die Zerspaltung der grossen Grundvermögen zur langsamen, aber unvermeidlichen Folge haben. Nach türkischem Güterrechte ist nämlich alles eroberte Land, mithin die ganze europäische Türkei Eigenthum der Gesammtheit der Gläubigen, oder des Sultans als deren Repräsentanten; dem Einzelnen können daher nur Niessbrauchsrechte an Grund und Boden zustehen, und diese beschränken sich nach strengem Rechte auf den mit Gebäuden besetzten oder landwirthschaftlich bearbeiteten Raum; daher an Wald, Weide, Gewässern etc. keinerlei ausschliessliches Nutzungsrecht gestattet ist, doch hat hier die Praxis vielfach mildernd eingegriffen.

Die Immobilien zerfallen aber in zwei Classen, in vergängliche und unvergängliche Güter [43]); zur ersteren gehören Gebäude und aller Art Pflanzungen, zu der zweiten die Fruchtäcker. Die Güter der ersten Classe lassen sich als eine Art römische superficies betrachten, jedoch stehen sie in Bezug auf den Erbgang der fahrenden Habe gleich und bei Uebertragungen unter Lebenden wird darüber von dem Cadi eine Urkunde (Chodschét) verfasst.

Der Genuss der Fruchtäcker dagegen ist genau nach den Vorschriften über die römische und byzantinische Emphyteusis geregelt. Der von dem Emphyteutar zu zahlende Canon besteht in dem Zehnten der Ernte; die Fristen des Verlustes der Emphyteuse wegen versäumter Zahlung des Canons oder wegen unterlassener Bebauung des Grundstückes sind die römischen. — Repräsentant des Sultans war hier der Spahis, welcher den Canon und das Laudemium an Soldes Statt für die Kriegsdienste bezog, zu denen er verpflichtet war. Er stellte auch beim Uebergang der seiner Competenz (spahilik) untergebenen Fruchtäcker oder ihrer Complexe (tschiftlikia) von einer Hand in die andere die gesetzliche Urkunde (tapí) aus und bezog dafür das Laudemium, meist 10 Procent der Kaufsumme oder des Werthes des Grundstückes; hatte jedoch selbst kein Verkaufsrecht. Einer solchen Urkunde bedurfte es aber nicht nur bei Verträgen unter Lebenden, sondern auch beim Erbgang und waren hievon nur die männlichen Descendenten des Verstorbenen frei. Töchter, Ascendenten und Seitenverwandte mussten beim Erbanfall von Fruchtäckern bei dem Spahis einen neuen tapí lösen, wofür sie nach der Praxis in der Regel nur ein einfaches Laudemium zahlten. In Folge der Einziehung der Spahiliks wurde aber das von der Praxis gemilderte alte Gesetz erneuert, vermöge dessen der Ackergrund, welchen ein ohne männliche Descendenz Versterbender besessen hat, an den Sultan zurückfällt und den oben genannten übrigen Verwandten gar kein Erbrecht, sondern nur ein Vorkaufsrecht an demselben zusteht. Stirbt jetzt z. B. der eine von zwei Brüdern, welche den vom Vater ererbten Grundbesitz ungetheilt besessen haben, kinderlos, so wird dieser einer Schätzung unterworfen, der Ueberlebende aber angehalten, binnen einer gegebenen Frist die Hälfte ihres Betrages in die grossherrliche Casse zu erlegen, und wenn dies nicht geschieht, die dem Verstorbenen gehörige Hälfte für öffentliche Rechnung an Dritte verkauft.

Salzwerk. Eine kleine halbe Stunde nordwärts von der Scala von Awlona befindet sich ein bedeutendes Seesalzwerk. Es ist dies das südlichste der drei Salzwerke, welche an dieser Küste liegen. Das zweite, nach dem Dorfe Semani genannt, ist etwa 8 Stunden nördlich von Awlona, das dritte — von Cawaja — 3 Stunden südlich von Durazzo. Ausserdem gibt es noch ein Salzwerk im Süden des Landes, an der Nordküste des Meerbusens von Arta; es ist jedoch das kleinste von allen, indem es nur circa 6000 Pferdelasten jährlich producirt.

Ein solches Salzwerk setzt eine möglichst niedrige und ebene Küste voraus, damit das Seewasser, welches in Canälen landeinwärts geleitet wird, leicht auf die Oberfläche des Landes gehoben werden könne. Dies geschieht auf folgende einfache Weise. Ueber den kleinen an geeigneten Orten in den Gruben angebrachten Bassins stecken drei mit ihren Spitzen zusammengebundene Stangen. Von diesen hängt eine Schlinge herab, in welche eine tief ausgehöhlte Holzschaufel mit senkrechten Seitenwänden gesteckt wird. Vermöge dieser Vorrichtung hebt ein Arbeiter ohne grossen Kraftaufwand binnen kurzer Zeit eine bedeutende Quantität Wasser 2 bis 3 Fuss hoch nach jeder beliebigen Richtung, und gibt ihm zugleich durch den Schwung des Auswerfens einen seine Fortbewegung fördernden Stoss. Auf der Oberfläche angekommen, fliesst das Wasser in einen mit einem kleinen Walle versehenen Raum, welcher sich an der ganzen Länge eines Trockenfeldes hinzieht, und vertheilt sich von da aus in die einzelnen Trockenbeete. Diese sind nett gearbeitete, durch einen kleinen Wall von etwa 4 Zoll Höhe und 1 Fuss Breite von einander getrennte Vierecke. Ein Feld besteht aus zwei aneinander stossenden Reihen von Beeten, deren jede 8 bis 12 Beete zählt. Die Grösse der Beete ist nicht überall dieselbe, in einigen Feldern beträgt die Geviertseite kaum 10, in anderen 18 bis 20 Fuss.

In diesen Trockenbeeten steht das Seewasser etwa 2 Zoll tief und verdunstet während der heissesten Sommerzeit so rasch, dass nach 48 Stunden das trockene Salz aus den Beeten genommen wird. Dies geschieht mittelst eines hölzernen Werkzeuges, welches am besten unter der Form unserer Rechen gedacht wird, wenn man an die Stelle der Zinken ein Bret setzt und den Stiel bedeutend verlängert. Mit diesem wird das Salz von den Beeten zu kleinen Haufen zusammengestrichen, die je nach der Grösse des Beetes, welchem sie entnommen sind, 15 bis 20 Okka wiegen. Diese Operation muss bis zu Mittag vollendet sein, damit das frische Wasser auf einen möglichst erhitzten Boden einlaufe, was dessen rasche Verdunstung bedeutend befördert. Das gewonnene Salz zeigt harte, regelmässige Krystallwürfel von 2 bis 3 Linien Durchmesser, bedeutender Härte und ziemlich weisser Farbe. Es wird dann von den verschiedenen Feldern zusammengeführt und zu riesigen Rundhaufen aufgestaut, welche 15 bis 20 Fuss im Durchmesser und 8 bis 10 Fuss Höhe haben. Der Gipfel wird mit grosser Sorgfalt eiförmig abgerundet, und bei Eintritt der Regenzeit der ganze Haufe mit einer Schilfdecke versehen. Auf diese Weise kann das Salz viele Jahre lang im Freien aufbewahrt werden.

Die Monate Juli und August liefern den Hauptertrag. In den Zeiten der grössten Hitze werden in dem Werke von Awlona mit 100 Arbeitern täglich 400 bis 450 Pferdelasten zu 100 Okka gewonnen. Der durchschnittliche Ertrag des Werkes wird auf 15,000 bis 20,000 Pferdelasten angeschlagen. Das Product geht grösstentheils auf dulcigniotischen Fahrzeugen — zu 10 Piaster die Pferdelast — nach Skodra. Das zu Lande verführte Salz wird theurer, mitunter bis zu 14 Piaster bezahlt. — Da aber der Pacht des Werkes zwischen 150,000 bis 180,000 Piaster, (1850 170,000 P.) beträgt, die Taglöhne allein 16,000 P. (100 Arbeiter, jeder zu 160 P.) im Monate betragen und man sämmtliche Productionskosten auf drei volle Monate anzuschlagen pflegt, so ergibt sich, dass mit diesem Unternehmen in der Regel Verlust verbunden sei und dasselbe daher, um Abnehmer zu finden, mit anderen Pachtungen vereinigt werden muss, deren Gewinn den Verlust des Salzwerkes deckt.

In früheren Zeiten war das Salzwerk von Awlona nach der Häuserzahl des nahe gelegenen Dorfes Narta oder Palaia Arta in 150 Felder abgetheilt. Die Bewohner dieses Dorfes mussten den ganzen Betrieb frohnweise besorgen, waren aber dafür von allen übrigen Abgaben frei.

Der Gesammtertrag sämmtlicher Seesalzwerke an dieser Küste wird auf 60—70,000 Pferde-lasten angeschlagen. Derselbe wird in Albanien und in den ost- und nordwärts anstossenden Provin-zen consumirt. Die kleine Quantität, welche davon als Contrebande in die österreichischen Staaten eingeht, ist zu unbedeutend, um in dieser Hinsicht Berücksichtigung zu verdienen, und wird ausser-dem reichlichst durch das aus St. Maura in die südlichen Landestheile eingeführte Quantum ersetzt.

Feuersteine. Die feinsten werden in Draschowitza 1½ St. östlich von Awlona an der Suschitza gebrochen und bis Belgrad, grösstentheils aber nach Skodra verführt, welches auch Montenegro mit diesem Artikel versieht.

Auffallend war mir die Versicherung, dass dort der Stein nicht in Nestern, sondern in Schichten vorkomme. Beim Graben soll sich nämlich regelmässig in einer gewissen Tiefe die erste Schichte finden, welche jedoch nur grobe Steine liefert, sieben Kalkplattenlagen tiefer stösst man auf die Schichte feinster Qualität, und sieben bis acht Plattenlagen darunter findet sich eine dritte mittlere Qualität; — relata refero.

Das Gestein wird von den Dorfbewohnern selbst verarbeitet, welche vor ihren Hütten sitzend die Steine mit einem kleinen Hammer aus freier Hand zurecht hauen. — Auch in den Strassen von Jannina findet man ganze Reihen solcher Steinhauer längs den Mauern auf der Erde gekauert und unbeirrt von dem Strassentreiben den Blick nur dann von ihrer Arbeit wendend, wenn sie von einem Käufer angesprochen werden.

Kanina. Dieser Name tritt im Mittelalter an die Stelle der alten Städtenamen von Bullis, Aulon und Oricum und hat für uns Deutsche ein gewisses Interesse, denn der Ort figurirt unter der Mitgift, welche König Manfred bei seiner Verheirathung mit Helena, der Tochter des Despoten von Epirus, Michael, erhielt. Leake (I, ²) glaubt, die Festung sei auf hellenischen Substructionen erbaut; so weit ich dieselben untersuchen konnte, fanden sich zwar antike Quadern bei den Fundamenten verwendet, doch schienen sie sämmtlich den Platz gewechselt zu haben. — Auch sie liegt jetzt in Ruinen, ist aber erst in neuern Zeiten von den Burgherrn verlassen worden, welche sonst auf dieser luftigen Höhe die heisse Jahreszeit verbrachten. Es sind dies die Nach-kommen des ersten türkischen Eroberers dieser Gegenden, des berühmten Sinán Pascha von Konjeh, dessen Grab in einem kleinen am Fusse des Burghügels gelegenen Teké gezeigt wird. Zu diesem wird von weither gepilgert, denn Sinán gilt bei den Türken für einen Heiligen.

Er eroberte der Sage nach die Festung von Marko Kraal [45]), dem letzten Fürsten von Kanina, als dessen Nachkomme ein armer alter Greis genannt wird, dem man vor zwei Jahren seinen einzigen Sohn zum Soldaten genommen hat.

Der Plan der Festung stimmt mit dem von Acrocorinth, Patras und andern Citadellen dieser Länder darin überein, dass sie in mehrere Abtheilungen zerfällt und sich die höher gelegene gegen die niedrigeren absperren und als neue Festung vertheidigen lässt, nachdem die untere vom Feinde genommen ist. Ich zählte in Kanina drei solcher Abtheilungen, die dritte bestand in einer gegen Osten gelegenen Batterie mit äusserst steilen Abhängen gegen Aussen, doch vermisste ich den festen Thurm, der sich in der Regel in dem letzten Reduit findet. — Die Wohngebäude der Burgfamilie liegen bereits in Trümmern, doch wird in diesen ein Fenster gezeigt, aus welchem sich eine Burgfrau bei der Nachricht von dem Tode ihres Eheherrn in den Abgrund stürzte. Auch der Ort, wo Marco Kraals Haus gestanden, ist noch bekannt und weiss man in der Stadt, die über einen am Fusse des Burghügels ziehenden Höhenrücken weitschichtig hingestreut ist, die Stellen von 6 oder 7 christlichen Klöstern und Kirchen anzugeben. Sowohl der Ort als die ganze Gegend um den Golf ist überhaupt sehr reich an Sagen und Mythen. Herr Dr. Auerbach, türkischer Qua-rantaine-Arzt in Awlona, der diese Stadt nebst seinem Bruder, welcher der dortigen englischen Consularagentie vorsteht, seit einer Reihe von Jahren bewohnt, beschäftigt sich seit längerer Zeit mit deren Sammlung, und es sind von diesem gründlichen Kenner albanesischer Zustände hierüber die interessantesten Mittheilungen zu erwarten [46]).

Der Burghügel gewährt eine weite Rundsicht über Land und Meer, auf der Seeseite überblickt man die ganze Bay mit der Linguetta und der Insel Sásseno und theilweise die Contouren der flachen Küste bis nach Durazzo auf der Landseite, die Ebenen der Musakja von schöngeschnittenen Bergreihen eingefasst, aus welchen die Gipfel des Tomor und Kudessi majestätisch hervorragen. —

II. Aus Mittelalbanien.

Die Musakja. — Die bei Awlona beginnende Küstenebene bildet anfangs einen schmalen von einem Höhenzuge flankirten Streif; nach etwa zwei Stunden verliert sich dieser Zug, ohne dass darum die Landschaft, durch welche der Weg nach Apollonia führt, zur vollen Ebene würde; denn diese Stadt lag auf einem etwa 200 Fuss ansteigenden Höhenrücken.

Erst nordwärts von dem Dorfe Pójanni kommt man in die aus angeschwemmtem Erdreiche bestehende grosse Ebene, die hier weit in das Land einspringt. Sie ist nur zum geringsten Theile angebaut und dient dem nördlichen Epirus und dem Grammoslande zur Winterweide; sie ist daher im Sommer wie verödet und die verlassenen Wlachendörfer, in denen auch keine Seele zurückbleibt, machen einen sonderbaren, aber keineswegs heimlichen, Eindruck; an diesen Reisighütten ist nichts zu stehlen und etwaige Beschädigungen sind im Herbste bald wieder reparirt.

Die Bauten der Ackerdörfer, durch welche der Weg führt, haben ein eigenthümliches, ich möchte sagen, tropisches Ansehen. Das geräumige Gehöfte ist von einem Gehege, meistens aus lebendem Schilfrohr umgeben und enthält drei, vier und mehr kleine Häuser, von denen das eine zur Wohnung, die anderen zu Stallung und Wirthschaft dienen; das Gerippe derselben besteht aus Holz, die Dachung aus Schilf, die Wände aus Rohrstäben, welche höchstens einen leichten Anwurf von Lehm oder Kuhmist haben; nur die schmale Wand der Feuerseite ist von Lehmsteinen, das Feuer selbst aber brennt, wie in den griechischen Bauernhäusern, auf der Erde 3—4 Fuss von der Mitte jener Wand abstehend, an welcher verschiedenes Hausgeräthe, Krüge, Schüsseln u. s. w. aufgehängt ist. Längs dieser Mauer läuft eine zwei Fuss hohe und etwa eben so breite Bank aus Lehm, woraus auch der Fussboden besteht; kein Kamin, kein Tisch, kein Stuhl oder Schemel. Die Decken für die Nachtruhe werden des Morgens zu einem Ballen an die Wand gestaut. Zwei Thüren, in der Mitte der langen Hausseiten angebracht [47]), von denen wenigstens die Hauptthüre nur des Nachts geschlossen wird, gewähren Luft und Licht. Die Wohnhäuser mögen an 20—25 Fuss Länge, 12—15 Breite haben; der Wohn- und Schlafraum beschränkt sich aber nur auf die eine Hälfte, wo das Feuer brennt; die andere dient als Magazin [48]). — Die Einrichtung ist mithin ganz griechisch; selbst die aus Weiden geflochtenen und mit Lehm ausgeschmirten, mächtigen, runden Körbe, in denen das Getreide verwahrt wird, fehlen nicht. Eigenthümlich aber sind die zweiräderigen Leiterwagen, welche sich im ganzen Küstenlande zahlreich finden, dem Reisenden aber bald wegen der herzbrechenden Musik ihrer hölzernen Naben und Axen, denen selten, oder nie ein Tröpfchen Fett zu Theil wird, verhasst werden, weil sie nicht nur die Ohren beleidigt, sondern auch den Gedanken an die Leiden des Durstes erweckt. Ist er aber selbst vom Fieber behaftet und muss sich des Trinkens enthalten, um einen Anfall möglichst zu verzögern, dann drückt er gewiss beim Anblick einer solchen Wagenreihe seinem Pferde die Sporn ein, um so rasch als möglich aus dem Bereiche ihrer Jammertöne zu kommen. — Die trockene, graue Schlammkruste, mit welcher die ziehenden Büffel überzogen sind, ist auch nicht geeignet, den Eindruck eines illyrischen Gefährtes zu erfrischen, obwohl sie den Thieren als Panzer gegen den Stich der unzähligen Fliegen dienen soll, die sie auf ihrem schleichenden Wandel begleiten, — ohne den Staub zu scheuen, welchen diese Urthiere, wie geflissentlich, so gründlich als möglich aufrühren, — kurz die Begegnung solcher Wagenreihen gehört zu den widerlichsten Reiseeindrücken des Verfassers, und er war mitunter hart genug, den Zug hemmen zu lassen, wenn er nicht rasch an ihm vorüber konnte.

Der Weg führt häufig an Gehegen vorüber, aus denen Ulmen hervorsehen; an diesen läuft Wein empor, dessen Ranken sich in malerischen Festons von einem Baume zum andern schlingen. Der Leser erhält überhaupt den richtigsten Begriff von dem Charakter der südillyrischen Ebene, wenn er sich eine verwilderte Lombardei denkt.

Zigeuner finden sich zahlreich in der Musakjà; sie werden als Sclaven des Sultans betrachtet und ihre Dienste mit den übrigen Staatsrevenüen jährlich (für circa 5 Beutel) verpachtet. Diese Dienste bestehen in Botengehen, Hülfereichen beim Ernten, Dreschen, Auskörnen des Maises u. s. w. Viele lösen dieselben gegen eine Geldleistung an den Pächter ab. Sie zahlen ausserdem 60 Piaster für jedes Zelt und jeder Mann, der das gesetzliche Alter erreicht hat, 6 Piaster Kopfgeld (Charadsch). Die wenigsten sind Feuerarbeiter, die meisten nähren sich vom Pferdehandel und Zureiten, führen aber trotzdem ein unstetes Leben, bei dem sie dann und wann mit Pferdedieben in Berührung kommen sollen.

In früheren Zeiten blühte in der Musakjà die Pferdezucht und standen deren Sprösslinge auf der ganzen Halbinsel in hohem Rufe, ohne darum gerade eine besondere Race zu bilden. Diese Zucht ist jetzt sehr im Verfall und es ist mir während meines Aufenthaltes in Albanien nichts davon zu Gesicht gekommen, das besondere Beachtung verdient hätte.

Wäre die südillyrische Ebene gesünder, so würde sie zu den gesegnetsten Strichen unseres Erdtheils gehören; dass aber ihre Bewohner noch mit andern Leiden als diejenigen zu kämpfen haben, welche ihnen die schlechte Luft bereitet, ergibt sich wohl am schlagendsten aus folgender, einer zuverlässigen Quelle entnommenen, Angabe. Die Register des griechischen Erzbisthumes von Berat (welches den Titel von Belgrad, Canina und Spathia führt) wiesen zur Zeit des Amtsantrittes des gegenwärtigen Prälaten 4000 christliche Häuser; von diesen sind nach Verlauf von nicht ganz anderthalb Menschenaltern nicht mehr volle 2000 übrig. Die Verödung soll aber namentlich die Musakjà treffen. Von Aufstand und Kriegsnoth hatte die Gegend verhältnissmässig nicht viel zu leiden, aber der Druck, der hier früher auf der christlichen Bevölkerung lastete, soll unsäglich gewesen sein. Diese Zeiten sind nun glücklich vorüber und es steht zu hoffen, dass nun unter dem Schutze des Tansimats auch die Bevölkerung zunehmen werde. Uebrigens soll ihre Abnahme weniger in der Apostasie, als in heimlicher Auswanderung ihren Grund haben. So glaubt man im Lande; wer aber ein Auge für das verkommene Aussehen und die Fieberbäuche der Säuglinge hat, wer sich fragt, ob so sieche Mütter lebensfähige Kinder zu gebähren im Stande seien, der möchte den Hauptgrund des geringen Bevölkerungsstandes lieber in dem schlechten Klima suchen, und ein rasches Steigen desselben nicht für wahrscheinlich halten [49]).

Durazzo. — Das Cap Pali lässt sich als die nördliche Spitze einer Hügelreihe betrachten [50]), welche etwa 8 Miglien von Norden nach Süden streicht und in ihrem westlichen Abfall die Küste bildet. Am südlichen Ende derselben liegt die Stadt Durazzo.

Diese Hügelkette springt etwa 4 Miglien von der Küstenlinie vor, sie scheint in der Urzeit eine Insel gewesen und erst allmälig durch Anschlemmungen in eine Halbinsel verwandelt worden zu sein; denn die Sandebene, welche sie mit dem Festlande verbindet, ist überhaupt nur wenig höher als der Meeresspiegel, in der Nähe der Hügel aber so niedrig, dass das Regenwasser und das bei Stürmen eindringende Meerwasser keinen Abfluss findet und im Winter eine Lagunenkette bildet, welche im Sommer allmälig austrocknet und die Stadt sammt Umgegend mit Fieberdünsten anfüllt. Bei einer solchen Lage darf es daher nicht wundern, wenn in Durazzo das Fieber heimisch ist, und besonders im Spätsommer gewöhnlich einen bösartigen Charakter annimmt.

Man erzählt hier, dass in früheren Zeiten ein tiefer, für Galeeren schiffbarer Canal die beiden Buchten verbunden habe, welche durch das Vorgebirge gebildet werden.

Die südliche Bucht wird nach der Stadt Durazzo benannt; sie dehnt sich in einem weiten Halbkreise bis zu dem 4 Miglien südlich gelegenen Cap Laghi und bildet an ihrem nördlichen Ende die Rhede der Stadt. Obwohl dieselbe gegen Süden zu vollkommen offen ist, so halten sie dennoch die Schiffer selbst bei Südsturm nicht für gefährlich; sie behaupten nämlich, dass dann der Wellenschlag durch die Form der Bucht gezwungen sei, auf seinem Wege einen Kreis zu beschreiben, und dass durch die Wucht des rückkehrenden Wellenschlages die Kraft des eindringenden ermässigt würde [51]). Die Schiffer beklagen sich daher mehr über den unsichern Ankergrund, welcher beständig dadurch verdorben werde, dass die Schiffe ihren Ballast meistens an der Stelle, wo sie gerade ankerten, ins Meer würfen. Diesem schlechten Ankergrunde schreiben sie es wenigstens theilweise zu, dass bei einem furchtbaren Ostria-Orcane im Februar 1846 von 20 Schiffen 16 auf den Strand geschleudert wurden. Alle diese Schiffe, von denen manche 3 Anker ausgeworfen hatten, waren so tief in den Sand der seichten

Küste gedrückt, dass nur zwei unter unsäglichen Anstrengungen wieder flott gemacht werden konnten. Die Gerippe der übrigen sind zum Theil noch sichtbar.

Obgleich hier nun nicht das Geringste zur Erleichterung der Schifffahrt geschieht, ja nicht einmal die nothdürftigste Hafenpolizei besteht; so muss gleichwohl jedes abgehende Schiff einen Thaler Hafengeld, und zwar nicht einmal an die grossherrliche Casse, sondern an die Douanenpacht-Compagnie entrichten.

Das Areal der heutigen Stadt besteht aus einem kleinen, von hohen Mauern umgebenen, berganlaufenden Dreiecke; die Bazarstrasse zieht sich zwischen dem nach dem Hafen führenden Seethore und dem Landthore; die übrigen Strassen sind eng, winklig und schmutzig; nirgends ein freier Raum, um Luft zu schöpfen, sobald mit einbrechender Nacht die Thore geschlossen sind. Die Stadt hat mit der vor dem Landthore gelegenen Vorstadt [52]) nur 200 Häuser und eine Bevölkerung von 1000 Seelen.

Hier begegnete mir zum ersten Male die in den mittelalbanesischen Städten und Dörfern heimische Lachtaube (xoυμρί [53]), in Berat doudí), welche hier meist auf Bäumen nistet, aber nur in der Nähe menschlicher Wohnungen gefunden wird. Sie ist sehr beliebt und gilt für eine gute Vorbedeutung; gurrt eine auf dem Dache des Hauses, so zeigt dies die Rückkehr eines Verwandten aus der Fremde an; übrigens klingt ihr Gurren nicht so lieblich, wie das ihrer deutschen Schwestern, sondern so rauh und heftig, dass ich anfangs den Zornesausbruch eines gereizten Vogels zu hören glaubte; dagegen hat das Girren der grauen Wildtaube etwas ungemein heimliches und lockendes.

Durazzo verdankt seine Tauben den Bemühungen des Nestors unter den k. k. Consuln, Herrn G. Tedeschini, welchem nach manchen fehlgeschlagenen Versuchen endlich deren Verpflanzung gelang. Der patriarchalischen Aufnahme, welche ich in dem Hause dieses ehrwürdigen Greises fand, werde ich mich stets dankbar erinnern.

Die Entscheidung der Streitfrage, ob die alten Namen Epidamnos und Dyrrachium identisch seien, oder etwa zwei örtlich getrennte, von derselben Gemeinde besessene Stadthälften, — Asty und Emporion — bezeichnen, müssen wir unseren Nachfolgern ebensowohl als die Aufhellung des Kriegstheaters überlassen, auf welchem Cäsar und Pompejus durch die wunderlichsten Märsche und Contremärsche einander so lange enujirten. Selbst nach der von letzterem erwähnten Chara-Wurzel habe ich mich vergebens erkundigt [54]), vermuthe jedoch, dass die Salebwurzel (Orchis mascula v. morio) damit gemeint sei, welche jedoch gegenwärtig zu Mehl gestossen, von Salonik in Albanien eingeführt wird.

Der Platz von Durazzo lässt sich als eine Dependenz des österreichischen Handelssystems betrachten; denn seine Verbindungen beschränken sich fast nur auf Triest und andere österreichische Häfen und der Verkehr mit allen südlicher liegenden oder mit der östlichen italienischen Küste, ja selbst mit den nördlichen Häfen von Albanien ist im höchsten Grade unbedeutend. — Der Betrag des österreichischen durch die nationale Flagge vermittelten Gesammthandels mit diesem Platze schwankt zwischen 900,000 und 1,000,000 fl., wovon jedoch die grössere Hälfte auf die Ausfuhr von Durazzo nach Oesterreich kommt. Da übrigens auch noch andere Flaggen als die österreichische, wenn auch in geringerem Grade, bei diesem Handel beschäftigt sind, so mag dessen Gesammtbetrag im Durchschnitt eine Million Gulden übersteigen.

Die Bewegungen der in Durazzo operirenden österreichischen oder fremden Marine beschränken sich mit ganz geringen Ausnahmen auf Fahrten von und nach österreichischen Häfen, und es gibt eine Anzahl Schiffe, welche Jahr aus Jahr ein, gleich Postschiffen, nur auf dieser Linie arbeiten. Unter den im hiesigen Hafen erscheinenden Flaggen herrscht die österreichische bei weitem vor.

Berechnet man den Werth der von unserer Flagge während eines Jahres verführten Fracht auf die Tonne, so ergibt sich das freilich sehr geringe Resultat von wenig über 200 fl. pr. Tonne, wobei jedoch zu berücksichtigen ist, dass drei Viertheile der Schiffe mit Ballast einlaufen, d. h. etwa drei Achttheile der gesammten Tonnenzahl fortwährend brach liegen, und dass ein grosser Theil der Rückfracht aus Getreide besteht.

Bei einem solchen Zustande der allgemeinen Handelsverhältnisse sollte man vermuthen, dass der sämmtliche Handel von Durazzo in den Händen von Triest wäre, in der Art, dass die dortigen Handelshäuser ihre Aufkaufs-Commissionen hieher schickten, und die Einfuhr auf ihre Rechnung einbrächten, zugleich aber ihren hiesigen Correspondenten deren Waarenbedarf zusendeten. Dies ist jedoch nicht der Fall; Triest ist vielmehr der Markt von Durazzo, denn der hiesige Productenhandel, d. h. die Ausfuhr ist vollkommen in den Händen der Handelshäuser von Durazzo und Berat. Diese kaufen in der Regel hier auf, verladen und verkaufen für eigene Rechnung durch ihre Agenten und Commanditen, die sie in Triest unterhalten, und lassen sich durch diese ihren Bedarf an Manufacturen und Colonialwaaren zusenden. Die solideren Beratiner und einige Durazziner Kaufleute haben ihr Geschäft so eingerichtet, dass der Sitz des Geschäftes in Durazzo, in Triest ein Agent zum Verkauf und Ankauf en gros und in Berat eine Commandite zum Detail-Verkauf und Ankauf der Landesproducte besteht.

Was die commerciellen Beziehungen Durazzo's mit dem Innern betrifft, so bildet dieser Platz die ausschliessliche Scala für Mittel-Albanien oder die Territorien von Kawája, Pecín, Elbassán, Tyránna und Díbra. Von hier aus zieht sich eine schon im Alterthume unter dem Namen via egnatia bekannte Handelsstrasse [55]) gegen Osten, und führt über Elbassan und Ochrida nach Monastir.

Durazzo bildet auch die Scala von Berat für dessen Einfuhr von Triest und dessen Ausfuhr dorthin, doch geht ein Theil dieser letzteren auch über Awlona aus. Dieser zweiten Scala bedient sich Berat für seine Einfuhren an englischen Manufacturen aus Corfù, doch werden dieselben für geringer, als die über Durazzo eingehenden betrachtet.

Gegen Norden scheidet sich das Handelsgebiet von Durazzo durch den Fluss Mati von jenem von Skodra, welcher Fluss zugleich die Gränzlinie der k. k. Consulatsämter beider Städte bildet. (Alessio gehört demnach zu Skodra.) Eigentlicher Handelsverkehr findet zwischen diesen Städten eben so wenig, wie zwischen Durazzo und Awlona statt, jedoch stehen diese eben durch die Gleichheit ihrer Ausfuhrartikel, durch die Vereinigung der sie betreffenden Speculationen und durch zeitweise Wechselgeschäfte in einiger Geschäftsverbindung. Dagegen fehlt es an allen commerciellen Beziehungen zwischen Jannina und den nördlichen Landestheilen.

Man behauptet in Durazzo, dass der Einfuhrhandel der Stadt und die Ausfuhr einiger Artikel, namentlich der Seide, seit einer Reihe von Jahren im Abnehmen begriffen sei, und gibt die in dem Waarenzuge der Halbinsel eingetretenen Veränderungen als Ursache an. Früher war nämlich Durazzo die ausschliessliche Scala von Ochrida und concurrirte in Monastir mit Salonik. In neuerer Zeit gewann aber Salonik einen grossen Vorsprung über Durazzo und dehnte zu dessen Nachtheil sein Handelsfeld bedeutend gegen Westen zu aus. Die steigende directe Einfuhr von Colonial- und englischen Manufacturwaaren gewährt nämlich Salonik in diesen Artikeln die Vortheile eines Stapelortes und setzt es in den Stand, seinen minder begünstigten Concurrenten immer mehr Feld abzugewinnen, und andern Theils kommen diesem Platze in Bezug auf die österreichische Einfuhr in diesen Ländern die Vortheile zu Gute, welche die Dampfschifffahrt vor der Segelschifffahrt bietet, und bethätigen sich gerade in dem vorliegenden Falle diese Vortheile in einem recht auffallenden Beispiele. Die Kaufleute von Monastir, welches von Durazzo und Salonik gleich weit entfernt ist, finden es nämlich seit Errichtung unserer Dampfbootlinie für vortheilhafter, ihre Bezüge von Triest mit dem Dampfschiffe nach Salonik und von da zu Land kommen zu lassen, — auf welchem Wege dieselben Syra, Smyrna und die Dardanellen berühren und mitunter 17 Gulden per Collo ($\frac{1}{2}$ Pferdelast, circa 1 Centner) Fracht zu zahlen haben, — als sie über Durazzo zu instradiren, welches nur 400 Miglien von Triest entfernt, aber mit diesem durch keine Dampfschifffahrtslinie verbunden ist [56]).

Seit Errichtung der Donau-Dampfschifffahrt bildete sich ferner in der im Mittel von Rumelien gelegenen Stadt Ochrida ein anderes Depôt für die Einfuhr österreichischer und deutscher Manufacturwaaren, indem die Vortheile, welche die Dampfbootlinie bis Belgrad für deren Transport gewährt, nicht nur den langen und theuern Landtransport von Belgrad bis Ochrida decken, sondern dieser Communicationslinie vor dem nur durch Segelschiffe vermittelten Verkehre von

Durazzo den Vorzug ertheilen. Auch geht ein grosser Theil der österreichischen Einfuhr von Monastir über Belgrad ein. Es bestätigt sich also die Erfahrung, dass der Verkehr sich trotz der grössten Umwege den Dampfschifflinien eben so gut auf dem Meere, als zu Lande den Eisenbahnen anschmiege. Was die Einfuhr von Durazzo betrifft, so unterscheidet sie sich im Einzelnen in keiner Hinsicht von der Einfuhr der übrigen Levantiner Plätze und es verdient hier daher höchstens die Bemerkung Raum, dass das englische Schieneneisen, welches in bedeutenden Quantitäten nach Süd-Albanien eingeführt wird, auf dem hiesigen Markte nicht zu finden ist, und durch das russische Schieneneisen ersetzt wird, welches mit allen Sorten steirischen Stangeneisens und Eisendrahtes über Triest eingeht. Die Ausfuhr besteht aus folgenden Hauptartikeln:

1. **Blutegel**, nach Triest, 400 bis 500 Kübel zu $2\frac{1}{2}$ Okka im Winter und zu 2 Okka im Sommer. Die Ausfuhr dieses Artikels nimmt wie überall mit reissenden Schritten ab. Noch vor 10 Jahren betrug dieselbe wenigstens das Sechsfache der heutigen.

2. **Feldfrüchte:** a) **Mais**, 40,000 bis 50,000 Staja nach Triest, Bocca di Cattaro und den kleineren Scalen von Dalmatien; nach den jonischen Inseln nur sehr wenig; — b) **Hafer**, 15,000 bis 20,000 Staja, und c) **Leinsamen**, 4,000 bis 5,000 Staja nach Triest, ebenso geringe Quantitäten Roggen, Gerste, Bohnen und Hirse.

3. **Felle und Leder**, nach Triest und Venedig: a) **Lammfelle**, 20,000 bis 25,000 Stück; — b) **Zickleinfelle**, 3 Ballen; — c) **Kalbfelle**, 20 Ballen; ferner etwas **Ochsenhäute**; nur in den beiden letztverflossenen Jahren war wegen der Rinderpest die Ausfuhr bedeutend; — d) **Schaf- und Bocksleder** (Cordovani), 80 Ballen.

4. **Holz:** a) **Schiffbauholz**. Die Ausfuhr nach Aegypten, Malta und Tunis war früher höchst bedeutend. Sie hat jetzt sehr abgenommen, weil einestheils die Wälder ausgeschlagen sind und anderntheils der Absatz stockt. Seit zwei Jahren liegen längs der Küste von Durazzo bis Ischmi 20,000 Eichenstämme auf bessere Preise wartend. Nach Triest und den dalmatischen Inseln geht nur wenig von diesem Artikel. — b) **Fassdauben**, 150,000 Stück nach Patras zu Corinthen-Fässer. — c) **Brennholz**, nach Malta.

5. **Oel**, nach Triest. Dies ist der Hauptausfuhrartikel, man berechnet dessen Betrag bei einer Mittelernte auf 15,000 Ornen. Diese erschöpfen jedoch die Ernte nicht, denn ausser dem, was an Ort und Stelle consumirt wird, gehen bedeutende Quantitäten landeinwärts in das innere Rumelien, ja bis nach Serbien. Die Bezirke von Pecín, Kawája, Tyránna und Elbassán sind die ölreichsten von Albanien. Die Ausfuhr geht, gleich der von Awlona, Dulcigno und Antiwari ohne Ausnahme nach Oesterreich.

6. **Tabak**, nach Venedig. Es wächst in der Umgegend von Durazzo eine Art Tabak, welche sich vorzugsweise zur Schnupftabaks-Fabrication eignet. Die k. k. Regie kauft für die Fabriken von Venedig und Mailand je nach dem Bedarfe 3,000 bis 5,000 Ballen zu 50 bis 52 Okka, welche hier nach vorgängiger Untersuchung genetzt und in diesem Zustande geladen werden. Die Blätter machen ihre Gährung am Bord, welche 40 Tage nach vollendeter Ladung dauert. Diese Gährung verbreitet eine solche Hitze auf dem Schiffe, dass die Mannschaft, obgleich der Tabak in den Monaten December und Jänner verschifft wird, auf dem Verdecke zu schlafen genöthigt ist, und die sich entwickelnden Dämpfe erhalten alles auf dem Schiffe Befindliche in beständiger Feuchtigkeit. Da die Stauung und Behandlung des Tabaks während der Gährung specielle Kenntnisse erfordert, so wird dessen Transport in der Regel von denselben Schiffen besorgt.

7. **Wolle**, nach Venedig und Triest: a) zweischürige (lana angellina), 20,000 bis 25,000 Okka; sie kommt von Dibra; — b) gewaschene Wolle, 20,000 Okka; — c) ungewaschene Wolle, 10,000 bis 12,000 Okka; — d) etwas Raufwolle, (lana calcinata). — Endlich gehen von hier 40,000 bis 50,000 Stück **Schildkröten** nach Fiume und Triest und etwa 1000 Stück **Büffelhörner** nach Venedig und Triest.

Kawája. — Die nach ihrem Hauptorte benannte fruchtbare Thalmulde von Kawája mag 1 bis $1\frac{1}{2}$ Stunde mittlere Breite und 5 Stunden Länge haben, sie mündet westlich in die Bucht von Durazzo und scheint östlich mit der Sehkumbiebene zu verfliessen oder höchstens

durch unbedeutende Höhenzüge von ihr getrennt zu sein. Sie wird von zwei Bächen durch-
flossen, der Leschnika, welche ⅓ St. südlich von Kawája fliesst und auch im Sommer
Wasser hat, und der grössern Dàrtsche, welche hart an Kawája vorüberfliesst. Beide haben
jetzt gesonderte Mündungen ins Meer, zwischen welchen die Saline liegt. Ich habe jedoch
keine deutliche Vorstellung von ihrem Laufe.

Die Stadt selbst liegt am nördlichen Thalrande über einen weiten Raum hingestreut, etwa
1½ Stunden vom Strande landeinwärts. Sie hat 1000 türkische und 150 christliche (meist
griechisch-gläubig wlachische) Häuser. Letztere haben ihre Kirche eine Stunde weit von der
Stadt entfernt; innerhalb derselben liegen zwar zwei Kirchenruinen; alle Bemühungen, die Erlaubniss zu ihrem Aufbaue zu erhalten, waren jedoch bis jetzt erfolglos. Ueberhaupt scheint
hier der Tansimat noch keinen so festen Fuss gefasst zu haben, als in Epirus; denn die in
den Provinzialrath (Mitschelis) ernannten christlichen Mitglieder wurden zu dessen Sitzungen
nicht zugelassen.

Auffallend war mir die Versicherung, dass die Stadt nur ihren Bedarf an Colonialwaaren
ausschliesslich über Durazzo, die feineren europäischen Waaren dagegen, namentlich Manufacturen, Tücher, Fese zum grössten Theile von Monastir und Constantinopel bezöge, in welch'
letzterer Stadt zwei Kawájer Häuser Commanditen unterhielten.

Der See von Terbúff. — Etwa auf halbem Wege zwischen Kawája und Pekin erblickte
ich gegen Süden in einer Entfernung von etwa 3 Stunden eine nicht unbedeutende Wasserfläche;
sie schien gleichwohl nur der Theil eines grösseren Ganzen zu sein, ein vorspringender Höhenzug
verbarg den Rest. Das konnte der zwischen den Mündungen des Semén und Schkumb liegende
Dünen-See, den unsere Karten Trębutschi überschreiben, die Eingebornen aber nach dem daran
liegenden Dorfe Karawastà nennen, nicht sein, denn dazu lag er viel zu weit landeinwärts.
Auf meine oft wiederholten Erkundigungen erfuhr ich hierüber Folgendes. Der See heisse
Terbúff (Τερβοδφ), er liege 2 Stunden südwestsüdlich von Pekin, also jenseits des Schkumb, und
drei Stunden östlich von der See, mit welcher er keinerlei Communicationen habe, — in einem
länglichen Thale von etwa ¼ St. Breite. — Er sei etwa eine halbe Stunde breit und 4 Stunden
lang, habe bei 9 Stunden Umfang; sumpfige, schilfbewachsene Ufer und sei an manchen Stellen
bis 7 Klafter tief. Früher habe er 2—300 Okka Blutegel im Monat geliefert, jetzt liefere er
kaum 10 [57]). Man fange in ihm eine besondere Fischart, die πένε κούχjε heisse, aber schwer
verdaulich sei und einen sumpfigen Geschmack habe. Dieser Fischfang sei das Eigenthum eines
Tekès in Schkòpia, welches Pascha Sinanit heisse. Der See habe keinen Ablauf ins Meer, und liege
zwei Stunden von dem See von Karawastà, der mit dem Meere zusammenhänge und bedeutend
grösser sei als jener. Die Luft um den See von Terbúff sei sehr ungesund. Ich widerstand daher
wegen meines fiebernden und geschwächten Zustandes der Versuchung, diese Angaben selbst zu
verificiren, deren Glaubwürdigkeit ich jedoch nicht bezweifle, weil sie auf der übereinstimmenden
Aussage von Leuten beruhen, welche daselbst entweder selbst Blutegel gefischt, oder wegen dieser
Fischerei dort längere Zeit verweilt hatten. — Auf unseren Karten ist dieser See nicht verzeichnet.
Vaudencours Zeichnung lässt es zweifelhaft, ob sie diesen, oder den See von Karawastà
darstellen soll.

Bei dieser Gelegenheit erfuhr ich, dass das drei gute Stunden nordwärts vom Semén
gelegene Dorf Pèμεs (ein gräuliches Sumpfnest, welches ich früher passirt hatte) nach der Volksmeinung an einem alten Bette dieses Flusses stehe, von dem die dortigen Tümpel die Ueberreste
seien. — Drei gute Stunden östlich davon liege der See von Terbúff [58]).

Pekin. — Die Lage dieser Stadt ist auf allen unseren Karten falsch angegeben; denn sie
liegt nicht auf dem südlichen, sondern auf dem nördlichen Ufer des Schkumbi; sie liegt nicht
zwei, sondern 5 [59]) Stunden vom Meere und nicht 12, sondern 7 Stunden von Elbassan, sie liegt
daher nicht südlich, sondern südöstlich von Kawája, von dem sie 5 Stunden entfernt ist. Endlich
führt nicht der Weg von Awlona nach Durazzo durch Pekin, sondern dieser schneidet den Schkumb-
Fluss in der Nähe seiner Mündung bei dem Dorfe Baschtowa, von welchem in den untenfolgenden
archäologischen Notizen die Rede ist. Wohl aber führt die von Durazzo nach Elbassan gehende
Strasse, also die via Egnatia [60]) über Pekin. Dies letztere Factum war mir besonders auffällig,

auf meine wiederholten Erkundigungen hiess es jedoch stets, es gäbe keinen andern Weg von Kawája nach Elbassan, als den über Pekin. Vielleicht fällt daher Pekin mit dem ersten Stationsort der via Egnatia — Clodiana — zusammen; die Unzuverlässigkeit unserer Karten und die Schreibfehler der peutingerischen Tafel lassen hier nur Vermuthungen zu [61]). Die Umgegend von Pekin ist hüglig und bleibt es den Schkumb stromaufwärts bis zur Thalmulde, in der Elbassan liegt. Der Weg führt fortwährend längs des nördlichen Flussufers und muss sich eine beträchtliche Strecke, in den jäh in den Fluss abfallenden Höhenzug eingraben, war übrigens trotzdem zur Zeit, wo ich ihn beging, wohl unterhalten und fahrbar.

Eine Viertelstunde vor Pekin traf ich auf einen Canal, der sieben Mühlen treibt und eine Masse Felder bewässert. Der Vater des regierenden Beys liess ihn vor etwa 20 Jahren von den meist muhamedanischen Bauern des Bezirkes in der Frohne arbeiten. Eine bemerkenswerthe Thatsache, die für die Zahmheit des hiesigen Menschenschlages spricht. Die sieben Mühlen werden für 90,000 Piaster (etwa 9000 fl. C. M.) jährlich verpachtet. — Die Stadt hat 90 Häuser, die in weitschichtigen Gruppen auf baumreiches Hügelland zerstreut sind, und ausserdem noch mehrere entlegene Viertel, die als Theile derselben betrachtet werden. Das Centrum bildet ein nicht unfreundlicher Bazarplatz, der mit einer eleganten Moschee und einem Stadtuhrthurme geziert ist; in der Nähe steht der Holzpalast der regierenden Familie. Diese regiert den Bezirk seit unvordenklicher Zeit und ist eines der seltenen Ueberbleibsel der albanesischen Feudalzeit; feste Anhänglichkeit an den Sultan erhielt sie bisher in ihren alten Rechten, während die meisten Erbherrn dieses Landestheiles zugleich mit dem letzten Erbpascha von Skodra, an dessen Empörung sie sich betheiligt hatten, abgesetzt und verbannt wurden.

Die Luft ist ungesund, man misst hier die Schuld dem starken Reisbau in der Nähe der Stadt zu, und schätzt dessen Ertrag auf circa 15,000 Okka. Nach der Umgebung der Stadt zu schliessen, muss die Gegend auch viel Oel produciren.

Elbassan — gehört zur Classe der unerreichbaren Städte, welche in Europa durch die Eisenbahnen mehr und mehr abgeschafft werden. Gleich beim Eintritte in das Thal erblickst du die Stadt so deutlich am nördlichen Ende desselben, die reine südliche Abendluft rückt dir ihre schlanken Minarets und den dicken Stadtuhrthurm so nahe, dass du den Führern nicht glauben willst, welche die Entfernung auf volle zwei Stunden angeben, und doch ist es so. Von diesem langweiligen Wege lässt sich nur so viel sagen, dass die Ebene schlecht bebaut ist, und dass sie das Ansehen eines Bergkessels hat, aus dem sich der Fluss auf unsichtbaren Wegen herauswindet. Hart an demselben stehen stattliche Haine von Weidenbäumen, welche ein blödes Auge leicht mit Oelbäumen verwechselt; diese beginnen jedoch erst in der näheren Umgebung der Stadt.

Elbassan hat bei 2000 türkische und 200 griechisch-katholische Häuser; die albanesisch sprechenden 80 stehen in der Festung um ihre Metropolis herum [82]); die übrigen wallachisch redenden sind in den Vorstädten zerstreut. Ausserdem gibt es viele Zigeuner in der Stadt, die sich wie überall für Muhamedaner erklären und Feuerhandwerke treiben.

Der Handel der Stadt ist beträchtlich und ihr Bazar von bedeutender Ausdehnung, ohne darum in seinem Aeusseren von dem landesüblichen abzuweichen; enge mit Brettern oder Seegeltuch verdeckte Wege zwischen niedrigen, unscheinbaren Buden mit Ausstellbänkel; wo es nur immer der Raum erlaubt, noch ein Kleinhandel vor demselben auf dem Pflaster, und an Bazartagen ein dichtes Gedränge bunter Trachten, das sich anständig und fast lautlos [63]) in den engen Räumen durch einander schiebt. Breitere Strassen haben ein 2 — 4 Fuss breites Rinnsaal in der Mitte; es bildet zugleich den Weg für die Lastthiere; zu beiden Seiten laufen $\frac{1}{2}$ Fuss höhere Trottoirs für die Fussgänger.

Am bedeutendsten sind die Handelsverbindungen mit Triest, wo drei Häuser der Stadt Commanditen unterhalten. Colonialwaaren, russisches und österreichisches Eisen und einige Manufacturen gehen über Durazzo ein, der grösste Theil der letzteren, besonders englische, aber auch deutsche werden von Monastir bezogen. Doch fängt auch Corfú an, englische Manufacturen über Awlona einzuführen. Der Verkehr mit Salonik und Constantinopel ist nicht bedeutend, der mit dem nahen Berat aber sehr gering.

Dass auch hier der Tansimat noch nicht durchgedrungen, beweist der Umstand, dass der Ortsgebrauch, nach welchem kein christlicher Waarenhändler ein Magazin im Bazar halten darf, noch immer in Kraft besteht. Als im Jahre 1832 der Sadrazem, nachdem er die Empörung des letzten Erbpaschas von Skodra unterdrückt, auf seinem Zuge durch Albanien hierher kam, gab er, nachdem er die Mauern der Festung eingerissen hatte, den Christen ein Bujurdi, welches ihnen, neben andern Freiheiten, auch das Recht ertheilte, auf dem Bazar Handel zu treiben. — Diese Rechte liessen sich die Christen durch einen grossherrlichen Firman bestätigen, welcher nach Landessitte in dem Gerichtsgebäude öffentlich verlesen und dessen Inhalt ausserdem noch ausgerufen wurde. Dem zufolge wagten es fünf christliche Kaufleute und ein armer Tabaksschneider, Namens Thomas, sich im Bazar zu etabliren. — Eine Zeitlang ging dies gut, als aber die Nachricht eintraf, dass der Sadrazem von Mechmet Ali bei Kutaja geschlagen und gefangen worden und Skodra sich gegen Hafis Pascha erhoben habe, da wurden die Kaufleute eines Abends zu dem Bey gerufen, welcher seinen weitläufigen Palast in dem Castelle hat und seit unvordenklichen Zeiten als nächster Nachbar des dortigen Christenviertels das Patronat über dasselbe ausübt, und ihnen bedeutet, während der Nacht ihre Magazine auf dem Bazar zu räumen, weil sie sonst von den Türken geplündert werden würden, und die armen Leute befolgten natürlich den Wink so rasch und heimlich als möglich.

Am andern Morgen versammelte sich die türkische Bevölkerung, um zu berathen, was unter den obwaltenden Umständen zu thun sei. Da aber die vier grossen Familien, um welche sich die Bevölkerung schaarte, stets uneinig waren und die Stadt darum in vier Parteien zerfiel, so darf es nicht wundern, wenn sie auch diesmal in Hader geriethen. In der Hitze des Streites vergass sich sogar einer der Chefs so weit, dass er einem andern Vornehmen einen Schlag mit der Pfeife gab. Da sprang Alles auf und zog die Waffen und in einem Augenblicke lagen sämmtliche Anwesende gegen einander im Anschlage; wäre da aus Zufall oder Unvorsicht nur ein Schuss gefallen; so hätten sie sich unfehlbar gegenseitig aufgerieben; das geschah jedoch nicht und so fanden die Friedensstifter Zeit und Raum, die Sache zu vermitteln; doch ging diesmal die Versammlung ohne Beschluss aus einander.

Ein paar Tage später vereinigte man sich jedoch dahin, den vom Pascha von Skodra eingesetzten Gouverneur zu verjagen, und vollzog diese Massregel mit solcher Härte, dass man auch seine in Geburtswehen begriffene Frau auf ein Pferd packte und diese eine Stunde von hier niederkam.

Während dieser Vorgänge hatte der arme Tabaksschneider Thomas ungewarnt im Bazar seinen Tabak fortverkauft. Auf ihn entlud sich daher auch die Rache der Türken; der neu ernannte Polizeimeister (Kapi bulúk Baschi) zog sogleich mit grosser Begleitung vor dessen Bude und hängte ihn mit eigener Hand an derselben auf, ohne dass er darüber jemals zur Rechenschaft gezogen worden wäre. — Die fünf Kaufleute aber fanden Zeit zur Flucht und kamen, als sich der erste Sturm gelegt hatte, mit je 11,000 Piaster Geldbusse durch. Diese verkaufen nun nach wie vor in ihren Wohnhäusern, haben aber dort besondere Magazine errichtet, in welchen ihre Weiber und Töchter an die Türkinnen verkaufen, die hier nie auf dem Bazar erscheinen dürfen, und haben auch ausserdem viel Zulauf, weil sie billiger sind als die Türken. Dies erregt natürlich deren Eifersucht und sie versuchen nun häufig durch die zeitweiligen Gouverneurs die Christen unter dem schriftlichen Versprechen aller möglichen Sicherheit zur Verlegung ihrer Magazine auf den Bazar zu bestimmen; diese antworten aber stets mit dem Namen Thomas.

Kaum fünf Minuten von dem äussersten südöstlichen Ende der Stadt führt eine steinerne Brücke über den Schkumb; unsere meisten Karten rücken daher Elbassan zu weit vom Flusse ab. Die Brücke ist von dem bekannten Kurd Pascha von Berat erbaut, der auch in Alis von Tepelen Jugendgeschichte eingreift, und hat 8 grosse Bogen und ein paar kleinere, in den zu ihr führenden Böschungen. Das Hauptbestreben des türkischen, vielleicht von den Byzantinern ererbten, Brückenbaues scheint dahin zu gehen, die Bögen so wenig als möglich zu belasten und namentlich den von den Pfeilern ausgehenden Seitendruck möglichst zu erleichtern. Häufig bilden daher die Schlusssteine der Gewölbe auch das Strassenpflaster, oder liegt dies wenigsteas unmittelbar auf denselben und neigt sich von da zu beiden Seiten des Bogens mehr oder weniger steil, um wenn es den benachbarten Bogen erreicht, wieder zu steigen. Wer über eine türkische Brücke reitet, der braucht nur die Hügel zu zählen, die er auf ihr zu passiren hat, um, die Bogenzahl zu wissen. Die Pfeiler sind aber noch überdies von Nischen, sogar von einer grössern und längern und zwei kleinern zu beiden Seiten durchbrochen, was diesen Brücken mitunter ein ungemein leichtes Ansehen gibt. Diesen Eindruck machte nun zwar die Brücke von Elbassan nicht auf mich, dagegen lässt sich die bei Skodra über den Kjiri führende Steinbrücke als ein Muster in ihrer Art anführen, ich kenne nichts aus Stein erbautes, welches ich mit der einfachen, leichten Gracie jener Brücke vergleichen könnte; sie scheint wie hingehaucht; freilich sah ich sie in wundervoller Abendbeleuchtung. Die in einem Bogen über kleinere Wasser gespannten türkischen Brücken sind mitunter zu kühn, hoch und leicht, um wahrhaft schön zu sein. Es gibt dergleichen, die sich bei einer Breite von 5—6 Fuss 40, 50 und mehr Fuss über den Wasserspiegel erheben und jedes Geländers entbehren; wer diese, ohne abzusteigen, passiren will, der darf nicht schwindlich sein.

Auf dem Wege zur Brücke kommt man an einem viereckigen, mit einer etwa 5 Fuss hohen Mauer umgebenen Platz vorüber, der mit uralten Cypressen bepflanzt ist. Hier halten am grossen und kleinen Bairam die gesammten türkischen Bewohner, welche zu fassen keine Moschee der Stadt gross genug ist, den für jene Feste vorgeschriebenen, gemeinsamen Gottesdienst. Eine Anzahl alter Mollahs mit weissen Bärten sassen im Kreise und rauchten; den Hintergrund bildete eine Moschee; ein grossartiges, rein orientalisches Bild, dergleichen man in Albanien selten begegnet.

Wenn man von der Brücke des Kurd Pascha gegen Osten blickt, so bietet sich dem Auge ein nicht minder eigenthümlicher Anblick auf eine Masse von sich in einander schiebenden Bergreihen dar, welche sämmtlich in nordsüdlicher Richtung streichen, von denen die hintere stets die vorhergehende überragt und zwischen denen der Fluss sich durchzuwinden scheint. Hinter der Stadt erhebt sich ein völlig freistehender Hügelrücken, Malji Kräschtese (Krippenberg) genannt, rechts dahinter Malji Schuschitza, dahinter M. Polixit, dahinter endlich M. Mbelíschtese, von der linken Seite zwischen durch M. Gibaléschit und dahinter M. Tschermeníkese. Diese Gebirgsansicht bildet den westlichen Eingang zur alten Candavia, durch welche die römische via egnatia führte [64]).

Die mit einem Graben umgebenen Befestigungen der Citadelle sind, wie bereits erwähnt, von Sadrasem gebrochen worden und bieten nichts Bemerkenswerthes. Ich konnte an ihren Mauern nirgends Spuren cyklopischer Substructionen oder antiker Reste entdecken. Auch spricht weder ihr Plan, noch ihre Lage in der Ebene, während passende Höhen ringsum vorhanden sind, für ihr Alterthum. Von antiken Mauerresten auf jenen Höhen wollte aber hier Niemand Kenntniss haben.

Doch kann der Abstand zwischen der neuen Stadt und dem Scampis [65]) der peutingerischen Tafel, wie oben bemerkt worden, nicht gross gewesen sein. Wir vermuthen mit Leake [66]) dasselbe von dem Albanon des Mittelalters, denn auch dieses beherrschte die Pässe, welche von den Gegenden um den Lychnidussee zu den Küstenebenen führen [67]), und aus Farlat [68]) ergibt sich, dass Elbassan der Sitz des Bisthums von Albanon war.

Was dagegen das nur von Ptolemäus erwähnte antike Albanopolis, die Hauptstadt des Albanerstammes, betrifft, so verbietet uns die eigene Angabe des Geographen, es mit Scampis zu identificiren, denn er nennt beide als getrennte Orte [69]).

In dem ersten Abschnitte dieses Werkes war im Allgemeinen von den Fortschritten die Rede, welche in Albanien der Islam bis in die neuesten Zeiten auf Kosten der katholischen und der griechischen Kirche gemacht hat. Die Umgegend von Elbassan liefert hierzu vielfache Belege.

Im Osten und Norden des Stadtgebietes erstreckt sich die reichbevölkerte Berglandschaft Tschermenika, welche nur Freidörfer (also keine Tschifliks) enthält; sie war früher ganz katholisch. Darin liegt unter andern das schöne und viehreiche Dorf Polisi, 4 Stunden östlich von der Stadt bei der Brücke des Chadschi Bekjari über den Schkumb an der Hauptstrasse nach

Ochrida, welches 60 Häuser hat. Dieses Dorf soll noch vor 25 Jahren [76]) von katholischen Missionären besucht worden sein und erst vor 20 Jahren eine Moschee gebaut haben, und soll hier ausnahmsweise weniger der äussere Druck, als das Bedürfniss irgend einem Glauben anzugehören, die Veranlassung gewesen sein.

In Molajesch 4 Stunden nördlich von Elbassan sollen jetzt noch alte Weiber leben, die katholisch getauft sind (?). In früheren Zeiten sollen Bauersweiber aus jenen Gegenden ihre Säuglinge in die Stadt gebracht haben, um sie dort wenigstens griechisch taufen zu lassen, was ihnen jedoch aus Furcht vor den Türken verweigert wurde.

Von Polisi bis Molajesch und Bigulea, 2 Stunden von Elbassan, war früher alles katholisch. Ortsnamen wie Sche Merí (St. Maria), Sche Mechil (St. Michael), Schen Jerk (St. Georg), Sehe Nicola u. s. w. haben sich dort und in der Nachbarschaft trotz des Glaubenswechsels ihrer Bewohner erhalten.

Martinesch in der Nachbarschaft von Molajesch bewahrt bis anf den heutigen Tag eine grosse Kirchenglocke; sie wird jetzt dazu benutzt, um die Gemeinde zur Versammlung zu rufen. Als zur Zeit des Todes von Sultan Mahmud der Stadtuhrthurm von Elbassan abbrannte und dessen Glocke schmolz, verlangten die Städter die Glocke von Martinesch zu kaufen, sie wurden aber abschläglich bedeutet, und mussten sich eine neue von Triest verschreiben.

Auch Mameli war früher katholisch, von dort sind vor 150 Jahren mehrere Familien nach Elbassan gezogen; diese haben das griechische Dogma angenommen. Die beiden letzten Dörfer gehören zum Gebiete von Tyranna. Nach den Heiligennamen mehrerer Oertér des oberen Arçenthales zu schliessen, wo jetzt nur Türken wohnen, mag es dort nicht anders gewesen sein, auch sollen sich in demselben zahlreiche Ruinen katholischer Kirchen finden.

Die Sitte des Wanderns besteht fast bei allen Bergdörfern von Elbassan. Die Wanderer sind sämmtlich Türken und gehen als Gärtner und Erdarbeiter nach Constantinopel, wo sie 2—5 Jahre bleiben, und jährlich 1000 bis 1500 Piaster verdienen. Die Reise geht ganz zu Land und dauert 20 Tage, die Zehrungskosten betragen 150 bis 200 Piaster. Jährlich gehen 2—3 Karawanen zwischen beiden Städten.

Der Bezirk von Elbassan ist sehr ölreich. Sein Product geht grösstentheils bis Monastir und von dort bis Belgrad. Der Reisbau deckt kaum den eigenen Bedarf, etwas geht nach Berat, nach Monastir nichts.

2½ Stunden südwestlich von Elbassan finden sich heisse Schwefelquellen, deren Wasser wie faule Eier riecht. An einer Stelle, Lidscha Kodrobojárese genannt, d. h. Quelle der Felsenedelfrau, sind 14 solcher Quellen; die beiden äussersten liegen kaum eine Viertelstunde auseinander; die stärkste soll armsdick sein. An einem andern benachbarten Orte, Lidscha Idráit o. Hidrit o. auch Hidrachut genannt, sind 4, jedoch weiter als die vorigen auseinander liegende, ähnliche Quellen. — Die kleineren Quellen fliessen nicht beständig, sondern wallen nur zeitweise und kullernd in den Felsenlöchern ihrer Mündung empor, meist ohne die Oberfläche zu erreichen. Bei diesen singen die Kinder dreimal:

Dĭk Παπάς! ας να βαὶ νjt χέρε με ράς —
Dschik (?) Papas! mach' uns einmal einen Spass.

und dann kullert die Quelle unfehlbar und die Kinder lachen.

Die Elbassaner spotten als Gegen schon über die Tosken. Ich hörte hier folgendes Charakteristicum. Drei Lapische Reisläufer, alte Bekannte, trafen sich bei der Rückkehr aus der Fremde; der eine trug einen schönen Ring am kleinen Finger, der zweite eine neue rothe Weste und der dritte ein Paar neue, mit Seide ausgenähte Sandalen. An dem Orte, wo sie sich trafen, lag ein todter Hund. Auf diesen zeigte der erste mit dem kleinen Finger, an dem der Ring blitzte, und fragte: wer hat den Hund getödtet? — Der hier wars, mit dieser hohen Brust, antwortete der zweite, indem er auf seine neue Weste klopfte; der Dritte aber streckte seinen neubeschuhten Fuss aus und sagte: so nehmt ihn doch weg und werft ihn in jene Grube. —

Das Kloster St. Jon — liegt eine Stunde nordwestlich von Elbassan, in dem reizenden Thale der Kutscha, und ist wegen des hier verwahrten Körpers des St. Johann von Wladimir das angesehenste griechische Kloster des Landes. Es ist aber auch nicht ohne historisches Interesse, weil es vielleicht in Mittel-Albanien der einzige Rest aus den Zeiten des alten Bulgarenreiches ist, das Kaiser Basilius zerstört hat. — Darum möge auch ein Auszug aus der Legende dieses griechischen Heiligen, wie sie dessen mehrmals in Venedig aufgelegte Akolouthia gibt, hier einen Platz finden.

St. Johann (albanesisch Jon) war der Sohn Neemans und der Enkel Simons des Bulgarenkönigs, welcher in Ochrida residirte. Er wurde von seiner Mutter Anna, einer Griechin aus königlichem Geschlechte, in der serbischen Stadt Wladimir geboren, nach welcher er benannt wird, und lebte um das Jahr 1000. Er war von Jugend auf ein Mann von grosser Frömmigkeit und lebte mit seiner Gemahlin in jungfräulicher Ehe, welche eine Schwester des bulgarischen Königs Samuel war. Einst jagte er in dieser Gegend, die damals eine Wildniss war, und erblickte einen weissen Falken, der ein Kreuz trug; er verfolgte ihn so lange, bis der Vogel das Kreuz zu Boden setzte. Dies geschah an dem Orte, wo jetzt der Altar der Klosterkirche steht. Dort baute er nun eine Kirche und betete in ihr siebenmal des Tages. In dieser heiligen Uebung wurde er durch den Einbruch des Kaisers Basilius gestört; er stellte sich an die Spitze des bulgarichen Heeres, schlug den Kaiser auf das Haupt und kehrte zu seiner Kirche zurück.

Das ascetische Leben, welches er führte, erregte aber den Argwohn und die Eifersucht seiner Gemahlin, welche sich aus seinem Herzen durch eine andere Liebe verdrängt glaubte; sie klagte dies ihrem königlichen Bruder, der in der Wuth seinen Schwager überfiel und ihn mit dem Schwerte niederhauen wollte; aber das Schwert des Königs konnte dem Leib des Heiligen nichts anhaben, und so übergab denn dieser dem König sein eigenes Schwert, mit welchem ihm der letztere den Kopf abschlug. Johann nahm seinen Kopf in die Hand, ritt damit zu seiner geliebten Kirche und übergab ihn dort dem Herrn. Der Mörder aber wurde wüthend und frass sein eigenes Fleisch; seine Schwester baute aus Reue das Kloster um die Lieblingskirche ihres Gemahles, in welcher dessen Körper aufbewahrt wurde.

Einstmals wollten diesen die Franken [71]) entführen und luden ihn auf Maulthiere. Als aber auf dem kurzen Wege vom Kloster bis zum Schkumbi deren 16 zu Schanden geworden, warfen sie den Sarg des Heiligen in den Fluss, um ihn vom Wasser in das Meer schwemmen zu lassen; aber siehe! der Sarg schwamm gegen den Strom, aus dem Schkumbi in die Kutscha und landete bei dem Kloster, wo die Umwohner, durch das von ihm bei Nacht ausströmende Licht aufmerksam gemacht, denselben an seinen früheren Standort zurückversetzten.

Doch blieb er auch dann nicht ungestört, denn die Kirche wurde durch Erdbeben zerstört, im Jahre 1380 aber durch den Herrn von ganz Albanien, Karla Theopia, welchen die Inschriften derselben einen Neffen des Königs von Frankreich nennen, wieder aufgebaut [72]).

So die Legende des Klosters; der Presbyter Diocleatis [73]) berichtet ganz anders über Wladimir; nach ihm war er kein Bulgare, sondern ein Serbe, und zur Vergleichung lassen wir dessen für diese Gegenden sehr interessante Erzählung im Auszuge folgen.

Von den drei Söhnen des Königs Chualimir besass der älteste Petrislavus Zenta, der zweite Dragimir Trebinje und Helma, der dritte Miraslavus Podgoria (Podgoritza?); der letztere ertrinkt auf einer Reise zu seinem ältesten Bruder [74]) in dem See von Skodra, und hinterlässt diesem sein Reich. Petrislavus Sohn war Wladimir. Unter dessen Regierung fällt der Bulgaren-Kaiser Samuel in Dalmatien ein. Wladimir zieht sich mit seinem gesammten Volke auf den mons obliquus (wohl Montenegro) zurück. Da Samuel sieht, dass er ihm hier nicht beikommen kann, lässt er, nachdem er ihn vergebens zur Unterwerfung aufgefordert, einen Theil seines Heeres am Fusse des Berges zurück, und wendet sich nach Dulcingo, das er vergebens belagert. Unterdessen unterhandelt der Tschupan des mons obliquus mit Samuel über die Auslieferung des Königs und um ihr zuvor zu kommen, entschliesst sich dieser zur freiwilligen Unterwerfung, und wird nach Prespa, in der Gegend von Achrida gebracht, wo Samuels Hof war. Dieser äschert die Städte Decatarum und Lausium ein, dringt sengend und brennend bis Jadera vor, und kehrt durch Bosnien und Rascien in sein Land zurück.

Cossara, Samuels Tochter, verliebt sich in den jungen Gefangenen. Der Vater willigt in die Verbindung und gibt ihm die ganze Provinz Durazzo (totam terram Duracenorum). Darauf lässt er Wladimirs Oheim Dragomir einladen, von den Bergen herunter zu kommen und seine Herrschaft in Trebinje wieder einzunehmen, was auch geschah.

Nicht lange nachher stirbt Samuel, und sein Sohn Radomir dringt erobernd bis vor Constantinopel; Kaiser Basilius aber stiftet dessen Vetter Wladislaus an, ihn zu ermorden, und dieser folgt dem auf der Jagd Gemeuchelten in der Herrschaft.

Hierauf lässt Wladislaus den Wladimir zu sich einladen; Cossara aber, mit welcher Wladimir in jungfräulicher Ehe lebte, überredet ihn, sie statt seiner an den Hof ihres Vetters zu schicken, wo sie ehrenvoll aufgenommen wird. Nun wiederholt der König seine Einladung und schickt an Wladimir ein goldenes Crucifix zum Zeichen, dass er es ehrlich meine. Als dieser aber ein hölzernes Kreuz verlangt, weil der Heiland an einem solchen gelitten, wird ihm auch dieses im Namen des Königs von zwei Bischöfen und einem Eremiten überbracht.

Da macht sich Wladimir nach Hofe auf, wird unterwegs durch Gottes Schutz vor den Hinterhalten bewahrt, die ihm der König gelegt hatte, und nachdem er in Prespa angekommen, geht er, wie er zu thun pflegte, vorerst in die Kirche, um dort zu beten. Als dies der König erfuhr, schickte er Soldaten an die Kirchenthüre, welche Wladimir bei seinem Austritte aus der Kirche enthaupteten. Das geschah am 22. Mai. Bei seinem Grabe, das in derselben Kirche lag, geschahen nun viele Wunder, was grossen Zulauf verursachte, und so erlaubte Wladislaus der Witwe endlich, den Leichnam nach Craini zu bringen, wo Wladimirs Hoflager war und er in der Kirche Maria beigesetzt wurde. Die Witwe nahm den Schleier und verbrachte ihr Leben in jener Kirche. Wladislaus stirbt, während er Durazzo belagerte, von einem Engel des Herrn beim Mahle erschlagen.

Nach Cedren fällt er im Jahre 1017, als er Durazzo zum zweiten Male belagerte.

Das in der Nähe des Gerábe-Passes gelegene Kloster hatte in stürmischen Zeiten von den albanesischen Kriegsbanden viel zu leiden, und wurde oftmals ausgeplündert, — zum letzten Male vor fünfzehn Jahren, wo es die gegen Kjossé Pascha, Seraskier von Monastir, aufgestandenen Dibraner und Matjaner längere Zeit besetzt hielten. Diese zerstörten sogar den Mauerbehälter, in dem der Sarg stand, und nahmen den Silberschmuck des Schädels mit, doch liessen sie denselben unversehrt und gaben ihn später gegen ein Lösegeld von 700 Piastern an die Elbassanaten zurück.

Der Körper des Heiligen ruht in einem rings umgänglichen Mauerbehälter, auf welchem die Lebensgeschichte desselben gemalt ist, die Thüre zu demselben war wegen Abwesenheit des Erzbischofs von Elbassan mit dessen Siegel und dem der beiden Klostervögte versiegelt. Von der Mauer der Hauptthüre heisst es, dass sie von Karl Thopias Bau übergeblieben, der Rest ist renovirt. Einige von den hie und da eingemauerten byzantinischen Verzierungen sind nicht übel gearbeitet.

Der Gerábe-Pass. — Der Weg von Elbassan nach Tyranna [75]) führt über das Gerábe-Gebirge (γραβός), welches von Ost nach West streicht, sich aber westlich vom Uebergangspunkte rasch verflacht, und in verschiedene Hügelketten auflöst, von denen drei mit ihren Endspitzen als Cap Laghi, Pali und Rodoni die Küste berühren. — Die Höhe des Uebergangspunktes möchte jedoch nicht viel unter 2000 Fuss betragen.

Der Rückblick nach Süden bietet herrliche Bilder. Der Tómoros mit seiner frei und kühn aufsteigenden Kuppe, bald in der Mitte, bald auf der linken Seite des Mittelgrundes als Hauptfigur, der Hintergrund durch die scharfen Contouren der Felsenketten der Arberei geschlossen, aus welchen die Spitzen des Kádesi und der Tschíka hervorragen, rechts die Ebene der Musakjá, weiterhin der tiefblaue Seespiegel; der Vordergrund von zahlreichen Ziegenheerden, oder an den Berghängen angeklebten und in Baumgruppen versteckten Dörfern belebt; das Ganze in dem goldenen Zauberdufte prangend, welchen ein frisch gefallener Regen über die südliche Landschaft ausgiesst, ohne der Klarheit der Fernsicht Eintrag zu thun; dazu der erquickende Einfluss frischer Bergluft — der Morgen, an dem ich die Gerábe erstieg, gehört zu meinen schönsten Erinnerungen aus Albanien. In dieser Stimmung kam mir selbst der gepflasterte Gebirgsweg erträglich vor, den ich unter andern Verhältnissen gewiss abscheulich gefunden hätte.

Unweit der Quelle, auf dem höchsten Punkte des Passes, findet sich die Fussspur des Deli Marku in eine Felsenplatte gedrückt, als er in zwei Sätzen vom Kroja-Berge auf die Gerábe sprang und dabei fünf Eindrücke, welche von den Fingern seiner ausgespreitzten Hand herrühren, denn der Schwung war so gross, dass er sich, um nicht zu fallen, auf die Handstützen musste. Leider vergass ich es, diese Spuren zu besehen; ich kann daher nur vom Hörensagen berichten, dass die Fussspur 2 Spannen lang sei. Als ich später von Tyranna nach Kroja ritt, kam ich an der Stelle vorbei, wo Deli Marku seinen Fuss auf die Ebene setzte, um von da den zweiten Sprung auf die Gerábe zu machen; über der Fussspur ist ein türkisches Teké erbaut, und dies fand ich verschlossen. Ich bin nicht einmal im Stande anzugeben, was es mit diesem Marku für eine Bewandtniss habe, und wodurch er zu dieser Kraftäusserung veranlasst wurde, denn das wusste oder wollte mir Niemand sagen. Ich muss mich daher auf die Hindeutung beschränken, dass in diesen Gegenden eine Mythe existire, deren slavische Nationalität zu bezweifeln ich bis jetzt keinen Grund habe [76]).

Der Blick von dem nördlichen Abhange des Passes ist zwar gleichfalls reich, aber weniger übersichtlich und malerisch, als der von dem südlichen. Man übersieht hier Theile des oberen Arçen-Thales und der Thalebene von Tyranna und ihre nördliche Fortsetzung bis Alessio.

Vier Stunden vom Gipfel abwärts passirt man den Arçen, von dessen auf all' unseren Karten verzeichnetem Laufe bereits im ersten Abschnitte dieses Buches die Rede gewesen ist.

Unweit Tyranna führt die Strasse auf einem leichten Höhenrücken hin, dort fand ich einen Anklang aus dem Oriente, die in Albanien fast zu den Seltenheiten gehören. Ein in der Umgegend geborner Derwisch bringt hier seit 23 Jahren (1850) den Reisenden, welche des Weges ziehen, einen Trunk frischen Wassers zu, ohne für diesen Liebesdienst etwas zu verlangen, doch auch ohne die Gabe zurück zu weisen, welche ihm geboten wird. Lange Jahre schleppte er das Wasser von Weitem herbei, dann liess er eine Höhlung in den weichen Felsen hauen und darin einen Brunnen von 22 Klafter Tiefe graben. Als ich vorbei kam, war er darüber her, mit einem Arbeiter neben dem Brunnenzimmer ein Gemach für sich in den Felsen zu hauen, und damit so ziemlich zu Ende.

Tyranna. — Die Stadt Tyranna und ihr Thal machten auf mich einen sehr freundlichen Eindruck; der Menschenschlag, welcher hier wohnt, gilt für den rührigsten, aber auch für den verschmitztesten des Mittellandes [77]). Felder, Gärten und Pflanzungen sind fleissig bestellt und die letzteren meist gut umhegt, die Menschen sind gut und reinlich gekleidet; das Vieh wohlgehalten und in den meisten Dörfern finden sich zweistöckige, steinerne Häuser, in welchen es recht sauber aussieht, nirgends zeigen sich Spuren von Armuth oder Elend. Namentlich aber wurde ich durch die Stadt selbst überrascht, ich erwartete ein finsteres, schmutziges Nest, und fand einen sich weit über eine wasserreiche Ebene dehnenden garten- und baumreichen Ort, dessen nähere Betrachtung zu dem wohlthuenden Resultate führt, dass hier Niemand darbe noch hungere.

Durch alle Strassen laufen zwei kleine Bäche in den Pflasterrinnen, welche allen Unrath mit sich fortschwemmen. Die buntbemalten, in schönem Style gebauten und mit Pappeln und Cypressen umgebenen Moscheen, und der hübsche Rococo-Thurm der Stadtuhr vereinigen sich mit dem regsamen Treiben der Menge, die an den festgesetzten Tagen den Bazar füllt, und sich durch die zahlreichen Büffelwagen durchwindet, zu so originellen Bildern, wie ich sie sonst nirgends in Albanien angetroffen. Dass die Frauen der Umgegend frei auf dem Bazare verkehren, kaufen und verkaufen, konnte nicht auffallen, denn dies geschieht überall; was ich aber sonst nirgends gesehen habe, waren ganze Reihen von Frauen in der Kleidung städtischer Türkinnen, und darunter manch' junges Gesicht, welche auf den Stufen der Moscheen oder längs der Mauern sitzend Weisszeug und alte Kleider verkauften.

Uebrigens sah ich hier wenig blonde Haare und blaue Augen, während diese nach meinen Beobachtungen in der Laperei, Awlona, Tepelen, ja vielleicht in Argyrokastron vorherrschend zu sein scheinen, und je weiter man nordwärts kommt, desto seltener werden sie. Ich enthalte mich jeder weiteren Bemerkung über den albanesischen Menschenschlag, weil vielleicht kein Land in Europa eine gleich reiche Musterkarte menschlicher Bildungsformen von der grössten Schönheit bis zur äussersten Hässlichkeit aufzuweisen hat, als Albanien. Dass diese alle nicht demselben Stamm entsprossen sein können, dafür spricht der Augenschein; welcher aber ist der eigentliche albanesische Typus? Diese Frage zu beantworten, muss ich meinen Nachfolgern überlassen, denen die höchst eigenthümlichen Ausbauchungen so vieler albanesischer Schädel über den Schläfen gewiss nicht entgehen werden. Ich ward erst kurz vor meinem Abgange von Jannina mit Bruchstücken aus Müller's Schädellehre bekannt und gab sofort Aufträge an solche Orte, wo ich vermuthete, Schädel reiner Race zu finden, fand aber, dass die Sache viel zu delicat sei, um sich über das Knie brechen zu lassen, und musste ohne Schädelmuster abreisen, denn wenn eine solche Sammlung auch durch das Bestehen der Beinhäuser an den christlichen Orten erleichtert wird, so ist sie auf der andern Seite durch das tiefgewurzelte Vorurtheil erschwert, welches in der Entfernung eines Schädels von dem geweihten Orte mehr als Kirchenraub erblickt.

Wie gross ist Tyranna? — Mein Notizenbuch sagt, die Stadt hat 2000 Häuser, davon sind 100 griechisch (fast lauter Wlachen), 6 katholisch, der Rest muhamedanisch; dagegen steht bei Boué Turquie d'Europe IV, S. 545: Tiranna, Stadt mit 300 Häusern oder 2—3000 Einwohnern, von denen ein guter Theil muselmännische Gegen. Man wähle. Wenn er aber, S. 543, Durazzo 8,000 Einwohner (andere sogar 9 und 10,000) gibt, während ich oben nur 1,000 angeführt, so glaube ich meiner Sache sicher zu sein, weil ich längere Zeit in Durazzo verweilte, mir dort von Allen, die ich fragte, dieselbe Antwort wurde und der Augenschein für meine Angabe spricht.

Tyranna [75]) ist, so alt auch ihr Name sein mag, als Stadt noch jung, denn sie zählt, wenn man der Sage trauen darf, kaum dritthalbhundert Jahre. Diese erzählt über den Ursprung der Stadt wie folgt.

Es war einmal ein armer Bey, Namens Soliman, der nur einen jungen Burschen zum Diener hatte. Diesem Burschen träumte einst, dass der Mond vom Himmel auf seine rechte Schulter herabsteige und ein grosses Licht verbreite. Als der Herr den Traum erfuhr, sagte er zu dem Burschen: „Du wirst einmal ein grosser Mann werden, gehe also in Gottesnamen in die Welt und versuche dein Glück, denn bei mir wirst du es niemals zu etwas bringen." Der Bursche ging und verscholl, denn er liess niemals von sich hören. Da ritt eines Tages bei dem Bey ein Tartar vor und beschied ihn nach Constantinopel vor den Grossvisir und dieser gehorchte natürlich dem Befehle. Als er nun vor dem Grossvisir erschien, gab sich ihm dieser als seinen alten Diener zu erkennen, bewirthete ihn auf das ehrenvollste, und sagte ihm, er sollte sich eine Gnade erbitten. Der Bey verlangte das Commando des Sandschaks von Ochrida und kam, während er diesem vorstand, einstmals auf einer Jagdpartie nach Tyranna, das damals nur ein Dorf von 15 Häusern und ein paar Mühlen war. Der Ort gefiel dem Bey so sehr, dass er daselbst die alte Moschee auf dem Bazar baute und als er später in den Krieg gegen die Perser zog und sein Ende herankommen fühlte, den Befehl ertheilte, seinen Körper zu balsamiren und in jener Moschee beizusetzen, was denn auch geschah. — Vom Tode Soliman Paschas zählt man 240 Jahre; sein Geschlecht erlosch erst vor Kurzem und blüht in weiblicher Linie in dem der jetzigen Beys von Tyranna fort.

Der letzte Sprössling Chadschi Etém Bey hatte merkwürdige Schicksale, denn er wurde von den Bey von Kroja, mit denen er in Erbfeindschaft lebte, von Tyranna vertrieben und irrte als Derwisch lange Jahre in Asien herum. Durch den letzten Erbpascha von Skodra, Mustapha Pascha, kam er wieder in den Besitz seiner väterlichen Herrschaft; nach dessen Sturz aber wurde er von dem Sadrasem abgesetzt, und Tyranna an seine Erbfeinde von Kroja übertragen, die es noch besitzen. Etém Bey flüchtete nach Elbassan, versöhnte sich aber später mit seinen Feinden und verheirathete seine Tochter in ihre Familie. Aus den alten Fehdezeiten zwischen Tyranna und Kroja hat sich folgende Sage erhalten. — Trotz der bestehenden Todfeindschaft schlichen sich mitunter Krojaner auf den Markt von Tyranna; um nun diese zu erkennen, hielten die Thorwächter der Stadt die Verdächtigen an und fragten sie, auf einen Balken deutend, was das für ein Holz sei; antwortete der Gefragte dann mit dem Worte τρύνι, so war es ein Krojaner, und wurde niedergehauen, denn die Tyrannesen sagen τρύδου [79]).

Auch in der Landschaft Tyranna ist das Wandern Sitte, die Bergdörfer gehen als Erdarbeiter nach Constantinopel, und in der Stadt ist der Brauch, als Söldner nach Aegypten zu gehen, noch nicht erloschen. Die meiste Nahrung zieht aber die Stadt von ihren Lastthieren; die Pferdetreiber von Tyranna sind in ganz Rumelien bekannt.

Pertréila. — Dies ist der albanesische Name der Bergfestung, welche in der Geschichte Skendérbeys Petrella genannt wird. Der Reisende, welcher die Geráhe herabsteigt, und gegen Tyranna zieht, behält dasselbe zu seiner Linken mehrere Stunden in Sicht; denn es liegt 2 starke Stunden südwestlich von Tyranna auf einer freistehenden Felsenspitze des Höhenzuges [80]), welcher sich von der Geráhe nach Cap Rodoni zieht. Diese wohl über 1000 Fuss hohe Felsenspitze fällt gegen Südwest und Nord fast senkrecht ab, und bedarf daher nur gegen Osten künstlicher Befestigung. An dem nördlichen Fusse derselben durchbricht der Arçen den erwähnten Höhenzug, um seinen ostwestlichen Lauf nicht zu unterbrechen; die Kuppe bildet daher den Schlüssel zu seinem oberen Thale, welches gerade auf dieselbe zuläuft [81]).

Ihr Gipfel ist mit mehreren, zum Theil thurmartigen, Festungsbauten gekrönt, welche allmälig in Trümmer zerfallen. Das Ganze macht den Eindruck einer zerstörten, mittelalterlichen Wartburg. Diese Mauerwerke scheinen keine antiken Spuren zu enthalten und sämmtlich mit Kalk gebaut zu sein. Dass aber der Ort auch in alten Zeiten bewohnt war, beweisen die cyklopischen Mauerreste in der Nähe des heutigen Ortes, von denen in den unten folgenden archäologischen Notizen die Rede sein wird. Der Ort selbst besteht aus mehreren weit auseinander liegenden Gruppen, deren einzelne Häuser wiederum sehr zerstreut zwischen Oelpflanzungen stehen, denn trotz seiner Höhe ist der Ort sehr ölreich. Das Hauptviertel liegt in der Einsattlung, welche der Höhenzug bildet, bevor er sich zu der beschriebenen Felskuppe erhebt. Dort ist auch ein Miniatur-Bazar mit einem Kaffeehause und nahe dabei das Grabmal des Balambán; dies war aber nicht nur ein tapferer, sondern auch ein wunderthätiger Mann, denn als die Türken Durazzo belagerten, wurde ihm bei einem Ausfall der Feinde der Kopf abgeschlagen; er aber nahm denselben in die Hand, ritt mit ihm bis nach Pertréila, und legte ihn an dem Orte nieder, wo jetzt sein Grab steht. So erzählt man in Pertréila; Barletius und Hammer freilich berichten anders von Balambáno; ihnen zu Folge lag dieser türkische Kriegsheld, ein geborner Albanese aus der Nachbarschaft, gegen Skendérbey zu Felde, und blieb bei einer Belagerung von Kroja; dem Leser wäre daher der Verdacht zu verzeihen, ob etwa die Legende von dem Ritte St. Johanns von Wladimir über die Berge gedrungen, und sich hier unter den Türken einheimisch gemacht habe.

In der alten Feldordnung der Provinz rangiren die Fahnen der verschiedenen Orte wie folgt. Den ersten Platz nimmt Pertréila ein, den zweiten Durazzo, den dritten Derénje, von welchem weiter unten die Rede sein wird, dann erst kommen Kroja, Tyranna u. s. w.

Kroja. — Unter der im ersten Abschnitte beschriebenen Bergreihe, welche das Thal von Tyranna gegen Osten abschliesst, befindet sich ein isolirter Bergrücken, der etwa 3/4 Stunden lang sein mag, und auf seinem Kamme eine kleine, wildreiche Ebene hat [82]).

Die westliche, dem Thale zugekehrte Wand dieses Rückens steigt sehr steil in die Höhe. Längs derselben zieht sich eine Kette mit Eichen und Buchengestrüpp und einigem Hochwalde bestandener Vorberge, und bildet gegen die Felswand ein schmales Thal. In dessen Mitte, doch etwas mehr gegen die Felswand zu, erhebt sich ein Felsen, der gegen Süden, Osten und Norden sehr steil, meist senkrecht, aufsteigt, und nur gegen Westen einen sanfteren und geringeren Abfall hat. Dieser Felsen trägt die Festung von Kroja, welche von drei Seiten naturfest, nur auf der westlichen künstlicher Nachhülfe bedurfte, um in den Zeiten des Mittelalters unersteiglich zu werden: dies wurde denn durch starke Mauern und mehrere runde Thürme erreicht.

Der Sadrasem, welcher in der Geschichte von Albanien eine so grosse Rolle spielt, liess bei seinem Zuge durch das Land im Jahre 1832 die Zinnen dieser Festung schleifen, und sie ist daher Ruine. Sie schliesst 80 Häuser ein, deren mehr oder weniger verfallenes oder vernachlässigtes Aeussere zur Annahme führt, dass darin sehr wenig Wohlstand herrsche. Unter diesen ragen zwei Moscheen, von welchen die eine ein Minaret hat, das Serail des jetzigen Mudirs von Tyranna, der, wie oben erwähnt, von Kroja stammt, und auf dem westlichen, höchsten Punkte des Felsens der Thurm der Stadtuhr hervor. Die Umgegend dieses letzteren gibt man als die Stelle an, wo Skendérbeys Palast gestanden, welcher, wenn die Angabe richtig, keine Spuren seines Daseins hinterlassen hat. Im weitern Umkreis um die Festung liegen 700 Häuser zerstreut, die meistens aus Baumgruppen hervorragen. Einen überaus traurigen Anblick gewähren die Olivenbäume, die in grosser Anzahl im Stadtbezirke stehen, und mit wenigen Ausnahmen im letzten (1849—1850) ungewöhnlich strengen Winter erfroren sind.

Zu der Festung führt eine lange, enge, von zwei Reihen Buden besetzte, meist überdeckte Strasse, dies ist der Bazar von Kroja; er macht einen so alterthümlichen Eindruck, als ob sich seit Skendérbeys Zeiten hier wenig verändert habe.

Kroja ist der Bazarort der Umgegend und zwar nicht nur diesseits, sondern auch jenseits der Berge; der Weg nach der Landschaft Mat führt durch die Stadt, und von dort aus wird ihr sonntäglicher Markt zahlreich besucht. — Der Bazar ist wohlbesetzt und gewährt einen guten Ueberblick über die commerciellen und industriellen Verhältnisse einer albanesischen Landstadt. Krua heisst im Albanesischen Quelle, und dies ist auch die einheimische Namensform des Ortes; er verdient seinen Namen, denn er hat mehrere starke Quellen in der Thalsohle; an der stärksten führt der Weg vorüber.

Leider war mein Aufenthalt zu kurz, um nach den örtlichen Sagen über Skendérbey zu spüren; doch scheint sein Andenken, wenigstens in der hiesigen Gegend, ziemlich erloschen zu sein. Der Name ist zwar noch populär, er reizt aber nicht zum Erzählen von Zügen oder Geschichten, wie dies bei andern Namen der Fall ist, und die ihn betreffenden albanesischen Gesänge gerathen in Gefahr vergessen zu werden, denn auf meine Frage danach hiess es, dass man sie hier Landes nicht mehr sänge, dass es aber in Mat noch alte Leute gebe, welche sie wüssten. Da ich also über Skendérbey nichts Neues beizubringen im Stande bin, so muss ich den Leser, was die Geschichte und die ans Mährchenhafte gränzenden Kriegsthaten dieses Helden betrifft, auf Barletius und Hammer verweisen, und mich darauf beschränken, einen Blick auf dessen oft verkannte Stellung zu seinem Volke und den politischen Zustand des Landes zur Zeit seines Auftretens zu werfen. Wenn ein Biograph wie Barletius von dem Geschlechte seines Helden nur den Vater zu nennen weiss, der ausser andern Städten Kroja besessen habe [33]), wenn er später anführt, dass diese Festung von einem Mitglied (Karl) des mächtigen Hauses Thopia erbaut worden sei, so mag dies als ein hinreichender Beweis gelten, dass Georg Kastriotis aus einer kleinen, ziemlich obscuren, Dynastenfamilie stammte, und dass er daher seine Stellung als albanesischer Oberfeldherr nicht sowohl seinen Ahnen, als seiner Persönlichkeit verdanke.

Welche mächtige Nachbarn aber Skendérbey gehabt habe, das ergibt sich wohl am Klarsten aus der Aufzählung der albanesischen Dynasten, welche auf dem Fürstentage von Alessio (einer damals venetianischen Stadt) erschienen, wo derselbe zum Feldhauptmann erwählt wurde.

Da war vor Allem das mächtige Haus Thopia, welches, wie es scheint, in zwei Branchen zerfiel, die südliche durch Arianites Golem, den nachmaligen Schwiegervater Skendérbeys, dessen Einfluss von der Wiússa bis zum Golf von Arta reichte; die nördliche durch Andreas Thopia und seine Söhne repräsentirt, deren Sitz die Landschaft Skuria zwischen Tyranna und Durazzo gewesen zu sein scheint, die aber auch in den Bergstrichen der Gerábe und den Ebenen der Musakja mächtig war; Barletius lässt sie sogar über die Chimara gebieten. Ferner die Herrn von Dukadschin [34]), zwei Brüder Nikolaus und Paulus, deren Eifersucht Skendérbey viel zu schaffen machte. Dann Lucas Zacharia, Herr von Dagna, Skendérbeys Busenfreund, den die von Dukadschin später ermordeten; — Georg Stresius, Sohn des Balsa und einer Schwester Skendérbeys, der zwischen Kroja und Alessio begütert war; — die aus der Musakja, besonders ergebene Freunde Skendérbeys; — Peter Spanós [85]) mit seinen vier Söhnen; — Lecesa, Dusman und andere Herren und Dynasten; endlich ein unbestreitbarer [86]) Slave Stephan Zernowik mit seinen beiden Söhnen, der im Thale der Moratza mächtig war, und dort unter andern das feste Schabjak bei ihrem Ausflusse in den See besass. Die Küstenstädte aber waren damals nebst Skodra in den Händen der Venetianer, und der Krieg, welchen Skendérbey mit ihnen nach Zacharias Tod über Dayna führte, beweist, dass wohl nur die gemeinsame Türkennoth den Kitt ihrer Freundschaft bildete.

Man rechnet hier Landes 6 Stunden von Tyranna bis Kroja, welches bei seiner hohen Lage fast auf allen freien Stellen des Weges bis Alessio sichtbar ist.

Zur Linken erblickt der Reisende auf diesem Wege zwei erwähnenswerthe Orte, welche beide jenseits des Ischmi-Flusses, dessen Lauf im ersten Abschnitte beschrieben worden, auf dem Kamme jenes oft genannten Höhenzuges liegen, welcher das Tyrannathal gegen Westen von der Küstenebene scheidet; dies sind Preschja [87]) mit 300 weit zerstreuten Häusern, deren Centralpunkt der Bazarort um den weithin sichtbaren Thurm der Stadtuhr bildet, — und Ischmi, welches auf derselben Hügelkette, mithin westlich und nicht, wie unsere meisten Karten angeben, östlich von dem Flusse liegt. Man gibt diesem Orte gleichfalls 300 sehr weit zerstreute Häuser. In dieser weitschichtigen Anlage seiner Wohnorte, welcher ein starker Isolirungstrieb zum Grunde zu liegen scheint, unterscheidet sich der Albanese von dem Neugriechen und Walachen, die in der Regel hart neben einander bauen. Diese stundenweit auseinandergezettelten, albanesischen Dörfer machen alle Distanz-Angaben höchst unbestimmt. Ischmi hat eine kleine Festung, und liegt etwa 3/4 Stunden südlich von der Mündung des nach ihm benannten Flusses, welche eine kleine, doch nur für Barken zugängliche, Scala bildet.

Von alten Substructionen in dem Bereiche dieser beiden Orte wollte Niemand etwas wissen, was jedoch künftige Reisende von dem Besuche derselben ja nicht abhalten möge, denn in dieser Gegend sind noch mehrere von den Römern genannte Orte zu bestimmen, und die Vermuthung spricht dafür, dass die Lage der neuen Orte mit der der alten zusammenfalle.

Auf Cap Rodoni [88]) — von den Albanesen, ich glaube nach einem gleichnamigen, kleinen Dorfe, Múscheli genannt, — ist ein katholisches Kloster St. Antonio di Padua, was aber jetzt verlassen ist, weil es durch Erdbeben unbewohnbar geworden sein soll.

Der südlichste katholische Pfarrort des Thales ist Derweni; er liegt von der Strasse etwas östlich seitab; dort übernachtete ich von Kroja kommend. Der Pfarrer, welcher auch die aus 6 Familien bestehende Gemeinde von Tyranna versieht, war von dort in das Dorf zurückgekehrt, als er hörte, dass ich zu ihm kommen würde. Er wohnt in einem mit eichenen Bohlen eingezäunten und einigen Bäumen bepflanzten Gehöfte, worin auch die Kirche liegt, welche freilich niedrig und einem Schoppen ähnlicher ist als einem Gotteshause, trotzdem aber, ebenso wie die Pfarreigebäude, zu den besten der Gegend gerechnet wird; den Glockenthurm vertrat ein Holzgerüste; alles war reinlich gehalten und machte einen freundlichen Eindruck. Der folgende Tag war ein Sonntag, und der Pfarrer sagte: Du wirst in der Kirche allein sein, meine Pfarrkinder vermuthen mich in Tyranna. — Warum lässt du sie nicht zusammenläuten, du hast ja eine Glocke? — Der Gouverneur hat uns das Läuten untersagt, wenn du es aber wünschest, soll geläutet werden. Während er dies sagte, kämpften Furcht und Hoffnung auf seinem Gesichte; der Mann hätte so gerne wieder einmal seine Glocke gehört, dachte aber zugleich an die möglichen Folgen dieses Genusses. Natürlich liess ich nicht läuten und blieb allein. Es war seit Jahren die erste Messe, welche ich hörte, aber meine Gedanken waren nur wenig bei dem Acte; der Eindruck der leidenden Kirche, der mich hier zum ersten Male selbst überkam, war zu mächtig; ich hatte Jahre lang an Orten gelebt, wo andere Kirchen die leidenden waren, ohne dass mir dies sonderlich ins Herz gegriffen hätte, — der Mensch ist oft mehr Egoist, als er ahnt.

Von dem Dorfe Derweni führt der Weg vier Stunden lang durch Eichenwald, der nur hie und da von Lichtungen unterbrochen ist. Er wird von dem Dorfe Schperdét benannt, und ist der bedeutendste Eichwald in ganz Albanien, denn er reicht nordwärts bis zum Mat, und bedeckt nicht nur den grössten Theil der Ebene zwischen diesem Flusse und dem Ischm, sondern erstreckt sich auch in die Thäler und Berggehänge der östlichen Gebirge. Ich kam durch Stellen schöngeschlossenen Hochwaldes; die Bäume schienen von gleichem Alter und in gleichen Abständen zu stehen, als ob sie gepflanzt wären, und alles war von der Natur so nett und sauber gehalten, dass man sich in einen Park versetzt glaubte.

Mitunter steht die Eiche mit Buchen vermischt. Die hiesige Buche entwickelt sich nie zum Baume, es schiessen stets mehrere Stangen aus derselben Wurzel hervor, welche jedoch mitunter eine bedeutende Höhe erreichen. Ihr Anblick erinnerte mich an gewisse Eichenbestände im nördlichen Euböa, wo die Bäume so dicht an einander gedrängt stehen, dass sie keine Aeste treiben können, und daher einer Sammlung Hopfenstangen ähnlich sehen.

Eigenthümlich war die Stille, welche auf diesen Wäldern lastete, als ich sie durchzog; kein Blättchen rührte sich, keine Taube, keine Amsel, keine Mandelkrähe, kein Specht, kein Sänger — nichts liess sich hören; lautlos schlich unser Zug über den weichen Boden, und nur ausnahmsweise unterbrach das Klappen eines Hufes auf eine vorstehende Baumwurzel diese Todtenstille; freilich war es August und Mittagszeit, aber des stillen Waldes von Schperdét werde ich gedenken, so lange ich lebe.

In diesem Walde werden seit 50 Jahren unausgesetzt Schiffbau- und andere Hölzer geschlagen. Er lieferte früher Stücke von 12—18 Zoll Dicke. Diese Qualität ist aber jetzt ausgeschlagen, es finden sich gegenwärtig nur noch Stücke von 8—10 Zoll. Indessen ist jetzt (1850) wenig Nachfrage nach diesem Artikel, und finden sich an der Küste bedeutende Quantitäten in Erwartung besserer Zeiten aufgestapelt. — Ein Speculant von Durazzo soll an der Mündung des Ischm 20,000 Stämme liegen haben. Die Nähe der Küste und die Leichtigkeit des Transportes bis zu derselben machen diese Speculationen sehr verführerisch.

In diesem Walde findet sich eine kalte Mineralquelle [88]), welche ihren Namen Stinkquelle (ούϳε ϰϳέλϐετε) mit vollem Rechte verdient, denn eine gute halbe Stunde früher, als ich sie erreichte, war der Geruch von faulen Eiern, welchen ihr Wasser verbreitet, schon bemerkbar. Die Quelle ist so stark, dass ihr Strahl, wenn er gefasst wäre, gewiss die Dicke eines tüchtigen Apfels haben würde. Das Wasser schmeckt wie Fleischbrühe und wird zur Bewässerung der Gründe des Thales benützt, in dem es fliesst, sein weisser Niederschlag deutet wohl auf grossen Reichthum an Magnesia. Die Einwohner der Umgegend baden sich in dem Schlamme, den das Wasser auf seinem Laufe erzeugt, und welcher gegen aller Art Hautkrankheiten äusserst wirksam sein soll. Bei der Quelle steht eine verfallene Kirche dei Santi quaranta, welche die Albanesen ϰάτρε ϰϳίντ σελϐούμιτε (die vierhundert Erlösten) nennen, und wird hier bei dem Kirchweihfeste ein grosser Bazar gehalten.

Die Küstenebene von Schjäk [90]). Die Küstenebene, welche sich nordwärts von der Halbinsel Durazzo bis zum Cap Rodoni erstreckt, ist, von Cap Pali an gerechnet, etwa 5 Stunden lang, und 3 bis 4 Stunden breit. — Gegen Osten wird sie von der Thalebene von Tyranna durch die oft erwähnte Hügelkette getrennt, welche, von dem Geräbe-Gebirge auslaufend, anfangs mit der Küste parallel von Süden nach Norden streicht, sich aber allmählich mehr westwärts wendet und bei ihrem Abfall in das Meer das Cap Rodoni bildet, welches die Albanesen Múscheli nennen. — Diese Küstenebene hat sehr fruchtbaren Boden, ist verhältnissmässig stark bevölkert und gut bebaut.

Die Bevölkerung ist theils muhamedanisch, theils katholisch, doch bilden die Katholiken die Mehrzahl, sie sind in zwei Pfarreien (Juba und Bisa) getheilt. In drei Dörfern finden sich wlachische Colonien, welche wie überall griechisch-gläubig sind.

Diese ganze Gegend wird nach ihrem 3 St. nordöstlich von Durazzo gelegenen Bazarorte Schjak genannt. Der Ort liegt in Mitten zahlreicher Dörfer, und besteht nur aus den Bazarbuden und einer Moschee; er wird nur an dem Markttage (Freitags) von den Bewohnern der Umgegend besucht und steht den Rest der Woche über leer.

Die oben erwähnte Hügelkette, welche diese Küstenebene von der Thalebene von Tyranna scheidet, wird etwa ¾ Stunden südlich von dem auf ihrem Kamme gelegenen Flecken Preschja von einem Querthale durchschnitten, dessen ebene Sohle etwa ¼ Stunde breit sein mag, und fruchtbare Felder enthält. Dieses Thal verbindet die Küstenebene mit dem Thale von Tyranna, so dass man von Durazzo bis Tyranna bequem zu Wagen gehen kann, ohne irgend eine Anhöhe zu passiren.

Der directe Weg von Durazzo nach Tyranna, welcher 8 Stunden beträgt, führt jedoch südlich von diesem Thale durch den Ort Nderénje (*Ndzréyje*, für ein fremdes Ohr klingt der Name wie Dronj). Er liegt auf dem halben Wege am südlichen Ufer des Arçen, und hat eine Citadelle auf einem hohen Berge. Er wird nur von Muhamedanern bewohnt, unter welchen die Blutrache ganz besonders im Schwunge sein soll.

Der Ort besitzt die grössten Oelpflanzungen der ganzen Gegend, und ist der nördliche Gränzpunkt des Bezirkes von Pekín, welcher sich demnach als schmaler Streif zwischen den Bezirken von Kawaja und Elbassan von Süden nach Norden zieht.

Etwa 5 Minuten östlich von der Stadt bespült der Fluss, längs dessen südlichem Ufer die Strasse läuft, eine 60—80 Fuss hohe und etwa 200 Schritt lange Bergwand, welche aus schwarzer, mit Felsen und Geröll gemischter Erde besteht, und in die der Weg jedes Jahr frisch eingegraben werden muss, weil ihn die Winterwasser stets von Neuem wegreissen. Diese gefährliche Stelle heisst Karabojá (Schwarzfarbe), oder auch Búé.

Dies scheint der Ort zu sein, wo Kaiser Alexius in Gefahr gerieth, von den ihn verfolgenden Normannen gefangen zu werden. Der Kaiser hatte sein Lager bei der Kirche St. Nicolaus de Petra an der Küste, Robert Guiscart hielt Durazzo besetzt. Letzterer siegt in der Schlacht; der Kaiser flieht; die Normänner verfolgen ihn bis zu dem Orte, welcher mala costa hiess, ein steiler Fels, welcher von dem Charsan (*Χαρσάνης*, im gegischen Munde lautet der heutige Name des Arçen Rçan-i französisch ausgesprochen) bespült wird; hier erreichen ihn fast die Feinde, aber Alexius macht mit seinem Pferde einen gewaltigen Satz, um an diesem Felsen vorbeizukommen, entgeht auf diese Weise seinen Verfolgern, und erreicht Ochrida nach zweitägigem Marsche durch unwegsame Gegenden [*]), was gerade kein Kunststück war. — Die Stelle Karabojá ist etwa 5 Stunden von der Küste entfernt.

Etwa auf der Hälfte des Weges zwischen Nderénje und Tyranna passirt die Strasse den Fluss auf einer neuerbauten steinernen Brücke, worauf sie dessen Ufer verlässt, und in östlicher Richtung nach Tyranna führt.

In der Nachbarschaft, etwa eine halbe Stunde südlich von der Strasse, liegt Arbona, nach der herrschenden Sage eine sehr alte Stadt und von mehreren alten, aber tief herabgekommenen muhamedanischen Familien bewohnt.

Der Arçen fliesst durch den südlichen Theil der Küsten-Ebene dem Meere zu, und mündet eine Stunde nördlich von Cap Pali in dasselbe.

III. Aus Nordalbanien.

Zwei und eine halbe Stunde südlich von Alessio führt der Weg durch den Mati-Fluss; welcher kurz vorher sein Berggebiet verlassen hat und in die Küstenebene getreten ist. Er kann im Sommer leicht durchwatet werden, soll aber zur Regenzeit grosse Wassermassen ins Meer führen, und dann nur auf Fähren zu passiren sein. Zu dieser Zeit soll das Niederland von Skodra bis Awlona einen zusammenhängenden Sumpf bilden, und mag nach den mir gewordenen Schilderungen eine Winterreise ebenso beschwerlich als gefährlich sein; denn ein Flussübergang bei grossem Wasser auf den unbeschreiblich elenden Fahrzeugen muss stets für ein Wagstück gelten. Im Sommer aber hat der Reisende zwar nicht das Wasser, wohl aber das Fieber zu fürchten. Es hat mit diesem eine eigene Bewandtniss; man kann lange Zeit in Fiebergegenden leben oder reisen, ohne von ihm befallen zu werden, und eines Tages stellt es sich plötzlich ein, ohne dass man die Ursache angeben könnte, die es herbei gelockt. Ich habe 16 Jahre in der Levante gelebt, ohne jemals an dem eigentlichen Wechselfieber zu leiden, und hielt mich für fieberfest; aber in Durazzo stellten sich nach 14tägigem Aufenthalte ohne irgend eine äussere Veranlassung die ersten Symptome ein. Ich eilte den Ort zu verlassen, doch es war zu spät. — Demnach lässt sich nur die kurze Frühlings- und Herbstzeit, Mai und October, zum Besuche von Albanien empfehlen.

Die Ebenen zwischen den Mündungen des Ischm, Mat und Drin gehören zu den fruchtbarsten Strichen des ganzen Landes; gleichwohl ist der grössere Theil derselben mit Strauch- oder Hochwald bedeckt. Die Güte des Bodens offenbart sich auf den ersten Blick aus der strotzenden Ueppigkeit der Sträucher und der sie umgebenden Pflanzenvegetation.

Sobald der Reisende den Mat passirt hat, zeigt ihm die erste Begegnung, dass er in eine andere Welt eingetreten sei. Jedermann geht bewaffnet; sogar der Hirte folgt seiner Herde mit der Flinte auf dem Rücken, und ich begegnete unter den Frauen, die von dem Bazar von Alessio zurückkehrten, mehreren, welche Pistolen im Gürtel hatten. Eine derselben führte einen Knaben von etwa 8 Jahren an der Hand und auch dieser hatte schon ein Pistölchen vorgesteckt. Die meisten Jungen über 12 Jahre führten schon Flinten mit sich. — Hier ist also noch Alt-Albanien, hier ist noch freies Waffenrecht, hier gilt noch kein Tansimat, und es braucht daher Niemand, um Waffen zu führen, einen Waffenpass zu lösen, und für deren loyalen Gebrauch Bürgschaft zu stellen. Ein solcher Zustand mag seine administrativen Bedenklichkeiten haben; es scheint aber etwas im menschlichen Herzen zu liegen, was zu seinen Gunsten spricht; ich wenigstens betrachtete diese kühnblickenden Gestalten, denen noch Niemand den Schutz für Habe und Leben abgenommen und die daher stets bereit sind, für denselben einzustehen, mit anderen Augen, als ihre Brüder im Süden, an welchen bereits die Spuren moderner Zähmung mehr oder weniger sichtbar sind.

Eine weitere eigenthümliche Erscheinung nach dem Uebergang über den Mat sind die 15, 20 und mehr Fuss hohen Logen, welche auf 4 senkrecht in die Erde gerammten Balken ruhen und ein Laubdach über sich haben. — Vor den weitschichtig über die Ebene gestreuten, aus Weidengeflechte und Strohdächern bestehenden Hütten (Steine hat die Ebene nicht) finden sich oft drei und vier solcher Logen. Es sind dies die Schlafstätten der Einwohner, welche sich nur in dieser luftigen Höhe der unzähligen Mücken und Schnaken erwehren können, die der Sommer in diesen Ebenen erzeugt.

Alessio — albanesisch Lesch (Alexander [32]). Unter diesem Namen werden drei weit auseinander liegende Häusermassen begriffen, welche sich um einen am linken Ufer des Drin ansteigenden Felshügel gruppiren. Den Centralpunkt bildet das Bazarviertel, welches hart an das linke Flussufer angebaut ist; östlich davon erhebt sich der erwähnte Felshügel, der vielleicht 500 Fuss hoch sein mag, und auf dessen plattem Gipfel die Citadelle liegt. Diese besteht aus einer eben so schlecht gebauten, als unterhaltenen Umfassungsmauer, und enthält nur ein Gebäude, welches der etwa 20 Arnauten zählenden Besatzung zur Caserne dient.

Der Citadellenhügel ist der westlichste Vorsprung der das südliche Ufer des Drins flankirenden Bergketten; er beherrscht nicht nur die Küstenebene, sondern ist auch der Schlüssel zum Drinthal und scheint daher von der Natur selbst zur Akropolis bestimmt zu sein. Die zahlreichen, über ihn zerstreuten cyklopischen Mauerreste, von welchen unten ausführlicher die Rede sein wird, beweisen, dass Dionys von Sicilien, den die Geschichte als Gründer von Lissos bezeichnet, den Wink der Natur verstanden habe. — Hier lag also ohne Zweifel Akrolissos. — Wo aber lag Lissos? denn dass vor Alters ein von der Asty getrenntes Emporion existirte, und dass beide Stadttheile nicht etwa durch lange Mauern mit einander verbunden, sondern der zwischenliegende Raum frei war, ergibt sich klar aus Polybius VIII, 15. Mehr aber lässt sich aus seiner Erzählung von der Eroberung dieser Orte durch Philipp von Macedonien nicht mit Sicherheit entnehmen, weil in derselben, auffallender Weise, des Flusses Drin gar nicht gedacht wird und nicht nur der Ausgangspunkt fehlt, von welchem Philipp gegen Lissos aufbrach, sondern auch die Pässe nicht näher bezeichnet werden, welche er bei seinem zweitägigen Marsche bis vor die Stadt zu passiren hatte. Lissos war aber ein Seeplatz und der Haupttheil der Stadt; Akrolissos dagegen nur die Burg.

Am natürlichsten schiene es daher wohl, diese Stadt an dem einzigen sichern Hafen zu suchen, den die Küste zwischen Awlona und den Bocche di Cattaro besitzt. Er heisst jetzt St. Juan di Medua und liegt am nördlichen Theile der Bucht, welche durch die an den Drinmündungen weit ins Meer vorspringende Landzunge und einen hier hart an das Meer tretenden felsigen Höhenzug gebildet wird; seine Entfernung von dem heutigen Alessio beträgt 2½ Stunden, und hier ankern die für die heutige Stadt bestimmten Schiffe, welche zu gross sind, um auf dem Drin bis zu ihr heranzukommen, d. h. er ist die Scala der Stadt. — Von diesem Hafen geht in Albanien die sonderbare Sage, dass Napoleon zur Zeit, als Dalmatien zu Frankreich gehörte, hier einen grossen Kriegshafen anzulegen beabsichtigt habe.

Er ist jetzt unbewohnt und seine Luft gilt im Sommer für sehr ungesund; hier ist ein Hauptsitz des s. g. Bojanna-Fiebers. Meine Bemühungen, hier irgend eine Spur von dem alten Lissus aufzufinden, waren jedoch vergebens. In der am Hafen liegenden Kirchenruine ist nicht das geringste antike Ueberbleibsel eingemauert, und meine oft wiederholten Fragen nach Marmorresten, oder Inschriften, oder Quadermauern in der Nachbarschaft wurden von den mit der Gegend vertrauten Personen einstimmig verneint.

Bringt man mit diesem unerklärlichen Verschwinden aller Spuren einer grossen festen Stadt, welche zum Theil wenigstens auf felsigem Grunde hätte liegen müssen, eine Angabe Cäsars in Verbindung, so wird das von dem naturgemässen entnommene Argument noch schwankender. Cäsar [93]) gedenkt nämlich eines 3000 Schritte nördlich von Lissus gelegenen Hafens, der Nymphäum genannt wurde, und seine Bemerkung, dass er gegen den Südwind nicht sicher sei, passt auf den von St. Juan de Medua; auch findet sich nördlich von diesem in der angegebenen Entfernung kein anderer Hafen. Ist aber unser Hafen das alte Nymphäum, so kommt nach der obigen Angabe Lissus ungefähr an die Drinmündung zu stehen. Denkt man sich nun die Seestadt am südlichen Ufer und Philipp von Süden kommend [94]), so erklärt es sich auch, warum der Drin in Polybius Erzählung nicht figurirt; denn die von ihm beschriebenen Ereignisse beschränkten sich dann auf das südliche Ufer, und Philipp konnte sowohl Akrolissos als Lissos erobern, ohne über den Fluss zu setzen. — Nach dieser Annahme kommt das letztere ganz auf angeschwemmten Boden zu stehen; es ist aber bereits früher erwähnt worden, dass der Drin viel Schlamm führt und unausgesetzt an der Ausdehnung der Küste arbeite; das Verschwinden der alten Mauerreste erklärt sich also einfach dadurch, dass sie unter der mehr und mehr sich erhöhenden Bodenfläche begraben sind.

Nach Diodor von Sicilien war Lissus eine Anlage Dionys des Aelteren von Syrakus, und fällt ihre Gründung wenige Jahre vor Olymp 98, 4 oder 385 vor Chr. [95]).

Bei Polybius erscheint sie in den Zeiten Philipps von Macedonien als eine illyrische Stadt. — Nach Livius (X, 4; III, 20) ist sie im Besitze des Königs Gentius. Cäsar (III, 29 und 40) gedenkt ihrer als eines conventus civium romanorum und Plinius (III, 22) nennt sie oppidum civium romanorum.

Nach Hieroclès (p. 656) gehört sie zur Provincia Praevalitana. — Bei Constantin porphyrogen. de administr. imp. cap. 30 und Anna Comnena erscheint der Name in Ἔλισσος erweitert.

Als die Venetianer im Jahre 1386 den Pugliesen Durazzo entrissen, kam auch Lissus in ihre Gewalt. — Im Jahre 1467 starb dort Skendérbey, und wurde in der Kathedrale St. Nikolaus beigesetzt.

Während der zweiten Belagerung von Skodra (1478) wurde die Stadt von den Türken erobert, welche Skenderbéys Grab öffneten, dessen Körper zerstückten und sich der Stücke als Talisman und Amulets bedienten. Die Kirche wurde in eine Moschee verwandelt, liegt aber jetzt in Ruinen, weil der einstürzende Kirchenthurm drei Derwische erschlug. Die Stelle von Skendérbeys Grab ist vergessen. Im Jahre 1501 [96]), während des Krieges der Venetianer mit Bajazet, ergab sich Alessio freiwillig an die ersteren. In dem darauf folgenden Friedensvertrage hatte man vergessen, etwas über die Stadt zu bestimmen. Bajazet verlangte aber deren Herausgabe nachträglich und zwar so dringend, dass sich die Venetianer, um nicht die Früchte des kaum geschlossenen Friedens zu verlieren, zum Nachgeben gezwungen sahen. Sie nahmen daher alle Einwohner von Alessio weg und brachten sie an anderen Orten unter, zerstörten die Festungswerke und übergaben die Ruinen den Türken.

Die Bewohner der Liesinska (Alexander) Nahie in Montenegro behaupten aus Alessio zu stammen und sich bei der Eroberung des Landes durch die Türken in ihre heutige Gebirgssitze geflüchtet zu haben. — Vielleicht stammen sie aus einem nordöstlich von St. Juan di Medua gelegenen Landstriche, der jetzt gänzlich verödet ist, jedoch noch zahlreiche Ruinen von Dörfern, Kirchen und Klöstern aufweisen soll.

Dass aber die Zurückgebliebenen lange brauchten, um sich an die Herrschaft der Türken zu gewöhnen, ergibt sich aus dem Versuche, welchen im Jahre 1570 der venetianische Graf von Dulcigno auf Einladung der Umwohner auf Alessio machte, der indessen nur die Verbrennung der Vorstädte, d. h. wohl der ausserhalb des Castelles gelegenen Viertel, zur Folge hatte.

An den Festungsberg stösst gegen Osten ein bedeutend höherer, äusserst spitzer Felskegel, auf dessen Spitze ein Teké steht, von welchem der Berg den Namen hat, von Süden aus betrachtet, erinnert er an den Lykabettos bei Athen, doch ist er höher als jener.

Die directe Einfuhr von Alessio beschränkt sich auf Salz, seinen Bedarf an Manufacturen und Colonialwaaren holt es von Skodra. Die Ausfuhr beschränkt sich auf Mais (wann dessen Ausfuhr erlaubt ist) etwas Sumach, Bau- und Brennholz, worauf wir weiter unten zurückkommen werden.

Der Drin ist auch für Schiffe von 40 bis 50 Tonnen noch 3 Stunden stromaufwärts der Stadt schiffbar, kleinere Fahrzeuge aber können bis Scela hinaufgehen, in dessen Nähe der Fluss aus der im ersten Abschnitt beschriebenen Felsenspalte tritt.

Skodra. — Der See von Skodra mag wohl an 8 Stunden lang und in seiner Mitte an 3 Stunden breit sein, gegen die beiden Spitzen zu aber um die Hälfte und mehr schmäler werden. Er dehnt sich von Nord-West-Nord nach Süd-Ost-Süd und ist also auf den meisten Karten verzeichnet.

Auf der Ostseite buchtet er sich etwa in der Mitte bedeutend ein, diese Bucht wird von den Eingebornen die See von Hotti genannt, scheint aber nach der Beschreibung mehr Sumpf als See zu sein.

Der See wird gegen Westen von einer felsigen Bergkette flankirt, welche sich aus demselben zu erheben scheint, und daher fast nirgends ebenen Zwischenraum zulässt. Die östlichen Ufer sind eben, und die sie begränzenden Berge schicken nur einen Höhenzug bis zu dem Ostende des oben-genannten Sees von Hotti, welcher die an dem See hinziehende Ebene in zwei Hälften theilt, von denen man die obere als slavische, die untere als albanesische bezeichnen kann; weil die Sprach-gränze nur wenig oberhalb des erwähnten Sees läuft. Die untere erstreckt sich auch über den Südrand des Sees und wird von der Drinebene nur durch eine felsige Hügelreihe getrennt, welche Rosafa genannt wird und deren westlicher Gipfel die Citadelle von Skodra trägt. Zwischen diesem Gipfel und der südlichen Spitze der vorerwähnten östlichen Bergkette, Tiraboski genannt, fliesst die Bojanna nach dem Meere [37]).

Der Haupttheil von Skodra liegt in der Ebene, welche sich von dieser Hügelkette bis zum See erstreckt und hat dieselbe also in seinem Rücken. Die Stadt dehnt sich gegen Westen bis zur Bojanna, da wo dieser Fluss unfern seines Ausflusses aus dem See durch das oben erwähnte Felsen-thal zwischen dem Tiraboski und der Rosafa bricht. Dieser letztere Name bezeichnet streng genommen nur den Citadellenberg, welcher etwa 400 F. von den Ufern der Bojanna fast senkrecht aufsteigt. Die Nordostseite gegen die Stadt zu ist die wenigst steile und auf ihr führt ein Weg (der einzige) zur Citadelle.

Der Gipfel dieses Felshügel ist ziemlich flach. Auf ihm steht das innerste Reduit der nach venetianischem Plane erbaute Festungswerke, welches die Wohnung des Paschas und des Militär-commandanten enthält. — Dieser Punkt bietet eine Rundsicht dar, deren Reichthum ich mit keiner andern zu vergleichen wüsste: Gegen Norden der See und die östliche Ebene von einem Kranze schöner Berge eingefasst; — im Vorgrunde zu den Füssen des Beschauers die Bojanna mit ihrer elenden Holzbrücke, dem Bazarviertel auf dem östlichen und einer kleinen Vorstadt auf dem westlichen Ufer; — weiter gegen Osten und von dem Bazar gänzlich getrennt der Haupttheil der Stadt mit mehr als 20 Minarets geziert und in Baumwerk gehüllt, aus dem die Hausdächer hervorragen; im Südosten schweift der Blick über die Ebene des Drin und verschiedene wunderschön geschnittene Bergketten, welche sich im Hintergrunde über einander thürmen; — im Vordergrunde zieht sich als lange Strasse das Stadtviertel Tabaki zwischen dem südlichen Abfall der kahlen Hügelkette und dem Kjiri hin, der sich im Westen des Citadellenberges mit der Bojanna vereinigt. Ueber ihn führt eine türkische Stein-Brücke zu einer anderen grünen Vorstadt, welche Bakalék heisst. Dies Bauwerk ist von unbeschreiblicher Leichtigkeit, seine Pfeiler sind in der Art von Mittelbögen durchbrochen, dass man kaum begreift, wie so etwas stehen könne. Die weitgesprengten gleichsam hingehauchten Bogen vermögen natürlich keine schwere Last zu tragen, daher bleibt der Raum zwischen den einzelnen Wölbungen unausgefüllt, so dass man nicht eine Brücke, sondern den gezackten Kamm eines Höhenrückens zu passiren glaubt.

Das Stadtviertel von Tabaki wurde im Jahre 1835 von dem damaligen Gouverneure Hafis Pascha, gegen welchen die Skodraner aufgestanden waren, weil er ihnen den Tansimat aufdringen wollte — gänzlich zusammengeschossen und zeigt noch zahlreiche Ruinen. Es besitzt die einzige in Blei gedeckte Kuppelmoschee, deren Styl jedoch wenig anspricht; die übrigen Moscheen der Stadt verdienen keiner Erwähnung.

Gegen Südwesten endlich überblickt man von der Citadelle den grössten Theil der Thalebene, welche die Bojanna in zierlichen Schlangenbögen durchläuft, leider verdecken dort mehrere Hügelreihen den Anblick des Meeres, welches in gerader Richtung höchstens 5 Stunden von Skodra entfernt sein mag. Wäre die Gegend nach jener Richtung zu offen, so würde dies Panorama alle Schönheiten vereinigen, welche die Natur überhaupt zu bieten vermag; so aber hat dasselbe einen wesentlich continentalen Charakter und die ebenso reiche als grossartige Gebirgsgliederung entfernt jede Ahnung, dass das Meer so nahe sei.

Dieser kurze Rundblick möchte hinreichen, um zu zeigen, dass der Citadellenberg den Schlüssel der ganzen Gegend bilde. Kein Punkt war also gelegener für eine Akropolis und die Alten hatten bekanntlich in dieser Beziehung offene Augen. — Hierhin müsste also der Archäologe die Akropolis des alten Skodra verweisen, auch wenn es an allen Zeugnissen fehlte. Livius sagt jedoch ausdrücklich, dass diese Stadt in der Nähe des Sees zwischen zwei Flüssen gelegen habe, die er Barbana und Clausula nennt [96]). Das heutige Skodra [99]) liegt also noch an der Stelle des alten. — Livius Beschreibung scheint indessen mehr darauf hinzudeuten, dass die alte Stadt nicht am nördlichen, sondern am südlichen Abhang der Rosafahügel, an der Stelle des jetzigen Stadtviertels Tabaki gelegen, und sich südlich bis zum Einfluss des Kjiri in die Bojanna erstreckt habe, weil diese Gegend von den erwähnten Flüssen eingeschlossen wird. Hier scheint auch die Stadt im Mittelalter gestanden zu haben; denn Barletius beschreibt sie folgender Massen. „Sie liegt auf einem felsigen Berge, welcher fast überall von einer weiten sehr fruchtbaren Ebene umgeben ist. — Die Stadt ist von Natur und Kunst sehr fest, und liegt sehr hoch, ihr Umfang ist jetzt gering. Bei der Gründung der Stadt aber erstreckte sich der Umfang der Mauern, welcher mehr als 2000 Schritte im Geviert hatte, bis in die Ebene. — Der Stadttheil, welcher in der Ebene lag, wurde in der Mitte von dem Drin (d. h. wohl Drinassus, ein anderer Name für den Kjiri) in der Mitte durchschnitten. Ueber diesen führte eine grosse, sehr schöne Steinbrücke, welche so lang war, dass sie mit ihrem äussersten Ende bis zur Bojanna reichte (?) und deren Ueberreste noch vorhanden sind. Der Ort, wo früher nur die Burg stand, umfasst jetzt die ganze Stadt. — Wie volkreich aber diese letztere war, geht daraus hervor, dass sie zur Zeit der Kriege gegen die Türken 5000 Reiter ins Feld stellte." —

Skodra wird zuerst von Livius als die Residenz des illyrischen Königs Gentius bei Gelegenheit der Eroberung des Landes durch die Römer (a. 170 v. Chr.) [100]) erwähnt.

Plinius III, 26 nennt sie oppidum Civium Romanorum.

Bei der Theilung fällt sie an das Ostreich. Gegen Ende des 5. Jahrhunderts folgen die Gothen den zahlreichen Barbarenschwärmen, welche sich über die ganze Halbinsel ergossen, und auch Illyrien nicht verschont hatten. Nach der Mythe slavischer Chroniken setzt sich Ostroillus, der Bruder Totilas, in der Praevalitana fest, erobert sein Neffe Selimirus Skodra und vergleicht sich, nachdem Justinian Dalmatien von den Gothen 'wieder erobert, mit diesem dahin, dass er sein Vasall wird, den Königstitel ablegt und den eines Grafen von Zenta, sprich Çedda [101]), annimmt.

. In den ersten Zeiten der serbischen Periode scheint Skodra eine nur untergeordnete Rolle gespielt zu haben, denn damals war das im Moratza-Thale unweit Podgoritza gelegenen Dioclea königliche Residenz und Sitz des Erzbisthums, und als diese Stadt von den Bulgaren von Grund aus zerstört worden, ward dieser letztere Sitz nicht nach Skodra, sondern nach Antiwari verlegt, wo er bis auf den heutigen Tag verblieben ist. — In der Folge aber figurirt Skodra bei dem Presbyter Diocleatis (regnum Slavorum) häufig als königliche Residenz [102]).

Nach dem Erlöschen des raitzischen Königsstammes (im Jahre 1368) findet sich eine bosnische Dynastenfamilie mit Namen Balza, auf welche wir später zurückkommen werden, im Besitze der beiden Zenta mit Skodra, Driwasto, Alessio und Antiwari. Ihr letzter Sprössling verpfändet Skodra an die Venetianer [103]) und versäumt die Auslösung; auf diese Weise wurde die Stadt venetianisch.

Im Jahre 1474 ward sie von Soliman, dem Grossvezir Mahomets II., mit 80,000 Mann belagert; sie vertheidigte sich aber unter Antonio Loredano so tapfer, dass der Vezir nach drei Monaten und mit grossem Verluste wieder abziehen musste [104]). Diese Belagerung soll ein gewisser Georgius Merula beschrieben und sein Werk noch in demselben Jahre in Venedig gedruckt haben.

Im Jahre 1478 zog aber Mahomet selbst mit mehr als 300,000 Mann vor Skodra und betrieb die Belagerung mit dem grössten Eifer. Er beschoss die Stadt mit 11 Riesenmörsern, die an Ort und Stelle gegossen waren und unter denen einer Steinkugeln zu 11, zwei zu 12 und einer zu 13 Centner warfen; er versuchte zwei Stürme, sie wurden aber von der tapfern Besatzung zurückgeschlagen; der erste soll den Belagerern nicht weniger als 12,000 (?) Mann gekostet haben. Als Mahomet einsah, dass er die Festung mit Gewalt nicht bekommen könne, beschloss er sie auszuhungern, er liess also 40,000 Mann in wohl verwahrter Stellung vor derselben zurück und zog mit dem Haupttheere nach drei Monaten ab.

Die Besatzung hielt sich während 11 Monate, obwohl sie bereits seit 4 Monaten grossen Mangel an Lebensmitteln erlitt. Da kam ihr die Nachricht zu, dass nach dem am 26. Januar des Jahres 1479 zwischen Venedig und der Pforte in Konstantinopel abgeschlossenen Frieden Skodra an die Türken abgetreten, den Bürgern aber Sicherheit des Lebens oder freie Auswanderung bedungen worden sei.

Dem zu Folge übergab die Besatzung, an deren Spitze Florio Jonima stand, die Stadt an die Türken und nahm denjenigen Theil der Einwohner, welcher seine Heimath verlassen wollte, mit sich nach dem 6 Stunden entfernten Meeresufer, wo sie die venetianische Flotte aufnahm und nach Venedig brachte; es waren 450 Männer und 150 Frauen [105]). Von diesen blieb ein Theil in Venedig, andere zogen nach Ravenna, Padua und Treviso. Diese zweite Belagerung, welche Leake in seinen Researches of Greece für eine der denkwürdigsten erklärt, welche die Geschichte kennt, wurde von dem Geistlichen Marinus Barletius, einem gebornen Skodraner, beschrieben und sein Werk im Jahre 1504 in Venedig gedruckt; derselbe hat auch eine Lebensbeschreibung seines Landsmannes Skendérbey geschrieben, welche eine Hauptquelle für die Geschichte dieses Helden bildet.

Nach Farlats Darstellung sollte man denken, dass die von ihm angegebenen Auswanderer die ganze christliche Bevölkerung der Stadt gebildet hätten; dies scheint jedoch nicht der Fall gewesen und namentlich die reichsten, grundbesitzenden Familien oder doch (wie in Candien und anderwärts) einzelne Glieder derselben zurückgeblieben zu sein, denn es hat sich traditionsweise die Geschichte von ihrem Uebertritte zum Islam erhalten. — Sämmtliche Grundherren wurden nämlich eines Tages (man weiss die Zeit nicht näher zu bestimmen) zum Pascha berufen, und ihnen befohlen, die Besitztitel vorzuzeigen, vermöge deren sie ihre Güter und Herrschaften besässen. Als nun dieselben erklärten, dass sich die von ihnen besessenen Güter seit unvordenklichen Zeiten vom Vater auf den Sohn vererbt hätten und keinerlei schriftliche Besitztitel über dieselben vorhanden wären, da verlas ihnen der Pascha einen grossherrlichen Firman, welcher alle ohne schriftliche Documente von Christen besessenen Güter als grossherrliches Eigenthum erklärte und dass dergleichen Besitzer durch eine türkische Urkunde (tapí) nur dann in ihren Rechten bestätigt werden sollten, wenn sie zum Islam übertreten. Dieser Versuchung sollen nach der Tradition alle christlichen Grundherrn von Skodra erlegen sein, indem sie sämmtlich ihren Glauben der Erhaltung ihrer Habe zum Opfer brachten. Uebrigens mag auch der Druck nicht gering gewesen sein, welchen die Eroberer übten.

Alle christlichen Kirchen wurden entweder zerstört, oder in Moscheen verwandelt, so dass sich nur eine einzige auf dem nördlichen Ufer der Bojanna, also ausserhalb der Stadt, gelegene kleine Capelle erhalten hat, welche unter dem Schutze des österreichischen Consulates steht, und wie es die Sieger mit den Christen dieses Landes hielten, das mag aus der einfachen Thatsache erhellen, dass Skodra unter seinen Bischöfen 2 Märtyrer zählt.

Am Ende des 17. Jahrhunderts wurde der Bischof Anton Niger erhängt, weil er nicht zugeben wollte, dass eine Katholikin das sträfliche Verhältniss fortsetze, welches sie mit einem Türken unterhielt, und im Jahre 1718 erlitt sein Nachfolger Anton IV. dieselbe Todesart, weil er durch seinen heiligen Lebenswandel und die ihm von dem ganzen Lande erwiesene Verehrung, wie Farlat versichert, dem herrschenden Elemente gefährlich wurde und er jede Zumuthung, seinen Glauben abzuschwören, standhaft zurückgewiesen hatte.

Der Leichnam blieb drei Tage lang unbeerdigt, denn Niemand wagte es, sich ihm zu nähern. Endlich benutzte man eine stürmische Nacht, um ihn rasch herabzunehmen und an dem Executions-orte selbst zu verscharren. Erst später ward er dann in einer Kirche beigesetzt [106]).

Nach solchen Vorfällen darf es wohl nicht wundern, wenn es deren Nachfolger nicht wagten, ihre Residenz in Skodra zu nehmen, sondern in der Umgegend wohnten. Die Verlegung des Bischofsitzes in diese Stadt fand gegen das Ende des vorigen Jahrhunderts statt.

Uebrigens waren die christlichen Bewohner von Skodra nicht nur zur Vertheidigung der Stadt, sondern auch zur Heeresfolge verpflichtet; sie hatten also das Waffenrecht (welches aber unter den erblichen Paschas eine schwer zu tragende Last war) und entledigten sich desselben erst im Jahre 1831, wo sie auf den Vorschlag des Sadrasem Reschid Pascha eingingen, die damit verbundenen Pflichten vermittelst einer jährlichen Abgabe abzulösen, welche anfangs 45,000 Piaster betrug, jetzt aber mit Einrechnung gewisser städtischer und anderer Lasten auf nahe an 100,000 Piaster vermehrt worden ist.

Die einzigen Quellen über die Schicksale der Stadt nach der Eroberung des Landes durch die Türken, möchten die ottomanischen Geschichtsannalen bilden, und da mir diese nicht zugänglich sind, so muss ich bis zu den Zeiten, deren sich die Skodraner traditionsweise [107]) erinnern, eine Lücke lassen. Diese Zeiten scheinen nicht über die vierte Generation hinauszureichen und die Tradition beginnt mit trüben, anarchischen Zuständen; sie zeigt uns die Stadt in zwei grosse Parteien zerrissen, nämlich in die der Tabaki oder Gärber, welche das zwischen dem südlichen Abhange der Rosafahügel und dem Kjirifusse gelegene Stadtviertel inne hatten, und die der Teresi [108]), welche alle übrigen Handwerke umfasste, und die nordwärts der Rosafa gelegene Gegend bewohnte, die jetzt der Bazar einnimmt [109]). Unter ihnen wohnten 6—8 mächtige Familien, welche den Titel Beys führten, häufig unter sich in Fehde lagen, und je nach ihren Interessen an dem Hader der beiden Innungen Theil nahmen, denn auch zwischen diesen war der Kriegszustand so zu sagen die Regel und es war nichts seltenes, dass die feindlichen Stadthälften sich am Fusse des Citadellenberges durch Verschanzungen von einander absperrten.

Die mächtigste Familie war damals die der Tschausche, welche es mit den Teresis hielt, und deren Chefs das Paschalik von Skodra sehr häufig erstanden, ohne dass es ihnen jedoch gelungen wäre, diese Würde in ihrer Familie erblich zu machen. Denn es wurden von der Pforte mitunter auch Fremde als Paschas nach Skodra geschickt. So kamen einmal auch zwei Brüder aus Pékia oder Ipék, der eine als Pascha, der andere als dessen Kichajá und zwar zu einer Zeit, in der die beiden Zünfte in schwerem Streite mit einander lagen. — Diese erlaubten sich im Vertrauen auf die Zerrissenheit der Stadt manche Bedrückung und Willkühr, und raubten die Mädchen und Knaben, welche ihnen gefielen.

Hassán Aslán stand damals an der Spitze der Teresis; der dachte eines Nachts über den Schimpf nach, den diese fremden Gewalthaber über seine Vaterstadt brachten, und da er ein kerniger Mann war, der rasche Entschlüsse liebte, so erhob er sich von seinem Lager und ging, nur von einem Diener begleitet, geradenwegs zur Thüre seines Todtfeindes, des Hauptes der Tabaki, klopft an, und nennt den fragenden Wächtern seinen Namen. Die Diener eilen mit der wunderlichen Nachricht zu dem Herrn; dieser erscheint selbst an der Pforte, und führt den seltenen .Gast auf sein Verlangen in ein abgelegenes Gemach. Dort schildert Hassán die über Skodra gekommene Schmach, und fordert seinen Gegner zur gemeinsamen Rache auf, verlangt aber dass diese nicht verschoben, sondern gleich am andern Morgen vollzogen werde. Sein weniger entschlossener Gegner sträubt sich anfangs, verlangt Aufschub und Bedenkzeit für mehrere Tage, aber Hassán ist unerschütterlich und wiederholt auf jede neue Vorstellung: Morgen oder niemals. Endlich fügt sich der Tabaktschi seinem Willen und beim ersten Grauen des Morgens legen sich Beide mit der festgesetzten Zahl von Getreuen bei dem Palaste des Paschas in den Hinterhalt, und als bald darauf die beiden Brüder des Weges kamen, um in das Bad zu gehen, werden sie umzingelt und mit ihrem ganzen Gefolge niedergemacht. — Die Pforte schickte allerdings einen Hofcommissär zur Untersuchung eines so ausserordentlichen Vorfalles, der musste sich aber mit den Köpfen einiger unglücklicher Christen von Schkrieli, die man als Schuldige angab, begnügen, und bei diesem liess man es in Konstantinopel bewenden; aber in Skodra singt man noch heut zu Tage:

> Durch die Verschwörung bei dem Bade,
> Erhob der Herr den Achmet Aslani,
> Der dem Pekjaner das Schwert entriss,
> Und den Skodraner damit gürtete [110]).

Bald vor oder bald nach diesem Ereignisse, denn wann es sich zutrug, weiss Niemand zu sagen, scheint ein mächtiger Bey, Namens Mechmét, aus dem drei Stunden südlich von Skodra gelegenen Flecken Bousebát in die Stadt gezogen zu sein, und sich in Tabaki ein Haus gebaut zu haben, er erhielt bald grossen Einfluss in diesem Viertel und war der Hauptgegner der Tschauschen, die es mit den Teresi hielten. Als er gerade einmal im Vortheil gegen diese war, kam ein neuer Pascha von Konstantinopel nach Skodra. Er zog demselben nach dem Ortsgebrauche an der Spitze der Angesehenen der Stadt entgegen, und liess sich von einpaar hundert Hochländern begleiten, die keine Hemden tragen und denen er befohlen hatte, sich bis zum Gürtel zu entkleiden. Als nun der Neuangekommene über diese sonderbare Toilette sein Erstaunen äusserte, meinte Mechmét Bey achselzuckend: Albanien sei ein wildes Land, und er werde wohl noch Gelegenheit finden, sich davon näher zu überzeugen. — Kaum hatte der neue Pascha in Tambákia sich in die Gemächer des Hauses zurückgezogen, das Mechmét für ihn in Bereitschaft gesetzt, so wurde er durch einen Steinregen gestört, der auf das Dach niederfiel. Mechmét Bey wurde also gerufen, um über dies neue Phänomen Aufschluss zu geben, und er erklärte, es sei das die hergebrachte Art, auf welche die Wilden der Berge den Wunsch zu erkennen geben, für ihre Begleitung bei dem Einzuge beschenkt zu werden. Der Pascha liess ihm also eine Summe aushändigen, um sie an die Wilden zu vertheilen. Aber kaum war Mechmét von diesem Geschäfte zurückgekehrt, so prasselte ein neuer Steinregen auf das Dach, denn das verwilligte Geschenk hatte den Erwartungen nicht entsprochen und die Begleitung verlangte wenigstens den vierfachen Betrag. Dieser Empfang mag ungefähr einen Begriff von der Art geben, wie Mechmét Bey seine günstige Stellung benutzte. Er hielt den Pascha wie seinen Gefangenen und noch war kein Jahr verflossen, so musste dessen Gefolge, das in jenen Zeiten nur auf die Geschenke der Bittsteller angewiesen war, die mitgebrachte Habe verkaufen, um nicht zu verhungern. Der Pascha verlangte also seine Zurückberufung und diese liess nicht auf sich warten — doch neue Täuschung; Mechmét Bey erklärte, dass er den Abberufenen nicht eher ziehen lassen werde, bis er nicht dessen Ernennung zum Pascha von Skodra erwirkt haben würde, und dieser war somit genöthigt, in Konstantinopel alle Hebel in Bewegung zu setzen, um seinen Kerkermeister zu seinem Nachfolger zu machen.

Auf solche Weise wurde nach der örtlichen Sage Mechmét Bey Buschatlí Pascha von Skodra. Dieser wusste die so erworbene Gewalt besser zu gebrauchen, als seine Vorgänger, und sich in der Art in derselben zu befestigen, dass sie auf seine Söhne und Enkel überging. Sein Augenmerk war unausgesetzt auf die Ausrottung aller seiner Nebenbuhler, oder was dasselbe heisst, des aristokratischen Elementes gerichtet und er verfolgte hierbei genau den Weg, den später Ali Pascha von Jannina einschlug, indem er da, wo Gewalt nicht möglich, oder nicht politisch erschien, zur List seine Zuflucht nahm, und zwischen den mächtigen Familien des Landes durch glänzende Versprechungen oder feine Intriguen Feindschaft säete, damit sie sich gegenseitig aufrieben.

Die Söhne verfolgten die Politik des Vaters, und erreichten ihren Zweck so vollständig, dass sich im ganzen Paschalik kaum eine oder zwei alte grundherrliche Familien von einiger Bedeutung erhalten haben. — Auf diese Weise wurde die mächtige Familie der Tschauschen theils aufgerieben, theils aus Skodra verjagt. Die übrigen Geschlechter traf dasselbe Loos, zuletzt blieb nur noch ein Geschlecht übrig, welches den Namen der Madjaren führte. Sie wurden von Mustaphá Pascha, dem ältesten Sohne Mechméts, in ihrem Palaste belagert, und dieser, nachdem alle Aufforderungen zur Ergebung umsonst waren, in Brand gesteckt. Es verbrannten darin die sieben letzten Glieder dieser Familie mit Weib und Kind und Gefolge, ohne dass auch nur einer sich dem freiwilligen Feuertode zu entziehen versucht hätte.

Mechméts zweiter Sohn trieb die übermüthigen Geschlechter seines Stammortes Buschát zu Paaren, und liess einmal an einem Tage das aus 70 Gliedern bestehende Geschlecht der Tselepi ausrotten.

Dann wurde die unbändige Seeräuberrepublik von Dulcigno zum Gehorsam gebracht, und deren Bewohner in der Art gedemüthigt, dass sie jedem Befehle, zu Frohnarbeiten nach Skodra zu kommen, Gehorsam leisteten.

Mit den Gewalthabern der Nachbarprovinzen waren Mechmét Pascha und seine Söhne in beständigem, meist glücklichem Kampfe, so dass sie nach und nach die Districte von Alessio, Tyranna und Elbassan und das ganze Dukadschin ihrer Herrschaft unterwarfen, und auch in Dibra und Mati mächtig waren.

Von der Geschichte dieses merkwürdigen Geschlechtes weiss die hiesige Sage ungefähr Folgendes zu erzählen:

Mechmét Pascha [111]) hatte vier Söhne, Mustaphá, Machmút, Ibrahím und Achmét, und eine Tochter Kájo Hanúm, welche an den mächtigen Ibrahím Bei von Cavája verheirathet war. Diese kam eines Tages zu Besuch nach Skodra und fand dort, dass der Kiehajá Murtisá Effendi das ganze Vertrauen des Vaters besass, dasselbe aber zu seinem Privat-Vortheile ausbeutete und dabei die Söhne des Paschas in solcher Abhängigkeit hielt, dass diese selbst das Geld für ein Paar Schuhe, die sie einem Diener schenken wollten, von ihm zu erbitten genöthigt waren. — Die Kájo hörte auch von den Schätzen, welche Murtisá in seinem Harem aufgehäuft habe, während er ausserhalb ein schäbiges Gewand zur Schau trug, und begehrte daher, um sich selbst davon zu überzeugen, den Frauen desselben einen Besuch abzustatten. Der Effendi suchte denselben durch allerlei Vorwände zu verhindern, als er aber die Hanúm unerschütterlich fand, entfernte er alles, was kostbar war, aus den Gemächern und verschloss es in eine Kammer. Kájo liess sich durch diese scheinbare Armuth nicht beirren, sondern prahlte gegen Murtisá's einfache Weiber mit den Kostbarkeiten und Reichthümern, die sie zu Hause besässe, und beklagte dieselben wegen ihrer Armuth so lange, bis diese ihre Wuth nicht mehr beherrschen konnten und mit den verschlossenen Reichthümern zu prunken begannen; und nun half dem Effendi keine Ausflucht und kein Sträuben, er wurde so lange mit immer dringenderen Botschaften beschickt, bis er sich dazu verstand, den Schlüssel zur Schatzkammer herauszugeben und der Hanúm die Musterung derselben zu gestatten.

Als diese von dem Besuche zurückgekehrt war, erzählte sie ihren Brüdern, was sie gesehen, und erklärte, dass sie sich nicht eher wieder ihre Schwester nennen würde, bis sie für die Räubereien, welche Murtisá an ihrem Vermögen begangen und die Unterdrückung, in der er sie bis jetzt gehalten, Rache genommen hätten. Machmút berieth sich nun häufig mit Mustaphá über die Art, wie der Effendi aus dem Wege geräumt werden könnte; dieser aber fürchtete des Vaters Zorn und verweigerte jede thätige Beihülfe, und so entschloss sich endlich Machmút, die That allein auszuführen. — Mustaphá ging daher, um jeden Verdacht von sich abzuwenden, auf das Land; Machmút blieb allein in der Stadt zurück und beschied Murtisá Effendi zu sich unter dem Vorwande, dass er von dem Vater, der gewöhnlich in Kosmatschi, einem reizenden Landsitze, eine Stunde südlich von Skodra, residirte, wichtige Aufträge für ihn erhalten habe. Der Effendi liess sich zwar durch Unwohlsein entschuldigen, als ihm aber Machmút sagen liess, dass er, wenn er nicht ausgehen könne, zu ihm kommen werde, so erschien er endlich auf einen Stab gestützt;

und als er sich niedergelassen, und, um die vorgeblichen Befehle niederzuschreiben, das Schreib-zeug aus dem Gürtel gezogen hatte, zog Machmút den Dolch aus dem seinigen, und erstach ihn mit eigener Hand. Darauf liess er den Leichnam in einen Wandschrank verbergen und jagte auf bereit gehaltenen Pferden mit ein paar Getreuen davon. Der Körper des Ermordeten wurde erst nach mehreren Tagen gefunden und alle Bemühungen Mechmét Paschas, um Machmúts habhaft zu werden, waren vergebens. Dieser nahm Kriegsdienste und that sich bei vielen Gelegenheiten so sehr hervor, dass er von der Pforte zum Pascha erhoben wurde. Als dies in Skodra bekannt wurde, riethen die Freunde Mechmét Paschas, dem tapfern Sohne zu verzeihen und ihn zurück-zurufen, damit er nicht einstmals gegen seinen Willen nach Skodra zurückkehre. Der Vater be-folgte den Rath und so kam Machmút nach Skodra zurück.

Mechmét Pascha wurde auf Befehl der Pforte von einem Hasaktaí ermordet, weil er sich, unter dem Vorgeben einer Krankheit, geweigert hatte, gegen die Russen zu Feld zu ziehen. — Da aber die Zeiten vorbei waren, wo dergleichen Befehle auf keinerlei Widerstand stiessen, und Ibrahim Pascha von Cawaja einen Kapidschí Baschí niedergeschossen hatte, der so verwegen war, ihm das Todesurtheil der Pforte vorzulesen, so bediente sich der gegen Mechmét Pascha ausgesandte Executions-Commissär zur Ausführung seines Auftrages des Dolches und stiess den Pascha bei einer günstigen Gelegenheit plötzlich nieder.

Ob sein erstgeborner Sohn Mustaphá Pascha vor oder nach dem Tode des Vaters nach Morea gezogen, weiss man hier nicht mehr genau zu bestimmen. Ueber diesen Zug aber erzählt man Folgendes: Die in Morea wohnenden Albanesen hätten sich dieses Landes vollkommen bemei-stert [112]), und mit Verachtung aller Befehle der Pforte gegen die dortigen Rajahs die grössten Bedrückungen geübt. In Konstantinopel habe man den Pascha von Skodra für den geeignetsten gehalten, diesem Unwesen zu steuern, und in Folge dieses Auftrages sei Mustaphá Pascha mit 3000 Gegen nach Morea gezogen, und habe die dortigen Tosken rasch zu Paaren getrieben. Die neuen Ankömmlinge hätten jedoch dort noch ärger gehaust, als die früheren, und um den wiederholten Klagen der Unterdrückten abzuhelfen, habe man Mustaphá Pascha durch zwei ihm zum Geschenke gesandte Odalisken vergiften lassen und zugleich den Moreo-ten den Befehl zugesandt, sich der neuen Qualgeister nach dem Tode ihres Hauptes aus eige-nen Kräften zu entledigen; die Moreoten hätten aber diesen Auftrag so gut vollzogen, dass von den 3000 Gegen auch nicht ein einziger (?) nach Hause zurückgekehrt wäre.

Machmút war der ausgezeichnetste seiner Familie, er gelangte nach dem Tode seines Bru-ders Mustaphá zum Pasehalik von Skodra. Sein Leben ward von einer Reihe von Kriegen gegen seine Nachbarn in Kroja, Pekia, Montenegro und gegen den Sultan selbst ausgefüllt. Veranlas-sung zu seinem Bruche mit der Pforte soll, ausser den beständigen Klagen der benachbarten türki-schen Gewalthaber, eine Beschwerde von Venedig gegeben haben. Bei einem seiner Einfälle (1785) in Montenegro, war es nämlich Machmút Pascha gelungen, bis in das Innere des Landes zu dringen und dasselbe nach allen Seiten zu verheeren. Von diesem glücklichen Erfolge berauscht, liess er eine Anzahl Häupter aus Pastrovich zu sich einladen und dieselben, als sie kaum sein Lager betre-ten hatten, sämmtlich niedermachen. Das Land von Pastrovich stand aber damals, nachdem es lange zwischen der Pforte und den Venetianern bestritten war, in dem durch feierliche Tractate verbürgten Besitze dieser letzteren und die venetianische Gesandtschaft führte natürlich über die-sen treulosen Friedensbruch die bittersten Beschwerden. Die Pforte wurde endlich dieser Klagen müde und liess zu Machmúts Bekämpfung ein Heer ausrücken, welches sich jedoch nur bis in die berühmte Ebene von Kossowo (Amselfeld) vorwagte, und dort lange Zeit im Lager stehen blieb, um auf Verstärkung zu warten. Denn Machmúts Stellung war dadurch sehr fest und für den An-greifer bedenklich, dass seine beiden Flanken durch mächtige Bundesgenossen gedeckt wur-den, und daher der Angreifende gegen drei Seiten Front zu machen hatte. In Dibra hauste nämlich damals ein berüchtigter Condottieri — wenn anders ein solcher Räuber diesen Namen ver-dient, der Bateli hiess, und sich einen solchen Ruf erworben hatte, dass er im Nothfalle 10,000 Mann auf die Beine bringen konnte. In Bosnien aber trieb Stanischa dasselbe Handwerk und war nicht minder mächtig als Bateli. Beide waren aus Neigung und Interesse dem Machmút Pascha ergeben, und jeder vermass sich, den Schwarm der verhassten Osmanlis allein auf sich zu nehmen, wenn sie sich jemals in die albanesischen Berge wagen sollten. Machmút Pascha war aber ein kühner Mann, er beschloss die Furcht des Feindes zu benutzen und ihm bis Kossowo entgegen zu gehen. Der Erfolg krönte das Wagstück mit einem vollständigen Siege über den sechsmal stärkeren Feind, dessen Lager er erbeutete. Der Divan, in richtiger Erkenntniss der festen Stellung Machmúts, suchte nun vorerst diese zu brechen und zwang daher den Commissär, welchen derselbe (nach der noch bestehenden Sitte) in Konstantinopel unterhielt, ihm Verzeihung von Seiten der Pforte zu versprechen, wenn er die Köpfe seiner beiden Bundesgenossen nach Konstantinopel schickte. — Der Pascha, der, wie es scheint, nicht so klug wie Ali Pascha von Jannina war, neben seinem officiellen Agenten auch noch geheime zu unterhalten, ging in die Falle, liess treuloser Weise seine beiden Freunde umbringen und schickte deren Köpfe nach Stambul; dort aber erfuhr er, wie Untreue den eigenen Herrn schlage, denn auf seine Sendung erhielt er die einfache Antwort: dass man nun nur noch seines eigenen Hauptes bedürfe.

Unterdessen hatte die Pforte ein allgemeines Aufgebot gegen ihn an alle Paschas von Rumelien ergehen lassen, und es erschienen deren 24 mit zahlreichen Heerhaufen im Lager des Grosswesirs Kara Soki. Dieser zog gegen Skodra und rückte ohne Hinderniss bis vor die Stadt. Der Grund, warum Machmút Pascha ihm den Eingang nach Albanien nicht verwehrte, ist dunkel, vielleicht liegt er in der Unverlässlichkeit des albanesischen Volkscharakters, über welche später auch Ali Pascha sehr traurige Erfahrungen machte. Auch fällt es bei Vergleichung der Taktik Skendérbeys mit der von den beiden genannten türkischen Machthabern eingehaltenen auf, dass jener bei den verschiedenen Belagerungen seiner Hauptstadt Kroja das Commando dieser Festung stets einem seiner Feldherrn vertraute, und sich das Commando der das Belagerungsheer umschwärmenden Guerillas selbst vorbehielt, um bei günstiger Gelegenheit über dasselbe herzufallen. Machmút und Ali Pascha verzichteten dagegen auf diese Taktik, welche in einem für den Guerillaskrieg wie geschaffenen Lande wohl unbestreitbare Vortheile darbietet, und schlossen sich bei Annäherung der grossherrlichen Heere in ihre Hauptfestungen ein, weil sie vermuthlich Niemand hatten, auf dessen Treue sie ebenso sicher wie Skendérbey rechnen konnten.

Man erzählt hier, dass Machmút Pascha nur 90 Mann in die Festung aufgenommen habe, dass es aber auch fast keinem der 24 Paschas mit der Belagerung rechter Ernst gewesen sei, und namentlich Ali Pascha von Jannina durch heimliche Zufuhr von Lebensmitteln und Munition und Mittheilung der Kriegspläne den Belagerten allen möglichen Vorschub leistete, weil es natürlich seinem eigenen Interesse ganz entgegen war, dass die Pforte in den nördlichen Nachbarprovinzen festen Fuss fasse.

Nach Verlauf von einigen Monaten wurden Unterhandlungen angesponnen, und diese gediehen bald so weit, dass ein Zug von des Wesirs Leibwache vor den Thoren der Festung erschien, um Machmút Pascha in das Lager des Grosswesirs zu begleiten, wo er seine Unterwerfung erklären sollte. Machmút liess 30 seiner Leute in der Festung zurück, und folgte den grossherrlichen Soldaten den Festungsberg abwärts bis zu dem Sattel, welcher diesen von den weiter östlichen Höhen der Rosafa trennt, wo das Belagerungsgeschütz und das Lager der Artilleristen stand. Statt nun von da weiter abwärts zu gehen, stürmt er rasch diese Höhen hinan, nimmt die Batterien und steckt das hinter ihnen stehende Lager in Brand. Auf dieses Zeichen greifen seine Anhänger in der Stadt zu den Waffen, stossen mehrere Schaaren Hochländer aus dem grossherrlichen Lager zu ihm und nach kurzem Scharmützel stäubt das ganze Belagerungsheer, von panischem Schrecken ergriffen, auseinander und hinterlässt Machmút Pascha eine unermessliche Beute.

Für einen zweiten Angriff auf diesen furchtbaren Rebellen gelang es der Pforte, ihm einen noch gefährlicheren Gegner als die Tschausche entgegenzustellen. Es war dies sein eigener Bruder Ibrahim, den er zum Gouverneur von Elbassan eingesetzt hatte. Von den glänzenden Versprechungen der Pforte geblendet, verliess dieser heimlich seinen Posten, ging nach Konstantinopel und zog bald nachher mit einem eben so zahlreichen Heere wie das erste vor Skodra. Da hiess es also: hie Machmút! hie Ibrahím! — Gleichwohl aber gelang es dem ersteren, auch dies zweite Belagerungsheer fast auf dieselbe Weise wie das erste zu zerstreuen.

Die Pforte unternahm nun zwar keinen neuen Feldzug gegen die rebellischen Vasallen, liess sich aber erst spät durch Vermittlung des Gesandten von Spanien bereit finden, demselben zu verzeihen. — Machmút Pascha endete im Jahre 1796 sein stürmisches Leben in den Bergen von Montenegro, über welchen Feldzug Wilkinson [113]) und Boué [114]) die näheren Details nach der Montenegrinischen Sage angeben; hier behauptet man, der Pascha sei von einem grossen Theile seines Heeres, dem dies ewige Kriegführen unerträglich gewesen, im entscheidenden Momente verlassen worden.

Ihm folgte im Paschalik sein jüngerer Bruder Ibrahím — der jüngste, Achmét, der während der ersten Belagerung die Guerilla's ausserhalb der Festung leiten sollte, fiel dem Grosswesir durch Verrath in die Hände und wurde hingerichtet.

Die Pforte bewies demselben grosses Vertrauen und gab ihm den Oberbefehl über ganz Rumelien, er rechtfertigte aber auch dieses Vertrauen dadurch, dass er viele widerspenstige Paschas und Chefs zu Paaren trieb, und unter andern den Pascha von Adrianopel in seiner eigenen Hauptstadt exequirte. Er starb kinderlos, denn seine beiden Söhne waren vor ihm ums Leben gekommen; über ihre Todesart und den Grund derselben weiss man hier nichts sicheres anzugeben.

Es folgte ihm sein Grossneffe Mustaphá Pascha. Dieser ist der Enkel des vorerwähnten Mustaphá, Erstgebornen des Stammhauptes Mechmét und Sohn Mechmét Paschas, der gleichfalls auf räthselhafte Weise ermordet wurde.

Ueber das zweideutige Benehmen Mustaphá Paschas in dem letzten russischen Feldzuge (1820), glauben wir an Urquard, Cyprien Robert und Ami Boué verweisen zu dürfen, welche dasselbe mehr oder weniger ausführlich besprechen. Von dieser Zeit an soll Sultan Machmút einen tödtlichen Hass, nicht bloss gegen Mustaphá Pascha, sondern auch gegen die Chefs von Mittel- und Südalbanien gefasst haben, denn diese letzteren hatten ihm aus Unzufriedenheit mit den bereits begonnenen Neuerungen und wegen Nichtbefriedigung ihrer aus dem griechischen Revolutionskriege herrührenden Soldrückstände die Heeresfolge zu diesem gefährlichen Kriege gänzlich verweigert; der Sultan betrachtete sie nicht nur als Gegner der von ihm angebahnten Reformen, sondern auch als Reichsverräther und dies war der eigentliche Grund, warum sie im Jahre 1830 unter dem Vorwande, die vorerwähnten Soldrückstände zu reguliren, von dem Grosswesir Reschid Mechmét Pascha nach Monastir gelockt, und während sie zu einem Festmahle zu gehen glaubten, von den im Halbkreise aufgestellten Linientruppen niedergeschossen wurden. Es sollen damals über 400 Albanesen gefallen sein. Ein Augenzeuge versicherte mich, noch 8 Monate später die Reste ihrer Leichen auf dem Executionsplatze liegen gesehen zu haben. In dem vorgetragenen, von jenen Schriftstellern etwas abweichenden Zusammenhange wurde mir der Hergang von mehreren zuverlässigen Männern erzählt, und darunter war sogar einer von den wenigen, die diesem Blutbade entronnen sind.

Die Unzufriedenheit derjenigen Provinzen, welche bisher von einer militärischen Aristokratie regiert worden, mit den Neuerungen, welche die Regierung einführte, scheint zu einer weitverzweigten Verschwörung gegen dieselbe geführt zu haben, an deren Spitze Mustaphá Pascha stand, und man vermuthet, dass es besonders Furcht vor Verrath war, welche diesen veranlasste, im Jahre 1831 mit einem bedeutenden albanesischen Heere gegen Monastir zu rücken, wo der Grosswesir Reschid Mechmét Pascha mit einer nur geringen Truppenmacht stand. Der langsame Marsch Mustaphá Paschas verstattete diesem jedoch, sich zu sammeln und ihm mit einer, wenn auch kleinen Armee entgegen zu gehen. Mustaphá Pascha wurde in mehreren Scharmützeln geschlagen, bis Skodra zurückgeworfen und in der dortigen Citadelle eingeschlossen, wo er sich, weniger glücklich als sein Oheim Machmút, nach einer kurzen Belagerung an den Grosswesir ergeben musste. Er wurde jedoch vom Sultan begnadigt, erhielt sogar nach einigen Jahren seine sequestrirten bedeutenden Besitzungen zurück, und figurirt jetzt in der Regel unter den Gouverneurs der asiatischen Provinzen.

Mustaphá Pascha ist gegenwärtig ein angehender Fünfziger; er soll ein Freund von europäischer Gesittung, und in mehreren wissenschaftlichen Branchen, namentlich der Geographie und Statistik, bewandert sein. Sein Sohn Machmút Pascha war Spielgefährte des jetzigen Sultans, und es wäre daher nicht undenkbar, dass die Familie der Buschatli, nach dem Beispiele der Nachkommen Ali Paschas von Jannina, von der Verwaltung ihrer Stammlande nicht für immer ausgeschlossen bliebe.

Nach dem Sturze Mustaphá Paschas wurde die Provinz gleich den übrigen des Reiches durch Civilgouverneure regiert. — Als aber Namik Pascha im Jahre 1833 auf Befehl der Pforte Recruten zum taktischen Heere ausheben wollte, brach ein Aufstand aus. Namik wurde von den Rebellen in der Citadelle belagert, und musste sich wegen Mangels an Lebensmitteln ergeben.

Nicht glücklicher war Hafis Pascha mit seinen Reformbestrebungen im Jahre 1835. Er schoss ohne Nutzen das im Bereiche des Festungsgeschützes liegende Stadtviertel zusammen [115]), und war in seinen Ausfällen gegen die Aufgestandenen der unterliegende, so dass er sich zu einer Art Vergleich mit denselben herbeilassen musste, die Sachen bis zur Ankunft eines Bescheides von Konstantinopel in statu quo zu lassen. In Folge dieser Revolution wurde das Paschalik von Skodra auch in administrativer Hinsicht dem Seraskier von Rumelien unterstellt, und von den dort commandirenden Chefs der Linie regiert, nach Verlauf von 8 Jahren aber wieder direct unter Konstantinopel gestellt.

Seit dieser Zeit scheint die Pforte ihre Reformbestrebungen in diesem Paschalik verschoben zu haben, und ist daher das nördliche Albanien die einzige europäische Provinz des osmanischen Reiches, welche bis auf den heutigen Tag nach dem alttürkischen Systeme verwaltet wird, und vermöge dessen die ganze Bevölkerung bewaffnet geht, weder der Conscription, noch mehreren in den reformirten Provinzen eingeführten Abgaben unterworfen ist, und sich mehr in die Regierung mischt, als nach unseren Begriffen mit einem wohlgeordneten Staatswesen verträglich wäre ; der Pascha aber mit seinen Regierungsattributen das Amt eines Generalpächters sämmtlicher grossherrlicher Einkünfte vereinigt. Die von ihm jährlich zu entrichtende Pachtsumme wird auf 15—16 Millionen Piaster, also 1½ Million Gulden angeschlagen; doch erleiden die Einzahlungen nach Konstantinopel durch die Auslagen, welche die von dem Pascha geleitete Vertheidigung der Grenzen gegen Montenegro veranlasst, bedeutende Abzüge. Die Abgaben, deren Eintreibung dem Pascha für diese Summe zusteht, sind folgende [116]):

1. Der **Charadsch**, oder die von den nicht muhamedanischen Unterthanen (Rajahs) zu zahlende Kopfsteuer. Derselben unterliegt jeder männliche Rajah von der Zeit der beginnenden Mannbarkeit, hier etwa das zwölfte Jahr, bis zum Alter von 60 Jahren. Diese Steuer ist in den einzelnen Territorien des Paschaliks sehr verschieden, denn sie beträgt an einigen Orten nur 1 fl. 30 kr., an anderen 5 fl. 40 kr., in Skodra selbst 3 fl. per Kopf. Die in den neuorganisirten Provinzen bei dieser Steuer eingeführten Classen finden sich hier nicht; der Arme eines Ortes zahlt eben so viel, als der Reiche.

2. Der **Zehnte** von allen Agriculturproducten, welcher, mit Ausnahme des Weinzehnten, in natura von dem Bruttoertrage der Ernte percipirt wird. Bei der Eintreibung dieser Steuer sollen von den Unterpächtern mitunter die grössten Missbräuche verübt, und dem Steuerpflichtigen, statt des Zehnten, der fünfte oder sechste Theil seiner Ernte entrissen werden.

3. Die **Zölle**; sie bestehen, wie im übrigen türkischen Reiche, in 5% des Werthes der Einfuhr und 12% des Werthes der Ausfuhr. Die türkischen Douanen sind die humansten in der Welt, da es gegen das Interesse der Pächter wäre, den Handel durch Plackereien zu stören; sie bewilligen vielmehr, um diesen zu encouragiren, besonders gegen das Ende des Pachtjahres, den Kaufleuten bedeutenden Rabatt, damit sie, durch diesen gelockt, ihre Operationen möglichst beschleunigen. Der Schmuggel wird gesetzlich mit Erlegung des doppelten Werthes der geschmuggelten Waare bestraft, unterliegt aber in der Regel einer freundschaftlichen Abfindung. Bei der unvollkommenen Aufsicht werden jedoch alle kostbareren, leicht zu transportirenden Artikel, wie Gold, Silber, Sammt und Seidewaaren eingeschmuggelt.

Die in den reformirten Provinzen eingeführte Vieh- und Haussteuer [117]), ferner die von allen Industrie-Producten zu zahlende Taxe, die sogenannte Dámka, kennt man hier noch nicht. Nur die Rajahs von Skodra bezahlen ein sogenanntes Maktúm von 45,000 Piastern an den Staatsschatz, wodurch sie sich im Jahre 1831, auf den Vorschlag des Sadrasem, von der unter den kriegerischen Erbpaschas unerträglichen Last der Heeresfolge loskauften.

Zu den Staatsmonopolien gehören hier Salz, Pulver, Blei, Schnupftabak, Fisch- und Blutegelfang [118]).

Der Pascha treibt keine dieser Abgaben auf eigene Rechnung ein, sondern verpachtet sie einzeln oder districtsweise an Unterpächter, und mitunter gehen sie von diesen in die dritte, ja in die vierte Hand über. — Man schlägt das jährliche Einkommen des Paschas von Skodra auf 120,000 Gulden (C. M.) an, von welchen er jedoch die Beamten seines Bureaus zu zahlen hat. Die von ihm eingesetzten Mudirs beziehen keinen Sold, sondern sind in der Regel die Unterpächter sämmtlicher oder einzelner Abgaben.

In früheren Zeiten bildeten die Häupter der Ulemá den Rath des Pascha; im Jahre 1835 setzte aber der Seraskier Hassan Pascha Terhálla, welcher zur Zeit des Aufstandes gegen Haßß Pascha hierherkam, einen Rath von 12 angesehenen Türken ein — worunter der jeweilige Muftí und Kadí — der Wutschúff genannt wird, und zweimal in der Woche beim Pascha zusammenkommt.

Früher stand ein Chodschà Bashi an der Spitze der christlichen Gemeinde; gegenwärtig werden ihre Angelegenheiten durch eine Art Rath geleitet, der aus 12 Mitgliedern besteht, von denen aber nur vier das Heft in Händen haben.

Der gegenwärtige Gouverneur der Provinz ist Osmán Maisár Pascha; er stammt aus der edelsten Familie von Bosnien, welche ihren Ursprung aus Asien herleitet, und an der Eroberung des Landes Theil nahm; sie zählt unter ihren Gliedern nicht weniger als 33 Wesirs und hat daher den Beinamen Paschik, die Paschafamilie. In weiblicher Linie ist Osmán Pascha mit dem Grafen Karalipéo Despotovich von Almissa verwandt, indem eine Tochter dieses Hauses, welche von einem in Dalmatien streifenden Corps aufgefangen und in den Harem der Paschiks gebracht worden war, die Gemahlin eines der Vorfahren Osmán Paschas wurde. Die dadurch bewirkte Verbindung wird zwischen beiden Familien bis auf den heutigen Tag unterhalten, und sie geben einander in ihren Briefen den Namen Vetter [119]).

Osmán Paschas Vater war Suleimán, Pascha von Belgrad, dessen Grausamkeit viel zu dem serbischen Aufstande beigetragen haben soll; er liess einstmal 300 Serben in einem grossen Kreise pfählen, in der Mitte ein grosses Gastmahl anrichten und ergötzte sich schmausend an den Verwünschungen der Sterbenden.

Osmán Pascha wurde im Jahre 1843 zum Kaimakam von Skodra ernannt, welches damals noch unter dem Seraskier stand; er wusste sich jedoch bald dieser Subordination zu entziehen und seine schwierige Stellung mit so viel Tact und Umsicht zu behaupten, dass er von der Pforte im Jahre 1848 mit dem Grade eines Wesirs belohnt wurde.

Er ist dabei trotz seiner slawischen Nationalität sehr populär im Lande, denn er kennt den albanesischen Charakter und weiss ihn zu behandeln; überhaupt aber verbindet er mit einer glücklichen Conversationsgabe jene natürliche Feinheit und Grossartigkeit der Formen, welche ein Erbstück des hohen türkischen Adels zu sein scheint.

Wie gross ist Skodra? Ein türkischer Topograph antwortet hierauf: „der Kreis ihres Umfanges ist weiter, als das Bereich ihrer Sonnenstrahlen, die genaue Messung ihrer Seiten und die vollständige Durchwanderung ihrer Viertel liegt ausser dem Möglichkeitskreise der Gedanken." — Sollte sich der Leser durch diese Antwort nicht vollkommen befriedigt fühlen, so findet er bei Müller [120]) neben einer ausführlichen Beschreibung der verschiedenen Viertel der Stadt die Angabe, dass dieselbe 2⅕ ital. Meilen westöstliche Länge, 1¾ Meilen nordsüdliche Breite und einen Umfang von 6¼ Meilen habe, und etwa 2 ital. Geviertmeilen bedecke; diese Berechnung scheint nach meinen Vorstellungen von den Dimensionen der Stadt sehr plausibel, leider aber dürfen die Angaben Müllers überhaupt nur mit Vorsicht benützt werden. Wenn er z. B. auf derselben Seite, nachdem er die Häuserzahl der Stadt angegeben, sagt: „Der Schätzung vom Jahre 1831 gemäss zählte Skodra 16,000 mohamedanische und 13,000 katholische Arnauten (?), 1500 Slaven, 1600 Osmanen und einige Zigeunerhorden," so wissen wir aus dieser Angabe nichts zu machen, da sie für die Stadt viel zu gross, für das Paschalik aber zu klein ist. Vielleicht bezieht sie sich auf den Bezirk von Skodra. Die türkischen Zählungen sind, abgesehen von allem anderen, schon desswegen höchst unzuverlässig, weil sie die Frauen ausschliessen und die Säuglinge in der Regel ausgelassen werden.

Die Häuserzahl scheint gleichfalls nicht allgemein bekannt, denn jeder gibt sie anders an, doch möchte folgende Schätzung nicht weit von der Wahrheit abweichen. 3000 muhamedaische, 900 katholisch-albanesische und 100 griechischgläubige serbische und walachische Häuser, also in Summa etwa 4000.

Handel von Skodra. Für den österreichischen Handel ist Skodra unter den albanesischen Handelsplätzen der bedeutendste, denn der Gesammtbetrag der österreichischen Ausfuhr und Einfuhr zur See beträgt im Durchschnitte nahezu 1½ Million Gulden, eine Summe, welche weder Durazzo noch Jannina erreichen. · Von derselben kommt jedoch im Gegensatze zu Durazzo die grössere Hälfte auf die Einfuhr nach Skodra und die kleinere auf dessen Ausfuhr.

Die österreichische Einfuhr nach Skodra kommt ausschliesslich von Triest und Venedig; sie besteht aus den in der Levante gangbaren Colonial- und Manufacturwaaren; in Bezug auf erstere wiederholt sich auch hier die in vielen anderen Levantiner Scalen auffällige Erscheinung, dass die Einfuhr an Zucker kaum den achten Theil der Einfuhr an Kaffee beträgt, und fast jener an Pfeffer gleichsteht; denn der Kaffee wird hier ohne Zucker getrunken, und im Uebrigen vertritt der Honig dessen Stelle.

In Bezug auf unsere Manufactur-Einfuhr verdient bemerkt zu werden, dass sie sich über österreichische und nichtösterreichische, namentlich englische Fabricate erstreckt [181]) und fast den ganzen Bedarf des Platzes deckt, indem, wie sich weiter unten zeigen wird, die betreffende Einfuhr von nichtösterreichischen Häfen zu der unsrigen ungefähr wie 1 zu 20 sich verhält.

Was die österreichische Ausfuhr betrifft, so gibt die folgende, von dem k. k. Consular-Agenten in Antivari, Herrn Nic. Bradasch, früher Consulats-Kanzler in Skodra, nach einem fünfjährigen Durchschnitte verfasste alphabetische Tabelle eine gründliche Uebersicht derselben. Aus dieser Tabelle lässt sich nicht nur die Ausdehnung des Handelsrayons von Skodra in Bezug auf jeden einzelnen Artikel, sondern auch deren örtliche Durchschnittspreise entnehmen und wegen dieses allgemeineren Interesses möge sie hier einen Platz finden, obgleich sie bereits in den Mittheilungen über Handel, Gewerbe und Verkehrsmittel, Jahrgang II, Heft I, abgedruckt ist.

		Gulden
1. Blutegel:		
von Skodra Okka 2,971, jährlich 594, die Okka zu 100 Piaster.		5,400
2. Feldfrüchte:		
a) *Bohnen,*		
von Skodra Okka 57,844, jährlich 7,568, die Okka zu 16 Pará...		275
b) *Leinsamen,*		
von Skodra Okka 310,228, jährlich 62,045, die Okka zu 28 Pará...		3,948
c) *Mais,*		
von Skodra 600,200 Okka, jährl. 120,040, die Okka zu 20 Pará		5,456
3. Felle:		
a) *Hasenfelle,*		
von Ciuperlia...... Okka	1,296	
„ der Donau..... „	10,395	
„ Dibra........ „	606	
„ Nissa........ „	698	
„ Nowi Bazar.... „	9,292	
Fürtrag Okka 22,287		

		Gulden
Uebertrag Okka 22,287		
von Pecchia .... „	1,613	
„ Perlepie ...... „	465	
„ Priserend ..... „	568	
„ Pristina....... „	3,527	
„ Rumelien...... „	69,437	
„ Scopia .... „	312	
„ Tetowa .... „	732	
„ Tyranna ...... „	391	
„ der Walachei... „	16,219	
„ Wraja .... „	15,021	
Okka 130,572		
jährlich 26,114, die Okka zu 25 Piaster...............		59,350
b) *Lammfelle,*		
von Skodra Okka 9,960, jährlich 1,992, die Okka zu 9 Piaster.		1,630
c) *Zickleinfelle,*		
von Priserend...... Okka	1,022	
„ Skodra	5,520	
Okka 6,542		
jährlich 1,308, die Okka zu 3½ Piaster..................		416

d) *Ochsenfelle*, Gulden

von Skodra Okka 3,107, jährlich
621, die Okka zu 6 Piaster... 339

4. Leder:

a) *Bocksleder*,

von Jacowa	.......Okka	108
" Priserend	..... "	5,479
" Skodra	.... "	79,129
	Okka	84,716

jährlich 16,943, die Okka zu
10 Piaster 20 Pará 16,173

b) *Schafleder*,

von Jacowa	.......Okka	755
" Priserend	..... "	5,301
" Pristina	.... "	513
" Skodra	.... "	50,438
	Okka	57,007

jährlich 11,401, die Okka zu
9 Piaster 9,328

5. Olivenöl:

von Antiwari und Dulcigno Okka
460,625, jährlich 92,125, die
Okka zu 4 Piaster 33,500

6. Scoranzen:

von Skodra Okka 19,665, jährlich
3,933, die Okka zu 2 Piaster
20 Pará 892

7. Seide:

von Adrianopel	....Okka	1,035
" Philippopolis	... "	248
" Rumelien	...... "	2,539
" Salciwi	.... "	281
" Selwia	.... "	4,816
" Starimacca	.... "	3,666
" Ternowia	...... "	12,974
" Zagori	.... "	2,096
	Okka	27,665

jährlich 5,531, die Okka zu
130 Piaster 65,366

8. Wachs:

von Nissa	........Okka	3,883
" Rumelien	...... "	5,391
" Skodra	.... "	8,819
" der Walachei	... "	87,004
" Wraja	.... "	115
	Okka	105,212

jährlich 21,042, die Okka zu
23 Piaster 43,997

9. Wolle: Gulden

a) *Feine Wolle*,

von Calcandelle	....Okka	8,738
" Dibra	.... "	5,892
" Jacowa	.... "	42,191
" Nissa	.... "	33,902
" Nowi Bazar	.... "	28,103
" Priserend	..... "	10,246
" Pristina	...... "	700
" Scopia	.... "	198,676
" Soffia	.... "	3,003
" Tetowa	.... "	12,702
" Widdin	...... "	27,484
" Wolo	.... "	116,004
" Wraja	.... "	22,304
	Okka	509,995

jährlich 101,989, die Okka zu
10 Piaster 20 Pará 97,353

b) *Grobe Wolle*,

von Jacowa	......Okka	626
" Potgovizza	.... "	59,115
" Scopia	.... "	780
" Skodra	.... "	335,747
" Wraja	.... "	1,659
	Okka	397,927

jährlich 79,585, die Okka zu
9 Piaster 65,115

c) *Zweischürige Wolle*,

von Calcandelle	.... Okka	142,988
" Dibra	.... "	79,839
" Jacowa	.... "	624
" Priserend	...... "	2,602
" Recoa	.... "	67,502
" Scopia	.... "	25,450
" Sogaj	.... "	1,741
" Tetowa	.... "	31,109
" Wolo	.... "	1,386
	Okka	353,241

jährlich 70,648, die Okka zu
9 Piaster 57,803

d) *Raufwolle*,

von Demir-Isar	....Okka	55,252
" Jacowa	.... "	17,773
" Nissa	.... "	63,456
" Nowi Bazar	..... "	34,614
" Priserend	...... "	34,401
" Pristina	.... "	15,647
" Salciwi	.... "	2,798
Fürtrag	Okka	223,941

	Gulden			Gulden

<table>
<tr><td>Uebertrag Okka 223,941</td></tr>
</table>

	Gulden
Uebertrag Okka 223,941	
von Scopia . . . . „ 52,241	
„ Skodra . . . . „ 115,435	
„ Soffia . . . .; „ 32,418	
„ Tetowa . . . . „ 6,691	
„ Widdin . . . . „ 17,004	
„ Wolo . . . . „ 10,786	
Okka 458,516	
jährlich 91,703, die Okka zu	
5 Piaster	41,683
e) *Kameelgarn.*	
von Adrianopel . . . . . Okka 559	
„ Philippopolis . . . „ 592	
„ Priserend . . . . . „ 8,204	
„ Scopia . . . . „ 341	
„ Wragna . . . . „ 220	
Okka 9,916	
jährlich 1,983, die Okka zu	
10 Piaster	1,802
Summe . . .	509,827

Mindere Ausfuhr-Artikel aus Skodra und seiner Umgegend.

	Gulden
1. Gesalzene Aale, jährlich 500 Okka, die Okka . . zu 6 Piaster	272
2. Getrockneter Fischrogen, jährlich 500 Okka, die Okka zu 15 Piaster	409
3. Kastanien, jährlich 10,000 Okka, die Okka zu 5 Pará	114
4. Nüsse, jährlich 10,000 Okka, die Okka zu 10 Pará	227
5. Schildkröten, jährlich 40,000 Stück, das Stück zu 3 Pará . . .	272
Summe . . .	1,294
Total-Summe . . .	511,121

Ich beschränke mich auf einige Bemerkungen über die Hauptartikel.

Feldfrüchte. Die Ausfuhr an Mais würde weit bedeutender sein, wenn dieselbe dem Inhalte der Tractate gemäss freigegeben wäre. Da aber in dem Paschalik der Tansimat noch nicht eingeführt ist, so finden auch dort die Bestimmungen der Tractate noch nicht ihre volle Anwendung, und es wird daher die Getreideausfuhr gesperrt, sobald die türkische Bevölkerung über theueres Brot schreit. In gleicher Weise wusste die hier mächtige Innung der Gärber bis jetzt die freie Ausfuhr von Schaffellen zu verhindern.

Hasenfelle. Aus den in der Tabelle angeführten Provenienzen ergibt sich, dass Skodra in diesem Artikel die Scala für einen grossen Theil der europäischen Türkei bilde, und sich die jährliche Ausfuhr im Durchschnitte auf 250,000 Stück belaufe. Fuchs-, Dachs- und Marderfelle und anderes Rauhwerk gehen nach Bosnien, um dort bearbeitet zu werden, und Skodra bezieht gleich dem übrigen Rumelien, seinen Bedarf an Pelzwerk aus dieser Provinz.

Ochsenfelle. Die Ausfuhr ist in der Regel nicht bedeutend, weil aus diesen Fellen hauptsächlich die ungegärbten Sandalen (Opinge) verfertigt werden, deren sich die einheimische Landbevölkerung bedient, und war in den letzten zwei Jahren nur ausnahmsweise wegen der Rinderpest namhaft. In Skodra wird davon wenig und sehr schlecht gegärbt.

Schafleder (Montoni) und Ziegenleder (Corduani) ist das Erzeugniss der hiesigen Gärbereien, welche nicht nur den örtlichen Bedarf decken, sondern auch nicht unbedeutende Quantitäten — jedoch ungefärbt — zur Ausfuhr liefern; sie gehen nach Triest und Venedig. Dieser Artikel bildet einen bedeutenden Industriezweig der Städte des Innern von Rumelien. Die Erzeugnisse der Gärbereien von Priserend, Ipek, Jacowa, Scopia, Cupruli, Ochrida und Monastir kommen jedoch nicht auf den hiesigen Markt, sondern gehen fast durchweg meist weiss, wenige gelb gefärbt, auf dem Landwege über Belgrad nach Ungarn, einige gelbgefärbte auch nach Bosnien, und von da selbst nach Dalmatien.

Olivenöl. Die Ernte der Productionsorte Dulcigno und Antiwari wird zur See nach Oesterreich ausgeführt. Der Bedarf von Skodra kommt aus dessen Umgebung und von Alessio.

Seoranzen. Der See von Skodra ist äusserst fischreich. Die Fischereien sind grossherrliches Regal und werden jährlich für circa hunderttausend Piaster verpachtet. Ihr Ertrag übersteigt bei weitem die Consumtion der Stadt und der Umgegend, und es werden daher bedeutende

Quantitäten gesalzener Fische in die benachbarten Provinzen ausgeführt. Der Betrag dieses Artikels, welcher zur See nach Oesterreich geht, ist nicht bedeutend. Die Sorten, welche auf diese Weise in den Handel kommen, sind:

Die Scoranze [122]),
der Tschef [123]),
der Aal (Bisalti) [124]).

Seide. In früheren Zeiten war fast die ganze Seidenausfuhr von Rumelien in den Händen von Skodra. Sie erhielt durch die Concurrenz mehrerer fränkischen Häuser, welche sich in Adrianopel etablirten, einen empfindlichen Stoss, und wird nun auch seit 10 Jahren durch die Ausfuhrspeculationen und Spinnereien von Salonik beengt [125]). Trotzdem kommen noch immer bedeutende Quantitäten Seide von Philippopolis und Ternowia, von Selwia, und namentlich von der grossen Messe von Usuntschoro bei Adrianopel nach Skodra. Der hiesige Verbrauch ist sehr bedeutend, weil hier selbst die Mittelclasse Hemden von einem weichen durchsichtigen Seidenstoffe trägt, zu jeder Mitgift eine Anzahl seidener Betttücher gehört, und selbst in die Handtücher seidene Streifen eingewebt werden. Alle diese Stoffe werden von den Frauen gewebt. Ausserdem bestehen hier über 200 kleine Fabriken, welche die Seidenlitzen und Tressen, mit denen die Trachten der Männer und Frauen besetzt werden, für einen grossen Theil des nördlichen Rumeliens, Serbiens und Bosniens verfertigen. Skodranische Seidenfabricate gehen sogar entweder auf dem Seewege oder über Bosnien nach Dalmatien. Die Türken betrachten diese Industrie als ein Monopol ihrer Glaubensgenossen, und bei der hier bestehenden geringen persönlichen Sicherheit wäre es trotz aller Staatsverträge und Landesgesetze keinem Christen zu rathen, sich mit derselben zu befassen. Dieser Zunftzwang hindert bis jetzt auch die Anlegung einer Seidenspinnerei. Die Ausfuhr geht zum grösseren Theile nach Venedig, etwas auch nach Triest.

Wolle. Sie bildet den Hauptausfuhrartikel des Platzes. Die Umgegend von Skodra liefert davon grosse Quantitäten; doch werden von den Agenten der Kaufleute von Skodra die Schuren von Ipek, Jacowa, Priserend und selbst die von Scopia aufgekauft. Die Quantität, welche von diesen Hinterländern nach Skodra geht, ist jedoch schwankend, denn ihre Heerden überwintern grossentheils in den macedonischen, selbst in den thessalischen Ebenen, und werden im Frühjahre, wenn die Preise in Salonik gut stehen, und es die Witterung erlaubt, dort bis zur Schur zurückgehalten. In diesem Falle geht deren Ertrag nach Salonik. Im entgegengesetzten Falle aber wird die Schur in der Sommerweide vorgenommen und dann geht ihr Ertrag nach Skodra. Die hier vorkommenden Sorten sind:

1. Die zweischürige (lana angelina). Die zweite Schur ist nur bei denjenigen Schafen möglich, welche in warme fette Winterweiden gehen.

2. Feine Wolle. Dies ist die Winterwolle von Wanderschafen, welche eine fette Winterweide geniessen. Es scheint in Rumelien nur eine Race einheimisch zu sein, welche sich von unserem gemeinen Zakelschafe nur durch einen etwas längeren Hals und etwas glattere Wolle unterscheidet. Diese Sorte möchte daher im Vergleiche zu den folgenden nur ein Ergebniss der besseren Fütterung sein. Man unterscheidet von der vorstehenden mitunter eine halbfeine Sorte, welche unter weniger günstigen Verhältnissen wie die feine erzeugt wird, und gibt als ihre Provenienz die Gegenden von Ipek, Jacowa, Nowi-Bazar, Pristina, Bjelopolja und Sjenizza an.

3. Grobe Wolle. Sie ist das Product der Bergschafe aus den oben erwähnten Umgebungen von Skodra, welche nur einmal im Jahre geschoren werden. Sie dient besonders als Matratzenfüllung und hat in der Regel eine bessere Nachfrage als die feine Sorte, daher der geringe Preisunterschied. Seit einigen Jahren wird alle zur Ausfuhr kommende Wolle hier in Skodra gewaschen, wozu das an dem Bazar-Viertel gelegene flache Kiesufer der Bojanna, deren weiches, laues Wasser die Wolle rasch und vortrefflich reinigt, eine gute Gelegenheit bietet. Die Arbeit wird von Weibern verrichtet, welche die Wolle in Körben, durch die das Flusswasser zieht, nicht wie anderwärts mit den Füssen, sondern mit den Händen bearbeiten. Ihr Taglohn ist zwei Piaster und man berechnet in Sommertagen 100 Okka feine oder 60 Okka grobe Wolle auf den Kopf. Der Abfall beträgt von der feinen Wolle 30 bis 35, von der groben 42 bis 48 Percent.

4. **Raufwolle** (lana calcinata) kommt von allen diesen Sorten auf den Markt, sie geht ungereinigt in die italienischen Fabriken, und wird meistens zu Wolldecken verarbeitet. Die ganze Wollausfuhr geht ohne Ausnahme nach Venedig.

Kameelhaar. Unter diesem Namen figuriren Ziegenhaare der zweiten Schur von den Schulterblättern der Thiere, welche das feinste Product liefern. Aus der Tabelle erhellt, dass der Artikel hauptsächlich aus Priserend, zum Theile jedoch auch aus Adrianopel und Philippopolis kommt.

Der Verkehr von Skodra mit andern als österreichischen Seeplätzen, seien diese nun inländische oder ausländische, ist im Vergleiche zu jenem äusserst gering. Er beschränkt sich auf die Einfuhr von folgenden Artikeln:

1. **Salz** aus den inländischen Salinen von Awlona und Kawaja, aus Agosto in Sicilien und der jonischen Insel St. Maura. Der Betrag dieser Einfuhr in das Paschalik von Skodra wird auf 60,000 Pferdelasten angeschlagen. Ein grosser Theil derselben geht auf der grossen östlichen Handelsstrasse von Skodra in das Innere und vertheilt sich über die Districte von Priserend, Jacowa und Ipek, wo man auch den Ochsen und Schafen jährlich ein- bis zweimal Salz gibt (an der Küste lässt man das Vieh zu gleichem Zwecke mitunter Meerwasser saufen). Dieser Artikel ist der einzige, welcher direct in die kleinern Scalen des Paschaliks Alessio, Dulcigno und Antiwari, eingeführt wird, denn ihren Bedarf an Colonialwaaren und Manufacturen beziehen dieselben von dem Markte von Skodra. Die Salzeinfuhr ist hauptsächlich in den Händen der Schiffer von Dulcigno. Fremde Flaggen betheiligen sich nur selten bei derselben.

2. **Südfrüchte.** Feigen von Kalamata und Smyrna, Rosinen von Smyrna und Stanchio, Citronen und Orangen von Sicilien werden von der jonischen und etwas von der griechischen Flagge gebracht.

3. **Etwas Seife** aus Candia geht auf jonischen Schiffen ein.

4. **Etwas englische Manufactur- und Colonialwaaren aus Corfù.** Im ersten Semester 1850 brachten vier jonische Barken solche Artikel im Betrage von 9,500 fl., während der Werth der gleichzeitig aus Triest und Venedig eingeführten Manufacturen und Colonialwaaren 211,000 fl. betrug. Sehr bezeichnend für das Verhältniss des triestiner und corfiotischen Handels mit Albanien möchte der Umstand sein, dass viele der von Corfù hier eingeführten englischen Manufactur-Artikel die Marke von Schwachhofer und Comp. in Triest tragen.

Die Ausfuhr nach fremden Häfen wird hauptsächlich durch die Nebenscala des Paschaliks vermittelt, sie besteht in folgenden Artikeln:

1. **Sumach** (rhus colinus), hier Scotano genannt. Dieser Ausfuhrartikel ist kaum 6 Jahre alt und findet sich vorzugsweise in dem Lande der Mirditen. Stapelort ist Alessio, von wo es in dem benachbarten Hafen St. Juan di Medua verschifft wird. Es kommt in Stangen von 2 bis 3 Fuss Länge und von der Dicke eines Pfeifenrohrs bis zu der eines mässigen Stammes, oder auch in Wurzelstümpfen auf den Markt, nachdem die Rinde sauber abgeschält worden ist. Der Preis richtet sich nach der Dicke, das dickste Holz ist das theuerste, die Okka wird in Alessio im Durchschnitte mit 3 Pará bezahlt. Vor der Ladung wird es von dem Schiffsvolke in fusslange Stücke gehauen, weil es sich in dieser Form besser stauen lässt. Man berechnet den Betrag der jährlichen Ausfuhr auf 100,000 bis 120,000 Okka. Dieser Artikel geht jetzt in ganzen Ladungen direct nach Marseille, Barcelona und Nizza (früher über Triest), wo er auf eigenen Mühlen zu Pulver gemahlen, und dann als Gärbe- und Färbestoff verwendet wird. Die Blätter dieses Strauchbaumes enthalten bekanntlich einen noch kräftigeren Gärbestoff. Sie werden daher von den hiesigen Gärbereien ausschliesslich benutzt, und auf dem Platze mit 12 Pará pr. Okka gekauft [125]).

2. **Bauholz** kommt aus dem Walde, welcher sich über die zwischen den Flüssen Drin und Mat gelegene Ebene verbreitet; dasselbe geht nach Tunis und Malta. Der Betrag ist gering.

3. **Brennholz** geht von St. Juan di Medua und der Bocca di Bojanna mit ottomanischen, hie und da auch mit jonischen Barken nach Malta. Dasselbe wird hauptsächlich von denjenigen Schiffen geladen, welche Salz aus Sicilien holen, um den Hinweg nicht leer zu machen.

Ferner gehen kleine Quantitäten Pistolen (Priserender Fabricat) nach Tunis, etwas Nüsse und Kastanien nach Corfù, endlich hie und da bei reicher Baumwollernte eine Ladung Ziegenhaare in Säcken nach Smyrna. Vergleicht man den Verkehr zwischen Oesterreich und Skodra mit demjenigen, welchen die übrigen Länder mit diesem Platze unterhalten; so ergibt sich der letztere als so unbedeutend, dass Skodra ebenso wie Durazzo als eine Dependenz unseres Handelssystems betrachtet werden kann, weil es seine Ausfuhr nach Oesterreich schickt und von dorther seinen Bedarf an Colonial- und europäischen Manufacturwaaren einführt. Beide Handelsplätze gleichen sich auch in so ferne, als das, was über die Natur des Verkehrs von Durazzo mit Oesterreich gesagt wurde, auch auf Skodra Anwendung findet; denn auch der von Skodra mit Oesterreich wird von dessen eigenen Kaufleuten geleitet und Venedig und Triest sind nur die Märkte, auf denen sie ihre Einfuhren absetzen und ihre Einkäufe besorgen. Unser Handel mit Skodra wird jedoch nicht ausschliesslich durch unsere Handelsmarine vermittelt, es sind vielmehr sowohl bei der Ausfuhr nach, als bei der Einfuhr von Oesterreich auch fremde Schiffe betheiligt. Der Tonnengehalt sämmtlicher fremden Flaggen ist seit 1845 in beständigem Steigen. Auch der Gesammtwerth der durch die fremden Flaggen vermittelten österreichischen Ausfuhr und Einfuhr ist in den letzten Jahren in steter Zunahme begriffen, ohne dass jedoch trotzdem die von ihnen transportirten Werthe den Betrag der durch die österreichische Flagge vermittelten bis jetzt erreicht hätten. Wird der beiläufige achtjährige Durchschnitt der durch die österreichische Flagge von und nach Skodra transportirten Waarenwerthe mit Hinzuziehung des betreffenden Antheils an der Contrebande durch den achtjährigen Durchschnitt der Tonnenzahl der dabei beschäftigten Schiffe getheilt, so entfallen auf die Tonne etwa 438 Gulden als Betrag des von ihr während eines Jahres transportirten Werthes. Dies ist zwar ein bedeutend besseres Ergebniss, als das bei Durazzo gefundene, es möchte jedoch dem geringen Abstande der verschiedenen Reiseziele noch keineswegs entsprechen. Diejenige fremde Flagge, welche sich vorzugsweise bei dem österreichischen Handel des hiesigen Platzes betheiligt, ist die ottomanische, oder speciell die dulcignotische; die Betheiligung der jonischen und griechischen Flagge dagegen ist mehr eine gelegenheitliche als regelmässige.

Die Marine von Dulcigno hat in der letzten Zeit einen solchen Aufschwung genommen und ihre Concurrenz wird bereits für die österreichische Flagge so fühlbar, dass sie eine nähere Betrachtung verdienen möchte. Es ist eine auffallende Erscheinung, dass der Albanese, welcher als Hydriote und Spezziote den Kern der griechischen Marine bildet, welcher sich, weil dort der Zulauf den Bedarf weit überschreitet, in grosser Anzahl auf türkischen und ägyptischen Kriegs- und Handelsschiffen verdingt, in seiner wahren Heimat, dem Meere, mit wenigen Ausnahmen gänzlich entfremdet ist.

Die Marine der von Griechen bewohnten Nordküste des Busens von Arta besteht nur aus einigen Barken; denn das eine oder andere grössere Schiff, welches zeitweise, und so zu sagen zufällig in den Besitz eines Kaufmannes von Prévesa kommt, darf hier nicht in Betracht gezogen werden. Dasselbe gilt von dem ganzen südlichen Küstenstrich bis zu den Bergen von Chimara, deren griechisch-christlich-albanesische Bevölkerung, wie bereits bei Awlona erwähnt worden, 2 Trabacoli und etwa 20 Kaiks besitzt. Die chimariotischen Schiffer sind regsame Leute, doch beschränkt sich ihre Thätigkeit fast durchweg auf die Küstenschifffahrt zwischen dem Festlande und den jonischen Inseln. Die Küste von Mittel-Albanien mit Einschluss von Durazzo ist dagegen ohne alle eigene Marine, und an der nördlichen Küste ist Dulcigno die einzige Schifferstadt. Ihre Bewohner waren bekanntlich in früheren Zeiten gefürchtete Piraten, welche lange Zeit hindurch den Handel auf der Adria unsicher machten, und den Namen der adriatischen Barbaresken wohl verdienten. Die Steuerung dieses Unfuges bildete fast durch Jahrhunderte einen stehenden Gegenstand unserer Unterhandlungen mit der Pforte. Man erzählt hier, dass es mehrmals gelungen sei, von der Pforte den Befehl zur Zerstörung der Marine von Dulcigno zu erwirken, dass dieselben aber stets durch geheime Gegenbefehle unwirksam gemacht wurden, bis endlich ein gewisser Soliman Pascha, der ein Todtfeind der Dulcignoten gewesen, einen solchen Befehl benutzt habe, um rasch, und vor Ankunft der geheimen Gegenordre, die Flotte der Dulcignoten, welche im Val di Noce ankerte, zu verbrennen, und deren Trümmer sollen noch jetzt den Ankergrund dieser Rhede an einigen Stellen unsicher machen. Seit der Zeit siechte die Marine der Dulcignoten, und wurde während des griechischen Revolutionskrieges durch die griechischen Corsaren fast gänzlich aufgerieben. Nach eingetretenem Frieden erholte sie sich nur langsam, bis sie während der drei letztverflossenen

Jahre einen im Vergleiche zur Kleinheit des Ortes wirklich staunenswerthen Aufschwung nahm. Sie vermehrte sich in diesem Jahre allein um nicht weniger als 1,000 Tonnen.

Zufolge der über dieselbe in dem k. k. Vice-Consulate von Skodra mit möglichster Genauigkeit geführten Register ist ihr gegenwärtiger Stand folgender:

14 Brigantinen . . . . von 71 bis 200 Tonnen;
7 Schooner . . . . . „ 57 „ 128 „
12 Trabakel . . . . . „ 28 „ 92 „
20 Feluken und Pieleken „ 21 „ 28 „

Da bekanntlich in der Türkei keine officielle Schiffs-Aichung besteht, und die Dulcignoten die Tragfähigkeit ihrer Fahrzeuge nach Pferdelasten berechnen, so wurde in den obigen Angaben der Betrag der landesüblichen Masse in dem Verhältnisse zu 8 Pferdelasten (à 100 Okka oder 250 Pfund) pr. Tonne angenommen. Diese Berechnung ergibt für den gegenwärtigen Stand der dulcignotischen Marine den Betrag von 3,500 Tonnen.

Die Dulcignoten bauen ihre Schiffe selbst und gleichsam aus freier Hand, da sie weder lesen noch schreiben können, und daher keinen Schiffsplan zu entwerfen im Stande sind; sie erhalten daher erst bei der ersten Ladung über die Tragfähigkeit des neuerbauten Schiffes Gewissheit. Die ganze Schiffsmannschaft besteht aus eingebornen türkischen Albanesen. Ein grosser Theil der dulcignotischen Schiffe ist mit dem Salzhandel beschäftigt, welcher, wie oben erwähnt, fast ganz in ihren Händen ist. Die übrigen fahren zwischen Skodra, Triest und Venedig, und ihre Concurrenz auf diesen Linien wird unserer Marine bereits sehr empfindlich. Die einfache und daher sehr wohlfeile Construction und Ausrüstung ihrer Schiffe, der wohlfeile Lohn und die schlechte Verköstigung ihrer Mannschaft gewähren ihnen so grosse Vortheile über unsere Marine, dass sie selbst bei dem Bestehen des in den österreichischen Häfen der türkischen Marine früher auferlegten beträchtlichen Tonnengeldes ihre Frachten weit niedriger stellen konnten, als die österreichischen Capitäne, denn sie engagiren in der Regel ihre Matrosen nur für die Dauer der Reise und zahlen z. B. für eine Reise nach Triest und zurück 200 Piaster pr. Kopf, gleichviel ob dieselbe lang oder kurz dauert; dabei trinkt der dulcignotische Seemann Wasser und begnügt sich mit Käse und Oliven, während bekanntlich unser Schiffsvolk nicht nur zu den bestgezahlten, sondern auch zu den bestgenährten in der Welt gehört.

Die Mündung der Bojanna bildet die Scala von Skodra, ihre Einfahrt ist höchst schwierig; denn die Küste besteht aus angeschwemmtem Lande, welches der Fluss ins Meer führt und ist daher sehr seicht. In derselben bildet das mündende Flusswasser einen schmalen Canal, dessen Tiefe zwischen 5 bis 7 Fuss schwankt und welcher bei jedem Sturme seine Form wechselt, dabei ist diese Mündung gegen keinerlei Seewind geschützt. Hieraus ergibt sich, dass dieselbe nur Küstenschiffern zugänglich ist, welche die Einfahrt nur bei ruhigem Wetter und nur mit dem Senkblei in der Hand unternehmen können. Der Fluss ist 4 Stunden weit aufwärts bis zu dem Orte Oboti schiffbar, welcher 2 Stunden von Skodra entfernt ist und grösstentheils aus Chans und Magazinen besteht. Dieser Ort kann daher als die eigentliche Scala von Skodra betrachtet werden, indem auch die grösseren Schiffe, welche nicht bis zu ihm vordringen können, ihre Ladung in Barken hierher schicken, von wo sie zu Land nach Skodra geht. Die Rückfracht solcher Schiffe erfolgt auf dieselbe Weise. Der Fluss hat oberhalb Oboti zwei Sandbänke gebildet, welche die Barken verhindern, bis zur Stadt zu kommen. Sie scheinen erst in neuerer Zeit entstanden zu sein; denn man erzählt hier, dass vor Alters kleinere Schiffe vom Meere bis zur Brücke, welche beim Bazar-Viertel der Stadt über die Bojanna führt, heraufgekommen seien.

Das nördliche Seebecken. Die Ebene, welche sich an der Ostseite des Sees hinzieht, reicht bis zu dem Thale der untern Moratza, und wird gegen Osten von den südlichen Ausläufern des albanesischen Alpenknotens begränzt, welcher einen Höhenzug bis zur Sumpfbucht von Hotti herabschickt. Die Baisaebene, so wird sie genannt, hat, mit Ausnahme des Wassersaumes, welcher aus Marschland besteht, magern und steinigten Boden, und ist sehr wasserarm, dagegen kommen viele und zum Theile starke Quellen unmittelbar am Seeufer zu Tage oder münden unterhalb des Seespiegels, ein Beweis von der Porosität der oberen Bodenschichten. Nach der Beschreibung, welche mir ein genauer Kenner dieser Gegend gemacht hat, herrscht in den östlichen Theilen derselben die Kesselbildung vor. Ich erwähne dieser allerdings auffallenden Angabe, um sie der Untersuchung künftiger Reisenden zu empfehlen; denn ostwärts von der Moratza ist bis jetzt nur eine solche Bildung und zwar in dem Hochgebirge bekannt, es ist dies der südlich vom Kom Kutsch gelegene Kessel des Sees von Rikawetz. — Die sumpfigen Ufer machen den Küstensaum und das untere Moratza-Thal sehr ungesund; dies gilt besonders von Schabjak [127]) (sprich den Anlaut wie französisch j), einer kleinen Festung am Ausflusse der Moratza in den See. — Der Sage zufolge hatte man festgesetzt, den Ort nach dem ersten Gegenstande zu benennen, welchen man bei dem Graben der Fundamente finden würde [128]), man fand aber einen Frosch, der auf slavisch schaba heisst.

Das Gebiet der Moratza bildete im Mittelalter den Kern der Grafschaft Zenta, welcher Name sich in der Çedda, einem ihrer westlichen Nebenflüsse, erhalten hat, und dessen von der Aussprache so weit abweichende Schreibart Note 101 zu erklären versucht worden ist. Ob Dschetinje, der Hauptort von Montenegro, und die dalmatinische Dschettina, welche im Mittelalter gleichfalls Zentina geschrieben wurde [129]), einerlei Stammes mit jenem Namen sei, müssen wir der Entscheidung slavischer Philologen überlassen. Diese Gegend scheint die Stammherrschaft des in der nordalbanesischen Geschichte figurirenden mächtigen Geschlechtes der Balsa o. Balscha gewesen zu sein. Im weiteren Sinne bildete sie als obere Çedda (Zenta superior) die nördliche Hälfte der Grafschaft, deren südliche Hälfte (Zenta inferior) das südliche Gebiet des Sees, welcher nach ihr auch See von Zenta genannt wurde, umfasst zu haben scheint [130]).

Heut zu Tage läuft die Gränze zwischen Albanien und Montenegro ungefähr so, dass alles, was eben zu jenem, und alles, was bergig ist zu diesem gehört.

Der albanesische Antheil des Flussgebietes bildet einen eigenen nach seiner Hauptstadt Podgoritza benannten Bezirk des Paschaliks von Skodra.

Dieser Landstrich lebt in ewigem, nur selten von zeitweisen Waffenstillständen (*bésσa*) unterbrochenem Kriege mit den Montenegrinern, welche die Einfälle in das türkische Gebiet zu Mord, Raub und nächtlichem Diebstahl von Vieh und Feldfrüchten so zu sagen gewerbsmässig treiben und dadurch die türkische Bevölkerung zwingen, mit der Flinte in der Hand zu leben. Trotzdem ist diese geplagte Gegend stark bevölkert. Die Einwohner sind, wie schon früher bemerkt, durchweg Slaven; in den Städten herrscht der muhamedanische, in den Dörfern der christliche Glaube vor.

Podgoritza [131]), die befestigte Hauptstadt des Bezirkes mit einer Citadelle, liegt an der Mündung der Rubnitza in die Moratza, etwa 3¹/₂ St. vom See. Die Stadt soll 1000 türkische und 200 griechisch-christliche Häuser zählen, und auf den Mauern lange Reihen von Montenegriner Schädeln stehen [132]).

Zwei starke Stunden nordwestlich von Podgoritza liegt die kleine, aber wichtige Gränzfestung Schpúnçe (*σπούντζε*), welche den zu Montenegro gehörenden nördlichen Theil des Çedda-Thales von dem südlichen türkischen abschliesst. Die Stadt soll 200 muhamedanische und 30 griechisch-gläubige Häuser haben, und wird von dem Flusse durchschnitten. Die Citadelle liegt an dessen östlichem Ufer. Das Beilik von Schpúnçe gehört bis jetzt einer Familie erblich zu eigen.

Die bereits oben erwähnte Festung Schabjak soll dagegen nur 20 türkische Häuser zählen. — Diese kleine Festung liegt auf einer der Inseln, welche die Moratza bei ihrer Mündung bildet, und zwar hart an der montenegrinischen Gränze, dessen streitbare Bewohner dieselbe nach und nach his dahin vorgeschoben haben. Ueber die Art und Weise, wie sie dabei verfahren, hörte ich in Skodra folgendes: Westlich von Schabjak liegt eine andere ähnliche Fluss-Insel. Sie wird nach einem türkischen Dorfe, welches in den Kriegen Mustapha-Paschas mit den Montenegrinern zerstört wurde, Salkówina genannt. — Diese Insel ist gegenwärtig im Besitze der Montenegriner, sie haben auf einem Schabjak gegenüber liegenden Hügel ein Dorf mit einem festen Thurme erbaut, der wegen seines weissen Kalkbewurfes weithin sichtbar ist.

Sie bearbeiteten früher die Felder der Insel als Zinsbauern der Türken, doch nicht ohne häufige Verdriesslichkeiten und Scharmützeln mit ihren Grundherren. Als aber im Jahre 1832 die Insel Wranina sich mit ihnen vereinigte, da erklärten sie Salkówina als ihr Eigenthum und bauten den Thurm Dadoschi, doch fanden sich die Meisten mit ihren Grundherren im Laufe der Zeit friedlich ab, und besitzen jetzt ihre dortigen Felder mit Brief und Siegel.

Im Jahre 1835 überrumpelten sie einmal die Festung, verliessen dieselbe jedoch wieder, als die Skodraner zu ihrem Entsatze herbei eilten, natürlich nicht ohne selbst den Nagel in der Wand mit zu schleppen.

Ein andersmal bemächtigten sich die Montenegriner einer zwischen ihrem Gebiete und Schabjak gelegenen Ebene, die an 20,000 Stajen Getreide jährlichen Ertrag geben mag, über deren Identität aber mit dem vorerwähnten Salkowina in Skodra gestritten wird.

Sie zogen zu dem Ende einen breiten Graben längs der Festung hin, der wenig mehr als Flintenschussweite von ihr entfernt gewesen sein soll, und versicherten ihre Befestigung noch ausserdem durch Fallgruben gegen die Angriffe der Reiterei.

Hierauf vermassen sie das Land unter sich, nach dem Uebereinkommen, welches sie bereits früher getroffen hatten, und vermöge dessen einer dem andern einen Kaufbrief über seinen Antheil ausstellte, nebst der Bescheinigung, dass der Preis bezahlt worden sei. Sie bestellten dieses Feld stets in Masse und jeder Pflüger hatte während der Arbeit die Flinte über der Schulter; da aber ein Theil des Feldes von den Kanonen der Festung bestrichen werden kann, und es die türkische Besatzung selten unterlässt, ihren pflügenden Gegnern des Tages über ein paar Kugeln zuzusenden, so sollen die Montenegriner unter sich die Satzung festgestellt haben, dass demjenigen, welcher aus Furcht vor diesen Schüssen die Arbeit verlässt, nicht nur die Ochsen zu schlachten und bei gemeinschaftlichem Schmause zu verzehren seien, sondern dass er noch obendrein eine Busse von 20 bis 50 Thaler zu bezahlen habe.

Nachdem sich die Türken in zahlreichen Scharmützeln vergeblich bemüht hatten, dieses Land zurück zu erobern, wurde im Jahre 1839 über den Abschluss eines allgemeinen Friedens zwischen Montenegro und dem Paschalik von Skodra verhandelt, und man war mit Ausnahme der jenes Feld betreffenden Frage über sämmtliche Bedingungen bereits einig geworden. — Als nun zur Unterhandlung hierüber zwei Montenegriner mit dem Abgesandten, welchen der damalige Pascha nach Montenegro gesandt hatte, nach Skodra kamen und der Pascha sich in einer Rede über die unbestreitbaren Besitzrechte, welche die türkische Regierung auf dieses Feld habe und über die widerrechtliche Usurpation der Montenegriner verbreitet hatte, da soll ihm der älteste Gesandte genau Folgendes geantwortet haben: — „Als ihr Türken ins Land kamet, da habt ihr dieses Feld nicht von Medina mit herüber gebracht, sondern ihr habt es ebenso, wie alles übrige, theils mit Gewalt, theils mit List, theils mit Gold an euch gebracht. Nun, wir haben es mit dieser Hülfe (indem er die Hand auf seine Gürtelpistolen legte) wieder an uns zurückgebracht, und gedenken es zu behalten, bis sich nicht unser Blut ebenso mit seinem Boden vermischt hat, wie beim Brotbacken Wasser und Mehl untereinander geknetet werden."

Auf diese Antwort hin zerschlug sich die Verhandlung und der alte Kriegsstand dauerte fort, aber diese Antwort braucht wohl den Vergleich mit den besten aus dem Alterthum erhaltenen Kriegsreden nicht zu scheuen, weil sie kein leerer Wortprunk ist, sondern sich auf wohlberechtigtes Selbstgefühl stützt.

Ob die Montenegriner dieses Feld, nachdem die Türken die Insel Léssendro und Wranina wieder erobert, aufzugeben genöthigt waren oder nicht, konnte ich nicht mit Sicherheit erfahren. — Diese Inseln waren bereits der Gegenstand diplomatischer Verhandlungen und möchten daher nähere Betrachtung verdienen. —

Wránina (alb. $\beta\rho\alpha\nu\iota\nu\varepsilon$) liegt hart vor den Mündungen des Moratzaflusses und wird nur durch einen schmalen Canal von dem Festlande getrennt; sie hat etwa $1\frac{1}{2}$ Stunde im Umfange; die nordwestliche Hälfte besteht aus fruchtbarem Boden, welcher an 200 Pferdelasten Mais liefern kann, die südliche Hälfte ist bergig und unfruchtbar. Léssendro ist eine Felsenklippe, die von dem westlichen Ufer von Wranina nur durch einen schmalen Canal getrennt ist, der kaum über 100 Fuss breit sein soll. Die Entfernung Léssendros von der montenegrinischen Küste wurde mir auf $\frac{1}{2}$ Seemeile angegeben.

Im Vereine mit dem auf der hart an der montenegrinischen Küste und etwas südlicher gelegenen Klippe Gurmeschúr stehenden Thurm, beherrschen die auf diesen drei Punkten angelegten Festungswerke die Mündung der Rieka Zernowichi, welche 3 Stunden stromaufwärts schiffbar ist, und die des südlichern Wiribaches.

Die Insel Wranina war von jeher im türkischen Besitze und ihre Grundstücke gehörten den Agas von Schabjak.

Die Ursache ihres Abfalles war folgende. Im November 1832 [135]) begaben sich acht Wranioten nach Skodra, angeblich, um von dort Salz zu holen; sie wurden auf Befehl des damals dort anwesenden Gross-Vesirs Reschid Pascha, dem sie als Spione der Montenegriner geschildert worden waren, ergriffen und ins Gefängniss geworfen. Einer von diesen entkam, die sieben übrigen aber wurden gehenkt. Auf diese Nachricht schickten die Wranioten eine Deputation an den Wladika, mit der Bitte um Aufnahme ihrer Insel in das Gebiet von Montenegro. Diese Bitte wurde mit Freuden gewährt und der Wladika beeilte sich, die Inseln mit einer Besatzung zu versehen und auf Léssendro einen festen Thurm zu erbauen. Auf diese Weise gelangten die Montenegriner zu der Herrschaft über den nördlichen See und in den Alleinbesitz der dortigen reichen Fischereien, und es dauerte nicht lange, so begannen sie in mehr oder minder zahlreichen Barkengeschwadern die Sicherheit der Schifffahrt auf dem See zu stören, und namentlich die von türkischen Albanesen bewohnte südwestliche Küste, Kraina genannt, zu beunruhigen.

In Skodra war die Besitznahme dieser Insel durch die Montenegriner fast unbeachtet geblieben, indem der Sturz Mustapha Paschas, die reformatorische Thätigkeit des Gross-Vesirs Reschid Paschas und seine bald darauf erfolgte Abberufung nach Asien, um gegen Ibrahim Pascha von Aegypten zu kämpfen, alle Aufmerksamkeit der Städter in Anspruch nahm.

Eine lange Serie von Unruhen und Streitigkeiten, in welche die Stadt mit ihren zeitweiligen Paschas über die Reformen, die sie ihr aufdringen wollten, verwickelt wurde, machte die Montenegriner immer kühner in ihren Unternehmungen auf dem See, so dass endlich nicht einmal das skodraner Schlachtvieh in den unmittelbar vor der Stadt gelegenen Brüchen sicher weiden konnte.

Dieser Zustand der Dinge dauerte bis zum Jahre 1843 [124]), wo Osman Pascha auf den Gedanken kam, den Krieg, welcher im Laufe desselben Jahres zwischen den Montenegrinern und der Herzogówina ausbrach, und die Aufmerksamkeit der erstern gänzlich ihrer nördlichen Gränze zuwandte, zur Wiedereroberung jener Insel zu benützen. Die gegen dieselbe ausgeschickte Expedition fand den Thurm von Léssendro nur mit 31 Mann besetzt und begann ihn sogleich mit den zu Schiff herbeigeführten Kanonen zu beschiessen. Die Besatzung widerstand nur schwach und ergab sich, nachdem sie 10 Mann verloren hatte. Hierauf landeten die Albanesen auch auf Wranina, dessen Bewohner bei Annäherung der Expedition nach Montenegro geflohen waren, verbrannten das Dorf und die griechische Kirche derselben und setzten sich auf der Insel fest.

Der Pascha liess sogleich die Befestigungen von Léssendro erweitern und auf Gumeschür einen Thurm anlegen, und alle Bemühungen des Wladika, diese Inseln wieder in seine Gewalt zu bringen, waren bis jetzt vergebens. Er schaffte mit grossen Kosten und Anstrengungen einige schwere Geschütze an die Küste und beschoss mit diesen die auf Léssendro angelegten Befestigungen, jedoch ohne den geringsten Erfolg, und ein Angriff, welchen 3000 Montenegriner auf Wranina unternahmen, wurde von der albanesischen Besatzung zurück geschlagen.

Von da an blieben die Inseln im Besitze der Türken, welche daselbst stets eine Besatzung von einigen hundert Mann unterhalten. Die alten Bewohner von Wranina sind grösstentheils zurückgekehrt.

Als die Montenegriner die Inseln besetzten, hatte sich das am westlichen Seeufer gelegene slavische Gränzdorf Séoza (alb. Sélitza) zu ihnen geschlagen, in Folge der Wiedereroberung trennte sich dasselbe jedoch wieder, und trat unter türkische Botmässigkeit zurück. Ja man fürchtete in Montenegro eine Zeitlang, dass sämmtliche Uferbezirke das Beispiel von Séotza nachahmen würden. Diese Verluste, verbunden mit den Gebiets-Abtretungen an der nördlichen Gränze bei Grahowo, zu welchen sich Montenegro in Folge des oberwähnten Krieges mit der Herzogówina genöthigt sah und die Unzufriedenheit mit der um diese Zeit versuchten Einführung von neuen Steuern, veranlassten auch die momentane Trennung der südlichen Berda von Kutschi, welche, als im Jahre 1836 der Stern von Montenegro im Steigen war, sich mit demselben vereinigt hatte. Doch ist dieser Landstrich seitdem wieder zu Montenegro zurückgetreten.

Dieser Hergang, verbunden mit der in Skodra allgemein geglaubten Behauptung, dass die Bairaktars (Fahnenträger, d. h. Kriegsanführer) der Berdas in ihren Häusern zwei Fahnen bewahrten, nämlich eine mohamedanische und eine montenegrinische, um je nach den Umständen von der einen oder der andern Gebrauch zu machen, möchte über das prekäre Verhältniss der Berdas hinreichendes Licht verbreiten und daher alle weiteren Citate zum Beweise ihrer zweideutigen Stellung überflüssig machen [125]).

IV. Archäologische Notitzen.

Zur bequemeren Uebersicht sind hier sämmtliche Bemerkungen über die Alterthümer, welche ich in Albanien gefunden habe, der Reihe nach zusammengestellt. Sie betreffen nur solche Bau- und Bildwerke, die meines Wissens bis jetzt noch von Niemand beschrieben worden sind. Dieser mageren Ausbeute nach zu urtheilen, möchte die Kunstarchäologie von einer näheren Kenntniss Mittel- und Nordalbaniens schwerlich viel Bedeutendes zu erwarten haben.

Die meisten der untenfolgenden Distanz-Angaben sind dem Gedächtnisse entnommen, weil ich den Verlust des grösten Theiles meiner Distanznotitzen zu beklagen habe, und sind daher nicht zuverlässig.

Das Gebiet des Flusses von Argyrokastron oder Dropolis, den Leake Dryno nennt, ist sehr reich an s. g. Palaeokastra; die von 1 — 8 beschriebenen liegen sämmtlich in demselben.

1. Cyklopische Mauerreste auf dem Höhenrücken, welcher die Scheide zwischen dem Gebiet jenes Flusses und dem Kalamà bildet, etwa ½ Stunde westsüdwestlich von dem Dorfe Kretsúnista. Von einem viereckigen Thurme der Ringmauer stehen noch 4 Reihen mächtiger Quadern und zwei Steine der fünften. Die Fügung ist jedoch sehr nachlässig, wahrscheinlicher durch die Schuld des Baumeisters, als durch Erdbeben. Dieser Punkt gewährt eine wundervolle Rundsicht über die Thäler jener Flüsse und die Bergzüge von Epirus; sie ist weit reicher als das Panorama von Ziza, welches Byron in Child Harold besungen hat.

Kretsúnista hat 60 Häuser, soll aber vor Zeiten 1000 gehabt haben, nebst 72 Kirchen und 45 Quellbrunnen. In der nächsten Nachbarschaft des Ortes standen nicht weniger als 12 Klöster, deren Namen und Standorte noch sämmtlich gekannt sein sollen, wenn auch keines davon mehr existirt. Der Sage nach war es früher ein Bischofsitz, der von hier nach Wellà und von dort nach Konitza verlegt wurde. Nun erzählt Procop de aedificiis liber IV, dass Justinian in Epirus unter andern auch die Städte Photike und Phanotes restaurirt habe, welche in niederen sumpfigen Gegenden lagen und denen auf benachbarten Höhen Schlösser erbaut wurden. Pater Lequin aber betrachtet in seinem Orbis Christianus tom. II, p. 143, 144, das Bisthum Photike und Wellàs als dasselbe, indem er den drei nach der ersteren Stadt benannaten Bischöfen aus den Jahren 451, 516 und 520 die Bischöfe von Bella anreiht, und den ersten um 1233 annimmt. — Leake IV, p. 97 hält es für wahrscheinlich, dass das Palaeokastron von Wellà einer jüngeren Zeit, als der Justinians angehöre und findet dort nirgends hellenische Reste (Pouqueville lässt sich freilich von Ali Pascha erzählen, dass er in Wellà Antiquitäten gefunden habe). Nach Leake's Karte geht die durch das Innere führende Römerstrasse durch das Palaeokastron von Kretsúnista, welches ihm unbekannt war. — Aus all diesen Angaben und Traditionen liesse sich vermuthen, dass dies Palaeokastron die Akropolis des alten Photike sei, wenn die Angabe des Procop nicht im Wege stünde, dass diese alte Stadt an einem Sumpfe lag, dergleichen sich zwar bei Wellà, nicht aber bei Kretsúnista findet.

2. Die polygonen Substructionen der Akropolis von Arinista, etwa 7 Stunden nördlich von den ersteren und 3 Stunden südwestlich von Delwinaki an einem Nebenarm des Dryno gelegen, der die jäh ansteigende Felsenwand der Ostseite dieser Akropole bespült.

Sie gehören zu den schönsten, die ich gesehen habe. Die Mauerdicke schwankt um 3 Meter, an der Südwestecke misst sie 4·90. Dort zählte ich an einer Stelle der äussern Stirnfläche 5 Polygone übereinander. Auf der Westseite findet sich ein Stück gut gebauter Mauer vierter Ordnung, die wohl sicher alt ist, sie ist dort theilweise in den natürlichen Fels eingesenkt und war 90 Cm. breit, indem sie nur aus zwei Steinlagen ohne Zwischenfutter besteht. Auf der Nordseite ist eine Art Ausbau gleicher Ordnung, aber vielleicht aus späterer Zeit, denn die Fügung ist schlecht. Auf der Südseite ragt ein steinerner Ausguss eines aus grossen Steinen bestehenden ¾ Fuss breiten und 1½ Fuss tiefen Canals etwa 1 Fuss über die Festungsmauer hinaus.

Diese Substructionen umschliessen als Oblongum, dessen kleinere Seite etwa 550 Schritte breit ist, die ziemlich unebene Kuppe eines Höhenrückens, welche nach dem Flusse zu steil, gegen Süden und Norden aber lehner abfällt, und gegen Westen mit einem etwas niedrigeren, aber viel ebeneren Plateau verbunden ist, das etwa 10 Minuten von der Akropolis abliegt. Das Dorf streckt sich zwischen beiden in zwei weitschichtigen Vierteln am nördlichen Rande des Höhenrückens. Das zweite Plateau ist mit einem Haine alter Eichen bestanden, unter diesen ist die Kirche Κοίμησις τῆς παναγίας; die Sitzsteine um dieselbe bestehen aus antiken Mauerquadern; die neugebaute Kirche selbst bietet merkwürdiger Weise keine antiken Reste. Sie hat eine von der Umgegend starkbesuchte Panegyris.

Alles deutet darauf hin, dass hier vor Alters ein bedeutendes Hieron gestanden habe.

Im obern Dorfviertel findet sich ein von antiken Quadern schlecht gebauter viereckiger Thurm.

Auf dem Westrande der Akropolis steht eine kleine Kirche, die gleichfalls aller antiken Reste entbehrt, daneben hat sich ein mit dem Dorfe zerfallener Papas, den die Gemeinde auf ihrem Boden nicht mehr dulden wollte, aus antiken Quadern mit unendlicher Anstrengung eine höchst originelle Wohnung gebaut; denn der Grund jedes Kastrums ist königlich.

Im Innern der Akropolis finden sich nur zahlreiche Quader-Substructionen von kleinen Häusern (eines hat 5 Mtr. 80 Cm. Breite und 9 Mtr. 70 Cm. Länge), schwerlich antik, und eine verschüttete Cisterne. Ausserdem nirgends der geringste Rest alter Architektur, selbst wenig Ziegelstücke und Gefässscherben, und ich konnte darunter nichts von sicher antikem Ursprung finden.

Die Einwohner erzählen von Steinplatten mit grossen Buchstaben, wissen aber nicht anzugeben, was aus ihnen geworden. Von Münzen: 2 kupferne Ἀπειρωτᾶν und sonst nichts.

In dem Dorfe Mauropulo, auf einem nordöstlich davon liegenden Hügel, sollen sich Mauern finden, die denen von Arinista ähnlich sind.

Eine halbe Stunde südlich von Arinista bemerkte ich einen Hügel, der eine Akropolis getragen zu haben schien. In Arinista sagte man mir, dass dort das Palaeokastron von Walissa gestanden habe.

3. Substructionen von Selljó. Das Dorf liegt in einer Felsenschlucht der Bergkette, welche den Westrand des Drynothales bildet, 8 Stunden südlich von Argyrokastron. Eine Stunde von ihrer Mündung in das Thal gabelt sich die Schlucht. Am Nordrande des Felsenrückens, welcher den Winkel der Gabel bildet, steigen die Reste einer alten Mauer etwa 100 F. von der Thalsohle beginnend bis zu dem etwa 600 F. hohen Kamme empor. Sie beginnt mit den Substructionen eines viereckigen Vorsprunges oder Thurmes, welcher aus vortrefflich gefügten Polygonen besteht.

Etwa hundert Fuss aufwärts ein ähnliches ebenso sorgfältig gebautes Viereck dritter Ordnung; doch sind hie und da die Parallelen nicht streng eingehalten und Steine von ungleicher Dicke an einander gereiht. Die Reste auf dem Gipfel scheinen gleichfalls polygon und die Mauer von da den nördlichen Rand des südlichen Thales abwärts gelaufen zu sein. Ueberall zahlreiche antike Ziegelstücke, doch keine von Gefässen. Von den Münzen, die hier gefunden werden, sah ich ein kupfernes Ambrakia und ditto Apeirotan.

Beide Schluchtenthäler sind sehr wasserreich, und in dem, zu welchem sie sich vereinigen, fliesst ein auch im Sommer reicher Bach, und liegen an einem von ihm gespeisten Mühlgraben 25 Tabakmühlen, von denen jedoch die meisten wegen Mangel an Absatz feiern.

Diese versteckten Ruinen bilden ein Pendant zu denen in der Schlucht der Bendscha, südlich von Tepelen, deren Leake und Pouqueville gedenken.

Auf dem Wege von Selljó nach Kastánjani bei dem Orte Luwino soll ein Palaeokastron stehen.

4. Palaeokastron von Wlacho guarantzí, etwa 1¼ Stunde nördlich von Palaeoepiscopi und ¾ St. südlich von Prawista auf einem jäh gegen die Ebene zu abfallenden Vorsprung der den Westrand des Thals von Argyrokastron bildenden Bergkette. Die Mauern gehören zur vierten Ordnung und ein viereckiger Vorsprung auf der Nordseite zu dem Schönsten, was ich in dieser Art gesehen. Die Lagen sind von gleicher Höhe (2 Spannen). Alle Fügungen rechtwinklich und überaus sorgfältig (längster Stein 7½ Spannen).

Der Durchschnitt dieser Akropole beträgt etwa 230 Schritte. Auf ihrem Plateau steht ein kleines Kirchlein des St. Athanas, in der sich von antiken Resten nur ein Pfeilercapitäl findet, welches in sofern merkwürdig ist, als es der Arbeit und dem Style nach in sehr späte Zeit fällt, dessen einzelne Glieder aber Traditionen aus guter Zeit verrathen; die Arbeit ist roh aber theilweise sehr tief.

5. Ljabowo, Argyrokastron südlich gegenüber, etwa 4 Stunden nördlich von dem vorigen, hat die bedeutendste Kirche der ganzen Gegend; sie soll nach dem Plane der Sophienkirche erbaut sein, und eine gemalte Inschrift nennt sogar Justinian als Erbauer und 557 das Stiftungsjahr, doch mit dem Zusatze, dass sie von da an oftmals reparirt worden sei. Sie möchte wohl bald etwas Aehnliches bedürfen, denn die Kuppel senkt dermassen auf eine Seite, dass man glaubt, sie müsse jeden Augenblick einstürzen.

In den Kirchenmauern finden sich mannigfache Marmorreste antiker Architekturstücke eingemauert, die jedoch zu unbedeutend sind, um besondere Erwähnung zu verdienen und nur darauf hindeuten möchten, dass hier ein bedeutender alter Tempel gestanden.

Die Ruinen eines Palaeokastros ¾ St. oberhalb des Dorfes verdienen keine Beachtung. Zwar bestehen sie aus einer cyklopischen Stadtmauer von 75 Meter Länge, die mit einem halbrunden Thurme endigt und zählt eine Ecke noch 17 Lagen (sie sind im Durchschnitt 30 Centim. hoch und die Steine 1½ Meter lang), aber die Fügung ist so lose und elend, dass das Werk offenbar eine Nachahmung der alten Bauart aus später Zeit ist, auch geht die Sage, dass ihn ein Prinz (Βασιλόπουλο) begonnen, dieser aber von den Feinden des Landes eher vertrieben worden sei, als er ihn habe vollenden können.

6. Antike Grabschrift auf der weissmarmornen Thürschwelle der Kirche St. Paraskewé in dem Dorfe Sucha, 1 Stunde nördlich von Ljábowo, s. Beilage.

Die Schrift ist sauber und tief gehauen, die Form der Buchstaben möchte auf die ersten Jahrhunderte der römischen Kaiserzeit hindeuten. Dies ist die einzige altgriechische Inschrift, die ich in Epirus finden konnte.

Dieselbe möchte aber hinreichen, um zu zeigen, dass wenigstens das Thal von Argyrokastron auch unter römischer Herrschaft keine so complete Wildniss war, wie man sich gewöhnlich Epirus nach der Zerstörung seiner 70 Städte durch Aemilian vorzustellen pflegt.

Vermuthlich ist der Stein von einem andern Orte zum Kirchenbau herbeigeschleppt, wie dies sehr häufig geschieht.

Drei Stunden südlich von Filátes in der Tschamerei liegt das Dorf Pitzári, ½ St. nördlich von demselben in der Nähe der Strasse soll ein mit vielen Zeilen beschriebener Stein, 1 Meter im Vierecke, und nahe dabei auf einem Hügel ein Palaeokastron liegen.

7. Etwa drei Stunden nördlich liegt das Dorf Sarakiniko, welches zu den Lundscharochoria gehört; — ½ Stunde unterhalb desselben in westlicher Richtung nach der Thalebene zu stand eine alte Stadt, welche das Volk Jéριμα, und wenn es griechisch spricht ἡ Jéριμα nennt. Eine Spitze, getrennt von dem Plateau der Stadt, Σομχίλ genannt, trägt eine Capelle des Ταξιάρχης, darin ein alter Pilaster, vielleicht jonischer Ordnung, und im nördlichen Fenster eine verstümmelte kleine Grabstele mit erhabenen Lettern (also aus sehr später Zeit).

Die Stadt scheint sich über das ganze Plateau des in ostwestlicher Richtung streichenden Rückens ausgedehnt zu haben. Ich beging die Südseite und fand hier ununterbrochene Spuren einer am Rande des Plateaus hinlaufenden Mauer, deren östlicher Theil, ebenso wie die Umfassungsmauer der genannten Capelle mir den Eindruck machte, als ob er aus alten Quadern von Neuem aufgesetzt sei, während mehr gegen Westen zu auch der Bau antik zu sein schien. Auf der felsigen Südweststrecke ist die Hälfte eines in lebenden Stein gehauenen Sarkophags sichtbar, in der Nähe die runde Oeffnung einer verschütteten Cisterne. Ich verlor die Spur der westlichen Umfassungsmauer im Korne. Das Terrain ist hier uneben, während es weiter östlich eine tafelförmige Fläche bildet. Nach der Aussage des Flurschützen finden sich im Innern viele Quaderfundamente aber nirgends ein künstlich behauener oder beschriebener Stein.

Die Ruinen lohnen die Mühe des Besuches nicht; ich fand sie zufällig, denn ich kam hieher, um nach einer grossen Inschrift zu suchen, von der man mir in Sucha erzählt hatte, fand mich aber, wie so häufig, in den April geschickt.

8. Palaeokastron, ein unter diesem Namen vor wenig Jahren von Sehéljo Pitzári angelegtes Dorf im Winkel der Mündnng des Baches von Gardiki in den Hauptfluss, 2 Stunden nördlich von Argyrokastron mit unbedeutenden Kalkmauerresten; ohne Münzen; in der Kirche ein gut gearbeitetes Capitäl mit Akanthos verziert.

9. Von dem noch unfruchtbarern Besuche der Ruinen von Niwitza im Kurweljesch ist bereits im ersten Abschnitt Note 66 die Rede gewesen.

10. Im Kloster von Pojanni (Apollonia) finden sich noch sämmtliche von Leake aufgezählten antiken Reste.

Einen Büchsenschuss südlich vom Kloster liegt rechts vom Wege die neuerbaute Capelle St. Athanas. Links von der Thüre eine (der Erinnerung nach etwa 3 Fuss hohe und 4 Fuss breite) oblonge Steinplatte mit dem sehr flach gehauenen Basrelief eines Reiters. Er trägt einen mächtigen runden Schild mit breitem Rande, römischen Harnisch, Waffenrock und Schwert, das an einem Riemen über der Schulter hängt, in der Rechten eine Lanze, einen Sporn an dem sichtbaren Fusse, aber keine Steigbögel. Die Zeichnung des Mannes höchst unproportionirt, aber das Pferd hat gefällige Formen.

Hier finden sich auch die beiden in der Beilage verzeichneten Grabsteine.

11. Diwjak, Dorf in der Musachia an der Strasse von Awlona nach Durazzo, etwa 2½ Stunden südlich vom Uebergang über den Schkumbi.

Die heilige Trapeza in dessen St. Marienkirche steht auf einem schön gearbeiteten jonischen Säulencapitäl von Kalkstein, von dem die Schnecken abgeschlagen; scheint eine Wandsäule gewesen zu sein, denn am Säulenhals fehlen 4 — 5 Cannelirungen.

Das steinerne Taufbecken in der Vorkirche ruht auf einem dorischen Säulentambour, dessen Durchmesser 30 Cm. betragen mag.

Auf der Aussenseite des Templon ist ein kleiner Aetos eingemauert mit dem Basrelief eines Mannskopfes mit fliegenden Haaren, dem ähnlich der sich auf den Münzen von Larissa und anderen findet und für Apollo oder Helios gehalten wird, roh aber mit sicherer Hand gearbeitet.

12. Mbaschtówa, ein kleines Fort an dem nördlichen Ufer des Schkumbi, etwa ½ Stunde von seiner Mündung in's Meer, im fränkischen Style erbaut, viereckig, etwa 80 Schritte lang und 120 breit, mit 4 runden Thürmen in den Winkeln (der südwestliche ist eingestürzt) und einem viereckigen Thurme in der Mitte von drei Seiten. An der westlichen Seite ist statt dessen ein Thor und darüber eine Steinplatte mit türkischer Inschrift, der Haupteingang ist auf der Nord-westseite, links davon ein alter Kirchhof, woselbst ein Stein mit gut gehauenen byzantinischen Verzierungen, vielleicht ein Pilastercapitäl, und mehreren runden Säulenrudra, die das Ansehen antiker Grabstelen haben.

Im Fort sind 14 türkische Häuser; ausserhalb in dem Oel- und Fruchtbaumwald, der den Ort umgibt, christliche Häuser zerstreut.

Hier hörte ich zum ersten Male gegisch sprechen, aber die Leute schienen friedfertig, und waren sehr zuvorkommend. Auf mein Verlangen, das Innere des Fortes zu sehen, sperrten sie ihre Weiber ein und begleiteten mich auf die Laufgänge, die, wie Treppen und Zinnen, auffallend an die Befestigungen von Negroponte erinnern.

Ich trennte mich ungern von dem reizenden Orte, der idyllischen Frieden zu athmen schien, wozu freilich die Klage des Mubirs über den Verlust seines Schwiegersohnes schlecht passte; er war in der zweiten Nacht vor meiner Ankunft, wahrscheinlich aus Blutrache, meuchlings erschossen worden.

13. In Durazzo fand ich trotz aller angewandten Mühe nicht die geringste Spur aus hellenischer Zeit. Ich hörte dort, dass die vorhandenen lateinischen Inschriften bereits von Tiraboschi und andern herausgegeben seien. Ueber die an dreissig Fuss über der Erde, in einem alten, jetzt ausserhalb der Stadt liegenden Thurm eingemauerte byzantinische Inschrift siehe die Beilage.

Dieselbe scheint folgender Massen zu lauten:

Μαθών θεατὰ, τίς ὁ πήξας ἐκ βάθρων τὸν πύργον ὅνπερ καθορᾷς κτίσμα ξένον: θαύμαζε τούτου τὴν ἀριστοβουλίαν : παῖς οὗτος ἀνδρὸς εὐτυχοῦς Ἰω. (Ἰωάννου) σεβαστοκρατοροῦντος, άνθους πορφύρας: Θεόδωρος μέγιστος ἐν στρατηγίαις: Δούκας Κομηνός εὐσθενής, βριαρύχειρ, ἐχθροῖς ἀπροσμάχητος ἀκάμας πόνοις: ἔτους τρέχοντος ἑξάδι μὲν χιλίων: σὺν τοῖς ἑκατὸν ἑπτὰ .... τριπλῇ δεκάδι καὶ μυναπλῇ τριάδι τρις-καὶ-δεκάτης ἰνδικτιῶνος δρόμου λῆξιν φέροντος· ἐν θεῷ παντεργάτῃ.

An das nördliche Ende der Hügelreihe, auf deren Südspitze Durazzo liegt, lehnen sich, eine Stunde nordwärts von der Stadt, die Reste einer Festungsmauer, deren Spuren bis in die östliche Ebene verfolgt werden können; der vortreffliche Mörtel und mehrere eingemauerte Reihen vierzeiliger schöner Backsteine möchten auf eine gute byzantinische Zeit hindeuten. Die Mauer mag ein Meter breit sein, der Weg führt noch durch ein in ihr angebrachtes Thor, dessen unteres Gewölbe eingestürzt zu sein scheint, denn jetzt ist dessen Höhe ausser Verhältniss zur Breite. An den Seiten sieht man noch die Löcher, in welchen der Schlussbalken lief. Die Mauer soll nach der Sage zu der Befestigung des Canals gehört haben, von welchem oben die Rede war. Der Punkt gewährt eine schöne Aussicht auf die Küstencontouren und die hinter ihnen aufsteigenden Bergreihen bis gegen die bocche di Cattaro.

An dem Brunnen des zwei Stunden von Durazzo am Wege nach Tyranna gelegenen Dorfes Arapani soll auf einem viereckigen Stein eine lateinische Inschrift von etwa 10 Zeilen zu sehen sein.

14. Kawája. Einziger antiker Rest, den ich erfragen konnte, ist ein grosser Grabstein mit einem elend gearbeiteten, drei stehende Figuren darstellenden Basrelief; die Inschrift ist römisch, aber weil der Stein sehr weich, unlesbar geworden. Er wurde ½ Stunde von der Stadt gefunden, und steht im Hause des Stephani Oikonomu.

15. Elbassan. In dem auf dem nördlich von der Stadt streichenden Höherücken gelegenen Weinberge des Selman Tscheraje (die Gegend heisst Tepé) steht ein Grabstein ohne Inschrift, 4 Spannen hoch, 2½ breit; das Basrelief zeigt rechts eine stehende Frau mit glatt anliegender Haube und langem Gewande, die rechte Hand in den Mantel geschlagen, die linke herabhängend; was sie darin hält, ist unkenntlich; links ein stehender Mann, im blossen Kopfe, Schuhe an den Füssen, in der Linken hält er eine breite Harpe, in der Rechten ein ähnliches Instrument; die Gesichter unkenntlich. Die Figuren sind sehr hoch heraus, die Gewandfalten sehr flach gearbeitet; plumper Styl, rohe Ausführung.

In Elbassan kaufte ich ein paar alte geschnittene Steine; es wurden mir viel römische, aber keine hellenische Münzen gezeigt.

In der neugebauten Kirche von Elbassan soll, wie ich leider erst in Tyranna erfuhr, eine Inschrift mit lateinischen Buchstaben eingemauert sein.

Alte Münzen und geschnittene Steine, besonders in Gräbern, sollen beim Bebauen der Felder um Beltsch, 4 Stunden südwestlich von Berat, gefunden werden. Der Ort liegt an einem kleinen See im Hügelland.

16. Kloster St. Johann Wladimir, 1 Stunde nordwestlich von Elbassan. — Ein Grabstein in der Nordostecke der Klostermauer; rechts eine Frau mit herabhängendem Haare, die rechte Hand in den Mantel gewickelt, die linke hält einen Spiegel; — links ein Mann mit kurzen Haaren, der über die Brust geschlagene rechte Arm ist entblösst, die Linke hängt herab und scheint etwas zu halten; der Mantel ist stramm über die linke Schulter geschlagen und lässt das Unterkleid sehen. Die in der ersten und dritten Zeile leserlichen Buchstaben sind folgende:

M N C NIUS. M

A P VNIA. S

Der Aetos zeigt ein Gesicht en face, an beiden Enden stehen Dachziegel. Der Styl ist steif, die Arbeit etwas besser, als in Elbassan.

Die in die äussere Mauer der Klosterkirche eingesetzte lateinische Inschrift mit schönen zollgrossen gothischen Lettern auf weissem Marmor, findet sich auf der Beilage.

Ich habe dieselbe mit möglichster Sorgfalt copirt, es scheint aber, dass der Steinhauer eben so wenig, als der Copist wusste, was er schrieb, denn es sind vielfache Fehler darin.

Herr E. Birk, Scriptor an der k. k. Hofbibliothek, liest dieselbe, wie folgt:

anno ab incarnatione domini nostri Jesu Christi MCCCLXXXI indictione (?) quinto regente in Albania serenissimo principe domino Rahpilho (?) Thopia primo de domo Franciae anno dominii ejus (?) XXII unacum illustrissimo suo filio primogenito domino Georgio hanc ecclesiam fecit.

Daneben befindet sich ein äusserst roh in Sandstein gehauenes Wappen, ein auf einem Kissen aufrecht sitzender und die Vordertatzen ausstreckender gekrönter Löwe und darunter eine Art Wappenmantel, worauf ein schiefgestelltes, in mehrere Felder getheiltes Viereck, welches neben vielen Kreuzen und Cirkeln auch Figuren trägt, die französischen Lilien vorzustellen scheinen; daneben stehen die Worte:

$$\text{ετουτα τα σιμαδηα αυθεντου μεγα.....}$$
$$\text{.. .Καρλα δοπηα}$$

17. Pertreila (Petrella) am südlichen Ufer des Arçén, 3 Stunden südwestsüdlich von Tyranna. Da wo der felsige Höhenzug, welcher, von dem Gerabegebirge abzweigend und in südnördlicher Richtung streichend, das Thal von Tyranna und die Küstenebene scheidet, von dem Arçén durchbrochen wird, ist die zunächst im Süden des Flusses aufsteigende Spitze, welche das heutige Bergschloss von Pertreila trägt, durch eine Einsattlung von dem Felsenrücken getrennt, welcher mit der Gerabe zusammenhängt. In dieser Sattlung, und an den beiden Abhängen des Rückens liegen die zerstreuten Häusergruppen von Pertreila. Die schmale Firste des Rückens scheint vor Alters eine Akropolis gekrönt zu haben, denn es finden sich dort antike Ziegelstückchen und Scherben, und ich glaubte hier und da schwache Spuren einer an der Westkante laufenden Mauer zu erkennen. Wenn, wie hier, die scharfe Kante der gehobenen Kalkplatten den Kamm der Bergrücken bildet, so ist es oft sehr schwer zu bestimmen, ob sie einst als Fundament einer rohen Befestigung der frühesten Zeit gedient habe. Hier findet sich jedoch auch eine viereckige Vertiefung in den lebenden Stein gehauen, welche zu nichts anderem als zur Aufnahme eines Mauerquaders gedient haben kann.

Auf der westlichen Böschung, auf gleicher Höhe mit dem heutigen Dorfe,.findet sich ein bemerkenswerther Mauerrest, der etwa 30 Meter lang sein und 4 bis 5 Meter vor den längs des Rückens ziehenden Mauerspuren rechtwinklig vorspringen mag, so dass seine Oberfläche ein kleines Plateau bildet.

Die Mauer besteht aus 10 Lagen horizontal auf einander liegender Quadern, die Höhe der Lagen beträgt überall 60 Centimeter; einer der grössten Quadern mass 1·70, ein anderer 1·60, die meisten sind nur halb so gross. Von den Quadern sind nur zwei schief, alle andern rechtwinklig an einander gefügt und die Fügung ist so sorgfältig, dass, wenn das Werk in Griechenland stände, es sicher als der besten Zeit angehörig betrachtet würde. In einem Abstande von 6·20 M. stehen zwei viereckige Strebepfeiler, 85 Centimeter breit und 40 Centim. vorspringend.

In der Mitte ist die Mauer eingefallen, oder, nach einigen Spuren zu schliessen, gewaltsam zerstört, vermuthlich um die Schätze zu heben, die hier der Volksglaube, eben so gut wie in Griechenland, unter jedem alten Gemäuer vermuthet. Dieser Umstand gewährt eine interessante Einsicht in den innern Bau des Vorsprungs. Hinter der äussern Quadermauer zeigt sich eine zweite aus grossen, meist viereckig behauenen, nur weniger sorgfältig gefügten Steinen bestehende, und hinter dieser eine dritte noch loser gelegte; aber auch in dieser noch hie und da grob behauene Steine.

Was war die Bestimmung dieses Vorsprungs? — Wenn die Ortslage nicht Zweifel erregte, würde ich ihn für die Substruction irgend eines Tempels halten. Von der übrigen Umfassungsmauer des Höhenrückens sollen noch an zwei andern Orten geringe Spuren vorhanden sein, ich sah sie aber nicht.

In Pertreila und seiner Umgegend werden alte Kupfer- und Silbermünzen gefunden, von denen ich jedoch keine zu sehen bekam, weil sie von den Findern alsbald in Tyranna verkauft werden, dessen Wochenmarkt die Umwohner zahlreich besuchen. Pertreila beherrscht das Thal des Arçén und den Pass über das Gerabegebirge und ist der Schlüssel zu dem Thale von Tyranna.

18. Ruinen von Scurtésche. Sie liegen auf der westlichen, dem Thale von Tyranna zugewandten Böschung eines Hügels, welcher zu der Kette der Vorberge von Kroja gehört, die

von den Albanesen Graçe genannt wird; etwas südlich von dem Dorfe Funt-Gráçe, das eine gute Stunde südwestlich unterhalb Kroja liegt.

Die Stadtmauern scheinen ein sich bis zum Gipfel des nun bewaldeten Hügels ziehendes Oblongum gebildet zu haben. Von der obern (östlichen) Seite ist ein Stück Mauer mit sechs rechtwinklig behauenen Quaderlagen erhalten; hie und da ist ein Quader dicker als die andern, und dann in die obere, oder untere Lage eingekerbt. Die Fügung ist grossen Theils vortrefflich. Weiter nördlich die Rudera eines grossen runden Thurmes, der vermuthlich die Nordostecke der Befestigung bildete, dessen Quadern roher behauen wie die vorigen, und wenn sie dicker als gewöhnlich, ebenso eingekerbt sind; die Fügung ist durchgehends schlecht und scheint überdies durch Erdbeben gelitten zu haben. Manche Steine des Thurmes haben 1·70 M. Länge und 85 Cm. Höhe. Thurm und Mauer machten mir den Eindruck, als ob sie verschiedenen Zeiten angehörten.

Etwa ¼ Stunde westlich abwärts die Fundamente einer zweiten nordsüdlich laufenden Quadermauer von 2·60 Dicke; von der Nordwestecke bis zu einer Lücke, vielleicht ein Thor, 56 Schritte; — weiter südlich liess sich die Mauer nicht mehr deutlich verfolgen. Von der nordwestlichen Ecke sind die Spuren des bergauflaufenden Schenkels eine Strecke lang sichtbar.

Im Innern, selbst auf dem Gipfel, alte Ziegelsteine mit eingebrannten Ziegelstückchen.

19. Die Ruinen von Akrolissus am westlichen Ufer des Drin. Die Ostmauer der kleinen elenden Citadelle, welche jetzt die Spitze des Hügels krönt, dessen Fuss der Fluss bespült, scheint auf den Fundamenten der alten Akropolis zu stehen, die letztere aber zwei Schenkelmauern bis zum Flussufer herabgesandt zu haben. Die alte Umfassungsmauer besteht, so weit sie erhalten, aus Polygonen von vortrefflicher Fügung. Das Mauerwerk der Thürme ist zweiter Ordnung; die Quadern roh behauen, aber gut gefügt, doch häufig durch Erdstösse verrückt. Die zweite und dritte Lage eines Thurmes an der Südseite misst 0·85, die Länge eines der grössten Steine 1·50 M.

Merkwürdig ist die Cannelirung aller Ecken ⌐⌐, welcher jedoch die rechtwinklig gehauene Fundamentlage entbehrt; vielleicht mag die Form ursprünglich auch die └┐ gewesen sein, ich konnte hierüber nicht klar werden.

Besonders schön ist das Mauerfundament rechts vom östlichen Thore der heutigen Citadelle. Ein Rest des nördlichen Schenkels zeigt noch 6 Lagen Polygone. Man kann hier von Lagen sprechen, weil diese Polygone der dritten Ordnung weit näher stehen, als z. B. die von Arinista, wo selten horizontale Schichtung unterscheidbar ist, während diese hier, wenn auch unregelmässig, geschichtet sind, und daher den nächsten Uebergang zum Quader bilden. Der Rückschluss von der Ordnung und deren Nüancen auf das Alter des Baues ist bekanntlich sehr trügerisch, weil sich die erstere wohl meistens nach der Natur des Materials und dem Betrage der auf den Bau verwendbaren Geldmitteln richtete.

Meinen Nachfolgern empfehle ich die Untersuchung der südlich von Palaeoepiscopi in der Thalebene von Argyrokastron sichtbaren Hügel, welche ich versäumt habe; einer derselben schien mir das Ansehen eines Tumulus zu haben.

Proben der Substructionsreste von Arinista. 1 — 3.

1.

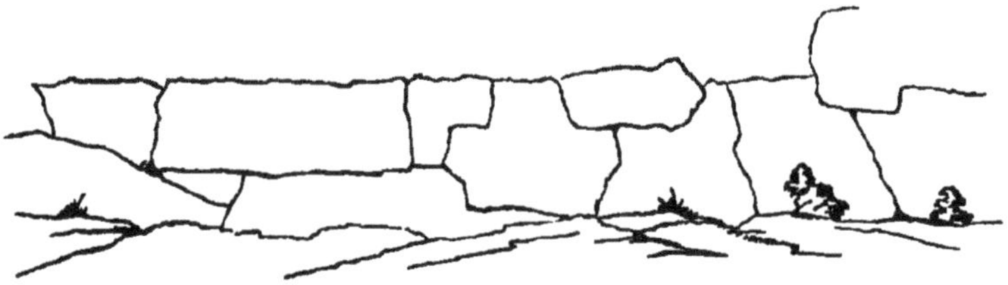

2.

3.

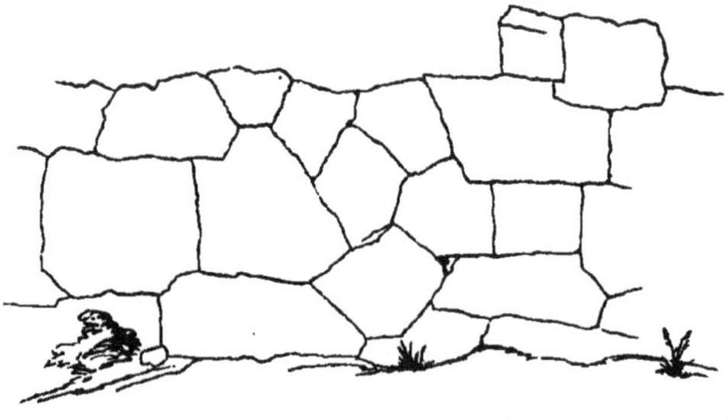

Stück Mauerfundament rechts vom östlichen Thore der Citadelle von Alessio, auf welchem die türkische Kalkmauer ruht.

```
ΛΥΕΙΜΑΧΕΦΙΛΙΠΟΥΑΝΔΙΠΛΑΥΕΗΝ
ΠΡΑΥΛΕΕΠΕΤΡΙΠΝΟΕΦΙΛΙΕΤΑΕΠΕΤΡΙΠΝΟΕ
ΧΑΙΡΕΤΕ
```

```
ΙΟΥΛΙΑ Ω              ΚΟΥΑΡΤΑΕΤΩΝ Μ
ΛΑΜΠΑ Ο?              ΧΑΙΡΕ
ΧΑΙΡΕ
```

```
ΗΛΑΘΩΝΘΕΑΤΑΤΙΣΟΠΗ ΒΑΣΕΚΒΑΘΡΩΝ    ΤΟΝΠΥΡΓΟΝΟΝΠΕΡΚΛΑΘΟΡΑΣΚΤΙΣΗΑΧΕΝΟΝΘΑΥ
ΗΛΖΕ ΤΟΥΤΟΥ ΤΗΝΑΡΙΣΤΟΒΟΥΛΙΑΝ ΠΑΙ    ΣΟΥΤΟΣΑΝΔΡΟΣΕΥΤΥΧΟΥΣ ΚΩ: ΣΕΒΑΣΤΟ
ΚΡΑΤΟΡΟΥΝΤΟΣΑΝΘΟΥΣΠΟΡΦΥΡΑΣ: ΘΕ    ΘΑΩΡΟΣΗΓΙΣΤΟΣΕΝΣΤΡΑΤΗΓΙΑΙΣ ΛΟΥΚΑΣ
ΚΟΗΗΝΟΣΕΥΣΘΕΝΙΣΒΡΙΑΡΟΧΕΙΡ ΕΧΘΡΙΣΑΠΡΟΣ   ΗΑΧΗΤΟΣΑΚ ΛΗΑΣΠΟΝΟΙΣ: ΕΤΟΥΣΤΡΕΧΟΝΤΟΣ
ΕΛΛΛΗΕΝΧΙΛΙΩΝ: ΣΥΝΤΟΙΣΕΚΑΤΟΝΕΠΤΑΛ    ΕΚΥΚΛΟΙΣ: ΤΡΙΠΛΗΔΕΚΑΔΙΚΑΙΜΟΝΑΠΛΗΤΡΙΑ
ΑΙ ΤΡΙΣΚΑΙΔΕΚΑΤΙΣΙΝΑΙΚΤΙΩΝΟΣΑΡΟΗΟΥ    ΛΗΒΙΝΔΕΡΟΝΤΟΣΕΝΘΕΩΠΑΝΤΕΡΓΑΤΗ✝
```

Proben der Substructionsreste von Arinista. 1 — 3.

1.

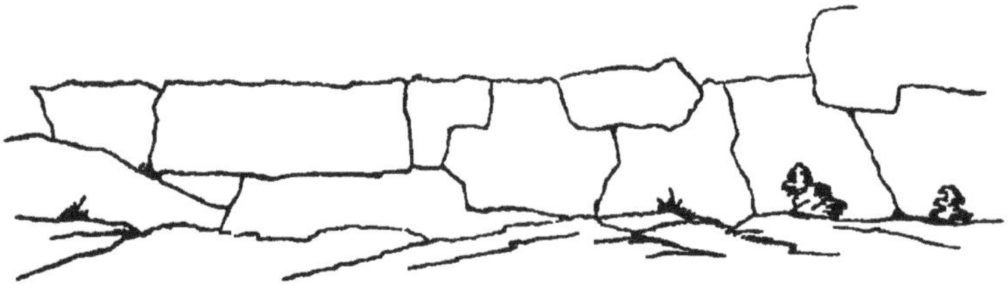

2.

3.

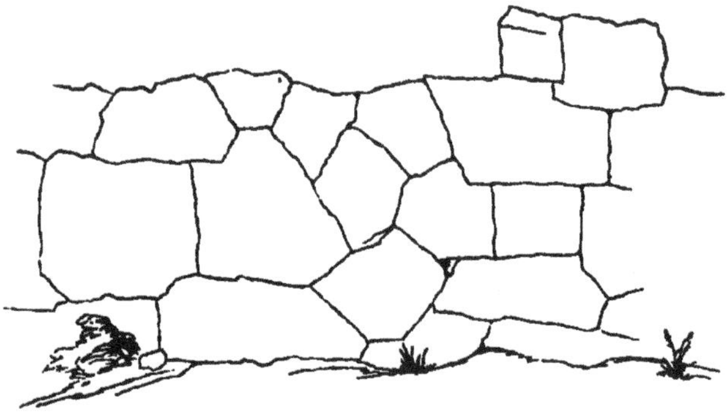

Stück Mauerfundament rechts vom östlichen Thore der Citadelle von Alessio, auf welchem die türkische Kalkmauer ruht.

ΛΥΣΙΜΑΧΕΦΙΛΙΠΟΥΑΝΔΙΛΛΑΥΣΗΝ
ΠΡΑΥΛΕΣΛΣΤΡΙΛΝΟΣΦΙΛΙΣΤΑΣΛΣΤΡΙΛΝΟΣ
ΧΑΙΡΕΤΕ

ΙΟΥΛΙΑΘ
ΛΑΜΠΑΘ?
ΧΑΙΡΕ

ΚΟΥΑΡΤΑΕΤΩΝΜ̄
ΧΑΙΡΕ

ΗΛΑΘΩΝΘΕΑΤΑΤΙΣΟΠΗΒΑΣΕΚΒΑΘΡΩΝ
ΗΛΖΕΤΟΥΤΟΥΤΗΝΑΡΙΣΤΟΒΟΥΛΙΑΝΠΑΙ
ΚΡΑΤΟΡΟΥΝΤΟΣΑΝΘΟΥΣΠΟΡΦΥΡΑΣΘΕ
ΚΟΗΗΝΟΣΕΥΘΕΗΙΣΒΡΙΑΡΟΧΕΙΡΕΧΘΡΙΣΑΓΡΟΣ
ΕΞΛΛΗΕΝΧΙΛΙΩΝΣΥΝΤΟΙΣΕΚΑΤΟΝΕΠΤΑΛ
ΑΙΤΡΙΣΚΑΙΔΕΚΑΤΗΣΙΝΑΙΚΤΙΩΝΟΣΑΡΟΗΟΥ

ΤΟΝΠΥΡΓΟΝΟΝΠΕΡΚΛΑΘΟΡΑΣΚΤΙΣΗΑΧΕΝΟΝΘΑΥ
ΣΟΥΤΟΣΑΝΑΡΟΣΕΥΤΥΧΟΥΣΙΩ̄ΣΕΒΑΣΤΟ
ΘΑΩΡΟΣΗΕΓΙΣΤΟΣΕΝΣΤΡΑΤΗΓ̄ΑΙΣΛΟΥΚΑΣ
ΗΑΧΗΤΟΣΑΚΑΗΑΣΠΟΝΘΙΣΕΤΟΥΣΤΡΕΧΟΝΤΟΣ
ΕΚΥΚΛΟΙΣΤΡΙΠΛΗΔΕΚΑΔΙΚΑΙΜΟΝΑΠΛΗΤΡΙΑ
ΛΗΞΙΝΔΕΡΟΝΤΟΣΕΝΘΕΩΠΑΝΤΕΡΓΑΤΗ+

ARO · ЖK BIR · CAЯACIOΝ ΘΘΑΙ
R̄Ν̄Ι·ΙR�·ᘏΡΙ·ᛗ·ΘΘΘ·LXXXI
ΙΟΤΘ·ᛁ·RΟΘΝΤ̄Θ·ῙΑΙΒΑRΙΑ
ΘΒRΘΑΙS̄ῙΘ·ΡΡΘΙΡΘ̄ΘĀΟ
R̄ΑῙΡΙΗ·ΟῙΘΡΙΑ·ΡͲΟΘΘ
ΘΟᛗΟ·FRΑΘΙΘ·ĀR̄ΟΘR̄ΟΘVͦΟ
XXΙΙ·ΥΑΑ·ΑΙVᗺΠ̄VRΙSΙΠΟSᵥ
Ο·FΙᛁΙΟΡᛗΟ·ΘΘRΙΤΟΘN̄Ο
ΘΘΟRΘΙΟ̄ΗΑΘ·ΘΘΘΙ·ĀᛁFΘΘΙΤ·

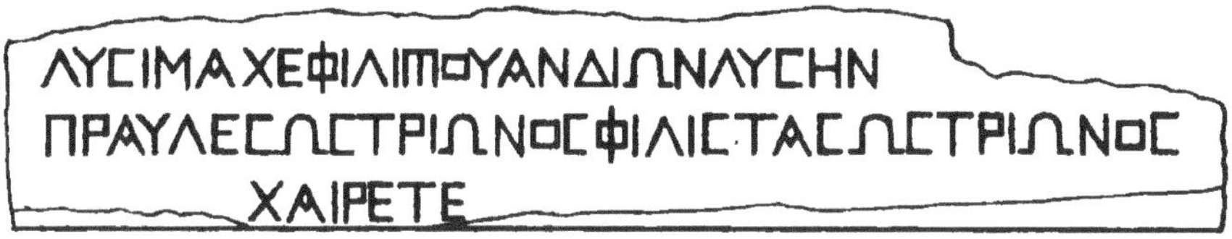

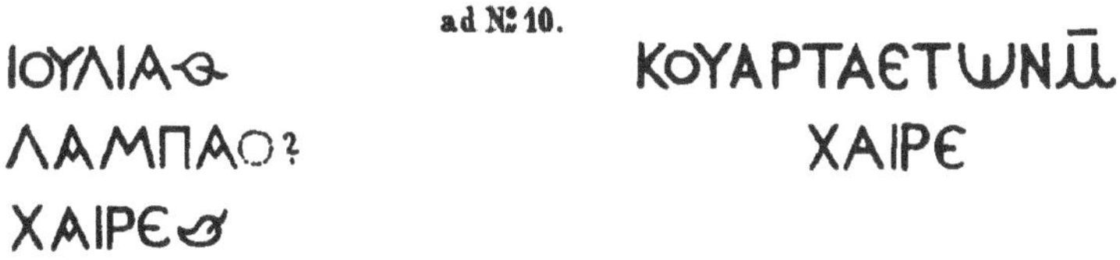

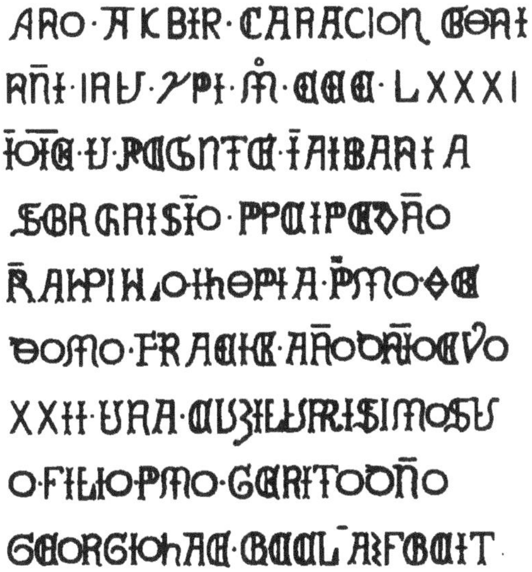

Anhang.

Bemerkungen über das türkische Geldwesen.

Noch im Anfange des vorigen Jahrhunderts hatte der türkische Piaster denselben Werth wie der spanische. Gegenwärtig gehen 24 türkische Piaster auf einen spanischen (1849).

Der Druck, welchen diese fortwährende Verschlechterung auf die türkische Nationalwirthschaft ausübte, die Störungen, welche aus der beständigen Schwankung des Geldcourses für den Verkehr entsprangen, sind zu bekannt, als dass sie einer näheren Schilderung bedürften.

In neueren Zeiten sah die Pforte das Unhaltbare der bisher befolgten Münzpolitik ein, und begann ihr Münzsystem in sehr zweckmässiger Weise zu verbessern. Der Piaster wurde nach seinem geltenden Preise (denn von seinem Münzwerthe konnte bei der Bodenlosigkeit der früheren Wirthschaft nicht die Rede sein) ein für allemal fixirt; der so fixirte Piaster als Einheit des neuen Systemes angenommen, und auf dieser Basis nach dem Decimalfusse 1, 2, 5, 10 und 20 Piasterstücke in Silber und 50 und 100 Piasterstücke in Gold geschlagen. Nach der einstimmigen Ansicht der Verständigen ist das ganze Münzverfahren streng wissenschaftlich geordnet und es kann sich das türkische Gepräge sowohl in Güte als in Schönheit dem besten europäischen an die Seite stellen. Die Pforte befahl hierauf, dass der neue Münzfuss im ganzen Lande der allein geltende sein solle, und dass der gesammte Verkehr sich nach demselben zu richten habe. Dieser Zweck ist jedoch noch nicht in den Provinzen erreicht, denn im Handel und Wandel gilt dort fortwährend der alte Münzfuss, und die neue Münze stellte sich in ihm sofort 5% über pari. Der Grund liegt wohl n dem Umstande, dass bisher die Summe der in Circulation gesetzten neuen Münzen noch ausser allem Verhältnisse zu der Summe der noch circulirenden alten Münzen steht, und daher der Verkehr gezwungen ist, sich fortwährend der alten Münzsorten zu bedienen. Diese bestehen fast nur aus schlechten Scheidemünzen von $\frac{1}{2}$, 1 und Piastern, denn die bessern alten Thalerstücke sind bereits mit seltenen Ausnahmen aus dem Verkehre gezogen.

Von der neuen Kupfermünze ist bis jetzt so wenig ausgegeben worden, dass z. B. in Südalbanien nach wie vor die jonischen Obolen das einzige Kupfergeld bilden, welches sich im Verkehre vorfindet, und dies ist um so unbegreiflicher, als bekanntlich die Kupferprägung, und zwar diese allein, bedeutenden Vortheil abwirft. Um die begonnene Münzreform durchzuführen, bedarf es daher noch einer sehr beträchtlichen Vermehrung der neuen Münzen, und einer analogen Verminderung der alten. Die Umprägung der Letzteren ist jedoch ihres geringen Gehaltes wegen mit grossen Verlusten verbunden und dieser Umstand scheint der raschen Durchführung der Reform hinderlich zu sein.

Vielleicht in der Absicht, sich in den Besitz eines Materials zu setzen, welches zur Umprägung besser geeignet ist, und auf diese Weise die Masse neuer Münzen ohne Verlust zu vermehren, griff aber die Pforte zu einer Massregel, welche die verderblichsten Wirkungen auf den inneren und auswärtigen Verkehr des türkischen Reiches äussert.

Sie setzte nämlich nach Einführung des neuen Münzfusses nicht nur alle schweren alten türkischen Gold- und Silbermünzen, sondern auch alle fremden Münzen, welche bis dahin frei in dem ganzen Reiche circulirten, ausser Cours, bestellte besondere Einwechsler, und befahl ihren Unterthanen, bei diesen alle in ihrem Besitze befindlichen interdicirten Münzen nach einem festgesetzten Tarife gegen einheimisches Geld zu vertauschen. Dieser Tarif betrachtet die einzuwechselnden Münzen nur als Metallwaaren, und vergütet deren Metallgehalt einem, wie Sachverständige behaupten, sehr niederen Massstabe, und zwar nach dem Gewichte des einzelnen Stückes; der Tarif sagt z. B., das Dramm spanischer Piaster gilt 2 Piaster 30 Pará u. s. w. Das türkische Geld, welches der Unterthan bei diesem Tausche erhält, besteht aber nicht etwa in neuen Münzen, sondern in der alten Scheidemünze, nämlich sogenannten Beschliks zu 5 Piastern und in Piasterstücken, welchen die Regierung zwangsweise denselben Werth beilegt, den die neue Münze enthält; 4 alte Fünf-Piasterstücke sollen nämlich den Werth des neuen Zwanzig-Piasterthalers

16 *

repräsentiren, welcher, wie erwähnt, im Verkehre 21 alte Piaster gilt. Kurz, die ganze Massregel lässt sich nicht anders bezeichnen, als eine Operation, durch welche sich die Regierung auf dem Wege des Zwanges und auf Kosten ihrer Unterthanen in den Besitz von wohlfeilem Prägestoffe setzen will, diesen Zweck aber in der Regel verfehlt. Denn diese vexatorische Massregel dient eigentlich nur dazu, die mit ihrer Durchführung Beauftragten, welche sich wohl hüten, die eingewechselten Münzen, wie befohlen, zu zerschneiden, zu sehr gewinnreichen Speculationen zu befähigen, d. h. sie theilt das Schicksal der meisten rein fiscalischen Operationen, und bereichert Einzelne auf Kosten der Gesammtheit, während der Staatsschatz so gut wie leer ausgeht.

Diese Einrichtung wird aber nicht etwa in allen Theilen des Reiches und zu allen Zeiten mit gleicher Strenge durchgeführt, was ihre nachtheilige Wirkung auf den Verkehr vermindern würde, sie hat sich sogar in den Händen der Wechsler zu einem systematischen Aussaugungssysteme ausgebildet; denn sie wird periodisch betrieben, und zwar nach den Aussichten, welche dieser oder jener Ort für eine gute Ernte bietet. So war z. B. der Platz von Jannina, welcher gegenwärtig (Mai 1849) zum dritten Male unter dem Drucke dieser Plage leidet, zwei Jahre lang von den Wechslern in Schonung gelegt worden. Demzufolge hatte der Verkehr mit Europa, welcher den mit den übrigen Theilen des Reiches bei weitem überwiegt, den Markt wieder mit fremden Münzen gefüllt, ihr Cours hatte sich regulirt, und Handel und Wandel ging leidlich. Da wurde eines Morgens das Verbot der Circulation fremder Münzen und der Befehl ihrer Einwechslung ausgerufen. Augenblicklich stockt jeder Verkehr. Niemand will kaufen, Niemand will zahlen, Jeder verbirgt sein fremdes Geld, so gut er kann, denn der Wechsler bricht in Häuser und Läden ein, öffnet Kisten und Kästen, und bemächtiget sich jeder fremden Münze, die er entdeckt. Er hält Leute auf der Strasse an, leert ihre Taschen und vertauscht die gefundene Contrabande mit seiner schlechten Münze. Glücklich wenn dann der Defraudant auf diese Weise durchkommt, und nicht noch obendrein ins Gefängniss wandern und Strafe zahlen muss.

Dieser Zustand dauert so lange bis die Ernte eingethan ist, und die Regierung endlich den wiederholten Bitten des gesammten Handelsstandes Gehör schenkt, und verordnet, dass von der verhängten Massregel vorläufig Umgang zu nehmen sei, worauf der Wechsler durch die dritte Hand die gesammelten fremden Münzsorten, wornach dann grosse Nachfrage ist, allgemach und mit grossem Gewinne wieder in Umlauf setzt, einen kleinen Theil seiner Sammlung nach Constantinopel des Scheines halber schickt, und sich so lange ruhig verhält, bis ihm die Zeit zur Wiederholung der Operation reif zu sein scheint.

Der Druck, welchen der beschriebene Münzzwang auf den auswärtigen Handel der Türkei wirft, ist so bedeutend, dass es sich wohl der Mühe lohnen möchte, das Wirthschaftssystem der Pforte in dieser Beziehung einer näheren Betrachtung zu unterwerfen.

Die Türkei ist ein ackerbautreibender Staat, der seinen Ueberfluss an Rohproducten dem Auslande abgibt, und den grössten Theil seines Bedarfes an Colonialwaaren und Industrieproducten von dort bezieht.

Die einheimische Fabrication und Industrie steht auf zu geringer Stufe, als dass deren Interessen die des Handels und Ackerbaues durchkreuzten, und bei dem gegenwärtigen Zustande des Landes lässt sich vernünftigerweise an eine allmähliche Heranbildung jener Productionszweige nicht einmal denken.

Die türkische Nationalwirthschaft ist daher weit entfernt, ein selbstständiges, in sich abgeschlossenes Ganze zu bilden, und der auswärtige Handel erhält dadurch eine viel grössere Wichtigkeit, als in denjenigen Staaten, deren Wirthschaftssystem geschlossener und allseitiger entwickelt ist. Man könnte den auswärtigen Handel vergleichsweise als die Lungen der türkischen Nationalwirthschaft bezeichnen. Die Türkei huldiget daher in ihrem wohlverstandenen Interesse dem Systeme der sogenannten Handelsfreiheit, und erblickt in ihren Douanen nichts weiter, als eine Finanzquelle. Sie verstattet jeder fremden Waare den Eintritt, jeder eigenen den Austritt, und besteuert dieselben gleichmässig nach ihrem Werthe. Betrachtet man aber das Geld als Metallwaare, welche vermöge ihrer Natur vorzugsweise zum Austausche oder Verkehre geeignet ist, so muss man sagen, dass der eben beschriebene Münzzwang mit dem türkischen Handelssysteme in offenbarem Widerspruche stehe, weil er eine Prohibition für den Eingang der allgemeinsten Waare enthält, und dadurch den freien Gang des Handels wesentlich hemmt. Denn dieser fordert, dass der Käufer in der Wahl der Geldwaare, die er gegen das Kaufobject hingibt, nicht beengt, und dass der Schuldner nicht behindert werde, seine Verbindlichkeit in der Münzsorte zu entrichten, welche gerade seinem Interesse entspricht. Das System des freien Handels verlangt, dass an dem Orte, wo dasselbe anerkannt ist, jede gute Münze gesetzlichen Cours habe, gleich viel wo dieselbe geprägt worden ist.

Fassen wir nun die Wirkung der von der Pforte befolgten Münzpolitik etwas näher ins Auge, so ergibt sich, dass dieselbe die Unsicherheit, an welcher vor der Münzregulirung der einheimische Verkehr litt, und zum Theil noch leidet, durch den verhängten Münzzwang auf den äusseren Verkehr übertragen hat, welcher vordem gesicherter war.

Früher litt der innere Verkehr durch die unaufhörlichen Schwankungen der einheimischen Münze, denn alle Geschäfte wurden dadurch erschwert, dass das Geld seine Hauptaufgabe als unveränderlichen Werthmesser nicht erfüllte. Diesem Uebelstande wird, wenn die Einschmelzung der alten Münzen gelungen ist, vollständig abgeholfen sein, weil das neue Geld den Werth hat, welchen es repräsentirt. Dagegen genoss vor dem Eintritte des Münzzwanges, und so lange die fremden Münzen frei im Lande circulirten, der auswärtige Verkehr eine verhältnissmässige Festigkeit, welche ihm nun entzogen ist. Früher fand nämlich der Wechselcours durch die Möglichkeit der Baarsendungen eine ziemlich feste Begränzung, denn wenn ein Kaufmann in der Levante oder in den mit ihr verkehrenden Ländern, welcher eine Zahlung zu leisten hatte, den Wechselcours höher fand, als den Betrag der für die Baarsendung zu bezahlenden Fracht etc., so wählte er natürlich den letzteren Weg als den wohlfeileren, und zwar in dem Grade, als die Verbindungen häufiger, sicherer und wohlfeiler wurden. Der Kaufmann hatte daher eine verhältnissmässig sichere Basis selbst für weit aussehende Geschäfte. Dies ist jetzt nicht mehr der Fall, denn der obwaltende Münzzwang macht es z. B. dem Triester Kaufmanne unmöglich, seine Zahlungen in österreichischer Münze nach der Levante zu schicken oder von dort zu erhalten. In beiden Fällen kann die Vermittlung nur durch Wechsel geschehen, und der Banquier wird zum absoluten Regulator des Wechselcourses gemacht. Selbst abgesehen von dem Separatinteresse des Banquiers muss aber, eben weil die Vermittlung nur durch Papier geschehen kann, so oft ein Handelsplatz mehr als gewöhnlich zu empfangen oder zu zahlen hat, der Wechselcours weit höher steigen, oder tiefer sinken, als wenn er durch die Möglichkeit von Baarsendungen regulirt würde.

Diese Sachlage muss also den Verkehr nicht bloss vertheuern, sondern auch lähmen. Denn wie störend der schwankende Cours auf den Handel im Allgemeinen einwirkt, wie häufig er namentlich Speculationen verhindert, die bei festerem Course einen mässigen, aber sicheren Gewinn versprechen, dies bedarf wohl keiner näheren Ausführung. Ebenso klar möchte es sein, dass bei dem jetzigen Systeme der zwangsweisen Eintreibung der fremden Münzsorten Behufs ihrer Umprägung der Gewinn geringer, der Schaden aber gross sei, und dass die Pforte für den Verzicht auf diesen Gewinn zehnfach durch den Aufschwung des äusseren Handels und die Vermehrung ihrer Zolleinnahmen entschädigt werden würde. Für die Pforte handelt es sich überdies in dieser Frage nicht etwa um eine Neuerung, sondern um die Abschaffung einer solchen, und die Rückkehr zu dem alten Systeme, bei welchem der Handel sich besser befand. Wollte sie jedoch ein fremdes Beispiel über die Wirkung zu Rathe ziehen, welche die freie Circulation fremder Münzen auf den Handel eines Landes äussert, so fände sie ein solches, so zu sagen, vor ihrer Thüre. Es ist dies Griechenland, dessen Bevölkerung bekanntlich eben so wie die türkische nur ackerbau- und handeltreibend ist, und welches daher gleichfalls dem Systeme des freien Handels huldigt.

Bei der Regulirung des dortigen Münzwesens beging man vielleicht in soferne einen Fehler als nicht der Anschluss an irgend ein bestehendes Münzsystem, sondern die Creirung eines neuen beliebt wurde. Dieser Fehler wurde aber reichlich dadurch vergütet, dass man die Anerkennung aller guten Münzsorten derjenigen Staaten, mit welchen Griechenland im Verkehre steht, aussprach, und sogar deren Annahme bei den Staatscassen verordnete. Zu dem Ende wurde der Werth aller dieser Münzen vorher geprüft, und deren Cours durch einen

Tarif nach dem griechischen Münzfusse regulirt. In Folge dieser Einrichtung circuliren nun dort in dem täglichen Verkehre an Silbermünzen neben den einheimischen, welche ziemlich selten geworden, spanische und mexicanische, selbst nordamericanische Piaster, österreichische und baierische Thaler, französische und sardinische Fünffrankenthaler, Silberrubel, neue türkische Thaler etc., ja sogar Zwanziger, Franken, neue türkische Fünf- und Zehn-Piasterstücke, nebst anderen fremden Silberstücken, und der Verfasser hatte 13 Jahre lang Gelegenheit, sich durch den Augenschein zu überzeugen, dass diese bunte Mischung auch nicht den geringsten Nachtheil für den Verkehr oder das Cassenwesen, ja nicht einmal eine beachtenswerthe Unbequemlichkeit mit sich bringt, weil jede Münze gleich der Landesmünze ihren festen Cours hat. In kurzer Zeit hat selbst der Fremde den Tarif inne, nach welchem diese Münzen circuliren, und für die Reduction grösserer Summen in den Landesmünzfuss, welche freilich durch das ihm zu Grunde liegende Decimalsystem sehr erleichtert wird, finden sich in jedem Kaufladen bequeme Reductionstabellen.

Aus diesem Verhältnisse entsteht für den griechischen Handel der grosse Vortheil, dass alle fremden Plätze bei ihren Zahlungen nach Griechenland die Wahl haben, dieselben in ihrer eigenen Landesmünze oder durch Wechsel zu bewerkstelligen, und bei den im Mittelmeere bestehenden raschen und sicheren Communicationen kommt auch wirklich die erste Zahlungsart sehr häufig zur Anwendung.

Durch die Circulation der fremden Münzen in Griechenland ist wiederum für die griechischen Kaufleute dieselbe Wahl ermöglicht; denn sie finden dort im gewöhnlichen Laufe des Verkehrs jederzeit die fremde Münze, deren sie benöthigt sind, entweder al pari oder gegen ein unbedeutendes Agio.

Die grosse Erleichterung des Verkehres ist jedoch nicht der einzige Vortheil dieses Verhältnisses. Dasselbe gewährt auch dem griechischen Handel aus den oben angeführten Gründen einen verhältnissmässig festen Wechselcours, und hiemit eine sichere Basis für alle seine Geschäfte.

Endlich verdankt es dieser junge und arme Staat wohl hauptsächlich seiner liberalen Münzpolitik, dass trotz der commerciellen Krisen, welche er seit seinem Bestehen durchzumachen oder mit Europa zu theilen hatte, sein Geldmarkt stets wohl versorgt ist, und dass, wenn auch zeitweise Störungen des Gleichgewichtes nach einer Seite hin eintreten, dieselben doch stets von kurzer Dauer sind und durch Einströmungen von anderen Seiten rasch wieder ersetzt werden. Vielleicht trifft die entworfene Schilderung der Vorwurf der Sachkenner, dass dieselbe mit der Wirklichkeit nicht vollkommen übereinstimme, weil die griechischen Geldverhältnisse mitunter grösseren Schwankungen ausgesetzt seien, als sich nach dem gegebenen Bilde erwarten liesse. Man kann jedoch hierauf erwiedern, dass, wenn dieser Fall eintritt, die Ursachen sicher von dem Geldsysteme des Landes unabhängig sind, und solche Schwankungen dann gewiss weit grösser sein müssten, wenn sich das dortige Geldwesen in engeren Schranken bewegen würde. Ein weiterer Einwand könnte der sein, dass Griechenland durch diese Münzpolitik sein eigenes Münzcapital eingebüsst habe, indem sich dasselbe im Auslande zerstreute. Das Factum ist richtig, dies Capital war überhaupt gering, aber es möchte keine Folge der eingehaltenen Münzpolitik sein; denn dass der Münzzwang an sich das eigene Geld nicht im Lande halten könne, wenn es zur Ausfuhr geeignet ist, dies beweiset die neue türkische Münze; das Gold geht in Masse nach England, und in manchen Perioden ist der griechische Geldmarkt von neuem türkischen Silber wie überschwemmt. Die alte türkische Scheidemünze bleibt freilich im Lande, weil sie in der Fremde nirgends Abnehmer findet. Aber gesetzt, der Einwand wäre gegründet — was hat Griechenland durch die Zerstreuung seines Münzcapitales verloren? Sind die fremden Münzen, welche im raschen Umschwunge des Verkehres die eigenen ersetzt haben, und in beständiger Fluthung mit einander wechseln, weniger werth als diese? Steht der individuelle Verlust des einheitlichen geschlossenen Münzsystems in irgend einem Vergleiche zu dem materiellen Vortheile des bestehenden Verhältnisses? Der Verfasser hält sich zu der Ansicht berechtigt, dass die in Griechenland bestehende Münzpolitik zu den Lebensbedingungen für das Gedeihen des Landes zu rechnen sei.

Was aber für einen kleinen Staat Lebensbedingung ist, das möchte wohl für einen grösseren Staat mit analoger Nationalwirthschaft wenigstens vortheilhaft sein.

Oesterreich ist der erste Gränznachbar der Türkei, und die Levante unser vorzüglichstes Handelsfeld; unsere Interessen müssen daher wesentlich von jeder Massregel mit betroffen werden, welche den dortigen Verkehr hemmt oder erleichtert.

Wenn es also gelänge, die Pforte von den Nachtheilen des bestehenden Münzzwanges zu überzeugen und sie zur Freigebung der Circulation aller guten Münzen zu bewegen, welche ihr der äussere Verkehr zuführt, so müssten natürlich die hieraus entspringenden Vortheile zum Aufschwunge unseres Levantinerhandels wesentlich beitragen.

Im Falle zu erwarten stände, dass allgemeine Vorstellungen in dieser Hinsicht bei der Pforte den gewünschten Erfolg nicht erzielen würden, so wirft sich hier die Frage auf, ob und wie weit unsere nationalökonomischen und finanziellen Verhältnisse es verstatten würden, der Pforte einen Vertrag über die gegenseitige Zulassung der österreichischen und neuen türkischen Münzen in den respectiven Reichen anzubieten? — Eine Frage, in deren nähere Würdigung jedoch der Verfasser nicht eingehen kann. Der Gefahr vor künftigen Schaden möchte durch die Stipulirung eines periodischen Austausches von neu geprägten Münzmustern und anderer entsprechender Cautionen leicht vorzubeugen sein.

Wir reihen der obigen Frage eine zweite an, welche sich uns während der Beschäftigung mit den vorliegenden Bemerkungen aufgeworfen hat. Wir müssen derselben jedoch einige begründende Andeutungen voranstellen.

Das Geld erfüllt bis jetzt nur in Bezug auf den inneren Verkehr der einzelnen Staaten seine Aufgabe als fixer Werthmesser aller in den Verkehr kommenden Gegenstände vollkommen. Eine Hauptfessel des auswärtigen Verkehres ist der Mangel eines solchen festen Werthmessers, und das ewige Schwanken, welchem die internationalen Geldverhältnisse unterworfen sind. Die Theorie verlangt daher für den Welthandel ein Weltgeld, sie stellt an alle Staaten das Postulat eines und desselben Münzfusses, und es gehört dieses sogar zu denjenigen Sätzen, über welche sich Protectionisten und Freihandelslehrer einverstanden erklären. Die vorliegende Forderung der Theorie möchte jedoch auf den Congress zu verweisen sein, welcher über den ewigen Frieden zu verhandeln haben wird; sie bleibt vor der Hand wohl ein frommer Wunsch.

Wir sind der Ansicht, dass das bezweckte Resultat auch auf dem Wege erzielt würde, wenn die Münzen aller Staaten in allen Staaten einen festen gesetzlichen Cours erhielten. Die Bemühungen, diesem Satze allgemeine praktische Geltung zu verschaffen, möchten jedoch wohl ebenso fruchtlos sein.

Das oben angeführte Beispiel von Griechenland beweiset aber, dass unter gewissen Verhältnissen ein Staat seinem auswärtigen Verkehre und seinem Geldwesen überhaupt schon dadurch wesentliche Vortheile zuwende, dass er, abgesehen von aller Reciprocität, jeder guten fremden Münze, welche ihm der Verkehr zuführt, seine Gränzen öffnet. Dieses Beispiel möchte daher die Beachtung der europäischen Finanzmänner verdienen.

Wir schliessen die vorliegenden Bemerkungen über das türkische Geldwesen mit einer Betrachtung, welche sich auf dieselben stützt, deren praktische Bedeutung aber zur Zeit noch ziemlich problematisch sein dürfte.

Wenn gegenwärtig die Frage einer allgemeinen Münzeinigung aller deutschen Staaten besprochen wird, so geschieht dies in der Regel unter der Voraussetzung, als ob sich hier nur die Alternative zwischen einem eigenen Münzfusse oder dem Anschluss an den französischen darbiete. Aus dem Obengesagten ergibt sich wohl, dass unsere Ansicht in dieser Frage mehr zum Anschluss an einen vorhandenen, als zur Errichtung eines neuen Münzfusses hinneige; wir können jedoch der obenerwähnten Voraussetzung keinesweges beistimmen, wir glauben vielmehr, dass es wenigstens bei dieser Frage in unserem höchsten Interesse liege, den ewig westwärts schielenden Blick einmal der Himmelsgegend zuzuwenden, nach welcher der Magnet unserer Zukunft zeigt.

Wäre es möglich, ein solches für Oesterreich und Deutschland gemeinsames Münzsystem dem neuen türkischen anzupassen, so gewännen unsere Münzen im Südosten ein unabsehbares

Feld, denn sie würden dann auch auf den Märkten von Tiflis, Bagdad, Bassora, Aden und Abessinien mit dem türkischen Gelde gemeinsam circuliren, und die Vortheile, welche daraus unserem Handel und unserer Industrie im Vergleiche zu ihren Mitconcurrenten erwüchsen, bedürfen wohl keiner weiteren Erklärung. (Schlagen wir doch noch immer Thaler mit Maria Theresia's Brustbild, weil sich der Orient an diese Münze gewöhnt hat.) Der Verfasser ist von der Bedeutung dieser Vortheile so fest überzeugt, dass er in der vorliegenden Frage den Hauptschlüssel zur Herrschaft unseres Handels auf den orientalischen Märkten erblickt.

Der Einwand der grösseren Bevölkerung und der grösseren Nachbarschaft Frankreichs möchte wohl durch die Erwiederung widerlegt werden, dass die Levante dem deutschen Handel ein Feld gewähre, wie es ihm Frankreich niemals zu bieten vermag.

Spricht man aber von der Möglichkeit, dass Frankreich sich aus seinem isolirten Handels-systeme herausarbeiten, und dadurch mit Deutschland in schwunghaften Verkehr treten könne, so lässt sich entgegnen, dass dieser schwunghafte Verkehr zwischen Deutschland und der Levante bereits bestehe, und weil er auf der natürlichen Basis des gegenseitigen Bedarfes der respectiven Ausfuhr ruht, an sich schon festere Chancen für seine weitere Entfaltung gewähre, dass aber auch das Wiederaufblühen und die Wiederbevölkerung des Orients ebensowenig ausser dem Bereiche der Möglichkeit liege.

Sollte die vorliegende Frage jemals in ein mehr praktisches Stadium treten, als dies bis jetzt der Fall ist, so wäre es wohl von der höchsten Bedeutung für unsere gegenwärtigen und zukünftigen Handelsinteressen, wenn auch die Möglichkeit des Anschlusses an das neue türkische Münzsystem in das Bereich der einschlägigen Untersuchungen gezogen würde. Ueber die bei einer solchen Prüfung in Betracht zu ziehenden speciellen Fragen steht dem Verfasser kein Urtheil zu. Er beschränkt sich daher auf die allgemeine Andeutung, dass auch in rein technischer Hinsicht ein Anschluss an das türkische Münzsystem den grossen Vortheil gewähren würde, dass sich der neue Münzfuss näher an den bestehenden österreichischen und preussischen Münzfuss anschlösse, und daher der Uebergang die bestehenden Geld- und Preisverhältnisse weniger verrückte, als dies bei dem Anschlusse an den französischen Münzfuss der Fall wäre.

Noten zum zweiten Abschnitt.

[1]) Unter diesem Titel wurden hier Bruchstücke aus meinem Reisetagebuch mit anderen Erfahrungen zusammengestellt, welche ich während meines Aufenthaltes im Lande zu machen Gelegenheit hatte. — Die commerciellen Notizen sind zwar bereits in der Austria oder in den Mittheilungen über Handel, Gewerbe und Verkehrsmittel des k. k. Handelsministeriums veröffentlicht worden, da sie aber für die Charakteristik des Landes wesentlich erschienen, so wurden sie hier an den entsprechenden Stellen reproducirt. — Was Epirus betrifft, so ist seine Beschreibung durch Pouqueville, Holland und Leake als erschöpft zu betrachten und bilden daher die Reise-bemerkungen des ersten Capitels nur eine Nachlese zu denselben.

[2]) Fragt man die Eingebornen nach dem Namen dieses Flusses, so sagen sie wohl auch, er hiesse Dropolis. Wir nennen den Fluss nach Leakes Vorgang Dryno, der I, 77, diesen Namen für ihn angibt und verweisen den Leser an dessen Conjecturen über die beiden Städte Hadrianopolis und Drynopolis, die in diesem Thale standen, weil wir nichts besseres darüber zu sagen wissen. Etwa 1½ St. nordöstlich von Argyrokastron liegen am Fusse der Ostkette die Ruinen des Chanes von Waljari, in welchem bekanntlich Ali Pascha 670 Gardikioten für die seiner Mutter und Schwester angethane Schmach niedermetzeln liess. Waj heisst aber auf toskisch Oel und könnte daher der Name des Chans eine Uebersetzung des alten Elaion sein und darauf hindeuten, dass sich dieser Name auch auf den nordöstlichen Theil des Thales erstreckt habe; dass aber das Thal noch im Mittelalter weit ölreicher gewesen, als es jetzt ist, das beweisen auch die verschiedenen Schenkungen von Oelgürten, deren die Mönchschronik von Ljibohowo Erwähnung thut.

³) Leake l. c. dehnt diesen Namen, wir vermuthen mit Unrecht, auf das ganze Thal von Argyro-kastron aus. — Alle mir bekannte Karten sind in der Darstellung des oberen Gebiets des Dryno ungenau; meine Beobachtungen aber zu deren Verbesserung unzureichend. Bei dem Besuche dieser Gegenden stiegen in mir die ersten Zweifel an die Unfehlbarkeit europäischer Landkarten auf.

⁴) In Argyrokastron rechnet man auf 4000 (?) türkische Häuser nur 170 griechische.

⁵) Dieser Doppelhof findet sich übrigens fast bei allen grossen türkischen Häusern.

⁶) Das hellenische und römische Pachtsystem hat sich in dem türkischen Reiche sehr treu erhalten und kann man hier das Walten der Pachtcompagnien mit dem manceps (ἀρχώνης) und den prädes (ἔγγυοι), und dem Schwarme bezahlter Diener in praxi studiren. — Diese Aehnlichkeit beschränkt sich jedoch nicht bloss auf das Pachtwesen, sie gilt von dem türki-schen Finanzwesen überhaupt.

⁷) In dem Engpasse zeigt man noch die Platane, in deren Höhlung sich der Priester des Dorfes versteckt hielt, und von dort im Namen des Baumes über das Schicksal der gefangenen Reisenden entschied; waren dies Türken, so lautete die Antwort auf die von den Räubern an den Baum gerichtete Frage in der Regel auf den Tod, die Christen aber kamen glimpflicher durch. — Ist dies eine directe Tradition aus Dodona? — Diese Annahme ist bei den vielen Beispielen zähen Festhaltens am Alten, von welchem diese Blätter berichten, nicht unbedingt zu verwerfen. — Doch ist es allerdings ebenso denkbar, dass die Sage aus den Büchern von Neuem ins Volk gedrungen sei, auf welche Möglichkeit wir aus eigener Erfahrung namentlich den Reisenden in Griechenland aufmerksam machen können.

⁸) In zweien derselben besteht jedoch die Bevölkerung zur Hälfte aus Türken. Das erwähnte Hormowo wird nach Vertreibung seiner früheren christlichen Bewohner von Türken bewohnt, deren Hauptgeschäft gleich ihren Brüdern in den zwei oben erwähnten Dörfern die Schafzucht ist, — auch gelten sie nebenbei für geschickte Viehdiebe. — Seitdem die christlichen Bewohner Hormowos von Ali Pascha gemetzelt oder vertrieben worden, sind mehr als zwei Generationen verflossen; gleichwohl haben ihre in Albanien zerstreut lebenden Enkel der Hoffnung auf die Rückerlangung der väterlichen Heimath noch nicht entsagt und lassen zu dem Ende gewiss keine auch noch so entfernte Chance unversucht. — Sie erinnern unwillkührlich an die alten Messenier.

⁹) Dies Ljábowo der Riça ist nicht zu verwechseln mit dem 7 Stunden südlicher gelegenen Orte gleichen Namens.

¹⁰) Z. B. die von Kretsúnista gehen als Bäcker, die von Lyko als Hirten und Bäcker nach Anatolien; — die von Arinista als Gärtner, Fleischer, Wasserträger nach Constantinopel, an 20 Mann; — die von Chlomò (griech. blass), mit etwa 80 Häusern, gehen mit Ausnahme von 2 oder 3 Fleischern sämmtlich als Kalkbrenner nach Constantinopel, von wo sie jährlich circa 200,000 Piaster (etwa 20,000 fl. Münze) heim bringen; — die von Skuriádes meist Chan- und Schenkwirthe nach Constantinopel; — die von Pollízani, Krämer, fast alle nach Albanien (im griech. Sinne, Mittel- und Nordalbanien); die von Kúrenda, meist Brotverkäufer, nach Constantinopel. — Die meisten Dörfer dieser beiden Districte begannen erst seit den Zeiten Ali Paschas und namentlich seit dessen Sturz zu wandern. Die Sitte scheint im Zunehmen zu sein. Viele Dörfer der benach-barten Tschamerei wandern gleichfalls. Die Tschamen gelten für besonders fähige Leute und gehen meist nach Constantinopel. — Die türkischen Bewohner von Konispolis und einigen anderen tschamischen Orten versorgen die Jonischen Inseln mit Schlachtochsen (10,000 ? Stück jährlich, von denen sie ⅔ aus den Donaugegenden holen). Die christlichen Bewohner von Filjátes und dessen Umgegend gehen als Bäcker und Brotverkäufer nach Constantinopel, Adrianopel und Philippopel. Nach der einstimmigen Angabe von Sachkennern, worunter der Hauptbanquier dieser Wanderer in Jannina, bringt auch der Faulste jährlich 1500 Piaster heim.

¹¹) Sie heisst jetzt Mitschkéli, und wurde vor Alters höchst wahrscheinlich Tomoros genannt. Diese griechisch sprechende Landschaft ist nicht mit der obengenannten albanesischen Çagoria zu verwechseln. Ein drittes Çagori (das grösste) ist das alte Magnesia, sie liegen sämmtlich jenseits der Berge, welche sie von der Hauptlandschaft trennen.

¹²) Die hauptsächlichsten sind folgende: Kapéssowo und Tschepélowo, meist Tschelepides, d. h. solche, welche das Zählen der Heerden und Eintreiben der Viehsteuer gewerbsmässig treiben

und sich alljährlich an die Pächter dieser Steuer verdingen. — Skaminélli, Bäcker, nach Brussa und andern anatolischen Städten, nur wenige nach Constantinopel; — Negádes, Güterpächter, nach der Moldau und Wallachei; — Frankádes, Aerzte, — Leskowétzi, Kaufleute, besonders nach Griechenland; — Makrinó, Kaufleute, Agogiaten, Bäcker, Chanwirthe, — Láista und Dowrá, Bäcker und Pferdehändler, nach Rumelien; — Kukúli, Kaufleute und Aerzte, — Monodendri, Ano und Kato Witza, Chalwaverkäufer und Chanwirthe (aus ersterem auch Kaufleute) nach Nord-albanien und Bosnien.

¹³) *Κουτουρού*, Wagverträge genannt, von dem albanesisch. *κουτουρίς* ich wage; das albane-sische Wort ist in das neugriechische übergegangen.

¹⁴) Diese Theilung der Grund- und Arbeitsrente wurde bekanntlich von Adam Smith aus rationellen Gründen als die allein richtige anerkannt. — Die Theilung der Ernte in zwei Hälften ist nur dann gerecht, wenn der Boden zu den fruchtbarsten gehört. Mehrfache Ueberschläge, die der Verfasser mit Zugrundelegung der landwirthschaftlichen Verhältnisse in Griechenland (welche im Ganzen mit denen von Albanien übereinstimmen) machte, lieferten das beiläufige Resultat, dass diese letzte Theilung, wenn sie gerecht sein soll, das 14. und 15. Korn als Durchschnittsernte voraussetzt. Eine solche Theilung war bekanntlich in dem fruchtbaren Messenien üblich, nachdem es die Spartaner erobert hatten (Paus. IV, 14, 3 und Müller's Dorier II, S. 35 n. 7, cit.); sehr magerer Boden verträgt dagegen nicht einmal die Dritteltheilung. Jeder, welcher mit diesen Ver-hältnissen nur einigermassen bekannt ist, wird daher keinen Augenblick zweifeln, dass der Herr des schlechten Attischen Bodens nicht ⁵/₆, sondern nur ¹/₆ des Ertrages genommen, die ⁵/₆ aber dem Bauer verblieben. Der Verfasser erinnert sich des jetzt in Attika üblichen Theilungs-verhältnisses nicht mehr genau (Saatgetreide, Gemeindeabgaben, Dreschlohn, für die Pferde und andere Lasten fallen bald auf den Bruttoertrag, bald auf des Bauern Theil, daher die Theilungs-berechnung zwischen ihm und dem Grundherrn nicht überall dieselbe ist). Wenn er aber nicht irrt, so ergibt auch die jetzt übliche Theilung ungefähr dasselbe Resultat, wenn man den an den Staat zu zahlenden Zehnt dabei in Anschlag bringt.

¹⁵) Beweis — das Bestehen der wallachischen Colonien im mittleren Albanien. Solche ausser-ordentliche Umstände sind nun im griechischen Königreiche eingetreten; in diesem Lande gährt jetzt ein nationaler Mischungsprocess, welcher allem Anscheine nach mit dem gänzlichen Aufgehen des albanesischen und wallachischen Elements in das griechische enden wird.

¹⁶) Bei uns Deutschen scheint jedoch der Sonderinstinct, besonders in nationaler Hinsicht, von Natur aus schwach zu sein.

¹⁷) *Τὴν κατὰ σαυτὸν ἔλα*, Plutarch de educ. puer. 19.

¹⁸) Plat. Tim. 25 etc. *πολλὰ γὰρ παραδείγματα τῶν τότε παρ' ὑμῖν ὄντων ἐνθάδε νῦν ἀνευρή-σεις, πρῶτον μὲν τὸ τῶν ἱερέων γένος ἀπὸ τῶν ἄλλων χωρὶς ἀφωρισμένον, μετὰ δὲ τοῦτο τὸ τῶν δημιουργῶν, ὅτι καθ' αὑτὸ ἕκαστον, ἄλλῳ δὲ οὐκ ἐπιμιγνύμενον δημιουργεῖ, τό τε τῶν νομέων καὶ τῶν θηρευτῶν, τό τε τῶν γεωργῶν κ. τ. λ.*

¹⁹) Die albanesische Sprache verweigert bis jetzt jeden stichhaltigen Beitrag zur Erklärung des Namens *Τελέοντες* o. *Γελέοντες*, denn der Gedanke an das alleinstehende, aber in beiden Dialekten vorhandene *γjέλλε* Speise, scheint uns zu gewagt. Da übrigens die zweite Form nun feststeht — Böckh Sth. d. A. I, S. 643 — so wollen wir hier an die Lautähnlichkeit mit *Γελάνωρ* dem letzten pelasgischen König von Argos erinnern. — Dagegen hat sich im Albanesischen die Form *Ἀργάδεις* ungetrübt als *αργάτι*, feldarbeitender Taglöhner, erhalten. (Irrt der Verfasser nicht, so findet sich dieselbe Form in Diefenbachs Celtica als keltisch verzeichnet.) Dies *αργάτ* reiht sich zunächst an das pelasgische *ἄργος*, vermuthlich die volle Form des lateinischen arvum und alban. *ἄρε* Acker; wozu wohl auch das neugriech. *ἀργόνω* ich ackere gehört, bei dem o für e steht wie in *ὀχθρός, γομίζω* u. s. w. Dieser Lautwechsel ist besonders im epirotisch-griechischen Dialekte häufig. Doch zeigt das altgriech. compos. *γεωργέω*, dass der vorliegende Wechsel alt sei. — *ρ* versetzt, ergibt *ἀγρός*, ager, Acker.

²⁰) 30 × 30 = 900 Familienväter ergibt die Zahl der Phratoren einer attischen Trittys; diese Zahl zwölfmal genommen, die Gesammtzahl der attischen Bürger. — Wir fragen nun, gab es zur Zeit, als diese Eintheilung ins Leben trat, genau 10,800 Bürger in Attika, keinen mehr

und keinen weniger? — Dies ist wohl schwer denkbar. — War, als sich zur Blüthezeit die Bürgerzahl verdoppelte, die eine Hälfte derselben von der Theilnahme an den Triakaden ausgeschlossen und gleichsam nur passive Glieder der Phratrien? — Man glaubt, sie haben Atriakastoi geheissen, aber Hesychios gibt von denselben eine sehr unbestimmte Definition οἱ μὴ μετέχοντες Τριακάδος, die an der Triakade keinen Antheil haben; diese können auch Ehrlose und sonst Interdicirte und überhaupt Bürger der niederen Classe gewesen sein, die keiner Phratria zugetheilt waren.

[21]) Herodot. I, 170.

[22]) In Jannina gibt es mehrere Familien, deren Urgrossväter aus Çagóri in die Stadt gezogen sind, ihre dortigen Besitzungen aber beibehalten haben. Sie betrachten sich fortwährend als Çagóriten und steuern nicht zu den Gemeindelasten von Jannina, sondern zu denen ihres Stammdorfes. Von Handwerkern und Kaufleuten, die nur in Jannina ihre Buden, in Çagóri etc. aber ihre Häuser und Familien haben, versteht sich dies von selbst.

[23]) Hermann, gr. Staatsalt. §. 98. — Wachsmuth, hellen. Altrthk. I, 1, S. 233.

[24]) An der epirotischen Küste dagegen soll wie in Griechenland die Strandkiefer (Pinus maritima) herrschen, sie gab der Landschaft den Namen, denn Tschameri heisst auf deutsch Fichtenland.

[25]) Ueberhaupt macht die griechische Waldnatur auf das nördliche Auge fast immer den Eindruck, als sei sie verkommen oder verlebt. Zum Theil tragen wohl die Ziegenheerden daran Schuld, welche hier die Wälder Jahr aus Jahr ein durchweiden. — Da aber die Ziegen einen bedeutenden Posten in dem Nationaleinkommen bilden, und das Holz da wo es wächst werthlos ist, wegen Mangel an Strassen aber nicht verführt werden kann, so zeigt die von manchen Reisenden gestellte Forderung, die Wälder in Schonung zu legen, d. h. die rentirenden Ziegen der unfruchtbaren Holzzucht zu opfern, von geringer Einsicht in die volkswirthschaftlichen Verhältnisse des Südens.

[26]) Ueber das Taubenorakel von Dodonna, von Joseph Arneth. Wien 1840. Desselben Sendschreiben an den Verfasser im Juli-Heft des Jahrg. 1850 der Sitzungsberichte der philos. hist. Classe der kais. Akad. der Wissenschaften.

[27]) Ihre Bewohner haben den Blitz in der That zu fürchten, denn es vergeht kein Jahr, ohne dass nicht einige von ihm erschlagen würden. Der alte Name ist heut zu Tage vergessen, dagegen findet sich jetzt in Suli ein „Blitzhügel" ὄρεχ βετετίμεος; Leake I, S. 228, because in stormy weather the lightning often strickes the summit, so often indeed that the Suliotes were obliged to give up building upon it.

[28]) Homer bildet freilich eine glänzende Ausnahme.

[29]) Dieses Verfahren, so wie die Belagerung von Tripolitza und andere im griechischen Freiheitskampfe, geben einen recht anschaulichen Begriff von ähnlichen Hergängen in der alten Geschichte, z. B. von der Eroberung Korinths durch die Dorier u. s. w. — Der Anfang aller neueren Belagerungen ist die Gründung eines ὁρμητήριον (jetzt ταμβοῦρι genannt), erst später erfolgt bei glücklichem Fortgang der wirkliche Einschluss.

[30]) Diese sind unglaublich zahlreich. Wenn der Reisende bei dem Anblick einer modernen bei einem Dorfe oder Flecken gelegenen Ruine nach deren Erbauer fragt, so bekommt er fast immer den Namen Alis zu hören und Pouqueville oder Leake werden ihn belehren, dass die Angabe richtig sei. Einer von beiden legt dieser Liebhaberei den politischen Zweck unter, die Bewohner durch den Anblick dieser meist sehr bescheidenen Gebäude fortwährend an seine Existenz und die Möglichkeit seines persönlichen Erscheinens an Ort und Stelle zu erinnern.

[31]) Die Neugriechen nennen dergleichen merkwürdiger Weise einen βάκκος (Backen?).

[32]) Régéneration de la Grèce, Buch II, cap. 5.

[33]) s. S. 110.

[34]) In Awlona rechnet man die Mittelernte zu 10,000 Baril und hält 20,000 für eine Ausnahme.

[35]) Hier haust in einer Höhle der von den Schiffern gefürchtete weibliche Dämon Logietta; man opfert ihr, wenn man aus dem Hafen oder an ihrer Wohnung vorüberfährt, eine Hand voll Salz, die mit folgenden Worten in die See geworfen wird: νὰ λογγέττα τὸ ψωμὶ καὶ δὸ μᾶς

τὸ ταξεῖδι; da hast du Brot Logjetta, nun gib uns eine gute Reise. Mehr war über diesen Dä-mon nicht zu erfahren, denn die Schiffer vermeiden es von ihm zu sprechen.

³⁶) Das Awloneser Product gilt für ein ausgezeichnetes Fabriköl und soll noch probehal-tiger als das von Durazzo sein.

³⁷) Strabon VII, S. 316 erwähnt, dass schon im Alterthume von dieser Erde derselbe Gebrauch gemacht wurde.

³⁸) Die Reform brachte Albanien die Viehsteuer, welche in einer von jedem Kopf des in verschiedene Classen getheilten Nutzviehs jährlich zu zahlenden Geldabgabe besteht; sie dehnte die früher nur vom Rajah zu zahlende Haussteuer auch auf die muhamedanischen Häuser aus und verwandelte endlich den früher an die Spahis zu zahlenden Grund-Zehnt in eine Staats-abgabe, welche in natura und von allen bebauten Grundstücken erhoben wird, während sich unter den Spahis der Zehnt in der Regel in eine bestimmte Geldabgabe (Kesim) verwandelt hatte, welche durch die allmähliche Entwerthung der türkischen Münzen sehr reducirt worden war und in mehreren, namentlich den ärmsten albanesischen Strichen gar keine Spahilik existirten.

³⁹) Plutarch Apoptheg. VI, S. 688.

⁴⁰) In Gallien mag es wohl ebenso gewesen sein, wenigstens macht uns die Art, wie Cae-sar das Verhältniss zwischen Divitiacus und Dumnorix darstellt, den Eindruck, als wolle er sich gegen den Verdacht wahren, der Dupe einer simulirten Familienspaltung gewesen zu sein.

⁴¹) Wenn man an einem mit Stücken derselben Gattung aber ungleicher Grösse gefüllten Gefässe einige Zeit rüttelt, so sortiren sich diese Stücke nach ihrer Grösse von selbst, indem die kleinen auf den Grund gedrückt, die grossen aber in die Höhe gehoben werden.

⁴²) Auch die Beiträge zu den Gemeindelasten. In den Dörfern von Çagóri besteht eine alte Schätzung nach Feuerstellen (καπνοί); auf diese werden die Gemeindelasten ausgeschlagen. Dieselben sind aber nicht gleich unter die einzelnen Gemeindeglieder vertheilt, sondern es fallen auf die Reichsten ein Dutzend und mehr solcher Stellen, während die Aermsten ½ oder ¼ Stelle zahlen, oder ganz frei ausgehen. Diese Vertheilung wird periodisch, meist jährlich revidirt und dabei die nöthigen Ab- und Zuschreibungen vorgenommen.

⁴³) Der Grund, warum der Orientale grellere Farben liebt als der Abendländer, möchte weniger im Klima, als darin zu suchen sein, dass er von klein auf an grellere Seelenaffecte gewöhnt ist. Ueberhaupt möchten sich im Farbengeschmacke gewisse Charakterrichtungen am deutlichsten aussprechen.

⁴⁴) Die Griechen übersetzen die türkischen Ausdrücke mit φθαρτὰ und ἄφθαρτα κτήματα.

⁴⁵) Ich zweifle nicht, dass dies der slavische Nationalheld sei. Die Sage überspringt mit-hin einen Zwischenraum von wenigstens 400 Jahren, in welchem hier Byzantiner und Franken herrschten und lässt die Türken unmittelbar auf die Bulgarenherrschaft folgen.

⁴⁶) Sollten sich diese Blätter jemals nach Awlona verirren, so empfange er nochmals meinen freundschaftlichsten Dank für die gastliche Aufnahme und die Belehrungen, welche mir die Unterhaltung mit ihm gewährte; dass sie nicht unfruchtbar geblieben, wird ihm wohl gar mancher Satz dieses Abschnittes beweisen.

⁴⁷) Die kleinere heisst n. gr. παραθύρι, Nebenthüre, im epirotischen Dialekte πορτόπουλο; dies πουλο ist Verkleinerungsform, mithin παραθυρόπουλο Fensterchen, πετρόπουλο Steinchen u. s. w.

⁴⁸) In griechischen Hütten oft als Stall; der Boden dieses Haustheils ist dann um einige Zoll niedriger; eine gemauerte Krippe mit schüsselartigen Vertiefungen bildet die Abtheilung; in der Mitte dient eine Lücke als Thüre; das Vieh steht mit dem Kopfe dem Feuer zugekehrt und blickt unverwandt in dasselbe.

⁴⁹) Man könnte sich hierbei auf die Bevölkerungsverhältnisse des griechischen Königrei-ches berufen, wo die Zunahme gleichfalls in keinem Verhältnisse zu den Umständen ist, welche anderwärts dieselbe begünstigen, nämlich Sicherheit des Lebens und Eigenthums, viel Boden und wenig Hände, daher leichter Erwerb. Man kann die griechischen Ehen gewiss nicht un-fruchtbar nennen, aber die Sterblichkeit der Neugebornen ist ungeheuer, und das Leben scheint im Durchschnitte kürzer, als im übrigen Europa; die schlechte Diät des Landvolkes mag hierzu allerdings beitragen, da sie aber in den Bergbezirken nicht besser, die Bevölkerungszunahme

aber dort weit beträchtlicher ist, als in den Niederungen, so bleibt wohl nichts übrig, als die geringe Durchschnittszunahme vorzugsweise auf Rechnung der ihr entgegenstehenden klimatischen Einflüsse der Niederungen zu setzen.

[50]) Diese Spitze hängt mit jener Hügelreihe nicht streng zusammen, sondern wird durch die unten beschriebene Ebene von derselben getrennt, welche in einer Ausdehnung von einer Viertelstunde zwischen beiden bis an das Meer reicht.

[51]) Doch möchte wohl auch die westlich von der Stadt bei der Capelle St. Lucia in die Bai einspringende Sandbank, trotzdem, dass sie tief unter dem Meeresspiegel liegt, zur Sicherheit der Rhede beitragen.

[52]) Diese ist grösstentheils von Wlachen bewohnt. In dem Thale von Kawája finden sich, ausser der städtischen Colonie, wenigstens 10 wlachische Dörfer. Drei Dörfer der Küstenebene von Schjak haben wlachische Colonien; in Elbassán sind ausser der städtischen Colonie 4 Dörfer, in der Stadt Berát wohnen viele und die Musukjà ist voll davon; im Mudirlik Tyránna wohnen nur Wlachen in der Stadt; in Skodra sind 24 wlachische Häuser; in der Stadt Prisrénd wohnen viele, in Ipék und Jakowa wenige, in der Umgegend dieser Städte aber keine Wlachen. In Dibra und Ochrida aber sind sie zahlreich, sowohl in den Städten, als auf dem Lande.

[53]) Sie gilt für die cumpara oder Gevatterin der Mutter Gottes, alb. ϑg Μερί, und der schwarze Fleck im Nacken rührt von dem schwarzen Trauertuche her, das sie beim Tode des Heilands umband.

[54]) Bell. civ. III, 48. Est etiam genus radicis inventum ab iis qui fuerant cum Valerio (vielleicht Nordillyrier, jetzt beschäftigen sich hauptsächlich wandernde Bosniaken mit Bereitung des im Winter so beliebten Salepthees) quod appellatur chara, quod admixtum lacte inopiam levebat. Id ad similitudinem panis efficiebant. Ejus erat magna copia.

[55]) Die Identität der jetzigen Strasse mit der alten lässt sich nicht bezweifeln, weil die Ortsgelegenheiten einer Strasse, welche Durazzo und Ochrida zweckmässig verbinden soll, eben nur diese eine Richtung vorschreiben. Die erste Hälfte dieser Strasse führt durch die Thalebene von Kawaja nach Peeim und von da dem Flusse Schkumbi entlang nach Elbassan. Diese Strasse ist mit Ausnahme von zwei Orten, wo sie über kleine Anhöhen führt, vollkommen eben. Die zweite Hälfte dagegen ist sehr bergig, denn eine kleine Stunde östlich von Elbassan verlässt sie das Thal des Schkumbi, an dessen nördlichem Ufer sie bis dahin zog, und durchschneidet nun die südlich desselben in südnördlicher Richtung streichenden Bergketten bis zu den Ufern des Sees von Ochrida.

[56]) Dies Verhältniss wird sich zum Vortheile von Durazzo ändern, sobald die projectirte Ausdehnung der Dalmatiner Dampfbootlinie über die albanesische Küste ins Leben tritt.

[57]) Dasselbe gilt von sämmtlichen Sümpfen Albaniens, ihr früherer ungemeiner Reichthum an Blutegeln ist bereits gänzlich erschöpft.

[58]) Dies ist also die dritte abweichende Angabe über die Entfernung dieses Sees vom Meere. Man wird sich hierüber nicht wundern, wenn man bedenkt, dass der Albanese nicht, wie der Franke, nach der künstlichen, sondern nach der natürlichen Uhr lebt. Sein Tag zerfällt in Sonnenaufgang, Vormittag, Mittag, Nachmittag und Sonnenuntergang; kleinere Abschnitte interessiren ihn nicht. Daher fragt er auf der Reise nicht: „Wie viel Stunden brauche ich noch?" sondern: „komme ich bis Mittag oder mit der (untergehenden) Sonne, oder bevor es Nacht wird, da und dahin?" Das türkische Zeitsystem fällt zum Ueberflusse mit dieser Natureintheilung nur in den Aequinoctialzeiten zusammen, denn es beginnt nicht, wie das unsrige, mit Mitternacht, sondern mit Sonnenuntergang, und zerlegt die Zeit von da an bis zum nächsten Sonnenuntergang in 24 mathematische Stunden; der türkische mathematische Tag beginnt also mit der Nacht: Sonnenuntergang ist 12 Uhr, die erste Stunde nach demselben 1 Uhr u. s. w. Hieraus folgt, dass das 12 Uhr des türkischen Tages, nach unserer Berechnung im Hochsommer auf 2 Uhr, im Hochwinter aber auf 10 Uhr falle, und dass der Türke seine Uhr bei zunehmenden Tagen täglich 1 Minute zurück, und bei abnehmenden 1 Minute vorstellen muss. Daher hat das Volk überhaupt keinen scharfen Begriff von der Grösse der Zeit- oder Wegstunde, und das zeigt sich besonders dann, wenn eine Entfernung, welche nicht traditionsweise feststeht, geschätzt werden soll.

Aber auch auf den gangbarsten Strassen finden sich oft die merkwürdigsten Unsicherheiten; so wird z. B. die Entfernung von Alessio nach Skodra bald auf 6, bald auf 7 Stunden angegeben. Als ich von Tripolizza nach Mistra reiste, fragte ich eine Begegnung: „wie weit ist von hier bis zum Chan von Wurlà?" 4 Stunden war die Antwort; ich ritt eine gute Stunde weiter und dann ward mir von einer zweiten Begegnung der Bescheid, dass ich bis zu dem Chan von Wurlà nun noch 5 Stunden brauche, und die letztere hatte Recht.

[59]) Diese Angabe ist unsicher; die Leute wissen das nicht so genau, weil sie mit der Küste keine unmittelbare Verbindung haben; man hört bald von 4, bald (und zwar meistens) von 5, selbst von 6 Stunden.

[60]) Diese Strasse mag wohl ihren Namen von dem italienischen Orte Egnatia, der Scala der via Appia erhalten haben, als deren östliche Fortsetzung sie sich betrachten lässt; von hier setzte man nach Illyrien über.

[61]) Hier mögen ein Paar Notizen über die via Egnatia von Durazzo bis zum See von Ochrida ihren Platz finden. — Tafel's Arbeit über dieselbe ist mir leider nicht zugänglich.

Heutige Route.	Stund.	Mill.	Tabula Peutingeriana.	Stund.	Mill.
Von Durazzo nach:			**Von Dyrrachium nach:**		
Cawaja	3	7½	Claudiana	12.24	31[a])
Pekin	5	12½	Scampa	8	20
Elbassan	7	17½	Trajectus Genussi	3.36	9
der Brücke des Hadschi Bekjari über				24	60
den Schkumb	3	7½			
	18	45			
Von der Schkumbbrücke nach:			**Von Trajectus Genusi nach:**		
Chan von Babja	2		ad Dianam		7
Chan von Darda	2		Candavia		9
Dorf Dehura	1		Pons Servilii		9
4 Chane von Kjukes	1			10	25
Domusowa (Dorf Bernjés)	2			24	60
Struga	5			34	85
	13	32½			
	18	45			
	31	77½			

Nach der gemeinen Annahme sind es von Durazzo nach Elbassan 15 Stunden, von da nach Ochrida (2 St. s. ö. von Struga) 18, und von da nach Monastir 12 Stunden. — Die vorliegende Tabelle hat zwei feste Endpunkte, die Küste und den Drinübergang. Die Differenz zwischen der neuen und der alten Angabe beträgt 3 Stunden oder 7½ Millia pass. — Ein zweiter fester Punct dieser Strasse ist der Uebergang über den Genussus oder Schkumb, denn nach der mir gewordenen Beschreibung der Ortslage ist es sehr unwahrscheinlich, dass die römische Strasse den Fluss an einem andern Punkte überschritten habe, als die heutige. — Ueber dessen Distanzverhältniss weichen aber die beiden Angaben noch weit mehr ab, denn nach der alten fällt er um nicht weniger als 6 Stunden oder 15 Mill. östlicher, d. h. von der Küste ferner, als nach der neueren. Was endlich die östliche Berghälfte der Strasse betrifft, so setzt sie die alte Angabe (welcher alle unsere Karten folgen), auf 10 Stunden oder 25 Millia pass., also um 3 Stunden oder 7½ Mill. kürzer an, als die neuere; hier lässt sich jedoch etwa annehmen, dass die Römerstrasse über die Berge gerader gelegt, also kürzer war, als die heutige. Diese Annahme fällt aber bei der westlichen völlig ebenen Strassenhälfte weg und somit bleibt nichts übrig, als die beiden alten Zahlen-

---

[a]) Leake, Travels in northern Greece, III, S. 280, not. 2, zieht hier diese Angabe der Itin. Hieros. der tab. vor.

angaben von Dyrrachium nach Skampa für verschrieben zu halten. — Skampa fällt übrigens so ziemlich mit dem heutigen Elbassan zusammen, denn beide Angaben differiren über dessen westlichen Abstand von dem Uebergange über den Schkumb nur um ⅛ Stunde. — Ist dies richtig, so möchte die Annahme, dass Pekin ungefähr mit dem alten Clodiana zusammenfalle, viel für sich haben. Wir stehen hier aber bei den Verzeichnungen unserer Karten so ziemlich in der Luft; denn wir vermuthen, dass sich diese nicht nur auf die Lage von Pekin beschränke, sondern auch den Lauf des unteren Schkumb betreffe. Bei der Zeichnung unserer Karten lässt es sich nämlich schwer erklären, wie die Hauptstrasse zwischen Kawaja und Elbassan über den Ort Pekin führen könne, der 7 Stunden von Elbassan entfernt ist; man rücke aber das Rinnsal etwas mehr gegen Norden, so wird dies sehr natürlich. Dass der Flusslauf wenigstens im Süden von Elbassan verzeichnet ist, ergibt sich aus Folgendem: Die Strasse zieht in der Thalmulde, an deren nord-östlichem Ende die Stadt liegt, in südwestlicher Richtung, aber auf der rechten Seite des Flusses, zwei Stunden lang, dann verlässt sie das Thal und folgt in mehr westlicher Richtung der Sehne eines Bogens oder Winkels, den dieser bei dem Wechsel seines Laufes nach Westen beschreibt; diese durch Hügelland führende Sehne mag, wenn ich mich recht erinnere, etwa eine Stunde betragen, dann trifft die Strasse wieder mit dem Flusse zusammen und verlässt ihn nicht mehr bis Pekin.

[62]) Eine Ausnahme von der Regel, nach welcher in den türkischen Festungen ausser Türken nur noch Juden, aber keine Christen wohnen dürfen. — Der erzbischöfliche Sprengel, zu welchem auch Tyranna gehört, zählt im Ganzen 940 griechisch-katholische Häuser.

[63]) Diese Stille wird dem aus Griechenland oder Italien kommenden Reisenden gewiss nicht entgehen.

[64]) Die zwischen Elbassan und Struga am Ochridasee liegenden Gebirge, durch welche die Strasse führt, wurden mir folgendermassen angegeben: Bábia, Dárda, Tschúra, Kjúkesi, Perrénjee und Kjafe Thàne. Sie gehören zum Bezirke von Mokra. Man rechnet von Elbassan bis Ochrida 18 Stunden.

[65]) Σχάμπα, bei Hierocl. 653 u. Const. Porphyr. de them. 2, 9; bei Ptolomäus 3, 13, 26 aber Σχαμπείς, gibt sich als ein illyrisches Appellativ, denn der Fels heisst auf toskisch σχεμβ, auf gegisch σχαπ; der Name der Stadt wurde nach Landessitte auch auf den Fluss ausgedehnt, an welchem sie lag, aber vermöge des in der Grammatik zahlreich belegten Ueberganges von α in ε und ε in ου, lautet er nun σχουμβ.

[66]) Leake, researches in Greece, S. 252.

[67]) Albanon, Arbanon oder Elbanon, Anna Comnena, XVIII, p. 390 — Acropolita, c. 14, 25.

[68]) Die interessanten Notizen, welche Farlat in seinem Illyricum sacrum über die Bisthümer von Skampa und Albanon gesammelt hat, mussten hier leider unbenützt bleiben; wer sich für diese Gegenden interessirt, möge sie nicht übersehen.

[69]) III, 13, §. 23. Ἀλβανῶν Ἀλβανόπολις μς λθ γύ. — §. 26 Ἐορδετῶν Σχαμπείς μς λ' δ' μ γ.

[70]) Vermuthlich ist dies länger her und ist das Datum in die schweren Zeiten zu rücken, welche die französische Revolution über die Kirche brachte, und während welcher auch die katholische Kirche in Albanien und Bosnien bedeutende Einbussen erlitt.

[71]) Dies sind wohl die Pugliesen, welche Durazzo sehr lang in Besitz hatten; aus dieser Zeit schreibt sich auch wohl das albanesische Wortspiel: Δούρρες — βενϑ ι πούλjες, d. h. sowohl Durazzo Pugliesenland, als Ort der Schwächlinge, s. Lexikon unter αλλ.

[72]) Ueber der Thüre der Klosterkirche stehen zwei Inschriften, eine griechische und eine mit slavischen Lettern. Die erstere lautet nach der oben erwähnten Akolouthia folgendermassen: Χρὴ γιγνώσκειν ὅτι ὁ ναὸς οὗτος κατελύθη ἀπὸ σεισμοὺς παντελῶς ἕως θεμελίου εἰς τὴν διαχράτησιν καὶ ἐν ἡμέραις αὐθεντεύοντος πάσης χώρας Ἀλβάνου τοῦ πανυψηλοτάτου Κάρλα θεωρία ἀνεφίου δὲ καὶ ἐξ αἵματος ῥηγὸς τῆς Φραγγίας. Αὐτὸς ἀνωκοδόμησε τὸν πάνσεπτον ναὸν τοῦτον τοῦ Ἁγίου Ἰωάννου τοῦ Βλαδιμίρου καὶ θαυματουργοῦ καὶ ἀνήγειρεν αὐτὸν ἐκ βάθρων μέχρι τέλους ἐκ πίστεως καὶ ζεούσης καρδίας ἀπὸ Χριστοῦ γεννήσεως ἕως οἰκοδομήσεως τοῦ ναοῦ ἔτη 1380 ἀπὸ δὲ κτίσεως κόσμου εἰς ἢν (?) 6890 αὐθεντεύοντος δὲ ἕως τότε 22, ἔτους Ἰνδικτιόνος Ἡλίου κύκλοι ι

σελήνης κύκλοι 14 ἐκτίσθη ὁ ναὸς ὥρας 14. — μέγιστος τὸ ὕψυς ἀπαραλλάκτως εἰς ἣν οὕτω γεγράμμένον. — s. auch die unten folgenden archäologischen Notizen.

[73]) De regno Slavorum, Cap. XXV und seq. in Schwandtneri Scriptores rerum hungar. dalm. croat. et slavon. III, p. 492, S. 9.

[74]) Der wohl gleich seinem Sohne in Kraini residirte. Das südliche Ufer des Sees von Skodra, 4 St. nördlich von der Stadt bis so weit es von Albanesen bewohnt wird, heisst noch heut zu Tage Kraina, ein slavisches Appellativ, welches „Ufer" bedeutet.

[75]) Er wird auf 8 Landesstunden angegeben; übereinstimmend mit anderen berechneten wir ihn auf 9½ Zeitstunden: von Elbassan durch das Flussthal der Kischa, eines nördlichen Nebenflusses des Schkums, bis zum Fusse des Gebirges 3 Stunden — bergauf 1½ St. — vom Gipfel bergab bis zum Chan Agait o. Gerábese 1 St. — bis zum Uebergange über den Arçén 2 St. — bis Tyranna 2 St.

[76]) Marko Kraal, von dem wir, wie oben erwähnt, in Kanina eine Spur fanden, und Déli Marku sind eine Person; déli ist türkisch und bedeutet sowohl „begeistert" oder selbst „verrückt," als „verwegen und tapfer." In der Nachbarschaft von Imoschi in Dalmatien wird eine Reihe oder Gruppe von nahe aneinander stehenden Einzelfelsen und Erdhügel „die Sprungsteine des Marko Kraal" genannt, weil er als Knabe in Laufsprüngen darauf herumhüpfte.

[77]) Ein alter Spruch sagt: wenn einer in Tyranna 40 Okka Wasser trinkt, so wird er ein Knabenliebhaber; wenn in Skodra, ein Raufbold — das albanesische Wort *bavdíl* ist nicht zu übersetzen, denn es verbindet diese Bedeutung mit dem eines Wildfanges, Bärenhäuters und Kneipiers.

[78]) Barletius nennt es Tyranna major zum Unterschiede von Tyranna minor, das in der Nähe von Kroja lag. Dies beweist, dass dieser wichtige Name kein zufälliger, sondern ein hier einheimischer ist. Wir werden im Verlaufe denselben einer näheren Prüfung unterwerfen.

[79]) So die Sage, bedenkt man aber, dass die Familie Skenderbeys die Stadt Trani in Apulien zu Lehen besass, so ist es nicht undenkbar, dass diesem Schiboleth noch ein anderer Sinn unterliege.

[80]) Gegen Westen wird dieser Höhenzug von dem Thale der Saranika flankirt, welche sich unterhalb der Felsenkuppe in den Arçén ergiesst. Eine halbe Stunde südlich liegt etwas tiefer als Pertreila das Dorf Sche Pol (St. Paul), das zu Pertreila mitgerechnet und wie dieses ganz von Muhamedanern bewohnt wird.

[81]) Dies Thal hat eine starke, durchweg muhamedanische Bevölkerung; doch sollen sich hier zahlreiche Ruinen katholischer Kirchen finden, und sind viele Dörfer nach Heiligen benannt.

[82]) Barletius nennt ihn Tumenist, ob sich der Name bis jetzt erhalten, weiss ich nicht zu sagen; im Gespräche wird dieser Berg nach Kroja benannt. — Dem Laute nach zeigt sich der Name mit dem heutigen Tomaros oder Tomoros bei Berat und dem alten bei Dodona verwandt, denn das tosk. n wird gegisch *v*, und „ist" (*ιδτ*) ist Endung, die mit dem Stamme nichts zu thun hat.

[83]) Per id tempus in Epiro inter ceteros regulos principesque satis nobile nomen Johannis Castrioti, tum ceterarum urbium, tum Croiae praecipue imperio erat. Et quia neque latere Scanderbergi genus aequum duco, neque omnem avorum ejus seriem perscribere in animo est, illud unum attigisse contentus ero, auctores gentis Castriotae ex Amathia nobili ortu fluxisse imperitasseque pari gloria fortunaque in Epiro, eos omnes Johannes prudentia, gravitate, ac animi invicti magnitudine ceterisque deinceps virtutibus atque egregio etiam (si quid ad rem facit) corporis decore facile superavit. Die östlich von Kroja liegende Landschaft Matt wird von Barletius in Amathia veredelt.

[84]) S. über diesen Landstrich den ersten Abschnitt Note 11.

[85]) Spanós, ein auch bei den Griechen häufiger Beiname, welcher einen Mann bedeutet, dem die Natur den Bart versagt hat. Barletius veredelt den Namen in Hispanus.

[86]) Unbestreitbar — weil ich z. B. bei den Dukadschins und den früher mächtigen Balsen, wenigstens was ihre Abstammung betrifft, ein Fragezeichen zu setzen geneigt wäre. Die Serben vindiciren sogar Skenderbey als den ihrigen und sind wenigstens gegen sein Andenken dankbarer.

⁸⁷) Preschja liegt eine gute halbe Stunde vom Flusse aufwärts, etwa 4 Stunden nordwest-nördlich von Tyranna, 3¼ St. südlich von der Mündung des Ischm und gegen drei Stunden von der Stadt gleichen Namens. Merkwürdiger Weise gelten gleichwohl Tyranna, Preschja und Ischm für gleichweit von Durazzo entfernt, nämlich 8 Stunden; das behauptete nicht bloss einer, sondern verschiedene mit der Gegend genau bekannte Leute.

⁸⁸) Die Entfernung der Mündung des Ischm von der Spitze des Caps wurde mir auf 2½ Stunden angegeben.

⁸⁹) Etwa 2½ Stunden nördlich von Derweni, ¼ St. östlich vom Wege.

⁹⁰) Nach Erkundigungen, die ich in Durazzo und Tyranna einzog.

⁹¹) So Anna Comnena nach J. Palmeri Graeciae antiquae descriptio, S. 133; das Original ist mir nicht zugänglich.

⁹²) Διϑ heisst im albanesischen aber auch Leichnam, Aas; der slavische Name der Stadt Mrtaw ist vielleicht eine Uebersetzung dieser Bedeutung des albanesischen Namens.

⁹³) Bell. civ. III, 26. nacti portum qui appellatur Nymphaeum — qui portus ab Africo tegebatur, ab austro non erat tutus.

⁹⁴) Der von Polybius erwähnte Ἀρδάξανος wäre dann der Mati-Fluss: ποιησάμενος δὲ τὴν πορείαν ἐπὶ δύο ἡμέρας καὶ διελϑὼν τὰ στενὰ κατέζευξε περὶ τὸν Ἀρδάξανον ποταμόν, οὐ μακρὰν τῆς πόλεως (2½ Stunden). Nach der Wortstellung scheinen die Pässe nicht weit vom Flusse gewesen zu sein, also etwa der Pass von Kroja oder der beim Durchbruch des Flusses in die Ebene, denn andere Pässe existiren nicht in der Gegend. Was that aber Philipp in der abgelegenen Landschaft Mati?

⁹⁵) Diodor XV, 13. Ἅμα δὲ τούτοις πραττομένοις, κατὰ τὴν Σικελίαν Διονύσιος, ὁ τῶν Συ-ρακουσίων τύραννος ἔγνω κατὰ τὸν Ἀδρίαν πόλεις οἰκίζειν. Τοῦτο δὲ ἔπραττε, διανοούμενος τὸν Ἰόνιον καλούμενον πόρον ἰδιοποιεῖσθαι, ἵνα τὸν ἐπὶ τὴν Ἤπειρον πλοῦν ἀσφαλῆ κατασκευάσῃ καὶ πόλεις ἔχῃ ἰδίας, εἰς τὸ δύνασθαι ναυσὶ καϑορμισϑῆναι... Οὗτος (Διονύσιος) γὰρ ἀποικίαν ἀπε-σταλκὼς εἰς τὸν Ἀδρίαν οὐ πολλοῖς πρότερον ἔτεσιν (τῆς τῶν Παρίων ἀποικίας) ἐκτικὼς ἦν τὴν πόλιν, τὴν ὀνομαζομένην Λισσόν, ἐκ ταύτης οὖν ὁρμώμενος Διονύσιος σχολὴν ἄγων κατεσκεύασε νεώρια διακοσίαις τριήρεσι. καὶ τεῖχος περιέβαλε τῇ πόλει τηλικοῦτο τὸ μέγεϑος, ὥστε τῇ πόλει γενέσϑαι τὸν περίβολον μέγιστον τῶν Ἑλληνίδων πόλεων, κατεσκεύασε δὲ καὶ γυμνάσια μεγάλα παρὰ τὸν Ἄνακον ποταμόν· ϑεῶν τε ναοὺς κατεσκεύασε, καὶ τἆλλα τὰ συντείνοντα πρὸς αὔξησιν πόλεως καὶ δόξαν. — Hier erhalten wir also einen andern, wohl sehr alten Namen für den Drilon oder Drin.

⁹⁶) Farlat, Illyric. sacr. VII, S. 386.

⁹⁷) Boué, la Turquie d'Europe, I, S. 80. A sa sortie des défilés calcaires le Drin présente à Scela (passage du bac) la singularité de se jeter au S. O. dans les collines, au lieu de continuer à l' O. et de gagner par une plaine unie la Bojana ou le lac de Scutari. Il semble évident qu'une fois l'eau de ce dernier a du se réunir au Drin ou le Drin couler dans le lac, car rien ne devait s'opposer à cette réunion, lorsque le lit du Drin était moins profond, ou le lac à un niveau plus élevé. D'un autre côté le canal actuel d'écoulement de ce dernier est établi dans une fente entre le haut roc du chateau de Scutari et les montagnes voisines, tandis qu'en faisant le tour de la petite crête au pied oriental du château de Rosapha on ne voit entre la ville de Scutari ou le lac et les montagnes à l'Est qu'une large plaine d'environ 2 L. d'où on gagne de plain pied le bord du Drin. Ce dernier à Scela se trouve à environ 20 ou 30 p. sous le niveau de cette plaine et le lac est environ dans le même cas. Le lit très évasé du Drinassi n'y forme qu'une concavité très legère. Dieser letztere Fluss ist die alte Clausula und wird in der Regel Kjíri genannt, obwohl der Name Drinassi nicht unbekannt ist. Sonderbarer Weise ahmt er, sobald er in die Ebene getreten, den Lauf des Drins nach, indem er seinen östlichen Lauf, der ihn in den See führen würde, nicht fortsetzt, sondern in südlicher Wendung die Rosafa-Hügel durchbricht, und, an deren südlichem Abhange hinlaufend, in die Bojana, bald nachdem sie den See verlassen hat, mündet. Diese Erscheinung ist um so auffallender, weil sich der Fluss nicht etwa, gleich dem Drin, ein tiefes Bett durch das

Erdreich der Ebene gegraben hat, sondern ein mit Sand und Steinen angefülltes, an 600 Fuss breites Bett besitzt, welches sich hart an den Rosafa-Hügeln hinzieht, bevor es sie durchbricht und welches offenbar höher liegt, als die Ebene, worauf die Stadt steht, deren östlichste Häuser fast bis zum Flussbette reichen. — Bei der südlichen Wendung, welche der Fluss macht, benagt sein westlicher Arm das Land, sobald er Wasser führt, und die Winterwasser haben bereits einen Theil des alten katholischen Kirchhofes fortgerissen. Die Türken sammeln die fortgeschwemmten Knochen und verkaufen sie um theures Geld an ihre christlichen Mitbewohner, deren Gemeinsinn nicht einmal zur leichten Sicherung der Ruhestätte ihrer Väter ausreicht und deren Parteiwesen sogar den eigenen wackeren Bischof hindert, einen neuen Kirchhof anzulegen, zu welchem dieser das Terrain bereits angeschafft hat. — Wenn daher die 900 katholischen Familien, welche die Stadt zählt, ihren Gottesdienst noch immer auf freiem Felde feiern und die reichen Privat-Capellen in ihren Häusern unterhalten, so möchte sich dieser traurige Zustand mehr aus den obigen Ursachen, als aus der Intoleranz des herrschenden Elementes erklären. — Die Türken behaupten, dass nach alten Messungen das Bett des Kjiri höher liege, als der Kranz ihres höchsten Minarets, und dass er bestimmt sei, einstens die Stadt zu ersäufen. — Dass aber ein starker Wolkenbruch wirklich ein solches Elend über Skodra bringen könnte, ist desswegen nicht unwahrscheinlich, weil die elenden Schutzanstalten, welche jährlich erneuert werden, nicht einmal die regelmässigen Hochwasser zu bändigen im Stande sind, und bereits jetzt schon bei starken Winterregen ein Arm des Kjiri durch die Strassen der Stadt fliesst. Im Hochsommer liegt das Flussbett trocken.

[98]) XLIV, 31. Duo cingunt urbem flumina, Clausula latere urbis quod in orientem patet praeterfluens, Barbana ab regione occidentis ex Labeatide palude oriens.

[99]) Denn so heisst die Stadt noch jetzt bei den Eingebornen, und Scuṫari ist eine Amplification dieses Namens, deren sich jedoch die Kirchensprache schon sehr frühe bedient. (s. S. 22 Note 5, i, f.) Bei den Slaven heisst sie Skaddar, und bei den Türken Iskenderije, Stadt des Skendérbey.

[100]) XLIV, 31. ad Scodram inde ventum est: id quod belli caput fuerat, non eo solum quod Gentius eam sibi ceperat velut regni totius arcem, sed etiam quod Labeatium gentis munitissima longe est et difficilis aditu. — Spricht Appian von Skodra, wenn er Civ. liber V. cap. 12. erzählt, dass Augustus und Antonius, als sie die Welt unter sich theilten, das illyrische Kodropolis als Gränze bestimmt hätten „ὅρον μὲν εἶναι σφίσι Κοδρύπολιν τῆς Ἰλλυρίδος ἐν μέσῳ τοῦ Ἰωνίου μυχοῦ μάλιστα δοκοῦσαν εἶναι."? — Der Name scheint sonst nirgends vorzukommen. Palmer, der die Frage bejaht, will Σκόδραν πόλιν gelesen wissen (Graeciae antiquae descriptio, S. 99); — und beweist ausführlich, dass die Alten hie und da auch das adriatische Meer unter dem jonischen mitbegriffen haben. Zur Unterstützung dieser Ansicht lässt sich auch der von Palmer citirte Plutarch in Antonio anführen, der die von den beiden Römern gezogene Gränze folgendermassen beschreibt: καὶ διήρουν τὴν ἡγεμονίαν, ὅρον ποιούμενοι τὸ Ἰώνιον und folglich zwischen beiden Meeren unterscheidet. Als Gränze der beiden Meere wird aber in der Regel das akrokeraunische Vorgebirge angenommen und in der Nachbarschaft möchte das von Livius XXXI, 27 erwähnte Codrionis zu suchen sein. — Lucius, de Regno Dalmatiae etc. lib. I, cap. 2 endlich übersetzt die obigen Worte Appians: Codropolim oppidum Illyrium quod videbatur situm in intimo sinu Adriatico, erkennt in dem heutigen Dorfe Codroppio den alten Stadtnamen, verlegt hierher auch Forum Julii und schliesst daraus, dass dieser Ort der äusserste nordwestliche Gränzpunkt des alten Illyriens sei, welches ja auch nach Strabo bei der innersten Winkelspitze des adriatischen Busens beginne. Die heutigen Karten verzeichnen den Ort unter der Form Codropio; er liegt auf der Strasse von Valvasone nach Udine, etwas östlich von dem Uebergange über den Tagliamento, und dieser Fluss hätte demnach wohl die Gränze gebildet. — Wir wollen den Leser zwischen diesen verschiedenen Meinungen wählen lassen. Die erwähnten Namen ergeben sich übrigens als echt illyrisch; denn Κόδρε, bestimmt Κόδρα, heisst auf albanesisch der Hügel. Vielleicht ist in Skodra das S einfacher Vorschlag, wir wissen denselben aber nur mit albanesischen Zeitwörtern, nicht aber auch mit einem Hauptworte zu helegen.

Die Münze, welche ihr den Titel Coloniae beilegt, Col. Claudia Augusta Scodra, wird weder von Ekhel noch Sestini für echt angenommen; eine Steinschrift hat Reip. Scodr., aber ohne den Beisatz der Colonie. Mannert, VII, S. 356.

[101]) So nennen die Eingebornen den Fluss, von welchem die Landschaft den Namen erhalten; die Griechen schrieben denselben Ζένθα, weil sie das mangelnde d durch νθ zu ersetzen suchen; diese Schreibart behielten die lateinischen Schriftsteller bei, und schrieben Zenta. Wegen der gänzlich verschiedenen Aussprache dieses Namens kostete die Auffindung desselben grosse Mühe.

[102]) Dies hat Farlat übersehen.

[103]) Hammer, Buch XVI, nach Barletius; Farlat sagt ohne Angabe seiner Quelle: nach dem Erlöschen der Balza haben sich Skodra mit Antiwari und Driwásto im Jahre 1440 aus Furcht vor den herandringenden Türken freiwillig unter venetianische Herrschaft begeben.

[104]) S. das Nähere bei Hammer, Buch XVI.

[105]) Nach Hammer l. c. und den von ihm citirten; Farlat verzeichnet ohne Angabe der Quellen 700 Mann, 1300 Kinder und eben so viel Frauen.

[106]) S. hierüber Farlatii Illyricum sacrum, VII, S. 332 u. folg.

[107]) Die nun folgende Chronik ist dem Munde eines alten Skodraners nachgeschrieben, der in dem Rufe steht, dass er darüber am besten Bescheid zu geben wisse. Ich liess sie mir mehrmals erzählen und entschloss mich erst dann, sie niederzuschreiben, als ich fand, dass der Mann nicht nur dieselbe Reihenfolge und Darstellungsweise, sondern in der Regel auch dieselbe Ausdrucksweise einhielt. — Fragte man ihn nach dem innern Zusammenhang der erzählten Begebenheiten, so trennte er stets die persönliche Vermuthung von dem was „man sagt."

[108]) Teresia heisst eigentlich Schneider.

[109]) Die von diesem östlich gelegene und durch weite Räume geschiedene Neustadt scheint sich in dem Grade zum Haupttheil der Stadt erhoben zu haben, als die Herrschaft der erblichen Paschas die Zustände ordnete und beruhigte.

[110]) *Μουδαβέρετ ε χαμάμιτ*
Σδάρδια Ζοτ Αχμέτ Ἀσλάνιτ
Κji σι α λja θατçν' τç Πεχjάνιτ
Πορ ι νjέδιτ Σχοδράνιτ.

[111]) Stammbaum der Buschatli:

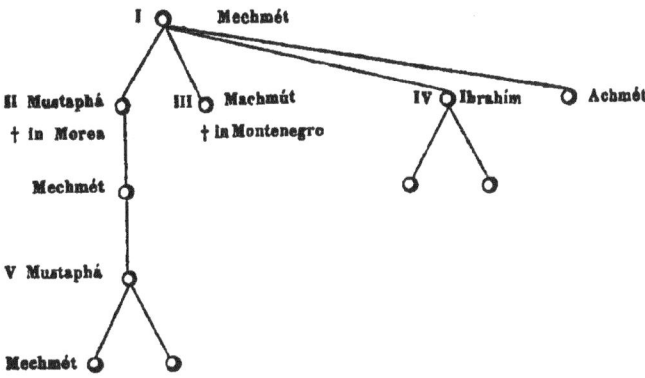

[112]) Nach Pouqueville hist. de la régén. de la Grèce, Buch I, cap. 2, marschirt Machmut Bazaklia, Vizir von Skodra, an der Spitze von 20,000 Albanesen nach Morea zur Unterdrückung des ersten griechischen Aufstandes im Jahre 1770. Erst 9 Jahre später werden die in Morea hausenden Albanesen von Hassan Pascha bei Tripolitza aufgerieben (11. Juni 1779).

[113]) Dalmatien und Montenegro, I, 295.

[114] La Turquie d'Europe IV, 402.

[115] Nach Müller, S. 48, wurden 960 Häuser eingeäschert.

[116] Die nun folgenden Notizen verdanke ich grösstentheils meinem verdienstvollen Collegen und Freunde Dr. Ballarin, k. k. Viceconsul in Skodra, unter dessen gastlichem Dache ich während meines zweimonatlichen Aufenthaltes in Skodra nicht nur herzliche Aufnahme, sondern auch in einer schweren Krankheit die liebevollste Pflege fand. Möge er mir erlauben, ihm für das, was er an mir gethan hat, hier auch öffentlich zu danken. Ballarin folgte in der Leitung des Consularamtes seinem würdigen Vater. Die Familie stammt von der Insel Brazza, ihr Name aber deutet auf altillyrische Abstammung, denn in der Gränzberichtigung zwischen dem Bisthum Alessio und dem Erzbisthum Durazzo vom 14. December 1638 finde ich unter den zu dem ersteren Bisthum gehörigen Kirchen: St. Veneranda de Ballareni verzeichnet; s. Concilium provinciale nationale Albanum habitum anno 1703, letzte Ausgabe, Romae 1803, S. 98.

[117] Mit dieser ist die in der Regel auf die Häuser geschlagene Gemeindeauflage, das s. g. Bortsch, nicht zu verwechseln, womit die Zinsen der Gemeindeschulden und andere Gemeindeausgaben (z. B. der Sold der städtischen Polizeimannschaft) bestritten werden. Sie wird von Türken und Christen getragen und schwankt je nach den einzelnen Orten von $\frac{1}{2}$ fl. bis 20 fl. per Haus. — Dieser Umschlag ist jedoch nur formell, weil die Gemeindemitglieder je nach ihrem Vermögen zu derselben contribuiren und die Glieder der reichsten Classe mitunter die Raten von 50 Häuser steuern, während die ärmeren nur $\frac{1}{2}$ oder $\frac{1}{4}$ Haus bezahlen oder ganz frei ausgehen. — Das oben erwähnte Maktum von Skodra wird auf gleiche Weise zugleich mit dem Bortsch aufgebracht. — Die Christen der Stadt Skodra steuern zur Erhaltung der Polizeimannschaft (Kulúk) ein Drittheil, oder 6000 Piaster (die Türken $\frac{2}{3}$) und zu der Unterhaltung der Post 15000 Piaster.

[118] Das Blutegelmonopol gehört nicht zu den Revenüen des Paschas, sondern wird in Constantinopel vergeben.

[119] Dies soll übrigens nicht die einzige Verwandtschaft zwischen dem dalmatinischen und bosnischen Adel sein.

[120] Albanien, Rumelien und die österreichisch-montegrinische Gränze von Dr. Joseph Müller, Prag 1844, S. 48.

[121] Auch hier, wie in der ganzen Levante, ist die Twist-Einfuhr in beständigem Steigen und wird voraussichtlich das einheimische Handgespinnst der Baumwolle nach und nach ganz verdrängen; dagegen gehen jährlich 300 Centner egyptischer Flachs meist über Triest ein, welcher hier zu groben Hemden und Betttüchern verarbeitet wird.

[122] Die Scoranze, ein kleiner, der Sardelle ähnlicher Fisch, wird in dunklen Herbstnächten durch grosse an der Küste angezündete Feuer in bestimmte, zu seinem Fange geeignete Busen gelockt, und deren Eingang, wenn der Busen hinreichend gefüllt scheint, mit grossen Netzen geschlossen. Hierauf werden die Fische durch grosse Massen von Erde und Steinen, welche das Wasser trüben, in die Netze zurückgescheucht und diese eingezogen. In fischreichen Jahren ergibt ein solcher Zug oft 2000 bis 3000 Okken, und es werden diese Fische dann mit $\frac{1}{4}$ Piaster = 3 kr. per Okka in Skodra verkauft. Sie werden schwach gesalzen, hierauf an Faden gereiht und geräuchert. Man isst sie theils roh, theils geröstet. Sie bilden eine beliebte Fastenspeise der albanesischen Katholiken, und werden daher meist im Lande consumirt, doch geht davon etwas auch nach Apulien und Dalmatien. Die besten Fischereien dieser Art liegen auf montenegrinischem Gebiete. Ihr Ertrag bildet den bedeutendsten Ausfuhrartikel dieses Landes, und wird hauptsächlich zu Lande nach Cattaro gebracht. Die auf diesen Fischereien ruhende Accise figurirt als beträchtlicher Posten in den Einnahmen des Vladika. An der östlichen albanesisch-montenegrinischen Gränzscheide bei Schabjak ist die Ortslage so gestaltet, dass der Fang von keiner Seite betrieben werden kann, wenn er von der andern gehindert wird, und daher wird derselbe nach altem Herkommen, trotz des bestehenden Kriegszustandes, von den Montenegrinern und den Fischern des türkischen Gebietes gemeinsam besorgt und der Ertrag stets friedlich getheilt.

[123]) Der Tschef (n. gr. κεφαλός) wird der Länge nach in zwei Hälften gespalten und in Fässern eingesalzen, der Fischrogen (Bottarghe) dieser Sorte wird getrocknet und scheint von mittlerer Qualität zu sein; dieser Rogen geht meistens nach dem Innern, selbst bis Constantinopel und nur wenig nach Venedig. Die beste Qualität ist die, welche im October gewonnen wird; die während der Sommerzeit producirte ist zwar grösser, aber weniger gut und haltbar. Die kleineren zu beiden Seiten der Bojanna liegenden Seen sind überaus reich an dieser Fischsorte, so dass zur Fangzeit, in Tagen starker Concurrenz, die Okka (2¼ Pfd.) auf dem Markte von Skodra mit 1 Piaster verkauft wird.

[124]) Der Aal (Bisalti). Sie werden hauptsächlich in dunklen stürmischen Herbstnächten bei dem Ausfluss des Sees in die Bojanna, da wo diese das Bazar-Viertel der Stadt Skodra gegen Norden abgränzt, gefangen. Stromaufwärts von der erbärmlichen Holzbrücke, welche dort die beiden Ufer verbindet, ist fast das ganze Flussbett mit Pfahlreihen besetzt, von denen je zwei einen spitzen Winkel von etwa 30 Graden bilden, dessen Spitze stromabwärts gerichtet und an ihrem äussersten Ende offen ist. In dieser ist ein Sack angebracht, in welchen sich der Aal, den der Instinct stromabwärts treibt, von selber fängt. Diese Fische werden nicht einmal in Fässern, sondern in frei auf der Erde liegenden Haufen gesalzen, und mit eben so wenig Sorgfalt von den Käufern in Säcken weiter transportirt. Was nicht in der Stadt consumirt wird, geht fast ohne Ausnahme landeinwärts.

[125]) Ueberhaupt klagt man in Skodra, ebenso wie in Durazzo, über den Druck, welchen die Ausdehnung der anstossenden Handelsplätze auf dessen Handel ausübe. Auf der einen Seite hat nämlich Salonik nicht nur durch die stets zunehmende directe Einfuhr von Colonialwaaren und englischen Manufacturen, sondern auch durch die Vortheile, welche ihm seine Dampfschifffahrts-Verbindung mit Triest gewährt, seinen Absatz gegen Norden und Nordosten hin zum Nachtheile von Skodra, wie bereits bei Durazzo erwähnt wurde, bedeutend ausgedehnt, und sogar einen Theil von dessen Ausfuhr an sich gezogen. Auf der andern Seite bildete sich durch die Errichtung der Dampfschifffahrt auf der Donau Belgrad zur Scala und Monastir und Oehrida zum Depôt für österreichische und deutsche Manufacturen, trotz des kostspieligen Landtransportes von der Donau bis zu diesen Städten, und Priserend, Jacowa, Ipek, Pristina und Uskup, welche früher ihren betreffenden Bedarf mehr oder weniger von Skodra bezogen, versehen sich nun zum Theile aus diesen Depôts.

Hier bietet sich ein neuer Beleg zu der in den Bemerkungen über den Handel von Durazzo ausgesprochenen Ansicht über die Schnelligkeit, mit welcher der Handel die nur durch Segelschiffe vermittelten directen und natürlichen Verbindungswege mit weit längeren und daher unnatürlichen Linien vertauscht, wenn diese die Vortheile rascher und regelmässiger Dampfschifffahrts-Verbindungen geniessen.

[126]) Von Cattaro und Ragusa gehen bedeutende Quantitäten solcher getrockneter und pulverisirter Blätter nach Triest; vom ersten Orte auch etwas Holz, welches ebenso wie die Blätter aus Montenegro kommt. Der über Ragusa eingehende Blätterstaub kommt aus der Herzegowina.

[127]) Distanzen von Skodra nach Wraka 2 St. — nach Kopelika 2 — nach dem Hotti Sumpf 4 — (Schabjak bleibt links) nach Podgoritza 4 — nach Sehpunçe (sprich ç franz.): Σκούϊζε 2¼.

[128]) Capitolium!

[129]) Lucius, de regno Dalmatiae, liber. I, cap. XIII.

[130]) Farlati, Illyr. sacr. VI, S. 463. Zentam superiorem quae ab Zenta inferiore Labeatide palude intermedia disjungitur Georgio Despotae Rasciae ademptam obtinebat Cernowichius, dux montis nigri, et Voivodae titulo insignitur. — Hiernach gehörte streng genommen das eigentliche Montenegro nicht zu Zenta. — Farlat gedenkt jedoch, Band I, S. 161, einer andern Eintheilung, wornach die nördliche Hälfte der Grafschaft, also das Moratzagebiet, in die obere und untere Zenta zerfällt, und ersteres die das nördliche Flussgebiet bildenden und nun Montenegro zugewandten 4 Bergbezirke, Berdas genannt, die Zenta inferior aber die fruchtbare Ebene, welche die Moratza bei ihrem Austritt aus den Bergen durchströmt, und einen Theil der östlichen Seeufer begriff.

¹¹¹) Abweichende Angaben von Karacsays Zeichnung: die Citadelle liegt hart an der Mündung der Ribnitza in die Moratza, denn ihre Mauern werden von der letztern bespült; die Stadt dagegen dehnt sich ostwärts von derselben aus und liegt 20 Minuten vom südlichen Ufer der Ribnitza ab. Fundina liegt 1½ St. östlich von der Stadt, in seiner südlichen Nachbarschaft entspringt die Ribnitza. — Triepschi (welches in der nachfolgenden Sagenchronik der Bergstämme figurirt), slavisch Zatriebatz, liegt wenigstens 8 Stunden von Podgoritza. — Es hält bald zu Skodra, bald zu der Berda Kutsch.

¹¹²) Etwa eine halbe Stunde nördlich von Podgoritza verzeichnet Karacsay die Ruinen von Dioclea mit dem heutigen Namen Dukla. Ich hörte wiederholt von bedeutenden cyklopischen Substructionen, den Ruinen einer Wasserleitung, Säulen- und andern Marmorresten sprechen, die dort über einen weiten Raum zerstreut sein sollen. Meine Erfahrungen mit Niwitza haben mich jedoch gegen dergleichen Angaben argwöhnisch gemacht. Einige Spuren möchten aber allerdings noch vorhanden sein, und dass sie dem alten Dioclea angehörten, ist gar nicht unwahrscheinlich. Auch sollen an dem Orte römische Münzen und geschnittene Steine zu finden sein.

¹¹³) Wie unsicher solche Erzählungen sind, ergibt sich daraus, dass mir von glaubwürdiger Seite versichert wurde, die Execution der Wranjoten habe am 8. November 1827, also noch unter dem letzten Erbpascha stattgefunden. Ist dies richtig, so verstrich zwischen diesem Ereignisse und dem Abfalle geraume Zeit, und erfolgte dieser erst, als die Wirren von Skodra gegründete Aussicht auf Erfolg boten. Wir halten uns im Texte an die gemeine Volkssage.

¹¹⁴) Doch sollen im Jahre 1836 mehrere Wranjoten nach Skodra gekommen sein, und dort den Wunsch der Bevölkerung zu erkennen gegeben haben, wieder unter türkische Herrschaft zurückzukehren. Sie wurden jedoch von dem damaligen Pascha festgehalten, und nur gegen Lösegeld frei gegeben.

¹¹⁵) Hier ist wohl der Ort eine Angabe, welche Wilkinson in seinem Dalmatien und Montenegro, deutsche Uebersetzung I, S. 233, bei Erwähnung des Abfalles der Berda von Kutschi macht, zu berichtigen, als seien deren Bewohner Katholiken; dieselben sind sämmtlich, gleich der Bevölkerung der übrigen Berdas, griechisch gläubige Slaven. Zeitweise aber hält wohl ein oder das andere katholisch-albanesische Dorf, wie Triepschi und andere zu Kutsch. Auch soll in diesen Berggegenden der Sectenhass zwischen kathol. und griech. Christen, von dem Wilkinson bei dieser Gelegenheit spricht, nicht so stark sein, wie er annimmt, da zwischen beiden Secten sowohl an den östlichen als südlichen Grenzen auf der Westseite des Sees freie Ehegemeinschaft jedoch in der Art besteht, dass die Neuvermählte den Glauben ihres Ehemannes anzunehmen gezwungen wird. Demungeachtet vermag ich nicht der Ansicht beizustimmen, welche Cyprien Robert über die Gefahr ausspricht, welche dem albanesisch-katholischen Element von dem griechisch-montenegrinischen drohe. Den Montenegrinern gelüstet nach der reichen Ebene Podgoritza, um dort das Brot zu ziehen, was ihnen bis jetzt fehlt, und um die reichen Fischereien des Sees zu geniessen. Es mag ihnen nach einem Hafen am adriatischen Meere gelüsten, dessen grosse Vortheile für ihr Land sie vollkommen begreifen, sie besitzen aber der Felsenberge mehr als genug, um nach denjenigen lüstern zu sein, welche ihre armen katholischen Nachbarn bewohnen, bei denen nichts als blutige Köpfe zu holen wäre, und die precäre Verbindung, welche zwischen den glaubens- und stammverwandten Berdas und Montenegro besteht, beweist wohl zur Genüge, dass bei der Zähigkeit, mit welcher diese Bergvölker an allen überkommenen Ideen und Sitten hängen, höchstens eine momentane Bundesgenossenschaft, schwerlich aber eine dauernde Verschmelzung des katholisch-albanesischen und griechisch-slavischen Elementes möglich sei.

III.

Sittenschilderungen.

I. Familiengebräuche der Riça [1]).

Der Vater verheirathet seine Söhne nach seinem Willen, und ohne sie über die Wahl der Braut irgend zu Rathe zu ziehen [2]). Dies Herkommen ist die Folge der frühen Heirathen. Selten wird ein Knabe 10 Jahre alt, ohne verlobt zu sein, und in der Regel ist er bereits in seinem fünfzehnten Jahre — und zwar öfter früher als später — Ehemann.

Die Mädchen werden meistens im zwölften Jahre verheirathet. Trotz dieser frühen Ehen ist der Menschenschlag in der Riça sehr handfest und kräftig, und hat selbst an athletischen Gestalten keinen Mangel.

Verlobung. — Die Kinder werden mitunter bereits in der Wiege verlobt, und ein einziger Sohn wird wohl selten drei Jahre alt, ohne eine Braut zu haben; denn man glaubt, dass der Himmel den Verlobten günstig sei, und dass dieser Act zur Erhaltung des Lebens beitrage.

Der Antrag geht allezeit von den Eltern, oder, wenn diese gestorben, von den nächsten Verwandten des Knaben aus. Wird er von den Eltern oder den Verwandten des Mädchens angenommen, so tauscht man gegenseitig ein Merkzeichen ($νιὅὰν$, *türk*) aus. Dies ist gewöhnlich ein altes Gold- oder Silberstück [3]), welches keinen Cours hat, und dergleichen finden sich aus dem griechischen, römischen, byzantinischen Zeitalter häufig im Lande; auch altitalienische und andere mittelalterliche Münzen sind nicht selten, sie sind alle durchlöchert, weil sie von den Weibern in den Haaren getragen und den Kindern an die Mützen genäht werden.

Die zum Versproch gewechselten Münzen dürfen jedoch nicht von einerlei Gepräge sein. Mit dem Austausche dieser Münzen wird die Verlobung als geschlossen angesehen, und darf keine neue eingegangen werden, bevor nicht ein Rücktausch dieser Münzen stattgefunden hat, der jedoch nie ohne wichtige Gründe eintritt. Sobald die Verlobung bekannt geworden, darf sich die Braut vor dem Bräutigam und dessen ganzer Verwandtschaft nicht mehr sehen lassen, und mit Keinem von ihnen sprechen.

Wenn nun die Zeit heranrückt, wo man die Verlobten zusammengeben will, dann erfolgt das förmliche Verlöbniss, bei welchem statt der Münzen, goldene oder silberne [4]) Ringe gewechselt werden. Häufig geschieht dies erst drei Tage vor der Hochzeit.

Am Donnerstag oder Sonnabend vor dieser verfügen sich drei Leute des Bräutigams, in der Regel zwei Männer und eine Frau, in das Haus der Braut, und vollziehen dort die Förmlichkeit. Sie besteht darin, dass die beiden Ringe mehrmals auf einen Haufen Weizenmehl [5]) neben einander gelegt werden, wobei man dem Brautpaar Glück und Segen, und der Verbindung der beiden Familien ($Κρουσκαρί$, *n. gr.* $συμπενθεριὸ$) ewige Dauer wünscht. Die vorgeschriebene Formel lautet: $βουχ'$ $ε$ $ẻμbλje$ $ε$ $πανδάρε$, „süsses Brot und ungetrennt." Hierauf schmausen die Abgesandten im Hause der Braut [6]), und werden bei ihrer Rückkehr in das Haus des Bräutigams mit Gesang empfangen.

Keine Mitgift. — Der Bräutigam kauft die Braut [7]), welche nicht einmal ihre eigenen Kleider mit erhält. Am Sonnabend vor der Hochzeit schickt ihr der Bräutigam ihre Ausstattung, und ihr Brautkleid nebst einem mit Goldstücken besetzten Fese, und eine durch Ortsbrauch festgesetzte Summe Geldes, welche 100 Piaster = 10 Gulden schwer Geld, nicht übersteigt. Mit dieser Summe wird die Braut als gekauft angesehen, und dies ist nach der albanesischen Ansicht der Ursprung der Ungleichheit zwischen Mann und Frau, der despotischen Gewalt des ersteren, und des blinden Gehorsams der letzteren.

Hochzeit. — Der Montag vor der Hochzeit wird als Anfang derselben betrachtet und Mehlmontag, χεν' ε μιελιτ, genannt; denn dann wird der zum Hochzeitbrote nöthige Weizen zur Mühle geführt, und unter Gesängen und Gewehrsalven von der Freundschaft des Bräutigams dorthin begleitet. Wenn aber einmal der Weizen zur Mühle gebracht ist, dann darf der Hochzeitstag nur wegen eines Todes oder sonstigen Unglücksfalles verlegt werden.

Der Donnerstag ist der Hochzeit-Holztag, διτ' ε δρούβετ 'δάσμε, denn an jenem Tage ladet der Bräutigam alle Familien ein, die zur Hochzeit gezogen werden, um das nöthige Holz zu holen. Der im Namen des Bräutigams Einladende sagt: jίνι φτουάρε περ δρου δάσμε, „ihr seid zum Hochzeitholze geladen."

Am Donnerstag in aller Frühe ziehen demgemäss die Weiber der geladenen Familien singend in den Wald, von wo sie schwer beladen mit Stangen in den Händen, an denen ein Laubbusch oder ein rothes Tuch gebunden ist, in das Haus des Bräutigams zurückkehren. Haben sie dort abgeladen, so stecken sie die Stangen — diese heissen δίγε, — in den Holzhaufen; und setzen sich zu einem Mahle.

Der Donnerstag ist auch der Backtag, διτ' ε δρούμετ, denn sobald die Weiber aus dem Walde zurückgekehrt sind, gehen sie ans Kneten und Backen.

Die [8]) aber, welche zuerst Hand an den Teig legt, muss eine Jungfrau sein, der noch beide Eltern leben [9]), und die Brüder hat, je mehr, desto besser; denn eine solche wird für glücklich gehalten [10]), wenn sie auch arm ist, und wünscht man dem Hochzeitspaare ein gleiches Glück.

Das Brotkneten wird unter besonders dafür bestimmten Gesängen begonnen. Alsbald aber füllt sich die Vorkneterin eine Schüssel mit Teig, und macht bei der anwesenden Gesellschaft die Runde, und fordert sie auf, Geld in den Teig zu werfen, wenn sie dann zum Bräutigam kommt, so sucht sie ihn mit Teig zu beschmieren, und nöthigt ihm möglichst viel Geld ab; dieser wehrt sich anfangs, lässt sich aber endlich doch ein bischen anschmieren. Was aber das Mädchen so gesammelt hat, das ist ihr eigen. Ein anderes Mädchen legt an diesem Tage die Festkleider und Waffen des Bräutigams an, und vertritt dessen Stelle; denn dieser darf sich erst am Hochzeitstage putzen. — Nachdem die Arbeit beendigt ist, wird getanzt.

Am Freitage ist Ruhetag.

Zum Sonnabend werden die näheren Verwandten des Bräutigams geladen, von denen jeder ein Lamm bringen muss. Alle Ankommenden werden von besonders hierzu bestimmten Frauen mit Gesang empfangen, welche auch für die Geschenke mit der Formel τ'α πάτδμ baχi Ϛοτ, „wir bleiben euch verbunden, Herr!" danken. — Darauf schmausen und tanzen die Geladenen den ganzen Tag und die ganze Nacht hindurch, und zeigen daher am Hochzeitstage ein sehr übernächtiges Aussehen. Während dieses Lärmens und Vorbereitens im Hause des Bräutigams bleibt im Hause der Braut alles ruhig.

Für den Sonntag werden sämmtliche Verwandte und Freunde zur Hochzeit geladen. Von jeder geladenen Familie erscheinen zwei bis drei Personen, und mögen in einem grösseren Dorfe die Hochzeitsgäste selten unter hundert Köpfen betragen.

Jeder Gast steuert ein Brezelbrot, eine Holzflasche Wein und etwas Geld zum Hochzeitsfeste; die Geldsumme variirt je nach dem Verwandtschaftsgrade und den Vermögensverhältnissen des Geladenen zwischen 20 Pará (3 kr.) und etwa 10 Piastern (1 fl. C. M.). Die Verwandten, welche am Sonnabend kein Lamm geschickt haben, schenken aber 10 — 20 Piaster.

Zur bestimmten Stunde setzt sich der Zug vom Hause des Bräutigams nach dem der Braut in Bewegung, an der Spitze der Geistliche, in der Mitte der Männer der Bräutigam, und zwar zu Pferd, wenn auch der Abstand zwischen beiden Häusern noch so gering ist; die Weiber welche alle jung sein müssen, beschliessen den Zug, sie führen ein geschmücktes Pferd oder Maulthier für die Braut.

Der Zug bewegt sich unter Gesängen, die an die Braut gerichtet sind, und welche sie ermahnen, sich zum Austritt aus dem Vaterhaus bereit zu machen, nicht zu weinen etc. An der Hausthüre empfängt die Schwiegermutter den Bräutigam, welcher ihr die Hand küssen muss; sie hält ein Gefäss mit reinem Wasser in der Hand, und besprengt ihn mit einem Blumenstrauss, den sie in das Wasser taucht, und hierauf demselben übergibt. Wirft dann der Bräutigam Geld in die Wasserschüssel, so schenkt ihm die Schwiegermutter ein Taschentuch, das sie ihm lang-gefaltet zum Staate (türkische Sitte) über die rechte Schulter legt.

Ein solches Tuch erhält auch der Wlam (βλάμ) [11]). Das ist ein Freund des Bräutigams, mit dem dieser Brüderschaft geschlossen hat (ein solcher heisst neugriechisch ἀδελφοποιτός oder σταυραδελφύς). Die Brüderschaft wird in der Kirche geschlossen, indem der Priester ein her-kömmliches Gebet über die Verbrüderten spricht; hie und da ritzen sie sich dabei die Haut auf und trinkt der eine ein paar Blutstropfen des andern. Die Ceremonie schliesst mit einem Gast-mahle, und das Verhältniss wurde früher wenigstens sehr heilig gehalten. Von der Kirche sind diese Verbindungen verboten, sie sind darum aber nicht weniger häufig.

Oft wird der Wlam erst zur Hochzeit gewählt und ohne dass die erwähnte Verbrüderungs-ceremonie vorhergeht. Seine Obliegenheit bei der Hochzeit ist nun, statt des Bräutigams die Honneurs zu machen und für diesen zu danken, wenn auf seine Gesundheit getrunken wird, denn nach der Sitte soll nicht nur die Braut, sondern auch der Bräutigam während der Hochzeitsfeier ein Bild der Demuth und der Schüchternheit sein.

Die Männer treten in ein besonderes Gemach, wo für sie ein Mahl [12]) bereit steht. Durch die ganze Länge des Raumes ist ein etwa 1½ Fuss breites Tuch (μεσάλg) auf die Erde gebrei-tet, worauf die Speisen gestellt werden, und die Gesellschaft lagert sich mit gekreuzten Beinen zu beiden Seiten. Unter dem Essen wird häufig auf die Gesundheit der Brautleute getrunken; die Toastformel lautet: ῥόφδτνg, κjύφδτνg ε τραδεγουάδτνg! „mögen sie leben, sein und glücklich werden!", wobei die Verwandten auch den erwähnten Wunsch: „süsses Brot und ungetrennt!" nicht vergessen.

Die Frauen gehen in das Zimmer, wo sich die Braut befindet, welche jeder Eintretenden die Hand küssen muss. Hinter derselben steht die Schmuckfrau, welcher die Sorge ihres Putzes obliegt.

Etwa eine Stunde nach dem Eintritte wird der Wlam zur Braut beordert, um sie zu gürten und zu beschuhen. Dieser verfügt sich demgemäss in das Zimmer der Braut und küsst sie auf den Mund, die Braut aber küsst ihm die Hand. Darauf legt er ihr den Gürtel um, und zieht ihr die Schuhe [13]) an, in welche er vorher Reis und Geld als Zeichen der Fruchtbarkeit gestreut hat, kehrt zu den Männern zurück und preist ihnen die Schönheit der Braut nach besten Kräften.

Wenn nun Alles zum Aufbruche bereit ist, so stiehlt der Wlam zwei Löffel [14]), die zu dem Ende bereit liegen; doch ist es Brauch, dass die Leute des Bräutigams auch noch etwas Anderes, sei es eine Tasse, ein Glas oder sonst Aehnliches stehlen, was dann später zurückgegeben wird.

Nachdem die Braut ihren Eltern und Verwandten die Hände geküsst, wird sie nach einigem Sträuben [15]) auf das Pferd gesetzt und folgt dem Zuge des Bräutigams, der sich vorher in Bewegung gesetzt hat, umgeben von ihren Verwandten. Sobald sie auf dem Pferde sitzt, beugt sie den Kopf dreimal rechts und dreimal links gegen das väterliche Haus, und dies bedeutet, dass sie, wenn auch scheidend, die Ihrigen stets lieben und ehren werde.

Sie ist während des Zuges mit einem rothen Schleier [16]) bedeckt, und neigt den Kopf vor Allen, an denen der Zug vorbeigeht. Ihre Verwandten begleiten sie nur halbwegs zum Hause des Bräutigams, dann übergeben sie dieselbe an dessen Leute und gehen zurück, ohne dass auch nur Einer der Braut weiter folgen dürfte. Für diese trägt nun der Wlam Sorge und unterstützt sie, damit sie nicht vom Pferde falle.

Alle Hauswirthe, an denen der Zug vorübergeht, müssen den Vorüberziehenden Wein anbie-ten und die gleichen Freuden für ihre Familien wünschen. Schenkt ein Haus keinen Wein, so bedeutet dies Feindschaft mit dem Bräutigam.

Wenn der Zug am Hause des Bräutigams ankommt, so steigt dessen Mutter auf irgend eine Erhöhung und bewirft unter lauten Segenswünschen zuerst das Brautpaar, dann den ganzen Zug mit Reis, als Sinnbild der Fruchtbarkeit und des Reichthums [17]).

Der Bräutigam sitzt allein ab, die Braut muss aber dessen Vater oder sonstiger nächster Verwandter vom Pferde heben und dann bewegt man einen kleinen Knaben, dessen beide Eltern noch leben (denn nur ein solcher gilt für glückbringend) unter dem Bauche des Pferdes dreimal hin und her, als wollte man das Pferd durch diese Bewegung gürten. Die Brautleute haben Acht, die Thürschwellen, und besonders die des Zimmers, wo die Brautkränze liegen, mit dem rechten Fusse zu überschreiten [18]).

Bei der Thüre, durch welche die Brautleute eintreten, hält man ihnen einen Reif vor; durch diesen müssen sie, sich an den Händen fassend, kriechen, indem derselbe über ihnen zerbrochen wird; dies bedeutet Vereinigung bis zum Tode [19]).

Gleich nach dem Eintritte entschleiert der Wlam die Braut [20]), indem er den Schleier mit etwas Silbernem, am liebsten mit dem silbernen Griffe einer Waffe, aufhebt, und hierauf beginnt die Trauungsceremonie, wobei der in der griechischen Kirche übliche Gevatter (alb. νοῦν-ι, neugr. κουμπάρος genannt) die Kronen über das Haupt des Brautpaares hält. Eine besondere albanesische Sitte ist aber, dass die Gevatterschaften in den Familien erblich sind, z. B. das Haus des Johann ist der Gevatter der verwandten Häuser Peter und Paul, und der Stammhalter dieses Hauses ist, gleichviel ob jung oder alt, der geborene Gevatter jener beiden Häuser. Trennt sich das Haus des Johann in verschiedene Häuser, so wird, wie über die übrigen Vermögenstheile, auch über die Gevatterschaften das Loos geworfen. Die Hochachtung der φάμουλ oder Täuflingshäuser gegen dies Gevatterhaus ist sehr gross, weil der Fluch desselben noch für gewichtiger gilt, als der des leiblichen Vaters. — Die geistige Verwandtschaft begründet eben so gut ein Ehehinderniss, wie die leibliche, und wird wie diese, bis zum fünften Grade einschliesslich, nach canonischer Rechnung, gezählt. Die besonderen Leistungen des νούν beschränken sich auf Bezahlung des trauenden Priesters, und bei dem Hochzeitsfeste gebührt ihm der Ehrenplatz.

Sobald die Trauung beendet, setzt man sich zum Mahle, während dessen die Braut mit über die Brust gekreuzten Armen und gesenktem Kopfe in einer Ecke des Gemaches steht, der Bräutigam aber sich nur dann stillschweigend erhebt, wenn auf die Gesundheit des Brautpaars getrunken wird, indem er es dem Wlam überlässt, statt seiner in den gebührenden Formen zu danken. Der Tag vergeht unter Schmaus, Tanz und Gesang.

Den Tanz eröffnet der Bräutigam, indem er an der Spitze der Männerreihe steht, welche sich Hand in Hand im Kreise bewegt, und stürzt sich plötzlich auf die Braut, welche unter den Frauen tanzt, ergreift sie bei der Hand und tanzt mit ihr, wozu dann folgendes Lied gesungen wird:

μόρι κόρbε υјε θελέζε
Der Rabe raubte ein Rebhuhn
τϑ' ε do κορπ ατέ θελέζε?
Was will er mit diesem Rebhuhn?
τε λјός ε τε κјέϑ με τέζε
Um mit ihr zu spielen und zu scherzen
τε ϑκόј' јέτεν με τέζε
Um mit ihr das Leben zu verbringen.

Gegen Abend entfernen sich die Gäste, nachdem sie die Braut mit Geld beschenkt haben, und diese ihnen die Hände geküsst hat. Die Braut schläft bei den Weibern, der Bräutigam mit seinen Freunden.

Am Montagmorgen nimmt der Wlam die Brautleute in ein besonderes Gemach, und lässt beide dreimal abwechselnd in ein mit Honig bestrichenes Brot beissen; die Braut knippt nur zur Noth ein Bröschen ab, der Bräutigam aber haut dafür um so besser ein. Der Sinn dieser Handlung enthält eine Mahnung an die Brautleute, sich eben so gut mit einander zu vertragen, wie das Brot mit dem Honig, und das Leben in Liebe und Eintracht zu verbringen [21]).

Dann kommt die Mutter der Braut mit Zucker- und Backwerk und Branntwein, um ihren Schwiegersohn zu beglückwünschen, der ihr die Hand küssen muss.

Hierauf geht's zur Dorfquelle [22]); die Brautleute haben Schüsseln in den Händen, und sollen einander nassspritzen. Die Braut erhält dabei eine tüchtige Taufe, hat aber selten das Herz, ihrem neuen Eheherrn ein Gleiches anzuthun.

Der Montag und Dienstag heisst μὲς τε πάρτε, denn an demselben beginnt der Verkehr der neuverschwägerten Häuser, indem der Schwiegersohn den Schwiegervater zu Tische hat. Dieser erscheint mit zahlreicher Freundschaft, und wird mit grossen Ehren empfangen und behandelt [23]).

Am Dienstag ladet der Schwiegervater den Schwiegersohn zu sich, welcher mit den ersten Hochzeitsgästen erscheint, und ebenfalls mit grossen Ehren behandelt wird [24]). Dies ist der letzte Hochzeitstag. Von denen, welche den jungen Ehemann nach Hause begleiten [25]), entfernt sich der Wlam zuletzt, und bleibt ihm zum Schabernack recht lange, bis es diesem gelingt, ihn durch alle möglichen Versprechungen von Schmausereien und Geschenken zum Fortgehen zu bewegen.

Hierauf wird der Bräutigam zu Bette gebracht, und nach einer Stunde führt man ihm die sich möglichst sträubende Braut zu, hinter welcher dann die Thüre abgeschlossen wird.

Am Mittwochmorgen nimmt die Mutter des Ehemannes eine gewisse Einsicht vor, und wenn dieselbe nicht befriedigend ausfällt, wird die Neuvermählte sofort zu ihren Eltern zurückgeschickt.

An diesem Morgen steht die junge Frau in aller Frühe auf, und wäscht; dies ist ihr erstes Geschäft in dem schwiegerelterlichen Hause. Doch bleibt sie im ersten Jahre ihrer Ehe von der schwereren Arbeit verschont. Sie trägt ein Fés, an welchem Goldstücke hängen, die aus den Geldgeschenken der Hochzeitsgäste und den von dem Bräutigam mit dem Brautschmuck geschickten bestehen; und dazu ein Tuch kranzförmig um die Stirne, bis sie gesegneten Leibes wird; dann vertauscht sie das Fés mit einem einfachen Kopftuch, und legt das Geld auf Zinsen, denn dies ist ihr eigen und wird von ihr χjάφα ίμε, mein Hals genannt.

Die Neuvermählte muss ihren Mann als ihren unbeschränkten Herrn betrachten, der sie nach Gefallen prügeln, ja wegen des geringsten Versehens gegen Erlegung einer durch das Herkommen festgesetzten Summe, welche der Frau gehört [26]), wegschicken kann, und darf auch nicht das Geringste ohne seine Erlaubniss vornehmen. — Aber auch ihren Schwiegereltern hat sie die grösste Demuth, Ehrerbietung und Aufmerksamkeit zu erweisen, denn bei der Jugend ihres Mannes geht in der Regel die väterliche Gewalt so weit, dass sie der Schwiegervater auch gegen den Willen ihres Mannes wegschicken oder diesen daran verhindern kann, wenn er mit der Schwiegertochter zufrieden ist.

Daher ist die junge Frau auf jeden Wink ihrer Schwiegereltern aufmerksam, schmeichelt ihnen, und thut ihnen schön, so gut sie es versteht. Sie begleitet sie zu Bette, und bleibt vor dem Lager stehen, bis sie Erlaubniss erhält, sich zu entfernen.

Im ersten Ehejahr, ja bis zur Geburt des ersten Kindes, im Beisein anderer, oder gar vor ihren Schwiegereltern mit ihrem Manne zu plaudern, geht gegen allen Anstand.

Sie darf ihren Mann nicht einmal beim Namen nennen, und schämt sich häufig Andere beim Namen zu rufen, oder im Gespräche anzuführen, die eben so heissen, wie dieser [27]).

Die junge Frau muss nicht nur gegen die Verwandten ihres Mannes, sondern gegen alle Nachbarn und überhaupt gegen Jedermann die grösste Demuth beweisen, und wem sie begegnet, gleichviel ob jung oder alt, hoch oder nieder, bekannt oder fremd, die Hand küssen. Auch die kleinsten Knaben der Verwandtschaft oder Nachbarschaft nennt sie Herr, die jungen Mädchen aber Schwester, ältere Frauen Herrin (Ζόνjς d. h. δέσποινα). Eben so nennt sie die Schwiegertochter eines älteren Bruders ihres Mannes (χυνάτε), die sie im Hause vorfindet, und die verheiratheten Schwestern desselben; trifft sie aber die Frau eines früher verheiratheten jüngeren Bruders, so nennt sie dieselbe bei ihrem Taufnamen. — Die jüngste Schwägerin ist daher auch den übrigen Gehorsam schuldig, und ihr liegt besonders die Pflege und Bedienung der Schwiegereltern ob.

Familienband. Die grosse Ausdehnung der väterlichen Gewalt ergibt sich aus dem Obigen, und die kindliche Ehrerbietung erstreckt sich auch auf das höchste Alter des Vaters, welcher stets als Chef des Hauses betrachtet wird. Dies ist eine grosse Abweichung von der Sitte der albanesischen Kriegerstämme und der Neugriechen, nach welcher das Alter der allgemeinen Nichtachtung und Verspottung Preis gegeben ist. Diese Ausdehnung der väterlichen Gewalt beweist auch hier seine wohlthätige Wirkung auf das Familienband, welches ebenso, wie der Verwandtschaftssinn, sehr kräftig ist.

Vater und Söhne haben kein Sondergut, sie werben alle für das Haus, mögen sie auch in noch so entfernten Orten hanthiren und ganz verschiedene Handwerke treiben; mag der eine glücklicher sein, als der andere, mag der eine gewinnen, der andere verlieren, Alles geht auf die gemeine Hausrechnung. — In dieser Gemeinschaft leben häufig die Brüder auch nach dem Tode ihrer Eltern fort und erst die Geschwisterkinder theilen ab.

Zu diesen Sitten mag freilich wohl der Umstand beitragen, dass die Männer stets in der Fremde sind, und nur besuchsweise, meist in der Art nach Hause kommen, dass einer den andern ablöst.

Den Frauen liegt die Sorge für das Haus ob, sie bestellen die Felder und Weinberge, oder beaufsichtigen wenigstens deren Bestellung.

Auffallend ist die Stärke des Bandes zwischen Schwäger und Schwägerinnen. Der rückkehrende Bruder beweist besonders der Frau seines ältesten Bruders mehr Aufmerksamkeit als seiner Frau, und wird der letzteren gewiss nie etwas besonderes mitbringen. In allen guten Häusern sieht man strenge darauf, dass der Rückkehrende jeder im väterlichen Hause befindlichen Frau genau dieselben Geschenke mache.

Das in der unten folgenden Sammlung enthaltene Lied, welches erzählt, dass sich eine Schwägerin aus Schmerz über den Tod ihres Schwagers, der der Chef des Hauses war, von einem Felsen gestürzt habe, beruht auf einer wahren Thatsache, die sich im Anfange dieses Jahrhunderts zutrug.

Es ist vollkommen gegen die Sitte, dass ein Ehemann vor Andern seiner Frau irgend ein Zeichen von Zuneigung oder Aufmerksamkeit gebe, oder gar mit ihr scherze. Die Sitte verlangt vielmehr stets einen herrischen, ja rauhen Ton von Seite desselben, wie gegen eine ihm Untergebene, und die meisten Frauen würden wohl in einer freundlicheren oder gar zärtlichen Behandlung nur eine Entwürdigung ihres Eheherrn erblicken.

Geburt. — Eine schwangere Frau darf weder eine Granatfrucht — und doch gilt diese sonst für ein Zeichen der Fruchtbarkeit — noch eine Schnecke essen, sich auch die Haare nicht färben; wenn sie aber dieselben während der Schwangerschaft dreimal färbt, so hat es nichts zu sagen.

Unmittelbar nach der Geburt schickt man zu dem Priester ein mit reinem Wasser gefülltes Gefäss, um es einzusegnen. Mit diesem Wasser waschen sich diejenigen, welche Hebammendienste bei der Wöchnerin verrichteten, und alle die, welche bei der Geburt zugegen waren. Der Rest des Wassers wird in die Nähe der Wöchnerin gestellt, und alle diejenigen, welche sie während der ersten Tage besuchen, benetzen die Finger mit diesem Wasser[38]) und besprengen die Wöchnerin und das Kind, indem sie reiche Milch wünschen.

Bevor das Kind gewickelt wird, legt man ihm eine Sichel auf den Leib, mit der man kurz zuvor Stroh geschnitten; dies geschieht gegen das Leibschneiden. Das Wickeln des Neugeborenen steht nach dem Brauche der Mutter der Wöchnerin vorzugsweise zu, welche sich zu dem Ende wenigstens einmal des Tages bei derselben einfindet. Die Niederkunft wird sofort den Verwandten angezeigt, welche sich beeilen, die Wöchnerin zu besuchen, und ihr die herkömmlichen, ihrem Zustande angemessenen Speisen mitbringen. Die Weiber glauben, dass am dritten Tage nach der Geburt drei unsichtbare Frauen[39]) am Bette des Kindes erscheinen, und über dessen Schicksal entscheiden, und welchen Ausspruch die letzte thut, dem stimmen auch die beiden andern bei, diese Frauen heissen φατίτς. — Jedes dem Kinde oder Erwachsenen zustossende Ereigniss wird auf diese Satzung bezogen, indem man sagt χςᾶτού ε ᾶχρούανς φατίτς, „so haben es die Fatiten geschrieben," d. h. festgesetzt.

Der dritte Abend [30]) nach der Geburt des Kindes heisst *Πογανίκ ι djáljιτ*, der Poganik des Kindes. Die Bedeutung dieses Namens ist dunkel. An demselben versammeln sich ohne Einladung die Verwandten in dem Geburtshause; ein jeder bringt einen Blätterkuchen [31]), ein Brezelbrot und eine Holzflasche Wein mit, und man schmauset das Mitgebrachte unter Segenswünschen für den Säugling und die Wöchnerin; die Formel lautet *χαμὸ ι μβάρς*, d. h. tüchtige Füsse. Nach dem Mahle wird ein grosses Brezelbrot gebacken, *χουλάτϑ ι djáljιτ* genannt. Alle Anwesenden müssen während des Siebens des Mehls das Sieb anfassen, und nachdem der Teig geknetet ist, Geldstücke hineinstecken. Ist das Brot gebacken, so wird es über der Wiege des Säuglings zerbrochen, wobei es ebenfalls von allen Anwesenden berührt wird, und dazu wird folgender Spruch gesprochen:

Bei einem Knaben:

Πογανίκ ε djáljε δόυρρε — Poganik und der Knabe werde Mann

Τα δερϒόιμε περ μασούρι [32]) damit wir ihn als Weber schicken,

Τε να bjέρε παρὰ ϑούμε — und er uns viel Geld bringe.

In früheren Zeiten waren nämlich Ljábowo und andere Dörfer der Riça der Sitz zahlreicher Weber und stand diese Kunst dort in hohen Ehren; sie ist noch nicht ganz ausgestorben, obwohl sich die Einwohner mehr und mehr dem Schnittwaarenhandel zuwenden. Aber auch dies Handwerk wurde und wird nicht in der Heimath, sondern in der Fremde getrieben.

Bei einem Mädchen:

Πογανίκ ε βáιζε ϒρούα, Poganik und das Mädchen (werde) Frau.

Τα δερϒόιμε νδε περρούα, damit wir sie in das Thal (zur Quelle) schicken,

Τε νὰ bjερε ούje ϑούμε, und sie uns viel Wasser bringe.

Hierauf geht die Gesellschaft auseinander; jeder Gast nimmt jedoch ein Stück von dem Brote des Kindes mit sich, und vertheilt es an seine Hausgenossen, denn es wird für heilsam gehalten, von diesem Brote zu essen.

Zwei bis drei Wochen später wird das Kind getauft. Der Pathe des ersten Kindes ist regelmässig der erbliche *νούν*, welcher das Ehepaar getraut hat. Bei den folgenden Kindern wird er gleichfalls gefragt, ob er sie taufen wolle; und nur wenn er die Erlaubniss ertheilt, darf dies durch einen dritten geschehen. Die Erlaubnissformel lautet: *με ουράτε* „mit Segen."

Nach dem Brauche gibt er demselben den Namen des verstorbenen Grossvaters [33]), oder der verstorbenen Grossmutter des Kindes. Leben aber die Grosseltern noch, so muss er einen andern Namen wählen. Den gewählten Namen hält er allezeit geheim, und spricht ihn erst auf die Frage des Priesters in der Kirche aus; dann laufen die Kinder um die Wette, der Wöchnerin die Nachricht zu bringen, und erhalten von dieser ein kleines Geldgeschenk. Der *νούν* zahlt den taufenden Priester, und schenkt binnen der ersten drei Jahre dem Kinde ein Fés, ein Hemd und Früchte, und erhält von demselben dann ein Taschentuch zum Gegengeschenk.

Nach der Taufe folgt ein Gastmahl, bei welchem jeder Gast in ein zu dem Ende herumgehendes, mit Wein gefülltes Glas ein Geldgeschenk für den Täufling wirft, welches demselben an die Mütze genäht wird.

Während der ersten 40 Tage dürfen weder die Wöchnerin noch der Säugling das Haus, und des Nachts, aus Furcht vor Behexung, nicht einmal das Zimmer verlassen. Dort wird das Feuer sorgfältig unterhalten, von welchem weder ein brennender Span, noch auch nur eine Kohle an die Nachbarn abgegeben werden darf. — Wer in dieser Zeit des Nachts ins Haus tritt, der muss an der Thüre über einen ihm vorgehaltenen Feuerbrand springen [34]). Aus Furcht vor Behexung darf in dem Hause der Wöchnerin weder getanzt noch gesungen werden. Während dieser Zeit befasst sich die Wöchnerin weder mit Brotbacken, noch überhaupt mit der Küche, denn sie gilt für unrein. Am vierzigsten Tage findet die kirchliche Aussegnung Statt.

Wenn einem Ehepaare die Kinder rasch wegsterben, so steckt man den Nachgeborenen drei Mal durch einen eisernen Dreifuss, und wenn auch das nichts hilft, so lässt man ein Kreuz fertigen, wozu 9 Frauen mit Namen Maro [35]) das Silber gegeben, hängt ihn dem Kinde um, und setzt es damit an einen Kreuzweg, und der, welcher zuerst da vorüberkommt, tauft es.

Wie überall im Osten, so gilt auch hier der Kinderlose für unglücklich; er heisst ϱϵ́ϳͻ δαλλϳε, wurzellos, und dies Wort als Verwünschung gebraucht, gilt für sehr schwer. Aber auch der, welcher nur Töchter hat, gilt nicht für begünstigt, wenn er gleich hier nicht, wie der Grieche, für deren Mitgift zu sorgen hat. Glücklich allein ist derjenige, welcher Söhne hat, je mehr, desto besser.

Die Kinder werden meistens erst gegen das Ende des zweiten Jahres entwöhnt. Sie erhalten Wein, sogar noch während sie säugen, um sie kräftig zu machen. Die Ernährung der Säuglinge mit festerer Speise geschieht ganz auf altgriechische Weise. Die Amme kaut die Speise vor, und gibt sie dem Kinde von Mund zu Mund [36]).

Die Kinder werden, so lange sie zu Hause sind, rauh gehalten; bis ins fünfte und siebente Jahr gehen sie barfuss und barhäuptig, und noch später bekommen sie Beinkleider. Zwischen dem achten und zehnten Jahre verlässt der Knabe, nachdem er vorher verlobt ist — um dessen Verheirathung in der Fremde zu verhindern — mit dem Vater die Heimath, und bleibt meistens drei und vier Jahre in der Fremde, bevor er wieder ein Mal nach Hause kommen darf. Für die ersten Jahre tauschen die Väter in der Regel ihre Söhne gegenseitig aus, um sie an strengere Zucht zu gewöhnen.

Die kindliche Ehrfurcht ist gross, sie geht so weit, dass der Sohn im Beisein von Fremden nicht mit seinem Vater zusammen isst, und dann nur sprechen darf, wenn er gefragt wird. Der Vater kann seinen Sohn fortjagen und enterben, wenn er sich nicht nach seinem Sinne aufführt.

Es scheint, als ob dies Leben in der Fremde bei den Albanesen die Liebe zur Heimath nur steigere. In vielen Dörfern, ja Gegenden ist es seit Menschengedenken nicht vorgekommen, dass sich ein Eingeborener in der Fremde verheirathet, oder seine Familie dorthin nachgezogen hätte. Ein solcher gilt dann als ausgestossen, und ist der Gegenstand des allgemeinen Hasses.

In der Regel vererbt (wie bei uns der Bauer) der Vater sein Handwerk auf seine Söhne; doch sind Uebergänge von einem Handwerke zum andern keine Seltenheit.

Tod. — Bei der Stärke des albanesischen Familienbandes ist es natürlich, dass der Tod als eine grosse Katastrophe betrachtet wird, an welchem die ganze Verwandtschaft tiefen Antheil nimmt.

Die Trauer ist am grössten, wenn ein Mann in der Blüthe seiner Jahre stirbt. Ist dessen letzter Augenblick gekommen, so stossen die um ihn versammelten Weiber ein schauderhaftes Geschrei aus, welches sich mit dem Geheule der Wölfe vergleichen liesse, wenn es nicht auch mit gellenden hohen Tönen vermischt wäre. Darauf stürzen die befreundeten Weiber schreiend und sich die Brust schlagend nach dem Trauerhause, um den schrecklichen Chor zu vermehren.

Die Schwestern, die Schwägerinnen, die erwachsenen Töchter und die Ehefrau des Verstorbenen, wenn diese die mittleren Jahre noch nicht überschritten hat, schneiden sich dann das Haar ab [37]), wenden ihren Flockenmantel [38]) um, so dass die Wollflocken nach aussen stehen, zerkratzen sich die Wangen blutig [39]), zerschlagen sich die Brust, reissen sich an den verschnittenen Haaren, fallen zur Erde, rennen den Kopf wider die Wände, rufen den Verstorbenen beim Namen [40]), und schreien so stark und unausgesetzt, dass sie oft für lange Zeit die Stimme verlieren. Die Exaltation bringt bei schwächeren Naturen häufig Ohnmachten, bei stärkeren momentanen Wahnsinn hervor, daher sie von den Gegenwärtigen stets im Auge behalten, und wohl auch gehalten werden. Die Brudertöchter und Basen des Verstorbenen lassen ihr Haupthaar fliegen, schneiden sich auch wohl eine Locke ab, und binden den Kopf mit einem schwarzen Trauertuche, das sie mehrere Monate nicht ablegen. Die Witwe behält dies für ihre Lebenszeit bei. Ist sie jedoch jung und beabsichtigt sie in ihr Vaterhaus zurückzukehren, um sich wieder zu verheirathen, dann legt sie zwar auch ein schwarzes Tuch, zugleich aber auch ihre Brautkleider an, und strengt sich im Jammer weniger an [41]).

Die Männer tragen ihren Schmerz mit grösserer Ruhe, und wenn sie auch Thränen vergiessen, so suchen sie sich des Schluchzens zu erwehren. — Sie empfangen die Beileidsbesuche vor der Thür des Sterbehauses, im Hofe stehend. Die Besuchenden sagen zu dem Trauernden: βέτε ϑενδόϑε oder ζοτρύτε ϑϵντάϑε, „mögest du selbst, möge deine Herrlichkeit gesund bleiben," und legen dabei als Zeichen des Beileides und Trostes die rechte Hand auf die Schulter des Trauernden; der Trauernde antwortet μἰχjτε δρντόδε, „mögen die Freunde gesund bleiben" [42]). Sie treten dann ins Trauerhaus, und legen dort den trostlosen Weibern in derselben Weise die Hände auf die Schulter.

Der Todte wird ausgezogen, und mit einem Stück Zeug bindenförmig umwickelt, und seine Kleider auf ihn gelegt, bei der Grablegung aber zurückgezogen; gewaschen wird die Leiche nur bei den Türken. Darauf setzen sich die Frauen um denselben, und nun beginnt die eigentliche Todtenklage, an der nicht nur die Verwandten, sondern auch die Nachbarinnen Theil nehmen, und die demnach von dem früheren Todtenjammer wohl zu unterscheiden ist. Diese ist stets in gebundener Rede, und besteht in der Regel aus zwei Versen, welche von einer Solostimme gesungen, und dann von dem ganzen Frauenchore wiederholt werden. Diese Todtenklagen sind durch den Brauch festgestellt, und beziehen sich auf die Lebensverhältnisse des Verstorbenen. Die Liedersammlung enthält mehrere Probestücke. Mitunter ereignet es sich jedoch, dass eine Leidtragende von ihrem Schmerze zu eigenen Trauerliedern begeistert wird.

Die nächsten Leidtragenden klagen auf diese Weise, so lange bis sie erschöpft sind, ohne dass sie unterbrochen werden dürfen. Sobald aber die Reihe an die andern Frauen kommt, unterbricht eine die andere, indem sie ihr mit der Hand zuwinkt, und einen neuen Vers beginnt.

Die Leiche wird wo möglich noch am Tage des Todes begraben, erfolgt der Tod aber erst am Nachmittage, so wird das Begräbniss bis zum andern Morgen verschoben. Wenn nun alles zum Begräbniss bereitet ist, so ordnet sich der Trauerzug unter dem Schalle der Dorfglocken [43]), der Priester geht voran, hierauf folgt die Masse der Männer, dann die von vier Trägern getragene Bahre, und endlich die Masse der Frauen [44]), voran die Leidtragenden mit herzzerreissendem Geschrei, und von hinten und an den Seiten von andern Frauen gehalten, um zu verhüten, dass sie sich Leid anthun. Der nachfolgende Frauenzug singt während des Zuges Todtenklagen. Bei der Kirche angekommen, begleiten die Männer die Leiche in dieselbe, die Weiber aber bleiben unter fortwährendem Wehklagen und Trauergesange vor derselben. Die Männer geben der Leiche den letzten Kuss [45]) in der Kirche, die Weiber aber vor derselben, wenn man sie zur Gruft trägt. Der Leichnam wird in die blosse Erde gelegt, und mit Steinplatten bedeckt, und hierauf die Erde geworfen.

Bei diesem Acte ist der Schmerzausbruch der Weiber wahrhaft herzzerreissend, sie wollen vom Leichnam nicht lassen, sie verlangen mitbegraben zu werden, und können nur mit Mühe abgehalten werden, sich in die Grube zu stürzen. Auch die Männer widerstehen dann selten dem Drange, ihren Schmerz laut werden zu lassen. — Ist das Grab bedeckt, so tritt plötzlich grosse Stille ein, denn dann werden die Κόλυβα ausgetheilt (albanes. κόχjετε „Kerne" genannt), das ist gesottener Weizen, Wein und Branntwein; der erstere wird auf grossen Schüsseln herumgereicht, und jeder nimmt eine Handvoll mit den Worten, νδgjετε πάστε, möge ihm Verzeihung werden, und verzehrt ihn im Stillen, denn es wäre Sünde, bei dessen Genuss zu klagen.

Die Todtenklage am Grabe wiederholt sich am dritten Tage nach dem Begräbnisse. Im Sterbehause werden die Todtengesänge noch 40 Tage nach dem Todesfalle, namentlich am Frühmorgen von Sonn- und Festtagen von den besuchenden Verwandten und Freundinnen fortgesetzt.

Bevor die Leiche das Sterbehaus verlässt, wird ihr ein Pará oder sonstiges Geldstück in den Mund gegeben, wenn sie nicht etwa einen silbernen Ring trägt [46]).

Hierauf wird die Leiche mit einem Bindfaden gemessen, und dieser unter das Dach (χατίλε) geworfen. Endlich setzt sich jemand aus der Verwandtschaft dreimal an den Ort, wo die Leiche gelegen hat, und darf derselbe an diesem Tage nicht gekehrt werden.

Hat der Verstorbene in einem benachbarten Orte nahe Verwandte, wie Schwestern oder Töchter verheirathet, und ist dies nicht mehr, als zwei bis drei Stunden entfernt, so werden diese zum Begräbniss geladen, und machen sich dann sofort unter mehr oder minder zahlreicher Begleitung schluchzend und schreiend auf den Weg.

Die Haupttrauer dauert drei Tage, während welcher das Trauerhaus von tröstenden Verwandten und Freunden nicht leer stehen darf; die einen bringen das Mittags-, die andern das Abendessen herbei, denn während dieser Zeit wird im Trauerhause nicht gekocht [47]). Andere endlich schicken eine Gabe an Wein, Branntwein und Lebensmitteln, welche der Ueberbringer mit den Worten überreicht πƐρ τƐ μίρƐ ου αρϑα „möge ich euch zum Guten gekommen sein."

Bei dem Tode einer Frau oder eines alten Mannes ist die Trauer weniger lebhaft, und wenn der Verstorbene ein überlebter Greis ist, so unterbleibt wenigstens der Todtenjammer gänzlich. Alsdann pflegt man zur Vergebung seiner Sünden ein oder mehrere Schafe zu schlachten, in der Regel bestimmt deren Anzahl der Sterbende je nach seinen Vermögensumständen, um mit denselben nach dem Begräbniss einen Leichenschmaus [48]) zu veranstalten, bei welchem man sich gegenseitig auf die Vergebung des Verstorbenen mit den Worten νdƐjƐσƐ πάστƐ. „möge er Vergebung erhalten," zutrinkt, jedoch statt fröhlicher Lieder, Trauergesänge zur Ehre des Todten anstimmt.

Da aber die meisten Männer in der Fremde sterben, so verlangt es die Sitte, dass alle Bestattungsceremonien in der Heimath [49]) vorgenommen werden, als ob er hier verstorben sei. Die Weiber jammern, die Tröstenden strömen herbei, die Todtenklage wird angestimmt, die Abwesenden werden herbeigerufen, der Trauerzug geht zur Kirche, und an der Stelle der Bahre geht ein Knabe, der auf einer Schüssel den gesottenen Weizen trägt, auf welchem, als Stellvertreter der Leiche, ein Brezelbrot liegt, das am Ende der Ceremonie der Priester erhält. Diese Schüssel wird in die Mitte der Kirche gesetzt, und der Trauergottesdienst abgehalten, kurz, Alles wird so gehalten, als ob die Leiche zugegen wäre, nur das eigentliche Begräbniss fehlt. — Statt dessen klagen die Frauen an dem Grabe des jüngst verstorbenen Verwandten, und wiederholen die Klage ebenfalls am dritten Tage unter den hergebrachten Ceremonien.

Bekanntlich ruht nach der Sitte der griech. Kirche die Leiche nur drei Jahre in der Erde. Hierauf wird sie ausgegraben, die Knochen werden gereinigt, mit Wein gewaschen, in einen Sack gelegt, und nachdem über dieselben in der Kirche der übliche Segen gesprochen, an einem besonderen Orte derselben, oder in einem dazu bestimmten Beinhause niedergelegt [50]).

Dem entsprechend werden auch die Gebeine der, in der Fremde verstorbenen christlichen Albanesen ausgegraben und in die Heimath geschickt, wo dann an ihnen die erwähnten Ceremonien vorgenommen werden.

Geschlechtsverband. — Der Geschlechtsverband ist in der Riça, eben so wie in ganz Albanien, weit inniger und ausgedehnter als im Abendlande. Derselbe lässt sich als der Inbegriff aller Familien betrachten, welche durch ihre männlichen Glieder von einer gemeinsamen Wurzel abstammen, m. a. W. das Geschlecht ist der Inbegriff aller Agnaten und die durch Weiber begründete Verwandtschaft ist ohne politische Bedeutung. In Albanien gilt ebenso wie weiland in Rom und Griechenland der Satz: mulier finis familiae.

Die Geschlechter benennen sich in der Regel nach dem Namen ihres Stammvaters. Sind dieselben zahlreich, so zerfallen sie in verschiedene Unterabtheilungen, welche dann nach den Namen ihrer Zweighäupter bezeichnet werden; jedoch in politischer Hinsicht nicht in Betracht kommen. Der Name des Stammes und des Zweiges ist zwar jedem Mitgliede desselben bekannt, er wird jedoch von den einzelnen nicht geführt; der Albanese beschränkt sich, wie der Grieche in der Regel [51]) darauf, zur Unterscheidung von andern Individuen, welche denselben Taufnamen führen (denn dieser wird als der eigentliche Name des Individuums, n. gr. κύριον ὄνομα, altgr. ὄνομα κατ' ἐξ. im Gegensatze zu ἐπώνυμον, betrachtet), den Namen seines Vaters (πατρόϑεν ὀνομάζονται) mitunter auch seines Grossvaters (wenn dies ein bedeutender Mann war), zuweilen auch beider im Genitiv hinzuzusetzen, so unterschreibt z. B. der toskische Lehrer des Verfassers Apostolis G. Panajotides, d. h. Apostolis, Sohn des Georgs, Sohnes des Panagioti. Seiner weiteren Abstammung ist er ein Mexát und ein Dodát.

Sein Heimathsdorf Ljábowo besteht nämlich aus etwa 100 Häusern. Von diesen gehören 27 Häuser zu dem Geschlechte der Dodáten, nach ihrem gemeinsamen, aber bereits gänzlich verschollenen Stammvater Dódo benannt. Dieses Geschlecht zerfällt in mehrere Zweige, und einer derselben heisst Mexáten, von ihrem Zweighaupte Mexis, der bereits fast ebenso verschollen ist, denn man weiss nicht mehr, wann er eigentlich gelebt, ob vor 5, 6 oder 7 Generationen.

Zwanzig Häuser gehören zu dem Geschlechte der Kiliáten, deren Stammhaupt Kilo geheissen, und 33 Häuser bilden das Geschlecht der Michantschuljáten. Dies letztere ist, nach seinem Namen zu schliessen, ein zugewandertes, denn dieser zeigt an, dass es von einem Michel stamme, der in dem benachbarten Dorfe Tschouljátes geboren war. Die übrigen Bewohner des Dorfes sind kleine Leute, von denen man zum Theil weiss, wann sie zugewandert sind. Sie sind ohne allen Einfluss auf die Dorfangelegenheiten. Der Albanese vergleicht das Geschlecht mit einem Baume und dessen Aesten, Zweigen und Blättern.

Der Hauptbeweis der Stärke dieses Geschlechtsbandes möchte in dem Eheverbote zwischen dessen einzelnen Gliedern liegen; denn dieses geht, unbekümmert um die kirchlichen Satzungen so weit, als das Bewusstsein gemeinsamer agnatischer Abstammung reicht, und jede Uebertretung dieses durch die Sitte geheiligten Grundsatzes findet schwere Missbilligung, denn sie wird als eine, dem Stamme angethane Schmach betrachtet, und den Uebertreter trifft der allgemeine Hass.

Von jeder, einem Stammgliede widerfahrenen Unbill wird das ganze Geschlecht betroffen erachtet, und dessen sämmtliche Glieder sind verpflichtet, dieselbe zu rächen und dem Beleidigten Genugthuung zu verschaffen. Dies gilt besonders von dem an einem Stammgliede verübten Mord.

In gleicher Weise ist aber auch das ganze Geschlecht für eine von seinen einzelnen Gliedern verübte Unbill verantwortlich, und schuldet gemeinsam das von Einem vergossene Blut. Daher die Sitte der Geschlechtsblutrache, welche nicht nur das Leben des Mörders, sondern seiner sämmtlichen Agnaten bedroht. Desswegen tragen diese auch zur Ablösung der Blutschuld gemeinsam bei, wenn darüber ein Vergleich mit dem beleidigten Geschlechte zu Stande kommt. Auch hat es sich nicht selten ereignet, dass ein ganzes Geschlecht, um sich den Folgen der Blutrache zu entziehen, aus der Heimath gezogen ist.

Seitdem in Folge der Reformen die Macht der Regierung auch in Südalbanien sehr gestiegen ist, scheint dort die Sitte der Blutrache mehr und mehr in Vergessenheit zu kommen. Schon Ali Pascha bemühte sich, dieselbe zu beschränken, und die türkischen Machthaber, welche nach seinem Sturze das Land der Pforte mehr und mehr unterwarfen, waren hierauf besonders bedacht.

Dies gilt namentlich von dem bekannten Sadrasem, welcher nach Unterwerfung des letzten erblichen Pascha's von Skodra mit seinem siegreichen Heere ganz Albanien durchzog, die Anhänger desselben vertrieb, die Mauern ihrer Städte brach, zugleich aber auch die Vergessenheit alter Feindschaften und die Ablösung alter Blutschulden zu einem bestimmten Preise anbefahl.

Besonders wohlthätig wirkte in dieser Hinsicht seine Gegenwart in Argyrokastron, wo sämmtliche alte Blutschulden gegen Erlegung von je 1200 Piaster an die Familien der Ermordeten abgetragen wurden. — Dies ermöglichte endlich vielleicht zum ersten Male, seit Argyrokastron steht, die freie Bewegung für alle seine Bewohner, von denen gar Mancher aus Furcht vor der Rache seiner Gegner sich ein halbes Leben und länger in seinem festen Hause eingeschlossen gehalten hatte, ohne dasselbe jemals zu verlassen [52]).

Auch für Civilforderungen war man, wenigstens in den früheren Zeiten des Faustrechtes sehr geneigt, eine Art Gesammtbürgschaft des Geschlechtes anzunehmen und sich, sobald sich die Gelegenheit bot, an dem nächsten besten Stammgliede für die an einen seiner Verwandten gemachten Ansprüche zu entschädigen.

Loskaufung aus der Gefangenschaft von Räubern oder aus obrigkeitlicher Haft, Unterstützung eines durch Unglück herabgekommenen Familienmitgliedes u. dgl. wird mehr als Sache der einzelnen Unterabtheilungen des Geschlechtes betrachtet. Dagegen scheint sich in der dem ganzen Geschlechte gemeinsamen kirchlichen Feier eines bestimmten Heiligen, zu welcher die mit den einzelnen Mitgliedern Verschwägerten als Gäste eingeladen werden, die uralte Sitte der sacra privata erhalten zu haben [53]).

II. Notizen zum Kalender der Riça.

1. September. Der erste September wird als Jahresanfang betrachtet.

Jedes gute oder schlimme Ereigniss dieses Tages wird als Vorbedeutung für das ganze Jahr angesehen.

An diesem Tage macht man frischen Sauerteig aus unreifen Trauben, der das ganze Jahr über dient.

2. October. In der ersten Woche dieses Monats geht man nicht auf die Felder, und säet überhaupt den ganzen Monat nicht. — Weizen wird später gar nicht mehr gesäet, weil er nicht geräth.

3. November. Die Zeit zwischen dem 15. November bis zum 6. Jänner, Theophania, an welchem Tage in der griechischen Kirche die Wasser eingesegnet werden, heisst κερθεγδέλε-τε. In derselben haben die bösen Geister besondere Gewalt, es ist dies ihre Schwärmezeit, und dieser Carneval wird immer rauschender, je mehr er sich seinem Ende naht. Während dieser Zeit trinkt man daher des Nachts weder Wasser, noch geht man ohne Noth aus dem Hause, und schenkt den Träumen keinen Glauben. Auch lässt man während der Nacht kein Kleidungsstück im Freien hängen, geschieht dies aber aus Versehen dennoch, so muss es gewaschen werden. So lange aber die Früchte (Mais) noch auf dem Felde stehen und die Trauben hängen, haben die Geister auch während dieser Zeit keine Macht. Aber selbst dann ist es nicht gut zu reisen.

4. December. Der 24., also der Tag vor Weihnachten, heisst ditte Κολένδραβετ, Brezeltag, von den Ringelbrezeln aus Brotteig, welche für diesen Tag gebacken werden und κολένδρα [54]) heissen. Die erste dieser Brezeln gehört den Ochsen und wird zum Guten der Wirthschaft an der Wand aufgehängt. Wenn der Bauer zum ersten Male ins Feld fährt, so zerbricht er dieselbe auf der Stirne der gejochten Ochsen, und gibt jedem ein Stück zu fressen [55]).

Die Nacht des 23. zum 24. verbringt man in der Regel wachend um das Feuer, welches die ganze Nacht über unterhalten wird, und legt an dasselbe 3 Kirschbaumzweige, welche, nachdem sie eine Weile gebrannt haben, zurückgezogen und aufbewahrt werden. Diese Operation wird mit denselben Zweigen am 1. Jänner, dem St. Basiliustage, und dem 6. Jänner, Epiphania, zum dritten Male wiederholt. Endlich werden diese Zweige zugleich mit der in den drei Nächten, wo dieselben brannten, gesammelten Asche in die Weinberge geworfen.

Bald nach Mitternacht beginnen die Knaben in Trupps von 10 bis 15 singend von Haus zu Haus zu ziehen, und erhält jeder Knabe von der Hausfrau eine κολένδρα.

Das Lied, welches sie beim Eintritte singen, besteht aus 10 sinnlosen Wörtern:

Κολένδρα, Μιλένδρα, Τθουτθουρι, Παπὰ Νικύλα, Τρίς τιράδες, Πραγματάδες, Κjεμένα, Κολανδίνε, Κjε πίστι, Κουχουλούρια.

An diesem Tage isst man auch Zuckergebäck, πέτουλα genannt.

5. Jänner. Am Vorabend des St. Basili (1. Jänner) brennt das Feuer die ganze Nacht über, und wacht dabei eine Frau in der Hoffnung, dass ihr dadurch eine leichte, schmerzensfreie Geburt zu Theil werde.

Am Morgen von St. Basili wäscht man sich mit unbesprochenem Wasser, ούje τε παφύλje, und bemerkt, wer zuerst in das Haus tritt; ist es ein Glücklicher, so gilt dies für eine gute Vorbedeutung, und umgekehrt. An jedem ersten des Monats ziehen die Frauen gleichfalls aus dem ersten Besuche ihre Vorbedeutung über den Verlauf des Monats. An St. Basili schlachtet man auch einen Hahn oder anderes Geflügel, denn es ist heilsam, wenn an diesem Tage im Hause Blut vergossen wird.

Auch an Epiphania — 6. Jänner — brennt das Feuer während der ganzen vorhergehenden Nacht.

Am Morgen schliesst man aus dem Winde auf den Verlauf des Jahres; der Südwind bedeutet Erntesegen und Krankheiten; der Ostwind magere Ernte und ein gesundes Jahr; der Nordwind aber strengen Nachwinter. An diesem Tage werden die Weinberge mit Weihwasser besprengt, an den vier Ecken jedes Stückes 4 Weinstöcke mit einem Strohbande zusammengebunden, darunter ein Stück eigends zu dem Ende verfertigten Brotkuchens (χοφτοπίτε) gelegt, und dazu etwas Wein geschüttet. Hierauf wird ein rundes Brot vom Eingange aus in die Mitte des Stückes gerollt, und ergeht an Raben und Krähen und andere, den Trauben gefährliche Vögel folgende Einladung: *Mbgjiϑti ὁ σύρρα ε χόρba, τε χάμε ε τε πίμε, ε μξ ναχάρ τε μος χίκι.* — „Versammelt euch, ihr Krähen und Raben, auf dass wir essen und trinken [56]) und ihr fürder keine Gewalt mehr habet."

Mit dem Monde im Jänner beginnt das Schneiden der Weinstöcke.

6. Februar. — Am ersten, dem St. Triphonstage, geht man weder in die Felder, noch in die Weinberge.

Am 2., Mariä Reinigung, kocht man alle möglichen Hülsenfrüchte und Getreidearten in einem Topfe zusammen, und heisst dies Geköche χαρχαϑίνα.

Dem schönen Wetter im Februar traut man nicht, weil es nicht Stand hält.

7. März. — Am Vorabend des ersten März [57]) wirft man die dicken Blätter des ρούϑχουλ-Strauches (Erdbeerbaumes?) ins Feuer, und nennt bei jedem Blatte einen Namen, macht dann das Blatt während des Verbrennens ein grosses Geräusch, so gilt dies als gute Vorbedeutung für den genannten Namen, und umgekehrt [58]).

An diesem Vorabend wirft man auch eine mit Wolfsmilch besteckte Erdscholle wider die Hausthüre, damit das Melkvieh reichliche Milch gebe. Am Morgen des ersten März schlägt man Menschen und Vieh [59]) mit einem Kornelkirschenzweig, was der Gesundheit sehr zuträglich sein soll, und wäscht sich mit Wein, um den Sommer über nicht vom Ungeziefer geplagt zu werden, zu welchem Ende man auch an jenem Morgen einen Floh an eine neue Nadel spiesst. Dann bindet man den Kindern zum Schutz gegen die Sonne einen dreifarbigen Faden (μανάχ) als Armband und Halsband um, und zieht auch einen solchen Faden längs der Schwelle der Hausthüre. Ferner nähen die Weiber sehr emsig an einem zusammen gewickelten Lappen, und wenn man sie fragt, was sie da machen, so antworten sie: wir nähen die Pest, Schlangen und Krankheiten ein.

An diesem Tage isst man keinerlei Gemüse, wohl aber Zuckerwerk und süsse Speisen, um einen glücklichen Sommer zu erhalten.

Der 1., 2. und 3. und der 15., 16. und 17. März heissen Drimmtage (δρίμμ). Die Bedeutung dieses Wortes konnte bis jetzt nicht ermittelt werden. An diesen Tagen wäscht man weder noch beschneidet man Weinstöcke. Dagegen wird der 12. März, welcher den eben so dunkeln Namen νεβρούς führt, als vorzüglich geeignet zum Rebenschneiden betrachtet.

Am Morgen des 25. März, Mariä Verkündigung, trommeln die Weiber auf den Kupferkesseln, und glauben damit die Schlangen aus den Häusern zu treiben.

Der 29. und 30. März und 1. April heissen πλjάχετε, die Alten; bis dahin hält man sich noch nicht sicher durch den Winter. Wenn er sich aber an diesen Tagen fühlbar macht, so wird die Schuld den alten Weibern zugeschrieben. Statt des deutschen Alt-Weibersommers finden wir also in Albanien einen Alt-Weiberwinter, den Grund des Namens wusste Niemand anzugeben.

Im Monat März verbrennt man keine Reben, weil dies den Weinstöcken schadet.

Die tückische, wetterwendische Natur dieses Monats wird durch folgenden Spruch bezeichnet:

μάρσι χάρσι,	März Widerpart,
μbρά́ε-χύϑι,	Kornkorbleerer,
χjαφε bόϑτι,	Spindelhals (d. h. Magermacher),
τϑχjέχε γάρϑι,	Zaunzerstörer [60]),
djέτε̯ϑρούρι,	Holzverbrenner,
djέτε ζίμερε χαούρι,	der Christen Herz verbrennender (wegen der strengen Osterfasten).
σχούρτι σχούρτουν ούργετε,	Der Februar verringert die Scheite,
μάρσι νϳρέ λjεχοϑοθετε,	der März schwellt die Häute (wegen des häufigen Viehsterbens; so

sagt auch der Neugrieche, *Μάρτης γδάρτης*, der März ist ein Schinder).

Der erste Tag der grossen Osterfasten fällt stets auf einen Montag, er wird Mäusemontag ε χενν' ε μίβετ genannt. An diesem Tage enthält man sich ausser den kirchlich verbotenen Speisen auch alles Gemüses.

Am vorletzten Sonnabend dieser Fasten, welcher St. Lazarustag heisst, ziehen die Knaben verkleidet und mit Schellen behangen von Dorf zu Dorf. Jeder Trupp besteht in der Regel aus sechs Köpfen; einer trägt einen Korb, in dem er die geschenkten Eier sammelt; ein anderer hält einen Distillirhelm, den er als Trompete benutzt, und ein dritter ist als Braut (νούσσε, n. gr. νόμφη) verkleidet [61]).

8. April. — Am ersten April sagt man:

δόλι μάρσι, ρύρι πρίλι, der März ist zu Ende, der April begonnen,

μέ φερμάν χενδόν βρβίλι, nun singt die Nachtigall mit obrigkeitlicher Erlaubniss.

Am 23. April, dem St. Georgstage, geht man ins Freie, schmückt den Kopf mit einem Blumenkranz, und legt um den Gürtel einen andern von Schwalbenkraut (n. gr. χελιδρονjά, albanes. κούλπερ), der eine schützt vor Kopfschmerz, der andere vor Leibschmerz.

An diesem Tage sammelt man auch ein Kraut, welches n. gr. σκάρφη, alban. ðπέντερε heisst, es wird als sympathetisches Mittel bei Augenkrankheiten angewandt.

9. Mai. — Am ersten Mai stehen Männer und Weiber so früh als möglich auf, und essen schnell einen Knoblauch, damit sie nicht nüchtern einen Esel schreien hören; denn wer einen solchen Schrei hört, bevor er den Knoblauch verzehrt hat, der glaubt sich vom Esel besiegt, was allzeit sehr ärgerlich ist.

Am ersten Maimorgen gehen Alt und Jung ins Freie, um Blumen zu sammeln, um damit die Häuser, besonders die Thüren zu bestecken.

Am 21., dem Tage des h. Constantins, sieht man auf das Wetter; denn ein neblichter Morgen bedeutet ein fruchtbares Jahr, ein heller aber magere Ernte.

10. Juni. — Am ersten Juni geht man nicht in die Weinberge, damit sie von Insecten keinen Schaden leiden. Um diese abzuwenden, geht man auch an drei Sonntagen dieses Monats in die Weinberge, und siebt dort Asche aus.

Am Vorabend des h. Johannistages macht man aller Orten Feuer von dürrem Graswerke an, und Alt und Jung springt darüber; ein solcher Sprung gilt für heilsam, daher denn auch alte Leute wenigstens einen wagen.

In der Frühmesse lässt jedes Haus einen Busch Nussblätter und wohlriechender Kräuter einsegnen, der auf das Weizenbehälter zum Schutze gegen die Ameisen gelegt wird.

11. Juli. — Wenn der Bauer seine Saat beendigt hat (denn in nassen Jahren baut er den Mais bis Ende Juni), so stellt er sich mit dem Rücken an den Pflug, und bedeckt einen Theil desselben, mit den Händen rückwärts greifend, mit Erde, damit ihm nicht Wildschweine in die Maissaat brechen.

12. August. — Die zwölf ersten Tage im August zeigen das Wetter der kommenden 12 Monate an, das Wetter des ersten gilt für den August selbst, das des zweiten für September, u. s. w.

III. Verschiedene Gebräuche der Riça.

Reise. — Wenn jemand auf Reisen geht, so wird vor die Hausthüre ein Gefäss mit unbesprochenem Wasser gestellt, welches mit Laubwerk und goldenen oder silbernen Ohrringen geschmückt ist. Der Abreisende berührt das Gefäss mit dem Fusse, nimmt die Ohrringe [62]) und etwas Laubwerk in die Hand, und geht vor den begleitenden Angehörigen eine Strecke weit her, worauf er Abschied nimmt und die Ohrringe zurückgibt.

Wenn ein Reisender hinter sich Rufe hört, so ist es nicht gut für ihn, dass er umwende, und dem Rufenden entgegen gehe, sondern er muss auf dem Platze stehen bleiben, und den Rufenden erwarten; eine Sitte, die von Fremden häufig als persönliche Grobheit betrachtet wird.

Eben so schickt der Reisende einen andern zurück, um besonders das bei der Abreise von Hause Vergessene zu holen.

Eine böse Vorbedeutung ist es, wenn dem Reisenden ein Hase quer über den Weg läuft. Die Begegnung eines Fuchses oder einer Schafheerde gilt für eine gute, von Ziegen aber für eine üble Vorbedeutung.

Unbesprochenes Wasser, ουῇε τε χαφόλϳε, n. gr. νερὸ ἄκρττον. Dem Wasser, welches Jemand von der Quelle geholt hat, ohne während des Ganges zu sprechen, wird eine besondere Kraft zuerkannt. Bei ausserordentlichen Fällen, z. B. beim Viehsterben, holt man unbesprochenes Wasser aus drei verschiedenen Quellen, mischt es und besprengt damit die Thiere.

Wenn einer vom bösen Blick erkrankt ist, so taucht man drei Brennnesselzweige in unbesprochenes Wasser, und besprengt ihn damit. Zugleich gibt man ihm drei Maulbeerknospen zu essen, denn dieser Baum schützt überhaupt gegen den bösen Blick, so auch das unbesprochene Wasser bei Wöchnerinnen.

Tarantelstich. Die Tarantel heisst, wie jede andere Spinne, μεριμάγε. Wenn Jemand von einer Tarantel gestochen ist, so wird er in Mist gelegt, und zu ihm 9 Frauen gerufen, welche den Namen Maro [63] führen (Paronomasie). Diese setzen sich um den Kranken, und singen zusammen folgendes Lied:

> Να τε νέντε Μάρετε
>
> Wir sind neun Maros,
>
> Τι νϳε, Μάρε βέτεμε
>
> Du bist nur eine einzige Maro,
>
> Τι κουνόν, ε τε κα δούκ
>
> Du arbeitest, und es geht Dir von Statten (hat Ansehen),
>
> Να κουνόιμε ε σ' να κα δουκ [64]
>
> Wir arbeiten, und es geht uns nicht von Statten (hat kein Ansehen),
>
> Βέρε κεκϳ, τε βεϑ δε μίρε
>
> Du hast übel gethan, nun thue auch gutes
>
> Ζύνϳα μεριμάγε.
>
> O Frau Spinne.

Und wenn sie eine Weile so gesungen haben, wird der Kranke geheilt.

Heuschrecken. Wenn die Heuschrecken oder Rebenkäfer grossen Schaden thun, versammelt sich eine Anzahl Weiber mit fliegenden Haaren, wie zu einem Leichenzug, und ziehen mit einigen gefangenen Insecten zu einer Quelle oder einem Bache, wo sie die Thiere ersäufen und hierauf singt eine Frau nach der andern folgendes Klagelied:

> καρκαλέτς ε τσκάϑαρ
>
> O Heuschrecken und Rebenkäfer,
>
> Κϳε να λϳάτε βάρφαρ'
>
> Die ihr uns verwaist zurückgelassen habt,

und der Chor fällt, wie bei jeder Selbststimme, wiederholend ein. Die Absicht dieser Ceremonie ist, den Insecten durch die fingirte Bestattung den Tod zu bringen.

Das Feuer. — Das Feuer am Herde hat eine heilsame Kraft [65]; daher brennt es an jedem hohen Feiertage, auch zur Sommerzeit, und während der ganzen vorhergehenden Nacht, — ebenso im Zimmer der Wöchnerin während 40 Tage nach der Geburt. Wenn das Feuer bei solchen Gelegenheiten erlöscht, so gilt das für eine üble Vorbedeutung. Zischt das Feuer, so sagt man, dass die Feinde des Hauses sich berathen; knallt es aber, so zeigt das Viehsterben an.

Unglückstage sind der 9., 19., 29. [66]) jedes Monats und der Dienstag jeder Woche. An diesen Tagen unternimmt man nichts Bedeutendes, wie eine Reise oder Hochzeit u. s. w.

Neulicht. Wenn der Mond am Himmel fehlt, unternimmt man eben so wenig irgend etwas von Bedeutung, weil es dann nicht geräth; an solchen Tagen beginnt man daher weder mit dem Pflügen, noch mit dem Säen.

Die Weinberge aber werden mit abnehmendem Mond gepflanzt.

Neumond. Wenn der erste Neumond am Himmel steht, so sehen ihn Kinder und Mädchen durch ein Sieb an, und singen dabei, indem sie sich mit einem Silberstück, oder sonst etwas Silbernem über das Gesicht streichen, folgendes Lied:

χεν' ε ρε,	neuer Mond,
βαϑ' ε ρε,	junges Mädchen
τι ϑερντέτ,	dir Krankheit (?) [67]
ου ϑρντέτ,	mir Gesundheit
κόχα jότε χjοῦλ,	dein Kopf (sei weich wie) Brei [68]
κόχα jίμε γοῦρ,	mein Kopf (sei hart, wie) Stein [69].

Nüchternheit. Es gilt für eine üble, namentlich Krankheit verkündende Vorbedeutung, wenn einer die erste Schwalbe sieht, oder die erste Turteltaube, den ersten Kukuk, ja das erste Butterstossen hört, während er noch nüchtern ist; der, welchem dieses geschieht, sagt με μούνδι δαλγνδοῦδε, die Schwalbe hat mich besiegt. Man legt daher im Frühjahr ein Stückchen Brot neben das Bett, um es gleich beim Erwachen zu essen, namentlich am ersten Mai [70]).

Anzeichen. Wenn Jemand vom Schlucken befallen wird, so glaubt er, dass ein Freund oder Verwandter von ihm spreche, und um zu erfahren, wer es sei, nennt er der Reihe nach alle Namen seiner Angehörigen, und bei wessen Namen der Schlucken aufhört, der hat von ihm gesprochen.

Das Jucken im Auge bedeutet Regen. Juckt einem die rechte Hand, dann wird er traurig, weil er fürchtet, dass er Geld zu zahlen haben werde. Juckt ihm aber die linke Hand, dann freut er sich, und wartet auf das Geld, welches man ihm bringen werde. Jucken einem die Lippen, so erwartet er die Ankunft eines Freundes oder Verwandten. Nasenjucken zeigt Streit und Kampf an. Sausen im rechten Ohr deutet auf eine gute, im linken aber auf eine schlimme Nachricht.

Schläft ein kleines Kind vor dem Essen ein, so gilt dies als eine gute Vorbedeutung für das ganze Haus.

Pisst einem eine Katze auf die Kleider, so zeigt dies den Neid oder die Eifersucht an, die Andere gegen ihn nähren.

Wenn Wein verschüttet wird, so ist dies ein gutes, wenn Branntwein oder Oel, ein schlechtes Vorzeichen.

Heult der Hund, ohne dabei das Haus anzusehen, so zeigt dies einen Todesfall an. Dasselbe glaubt man, wenn man einen Trupp Wölfe zusammen heulen hört. Doch deutet dies nach Andern auch auf strenge Kälte.

Wenn die Katze häufig niest, so deutet dies auf Krankheit, wenn sie sich häufig leckt, auf Regen.

Wenn der Ochs mit dem Vorderfusse in der Erde scharrt, so zeigt er Regen an.

Wenn das Huhn innerhalb des Hauses die Federn schüttelt, oder wenn eine seiner Federn, wie ein Säbel, ohne auszufallen, herunter hängt, so erwartet man die Ankunft eines Freundes oder Briefes, kräht es aber, wie ein Hahn, so bedeutet dies Tod, oder anderes Unglück; wenn es aber dabei gegen Osten sieht, so hat es nichts zu sagen.

Kräht der Hahn in der Nacht ausser der Zeit, so bedeutet dies Veränderung des Wetters, oder wichtige Nachrichten am kommenden Morgen. Ist aber eine schwangere Frau im Hause, so glaubt sie, dass ihr hiedurch ein Knabe verkündigt werde. Dasselbe Anzeichen bringt ihr der Rabe, der in der Nähe ihres Hauses krächzt. Sonst bedeutet dessen Schrei schlechtes Wetter. Die Eule dagegen verkündet der Schwangeren ein Mädchen, und dem Hause, auf welchem sie sitzt und schreit, einen Todesfall [71]). — Auch der Kukuk auf dem Dache bringt den Tod ins Haus. Grosse Sperlingschwärme bedeuten strenge Kälte.

Eine Schlange, welcher man vor Sonnenaufgang oder bei Sonnenuntergang begegnet, zeigt den Tod eines Verwandten an (s. hinten Wittóre).

Wenn in Mittelalbanien die Lachtaube (κουμρί), welche dort stets in Städten und Dörfern nistet, auf dem Dache eines Hauses gurrt, so bedeutet dies die Rückkehr eines Verwandten aus der Fremde.

Viehkauf. — Bevor ein frisch gekauftes Viehstück in den Hof geführt wird, legt man auf die Schwelle des Thores etwas Eisernes und etwas Silbernes [72]), und lässt es darüber hinschreiten. Setzt es dann den rechten Fuss zuerst über die Schwelle, so ist dies gut; tritt es aber zuerst mit dem linken Fuss in den Hof, so ist dies schlimm.

Fällt ein Viehstück, so wird der Kopf im Hofe begraben, damit nicht noch andere Stücke fallen.

Böses Auge. Der Glaube, dass gewisse Menschen durch ihren Blick (συ ι κεκj) willkührlich oder selbst unwillkührlich Schaden verursachen können, herrscht in Albanien eben so gut, wie in der übrigen Levante; er ist besonders kleinen Kindern und Thieren gefährlich. Die ersteren sind daher stets mit verschiedenen Amuleten versehen und am Halfter der Saumthiere ist eine grosse blaue Perle befestigt. Zum Schutze gegen denselben malen die Türken den Kindern, welche sie auf Reisen mitnehmen, ausserdem noch einen Halbmond oder einen Ring, die Christen aber ein Kreuz auf die Nasenwurzel. In manchen Gegenden wird das Zeichen den Kindern sogar eingeätzt (tattowirt). Eine Knoblauchwurzel gilt als vorzüglicher Schutz gegen den bösen Blick. Jedes an Kinder, Hausthiere oder selbst leblose Sachen gespendete Lob wird in Albanien, eben so wie in der übrigen Levante, sehr ungern gehört, weil dem Gelobten dadurch sehr leicht der Tod oder sonstiger Schaden werden kann. Will man dagegen ein Kind oder sonst etwas genau ansehen, ohne Unzufriedenheit zu erregen, so thue man, als ob man es gelinde anspeien wolle, denn solches Speien ist besonders gut gegen den bösen Blick, man hört auch wohl das Wort „Knoblauch" dazu sprechen.

Steine mit besonderen Eigenschaften sind der Blutstein, welcher, auf Wunden gelegt, das Blut stillt; der Milchstein, welchen säugende Frauen umhängen, um reichliche Milch zu erhalten; ja es gibt sogar einen weissen Edelstein mit schwarzen Flecken (γουρ ljǎlε), welcher die Kraft hat, schadhafte Mauern am Einsturze zu verhindern.

IV. Bräuche aus anderen Gegenden.

Magische Heilungen durch Besprechungen (μjεκ-ου) in Elbassan. — Handwerk der alten Weiber; doch befasst sich Dieselbe immer nur mit einer Besprechung oder einem magischen Heilverfahren und enthält sich aller Praxis, so bald sie ihr Wissen einer andern übertragen hat; solche Kunst ist daher in der Regel in der Familie erblich. Die mir bekannt gewordenen Verfahren sind folgende:

1. αμεljσίμε-α, das Süssmachen oder Erweichen eines von Geistern erhaltenen Schlages (ε μάρρμε με ϑουbljάκ), in dessen Folge der Geschlagene erkrankt ist. Der Kranke wird von der wissenden Frau mit reinen weissen Gewändern bekleidet, und an einen stillen, abgelegenen Ort, oder in ein leeres Haus geführt. Dort angekommen, begrüsst sie die Elfen wie gegenwärtige Personen, lässt den Kranken in bittender Stellung mit verschränkten Armen niederknien, gibt ihm Rosenwasser (γουρκούjε) zu trinken, und verweilt mit ihm in grösster Stille etwa 10 Minuten, indem sie gewisse geheime Zeichen beobachtet, dann wünscht sie den Geistern gute Nacht — bάφϑι νάτεν' ε μίρε — lässt den Kranken aufstehen, und führt ihn auf dem Rückwege im Kreise herum. Mitunter setzt sich auch der Kranke in die Mitte eines früher gezogenen Kreises. Nach drei Tagen wird er gewaschen. Solche Waschungen geschehen mit unbesprochenem Wasser, welches in Elbassan auch „geraubtes" genannt wird.

In dem geraubten Wasser wird vor der Waschung auch süsses (τε αμεljε) oder schweres (τε ράντε) Blätterwerk gesotten, die Zahl der Blätter aber je nach dem Falle strenge abgezählt. Zu den süssen Blättern gehören Quitten-, Granaten-, Apfel-, Rosen- und Nessellaub; zu den schweren Lorbeer-, Cypresse-, Epheu und andere immergrüne Laubsorten. Man glaubt, dass binnen drei Tagen nach einer solchen Waschung Tod oder Genesung erfolge.

Erinnert sich der Kranke, an welchem Orte ihm der Zauber angethan worden, so besprengt man denselben mit Rosenwasser, welches die Elfen sehr lieben, oder wirft auch etwas Geheimes fest eingewickelt dorthin, wer dann auf dies Eingewickelte tritt, der erbt das Uebel. (S. auch Lexikon s. v. βεντ ι μίρε.)

2. Bei Rheumatismen in Händen oder Füssen wird das leidende Glied drei Mal in warmes Wasser gesteckt, drei Mal mit Salz gerieben, und mit einer Messerfläche darüber gefahren, dabei wird aber folgender Spruch wiederholt: σι τρέτετε κρύκα, ουτρετ ε ljίγα, wie das Salz schmilzt, so schmelze das Uebel. Hierauf wird mit einem Besen gekehrt, und dabei

gesprochen οι μεδίνε πλjατᾶχατ', μεδιφτ τε λjίγατ', so wie die Sachen gekehrt werden, werde auch das Uebel weggekehrt.

3. ουρϑ-ι (n. gr. λειχῆνα) ein runder rother Fleck auf der Haut, von der Grösse eines Epheublattes, daher der Name, welcher mit dem Monde zunimmt, voll wird und abnimmt und sehr juckt (Flechten), wird bei abnehmendem Monde durch Aufstreuen von Asche geheilt, wozu folgende Worte dreimal gesprochen werden: ερϑ ούρϑι ε περπούϑι. Es kam der Fleck und verunreinigte ihn — ερϑ χινι, ε περπίκι, es kam die Asche und trank ihn auf.

Der Glaube an das Nesselknüpfen und Unfruchtbarmachen hat der Albanese mit dem Griechen gemein. Auch zu ihrer Heilung gibt es gewisse geheime Mittel; ebenso versteht man sich darauf, Liebe einzuflössen, sei der geliebte Gegenstand ein Knabe oder ein Weib.

Wenn in der Umgegend von Elbassan einem Manne seine Frau bald nach der Heirath stirbt, und er nicht ein oder zwei Jahre trauert, sondern rasch zu einer neuen Ehe schreitet, so betrachten dies die Verwandten der Verstorbenen als eine Beleidigung, und schütten zur Rache Wasser auf deren Grab, was die zweite Frau unfruchtbar macht.

Die Albanesin und Griechin, welche nur Mädchen und keine Knaben gebiert, schreibt dies Unglück den Zauberkünsten einer Feindin zu, und nimmt zu deren Bannung gleichfalls ihre Zuflucht zu einer Wissenden.

Blutopfer. — In der Gegend von Dibra sollen schwarze Hämmel von wissenden Frauen zur Heilung von Krankheiten geschlachtet werden. Nähere Details wusste man nicht anzugeben.

Als der jetzige Gouverneur von Elbassan vor zwei Jahren eine neue Brücke über den reissenden Arçén bauen liess, wurden, um den Neubau gegen die Gewalt des Stromes fest zu machen, 12 Schafe geschlachtet, und deren Köpfe unter die Fundamente der Pfeiler gelegt.

Die Sage, dass man zu dem Ende früher Menschen geopfert habe, scheint in ganz Albanien bekannt zu sein, doch konnte ich hierüber keine Localsage erfahren [73]).

In den Dörfern um Antiwari wird beim Fundamentlegen eines Hauses ein Hahn geschlachtet, und unter die erste Steinlage gelegt.

Dort wird auch, nachdem ein Todter zur Erde bestattet worden, von dem Erben oder Mitbesitzer einem Hahne der Kopf abgeschnitten, und der Rumpf über das Haus geworfen; fliegt dieser über das Dach, so ist dies ein gutes, bleibt er auf dem Dache liegen, ein schlimmes Zeichen [74]).

Die Schäferpfeife, χαβάλ-ι, wird in Elbassan als ein heiliges Instrument betrachtet, weil schon David sie gespielt habe; daher gilt es für gottgefällig und heilsam, wenn man sie bläst, doch nur bei Tage; denn auch des Nachts auf ihr zu spielen, gilt für sündhaft, weil dann der Teufel und seine Genossen nach der geblasenen Weise tanzen würden. Aus demselben Grunde hütet man sich auch des Nachts mit dem Munde zu pfeifen.

Ein plötzlicher Schauer, der den Menschen überkommt (ρρεχjέϑε), wird in Elbassan als eine Anfrage des Todes betrachtet, ob man mit ihm gehen wolle; der Schauernde ermangelt daher nie auf diese stille Anfrage mit den Worten σ' jαμ γατί „ich bin nicht vorbereitet, oder fertig" zu antworten.

Aus den nordöstlich von Skodra gelegenen Bergstrichen:

1. Man fängt an keinem Sonnabend zu ackern an. An einem Freitage oder Sonnabend säet man nicht, noch pflanzt man Kohl.

2. Beim Frühlingsanfange verbrennt man den trockenen Mist aller Art Haus- und Weidevieh, was sehr heilsam für dieselben gehalten wird.

3. **Todaustreiben in Selitza** [75]). Am Charsamstag stecken die jungen Leute Kien-fackeln an, und durchziehen, dieselben schwingend, in Procession das Dorf; endlich werfen sie die Fackeln in den Fluss und rufen dabei: „Hei Kore (κόρε-ja), wir werfen dich in den Fluss, wie diese Fackeln, auf dass du nimmer wiederkehrest."

Einige sagen, die Ceremonie habe den Sinn, den Winter zu vertreiben, doch ist zu bemerken, dass die Kore als böses Wesen gedacht wird, welche Kinder frisst, und als solche in den Mährchen der Gegend figuriren soll.

4. Christnacht. — Der Hochländer ist stets bedacht, das Brennholz in der Art ins Feuer zu legen, dass der dünne Theil vor dem dicken verbrennt, und kein Holz quer übereinander zu liegen komme, weil er glaubt, dass die umgekehrte Lage den Ziegen schaden bringe.

Nur in der Christnacht wird das Holz unordentlich und kreuzweise ins Feuer geworfen, und dieses überhaupt so gross unterhalten, als es mit der Sicherheit des Hauses nur immer verträglich ist. Denn alles dieses wendet den Schaden ab, der im kommenden Jahre aus der Nichtbeobachtung der obigen Regel entstehen könnte.

In der Christnacht enthält man sich jedoch sorgfältig, das Feuer mit dem Munde auszublasen.

5. Christnachtsklotz. — Sobald derselbe eingebracht wird, erheben sich alle Anwesende und rufen: sei willkommen, lieber Klotz, bemühe dich an's Feuer. Er erfährt bei dem Zurechtlegen und während des Schürens die rücksichtsvollste Behandlung, auch wird von Allem, was an diesem Abende gegessen und getrunken wird, etwas auf ihn gelegt oder über ihn gegossen. Diesem letzteren Brauche arbeiten die Missionäre, als etwas Heidnischem, nach allen Kräften entgegen, ohne ihn jedoch bis jetzt ausgerottet zu haben.

6. Die Katze steht bei diesen Hochländern in grossem Ansehen, denn sie glauben, dass sie der Heiland aus seinem Aermel habe schlüpfen lassen, als er einstmals in einem Hause zu Gaste war, wo man sich der Mäuse nicht erwehren konnte.

Daher wird auch die Tödtung einer Katze von der Sitte strenge missbilligt. Verendet eine solche, so wird sie von den Kindern des Hauses unter Zuziehung der Nachbarskinder feierlich begraben, und mit einem Leichenschmause geehrt, zu welchem die Mutter die nöthigen Requisiten niemals versagt.

V. Geister, Gespenster, Schätze und Träume u. s. w.

1. Elfen. — Die diesem Namen entsprechenden Geister scheinen in Südalbanien keinen Eigennamen zu führen; man bezeichnet sie gewöhnlich mit den Wörtern: *jáðτϛσμε-ja*, die Auswärtige, Aeussere, welches dem n. gr. τὸ ἐξωτικόν entspricht, oder *φατ' μίρε*, die Glücklichen, oder *νουσ' ε μάλλjετ*, die Nymphen (Bräute) des Berges; in Elbassan umschreibt man sie in der Regel mit *ατύ xjε ϐάνϕϑυϛ νάτϛν' ε μίρε*, diejenigen, welche eine gute Nacht haben mögen [76]). Sie werden, wie sich aus diesen Benennungen ergibt, wesentlich weiblich gedacht, doch befinden sich auch männliche Elfen unter ihnen, welche in der Gegerei *πϛρρί-τϛ* heissen, ein wohl aus dem Türkischen entlehnter Name. Sie sind eben so wie die weiblichen mit grosser Schönheit begabt, daher heisst es häufig in den Liedern *jε μα ϐούχουρ νϛα πϛρρίτϛ*, du bist schöner als die Elfen. Man denkt sie sich etwa von der Grösse zwölfjähriger Kinder, weiss gekleidet und duftig.

Die Elfen wohnen in den Bergen, sie kommen aber des Nachts zu den Wohnungen der Menschen und holen sich schöne Knaben, seltener Mädchen, zum Tanze. Schwatzt der Knabe sein Verhältniss aus, so wird er von den Elfen erwürgt.

Uebrigens wirkt dieser Umgang stets nachtheilig auf die Gesundheit der Begünstigten [77]), sie zehren ab, oder fallen in Tiefsinn und sterben bald.

Die Elfen nehmen auch kleine Kinder aus den Wiegen, spielen mit ihnen auf den Dächern, und bringen sie unbeschädigt zurück.

Sie sind harmlos und schaden dem Menschen nie ungereizt, doch nehmen sie es sehr übel, wenn man sie in ihren unsichtbaren Gelagen stört, und den Platz betritt, den sie dazu ausersehen haben; in der Regel sind dies zwar einsame, schattige Plätze, aber mitunter finden sie Gefallen, sich mitten auf einem Wege zu lagern. Wer nun so unglücklich ist, sie bei ihren Gelagen zu stören, die Schüsseln oder Flaschen umzuwerfen, oder an einen Elfen zu streifen, der erhält einen Schlag und erkrankt in dessen Folge, es heisst von ihm: *ουμαρρ με ϑουϐλjάχ*, er wurde von einem Schlage getroffen, *ουᾶχαλj*, er wurde bestiegen, geritten (n. gr. *ἰσκιοπατήϑη*).

Uebrigens rühren solche Behexungen nicht bloss von Elfen her, der Albanese scheint sich ebenso, wie der Neugrieche, einen bösen Schatten ($\chi l\varepsilon$ ε $\lambda j l\gamma\varepsilon$) als selbstständiges Wesen zu denken, der dem Menschen, welcher ihn trifft, grossen Schaden, und zwar meistens den Tod bringt.

Die Redensart: „Dich hat der schwarze Ochse noch nicht bestiegen" [78]), bezieht sich dagegen auf keine Behexung, sondern bedeutet so viel, als: Dir leben noch alle deine Verwandten, besonders Vater und Mutter.

Die Rinne, welche die Dachtraufe vor dem Hause bildet, wird als der Sitz der Elfen oder anderer Geister [79]) angesehen, daher hält man des Nachts namentlich die Kranken vor deren Verunreinigung ab.

2. Hausgeist. — Ein solcher findet sich in den Riçadörfern unter dem Namen $\beta\iota\tau\tau\delta\rho\varepsilon$-$ja$ [80]). Sie wird als kleine dicke Schlange [81]) mit bunter Haut gedacht, welche in der Hausmauer wohnt und ihren Schlupfwinkel nur sehr selten verlässt; wird sie aber dann doch von einem Hausbewohner erblickt, so begrüsst er sie mit grosser Ehrfurcht und überhäuft sie mit Segenswünschen. Freudige und traurige Ereignisse des Hauses soll sie durch ein schwaches Pfeifen vorherverkündigen, und bei jedem kleinen Geräusche, dessen Ursache unbekannt ist, sagen die Frauen, „das ist die Wittore"; — bei uns heisst es „es regt sich."

Stirbt in einem Hause der ganze Mannesstamm aus, so verlässt die Wittore dasselbe für immer.

Stirbt eine in der Familie verehrte alte Frau, so antworten die Trauernden auf die Tröstungen der Freunde: sie war die Wittore des Hauses.

In Elbassan scheint die Wittore nicht bekannt zu sein, man bezeichnet mit diesem Namen nur eine Frau, welche viele Kinder besitzt, mithin eine glückliche Frau.

3. Als menschenfressende, weibliche Ungethüme figuriren drei in den Mährchen und Sagen: die Kutschedra ($\varkappa o\upsilon\tau\vartheta\acute{\varepsilon}\delta\rho\varepsilon$-$a$); sie wohnt im Wasser und kann die Quellen versiegen machen, indem sie dieselben austrinkt. Die Sükjennesa ($\sigma\upsilon\varkappa j\acute{\varepsilon}\nu\nu_\varepsilon\zeta a$, wörtlich Hundsauge) hat vier Augen, zwei vorne und zwei hinten am Kopfe. Die Ljubia ($\lambda j o\upsilon\beta l$-$a$) [82]) endlich liebt besonders das Fleisch kleiner Kinder. Die griech. Lamia war nicht zu erfragen.

4. Ore — geht beständig im Lande umher, und achtet auf die Segnungen und Verwünschungen der Menschen, und erfüllt alle, welche sie hört, auf der Stelle, daher schliessen die Bettler in Mittelalbanien ihr Bettellied und ihre Danksagung für erhaltene Gaben in der Regel mit den Worten: $\tau\varepsilon$ $\vartheta\varkappa\delta\varphi\tau_\varepsilon$ $\delta\rho\varepsilon$ ε $\tau\varepsilon$ $\varkappa j\delta\varphi\tau_\varepsilon$, „möge die Ore vorübergehen und es geschehen." Dies Wesen scheint in Südalbanien nicht gekannt zu sein.

5. Mauthia ($M a\upsilon\vartheta l$-a) — ist eine in Gold gekleidete Fee, welche ein mit Edelsteinen besetztes Fes trägt; wer ihr dies rauben kann, der ist glücklich sein Lebenlang (Elbassan). Vielleicht ist sie eine und dieselbe mit der Schönen der Erde, ε $b o\acute{\upsilon}\varkappa o\upsilon\rho a$ ε $\delta l o\upsilon\tau$, in Südalbanien und Griechenland, welche in vielen Mährchen [83]) als Gegenstand der Sehnsucht fahrender Ritter figurirt.

6. Die Fatílen haben wir bereits bei der Geburt als die drei altgriechischen Moiren kennen gelernt. Man versicherte mich, dass bei den attischen Albanesen sich der alte Name erhalten, jedoch aus drei in ein Wesen, Moira genannt, zusammengeschmolzen ist. — Trotzdem richtet man in der dritten Nacht nach der Geburt drei Brote, drei Gefässe mit Wasser, eben so viele mit Honig, und drei Mandelkerne für die besuchende Moira her, legt dazu alle Kostbarkeiten des Hauses, entfernt die Hunde von dem Hofe, und lässt die Thüre gekläfft. — Auch sollen sie dort ein schönes Mährchen erzählen, in welchem drei Moiren, eine Ober-Moira und zwei Unter-Moiren [84]), figuriren.

7. $dl\varphi$, best. $dl\beta\iota$, auch $d\vartheta\varphi$, $d\acute{\varepsilon}\beta\iota$ im tosk., ein Wesen übermenschlicher Stärke, daher $l\vartheta\tau_\varepsilon$ υj_ε $d\iota\varphi$, er ist ein Simson. In Elbassan sind es ungeheure Riesen, welche das Geschäft haben, die Kessel zu heizen, in denen das Wasser der in der Nachbarschaft zu Tage kommenden warmen Quellen gesotten wird. Sie kommen nie an das Tageslicht. Ist das Wort nicht aus dem Türkischen entlehnt, so möchte es nähere Beachtung verdienen wegen seines indischen Ursprunges.

8. $\varphi\lambda j\check{a}\mu_\varepsilon$-$a$ ist in Elbassan der weibliche Dämon, welcher die fallende Sucht erzeugt, über dessen Gestalt nichts Näheres zu erfahren war. Man vermeidet auch hier das gerade Wort und sagt: t ρa $a j\acute{o}$ $\pi o\acute{\upsilon}\eta_\varepsilon$, das Ding hat ihn überfallen, oder $\ddot{\eta}j\iota\nu\delta\varepsilon\tau_\varepsilon$ $\mu\varepsilon$ $a\tau\acute{\varepsilon}$ $\chi\iota\sigma\check{a}\varkappa$, er liegt in der bewussten Abrechnung (mit dem Teufel). In der Toskerei bedeutet das Wort Seuche überhaupt.

9. κουκούθ-δι, wird in manchen griechischen und albanesischen Gegenden auch die Pest genannt und als blinder, weiblicher Dämon gedacht, vermuthlich türkischen Ursprunges.

10. **Gespenster.** Der Glaube an umgehende Verstorbene ist allgemein verbreitet; der Toske nennt sie, wie der Neugrieche, βουρβολάx-ου (altgr. μορμολύxειον) [85]). An einigen Orten glaubt man, dass jede Leiche zum Wurwolák werde, über die eine Katze oder sonst ein Thier gesprungen sei. Eine solche Leiche unterliegt der Verwesung nicht; über ihrem Grabe zeigt sich allnächtlich ein Lichtschimmer, nach 40 Tagen erhebt sie sich und geht um, stellt allerlei Unheil im eigenen oder verwandten Häusern an, und schläft sogar mit der hinterlassenen Frau.

Vor Alters wurden solche Leichen ausgegraben und verbrannt, und dies geschieht mitunter auch jetzt noch. Man wählt zu diesem Acte die Nacht vom Freitag auf den Sonnabend, in welcher der Wurwolák in seinem Grabe ruht.

In Perlepé sollen mehrere Familien wohnen, welche Wampíri heissen. Sie gelten als Abkömmlinge solcher Wurwolák, und sind von aller Welt gemieden. Sie verstehen sich auf die Kunst, schwärmende Wurwoláks zur Ruhe zu bringen, halten dieselbe aber sehr geheim; man verschreibt sie zu ihrer Ausübung auch nach anderen Städten.

Den Gegen (Elbassan) scheint die Benennung Wurwolák unbekannt zu sein; sie kennen dagegen zwei besondere Arten dieser Gattung.

1) λjουβγάτ [86]) (tosk. λjουγάτ), türkische Leichen mit ungeheueren Nägeln, welche in ihre Sterbetücher gehüllt umgehen, was sie finden verzehren, und Menschen erdrosseln;

2) χαρχαντδόλj-ι, κούχοΰθ-δι, Zigeunerleichen; sie erscheinen besonders im Monat Jänner mit Ketten beladen, und ihr Hauch ist tödtlich.

Blutsauger (Wampir, vielleicht slavischen Ursprunges) oder Leichenverzehrer scheinen diese Gespenster nicht zu sein. Nach dem Glauben der christlichen Gegen kann kein Christ zum Gespenste werden; bei den Tosken aber gibt die Religion hierin kein Vorrecht.

11. ΰτρίγε-α und ΰτρίχ-ου (Elbassan). Wenn manche Männer und Frauen das hundertste Lebensjahr überschritten haben, so erhalten sie in der Gegerei die Eigenschaft, durch ihren Hauch Menschen zu tödten. Werden sie als solche erkannt, so verurtheilt man sie zum Feuertode, was besonders zur Zeit der Pest und anderer Epidemien häufig vorkommen soll. Andere Zaubermacht als die angeführte, wird ihnen nicht beigemessen. Der Neugrieche verbindet mit dem Worte ΰτρίγγλα den allgemeinen Begriff eines böse Zauberkünste übenden Wesens.

12. δραγγούα-οι sind nach dem Glauben von Elbassan Menschen, welche mit haar- oder federartigen Wülsten an beiden Schultern zur Welt kommen, vermöge deren sie zum Fliegen oder wenigstens zu ungeheuren Sprüngen befähigt sind. Die Mutter muss diese Gaben des Kindes vor aller Welt sorgfältig verheimlichen, denn sieht sie ein Fremder, so stirbt das Kind, welches aber auch ohnedem kein langes Leben hat. In stürmischen Nächten steigen solche Kinder aus ihren Wiegen und Bettchen, um mit den Drachen (κουτέδρε) zu kämpfen, und bei diesem Kampfe geht es so hitzig her, dass die Dranguas ganze Bäume entwurzeln und damit auf die Drachen losschlagen, und man dann diese Waffen des andern Morgens auf dem Kampfplatze zerstreut findet.

13. **Geschwänzte Menschen.** — Es gibt deren zwei Sorten, mit Ziegenschwänzen und mit kleinen Pferdeschwänzen. Die damit begabten sind sehr starke und besonders kräftig und untersetzt gebaute Menschen und ganz ausserordentliche Fussgänger. Vor ein paar Jahren starb ein solcher, der an einem Tage fabelhafte Strecken zurücklegte; bei gewissen Geschäften musste er den Schwanz in die Hand nehmen, um ihn nicht zu beschmutzen. Der Glaube an solche Menschen beschränkt sich nicht auf das südliche Albanien (im nördlichen wollte man davon nichts wissen), sondern erstreckt sich über Griechenland und bis nach Klein-Asien. So soll z. B. der berüchtigte Räuber Koutowunisios, der aus Langkadia in Morea stammte, geschwänzt gewesen sein.

Hier liegt aber vielleicht mehr als Volksglaube vor. Einer meiner Kawasse in Jannina, Soliman aus Dragoti, behauptete, in seiner Gegend seien solche Geschwänzte gar nichts Seltenes; er selbst habe einen geschwänzten Vetter (Geschwisterkind), den er als Junge beim Baden oft an dieser Naturgabe gezerrt habe. — Der weit zuverlässigere Theodoris, welcher in seiner Jugend Räuber im Pindus war, erzählte, bei seiner Bande habe sich Jahre lang ein untersetzter, breitschultriger, 'hochblonder Mann mit Namen Kapetan Jannáki befunden; von dem habe es geheissen, dass er geschwänzt sei. Um sich davon zu überzeugen, hätten sie sich eines Nachmittags, als er schlief, zu sechsen (denn er war ungemein stark) über ihn geworfen, und an dieser Ocularinspection habe er selbst Theil genommen. Er erinnere sich genau einen etwa 4 Finger breit langen, ziegenähnlichen Schwanz gesehen zu haben, dessen innere Seite unbehaart, auf der Rückseite aber mit kurzen, hochrothen Borsten besetzt gewesen sei, und dieser Haarstreif habe sich etwa eine Handbreit über das Rückgrad hinaufgezogen. Meine Bemühungen, ein solches Subject zu sehen, waren erfolglos, und alle türkischen Militärärzte, welche ich sprach, erklärten die Sache für eine Fabel, weil ihnen bei den jährlichen Visitationen so vieler Recruten aus allen Theilen des Landes niemals ein solches Naturspiel vorgekommen sei. Buffon soll, wie ich höre, in seiner Naturgeschichte der Sage Erwähnung thun, dass es in Albanien geschwänzte Menschen gebe. Für uns reicht hier die unbestreitbare Thatsache hin, dass in Südalbanien noch heut zu Tage das Volk an das Dasein von menschlichen Geschöpfen glaubt, wie sie häufig auf hellenischen Darstellungen figuriren. Von Menschen mit Pferdeleibern oder Bocksfüssen habe ich aber in Albanien nichts erfahren können.

14. Schätze und Träume. — Es existirt im Lande wohl schwerlich ein cyklopischer Baurest, unter dem das Volk nicht grosse Schätze verborgen glaubt. Dieselben können in der Regel nur vermittelst derselben Bannformeln gehoben werden, unter denen sie vergraben wurden. Der, welcher einen Schatz vergraben hat, bestimmt nämlich die Zeit, für welche er in der Erde ruhen soll, 60, 100, 200 oder mehrere Jahre, und hinterlässt seinen Erben eine Schrift mit der Formel, der Ortsbeschreibung und der Ruhezeit. Erscheint dann der Erbe zur rechten Zeit, und liest die Formel an Ort und Stelle, so steigt der Schatz von selbst auf die Oberfläche empor. Mitunter ist auch ein Schatz in der Art vergraben, dass er in der festgesetzten Zeit von selbst aus der Erde heraufsteigt. Wer ihn dann zufällig findet, der darf nicht plaudern, sonst werden entweder die Münzen zu Kohlen, oder er stirbt bald darauf.

Häufig stehen solche Schätze unter dem Schutze von Schlangen oder Negern, und diese bringen zu bestimmten Zeiten denselben zu Tage, um sie zu sonnen und vor Rost und Schimmel zu bewahren [87]). So traf vor wenigen Jahren in der Gegend von Dibra ein Hirte eine Schlange, welche auf einem grossen Goldhaufen eingeringelt war, und schlief. Der wusste, wie er es anzufangen hatte; er stellte daher einen grossen Kübel Milch zur Schlange, und hielt sich abseit, bis diese erwachte; es kam, wie er erwartete. Die Schlange fiel gierig über die Milch und soff sich dick. Darauf kehrte sie auf ihren Goldhaufen zurück, um wieder zu schlafen, aber der Durst, welcher die Schlangen befällt, wenn sie Milch getrunken haben, liess sie nicht dazu kommen. Sie wurde unruhig, und wandte sich so lange unschlüssig um den Haufen herum, bis sie der innere Brand zwang, Wasser aufzusuchen. Das war aber weit von der Stelle, und bis sie von da zurückkam, hatte der kluge Schäfer den ganzen Goldhaufen in Sicherheit gebracht. Was aber die Schlange bei ihrer Rückkehr anfing, darüber wusste der Erzähler keine Auskunft zu geben.

Die Tosken denken sich die Schätze meist von feuerspeienden Flügelschlangen mit menschlichen Gesichtern bewacht (στιχjό). Am Sonnabend verlassen die Wächter den Schatz, und dies ist daher der bequemste Tag, um ihn zu heben.

In der Regel erfährt der Mensch den Ort, wo der Schatz vergraben ist, durch einen Traum; dieser muss sich jedoch durch drei Nächte wiederholen; plaudert er, bevor er ihn gehoben, so findet er Kohlen Statt des Geldes. Uebrigens stirbt der Schatzheber in der Regel bald nach seinem Funde [88]).

An vielen Klöstern und Kirchen, sowohl in Albanien als in Griechenland, knüpft sich die Sage, dass ihr wunderthätiges Heiligenbild unter der Erde versteckt war, und sich irgend einem Gläubigen durch einen Traum offenbart habe.

Schatzgräberei ist in beiden Ländern noch heut zu Tage im Schwunge. Von Wünschelruthen, Springwurzeln, oder sonstigen Zauber und Kunstgriffen bei diesem Handwerke, scheint jedoch keine Spur vorhanden zu sein.

Auf Traumdeutung verstehen sich besonders die Weiber. In der Regel wird, wie bei uns, Trauriges als freudige, und Freudiges als traurige Prophezeiung gedeutet, doch gibt es auch

viele, denen genau das, was ihnen träumt, widerfährt, und der Glaube an Träume steht sehr
fest. Von Vorahnungen, dem zweiten Gesichte etc., fand ich wenigstens keine Spur. Dass man
um Weihnachten den Träumen keinen Glauben schenkt, wurde oben erwähnt (*κερδϛνδέλε*).

15. **Die Mythe vom Kukuk** (Elbassan). — Der Gjon und die Kjükje [89]) waren Bruder
und Schwester, und hatten noch einen Bruder, der auch Gjon hiess und ermordet wurde. Die
näheren Umstände des Mordes waren hier nicht zu ermitteln; in der Riça aber heisst es, die
Kjükje habe ihn aus Versehen mit der Schere erstochen. Aus Trauer um den Verstorbenen
wurde der überlebende Bruder zum Vogel Gjon, die Schwester aber zum Kukuk, und darum
ruft der Gjon des Nachts seinen Bruder beim Namen Gjon! Gjon!, der Kukuk aber am Tage
κου! κου! d. h. wo bist du?

Doch sagt man auch in Elbassan, die Schwester sei in eine blaue Blume *λουλj᾽ ε xjύxje* [90])
verwandelt worden. Wenn nun die Weiber eine solche Blume im Freien finden, dann singen
sie also:

Kjύxje xjύxje παραxjύxje!	Kukuk, Kukuk, Aberkukuk!
Πε μου?	Sahst du mich?
Πε τύtj?	Sahst du dich?
Πε Γjόνιτ τυτ βεlά,	Sahst du deinen Bruder Gjon,
Κε ε θέριν ποσί xja?	Als sie ihn schlachteten, gleich dem Ochsen?
Γjαx νε λjoύϡετ,	Blut im Löffel,
Μιϑ νε xaύπετ,	Fleisch im Becher,
Νῑμ dῡ dῡ dόρατ,	Gib mir deine beiden Hände.

Darauf hält die Frau die beiden flachen Hände an die Blume und diese legt von selbst ihr
Köpfchen auf dieselben.

Wolfsmythe. *Xaj ε ουx ε πλjασ ε ᾽ξ Μχίλ,* — Friss ihn Wolf und mach ihn bersten,
h. Michael! Dieser Wunsch gilt dem Teufel, und damit verhält es sich also: Als unser Herrgott das erste Menschenpaar schuf, war der Teufel zugegen, und meinte, dass es mit diesem
Kunststück nicht viel auf sich habe, und er wohl auch zu schaffen verstehe. Unser Herrgott
war gerade guter Laune, und gab ihm also Erlaubniss, seine Kunst zu probiren. Da machte
sich der Teufel einen Teig an, wie er es von unserm Herrgott gesehen, und knetete eine
Wolfsgestalt, indem er behauptete, dass so ein Geschöpf weit vollkommener sei, als unsers
Herrgotts Machwerk. „Du musst Deinem Geschöpfe auch Leben geben," sagte der Herr, „wie
ich es bei den meinen gethan." Da machte sich der Teufel daran, und blies in sein Geschöpf,
bis ihm der Athem verging, und sein schwarzer Kopf roth und blau wurde von der Anstrengung. — Doch alles war umsonst. Endlich ward der Herr dieses vergeblichen Beginnens überdrüssig. Er schlug mit einer Gerte dem Wolfsmodell in die Seite, und darum ist der Wolf
in der Mitte wie eingeknickt, und sprach: „Geschöpf, friss Deinen Schöpfer," und der Wolf lebte,
und den Ersten, den er verschlang, war derjenige, der ihn gebildet hatte. So kommt es, dass
heut zu Tage der Albanese die Worte des Herrn repetirt, wenn er dem Teufel Böses wünscht;
was es aber mit dem Erzengel Michael dabei für eine Bewandtniss gehabt, wusste Niemand
zu sagen.

Τε ράϕτε πίxxa, möge der Tropfen auf dich fallen, d. h. dich der Schlag treffen. Als bei
dem Sturze der Engel vom Himmel in die Tiefe der Erzengel Gabriel Einhalt gebot, blieb Alles
unbeweglich, wie und wo es in diesem Augenblicke war. Ein Theil der Gefallenen kam sonach
unter die Erde, ein anderer auf dieselbe zu liegen, ein dritter blieb über derselben schweben; und
die Thränen der Reue, welche die letzteren vergiessen, fallen daher auf die Erde: trifft eine davon
einen Menschen, so stirbt dieser augenblicklich daran (Elbassan).

Der Teufel liegt an einer ungeheueren Kette angeschmiedet, welche an einen Felsen befestigt ist. Er nagt das ganze Jahr an derselben, und am Oster-Sonnabend hängt sie kaum noch
mit einem dünnen Bohnenblättchen an einander, aber am Morgen des Oster-Sonntags erscheint der
Heiland, und fesselt ihn an eine neue Kette (Elbassan).

VI. Vermischtes.

1. Die Knabenliebe (im mittleren und nördlichen Albanien). Von allen wunderbaren Nachrichten, welche diese Blätter erzählen, möchte vielleicht keine den Leser so sehr überraschen, als die, dass es in Europa ein Land gebe, in welchem die dorische Knabenliebe genau so, wie sie uns die Alten darstellen, noch heut zu Tage blühe, und auf das Innigste mit der Sitte und Lebensweise seiner Bewohner verwachsen sei. Dies Land ist die Gegerei. Ich machte die Entdeckung durch Zufall während des Studiums der Poesien Nisibs, von welchen eine Auswahl in die Sprachproben aufgenommen wurde. Die Zusammenstellung des vermeintlichen Lasters mit Allem, was dem Menschen hoch und heilig ist, und der Enthusiasmus, in welchen diese Lieder meinen gegischen Lehrer versetzten, kamen mir so widerlich vor, dass ich eines Tages mein Befremden darüber nicht unterdrücken konnte. Anfangs verstand er mich nicht, als dies aber gelungen war, fragte er mich in grosser Entrüstung, ob ich denn die Gegen für Tosken oder Osmanlis hielte, die ihre Knaben nur wie Buhldirnen zu behandeln verständen. Die Gegen hegten ganz andere Gefühle für sie, die seien rein, wie das Sonnenlicht, und stellten den Geliebten einem Heiligen gleich; sie seien das Höchste und Erhabenste, was das menschliche Herz überhaupt zu fassen vermöge; er wolle nicht läugnen, dass es auch bei ihnen Ausnahmen gebe, und diese Liebe hie und da auf Abwege gerathe, aber in der Regel sei sie rein und rein verlange sie die Sitte. Nachdem ich den Gegenstand hinreichend mit demselben besprochen hatte, erschien mir der bei den Riça-Bräuchen eingeschlagene Weg für dessen Darstellung der passendste; ich wies ihn daher an, alles was er mir gesagt hatte, niederzuschreiben, und beschränkte mich in der Uebertragung darauf, Ueberschwänglichkeiten zu ernüchtern und mystische Dunkelheiten zu klären oder abzuschneiden; im Uebrigen ist sie treu. — Für diejenigen, welche in dieser Darstellung alte Reminiscenzen finden sollten, diene die Versicherung, dass der junge Mann keine Ahnung davon hat, dass die alten Dorier ihre Knaben in der Weise seiner Landsleute liebten, und dass er diese Liebe für das ausschliessliche Eigenthum derselben halte.

Was er über diese merkwürdige Sitte berichtete, fand ich bei meinem späteren Besuche dieses Landes vollkommen bestätigt. Die Knabenliebe schien mir dort so allgemein und so innig mit dem ganzen Leben verwachsen, dass ich von der anfänglichen Vermuthung, als wäre sie mit dem Islam dort eingewandert, zurückgekommen bin.

In diesem Punkte besteht eine wesentliche, vielleicht die Hauptverschiedenheit, zwischen gegischer und toskischer Sitte.

Der Toske besingt mehr die Geschlechtsliebe; die Knabenliebe greift nicht so tief in seine Sitten, findet sich dafür aber in der Regel als Laster; die reine kommt zwar auch, aber nur selten vor — sie ist nicht national, wie bei den Gegen, der, wie mir mehrfach versichert worden, das Verhältniss zu dem weiblichen Geschlechte nie besingt.

Serben und Bulgaren aber kennen weder die eine noch die andere Sitte dieser Liebe; bei ihnen kann man sagen, dass sie da, wo sie sich ausnahmsweise findet, eine von Fremden erborgte Sitte sei.

Wir lassen nun den Gegen sprechen:

„Veranlassung zur Liebe gibt der Anblick eines schönen Jünglings; dieser erzeugt in dem Betrachtenden das Gefühl der Bewunderung und öffnet die Thüren seines Herzens dem Genusse, welchen die Betrachtung dieser Schönheit gewährt. Nach und nach stellt sich die Liebe ein, und bemächtigt sich des Liebenden in dem Grade, dass sein Denken und Fühlen in ihr aufgeht. Ist er in der Nähe des Geliebten, so versenkt er sich in seinen Anblick; ist er ferne, so denkt er nur an ihn; erscheint der Geliebte unverhofft, so geräth er in Verwirrung, er wechselt die Farbe, wird bald blass, bald roth [91]), das Herz schlägt ihm hoch auf in der Brust und benimmt ihm den Athem, er hat nur Auge und Ohr für den Geliebten. — Er beobachtet, wie der Liebling geht, wie er sich bewegt, wie er die Augen auf- und niederschlägt, und mit den Brauen zuckt, wie er die Lippen öffnet und schliesst, er horcht auf den Ton seiner Stimme und auf die Eigenthümlichkeiten seiner Redeweise und verbringt Tag und Nacht mit dem Gedanken an dessen Liebreiz.

Tritt er mit dem Liebling in nähere Verbindung, so empfiehlt er ihm vor Allem drei Dinge, er solle jeden Umgang mit Andern vermeiden, seinen Körper vor jeder Befleckung rein erhalten, und ihm gänzlich zugethan sein, und in Hinsicht seiner Gesellschaft ist er so unersättlich, dass er von Sonnenaufgang bis Sonnenuntergang nicht von seiner Seite weicht, wenn der Geliebte es sich gefallen lässt.

Er vermeidet es, ihn mit der Hand zu berühren, und küsst ihm nur selten die Stirn [92]) zum Zeichen der Verehrung, weil dort die göttliche Schönheit strahlt. Jeder Gedanke an fleischliche Lust liegt ihm so ferne, dass er eher daran denken würde, sich mit seiner Schwester [93]) zu vergehen, als mit dem Lieblinge. Erfährt er, dass dieser mit Andern buhle, oder dass ihm von Andern, vielleicht aus Rache [94]) gegen die Eltern oder den Liebhaber selbst, Gewalt angethan worden ist, so verlässt er ihn auf immer.

In seiner Unterhaltung mit dem Lieblinge verbreitet er sich über die Tiefe und das Feuer seiner Gefühle, über den Schutz, den er ihm gewähre, und die Opfer, die er ihm zu bringen bereit sei, auch unterlässt er nie, ihm die oben erwähnten drei Regeln einzuschärfen. Befolgt der Liebling diese nicht, und handelt er ihnen heimlich entgegen, so schilt er nicht bloss, sondern schlägt ihn auch wohl, sowie der Vater seinen Sohn, und dies verringert seine Liebe keineswegs.

Erfährt der Liebhaber, dass sein Liebling auch von Andern geliebt werde, so sucht er sich dieser Nebenbuhler auf jede Weise zu entledigen [95]), dem Liebling untersagt er unter den grässlichsten Drohungen den Nebenbuhlern Gehör zu geben, und diesen selbst verbietet er, sich seinem Liebling zu nähern; wenn sie sich dann um dies Verbot nicht kümmern, so kommt es zu Raufhändeln, die nicht selten zu Mord und Todtschlag führen.

Die Nebenbuhler fordern sich wohl auch zum Zweikampfe, und dem Sieger wird der Geliebte zu Theil, der Besiegte aber verfällt mitunter in Melancholie und Wahnsinn.

Gehört der geliebte Jüngling einer mächtigen Familie an, und kann er den Bewerbungen seiner Liebhaber trotzen, dann geschieht es nicht selten, dass diese, um ihrem Kummer nicht zu unterliegen, das Land verlassen. Oefter aber wird wohl, wenn sich die Familie nicht stark genug fühlt, ein schöner Knabe, um Unheil zu vermeiden, heimlich in die Fremde geschickt. Entführungen von Seiten mächtiger Liebhaber kommen auch wohl vor, doch ist der Zweck dann selten rein.

Die Religion hat auf diese Liebe keinen Einfluss; der Türke liebt den Christen, der Christ den Türken, doch ist schon mancher Christ zum Islam übergetreten, weil ihm der türkische Geliebte versprochen hatte, ihn unter dieser Bedingung zu erhören.

Der Liebhaber späht jeden Tritt und Schritt des Lieblings aus, und erfährt er z. B. dass dieser auf eine Kirchweih oder auf's Land gegangen ist, so eilt er sofort dahin, und sei es auch noch so weit, und wacht bei ihm, wenn er (im Freien) schläft.

Die Beziehungen des Geliebten zu Jüngeren sind dem Liebhaber gleichgültig, und wenn dieser einem solchen seine Neigung schenken sollte, so ist dies kein Grund zur Eifersucht, und der junge Liebling kommt dadurch in den Schutz desjenigen, welcher seinen Liebhaber liebt.

Der Liebhaber ist stets darauf bedacht, dem Lieblinge Freude zu machen, er versorgt ihn mit Geld, mit schönen Früchten und Leckerbissen, lässt ihm Kleider machen, und gibt ihm, wenn er kann, auch werthvolle Geschenke [96]).

Gleichwohl ist es selten, dass der Knabe die Neigung, deren Gegenstand er ist, aufrichtig erwiedert. Er ist Anfangs stets sehr spröde [97]), und lässt sich nur allmählich den Dienst gefallen, der ihm gewidmet wird, sei es nun, dass ihm die Heftigkeit der Gefühle schmeichle, die er erweckt hat, oder dass ihn das Interesse oder auch die Furcht dazu bestimmt.

Es gilt als ausgemacht, dass das Liebesfeuer des Liebhabers in der Schönheit des Geliebten wiederleuchte, und dass diese um so prächtiger strahle, je mehr Nebenbuhler sie zum Gegenstande ihrer zärtlichen Gefühle erkoren haben.

Die Empfänglichkeit für die Knabenliebe stellt sich gewöhnlich gegen das sechzehnte Jahr ein, und dauert drei, vier, fünf und mehrere Jahre. — Die Knaben aber werden etwa vom zwölften Jahre an geliebt, und mit dem 16. oder 17. verlassen. Dann verwandelt sich die Liebe aber nicht selten in Hass; der Liebhaber denkt nur noch an das, was er durch die Schuld des Geliebten erduldet hat, und sinnt auf Rache, die bis zum Morde, häufiger zur Schändung desselben führt.

Selten füllt jedoch nur eine Neigung den erwähnten Zeitraum, und man kann annehmen, dass jeder junge Mann bis zu seiner Verheirathung zwei oder dreimal den Gegenstand seiner Neigung wechsle. Mit der Verheirathung kommt aber diese romantische Lebensperiode in der Regel zum Abschluss."

2. Die Agelen von Elbassan. Wie in allen grösseren Orten, so hält sich auch in Elbassan jeder Knabe zu einem gewissen Kreise von Altersgenossen, welcher gegen Aussen fest zusammenhält, und seine Mitglieder gegen Beleidigungen Fremder schützt.

Höchst eigenthümlich aber scheint es uns, dass diese Genossenschaften hier in der Regel die Knabenzeit überdauern, und dann den Kern zu einer Art Verbindung abgeben, zu welcher wir uns vergebens nach einem Seitenstück umsehen.

Diese Genossenschaften (χοσάκ-ου v. τάιφς-α) zählen im Durchschnitt 25—30 Mitglieder gleichen Alters, welche demselben Berufe obliegen, seien sie nun Kaufleute, Handwerker oder Gefolgsleute etc. Sie bilden sich gewöhnlich, wenn die Genossen (δόχς-τς d. i. socii) ins Jünglingsalter eintreten, und erhalten dadurch eine feste Organisation, dass jedes Mitglied eine gleiche, festgesetzte Summe in eine Casse einzahlt, deren Verwaltung dem gewählten Vorsteher anvertraut wird; dieser legt das so gewonnene Capital fruchtbringend an, stellt jährlich Rechnung, und verwendet die eingehenden Zinsen zu zwei oder drei jährlichen Festgelagen, welche von der Genossenschaft in der Regel im Freien gehalten werden. Jede Genossenschaft hat zwei dienende Brüder, nämlich einen Koch und einen Aufwärter, welche nicht bemittelt genug sind, um den Gesellschaftsbeitrag in Baarem zu leisten, und ihn daher durch ihre Dienstleistungen ersetzen.

Jede Gesellschaft hat gewisse Statuten, und wer diese übertritt, der wird gebetet. Die Beten (ταφμέτ) bestehen in der Regel in ein paar Okka Branntwein, welche der Verdonnerte der Gesellschaft setzen muss, und weigert er sich hartnäckig, so wird er eliminirt.

Das Gesellschaftsband ist sehr stark; die Genossen stehen fest zusammen, und halten sich zur gegenseitigen Hülfe und Vertheidigung in jeder Lage des Lebens verpflichtet.

Oft trifft es sich, dass mehrere Genossenschaften denselben Ort, z. B. eine Kirchweih, besuchen; dann halten sie sich stets abgesondert von einander, aber die befreundeten besuchen sich durch zwei oder drei Abgeordnete gegenseitig.

Die Verhältnisse sind aber nicht immer freundlich, denn die Eifersucht liefert hinreichenden Stoff zum Hader, der besonders dann zu Thätlichkeiten führt, wenn eine Genossenschaft einen Knaben mitbringt, auf den die andere ein Anrecht zu haben glaubt.

Diese Genossenschaften sind in der Regel von langer Dauer; der Fall soll gar nicht selten sein, dass sie sich erst dann auflösen, wenn die Mitglieder das 50. Jahr erreicht haben. Bei der Auflösung erhält jedes Mitglied seinen Einschuss zurück [98]).

3. Die Kirchweihen in Mittelalbanien. — Diese Feste unterscheiden sich im Allgemeinen nicht von den griechischen. Jedes Kloster, jede Kirche begeht das Namensfest des Schutzheiligen mit besonderem Glanze (πανύγυρις), aber der Zulauf aus der Nachbarschaft ist dabei sehr verschieden. Gewisse Kirchweihen dienen ganzen Provinzen zum gemeinsamen Sammelplatz, und zählen ihre Besucher nach Tausenden. Bei diesen ist in der Regel ein Markt mitverknüpft und dauert das Fest mehrere, meist drei Tage. Ist das Kloster oder die Kirche reich, und die Zahl der Besuchenden nicht zu gross, so erhält ein jeder einen Krug Wein und ein Brot, mitunter auch Oliven oder Käse, und bringt dagegen je nach seinen Verhältnissen ein Opfer in Geld dar, dessen Einsammlung der weltliche Vorsteher oder Vogt des Klosters oder der Kirche besorgt.

Sehr beachtenswerth möchte aber die Angabe sein, dass in Mittelalbanien die Vorsteherschaft bei gewissen grossen Kirchweihen von ganzen Städten ausgeübt wird, welche zu dem Ende vorher förmlich eingeladen werden (*jáv͜ᵉ v͜ᵉ χρύετ παναjῖρετ*). Der Zug aus diesen Städten wird bei seiner Ankunft an dem Orte der Kirchweih feierlich eingeholt, und mit einer besondern Bewirthung geehrt, und seine Mitglieder sorgen für Aufrechthaltung der Ruhe und Ordnung, und dessen Häupter für Einsammlung der Opfergaben.

Die erste Vorsteherschaft bei der Kirchweih des berühmten Klosters von Pojanni (Apollonia) übt Berat, die zweite Elbassan.

Bei der Kirchweih von Elbassan selbst figurirt Durazzo als erster, Tyranna als zweiter, Kawaja als dritter Vorsteher.

Bei der von Dibra aber Elbassan allein.

4. Hahnenkämpfe in Mittelalbanien. Diese im alten Griechenland, und besonders in Athen so beliebten Kämpfe, sind unsers Wissens jetzt nur noch in Mittelalbanien im Schwunge. Elbassan und Tyranna sind die Hauptsitze dieses Vergnügens. Dort wird von den Liebhabern eine eigene Art grosser, sehr hochfüssiger Hähne (*γjɛlj γρɛx*, griechische Hähne) mit vieler Sorgfalt gezogen. Die Eigenthümer setzen, wie in Athen, entweder ihre Thiere oder ein Geldstück ein [99], Wetten dritter Personen und Wachtelkämpfe scheinen nicht üblich zu sein.

5. Falkenjagd in Mittelalbanien. Diese Jagd war früher bei dem türkischen Adel der ganzen Halbinsel beliebt, scheint aber jetzt in Albanien nur auf die Städte Elbassan und Tyranna beschränkt zu sein. — Die Vögel, welche ich dort sah, waren nicht viel über eine Spanne hoch, und schienen mir zum Sperbergeschlechte zu gehören. Man lässt sie nur auf Wachteln und kleine Vögel stossen. Die reichen Häuser halten zu ihrer Wartung und Dressur eigene Falkoniere.

Ich war während meines dortigen Aufenthaltes zu leidend, um eine solche Jagd mitmachen oder weitere Details sammeln zu können.

6. Hausplan. — Die Feuerstelle. Der innere Raum der albanesischen und neugriechischen Bauernhütte zerfällt, wie schon oben erwähnt (S. 73), in zwei Hälften. Die grössere dieser Hälften ist die Feuerseite. Hier kocht, isst, wohnt und schläft man. Das Feuer brennt hier auf dem Estrich höchstens von einem kaum Zoll hohen und etwas breiteren Kranze aus Lehm eingefasst, einige Fuss von der Mitte der schmalen Hüttenwand abstehend, welche zu dieser Hälfte gehört, und mitunter, wenn die Hütte aus Flechtwerk besteht, aus Lehm oder Steinen erbaut ist. In besseren Häusern bildet die Feuerstätte einen viereckigen Platz, der mit der einen Seite an die erwähnte Mauermitte stösst, von den drei anderen mit Balken eingefasst und im Innern mit Bausteinen oder Steinplatten ausgelegt ist. Er ist wohl selten mehr als ⅓ Schuh höher, als der Fussboden. Das dort brennende Feuer ist Koch- und Wärme-Feuer zugleich. Unser Herd ist etwas ganz unbekanntes. Gewöhnlich ist über der Feuerstelle eine Art Schornstein im Dache angebracht, aber ein Schornsteinmantel findet sich nur in den besten Häusern.

Besteht nun ein Haus aus zwei oder mehreren Zimmern, so ist die Kochstube der regelmässige Aufenthalt der Familie, namentlich der Weiber.

Diese Feuerstelle heisst auf tosk. *βάτρɛ* (spr. watre), auf geg. *βότρɛ*. Wir sehen in dem anlautenden *β* ein Digamma, nach dessen Ausfall also *άτρɛ* übrig bleibt, und stellen hierzu eitar ahd., eitr a. n., ātor ags., Feuer und Atars, das Feuer, die fünfte Gottheit der Arianer [100]. Hiernach würde sich das vielbestrittene lat. atrium am einfachsten als der Raum erklären, wo der Hausherd stand [101], und sich in der Urzeit die Familie aufhielt und schlief.

In einer Ecke der Küchenstube sind auch die zur Nachtruhe gehörigen Decken und Kissen ballenartig aufgestaut [102] und der Webestuhl steht entweder hier oder auf dem gedeckten Vorplatze. Auf weitere Vergleichungen mit dem römischen Hause einzugehen, verbietet schon der Umstand, dass der Albanese und Neugrieche, so wie er nur immer kann, sein Haus zweistöckig baut, und den oberen Theil bewohnt.

Ein einfaches Haus dieser Art bildet ein Oblongum, welches unten in zwei Abtheilungen zerfällt. Die eine untere ist Stall, die andere Magazin.

Von den beiden oberen Zimmern läuft ein gedeckter, auf Holzsäulen ruhender [103] Vorplatz, der nach der Hofseite offen ist. Zu ihm führt die gleichfalls durch einen Dachvorsprung gedeckte Treppe, und von ihm führen zwei Thüren in die beiden Stuben, die unter sich nicht communiciren.

. Auf diesem Vorplatze sitzen und arbeiten die Frauen fast das ganze Jahr hindurch. Eine bedeutende Vergrösserung erhält derselbe (jedoch meines Wissens nur in den Städten) dadurch, dass das eigentliche Haus nicht zwei, sondern drei Räume bekommt, von welchem dann der dritte mittlere in der Regel kein geschlossenes Zimmer bildet, indem die Wand fehlt, welche die beiden Eckzimmer gegen den Vorplatz zu abschliesst. Der Boden dieses Raumes ist dann um einen Schuh höher als der Vorplatz, und hier wird, so lange es die Jahreszeit nur immer erlaubt, gegessen.

Wird nun das Haus vergrössert, so schneidet man entweder ein Stück des Vorplatzes zu einem Zimmer ab, und rückt dies auch wohl über dessen Breite in den Hof hinein, oder der Vorplatz bleibt unversehrt, und rechts und links von der Treppe werden zwei Eckzimmer hofeinwärts angebaut, wodurch der Vorplatz Kreuzform erhält. Dies ist die Form, welche dem vollen türkischen Hause zu Grunde liegt, denn wenn auch meistens ein oder der andere, oder sämmtliche Kreuztheile in Zimmer verwandelt wurden, so lassen sich in der Mauerstellung, den Gesimsen und Verzierungen Andeutungen erkennen, dass sie gleichsam als erst später abgeschnitten zu betrachten seien. Was an diesem Hausplane byzantinisch und was arabisch sei, vermag ich nicht zu bestimmen.

Aus dem Obigen wird ersichtlich, dass die albanesische Küchenstube nicht etwa in der Art den Haupttheil des Hauses bilde, wie die Küchen in den kleinen südeuropäischen Häusern, sondern ein besonderes Gemach sei, zu dem man, wie zu den übrigen, vom Vorplatze aus gelangt.

Thürme. — Sie sind entweder für sich bestehende Gebäude oder Theile eines Hauses. Die ersteren finden sich auf der ganzen Halbinsel als Herrngebäude derjenigen Dörfer, welche einem Herrn angehören. Sie sind viereckig, drei bis vier Stockwerke hoch, die, wenn überhaupt, ausser dem Hauptgemache nur ein Cabinet haben, und unter sich durch eine Wendeltreppe in Verbindung stehen. Die unteren Stockwerke sind meistens nur durch Schiessscharten erleuchtet und kleine Fenster finden sich erst im obersten.

Die Thüre ist im zweiten Stocke angebracht; zu ihr führt in der Regel eine 5 — 6 Fuss vom Thurme abstehende steinerne Treppe, welche mit der Thurmthür durch eine Zugbrücke verbunden ist.

Diese nur auf Schutz berechneten Gebäude stehen in der Regel auf hochgelegenen, die nächste Nachbarschaft beherrschenden Punkten, und entbehren daher auch jeder weiteren Umfassungsmauer, welche die Aussicht nur hindern, und ein Versteck für die Feinde des Thurmes bilden würde.

Alle vornehmen Stadthäuser hatten in früheren Zeiten ähnliche, frei in einem Hofraume stehende Thürme, in welche sich bei Kriegs- oder Feuersgefahr die Familie sammt ihrer Habe flüchtete.

In den Kriegerbezirken haben aber auch die kleineren Häuser ihre Thürme.[104]), und diese sind ihnen in der Regel angebaut, sei es in der Mitte oder am Ende der hinteren, d. h. gegen Aussen gerichteten Haus-Façade, je nachdem es die Ortsgelegenheit verlangt.

Die Thüre zu denselben mündet entweder unmittelbar auf den Vorplatz oder in eines der Zimmer. Im ersteren Falle bildet dann das obere Thurmstockwerk in der Regel das Fremdenzimmer.

Zu der einen oder anderen Art Thürme mag der altgriechische πύργος gehört haben, denn das Wort heisst an sich Thurm, und hier wurden z. B., als dem sichersten Theile des Hauses, bei Demosth. in Euerg. p. 1156 [105]) die Sclavinnen gesperrt, und entgingen auf diese Weise den Verfolgungen der Plünderer.

Die turres auf den römischen Villen endlich mögen, wenigstens ursprünglich, nichts anderes, als ähnliche Schutzthürme, und die von Plinius (epist. II, 17 u. V, 6) erwähnten diaetae, die aus einem Hauptgemache und einem, höchstens zwei Cabineten bestehenden Stockwerke gewesen sein, das Stockwerk aber, in welchem das Speisezimmer, coenatio, war, keinerlei Unterabtheilungen gehabt haben.

Ansicht zweier Lappischer Herrenhäuser des Dorfes Golemi zwischen Niwitza und Progonates im Kurwelesch.

Hausthür. Hat das Haus eine gesonderte Befriedung, so führt der Eingang stets durch den Hof, und ist natürlich auch die Hausseite, welche den offenen Vorplatz hat, stets dem Hofe zugewandt.

Ein grosses Hofthor ist das Zeichen eines guten Hauses, gewölbte Bogenthore sind in der Regel den Christen verboten, sie müssen sich mit viereckigen begnügen. Zuweilen ist dieses Bogenthor mit einem, auf zwei Säulen ruhenden Aetos geschmückt, zuweilen ist der Bogen tiefer, als die Dicke der Hofmauer, so dass der davor stehende, von dem Kreuzfeuer der in demselben angebrachten Schiessscharten bestrichen werden kann. Zuweilen findet sich über dem Thore ein Wachtstübchen; doch steht dies wohl auch in dem kleinen Vorhofe vornehmer Häuser. Das von diesem in den Haupthof führende zweite Thor ist dann so angebracht, dass man von der Strasse aus nicht in den Haupthof sehen kann.

Dies sind übrigens lauter Einrichtungen, welche sich nicht auf Albanien beschränken, sondern dem grossen türkischen Hause überhaupt anzugehören scheinen; dasselbe gilt von dessen Trennung in zwei corps de logis, von welchem das erste, in dem Eingangshofe stehende, als Selamlik zum Aufenthalte des Herrn bei Tage bestimmt ist; das zweite aber, gewöhnlich weiter einwärts liegende, das Haremlik bildet, welches durch weitere Mauern und Thore von dem Ersteren getrennt ist, und wohin sich der Herr mit Sonnenuntergang zurückzieht. Dasselbe ist nur selten durch schmale, gedeckte Gänge mit dem Selamlik verbunden. — In der Regel geht die Communication durch die Höfe. — Dass diese Trennung in allen christlichen Häusern fehle, bedarf wohl keiner Erwähnung.

22 *

7. Haartracht. Die Albanesen rasiren den ganzen Rand ihres Haupthaares ringsum etwa drei Finger breit ab, und lassen den Rest wachsen. Diese Sitte ist ihnen jedoch nicht eigenthümlich, sie theilen dieselbe mit den Griechen des Festlandes.

Die Türken scheren den Kopf noch viel mehr, denn sie lassen kaum eine eigrosse Fläche auf dem Scheitel stehen, und die überbleibenden Haare kaum eine Handbreit lang werden.

Die Haarcalotte, welche bei den Albanesen stehen bleibt, hat jedoch nicht überall dieselbe Form, denn ich habe Leute gesehen, welche das ganze Vorderhaupt von einem Ohr zum andern glatt geschoren hatten, und bei denen von dem Haarrande im Genicke so wenig weggenommen war, dass es vor den darüberwallenden Haaren gar nicht zu sehen war. Die oben angegebene Form bildet aber sowohl bei Albanesen als Griechen [106]), die Regel. Das lange Haar wird nicht geflochten, sondern vier- oder fünfmal zu einem losen Zopfe gedreht, und unter das Fés gesteckt, und bildet demnach über dem Nacken einen sogenannten Chignon. Eine nähere Statistik der Haarschur vermag ich leider nicht zu liefern.

Vergleicht man die in der katholischen Kirche übliche Tonsur des St. Petrus mit der beschriebenen Haarcalotte, so ergibt sie sich als deren Gegensatz, weil sie das wegnimmt, was jene stehen lässt und umgekehrt. — Man liest häufig, dass die Tonsur des h. Paulus in einem glatt geschorenen Vorderhaupte bestehe und in der griechischen Kirche üblich sei, dies ist wenigstens gegenwärtig nur dann richtig, wenn man dies von der oben geschilderten Form versteht, und diese Tonsur auf die Laien beschränkt, denn an das Haupthaar der Mönche und Weltgeistlichen darf kein Schermesser kommen; sie lassen das Haar in seiner natürlichen Ausdehnung lang wachsen, und stecken es, zu dem oben beschriebenen Zopfe gedreht, unter ihre Mützen. Wenn dieser Laiensitte im Mittelalter eine religiöse Bedeutung untergelegt wurde, so scheint diese jetzt verwischt zu sein, denn in Albanien rasiren sich sowohl Christen als Muhamedaner auf die beschriebene Weise, d. h. der muhamedanische Albanese folgt hierin nicht dem Osmanlis, sondern seiner Landesmode.

Am Ende des ersten Abschnittes ist des Verbotes der albanesischen Synode an die Geistlichen der Provinz gedacht, ihr Haar lang wachsen zu lassen und den Kopf zu rasiren, sie sollen statt dessen kurzes Haar und die corona clericalis' tragen. Nach der obigen Auseinandersetzung verschwindet der scheinbare Widerspruch des Verbotes, denn sein Sinn ist kein anderer, als der, dass die Geistlichen das Haar nicht nach der Landessitte tragen sollen.

Dass übrigens dieser Haarschnitt nicht etwa im Mittelalter erfunden sei, sondern aus grauer Vorzeit datire, ergibt sich aus den ὄπισθεν κομόωντες Ἄβαντες des Homer, denn was hierunter zu verstehen sei, erklärt Strabo [107]) sehr deutlich, indem er sagt, die Kureten, welche in Chalkis wohnten, hätten den vorderen Theil des Kopfes geschoren, den hinteren aber nicht, und diese Mode beibehalten, als sie nach Aetolien, also in die Nachbarschaft von Albanien, übersiedelten.

War etwa der dorische Haarschnitt dem albanesischen ähnlich, und nannte man die Rasur des Haarrandes ἐν χρῷ κουρά? — Die Frage ist vielleicht weniger paradox, als sie klingt, denn bei dieser Annahme könnten die Stellen, welche von dem langen Haar der Lakedämonier sprechen, recht gut neben denjenigen bestehen, welche bezeugen, dass sie dasselbe auch rasirten, ohne dass man [108]) bei diesen conservativen Leuten schon zu Alcibiades Zeiten einen Modewechsel anzunehmen, oder den erwähnten griechischen Ausdruck auf kurz und glatt abgeschnittenes Haar zu deuten brauchte. Dem widerspricht auch nicht Herod. I, 82, wenn er sagt, dass die Argiver nach der Niederlage bei Thyrea ihre Häupter schoren, während sie früher langes Haar getragen, und die Lakedämonier erst von da an lange Haare getragen hätten, denn die ἐν χρῷ κουρά hätte nach dieser Annahme nichts mit der Länge oder Kürze des Scheitelzopfes zu thun.

Die Rasur des Haarrandes bildet ein Hauptmoment in der albanesischen und griechischen Toilette, denn Haarstoppeln nehmen sich dort noch schlechter aus, als um das Kinn, sie erfordert aber viele Zeit. — Ich dächte, das passe ganz gut zu den uns erhaltenen Nachrichten, dass die Spartaner, bevor sie in die Schlacht gingen, ihre Köpfe in Ordnung brachten [109]), denn das Kämmen und Salben der Haare allein scheint eine zu kurze Operation, um besondere

Aufmerksamkeit zu erregen; anders, wenn dabei auch der Haarrand rasirt wurde, denn dann fordert sie solche Vorbereitung und wird so lange dauernd, dass sie allerdings zu den Vorbereitungen zum Kampfe gerechnet werden kann.

Wir verkennen keineswegs, dass dieser Hypothese sehr gewichtige Bedenken entgegenstehen; ist es denkbar, dass eine so auffallende Haartracht von den alten Schriftstellern als etwas Selbstverständliches, und daher nicht Erwähnenswerthes betrachtet wurde, dass sie von den Dichtern zu keiner Anspielung auf Abanten und Kureten benutzt, dass sich in bildlichen Darstellungen keine Spur davon erhalten hat? — u. s. w. Und darum wünschen wir, dass das Gesagte nur für ein zur weiteren Untersuchung hingeworfenes Fragezeichen angesehen werde. Doch wollen wir noch auf einen hier in Betracht zu ziehenden Umstand aufmerksam machen. Strabo bemerkt in einer für uns sehr wichtigen Stelle, auf die wir unten zurück kommen werden, dass die Macedonier, Epiroten und Südillyrier sowohl gleiche Sprache, als auch gleiche Sitte, Kleidung und Haartracht hätten. Die letztere muss eine eigenthümliche und eine von der römischen und griechischen abweichende gewesen sein, sonst wäre sie sicher nicht erwähnt worden; denn es wird wohl Niemanden einfallen, zu bemerken, dass die Deutschen, Schweizer und Holländer in der Haartracht übereinstimmen.

Die lakedämonische Haartracht war aber gleichfalls eine eigenthümliche, an der sie leicht von den übrigen Peloponnesern unterschieden werden konnten [110]), und wir werden weiter unten die von Müller aufgeführten Anzeichen, dass die Dorier vor ihrer Einwanderung in näherer Verbindung mit Illyriern gestanden, zu vermehren suchen.

VII. Verfassung der Gebirgsstämme im Bisthum von Skodra [111]).

Der östliche Theil des Paschaliks von Skodra besteht aus unwirthsamen Gebirgsstrichen, welche sich von dem See von Skodra bis zu der fruchtbaren Thalebene des weissen Drin hinziehen. Im Norden reichen sie bis zu dem Gebirgszug, welcher die Wasserscheide zwischen der Donau und dem Mittelmeere und zugleich die Sprachgränze zwischen dem Slavischen und Albanesischen bildet. Im Süden trennt sie der vereinigte Drin von dem Berglande der Mirediten.

Die Bewohner der beschriebenen Striche gehören zu den Kriegerstämmen. Sie sind albanesischer Abkunft und bekennen sich fast sämmtlich zum katholischen Glauben, denn nur in den Skodra näher liegenden Landschaften finden sich auch Muhamedaner. Je nach der Natur ihrer Wohnsitze überwiegt bei diesen Stämmen die Viehzucht den Ackerbau mehr oder weniger, aber der kriegerische Sinn ist allen gemeinsam. Jedermann geht hier bewaffnet, möge er pflügen, hüten oder zu Hause lungern, und selbst zur Nachtzeit liegen Pistolen und Jatagan über dem Kopfe oder unter dem Kissen ihres Herrn, der es nicht leicht versäumen wird, sie beim Ablegen sorgfältig zu untersuchen. Trotz dieses kriegerischen Sinnes scheint in dieser Gegend auch in früheren Zeiten das Reislaufen nicht in dem Grade Sitte gewesen zu sein, wie im südlichen und mittleren Albanien. Die Bevölkerung der meisten Bergstriche, namentlich der östlichen, ist so arm, dass sie häufig mit Mangel und Noth zu kämpfen hat, aber sie hängt so sehr an ihrer Heimath, dass das Beispiel ihrer südlichen Nachbarn, die sich als Handwerker und Söldner in der Fremde ihr Brot verdienen, sie nicht zur Nachahmung zu reizen vermag.

Die Hochländer sind frei von jeder Abgabe an die Pforte und nur zur Heeresfolge verpflichtet. Eine Ausnahme machen in dieser Hinsicht allein die Districte von Kastrati und Schkrieli. Zur Zeit der ersten Reformversuche der Pforte im Paschalik von Skodra bemühte sich nämlich der damalige Statthalter, Hafis Pascha, auch diese Bergdistricte steuerpflichtig zu machen, und unterhandelte hierüber lange Zeit mit deren Häuptlingen; die von Clementi und Hotti widerstanden hartnäckig, aber die von Kastrati und Schkrieli liessen sich erkaufen, und willigten in eine Besteuerung von fünf Piaster per Haus. Diese Steuer ist aber gegenwärtig auf 17 Beutel gestiegen, so dass die ärmsten Häuser nun 10, die reichsten aber 200 Piaster zahlen, denn die Abgabe wird nach Vermögensclassen ausgeschlagen.

Die folgenden Angaben über die Verfassung dieser Stämme sind hauptsächlich den Erzählungen des Pater Gabriel entnommen, der als Präfect der apostolischen Mission von Sehkrieli [112]) durch langjährigen Aufenthalt in diesen Gebirgen mit den Sitten und Gebräuchen ihrer Bewohner sehr vertraut geworden ist.

Die Schilderung bezieht sich demnach zunächst nur auf die westlichen zum Bisthum von Skodra gehörigen Stämme der Clementi, Hotti, Kastrati und der von Triépschi, Gruda und Schkrieli, über welche sich die Mission des Franciscanerordens erstreckt [113]), doch möchte sie im Ganzen auch auf die östlichen Stämme, die das Bisthum Pulati bilden, anwendbar sein.

Sämmtliche Bergdistricte erkennen keine andere türkische Autorität, als die Person des Pascha's von Skodra, welcher sich in seinen Beziehungen zu denselben nicht nach türkischen Normen, sondern nach dem alten Rechte und Herkommen der einzelnen Berge [114]) zu richten hat. Zur Vermittlung dieser Beziehungen hat jeder District einen sogenannten Buluk Paschi, welcher in Skodra am Sitze des Paschas wohnen und ein Muhamedaner sein muss. — In der Regel bleibt dies Ehrenamt erblich bei demselben Hause, und es ereignet sich nur sehr selten, dass der District von dem Pascha dessen Absetzung verlangt, und sich mit ihm über die Wahl eines neuen Buluk Paschi verständigt.

Dieser Beamte ist jedoch nicht mit den Commissären (wekil) zu vergleichen, welche die Statthalter und andere Würdenträger der Provinzen, oder einzelne Landschaften in Konstantinopel unterhalten, denn er ist nicht bloss, wie jener, Bevollmächtigter, sondern in mancher Hinsicht auch Vorstand des Bezirkes.

In seiner ersteren Eigenschaft vertritt er die sämmtlichen Interessen des Berges bei dem Pascha. Er führt sowohl die Chefs desselben, als auch den einzelnen Hochländer bei dem Pascha ein, und unterstützt ihre Geschäfte und Anliegen als Advocat und Dolmetscher. Die ihm in der zweiten Eigenschaft zustehenden Functionen sind ungefähr folgende:

Er übermittelt die Befehle des Paschas an den District. Er vollzieht im Namen des Paschas die auf den Mord, und hie und da auch die auf geringere Vergehen gesetzten Strafen, und behält ein Drittheil der eingetriebenen Geldbussen für sich [115]). — Da wo Steuern bestehen, percipirt er dieselben, und liefert sie an den Schatz ab.

Während eines Feldzuges empfängt er die dem Contingente des Districtes zukommenden Rationen und vertheilt sie an die Einzelnen, und übermittelt in der Regel die Befehle des Oberbefehlshabers an die Commandanten.

Jeder Buluk Paschi unterhält je nach seinen Verhältnissen und der Grösse des ihm untergebenen Bezirkes mehr oder weniger bewaffnete Diener (Tschausche), die er mit den einzelnen Geschäften betraut und in den Bezirk schickt; er selbst erscheint daselbst nur ausnahmsweise, und nie, ohne sich vorher der Einwilligung der Häuptlinge versichert zu haben.

Die einzelnen Stämme erscheinen jedoch nur in sofern als politische Einheiten, als jeder derselben durch einen Buluk Paschi vertreten wird, denn ihrer Verfassung und Verwaltung nach zerfallen sie sämmtlich in mehrere von einander unabhängige kleine Gemeinwesen. Diese Zerklüftungen datiren mitunter aus neuerer Zeit. So ist z. B. der Urstamm der Clementi, welcher im oberen Çem-Thale wohnt, gegenwärtig in die drei selbstständigen Gemeinwesen, von Selitza, Wukli und Niktschi getheilt; sie bildeten aber noch vor 30 Jahren ein Ganzes. Die Trennung erfolgte, als Selitza zu geordneteren Zuständen übergehen wollte, und die beiden anderen Dörfer dem widerstrebten.

Der Vorstand solcher Gemeinwesen wird durch den Woiwoden im Verein mit dem Rathe des Bezirkes, Altenrath πλjετᾱϱvία [116]) benannt, gebildet. Diese Würdenträger werden am besten als die Chefs der Hauptäste des Stammes oder der Stämme aufgefasst, welche in dem Bezirke wohnen. Das Verhältniss des Woiwoden zu dem Rathe, welchem er vorsteht, regelt sich nach seiner Persönlichkeit, indem sein Einfluss auf die Leitung der Geschäfte in dem Grade überwiegend wird, als jene überwiegend ist, und umgekehrt. — Der Gebrauch verwilligt übrigens auch den Mitgliedern des Rathes den Titel Woiwode. Die Woiwoden- und Senatorenwürden sind in der Regel in der Art erblich, dass, im Falle der zu einer solchen Berufene unmündig sein sollte, dessen Stelle bis zur Mündigkeit von seinem nächsten Agnaten versehen

wird [117]). Gleichwohl erhalten die jeweiligen Woiwoden und Senatoren von dem Pascha persönliche Bestallungsdecrete (türk. Bujurdis), welche in diesen Bergen die eigenthümliche Benennung ϑκόπ, wörtlich Stab, erhalten haben [118]).

Die Kriegsverfassung fällt mit dieser örtlichen Verfassung zusammen, denn es bestehen
so viele Fahnen, als Altenräthe. So haben z. B. die Kastrati und die Bewohner von Schkrieli
nur eine Fahne und einen Rath, bei den ersteren finden sich sechs, bei den letzteren fünf
Woiwoden. Der Kriegsanführer trägt den türkischen Titel Bairakdár, Fahnenträger. Auch
dieses Amt ist in der Regel erblich, doch hat die Familie des Bairakdárs nicht überall Häupt-
lingsrecht, wenn auch derselbe für seine Person in der Regel dem Altenrath beiwohnt. Häufig
aber ist der Woiwode zugleich auch Bairakdár.

Neben dem Altenrath findet sich in allen Bezirken noch ein anderer Körper, welcher aus
den Häuptern der kleineren Stammesabtheilungen (die wir etwa Geschlechter nennen würden)
besteht. Seine Mitglieder heissen Gjobaren, von ᾐώὸς, Strafgeld, welche ihnen zufallen. — In
der Regel kommt auf 4—6 Häuser ein Gjobár [119]).

Ihre Thätigkeit bei den Volksversammlungen wird weiter unten beschrieben werden. Sie
haben ausserdem den Buluk Paschis bei dem Vollzuge von Executionen Beistand zu leisten.

Die höchste Gewalt im Bezirke steht jedoch dem Volke selbst zu, welches dieselbe in
Volksversammlungen ausübt. Diese Versammlungen (κουϑέντ-ι) sind entweder ordentliche, oder
ausserordentliche [120]). Die letzteren werden durch besondere Boten angesagt, deren jeder
Bezirk nach der Grösse seines Territoriums 3—6 hat. Sie heissen Tschauschen (türkisch)
und sind arme Leute, die für diesen Dienst Freiheit von Steuern und Gemeindelasten und
noch andere kleine Vortheile geniessen [121]).

Die ordentlichen Volksversammlungen werden je nach Ortsgebrauch zwei, drei oder vier
Mal im Jahre abgehalten. In den ackerbauenden Bezirken ist sowohl der Tag, als der Ort, in
den Viehzucht treibenden nur der Ort für diese Versammlungen bestimmt, und es heisst nach
der örtlichen Ausdrucksweise: „der Berg versammle sich, wenn er (mit seinen nach den Jahres-
zeiten zwischen den Bergen und dem Seeufer wandernden Heerden) an dem und dem Orte
angekommen sei." Hiernach ergeben sich zwei Versammlungen, eine im Frühjahr und eine andere
im Herbste [122]).

Bei der Volksversammlung muss wenigstens Ein Mann von jedem Hause erscheinen. Die
Ausbleibenden werden nach einer fast überall bestehenden Satzung mit 2—4 Schafen gebüsst [123]).

In der Versammlung wird über die gesammten Interessen des Bezirkes berathen und
beschlossen. Das hierbei beobachtete Verfahren ist ungefähr folgendes: An den für solche
Versammlungen bestimmten Platze setzen sich die Obrigkeiten des Bezirkes in einen Kreis [124]),
die Masse des Volkes sitzt oder steht um sie her, Jedermann trägt seine Waffen [125]).

Der Woiwode oder ein anderer Häuptling eröffnet die Versammlung mit einer Rede, in
der er die zu verhandelnden Gegenstände vorträgt, und die Gjobaren anweist, über dieselben
besonders zu verhandeln. Diese erheben sich dann, und berathen sich in einem besonderen
Kreise. Bei ihrer Rückkehr erhebt sich das ganze Volk, mit Ausnahme der Häuptlinge. Nachdem wieder Alles Platz genommen, fragt der Woiwode, was sie ausgemacht hätten, und
hierauf setzt der Sprecher der Gjobars ihre Antwort auf die Vorschläge der Häuptlinge auseinander. Bei wichtigen Fragen verlangt dann auch wohl der Woiwode die Zustimmung des
ganzen Volkes, ja mitunter lässt er die Anwesenden auf die kreuzweis gelegten Flinten
schwören, dass sie der neuen Satzung gehorsam sein wollen, oder es wird auch beschlossen,
dass dieselbe dem Pascha zur Bestätigung vorgelegt werden solle.

Dies geschah z. B. mit der Satzung, welche der Bezirk von Selitza vor wenigen Jahren
machte, kraft welcher die Blutrache auf diejenigen Personen beschränkt wurde, welche mit
dem Mörder dasselbe Dach und denselben Herd theilen, so dass sie sich nicht auf die abge-
theilten Verwandten, und wären sie der Vater und Bruder des Mörders, erstrecken darf,
und der Zuwiderhandelnde, ausser der Blutbannstrafe, welche er an den Pascha zu entrichten hat, sowohl diesem, als dem Bezirke noch eine besondere Busse von je 1000 Piaster
zahlen muss.

Wenn aber die verhandelten Fragen die Interessen der Parteien berühren, in welche etwa der Berg zerfällt, dann ereignet es sich wohl, dass diese sich nicht vereinigen können, oder es erhebt sich gegen die Antwort der Gjobaren Einsprache aus dem Volke, und die Versammlung geht unter grossem Streit und Tumult ohne Beschluss aus einander. Der Parteihader ist mitunter so gross, dass jahrelang gar keine Versammlungen zu Stande kommen.

In der Regel hat sich aber der Altenrath wenigstens mit den einflussreichsten Gjobaren über die zu nehmende Massregel bereits vorher verständigt, und ist die öffentliche Verhandlung nichts weiter als ein Formalact.

Doch nimmt die Gesetzgebung nicht die Hauptthätigkeit der Volksversammlung in Anspruch. Diese beschränkt sich in der Regel auf die Feststellung und Eintreibung der in der verflossenen Periode verwirkten Bussen. Das Verfahren ist hierbei durchaus formlos und kostet daher, wenn der Beschuldigte hartnäckig oder mächtig ist, viele Zeit; in der Regel aber werden diese Sachen höchst summarisch verhandelt und Anklagezeugen gar nicht vernommen, weil die Uebertretung so zu sagen offenkundig sein muss, um zur Verhandlung zu kommen, und die Procedur beschränkt sich daher auf die Abhörung etwaiger Entlastungs- oder Entschuldigungszeugen.

Dergleichen Bussen betreffen zum grössten Theile die Uebertretung der bestehenden Weidesatzungen, oder sonstige durch eine Satzung vorgesehenen Feldfrevel, doch bestehen hie und da auch Bussen für Uebertretung anderer Ortsgebräuche, und in Selitza selbst für ungebührliches Betragen in der Volksversammlung, oder sonstiges Tumultuiren.

Diese Bussen bestehen in der Regel in so und so viel Schafen, nur selten in Geld. Sie werden während der Dauer der Volksversammlung von den Gjobaren beigetrieben und am Ende derselben unter sich vertheilt.

Der Blutbann gehört jedoch nicht dem Berge, sondern dem Pascha. Der Mörder und seine nächste Freundschaft müssen augenblicklich fliehen, um sich der Blutrache der Verwandten des Ermordeten zu entziehen; der Brauch will es sogar, dass der Mörder eines einzeln Stehenden die Landschaft auf einige Zeit verlasse [186]).

In vielen Gegenden (auch in der Stadt Skodra) wird dann das Haus des Mörders durch den Buluk Paschi niedergebrannt [187]), und eine herkömmliche Geldstrafe [188]) von dem Vermögen des Mörders oder dessen nächsten Verwandten eingetrieben, und ständen sie im Grade noch so fern [189]).

Diese Gewohnheit bringt ganze Familien, denen das Schicksal einen Taugenichts als Verwandten beschert hat, an den Bettelstab, ja mitunter mordet ein solcher nur aus dem Grunde einen Andern, um sich an seinen wohlhabenden Verwandten zu rächen, deren Blut er nicht vergiessen darf.

Der Betrag der für einen Mord zu entrichtenden Geldstrafe ist nirgends fest bestimmt [130]), daher wandert in den Bezirken, wo die türkische Herrschaft fester steht, meistens die ganze bewegliche Habe des Mörders in den Besitz des Buluk Paschi und der Gjobaren. Die Verwandten des Mörders zahlen von 300—800 Piaster und kommen wohl auch, wenn sie arm sind, mit noch weniger durch.

Neben dem von staatswegen gegen den Mörder eingeleiteten Verfahren besteht aber noch die durch die Sitte geheiligte Blutrache. Die Familie des Gemordeten ist nicht nur berechtigt, sondern auch verpflichtet, für das ihr zugefügte Leid an dem Mörder oder dessen Familie Vergeltung zu üben. Die Blutrache steht allemal den nächsten Verwandten des Gemordeten zu, und in demselben Orte oder Bezirke ist auch der nächste Verwandte des Mörders ihr Gegenstand, wenn dieser selbst nicht erreichbar ist. — Zeichnet sich in dem Geschlechte des Mörders ein Mitglied durch Ansehen oder Tapferkeit aus [181]), so gereicht es den Verwandten des Gemordeten zu Trost und Ehre, wenn es ihnen gelingt, an diesem Rache zu nehmen. Auch fordern sie wohl für einen ihrer Verwandten mehrere Opfer aus der Verwandtschaft des Mörders. In diesem Sinne rühmt sich ein Albanese: „jeder meiner Verwandten wiegt sechs Männer." — Da nun jedes Vergeltungsopfer ein neues Opfer aus dem Schooss des feindlichen Geschlechtes erheischt, und die Rachepflicht und Blutschuld von Vater auf Sohn erbt, so rottet mitunter diese Sitte in wenigen Jahren zahlreiche Geschlechter aus.

Hat man aber gegen anderwärts Rache zu nehmen, so ist man in der Wahl weniger genau, doch so, dass man stets bei dem Geschlechte des Mörders bleibt, weil Rache nie auf fremde Geschlechter ausgedehnt wird, welche mit dem Mörder denselben Ort bewohnen.

Wer ohne sein Verschulden tödtet, muss zwar anfangs auch fliehen, doch wird er vom Pascha nicht gestraft, und erhält nach einiger Zeit gewöhnlich Verzeihung von den Verwandten des Getödteten [132]).

Ehebruch, welcher nicht selten sein soll, berechtigt und verpflichtet den Ehemann und dessen Verwandten zur Blutrache gegen den Ehebrecher, und die Sitte verbietet, diesem jemals zu vergeben.

Wer sein Weib in flagranti delicto ertappt und dasselbe zugleich mit dem Buhlen tödtet, wird wegen dieser That wenigstens von dem Pascha nicht gestraft.

Verführung der Tochter oder Schwester erzeugt gleichfalls Blutrache, doch kann dieses Vergehen von dem Verletzten verziehen werden.

Blosse Verwundungen, βάρρε-α genannt, unterliegen ebenfalls der Blutrache, doch beschränkt sich diese in der Regel auf die Personen des Verletzers und des Verletzten. Bei dergleichen Vorfällen ist es auch weit leichter, von dem Verletzten Verzeihung zu erhalten, sei dieses vermittelst einer Geldsumme, oder der Bezahlung der Curkosten, oder auch ohne alle Entschädigung. Kommt die Sache auf Betreiben des Verletzten beim Pascha zur Verhandlung, so besteht dort die gesetzliche Taxe von 500 Piaster, auf welche bei bedeutenden Verletzungen oder Verstümmlungen zu Gunsten des Verletzten erkannt wird.

Weit schwieriger und seltener ist dagegen von den Angehörigen eines Ermordeten Verzeihung zu erhalten. Das in solchen Fällen herkömmliche Verfahren ist folgendes:

Hat der Mörder [133]), je nach der Macht der beleidigten Familie, oder den, den Mord begleitenden Umständen, längere oder kürzere Zeit das Land gemieden, und scheinen die Umstände günstig zu sein, so beginnen dessen Verwandte mit den feindlichen Familiengliedern Unterhandlungen anzuknüpfen, und suchen gewöhnlich zuerst die entferneren, und durch diese die näheren Verwandten des Ermordeten zu gewinnen. Solche Unterhandlungen ziehen sich oft Jahre lang hin; sind sie aber glücklich beendigt, so wird zur Versöhnungsceremonie geschritten. Der Zug der um Verzeihung Bittenden, welcher aus der Freundschaft des Mörders besteht, und sich durch die entferneren Stammesglieder der verletzten Familie vergrössert, zieht vor das Haus des nächsten Verwandten des Ermordeten. Voraus der Priester mit Crucifix und Evangelium, hierauf vier bis sechs Wiegen, in welchen Säuglinge liegen, dann der Reuige mit auf den Rücken gebundenen Händen, verbundenen Augen und einem Strick um den Hals, an welchem ein Jatagan hängt, umgeben und bewacht von den Seinigen, um ihn gegen etwaige Wuthanfälle von Seiten der Verletzten zu beschützen. In der Nähe des Hauses nehmen die Männer ihre Fese ab (ein Zeichen tiefster Demuth) und legen sie auf die Wiegen. Der Reuige wird in das Haus geführt, aus welchem alle Bewohner treten, und an das Herdfeuer gestellt. Der ihn begleitende Zug bleibt vor der Hausthür, und stellt die Wiegen in der Art vor dieselbe, dass die Füsse der Kinder gegen Osten gerichtet sind.

Ist dies geschehen, fragt der nächste Verwandte des Ermordeten die Mitglieder des Zuges, in welcher Absicht sie gekommen, und was ihr Begehren sei. Hierauf antwortet der Priester oder ein anderes Mitglied des Zuges mit einer beweglichen Rede, in welcher er etwa anführt, dass das ihnen angethane Leid freilich sehr gross sei, und dies der Reuige auch dadurch anerkenne, dass er sich gebunden in ihre Gewalt gegeben habe; Verzeihung sei aber nicht nur des Christen, sondern auch des Tapfern würdiger als Rache, und um diese flehe er die Beleidigten an im Namen des Kreuzes, des Buches und dieses unschuldigen Blutes (der Albanese hat eine gewisse Achtung, ja Ehrfurcht vor dem Kinde in der Wiege, er nennt es zum Andenken an die frisch erhaltene Taufe St. Johann). Darauf erfolgt eine Scene langen Sträubens von Seiten des Verletzten und ununterbrochenen Bittens von Seiten der Verzeihung Suchenden, welche endlich damit schliesst, dass der Verletzte, sich gleichsam Gewalt anthuend, eine der Wiegen aufhebt, sie dreimal [134]) von der Linken zur Rechten im Kreise herumträgt und sie dann wieder niedersetzt, jedoch so, dass nun die Füsse des Kindes gegen Westen gerichtet sind, welches Beispiel von seinen nächsten

Verwandten mit den übrigen Wiegen wiederholt wird. Der Albanese weiss über den Sinn dieser Ceremonie keine Auskunft zu geben. Er begräbt jedoch seine Todten mit dem Kopfe nach Westen gerichtet [135]), und achtet daher stets darauf, sich so zum Schlafen niederzulegen, dass sein Kopf nach Osten gerichtet ist.—In Ermanglung eines Besseren versuchen wir daher die Bedeutung dieser Ceremonie dahin zu deuten, dass durch die erste Stellung der Wiegen die Todeswürdigkeit des Verbrechers und die Todesbereitschaft des Reumüthigen anerkannt wird, die veränderte Stellung derselben aber die Absicht anzeigt, dem Bereuenden das Leben zu schenken.

Hierauf fragt der Verletzte die Ankömmlinge nochmals nach ihrem Begehren und wiederholen sich die Scenen des Flehens und Sträubens. Sie dauern oft mehrere Stunden. Endlich erklärt sich der Verletzte zur Verzeihung bereit und begibt sich mit seinen nächsten Angehörigen in das Haus, wo sie den Mörder seiner Bande entledigen, und ihn mit den Worten: „Es sei Dir verziehen" (τε χjύφτε αλάτε) der Reihe nach umarmen. Darauf sagt der Verletzte: „die Rache (wörtl. das Schwert) erlasse ich Dir, aber die Busse (wörtl. die Sache) will ich (ἴπάdενε κο τα φαλj ε τďαν τα δνύα," d. h. die compositio), welche in diesen Distrieten durch den Gebrauch auf 1000 Piaster festgesetzt ist. — Demzufolge übergeben ihm die Verwandten des Straffälligen eine Anzahl Waffen zum Pfande, deren Werth den Betrag dieser Summe oft um das Drei- und Vierfache übersteigt, und fahren so lange fort, neue Stücke zuzulegen, bis der Verletzte sich für befriedigt erklärt, und die Pfänder in das Haus tragen lässt.

Dann geht es an die Bereitung des Gastmahles, zu welchem der Verzeihung Suchende alle nöthigen Requisiten mitgebracht hat, und man verkürzt die Zeit durch allerlei gleichgültige Gespräche. Bei Tische wird wacker gegessen und getrunken, und gegen das Ende der Mahlzeit beginnt ein neuer Angriff auf die Grossmuth des Verletzten, damit er, nachdem er bereits so viel gethan, dem Begnadigten etwas an dem festgesetzten Wergelde erlasse. Darauf lässt dieser die gegebenen Pfänder bringen und stellt von denselben wenigstens diejenigen zurück, welche der Ehre halber über die haftbare Summe gegeben wurden, indem er zugleich die Frist zur Einlösung der zurückbehaltenen Pfänder bestimmt, und diese auf neue Bitten verlängert. Meistens erlässt er auch wohl das halbe, oder selbst das ganze Wergeld, indem er alle Pfänder zurückgibt, und in diesem Falle verlangt es die Sitte, dass ihm der Begnadigte irgend eine werthvolle Waffe zum Geschenke mache. Denn der Vorwurf, dass einer für den Mord oder die Entehrung eines Familiengliedes Geld empfangen habe, ist für den Albanesen fast eben so ehrenrührig [136]), als der, dass er nicht im Stande gewesen, dessen Tod oder den angethanen Schimpf zu rächen. Dieser Vorwurf wird so ausgedrückt: Du hast das Blut deines Bruders etc. gegessen.

Mitunter versucht man auch ohne vorhergegangene Unterhandlung vermittelst eines solchen Zuges die Verzeihung durch Ueberraschung von dem Verletzten zu erobern. Doch setzt man sich dann auch der Gefahr aus, das Haus von dem Verletzten verlassen, oder denselben unerbittlich zu finden, indem er die Wiegen unberührt lässt.

Um übrigens die neugeschlossene Freundschaft noch mehr zu befestigen, verbinden sich die Versöhnten je nach den Umständen entweder durch Gevatterschaft bei der Taufe, oder dem ersten Haarschnitte ihrer Kinder (wovon unten), oder durch Blutsbrüderschaft, welche hier den slavischen Namen „probatinia" führt.

Diese letztere wird unter folgenden Ceremonien geschlossen: Der von den zu Verbrüdernden gewählte Cumparos unterbindet den kleinen Finger der rechten Hand eines jeden derselben, ritzt dann das unterbundene Glied auf, lässt ein Paar Tropfen Blut in ein Glas Branntwein fallen, und gibt dies dem andern zu trinken, worauf sich die Verbrüderten wiederholt umarmen, und mit ihren Freunden zu einem Schmause niedersetzen. In anderen Gegenden wird das Blut Beider in ein Glas Branntwein getropft, und dieses dann gemeinschaftlich geleert. Dieser auf eine Blutschuld folgende Bund wird von unsern Hochländern sehr heilig gehalten, dagegen die unter anderen Verhältnissen geschlossene Blutsbrüderschaft nicht so hoch angeschlagen. In anderen albanesischen Gegenden aber begründet sie einen Bund für das ganze Leben, und wird selbst mitunter der Blutsbruder für näher als der leibliche stehend angesehen.

In Bezug auf die geflüchteten Verwandten eines Mörders tritt dieselbe Ceremonie ein. Ist eine bedeutende Anzahl derselben geflohen, so beschicken sie das Haus des Verletzten schon nach wenigen Tagen mit mehreren Wiegen und Bevollmächtigten, und dann erhalten in der Regel selbst die Geschwisterkinder des Mörders, wenn sie mit ihm nicht unter Einem Dache lebten, die Zusage der Sicherheit. Nach einigen Monaten beschicken auch die Brüder des Mörders den Verletzten, wenn sie wegen vorgerückten Alters oder Preßhaftigkeit, oder aus anderen Ursachen die Gewährung ihrer Bitte erwarten können.

Raub und Diebstahl, besonders Viehdiebstahl, gegen Fremde begangen, sind straffrei, es sei denn, dass sich zwei Bezirke über gegenseitige Bestrafung dieser Vergehen verständigt hätten.

Für den Fall aber, dass sie an einem Landsmann verübt werden, besteht in allen Bezirken eine Satzung, welche sie mit dem vier-, acht-, ja zwölffachen Betrage, und hie und da noch mit einer Strafe von vier Schafen an die Gjobaren büsst [187]).

Dergleichen rechtswidrige Handlungen unterliegen jedoch weder der Ahndung des Paschas, noch der Volksversammlung, und der Verletzte verfolgt seinen Gegner einfach auf dem Civilwege.

Das Verfahren in Civilstreitigkeiten ist formlos, die Idee der res judicata existirt eben so wenig, als ein geregelter Instanzenzug, daher dehnen sich Processe über wichtige Objecte, oder unter mächtigen Gegnern in das Endlose, und dauern in der Regel so lange, bis gegenseitige Ermüdung zum Vergleiche führt.

Die Parteien vereinigen sich entweder freiwillig über ein Schiedsgericht, oder der Kläger wendet sich mit der Bitte um Ernennung eines solchen an den Rath der Häuptlinge, welche dann entweder die Schiedsrichter selbst ernennen, oder, wenn der Beklagte zu mächtig sein sollte, ihn durch den Buluk Paschi vor den Pascha laden lassen, der dann ein solches Schiedsgericht durch einen schriftlichen Befehl einsetzt. Hie und da entscheidet der Rath auf gemeinsames Verlangen der Parteien die Sache auch wohl selbst; um jedoch nicht in Feindschaften verwickelt zu werden, lassen sich die Häuptlinge in der Regel nur dann herbei, wenn das Processobject unbedeutend, und die Litiganten geringe Leute sind.

Höchst eigenthümlich ist das Beweisverfahren durch Zeugen in Civilsachen.

Wegen der Gefahren, welchen ein Zeuge von Seiten des Beklagten und seiner Verwandten ausgesetzt ist, versteht sich Niemand zur Zeugenschaft, ohne sich eine bedeutende Belohnung zu bedingen, welche der Beklagte im Falle des Unterliegens zu zahlen verurtheilt wird, und ohne zur Vermeidung der Entdeckung folgende Vorsichtsmassregeln anzuwenden. Der heimliche Zeuge, Kaputzár genannt, erscheint zur Nachtzeit vor denjenigen Mitgliedern des eingesetzten Gerichtes, welche er selbst bestimmt, und macht vor denselben seine Aussage. Ueberzeugten sich diese Verhörrichter von der Glaubwürdigkeit derselben, so erklären sie vor dem versammelten Gerichte, was der Kaputzár deponirt habe, und dass sie dessen Aussage Glauben beimessen, worauf die Verurtheilung des Beklagten erfolgt [188]).

Ueberzeugt der Kaputzár die Verhörrichter nicht, so wird dem Beklagten in der Regel der Reinigungseid auferlegt, und zwar beschränkt sich dieser niemals auf seine Person allein, sondern das Gericht bestimmt ihm nach dem Sprichworte: „dass der Räuber den falschen Eid auf den Schultern trage", 4, 6, 8 oder 12 Eideshelfer [189]), und wählt dieselben einzeln aus den ehrlichsten Männern seiner Verwandtschaft oder, wenn er nicht aus demselben Bezirke ist, seiner ganzen Heimath. — Diesen wird 1 bis 2 Monate Zeit gelassen, damit sie sich durch eigene Nachforschung von dem wahren Thatbestande unterrichten können. — Die Eide werden in der Regel in der Kirche oder der Moschee geleistet, zuerst schwört der Angeklagte [190]), und hierauf die Eideshelfer. Verweigert aber dann auch nur einer dieser letzteren den Eid zu schwören, so wird der Beklagte verurtheilt. Ein solcher Fall soll jedoch sehr selten sein und die Zahl der nach diesem Brauche geschworenen Meineide die der wahren Eide bei weitem übersteigen [191]).

Ueber das Familien- und Erbrecht dieser Bergstämme brachte ich folgende, freilich sehr lückenhafte Daten in Erfahrung:

Gemeinsame Abstammung bildet (wie in den meisten Gegenden von Albanien) ein Ehehinderniss, welches sich entweder über den ganzen Stamm, oder wenigstens über dessen Hauptzweige erstreckt. So holen z. B. alle Bewohner von Hotti und Schkrieli ihre Frauen von auswärts, und verheirathen ihre Töchter in die Fremde. — Dagegen besteht trots der Sage von der gemeinsamen Abstammung zwischen den Hotti und den Bewohnern von Triépachi Ehegenossenschaft, und ebenso zwischen den Districten von Seltscha, Wukli und Niktschi, obgleich sie als Klémenti ihren Ursprung von dem gemeinsamen Stammvater Clemens ableiten.

Die Ehefrau ist hier zwar auch finis familiae , indem ihre Nachkommenschaft nicht zu dem Stamme gehört, dem sie entsprossen ist, sondern zu dem, in den sie geheirathet hat, aber sie wird nicht, wie in der strengen römischen Ehe, durch ihre Verheirathung Agnatin der Agnaten ihres Eheherrn, sondern sie wird auch während der Dauer der Ehe stets als Mitglied des Stammes betrachtet, in dem sie geboren worden. Daher steht nicht ihren angeheiratheten, sondern ihren leiblichen Verwandten die Blutrache zu, wenn sie getödtet oder verletzt wird, und muss sich sogar ihr eigener Mann hüten, sie, wenn er sie prügelt, blutig zu schlagen, oder schwerer zu verletzen, weil er sonst, mit ihren Verwandten in Blutfeindschaft geräth, welche Rücksicht jedoch die albanesischen Ehemänner nicht von nachdrücklichen Executionen dieser Art abhalten soll [142]). Aus dieser Ansicht erklärt es sich auch, abgesehen von der Schande, welche die Verletzung eines schwachen wehrlosen Wesens mit sich bringt, warum die albanesischen Frauen, die bei den Fehden ihrer Männer stets gegenwärtig sind , im Gefechte von den Gegnern möglichst geschont werden, damit diese nicht auch mit dem Stamm, welchem die Frau angehört, in Blutfeindschaft verfallen.

Die Zeit der Verheirathung fällt bei den Männern in der Regel zwischen 20 — 25, bei den Mädchen zwischen 16 — 20 Jahren. Der einzige Sohn macht auch hier eine Ausnahme, indem er meistens viel früher verheirathet wird [143]).

Zwischen der Verlobung, welche auch hier nach der Volksansicht ein wesentliches Erforderniss zu einer rechtsgültigen Ehe ist [144]), und der Heimführung lässt man in der Regel ein Jahr, bei Witwen aber meist nur einige Monate verstreichen. Doch sind auch Beispiele von längeren, selbst zehnjährigen Zwischenräumen nicht selten. Die Braut wird trotz alles Eiferns der Kirche meistens kürzere oder längere Zeit vor der kirchlichen Einsegnung heimgeführt, und dieselbe oft bis zur ersten Geburt verschoben [145]).

Verstossung wegen Unfruchtbarkeit findet mitunter Statt, das darauf folgende Concubinat wird aber von der Kirche mit Excommunication bestraft.

Die Braut wird auch hier gekauft, der satzungsmässige Kaufpreis beträgt 330 Piaster, 300 für den Vater oder die nächsten männlichen Verwandten der Braut, und 30 für die Mutter. Der Werth der Ausstattung, welche die Braut an Kleidern etc. mit erhält, übersteigt aber häufig diese Kaufsumme [146]).

Der Cumparos der jungen Eheleute tauft in der Regel alle ihre Kinder. Auch finden sich, wiewohl seltene, Beispiele von erblicher Gevatterschaft (s. die Bräuche des Riça-Thales). — Der Cumparos nennt seine Gevatterin hier ἀρέτγουλς, und ehrt sie weit mehr als den Vater seiner Pathen.

Hier möge eine eigene Art von Cumparschaft Erwähnung finden. Es ist die, welche aus der Ceremonie des ersten Haarschnittes der Kinder entsteht [147]). Dieser Brauch scheint sich in den übrigen Theilen von Albanien, und namentlich in den Städten, nur unter den Muhamedanern erhalten zu haben, und wird von den angesehenen Familien mit grossem Pompe und Aufwande begangen. Befreundete Christen werden dabei häufig zu Gevatter gebeten.

In den Hoehlanden von Skodra wird dieser Act gewöhnlich 1 bis 2 Jahre nach der Geburt des Kindes vorgenommen, und dazu für Knaben der zunehmende, für Mädchen aber der abnehmende Mond abgewartet.

Die Mutter bäckt dann zwei grosse und soviel kleine Weizenbrote, als die Familie des Gevatters Glieder zählt, und begibt sich mit ihrem Kinde und in Begleitung einer anderen Frau, welche die Brote und das für den Gevatter bestimmte Geschenk (ein Hemd, einen Gürtel oder ein Paar Strümpfe) trägt, nach dessen Haus. Der Gevatter geht ihr eine Strecke entgegen, und führt sie in seine Wohnung. Dort wird gemeinsam zu Abend gegessen, und am andern Morgen schneidet der Gevatter dem Kinde die Haare ab, welche verbrannt werden, und macht der Mutter ein Geldgeschenk. Diese Gevatterschaft wird ebenso hoch gehalten, wie diejenige, welche aus der Taufe entspringt.

In der engern Familie bildet allgemeine Gütergemeinschaft die Regel, und Theilung der Brüder selbst nach dem Tode des Vaters ist weniger häufig als die Fortsetzung jenes Verhältnisses [148]). Oefter tritt noch ein Bruder selbst bei Lebzeiten des Vaters aus. In diesem Falle wird bei der Abtheilung die Portion des Vaters mit zwei Theilen berechnet.

Geringe Ehrfurcht vor den alternden Eltern [149]), in der Regel etwas mehr Achtung vor der Mutter als vor dem Vater. Misshandlungen der Eltern sind nicht selten, und werden von der Kirche mit Excommunication bestraft.

Testamente sind unbekannt [150]), doch gibt es Fälle, dass der sterbende Vater mit Einwilligung seiner Söhne etwas der Kirche vermacht.

Sind Söhne vorhanden, so haben die Töchter keinerlei Erbrecht, weder an fahrender, noch an liegender Habe [151]). Hat aber ein Haus nur Töchter, so fällt diesen beim Tode des Vaters das Mobilar, das liegende Gut [152]) aber dem nächsten Agnaten des Vaters zu, und ständen sie im Grade auch noch so ferne, denn die Töchter müssen ja nach auswärts zur Ehe gegeben werden, und das neugriechische Institut des ἐσώγαμβρος, wonach ein Fremder in das Haus der Erbtochter einheirathet, wäre natürlich mit den strengen Ideen des Albanesen über Abstammung und Blutrache durchaus nicht vereinbar.

Aus dem Obigen ergibt sich, dass der Ausschluss der Weiber von der Erbschaft liegender Gründe bei den Albanesen eine strenge Consequenz aus der Idee des Stammes und des innerhalb desselben bestehenden Eheverbotes sei.

Die untenfolgenden wenigen Notizen beweisen, dass bei diesen Bergstämmen ein ziemlich ausgebildetes Kriegsrecht bestehe, dessen vollständige Darstellung von dem höchsten Interesse sein müsste. Die Klementi und die von Schkrieli liegen in beständiger Fehde mit ihren türkischen Nachbarn von Podgoritza und Gusinje, und Waffenstillstände (bessa) [153]) auf bestimmte Zeit kommen zwischen den streitenden Theilen nur selten vor. Auch zwischen den Klementi und ihren slavischen Nachbarn von Kutschi bildet der Kriegszustand die Regel, zwischen den albanesischen Stämmen dieser Hochlande aber die Ausnahme. Die Fehden der letzteren sind selten langwierig, weil gewöhnlich nach dem ersten Scharmützel eine bessa abgeschlossen wird, welche jedoch den Wiederausbruch der Fehde über denselben Streitgegenstand nicht verhindert.

Nach altem Brauche muss der Friede aufgesagt, und der Krieg angekündigt werden. Dies geschieht entweder durch einige Krieger, die diese Aufkündigung zuleich mit einer Herausforderung und einer Gewehrsalve begleiten, oder durch Weiber, welche im Kriege unverletzlich sind.

Die Hirten dieser verschiedenen Stämme fragen, wenn sie im Frühjahr in die Berge ziehen, unter sich an, ob für den Sommer Friede (bessa) unter ihnen bestehe; hat ein Theil ob der Vorfälle, die sich im Winter oder früher zugetragen, Klage, so vereinigt man sich wohl zu festgesetzter Zeit an einem Orte, um eine Ausgleichung zu versuchen und je nach dem Ausgange der Unterhandlungen in Kriegs- oder Friedensstand überzugehen.

Tödtung, Raub, Diebstahl und Gewalt, während eines Krieges begangen, sind von jeder Entschädigungsforderung frei, und für die im Kriege Gefallenen besteht keine Blutrache.

Bei Gränzstreitigkeiten ereignet es sich mitunter, dass eine Partei einen Jatagan [154]) als Gränzlinie in die Erde steckt und die andere auffordert, sie aus dem Besitze des bestrittenen Stückes zu vertreiben. Geschieht dies dann, und bemächtigt sich die letztere des Jatagans, so erobert sie zugleich das Landstück als ihr Eigenthum. Bei Friedensunterhandlungen wird in der Regel durch eine Frauenbotschaft Zeit und Ort der Zusammenkunft festgesetzt, bei welcher die gesammte Wehrmannschaft der streitenden Theile erscheint. Die Haufen bleiben ausser Schussweite stehen, und ordnen eine gleiche Zahl Bevollmächtigter, 20 bis 40, ab, welche sich in der Mitte zwischen beiden Heerhaufen treffen. Die von ihnen festgesetzten Bedingungen unterliegen jedoch der Ratification ihrer Heere, welchen sie durch abgesendete Boten vorgelegt werden. Sie werden von diesen angenommen, verworfen oder modificirt, in welchem letzteren Falle die Verhandlungen von Neuem beginnen.

Die Weiber begleiten die Männer stets [155]) in die Fehde, um Todte [156]) und Verwundete wegzuschleppen, beim Vorrücken die gebliebenen Feinde zu plündern, und ihnen die Köpfe abzuschneiden, und nach Umständen Steine von den Höhen auf die Feinde herabzuwerfen. Die Montenegriner haben sogar die Gewohnheit, die, wie oben bemerkt, unverletzlichen Weiber bei dem Treffen in die erste Linie zu stellen und hinter denselben hervorzufeuern, wesswegen sie von den Albanesen verspottet werden, obgleich die letzteren dies Mittel, eine schlecht gedeckte Stellung zu verbessern, auch nicht verschmähen sollen. Bei den slavischen Weibern herrscht das Vorurtheil, dass sie durch Aufheben der Röcke [157]) gegen den Feind den Ihrigen den Sieg verschaffen könnten; die ihnen benachbarten Albanesinnen haben diesen Gebrauch angenommen, werden aber dann von den Flintenschüssen der Gegner nicht verschont.

Der Zweikampf ist diesen Hochländern, jedoch mehr aus Ueberlieferungen, wohl bekannt. Derselbe galt indessen weder als Sühnungsmittel schwerer Beleidigungen, noch als gerichtliches Beweismittel; er war vielmehr stets die Folge von Reibungen zwischen zwei Rivalen um den Vorrang in der Tapferkeit. Als Zeichen der Herausforderung pflanzte man bei Nacht einen Wollrocken mit der Spindel vor das Haus des Geforderten; will oder kann dieser nicht das Duell annehmen, so steht es Jedem seines Geschlechtes oder Bezirkes frei, für ihn einzutreten. Cartelträger bestimmten dann Zeit und Ort des Zweikampfes, doch erschienen die Kämpfer nie allein, sondern stets mit einer Anzahl Begleiter, welche in der Regel von der Kampflust der beiden Duellanten ergriffen, alsbald über einander herfielen, und so den Kampf in ein Scharmützel verwandelten. In der Regel soll man bei dem Zweikampfe die blanke Waffe gebraucht haben, doch war auch das Pistolenduell nicht unbekannt, und es ist noch gegen wärtig bei den Raufbolden von Skodra sehr beliebt, sich vor den Weinhäusern mit eingehakten kleinen Fingern, oder per distance zu schiessen. Bei der allgemeinen Gewohnheit, die Pistolen zu überladen und deren schlechten Qualität wird hier übrigens noch weit öfter gefehlt, wie im Abendlande. — Das letzte unter den Hochländern bekannte Duell fand vor etwa 15 Jahren zwischen zwei Slaven, einem Piperiten und einem Kutschiten, Statt. Beide Kämpfer erschienen mit bedeutender Begleitung an den gegenüber liegenden Ufern der Moratza, und jede Partei rief den Kämpfer der Gegenseite auf ihr Ufer. Da kein Theil nachgeben wollte, so wurde festgesetzt, dass sich die beiden Rivalen in der Mitte des Flusses schlagen sollten; sie waren aber noch nicht an einander gerathen, als die Zurück-gebliebenen auf einander zu feuern begannen, was die Duellanten zur Trennung bestimmte. Die Sache löste sich in ein Scharmützel auf, welches beiden Theilen einige Todte und Verwun-dete kostete.

Beim Aufgebote des Paschas zur Heeresfolge erscheint je nach dessen Bestimmung ent-weder das ganze herkömmliche Contingent, d. h. einer oder höchstens zwei von jedem Hause, oder nur die vorgeschriebene Anzahl Krieger unter Anführung ihres Bairaktárs und ihrer Gjobaren.

Das Volk erinnert sich noch aus den alten Zeiten der Bogen und Pfeile ($\sigma\alpha\acute{\iota}\tau\alpha$) und der Schilde ($\sigma\chi\acute{\iota}\upsilon\tau$-$\iota$), auch einer im Mittelalter gebräuchlichen Waffe, welche aus einer mit einer Kette an einem Stiel befestigten Kugel besteht. — Es sollen in dieser Gegend noch einige alte lange und gerade Schwerter existiren, mit derem Griffe eine Art eiserner weiter Handschuh, der bis zum Ellenbogen reicht, unzertrennlich verbunden ist.

VIII. Notizen über die Stämme des Bisthums Pulati [158]).

Das éigentliche Pulati [159]) zerfällt in 5 Bairaks: Schalja, Schosch, Kjiri, Toplana und Dschuani [160]), welche unter dem Pascha von Skodra stehen. Ausserdem werden dazu gerechnet Duschmani und Summa im Südwesten, welche in administrativer Hinsicht (unter Skodra) mit Postripa vereinigt sind. Die östlichen Bezirke von Marturi (muhamedanisch) und Nikaj (katholisch) stehen unter Jacowa.

An der Spitze jedes dieser Districte und ihrer Altenräthe steht ein Bairaktár. Unter diesen zunächst stehen die Dorsani oder Bürgen, so genannt, weil sie für sämmtliche Angehörige ihres Geschlechtes verantwortlich sind. Diesen Beamten liegt die oben beschriebene Execution gegen die Mörder ob, und sie haben für Beibringung des dem Pascha zu zahlenden Fredus zu sorgen, auch werden sie wenigstens dann zum Altenrathe gezogen, wenn der zu verhandelnde Gegenstand den Distrikt betrifft, dem sie vorstehen. Unter ihnen stehen endlich die Gjobaren [161]), deren Functionen sich hier nur auf die Beitreibung der verwirkten Bussen beschränkt, welche sie jedoch nicht (wie ihre westlichen Collegen) unter sich, sondern am Ende der Volksversammlung an sämmtliche Anwesende zu vertheilen haben. Erklärt sich in der Volksversammlung der Körper der Dorsani mit dem von dem Altenrathe Vorgeschlagenen einverstanden, so ist dasselbe gültig.

Es kommen auch hier Particularsatzungen vor, welche von der Versammlung des Chefs eines Bezirkes und der ihm unterstehenden Dorsani ausgehen, ohne dass sich dabei der Stammchef (Bairaktár) und die übrigen Mitglieder des Altenrathes betheiligten [162]).

Auch hier sind die Weiber in obenbeschriebener Weise von aller Erbschaft ausgeschlossen, doch besteht die Satzung, dass eine Erbtochter, welche sich durch das Gelübde der Ehelosigkeit Gott geweiht hat [163]), in dem Genusse der ganzen väterlichen Erbschaft bleibt, und diese erst nach ihrem Tode von den Seitenerben angetreten werden kann. Auch darf eine alte Witwe, welche keine Söhne hat, nicht aus dem Hause ihres verstorbenen Ehemannes vertrieben werden, und verzehrt hier ruhig das, was ihr dieser zum Unterhalte hinterlassen hat. Eine junge Witwe kann auch gegen ihren Willen zu den Ihrigen zurückgeschickt werden. Beharrt sie aber bei dem Entschlusse, sich nicht wieder zu verheirathen, so wird das, was ihr die Erben aus dem Nachlasse ihres Mannes zum Unterhalte zu verabreichen haben, durch Schiedsrichter bestimmt.

Die Verlobungen finden meistens schon im Kindesalter der Verlobten Statt, mitunter liegen diese noch in der Wiege.

Ist die Vorunterhandlung durch Mittelmänner ($\sigma\chi o\upsilon\sigma\sigma$) glücklich beendigt, so erscheinen an einem festgesetzten Tage drei oder vier Verwandte des Knaben im Hause des Mädchens, setzen bei einem guten Abendschmause den für dasselbe zu zahlenden Preis (4 — 800 Piaster) und die Zahltermine fest, und publiciren die Verlobung am andern Morgen durch eine Pistolensalve. Der Kaufpreis der Braut wird $\mu\varepsilon\rho\gamma\acute{\iota}o\upsilon\rho\iota$, d. h. Entfernungsgeld, und die erste Rate desselben $o\upsilon\nu\acute{\iota}\zeta\alpha$, d. h. Ringgeld, genannt. Dieses besteht nach allgemeinem Brauche in 150 Piaster. Von diesem Augenblicke an wird die Verlobte als Eigenthum der Familie des Verlobten betrachtet, und zwar in der Art, dass deren Verwandte, wenn sie dieselbe anderwärts verheirathen, mit dem Hause des Verlobten in Blutfeindschaft gerathen [164]). Der Verlobte kann jedoch gegen Verzicht auf die Hälfte der geleisteten Einzahlung zurücktreten. Zahlt derselbe das Ringgeld (die erste Rate) nicht, so klagen die Verwandten der Verlobten gegen ihn bei dem Buluk Paschi, und dieser zwingt den Verlobten entweder zu zahlen oder zu verzichten.

Die Stämme von Pulati sind frei von aller Abgabe und nur zur Heeresfolge verpflichtet. Jeder Häuptling hat bei dem Aufgebote das Recht, ein Haus zu dispensiren, und was er dafür erhält, ist sein. — In der Regel zieht nur die Hälfte der Mannschaft aus, die zurückbleibenden Familien tragen mit 20 — 60 Piaster per Haus zu den Ausrüstungskosten der Ausziehenden bei, welche das gesammelte Geld unter sich vertheilen.

IX. Stammessagen der Gebirgsstämme im Bisthum von Skodra.

1. **Klementer.** Vor vielen Jahren lebte in der Gegend von Triépschi ein reicher Hirte. Zu diesem kam ein junger Mann Namens Clemens (alb. $\chi\lambda\varepsilon\mu\acute{\varepsilon}\nu\vartheta\varepsilon\iota$) von ungewisser Abstammung, und ward von ihm bei der Huth und Pflege der Schafe verwendet. Diese Geschäfte führten Clemens gar oft mit der Tochter seines Herrn zusammen, welche Búbei hiess, und weil sie lahm war, keinen Mann finden konnte. Aus diesem häufigen Beisammensein entspann sich endlich im Laufe der Zeit ein Liebesverhältniss und das Mädchen wurde schwanger. Als die Mutter den Zustand ihrer Tochter gewahr wurde, bemühte sie sich auf jede Weise das Herz ihres rohen und harten Eheherrn dahin zu wenden, dass er den jungen Leuten kein Leid anthäte, sondern sie zusammengebe, und es gelang ihr, Clemens und Búbei wurden Mann und

Frau, erhielten zwanzig Stück Vieh und wurden nach einer andern Berggegend geschickt, wo sie wohnen sollten; denn der Alte konnte den Flecken nicht verschmerzen, der durch ihr Verhältniss über sein Haus gekommen, und den er nach der Landessitte mit beider Tod zu bestrafen berechtigt gewesen wäre.

Die Berggegend, welche die Neuvermählten zu eigen erhielten, und wo sie sich niederliessen, heisst Bestána. Man sieht dort noch heut zu Tage die Trümmer einer kleinen Kirche, einiger Häuser und verwilderte Weinstöcke, und erzählt, dass der Ort wegen der grossen Menge von Vipern, welche sich auch jetzt noch dort finden, verlassen werden musste. Bestána liegt etwa vier Stunden von den Dörfern von Selze und Wukli. Das Land, was dazu gehört, wurde als Sitz des gemeinsamen Stammvaters niemals getheilt, und gehört daher allen Klementern gemeinsam.

Clemens zeugte nämlich mit der Búbei sieben Söhne. Diese wurden im Laufe der Zeit die Stammväter von sieben grossen Geschlechtern, welche die Dörfer von Selze, Wukli, Nikschi, Unthai (alb. *Oύνθαι*) und Martinowich gründeten, und aus denen die Klementer von Bukowa im Dukadschin und die von Lapo in den Bergen von Cossowo entsprossen sind.

Der älteste Sohn hiess Kola, und war das Haupt des Dorfes Selze. Er hatte drei Söhne Wui Kola, Mai Kola und Rabien Kola. Die diesen entsprossenen drei Geschlechter bilden die Bevölkerung von Selze, welches gegenwärtig 350 Häuser und 1600 Seelen enthält.

Der zweite hiess Wuco. Dieser hatte nur einen Sohn Namens Deda (gilt jetzt für Domenico). Diesem aber wurden drei Söhne geboren Uhsai Deda, Giz Deda und Zek (gilt jetzt für Joseph), deren Familien das Dorf von Wukli bilden, welche mit den alten Einwohnern zusammen 170 Häuser und 1300 Seelen ausmachen. Diese letzteren sind Ueberreste der ursprünglichen Bevölkerung des Landes, welche der Sage nach von den Klementern zum grössten Theil verjagt wurde. Sie bilden die Familien der Ghimai, Pepussai und Dschireai und werden von den Albanesen Anes (*άνϱος* gen. von *ἄνϱ*, Seite, Rand, Gränze) genannt, welcher Benennung etwa der Begriff von: „ausserhalb des herrschenden Stammes stehend" entspricht.

Der dritte Sohn hiess Nika. Er hatte mehrere Söhne und unter diesen den Del Nika, Bal Nika und Unth Nika. Del Nika und seine Nachkommenschaft gründeten das Dorf Nikschi, welches jetzt 75 Häuser und 500 Seelen zählt. Die beiden anderen Brüder Balla und Unthai trennten sich aber vom Del. Sie besetzten den Pass zwischen den prokletischen Bergen und denen von Blawa und bauten das Dorf Unthai, welches eine halbe Stunde südlich von der Stadt Gutzínje und sechs Stunden nördlich von Selze liegt und jetzt etwa 70 Häuser und 500 Seelen zählt.

Auch die übrigen Söhne des Stammvaters Clemens waren mit zahlreicher Nachkommenschaft gesegnet, so dass der ganze Stamm rasch emporblühte, und viele streitbare Männer zählte. Bei der von der Natur der albanesischen Race eingepflanzten Neigung zu Krieg und Fehde beschränkten sich die Klementer wohl niemals auf das friedliche Schäferleben, sondern trieben auch Räuberei, so oft sich Gelegenheit dazu bot. Mit der wachsenden Kraft des Stammes dehnten sich aber ihre Einfälle in die benachbarten Landschaften immer weiter aus, und es gelang ihnen sogar, sich den Landstrich, welcher zwischen Gutzínje, Pesteri und Pekia liegt, zinsbar zu machen [161]). Diese Eroberungen und Streifzüge verwickelten die Klementer aber in beständige Kriege mit den Ottomanen, von welchen die Sage drei als besonders schwere Kämpfe hervorhebt, nämlich den mit Skodra, den mit Podgoriza und den mit Pekia. Von dem ersten erzählt sie, dass er zehn Jahre gedauert habe, und dass damals in einem einzigen Strausse nicht weniger als 10,000 Türken auf dem Platze geblieben seien. Die Klementer hatten sich während der Dauer dieses Krieges an einen von Natur festen Ort zurückgezogen, welcher Samo Gradi heisst, und von ihnen auch die Stärke von Klementi genannt wird (*φόρτσε ε Κλεμέντιτ*). Es ist dies eine kleine Hochebene von ungefähr einer halben Stunde im Umfang in der prokletischen Bergkette. Sie ist von allen Seiten von unzugänglichen Abgründen umgeben, und hat nur einen sehr beschwerlichen und leicht zu vertheidigenden Zugang; in der Mitte entspringt eine immer fliessende Quelle eiskalten Wassers. Auf der Mittagsseite ist eine grosse Höhle, welche den Weibern und Kindern und den wenigen Hausthieren, die sie dorthin bringen konnten, zur Wohnung diente. Da sie in dieser Zufluchtsstätte von den Feinden häufig blokirt wurden, hatten sie viele Leiden, und namentlich grossen Hunger zu ertragen, so dass sie sich oft von Baumrinden nähren mussten. Wenn aber die Blokade vernachlässigt wurde, oder es gelang, die feindlichen Posten zu umgehen oder zu überrumpeln, dann rächten sich die Hochländer durch grimmige Ausfälle in die Nachbarschaft, von welchen sie stets mit Beute und Lebensmitteln beladen zurückkehrten [166]).

Der zweite Krieg mit Podgoriza, welcher sieben Jahre dauerte, war nicht weniger schwer, als der erste, denn die Leiden, welche die Klementiner in diesem Kriege zu erdulden hatten, waren so gross, dass in den sieben Jahren in dem Dorfe Selitza nur drei Knaben geboren wurden, und auch diese waren schwach und presshaft.

In dem dritten Kriege gegen den Pascha von Pekia waren die Klementiner anfangs so glücklich, dass sie sogar die Türken in der Festung von Gutzínje blokirten. Bei dieser Gelegenheit bedienten sie sich einer Art von beweglichen Schanzkörben, welche mit Wolle gefüllt waren und sich von hinten in die Ebene fortschieben liessen. Diese Körbe deckten sie gegen die feindliche Artillerie, und machten es ihnen möglich, mit ihren langen Flinten die Belagerten zu erreichen, unter denen sie grosse Verheerungen anrichteten. Sie betrachteten ihren Sieg bereits als so gewiss, dass die verschiedenen Geschlechtshäupter das feindliche Gebiet zu theilen begannen. Bei diesen Verhandlungen aber entstand Streit über einige Weidegründe, und ein Geschlechtshaupt, Namens Tschiobala, gerieth durch die vergeblichen Bemühungen, seine Ansprüche auf dieselben geltend zu machen, in solche Erbitterung, dass er zum Verräther an seinem Stamme ward.

Er setzte sich zur Nachtzeit mit den Türken in Verbindung und verrieth diesen gegen das Versprechen, ihm die bestrittenen Weidegründe eigenthümlich zu überlassen, das Mittel, die Fortschritte der klementinischen Heeresmacht zu verhindern. Die Türken befolgten seinen Rath, und schlugen während der Nacht eine Masse kleiner Pfähle in die Ebene, auf welcher die Klementiner mit ihren Schanzkörben zu operiren pflegten. Als sich nun diese am folgenden Morgen durch die Pfähle in der freien Bewegung ihrer Schanzkörbe gehindert sahen, bemächtigte sich ihrer ein panischer Schrecken, so dass sie in wilder Flucht, und von den Belagerten verfolgt, in ihre Berge zurück flohen. Von da an scheint dieser Krieg eine für die Klementiner höchst verderbliche Wendung genommen, und endlich einen grossen Theil derselben zur Auswanderung gezwungen zu haben; vermuthlich, weil der Stamm zu zahlreich war, um sich in den unfruchtbaren Bergstrichen, auf die er beschränkt wurde, halten zu können.

Von diesem Kriege nämlich datirt die Sage der Auswanderung der Klementiner nach Rugowa oberhalb Pekia, in die Gebirge von Lap-Gulap bei Kossowo, nach Selze (slavisch Seoza) am östlichen Ufer des Sees von Skodra und hart an der Gränze von Montenegro, und endlich nach Sirmien, wo sie noch heut zu Tage unter dem Namen der Klementiner die Dörfer Ninkintze und Herkowtze bewohnen [167]).

Von Denjenigen, welche in der Heimath zurückblieben, gingen in der Folge noch zwei Colonien aus. Die eine siedelte sich südlich von dem Klementinerthal zwischen der Prokletikette und dem Berge Biskatschi an, und baute das Dorf Boga, welches 40 Häuser und ungefähr 400 Seelen zählt, und eine eigene Fahne bildet. Die andere zog gegen Norden, und baute das Dorf Martinowitsch am östlichen Ufer des Lim, eine halbe Stunde von seinem Einflusse in den See von Plawa. Die Bewohner dieses Dorfes sind, ebenso wie ihre Nachbarn und Stammverwandten aus dem oben erwähnten Dorfe Unthai, zum Islam übergegangen.

2. **Hotti und Triépschi.** Das Stammhaupt der Hotti und Triépschi hiess Ketschi. Sein Ursprung ist aber ebenfalls unbekannt, doch muss er gleich dem der Klementi ein Albanese gewesen sein, weil seine Nachkommen albanesisch sprechen und katholisch sind. Die Sage lässt ihn vor der Verfolgung der Türken in eine slavische Landschaft fliehen, welche jetzt Piperi heisst, und zu den Berdas (Aussenbezirken) von Montenegro gehört. Ihm wurden dort sechs Söhne geboren, Lasar Ketschi, Ban Ketschi, Merkot Ketschi, Kaster Ketschi, Wass Ketschi und Piperi Ketschi. Als diese heranwuchsen, erschlugen sie einen Eingebornen des Ortes, und es musste daher nach der allgemeinen Landessitte die ganze Familie flüchtig werden. Der Vater Ketschi bedachte jedoch, dass er schon zu alt, und sein jüngster Sohn Piperi zu zu jung und zu schwächlich sei (denn er hinkte auf einem Fusse), um seinen übrigen Söhnen

24

in die Fremde folgen zu können. Er suchte daher die Sippschaft des Getödteten zu versöhnen, und von ihr unter Berufung auf seine und seines Sohnes traurige Lage die Erlaubniss zu erhalten, im Lande zu bleiben. Er erhielt diese Erlaubniss, welche in Fällen, wie der vorliegende, selten verweigert wird, und blieb also mit Piperi an dem Orte, wo er sich angesiedelt hatte. Von diesem letzteren stammt das grosse Geschlecht der Piperi, welches jetzt über 200 Häuser und 1500 griechisch-gläubige und slavischsprechende Mitglieder zählt. Diese liegen mit den benachbarten türkischen Städten Spunscha und Podgoriza in beständiger Fehde.

Die übrigen fünf Brüder siedelten sich in Triépschi an, welches an dem nördlichen Ufer des Çem (eines westlichen Nebenflusses der Moratza) eine Stunde östlich von Gruda und Fontina liegt. Merkota Ketschi fand aber bald das Leben in dieser felsigen Gegend zu kümmerlich, und da ihm eine bequeme, aber dienstbare Existenz an einem fruchtbaren Orte lieber war, als frei und unabhängig auf den Bergen zu schweifen, so siedelte er sich in der Ebene von Podgoriza, zwei Stunden westlich von dieser Stadt an, und seine Nachkommen gaben dem Dorfe, welches sie allmählich bildeten, und das jetzt etwa 70 Häuser und über 500 Seelen zählt, von ihrem Stammvater den Namen Merkotai. Auch sie bekennen sich zur griechischen Kirche, und sprechen slavisch.

Die übrigen vier Söhne Ketschi's blieben eine Weile in Triépschi zusammen. Da kam aber einst grosser Misswachs über das Land, und Getreide war nur noch in den weit gegen Osten liegenden fruchtbaren Thalebenen der weissen Drina zu finden. Es gingen also die beiden jüngsten Brüder, welche noch unverheirathet waren, um etwas Korn für die Familie zu kaufen, nach der dortigen Stadt Pekia. In dem Chane, wo sie einkehrten, trafen sie zwei schmucke Mädchen, welche in gleicher Absicht nach Pekia gekommen waren. Diese fanden Gefallen an den schlanken frischen Burschen, und fragten sie also, wer sie wären, und woher sie kämen. Da erzählten ihnen diese die traurige Geschichte ihrer Familie, wie sie arme Hirten seien, welchen das Schicksal an keinem Orte Ruhe gönne. Darauf erklärten ihnen die Mädchen, dass sie beide die einzigen Töchter von reichen Leuten wären und dass die Burschen, wenn sie sie heirathen würden, in das bedeutende Erbe ihrer Eltern eintreten könnten. Auch sei in ihrer Heimath des fruchtbaren Landes noch genug, um auch ihre beiden verheiratheten Brüder reichlich zu ernähren Die Burschen wendeten ein, dass ihnen ihre älteren Brüder schwerlich folgen würden, dass sie auch ihren alten Vater nicht wohl verlassen könnten, von dem sie zwar jetzt getrennt, aber doch nicht so weit entfernt wohnten, dass sie sich nicht von Zeit zu Zeit sehen könnten. Nach vielem Hin- und Herreden wurde endlich ausgemacht, dass sich nach einiger Zeit die vier jungen Leute an Einem Tage in demselben Chane treffen wollten, um bestimmten Bescheid zu geben und zu erhalten; und darauf ging Jeder seines Weges. Als die zwei Burschen nach Hause kamen, erzählten sie ihren Brüdern, was ihnen begegnet sei, und fragten sie um Rath, was sie thun sollten. Aber die Brüder riethen ihnen von der Trennung ab, indem sie sagten, dass sie sich dadurch schwächen würden, dass dann die Einzelnen von Jedwedem ungestraft beleidigt werden könnten, und dass sie sich, wenn sie so weit aus einander gingen, ja niemals mehr sehen könnten. Diese Einwände machten die beiden Burschen lange in ihrem Entschluss zweifelhaft, endlich aber überwog die Liebe und die Rücksicht auf die traurige Lage ihrer Nachkommen, wenn sie in Triépschi bleiben würden, und so entschlossen sie sich zur Trennung. Demzufolge wurde der alte Ketschi, ihr Bruder Merkot, der bei Podgoriza angesiedelt war, und der lahme Piperi nach Triépschi geladen, ein grosser Abschiedsschmaus bereitet, und nachdem dieser verzehrt war, nahmen die jungen Burschen von ihrer zurückbleibenden Sippschaft Abschied, und machten sich nach Pekia auf den Weg. Dort trafen sie am festgesetzten Tage die beiden Mädchen, und zogen mit ihnen in ihre Heimath ab.

Von diesen Mädchen war die eine aus Redschitza. Sie heirathete den jungen Wass Ketschi, und aus dieser Ehe ist das zahlreiche Geschlecht der Wassewich entsprossen, welches etwa 200 Häuser und 3000 Seelen zählt. Die Wassewich bekennen sich zur griechischen Kirche und sprechen slavisch. Sie sind als arge Räuber bekannt, und so oft sie können, machen sie Streifzüge in die benachbarten Landschaften, und verlegen den türkischen Karawanen von Gutzinje, Bielopolje und und Rosai den Weg. Sie zerfallen in zwei Theile, die oberen und unteren Wassewich, je nachdem sie auf dem östlichen, oder auf dem westlichen Abhange der Bergkette wohnen, welche die Wasserscheide zwischen dem Beckengebiete des Mittelmeeres und dem Stromgebiete der Donau bildet, und zwischen dem nordwärts fliessenden Lim und dem südlich dem See von Skodra zufliessenden Moratza hinzieht. Die oberen Wassewich bewohnen das Thal der Redschitza, die auf dem östlichen Abhang jener Berge entspringt und in den Lim fällt. Die unteren Wassewich wohnen in dem Bergstriche, welcher zwischen der Moratza gegen Westen, dem Bache Malo Rika gegen Norden und dem Waldstrome Liewo Rika gegen Süden inne liegt, von welchem letzteren sie auch Lieworikjani heissen. Vor Alters war die Landschaft von Liewo Rika unbewohnt, aber zu Zeiten der türkischen Eroberung zog sich der grösste Theil der Einwohner von Redschitza jenseits der Berge, und so wurde auch dieser Strich bevölkert. Die, welche in Redschitza zurückblieben, wurden Pachtbauern der Türken. Als sich aber die Zeiten beruhigten, kehrte nach und nach ein Theil der Geflohenen zurück, und es finden sich daher in Redschitza 40 bis 50 Häuser von Liewo Rika. Auf der andern Seite trieben, wie gesagt, die Nachkommen des eingewanderten Wasso gar arges Spiel mit ihren türkischen Nachbarn, und es mussten daher nicht wenige von ihnen landflüchtig werden. Diese gingen dann über den Bergkamm, und setzten sich in Liewo Rika fest und so kommt es, dass sich nun auf beiden Seiten der Berge alte Einwohner mit den fremden Einwanderern vermischt finden. Doch haben beide Theile den Namen der Wassewich angenommen. Die Herrschaft der Türken über das Thal der Redschitza war aber niemals fest begründet. Denn in stürmischen Zeiten, oder wenn sonst die Umstände günstig erscheinen, verweigern sofort die Einwohner jede Steuer und jeden Zins. Neigt sich dann wieder die Wage auf Seiten der Türken, so erklären sie von Neuem ihre Unterwerfung, und jene finden es gewöhnlich in ihrem Vortheil, dieselbe anzunehmen, ohne der Vergangenen zu gedenken. Die auf der Westseite des Gebirges wohnenden Liewo Rikianer, deren Gebiet in dem natürlichen Bereich der montenegrinischen Berdas (Aussenbezirke) fällt, haben dagegen niemals die türkische Herrschaft anerkannt. Beide Stämme stehen jetzt (1850) unter einem Mönch, dem Archimandriten Moses, welcher ein kluger und welterfahrener Mann sein soll, und in dem Kloster des heiligen Georg residirt. Dies Kloster liegt in dem Thale der Redschitza, etwa fünf Stunden von Bielopolje, und der Ort, wo es steht, heisst Hassi.

Das andere Mädchen war aus einer dukaschinischen Landschaft, welche zwischen den Flüssen Drin und Walbona unweit Jakowo liegt. Sie hatte den Kaster Ketschi zum Manne, und dieser Ehe entspross das Geschlecht der Kastrawich, welche albanesisch sprechen, aber grössten-theils zum Islam übergegangen sind.

Kehren wir nun zu den beiden Söhnen des alten Ketschi zurück, welche in Triepschi geblieben waren. Es war dies Lazaro Ketschi und Ban Ketschi. Ueber ihre Familien und Heerden kam ein solcher Segen, dass sie der kleine Landstrich, den sie besassen, nicht mehr ernährte, und sie daher nicht mehr beisammen bleiben konnten.

Lazaro entschloss sich, in die südliche Nachbarlandschaft der Hotti, jenseits des Flusses Çem, zu ziehen. Und es wurde ausgemacht, dass der Fluss zur Gränzscheide für die Heerden beider Brüder gelten solle. Bei ihrer Abtheilung begab sich aber ein eigenthümlicher Vorfall, der die Ursache zu vielem und schwerem Hader zwischen den Nachkommen beider Brüder wurde. Als nämlich Lazarus nach beendigter Theilung mit seiner Habe abzog, da blieb zufälliger Weise auf einem Pferde, welches ihm zugefallen war, ein Halfter liegen, der dem Ban gehörte, und er hatte bereits den südlichen Abhang des Flussthales erstiegen, als ihm von dem nördlichen der Bruder zurief, dass er ihm seinen Halfter zurückbringen sollte. Da verdross es den Lazaro, abermals bergauf und ab zu steigen, und er rief ihm daher zur Antwort, dass er ihm für seinen Halfter den südlichen Thalabhang schenken wolle, den er so eben erstiegen hatte, und der nach dem Uebereinkommen ihm gehören sollte. Daher kommt es nun, dass die von Triepschi noch bis auf den heutigen Tag auch diesen Thalabhang, also das ganze Çemthal, besitzen. Die Hotten machen ihnen denselben fortwährend streitig, und sie hatten über seinen Besitz manchen harten Strauss mit ihren nördlichen Verwandten. So schlugen sich z. B. im Jahre 1849 über den Besitz dieses Striches beide Stämme zweimal. Im ersten Gefechte hatten die Hotten zwei Todte und fünf Ver-wundete, und die Triepsaner zwei Todte und drei Verwundete, obgleich die Hotten über 400 und die Triepsaner nur 80 waren. Im zweiten Gefechte hatten die Hotten vier Todte und viele Verwundete, und die Triepsaner nur einen Todten und vier Verwundete. Aber in einem Gefechte, das vor vielen Jahren geliefert wurde, fielen zwanzig Hotten und nur sieben Triepsaner. Die Triepsaner verdanken diesen constanten Kriegsvortheil der Taktik, dass sie stets nur vertheidigungsweise verfahren, und in gedeckten Stellungen auf dem nördlichen Thalabhang den Angriff ihrer weit zahlreicheren Gegner erwarten. Diese erboten sich, um den endlosen Hader beizulegen, gar oft den Triepsanern für den Halfter ihres Urahns einen goldenen Halfter zu geben. Jene liessen sich aber niemals willig finden.

Von Ban Ketschi stammen die vier grossen katholisch-albanesischen Geschlechter von Triépschi, welche über 70 Familien zählen, und zusammen mit den alten Eingebornen des Ortes das Dorf Triépschi bilden, das 115 Häuser und etwa 700 Seelen zählt. Aber auch diese Ureinwohner sind Katholiken, und sprechen albanesisch. Triépschi liegt an einem naturfesten Orte, und der Sinn seiner Einwohner ist sehr kriegerisch. Sie befinden sich daher nicht nur mit ihrer Nachbarschaft, sondern auch mit den fernliegenden türkischen Städten von Podgoriza und Gutzínje in beständiger Fehde, beunruhigen ihr Gebiet durch häufige Streifzüge, lauern ihren Karawanen auf, und tödten ihnen von Türken in die Hände fällt.

Lazaro Ketschi, der über den Çem gegangen war, nahm anfangs Ländereien eines reichen Hotten in Pacht. Seine Familie vermehrte sich aber bald so sehr, dass sie feindlich gegen die Eingebornen in der Gegend auftreten konnte und sich nach und nach zum ausschliesslichen Herrn dieses nicht unfruchtbaren Landstriches machte, indem die alten Einwohner theils mit Gewalt vertrieben wurden, theils freiwillig auswanderten, so zwar, dass sich im ganzen Lande von den Urbewohnern nur noch sechs Häuser und diese in elenden Umständen finden.

Von Lazaro Ketschi's Sohn, Geg (spr. Ghegh) Lazari stammt das grosse Geschlecht der hottischen Gegas. Er hatte nämlich vier Söhne: Pjetz Gega, Gion Gega, Lai Gega und Jun Gega.

Von Pjetz Gega stammt das Dorf Traboina mit 180 Häusern und 1000 Seelen. Die anderen drei Brüder bildeten mit ihren Nachkommen das Dorf Arapschi, welches jetzt 190 Häuser und 1150 Seelen zählt.

Die Hotten sind bis auf vier Familien, die sich zum Islam bekennen, Katholiken, und sprechen sämmtlich albanesisch. Jedes ihrer beiden Dörfer hat sein eigenes Banner und ihre Bewohner gelten für die tapfersten aller dieser Hochländer. Der Fähnrich von Traboina wird sogar Anführer aller skodranischen Hochländer genannt, und seine Fahne steht in der türkischen Schlachtordnung nur der der Mireditten nach, indem sie den äussersten rechten Flügel einnimmt, während jene auf dem linken (Ehren-) Flügel steht. Er erhält im Felde dreifache Ration, welches Privilegium einem seiner Ahnherrn für eine Grossthat verwilligt wurde, und sich bis zu ihm fortgeerbt hat.

Als nämlich die Venetianer Dulcigno berannten, kam der Pascha von Skodra der Stadt zu Hülfe und lagerte sich den Venetianern gegenüber. An einem Tage nun, wo der Pascha seinem Heere Waffenruhe geboten hatte, gerieth der Hottenfähnrich mit einem andern Hochländer über die Frage in Streit, wer von ihnen beiden der Tapferste sei. Da ergriff vom Streite erhitzt der Hotte plötzlich seine Fahne, stürmte damit nach einer venetianischen Batterie und pflanzte sie mitten unter den feindlichen Kanonen auf. Als die Hotten ihre Fahne in Bewegung sahen, wollten sie dieselbe natürlich nicht verlassen, und stürzten ihr nach. Der Rest des Heeres folgte, und so ward jene Batterie von den Türken genommen.

3. **Kastrati.** Auch von dem Stammvater der Kastrati hat die Sage fast nur den Namen erhalten, er hiess Detali Bratosi; sie lässt es aber unbestimmt, ob er von Nation ein Albanese oder ein Slave war, doch führt sie an, dass er von Kutschi, einem slavischen Landstrich, her in die Gegend eingewandert sei, welche seine Nachkommen jetzt bewohnen. Auch der Grund, warum er mit seinen sieben Söhnen auswanderte, ob wegen Mordes oder Mangels, ist unbekannt. Diese Söhne hiessen: Iwan Detali, Pal Detali, Nar Detali, Gor Detali, Jer Detali, Gion Detali und Ali Detali. Sie setzten sich anfangs in einer Höhle des Berges Weletschiko fest, welche noch heut zu Tage Viehhöhle heisst (ϑπέλα ε δγνετ), und eine Stunde von dem Wohnort der Eingebornen, Pietrowich genannt, entfernt war. In dieser Höhle wohnten sie sieben Jahre. Da sich aber in dieser Zeit der Stand ihrer Familien und Heerden ungemein vermehrte, so begannen die Eingebornen mit Furcht und Sorge auf sie zu blicken, und wegen ihrer eigenen Zukunft bange zu werden. Sie versammelten also eines Tages ihren ganzen Stamm, welcher aus drei Geschlechtern bestand.

den Pietrowich, den Tutowich und den Pelai, und beriethen sich, wie sie es mit den eingewanderten Höhlenbewohnern halten sollten. Die einen meinten, man solle sie in ihre Mitte rufen und sich mit ihnen verbrüdern, die andern, man solle sie angreifen und niedermachen. Während man nun über diese Meinung hin- und herstritt, ohne zu einem Beschlusse zu kommen, erschien ein alter hundertjähriger Greis in der Versammlung, und sprach also: Meine Lieben, ich bin ein alter Mann und habe Vieles erfahren, hört auf meine Worte, damit euch ein unüberlegter Beschluss nicht etwa Schaden bringe, denn wenn es Gottes Hand ist, welche die Fremden hierhergeführt, so könnt ihr nicht widerstehen, und sie werden euch alle vernichten; ist es aber nicht Gottes Hand, dann werden sie vor euch fliehen, wie die Wolken vor dem Winde. Um dies aber zu erfahren, thuet also: Bereitet ein Gastmahl und ladet die Fremdlinge dazu ein; wenn dann alle im Kreise herumsitzen, und aufgedeckt wird, so setzet den Tisch so weit von ihnen, dass sie das, was darauf steht, mit den Händen nicht erreichen können, und dann gebt Acht auf ihr Thun. Wenn sie aufstehen, und sich zu Tische setzen, dann wisset, dass sie eure Beute und eure Sclaven sind; wenn sie aber aufstehen und den Tisch zu ihren Sitzen herüberziehen, so dass ihr fern von demselben bleibt, dann packt eure Habe zusammen, und flieht bei Nacht, denn sonst fallt ihr ihnen zur Beute anheim. Der Rath des Alten fand Beifall, und sie handelten darnach. Auf die Einladung erschien Detali mit seinen sieben jungen und kräftigen Söhnen, die alle ein kriegerisches und trotziges Aussehen hatten. Nach der Landessitte wurde ein Kalb gebraten, und dasselbe in der Weise aufgetragen, dass die eingeladenen Gäste auch nicht einmal mit den Fingerspitzen den Rand des Tisches berühren konnten. Als diese dies gewahr wurden, verfinsterten sich ihre Gesichter, denn sie glaubten sich verspottet. Sie erhoben sich daher mit Unwillen, rissen den Tisch zu sich heran, indem sie ihn von ihren Gastgebern entfernten, und liessen sich es wacker schmecken.

Da nun das Zeichen gegen die Eingebornen ausgefallen war, so wanderten sie zur Nachtzeit mit Sack und Pack, Weib, Kind und Herden aus dem Lande, und liessen nur Alte und Presshafte zurück, die zur Wanderung unfähig waren. Als aber Detali gewahr wurde, dass die Eingebornen das Feld geräumt hatten, stieg er mit seinen Kindern aus der Höhle in das Dorf hernieder, bemächtigte sich ihrer Häuser und Felder, und der Stamm, der von ihm entsprossen, besitzt sie bis auf den heutigen Tag.

So weit war die Sage nach dem Dictate des Don Gabriel während meines Aufenthaltes in Skodra geschrieben worden. Die Krankheit, welche ich dort zu bestehen hatte, hinderte den Schluss. Da ich denselben nicht aus dem Gedächtnisse ergänzen wollte, so bat ich Don Gabriel schriftlich, denselben aufzusetzen und mir zuzuschicken. Statt dessen erhielt ich nach 8 Monaten ein Heft, welches die ganze Kastratensage erzählt. Der Anfang enthält jedoch eine bedeutende Variante von der obigen Darstellung, denn er berichtet von Detali genau das, was in der Klementersage von Clemens erzählt wurde; nur mit dem Unterschiede, dass die hässliche Tochter des reichen Hirten, bei dem Detali dient, nicht Búbei, sondern Kata heisst. Ferner wird in dem Hefte zwar auch ausdrücklich gesagt, dass Detali nur sieben Söhne gehabt, in der Folge aber figuriren deren acht, und es bestehen Namensvarianten über drei derselben. Sie sind am Schlusse aufgezählt, und möchten als an Ort und Stelle, vielleicht nach genaueren Erkundigungen, verzeichnet den Vorzug verdienen. Im Uebrigen stimmen beide Referate genau überein.

Die erwähnten Widersprüche weiss ich nicht zu erklären. Sie scheinen aber auch unerheblich, weil es hier nicht auf die Facta, sondern nur auf den Geist ankommt, der durch diese Sagen weht. Was mir Don Gabriel in Skodra erzählte, war aus der eigenen Erinnerung geschöpft. Ich bat ihn zwar darüber nachzudenken, damit die Dictate möglichs getreu würden; Erkundigungen konnte er aber vorher nicht einziehen, und daher berichtigte er bei denselben seine frühere Erzählung nur selten.

Sein Memoir schliesst er mit folgenden Worten: — questo e quanto ho potuto raccogliere dalle tradizioni di questi montanari circa la storia di loro padre. Ho interrogato persone dabbene e di buona indole, non che informati di questa materia. I fatti nel fondo son come l'ho inteso, l'intessatura e l'abbellimento son dell'artefice, con i quali però mi sono afaticato a non alterarne il senso, ne a farne un romanzo, ma una storia semplice come i personaggi di quali tratta. Addio.

Wir lassen nun eine Uebersetzung des Schlusses der Sage nach seinem Memoire folgen, bei welcher wir uns darauf beschränkt haben, die blühende Darstellung hie und da etwas zu ernüchtern und abzukürzen.

Als Detali den Abzug der Eingebornen inne wurde, stieg er mit seinen Söhnen von der Höhle in eine zum Anbau der verlassenen Felder gelegenere Gegend herunter und baute sich an einem naturfesten Orte neben einer Quelle an; man zeigt dort noch heute die Ruinen seines Hauses, welches aus Trockenmauern bestand. Seine Söhne aber bemächtigten sich der besten Felder, liessen davon dem zurückgebliebenen Reste der Eingebornen, was ihnen gut dünkte, und wurden auf diese Weise von armen Flüchtlingen der Kern der Bevölkerung. Detali aber starb in hohem Alter, nachdem er noch gesehen hatte, wie sein Geschlecht in Enkeln und Urenkeln kräftig heranblühte, und alle mit liegender und fahrender Habe wohl ausgestattet waren. Sein Grab liegt in einer kleinen Ebene und ist mit einem Haufen grosser Steinblöcke bedeckt.

Nach seinem Tode blieben die Söhne noch eine Zeitlang in der neuen Ansiedlung, da aber der Weg von dort bis zu der Hauptfeldmark weit und beschwerlich war, so beschlossen sie endlich, in das alte Dorf herunter zu ziehen, um bei der Arbeit bequemer zu haben, und in der Hoffnung, dass sie sich mit der Zeit in den Besitz der Gegend von Budischia setzen könnten, von der damals einige Bewohner von Triépschi die Weinberge inne hatten, der Rest aber wegen Mangel an Händen brach lag; denn der Ort war verödet, weil die Türken alle dessen Bewohner in die Sclaverei geschleppt hatten; und auf diese Weise rückten sie ihre Gränzen bis an die von Hotti, Schkrieli und Budischia heran.

Der Stamm vermehrte sich aber bald so sehr, dass sie nicht mehr alle zusammenwohnen konnten; sie bauten daher mehrere Häuser, die jedoch nicht sehr weit von einander entfernt waren; sie theilten zugleich das Land in drei Theile, und verloosten es unter ihre Zweige; und so kam das südliche Loos an Ali Gori und Jero, das nördliche an Pali und Ndoka, das Centrum an Iwani, Katschia und Leka, der Osten aber verblieb den Eingebornen; und wie sie sich damals theilten und einigten, so sind sie bis heute noch getheilt und geeinigt in Volksversammlungen und Geschlechtern. Obwohl sie nun stets zunahmen, so blieben sie doch in diesen Sitzen wohnen. Nur Ali, der ein Schäfer war und im Winter in die Ebene herabstieg, fand Gefallen an der Wärme und Fruchtbarkeit derselben; er liess daher nur einige Glieder seiner Familie auf dem Berge zurück, und siedelte sich mit den anderen in der Ebene an, wo sie noch wohnen, und einen Hauptzweig des Kastratenstammes bilden, obwohl sie alle Türken sind.

Die vorgedachten Weinberge von Budischia gehörten seit langer Zeit den Benkais von Triépschi. Diese bilden einen der Stämme aus denen Triépschi besteht, und zählen 25 Familien, sie stammen aber von einem Orte in Montenegro, der Rieka Iwan Beka heisst. Ihre Altvordern hatten sich wegen Blutschuld von dort nach Triépschi geflüchtet, wo sie sich rasch vermehrten. Es waren dies lauter tapfere Leute, die darum bei den Beys von Skodra sehr beliebt waren. Eines ihrer Familienhäupter hatte sich einst bei einer Gelegenheit sehr hervorgethan, und dadurch die Gunst des Paschas erworben; von diesem nun erhielt er auf seine Bitte für sich und seinen Stamm die brachliegenden Weinberge von Budischia, welche in einem etwa $3/4$ Stunden langen Thale am Fusse des Weledschika liegen. Im Anfange kamen die Benkai von Triépschi herüber, um diese Weinberge zu bauen und zu herbsten; als aber die Detalis zahlreich wurden, so war es ihnen gelegener, sie diesen in Pacht zu geben, und dafür die Hälfte, oder, wie Andere behaupten, den Zehnten des Ertrages zu beziehen. Viele Jahre zahlten auf diese Weise die Detaliden Pacht an die Benkai; aber endlich entstand Streit unter ihnen, der für letztere mit dem Verluste jener Weinberge endigte. Hiermit verhielt es sich so:

Einer von Pal Detali's Söhnen hiess Wuk Pala und dieser hatte viele Söhne, worunter sich Ull Wuka, Kat Wuka und Ded Wuka auszeichneten, weil ihnen keiner im Lande an Wuchs und Körperkraft gleich kam.

Eines Tages nun kamen Kati und Deta hinüber nach Triépschi, um die Benkai zum Herbsten herüber zu holen, weil die Trauben reif wären, und da hörten sie im Hause des Chefs der Benkai, dass zwei junge Hunde bei ihren Namen Kat und Ded gerufen wurden; darüber geriethen sie so in Wuth, dass sie ihre Messer zogen, die Hunde todtstachen und heimliefen. — Bei ihrer

Rückkehr erzählten sie ihren Brüdern den ihnen widerfahrenen Schimpf, und wie die Benkai ihre Hunde mit dem Namen der Kastraten riefen; und zur Vergeltung wurde beschlossen, von nun an den Benkais keinen Pacht mehr zu zahlen. Dem zu Folge herbsteten sie also allein, ohne deren Ankunft abzuwarten. Als die Benkais dies hörten, versammelten sie ein Corps aus Triépschi und Katschi, und machten damit einen Raubzug gegen das Vieh der Detalis, welches auf der Spitze des Weledschika weidete. Sie umzingelten bei Nacht die Hürde, und griffen bei grauendem Morgen an; aber die vier dort wachenden Hirten vertheidigten sich so lange, bis drei von ihnen geblieben waren, dem vierten gelang es, zu entwischen, und er liess sofort den Alarmruf [188]) erschallen. Die Angreifer aber plünderten nun die Hürde, und trieben das Vieh weg.

Als Ull Wuka am Frühmorgen den Alarmruf hörte, war er gerade beschäftigt, sich die Sandalen anzuschnüren, er nahm sich nicht die Zeit dazu, dies Geschäft zu beendigen, sondern machte sich mit einem beschuhten und einem unbeschuhten Fusse auf den Weg. Andere schlossen sich an ihn, und sie beeilten sich so, dass sie die Feinde beim Uebergange über den Çemfluss erreichten.

Die Triepschiner wurden in die Flucht geschlagen, und liessen vier Todte auf dem Platze; diesen schnitten die Detalis die Köpfe ab, steckten sie zuf Stangen, und kehrten triumphirend mit dem wiedererjagten Vieh nach Hause zurück. Von der Zeit an zahlten sie keinen Pacht mehr, sondern theilten das Thal von Budischia unter sich. Die eine Hälfte erhielten die Iwanai, die andere die Gorai, welche nun den Namen Budischai angenommen haben.

In der Folge erstarkten die Nachkommen Detalis dergestalt, dass sie ihren Nachbarn furchtbar wurden, und sie durch räuberische Einfälle zu plagen begannen, was sie abwechslungsweise bald mit Sehkrieli, bald mit Hotti, bald mit Kopliki und andern Nachbarn in Kriege verwickelte; ja sie geriethen sogar mit den Paschas von Skodra an einander, und behielten bei den häufigen Raufereien mit den gegen sie ausgeschickten Truppen stets die Oberhand, so dass die Pascha's endlich für besser hielten, die Kastratenchefs durch gute Behandlung und Geschenke auf ihre Seite zu ziehen, und auf diese Weise die Gegend in Ruhe zu halten. Dies Mittel bewährte sich bestens, denn lange Zeit verhielten sich die Kastraten stille, und zahlten sogar eine kleine Contribution von einigen Parás per Haus.

Endlich wurde einmal ein gewisser Tahir Bey aus dem mächtigen Hause der Tschauschen Pascha von Skodra; der trug sich mit dem Plane, die Kastrati als Christen den übrigen Rajahs gleich zu stellen; sie sollten also Charadsch zahlen, und gleich den Bürgern und Umwohnern der Stadt vor dem Kadí Recht nehmen, und anderes dergleichen. — Das stand aber den Bewohnern des Wéledschik nicht zu Sinn, sie dachten an das Blut, das in ihren Adern floss, und begannen das alte Raub- und Kriegsleben von Neuem. Darauf sammelte der Pascha ein tüchtiges und zahlreiches Heer, und drang damit bis in ihren Ort vor. Die Detalis hatten aber eingesehen, dass sie hier der Uebermacht nicht widerstehen könnten, und daher ihre Weiber und Kinder mit dem Vieh und der besten Habe in die Höhle gebracht, welche ihrem Ahnherrn zur Wohnung gedient hatte; im Dorfe war nur der eine oder andere Greis zurückgeblieben, dessen Alter auch den Feinden Schonung gebot.

Unter diesen war auch Ull Wuka, ein Urenkel Detalis, der lange Zeit der Chef des Berges gewesen war. Als der Pascha mit seinem Heere das Dorf leer fand, und hörte, dass sich die Bewohner auf den Berg zurückgezogen hätten, so liess er gegen denselben vorrücken, da ihm dessen Unwegsamkeit unbekannt war. Er selbst aber blieb in dem Hause des Ull Wuka zurück. Die Angreifenden stiessen aber bald auf hartnäckigen Widerstand, denn sie bekamen es nicht nur mit den Kugeln der Männer, sondern auch mit den Felsblöcken und Baumstämmen zu thun, welche die Weiber und Kinder auf sie herabrollen liessen, und ihnen dadurch grossen Schaden zufügten. Während des Kampfes trat Ull Wuka öfters aus seinem Hause, um denselben zu beobachten, und darüber dem darin weilenden Pascha zu berichten. In der Angst seines Herzens rief er da St. Marko an, und gelobte ihm eine Kirche zu bauen, und seinen Tag zu feiern, wenn er den Seinigen zum Siege verhelfe. Wie er sah, dass sich der Kampf zu deren Gunsten wandte, ging er in das Haus, und als ihn der Pascha fragte, wer siege, da antwortete er: die Eurigen Herr, denn sie sind mit allen Mitteln zum Kampfe versehen, die Meinigen aber sind nackt. Da schickte ihn der Pascha von Neuem hinaus, um zuzusehen, und als er nun die Türken in wilder Flucht herabstürmen, und die

Seinigen sie mit grossem Geschrei verfolgen sah, trat er wieder in das Haus und rief: „es ist geschehen, es ist geschehen!" und als ihn der Pascha fragte: was ist geschehen, wer siegt? da sagte er: „das sollst Du jetzt sehen," und stiess ihm ein Messer in das Herz. Das Grab des Paschas wird noch heutigen Tages gezeigt.

Die Türken aber kamen nicht mehr zum Stehen, und die Detalis verfolgten sie bis zu dem sogenannten trockenen Thale (περρόνι ι θάτε), und darum ist dieses Flussbett auch heute noch die Grünze des Berges, so dass die, welche diesseits wohnen, allen Abgaben der übrigen Unterthanen und dem Richterstuhle des Kadi unterworfen sind, die jenseitigen aber nach dem Rechte des Berges leben, und nur den Pascha über sich erkennen.

Die Kirche, welche Ull Wuka während des Kampfes dem St. Marko gelobt hatte, ist gebaut worden, und sein Tag wird bis zur Stunde von den Detalis gefeiert.

Der Kriegstand mit der Stadt dauerte, bis ein vernünftiger Pascha kam, der den Kastrati ihre alten Privilegien bestätigte, und seit der Zeit ist Friede zwischen ihnen und der Stadt. Als sie nun mehr und mehr an Zahl wuchsen und der Bezirk, den sie besassen, sie nicht mehr ernähren konnte, da fingen sie an, das Beispiel Ali's zu befolgen, der nach dem Tode seines Vaters in die Baisaebene gezogen war, die zwischen dem trockenen Thale und dem Seeufer liegt. Da aber das Land den Beys und Agas von Skodra gehörte, so nahmen sie es von denselben in Pacht, und bauten anfangs nur Hütten darauf, in denen sie überwinterten; Sommers gingen sie in die Berge zurück, wo die Luft gesunder ist. Nach und nach verkauften jedoch die in der Ebene ihre Besitzungen auf dem Berge, und erstanden dafür ihre gepachteten Ländereien zu eigen, und so kommt es, dass jetzt mehr Detali in der Ebene als auf dem Berge wohnen, und diese jetzt schon fast ganz ihr Eigenthum geworden ist.

Doch wohnen weder die in der Ebene, noch die auf dem Berge unter einander vermischt, sondern stamm- und familienweise, und bilden stets Verwandte einen Weiler. Die Söhne und Enkel des Detali gründeten, je nachdem sie sich abtheilten, einzelne Oerter, und diese werden meistens nach dem Häuptern der Stammzweige genannt, welche sie gründeten, mitunter aber führen sie auch den Namen des Ortes, an dem sie stehen, oder den ihnen die früheren Einwohner gegeben haben. Drei Söhne Detalis haben keine eigenen Dörfer gegründet, weil sie an Zahl zu gering waren; so leben die Nachkommen von Lek Detali und Katsch Detali mit den Söhnen von Iwan Detali zusammen, und die Söhne des Ndok Detali sind mit denen von Pal Detali vereint.

Der Bezirk von Kastrati hat sechs Chefs, nämlich einen Bairaktár und fünf Woiwoden, davon kommen auf die Iwanei zwei, auf die Palei, mit welchen die Ndokai und die alten Eingebornen (τε άνεσε) vereinigt sind, zwei, auf die Aliaten, mit denen die Goriaten vereinigt sind, einer, auf die Jerai einer.

Die alten Eingebornen haben, wie gesagt, keinen eigenen Chef, sondern nur Gjobaren, sind aber, ebenso wie die andern, zur Theilnahme an der Volksversammlung berechtigt und verpflichtet.

Verzeichniss der Kastrati.

Chefs	Familien	Bergdörfer	Flachdörfer
Pali	100	Martinai, Gjokai, Theresi,	Puta, Copani.
Iwani	123	Bradosoi, Budischia,	Hikuzzai, Pietroschinai, Skandschi, Moxetti, Dobrowoda.
Ali	72	Kurtai, „	Aliai.
Ndoka	9		
Jero	27		
Gori	25	Gorai.	
Leka	11		
Katschia	4		
Anese	37	Pietrowich.	

408 Familien mit 3157 Seelen. Von diesen sind die 72 Familien der Aliai türkisch, die übrigen aber katholisch.

Schlussbemerkungen. — Keine der obigen Sagen möchte über die Zeit der türkischen Eroberungen hinausragen [169]), und dennoch behandeln sie eine Entwickelungsstufe der Menschheit, von der sich in dem Sagenkreise der europäischen Völker nur wenige verschwommene Spuren vorfinden. Es ist dies der Uebergang der Familie zum Stamme. Die Auffindung von zahlreichen Reminiscenzen an asiatische Urzustände muss dem Leser überlassen werden. Ueber die Parallelen mit griechischen Sitten und Ansichten mögen hier jedoch einige Bemerkungen Platz finden.

Dem Leser sind wohl die Doppelnamen aufgefallen, unter welchen in diesen Sagen die einzelnen Individuen auftreten. Es ist in Albanien allgemeiner Gebrauch, dem Eigennamen den Namen des Vaters beizufügen, sobald von einem Individuum ausserhalb des Familienkreises die Rede ist. Dieser Gebrauch steht so fest, dass sogar der Albanese, welcher die Namen seiner Brüder aufzählt, jedem derselben den Namen des Vaters anhängt. Man vergleiche hiermit, was Wachsmuth, hellen. Alterth. Th. I, S. 320, über das πατρόθεν der alten Griechen sagt. Bei den Häuptlingen tritt der Name ihrer Residenz unmittelbar und ohne Präpositionalverbindung zu ihren Vornamen, und in Süd- und Mittelalbanien fällt dann das Patronymicon weg, z. B. Machmút Bey Wljores, d. h. Machmút Bey von Awlona. Der Familien-, Geschlechts- und Stammname dagegen wird niemals zur Bezeichnung des Individuums gebraucht, obgleich fast jeder Albanese seinen vollen Stammbaum wenigstens bis in das vierte, und seine Ahnen mitunter bis in das achte, ja zehnte Glied anzugeben weiss [170]). Unsere Sagen liefern auch vielfache Beispiele zu der Gewohnheit, den Namen des Stammes oder seiner einzelnen Niederlassungen von deren Gründern abzuleiten. Was den Stamm betrifft, so vermögen wir zwar bis jetzt nur die Klementiner als Beispiel anzuführen: dagegen sind sie bei den Dorfnamen um so zahlreicher [171]); wo aber die Albanesen bei ihrer Einwanderung bereits feste Niederlassungen vorfanden, da behielten sie die denselben von den Eingebornen gegebenen Namen bei [172]). Zwei kleinere gegen Süden der beschriebenen Bergstämme liegende albanesische Gemeinden haben eigenthümliche Namen: Βουχ' ε μίρε Schönbrot und Γρου' ε μίρε Schönfrauen [173]).

Wir stellen zu dieser Bemerkung das, was Kruse (Hellas I, S. 413, Nr. 60) in Bezug auf Griechenland sagt: „Es ist eine eigene Ziererei mehrerer Schriftsteller in neueren Zeiten, dass sie schlechterdings den Uebergang der Namen einzelner Fürsten auf die ihnen untergebenen Völker nicht zugeben wollen, obgleich das ganze Alterthum dafür spricht. Selbst der Umstand, dass oft ohne historischen Grund der Name eines Volkes, einer Stadt von Etymologen auf Personen zurückgeführt wird, die damit gar nicht in Verbindung stehen konnten, zeigt deutlich, dass dieses Ableiten der Völkernamen von Eigennamen so gewöhnlich geworden war, dass man dann am ersten Glauben zu finden hoffte, wenn man diesen gewöhnlichen Weg nicht verliess. Diese Gewohnheit konnte aber nicht ohne historischen Grund sein, eben weil sie Gewohnheit geworden war. — Uebrigens finden sich auch Beispiele genug, wo diese Ableitung nicht stattfindet, und wo von Städten, Flüssen und Bergen die Umwohner benannt werden."

Schliesslich möge hier noch eine Supposition Platz finden: Man denke sich, dass diese albanesischen Bergstämme oder irgend andere Völker, deren Gliederung auf der Idee des Stammes, d. h. auf dem Bewusstsein gemeinsamer Abstammung, beruht, aus ihrer Heimath erobernd in ein anderes Land einbrechen, und sich dort niederlassen. Welche Umgestaltung würde wohl die oben beschriebene Verfassung in der neuen Heimath erfahren, wenn sie sich dort frei von fremden Einflüssen aus ihrer ursprünglichen Basis entwickelte?

Macht und Ansehen des Stammhauptes (Woiwoden) müssten wohl während des Zuges, der Eroberung, und so lange überhaupt die Thätigkeit der Eroberer vorzugsweise auf Unterdrückung der eroberten, oder Abwehr äusserer Feinde gerichtet ist, grösser sein, als zur Zeit, wo der Stamm in der alten Heimath friedlicher Beschäftigung oblag. Diese Macht muss aber ihrer Natur nach eine patriarchalische bleiben, so lange das Bewusstsein der gemeinsamen Abstammung bei den einzelnen Stammesgliedern nicht gänzlich erstorben ist; auch wird dieselbe stets durch den Einfluss der Häupter der verschiedenen Geschlechter und ihrer einzelnen Zweige, in welche der Stamm zerfällt, wesentlich beschränkt bleiben, denn ihnen gegenüber ist der König ja nur primus inter parentes [174]).

Ohne dringende Veranlassung würde es endlich den einzelnen Geschlechtern und ihren Zweigen schwerlich einfallen, sich in der neuen Heimath in örtlicher Hinsicht zu trennen. Ueberwiegende politische Gründe möchten hier vielmehr die alte, aus der Entstehungsgeschichte des Stammes hervorgegangene Gewohnheit, vermöge deren die nächsten Verwandten auch am nächsten neben einander wohnen, wesentlich unterstützen. Hiernach spräche die Vermuthung dafür, dass ein erobernder Naturstamm das eroberte Land nur nach seinen Hauptgeschlechtern vertheilt, und es diesen überlässt, die einzelnen Zweige und Mitglieder in den Besitz ihrer Loose einzuweisen [175]).

Zu den vorstehenden Bemerkungen glauben wir nun in den Verfassungen der Phäaken und Ithaker, wie sie von Homer geschildert werden, entsprechende historische Analogien zu finden. Auf beiden Inseln scheint das Land zwischen dem König [176]) und den übrigen grösseren oder kleineren Häuptlingen vertheilt zu sein, und die ersteren im Verein mit dem Könige den obersten Rath und Gerichtshof des Staates zu bilden.

Zu den Suppositionen stimmen endlich die Attribute, welche Aristoteles (Politic. III, 9, 6. 7) dem mythischen Königthum beilegt. Es sind dies Recht über Leben und Tod, so lange der Krieg währt, im Frieden erstes Ansehen in der Rathsversammlung, — Rechtsprechen nach Gewohnheitsrecht und abgelegter Eidesversicherung der Pflichttreue [177]).

Auch bei den Doriern finden sich mehrfache Beispiele, dass zur Zeit ihrer Einwanderung nach Griechenland die Idee des Stammes bei ihnen noch nicht so sehr verwischt war, als bei den Germanen, welche erobernd gegen das römische Reich auftraten. Wenn die Spartaner nur zwei und nicht drei Könige hatten, so liegt der Grund vielleicht darin, dass ihre dritte Phyle der Pamphyler keinen eigenen Stamm bildete, sondern, wie ihr Name aussagt, aus Mischvolk bestand.

So mangelhaft auch die oben mitgetheilten Proben sind, so lassen sie dennoch keinen Zweifel über den Nutzen, welcher aus einer gründlichen und allseitigen Darstellung der Volksgliederung und Stammessagen der verschiedenen Landestheile von Albanien für die Geschichte im Allgemeinen und unsere Urverfassungsgeschichte insbesondere erwachsen könnte. Möchte diese Aufgabe recht bald ihren Mann finden!

Noten zum dritten Abschnitt.

[1]) Bei der historischen Auffassung der Urzustände eines Volkes und ihrer Fortbildung könnte man zwei entgegengesetzte Richtungen unterscheiden und die eine die sondernde, die andere die verbindende nennen. Erstere liebt es, ihren Stoff als selbstständige Einheit zu betrachten, und ihn aus sich selbst zu entwickeln, die etwaigen Aehnlichkeiten mit den Zuständen anderer Völker aber vorzugsweise durch die Annahme zu erklären, dass gleiche Elemente unter gleichen Verhältnissen gleiche Producte liefern, und die Tanne auf den Alpen der auf dem Himalaya ähnlich sei, ohne dass die Samenkörner derselben Kapsel entsprungen wären. Die zweite Richtung, vielleicht unbewusst von dem Drange nach Auffindung der Ureinheit erfüllt, neigt dagegen mehr dahin, diese Aehnlichkeiten auf eine frühere historische Einheit zurückzuführen. Wenn nun gleich der Beweis über die Abstammung der Albanesen, den der Verfasser in dem folgenden Abschnitt anzutreten versuchen wird, wesentlich die zweite Richtung verfolgt, so glaubt er doch bei der Darstellung der einzelnen Beweisfactoren nur einfach vergleichend vorgehen, und es dem Leser überlassen zu müssen, auf welche Weise er die Aehnlichkeiten albanesischer Zustände mit römischen, griechischen oder germanischen Analogien erklären wolle. Auch schien es ihm zweckmässig, die Darstellung der ersteren von den aufgefundenen Parallelen streng zu trennen. Die letzteren wurden daher in die Noten verwiesen.

Die Schilderung der Familienbräuche der Riça entstand auf folgende Weise: Ich liess mir von meinem toskischen Lehrer, Apostólis, erzählen, was er wusste, und er zeigte sich, wie alle

Riçaten, darin sehr fest und erfahren; dann fragte ich nach dem einen oder andern, und liess ihn über das, was er nicht wusste, Erkundigungen einziehen. Nachdem wir dann das Thema nochmals durchgesprochen, schrieb er selbst die einzelnen Capitel griechisch auf und nach wiederholter gemeinschaftlicher Durchsicht übersetzte ich dieselben möglichst treu, und schaltete nur selten eine eigene Bemerkung ein. — Dieses Verfahren schien mir das zweckmässigste, um der Schilderung eine möglichst nationale Färbung zu verschaffen; aus diesem Grunde blieben auch Apostóli sämmtliche in den Noten beigesetzte Parallelen vorbehalten, von denen ich viele erst bei ·einer späteren näheren Vergleichung auffand. Es steht jedoch zu vermuthen, dass hier dem Dilettanten gar manche feinere Beziehung entgangen sein werde, deren Ergänzung er den Männern vom Fache überlassen muss.` — Vieles hier von der Riça Erzählte ist gemein-albanesisch, ja gemein-griechisch (wo ich dessen sicher war, machte ich darauf aufmerksam), manches aber auch nicht; um daher nicht zu falschen Schlüssen verleitet zu werden, möge sich der Leser auf den Gedanken beschränken: in der Riça ist es so. Eine Darstellung gemein-albanesischer Sitte ist erst dann möglich, wenn mehrere genaue Localschilderungen aus verschiedenen Landestheilen vorliegen.

²) Spondere v. despondere filium aut filiam. — Terent. Andr. I, 5, 19, praeteriens modo mi apud forum: Uxor tibi ducenda est, Pamphile, hodie, inquit; para, abi domum. — Eine so strenge väterliche Gewalt scheint sich nur in der Riça zu finden, denn an anderen Orten ist die Einwilligung des jungen Mannes erforderlich; die Mädchen dagegen werden nirgends um ihre Neigung befragt.

³) Auch in Rom war die arrha sponsalitia ein Geldstück.

⁴) Annulus pronubus.

⁵) Man muss also zwei Acte unterscheiden, 1. Den Austausch der arrha sponsalitia, und 2. eine feierliche ἐγγύησις, — die erste albanesische Confarreatio siehe weiter unten.

⁶) Sponsalia Crassipedi praebui, Cic. Q. Fr. II, 6.

⁷) Hier und bei den skodraner Bergstämmen, von denen unten die Rede sein wird, besteht also reiner Brautkauf (ebenso bei den griechischen Mainotten). Dies ist die griechische Ursitte, wie sie Homer kennt, und Aristoteles in der bekannten Stelle beschreibt, Politie. II, 5, 11. Τοὺς γὰρ ἀρχαίους νόμους λίαν ἁπλοῦς εἶναι καὶ βαρβαρικοὺς· ἐσιδεροφόρουν γὰρ τότε οἱ Ἕλληνες καὶ τὰς γυναῖκας ἐωνοῦντο παρ' ἀλλήλων. Anders in dem benachbarten Argyrokastron (ebenso in Jannina, Skodra), wo sowohl bei Muhamedanern als Christen die Braut mehr oder minder grosse Mitgift erhält, und προικοσύμφωνα v. προικοχαρτιά ausgefertigt werden. Wieder anders in dem von Muhamedanern bewohnten Orte Dragóti, welcher nur durch den Wiussafluss von den Riça-Dörfern getrennt wird. Hier wurde die Mitgift, welche die Braut dem Ehemanne zuzubringen hat, durch ein Ortsstatut auf drei Anzüge und ein Paar silberner Gürtelhaken festgesetzt, gleichviel ob der Vater reich oder arm sei. Man that dies, weil dort der Missbrauch grosser Mitgiften die Familienväter zu drücken begann. Dies Statut soll noch nicht alt sein, bietet aber eine merkwürdige Parallele zu dem von Plutarch in Sol. cap. 20 angeführten Gesetze, durch das Solon die φερνὴ auf 3 Anzüge und Hausgeräthe von geringem Werthe beschränkt habe, τῶν δ' ἄλλων γάμων ἀφεῖλε τὰς φερνὰς, ἱμάτια τρία, καὶ σκεύη μικροῦ νομίσματος ἄξια κελεύσας, ἕτερον δὲ μηδὲν ἐπιφέρεσθαι τὴν γαμετὴν. — Es fragt sich daher, ob Plutarch den Vorwurf verdiene, Solons Verfügung missverstanden, und hier die φερνὴ mit der προῖξ verwechselt zu haben, während beide Worte doch etwas Verschiedenes bedeutet hätten (s. hierüber Hermann Lehrb. der griech. Antiq. IV, §. 30, Note 13; Beker Charicles II, S. 454). — In spätern gebildeten Zeiten galten die Worte für synonym; der feine Unterschied, der früher zwischen beiden bestanden haben soll, scheint nicht recht zu den einfachen Zeiten Solons zu passen. — Auch jetzt trennt weder der Albanese noch der Grieche das Eingebrachte der Frau in verschiedene Classen, wohl aber bildet die Garderobe der Frau einen wesentlichen Theil der προῖκα und findet sich in den Ehepacten einzeln verzeichnet. Die natürlichste Erklärung der Stelle scheint uns die zu sein: Solon dachte und handelte wie die Väter von Dragóti.

⁸) Hier findet sich also sogar die altgriechische δημιουργός. Athen. IV, pag. 172; Poll. III, 41.

⁹) Hier tritt uns zum erstenmale die Idee entgegen, welche wir auch im alten Rom finden. Patrimi et matrimi hiessen nach Festus die Kinder, deren beide Eltern noch am Leben waren. Dass auch dort Gewicht auf dies Verhältniss gelegt wurde, ergibt sich aus der Eintheilung in patrimi und in matrimi, je nachdem nur der Vater oder die Mutter am Leben war, virgo patrima = Minerva; pater patrimus, der Mann, welcher noch bei Lebzeiten seines Vaters Kinder hat. — Wir werden den patrimis et matrimis noch öfter begegnen. Der Gedanke liegt auch folgender Phrase zum Grunde, die ein Verwaister zu einem sagt, dessen beide Eltern noch leben: „Du bist glücklich, oder Du hast gut reden, Dich hat der schwarze Ochs noch nicht bestiegen." Den eigentlichen Sinn dieser Worte weiss Niemand zu erklären; sie erinnern an eine noch dunklere altdeutsche Phrase vom Reiten der schwarzen Kuh.

¹⁰) Varro bei Servius ad Aen. IV, 104, aqua et igni mariti accipiebant. Unde et hodie faces praelucent et aqua petita de fonte per puerum felicissimum vel puellam, quae interest nuptiis de qua solebant nubentibus pedes lavari. Hier steht felicissimus für patrimus et matrimus.

¹¹) Erinnert an den altgriechischen παράνυμφος.

¹²) Ebenso in Altgriechenland, wo gleichfalls vor der Heimführung im Hause der Braut ein Gastmahl gehalten wird; der förmlichen Hochzeitsmahle sind also drei, das zweite gibt der Schwiegersohn dem Schwiegervater am Tage nach der Heimführung (ἐπαύλια), und das dritte dieser jenem (ἀπαύλια).

¹³) In der Regel rothe, lutei socci.

¹⁴) Stärkere Anklänge an den noch immer populären Frauenraub finden sich in der neugriechischen Sitte, z. B. auf Euböa. Der aus einem fremden Dorfe kommende Bräutigam trifft sammt seiner Sippschaft mit sinkender Nacht ein, und sucht seine Schwiegerältern wo möglich durch seine plötzliche Erscheinung zu überraschen.

¹⁵) Abripitur. — Dass dies bei den Römern zum Andenken an den Sabinerraub eingeführt worden sei, möchte ich trotz der dafür bestehenden alten Autoritäten bezweifeln, weil nicht nur die albanesische, sondern auch die neugriechische und wallachische Sitte der Braut auferlegt, sich gegen den Austritt aus dem Vaterhause zu sträuben. Wo sie zu Fusse geht, wird sie nicht nur an beiden Armen geführt, sondern auch von hinten fortgeschoben, wobei sie möglichst kleine und langsame Schritte macht.

¹⁶) Das römische Flammeum. — Bei den Neugriechen ist es ein feuerrother durchsichtiger Frauenschleier, mit Goldfransen verziert. In Skodra ist die reitende Braut von Kopf bis zu Fuss in einen solchen Schleier gehüllt. Ἐώνητο δὲ τῇ κόρῃ τὰ πρὸς τὸν γάμον.... ἐσθῆτα δὲ τὸ πᾶν πορφυρᾶν. Achill. Tast. II, 11. Der alte Brautschleier war daher wohl von derselben Farbe. — In dem Sinne von nubere sagt der Albanese: ε μϐουλϳόϐα βαῖζϵνε, wörtlich: ich bedeckte, d. h. ich verlobte meine Tochter; — geg. auch djáljινε, meinen Sohn.

¹⁷). Die griechischen καταχύσματα hatten wohl keinen anderen Sinn. Schol. Aristoph. Plut. 768, τῶν γὰρ νεωνήτων δούλων τῶν πρῶτον εἰσιόντων εἰς τὴν οἰκίαν ἢ ἁπλῶς τῶν, ἐφ' ὧν ὁ τωνί-σασθαί τι ἀγαθὸν ἐβούλοντο, ὡς καὶ ἐπὶ τοῦ νυμφίου περὶ τὴν ἑστίαν τὰ τραγήματα κατέ-χεον εἰς σημεῖον εὐπορίας, ὡς καὶ Θεόπομπός φησιν ἐν Ἡδυχάρει, φέρε σὺ τὰ καταχύσματα, ταχέως κατάχει τοῦ νυμφίου καὶ τῆς κόρης. Das Confettiwerfen am italienischen Carneval ist ein Ueberbleibsel dieser Sitte.

¹⁸) Bei den Römern wurde sie darüber gehoben, oder musste sie Acht haben, die Schwelle nicht mit dem Fusse zu berühren. Uebrigens traten auch diese mit dem rechten Fusse ein. — Petr. 30, quum conaremur in triclinium intrare exclamavit unus ex pueris, qui super hoc officium erat positus: dextero pede. Vitruv. III, 8. Gradus in fronte constituendi sunt, ut semper sint impares namque, cum dextero pede primus gradus ascenditur, idem in summo templo primus erit ponendus. S. auch Juven. X, 5.

¹⁹) Conjux, — σύζυγος?

²⁰) Das καταχλάζειν τὴν νύμφην ist auch bei den Altgriechen ein Hochzeitsact; nur geschieht es von dem Bräutigam im Brautgemache.

²¹) Man könnte diesen Act die dritte albanesische confarreatio nennen. Die erste erfolgt bei der Verlobung, die zweite während des Trauungsactes, indem der Priester die Brautleute aus

einem Glase Wein trinken, und von den hineingeworfenen Brotstückchen essen lässt. — In Elbassan gibt man den Brautleuten bei der Rückkehr aus der Kirche Honig zu essen, und zerbricht dann das Gefäss, aus dem er genommen worden ist.

²²) Sollte diese Sitte ein Anlaut an das *λουτρὸν νυμφικόν* sein, das sowohl die Braut als der Bräutigam am Hochzeitstage nahmen, und wozu das Wasser aus einem bestimmten Quell von dem *λουτροφόρος* geholt wurde?

²³) *ἐπαύλια τὰ μετὰ τὴν ἐρχομένην ἡμέραν τοῦ γάμου δῶρα παρὰ τοῦ τῆς νύμφης πατρὸς φερόμενα τοῖς νυμφίοις ἐν σχήματι πομπῆς.* Pausan. bei Eustath. zu Ilias XXIV, 29, p. 1337, 43. — Die römischen Repotia waren wohl dasselbe. Sollte die Sippschaft der altgriechischen Braut an dem Hochzeitsfeste, welches nach der Heimführung in dem Hause des Bräutigams gefeiert wird, gleichfalls keinen Antheil genommen haben? — Wir wären wegen dieses Besuches geneigt, diese Frage zu bejahen.

²⁴) Pollux III, 36, *καὶ ἀπαύλια δὲ, ἐν ᾗ ὁ νυμφίος εἰς τοῦ πενθεροῦ ἀπὸ τῆς νύμφης ἀπαυλίζεται.*

²⁵) Hier findet also merkwürdiger Weise das Beilager erst nach den *ἐπαύλια* und *ἀπαύλια* Statt. Aber welcher Reichthum an Förmlichkeiten! Der Eheact zerfällt in 8 Haupttheile; 1. Austausch der arrha sponsalitia; 2. feierliche *ἐγγύησις*; 3. Vorbereitungen zur Heimführung; 4. Heimführung; 5. Einsegnung der Ehe (sie ist nicht nothwendiger Weise mit der Heimführung verbunden, s. Sitten der Bergstämme, Note 146); 6. *ἐπαύλια*; 7. *ἀπαύλια*; 8. Beilager.

²⁶) In der Riça und Çagoria betrug sie früher 800 Piaster; jetzt ist dies repudium ebenso wie das Divortium bona gratia viel schwieriger, und die christlichen Behörden werden in dem Maße strenger, als die Furcht vor dem Uebertritt des Abgewiesenen zum Islam abnimmt. Früher konnten beide Theile unmittelbar nachher wieder heirathen. Dergleichen Scheidungen waren vor Alters sehr häufig, sie erfolgten namentlich wegen Kinderlosigkeit; 5 Jahre war der höchste Termin, den der Ehemann abwartete. — Diese Scheidung erfolgt auch mitunter, wenn Kinder vorhanden, doch wird sie dann von der öffentlichen Meinung sehr getadelt.

²⁷) Herodot sagt I, 146, von den asiatischen Joniern: *οὗτοι δὲ οὐ γυναῖκας ἠγάγοντο ἐς τὴν ἀποικίην, ἀλλὰ Καείρας ἔσχον, τῶν ἐφόνευσαν τοὺς γονέας· διὰ τοῦτον δὲ τὸν φόνον αἱ γυναῖκες αὗται, νόμον θέμεναι, σφίσι αὐτῇσι ὅρκους ἐπήλασαν, καὶ παρέδοσαν τῇσι θυγατράσι, μή κοτε ὁμοσιτῆσαι τοῖσι ἀνδράσι, μηδὲ, ὀνόματι βῶσαι τὸν ἑωυτῆς ἄνδρα· τοῦδε εἴνεκα, ὅτι ἐφόνευσαν σφέων τοὺς πατέρας καὶ ἄνδρας καὶ παῖδας καὶ ἔπειτα, ταῦτα ποιήσαντες, αὐτῇσι συνοίκεον.* — Ob der Grund der Sitte wohl richtig angegeben ist? Auch die Riçatinnen essen nicht mit den Männern, sobald Gäste am Tische sind. S. auch Lexikon s. v. *al.*

²⁸) Ein solches Gefäss stand im alten Griechenland vor jedem Trauerhause. *Καὶ οἱ ἐπὶ τὴν οἰκίαν τοῦ πενθοῦντος ἀφικνούμενοι ἐξίοντες ἐκαθαίροντο ὕδατι περιῤῥαινόμενοι, τὸ δὲ προύκειτο ἐν ἀγγείῳ κεραμέῳ ἐξ ἄλλης οἰκίας κεκομισμένον.* Pollux VIII, 65. Auch die Römer reinigten sich nach beendigter Bestattung, und bei der Rückkehr in das Haus durch Besprengung mit aqua lustralis, s. weiter unten.

²⁹) Die Moiren leben also noch in Albanien. Apollod. Bibl. I, 10, 2. *τούτου (Μελεάγρου) δ'ὄντος ἡμερῶν ἑπτὰ παραγενομένας τὰς Μοίρας φασὶν εἰπεῖν, τότε τελευτήσει Μελέαγρος, ὅταν ὁ καιόμενος ἐπὶ τῆς ἐσχάρας δαλὸς καταχαῇ.* Man verbinde hiermit das im Kalender erwähnte Aufbewahren von angebrannten Zweigen, um sie an einem bestimmten späteren Tage zu verbrennen.

³⁰) *Δεκάτην ἑστιᾶσαι τὸ τῇ δεκάτῃ ἡμέρᾳ τῆς γενέσεως τοῦ παιδὸς συγκαλεῖν τοὺς συγγενεῖς καὶ τοὺς φίλους καὶ τιθέναι ὄνομα τῷ παιδὶ καὶ εὐωχεῖν τοὺς συνεληλυθότας.* Bekk. Anecd. p. 237. — *εἶεν γυναῖκες, νῦν ὅπως τὴν νύχθ' ὅλην ἐν τῇ δεκάτῃ τοῦ παιδίου χορεύσετε,* Ath. XV, 7. Das altgriechische Fest fand am 10. oder am 7. Tage nach der Geburt, also später als das albanesische Statt. Die Theilnahme der Verwandten am Backen der grossen Brezel, ihr Zerbrechen über der Wiege, das Verzehren der mitgenommenen Stücke von den Gliedern der Verwandtschaft, welche beim Feste nicht zugegen waren (offenbar zur Erinnerung an dasselbe), der Umstand, dass sich das Fest neben der Taufe erhalten hat, alles dieses möchte die Vermuthung unterstützen,

dass ihm ein anderer Gedanke zu Grunde liege, als der der nun obsolet gewordenen Benamung des Säuglings, und dass es vielmehr dessen Aufnahme in das Geschlecht seines Vaters, dessen Anerkennung als Stammesglied bezwecke. — Die Athener hätten schwerlich die Inscription des Neugebornen in die Phratorenlisten eingeführt, wenn sie nicht durch irgend eine Sitte für diesen Gedanken vorbereitet gewesen wären.

[31]) Alb. *ljaχroúar*, neugr. πῆτα v. χαλημέρια, besteht aus mehr oder weniger dünnen Teigblättern, zwischen welchen Lagen gehacktes Fleisch oder Kraut oder Käse liegt, und wird auf einer Metallscheibe im Backofen gebacken.

[32]) μασούρ-ι, Rohrstück, worauf Garn gewickelt, ὅϱν μασούρ, er ist ein Weber.

[33]) Dies ist auch eine neu- u. altgr. Sitte: Ἰστέον δὲ καὶ ὅτι παλαίτατον ἔθος ἦν τοὺς ἐγγόνους καλεῖσθαι τοῖς τῶν πάππων ὀνόμασιν, Eusth. ad Il. V, 546, p. 581, 4. ἀξιοῖ δ'αὐτὸς, ὡς δὴ πρεσβύτερος ὢν τοὔνομ' ἔχειν τὸ τοῦ πρὸς πατρὸς πάππου, Demosth. adv. Boeot. ὀνόμ. pag. 1002.

[34]) Abermals ein römischer, bei der Beerdigung vorkommender Reinigungs-Gebrauch. Die von derselben nach Hause Zurückkehrenden besprengen sich mit Wasser und schreiten über Feuer (ignem supergrediebantur), was Sufficio hiess, s. Festus s. v.

[35]) Sie erscheinen weiter unten abermals beim Tarantelstich.

[36]) μασωμένη ἐσίτιζεν Festus. s. v. ψωμίζειν. — Theophr. Char. 20, καὶ τὸ παιδίων τῆς τίτθης ἀφελόμενος μασώμενος σιτίζειν αὐτός. — Athen. XII, 40, Σάγαριν τὸν Μαριανδυνὸν ὑπὸ τρυφῆς σιτεῖσθαι μὲν μέχρι γήρως, ἐκ τοῦ τῆς τίτθης στόματος, ἵνα μὴ μασώμενος πονήσειεν.

[37]) πλόχαμος πενθητήριος. — Die Männer, besonders trauernde Väter, lassen Bart und Haupthaar wachsen, wie die Römer; dass aber auch die Männer, welche langes Haar tragen, dasselbe, wie die Altgriechen, bei der Trauer abschnitten, habe ich nicht gehört.

[38]) Die dem Schafpelze nachgebildete Flocate ist Abschnitt I, Note 39 beschrieben. Merkwürdiger Weise bemerkt Festus, s. v. pellis, dass sich die trauernden Römer zuweilen in Thierfelle kleideten.

[39]) Lucian sagt von den Römern: Οἰμωγαὶ δὲ ἐπὶ τούτοις καὶ κωκυτὸς γυναικῶν, καὶ παρὰ πάντων δάκρυα, καὶ στέρνα τυπτόμενα καὶ σπαραττομένη κόμη, καὶ φοινισσόμεναι παρειαί· καί που καὶ ἐσθὴς καταρρήγνυται, καὶ κόνις ἐπὶ τῇ κεφαλῇ πάσσεται, καὶ οἱ ζῶντες οἰκτρότεροι τοῦ νεκροῦ· οἱ μὲν γὰρ χαμαὶ καλινδοῦνται πολλάκις καὶ τὰς κεφαλὰς ἀράττουσι πρὸς τὸ ἔδαφος, Lucian de luctu, 12. So war es in Hellas und Italien von Homers Zeiten an, und ist es auf der östlichen Halbinsel bis heute geblieben, und die Verbote der Gesetzgeber (Solons und der 12 Tafeln) erwiesen sich gegen diese Sitte machtlos. — Wohl zu unterscheiden ist von diesem Jammer der geordnete Klagegesang. So unterscheidet auch Plat. leg. XII, p. 947, da, wo er von der Bestattung des Priesters spricht, beides sehr genau, indem er den Jammer verbietet, den Trauergesang verordnet: προθέσεις — θρήνων δὲ καὶ ὀδυρμῶν χωρὶς γίγνεσθαι· χορῶν δὲ χορὸν πέντε καὶ δέκα καὶ ἀρρένων ἕτερον περιϊσταμένους τῇ κλίνῃ ἑκατέρους, οἷον ὕμνον πεποιημένον ἔπαινον εἰς τοὺς ἱερέας ἐν μέρει ἑκατέρους ᾄδειν, εὐδαιμονίζοντας ᾠδῇ διὰ πάσης τῆς ἡμέρας. — Trauergesang, altgr. ἔλεγος, — geg. *lljje-ja*; — altn. liesang, lieleod; — tosk. *xjáje* v. *χljáje* (Klage); — lat. naenia v. lessus; — νέννε und νάννε, albanes.; — νίννα und νάννη, altgr. Mutter. Die Neugriechinnen und Albanesinnen schläfern ihre Kinder mit dem Rufe: νάννϊϊ ein; in der griechischen Kindersprache ist νηννί das kleine Kindchen. — Zu lessus stellen wir das albanes. *ljeδ* Leichnam, welches (λ in *d* s. Grammat. §. 3) mit *deσσ*, ich sterbe, verwandt zu sein scheint.

[40]) Das römische inclamare ist auch bei den Neugriechen gebräuchlich.

[41]) S. Heft II, Lied Nr. 2.

[42]) Dieser Gebrauch möchte für die Erklärung alter Darstellungen von Interesse sein.

[43]) Kirchenglocken finden sich fast in allen toskischen Dörfern.

[44]) Ein Gesetz Solons gebot; βαδίζειν δὲ τοὺς ἄνδρας πρόσθεν, ὅταν ἐκφέρωνται, τὰς δὲ γυναῖκας ὄπισθεν, Demosth. in Macart. p. 1071.

[44]) Dieser letzte Kuss ist in der ganzen griechischen Kirche üblich. Die Römer küssen den auf dem Scheiterhaufen liegenden Leichnam, Propert. II, 13, 29; Tibull. I, 1, 62.

[46]) Die δανάκη ist nicht bloss in Albanien, sondern auch in vielen griechischen Gegenden noch immer im Gebrauch. Ueber den Grund dieser Sitte, so wie der Ausnahme, weiss Niemand Auskunft zu geben, s. jedoch über die besondere Kraft des Silbers, die Entschleierung der Braut, Reise, Neumond und Viehkauf, S. 146 Note 20, S. 156, 157 u. 158.

[47]) Ob überhaupt kein Feuer angezündet wird (wie bei den Römern), habe ich zu fragen vergessen. Die sorgfältige Unterhaltung desselben bei der Wöchnerin, und in gewissen Nächten (s. den folgenden Kalender) macht dies jedoch wahrscheinlich.

[48]) Dieser gehört also in der Riça zu den Ausnahmen. In anderen albanesischen Gegenden ist er so gut Regel wie in Alt-Rom und Hellas. — Wenn aber bei Terent. Eunuch. III, 2, 28 ein alter Mann silicernium genannt wird, so möchte die Figur erst dann piquant werden, wenn man annimmt, dass man sich auch in Rom bei der Bestattung überlebter Greise mit Klagen nicht sonderlich anstrengte und der Leichenschmaus die Hauptsache dabei war.

[49]) Dies ist eine höchst merkwürdige Sitte. — Es ist uns keine Stelle aus dem Alterthum bekannt, welche darauf hindeute, dass man in Rom oder in Hellas die einem in der Fremde verstorbenen Landsmanne erwiesenen letzten Ehren nicht für justa oder δίκαια anerkannt habe, wenn sie es wirklich waren. Dies aber ist hier der Fall. Die einzige Stelle, die unseres Wissens auf etwas Aehnliches hindeutet, spricht von der Wiederholung der Begräbnissfeier, wenn die Gebeine in die Heimath zurückgebracht werden; und in diesem Falle ist der Gedanke ziemlich nahe liegend, dass ihre Beisetzung in der Heimath dann auch mit allen herkömmlichen Förmlichkeiten geschehen solle. — Isaeus ad Astyph. §. 4. ἐπεὶ δ' ἐκομίσθη τὰ ὀστᾶ τοῦ ἀδελφοῦ, ὁ μὲν προσποιούμενος πάλαι υἱὸς εἰσπεποιῆσθαι οὐ προὔθετο οὐδ' ἔθαψεν, οἱ δὲ φίλοι ... καὶ προὔθεντο καὶ τἄλλα πάντα τὰ νομιζόμενα ἐποίησαν. — Hier aber wartet man diesen Zeitpunkt, dessen Eintritt sich in der Regel berechnen lässt, nicht ab, sondern hält die Leichenfeier, unbekümmert, ob der Verstorbene in der Fremde juste begraben, oder ob ihm überhaupt kein Begräbniss zu Theil geworden. — Diese Sitte zeugt von der Macht des albanesischen Heimathsgefühles, mit welchem die Idee, welche bei den Alten zur ψυχαγωγία und zum Kenotaphium führte, eigentlich nichts zu thun hat. Daher ist das Letztere auch den Albanesen unbekannt.

[50]) Wenn daher die Pargioten bei der Uebergabe ihres Ortes an Ali Pascha die Gebeine ihrer Todten ausgruben, und mit sich nahmen, so wird darin kein Grieche eine ausserordentliche Handlung erblicken.

[51]) Jedoch finden sich auch Ortsnamen, dem Tauf- oder persönlichen Namen zugefügt; bei den mächtigen Familien bezeichnet dies, wie im übrigen Europa, den Stammsitz oder Wohnort, so Omer Bey Vrióni, Machmúd Bey Wlióres, Weiss Aga Frásaris, ins Deutsche übersetzt: Omer von Vrióni, Machmúd von Wlióres (Awlona), Weiss von Frásaris. Bei einem Plebejer dagegen bedeutet es ebenso, wie im heutigen Griechenland, den Stamm oder den Geburtsort eines fremden Zugewanderten zur Unterscheidung vom Einheimischen, so wie unsere Franke, Fries, Sachse, Heidelberger, Nürnberger, welche, wenn sie an den entsprechenden Orten gefunden werden, in der Regel wohl auf eine Rückwanderung in die alte Heimath schliessen lassen, in welche der in der Fremde erworbene Name mitgebracht wird.

[52]) Siehe hierüber weiter in den Sitten der östlich von Skodra wohnenden Hochländer.

[53]) Hier sind also γεννῆται = ὀργεῶνες und umgekehrt. Die römischen Curien?

[54]) Calendae? Kalender?

[55]) Frankfurter Conversations-Blatt, 22. April 1851. Im vorigen Jahrhundert wurden in Schweden eigene Weihnachtsbrote gebacken, welche von dem darauf abgebildeten Eber oder Widder „Juleber" oder „Julwidder" hiessen, bis zum Frühjahre aufbewahrt, und davon den Hausthieren, ja sogar den zur Feldarbeit gehenden Knechten und Mägden zu essen gegeben, um sie vor Schaden und Krankheit zu bewahren, und eine gesegnete Ernte zu erzielen. — Nach Grimm, deut. Mythol. S. 1188 wird ein Theil davon unter die Frucht gemischt, ein anderer den pflügenden Rossen und dem Pflughalter zu essen gegeben. Der dapes pro bubus, von welchem Cato de re rustica, 132, spricht, wird aber Florente piro, also im Frühjahre gebacken.

[56]) Nach albanes. Sinne eine förmliche zu Gastladung.

⁵⁷) Im nördlichen Albanien wird der erste März als Jahresanfang betrachtet. — Die Thiere werden mit Blumen geschmückt, und die Einwohner wickeln einen rothen Seidenfaden um den kleinen Finger der rechten Hand und die grosse Zehe des rechten Fusses; kleine Kinder erhalten auch wohl einen solchen Faden um den Hals und den rechten Arm. Bei dem Anblick der ersten Schwalbe wird dieser Faden abgenommen, und auf einen Rosenstrauch geworfen, damit ihn die Schwalbe von dort hole. Dieser zarte an Gessner's Idyllen erinnernde Gedanke muthet einem in Albanien wie exotisch an. Uebrigens mag der aufmerksame Leser wohl auch anderwärts leise Gemüthsvibrationen in der Gegerei entdecken, von welchen der Süden des Landes vollkommen frei ist. Sieht einer die erste Schwalbe, nachdem er gegessen hat, so glaubt er, dass er gleichsam eine Wette mit der Schwalbe gewonnen habe; sieht er sie aber, bevor er gegessen hat, so hält er sich für besiegt. — Niemand weiss den Grund dieser Ansicht anzugeben. — In Nordalbanien findet sich mithin der urrömische Jahresanfang, welchen schon Numa abgeändert haben soll.

⁵⁸) Die alte φυλλομαντεία.

⁵⁹) Feralia (der 21. Febr.), quod tum epulas ad sepulcra amicorum, ferebant vel pecudes feriebant. Festus. Sämmtlichen oben erwähnten Handlungen scheint die Absicht der „Reinigung" zu Grunde zu liegen.

⁶⁰) In diesem Sinne sagt der Neugrieche, τὸν Μάρτε ξύλα φύλαγε, μὴ κάψῃς τὰ σταλίκja, spare für den März dein Brennholz auf, damit du nicht die Zaunpfähle verbrennen musst.

⁶¹) Bei Frankfurt a. M. singen die Kinder noch heutigen Tages:

Hawle hawle lone	Gebt uns die langen,
Die Fassenacht geht one.	Lasst die kurzen hangen.
Oben in dem Hinkelhaus	Glück schlag' in's Haus,
Hängt ein Korb voll Würst' heraus.	Komm' nimmermehr heraus!

⁶²) Hier begegnen wir der, wahrscheinlich schützenden Kraft der edlen Metalle zum zweiten Male. Siehe Entschleierung der Braut, und weiter unten Mond.

⁶³) Siehe oben S. 149, Note 35.

⁶⁴) Die albanesischen Spinnen sind also stolz auf ihr Gewebe, und darum den Schmeicheleien zugänglich. Läge etwa eine ähnliche Idee der Mythe von der Arachne zu Grunde?

⁶⁵) Es scheint besonders für reinigend gehalten zu werden, s. den St. Johannistag und die Reinigung des bei Nacht zu einer Wöchnerin Eintretenden.

⁶⁶) Als bedeutende Zahlen gelten in Mittelalbanien besonders 3, 9, 40, ferner den Christen noch 12, den Türken 7 und 77, beiden gemeinsam 99. Sie figuriren in Gebräuchen und Mährchen.

⁶⁷) Das Wort scheint des Reimes wegen gebildet, ist sonst ungebräuchlich.

⁶⁸) Wenn die Mütter in der Gegaria den ersten Storch sehen, legen sie einen Stein auf den Kopf ihrer Säuglinge, welche mit ungeheuren, schwer schliessenden Fontanellen geboren werden, und sprechen dabei: κρύε τατ κjουλ, κρύε τεμ γουρ.

⁶⁹) Zum Neumond sprechen die Ehsten, sei gegrüsst, Mond, dass du alt werdest, und ich jung bleibe, Grimm. d. M. 677. Der Leidende ruft dem Neumonde zu: Du magst zunehmen, mein Uebel mag abnehmen, S. 678. Bisgott, willkommen Mond, holder Herr, mach meines Geldes mehr. S. 666.

⁷⁰) Darf man hiemit die Verhöhnung des am Pfingsten zuletzt austreibenden Hirten (Pfingstschläfer) in Verbindung bringen? Grimm, deutsche Mythol. S. 746.

⁷¹) Der Schrei des Käutzchens hat in seinen verschiedenen Modulationen viele Aehnlichkeit mit dem Todtenjammer der Weiber, und dies mag ihm vermuthlich den Namen des Unglücksvogels zugezogen haben.

⁷²) Vermuthlich auch hier als Schutzmittel gegen böse Einflüsse, s. Note 47.

⁷³) Das slavische Lied von der Einmauerung einer jungen Frau bei dem Bau der Citadelle von Skodra soll auch im Albanesischen existiren.

⁷⁴) S. auch die Bräuche vom Neujahrstage, und bei der Schatzhebung. — In Elbassan wurde mir erzählt, dass ein Mann, welcher vor mehreren Jahren eine Oelpflanzung anlegte, in jede Setz-

grube einen Schlangenkopf werfen liess; ob er hierin persönlicher Eingabe, oder einem alten Brauche gefolgt sei, wusste man nicht anzugeben.

[75]) Die Slaven kennen keinen Kampf des Sommers und Winters, welcher germanisch zu sein scheint. Grimm deutsche Mythol. S. 734.

[76]) Bei den Neugriechen Νεράϊδες; ihrem Charakter nach scheinen sie jedoch den alten Melien zu entsprechen.

[77]) Dieser Glaube erinnert an die Furcht des Anchises bei seiner ersten Bekanntschaft mit Aphrodite.

[78]) Eine dunkle deutsche Redensart spricht vom Reiten der schwarzen Kuh.

[79]) Lares grundules. Die Römer begruben auch die Kinder, welche noch nicht gezahnt hatten, im suggrundarium.

[80]) Das Wort scheint seiner Endung nach eine weibliche Participialform zu sein, das entsprechende Präsens wäre βιττότγ, scheint jedoch nicht vorhanden zu sein, dafür βjέτ und βιττ, Plur. βιτερέ-τε Jahr; βιέτρε alt; βjετερότγ ich altere. — βιττόρε scheint daher etwa den Sinn von „Alte, Altchen" zu haben.

[81]) Nullus enim locus sine genio, qui per anguem plerumque ostenditur. Servius ad Aen. V, 58.

[82]) λουπ ich verschlinge, geg. (wohl mit dem latein. lupus verwandt); im neugriech. τὸ ἔμαρε γλjούπ er schlang es hinunter, verschlang es.

[83]) S. z. B. Heft II, Nr. 3.

[84]) Erinnert unwillkührlich an die drei Tauben auf der dodonaeischen Kupfermünze, welche J. Arneth in seinem Taubenorakel von Dodona, Wien 1840, beschrieben hat. Eine Taube sitzt auf der Orakeleiche, die beiden andern stehen am Fusse derselben.

[85]) Die Ἔμπουσα soll in den Mährchen des oberen Sperchius-Thales fortleben.

[86]) Die gegische Form zeigt grosse Aehnlichkeit mit dem loup garou der Franzosen; dieser ist, wenn wir nicht irren, im südlichen Frankreich ein blutsaugender Revenant, und daher etwas anderes, als unser Währwolf und der Lykanthropus der Römer und Griechen.

[87]) Der Neugrieche sagt διὰ νὰ τὰ βοσκήογ, um sie zu weiden.

[88]) Die meisten der obigen Data erinnert sich der Verfasser in einer Schilderung des französischen Volksglaubens über Schätze und deren Hebung in der Revue des deux mondes 1849 oder Anfang 1850 gelesen zu haben, doch runden sie sich dort zu einem förmlichen Systeme.

[89]) Der Kukuk ist im Albanesischen weiblich, κjύκjε-ja oder κούκο-ja.

[90]) Tosk. boux ε κjύκjε, Kukuksbrot genannt.

[91]) Ebenso erröthet Hippothales, als Sokrates auf seine Liebe zu Lysis anspielt. Plato Lys. p. 204. Sokrates selbst aber schildert den Eindruck, den Charmides Schönheit auf ihn machte, mit folgenden Worten: Τότε δὴ, ὦ γεννάδα, εἶδόν τε τὰ ἐντὸς τοῦ ἱματίου καὶ ἐφλεγόμην, καὶ οὐκέτ' ἐν ἐμαυτῷ ἦν, id. Charm. pag. 155.

[92]) So sträubt sich Agesilaus gegen die Liebkosungen des geliebten Megabates. Xenoph. d. rep. laced. c. 5, 4.

[93]) Ein Ideengang, von dem sich behaupten liesse, dass er Xenophon entnommen sei, denn dieser sagt (rep. laced.): εἰ δέ τις παιδὸς σώματος ὀρεγόμενος φανείη, αἴσχιστον τοῦτο θείς, ἐποίησεν (Λυκοῦργος) ἐν Λακεδαίμονι μηδὲν ἧττον ἐραστὰς παιδικῶν ἀπέχεσθαι, ἢ γονεῖς παίδων, ἢ καὶ ἀδελφοὶ ἀδελφῶν εἰς ἀφροδίσια ἀπέχονται.

[94]) Ueber diese von der unsrigen so sehr abweichenden Denkweise s. κjίγ im Lexikon. Ist sie alt? Gewisse Vasengemälde scheinen die Frage zu bejahen. Die Bedeutung des Wortes ὕβρις möchte dagegen keinen Beweis liefern, da wir Schändung in demselben Sinne brauchen.

[95]) Dies ist nicht spartanisch. Ἐρᾷ Σπαρτιάτης μειρακίου λακωνικοῦ, ἀλλ' ἐρᾷ μόνον ὡς ἀγάλματος καλοῦ. Καὶ ἑνὸς πολλοί, καὶ εἷς πολλῶν. Maxim. Tyr. Diss. XXVI, 8. t. II, p. 27, wohl aber athenensisch; so sagt z. B. Aeschines in Timarch. p. 146, von sich selbst: ἐγὼ δὲ οὔτε ἔρωτα δίκαιον ψέγω, οὔτε τοὺς κάλλει διαφέροντάς φημι πεπορνεῦσθαι, οὔτ' αὐτὸς ἐξαρνοῦμαι μὴ οὐ γεγονέναι ἐρωτικός, καὶ ἔτι νῦν εἶναι, τάς τε ἐκ τοῦ πράγματος γιγνομένας πρὸς ἑταίρους φιλονεικίας καὶ μάχας οὐκ ἀρνοῦμαι, μὴ οὐχὶ συμβεβηκέναι μοι.

⁹⁶) Ebenso in Athen. Bei Stellen, wie bei Aristoph. Plut. V, 153, 19, denkt ein Gege gewiss nichts Schlimmes.

⁹⁷) Daher die ewigen Klagen in den Knabenliedern über die Tyrannei des Lieblings, s. auch Pausan. I, 30, 1.

⁹⁸) Ich habe es leider versäumt, diese interessanten Angaben meines gegischen Lehrers an Ort und Stelle zu controlliren und zu vervollständigen. Es bleibt dies daher meinen Nachfolgern überlassen.

⁹⁹) Poll. IX, S. 107, Καὶ ποτὲ μὲν ἐπ' αὐτοῖς διετίθεντο τοῖς ὄρτυξι, ποτὲ δὲ ἐπ' ἀργυρίῳ.

¹⁰⁰) Roeth. S. 108. Das albanes. Wort für Feuer ist ζιάρρ. — Im Zend Avesta hat sich der Name des Feuers in seiner Bedeutung als übelthätige Gottheit in dem Namen eines bösen Geistes erhalten, welcher Çaurva heisst. Als Sarva vom radic. sarv ferire, occidere, laedere ist dies aber im Sanscrit einer der ältesten Namen des Siva, idem Note 62.

¹⁰¹) Hiermit stimmte auch der Grund, auf welchen Servius ad Aen. I, 730 seine Ableitung baut: atrum enim erat ex fumo, und das gilt denn selbstverständlich auch von den albanesischen Küchenstuben.

¹⁰²) Da man keine Bettgestelle kennt, so gibt es natürlich auch keinen lectus genialis. — Was aber die Webestühle betrifft, so sagt Ascon. ad cic. Mil. b. fregerunt — telas, quae ex vetere more in atrio texebantur.

¹⁰³) Die Hälfte des Hausdaches deckt die Zimmer, die andere den Vorplatz, a. gr. χαγιάτι, albanes. τεράτσε-α genannt, und die Stiege.

¹⁰⁴) Die Südmainotten wohnen meistens in solchen Thürmen, welche nur selten Nebengebäude haben.

¹⁰⁵) Auch folgende Stelle scheint auf einen, vom übrigen Hause gesondert stehenden Thurm zu deuten: ὑπερῷόν τι ἦν τῆς ἡμετέρας οἰκίας, ὃ εἶχε Φιλόνεως, ὅκοτ' ἐν ἄστει διατρίβοι, ἀνὴρ καλός τε κἀγαθὸς καὶ φίλος τῷ ἡμετέρῳ πατρί. Antipho de venef. pag. 611. Bei Poll. I, 81. Dagegen bedeutet ὑπερῷον wohl einfach das zweite Stockwerk.

¹⁰⁶) Man versichert mich, dass die Sitte auch bei den Bulgaren und Südwlachen herrsche.

¹⁰⁷) X, 3. συνεχῶς δὲ περὶ τοῦ ληλάντου πεδίου πολεμοῦντας, ἐπειδὴ οἱ πολέμιοι τῆς κόμης ἐδράττοντο τῆς ἔμπροσθεν καὶ αὐτοὺς κατέσπων, ὄπισθεν κομῶντας γενέσθαι, τὰ δ' ἔμπροσθεν κείρεσθαι· διὸ καὶ Κουρῆτας ἀπὸ τῆς κουρᾶς κληθῆναι· μετοικῆσαι δ' εἰς τὴν Αἰτωλίαν, καὶ κατασχόντας τὰ περὶ Πλευρῶνα χωρία· τοὺς δὲ πέραν οἰκοῦντας τοῦ Ἀχελώου, διὰ τὸ ἀκούρους φυλάττειν τὰς κεφαλάς, Ἀκαρνᾶνας καλεῖσθαι. Die Etymologie der Namen kann falsch sein, dass sie sich aber auf falsche Thatsachen stütze, ist nicht anzunehmen.

¹⁰⁸) Mit Becker II, S. 382. — Eusth. ad Odyss. II, 376. pag. 1450, 33, der wohl die Haarschur aus eigener Anschauung kannte, sagt: ἐν χρῷ κουρὰ ἡ ψιλὴ κατ' Αἴλιον Διονύσιον, καὶ πρὸς τὸν χρῶτα.

¹⁰⁹) Ἐπὰν μέλλωσι κινδυνεύειν τῇ ψυχῇ, τότε τὰς κεφαλὰς κοσμέονται, Herod. VII, 209. κοσμέω heisst vorzugsweise, ich ordne.

¹¹⁰) Pausanias VII, 14, 2.

¹¹¹) Wer die auffallende Aehnlichkeit, welche die Volksgliederung, die Verfassung und das Gerichtsverfahren dieser Gebirgsstämme mit den altgermanischen Instituten bietet, auf historischem Wege erklären wollte, der müsste sich wohl für eine der folgenden Fragen entscheiden: Gründet sich diese Aehnlichkeit auf vorhistorische Verbindungen? Durch Grimm's Geten = Gothen (Gesch. d. deutsch. Sprache, S. 176) wären beide Elemente in der Urzeit sehr nahe gerückt. Ist sie durch die Slaven vermittelt? Aus der unten folgenden Sagenchronik dieser Stämme ergibt sich, dass deren Heimath früher von griechischgläubigen Slaven bewohnt wurde, und die Albanesen erst in neuerer Zeit dort einwanderten. Nach manchen Anzeichen zu schliessen, scheinen die öffentlichen Zustände der Montenegriner nicht wesentlich von denen der albanesischen Hochländer verschieden zu sein; s. auch über die Aehnlichkeit des scandinavischen und altrussischen Rechtes eine Bemerkung bei Wilda, Strafrecht der Germanen, S. 180, Note. Sind diese Institutionen ein Vermächtniss der Ostgothen? Einzelne Reste derselben scheinen sich selbst nach der Wiedereroberung von Dalmatien durch Justinian dort erhalten zu haben; s. Näheres hierüber im Abschnitt VI.

[112]) S. hierüber Albanien als kirchlirke Provinz S. 19.

[113]) Die Bevölkerung dieser Hochlande beträgt nach beiläufigem Ueberschlage:

Clementi: Seltza	1600
Nikschi und Wukli	1600
Boga	500
	3700
Hotti	2300
Castrati	2300
Triépschi	700
Gruda	1500
Schkriéli	2500
	13000

Davon sind etwa 1500 Muhamedaner, die übrigen Katholiken. Bei einem allgemeinen Aufgebote sollen diese Bezirke 3—4000 Krieger stellen können.

[114]) μαλj Berg heisst in der Sprache jener Hochländer auch der Stamm, der ihn bewohnt, und der District, den derselbe besitzt.

[115]) In Pulati fällt ihm die ganze Busse zu.

[116]) πλjáx-ου, alt, der Alte, Mitglied des Gemeinderathes; — Hesych. Πηλαγόνες, γέροντες· παλαιοί, γηγενεῖς; — Πελιγάνες, οἱ ἔνδοξοι, παρὰ δὲ Σύροις οἱ βουλευταί; — Πελείους Κῶοι καὶ οἱ Ἠπειρῶται τοὺς γέροντας καὶ τὰς πρεσβύτιδας; — Πελητὸς, γέρων. — Strabo Chrest. VII, pag. 377 (Korai): φασὶ δὲ κατὰ τὴν τῶν Μολοττῶν καὶ Θεσπρωτῶν γλῶτταν τὰς γραίας πελίας καλεῖσθαι καὶ τοὺς γέροντας πελίους. — So Ilias II, 53. Βουλὴ δὲ πρῶτον μεγαθύμων ἷζε γερόντων (dass darunter die Häuptlinge verstanden werden, zeigt v. 86. σκηπτοῦχοι βασιλῆες, s. auch X, 195) bei den Griechen — bei den Troern γέροντες βουλευταί VI, 13 und δημογέροντες III, 149; letztere Bezeichnung hat sich im Neugriechischen erhalten. Πρέσβυς, γερουσιαστής, Senator. Angelsächsisch ealdor = senior, princeps, praesul, ealdorman = dux und Comes. Niedersächs. elderman, provisor ecclesiae. Ebenso seniores bei den Franken, Gregor v. Tours. S. Stellen bei Grimm, R. A. S. 368. Bei den Slaven Starost.

[117]) Insignis nobilitas aut magna patrum merita principis dignationem etiam adolescentulis adsignant, Tacitus Germania cap. 13.

[118]) Ueber den Stab als Wahrzeichen richterlicher Gewalt und öffentlicher Würden in Deutschland s. Grimm, deutsche Rechtsalterthümer, S. 761, u. unten S. 229.

[119]) Nach den in den Archiven des Bisthums von Skodra befindlichen Bevölkerungslisten dieser Bergdistricte vom Jahre 1844, welche von der Angabe in Note 113 nicht wesentlich abweichen, kommen etwas über sechs Seelen auf das Haus. — Bei den Kastrati, welche sechs Häuptlinge haben, kommen nicht ganz 400 Seelen und etwa 60 Häuser, bei den Schkriéli mit fünf Häuptlingen 500 Seelen und etwa 80 Häuser auf einen Häuptling, mithin weniger als 100 Häuser. Die Zahl der Gjobaren beträgt aber in beiden Stämmen etwa 70—80.

φῖς-ι (vom griech. φύσις) heisst sowohl der Stamm, als die grösseren Abtheilungen desselben (Stammäste), denen ein Häuptling vorsteht; Unterabtheilungen der Stammäste heissen μαχὰλ-ι, dies Wort möchte zunächst der türkischen Sprache entlehnt sein, in der mahalle Stadtbezirk, Nachbarschaft bedeutet. Könnte aber der Stamm dieser Worte nicht mit dem ahd. mahal (curia) verwandt sein (χουβέντ-ι, albanes. Volksversammlung, χουβέντ-ι Unterredung, χουβ ξντόχεμ ich unterrede, unterhalte mich). In der Regel steht bei der weitschichtigen Bauart der albanesischen Dörfer einem meist nur von nahen Verwandten bewohnten Mahál ein Gjobar vor; ist der Mahal aber gross, so finden sich auch mehrere in demselben.

Aus der vorliegenden Darstellung, verbunden mit der untenfolgenden Sagenchronik dieser Stämme ergiebt sich wohl unzweifelhaft, dass ihre politische Eintheilung rein auf der Stammesgliederung beruhe. — Bei den Germanen erscheint bereits zu Tacitus Zeiten die Idee des Stammes (vielleicht in Folge der Eroberung des deutschen Bodens) als wesentlich geschwächt, denn dieser spricht in Germania cap. 20 von der innigen Beziehung der Schwesterkinder zu ihrem Oheim und von dem Successionsrechte der avunculi, was mit dem strengen Agnatenrechte, welches sich aus der Idee des Stammes entwickelt, gänzlich unvereinbar ist. — Auch der urdeutschen Dorfgemeinde scheint die Idee der Familie nicht mehr rein zu Grunde zu liegen. Waitz deutsche Verfassungsgeschichte I, S. 44. — Wenn sich daher auch jede Parallele zwischen der Gliederung dieser Bergstämme und der irgend eines bestimmten germanischen Stammes als unthunlich ergibt, so bieten die kleinen albanesischen Gemeinwesen dennoch grosse Aehnlichkeiten mit den altdeutschen Centen oder Hundertschaften, und lässt sich vielleicht aus dem Institute der Gjobaren folgern, dass den Decanen, deren bei vielen deutschen Völkern, namentlich bei den Longobarden und Franken gedacht wird, und welche in mehrfacher Hinsicht den Gjobaren zu entsprechen scheinen, wenigstens in der Zeit, in welcher die Stammesgliederung die alleinige Grundlage der Verfassung jener Völker bildet, ein grösserer Wirkungskreis zukam, als ihnen Waitz l. c. I, S. 258 u. folg. nach den über dieselben in den Quellen vorhandenen Spuren anzuweisen geneigt ist.

[120]) Das heisst in der Sprache des alten Deutschlands ungebotene oder gebotene Dinge.

[121]) In den deutschen Weisthümern Dorfknechte, Landknechte, Schreier genannt. Grimm S. 841.

[122]) In Deutschland finden sich mitunter auch zwei jährliche ungebotene Gedinge: meigeding und herbestding. S. Grimm S. 822.

[123]) Lex Alamann. 36. conventus secundum consuetudinem antiquam fiat in omni centena ... : .... si quis autem liber ad ipsum placitum neglexerit venire ...... 12 sol. sit culpabilis. — Lex Bajuvar. Tit. II. cap. 15. I. omnes liberi conveniant constitutis diebus ubi judex ordinaverit et nemo ausus contemnere placitum ...... et qui neglexerit venire damnetur quindecim solidis. — Ueber das strenge alte Recht der Trevirer s. Caesar bell. Gall. V, 56. und über die Strafen des späteren deutschen Rechtes s. Grimm S. 841. Ueber die deutschen Viehbussen und ihre theilweise Erhaltung bis ins späte Mittelalter s. Grimm S. 587 und 667.

[124]) Das altdeutsche Gericht wurde nie anders als im Freien gehalten, Grimm S. 793. Ueber die Ringform der altdeutschen Gerichte s. denselb. S. 809.

[125]) Tac. Germ. cap. 11 consident armati. Ueber die Spuren dieser alten Sitte im Mittelalter, s. Grimm S. 771 und 772. — In einigen Orten des östlich an die vorliegenden Bergdistricte gränzenden Bisthums Pulati herrscht der merkwürdige Brauch, dass die Schiedsrichter den Parteien, welche sie ernannt haben, die Waffen abfordern, und dieselben erst nach beendigter Sache zurückgeben. Man weiss aber nicht zu sagen, ob dies in der Absicht geschehe, die Richter vor der Rache des Verlierenden, oder den Frieden zwischen den Streitenden während des Processlaufes zu sichern, oder ob sie als Pfand der Unterwerfung unter das zu sprechende Urtheil angesehen werden.

Bewaffnete Versammlungen nur bei Homer; später weder in Hellas, noch in Rom. Im Uebrigen hat dies Verfahren grosse Aehnlichkeit mit dem altrömischen, nach welchem der Senat die Gesetze vorschlägt, und das Volk über dieselben ohne Diskussion abstimmt, und kann vielleicht zur Erklärung der letzten für uns so auffallenden Bestimmung benutzt werden, wenn man sich die einzelnen Curien als Complexe verwandter Geschlechter vorstellt, welchen eine Collectivstimme zusteht, und die geregelte Abstimmung und Stimmzählung des Kunststaates nicht auf solche Naturzustände anwenden will. Berathungen im Schoosse der verschiedenen stimmenden Körper sind bei dieser Einrichtung nicht ausgeschlossen, mögen sie nun vor oder während der allgemeinen Versammlung Statt finden (der Inhalt des Gesetzvorschlages wurde ja zu wiederholten Malen bekannt gemacht), nur die Discussion vor der Gesammtheit der versammelten Körperschaften fällt weg. — Anders bei den Germanen, zwar heisst es Tac. Germ. cap. XI de minoribus rebus principes consultant, de majoribus omnes; ita tamen, ut ea quoque, quorum penes plebem arbitrium est, apud principes pertractentur; aber der Gesetzvorschlag wurde vor dem Volke discutirt, s. Ende des Capitels. Dagegen ist das audiuntur auctoritate suadendi magis, quam jubendi potestate sowohl auf die Rede des Vorschlagenden, als den ganzen Geist des albanes. Regimentes vollkommen anwendbar.

[126]) Odyss. XXIII. 118.

> Καί γὰρ τίς θ'ἕνα φῶτα κατακτείνας ἐνὶ δήμῳ,
> ᾧ μὴ πολλοὶ ἔωσιν ἀοσσητῆρες ὀπίσσω,
> φεύγει, πηούς τε προλιπὼν καὶ πατρίδα γαῖαν.

In Homers Zeiten ist demnach die Blutrache bereits dahin gemildert, dass die Verwandten des Mörders nicht mit ihm zu fliehen brauchen. — Diese Verse scheinen die allgemeine griechische

Sitte im heroischen Zeitalter zu schildern. — In Athen flieht der Mörder, um sich der gerichtlichen Strafe zu entziehen, für immer aus dem Lande und seine Habe wird confiscirt, s. Herrmann Lehrbuch der griech. Staatsalterthümer §. 104, Note 8. — Deutsche Quellen gedenken zwar hie und da des flüchtigen Mörders, es ist mir jedoch keine Stelle bekannt, welche von der Verpflichtung, die Heimath zu verlassen, spräche. — Uebrigens ist die erwähnte Sitte auch in Albanien nicht allgemein. In den Gegenden, wo die Häuser mit Thürmen (s. hierüber S. 170) versehen sind, wie in Pulati, dem Kurwelesch, Argyrokastron (auch früher in der griechischen Maina) zieht sich der Mörder in dieses Reduit zurück, und verbringt dort die Zeiten der Gefahr. Fälle von zehn, zwanzigjähriger und noch längerer freiwilliger Internirung sind nicht selten.

[127]) Das Haus eines geflüchteten Mörders soll niedergerissen werden. Grimm S. 730.

[128]) Der an den König oder das Volk für den gebrochenen Frieden zu zahlende Fredus scheint im deutschen Rechte da, wo er neben der dem Beschädigten zu leistenden Privatbusse vorkommt, mit dieser in einer gewissen Verbindung gestanden zu haben, so sagt Tacitus German. cap. 12 pars multae regi vel civitati, pars ipsi, qui vindicatur vel propinquis ejus exsolvitur, und bei den ripuarischen Franken soll der Fredus erst nach Berichtigung der compositio erhoben werden, Grimm l. c. S. 656. — Im albanesischen Rechte ist das Verfahren und die Bestrafung des durch den Mord gebrochenen Friedens von der Privatsühne desselben strenge getrennt und kann diese letztere niemals Gegenstand eines richterlichen Verfahrens werden.

Kohl, Reise nach Istrien, Dalmatien u. Montenegro, gibt Thl. I, S. 407 u. folg. vergleichenswerthe Bemerkungen über die in der Bocca di Cattaro bei der Blutrache herrschenden Gewohnheiten. S. 411 sagt er sehr richtig: — Dass die Gerichte einen Verbrecher zur Rechenschaft ziehen, und nach ihrer Weise bestrafen, schützt ihn noch keineswegs vor der Blutrache derer, die er beleidigt hat. In den Augen dieser sind die Criminalgerichte etwas ganz Apartes, was sie gar nichts angeht. Der Staat nimmt bei ihnen seine Rechte für sich. Sie aber wollen ausserdem auch noch ihre Privatgenugthuung für sich haben. Ja sie wollen sie nicht nur haben, sondern müssen sie auch gewissermassen suchen. Die Ansichten ihrer Mitbürger, von denen sie verachtet und ausgestossen werden, wenn sie sich mit einer blossen Bestrafung von Seiten der Behörden begnügen, zwingen sie dazu. Es ist dies ganz dasselbe, wie bei unsern Ehrenangelegenheiten, wo auch die Ehre des Beleidigten in den Augen seiner Genossen nur sehr unvollkommen hergestellt sein würde, wenn er ohne Duell sich mit einer blossen Bestrafung des Beleidigers von Seiten des Gerichtes begnügen wollte.

Die Blutrache lässt sich gewissermassen als der erste Versuch der Gesellschaft betrachten, das Individuum vor der Willkühr Anderer zu schützen.

[129]) In Albanien findet sich also eine aus der Idee des Stammes hervorgegangene Gesammtbürgschaft der Geschlechter, welche nach der Volksansicht selbstständige Körper bilden, zu welchen sich die einzelnen Angehörigen wie die einzelnen Glieder zum ganzen Leibe verhalten. Dass diese Ansicht dem ganzen Volke gemein sei, ergibt sich auch aus den Beiträgen zu den Gebräuchen der Riça. — Ueber das deutsche Recht sagt Grimm R. A. S. 663. Alle Schwert und Spillmagen, die an der Fehde Theil hätten nehmen müssen, waren zum Wergelde mit verbunden und mit berechtigt . . . . ad quemcunque hereditas terrae pervenerit, ad illum vestis bellica et ultio proximi et solutio leudis debet pertinere Lex Angl. et Werin. 6, 5; es war gemeinschaftliche heilige Verpflichtung; ganze Geschlechter konnten dadurch verarmen oder wohlhabend werden.

[130]) In dem benachbarten Bisthum Pulati soll dieselbe durch ein altes Herkommen auf 1500 Piaster festgestellt sein.

[131]) Eben so heisst es in einer bei Wilda S. 174, Note 1 abgedruckten Verordnung des Königs Hakon von Norwegen: dass wenn in Norwegen jemand getödtet werde, dafür der beste Mann des andern Geschlechtes, wenn die That auch ganz ohne sein Wollen, Wissen und Begünstigung geschehen sei, der Blutrache anheimfalle, und dadurch die besten Geschlechter geschwächt wurden.

[132]) Ebenso nach attischem Rechte, s. Herrmann l. c. §. 104, Note 11. Folgende Bestimmung der 12 Tafeln über den unfreiwilligen Todtschlag scheint eine Spur alten Wergeldes zu enthalten, XII tabul. 7, 13 si (quis) imprudens sine dolo malo occisit (hominem liberum) pro capite occisi et natis ejus in concione arietem subigito.

[133]) Aus folgender Satzung der Insel Gothland möchte sich ergeben, dass die ursprünglich nordische Sitte, welche sie zu regeln und zu mildern trachtete, mit der albanesischen grosse Aehnlichkeit gehabt haben müsse. Wilda in seinem Strafrecht der Germanen §. 182 sagt hierüber: das Wergeld durfte nicht sogleich nach der That angeboten werden, vielmehr musste der Thäter sich erst der Rache der Erben entziehen durch Flucht in eine der drei Kirchen des Landes, welche in dem höchsten und beständigen Frieden gesetzt waren; auf dieser Flucht sollen ihn sein Vater, Sohn oder Bruder und, wenn keiner von diesen da ist, seine nächsten Freunde begleiten (soll dieses zu seinem Schutze, oder zu deren eigenen Sicherheit geschehen? beides liesse sich aus andern Bestimmungen nordischer Rechte vermuthen, doch aus dem Texte der Satzungen weder das eine, noch das andere mit Bestimmtheit entnehmen). Dann sollte er ein Jahr in einer Art von Verstrickung fern von dem Verkehr der Menschen, von seinen Verwandten, und namentlich von seinem Gegner leben . . . . . auch war es ihm gestattet, während dieser Zeit ausser Landes zu gehen, nach Ablauf des Jahres dann soll er das Wergeld anbieten und, wenn dessen Annahme verweigert wird, noch zwei Mal, immer nach Ablauf eines Jahres, es wiederholen. Hat der Erbe sich die Sühne noch nicht gefallen lassen, so nimmt die Gemeinheit das Wergeld in Empfang, und der Thäter ist nun ein von Schuld entfreiter, gefriedeter Mann.

Diese Denkweise ist sehr alt. Justin VII, cap. 2: Igitur Illyrii infantiam regis pupilli contemnentes, bello Macedonas aggrediuntur: qui proelio pulsi, rege suo in cunis prolato, et pone aciem posito, acrius certamen repetivere: tanquam ideo victi fuissent antea, quod bellantibus sibi regis sui auspicia defuissent; futuri vel propterea victores, quod ex superstitione animum vincendi ceperant: simul et miseratio eos infantis tenebat etc. Schwache Spuren bei Kohl l. c. I, S. 431.

[134]) Ein dreimaliges Umkreisen des Scheiterhaufens oder der Leiche eines berühmten Verstorbenen kommt bei den Alten häufig vor. Homer Ilias XXIII, 13: οἱ δὲ τρὶς περὶ νεκρὸν ἐΰτριχας ἤλασαν ἵππους — Virgil Aeneis XI, 188: Ter circum accensos cincti fulgentibus armis Decurrere rogos, ter moestum funeris ignem Lustravere in equis . . . . . . — Tacitus Annales II, 7. restituit aram honorique patris (Drusi) princeps ipse cum legionibus decucurrit. — Siehe auch Valerius Flaccus lib. III, 346. und Appian B. C. l. Livius XXV, 17. bei Gracchus Bestattung durch Hannibal. — Statius Theb. VI, 213. Tunc septem numero turmas (centenus ubique surgit eques) versis ducunt insignibus ipsi Grajugenae reges lustrantque ex more sinistro Orbe rogum et stantes inclinant pulvere flammas. — Suetonius Claudius cap. I. — Dio Cassius LVI, 42. ἐπεὶ δὲ εἰς τὴν πυρὰν τὴν ἐν τῷ Ἀρείῳ πεδίῳ ἐνετέθη, πρῶτοι μὲν οἱ ἱερεῖς πάντες περιῆλθον αὐτὴν, ἔπειτα δὲ οἱ ἱππεῖς, οἵ τε ἐκ τοῦ τέλους καὶ οἱ ἄλλοι καὶ τὸ φρουρικὸν περιέδραμον . . . . . .

[135]) Wie die alten Athener. Plutarch Solon 10. Θάπτουσι δὲ Μεγαρεῖς πρὸς ἕω τοὺς νεκροὺς στρέφοντες. Ἀθηναῖοι δὲ πρὸς ἑσπέραν.

[136]) Dieselbe Ansicht scheint bei den Germanen und Scandinaven geherrscht zu haben; bei beiden Völkern gilt die Redensart, man wolle seine Söhne oder Verwandten nicht im Beutel tragen, s. Wilda S. 175, Grimm S. 647, not. 2.

[137]) In Selitza hat auch bei Weideschäden der Schuldige, ausser der Entschädigung an den Verletzten, eine Busse von zwei bis vier Schafen an die Gjobaren zu entrichten. In Pulati leistet nach allgemeinem Herkommen der Dieb und Räuber nur doppelten Ersatz. In diesen Zahlenbestimmungen zeigt das albanesische Recht eine auffallende Uebereinstimmung mit dem römischen. Das altdeutsche Recht kennt dagegen neben dem einfachen und doppelten Ansatz nur den drei-, sechs-, neun-, achtzehn-, siebenundzwanzigfachen, s. Grimm p. 654 und 655 n. *).

[138]) Grimm R. A., S. 655. Die salische und ripuarische Compositionsformel verbindet insgemein capitale und delatura. — Delatura ist was der Melder (Anzeiger proditor i. e. certus indicator l. Roth. 260) für die Angabe der entfremdeten Sache empfängt, wieviel? konnte besonders ausgemacht werden (eine alemanische Urkunde bei Goldast 3, 55 sagt: occulte sibi pactum fieri petiit de pretio duarum librarum pro delatura, ut haec patefaceret), ein solches Geding band jedoch nur den Bestohlenen, nicht aber den Dieb, dem die Gesetze geregeltes Anbringegeld auferlegten. — Delatura erstreckt sich jedoch weiter als capitale, und kann auch beim homicidium eintreten, l. sal. 79, 1. — Der Kaputzár lässt sich mit diesem Proditor wohl nur in soweit vergleichen, als er Angeber, nicht

aber in soweit, als er Beweiszeuge ist, denn das alte deutsche Verfahren kennt bekanntlich keinen solchen Zeugenbeweis. — Dennoch scheint es sehr wohl denkbar, dass in Zeiten unentwickelter Prozessformen, und bei Streitigkeiten über unbedeutendere Gegenstände und zwischen geringen Leuten der in den meisten Quellen erwähnte proditor mitunter auch heimlicher Beweiszeuge gewesen sei.

[139]) Das Institut der Eideshelfer wird als ein dem germanischen Rechte eigenthümliches betrachtet. Doch werden die deutschen Eideshelfer nicht von dem Gerichte, sondern von den Partheien bestimmt. Grimm R. A. S. 861, s. jedoch auch Rogge Gerichtswesen der Germanen, Halle 1820, S. 155 u. 189. — Grimm R. A. S. 860 sagt: sie verstärkten den Eid desjenigen, dem sie bei ausgebrochener Fehde zur Seite gestanden hätten, und dem sie das verschuldete Wergeld bezahlen helfen mussten.

[140]) In Pulati wird dem zu einem gerichtlichen Schwur Verurtheilten mitunter ein Grabstein während des Schwures auf den Rücken gelegt, weil dort der Glaube herrscht, dass der Meineidige diesen Stein nach seinem Tode für alle Ewigkeit zu tragen habe.

[141]) S. Grimm R. A. S. 862 g.

[142]) Bei den Römern kommt die Frau durch die strenge Ehe in die Gewalt ihres Mannes oder seines Vaters, und ist filiae, neptis loco, sie wird Agnatin seiner Agnaten, und seiner sacra theilhaftig. Dion. II, 25, κοινωνὸν ἀπάντων εἶναι χρημάτων καὶ ἱερῶν. — Dies liesse auf einen Bruch aller Bande schliessen, welche sie an das Geschlecht, dem sie entsprang, fesselte. Trotzdem steht dem Ehemann das Recht über ihr Leben nur ausnahmsweise zu; in adulterio uxorem tuam si apprehendisses sine judicio impune necares, Gellius X, 23. In den übrigen Fällen eines bedeutenden sittlichen Vergehens der Ehefrau muss dagegen der Ehemann ein Gericht aus den Verwandten derselben berufen, und im Verein mit diesen das Urtheil sprechen. Keine der über dieses Familiengericht sprechenden Stellen sagt zwar ausdrücklich, dass die von dem Ehemann zu berufenden cognati, propinqui, συγγενεῖς die Angehörigen der Frau seien; doch scheint es niemals bezweifelt worden zu sein, dass man sie unter jenen Ausdrücken zu verstehen habe. Dirksen Versuche zur Kritik und Auslegung der Quellen des röm. Rechtes, S. 298 und die dort Citirten. — Zimmern, Geschichte des röm. Privatrechtes I, 2. S. 513, der das Familiengericht auch auf die laxe Ehe ausdehnt. — Göttling, Geschichte der römischen Staatsverfassung, S. 79. Auf ein solches Familiengericht scheint die Sage von der Lucretia hinzudeuten, wie sie uns Livius I, cap. 58 berichtet, denn Lucretia beschickt nach der Entehrung ihren Vater und ihren Mann und bittet sie, ut eum singulis fidelibus amicis veniant; auf die Tröstungen derselben erwiedert sie aber, bevor sie sich ersticht, ego me, etsi peccato absolvo, supplicio non libero. Lässt sich dies altröm. Familiengericht nicht am einfachsten durch die Annahme erklären, dass demselben ursprünglich eine der albanesischen ähnliche Anschauungsweise zu Grunde gelegen haben möge, welche jedoch in den historischen Zeiten von Rom mit der ganzen Idee von der Blutrache längst verwischt war?

[143]) S. die Bräuche des Riça-Thales S. 143.

[144]) S. die Bräuche des Riça-Thales S. 143.

[145]) Ebenso in Deutschland. Grimm R. A. S. 434 k. Auch in Russland eiferte die Geistlichkeit Jahrhunderte lang vergebens gegen diese Sitte. Ueber die Verlobungs- und Heimführungsceremonien dieser Stämme konnte ich nur so viel erfahren, dass sie im Ganzen den oben beschriebenen der Riça gleich sind, hier aber viele der dortigen Förmlichkeiten fehlen. Von den im Erzbisthume Antiwari zwischen der Meeresküste und dem westlichen Ufer des Sees von Skodra wohnenden Albanesen erfuhr ich, dass bei ihnen die Braut nicht erkauft werde, sondern von den Ihrigen eine kleine Ausstattung an Kleidern und selbst Hausgeräthe erhalte. Heirathszeit ist in der Regel um 25 Jahre für den Mann, und 19 — 21 für die Frau. Zwischen Verlobung und Heirath verstreichen gewöhnlich 3 Jahre. Erstere Feierlichkeit beschränkt sich auf Auswechslung von Zeichen des geschlossenen Vertrags, Gewehrsalven und Branntweintrinken. Zur Hochzeit versammeln sich die Freunde und Verwandten Sonntag Abends im Hause des Bräutigams, zechen dort die Nacht durch, und ziehen am Montag Morgen nach dem Hause der Braut. Der Haufe bleibt jedoch 30 — 40 Schritte vor der Thüre stehen, und wird dort mit Branntwein

und Backwerk bewirthet.. Nur zwei oder drei der nächsten Verwandten des Bräutigams treten ein, und holen die Braut, deren Freundschaft sie nur bis zur Thür des Bräutigams begleitet, und von da nach dem Hause der Braut zurückkehrt, um daselbst zu schmausen; während dieser Züge wird möglichst viel Pulver verknallt. Bei ihrer Ankunft im Hause des Bräutigams wird die Braut niedergesetzt, und ihr ein kleines Kind auf den Schooss gegeben, mit dem sie sich erhebt, und dreimal umdreht. Auch hier durchaus keine Ehrfurcht vor dem schwachen Alter.

[146]) In den Bezirken von Pulati beträgt der Kaufpreis in der Regel 400 Piaster, steigt jedoch mitunter bis auf 800, und die Ausstattung ist äusserst gering. Lex Saxon. C. 1, uxorem ducturus CCC sol. det parentibus ejus.

[147]) Carolus princeps Francorum Pipinum suum filium ad Liutprandum direxit, ut ejus juxta morem capillum susciperet, qui ejus caesariem incidens ei pater effectus est, multisque eum ditatum regiis muneribus genitori remisit. Paul. Diacon. 6, 53. — Grimm R. A. S. 464 erkennt in dieser longobardisch fränkischen Sitte eine wirkliche deutsche Kindesannahme; Heineccius antiq. 3, 322 sq. blosse Schwertleite und Pathenschaft. Die albanesische Analogie würde für die Ansicht des letzteren sprechen, da hier der Brauch keinerlei rechtliche Wirkungen hat. „In Athen war bekanntlich beim Eintritt in das Ephebenalter das Abschneiden des Haares ein feierlicher Act, mit dem sich selbst religiöse Ceremonien verbanden, denn es wurde vorher dem Herkules ein Opfer an Wein οἰνιτήρια oder οἰνιατήρια gebracht. Das Haar wurde dann gewöhnlich einer Gottheit geweiht, am häufigsten vielleicht einem einheimischen Flussgotte, doch war es auch ein alter Gebrauch, dieser Ceremonie wegen nach Delphi zu gehen und schon Theseus sollte das gethan haben. — Diese Sitte hatte sich noch bis in Theophrast's Zeitalter erhalten." Becker, Charikles II, 383 und die dort Citirten.

[148]) Selbst der Fall, dass Geschwisterkinder nach dem Tode der Eltern in einem Hause leben, und die von den Vätern überkommene Gütergemeinschaft fortsetzen, ist nicht selten. Bei den Mirediten soll es sogar Familien von 70 und 80 Gliedern geben, welche sämmtlich unter einem Dache leben.

Dies erinnert an das Zusammenleben der 16 Aelier und ihrer Familien in einem Hause, von welchem Plutarch (Aemil. 5) spricht. Nach Göttling S. 71, gehört die gens Aelia dem sabinisch samnitischen Stamme, dieser aber dem pelasgischen an. — Aus dieser Sitte erklärt sich wohl am natürlichsten das Institut der Syssitien. Das deutsche Institut der vertragsmässigen Ganerbschaft berechtigt wohl zu dem Schluss, dass ursprünglich Gütergemeinschaft und Zusammenleben des Geschlechtes auch bei den Germanen Sitte war. Vielleicht deutet recipit satisfactionem universa domus bei Tac. Germ. 21 darauf hin. Gilt ja sogar heut zu Tage noch bei uns „Haus" für Geschlecht. (S. auch Bräuche der Riça S. 148.)

[149]) Uebereinstimmend mit den Griechen der heroischen Zeit (Peleus Odyss. XI, 495 Laertes), Römern (depontani senes), den alten Wenden, Preussen und Germanen, s. Grimm R. A. S. 486, s. dagegen Bräuche der Riça S. 148.

[150]) Tacit. Germ. 20 successores sui cuique liberi, nullum testamentum. Ebensowohl in der Urzeit Roms, da ja ursprünglich nur in Gesetzesform testirt werden konnte.

[151]) So noch die Rechtsbücher des eigentlichen Deutschlands im Mittelalter Sachsensp. 1, 17, Schwabensp. (Senkenb.) 285; s. überhaupt Grimm R. A. S. 407 und 472. 2 a.

[152]) De terra vero nulla in muliere hereditas est. Lex. Sal. tit. 59 §§. ed. Waitz in dessen Altes Recht der salischen Franken S. 117 wird die Auslassung des in früheren Editionen zu terra zugefügten Adjectives Salica unter Berufung auf die ältesten Handschriften gerechtfertigt.

[153]) βέσσα, ursprünglich Treue, Glauben, hat auch die Bedeutung vom völkerrechtlichen Vertrag, Waffenstillstand und selbst von Frieden. — βέσσα, als Versprechen persönlicher Sicherheit, verlangt der geflohene Verwandte des Mörders von den Verwandten des Gemordeten, um nach Hause zurückzukehren, und der Belagerte, Umringte oder Ueberwundene, welcher sich ergeben will, oder freien Abzug begehrt.

[154]) Der Brauch, Messer in die Erde zu stecken, findet sich, freilich bei einer andern Gelegenheit, auch bei den Deutschen im Mittelalter. Grimm S. 771.

[155]) Wie die germanischen Frauen. Tac. Germ. 7.

¹⁵⁶) Albanesen, Griechen und Slaven lassen bei Raub- oder Kriegszügen nur in der äussersten Noth die Leichen ihrer Genossen in feindliche Hände kommen. — Tac. Germania 61 corpora suorum etiam in dubiis proeliis referunt.

¹⁵⁷) S. auch Herodot II, 60.

¹⁵⁸) Ausser den bereits oben enthaltenen Notizen über Pulati, verdanke ich auch die hier folgenden grösstentheils den mündlichen und schriftlichen Mittheilungen des gegenwärtigen Bischofs dieses Gebirgslandes Monsgr. Dodmassei, eines gebornen Skodraners. In dem Collegium der Propaganda gebildet, gilt er in Rom für den ausgezeichnetsten Albanesen, der aus dieser Anstalt hervorgegangen ist.

¹⁵⁹) Farlat Illyr. sacrum VII, S. 261. nimmt als Gränzen dieses Bisthums den Fluss Valbona, auch Kastergius oder Kastranichius genannt, gegen Servien, den Drin (im Süden) gegen das Bisthum Çappa, und die Berge Kaloger und Biscassi (in Norden und Westen) gegen das Bisthum von Skodra, und gibt die Länge von Osten nach Westen auf fünf, die Breite von Norden nach Süden auf drei Tagreisen an. Der Bergzug Ndermaina soll den Sprengel in eine nördliche und eine südliche Hälfte theilen. Dieselben hatten im Mittelalter zwei verschiedene Bischöfe, Episcopus Pulat. major und minor, der letztere wurde auch Skordiensis (S. 263) genannt. Diese Benennung möchte die Annahme bestätigen, dass die nördliche Hälfte des Landes das Bisthum der Pulati minores gebildet habe, s. oben S. 22, Note 5. Farlat verwechselt die zu jeder Hälfte gehörigen Pfarreien, indem er Schalja, Schoschi, Kjiri, Planti und Djúanni südlich von Wlachia, Salza Toplana und Duschmann gelegen annimmt.

Bei Planti, Kjiri und Schalja existiren nach Monsgr. Dodmassei die Ruinen grösserer Städte, sie heissen in der Landessprache xjouτέτ (Stadt), scheinen aber keine antiken Reste zu enthalten. Vielleicht fällt eine derselben mit dem nach Ptolemaeus in dieser Richtung von Skodra 30,000 Schritt entfernt gelegenen Aequum zusammen.

Nach Monsgr. Dodmassei bilden die Districte von Planti, Kjiri, Djuanni, Mengula und Pogu das eigentliche Pulati, und die Einwohner nennen sich noch Dukadschiner, und das Recht, nach welchem sie leben, Dukadschiner-Recht. Diese Districte standen früher unter Pekia, der Hauptstadt des Dukadschin, welches das ganze Gebiet des schwarzen und weissen Drin und das Mireditenland begriffen zu haben scheint. Später rissen es die Paschas von Skodra durch Waffengewalt an sich.

¹⁶⁰) Oder eben so viel Pfarreien, von welchen die vier ersten mit Franciscanermönchen, die letzte aber, der Sitz des Bischofs, mit einem Weltgeistlichen besetzt ist; siehe Abtheilung I, S. 36, Note 77.

¹⁶¹) Alle diese Würden sind in oben beschriebener Weise erblich.

¹⁶²) Hier findet sich also eine dreifache Gliederung des Stammes. An der Spitze der Hauptäste steht ein Häuptling oder Alter, welcher Mitglied des Altenrathes ist, an der der Nebenäste steht ein Dorsan, und deren Zweigen ein Gjobar vor.

¹⁶³) Frauenklöster gibt es nicht. Solche Jungfrauen oder Witwen leben, nachdem sie das Gelübde der Keuschheit abgelegt, entweder für sich, oder dienen in fremden Häusern, welchen ihre Gegenwart nach der Volksansicht heilbringend ist. Sie entsprechen der griechischen xaλoγpaïa.

¹⁶⁴) Nach albanesischer Ansicht hatte Turnus volles Recht, den Latinus zu bekriegen, als dieser die ihm verlobte Lavinia an Aeneas gab.

¹⁶⁵) Ganz auf dieselbe Weise machten sich im südlichen Albanien die bekannten Sulioten, die den von ihnen bewohnten Bergen benachbarten Dörfer zinsbar.

¹⁶⁶) Auch diese Schilderung passt auf die Kämpfe der Sulioten mit Ali Pascha von Jannina.

¹⁶⁷) Nach Hoffmann, Pahl und Pfaff Beschreibung der Erde, S. 3129, Note 1, wanderten sie dort im Jahre 1737 aus Serbien ein, wohin sie im 15. Jahrhundert geflüchtet waren, und betrug ihre Anzahl 2000 Köpfe.

¹⁶⁸) xουθτρίμ von xουθ wer? und τρίμ tapfer, also eine Frage.

¹⁶⁹) Der Stammbaum der Hotti soll elf, der der Kastrati nur sieben Generationen zählen.

¹⁷⁰) Augustin Thierry, histoire de la conquête de l'Angleterre par les Normans, Theil I, S. 38, sagt von den Bretonen: tout Breton, pauvre comme riche, avait besoin d'établir sa généalogie,

pour jouir pleinement de ses droits civils et faire valoir ses titres de propriété dans le canton, où il avait pris naissance, car chaque canton appartenait à une seule famille primitive et nul ne possédait légitimement aucune portion du sol, s'il n'était membre de cette famille qui, en s'agrandissant, avait formé un tribu; und daher habe jeder Breton seinen Stammbaum bis ins sechste Glied und noch weiter anzugeben vermocht. In den vorliegenden kleinen Gemeinwesen, wo Jeder Jeden kennt, bedarf es einer solchen Einrichtung nicht.

[171]) Auch eine obscure griechisch geschriebene Mönchschronik, die von einem Eingeborenen des Thales von Argyro Kastron verfasst zu sein scheint, und von der eine Uebersetzung in der ersten Ausgabe von Pouqueville's Reisewerk abgedruckt sein soll, leitet die Namen vieler nördlich von Argyro Kastron gelegenen Dörfer von den Söhnen und Enkeln der Gebrüder Theseus und Atlas ab, welche ihr zufolge eine Colonie von Athen aus hierher geführt haben.

[172]) Sagen von der Einwanderung des albanesischen Elementes in diese Hochlande und der allmählichen Verdrängung oder Albanisirung der slavischen Eingeborenen finden sich auch in dem benachbarten Bisthum Pulati, wo noch zahlreiche Ruinen von kleinen im griechischen Style erbauten Kirchen und Klöstern sein sollen. So wanderten z. B. die Duschmani von Thusi aus in den von ihnen jetzt besetzten Landstrich ein, indem sie die (wahrscheinlich slavischen) Eingeborenen, Ljmarthi genannt, vertrieben. Die Bewohner von Djuanni sagen, dass sie aus Mireditien, und die von Petali, dass sie von Kutsch aus eingewandert seien.

[173]) Οἵ τ' εἶχον Φθίην ἠδ᾽ Ἑλλάδα καλλιγύναικα, Ilias II, v. 683.

[174]) Wir glauben annehmen zu dürfen, dass durch die Existenz einer aus dem Stamme hervorgegangenen Aristokratie, sobald im Laufe der Zeit der neue Staat nach Innen grössere Festigkeit gewonnen hat, der Uebergang von der monarchischen zu der aristokratischen Verfassung (welchen man vielleicht einen Rückgang auf den Urzustand solcher Stämme nennen könnte) sehr erleichtert wird. Die urrömische Aristokratie und die der griechischen Urstaaten scheint aber solchen Zuständen entsprungen zu sein. Dass die Urbevölkerung Rom's aus verschiedenen Stämmen bestand, thut hier wohl nichts zur Sache.

[175]) Bei den erobernden Germanen wird schon nach Individuen getheilt.

[176]) Die Existenz solcher königlichen Domänen in Laconien ergibt sich auch aus Odyss. IV, 177, wo Menelaos wünscht, dem Odysseus einige Städte in Laconien einräumen zu können „die in der Nähe bewohnt, mich selbst als Herrscher bekennen."

[177]) Müller Minyer I, 186.

IV.

Sind die Albanesen Autochthonen?

Ἐκλελοιπέναι δὲ νῦν ἱστοροῦνται (Αἴθικες). Τὴν δ' ἔκλειψιν
διττῶς ἀκουστέον· ἢ γὰρ ἀφανισθέντων τῶν ἀνθρώπων,
καὶ τῆς χώρας τελέως ἠρημωμένης, ἢ τοῦ ὀνόματος τοῦ
ἐθνικοῦ μηκέτι ὄντος, μηδὲ τοῦ συστήματος διαμένοντος
τοιούτου. Ὅταν οὖν ἄσημον τελέως ᾖ τὸ λειπόμενον νυνὶ
σύστημα, οὐκ ἄξιον μνήμης τίθεμεν οὔτ' αὐτὸ, οὔτε
τοὔνομα τὸ μεταληφθέν. ὅταν δ' ἔχῃ τοῦ μεμνῆσθαι
δικαίαν πρόφασιν, λέγειν ἀναγκαῖον τὴν μεταβολήν.

Strabo IX, pag. 434.

Albanien hat keine zusammenhängende Geschichte. Sowohl in der alten, als in der neuen Welt taucht der Name des Landes nur zeitweise und in der Regel nur dann auf, wenn der Gang der Ereignisse dasselbe mit seinen Nachbarländern in nähere Beziehung setzt; hört diese Beziehung auf, oder ist sie festgestellt, dann tritt auch das Land in sein altes Dunkel zurück, und so kommt es, dass die ganze innere Geschichte desselben sich auf einige Bruchstücke beschränkt, die sich um ein Paar berühmte Persönlichkeiten oder um die Stammbäume einiger kleiner Dynastien gruppiren.

Liegen solche Bruchstücke nicht allzuweit aus einander, so mag es der Geschichtschreiber versuchen, durch Combinationen, Inductionen und sonstige Uebungen des Scharfsinns die bestehenden Lücken zu füllen. Wie aber, wenn solche Lücken nicht etwa Jahrzehnte, oder Jahrhunderte, sondern Jahrtausende betragen? und die albanesische Geschichte hat solche Lücken, denn von Strabo und Ptolemaeus bis zu den Eroberungen der Normannen wird des Landes nur ein paar Mal obenhin gedacht, wenn es der Tummelplatz einer neuen Barbarenhorde geworden ist.

In dem Grade, als sich nun der Schleier von dem Lande lüftet, erscheint es als ein neues. Die Normänner nennen dasselbe, oder wenigstens dessen Mittel, die Bulgarei [1]), und zwar ganz in dem Sinne, nach welchem es früher Makedonien hiess, obwohl das Bulgarenreich, dessen Könige in Ochrida sassen, bereits seit Jahrhunderten den Byzantinern unterlegen war. Die geographischen Namen, welche von den Geschichtschreibern des Mittelalters erwähnt werden, haben meistens slavischen Klang, und prüft man die Karten des heutigen Albaniens, so findet man die slavische Nomenclatur sehr stark vertreten, und selbst über die entlegensten Bergstriche verbreitet. Auch haben sich ein paar nothdürftige Notizen über diese Eroberung und Slavisirung von Albanien erhalten.

27 *

Gleichwohl zeigt uns die Geschichte bald nach der Zeit, in der sie wieder Notiz vom Lande nimmt, dasselbe von einem Volke bewohnt, das nicht slavisch spricht, und das sie das albanesische nennt, und dies Volk wird rasch so kräftig, dass es seine Gränzen übersprudelt, und während mehrerer Jahrhunderte nach allen Seiten hin massenhafte Auswanderungen unternimmt. Es ist sogar nicht unwahrscheinlich, dass diesen Auswanderungen nur durch die türkische Eroberung ein gewaltsamer Damm gesetzt wurde, und dass sie vielleicht ohne diesen noch längere Zeit fortgedauert hätten.

In der Gegenwart gränzt sich dies Volk gegen seine slavischen Nachbarn, sowohl im Osten, als im Norden scharf ab, und im Kern des Landes ist das slavische Volkselement gänzlich verschwunden; dagegen aber, besonders im Mittelland, ein anderes fremdes Element, das wallachische zahlreich eingestreut.

Es ergibt sich aus dem Gesagten, dass Albanien einstens in demselben Verhältnisse zum slavischen Elemente gestanden haben müsse, wie Griechenland, und dass daher dessen Historiker eine slavische Periode in der Art anzunehmen gezwungen sind, wie sie Fallmereyer in die griechische Geschichte eingeführt hat.

Er muss hier so gut wie dort, der Frage Rede stehen, ob sich etwa aus dem Factum der slavischen Neutaufe, welche das Land erhielt, der Schluss ziehen lasse, dass die Einwanderer entweder öde Striche besetzten, oder gegen die alten Bewohner einen Vertilgungskrieg führten; weil sie, wenn anders, wohl die von jenen gehörten Namen angenommen, und sich darauf beschränkt hätten, ihnen mundgerechte Formen zu geben [2]).

Eine fernere Frage, welche er zu beantworten hat, ist die, ob man nicht aus dem Umstande, dass sich diese slavische Nomenclatur bei einem anders redenden Volke erhalten hat, schliessen müsse, dass das slavische Element nicht rasch, sondern nur allmählich verschwunden sei, weil ja, wenn anders, die jetzigen Bewohner die ihnen fremde Nomenclatur nicht hätten überkommen können.

Der einfache gesunde Menschenverstand scheint die Bejahung beider Fragen zu empfehlen, er vermag aber nicht die Schwierigkeiten zu lösen, welche das spurlose Verschwinden des Anfangs allein oder übermächtig vorhandenen fremden Elements, und die ungeschmälerte Restauration des alten, obwohl ausgerotteten Elements in die früher besessenen Rechte seiner Ansicht entgegenstellen; — und diese Schwierigkeiten sind für Albanien noch weit grösser, als für Griechenland.

Wenn der Historiker das Verschwinden des slavischen Elements aus Griechenland in der allmählichen Hellenisirung desselben sucht, so kann er sich zu dem Ende auf das geistige Uebergewicht berufen, welches das griechische Element nicht nur als das altgebildete, sondern auch als das in Kirche und Staat herrschende, über die Naturhorden der Slaven erhalten musste.

Anders in Albanien, denn hier kommt die Albanisirung des slavischen Elements in Frage, nach unserer Kenntniss der Dinge möchten wir aber dem albanesischen Elemente keinerlei geistiges Uebergewicht über das slavische zuerkennen, und an eine Begünstigung desselben von Regierungswegen wird gewiss Niemand denken wollen. Es ist in Albanien wohl zu keiner Zeit viel regiert worden, am wenigsten aber in dem gedachten Sinne.

Die ganze Frage scheint uns noch nicht zur Beantwortung reif, denn sie fordert eine weit genauere Detail-Kenntniss der Landesverhältnisse, als uns bis jetzt zu Gebote stehen. Wir müssen uns daher vorerst auf den einfachen Satz beschränken: die Slaven bildeten einst den Haupttheil der Bevölkerung des Landes, sie sind aber jetzt daraus verschwunden; wie dies zuging, ob sie von dem albanesischen Elemente ausgestossen, oder verdaut wurden; ob Vertilgung, gewaltsame Vertreibung, langsames Zurückweichen, Ueberwucherung und langsames Absterben, oder allmähliches und freiwilliges Aufgehen in das albanesische Element, ob eine oder mehrere dieser Ursachen vereinigt dies Verschwinden veranlasst, — dies zu untersuchen wollen wir künftigen Forschern überlassen. Es bleibt uns daher nur noch der kümmerlichen Spuren zu gedenken, welche in den Sagen des Landes, so weit sie zu unserer Kenntniss gekommen, auf diese Racenkrise hinzudeuten scheinen. Die oben mitgetheilten Stammessagen der Mallssor oder Bewohner des albanesischen Alpenknotens stellen das Gebirge von Serben bewohnt dar; zu diesen filtriren albanesische Familien ein, und die Serben weichen entweder vor den erstarkenden Neuwohnern zurück, oder sie werden von diesen gewaltsam verdrängt, oder es bleiben auch Reste im Lande zurück, die aber kein Gedeihen haben, und von den Eindringlingen gleichsam überwuchert, als Fremdlinge im eigenen Lande hinsiechen und allmählich absterben ²). Eine zweite Spur findet sich in der Familiensage der Mireditenchefs; ihr zu Folge war der Stammvater ein griechisch-gläubiger Bulgar, der mit seinen Heerden nach den heutigen Sitzen der Mireditenübersiedelte, und dort katholisch wurde, dass er auch albanesisch gelernt, scheint der Sage entweder zu selbstverständlich, oder nicht wichtig genug, um es ausdrücklich zu erwähnen. Hier liegt also ein Beispiel freiwilliger Albanisirung vor. Wir beschliessen diese Notizen mit dem leider nur sehr kurzen Bericht, den uns Leake ⁴) von der Art und Weise gibt, wie der Bischof von Gortscha (im Gebiete des Dewól, südlich vom Ochrida-See) im Jahre 1805 über die vorliegende Frage dachte. „Des Bischofs Geographie und Historie steigt nicht höher hinauf, als bis zu der bulgarischen Eroberung dieser Gegend, welche er als einen Theil von Alt-Bulgarien betrachtet, der von albanesischen Freibeutern erobert, und theilweise bevölkert wurde. Als einen Beweis dieses Factums führt er verschiedene bulgarische Namen, wie Belowoda (weiss Wasser) ein Dorf und Fluss in dem benachbarten Gebirge Buschigrad und mehrere andere auf. Aber Namen slavisch-illyrischen Ursprungs finden sich in allen Theilen von Griechenland. Ein stärkerer Beweis ist der Gebrauch der bulgarischen Sprache, welche noch in einigen Dörfern dieses Districtes gesprochen wird. — Der Bischof hat eine geringe Meinung von seinen eigenen Landsleuten, schreibt aber den Ruin der Gegend vorzugsweise den muhamedanischen Albanesen zu, deren Macht und Tyrannei einen solchen Grad erreicht habe, dass sowohl Türken als Griechen einen fränkischen Eroberer herbei wünschen."

Dieser Druck wurde nach und nach den wallachischen Bewohnern der benachbarten Stadt Moskopolis so unerträglich, dass sie vor etwa 100 Jahren in Masse auszuwandern beschlossen, und hierdurch sank dieser bedeutende Handelsplatz, welchem die Sage (wohl übertrieben) zur Zeit seiner Blüthe 8, ja 10,000 Häuser gibt, zu einem elenden Dorfe von kaum 200 Häusern herab.

Wenn aber die früheren slavischen Bewohner von Albanien einem andern Volke Platz gemacht haben, welches ihnen fremd, und dieses nun im unbestrittenen Alleinbesitze des Kerns des Landes ist, so wirft sich eine neue Frage nach der Nationalität dieses Volkes auf: Wer sind die Albanesen? Stammen sie von den Urwohnern des Landes, und ist die Slavenzeit nur eine Episode in der Geschichte von Albanien, oder sind sie gleich den Slaven in historischer Zeit eingewandert, und bilden sie die dritte Völkerschichte, welche auf albanesischem Boden lagert, und die mit keiner der unteren verwandt ist? ⁵)

Richten wir diese Frage an die Geschichte, so erhalten wir nur eine Vermuthung zur Antwort, welche auf einem negativen Schluss gebaut ist, und diese lautet etwa so: da die Albanesen keine Slaven sind, und mit keinem andern bekannten Volke nähere Verwandtschaft zeigen, da die freilich kümmerlichen Quellen ausser der slavischen keine Einwanderung melden, die bedeutend genug wäre, um ein grosses Volk zu schaffen, so darf man annehmen, dass die heutigen Albanesen die Nachkommen der vorslavischen Urwohner des Landes seien.

Wir wollen bei dieser unbestimmten Vermuthung nicht stehen bleiben, sondern uns auf andern Feldern nach einer positiveren Antwort auf unsere Frage umsehen, denn nächst dem Bericht über das, was wir in Albanien gesehen und gehört haben, besteht die Aufgabe dieser Blätter in dem Versuche, den Beweis über das Autochthonenthum der Albanesen anzutreten.

Die Aufgabe ist gross, die Mittel und Kräfte aber gering — wir haben uns hierüber und über die Art, wie wir von den vorliegenden Studien denken, in der Vorrede ausgesprochen. — Einer muss anfangen, auf das wie? kommt wenig an, wenn dann nur die Rechten folgen: also Glück auf!

Wir beginnen mit einem kurzen Rückblicke auf die im vorigen Abschnitte gelieferten Bruchstücke albanesischer Sitte, um die Resultate festzustellen, welche sie nach unserer Ansicht für die vorliegende Frage liefern, und fassen zu dem Ende von dieser Musterkarte alter Sittenreste nur die römischen und hellenischen Analogien ins Auge.

Täuschen wir uns nicht, so möchte wohl keiner unserer Leser sein Votum über den Grund dieser Aehnlichkeit dahin abgeben, dass sie eine rein zufällige sei, denn hiezu ist die Masse gleicher

Einzelheiten zu gross — alle werden darin übereinstimmen, 'das, was Albanesen, Römern und Hellenen hierin gemeinsam ist, auf eine und dieselbe Quelle zurück zu leiten.

Diese Aehnlichkeit scheint uns ferner viel zu schlagend und detaillirt, als dass wir ihre Quelle in die erste Urzeit und in den etwaigen gemeinsamen Ausgangspunkt dieser Völker vor ihrer Einwanderung nach Europa zurückversetzen, und demgemäss annehmen könnten, dass dieselbe so mächtig gewesen wäre, dass sie durch die in die graueste Vorzeit zurückzulegende Wanderung der Römer und Griechen und die etwa erst zur Zeit der Völkerwanderung erfolgende Einwanderung der Albanesen nicht hätte verwischt werden sollen; denn ein Volk auf der Wanderung ist in vieler Hinsicht einer flüssigen Metallmasse vergleichbar, welche neue Formen sucht, und war es früher nicht angesessen, sondern nomadisch, so hat es in seinen neuen Sitzen noch obendrein die Krisis durchzumachen, welche der Uebergang vom Wanderleben zum sesshaften mit sich bringt.

Weit naturgemässer scheint uns demnach die Annahme, dass die Vorfahren der heutigen Albanesen schon zur Römer- und Hellenenzeit die heutigen Sitze des Volkes eingenommen, und sich die Sitten, welche ihnen mit ihren Nachbarvölkern gemeinsam waren, viel reiner und treuer bis auf ihre heutigen Nachkommen erhalten haben, als dies bei jenen Nachbarn der Fall ist. Auch so gefasst bleibt die Erscheinung noch immer wunderbar, aber es stehen ihr gewichtige Erklärungsgründe zu Gebote, welche der vorangestellten Annahme entgehen.

An ihrer Spitze steht die oben geschilderte Abgeschlossenheit des Landes gegen Aussen, welche dasselbe ausser Contact mit dem Weltverkehre setzt, und es zugleich in weit höherem Grade vor den Stürmen der Zeiten schützt, als seine offenen Nachbarländer, und mit dieser natürlichen Abgeschlossenheit harmonirt der albanesische Volksgeist auf das Innigste, welcher sich in allen öffentlichen Beziehungen niemals über die Ideen des Faustrechtes, der Blutrache und des Stammverbandes zu erheben vermochte, und welcher daher noch heut zu Tage auf einer Culturstufe steht, welche die Römer und Hellenen bereits zu der Zeit hinter sich hatten, als sie in die Geschichte eintraten.

Diese Geistesdisposition des Albanesen, vermöge deren er mit eiserner Starrheit am Ueberkommenen hält, und jeden fremden Eindruck in dieser Hinsicht zurückweist, zeigt sich aber erst dann in ihrem wahren Lichte, wenn man bedenkt, dass ein grosser Theil des Volkes, man könnte sagen dessen Blüthe, den besten Theil des Lebens in der Fremde zubringt, und dennoch nichts von dem, was er dort sieht und hört, Macht über das erhält, was er aus der Heimath mitbrachte; denn wäre dies der Fall, so könnten die geistigen Zustände der Heimath nicht unbekümmert um den Wechsel der Geschlechter, Jahrtausende lang in derselben Unveränderlichkeit verharren. Diese Verbindung des höchstmöglichen, conservativen Instinctes mit einem so ausgesprochenen Wandertriebe scheint uns eine der interessantesten Erscheinungen im Völkerleben. Wer nun aber diese Ansichten theilt, und dem conservativen Instincte des Albanesen sein gehöriges Recht widerfahren lässt, der wird geneigter sein, sich die Uebereinstimmung zwischen Albanesischem, Römischem und Hellenischem eher in der Art zu erklären, wie sie zwischen Deutschem und Skandinavischem, oder zwischen Geschwistern besteht, welche demselben väterlichen Hause entstammen, als anzunehmen, der Albanese habe das, was in seiner Sitte der römischen und hellenischen gleicht, von dem Römer oder Hellenen entlehnt, so wie wir Deutsche etwa die eine oder andere Sitte von den Franzosen angenommen haben.

Dieser Gedankengang führt aber mit nothwendiger Consequenz in die graueste Urzeit und zu dem Knotenpunkte römischer und griechischer Familiensitte zurück, dessen Existenz wohl kein Kenner derselben in Abrede stellen möchte, und zwingt zur Annahme einer dritten Auszweigung desselben, deren Lebenskraft so zähe ist, dass sie unsere Tage erreicht hat. Dann also war der Uralbanese nicht bloss ein Altersgenosse und Nachbar, sondern auch ein Verwandter des Urrömers und Urhellenen, oder mit andern Worten, was in den Sitten der drei Völker gleich ist, das wurde von ein und demselben Elemente in sie hinein getragen [*]).

Wir neigen uns aus vielen, weiter unten zu entwickelnden Gründen zu dieser letzten Ansicht; es kömmt uns jedoch bei der vorliegenden Frage nicht darauf an, ob dem Leser die einfache Annahme römischer und hellenischer Nachbarsitte durch die Altvordern der Albanesen plausibler erscheine, denn damit dies geschehen konnte, müssen dieselben Altersgenossen der Römer und

Hellenen gewesen sein, und hiemit stünde denn das Autochthonenthum ihrer Enkel gleichfalls fest.

Aus dem Gesagten ergibt sich, dass wir in dem, was der albanesischen Sitte mit der römischen und hellenischen gemein ist, einen Factor des angetretenen Beweises erblicken.

Einen zweiten Factor wollen wir an der Hand der Sprachkunde zu gewinnen suchen; derselbe setzt jedoch die möglichst genaue Feststellung der Nationalität und des gegenseitigen Verhältnisses der Völker voraus, welche im Alterthume das Land bewohnten, so weit dies nach den vorhandenen Quellen möglich ist, weil wir erst hierdurch den nöthigen Boden für die vorzunehmenden Vergleichungen gewinnen können.

Wir müssen diese Aufgabe so viel als möglich beschränken, damit sie in kein zu grosses Missverhältniss mit den Kräften gerathe, welche wir zu ihrer Lösung mitbringen; die Natur der Dinge zwingt uns aber trotzdem die Landesgränze wenigstens in einer Richtung zu überschreiten, und auch die makedonischen Völker in unsere Untersuchung mit hinein zu ziehen.

Ihre Ergebnisse sind von der Art, dass wir nur schwer der Versuchung widerstehen, den Leser zu beschleichen, indem wir ihn durch Unverfängliches allmählich auf das paradoxer Klingende vorbereiten, und einen, man kann fast sagen, anrüchig gewordenen Namen, so spät als möglich in die Untersuchung einführen. Wir halten es jedoch für redlicher, von vornherein das Visir aufzuschlagen, damit der Leser sogleich erkenne, wie er mit uns daran sei, und die Resultate als Thesen scharf und schroff an die Spitze zu stellen. Schliesst er dann das Buch, nachdem er sie gelesen, so wollen wir uns das gefallen lassen, will er uns weiter folgen, so können wir ihm so viel versprechen, dass wir bestrebt sein werden, den Proteus in feste Bande zu legen, und ihm möglichst bestimmte Antwort auf unsere Fragen abzunöthigen; ob sie aber auch die reine Wahrheit enthalten? Die Antwort darauf steht nicht uns, sondern dem Leser zu, wenn er das darüber Beigebrachte geprüft haben wird.

Unsere Thesen sind folgende:

1) Die Epiroten und Makedonier waren noch zu Strabo's Zeiten Ungriechen oder Barbaren.

2) Epiroten, Makedonier und Illyrier sind Stammverwandte.

3) Es sind viele Anzeichen vorhanden, dass Epiroten und Makedonier den Kern des tyrrhenisch-pelasgischen Volksstammes bildeten, dessen äusserste Spitzen in Italien und Thracien in die Geschichte hineinragen.

4) Illyrisch = pelasgisch im weiteren Sinne.

Strabo sagt im Eingang des ersten Capitels seines siebenten Buches, nachdem er die nördlich vom Ister wohnenden Völker angegeben: „Die südlichen Völker sind die Illyrischen und die Thracischen und was von Keltischen oder einigen andern Völkern unter diese gemischt ist, bis nach Griechenland." Ferner im Anfang des fünften Capitels, „von Europa bleibt noch die zwischen dem Ister und dem sie umgebenden Meere gelegene Halbinsel (zu beschreiben übrig), welche sich von dem Winkel des adriatischen Meeres bis zur heiligen Mündung des Isters erstreckt. In ihr liegen Griechenland, die makedonischen und epirotischen Völker, und die über diesen bis zum Ister und zu beiden Meeren, dem adriatischen und pontischen, reichenden Völker; um das adriatische sitzen die Illyrischen, um das andere bis zur Propontis und dem Hellespont die thracischen Völker, und etwa einige diesen untermischte, skythische und keltische."

In dem bekannten Eingange des 7. Capitels S. 320 und 321, heisst es endlich: — „Uebrig sind noch die südlichen Theile des erwähnten Gebirgslandes (der illyrischen und thracischen Berge) und die unter denselben gelegenen Gegenden, zu denen Hellas und das angränzende Barbarenland bis zu den Bergen gehört. Hekataeus, der Milesier, sagt von dem Peloponese, dass ihn vor den Hellenen Barbaren bewohnt hätten. Vor Alters aber war fast ganz Hellas ein Wohnplatz der Barbaren, wie sich aus den erhaltenen Nachrichten ergibt — (pelopidische Phrygier, danaische Aegypter) — Dryopen, Kaukonen, Pelasger, Leleger und andere dergleichen theilten sich in die Länder innerhalb und ausserhalb des Isthmus — (eumolpische Thracier, tereische im phokischen Daulis, kadmeische Phönicier, Aoner, Temmiker und Hyanten in Böotien); — die Thracier, Illyrier und Epiroten sitzen jetzt noch an den Seiten von Hellas. Doch war dies früher noch mehr der Fall als gegenwärtig, wo die Barbaren den grössten Theil des unbestreitbar zu der heutigen Hellas [7]) gehörenden Landes inne hatten; die Thracier, Makedonier und oberhalb Akarnanien und Aetolien, die epirotischen Völkerschaften der Thesproten, Kassopäer, Amphilocher, Molloter und Athamanen. Von den Pelasgern war bereits die Rede, die Leleger aber halten einige für identisch mit den Karern etc."

Aus diesen Stellen ergibt sich, dass Strabo die ganze Halbinsel südlich vom Ister in drei Theile zerlegt: nämlich Hellas im Süden, Illyrien im Westen, Thracien im Osten. — Hellas aber in der Ausdehnung, wie er sich dasselbe denkt, wird nicht von der hellenischen Raçe ausgefüllt, sondern in seinen nördlichen Theilen von barbarischen, d. h. ungriechischen Völkern bewohnt, nämlich der Westen von den epirotischen, der Osten von den makedonischen Völkern. — Wenn aber Strabo die Makedonier seiner Zeit hier zu Thraciern macht, so ist dies ein Widerspruch mit andern Angaben desselben, welchen wir nicht zu lösen vermögen, denn in einer, weiter unten über die via Egnatia anzuführenden Stelle sagt er, dass westlich vom Strymon nur einige Bergthracier sitzen, und dass erst östlich von diesem Flusse die Thracier beginnen, und in zwei anderen Stellen rechnet er fast sämmtliche makedonische Völkerschaften zu dem Stamme der Epiroten.

Uebrigens trennt Strabo auch anderwärts die Epiroten scharf von den Griechen, so sagt er z. B. [8]) „An der Mündung des ambracischen Busens wohnen dem Einlaufenden zur rechten die Akarnanen, welche zu den Griechen gehören — — auf der linken die Kassopaeer, welche Epiroten sind" — und weiter [9]): „Unsere Darstellung brach im Westen und Norden (der Halbinsel) bei den epirotischen und illyrischen, im Osten aber bei den makedonischen Völkerschaften bis gegen Byzanz ab. Auf die Epiroten und Illyrier folgen nun die griechischen Völkerschaften der Akarnanen, Aetoler, Lokrer u. s. w." Hierher gehört auch die bekannte Stelle, in welcher die Umwohner von Dodona zusammen mit den Pelasgern als Barbaren bezeichnet werden [10]): „Dodona ist, wie Ephorus sagt, eine Gründung der Pelasger, und die Pelasger gelten unter denen, welche in Hellas mächtig waren, für die ältesten, — von ihnen wurde bei den Tyrrhenen gesprochen. Die Umwohner des Heiligthums von Dodona [11]) bezeichnet aber schon Homer wegen ihrer Lebensweise als Barbaren, indem er sagt, dass sie ihre Füsse nicht waschen, und auf der Erde schlafen," — ob sie aber Heller oder Seller zu nennen seien, will Strabo unbestimmt lassen [12]).

Dieselbe Ansicht, wie Strabo, hat Thukydides von der barbarischen Nationalität der Epiroten; in der Erzählung des verunglückten Unternehmens der Lakedämonier, Ambrakioten und Chaonen auf das akarnanische Stratos sagt er nämlich: [13]) „Mit Knemos, dem lakedämonischen Feldherrn, waren von Griechen die Ambrakioten, Leukadier und Anaktorier und tausend Peloponesier, welche er selbst hierher geführt hatte; von Barbaren aber tausend Chaonen, welche keine Könige haben; sie wurden von Photios und Nikanor als jährlichen Vorständen des herrschenden Geschlechtes angeführt; mit den Chaonen zogen auch die Thesproter aus, welche gleichfalls keine Könige haben. Die Molosser [14]) und Atitänen führte Sabylinthos, der Vormund des Königs Thoryssus, welcher noch ein Knabe war; die Paraväer ihr König Oroidos. Tausend Oresten, über welche Antiochus herrschte, zogen mit dessen Erlaubniss unter Oroidos mit den Paraväern. Auch Perdikkas schickte heimlich und ohne Vorwissen der Athener tausend Makedonier, welche nachher kamen." — Thukydides bezeichnet in dieser Stelle die Hauptvölker des eigentlichen Epirus als Barbaren, und stellt die tausend Makedonier, welche König Perdikkas geschickt hatte, zu diesen, und nicht zu den vorerwähnten Griechen [15]).

Sehen wir nun zu, welche Ansicht Strabo von den Makedoniern hat. Die hierauf bezügliche, obwohl sehr bekannte Stelle [16]) ist uns zu wichtig, als dass wir dem Leser deren Wiederholung nach unserer Auffassung ersparen könnten. „Von den epirotischen Völkern bewohnen die Chaonen und Thesproten den gesegneten Küstenstrich von den keraunischen Bergen bis zum ambrakischen Meerbusen. — — — Hinter Ambrakia liegt Argos Amphilochikon. — — Epiroten sind auch die Amphilocher, und die über ihnen in rauhen Gegenden sitzenden, und bis an die illyrischen Gebirge reichenden Molotter, Athamanen, Aethiker, Tymphäer, Oresten, Paroräer und Atitanen, theils Makedonien näher, theils dem jonischen Busen. Mit diesen mischen sich die illyrischen Völker, welche auf der Südseite der Gebirge und über dem jonischen Busen sitzen. Denn über Epidamnus und Apollonia bis zu den Keraunien wohnen Byllionen, Taulantier, Parthiner und Bryger [17]). In der Nähe bei den Silberminen in Damastium [18]) haben Perisadier ihre Herrschaft gegründet; auch

Enchelier und Sesarasier nennt man hier [19]); ausserdem Lynkesten und Deuriopos und die Pela-
gonische Dreistadt und Eorder und Elimeia und Eratyra. — Alle diese Gegenden bildeten früher
einzelne Fürstenthümer; bei den Encheliern herrschten die Nachkommen des Kadmus und der
Harmonia, und das, was sich auf die Sage von ihnen bezieht, wird dort gezeigt. Diese wurden also
von Einheimischen regiert. Die Lynkesten aber standen unter Arrhabäus, der aus dem Geschlechte
der Bacchiaden war. Von den Epiroten endlich standen die Molotter unter Pyrrhus, des Achilles
Sohn, welche also Thessalier waren; die übrigen aber wurden von einheimischen Fürsten beherrscht. Da nun bald der eine, bald der andere (von diesen kleinen Staaten) sich die Oberherrschaft über die übrigen errang, so kam zuletzt alles unter die Herrschaft der Makedonen, einen
kleinen Strich über dem Jonischen Meere ausgenommen. Auch (καὶ δὴ καὶ) nannte man nun Lynkestis, Pelagonien, Orestias und Elimeia das obere Makedonien, und später auch das freie. Einige
nennen auch das ganze Land bis Kerkyra Makedonien und geben zugleich als Grund an, dass der
Haarschnitt, der Dialekt, die Chlamys und ähnliche Dinge dieser Völker ungefähr dieselben seien
(χρῶνται παραπλησίως). Einige (von diesen) sprechen auch zwei Sprachen."

Die in dieser Stelle vorkommenden Angaben über die Nationalität der Makedonier erhalten im 5. Capitel des 9. Buches [20]) eine willkommene Ergänzung, indem uns dadurch das
richtige Verständniss unserer Stelle eröffnet wird, nach welcher es ungewiss ist, ob Strabo
die nach den illyrischen Brygern genannten Völker zu den Illyriern [21]) oder zu den Epiroten
rechne.

Diese bezeichnet also nach unserer Ansicht folgende in Epirus und Makedonien sitzende
Völkerschaften als stammverwandt, oder epirotisch: 1. Chaonen, 2. Thesproter, 3. Kassopaer (grosse
Zwischensätze), 4. Amphilochier, 5. Molosser, 6. Athamanen, 7. Aethiker, 8. Tymphaer, 9. Orestier,
10. Paroräer und 11. Atintanen (Zwischensätze über die illyrischen Bullionen, Taulantier, Parthinen
und Bryger), 12. Perisadier, 13. Enchelier, 14. Sesarasier. Dies sind die 14 epirotischen Stämme
des Theopompus; hierauf folgen die östlich von Pindus gelegenen 6 makedonischen Hauptvölker
mit Ausnahme der schon früher genannten Orestier [22]), 15. Lynkesten, 16. Deuriopus, 17. Pelagonien, 18. Eorder, 19. Elimea und 20. Eratyra? Der Leser wolle der Ordnung, welche Strabo
bei dieser Aufzählung verfolgt, auf der Karte nachgehen, und nachdem er bedacht, dass Strabo
hier nach seiner Art nur die Hauptländer erwähnt, den Namen selbst aussprechen, welchen man
nach der befolgten Aufzählungsweise an der Stelle des räthselhaften und unseres Wissens von
keinem anderen Schriftsteller erwähnten Eratyra [23]) vermuthen sollte.

Setzt man aber Emathia an die Stelle, so ist durch die strabonische Aufzählung das ganze
cisaxinische Makedonien bis auf die Küstenstriche von Bottiäa (wenn man dies nicht als eine
Abtheilung von Emathia betrachten will) und Pieria erschöpft, und bevölkert sich mit Leuten
desselben Stammes, wofür denn auch die Natur der Sache sprechen möchte.

Bevor wir auf weitere Angaben der vorliegenden Stelle eingehen, müssen wir zu ihrem
besseren Verständniss eine andere einschalten, welche uns wichtige Aufschlüsse über das Verhältniss der Epiroten im engeren Sinne zu ihren nördlichen Nachbaren, den Südillyriern, gibt, wenn
wir damit den heutigen Zustand der Dinge in den betreffenden Gegenden vergleichen.

Strabo beginnt seine Beschreibung der via Egnatia — der bekannten römischen Militärstrasse,
welche von Dyrrachium und Apollonia nach Thessalonichi führte — mit folgendem allgemeinen
Ueberblicke: „Wer diese Strasse von Apollonia oder Epidamnus aus verfolgt, der hat die epirotischen Völker, welche bis zum ambrakischen Meerbusen reichen, und von dem sicilischen Meere
bespült werden, zur rechten Hand; zur linken aber die illyrischen Berge und die daran wohnenden
Völker bis nach Makedonien und zu den Päonen. — Vom Beginne des Makedonischen und Päonischen
bis zum Strymon-Flusse wohnen Makedonen und Päonen und einige Bergthracier. Alles jenseits
des Strymon gelegene bis zur Mündung des Pontus und zum Hämus gehört den Thraciern mit
Ausnahme der Küste, welche von Hellenen bewohnt wird."

Bringen wir damit das dritte Fragment des 7. Buches in Verbindung, wonach die via Egnatia
die Südgränze von Makedonien bildet, so ergibt sich, dass Strabo (wenn dies Fragment wirklich
von ihm ist) diese Strasse sowohl für eine politische Gränze, als auch für eine Völkerscheide
ansah, welche im grossen Ganzen die Illyrier von den Epiroten trennt; wir sagen im grossen

Ganzen, denn dass er wusste, dass auch im Norden von Epirus Illyrier mit Epiroten vermischt wohnten, ergibt sich aus der früher citirten Stelle.

Vergleichen wir nun Strabo's Schilderung mit dem heutigen Zustande der Dinge, so zeigt sich, dass sie auf diesen, und zwar noch genauer passe, als zu Strabo's Zeiten.

Wir haben nämlich weiter oben berichtet, dass die Sprachgränze zwischen Tosken und Gegen durch den Fluss Schkumb gebildet werde, an welchem sich die via Egnatia hinzog. Südlich von diesem Flusse wohnen heutzutage keine Gegen, wohl aber spricht man in dem nördlichen, toskischen Gränzbezirke von Berat einen albanesischen Dialekt, der zwar zu dem toskischen Stamme gehört, aber zahlreiche gegische Elemente enthält, und gegische Anklänge finden sich bereits in dem Dialekte, welcher in dem Thale der oberen Wiussa um Premet gesprochen wird.

Beachtenswerth erscheint uns ferner, dass nicht nur die in der Südostecke von Albanien sitzenden Griechen, sondern auch die Albanesen des gemischten südlichen Küstenbezirkes, der s. g. Tschamerei, die von ihnen bewohnten Landschaften nicht zur Ἀρβανιτjά rechnen, und dass selbst bei den nördlicher liegenden Argyrokastriten, Awloniten und Tepelinioten durchaus keinem Gefühle nationaler Zusammengehörigkeit mit den nördlichen Gegen zu begegnen ist. Ein Magnat von Argyrokastron äusserte sich gegen den Verfasser über das Verhältniss der gegischen Geschlechter: wir rechnen sie nicht zu uns, wir drehen ihnen den Rücken zu, und sehen gegen Süden, jene sehen nach Monastir zu. Was vom Adel gilt, das gilt auch von dem ganzen Volke. — Die Denkungsweise der Masse in Holland, ja selbst in der Schweiz und im Elsass, über ihr Verhältniss zu Deutschland möchte eine annähernde Parallele zu dem Gesagten liefern.

Soweit wir aber den Charakter der beiden albanesischen Dialekte und ihr Verhältniss zu einander zu beurtheilen vermögen, stellen sie sich etwa wie das Deutsche, Schwedische und Dänische in sofern als urverschieden dar, als die Zeit ihrer Abzweigung vor alle Geschichte fällt, und es sich nicht bestimmen lässt, ob der eine aus dem anderen entstanden sei; denn wenn schon der gegische Dialekt in manchen seiner Formen ein älteres Gepräge zu tragen scheint, so zeigen doch wiederum viele geschwächte Formen des toskischen Dialektes wegen ihrer Uebereinstimmung mit griechischen, lateinischen und anderen alten Sprachen ein sehr hohes Alter an. Wenn aber Gegen und Tosken Theile eines nationalen Ganzen bilden; wenn ihnen das Bewusstsein ihrer Zusammengehörigkeit abgeht; wenn sie urverschiedene Dialekte derselben Sprache sprechen; wenn deren Gränzscheide dahin fällt, wohin Strabo die Gränze zwischen den Epiroten und Illyriern legt; wenn die Epiroten keine Hellenen, sondern Barbaren waren, ist es da nicht höchst wahrscheinlich, dass es vor Zeiten ebenso war, wie es jetzt ist, und dass die Epiroten zu dem illyrischen Stamme gehörten, aber des Gefühles ihrer Zusammengehörigkeit mit demselben entbehrten, gerade so, wie Holländer und Dänen zu dem germanischen Stamme gehören, ohne sich desshalb eins mit den Deutschen zu fühlen?

Vereinigen wir nun die obigen drei Stellen mit einander, so ergibt sich, dass bei Strabo drei Makedonien von verschiedener westlicher Ausdehnung zu unterscheiden seien, nämlich: 1. Makedonien im engeren Sinne, bestehend aus Ober- und (dem von Strabo nicht erwähnten) Niederland, weil das erstere das letztere voraussetzt. 2. Die Provinz Makedonien mit dem südlichen Illyrien, etwa vom Ausfluss des Drin bis zur via Egnatia [34]). 3. Ein ethnographisches Makedonien, welches zu dem zweiten noch das nördliche Epirus bis nach Kerkyra hin, also etwa bis zum Ausfluss des Thyamis, der Gränze zwischen Chaonien und Thesprotien, hinzufügt.

Diesem letzten Conglomerat makedonischer, illyrischer und epirotischer Völker fallen von Epirus wenigstens die beiden Hauptstämme Chaonen und Atintanen zu. Und worauf stützt sich diese ethnographische Verbindung? Auf die Gleichheit der Sprache, der Sitte und der Tracht; also auf alles, was nationale Einheit begründet. Leider bleibt die südliche Gränzlinie dieses ethnographischen Makedoniens für das Innere von Epirus unbestimmt, aber es ist gewiss höchst beachtenswerth, dass dieselbe an der Küste nicht bis zu dem ambrakischen Golf vorgerückt wird, obgleich nach Strabo's ausdrücklicher Angabe auch noch die Nordseite seiner Mündung in das Meer von epirotischen Barbaren, nämlich den Kassopaern, bewohnt ist, und erst auf der Südseite Hellenen sitzen [25]), sondern dass sie beiläufig mit der Gränze zwischen dem rein albanesischen und dem gemischten Sprachgebiete von Epirus zusammenfällt, welche wir im ersten Abschnitte beschrieben haben. Dieses letztere begreift das alte Thesprotien, die heutige Tschamerei. deren Einwohner albanesisch und griechisch zugleich sprechen. Ist es nun nicht auffallend, dass Strabo unmittelbar da, wo er die südliche Ausdehnung seines ethnographischen Makedoniens angibt, den Zusatz macht, einige Völkerschaften sind auch zweizüngig?

Seit Strabo schrieb, hat, was von den Hochmakedoniern und den südöstlichen Epiroten etwa übrig geblieben, bulgarisch, wallachisch oder griechisch gelernt; aber an der Küste und am Schkumbi ist es noch, wie es war, denn an jener sitzen noch zweizüngige Epiroten, und der Schkumb trennt heute die Gegen und Tósken, wie er vor Alters deren verwandte Vorväter, die Illyrier und Epiroten, trennte.

Ohne daher der Aushülfe der Sprachkunde zu bedürfen, glauben wir aus der einfachen Uebereinstimmung der uns aus dem Alterthume erhaltenen Angaben mit dem heutigen Zustande der Dinge den Schluss ziehen zu dürfen, dass die Epiroten und Makedonen zu dem grossen illyrischen Volksstamme gehörten, sich aber zu demselben wie ein selbstständiges Glied, etwa wie die Holländer zu dem deutschen Stamme, verhielten. Fasst man das gegenseitige Verhältniss der drei Völker in dieser Weise, so kann es nicht auffallen, dass der Name von Makedonien allmählich auch auf das administrativ mit dieser Provinz vereinigte Südillyrien überging, nur wird man dann den Grund weniger in diese administrative Vereinigung, als vielmehr in die ethnographische Einheit der Bewohner beider Landestheile setzen.

Nach dieser Ansicht erklärt sich auch die häufige Verwechslung der Illyrier und Lynkesten in ihrem Verhältnisse zu den voralexandrinischen Makedonen. Abel [26]) bemerkt hierüber folgendes: „das Einzige, was sich an die Geschichte dieser vier Könige (und Nachfolger des Stifters der makedonischen Dynastie) knüpft, ist der fortwährende Kampf mit den Illyriern. Wenn wir bedenken, dass zwischen dem makedonischen Reiche und den illyrischen Stämmen paeonische Völkerschaften, und westlich die Lynkesten ansässig waren, so muss es uns sehr befremden, Makedonier und Illyrier in unmittelbarer Berührung zu finden. Aber ohne Zweifel haben wir unter diesen Illyriern die Lynkesten zu verstehen. Welches [27]) Verhältniss zwischen beiden bestand, genauer nachzuweisen, ist nicht möglich; dass aber, so oft in dieser Zeit (Amyntas II.) Kriege mit Illyriern erwähnt werden, an Lynkesten zu denken ist, das scheint mir unzweifelhaft. Den deutlichsten Beweis von der Verwechslung der Illyrier und Lynkesten gibt uns die Königin Eurydike, welche, wie wir sicher wissen, eine lynkestische Fürstentochter war [28]), dennoch aber eine Illyrierin genannt wird [29])." Am natürlichsten würde sich das Verhältniss der Makedonier zu den Lynkesten und Illyriern gestalten, wenn man die ersteren als zum alttoskischen, die Lynkesten aber zum altgegischen Stamme gehörig annehmen dürfte; dem widerspricht aber die ausdrückliche Angabe Strabo's, dass auch die Lynkesten epiriotischen, also alttoskischen Stammes seien. Wenn aber Livius [30]) das Land um Edessa, Beroea und Pella von Illyriern bewohnen lässt, so muss die Verwandtschaft zwischen Illyriern und Epiroten gross gewesen sein, damit eine solche Verwechslung Statt finden konnte; oder man muss diese Illyrier des Livius als neuere Einwanderer in die durch den Krieg verödeten Länder betrachten.

Bei der Unbekanntschaft mit diesen Ländern und deren späterem traurigen Zustande sind Widersprüche über die Nationalität einzelner Stämme nicht zu verwundern; so sind die Atintanen bei Strabo Epiroten, bei Skylax und Appian [31]) Illyrier — die Dardaner sind nach Strabo und Appian Illyrier, nach Dio Cassius [32]) gehören sie zum moesischen Stamme, und Stephan nennt ihre Städte Naissus und Skupi thracische, — die Paeonen und Bryger werden bald Illyrier, bald Thracier genannt, — die sicher illyrischen Istrier nennt Skymnos Thracier, und denselben Irrthum begeht Stephan mit den illyrischen Daorsern; nach ihm und Livius [33]) sind die sonst thracischen Traller Illyrier; macht doch der Scholiast zu Aristophanes selbst die Chaonier zu Thraciern; die Triballer, welche sonst überall Thracier heissen, sind nach Stephan Illyrier. — Strabo spricht sich wiederholt über die Schwierigkeiten aus, mit welchen er bei der Beschreibung dieser Völker zu kämpfen hatte [34]).

Wir sind in der obigen Untersuchung zu dem Schlusse gekommen, dass die unter sich stammverwandten Epiroten und Makedonen einen selbstständigen Zweig des grossen illyrischen Volksstammes zu bilden scheinen. Wir haben uns aber bei den Alten vergebens nach einer

Bestätigung für diese Schlussfolgerung, d. h. für die Verwandtschaft der Illyrier mit jenen beiden Völkern, umgesehen. Selbst die Mythe schweigt hierüber, wenn man nicht in ihren Angaben über Kadmus Beziehungen zu den Illyriern ein Zeugniss für deren Verwandtschaft mit den tyrrhenischen Pelasgern erkennen will. Aus Apollodor's [35]) Darstellung des Verhältnisses zwischen Kadmus und den Illyriern ergibt sich nämlich eine Vermuthung, dass hier verschiedene Sagen an einandergereiht sind, nämlich: 1. Kadmus verlässt mit der Harmonia Theben, und begibt sich zu den Encheliern; denn als diese mit den Illyriern in Krieg verwickelt waren, hatte ihnen der Gott prophezeit, dass sie siegen würden, wenn sie Kadmus und Harmonia zu Führern hätten. Sie nahmen dem zu Folge diese zu Führern gegen die Illyrier; — 2. und Kadmus herrscht über die Illyrier; — 3. und es wird ihm ein Sohn Illyrios; — 4. ein anderes Mal (αὖϑις) verwandelt er sich mit Harmonia in Drachen, und wird von Zeus in die elysischen Felder gesendet.

Die dritte Sage möchten wir so ergänzen: Kadmus wandert von Theben nach Illyrien und wird Stammvater der Illyrier, denn es scheint uns nicht im Geiste der Sage zu liegen, dass sie unnütze Personen aufstellt, und dies wäre Illyrios, wenn er von Kadmus als Herrscher über das schon vorhandene Volk der Illyrier gezeugt würde, denn er hat keine Nachkommen; doch sei dem wie ihm wolle, Beziehungen der Illyrier zu Kadmus stehen fest, und dessen Beziehungen zu den tyrrhenischen Pelasger sind wiederum der Art, dass Müller sich für berechtigt hält, das Phönicierthum des Kadmus zu verwerfen, und ihm zu einen reinen tyrrhenischen Pelasger zu stempeln.

Andere Mythen trennen die Illyrier gänzlich von dem hellenisch-pelasgischen Cyklus, und stellen sie zu den Kelten; dahin gehört diejenige Genealogie, welcher Arrian unter allen existirenden den Vorzug gibt. Polyphem erzeugt mit Galatea den Keltus, Illyrius und Galas [36]). Illyrius Söhne sind Encheleus, Autarius, Dardanus, Maedus, Taulans und Perrhebus, dessen Töchter Partha, Daorsa, Dassara; Autarius zeugt den Pannonius oder Paeon, und Paeon den Scordiscus und Triballus; die letzten Namen stehen hier wohl irrthümlich, denn die Scordiscer sind unbestritten Gallier, und die Triballer nebst den früher erwähnten Maedern sind Thracier. Am auffallendsten aber erscheint in dieser Familie der Name Perrhebus, und selbst die Emendation desselben in Paravaeus würde die Schwierigkeit nicht beseitigen, weil dieser Stamm für epirotisch gilt.

Dagegen haben wir mehrfache Zeugnisse über die Abstammung der Epiroten und Makedonier gefunden, welche sie mit seltener Uebereinstimmung sämmtlich für Pelasger erklären, und diese Zeugnisse sind für uns zu wichtig, als dass wir dem Leser deren einzele Aufzählung ersparen könnten.

Das allgemeinste Zeugniss für Epirus gibt Strabo [37]) indem er sagt: Viele nennen auch die epirotischen Völker Pelasger, weil diese bis dahin ihre Herrschaft ausgedehnt haben.

Epirus scheint als Pelasgia in zwei Theile zu zerfallen, nämlich in Hoch- und Nieder-Pelasgia, wenigstens citirt Stephanos [38]) aus Alexander dem Ephesier die Worte: οἱ δὲ κάτω Πελασγίδα Χαονίαν.

Vermuthlich bildete die Dodonaea und ihre Nachbarschaft den Gegensatz, denn dass die Umgegend des von Pelasgern [39]) gegründeten Orakels auch Pelasgia hiess, wird von Herodot [40]) ausdrücklich anerkannt, der die Landschaft, welche zu seiner Zeit Hellas [41]) hiess, zu Thesprotien rechnet. Die pelasgische Abstammung der Thesproter und Molosser bezeugt aber auch die Sage, welche Plutarch in Pyrrhus erwähnt. „Man erzählt, dass nach der grossen Fluth zuerst Phaeton über die Thesproten und Molosser geherrscht habe, einer von denen, welche mit Pelasgus in das Land kamen" [42]).

Die Verwandtschaft der Ostepiroten mit den Westepiroten wird von der Sage ausdrücklich bestätigt; nach Apollodor [43]) sind Thesprotus und Makednus Söhne des arkadischen Lykaon, Sohnes des Pelasgus, und nach Stephanus ist Atitan ein Sohn des Makednus.

Gehen wir nun zu den Makedoniern über, so rechnet sie der sagenkundige Aeschylos [44]) sammt und sonders zu den Pelasgern, denn ganz Makedonien fällt innerhalb der Gränzen, welche der Archivkönig seinem Reiche gibt. „Ich bin Pelasgus, des erdgebornen Palaechthon Sohn, Fürst dieses Landes. Von mir, dem Könige, hat das Volk den Namen, das dieses Landes Früchte hast; und alles Land, wodurch der Axius hinströmt und gegen Sonnenuntergang der Strymon. Mein Reich umfasst der Perrhäber Land, des Pindus Umfang, der Paeoner Näh', Dodonas Berge, und die Gränze theilt das feuchte Meer. Selbst über das hinaus geht meine Herrschaft. Doch dieses Landes Nam' ist Apia."

Was die einzelnen Völkerschaften betrifft, so nennt Justin [45]) die Bewohner von Alt-Makedonien oder Emathia gradezu Pelasger, und nach Aelian [46]) war der pelasgische Völkervater Lykaon König von Emathia. Die Bottiäer behaupteten nach Aristoteles [47]), dass sie aus Athen (dem pelasgischen Hauptsitze) und Kreta (wo Homer Pelasger nennt) stammten, und über Delphi und Japydien [48]) in ihr späteres Vaterland gewandert seien, auch sagen ihre Mädchen bei gewissen Opfern: Ἴωμεν εἰς Ἀθήνας.

Die Elimioten werden von einem Tyrrhenerkönig Elymos abgeleitet, der in Makedonien einwanderte [49]), d. h. nach unserer weiter unten zu begründenden Ansicht, sie stammten aus Epirus. Das Pelasgerthum der Oresten bezeugt endlich der Name ihrer Hauptstadt Argos [50]).

Wenn nun aber sämmtliche Epiroten und Makedonier entweder Pelasger oder Abkömmlinge der Pelasger heissen, wie geht es zu, dass sie auch Barbaren genannt werden? — Wir antworten einfach, weil eben die Pelasger keine Hellenen, sondern nach hellenischer Ausdrucksweise Barbaren waren. Wir glauben, dass der Name Pelasger einem bestimmten, von dem Hellenischen in Sprache, Sitte und Abstammung verschiedenen Volke angehöre, dessen zahlreiche Stämme in der Zeit, welche am Eingange zur Geschichte liegt, den grössten Theil der adriatischen Küstenlande bewohnten; vor Ankunft der Hellenen den grössten Theil der nachmaligen Hellas mit Einschluss des Peloponneses inne hatten, und noch überdies bedeutende Striche von Italien besassen.

Wenn wir auf die Verschiedenheit des Pelasgers von dem Hellenen Gewicht legen, so halten wir sie desswegen nicht für eine radicale; wir denken uns vielmehr die Sprache und Sitte dieses Volkes in Bezug auf die hellenische etwa eben so verwandt und fremd, wie Sprache und Sitte der Albanesen im Verhältnisse zu den Neugriechen, denn diese zeigen viel gemeinsame Elemente auf, ohne dass dieselben auf der einen Seite aus ihrem Nebeneinandersein allein erklärbar wären, ohne aber auf der anderen Seite zur Annahme einer näheren gemeinsamen Abstammung, wie etwa die deutsch-skandinavische, zu berechtigen.

Die Gründe für diese Annahme glauben wir in der fast einstimmigen Ansicht des Alterthums von dem Wesen der Pelasger, und in den analogen Verhältnissen der Gegenwart zu finden, welche uns zeigen, dass sich zu einem auf hellenischem Boden sesshaften Volke ein in Sprache und Sitte verschiedenes zweites Volk in der Art gesellen könne, dass beide Elemente nicht nur einzelne Provinzen und Districte, sondern auch einzelne Stadt- und Dorfbezirke zugleich bewohnen, — dass trotz dieser örtlichen Vermischung beide Racen sich durch Jahrhunderte unvermischt erhalten können, dass aber dennoch eine Zeit kommen könne, wo dieses starre Nebeneinandersein aufhört, und das eine Element die väterliche Sprache aufgibt, und die des andern annimmt.

Wir halten uns zu der Ueberzeugung berechtigt, dass eine nähere Kenntniss des gegenseitigen Verhältnisses der zusammenwohnenden griechischen und albanesischen Race alle Anstände beseitigen könne, welche gegen das gesonderte Volksthum der alten Pelasger erhoben worden sind.

Wir können uns daher nicht mit der Ansicht befreunden, dass das Naturvolk der Hellenen so viel kritische Neigung besessen habe, um eine Periode oder Culturstufe seiner Geschichte mit einem eigenen Namen zu belegen, weil deren Zustände von denjenigen späterer Zeiten wesentlich verschieden waren, und dass ferner die Blüthe der Nation von Herodot an über den Sinn und die Bedeutung dieses Namens im Irrthum gewesen sei, indem sie in dieser eigenthümlichen Bezeichnung für die Urzustände des eigenen Volkes den Namen eines besondern, fremden Volkes erblickte, und auf diese Weise der eigenen Geschichte irrthümlich ein fremdes Element einimpfte.

Was uns demnach an dieser Ansicht auffällt, ist nicht allein die den Hellenen zugemuthete kritische Anschauung ihrer eigenen Vorzeit, sondern namentlich die Unwahrscheinlichkeit, dass der Schlüssel zu derselben bereits zu Herodots Zeiten so ganz verloren war, und auch seinen Nachfolgern so ganz verloren blieb, dass sie das, was eigentlich einheimisch war, für etwas Fremdes ansehen konnten.

Wir sind so weit entfernt, das hellenische Volk als eine, aus einem einzigen Kerne erwachsene Blüthe zu betrachten, dass wir vielmehr gerade in die durch nationale Ueberschichtung bewirkte Völkermischung und Racekreuzung die Hauptursache der Herrlichkeit ihrer Entfaltung setzen zu müssen glauben. Wir haben dieselbe Ansicht von der Grundursache der römischen Grösse, und suchen den Hauptgrund, warum der Uralbanese in seiner Entwicklung gegen diese beiden Völker so weit zurückgeblieben ist, dass er sich nie über die Stufe des Stammverbandes, des Faustrechtes und der Blutrache zu erheben vermochte, darin, dass er weder zu einem gebildetern Volke einwanderte, noch von einem solchen überschichtet wurde, und es ihm daher an nationalen Gegensätzen gebrach, aus deren Reibung (und vielleicht aus ihr allein) höhere Entwicklungsphasen entstehen können; Nur im Kampfe ist Leben, in der Ruhe der Tod; wo also die Elemente zum Kampfe fehlen, da muss Todesruhe herrschen. — In dem Mittelalter wird auch dem Albanesen eine Ueberschichtung zu Theil, und am Ende dieses Zeitraumes sehen wir ihn mächtig über seine Gränzen fluthen, und der türkischen Uebermacht einen an das Wunderbare gränzenden Widerstand entgegensetzen.

Von diesen Ansichten möchte vor allem die Behauptung eine nähere Begründung erfordern, dass sich auf demselben Boden und unter unseren Augen dasselbe Schauspiel einer nationalen Krise wiederhole, wie es vor dem Anfang der Geschichte dieses Landes Statt fand, d. h. dass die heute in Griechenland wohnenden Albanesen ganz in derselben Weise in das neugriechische Element aufgehen, wie ihre Urverwandten in das hellenische Element aufgegangen sind, und dass zwischen beiden nur der Unterschied waltet, dass die in Hellas sitzenden Pelasger die Altwohner, und die Hellenen die Zuwanderer waren, während sich bei Albanesen und Neugriechen dies Verhältniss umkehrt.

Wenden wir uns zu dem Ende vorerst zu dem Vater der Geschichte, und sehen wir zu, wie er über die alte Völkerkrise denkt, denn er ist der einzige, welcher sich ausführlich mit derselben befasst. Wenn Strabo und Hekataeos die Pelasger Barbaren nennen, so kann ihnen die ebenso bestimmte Behauptung von Dionys von Halikarnass[51]), dass sie Hellenen seien, und Stellen aus Diodor entgegengestellt werden, welche keinen andern Schluss zulassen. Mit Herodot ist dies anders, er behauptet nicht bloss, er begründet auch. Seiner scharfen Auffassung von dem anfänglichen Gegensatze zwischen Pelasgern und Hellenen und dessen späterer Ausgleichung haben unseres Wissens die Gegner nichts Aehnliches aus dem Alterthume entgegenzustellen.

Nachdem Herodot[52]) aus der Sprache der Bewohner von Kreston, Plakia und Skylake, welche er für Nachkommen alter aus Thessalien und Griechenland vertriebener Pelasger hält, den Schluss gezogen, dass die Sprache der Pelasger, welche zu seiner Zeit in Griechenland bereits ausgestorben war, eine ungriechische, mithin eine barbarische gewesen sei, so baut er hierauf die Annahme, dass das zum pelasgischen Stamme gehörende attische Volk bei seiner Verwandlung in Hellenen auch die Sprache vertauscht haben müsse[53]).

Hierauf geht er zur Kritik des hellenischen Stammes über, und diese ist uns so wichtig, dass wir sie wörtlich aufnehmen müssen. „Der hellenische Stamm hat sich dagegen, nach meiner Ansicht, von seiner Entstehung an allzeit ein und derselben Sprache bedient. Aber getrennt von dem Pelasgischen und an sich schwach, ist er von kleinem Ursprunge ausgehend zu einer Masse von Völkern angewachsen, hauptsächlich durch den Hinzutritt anderer zahlreicher Barbarenvölker. Dagegen hat, wie mir scheint, das pelasgische Volk, als ein barbarisches, niemals eine bedeutende Zunahme erlitten." Man sieht aus den letzten Worten, dass Herodot das Pelasgische überhaupt dem Hellenischen als etwas Ungriechisches entgegenstellt. Wie scharf er aber die pelasgische Nationalität von anderen ungriechischen Völkern unterscheide, das bezeugen Aeusserungen, wie folgende (II, 51): dies haben die Griechen von den Pelasgern, nicht von den Aegyptern erhalten; oder (IV, 49): der Dionyscult war phönicisch, nicht pelasgisch; oder (IV, 50): den Poseidon hatten die Griechen von den Lybiern, die übrigen Götter von den Pelasgern und Aegyptern[54]).

Vergleichen wir nun mit diesen Urzuständen die Nationalitätsverhältnisse des heutigen Griechenlands. Seit dem 14. Jahrhundert[55]) erscheint der Albanese in Griechenland; er dringt nach und nach fast in alle Theile des griechischen Festlandes, und besetzt hier entweder ganze Striche, oder kommt als Zuwohner in griechische Dörfer und Städte, wie Argos[56]) und Athen.

Jetzt wird — um von den gemischten Bezirken zu schweigen — Attika, Megara, Böotien, Südeuböa, Argolis und Corinthia nur von Albanesen bewohnt, und ist nur die städtische Bevölkerung entweder ganz (Carysto, Piraeus, Nauplia, Corinth) oder vorherrschend (Athen, Megara, Argos) griechisch. — Auf den Inseln Hydra, Spezzia, Poros und Salamis sitzen die Albanesen so ungemischt, dass dort vor dem griechischen Revolutionskriege keine Frau gewesen sein soll, die griechisch verstand. Die griechische Seemacht beschränkte sich damals auf die beiden erstgenannten Inseln und das kleine Psará, welches allein von Griechen bewohnt war, und nun ausserhalb der griechischen Gränzen fällt. Der Kampf zur See wurde daher vorzugsweise von dem albanesischen Elemente geführt, und noch heut zu Tage ist sein Idiom die Flottensprache. Aber auch in den Lagern von Tripolizza und Athen wurde nicht bloss griechisch gesprochen, denn das streitbare albanesische Element betheiligte sich auch bei dem Landkampfe. Die Botzaris und Zawellas sind als Sulioten Albanesen, die Grivas stammen aus Suli, Krisiotis aus dem südlichen Euboea [57]) u. s. w.

Beide Racen bestanden auch da, wo sie dieselben Orte bewohnen, durch Jahrhunderte in strenger Absonderung neben einander; Wechselheirathen fanden nicht Statt. Die griechische Revolution bricht das Eis [58]), von da an entwickelt sich in stets zunehmendem Grade bei dem albanesischen Elemente die Neigung in das griechische aufzugehen. Der griechische Albanese hört es nicht gerne, wenn man ihn mit diesem Namen bezeichnet, denn er hält ihn gleichbedeutend mit Barbar; er nennt sich selbst Hellene, und thut sich auf diese Benennung etwas zu gute. — Wer darauf Acht hat, kann jetzt schon in den grösseren Orten Attika's die Weiber auf den Strassen unter sich griechisch reden hören, wenn sie sich von einem Fremden beachtet glauben, und es mag jetzt schon auf Hydra, Spezzia und Salamis wenig Mädchen geben, die nicht griechisch verständen, obwohl das Albanesische noch immer Haussprache ist.

Mit dieser Entwicklung scheint es uns so rasch vorwärts zu gehen, dass, wenn die Dinge ihren bisherigen Lauf behalten, nach kaum drei Generationen wohl nur noch in den entlegensten Strichen des Landes albanesisch gesprochen werden wird, und in der doppelten Zeit die albanesische Sprache innerhalb der griechischen Gränzen gänzlich ausgestorben sein möchte. Vereinigt man diesen Voranschlag mit den gegebenen Daten, so erhält man für die Geschichte des fremden Elementes der Bevölkerung des griechischen Festlandes folgende Epochen: 4 — 5 Jahrhunderte der Einwanderung und des Festhaltens der eigenen Nationalität, 2 Jahrhunderte des Ueberganges in eine fremde Nationalität bis zum gänzlichen Erlöschen der eignen.

Was nun die Natur dieser nationalen Krisis betrifft, so lässt sie sich mit dem einfachen Ausdrucke des Aufgehens in eine fremde Nationalität bezeichnen. — Der Albanese nimmt von seiner Sprache nichts in dieselbe mit hinüber, es entsteht keine neue Mischsprache, sondern er adoptirt das fremde Idiom, dem er vor dem angestammten den Vorzug gibt. Anders mag es mit seinen Bräuchen sein, denn diese haben in der Regel tiefere und stärkere Wurzeln als die Sprache.

Besonders beachtenswerth ist aber der Unterschied, welcher in dem Grunde oder in der Veranlassung zu diesem Uebergange obwaltet. Wenn der albanesische Altstädter von Athen nach und nach zum Griechen wird, so erklärt sich dies leicht aus der täglichen Berührung mit dem zahlreicheren und gebildeteren Element; über der, ihnen von klein auf geläufigen, fremden Sprache, die sie in der Schule und im Leben beständig hören, vergessen die Kinder allmählich die in immer engerem Kreise zusammenschrumpfende Haussprache, es macht sich dies ohne irgend ein Zuthun von selbst. Wie erklärt sich aber der Uebergang in dem streng geschlossenen Inselleben des Hydrioten und Salaminers? — Der Verkehr der Männer mit der Aussenwelt kann hier nicht einwirken, denn wäre dies der Fall, so müssten diese Inseln schon lange gräcisirt sein, und in den Wanderbezirken von Albanien ein wunderbares Sprachgemisch gesprochen werden. Hier geht also der Uebergang hauptsächlich von den Frauen aus, und ist derselbe eine freiwillige und bewusste Annahme des fremden Idioms als des vorzüglicheren.

In dieser verschiedenen Weise mag auch die Hellenisirung der in den verschiedenen Theilen von Althellas sitzenden Pelasger erfolgt sein. Denn wenn, wie es scheint, dem pelasgischen Arkadien keine hellenische Ueberschichtung zu Theil geworden ist, so lässt sich dessen Hellenisirung nur dadurch erklären, dass sie sich, gleich ihren jetzigen Stammverwandten, ihres Pelasgerthumes zu schämen angefangen, und dasselbe daher allmählich mit dem nobleren Hellenenthum vertauscht haben.

Wenn nun die Gräcisirung von Attika erfolgt sein wird, wie möchte sich dann wohl ein Reisebeschreiber ausdrücken, wenn er auf die Abstammung seiner Bewohner zu sprechen kommt? Wir dächten, er würde einfach so sagen: Die heutigen Attiker waren früher Albanesen.

Unsere Ansicht von der Sprachgeschichte dieser Gegenden geht demnach dahin: Zu den Pelasgern und übrigen Barbaren, welche in Hellas sassen, wanderten die Hellenen ein, und die Altwohner vertauschten ihre Sprache mit der der Zugewanderten, welche dieselbe als eine bereits fertige, in sich abgeschlossene [59]) mitgebracht hatten.

Die nördlichen Verwandten dieser Pelasger, welche in Epirus, Makedonien und Illyrien sassen, behielten aber ihr angestammtes Idiom bei, bis die Bulgaren in Makedonien und die Serben in Illyrien einwanderten und das was etwa von pelasgischen Resten dort übergeblieben war, in den Zuwanderern auch sprachlich aufging. Albanien wurde zwar auch von Serben und Bulgaren überschichtet, hier gelang es aber dem alten Volkselement das zugewanderte zu besiegen, und auch sprachlich zu verdauen. — Die Albanesen verdienen dieser Ansicht zu Folge den Namen Neupelasger wenigstens ebenso gut als die Neugriechen den ihrigen, und es ist gewiss kein geringer Beweis für die Richtigkeit derselben, dass der alte Name der Albanesen bei einem, wenn auch fremden Volke erhalten blieb. Die in der Levante lebenden, griechisch, wallachisch, türkisch oder arabisch sprechenden Juden nennen die Albanesen Peleschtim, d. h. auf griechisch Pelasgoi [60]) und auf deutsch Philister.

Werfen wir noch einen Blick auf die Nationalität der Makedonier, welche wir oben als eine barbarische oder unhellenische erfunden haben, und sehen wir zu, wie sich andere vorhandene Zeugnisse zu diesem Ergebniss verhalten. Die Etymologie des Landesnamens möge voranstehen.

Abel sagt S. 97 über die Bedeutung des Namens: „Μακρός, μακεδνός und magnus [61]) haben eine Wurzel und die alte Verwandtschaft der Makedonier und Magneten spiegelt sich somit auch in ihrem Namen ab; wie aber Homer [62]) ganz gewöhnlich μακρός in der Bedeutung von hoch gebraucht, so bezeichnet μακεδνός in der alten Sprache mehr die Ausdehnung in die Höhe als in die Breite. Demnach hiess Maketia ursprünglich so viel als Hochland, Bergland, war also gleichbedeutend mit Orestis [63])."

S. 101. „Karanus, der Stifter der makedonischen Dynastie, ist ein altgriechisches Wort, abzuleiten von κάρα corona, identisch mit Homers κοίρανος und hat wie dieses die Bedeutung Häuptling, König. So wird es sogar noch von Aeschylos (Coeph.) und Xenophon Hell. I, 4, 3 gebraucht. Beide Wörter kommen auch als Eigennamen vor; Koiranos, Homer V, 677, XVII, 611; Arrian III, 6; Karanos bei den Makedoniern Arr. III, 28; Athen III, 1 und bei den Lakedämoniern Her. VII, 173."

S. 113 wird der Name der makedonischen Hauptstadt Aegae von αἶγες, dorisch Wasserwogen abgeleitet, und hiezu Aegeus = Poseidon, αἰγιαλὸς Meeresküste und die homonymen griechischen Städte gestellt, von denen die meisten am Meer lagen, und dem Poseidon heilig waren.

So bündig auch diese Ableitungen erscheinen, glauben wir dennoch eine abweichende albanesische neben dieselben stellen zu dürfen. Vielleicht finden beide sehr aus einander gehende Wege in einer gemeinsamen Wurzel ihren Knotenpunkt.

1. baǵετί-a tosk., baxτί-a geg. Weidevieh, Lastvieh. — Der Wechsel von anlautendem μ und π-Laute wird §. 3 der Gramm. mit zahlreichen Beispielen belegt, nach welchen sich dieser Wechsel als dialektisch ergibt, denn μ ist gegisch (oder illyrisch im engeren Sinn), der π-Laut toskisch (epirotisch).

Dieser Wechsel lässt sich jedoch, wie das vorliegende Beispiel zeigt, nicht als Regel betrachten. Wenden wir denselben aber auf die vorliegende gegische Form an, so erhalten wir μακετία (der Einschub des gedeckten ε bedarf keiner Rechtfertigung). Uebrigens umfasst das heutige Wort sowohl Gross- als Kleinvieh und steht (wenigstens für uns) einsam im Albanesischen da; ob mit pecus verwandt? wagen wir nicht zu entscheiden.

2. xίδ-ι geg. Ziege [64]). Das gegische Wort scheint mit dem neugriechischen γίδα stammverwandt zu sein, stellt sich aber der Lautähnlichkeit nach zu Kithim und Chitim, dem semitischen Namen für

Griechenland und Makedonien, so auch die makedonische von Livius erwähnte Stadt, Citium am Berge Citius, deren Name wohl mit dem kiprischen Κίτιον identisch ist.

3. Sollte sich diese zweite Zusammenstellung anderweitig rechtfertigen, so wäre die Ableitung des Namens Karanos von χαρανώ, Ziege, bei den Kretern nach Hesych, trotz ihrer semitischen Wurzel nicht unbedingt zu verwerfen, und passte recht gut zu dem Ahnherrn der Dorier Aegimius.

Dass aber das makedonische Reich von einem Hirtenstamme gegründet ward, ergibt sich sowohl aus der Sage von Perdikkas [65]), als auch aus der von der Einnahme der Stadt Edessa oder Aegae durch den einer Ziegenheerde folgenden Argiver Karanos. Justin [66]) bemerkt am Schlusse seiner Erzählung, dass seitdem die Ziegen in allen Feldzügen die Führer des makedonischen Heeres blieben — merkwürdiger Weise verpflanzte sich eine ähnliche Sitte bei den Bergschotten bis auf unsere Tage, und es ist noch nicht lange her, dass den hochschottischen Truppen der englischen Armee der Ziegenbock genommen wurde, welcher früher prächtig aufgeputzt an der Spitze jedes Regiments marschirte [67]).

Hier könnte auch der Ziege gedacht werden, welche sich auf den ältesten makedonischen Münzen findet.

Mag man aber Karanos oder Perdikkas an die Spitze des makedonischen Königshauses stellen, die Sage bezeichnet beide als Häuptlinge eines einwandernden Hirtenstammes [68]).

Von woher kommt nun dieser? Hierauf möge Herodot antworten. Aus Illyrien gingen sie (Perdikkas und seine Brüder) hinüber in das obere Makedonien und kamen in die Stadt Lebäa.

Dieser Angabe widerspricht aber die oft wiederholte und unbestrittene Sage über die Abstammung der Familie von Herakles keineswegs, sie wird hierdurch vielmehr bestätigt, indem sie den Makedoniern gleichen Ausgangspunkt mit der Hylleischen Phyle der Dorier anweist, welche schon Müller [69]) mit den illyrischen Hyllern in Verbindung gebracht hat. Stellen wir aber hierzu das übrige Gemeinsame in der dorischen und makedonischen Sage, welches Abel S. 98 und folg. so gründlich entwickelt hat, so kommen wir zu einer, der seinigen freilich sehr widersprechenden Annahme. Denn statt hierin den Beweis von einem hellenisch-dorischen Elemente in der makedonischen Bevölkerung zu erkennen, glauben wir das zwischen Doriern und Makedonen Gemeinsame viel natürlicher durch die Annahme einer illyrischen oder hylleischen Einwanderung zu erklären, deren Stammgott Herakles ist; ein Zweig derselben gründet die lynkestische (Strabo VII, S. 326) und makedonische Dynastie; ein anderer besetzt südlichere Gegenden, und vereinigt sich hier mit dort sitzenden hellenischen Stämmen, deren Sprache er annimmt, und mit denen er zu dem Volke der Dorier verwachsend, später nach Hellas wandert, ohne darum die Erinnerung seiner Herkunft und Verwandtschaft mit den Makedonen zu verlieren. Dass die Gedächtniss hieran bei Naturvölkern so stark sei, dass es selbst den Sprachenwechsel überdauert, davon liefert die oben mitgetheilte Sagenchronik der skodraner Bergstämme mehrfache Beispiele.

Wenn aber Herodot und Thukydides (II, 99) die Temeniden vom peloponnesischen Argos herkommen lassen, und Karanos zum Bruder des mächtigen Argiverkönigs Pheidon gemacht wird, so fragen wir einfach, ob es wohl wahrscheinlich sei, dass um das Jahr 700 vor Christi, also wenigstens 400 Jahre nach der dorischen Einwanderung in den Peloponnes, ein dorischer Stamm von Argos auswandernd nach Illyrien übersiedelte und von dort nach Makedonien einwandere? Wir wollen es dem Liebhaber überlassen, die Flucht eines oder mehrerer Herakliden aus Argos zu den stammverwandten illyrischen Hyllern anzunehmen, und ihm vermöge der bei jenen fortlebenden Erinnerung an die gemeinsame Abstammung den Oberbefehl über eine nach Makedonien auswandernde Schäferhorde zu übertragen, wodurch der Sage Herodots vollkommen Genüge geleistet würde — unsern Theils bekennen wir uns zu Abels [70]) scharfsinniger Annahme, dass das Argos der makedonischen Sage nicht das peloponnesische, sondern das orestische sei, und dass der Name erst später auf das erstere bezogen wurde.

Wenn die Makedonier Hellenen waren, warum findet es Herodot für nöthig, ausdrücklich zu versichern, dass die von Perdikkas abstammende Königsfamilie hellenischer Abkunft sei? Wie konnte Alexander I. von der Theilnahme an den olympischen Spielen als Barbar [71]) zurückgewiesen werden, bis er bewies, dass er ein Heraklide sei? Ergibt sich nicht schon aus dem Beinamen dieses Königs, dass er ein Barbar war, kann ein Hellene etwa Philhellene genannt werden?

Demgemäss tractirt Demosthenes auch Philipp und die Makedonier öfters als Barbaren und fremden Stammes, und wenn Aeschines darauf erwiedert, Philipp sei ein reiner Grieche, so konnte er das als Parteiredner unter Berufung auf dessen Stammbaum recht gut, die Makedonen dagegen scheint er aus dem Spiele gelassen zu haben [78]).

Zum Ueberflusse haben wir endlich noch zwei ausdrückliche Zeugnisse über die Verschiedenheit der makedonischen und griechischen Sprache. Bei Curtius [78]) fragt nämlich Alexander den wegen Hochverrathes angeklagten Philotas, ob er sich auf griechisch oder makedonisch vertheidigen wolle? Würde es wohl einem deutschen Feldherrn in den Sinn kommen, in einem ähnlichen Falle den Angeklagten zu fragen, ob er zu seiner Vertheidigung den platt- oder hochdeutschen Dialekt wählen wolle? Die makedonische Sprache war mithin kein schwer verständlicher griechischer Dialekt, sondern ein von der griechischen Sprache grundverschiedener. Am deutlichsten zeigt sich dies aber aus dem Philotas gemachten Vorwurfe, dass er seine Muttersprache vergessen zu haben affectire, und sich in seinem Verkehre mit Makedonen, die kein Griechisch sprachen, eines Dollmetschers bediene.

Ferner erzählt uns Pausanias, dass, als Demetrius, Philipps Sohn, auf einem Raubzuge die Bewohner von Messene überfiel, diese die Eingedrungenen anfangs für Lakonier gehalten, sie aber später an den Waffen und der Sprache als Makedonen erkannt hätten [74]). Stünde diese Angabe allein für sich, so könnte man vielleicht zweifeln, ob hier von einer fremden Sprache oder nur von einem den Griechen schwer verständlichen Dialekte die Rede sei. In Verbindung mit allem vorher Gesagten möchte aber die Stelle dem unbefangenen Leser zweifelfrei erscheinen.

Wenn uns daher Livius [75]) erzählt, dass den nach Perseus Besiegung in Amphipolis versammelten zehn makedonischen Abgeordneten und der sie umgebenden Menge das Organisationsedict des Landes von Paulus Aemilius lateinisch verlesen, und von dem Prätor Cn. Octavius in's Griechische übersetzt worden sei, so möchten wir daraus nur den Schluss ziehen, dass die makedonischen Männer, namentlich alle vornehmen, auch griechisch verstanden, keineswegs aber, dass das Griechische durch ganz Makedonien Haussprache gewesen sei. Eben so gut könnte den in Awlona versammelten südalbanesischen Häuptlingen eine italienische Staatsschrift zu ihrem Verständniss ins Griechische übersetzt werden. Uebrigens wissen wir aber von Strabo [76]), dass die makedonische Küste zu seiner Zeit vollkommen hellenisirt war, und es gewiss auch schon zu Perseus Zeiten gewesen. Die hellenische Colonialstadt Amphipolis lag aber unweit der Küste.

Was nun aber die makedonische Sprache an sich betrifft, „so ist über dieselbe darum schwierig zu handeln, weil man von der alten Periode einheimischer Sprachbildung nicht bloss die zweite der Hellenisirung, da Archelaos, Philippos und Alexander ihr Volk mit attischer Cultur bekannt machten, sondern auch die dritte einer neuen Barbarisirung unterscheiden muss, da die Makedoner zwischen Indern, Persern, Aegyptern in allen drei Welttheilen herumwohnten" [77]).

Die Hauptschwierigkeit, welche der Qualification der von den Alten als makedonisch verzeichneten Wörter entgegensteht, scheint aber bis jetzt übersehen worden zu sein; sie ist folgende: Der makedonische Küstensaum war von Hellenen bewohnt. Schon Skylax führt uns mehrere Küstenstädte des alten Makedoniens, wie Methone, Pydna, als hellenische auf, vermuthlich hatten auch Heracleum und Dium hellenische Bevölkerung, Chalkidike war mit jonischen und dorischen Colonien bedeckt, und namentlich die ersteren waren uralt. — Die Vermuthung möchte nun dafür sprechen, dass die Sprache aller dieser von Barbaren umgebenen Hellenen eines Theils nicht die reinste, anderntheils aber reich an Archaïsmen war, dass aber die zum Königreiche gehörenden hellenischen Küstenstädte äolisch, ja vielleicht altdorisch gesprochen haben, denn die Dorier waren ja in der Urzeit ihre südlichen Nachbaren. Dass nun schon zu Alexanders Zeiten die hellenische Sprache bereits makedonische Lagersprache war, haben wir oben aus Curtius gesehen. Von wem lernte aber die Masse der Makedonier ihr Griechisch? Wir dächten, die Annahme wäre am einfachsten, dass sie es ihren hellenischen Küstennachbaren abhörten, dass sie ohne viel Federlesen mit dem Stock der Sprache auch die Eigenthümlichkeiten der „makedonisch-griechischen" Mundart annahmen, und dass sie diese in die eroberten Länder übertrugen. Wenn nun ein Lexikograph die von den übrigen hellenischen Dialekten abweichenden Formen des von den Makedoniern gesprochenen Griechischen als makedonisch verzeichnet, so hat er an sich ebenso recht, wie Derjenige, welcher ein der makedonischen Nationalsprache angehöriges Wort ebenso benennt; wenn nun aber alle als makedonisch qualificirten Wörter ohne Berücksichtigung ihrer Quelle in ein Verzeichniss zusammengestellt werden, so enthält es einen Mischmasch aus zwei verschiedenen Sprachen [78]).

Wenn also die bei Sturz verzeichneten griechischen Wörter eines Theils äolische und dorische Anklänge, andern Theils Archaïsmen und verdorbene griechische Formen darbieten, so beweist dies unserer Ansicht nach nur so viel, dass sich in der auf den makedonischen Küstensäumen gesprochenen hellenischen Mundart solche von den übrigen hellenischen Dialekten abweichende Formen fanden.

Scheiden wir nun aus der sorgfältigen Sammlung der von den Alten als makedonisch bezeichneten Wörter, welche uns Sturz [79]) hinterlassen hat, alle griechische Formen aus, so bleibt eine Anzahl ungriechischer Wörter zurück, und in ihrer Rücksicht möchte nach unserem Bedünken die Vermuthung mehr dafür sprechen, dass sie der makedonischen Nationalsprache entstammen, als dass sie aus andern Barbarensprachen in den griechischen Dialekt der nach-alexandrinischen Makedonen eingedrungen seien.

Die Ausbeute, welche die Vergleichung dieser Wörter mit dem albanesischen Sprachschatze (so weit er uns bis jetzt vorliegt) liefert, ist gering, und möchte vorläufig nur zu der Ansicht berechtigen, dass es an Berührungspunkten zwischen der makedonischen und altillyrischen Sprache nicht gemangelt habe. Zu einer erschöpfenden Untersuchung der makedonischen Sprachreste fehlen bis jetzt noch die Vorbedingungen, denn sie setzt vor allem eine vollständige Sammlung des albanesischen und wallachischen Sprachschatzes voraus, von welchem bis jetzt nur Bruchstücke vorliegen; und selbst dann noch möchte sie wegen der Geringheit der erhaltenen Reste mit grossen Schwierigkeiten zu kämpfen haben. Es sollte nicht schwer sein, die dreifache Anzahl von grundverschiedenen toskischen und gegischen Wörtern aufzuführen, würde diese Sammlung dann zu dem Schlusse berechtigen, dass beide Dialekte unverwandte Sprachen seien?

Nähere und fernere Berührungspunkte finden wir in folgenden Wörtern beider Sprachen:

1) χαυσία, der makedonische Hut, stellt sich zunächst zu dem litth. kiausia, Schädel, und sansk. kauças, Knopf, Ball; entfernter liegt das alban. κάφχε, Hirnschädel, Gehäuse von Schnecken, Muschelthieren und Schildkröten.

2) πέλα oder πέλλης, Stein, alb. σπέλε, Felsen.

3) λισσόν, τὸ ὀψηλὸν — hiezu stellt sich das alb. λjισσ Baum, wie das latein. arbor zu kelt. alb, hoch.

4) γάρχαν ῥαβδόν, alb. γαργί-α Lanze, Speer.

5) σχοῖδος eine Art Verwalter [80]), steht dem Klange nach dem alb. σχουτέρ-ι, Oberhirt, Vorsteher anderer Hirten, sehr nahe, erinnert aber auch lebhaft an χουιδέσ-ι Pflege, Vorsorge.

6) σίρβηνον τόχανόν τι δ παρετίθετο τῇ Ἀφροδίτῃ = Ζειφήνῃ — alb. σίρμε Silber, s. weiter unten Nr. 11, Pannonier. Sollte etwa der gegische Ausruf: περγνδί αρῆjάνδ! o silberne Gottheit! hier einschlagen?

7) δράμης oder δράμιξ, eine Brotart; das Wort war den Makedonen mit den Athamanen gemein, welch' letztere wir nach Strabo [81]) für Epiroten halten; geg. τραμερύιγ, ich menge, knete, rühre um; im tosk. findet sich dies Wort nicht, wohl aber begegnet man in Epirus und in griechischen, von Albanesen bewohnten Landschaften den Dorfnamen Drammesi; es scheint daher ein altes Appellativ zu sein.

8) σιγύνη, σίγυννος, σιβύνη, ζιβύνη, ζηβήνη [82]) u. s. w., Wurfspiess; das Wort ist, wie viele andere Waffennamen [83]), seiner ungemeinen Verbreitung wegen, zur Vergleichung nicht wohl tauglich; schon Herodot [84]) erwähnt es als kyprisch, und es steht zwischen dem griechischen σαύνιον, dem latein. sibyna u. sagitta und alb. διγγέττε und σαύjίτε.

9) ἐστερχάς, χύνας, mit dem alban. boύστρε zu vergleichen, möchte zu verwegen sein.

Dagegen möchten wir auf die Lautähnlichkeit von ἄξος, maked. Wald, und δάξα, epirot. Meer, aufmerksam machen, denn der Anlaut ihres Stammes könnte l gewesen, und in der ersten Form ausgefallen, in der zweiten aber nach dem auch im Albanesischen belegten Wechsel [85]) in *d* übergegangen sein, dass aber wenigstens Wald und Sumpf häufig correlate Begriffe seien, wird sich weiter unten zeigen.

Folgende ungriechische Wörter des Sturzischen Verzeichnisses widerstreben jeder Vergleichung mit dem jetzt vorhandenen albanesischen Materiale: ἄβαγνα, Rosen — ἄδδαι ῥυμοί (keltisch?) — ἀργελλα, Schwitzbad — ἀροπάνοι — ἄσπιλος, Waldbach — βέϑυ, Luft — βίῤῥοξ, dicht — γύδα, Därme — γοτὰν, Schwein — γράβιον, Leuchte — γῶπας, Krähen — δρῆες, Sperlinge — κίβερροι, blasse — λακεδάμα, Getränk aus Salz und Wasser — πέχαρις, Hirsch. Für das erste und letzte dieser Wörter konnten wir bis jetzt keine national-albanesische Formen finden, denn τρενδαφύλj (τριαντάφυλλον) und λαφ (ἐλάφι) sind griechisch.

Uebrigens ergibt sich aus einer Stelle bei Polybius[86]), dass die altillyrische und makedonische Sprache schon im Alterthume dergestalt von einander abwichen, dass den nach Skodra reisenden makedonischen Gesandten ein des Illyrischen kundiger Dollmetscher beigegeben werden musste. Müller[87]) bemerkt mit Recht, dass sich hieraus noch kein Schluss gegen die alte Verwandtschaft beider Sprachen machen lasse, und wir fügen hinzu, dass die Gesandten Ali Paschas von Jannina an Mustapha Pascha von Skodra trotz dem, dass sie geborne Albanesen waren, auch Dollmetscher mitnehmen mussten, wenn sie nicht zufällig gegisch verstanden.

Wir schliessen hiemit unsere Betrachtungen über die oben aufgeworfenen Fragen, und verweisen den Leser in Bezug auf die tyrrhenischen Pelasger in Epirus und Makedonien auf die nachfolgenden ethymologischen Versuche, wo wir unsere Ansichten hierüber im Zusammenhange mit anderem besser entwickeln können.

An die behandelten Fragen reiht sich eine andere von dem höchsten Interesse: wie verhält sich der so gefasste pelasgisch-illyrische Volksstamm zu dem benachbarten thraeischen und den verwandten klein-asiatischen? sie liegt aber ausserhalb unserer Aufgabe, welche sich auf das Autochthonenthum des heutigen Albanesen beschränkt. Ihre Lösung übersteigt aber auch unsere Kräfte, denn sie setzt vor allem eine gründliche Untersuchung des Wlachen und seiner Sprache voraus. Man bedenke, dass die Wlachen mehr als doppelt so zahlreich sind, als Neugriechen und Albanesen zusammen genommen, und dass sie wohl mit diesen beiden Völkern gleiche Autochthonenrechte haben. Wir halten uns zur Annahme berechtigt, dass eine solche Untersuchung die wichtigsten Resultate liefern werde; sie hat für uns durch Grimms Forschungen über die Ursitze der Gothen sogar nationales Interesse erhalten, und es fragt sich dabei, war der Wlache ein Urnachbar des Gothen, oder wurde er von ihm nur zeitweise überschichtet? — Möchten diese Fragen recht bald eine tüchtige Antwort finden.

Wir gehen nun zum dritten Factor unseres Beweises, zur Vergleichung der geographischen Nomenclatur des Landes über, in welcher wir eines Theils die uns erhaltenen alten Namen mit den gleichlautenden neuen zusammenstellen, und andern Theils angeben, welche alte geographische Namen sich als Gemeinwörter in der heutigen Sprache erhalten haben[88]). — Die Correspondenz alter Namen mit neuen, selbst ihre Erhaltung auf derselben Stelle, ist an sich kein Beweis für die Continuität des Nationalnexus zwischen den frühern und den spätern Bewohnern eines Landes; denn der Zuwanderer findet es in der Regel bequemer, die vorgefundenen geographischen Namen seines neuen Wohnsitzes anzunehmen, und sich höchstens deren schwierige Formen mundgerecht zu machen, als sich der Mühe der Neutaufe zu unterziehen. In Dalmatien haben sich aus der Römerzeit viele geographische Namen erhalten, das Land wird aber jetzt von slavisch redenden Einwanderern bewohnt, und in Griechenland und Albanien ist ein guter Theil der geographischen Nomenclatur slavischen Ursprungs, die slavische Sprache aber wird dort nicht mehr gehört.

Ein unumstösslicher Beweis für die Continuität des Nationalnexus ist dagegen die Existenz alter geographischer Namen, welche sich in der heutigen Sprache als Appellative ergeben. Die Namen Friedberg, Sachsenhausen, Frankfurt und Darmstadt können nur von Deutschen gegeben worden sein, es mussten also zur Zeit, wo diese Namen entstanden, bereits Deutsche im Lande gewohnt haben. Lassen sich also altepirotische und illyrische Namen als albanesische Appellative aufzeigen, so folgt hieraus der Schluss, dass diejenigen, welche diese Namen aufbrachten, eine der albanesischen verwandte Sprache gesprochen haben müssen, und je näher beide Formen einander liegen, desto enger muss auch die Verwandtschaft zwischen der alten und neuen Sprache aagenommen werden. Diese beiden Namenclassen konnten in den folgenden Untersuchungen nicht immer strenge getrennt werden, der Leser brauchte aber die ihm plausibeln Appellative einfach zu notiren, um über deren Werth oder Unwerth für den vorliegenden Beweis eine eigene Ansicht zu bilden.

1. **Schkiperei.** — Ŝχjιπρρία tosk., Ŝjιπρνία geg. ist der gemeinalbanesische Name für das Land, und Ŝχjιπρτάρ-ι für den Bewohner. Der Stamm dieser Formen findet sich in ᵭχjιπ, welches als Adjectiv und Adverb albanesisch bedeutet.

Die Form ᵭχjιπρτάρ scheint eine Participialableitung zu sein, welche ein Verbum ᵭχjιπόιγ, erweitert ᵭχjιπρτόιγ, und davon Part. ᵭχjιπρτούαρρ voraussetzt; so γjᵭχ Blut, γjαχρτόιγ (γjαχόιγ ist ungebräuchlich) ich vergiesse Blut, blute, Part. γjαχρτούαρρ, davon γjαχρτάρ, Bluthund. Nun findet sich freilich ᵭχjιπόιγ (ᵭχjιπρτόιγ ist ungebräuchlich) in der allgemeinen Bedeutung von „ich verstehe;" ᵭχjιπρτάρ wäre hiernach „der Verstehende"[39]). — Da aber das Zeitwort seiner Form nach als ein abgeleitetes erscheint, so fragt es sich, ob es nicht nach der Analogie unserer Ausdrücke „deutsch" und „nicht deutsch verstehen, wälschen," u. s. w. ursprünglich die Bedeutung von „albanesisch verstehen" gehabt habe, welche dann später generalisirt wurde.

Zum Stamme ᵭχjιπ stellt sich griechisch σκᾶπος, σκήπων, σκίπων — lateinisch scapus, scipio — deutsch Schaft, Stab, — albanesisch ᵭχοπ, σταπ. Wenden wir nun auf diese Wörter die oben erwähnte albanesische Erweiterung durch Antritt der Sylbe ρτ an, so erhalten wir, nach Ausfall des stummen ρ, die Wörter σκᾶπτον, σκήπτον, σκίμπτον, σκῆπτρον, sceptrum (voll σκήπετρον, sceptrum u. s. w.) Stab, Scepter; ferner griechisch σκηπτὸς ὁ der einschlagende Blitz mit dem entsprechenden σκίπτω, σκήπτω ich stütze, stemme, und ich werfe, stürze mich mit Heftigkeit auf etwas; hiezu stellt sich alban. ᵭχρεπρτίγ tosk., ᵭχεπτίν geg. ich sprühe Funken, blitze, ᵭχρεπρτίμρ tosk., ᵭχεπτίν geg. Blitz.

Was die Bedeutung des Namens Ŝχjιπρτάρ betrifft, so stehen uns nach dem Obigen drei Wege offen.

> Zwar ists mit der Gedanken-Fabrik
> Wie mit einem Webermeisterstück,
> Wo ein Tritt tausend Faden regt,
> Die Schifflein herüber, hinüber schiessen,
> Die Fäden ungesehen fliessen,
> Ein Schlag tausend Verbindungen schlägt. — —
> Wer will was Lebendigs erkennen und beschreiben,
> Sucht erst den Geist heraus zu treiben;
> Dann hat er die Theile in seiner Hand.

1) Vergleicht man die in der Sittenschilderung der Hochländer enthaltene Notiz, dass das Bestallungsdecret der Häuptlinge und Woiwoden ᵭχοπ, d. h. Stab, genannt wird, mit Ilias II, 43, 101, 184 etc. und Grimm, d. R. A. S. 76, so ergibt der gleiche Gedankengang ᵭχjιπρτάρ=σκηπτοῦχος, σκηπτροφόρος oder Stabhalter im alten Sinne, also etwa dem Begriffe Häuptling oder dem n. griech. χαπιτάνιος entsprechend[40]).

2) Der Blitzende, Strahlende.

3) Der Blitzesgleich auf den Feind losstürzende Krieger (s. Τύῤῥηνες unter Nr. 5), vielleicht auch δούρατα σκίπτοντες, also Lanzenwerfer, Lanzenträger. In 2. und 3. stimmen sie also nach unserer Ansicht zu den Hellenen (s. unter der Rubrik Illyrien Nr. 3). Nun heisst aber im Albanesischen der Adler σχjιφτέρ-ι und ein anderer Raubvogel σχjιπόν-ι, wohl von der Blitzesschnelle, mit der er von oben auf seine Beute niederstösst. Im Albanesischen stehen sich also Scepter, Blitz (ᵭχεπτίν) und Adler auch sprachlich nahe, und darum ist der Adler der Blitzträger des pelasgischen Zeus, und sitzt er auf dessen Scepter, und in sofern unterstützt er die früher ausgesprochene Vermuthung von dem gemeinsamen Ursprung des römischen, makedonischen, epirotischen, elischen und lakedämonischen Münzemblems. Wir halten uns zu der Vermuthung berechtigt, dass Zeus selbst einen ähnlichen Namen gehabt haben müsse, der entweder verloren, oder uns wenigstens bis jetzt entgangen ist.

Antike Anlaute glauben wir zu finden:

1) In der dardanischen Stadt Σκοῦποι oder Σκούπιον, welche bereits Anna Comnena unter ihrem heutigen Namen τὰ Σκόπια kennt.

2) In dem altlateinischen Orte Scaptia — Dion. Hal. V, 61 Σκαπτήνιοι — weil die Sagen von Latium auf ein arkadisch-pelasgisches (Euanor) und ein tyrrhenisch-pelasgisches (Aeneas) Element deuten.

3) In der mysisch-dardanischen Stadt Σκῆψις, Aeneas Residenz, welche merkwürdiger Weise in der Nähe von Γέργις [91]) liegt, denn wir erkennen in den Dardanern thyrrhenische Pelasger.

4) Problematischer möchte das attische Σκῆτη sein, welches Strabo XIII, 604 Σκπετεάν nennt; doch sagt er und Stephan Byz. s. v., dass es früher Troja geheissen. Nach Phanodemus bei Dion. Hal. I, 61 ist dieser Flecken sogar die Heimath des Königs Teuker, der von hier aus in die Troade einwandert.

Was aber die Existenz des Namens im alten Albanien betrifft, so gelang es bis jetzt nur eine sehr entfernte und zweifelhafte Spur bei Plutarch aufzufinden. Dieser erzählt Pyrrhus X: „Nach dieser Schlacht kehrte Pyrrhus ruhmstrahlend und stolz nach Hause zurück, und als ihm die Epiroten den Beinamen Adler gaben, sagte er: Durch euch bin ich ein Adler geworden, und wie sollte ich nicht, da ich mich ja durch eure Waffen wie auf schnellen Flügeln emporgeschwungen habe? — Das bon mot scheint in dieser Fassung wenig Salz zu bieten; wenn man aber Pyrrhus albanesisch reden lässt, so wird es zum Wortspiele, denn dann sagt er: Ihr Schkipetaren habt mich zum Skjifter (Adler) gemacht.

2. Albanien — wird von Vielen als ein Name betrachtet, welcher dem nach ihm benannten Lande von Fremden gegeben, und dessen jetzigen Bewohnern unbekannt sei; Mannert Geogr. der Griech. u. R. VII sagt sogar, dass, da ausser Ptolemaeus kein anderer Schriftsteller der Albaner und ihrer Stadt Albanopolis gedenke, man sich kaum des Argwohns erwehren könne, dass ein späterer Grieche diese Namen eingeschoben habe, um auf den früheren Ursprung des heutigen Namens hinzuweisen. Aus dem Folgenden ergibt sich jedoch, dass dieser Name nicht nur einheimisch, sondern höchst wahrscheinlich uralt ist.

Ἀρbɛρί-a, im engsten Sinne, heisst im toisk. Dialekte das hinter Awlona gelegene Bergland, welches vermuthlich den Kern des alten Chaoniens bildete, bekannter als Κουρβɛλjέꝺ, oder unter dem Spitznamen der ljábɛpía, n. gr. λιακουργιὰ. Im weiteren Sinne begreift der Name auch die Chimara (Akrokeraunia) und selbst die Landschaft Delwino, mithin wohl ganz Chaonien. Die persönliche Form ist Ἀρbɛp-ι und im Lapischen Ἀρbɛpɛ́ꝺ-ι (die letzte Endung entspricht der des unbestimmten Ablativ. Plur.). Die gegische Form ist Ἀρbɛví-a und bezeichnet ganz Albanien. Im Leben wird diese Benennung weit seltener gebraucht als Σκjιπɛví-a; dagegen ist sie in den katholischen Gebetbüchern adoptirt. Von dieser Form ist das neugr. Ἀρβανίτης und das europäische Albanien gebildet.

Dass der Name in dem alten Illyrien einheimisch, beweiset die Insel Arba, welche in der peuting. Tafel Arva geschrieben wird, und noch heute Arbe heisst, und die Liburnien von Pannonien trennende Bergkette, welche Strabo τὸ Ἀλβιών, Ptolemaeus aber τὸ Ἀλβανὸν ὄρος nennt [92]). Wir verzichten darauf, alle gleichlautenden Namen hier zusammen zu stellen, welche vom Herzen Asiens [93]) bis zu den äussersten Winkeln des Westens [94]) ausgestreut sind, und beschränken uns hier bloss auf die grosse Verbreitung von Namen, deren Stamm Arb, Alb und Arm ist, hinzuweisen, überlassen aber Berufeneren die Prüfung, ob sie alle derselben Quelle angehören oder nicht; die Sache wäre wohl der Mühe werth, denn es gibt schwerlich einen Wortstamm von gleichem Reichthum und gleicher Ausdehnung [95]). Doch möge hier die Bemerkung Platz finden, dass sich die Namen Arverner, Arvernia, Alvernia, Alvernh, Namen der Auvergne im Mittelalter [96]), als Derivativa aus der albanesischen Accusativform Ἀρbɛp-νɡ betrachten lassen könnten [97]). Wir wollen die Ableitung des griechischen βάρβαρος aus dem Sanskrit nicht antasten, glauben aber trotzdem die Bemerkung nicht unterdrücken zu dürfen, dass dasselbe von Ἀρbɛp nur durch ein anlautendes Digamma unterschieden wird und erinnern an die oben erwähnten liburnischen Varvarini mit ihrer Stadt Ο͑αρουαρία. Ist nun die vielfach angenommene Ableitung von Albanien aus Albes [98]), Alpes, Alpen, oder vielleicht genauer von dem keltischen alb, hoch [99]), richtig [100]), und bedeutet es mithin Hochland, so wäre in dieser Verbindung der Urbegriff von βάρβαρος [101]), als ungeschlachter,

rauh und roh sprechender Hochländer im Gegensatze zu dem feineren Flachländer oder Strand-
wohner zu fassen. Ganz in diesem Sinne braucht der albanesische Stadtbewohner das Wort
μαλλjεσόρ, Bergbewohner, von den bei ihm zu Markte kommenden Landleuten, und der Neugrieche
sogar das Wort 'Αρβανίτης in der Bedeutung von roh, bäuerisch.

Wir erwähnen hier noch einer andern Form dieses Stammes; es ist dies der Name Αρμένy,
welchen sich die auf dem Pindus, und namentlich die um dessen bekannten Epirus und Thessalien verbindenden Pass zahlreich sitzenden Wlachen beilegen, während sich doch das Volk
und dessen mir bekannten übrigen Colonien gleich den Neugriechen ('Ρωμαῖοι) Rum, d. h. Römer, nennen. Dieser Name soll sich nicht aus der wallachischen Sprache (wenigstens nicht
aus dem Pindusdialekt) erklären lassen. Die örtliche Nachbarschaft dieser und der vorerwähnten Formen führt unwillkührlich zu der Frage, ob nicht etwa auch Armenien [108] und das
kaukasische Albanien Ableitungen desselben Stammes sind?

Nachdem wir nun sämmtliche neuere Formen dieses Namens aufgezählt, und so weit es
in unsern Kräften stand, geprüft haben, glauben wir denselben die von Ptolemaeus angeführte
Form Ἀλμήνη oder Ἀλμίνη [103] ohne Bedenken zuweisen zu dürfen. Diese alte Landschaft erstreckt sich nach ihm vom Süden der Thyamismündung bis Nikopolis und fällt daher beiläufig mit
der heutigen Tschamerei zusammen, deren südliche Gränze sie jedoch überschreitet.

3. Illyrien. — Illyrii, Illyrici, Ἰλλυριοί und Ἰλλυρίς, das Land Illyricum, Illyria und Ἰλλυρίς [102]). Ueber die Ableitung des Namens stellen wir drei Conjecturen auf, ohne uns für eine
entscheiden zu können.

1) Derselbe ist aus den in der dardanischen Stammtafel figurirenden Heroennamen Ilos [105])
und Lyros zusammengesetzt, worüber mehr unter der Rubrik Dardaner Nr. 9.

2) Er kommt von dem griechischen ἰλύς Schlamm, was für die den Griechen zunächst gelegene aus angeschlämmtem Boden bestehende illyrische Küstenebene eine sehr entsprechende
Bezeichnung wäre.

3) Er wird als ein altillyrisches Wort behandelt und ergibt dann nach der albanesischen
Formenlehre tosk. Ἰλλ-ερία geg. Ἰλλ-ενία, indem das lateinische und griechische y in ε übergeht, so dass deutsch Illerei zu übersetzen wäre.

Zur Annahme dieses Ueberganges ermuntert namentlich die altlateinische Form Illurica [106])
und Illurios [107]) für Illyrica und Illyrios; denn diese Form entspricht genau dem neugriech.
Τζαμουρjὰ und Λαπουρjὰ für das albanesische Τσαμερί-a und Λjαβερί-a tosk., und Τσαμενί-a
und Λjαβενί-a geg.; der Stamm der gefundenen Form wäre demnach Ill. Nun findet sich aber
auf einer Inschrift aus Augustus Zeiten auch die Form Hillyrici [108]) und diese Beweglichkeit der
Aspiration des Anlautes ist auch eine Eigenthümlichkeit der albanesischen Sprache, s. Gramm.
§. 3, Nr. 53. Man bedenke nun, wie man im Albanesischen in vielen Wörtern willkür-
lich i oder ü sprechen kann, Gramm. §. 3, Nr. 13; wie im Neugriechischen υ durchaus
wie i ausgesprochen wird, so dass der ü-Laut hier ganz verschwunden ist, wie im altäolischen
Dialekte sich Belege zu diesem Wechsel finden. — Der Genius der albanesischen Sprache
würde es demnach erlauben, Hyll = Ill zu setzen; dies ergäbe dann mit gegischer Endung die
Form Ἰλλενί-a, und dieser entspräche der von Skylax angeführten Form Ἱλλινοί, welche Hyllos,
den Sohn des Herakles, zu ihrem Stammheros haben. Dass aber Skylax neben dieser Form für
das gesammte Volk die Form Ἰλλύριοι braucht, scheint uns keineswegs bedenklich, wenn wir
annehmen, dass schon zu seiner Zeit die Griechen mit der unaspirirten alttoskischen oder epirotischen Form das gesammte Land bezeichneten, und er im Norden einen einzelnen Stamm, der vielleicht im Besitz des Heiligthums des Nationalheros [109]) sich vorzugsweise nach diesem nannte,
nach der altgegischen oder illyrischen Form aufgeführt habe.

Wir legen nun den Männern vom Fache folgende Zusammenstellung zur näheren Prüfung vor:
Ἕλλος, Nebenform von Σέλλοι, und Ἕλλη, die Heroin, — Ὕλλος; Accusativformen Ἕλλην (auf
der etruskischen Lampe, Millin Nr. 604 [110]) findet sich die Form Elini); — Ὕλλινοί.

Σέλλος — Σύλλος, zu welcher nicht vorhandenen Form sich das dorische Ζεὺς Συλλάνιος
und Ἀθηνᾶ Συλλανία [111]) und die epirotische Völkerschaft Συλιῶνες [112]) stellen (auch Sylla?).
Wir haben schon oben erwähnt, dass diese letztere Form als Verbindungsglied der um das Orakel

von Dodona sitzenden Selli, und des diesem benachbarten heutigen Bergbezirkes von Suli [112]) benutzt werden könnte.

Wir erblicken übrigens in allen obigen Formen keine Urformen und möchten daher für Ἕλλην den Stamm σελϝ, also Ἕλλην = silvanus, keineswegs bestreiten, wir halten sogar ἕλος für verwandt, weil wir unten Sumpf und Wald als Wechselbegriffe treffen werden. Aber wir glauben nicht, dass diese Urbedeutung des Namens die Ursache sein könne, welche von geringem Umfange dessen Ausdehnung über alle zu dem Volke der Γραικοί gehörigen Zweige bewirkte. Wir deuten zu dem Ende lieber auf die Beinamen der Athene Ἑλληνία, Ἑλλεσία, Ἑλλωτία und Ἑλλωτίς [114]) und den des dodonäischen Zeus Ἑλλήνιος und Πανελλήνιος und erinnern daran, dass das dodonäische Heiligthum bei den Lacedämoniern Ἑλλά hiess und Müller [115]) vermuthet, dass der dort verehrte Gott mit dem dorischen Ἐλωύς identisch sei.

Wir richten nun den Blick auf ein merkwürdiges albanesisches Wort; χέλ-ι ist jedes spitze Werkzeug, insbesondere Spiess, Bratspiess [116]). Es findet sich auch die weibliche Form χέjε-α, Lanze, in welcher das λ ausgefallen, s. Gramm. §. 3, Nr. 24. Die Accusativform ist χέλινε und χέjενε [117]). Das altgriechische βέλος, ὀβελός reiht sich hier an; im Neugriechischen σουβάλα, σουβλί, im wallachischen sul. Erinnert man sich nun, dass bei den verwandten Sabinern Juno Curis und Mars Quirinus unter dem Sinnbild einer Lanze verehrt wurden, dass in Orchomenos Agamemnons Lanze göttliche Verehrung genoss, dass Romulus bei seiner Lanze, e quirine, schwor, dass die spartanischen δύκανα vielleicht ein ähnliches, durch Querhölzer verbundenes Lanzenpaar waren, so kommt man unwillkührlich zu der Frage, ob etwa der Name Hellene als ein geistlicher gefasst wurde, welcher auf das Verhältniss des Volkes zu seinem Stammgotte Bezug hat, also etwa den mit dem Attribute oder Sinnbilde des Gottes bewaffneten Zeusdiener bedeute [118]) ?

4. Dalmatia und Delmatia. Die Bewohner Δαλμάται, Δαλματεῖς, Δελματεῖς, Dalmatae, Delmates. — Delminium oder Δάλμιον ist ihre alte Hauptstadt; denselben Namen tragen heute noch zwei Orte in Epirus, Δέλβινο und Δελβινάκι [119]); ersteres die Hauptstadt des nördlichen Theils des gemischten Sprachbezirkes, letzteres der Hauptort eines jetzt rein griechischen, aber gegen Norden an das albanesische Sprachgebiet stossenden Bezirkes zwischen Jannina und Argyrokastron, welcher wahrscheinlich mit der alten Landschaft Melotis zusammenfällt.

Wir glauben den Namen aus dem Albanesischen herleiten zu können; — δαλλj, ich gehe, δέλλj, du gehst, er geht heraus, hervor, auf (von der Sonne); dazu gehört vielleicht δέλ-ι, die Flechse, Ader, d. h. das aus der Hauptfläche hervortretende, und δέλje-ja, das Schaf, etwa in dem Sinne des griechischen πρόβατον, in welchem jedoch streng genommen nur der Begriff von vorschreiten, aber nicht der von hervorgehen liegt [120]). — Xylander verzeichnet die Formen δελμέρε und δελμουαρε, Schafhirt, welche wir bis jetzt noch nicht aufzufinden vermöchten; die letztere ergibt sich jedoch als regelmässige Participialform und zeigt auf ein Zeitwort δέλμούαιγ oder δελμόιγ, ich schäfere, hin. Die Endung τυε-α (geg.) und τρε-α (tosk.) aber findet sich häufig bei abgeleiteten Hauptwörtern, z. B. χjέλbεσίρε-α tosk. und χjελbεσίνε, Schmutz, von χjελbεσόιγ, ich mache riechend, verunreinige, von χjέλbεμ (act. χjέλπ), ich stinke, faule; — σελλίρε [121]), Salzlacke u. s. w.

Demnach wäre die albanesisch-gegische Form des albanesischen Delminium δελjμίνε-α weibl., und bedeutete entweder Schäferei oder Schafweide. — Diese Ableitung findet sich aber durch Strabo bestätigt, welcher sagt (VII, 5): Δάλμιον δὲ, μεγάλη πόλις ἧς ἐπώνυμον τὸ ἔθνος μικράν δ'ἐποίησε Νασικᾶς καὶ τὸ πεδίον μηλόβοτον διὰ τὴν πλεονεξίαν τῶν ἀνθρώπων.

Setzen wir nun, auf dieses Zeugniss gestützt, die albanesische Patronymendung -at an den Stamm Δαλμ, so erhalten wir den Volksnamen Δαλμάτ-ι und für das Land Dalmatia = Schäferland [122]).

5. Toskerei — tosk. Τόσκρί-α, geg. Τόσκνί-α, Südalbanien, oder eine Landschaft in demselben am nördlichen Ufer der unteren Wiussa; Τόσκ-ου, der Toske. — Die lateinische, und vielleicht auch etruskische Form des Namens ist Tuscus, Tuscia, woraus heut zu Tage Toscana. Gegen den Uebergang von u in o wird schwerlich ein Bedenken sein, da er für das Lateinische mit so zahlreichen Beispielen und ausdrücklichen Zeugnissen der Alten belegt ist, und sich im Etruskischen entweder der o-Laut überhaupt nicht, oder wenigstens kein besonderes

Lautzeichen dafür findet [123]). Aber nicht bloss diese Form, sondern auch die von Τυῤῥην findet sich in dem heutigen Albanien vor. Τυράνν**g**-a (n. gr. Τύρανγα) heisst eine Stadt und der nach ihr benannte Bezirk zwischen Durazzo und Alessio. Einen zweiten gleichnamigen Ort führt Barletius nicht weit davon in der Nachbarschaft von Kroja an, und unterscheidet beide durch den Zusatz major und minor von einander. Der Name ist mithin hier einheimisch.

Dieselbe Form, nur mit abweichendem Accente (wie im Neugriechischen), findet sich bei Photius. Πελαργικὸν τὸ ὑπὸ τῶν τυῤῥάνων κατασκευασθὲν τῆς ἀκροπόλεως τεῖχος. — Etym. m. s. v. Σύτηλὶδα — Σίντιες ἔθνος τυῤῥανικὸν καὶ λῃστρικὸν, Polychoros bei Scol. zu Luc. κατακλ. l. τύραννος εἴρηται ἀπὸ τῶν Τυῤῥηνῶν τῶν βιαίων καὶ λῃστῶν ἐξ ἀρχῆς [124]).

Die Namen Tuscus und Tyrrhenus werden bekanntlich als Formen desselben Stammes betrachtet [125]), nämlich von τυρσ, welcher sich voll in dem griechischen τύρσις, geschwächt in dem lateinischen turris findet. — Die erweiterte Form ergibt τύρσεν, davon Tursni auf einer Inschrift [126]), und geschwächt Τυῤῥηνοί und Turnus. Fügt man an den Stamm Turs die Endung -eus, nach der Analogie von Ops-eus, Vols-eus, so ergibt sich Turseus, geschwächt Tuscus.

Suchen wir im Albanesischen nach diesem Stamm, so findet er sich in geschwächter Form als τοῦῤῥ**ι**, geg. ich laufe, — τοῦῤῥεμ, ich stürze mich auf etwas mit Ungestüm (was n. gr. ῥίχνομαι, von dem alten ῥίπτω, vergleiche auch σκήπτω unter Nr. 1), davon Part. τοῦῤῥνε, gelaufen, die weibl. Singular-Form ε τοῦῤῥμε-ja [127]) und die männliche Plural-Form τε τοῦῤῥμ-τε, das Laufen, der Lauf, das ungestüme Losbrechen, Stürzen. Von τουῤῥ liesse sich τοῦῤῥ-ες, Läufer, rasch Angreifender oder Losstürzender, bilden, die Form ist zwar nicht gebräuchlich, aber dem Gegen leicht verständlich und nicht einmal auffällig (mehrere Proben überzeugten mich davon).

Nun bemerkt schon Lanzi die Coincidenz altitalischer Völker- und Götternamen, der wir auch anderwärts nicht selten begegnen. Dürfen wir zu τοῦῤῥες und τοῦῤῥμε die Formen des etruskischen Gottes Turs und Turms [128]) setzen? — oder ist die Göttin Turan [129]), welche mit der römischen Venus identisch sein soll, in den Stamm der Tyrrhenen einzusetzen?

Wir werden weiter unten alle Anzeichen zusammenstellen, welche die Existenz einer illyrischen, d. h. pelasgisch-tyrrhenischen Mondgöttin, χάννε oder χέννε, wahrscheinlich machen, die der Aphrodite des Hesiods entspricht, und vielleicht Aeneas Mutter war. Die gefundene Grundbedeutung des Stammes τουῤῥ wäre aber für die Vorsteherin eines Himmelskörpers wohl nicht unpassend.

Doch, welche Bedeutung auch den Namen Tuscus und Tyrrhenus zu Grunde liegen mag, für uns reicht es hin, sowohl die Identität, als die Existenz beider Formen in Albanien nachgewiesen zu haben. — Ist dies richtig, so sind Tosken = Tyrrhenen. Nun wurde aber in der Einleitung die Verwandtschaft der alten Epiroten und Makedonen, und das Pelasgerthum beider Völker nachgewiesen. Wir halten uns demnach für berechtigt, nicht nur die Epiroten, sondern auch die Makedonier als tyrrhenische Pelasger zu fassen, und in ihnen den über die ganze nördliche Breite der Halbinsel verbreiteten Kern eines grossen Völkerganzen zu erblicken, welcher die tyrrhenischen Pelasger in Thracien und in Italien verbindet.

Es mag auffallen, dass bei den Alten kein directes Zeugniss für diesen Thatbestand existirt. Wird es aber manchen unserer Leser weniger befremden, wenn er erfährt, dass man auf der griechischen Flotte zu Zeiten des Befreiungskampfes fast nur albanesisch sprach, weil von den drei Schifferinseln Hydra, Spezzia und Psara nur die letzte und kleinste von Griechen, die beiden andern aber nur von albanesischem Vollblute bewohnt werden, und dass nicht nur die Suljoten, sondern auch gar mancher andere bekannte Capitän der griechischen Landarmee Albanesen sind? Wir fragen nun, ob es auffallender sei, dass der allgemeine Name urverwandter Volksstämme, welche vielleicht das Bewusstsein ihrer Zusammengehörigkeit verloren hatten, griechischen und römischen Schriftstellern entgangen sei? oder dass der grösste Theil des gebildeten Europa's die Existenz eines zahlreichen, ungriechischen Volkes in dem heutigen Griechenland ignorirt, und der griechische Name dieses fremde Volk deckt?

Was die Ergebnisse der vorliegenden Untersuchung betrifft, so müssen wir sie auf die Thatsache beschränken, dass sämmtliche Völkerschaften, welche die nördlichen Gränznachbarn des historischen Griechenlandes bilden, zu einem Völkerganzen, und zwar zu dem tyrrhenisch-pelasgischen gehören. Auf die Frage nach dem Verhältnisse dieser tyrrhenischen Pelasger zu den Pelasgern, welche in vorhistorischer Zeit in Griechenland wohnten, haben wir keine Antwort, weil uns der Gegensatz zu dem tyrrhenischen Prädicate entgeht, und es nach einer von Dionys Hal. (I, 25) erhaltenen Stelle des Inachus von Sophokles sehr zweifelhaft ist, ob überhaupt ein solcher angenommen werden dürfe, denn dort singt der Chor:

> Inachos, Vater! Sohn des Okeanos,
> Des Quellenerzeugers, hochgeehrt
> In Argos Gefild', auf Hera's Höh'n
> Und den Tyrrhener Pelasgern.

Hiernach wäre also auch das peloponnesische Argos von tyrrhenischen Pelasgern bewohnt gewesen.

Albanien versieht noch jetzt den grössten Theil der byzantinischen Halbinsel einschliesslich des griechischen Königreiches mit Mauern und mehrere seiner östlichen Gebirgslandschaften sind fast ausschliesslich mit den Familien solcher wandernder Maurer bewohnt [130]), deren Bauwerke streng nach der cyklopischen Methode (zwei Stirnflächen mit ἐμπλεκτόν ausgefüllt) aufgeführt sind [131]), trotzdem aber selten zwei Menschenalter überdauern. — Sie wandern truppweise und lassen sich niemals von ihren Weibern begleiten.

Da sich nun eine dem Namen Tyrrhener verwandte Form noch heut zu Tage in Albanien findet, da es dort noch erbliche Wander-Maurer gibt, so scheint es uns sehr wahrscheinlich, dass die tyrrhenischen Pelasger, welche einen Theil der Mauer der Akropolis von Athen bauten, aus Illyrien [132]) stammten. Wenn sie zuerst in Akarnanien erschienen, und von Pausanias [133]) Sikeler genannt werden, so spricht dies ebenso gut für Illyrien, als für Italien, da ja nach Plinius und Ptolemaeus auch dort Siculotae (Σικουλῶται) wohnen, und es schwer zu glauben ist, dass dieser Volksstamm seinen Namen den syrakusanischen Colonien auf einigen illyrischen Inseln, oder dem Umstande, dass Dionys Lissus befestigte, zu danken habe, denn Griechen werden sich schwerlich mit diesem barbarischen Namen benannt haben.

Selbst der Grund, mit welchem die Athener die Vertreibung der tyrrhenischen Pelasger aus Attika rechtfertigten, und der Frauenraub, durch den sie sich an ihnen rächten, liessen sich für unsere Annahme benutzen, denn er deutet darauf hin, dass sie nicht mit Frau und Kind umherzogen. Freilich figuriren in Herodot's weiterer Erzählung auch tyrrhenische Weiber und Kinder, darauf könnte man erwiedern, dass die Vertriebenen in Lemnos Stammverwandte vorfanden, und dass dies vielleicht gerade der Grund war, warum sie sich von Attika aus dorthin wandten [134]).

Man hat auch die Namen Tusci (Tursci) und Etrusci für identisch erklärt, die albanesische Sprache gibt indessen eine sehr plausible Ableitung des letzteren Namens an die Hand, welche ihn einem andern Stamme zuweist. Wir wollen denselben näher betrachten, weil er auch in anderer Hinsicht interessant ist: βῐτ Jahr, plur. βῐτρρε-τρ, βjε̆τ und βjε̆τᵭ; βjετ adv. voriges Jahr, στ βjετ wörtl. wie voriges Jahr, d. h. heuer. Zu βετ stellt sich:

1) βιτᵭ-ι alb. Kalb, Jungstier, folglich Jährling, lat. vitulus, osc. vitelu, vitlu, griech. und etrus. ἰταλός [135]), auch deutsch Widder [136]).

2) βίττο-ja und -ουα Taube. Vielleicht der Stamm zur Hauptstadt des heutigen Rumelien Bïtólja oder Monastir, s. weiter unten Pelagonien Nr. 22.

3) βιττόρε-ja der unter der Form einer Schlange gedachte Hausgeist, s. S. 162; der Endung nach eine weibliche Participialform, welche eine verlorene männliche βιττούαρ und ein Zeitwort βιττόιγ voraussetzt. Wir vermuthen die Bedeutung von „die Alte", woran sich dem Schalle nach vidua und Witwe (heisst alban. βε-ja) reihen würde. Auffallend ist, dass, wie in dem altepirot. πέλεια, so auch im alban. Taube und altes Weib sich nahe liegen.

Die Form βjετ lässt nach Analogie der Gram. §. 3, Nr. 1 Ende, angegebenen Uebergänge eine starke Urform βατ vermuthen. Zur vorhandenen stellt sich das griechische ἔτος, dessen alte Form ϝέτος war [137]). Als Ableitungen ergeben sich:

1) βjέτρρε alt, vetus, veteris und ital. und span. viedro.

2) βjετρρόιγ ich mache alt; dessen Part. βjετρρούαρε führt, wenn ουα in ου contrahirt wird, — Gramm. §. 3, Nr. 3 — regelrecht auf Etrur oder Hetrur, und bedarf daher nur der

Landschaftsendung -ía, um sich als „Altland" darzustellen. Unter Hinweisung auf die oben erwähnte starke Form erinnern wir hier fragweise auch an die altetruskische Stadt 'Ατρία. Auffallend nahe liegt auch die etrurische Hauptstadt Vetulonia, welche auf einer Münze[188] als √+Ǝ⅃ erscheint. Lanzi[189] vermuthet, dass Italien bei den Etruskern ∩I√+Ǝ⅃ geheissen habe. Ist diese Vermuthung stichhaltig, so bestände die Differenz zwischen diesem Namen und dem von Etrurien nur in den beiden Liquiden r und l, und läge die Vermuthung nahe, dass beide nur verschiedene Formen desselben Stammes seien, welche den gleichen Begriff von „Altland" ausdrücken, und dass der Jungstier, der als „Jährling" dem Laut nach nahe stand, später untergeschoben worden sei. Indessen wollen wir zur Vertheidigung dieser Bedeutung des Namens eine Vermuthung wagen. Den Namen Italien führte früher nur ein Küstenstrich am Golf von Tarent. Man vergegenwärtige sich nun die Form der Veste, welche diesen Golf bildet, gleicht sie nicht den Hörnern eines Stieres? und hätte der, von Osten oder Südosten kommende Schiffer, welchem der nördliche Theil der Halbinsel unbekannt war, die Figur des südlichen Theils nicht glücklich bezeichnet, wenn er es „Stierland" nannte? Aus demselben Grunde möchten wir das ähnlich gelegene Karystos von dem alban. χερρούς, χουρούς ich beuge, biege, χρούτς gehörntes Schaf (davon wohl das griechische χερουτίαω), ableiten.

6. **Tschamerei** — Τȝάμερί-a tosk., Τȝαμνί-a geg., im Neugr. Τȝαμουρjà, der heutige Name des südwestlichen Küstenlandes von Epirus. — Es ist nicht in dem Grade gebirgig, wie seine Nachbarschaft; der Kokytos und der untere Acheron fliessen hier durch weite Thäler, die man hie und da sogar Thalebenen nennen könnte. Nun sagt Servius ad Aeneid V, 333: Epirum campos non habere, omnibus notum est, sed constat, ibi olim regem fuisse nomine Campum, ejusque posteros Campylid .. dictos et Epirum Campaniamque vocatam, sicut Alexarchus historicus graecus et Aristonicus referunt Varro filiam Campi Campaniam dictam, unde provinciae nomen. — Assimiliren wir nach dem in Gram. §. 3, Nr. 44 erwähnten Lautwechsel die auf die Liquide folgende Muta mit jener, so erhalten wir Cammania, eine Form, welche Stephan Byz. belegt: Καμμανία μοῖρα Θεσπρωτίας. μετωνομάσθη δὲ Κεστρινία. ἐξ ἧς Κάδμος, ὁ ποταμὸς Κεστρῖνος· ἔστι κτίσμα Κεστρίνου, τοῦ υἱοῦ Ἑλένου τοῦ Πριάμου· οἱ οἰκήτορες Καμμανοί, ὡς τῆς Καμπανίας Καμπανοί.

Wird nun das x in τȝ erweicht, was namentlich der tschamische Dialekt liebt, so ergibt sich Τȝαμμανία, d. h. die gegische Form des heutigen Namens, denn das alban. g geht, wie bereits erwähnt, in anderen Sprachen, welche desselben entbehren, entweder in a oder in ou über. Vielleicht bildete der Name in seiner Bedeutung vom Flachland den Gegensatz zu Χαονία oder 'Αλμινία als Bergland.

Dieser Deduction, so regelrichtig sie auch sein möchte, steht indessen ein bedeutendes Bedenken entgegen: τȝαμ soll nämlich auf türkisch Fichte bedeuten, und an dem Küstensaum wie in den südlichen Nachbarländern die Strandkiefer (pinus maritima) der vorherrschende Baum sein, wonach sich der Name, im Gegensatz zu dem östlichen Hochlande, wo die Eiche herrscht, sehr natürlich mit „Fichtenland" übersetzen liesse, doch fehlt dieser Uebersetzung der Gegensatz des „Eichenlandes." — Auch spricht der Umstand, dass die an der Nordgränze des Landes wohnenden Klementi von den Slaven auch Tzimirota[140] genannt werden, für eine grosse Ausdehnung des Namens im Mittelalter.

7. **Laberei** — ljäk-bi, n. gr. λάπης; plur. λάπιδες, der Lappe; ljabęrí-a, n. gr. λαπουρjà die Lapperei. — Der Name wird, wie S. 15 erwähnt, von den Eingebornen, welche sich selbst 'Αρbęr nennen, als unehrenhaft betrachtet, ist aber ausserdem in Albanien und Griechenland der allein gekannte. — Er wiederholt sich bei den ljaπ jουλάπ, welche, wie S. 30 Nr. 40 erwähnt, um das Amselfeld sitzen[141]).

Die nordillyrischen alten Ιάποδες des Strabo und Ιάπυδες des Ptol. und Plin. scheinen gleichlautend, denn der Ausfall des l vor j lässt sich im Albanesischen zahlreich belegen, s. Gram. §. 3, Nro. 24[142]).

Die alten Labeatae um den See von Skodra setzen aber nach dem jetzigen Sprachgesetz einen Eigennamen Labé voraus (den ich noch nicht auffinden konnte), denn at ist eine patronymische Endung und entspricht dem griechischen αδης.

8. **Gegerei**, Γεγερί-α, γεχ, γεγου. Diese Namen bezeichnen im toskischen Dialekte Nord-albanien und seinen Bewohner. Der letztere betrachtet sie als Spitznamen, legt sie daher sich selbst nie bei, und belegt den besonders in Mittelalbanien zahlreich sitzenden Wallachen mit dem Spitz-namen γόγε (auch celtisch?). In Nordalbanien findet sich der Eigennamen γεχ, Ghegh, und in Süd-albanien γόγο-ja häufig, ebenso Ghígha in Griechenland (besonders auf Hydra, welches rein alba-nesisch ist) und in der Wallachei; welcher Sprache die letztere Form eigenthümlich zugehöre, können wir jedoch nicht angeben. — Die Bedeutung des Stammes ist uns dunkel. Vielleicht ist der Volksname dem Eigennamen entnommen, und gehört in die Kategorie von John Bull, Bruder Jonathan, Jaques Bonhomme und deutscher Michel. Aber auch die nähere Prüfung des Eigen-namens wäre von Interesse.

Wir stellen zu der albanesischen Form die römische gens geganea, eine der sechs lateinischen gentes, welche nach Livius III, 37 unter die patres aufgenommen wurden; doch erscheint schon in Plutarch, Numa 10 eine Gegania als Vestalin [143]).

9. **Dardaner**, δάρδε-α [144]), alb. Birne und Birnbaum, Accus. δάρδε-νε. Die Berechtigung zu dieser Ableitung finden wir darin, dass die Dardaner in Obermösien von Strabo [145]) ausdrücklich als Illyrier bezeichnet werden, und die zu ihrer Ausdehnung auf die teukrischen Dardaner in den Spuren ihres Zusammenhanges mit den mösischen, welche den Griechen gänzlich unbekannt blieben, wenn nicht, was uns wahrscheinlicher zu sein scheint, Paeonen und Dardaner dasselbe Volk bezeichnen, so dass der erstere dessen früherer griechischer, der zweite dessen späterer römischer Gesammtname ist [146]).

Diese Ableitung gewinnt dadurch an Wahrscheinlichkeit, dass der Name der wohl nahe verwandten Myser gleichfalls von einem Baume abgeleitet wurde, der in ihrer Sprache μυσός hiess und der altgriechischen ὀξύη entsprach [147]), dass nach Hesiod [148]) Zeus das dritte eherne Menschengeschlecht aus Eschen (ἐκ μελιᾶν) erschuf, und dass Grimm [149]) dies und anderes zum Beweise anführt, dass „unverkennbar uralte Sagen bestanden", welche die ersten Menschen, die Ahnherrn einzelner Stämme des deutschen Volkes, aus Bäumen oder Felsen erwachsen liessen" und daher Ascer von askr, Esche, fraxinus [150]) ableitet.

Verschiedene, jedoch sehr problematische Spuren im Stammbaum der asiatischen Dar-daner deuten darauf hin, dass sich diese Anschauung nicht auf dessen Ahnherrn allein beschränkt. Wir verbinden sie mit den übrigen Belegen zum Pelasgerthum der Dardaner. Die Mythe macht Dardanus entweder zu einem Arkadier, also Pelasger, oder einem Creter, oder einem Etrusker, oder einem Autochthonen. Der vollständigsten Sage nach ist er ein Sohn des Zeus und der Elektra (Tochter des Atlas) und Bruder des Jasion und der Harmonia; mit diesem und seinem Sohne Idalus (Deimas bleibt in Arcadien) wandert er von Arcadien nach dem tyrrhenisch-pelasgischen Samothrake, wo ihn Kadmus aufnimmt und die Harmonia heirathet oder raubt [151]); von da geht er in die Troade zu Teuker [152]) (? θέκερε-α, alb. Roggen, Korn) und heirathet dessen Tochter Βάτεια (? βατία, Dornstrauch); beide zeugen den Erichthonius, welcher nach unserer Ansicht mit Pelasgus [153]) (schwarzer Erde Sohn) identisch ist. — Diesen Ableitungen ent-spricht endlich Βουχουλίων, der Sohn des Λαομέδων und der Καλύβη.

Der Grossvater des Aeneas ist Κάπυς, und nach Strabo [154]) wurde Kapyai in der Nähe von Mantinea von Aeneas erbaut, und nach seinem Grossvater benannt. Apollodor führt als Bruder des Aeneas den Λύρος [155]) an, von welchem man nichts als den Namen kennt. Beachtenswerth scheint es nun, dass dieser Name an den Namen des in diesem Stammbaum zweimal figurirenden ῟Ιλος gefügt, den Namen ῎Ιλλυρος ergibt.

Das unter der Rubrik Schkiperei, Nr. 1, erwähnte Σκῆφις wurde für den Königssitz des über die Dardanen herrschenden Aeneas [156]) gehalten.

Nordwestlich davon, jenseits des Ida lag das nach dem Fall von Ilium von dem Reste der Trojaner erbaute Γέργις oder Γέργιθος, auch τὰ Γέργιθα genannt, welches sich zu dem alba-nesischen γαργή-α, plur. γαργίτε, Lanze, Speer, stellen würde, wenn man vom verschiedenen Accente absieht.

Σχαμ-ανδρος. — Gegen diese Theilung möchte im Hinblick auf Μαί-ανδρος, Κάσσ-ανδρος u. s. w. kein Einwand erhoben werden. — ὃχαμ im geg. und ὃχεμὸ im tosk. heisst Fels; der

Fluss tritt aber aus einem engen Felsthale in die Ebene, und kann daher auch in dieser Hinsicht zu dem heutigen Σκουμβ, Fluss in Mittelalbanien, gestellt werden, welchen wir in den Reiseskizzen aus der gleichen Wurzel ableiteten, und mit der alten Stadt Σκαμπεῖς für identisch erklärten.

Pelasger waren die südlichen Nachbarn der Trojaner, es gab drei Larissas an dieser Küste; das nördlichste war nur 200 Stadien von Ilion entfernt [167]). — Auf Lesbos war ein Berg, Πύλαιον, der nach dem, von Homer [168]) erwähnten pelasgischen Anführer Πύλαιος benannt wurde; πύλ-ι heisst im alban. Wald, und auch Pylades scheint sich als Waldmann besser zu Orestes Bergmann [159]) zu stellen, als wenn man ihn von dem griechischen πύλη [160]) Thor ableitet [161]).

Die Stadt Antandros, südlich vom Ida, nennt Herodot [162]) das pelasgische.

Einen weiteren Beweis des Pelasgerthums der asiatischen Dardaner und Trojaner finden wir in allen den Eigennamen, welche ihnen und den Macedoniern und Epiroten gemeinsam sind, wie Alexander, Kassander, Hector. Endlich erinnern wir hier an Strabo's Bemerkung, dass zwischen Thraciern und Troern viele Namengemeinschaft bestehe [163]). Wir begnügen uns jedoch mit dieser Erinnerung, weil, wie schon öfter bemerkt, Thracien von unsern Untersuchungen ausgeschlossen bleiben muss.

Im südlichen Albanien gab es zwei Städte, welche Ilion hiessen, eine in der Nähe des heutigen Berat [164]) und eine andere in der thesprotischen Landschaft Kestrine. Leake vermuthet, dass es mit der Stadt Kestria und dem von Stephan in der Landschaft Kestria erwähnten Troja identisch sei [165]). — Nach der Sage wurde Kestria von Kestrinus, dem Sohne des Trojaners Helenus und der Andromache, welche beide Pyrrhus, des Achilles Sohn, hierherführte, gegründet [166]). — Helenus erbt die Küstenhälfte von Pyrrhus Reich [167]). Stephan erwähnt ausser diesem noch eines Ilions in Makedonien Ἑλένου κτίσμα, und Servius [168]) spielt unter Berufung auf Sallust auf eine Colonie des Helenus in Makedonien an [169]). Doch leitet Stephan sogar die makedonische Landschaft Elimeia von Helenus ab; dieser Trojaner scheint daher auch in der makedonischen Mythe figurirt zu haben.

Die Sage begnügt sich aber nicht bloss mit einer trojanischen Einwanderung in das pelasgische Epirus, sie gedenkt sogar einer Rückwanderung nach Asien durch Pergamus, den Sohn der Andromache und des Pyrrhus, welche dieser aber erst nach dem Tode seines Stiefvaters unternahm [170]). Auch steht wohl zu vermuthen, dass die Erzählung Virgils von dem Zusammentreffen des Aeneas mit Helenus und Andromache alten Sagen entnommen sei und es ist mithin nicht wohl anzunehmen, dass allen diesen mythischen Berührungspunkten zwischen Epirus und Troja kein historisches Factum zum Grunde liege.

10. **Veneti**, Οὐένετοι, Ἔνετοι — werden von den neueren Schriftstellern nach Herodot's (1, 196) Zeugniss für Illyrier erklärt.

Der Name lässt sich auf ein albanesisches Wort zurückführen: χένε-α tosk., γάνε-α geg. Mond. Die toskische Patronym-Endung ist aber -ατ, Plur. ατς, χένε-ατς, Mondsöhne. Dass viele alte Völkernamen mit den Namen von Nationalgöttern identisch seien, braucht wohl nicht besonders erwiesen zu werden. Wir glauben bei den Venetern eine solche Nationalgöttin, Namens χένε oder γάνε vorauszusetzen zu dürfen, von welcher sich Spuren bei den stammverwandten Römern vorfinden. Anna perenna [171]) wird in der Regel als die Göttin des römischen Mondjahres gefasst. Die Sage macht sie zur Tochter des Belus, Schwester Didos (Elissa); nach deren Tode flieht sie bei der Einnahme Karthago's durch Jarbas nach Malta und von da zu Aeneas, welcher sie freundlich aufnimmt. Von dem Geiste ihrer Schwester, der ihr im Traum erscheint, vor Lavinias Eifersucht gewarnt, flieht sie von Neuem und ertrinkt im Flusse Numitius, als dessen Nymphe sie verehrt wird. Nach Ovid halten sie einige für Luna, andere für Themis, oder Jo, oder eine Nymphe, die den Zeus genährt hat. Anna hat demnach manche Aehnlichkeit mit der argivischen (altpelasgischen) Jo. Beide sind desselben, und zwar phönicischen Stammes [172]), beide fliehen, verfolgt von Eifersucht, und der Jo-Mythus endet gleichfalls bei einem Strom, dem Nile, an dessen Ufer Epaphus geboren wird. Besonders interessant ist die Verbindung der Anna mit Aeneas, welcher für uns in Latium der Repräsentant einer pelasgisch-tyrrhenischen Einwanderung ist.

Stammvater der Heneter konnte Aeneas nicht sein, denn diesen vindicirte die herrschende Roma, man griff daher zu dessen Vetter Antenor, welcher hier vielleicht als Repräsentant einer mit Syriern vermischten tyrrhenisch-pelasgischen [173]) Einwanderung zu fassen ist, denn Strabo drückt sich so aus: „andere aber sagen, es hätten sich aus dem trojanischen Kriege mit Antenor einige Heneter aus Paphlagonien hierher gerettet", und „die verbreitetste Ansicht geht dahin, dass die Eneter der bedeutendste Volksstamm der Paphlagonen waren, dass sie nach Troja's Eroberung nach Thracien gingen, und auf ihrer Irrfahrt endlich in die heutige Enetika kamen. Einige sagen, dass Antenor und sein Sohn an diesem Zuge Theil genommen, und sich im Winkel der Adria niedergelassen hätten," endlich „Antenor und seine Söhne seien mit den übergebliebenen Enetern nach Thracien gegangen, und von da in die adriatische Enetika gekommen" [174]). Antenor und Aeneas waren aber Dardaner, und in den alten, den Griechen unbekannten Dardanern (s. diese), welche um das heutige Amselfeld in Hochmösien sassen, würde sich sogar ein Mittelglied zur Landverbindung zwischen den illyrischen Venetern und den kleinasiatischen Dardanern bieten.

Durch die Annahme einer gemeinsamen Einwanderung von Dardanern und Henetern, welche in Kleinasien Nachbarn waren, liesse sich die Existenz assyrischer Gebräuche [175]) bei den adriatischen Henetern erklären, ohne dass diese darum im wesentlichen Illyrier zu sein aufhörten; denn was wir von ihren Culten wissen, stempelt sie zu Pelasgern; es ist dies der Dienst der argivischen Hera, der ätolischen Artemis und der argivischen Diomedes. Auch die Erzählung Strabo's über das Wolfsabzeichen, welches man den henetischen Pferden einbrannte, und über die zahmen Wölfe in dem heiligen Haine der Hera kann zur Unterstützung dieser Annahme benutzt werden, weil der Wolf auch in den Mythen von Argos figurirt, und sogar auf dessen Münzen prangt [176]). Vielleicht hiess die Mutter des Aeneas bei den Trojanern χένυς oder χάννς und gibt die Wurzel zu dessen gräcisirten Namen [177]).

Die reiche geographische Nomenclatur der alten Venetia zeigt sich übrigens mit der übrigen illyrischen so wenig verwandt, dass wir in derselben kaum ein paar Namen finden konnten, welche vielleicht illyrischen Ursprungs sind.

Neben dem alten Medoakus verzeichnet die Peuting. Tafel auch den Namen Brintesia; βρέντα heisst im alban. darinnen und βρέντασι der innere, und da wir unten den Namen Βρεντέσιον, Brundusium, eben so erklären werden, so mag hier auch die Stadt Brundulum erwähnt werden. — Zu Buraea liesse sich βουρρ, der Mann, stellen. Der illyrische Gränzfluss gegen Italien, Arsia, ist vielleicht mit dem albanes. Arçen verwandt, und der Fluss Tilaventum hat mit dem illyrischen Tilurus denselben Anlaut. Endlich liesse etwa auch der heutige Flecken Codropio oder Codroipo eine albanesische Erklärung zu, denn χόδρς heisst Hügel.

Die Sprache zeugt demnach eher gegen, als für diese Verwandtschaft. Stellen wir aber alles oben Gesagte zu Herodot's ausdrücklichem Zeugnisse und zu Polybius [178]) Angabe, dass die Veneti in Sitte und Kleidung nur wenig von den Galliern abweichen, aber eine verschiedene Sprache redeten, so möchten wir sie gleichwohl für früh romanisirte Illyrier halten.

11. **Pannonien**, s. Nr. 19 Penestae. Die alte geographische Nomenclatur des Landes bildet eine Musterkarte von illyrischen, römischen, celtischen, deutschen und slavischen Anklängen, doch scheinen uns die ersteren vorherrschend zu sein.

Appian [179]) behauptet, Paeones sei der griechische, und Pannonii der römische Name desselben Volkes [180]), welches zu dem illyrischen Stamme gehöre. — Diese Angabe wird durch die häufigen Verwechslungen pannonischer und illyrischer Völker unterstützt; so rechnet Strabo [181]) die Pyrustae, Mazani und Daesitiates zu den Pannoniern, dagegen erscheinen bei Caesar [182]) und Vellejus die Pyrustae, bei Diocassius [183]) und Plinius die Mazani, und bei Plinius und Vellejus die Daesitiatae als Illyrier; auch trennt Tacitus [184]) die pannonische Sprache ausdrücklich von der gallischen und rechnen die Römer Pannonien stets zu den illyrischen Provinzen [185]).

Wir lassen nun diejenigen geographischen Namen folgen, aus welchen sich die illyrische Verwandtschaft der Pannonier noch klarer ergeben möchte.

Σίρμιον, Silber heisst auf albanesisch auch σίρμμ-α [186]) und steht dem erwähnten Namen noch näher als slav. srebo und russ. serebro dem Namen Serb. Dass aber beide Namen einer Wurzel [187]) angehören, ist bereits von Grimm dargethan. Der zweite Name findet sich im alten Pannonien durch Serbinum und Serbitium oder Servitium vertreten.

Ob nun der Name Serb [188] ein urslavischer oder ein von den einwandernden Slaven vorgefundener und adoptirter sei, wollen wir Andern zu entscheiden überlassen. Auf der einen Seite klingen Namen wie Pultovia, Latovici und andere sehr slavisch und liesse sich die S. 215 angeführte Stelle Strabo's so interpretiren, dass schon zu seiner Zeit slavische Völkerschaften im Süden der Donau mit Illyriern und Thraciern vermischt gewohnt hätten [189]. Auf der andern Seite beweist der Name der benachbarten Morwlachen, dass auch slavische Völkerstämme fremde Völkernamen annahmen. Vielleicht gehört auch der Name Bosna hierher, weil ihn schon die Peutingerische Tafel als Flussnamen Basante kennt.

Von Berg-, Fluss- und Volksnamen gehören wohl, ausser dem Grenzgebirge Albius, der Mons Alma (Ἄλμα), der Fluss Arabo, die Arabisci und Amantier zu dem unter Albania behandelten Stamme.

Τὰ Οὐλκαῖα ἕλη [190] und die Uleiscia Castra stellen sich zu dem illyr. Ulcinium, und ergeben sich als albanesische Appellativa, denn ουλχ heisst Wolf.

An dem See lag auf einem Hügel die Stadt Cibalae, Κιβάλαι, Cibalas oder Κιβαλίς. In Curtius Rufus VI, 20 begegnen wir aber dem Cebalinus als makedonischen Eigennamen [191].

Das alte Ofen, Aquincum, Ακούιγκον oder Acinium genannt, wurde durch die Donau von Contra Aquincum getrennt, welches Ptolomaeus [192] Πέσσιον nennt. Im Albanesischen heisst aber πεσσ fünf, und beide Namen bezeichnen daher in beiden Sprachen denselben Begriff und der eine ist eine Uebersetzung von dem andern, welcher? müssen wir dahingestellt sein lassen.

In Bregetio, Brigito oder Brigantium möchte der Stamm das albanesische βρέχ-γου, plur. tosk. βρίγετε, Hügel, Bergrücken, sein.

Pons uscae stellt sich zu dem illyrischen Uscana, s. unten.

Picentium stellt sich zu dem albanesischen Πεχjν [193] und dem ital. Picenum, Πιχηνίς.

Donatiana — Δωνεττίνοι ἔθνος Μολοσσικόν, Stephan nach Rhianos.

Σοῤῥογα oder Σιρόγα bietet die rein albanesische Form, von welcher wir weiter unten handeln werden.

Pyrrum oder Pyrri stellt sich zu Πύῤῥος, den epirotischen Πυῤῥηναῖοι und den Pirustae siehe unten.

Bassiana und Bassanatis wiederholt sich in dem illyrischen Bassania, 5 Mil. von Lissus [194]; die Osseriates correspondiren mit der heutigen illyrischen Insel Ossero; die Catari mit dem heutigen Cattaro; die Stadt Segesta endlich findet sich in der tyrrhenisch-pelasgischen Stadt Egeste oder Segeste auf Sicilien wieder.

12. **Mentores.** — Der Stamm dieses liburnischen Volksnamens ist im Albanesischen doppelt vertreten. Der erste ist μεντ, ich sauge, davon μεντέδς-α, die Säugamme; das Particip des Verbums lautet μέντουρς, und davon liesse sich μένταρ bilden, was aber etwa den Sinn des lateinischen Succo hätte, und daher schwerlich zu einem Völkernamen passt [195]. Der zweite Stamm ist μεντόιγ, ich bedenke, überlege, Part. μεντούαρς, bedacht, überlegt. Da sich ουα in ο zusammenzieht, so ergäbe dies Particip genau die Form des Namens. Beachtenswerth scheint die Ableitung μέντδουρς tosk. und μεντδουμ oder μέντδεμ geg., klug, vernünftig, weil es dem Schalle nach mit unserem „Mensch" zusammenfällt. Stamm des Zeitwortes ist μεντ-ι oder μεντ-τ, Verstand, latein. mens. Die Namen Μέντωρ und Μέντης werden wohl richtiger von diesem Stamme, als von dem griechischen μένος gebildet, bei welchem das t als eingeschoben betrachtet werden müsste.

13. **Lopsi.** — Die japodische Völkerschaft der Lopsi mit ihrer Stadt Lopsica, Λόψικα, scheint dem sich in Südalbanien öfter wiederholenden Ortsnamen λjόπεσι zu entsprechen; λjόπε-α heisst albanes. die Kuh und in Tirol werden noch heute die Kühe Loben genannt. — Wir erinnern hier an die bei den Venetern erwähnten Spuren des Monddienstes [196].

14. **Palarii.** Die von Appian [197] erwähnten Palarii hält Mannert für die von Strabo [198] erwähnten Pleraci (Πληραῖοι). Auf Kephalonien bildeten nach Pausanias [199] die Παλεῖς, welche früher Dulichier hiessen, den vierten Stamm (μοῖρα) der Insulaner. Der Hafen von Buthrotum hiess πηλώδης λιμήν und bei Appian Παλύεις [200]. Die Nordspitze der Halbinsel, auf welcher Durazzo liegt, wird heut zu Tage Cap Pali genannt.

Παλ heisst im albanes. ich schreie, ich brülle. Ob die erwähnten Namen davon etwa in dem Sinne wie Teleboer abzuleiten, wollen wir dahingestellt sein lassen; dass aber unser Wort an der epirotischen Küste schon vor Alters einheimisch gewesen sein möchte, schliessen wir aus folgender, dem Epithesis entnommenen Erzählung Plutarchs [201]): Thamus aus Aegypten hörte eine von der Insel Paxus kommende Stimme, welche ihm befahl: wenn du zum Palodea kommst, so verkünde, der grosse Pan sei gestorben; als er dies nun gethan, habe er ein GeStöhn vernommen, das von einer grossen Menschenmasse zu kommen schien. Substituiren wir in dieser Erzählung die Form Παλόεις, so erhält sie einen sehr etymologischen Anstrich und die Classe rein etymologischer Mythen ist bekanntlich nicht gering.

15. Encheleae, 'Εγχέλιοι, Εγχελεῖς, der Aal, altgr. ἔγχελύς (dessen attischer Plural ἐγχελεῖς), im neugr. χέλι, im alban. νγjälε-α, was auch fett bedeutet. — Diese Ableitung führt zu der Vermuthung, dass die Bisaltae, welche oberhalb Chalkidike um zahreiche Seen sassen, mit dem Worte bisálto zusammenhängen, welches in dem italienisch-dalmatinischen Dialekte Aal bedeutet; das Wort wird auch in Skodra verstanden, wo es aber hingehört, wissen wir nicht zu sagen. Sollten etwa die Θυνοί und Βιθυνοί (Θυνιὰς ἄκτη am Pontus Euximus von Apollonia bis Salmydessos) [202]), von θύννος, Thunfisch, scumber, thynnus, stammen, der namentlich im Bosphorus so zahlreich gefangen wird? [203])

16. Autariatae. — Die Endung -ate ergibt sich als albanesische Patronymendung. Die Autariaten führten nach Strabo mit den Ardiaern langwierige Kriege um den Besitz der an ihren Gränzen befindlichen Salzquellen; sie müssen also, wenn sie Nachbarn der Ardiaer werden sollen, auch nördlich von dem albanesischen Alpenknoten angenommen werden, welcher nach Ptolemaeus dem alten Drin, dem Nebenfluss der Donau, den Namen gab, und daher das Dringebirge hiess; hier läuft aber in einem langen Thale ein Fluss, welcher heute Tara heist, und im Alterthum findet sich der Name Tarus als Nebenfluss des Padus, er ist mithin nicht neu; diese Prämissen berechtigen wohl zu der Annahme, dass die Autariaten am Tarafluss sassen, dass dieser Fluss auch im Alterthume diesen Namen führte und das Volk nach ihm benannt wurde, auch wenn dadurch der Vorschlag Au oder Av [204]) unerklärt bleibt.

17. Grabaei — werden von Plinius [205]) als untergegangener Stamm angeführt, der zwischen Drin und den Akrokeraunien gewohnt zu haben scheint. Hierzu stellt sich 1) das zwischen Elbassan und Tyranna gelegene Γραδόβε-Gebirge [206]); 2) der Dorfnamen Γραβόβε-α, welcher sich sowohl in Süd- als Mittelalbanien mehrmals findet, und 3) der Beinamen Krapuvio und Grabovio, welcher in der vierten eugubinischen Tafel dem Jupiter, Mars und Voßon [207]) gegeben wird. Wir ziehen hieraus den Schluss, dass die albanesische Dorf- und Stadtendung ὁβε-α (weiblich), welche slavisch und neugriech. owo lautet, nicht unbedingt zu der Annahme berechtige, dass alle auf sie ausgehende Namen slavischen Ursprungs seien, wenn auch die Vermuthung stets dafür sprechen möchte.

Die eugubinischen Formen fordern dazu auf, sie mit den albanes. Worten γράπ-ι und χράδε-α, geg. χερράδε-α, Haken (hessisch Krappen), Hirtenstab, Angel, zu vergleichen.

18. Parthini, Παρθινοί, Παρθηνοί oder Παρθεινοί sassen hinter Dyrrachium und aus Plinius Darstellungsweise möchten wir folgern, dass sie sich nördlich bis zum Drin erstreckten. Sind sie identisch mit den Παρθυαῖαι oder Παρθιαῖοι des Ptolemaeus, der ihre Hauptstadt Eriboea in gleicher Breite mit Bullis, also etwa in die Mitte von Atintanien versetzt? Wie verhalten sie sich zu den Taulantiern, welche nach Plinius erloschen sind, bei Ptolemaeus aber wieder auftauchen? Wir haben hierauf keine Antwort [208]). Ihre Stadt, nach der auch wohl die Landschaft benannt wurde, nennen Polybius und Stephan Πάρθος [209]). báρθ-δι [210]) heisst auf albanes. weiss; das Wort entspricht daher der lateinischen Bedeutung der Albanoi, welche Ptolemaeus erwähnt, und deren Stadt Albanopolis in die Nachbarschaft von Lissus fallen möchte, wenn man berücksichtigt, dass sie von Ptolemaeus, ebenso wie der Drinfluss, deswegen viel zu weit nördlich angesetzt werden musste, weil er von der Lage der Halbinsel Chalkidike eine falsche Vorstellung hatte, die sich über das weitere östliche Europa erstreckt, und je mehr östlich, desto abnormer wird. Zieht man Chalkidike in seine wahre Lage, so bekommen dadurch der Drin und Albanopolis eine südlichere, der Wahrheit näher kommende Stellung.

Ein Berg der Kette, welche die Küstenebene zwischen Drin und Mat flankirt, heisst μαλλϳ ι βαρϑ, weisser Berg; doch ist er vor seinen andere Namen führenden Nachbarn nicht ausgezeichnet, und von Ruinen in seiner Nachbarschaft ist mir nichts bekannt geworden. Sollten die in den archäologischen Notizen beschriebenen Stadtruinen in der Nachbarschaft von Kroja Πάρϑος oder Albanopolis angehören? Die Angabe des Ptolemaeus über des letzteren Lage macht die Bejahung bedenklich. Ebenso steht der versuchten Ableitung ein gewichtiges Bedenken entgegen. Nicht bloss die Griechen, sondern auch die Römer schreiben Partheni, dieses P erscheint auch in Parthiscus [211]) und aus Parthanum in Windelicien [212]) wird Partenkirchen; zur Annahme späterer Lautverschiebung fehlt es aber an allen Beweisen. — Dagegen findet sich ein Bardarate in Ligurien; Barduli bei den, wohl sicher illyrischen Peuketiern in Italien heisst heute Barletta; — Bardewik [213]) in der Schweiz übersetzt sich durch das Albanesische mit weisser Steg (βϊx-ου), und erinnert an Am Steg; in Sardinien und der Lombardei begegnet man vielen Namen, wie Bardo [214]); unser Bardenberg deutet sich auch besser Weissenberg als Sängerberg [215]).

Wer das griechische Παρϑένος als die reine, weisse mit βαρϑ in Verbindung bringen will, hat auch noch die Schwierigkeit des anomalen Accentes zu bekämpfen.

19. **Penestae**, Πενέσται. Von der Endung bemerkt Abel [216]), dass sie auch sonst in Makedonien gebräuchlich sei, z. B. Lynkestae, Orestae, Kyrrhestae, Diastae, Pyrustae; eine ähnliche Endung bietet der lappische Nominativ Αρϐρεϑ für Αρϐϱϱ und Ortsnamen wie Βραδάϑϑ (dieselbe fällt mit der des unbestimmten Ablativs zusammen); ferner die gegische Collectivendung -ϊϑϱ, z. B. γουϱ Stein, γουϱιϑϱ-α steinreicher Ort; ϱᾶπ Platane, ϱαπϊϑϱ-α Platanendickicht; ουλίϊ Olive, ουλίϊϑϱ Oeldickicht, Oelwald. Als Stamm möchten wir das griech. πένω πονέω ich arbeite, annehmen, wozu sich im albanes. πούνϱ Ding, Sache, Geschäft, πουνόϱϳ ich arbeite, πουνϱτόϱ der Arbeiter, stellt. Gramm. §. 3, Nr. 7. — Das Volk mit dem Flusse Πηνιός zusammen zu stellen, ist wegen der verschiedenen Quantität bedenklich, eher passt zu letzterem πξ̃-ϱι tosk. und πξ̃-νι geg. Faden, das altgr. πήνη und πήνιον, welches daher wohl nichts anderes als Faden heisst [217]); sprechen wir doch auch von einem Wasserfaden. Doch mag πένω der Stamm von πήνη sein. Auffallend ist die mit Πηνελόπη der Fadenlösenden, gleichlautende, oft gebrauchte albanesische Redensart: πξ̃νϱ λϳόπϱ, über welche mehr im Lexikon.

20. **Makedonen**, s. S. 224.

21. **Bottiaea**, Βοττιαία, Βοττιαΐϛ und Βοττία. — Der Name ergibt sich auf den ersten Blick als ungriechisch, und wir können ihn daher wohl unbedenklich von dem albanesischen Worte βϑϱ-α ableiten, welches eine feine fette, als Seife dienende Thonart bedeutet, und dasselbe etwa als Gegensatz von Ἡμαϑία betrachten, welches von dem griechischen ἄμαϑος Sand, Staub, abgeleitet wird [218]).

22. **Pelagonen**. — Wir halten den Namen der makedonischen Pelagonen, Πελαγόνες, nicht für identisch mit dem von Πελασγοί, sondern leiten denselben vielmehr von dem albanesischen πλϳαx alt, der alte, ab. Dies hat im Plural πλϳεxϳ-ϱ, die alten und Alten; davon:

1) πλϳεxϱϱί-α Greisenalter, Gesammtheit der Alten eines Dorfes, mit dem Zeitwort πλϳεxϳϱϱόϳ [219]) ich nähre, pflege Bejahrte, besonders als Sohn meine alten Eltern, das altgriech. γηροϐοσχέω, neugr. γεροχομίζω; so rühmt sich z. B. ein wohlhabender Greis: σ'μϱ πλϳεxϳεϱόϳ́ν δϳάλϳι, μϱ πλϳεxϳεϱόϳ́νϱ ϱϱ μίϱαϱϱ μία nicht mein Sohn, sondern meine Güter nähren mich im Alter, ich hänge nicht von der Gnade meiner Kinder ab.

2) πλϳέxϳϱϱί-α Rath der Alten, der dem Orte vorstehende Körper, mit dem Zeitworte πλϳεxϳϱϱόϳϱ, ich sitze im Gemeinderathe, habe grossen oder den grössten Einfluss auf die Verwaltung; xουϑ πλϳεxϳϱϱόν xϱϱϱ́ βϱνδ? Wer steht diesem Orte vor?

Der Deutsche begreift in gleicher Weise die beiden obigen Begriffe unter „pflegen" [220]) zusammen, denn er sagt: ich pflege den Vater, und ich pflege des Gerichts; Kranken-, Land-, Gerichts-Pflege u. s. w.

Zu den albanesischen Formen stellen sich dem Klange nach aus Hesych: Πηλαγόνες γέροϱες, παλαιοί, γηγενεῖς. Πελιγάνες οἱ ἔνδοξοι παρὰ δὲ Σύροις οἱ βουλευταί. Πελείους Κῷοι χαὶ οἱ Ἠπειρῶται [221]) τοὺς γέροντας χαὶ τὰς πρεσβύτιδας. Πελητὸς, γέρων.

Der Ausfall des stummen ε zwischen Muta und Liquida in den albanesischen Formen wird wohl nicht befremden [223]).

Hieraus folgt, dass nach unserer Ansicht die Bedeutung des Namens Pelagon zwischen dem Begriff Altwohner und Häuptling schwanke. Die Angabe Strabo's [223]), dass die Paeones früher Pelagonen geheissen hätten, würde die erstere Annahme unterstützen, über die zweite haben wir uns unter der Rubrik Σχjπερί ausgesprochen [224]). Obwohl Thracien von unsern Untersuchungen ausgeschlossen ist, so mögen hier doch einige Worte über drei seiner Völkerschaften eine Stelle finden.

23. **Triballi,** Τριβαλλοί — lässt sich in die albanesischen Wörter τρι weibl. drei, und δάλλε-α [225]) weibl. Spitze, Bergspitze, auflösen, und seine Bedeutung entspräche hiernach genau der von Tricornensii und ihrer Stadt Tricornium, welche den im westlichen Niedermösien sitzenden Triballern (wenigstens) benachbart waren, denn sie sassen nach Ptolemaeus in dem westlichen Obermösien, und stiessen an die Dalmater; s. auch Dimallum Nr. 35.

24. **Bessi.** — Herodot [226]) sagt: die Besser sind die Propheten im Orakel des Dionysos, welches den Satrern gehört. Grimm [227]) hält sie mit den gothischen Priestern des Jornandes [228]) zusammen, welche pii hiessen. Der Name ist aber auch dem mächtigen thracischen Stamme eigen, welcher in späteren Zeiten um das Orakel sitzt, und zwar Strabo, der römischen Schreibart Bessi entsprechend, Βεσσοί (bei Herodot und andern Βησσοί) schreibt. — Wir stellen hierzu das albanesische Wort βέσσg-α [229]) Treue, Glauben, dem altgriechischen πίστις entsprechend.

Der Name erhielt sich lange. Bei Procop [230]) findet sich ein Gothe Bessas in Belisarius Dienst. Leo, der 457 den Kaiserstuhl einnahm, war bessischer Abkunft [231]). — Der Name findet sich auch in Rom, auf einer alten Inschrift steht Aelius Bassus natione Bessus [232]).

Der Name hat mit dem der dodonäischen Selli das Uebereinstimmende, dass er sowohl den Volksstamm, als die Priester des Stammgottes bezeichnet. Unsere Kenntniss von den Heiligthümern beider Völker ist zu gering, um über die Frage, ob sie etwa in ihrer Organisation den Tempelstaaten von Kleinasien glichen, welche bis in die Zeiten von Strabo hineinragen, auch nur eine Conjectur zu verstatten.

25. Σάτραι. — Wir stellen zu ihnen das Wort σατέρι [233]), eine Art dicken, breiten Messers mit eisernem Griff von dieser Form , die jetzt fast ausser Gebrauch sind, früher aber auch zum Kopfabschlagen benutzt wurden, im Falle sich das Wort nicht als ein aus der türkischen Sprache herüber gekommenes (denn dann würde die Ableitung bedenklicher), sondern von den Türken vorgefundenes und angenommenes ergeben sollte.

Nach Herodot's [234]) Beschreibung sitzen sie in der Rhodope, dort nennt aber Thukydides [235]) keine Satrae, sondern Dii und spricht von ihnen folgender Massen: „Er lud auch viele unabhängige Bergthracier ein, welche Messer führen (μαχαιροφόρων) und Dii heissen, von denen die meisten in der Rhodope sitzen." Klingt dies nicht wie eine stillschweigende Correctur Herodot's, welcher den Beinamen Messerträger für den wahren Volksnamen genommen hat, weil er der Landessprache nicht so kundig wie Thukydides war? — Später scheint der Name Dii durch Bessi verdrängt worden zu sein.

Wir verzeichnen nun die hier einschlägigen Stadtnamen in Illyrien, Epirus und Makedonien.

26. **Butua** (Plin.), — Βουτούα oder Βουλόυα (Ptol.) heisst bei dem alten Skylax Βουθόη, jetzt aber Budua. Die heutige Form und die mit λ des Ptol. machen die mit t bedenklich, weil δ und λ auch im albanesischen Wechsellaute sind. Abgesehen davon heisst βοῦτε zart, weich, sanft, eben, glatt, im Gegensatze von έγρε, wild, rauh [236]). Sollte das ungarische Budua hierher gehören, s. Πέσσιον unter Pannonien Nr. 11.

27. Οὐλκίνιον — heisst noch heut zu Tage Ουλκίν-γι, und ουλκ oder ουκ Wolf, s. auch auch die Ulkaeischen Seen unter Pannonien Nr. 11.

28. Λίσσος — schon bei Anna Comnena in Elissos erweitert, heisst jetzt bei den Italienern Alessio, bei den Albanesen Ajεδ [237]) (eine Verkürzung dieses Namens).

Zu *Λίσσος* [228]) stellt sich aber das albanesische Wort *ljìssi*, plur. *ljìssatε* Baum, und die Ableitung wird um so wahrscheinlicher, als sich noch jetzt in der Küstenebene zwischen Drin, Mat und Ischm die Reste des Urwaldes finden, der sich allem Anscheine nach vor Alters dort fand.

Die Insel Lissa hiess ehemals *Ἴσσα*; da nun im Albanesischem das *λ* vor *j* häufig (im Anlaut freilich nur selten — Gram. §. 3, Nr. 24) ausfällt, so kann man im Hinblick auf den heutigen Namen wohl annehmen, dass die volle einheimische Form des alten Namens *ljìssa* gewesen sei.

29. C o d r i o — vermuthlich im nördlichen Epirus gelegen, — *κόδρε-a* Hügel; wir stellten hiezu bereits in den Reiseskizzen das von Appian erwähnte *Κοδρόπολις* und fragten, ob nicht etwa auch *Σκόδρα* hierher gehöre. — Der Citadellenberg der Stadt verdient den Namen Hügel *κατ' ἐξοχήν*.

30. U s k a n a — die Hauptstadt der Penesten, ferner Uskudama, eine Stadt der thracischen Besser, und Uscenum, *Οὔσχενον*, bei den Jazyges Metanastae — *ουθκίγ* ich ernähre (*ούθτε-a* die Aehre); doch erinnert es lebhaft an Askania.

31. *Σχάμπεις* — und der heutige *Σχουμβ* — *θχαμ* geg., *θχεμb* tosk. Fels, s. S. 135 Note 65.

32. V e n d u m — ein Ort der Japoden; — *βεvd-ι* und *βεν-ι*, geg. *βεvd-ι* Ort, Land, Platz. — Wir möchten dieses Wort — nebst seinen Derivativis *βεvdες-ι* der Eingeborne, Einheimische, im Gegensatz von *χούατγ* fremd, *βεvdθε* örtlich, *βεvóιγ* und *βονóιγ* ich verweile einen, *βεvóχεμ* — mich (*μένω* maneo, Gram. §. 3, Nr. 26) — der näheren Beachtung der Linguisten empfehlen, denn vielleicht erweist es sich fruchtbar für die Erklärung von Vindiler, Vandalen oder Wenden [239]).

33. B i s t u e. vetus und nova auf der Strasse von Salonae nach Mostar; — *bιθτ-ι* Schweif, Frauenzopf. — Die thracischen Bistonen, *Βίστονες*, *Βίστωνες* und ihr See *Βιστονίς*? — endlich der Getenkönig *Βοιρεβίστας*? nicht nur dem Klange, sondern auch der Grammatik nach liesse sich das gleichlautende albanesische *βούρρε bìθτεσ* (Genitiv) Mann mit Schweif, d. h. geschwänzter Mann übersetzen; vielleicht ist dies Zufall, vielleicht auch nicht; s. Sittenschilderungen S. 163.

34. *Σχοῦποι*, *Σχούπιον* — kennt schon Anna Comnena bei ihrem heutigen Namen, *τὰ Σχόπια* — *θχοπ-ι* Stab, Scepter, s. weiter unter Nr. 1 Schkiperei.

35. D i m a l l u m — von *δι* zwei und *μάλj* Berg, s. Triballi Nr. 23. — Wir stellen hierher das Vorgebirge *Μαλία* oder *Μαλέα* der in der Urzeit von Pelasgern bewohnten Insel Lesbos, — das bekannte Cap *Μαλέα*, *Μαλέαι* oder *Μάλια*, wo nach dem Hercules-Mythus Centauren wohnten — und *Μαλεᾶτις* Landschaft im pelasgischen Arkadien mit der Stadt *Μαλαία*.

36. P h a r o s — die Insel *Φάρος* oder *Φαρία*, das heutige Lesina, wird schon von Skylax so geschrieben, und daher ist, wie Mannert [240]) gewiss richtig bemerkt, Strabo's Ableitung des Namens von der Insel Paros, welche sie colonisirte, unrichtig. Wir setzen hierzu das albanesische *φάρε-a* Same [241]), Geschlecht und Wohnort des Geschlechtes, da die Verwandten in den weit zerstreuten albanesischen Dörfern bei einander wohnen; *νγα τθ φάρε jε?* von welchem Geschlechte bist du? ist die erste Frage, die der Albanese an einen Unbekannten richtet; wenn er in Blutschuld ist, oder solche zu fordern hat, so legt er dazu die Hand auf die Pistole, und zwei rasch auf einander folgende Schüsse bilden nicht selten die Fortsetzung der Unterhaltung nach ertheilter Antwort.

37. *Λάχμων* — der Pinduszweig soll nach Forbiger II, 857 jetzt Liaka heissen; dass der Anlaut des alten Namens auch ein l mouillé gewesen, und der Name *λιαχ* gelautet habe, beweist der Haliakmon. *ljax* heisst im Albanesischen ich benetze und *ljax-ou*, lat. laqueus, Schlinge, Lederriemen [242]). Hierzu möchte sich auch das Prom. Lacinium in Bruttium stellen.

38. B o r a — das im Norden von Edessa streichende makedonische Gebirge, dessen Livius [243]) gedenkt, ergibt sich als das albanesische Wort *bóρε-a* Schnee und findet sich heut zu Tage als der Name eines der höchsten Gipfel des albanesischen Alpenknotens wieder.

Mit neuen correspondirende alte Namen, deren Bedeutung nicht aus dem Albanesischen abgeleitet werden konnte, fanden wir folgende:

39. Δωδώνη — der albanesische Eigennamen Δόδg-α [244]) hat im Acc. Δόδg-νg.

40. Ἀργυρινοί — neben Χάονες von Lykophron v. 1016 erwähnt — Argyrokastron.

41. Horma — Χορμόβg-α in der Riçalandschaft, über die Endung s. Nr. 17 Grabaei.

42. Δευρίοπος und Δήβορος — von Ptolemaeus in westl. Makedonien erwähnt und daher schwerlich identisch mit dem Δόβηρος des Thukid. II, 98 — díbρg-α síπρg und ποðτ, d. h. Ober- und Unter-Dibra am schwarzen Drin.

43. Begorrites lac. in der makedonischen Eordaea — das heutige Bagorragebirge zwischen Elbassan und dem See von Ochrida, durch welches die via Egnatia führt, also die alte Candavia [245]).

44. Bassania — nach Livius [246]) 5 Mil. von Lissus entfernt. — Vielleicht ist die schwer zu erklärende Form Elbassan ein Compositum jenes Namens, der auch bei den verwandten Pannoniern mehrmals vorkommt.

45. Drilon — Drin.

46. Σεσαράσιοι — von Strabo [247]) als epirotischer Stamm erwähnt — Sessarades im Thal der oberen Wiussa, nach Pouqueville der griechische Name der Landschaft Karamuratades.

47. Gerunnium — Garúnja, Dorf ½ Stunde östlich von Pekin am nördlichen Ufer des Schkumb.

48. Phönike im alten Thesprotien heisst noch Faniki.

49. Βούθροτον — heute Βούζιντρο.

50. Πύρρα — ist ein jetzt von Wlachen bewohntes Dorf im Pindus; ein wichtiger Rest, denn Aristoteles verlegt die Deukalionssage in die Landschaft Hellas um Dodone; der Name Πύρρος ist in dem epirotischen Mythus sicher kein zufälliger, die illyrischen Völkerschaften der Pyraei (Plin.) und Πιροῦσται möchten auch hierher zu stellen sein; nach Strabo [248]) hiess endlich ganz Thessalien Πυρραία und es gab dort mehrfache Reminiscenzen an den Namen. Aus diesen Gründen halten wir uns für berechtigt, den Namen des pyrrhenäischen Gebirges, welchen byzantinische Schriftsteller [249]) dem Pindus geben, nicht wie Palmer S. 109 meint, für einen von den Normannen Robert Guiscards eingeführten, sondern für einen uralten anzusehen.

51. Μάτg-ja, Fluss, wird auf Leake's Karte travels of northern Greece tom III und andern unter dem alten Namen Mathis angeführt. Die Quelle ist uns unbekannt.

. 52. Κόμ-ι heisst einer der höchsten Berggipfel des albanesischen Alpenknotens, nördlich vom Çem, vielleicht ist in dem alten Bergnamen Scomius, wie in Skodra, das S Vorschlag; wobei jedoch zu bemerken, dass nur Thukydides (II, 96) Σκόμιος, Aristoteles (Meteor 1, 13) aber Σκόμβρος und Plinius (IV, 10) Scopius schreibt.

Obwohl der Name Pelasgos nach unserer Ansicht nicht zu den oben aufgestellten Namenclassen gehört, so möchte doch hier der passendste Ort sein, einige etymologische Bemerkungen über denselben einzureihen.

53. **Pelasger.** In Πελασγός theilen wir ab: πελ - ασγός, und setzen zu πελ das griechische πελός, πελιός, πέλειος schwarz, schwärzlich und das lateinische pellos schwärzlich. Das σ in ασγός geht in ρ über (πελαργός, πελάργη), und αργός ist uns das pelasgische Wort für ἀγρός, ager, Acker, in welchen das leicht bewegliche ρ versetzt erscheint. Stephan's Angabe Ἄργος δὲ σχεδὸν πᾶν πεδίον κατὰ θάλασσαν kommt dieser Ansicht zu Hülfe, wenn man auf πεδίον den Ton legt. Wir übersetzen demnach πελασγός der schwarzen Erde angehörig [250]), und erblicken in den uns von Pausanias [251]) erhaltenen Versen des Asios:

Ἀντίθεον δὲ Πελασγὸν ἐν ὑψικόμοισιν ὄρεσσι
Γαῖα μέλαιν' ἀνέδωκεν, ἵνα θνητῶν γένος εἴη

nicht bloss einen Mythus, sondern zugleich die Etymologie des Wortes.

Die schwarze Erde wird auf den Bergen erzeugt, von den Flüssen herabgeschwemmt, und da wo sie diese wieder ansetzen, da sitzen die Pelasger als μελάγγαιοι oder μελάγγειοι, d. h. als Sumpf- oder Marschbauern, und τὸ πελασγικὸν Ἄργος ist die Schwarzackermark, was schon dem Scharfblicke Strabo's nicht entgangen war, denn er merkt es als eine Eigenthümlichkeit sowohl der kaystrischen und phrikonischen, als auch der thessalischen Larissäer an, dass sie auf angeschwemmtem Boden sässen [252]), — andere aber sind bereits weiter gegangen und haben diese Eigenthümlichkeit auf die Pelasger überhaupt bezogen. Wirklich finden wir, deren Ursitze auch überall auf Marsch- oder Sumpfboden; in Thessalien ist dies der Boibe-See, in Böotien der Kopais-See, in Attika die sumpfige Piräusniederung, in Argos das schlammige Küstenland bei Tirynt und, um nur Sicheres zu erwähnen, in Epirus die Marschebene um den Acherusischen See und den sumpfigen Kesselrand des Sees von Jannina, wo die alte Hellas oder Hellopia zu suchen ist, in der Dodona lag.

Unsere Ansicht von der Gleichheit der Pelasger und Illyrier berechtigt uns noch weiter zu gehen, und auf die Sumpfküsten von Südillyrien, über deren Fruchtbarkeit man sich im Alterthume Wunderdinge erzählte, aufmerksam zu machen. Wir erinnern ferner an die Marsch-niederungen der Henetia und der Padusmündungen, an welch letzteren die albanesisch-thyrrhe-nisch-pelagische Colonie Spina lag, an die sumpfigen Küstenebenen von Toscana, Campanien und Apulien, und gegen Osten zurückblickend an Ematia, Bottiäa und Troas [253]). Wer sein Terrain so nach Gefallen wählen kann, muss entweder als der erste, oder doch zu schwachen und rohen Urbewohnern kommen, denn man vergesse nicht, dass der beste Ackerboden auch die beste Weidetrift, und daher auch Hirtenvölkern kostbar ist.

Die Untersuchung, ob die Pelasger zur See oder zu Land einwanderten, liegt nicht in unserer Aufgabe, wir betrachten sie als in Europa bereits vorhandene, aber zahlreiche Thatsachen dringen uns die Ansicht auf, dass sie nicht im Zustande der Rohheit in Europa ein-wanderten, sondern neben der Kunst des Ackerbaues noch andere Kenntnisse, und namentlich eine ausgebildete Götter- und Cultuslehre aus ihren früheren Sitzen mitgebracht haben, dass sie mit einem Worte die ersten Culturträger Europa's sind, und aus diesem Grunde möchten sie unsere vorzugsweise Aufmerksamkeit verdienen und es gewiss der Mühe lohnen, Pelasgi-sches und Hellenisches schärfer als bisher zu sondern; freilich hat die Aufgabe ihre Schwie-rigkeiten, und diese möchten in vielen Fällen unübersteiglich sein, sobald jedoch nur das Ver-hältniss beider Volkselemente unbestritten fest steht, lässt sich hier noch sehr viel thun. So lange aber den Pelasgern nationale Selbstständigkeit abgesprochen und ihr Name nur als die Be-zeichnung einer hellenischen Entwicklungsperiode betrachtet werden kann, wäre solchen Unter-suchungen der Vorwurf zu machen, dass sie den zweiten Schritt vor dem ersten thäten.

Werfen wir nun einen Blick auf die Pelasgusmythen.

Der arkadische ist entweder Autochthon (Hesiod und Asios), oder wird als Bruder des Argos und Sohn des Zeus und der Niobe [254]) (Tochter des Phoroneus, Enkelin des Inachus) mit den argivischen Pelasgern in Verbindung gesetzt. — Er ist Vater des Lykaon und unter dessen Söhnen figuriren bei Apollodor [255]) neben Repräsentanten arkadischer Städte auch die Völkernamen Thesprotos, Peuketios, Kaukon (Nestors Stamm) und Makednos. Von den übrigen Söhnen interessirt uns hier nur noch Nyktimos, der Nachfolger Lykaons in der Herrschaft, der wohl mit dem Nykteus des Asios identisch ist, denn er schliesst den Wechsel von Gegen-sätzen ab, welche als Personificationen von Licht und Dunkel, Tag und Nacht, Weiss und Schwarz nicht nur hier, sondern auch in andern pelasgischen Mythen an der Spitze stehen, über deren Grundgedanke wir aber völlig im Dunkeln sind. — Auf Nyktimos folgt Arkas, dessen durch ein Weib vermittelte Verwandtschaft mit ersterem vielleicht auf eine erobernde Einwanderung in Arkadien hindeutet.

Der argivische Pelasgus ist in der oben S. 229 angeführten Stelle des Aeschylos Sohn des Palaechthon, dies hiesse nach unserer Auffassung der schwarze (gepflügte?) Acker ist der Sohn der alten oder Ur-Erde. Andere machen ihn zum Sohne des Phoroneus oder des Triopas, und knüpfen an ihn die Einführung des Ackerbaues und Demetercultus.

Der thessalische Pelasgus endlich ist nach Rhianos [256]) Vater des Chlorus und Gross-vater des Aimon, nach welchem Thessalien Haemonia genannt wurde, nach Eustathius [257]) aber Sohn des Haemon und der Larissa [258]) und Gründer des thessalischen Argos.

Der epirotische Pelasgus, welcher von Plutarch, Pyrrhus 1, nur beiläufig erwähnt wird, bildet gleichfalls einen Gegensatz zu dem „Strahlenden," denn dort heisst es: „Es wird erzählt, dass nach der Sündfluth zuerst Phaeton, einer von denen, welche mit Pelasgus nach Epirus kamen, über die Thesproter und Molosser geherrscht habe."

Es mag auffallen, dass der Name Pelasgos in den Stammtafeln der pelasgischen Athener und Dardaner fehlt; sollte er sich dort etwa unter einer andern Form vorfinden? Dieser Gedankengang führt unwillkührlich zu Erichthonius, welchen beide Stammtafeln nennen, und beide Heroen stimmen darin überein, dass sie mit der Idee des Reichthums in Verbindung gebracht werden, denn der attische macht die Athener mit dem vom skythischen König Indus erfundenen Gebrauche des Silbers bekannt [259]), und der dardanische ist der reichste der sterblichen Erdenbewohner, dem drei tausend Stuten auf seinen Triften weiden [260]). Beider Reichthum stützt sich demnach nicht auf den Ackerbau, welcher sich für Attika an den eleusinischen (also nicht urathenischen) Triptolemos knüpft, und in der dardanischen Sage durch Jasius, den Bruder des Dardanus, vertreten wird, der mit Demeter auf „dreimal geackertem Brachfelde" ruht, und mit ihr den Plutus erzeugt, aber wie Erichthonius vom Blitze des Zeus erschlagen wird [261]). Wir bemerken dies als ein Bedenken gegen die vorliegende Conjectur, welches jedoch dadurch an Gewicht verliert, dass auch der arkadische Pelasgus mit dem Ackerbau nichts zu thun hat, sondern die Menschen Eicheln essen lehrt, und derselbe erst von Arkas eingeführt wird, der ihn von Triptolemos gelernt hat; auch braucht der aus der schwarzen Erde Erstandene noch nicht unumgänglich auch Ackerbauer zu sein. Wir vermuthen in diesen Mythen folgenden Grundgedanken: die Erde lag anfangs auf den Bergen, sie wurde als Marschland heruntergeschwemmt, und später angebaut.

Ποσειδῶν Ἐρεχθεὺς, welchen wir von ἐρέχθω, ich zerreisse, zerbreche, ableiten und mit Αἰγαίων gleichbedeutend halten, scheint uns darum von Erichthonius getrennt werden zu müssen, weil dieser im Streite zwischen Athene und Poseidon um die Herrschaft in Attika zum Schiedsrichter berufen wird, und für Athene entscheidet. Mit letzterem mag der homerische Erechtheus identisch sein, weil beide nicht nur für Söhne der Erde gelten, sondern auch von Athene erzogen werden, und desswegen nichts mit Poseiden zu thun haben können. Apollodor's [262]) Erzählung von Erechthonios Entstehung ergibt sich als ein Erklärungsversuch des Namens aus ἔριον Wolle und χθὼν Erde. Er scheint den örtlichen Dämon der Akropolis zu repräsentiren, und darum unter der Gestalt einer Schlange gedacht worden zu sein, s. S. 162.

Was die Ableitung des Namens betrifft, so möchten wir fragen, ob hierzu etwa ἔρεβος Finsterniss benutzt werden könnte, zu welchem sich das albanesische ἔρε stellt [263])? Auf diese Weise wäre Erichthonios — Pelasgos. Wem diese Hypothese nicht allzukühn erscheint, der fände in Kekrops Sohn Erysichthon „Rotherde" — einen Gegensatz, denn dass dem Namen ἐρυθὸς — russus, — russeus — zum Grunde liege, zeigt die rodische Form ἐρυσίβιος für ἐρυσίβιος, ein Beiname Apolls, unter welchem er als mehlthauabwendend angerufen wurde. — Nach der gemeinen Meinung hängt sich der Mehlthau ἐρυσίβη wie rothes Mehl an die Aehren (die dadurch später schwarz werden), wenn auf Thau und Reif Sonnenschein folgt, was unwillkürlich an Erysichthons Schwestern Herse, Ἔρση, Thau, — Pandrosos, Δρόσος Thau, und Aglauros die Strahlende — erinnert. Auch was wir sonst von Erysichthon wissen, begünstigt diese Annahme, denn er stirbt kinderlos (als unfruchtbar) vor dem Vater auf der Rückkehr einer heiligen Sendung nach Delos, also der Stätte des gegen den Kornbrand schützenden Apollo. Der Name bedeutete demnach: der von der rothen, oder dem Kornbrand ausgesetzten, also unfruchtbaren Erde. Eisenhaltige Erde findet sich nicht nur in Attika, sondern auch auf der Halbinsel genug, je rother sie ist, desto minder eignet sie sich zum Getreidebau, sie macht aber beim Pflügen ebenso grosse Schollen und klebt sich, wenn nass, eben so sehr an die Füsse, wie die beste Dammerde und darum gibt ἐριβῶλαξ [264]) für Griechenland keinen rechten Sinn, wenn es mit grossschollig übersetzt wird, anders wenn es für „schwarzschollig" genommen werden dürfte.

Bevor wir die Form Pelasgos und Pelargos verlassen, müssen wir eines höchst interessanten Factums gedenken; während der Storch im Altgriechischen πέλαργος heisst (ob von seinen zwei Farben schwarz-weiss, oder als Sumpfvogel, wollen wir dahin gestellt sein lassen), nennen ihn Neugriechen, Albanesen und Pinduswlachen übereinstimmend λελέκ und λελjέκ, und Leake betrachtet dies Wort als ein von den Türken vorgefundenes und angenommenes — wir glauben jedoch das Wort irgendwo auch als arabisches angetroffen zu haben. — Ist es nun nicht merkwürdig, dass die beiden grössten vor- und unhellenischen Völker von Griechenland mit dem Storche einerlei Namen haben? — Denn das neugriechische λέλεχας führt regelrecht als plurale Accusativform auf λέλεξ [265]).

Für die gewöhnliche Ableitung von Larissa könnte man das albanesische Adjectiv λjάρτε, hoch und prächtig, anführen, dazu mag sich der römische und etruskische Name Lar - tis, vielleicht auch Laird, ja sogar lardum, als höchste Fleischschichte, stellen, aber den Wegfall des zum Stamm gehörigen t wüssten wir wenigstens nicht durch die albanesische Lautlehre zu rechtfertigen.

Dagegen lässt sich die Form auf andere Weise wenigstens annähernd im Albanesischen herstellen. λjάτγ ich wasche, λjάτγ με εργjέντ, ich versilbere, part. λjάρε gewaschen. — λjάρε und λjαρμ bunt [266]), scheckig, συλjαρμ blauäugig, — λjαρός ich mache bunt, färbe; geg. λjαρόςγ auch ich pflüge [267]), — λjαρόϑ geg. bunt, συλjαρόϑ blauäugig. — Nehmen wir nun das Verhältniss von βαλjόϑ geg. blond, rothhaarig zu dem altgriechischen βαλιός und βάλιος, gefleckt, zu Hülfe, so erhielten wir, wenn der Accent zurückgesetzt und die Endung hellenisirt wird: λάρισσα = αίολη und zwar in allen Bedeutungen des letzteren, weil λjαραμάν, λjαρμάν nicht nur bunt, sondern auch zweideutig heisst. Larissa, als die bunte, böte demnach einen Gegensatz zu Pelárgos, Schwarzackermark. Ueber die Bedeutung dieses räthselhaften Gegensatzes lässt sich nun viel rathen; wir wollen eine Lösung versuchen, welche andere bisher noch nicht berührte Saiten anschlagen wird, ob sie recht oder falsch klingen, mögen dann Andere untersuchen. Herodot [268]) sagt von den Thraciern: sich zu tattowiren gilt für vornehm, nicht tattowirt zu sein, für gemein; Strabo [269]) berichtet, dass diese Sitte Thraciern und Illyriern gemein sei. — Heut zu Tage möchte es schwerlich einen albanesischen Kriegsmann geben, der nicht wenigstens auf den Armen tattowirt wäre, häufig ist auch die Brust so verziert. — Es gehört dies mit zum Handwerke, zum Palikarismus, und Herodot's Worte sind bis zu einem gewissen Grade auch heute anwendbar. — Wir betrachten, ich weiss nicht aus welchem Grunde, das Tattowiren als den Ausbund von Barbarei, und verschwistern dasselbe in Gedanken sofort mit den Wilden von Australien u. s. w., ohne zu bedenken, dass diese Sitte ja bei uns, mehr noch bei den Franzosen, und zwar namentlich bei dem Militär bis auf den heutigen Tag im Schwange ist; haben etwa nicht Tausende und aber Tausende von Soldaten, Handwerksburschen, Fuhrleuten u. s. w. die Anfangsbuchstaben ihres Namens in einem Herzen blau oder roth auf den Arm geätzt? Wer könnte die These bestreiten, dass unter dem deutschen und französchen Demos des 19. Jahrhunderts die Sitte des Tattowirens herrsche? — In dieser Ideenverbindung möchte die Vermuthung nicht allzuparadox klingen, dass Αίολος bunt, weil tattowirt, d. h. Krieger oder Edeling, und Larissa Edelsitz bedeuten könne.

Wir schliessen mit ein paar Worten über die Namen der drei Städte, in welchen Herodot [270]) die pelasgische Sprache reden hörte und aus ihrem Klange schloss, dass sie eine ungriechische sei. Es sind dies Κρηστῶν, Πλαχίη und Σχυλάχη.

Zum ersteren stellt sich das albanesische χρέστε-α geg. Mähne, Borste, Zwiebelwurzel.

Πλαχίη [271]) wird von Stephan Πλάχη geschrieben; hierzu stellt sich Πλάχα, ein früher ausschliesslich von Albanesen bewohntes Viertel der Stadt Athen am nordöstlichen Fusse der Akropolis; — ist das altgriechische πλάξ-αχός, woraus neugriechisch πλάχα geworden, oder das albanesische πλjαχ-ου, weibl. πλjάχε-α alt, die Wurzel, und bedeutet der Name so viel als Altstadt? Für das athener Viertel wäre die letztere Bedeutung sehr zutreffend.

Zu Σχυλάχη stellen wir das albanesische Verbum τόχουλj oder ςχουλj ich reisse heraus, als Gegensatz von νγουυλj [272]) ich stecke hinein; der Stamm χουλ erscheint rein in χουλέττα Beutel.

Zu ςχουλj stellt sich das griechische σχυλάω ich ziehe die Haut und dem gefallenen Feinde die Rüstung ab, τὸ σχῦλον das abgezogene Fell, die Kriegsbeute. Ebenso μβουλjύτγ albanesisch ich bedecke, τοβουλjύτγ und σβουλjύτγ ich decke ab, wozu sich das lateinische spoliare und spolium stellt; sowohl das Griechische als Lateinische haben also hier das albanesische σ privativum, und besitzen nur die negativen Formen, während sich im Albanesischen auch die affirmativen Formen erhalten haben.

Ferner gehört hierher der Name Σκύλλα und zwar sowohl der sicilischen, als der megari-schen, denn die erstere wohnt in einer hoch über dem Meeresspiegel gelegenen Felsenhöhle, und reisst von da mit ihren 6 Händen 6 Schiffer zumal aus dem vorübersegelnden Schiffe heraus [272]). Von der zweiten aber erzählt Apollodor [273]) wie folgt: „Nisos starb durch den Ver-rath seiner Tochter; denn er hatte auf der Mitte des Kopfes ein Purpurhaar und musste sterben, wenn dies ausgerissen wurde; seine Tochter Skylla aber, die sich in Minos verliebt hatte, riss das Haar aus. Als nun Minos Herr von Megara geworden, band er das Mädchen mit den Füssen an das Hintertheil seines Schiffes, und senkte sie in die Tiefe (ὑποβρύχιον ἐποίησε)." Dem Gegensatz zwischen „ausreissen und hineinstecken" liegt hier wohl eine uns verborgene Be-ziehung zu Grunde. Die Mythe selbst lebt in neugriech. und albanes. Märchen fort.

Wir möchten auch Δάσκυλος, den Vater des Gyges, hierher rechnen; δε alban., δα dor. Erde und σκυλος herausgerissenen, also γηγενῆς Erdgeborener = Deukalion [275]); ein sehr passender Name für den Ahnherrn einer Königsfamilie. Beachtenswerth ist auch, dass Gyges unter den Bar-baren nach Midas der erste ist, welcher Weihgeschenke nach Delphi sendet, und auch seine Nachkommen mit diesem Orakel in Verbindung bleiben [276]).

Wenn wir hätten kühner sein wollen, so wären die vorliegenden Vergleichungen noch beträchtlich zu vermehren gewesen. Doch mögen vorerst diese Proben hinreichen, denn es handelt sich ja hier nicht um die vollständige Erschöpfung des Gegenstandes, sondern nur um den Nachweis albanesi-scher Elemente in alten einheimischen Namen oder umgekehrt, und dieser ist, hoffen wir, in so fern gelungen, dass, wenn auch von dem Vorgebrachten das eine oder andere verfehlt sein sollte, doch ein hinreichender Rest übrig bleiben wird, welcher die aufgeworfene Frage unbestreibar bejaht.

Wir gehen nun auf ein anderes Feld über, zu welchem uns der Vater der Geschichte [277]) den Weg zeigt; wir lassen ihn selbst reden, so bekannt auch das, was er sagt sein mag: „Die Pelasger waren unter allen (Völkern) die ersten, welche den Göttern opferten, und zu ihnen beteten, wie ich dies in Dodona erfahren habe; sie gaben aber keinem von ihnen weder Namen noch Beinamen, denn sie hatten dergleichen niemals gehört. Sie bezeichneten dieselben als Götter von dem Umstande, dass sie alle Dinge in der Welt ordneten und diese Ordnung aufrecht erhielten. — Später erst, nach langer Zeit, erfuhren sie die Namen der übrigen Götter, welche aus Aegypten stammen, den von Dionysos erfuhren sie aber noch viel später. — Nach der Hand befragten sie wegen dieser Namen das Orakel von Dodona, denn dieses wird unter den griechischen Orakeln für das älteste gehalten, und war zu jener Zeit das einzige. — Als nun die Pelasger in Dodona anfragten, ob sie die ihnen von den Barbaren zugekommenen Namen annehmen sollten, da hiess sie das Orakel sich ihrer zu bedienen. Von dieser Zeit an gebrauchten sie bei den Opfern die Namen der Götter. In der Folge überkamen sie die Hellenen von den Pelasgern."

Herodot sagt also, die Pelasger hätten ihre Götter früher mit Gemeinworten benannt, die das Wesen jedes einzelnen ausdrückten, und erst später wären ihnen die jetzt geläufigen Namen für dieselben aus Aegyten zugekommen. — Diese zweite Angabe klingt, wenn man sie strenge nimmt, etwas auffallend. Herodot sagt immer genau das, was er sagen will, und es wäre daher gewiss willkührlich, wenn man supponiren wollte, er habe von der Einführung eines neuen Glaubens überhaupt sprechen wollen, während sich seine Angabe darauf beschränkt, dass die vorhandenen pelasgischen Götter einstmals mit den ihnen entsprechenden ägyptischen Namen belegt worden seien.

So gefasst reizt die Angabe zu der Prüfung der Frage: ob sie unbedingt zu nehmen sei, oder ob sich nicht etwa neben den eingeführten neuen, auch einige alte urpelasgische Götter-namen unvertauscht erhalten haben? mit andern Worten: ob sich in der albanesischen, d. h. neupelasgischen Sprache noch heut zu Tage Gemeinwörter finden, welche nicht nur alten Götternamen identisch sind, sondern auch das Wesen der betreffenden Gottheit bezeichnen?

So kühn die Frage auch lauten mag, so wird sie dennoch durch die Sprache bejaht, doch bedenke man stets, dass sie die Antwort vorerst nur durch den Mund eines Laien er-theilt, und rechne ihr daher die Fehler nicht zur Last, die dieser machen wird; man abstrahire vom Einzelnen, und sehe auf das Ganze.

a) βράνε geg. finster, trübe, vom Himmel und von Menschen; βρανύτy ich trübe, ziehe Wolken, oder die Brauen zusammen; βρανύχεμ ich werde trübe, finster; πσε βρανόχε? warum wirst du finster? πσε βρανόν βἑτουλατε? warum ziehst du die Brauen zusammen? — Part. βρανούμε; in Skodra βρανούς, βράνες ein düsterer, finsterer Mensch, würde aber auch von jedem Gegen in dem Sinne von νεφεληγερέτα verstanden werden. Sprechen wir nun das β (w) offen aus, so ergibt sich οὖραν-ος [278]. Nach dem Albanesischen wäre also die Grundbedeutung von Uranus nicht Himmel schlechthin, sondern trüber Himmel, Nebelhimmel [279]). Das Wort findet sich im slav. vran und ir, bran in der Bedeutung von niger.

b) ρε Wolke, ρε-ja die Wolke, plur. ρα-τε; hat im Acc. sing. ράνε, und diese Form bedarf nur der im griechischen erhaltenen Aspiration, um dem vorigen Worte identisch zu werden; — βρέχω heisst neugriechisch ich regne, βροχή der Regen.

Wir stellen zu dem Worte die Göttin 'Ρέα, Rhea [280]).

c) χρούα Quelle, χρο-ι die Quelle, zeigt mit allen andern Hauptwörtern dieser Endung den vollen Stamm in der Mehrzahl χρόνj-ετε, indem das ν zwischen zwei offenen Vocalen häufig ausfällt, s. Gramm. §. 4, D. Wird dasselbe in der Einzahl ergänzt, so ergibt sich χρούνα und χρόνι. Erstere Form ist mit dem griechischen χρουνός, die zweite mit dem Namen Kronos identisch. — Kronos übersetzt sich demnach im albanesischen Sinne mit Quell. — Diese Uebersetzung entspricht der griechischen Idee des Gottes nicht unmittelbar, denn sie fasst ihn nur als Repräsentanten der Zeit. — Stellt man aber in die Mythe Statt der Namen ihre so gefundenen Bedeutungen, so ergeben diese deren ursprünglichen Sinn, und die spätere Vorstellung als daraus abgeleitet; — denn Saturn ist der Quell, welcher die Kinder der Wolke, seiner Gattin, (die Regen) verschlingt [281]) und sie wieder ausspeit; — das ihm entsprudelnde Wasser steigt in unsichtbarer Verdunstung alsbald wieder zur Mutter empor, um dann durch neuen Niederschlag zum Vater einen neuen Kreislauf zu beginnen. — Das ist der Ring des Saturns. — Gibt es wohl ein grossartigeres Sinnbild für die Idee der Zeit, als dieser rastlose Kreislauf ohne Anfang und ohne Ende, in dem der Wasserstoff von einer Entwicklungsstufe zur andern übergeht?

Versuchen wir nun auch den ersten Namen seiner gefundenen Bedeutung entsprechend in die Hesiodische Lehre (wir folgen nur dieser) einzupassen.

Die Erde gebiert den Uranus aus sich selbst, d. h. nach der albanesischen Bedeutung des Namens, den von ihr in Dunstform aufsteigenden Wasserstoff.— wir dächten, diese Version wäre natürlicher, als dass die Erde den gestirnten [282]) Himmel aus sich selbst erzeugen soll. Die Erde erzeugt mit dem Uranos die Titanen, die Kyklopen und die Hekatoncheiren. Da die albanesische Sprache für die Kyklopen die Bedeutung von Berggipfel [283]) ergibt, so möchte man versucht sein, Hesiod's Beschreibung der Hekatoncheiren auf ganze Gebirgsstöcke anzuwenden, waren es doch Ungeheuer von ungemessener Kraft [284]) und mächtigem Ansehen, deren jeder 50 Köpfe hatte, denen sich hundert Hände an den Schultern rührten. — Kottus Name hat sich bis auf den heutigen Tag in den Kottischen Alpen erhalten.

„Der Vater trug aber an diesen mächtigen Kindern keinen Gefallen; so wie daher einer geboren wurde, liess er ihn nicht zu Tage kommen, sondern verbarg ihn in den Schooss der Erde" v. 154, 59. Hier liegt nun freilich die Erinnerung an Herodot's Beschreibung des Atlas [285]) und der Gedanke nahe, dass der Nebelhimmel die frisch aufsteigenden Berge selbst verhüllte, diese aber dem Zeus in einem späteren Kampfe mit den Titanen (Repräsentanten des Wasserstoffes im Gegensatze zu dem früheren Nebelstoffe und dem späteren Lichtstoffe?) Blitz und Donner schmiedeten, damit er sie von der lästigen Nebelhülle befreie [286]). — Wir können aber nicht bestimmen, ob und in wie weit das so gefasste Naturbild dem ursprünglichen Mythus zum Grunde gelegen habe, und wollen uns daher strenge an Hesiod's Erzählung halten, nach welcher die jungen Riesen von dem Himmel in die Erde versteckt wurden.

Der Nebelvater freut sich der bösen That und nennt seine Kinder höhnend Titanen (v. 207) — etwa Tägler? [287]); denn δίτε-α heisst auf albanesisch Tag. Die beleidigte Mutter aber beredet den jüngsten Sohn zur schauderhaften Rache, und versteckt ihn im Schlafgemache (v. 158). „Und es kam Nachtbringend der grosse Himmel, liebegierig legt er sich rings um die Erde, und dehnt sich nach allen Seiten aus" (v. 176). — Passt diese Beschreibung besser auf den gestirnten oder auf den Nebel-Himmel?

Der Quell, das Kind des Nebels und der Erde, entmannt den Vater, d. h. mit der Verdichtung des Nebels zu Wasser endet die zeitlose Dämmerungsperiode der Welt, die beginnenden Evolutionen des Wasserstoffes bringen die Zeit (und den Tag?) hervor.

Die abgeschnittenen Zeugungstheile des Uranos fallen ins Meer, dort schwimmen sie lange, und „rings umher entstand weisser Schaum von dem unsterblichen Körper" (v. 190). — Endlich geht daraus Venus hervor, d. h. der Mond als zeugende Kraft gedacht [288]). Niemand aber verkennt wohl in dem schwimmenden Körper den von Nebeldünsten „seinem Hofe" umgebenen Mond [289]).

Die Blutstropfen, welche aus der Wunde des Uranos auf die Erde träufeln, erzeugen die Melien, die Erinnyen und die Giganten. Der duftige, neblichte Charakter, welchen die alten Nymphen überhaupt [290]) mit den deutschen und albanesischen Elfen theilen, möchte den Melien vorzugsweise zukommen, da sie auf Wiesengründen wohnen. Die Beziehung der Erinnyen und Giganten zum Nebel bleiben uns dunkel.

Uranos und Venus werden aber nicht bloss durch die Mythe verbunden; beide Namen sind auch sprachlich verwandt, und wir erblicken in dieser Verwandtschaft kein geringes Argument für die Richtigkeit unserer Auffassung. Sie fusst auf den Gram. §. 3, Nr. 33 constatirten Lautwechsel zwischen ρ und v [291]).

$\rho\acute{\epsilon}ja$, Acc. $\rho\acute{\epsilon}v\varepsilon = \beta\rho\acute{a}v\varepsilon$ im Geg. $= \beta\rho\breve{\varepsilon}$, und $\beta\rho\breve{\varepsilon}\varrho\varsigma\tau\varepsilon$ trübe im tosk. Dialekte. In dem letzteren Dialekte heisst $\beta\rho\varepsilon\rho$ und $\beta\varepsilon\rho\breve{\varepsilon}\rho$ Galle, $\beta\rho\acute{\varepsilon}\varrho\tau\varepsilon$ gallicht, wofür im Geg. die Form $\beta\varepsilon v\breve{\varepsilon}\rho$ steht, zu welcher wir Vener, den Stamm von Venus, und das latein. venenum stellen, das heisst jede heilende oder für die Gesundheit schädliche Flüssigkeit [292]).

Wegen der verschiedenen Quantität wagen wir es nicht, zu dem letzten Worte das alban. $\chi\acute{\varepsilon}vv\varepsilon$ zu stellen, welches im Accus. $\chi\acute{\varepsilon}vv\varepsilon$-$v\varepsilon$ hat.

d) $\chi\acute{\varepsilon}vv\varepsilon$-*a* tosk., $\chi\acute{a}vv\varepsilon$-*a* geg. weiblich [293]) der Mond. Wir haben das Wort oben (Nr. 10) als Stamm der Veneti angenommen, in ihm den Namen einer pelasgischen Mondgöttin vermuthet, und dazu lat. annus und Anna perenna oder peranna gestellt. — Wir brauchen wohl nicht zu erwähnen, dass wir den Namen mit der persisch-phönicischen Anaitis [294]) für identisch halten; er ist aber noch weiter verbreitet und findet sich z. B. als Anninga, der Mond, bei den Grönländern, jedoch männlich, wie im Deutschen, und ist dort der Tugend der Frauen gefährlich, denen daher der Anblick des Vollmondes und besonders einer Mondfinsterniss verboten ist.

Die Natur der Sache bringt es mit sich, dass Mond, Wasser, Wetter, Weib und Zeugung für den Naturmenschen verwandte Begriffe sein müssen, und dass daher der erstere bald mit dem einen, bald mit dem andern der folgenden sowohl sprachlich als mythisch in nähere Verbindung gebracht wurde.

Wir haben oben gesehen, dass der hesiodische Mythus die Aphrodite mit dem Monde identificirt, müssen jedoch daran erinnern, dass Hesiod dieselbe ganz im homerischen Sinne als einfache Liebes-Göttin auffasst. Wie es zuging, dass der Mond bei den Griechen und Römern später unter jungfräuliche Leitung kam, ob sich die frühere Einheit spaltete oder besser drittheilte, oder ob die Einwanderung fremder Culte die Schuld trug, wollen wir hier nicht untersuchen, und beschränken uns daher auf die Andeutung der Spuren, welche die frühere Verbindung der Aphrodite mit dem Monde bestätigen. — Die ᾿Αφροδίτη Μορφώ von Sparta [295]), welche sitzend, mit verhülltem Haupte, und an den Füssen gefesselt abgebildet war, möchten wir auf den Neumond deuten und dem Epitheton der orpheischen Hymne „bald scheinend und bald unsichtbar" [296]) in Verbindung bringen. Ihre Beinamen $\chi\alpha\tau\alpha\sigma\kappa\sigma\pi\acute{\iota}\alpha$ die herabschauende in Troizen und $\alpha\dot{\upsilon}\tau\sigma\mu\acute{\alpha}\tau\eta$ können füglich nur auf den Mond bezogen werden, und $\alpha\varphi\rho\sigma\gamma\acute{\varepsilon}v\varepsilon\iota\alpha$, $\beta\rho\upsilon\gamma\acute{\iota}\alpha$, $\dot{\varepsilon}\pi\iota\tau\rho\alpha\gamma\acute{\iota}\alpha$, $\varepsilon\ddot{\upsilon}\varkappa\lambda\acute{\omega}\iota\alpha$, $\varkappa\alpha\lambda\lambda\acute{\iota}\pi\upsilon\gamma\sigma\varsigma$ werden am natürlichsten auf den Mond bezogen, hierher gehört wohl auch cornuta. Ebenso beziehen wir die Beinamen der Here $\lambda\varepsilon\upsilon\varkappa\acute{\omega}\lambda\varepsilon v\sigma\varsigma$ und caprotina auf die Mondhörner, und $\beta\sigma\tilde{\omega}\pi\iota\varsigma$ auf den ganzen Mond, mit welchem die römische Juno als Lucina [297]) identisch war. Bedeutsam ist Junos und Jos Verhältniss zur Kuh; erstere flieht als weisse Kuh vor den Titanen oder Typhon nach Aegypten, und weisse Kühe werden ihr geopfert. Wir glauben diese Verbindung in den Hörnern [298]) des Mondes und der Kuh suchen, und sie mit den in so vielen Sprachen dem Hahnrei [299]) zukommenden Hörnern zusammen stellen zu dürfen.

Wenn die Ἀφροδίτη οὐρανία des Pheidias in der Stadt Elis [300]) mit dem einen Fusse auf einer Schildkröte steht, so möchten wir dies aus dem Umstande erklären, dass die sonst so gut wie stumme griechische Landschildkröte während der Begattung aus weit geöffnetem Rachen laute, langgezogene, kläglich klingende Töne ausstösst, und dazu die Augen bald öffnet, bald schliesst, und können daher der Ansicht Plutarch's, welcher dieses geile Thier unter dem Fusse der Nebelvenus für das Sinnbild der weiblichen Häuslichkeit erklärt, nicht beistimmen.

Die Wuth der Proetiden schreibt der Mythus bald der Aphrodite, bald der Here, d. h. wohl ursprünglich dem Monde zu, dessen Repräsentantin uns die Here Pelasgis von Argos gewesen zu sein scheint, und das Quellbad, welches sie dort jährlich nimmt, um wieder Jungfrau zu werden, liesse sich vielleicht auf das Mondjahr ausdeuten.

Schliesslich bemerken wir, dass die thessalischen Zauberinnen sich nicht nur auf die Bereitung von Gift zu Zaubertränken (venena), sondern auch auf die Beschwörung des Mondes (γέννε) verstanden, der dadurch unter der Gestalt einer Kuh [301]) auf die Erde herabgezogen wurde. Bestände irgend eine sprachliche Verbindung zwischen βοῦς, Jo, Juno?

e) δε̄ Erde. — Es ist dies das dorische δᾶ; man bemerke jedoch, dass es hier männlich ist, der Albanese sagt: δέου ι τέρρε der, statt die, ganze Erde. — Unbestimmte Declination: Nom. und Acc. δε Erde, — Gen. und Dat. δέου Erden. — Bestimmte Declination: Nom. δέ-ου die Erde, — Gen. und Dat. δε-ουτ der Erde, — Accus. δε-νε die Erde.

Wir bezweifeln den indischen Ursprung des griechischen Namens Ζεὺς nicht, machen aber gleichwohl aufmerksam, wie nahe hier die verschiedenen Formen des Himmelsgottes der Erde liegen. Es handelt sich hier, ebenso wenig wie bei deus, um Abstammung, sondern nur um Assonanz, von deren Wichtigkeit für Mythologie und Archäologie wir uns mehr und mehr überzeugen.

Zu der Nominativform δέου stellt sich Δεὺ-ς, äolische Form für Ζεὺς, und der alte Namen der Demeter — Δηώ [302]); — zur Accusativform δένε aber das kretische Δην und Δαν.

Man kann das δ auf zweifache Art aspiriren, indem man entweder ein h nach, oder ein σ vorsetzt. — Im ersten Falle ergibt die bestimmte albanesische Form θεὺ-ς, dorische Form für das gemein gültige θεὺ-ς Gott; — im zweiten σδεὺ-ς, d. i. Ζεὺς. — Spuren von näherer Verbindung des griechischen Gottes mit der (jedoch stets weiblich gefassten) Erde sind aber mehrfach vorhanden, und die orpheische Lehre scheint ihn eben so wenig in dem beschränkten Sinne des Himmelgottes zu fassen [303]).

Das Lateinische und Deutsche entbehrt das δ, und setzt an dessen Stelle d, welches hier substituirt in der Nominativform deu-s, und in der Genitivform Deut-ische ergeben würde. — Im Albanesischen hätte also der letztere Name die Bedeutung Erd- oder Eingeborene, Autochthonen [304]). Zusammensetzungen dieses Wortes sind:

1. Δεε-μέτεερ, Δημήτηρ, ursprünglich „Erdmutter;" ihr inniges Verhältniss zu Zeus beweist das alte dodonische Orakel:

Ζεὺς ἦν, Ζεὺς ἔστι, Ζεὺς ἔσεται, ὦ μεγάλε Ζεῦ —
Τὰ καρποὺς ἀνίει διὸ κλήζετε μητέρα γαῖαν.

Auch stand in Athen die Bildsäule der Ge neben der des Zeus. In Olympia finden wir dasselbe gleichfalls in der Nähe von Zeus. Bei den Skythen aber ist sie nach Herodot die Gattin von Zeus [305]).

2. Δεου-χαλίων — χαλί heisst im Albanesischen der Halm. Der Name des Stammvaters der Hellenen bedeutete hiernach Erdenhalm [306]), d. h. Erderzeugter γηγενής; wir müssen jedoch bemerken, dass eine derartige Zusammensetzung nur dem Genius der altgriechischen, nicht aber auch dem der heutigen albanesischen Sprache entspricht, welche nach Art der romanischen Sprachen das qualitative Substantiv im bestimmten oder unbestimmten Genitiv nachsetzt, Ehrenmann, homme de foi, njερί ϊ βέσσεσε [307]); s. auch Δάσκυλος S. 248.

f) *dét-ι* männl. das Meer. — Wird das d, welches sich im Griechischen nicht findet, mit h aspirirt, so ergibt sich *ϑέτις*, Thetis die Gemahlin des Peleus. Das alte griechische *τῆϑος*, Auster, mag hiermit verwandt sein.

g) *oújɛ-a* Wasser. — Das Wort stellt sich zu griechisch *ὠγήν*, *ὤγενος* oder *ὠγῆνος*, alte Formen für *ὠκεανός*. — Die ogygische Fluth würde sich daher im Albanesischen einfach durch „Wasserfluth" übersetzen. Für die von Stephan s. v. angeführte Bedeutung von „alt" ergeben sich keine Analogien. Das Wort führt nach Karien [308]).

h) *díφ*, bestimmt *díβι*. — Das Wort hat sich im toskischen Dialekte in der Phrase *ίϱτɛ vjɛ díφ*, er ist ein Riese oder ein Simson, erhalten. — Bei Elbassan in der Gegerei beizen sie als Riesen in ungeheuren Kesseln das Wasser der warmen Quellen, welche dort zu Tage kommen, erscheinen aber nie auf der Oberfläche. — Dem albanesischen Worte correspondirt im Lateinischen divus, welches bekanntlich auch als Hauptwort gebraucht wird, — sub Jove, i. e. sub Divo agere, und im Urgriechischen *διφ*, z. B. in der Helminschrift bei Franz. S. 72, *διφι*, d. h. *Δíι*.

i) *díɛλ-ι* die Sonne. — Sehr einladend ist die Abtheilung in *díφ* und *ɛλ* als Stamm des griechischen *ἕλη* Helle, Sonnenlicht. Wir wollen ihre Prüfung aber Andern überlassen, weil sich im Albanesischen von dem zweiten Worte nur das verwandte *υλ* Stern findet. Als analoge lateinische Form zu *díɛλ* liesse sich dies betrachten, wenn der Uebergang von *λ* in *ς* gerechtfertigt werden könnte.

Die homerische Form *ἠέλιος* wäre dem Laute nach in neugriechischer Aussprache ziemlich nahe. — In dem alten *δίελος* und *δείελος* findet sich dagegen die albanesische Form rein, so bei Apollon nach Riemer *ὑπὸ δίέλου*. — Dies Wort hat sich im Neugriechischen *τὸ δειλινὸν* erhalten, und bedeutet die Nachmittagszeit, welche wohl sehr richtig die Sonnenzeit genannt wird, weil in ihr die Sonnenhitze am dräckendsten ist [309]).

k) *xjíɛλ-ι*, gegisch *xjîλ-ι* männl. der Himmel. Hieraus liesse sich durch Einschaltung eines *φ Κυβέλη* bilden. — Nach Riemer findet sich für *ἕλη* auch die Form *βέλη*. — *ɣjî* heisst im Albanesischen Busen, Schooss, *ɣjíρι* der Busen, der Schooss, genau das französische giron [310]). Lichtschooss wäre keine üble Bedeutung für Kybele.

l) *χατέλɛ-a* tosk., *χάτλɛ-a* geg. — Die Dicke der vier Grundmauern des Hauses bildet an ihrem oberen Ende eine horizontale Fläche. Das Dach ruht auf dem äussern Ende dieser Fläche und beschreibt mit derselben einen nach innen geöffneten spitzen Winkel; der hierdurch gebildete Raum heisst im Toskischen *χατέλɛ*, er wird als eine Art Rumpelkammer benutzt, wohin man zerbrochenen und selten gebrauchten Hausrath absetzt, und scheint die erste Idee zu unsern Speichern gegeben zu haben; Zimmerdecken finden sich in Albanien nur in den vornehmen Häusern der Städte.

χάτλɛ. — Die auf den Dachsparren befestigte Unterlage der Dachziegel oder Dachplatten, seien dies Stangen, Latten, Bretter oder Matten.

Wir halten trotz des wechselnden Tones beide Wörter für stammverwandt. Sie würden in dem gemeinsamen Begriff von „Dachträger" zusammen fallen; scheinen übrigens einsam in der Sprache zu stehen, wenigstens ist es dem Verfasser bis jetzt noch nicht gelungen, Verwandte für dieselben aufzufinden.

Der Schall dieser Wörter erinnert an Atlas, auf dessen Nacken das Himmelsgewölbe ruht. — Man gedenke ferner der Beschreibung, welche Herodot (IV, 184) von dem Berge Atlas gibt. Er ist schmal, rund und so hoch, dass man seinen Gipfel wegen der Wolken, die ihn Sommers und Winters bedecken, niemals sehen kann; „die Einwohner sagen, er sei eine Säule des Himmels." — Auch der Name Atlantischer Ocean liesse sich durch die albanesischen Wörter sehr natürlich erklären, denn für die Alten war er natürlich der Träger des westlichen Endes des Himmelsgewölbes, das auf ihm ruhte [311]).

m) *φουxí-a* weibl. Kraft. — Dies Wort möchte mit dem griechischen *ὁλκή* einerlei Stamm haben, den ausgefallenen *λ*-Laut zeigt das verwandte Wort *τσφουλxí-a* Spanne des Daumens mit dem Zeigefinger, welche häufiger, als die mit Daumen und kleinem Finger, angewandt wird (*τσ̌* ist Vorschlag und bedeutet ent-). Lanzi II, 154 führt von *ὁλκή* ein Adjectiv *ἀλκανός* validus, violens an, und leitet von diesem Vulkan ab, unter Berufung auf Varro, welcher sagt:

ab iguis vi et violentia Vulcanus est dictus [312]). Das albanesische φουχί mit dem griechischen ὁλχανός combinirt würde genau diesen Namen ergeben. Wenn φουχί der Stamm von ουλχ, ουχ Wolf wäre, so könnte man dessen Urbedeutung als den Starken, Kräftigen annehmen.

Auch hier steht also der Wolf nahe beim Feuergotte, wie er sich im Griechischen in der Nähe der Lichtgötter findet.

n) τίνε-α weibl. gegisch grosser Weinkübel, oben enger als unten, bis 500 Okka haltend; die obere Oeffnung wird mit Lehm verschmiert, und der Wein wie aus einem Fasse abgezapft. — Es wäre dies kein übles Stammwort für Tinia, den etruskischen Bacchus, welcher hiernach „Fassgott" bedeuten würde. — Bemerkenswerth scheint auch, dass sich im Albanesischen τίνες als Adverbium in der Bedeutung von heimlich, insgeheim, vorfindet: ίχου τίνες er machte sich heimlich aus dem Staube; und dass in den Orpheischen Hymnen das Epitheton „verborgen" für Bacchus so zu sagen stereotyp ist [313]). Tina, der etruskische Jupiter, könnte höchstens wegen seines Verhältnisses zu den verhüllten Göttern [314]) hierhergezogen werden, wir möchten ihn jedoch lieber mit griechisch Δήν Zeus und sanskrit dinas Tag zusammen stellen, und wenn dies richtig, so bilden die erwähnten Wörter auch nur Assonanzen zu Tinia.

o) ντσίερ ich ziehe, ziehe aus, heraus, hervor, bringe hervor, hat im Part. Pass. ντσίέρε, und bildet davon das Hauptwort ντσίέρες Züchter. — Das ν am Anfange ist Vorschlag, der Stamm beginnt also mit τς, welches unserem Z entspricht; wir können daher ohne Anstand das obige Hauptwort zjeres schreiben, und es bedürfte dann nur des Ausfalles von j, um Ceres für die grosse Züchterin zu erklären, die alle Keime aus der Erde zieht, und sie zur neuen Frucht ausbildet. — Indessen scheint uns das albanesische Zeitwort aus geschwächten Lauten zu bestehen, und wir vermuthen daher für dasselbe, ebensowohl wie für Ceres, als Stamm sankr. kar machen, schaffen, karas machend.

p) χόρρε-α. weibl. Ernte, ist das Particip von χούαρ, χόρρ ich ernte, und die Tochter der grossen Züchterin — Κόρη. — Das Zeitwort steht zu griechisch χείρω χουρεύω, und bedeutet daher wohl schneiden. — Stamm sanskr. kâr theilen, oder kart spalten?

q) χερ geg., χαρ tosk. ich gäte Unkraut aus, beschneide, putze Bäume und Weinstöcke aus, überhaupt ich reinige durch Wegnehmen von Unbrauchbarem (lat. sarriere), gegische Participialableitung ε χέρμεja oder in der Pluralform τε χέρμιτε dieses Beschneiden, Putzen, Reinigen und χόρες oder χέρμες der Reiniger in dem obigen Sinne. — Wir wollen das albanesische Wort nicht zur Erklärung des griechischen Hermes benutzen, dessen indische Abkunft uns unwiderleglich scheint, sondern nur auf die grosse Lautähnlichkeit mit den ἕρμαχες oder ἕρμαιοι λίθοι aufmerksam machen, welche vielleicht ursprünglich die Steinhaufen bezeichnen, welche beim Reinigen der Feldstücke an deren Rand geworfen wurden. — In steinigen Gegenden bilden sie heutzutage die Befriedung von Weinbergen und Oelpflanzungen.

r) Mercurius und Turms s. oben Nr. 5.

s) θέμ ich sage, spreche — toskisches Particip θένε gesagt, gesprochen, wovon ε θένγα das Gesagte, die Rede, das Gerücht, die Bedeutung eines Wortes, was neugriechisch ὁ λόγος — gegisches Particip θάνε mit der Substantivform θάνμεja in obiger Bedeutung. — Wir halten dies Wort für den Stamm von Themis, und übersetzen den Namen „die Redende, die Sprecherin," — als die älteste Inhaberin der griechischen Orakel [315]), deren Bildsäule wegen dieser ihrer (später vergessenen) Bedeutung in Athen der Rednerbühne gegenüberstand.

Ein kleiner Aufsatz über die albanesische Sprache in der Amaltheia von Smyrna vom 12. April 1846 leitet aus dem toskischen Particip den Namen Ἀθηνᾶ ab, welche als λόγος aus Zeus Haupt entsprungen, nachdem er die Metis verschluckt hatte [316]).

t) νεμ tosk., νεμ geg. ich fluche. — νέμες-ι und νέμες-ι einer der da oft und gerne flucht, ein Flucher = Νέμεσις. — Wir bemerken hierbei, dass der Buchstabe ς von den albanesischen Declinations- und Conjugationsendungen beinahe gänzlich ausgeschlossen ist.

u) ρούαιγ tosk., ρούιγ geg. ich bewahre, hüte — tosk. Particip ρούαρε, davon ε ρούαρα die Bewahrung; — setzt man statt des ρ der toskischen Endung ein gegisches ν, so ergibt sich die römische Göttin Ruana, welche die Körner vor dem Ausfallen aus den Aehren bewahrt. Die Form ergibt sich auch aus ρούαν du bewahrst, er bewahrt.

v) πjελ oder πίελ ich erzeuge, gebäre; davon πjέλες der Erzeuger. Betrachtet man *je* als schwache Form von a, so ergibt sich Pales, der Erzeuger. Er scheint bei den Römern auf die Erzeugung des Weideviehes beschränkt gewesen zu sein, darum schliesst an den Palilien der Landmann sein Gebet an ihn mit den Worten: „mehre die Heerden;" und darum sagt Dionysius [317]), dass an denselben Bauern und Hirten für die Geburt des Weideviehes (περὶ γονῆς τετραπόδων) ein Dankopfer brächten. — Von den vier Penaten, welche Caesius nach tuscischer Disciplin nennt: Fortuna, Ceres, Genius Jovialis und Pales, steht demnach der zweite der Zeugung der Früchte, der dritte der der Menschen [318]) und der vierte der des Weideviehes vor. — Dass dessen Geschlecht zweifelhaft gewesen, liesse sich aus der Doppelbedeutung des albanesischen Wortes erklären.

Ein Theil dieser Ableitungsversuche mag wohl auf der Wage der Linguistik zu leicht erfunden werden. Wir hoffen jedoch, dass davon so viel übrig bleiben werde, um den Zusammenhang der noch heute bei Dodona gesprochenen Sprache mit den dort vor 3000 Jahren verehrten Göttern darzuthun, und zu zeigen, dass die dodonäischen Priester dem Herodot nur Wahres berichteten, wenn sie sagten, dass die Pelasger für ihre Götter keine Namen kannten, sondern dieselben mit Gemeinworten bezeichneten, welche deren Wesen ausdrückten. War dies aber der Fall, so mussten die Pelasger ihre Götterlehre selbst erdacht, oder wenigstens umgedacht haben. In dieser Hinsicht erscheint es nun höchst beachtenswerth, dass die verglichenen Namen fast nur der Titanenperiode der griechischen Mythologie entnommen sind, und dass sich fast alle Namen des olympischen Götterkreises gegen die albanesische Sprache spröde erweisen. Doch wir wollen hiermit abbrechen, denn es möchte zu verwegen sein, Schlussfolgerungen aus dieser Erscheinung zu ziehen, bevor noch die Basis feststeht, auf welche sie gestützt werden müssen.

Wir schliessen daher diesen Abschnitt mit der Bemerkung, dass wir die zwischen der albanesischen Sprache und der ältesten griechischen Götterlehre aufgefundenen Beziehungen für den Hauptbeweis des Pelasgerthumes der Albanesen halten; über den letzten der albanesischen Nationalschrift entnommenen Factor desselben, verweisen wir auf den Schluss des folgenden Abschnittes.

Noten zum vierten Abschnitt.

[1]) Gaufred. Malaterra, L. III, c. 36 u. c. 39 in Graec. Thes. Sicil. Tom. V.

[2]) Fügen wir Europäer uns doch häufig den einheimischen Nomenclaturen wilder Völker, so schwer uns deren Aussprache auch fällt. Bemerkenswerth ist der Gegensatz, in welchem Dalmatien und Griechenland in Bezug auf die slavische Einwanderung stehen, denn dort blüht das slavische Element noch, und haben sich trotzdem vergleichsweise weit mehr alte Namen, wenn auch mitunter in sehr verstümmelter Form, erhalten. Berechtigt dies zu dem Schlusse, dass sie weniger gewaltsam war, als in Griechenland? Ihre Geschichte möchte diese Frage mehr bejahen als verneinen.

[3]) Siehe die Άγρος in dem Capitel über die Sagen der Gebirgsstämme des Bisthums Skodra S. 188, 189, 190, 192, 209, Note 173.

[4]) Travels in northern Greece, I, S. 341.

[5]) Die verschiedenen bisherigen Ansichten über diese Frage finden sich zusammengestellt in v. Xylander's: die Sprache der Albanesen, S. 275 und folg.

[6]) Nämlich dem pelasgischen, s. unten.

[7]) D. h. der geographischen Hellas nach Strabo's Ansicht.

[8]) Strabo, Buch VII, S. 325: Οἰκοῦσι δὲ τοῖς μὲν ἐν δεξιᾷ εἰσπλέουσι τῶν Ἑλλήνων Ἀχαρνᾶνες — ἐν ἀριστερᾷ δὲ ἡ Νικόπολις καὶ τῶν Ἠπειρωτῶν οἱ Κασσωπαῖοι.

[9]) VII, S. 332. Ἐτελεύτα δ'ἡμῖν ὁ λόγος ἀπὸ μὲν τῆς ἑσπέρας καὶ ἀπὸ τῶν ἄρκτων, εἰς τὰ Ἠπειρωτικὰ ἔθνη καὶ τὰ τῶν Ἰλλυριῶν ἀπὸ δὲ τῆς ἕω, εἰς τὰ τῶν Μακεδόνων μέχρι Βυζαν-

τίου. Μετὰ μὲν οὖν τοὺς Ἠπειρώτας καὶ τοὺς Ἰλλυριοὺς τῶν Ἑλλήνων Ἀχαρνᾶνές εἰσι καὶ Αἰτωλοὶ καὶ Λοχροὶ κ. τ. λ.

10) VII, S. 327. Περὶ μὲν οὖν τῶν Πελασγῶν ἐν τοῖς Τυρρηνικοῖς εἴρηται. περὶ δὲ Δοδώνης τοὺς μὲν περιοικοῦντας τὸ ἱερὸν, διότι βάρβαροι, διασαφεῖ καὶ Ὅμηρος ἐκ τῆς διαίτης ἀνιπτόποδας, χαμαιεύνας λέγων. — Ebenso sagt er Buch IX, S. 410: Εἴρηται δ'ὅτι τὴν Βοιωτίαν ταύτην ἐπώκησάν ποτε Θρᾷκες, βιασάμενοι τοὺς Βοιωτοὺς, καὶ Πελασγοὶ καὶ ἄλλοι βάρβαροι. Auch im Anfang des 7. Capitels des 7. Buches ergibt der Zusammenhang, dass er die Pelasger für Barbaren hält.

11) Wir haben im ersten Abschnitte gesehen, dass heut zu Tage um Dodona (und in der Molossis überhaupt) griechisch gesprochen werde. Damit stimmt auch eine Angabe Herodot's, wenn er in seiner Erzählung von dem Wege, den die Geschenke der Hyperboröer nahmen, um nach Delos zu gelangen, sagt, dass die Dodonäer die ersten Hellenen gewesen seien, welche sie von den Barbaren empfingen: ἐντεῦθεν δὴ πρὸς μεσαμβρίην προπεμπόμενα πρώτους Δωδωναίους Ἑλλήνων δέχεσθαι IV, 33. In dem korinthischen Ambracia wurde aber auch griechisch gesprochen; wenigstens die beiden Centren der schmalen Molossis waren demnach hellenisch. — Tempeldiener des Orakels waren aber nicht die Dodonäer, d. h. die Bewohner der Stadt Dodona, sondern die Seller, — vielleicht die Ahnherrn der dem Seebecken von Jannina benachbarten, albanisch redenden Sulioten —, denn in den Συλλονες, ἔθνος Χαονίας ὡς Ῥιανὸς ἐν τετάρτῳ Θεσσαλονικῶν bei Eustach zu Dionys. S. 108, liesse sich das Verbindungsglied zwischen beiden finden, wenn man es mit Χαονία nicht allzu streng nehmen will. Auch bei den thracischen Bessi, den Kureten u. a. bezeichnete derselbe Name eine Priesterkaste und einen Volksstamm. Wir schliessen aus dieser Zusammenstellung, dass die Entfernung des Heiligthums von der Stadt nicht gering gewesen sein könne (s. Abschnitt I, Note 18ᵃ). Wir verkennen nicht, dass diese Ansicht vielen Einwendungen ausgesetzt ist, dass sie auch Stephan's Σελλοί, οἱ Δωδωναῖοι gegen sich hat; wir wissen aber keine bessere, um die im Texte angeführten Angaben mit Herodot zu vereinigen. Der Rückschluss von heute auf damals ist desswegen sehr problematisch, weil östlich und südlich von den Molossern Barbaren wohnten, zu denen bekanntlich auch die Aetolier gehörten (Polyb. XVI, 5, 8), und jetzt in allen jenen Gegenden nur griechisch gesprochen wird. Auch beginnt ja nach Skylax Hellas im Zusammenhange erst hinter Argos Amphilochicum.

12) VII, S. 327.

13) II, 80.

14) Plutarch Pyrrhos I. Χρόνῳ δ'ὕστερον Νεοπτόλεμος ὁ Ἀχιλλέως, λαὸν ἀγαγὼν αὐτός τε τὴν χώραν κατέσχε, καὶ διαδοχὴν βασιλέων ἀφ' αὑτοῦ κατέλιπε Πυῤῥίδας ἐπικαλουμένους. — Μετὰ δὲ τοὺς πρώτους, τῶν διὰ μέσου βασιλέων ἐκβαρβαρωθέντων, καὶ γενομένων τῇ τε δυνάμει καὶ τοῖς βίοις ἀμαυροτέρων, Θαῤῥύταν πρῶτον ἱστοροῦσιν, Ἑλληνικοῖς ἔθεσι καὶ γράμμασι καὶ νόμοις φιλανθρώποις διακοσμήσαντα τὰς πόλεις ὀνομαστὸν γενέσθαι.

15) IV, 124 sagt Thukydides bei Gelegenheit des von Brasidas und Perdikkas gegen Lynkestis unternommenen Zuges: ἦγον, ὁ μὲν (Περδίκκας) ὧν ἐκράτει Μακεδόνων τὴν δύναμιν καὶ τῶν ἐνοικούντων Ἑλλήνων ὁπλίτας .... ἱππῆς δ'οἱ πάντες ἠκολούθουν Μακεδόνων ξὺν Χαλκιδεῦσιν ὀλίγῳ ἐς χιλίους, καὶ ἄλλος ὅμιλος τῶν βαρβάρων πολύς. Hiezu bemerkt Abel S. 186, dass Thukydides unter den Barbaren ohne Zweifel die Makedonen selbst verstehe, die Reiter seien Hetären; dies stimmt zu unserer Ansicht; aber Cap. 125 heisst es: οἱ μὲν Μακεδόνες καὶ τὸ πλῆθος τῶν βαρβάρων εὐθὺς φοβηθέντες. Wir möchten daher in dieser Stelle nur auf die scharfe Trennung der im königlichen Makedonien wohnenden Hellenen von den Makedoniern Gewicht legen. Schon Skylax kennt Methone, Pydna u. a. als griechische Städte, und trennt sie in der Aufzählung von den makedonischen. Die freien Colonialgriechen, welche den Zug mitmachen, stehen unter Brasidas.

16) Strabo VII, pag. 336.

17) Nach Stephan Byz. auch die Amantier.

18) Nach Müller's über die Makedonier, S. 44, Note 43, Leseart: πλησίον δέ που κατὰ (vulg. καὶ) τὰ ἀργύρια τὰ ἐν Δαμασίῳ Περισάδιες.

[19]) Mit Müller, S. 44, und der gemeinen Leseart, gegen Korai, welcher Περισάδ:ες — οὓς χαὶ Ἐγχελίους χαὶ Σεσαραρσίους χαλοῦσι; — denn nur auf diese Weise erhalten wir die 14 epirotischen Völkerschaften, welche Strabo nach Theopompus aufzählt; s. unten. — Der Ausdruck ist wohl desswegen so unbestimmt, weil der Geograph von der Lage dieser Völkerschaften nichts sicheres weiss; darum stehen die drei letzten Namen auch am Ende der nach bestimmter Reihenfolge aufgezählten vorhergehenden Stämme.

[20]) Pag. 434: Διὰ γάρ τε τὴν ἐπιφάνειαν χαὶ τὴν ἐπιχράτειαν τῶν Θετταλῶν χαὶ τῶν Μαχεδόνων οἱ πλησιάζοντες αὐτοῖς μάλιστα τῶν Ἠπειρωτῶν οἱ μὲν ἑχόντες, οἱ δ'ἄχοντες, μέρη χαθίσταντο Θετταλῶν ἢ χαὶ Μαχεδόνων·χαθάπερ Ἀθαμᾶνες χαὶ Αἴθιχες χαὶ Τάλαρες Θετταλῶν. Ὀρέσται δὲ χαὶ Πελαγόνες χαὶ Ἐλιμιῶται Μαχεδόνων. Uebrigens kennt schon Thukydides II, 99 ein Ober- und ein Nieder-Makedonien: τῶν γὰρ Μαχεδόνων εἰσὶ χαὶ Λυγχησταὶ χαὶ Ἐλειμιῶται χαὶ ἄλλα ἔθνη ἐπάνωθεν, ἃ ξύμμαχα μέν ἐστι τούτοις χαὶ ὑπήχοα, βασιλείας δ'ἔχει χαθ'αὑτά, τὴν δὲ περὶ θάλασσαν Μαχεδονίαν χ. τ. λ.

[21]) Wie O. Müller über die Makedoner S. 46 annimmt, welcher die Stelle in der vorhergehenden Note übersehen hat. Abel hat daher Recht, wenn er sagt (Makedonien vor König Philipp, S. 18), dass Müller's Beweis des Illyrierthumes der Makedonen, welcher der allerdings auffallenden Art und Weise entnommen ist, wie Strabo in seiner Schilderung die makedonischen Völker an die illyrischen reiht, nicht stichhaltig sei. Wir stehen gleichwohl auf Müller's Seite, denn nach unserer Ansicht sind die Makedonier, gerade weil sie Epiroten sind, auch Illyrier, wenn gleich nur in weiterem Sinne; eine Ansicht, welche freilich Müller eben so wenig theilen würde, weil sie auch die Pelasger zu Ungriechen macht.

[22]) Die Orestier scheinen hiernach auch westlich über den Pindus herüber gereicht zu haben, und werden daher neben den Tymphaern genannt. Ptolemaeus Angabe über die Orestier und Elimioten ist sehr schwierig, denn sie erscheinen bei ihm an der Küste des akrokeraunischen Golfes und im Innern von Makedonien. Will man keinen Irrthum oder keine Textverfälschung vermuthen, so bleibt die Annahme von Doppelnamen als Appelative am wahrscheinlichsten; den letzteren Namen werden wir sogar in Medien wieder begegnen.

[23]) Wir wollen hiermit den Namen nicht unbedingt als verschrieben behaupten; so gedenkt z. B. Strabo, wie wir weiter unten sehen werden, einer Landschaft Ardia als eines sehr ausgedehnten Küstenstriches an der Adria, und ignorirt oder reducirt sie später bedeutend in seiner Localbeschreibung; kein anderer Schriftsteller erwähnt denselben und gleichwohl sind Gründe vorhanden, dass der Name in dieser Ausdehnung vollkommen richtig gebraucht worden ist. — Was wir aber von Eratyra wohl mit Recht verlangen, ist, dass der Name, gleich allen übrigen von Strabo in Makedonien erwähnten, keine Winkellandschaft, sondern einen beträchtlichen Landstrich bezeichnen müsse, und diese Forderung führt an sich schon naturgemäss auf Emathia zurück. Ganz unbedenklich ist diese Ansicht freilich nicht, denn warum spricht Strabo wenn er Emathia in seine Aufzählung einbegreift, bei Gelegenheit der Dynastenfamilien dieser Völkerschaften, nicht auch von der makedonischen, welche noch dazu mit den lynkestischen und molossischen verwandt war?

[24]) Bei Plinius und Ptolemaeus bis zu den Akrokeraunien.

[25]) S. die oben erwähnte Stelle, Note 8.

[26]) Makedonien vor König Philipp, S. 142.

[27]) S. 206.

[28]) Strabo VII, pag. 326.

[29]) Liban. vita Demosth. pag. 5. Wir möchten auf diese auf eine beiläufige Erwähnung gestützte Verwechslung weit weniger Gewicht legen, als auf das Zeugniss des gründlichen Kenners makedonischer Geschichte, dessen Ansichten von der Abstammung der beiden Völker weit von den unsrigen abliegen.

[30]) XLV, 30. Tertia regio nobiles urbes Edessam et Beroeam et Pellam habet et Vettiorum bellicosam gentem: incolas quoque permultos Gallos et Illyrios impigros cultores. Den Vettioves begegneten wir bei keinem andern Schriftsteller, darum liegt die Versuchung, Bottiorum zu lesen, sehr nahe.

³¹) Skylax S. 10; Appian bell. Illyr. 7. — Die Angabe Stephans: Ἀθαμανία χώρα Ἰλλυρίας, οἱ δὲ Θεσσαλίας möchte keine besondere Beachtung verdienen.

³²) VII, pag. 495 etc.

³³) XXXI, 35 et passim.

³⁴) Die betreffenden Stellen finden sich im sechsten Abschnitte am Ende der „alten Zeit."

³⁵) III, 5, 8. Beachtenswerth erscheint uns, dass das Orakel beide zu Führern vorschreibt, und beide dazu genommen werden. Deutet dies etwa auf die Einführung eines fremden Cultus?

³⁶) Uebergänge von Illyrischem zu Gallischem finden sich bei den Gränzvölkern der Veneter, Polyb. II, 17, 5, und Japoden Strabo IV, 207, VII, 313 und 315. Die geographische Nomenclatur beider Racen zeigt viele zum Theil höchst auffallende Parallelen, ihre Prüfung liegt nicht in unserer Aufgabe.

³⁷) V, Cap. 2, S. 221.

³⁸) s. v. Χαονία.

³⁹) Ilias XVI, 234; Strabo VII, 5, S. 327; Skymnos v. 450.

⁴⁰) II, 56.

⁴¹) So auch Aristoteles Meteor I, 14, bei Andern Hellopia.

⁴²) Pyrrhus 1: Θεσπρωτῶν καὶ Μολοσσῶν μετὰ τὸν κατακλυσμὸν ἱστοροῦσι Φαέθοντα βασιλεῦσαι πρῶτον ἕνα τῶν μετὰ Πελασγοῦ παραγενομένων εἰς τὴν Ἤπειρον.

⁴³) III 8, 1, unter den Lykaoniden figuriren hier ausserdem folgende unbestreitbare, nicht arkadische Völkernamen: Peuketios, Kaukon und Teleboas.

⁴⁴) Hülfeflehende, v. 249.

⁴⁵) VII, 1. Macedonia ante, nomine Emathionis regis, Emathia coguominata est. Populus Pelasgi, regio Boeotia (Bottiaea?) dicebatur. — Man vergleiche hiermit die Note 30 angeführte Stelle des Livius.

⁴⁶) De natur. anim. X, 48.

⁴⁷) Plutarch quest. graec. 25, Thes. 16, und nach Abel Conon ap. Phot. p. 135, Etymol. M. s. v. Βόττιον. — Nach Strabo VI, 279 kommen sie mit Minos von Kreta nach Sicilien, und wandern nach Tarent und später zu Lande an dem adriatischen Meere hin bis nach Makedonien.

⁴⁸) Nach Müllers Leseart, — vulgo Japygia.

⁴⁹) Stephan s. v. Αἰανή.

⁵⁰) Abel, Makedonien vor König Philipp, S. 95.

⁵¹) I, 17: ἦν γὰρ δὴ καὶ τὸ τῶν Πελασγῶν γένος Ἑλληνικὸν ἐκ Πελοποννήσου τὸ ἀρχάιον, und seiner ganzen Darstellung liegt diese Ansicht zum Grunde. Dass Diodor dieselbe theile, ergibt sich z. B. aus einer in dem folgenden Abschnitte §. 11 beleuchteten Stelle. Hier lässt sich nichts vermitteln, hier steht schwarz gegen weiss; die Frage war eben schon damals streitig, wie sie es noch heute ist.

⁵²) I, 56 und 57. Siehe hierüber weiter unten die Rubrik Pelasger.

⁵³) Wir glauben der vorsichtigen Darstellungsweise die Ueberwindung anzumerken, die es Herodot gekostet hat, der Wahrheit ein Opfer zu bringen, weil er fürchtet, die Athener dadurch zu beleidigen. — Ein zweites, wenn auch weniger unbestreitbares Zeugniss für die Verschiedenheit beider Sprachen findet sich VI, 138 in der Erzählung von den tyrrhenischen Pelasgern auf Lemnos, welche die Kinder tödten, die sie mit den geraubten Athenerinnen gezeugt haben, weil diese von ihren Müttern die attische Sprache und athenische Sitten (γλῶσσάν τε τὴν Ἀττικὴν καὶ τρόπους τῶν Ἀθηναίων) erlernt haben, und gegen ihre jungen pelasgischen Brüder zusammenhalten; oder wollte man den Ausdruck als „städtische Sprache und Sitte" deuten? — Wir vermuthen, dass diese tyrrhenischen Pelasger zu Verwandten flüchteten, denn Σίντιες ἔθνος τυραννικὸν καὶ λῃστρικόν, Etym. M. s. v. Σιντηίδα, und dass die alten Sintier auf Lemnos kein Griechisch sprachen, sagt schon Homer, Odyss. VIII, 294: Οἴχεται ἐς Λῆμνον μετὰ Σίντιας ἀγριοφώνους.

⁵⁴) Homer unterscheidet nicht nur die kretischen, sondern auch die kleinasiatischen Pelasger gleichfalls sehr genau von ihren Nachbarn; s. Ilias II, 862—875 und XVI, 515, 672, 718.

[55]) Fallmerayer, Geschichte der Halbinsel Morea während des Mittelalters, II, S. 252.

[56]) In Argos trennte das meist trockene Flussbett das albanesische Viertel von dem griechischen; in erstem soll sich vor der Revolution keine Frau gefunden haben, die griechisch verstand, dasselbe sagt man von den albanesischen Athenerinnen.

[57]) Koletis war ein Pinduswlache, Wasso ein Montenegriner, Chadschi Christo ist ein Serbe u. s. w.

[58]) Wir haben bei dieser Darstellung hauptsächlich die nur von Albanesen bewohnten Bezirke im Auge, denn aus Leake reséarches in Greece, Hobhouse etc. ergibt sich, dass in anderen Strichen, namentlich in Arkadien, die Gräcisirung der Albanesen bereits vor diesem Zeitraume grosse Fortschritte gemacht hatte.

[59]) Homer.

[60]) Röth, Note 25: πελασγὸς = peleschti; „das t von Peleschti ist kein Radicalbuchstabe, sondern kommt nur von dem Endbuchstaben t von Peleschet her. Dieses t ist aber nur Feminalendung; der reine Stamm ist also pallasch, und die ursprüngliche Form von peleschti war pallaschi = πελασγὸς, „der Auswanderer," so wie sie in dem äthiopischen Falasi erhalten ist. Es ist bekannt, dass die Griechen das semitische Schin durch σγ, σχ und σχ ersetzten." — Wir versuchen weiter unten eine andere Erklärung des Namens πελασγὸς, dies hindert jedoch nicht, uns wegen der Identität beider Namensformen auf Röth's Autorität zu berufen.

[61]) Das albanesische μαϑ, gross, stellt sich zu sansc. mahat; dagegen möchte das alban. μγνγjές Morgen und vielleicht μγνγjεpς links hierher gehören. Magnesia ist für Thessalien auch Morgenland, ebenso wie Hestiaea für die Epiroten. Sollte die Ehrenseite mit der Morgenseite zusammenfallen? Bei den Orientalen ist dies die linke, bei den Occidentalen die rechte Seite. Dies scheint mit der Wendung des Gesichtes nach dem Norden zusammen zu hängen. S. Grimm, Gesch. der deutsch. Sprache II, S. 980 u. folg. In der Redensart: „er stellt ihn in den Schatten" ist vielleicht „der aufgehenden Sonne" zu suppliren; sie bedeutete dann so viel, als: „er stellt sich im Range vor ihn."

[62]) Odyss. VIII. 106. — Hesych: μαχεδνή, μαχρά, ὑψηλή.

[63]) Müller, Maked. S. 42, Dor. I, S. 434, liest in der Stelle des Const. Porph. de them. II, 2 statt Ἡρεστείαν δὲ Μακέταν λέγουσιν - Ὀρεστιάδα, M. λ. Maketia als Theil Makedoniens nennt auch Eust. ad Dion. Per. 427.

[64]) Wahrscheinlich verwandt mit dem tosk. κετσ und κατσ und dem geg. κετ̃ Zicklein, Kitz (κετσέιγ ich hüpfe, springe, ἐσέιγ ich gehe).

[65]) Herodot VIII, 137: „Aus Argos flohen zu den Illyriern drei Brüder, welche von Temenos abstammten, Gauanes, Aeropos und Perdikkas. Aus Illyrien zogen sie nach Hochmakedonien über, und kamen in die Stadt Lebaea. Dort dienten sie dem Könige um Lohn; der eine weidete die Pferde, der andere die Ochsen, und der jüngste von ihnen, Perdikkas, das Kleinvieh. Es waren aber vor Alters die herrschenden Geschlechter eben so wenig bemittelt, wie das Volk, und so bakte ihnen denn die Frau des Königs selbst das Brot. So oft nun für den Lohnknecht Perdikkas Brot gebaken wurde, lief es von selber doppelt so hoch auf, und da dies immer wieder geschah, so sagte sie es ihrem Manne. So wie der das hörte, muthete es ihn an, als sei dies ein Wunder, und müsse zu etwas Grossem führen. Er rief also die Knechte und befahl ihnen, sein Land zu verlassen. Sie aber sagten, sie müssten billigerweise erst ihren Lohn bekommen, und dann würden sie gehen. Als der König von Lohn hörte, schien gerade die Sonne durch den Rauchfang in das Haus, und er sagte von Gott geschlagen: „Zum Lohne gebe ich euch nach Verdienst das da," indem er auf die Sonne deutete. Gauanes nun und Aeropos, die älteren Brüder, standen verdutzt da, als sie das hörten; der jüngste aber, der ein Messer bei sich hatte, sagte: „wir nehmen das an, o König, was du uns gibst," und umzog mit dem Messer den Sonnenschein auf dem Estrich des Hauses, dann schöpfte er von dem umzogenen Sonnenschein dreimal in den Busen und ging mit seinen Begleitern." — 138: „Da sie nun fort waren, so erklärte dem Könige einer seiner Räthe, was der Jüngste gethan, und wie er mit Bedacht das Gegebene angenommen habe. Als er das hörte, ward er zornig und schickte Reiter aus, um sie aus dem Wege zu räumen. In dieser Gegend ist aber ein Fluss,

ihm opfern die Nachkommen dieser Männer aus Argos als Retter·; denn er schwoll, nachdem die Temeniden hinüber waren, so hoch an, dass die Reiter nicht durchkommen konnten."

In den griechischen und albanesischen Mährchen ist es ein oft wiederkehrender Gedanke, dass der jüngste von mehreren Brüdern der beste sei. — Wer die kaustische und symbolische Redeweise jener Völker kennt, wird versucht sein, in der höhnenden Antwort des Königs ein Wortspiel zu suchen, das sich auf die Forderung bezieht. Ein solches läge im Albanesischen sehr nahe. Die Brüder werden schwerlich Geld (die Dalmaten kannten es noch nicht einmal zu Strabo's Zeiten), sondern wahrscheinlich nach heutiger Analogie ein gewisses Getreide-Deputat als Lohn verlangt haben. Getreide heisst aber albanesisch *drißg* (triticus); Licht und Glanz aber *drítg*. Perdikkas nähme hiernach, statt des Brotes, Glanz und Ruhm.

⁶⁶) VII, 1. Sed et Caranus cum magna multitudine Graecorum sedes in Macedonia responso oraculi, jussus quaerere, cum in Emathiam venisset, urbem Edessam non sentientibus oppidanis propter imbrium et nebulae magnitudinem gregem caprarum, imbrem fugientium, secutus occupavit, revocatusque in memoriam oraculi, quo jussus erat, ducibus capris imperium quaerere, regni sedem statuit, religioseque postea observavit, quocunque agmen moveret, ante signa easdem capras habere, coeptorum duces habiturus, quas regni habuerat auctores.

⁶⁷) Dies ist nicht der einzige Berührungspunkt zwischen Hochschottland und der griechischen Halbinsel. Wir erinnern an die karrirten Gewandstoffe auf altgriechischen Vasen, ferner an das doppelte Kalydonien; das Wort ist aber keltisch und bedeutet Wald. Einer der beachtenswerthesten ist aber folgender: Die Musikbande der Garnison von Athen spielt seit Langem ein Stück, bei welchem auch demjenigen Griechen, welchem sonst fränkische Musik gänzlich unverständlich ist (d. h. der Mehrzahl), das Herz aufgeht, denn er hört bekannte Weisen, wie er sie von Jugend auf gehört und gesungen hat; „das klingt, wie der Kalamatjanós". Auch der Verfasser hielt das Stück lange Zeit für eine etwas idealisirte griechische Tanzmelodie, bis er zu seinem Erstaunen erfuhr, dass es eine hochschottische Ecossaise sei. — Bei der Grundverschiedenheit griechischer und fränkischer Musik, die so weit geht, dass es kaum dem hundertsten Franken möglich ist, eine griechische Volksmelodie zu behalten und wiederzugeben, möchte das angeführte Factum die Aufmerksamkeit der Musikverständigen verdienen. Das Studium der griechischen Nationalmusik wird sicher auch für die alte Ethnographie fruchtbar werden. Leider ist einem Laien deren Charakteristik unmöglich; so viel glaubt jedoch der Verfasser bemerkt zu haben, dass die Scala des griechischen Heldenliedes (τὸ κλέφτικο) der Terze entbehrt, und man daher nie bestimmen kann, ob dessen Melodie aus Moll oder Dur gehe. Diese besteht in allen möglichen Modulationen zwischen dem Grundtone und seiner Quarte oder Quinte, und kehrt am Schlusse nicht zu diesem zurück, sondern schliesst mit dessen Secunde, auf welche der Ton, sei es von der Quinte oder von der Quarte, fällt. Die Melodie hat demnach für unser Ohr keinen befriedigenden Schluss. Bei den Lapen hörte ich Lieder von zwei Tönen, Prima und Secunda, wie sie auch von deutschen Kindern gesungen werden (ĕ ŏ ē ă, und so fort). Jenseits der Wiussa beginnen die Lieder von einem Tone, sie lauten mehrstimmig recht gut; hier taucht auch die Terze auf, und ich habe mitunter den vollen vierstimmigen Accord gehört.

⁶⁸) Auch nach der dritten von Euripides in seinem Archelaos benützten Sage, s. Abel S. 93. — Dio Chrysost. orat. IV, pag. 79 ed. Emper., wo Diogenes zu Alexander spricht: ἢ οὐκ αἰπόλος ἦν ὁ Ἀρχέλαος, οὐδὲ ἦλθεν εἰς Μακεδονίαν αἶγας ἐλαύνων.

⁶⁹) Dorier I, S. 11. — Müller leitet vermuthungsweise den ersten der drei dorischen Stämme von den in Illyrien sitzenden Hyllern ab, weil beide Nachkommen des Herakles und der Melite, Tochter des Aegaeos sind, und weil sich auch bei den illyrischen Hyllern dunkle Spuren des dorischen Nationalcultus des Apollo erhalten haben, indem sie nach der Sage einen Dreifuss als Zeichen unverletzlicher Heiligkeit in unterirdischem Gemache bargen. — Diese Hyller werden von Skylax S. 7 und Skymnos v. 404 ausdrücklich Barbaren genannt, sie sitzen aber, wenn man keine Verwechslung mit Byllis und Bulliones annehmen will, nach deren Beschreibung für uns zu nördlich, um sie hierher zu ziehen, s. unten Illyrien. — Wir wollen jedoch hier Einiges anführen, was Doriern und Illyriern überhaupt gemeinsam war. 1. Die reine Knabenliebe, s. Sittenschilderungen; 2. die tyrrhenische Trompete der Dorier (σάλπιγξ τυῤῥηνικὴ) Paus. II, 21, 2, denn wir werden das

33 *

Prädicat weiter unten in Illyrien einheimisch finden; 3. die mit dem lakedämonischen Heere ziehenden Dioskurenbilder, τὰ δόκανα, bestanden aus zwei Stangen, die oben und unten durch zwei Querhölzer verbunden waren, und deren Figur sich in dem astronomischen Zeichen für das Zwillingsgestirn ▢ bis heute erhalten hat; sobald nur ein König auszog, erhielt er nur die eine Hälfte davon mit; in dem unten folgenden albanesischen Alphabete ist aber ꓧ das Zeichen für das reine Δ, und dieser Buchstabe findet sich auch auf den Schildern (Paus. IV, 28, 3) und Münzen der Lakedämonen, auf letzteren jedoch in neugriechischer Form; 4. der Adler auf den lakedämonischen Münzen entspricht dem makedonischen, epirotischen und römischen, möchte daher wohl pelasgischen Ursprunges sein, s. weiter unten s. v. Σχ]χηρί-a; 5. bei den Lakedämonen war in älteren Zeiten die makedonische καυσία gebräuchlich, welche auch der illyrische König Gentius auf Münzen trägt und später auch bei den Geten vorkommt; Abel, S. 121. — Wir stellen zu dem Worte litth. kiausia Schädel, sanskr. kauças Knopf, Ball, und alb. κάφχε Schädel und Gehäuse von Schnecken, Muschelthieren und Schildkröten; 6, die Spartaner haben Doppelkönige, auch den Molossern ist die Dyarchie nicht fremd; die Chaonen haben bei Thukydides II, 80, zwei Feldherren aus dem herrschenden Geschlechte, die Römer zwei Consuln; 7. nach vielfachen Spuren zu schliessen, hat unter den hellenischen Dialekten der dorische Dialekt die meisten gegischen Anklänge. — Dürfen wir hier auch an das erinnern, was wir oben über illyrische Agelen und Haarschur sagten? — Dazu wird sich gewiss noch anderes finden, wenn die Spur die richtige ist.

⁷⁰) l. e. S. 95; er beruft sich auf Appian Syr. 6, 3. Ἄργος τὸ ἐν Ὀρεστίᾳ, ὅθεν οἱ Ἀργεάδαι Μακεδόνες.

⁷¹) Herodot V, 22. Ἕλληνας δὲ εἶναι τούτους τοὺς ἀπὸ Περδίκκεω γεγονότας, κατάπερ αὐτοὶ λέγουσι, αὐτός τε οὕτω τυγχάνω ἐπιστάμενος καὶ δὴ καὶ ἐν τοῖσι ὄπισθε λόγοισι ἀποδέξω ὡς εἰσι Ἕλληνες — —

φάμενοι οὐ βαρβάρων ἀγωνιστέον εἶναι τὸν ἀγῶνα ἀλλὰ Ἑλλήνων. Ἀλέξανδρος δὲ, ἐπειδὴ ἀπέδεξε ὡς εἴη Ἀργεῖος, ἐκρίθη τε εἶναι Ἕλλην.

⁷²) In Demosth. de corona pag. 290 werden die Makedonen ausdrücklich ἀλλόφυλοι genannt, bei Isokrates ad Phil. §. 126 und andern von Abel S. 267 citirten heissen sie οὐχ ὁμόφυλοι. Abel meint zu diesen Stellen: Es ist damit bloss gesagt, dass sie keine Hellenen gewesen; und das waren sie auch nicht vor Alexander, wohl aber griechischen Stammes. Wenn er aber S. 116 zur Unterstützung seiner Ansicht auch Polybius IX, 37 und Liv. XXXI, 29 aufruft, weil der erste den vor den Lakedämoniern zu Gunsten der Makedonen plaidirenden Akarnanen dieselben ὁμοφύλους nennen lässt, so bemerke man, dass derselbe im folgenden Capitel auch die Epiroten unter den Hellenen begreift, weil er überhaupt die Bewohner der gesammten Halbinsel unter dieser Benennung den fremden Römern entgegensetzt. Ganz dasselbe gilt von der makedonischen Rede vor der aetolischen Versammlung in Livius; hier heisst es: Aetoles, Acarnanes, Macedones ejusdem linguae homines. — sic! αὐτῶν γὰρ Αἰτωλῶν οὐκ εἰσὶν Ἕλληνες οἱ πλείους, Polyb. XVII, 5 Die drei Völker sprachen einerlei Sprache, das war aber nicht die griechische. Dass es jedoch hier nicht so genommen ist, zeigt das folgende: cum alienigenis, cum barbaris (die Römer) aeternum omnibus Graecis bellum est, eritque. — Im Gegensatze zu dem φράγχος würden sich wohl auch heut zu Tage bei ähnlichen Gelegenheiten Neugriechen und Albanesen Stammverwandte nennen. — In letzter Reihe mögen hier auch die von Abel S. 267 angeführten Zeugnisse Platz finden. Clemens Alex. Θρασύμαχος ἐν τῷ ὑπὲρ Λαρισσαίων λέγει· Ἀρχελάῳ δουλεύσομεν, Ἕλληνες ὄντες βαρβάρῳ, und Aphthonios Προῆλθε μὲν γὰρ ἔθνους, ὃ τῶν βαρβάρων καθίσταται χείριστον· Μακεδόνες γὰρ τῶν βαρβάρων οἱ χείριστοι.

⁷³) Curt. Ruf. VI, Cap. 8 in fine. — Postero die rex edixit omnes armati coirent: sex millia fere militum venerant; praeterea turba lixarum calonumque impleverat regiam. — De capitalibus rebus, vetusto Macedonum modo, inquirebat exercitus: in pace, erat vulgi; nihil potestas regum valebat, nisi prius valuisset auctoritas. — Cap. 9 in fine. Jamque rex, intuens eum: Macedones, inquit, de te judicaturi sunt, quaero an patrio sermone sis apud eos usurus. Tum Philotas: Praeter Macedonas, inquit, plerique adsunt, quos facilius quae dicam percepturos arbitror, si eadem lingua fuero usus qua tu egisti, non ob aliud, credo, quam ut oratio tam intelligi posset a pluribus. Tum rex: ecquid videtis adeo etiam sermonis patrii Philotam taedere? solus quippe fastidit eo

diccre. Sed dicat sane utcunque cordi est, dum memineritis aeque illum a nostro more atque sermone abhorrere. — Cap. 10 sagt Philotas in seiner Vertheidigungsrede: Mihi quidem objicitur, quod societatem patrii sermonis asperner, quod Macedonum mores fastidiam! Sic ergo imperio quod dedignor immineo? Jam pridem nativus ille sermo commercio aliarum gentium exolevit: tam victoribus quam victis peregrina lingua discenda est. — Cap. 11 beschuldigt ihn endlich Bolon: ludibrio ei fuisse rusticos homines Phrygasque et Paphalgonas appellatos, qui non erubesceret, Macedo natus, homines linguae suae per interpretem audire. — Dass es sich hier nur zwischen hellenisch und makedonisch handle, wird wohl Niemand in Frage stellen wollen. Philotas Rede zeigt von der raschen Hellenisirung der Eroberer und der besiegten persischen Unterthanen. Belons Vorwurf aber zeigt klar, dass trotz der grossen Verbreitung der hellenischen Sprache sich in Alexanders Lager noch Makedonen fanden, die kein Griechisch verstanden, und dass sich in der Volksansicht die makedonische Sprache zur hellenischen genau so, wie heut zu Tage die albanesische zur neugriechischen verhalten habe.

[74]) Pausan. IV, 29. ἐπεὶ δὲ ἔκ τε τῶν ὅπλων καὶ τῆς φωνῆς Μακδόνας — γνωρίζουσιν ὄντας.

[75]) XLV, Cap. 30.

[76]) Siehe dessen Beschreibung der via Egnatia S. 217.

[77]) Müller, S. 60.

[78]) Mit demselben Rechte würden die Eigenheiten des epirotisch - neugriechischen Dialektes, welche sich in dem Munde eines Albanesen finden, in einem albanesischen Wörterbuche figuriren.

[79]) Frid. Guil. Sturzii de dialecto Macedonia et Alexandrina liber. §. 8. Die Zahl der in dieser Sammlung enthaltenen griechischen Wörter ist grösser, als sie auf den ersten Blick erscheint. Neugriechische Analogien berechtigen uns z. B. hierhin zu rechnen: ἀβλύει, σκείσον, σκύδε für εὐλόγησον, — ἀκρουνοί, ὅροι, für ἀκρινοί, Stamm ἄκρος, neugr. ἄκρα, — ἔνδυο, τὸ ταχέως, Zumensiehung aus ἕν δύο.

[80]) Müller, S. 60, Note 30.

[81]) Gegen Stephan Byz., der sie Illyrier nennt.

[82]) Diese Schreibweise liesse sich als Hauptbeweis von dem Gleichklang des u, i und υ im äolischen Dialekte betrachten.

[83]) Dies gilt auch von dem als makedonisch bezeichneten σάρισσα, das sich sogar im heutigen hessischen Dialekte als Sarras für Säbel findet.

[84]) V, 9.

[85]) S. Grammatik, §. 3, Nr. 20. Νάξος heisst im heutigen Dialekte der Kykladen Ἀξιᾶ.

[86]) Polyb. XXVIII, 8, 9.

[87]) S. 60, Note 29.

[88]) Die Linguistik steht heut zu Tage auf einem so hohen Standpunkt, dass Derjenige, welcher nicht die indogermanischen und semitischen Sprachenkreise vollkommen beherrscht, alles Etymologisiren füglich unterlassen sollte. Die folgenden Versuche sind daher ohne Zweifel der schwächste Theil dieses Buches und thun demselben vielleicht in sofern Schaden, als sie der Kritik die meisten Blössen bieten. Da es sich aber überhaupt nicht um die Person, sondern um die Sache handelt, so hielt ich mich für verpflichtet, alle während meiner Beschäftigung mit dieser vernachlässigten Sprache aufgefundenen Materialien, so weit sie für den vorliegenden Beweis interessant zu sein schienen, den Sachverständigen zur weiteren Prüfung vorzulegen, damit sie den Weizen von der Spreu sondern. — Diese Stellung nöthigte natürlich zu grosser Vorsicht; ich vergleiche daher in der Regel nur solche Wörter, welche zu dem Ende keiner Veränderung bedurften, und wenn ausnahmsweise ein Lautwechsel vorgenommen wurde, so geschah es nie ohne Belege. Die in §. 3 der Grammatik aufgestellten Lautwechsel bilden die Basis dieser Untersuchungen, und wir bitten daher den Leser, welcher uns weiter folgen will, sich vorerst mit diesen und dem ihnen vorangestellten Lautsysteme zu befreunden, damit er z. B. nicht in den citirten Wörtern β mit b, δ mit d oder ς mit s verwechsle, oder über den Charakter des so häufigen j im Dunkeln bleibe, oder an seltsamen Lautwechseln, wie ν und ρ u. s. w. Anstoss nehme.

[89]) Wie Miklosich S. 10 den Slovjenz von slovo verbum ableitet, und ihn als λόγιος, distincta loquela praeditus fasst; welche Ableitung jedoch Grimm, Gesch. d. deutsch. Sprache S. 323, verwirft.

[90]) Hiermit erklärt sich auch die Bedeutung des Namens der Skopaden, der Herrscher des thessalischen Krannon und der römischen Scipionen.

[91]) γαρί-α alban. Lanze.

[92]) Wir rechnen hierher auch die liburnischen Varvarini (Plin. III, 25), deren Stadt Ptolemaeus II, 16, §. 9 Οὐαρουαρία schreibt und die Ἀμαντινοὶ und Ἀραβίσκοι in Unterpannonien (Ptol. II, 15, §. 3). Ferner das von Polyb. II, 11, §. 15 erwähnte Ἄρβων. — τῶν δὲ πολιορχούντων τὴν Ἴσσαν οἱ μὲν ἐν τῇ Φάρῳ διὰ τὸν Δημήτριον ἀβλαβεῖς ἔμειναν· οἱ δὲ ἄλλοι πάντες ἔφυγον εἰς τὸν Ἄρβωνα σκεδασθέντες. Dem Namen, der vielleicht keine Stadt bedeutet, correspondirt das in den Reisenotizen bei Tyranna erwähnte Arbóna. — Streicht man in der Form Ἀρβὴν das ρ und vertauscht man nach der Analogie von Ἀρβανίτης das ς (dessen das Griechische entbehrt) mit α, so bleibt Ἀβαν (§. 3, Nr. 34 der Grammatik enthält zwei Beispiele vom Ausfall des ρ vor dem p-Laut). Die alten Abanten und die jetzigen Arber im engeren Sinne scheinen aber genau dieselben Sitze zu haben, und der Wechsel von m mit jeder Art p-Laute lässt sich auch im Albanesischen zahlreich belegen (Gramm. §. 3, Nr. 26—29), so dass man wohl unbedenklich die Hauptstadt der ersten Amantia == Abantia setzen darf. — Nach griechischer Sage dringt Kadmus der Repräsentant phönicischer Einwanderung, aus den phönicischen Colonien in Thraeien zu Lande über Makedonien und Thessalien nach der Thebais und lässt sich dort nieder. In seinem Gefolge werden Araber genannt, welche sich auf Euboea ansiedeln. Gehören nun diese zu den Nachbarn des phönicischen Mutterlandes, oder sind es Arber, illyrische oder andere Bergvölker der griechischen Halbinsel? Dass das zweite a in diesem Stamme häufig ausfällt, zeigen z. B. die gedrosischen Arbii oder Ἀραβῖται und Arbace, die Stadt der celtiberischen Arevaker. Die Verbindung des thebanischen Kadmus mit den Encheliern (auch seine Tochter Agave flieht aus Theben zu den Illyriern. Hyg. f. 240, 254; die Kadmeer fliehen von den Epigonen zu den Encheliern, Herod. V, 61), sein Grab in Illyrien und die Mythe, welche Illyros zu seinem Sohne macht, endlich aber der Umstand, dass in Euboea auch Ἄβαντες wohnten, von denen die Insel Euboea den Namen Ἀβαντὶς erhielt — alles dieses scheint die zweite Annahme zu begünstigen. Ja, die Aoner, welche unter den Urbewohnern von Böotien genannt werden, liessen sich durch einfache Aspiration ihres Anlautes in Chaones verwandeln. Die Annahme Müller's, dass Kadmus eine tyrrhenisch-pelasgische Gottheit sei, die mit Phöniciern nichts zu thun habe, möchten wir hier nicht zu Hülfe rufen, weil uns gar manches auf Verbindungen zwischen tyrrhenischen Pelasgern und Phöniciern hinzudeuten scheint. Dagegen können wir uns nicht enthalten, zum Schlusse, unter Hinweisung auf die unten zu erwähnende Form Arm, auf den Namen Ἁρμονία aufmerksam zu machen.

[93]) Τὰ Ἄρβιτα ὄρη, Ἄρβις oder Ἄραβις Fluss, und Ἄρβις Stadt bei den Arbii, Ἄρβιες oder Ἀραβῖται in Gedrosia, ἔνθα τιμᾶται Ἄρβιος Ζεὺς, Steph. s. v. Ἄρβις.

[94]) Albanach Hochschottland, Arbasson „der Alte der Berge." Stammvater der Basken.

[95]) Stünde etwa der Arber, die höchste Spitze des Böhmerwaldes, zu den Armalausi? λαούσ-ι alb. Volk (die Grafen von Armansperg?). Sie sassen nach tab. Peuting. an der Naab, wo früher die Narisci (Varisci? — wie Naro und Varalii?). S. aber Grimm S. 499.

[96]) A. Thierry histoire d. l. conquête de l'Angleterre par les Normands I, S. 67.

[97]) Dieser Formerweiterung begegnet man namentlich im Altgriechischen (Ἕλλη, Ἑλένη; τὸ ἅλας, ἅλς u. s. w.) so häufig, dass wir sie als die erste Spur der im Neugriechischen bestehenden Regel ansehen möchten, nach welcher der Accus. singul. aller altgriechischen weiblichen, und der Accus. plural. aller männlichen Hauptwörter der dritten Declination den neugriechischen Nominativ dieser Wörter bilden. Diese Form nehmen altgriechische oder neugebildete Wörter auf der Stelle an, sobald sie in das Leben dringen, z. B. χωροφύλαξ Gensdarm und εἰσαγγελεὺς Staatsprocurator, heissen im Volksnominativ ὁ χωροφύλακας und ὁ εἰσαγγελέας, ebenso ὁ βασιλιᾶς der König, ὁ Ἀχιλλέας, ein jetzt häufiger Taufname u. s. w.

[98]) Strabo IV, S. 202. Τὰ γὰρ Ἄλπεια καλεῖσθαι πρότερον Ἄλβια, καθάπερ καὶ Ἀλπιόντα. Καὶ γὰρ νῦν ἔτι τὸ ἐν τοῖς Ἰάποσιν ὄρος ὑψηλὸν, συνάπτον πως τῇ Ὄκρᾳ καὶ ταῖς Ἄλπεσιν, Ἄλβιον λέγεσθαι ὡς ἂν μέχρι δεῦρο τῶν Ἄλπεων ἐκτεταμένων.

⁹⁹) Denn auch das lateinische arbor möchte als Hochgewächs hierher gehören; dagegen stellen wir zu δένδρον das tosk. *dgnd,* ich mache dicht, Part. *dgndoupg* dicht, und zu dem deutschen Busch das alban. *μbouð* ich fülle.

¹⁰⁰) ? sanskr. arbha proles Bopp 19ᵃ, s. jedoch das alb. βορφ und βάρφgρg, dessen Abweichungen freilich wieder die Form Varvariai correspondirt.

¹⁰¹) *bélbgρg* heisst alban. stammelnd, βάρβαρος, βάλβαρος, balbus? das poëtische altgriech. βαμβαίνειν stammeln, käme zu Hülfe. — Wir belegen diese Vermuthung mit Miklosich's Gedankengang, S. 10, welcher den Slovjentz (von slovo verbum) als λόγιος, distincta loquela praeditus dem Vlach-balbus und Njemet mutus entgegensetzt; s. oben Σχιπετάρ als verstehender. — Später lasen wir bei Strabo XIV, S. 662: Οἶμαι δὲ τό γε βάρβαρον κατ᾽ ἀρχὰς ἐκπεφωνῆσθαι οὕτως κατ᾽ ὀνοματοποιίαν ἐπὶ τῶν δυσεκφώρως καὶ σκληρῶς καὶ τραχέως λαλούντων· ὡς τὸ βατταρίζειν καὶ τραυλίζειν καὶ φελλίζειν.

¹⁰²) Ueber die phrygisch-illyrisch-armenische Verwandtschaft s. Abschnitt VI, S. 302.

¹⁰³) Der kambrische Barde Goliddan, welcher im 7. Jahrhundert gelebt haben soll, nennt in seinem Arymes Prydein Vawr (abgedruckt in A. Thierry hist. d. l. conq. d. l' Angleterre p. l. Normans I, S. 367 sq.) die Sachsen, welche England eroberten, zu wiederholten Malen Allmyn. Trotz des doppelten l dünkt es uns nicht wahrscheinlich, dass Goliddan den Namen Alamann gekannt und ihn auf die Sachsen angewandt habe, wir vermuthen vielmehr, dass er aus Albinger entstanden und auch hier b in m übergegangen sei. — Ueber Weiteres vergleiche man Grimm, Gesch. d. deutsch. Spr., S. 825.

¹⁰⁴) Der Name, heut zu Tage auf Dalmatien und dessen Nachbarküste angewandt, ist ein rein gelehrter, d. h. das Volk versteht ihn eben so wenig, wie Albion für England, Skanien für Schweden, oder Markomanien für Böhmen; er ist daher nicht von der Volks-, sondern nur von der Schriftsprache adoptirt; anders ist dies mit den Namen Bosnien und Serbien, welche, wenn sie nicht überhaupt slavischen Stammes, so doch wenigstens von dem Volke selbst angenommen worden sind.

¹⁰⁵) Der häufige Wechsel von δ und λ führt zur Vermuthung, dass Ilos und Ida zur selben Wurzel gehören, und zahlreiche Anzeichen weisen auf die Urbedeutung von Glanz oder Wasser hin. Die Mitte, d. h. das volle Licht des toskischen Mondenmonats hiess Idus und war dem Tina heilig. Gori M. E. T. II, pag. 79; Ὑλ-ι. albanes. Stern, wozu wohl Apolls Epithet οὖλιος.

¹⁰⁶) Plaut. Trin. 4, 2, 10. Illurica facies videtur hominis (h. e. vultus enormis).

¹⁰⁷) Plaut. Men. 2, 1, 10.

¹⁰⁸) Lucii de regno dalmat. et croat. liber I, Cap. 3, pag. 37 in Schwandtneri Scriptor. rerum hungar. etc., tom. III. At post Augustum Illyricum universum in superius et inferius divisum fuisse, lapis, inter Epidauri ruinas inventus declarat.

    P. CORNELIO. DOLABELLAE. COS. VII. EPVLON

    SODALI. TITIENSI. LEG. PROP. D. AVG. ET. TIB. CAES. AVG.

    CIVITATES. SVPERIORIS. PROVINCIAE. HILYRICI.

¹⁰⁹) S. Müller Dorier I, S. 11. Analogien geben Hellenen, die thracischen Bessi, die dodonäischen Selli. — Auch Plinius III, 26 kennt in Illyrien Illyrii im engeren Sinne, nämlich Taulantier und Pyraei, denn so verstehen wir die Stelle: Eo namque tractu fuere Labeatae, Enderoduni, Sassaei, Grabaei, proprieque dicti Illyrici et (sowohl) Taulantii et (als auch) Pyraei, südlich vom Drin, während die vier kleineren nördlich vom Flusse sassen. Diese Illyrier des Plinius sind demnach von den weit nördlicher sitzenden Hyllini des Skylax zu unterscheiden.

¹¹⁰) Der Auslegung Lanzi's und Millin's, welche in der betreffenden Darstellung das trojanische Pferd erblicken, können wir nicht beistimmen; der Augenschein zeigt, dass das schnaubende Pferd frisch eingefangen sei, am rechten Vorderfuss ist eine zerrissene Fussfessel, der linke Hinterfuss ist in einem Baumast eingezwängt, worauf auch der eingezogene Schweif deutet; Sethlans hält das Thier an dem um den Hals geschlungenen Mantel, und hat einen Stein in der Hand, mit dem er, ebenso wie Etrue (?) mit dem Hammer, im Begriffe ist, dasselbe zu tödten.

¹¹¹) Plutarch Lykurg VI. Διὸς Συλλανίου·καὶ Ἀθηνᾶς Συλλανίας ἱερὸν ἱδρυσάμενον. Das gegen die Form erhobene Bedenken, dass sie nicht in das Metrum einer Rhetra passen könne, beweist streng genommen nur, dass die Rhetra falsch, nicht aber, dass auch die angegebene Wortform erfunden sei.

[113] Συλλονες ἔθνος Χαονίας, ὡς 'Ριανὸς ἐν τετάρτῳ Θεσσαλικῶν. Eustach. zu Dionys. S. 106.

[118] Dieser letzte Name wiederholt sich übrigens in Südalbanien mehrmals. Die örtliche Sage erzählt, dass der Bergstock von Suli früher unbewohnt gewesen, und erst von christlichen Flüchtlingen, die sich dem Drucke der türkischen Herrschaft entzogen, bevölkert worden sei; der erste Bewohner habe aber Suljo geheissen, ein in Albanien häufiger Name, der indessen jetzt für eine Abkürzung des muhamedanischen Namens Soliman oder Suleiman betrachtet wird. — Die häufig vorkommenden Namen Selenitza, Selitza, Sela u. s. w. gehören, als slavische, nicht hierher.

[114] Ist es reiner Zufall, dass der ihr geweihte Oelbaum attisch ἐλάα heisst? auch ἐλαῖς, Olivenpflanze, scheint beachtenswerth. Der olympische Sieger erhielt einen Olivenkranz.

[115] Dorier I, S. 308.

[116] Ist es mit unserer Ahle verwandt?

[117] Sollten sich Spuren des albanesischen Wortes finden in ἐλλός und ἐλλός junger Hirsch, ἔλαφος und ἐλέφας? Alle diese Thiere sind Spiessträger und unser „Spiesser" gäbe eine Analogie. Hellebarde? Hallebarde? Elle? — Der Sperchius und sein Thal heissen noch heute Ἑλλάδα.

[118] Wir vermuthen in den Völkernamen Sigynnen (Herod. V,9), Dardanen, Kureten, Quiriten, Samnitern und Sabinern dieselbe ihrer Hauptwaffe entnommene Grundbedeutung.

[119] Ueber den Wechsel des m- und p-Lautes s. Gramm. §. 3, Nr. 26.

[120] Irren wir nicht, so singt irgend ein alter Dichter, dass das Schaf das erste Geschöpf und aus der Erde hervorgegangen sei.

[121] Wohl verwandt mit unserem Schellfisch.

[122] Diese Erklärung wird durch eine Conjectur unterstützt, in Bezug auf welche wir uns jedoch weit weniger sicher fühlen. In dem meisterhaften Ueberblicke der Donauhalbinsel, mit welchem Strabo das fünfte Capitel seines 7. Buches eröffnet, figurirt der Name Dalmatien gar nicht, wohl aber Ardia, „welches fast ganz an der adriatischen Küste liegt," und weil es neben Pannonien und Thracien steht, als ein Land von bedeutender Ausdehnung genommen werden muss. Im Verlaufe sagt Strabo aber: das ardiäische Gebirge theilt Dalmatien in zwei Theile, und weist dem Stamm der Ardiäer einen kleinen Küstenstrich, der Insel Pharos (Lesina) gegenüber, zwischen den Daoriaern und Pleraern an, welch' letztere bereits der Insel Schwarz Korkyra (Meleda) gegenüber wohnen. Endlich sagt er, dass die Ardiäer später Varalier genannt, und durch die Römer von der Küste in's Innere gedrängt, fast ganz zu Grunde gegangen seien. Dass die Ardiäer früher mächtig gewesen, möchte auch aus der Angabe folgen, dass sie wegen der an ihren Gränzen befindlichen Salzquellen in beständigen Kämpfen mit dem grössten und stärksten illyrischen Volke, den Autariaten, gelegen. Wir vermuthen nun, dass man, ebenso wie bei Dalmatien, zwischen einer Ardia im engeren, und einer im weiteren Sinne unterscheiden müsse, und dass dies vielleicht der frühere, Dalmatien aber der spätere Name desselben Landes war. — Hat der Name vielleicht auch denselben Sinn? Freilich müssen wir, um genau dieselbe Form zu erhalten, bis zu dem Baskischen vorgehen, wo ardia Schaf heisst; doch stellt dies Grimm, Gesch. der deutsch. Sprache S. 34, mit ἄρνος, aries und andern zusammen. Hesych hat ἄρχα ἄρρεν πρόβατον, und es scheint nicht unbeachtenswerth, dass im alban. tosk. arríγ, ich komme an, und ἀρδμεja geg. die Ankunft, das Kommen bedeutet (πρόβατον). Derselbe hat auch ἐθρίς, τομίας, κρίος, also das r hinter die Muta gesetzt. Versuchen wir dasselbe mit Ardia, so erhalten wir Adria und erinnern uns daran, dass Plinius die Vardei populatores quondam Italiae nennt, was wohl zur Annahme berechtiget, dass sie früher sehr mächtig zur See waren; auch Strabo nennt sie Seeräuber. Für die Richtigkeit der versuchten Ableitung möchten wir keineswegs einstehen; der Versuch, den Namen Adria mit den griechischen ὕδωρ zusammen zu bringen, erscheint uns sogar natürlicher, so viel aber ist wohl einleuchtend, dass Adria und Ardia zusammengehören. Nach Strabo hiessen die Ardiäer später Varalier, was uns nur eine andere Form zu sein scheint, denn δ wechselt mit λ *). Wir machen hierbei auf den heutigen Namen des Axius, Wardar, aufmerksam, welchem der von

---

*) S. Gramm. §. 3, Nr. 20.

Plinius erhaltene alte Name der Bosna Valdanus o. Valdasus zu entsprechen scheint. Neugr. heisst βάλτος, alb. *baljtε* Sumpf, alb. πϋλ (Pfuhl?) Wald; ist dieser Wechsel Zufall? Merkwürdigerweise bedeutet nach Hesych ἀξός in der makedonischen Sprache gleichfalls Wald (im Volksdialekte der Kykladen heisst die Insel Naxos 'Αξjά; ist dies eine blosse Corruption oder eine alte Nebenform?).

123) Erinnert man sich, dass der Franzose das lateinische u nicht wie û, sondern wie o liest, so dringt sich die Frage auf, ob etwa im lateinischen Lautwesen die allmähliche Abschwächung des u in o als Gesetz zu betrachten sei? — Dagegen zeigt der neugriechische Volksdialekt häufig da ου, wo die alte Schriftsprache υ setzt, z. B. χόμαρος Erdbeerbaum, κουμαρjά, πῶλος Fohlen, πουλάρι u. s. w. — äolisch?

124) Siehe Wachsmuth Hellen. Alterth. I, Beilage 5. „Der Etymologe kann recht wohl τύρῥις Thurm, Burg (τύρσος, τὸ ἐν ὕψει ᾠχοδομημένον Suidas. vergl. Orph. Argon. 151 τύρσιν ἐρυμνῆς Μιλήτοις; Pindar Ol. 2, 127 Κρόνου τύρσιν) für die Wurzel des Namens Tyrrhener halten (Dionys. Hal. Arch. 1, 26 — τὴν ἐπωνυμίαν ταύτην ἀπὸ τῶν ἐρυμάτων, ἅ πρῶτοι — κατεσκευάσαντο — τύρσεις γὰρ καὶ παρὰ Τυῤῥηνοῖς αἱ ἐντείχιοι καὶ στεγαναὶ οἰκήσεις κ. τ. λ.; er bringt die Mosynoeker zur Analogie), so zugleich τύραννος, den Burgherrn ableiten, und dies selbst mit dem etruskischen Lar Herr und Larissa in Verbindung bringen." — Gegen den Begriff Burgbauer macht Pott in Ersch und Gruber Encyklop. Art. indogermanischer Sprachstamm sehr erhebliche Einwände.

125) S. cit. bei Forbiger III, 592, Note 59, wozu Pott in l. c.

126) Vermiglioli Iscriz. Perug. I, p. 279.

127) τούρμε-a ist Menge von Menschen oder Thieren, in der Musakjá aber das ungezähmte in der Heerde laufende Pferd, welches auch zugeritten den Namen im Gegensatze zum Stallzüchtling behält. — Hierzu stellt sich das latein. turma; auch unser S-turm? curro — τουρρο.

128) Lanzi saggio della lingua etrus. II, S. 178 und 160. — Der etruskische Gott wird bekanntlich dem römischen Mercurius entsprechend gehalten. — Die oben angenommene Grundbedeutung seines Namens entspricht der des deutschen Wodans. — Grimm, deutsche Myt. I, S. 120. „Unzweifelhaft ist wohl die unmittelbare Abkunft dieses Wortes aus dem verbum a. h. d. watan, wuot, altn. vaða, óð, welches buchstäblich dem latein. vadere (wozu das albanes. βέτε) entspricht und meare, trasmeare, cum impetu ferri bedeutet. — Schon unter den Heiden muss neben der Bedeutung des mächtigen und weisen Gottes die des wilden, ungestümen und heftigen gewaltet haben." — βιττ und βjετ albanes. Jahr? — βjεϑ ich stehle (je vielleicht geschwächtes a, s. Gramm. §. 3, Nr. 1, Ende) aorist βόϑα. — μεργόιγ, geg. ich entferne; — von dem Particip μεργούαρε liesse sich μεργούαρ der Entferner bilden (ist aber nicht gebräuchlich) nach dem Vorgange von μεργούαρε-a, der für die Braut bezahlte Kaufpreis (für ihre Entfernung aus der Familie?); vielleicht ist der Stamm μάρρ ich nehme, nehme weg. — Da wir nicht wissen, ob der urrömische Mercurius, gleich dem Hermes, psychopompos und Gott der Diebe war, so wollen wir es den Männern vom Fache überlassen, zu entscheiden, ob der Name hierher gehört. Die Form Mirqurios (Lanzi II, 173), wenn sie stichhaltig ist, spräche dafür. — Um unsere Notizen über den Gott nicht zu trennen, bemerken wir noch, κερμίλ geg. und tosk. und κεϑμίλ nur tosk. (letztere Form um so merkwürdiger, als sie den einzigen Wechsel von ϑ und ρ enthält, der bis jetzt gefunden wurde), im Gegischen mit dem anom. Plural. κερμίνj-τε, heisst im albanes. bloss Schnecke schlechthin. — Der Plural führt auf Karmin, und die Form κεϑμίλ stellt sich zu Καδμῖλος. — Kamillus nach Servius ad Aen. X ein etruskischer Name für Mercur. Tacit. Hist. II, cap. 78 sagt: Est Judaeam inter Syriamque Carmelus (griech. Κάρμηλος, τὸ Καρμήλιον ὄρος) ita vocant montem deumque nec simulacrum deo aut templum situm tradidere majores; aram tantum et reverentiam. Aus den beiden albanes. Formen möchte sich die Identität von Kamillus und Καδμῖλος ergeben. Ueber die Urbedeutung dieser Formen haben wir keine Meinung; aber der Gedanke an Purpurschnecke und die Verbindung mit φοίνιξ (von φοινὸς blutroth) dringt sich unwillkürlich auf; die von Kadmus und den Illyriern kann wenigstens nicht geläugnet werden, und schon darum das illyrische Wort im Kabyren-Dienste nicht befremden. Leider ist es das einzige. — Steht merx und commercium zu μάρρ und μεργόιγ? — gr. μαρή, fr. mari marier?

34

¹²⁹) Bei Festus s. v. findet sich Turannus als sabinischer Familienname.

¹³⁰) Siehe hierüber Näheres S. 43.

¹³¹) Siehe S. 53.

¹³²) Herodot VI, 137 — 140.

¹³³) I, 2, 28. Σικελοί.

¹³⁴) Siehe auch S. 257, Note 53.

¹³⁵) Τυῤῥηνοὶ γὰρ Ἰταλὸν τὸν ταῦρον ἐκάλεσαν Apollod. II, 5, 10. — Αἰκολός?

¹³⁶) Witterung, Gewitter, verwittern, liegen dem Schalle nach zwar nahe, sind aber wegen mangelnder Lautverschiebung bedenklich. Zeit und Wetter liegen in der Regel zusammen; tempus, altgr. ὥρα, neugr. καιρὸς, alban. κόχε, und darum lässt sich vielleicht auch βέτετιτ es wettert, blitzt und βετετίμ Blitz zu βετ oder βjετ stellen.

¹³⁷) ϝέτεα Franz. epigr. S. 65, wo auch Belege über den Wechsel des ϝ und β im äolischen Dialekte. In derselben Inschrift kommt ϝέτας vor, d. h. ἔτης hier und bei Thukyd. V, 79 civis privatus, siehe Franz S. 67, welchem das albanes. βέτε, allein entspricht, siehe Lexikon.

¹³⁸) Lanzi II, tab. 3, Nr. 1, 4.

¹³⁹) II, S. 61. •

¹⁴⁰) Ami Boué la Turquie d'Europe II, S. 16.

¹⁴¹) Stamm Golap slav. Taube? wäre wegen des Taubenorakels von Dodona beachtenswerth, s. weiter unter Pelagonen. Der Name erinnert übrigens an die altdardanischen Galaberier, die in derselben Gegend gesessen zu haben scheinen.

¹⁴²) Ἰαπετὸς der Titane? Japhet? — Bedenklich, weil hier J lang ist. — Gehören auch die apulischen Ἰάπυγες hierher? Der gegische Dialekt hat ein gleich klingendes Wort jaκtje-a Statur, — wahrscheinlich ein compos. von tje-a die menschliche Seite von der Schulter bis zum Knie, — ursprünglich wohl die Weichen; denn tjatε o. tljatε die Eingeweide. — Einer Vergleichung mit dem alten λάπιθαι widerstrebt zwar der Accent, auffallend ist es aber, dass dieser Name in derselben Bedeutung als Wort gebraucht wurde, wie dies jetzt dem Namen Lappe widerfährt. Ja man würde wohl nicht missverstanden werden, wenn man ein dem alten Zeitwort λαπάζω, ich plündere, entsprechendes λαπίς oder λαπάς gebrauchte.

¹⁴³) Der Verfasser erinnert sich bei irgend einem Alten von dem gottvergessenen Volke der Kyklopen, das nördlich von den Akrokeraunien hause, gelesen zu haben, vielleicht bei Lykophron, der ihm jetzt leider nicht zugänglich ist. — Unter dieser Voraussetzung würde Hypereia, der frühere Wohnsitz der vor den Kyklopen nach Scheria flüchtenden Giganten, weit natürlicher auf der illyrischen Festlandsküste als in Sicilien gesucht, Odyss. VI, 4, und könnte der alte Volksname wohl in der oben erwähnten Form Gigas fortlebend betrachtet werden.

¹⁴⁴) Dάρδε heisst ein Dorf und nach ihm auch ein Berg des Bagorragebirges (Kandavia), an welchem die Strasse von Elbassan nach Oehrida hinführt. Dörfer, die ihre Namen von Bäumen führen, finden sich in Albanien häufig. — Dem Klange nach stellt sich das Wort zu dardo ital. und span., dard franz. und dart engl. Wurfspiess. Sollte sich hier irgend eine Verwandtschaft nachweisen lassen, so ergäbe das Wort eine mit der oben versuchten Deutung von Hellen verwandten Sinn, und wären Hellespont und Dardanellen Uebersetzungen desselben, seiner Gestalt entnommenen Begriffs in verschiedenen Sprachen „Lanzenmeer." — Neben der Form Δάρδανοι braucht Strabo mehrmals die Form Δαρδανάται, z. B. VII, p. 316 — -άτ, Plur. -άτε ist aber albanesische Patronymendung, s. unter Nr. 7 Labeatae und Nr. 16 Autariatae.

¹⁴⁵) VII, p. 316.

¹⁴⁶) Aus Livius XLV, 30 erhellt, dass das damalige Paeonien als eine dardanische Landschaft betrachtet wurde. Dardanis repetentibus Paeoniam, quod et sua fuisset et continens esset finibus suis, omnibus dare libertatem pronunciavit qui sub regno Persei fuissent. Post non impetratam Paeoniam salis commercium dedit: tertiae regioni imperavit, ut Stobos Paeoniae deveherent pretiumque statuit. Diese Freigebung des Salzhandels war eine ausnahmsweise Vergünstigung, denn den vier Districten, in welche Paulus Aemilius nach Perseus Besiegung das Land zerriss, sale invecto uti vetuit. — Die strymonischen Paeonen, welche Darius nach Asien übersiedelte, stammten nach ihrer Sage von den Teukrern aus Troja. Herod. V, 13. Eine alte

Sage spricht von dem Zuge der Teukrer und Myser, welche von Kleinasien bis zum Peneios und dem jonischen Meere vordrangen. Nach Lykophron geschah dies unter Anführung des Dardanus, was für uns bedeutungsvoll ist, s. cit. bei Abel S. 57, Note 3. — Strabo Fr. 37 berichtet, dass nach einigen die Paeoner Abkömmlinge der Phrygier waren. Die Sage bei Pausanias V, 15, welche Paeon zu einem Sohne des Endymion macht, und von Elis nach dem Axius wandern lässt, möchten wir nicht mit Abel S. 57 unbedingt verwerfen, sondern eher auf alte Stammverwandtschaft zwischen Paeonen, Aetolern und Epiern ausdeuten. Für uns ist Endymion der Repräsentant einer alten Einwanderung, die, wenn sie etwa aus Karien kam, darum noch kein semitisches, und wenn sie aus thessalischen Aeolern bestand, darum noch kein hellenisches Element enthalten musste, denn nach Herodot waren die Aeoler früher Pelasger und hellenisirten sich daher erst später.

[147]) Strabo XII, pag. 272. — Ἐτυμολογοῦντες καὶ τὸ ὄνομα τὸ τῶν Μυσῶν ὅτι τὴν ὀξύην οὕτως ὀνομάζουσιν οἱ Λυδοί· πολλὴ δ' ἡ ὀξύη κατὰ τὸν Ὄλυμπον ὅπου ἐκτεθῆναί φασι τοὺς δεκατευθέντας· ἐκείνων δὲ ἀπογόνους εἶναι τοὺς ὕστερον Μυσοὺς ἀπὸ τῆς ὀξύης οὕτω προσαγορευθέντων· μαρτυρεῖν δὲ καὶ τὴν διάλεκτον· μιξολύδιον γάρ πως εἶναι καὶ μιξοφρύγιον. Hierzu bemerkt Koray: Ὀξύαν ἔτι καὶ νῦν ἡ παρ' ὑμῖν συνήθεια λέγει (sie scheint eine unserer Weissbuche ähnliche Baumart zu bezeichnen) und vermuthet μήποτε ἡ ὀξύη ἐστὶν ἡ τοῖς Τούρκοις καλουμένη Μουσά (παρὰ τοὺς Μυσοὺς δηλονότι) ἐξ ἧς ποιοῦσι τὰς τετρημένας ῥάβδους, δι' ὧν ἀναλάπτουσι τὸν καπνὸν καιομένης τῆς Νικοτιανῆς βοτάνης, das nenne ich Purismus! freilich klingt das Wort τζιμπουκόβεργα sehr barbarisch. Andere leiten Moesia von dem keltischen moese, baierisch moos, Sumpf ab. — Hier kommt es uns weniger auf die Richtigkeit der Ableitung, als auf den Nachweis der Idee an, ein Dardanen benachbartes Volk von einem Baume abzuleiten.

[148]) Opera V, 147.

[149]) Deutsche Mythol. S. 537.

[150]) Asc, fraxinus dann hasta und liburna, weil aus Eschenholz Speere und Fahrzeuge gezimmert wurden, a. h. d. Namen von Oertern asci-burg, asca-pah, esci-bach, von Menschen asc-lint; aseman Seeräuber. Grimm, d. Gramm. II, 448. Auffallend ist die Lautähnlichkeit mit dem Namen Ascanius, der bei den Dardanern Eigenname, und drei kleinasiatischen Seen gemein war, nämlich in Bithynien, Phrygien und Pisidien; der erstere, welchen die Mythe mit dem Stamme des Aeneas verflechtet, hat süsses Wasser, und daher erscheint Mannert's VI, S. 572 Vermuthung, dass der Name in der phryg. Sprache ein Appelativ für Salzsee gewesen sei, nicht stichhaltig. S. Forbiger II, S. 381. — Plinius IV, 23, nennt vor der Insel Anaphe auch ein Ascania. — Ascers Schwester Embla leitet Grimm von a. n. embla, emla; a. h. d. emila, geschäftiges Weib; ab. Im geg. Dialekte findet sich dasselbe Wort in der Form αμβῖος d. h. thätige Hausfrau.

[151]) Steph. Byz. s. v. Δάρδανος, freilich ohne Angabe der Quelle.

[152]) Oder Teuker wandert zu Dardanus aus dem attischen (pelasg.) Εὐπέτη oder aus Kreta.

[153]) S. hierüber und über die Aehnlichkeit des dardanischen und altattischen Stammbaumes unter Pelasger S. 246.

[154]) XIII, 608.

[155]) Heyne will wegen Lyrnessa Λύρνος lesen.

[156]) Strabo XIII, p. 607.

[157]) Strabo XIII, pag. 620. Dass die Pelasger Marschbauern seien, und daher angeschwemmtes Land lieben (ἅπαντες γὰρ ποταμόχωστον τὴν χώραν ἔσχον p. 621), ist seinem Scharfblicke nicht entgangen.

[158]) Il. II, 839. Strabo XII, p. 621.

[159]) Entsprechend dem Αἵμων, Ἀνδραίμων aus Kalydon (Kalyddon kelt. Wald) u. s. Vielleicht gehört auch Ὄξυλος hierher, und stammt von ὀξύα (ξύλον, ξύω).

[160]) Nach dem Alban. liegt dem griech. Worte πύλη, Thor, der Begriff von schliessen zu Grunde, denn μbul heisst ich schliesse, μbύλᾳς-ι der Deckel, μbουλjότy ich bedecke. Uebrigens möchte der Begriff von Schluss und der von Fülle, welchem letzteren πυλ, Wald, anzugehören scheint, in gewisser Hinsicht correlat sein, denn man schliesst etwas dadurch, dass man es

füllt; unser Ausdruck, eine schön geschlossene Waldung, ist hierfür sehr bezeichnend. πόλις, Stadt, gehört wohl zu einem von beiden. Anzeichen, dass der Albanese Stadt und Wohnung im Sinne von πύλη fasse, liefern xjουτέτ-ι Stadt (span. ciudad, — so auch xουκάς cuidado, φε Glaube und anderes), xjυτϑ und xλjυτϑ Schlüssel, ebenso xούλjα Thurm, von νγουλ (Stamm xουλ, s. Note 276) ich stecke hinein, ϑτϱπί-α Haus, ϑτϱπύιγ ich errette, ϑτεπύχεμ ich entkomme. In ähnlichem Sinne steht Burg zu bergen; denselben Sinn hat das geg. δουρχ-ου unterirdisches Getreidebehälter, der bei Cappadociern, Thraciern und Germanen übliche Sirus, s. Grimm, G. d. d. Sp. S. 235. — Zur dort erwähnten lat. scrobis stellt sich γρύπϱ-α alb. Grube.

¹⁶¹) An der Ostküste Mitteleuböas liegt neben andern albanes. Namen das Dorf Pili in einem ungeheuren Kiefernwalde, der jetzt grösstentheils verbrannt ist. Zu bestimmen, was von hellenischen Orten sich zu diesem stellt, liegt nicht in unserer Aufgabe; wir beschränken uns daher nur auf die Bemerkung, dass die Umgegend des messenischen Pylos manche albanes. Anklänge biete, und Nestor über Kaukonen herrschte. — Eine Spur des albanes. Wortes ergibt vielleicht das griechische πυλεών, bei den Lakedämoniern Kranz, zu welchem Riemer bemerkt: wahrscheinlich von πύλον st. φύλον, φύλλον. — Bei der Aussprache des albanes. Wortes πυλ, glaubt man Anfangs püel zu hören; dies e rührt aber von jenem tief aus der Kehle hervorgeholten zweiten reinen l, wovon in der Grammatik die Rede ist. Vielleicht gehört daher auch πύελος hierher, welches bekanntlich als Eigenname in dem Stammbaume der molossischen Königsfamilie figurirt. Lateinische Analogien ergeben polus Pfuhl, Sumpf und Pilus Haar und Schaar.

¹⁶²) VII, 42.

¹⁶³) Πολλαὶ δ' ὁμωνομίαι Θραξὶ καὶ Τρωσίν, XIII, p. 590. In Neu-Pierien am Pangeus, also bei Thraciern, findet sich auch eine Festung Pergamos. Herodot VII, 112.

¹⁶⁴) Leake III, p. 327.

¹⁶⁵) Leake IV, p. 74 und 175.

¹⁶⁶) Pausan. I, c. 11.

¹⁶⁷) Aeneis III, v. 296.

¹⁶⁸) ad Aen. III, v. 242.

¹⁶⁹) Vielleicht ist dieses Ilium mit dem von Livius erwähnten ersten identisch, denn das römische Makedonien reichte ja mitunter bis zum Busen von Awlona.

¹⁷⁰) Pausanias I, 11, 2.

¹⁷¹) Für welche sich auch die gegische Form Peranna findet, Lanzi III, S. 576. Im albanes. heisst πεϱνδί-α tosk. πεϱγνδί-α geg. Gott; das Wort ist im tosk. weiblich, mithin als „die Gottheit" zu fassen, πεϱνδί-α ε μάϑε die grosse Gottheit. Gleichwohl wird Gott männlich gedacht: πεϱνδί ιϑτϱ ζοτ ι μαϑ, Gott ist ein grosser Herr. — πεϱνδύιγ und πεϱγνδύιγ ich gehe unter, von der Sonne, vielleicht in dem Sinne des neugriech. βασιλεύω. Aus diesem Zeitworte ergibt sich, dass das d zum Stamme gehört, nach der Sprachregel wäre demnach das Hauptwort πεϱγνδ-ία, nicht πέϱγν-δία abzutheilen, mithin kein zusammengesetztes. Dieses Wurzelhafte d macht die Zusammenhaltung der alban. Wörter mit perennis u. sl. Perun nicht ganz unbedenklich. — Das Amne perenne latens, Anna Perenna vocor bei Ovid. Fast. III, 654 möchte wohl nur ein Wortspiel sein.

¹⁷²) Vielleicht ist die Quelle beider Mythen bei den aus Aegypten vertriebenen phönicischen Hyksos zu suchen, von welchen sie auf die tyrrhenischen Pelasger übergiengen; so erklärte es sich wenigstens am natürlichsten, wenn der Nil und Aegypten in dem Jo-Mythus figuriren.

¹⁷³) Venetos Troiana stirpe ortos auctor est Cato. Plin III, 23.

¹⁷⁴) V, S. 212; XII, 543; XIII, 608, s. auch I, p. 61. Ἐνετῶν δ' ἐκ Παφλαγονίας ἐπὶ τὸν Ἀδρίαν. — Doch IV, S. 195 dünkt es ihm wahrscheinlicher (λέγω δ' οὐκ ἰσχυριζόμενος), dass sie von den keltischen Venetern abstammen, und gleich Bojern und Senonen eingewandert seien. — Bedenkt man, dass diese keltischen Veneti in Aremorica oder Armorica sassen, dass Procop 6 Goth. 1, 12 Ἀρβύρυχοι schreibt, und dass die Arvii unweit davon an einem Nebenflusse der Sarthe wohnten, der im Mittelalter Arva (jetzt Erve) hiess, so wird die Ableitung des Namens von dem keltischen ar, am, und mor Meer nicht unbedenklich; s. weiter Albanien. Auch die Stadtnamen dieser Veneter bieten albanesische Anklänge.

¹⁷⁵) Herodot I, 196.

[176]) Lässt sich aus dem Dasein des Wolfes schliessen, dass die Göttin ihrem Hauptcharakter nach eine Lichtgottheit war? — Der Wolf heisst alb. *oulk* oder *ouk* (steht also der slav. Form am nächsten), der Stern heisst *ûl*, daher vielleicht Apollos Beiname οὔλιος = λύκειος. — Von den Spuren einer Mondhera bei Griechen und Römern und ihrer Identität mit der Aphrodite s. weiter unten. Der Grund dieser grossen Verwirrung ist schwer zu errathen, der Zusammenstoss mehrerer von verschiedenen Seiten einwandernder Culte und ihre Vermischung erscheint uns als der plausibelste. Aus dem Beinamen der Here Πελασγίς, welcher auf einen Gegensatz, vielleicht ἑλληνίς, deutet und andern weiter unten zu erwähnenden Spuren möchten wir vermuthen, dass die argivische Here, wenigstens ursprünglich, wesentlich Mondgöttin war. — Für die Existenz des Mondcultus bei den Illyriern möchte der Umstand beachtenswerth sein, dass der Lauf der Jo von dem jonischen Meerbusen beginnt, obgleich Argos in dem Mykenischen Haine erschlagen wird. Apollod. II, 2, 1. ἡ δὲ πρῶτον ἧκεν εἰς τὸν ἀπ' ἐκείνης Ἰόνιον κόλπον κληθέντα· ἔπειτα διὰ τῆς Ἰλλυρίδος πορευθεῖσα καὶ τὸν Αἷμον ὑπερβαλοῦσα, διέβη τὸν τότε μὲν καλούμενον πόρον Θράκιον, νῦν δὲ ἀπ' ἐκείνης Βόσπορον. — Auf Monddienst in Byzanz, also nicht gar zu weit von Troja, deutet Βύζας, Sohn der Κεροέσσα, der Tochter der Jo und des Poseidon (Steph. s. v.), von welchem Mythos wir wohl annehmen dürfen, dass ihn die griechischen Colonisten vorgefunden; ferner der Halbmond als Stadtwappen, welchen nach der Eroberung die Türken annahmen, denn diese führten bekanntlich früher einen Falken auf ihren Fahnen.

[177]) Wir stellen die tyrrhenisch-pelasgischen Namen Aeneas, Anchises, Antenor neben die karthagischen Hannibal, Hanno, Hamilkar (Hanne und Melkart == Melikertes), vielleicht auch Astrubal, und erinnern dabei an die Anaitis, überlassen aber Kundigern die Prüfung, ob diese Zusammenstellung stichhaltig ist. — Nach dieser Conjectur wäre der ursprüngliche Name Χανείας, Ἀνείας oder Ἐνείας gewesen. Bedenkt man, dass Herodot, VII, 198 Ἐνιῆνες für Αἰνιᾶνες schreibt, so erscheint dieselbe weniger gewagt. — Wir halten Aeneas für den Repräsentanten tyrrhenisch-pelasgischer Colonisation, die, wo sie Fuss fasst, Mond- oder, wie die Griechen sagen, Aphroditencult einführt. Diese Colonisation verschmilzt an mehreren Orten mit phönicischer; über ihr gegenseitiges Verhalten wissen wir nichts zu sagen, und begnügen uns, wie überall, auf diesen Berührungspunkt nur hinzudeuten. Von Ilios geht Aeneas an die tyrrhenisch-pelasgische Küste von Thracien und baut Aeneia; dann nach Delos zum König Ἄνιος, Sohn des Apolls, mit dessen Tochter Lavinia er den Anius zeugt, Serv. ad Aen. III, 80. Dann nach Kythera, Zakynthos, Leukas, Actium und Ambracia, wo er überall Aphroditentempel baut; hierauf nach Dodona, begegnet in Buthrotos dem Troier Helenos. Gründet im Verein mit früheren trojanischen Einwanderern Aegesta oder Segesta auf Sicilien und landet in Latium; — so Dionys. Hal. I, 48. Er geht aber auch in das pelasgische Arkadien nach Orchomenos Strab. XIII, p. 608, wo auch Anchises Grab gezeigt wird, Paus. VIII, 12, 5. — Er gründet aber auch am boiatischen Meerbusen in Lakonien, Kythera gegenüber, die Stadt Etis nach seiner Tochter Etias (alb. *et-i* Durst, *ëth-ja* Fieber'; Urbegriff wohl Hitze). — Hier lag auch ein Side und fanden sich an der lakonischen Küste Purpurschnecken, welche an Güte nur den phönicischen nachstehen. Paus. III, 22, 9 und 21, 6. — Auch Αἰνεὺς, Vater des Kyzikos, ist gleich Ἄνιος Sohn des Apoll, seine Mutter ist Στίλβη, die Glänzende, und seine Gattin Αἰνήτη.

[178]) II, 17, §. 5. τοῖς μὲν ἔθεσι καὶ τῷ κόσμῳ βραχὺ διαφέροντες Κελτῶν, γλώττῃ δ' ἀλλοίᾳ χρώμενοι.

[179]) Illyr. c. 14.

[180]) Diesen sonderbaren Lautwechsel wüssten wir höchstens mit dem albanes. *aixg-a* Rahm und *anke* allemanisch Butter, siehe Grimm Gesch. d. d. Sp. S. 1003, zu belegen. — Natürlicher scheint uns die Frage, ob nicht Παιονία und Μαιονία identisch seien? siehe auch Dardaner Nr. 9.

[181]) VII, pag. 314.

[182]) Bel. Gall V, 1, und Vellej. II, 115.

[183]) LV, 32; Plin. III, 22, 26.

[184]) Germ. 43.

[185]) Nach Forbiger III, S. 468, Note 33.

[186]) Im neugriech. bedeutet σίρμα Metalldrath überhaupt.

¹⁸⁷) In der Schweiz heisst die Molke sirme oder sirbęle, Grimm S. 1005.

¹⁸⁸) Der Name findet sich übrigens auch in der Sarmatia asiatica (welches im Vereine mit dem übrigen Caucasien eine wahre Musterkarte von Völkernamen bietet) als Serbi und Σίρβοι, welche Nachbaren der Tusci, Τοῦσχοι, sind. — Nach Strabo XIV, p. 665 hiess der lykische Xanthus früher Σίρβης „da nun Zirba im Arabischen und Phönicischen rothgelb bedeutet, so scheint Xanthus nur eine Uebersetzung des alten einheimischen Namens zu sein," Forbiger II, S. 105. Endlich findet sich in Aegypten hart an der Küste des Mittelmeeres beim Berge Kassios ἡ Σιρβωνίς oder Σιρβωνίδος λίμνη oder Σιρβών.

¹⁸⁹) Uns scheint es jedoch plausibler, dass hier Strabo überhaupt nur andeuten will, dass zwischen den Illyriern auch keltische, und zwischen den Thraciern auch skythische Völkerschaften wohnen, ohne ausdrücklich zu behaupten, dass diese Vermischung auch im Süden der Donau stattfinde.

¹⁹⁰) Dio Cassius LV, 52.

¹⁹¹) Dem Klange nach stellt sich zu beiden Namen das tosk. xjεπάλς-α Augenwimper, Augenlied, dessen gegische Form xjιπάλς lauten würde, jedoch nicht gebräuchlich zu sein scheint.

¹⁹²) III, 7, 2.

¹⁹³) πεxjί und πιxjί-a heisst alb. der Rockflügel, Rocksaum; da dieser bei den Frauen stets bunt ist, so ist es vielleicht mit πίxε-a bunter Tupfen, πίxα πίxα bunt verwandt, und bedeutet das latein. picus ursprünglich Buntspecht.

¹⁹⁴) Livius XL, IV, 30.

¹⁹⁵) Dennoch ist es auffallend, dass bei Plinius 37, 2 nach Pythias bei Gelegenheit des Bernsteinhandels ein Theil der preussischen Küste Mentonomon genannt wird und der latein. Name für Bernstein succinum ist. Den Griechen kam aber der Bernstein durch Vermittlung der den illyrischen Mentores benachbarten Eneter zu. Von den an der Bernsteinküste wohnenden Aestiern sagt Tacitus: quibus ritus habitusque Suevorum, lingua britannicae propior. Die den illyrischen Mentores verwandten Japoden wurden als ein keltisch-illyrisches Mischvolk beschrieben.

¹⁹⁶) In dieser Verbindung erinnert der Name unwillkürlich an das paläatinische Ἰόππη oder Ἰόπη, welches im alten Testamente Japho und jetzt Jaffa heisst, denn der Ausfall des λ erscheint uns als unbedenklich. Nach der Analogie dieser Formen wäre es nicht ganz undenkbar, dass die Namen Lopsi und Japodes zu einem Stamme gehörten.

¹⁹⁷) Illyr. c. 10.

¹⁹⁸) VII, p. 485.

¹⁹⁹) Pausan. VI, 15, 3.

²⁰⁰) Bell. civ. V, 55. εἰς Παλόεντα κατέπλευσεν.

²⁰¹) De defectu oraculorum nach Palmer graec. ant. descript. S. 271. Das Original ist uns nicht zugänglich.

²⁰²) Strabo XII, pag. 541.

²⁰³) Idem VII, pag. 320.

²⁰⁴) Er mag zum Stamme ap gehören, und Wasser bedeuten; er findet sich im Deutschen Aschaffenburg und Affenthal etc., welchem die albanesische und neugriechische Aussprache des Namens Autariat entspricht. Wasser heisst alb. ουjε; dies Wort stellt sich aber, wie wir unten sehen werden, zunächst zu dem altgriech. ὠγήν.

²⁰⁵) III, 26. Eo namque tractu fuere Labeatae, Enderoduni, Sassaei, Grabaei proprieque dicti Illyrii et Taulantii et Pyraei. — Die Sassaei gehören vielleicht in die Umgegend der alban. Stadt Sass, oder Schass, deren Ruinen zwischen Skodra und Ulkin an einem See liegen, und welcher die Sage 365 Kirchen zuschreibt. Die beträchtlichen Ruinen sollen aus Kalkmauern bestehen, von alten grossen Mauerquadern wollte Niemand etwas wissen.

²⁰⁶) Das ε fällt im toskischen Dialekte zwischen Muta und Liquida in der Regel aus, die toskische Form ist mithin Γράβε.

²⁰⁷) Lanzi Saggio di lingua etrusca III, 577 glaubt, dass dieser Name mit dem griechischen Εὔιος identisch sei.

²⁰⁸) Damit der Leser einen Begriff von den Schwierigkeiten erhalte, mit welcher archäologische Untersuchungen über solche Fragen zu kämpfen haben, setze er den Fall, er träfe in

der Fremde — sagen wir in Bagdad — mit einem Trupp albanesischer Reisigen zusammen. Er hört, dass einer seinen Cameraden Toske ruft, und fragt diesen dem zu Folge: du bist also ein Toske? Nein, sagt er, die Toskerei ist nur eine kleine Landschaft am nördlichen Ufer der Wiussa, meine Heimath aber ist an der Meeresküste im Süden des Flusses, der dumme Gege nennt aber alles, was unsern Dialekt spricht, Toske, und wird ärgerlich, wenn man ihn bei seinem wahren Namen nennt, denn er hält ihn für einen Spitznamen und behauptet, er sei ein Schkjipetar, als ob wir dies nicht auch wären? Am besten nennst du ihn bei seinem Stammnamen Miredit, den hört er gerne; willst du ihn genauer bezeichnen, so kannst du ihn auch Dibraner nennen, denn er gehört zum Bariak der mireditischen Dibri, die du aber nicht mit den beiden Dibra im Drinthale verwechseln darfst, und von Geschlecht ist er ein Arza. — Nach der Beschreibung, die du von deiner eigenen Heimath machtest, bist du wohl ein Lape? — Ach, was Lape! das sind Räuber und Barbaren, ich bin ein Chimariote. — So, du bist also aus der bekannten Stadt Chimara? — Nein, ich bin aus einem Dorfe, das 5 Stunden nördlich davon liegt. — Da hättest du wohl besser gethan, deine Heimath Brekudet (wörtl. Meergebirge, dann aber Ufer überhaupt) zu nennen? — Du hast Recht, im Auslande kennt man aber diesen Namen nicht, wir brauchen daher den bekannteren Namen des Hauptortes der Landschaft. — Aber erlaube, Freund, du willst kein Lape sein, und doch stempeln dich deine Mundart und die Nüancen deiner Tracht als solchen. — Den Namen haben unsere Feinde aufgebracht, um uns damit zu necken, und da deren Zahl gross ist, so verdrängte er allmählich unseren wahren Namen, dieser aber ist Arber und zur Arberei gehört nicht bloss Brekudet, sondern auch das Kurweljesch und Wljóres, das die Gegen Wljónes, die Griechen Awlóna und die Franken Walóna nennen. — Lasse dir von dem Tosken nichts weiss machen, Fremder, unterbricht der hinzutretende Gege, der will für seinen kleinen Stamm einen Namen confisciren, welcher unserem Volke zukommt, das kann ich dir gedruckt zeigen, sieh! in diesem Gebetbuche wird, so oft von unserm Volke die Rede ist, Arber, Arberei und arberisch gebraucht, und der Name bezeichnet ebenso wie Schkipetar uns Nordalbanesen.

[209]) Polyb. de legat. cap. 9 sagt von den Römern: ἔδοκαν δὲ καὶ Πλευράτῳ Λυγνίδα καὶ Πάρθον, οὔσας μὲν Ἰλλυρίδας ὑπὸ Φίλιππον δὲ ταττομένας. Livius übersetzt Pleurato Lingus et Partheni dati, Illyriorum utraque gens sub ditione Philippi fuerunt. — Stephan. Πάρθος, πόλις Ἰλλυρική. Ἀπολλόδωρος ἐν χρονικοῖς· λέγεται δὲ καὶ ἀρσενικῶς, ὡς Πολύβιος· τὸ ἐθνικὸν Παρθηνός.

[210]) Anlautendes altgriechisches π wird auch in folgenden albanes. Wörtern zu b: bâljtε Thon, Schlamm, πηλὸς (palus); — bέ̦rγ, Divr. būi, ποιῶ; — bέssε, πίστις; — bίε, πίπτω; — bολ, πολὺς. — blι-πι tosk., blι-νι geg. Bast, Splint, Ulme. — Plinius?

[211]) Name der Theis bei Ammian XVII, 13, 4.

[212]) Wenn wir hier in benachbarte keltische Länder übergreifen, so finden wir die Berechtigung in vielfachen Anzeichen ihrer Verwandtschaft mit dem Illyrischen, deren Untersuchung jedoch ausserhalb unserer Aufgabe fällt.

[213]) Bardangâ und Bardanwic, s. Grimm Gesch. d. d. Sp. S. 683.

[214]) Diese Namen sind wohl auf die Longobarden zurückzuführen, die bekanntlich auch Bardi genannt werden. Grimm Gesch. d. d. Sp. pag. 689. — Diese Volksnamen durch das albanes. baρð zu erklären, ist hier umgekehrt wegen mangelnder Lautverschiebung bedenklich, doch bemerken wir, dass lith. baltas, lett. balts, slav. bjel, albus, welche unbestreitbar zu baρð gehören, von Grimm S. 447 zu den gothischen Balthae gehalten werden, weil hier Lautverschiebung mangele. — Auch wird die Ableitung von der Sage unterstützt, an deren Spitze der König Snio (Schnee) steht, der Sohn des Frosti und Vater des Thorri (Mithreiter) ist. — Wären etwa Scoringa, Blekinga und Mauringa als Schwarzland zu deuten, in das das weisse Volk aus dem Schneelande einwanderte? — Die zwischen Durazzo und Tyranna gelegene Landschaft heisst seit dem Mittelalter Skura, und muss vor Alters zu dem Gebiete der Parthini gehört haben. — Paulus 4, 23 sagt von den Longobarden: cervicem usque ad occipitium radentes nudabant, capillos a facie usque ad os dimissos habentes, quos in utramque partem in frontis discrimine dividebant. Diese Schur ist zwar nicht die albanesische, aber immerhin eine Schur. Weiter unten beschreibt er genau die auf der Halbinsel allgemein beliebte Sandale: τζαρούχι, σπίνγε o. σπάνγε. Auch die Ueberzieh-

hosen, tubrugi, welche die Longobarden von den Römern annahmen, finden sich hier von weissem Wollzeug, weit genug, um die Fustanelle zu fassen. — Longob. fara generatio == tosk. φάρρε geg. φάρε Same, Frucht, Nachkommenschaft, Geschlecht == lat. far-ris, also auch hier fehlt die Lautverschiebung. — far ahd, taurus Farren?

[215]) Bardylus, den Stifter der illyrischen Dynastie und früreren Räuber, möchten wir nicht hierher ziehen, weil ν für ρ — Gram. §. 3 Nr. 33, — der Name genau dem geg. bandìl Wildfang, Taugenichts entspricht; das italienische bandito möchte wohl nur schallverwandt sein, Vandale Vandil dagegen mehr Aufmerksamkeit verdienen. Es wäre wenigstens nicht undenkbar, dass irgend ein anrüchtiger Anklang in keltischen oder italienischen Ohren diesem deutschen Volksnamen die üble Bedeutung zugezogen. In Bezug auf dessen Stamm möchte das höchst intressante alb. βgνd, nähere Prüfung verdienen.

[216]) S. 29.

[217]) Wenn das latein. Pannus hierhergehört, so wäre Gewebe dessen Urbedeutung und pandere, spannen, das einschlägige Zeitwort; das d findet sich auch in dem alb. πέντε tosk. πένde geg. Flugfeder, Flügel, Radspeiche, Ochsenpaar, d. h. wohl Joch, mithin tritt auch penna Feder hier ein; überall liegt der Begriff von s-pannen unter; s-pinnen == s-pannen. Sind diese Conjecturen stichhaltig, so fiele das im Texte ausgesprochene Bedenken weg, und dürften daher Πηνειός Πενέσται und Pannonii zu demselben Stamm gerechnet werden.

[218]) Abel S. 25.

[219]) Wir erinnern uns gelesen zu haben, dass in Athen das Gesetz, welches die Kinder ihre hülfsbedürftigen Eltern zu ernähren verpflichtet, ὁ πελαργικὸς νόμος genannt wurde; dem Klange nach wäre man versucht, in dem Worte eine pelasgische Reminiscenz zu vermuthen, dasselbe geradezu das Gesetz vom „Altertheile" zu übersetzen, und so die Familienliebe des Storches aus dem Spiele zu lassen.

[220]) Gegen alle mit pf anlautenden deutschen Wörter besteht bekanntlich der Verdacht, dass sie entlehnt seien.

[221]) Φασὶ δὲ καὶ κατὰ τὴν τῶν Μολοττῶν καὶ Θεσπρωτῶν γλῶτταν τὰς γραίας πελίας καλεῖσθαι καὶ τοὺς γέροντας πελίους, Strabo Chrest. VII, S. 377 (Koray), — s. weiter S. 203, Note 116.

[222]) S. Gramm. §. 3, Nr. 9. Die entsprechenden Formen sind hellen. βλὰξ βλακεία, latein. flaccus (dass hier sogar ein s eintreten kann, zeigt franz. flasque), deutsch welk. Da mit βλὰξ μαλακὸς sinn- und lautverwandt ist, so möchte πάλλαξ als gefälliges jugendzartes und alban. πελjχjέtγ placeo hierher gehören, und letzteres daher zu pellex zu stellen sein; im n. g. παλλικάρι schlägt der Begriff in jugendkräftig um. Dieser Stamm ist einer der interessantesten des indogermanischen Sprachgebietes, denn er macht nicht nur aus alt jung, sondern auch aus schwarz weiss: — πελλὸς πελιὸς, pellos, engl. blak — pallidus, fahl und, a in je (Gramm. §. 3, 1 in fine), slav. bjelo. — blanc? blank?

[223]) Fr. 38, οἱ γὰρ Παίονες Πελαγόνες ἐκαλοῦντο.

[224]) Doch wäre es nicht undenkbar, dass hier noch ein anderer Begriff einspiele, nämlich der der grauen Wildtaube Πέλεια oder Πελείας. — Die heutige Hauptstadt von Pelagonien Bitolia oder Witolia stammt wahrscheinlich von dem alb. βίττο-ja Taube, und südöstlich von ihr erhebt sich in dem ganz ungriechischen Lande der Berg Peristeri; τὸ περιστάρι ist aber die neugriech. Form für Taube. J. Arneth über das Taubenorakel in Dodona.

[225]) dólla dúlla νde bállε te μάλλjιt komm, komm auf die Spitze des Berges (Lied); jaμ νde bállε ich stehe an der Spitze; — vielleicht mit dem altgr. βαλὴν und βαλλὴν König verwandt; dies Wort möchte phrygischen Ursprunges sein, s. Hesych; vergl. auch Plutarch de fluv. Sagaris 3. παράκειται δ᾽ αὐτῷ ὄρος Βαλληναῖον καλούμενον, ὅπερ ἐστὶ μεθερμηνευόμενον βασιλικὸν. Ob mit Baal, Bel, dem semitischen Worte für Herr, verwandt? Grimm, Gesch. d. deutsch. Spr. S. 193, vermuthet in dem dakischen Δεκέβαλος ein Appellativ; das albanesische Wort gäbe in Verbindung mit dem phrygischen die Uebersetzung Dakenkönig oder Dakenführer. Das albanesische Wort für den einheimischen König, oder Sultan, ist μbρέτ-ι (der fremde heisst κραal) und stellt sich zu dem sabinischen Embratur; s. Niebuhr I, S. 120.

226) VII, 111. Οὖτοι (Σάτραι) οἱ τοῦ Διονύσου·τὸ μαντήϊον εἰσίν ἐκτημένοι· τὸ δὲ μαντήϊον τοῦτο ἔστι μὲν ἐπὶ τῶν οὐρέων τῶν ὑψηλοτάτων. Βησσοὶ δὲ τῶν Σατρέων εἰσὶ οἱ προφητεύοντες τοῦ ἱροῦ, πρόμαντις δὲ ἡ χρέουσα κατά περ ἐν Δελφοῖσι (und in Dodona) καὶ οὐδὲν ποικιλώτερον.

227) Gesch. d. deutsch. Spr. S. 198.

228) Jornandes erzählt cap. 10 dem Dio Chrysosthomus nach, dass dem Philippus von Makedonien, Alexanders Vater, als er Mösien mit Heeresmacht überzog, aus der Stadt die Priester mit Gesang entgegenzogen, und ihn so erweichten: unde et sacerdotes Gothorum aliqui, illi qui Pii vocabantur, subito patefactis portis, cum citharis et vestibus canditis obviam sunt egressi.

229) Es ist gemein albanesisch; dagegen βεσσύιγ tosk., μεσσύιγ geg. ich glaube.

230) De 6 goth. I, 16, ὁ δὲ Βέσσας οὖτος Γότθος μὲν ἦν γένος τῶν ἐκ παλαιοῦ ἐν Θράκῃ ᾠκημένων.

231) Bessica ortus progenie — Jornand de regn. sun. p. m. 58. Warum, fragt Grimm, sollte nicht der zu Alexander des Grossen Zeit auftretende Bessus gleichnamig sein? Die Abschnitt VI, angeführten, nach Medien führenden illyrischen Spuren unterstützen diese Vermuthung

232) Grimm, S. 199.

233) Accus. σατέρξνε — Saturnus? als Harpenträger. Das albanes. ε geht häufig in ου über. Gramm. §. 3, Nr. 7.

234) VII, 111.

235) II, 96.

236) Auch bei Holz für hart und weich; ebenso neugr. ἡμερύ und ἀγριόπευχος. — Βούτης?

237) Uebrigens scheint uns λjισσ und λjεδ-ι, welches Wolle bedeutet, verwandt zu sein, und wir stellen hierzu das griechische λάσιος, welches sowohl buschig, dickicht, als behaart an Brust und Herz bezeichnet. Trügt uns das Gedächtniss nicht, so existirt irgendwo eine Angabe, dass vor Alters die λέσχαι zur Aufbewahrung der Wolle gedient hätten; diese Stelle wäre hier desswegen beachtenswerth, weil sie beweisen würde, dass wenigstens das Wort λεσχ in der Bedeutung von Wolle der hellenischen Urzeit gekannt gewesen sei, wenn auch λέσχη besser von λέγω abgeleitet wird.

238) Freilich stellte sich zu ihr als griechischer Pflanzstadt am besten ὁ ἡ λισσὸς glatt, also entweder baumfrei oder eben, s. Reiseskizzen S. 93, aber der Accent erregt Bedenken. Dasselbe gilt von λισσὸν makedon. τὸ ὑψηλὸν, s. S. 227, 3.

239) Vergl. jedoch auch Note 215, S. 272. Sollte auch die thracische Βένδις oder Βενδῖς hierher gehören, die in Athen einen Tempel und ein Fest hatte? Da sie Mondgöttin ist, m und b Laut auch im Albanesischen häufig wechseln — Gram. §. 3, Nr. 26 u. 27 — und unser deutsches Maid ein d anhängt, so lässt sich wohl Bendis = Μήνη betrachten, und bildet diese Form einen Uebergang zur römischen Venus; s. S. 252, Note 292.

240) VII, S. 382.

241) Mithia dem lateinischen far entsprechend, s. Note 214 in fine.

242) Λάκκα (mit reinem λ) ist in Epirus Thalmulde, und findet sich als Landschaftsname, z. B. ἡ λάκκα τοῦ Σουλjοῦ; ob das Wort griechisch oder albanesisch sei, können wir nicht bestimmen. Den Gegen ist es unbekannt. — Vielleicht ist es zur Erklärung der Λάκωνες und Λακε-δαιμόνιοι brauchbar, deren Ableitung von Ljakmon wegen des verschiedenen Anlautes nicht unbedenklich ist.

243) XLIX, 29.

244) Ein ungemein verbreiteter Name; er findet sich als deutscher in Altsachsen, Dôda. Grimm, S. 649; der französ. Familienname Dode de la Bruniere berechtigt zur Vermuthung, dass er auch keltisch sei; in Xerxes Heer ist Δῶτος ὁ Μεγασίδρου Anführer der Paphlagonen und Matianen, Herod. VII, 73; nach Röth ist Dodan o. Dedan ein hebräischer und phönicischer Name, und legt ihn Sanchunjatan einem phönicischen Stamme zu; die Dodanim des alten Testaments sind häufig mit dem epirotischen Dodona zusammengestellt worden.

245) Dr. Joseph Müller führt auf seiner Karte östlich von dem See von Ochrida das Gandawagebirge an. Obgleich Müllers Angaben nur mit grosser Vorsicht benutzt werden können, so ist doch kein Grund vorhanden, die Existenz dieses Namens in der Nachbarschaft der alten Candavia in Zweifel zu stellen.

[246]) XLIV, 30.

[247]) VII, pag. 326.

[248]) Pag. 443.

[249]) Z. B. Akropolita cap. 80, Συνεστάλησαν οὖν μέχρι τῶν οἰκείων ὅρων, εἶτ᾽ οὖν τῶν Πυῤῥηναίων ὅρων ἃ δὲ διορίζει τὴν παλαιάν τε καὶ νέαν Ἤπειρον τῆς Ἑλληνίδος καὶ ἡμετέρας γῆς.

[250]) Sollte Westphalen als Land der rothen Erde etwa einem ähnlichen Ideengange diesen Namen verdanken? — Wir wollen mit der versuchten Ableitung die Urverwandtschaft des Namens mit „peleschtim" nicht bestreiten; sie liegt ausserhalb unseres Gesichtskreises; wir betrachten die Pelasger als in Hellas gegeben, und beschränken uns auf die These: dort wurde mit dem Namen der obige Sinn verbunden.

[251]) VIII, 1, 2.

[252]) XIII, pag. 621. Ἴδιον δέ τι τοῖς Λαρισσαίοις συνέβη, τοῖς τε Καϋστριανοῖς, καὶ τοῖς Φριχωνεῦσι, καὶ τρίτοις τοῖς ἐν Θετταλίᾳ, ἅπαντες γὰρ ποταμόχωστον τὴν χώραν ἔσχον· οἱ μὲν ὑπὸ τοῦ Καϋστρου, οἱ δ᾽ ὑπὸ τοῦ Ἕρμου, οἱ δ᾽ ὑπὸ τοῦ Πηνειοῦ. — Sehr bezeichnend ist in dieser Hinsicht, dass nach Dionys I, 20 die Aborigines den einwandernden Pelasgern die Sumpfgegenden von Velia (ἐν οἷς ἦν τὰ πολλὰ ἐλώδη) einräumten, nach denen die Stadt genannt wurde.

[253]) Diese Reihenfolge führt unwillkürlich zu der Vermuthung, dass die arkadische Kessel-ebene, in der Mantinea und Tegea lagen, und deren Wasser nur unterirdische Abflüsse haben, in der Urzeit einen Sumpfsee beherbergt haben möge, der dann später abfloss.

[254]) Da auch im albanes. μ und π Laut häufig wechseln, Gram. §. 3, Nr. 26 u. 27, so stellen wir zu Νιόβη das alb. vjóμε feucht, frisch, zart, besonders von jungen Pflanzentrieben, und erinnern an den thränennassen Fels, in den die tantalische Niobe verwandelt wird; das Wort scheint sansc. navas, griech. νέος νεῖος, lat. novus mhd. niuwe zu entsprechen. — Man bemerke, dass ihre über-lebende Tochter Chloris heisst, und dass Chlorus Sohn des thessalischen Pelasgus ist, der frische Trieb aber erst weiss, dann gelb, dann grün wird, lauter Farben, die dem albanes. vjóμε zukom-men. Der Name der tantalischen Niobe bildet, so gefasst, einen Gegensatz zu ihrem Bruder Pelops dem schwarzen. — Der Name ist daher auch in der argivisch-arkadischen Genealogie gewiss nichts zufälliges.

[255]) III, 10, 1.

[256]) Bei Stephan s. v. Αἱμονία.

[257]) Pag. 321, 28.

[258]) Der gefärbten, der bunten.

[259]) Hyg. f. 274.

[260]) Hyg. II, 220.

[261]) Wir möchten den Namen von λαῖνα ableiten, und ihn als eine Personification des warmen Dunstschwadens fassen, der über frisch gepflügten Feldern lagert, und die durch denselben er-blickten Gegenstände in zitternder Bewegung zeigt.

[262]) III, 14, 6.

[263]) Ob auch ἔρα gr. Erde? Sie wird meist älter als das Licht gedacht.

[264]) Das Hauptwort hat sich im griech.-epirot. Dialekte als σμπολjαῖς Schollen erhalten, und im tosk. findet sich die Form τσβολj-τ, plur. τσβόλjε-τg.

[265]) S. S. 262, Note 97. Sollten die altthracischen Κίκονες mit dem lateinischen ciconia zusammenfallen? Der Storch steht in dem Rufe, seine Jungen besonders zu lieben, und dem Klange nach liegt das griechische στοργὴ elterliche und kindliche Liebe und στέργω στοργέω ich liebe, vereor dem deutschen Worte sehr nahe.

[266]) Scheint in dem Sinne zu λjάτγ zu gehören, wie βάπτω eintauchen und färben heisst, ebenso albanes. νγjύετγ ich tauche ein und färbe, ebenso verhält sich lat. color, und das Particip des albanes. Verbums νγουλj ich stecke hinein, νγούλjουρε s. hierüber in Note 276.

[267]) Xylander hat hierfür die Form λjιροιγ notirt, welche wir in dieser Bedeutung noch nicht auffinden konnten, sie entspricht dem lat. liro und deliro; — λjιφ schlaff und leer, von λjιφάτγ

ich spanne ab, mache schlaff, ergäbe in der Bedeutung von pflügen den Urbegriff auflockern. — Zu dem geg. *ljaρύιγ* die Erde färben, findet sich im Gallischen eine Analogie: „dem gallischen Pflüger heisst die linke Seite der Furche *ban weiss*, die rechte *dearg roth*, denn *dearg röthen* bedeutet pflügen, das Land roth aufreissen." Grimm, Gesch. d. deutsch. Spr. S. 996.

²⁶⁸) V, 6. *καὶ τὸ μὲν ἐστίχθαι, εὐγενὲς κέκριται· τὸ δὲ ἄστικτον, ἀγενές*. Freilich setzt er zu: *ἀργὸν εἶναι κάλλιστον· γῆς δὲ ἐργάτην ἀτιμότατον*. Es möchte daher bedenklich erscheinen, die Sitte eines in seiner Lebensart so verschiedenen Volkes auf die Pelasger anzuwenden, die wir als wesentlich Ackerbau treibend erkannt haben, wenn es sich nicht gerade aus den Gegensätzen der Stelle ergäbe, dass hier nur von den Sitten einer herrschenden Kriegerkaste die Rede sei.

²⁶⁹) VII, pag. 315. *Ἰάποδες* — — *κατάστικτοι δ᾽ ὁμοίως τοῖς ἄλλοις Ἰλλυριοῖς καὶ Θραξί*.

²⁷⁰) I, 57.

²⁷¹) Ist dem Klange nach mit dem Berg *Πλάκος* identisch, an dem das hypoplakische Theben lag.

²⁷²) *κ* erweicht durch den Vortritt von *ν* (*εν* und in entsprechend) in *γ̇*, *π* durch den von *μ* in *β*; s. Gramm. §. 2.

²⁷³) Odyss. XII, 80—97 und 245—257.

²⁷⁴) III, 15, 6.

²⁷⁵) S. unten sub lit. d.

²⁷⁶) Zu *νγούλj* ich stecke ein, hinein, ich pflanze, Part. *νγούλjουρε* u. *νγούλjτουρε*, davon ε *νγούλjτουρα* das Einstecken, Pflanzen, die Pflanzung und zu *κουλέττα* Beutel, stellen sich eine grosse Anzahl Wörter, z. B. griech. *κολεός*, jon. *κουλεός*, lat. culeus Scheide, -*κόλον* Speise (alb. *γ̇έλλj*), Futter — *κολυμβάω* ich tauche — *κύλον, κολὶς* Augendeckel — *κύλη κύλιξ*? calix *κῶλον*? Glied als in der Pfanne steckendes? — coles, coleus, culeus Sack, Schlauch, Hode — colium Haus, albanes. *κούλja* Thurm, — colere agrum, colonus Landwirth, Pflanzer? — color Farbe, auch albanes. *νγ̇ύειγ*, griech. *βάπτω*, verbinden die Begriffe, ich tauche ein- und ich färbe. Columen und columna als eingerammte Stütze — culter Messer und Pflugschaar — cultor, cultus, cultura Feldbebauung u. s. w.

²⁷⁷) Herodot II, 52.

²⁷⁸) Wir können jedoch diesen Wechsel vor einer Liquida nicht mit identischen Beispielen belegen, am nächsten steht lat. orbus, geg. *βερκ-δι* blind. Dass das griechische ο vor ι mit lateinisch ν wechselt, ist bekannt, und *οὖας* contr. *οὖς* Ohr ergibt das albanes. *βεϑ*. Zahlreiche Beispiele berechtigen zu der Annahme, dass in *βράνε* zwischen Muta und Liquida ein ε ausgefallen und dann liegt die Analogie von sanscr. varunas Ocean und altlatein. urinans sehr nahe. Sollten nicht orior, *βρύω* und *οὐρέω* verwandt sein?

²⁷⁹) In der Kosmogonie der Sidonier figurirt die *ὀμίχλη* als eines der vier Urwesen, Roeth Note 296.

²⁸⁰) *Ὀρφ. ὕμν. Ῥέας* v. 5: *Οὖρεσιν ἡ χαίρεις* — —
v. 7: *Ψευδομένη, σώτειρα λυτηριάς, ἀρχιγένεϑλε*.
Das Ende der Hymne fasst sie als Mutter des Alls. Das Wolkengebilde wird auch unter Kybelens Attributen aufgeführt.

²⁸¹) *νγρένε* ist anomales Particip von *χα* ich esse, und bedeutet sowohl Speise, als das Speisen.

²⁸²) Dies ist jedoch bei Hesiod dessen stereotypes Epitheton.

²⁸³) *κίκελ* und *κjίκjελ* geg. Spitzgipfel von Bergen, Bäumen (Cypressen, Pappeln) und Gebäuden. Wir brauchen diesem Worte nur die altgriechische Endung *οψ* anzuhängen, um *Κύκλοψ* zu erhalten (über ι und υ s. Gramm. §.3, Nr. 13) und diesen Namen mit Bergbewohner, Hochländer zu übersetzen. Wir bemerken ferner, dass dem von Osten her nach Sicilien Schiffenden der Gipfel des Aetna zuerst sichtbar wird, dass er das Hauptmoment der Uferansicht bildet, und dass sich daher die Benennung Kyklopeia Gipfelland und Gipfler für seine Bewohner dem Schiffer gleichsam aufdringt.

²⁸⁴) So wünscht der Neugrieche und Albanese einem Vornehmen: mögest du (so lange und mächtig) leben wie die Berge.

²⁸⁵) S. unten lit. 1.

²⁸⁶) Als Grundgedanke der hesiodischen Theogonie erscheint uns der Entwicklungsgang von der Finsterniss zum Lichte, und wir zerlegen diesen Process in 5 Zeiten: 1. dunkle Zeit — Raum (χάος), — Scheidung der bildsamen, organisirbaren Stoffe (Erde) von den starren, keiner Organisation fähigen (Tartarus) durch den Eros, welche drei Elemente der Raum enthält. 2. Zeitlose Dämmerzeit, — Herrschaft des Uranus. 3. Wasserzeit, — Organisation des Wasserstoffes, wodurch Zeit und Tag in die Welt kamen, — Herrschaft des Kronos. 4. Kampf des oberen Lichtstoffes (Aether) mit dem Wasserstoff (Titanen?). 5. Herrschaft des oberen Lichtstoffes oder Zeus. Das Element des oberen Lichtstoffes verhindert jede Vergleichung mit den neueren neptunistischen oder vulcanistischen Natursystemen. Zu der vierten und fünften der angenommenen Perioden verweigert uns die albanesische Sprache jeden Beitrag, während sie die Basis der zweiten und dritten bildet. Schliesslich mögen hier ein paar Worte über das Chaos stehen. Hesiod beginnt seine Theogonie mit den Worten: ἤτοι μὲν πρώτιστα χάος γένετ'. — Wenn der epirotische Bauer die bedeutende Tiefe eines Abgrundes, einer Schlucht oder Höhe bezeichnen will, so braucht er das Wort χάος, der Thessalier setzt ein ϝ ein und sagt χάβος. Das Wort hängt sonach mit χάω, χάυνω, ich klaffe, gähne zusammen. Der Deutsche verbindet in gleichem Sinne diese Zeitworte mit Abgrund, Schlund. Wir glauben daher, dass das Wort den Urbegriff von leerer Tiefe hat, und übersetzen Hesiods Vers: „Im Anfang war der Raum". — Man bemerke, dass das Chaos die Finsterniss Ἔρεβος (ἔρρε-a alb. Finsterniss, Dunkelheit — lat. error?) und die Nacht gebiert, beide vermählen sich und erzeugen den (Licht-?) Aether und den Tag, v. 125. — Alle diese Nachkommen sind aber nichts anders als Zustände des Raumes an sich. — Das entsprechende albanesische Wort ist χόν. — Dem Verfasser ist keine Gegend bekannt, welche zerrissener und schluchtenreicher wäre, als das in dem Winkel des Flusses von Argyrokastron und der Wiussa liegende Hinterland der Akrokeraunien, welches jetzt Kurwelesch heisst, und vor Alters zur Landschaft Chaonia gehört zu haben scheint. Im Hinblick auf das griechische Wort und die Naturbeschaffenheit der Gegend glauben wir Χαονία als offene Form von χόν annehmen, und den Namen etwa mit „Schluchtenland" übersetzen zu dürfen. Der Begriff von Altland, Urland ist vielleicht später entstanden, weil die Aonier als Urbewohner Böotiens (und Attikas?) angenommen werden; vergl. auch Hermann, Lehrb. d. griech. Staatsalterth., erste Ausg., §. 15, Note 8, Chones = Χάονες.

²⁸⁷) δίτε Tag, δίτα der Tag weibl.; — hinzu stellt sich dem Klange nach ditis sanscr. Göttin der Erde, dityea Erdgeist. Sollte das Wort den Stamm von Titaea dem von Diodor erwähnten Namen der Ge bei den Atlantiern bilden? δίτε hat im Accus. δίτενε und steht dem griech. τιτανὸς Kalk sehr nahe; ist etwa dessen weisse Farbe massgebend? — Τιτάν? Ausser dem Wechsel von δ und τ macht hier auch der Accent Bedenken. Zwar findet sich das τ in dem so häufigen etruskischen Namen Tite, dem römischen Titus und in der römischen Phile der Tities oder Titienses beibehalten; dies lässt sich jedoch vielleicht dadurch erklären, dass nach Lanzi I, S. 161 das Mittel d auch in allen italischen Alphabeten mit Ausnahme des Volskischen fehlt. — (?) tide englisch 1) Zeit, 2) Ebbe und Fluth, 3) Strom oder Strömung. Uebrigens spricht Hesiod weder von einem Titan noch einer Titäa, er erkennt in der Benennung Titanen, wie oben erwähnt, einen Spottnamen, mit dem der Nebelvater seine missliebigen Kinder belegt.

²⁸⁸) Venus Urania = Nebel = Dunst Venus Ἀφροδίτη oder Ἀφρογένεια im griech. Sinn = ἀκιδαλλία, zusammengesetzt aus ac aqua und albanes. δάλλj ich gehe heraus, hervor, von Sonne und Mond, ich gehe auf (dalius Oscorum lingua significat insanum Festus bei Lanzi III, 173, — neugr. ἐξωφρενῶν).

²⁸⁹) Wäre dieser Hof etwa auch der mystische Gürtel, welchen Venus bei ihrem Eintritte in den Olymp von den Horen erhält? — Zu seinem griechischen Namen κεστὸς setzen wir das albanesische Zeitwort νγjεδ ich gürte.

²⁹⁰) Ορφ. ὑμν. Νυμφῶν wo sie übrigens hauptsächlich als Wassergöttinnen gefasst werden.

    v. 5. ἠερόφοιτοι.

    v. 6. ἴχνεσι κουφαί.

    v. 8. Σὺν Πανὶ σκίρτωσαι ᾽ν οὔρεα wie in Deutschland und Albanien.

    v. 10. λευχείμωνες εὔπνοοι αὔραις.

²⁹¹) Dieser im indogermanischen Sprachstamme fast unbekannte, hier aber theilweise als Regel feststehende Wechsel möchte wegen seiner Fruchtbarkeit die höchste Beachtung verdienen (an seiner Hand wird z. B. der Taunus zu Taurus, das Albanesische erklärt auch den Namen des nahen Spessart mit dem des Vogelberges für identisch, denn der heutigen Namensform liegt σπέσ̌hardt näher als „Spehtsharte" in Nibelung. v. 3883. Südhessen scheint überhaupt reich an pelasgischen [hier wohl keltischen] Spuren). — Die Folge der Uebergänge sollte sich der Analogie nach als s, r, n darstellen; da aber die alten, namentlich die lateinischen Formen in der Regel mit der gegischen n-Form zusammenfallen, so müssen wir in diesen Fällen dem n wohl ein höheres Alter als dem r zuerkennen. — Ueberhaupt macht uns der gegische Dialect den Eindruck, als ob er im Ganzen ältere Formen bewahrt habe, als der toskische.

²⁹²) Cajus in l. 236, D. V. S. (50, 16). — Qui venenum dicit, adjicere debet, utrum malum an bonum, nam et medicamenta venena sunt: quia eo nomine omne continetur, quod adhibitum naturam ejus cui adhibitum esset, mutat: cum id, quod nos venenum appellamus Graeci φάρμακον dicunt, apud illos quoque tam medicamenta quam quae nocet, hoc nomine continentur. — Folgender Zusammenstellung steht die verschiedene Quantität im Wege: sie bedarf daher näherer Prüfung: alb. βέσε Thau, feiner Regen, acc. βέσνε; slav. wesne, wiosna Frühling; latein. ver Frühling, und vena Ader, dessen alban. Accusativerweiterung vénéné ergeben würde; s. Note 97. — Vergl. auch Grimm, Gesch. d. d. Spr. S. 654, wanum, Venus, Gwener u. s. w. — Wasser und Glanz sind in der Regel sprachlich verwandt.

²⁹³) Was den Stamm des Wortes betrifft, so empfehlen wir έιγ tosk. und άυιγ geg. ich schwelle, zur näheren Prüfung. Dies Zeitwort hat im Pass. έχεμ oder χέχεμ; im Particip tritt, wie bei fast allen Verba dieser Gattung, die Silbe ττ zwischen Stamm und Endung, ε έττουρα das Anschwellen: nach der Analogie von λjῖ, Part. λjένε, ζῖ, Part. ζένε, und den anomalen Participien θένε gesagt, νγρένε gegessen, ῆjένε gewesen u. s. w., wäre das einfache Part. ένε-α oder χένε-ά das Anschwellen, die Schwellung: — erstere Form findet sich im alban. ένε als Gefäss (altgr. ἄγγος ?) vermuthlich mit dem Urbegriff des Gebauchten; davon προτοɤένε (aus griech. und alban. zusammengesetzt, ebenso προτοπάρε vorerst) von Schafen, Ziegen, selbst jungen Frauen, die zwar zeugungsfähig sind, aber noch nicht empfangen oder geboren haben. ένη χαὶ νέα war bei den Athenern der 30. oder der letzte Monatstag, wo der alte Mond mit dem neuen im Mondjahre wechselt. — Hennil der Vandalengott?

²⁹⁴) Als Anath, Antha o. Antu ist sie die egyptische Göttin, welche nach Roeth, Note 226 der griechischen Artemis entspricht; erscheint auf den Hyroglypheninschriften als Tanath, Tanatha, Tanu; der T-Anlaut ist nach Roeth Artikel (wäre etwa geg. τάνε ganz, ein verstümmeltes Tanath? mit dieser Bedeutung entspräche der Name der griech. Ἄρτεμις). — Als Anath, Anait wurde diese Göttin in ganz Vorderasien, bei den Persern, Kappadokern, Armeniern und Medern verehrt. Roeth ibid. — adn goth. Jahr, Mondjahr? — Ἀθηνᾶ?

²⁹⁵) Pausanias III, 15, 8.

²⁹⁶) Εἰς Ἀφροδίτην vers. 4: πάντα γὰρ ἐκ σέθεν ἐστίν

           5: — — γεννᾷς δὲ τὰ πάντα

           7: — — σεμνὴ Βάκχοιο πάρεδρε

          10: — — Φαινομένη τ' ἀφανής.

²⁹⁷) Makrobius I, 15, sagt von den Tyrrhenen: Lunam et Junonem eandem putantes.

²⁹⁸) Das der Juno von den Künstlern gegebene Diadem hat grosse Aehnlichkeit mit einer abwärts gekehrten Mondsichel; um wie viel geschmackvoller ist nicht dieser Kopfputz, als die auf dem Haupte der Artemis ruhende, nach oben gekehrte Mondsichel!

²⁹⁹) Sollte dies räthselhafte Wort zum albanes. χάνε gehören? Wir erinnern auch an litth. preuss. kurwa und slav. und albanes. κούρβε, ebenso an den Doppelsinn von ital. vacca.

³⁰⁰) Pausanias VI, 25, 2.

³⁰¹) βοῦν? — gibt etwa die thracische Βένδις, welche in Athen zur Artemis wird, das Verbindungsglied zwischen ɤένε und dem m-Stamm des Mondes ab? Denn der Uebergang von b zu m wäre eben so häufig, als der von ɤ zu m anomal. Cuu finn. Mond und Monat — mes kopt. Kalb (alb. Fohlen); im Sanskrit steht dagegen die Kuh zur Erde. Grimm, d. Myth. S. 631.

[302]) Homer Hym. Cer. v. 47, 211, 492.

[303]) So Orpheus:

$$\text{Ζεὺς πρῶτος γένετο Ζεὺς ὕστατος ἀρχικέραυνος}$$
$$\text{Ζεὺς κεφαλὴ Ζεὺς μέσσα, Διὸς δ' ἐκ πάντα τέτυκται}$$

und: — Πανταγενέθλ' ἀρχὴ πάντων, πάντων τε τέλος

besonders aber die bekannte Parodie:

$$\text{Ζεῦ κύδιστε, μέγιστε Θεῶν, εἰλυμένε κόπρῳ}$$
$$\text{Μηλείη τε καὶ ἱππείῃ καὶ ἡμονείῃ.}$$

[304]) „Teutones, Τεύτονες stammt wiederum aus teuta, wie vor der Verschiebung des goth. þiuda, ahd. diota gelautet haben muss, welches dem litth. tauta und ir. gal. tuath., welschen tud, tuedd reggio begegnet." Grimm, Gesch. d. deutsch. Spr. S. 790. — Der Begriff des Erdgeborenen scheint unsern Voreltern nicht fremd gewesen zu sein: Tuisconem Deum terra editum et filium Mannum originem gentis conditoresque Tac. Germ. II. — In der altscandinavischen Götterlehre ist Buri der von der Kuh aus den Steinen geleckte erste Mann oder Mensch; in den Göttergenealogien kommen die Namen Burr und Burri vor; Grimm, d. Myth. S. 323, leitet diese Formen von Bairan, erstgeboren, ersterschaffen ab und vermuthet, dass Buri und Börr nur andere Namen für Tuisco und Mannus seien. Im Albanesischen heisst βούρρε-ι Mann, Ehemann, βουρόιγ ich quelle hervor; πυρί oder πουρί ist neugr. der behauene Stein, namentlich Eckstein; wo das Wort hingehört, wissen wir nicht. Wir erinnern überhaupt an die Assonanz so vieler Völkernamen mit Wörtern, welche Stein bedeuten.

[305]) Herodot IV, 59. — Der alte Name dieser Gottheit Δάμα ist wohl mit Sanskr. dam (altgr. δάμαρ) Gattin, identisch. Im Albanesischen liesse er sich als eine Contraction aus δε Erde und ἐμμε bestimmt ἐμμα Mutter, betrachten, denn wenn im Albanesischen zwei ε zusammenstossen, so werden sie merkwürdiger Weise in α contrahirt. Gramm. §. 4. Doch ist ἐμμα wohl eine zu verstümmelte Form, um Beachtung zu verdienen.

[306]) Die Vergleichung des Menschen mit dem Halme ist auch in der Normandie gebräuchlich, der Bauer sagt dort: ç'est un beau brin de fille.

[307]) Δάσκυλος von δᾶ und σκουλj ich reisse heraus? s. oben unter Pelasger Nr. 53, Ende — Δεισπάτυρος Gott bei den Tymphäern (Hesych.)?

[308]) Paus. VIII, 10, 3, Strabo XIV, p. 659, wo Abel S. 49 vorschlägt, Osogo in Ogogo zu verbessern.

[309]) Der Albanese hat für diesen Tagesabschnitt ein ganz verschiedenes Wort: ζέμερε, oder auch ζέμερ' χέρε (hora, geg. auch ζέμβερε lautend); das Wort heisst auch Herz; — ζέμερόιγ ich erzürne, ζεμερίμ, Gemüthshitze, Zorn. Es ergibt sich als geschwächte Form des irischen sambra aestas, zu welchem goth. sumrus ahd. und altn. sumar stehen. — Σεμέλη?

[310]) Zum Tausche von γ und κ ermächtigen zahlreiche Beispiele (s. Gramm. §. 3, Nr. 47). — So gehört zu γjί-ρε ohne Zweifel κjίγ concumbo; dies hat im Particip. pass. κjίρρε, was unserm kirren und kirre sehr nahe stünde, wenn die mangelnde Lautverschiebung kein Bedenken erregte. Eine Analogie möchte das griechische δαμάω und δάμαρ liefern. Vielleicht ist in letzterem Worte das δ ein Archaismus, für welchen in der Folge γ hätte gesetzt werden können; s. jedoch oben Note 305. Auch der an alten Ausdrücken reiche epirotische und die meisten neugriechischen Dialekte sprechen κ vor ε und ι fett aus, sogar κjαί und.

[311]) Wir bitten, die obigen Bemerkungen im Sinne der Note 250 aufzufassen. Denn de Name Atlas an sich ist wohl einheimisch, da Adír berber. Gebirge und addír semit. gros bedeutet.

[312]) So auch 'Ορφ. Ὑμν. Ἡφαίστου

v. 1 Ἥφαιστ' ὀβριμόθυμε μεγάσθενες ἀκάματον πῦρ

v. 8 κραταιέ

[313]) Διονύσου v. 3 — κρύφιον

Λυσίου v. 3 — κυφίγονον

Τριετηρίκου v. 5 — κρύφιον Διὸς ἔρνος etc.

Das latein. tina ist auch in Italien noch gebräuchlich.

³¹⁴) Arnobius bei Müller II, 82: qui sunt introrsus atque in intimis penetralibus coeli deos nec eorum numerum nec nomina sciri. — Seneca Qu. nat. quos (Etrusci) superiores et involutos vocant; und die Zeus beim Schleudern schweres Unheil verkündender Blitze zu Rathe zieht.

³¹⁵) Ὀρφ. Ὕμν. Θέμιδος

v. 3 Ἡ πρώτη κατέδειξε βροτοῖς μαντηῖον ἁγνόν
Δελφικῷ ἐν κευθμῶνι, θεμιστεύουσα θεοῖσι
6 Ἡ καὶ Φοῖβον ἄνακτα θεμιστοσύνας ἐδίδαξε
Πρώτη γὰρ τελευτὰς ἁγίας θνητοῖς ἀνέφηνας.

Die Hymne auf Dikaiosyne bietet keinerlei Vergleichungspunkte mit Themis. — χρυσόθεμις = χρυσόστομος?

³¹⁶) Der Gege nennt Athen jetzt Ἀντίνε.

³¹⁷) I, Cap. 88.

³¹⁸) Müller, Etrusker II, S. 88, 89.

V.

Das albanesische Alphabet.

§. 1. Das Alphabet.

Nr.	Zeichen.	Benennung.	Werth.	Nr.	Zeichen.	Benennung.	Werth.	Nr.	Zeichen.	Benennung.	Werth.
1.		A	a	19.		Ra	r	37.		Θa	griech. ϑ
2.		E	offen e	20.		Rra	rr	38.		Ba	b
3.		I	i	21.		Fa	f	39.		Mba	mb
4.		O	o	22.		Δa	griech. δ	40.		Pa	p
5.		U	u	23.		Ma	m	41.		Na	n
6.		Ü	ü	24.		Ja	deutsch. j	42.		Tscha	tsch
7.		E	stumm e	25.		Gha	gh	43.		Dscha	dsch
8.		Sa	s	26.		Ngha	ngh	44.		Ndscha	ndsch
9.		Ça	griech. ζ	27.		Gja	gj	45.		Sta	st
10.		Tsa	ts	28.		Ngja	ngj	46.		Scha	sch
11.		Dsa	ds	29.		Γa	griech. γ	47.		Ja	franz. j
12.		Ndsa	nds	30.		Psa	ps	48.		Schta	scht
13.		Wa	w	31.		Ha	h	49.		Te	te
14.		La	l	32.		Cha	dunkel ch	50.		Njan	nj
15.		Lja	lj	33.		Chja	hell ch	51.		As	as
16.		Kja	kj	34.		Ta	t	52.		Ω	griech. ω
17.		Ka	k	35.		Da	d				
18.		Xan	x	36.		Nda	nd				

Aus der untenfolgenden Prüfung dieses Alphabetes wird sich ergeben, dass dasselbe keine willkürliche Erfindung und daher seine Aehnlichkeit mit dem phönicischen und den von diesen abstammenden Alphabeten keine zufällige sei, sondern vielmehr daher rühre, weil das phönicische Alphabet das Urbild des albanesischen ist. — Dies Ergebniss betrachtet der Verfasser als unbestreitbar, weil es auf dem Augenschein fusst, er hält sich demnach für berechtigt, von einem

Uebergange der einzelnen Zeichen aus dem phönicischen Alphabete in das albanesische zu sprechen, und die Veränderungen zu beleuchten, welche deren Formen bei diesem Uebergange erlitten
haben.

Unabhängig von der nicht zufälligen, sondern nothwendigen Aehnlichkeit des albanesischen
Alphabetes mit dem phönicischen ist jedoch die Frage nach dessen Ursprung, d. h. ob dasselbe
ein aus eisgrauer Vorzeit überkommenes Erbstück, oder ob es das neuere Product eines Individuums sei, das die phönicischen Zeichen zur Composition eines albanesischen Alphabetes benützt
hat. Die Gründe und Gegengründe, welche der Verfasser für jede dieser Alternativen gefunden
hat, finden sich §. 11 zusammengestellt, damit sie der Leser bei der Bildung seiner Ansicht zu
Rathe ziehen könne.

Die Ansicht des Verfassers neigt dahin, dass dieses Alphabet uralte Elemente enthalte[1], —
in wie weit aber zu seiner jetzigen Gestaltung ein neuerer Simonides beigetragen, erst durch eine
Vergleichung mit dem albanesischen Alphabete bestimmt werden könne, welches sich nach einem
§. 12 angegebenen Citate in den italienischen Colonien erhalten hat.

§. 2. Ausscheidung der Doppelbuchstaben.

Eine nähere Prüfung dieses Alphabetes verlangt vor allem die Ausscheidung der darin vorkommenden Doppelbuchstaben von den einfachen. Der Verfasser versteht unter ersteren alle diejenigen, deren Laut durch mehrere Buchstaben desselben Alphabetes wiedergegeben werden kann,
und in deren Form die Zusammenziehung jener Buchstaben in ein Zeichen annoch sichtbar ist.

1. ɪ *Ndsa* — der untere Querstrich zeigt im Verein mit dem damit verbundenen das v an,
welches vor 7 *Dsa* tritt.

2. ʞ *Ngha* — das dem ʰ *Gha* vortretende v wird durch den an der Spitze des Balkens an-
gesetzten Strich angedeutet.

3. ʃ *Gja* — aus ʰ *Gha* und ɔ *Ja* zusammengesetzt (§. 4, Nr. 8).

4. ʃ *Ngja* — aus Nr. 2 und 3 zusammengesetzt.

5. ɥ *Psa* — aus ʋ *Pa* und ɪ *Sa.*

6. Ⅹ *Nda* — aus v *Na* und ʌ *Da.*

7. ɞ *Mba* — aus ʅ *Ma* und ʆ *Wa.*

8. 5 *Sta* — aus ʅ *Ta* und ɪ *Sa.*

9. ʃ *Ja* (sprich französ.) — aus ʌ *Scha* und dem unten angehängten ɔ *Ja*, welches den
scharfen *Sch*-Laut in den des französischen *j* erweicht.

10. ʌ *Schta* — aus ʌ *Scha* und angehängtem ʅ *Ta.*

11. Ѵ *Te* — eine einfache Verbindung des ʅ *Ta* mit ʌ, oder gedecktem *e.*

12. ʮ *Njan* — aus v *Na* und angehängtem ɔ *Ja.*

13. ʞ *As* — aus v *A* und ɪ *Sa.*

14. ɋ *Dscha* — das auf den Kopf gestellte Zeichen lässt sich als eine Zusammensetzung von
ʰ ð und ʌ *Scha* betrachten. S. auch hinten Nr. 34.

15. ɣ *Ndscha* — dessen *n*-Laut durch den dem vorigen Zeichen angehängten Strich angedeutet wird.

Man könnte endlich wohl auch Ⅹ *Kja* und 8 *Ksan* in die Reihe der Doppelzeichen setzen,
weil ersteres aus ꞁ⁄ d. h. aus *k* und *j* bestehend und durch den Aspirationsstrich (§. 10) getrennt,

---

[1] Dieser Aufsatz erschien bereits in den Sitzungsberichten der philosophisch-historischen Classe der kais.
Akademie der Wissenschaften, December-Heft des Jahrganges 1850. — Auf dessen Mittheilung schickte
mir Herr Professor F r a n z in Berlin kurz vor seinem Tode eine verbesserte Vergleichung des albanesischen Alphabetes mit dem phönicischen, welche §. 7 benützt wurde. Dies zum Beweise, dass die
paläographische Bedeutung desselben bereits von einer competenten Autorität anerkannt worden ist.

s aber aus $\mathcal{C}_0$ d. h. aus *k*, *s* und *j* bestehend angenommen werden kann [1]). Indessen wurden diese Zeichen, wegen ihrer Aehnlichkeit mit entsprechenden fremden Buchstaben unter die einfachen mitaufgenommen.

Nach Abzug der obigen 15 Doppelzeichen verbleiben 37 einfache Zeichen. Von diesen kommen 8 auf Vocale und 29 auf Consonanten.

§. 3. Wendung der Buchstaben.

Der näheren Betrachtung der einzelnen Zeichen muss der Verfasser eine Bemerkung über die Veränderung vorausschicken, welche eine Anzahl derselben bei ihrem Uebergange von den asiatischen Alphabeten in das albanesische erleidet.

Das Umschlagen der Buchstaben von der Rechten zur Linken und umgekehrt, vermöge dessen die Züge, welche früher auf der einen Seite standen, auf die entgegengesetzte versetzt werden, gleichsam als ob die jüngere Form ein Spiegelbild der älteren wäre, findet im Albanesischen bei mehreren Buchstaben Statt.

Häufiger aber verändert der asiatische Buchstabe bei dem Uebertritte in das albanesische Alphabet seine Stellung in der Art, dass sich seine Basis um ein in seiner Spitze oder über derselben gelegenes Centrum kreisförmig zu bewegen anfängt, und erst nachdem sie einen grösseren oder kleineren Kreisabschnitt durchlaufen hat, von neuem fixirt. Die Richtung, in der diese Drehung Statt findet, ist stets dieselbe, sie geht von der Linken zur Rechten (fast immer von unten nach oben), ein Astronom würde sagen, der Buchstabe rotire von Westen nach Osten.

Der Verfasser bezeichnet die erste der erwähnten zwei Bewegungen mit dem Worte Umschlag, die zweite mit dem Worte Wendung, und versteht unter $\frac{1}{4}$, $\frac{1}{2}$, $\frac{3}{4}$ Wendung den Kreisabschnitt, welchen der Buchstabe in der angegebenen Richtung durchläuft.

Nun ergibt sich aber aus der Vergleichung verschiedener Alphabete, dass dieselbe Form vor ihrer Fixirung einen kleineren oder grösseren Kreisabschnitt durchläuft, sich also weniger oder

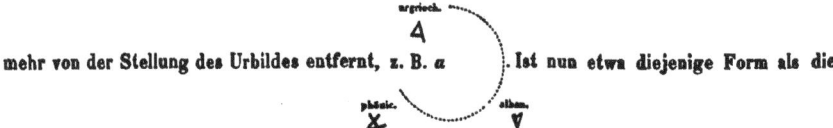

mehr von der Stellung des Urbildes entfernt, z. B. *a* . Ist nun etwa diejenige Form als die

ältere anzunehmen, deren Abstand von dem Urbilde der geringere ist? Der Verfasser vermag es nicht, diese Frage auch nur annäherungsweise zu beantworten, sie möchte aber wohl die Aufmerksamkeit der Männer vom Fache verdienen.

Um das aufgestellte Gesetz über die Wendung der Buchstaben, welches auch auf mehrere Zeichen des griechischen Alphabetes Anwendung findet [2]), im Einzelnen nachzuweisen, sind hier

---

[1]) Das zweite Zeichen unterscheidet sich von dem ersten nur dadurch, dass hier der Aspirationsstrich gewunden statt gerade ist. §. 10. — Die Manuscripte zeigen auch noch andere in dem Alphabete nicht angeführte Ligaturen, z. B. ⨍ für *ja*.

[2]) Gewendete Buchstaben finden sich im griechischen Alphabete folgende:

⊿ mit $\frac{3}{8}$ Wendung aus dem phönicischen ✗.

ᛗ mit $\frac{1}{8}$ Wendung aus dem phönicischen ᴡ *Schin*; es macht später abermals eine Viertelwendung und wird ⋛.

△ in $\frac{1}{4}$ Wendung aus ▷.

⊟ in $\frac{1}{8}$ Wendung der Querstriche von ⧖.

⋀ in $\frac{1}{2}$ Wendung aus ⋁ s. Franz Elem. Epigraphices Graecae S. 17 und S. 25 letzte Reihe.

} hier erfolgt die Wendung erwiesener Massen nach dem Uebergange.

vorerst nach der oben angegebenen Reihenfolge alle diejenigen Buchstaben zusammengestellt, welche demselben unterliegen. Es folgen hierauf diejenigen Buchstaben, welche nach der einen oder andern Seite umschlagen, und diesen sind endlich diejenigen angereiht, welche ihre alte Stellung unverändert beibehalten.

S. 4. Gewendete Buchstaben.

1. v *a.* — Das phönicische ✕ macht ⅛ Wendung und der Querstrich macht im Vergleiche zu dem Grundwinkel des Zeichens dieselbe Wendung. Das albanesische Zeichen in ¼ Wendung auf den Kopf gestellt ergibt das älteste griechische Δ von der Rechten zur Linken geschrieben.

2. ↓ *ü.* — Das phönicische *Vau* ⟅ stellt sich in halber Wendung auf den Kopf, und erhält ein Ohr. Man bemerke die Verwandtschaft der albanesischen Zeichen ↓ und (*w.* — Auf der Athener Bleiplatte, bei Franz S. 168, findet sich Y als υ und in Ther. 1 *a*, Ⱶ.

3. γ, franz. ç, griech. ζ. — Das phönicische *Zade* Ϟ s. Franz S. 17, stellt sich in halber Wendung auf den Kopf.

4.—7. ε *h*, c *k, j* ɔ, *chj* ə. — Als gemeinsame Grundlage dieser Zeichen liesse sich das phönicische ◯ *Gain* betrachten (das eingeschriebene ⟩ wird §. 10 als Hauchzeichen erklärt). — Aus der consequenten Entwickelung der vorliegenden Zeichen scheint zu folgen, dass vor Alters nicht nur *j* und *ch,* sondern auch das reine *h* als dem *k*-Laute verwandt betrachtet wurden. Zahlreiche Spuren, sowohl in dem phönicischen, als in den indischen Alphabeten deuten hierauf hin. Die vorliegenden albanesischen Buchstaben könnten gewissermassen als die Verbindungsglieder der folgenden in den beiden letztgenannten Alphabeten zerstreuten entsprechenden Zeichen betrachtet werden, welche Auer's Schriftzeichen des ganzen Erdkreises entnommen sind :

∩ *h* hieroglyphisch, ⊖ *h* hieratisch ;

ն *k* und *ch* bimjaritisch, s. auch Nr. 8;

⟨⟩ *j* kabylisch, *g* griechisch, *k* etruskisch, ↓ *g* lykisch;

◯ *gh* phönicisch-hebräisch, ε *ga* urindisch (Doppelzeichen ?), ∩ Westgrotten Inschrift, ∩ Açoka u. s. w.;

ρ *k*, ﻭ *j* hebräisch;

ɔ *j*, Ӡ *k* palmyrenisch;

⁊ und ⁊ *j* phönicisch, (⁊) *h* sindhisch);

₵ *k* und Ⴧ *k* punisch, ⟩ *k* und *g* etruskisch und *c* oskisch;

⊙ *k* urgriechisch, ◎ *gh* punisch, (◯ *h* coreanisch), s. auch Nr. 20.

8. h *gh.* — Das phönicische und demotische Ⴧ *Kaph* stellt sich in halber Wendung auf den Kopf. — Bemerkenswerth scheint, dass das hieratische Ⴠ *q* in gleicher Wendung genau das albanesische ↓ *gja* ergibt, welches wir oben als Doppelbuchstaben erkannt haben. — Das phönicische Ⴇ *Chet* als *ch* lässt sich in die albanesischen Buchstaben h und ə weich *ch* auflösen.

⟨ in ⅛ Wendung aus dem phönicischen ∧ *Jod.* — Später macht es abermals eine kleine Wendung und wird I.

Y oder ⋁ (Franz S. 25) in ⅝ Wendung aus dem phönicischen ⟅ *Vau* (das albanesische v ↓ fiele nach dieser Ableitung zwischen diese beiden Zeichen); s. auch §. 4, Nr. 2. — Der neugriechische Laut des Ypsilons ist durchweg *f.* Nach dieser Ableitung hätten Y und Ⱶ einerlei Ursprung, s. jedoch Franz S. 20. Der Verfasser vermochte keine griechische Form aufzufinden, aus welcher sich mit Sicherheit auf eine Bewegung in anderer Richtung, als der angegebenen, schliessen liesse.

9. ɤ und ꝑ griech. *δ*. — Das phönicische ⊲ꝗ *Daleth* stellt sich in halber Wendung auf den Kopf, und der den Winkel des Bauches schliessende Strich macht ebenso wie in ɤ eine kleine Wendung. Hiemit erklärt es sich, warum der Bauch des albanesischen *d* nicht, wie im lateinischen und griechischen, links, sondern rechts von dem Grundstrich steht.

10. ɤ griech. *γ* (s. §. 8 *a*). — Das phönicische *Gimel* ⋀ stellt sich in halber Wendung auf den Kopf; über das eingeschriebene ⋀ s. §. 10.

11. ꭓ deutsch *b*. — Das phönicische *Beth* ꝗ macht eine Viertelwendung und das < wird in die Mitte gerückt. — Im Griechischen bleibt die Stellung dieselbe, die Bogenlinie streckt sich gerade und < wird verdoppelt ꝗ. — Jedoch in ꝗ σαμπῖ 900 hat sich die alte Form erhalten, und < vielleicht erst später wegen der Aehnlichkeit des Stammes mit π geöffnet.

12. ɤ *n*. — Das phönicische ꝗ macht ¹/₈ Wendung, und verliert seinen dritten Strich; s. Nr. 27.

13. ꝫ griech. *ϑ*. — Das hebräische ꝗ *Ta* in halber Wendung auf den Kopf gestellt, und die beiden Striche im Winkel verschlungen. — Das syrische *Ta* entspricht der albanesischen Form genau. Wird dieselbe auf den Kopf gestellt und dann der senkrechte Hakenstrich etwas nach links geschweift, so ergibt sie das griechische Schrift *ϑ*. Bemerkenswerth scheint die Aehnlichkeit des Zeichens mit dem phönicischen *Koph* ꝗ, welches in halber Wendung auf den Kopf gestellt und ohne den Bindestrich die albanesische Form ergibt, was um so auffallender, da zwischen beiden Lauten kein organischer Zusammenhang besteht.

14. ⋀ deutsch *d*. — Das hebräische ꝗ *Dal* macht eine Viertelwendung. — Der Grieche schliesst den Winkel zum Dreieck[1]), s. auch Note zu §. 3. Im kabylischen Alphabete findet sich genau dasselbe Zeichen für denselben Laut. — Franz vergleicht das phönic. *Daleth* ⊿.

15. ꭒ *p*. — Im Anhange zu Eichhoff: Vergleichung der Sprachen, findet sich als phönicisches *B* die Form ⊿; vergleicht man diese mit Samaritisch ꝗ, Chaldäisch ꝗ und dem hebräischen *p*, ꝗ, so folgt, dass der albanesische Buchstabe ¹/₄ Wendung mache. — Für dieses Zeichen finden sich jedoch sowohl in Form als Stellung in den indischen Alphabeten zahlreiche Analogien. Auch ergibt es sich, wenn man das alte griechische ꝗ auf den Kopf stellt, und dann den rechten, grösseren Balken winkelförmig nach innen kniekt.

16. ꝇ *m*. — Genau dasselbe Zeichen findet sich im Sanskrit als *r*[2]), und Beispiele, dass in verschiedenen Alphabeten dasselbe Zeichen verschiedene Liquida vertritt, sind nicht selten, s. §. 6, Nr. 27. — Will man jedoch an dem *m*-Laute festhalten, so findet er sich im arabischen und kufischen Alphabete als ꝗ; dieses muss dann eine ³/₄ Wendung machen und seinen Ring öffnen, um das albanesische Zeichen darzustellen.

§. 5. Umgeschlagene Buchstaben.

17. ꝅ ꭉ neugriech. *β*. — Das phönicische *Phe* ꝗ scheint diesem Zeichen zu Grunde zu liegen. Analoge Form ꝅ als *β* auf dem Abc-Fläschchen von Agylla, bei Franz S. 22.

18. ꝺ *f* — scheint eine Zusammensetzung des vorigen Zeichens mit ⌣, π zu sein, s. §. 10. — Analoge Formen sind ꝗ im oskisch-samnitischen (nach Lanzi) und ꝗ im etruskischen Alphabete.

19. ꝭ Doppel-*r*. — ꝗ phönicisches *Resch*. — ꝗ in der Ins. Ther. 2, scheint der albanesischen Form vollkommen entsprechend, und der fehlende Schluss dieses Zeichens nicht wesentlich, wenn man sich der offenen Formen ꝗ und ꝗ des Testamentes von Petilia (bei Franz S. 62) und anderer Inschriften erinnert. Daher möchte wohl unter den von Böckh für die erwähnte Thera-Inschrift vorgeschlagenen Lesearten die von Φύρυνος vorzuziehen sein.

---

[1]) *d* und *l* sind auch im Albanesischen Wechsellaute, s. Gramm. §. 3, Nr. 20.
[2]) S. Auer l. Dewanagari Sanskrit Nr. 2, Buchstabe 7.

§. 6. Buchstaben mit unveränderter Stellung.

20. x *kj.* — Dieses Zeichen scheint aus der phönicischen *Koph*-Form ℸ hervorgegangen zu sein. Dieselbe Form findet sich im punischen Alphabete als *j*, im guzuratischen als ⋏ und im armenischen als reines *k*, s. Nr. 4—7. — Dieser Buchstabe lässt sich wie oben bemerkt in ⊂|⊃ k, Hauch und *j* auflösen. Wenden wir diese Zerlegung auf die phönicische *Kaph*-Form ⋊ an, so ergibt sich als Unterschied von der erwähnten *Koph*-Form der Umschlag des den zweiten Buchstaben anzeigenden Striches von der rechten auf die linke Seite des Zeichens. — Bemerkenswerth ist die analoge Form des hebräischen *Kaph* ⅁; rückt hier der gerade Strich von der Rechten zur Linken in den Buchstaben ein, so ergibt sich hieraus das albanesische Zeichen. Bleibt dagegen der gerade Strich stehen, und rückt der gewundene nach einer ³/₈ Wendung an denselben an, so ergibt sich das griechisch-etruskische ʞ.

21. ⅄ stummes *e.* — Das phönicische ∃ *He* verliert die beiden oberen Querstriche und der untere rückt in den Hauptstrich ein. — Analoge Form zeigt das alt-italische *e* ∋. — Im späteren griechischen Alphabete taucht diese alte Form von der Linken zur Rechten umgeschlagen wieder auf ⊂; s. Franz S. 244.

22. Ƨ *s.* — Diese Form findet sich in der Ins. Ther. 19 als Ƨ und in der bekannten elisch-heräischen Bundestafel bei Franz S. 64, als ⩚. Bemerkenswerth ist, dass diese Form nur in der ersten Zeile der Bundestafel gefunden wird, in den übrigen Zeilen erscheint sie von der Linken zur Rechten umgeschlagen. — Vielleicht erklärt sich diese Verschiedenheit als die letzte Spur der Gewohnheit zur Erinnerung an das frühere βουσροφηδόν, die erste Zeile von der Rechten zur Linken zu schreiben. — Hiernach wäre die albanesische Form als die ältere, das lateinische *S* als die spätere umgeschlagene Form zu betrachten.

23. ⌇ *ts*=*z* — lässt sich als Doppelbuchstabe aus dem phönicischen *Sain* Ⲍ und dem phönicisch-albanesischen ⌐ *t* betrachten.

24. Н *l.* — Der Verfasser glaubt in dieser Form aus dem Grunde einen Doppelbuchstaben annehmen zu dürfen, weil auch die mit dem vorliegenden Alphabete unbekannten Albanesen den Laut, welchen sie darstellt (er ist seltener als der folgende), mit einem doppelten λ wiederzugeben geneigt sind. — Der einfache Buchstabe entspricht daher vielleicht dem ⊦ des ältesten dorisch-äolischen Alphabetes. — Eine zweite Conjectur, welche die obige unterstützen würde, wäre die, dass die Griechen in dem *Chet* ⊟ zur Zeit der Erweichung der alten Aspiration ein Doppel-*E* Ε Ξ erblickten und es darum für η annahmen. — Das kabylische Alphabet hat für *l* die Formen \\ und //, diese und die oben im Nr. 14 erwähnte Aehnlichkeit möchten dieses Alphabet noch näher an die phönicische Familie heranziehen, als dies das bisher bekannte Material erlaubte.

25. ϥ *lj* das französische *l mouillé.* — Der Bauch des punischen *l* ϙ steht hier in der Mitte des Balkens. In dem verzierten phönicischen ₤ ist derselbe der Basis zur Rechten angehängt. — Wäre der Bauch des albanesischen Zeichens auf der rechten Seite des Balkens, so könnte man die Form aus | *l* und ⊃ *j* zusammengesetzt ansehen. — Aus zwei analogen Formen, dem hebräischen *Lam* ↳ und der *l*-Form ∩ in Ins. Ther. 3 liesse sich freilich auf ein Umschlagen des Buchstabens schliessen, doch müsste dieses dann auch (was wohl problematischer) bei dem punischen Buchstaben angenommen werden. — Bemerkenswerth scheint auch die grosse Aehnlichkeit des albanesischen Zeichens mit der ⫮ Form in Ins. Ther. 1 *a*, 1 *c* u. s. w. zu sein.

26. *s* x *ξ.* — Die Form findet sich genau im etruskischen Alphabete als *f*. Ueber deren Auflösung als Doppelbuchstabe s. §. 2. — In ¼ Wendung und mit Weglassung der schliessenden Striche wird sie zum currenten *x.*

27. ؟ einfaches *r*, s. Nr. 13. — Die Aehnlichkeit dieses Zeichens mit dem phönicischen *Nun* ᒥ ist unverkennbar und weit grösser als mit dem albanesischen *v*, s. auch Nr. 16, — Zu bemerken ist, dass das *r* der Endungen des toskischen Dialektes in dem Gegischen regelmässig in *n* übergeht, und dass sich diese flüssigen Buchstaben mitunter selbst im Wortstamme ablösen, s. Grammatik §. 3, Nr. 33.

28. ؟ *t*. — Das phönicische *Tau* ᛓ (bei Franz), wenn die linke Seite des Querstriches mit der Spitze des Balkens verbunden wird. Das verzierte phönicische ᒤ, wenn der Querstrich gegen unten geschlossen wird. — Das aramäische ᒥ *t* aber ergibt in einer ⅛ Wendung genau das albanesische Zeichen. Auf der Athener Bleiplatte bei Franz S. 168, Zeile 6, findet sich als analoge Form ᒧ.

29. ג *sch*. — Das althebräische ᒠ oder ᒡ [1]) *Schin* verliert die beiden äusseren Striche und der Winkel der innern wird verschlungen. Franz S. 17 führt die erstere Form auch als phönicisch an. — Unter den bisher unbestimmten [2]) etruskischen Zeichen findet sich ein ג. Ueber *Sameck* und *Schin* im urgriechischen Alphabete s. Franz, S. 16.

30. ג französisch *j*. — Das Zeichen wurde im §. 2, Nr. 9, als Doppelbuchstabe aus ג *sch* und ג *j* bestehend aufgeführt. Das Zeichen hat genau die Form des phönicischen ᒥ *Koph*. — Lanzi führt dasselbe in seinen Vergleichungstafeln unter *dsch* auf. Wir bemerken, dass sich in verschiedenen albanesischen und griechischen Gegenden der *k*-Laut, ebenso wie im Italienischen, in *tsch* auflöst, und dass das *k* vieler lateinischen, griechischen und albanesischen Wörter im Französischen sogar in *ch* übergeht, s. auch Nr. 34 u. S. 289, Note 4.

31. ᒥ *ds*. — Dies scheint ein aspirirtes *d* zu sein, dessen Form ᐱ in Nr. 14 aus dem hebräischen ᒧ abgeleitet wurde. Hier bleibt die Stellung des hebräischen Zeichens unverändert; über ᑲ s. §. 10.

32. x dunkles *ch*. — Dieser Buchstabe ist dem griechischen völlig gleich.

33. ῶ griechisch ω. — Wird in den Manuscripten nur als Ausruf gebraucht, und möchte wohl, ebenso wie sein Vorgänger, aus dem griechischen Alphabete entlehnt sein.

34. ᒥ *tsch*. — Dies ist das einzige Zeichen im albanesischen Alphabete, welches unmittelbare Verwandtschaft mit dem slavischen zeigt, das entsprechende Zeichen ist dort ᒠ. — Bemerkenswerth scheint, dass das letztere Zeichen dem phönicischen *Kaph* (aus welchem wir Nr. 8 das albanesische *gh* ableiteten) vollkommen gleich ist. Ueber die Erweichung des *k*-Lautes s. Nr. 30. — Im georgischen Alphabete finden sich für *tsch* die Form ᒧ; auf den Kopf gestellt, entspricht sie dem albanesischen *dsch* ᒥ, welches wir oben für einen Doppelbuchstaben erkannt haben.

§. 7. Zusammenstellung des albanesischen mit dem phönicischen und griechischen Alphabete.

Phönicisch.	Albanesisch.	Urgriechisch.
1. *Aleph* ᛉ	1. ᐱ	ᛯ
2. *Beth* ᒤ	2. ᒼ	ᗷ
3. *Gimel* ᐱ	3. ᐱ	ᒯ

---

[1]) Nach Auer's Schriftzeichen des ganzen Erdkreises.
[2]) Nach Auer's Schriftzeichen des ganzen Erdkreises.

Phönicisch.	Albanesisch.	Urgriechisch.
4. *Daleth* △	4. ⊢ — Franz [1] ∧ s. §. 4, Nr. 14.	◁
5. *He* ∃	5. ∮ stumm *e*	∃
6. *Vau* ↾	6. ∮ *u* Franz ℓ	∨ Υ Franz — s. 35 Elem. §. 3, §. 4, Nr. 2.
7. *Sain* ⊔	7. Ƴ *ds?*	⊏
8. *Chet* ⧈	8. ⅃ *ts?*	⊟
9. *Tet* ⊖	Franz Э, ∈ — s. Nr. 24 u. 26.	⊗
10. *Jod* ⋔ rec. N	Franz ϐ — s. Nr. 24.	⋝
	Franz ⟩ — s. Nr. 26 u. 31.	
11. *Kaph* { ⅄ ⅃ hierat. *q* ⋊ punisch ✕	9. ⊦ *gh*	
	10. ⅁ *ghj*	
	11. Ꞩ *kj*	⅄
12. *Lamed* ∟ kabyl. ‖, ⫴	12. Ⱨ	⊢
13. *Mem* Ⴗ	Franz ⊂ — s. Nr. 35.	⋀
14. *Nun* ⇂	13. ∨	
	14. ⟩ *r*	⅄
15. *Samech* ⱴ	15. ℰ	⋜ posten + i.e. ξ — Franz cf. Nr. 36.
16. *Ain* ○	16. ○	⊙
17. *Phe* ↾	17. ℓ *w* } Franz ⊔	(s. §. 5, Nr. 17.
	18. ℰ *f* }	
18. *Zade* ⱳ rec. Ⴉ	19. Ⴗ griech. ς	∆ Ϝ s. §. 5, Nr. 19.
19. *Koph* ⟟	20. ℰ franz. *j* Franz ⊦?	
20. *Resch* ◁	21. ⟨ *rr*	
21. *Schin* Ⱳ	22. ⋋ *sch*	⋀
22. *Tau* ✚ [2] ⊍	23. ⟨	⊤ ⧢ s. §. 6, Nr. 28.
aramäisch ℧	24. ℰ griech. ϑ	
hebräisch ⋔, syrisch ⅃		

---

[1] S. §. 1, Note; seine Vergleichung beschränkt sich auf das phönicische Alphabet.

[2] Bis hierher wurden mit Ausnahme von Nr. 11 die phönicischen Formen den bei Franz S. 17 angeführten oder von ihm verbesserten (s. §. 1 Note), von da an aber Auer's Schriftzeichen der ganzen Erde entlehnt.

Phönicisch.	Albanesisch.	Urgriechisch.
23. *Gain* () punisch ϕ *k*	25. (*k*	C
	26.) deutsch *j*	
24. *Ya?* ↗ ⌐	27. Ͽ *ch* hell	↓
	28. Є *h*	
punisch ٩ *l*	29. ◁ *lj*	∩ s. §. 6, Nr. 25.
kabylisch ∧ *d*	30. ∧ *d*	△
	31. I *i*	I
phe ⌐ phönicisch, ∪ indisch, ∟ W. Grotten.	32. ⊔ *p* §. 4, Nr. 15.	Γ
	33. Ⱳ	Ω
	34. ✕ dunkel *ch*	✕
sanscrit. ₹ *r*, kufisch ⎯◯ *m*	35. ↄ *m*	
etruskisch 8 *f*	36. 8 *x*	
kyrillisch Ч *tsch*	37. ٩	

Obige Zeichen 37
Doppelzeichen ohne ꜱ und ꜱ §. 2 13
i-ε und ò-ʏ s. §. 8 d 2
Wie oben §. 1 . . . . 52.

Aus der obigen Zusammenstellung möchte sich wohl so viel mit Sicherheit ergeben:

1) Dass das albanesische Alphabet, ebenso wie das griechische, dem phönicischen entnommen sei;

2) dass es sich in vielen seiner Formen enger an sein Urbild anschliesse, als das griechische;

3) dass sich unter den verglichenen griechischen Zeichen mehrere befinden, welche nur auf den ältesten Monumenten vorkommen, in der classischen Zeit aber ausser Gebrauch waren; es sind dies △ *a*, ⌐ *β*, ⊢ *l*, β *l*, Ʂ *r*, ⟩ *s*, ↓ *x*, Γ *p*;

4) dass das albanesische Alphabet weit weniger Aehnlichkeit mit dem classischen und späteren griechischen Alphabete, als mit den ältesten uns bekannten griechischen Formen darbiete;

5) dass das vorliegende Alphabet in dem phönicischen und den ihm verwandten Alphabeten vollkommen aufgehe, d. h. dass unter den 52 Buchstaben desselben kein Zeichen sei, welches ausser Beziehung zu jenen Systemen stehe, und daher als nicht zur Familie gehörig betrachtet werden könne.

Nur diese auffallenden Ergebnisse konnten den Verfasser bestimmen, ein lebendes Alphabet unmittelbar mit den Lapidarschriften alter Völker zusammen zu stellen, ohne auf die Handschriftenlehre irgend Rücksicht zu nehmen. — Gewiss werden sich daher die obigen lückenhaften Bemerkungen aus dieser Wissenschaft ergänzen und berichtigen. Die unmittelbare Verwandtschaft des albanesischen Alphabetes mit den verglichenen dünkt jedoch dem Verfasser zu augenscheinlich, als dass sie durch den Zwischentritt der Diplomatik beseitigt werden könnte.

§. 8. Systematische Zusammenstellung der albanesischen Zeichen.

a) Stumme Laute.

	k - L a u t e			p - L a u t e			t - L a u t e		
	alban.	deutsch	griech.	alban.	deutsch	griech.	alban.	deutsch	griech.
1. hart	ᴄ	*k*	*χ*	ա	*p*	*π*	ໆ	*t*	*τ*
2. mittel {	h	*gʰ*	fehlt	ᴖ	*b*	fehlt	ᴧ	*d*	fehlt
				ᕃ *mb*	fehlt	fehlt	Ӿ *nd*	fehlt	fehlt
3. weich {	ⱱ	*g*	*γ*	ℓ	*w*	*β*	⊦	fehlt	*δ*
	ᴐ[1]	*j*	fehlt						
	ᴄ[1]	*h*	fehlt						
4. hauch {	з	hell *cʰ*							
	х	dunkel *cʰ*	*χ*	ᴕ	*f*	*φ*	ʔ	fehlt	*ϑ*

Aus dieser Tabelle ergibt sich, dass das Albanesische sämmtliche stummen Laute des griechischen und lateinisch-deutschen Alphabetes in sich vereinige.

Sämmtliche Mittellaute fehlen wenigstens im Neugriechischen, denn bei der Aussprache des *γ* schlägt der mittlere Theil der Zunge niemals an den Gaumen an[2], ein gelindes im Hintergaumen gebildetes *cʰ* entspricht dem neugriechischen Laute so ziemlich, ausser vor *e* und *i*, wo er genau unser *Jod* ist. *B* und *d* sucht der Neugrieche durch *μπ* und *ντ* zu ersetzen, was in die Orthographie der mit griechischen Lettern geschriebenen albanesischen Wörter grosse Verwirrung gebracht hat. Denn es existiren hier, wie oben bemerkt, *mb* und *nd* neben *b* und *d* als eigene Laute, deren Zeichen wir als Doppelbuchstaben erkannt haben. Hauptlaut ist hier der stumme, z. B. *μbρoύιγ*[3] ich knete, *bρoύμϛ* Sauerteig, Teig; *μbλjóτ* ich fülle, *πλjóτϛ* voll; *νdρézj* ich mache gerade, *dρεzj* grade. — Auch steht im Alphabete ᕃ und Ӿ unmittelbar hinter ᴖ und ᴧ. — Ebenso findet sich *νγ* am Anfang von Worten, ohne dass für diesen Laut ein besonderes Zeichen existire: *νγoύλj* ich stecke ein, *τσχoύλj* ich reisse aus[4].

Der *h*-Laut fehlt im Neugriechischen und wird durch *χ* ersetzt. ᴐ *Jod*, fehlt im neugriechischen Alphabete, aber nicht in der Sprache; denn als Consonant wird es, wie oben bemerkt, vor *e* und *i* durch *γ* ausgedrückt, und als Halbvocal in der Poesie durch einen kleinen Halbmond angedeutet, welcher das *ι* mit dem folgenden Vocale verbindet, z. B. *παιδιὰ* — sprich *pȧδjȧ*.

⊦, griechisch *δ*, und ʔ, griechisch *ϑ*, fehlen im Deutschen und Lateinischen.

---

[1] Ueber *j* und *h* s. §. 4, Nr. 4—7.
[2] Bei der in Deutschland üblichen Aussprache des *γ* bleibt die Lehre vom Digamma ein Räthsel.
[3] Spuren des *mb* im Lateinischen liefert die Schreibart Decebris Popejus etc.
[4] Die vierfache Gliederung der albanesischen Muta, welche sich organisch vollkommen rechtfertigen lässt, setzt eine so mannigfaltige Zungenflexion voraus, wie sie von keiner anderen uns bekannten Sprache erfordert wird. Der Neugrieche bildet sein *δ* zwischen den Zähnen, und *ϑ* durch Anschlag an dieselben, sein *ρ* aber mit der Zungenspitze; darum wird bei ihm jedes *h* zu dem weiter vorliegenden *cʰ* und *k* häufig zu tsch, reine Zischlaute sind dagegen seiner Zunge so fremd, dass der französisch Lernende *s'aime le sour*, statt *j'aime le jour* spricht; *αυ* und *ευ* endlich lauten *af* und *ef*. Hierin erblicken wir den Schlüssel zum Jotacismus des Neugriechen, welches nicht nur *e*, sondern auch *oe* (*οι*) und *u* bis zu *i* zahnwärts vorschiebt. Die deutsche Zunge berührt dagegen die Zähne nie, und *d* und *g* werden nicht mit ihrer Spitze, sondern durch Anschlag des auf sie folgenden Zungentheiles an den Vordergaumen gebildet, während der Neugrieche zur Bildung seines *t* mit der Zungenspitze an diesen anschlägt; ferner holt der Deutsche sein *r* und *h* aus dem Schlunde, und hat sich trotz der vielen durch Vorschiebung entstandenen *e* die volle Reihe von Vocallauten erhalten. — Im Albanesischen findet sich nun die Zahnsprache des Griechen mit der Gaumensprache des Deutschen verbunden. Deutet diese Verbindung auf hohes Alter oder auf Vermischung verschiedener Sprachen? — Gleich räthselhaft dünkt uns die Verbindung so vieler uralten Wurzeln mit durchweg verkommenen Formen.

Bemerkenswerth ist die Feinheit in der Unterscheidung der verschiedenen *g*-Laute, indem das Alphabet für jede denkbare Nüance ein besonderes Zeichen aufstellt. — Alle diese Nüancen finden sich auch in den deutschen Dialekten zerstreut, sie werden jedoch sämmtlich durch das *g*-Zeichen vertreten. — Das Vorwort **g e g e n** z. B. lautet in den verschiedenen Gegenden Deutschlands gheghen, ghechen, chechen, ghejen, chejen und jejen.

Von den beiden *ch*-Lauten entspricht der erstere dem in „ich," der zweite dem in „ach."

Gruppiren wir die aufgestellten Classen nach ihren Formen, so erhalten wir für die *p*-Laute

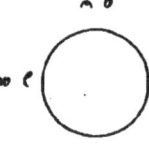

Die Winkelform des *p* rund gedacht, und mit ℓ verbunden ergibt σ *f*.

Die verschiedenen *k*-Zeichen lassen sich nur theilweise unter eine Grundform bringen, indem dieser ɣ ʜ und x widerstreben. Die übrigen stellen sich folgendermassen zusammen.

$$\epsilon \; h \; - \; c \; k \; - \; \mathtt{\backepsilon} \; j \; - \; \mathtt{\backepsilon} \; ch \; \text{und} \; \text{X} \; kj \; \text{aus} \; {}^{(k}\!/_{)j}{}^{h}$$

Die Entwickelung der *τ*-Laute versucht der Verfasser auf folgende Weise:

Grund - Laut und - Zeichen	Λ *d*
in einen stumpfen Winkel gebrochen	11 *t*
den einen Strich in einen spitzen Winkel gebrochen, nachdem das Grundzeichen	
¼ Wendung gemacht[1])	Y *δ*
beide Striche bei ihrer Vereinigung verschlungen	ꝛ *ϑ*

b) Flüssige Laute.

1. Reines ʜ *l*, Ɩ *m*, ʌ *n*, ꙅ *r*, ɼ *rr*.

2. Fettes ᶁ *lj* — ʍ *nj*.

Das fette *l* ist das *l mouillé* der Franzosen, es findet sich häufiger als das reine.

ʍ wurde oben für einen Doppelbuchstaben aus ʌ und ᴣ *j* erkannt. *J* verbindet sich auch, wiewohl seltener, mit *m* und *r*, z. B. μjέργουλϛ Wolke, ρjέϑ ich fliesse, aber das Alphabet kennt für diese Verbindung kein besonderes Zeichen.

Die Gegen haben ein drittes ʌ, welches genau dem Laute des französischen (und südhessischen End-) *n* entspricht, wie φϛλάζⱱϛ Rebhuhn, sprich felánçe. — Sie betrachten diesen Laut (gewiss mit Unrecht) als eine Nüance des vorstehenden Vocales, und sprechen von einem pelsichten *a*, *e* etc. — Vielleicht erklärt sich aus diesem ᴎ die Behauptung von Gellius, dass in gewissen lateinischen Wörtern das ᴎ kein Buchstabe sei, und die alte Schreibart totiens, thensaurus, nefans, Cosol, Cesor etc.

c) S-Laute.

1. Reines *s* ꜱ.

2. Zisch - *s* hart ʎ *sch* — weich ʃ französisch *j*.

Aus dem Vorschlage des *t*-Lautes ergibt sich:

1. *ds* Ɣ, griechisch ζ[2]), beiläufig französisch ʑ.

2. *ds* 7, fehlt im Griechischen und Deutschen.

---

[1]) Man bemerke, dass trotz der veränderten Stellung immer derselbe Schenkel des Grundlautes gebrochen wird.

[2]) Ob die alte Theorie, welche ζ aus σδ ableitet, nicht eher eine Ausnahme von der allgemeinen natürlichen Regel enthalten möchte? — Der Unterschied zwischen ζ und σ lernt sich am besten, wenn man von *ds* oder *ks* ausgeht, und den Vorschlag allmählich weglässt; franz. ç entspricht bei ersterem am besten.

3. *ts* l, deutsch *z*, fehlt im Griechischen.

4. *dsch* g.

5. *tsch* q, über die beiden letzten Laute s. §. 6, Nr. 30 und 34 [1]).

d) Vocale.

Die 7 Vocale des albanesischen Alphabetes entsprechen den deutschen vollkommen. Die Formen i für offen *e* und ò für *u* möchten vielleicht die Hand eines albanesischen Simonides verrathen, welcher diese früher unter einem andern Zeichen mitbegriffenen Laute [2]) auf solche Weise trennte. So unterscheidet die deutsche Sprache strenge zwischen dem offenen und gedeckten *e*; begreift aber gleichwohl beide Laute unter einem Zeichen.

Durch die Trennung des offenen und gedeckten *e* sind jedoch die Nüancen der albanesischen *e*-Laute noch nicht erschöpft, denn das lange gedeckte *e* lautet besonders in einsylbigen Wörtern des toskischen Dialektes etwa wie unser *ô*, — γjε, Sache, sprich *gjô* — φρε Zaum, sprich *frô*.

Auch von unserm Umlaute *ä* sind Spuren vorhanden — νάτε, Nacht hat in der Mehrzahl νέτε, Nächte, und so viele andere Hauptwörter, doch lässt sich der Ton dieses *e* nicht wohl als ein besonderer Laut ausscheiden [3]).

Das albanesische ω̃ wird nur als Ausruf gebraucht, und ist wohl aus dem Griechischen herübergekommen.

S. 9. Ordnung und Namen der Buchstaben.

Der Verfasser hörte in Elbassan, dass die Ordnung des albanesischen Alphabetes nicht vollkommen feststehe, und dass einige zwei oder drei Zeichen in abweichender Reihenfolge aufzählen; er konnte jedoch diese Abweichungen nicht in Erfahrung bringen.

Die Ordnung, in welcher das vorliegende Alphabet die Laute auf einander folgen lässt, ist folgende:

7 Vocale	6 *k*-Laute
5 *s*-Laute	φ
w	3 *h*-Laute
2 *l*	4 *t*-Laute
3 *k*-Laute	3 *p*
2 *r*	*n*
f	7 Zischlaute, in deren Mitte *st*
ð	3 Doppelbuchstaben
m	ω

Berücksichtigen wir nur die grösseren Gruppen, so finden wir:

Vocale,	*t*-Laute,
s-Laute,	*p*-Laute,
flüssige und *k*-Laute vermischt,	Zischlaute.

Diese gruppenweise Stellung verwandter Laute weist jede Vergleichung mit der phönicischen Ordnung zurück, bietet dafür aber grosse Aehnlichkeit mit den indischen Alphabeten, in welchen gleichfalls die Vocale voranstehen, und der *t*-Laut dem *p*-Laut vorgeht. — Wenn im albanesischen Alphabete die Reihe der Consonanten mit den *s*-Lauten beginnt, während diese in den indischen meist zu Ende stehen, so erklärt sich dies vielleicht aus der Nothwendigkeit, die Gruppe der

---

[1]) Es fehlt demnach nur *dsch*, welcher Laut aber fast eine phonetische Unmöglichkeit ist.

[2]) O aliquot Italiae civitates teste Plinio non habebant, sed loco ejus ponebant V et maxime Umbri et Thusci. — Prisc. pag. 553, bei Lanzi saggio di lingua Etrusca I, S. 162.

[3]) In latio rure hedus, quod in urbe, ut in multis, A addito haedus. Varro bei Lanzi II, 631.

s-Laute von der der Zischlaute zu trennen, weil sonst 12 Zeichen desselben Grundcharakters neben einander gestanden haben würden.

Die Namen sämmtlicher Buchstaben des albanesischen Alphabetes sind einsylbig, und alle Consonanten endigen, mit Ausnahme von *xan* und *njan*, auf *a*. — Auch in dieser Hinsicht stimmt also das albanesische Alphabet mit dem indischen überein. Einzelne Vergleichungspunkte mit demselben wurden oben §. 4, Nr. 4 bis 7, 15 und 16 berührt.

§. 10. Ueber das eingeschriebene Zeichen ∧.

Dieses Zeichen findet sich bei folgenden Buchstaben: ⅂ *dsa*, ɣ *ga*, є *ka*, э *chja*, ⋏ *ba*. Wir begegnen in demselben Alphabete den Zeichen c *ka* und э *ja*, welche diesen Zusatz nicht haben, und vermuthen aus der durch den Zutritt des ＞ entstehenden Lautveränderung, dass dasselbe ein Aspirationszeichen sei Diese Vermuthung wird auch durch den Laut des ɣ bestätigt, welcher nach §. 8 *a* dem eines Hauches oder gelinden *ch* gleichkommt.

In ⅂ haben wir oben das hebräische *Dall* erkannt. Aus der Lautveränderung, welche durch den Zutritt des ＜ entsteht, müssen wir dies aber nicht für *h*, sondern für *s* erklären, also auch hier Verwandtschaft dieser beiden Hauche (in der Sprache selbst konnte sie der Verfasser bis jetzt nicht nachweisen).

Die Aspiration des ⋏ *b* weiss der Verfasser nicht zu erklären, dagegen lassen vielleicht auch die Formen ᴠ *a*, ⋎ *ða* und ꝼ *rra* dieselbe vermuthen, denn der Laut des ð schliesst einen leichten Hauch ein. *Aleph*, der Vater des albanesischen *a*, wird ursprünglich als Hauchzeichen angenommen, und ꝼ gibt der Grieche mit ρρ́, der Deutsche aber mit *rrh*. — Dem zu Folge liesse sich die Form σ ꝼ etwa auch als ein aspirates *p* ʋ̑ erklären. Die §. 4, Nr. 15, versuchte Erklärung dieses Zeichens als einer Zusammensetzung aus ℓ *w* und ᴗ *p* stände dem nicht geradezu entgegen, da das erstere Zeichen aus dem phönicischen ꝼ⎤ hervorgegangen zu sein scheint, und schon an sich eine Aspiration in sich trägt.

Diese Conjectur führt zu einer andern, nach welcher der in mehreren griechischen Buchstaben vorkommende senkrechte Strich dasselbe Aspirationszeichen wäre, und die verschiedene Form des Balkens in dem griechischen ⎖ und albanesischen ʊ eine Analogie für die Brechnung des geraden Striches in einen Winkel abgeben würde, denn in ʊ erscheint der lange Balken des ⎖, nachdem dieses ¼ Wendung gemacht, als eingeknickt.

Die Form ꝲ als selbstständiges *s* findet sich in verschiedenen dorischen Inschriften (Franz S. 44) und nachdem ⊢ *Eta* geworden, wird ⊦ das Zeichen für den *Spiritus asper* (Franz S. 43). Wenden wir diese Conjectur auf einige alte Zeichen an: ↓ und Ⴤ＝χ (s. Franz S. 22 und 45); erstere Form findet sich auch im etruskischen Alphabete. Hier nehmen wir ⌣ für eine alte liegende c oder *k*-Form und den Mittelstrich für *h*; mithin: *kh*＝χ.

Ⴤ＝Ψ (s. Franz S. 22). Hier scheint ⌣ der Grundlaut *p*; der Strich aber, wie in ⅂, der *s*-Hauch zu sein, mithin: π*s*＝φ. In φ endlich vertritt der Strich höchst wahrscheinlich die Stelle des *h*.

§. 11. Ist das albanesische Alphabet alt oder neu?

Diese Frage bildet ohne Zweifel den interessantesten Punkt unserer Untersuchung; der Verfasser ist daher vor allem bemüht gewesen, die Gründe aufzusuchen, welche ihm sowohl für die eine als die andere Annahme zu sprechen schienen.

Für die, an sich wohl natürlich scheinende Annahme, dass dies Alphabet in neuerer Zeit von einem albanesischen Gelehrten für seine Muttersprache componirt worden sei, hat er demnach folgende Gründe aufgefunden:

1. Den Umstand, dass dieser Compositionsversuch vor einigen Jahren von einem Albanesen Namens Büthakukje wirklich gemacht worden ist, welcher, wie es scheint, von der Existenz des vorliegenden Alphabetes keine Ahnung hatte. Derselbe erfand für die von ihm in seiner

Sprache aufgefundene Lautreihe eine Anzahl willkürlicher Zeichen, und liess seine Arbeit lithographiren. Sie ist in Auer's vergleichende Tafeln aufgenommen worden.

2. Die alte Gewohnheit der Albanesen in Chiffern zu correspondiren.

3. Die Unwahrscheinlichkeit, dass eine solche Reihe von Schriftzeichen während eines traditionsweisen Ueberganges von wenigstens 3000 Jahren, also von wenigstens 90 Generationen, ihre Formen in solcher Reinheit erhalten habe, dass aus denselben noch heut zu Tage ihre Urbilder mit Leichtigkeit erkannt werden können.

4. Die vollkommene Zweckmässigkeit des Alphabetes für den heutigen Gebrauch, indem dasselbe nicht den geringsten Archaismus und, abgesehen von den Doppelbuchstaben, weder ein Zeichen zu viel noch zu wenig aufweist, als zur Schrift der albanesischen Sprache, wie sie gegenwärtig gesprochen wird, nothwendig ist. — Der Verfasser musste bei seinen lexicalischen Arbeiten der Lautlehre dieser Sprache grosse Aufmerksamkeit zuwenden; das von ihm, vor seiner Bekanntschaft mit dem vorliegenden, aufgestellte Alphabet, welches in mehrfacher Hinsicht von dem seiner Vorgänger abweicht, stimmt aber mit dem ersteren, die doppelten cλ abgerechnet, durchweg überein.

5. Die §. 8 a angedeutete, consequente, fast organische Entwickelung der Zeichen für verwandte Muta aus einem Grundgedanken.

Prüfen wir aber das Verfahren, welches ein neuerer Verfasser dieses Alphabetes bei dessen Composition hätte einhalten müssen, so erheben sich die triftigsten Zweifel gegen die vorliegende Annahme. Denn sein Gang wäre etwa folgender gewesen:

1. Er verschmäht alle ihm benachbarte Alphabete, und greift nach dem altphönicischen[1]), welches an Handsamkeit den im Mittelalter und in der neueren Zeit gebräuchlichen Schriften weit nachsteht.

2. Es gelingt ihm dessen Formen in der Reinheit herzustellen, wie sie erst durch die neuesten Forschungen der Wissenschaft bestimmt worden sind.

3. Dann verändert er nach einer bestimmten Regel die Basis eines Theiles der Musterzeichen, andere schlägt er um, und nur einige lässt er in der Stellung des Originals.

4. Im Ganzen hält er sich ausserdem ziemlich treu an sein Urbild, und nur ausnahmsweise zieht er hebräische oder syrische Formen vor, oder stellt er den phönicischen Formen andere Laute unter.

5. Nachdem er auf diese Weise den phönicischen Zeichenschatz verarbeitet hat, findet er, dass derselbe für den Lautreichthum seiner Sprache nicht ausreiche. Nun erst greift er zur Ausfüllung der Lücken nach dem griechischen Alphabete, aber er verschmäht die schönen classischen Formen desselben, er wendet sich dem griechischen Uralphabete zu, und entlehnt von demselben Formen, welche uns — wenigstens als lapidarische — erst in neuester Zeit bekannt geworden sind[2]).

6. Gewisse Formen des phönicischen und urgriechischen Alphabetes finden indessen kein Gefallen vor seinen Augen, er verschmäht sie gänzlich und holt z. B. sein m aus Indien und d und l sogar aus Mittelamerika.

7. Endlich aber verwirft er bei der Gruppirung seiner Zeichen das phönicische System, aus dem er doch die grosse Mehrzahl seiner Formen gezogen, und befolgt, indem er das Gleichartige gruppenweise zusammenstellt, den Grundgedanken des indischen, welchem er noch oben darein die Benennung seiner Buchstaben entlehnt.

Wenn es nun auch möglich, ja wahrscheinlich ist, dass die Handschriftenlehre für einige der hier einschlägigen Formen das Datum bedeutend heruntersetzen werde, so hält sich dennoch der Verfasser zu der Frage berechtigt, ob der beschriebene Gang, ganz abgesehen von seinen barocken

---

[1]) Die Unwahrscheinlichkeit dieser Annahme wird aber noch weit grösser, wenn man bedenkt, dass der Cyklus byzantinischer Bildung die semitischen Sprachen gar nicht umfasst.

[2]) So wurden bekanntlich die oft erwähnten Inschriften von Thera erst im Jahre 1835 von Herrn Baron von Prokesch, damals k. k. Gesandten in Griechenland, entdeckt. Franz S. 51.

Seiten, einem Gelehrten des Mittelalters oder selbst des vorigen Jahrhunderts überhaupt nur möglich gewesen wäre? [1]).

Wer nun diese Frage verneint, der wird wohl gezwungen sein, in dem albanesischen Alphabete eine Tochter des phönicischen und eine Schwester des urgriechischen anzuerkennen; — der wird es wahrscheinlich finden, dass einstmals sowohl in Albanien als in Griechenland dasselbe Alphabet gebraucht wurde, dass aber hier die alten Zeichen die Basis zu einem neuen Bildungscyklus abgaben, während sie dort nach einigen schwachen Anläufen zu weiterer Umbildung versteinerten [2]).

Er wird aber dieses Alphabet nicht bloss wegen des hohen Alters, das aus dieser Annahme folgt, sondern auch desswegen beachtenswerth finden, weil es mehrfache Verbindungen zwischen dem phönicischen und den indischen Alphabeten anknüpft, und das kabylische näher als bisher an die phönicische Familie heranzieht, und er wird daher der Consequenz seiner Formbildung um so grösseres Gewicht beilegen.

Ueber das nähere Verhältniss des albanesischen Alphabetes zu dem etruskischen und den übrigen italiotischen vermochte der Verfasser sich keine Ansicht zu bilden, weil ihm Lepsius und Mommsens Forschungen über dieselben nicht zugänglich waren.

Was endlich die nordischen Alphabete betrifft, so scheint, nach den von Auer mitgetheilten Formen zu schliessen, das vorliegende Alphabet keinen unmittelbaren Einfluss auf ihre Bildung gehabt zu haben, und möchte daher durch dasselbe in ihrer Stellung zu dem phönicischen Alphabete nichts geändert werden.

Indessen könnten die dort mitgetheilten *Jod*-Formen des gothischen und keltischen und die *h*- und *g*-Formen des letzteren und des angelsächsischen Alphabetes zur Bestätigung der, §. 4, Nr. 4—7, über den Umfang des *k*-Lautes ausgesprochenen Ansicht benützt werden.

§. 12. Historische Spuren.

Wir sind bis hierher auf rein formalem Wege vorgegangen, und haben uns jedes Seitenblickes strenge enthalten. — Nun aber mag es uns schliesslich erlaubt sein, der alten Angaben über den Ursprung der Schrift auf der Halbinsel zu gedenken, und anzudeuten, welch schlagendes Zeugniss sie für die Ansicht von dem hohen Alter des albanesischen Alphabetes ablegen. Dies Alphabet hat grosse formale Aehnlichkeit mit dem altphönicischen, und findet sich auf altillyrischem Boden; wir brauchen nun nur an die Verbindung des Kadmos mit den Illyriern [3]) zu erinnern, und uns auf

---

[1]) Im Laufe seiner Untersuchung war der Verfasser sogar genöthigt, seine vorgefasste Ansicht von der Thätigkeit eines etwaigen Simonides mehr und mehr zu beschränken, indem die Zahl der Zeichen, an welchen er dessen Hand zu erkennen glaubte, durch die Auffindung alter Analogien stets kleiner wurde; doch lässt sich hier allerdings der Fall denken, dass ein mit dem Genius seiner Sprache vertrauter Gelehrter vorgefundene alte Schriftzeichen als Elemente zur weiteren Ausbildung des albanesischen Alphabetes benutzt; weil er nun mit diesen alten Elementen sachgemäss operirt, so bringt er Combinationen zu Stande, welche anderweitig vorhandenen alten Formen entsprechen, denn gleiche Factoren ergeben gleiches Product. — Unbestreitbar sind i — e, ò — u, χ dunkel ch und ꙍ — ω durch einen solchen Verbesserer gebildet oder aufgenommen worden — aber wann? — Erst die Vergleichung mit dem Alphabete der italienischen Colonien wird eine sichere Beantwortung dieser Fragen ermöglichen.

[2]) Grimm sagt in seiner Geschichte der deutschen Sprache S. 156: — wie die Schrift unter Griechen, Etruskern und Römern einheimisch ward, sich noch einfacher und edler gestaltete und von dieser Grundlage her allmählich in das übrige Europa eindrang, ist bekannt. — Minder ausgemacht scheint, ob nicht, was man voriaut geleugnet hat, ausser jenem breiten Strom, in dem sie sich über die Länder ergoss, auch noch schmale und versteckte Gänge zugestanden werden müssen, auf welchen sie theilweise vordrang, wieder stockte oder hernach in jener grösseren Masse sich verlief.

Wir haben es hier vielleicht mit einem solchen Nebenarme des geistigen Lavastromes zu thun, der rasch erstarrte, weil sich ihm die Lebenswärme frühzeitig entzog.

[3]) S. S. 229 und S. 262, Note 92.

das gemeine Zeugniss des Alterthumes zu berufen, dass dieser Phönicier die Schrift aus seinem Vaterlande nach der Halbinsel gebracht habe, um jenem wunderbaren Phänomene eine, wir möchten sagen, historische Basis zu geben. — Nach unserer Ansicht sind die Epiroten tyrrhenisch-pelasgischen Stammes, und die alten Illyrier ihre Verwandte; Müller aber findet eine so innige Verwandtschaft zwischen Kadmos und tyrrhenischen Pelasgern auf Samothrake, dass er ihn den Phöniciern gänzlich abspricht, und diesen zuweist. Von unserem Standpunkte aus muss uns daher das was Diodor von pelasgischen Buchstaben erzählt, höchst willkommen sein, denn es stimmt vollkommen zu unserer Anschauung wenn er sagt: gemeinhin habe man die Buchstaben phönicische genannt, weil dieselben den Hellenen aus Phönicien zugebracht worden seien; eigentlich aber hätten sie pelasgische geheissen, weil die Pelasger sich zuerst dieser Charaktere bedient hätten, nachdem sie ihrer Sprache angepasst. Nun folgt nach unserem Gedankengange die der übersetzten vorhergehende Periode, welche Diodor nach dem seinigen (indem das oben erwähnte nur ein erklärender Einschub ist) natürlich vorsetzen musste. „Man sagt, dass unter den Hellenen Linos — der erste Erfinder des Rhythmus und des Gesanges gewesen sei und dass er auch — die sogenannten Buchstaben, welche Kadmos aus Phönicien gebracht hatte, zuerst der hellenischen Sprache angepasst, den Namen eines jeden festgestellt, und die Formen ausgebildet habe [1]."— Weiter unten führt er fort: „Linos soll in seinen hinterlassenen Schriften die Thaten des ersten Dionysos und andere Mythen beschrieben, und diese mit pelasgischen Buchstaben geschrieben haben. In gleicher Weise bedienten sich dieser pelasgischen Buchstaben Orpheus und Pronapides, der Lehrer Homers."

Vereinigen wir nun alle diese Angaben mit den Ergebnissen, welche die Prüfung des vorliegenden Alphabetes lieferte, so kommen wir zu folgendem Schlusse: Die Pelasger, welche die ersten geschichtlichen Bewohner von Hellas sind, bedienten sich der Schrift, welche ihnen phönicische Einwanderer aus ihrem Mutterlande zugebracht hatten. Später wanderten die Hellenen ein, und verdauten zwar in sprachlicher Hinsicht das pelasgische Element ganz und gar, nahmen aber nebst manchem andern auch dessen aus Phönicien stammende Schrift an, die nun Hand in Hand mit dem hellenischen Bildungsprocesse einen neuen Entwickelungscyklus durchmachte, in welchem sie sich, auf der gegebenen Basis fussend, allmählich zu den denkbar edelsten Formen erhob, und nach erreichter Vollendung zugleich mit der übrigen Kunst stufenweise wieder zurücksank.

In den Theilen der Halbinsel aber, in welchen dem pelasgischen Elemente keine hellenische Ueberschichtung zu Theil wurde, und wo daher die alte geistige Dumpfheit ungestört andauerte, erhielt sich auch neben Stammverband, Blutrache und Faustrecht die Schrift in starrer Unveränderlichkeit, und gibt sie darum noch immer klares Zeugniss von dem Quell, welchem sie entsprungen, wenn auch zwischen diesem und heute Tausende von Jahren inneliegen.

---

[1]) Diodor III, cap. 66. Die Stelle in ihrem Zusammenhange heisst folgender Massen: Φησὶ τοίνυν παρ᾽ Ἕλλησι πρῶτον εὑρετὴν γενέσθαι Λίνον ῥυθμῶν καὶ μέλους· ἔτι δὲ, Κάδμου κομίσαντος ἐκ Φοινίκης τὰ καλούμενα γράμματα, πρῶτον εἰς τὴν Ἑλληνικὴν μεταθῆναι διάλεκτον καὶ τὰς προσηγορίας ἑκάστῳ τάξαι, καὶ τοὺς χαρακτῆρας διατυπῶσαι. Κοινῇ μὲν οὖν τὰ γράμματα Φοινίκια κληθῆναι, διὰ τὸ παρὰ τοὺς Ἕλληνας ἐκ Φοινίκων μετενεχθῆναι· ἰδίᾳ δὲ τῶν Πελασγῶν πρώτων χρησαμένων τοῖς μετατεθεῖσι χαρακτῆρσι Πελασγικὰ προσαγορευθῆναι. Aus derselben ergibt sich, dass, wie bereits oben S. 257, Note 51 bemerkt worden, Diodor zu denjenigen alten Schriftstellern gehört, welche die Pelasger für einen hellenischen Stamm halten. Wir fragen aber, wie kamen die Hellenen dazu, dieses Alphabet mit dem Epitheton phönicisch oder pelasgisch zu versehen, wenn dies überhaupt die erste Schrift war, mit der sie bekannt wurden? — Wir dächten, sie hätten sie in diesem Falle Schrift schlechthin genannt, ohne viel nach ihrer Herkunft zu fragen. Führt also das ihr beigelegte Epitheton nicht unwillkürlich auf die Vermuthung, dass es die Bestimmung gehabt habe, diese fremde Schrift von einer älteren Schrift zu unterscheiden, deren sich die Hellenen früher bedienten, die sie aber etwa darum mit der fremden vertauschten, weil sie aus wenigen handsamen Runen bestand? Warum sonst die nochmalige Versicherung, dass Linos, Orpheus und Pronapides in ihren Schriften sich dieses pelasgischen Alphabetes bedient hätten? Auch τὰ καλούμενα γράμματα gibt zu denken.

Wenn der Albanese so viele Sitten und Institute seiner pelasgischen Urahnen bis in das kleinste Einzelne treu bewahrt hat, warum soll es undenkbar sein, dass er auch noch ebenso schreibt, wie Jene? Uns dünkt es wenigstens viel wunderbarer, dass ein Volk, dessen Blüthe fortwährend in der Fremde weilt, bei Niederkunft, Hochzeit und Begräbniss und andern Vorfällen des täglichen Lebens noch immer an den urrömischen und hellenischen Bräuchen festhält, als dass einige Wenige die von Geschlecht zu Geschlecht überkommene, nationale Schreibweise unverändert nachmalen, denn dieses Schriftenthum ist ja nichts lebendiges, es liegt weit ab von dem albanesischen Volksleben; es ist nichts weiter als ein Curiosum, das man nicht aus Bedürfniss, sondern aus Neugierde lernt, und zur Unterhaltung übt; — die Mehrzahl denkt dabei gar nicht an praktische Anwendung. In der Schule von Elbassan lernt man nur griechisch. Dieses Alphabet zeigt ein Schüler spielend dem andern; der Neuling sucht dann höchstens seinen Namen und das eine oder andere Wort zu componiren, und damit hat die Sache in der Regel ihr Bewenden.

§. 13. Heimath des Alphabetes.

Dieses Alphabet scheint, zu Folge der dem Verfasser bis jetzt gewordenen Nachweisungen, nur in der Stadt Elbassan heimisch zu sein. In Durazzo und Skodra ist dasselbe ebenso unbekannt, als in der ganzen Toskerei (Epirus); nur in der südlichen Nachbarstadt Berat soll es hie und da verstanden und benützt werden.

In Elbassan beschränkt sich übrigens der Gebrauch dieses Alphabetes nicht bloss auf kirchliche Zwecke, es wird dort auch von mehreren Kaufleuten zur Correspondenz mit abwesenden Landsleuten benützt; einige führen sogar ihre Bücher in dieser Schrift. Doch möchte die Zahl aller derjenigen, welche desselben kundig sind, schwerlich über 50 Personen betragen.

Die Tradition knüpft dasselbe an einen Lehrer der dortigen griechischen Schule [1]), Namens Theodor, welcher zugleich Stadtprediger und ein sehr gelehrter Mann war. Doch weiss man nicht zu sagen, ob er das Alphabet erfunden oder zuerst nach Elbassan gebracht habe. Der Mann soll nicht nur das neue, sondern auch das alte Testament (nach der Septuaginta, denn hebräisch verstand er nicht) ins Albanesische übersetzt, und sich überhaupt mit Bildung einer den weit auseinander laufenden albanesischen Dialekten gemeinsamen Schriftsprache beschäftigt haben. Leider wurden alle seine Schriften nach einer starken Pestepidemie von den Verwandten aus Furcht vor neuer Ansteckung verbrannt. Er mag, nach dem Alter seiner lebenden Verwandten zu schliessen, gegen das Ende des vorigen Jahrhunderts gestorben sein. Er hatte in Moschopolis, 10 Stunden östlich von Berat, studirt. Dies war bis in die Mitte des vorigen Jahrhunderts die weitaus gebildetste Stadt in ganz Albanien, sie besass von den Zeiten des Mittelalters her eine berühmte Schule und sogar eine Druckerei. Die Schule soll ihre Blüthe namentlich mehreren ausgezeichneten Constantinopolitaner Gelehrten verdankt haben, welche nach dem Falle ihrer Vaterstadt dorthin flüchteten.

Die betriebsamen Bewohner von Moschopolis (Wlachen) wanderten nach allen Handelsplätzen der Welt, und diejenigen, welche in der Fremde ihr Glück gemacht hatten, vergassen in ihrem Testamente wohl selten der Schule in der Heimath. Als aber um die erwähnte Zeit in Folge der Fortschritte, welche damals der Islam in der Umgegend machte, die Bedrückungen gegen die reiche christliche Stadt unerträglich wurden, da fassten alle Wohlhabenden den gemeinsamen

---

[1]) Diese christliche Schule besteht neben der Elementarschule seit unvordenklichen Zeiten. Sie wird aus frommen Stiftungen erhalten und hat gegenwärtig 2 Lehrer und 50 bis 60 Schüler. Lehrgegenstände sind: griechische Sprache, Geschichte, Geographie und Geometrie. In Berat, Ochrida, Argyrokastron bestehen ähnliche Anstalten. Das Gymnasium in Jannina, mit 7 Lehrern und 300 Schülern, von denen über die Hälfte Auswärtige, wird aus bedeutenden in der russischen Bank hinterlegten Vermächtnissen erhalten. Im Norden des Landes steht der Unterricht unter der Leitung der katholischen Geistlichkeit. Türkische Unterrichtsanstalten befinden sich gleichfalls in den grösseren Städten des Landes, sie beschränken sich auf den Unterricht in den orientalischen Sprachen.

Beschluss, den Ort zu verlassen, und ihre Familien, welche nach Landessitte stets in der Heimath zurückgeblieben waren, an sich zu ziehen. So zerstreute sich diese Gemeinde nach allen Himmelsgegenden, und der Ort verfiel. Die Sage stattet ihn zur Zeit seiner Blüthe mit nicht weniger als 12000 Häusern aus, der heutige Ort soll deren 2—300 zählen. Diesen freilich sehr lückenhaften Daten zu Folge wäre es nicht undenkbar, dass sich unser Alphabet traditionsweise in den gelehrten Anstalten von Moschopolis erhalten habe, und dass irgend eines der dort gedruckten Werke eine Notiz hierüber enthalte.

Der Verfasser forschte in Elbassan vergebens nach nationalen Handschriften, zwei Hefte, das eine von 7, das andere von 12 Quartblättern, Fragmente gegischer Uebersetzung aus dem griechischen Horologion enthaltend, und eine auf einen Foliobogen geschriebene gegische Uebersetzung eines Fragmentes aus dem Evangelium Johannis bilden seine einzige Ausbeute. Der Mann, welcher das anscheinend ältere in seiner Jugend geschrieben haben soll, lebt noch. Keines dieser Manuscripte möchte demnach älter als 50 Jahre sein. Diese Manuscripte wurden nebst mehreren Alphabeten zur Herstellung der vorliegenden Typen benützt. Da alle Versuche, der Druckschrift etwas von der lebendigen Eigenthümlichkeit der Handschriften zu erhalten, fehlschlugen, so mussten wir uns zu der todten modern mathematischen Form entschliessen, und trösten uns damit, dass dadurch wenigstens die Deutlichkeit gewonnen habe.

Vielleicht würden sich Nachforschungen in den albanesischen Colonien von Neapel fruchtbarer zeigen, denn dort hat sich gleichfalls ein albanesisches Nationalalphabet erhalten. Giuseppe Crispi, der Director dieser Gemeinden, äussert sich über dasselbe, leider ohne Beigabe der Zeichen, in seiner Memoria sulla lingua albanese (Opuscoli di litteratura e di archeologia) folgendermassen: Note zu S. 126. Esiste anche un alfabeto ecclesiastico composto di trenta lettere, le quali sono assai rassomiglianti ai caratteri fenici, ebraici, armeni e palmireni, alcune alla scrittura geroglifica jeratica, poche ai caratteri bulgari e mesogetici, ma vi manca ciò che la nostra curiosità vi cercherebbe di preferenza, cioè la rassomiglianza al carattere pelasgo ed etrusco e runnico. La scrittura non è già astiforme, ma vi predomina la linea retta, come ne' manoscritti greci, perciò noi crediamo che nella forma attuale essa sia l'opera dei preti cristiani o nel secondo secolo all' occasione della introduzione del cristianesimo, o nel nono quando la Messa cristiana d'Albania fu definitivamente congiunta alla Messa romana. Questo alfabeto però contiene alcuni elementi di alfabeti infinitivamente più antichi usati in Illiria, in Macedonia ed in Epiro. — Malte-Brun Geografia universale tomo I, pag. 25, sq. Milano 1828.

Zum Schlusse möge hier ein anderes Alphabet aus Süd-Albanien Platz finden, welches der Verfasser einem der angesehensten Häuptlinge von Argyrokastron, Veso Bei, aus der Familie der Alisot Paschaliden verdankt. — Dieser lernte dasselbe in seiner Jugend von seinem Hofmeister (Hodscha), der gleichfalls ein Albanese war, als eine in seiner Familie erbliche Geheimschrift, und bedient sich desselben noch bei vorkommenden Fällen zur Correspondenz mit seinen Verwandten. Dasselbe trägt nun zwar in einigen seiner Zeichen die Spuren hohen Alters und einer gewissen Verwandtschaft mit dem oben betrachteten; da aber, wie oben erwähnt, der Gebrauch willkürlicher Chiffern in Albanien keineswegs unbekannt ist, so möchten diese Zeichen erst dann nähere Beachtung verdienen, wenn der Beweis ihres hohen Alters anderweitig geliefert werden kann.

Der Verfasser enthält sich daher vor der Hand jeder Bemerkung über dieselben.

§. 14. Fac-Simile.

Das anliegende Fac-Simile ist dem vorerwähnten gegischen Uebersetzungsfragmente aus dem Evangelium Johannis entnommen. Ein anderes aus der Uebersetzung des Horologions ist den „Bemerkungen über das albanesische Alphabet" beigegeben, welche aus dem December-Hefte des

Jahrganges 1850 der Sitzungsberichte der philosophisch-historischen Classe der kaiserlichen Akademie der Wissenschaften besonders abgedruckt wurden.

Mit dem drittletzten Worte der ersten Zeile beginnt das Cap. 16. Wir geben von hier an den Inhalt des Manuscriptes in albanesischer Druckschrift und lassen dann zur Vergleichung der beiden Dialekte die gegische [1]) und toskische Uebersetzung dieses Fragmentes nach der von uns angenommenen Schreibweise mit griechischen Lettern folgen. Letztere ist der Uebersetzung des neuen Testamentes durch den Bischof Gregorius entnommen, von welcher mehr in der Vorrede zur Grammatik. Den Liebhabern albanesischer Sprache diene zur Nachricht, dass sich in des Ritters von Xylander „Sprache der Albanesen oder Schkipetaren" ein sorgfältiger Abdruck des Evangeliums St. Marci dieser Uebersetzung findet.

Cap. 16.

1. ...

2. ...

3. ...

4. ...

5. ...

6. ...

7. ...

8. ...

9. ...

10. ...

11. ...

12. ...

13. ...

14. ...

15. ...

16. ...

---

[1]) Der Dialekt erscheint in ihr sehr purificirt und dem toskischen nahegerückt. Schon die im zweiten Hefte mitgetheilten gegischen Poesien liegen weiter vom toskischen ab, und der Dialekt von Skodra und Prisrend noch weiter.

17. [Albanian alphabet text]

18. [Albanian alphabet text]

19. [Albanian alphabet text]

20. [Albanian alphabet text]

21. [Albanian alphabet text]

22. [Albanian alphabet text]

23. [Albanian alphabet text]

Cap. 16.

Gegisch.

1. χετό φόλja joύβε, χjι τε μος σκανδαλίσι.

2. do τ'jου βάjϊνε συρηjϋν joύβε, πο do βι χόχο, χjι χουθθό χjι τ'jου βράσι joύβε, do τ'ι δουχέτ' σι χουρ ι βαϊ χουρβάν περενδίσε.

3. ε χετό do jου α βάjϊνε joύβε, σε νουχ με νjjόφεν' ας μου, ας βαβάνε.

4. πο χετό φόλja joύβε, χjι χουρ τε βίνje χόχοja τ'ι χουjτόνι ατό, χjι jου θάθε ούνε χετό, νουχ jου α θάθε περπάρα, σε ίθje με μου.

5. μα ναθτί πο θχοj κε αί, χjι με δερjϋι, ε γjερί νουχ με πύετ, χου θχον;

6. πο πσε jου θάθε χετό φjάλje joύβε, ου χελμούτε φύρτε.

7. πο ούνε τε δρέιτεν' θεμ joύβε, χjι jου βάχετ' μίρε joύβε, χjι τε θχοj ούνε, σε νε μος θχόφθα ούνε, χίρι νουχ βjἕνε(?) με jου, μα νε βοφθ, do τ'ε τθοj χίριν με jου.

8. πρα σι τε βιι αί χιρ, do δάje δυνjάνε περ jjυνάφτε, νε περ δρειτενίτε, νε περ jjύχjετ.

9. ε περ jjυνάφτε, πσε νουχ μbεσόjνε με μου,

10. περ δρειτενίτε, σε κε βαβάι do θχοj, νde νουχ με δίφθνι μα,

11. ε περ jjύχjετ, σε αρχόνdι χεσάιγ δυνjάje ουδαα.

Toskisch.

1. χετό ου θάθε joύβετ, χjε τε μος σχανδαλίσενι.

2. do τ'ου ντσjέρενε joύβετ νγα συναγόjετε, πο ε δε do βλje χόχε, χjε χουθ τ'ου βράσε joύβετ, τε βεσσόjε χjε βεν νdέρ περνdίσε.

3. ε χετό do τ'ου α βέjενε joύβετ, σε πσε νούχε νjόχνε βαβάνε, ες μούα.

4. πο χετό ου α θάτθε joύβετ, χjε χουρ τε βλje χόχα τε χουjτόνι ατό, χjε ου πάτθε θένε joύβετ· μα χετό νουχ' ου α θάτθε joύβετ χjε περπάρα, σε πσε jjένdεθε με joύβετ.

5. μα νdαθτί βέτε τεχ αί, χjε με δερjότι, ε νdόνje νγα jουθ νούχε με πύετ μούα· χου βέτε;

6. πο σε πσε θάτθε joύβετ χετό πούνερα, συμbουλjόϊ ζέμερενε τούαιγ χέλμι.

7. μα ούνε ου θομ joύβετ τε βερτέτενε, σε ψε έστε ε βεjύερε μbε jου, χjε τε βέτε ούνε, σε νdε μος βάφτδα ούνε, παραχλητόι do τε μος βλje μbε jου, ε νdε βάφτδα ούνε, do τ'α δερjύιγ ατέ μbε joύβετ.

8. ε πόχε τε βλje αί, do τε χjερτόje bότενε περ φάϊj, ε περ τε δρέιτε, ε περ jjόιχ.

9. σα περ φάϊj, σε πσε νούχε bεσσούνε μbε μουα,

10. ε περ τε δρέjτε, σε πσε ούνε βέτε τε bαbάι ιμ, ε νούχε με δίχνι μbε,

11. ε περ jjόιχ πα, σε πσε αρχόντι ι χεσάιγ δυνjάσε ου δεμετούα.

38 *

Cap. 16.

<table>
<tr><td>

Gegisch.

12. χαμ νε ϑουμ' περ τ'jου ϑάνε jούβε, πο νουχ μούνδι μϐάνι μένδε ναϑτί.

13. πο χουρ τε βίνjε αἰ ϑπίρτι δρεjτενίσε, δο jου τχεχ με τὅδο βερτετνί ε νουχ χα με φόλjε πρεj βετίου, πο σα τε νδεjjόjε δο φλjάσε νδε δο ρεφέjε τε περ τ'άρδμιτ' jούβε.

14. αἰ μου δο λjαφτόjε, σε πρεj μέjε δο δάλjε, νδε δο χαλεζύj jούβε.

15. jjιϑ' χjυϑ χα βαϐάι τε μιατ' jάνε, πρα-νδάj ϑάδε, χjε πρεj μέjε δο δάλjε ε τ'jου χαλεζύjε jούβε.

16. νε παχ χέρε πρα νουχ με ϑίφνι, περσί νε παχ χέρε πρα δο με σίφνι, σε δο ϑχόj χε βαϐάι.

17. πρα ϑάνε τὅιράχετε ϑουχj με ϑοχj: τϑαϑτ χεjό χjι να ϑότε, νε νjιτϑίχ πρα νουχ με ϑίφνι, πρα νε νjιτϑίχ δο με ϑίφνι; νδε σε δο ϑχοj χε βαϐάι;

18. πρα ϑόϑιν τϑα(ϑτε) χεjό τϑίχε χjε να ϑότε; νουχ ε δίμε σε χjυϑ να ϑότε χεϑτού.

19. jν χουjτούα Κρίϑτι σε δυ τ'ε πύσιν ε jου ϑα βέτε, πο πύτνι πσε ϑάϑε, χjι νε νjιτϑίχ πρα νουχ με ϑίφνι, περσί νε νjιτϑίχ πρα δο με ϑίφνι;

20. βερτέ, βερτέ ϑέμι jούβε, σε δο χjάνι ε δο βάjι jου, μα δυνjάjα δο jεζύjε, ε jου δο χελμόχι, πο χέλμι jούjε δο χϑέχετ' με jεζίμ.

21. jρούαjα χουρ λjίνδι ιϑενόχετ' σε ι έρϑε σαχάτι σάjε, μα σι τε λjίνδι φεμίνε, νουχ ε χουjτύν μα τε φεϑτίρετ, πρεj jεζίμιτ σε λjέου νjερί με δυνjάτε.

22. αϑτού νε jου, ναϑτί ιϑενί χένι, ϗο περσί δούχεμ νδερ jου ε δο jου jεζύχετ' ζεμϐρα jούjε, χjι ατέ jεζίμ σοντ jου α μάρρι νjερί.

23. πρα μ' ατ' χέρε μου μος με πύτνι περ jjαν, βερτέ, βερτέ ϑέμι jούβε, χjι σα τ' ι χερχόνι βαϐάιτ με έμενιτ τιμ jου α επ jούβε.

</td><td>

Toskisch.

12. ε δε ϑούμε τε τjέρα χαμ περ τε ϑένε jούβετ, πο νούχε μούντνι τι μϐάϊ νδαϑτί.

13. μα χουρ τε βίjε αἰ ϑπίρτι ι σε βερτέτεσε, δο τ'ου δεφτόjε jούβετ jjίϑε τε βερτέτενε, σε πσε δο τε μος ϑότε νjα βετίου, πο δο τε ϑότε jjιϑ' ατό χjε δυ τε διjjόjε, ε δο τ'ου δεφτόjε jούβετ jjιϑ' ατό χjε δο τε βίjενε.

14. αἰ δο τε νδερρόjε μούα, σε πσε νjα ιμεα δο τε μάρρε, ε δο τ'ου δεφτόjε jούβετ.

15. jjίϑε σα χα βαϐάι τε μίατε jάνε, πρα-ανδάj ϑατδε, χjε δο τε μάρρε νjα τε μίατε ε δο τ'ου δεφτόjε jούβετ.

16. περ νjε τϑίχεζε, ε νούχε με δίχνι, ε περ νjε τϑίχεζε, ε δο τε με δίχνι, σε πσε ούνε βέτε τε βαϐάι.

17. ϑάνε δα τσα νjα μαϑιτίτ' ετιj νjέρι με τjάτερινε: τϑέδτε χεjό χjε να ϑότε νέβετ περ νjε τϑίχεζε ε νούχε με δίχνι, ε πα περ νjε τϑίχεζε ε δο τε με δίχνι; ε χjε ούνε βέτε τε βαϐάι;

18. ϑόδνε δα τϑέδτε χεjό χjε ϑότε νjε τϑίχεζε; νούχε χουπετύχμε σετϑ ϑότε.

19. νjύχου δα ᾿Ισούε χjε δούαϊjνε τε πιέτν' ατέ, ε ου ϑοτ' ατύρε: περ χετέ χερχόνι νjέρι με τjάτερινε, σε πσε ου ϑατδε jούβετ: περ νjε τϑίχεζε ε νούχε με δίχνι, ε πα περ νjε τϑίχεζε ε δο τε με δίχνι;

20. βερτέτ, βερτέτ ου ϑομ jούβετ, χjε jου δο τε χjάϊj' ε δο τε μυρολόϊσνι, ϐύτα δο τε jεζόνετε, ε jούβετ δο τε χελμόνενι, πο χελμι jούαιγ δο τε χϑένενε νδε jεζίμ.

21. jρούαjα χουρ πjέλ χα χελμ, σε πσε έρδι χοχ' εσάιγ, πο χουρ τε πjέλε διjάλjενε, νούχ' ε χουιτόνετε μϣ ϑτρενγύμνε νjα jεζίμ, σε πσε ου λjέ νjέρι νδε βύτε.

22. ε δε jου αδά νδαϑτί χjίνι χέλμ, μα δο τ'ου δοχ περσερί, ε δο τ'ου jεζόνετε ζέμερα jούαιγ, ε jεζίμνε τούαιγ δο τε μος ε μάρρε νjέρι νjα jουϑ'.

23. ε μϐ' ατέ δίτε δο τε μος με πιέτνι μούα περ νδοιjέ πούνε, βερτέτ, βερτέτ ου ϑομ jούβετ, χjε τϑδο φάρε πούνε χjε τ' ι χερχόνι βαϐάιτ μϐε έμερ τιμ, δο τ'ου απε jούβετ.

</td></tr>
</table>

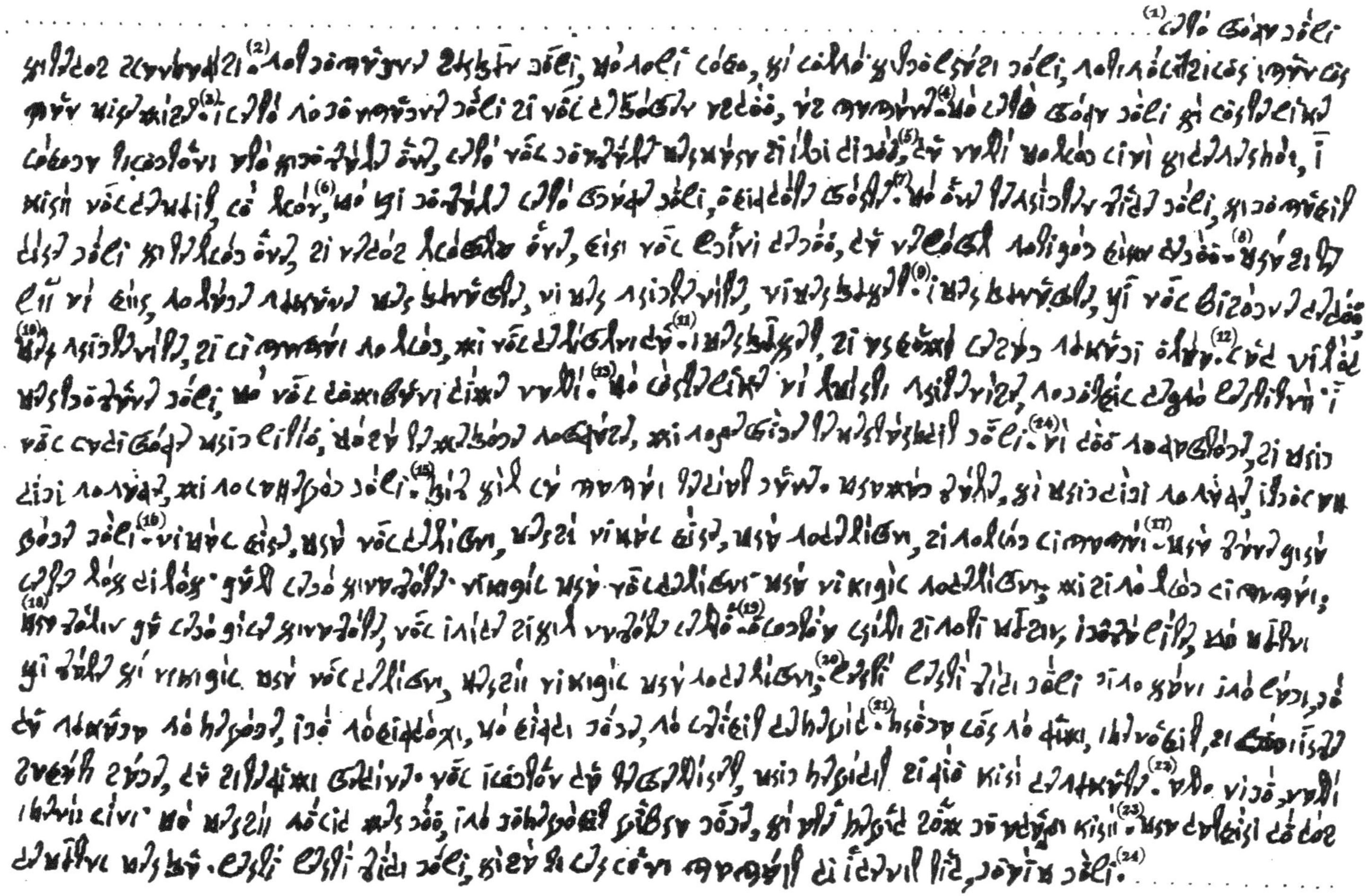

Lith. u. gedr. i. d. k. k. Hof- u. Staatsdruckerei.

VI.

Historisches.

Alte Zeit.

Es war uns bis jetzt nicht vergönnt, die zu einer alten Geschichte der Albanesen benöthigten Vorstudien zu machen, dieselbe steht auch mit der vorliegenden Aufgabe in keinem nothwendigen Zusammenhange; wir beschränken uns daher darauf, hier einige allgemeine Gesichtspunkte anzudeuten, die sich uns im Laufe unserer Arbeiten darboten, und auf den Einfluss aufmerksam zu machen, welchen die im vorigen Abschnitte behandelten Thesen auf die Anschauung der alten Geschichte überhaupt äussern.

Die ältesten geschichtlich bekannten Bewohner von Hellas sind die Pelasger [1]); ob sie die neben ihnen genannten Leleger, Kureten, Epeer, Kaukonen als Zweige einbegriffen oder nicht, braucht hier nicht untersucht zu werden, dass sie aber unter den vorhellenischen Stämmen im Lande die mächtigsten waren, das bezeugen die Quellen einstimmig [2]). Argos, Arkadien, Attika, Böotien und Thessalien waren ihre Hauptsitze, und in den ersteren stellt sie die Sage als Autochthonen dar, d. h. die Erinnerung an ihre einstige Einwanderung war dort verwischt. — Hatten sie die Bildung, von welcher zahlreiche Spuren Zeugniss geben, aus ihren früheren Sitzen mitgebracht, war sie ihnen aus Phönicien oder Aegypten zugeführt, oder kreuzten sich bei ihnen zwei Culturströmungen, welche einem gemeinsamen Urquell entsprungen waren? — Auch diese Fragen gehören nicht in den Bereich unserer Untersuchungen; wir bemerken daher bloss, dass uns nicht nur die Zeugnisse für die nähere Beziehung der Phönicier (Hyksos?) zu den Pelasgern, sondern auch für die geistige Einwirkung der ersteren auf die letzteren unbestreitbar dünken, und dass wir uns sogar zur Annahme berechtigt halten, dass den Hellenen die phönicische Schrift durch die Vermittlung der Pelasger zukam, weil sie diese sonst schwerlich „die pelasgische" genannt hätten, doch wollen wir hiermit keineswegs den Zeitpunkt bestimmen, wann die Uebertragung Statt hatte [3]).

Zu diesem in Akerbau, Baukunst und Götterwesen wohlerfahrenen Volke wanderten nun die Hellenen von Norden herkommend als Eroberer ein, und verdauten dasselbe vermöge ihres geistigen Uebergewichtes in der Art, dass schon zu Herodot's Zeiten die pelasgische Sprache in Hellas nicht nur ausgestorben, sondern über ihren Charakter keine Kunde mehr zu erhalten war. Sicher nahmen aber auch die Sieger vieles, namentlich im Götterwesen, vielleicht auch in Sitten und Bräuchen, von den Unterworfenen an [4]).

Allen Anzeichen nach erfolgte diese Einwanderung nicht auf einmal, sondern stossweise, vielleicht in langen Zwischenräumen [5]). Arkadien scheint sich auch von der letzten Ueberschichtung, bei welcher wohl schon überall Hellenen zu Hellenen wanderten, frei erhalten zu haben; gleichwohl ist auch diese Landschaft, sobald wir sichere Kunde von ihr erhalten, bereits vollkommen hellenisirt [6]).

Den Einfluss, welchen die so gefassten hellenischen Urzustände auf die Anschauung ihrer Fortentwickelung äussern, wollen wir mit einem Worte Napoleons bezeichnen, welcher die französische Revolution als den Aufstand der Gallier gegen die Franken definirt, denn diese Auffassung ist richtig, sobald man unter den so benannten Elementen nicht strenge die Nachkommen, sondern

die Nachfolger der Sieger und Besiegten in die aus der fränkischen Eroberung hervorgegangene Volksgliederung und Staatsordnung versteht. — Zwar wäre es nicht nur einseitig,
sondern gradezu falsch, wenn man diese Auffassung auf den später in Athen und andern griechischen Städten geführten Verfassungskampf übertragen, und ihn als die Reibung des hellenisch-
aristokratischen mit dem pelasgisch - demokratischen Elemente darstellen wollte; wir glauben
aber, dass jener ursprüngliche Gegensatz, wenn er auch nicht als Basis der inneren hellenischen
Geschichte betrachtet werden darf, dennoch gar manches, sonst schwer zu Begreifende auf-
klärt, und dass dessen Nachwirkungen, wenn auch unter anderen Formen versteckt, bis in die
historischen Zeiten hineinreichen. Die Athener Plebs, welche dem einfachen Kriegerstaate in Sparta
mangelt, scheint uralt zu sein, und ein complicirtes Bevölkerungsverhältniss voraus zu setzen;
dieses aber gibt uns wiederum den Schlüssel zu der bis jetzt unerreichten geistigen Entfaltung, welche Athen auf seinem Höhepunkt den staunenden Blicken der Nachwelt darbietet. Die
Ausführung dieser Ansichten möchte hier zu weit führen; wir beschränken uns daher auf ihre
Andeutung, und wenden uns zu den nördlichen Brüdern der hellenisirten Pelasger.

Hier tritt uns sogleich ein sehr beachtenswerther Unterschied entgegen; während sich die
südlichen Pelasger als Autochthonen betrachten, scheint sich bei allen nördlichen die Sage
ihrer Einwanderung erhalten zu haben.

Beginnen wir mit den thessalischen Pelasgern. Ihre anscheinend älteste Sage [7]), nach welcher
sie dem Rufe des Pelorius folgen, der ihnen die Nachricht vom Ablauf des thessalischen
Binnensees gibt, möchte eher auf einfacher Naturanschauung, als auf einem geschichtlichen
Factum fussen. Historischer klingt die Erzählung des Dionys von Halikarnass [8]), der zu Folge
sechs Menschenalter nach Pelasgus, dem Sohne des Zeus und der Niobe, welcher dem Volke
den Namen gab, eine pelasgische Colonie von dem peloponnesischen Argos unter der Führung von
Achaeus, Phythius und Pelasgus, Söhnen der Larissa und des Poseidon, sich in Thessalien fest-
setzt, nachdem sie die früher dort wohnenden Barbaren vertrieben hatte. Ob in der so vorgetragenen Sage eine spätere Conjectur versteckt sei, welche die thessalischen Pelasger mit den
argivischen verknüpfen will, wissen wir nicht; aber die ausser aller Verbindung mit dem
argivischen Pelasgus stehende Abstammung der drei Colonieführer von einem andern Hauptgott,
und einem zwar pelasgischen, aber in dem argivischen Stammbaum nicht figurirenden, weiblichen Namen, ist sehr Verdacht erregend.

Diese Pelasger werden nun wiederum nach sechs Menschenaltern von den Kureten und Lele-
gern, die jetzt Aetoler und Lokrer heissen, und vielen andern am Parnass wohnenden Völkern
verdrängt, welche von Deukalion, einem Sohne des Prometheus und Clymenes, einer Tochter
des Poseidons, geführt wurden. Die Vertriebenen zerstreuen sich, einige flüchten nach Kreta
und den Cykladen, andere nach Hestiäotis, Böotien, Phokis oder Euböa, andere an die klein-
asiatische Küste und deren benachbarte Inseln; der Hauptstock aber geht zu den Verwandten
nach Dodona. — Man möchte auch in dieser Erzählung des Dionysos den Versuch vermuthen,
das Dasein pelasgischer Völker an allen erwähnten Punkten zu erklären, denn solche Colonisationen setzen eine Marine voraus, und diese könnten nur die Umwohner des pagasäischen Busens
besessen haben, denn das das übrige Thessalien bespülende Meer wird von dem Hinterlande durch
Pelion und Ossa, man möchte sagen hermetisch, abgeschlossen; der von Süden kommende Deukalion musste aber gerade die offenen Seegegenden zuerst besetzen.

Kamen die Hellenen nun auf die geschilderte oder auf andere Weise in den Besitz von
Thessalien, das hellenische Element schlug dort so feste Wurzeln, dass es auch eine Rückeroberung des Landes durch die vertriebenen Pelasger überdauert, und sie wenigstens der Sprache nach
in Hellenen verwandelt. Von diesem Ereignisse hat uns Herodot nur eine gelegentliche Notiz
erhalten, aus welcher sich ergibt, dass die Eroberer auch hart auf den hellenischen Norden
drückten; er erzählt nämlich, dass die Phokeer die Thermopylen aus Furcht vor den Thessaliern
befestigt hätten, als diese, aus Thesprotien kommend, das Aeolische Land (Thessalien) besetzten [9]).

Wie der herrschende thessalische Kriegeradel bei den Alten geschildert wird, zeigt er grosse
Aehnlichkeit mit den heutigen Albanesen; der Trieb nach persönlicher und localer Unabhängigkeit
überwiegt, und lässt es nie zur Concentration der Gesammtkräfte kommen; — die Aleuaden sind

ebenso gut Heracliden, wie die makedonischen, lynkestischen und molossischen Könige, und bilden als solche das erste Geschlecht im Lande, aber die Königskrone entgeht ihnen; — der Krieg ist auch hier Handwerk, daher Söldnerei im Schwunge und der Ackerbau verachtet; — dabei sind Wankelmuth, Unzuverlässigkeit, Leichtsinn, Prunkliebe und übermässige Tanzlust vorherrschende Charakterzüge.

Wir wenden uns nun zu einer thessalischen Ueberlieferung, welche, wenn sie auch wie eine archäologische Conjectur anmuthet, in mehrfacher Hinsicht beachtenswerth ist. Strabo sagt in seiner Beschreibung von Armenien[10]): „Ueber dies Volk berichtet eine alte Erzählung folgendes: Armenos aus Armenion, einer thessalischen Stadt am Boibe-See[11]), zog, wie es heisst, mit Jason nach Armenien, und die Leute, welche mit Kyrsilos, dem Pharsalier, und Medios, dem Larissäer, unter Alexander gedient hatten, behaupten, dass nach diesem Armenien benannt worden sei. Von den Gefährten des Armenos hätten die einen sich in der Akilisene niedergelassen, welche früher den Sophenen gehörte, die andern aber in Syspiridis bis Kalachene und Adiabene ausserhalb der armenischen Gränzen. Auch die armenische Tracht soll thessalisch sein, z. B. die tiefherabreichenden Chitonen, welche in den Tragödien thessalische hiessen, und auf der Brust gegürtet werden, ebenso wie die Oberkleider, welcher sich die Schauspieler nach dem Muster der Thessalier bedienen, denn diese bedürfen einer solch barocken Tracht; die Thessalier tragen unter allen Hellenen die längste Kleidung, vermuthlich weil sie die nördlichsten und kältesten Gegenden bewohnen. — Auch die Vorliebe für die Reiterei soll Thessaliern und Medern gemeinsam sein. Den Herreszug des Jason bezeugen auch die Jasonien, von welchen die Machthaber[12]) einige, nach dem Muster des von Parmenio in Abdera gebauten Tempels errichtet haben. Ferner glaubt man, der Araxes sei nach dem Peneios benannt worden, denn auch dieser habe Araxes geheissen, weil er den Ossa vom Olympe getrennt, und Tempe durchgerissen habe. Auch der in Armenien von den Bergen herabkommende Fluss soll sich vor Alters ausgebreitet, und in der tiefer gelegenen Ebene einen See gebildet haben, weil er keinen Abfluss hatte. Jason aber habe nach dem Vorbilde von Tempe den Durchstich gemacht, durch welchen nun das Wasser nach dem Kaspischen Meere abfliesst und von da an liege die Araxische Ebene trocken." — Auch Aenianen sollen in zwei Armenien benachbarten Strichen wohnen, und sogar einige Thracier hinter Armenien in Medien sitzen.

Die hier erwähnte lange thessalische Tracht möchten wir dem pelasgischen Adel zuweisen, denn die der dort wohnenden hellenischen Heloten war wohl schwerlich ein passendes Muster für die Mimen. Die alterthümliche Tracht auf der Halbinsel scheint überhaupt lang gewesen zu sein, ob sie aber den Pelasgern eigenthümlich, steht dahin, wenigstens wird der in Athen einwandernde Theseus von den am Wege arbeitenden Werkleuten seiner langen Tracht wegen verspottet, und sie findet sich auch noch häufig auf alten Vasengemälden, die der pelasgischen Zeit nicht angehören können. — Davon abgesehen muss die Uebereinstimmung der thessalischen und armenischen Tracht in die Augen fallend gewesen sein, um von den Alten bemerkt zu werden. Was aber in der Stelle von Jasonischen Wasserbauten gesagt wird, das klingt allerdings sehr pelasgisch.

Aber nicht bloss die Armenier, sondern auch ihre Nachbarn, die Albaner, gelten trotz ihrer 26 Sprachen für Abkömmlinge zurückgebliebener Argonauten[13]).

Wichtiger ist für uns eine andere Ansicht des Alterthumes, welche von Schriftstellern der verschiedensten Zeiten[14]) ausgesprochen wird, es ist die von der phrygischen Abstammung der Armenier; dieser Glaube hatte auch seine guten Gründe, denn in Xerxes Zug haben beide denselben Führer und dieselbe Waffenrüstung, die Sprachen beider Völker waren nahe verwandt[15]), und beide lebten in unterirdischen Wohnungen[16]). Diese Sitte war aber auch den europäischen Dardanern[17]) gemein, und findet sich noch heute bei den Wlachen, die nördlich von der Donau wohnen[18]).

In diesem Zusammenhange gewinnen für uns zwei Angaben Bedeutung, welche ihnen, wenn sie allein stünden, versagt werden müsste. Nach der einen[19]) stammen die Illyrier aus Persien, und in der andern[20]) werden die Dalmater Armenier und Phrygier genannt.

Zum Beweise, dass es auch andere Völker in Europa gab, bei denen die Sage von ihrer Abstammung aus Medien gangbar war, lässt sich das aufführen, was Herodot[21]) von den Sigynnen erzählt, nämlich, dass sie sich medisch kleideten und aus Medien zu stammen behaupteten. Die Sigynnen, von denen Herodot selbst leider nichts mehr zu sagen weiss[22]), waren aber Nachbaren der illyrischen Heneter, die wiederum von asiatischen Dardanen und Paphlagonen abstammen wollten.

Dieser Ideengang führt nun von selbst auf die Sagen, welche sich auf kolchische Colonisationen am jonischen Meere beziehen, und die Ursache zu sein scheinen, dass die Argonautensage Jason seinen Rückweg durch dieses Meer nehmen lässt, und so kömmt man bis zu der Frage: ob der Ableitung der Albaner und Armenier, von zurückgebliebenen Argonauten, der Anknüpfung der Perser an den Stammbaum des Perseus, und der Meder an den des Kekrops etwa mehr als blosse Wörtspielerei zu Grunde liege? Sollten hier etwa dunkle Erinnerungen an die alte asiatische Heimath versteckt sein? Bestimmen zu wollen was davon Pelasgern, was Hellenen zukömmt, wäre mehr als verwegen, genug, wenn bei den alten Völkern der Halbinsel solche Andeutungen überhaupt noch vorliegen.

Ob die obigen Angaben von der Abstammung der Illyrier aus Persien und Armenien mit der Einwanderung der Phrygier unter Dardanus [23]) zu verbinden seien, welche bis zum Peneios und dem jonischen Meere vordrang, lassen wir gleichfalls dahin gestellt sein, und beschränken uns auf die Andeutung, dass sie auch ohne diese Vermittlung durch die Parallelen in der geographischen Nomenclatur von Illyrien einerseits und in der von Armenien und Medien andererseits eine auffallende Bestätigung erhalten. Wer sich mit solchen Vergleichen beschäftigt hat, der weiss, dass sich durchweg von Land zu Land nähere oder entferntere Parallelanklänge auffinden lassen, und dass dieselben daher nur dann Beachtung verdienen, wenn sie zahlreich und in ihren Formen identisch sind. Dies ist aber hier der Fall.

Im heutigen Albanien finden sich die Formen Arben und Armeng wie dort Albanien und Armenien [24]). Der heutige Arçen-Fluss, von dem im ersten Abschnitte viel die Rede war, entspricht dem armenischen Arsanias (auch ein Nebenfluss des Euphrat heisst jetzt Arsen) und noch mehr der Form Ἀρζὴν, oder alt Arzrum, dort ist auch ein See Lychnitis. — Die medisch-armenische Landschaftsendung -ηνὴ correspondirt der gegischen auf -gní. — Die armenische Landschaft Βολβηνή und der Βόλβη-See bei den makedonischen Bisalten. — Die armenische Landschaft Otene oder Hotene [25]) und die heutigen Chotti (deren Landschaft Χοττgní heissen würde) bei Skodra.

In Medien (alt. Test. Madai) die Ματιανοί, bei Herodot Ματιηνοί; — in Mittelalbanien der Fluss Μάτς, best. Μάtja, die Landschaft nun demselben Μάt-i (könnte aber auch Μαtgní-a heissen) und der Bewohner Μάtjαν-ι [26]). Der heutige See von Wan in Armenien hiess im Alterthume Μαντιανὴ λίμνη und dies soll nach Strabo meergrün bedeuten.

Die medische Landschaft Ἐλυμαῖς [27]). — Die makedonische Landschaft Ἐλίμεια mit der Stadt Ἔλυμα, und die sicilischen Ἔλυμοι, welche die Sage von Troja noch vor dessen Zerstörung nach Sicilien auswandern lässt.

Die medische Stadt Γάζα, welche bekanntlich Schatz bedeutet; — γάς-ι alb. die Freude, γεζόιγ ich erfreue, γεζόγεμ ich freue mich; — entsprechend scheint das türkische chási Freude, Vergnügen und chasiné Schatz. — Ἐκβάτανα, Ἀκβάτανα oder Ἀποβάτανα; (?) βατάν-ι alb. Ort, Heimath [28]). — In Medien heisst eine Stadt Λάρασα, eine andere Σάραχα; in Armenien eine Landschaft Συραχηνὴ (in Hirkanien ein District Σιραχινή), in Sarmatia asiat. ein Volk Σίραχες oder Σιραχηνοί). Der See Συραχώ [29]), von dem Syrakus seinen Namen hat. Συρράχο ist einer der Hauptorte der Pinduswlachen; der Dorfname Σαραχίνιχο wiederholt sich in Südalbanien und Griechenland (z. B. an der Ostküste von Nordeuböa südl. von Manduti); bei solch ungeheurer Verbreitung desselben Namens, der allem Anscheine nach dieselbe Wurzel hat, wagen wir über dessen Bedeutung keine Vermuthung, und notiren einfach zur Berücksichtigung das albanes. Wort σόρρε-α Krähe (in Berat auch Schimpfwort), davon σορράκ-ου, wallach. sarrák nichtswürdig. — In der Volksmusterkarte der Sarmatia asiatica finden sich als Nachbaren die Τοῦσχοι und die Σίρβοι, welche Plinius Serbi nennt. Die Κερχέται (Tscherkessen) wiederholen sich in den Cerceti montes der nördlichen Wand des oberen Peneiosthales; wir notiren hierzu frageweise das alban. xjαrχ-οὸ, plur. xjάrχε-τε Kreis (ital. cerchio), die Begriffe Berg und von Rundung liegen sich häufig nahe [30]).

Die gegebenen Muster mögen hinreichen, um die Aufmerksamkeit auf diesen merkwürdigen Parallelismus zu richten; wir haben nur das Schlagendste ausgewählt; unter der Hand des Sprachgelehrten wird sich der Katalog noch bedeutend vermehren, denn es fehlt nicht an anderweitigen Anklängen.

So viel von Thessaliern und Illyriern. — Aber auch die Sagen der einzelnen epirotischen und makedonischen Völkerschaften bezeichnen diese nicht' als Autochthonen, sondern haben die Erinnerung an ihre Einwanderung erhalten. Die Päonen (Dardanen?) leiten sich von den asiatischen Teukrern ab; die Bottiäer wollen ihre makedonischen Sitze erst nach den abenteuerlichsten Zügen erreicht haben; die Makedonen kommen aus Illyrien, und wenn sich die Elimioten von einem Tyrrhenerkönig Elymos [31]) ableiten, der in Makedonien einwanderte, so heisst dies wohl dasselbe, denn wir haben den Tyrrhenernamen in Albanien einheimisch gefunden. Die älteste uns von Plutarch [32]) erhaltene Sage der Epiroten beginnt mit der Einwanderung des Pelasgus und Phaeton.

Wir müssen darauf verzichten, diese verschiedenen Sagen nach ihrer Reihenfolge zu ordnen, oder das Verhältniss der europäischen Phrygier zu Illyriern, Makedonen und Epiroten näher zu bestimmen; wir beschränken uns darauf, alle diese Sagen als ebenso viele Zeichen eines lang dauernden Völkerwogens in den uns beschäftigenden Ländern anzusehen, durch welches das Bewusstsein ursprünglicher Verwandtschaft bei den späteren Nachkommen leicht verwischt werden konnte. Nur so viel ist uns wahrscheinlich, dass die makedonische und elimiotische Sage als Rückschläge gegen die allgemeine Richtung der Urwanderungen von Osten gegen Westen zu fassen sind, und daher auf eine bedeutende Kraftentwickelung des damaligen Albaniens hindeuten, welche sich auch aus der von Epirus ausgehenden Einwanderung der pelasgischen Thessalier in das nach ihnen benannte Land ergibt. Dass diese Bewegung durch den Druck mächtigerer Völker veranlasst worden, welche, in Albanien einwandernd, jene aus ihren dortigen Sitzen vertrieben, ist nach der Lage und dem Charakter des Landes weniger wahrscheinlich, als die Vermuthung, dass sich etwa den albanesischen Pelasgern der frühere Abzugscanal für ihre überflüssigen Kräfte nach Italien [33]) verschloss, und diese sich nun rückwärts wandten. Ein ähnliches Uebersprudeln der albanesischen Bevölkerung gegen Osten wiederholt sich am Ende des Mittelalters; wir werden darauf weiter unten zurückkommen.

Dieser östliche Rückschlag der epirotisch-illyrischen Pelasger trifft im Süden Thessalien, im Norden Makedonien. Dass er im ersteren Lande die Gründung der hellenisch-äolischen Colonien an der kleinasiatischen Küste zur Folge hatte, darf wohl als ausgemacht betrachtet werden, und wird auch durch die Naturbeschaffenheit des Landes bestätigt; die Eroberung geht von Westen aus, und drängt also alles, was sich von den alten Bewohnern nicht unterwerfen will, nach dem Pagasäischen Meerbusen zu, wo von Alters her die Schifffahrt blühte. Ob aber diese Eroberung auch den Anstoss zu der dorischen Wanderung gab, ob ferner die Eroberung von Thessalien und Makedonien derselben oder verschiedenen Zeiten [34]) angehören, ob die Eroberung von Makedonien die Rückwanderung der Phrygier nach Asien veranlasste, auf alle diese Fragen haben wir keine bestimmte Antwort. Fassen wir aber, was von der makedonischen Urgeschichte bekannt ist, unter einem Gesichtspunkte zusammen, so dünkt uns die Annahme natürlich, dass der Zug der Pelasger gegen Osten so lange angedauert habe, bis sich die Angesessenen kräftig genug fühlten, die Nachdrängenden aufzuhalten, und dies geschah mit Gründung der makedonischen Dynastie. Es bedurfte aber von ihrer Entstehung an bis auf Philipp den Zweiten der grössten Anstrengung, um diese Nachdrängenden abzuwehren, und mehr als einmal stand das Reich auf dem Punkte, ihrer Wucht zu erliegen.

In diesem Vertheidigungskampfe scheint die makedonische Königsmacht mehr als durch die Eroberungen im Osten und Süden erstarkt zu sein, denn dass sie Anfangs, weil aus dem Stammverbande hervorgegangen, sehr gering war, dass dieser Stammverband die Grundlage der Reichsverfassung noch in geschichtlicher Zeit bildete, das ergibt sich aus den wenigen hierüber erhaltenen Angaben. Die richterliche Gewalt stand ja nicht dem Könige, sondern der Gesammtheit zu [35]), und noch zu Zeiten Alexanders des Grossen gliederten sich die Hetären nach Stämmen [36]). Wie mächtig die Idee des Stamm- und Familienbandes in die makedonische Volksanschauung eingriff, das beweist vor Allem die Satzung, nach welcher alle Verwandten, derjenigen, welche sich wider den König verschworen hatten, dem Tode verfallen waren [37]). Es ist dies nichts weiter als ein Corollar zu dem bei stolzen albanesischen Familien herrschenden Gedanken, dass einfache Talion den an ihrem Geschlechte begangenen Mord nicht sühnen könne [38]), zu welchem aber hier noch die Rücksicht tritt, dass der König nicht nur der beste Mann im Volke, sondern auch der Nachkomme des Stammheros war.

Wer mit diesen Daten das Verhältniss vergleicht, in welchem der einzelne Makedone zu seinem Könige stand, der wird die schlagende Aehnlichkeit schwerlich verkennen, welche zwischen makedonischem Wesen und den Zuständen der albanesischen Bergstämme besteht, wie dieselben oben geschildert worden, der wird auch bei der Frage nicht zweifelhaft sein, ob sich die Makedonen in dieser Hinsicht zu den Albanesen, oder zu den alten Hellenen stellen, denn diese letzteren hatten die Culturstufe, auf welcher die Makedonen vor Philipp II. standen und jene Albanesen noch heute stehen, bereits zu der Zeit überwunden, als sie in die Geschichte eintreten.

Wir wollen hier noch auf einige uns aus der alten makedonischen Zeit erhaltene Daten aufmerksam machen, welche auf den Zusammenhang der Makedonen mit dem Westen hindeuten. Von Perdikkas, des Ahnherrn Sohn Argäos, ist uns die Notiz erhalten, dass er der erste [39]) gewesen sei, welcher in Makedonien Mauern baute. Wir kennen aber kein anderes Land, welches eine gleiche Anzahl von kyklopischen Mauerresten aufzuweisen hätte, als Epirus. Pouqueville hat deren, wenn wir uns recht erinnern, an 60 aufgefunden; die Zahl liesse sich aus Leake noch bedeutend vermehren, und die oben in den archäologischen Notizen bemerkten Ruinen, welche jenen beiden Reisenden entgangen waren, versprechen auch unsern Nachfolgern eine reiche Nachlese. Verbinden wir damit die Vorliebe ganzer albanesischer Striche zum Mauerhandwerke, und was der Abschnitt IV, Nr. 3 über die thyrrhenischen Pelasger bemerkte, so stimmt die obige Notiz vortrefflich zu Herodot's Erzählung, dass die makedonischen Stammherren von Illyrien nach Makedonien herübergekommen sind [40]).

Die uns über den Enkel dieses Argäos erhaltene Angabe, dass er als Säugling in der Wiege liegend den geschlagenen Makedonen entgegengehalten worden sei, und dieser Anblick die Flüchtigen in die Schlacht zurückgetrieben und zum Siege begeistert habe, wurde bereits früher als Parallele zu einer ähnlichen Verehrung des Säuglings bei den Albanesen [41]) benutzt.

Auf die Fertigkeit im Trinken überhaupt könnte bei Begründung der Verwandtschaft zwischen Albanesen und Makedonen schwerlich Gewicht gelegt werden, beachtenswerth aber möchte es sein, dass der Olynthier Ephippos [42]) genau die albanesische Sitte schildert, wenn er von den Makedonen sagt: „sie trinken gleich im Anfange des Gastmahls in so gewaltigen Zügen, dass sie schon bei den ersten Gerichten trunken sind, und nichts mehr essen können."

Werfen wir nun einen Blick auf die Anschauung der alten Geschichte überhaupt, welche aus unseren Thesen über das Pelasgerthum der Makedonen und Epiroten hervorgeht.

Ueber die Nationalität der Makedonen bestehen bis jetzt zwei Ansichten, welche schroffe Gegensätze bilden. An der Spitze der einen steht Ottfried Müller [43]), welcher die von andern Historikern, wie Heyne [44]) und Schlözer [45]), über das Ungriechische der makedonischen Nationalität schlechthin ausgesprochenen Meinungen näher dahin zu bestimmen und begründen suchte, dass die Makedonen Illyrier [46]) und mithin dem hellenischen Elemente fremdstehende Barbaren seien.

Die zweite Meinung, welche in neuester Zeit von Otto Abel [47]) mit vielem Scharfsinne vertreten worden ist, weist den Stamm der Makedonen dem hellenischen Volke als Zweig zu.

Unsere Untersuchungen ergeben ein drittes Resultat, welches zwischen den beiden erwähnten die Mitte hält. — Die Makedonen sind Illyrier, d. h. Pelasger, und als solche Vettern der Hellenen, denn diese gingen nach unserer Ansicht aus der Verschmelzung zweier an sich nicht grundverschiedener Volkselemente, dem pelasgischen und dem griechischen (Γραικοί, Aristoteles), hervor, von denen letzteres das erstere überschichtete, und seine Sprache [48]) zur herrschenden machte. — Was nun den Makedonen und Hellenen gemeinsam ist, das erklärt sich aus dem Pelasgerthume, zu welchem die Makedonen gehören, und welches einen Factor des Hellenenthumes bildet; das aber, worin sie von einander abweichen, ist eines Theils den Graekoi als eigenthümlich zuzuschreiben, andern Theils ist es das Product des geistigen Bildungsprocesses, welchen die Völkermischung in Hellas erzeugt, und welchen die unvermischten Pelasger des Nordens nicht durchmachen. — Für uns zerfällt demnach die alte Geschichte Europa's in drei Zeiten, die hellenische, die pelasgische und die römische Zeit; von diesen Perioden steht aber die zweite der ersten näher, als der dritten.

Der Höhepunkt der pelasgischen Zeit fällt in das vierte Jahrhundert vor Christi. Der Aufschwung, welchen damals in wenig Jahren das pelasgische Element nach allen Seiten hin nahm, ist wahrhaft staunenswerth, denn die Eroberung von Asien folgt Schlag auf Schlag der Erringung der Hegemonie über die hellenischen Staaten.

Den Eroberungszug Alexanders in Asien machten die hellenischen Hülfsvölker [49]) eben so mit, wie die deutschen Contingente die französischen Feldzüge in Russland und Spanien, und es wird wohl keinem Geschichtschreiber beikommen, diese Züge wegen der Mitwirkung des deutschen Elementes auch als deutsche Unternehmungen zu bezeichnen. Dem hellenischen Elemente gebührt das Verdienst, den Stoss Asiens, welchem sich das pelasgische Element beugte, gebrochen und durch die Feldzüge Xenophons und Agesilaus dessen Eroberung vorbereitet zu haben. Dass diese Eroberung aber ein hellenischer Gedanke sei, den Philipp und Alexander bloss ausführten, das steht noch zu beweisen. — Dieser Gedanke musste wohl in eben dem Grade bei den kriegerischen Pelasgern entstehen und populär werden, als die Möglichkeit seiner Ausführung klar wurde. Auch darf man nicht vergessen, dass zwischen den Perserkriegen und Alexanders Eroberung der peloponnesische Krieg, — die thebanische Hegemonie u. s. w. inne liegen, und die leitenden Gedanken der Zeiten, welche auf die persische Invasion folgten, keineswegs auf Asien gerichtet waren. Wir möchten vielmehr auch die Idee der Eroberung eine pelasgische nennen, denn uns erscheint sie als das Lebensziel Philipps und Alexanders, und deren Streben nach der Hegemonie über Hellas mehr als Mittel zu ihrer Ausführung, denn als Endzweck.

Dass aber das makedonische Volk auf diese Eroberung noch nicht vorbereitet war, das ergibt sich klar aus der Folgezeit. Das makedonische Gemeinwesen war damals noch mehr Natur- [50]) als Kunststaat, und die dieser Gattung von Gemeinwesen inwohnende Centrifugalkraft noch nicht durch die Idee der Staatseinheit und des Staatscentrums bewältigt. Das nach Asien übersetzende makedonische Heer gleicht daher mehr einem jungen Bienenschwarme, welcher den Mutterstock verlässt, um nie mehr dahin zurückzukehren. Dem Mutterlande wird aus der Eroberung keinerlei Zuwachs, und sie hat für Makedonien keine andere Folge, als einen ungeheuren, mehrmals bis zur Erschöpfung steigenden Verlust der besten Kräfte. — Wie anders im Römerreiche! dort war schon seit Jahrhunderten der Schwerpunkt des Staates von der Stadt in das Feldlager gewichen, und dennoch ist der Besitz von Rom das Ziel aller neuen Imperatoren, gleichviel, ob das Heer, welches sie erhob, in Syrien, Spanien, Britannien oder Afrika stand.

Die Zeit nach Alexander ist eine der sterilsten Perioden der Geschichte, denn sie ist nur mit den endlosen, von allerlei Gräuel durchzogenen Raufereien pelasgischer Condottieri erfüllt, die dem Mutterlande gänzlich entfremdet sind, und nur von dem grassesten Egoismus getrieben werden. Erst bei dem Zusammenstoss mit den Römern gewinnt die Geschichte der pelasgischen Alt- und Neustaaten wieder einiges Interesse, sie bethätigt aber, was wir oben über die Natur des Mutterstaates sagten, dem sie entsprungen waren; — unfähig, sich gegen den gemeinsamen Feind zu vereinigen, werden sie der Reihe nach einzeln verschlungen.

Uebrigens sprudelt das pelasgische Volkselement am Ende des ersten Drittheils des dritten Jahrhunderts nicht bloss gegen Osten über seine Gränzen; auch Epirus wird von der Bewegung ergriffen, und Alexander der Molosser, der Mutterbruder Alexanders des Grossen, zieht von dort fast zu gleicher Zeit mit seinem Neffen aus, um Italien zu erobern, und rühmte sich, dass während sein Neffe nur in Frauengemächern zu thun bekommen werde, er in den Gemächern der Männer Thaten verrichten wolle [51]).

Dieser Eroberungszug fiel ebenso unglücklich aus, wie der, welchen einer seiner Nachfolger, Pyrrhus, etwa 90 Jahre später nach Italien unternahm. Im Falle aber auch die Unternehmung des einen oder anderen geglückt wäre, so liesse sich wohl mit Sicherheit annehmen, dass diese Eroberung für das Mutterland ebenso unfruchtbar gewesen sein würde, wie die östliche für Makedonien.

Wenn der Anstoss zur Bewegung in Epirus von Makedonien ausging, so scheint der Aufschwung, welchen in jener Zeit die Illyrier im engeren Sinne nahmen, dem makedonischen vorhergegangen zu sein. Bei diesem Volke war es nämlich einem kühnen Räuber, Namens

Bardylus, gelungen, mehrere Stämme zu einem Reiche zu vereinigen, und mit einer bedeutenden Heeresmacht einen grossen Theil von Makedonien zu erobern. Philipp der Zweite trieb ihn durch einen blutigen Sieg (359) nach Illyrien zurück, aber von nun an berichten die Annalen von einer illyrischen Dynastie, welche zur Zeit ihrer Blüthe das ganze südliche Illyrien unter ihrer Herrschaft vereinigt, aber gleichzeitig mit der makedonischen den Römern erliegt.

Dagegen treten die nordillyrischen Stämme nur während ihrer Kämpfe mit den Römern in die Historie ein. Mit ihrer Unterwerfung schliesst die selbstständige Geschichte der Pelasger im Alterthume, und geht nun in die römischen Feldlager über, wo die Geschichte der illyrischen Legionen den Beweis liefert, dass die kriegerische Kraft jener Länder durch die Eroberung keineswegs gebrochen wurde, und sie den Römern ebenso, wie später den Türken, eine unerschöpfliche Pflanzschule tapferer Soldaten waren.

Vergleicht man die Rolle, welche jene Legionen spielten, mit dem traurigen Zustande der Länder, aus welchen sie hervorgingen, so lässt sich hieraus auf die Masse von urwüchsigen Kräften zurückschliessen, welche diese Länder zur Zeit ihrer Blüthe beherbergten. Sie gingen ungenützt verloren, weil sie niemals vereinigt wurden.

Werfen wir zu dem Ende einen Blick auf den Zustand der pelasgischen Länder unter römischer Herrschaft, denn er dient auch zur Erklärung der Folgezeit. Die uns hierüber erhaltenen Zeugnisse fallen etwa 200 Jahre nach dem Untergange des makedonischen und illyrischen Reiches, also in die erste Kaiserzeit, und es berechtigt nichts zu der Annahme, dass sich diese Länder in der Folge wieder sonderlich gehoben hätten.

Die reichsten Angaben hierüber gewährt Strabo; wir wollen ihn selbst reden lassen [52]: „Obwohl diese Völker (die epirotischen) klein, zahlreich und unberühmt waren, so war es früher wegen ihrer dichten Bevölkerung und ihrer selbstständigen Existenz doch nicht gar schwer, die Gränzen derselben anzugeben. Jetzt aber ist das meiste Land verödet und ihre Orte, namentlich die Städte, verwüstet, und desswegen kann man dieselben nicht mehr genau bestimmen, es wäre aber auch wegen der Unberühmtheit und Vernichtung der Völker ein unnützes Geschäft. Diese Vernichtung begann vor langer Zeit, und hat in vielen Gegenden wegen der Empörungen selbst jetzt noch nicht aufgehört, so dass die Römer, wo sie dieser wieder Herr geworden, in den verlassenen Wohnungen ihr Lager haben. Polybius erzählt, dass Paulus Aemilius, nach der Vernichtung der Makedonen und des Perseus, den Epiroten 70 Städte, wovon die meisten den Molossern gehörten, zerstört und 150,000 Menschen zu Sklaven gemacht habe. Dennoch will ich versuchen, so weit es mir möglich ist, die einzelnen Völker zu bestimmen" u. s. w. „Ambrakia [53] war früher überaus wohlhabend, und wurde besonders durch Pyrrhus verschönert, der sie zu seiner Residenz machte. Makedonen und Römer nahmen später sowohl diese, als die übrigen Städte in den beständigen Kriegen und wegen ihrer Empörungen sehr hart mit, so dass endlich Augustus die Städte, welche er gänzlich verlassen fand, in die von ihm so genannte Nikopolis zusammen zog."

„Damals [54] waren, wie ich schon erwähnte, ganz Epirus und Illyrien, obgleich rauh und voll von Gebirgen, dennoch stark bevölkert; jetzt ist der grösste Theil dieser Länder eine Wüste, und in den bewohnten Strichen trifft man nur Dörfer und Trümmer. Auch das Orakel von Dodona hat so gut wie aufgehört, gleich allen andern."

„In [55] dem Pindus wohnten die Talaren, ein molossischer Stamm, ein Zweig der um den Tomaros sitzenden, und die Aethiker, zu welchen nach dem Dichter die Kentauren von Peirithoos vertrieben wurden; man behauptet, dass sie nun verschwunden seien." — Hierauf folgt die Stelle, welche wir zum Motto des vierten Abschnittes gewählt haben.

In Illyrien aber sah es damals fast noch trauriger aus. — „Die Ardiäer wurden von den Späteren Waralier [56] genannt, die Römer drängten sie von der Küste in das innere Land, weil sie mit ihren Räubereien das Meer beunruhigten, und zwangen sie zum Ackerbau; das Land ist jedoch rauh und arm und zum Feldbau nicht geeignet, sie gingen daher gänzlich zu Grunde, und sind bis auf geringe Spuren verschwunden [57]. Dies wiederfuhr auch anderen Völkern dieses Landes; denn die, welche früher die mächtigsten waren, sind nun gänzlich herunter gekommen und verschwunden. So von den Galliern die Bojer und Skordisker, von den

Illyriern die Autariaten, Ardiäer und Dardaner, von den Thrakern die Triballer [58]); zuerst unterjochte einer den andern, hierauf wurden sie von den Makedonen und Römern unterjocht."

„Zwischen [59]) den Dardanen und den Ardiäern sitzen die Dassareten und Hybrianer und andere unbedeutende Völkerschaften, welche die Skordisker so lange verheerten, bis das Land verödete, und sich mehrere Tagreisen weit mit unzugänglichen Wäldern füllte [60]).

Mittelalter.

Wann schliesst diese Zeit für Albanien? — Mit dem Beginne der Reform des türkischen Reiches, d. h. in unseren Tagen. In der albanesischen und neugriechischen Geschichte gibt es keine Epoche, welche mit der unserer neuen und neuesten Zeit correspondirte. Die Entdeckung von Amerika, die des Seewegs nach Ostindien, die Entwicklung der Buchdruckerkunst, die Reformation, die amerikanische und französische Revolution, alle diese Ereignisse und deren Folgen haben die illyrisch-griechische Halbinsel so gut wie unberührt gelassen. — Die feindliche Stellung des Halbmondes gegen das Abendland, und die von diesem gegen die Pest errichteten Quarantainen waren auch geistige Schlagbäume, welche dem, was dort die Geister und Gemüther beschäftigte, den Zutritt verwehrte, und da die einheimischen Verhältnisse eine eigenthümliche Entwicklung nicht verstatteten, so vererbten sich die Zustände unverändert von Geschlecht zu Geschlecht. Das Mittelalter schliesst daher für Griechenland mit dem Beginne des Aufstandes, welcher die gegen das Abendland bestandene Scheidewand niederriss und den Ideen des modernen Europa's Eintritt verschaffte.

Gleichwohl darf der Gedanke, welcher diesen Aufstand hervorrief, nicht als ein modern liberaler gefasst werden, diese Form mag er nur in wenigen im Auslande gebildeten Köpfen gehabt haben, die Masse fasste ihn im Geiste des Mittelalters, nach welchem der Glaube die Basis und der Rahmen alles geistigen Lebens bildet, und jeder Gedanke von ihm ausgeht oder zu ihm zurückkehrt; der Ruf, den Alle verstanden und der Alle begeisterte, war daher die Befreiung des Kreuzes von dem Druck des Halbmondes, die politische Freiheit galt nur als Folgesatz der religiösen. Im Verlaufe änderte sich dies und mit dem Vortreten der politischen Interessen, welche mehr und mehr im modernen Geiste gefasst wurden, beginnt für Griechenland die neue Zeit.

Obwohl der Anfang derselben in Albanien nicht weit hievon abliegt, so zeigt doch hier der Umschwung einen verschiedenen Charakter, denn er ist kein spontaner, sondern kommt dem Lande von aussen zu, er ist daher nicht geistiger, sondern rein thatsächlicher Natur.

Wir haben oben gesehen, wie die von Constantinopel über das Land verhängte Reform nicht nur die bestehende Aristokratie und den reisslaufenden Kriegerstand, sondern auch Stammverband, Faustrecht und Blutrache, d. h. Zustände gebrochen habe, oder zu brechen drohe, welche von den Pelasgern wohl schon bei ihrer Einwanderung mitgebracht wurden, und die sich daher vielleicht durch 4000 Jahre von Geschlecht zu Geschlecht in unveränderter Form reproducirten. Der Umschwung ist aber trotzdem fortan von dem Schicksale der türkischen Reform unabhängig, weil mehrere der erwähnten Factoren der alten Zeit in der Art gebrochen sind, dass ihre Wiedererzeugung unmöglich erscheint. Auch steht zu erwarten, dass durch die Aufhebung der Quarantainen und durch die Albanien bevorstehende Dampfschifffahrtsverbindung mit dem Occidente das Land noch fester als bisher in dessen Handelskreise hineingezogen, und dass der Verkehr auch hier seine bildende Kraft bethätigen werde, vermöge deren er, einmal erstarkt, alle ihm widrigen Verhältnisse allmählich beugt oder bricht.

Das albanesische Mittelalter zerfällt in zwei Abschnitte, in die Geschichte fremder Völker auf albanesischem Boden, in welcher weder der Albanesen noch anderer Urbewohner des Landes gedacht wird, und die darauf folgende Geschichte der unter dem Namen der Albanesen wieder auftauchenden Eingebornen [61]).

In den über den ersten Abschnitt erhaltenen kümmerlichen Zeugnissen lassen sich drei Einwanderungen unterscheiden; die gothische, die serbische und die bulgarische.

Gothische Einwanderung [62]). — In den Stürmen der Völkerwanderung scheinen die Westgothen die ersten Barbaren gewesen zu sein, welche in Albanien einbrachen. Alarich zieht sich im Jahre 396 vor Stilicho nach Epirus zurück, und plündert die Städte des Landes [63]). Nachdem er kurz darauf vom byzantinischen Hofe zum Präfecten vom Illyrien ernannt worden war, unternimmt er von hier aus in den Jahren 401 und 402 einen unglücklichen Feldzug nach Italien, und verlässt Illyrien erst im Jahre 408 [64]).

Doch blieben Gothen im Lande zurück, unter deren Nachkommen uns Malchus [65]) den Sidimund und Gento als zwei mächtige Herren nennt. Ersterer war ein Geschlechtsverwandter Theodorichs des Grossen, er hatte bei Durazzo grosse Güter und vermochte viel bei der Kaiserin Verina. Gento war Militärchef, und mit einer Römerin verheirathet.

Als Theodorich aus Rache wegen der Verrätherei der Römer bei seinem Feldzug gegen die thracischen Gothen in Makedonien einfiel, verschafft ihm Sidimund durch List den Besitz von Durazzo, dessen Einwohner hier wie überall in Neuepirus vor den Gothen flohen [66]). Theodorich wird von dem kaiserlichen Feldherrn Sabianus durch List zur Rückkehr nach Moesien veranlasst [67]), von wo er im Jahre 488 nach Italien geht.

Doch müssen die Gothen bis zum Jahre 535 — also im Ganzen 130 Jahre — im Besitze von Dalmatien und Nordalbanien geblieben sein, denn in diesem Jahre wird das gothische Heer von Constantian, dem Feldherrn Justinian's, aus Dalmatien verdrängt, und zieht sich nach Italien zurück [68]). Was von Gothen zurück blieb, unterwirft sich dem Kaiser. Ob dieser Rest die Besetzung des Landes durch Avaren und Chroaten überdauerte, ist unbekannt, jedenfalls aber ist er in dem slavischen Elemente aufgegangen [69]).

Auf diese Weise kamen die dalmatinischen und illyrischen Lande zum oströmischen Reiche zurück, ohne dass sie dadurch vor neuen Einfällen der Barbaren gesichert worden wären.

Im Jahre 517 wird Epirus von Bulgaren und Ungarn verwüstet, und zehn Jahre später bei einem neuen Verheerungszuge der vereinigten Bulgaren, Gepiden und Heruler in den Süden des byzantinischen Reiches auch nicht verschont. — 539 verwüsten die katurigischen Ungarn alles, was zwischen dem jonischen Meere und den Vorstädten von Byzanz lag. — Auch die Longobarden streifen, nachdem sie Sitze in Pannonien erhalten, in Illyrien, und verwüsten das Land bis an die Gränzen von Dyrrachium [70]). — Ihnen folgen die Slaven, welche im Jahre 548 eben so weit verheerend vordringen [71]), und den Slaven die Avaren [72]). Doch blieben diese Länder immer mehr verschont als die östlichen Provinzen der Halbinsel [73]).

Serbische Einwanderung. — Im Jahre 640 wanderten die Chroaten und Serben in Dalmatien ein; sie unterwarfen die Avaren, welche sie dort vorfanden, und vertrugen sich mit den wenigen römischen Bewohnern der Küstenstädte, welche der Sturm der Zeiten verschont hatte. Chroatien, Slavonien (Sirmium), Dalmatien, Bosnien werden bis heute von diesen Einwanderern bewohnt, welche, was etwa noch von illyrischen Urbewohnern dort vorhanden war, in sich aufgenommen haben, und in diesen Sitzen die nördlichen Nachbarn der Albanesen bilden. Sie drängten jedoch auch über die südlichen Gränzgebirge, und eroberten den Norden von Albanien, welcher von da an bis zum Jahre 1360 eine von dem Süden des Landes getrennte Provinz des serbischen Reiches bildet [74]).

Bulgarische Einwanderung. — Die Bulgaren, welche sich im Anfange des neunten Jahrhunderts der ganzen Diöces von Dacien bemächtigt hatten, begannen sich von da aus über die südlich der Gebirge liegenden Länder von Thracien, Makedonien und Illyrien zu verbreiten, und zwangen im Jahre 861 den Kaiser Michael III., ihnen diese damals fast ganz verödeten Gegenden, welche sie wohl schon lange vorher weidend und plündernd durchzogen hatten, förmlich abzutreten [75]). Da die Bulgaren bereits ihre Muttersprache mit der slavischen vertauscht hatten, so benannten sie diesen Länderstrich nach der Lage, welche er von ihren Hauptsitzen aus betrachtet einnahm, Zagora, d. h. jenseits der Berge, und begriffen unter dieser Benennung alles Land von Dyrrachium bis Develtos und von Jericho (Orikon) bis Thessalonichi.

Ausser Dyrrachium, welches die Byzantiner behaupteten, scheinen die Bulgaren ganz Neuepirus eingenommen zu haben. Ochrida ward die Residenz ihrer Könige, und als sich das Volk zum Christenthume bekehrte, errichtete König Borises im Jahre 870 ein Erzbisthum, welches den dritten Theil des bulgarischen Reiches umfasste, und sich von Thessalonichi bis Jericho, Kannina und Sipiatos erstreckte [76]). Das jonische Meer bildete nunmehr die Gränze von Bulgarien, und Neuepirus war mit Ausnahme von Durazzo eine bulgarische Provinz. Wir vermuthen, dass die Bulgaren diese Provinz nicht bloss eroberten, sondern dass sie dieselbe auch zahlreich bevölkerten, denn obgleich das bulgarische Reich kaum anderthalb Jahrhunderte dauerte, und die Byzantiner sich beim Einfalle der Normannen bereits seit wenigstens 80 Jahren wieder im Besitze von Neuepirus befanden, so wird dasselbe gleichwohl von Gaudfred Malaterra in seiner Beschreibung der normannischen Feldzüge immer noch als bulgarisches Land betrachtet [77]).

Nachdem die Bulgaren im Jahre 920 auch das serbische Reich erobert hatten, wandte sich eine, wahrscheinlich durch Serben stark vermehrte, Abtheilung derselben in Folge innerer Parteiung gegen Süden, verheerte Nikopolis, wie Altepirus damals genannt wurde [78]), und liess sich endlich bleibend daselbst nieder [79]). Da die Bulgaren jetzt slavisch sprachen, so konnte der Epitomator Strabo's mit Recht sagen, dass zu seiner Zeit auch fast ganz Epirus von Slaven bewohnt werde [80]).

Ueber die Frage, wie weit sich diese bulgarische Einwanderung nach Norden erstreckt habe, gibt vielleicht die Familiensage der Mireditenchefs einen Fingerzeig, der zu Folge der Stammherr ein griechisch-gläubiger Bulgar war, und aus einer bulgarischen Gegend hieherzog, und katholisch wurde [81]). — Die Mirediten wohnen in dem nördlichen Theile des gebirgigen Centrums, der von uns als Alpenvorland unterschiedenen zweiten Gruppe von Albanien. Jenseits des Drin, welcher dieselbe vom Alpenlande scheidet, sassen Serben, wenn diese früher den ganzen Gebirgsstock bevölkerten.

Dieses Bulgarenreich bestand lange, blutige Kämpfe mit den byzantinischen Kaisern, bis es endlich, nachdem König Joannes [82]) bei der Belagerung von Durazzo [83]) gefallen war, dem Kaiser Basilius gelang, dasselbe durch die meist freiwillige Uebergabe der königlichen Familie und übrigen Häuptlinge des Landes in den Jahren 1018 und 1019 zur Unterwerfung zu bringen [84]).

Basilius behandelte die Unterworfenen milde, er forderte von ihnen keine grösseren Abgaben, als sie ihren Königen zu leisten gewohnt waren, und bedachte die Prinzen und Edeln mit Ehren und Aemtern.

Als aber unter Michael Paphlago die Steuern erhöht wurden, und zugleich ein falscher Kronprätendent auftrat, so gab dies Anlass zu einem Aufstande, bei dem sich ganz Epirus, ausser Naupactus, betheiligte, und sogar Durazzo an die Aufständischen verloren ging; doch gelang es bereits im Jahre 1041 desselben Herr zu werden.

Auftauchen der Albanesen. — Sobald Alt- und Neuepirus dem byzantinischen Reiche wieder einverleibt sind, gedenken dessen Annalen auch wieder der Ureinwohner dieser Länder, welche einer fast tausendjährigen Vergessenheit anheimgefallen waren. Sie erscheinen unter dem Namen der Albanesen, den sie noch heut zu Tage führen. — Wir haben es in den vorhergehenden Abschnitten versucht, die Continuität des Nationalnexus zwischen Albanesen und Altillyriern, und zugleich das hohe Alter des heutigen Volksnamens nachzuweisen; wir können daher die Ansicht nicht theilen, welche Thunmann [85]) über den anfänglich beschränkten Umfang dieses Namens und dessen spätere allmähliche Ausdehnung auf die benachbarten Landstriche aufstellt. Wir glauben vielmehr, dass der Name, gleich so vielen anderen Volksnamen, von den byzantinischen Schriftstellern in zwei verschiedenen Bedeutungen gebraucht, und damit bald die nach ihrer Hauptstadt Albanon, Arbanon, Elbanon, jetzt Elbassan [86]), benannte Landschaft, bald das den Byzantinern unterworfene Albanien bezeichnet, hie und da selbst das ganze epirotische Despotat [87]) darunter begriffen wird.

Von dem Zeitpunkte an, in welchem die Albanesen wieder in die Geschichte eintreten, verschwindet aber das im Lande befindliche bulgarische Element aus derselben in der Art, dass uns bis jetzt erst die Auffindung eines Zeugnisses über dessen spätere Existenz im Süden gelungen ist [88]).

Im Jahre 1042, also im Jahre nach Unterdrückung des obenerwähnten Aufstandes der Bulgaren, sammelte Michael, der Statthalter von Dyrrachium, aus seiner Provinz und in der

Nachbarschaft ein Heer von 60,000 Mann, und zieht damit gegen die den Norden beunruhigenden Serben, erleidet aber eine Niederlage [89]). Als hierauf die Serben in ihren Einfällen immer kühner wurden, so ernannte der Kaiser Michael Dukas den tapfersten Mann des Reiches, Nicephorus Bryennius, zum Herzog von Dyrrachium [90]), damit er denselben Einhalt thue. — Die Eingebornen nahmen ihn mit Freuden auf, und folgten ihm auf einem glücklichen Zuge gegen die Serben. Später empörte er sich gegen den Kaiser, wurde aber geschlagen, gefangen und geblendet [91]). Sein Nachfolger in der Statthalterschaft lässt sich durch dies Beispiel nicht abschrecken, er sammelt ein grosses Heer aus Normannen [92]), Bulgaren, Griechen und Albanesen (Ἀρβανῖται), und rückt damit im Jahre 1079 über Ochrida bis Salonik vor, erleidet aber dasselbe Schicksal, wie sein Vorgänger [93]). Bei dieser Gelegenheit wird der Name Albanesen zum ersten Male in den Annalen erwähnt.

Normannen. — Zwei Jahre später beginnen die Eroberungszüge der Normannen in Albanien. — Im Jahre 1081 landet Robert Guiscart mit einer bedeutenden Land- und Seemacht und belagert Durazzo. Kaiser Alexius eilt mit einem grossen Heere [94]) zum Entsatze der Stadt herbei; er greift, ohne den Zuzug der Albanesen [95]) abzuwarten, die Normannen an, wird von ihnen auf das Haupt geschlagen [96]), und die Stadt, in welcher der vom Kaiser ernannte Albanese Komiskortis [97]) den Befehl hatte, musste sich bald darauf an dieselben ergeben. — Robert Guiscart, von dem Papste gegen Kaiser Heinrich den Fünften nach Italien zurückgerufen (1082), lässt seinen Sohn Boemund in Epirus zurück. Dieser gewaltige Kriegsmann erobert Jannina, schlägt, während er Arta belagert, den zum Entsatze heranrückenden Kaiser Alexius, nimmt Orchida, rückt über Serwia, Weria und Wodena bis an den Wardar, wird aber von Alexius trotz der bei Larissa erlittenen neuen Niederlage genöthigt, die Belagerung dieser Stadt aufzugeben, und muss sich wegen einer in seinem seit langem unbezahlten Heere ausgebrochenen Meuterei bis Awlona in Epirus zurückziehen. — Robert kommt noch einmal dorthin, stirbt aber während des Feldzuges; Boemund kehrt nach Italien zurück, und Dyrrachium fällt bald darauf durch Verrätherei an den Kaiser [98]). Die Eingebornen hatten während dieses ganzen Krieges fest zum Kaiser gehalten.

Zwar kam Boemund im Jahre 1107 noch einmal nach Epirus, und belagerte Durazzo; aber der Kaiser hatte sich diesmal möglichst vorgesehen, in alle festen Orte Besatzungen gelegt [99]), und vermied jeden entscheidenden Kampf. Boemund bemühte sich vergebens Durazzo zu erobern; nachdem er durch Mangel und Seuchen bedeutende Verluste erlitten, musste er sich zu einem wenig glänzenden Frieden verstehen, und kehrte im Jahre 1109 nach Italien zurück, wo er bald darauf starb. Hiemit endete dieser gefahrdrohende Sturm für das byzantinische Reich, welcher sich in sofern mit den Feldzügen Xenophons und Agesilaus in Asien vergleichen lässt, als er zum ersten Male die bedeutende Ueberlegenheit der abendländischen Streitkraft über die morgenländische offenbar machte.

Das Despotat von Epirus [100]). — Von da an blieben die Byzantiner fast anderthalb Jahrhunderte lang in dem Besitze von Epirus, denn zur Zeit des lateinischen Kaiserthumes gelingt es einem Zweige der kaiserlichen Familie der Komnenen, sich daselbst unter dem Titel Despoten [101]) von Epirus in unabhängiger Stellung von der fränkischen Herrschaft zu erhalten.

Der erste dieser Linie war Michael Angelos Komnenos Dukas [102]), ein natürlicher Sohn des Sebastokrators Constantin Angelos und Geschwisterkind der Kaiser Isaac II. und Alexius IV.; aus Asien herüberkommend, warf er sich, wie es scheint im Einverständniss mit den Eingebornen, zum Herrn von Aetolien, Acarnanien, Alt- und Neuepirus auf, und Lepanto, Arta und Jannina öffnen ihm ihre Thore. Sein Einfluss scheint namentlich auf seiner Verheirathung mit einer angesehenen Albaneserin gegründet gewesen zu sein [103]).

Gleich erfahren in der Kriegs- und Unterhandlungskunst, wusste er sich nicht nur in dem Besitze der ihm so zugefallenen Länder zu erhalten, sondern auch seine Herrschaft über einen Theil von Makedonien und Thessalien auszudehnen. Obgleich factisch unabhängig, erkannte er dennoch Theodor I. (Laskaris) als den legitimen Kaiser an, und war daher ein geschworner Feind der byzantinischen Franken, denen er so viel Leid anthat, als in seiner Macht stand [104]). Er ward im Jahre 1214 von einem seiner Sklaven ermordet.

Sein Bruder Theodor, welchen er zum Mitregenten angenommen hatte, folgte ihm in der Herrschaft. Er hatte früher an dem Hofe Theodors I. in Nikäa gelebt, und musste, bevor er die Erlaubniss erhielt, dem Rufe seines Bruders zu folgen, dem Kaiser den Eid der Treue schwören. Dieser ebenso unternehmende, als ruh- und treulose Mann eroberte in den ersten Jahren seiner Regierung Thessalien, Ochrida, Prilapo, Elbassan ('Αλβανὸν) und entriss den Venetianern Durazzo, welches sie nicht lange vorher besetzt hatten. Im Jahre 1217 überfiel er treuloserweise Peter von Courtenai, Grafen von Auxerre, welchen der Papst zum Kaiser von Byzanz gekrönt hatte, bei seinem Durchzuge durch die Pässe von Elbassan, und zwang ihn mit dessen ganzem Heere zur Ergebung; ob er ihn auch getödtet, ist ungewiss [105]. Trotz dieser feindlichen Stellung gegen das Abendland wusste er durch das Versprechen, sich dem päpstlichen Stuhle zu unterwerfen, sich den Schutz des Papstes Honorius III. zu erwerben, und es dahin zu bringen, dass derselbe den mit Peter verbündeten Venetianern verbot, Rache an Theodor zu nehmen [106].

Hierauf erobert er fast ganz Makedonien mit Einschluss seiner Hauptstadt Salonik, und lässt sich daselbst, seines an Theodor I. geleisteten Eides uneingedenk, von dem Erzbischof von Ochrida, als Patriarchen von Bulgarien, zum Kaiser krönen [107]. Dann dringt er sogar bis Adrianopel vor, bemächtigt sich auch dieser Stadt (1224), und herrscht nun vom adriatischen bis zum schwarzen Meere. Er beschäftigte sich bereits mit dem Plane, die Franken aus Constantinopel zu vertreiben, als er mit dem wlachobulgarischen König Johann Asan in einen unglücklichen Krieg gerieth, welcher mit seiner Gefangenschaft endet; aber auch als Gefangener kann er nicht Ruhe halten, er spinnt Intriguen an, und wird zur Strafe geblendet.

Die Wlachobulgaren erobern nun Adrianopel, überschwemmen Makedonien und streifen plündernd und verheerend in Thessalien und Neuepirus, wo sie Elbassan erobern [108]. Dem Bruder Theodors, Manuel, welcher nebst dem dritten Bruder Constantin verschiedenen Provinzen des Despotates vorgestanden hatte, war es gelungen, aus der Schlacht, in welcher Theodor gefangen wurde, nach Salonik zu entkommen [109]. Asan liess ihn dort unangefochten, denn er war sein Schwiegersohn, und dadurch kühn gemacht vermass sich Manuel sogar, den kaiserlichen Titel anzunehmen. Doch dauerte sein Kaiserthum nicht lange, denn im Jahre 1237 vermählte sich König Asan mit der Tochter des geblendeten Theodors, zu der er in Liebe entbrannt war, und gab seinem Schwiegervater die Freiheit zurück. Dieser begab sich nun heimlich nach Salonik, wo er sich im Geheimen eine mächtige Partei bildete, mit deren Hülfe er den Usurpator nach Athalia verbannte, und seinen Sohn zum Kaiser krönen liess, er selbst begnügte sich mit dem Titel eines Despoten [110].

Manuel kehrt jedoch bald darauf mit Unterstützung des Kaisers Johann III. Vatazes von Nikäa nach Thessalien zurück, zieht seinen jüngeren Bruder Constantin, welcher einem Theile von Thessalien vorstand, an sich, und kommt dadurch rasch in den Besitz seiner früheren Herrschaft, doch gelingt es dem blinden Theodor, dem Bruderkriege vorzubeugen, und auf einem Familien-Congresse seine beiden Brüder zu einem Bündnisse mit ihrem kaiserlichen Neffen und den fränkischen Herrn in Griechenland gegen den Kaiser von Nikäa zu bereden [111].

In Folge dessen brach Kaiser Johann Vatazes in Makedonien ein, eroberte Salonik und zwang seinen Gegenkaiser Johann auf die Kaiserwürde zu verzichten (1234) und fortan als Despot zu regieren. Diesem letzteren folgte im Jahre 1244 sein Bruder Demetrius, ein elender Mensch, welcher seinen blinden Vater aus dem Rathe entfernte, aber bereits 1246 von Kaiser Johann Vatazes gefangen und vertrieben ward. Thessaloniki wurde dadurch eine unmittelbare Provinz des nikäischen Kaiserreiches.

Unterdessen war der Despot von Epirus, Manuel, gestorben, und hatte sein Neffe Michael II., ein natürlicher Sohn des Despoten Michael I., in Epirus grossen Einfluss gewonnen, vermöge dessen er sich allmählich in den Besitz der Macht seines Vaters zu setzen und dieselbe sogar über Ochrida, Pelagonia und Prilapus auszudehnen wusste. Der nikäische Kaiser zeigte sich dieser jungen Grösse freundlich; er gewährte Michael den Despotentitel, und verlobte dessen Sohn Nikephorus mit seiner Tochter Maria. Dennoch gelang es dem rastlosen, alten Theodor, der sich seit seiner Entfernung aus Salonik als unabhängiger Herr von Vodena, Ostrowo und Staridola (Sarigjöl) behauptet hatte, Michael mit dem Kaiser in Krieg zu verwickeln. Michael zog jedoch den Kürzeren [112]), und konnte (1254) nur durch die Abtretung von Prilapus, Velesus und Kroja [113]) in Albanien und durch die Auslieferung des alten blinden Theodor Friede erhalten.

Als Kaiser Johann Vatazes im folgenden Jahre starb, und die Bulgaren die nikäischen Besitzungen in Europa bedrängten, so eilte dessen Sohn Theodor zu deren Abwehr herbei, und bemächtigte sich (1257) treuloser Weise des Sohnes und der Gattin des Despoten Michael. Dieser musste ihre Freilassung mit der Abtretung von Servia und Durazzo erkaufen [114]), doch wurde hierauf die zwischen Nikephorus und Maria projectirte Vermählung vollzogen.

Kaum aber war der Kaiser nach Asien zurückgekehrt, so stehen die Albanesen [115]) für den Despoten Michael auf, welcher sich mit leichter Mühe aller abgetretenen Länder wieder bemächtigt, und nach dem Fall von Prilapus [116]) alleiniger Herr von Albanien und aller Länder westlich vom Wardar [117]) wird.

Als nach dem Tode des Kaisers Theodor (1259) der Vormund seines 8jährigen Sohnes diesen blenden liess, und sich selbst auf den Thron setzte, wollte der Despot Michael diese Gelegenheit zur Eroberung der nikäischen Besitzungen in Europa benutzen; und überzog dieselben daher, von seinen beiden Schwiegersöhnen, dem König Manfred von Sicilien, und dem Fürsten Wilhelm Villehardouin, unterstützt. Die Verbündeten wurden jedoch von dem Bruder des neuen Kaisers, dem Sebastokrator Johann bei dem Walde von Vorilas in Pelagonien geschlagen; der Fürst von Achaja und Johann, ein Bastard des Despoten, gefangen und alles, was der letztere in Makedonien, Thessalien und Neuepirus besass, ging verloren [118]). Kaum aber war der Sebastokrator nach Asien zurückgekehrt, so erschien auch der Despot wieder mit neuen Kräften im Felde. Der Cäsar Alexius Strategopulos wurde (1261) wider ihn geschickt und eroberte auf dem Wege Constantinopel. Ein Theil des kaiserlichen Heeres ging über den Pindus, belagerte Jannina und eroberte Arta; wurde aber von Manuel und seinem aus der Gefangenschaft entflohenen Sohne wieder aus Epirus vertrieben, und Strategopulus selbst später vom Despoten geschlagen, worauf ein Friede zu Stande kam, und Nikephorus, der Sohn des Despoten, sich in zweiter Ehe mit des Kaisers Nichte vermählte [119]).

Neuepirus. — Um diese Zeit trennt sich die Provinz Neuepirus von dem Despotate, indem die Küste in fremde Hände übergeht, und das Binnenland sich unabhängig stellt. Wir unterbrechen daher die Geschichte des Despotates, um einen Blick auf die Vorgänge im albanesischen Mittellande zu werfen.

In Bezug auf das Binnenland sind wir auf die Notiz Pachymers [120]) beschränkt, dass sich um diese Zeit die Bewohner der Landschaft von Elbassan und ihre Nachbarn gegen die byzantinische Oberhoheit auflehnten, und unabhängig zu leben begannen. Sie besetzten sogar einige Zeit [121]) Durazzo, welches im Jahre 1273 durch ein furchtbares Erdbeben zerstört, und bei dieser Gelegenheit von den Albanesen rein ausgeplündert worden war [122]).

Der Despot Michael hatte eine seiner Töchter an König Manfred von Sicilien verheirathet, und ihr die Insel Corfù und den Bezirk von Kannina am Busen von Awlona zur Mitgift gegeben. Nach dem unglücklichen Ende dieses Königs flüchtete sich dessen Grossadmiral Philipp Chinardo mit dem Reste seiner Völker zu dem Despoten Michael. Dieser schien Chinardos Macht zu fürchten, denn er vermählte ihn zwar mit einer Schwester seiner Gemahlin, und übergab ihm Corfù und Kannina, liess ihn aber später bei günstiger Gelegenheit ermorden. Doch trug dies Verbrechen keine Früchte, denn die beiden Plätze ergaben sich nicht an ihn, sondern an König Karl von Sicilien, welcher sich deren Besitz durch den vertriebenen Kaiser Balduin II. (1267) bestätigen liess [123]), und eine starke Besatzung in diese Orte legte.

Um diesen auf den Thron von Constantinopel wieder einzusetzen, rüstete Karl im Jahre 1281 eine grosse Expedition aus, und schickte als Vortrapp 3000 Mann unter dem riesenhaften Provençalen Rousseau de Sylli mit dem Auftrage nach Epirus, sich der makedonischen Pässe zu bemächtigen, und dadurch dem grossen Heere Bahn in das Innere zu brechen. Aber Sylli wurde bei der Belagerung der kaiserlichen Festung Belgrad (Berat) von einem Heere des Kaisers Michael geschlagen und gefangen, und die Expedition selbst durch die sicilianische Vesper vereitelt [124]).

Karl II. von Sicilien, der Sohn Karls des Ersten, übertrug die königlichen Besitzungen in Epirus nebst seinen Rechten und Ansprüchen auf das Fürstenthum Achaja, das Herzogthum Athen, das

Land Wlachien (Thessalien) und das Königreich Albanien seinem jüngeren Sohne Philipp von Tarent (1294) [125], welcher an Ithamar, die Tochter des Despoten Nikephorus, verheirathet war, und mit ihr einen ansehnlichen Theil von dessen Besitzungen erhalten hatte [126]; worauf dieser den Titel eines Despoten von Romanien und Herrn von Durazzo (in dessen Besitz er jedoch vermuthlich erst im Jahre 1315 kam) und des Königreiches Albanien annahm [127]. In zweiter Ehe vermählte sich Philipp im Jahre 1313 mit der Erbin des byzantinischen Reiches Katharina von Valois, und nannte sich von da an Kaiser, verzichtete aber bei dieser Gelegenheit auf Achaja [128]. Ihm folgte (1332) als Herzog von Durazzo und Herr von Albanien sein Bruder Johann, Fürst von Achaja, und diesem (1335) sein Sohn Karl, welcher im Jahre 1347 auf Befehl des Königs Ludwig von Ungarn in Aversa enthauptet wurde. Karls älteste Tochter brachte 1366 das Herzogthum Durazzo ihrem Gemahle Ludwig von Beaumont, einem Sohne Philipps IV. von Navarra, zu [129]. Doch war Durazzo einige Zeit vorher unter serbische Herrschaft gerathen. In der Absicht, diese Besitzungen zu vergrössern, schickte Philipp als Vortrab eines grösseren Heeres 600 in der Gascogne geworbene Söldner nach Durazzo, und als er kurz darauf starb (1373), verkauften diese den Platz für 6000 Ducaten an Georg Grafen von Çedda.

In diesen Zeiten war Neuepirus unter verschiedenen Oberherren vertheilt, deren Besitz jedoch sehr schwankend war. Die sicilianischen Lande waren von geringem Umfange, dagegen besassen die serbischen Könige zu verschiedenen Zeiten ansehnliche Stücke davon [130]; auch hielten die griechischen Kaiser albanesische Plätze besetzt.

Das Despotat von Epirus. — Wir fassen nach dieser Abschweifung die Geschichte des Despotates mit dem Tode des Despoten Michael (1267) wieder auf. Derselbe hinterliess von seinen Besitzungen dem Despoten Nikephorus, seinem ältesten Sohne, Alt-Epirus und Akarnanien, d. h. die Länder zwischen den Akrokeraunien und dem Achelous, nebst Kephalonien und Ithaka; sein natürlicher Sohn, der Sebastokrator Johann Angelus, erhielt Gross-Wlachien oder Thessalien und das Land der ozolischen Lokrer [131].

Als Kaiser Michael Palaeologus die Unterwerfung der griechischen Kirche unter die Autorität des päpstlichen Stuhles durchzusetzen suchte, trat Nikephorus an die Spitze der Gegenpartei, und wurde daher im Jahre 1290 von einer kaiserlichen Armee angegriffen, welche Jannina zu erobern suchte, während eine den Byzantinern verbündete genuesische Flotte Arta angriff. Beide Angriffe wurden aber von Nikephorus zurückgeschlagen, welcher bei dieser Gelegenheit bedeutende Unterstützung von Florentius von Hainault, Fürsten von Achaja und Gatten seiner Nichte, und von Richard Grafen von Kephalonien erhielt, denen er Subsidien gezahlt hatte [132]. Er starb im Jahre 1293, und hinterliess einen Sohn Thomas, der in seine epirotischen Besitzungen succedirte, und zwei Töchter, von welchen Maria mit Johann, Graf Palatin von Zante, verheirathet wurde, dem sie die Insel Kephalonien als Mitgift zubrachte [133], die andere, Ithamar, wie oben erwähnt, die erste Gemahlin Philipps von Tarent war [134].

Thomas, der letzte vom Stamme der Angeli Comneni Duca in Epirus, ward 1318 von seinem Schwestersohne Thomas, Grafen von Zante und Kephalonien, ermordet. Seine Besitzungen wurden zertheilt: der grösste Theil fiel dem Mörder anheim, welcher später von seinem Bruder und Nachfolger Johann, und dieser wiederum von seinem Weibe Anna, der Tochter von Andronikus Palaeologus, Protovestiarius des byzantinischen Reiches, ermordet wurde [135]. Johann hinterliess einen zwölfjährigen [136] Sohn Nikephorus II., über welchen seine Mutter Anna die Vormundschaft führte, und ein Töchterchen, Namens Thomais.

Um diese Zeit machen sich die in der Nachbarschaft von Kannina und Belgrad wohnenden Albanesen durch fortwährende Streifereien und Raubzüge in den zu diesen Plätzen gehörigen Districten bemerklich; sie scheinen, so wie früher ihre Brüder jenseits des Schkumb, allmählich zu Kräften gekommen zu sein, und überschwemmten nun plündernd das benachbarte Flachland, sei es, dass die Subsistenzmittel, welche die sterilen Gebirge des Kurwelesch und Tomorus boten, für die erstarkte Bevölkerung nicht mehr ausreichten, oder dass es diese bequemer fand, das nöthige Brot von schwächeren Nachbarn zu nehmen, als es selbst zu ziehen. Die Taktik, welche diese Räuber den wider sie ausgesendeten Truppen entgegenstellten, war die aller in der Ebene raubenden Hochländer: sie zogen sich vor den Ausgeschickten rasch in die zahlreichen Schlupfwinkel ihrer Gebirge

40 *

zurück, wohin ihnen die Gegner nicht zu folgen wagten; kaum aber hatten diese den Rücken gewandt, so erschienen sie wieder in der Ebene und setzten dort ihr Handwerk fort.

Vielleicht war dieser Zustand auch ein althergebrachter, und kam erst jetzt bei Gelegenheit des Feldzuges Andronikus des Dritten zur Sprache [137]. Denn das Band, welches die gebirgigen Binnenstriche Albaniens an das byzantinische Reich fesselte, mochte nach deren Verhältniss zu den Sultanen zu schliessen, einmal besonders stark gewesen sein, nennt doch Kantakuzen die Thessalien benachbarten Albanesen geradezu unabhängig [138]. Zwar wird uns in diesen Zeiten von der Huldigung erzählt, welche verschiedene albanesische Stämme dem mit Heeresmacht einherziehenden Kaiser leisteten, sie scheinen uns aber mit dem Beugen von Bäumen und Gräsern vergleichbar, welches die Wucht des Sturmes nicht überdauert, der auf sie drückt. So erzählt z. B. Kantakuzen [139], dass zur Zeit als Kaiser Andronikus der Jüngere während seiner Streitigkeiten mit seinem Grossvater in Ochrida stand, die Albanesen aus der Nachbarschaft dieser Stadt und der weiter südlich an der Pinduskette gelegenen Bezirke von Dewol und Kolonja dort erschienen waren und ihm gehuldigt hätten. Den weiter weg an der äussersten Gränze des byzantinischen Gebietes [140] wohnenden Albanesen habe der Kaiser schriftlich befohlen, nach Salonik zu kommen, um ihm dort zu huldigen, was auch kurz darauf geschehen sei. — In gleicher Weise huldigten ihm, als er sich im Jahre 1333 Thessalien unterwarf, die albanesischen Stämme, welche damals als südliche Nachbarn der oben erwähnten Albanesen in dem Thessalien von Albanien scheidenden Pindusknoten wohnten [141].

Andronikus III., welcher übrigens auch im Jahre 1330 in diese Gegenden gekommen, und nicht nur den Serbenkönig Stephan von Ochrida zurückgedrängt, sondern auch einige benachbarte serbische Festungen erobert, und für die übrigen Plätze dieser westlichen Gegenden Sorge getragen hatte [142], beschloss nun auf die Nachricht, dass sich die unruhigen albanesischen Nachbarn von Berat und Kannina sogar des westlich von dem ersteren Platze gelegenen Castells Timoron bemächtigt hätten, in Person nach Albanien zu ziehen. Doch verband er mit diesem Unternehmen eine doppelte Absicht, er wollte nicht nur in den westlichen Gränzdistricten des Reiches Ruhe und Ordnung schaffen, sondern auch die günstige Gelegenheit benützen, welche die Verhältnisse des Despotates darboten, und dieses wieder an das Reich zurückbringen.

Demgemäss zog er im einbrechenden Frühlinge des Jahres 1336 mit einem bedeutenden Heere, bei welchem sich auch 2000 türkische Fusssoldaten befanden, welche er von einem seldschukischen Emir Namens Amur, Aidin's Sohn, erhalten hatte, zuerst gegen die Albanesen, und verwüstete ihr Land bis in die Gegend von Durazzo. Diese zogen sich nach ihrer Gewohnheit in die Gebirge zurück, aber die Türken folgten ihnen in diese nach, tödteten die Männer und schleppten die Weiber, Kinder und Heerden mit sich fort. Die Beute, welche damals an Pferden, Hornvieh und Schafen [143] gemacht wurde, war unermesslich, denn hierin bestand der Hauptreichthum der Albanesen, welche auf diese Weise zur gänzlichen Unterwerfung gebracht wurden.

Das Gerücht von diesen Thaten und der Eindruck, welchen die persönliche Gegenwart des Kaisers auf die Epiroten übte, deren Land seit Manuel Komnenus von keinem Kaiser besucht worden war, bewirkten die freiwillige Unterwerfung des Despotates, zu welcher auch Anna, die Mutter des jungen Despoten Nikephorus, vielleicht aus angestammter Vorliebe für Byzanz, mitwirkte. Der Kaiser nahm die Witwe gnädig auf und verlobte Nikephorus der Tochter seines Grossdomesticus und nachmaligen Kaisers Georg Kantakuzenos. Das Despotat aber wurde als Provinz organisirt und derselben Synadenos als Statthalter vorgesetzt.

Dort bildete sich übrigens alsbald eine antibyzantinische Partei, der es gelang, den jungen Nikephorus im Einverständnisse mit dessen Hofmeister Richard nach Tarent zu entführen, und welche im Jahre 1338, nachdem sie Nikephorus zurückberufen, im offenen Aufstande gegen den Kaiser ausbrach [144]. Dieser Aufstand nöthigte denselben zu einem neuen Feldzuge nach Epirus (1339); wo es jedoch der Klugheit des Grossdomesticus Kantakuzenos gelang, die Aufrührer zur freiwilligen Unterwerfung an den Kaiser zu überreden. Nikephorus erhielt den Titel Panhypersebastos und wurde dem Kantakuzenos zur Erziehung übergeben.

Wie wenig übrigens bei den Albanesen das statuirte Exempel fruchtete, beweist Kantakuzens Notiz, dass bei der Nachricht von dem Tode des Kaisers (1341), also kaum fünf Jahre nach dessen erstem albanesischen Feldzuge, die südlichen Nachbarn der damals so furchtbar bestraften Stämme, welche um Pogoniani und Liwisda [145]) wohnten, in der Nachbarschaft zu plündern und zu streifen begannen, und besonders den Bezirk von Berat plagten, und wenn Kantakuzen hinzufügt, dass er ihnen gegen Rückgabe der gemachten Beute verziehen hätte, so heisst dies so viel, als dass die Sache ungeahndet bleiben musste.

Uebrigens scheint auch im Despotate die kaiserliche Herrschaft nicht fest begründet gewesen zu sein, denn schon im Jahre 1343 veranlassten neue dort ausgebrochene Wirren, in denen die unruhige Witwe des letzten Despoten ihre Hand gehabt zu haben scheint, Johann Angelus Kantakuzenos, den Vetter des neuen Kaisers, welcher im Jahre vorher zum Statthalter von Grosswalachien oder Thessalien [146]) ernannt worden war, zu einem Zuge nach Epirus [147]).

Serbische Eroberung. — Der serbische König Stephan Duscian benutzte die Wirren, in welche der Ehrgeiz Kantakuzens das byzantinische Reich gestürzt hatte, zur Eroberung von ganz Albanien, Thessalien und Makedonien [148]). Nachdem er sich Durazzo's bemächtiget und dessen Umgegend verwüstet [149]), überzog er Makedonien, wo er Skopia zu seiner Residenz erhob, Thessalien und das Despotat [150]), und nahm den Titel eines Kaisers von Romanien, Slavonien und Albanien an [151]).

Bei der Organisation dieser Eroberungen wird Stephans Bruder, Simon, unter dem Titel „Despot" Statthalter von Aetolien, und heirathet Thomais, die Tochter des verstorbenen Despoten Johann. Ein zweiter Bruder Stephans Komnenos vermählt sich mit der unruhigen Mutter der Thomais Anna, und erhält nebst dem Despotentitel Kannina und Belgrad [152]). Prelubas endlich, einer der Satrapen Stephans, wird unter dem Titel „Cäsar" Statthalter von Thessalien und Jannina [153]).

In den Wirren, welche nach dem Tode Stephans im serbischen Reiche ausbrachen [154]), gelang es dem unterdessen herangewachsenen Sohne des letzten Despoten, Nikephorus, um so leichter, sich in den Besitz der väterlichen Erbschaft zu setzen, als auch der Cäsar Prelubas bald nach Stephan gestorben war. Er hatte die ihm verlobte Tochter Kantakuzens geheirathet, und mehrere thracische Küstenstädte zum Genuss erhalten.

Im Jahre 1358 rüstete er eine Expedition in dem Hafen von Enos, und landete in Thessalien. Hier wurde er, ebenso wie im Despotate, von dem griechischen Theile der Bevölkerung, welche von Serben und Albanesen gleich bedrängt war, freudig aufgenommen [155]). Dagegen nahmen die Albanesen des Despotates, welche mehr und mehr um sich gegriffen hatten, alsbald eine feindliche Stellung gegen ihn an [156]). Um dieser Herr zu werden, scheint Nikephorus das inländische griechische Element zu schwach gefunden, und sich daher um serbische Unterstützung beworben zu haben, welche er damals von Byzanz nicht erwarten konnte. Er knüpfte zu dem Ende Unterhandlungen mit Helena, der mächtigen Witwe des Kaisers Stephan, an, und verlobte sich mit deren Schwester [157]), indem er Maria, die Tochter Kantakuzens, verstiess und gefangen setzte. Diese fand jedoch Mittel, zu ihrem Bruder Manuel, dem Despoten von Morea, zu entfliehen, und nun empörten sich die Albanesen offen gegen ihn [158]). Nikephorus, welcher sein Heer mit einem Haufen türkischer Söldner, die in Thessalien streiften, verstärkt hatte, zog gegen die Albanesen zu Felde, griff sie bei dem Orte Achelous [159]) an, fiel aber in der Schlacht, und das ganze Heer wurde vernichtet (1357 oder 1358) [160]).

Der serbische Despot Simon, welcher vor seinem Schwager Nikephorus, wie es scheint, ohne Widerstand gewichen war, und sich in Kastoria festgesetzt hatte, befand sich auf einem Zuge nach Serbien, um dort seine Thronansprüche gegen seinen Neffen Urosius geltend zu machen, als er die Nachricht von Nikephorus unglücklichem Ende empfing. Er wandte sich demzufolge sogleich nach Thessalien und ging von da nach dem Despotate, wo ihm Arta und Jannina freudig ihre Thore öffneten. Doch wurde er bald darauf durch den Einfall des Klapenos nach Thessalien zurückberufen, welcher die vor Nikephorus mit ihrem Sohne Thomas zum König Urosius geflohene Witwe des Cäsar Prelubos geheirathet hatte, und nun Thessalien als das väterliche Erbe seines Stiefsohnes beanspruchte. Nachdem Klapenos die Festung Damatis erobert, kam ein Vergleich zu Stande, vermöge dessen er diese Festung behielt, und sein Stiefsohn Thomas die Tochter des Despoten Simons heirathete, welche dieser mit Thomais, der Tochter Anna's Palaeologus, gezeugt hatte.

Da sich nun Simon nur um Thessalien bekümmerte, so gerieth das ganze Despotat in die Gewalt der Albanesen und wurde, nach dem Ausdrucke des Chronisten, von diesen in zwei Theile getheilt; der südliche umfasste das Thal des Achelous und die jenseitigen Striche mit der Hauptstadt Angelokastron, und stand unter Gjinos Wajas, die nördliche Küste des ambrakischen Golfes mit Arta und Rogus bildete die andere albanesische Herrschaft, an deren Spitze Petros Ljoschas stand [161]).

Dass übrigens die Albanesen schon weit früher in Epirus, und zwar namentlich in dessen Osthälfte, mächtig waren, beweist der Umstand, dass sie bereits im Jahre 1330 eine Abtheilung der grossen katalonischen Compagnie, welche über den Pindus gedrungen und in Epirus streifte, bei Gardiki, zwei Stunden nördlich von Jannina, zurückgeschlagen hatten [162]). Nach einer andern Angabe waren sogar schon von Georg Kantakuzenos oder dessen Bruder Johann (1343) albanesische Häuptlinge den Landdistricten in Südepirus vorgesetzt worden, nämlich Guini de Spata den Gegenden um das Weichbild von Jannina, und Musachi Topia denjenigen um das Weichbild von Arta [163]). Bedenken wir nun, dass der oben erwähnte Aufstand gegen Kaiser Andronikus III. im Jahre 1339 sich auf die Gebiete von Arta und Rogus beschränkte, so halten wir uns fast berechtigt, in Nikolaos Baslitsas und Kabasilas den Chefs dieses Aufstandes, die ersten albanesischen Häuptlinge zu erblicken, welche sich gegen die byzantinische Oberherrschaft erhoben und die einmal von diesen südlichen Albanesen gegen die Centralgewalt eingenommene Stellung trotz zeitweiser Versöhnungen in den Aufständen gegen Nikephorus und ihrem Verhältniss zum Despotes Thomas, auf das wir unten näher eingehen werden, als fortwirkend zubetrachten. Wir werden aber dadurch genöthigt, die Existenz der Albanesen in diesen Gegenden viel weiter als Thunmann hinauf zu rücken, welcher sie erst unter den Balzas als Eroberer aus Mittelalbanien ausziehen, einen Theil von Makedonien und ganz Thessalien erobern, und von da in Aetolien und Akarnanien ankommen lässt. Gleichwohl möchten wir diese Albanesen nicht als Urbewohner jener Gegenden [164]), sondern als kürzlich Eingewanderte betrachten, weil eines Theils eine von Mittelalbanien ausgehende Einwanderung in das Despotat von Chalcocondylas ausdrücklich bezeugt wird, und weil andern Theils heut zu Tage weder in der Umgegend von Jannina und Arta, noch in Aetolien und Akarnanien Albanesen zu finden sind. Es ist demnach anzunehmen, dass diejenigen Albanesen, welche dazumal in diesen Gegenden mächtig waren, einen Zweig des Wanderstromes bildeten, der sich von Albanien aus nicht plötzlich und reissend, sondern allmählich und ruckweise gegen Süden ergoss, und dass sie auf ihrer Wanderung die erwähnten Theile des Despotates nur vorübergehend besetzten, wenn auch diese Besetzung mehrere Menschenalter hindurch gedauert hat. Es möchte hier der Ort sein, einen Streifblick auf diese albanesische Wanderung zu werfen.

Die albanesische Wanderung. — Die Hauptquelle für den Ausgangspunkt dieser Wanderung bildet Chalcocondylas, dessen Ansicht von dem Ursprunge der Albanesen für die Darstellungen Thunmann's und Fallmerayer's mehr oder weniger massgebend wurde, und aus welcher namentlich der erstere Historiker seine Ansicht von dem ursprünglich beschränkten Umfange des albanesischen Namens und seiner späteren Ausbreitung abzuleiten scheint. Chalcocondylas sagt hierüber ungefähr Folgendes [165]): „Die Serben (oder wie er sie nennt, Triballer) stammen von den alten Illyriern, daher können die Albanesen, welche von diesen stammverschieden sind, nicht auch illyrischer Abkunft sein. Dass diese letzteren von der Umgegend von Epidamnus (Durazzo) ausgehend und ostwärts ziehend einen grossen Theil von Makedonien, Thessalien, Aetolien und Akarnanien besetzten, dafür sprechen nicht nur viele Vermuthungen, sondern das habe ich auch von Andern gehört, ob sie aber um Epidamnus ihre Ursitze hatten, oder, wie Einige behaupten, von Japygien [166]) dahin gewandert seien, das will ich unentschieden lassen." Dieselbe Ansicht von dem Zuge der Albanesen wiederholt er an einer andern Stelle [167]), indem er sagt: sie hätten sich von Epidamnos aus ostwärts gewandt, und den grössten Theil von Makedonien nebst den Städten Argyropolichion und Kastoria erobert, darauf seien sie nach Thessalien gekommen, hätten das Land unter sich vertheilt, und dort als Nomaden gewohnt, endlich seien sie nach Akarnanien gekommen und hätten dort mit Einwilligung des Machthabers von Akarnanien, Namens Isak, ihre Heerden geweidet. Diesen Isak hätten sie später, von Spata, ihrem hervorragendsten Häuptling, angeführt, meuchlings ermordet, und hierauf unaufhörliche Einfälle in dessen Land gemacht, bei welchen sie alle Männer und Weiber, die sie auf dem Felde fanden, als Sklaven fortgeschleppt; endlich hätten sie Arta, die Hauptstadt von Akarnanien, belagert und nicht eher abgelassen, bis sie dieselbe in ihre Gewalt gebracht, worauf sie ihre Raubzüge immer weiter ausgedehnt hätten.

Chalcocondylas bestimmt in diesen Stellen die Anfangszeit des albanesischen Eroberungszuges nicht. — Da uns jedoch nicht sämmtliche Quellen zu Gebote stehen, so können wir Thunmann's Bestimmung hierüber keiner Prüfung unterziehen, wir glauben daher nur so viel mit Gewissheit sagen zu können, dass, wenn zu den Zeiten der Balza eine albanesische Horde von Mittelalbanien ausgehend über Thessalien bis nach dem Despotate vordrang, diese nicht die ersten Albanesen enthielt, welche hierher kamen. Denn wir haben bereits früher [168]) 12,000 in dem thessalischen Theile des Pindusknotens sitzender Albanesen gedacht, welche dem Kaiser Andronikus III. huldigten, und das, was Kantakuzen von ihren Sitten erzählt, deutet auf längere Ansässigkeit in diesen Bergstrichen. Zwar liegt die Vermuthung nahe, dass Kantakuzen hier Wlachen mit Albanesen verwechselt habe, weil diese gegenwärtig die alleinigen Bewohner von Malakassi [169]) und Bui bilden, und dem von Kantakuzen beschriebenen Nomadenleben bis auf den heutigen Tag treu geblieben sind, ja sogar sich nicht, wie der Rest des Volkes, Rum, sondern Armeng [170]) nennen. Bedenkt man jedoch, dass Kantakuzen mit den südepirotischen Albanesen in sehr engen Beziehungen stand, und dass er an einem andern Orte sogar von dem albanesischen und romäischen Heerbann von Thessalien [171]) spricht, so dünkt es uns wahrscheinlicher, dass hier keine Verwechslung vorliegt, sondern dass bereits im Anfange des vierzehnten Jahrhunderts ausgewanderte Albanesen in Thessalien sassen. Wann aber diese Auswanderung überhaupt begonnen, und ob dieselbe etwa mit der Bewegung in Verbindung zu bringen ist, welche sich, wie wir oben gesehen haben, um diese Zeit unter den Albanesen des Mittellandes bemerkbar macht, oder ob ihr Anfang gar in die Zeiten der bulgarischen Eroberung hinaufreiche, darüber wissen wir nichts Sicheres zu sagen, und beschränken uns daher auf die Bemerkung, dass diese Ergiessung überflüssiger Volkskräfte von der westlichen Hälfte der Halbinsel in die östliche nur eine Wiederholung einer oben S. 304 beleuchteten Erscheinung sei, welcher nach unserer Auffassung das altmakedonische Reich seine Entstehung und Kräftigung verdankte. Doch nahmen beide Auswanderungen nicht denselben Verlauf, denn während die alte sich in Makedonien consolidirte, diente dieses Land, ebenso wie Thessalien, Aetolien und Akarnanien, der zweiten Wanderung nur als Durchgangspunkt zu südlicher gelegenen Sitzen, denn die wandernden Neupelasger fixirten sich erst in Lewadia, Böotien, Attika, Südeuböa und dem Peloponnese. Ob aber sämmtliche dort eingewanderte Albanesen aus Mittelalbanien kamen und die von Chalcocondylas angegebene Strasse zogen, oder ob nicht etwa auch südepirotische Albanesen an diesen Colonisationen Theil nahmen, das bleibt noch zu untersuchen, möchte aber durch nähere Prüfung der in Griechenland gesprochenen Dialekte bestimmt werden können. Wir können hierüber bis jetzt nur so viel sagen, dass alle von uns hierüber eingezogene Erkundigungen dahin übereinstimmen, dass man wenigstens im Peloponnese nur toskisch spreche.

In der peloponnesischen Geschichte wird der Albanesen im Jahre 1349 zum ersten Male gedacht, wo der junge Despot Manuel Kantakuzen, ein Sohn des Kaisers, einen Haufen albanesischer Söldner nach Mistra mitbringt, und mit denselben die meuterischen Archonten des Landes zu Paaren treibt. Manuel zog jedoch auch albanesische Colonien ins Land, und im Jahre 1391 sind sie um Londari und Tabia schon so mächtig, dass sie ein bedeutendes Heer ins Feld stellen konnten [172]). Wie andauernd und massenhaft aber die albanesische Fluth über den Isthmus drang, ergibt sich aus dem Factum, dass unter der Regierung von Manuels Nachfolger, des Despoten Johann Palaeologus (1380—1407), bei 10,000 Albanesen mit ihren Familien und Heerden nach Morea eingewandert sind [173]).

Da nun nicht wohl anzunehmen ist, dass die albanesische Einwanderung mit dem Tode dieses Despoten plötzlich abschnitt, so ist Phranzes schwerlich der Uebertreibung zu zeihen, wenn er behauptet, dass zu seiner Zeit die Albanesen die eine Hälfte des peloponnesischen Bodens besessen, und sich stark genug zu dem Versuche gefühlt hätten, auch die andere Hälfte an sich zu reissen.

Die Geschichte dieser albanesischen Colonien auf griechischem Boden liegt ausserhalb unserer Aufgabe, und wir verweisen daher den Leser an Fallmerayer's meisterhafte Bearbeitung derselben, an welcher uns besonders die naturwahre Auffassung des albanesischen Charakters überraschte.

Despotat von Epirus. — In Epirus scheint nur die Stadt Jannina, welche durch Einwanderungen vieler Edeln aus dem Bezirke Wajentia [174]) Verstärkung erhalten, den Angriffen der Albanesen widerstanden zu haben; doch beschickte sie in ihrer Bedrängniss den Despoten Simon, und bat um einen Führer und Regenten, und dieser sandte ihr seinen Schwiegersohn Thomas, welcher im Jahre 1367 mit seiner Gemahlin Angelina in Jannina einzog, aber ein hartes und grausames Regiment führte; denn er zog alsbald einen Theil der Kirchengüter ein, und vergab sie an die ihn begleitenden Serben, er verheirathete die Witwen aller der reichen Bürger, welche (1368) einer in der Stadt herrschenden Seuche erlegen waren, an andere Landsleute, und wies diese mit Hintansetzung der vorhandenen Kinder in die Hinterlassenschaften der Verstorbenen ein; er übte aller Art Erpressung gegen die Vornehmen, und drückte die Geringeren durch Steuern und Frohnen.

Die Commandanten von St. Donat (Paramythia) und Areochowitza [175] scheinen ihm vom Anfang an den Gehorsam verweigert zu haben, und Jannina selbst wurde bald nach Thomas Ankunft drei Jahre lang von Peter Ljoscha, dem Stammchef der Mazaraker und Malakasser [176], blockirt; Thomas konnte sich nur dadurch vor ihm Ruhe schaffen, dass er seine Tochter Irene mit dessen Sohne Johann vermählte. Doch dauerte diese Ruhe nur fünf Jahre, denn 1374 starb Peter Ljoscha an einer Seuche in Arta, und nach seinem Tode bemächtigte sich Johann Spata, vom Achelous herkommend, dieser Stadt. In diesem Jahre erscheint sonach ein neuer albanesischer Stamm, von Süden einwandernd, in Epirus, und tritt nach der Eroberung von Arta sogleich gegen den Despoten von Jannina auf [177]. Spata [178] machte wiederholte Streifzüge gegen Jannina, und plagte deren Gebiet so lange, bis Thomas sich durch dasselbe Mittel Ruhe zu verschaffen suchte, welches ihm gegen Peter Ljoscha geholfen hatte, und ihm seine Schwester Helena verlobte. Kaum aber war Spata abgezogen, so erschienen die Malakasser vor Jannina, geführt von Gjino Frati [179]; doch diese wurden von Thomas, welcher sich durch Klephtenbanden [180] verstärkt zu haben scheint, mit bedeutendem Verluste an Todten und Gefangenen zurückgeschlagen (September 1378). Unter Letzteren befand sich auch Gjino Frati, welcher bei Thomas Triumphzug nach der Stadt die grosse Pauke auf dem Rücken tragen musste.

Spata's Stamm drängte übrigens nicht bloss gegen Norden, sondern auch gegen Westen auf die akarnanischen Küstenstriche, und dies brachte die neapolitanischen Herrn, welche damals auf den jonischen Inseln hausten, und die St. Maura benachbarte Festlandküste besessen zu haben scheinen, wider ihn auf, und veranlasste einen Zug dieser Herrn gegen Arta [181]. Die Belagerer wurden aber von Spata, welcher sich nicht in die Stadt eingeschlossen hatte [182], und dem Despoten Thomas, welcher ihm zu Hülfe gezogen war [183], auf das Haupt geschlagen; wenige entkamen, viele fielen, die meisten wurden gefangen [184].

Die Malakasser scheinen sich rasch von ihrer Schlappe erholt zu haben, denn wenige Monate nachher (Februar 1379) machten sie den Anschlag Jannina zu überrumpeln; es gelang ihnen wirklich, einen Thurm der Festung von dem See aus zu besetzen, aber die Eingedrungenen mussten sich ergeben, nachdem die Hauptmasse der Angreifenden, welche auf Kähnen nachrücken wollte, auf dem See von den Bürgern zurückgeschlagen worden war. Die Gefangenen, welche bei dieser Gelegenheit gemacht wurden, erlitten verschiedenes Schicksal; die vornehmen Albanesen (von denen Lösegeld zu hoffen war) wurden gefangen gehalten, die Gemeinen an die Bürger vertheilt und als Sklaven verkauft, den Bulgaren und Wlachen aber die Nasen abgeschnitten [185].

Kaum aber war dieser Sturm überwunden, so erschien wiederum Spata vor der geplagten Stadt (Mai 1379) und verheerte die Umgegend.

Ein Jahr später (Juni 1380) nahm Thomas einen Haufen streifender Türken in Sold, diese besetzten Welä und Opa, und hielten die Mazaraker und Zeneviser dergestalt in Zaum, dass Thomas seine Besitzungen erweitern konnte, und aus der Aufzählung der im Laufe von zwei Jahren eingenommenen Orte ergibt sich, dass seine Herrschaft früher fast nur auf die Stadt beschränkt gewesen sei, denn was davon bekannt ist, liegt in deren Nachbarschaft [186].

Im Jahre 1382 rückte Spata abermals bis Aruli vor, versöhnte sich aber durch Vermittlung seines Schwiegersohnes, Herrn Makazianòs (Μυρσμαχαζιανòς) mit seiner Gemahlin Helena, welche, wie es scheint, von ihm getrennt in Jannina lebte, und bei dieser Gelegenheit wurden

ihm die Bezirke von Welá, Drynopolis, Wajenetia und Malakassi bis zum Dorfe Katuna verschrieben. Im folgenden Jahre (1383) erschien er zwar abermals, und verlangte die Mitgift der
Helene, wurde aber mit einigen kleinen Geschenken abgespeist, für die sich Thomas, wie der
Chronist sagt, zehnfach an den Malakassern rembousirte. In demselben Jahre erhielt Thomas
vom Kaiser Manuel dem Paläologen den Despotentitel.

Im Jahre 1385 machte ein bedeutender türkischer Haufe einen Streifzug nach dem Bezirke
von Arta, und schleppte viele Gefangene weg. Spata machte Thomas den Vorschlag, gemeinsam
diese Räuber zu verfolgen, aber dieser weigerte sich [187]).

Im December desselben Jahres wird Thomas von seinen vier Leibwächtern ermordet, und
die Joanniten huldigen sofort seiner Witwe als ihrer angestammten Herrscherin, aber auch
Spata erscheint vor den Thoren, und blockirt die Stadt. Im Jänner des folgenden Jahres vermählt sich Angelika auf den Vorschlag ihres Bruders Joseph [188]), der nach Jannina gekommen
war, und der Joanniten mit Esau, einem Edeln aus Kephalonien, welcher zu dem Ende nach
Jannina kam [189]).

Esau rief, dem Chronisten zufolge, alle Verbannten und gab der griechischen Kirche ihre
confiscirten Güter zurück, liess die Gefangenen los, erleichterte den Steuerdruck, ehrte den
Klerus, und verdiente sich dadurch von dem Chronisten das Prädicat „christliebend" ($\varphi\iota\lambda\delta\chi\rho\iota$-
$\sigma\tau\sigma\varsigma$), von den Joanniten aber den Titel „allerhöchster und durchlauchtigster" ($\pi\alpha\nu\upsilon\psi\eta\lambda\delta\tau\alpha\tau\sigma\varsigma$
$\chi\alpha\grave{\iota}\ \grave{\epsilon}\chi\lambda\alpha\mu\pi\rho\delta\tau\alpha\tau\sigma\varsigma$). In demselben Jahre erhielt er auch von Byzanz den Despotentitel. Spata
erschien zwar abermals vor Jannina, doch zog er sich vor dem gegen ihn anrückenden Esau
zurück, und vertrug sich später mit ihm.

Zwei Notizen der Chronik, welcher wir folgen, berechtigen zu der Annahme, dass Esau
den türkischen Sultanen als Vasall gehuldigt habe, denn im Jahre 1385 besuchte er den Emir
($\mathring{\alpha}\mu\eta\rho\acute{\alpha}$), das heisst den Sultan Murát I., und im Jahre 1388 erhielt er türkische Hülfe, welche
ihn von Spata befreite, der ihn diesmal arg bedrängt hatte, denn die Malakasser waren zu ihm
übergegangen, und der Bischof von Welá hatte ihm das Castell Wriwia übergeben, ein Ausfall
der Belagerten [190]) war zurückgeschlagen, und die Galeere, welche Esau gegen die beiden von
Spata auf dem See gebauten aussandte, in den Grund gebohrt worden. Nach Spata's Abzug
begab sich Esau mit dem Cäsar von Wlachien, der ihm gleichfalls zu Hülfe gezogen war,
nach Salonik zum Sultan, wo er vierzehn Monate blieb, worauf er von Wranesis, vermuthlich dem bekannten türkischen Feldherrn, begleitet nach Achelous [191]), von da nach Arta und
hierauf nach Jannina zurückkehrte (December 1392).

Nach dem Tode Angelika's (1395) vermählte sich Esau mit Spata's Tochter Irene (1396),
ohne dass diese Verbindung gerade eine innige Verbindung ihrer Politik hervorgerufen
hätte, denn es erscheint um diese Zeit ein neuer, vermuthlich albanesischer Häuptling, Namens
Gjonis, der Zenewisier [192]) als Spata's Alliirter und Esau's Gegner. Im Jahre 1396 ziehen
nämlich, vermuthlich auf Esau's Verlangen, zwei türkische Feldherrn zu dessen Bekämpfung
heran, und Spata tritt ihnen bei Dryskos in den Weg, und schlägt sie; als sich aber die Albanesen zum Plündern wenden, kehren die Geschlagenen zurück, und bringen ihnen eine tüchtige
Niederlage bei.

Im Jahre 1399 zog Esau selbst gegen Gjonis mit einem grossen Heere zu Felde, welches aus
Malakassern, Mazarakern, den Bewohnern des Gebirges Papingos, Çagori, Drynopolis, Argyroka-
stron und Gross-Çagori ($\mu\epsilon\gamma\acute{\alpha}\lambda\omega\nu\ Z\alpha\gamma\rho\rho\acute{\iota}\omega\nu$) bestand. Als er aber aus Mesopotamos nach der
Landschaft von Diwra [193]) ziehen wollte, wurde er von Gjonis überfallen, auf's Haupt geschlagen,
gefangen (9. April) und nach Argyrokastron [194]) geschleppt, wo ihn seine angesehenen Verwandten, die er in Florenz besass, durch die Vermittlung des venetianischen Proveditore von
Corfù für 10,000 Goldstücke loskauften. Von Argyrokastron begab er sich nach Corfù, und von da
über St. Maura und die Landschaft Growalía nach Arta, wo ihn Spata und dessen Bruder
Sguras freundlich aufnahmen, und am 17. Juli kehrte er nach dreimonatlicher Abwesenheit
nach Jannina zurück. Dieser Umweg, welchen Esau beschrieb, um in seine Herrschaft zurückzukehren, möchte darum Beachtung verdienen, weil überhaupt Argyrokastron, Kretsunista und
Paramythia die westlichsten Punkte sind, deren die Chronik gedenkt. Ueber das ganze

epirotische Küstenland findet sich nicht die geringste Notiz, was jedenfalls zu dem Schlusse berechtigt, dass die heutige Tschamerei (oder Alt-Thesprotia, Kestrine und Kassopaea) von Jannina so gänzlich getrennt war, dass sie weder in freundlicher, noch in feindlicher Beziehung zu dieser Stadt stand. Vermuthlich hausten dort Albanesen.

Im Jahre 1400 starb Spata und sein Bruder Sguros wurde bald darauf von Wongói, welchen die Chronik einen Serbalbanitobulgarowlachen nennt, aus Arta vertrieben[195]). Diese Wirren scheinen Karl II. Tocco, den Herrn von Kephalonien, Zante und St. Maura — welche Inseln früher den sicilianischen Prinzen aus dem Hause Anjou gehört hatten, und von dem byzantinischen Titularkaiser Robert II., einem Prinzen von Tarent, an Karls Vater vergeben worden waren — zu einem Zuge nach dem Despotate bestimmt zu haben, auf welchem er mit Unterstützung verschiedener Eingeborener, die sich der Tyrannei der Albanesen entzogen hatten [196]), nicht nur Arta, sondern auch Angelokastron und das ganze südliche Despotat eroberte, und Esau aus Epirus vertrieb [197]), dessen Sohn oder Stiefsohn Prialupa gefangen und geblendet worden war, als er zum Sultan Moses reiste, um Unterstützung gegen Karl zu verlangen. Jannina scheint sich diesem freiwillig ergeben zu haben [198]), und Karl erhielt sogar von Kaiser Manuel Komnenos den Despotentitel. Da er von seiner Gemahlin, einer Tochter des athenischen Herzogs Rainerus, keine Kinder hinterliess, so succedirten ihm (1430) Karl, der Sohn seines Bruders Leonhard, als Despot in Aetolien [199]) nebst Arta, Memnon, Tyrnos und Herkulios aber [200]), seine drei natürlichen Söhne, theilten sich in Akarnanien [201]). Diese letzteren geriethen bald in Streit, und bewarben sich daher um den Schutz des Sultans Murát, welcher den einen von ihnen, Memnon, begünstigte und ein Heer aussandte, um ihn in sein Erbe wieder einzusetzen. Dieser bemächtigte sich alsbald des ganzen Landes, und zog dann vor Jannina. Nachdem die Belagerung einige Zeit gedauert hatte, kam ein Vergleich zu Stande (1430 oder 1431), wonach Karl die Stadt an den Sultan abtrat, den Rest Landes aber als dessen Vasall mit der Verpflichtung zu Tribut und Heeresfolge behielt [202]); doch musste er sich später mit Herkulios und Memnon über ihre väterlichen Antheile verständigen, nachdem er vergebens versucht hatte, sich ihrer vermittelst türkischer und italienischer Hülfstruppen zu erwehren. Chalcocondylos schliesst diese Notizen mit den Worten: „auf diese Weise kam Aetolien unter Sultan Amurat." Wir können dieselbe nur noch durch die Angabe der epirotischen Chronik ergänzen, dass die Türken Arta und Akarnanien erst im Jahre 1449, also 18 Jahre später, besetzten; so lange scheint sich also Karl oder sein Nachfolger dort gehalten zu haben, und verweisen, was die ferneren Schicksale von Jannina betrifft, auf jene Chronik, welche von da an zur Stadtchronik wird. Denn so interessant auch ihre Aufzeichnungen über das allmähliche Zurücktreten des christlichen und Ueberwiegen des türkischen Elementes sein mögen, so fallen sie doch ausserhalb unserer Aufgabe, da, wie wir bereits früher gezeigt, in den Gebieten von Jannina und Arta heut zu Tage keine Albanesen mehr zu finden sind. Wo kamen sie hin? Wir wissen darauf keine Antwort zu geben. Bedenkt man aber, dass heute auch um Angelokastron und in dem ganzen übrigen Süden des Despotates keine Albanesen mehr leben, und dass hier deren Gräcisirung nicht wohl anzunehmen ist, so dünkt es uns am Wahrscheinlichsten, dass wenigstens die grössere Masse dieser Albanesen, welche wir uns als vorzugsweise Viehzucht treibend denken, das Land, in das sie eingewandert waren, verliessen und, dem allgemeinen Zuge der albanesischen Wanderung folgend, sich tiefer in die hellenische Halbinsel gezogen haben, und dass etwa die Eroberung des Landes durch Karl Tocco den Anstoss hierzu gegeben haben könne.

Was nun die weitere Geschichte des südlichen Albaniens [203]) betrifft, so fehlt es uns an dem nöthigen Materiale, um sie bis auf die Gegenwart fortzuführen. Doch ist uns so viel klar, dass sie sich um die allmähliche Muhamedanisirung des Landes als Basis dreht, welche, wie früher nachgewiesen wurde, bis zum Anfange unseres Jahrhunderts bei der albanesischen Bevölkerung Fortschritte machte, während das griechische und wallachische Element an dem Glauben der Väter fest hielt.

Der Uebergang des Adels und des grössten Theiles der Kriegerbezirke zu dem herrschenden Glauben zog zwar eine stärkere Scheidewand zwischen der herrschenden und der gehorchenden oder dienenden Classe als sie früher bestanden haben mag, er bewahrte aber auch dem Lande eine gewisse Selbstständigkeit gegenüber der Centralregierung, welche hier stets nur so lange unbedingten Gehorsam fand, als er durch eine ihr ergebene Heeresmacht erzwungen werden konnte, nach deren Entfernung der alte Zustand der Selbstregierung oder, wenn man lieber will, der Anarchie wieder eintrat. Hierin unterschied sich Albanien von seinen Nachbarprovinzen, wie Thessalien und Makedonien, deren an sich nicht kriegerische und am väterlichen Glauben festhaltende Bewohner durch die Eroberung in wahre Knechtschaft geriethen, eine neue, vorzugsweise fremde Aristokratie erhielten, und der Regel nach von fremden oft wechselnden Gouverneuren regiert wurden, welche die Centralgewalt schickte, und deren einziges Augenmerk darauf gerichtet war, die kurze Zeit ihrer Herrschaft zu ihrer Bereicherung möglichst auszunützen. Wie schwierig dagegen sich die Lage solcher fremder Administratoren unter den unbändigen, ihnen in religiöser Hinsicht als Brüder, in nationaler Hinsicht aber als Feinde [204]) gegenüberstehenden Albanesen mitunter gestaltete, das zeigt das früher angeführte Beispiel [205]) jenes unglückseligen Pascha's von Skodra, daher mögen die Gouvernements von Albanien nur wenig Reiz für fremde Candidaten gehabt haben, und hierdurch erklärt es sich, wie es den eingebornen Dynasten gelingen konnte, sich in diesen Stellen zu befestigen und sie nach und nach sogar in ihren Familien erblich zu machen.

Diese Bemerkungen gelten jedoch nur von den albanesischen Districten des Landes. In den von Griechen bewohnten Strichen scheint dies anders gewesen zu sein, und z. B. der Diwan albanesische Candidaten für das Paschalik von Jannina, welches früher nur geringe Ausdehnung hatte, Anfangs nicht zugelassen [206]) und erst in späteren Zeiten Ausnahmen von dieser Maxime gemacht zu haben. Der bekannteste dieser albanesischen Pascha's in Jannina ist Ali, geboren 1740 zu Tepelen, welcher in Europa nach Jannina, d. h. der Stadt, benannt wird, die er zum Sitze seiner Herrschaft erwählt hatte; diese aber erstreckte sich über ganz Epirus, und umfasste, ausser den Paschaliks von Berat (Awlona), Delwino und Jannina, auch alle von denselben mehr oder weniger unabhängigen Landschaften, wie Suli, Chimara, Argyrokastron, Tomoritza, Colonja u. s. w., ja sogar die an der epirotischen Küste gelegenen venetianischen Gebiete von Prewesa, Parga und Wuzintro. Der Menschenfreund kann sich mit Abscheu von diesem Charakter wenden, für den Politiker und Historiker wird er stets ein höchst interessantes Studium bilden. Denn Ali war von der Natur mit allen Gaben ausgerüstet, die Machiavell bei seinem Principe voraussetzt, und er wusste diese Gaben auch zu benützen. Wer die Thaten, welche jener vollbrachte, mit den Maximen vergleicht, die dieser aufstellte, der könnte fast auf den Gedanken gerathen, dass es Ali's Bestimmung gewesen sei, die Theorien Machiavells in's Leben zu übersetzen. — Eine Parallele zwischen den Gedanken des einen und den Thaten des andern von kundiger Hand gezogen, würde überraschendes Licht auf den Charakter der Zeiten werfen, in welchen beide Männer lebten, sie würde namentlich zeigen, — wenn dies noch nöthig wäre, — dass Machiavell kein faselnder Theoretiker, sondern das wahre Kind seiner Zeit war, die so dachte, wie er schrieb. Mögen unsere gezähmten, von gesetzlichen Zuständen getragenen Naturen immerhin zurückbeben vor der Principienlosigkeit, dem crassen Egoismus und den Schandthaten solcher dämonischer Naturen, die nur in Zeiten möglich waren, wo je der Stärkere den Schwächeren auffrass, so wird unsere Kritik doch in dem Grade milder, als wir den Geist verstehen lernen, der in jenen Zeiten herrschte. Sehr richtig sagt Boué von Ali: „sa mémoire est encore celebrée en Albanie, parceque s'il fut un tyran, c'était au moins un despote national."

Als letzter Charakter des südlichen Mittelalters steht Ali am Eingange der neuen Zeit seines Landes, welche er dadurch vorbereitete oder ermöglichte, dass er die Kräfte brach, die ihrem Eintritte widerstanden, dass er sie zu einem Ganzen verschmolz und dem Willen der Centralgewalt bis in dessen entlegenste Winkel Gehorsam verschaffte; jetzt noch mag dieser Gehorsam hie und da kein unbedingter sein, aber wir glauben nicht, dass das, was Ali mit so viel Schweiss und noch mehr Blut vereinigt hat, im Laufe der Zeit wieder auseinanderfallen könne, denn er ging bei der Zerstörung des Alten so gründlich zu Werke, dass nun die Elemente fehlen, welche den Rückschlag bewirken könnten.

Nordalbanien. — Es erübrigt uns nun noch einen Blick auf den Norden des Landes, von welchem wir von dem Augenblick abgesprungen sind, da er eine Provinz des serbischen Reiches wurde, ohne dass wir genöthigt gewesen wären, seine Geschichte mit der von Südalbanien zu verflechten.

Wir haben früher die Ansicht aufgestellt, dass das physische Albanien kein organisches Ganze bilde, sondern aus Parcellen bestehe, welche verschiedenen grösseren Bodensystemen angehören, daher entbehre es eines gemeinsamen, natürlichen Centrums und zerfiele in zwei von einander unabhängige Theile, den Norden und den Süden, zwischen welchen das Mittelland hin und her schwanke, je nachdem man es von diesem oder jenem Standpunkte aus betrachte. — In dieser eigenthümlichen Naturbeschaffenheit möchten wir den Hauptgrund suchen, warum das Land zu keiner Zeit eine gemeinsame Geschichte gehabt habe. — Ja es scheint sogar niemals der ernstliche Versuch gemacht worden zu sein, das ganze Land zu einem gemeinsamen Ganzen zu verbinden, denn so oft auch in dem einen oder andern Theile ein Eroberer aufstand, oder überflüssige Kräfte vorhanden waren, so geht deren Richtung allzeit nach auswärts, niemals gegen die stammverwandten Nachbarn. Bardylos, der im Mittellande eine Dynastie gründet, drückt ostwärts auf Makedonien, nicht südwärts auf Epirus. Alexander der Molosser wendet sich nicht nach Norden, sondern westwärts nach Italien. Pyrrhus richtet seine Condottierizüge nach Westen, Nordosten, Osten und Süden, nur nicht nach Norden. Die unter den illyrischen Königen gegen Süden unternommenen Expeditionen scheinen nur Raub, aber keine Eroberungszüge und die Unabhängigkeit von Epirus durch sie niemals ernstlich bedroht worden zu sein. Der Strom der albanesischen Auswanderung, welcher nach den Zeugnissen der Analisten hauptsächlich vom Mittellande ausgeht, ergiesst sich nicht in südlicher Richtung nach Epirus, sondern in westlicher über Makedonien und Thessalien, und wendet sich erst von dort gegen Süden. Ebenso wenig scheinen in neueren Zeiten die Erbpaschas von Skodra sich um den Süden bekümmert zu haben, und Ali Pascha von Tepelen drehte seiner Seits wiederum dem Norden den Rücken, und streckte seine Hände nach Thessalien und Griechenland aus. — Bei der Armuth der uns für die nordalbanesische Geschichte zu Gebote stehenden Quellen müssen wir uns darauf beschränken, drei Momente in derselben anzudeuten. Es sind dies der Uebertritt des Landes zur katholischen Kirche, die Losreissung von dem serbischen Reiche, und sein Heldenkampf gegen den Halbmond unter Skenderbey.

Uebertritt zur katholischen Kirche. — Das einzige über dieses Ereigniss vorhandene Zeugniss ist in den Briefen Innocens IV. enthalten, in dessen Zeit es fällt. Der Papst schreibt im Jahre 1250 an den Erzbischof von Antiwari, dass der bis dahin schismatische Bischof der Provinz Albania ihm das Verlangen kund gegeben, in den Schooss der Kirche zurückzukehren, und beauftragt den Erzbischof mit dem Acte der Aufnahme. — In einem zweiten in demselben Jahre an den Vorsteher der Predigermönche in Ungarn gerichteten Schreiben erzählt der Papst, dass sich die früher schismatischen Provinzen von Philot (Pulati), Arbania und Unavia, welche sehr ausgedehnt und volkreich wären und mehrere Bisthümer enthielten, der katholischen Kirche zugewandt hätten, und beauftragt ihn, mehrere Missionäre zur Belehrung des Volkes dorthin zu senden [207]).

Leider fehlt es an näheren Daten über dieses merkwürdige Ereigniss, welches die Binnenstriche des albanesischen Mittel- und Alpenlandes der katholischen Kirche zuwandte, denn an der Küste hatte das Erzbisthum von Antiwari allzeit und das von Durazzo, wenn auch nicht ohne Unterbrechungen, bei ihr festgehalten. Wir sind daher über dessen Beziehungen zur Geschichte des serbischen Reiches im Dunkeln. Da aber alles, was diese Provinzen nicht an den Islam verloren gegangen, noch heute zur katholischen Kirche gehört, so glauben wir annehmen zu dürfen, dass das damals geschlungene Band den Verfolgungen widerstanden habe, welche unter den serbischen Königen besonders Stephan Duschan [208]) über die katholische Kirche verhängte.

Dass sich dies Ereigniss in der Familiensage der Mireditenchefs erhalten hat, ist bereits früher (S. 213) erwähnt worden, und wir werden weiter unten sehen, dass die edle Familie der sogenannten Balzen, nachdem sie ihre Herrschaft über Nordalbanien ausgedehnt, und sich von dem serbischen Reiche losgerissen hat, gleichfalls von der griechischen Kirche zur katholischen übertritt.

Losreissung von Serbien. — Nordalbanien bildete seit seiner Eroberung durch die Serben bis zum Tode Stephans Duschan einen integrirenden Theil des serbischen Reiches; als aber die unter Stephans Erben ausgebrochenen Thronstreitigkeiten eine Zeit endloser Wirren über dieses Reich brachten, während welcher die Vasallen und Statthalter der verschiedenen Provinzen nach Unabhängigkeit strebten [209]), da liessen die in Nordalbanien sitzenden Dynasten diese günstigen Verhältnisse nicht ungenützt und schüttelten die serbische Oberherrlichkeit von sich ab. Unter diesen zeichnete sich damals der Herr von Skodra und der unteren Çedda aus, dessen Taufname Balsch oder Balza [210]) war. Dieser unternehmende Mann eroberte mit seinen drei tapferen Söhnen Straschimir, Georg und Balza im Jahre 1368 auch die obere Çedda, deren Kern, wie wir früher gezeigt haben, das fruchtbare Thal der in den See von Skodra mündenden Moraza bildete, und in demselben Jahre traten auch die drei Söhne von der griechischen zu der katholischen Kirche über, und liessen durch einen Bischof dem Papste den Eid des Gehorsams schwören [211]); der Vater scheint bei seinem früheren Bekenntnisse geblieben zu sein, nahm aber noch vor seinem Tode seinem Nachbaren Karl Topia [212]) die Stadt Kroja ab, was zu der Annahme berechtigt, dass er auch Alessio besessen habe.

Die drei Brüder wussten durch Eintracht und Tapferkeit das väterliche Erbe bedeutend zu vermehren. Sie verdrängten die Dynasten des Dukadschin aus ihren Besitzungen, sie belagerten den bosnischen König Stephan in Ragusa, und schlossen mit dieser Stadt auf die Gränze der Narenta Frieden (1371?) [213]). Hierauf belagerten sie den vorgeblichen bulgarischen Kaiser Sisman, welcher sich Durazzo's bemächtigt hatte, in diesem Platze, und zwangen ihn nach Bulgarien zu entfliehen. Als Durazzo bald nachher im Namen Ludwigs von Navarra [214]) von 600 gascognischen Söldnern besetzt wurde, und diese nach dessen Tode (1373) auf eigene Rechnung im Lande zu hausen begannen, zogen die Balza's gegen sie aus, und belagerten sie in Durazzo, wurden jedoch geschlagen, und konnten den Platz nur auf gütlichem Wege, d. h. gegen die Zahlung von 6000 Goldstücken, an sich bringen. Als im folgenden Jahre (1374) der Graf Nicolaus Altomann gestorben war, eroberte Georg die demselben gehörenden Städte Trebinje, Kanali und Dracewitza. Hierauf machte er einen Eroberungszug jenseits der westlichen Gränzgebirge, und eroberte die alte Lynkestis, dessen Hauptstadt Kastoria ihm von Helena, der verstossenen Gemahlin eines Sohnes des Königs Vucascin, übergeben wurde. Nachdem er im mittleren Albanien Alba graeca (Berat), Apollonia [215]) und Argyrokastron erobert hatte, erstreckte sich die Oberherrlichkeit dieser Familie von den Akrokeraunien bis zur Narenta, und hatte sonach mit dem alten illyrischen Reiche gleichen Umfang. Georg fiel sogar im Vereine mit seinem Schwager Karl Topia an der Spitze eines Heeres von 10,000 Mann in das Banat ein, und verwüstete dasselbe auf schreckliche Weise, starb jedoch (1379) bald nach seiner Rückkehr von dieser Expedition in Skodra.

Während der Regierung des jüngsten der drei Brüder, Balza, welcher Georg's grosse Eigenschaften nicht besass, beginnen die Einfälle der Osmanen. Das erste grosse Heer, welches 40,000 Mann stark in das Mittelland eindrang, wurde von Vrenes oder Ewrenos, dem tapfersten Feldherrn des Sultans Murad II., geführt. Georg geht demselben an der Spitze der weit schwächeren Albanesen bis in die Ebene von Saura bei Berat entgegen, wird geschlagen und fällt selbst in dem Kampfe (1383).

Darauf überschwemmten die Türken zum ersten Male das Land, und besetzten die drei wichtigsten Plätze desselben, Kastoria, Berat und Kroja; drei Jahre später auch Durazzo (1386). Georg, der Sohn Straschimir's, welcher seinen gefallenen Oheim succedirte, sah sich sogar genöthigt Skodra an Murad II. abzutreten, doch erhielt er von demselben die Stadt gegen ein schönes Mädchen, eine seiner Verwandten, zurück und verpfändete sie hierauf an die Venetianer, ohne sie wieder auszulösen [216]). Auch gelang es ihm Durazzo zurück zu erobern, welches hierauf gleichfalls den Venetianern in Pfand gegeben wurde [217]).

Sein Sohn und Nachfolger, Balza, nimmt zwar Durazzo den Venetianern wieder ab, ist aber sonst nicht glücklich in dem Kriege gegen sie. Er gibt Montenegro, welches damals zur oberen Çedda gehört zu haben scheint, an Stephan von Maramont [218]) und stirbt auf einer Reise zu seinem Oheime, dem Despoten Stephan von Serbien (1421).

Die Venetianer machten sich seinen Tod zu Nutze, und eroberten die ganze Çedda, aber der serbische Despot nahm ihnen bis auf die festen Plätze Skodra, Ulkin und Budua alles wieder ab, und übergab diese Provinz an seinen Neffen Georg Vukowich oder Brankovich (1425), welcher ihm auch in dem Despotate von Serbien nachfolgte.

Dieser unruhige und unternehmende Mann hatte mit Venetianern, Türken und Ungarn zahlreiche Händel. Um das Jahr 1450 fielen die Stadt Antiwari und das Land der Pastrowichier von ihm ab und stellten sich unter venetianischen Schutz, unter welchem sie bis zu der Eroberung durch die Türken verblieben [319]). Unter seinem Sohne Lazarus (1458) wurden seine Staaten zur türkischen Provinz.

Hier reiht sich nun das an, was wir in Skodra über die weitern Schicksale des albanesischen Nordens in Erfahrung gebracht haben [320]), wir hielten es aber für passender, dem aus dem Munde des Volkes gesammelten Stoff eine andere Stelle anzuweisen, weil er noch strenger Sichtung bedarf, bevor er historische Geltung ansprechen kann. Der Kampf des Nordens gegen den eroberenden Halbmond wird wesentlich mit fremden, d. h. venetianischen Kräften geführt, der Kampf des Mittellandes dagegen wird von Albanesen bestanden. — Wir schliessen daher mit einem Streifblick auf denselben.

Der Kampf unter Skenderbey. — Wie innig der albanesische Norden mit seinen nördlichen slavischen Nachbarlanden verbunden war, ergibt sich aus Chalcocondylas Schilderung [321]) des albanesischen Mittellandes, nach welcher dieses zwischen dem Lande der slavischen Kudugeri, das sich vor Zeiten von den übrigen Slaven getrennt hatte, und Epirus liegt, und ausser einigen venetianischen Städten die Landschaft des Yban Kastriotis (Skenderbey's Vater) und südlich anstossend die Landschaft der Komnenen begreift. Argyrokastron war bereits in den Händen der Türken, welche von hier aus die beiden vorerwähnten Landschaften verwüsteten. Ihrem Andrange konnten Yban und Arianites, der ältere Komnene [322]), nicht widerstehen; der erste wurde ein Vasall des Sultans (1423), der letztere aber seiner Herrschaft entsetzt und lebte am türkischen Hofe. Dieses Schicksal traf auch den Herrn von Jannina und andere Dynasten dieser Gegend, unter welchen Chalcocondylas einen Myrxas und den Vater des Depas nennt. Bei dem Tode Ybans, dessen Söhne an dem grossherrlichen Hofe als Geiseln lebten, machte Sultan Murad Kroja zur grossherrlichen Festung, Arianites aber floh heimlich in seine Heimath, empörte sich mit den Seinigen, indem er alle Türken niedermachte, sich in eine rauhe Berggegend, vermuthlich das nordöstlich von Argyrokastron gelegene Kurwelesch, zurückzog, und von dort aus Streifzüge gegen das Gebiet des Sultans machte. Ein türkisches Heer, welches ihn unter Ali dem Sohne des Wrenes in seinen Bergen aufsuchte, wurde in der Art vernichtet, dass der Rest, welcher mit Ali davon kam, sich bis zu dem Corfù gegenüberliegenden Ufer durchschlagen musste, weil ihm der Rückweg nach Argyrokastron abgeschnitten war. In Folge dieses Sieges erhoben sich auch die albanesischen Umwohner dieser Stadt, erwählten den schon erwähnten Depas, welcher seit seiner Vertreibung in Italien und auf Corfù lebte, zu ihrem Chef und belagerten Argyrokastron, das eine kaiserliche Besatzung hatte, und den Türken der Umgegend zur Zufluchtsstätte diente.

Dieser Aufstand wurde jedoch von Turachan, welcher damals in Serbien und Thessalien commandirte, dadurch unterdrückt, dass er, in Eilmärschen zum Entsatze des bedrohten Platzes herbeieilend, die Belagerer plötzlich überfiel, ihnen 1 000 Mann tödtete, und den Rest zerstreute; Depas wurde lebendig gefangen, und was den Türken von albanesischen Edeln in die Hände fiel, grausam hingerichtet.

Ein zweiter Aufstand dieser Gegenden wurde ebenso rasch unterdrückt. Auf das Gerücht eines bevorstehenden ungarischen Krieges und der Besetzung der Dardanellen durch die Abendländer, hatte ein gewisser Zenempissa die Albanesen des Mittellandes zum Aufstande veranlasst, und war mit ihnen bis in die Gegend von Kastoria vorgedrungen; hier wurde er jedoch von dem türkischen Gouverneur von Berrhoea mit einem eilig zusammengerafften Heere überfallen, und sammt dem grössten Theile seiner Streitmacht erschlagen [323]).

Von da an scheinen die Albanesen keinen weitern Aufstandsversuch gemacht zu haben, bis Georg Kastriotis, der jüngste Sohn Johann's, nachdem er als 29jähriger Jüngling nach der verlorenen Schlacht von Nisch aus dem türkischen Lager nach der Heimath entflohen war, das Zeichen zu jenen 30jährigen Heldenkämpfen gab, welche der Nachwelt Zeugniss ablegen von der urwüchsigen Kraft, welche das Erbtheil seines Volkes zu sein scheint. Freilich bedurfte diese Kraft einer Seele, die es verstand, sie zu lenken und zu entwickeln, und sie musste den Nacken beugen, als ihr diese Seele entzogen wurde. Dies kleine Kriegervolk wurde aber von Skenderbey lange genug geführt, um seinen Widerstand gegen die volle Wucht des jugendkräftigen Halbmondes zu den glänzendsten Thaten einzuschreiben, welche die Weltgeschichte kennt, und die Betrachtung der wunderbaren Energie und Ausdauer, welche die Albanesen in jenem Kampfe entwickelten, bieten dem Denker einen höheren Reiz, als all das, was ihre Altvordern in Asien oder Italien gethan haben.

Eine nähere Beschreibung dieser Kämpfe übersteigt die Gränzen unserer Aufgabe, wir verweisen daher den Leser an von Hammer-Purgstalls meisterhafte Darstellung derselben.

Was den politischen Zustand von Albanien zur Zeit dieser Kämpfe betrifft, so haben wir es versucht, in den Reisenotizen [234]) einen Ueberblick über denselben zu geben. Der Fürstentag von Alessio beweist, dass die erste türkische Eroberung des Landes eine Masse christlicher Dynasten verschonte, welche vermuthlich in demselben Vasallenverhältniss zu den Sultanen standen, wie sie zu den serbischen Königen oder zu der Familie der Balzen gestanden hatten. — Gewiss waren daher Skenderbey im Norden und Arianîtes im Süden nichts weiter als primi inter pares; wenn es daher heisst, dass der Wiussa-Fluss die Gränze zwischen den Besitzungen dieser beiden gebildet habe, so möchten wir dies dahin ermässigen, dass dieser Fluss der Gränzpunkt gewesen sei, bis zu welchem sich der beiderseitige Einfluss dieser Herren auf die Bewohner ihrer Nachbarschaft erstreckte.

Als aber nach dem Tode beider Männer [235]) die Türken Herren über das Land wurden, und seine Bewohner massenweise ihr Heil auf der Flucht suchten, da mag wohl auch der grösste Theil des christlichen Adels vernichtet worden sein, und sich die Aristokratie des Landes aus dem zum Islam übergetretenen Kriegerstande verjüngt haben [236]).

Die in Italien bestehenden albanesischen Colonien, von welchen wir im ersten Abschnitte dieses Buches gesprochen haben, rühren hauptsächlich aus dieser Zeit.

Die Eroberung beschränkte sich im Anfange wohl nur auf die ebenen und zugänglicheren Landestheile, und es steht zu vermuthen, dass mancher Bergstrich erst durch seinen Uebertritt zum Islam für die Sieger gewonnen wurde. Behaupteten doch so manche christliche Bergstriche ihre Unabhängigkeit bis in die neueste Zeit. Zu diesen gehört namentlich die Chimara, welche den grössten Theil der Akrokeraunien begreift, eine unzugängliche fast in ihrer ganzen Länge das unmittelbare Meeresufer bildende Felsbergkette. Die Chimarioten wussten ihre Freiheit trotz der Angriffe zu erhalten, welche Bajesid II. im Jahre 1492 und der grosse Soliman im Jahre 1537 auf ihren Feldzügen in Albanien gegen sie richteten [237]) und sich sogar Freibriefe zu verschaffen, nach welchen sie selbstständig und tributfrei in ihren Bergen leben durften, und nur zur Heeresfolge verpflichtet waren. Diese Privilegien hat erst Ali Pascha gebrochen, welcher die Chimara mehr durch List als Gewalt unter seine Faust brachte. Alle Bemühungen der Chimarioten um die Erneuerung ihrer alten Privilegien waren bis jetzt ohne Erfolg.

Im Mittellande weigerten sich die Mirediten selbst lange nach dem Falle von Skodra, die türkische Oberherrlichkeit anzuerkennen. Da ihnen Neapel nichts weiter als ein Asyl bot, so stellten sie sich im Jahre 1502 unter den Schutz Karl Emanuels von Savoyen. Aber auch von diesem verlassen, verstanden sie sich endlich dazu, den Sultanen zu huldigen, welche von ihnen nichts anders als Heeresfolge verlangten. Zwar fehlte es nicht an blutigen Händeln zwischen den jeweiligen türkischen Machthabern und diesen Hochländern; die Türken scheinen aber gewusst zu haben, dass die gänzliche Unterwerfung eines so armen Berglandes weit mehr kosten würde, als es werth ist, und so bildet dasselbe bis auf den heutigen Tag unter den Nachkommen des Häuptlings (prink), welchen sie in der Mitte des 16. Jahrhunderts erwählten, einen kleinen Staat unter türkischer Oberherrlichkeit [238]). In gleicher Lage befinden sich ihre nördlichen in dem Alpenknoten sitzenden Nachbaren, von deren Gemeinwesen in den Sittenschilderungen gehandelt wurde.

Wir überliefern dem Leser mit diesem Ueberblicke der albanesischen Geschichte ein eigenthümliches Machwerk; es ist ein Bild, in welchem die Hauptfiguren fehlen. Wir mussten aber unsere Aufgabe dahin beschränken, den Rahmen aufzustellen, welcher Alexander den Grossen, Pyrrhus, Skenderbey und Ali von Tepeln zu fassen vermöchte, und die Verbindung anzudeuten, in welche diese Figuren nach unserer Ansicht zu setzen wären. Möchte das Bild recht bald einen tüchtigen Maler finden.

Noten zum sechsten Abschnitt.

[1]) Strabo VII, 5. οἱ δὲ Πελασγοὶ τῶν περὶ τὴν Ἑλλάδα δυναστευσάντων ἀρχαιότατοι.

[2]) Thuk. I, 3. Κατὰ ἔθνη δὲ, ἀλλά τε τὸ Πελασγικὸν ἐπιπλεῖστον, ἀφ' ἑαυτῶν τὴν ἐπωνυμίαν παρέχεσθαι. — Herodot VIII, 44. Πελασγῶν ἐχόντων τὴν νῦν Ἑλλάδα καλεομένην und II, 56, wo er nur das pelasgische Element dem hellenischen entgegenstellt.

[3]) Undenkbar wäre es auch nicht, dass die Hellenen weniger handsame Runen mit diesem Alphabete vertauscht hätten.

[4]) Doch möchte die Ausscheidung des Angenommenen von dem Urhellenischen in sofern sehr schwierig sein, als beide Völker ebenso wenig grundverschieden gewesen zu sein scheinen, als es heut zu Tage Griechen, Albanesen und Wlachen sind, und selbst die erst spät eingewanderten Slaven mit jenen sehr vieles gemeinsam haben.

[5]) Damit sich ein Volk in dem Grade in dem eroberten Lande einbürgere, wie uns Homer die Achäer in Hellas zeigt, bedarf es sicher eines grossen Zeitraumes. Dies erregt Bedenken gegen die von der Mythe angegebenen Generationenzahl zwischen der Einwanderung und dem trojanischen Kriege. Die hellenische Mythe ist aber mit einer solchen Consequenz ausgebildet, dass sich in ihr ebenso schwer Verrückungen vornehmen lassen, als auf einer Landkarte; die Schwierigkeiten, welche einem solchen Versuche von allen Seiten entgegentreten, sind der Art, dass man lieber zu dem alten Punkte zurückkehrt, wenn auch eine seiner Distanzen unbestreitbar falsch sein sollte. Es ist gar nicht zu verwundern, dass dieselbe früher, als Geschichte behandelt wurde, und sie dünkt uns auch weit mehr historischen Kern zu besitzen, als ihr jetzt hie und da zuerkannt wird.

[6]) Wie wir uns diesen Uebergang erklären, haben wir im vierten Abschnitte angegeben.

[7]) Athenäus XIV, 10, nach Bato von Synope.

[8]) I, cap. 17.

[9]) VII, 176 über spätere Einfälle der Pelasger nach Phokis S. VIII, 27 und folg.

[10]) XI, pag. 530, ἀρχαιολογία δὲ τίς ἐστι περὶ τοῦ ἔθνους τοῦδε τοιαύτη. — Pag. 503 beginnt er die Erwähnung der thessalischen Abstammung der Armenier mit dem Worte λέγεται.

[11]) D. h. in dem Centrum der alten Pelasgiotis. Ueber die mythologische Verbreitung des Namens Armenos s. Grimm. Gesch. d. deutsch. Spr. pag. 825.

[12]) Welche? die alt-armenischen? oder die der späteren Zeit?

[13]) Die Hauptgottheit beider Völker war nach Strabo der Mond.

[14]) Herodot VII, 74. Steph. Byz. s. v. Ἀρμενία. Cramer Anect. gr. Oxon IV, 257, wo Armenier und Phrygier zweimal als gleichbedeutend genommen werden. Eudox. ap. Eustath. ad Dion. Per. V, 694.

[15]) Stephan. Ἀρμένιοι τὸ μέν γένος ἐκ Φρυγίας καὶ τῇ φωνῇ πολλὰ φρυγίζουσιν.

[16]) Vitruv. II, 1, 5. Xenoph. Anal. IV, 5, 25. Diodor. XIV, 28.

[17]) Strabo VII, pag. 316. Ἄγριοι δ' ὄντες οἱ Δαρδάνιοι τελέως, ὥςθ' ὑπὸ ταῖς κοπρίαις ὀρύξαντες σπήλαια ἐνταῦθα διαίτας ποιεῖσθαι μουσικῆς δ' ὅμως ἐπεμελήθησαν, μουσικοῖς ἀεὶ χρώμενοι καὶ αὐλοῖς καὶ τοῖς ἐντατοῖς ὀργάνοις.

[18]) So weit uns die Südwlachen bekannt sind, theilen sie diese Sitte nicht.

[19]) Schol. Aristoph. Aves 1520.

[20]) Cramer Anect. gr. Oxon IV, 257.

[21]) V, 9.

[22]) Apollon Rhod. IV, 320 nennt die thracischen Völker Σιγύννοι. Der Name kommt von σιγύνη oder σιβύνη, dessen verschiedene Schreibweisen Sturz de dialecto Macedonica §. 8 verzeichnet, und welches nach Herodot bei den Cypriern Spiess heisst; die gleiche Bedeutung hat es nach Suidas bei Makedoniern und Römern. Auch den Illyriern werden von Ennius bei Festus Sibynae zugelegt. Letztere Form hat sich auf den jonischen Inseln als Eigenamen erhalten.

[23]) S. Abschnitt IV unter Dardaner Nr. 9 und Pelagoner Nr. 23.

[24]) Siehe hierüber unter Abschnitt IV Nr. 2 Albanien.

[25]) Plin. V, 24, 20. Steph. Byz. s. v. Dio Cass. XXXVI, 31.

[26]) Jeder Albanese muss stutzen, wenn er liest, dass in Xerxes Heer Dotos Anführer der Mat-janer war, denn auch Δότη-α ist ihm ein geläufiger Taufname. Bei dieser schlagenden Aehnlichkeit der Formen scheint mir die von Barletius versuchte Veredlung des albanesischen Landschafts-namens in Emathia sehr gewagt.

[27]) Der Name wiederholt sich auch in Susiana, das im alten Testamente Elam heisst.

[28]) Doch darf hier auch sanskr. battan, Platz, nicht übersehen werden.

[29]) Δυσιμέλεια ist wohl sicher ein späterer seiner ungesunden Luft entnommener Name.

[30]) So reiht sich κάφχg-α alb. das Gehäuse von Schnecken und Muschelthieren zu gr. κύκλος und lat. cavus; aber auch zu Kaukasus, den Kaukonen des Nestor, und zu makedon. καφσία. Welch' letztere sich wiederum zu litth. kiausia (und kaukaros?) Schädel und sanskr. kauças Knopf, Ball stellt.

[31]) So Stephan s. v. Αἰανή; unter der Rubrik Ἐλίμεια heisst er Ἐλύμα, und wird zwischen ihm, dem Heroen Ἔλυμος und dem Trojaner Ἕλενος als Eponymen die Wahl gelassen; die Sage, dass letzterer auch in Makedonien eine Colonie gegründet, findet sich auch anderwärts.

[32]) Pyrrhus I. In der Sage von Deukalion und Pyrrha, welche Plutarch der im Texte erwähn-ten vorausschickt, und nach Aristoteles Vorgang in die Umgegend von Dodona versetzt, vermuthen wir eine uralte, von den dodonischen Priestern frisch localisirte Sage. In der bekannten Stelle (Meteor I, 14) fasst Aristoteles mehrere höchst beachtenswerthe Angaben zusammen: καὶ γὰρ οὗτος (ὁ καλούμενος ἐπὶ Δευκαλίωνος κατακλυσμός) περὶ τὸν ἑλληνικὸν ἐγένετο μάλιστα τόπον, καὶ τούτου περὶ τὴν Ἑλλάδα τὴν ἀρχαίαν, αὕτη δ' ἐστὶν ἡ περὶ τὴν Δωδώνην καὶ τὸν Ἀχελῶον, οὗτος γὰρ πολλαχοῦ τὸ ῥεῦμα μεταβέβληκεν, ᾤκουν γὰρ οἱ Σελλοὶ ἐνταῦθα καὶ οἱ καλούμενοι τότε μὲν Γραικοὶ νῦν δὲ Ἕλληνες. Hieraus folgt, dass das Becken von Dodona und das Acheloosgebiet in der Urzeit ebenso politisch zusammengehörten, als zu Ptolemäus Zeiten und während des ganzen Mit-telalters (s. S. 8 Note 19). Die Verbindungen des Orakels von Dodona mit dem Acheloos sind bekannt, die dort ertheilten Sprüche schlossen in der Regel mit dem Auftrage, dem Acheloos zu opfern. Dass aber Aristoteles hier nicht etwa nur das obere, Dodona benachbarte, sondern das gesammte Flussgebiet verstehe, ergibt sich aus dem Beisatze, dass der Acheloos häufig seinen Lauf geändert, was in dem obern engen Gebirgsthale unmöglich, in der Marschebene seiner Mündung aber sehr wahrscheinlich ist. Dürfte man aus Aristoteles Darstellung schliessen, dass die Selloi (was auch von Anderen bestätigt wird) um das Orakel, die Graekoi aber im Acheloosthale gewohnt haben, so liegt die Versuchung nahe, Dionys' oben erwähnte Erzählung hier anzureihen, und dies Volk unter dem Namen Leleger und Kureten und unter dem in seinen alten Sitzen aus der Tempelsage überkommenen Heros Deukalion nach Thessalien zu führen; wir verkennen jedoch die Schwierigkeiten keineswegs, welche die obi-gen Namen dieser Combination entgegenstellen. Wie dem auch sei, der Deukalion des Aristoteles und Plutarch erscheint hier an Dodona geknüpft, und dies erregt den Verdacht gegen dessen urhel-lenisches Wesen; wir halten ihn ebensowenig für urpelasgisch, doch kommt es uns wahrscheinlich vor, dass ihn die Graekoi von Dodona überkommen haben. — Die Sage war auch anderwärts locali-sirt, und wir lassen es natürlich dahingestellt sein, ob sie dort derselben Quelle entspringt, wie hier. Verbinden wir den Abschnitt IV Nr. 50 betrachteten Namen Pyrrha mit dem von Plutarch angeführten Phaeton, welcher nach unserer früher S. 245 ausgeführten Ansicht den Gegensatz zu Pelasgos bildet, ferner mit Pyrrhos dem Sohne Achills, der mit dem trojanischen Helenos in Epirus einwandert, endlich mit dem unter dem Namen Ἄσπετος von den Molossern verehrten Gott Achil-les, so ergibt sich ein beachtenswerther Zusammenhang mit dem Namen der an Epirus stossenden Ἑστιαία (bei den epirotischen Griechen heisst bis heute das Herdfeuer στία), und vielleicht auch mit dem alten Namen des Landes Αἶσα, der wohl mit Αὐσονία identisch ist. Wäre hierbei etwa an eine alte Licht- oder Feuergottheit zu denken, und Pyrrha als das Feuerelement, Deuka-lion aber als das Erdelement zu fassen, aus denen die neuen Menschen hervorgehen? Wir haben oben Deukalion aus alb. δε-ου Erde abgeleitet, dies Wort ist aber männlich; in der späteren helle-nischen Mythologie wird die Personification des Feuers, Lichtes und Aethers (Hyphästos, Apoll, Zeus) zum Manne, die der Erde aber zum Weibe; ein beachtenswerther Gegensatz.

³³) Dass im südlichen Italien, namentlich auf dessen Westseite, und in Altepirus stammverwandte Völker gewohnt haben müssen, ergibt sich, abgesehen von dem was Niebuhr und Andere hierüber beigebracht haben, aus der Vergleichung der geographischen Nomenclatur, z. B. in Apulien == dem heutigen Pulati (?) Stamm πουλ, ατ ist Patronymendung. — west. Apenestae, ost. Penestae — w. Cannae, o. Cánina im Mittelalter — w. Acherontia, o. Acheron — w. u. o. Bantia — w. Barium, o. Βάρι, der alban. Name von Antiwari — w. Butuntum, o. Butua — w. Stadt Genusium, o. Fl. Genusus — w. St. Scamnum, o. Scampae — w. Berg Matinus und Stadt Matini, o. Fl. Mat. — w. Japyges, o. Japydes. — w. Βρεντέσιον möchten wir seiner Lage wegen lieber vom alb. brênda innen, drinnen, brêndasi der Innere, als mit Strabo von dem einheimisch. Wort für Hirschkopf ableiten.

In Lucania — w. St. Ulci, o. Ulcinium, — w. Arusium, o. Arausium — w. Chones, o. Chaones.

In Bruttium == Brattia ins. — w. Prom. Lacinium, o. Mons Lacmon — w. Hylias Fl., o. Hylli — w. Carcines Fl., o. Carcinus St.? xjαρx alb. Kreis — w. Butrotus Fl., o. Buthrotum St. — w. Parthenius port., o. Parthini — w. u. o. Amantia — w. u. o. Acheron — w. u. o. Pandosia.

In Sicilien w. u. o. Lissus — Scamander — Simois — w. Siculi, o. Siculotae — w. Elymi, o. Elimaea — w. Egesta, Αίγεστα später Segesta, o. Αίγεσταίοι, οἱ Θεσπρωτοί Stephan und Segesta in Pannonien — w. Parthenicum, o. Parthini — Enna o. Henna, Nabel Siciliens, s. Veneter S. 237. In Umbrien finden sich keine Parallelen.

³⁴) Diese Rückeroberung Thessaliens wird ein halbes Jahrhundert nach dem trojanischen Kriege angesetzt und es läge somit zwischen ihr und der Einwanderung des Perdikkas nach Makedonien (700 v. Ch.) fast ein halbes Jahrtausend. Wir zweifeln nicht daran, dass die Sage des letzteren Fleisch und Blut habe, es fragt sich aber, ob dies auch bei seinen nächsten Nachfolgern der Fall ist; wir wissen ferner, dass die Sage leicht Namen fallen lässt, von denen sie nichts merkwürdiges zu erwähnen weiss. Jedenfalls aber s c h l i e s s t Perdikkas nach unserer Annahme die Einwanderung aus dem Westen; wer eröffnete sie? Aus der Zeit vor Perdikkas ist nur ein Name, Karanos, erhalten, und wir weisen auf diesen hin zur Bestätigung unserer Conjectur über die Dauer und Natur dieser westlichen Einwanderung.

³⁵) S. die S. 260, Note 73 angeführte Stelle bei Curtius Rufus VI, 8.

³⁶) S. hierüber Abel S. 132.

³⁷) Curtius VI, 11, VIII, 8.

³⁸) S. S. 176.

³⁹) Syncell. pag. 212.

⁴⁰) Nach unseren Erfahrungen möchte dieser Reichthum an alten Festungswerken in dem Grade abnehmen, als man von Süden des Landes gegen den Norden vorrückt, obgleich zu erwarten steht, dass eine nähere Durchforschung desselben auch in dieser Hinsicht nicht fruchtlos sein wird.

Kann man aus dem Dasein dieser so zahlreichen Ruinen auf ein sehr entwickeltes Städteleben im Epirus schliessen (Aemilius Paulus soll dort an einem Tage 70 Städte vernichtet haben)? Oder dienten diese festen Orte etwa nur als Zufluchtstätten im Kriege und als Bazar- und Versammlungsorte in Friedenszeiten? Im zweiten Falle könnte die S. 89 geschilderte albanesische Siedlungsweise in weit hin um ein gemeinsames Centrum (Bazar- und Versammlungsort, Gerichtsstätte u. s. w.) gezettelten Einzelhöfen neben diesem Westen denkbar sein. Im ersten Falle besteht hier ein Gegensatz zwischen der alten und neuen Zeit. Uebrigens passt das von Abel S. 129 im alten Makedonien bemerkte Vorwalten des offenen Landes gegenüber von den Städten vollkommen zu den heutigen Verhältnissen Albaniens.

⁴¹) S. die S. 206, Note 133 angeführte Stelle Justins.

⁴²) Athen. III, 91, pag. 120.

⁴³) Ueber die Makedonier, eine ethnographische Untersuchung, Berlin 1825, welchem auch Niebuhr beipflichtete. Abel S. VIII.

⁴⁴) Opusc. Acad. IV, pag. 165. Macedonas e multis barbarorum populis, Thracum inprimis et Pelasgorum, quibus Graecorum exigua pars accesserat, coaluisse.

⁴⁵) Weltgeschichte I, S. 290. Makedonier, Brüder der Thracier, und gänzlich verschieden von Griechen, bei denen sie lange Barbaren hiessen, zogen in ihrem gebirgigen Lande, in 150 Horden vertheilt, herum, als ein Heraklide u. s. w.

[46]) So auch Fallmerayer II, S. 245. Das albanesische Volk ist nichts anders, als ein Fragment jenes grossen illyrischen Stammes, welcher den ganzen gegen Mitternacht und Abend von Hellas gelegenen Erdstrich mit Einschluss von Makedonien und eines Theiles von Thessalien erfüllte.

[47]) Makedonien vor König Philipp von Dr. Otto Abel, Leipzig 1847.

[48]) Wir zerlegen den Begriff der Nationalität in drei Elemente. 1. Einheit der Abstammung, 2. Einheit der durch die Sprache fixirten Denkformen, 3. Einheit der Lebensformen oder der Sitte. Die beiden letzten Elemente dünken uns in der Art von einander unabhängig zu sein, dass der Wechsel des einen nicht auch den Wechsel des anderen bedingt, d. h. ein Volk kann seine Sprache wechseln, und seine alten Sitten beibehalten und umgekehrt. Die Sitte aber zeigt sich mitunter so zäh, dass sie sich nur mit Widerstreben den Veränderungen fügt, welche das Leben des Volkes erleidet, obgleich sie an sich nichts weiter als die Form dieses Lebens ist, — zahlreiche Beispiele beweisen, dass hier das Leben nicht Jahrhunderte, sondern Jahrtausende lang von der Form überdauert wird, und wie viele Bräuche gibt es nicht, deren Grund uns völlig dunkel ist!

Vielleicht erklärt sich die Unabhängigkeit der Sitte von der Sprache daraus, dass beide auf verschiedenen Facen des Menschen basirt sind.

Für uns liegt das Wesen der Sprache in dem Vermögen, bei anderen die gewollten Vorstellungen zu erwecken, denn Talleyrands Definition ist nur einseitig, nicht falsch. Die Sprache ist wesentlich Herrschaftswerkzeug, so gut wie die physische Stärke. Selbst die Thiersprache ist nicht bloss lyrisch, man denke nur an die verschiedenen Lock- und Scheuchrufe der Thiere. — Ihrer Entstehung nach erscheint uns die Sprache als das Product des menschlichen Verstandes, und jedes Wort als ein in Laute übersetzter Begriff — ein Lautzeichen, aber nicht für die Sache selbst, sondern für die Vorstellung, die der Wortbildner sich von ihr gemacht hat. Den lyrischen Einfluss bei der Wortbildung möchten wir auf die Wahl der Einzellaute beschränken, aus denen das Wort besteht, weil sich in ihnen die Empfindung wiederspiegeln mag, welche den Wortbildner bei der lautlichen Fixirung des Wortbegriffes beherrschte. Darum ist aber die Sprache noch kein Gesang und der Ausruf, welchen uns ein der Empfindung oder dem Geiste von aussen zukommender Eindruck unwillkürlich abpresst, nicht die Basis der Sprache, denn das Wesen des Wortes liegt in der Articulation, und diese kann nur das Werk des Verstandes sein. An der geistigen Arbeit des Sprachbaues entthierte sich der mit der Anlage zur Sprache geschaffene Mensch. Ist aber der Bau vollendet, so emancipirt sich der an ihm erstarkte Menschengeist von der Sprache und beginnt allmählich den selbstgeschaffenen Bau in so weit zu zerstören, als ihn dessen allzuüppige Entfaltung an dem Uebergange zu höheren Entwicklungsstufen hindert. Diese Ansicht muss jedoch auf die Sprachen der Culturvölker eingeschränkt werden, denn dass auch die Sprache roher Völker verkümmern könne, deren Denk- und Lebensformen Jahrtausende hindurch statarisch blieben, das zeigt sich recht auffallend an der albanesischen Sprache, in der sich ausserdem höchst verkommene grammatikalische Formen mit dem reichsten Lautsystem und uralten Wortstämmen paaren, die, wenn auch mehrentheils abgeschwächt, doch hie und da die starke Urform rein erhalten haben. S. S. 289, Note 3.

Was dagegen das Wesen und die Genesis der Sitte betrifft, so bekennen wir, dass sie uns ein Geheimniss sei, bei dem uns nur so viel klar zu sein scheint, dass dessen Lösung in anderen Räumen, als denen des reinen Verstandes gesucht werden müsse.

[49]) Diodor XVII, cap. 17. Εὑρέθησαν δὲ πεζοὶ Μακεδόνες μὲν μύριοι καὶ δισχίλιοι, σύμμαχοι δὲ ἑπτακισχίλιοι, μισθοφόροι δὲ πεντακισχίλιοι καὶ τούτων ἁπάντων Παρμενίων εἶχε τὴν ἡγεμονίαν. Ὀδρύσαι δὲ καὶ Τριβαλλοὶ καὶ Ἰλλυροὶ συνηκολούθουν πεντακισχίλιοι, τοξοτῶν δὲ καὶ τῶν Ἀγριάνων καλουμένων χίλιοι. ὥστε τοὺς ἅπαντας εἶναι πεζοὺς τρισμυρίους. ἱππεῖς δ' ὑπῆρχον Μακεδόνες μὲν χίλιοι καὶ πεντακόσιοι, Φιλώτου τοῦ Παρμενίωνος ἡγουμένου, Θετταλοὶ δὲ χίλιοι καὶ πεντακόσιοι ὧν ἡγεῖτο Κάλλας ὁ Ἁρπάλου. τῶν δὲ ἄλλων Ἑλλήνων οἱ πάντες ἑξακόσιοι ὧν ἡγεῖτο Ἐρίγυιος. Θρᾷκες δὲ πρόδρομοι καὶ Παίονες ἐννακόσιοι, Κάσσανδρον ἔχοντες ἡγεμόνα. Das unter Antipatros Befehl in Europa zurückbleibende makedonische Heer betrug 12,000 Mann Fussvolk und 1500 Reiter.

[50]) Naturstaat nennen wir daejenige sesshafte Gemeinwesen, in welchem die gemeinsame Abstammung das Gliederungsprincip seiner Mitglieder abgibt. Eine Wanderhorde ist überhaupt kein Staat. — Wir halten ihn gleich allen Naturproducten nur einer beschränkten Entwicklung

fähig, die Richtung dieser Entwicklung kann aber naturgemäss nur eine centrifugale von der Einheit zur Mehrheit vorschreitende sein, und dem zu Folge muss im Laufe der Zeiten das Föderativband, welches etwa die aus verwandten Geschlechtern erwachsenden Stämme umschlang, sich mehr und mehr lockern und endlich zerreissen, denn das Bewusstsein der gemeinsamen Abstammung reicht nicht bis in das Unendliche. Bei dieser Anschauung ist die natürliche Fortentwicklung des Naturstaates zum Kunststaate nicht denkbar. Damit dieser entstehe, muss eines Theils das Naturband zerreissen, und durch eine auf andere Basen als die gemeinsame Abstammung fussende Volksgliederung ersetzt werden, anderen Theils muss sich die Idee der Einheit der Staatsgewalt und des Staatscentrums bilden und erstarken. Wir glauben daher, dass der Kunststaat überall nur aus einer Eroberung hervorgehen könne, durch welche der Sieger den Besiegten entweder überschichtet oder ihn seinem eigenen Gemeinwesen einverleibt, denn so allein ist Bildung einer Staatsgewalt denkbar, eine solche kann aber lange Zeit neben der alten Stammesgliederung beider Volkselemente fortbestehen; in dem Augenblicke aber, wo sich diese zu einem Ganzen zu verschmelzen trachten, und daher die auf der Stammverschiedenheit beruhende Volksgliederung einer einheitlichen, aber nicht mehr natürlichen, sondern künstlichen Volksgliederung Platz macht, in diesem Augenblicke wird der Kunststaat geboren, und hat sich der Menschengeist die Mitherrschaft in dem früheren Naturreiche errungen, denn in dem Naturstaate mag es dem Menschen ebenso ferne liegen, über dessen Wesen nachzudenken, als er sich überhaupt mit der Frage beschäftigt, wie es zugehe, dass er seines Vaters Sohn sei. S. auch S. 47.

[51]) Gellius Noct. Att. XVII, 21 ex chronicis libris.

[52]) VII, cap. 7, pag. 322.

[53]) S. 325.

[54]) S. 327.

[55]) Buch IX, S 434.

[56]) Buch VII, S. 315. Korai corrigirt. — Οὐαρδαίους statt Οὐαραλίους.

[57]) Nunc soli prope noscuntur — populatoresque quondam Italiae Ardiaei non amplius quam XX decuriis. Plin. III, 26. — Strabo IV, S. 207, οἱ μὲν οὖν Ἰάποδες πρότερον καὶ εὐανδροῦντες.

[58]) Ebenso sagt Appian in dem Eingange seines liber de bellis Illyricis: die Triballer seien von den Skordiskern so geschwächt, dass ihre Reste jenseits des Isters hätten flüchten müssen; die geschwächten Skordisker seien dann den Römern leicht erlegen. Die Ardiäer, welche früher zur See mächtig waren, seien von den zu Lande gewaltigen Autariaten in langen Kriegen aufgerieben, diese letzteren aber durch Apollos Zorn, der ihnen wegen ihrer Betheiligung am Zuge der Gallier gegen Delphi Pest und andere Plagen sandte, an den Rand des Verderbens gebracht worden.

[59]) Buch VII, S. 318.

[60]) Plinius III, 26. M. Varro LXXXIX civitates eo (conventu Narronae) ventitasse auctor est. Nunc soli prope noscuntur etc.

Praeterea multorum (?) Graeciae oppidorum deficiens (?) memoria, nec non et civitatum validarum. Eo namque tractu fuere etc. IV, 17. haec eadem est Macedonia, cujus uno die Paulus Aemilius imperator noster septuaginta duas urbes direptas vendidit.

[61]) Wir sahen uns genöthigt, von unserem ersten Plane, der sich nur auf die Geschichte des albanesischen Volkselementes beschränkte, abzugehen, weil dieselbe zu sehr mit der Geschichte des Landes und seiner Nachbarschaft verflochten ist, als dass deren gesonderte Darstellung möglich wäre. Da wir jedoch nicht in der Lage waren, selbstständige Quellenstudien über diesen Zeitraum zu machen, so stützen wir uns bei diesem Ueberblicke vorzugsweise auf Johann Thunmann Untersuchungen über die Geschichte der östlichen europäischen Völker, Leipzig 1774, Th. I, S. 240 sq. Es war uns nicht einmal vergönnt, sämmtliche von Thunmann citirte Quellen zu vergleichen, und wir citiren daher mitunter auf Treu und Glauben. Für die Geschichte des Despotates in Epirus lieferten Fallmerayer und Finlay mehrfache Ergänzungen und Berichtigungen. Endlich wurden für die späteren Zeiten die in der Bonner Sammlung edirten fragmenta de rebus Epiri benützt, welche Thunmann nicht kannte.

[62]) Die uns in der lateinischen Uebersetzung des Presbyter Diocleas erhaltene alte serbische Chronik erzählt über diese gothische Zeit die unten folgenden Mythen. Die in Klammern geschlos-

senen Namen rühren aus einer lateinischen Bearbeitung derselben Chronik durch Marcus Marulus. Es scheinen demnach mehrere von einander abweichende Handschriften dieser Chronik existirt zu haben. Beide Uebersetzungen sind in Schwandtneri scriptores rerum hungaricarum etc. tom. III, abgedruckt.

Senulad (Sfiolad), König der im Norden wohnenden Gothen, welche auf lateinisch Slaven genannt werden, hatte drei Söhne, Brus (Brisius), Totilla und Ostroylus (Stroilus); die beiden letzten zogen aus, und eroberten Pannonien und Dalmatien. Totilla ging nach Italien, Ostroylus blieb in Illyrien, residirte in Praevalitana, und schickte seinen Sohn Senudilaus (Seviladus) zur Eroberung des Landes jenseits der Gebirge (d. h. Zagori) aus, und in der Zwischenzeit besiegt und tödtet den von seiner Kriegsmacht Getrennten ein byzantinisches Heer. Senudilaus kehrt zur Rache zurück, aber die Byzantiner hatten das Land bereits verlassen. Er herrscht von Valdevin (?) bis nach Polen, und verfolgt als Heide die Christen (ebenso viele seiner Nachfolger). In die Zeiten seines Enkels Bladinus, dessen Vater Syllimir (Selimir) hiess, fällt die Einwanderung der Bulgaren, welchen Bladinus tributpflichtig wird.

Die Anknüpfung der Serben an die Gothen ist hier leicht zu erkennen; ihre Einwanderung wird von der Sage als die Rückkehr des ausgezogenen Sohnes nach des Vaters Tode dargestellt. Damit aber so etwas geschehen konnte, musste das Andenken der Gothen in diesen Ländern ein sehr ruhmvolles gewesen sein. — Die Kunde von der bulgarischen Einwanderung hat die Chronik unentstellt erhalten.

Wir glauben annehmen zu dürfen, dass sich diese Chronik auf die Volkssage stütze. Ob die folgende Angabe in Luccarus Annal. Ragusin. lib. I, pag. 3, denselben Anspruch machen könne, müssen wir dahingestellt sein lassen; dieser zu Folge eroberte Selimir, des Ostroylus Enkel, Skodra, unterwarf sich später dem Kaiser Justinian, und erhielt von ihm, statt des Königstitels, den eines Grafen von Zenta.

[63]) Zosim. Hist. lib. V, cap. 7 und 26; Claudian in Eutrop. lib. II, v. 213 sq.

[64]) Zosim. lib. V, cap. 29.

[65]) Malchus in Excerpt. de legat. p. 79—86.

[66]) Malchus l. c.

[67]) Marcellin Com. Zenon III, cos. — Procop. d. b. G. I, cap. 15 lässt ihn auf diesem Zuge durch das Land der Taulantier ziehen.

[68]) Die Gothen hatten dessen Vorgänger geschlagen und getödtet, fühlen sich aber zum Widerstande gegen den bei Salona gelandeten Constantin zu schwach, und räumen 5 Tage nach dessen Landung Dalmatien, welches Constantin ohne Schwertstreich zufällt.

[69]) Dalmatiam et Liburniam in ditionem accepit Gothis sibi adjunctis, qui in his locis reliqui fuerant. Lucius de regno Dalmat. etc. liber I, cap. 7, pag. 63, edit. Schwandt. nach Procopius.

[70]) Procop. d. b. G. III, cap. 33.

[71]) Idem cap. 29.

[72]) Als die Avaren 630 Dalmatien eroberten, flohen viele römische Einwohner von dort nach Dyrrhachium. Const. Porphyr. de administrat. Imp. c. 32.

[73]) Thunmann S. 272.

[74]) Aus der in dem ersten Abschnitte nachgewiesenen Sprachgränze ergibt sich, dass die Slaven das von uns sogenannte albanesische Alpenland nicht nur eroberten, sondern auch bis heute den nördlichen Saum des natürlichen Albaniens bewohnen. Sie scheinen sich früher über die ganze Südhälfte des Alpenknotens verbreitet zu haben, sind aber hier vor dem erstarkenden albanesischen Elemente bis auf wenige schwache Reste zurückgewichen. Die über die Nordhälfte des Knotens zerstreuten albanesischen Enclaven, S. 13, Note 41, werden von der Landessage als spätere Colonien betrachtet.

Uebrigens zählt noch Constantin Porphyrogen. de Adm. Imp. c. 30, die Städte, welche in Praevallis lagen, zu Neuepirus oder dem Thema von Durazzo, welches auf der Landseite auch die Stadt Lichnidus in sich schloss. Thunmann S. 275 zieht daraus die Vermuthung, dass, als im Anfang des neunten Jahrhunderts die ganze Diöces Dacien, ausser Praevallis, an die Bulgaren verloren ging, diese Provinz zur Diöces von Makedonien geschlagen worden sei. Hieroel. Syneed. pag. 653 in vet. Roman. Itiner. edit. Wessel. — Constant. Prophyr. de Them. p. 26.

Thunmann verzeichnet S. 278 auch die Einwanderung einer Abtheilung Ungarn in Neuepirus, welche sich kurz vor der bulgarischen Einwanderung zwischen Dyrrhachium und dem Lande der Raitzen festgesetzt habe, und beruft sich hierfür auf Anonymi Belae regis Notarii Hist. Hungar. cap. 45 bei Schwandtner I, pag. 29, nach welchem die Gebrüder Zuard und Cadusa, welche als Oheime des Ungarnherzogs Almus im Jahre 884 dessen Eroberungszug nach Pannonien mitgemacht (cap. 7), und unter Almus Sohn, Arpad, einen glücklichen Feldzug gegen die Böhmen unternommen hatten (cap. 37), mit dessen Erlaubniss einen Eroberungszug nach Bulgarien und Makedonien unternehmen, deren Bewohner sich ihnen unterwerfen, Geisseln stellen und Geschenke geben. Hierauf heisst es: ipsi vero coeperunt equitare ultra portam Wacil et castrum Philippi regis ceperunt, deinde totam terram usque ad Cleopatram civitatem sibi subjugaverunt et sub potestate sua habuerunt totam terram a civitate Durasu usque ad terram Rachy et Zuardu in eadem terra duxit sibi uxorem, et populus ille, qui nunc dicitur Soba mogera, mortuo duce Zuard, in Graecia remansit, et ideo dictus est Soba secundum Graecos, id est stultus populus, quia mortuo domino suo, viam non dilexit redire ad patriam suam. — Spätere Chroniken sprechen nur von Raubzügen, die nach Bulgarien unternommen werden. Keinen Falls aber möchten die Worte des Chronisten dazu berechtigen, Neu-Epirus als den Sitz der Sobamogera zu bezeichnen. — Moger wird von dem Chronisten für den Nationalnamen der Magyaren erklärt. Primus rex Scythiae fuit Magog filius Japhet, et gens illa a Magog rege vocata est Moger oder auch Dentumoger (cap. I). Die 7 Stammeshäupter heissen Hetumoger. Der Name Hungar ist ihm zu Folge ein von Fremden gegebener, dem Volke selbst unbekannter, die Form Hunni aber kommt bei ihm nicht vor. Darum scheint es uns misslich, den Namen der albanesischen Landschaft Unavia oder Chunavia mit dieser Einwanderung in Verbindung zu bringen, s. S. 24, Note 13.

[75]) Leo Gramm. p. 459. Symeon Mag. et Log. p. 440. — Nicephorus Gregoras Byzant. Hist or. I, cap. 2, edit. bonn. pag. 29. Οἰκειοῦνται Μακεδονίαν μετὰ τῆς ἐπέκεινα Ἰλλυρίδος, ἀρεσθέντες τοῖς ἐκεῖσε καλοῖς καὶ βασίλειον ἐνδιαίτημα τούτοις εἶναι ἐς τὸ λοιπὸν νενόμισται αὕτη ἡ πόλις, ἣν ἀρχιεπισκοπὴν ὁ βασιλεὺς τετίμηκεν Ἰουστινιανὸς καὶ πρώτην ὠνόμασεν Ἰουστινιανήν. εἶτα, τῆς προσηγορίας τοῦ ἔθνους ἐκεῖσε διαδοθείσης, Βουλγαρία ὁ χῶρος μετωνομάσθη καὶ μητρόπολις Βουλγαρίας ἡ πρώτη Ἰουστινιανή. Χρόνοις μέντοι ὕστερον ὁ βασιλεὺς Βασίλειος ὁ Βουλγαροκτόνος μετὰ πολλὰς μάχας τέλος ἐξέτριψε καὶ ἐδουλώσατο τούτους, καὶ τῆς μὲν χώρας τοὺς ἐναπολειφθέντας ἐξορίστους πεποίηκεν ἐν τῇ παρὰ τὸν Ἴστρον κάτω Μυσίᾳ, τὸ δ' ὄνομα ἀσπερ ἄλλο τι μνημεῖον ἐκείνων, ἐναπολέλειπται τῇ ἀρχιεπισκοπῇ. Diese ἐξορία ist nicht strenge zu nehmen, denn der Stock der gegenwärtigen Bevölkerung Makedoniens und des südlichen Thraciens besteht bekanntlich aus Bulgaren.

[76]) In indice quorund. Archiepisc. Bulgar. ex. Cod. 1004 biblioth. Reg. Paris. ap. Le Quien, in Orb. Christ. T. II, pag. 290 et Du Cange in Famil. Aug. Bys. p. 174, 175; Κλήμης γενόμενος ἐπίσκοπος Τιβερουπόλεως ἥτοι Βελιχῆς, ὕστερον δὲ ἐπιτραπεὶς παρὰ Βορίσου βασιλέως Βουλγάρων, ἐφορᾶν καὶ τὸ τρίτον μέρος τῆς Βουλγαρικῆς βασιλείας, ἤγουν ἀπὸ Θεσσαλονίκης μέχρι Ἱεριχῶ καὶ Βαννίνων (apud Du Cange Καννίνων) ἤτοι Τασηπιάτου.

[77]) Lib. III, cap. 36 und 39 in Graec. Thes. Sicil. T. V.

[78]) Const. Porphyr. de Them. pag. 25.

[79]) Cedren. pag. 628.

[80]) Lib. VII, p. 1251. Καὶ νῦν δὲ πᾶσαν Ἤπειρον καὶ Ἑλλάδα σχεδὸν καὶ Πελοπόννησον καὶ Μακεδονίαν Σκύθαι Σκλάβοι νέμονται. — Nach Dodwell de geographorum aetate etc. dissertatio sexta in geogr. vet. script. graec. minores Hudson Vol. II, pag. 98 lebte dieser Epitomator nicht lange vor dem Anfange des eilften Jahrhunderts. — „Es mag auffallen, dass in Folge einer solchen Besetzung durch die Slaven nicht mehr slavische Elemente in die albanesische Sprache übergegangen sind, und kann als Beweis dienen, dass die Stärke der albanesischen Berge und des albanesischen Sinnes die Eingeborenen, ebenso wie in den Zeiten der Römer, vor gänzlicher Unterjochung schützte." Leake researches in Greece, S. 241. Wie aber, wenn grade die Geographie

der abgelegensten Bergwinkel des Kurwelesches, des Mireditenlandes u. s. w. von slavischer Nomenclatur wimmelt?

⁸¹) Der Uebertritt dieser Länder zur katholischen Kirche, auf welchen wir zurückkommen werden, erfolgte im Jahre 1250. Möglich wäre es freilich, dass die Einwanderung einer bulgarischen Schäferhorde in diese rauhen Striche erst später erfolgte. Aber aus dem Umstande, dass die Familiensage jener Häuptlinge nur 9 Generationen zählt, möchten wir dies nicht schliessen, denn in ihrem Ahnherrn kann recht leicht die Stammessage frisch personificirt worden sein. Die grosse Uebereinstimmung in den Sitten der Mirediten und der Bergstämme des Alpenknotens, welche damit erklärt wird, dass beide Nachbaren nach Dukadschiner Recht lebten, möchte die Annahme einer früheren Einwanderung begünstigen.

⁸²) Dies ist der wahre Name des in den S. 83 erzählten Legenden figurirenden Königs.

⁸³) Durazzo war bereits von dem tapfern König Samuel erobert worden, doch ging es bald darauf wieder durch Verrath an die Griechen verloren. Cedren. p. 695, 702; du Cange familiae augustae byzantinae p. 317.

⁸⁴) Cedren. 701—717; du Cange l. c. Hartnäckigen Widerstand scheint nur ein Sohn Johannes, Namens Prusianus, geleistet zu haben, welcher sich mit zweien seiner Brüder in die akrokeraunischen Berge zurückgezogen hatte, und dort längere Zeit blockirt (und wahrscheinlich ausgehungert) wurde.

⁸⁵) S. 240 und folg.

⁸⁶) Die heutige Form 'Ελβασσάν-ι ist männlich, in Skodra hört man auch, doch nicht durchgehende, 'Αλβασσάν-ι. Diese Form steht einsam da, und wir vermögen sie nicht zu erklären. Türkische Einwirkung wäre nicht undenkbar; auf der anderen Seite bietet der alte Name Bassania (unweit Lissus) grosse Lautähnlichkeit. Ist das Wort ein Compositum Alb Bassan so ist nach dem Sprachgeiste das zweite Wort als Prädicat zu fassen, und daher der Gedanke an alba Bassania unstatthaft.

⁸⁷) Z. B. Cantacuzen. III, pag. 388, IV, pag. 885.

⁸⁸) In dem fragment. II de rebus Epiri S. 225; wir werden weiter unten darauf zurückkommen.

⁸⁹) Cedren. pag. 754 und 755.

⁹⁰) Nicephorus Bryenn. L. I, p. 28 nennt ihn τὸν Δοῦκα πάσης δύσεως, denn Albanien hiess bei den Byzantinern das Abendland, Skylitzes p. 858; Anna Comn. L. 1, p. 17.

⁹¹) Nicephor. Bryenn. Lib. III, pag. 69 und 70.

⁹²) Skylitzes nennt sie Φράγκοι, welche Theodosius, der Bischof von Diavoli, aus Italien herüber gerufen hatte.

⁹³) Skylitzes p. 865; Anna Comn. I, p. 17—22.

⁹⁴) In diesem Heere dienten auch Türken, welche in der Umgegend von Ochrida ansässig waren. Anna Comn. IV, p. 109.

⁹⁵) Anna Comn. VI, pag. 166.

⁹⁶) S. Reiseskizzen S. 91.

⁹⁷) Anna Comn. IV, 122, τῷ ἐξ 'Αρβανῶν ὁρμωμένῳ Κομισκόρτῃ.

⁹⁸) Anna Comn. VI, pag. 161.

⁹⁹) So waren auch u. a. die Engpässe bei Albanon (Candavia) besetzt, doch gelang es den Normannen vermittelst guter Kundschafter dieselben zu umgehen und zu erobern.

¹⁰⁰) Fallmerayer Geschichte der Halbinsel Morea während des Mittelalters. — Finlay history of Greece from its conquest by the crusaders to its conquest by the Turcs and of the empire of Trebisond, Edib. and London 1851, S. 141 seq.

¹⁰¹) Dieser Titel war eine byzantinische Ehrenauszeichnung; die früheren Glieder der Familie führten ihn nur dann, wenn er ihnen von den Kaisern ausdrücklich verliehen worden war. Finlay S. 144.

¹⁰²) Die Namen Angelos Komnenos Dukas führen auch alle andern Fürsten dieser Familie Finlay S. 144.

¹⁰³) Georg Akropolita Annales. cap. 8 ed. bonn. pag. 15, ἦν γὰρ οὗτος (Μιχαὴλ ὁ τοῦ αὐτοκράτορος 'Αλεξίου πρωτεξάδελφος) τότε μέρους τινὸς τῆς παλαιᾶς 'Ηπείρου κρατήσας καὶ

πολλὰ τοῖς πρὸς τὰ ἐκεῖσε μέρη ἀφιγμένοις Ἰταλοῖς παρέχων πράγματα καὶ ἦν οὗτος δυναστεύων τῆς τοιαύτης χώρας, Ἰωαννίνων γὰρ ἦρχε καὶ Ἄρτης καὶ μέχρι Ναυπάκτου. Nicet. Choniat in Balduin p. 410. Αἰτωλίαν καὶ τὰ τῇ Νικοπύλει προσοριζόμενα καὶ ὅσα πρόεισιν ἐς Ἐπίδαμνον ὁ Μιχαὴλ ἰδιώσατο. Villehardoin 114. Chronicon Alberti monachi Trium Fontium in der Collect. Leibnitziana Th. II, 441.

[104] Georg Akropol. cap. 8.

[105] Akropol. c. 14. Histoire de Constantinople sous les emp. Franç. III, pag. 32—34. Peters Tod wird auf die verschiedenste Weise erzählt, s. le Beau histoire du Bas Empire, tom. 21, pag. 248 seq.

[106] Epist. Honor. III, lib. II, epist. 881.

[107] Akropol. c. 21 und c. 23.

[108] Georg Akropolit. hist. cap. 25 und 26, τοῦ Ἐλβάνου καταχυριεύει καὶ μέχρι τοῦ Ἰλλυρικοῦ τὰς λείας ποιεῖ, d. h. wohl das damals serbische Nordalbanien.

[109] Georg Akropolita cap. 26.

[110] Idem cap. 38.

[111] Idem cap. 39.

[112] Bei dieser Gelegenheit gedenkt Akropolita cap. 49 eines Kriegshauptmannes aus Elbassan, der nebst seiner Heerfolge zum Kaiser überging, καὶ ὁ ἀπὸ τοῦ Ἀλβανοῦ ὁ Γουλάμος (Golém) ἐπεὶ πρὸς τὰ τῆς Καστορίας οὐδήγε μετὰ τοῦ ἐξ Ἀλβανοῦ στρατοῦ μέρη, er hatte eine Verwandte der Comnenen zur Frau.

[113] Akropolita cap. 49, τὸ ἐν τῷ Ἀλβανῷ φρούριον τὰς Κρόας, das heisst „die Quellen"— κρόυα best. κρόι ist die einheimische Namensform der Stadt, welcher hier zum erstenmale gedacht wird. Finlay S. 148 nennt folgende Abtretungen: Kastoria, Achrida, Deabolis, Albanopolis und Prilapos.

[114] Akropol. cap. 63.

[115] Τὸ τῶν Ἀλβανιτῶν ἔθνος. Akropol. cap. 68.

[116] Georg Akropolita cap. 72. Der Geschichtsschreiber, welcher von Kaiser Theodor als Prätor über alle europäischen Provinzen bestellt worden, befand sich damals in Prilapos, und wurde von dem Despoten gegen das gegebene Wort gefangen gehalten. Seiner Inspectionsreise in Albanien wurde bereits S. 24, Note 13 gedacht.

[117] Idem cap. 76.

[118] Georg Akropol. cap. 81; Nicephorus Gregoras lib. III, cap. 5. Interessante Details über diesen Feldzug gewährt die lebensfrische Darstellung bei Fallmerayer II, S. 9 und folg.

[119] Τὰ Πυρρηναῖα ὑπερβάντες ὄρη, Akropol. cap. 82, ἃ δὴ διορίζει τὴν παλαιάν τε καὶ νέαν Ἤπειρον τῆς Ἑλληνίδος καὶ ἡμετέρας γῆς, cap. 80; unter unserem Land sind die nicäischen Besitzungen auf der Halbinsel verstanden; über den Namen Pyrrhenäen s. S. 244, Nr. 50.

[120] Georg Pachymer in Michael lib. VI, cap. 32, welcher sie Illyrier nennt, sagt ausdrücklich, dass sie das Joch abgeschüttelt, und unabhängig zu leben angefangen hätten, dies bestätigt auch Nicephorus Gregoras V, cap. 6, ed. bonn. pag. 146, indem er sagt: König Karl habe sich (1282) zu dem Feldzuge nach Epirus entschlossen ἄρτι δ' ἐκκολεμωθέντας ἰδὼν κατὰ βασιλέως (Michael Palaeolog.) ἔνθεν μὲν Ἰωάννην τὸν σεβαστοκράτορα τὸν τῆς Θετταλίας ἄρχοντα, ἐκεῖθεν δὲ τοὺς Ἰλλυρίους.

[121] Nicephor. Gregor. IV, cap. 3; du Cange fam. aug. byz. S. 209, IV.

[122] Ἀλβανοὶ τε καὶ οἱ περίοικοι, Pachymer V, cap. 7. Da Belgrad, das heutige Berat, fortwährend kaiserliche Besatzung hatte, Kannina aber dem Despoten gehörte, und jene rebellischen Albanesen von Pachymer Verbündete des König Karls genannt werden, so möchten sich die aufgestandenen Landstriche gegen Süden schwerlich über den Schkumbifluss erstreckt haben.

[123] Litt. Caroli I. Reg. Sic. d. 27. Mai 1267 in du Cange Recueil de diverses Cartes pour l'histoire de Cstpl. p. 17—21; hier figurirt das Land schon als regnum Albaniae.

[124] Pachymer VI, cap. 32; Nicephor. Greg. V, cap. 6; Fallmerayer II, S. 155.

[125] Diplom. Caroli II. in du Cange Recueil pag. 37; Fallmerayer II, S. 158.

[126] Pachymer III, cap. 4, pag. 138.

[127]) Hist. de Constantinople sous les Emp. Franç. par du Cange lib. VI, cap. 26; Fallmerayer II, S. 163.

[128]) Ein Streiflicht auf die damaligen nordalbanesischen Verhältnisse wirft das Bündniss, welches König Karl von Ungarn und Maladin (?) Ban von Bosnien mit Mentulas Musacchi, Grafen von Klissania, Andreas Musacchi, Marschall des Königreiches Albanien, Wladislav Konovic, Graf von Dioclea und dem albanesischen Küstenlande und anderen serbischen Herren gegen Urosch, König von Serbien, geschlossen hatten, und dem auch Philipp beitrat (1318), Epist. Johann. XXII. T. 1, ep. secr. 570, 571, 573, 163, apud Reynald T. XV, A. 1318, Nr. 35.

[129]) Epist. Urban. lib. IV, ep. 126; Fallmerayer II, S. 260.

[130]) Thunmann S. 299. Wenn aber Thunmann glaubt, dass die serbischen Könige Uros und Stephan Duscian die Titel König und Kaiser von Albanien von diesen ihren Besitzungen im Mittellande oder Neuepirus entlehnt hätten, so beruht dies auf seiner Ansicht von dem beschränkten Umfange des Namens Albanien, s. S. 310. Das heutige Nordalbanien bildete einen integrirenden Theil des serbischen Reiches, und dass es schon damals diesen Namen führen musste, ergibt sich daraus, dass es von der Zeit wo es sich von dem serbischen Reiche losreisst bis zum heutigen Tage so genannt wird. Stephan Duscian war aber Herr von ganz Albanien.

[131]) Nicephorus Gregoras IV, cap. 9, pag. 66.

[132]) Fallmerayer II, S. 146 sq.; Livre de la Conqueste pag. 302.

[133]) Du Cange fam. aug. byz. pag. 210. Dieser Johann war der Enkel des ersten Grafen von Zante, welchem die Schwester des Despoten Theodor diese Insel (1239) als Mitgift zugebracht hatte.

[134]) Die Vermählung fand am 12. Juli 1294, also nach des Vaters Tode Statt.

[135]) Nicephor. Gregor. XI, 3, ed. bonn. S. 536, ὁ δὲ τῶν Αἰτωλῶν τε καὶ τῶν Ἀκαρνάνων ἀρχηγός, Ἰωάννης ὁ κοντὸς (?) θανάτῳ βιαίῳ τοῦ ζῆν ἀπήλλαξε, τῆς δίκης, ὡς τὸ εἰκὸς περιελθούσης καὶ αὐτὸν τελευταῖον, καθάπερ δὴ καὶ τοὺς πρὸ αὐτοῦ. οὗτος γὰρ τὸν ἑαυτοῦ διαχειρισάμενος ἀδελφὸν, ὥσπερ κἀκεῖνος τὸν τῆς μητρὸς ἀδελφὸν, οὕτω τὴν διαδοχὴν ἐκομίσατο τῆς ἀρχῆς ... νοσημάτων γὰρ οὐκ ὀλίγων ὑποφυομένων ἐν τῇ οἰκίᾳ, δείσασα ἡ γυνὴ τὴν ἐπιβουλὴν τοῦ συζύγου πρὶν φονευθῆναι πεφόνευσε, καὶ οὕτω διάδοχος ἐκείνη σὺν δυσὶ παιδαρίοις τῆς τῶν Αἰτωλῶν τε καὶ Ἀκαρνάνων κατέστη ἀρχῆς.

[136]) So Finlay S. 149 Note mit Nicephorus Gregoras gegen Cantacuzen, dessen Text verfälscht zu sein scheint.

[137]) Nicephorus Greg. XI, 6, ἐπεὶ δὲ ᾔδει τοῖς Ἰλλυριοῖς ὁ βασιλεὺς πάλαι εἰθισμένον τό γε ἐπιορκοῦντας καὶ παρασπονδοῦντας ληΐζεσθαι τὴν Ῥωμαίων χώραν καὶ λωποδυτεῖν τοὺς παριόντας καὶ πονηρίᾳ καὶ δόλοις συζῶντας καὶ συνῆκεν ὡς νῦν ἐμπόδιον ἔσονται λάθρα τῇ πρὸς Ἀκαρνᾶνας καὶ Αἰτωλοὺς ἐκστρατίᾳ αὐτοῦ. — Cantacuzen II, 32, an. 1335, Ὀλίγου δὲ παρελθόντος χρόνου ἠγγέλλετο ἐκ τῆς ἑσπέρας παρὰ τῶν ἐπιτροπευόντων ἐκεῖ, ὅτι οἱ περὶ Βαλάγριτα καὶ Κάνινα νεμόμενοι Ἀλβανοί, εὐχερεῖς ὄντες πρὸς μεταβολὰς καὶ φύσει νεωτεροποιοί, ἃς πρὸς βασιλέα ἐποιήσαντο συνθήκας παραβαίνοντες, ταῖς ἐκεῖσε πόλεσιν ἐξ ἐφόδου ἐπιόντες κακῶς διατιθέασι καὶ ληλατοῦσιν, οἳ καὶ πρότερον τοιαῦτά τινα ἐτόλμων καὶ συνιστάμενοι πολλοὶ καὶ ἄποροι.

[138]) Lib. II, cap. 24 bei der Erzählung von der Flucht des Syrgjannis: ἔπειτα ἐκεῖθεν (ἀπεκομίσθη) διὰ Λοκρῶν καὶ Ἀκαρνάνων εἰς Ἀλβανοὺς, οἳ περὶ Θετταλίαν οἰκοῦσιν αὐτόνομοι νομάδες.

[139]) Lib. I, cap. 55, Οἵ τε τὰς Διαβολὰς νεμόμενοι Ἀλβανοὶ νομάδες καὶ οἱ τὰς Κολωνίας ἔτι δὲ καὶ οἱ Ἀχριδος ἐγγύς. Den Namen Kolonja trägt diese Landschaft noch jetzt; wir haben denselben auch als Dorfname im Kurwelesch etwa 2½ St. südlich von Progonates an einem Orte angetroffen, wo sicher an eine römische Colonie nicht zu denken ist. — Auch der Landschaftsname möchte wohl auf einen gleichen Stadtnamen schliessen lassen. — Die Bewohner gelten für besonders räuberisch und der Strich wird daher von Reisenden möglichst gemieden; man beschreibt ihn als rauh und öde. — Nach der Schilderung, welche uns die Alten von dem Zustande des ganzen Landes zur Römerzeit entwerfen, lässt sich nicht wohl annehmen, dass hier jemals eine römische Colonie bestanden. — Merkwürdig ist die Lautähnlichkeit des Namens mit dem französischen Cologne.

[140]) Hierunter möchten wohl nur die oben erwähnten im heutigen Tomor-Gebirge und der Umgegend der kaiserlichen Festung Belagrada (heute Berat) sitzenden Stämme, welche Andronicus später so hart züchtigte, zu verstehen sein. Den Grund, warum diese Festung so lange kaiserlich blieb, glauben wir in der Nachbarschaft der Dewolpässe suchen zu dürfen, denn wir haben in dieser Einsattlung der Pinduskette schon S. 27, Note 26 die Ursache erkannt, warum die auf der westlichen Abdachung dieser Kette, südlich vom Ochridasee gelegenen Bezirke auch heut zu Tage, trotz dem, dass sie zum natürlichen Mittelalbanien gehören, dennoch dem Gebiete des in Monastir residirenden Rumeli Walessi einverleibt sind.

[141]) Cantacuzen lib. III, cap. 28. Διατρίβοντα δὲ ἐν Θετταλία βασιλέα οἱ τὰ ὀρεινὰ τῆς Θεσσαλίας νεμόμενοι Ἀλβανοὶ ἀβασίλευτοι Μαλαχάσιοι καὶ Μπούϊ οἱ καὶ Μεσαρῖται ἀπὸ τῶν φυλάρχων προσαγορευόμενοι περὶ δισχιλίους καὶ μυρίους ὄντες, προσεκύνησαν ἐλθόντες καὶ ὑπέσχοντο δουλεύσειν· ἐδεδοίκεσαν γὰρ μὴ, χειμῶνος ἐπελθόντος, διαφθαρῶσιν ὑπὸ τῶν Ῥωμαίων ἅτε πόλιν οἰκοῦντες οὐδεμίαν, ἀλλ᾽ ὄρεσιν ἐνδιατρίβοντες καὶ χωρίοις δυσπροσόδοις, ὧν ἀναχωροῦντες τοῦ χειμῶνος διὰ τὸ κρύος καὶ τὴν χιόνα, ἄπιστόν τινα ἐν τοῖς ὄρεσιν ἐκείνοις νιφομένην, εὐεπιχείρητοι ἔσεσθαι ἐδόκουν. Diese Albanesen brachten, gleich ihren heutigen Nachfolgern, den Pinduswlachen, nur den Sommer im Gebirge zu, und waren dann vermöge der Naturbeschaffenheit ihres Aufenthaltes vor feindlichen Ueberfällen sicher, weil sie sich hier vor denselben in die unzugänglichen Schlupfwinkel des Gebirges zurückziehen konnten. Nicht so im Winter, wo sie mit ihren Heerden von den Bergen in die Ebene herabsteigen mussten, und dort natürlich allen Angriffen blossgestellt waren. Ebenso dauert noch heute des Klephten Zeit von St. Georg bis St. Demetrius, d. h. so lang es grün ist auf den Bergen, und es dort Schäfer gibt, die ihn mit Lebensmitteln versehen. Sobald der erste Schnee fällt, muss er sein Handwerk einstellen, und sich nach einem Schlupfwinkel umsehen, wo er verborgen überwintern könne. Die Frage, ob Cantacuzen in dieser Stelle nicht etwa Wlachen mit Albanesen verwechsele, werden wir weiter unten näher ins Auge fassen.

[142]) Cantacuzen lib. II, cap. 20.

[143]) Cantacuzen lib. II, cap. 32, gibt deren Zahl nach der späteren Angabe der Geplünderten auf 300,000 Ochsen, 50,000 Pferde und 1.200,000 Schafe an. Viele Gefangene wurden theils von den Albanesen, welche den Kaiser nicht beleidigt hatten, theils von diesem selbst losgekauft, den Rest schleppten die Türken mit sich fort. S. auch Nicephor. Gregoras XI, cap. 6.

[144]) Die Details, welche Cantacuzen, II, cap. 34, über diesen Aufstand gibt, sind für die damalige Statistik interessant und mögen darum hier mit dem Bemerken einen Platz finden, dass der Geschichtschreiber unter Acarnania gewöhnlich das gesammte Despotat, und unter Acarnanes dessen Gesammtbewohner versteht; da wo er zwischen Acarnanes und Albanitae unterscheidet, muss wohl der erstere Name auf die griechischen Bewohner des Landes beschränkt werden. Ἄρταν μὲν, ἣ τῆς Ἀκαρνανίας ὡς παρὰ κεφάλαιον τῶν πόλεων ἐστι, Νικόλαος ὁ Βασιλίτζης κατέσχεν, ἅμα Καβασίλα ἀποστήσας βασιλέως καὶ τὸν πρωτοστράτορα αὐτόθι διατρίβοντα εἰς δεσμωτήριον ἤγαγον ὑπὸ φρουρᾷ. — Ἀλέξιος δὲ ὁ Καβασίλας τὴν Ῥογώ, τεσσαράκοντα δὲ τῆς αὐτῆς συνωμοσίας ἕτεροι τὸ Θωμόκαστρον ὀνομαζόμενον παράλιον, ὃν κατὰ τὴν θάλασσαν τὴν πρὸς Ἀδρίαν, τῶν ἄλλων ἁπάντων οὐκ ἀποστάντων βασιλέως, ἀλλὰ τὴν εὔνοιαν ἀκμάζουσαν τηρούντων. ἦσαν δὲ οὐκ ὀλίγαι πόλεις, τό τε Μεσοπόταμον ὀνομαζόμενον καὶ Συποτὸς καὶ ἡ Χειμάῤῥα. πρὸς τούτοις τε τὸ Ἀργυρόκαστρον καὶ ἡ Πάργα καὶ ὁ Ἅγιος Δονάτος καὶ Ἀγγελόκαστρον καὶ Ἰωάννινα, ὅ τε Εὔλοχὸς καὶ τὸ Βάλτον καὶ ἕτερα ἄττα φρούρια οὐκ ὀλίγα. Der Aufstand beschränkte sich demnach auf die nördlichen Küstenstriche des ambraeischen Golfes und der Hauptstadt des Despotates Arta, denn dass sie und nicht Jannina dieses damals war, ergibt sich aus Lib. IV, cap. 43 πρὸς Ἄρταν τῆς Ἀκαρνανίας πόλιν πέμψας. Auffallend ist, dass bei Cantacuzen weder Nicopolis noch Prewessa oder eines sonstigen Platzes an der Mündung des Golfes gedacht wird, denn das später erwähnte Thomokastron scheint nach der Beschreibung ein etwas nördlicherer Küstenpunkt zu sein.

[145]) Cantacuzen III, cap. 1 und 12. Ἀλβανοὺς τοὺς περὶ Πωγονιανὴν καὶ Λιβίσδαν νεμόμενοι. Leake zieht aus dieser Angabe den Schluss, dass der District Pogoniani damals, ebenso wie heute, von Griechen bewohnt gewesen sei.

¹⁴⁶) Die Bestallungsurkunde s. bei Cantacuz. III, cap. 53. Sie nennt das Land stets Βλαχία und unterscheidet es streng von dem Despotate. Auf die Urkunde selbst folgen die Worte Ἀγγέλῳ μὲν οὖν τῷ Ἰωάννῃ ἐπὶ τοιαύταις συνθήκαις παρεδίδου Θετταλίας τὴν ἀρχὴν ὁ βασιλεύς, Θετταλοί τε τὸν τε Ἄγγελον ἐδέχοντο προθύμως, auf die Anwesenheit zahlreicher Albanesen im damaligen Thessalien, welche jetzt daraus verschwunden sind, deuten die Worte der Urkunde: ἵνα δουλεύσῃ μεθ' ἑαυτοῦ τε καὶ παντὸς τοῦ φωσσάτου Ῥωμαϊκοῦ τε καὶ Ἀλβανιτικοῦ.

¹⁴⁷) Niceph. Gregor. XIII, 6, ὑποχείριον πρότερον σχὼν καὶ τὴν ταύτης ἡγεμονίδα Ἄνναν, welche Andronicus III. auf seinem ersten Feldzuge nach Thessalonichi mitgenommen, und mit reichen Gütern in der Umgegend ausgestattet hatte. Προσέταξε τηρεῖσθαι ταύτην φρουρᾷ ἵνα μὴ παραπλήσιον αὖθίς τι δράσῃ, καθάπερ ὅτε πρὸς Ἀνδρονίκου τοῦ βασιλέως ἐν Θεσσαλονίκῃ μετενεχθεῖσα χρόνῳ ὕστερον ᾤχετο λάθρα φυγοῦσα εἰς τὴν τῶν Ἀκαρνάνων αὖθις ἀρχήν.

¹⁴⁸) Cantacuz. VII, cap. 16, sub a., 1349. Μακεδονίας καὶ Θετταλίας καὶ Ἀκαρνανίας, ἃς ἔχουσιν οἱ Τριβαλοὶ κατάσχοντες ἐπὶ τὸν τοῦ πολέμου χρόνον. — De rebus Epiri fragmenta edit. bonn. pag. 210. Diese Fragmente, welche Thunmann noch nicht kannte, bilden von jetzt an die Basis der Erzählung.

¹⁴⁹) So Thunmann S. 306 nach Laonic. Chalcocond. I, pag. 13 (c. bon. p. 26). Der Text spricht nur von der Verwüstung der Umgegend, die lateinische Uebersetzung setzt die Eroberung der Stadt hinzu.

¹⁵⁰) Er stiess nirgends auf kräftigen Widerstand. Chalcocond. gl. edit. bonn. pag. 28, ἐς μάχην μὲν οὖν τὸ ἑλληνικὸν γένος ἐπελθεῖν καὶ διαπειράσθαι γνώμην οὐκ ἐποιεῖτο, σώζειν μέντοι τὰ τείχη τρόπῳ ὅτῳ ἂν δύναιντο ἀσφαλεστάτῳ. — Epirot. pag. 210, καὶ πᾶσαν λῄζεται Ῥωμαΐδα γῆν· τὰς δ' ἐν αὐτῇ πόλεις τε καὶ χώρας τὰς μὲν πολιορκίᾳ εἰληφώς, τὰς δὲ εὐνοίᾳ καὶ δώροις δεξιωσάμενος, πρὸς ἑαυτὸν ἐπεσπάσατο.

¹⁵¹) Die Chronologie dieser Data ist noch ungewiss; fragm. epirot. setzen sie, wohl zu spät, in das Jahr 1350. Thunmann setzt unter Berufung auf du Cange famil. Dalmaticae etc. pag. 292, das Jahr 1346; du Cange sagt aber nur, dass sich Stephan in einem diese Jahreszahl tragenden Diplome Stephanus Dei gratia Romaniae Sclavoniae et Albaniae Imperator nenne, er musste also diesen Titel bereits früher angenommen haben.

¹⁵²) Epirot. II, pag. 211, ἡ δὲ μήτηρ τούτων τῶν παίδων, τῆς τε Θωμαΐδος φημὶ καὶ τοῦ αὐτῆς ἀδελφοῦ ἡμῶν δὲ βασιλίς, Ἄννα, ἐπιγαμβρεύεται ἑαυτῇ ἄρχοντά τινα ἐκ τῶν Βουλγάρων (?) δεσπότην Κομνηνὸν καλούμενον, ἀδελφὸν ὄντα τοῦ βασιλέως Στεφάνου καὶ ἄνω ἐπὶ τὰ Κάνινα καὶ τὰ Βαλλάγραδα χωρεῖ, τὸν Σιμεὼν μόνον μετὰ τῆς βασιλίσσης Θωμαΐδος τῆς ἰδίας γαμετῆς καταλιποῦσα· ἐν ὅλῳ τῷ δεσποτάτῳ ἤτοι τῇ Αἰτωλίᾳ πάσῃ ὡς κλήρῳ ὄντι ἐκ προγόνων αὐτῆς καὶ τοῦ ταύτης αὐταδέλφου. Hier, wie überall, zeigt sich das strenge Legitimitätsgefühl des Chronisten. Du Cange, Famil. Dalmat. pag. 293, spricht von mehreren Stiefgeschwistern Stephans ausser Simon, doch ohne ihre Namen zu nennen. Der in jenen Gegenden mächtige Schwiegervater Skenderbeys, Arianites, stammt nach Chalcocond. V, pag. 249, aus einer Familie gleichen Namens, denn der Historiker nennt seine Herrschaft τὴν τοῦ Κομνηνοῦ und später τῶν Κομνηναίων χώραν. Zwar spricht derselbe pag. 251 von dem τῶν Κανίνων ἡγεμόνα als einer von Arianites verschiedenen Person, es wäre aber trotz dem nicht unmöglich, dass der Komnenos der Chronik der Ahnherr des Arianites ist.

¹⁵³) Hier erscheint also das Land um Jannina von Aetolien und Akarnanien, dem südlichen Theil des Despotates, getrennt.

¹⁵⁴) Wir lassen hier Cantacuzens Schilderung derselben folgen, weil sie uns auch für den noch immer serbischen Norden von Albanien interessant ist. Lib. IV, cap. 43, ὑπὸ δὲ τοῦτον τὸν χρόνον καὶ Κράλης ὁ τῶν Τριβαλῶν δυνάστης ἐτελεύτησε, καὶ στάσις οὐ μικρὰ ἀνερριπίσθη Τριβαλοῖς. Σίμων τε γὰρ ὁ Κράλη ἀδελφός, Ἀκαρνανίας τότε ἄρχων, τῆς ὅλης Τριβαλῶν ἀρχῆς ἀντεποιήθη, ὡς αὐτῷ διαφερούσης μᾶλλον καὶ πολλοὺς τῶν παρὰ Τριβαλοῖς ἐπιφανῶν συναιρομένους εἶχε πρὸς τὸ ἔργον· καὶ Οὔρεσις ὁ Κράλη παῖς τῆς πατρῴας ἕνεκα ἀρχῆς ἐπολέμει πρὸς τὸν θεῖον. Ἑλένη τε ἡ τούτου μήτηρ ὁμοίως ἀπιστοῦσα τῷ τε υἱῷ καὶ Σίμωνι τῷ τοῦ ἀνδρὸς ἀδελφῷ, πόλεις πολλὰς ὑποποιησαμένη καὶ δύναμιν ἑαυτῇ οὐκ εὐκαταφρόνητον περιστήσασα, καθ' ἑαυτὴν εἶχε τὴν ἀρχὴν μηδετέρῳ πολεμοῦσα, μήτε μὴν συναιρουμένη πρὸς τὸν πόλεμον· οἵ τε δυνατώτατοι τῶν παρ'

αὐτοῖς ἐπιφανῶν τοὺς ὑποδεεστέρους ἀπελάσαντες ἐκ τῶν ἀρχῶν καὶ τὰς ὁμόρους ἕκαστος πόλεις ὑφ᾽ ἑαυτῷ πεποιημένος· οἱ μὲν τῷ Κράλῃ συνεμάχουν, οὐκ αὐτοὶ παρόντες, οὐδ᾽ ὡς δεσπότῃ πειθαρχοῦντες, ἀλλὰ πέμποντες ἐπιμαχίαν, οἷα δὴ σύμμαχοι καὶ φίλοι οἱ δὲ Σίμωνι τῷ θείῳ· ἔνιοι δὲ αὐτῶν προσεῖχον οὐδετέρῳ, ἀλλὰ τὴν οὖσαν δύναμιν συνέχοντες, τὸ μέλλον ἀπεσκόπουν, ὡς ἐκείνῳ προσθησόμενοι, ὃς ἂν τὸ πλέον ἔχῃ· καὶ εἰς μυρία τμήματα διαφεθέντες ἐστασίαζον, s. auch Chalcocond. I, 13.

[155]) Cantacuz. IV, 43, τριήρεις ἐφοπλίσας ἐκ τῆς Αἴνου ἐπέπλευσε τῇ Θεσσαλίᾳ — καὶ ἀποβὰς ἐν ὀλίγῳ χρόνῳ εἶχε Θετταλίαν, τῶν ἀμυνομένων μὲν οὐδένων ὄντων, Θετταλῶν δὲ προθύμως προσχωρούντων, καὶ ὥσπερ ἐκ κλύδωνος μεγάλου τῆς Τριβαλῶν ἀρχῆς ἐπὶ τὴν Ῥωμαίων καταφεύγοντες ἥμερον καὶ γαλήνης μεστὴν ἡγεμονίαν. — Epirot. II, pag. 213, καὶ τοὺς Ῥωμαίους πάντας ἐξορίστους εὑρών, τοὺς μὲν τῆς Βλαχίας ἐκ τῆς τῶν Σέρβων ἐπιθέσεως, τοὺς δὲ τῆς Αἰτωλίας ἐκ τῆς τῶν Ἀλβανῶν δυστροπίας καὶ κακογνωμίας, τούτους δὴ βουλόμενος ἐπισυνάξαι, καὶ πρὸς τὰς ἰδίας ἀποκαταστῆσαι κληρονομίας, τοὺς δὲ Ἀλβανίτας τέλεον ἐκδιῶξαι τοῦ τύπου, οὐκ ἔφθη τοῦτο ποιῆσαι.

[156]) Cantacus. l. c. Ἀλβανοὺς διαφθεροῦντα ἐναντιουμένους διὰ τὴν ἀρχὴν καὶ παραβλάπτοντας οὐ μέτρια.

[157]) Du Cange, Famil. Dalmat. etc., pag. 292, sagt sogar: Quippe Nicephorus Angelus Despota arrepta civilium Serviae motuum occasione Thessaliae potissimam partem occupavit favente Helena, ejusque ducta in uxorem sorore. Wir folgen Cantacuzens Darstellung.

[158]) Cantacuzen erzählt, dass die Epiroten aus Anhänglichkeit gegen ihn der Maria zur Flucht verholfen, πάντων Ἀκαρνάνων καὶ Ἀλβανῶν μετ᾽ εὐφημίας προπεμπόντων (hier werden Griechen und Albanesen unterschieden), und dass diese Verstossung die Ursache des Abfalls der Albanesen gewesen sei ὅθεν καὶ ὀλίγῳ ὕστερον ἐκ ταύτης τῆς αἰτίας ἀπέστησαν δεσπότου φανερῶς οἱ Ἀλβανοί (von Akarnanen ist hier und bei den folgenden Ereignissen nicht mehr die Rede) — und dass sie von Nikephorus die Zurückberufung der Verstossenen verlangt hätten; dieser sei auch wirklich mit dem Plane umgegangen; damit es aber nicht scheine, dass er zu der Zurückrufung gezwungen worden, habe er die unglückliche Schlacht gegen die Albanesen gewagt. Wir vermuthen den Grund des Aufstandes in dem serbischen Bündnisse, welches die Albanesen als gegen sie gerichtet ansahen.

[159]) Cantacuzen l. c. περὶ τὸ χωρίον Ἀχελῷον προσαγορευόμενον. Damals gab es ein der Metropolis von Naupactus untergegebenes Bisthum und einen Ort dieses Namens, durch welchen Benjamin von Tudela auf seiner Reise von Arta nach Anatoliko kam. Leake travels in north. Greece IV, pag. 554.

[160]) Die erste Jahrzahl gibt Cantacuzen, die zweite Epirot. II, pag. 213, mit dem Zusatze an, dass Nikephorus 3 Jahre und zwei Monate regiert habe. Nach dieser letzten Angabe wurde oben dessen Landungsjahr bestimmt.

[161]) Epirot. pag. 215; wir schreiben die Eigennamen nach albanesischer Aussprache.

[162]) Fallmerayer II, S. 254.

[163]) Thunmann S. 306 nach Spandugin bei Du Cange, Histoire de Constantinople VIII, pag. 139. Sie möchten wohl eine den Dervennagas oder christlichen Capitanios im türkischen Reiche ähnliche Stellung gehabt haben, und wir halten es daher nicht für wahrscheinlich, dass sie auch zu Statthaltern jener beiden Städte ernannt worden seien, doch findet sich Peter Ljoscha später im Besitze von Arta.

[164]) Da nach der in Note 72, S. 260 enthaltenen Angabe des Polybius die meisten ätolischen Völkerschaften nicht griechisch sprachen, da die Molosser (mit Ausnahme der griechischen Städte Ambracia und Dodona, s. S. 255, Note 11, für Barbaren galten und die epirotischen Küstenlande längs des jonischen Meeres gegenwärtig von Albanesen bewohnt werden, so wäre diese Annahme gerade keine Paradoxe.

[165]) I, pag. 14, ed. bonn.

[166]) Also auch hier dieselbe Neigung zur Umdrehung des wahren Sachverhaltes, welche die Armenier von den Phrygiern abstammen, die Sachsen von Britannien nach Sachsen wandern lässt u. s. w.

[167]) IV, pag. 111.

[168]) S. Note 141.

[169]) Dieser Ort ist nicht mit dem am westlichen Fusse des Pindus und in der südlichen Nachbarschaft von Jannina gelegenen Bezirke gleichen Namens zu verwechseln, von dem weiter unten die Rede ist. S. Note 176.

[170]) S. S. 231, Nr. 2.

[171]) S. Note 146.

[172]) Fallmerayer II, S. 254. Was Theodor Spandugino, pag. 193, von den gewaltsamen Versetzungen albanesischer Grossen nach dem Peloponnes durch Kaiser Johann Cantacuzen erzählt, klingt etwas problematisch, denn eines Theils soll dies aus jenem Theile Albaniens geschehen sein, den der Serbenkönig Stephan dem Kaiser überlassen hatte (?), und andern Theils schweigt Cantacuzen hierüber gänzlich. Spandugino sagt: Il Cantacuzino per fermar bene le cose sue et per poter signoreggiare gli Albanesi a suo modo, tolse vià tutti quelli, chi quivi erano tenuti persone di gran affare, e gli confino nella Morea, la quale egli s'haveva acquistato. E questo confinare ch'egli fece i primi dell' Albania fù poi la cagione, perchè tutta l' Albania si perdette et la Christianità sen andò in rovina.

[173]) Fallmerayer II, S. 257. Sedet Illyriorum dena circiter millia mutato solo adductis filiis et uxoribus substantiisque ac pecore Isthmum petierunt. Aus der Leichenrede Kaiser Manuel Palaeologus auf seinen Bruder Johann. Bibliotheca patrum, Tom. 26, fol. 491. Lugd. 1677.

[174]) Epirot. II, pag. 215, ἐκ τῶν τῆς Βαγενιτίας φρουρίων πολλοὶ τῶν εὐγενεστέρων τῇ τῶν Ἰωαννίνων ἐπιδήμησαν πόλει. Dies war der Name eines Jannina benachbarten Bezirkes, wie aus Anna Komnena lib. V, pag. 133, ed. Paris. ersichtlich; Wajentiti ist jetzt noch der Name eines kleinen Dorfes nordwestlich von Jannina. Leake IV, pag. 554.— Nach Du Cange, Famil. Dalmaticae etc., pag. 345, soll jedoch Jannina eine Zeitlang in Spatas Besitze gewesen sein.

[175]) Epirot. II, pag. 217. Vermuthlich das heutige Tscherkowitza und eines der Castelle der Wajentia. Leake IV, S. 555.

[176]) Epirot. fr. II, pag. 220, ἔτι δὲ καὶ ὁ Πέτρος λεώσας κατ' αὐτοῦ ἐκστρατεύει χρόνους τρεῖς μετὰ τῶν Μαζαρακίων καὶ Μαλακασαίων τῆς γενεᾶς αὐτοῦ. — Mazaraki ist ein öfter wiederkehrender wahrscheinlich albanesischer Dorfname, über dessen Bedeutung wir nichts sicheres anzugeben wissen; der Name Malakassi oder Malakasch findet sich als grosser wallachischer Flecken an dem von Epirus nach Thessalien führenden Pinduspasse gelegen und als der südliche District des heutigen Bezirkes von Jannina. Leake IV, pag. 165, welcher 49 theils wlachische theils griechische Dörfer zählt; Albanesen wohnen hier jetzt nicht. Malakastra, der Name eines Districtes an dem nördlichen Ufer der unteren Wiussa, welcher fast bis zu deren Mündung reicht, ist anklingend. Der Name ist uns wallachisch mala viel und kasch Käse gedeutet worden; wir beschränken uns auf die Bemerkung, dass er hier einem albanesischen Stamme zugeschrieben werden müsse, weil die epirotische Chronik Peter Ljoscha einen Albanesen nennt, und strenge zwischen den verschiedenen Nationalitäten unterscheidet, so S. 225 zwischen Albanesen, Wlachen und Bulgaren; S. 238 erwähnt sie des Spitznamens Σερβαλβανιτοβουλγαρόβλαχος.

[177]) Epirot. fr. II, p. 221, καὶ οὕτω παραυτίκα Ἰωάννης δεσπότης ὁ Σπάτας ἐκ τοῦ Ἀχελώου παραγενόμενος τὴν Ἄρταν παραλαμβάνει; von Johann, dem Sohne Peters Ljoscha, ist nicht weiter die Rede; seine Frau, Irene, stirbt 1375 in Jannina an der Seuche.

[178]) Epirot. edit. — Chalcocond. p. 112, ed. bonn. p. 211 nennt denselben nach seinem Führer Σπαταῖοι. — Auf die oben versuchte Zusammenstellung gestützt, vermuthen wir, dass der von Chalcocond. p. 210 erwähnte Isak, welchen Spata auf der Jagd ermordete, s. Seite 318, Herr von Angelokastron war.—Ueberhaupt aber will es uns bedünken, als ob Chalcocondylas Ansicht von dem albanesischen Volke auf einer Verwechselung eines oder mehrerer wandernder Stämme, deren Geschichte ihm näher bekannt geworden, mit dem gesammten Volke beruhe, dessen seesshaft gebliebene Theile ihm unbekannt blieben.

[179]) Der Name Frati (Bruder) ist allerdings ein wallachisches Wort, aber desswegen scheint er wiederum als Eigenname eines Wallachen nicht recht passend.

[180]) Epirot. II, pag. 222. Τότε ὁ Θωμᾶς προσῳκειοῦτο ἑαυτῷ κλέπτας ῥυπαροὺς, λῃστὰς καὶ κουρσάρους καὶ κατὰ τῶν Ἀλβανιτῶν αὐτοὺς ἐξήγειρε. Auch Ali Pascha nahm öfter Armatolenbanden in Sold, besonders gegen die Sulioten. Zwischen den griechischen Armatolen des Pindus und den albanesischen Sulioten bestand eine alte Antipathie, obwohl beide demselben Glauben angehörten.

[181]) Chalcocond. IV, pag. 112, ed. bonn. 210. Nachdem die Albanesen Arta erobert, τὴν τῶν ἑσπερίων χώραν ἐδήουν, οὐδὲν ἔτι εἰς ἡσυχίαν ἐδίδοντες· μετὰ δὲ ταῦτα οἱ τῆς Νεαπόλεως ἄρχοντες ἀπὸ Κερκύρας ὁρμώμενοι (εἶχον δὲ τότε τὴν νῆσον οἱ Παρθενόπης βασιλεῖς) .. ἵεντο ἐπὶ Ἀκαρνανίαν.

[182]) S. S. 101.

[183]) Während Chalcocond. l. s. ausdrücklich sagt: συνεπελάβετο δὲ αὐτοῖς ἐς τόνδε τὸν πόλεμον Πριόλουπος ὁ τῆς Αἰτωλίας ἡγεμὼν (weiter unten Θωμᾶς τοῦ Πριαλούπων genannt) ἀνὴρ Τριβαλλὸς, ὃς ἐπιγαμίαν πρὸς τὸν Σπάταν τῆς Ἄρτης ἡγεμόνα ἐπεποίητο, schweigen die Epirot. II, 223, von Thoma's Theilnahme an diesem Kriege und erzählen, τούτου τοῦ χρόνου τρέχοντος (1378) καὶ ὁ μέγας μαΐστωρ κατὰ τῆς Ἄρτης χωρεῖ καὶ ἰσχυρῶς τὸν Σπάταν ἐνεῖχεν. οἱ δὲ Ἀλβανῖται συναθροισθέντες αὐτὸν κατετρόπωσαν καὶ εἰς χεῖρας τοῦ Σπάτα ὁ μέγας μαΐστωρ ἔδοτο καὶ μετ' ὀλίγας ἡμέρας πιπράσκει αὐτόν. Nach Leake IV, p. 556, wurde J. F. D' Heredia, Grossmeister von Rhodus, nach dreijähriger Gefangenschaft in Albanien im Jahre 1380 von seiner Familie losgekauft. Vertot sagt jedoch, dass derselbe nicht bei Arta, sondern bei Korinth gefangen worden sei. — Da Karl Tocco bei diesem Zuge nicht erwähnt wird, so fällt er entweder vor dessen Zeit, oder er betheiligte sich nicht an demselben.

[184]) Epirot. pag. 223, οἱ δὲ Ἀλβανῖται τοσούτου πλούτου δραξάμενοι (von der Eroberung des Lagers vor Arta und dem Lösegeld der Gefangenen) τὴν πανουγγίαν τοῦ Θωμᾶ οὐκ ἐξέφυγον, ἀλλ' αὐτοὺς περιέργως ἐπιπηδᾷ καὶ ἀσφαλῶς ἐν τῇ φρουρᾷ ἀποκλείει. Leake's Auszug gibt diese Stelle: Thomas soon afterwards marched against the Albanians and blockaded them in Arta.

[185]) Epirot. II, pag. 225, Erzählung des Handstreiches macht es sehr wahrscheinlich, dass die Malakasser in der nächsten Nachbarschaft der Stadt gewohnt und sie daher entweder dem, Note 176 erwähnten Bezirke des Seebeckens den Namen gegeben, oder nach ihm benannt worden sind. Neben diesen Albanesen werden aber auch Wlachen und, was noch beachtenswerther, auch Bulgaren benannt und aus ihrer verschiedenen Behandlung möchte man vermuthen, dass der Zorn gegen sie als die alten Insassen der Gegend und Unterthanen der Städter grösser war, als gegen die Albanesen. Gegenwärtig finden sich weder in der Umgegend von Jannina, noch in Epirus überhaupt noch Bulgaren. Aus der Stelle ergibt sich auch, dass die damals noch vorhandenen Reste der serbisch-bulgarischen Einwanderung in Epirus, s. S. 309, von den epirotischen Griechen nicht Serben, sondern Bulgaren genannt wurden; die in der Chronik figurirenden Serben bilden das Gefolge, welches die jeweiligen serbischen Landesherren mitbringen.

[186]) Epirot. II, pag. 227 und 228, καὶ τὸν ἅγιον δὲ Δονάτον παρὰ τοῦ Μουρσιροβέρτου ἐξωνήσατο; in der Note 175 angeführten Stelle figurirt Βαρδινὸς als Herr von Paramythia.

[187]) Epirot. pag. 230, αὐτὸς δὲ οὐκ ἠνέσχετο ἀλλ' εὐκαιρίαν εὑρὼν τὸν ἀρχιερέα ἐξόριστον πέμπει, τὸν δὲ Καλόγνωμον κρατεῖ (dies sind Spata's Gesandte) καὶ τὴν ἐκκλησίαν προδίδωσι τῷ Σεναχερίμ. Als Thomas die ersten Türken in Sold nahm, sagte man in Jannina „Θωμᾶς ὁ δεσπότης ἀστοχήσας τοὺς Λατίνους Τούρκοις συγκοινωνεῖ" pag. 228.

[188]) Epirot. pag. 230, βασιλεὺς Ἰωάσαφ, Despot von Wlachia und erstgeborner Sohn Simons, des Bruders des serbischen Kaisers Stephan. Bei Du Cange, Famil. Dalmat. pag. 546, heisst er Ducas.

[189]) So stellen die Epirot. pag. 230 und 231 die Sache dar; anders Chalcocond. IV, pag. 112, ed. bonn. 211, nach ihm wurde Esau, ein edler Neapolitaner, bei der Belagerung von Arta gefangen, und von Thomas nach Jannina geschleppt. Dort verliebt sich dessen ausschweifende Gemahlin in den Jüngling und dieser ermordete Thomas im Schlafe mit ihrer Hülfe, καὶ ἅμα συγκατίσχει τὴν ἡγεμονίαν αὐτῷ ἐπειδὴ ἐτυράννευεν. οὐδενὶ τῶν ἐν τῇ πόλει ἀλλ' ἐν τῇ γυναικὶ ἀρεσκόμενος dagegen malt die epirotische Chronik diesen zweiten Gemahl τῆς χρυσῆς τῷ ὄντι βασιλίσσης ebenso weiss, als den ersten schwarz; dass die erste Ehe nicht ungetrübt gewesen, wird S. 222 angedeutet. Bei der zweiten Hochzeit erscheint auch Angelika's Mutter, Thomais, mit ihrem zweiten Sohne Stephan; Du Cange, Famil. Dalmatic. p. 346.

[190]) Epirot. pag. 234, τότε ὁ Ἰσαοῦ συνάξας τοὺς Ζαγορίτας μετὰ τοῦ λοιποῦ στρατοῦ κατὰ τοῦ Σκάτα ἐκβαίνει; hier wird der Jannina östlich angränzenden Landschaft Zagori zum ersten Male gedacht.

[191]) Epirot S. 234, εἰς τὸν Ἀχελῷον, wir vermuthen, dass der Ort damit gemeint ist. S. Note 159.

[192]) Epirot. S. 236, ἐκστρατεύει κατὰ τοῦ Γιώνη τοῦ Ζενεβίση; der Zenewiser wurde bereits oben S. 219 in fine gedacht.

[193]) Mesopotamo heisst heut zu Tage das Land zwischen den Quellen des Arachtus und Acheloos. Unter Diwra möchte hier schwerlich die nordwärts von dem See von Ochrida gelegene Landschaft zu verstehen sein.

[194]) Hiernach war die Stadt Argyrokastron in den Händen des Gjoni und bezeichnet der Name in der obigen Aufzählung — wenn sie überhaupt Beachtung verdient — die nach der Stadt benannte Landschaft.

[195]) Hiermit schliessen die historischen Notizen des zweiten Fragments de rebus Epiri.

[196]) Chalcocondyl. IV, pag 112, ed. bonn. 211, ὁρμημένου τοῦ Καρύλου ἀπὸ τῶν νήσων σὺν τοῖς ἑταίροις αὐτοῦ καί τινων τῶν τῆς χώρας ἅτε δὴ ἀχθομένων τῇ Ἀλβανῶν.

[197]) Chalcocond. IV, pag. 112, ed. bonn. 211, ἀφελόμενοι Ἰζάουλον τὸν τότε ἡγεμονεύοντα Δρομαίνων τε τῆς πόλεως καὶ χώρας τε τῆς Αἰτωλίας ἤδη.

[198]) Chalcocond. IV, pag.113, τὴν μέντοι χώραν οὐδεὶς κατεστρέψατο τῆς Ἰωαννίνων πόλεως ἐπαγομένη τοῦτον δὴ τὸν Κάρουλον ἐπὶ σφίσιν ἄρχοντα καὶ ἐπιτετραμμένου αὐτῷ διέπειν τὰ τῆς πόλεως πράγματα καὶ ἀντιμαχομένου ἐς τὸν πόλεμον κράτιστα. — Phranzes II, cap. 9, pag. 55.

[199]) Chalcocond. scheint unter dem Namen Aetolia das zum Despotat gehörige südliche Epirus mit zu begreifen.

[200]) Ein vierter, Antonius, wusste sich als türkischer Vasall lange in dem Besitze von Athen und Theben zu behaupten.

[201]) Chalcocond. V, pag. 126. ed. bonn. 237.

[202]) Wir folgen hier Chalcocond. V, p. 126, ed. bonn. 237; denn wenn frag. III de rebus Epiri pag. 243 ohne irgend eines Gewalthabers zu gedenken erzählt, dass die Joanniten die türkischen Heere zweimal in den Pinduspässen zurückgeschlagen, und dann auf die Aufforderung des Sultans ihre Stadt demselben, als er vor Salonik lag, an der Stelle, die noch heute davon Κλειδί, d. h. Schlüssel, heisse, freiwillig übergeben hätten, — „καὶ ἐκεῖ τελειώσαντες τὰς συμφωνίας, ἔδωσαν καὶ ἔλαβον ὅρκους καὶ δεχθέντες τὸ χάτι σερίφι παρέδωσαν εἰς χεῖράς του τὰ κλειδία,"— so scheint uns dies mit ihrer früheren Geschichte allzu sehr zu contrastiren. Pag. 248, ἐπαρέλαβαν οἱ Τοῦρκοι τὰ Ἰωάννινα ἔτους ὑπάρχοντος 1431 Ὀκτωβρίου 9 ἄλλοι δὲ λέγουν ὅτι τὰ ἐκυρίευσαν συγχρόνως μὲ τὴν Θεσσαλονίκην ἐπὶ ἔτους 1430. Also 50 Jahre nach ihrem ersten von der Chronik verzeichneten Erscheinen in Epirus.

[203]) Wir werden weiter unten auf das nördliche von Albanesen bewohnte Epirus noch einmal zurückkommen.

[204]) Der Abneigung der muhamedan. Albanesen gegen die Osmanlis ist früher gedacht worden.

[205]) S. S. 98.

[206]) Epirot. V, pag. 261. Τέλος (nach 1740) τὸ διβάνι, παραδραμὸν τὸ σωτήριον ἀξίωμα τῆς πρὸς τοὺς Ἀλβανοὺς δυσπιστίας ἔκαμε πρῶτον Ἀλβανὸν πᾶσαν τῶν Ἰωαννίνων Σουλειμάνην τὸν Ἀργυροκαστρίτην..οὗτος κατέτρεξε τοὺς ἀρματωλοὺς πολλῶν τόπων τῆς Ἠπείρου, καὶ συνέστειλε τοῦτο τὸ μερικὸν στρατιωτικὸν τῶν Χριστιανῶν ... Διάδοχος τούτου ἔγινεν ὁ Ἰωαννίτης Καλόκασας.. μετὰ τοῦτον διωρίσθη πασᾶς Ἰωαννίνων καὶ ἔπαρχος τῶν Θεσσαλικῶν Δερβενίων ὁ Βερατινὸς Κούρτης (welcher auch in Alis von Tepelen Jugendgeschichte eingreift), οὗτος ὁ Ἀλβανὸς ἔδειξεν ἀπὸ τὴν ἀρχὴν μεγάλην ἔχθραν πρὸς τοὺς Χριστιανοὺς ἀρματωλούς, καὶ ἐπειδὴ ἔκαμε πρὸς αὐτοὺς χωρὶς ἀνάγκην καὶ καταδρομὰς κρυφὰς καὶ πολέμους φανεροὺς καὶ πεισματικούς, ἠνάγκασε πολλοὺς νὰ καταφύγουν εἰς τὰ βουνά, ὅθεν καταβαίνοντες ἔπειτα ἐληηλατοῦσαν τοὺς τόπους του.

[207]) Card. Caesaris Baronii annales ecclesiastici continuati ab Odorico Raynaldo Tom. XIII, Coloniae Agrippinae 1694, Annus 1250, pag. 602 — 603, Nr. 44. Adjunxere se Romanae Ecclesiae eodem tempore nonnullae provinciae, quae Graeci schismatis, quo tenebantur, vincula diffregere,

ut se in libertatem filiorum Dei assererent. Praetulit facem inter caeteros populis suis Albaniae episcopus, qui nemini extra Romanam Ecclesiam salutem patere agnovit. Quam Innocentius benigne excipi jussit, dataque archiepiscopo Antivarensi sequentibus literis provinciae imperavit, ut si nulli Latino episcopo antea obnoxius fuisset, illum sedi tantum Apostolicae pariturum decerneret. „Archiepiscopo Antivarensi: — In Graeciae partibus quaedam habetur provincia Arbania nuncupatur cujus episcopus solicitamente desiderans et prudenter advertens, quod positis extra fidem, et devotionem sedis Apostolicae, non est datum ad perennis vitae gloriam pervenire; maxime cum Dei virtus, et Dei sapientia dominus Jesus Christus B. Petro Apostolorum principi, et successoribus ejus Romanis Pontificibus regimen universalis Ecclesiae sub speciali et praeeminenti noscatur privilegio commisisse; cordi habere dicitur, ut ejusdem membris Ecclesiae ad aeterni pastoris gloriam indissolubili vinculo conjungatur."

45. „Quia vero semper adhoc nostri cordis aspirat affectio, ut ii, qui ab unitate sedis Apostolicae reprobae voluntatis impulsu, aut maligno spiritu instigante vel quocunque alio modo discesserunt, ad illius obedientiam redeant, et in divinae institutionis observantia sincera devotione persistant; nos ejusdem episcopi piis desideriis favore benevolo annuentes, praesentium tibi auctoritate committimus ut eundem, si nulli praelato Latino fuit unquam, aut esse debet de jure subjectus, vice nostra solemniter ac publice ad gratiam et communionem sedis Apostolicae resumas, cum super hoc fueris ab ipso humiliter requisitus; decernens eundem nulli praeterquam Romano Pontifici debere perpetuis futuris temporibus subjacere. His autem juxta mandati nostri formam rite peractis, tu pro nobis et Ecclesia Romana fidelitatis solitae juramentum ab ipso recipias secundum formam, quam tibi sub bulla nostra mittimus interclusam. Formam autem juramenti, quod ipse praestabit, de verbo ad verbum nobis per ejus patentes literas, suo sigillo signatas, quantocius destinare procures. Dat. Lugd. VI. id Aug. ann. VIII."

46. Nec Albania modo, verum Unavia et Philot provinciae, quae latissime excurrent, misso Graecorum schismate, sedi Apostolicae se submiserunt. Quo laeto nuntio maximo gaudio delibutus Innocentius summo Praedicatorum in Ungaria magistro munus demandavit, ut in eas regiones socios ad instruendos populos, ac traducendos ad Ecclesiae Romanae obsequia, mitteret, quos etiam ea auctoritate, quae ad augustum illud munus obeundum necessaria erat, instruxit, ut in subjectis his literis lector conspicere poterit.

„Quasdam amplas, et populosas provincias Philot, Arbaniam et Unaviam prope Ungariam sitas esse percepimus, in quibus aliqui episcopi, ac plurimi sacerdotes, et clerici sub Graecorum dominio constituti habitant, qui ritum sanctae Romanae Ecclesiae sincere diligunt, et pro viribus libenter observant. Quia vero virtutum Domino inspirante, in eorum affectu esse perspicitur quod ad ipsius Ecclesiae redeant unitatem, et devotam obedientiam, ac reverentiam impendant eidem; nos qui habemus in voto potissimum, quod in devio constituti convertantur ad viam rectitudinis, et universis nationibus per observantiam catholicae fidei proveniat gloria perpetuae claritatis praesentium tibi auctoritate committimus ut aliquos ex fratribus ordinis Praedicatorum tuae curae commissis, qui sint probatae conversationis et vitae, ac potentes in opere et sermone, mittas ad provincias memoratas in quibus verbum Dei proponant, et clericis, ac laicis de ipsius provinciis oriundis qui ad obedientiam sedis Apostolicae redeuntes sunt parati satisfacere de commissis, reconciliationis, ac eisdem, si aliqua excommunicatione tenentur, absolutionis beneficium juxta formam Ecclesiae largiantur: et cum clericis ex praedictis, qui nullum Ecclesiae beneficium obtinent a Latinis, super eo, quod excommunicati celebraverunt divina, nec non cum illis, qui juxta ritum Graecorum ordines infra aetatem legitimam, vel temporibus indebitis, aut qui omnes eadem die, vel superiores praetermissis inferioribus, aut etiam, soluto pretio aliquo, secundum ritum eundem recipere praesumpserunt, valeant dispensare: ita tamen, ut quod circa ordinationem clericorum ipsorum pro ritus differentia omissum esse dignoscatur, per catholicos episcopos obtinentes gratiam, et communionem sedis Apostolicae provide suppleatur. Caeterum liceat fratribus supradictis eis, qui de provinciis memoratis ad solemnem ipsorum praedicationem accesserint, indulgentiam quadraginta dierum de injunctis sibi poenitentiis elargiri: Dat. Lugd. VI. id. Aug. ann. VIII."

300) S. u. a. die Gesetze und Ordonnanzen (Sakon i Onstav) des Zars Stephan des Makedoniers u. s. w. ins Franzôs. übersetzt bei Boué la Turquie d'Europe IV; pag. 427 sq. Art. 6 — 10. Dieses

aus 105 Art. bestehende, höchst interessante Statut deutet auf ein von dem der albanesischen Hochländer weit abliegendes öffentliches Leben hin. Hier findet sich keine Spur von Stamm- oder Geschlechtsverband, von Autonomie oder Gerichtsbarkeit der Gemeinde, sondern Adel und Leibeigenschaft und königliche Richter, Art. 89; die darin aufgeführten Strafen haben sich nicht aus dem Wehrgelde entwickelt, Art. 55—66. — Art 35: aucune assemblée de paysans ne doit avoir lieu; celui qui hante de pareilles assemblées aura les oreilles coupées et sera marqué au visage, dies deutet freilich auf die Sitte solcher Versammlungen hin, aber dass dort gedingt worden wie in Hochalbanien, lässt sich nach den übrigen Verhältnissen nicht wohl annehmen. — Grosse Ausdehnung der Gesammtbürgschaft, nicht des Stammes oder Geschlechtes, sondern der Gemeinde. Das Weib succedirt nicht in die väterlichen Immobilien, Art. 17; wohl aber in die Mobilien, Art. 19. Die Waffen des versterbenden Edeln gehören dem Zar u. s. w. Wer sich nach diesem Statute ein Bild des altserbischen Gemeinwesens zu machen sucht, dem wird es klar werden, dass das sogenannte Dukadschinerrecht, was noch heute in den Bergen von Albanien gilt, nicht serbischen Ursprungs ist.

[209]) S. darüber Cantacuzen in Note 154.

[210]) Dieser Taufname ist noch heut zu Tage in Nordalbanien sehr häufig. Die Slaven schreiben ihn auch Bulza, oder nach dem so häufigen Uebergang von lino, Baoscha. Die Genealogisten und unter ihnen du Cange famil. Dalmat. pag. 344 hielten ihn für einen Familiennamen und leiteten daher diese Familie von den provenzalischen Balsen ab, welche mit Karl von Anjou nach Italien kamen. Denselben Irrthum begehen diejenigen, welche der Familie der Mireditenchefs einen Namen geben, sie hat keinen; wenn sich deren jetzige Glieder Bib Doda, Marku Doda u. s. w. nennen, so geschieht dies, weil ihr Vater mit seinem Taufnamen Doda hiess, s. S. 152 u. 193.

[211]) Thunmann S. 309 und folg. Bzovii Annal. Tom. XIV, An. 1368, Nr. 8, sie heissen hier Strachimir, Georgius ae Balza fratres, Bosnae Zuppani.

[212]) Chadschi Chalfa nennt ihn Sofl. Nach v. Hammer-Purgstall I, S. 536 fällt die Eroberung von Kroja nach Balza's Tode. Die S. 135, Note 72 angeführte griech. Inschrift des Kloster St. John bei Elbassan erwähnt dieses Karls Theopia als Herrn von ganz Albanien und Vetters des Königs von Frankreich. Die S. 119 angeführte lateinische Inschrift hat einen entweder von dem Steinhauer oder von mir verschriebenen Vornamen vor Topia als Erbauer der Kirche im Jahre 1381 und nennt dessen erstgebornen Sohn Georg.

[213]) Hammer l. c.

[214]) Fallmerayer II, S. 260. Boué IV, 366, setzt in dasselbe Jahr die Unterwerfung der Balza's durch Twartko von Bosnien, — wir wissen nicht, nach welcher Quelle. Diese Unterwerfung möchte jedenfalls eine sehr prekäre gewesen sein.

[215]) Hammer l. c.

[216]) Hammer l. c.

[217]) Thunmann S. 313.

[218]) Du Cange. famil. Dalm. pag. 347. Stephanus de Maramonte Zarnagorae Dominus, nobilis Apulus ex Maramontensi gente in regno Neapolitano — uti vult Orbinus, quamquam Flavius Comnenus Dalmatum indigenam fuisse scribit, cum in aulam Balcae trajecisset ab eo montis nigri dominium accepit; — er soll nach Balza's Tod nach Apulien zurückgegangen, im Jahre 1423 aber Montenegro von den im Texte erwähnten Georg Vukowich erobert, und Skenderbey's Tochter Voisava geheirathet haben.

Boué IV, S. 588 nennt, vermuthlich der Landessage folgend, diesen letzten Balza Strascimir mit dem Beinamen der Schwarze, Tschernoje, und gibt ihm einen Sohn Stephan, der Zeitgenosse Skenderbey's war, diesem aber wiederum drei Söhne, Iwan, Bojidar und Andreas, der tapfere Albanese (Arwanit) genannt. Iwan folgt seinem Vater in der Herrschaft und zieht sich, nachdem Skenderbey gestorben war, und er von den Venetianern vergebens Hülfe gegen die Türken verlangt hatte, vor deren Uebermacht in die Berge von Montenegro zurück, indem er sein Schloss Schabjak selbst zerbrennt und ein neues in Obodi baut, das von ihm Tschernojewitsch Rjeka heisst. Vor diesem Ereignisse erstreckte sich nach der Sage seine Herrschaft von dem Meere bis zum Limflusse. Iwans Sohn, Maxim, oder wie andere wollen, Stanischa genannt, welcher Türke wurde, gilt als Stammvater der Buschatli, von welchen in der Chronik von Skodra die Rede war, s. S. 98.

44

[219]) Farlat. Illyr. Sacr. VIII, S. 86.

[220]) S. Reisenotizen S. 97.

[221]) Chalcocond. lib. V, pag. 249. ed. bonn. Wir entheben diesem Schriftsteller auch die folgende Darstellung.

[222]) Arianites Thopia Golemus Comnenos. Ueber den letzten Namen wagten wir Note 152 eine Vermuthung. Nach Barletius pag. 37 bedeutet Golem comatus, capillatus, wir hörten, dass das Wort im altslavischen g r o s s bedeute. Uebrigens gibt es im Kurwelesch ein Dorf Golem, s. S. 171, und der albanesische Adel nennt sich nach seinen Residenzen, S. 193. S. weiter du Cange famil. august. byzant. p. 196, §. 9. — Ob der Name Topia auf Zusammenhang mit dem Note 212 Angeführten zu schliessen berechtige, müssen wir dahingestellt sein lassen.

[223]) Chalcocond. VI, pag. 324, ed. bonn.

[224]) S. S. 88.

[225]) Skenderbey stirbt im J. 1467, Arianites 1469.

[226]) Alte mächtige Familien gab es ausserhalb Bosnien in der europäischen Türkei überhaupt nur wenige.

[227]) Thunmann S. 315.

[228]) Boué IV, S. 419.

Notizen zur beiliegenden Karte.

Diese Karte ist von Herrn Professor Kiepert nach seiner neuesten grossen Karte der europäischen Türkei in vier Blättern gezeichnet, in welche bereits die in diesem Hefte enthaltenen Notizen über den See von Terbuff und die Lage von Pekin S. 78, den Lauf des Arçén S. 6, die Bäche des Ischm und die Lage der Stadt Ischm S. 23, Note 12, aufgenommen worden sind.

Was die Orthographie der Namen betrifft, so wurde das ζ durch ç gegeben und sonst durchweg deutsche Orthographie nach der Aussprache festgehalten. Die albanesischen Flussnamen erhielten die bestimmte Endung, z. B. Schkumbi, der Schkumb; Stadt- und Bergnamen erhielten die unbestimmte Form, z. B. Dörmitor (der Dormitor hiesse Dormitori). Bei den weiblichen Namen, die in unbestimmter Form auf ein gedecktes e ausgehen, glaubten wir jedoch eine Ausnahme machen, und an dessen Stelle die bestimmte Endung a setzen zu müssen. Skodra heisst also strenge genommen: „die Skodra".

Südlich von der Wiussa sind die Namen auf -owo nach griechisch-slavischer Aussprache betont, weil die albanesische Form Hormówe, bestimmt Hormówa weibl., zu fremdartig schien.

Die blaue Gränzlinie bezeichnet die Wasserscheide des natürlichen Albaniens, wo sie nicht mit den politischen Gränzen des Reiches zusammenfällt.

Die neuen Namen sind durch liegende dicke Schrift von den alten unterschieden, welche mit stehender, feinerer Initialschrift geschrieben sind.

Was die alten Namen betrifft, so siehe über: Autariatae S. 240; sie kommen in dieser Stellung ungefähr in die ihnen schon von Skylax angewiesenen Sitze. Vermuthlich ist dies der Gesammtname sämmtlicher Bergstämme dieser Gegenden, und namentlich des Alpenstockes, von denen Ptolemäus und Plinius nur mehr einzelne kennen; denn will man nicht annehmen, dass die Autariaten zu Kassanders Zeiten freiwillig zu wandern begannen, so müssen sie Nachbarn der Paeonen gewesen sein, welche sie damals schwer bedrängten, Diodor XX, 19. Kassander versetzte deswegen deren 20,000 in den Orbelos.

Nach dieser Ansicht kommen die Docleatae etwa in das Moratschagebiet, wo unweit von Podgoritza die Ruinen von Dioclea sein sollen, die von Ptolemäus II, 17, §. 8 erwähnten Πιροῦσται καὶ Σίρπονες πρὸς τῇ Μακεδονίᾳ aber in die Südhälfte des Alpenknotens, und wären hier nördliche Nachbarn der schon im römischen Makedonien sitzenden Dassaretae, welchen wir wenigstens die Drinthäler einräumen.

Dassaretae — scheint ebenfalls ein Gesammtname gewesen zu sein, und die Penestae unter sich begriffen zu haben, Plinius III, 25 a Lisso Macedoniae provincia: gentes Partheni et a tergo eorum Dassaratae, er gehört also jedenfalls in die Drinthäler; nach der S. 309 angeführten Stelle Strabo's dehnte er sich noch weiter nördlich aus. Wahrscheinlich waren die Ursitze beider Namen auf einen kleineren Raum beschränkt.

Drinus und Scodrus mons S. 22, Note 5.

Nymphaeum S. 93.

Lissus und Akrolissus S. 92.

Albanopolis S. 241.

Claudiana und Scampae S. 135, Note 61.

In Epirus wurde in Bezug auf die alten Namen von Leake's Karte nirgends abgewichen.

ALBANESISCHE STUDIEN.

—

HEFT II.

I. BEITRÄGE ZU EINER GRAMMATIK DES TOSKISCHEN DIALEKTES.
II. ALBANESISCHE SPRACHPROBEN.

ERSTE ABTHEILUNG:

BEITRÄGE

ZU EINER

GRAMMATIK DES TOSKISCHEN DIALEKTES.

Vorbemerkung.

Der Verfasser schrieb diese Beiträge, während er die Sprache lernte. Seine Methode war hiebei rein theoretisch, weil er in Jannina, seinem früheren Aufenthalte, als einer griechischen Stadt, nur wenige Gelegenheit zu praktischer Uebung fand.

Der Weg, den er unter diesen Umständen zur Herstellung der Formenlehre einschlug, war folgender: er schrieb alle in der Wörtersammlung des Ritters von Xylander enthaltenen Substantive, Adjective, Pronomina und Verba zusammen, ordnete sie nach ihren Endungen in verschiedene Classen, und declinirte und conjugirte dieselben dann der Reihe nach theils schriftlich, theils mündlich mit seinem Lehrer durch, welcher zwar ein geborner Albanese ist, seine Muttersprache aber ebenso wenig wie seine übrigen Landsleute theoretisch behandelt, oder sie auch nur zu schreiben versucht hatte, und daher Anfangs dem Gebaren des Verfassers mit grossem Unglauben und oft nur mühsam verhehlter Ungeduld folgte, bis er nach und nach mehr Interesse an der Sache gewann, und auf die Ideen des Verfassers einzugehen und dieselben zu verbessern, oder auch gar selbstständig in den Bau einzugreifen begann.

Die albanesische Uebersetzung des neuen Testamentes ergab einen vortrefflichen Prüfstein der so gewonnenen Resultate, mit welcher auch alles was Ritter v. Xylander aus derselben Quelle geschöpft hatte, verglichen wurde.

Diese Uebersetzung ist nämlich in dem toskischen Dialekte und zwar höchst wahrscheinlich in derjenigen Nüance abgefasst, wie derselbe in den Bergen von Chimara (Akrokeraunia) gesprochen wird, und ihre Formen weichen von den um Tepelen (Ali Pascha's Geburtsort) üblichen nur wenig ab [1].

Der Verfasser beschränkte sich nämlich auf die Bearbeitung des toskischen Dialektes, wie er um diese Stadt, oder noch genauer, wie er in den Dörfern der südöstlich von derselben gelegenen Landschaft der Riça (dem Vaterlande des erwähnten Lehrers) gesprochen wird, weil deren Sprache für die reinste gilt, und er hofft, dass diese Beschränkung im Hinblick auf die Verhältnisse, unter denen er arbeitete, und auf den Zustand der Sprache überhaupt von den Sachverständigen nicht getadelt werden wird. Die Aufnahme einzelner aus ihrem Zusammenhange gerissenen Formabweichungen, wie sie der Zufall dem Verfasser zugetragen haben würde, hätte seiner Arbeit gewiss mehr geschadet als genützt.

Innerhalb dieser engen Gränzen suchte aber der Verfasser die toskische Formenlehre so sorgfältig und vollständig darzustellen, als dies in seinen Kräften lag. Was

---

[1] Der Verfasser bedauert den Verlust seiner Sammlung dieser Abweichungen.

dagegen die Satzlehre betrifft, so hielt er sich nicht für befähigt, dieselbe systematisch aus dem Rohen zu arbeiten. Das hierüber Gelieferte beschränkt sich daher fast nur auf die Zusammenstellung von Beispielen über auffallende Constructionen, wie sie ihm während seiner . Arbeit vorkamen, und wurde desshalb den entsprechenden Theilen der Formenlehre angehängt.

Diese Notizen möchten überdies weniger die Eigenthümlichkeiten der albanesischen Syntax an sich, als vielmehr ihre Abweichungen von der griechischen betreffen, welche weit geringer als ihre Aehnlichkeiten sind, denn in der Regel denkt und spricht der Albanese, besonders der Toske, genau wie der Neugrieche, und ist daher eine treue Uebertragung der Gedanken und Ausdrucksweise, ja selbst der Wortstellung von einer Sprache in die andere möglich. Der Verfasser musste sich aber seit vielen Jahren der griechischen Sprache vorzugsweise bedienen, und hat daher für deren Eigenthümlichkeiten gleichsam kein Ohr mehr.

Aber auch diese Abweichungen des Albanesischen von dem Neugriechischen sind äusserst lückenhaft behandelt; so wird man, um nur ein Beispiel anzugeben, in diesen Beiträgen vergeblich nach Regeln über den Gebrauch der bestimmten und der unbestimmten Declinationsformen suchen, weil deren genügende Aufstellung dem Verfasser bis jetzt nicht gelungen ist.

Ist der Verfasser durch die Liebe, welche sich aus einer andauernden Beschäftigung mit demselben Gegenstande für diesen zu entwickeln pflegt, nicht gänzlich verblendet, sind seine Ansichten über die Fundgrube, welche albanesische Sprache und Sitte der Archäologie und Völkerkunde darbieten, nicht reine Illusionen, so wäre eine genaue und erschöpfende Darstellung des Verhältnisses der albanesischen Sprache zur neugriechischen von dem höchsten Interesse, denn es lässt sich aus vielfachen Anzeichen vermuthen, dass sich beide Sprachen im Ganzen nach denselben Gesetzen entwickelt haben, oder genauer: verkommen sind, was wohl zu wichtigen Rückschlüssen auf die frühere Gestalt des Albanesischen, von welcher keine Spuren auf uns gekommen sind, führen könnte. Eine solche Vergleichung setzt jedoch als nothwendige Vorbedingung eine selbstständige Prüfung des gegischen Dialektes voraus, dessen Formen, so weit sie dem Verfasser bekannt sind, vielfach auf ein höheres Alter als die toskischen hinzudeuten scheinen.

Diese Untersuchungen liegen aber, ebenso wie die Vergleichung des Albanesischen mit andern Sprachen, oder die Frage, welche Stellung demselben in dem Sprachenreiche zukommt, ganz ausserhalb der Sphäre des Verfassers. Wenn es ihm gelungen ist, den Männern vom Fache brauchbare Materialien zu denselben geliefert zu haben, so hält er seine Aufgabe für gelöst.

Syra, Januar 1852.

Erster Abschnitt.

Die Laute.

§. 1.

Lautzeichen.

albanesische *),	deutsche,	neugriechische.
1) α	a	α
2) β	w	β
3) b	b	fehlt.
4) j	j	γ vor ε, ι und υ.
5) γ	g (weich ch)	γ vor α, o, $o\upsilon$, u. liquidis.
6) $\dot\gamma$	gh	fehlt.
7) $\ddot{\eta}$	fehlt	fehlt.
8) δ	fehlt	δ
9) d	d	fehlt.
10) ε	e (offen)	ε
11) ε	e (gedeckt)	fehlt.
12) ζ	fehlt	ζ
13) ϑ	fehlt	ϑ
14) ι	i	ι
15) $\varkappa$	k	$\varkappa$

---

*) Der Verfasser wurde mit dem in Band I, Abtheilung II, 1. beschriebenen nationalen Alphabete zu spät bekannt, um sich desselben bei der vorliegenden Arbeit bedienen zu können, auch möchte dessen Anwendung das Studium dieser Sprache ungemein erschwert haben. Die Gegen schreiben das Albanesische mit lateinischen, die Tosken mit griechischen Buchstaben. Obgleich nun das lateinische Alphabet im Vergleiche zu dem griechischen die albanesischen Laute im Ganzen etwas besser vertritt, so zog es der Verfasser dennoch vor, das letztere beizubehalten, weil eines Theils seine Arbeit ursprünglich nur für den toskischen Dialekt berechnet war und sich seine Vorgänger (die Bibelübersetzung, Xylander u. a.) des griechischen Alphabets bedient hatten, andern Theils aber, weil der grösste Theil des toskischen Stammes nicht bloss in Epirus, sondern auch im Königreich Griechenland mit Griechen vermischt lebt (fast die Hälfte der Bevölkerung des griechischen Festlandes und des Peloponneses

	albanesische,	deutsche,	neugriechische.
16)	$\varkappa j$	fehlt	fehlt.
17)	λ	l	λ
18)	λj	fehlt	fehlt.
19)	μ	m	μ
20)	ν	n	ν
21)	νj	fehlt	fehlt.
22)	ξ	ks	ξ
23)	o	o	o
24)	π	p	π
25)	ρ	r	ρ
26)	σ	s	σ
27)	$\dot{\varrho}$	fehlt	fehlt.
28)	$\check{\vartheta}$	sch	fehlt.
29)	τ	t	τ
30)	υ	ü	fehlt.
31)	φ	f	φ
32)	$\dot{\chi}$	h	fehlt.
33)	χ	ch	χ

ad 4) j. Dieser Laut wird im Neugriechischen theils durch γ, vor ϵ und ι, theils durch ι vertreten, nämlich in den Endungen des Neutrums der zweiten Declination: $\pi\alpha\iota\delta\iota o\upsilon$, $\pi\alpha\iota\delta\iota\alpha$, $\pi\alpha\iota\delta\iota\omega\nu$, sprich: $\pi\alpha\iota\delta j o\grave{\upsilon}$, $\pi\alpha\iota\delta j\grave{\alpha}$, $\pi\alpha\iota\delta j\grave{\omega}\nu$.

ad 6) $\dot{\gamma}$, sprich gh. Im Deutschen ist je nach den Dialekten das g-Zeichen der Vertreter sehr verschiedener Laute. Das Vorwort g e g e n wird in den einzelnen Dialekten gheghen, ghechen, ghejen, chechen (bald hell, bald dunkel), jechen und jejen ausgesprochen, es sind daher wenigstens drei g-Laute zu unterscheiden: gh, weich ch und j. Das Albanesische kennt diese drei Laute, doch ist gh überwiegend über weich ch und diess letztere scheint (wenigstens in der Risa) nur auslautend vorzukommen, wo es dann im Mittelgaumen zu bilden ist, $\nu\delta\delta\iota\gamma$, ich

---

besteht aus toskischen Albanesen) und daher die griechische Schrift in Ermangelung einer eigenen bei demselben seit Langem eingebürgert ist.

Der Verfasser hielt sich daher auch so streng als möglich an die von seinen Vorgängern aufgestellte Schreibweise der albanesischen Laute, er liess z. B. den deutschen z-Laut in seine Elemente ts aufgelöst, schrieb dagegen ζ statt $\delta\sigma$ und ξ statt $\varkappa\sigma$ und führte keine neuen Zeichen für die Laute ds, tsch und dsch, mb, nd und $o\upsilon$ ein, sondern schrieb sie aufgelöst und fügte ihnen nur das seltene $\varkappa\sigma$ für ψ bei. Die einzige wesentliche Neuerung beschränkt sich auf die Einführung des deutschen j (worüber oben). Dagegen liess er die aus diesem und einem andern zusammengesetzten Laute aufgelöst (die Gründe ad Nr. 18 *), obgleich $\dot{\gamma}j$, $\varkappa j$, λj und νj wenigstens gleiche Rechte mit ξ haben, durch ein besonderes Zeichen vertreten zu werden. Das Zeichen ϑ, französisch j, ist wegen seiner Seltenheit von geringer Bedeutung.

b und d statt $\dot{\beta}$ und $\dot{\delta}$ zu schreiben, schien zur klareren Unterscheidung dieser so häufigen Laute von δ und β nothwendig.

theile, sprich ndaich. Die dunklere, im Kehlkopfe gebildete Nüance mag anlautend in südlichen albanesischen Gegenden hie und da statt gh nach der Analogie des Neu-griechischen γ vorkommen, welches vor *a*, *o* und *ou* wie ein weiches westphälisches g klingt und daher niemals (s. ad Nr. 4) gh lautet. Inlautend möchte dagegen im Alba-nesischen γ stets gh auszusprechen sein.

ad 7) 16) 18) 21) *γj*, *χj*, *λj* und *vj*. In diesen Lauten scheint *j* mit der vorstehen-den *muta* und *liquida* zu einem Ganzen vereinigt und desswegen erhielten dieselben im Wörterbuche eigene Rubriken, jedoch aus den in der Note angeführten Gründen keine besonderen Zeichen. In *γj* und *χj* als Auslauter wird *j* wie ein weiches ch aus-gesprochen: *ρεγj, geg.,* spr. reghch, *κεχj,* spr. kekch, tritt aber ein Vocal an, so behält es seinen ursprünglichen Laut, *κεχjι,* spr. kekji; *j* tritt zwar auch an *μ* u. *ρ*, alle Vokale und die übrigen Consonanten, jedoch scheint es in diesen Fällen vocali-scher Natur und aus *ι* hervorgegangen zu sein. Eine scharfe Trennung desselben von *ι* ergab' sich hier als unmöglich; s. auch §. 5.

ad 8) *δ*. Bei der Aussprache dieses Lautes schlägt die Zungenspitze an die scharfe Kante der oberen Zähne, indem sie sich zwischen die geöffneten Zahnreihen einklemmt und sogar ein wenig über dieselben hervortritt. Die Zunge berührt daher den Gaumen nicht, wie bei Bildung des *d*.

ad 11) ε entspricht vollkommen dem deutschen sogenannten stummen e, wel-ches im Gegensatz zu dem offenen gedecktes e genannt worden ist. Es ist oft so tonlos, dass ein an den Laut ungewohntes Ohr bald *a*, bald *o* oder *ι* zu hören glaubt. Im gegi-schen Dialekte wird es (wie im Französischen) häufig ganz verschluckt, was nebst anderen Verschluckungen die Orthographie und Beugungslehre dieses Dialektes ungemein erschwert. Das gedeckte gedehnte ε, welches in der deutschen Sprache fehlt, lautet in der Risa genau wie unser ö. In anderen Gegenden ist es tonloser.

ad 12) ζ. Die Ansicht, dass der Laut nicht sowohl aus *σδ*, als vielmehr aus *δσ* bestehe (vergl. Franz, *Elem. Epigraph. graec.* p. 87), wird wenigstens durch die heutige Aussprache bestätigt. Am besten wird diese erlernt, wenn man dem *σ* einen leichten Hauch vorausgehen lässt und dasselbe etwas dehnt. Im Fran-zösischen entspricht diesem Laute das ç.

ad 13) *ϑ* entspricht dem englischen th.

ad 17) λ. In einigen albanesischen Gegenden scheint die Unterscheidung eines doppelten reinen λ, von welchem das eine tief aus dem Schlunde hervorgeholt, das andere mit der Zungenspitze gebildet wird, ziemlich festzustehen. Die Versuche des Verfassers, diese beiden Laute auszuscheiden, waren jedoch vergeblich.

. ad 18) *λj* entspricht dem französischen *l mouillé;* wie bei diesem fällt in der Aussprache häufig das λ aus und wird nur das *j* gehört*); s. §. 4, c.

---

*) Besonders wegen dieses Ausfalles schien es dem Verfasser zweckmässig, diesen l-Laut nicht mit einem einzigen Zeichen, sondern in seine Elemente aufgelöst zu schreiben und mit allen andern mit j zusammengesetzten Consonanten ebenso zu verfahren. Die Orthographie wird hierdurch zwar schleppend, sie vermeidet aber viele Unsicherheiten, z. B. *χλjδαγ* (*Arg. Kastr.*)

ad 20) ν. Die Gegen unterscheiden ein drittes n, welches genau dem franzö-sischen Ausgangs-n in *on*, *sans* etc. entspricht *). Dasselbe wurde im Wörterbuche mit ν̇ bezeichnet.

ad 25) ρ. Die Albanesen unterscheiden zwischen einem schwachen und einem starken ρ, welches auch anlautend vorkommt. Das letztere wird durch ρρ ausge-drückt. Beide Laute werden (wie im neugriechischen) niemals im Hintergaumen, sondern durch Anschlag der Zungenspitze an den Vordergaumen gebildet.

ad 27) δ̇. Dieser Laut entspricht dem französischen *j* in *je*, *jour*.

ad 33) χ, ch. Dieser Laut wird theils im Kehlkopfe (wie in Krach, hoch, Buche), theils im Mittelgaumen (wie in schlecht, Licht) gebildet. Das alte Alphabet hat für beide Nüancen eigene Zeichen.

Die h- und ch-Laute laufen als anlautende im toskischen Dialekt dergestalt inein-ander, dass sich eine scharfe Sonderung derselben als unmöglich erwies und daher die in dem Lexicon versuchte nur als eine beiläufige zu betrachten ist.

§. 2.

Zusammenstellung der Laute.

a) stumme Laute.

	K-Laute			P-Laute			T-Laute		
	alban.	deutsch.	griech.	alban.	deutsch.	griech.	alban.	deutsch.	griech.
1) hart	χ	k	χ	π	p	π	τ	t	τ
2) mittel	γ̇	gh	fehlt	δ	b	fehlt	d	d	fehlt
3) weich	γ / j	g / j	γ / γ	β	w	β	δ	fehlt	δ
4) hauch	χ	ch	χ	φ	f	φ	ϑ	fehlt	ϑ
5) fett	χj / τj	fehlt.	fehlt.						

Aus dieser Zusammenstellung ergibt sich, dass das albanesische Alphabet sämmtliche *muta* des deutschen, lateinischen und griechischen vereinige, daher jede

volle Form für das gemeinübliche χjάτγ́, ich klage; *j* ist hier ein selbstständiger Buchstabe, welcher nur durch den Ausfall seines ersten Theiles unmittelbar an χ gerückt wird, also keineswegs eine Nüance des k-Lautes ist; bestände nun für χj ein besonderes Zeichen, so müsste es auch hier angewandt werden, was zwar nicht die Aussprache, nothwendig aber die Klarheit des Stammes beeinträchtigen würde.

*) Dieser Laut findet sich auch in dem südhessischen und pfälzer Dialekte, in welchen z. B. das n in aṅ, gehṅ (für gehen), keṅ (für kein), meiṅ, deiṅ, seiṅ, feiṅ, hiṅ, schöṅ, uṅgern ganz wie das französische Ausgangs-n ausgesprochen wird. Die Gegen halten diesen Laut (gewiss mit Unrecht) für eine Nüance des vorstehenden Vocals und sprechen von einem pelzigen a, e, i, o, u etc. Vielleicht erklären sich aus diesem gegischen n die lateinischen Archaïsmen *totiens*, *thensaurus*, *nefans*, *Cosol*, *Cesor* etc. und Gellius Behauptung, dass in gewissen lateinischen Wörtern n kein Buchstabe sei.

Classe dieser Laute in 4 Kategorien zerfalle. Der fette *x*-Laut musste wegen seiner Häufigkeit in der ersten Classe sogar als eine fünfte Kategorie angenommen werden; s. hierüber §. 1, ad 7. Die Verbindung von m und n mit den Mittellauten der *muta* μβ, νγ̇, νδ findet nicht bloss inlautend, sondern auch anlautend statt.

Dass in dem letzteren Falle die *muta* der Hauptlaut sei, ergibt sich z. B. aus:

μβροὐιγ, ich knete,	βροὐμε̱, Teig,
μβλjoτ, ich fülle,	πλjότε̱, voll,
νδρεxj, ich mache gerade,	δρεxj, gerade,
νγ̇ουλj, ich stecke ein, hinein,	δ̄xουλj, ich reisse heraus, und xουλjέτε̱, Beutel.

Auch stehen die im altalbanesischen Alphabete für μβ und νδ vorkommenden Doppelzeichen unmittelbar hinter *b* und *d* *).

Gleichwohl fällt im gegischen Dialekte in diesem Falle die *muta* aus, z. B. μβουλjόιγ, *tosk.*, μουλjόιγ, *geg.*, ich bedecke; μβε̱, *tosk.*, με̱, *geg.*, auf.

Inlautend dagegen wird im *geg.* mitunter die *liquida* ausgestossen, ομβόρ, *tosk.*, οβόρ, *geg.*, Hof; s. §. 3, Nr. 30 **).

<h4 style="text-align:center">b) flüssige Laute ***).</h4>

1) reines λ †), fettes λj,
2) μ,
3) reines ν, fettes νj (*geg.* ν̇, s. §. 1, ad 20),
4) schwaches ρ, starkes ρρ.

<h4 style="text-align:center">c) S - Laute.</h4>

1) reines σ,
2) zisch σ, a) hart ϑ,
            b) weich ϑ̇.

Aus dem Antritt an den t-Laut ergibt sich

1) δσ = ζ,
2) dσ,
3) τσ = deutsch z.

---

*) Bei der Aussprache liegt der Nachdruck gleichfalls auf der *Muta*, welcher die *Liquida* gleichsam nur eine eigenthümliche Färbung gibt.

**) Wie in der Schreibart D e c e b r i s und P o p e j u s. Eine Vergleichung der §. 3, Nr. 54—58 angeführten Beispiele führt zu der Vermuthung, dass in den meisten dieser Fälle vor der *Liquida* ein anlautender Vocal ausgefallen sei, welcher im Verein mit dieser einen etwa dem deutschen be-, in-, lateinischen *in-*, griechischen εν- zu vergleichenden Präpositionsvorschlag gebildet habe. Dem Griechischen entnommene Wörter wie μβοδίς, ich verhindere, bestärken diese Vermuthung.

***) Verdoppelung von λ und ν erlaubte sich der Verfasser nur dann, wenn er sich durch deutsche, lateinische oder griechische Analogien dazu für berechtigt hielt. Sie sollen demnach anzeigen, dass der der doppelten *Liquida* vorgehende Vocal kurz und der Nachdruck auf jener ruht.

†) S. auch §. 1, ad 17.

4) *dð*,

5) *τð* *).

Das alte Alphabet hat für alle diese Verbindungen besondere Zeichen. Ueber die hier befolgte Schreibweise s. §. 1, Note 1.

d) Vocale.

1) *α*,	4) *o*,
2) { gedecktes *ε*, { offenes *ε*,	5) *ου* = u, 6) *υ* = ü.
3) *ι*,	

e) Diphthongen.

Die albanesische Sprache ist arm an Diphthongen. Als solche wurden bis jetzt nach der Aussprache erkannt:

1) *αι* z. B. in *βάιζε*, Mädchen, *λjαιϑί*, Haselnuss, *λjάιχε*, Liebkosung, *γjάιχες*, Jäger, *μάιψ*, fett.

2) *ει* in *δρέιτε*, recht, *χέιχj*, schlecht, *τðπέιτ*, schnell, *λjειλjέχ*, Storch, geg.; *bëιτάρ*, Dichter, geg.

3) *ουα*, *χούαλεμ*, ich huste, *γατούα - ιγ*, ich bereite.

4) *ουι*, *χουιτόιγ*, ich erinnere.

5) *αου*, doch nur in den Naturwörtern *μιαουλίς*, ich miaue, *γαουνίς*, ich gautze.

Häufiger aber stehen auch in diesen Fällen die beiden Vocale in verschiedenen Silben getrennt neben einander: *αί*, dieser, *βεjέιγ*, ich tauge, *χρούα*, Quelle, *bουïχ*, Bauer.

Die Ausscheidung von reinen Diphthongen mit vorstehendem *ι*-Laut wird durch dessen Uebergang in *j* sehr erschwert.

§. 3.
Lautwechsel **).

I. Vocale.

1) *α* und *ε*.

vor *liquida*

geg. *α*	tosk. *ε*	
.*άμελjε*	*έμbελjε*	süss
άμμε	*έμμε*	Mutter

---

*) Die Aussprache der Risa zwingt sogar *dζ* anzunehmen. Im Wörterbuche wird man hie und da auch einem *τζ*-Inlaut begegnen. Der Verfasser hielt es nach wiederholten Abänderungen seiner Orthographie am besten zu schreiben wie er hörte und die genaue Regelung weiteren Untersuchungen zu überlassen. Der Regel, welche er gerne adoptirt hätte, dass *σ* nach einem t-Laute wie *ζ* zu sprechen sei, widersetzten sich viele Fälle, in denen dies *σ* scharf ausgesprochen wurde.

**) Es folgt hier ein Verzeichniss der Lautwechsel, welche dem Verfasser bei der Ausarbeitung des Wörterbuches begegneten. Es umfasst nicht nur die Lautwechsel des toskischen Dialektes,

vor *liquida*

geg. *a*	tosk. *e*	
άντερε	έντερε	Traum
αρῆjάντ	ερῆjέντ	Silber
βανῆόϑ	βένῆερε	schielend
δάνῆj	δέιj	ich thue, s. Nr. 6.
ῆερϑάνε	ῆερϑέρε	Scheere
ῆjαν̀	ῆjῆ	Ding
ῆjάνε	ῆjέρε	breit
ῆjάνδερε	ῆjένδερε	Drüse
ῆjυλπάνε	ῆjελπέρε	Nähnadel, Nr. 8.
δαμ	δεμb	Zahn
δάνε	δένε	Gabe
δάντερ	δέντερ	Bräutigam
δαλενδούϑε	δελανδούϑε	Schwalbe
δαμόιj	δεμόιj	ich vergeude
δανδ	δενδ	ich verdichte
δαρχόιj	δερχούιj	ich esse zu Abend
ϑάνε	ϑένε	Rede
ζάμερε	ζέμερε	Herz
χάμε	χέμbε	Fuss
χάνεχε	χένχε	Lied
χράχαν	χρέχερ	Kamm
λjαβδόιj	λjεβδόιj	ich preise
λαῆάμ	λαῆέμ	Mine
λάνε	λέρρε	Oberarm
λjάμε	λjέμμε	Tenne
λjαμϑ	λjεμϑ	Knäul
λjανχ	λjενχ	Brühe
λjαν̀	λjῆ	ich lasse
λjαρρούϑχ	λjερρούϑχ	wilde Traube
μάνῆε	μένῆε	Aermel
μας	μες	Fohlen
νάμε	νέμε	Fluch

sondern auch die zwischen diesem und dem gegischen Dialekte bestehenden. Der Verfasser verwandte auf diese Zusammenstellung darum besondere Aufmerksamkeit, weil sie nicht nur Einsicht in die zwischen diesen beiden Dialekten waltenden Unterschiede, sondern weil sie auch innerhalb des albanesischen Sprachgebietes selbst einigen Haltpunct für etymologische Ableitungen gewährt. Sobald sich daher ein solcher Wechsel nicht als feste Regel betrachten liess, notirte er zu demselben alle Beispiele, welche er für ihn auffand, weil sich dann nur aus deren grösserer oder geringerer Anzahl beurtheilen lässt, in wie weit ein solcher Wechsel dem Sprachgeiste entspreche und daher analoge Anwendung erlaube.

vor liquida

geg. a	tosk. ε	
νάννε	νέννε	Mutter
νάνdετε	νένdετε	neunte, s. Nr. 6.
νdαρότγ	νdερότγ	ich ändere
ράνdε	ρένdε	schwer
ϑχαμ	ϑχεμβ	Fels
ϑτεμάνγ	ϑτεμένγ	ich beseitige
τάνε	τέρρε	ganz
τρανdαφύλj	τρενdαφύλj	Rose
τσάρbε	τσέργ̇ε	Lumpen?
χ̇άννε	χ̇έννε	Mond

sonst selten

μα	με	mehr
μαζdράμ	μεζdρά	Lanze
αϑχ	εϑχ	Liebe

tosk. a	geg. ε	
dαχιχέ	dεχιχά	Augenblick, türk.
χαμβάνε	χεμβόνε	Glocke, s. Nr. 6.
μαρμάρ	μερμέρ	Marmor
χ̇αρ	χ̇ερ	ich reinige
τjάτερε	τjέτερε	anderer

so auch dắρχε-α, Abendessen, dερχέτγ und dερχούτγ, ich esse zu Abend, beides *tosk.*

γ̇ας Freude	γ̇εζότγ ich freue
χάνεχε Lied	χενdότγ ich singe

a und je.

χắρρε	χjέρρε	Karren
ϑχắς, *tosk.*	ϑχjἔς, *geg.*, ich gleite aus
χαϑ, *tosk.*	χjὲ̇ϑ, *geg.*, Schwären
χαντ und	χjενάρ	Kante, beides *geg.*

χαλjπ, ich mache faul und χjελπ, ich mache riechend.

2) a und o.

tosk. a	geg. o	
βάδεζε	βόδε	Mispel
βάιj	βόιj	Oel
βάχετε	βόχετε	lau
βαρρ	βορρ	Grab
βάρφερε	βορφ	arm
βάτρε	βότερε	Herd
χαχερδόχ	χοχερδόχ	Augapfel
σόλατ	σόλατ	Salat
σαμάρ	σομάρ	Packsattel

	geg. a	tosk. o.	
	παχτούα	ποχτούα	Hufeisen
	τραχουλτίγ	τρονγ̈ελίγ	ich klopfe.

Versetzung:

παμβούχ und πουμβάχ Baumwolle

δαροβίτ, tosk., δοραβίς, geg., ich beschenke.

3) α fällt aus.

Wo im toskischen Dialekte ουα steht, fällt das α in dem gegischen Dialekte aus, — so in der ersten Person *Sing. Praes. Act.*:

χούαλεμ, tosk., χούλεμ, geg., ich huste

βούαιγ, tosk., βούιγ, geg., ich ertrage u. s. w.,

so in den aus *Participien* gebildeten Hauptwörtern:

γ̈jαχετούαρ, tosk., γ̈jαχετούρ, geg., der Bluthund u. s. w.,

so auch:

δούαλ, tosk., δουλ, geg., Büffel

χραχερούαρ, tosk., χραχενούρ, geg., Brustblatt, Schulterblatt

jούαιγ, tosk., jούιγ, geg., euer.

4) ε und ε.

tosk. ε	geg. ε	
βευδ	βευδ	Ort
γ̈jέλλε	γ̈jέλλε	Speise
δέιγ	δέιγ	ich berausche
δρε̃	δρε̃ύ	Reh
ε̊μερ	ε̊μεν	Name
ένγ̈jελ	ένγ̈jελ	Engel
ζέμερε	ζέμερε	Herz
χjεν	χjεν	Hund
χjενδίς	χjενδίς	ich sticke
χjενχj	χjενχj	Schaf
χjερόιγ	χjερόιγ	ich reinige
χjερ∂ί	χjερ∂ί	Kirsche
χρέμτε	χρέμτε	Feiertag
μεντ	μεντ	Sinn
νεμ	νεμ	ich fluche
νγρε	νγρε	ich wecke auf
παρμέντε	παρμένde	Pflug
πέντε	πένde	Joch
πρέμτε	πρέμτε	Freitag
∂έμbεμ	∂έμbεμ	ich reibe mich wund
τρεμb	τρεμ	ich schrecke
τέντε	τέντε	Hütte

tosk. ε	*geg.* ε	
φέμερε	φέμενε	weiblich
φλjε̄	φλjεύ	ich schlafe.
geg. ε	*tosk.* ε	
άρεζε	ύνεζε	Wespe.

5) ε und ι.

tosk. ε	*geg.* ι *)	
βερj̇ερί	βιρj̇ινί	Jungfrauschaft
j̇εμίμ	j̇ιμίμ	Getöse
δεj̇όιγ	διj̇όιγ	ich höre
χjε	χjι	welcher
χjενδρόιγ	χjινδρόιγ	ich verweile
χjερόιγ	χjιρόιγ	ich reinige
χjερτόιγ	χjιρτόιγ, *ber.*,	ich schelte
χjερός	χjιρός	grindig
λjεᾰ̈όιγ	λjιᾰ̈όιγ	ich lasse
λjεφτόιγ	λjιφτόιγ	ich kämpfe, s. Nr. 7.
λjεχόνε	λjιχόνε	Kindbetterin
νjε	νjι	ein
χ̇ενj̇ελάς	χ̇ινj̇ελίν	ich wiehere.
geg. ε	*tosk.* ι	
σέτε	σίτε	Sieb
tosk. ζέλjε̄ öfter	ζίλjε̄	Schelle
χjενδίς und	χjινδίς	ich sticke
χjεράς	χjιράς	ich beschenke
χjερᾰ̈ι	χjιρᾰ̈ι	Kirsche
πεχjί	πιχjί	Rockschooss
(χjερί)	χjιρι	Kerze
μεροδί	μιροδί	Wohlgeruch
geg. λjέτιν und	λjίτιν	Lateiner
χjέρε Grind,	χjιρός	grindig.

6) ε und ο.

ε *tosk.*	ο *geg.*	
βε	βο	Ei
βε̄ιγ	βόιγ	ich thue
νε̄νντε	νόνε, *scodr.*,	neunte, s. Nr. 1.
σεπάτε	σοπάτε	Beil.
ε *geg.*	ο *tosk.*	
χερχελέχ	χορχουλούχ	Gewehrdrücker
geg. χεμβόνε und	χουμβόνε	Glocke
βενόιγ und	βονόιγ	ich halte auf.

---

*) βε̄jέιγ, *tosk.*, βε̄ιγ, *geg.*, ich nütze.

7) ε und ου.

gemein:	δερόιτ	und	δουρόιτ	ich ertrage
	βελjόιτ	„	βουλjόιτ	ich siede
	ἐσσελε	„	ἐσσουλε	nüchtern
	λjεφτόιτ	„	λjουφτόιτ	ich kämpfe, s. Nr. 5.
geg.	μεχάτ	„	μουχάτ	Sünde
	βελjός	„	βουλjός	ich siegele
	βενόιτ	„	βονόιτ	ich halte auf
	ἐνῆjελ	„	ἐνῆjουλ	Engel
	χελόιτ	„	χουλόιτ	ich tropfe
	χεμβόνε	„	χουμβόνε	Glocke
	χεπόιτ	„	χουβόιτ	ich betrüge
	χενορσόιτ	„	χουνουρσόιτ	ich kröne
	χερρούς	„	χουρρούς	ich beuge
	λjαβδερόιτ	„	λjαβδουρόιτ	ich preise
	μελjχόιτ	„	μουλjχόιτ	ich reiche hin
	νῆαζελόιτ	„	νῆαζουλόιτ	ich jubele
	νεμερόιτ	„	νουμερόιτ	ich zähle
	πεθτόιτ	„	πουθτόιτ	ich presse
	θερδόιτ	„	θουρδόιτ	ich mache taub
	χάτελε	„	χάτουλε	Dachdecke
tosk.	μενῆόιτ	„	μουνῆόιτ, ber.,	ich stehe früh auf
	θερόιτ, N. T., u.		θουρόιτ	ich schenke.

tosk. ε	geg. ου	
χαλjερί	χαλjουρί	Reiterei
χελέφ	χουλούφ	Köcher
μελάῆε	μουλάῆε	Malve
μελένjε	μουλέτν	Schwarzamsel
μελjτᾶί	μουλjτᾶί	Leber
νέμερ	νούμερ	Zahl
ουλερίτ	ουλουρίν	ich heule
περῆέτ	πουῆάτν	ich beflecke
πελούμπε	πουλούμε	Taube
περτύιτ	πουρτόιτ	ich faulenze
θεμτόιτ	θουμτόιτ	ich entstelle
χεθ	χουθ	ich giesse.

8) ε und υ.

βεθχ, tosk.,	βυθχ, geg.,	ich welke
ῆjελπέρε, tosk.,	ῆjυλπάνε, geg.,	Nähnadel, s. Nr. 1.

9) ε fällt aus.

geg.	tosk.	
ανεμίκ	αρμίκ	Feind
άρεμ	άρμε	Waffe
βότερε	βάτρε	Herd
bερούλj	bρουλj	Ellbogen
γ̇εδίγ	γ̇διγ	ich tage
δερράσε	δράσε	Tafel
κεθέιγ	κθέιγ	ich kehre um
κερράbε	κράbε	Hacken
κερίτϑ	κρίτϑ	Eselsfüllen
λjούνδερε	λjούνδρε	Kahn
μερεδίφ	μερδίγ	ich fröstele
περράλε	πράλε	Mährchen
περενδί	περνδί	Gott.

tosk.	geg.	
bαγ̇ετί	bακτί	Vieh
ϑπελjάιγ	ϑπλjάιγ	ich spühle
περίνj, *N. T.*,	πριντ, *geg.*,	Eltern
ϑπερέσε und	ϑπρέσε, *tosk.*,	Hoffnung.

10) *tosk.* ιε *geg.* in ι contrahirt

a) in der Einzahl von Hauptwörtern z. B.:

tosk.	geg.			geg.
διελ	δῑλ	Sonne,	aber *plur.*	διετε
κjίελ	κjῑλ	Himmel	„	κjίετε
μιελ	μῑλ	Mehl	„	μίετε;

b) in Zeitwörtern, mit Ausnahme des *Particips*, z. B.:

tosk.	geg.		geg.
βjέλj	βῑλj	ich herbste,	aber *part.* βjέλjουνε
βjέλ	βῑλ	ich breche	u. s. w.
μιέλj	μbιλj	ich melke	
νdιελ	νdῑλ	ich backe	
ντζίεπ	ντζῑπ	ich ziehe	
περμίεπ	περμῑπ	ich pisse	
τίεπ	τῑπ	ich spinne.	

11) *tosk.* ει und ει, *geg.* in ι contrahirt z. B.:

tosk.	geg.	
θύειγ	θύιγ	ich breche
ζλειγ	ζιγ	ich siede
έτσειγ	έτσιγ	ich gehe
ικειγ	ικιγ	ich gehe fort.

12) *ι* und *o.*

κριτϑ und κροτϑ, *tosk.,* Eselsfüllen.

13) *ι* und *υ.*

βίϑε, *geg.,*	βύϑε, *tosk.,*	Hintere
ὀρίμε und	ὀρύμε, *tosk.,*	Winterreif
δι, *tsam.,*	δυ	zwei
ζιφτ und	ζυφτ, *geg.,*	Erdpech
ϑίειγ „	ϑύειγ, *tosk.,*	ich breche
κριμπ, *tosk.,*	κρυμ, *geg.,*	Wurm
κρίπε, *tosk.,*	κρύπε, *geg.,*	Salz
λjίπειγ und	λjύπειγ	ich bettle
ϑτίπ „	ϑτὄπ, *tosk.,*	ich stosse
ϑπίρτ „	ϑπῦρτ, *tosk.,*	Leben
τίμ „	τὄμ	Rauch
χίγ „	χύειγ	ich gehe hinein.

14) *ι* und *ου.*

μιϑκόνjε und μουϑκόνjε Schnake.

15) *o* und *ου.*

γὄϑτ	γουϑτ	August
χορόνε	χουρόνε	Krone
μολίτζε	μουλίτζε	Motte
ρροτουλόιγ	ρρουτουλόιγ	ich umringe *).

16) *o* und *υ.*

γjὄja, *tosk.,* γjὔja, *geg.,* als ob.

17) *o* fällt aus.

ποροϑί, *geg.,*	πορϑί, *tosk.,*	Auftrag
τορολάχ, *geg.,*	τρουλάχ, *tosk.,*	Simpel.

18) *ου* und *υ.*

ὀρούλj, *tosk.,*	ὀερύλj, *geg.,*	Ellbogen
γρούρι	plur. γρύνjερατε	Getreide
γjούρμε, *tosk.,*	γύjρμε, *geg.,*	Fussspur
δελανδούϑε, *tosk.,*	δαλενδύϑε, *geg.,*	Schwalbe
κελjούϑ, *tosk.,*	κελjύϑ, *geg.,*	Ferkel
χολjούβε und	χολjύβε, *tosk.,*	Hütte, s. Nr. 21.
γjουχάτε, *geg.,* Gericht,	γjυχόιγ, *tosk.,*	ich richte
ὀρούμε, *geg.,*	ὀρίμε u. ὀρύμε, *tsk.,*	Winterreif.

---

*) In fremden Wörtern verwandelt der Gege gerne das *o* in *ου,* z. B.: οργί, *tosk.,* ουργί, *geg.,* Zorn.

19) *ουα* und *ο*.

ἔούαλ, tosk., ἔόλλε, geg., Sohle.
Ueber diese Contraction s. weiter § 4, B, 1.

II. Liquidä.

20) *λ* und *δ*.

φιλόιγ, elbass., φιδόιγ, skodr., ich fange an
ούλε, geg., ούδε, tosk., Weg
λάλε, ljap., δάλε Buttermilch.

21) *λ* und *ρ*.

βιλjβίλj	und	*βιρβίλj*	Nachtigall
χελτσάς	„	*χερτσάς, tosk.,*	ich schalle
χολjούβε	„	*χορούβε,* „	Hütte, s. Nr. 18.
χjελβεσίρε	„	*χjερβεσίρε,* „	Schmutz
πάλje, geg. u. tsk.,		*παρ,* „	Paar
τρεμβελjάχ	und	*τρεμβεράχ,* „	Furchtsame
τσίλλι?	„	*τσίρι?* „	welcher?*).

22) *λ* und *λj*.

λούτσε, tosk., λjούτσε, geg., Koth, s. Nr. 24.

23) *λ* versetzt.

ῒαλαβέρε und *ῒαραβέλε, geg.,* offene Blume
πλjεχούρε *πελχούρε* Segel
(*λεβέσγε*) *βλjέσγε* ⎫
λjεβότσχε und *βελjότσχε, geg.,* ⎭ Eierschale.
(So auch: *χουβλί, n. gr. χλουβί,* Käfig.)

24) *λ* fällt aus.

βάλj	*βαj*		Oel
βρέιλje	*βρέιje,*	*tosk.,*	Mord
βάλjτε	*βάjτε,*	„	Erde
βίλje	*βίje,*	„	Tochter
λjουτσί	*jουτσί,*	„	Schmutz
χλjούμεϑτε	*χjούμεϑτε,*	„	Milch
νδελjέιγ	*νδεjέιγ,*	„	ich verzeihe
χέλ-ι	*χέje-α,*	„	Bratspiess
ρρεμβούλε, tosk., ρρεμούje, geg.,			Raub
χλjοῦτϑ, berat., χjοῦτϑ,		*tosk.,*	Schlüssel
χλjάιγ, tsam., χjάιγ,		„	ich klage
ῒόλje,	„	*ῒόje,* „	Mund (Gosche)

*) S. Paradigm. in § 25, Nr. 5.

μάλϳε, *arg.kast.*, μάϳε, *tosk.*,   Spitze
φελϳέτ,   „   φεϳέτ,   „   ich fehle
φεμίλϳε,   „   φεμίϳε,   „   Familie
ϳϳύϑελϳε,   „   ϳϳύϑε   Grossmutter

und ebenso bei mehreren weiblichen Wörtern auf *eja*.

25) μ und ν.

ρε̆μ, *tosk.*,   ρεν, *geg.*,   falsch
φρομ, *geg.*,   φρον, *tosk.*,   Stuhl.

26) μ und β.

μενότ, *tosk.*,   βενότ, *geg.*,   ich verspäte
πατϑαμούρε, *geg.*,   πατϑαβούρε, *tosk.*, Lumpen
ἀβουλ Dunst, Schwaden, ἀμουλ, *geg.*,   brennend.

27) μ und b.

μεσότ, *geg.*,   bĕσότ, *tosk.*,   ich glaube
μρε̨νδα,   „   bρε̨νδα,   „   drinnen
περμελϳέτ, *geg.*, bουρbουλϳέτ, *tosk.*, ich breche die Fasten
μουγάτ   und   bουγάτ, beides *geg.*, reich
μόχερ Mühlstein, bοχερί   Klippe.

28) μ und π.

μεσότ, *geg.*,   πσότ, *tosk.*,   ich lerne
μεσσότ,   „   πεσσότ,   „   ich dulde
μεϑίχεζε,   „   πϑίχεζε,   „   Seidencocon
μεϑτῖλ,   „   πεϑτίελ,   „   ich wickle ein
μεϑτύιν̀,   „   πεϑτύιτ,   „   ich speie.

29) μ und φ.

μεϑέσε und πϑέσε, *geg.*, φϑέσε, *tosk.*, Besen
μεϑτ   „   πϑτ,   „   φϑτ,   „   ich kehre
μετϑέφ   „   τϑέφ,   „   φϑέχ,   „   ich verstecke.

μ und ρ, s. in ρ.

30) μ fällt aus.

bουμbουλίμε, *tosk.*, bουbουλίμε, *geg.*, Donner
ομbόρ, *tosk.*,   οbόρ, *geg.*,   Hof
μλϳατούρ   und   λϳατούρ, *geg.*,   Holzsiegel für Weihbrote.

31) ν und d.

νε̨ντουρε und dε̨ντουρε, beides *tosk.*, dicht.

ν und ρ, s. in ρ.

ν fällt aus, z. B.:

βενϑτ, *geg.*, βεϑτ, *tosk.*, Weinberg.

32) ρ und ϑ, ρ und χ̇.

χεϱμίλ   χεϑμίλ, beides *tosk.*, Schnecke, s. Nr. 34.
ρύιγ   χ̇ύιγ,   „   ich gehe hinein.

33) ρ und ν.

tosk.	*geg.*	
άϱεζε	άνεζε	Wespe
αϱμίχ	ανεμίχ	Feind
βεϱέρ und βϱεϱ*)	βενέρ	Galle
χεϱπ-ι	χάνεπ-ι	Hanf
χjεϱάς	χενάχj	ich beschenke
χουϱόϱε	χουνόϱε	Krone
ρεχόιγ	νεχόιγ	ich ächze
ϭπϱὲτχε	ϭπενέτχε	Milz.

Das ρ der toskischen Endungen verwandelt sich in dem Gegischen in ν, z. B.:

tosk. ρ	*geg.* ν	
δρέϑεϱ	δρέϑεν	Hagel
γ̇ρουρ-ι	γ̇ρουν-ι	Weizen
δίμεϱ	δίμεν	Winter
έμεϱ	έμεν	Name
χρέχεϱ	χράχαν	Kamm etc.
-ρε	-νε	
βέϱε	βένε	Wein
δλίϱε	δλίνε	Bast
γ̇εϱϑέϱε	γ̇εϱϑάνε	Schere
δάϱε	δάνε	Zange
τέϱϱε	τάνε	ganz etc.
-ρι	-νι	
Ϭχjιπεϱί-α	Ϭχjιπενί-α	Albanien
δjάλjεϱι	δjάλjενι	Kinderei
χ̇ασμεϱί	χ̇ασμενί	Feindschaft etc.
-αϱ	-αν	
λαφασάϱ	λαφασάν	Schwätzer.
-ϱιμ	-νιμ	
δαϑουϱίμ	δαϑουνίμ	Liebe.
-ροιγ	-νοιγ	
μόϱετεϱόιγ	μϱετενόιγ	ich herrsche.

---

*) Ἀβλjόνε, *tosk.*, βλjόϱες, *ljap.*, Avlon.

In den Participialformen wird das toskische ρ im Gegischen ν oder μ.

δέμπουρε	δάμουνε	geschmerzt
πάρε	πάμε	gesehen
ε δέμπουρα	ε δάμεja	der Schmerz.

34) ρ versetzt.

βρουϳόιγ, scodr.,	δουρόιγ, geg.,	ich quelle
βαρϳάχ, tosk.,	βαιράχ (türk.)	Fahne
γερχῖϑτ	γρεχῖϑτ	griechisch
γούρε, premet.,	χρούα	Quelle
γουρμάς, tosk.,	γρουμάς	Kehle
χαστραβέτς, „	χραστραβέτς	Gurke
χερχϳέλε	χελχϳέρε, tosk.,	Kalk
χερμῖλ, tosk.,	χρεμῖλ,	Schnecke, s. Nr. 32.
χερπίγ, „	χρεπίγ	ich salze
χερτσάς, tosk.,	χρετσάς	ich schalle
χουμέρχϳ	χουρμέχϳ, tosk.,	Zollstätte
λϳουχουρίς	ρουχουλίς, „	ich wälze
νεπέρχε, tosk.,	νεπχέρε, geg.,	Natter
παγράτϑ-ι und δραγάτϑ-ι, tosk., }	δραχάτϑε-ja, geg.,	Kupferkessel
περ, tosk.,	πρε	durch
πορτοχάλε	προτοχάλε, tosk.,	Orange
ϑτερνγόιγ, geg.,	ϑτρενγόιγ, „	ich beenge
τεργόιγ, tosk.,	τρεγόιγ	ich verrathe
τομβρούχ	τρομβούχ, tosk.,	Fussstock
τουρϳέλε	τρουϳέλε, „	Bohrer
τουρλάχ	τρουλάχ, „	Narr
τούρμε, tosk.,	τρούμε, geg.,	Schaar
τϑφρίτουρε, tosk.,	τϑφίρτουρε	schnaubend
γαρϑ Zaun, davon	γραδίνε	Garten.

35) ρ fällt aus.

βάρζε, geg.,	βάιζε, tosk.,	Mädchen
βερϑελίγ, tosk.,	βεϑελίν, geg.,	ich pfeife
βεϑτόιγ und βρουϳόιγ, scodr.,	βεϑτρόιγ, beid. tsk.,	ich beachte
	δουρόιγ	ich quelle
δουρβούχϳε, geg.,	δουβούχϳε, tosk.,	Knospe
δρουμβουλίτ	δουμβουλίτ	es blitzt
γερϑτέν u. γεϑτίν, beides geg., }	χεϑτέρε, tosk.,	Christ
ρέϑτε-ρα, geg.,	έϑτε-ρα, tosk.,	Knochen, plur.
ϑχρεπετίγ, tosk.,	ϑχεπετίν, geg.,	ich blitze

ϑτερπόιγ   ϑτ<u>ε</u>πόιγ   ich versiege

ϑτρ<u>ε</u>νϳ̓ούαμ und ϑτ<u>ε</u>νϳ̓ούαμ, **tsk**., geizig.

III. Muta.

36) β und φ.

β<u>ε</u>ϑ<u>ε</u>λίν und φ<u>ε</u>ϑ<u>ε</u>λίν, beides **geg**., ich pfeife.

37) β und ϑτ.

β<u>ε</u>νϳ̓<u>ε</u>ρ<u>ε</u> und ϑτ<u>ε</u>νϳ̓<u>ε</u>ρ<u>ε</u>, beides **tosk**., schielend.

38) b und π.

bλjoύαιγ ich mahle (Mehl), πλjoύχουρ<u>ε</u> Staub
bί<u>ε</u> und ϑπί<u>ε</u> ich bringe.

39) b und ου.

δαμblά, **tosk**., δαμουλά, **geg**., Schlagfluss, **türk**.

40) π und φ.

κόπ<u>ε</u>ϑτ, **geg**.,   κοφϑτ-ι, **tosk**., Garten
ϑτοῦπ,   „   ϑτοῦφ-ι,   „   Eisenstein, Ocher.

41) π versetzt.

ϑπ<u>ε</u>τόιγ, **tosk**., ϑτ<u>ε</u>πόιγ, **geg**., ich entgehe, entfliehe.

42) φ und χ oder γ.

geg.	**tosk.**	
bάφτ<u>ε</u>-α	bαχτ-ι	Schicksal, **türk**.
δ<u>ε</u>ρσίφ	δ<u>ε</u>ρσίγ	ich schwitze
κάφb<u>ε</u>-α	κάχπ<u>ε</u>-ja	Kebsweib, **türk**.
κρεφ	κρεχ	ich kämme
λjεφ	λjεχ	ich belle
νϳ̓ρεφ	νϳ̓ρεχ	ich spanne
νϳ̓ροφ	νϳ̓ροχ	ich wärme
νδιφ	νδιχ	ich helfe
vjοφ	vjοχ	ich kenne
οφτίχj<u>ε</u>	οχτίχ<u>ε</u>	Schwindsucht
ραφ	ραχ	ich schlage
ϑοφ	ϑοχ	ich sehe
φτοφ	φτοχ	ich erkälte.

43) β fällt aus.

βδ<u>ε</u>ς, **geg**.,   δ<u>ε</u>ς, **tosk**.,   ich sterbe
βδjέρ<u>ε</u> und   djέο<u>ε</u>, **geg**.,   brach.

44) *ϐ* und *π* fällt aus.

tosk.	geg.	
ῂjεμπ	*ῂjεμ*	Dorn
ϑεμπ	*ϑαμ*	Zahn
ϑέμπρε	*ϑάμρε*	Ferse
χέμϐε	*χάμε*	Bein
χριμπ	*χρυμ*	Wurm
μϐᾰρε	*μᾰρε*	günstig
μϐε	*με*	auf
μϐουλjόιγ	*μουλjόιγ*	ich bedecke
νδε	*νε*	in
πελέμπε	*πελάμε*	Handfläche
πελούμπε	*πουλούμε*	Taube
ρρεμϐούλε	*ρρεμούjε*	Raub
ρουμϐουλόιγ	*ρουμουλόιγ*	ich rumore
ϑεμϐ	*ϑεμ*	ich schinde
ϑχεμϐ	*ϑχαμ*	Felsen
τρεμϐ	*τρεμ*	ich fürchte
χουμϐάς	*χουμ*	ich verliere.

geg.	tosk.	
ζέμϐερε	*ζέμερε*	Herz
μϐε oder *με*	*με*	mehr
ύμϐερ	*ύμερ*	Leben.

45) *j* versetzt.

βjέῂε, tosk.,	*βέῂjε*	Handhabe.

46) *ῂ* und *d.*

ῂja-ja, tosk.,	*dja-ja, ljap.,*	Jagd
νῂjερ u. *νjερ*, tosk.,	*νdjερ, geg.,*	bis.

47) *ῂ* und *χ,*

ῂj „ *χj,*

χ „ *χj.*

*δαῂετί-α, tosk., *	*βαχτί-α, geg.,*	Weidevieh
ῂελϐάζε, „	*χελϐάζε,* „	Schleim
ῂεϑτέν-ι, geg.,	*χεϑτάρε-ι, tosk.,*	Christ
ουνῂ-ι, „	*ουνχj,* „	Onkel
σῂjεϐέ-ja, „	*σχjεϐέ-ja,* „	Krätze
ῂjούμε-ι Schlaf,	*ε χjούμεja*	das Aufwecken, v. *χjόιγ, geg.*
τερῂjούσε, tsk.,	*τερχούσε, ge*g.,	Seil
χινγ, geg.,	*χjινγ, tosk.,*	Zwickel

3***

κίσε, geg.,   κjίσε, tosk.,   Kirche
καχερδόχ, tosk., καχερδόχj, geg., Augapfel.

48) ῤ fällt aus.

νῤjαλ, tosk.,   νjαλ, geg.,   ich mäste
ῤjετέχ   und   jετέχ, tosk.,   anderswo
νῤjερ   „   νjερ,   „   bis.

49) κ erweicht in τδ *).

τδ̕ ϐεν? für κjε ϐεν? was machst du? tosk. und geg. **)
κjε χοῦρ? tosk., τδ̕ χοῦρ? geg., seit wann?

Fast regelmässig am Anfang des Wortes in den gegischen Landschaften Dibra und Prisrend und in der toskischen Tschamerei, z. B.:

τδιντ   für   κjιντ   Hundert
τδεν   „   κjεν   Hund
τδιγ   „   κjιγ   ich beschlafe.

50) κ und τ.
κε, geg.,   τε, tosk.,   bis.

51) κ versetzt.

λόμκε, tosk.,   λόχμε, geg.,   Stück
περχεδέλj, tosk.,   (περδεχέλj)   ich liebkose.

52) χ̇ fällt aus.

χ̇αμϐάρ   αμϐάρ   Getreidebehälter
χ̇αρρίγ   αρρίγ   ich komme an
χ̇έχεμ   έχεμ   ich schwelle
χ̇οδδάχ   οδδάχ   Kamin.

53) χ̇ und χ.

χ̇έχj, tosk.,   χέχ, geg.,   ich ziehe.

54) χ̇ und φ.

ῤjινάχ̇, tosk.,   ῤjυνάφ, geg.,   Sünde (türk.).

55) δ und d.

δέντερ Hochzeiter, dάσμε,   Hochzeit
dέζ, tosk.,   νdες, geg., ich zünde an.

---

*) Wie im Italienischen und manchen Theilen Griechenlands, auch da wo keine Albanesen sitzen, z. B. auf den nördlichen Sporaden und fast allen Cykladen: τδαί (spr. tschá) für χαί, παιδάτδ für παιδάχι u. s. w.

**) S. jedoch §. 24, 2. Note.

56) *d* fällt aus.

κουβ̌ξνδ, tosk.,	*κουβ̌έν, geg.,*	Rede
νδξ, tosk.,	*νξ, geg.,*	in
νδαϑτί, tosk.,	*ναϑτί, geg.,*	jetzt
νδξγjόιγ und	*νξγjόιγ, geg.,*	ich höre
νδξμξρόιγ, geg.,	*νξμξρόιγ, tosk.,*	ich zähle
νδόνjξ und	*νόνjξ, geg.,*	irgend einer
βξνδ „	*βξν, tosk.*	Ort.

57) *ϑ* und *φ*.

tosk.	geg.	
ϑέλjξ	*φέλjξ*	Stückchen
ϑέλξ	*φέλξ*	tief
ϑξλέζξ	*φξλάνζξ*	Rebhuhn
ϑξλίμ	*φξλίμ*	Gebrause
ϑξν͞γjίλ	*(φαν͞γjίλ)*	Kohle
ϑρον, tetragl.,	*φρον, tosk.,*	Stuhl
ϑjέρξ und	*φjέρξ, tosk.,*	Linse.

58) *ϑ* fällt aus.

ϑjάjξ, berat., *jάjξ, geg.,* Tante, *n. gr. ϑειά.*

59) *τ* fällt aus.

δάλτξ, geg.,	*δᾱλξ, tosk.,*	Buttermilch
βότζε und	*βόζξ*	grosse Flasche
δαστ „	*δας*	Wette
κόσκξ „	*κότσκξ*	Knochen.

vor *σ*.

βέρτσξ-α, geg.,	*βέρσξ, tosk.,*	Alter
κατσόλε-ja, geg.,	*κασόλε, tosk.,*	Strohhütte
κρίτσμε u.κρίϑμε, tsk.,	*κρίσμε, geg.,*	Getöse
λjαράτσκξ, tosk.,	*λjαράσκξ,geg.,*	Elster.

vor *ϑ*.

tosk.	geg.	
τϑκουλj	*ϑκουλj*	ich reisse aus
τϑκρε	*ϑκρεφ*	ich drücke ab
τϑκjόυαιγ	*ϑκjόυαιγ*	ich unterscheide
τϑπέιτξ	*ϑπέιτξ*	schnell
τϑπξρδλjέιγ	*ϑπξρδλjέιγ*	ich vergelte
τϑπίχεμ	*ϑπίχεμ*	ich thaue auf

tosk.	geg.	
τσ̈πόιγ	*σ̈πόιγ*	ich durchbohre
τσ̈πορρ	*σ̈πορρ*	ich treibe fort.

60) *τ* und *σ*.

μάτε̱ und *μάσε̱* Mass.

61) *b* und *μb*.

bάρρε̱	Last,		*μbαρ*	ich trage
bᾰρκ	Bauch,		*μbαρς*	ich schwängere
bρας		und	*μbρας*	ich leere
bουρρε̱	Mann,		*μbουρρ*	ich lobe
bρούμε̱	Sauerteig,		*μbρούιγ*	ich knete
σbλjε̆ϑ	ich breite aus,		*μbλjεϑ*	ich versammle
dσbᾰϑ	ich ziehe Schuhwerk aus u.		*μbᾰϑ*	ich ziehe Schuhwerk an
dζbε̱ρϑέιγ	ich knüpfe auf,		*μbε̱ρϑέιγ*	ich knüpfe zu
bάλλα	Flickwerk, *geg.*,		*μbαλός*	ich flicke.

62) *π* und *μb*.

πε̱ρόνε̱	Nagel,		*μbε̱ρϑύειγ*	ich nagle
τσ̈πιγ	ich thaue auf,		*μbιγ*	ich erstarre
πίελ	ich gebähre,		*μbίελ*	ich säe
πλjᾰκ		und	*μbλjᾰκ*	ich mache alt
πλjοτ	voll,		*μbλjόιγ*	ich fülle
πας, *geg.*,		auch	*μbας*	hinter.

63) *γ̇* und *νγ̇*.

γ̇jάτε̱	weit,	*νγ̇jατόιγ*	ich verlängere
γ̇ας	Freude,	*νγ̇αζε̱λίμ*, *geg.*,	Jubel.

64) *κ* und *νγ̇*.

καdάλε, *tosk.*,		*νγ̇αdάλε*, *geg.*,	sachte
τσ̈κούλj	ich reisse aus,	*νγ̇ουλj*	ich stecke hinein
κουλjέτε̱	Säckchen,	*νγ̇ουλj*	ich stecke hinein
τσ̈κjιτ	ich reisse ab,	*νγ̇jιτ*	ich füge zusammen
τσ̈κριγ	ich thaue auf,	*νγ̇ριγ*	ich friere ein
σ̈καλμόιγ	ich reisse ab,	*νγ̇αλμόιγ*	ich lasse ein
κε̱ρτσε̱λίγ, *tosk.*,		*νγ̇ε̱ρτσε̱λίυ*, *geg.*,	ich knirsche.

65) *d* oder *τ* und *νd*.

dάιγ, *geg.*,			*νdάιγ*, *tosk.*,	ich theile
dαλjόιγ		und	*νdαλjόιγ*, *geg.*,	ich warte
dαλε̱νdίς, *tosk.*,	ich bin unruhig,		*dαλε̱dίς*, *geg.*,	ich bin ausser mir
dε̱γ̇jόιγ		und	*νdε̱γ̇jόιγ*, *geg.*,	ich höre

δρεχj	gerade,	νδρεχj	ich mache gerade
δριττ	und	νδρις, geg.,	ich erleuchte
τρόχε, geg., schmutzig,		νδράχ, geg.,	ich beschmutze
δρυν, geg., Vorhangschloss,		νδρύντ, geg.,	ich verschliesse
ατέjε	und	ανδέjε	jenseits
χερτέjε	„	χενδέjε	diesseits.

IV. Verschiedenes.

66) σ versetzt.

ἡjύσμε, tosk., ἡjύμες, geg., ἡjός, scodr., halb.

67) Verkürzungen.

βάρφερε, tosk.,	βορφ, geg.,	arm
βέρβερε, „	βερβ, „	blind
βjέχερ, geg.,	βjερρ, tosk.,	Schwiegervater
βjετδμ, „	βjεμ, „	vorjährig
βεjέτγ, tosk.,	βῑγ, geg.,	ich nütze
τορολάχ, geg.,	τρουλάχ, tosk.,	Simpel.

68) Vorschläge.

τσβαρϑ, σβαρϑ		und βαρϑ	ich weisse
τσβότγ, σβότγ		„ τβότγ	ich jage fort
dσβόρε, dεβόρε		„ βόρε	Schnee
δπαβέσσεμ, geg.,	ich bin treulos	παβέσσε	treulos
ξεϑ-περ-βλjέτγ	ich vergelte,	βλjέτγ	ich kaufe *).

69) Accentwechsel.

βερί, tosk.,	βέρι, scodr.,	Westwind
βυχέρ, „	βύχερ, geg.,	Kupfer
ἡατί, „	ἡάτι, scodr.,	fertig
χjασέ-ja, berat.,	χjάσε, geg.,	Getreidemass
χjεφέλ, tosk.,	χjέφελ, „	Barbe
παρά-ι, „	πάρε-ja, geg.,	Para
ρόδε-ja, „	ρουδέ, geg.,	Klette
δάχε-α, geg.,	δαχά-ja, tosk.,	Scherz, türk.
τεπέ, Mth. XX, 23,	τέπε-ja, „	Hügel
τεστέ-ja, berat.,	τέστε, geg.,	Abtheilung
τöενἡέλj-ι, tosk.,	τöένἡελj-ι, geg.,	Haken
χαζέρ, tosk.,	χάζερ, „	fertig
ἡατέλε, tosk.,	ἡάτελε, geg.,	s. Lexikon
ἡουά, geg.,	ἡούα, tosk.,	leihweise
χαζινέ-ja, tosk.,	χάζινε-α, geg.,	Schatz, türk.
χατέρ, tosk.,	χάτερ, geg.,	Wunsch, türk.

---

*) so epir. ἐξαγοράζω ich vergelte.

70) Geschlechtswechsel.

αρχ-ου, tosk.,	*άρχε-α, geg.,*	Kiste
βάχτ-ι, „	*βάφτε-α, geg.,*	Schicksal
βορδ̆-ι, tosk.,	*βόρδ̆ε-α, geg.,*	Schuld
βραγ̇άτ̆-ι, „	*βραχάτ̆ε-ja,* „	Kupferkessel
έ̆χ-ου, geg.,	*έ̆χε-α, tosk.,*	Zunder
χjέπερ-ι, „	*χjέπρε-α,* „	Dachsparren
λαφ-ι, tosk.,	*λάφε-ja, geg.,*	Gespräch
χ̇ουρϑ-ι, geg.,	*χ̇ούρδε-ja, tsk.,*	Epheu
πρᾶσσ-ι, „	*πράσσε-α,* „	Lauch
τ̆αῖρ-ι, „	*τ̆αῖρε-ja,* „	Weide
παρά-ι, tosk.,	*πάρε-ja, geg.,*	Para
τ̆ᾰπ-ι, tosk.,	*τ̆ᾰπε-α, geg.,*	Schritt
χ̇αχ-ου, geg.,	*χ̇άχε-α, tosk.,*	Recht
χ̇ελ-ι, tosk.,	*χ̇έλλε-ja, geg.,*	Spiess
χαπς-ι und	*χάπσε-α,* „	Gefängniss
νδε̆ρ-ι und	*νδέρι-ja,* „	Ehre.

§. 4.

Ueber einige toskische Lautwandlungen.

A. Die albanesische Sprache ist reich an *hiatis* aller Art (*geg. βουουρότὐ* etc.). Einschaltungen zu ihrer Vermeidung fanden sich bis jetzt nur:

1) bei den Hauptwörtern auf *a* und *ε*, welche im bestimmten *Nom. Sing.* zwischen Stamm und Endung ein *j* einschalten: *γ̇jά-j-a*, die Jagd, *ρέ-j-a*, die Wolke; s. §. 8, 2, d;

2) bei den Hauptwörtern auf *ε*, welche in demselben Falle ein *ρ* einschalten: *γ̇jέ-ρ-ι*, Sache, *δρέ-ρ-ι*, Reh*); s. §. 9, 2, e;

3) bei den auf einen Vocal endenden Zeitwortstämmen, welche a) in der 1. und 2. Pers. *Sing. Aor. Ind. Act.* und *Pass.* ein *β* oder *ρ* und im *Aor. Conj.* ein *φ* einschalten: 1. *νδά-β-α*, ich theilte, 2. *νδά-β-ε* (aber 3. *νδά-ου*); 1. *χ̇ύ-ρ-α*, 2. *χ̇ύ-ρ-ε*, 3. *χ̇ύ-ρ-ι*; *Conj. νδά-φ-ᵃα*, etc., *χ̇ύ-φ-ᵃα* etc.; b) im *Praes.* und *Imp. Pass.* aber ein *ν* oder *χ*: *χερχύ-ν-εμ*, ich werde gesucht, *δε̆-χ-εᵃε*, ich wurde berauscht; s. §. 36, Ende.

B. Contractionen sind sehr selten, denn es ergaben sich bis jetzt nur:

1) die von *ουα***) in *o*, so *χρού-α*, Quelle, *χρό-ι*, die Quelle (s. jedoch unten sub d); *παγ̇ούαιγ = παγ̇όιγ*, ich zahle, *χούαρ*, ich ernte, *Aor. χδρα, Part. χόρρε* und *χούαρτουρε*; s. auch *Aor.* in §. 34, Schema.

---

*) Im geg. Dialekte scheint die *Liquida* dieser Classe zum Stamm zu gehören, *γ̇jάν̇-ντ, Sache, Plur. γ̇jάντε.*

**) Diese Form scheint in vielen Fällen dem *au* der Römer und Griechen (welch letzterer Laut nur in den §. 2, e, Nr. 5 angeführten Wörtern gefunden wurde) zu entsprechen.

Diese Contraction tritt regelmässig bei der weiblichen Endung der Verbalsubstantive auf -ουαρ ein: ηjαχετούαρ-ι, der Bluthund, weiblich: ηjαχετόρε-ja; s. weiter §. 11, 5.

Zuweilen fällt bei dieser Classe das ου aus, so findet sich ηjαχετάρ; s. §. 3, Nr. 3. Doch findet sich auch die Form ηjαχετόρ und χραχερόρ für χραχερούαρ, Schulterblatt.

2) Wenn der Accusativform *Sing.* ε, ihn, sie, es, ein einsylbiges Wort vorhergeht, welches auf ein gedecktes e auslautet, so werden beide Wörter in eines und die erwähnten Buchstaben in α zusammengezogen, z. B.: στ τα (für τε ε) ηjένι, wenn ihr ihn findet, Matth. II, 8; bένε μουθαβερέ χόντρε ατίη χjε τα (für τε ε) βρίονε ατέ, sie machten eine Verschwörung gegen ihn, um ihn zu tödten, Marc. III, 6; μα (für με ε) χα άνδε, es macht mir Vergnügen[*]).

3) Folgt auf die Dativform ι, ihm, ihr, die Accusativform ε, ihn, sie, es, so werden gleichfalls beide Wörter in eines zusammengezogen, ι aber in j, und ε in α verwandelt: ε ja (für ι ε) δάνε τθούπερσε, und sie gaben ihn dem Mädchen, Matth. XIV, 11; ja (für ι ε) θάδε, ich sagte es ihm[**]).

C. In λj fällt nicht selten das λ aus und bleibt nur das j zurück (wie der Pariser das *l mouillé* ausspricht und *bouji* statt *bouilli* sagt), s. Beispiele in §. 3, Nr. 24.

Anlautend fand sich für diesen Ausfall nur ein Beispiel: λjουτσί-α und jουτσί-α, Schmutz.

Mitunter geht selbst das reine λ in j über, s. §. 9, 5 Ende u. 6 anomale Plurale.

D. ν scheint zwischen zwei hellen Vocalen häufig auszufallen. Der Plural der Wörter auf ουα, bestimmt ο-ι, welcher ονjετε lautet, lässt vermuthen, dass das ν im Singular ausgefallen und z. B. χρούα, bestimmt χρόι, die Quelle, ursprünglich χρούνα, χρόνι gelautet habe[***]).

Dasselbe scheint in der Endung der 2. Pers. *Plur. Praes. Pass.* der Fall zu sein und die volle Form ursprünglich πλjάχινι und χερχόνινι, statt der gebräuchlichen πλjάχιι und χερχόνιι, gelautet zu haben.

Wenn das anlautende ν der Endung mit einer auslautenden Liquida des Stammes zusammenstösst, so fällt es in der Conversationssprache häufig aus, z. B. *Acc. Sing.* dίελ-(ν)ε, die Sonne, bούαλ-(ν)ε, den Büffel.

---

[*]) Stösst in allen übrigen Fällen ein gedecktes e, ohne Unterschied ob lang oder kurz, auslautend mit einem anlautenden Vocale zusammen, so fällt dasselbe aus und tritt ein Apostroph an seine Stelle: χάρτεν' ε σε νdάριτ (für χάρτενε ε), den Scheidungsbrief, Matth. V, 31; — νουχ' έθτε χοπίλ μ' ι (für με ι) μαθ σε ζοτ' ι ττιγ, der Diener ist nicht grösser als sein Herr, Matth. XIII, 16; — ερδμ τ'ι φάλjεμι, wir kamen ihn anzubeten, Matth. II, 2.

[**]) Auch vor ου verwandelt das N. T. das Pronomen ι in j und zieht dasselbe an das Zeitwort: ε jουδερούα bίja εσάιη χjε ατέ σαχάτ, und ihre Tochter wurde ihr gesund von dieser Stunde an, Matth. XV, 28; — να, ε jουδούχ (für ι ουδούχ) ατίη ένηjελ ι Ζόττι, und siehe, es erschien ihm ein Engel des Herrn, Matth. I, 20. — In der Conversationssprache fällt dagegen α nach ι mitunter aus: χjέντε ουχόδε μbι 'τέ (für ατέ), die Hunde stürzten auf ihn; — so auch: ατά τε τέτε μbε δjέτε, χjε ρα μbι 'τά (für μbι ατά) ταράτσα νdε Σιλοάμ, diese achtzehn, auf welche der Thurm in Siloam fiel, Luc. XIII, 4. — Ebenso fällt α vor ε häufig aus: ηρούαj' ε μίρε (st. ηρούαja), die gute Frau.

[***]) Beispiele des Ausfalls von λ und ρ, s. im Paradig. von τσίλλι, §. 25, Nr. 5.

4

Dasselbe gilt von Zeitwörtern, z. B. 3. Pers. *Plur. Aor. Ind.* dobaλ-(ν)ε, sie gingen hervor.

Das auslautende τ des Stammes kann dagegen in diesem Falle vor ν ausfallen: ζοτ, Herr, *Acc.* ζό(τ)νε; μbρετ, König, *Acc.* μbρέ(τ)νε.

E. Der harte stumme Laut, welcher den Stamm schliesst, geht in der Regel in den entsprechenden Mittellaut über, wenn die antretende Endung mit einem Vocale beginnt: x in γ̇ (beim Antritt von τ wird es zu xj), s. §. 9, Nr. 3; π in b und τ in d; ebenso ϑ in d und σ in ζ, z. B.: γ̇άρϑ, Zaun, γ̇άρδι, der Zaun; bρεϛ, Gürtel, bρέζι, der Gürtel, s. §. 9, Nr. 3, §. 14, a.

Auch bei Zeitwörtern der ersten Conjugation finden sich vielfache Belege zu diesen Uebergängen, besonders im *Aor.*, s. §. 33, a und c.

F. Der Toske, namentlich der um Tepelen, liebt es, die Zischlaute durch den Vorschlag eines T-Lautes zu verstärken und dζ, τσ und τđ für σ oder đ zu setzen und zwar nicht bloss im Anlaute (s. Lexikon), sondern auch in den Aoristendungen des Conjunctivs: -τđa für -đa etc., und in 2. *Sing. Praes. Conj. Act.* und *Pass.*: -ετđ für -εđ, s. §. 31 u. §. 33, Nr. 5.

Ueber ιε und jé s. §. 5.

Ueber den Ablaut s. §. 34, Nr. 3.

Ueber den Umlaut s. §. 8, Nr. 3, §. 9, Nr. 5, §. 10, Nr. 3 u. 5, §. 14, c.

§. 5.
Der Accent.

Der Accent bleibt stets auf derselben Sylbe liegen, er wird durch den Antritt neuer Sylben nicht verrückt und ruht daher häufig auf der viertletzten Sylbe, z. B.: νjέρεζιτε, die Menschen, βελέζεριτε, die Brüder (die vorletzte Sylbe tritt in solchen Fällen etwas vor, wie in Hérzogthümer).

Ausnahmen von dieser Regel ergeben: a) die Fälle, wo ι vor ε sich in j erweicht und der Accent dann auf ε übergeht, z. B.: πιελ (dialekt. auch πjέλ), *Part.* πjέλε*); b) die anomalen Plurale von: νjερί, Mensch, xρέχερ, Kamm, γ̇jάρπερ, Schlange, λέμμε, Tenne, πλjäφ, Matratze, ζοτ, Herr, und đxεμb, Fels; νjέρεζ, xρεχέρετε, γ̇jερπίjτε, λεμμένjετε, πλjεφένjετε, ζοτερίνjτε u. đxεμbίjτε; c) χ̇ουμbάϛ, ich verliere, *Aor.* χ̇ούμbα und *Part.* χ̇ούμbουρε.

Ueber die Schwankungen des Accents bei weiblichen Eigennamen s. §. 8, 2, h.

---

*) Doppelformen, wie xάρρε, xjέρρε, Karren, führen zur Vermuthung, dass in vielen solchen Fällen das ε in jε eine Abschwächung von a sei und das j vor ε nur des Wohllautes wegen gefordert werde. Für die Ausdehnung dieser Annahme auf die Verbalformen spräche der griechische Ablaut auf ε, a und ο und der deutsche auf a und ε. Die nähere Prüfung muss der Verfasser den Männern vom Fache überlassen; er glaubt hier nur noch bemerken zu müssen, dass die §. 3, Nr. 10 u. 11 angeführte gegische Contraction von ιε hier nicht massgebend und aus der Neigung dieses Dialektes zur Einsylbigkeit und zum ι-Laute zu erklären sein möchte. Denn so wie der Stamm Zusätze erhält, tritt auch jε wieder hervor. Die Bemühungen des Verfassers einer durchgreifenden Trennung des ι von dem vocalischen j waren, wie oben bemerkt, erfolglos, er konnte häufig nur dem Ohre folgen, ein Anderer wird daher in vielen Fällen anders hören.

Der Accent ruht nicht selten auf der letzten Sylbe, z. B.:

1) Bei vielen dem Türkischen und Griechischen entlehnten Hauptwörtern.

2) Bei den meist erborgten Zeitwörtern auf -ας, -ες, -ις und -ος. Doch scheinen manche unter diesen albanesischen Ursprungs, wie: ϑερράς und ϑερρές, ich schreie, βερράς, ich blöcke, κερτσάς, ich knarre, schalle etc.

3) Bei einigen Hauptwörtern auf α, wie βελά, Bruder.

4) Bei den weiblichen und männlichen Hauptwörtern auf ι, wie: ϑερί-α, Haarschuppe, βερρί-α, Winterweide, βερί-ου, Südwind, καλλί-ου, Halm, κουϑερί-ου, Vetter, κερτσί-ρι, Fuss zwischen Knöchel und Wade (so auch κερτσού-ρι, Baumstumpf). Die meisten weiblichen Wörter dieser Gattung sind aus dem Griechischen entlehnt.

5) Bei folgenden abgeleiteten Wortbildungen:

   a) bei den Substantiven auf αρ (nicht ούαρ), wie: γjακετάρ, Bluthund, λjοπάρ, Kuhhirte; auf ακ, wie: ζεμεράκ, Zornmüthiger (δινάκ, listig); auf ικ, wie: βερσενίκ, Altersgenosse, κορρίκ, Erntemonat; auf οκ, wie: ματσόκ, Kater, πατόκ, Gänserich, κακερδόκ, Augapfel; und auf ιμ, wie: ϑελίμ und γjεμίμ, Rauschen, Brausen, χjενδρίμ, Ausdauer;

   b) bei den Adjectiven und Adverbien auf ιστ, wie: γερκίστ, griechisch, ελjβερίστ, zur Gerste gehörig *).

II. Artikel.

§. 6.

Die albanesische Sprache kennt nur zwei Geschlechter, ein männliches und ein weibliches. Die Formen, welche man für sächlich hielt, ergeben sich als männliche und weibliche Pluralformen.

---

*) Ueber die Quantität der albanesischen Sylben vermag der Verfasser nur so viel zu sagen, dass die Sylbe, auf welcher der Accent steht, in der Regel auch lang klinge. Wo ihm dies nicht der Fall zu sein schien, suchte er die Kürze durch Verdoppelung des dem Vocale folgenden Consonanten zu bezeichnen, z. B.: χjένε, der Mond, wenn er hierfür in anderen Sprachen Analogien fand; sonst begnügte er sich mit der einfachen Bezeichnung der Kürze. — Die Schwierigkeit der albanesischen Prosodie erhellt vorzüglich aus den einsylbigen Wörtern. Die auf einen Vocal endenden scheinen zwar in der Regel lang (Ausnahmen: χjε, dass, νjε, eins, μbε und νdε, in, etc.) zu sein und der Antritt neuer Sylben auf die Länge des Stammes ohne Einfluss: δέ-ου, die Erde, γjέ-ρι, die Sache, γjά-ja, die Jagd, χού-ρι, der Pfahl. — Schliessen dieselben aber mit einem Consonanten, so scheint dessen scharfe oder weiche Natur auf die Länge und Kürze der Sylbe mitunter einzuwirken: πρίς, Gürtel, πρέζι, der Gürtel; κόρπ, Rabe, κόρbι u. κόρbι, der Rabe; γάρϑ, Zaun, γάρδι u. γάρδι, der Zaun (grosse Schwankung bei denen auf λj, z. B.: χέλj, Bratspiess, χέλjι, der Bratspiess; μάλj, Berg, μάλjι, der Berg etc.). Vielleicht aus eben dem Grunde lautet δόρρε, Hand, kurz, obgleich der Plural δούαρτε ein langes o zu fordern scheint.

In der albanesischen Volkspoesie herrscht dieselbe Willkür, wie in der neugriechischen. Die gelieferten Proben enthalten sogar mehrfache Beispiele von Verstössen gegen den Accent. Unter diesen Verhältnissen bittet der Verfasser den hie und da in der Grammatik und dem Wörterbuche vorkommenden prosodischen Bezeichnungen nicht mehr Gewicht beizulegen, als sie verdienen. Sie beruhen nirgends auf Principien, sondern nur auf dem Gehöre und sagen daher nur, wie ein Wort von dem Volke in der Riça oder in Elbassan (s. die Vorrede

Es gibt wie im Deutschen bestimmte und unbestimmte Declinationsformen.

Genitiv und Dativ sind stets durch dieselbe Beugungsform vertreten*). Auch der Ablativ reiht sich in der Regel unter diese Form und hat nur in der Mehrzahl der unbestimmten Declination eine selbstständige Endung.

Auch der bestimmten Form der albanesischen Hauptwörter **) wird kein Artikel vorgesetzt. Ueber den dem Hauptworte nachstehenden Besitz anzeigenden Artikel s. §. 12.

Dagegen steht derselbe vor jedem Beiworte, s. weiter §. 15.

Declination der Artikel ι, der, und ε, die.

	Männlich	Weiblich	Für beide Geschlechter
		Singular	
	bestimmte Form.		unbestimmte Form.
Nom.	ι	ε	fehlt
Gen. Dat. u. Abl.	σε, *N. T.* auch τε		τε
Acc.	ε		τε
		Plural.	
Nom.	ε		fehlt
Gen. Dat. u. Abl.	σε		τε
Acc.	ε		τε

zum Wörterbuche) gesprochen wird, nicht aber, wie es regelrecht gesprochen werden sollte. Aus diesem Grunde war der Verfasser mit den prosodischen Zeichen sparsam und bediente sich derselben nur da, wo er sich sicher fühlte und es durchaus nothwendig schien.

*) Genitiv, Dativ und Ablativ scheinen die Endpuncte einer Bewegung, Richtung zu bezeichnen; Genitiv und Ablativ den Punct des Ausgangs, der Richtung v o n (*de la*), das ist Emma's Freund, ein Freund von Emma; Dativ den Punct der Richtung n a c h, gib es an die Mutter, der Mutter; gib es an ihn ab, gib ihm einen Theil ab.

Der Albanese unterscheidet zwischen diesen beiden Richtungen nicht, er begreift sie unter einer Form zusammen, der nur der Gedanke der Bewegung ohne Rücksicht auf ihren Ausgang oder ihr Ziel zu Grunde zu liegen scheint.

Diese Bemerkung beschränkt sich nicht bloss auf die Declinationsformen, sie erstreckt sich sogar auf die Präpositionen, s. §. 46, Nr. 1, νγα, von, nach; §. 47, Nr. 11, πρέι, von, nach, und möchte daher eine allgemeine den Albanesen eigenthümliche Anschauungsweise bezeichnen.

Die neugriechische Sprache begreift Genitiv und Dativ gleichfalls unter einem Casus, scheidet aber die Präpositionen der Richtung: ἀπὸ, von, εἰς, nach, strenge von einander.

Liesse sich darthun, dass die erwähnte Anschauungsweise des Albanesen die ursprüngliche war, und die feinere Unterscheidung erst das Werk weiterer Ausbildung sei, so würden sich unter andern folgende Formen als Reste der alten Anschauung ergeben:

1) Im Deutschen: Gleichheit des Genitivs und Dativs Sing. des weiblichen Artikels und Verbindung des Dativs mit der Präposition von;

2) im Lateinischen: Gleichheit des Genitivs und Dativs Sing. der ersten Declination;

3) im Lateinischen und Griechischen: die häufige Gleichheit des Dativs und Ablativs der Einzahl und Mehrzahl.

**) Nur einige wenige Hauptwörter vertragen als Ausnahme im Genitiv u. Accusativ den Artikel, z. B.: εμμε, Mutter, *Gen.* σ'εμμεσε, der Mutter, *Acc.* τ'εμμεγε, die Mutter; βάᾶχε με τ'εμμεγν' ετίγ, zusammen mit seiner Mutter, Matth. II, 11; — βιρ, Sohn; Ισούχτ Κριᾶτιτ, τε βίρετ Δαβίᾶιτ ε τε βίρετ Αββραάμιτ, Jesu Christi, des Sohnes Davids und des Sohnes Abrahams, Matth. I, 1; — προφιτ, Prophet; με άνε τε προφίτιτ, vermittelst des Propheten, Matth. I, 22; — so auch σε und τε πρίφτερετ, *Gen. Plur.*, der Priester etc. Doch kann auch hier der Artikel fehlen.

III. Substantiv.

§. 7.

Declinationsendungen.

Die abweichenden Endungen des Nominativs und Genitivs der Hauptwörter im Singular erfordern die Aufstellung von drei verschiedenen Endungsclassen oder Declinationen, es sind dies folgende:

	unbestimmte Form.			bestimmte Form.		
	1.	2.	3.	1.	2.	3.
		Singular.				
Nom.		reiner Stamm		-α	-ι	-ου
Gen. u. Dat.	-ε*)	-ι	-ου	-σε	-ιτ	-ουτ
Acc.		reiner Stamm			-νε	
Voc.		reiner Stamm			reiner Stamm	
		Plural.				
Nom. u. Acc.		reiner Stamm			-τε	
Gen. u. Dat.		-βε u. -ε			-βετ u. -ετ	
Voc.		reiner Stamm			reiner Stamm	
Abl.		-δ			wie *Genitiv.*	

Diese Endungen treten unmittelbar an den Wortstamm an. Das *o* des Vocativs wird häufig, besonders bei der Schmeichelrede, dem Worte angehängt und erhält dann den Ton, z. B.: *διρό, βαιζό, babaó, μεμμό*, Sohn, Tochter, Vater, Mutter.

Beim Rufe wird das *o* sogar verdoppelt, z. B. *o μεμμό!* o Mutter!

§. 8.

Erste Declination.

1) Zur ersten Declination gehören nur solche Wörter, welche auf einen Vocal endigen und alle weibliche Wörter ohne Ausnahme.

2) Es gehen nach derselben

a) alle weibliche Wörter auf -ε**);

b) einige männliche auf -ε;

(Diese beiden Classen verwandeln im bestimmten Nominativ dies ε in α: *μέμμε*, Mutter, *μέμμα*, die Mutter; *φχίνjε*, Nachbar. *φχίνjα*, der Nachbar; ebenso *τάτε-a*, Grossvater; *λjάλjε-a*, älterer Bruder, Vater.)

c) alle weibliche Wörter auf -ι; sie setzen im bestimmten Nominativ das *a* an das Ende des Stammes: *djάλεζί-a*, Teufelei; *jενί-a*, Geschlecht; *γαργί-a*, Lanze;

---

*) N. T. -ετ: *χόντρε χεσάιγ φυλίετ*, gegen dieses Geschlecht, Luc. XI, 32; *vjεp χεσάιγ δίττετ*, bis auf diesen Tag, Matth. XI, 23; *φjάλjε περνδίετ*, Gottes Wort, Luc. III, 2.

**) Von allen Hauptwortclassen ist diese bei weitem die zahlreichste.

d) alle Wörter auf -ε; sie schalten zwischen dasselbe und die bestimmte Endung
α des Wohllauts wegen ein *j* ein, z. B.: ρέ-*ja*, Wolke;
(Die Wörter dieser Endung sind ohne Ausnahme weiblich.)

e) mehrere Wörter auf -α, sie schalten gleichfalls *j* ein: βἄ-*ja*, Furt, γϳἄ-*ja*,
Jagd, γροὔα-*ja*, Frau, χϳιρά-*ja*, Miethe; das Ende-α des Stammes der mehr-
sylbigen fällt im unbestimmten Genitiv aus: γρούε, χϳιρέ;

f) einige wenige meist fremde Wörter auf *o*, sie schalten im bestimmten *Nom.*
Sing. zwischen Stamm und Endung -*j* ein, z. B.: ρούδο-*ja*, die feine Wolle,
best. *Nom. Plur.* ρούδο-τε; so auch: μύρο, Arom, und στίχο, Vers;

g) einige wenige männliche Wörter auf -*o*, sie hängen in dem bestimmten
Nominativ -*υα* an den Stamm, z. B.: ξϋο-υα (sprich u), Dreschflegel, βἄϑο-υα,
Bastard, μίδϋο-υα und -*ja*, Vaterbruder; *Nom. Plur.*: βἄϑο-τε etc.;

h) alle weibliche Namen auf -*o* und die männlichen auf -*o*, welche den Accent
auf der vorletzten Sylbe haben; durch den Antritt der bestimmten Nominativ-
endnng α wird dies *o* in *ου* gedehnt:

Μίτρο best. Μίτρουα, Demetrius
Γϳέρϳϳο best. Γϳέρϳϳουα, Georg.

Die weiblichen Namen mit dem Tone auf der vorletzten Sylbe haben zwie-
fache bestimmte Formen, auf -*ja* und -*ουα*: Μάρο, Μάρουα und Μάροϳα; Κάτο,
Κάτουα und Κάτοϳα, Käthe.

Die weiblichen Namen mit dem Tone auf der letzten Sylbe haben nur eine
bestimmte Form auf -*ja*: Μαρό-*ja*. Die weiblichen Namen dieser Endung vertragen in der Regel den Wechsel des Tones von der vorletzten auf die letzte
Sylbe, besonders in der Poesie.

3) *Plur.* Die weiblichen Wörter auf ε vertauschen dasselbe im Plural in der
Regel mit α, unbestimmt πούλϳατε und bestimmt πούλϳατε, seltener πούλϳετε, Hühner,
ohne dass sich bis jetzt hierfür eine bestimmte Regel auffinden liess, so z. B.:
χέμbε, Bein, *Nom. Plur.* unbestimmt χέμbε, bestimmt χέμbε-τε. Spuren des Um-
lauts im Plural zeigen: νάτε, Nacht, *Plur.* νέτε; νἄππε, Käsetuch, *Plur.* νέππε-τε.

Das Umgekehrte findet statt bei:

βέ-*ja*   Wittwe, *Plur.* βἄ-τε
ρέ-*ja*   Wolke   „   ρά-τε, *Gen.* u. *Acc. Sing.* ρέ-σε u. ρά-σε; ρέ-νε u. ρά-νε.

Unregelmässigen Plural haben:

δέλε-*ja*	Schaf	*Plur.*	δέν-τε
δέρε-α	Thür	„	δύερ-τε
δὄρε-α	Hand	„	δούαρ-τε
γροὔα-*ja*	Frau	„	γρἄ-τε
έρε-α	Wind	„	έρερα-τε
χρίε u. χρύε-*ja*	Haupt	„	χρίε-τε u. χρέρα-τε
χάρτε-α	Papier	„	χάρτερα-τε
ούδε-α	Weg	„	ούδερα-τε.

Paradigmen.

χέννε, Mond, βε, Ei, δι, Ziege.

<table>
<tr><td colspan="4" align="center">Unbestimmte Form.</td><td colspan="3" align="center">Bestimmte Form.</td></tr>
<tr><td colspan="7" align="center">*Singular.*</td></tr>
<tr><td>*Nom.*</td><td>χέννε</td><td>βε</td><td>δι</td><td>χέννα-α</td><td>βέ-j-α</td><td>δί-j-α</td></tr>
<tr><td>*Ge. Da. u. Ab.*</td><td>χέννν-ε</td><td>βε-j-ε</td><td>δι-ε</td><td>χέννε-σε</td><td>βέ-σε</td><td>δί-σε</td></tr>
<tr><td>*Acc.*</td><td>χέννε</td><td>βε</td><td>δι</td><td>χέννε-νε</td><td>βέ-νε</td><td>δί-νε</td></tr>
<tr><td>*Voc.*</td><td>χέννε</td><td>βε</td><td>δι</td><td></td><td></td><td></td></tr>
<tr><td colspan="7" align="center">*Plural.*</td></tr>
<tr><td>*No. Ac. u. Vo.*</td><td>χέννα</td><td>βε</td><td>δι</td><td>χέννα-τε</td><td>βέ-τε</td><td>δί-τε</td></tr>
<tr><td>*Gen. u. Dat.*</td><td>χέννα-βε</td><td>βέ-βα</td><td>δί-βε</td><td>χέννα-βετ</td><td>βέ-βετ</td><td>δί-βετ</td></tr>
<tr><td>*Abl.*</td><td>χέννα-ŏ</td><td>βε-ŏ</td><td>δι-ŏ</td><td colspan="3">wie *Genitiv.*</td></tr>
</table>

§. 9.

Zweite Declination.

1) Die Wörter der zweiten Declination sind ohne Ausnahme männlichen Geschlechts.

2) Zur zweiten Declination gehören:

a) alle Wörter, die auf einen Consonanten — mit Ausnahme des reinen *x* — schliessen;

b) alle männliche Wörter auf -α, wie z. B.: βελά-ι, Bruder, babá-ι, Vater; ihre Anzahl ist gering;

c) die männlichen Wörter auf ε, welches im bestimmten *Nom.* und *Gen.* vor ι ausfällt; hierher gehören:

βεϑτε-ι	Weinberg,	γjάλμε-ι	Seil
γjάλπε-ι	Butter,	γjούμε-ι	Schlaf
djάϑε-ι	Käse,	δjăμε-ι	Speck
djάλjε-ι	Knabe,	δριϑε-ι	Getreide
χεϑτέρε-ι	Christ,	χjούμεϑτε-ι	Milch
χδφϑτε-ι	Garten,	λjούμε-ι	Fluss
παπjέσε-ι	Teufel,		

s. weiter §. 11, 1;

d) die männlichen Eigennamen auf *o*, welche den Accent auf der Endsylbe haben, z. B.: Διμιτρό-ι, Νιχολό-ι;

einige fremde Wörter auf *o*, wie μιχό-ι, Ehebrecher, ναό-ι, Tempel;

e) mehrere einsylbige und einige zweisylbige, mit einem Vocale schliessende Wörter, welche zwischen dem Stamm und der bestimmten Endung ein *ρ* einschalten; hierher gehören:

γjέ-ρ-ι	Sache,	γδέ-ρ-ι	Holzknorren
γjί-ρ-ι	Schooss,	δρέ-ρ-ι	Reh

ζἒ-ρ-ι	Stimme,	xjἒ-ρ-ι	Kuchenbret
μουρξ-ρ-ι	Nordwind,	μεροῦ-ρ-ι	Messerklinge
φρἒ-ρ-ι	Zaum,	χἰ-ρ-ι	Asche
χοῦ-ρ-ι,	Pfahl, s. §. 4, Nr. 2, Note.		

Einige haben doppelte Formen:

τροὐ-ρι	und	τροὐ-ja, *fem.*,	Hirn	
δροῦ-ρι	Stange,	δροῦ-ja,	„	Holz
6ρἰ-ρι	und	6ρἰ-ου	Horn	
μουλἰ-ρι	„	μουλἰ-ου	Mühle	
ουλἰ-ρι	„	ουλἰ-ου	Oelbaum, ***Plur.*** ουλἰνjτε	
σὖ-ρι	„	σὐ-ου	Auge	
τρἀ-ρι	„	τρἀ-ου	Balken.	

3) *Nomin. Sing.* Nach der §. 4, e, angegebenen Regel erweicht sich der den Stamm schliessende harte Stumm- oder Zischlaut durch den Antritt der Endung, wenn diese mit einem Vocale beginnt:

πλjοὐμπ	πλjοὐμbι	Blei
xορπ	xὀρbι	Rabe
ἰ̓αρϑ	ἰ̓ἀρδι	Zaun
6ρἒς	6ρἒζι	Gürtel
xjεντ	xjἰνδι	Zwickel
φουντ	φοὐνδι	Grund.

Doch gibt es zahlreiche Ausnahmen, z. B.

ρἄπ ρἄπι	Platane,	ἰ̓ρἒπ-ι	Hacken
τρἄπ-ι	Grube,	djἐπ-ι	Wiege
βἄϑ-ι	Ohrring,	σὐϑ-ι	Knöchel
xἀϑ-ι	Augenschwären,	λοῦxϑ-ι	Quellchen
φροῦϑ-ι	Masern,	υjερἰϑ-ι	Halszäpfchen
χἰϑεϑ-ι	Brennnessel,	υοὐϑεϑ-ι	Fussballen
χοῦρϑ-ι	Epheu,	ρἒϑ	Reif hat zwar ρἒδι, aber im

Plur. ρἀϑε-τε

Mοσxὀφ hat in der bestimmten Form Mοσxὀbι der Russe.

4) *Acc. Sing.* Wenn der Stamm auf einen Consonanten schliesst, so kann meistens zwischen denselben und die Endung ein ι treten, wodurch doppelte Formen entstehen: xὀρb-ι-νε und xὀρπ-νε. Schliesst derselbe aber mit einer Liquida, so fällt häufig das ν der antretenden Endung aus. Es ergeben sich hieraus drei Accusativformen, von denen die letztere die gebräuchlichste:

6ῑρ	Sohn	*Acc.* 6ἰρ-ι-νε,	6ἰρ-νε	6ἰρ-ε	
μουρ	Mauer	„ μοὐρ-ι-νε	μοὐρ-νε	μοὐρ-ε	
xαλj	Pferd	„ xἀλj-ι-νε	xἀλj-νε	xἀλj-ε	
dιελ	Sonne	„ dιελ-ι-νε	dιελ-νε	dιελ-ε	
xjιελ	Himmel	„ xjιελ-ι-νε	xjιελ-νε	xjιελ-ε	
μἀλλj	Berg	„ μἀλλj-ι-νε	μἀλλj-νε	μἀλλj-ε	

τρίμ   Palikar   *Acc.*   τρίμ‑ι‑νε   τρίμ‑νε   τρίμ‑ε
δεᾰερίμ Liebe   „   δεᾰερίμ‑ι‑νε δεᾰερίμ‑νε δεᾰερίμ‑ε
ασλάν   Löwe   „   ασλάν‑ι‑νε   ασλάν‑ε.

Endet dagegen der Stamm auf τ, so kann dies vor ν ausfallen:

ᾰτρᾰτ   Bett   *Acc.*   ᾰτρᾰτ‑ι‑νε   ᾰτρᾰτ‑νε   ᾰτρά‑νε
jᾰτ   Vater   „   jᾰτ‑ι‑νε   jᾰτ‑νε   já‑νε
αργᾰτ   Arbeiter   „   αργᾰτ‑ι‑νε   αργᾰτ‑νε   αργά‑νε
βουλμέτ   Fett   „   βουλμέτ‑ι‑νε   βουλμέτ‑νε βουλμέ‑νε
μουτ   Koth   „   μούτ‑ι‑νε   μούτ‑νε   μού‑νε
ζοτ   Herr   „   ζότ‑ι‑νε   ζότ‑νε   ζό‑νε
μβρετ   König   „   μβρέτ‑ι‑νε   μβρέτ‑νε   υβρέ‑νε.

Die auf -ρι (s. 2, e) bilden den *Acc. Sing.* und den *Plur.* auch vom reinen Stamm, und diese Form ist die gebräuchlichere:

          Acc.   φρέ‑ρι‑νε u. φρέ‑νε,
          Plur. Nom.   φρέ‑ρετε   u. φρέτε
          Gen.   φρέ‑ρεβετ   u. φρέ‑βετ.

5) *Plural.* Der Umlaut findet sich hier u. a. bei:

ῂjáρπερ‑ι   Schlange   *Plur.* ῂjερπίjτε
δάᾰ‑ι   Widder   „   δέᾰ‑τε
κᾰτᾰ‑ι   Weber   „   κᾰτᾰ‑τε
κουλjάτᾰ‑ι Aschenbrot   „   κουλjέτᾰ‑τε
ρᾰπ‑ι   Platane   „   ρέπε‑τε
σκλάβ‑ι   Sclave   „   σκλέβ‑τε
τρᾰπ‑ι   Grube   „   τρέπε‑τε
βελά‑ι   Bruder   „   βελάζερ‑ι‑τε u. βελέζερ‑ι‑τε
ᾰτρᾰτ‑ι   Bettstelle   „   ᾰτρέτε‑τε
τᾰοβάν‑ι   Hirt   „   τᾰοβένε‑τε
τᾰουράπ‑ι   Strumpf   „   τᾰουράπε‑τε u. τᾰουρέπε‑τε.

Doch auch umgekehrt:

θέᾰ‑ι   Sack   *Plur.* θάσε‑τε
ρεθ‑δι   Reif   „   ράθε‑τε.

Endet der Stamm auf einen Consonanten, so tritt im Plural gewöhnlich ein ε, mitunter auch ein ι zwischen Stamm und Endung, z. B.:

          βρεκτούαρ‑τε die Mörder   und βρεκτόρ‑ετε
          ῂjακετούαρ‑τε die Bluthunde „ ῂjακετόρ‑ετε.

Doch tritt bei andern auch die Endung unmittelbar an den Stamm, z. B.:

γρούρ‑ι   Weizen   *Plur.* γρούρ‑τε
κjέν‑ι   Hund   „   κjέν‑τε.

5

Eine bestimmte Regel konnte hierüber eben so wenig gefunden werden, wie über die folgende Form. Viele Hauptwörter der zweiten Declination bilden ihren Plural, als ob sie im Singular weiblich wären und auf *ε* endigten, ohne darum das Geschlecht zu wechseln. — Hierher gehören fast alle, deren Stamm auf *μ* schliesst und die meisten einsylbigen oder aus dem Türkischen oder Griechischen herübergenommenen Wörter. Im Lexikon findet sich diese Form bei jedem einzelnen Worte bemerkt.

βάρρ-ι	Grab	*Plur.*	βάρρ-ε-τᶒ
βξνd-ι	Ort	„	βξνd-ε-τᶒ
ξμερ-ι	Name	„	ξμερ-ε-τᶒ und ξμερ-ι-τᶒ
κόρπ-ι	Rabe	„	κόρb-ε-τᶒ
μάλλj-ι	Berg	„	μάλλj-ε-τᶒ
μούρ-ι	Mauer	„	μούρ-ε-τᶒ
μιλέτ-ι	Volk	„	μιλέτ-ε-τᶒ
νιϑάν-ι	Zeichen	„	νιϑάν-ε-τᶒ
φάιγ-ι	Sünde	„	φάιj-ε-τᶒ
φρόν-ι	Stuhl	„	φρόν-ε-τᶒ
ϋλ-ι	Stern	„	ϋλ-ε-τᶒ und ϋλ-τᶒ
αγϳξρίμ-ι	Fasten	„	αγϳξρίμ-ε-τᶒ.

Bei anderen tritt *α* zwischen Stamm und Endung:

δούρρ-ι	Mann	*Plur.*	δούρρ-α-τᶒ
δέμ-ι	Jungstier	„	δέμ-α-τᶒ
δέρρ-ι	Schwein	„	δέρρ-α-τᶒ
λjίσσ-ι	Baum	„	λjίσσ-α-τᶒ
πλέϑτ-ι	Floh	„	πλέϑτ-α-τᶒ
δρέσ-ζι	Gürtel	„	δρέζ-α-τᶒ
πλίσσ-ι	Jochkissen	„	πλίσσ-α-τᶒ
πλjέπ-ι	Pappel	„	πλjέπ-α-τᶒ
μόρρ-ι	Laus	„	μόρρ-α-τᶒ
μουρίσ-ζι	Schwarzdorn	„	μουρίζ-α-τᶒ
τρίμ-ι	Palikar	„	τρίμ-α-τᶒ
χέκουρ-ι	Eisen	„	χέκουρ-α-τᶒ.

Ebenso bei allen auf *μπ*, wie: γϳξμπ, Dorn, γϳξμbατᶒ. Hierher gehören:

πλjουμπ	Blei,	δξμπ	Zahn
ρξμπ	Runzel,	ϑουμπ	Stachel
κριμπ	Wurm; ebenso ρίπ		Riemen.

Wenn der Stamm auf *λj* endigt, so fällt im Plural das reine *λ* aus und bleib nur *j* zurück, z. B.:

djάλj-ι	Teufel	djάj-τᶒ
κοπίλj-ι	Knecht	κοπίj-τᶒ.

Ebenso bei einigen auf λ:

dĕλ-ι	Ader	*dĕj-τε*
ἐνἧjελ-ι	Engel	*ἐνἧjej-τε*
φεϱνδύελ-ι	Schusterahle	*φεϱνδύειj-τε*
φῑλ-ι	Faden	*φῑj-τε*
φύελ-ι	Destillirrohr	*φύειj-τε*
ῡλ-ι	Stern	*ύλε-τε, ῡλ-τε ύje-τε* u. *ύj-τε*
χjίελ-ι	Himmel	*χjίελ-τε* und *χjίειj-τε*.

6) Abweichende Formen.

Die Wörter auf -*ουα* ziehen dasselbe im bestimmten Nominativ und Genitiv in *o* zusammen, der Accusativ hat die offene Form, im Plural tritt *ι* oder *νj* zwischen Stamm und Endung.

χροῦα, Quelle.

Nom. *χρό-ι*, *Gen.* *χρό-ιτ*, *Acc.* *χροῦα-νε*,
Plur. Nom. *χρό-ι-τε* oder *χρό-νjε-τε*,
Gen. *χρό-ι-βετ* oder *χρό-νjε-βετ*.

Hierher gehören ausser diesem:

θοῦα-οι	Nagel,	*λjανἧοῦα-οι*	Windhund
φτοῦα-οι	Quitte,	*παἧοῦα-οι*	Pfau
πεϱοῦα-οι	Thal,	*ποχϱτοῦα-οι*	Hufeisen
ζυγοῦα-οι	Joch (*griech.*),	*χαταχλυσμοῦα-οι*	Sündfluth (*gr.*).

Aehnlich gehen die auf *ούαιγ*, als:

μούαιγ, Monat, *δούαιγ*, Garbe.
Nom. *μό-ι*, *Gen.* *μό-ιτ*, *Acc. μούαιj-νε*,
Plur. Nom. μούαιj-τε, *Gen. μούαιj-βετ*.

Einige dem Türkischen entlehnte Wörter bilden ihren Plural nach türkischer Weise:

babá-ι Vater *Plur. baba-λάρ-ετε* Eltern
παϑá-ι Pascha „ *παϑα-λάρ-ετε*,
so auch *αγá-ι*, Aga, *ουστá-ι*, Meister.

Anomalen Plural haben:

βελá-ι	Bruder	*Plur. βελάζερ-ιτε* und *βελέζερ-ιτε*
βίτϑ-ι	Kalb	„ *βίτϑϱε-τε*
bίτσ-ι	} Ferkel	„ *bίτσουj-τε*
bιτσούν-ι		„ *bιτσούνjε-τε*

5 *

ῥ̇jάρπε̣ρ-ι	Schlange	*Plur.*	ῥ̇jερπίjτε̣ und
			ῥ̇jερπέ̣νjετε̣
bắρ-ι	Gras	„	bάρε̣ρ-ατε̣
bίρ-ι	Sohn	„	bίj-τε̣ auch Kinder
djắλjε̣-ι	Knabe	„	djέλμ-τε̣, djέ̆μ-τε̣
θέ̣λπ-ι	Fruchtkern	„	θε̣λπίνjε̣-τε̣
xάλj-ι	Pferd	„	xoύaj-τε̣
xέτσ-ι	Zicklein	„	xέτσε̣ρι-τε̣
xερτσί-ρι	Beinknochen	„	xερτσίνjε̣-τε̣
xόρπ-bι	Rabe	„	xόρbε̣ρε-τε̣
xόφϑτε̣-ι	Garten	„	xόφϑτε̣ρα-τε̣
xρέ̣χε̣ρ-ι	Kamm	„	ρε̣χέρε̣-τε̣
λέ̣μμε̣-ι	Tonne	„	λjẹμμέ̣νjε̣-τε̣
μbρεττ-ι	König	„	μbρέττε̣ρε-τε̣
πε̣-ρι	Faden	„	πε̣-ιτε̣
πλjắφ-ι	Matratze	„	πλjẹφένjε̣-τε̣
πρίφτ-ι	Priester	„	πρίφτε̣ρε-τε̣
προφίτ-ι	Prophet	„	προφίτε̣ρε-τε̣
νίππ-ι	Enkel	„	νίππε̣ρε-τε̣
νoῦν-ι	Taufpathe	„	νoύνε̣ρε-τε̣
oύνxj-ι	Oheim	„	oύνxjε̣ρε-τε̣
ϑắτ-ι	Karst	„	ϑύειj-τε̣
ϑoύaλ-ι	Sohle	„	ϑύειj-τε̣
ϑxŏπ-ι	Stab	„	ϑxoπίνj-τε̣
χoῦ-ρι	Pfahl	„	χoύνjε̣-τε̣
λjέϑ-ι	Wolle	„	λjέϑε̣ρα-τε̣
λjoύφτ-ι	Krieg	„	λjoύφτε̣ρα-τε̣
λjoύμε̣-ι	Fluss	„	λjoύμε̣ρα-τε̣
μίϑ-ι	Fleisch	„	μίϑε̣ρα-τε̣
xjέλπ-ι	Eiter	„	xjέλbε̣ρα-τε̣
μoύτ-ι	Koth	„	μoύτε̣ρα-τε̣
φϑắτ-ι	Dorf	„	φϑắτε̣ρα-τε̣
ρŏb-ι	Diener	„	ρόbε̣ρε-τε̣
oύϑτ-ι	Aehre	„	oύϑτε̣ρα-τε̣ und
			oύϑτε̣ρε-τε̣
ῥ̇jίϑτ-ι	Finger	„	ῥ̇jίjϑτε̣ρα-τε̣ und
			ῥ̇jίϑτε̣ρε-τε̣
ζότ-ι	Herr	„	ζoτε̣ρίνj-τε̣
dắτ-ι	Meer	„	dắτε-τε̣ und
			dέτε̣ρα-τε̣
βέ̣ϑτε̣-ι	Weinberg	„	βρέϑτα-τε̣
ϑxε̣μb-ι	Fels	„	ϑxε̣μbίj-τε̣.

Paradigmen.

$\varkappa j\acute{\varepsilon}\nu$-$\iota$, Hund , $\mu\acute{\alpha}\lambda\lambda j$-$\iota$, Berg , $\delta o\acute{\upsilon}\rho\rho$-$\iota$, Mann.

Unbestimmte Form. ︵ Bestimmte Form. ︵

Singular.

Nom.	$\varkappa j\varepsilon\nu$	$\mu\alpha\lambda\lambda j$	$\delta o\upsilon\rho\rho$	$\varkappa j\acute{\varepsilon}\nu$-$\iota$	$\mu\acute{\alpha}\lambda\lambda j$-$\iota$	$\delta o\acute{\upsilon}\rho\rho$-$\iota$
Ge. Da. Ab.	$\varkappa j\acute{\varepsilon}\nu$-$\iota$	$\mu\acute{\alpha}\lambda\lambda j$-$\iota$	$\delta o\acute{\upsilon}\rho\rho$-$\iota$	$\varkappa j\acute{\varepsilon}\nu$-$\iota\tau$	$\mu\acute{\alpha}\lambda\lambda j$-$\iota\tau$	$\delta o\acute{\upsilon}\rho\rho$-$\iota\tau$
Acc.	$\varkappa j\varepsilon\nu$	$\mu\alpha\lambda\lambda j$	$\delta o\upsilon\rho\rho$	$\varkappa j\acute{\varepsilon}\nu$-$\iota\nu\underline{\varepsilon}$	$\mu\acute{\alpha}\lambda\lambda j$-$\iota\nu\underline{\varepsilon}$	$\delta o\acute{\upsilon}\rho\rho$-$\iota\nu\underline{\varepsilon}$
Voc.	$\varkappa j\varepsilon\nu$	$\mu\alpha\lambda\lambda j$	$\delta o\upsilon\rho\rho$			

Plural.

No. Ac. Vo.	$\varkappa j\varepsilon\nu$	$\mu\acute{\alpha}\lambda\lambda j$-$\varepsilon$*)	$\delta o\acute{\upsilon}\rho\rho$-$\alpha$*)	$\varkappa j\acute{\varepsilon}\nu$-$\tau\underline{\varepsilon}$	$\mu\acute{\alpha}\lambda\lambda j$-$\varepsilon$-$\tau\underline{\varepsilon}$	$\delta o\acute{\upsilon}\rho\rho$-$\alpha$-$\tau\underline{\varepsilon}$
Gen. Dat.	$\varkappa j\acute{\varepsilon}\nu$-$\underline{\varepsilon}$-$\beta\varepsilon$	$\mu\acute{\alpha}\lambda\lambda j$-$\varepsilon$-$\beta\varepsilon$	$\delta o\acute{\upsilon}\rho\rho$-$\alpha$-$\beta\varepsilon$	$\varkappa j\acute{\varepsilon}\nu$-$\underline{\varepsilon}$-$\beta\varepsilon\tau$	$\mu\acute{\alpha}\lambda\lambda j$-$\varepsilon$-$\beta\varepsilon\tau$	$\delta o\acute{\upsilon}\rho\rho$-$\alpha$-$\beta\varepsilon\tau$
Abl.	$\varkappa j\acute{\varepsilon}\nu$-$\varepsilon\check{\sigma}$	$\mu\acute{\alpha}\lambda\lambda j$-$\varepsilon\check{\sigma}$	$\delta o\acute{\upsilon}\rho\rho$-$\alpha\check{\sigma}$	wie *Genitiv.*		

§. 10.

Dritte Declination.

1) Die Wörter der dritten Declination sind ohne Ausnahme männlichen Geschlechts.

2) Nach der dritten Declination gehen:

    a) alle Wörter, deren Stamm auf ein reines $\varkappa$ schliesst;

    b) alle männliche Wörter auf -ι:

$\nu j\varepsilon\rho\acute{\iota}$-$o\upsilon$, Mensch, $\varkappa o\upsilon\check{\sigma}\varrho\acute{\iota}$-$o\upsilon$, Vetter.

3) *Sing. Nom.* Nach der **§. 4, e,** aufgestellten Regel soll sich das $\varkappa$ durch den Antritt des Vocals der bestimmten Endung in $\dot{\gamma}$ erweichen:

$\tau\acute{o}\varkappa$ $\tau\acute{o}\dot{\gamma}$-$o\upsilon$ Haufe

$\lambda j\acute{\iota}\varkappa$ $\lambda j\acute{\iota}\dot{\gamma}$-$o\upsilon$ der Böse.

Es bestehen von dieser Regel zahlreiche Ausnahmen, z. B.:

$o\acute{\upsilon}\iota\varkappa$-$o\upsilon$ Wolf, $\beta\alpha\rho\delta\acute{\alpha}\varkappa$-$o\upsilon$ Topf

$\sigma\tau\rho o\varphi\acute{\alpha}\varkappa$-$o\upsilon$ Höhle, $\sigma\delta o\rho\acute{\alpha}\varkappa$-$o\upsilon$ Sperling

und die unten folgenden.

Im Plural verwandelt sich das $\varkappa$ meistens in $\varkappa j$:

$\lambda j\acute{\iota}\varkappa$-$\dot{\gamma}o\upsilon$	der Böse	*Plur.*	$\lambda j\acute{\iota}\varkappa j$-$\tau\underline{\varepsilon}$
$\mu\acute{\iota}\varkappa$-$o\upsilon$	Freund	„	$\mu\acute{\iota}\varkappa j$-$\tau\underline{\varepsilon}$
$\alpha\rho\mu\acute{\iota}\varkappa$-$o\upsilon$	Feind	„	$\alpha\rho\mu\acute{\iota}\varkappa j$-$\tau\underline{\varepsilon}$
$\pi\lambda j\check{\alpha}\varkappa$-$o\upsilon$	der Alte	„	$\pi\lambda\acute{\varepsilon}\varkappa j$-$\tau\underline{\varepsilon}$
$\pi\acute{\varepsilon}\lambda\varkappa$-$\dot{\gamma}o\upsilon$	Pfütze	„	$\pi\acute{\varepsilon}\lambda\dot{\gamma}j\varepsilon$-$\tau\underline{\varepsilon}$
$\check{\sigma}\acute{\varepsilon}\lambda\varkappa$-$\dot{\gamma}o\upsilon$	Weide	„	$\check{\sigma}\acute{\varepsilon}\lambda\varkappa j\varepsilon$-$\tau\underline{\varepsilon}$
$\check{\sigma}\acute{\sigma}\varkappa$-$o\upsilon$	Genosse	„	$\check{\sigma}\acute{o}\varkappa j$-$\tau\underline{\varepsilon}$
$\tau\acute{\iota}\rho\varkappa$-$\dot{\gamma}o\upsilon$	Gamasche	„	$\tau\acute{\iota}\rho\varkappa j$-$\tau\underline{\varepsilon}$
$\tau\acute{o}\varkappa$-$\dot{\gamma}o\upsilon$	Haufen	„	$\tau\acute{o}\varkappa j$-ε-$\tau\underline{\varepsilon}$

---

*) S. Nr. 5.

τσφούρχ-ου   Scorpion   *Plur.* τσφούρχje-τε u. τσφούρχjε-τε
φίχ-ου   Feige   „   φίχj-τε.

Ausser den drei oben erwähnten schalten noch einige andere auf *x*, jedoch ohne dieses zu verändern, im Plural ein ε zwischen Stamm und Endung, wie:

σβέρχ-ε-τε   die Nacken,   σενδούχ-ε-τε die Koffer
μούσχ-ε-τε   *Plur.* v. Moschus u. μούχ-ε-τε   die Dämmerungen.

4) *Accus.* Bei denen auf *x* kann hie und da *ου* zwischen Stamm und Endung treten:

ούιχ-νε, ούιχ-ου-νε; πλjάχ-νε u. πλάχ-ου-νε.

5) Anomalien:

ϳ̇jάχ-ου   Blut   *Plur.* ϳ̇jάχερα-τε
νjερί-ου   Mensch   „   νjέρεζ-ι-τε
χά-ου   Ochse   „   χjέ-τε
ούχ-ου   Wolf   „   ούχj-τε und ούχjερε-τε
βρεχ-ϳ̇ου   Hügel   „   βρίjje-τε
ϳ̇ρεχ-ου   Grieche   „   ϳ̇ρέχj-τε und häufiger ϳ̇ερχίνje-τε
αθι-ου   Regen   „   αθρα-τε
αθεχ-ϳ̇ου   Hinterhalt   „   αθτίjje-τε.

6) Als Ausnahmen gehen nach der dritten Declination:

ϳ̇jυνάχ-ου (*Plur.* ϳ̇jυνάχε-τε) Sünde,   χράχε, best. χράχου, Schulter
μαστίχ-ου   Mastix,   σιλjάχ-ου   Ledergürtel
στομάχ-ου   Magen.

Paradigmen.

μίχ-ου, Freund, χουθερί-ου, Vetter, νjερί-ου, Mensch.

	Unbestimmte Form.			Bestimmte Form.		

Singular.

Nom.	μιχ	χουθερί	νjερί	μίχ-ου	χουθερί-ου	νjερί-ου
Ge. Da. Ab.	μίχ-ου	χουθερί-ου	νjερί-ου	μίχ-ουτ	χουθερί-ουτ	νjερί-ουτ
Acc.	μιχ	χουθερί	νjρί	μίχ-νε	χουθερί-νε	νjερί-νε
Voc.	μιχ	χουθερί	νjερί			

Plural.

No. Ac. Vo.	μιχj	χουθερί	νjέρεζ*)	μίχj-τε	χουθερί-τε	νjέρεζ-ι-τε*)
Gen. Dat.	μίχj-ε-βε	χουθερί-βε	νjέρεζ-ε-βε	μίχj-ε-βετ	χουθερί-βετ	νjέρεζ-ε-βετ
Abl.	μίχj-εδ	χουθερί-εδ	νjέρεζ-ιδ			

---

*) Ausnahme.

§. 11.

Eigenthümlichkeiten einiger Hauptwörter.

1) Bei mehreren Wörtern wird die Pluralform als Einzahl gebraucht und ist diese dann in der Regel beliebter, als die entsprechende Singularform. Hierher gehören:

ούje-τε	für	ούjε	Wasser
xρίετε	„	xρίε	Haupt
xόρρετε	„	xόρρε	Ernte
djάθετε	„	djάθε	Käse
ϳϳάλπετε	„	ϳϳάλπε	Butter
δρίθετε	„	δρίθε	Getreide
djάμετε	„	djάμε	Speck
ϳϳάλμετε	„	ϳϳάλμε	Seil
τρούτε	„	τρού	Hirn,
so auch mitunter βάιj-τε	„	βάιj	Oel.

Das bezügliche Zeitwort steht im Singular: με δεμβ xρίετε *), mich schmerzt der Kopf; ούjετε ίϑτε φτόχετε, das Wasser ist kalt; τε xόρρετε έϑτε τε σόσουριτ' ε jέτεος, die Ernte ist das Ende der Welt, Matth. XIII, 39.

Das bezügliche Adjectiv dagegen steht im Plural: djάθτε ίϑτε τε πίxετε (nicht ι πίxετε), der Käse ist ranzig. Das Pronomen aber meistens im Singular: λjύειγ xρίετε τατ (nicht τε του), salbe dein Haupt, Matth. VI, 17; s. weiter §. 41, I *).

2) Dagegen fordern mehrere eine Gesammtheit, Masse bezeichnende Wörter den Plural des Zeitwortes, obgleich sie selbst im Singular stehen: νδε xα δράϑτα φίxj, ϳϳίϑε βότα jάνε μίxj, wenn der Sack Feigen hat, ist er aller Welt Freund; ϳϳίϑε βότα ουτδουδίτνε ε ϑάϑνε, alle Welt wunderte sich und sagte; xjένε δούμε χάλx? war eine grosse Menschenmenge dort? ασxέρι ετίγ xjένε τε φόρτε, sein Heer war stark.

Hier stehen βότα, χάλx u. ασxέρ im Singular, die betreffenden Zeitwörter aber im Plural. Wenn aber νjε, ein, vorsteht, so steht das Zeitwort im Singular: σε ου jαμ νjε βǒτ' ε χούαιγ, denn ich bin eine Fremde (Lied).

Hierher gehört auch τǒε u. σετǒ, was: τǒ πίελ μάτǒε, μι ϳϳούαινε, was die Katze gebiert, (wörtlich: jagen) jagt Mäuse; statt τǒε könnte hier auch σετǒ stehen, s. §. 24, II.

3) Das den Inhalt oder die Eigenschaft eines andern anzeigende Hauptwort, welches der Deutsche vor das bezeichnete setzt, steht im Albanesischen unmittelbar hinter dem bezeichneten in der Form des unbestimmten Ablativ der Mehrzahl oder des unbestimmten Genitivs der Einzahl:

μιδ πούλjε	und	πούλjαδ	Hühnerfleisch
μιδ xάου	„	xjěδ	Ochsenfleisch
μιδ δι	„	διδ	Ziegenfleisch,

---

*) Wie im Altgriechischen τὰ παιδία παίζει.

so auch *xjɛ́vι ɣ̇jaꝺ*, Jagdhund, *στάνɛ δέρραꝺ*, Schweinstall; s. auch
§. 13, e.

(In *boúxɛ βαλj*, Oelbrot, *xóxɛ ρoɣ̇jέ*, Kachelkopf, Dummkopf, *xóxɛ λjέꝺ*, Woll-
kopf (Strubelkopf), steht das bezeichnende Hauptwort im Nominativ.)

In den obigen Beispielen besteht zwischen beiden Formen kein Unterschied.
Das Verhältniss des unbestimmten Ablativ Pluralis zum unbestimmten und bestimmten Genitiv ergibt dagegen folgendes Beispiel besser als jede Umschreibung:
vjɛ xoπέ δέρραꝺ, dɛvꝺ, eine Schwein-, Schafheerde; dagegen: *vjɛ xoπέ δέρραβɛ*,
eine Heerde Schweine, und *xɛjó λꝺτɛ xoπέ ɛ δέρραβɛτ σɛ μ ɛ jo σɛ τov*, dies ist
meine und nicht deine Schweinheerde.

Hie und da kommt dieser Ablativ auch selbstständig vor, z. B.: *ρáꝺ βjɛv ꝺίov*, von
den Wolken kommt der Regen; *xovβɛvd ι λjιx ɣ̇ραꝺ dɛλj*, die üble Nachrede kömmt
von Weibern.

Wie sich aus den obigen Schemen ergibt, ist der Ablativ in der Einzahl stets
unter der Genitivform mitbegriffen: *σ'μɛ βjɛv dóρɛ*, wörtlich: es kommt nicht von
meiner Hand, d. h. es liegt nicht in meiner Hand; *πίꝺxov dɛλj dέτιτ*, der Fisch
kommt vom Meere; *dιɛλιτ vɣ̇ρóχɛτɛ vjɛρίov*, von der Sonne wird der Mensch
erwärmt; *ρέσɛ bίɛ ꝺίov*, von der Wolke kommt der Regen.

4) Die Wörter auf -ɛς, weibl. -ɛσɛ, sind in der Regel von dem Stamme eines
Zeitwortes gebildet, an welchen diese Endung unmittelbar antritt:

μбjέλ-ɛς-ι	der Säemann	von *μбίɛλ*	ich säe
μбῡλ-ɛς-ι	der Deckel	„ *μбῡλ*	ich schliesse
vɛμ-ɛς-ι	der Flucher	„ *vɛμ*	ich fluche
vτζjέρ-ɛς-ι	der Züchter	„ *vτζιɛρ*	ich ziehe
πρίꝺ-ɛς-ι	der Verderber	„ *πρίꝺ*	ich verderbe
ρjέπ-ɛς-ι	der Schinder	„ *ρjέπ*	ich schinde
χắπ-ɛς-ι	der Schlüssel	„ *χắπ*	ich öffne
χɛxj-ɛς-ι	der Leidende	„ *χɛxj*	ich ziehe.

Hie und da tritt ein Buchstabe zwischen Stamm und Endung:

πί-μ-ɛς-ι	der Säufer	von *πῑ*	ich trinke
χắ-μ-ɛς-ι	der Fresser	„ *χᾱ*	ich esse
πɛρɣ̇jó-v-ɛς-ι	der Späher	„ *πɛρɣ̇jóιɣ*	ich spähe.

Statt des ɛς findet sich auch -ɛɛς:

ρɛμб-έɛς-ι	der Räuber	von *ρɛμбóιɣ*	ich raube
μαλɛx-έɛς-ι	ein Priester, der		
	gern den Kirchenbann verhängt v.	*μαλɛxóιɣ*	ich verfluche
xɛμб-έɛς-ι	Tauschhändler von	*xɛμбέιɣ*	ich tausche
xɛvd-έɛς-ι	Sänger	„ *xɛvdέιɣ*	ich singe.

Als entsprechende Ableitung von einem Hauptworte fand sich bis jetzt nur:
βɛvd-ɛς-ι, der Eingeborene, von *βɛvd*, Ort.

Die männliche Form dieser Classe schaltet im Plural *ι* ein, die weibliche behält
das *ɛ* bei.

Ueber die Substantivbildung aus Adjectiven und Participien s. §. 41.

5. Die weibliche Form bildet sich in der Regel nach Weise der Beiwörter durch Anhängung eines *ε* an die auf einen Consonanten ausgehende männliche Endung:

βένδες Eingeborener, βένδεσ-ε-ja die Eingeborene; ebenso

βρεχούαρ-ε und	βρεχτόρ-ε und	βρεχτάρ-ε-ja	die Mörderin
ῇαχετούαρ-ε,	ῇαχετόρ-ε,	ῇαχετάρ-ε-ja	die Blutdürstige
κενκετούαρ-ε,	κενκετύρ-ε,	κενκετάρ-ε-ja	die Sängerin

nach den verschiedenen männlichen Formen.

Ebenso von *κjεν* Hund *κjένε-ja* Hündin, als Schimpfwort; sonst *βούᾰτρε*; — *κενδέες-σι* Sänger, *κενδέεσε-ja* Sängerin.

Doch findet sich auch eine Form auf *εᾰε*:

μὸρἐτ-ι	König,	μὸρετερ-ἐᾰε	Königin
χασμ-ι	Feind,	χασμερ-ἐᾰε	Feindin
ροδ́δ-ι	Diener,	ροδερ-ἐᾰε u. ροδίνjε	Dienerin
πρίφτ-ι	Priester,	πριφτερ-ἐᾰε	Priestersfrau, *neugriech.* παππαδjὰ
αρῇάτ-ι	Feldarbeiter,	αρῇατ-ἐᾰε	Feldarbeiterin
βουjάρ-ι	Edelmann,	βουjαρ-ἐᾰε	Edelfrau.

Unregelmässig sind:

ᾰχjιπόν-ι	Raubvogel (Geyer),	ᾰχjιπόνjε	der weibliche Vogel
ούϊχ-ου	Wolf,	ουιχόνjε	Wölfin
μίζε-α	Fliege,	μιᾰχόνjε	Mücke
αρί-ου	Bär,	αρούᾰχε	Bärin *).

6. Von Diminutivformen fand sich nur das weibliche -ζε, z. B. von *δόρε* Hand, *δόρεζε* Händchen (auch Handvoll).

Die Wörter *βάι-ζε-α* und *βάᾰε-ζε-α* Mädchen, geben sich als Diminutive (vielleicht von *βά-ja*, das jetzt nur Witwe bedeutet). —

Von *νjε τᾰίχε* oder *παχ* ein wenig: *νjε τᾰίχε-ζε* oder *πάχε-ζε* ein klein wenig; — von *δίτε* Tag: *νjε δίτε-ζε* vorgestern.

Mitunter verliert diese Form ihre ursprüngliche Diminutivbedeutung; so gebraucht man z. B. für Mond häufiger die Form *χένεζε* als die von *χένε*; so sagen besonders die Weiber sehr häufig *με δεμπ κόχεζα, δόρεζα, κέμδεζα* mich schmerzt das Köpfchen, Händchen, Füsschen **).

7. Von männlichen Diminutiven fand sich *-οᾰ* und *-ετσ* in: *djαλλjόᾰ-ι* und *τριμόᾰ-ι* Knäbchen, Jüngelchen im schmeichelnden Sinne; *βουρρέτσ-ι* Weichling: *πσε δ́je βούρρε, πο je βουρρέτς*? warum bist du kein Mann, sondern ein Weichling?

§. 12.

Von dem besitzanzeigenden Artikel.

Das besitzende Hauptwort folgt dem besessenen stets im Genitiv nach. Der Albanese kann nicht sagen: des Vaters Sohn.

---

*) ματᾰύχ-ου der Kater, und πατόχ-ου der Gänserich, scheinen von den weiblichen Substantiven μάτᾰε und πάτε gebildet zu sein.

**) Eben so die Neugriechinnen *οχ τὰ χεράχjα μου!* ach (wie schmerzen) meine Hände!

Stehen beide Hauptwörter in der unbestimmten Form, so werden sie durch keinen Artikel verbunden.

Steht das besessene Hauptwort in der bestimmten Form, so steht auch in der Regel das besitzende im bestimmten Genitiv *) und werden beide durch den Artikel verbunden, welcher mit dem besessenen im Genus, Casus und Numerus übereinstimmen muss (dieser Artikel kann nur dann ausgelassen werden, wenn auch das besessene Hauptwort im Genitiv steht); der Albanese sagt mithin: der Sohn, der des Vaters; — die Tochter, die der Mutter. — μδε τε ιχουρε τε Βαβυλόνεσε und νγ̃a τε ιχουριτ᾽ ε Βαβυλόνεσε, bis zu der (alb. unbest. Accusativ wegen μδε, daher auch das zweite besitzanzeigende τε im unbestimmten Accusativ) Reise nach Babylonien und von der Reise nach Babylonien an (τε ιχουριτε bestimmt. Nom. Plur. wegen νγ̃a, daher entsprechend ε), Matth. I, 17. — ε σα βίjνε πο ᾰτόνεινε τε θύρτουρατ᾽ ε σε πάρεβετ σε πρίφτερετ ε δε τε (θύρτουρατ᾽ ε σε) τούρμεσε und so viele kamen, vermehrten sie beständig die Rufe (die) der Ersten (der) der Priester und die der Menge, Luc. XXIII, 23. — τε θύρτουρατε best. Acc. Plur. des Partic., folglich ε, bestimmter Accusativ des Plur. des besitzanzeigenden Artikels — das folgende σε kann auch fehlen, πάρεβετ best. Gen. Plur., folglich σε, best. Gen. Plur. des besitzanzeigenden Artikels. — λjάνι τε περjάᾰτερσμεν᾽ ε χούπεσε ε τε ᾰχjυρέσε ihr wascht das Aeussere des Glases und des Tellers, Luc. XI, 39. — ίπνι τε δjέτεν᾽ ε δjόᾰμοσε ε τε πιγ̃ανότιτ ε τε γ̃jίθε λjάχραβετ ihr gebt den Zehnten von der Münze, von der Raute und allen Kräutern, Luc. XI, 42. — Aus diesen Beispielen ergibt sich auch, dass der besitzanzeigende Artikel nicht ohne das besessene Hauptwort stehen kann und daher mit diesem zugleich ausfällt.

Hat das besessene Hauptwort die unbestimmte, das besitzende aber die bestimmte Form, dann steht auch der, beide verbindende Artikel in der unbestimmten Form. In diesem Falle verstattet jedoch die Sprache keinen Nominativ. — …χjυᾰ ε πάτνε νjόχουρε νδε τε θύερε τε βούχεσε (sie erzählten) wie sie ihn erkannt hatten an dem Brechen (dem) des Brotes, Luc. XXIV, 35. — νδε βενδ τε Ισραιλιτ in dem Lande von Israel. — χίππα νδε στρέχε τε ᾰτεπίσε ich stieg auf das Dach des Hauses.

Paradigma.

Bestimmte Form.			Unbestimmte Form.	
		Singular.		
Nom.	βίρι ι περνδίσε	der Sohn Gottes,	βιρ περνδίε	Gottes Sohn,
Gen. u. Dat.	βίριτ σε περνδίσε	des Sohnes Gottes,	βίρι περνδίε	Gottes Sohnes,
	βίριτ περνδίε	dem Sohne Gottes,		Gottes Sohne,
Acc.	βίρινε ε περνδίσε	den Sohn Gottes,	βιρ περνδίε	Gottes Sohn,
Voc.	βιρ ι περνδίσε	o! Sohn Gottes,	βιρ περνδίε	o! Gottes Sohn.

---

*) Eine Abweichung von dieser Regel ist φρόνετ ε ατύρε (statt ατύρεβετ) χjε ᾰίτνε πελούμβατε die Stühle derjenigen, welche die Tauben verkauften, Matth. XI, 15. Dagegen folgt

Plural.

	Bestimmte Form.	Unbestimmte Form.
Nom. Acc. Voc.	βίjτε ε περνδίσε die Söhne Gottes,	βιj περνδίε Gottes Söhne,
Gen. u. Dat.	βίjετ σε (u. ohne σε) περνδίσε der Söhne Gottes,	βίjεβε περνδίε Gottes Söhnen.

Singular.

Nom.	βάιζα ε babáιτ die Tochter des Vaters,	βάιζε babáι Vaters Tochter,
Gen. u. Dat.	βάιζεσε σε babáιτ od. βάιζεσε babáιτ der Tochter des Vaters,	βάιζε babáι Vaters Tochter,
Acc.	βάιζενε ε babáιτ die Tochter des Vaters,	βάιζε babáι Vaters Tochter
Voc.	βάιζε ε babáιτ o! Tochter des Vaters,	βάιζε babáι o! Vaters Tochter.

Plural.

Nom. Acc. Voc.	βάðεζατε ε babáιτ die Töchter des Vaters,	βάðεζα babáι Vaters Töchter,
Gen. u. Dat.	βάðεζαβετ σε babáιτ u. ohne σε der Töchter des Vaters,	βάðεζαβε babáι Vaters Töchtern.

Unbestimmte Form des Besessenen und bestimmte des Besitzenden.

Singular.

Nom.	fehlt,	
Gen. u. Dat.	βξνδι τε Ιερουσαλίμιτ Landes von Jerusalem,	ðτεπίε τε μέμμεσε Hauses der Mutter,
Acc.	βξνδ τε μδρέττιτ Land des Königs,	ðτεπί τεɛ̌ μέμμεσε Haus der Mutter.

Plural.

Nom.	fehlt,	
Gen. u. Dat.	βξνδεβε τε Ιερουσαλίμιτ, Ländern von Jerusalem,	ðτεπίβε τε μέμμεσε Häuser der Mutter,
Acc.	βξνδε τε Ιερουσαλίμιτ Länder von Jerusalem,	ðτεπί τε μέμμεσε Häuser der Mutter.

---

der Regel ɛ τέκερ' (statt -a) ε χετύρεβετ έðτε ε σε καούδιτ das über diese Hinausgehende ist (das) des Teufels, Matth. V, 37; siehe §. 4, b, 3, Note.

IV. Adjectiv.

§. 13.

a) Es fanden sich bis jetzt folgende Adjectivendungen:

1) auf -ι: ζι schwarz, ρι jung,

2) „ -κ: λjικ schlimm, πλjακ alt, ζεϑκ schwärzlich,

3) „ -κj: κεκj böse, κουκj roth,

4) „ -χ̇: λjεχ̇ leicht (auch λjέχετε),

5) „ -γ̇ε: λjάργ̇ε weit,

6) „ -ϑ: μαϑ gross, βαρϑ weiss, βερϑ oder βέρδε gelb,

7) „ -τ: δουγ̇άτ reich,

8) „ -ϑ̌: λjαρόϑ̌ bunt, βαλjόϑ̌ blond,

9) „ -ϑ̌ε: τράϑ̌ε dick,

10) „ -μ: μάιμ fett, σορμ heutig; s. weiter unten *c*,

11) „ -με: νjόμε frisch,

12) „ -ρε: μίρε gut, σέρε schwarz, δέρε bitter, βjέτρε alt, βάρφερε (geg. βορφ) arm, βέρβερε blind,

13) „ -λj: μάϑ̌κουλj männlich,

14) „ -λε: χόλλε dünn,

15) „ -λjε: βύγ̇ελjε klein, ξμβελjε süss,

16) „ -τε: δούτε sanft, γ̇jάτε weit, ιϑ̌ετε bitter, λjάρτε hoch, ούνjετε niedrig, ούρετε hungrig, ούρτε klug, πίχετε bitter, ρέντε schwer, ϑ̌κούρτε kurz, ϑ̌πέιτε schnell, σάχτε sicher.

17) „ -ιϑ̌τ s. unten *b*.

b) Die von Substantiven abgeleiteten Adjective hängen die Sylbe -τε an den Stamm des Hauptwortes: άρ-τε golden, χέκουρ-τε eisern, λjέϑ̌-τε wollen; seltener -ιμ oder -μ, wie: μότϑ̌-ιμ bejahrt, βjε-μ vorjährig, σιβjέ-μ heurig. Auch in βjέτρε scheint -ρε Ableitungsendung und βjετ Jahr, Stamm zu sein; bei den übrigen Endungen auf -ε tritt jedoch dieser Charakter nicht klar hervor.

Mit der Endung -ιϑ̌τ *) werden die von Volksnamen abgeleiteten Adjective gebildet:

γ̇ρέκ Grieche,	γ̇ρεκίϑ̌τ oder γ̇ερκjίϑ̌τ	griechisch
λατίν Lateiner, Katholik,	λατινερίϑ̌τ oder λατινίϑ̌τ	lateinisch
ϑ̌κjιπ Albanese,	ϑ̌κjιπερίϑ̌τ	albanesisch
τουρκ Türke,	τουρκjίϑ̌τ	türkisch.

So auch δουjαρίϑ̌τ vornehm von δουjάρ Vornehmer.

c) Die von Präpositionen abgeleiteten Adjective setzen -μ an den Stamm und schieben hie und da einen Buchstaben ein:

τεjε, περτέjε jenseits,   ι τέjεμ, ι περτέjεμ jenseitig, Widersacher

---

*) Diese Endung entspricht unserem -isch.

χϛτέjϛ	diesseits,	*ι χϛτέjϛμ*	diesseitig, Genosse
ὀρϛνδα	drinnen,	*ι ὀρϛνδϛσμ*	(*σ* Einschub) auch *ὀρϛνδϛϛ* innerer
jάϑτϛ	ausserhalb,	*ι jάϑτϛσμ*	(*σ* Einschub) äusserer
σίπϛρ	oben,	*ι σίπϛρμ*	oberer
πόϑτϛ	unten,	*ι πόϑτϛρμ*	(*ρ* Einschub) auch *πόϑτϛρϛ* unterer
πράπϛ	hinten,	*ι πράπϛμ*	hinterer, weibl. *πράπϛσμε* (*σ* Einschub) hintere

παστάjϛ zuletzt, *ι παστάjϛμ* letzter.

Ebenso die von Adverbien gebildeten, wie: *βέτϛ-μ* einziger, *νέσσϛρ-μ* morgender.

d) Bei den seltenen Zusammensetzungen mit Substantiven steht das Adjectiv:

1. bald vor, wie: *dέρϛ βαρϑ* wörtlich: Thür weiss, d. h. glücklich; — *dέρϛ ζι*, wörtlich: Thür schwarz, d. h. unglücklich; — *βαφτ, φατ, ταξϛράτ βαρϑ* oder *ζι* (Hauptwort: Geschick); — *ϑχρόνjϛ βαρϑ* oder *ζι* glücklich oder unglücklich (*ϑχρόνjϛ* angeschrieben); — *πούνϛ βαρϑ* oder *ζι* (*πούνϛ* Vermögen), d. h. glücklich oder unglücklich; — *πούνϛ dέρϛ* wörtlich: Arbeit bitter, d. h. schwierig zu thun; —

2. bald nach, wie: *ζι πίσσϛ, ζι σέρϛ* (wörtlich: schwarz Pech) pechschwarz; — *φτόχϛτϛ ἀχουλ* (wörtlich: kalt Eis) eiskalt (wobei vielleicht *σι* wie ausgefallen).

e) Mitunter vertritt ein hinter dem Hauptworte im bestimmten Genitiv stehendes zweites Hauptwort den Begriff des Adjectivs: *ίϑτϛ vjϛρί ι ὀέσσϛοϛ* wörtlich: er ist ein Mann des Glaubens (etwa wie: ein Mann von Wort), d. h. er ist ein glaubenswürdiger Mann; hier tritt zwischen beide Substantive sogar der besitzanzeigende Artikel, s. §. 11, 3.

§. 14.

a) Wenn ein Beiwort auf ein stummes *ϛ* endigt, so ist es *generis communis.* — Ausnahme *σέρϛ* schwarz, weibl. *σέρε.*

Endigt es auf einen Consonanten, so setzt es im weiblichen Geschlechte ein *ε* an und erweicht sich durch diesen Antritt der Endvocal nach der §. 4, e angegebenen Regel: *ι μαϑ* männlich, *ε μάdε* weiblich gross.

Ausnahme: mehrere auf -*χ* bilden die weibliche Form durch den Antritt eines *ϛ*:

πλjἄχ,	weiblich	*πλjάχϛ*	alt
τουρχ,	„	*τούρχϛ*	türkisch
λjιχ,	„	*λjίχϛ*	böse.

b) Die männlichen Beiwörter folgen je nach ihren Endungen der zweiten oder dritten Declination, z. B. *ζι-ου* schwarz, *λjιχ-ου* böse; die weiblichen der ersten Declination.

Im Plural schieben die männlichen Adjective in der Regel ein *ι* zwischen Stamm und Wurzel ein *ι μίρϛ, τϛ μίριτϛ*; — *ι μάιμ, τϛ μάιμιτϛ*.

Ausnahmen: *χουχj* roth, Pl. männlich *χούχj-τε*, weibl. *χούχja-τε*

          λjιχ böse, Pl.   „   *λjίχj-τε*,   „   *λjίχja-τε*

          πλjαχ alt, Pl.   „   *πλjέχj-τε*,   „   *πλjάχα-τε*.

Von den weiblichen Adjectiven vertauschen die auf -*ε* (*gen. communis*) dasselbe im Plural mit *a*: *τε μίρα-τε γρα* die guten Weiber; die auf -*e* dagegen behalten dasselbe auch im Plural bei: *νούσετ' e σιβjέμε* die heurigen Bräute.

c) Anomale Adjective: *μαϑ*, weibl. *μάδε* gross, Pl. männl. *μεδόνjτε*, weibl. *μδεδά-τε* (N. T. *μεδά*, Luc. I, 49 u. s. w.)

χεχj   weiblich *χέχje* schlecht, Pl. *χεχίνj-τε*,   weiblich *χεχjla-τε*

ζι   „   *ζέζε* schwarz, Pl. *ζέζ-τε*,   *ζέζα-τε*

βόγελjε gen. comm. klein, Pl. *βόγειj-τε*,   *βόγελja-τε*

μάδχουλj männlich,   Pl. *μέδχουj-τε*.

§. 15.

Den Beiwörtern wird allezeit die entsprechende Form des §. 6 angeführten Artikels vorgesetzt, sie mögen in der bestimmten oder unbestimmten Form stehen, dem Hauptworte vorhergehen oder nachfolgen: *ίδτε ι μίρε* er ist gut; *ίδτε e μίρε* sie ist gut; *ίδτε ι μίρι* es ist der gute;

        ι μίρε vjερί oder *vjερί ι μίρε*   guter Mensch

        ι μίρι vjερί   „   *vjερίου ι μίρε*   der gute Mensch.

Das Beiwort behält sogar dann den Artikel bei, wenn ihm *vjε* ein, oder *με* mehr, vorhergeht: *δπετούαμ vγa vjε ι μαϑ γαζέπ* wir entkamen einer grossen Gefahr; — *βιj πρέτγ vιγ σε μίρε βάιζε* ich komme von einem schönen Mädchen; — *με ι μαϑ* grösser, *ι με ι μαϑ* der Grösste.

Ausnahme. — Vor *δεvτ* heilig, fehlt der Artikel: in *δεvτι δπυρτ* oder *δπύρτι δεvτ* der heilige Geist, so Matth. I, 18 et pass. und bei Vornamen: *δε* (*geg. διν* oder *χι*) *Νιχόλε, δε Ιοv, δε Μεριί* St. Nicolaus, St. Johann, St. Maria.

§. 16.

Das Beiwort kann, wie aus obigen Beispielen erhellet, entweder vor oder nach dem Hauptworte stehen, doch ist die zweite Form gebräuchlicher.

Hauptwort und Beiwort stimmen nur in Bezug auf die Zahl, nicht aber auch in Bezug auf den Casus und die Form überein.

Das vorhergehende Wort, gleichviel ob Haupt- oder Beiwort, wird allein declinirt, das nachfolgende behält durch alle Fälle den unbestimmten Nominativ der Ein- oder Mehrzahl bei, z. B.: *do τε vγρίχετε vjε φυλί χόντρε τjάτερεσε φυλί* (nicht *φυλίσε*) *e vjε μβρετερί χόντρε τjάτερεσε μβρετερί* (nicht *μβρετερίσε*) es wird aufstehen ein Volk gegen das andere und ein Königreich gegen das andere, Luc. XXI, 10 *).

---

*) In der Bibelübersetzung finden sich übrigens zahlreiche Ausnahmen von dieser Regel, z. B. *χύτγ έδτε ι βίρι ιμ ι δάδουρι* (st. -*ε*) dieser ist mein geliebter Sohn, Matth. III, 17; eine weitere Ausnahme s. in §. 26, Nr. 2, a, Note.

Wenn aber das Beiwort nach dem Hauptworte steht und daher von diesem durch den Artikel getrennt wird, so folgt dieser letztere in Casus und Form dem vorstehenden Substantiv, während das Beiwort der obigen Regel folgt, s. §. 12.

Paradigma.

Declination bei vorstehendem Substantiv.

Männlich.

Singular.

	Bestimmte Form.		Unbestimmte Form.	
Nom. u. *Voc.*	*vjepίου ι μίρε*	der gute Mann,	*vjepί ι μίρε*	guter Mann,
Gen. Dat. u. *Abl.*	*vjepίουτ σε μίρε,*		*vjepίου σε μίρε,*	
Acc.	*vjepίν' ε μίρε,*	·	*vjepί τε μίρε.*	

Plural.

Nom. Acc. Voc.	*vjέρεζιτ' ε μίρε,*		*vjέρεζ τε μίρε,*	
Gen. u. *Dat.*	*vjέρεζεβετ σε μίρε.*		*vjέρεζεβε σε μίρε.*	

Weiblich.

Singular.

Nom. Voc.	*ἡρούαϳ' ε μίρε*[*]	die gute Frau,	*ἡρούα ε μίρε*	gute Frau,
Gen. Dat. Abl.	*ἡρούασε σε μίρε,*		*ἡρούε σε μίρε,*	
Acc.	*ἡρούανε ε μίρε,*		*ἡρούα τε μίρε.*	

Plural.

Nom. Acc. Voc.	*ἡρᾶτε ε μίρα,*	*ἡρᾶ τε μίρα,*	
Gen. u. *Dat.*	*ἡράβετ σε μίρα,*	*ἡράβε σε μίρα.*	

Declination mit vorstehendem Adjectiv.

Männlich.

Singular.

	Bestimmte Form.	Unbestimmte Form.
Nom.	*ι μίρι vjepί,*	*ι μίρε vjepί,*
Gen. u. *Dat.*	*σε* u. *τε μίριτ vjepί,*	*σε μίρε vjepί,*
Acc.	*τε μίρινε vjepί,*	*τε μίρε vjepί.*

Plural.

Nom. u. *Acc.*	*τε μίρετε* u. *μίριτε vjέρεζ,*	*τε μίρε vjέρεζ,*
Gen. u. *Dat.*	*σε μίρεβετ* u. *μίρετ vjέρεζ,*	*σε μίρεβε vjέρεζ.*

---

*) s. §. 4, b, 3, Note.

Weiblich.

Singular.

	Bestimmte Form.	Unbestimmte Form.
Nom.	ε μίρα γρούα,	ε μίρε γρούα,
Gen. u. *Dat.*	σε μίρεσε γρούα,	σε μίρε γρούα,
Acc.	τε μίρενε γρούα,	τε μίρε γρούα.

Plural.

Nom. u. *Acc.*	τε μίρατε γρᾶ,	τε μίρα γρα,
Gen. u. *Dat.*	σε μίραβετ γρα,	σε μίραβε γρα.

§. 17.

Vergleichungsstufen.

Der Comparativ wird *) durch Vorsetzung des Adverbium „mehr" μξ oder μбξ **) gebildet, vor welches im Superlativ der Artikel tritt: μξ ι μαϑ, μ'ι μαϑ grösser; ι μξ ι μαϑ, ι μ'ι μαϑ der Grösste.

In der Conversationssprache wird jedoch häufig der Comparativ für den Superlativ gesetzt und daher der erste Artikel ausgelassen, wenn nicht der Nachdruck auf demselben ruht.

Die Vergleichungspartikel „als" ist σε und νγα mit dem Nominativ, z. B. νουχ ἑστε χοπὶλ μ'ι μαϑ σε ζοτ' ι τιγ, ας ι δερϳούαρε μ'ι μαϑ σε αἱ χϳε ε δερϳόι ατξ der Diener ist nicht grösser als sein Herr, noch der Gesandte grösser als der, welcher ihn gesandt hat, Matth. XIII, 16. — νουχ ουνγρέ νδονϳξ νϳερὶ . . . . μξ ι μαϑ σε Ἰοάννι Βαπτιστίου, πο μξ ι βόγελϳε νδξ μδρεττερὶ τε Κϳιελβετ ἑστε μξ ι μαϑ νγα αἱ es ist kein Mensch grösser erstanden als Johannes der Täufer, aber der kleinste im Himmelreich ist grösser als er, Matth. XI, 11 (sollte, streng genommen, πο ι μξ ι βόγελϳε heissen). — τσὶλι αδά νγα ατά, ϑούαϳμε, δο τα (τε ε) δόϳε ατξ μξ σούμε?.. ε δε Σίμονι ου περγέχϳ ε ϑα: μξ δούχετε σε αἱ χϳε ι δερόι μξ τε σούμενε wer nun von diesen, sage mir, wird ihn mehr lieben? und Simon antwortete ihm und sprach, mich dünkt, als ob (σε) derjenige, welchem er das meiste schenkte, Luc. VII, 42, 43 (sollte, streng genommen, τε μξ τε σούμενε heissen).

---

*) Wie in den romanischen Sprachen.

**) Diese Partikel steht auch bei Adverbien: δο τε βέτε μξ περπάρα-σε ϳούβετ νδξ Γαλιλέ ich werde früher als ihr nach Galiläa kommen, Matth. XXVI, 32. — άμμε ούρδερ τε βέτε μξ περπάρα τε χλας τιμ ατ μбξ δε gib mir Befehl vorher hinzugehen und meinen Vater in die Erde zu stecken, d. h. zu begraben, Luc. IX, 59. — μξ μίρε, besser: σε μξ μίρε ἑστε περ τύχ denn besser ist es für dich, Matth. II, 29. — μξ δούμε mehr — μξ παχ weniger. — μξ steht auch allein: τδ'να δούχανε μξ μάρτυρε? was brauchen wir mehr Zeugen? Matth. XXVI, 65. — τε βέτγ πορόι... τε μος χυτδ μξ νδε αἱ ich gebe dir den Befehl... dass du nicht mehr in denselben fahrest, Matth. IX, 25. — χάχϳε χϳε σ'ϳάνε μξ δυ, πο νϳε χουρμ so dass sie nicht mehr zwei, sondern ein Körper sind, Marc. X, 8.

§. 18.

V. Numeralia.

Grundzahlen.		Ordnungszahlen.
Eins	*νjε̆*	*πᾰρε*
Zwei	*dū* *)	*dύτε* *)
Drei	*τρε̆, τρῑ* **)	*τρέτε*
Vier	*χᾰτερ*	*χάτερτε*
Fünf	*πε̆σε*	*πέσετε*
Sechs	*ϳ̓jᾰᾰτε*	*ϳ̓jάᾰτετε*
Sieben	*ᾰτᾰτε*	*ᾰτάτετε*
Acht	*τέτε*	*τέτετε*
Neun	*νε̆νdε*	*νένdετε*
Zehn	*ᴆjέτε*	*ᴆjέτετε*
Eilf	*νjε μbε ᴆjέτε* ***)	*νjέμbεᴆjέτετε*
Zwölf	*du μbε ᴆjέτε*	*dύμbεᴆjέτετε*
Dreizehn	*τρε μbε ᴆjέτε*	*τρέμbεᴆjέτετε*
Vierzehn	*χάτερ μbε ᴆjέτε*	*χάτερμbεᴆjέτετε*
Fünfzehn	*πέσε μbε ᴆjέτε*	*πέσεμbεᴆjέτετε*
Sechzehn	*ϳ̓jᾰᾰτε μbε ᴆjέτε*	*ϳ̓jάᾰτεμbεᴆjέτετε*
Siebenzehn	*ᾰτάτε μbε ᴆjέτε*	*ᾰτάτεμbεᴆjέτετε*
Achtzehn	*τέτε μbε ᴆjέτε*	*τέτεμbεᴆjέτετε*
Neunzehn	*νένdε μbε ᴆjέτε*	*νενdεμbεᴆjέτετε*
Zwanzig	*νjεζε̆τ*	*νjεζέτμ*
Einundzwanzig	*νjεζε̆τ νjε*	*νjεζέτνjέτε*
Dreissig	*τριᴆjέτε*	*τριᴆjέτετε*
Vierzig	*duζε̆τ*	*duζέτμ*
Fünfzig	*πέσεᴆjέτε* ****)	*πέσεᴆjέτετε*
Sechzig	*ϳ̓jᾰᾰτεᴆjέτε*	*ϳ̓jᾰᾰτεᴆjέτετε*
Siebenzig	*ᾰτάτεᴆjέτε*	*ᾰτάτεᴆjέτετε*
Achtzig	*τέτεᴆjέτε*	*τέτεᴆjέτετε*
Neunzig	*νένdεᴆjέτε*	*νένdεᴆjέτετε*
Hundert	*χj̆ε̆ντ, νjε χjιντ*	*χjίντετε*
Zweihundert	*du χjιντ*	*duχjίντετε*
Tausend	*μĭjε*	*μίjετε*
Zweitausend	*du μĭjε*	*duμίjετε*

---

*) N. T. *dι* und *dίτε*. —

**) *τρε̆* bei männlichen, *τρι* bei weiblichen Hauptwörtern, *τρε boύρρα ε τρι ϳρα* drei Männer und drei Frauen.

***) Wörtlich: eins auf zehn.

****) Die doppelten Accente dienen bloss zur Angabe der richtigen Aussprache.

Zahladverbien.

dvð	doppelt	*ðtátgð*	siebenfach
τριð	dreifach	*τέτgð*	achtfach
χάτgρð	vierfach	*νẹνdgð*	neunfach
πέσgð	fünffach	*δjέτgð*	zehnfach
γ̇jάðτgð	sechsfach		u. s. w.

§. 19.

1) Die Grundzahlen werden im Plural mit Vorsetzung des Artikels declinirt und zwar in der unbestimmten und bestimmten Form, z. B. *ου χjgρούανg τg δjέτg* (unbest. Plur.) *ε πο τg νẹνdgτg* (best. Plur.) *χου jάνg?* Zehn sind gereinigt worden, aber wo sind die neun? Luc. XVII, 17. — *ου α δgρόι χjg σg dύβετ* (best. Gen. Plur.) er schenkte sie ihnen allen beiden, Luc. VII, 22. — *ατά τg τέτg μbg δjέτg* diese achtzehn, Luc. XIII, 4 (unbest. Nom. Plur. nach *ατά*).

νjg eins und einer, eine hat im Genitiv *νjἴγ* eines und einer.

Im *N. T.* findet sich sogar der bestimmte Gen. *νjgτι νjεριουτ*, eines Menschen, z. B. Luc. XII, 16, statt der unbest. Form *νjιγ νjερίου* — doch scheint dieselbe, wenn sie auch dem Sprachgeiste nicht widerspricht, wenigstens in der Risa nicht gebraucht zu werden.

2) Die Ordnungszahlen werden gleichfalls ganz wie Adjective behandelt. Unbest. Form: *ι πάρg* erster, *ε πάρg* erste, Pl. *τg πάρg* erste; best. Form: *ι πάρι* der erste, *ε πάρα* die erste, Pl. *τg πάρgτg*, weibl.: *τg πάρατg* die ersten. — *ε πάρα* (best.) *νγ̇α τg γ̇jίϑα ποροίτg ẹϑτg: ζότι περνdία jότε ζοτ ẹϑτg νjg; χgjό ẹϑτg ποροί ε πάρg* (unbest. wegen *χgjό*). — *E ε dότg* (unbest.), *σι εdι χgjό* (besser *αjό*), *ẹϑτg χgjό* die erste von allen Vorschriften ist: der Herr dein Gott ist ein einziger Herr; dies ist die erste Vorschrift und die zweite, dieser gleich, ist diese, Marc. XII, 29, 30, 31.

Mit den Ordnungszahlen wird auch der Begriff der Einheit aus einer bestimmten Anzahl ohne Rücksicht auf die Ordnung, in welcher sie steht, bezeichnet: *ι dότι* der Zweier, *ι τρέτι* der Dreier, *ι δjέτι*[*]) der Zehner u. s. w.

3) *νjg χέρg* einmal, *dυ χέρg* zweimal, *τρι χέρg* dreimal etc., *πgρ σg dότιτ* (best. Gen. von *ι dότι* der zweite) zum zweiten Male, *πgρ σg τρέτιτ* zum dritten Male. — *υbg dυ* in zwei Stücke, entzwei; *μbg τρα, χάτρg* in drei, vier Stücke. — *περδέjα ε ναόιτ ουτζjούαρ* (st. *ουτδούαρ*) *μbg dυ* der Vorhang des Tempels riss entzwei, Matth. XXVII, 51.

---

*) *ε δjέτα* der Zehnten: *ίπνι τg δjέτgνg* ihr gebet den Zehnten (von, durch den Gen.) *ε δjύσμοσg* von der Krauseminze, Luc. XI, 42.

§. 20.

VI. Pronomina.

Selbstständige Fürwörter.

	1.	2.		1.	2.	
Sing. Nom.	ούνε, ου		ich	τύνε, τι		du
Gen. Dat. Abl.	μούα, μέje *)	με	meiner, mir	τύιγ, τέje	τε	deiner, dir
Acc.	μούα	με	mich	τύιγ	τε	dich
Plur. Nom.	νάβετ, νέβετ	να, νε	wir	joύβετ	jου	ihr
Gen. u. Dat.	νάβε, νέβε unb. νάβετ, νέβετ best.	να, νε	unser, uns	joύβε unbest., joύβετ best.	jου u. ου	euer, euch
Acc.	νάβετ, νέβετ	να, νε	uns	joύβετ	jου	euch
Abl.	νεϑ **)		von uns	joυϑ **)		von euch
Sing. Nom.	αΐ		er	αjό		sie
Gen. u. Dat.	ατίγ	ι	seiner, ihm	ασάτγ	ι	ihrer, ihr
Acc.	ατέ	ε	ihn	ατέ	ε	sie
Plur. Nom.	ατά		sie	ατό		sie
Gen. u. Dat.	ατύρε, ατύρεβε, ατύρεβετ	ου	ihrer, ihnen	ατύρε, ατύρεβε ατύρεβετ	ου	ihrer, ihnen
Acc.	ατά	ι	sie	ατό	ι	sie
Abl.	**)			**)		

§. 21.

1. Der Nom. dieser Fürwörter wird wie im Griechischen und Lateinischen nur dann dem Zeitworte vorgesetzt, wenn auf die Person, auf welche sich das Zeitwort bezieht, ein besonderer Nachdruck gelegt wird.

Für die übrigen Fälle gibt es dreierlei Verbindungsarten mit dem Zeitworte.

a) Die griechisch-lateinische, wonach das Fürwort dem Zeitworte unmittelbar vorhergeht. Sie ist die gewöhnlichste und bedient sich nur der sub Nr. 2 aufgestellten kurzen Formen.

b) Die deutsche — nach welcher das Fürwort dem Zeitwort unmittelbar folgt, sie bedient sich der Nr. 1 aufgestellten Formen.

c) Eine eigenthümliche, nach welcher die beiden entsprechenden Formen in der Art gehäuft werden, dass die sub Nr. 2 erwähnte kurze Form dem Zeitworte vorgeht und die von Nr. 1 demselben nachfolgt.

Accusativ.

1) μέμμα με χjερτόι	χjερτόι μούα	με χjερτόι μούα	die Mutter schalt mich
2) babái τε βεχόν	βεχόν τύιγ	τε βεχόν τύιγ	der Vater segnet dich

---

*) *ίκε νỳα μέje* weiche von mir, Luc. IV, 8. (*νỳα* regiert in allen übrigen Fällen den best. Nom.); — *πράπα μέje* (wörtlich: zurück) fort von mir.

**) Unbest. Abl. Plur. *ίκε νεϑ*, oder auch *νỳα να* weiche fort von uns — *joυϑ* oder auch *νỳα jου ε πεσύβα* von oder wegen euch erdulde ich dies. — *σούρεϑ* von ihnen, ist vielleicht aus *σε ατύρεϑ* zusammengezogen, *ου φϑεχ πρίτγ σούρεϑ* er verbarg sich vor ihnen, Joh. XII, 36.

7 *

3) ε δούα	δούα ατξ	ε δούα ατξ	ich liebe ihn od. sie
4) να λjεβδόν	λjεβδόν νάβετ	να λjεβδόν νάβετ	er preist uns
5) jου νεμ	νεμ jούβετ	jου νεμ jούβετ	ich fluche euch
6) ι πορσίτ*)	πορσίτ ατά (weibl. ατό)	ι πορσίτ ατά (weibl. ατό)	er befiehlt ihnen.

Genitiv und Dativ.

1) μξ βίε	βίε μούα	μξ βίε μούα	er bringt mir
2) τξ λjούτεμ	λjούτεμ τύιγ	τξ λjούτεμ τύιγ	ich flehe dich an
3) ι δα	δα ατίγ	ι δα ατίγ	er gab ihm
4) ι θάδξ	θάδξ ασάιγ	ι θάδξ ασάιγ	ich sagte ihr
5) να λjούτειγ	λjούτειγ νάβετ	να λjούτειγ νάβετ	er flehte zu uns
6) jου ρǎμ	ρǎμ jούβετ	jου ρǎμ jούβετ	wir schlugen euch
7) ου ρǎτξ	ρǎτξ ατύρε	ου ρǎτξ ατύρε	ihr schlugt sie
			männl. und weibl.

Diese verschiedenen Formen werden im Ganzen nach Willkür gebraucht. — Doch liegt bei der zweiten Form (besonders in der dritten Person) der Nachdruck in der Regel mehr auf der Person, in welchem Fall es im Deutschen erlaubt ist, das Fürwort vorzustellen, z. B. ihn meine ich.

Die 3. Form wird bei gehaltener emphatischer Redeweise vorgezogen und daher von dem Uebersetzer des neuen Testamentes als stehende Form gebraucht.

2) Auf ähnliche Weise finden sich die oben sub Nr. 2 erwähnten kurzen Formen mit einem Hauptworte gehäuft, indem sie dem Zeitworte vorstehen, während das Hauptwort demselben nachfolgt, z. B.:

ε δο μξμμενξ?	liebst du (sie) deine Mutter?
ι θα ζότιτ, χjξ	er sagte (ihm) dem Herrn, dass
ι λjούτειγ βαβάιτ	er flehte (ihn) den Vater an; —

ου α δα μαθιτίβετ σξ τιγ, τ᾽ ου α βίjνξ περπάρα ε ου α βούνξ περπάρα τούρμεσξ (ihnen) er sie gab seinen Schülern, damit sie sie vorsetzten und sie setzten sie (ihr) vor der Menge, Marc. VIII, 6. — λjουμ βάρχου χjξ τξ χα μδάιτουρξ τύιγ selig der Leib der dich getragen hat, Luc. XI, 27.

Περνδία ε λjεβδίμιτ ι ουδούχ βαβάιτ σύνξ Αβραάμιτ der Herr der Lobpreisung (ihm) erschien unserem Vater Abraham, Apost. VII, 2.

Liegt in diesem Falle der Nachdruck auf dem Hauptworte oder einem selbstständigen Fürworte, so wird es an den Anfang des Satzes gestellt und die kurze Pronominalform zwischen dasselbe und das Zeitwort gestellt: χετξ ε ῇjεμ χjξ ναχατός φυλίνξ τξνξ diesen (ihn) fanden wir, indem er unser Volk unter einander brachte, Luc. XXIII, 2 (ε ῇjεμ χετξ würde heissen: wir fanden ihn).

3) Ausnahmen:

Bei der 2. Pers. Sing. Imperat. steht in den drei Constructionsformen das Fürwort hinter dem Zeitworte, z. B. επ μξ — επ μούα — επ μξ μούα gib mir; — επ να — επ νάβετ — επ να νάβετ gib uns; die mittlere Form ist jedoch wenig gebräuchlich.

___

*) S. §. 45.

Bei der 2. Pers. Plur. Imp. wird das Fürwort dem Zeitwort einverleibt [*]), indem es zwischen den Stamm und die Endung eintritt: σίλμενι (σιλ-νι με) εδέ μούα χαβέρ schickt (mir) auch mir Nachricht, Matth. I, 8. — έμμενι (επ-νι oder εμ-νι με) εδέ μούα κετέ εξουσί gebt (mir) auch mir diese Gewalt, Ap. VIII, 19. Ebenso έπινι (επ-νι-ι) gebet ihm oder ihr; — έπουνι (επ-νι ου) gebt uns, euch oder ihnen, je nach dem Zusammenhang. — Sogar das mit dem Dativpronomen verbundene Accusativpronomen wird auf diese Weise mit einverleibt: — δίμανι (βίνι με ε = μα) ατέ κετού bringt mir (ihn) diesen hier her, Matth. XVII, 17. — επ ja (ι ε) gib es ihm, ihr; so auch έπουα (επ ου ε) σε βάρφερετ gib es (ihnen) den Armen, Matth. XIX, 20. — έπjανι gebt sie ihm, Luc. XIX, 24. — έπουανι (έπνι ου ε) gebt es uns, euch, ihnen.

§. 22.

Ich, du, er, wir, ihr, sie selbst ούνε βέτε, τι βέτε, αι βέτε, αjό βέτε — να βέτε, jου βέτε, ατά oder ατό βέτε; ε βέρρα ούνε βέτε ich that es selbst; aber auch: ich that es allein, ohne fremde Hülfe.

βέτε steht in dieser Bedeutung auch ohne Fürwort: ε θα βέτε er sagte es selbst; ίστε κύιγ? ist es dieser? Antwort: βέτε, ι βέτι oder βέτε dόρα derselbe, er selbst oder dieselbe Hand.

Das deutsche rückbeziehende mir, mich, dir, dich, sich, seiner gibt der Albanese stets mit dem Hauptworte βέτεχε-ja Selbst[**]) und der entsprechenden Präposition:

έρδι νδε τε βέτεχε τε σάιγ wörtlich: sie kam zu ihrem Selbst, d. h. zu sich; κje dόλλι νγa βέτεχεja ετίγ welcher von seinem Selbst, d. h. von ihm ausging; ε βλjένε περ βέτεχε τε τύρε sie kauften es für sich.[***])

με oder μbε βέτεχε in, bei mir, dir, sich selbst, in der Regel ohne weiteren Zusatz: θάσε με βέτεχε ich sagte bei mir selbst u. s. w.

§. 23.
Zeigende Fürwörter.

1. αι männl., αjό weibl.

a) entsprechen allein stehend sowohl in den im vorhergehenden §. sub Nr. 1 angeführten, als in den untenfolgenden Formen dem Deutschen dieser, diese; derjenige, diejenige.

---

[*]) Die einzige regelmässige Einverleibung, welche sich bis jetzt vorfand. Ausserdem nur noch in der Phrase με γjάσενε für με γjαν σε mir scheint dass, als ob.

[**]) Meiner Selbst wegen = meiner Mutter wegen, um ihrer Selbst willen = um ihrer Schwester willen. Vergleicht man diese deutschen Phrasen mit den albanesischen, so möchte man das in ihnen vorkommende Selbst für ein weibliches Hauptwort halten.

[***]) Ebenso sagt der Neugrieche ἦλθεν εἰς τὸν ἑαυτὸν τῆς; ὅπου εὐγῆκε ἀπὸ τὸν ἑαυτὸν του; τὸ πέρνουν διὰ τὸν ἑαυτὸν τούς.

b) im Gegensatze zu dem folgenden *κύιγ*, *κει̯ό* muss es als dem Redenden ferner stehend mit jener, jene übersetzt werden*), z. B. *κει̯ό εδέ αι̯ό* diese und jene. 2. *κύιγ* dieser, *κει̯ό* diese.

Zur bessern Veranschaulichung der Formähnlichkeit beider Fürwörter werden dieselben hier nebeneinander gestellt:

Sing. Nom.	*κύϊγ***)	dieser	*αί*	jener	*κε-ι̯ό*	diese	*α-ι̯ό*	jene
Gen. Dat.	*κε-τίγ*	dieses	*α-τίγ*	jenes***)	*κε-σάιγ*	dieser	*α-σάιγ*	jener
		diesem		jenem				
Acc.	*κε-τέ*	diesen	*α-τέ*	jenen	*κε-τέ*	diese	*α-τέ*	jene
Plur. Nom.	*κε-τά*	diese	*α-τά*	jene	*κε-τό*	diese	*α-τό*	jene
Gen. Dat.	*κε-τύρε*****)	dieser	*α-τύρε*	jener	*κε-τύρε*	dieser	*α-τύρε*	jener
		diesen		jenen		diesen		jenen
Acc.	*κε-τά*	diese	*α-τά*	jene	*κε-τό*	diese	*α-τό*	jene.

Diese Fürwörter stehen, wenn auf ihnen kein besonderer Nachdruck liegt (s. §. 21 Nr. 2.), allezeit hinter dem Zeitworte, welchem jedoch die im vorigen §. sub Nr. 2 erwähnte entsprechende kurze Form gleichfalls vorgesetzt werden kann, z.B. *μβάιτα κετέ ε δεργόβα ατέ* und *ε μβάιτα κετέ ε ε δεργόβα ατέ* ich behielt diesen und schickte jenen.

Den Hauptwörtern gehen sie dagegen stets voran. Von ihrem Verhältnisse zu diesen gilt die §. 16, *b* für Adjective und Substantive aufgestellte Regel, das Hauptwort steht daher ohne Unterschied auf den Casus des Fürwortes in dem unbestimmten Nominativ der Ein- oder Mehrzahl: *νγ̈α κετό πορσί τε βόγ̈ελ̯α* von diesen kleinen Vorschriften; — *νδε κετέ νάτε* in dieser Nacht, Matth. XXVI, 34. *****)

Das deutsche neutr. Sing. dasjenige, was, gibt der Albanese in der Regel mit dem femin. Plur., indem er *πούνερα* Sachen, Dinge darunter versteht: — *έπνι αδά ατό χι̯ε γ̈άνε τε καίσαριτ τε καίσαρι ε ατό χι̯ε γ̈άνε τε περνδίοσ τε περνδία*, so gebt denn das was (wörtl. diejenigen, welche sind) des Kaisers ist an den Kaiser und das was Gottes ist an Gott, Luc. XX, 25. — *ατό χι̯ε κε βένε μβε υι̯'' άνε, τε χούι̯ιτ δο τε γ̈άνε?* das was (wörtlich: diejenigen welche) du bei Seite gesetzt hast, wessen wird es (wörtlich: werden sie) sein? Luc. XII, 20.

§. 24.

Die beziehenden Fürwörter *χι̯ε* und *τ̃ε*.

I) Das Wort *χι̯ε* entspricht dem französischen *que* und italienischen *che*, insofern als es sowohl adverbiale als pronominale Bedeutungen hat, jedoch ist sein

---

*) Ebenso *κετού* hier, *ατ̇ό* dort — *κετέι̯ε* diesseits, *ατέι̯ε* jenseits.

**) Nicht zu verwechseln mit *κούιγ*? wessen?

***) *N. T.* auch *ζε ατίτ χι̯ε θερέτ νδε ερεμί* die Stimme desjenigen welcher in der Wüste ruft, Matth. III, 3.

****) *N. T.* auch *ε τέπερ' ε κετύρεβετ* das über diese hinausgehende, Matth. V, 37.

*****) Im *N. T.* findet sich jedoch mitunter das Hauptwort in der bestimmten Form: *τοίλλιδο χι̯ε τ'ι θότε κετίγ μάλλι̯ιτ* jeder der zu diesem Berg sagen würde, Marc. IX, 23.

Gebrauch in beider Hinsicht weit ausgedehnter und sehr eigenthümlich. — *xjᶒ* als Fürwort ist indeclinabel und steht nicht bloss als Accusativ, sondern auch als Nominativ.

1. Nominativ: *ζᶒ vjᶒρίουτ xjᶒ ϑᶒρέτ νdᶒ εριμί* die Stimme eines Menschen, welche (und welcher) in der Wüste ruft, Marc. I, 3; — *αἰ xjᶒ ἐϑτᶒ μ'ι φουχίτᾶμ σε ούνᶒ* derjenige, welcher stärker ist, als ich, ibid. I, 7. — *πᾶ xjέλτᶒxjᶒ ουχάπνᶒ,* er sah den Himmel, welcher sich öffnete, ibid. I, 10.

2. In den übrigen Fällen betrachtet man es am besten als eine Partikel — etwa unser wo *), — die da anzeigt, dass das folgende Zeitwort nebst seiner Umgebung sich auf das Hauptwort beziehe, welches vor *xjᶒ* steht. — Im Deutschen sagen wir: der Ort wo und an dem wir uns befinden; der Albanese kennt die erste Construction, indem er sagt: *βᶒνd xjᶒ ρίjᶒμᶒ* der Ort wo etc. Die zweite fehlt, dagegen hat er eine eigenthümlich gehäufte: der Ort wo, an dem wir uns befinden: *βᶒνd xjᶒ ρίjᶒμᶒ μbᶒ τᶒ,* so Marc. XIV, 71, *σ'ε δι χᶒτέ vjᶒρί xjᶒ ϑόι* ich kenne ihn nicht, diesen Mann, den ihr besprecht. S. weiter Nr. 4.

Dieselben Constructionen finden sich auch für den Accusativ: *xοπίλι xjᶒ ε xιϑ τᶒ dάϑουρᶒ,* Luc. VII, 43, wörtlich: der Diener, wo den er lieb hatte; — *ντζίρᶒ vjᶒ τᶒ βdέxουρᶒ xjᶒ ε xιϑ τᶒ βέτᶒμᶒ μᶒμ' ετίγ* sie trugen einen Todten hinaus, wo den seine Mutter als einzigen hatte, Luc. VII, 12. Hier kann das Fürwort *ε* auch fehlen.

3. In der Dativverbindung ist in der Regel nur die gehäufte Construction zulässig: *αἰ xjᶒ ι dᶒρόι μᶒ τᶒ ϑούμᶒ* der wo dem, d. h. welchem er das meiste geschenkt hatte, Luc. VII, 2. — *φίxου xjᶒ ι de νέμᶒνᶒ* der Feigenbaum, wo dem, d. h. welchem du den Fluch gabst, Marc. XI, 21. — *αἰ xjᶒ νούxᶒ jαμ ούνᶒ ι ζότι τᶒ ούνjεμ ε τ' ι σγjιϑ ρίπᶒν' ε xᶒπούτσᶒβετ σᶒ τιγ* derjenige, welchem ich nicht würdig bin (mich zu bücken und — fügt die albanesische Übersetzung zu) die Bänder seiner Schuhe zu lösen, Marc. I, 7. — *αἰ xjᶒ τᶒ dόjᶒ bίρι τᶒ ja* (für *ι ε*) *σbουλjότjᶒ* derjenige, welchem der Sohn es offenbaren wollte, Luc. X, 22. — *ϑᶒρbετόρᶒ xjᶒ ου xjιϑ dᶒνᶒ άσπρᶒτᶒ* die Diener, welchen er die Gelder gegeben hatte, Luc. XIX, 23.

In folgender Phrase steht jedoch *xjᶒ* ohne *ι*: — *αἰ xjᶒ τᶒ μάρρᶒ γρούα τᶒ νdάρᶒ, xjᶒ* (statt *xjᶒ ι*) *ρον boύρρᶒ εσάγ* der welcher ein geschiedenes Weib nimmt, welcher ihr Mann lebt, Matth. XIX, 9.

4. Oft wird jedoch das demonstrative Pronomen sogar mit der Präposition ausgelassen, welche es regiert, so dass *xjᶒ* alle deren Bestimmungen in sich schliesst (s. Nr. 2): z. B. *μbᶒ τᶒdo ϑτᶒπί xjᶒ τᶒ χύνι* in jedem Hause, in das (wohin) ihr geht, Luc. IX, 4. — *βάτε..νd' ατᶒ βᶒνd xjᶒ xjε πᶒρπάρα Ιοάννι* er ging in diejenige Gegend, wo früher Johannes war, d. h. sich aufhielt, Joh. X, 40.

In den folgenden Beispielen könnten die in Parenthese geschlossenen Worte auch fehlen ohne den Sinn zu ändern: — *τι jε bίρρι ιμ ι dάϑουρι xjᶒ (μbᶒ τᶒ;* Luc. III, 22. *μbι τι) ούνᶒ πρέχεμ,* Matth. III, 17, du bist mein geliebter Sohn, auf

---

*) Pfälzisch: der, wo fortging, statt: der welcher; das Haus, wo dem gehört, statt: welches diesem gehört. — So auch *n. gr. ὁ ἄνδρας, ἡ γυναῖκα, τὸ παιδί, ὅπου* der Mann, die Frau, das Kind wo, statt welcher, welche, welches.

den ich vertraue; — *μόρρι ϑτράτινε κjε dέρῇjειγ (μbε τε)* er nahm das Bett, worauf er lag, Luc. V, 25; — *κjε τε κερκύιjε (πρέιγ σιγ) bίρρι ι τιγ bούχε* von dem sein Sohn Brot begehrt, Matth. VII, 9. — *jaʃ Ισραιλίτ ι βερτέτε, κjε (μbε τε) νουχ' ξϑτε djάλεσί* siehe! ein wahrer Israelit, an dem keine Bosheit ist, Joh. I, 48. — *χροτϑ κjε (μb'ατε) νούχε χίππι νδονjε νjερί* ein Eselsfohlen, das noch Niemand bestiegen hatte, Matth. XI, 2. — *χύιγ ιϑτε αί, κjε (περ τε oder ατε) ιϑτε ϑχροβαρε* das ist derjenige, von dem geschrieben steht, Luc. VII, 27. — *πο τσίλι ξϑτε χύιγ, κjε διῇjόιγ τε ϑόνε (περ τε) κάκjε πούνερα?* Wer ist denn (*πο*) derjenige, von dem ich höre, dass sie solche Dinge sagen? Luc. IX, 9. — *ῇjένε νjερίνε, κjε dούαλε (πρέιγ σιγ) τε παούϑετε* sie fanden den Menschen, von dem die Teufel gewichen waren, Luc. VIII, 35. — So auch *νjερί κjε (περ ατε) λjoύτεμι* der Mensch für den wir bitten, aber *νjερί κjε ατίγ λjoύτεμι* der Mensch zu dem wir bitten; — *dέρατε κjε (νd'ατά) χύιτινε τε παούϑετε* die Schweine, in welche die Teufel gefahren waren; — *μίχου jιμ κjε (νῇα αί) βιγ* mein Freund, von dem ich komme; — *ϑτερί κjε (νῇα αjό) dόλλα* das Haus, aus dem ich trat; — *νjερίου κjε (τεχ αί) βάιτα* der Mensch, zu dem ich ging; — *κάστι κjε (περ τε) λjεφτόιμε* die Absicht, in der wir kämpfen.

Aus diesen Beispielen ergibt sich, dass *κjε* immer unmittelbar hinter dem Hauptworte steht, das zweite Fürwort mit der Präposition aber bald vor, bald nach dem bezüglichen Zeitwort stehen kann, letzteres ist jedoch weniger häufig und legt den Ton dann besonders auf das Pronomen; s. weiter §. 39, 3; §. 40, 3; §. 49.

II) *τϑε*[*]) (das ε wird in der Aussprache auch vor Consonanten verschluckt) und *σετϑ*, beide fordern in der Bedeutung von **was** den Plural des Verbums, mit dem sie verbunden sind; *τϑ'* oder *σετϑ πιελ μάτϑε, μι ῇjούαινε* was die Katze gebiert, jagt (wörtlich: jagen) Mäuse; s. §. 11, Nr. 2. — *μι τϑ' μάτερς κjε μάτνι do τ'ου μάτετε εdέ joύβετ* mit welchem Maasse ihr messet, wird euch auch gemessen werden, Matth. VII, 2. *σετϑ ι ϑάϑε νούχε dι* was ich ihm sagte, weiss ich nicht; — *jάτι joύαιγ ι dι σετϑ ου dούχετε* euer Vater weiss, was euch Noth thut, Matth. VI, 8. — *βεϑτρό σετϑ bξινε τε ϑετούνε* siehe, was sie am Sabbath thun, Marc. II, 24. Ueber *τϑε?* s. §. 25, Nr. 3.

§. 25.

Fragende Fürwörter.

1. *χοϑϑ?* wer? ist *generis communis.*

Nom.	*χοϑϑ?*	wer? —	*χοϑϑ έρdι?*	wer ist gekommen?
Gen. u. Dat. *χύιγ?*[**])		wessen? wem?	*χούιγ ι φόλjε?*	wem hast du gerufen?
Acc.	*χε?*[***])	wen? —	*χε χερχόν?*	wen suchst du?
			χε do?	wen willst du?

---

[*] *τϑε* liesse sich eines Theils als eine Erweichung von *χε?* wen? (s. §. 25, 1 und §. 3, Nr. 49) — und *σετϑ* als eine erweiterte Form desselben, — anderntheils aber auch als eine Verstümmelung von *σετϑ* betrachten. Sollte sich die letztere Ableitung als begründet erweisen, so wäre die angenommene Schreibweise *τϑ'* unrichtig, weil dann kein ε am Ende des Wortes wegfiele.

[**] Nicht zu verwechseln mit *χύιγ* dieser.

[***] Nicht zu verwechseln mit *κjε.*

2. *ι χούj-ι*? männlich, *ε χούj-α*? weiblich, wem gehörig? wessen? — *ε χούjα ἰϑτε χεjό χόνε εϑέ χύιγ ἔμερ*? (genauer: *εϑέ ι χούjι ἰϑτε χύιγ ἔμερ*) wessen ist dies Bild und dieser Name? Matth. XXII, 20. — *ατό χjε χε βένε μϸε νj'άνε τε χούjιτ do τε jένε*? dasjenige was du auf die Seite gesetzt hast, wessen wird es sein? Luc. XII, 20. — Könnte auch so gegeben werden: *ε τσίλιτ νỳα ατά do τε jέτε ỳροúα*? die welches? d. i. wessen von diesen wird die Frau sein? Marc. XII, 22.

3. *τὄε*? was? (die erweichte Form von *χε*? s. §. 24, II, Note) *τὄ' νjερί ἰϑτε*? was für ein Mensch ist er? — *τὄ' φάρε*? welcher Art? auf welche Weise? — *τὄ' βεν*? was machst du? wie geht es dir? — *τὄ' do*? was willst du?

4. *σε*? was? (?) ward nur in Phrasen wie die folgenden gefunden: *με σε*? mit was? — *με σε do τε χρίπετε*? mit was wird gesalzen werden? Luc. XIV, 43. Daher auch wohl *περ σε*? für was? welches adverbialiter in der Bedeutung von warum? wesswegen? gebraucht wird. *περ σε ỳjαν*? warum weinst du? Antwort: *περ βελάνε*, um den (verstorbenen) Bruder. — Ebenso *νỳα σε*? wesswegen?

5. *τσίλι*? welcher? wer?

	Männlich.			**Weiblich.**		
Sing. Nom.	*τσίλι,*	*τσίρι*		*τσίλjα,*	*τσίρα,*	*τσία*
Gen. Dat. Abl.	*τσίλιτ,*	*τσίριτ*		*τσίλjεσε,*	*τσίρεσε,*	*τσίεσε*
Acc.	*τσίλινε,*	*τσίρινε, τσίινε*		*τσίλjινε,*	*τσίρινε,*	*τσίενε*
Plur. Nom. Acc.	*τσίλετε,*	*τσίρετε*		*τσίλjατε,*	*τσίρατε,*	*τσίατε*
Gen. Dat. Abl.	*τσίλεβετ,*	*τσίρεβετ*		*τσίλjαβετ,*	*τσίραβετ,*	*τσίαβετ.*

Z. B.: *ϑι, τσίλι ἐρϑι*? siehe, wer gekommen ist?

τσίλι νỳα τε δυ? welcher von den zweien?

τσίλιτ oder *τσίλεβετ δόλλι χύιγ χουβένδ*? von wem ging dies Gespräch aus?

§. 26.

Unbestimmte Fürwörter.

1. Jeder, jede, jedes.

a) *τὄdo* — zusammengesetzt aus *τὄε* was und *do* *) du willst — ist indeclinabel, *generis communis* und steht nur mit der Einzahl und der unbestimmten Form eines nachfolgenden Hauptwortes: *τὄdo νjερί* jeder Mann; — *τὄdo ỳροúα* jede Frau; — *τὄdo δαχικέ* jeder Augenblick; — *ι πελχjέν τὄdo νjερίου* (unbest. Genit.) er gefällt Jedermann; — *μϸε τὄdo ὄτεπί χjε τε χύνι* in jedem Hause. in das ihr geht, Luc. IX, 4.

b) *χουἄdó gen. comm.* und *τσίλλιdo*, weiblich *τσίλλjαdo*, auch *σιτσίλλι* und *σιτσίλλιdo* ein Jeder, eine Jede: — *δα νὄε τσίλλιdo πούνεν' ετίγ* er gab einem

---

*) Aehnliche Zusammensetzungen sind häufig: *νdo-νjε* Jemand, Etwas (wörtl. wenn du willst, einer)

τσίλλιdo ein Jeder }

χουἄdó Jeder } (wörtl. wen du willst)

χούπdo allzeit (wörtl. wann du willst)

σἄdo genug (wörtl. so viel du willst).

58

Jeden seine Arbeit, Marc. XIII, 34. — Jedermann: χουᾶδό und τσίλλιδο ε δι ein Jeder, Jedermann weiss es.

2. ἢ̓ϳίϑε in der Einzahl g a n z und ist undeclinabel: ἰᵭτε ἢ̓ϳίϑε ᵬαϐάι er ist ganz der Vater; — μου δροϑ ἢ̓ϳίϑε χούρμι mein ganzer Körper wurde erschüttert; — ἢ̓ϳίϑε ᵬότα die ganze Welt; — ἢ̓ϳίϑε πούνα ϳότε χούμϐι dein ganzes Dasein ist verloren (Lied); — δερϳούανε ρότουλε ἢ̓.ϑ' ατίτ βξνδιτ sie schickten in dieser ganzen Gegend umher, Matth. XIV, 35; — τε δούατᵭ ζότνε περυδίνε τξντε με ἢ̓ϳίϑε ζξμερε τξντε εδέ με ἢ̓ϳίϑε ᵬπυρτ τξντ, εδέ με ἢ̓ϳίϑε μξντ τξντ εδέ με ἢ̓ϳίϑε φουχί τξντε du sollst lieben den Herrn deinen Gott mit deinem ganzen Herzen und deinem ganzen Geiste und mit deiner ganzen Seele und mit deiner ganzen Kraft, Marc. XII, 30. — Doch auch: ἢ̓ϳίϑε κεϳό (πούνε) a l l e s das.

In der Mehrzahl a l l e;

a) mit Hauptwort indeclinabel[*]), z. B.: ἢ̓ϳίϑε ϳράτε alle Frauen[**]); — ἢ̓ϳίϑε υϳέρεζίτε alle Menschen; — ἢ̓ϳίϑε πούνατε alle Dinge; — τε δϳέττξν' ε τε ἢ̓ϳίϑε λϳάχραβετ den Zehnten von allen Kräutern, Luc. XI, 42.

Es ist in beiden *Numeris generis communis* und verlangt die bestimmte Form des betreffenden Hauptwortes.

b) ohne Hauptwort τε ἢ̓ϳίϑε, weiblich τε ἢ̓ϳίϑα Alle; Gen. und Dat. unbest.: ἢ̓ϳίϑεβε; best.: ἢ̓ϳίϑεβετ; — z. B.: λϳε τε ϳετ μ'ι παστάιϳμι νϳα τε ἢ̓ϳίϑε ε δε ᵭξρϐεᵭόρ ι σε ἢ̓ϳίϑεβετ er sei der Letzte von allen und der Diener aller, Marc. IX, 35; — ι δι τε ἢ̓ϳίϑα er weiss Alles, Joh. XVI, 30, (verstanden πούνερα *fem.* Sachen); — ρεφύενε τε ἢ̓ϳίϑα τᵭ' ουᵬέ τε ι δαιμονίσουρι sie erzählten Alles, was an dem Besessenen geschehen war, Marc. V, 16.

ἢ̓ϳίϑε χουᵭ, ἢ̓ϳίϑε τσίλλι ein Jeder;

άχε χουᵭ, άχε τσίλλι der da, der Gewisse (häufige Bezeichnung des Teufels).

3. ι τίλλε-ι, weiblich ε τίλλε-α (*N. T.* ε τίλϳα) ein solcher, eine solche, mit und ohne Hauptwort; — ι τίλλι ϳε? ein solcher, so einer bist du? — τε τίλλε τε ρρούαρε τᵭ'ε δούα? was soll mir ein solches Leben? — σα δα τε μίρα δόνι τε ϳου ᵬξινε ϳούϐετ υϳέρεζίτε, τε τίλϳα τε ᵬξνι εδέ ϳούϐετ μϐ' ατᵭ so viel Gutes als ihr wollt, dass euch die Menschen thun, ein solches thut ihnen auch, Matth. VII, 12.

4. υδόνϳε, zusammengesetzt aus υδε δο υϳε, wörtl.: wenn du willst einer, im Sinne des Deutschen einer, irgend einer, Jemand; z. B.: άμμε υδόνϳε μόλλε, υδόνϳε πάρα gib mir einen Apfel, einen Para; — έρδι υδόνϳε? ist Jemand gekommen? Antwort: υδόνϳε σ'έρδι es ist nicht Jemand, d. h. Niemand, gekommen; oder einfach: υδόνϳε Niemand[***]).

---

[*]) Jedoch *N. T.* ε πάρα νϳα τε ἢ̓ϳίϑα πορσίτε die erste von allen den Vorschriften, Marc. XII, 30 (νϳα verlangt stets den best. Nom., hier stehen gegen die gewöhnliche Regel §. 16, b, vielleicht des besondern Nachdruckes wegen, sowohl das Pronomen als das Substantiv in der bestimmten Form).

[**]) Sächsisch: die ganzen Frauen. — *s. gr.* ὅλος, ganz — ὅλοι, alle.

[***]) Eben so hat das Neugriechische κανένας die Bedeutung von: Einer, Jemand und Niemand.

5. τσα Nom. Plur. — Gen. u. Dat. unbestimmt: τσάβε; bestimmt: τσάβετ; — einige, Etwas, z. B.: ἄμμε τσα μόλλε gib mir einige Äpfel; — ε θάθε τσάβετ ich sagte es einigen. — Wiederholt hat es die Bedeutung von: die einen, die andern, z. B.: τσα καλjούαρ, τσα μbε κέμbε die einen zu Pferd, die andern zu Fuss. — In der Bedeutung von Etwas steht es auch mit der Einzahl, τσα μιθ, μjελ, βάιj, etwas Fleisch, Mehl, Öl *).

6. τθόκουθ und θdόκουθ, τθοτσίλλι und τθοτσίλλα, auch díκουθ, irgend einer, jemand, werden wie die im vorhergehenden §. angeführten Fragewörter κουθ und τσίλλι declinirt, aus welchen sie zusammengesetzt zu sein scheinen. — τθόκουθ βjεν es kommt Jemand; — τθοτσίλλι με θα es sagte mir Jemand.

7. ι jάτερε-ι oder jέτερε-ι und ι τjάτερε-ι oder τjέτερε-ι, der andere und der andere von zweien. Sämmtliche Formen haben im Plur. τε τjέρε-τε, weibl. τε τjέρα-τε, die andern. Einander, gegenseitig gibt der Albanese mit: einer den andern, z. B.: vjερί τjάτερινε oder θdι θdχjενε : σ' dούανε vjερί τjάτερινε oder θdι θdχjενε sie lieben sich einander nicht.

8. Keiner, keine wird umschrieben mit ας vjε (wörtl. auch nicht einer = altgriech. οὐδείς), z. B.: σ' dιjjόβα ας vjε κουβένd ich hörte kein Wort hierüber; — σ' με θα ας vjε πάρα er hat mir keinen Heller gegeben. — vjε kann mitunter auch fehlen: — ας vjε oder ας πάρα μbε τέπερε auch keinen Heller mehr; — ας φοτίν' ε dέζjενε wörtl. sie stecken auch nicht ein (= kein) Licht an, Matth. VIII, 10. — Niemand vjερί, und verstärkt χιτθ vjερί gar Niemand.

---

*) Etwas, alleinstehend — τθθτθ, indecl.: τθοτθ με θα, er sagte mir Etwas; — τθοτθ χέγjρε? hast du Etwas (Schädliches) gegessen?

§. 27.
Besitzliche Fürwörter.

			Nom.	Gen. u. Dat.	Accus.		Nom.	Gen. u. Dat.	Accus.
1)	Sing. masc.	mein	ιμ u. jιμ	σ-ιμ	τ-ιμ	der meine	σ-ιμ-ι	σ-ιμ-ιτ	τε-ιμ-ινε
2)	Sing. fem.	meine	ιμε u. jιμε	σ-ιμε	τ-ιμε	die meine	ιμε-ja	ιμε-σε	τ-ιμε-νε
3)	Plur. masc.	meine	ε μί u. τίμ	σε μί u. σ-ιμε	ε μί u. τίμ	die meinen	τε μί-τε, μίτε	σε μίτε, μετε	τε μί-τετ, μίτε
4)	Plur. fem.	meine	ε μία u. τίμε	σε μία u. σ-ιμε	ε μία u. τίμε	die meinen	τε μία-τε	σε μία-βετ	τε μία-τε
5)	Sing. masc.	unser	jόνε	σ-ὅνε	τ-ὅνε	der unsere	jόν-ι	σ-ὅν-ιτ	τ-ὅν-ιτ
6)	Sing. fem.	unsere	τόνε	σ-ὅνε	τ-ὅνε	die unsere	σ-ὅνε-ja	σ-ὅνε-σε	τ-ὅνε-τε
7)	Plur. masc.	unsere	τόνε	σ-ὅνε	τόνε	die unseren	τόνα-τε	σ-ὅνα-βετ	τόνα-τε
8)	Plur. fem.	unsere	τόνα	σ-ὅνα	τόνα	die unsere	σ-ὅνα-τε	σ-ὅνα-βετ	τόνα-τε
9)	Sing. masc.	dein	jότ	σ-ὅτ	τ-ὅτ	der deine	jότ-ι	σ-ὅτ-ιτ	τ-ὅτ-ιτ
10)	Sing. fem.	deine	jότε	σ-ὅτε	τάτε u. τέντ	die deine	jότε-ja *)	σ-ὅτε-σε	τάτ-ενε u. τέντ-ενε
11)	Plur. masc.	deine	ε τοῦ	σ-ὅτε	τάτε u. τέντ	die deinen	σε τοῦα-τε	σε τοῦ-βετ	τάτ-ενε u. τέντ-ενε
12)	Plur. masc. u. fem.	deine	ε τοῦ-α	σε τοῦ-α	τε τοῦ	die deinen	τε τοῦα-τε	σε τοῦα-βετ	τε τοῦ-τε
13)	Sing. fem.	euer	júναj	σ-ὅ́ναj	τ-ὅ́ναj	der eure	jοῦαj-α	σ-ὅ́ναj-ιτ	τ-ὅ́ναj-νε
14)	Sing. masc.	eure	júναj	σ-ὅ́ναj	τ-ὅ́ναj	die eure	jοῦαj-α	σ-ὅ́ναj-σε	τε σὅ́αj-να
15)	Plur. masc. u. fem.	eure	τοῦαj	σ-οῦαj	τ-οῦαj	die euren	τοῦαj-τε	σ-οῦαj-βετ	τοῦαj-τε
16)	Sing. masc.	sein	t τίj	σε τίj	ε τίj	der seine	σε τίj-ι	σε τίj-οσε u. τίοϊ	τε τίj-ενε
17)	Sing. fem.	seine	t τίj	σε τίj	ε τίj	die seine	ε τίj-α	σε τίj-οσε u. τίοϊ	τε τίj-ενε u. τίενε
18)	Plur. masc. u. fem.	seine	t τίj	σ-οῦαj	τ-οῦαj	die seinen	σ-οῦαj-βετ	σ-οῦαj-σε	τε σὅ́αj-να
19)	Sing. masc.	ihr**	ι σάj	σε σάj	ι σάj	der ihren	τε σάj-α	σ-οῦαj-ιτ	τε σάj-α
20)	Sing. fem.	ihre	ε σάj	σε σάj	t σάj	die ihre	t σάj-ι	σ-οῦáj-βετ	τε σάj-να
21)	Plur. masc. u. fem.	ihre	t σάj-τε	σ-οῦαj-τε	t σάj-τε	die ihren	τε σάj-τε	σε σάj-βετ	τε σάj-τε
22)	Sing. masc.	ihr***	t τύρε	σε τύρε	ε τύρε	der ihrige	t τύρ-ι	σε τύρ-ιτ	τε τύρ-ιτ
23)	Sing. fem.	ihre	ε τύρε	σε τύρε	ε τύρε	die ihrige	ε τύρε-ja	σε τύρε-σε	τε τύρε-νε
24)	Plur. masc. u. fem.	ihre	ε τύρε	σε τύρε	ε τύρε	die ihrigen	τε τύρε-τε	σε τύρε-βετ	τε τύρε-τε

*) Auch öre — ηjäλja öre deine Rede, Luc. XIX, 22.

**) Des besitzenden weiblichen Hauptwortes — die Frau und ihr Sohn, ihre Tochter Nr. 20, ihre Kinder Nr. 21.

***) Des besitzenden Hauptwortes in der Mehrzahl — die Eltern und ihr Sohn, ihre Tochter Nr. 23, ihre Kinder Nr. 24.

§. 28.

1) Vergleicht man die Nr. 16, 19 und 22 erwähnten Nominative ι τιγ, ι σάιγ, ι τύρε mit den §. 23 erwähnten Genitiven

κε-τίγ,   κε-σάιγ,   κε-τύρε,

α-τίγ,   α-σάιγ,   α-τύρε,

so möchte sich hieraus folgern lassen, dass τιγ, σάιγ, τύρε Genitivformen seien, deren Nominativformen verloren sind (für die beiden ersten vielleicht in a-í und aj-ó erkenntlich).

Da wir nun für κε-τίγ die Bedeutung des da und für α-τίγ die von des dort gefunden haben, so ergäbe sich für ι-τίγ die Grundbedeutung der des oder dessen = sein und babái ε ι birρ' ι τετ wäre wörtlich mit: der Vater und der Sohn desselben zu übersetzen und der Artikel sonach, wie der §. 12 erwähnte, besitzanzeigend.

2) Die im Gen. u. Accus. dem Stamme vortretenden σ und τ Laute ergeben sich aus der Vereinigung des Artikels (σε, τε) mit dem Stamme des Pronomens.

3) Die Fürwörter der ersten Rubrik *) stehen im Toskischen in der Regel hinter dem betreffenden Hauptworte und verlangen dessen bestimmte Form: babái jμ mein Vater, μέμμα jóτε deine Mutter. — Nur im Nom. u. Accus. der Einzahl der 1. u. 2. Person kann das Pronomen dem Hauptworte auch vorstehen, in welchem Falle das letztere in der unbestimmten Form steht: ιμ babá mein Vater, ιμε μέμμε meine Mutter, jυτ βελά dein Bruder, jóτε μότρε deine Schwester, z. B.: ιμ biρ déρjjετε mein Sohn liegt darnieder ; — μενόν ιμ ζοτ τε βíje mein Herr zögert zu kommen, Luc. XII, 45. — τε κελάς τιμ ατ μbε δε um meinen Vater zu begraben, Luc. IX, 59. Das N. T. hat sogar diese Ordnung im Genitiv in: νỹa σίου ι σιτ βελά aus dem Auge deines Bruders, Matth. VII, 5 (dagegen V, 3 u. 4 βελάτ σιτ) **).

VII. Verbum.

§. 29.

1) Die albanesische Sprache hat gleich der griechischen und lateinischen für das Passiv selbstständige Endungen, welche eben so wie die des Activs an den Stamm treten.

2) Deponentia scheinen zu fehlen.

3) Die intransitiven Zeitwörter haben meist active, die zurückbeziehenden (wie im Griechischen) meist passive Endungen: χα ich esse, φρύτ ich athme, φλje ich schlafe, τεjουδίτεμ ich wundere mich, περβελjόχεμ ich sonne mich, λjάχεμ ich wasche mich, von den activen τεjουδίτ περβελjότ, λjάιτ. — Doch finden sich intran-

---

*) Die 24 albanesischen Nummern reduciren sich im Neugriechischen auf sieben: μου, σου, του, της, μας, σας, των, welche dem betreffenden Hauptworte unmittelbar folgen und hinter ὁ ἐδικὺς, ἡ ἐδική, τὸ ἐδικὸ den Begriff von: der, die, das meine, deine etc. ausdrücken.

**) Steht das besessene Hauptwort in der bestimmten Form, so wird das besitzliche Fürwort häufig ausgelassen: djαλλj ι μίρε ρεπάρα babáιτ σ' φλjετ ein guter Sohn spricht nicht vor seinem Vater, dagegen djαλλj ι μίρε ρεπάρα babái (unbest. Genit.) σ' φλjετ ein guter Sohn spricht nicht vor dem Vater (in Gegenwart des Vaters). — ποτ ιρδι πα χυσμεκjάριτε? warum kam er ohne seinen Diener?

sitive mit passiven Endungen, z. B.: τσγιούχεμ ich werde geweckt und ich wache auf. — μbέτεμ ich bleibe, Imperf. μbέτεᴪ hat active Endung im Aorist : μbέτα (nicht ουμbέτα).

4) Das entsprechende Fürwort wird, wie im Griechischen und Lateinischen, nur dann beigesetzt, wenn der Ton auf demselben liegt.

5) Es gibt nur 3 vollständige Mode: Indicativ, Conjunctiv und Imperativ; — der Conjunctiv schliesst auch den Optativ in sich. Sämmtliche Formen des Aorist's Conjunctivi können sowohl im befehlenden als wünschenden Sinn gebraucht werden. — Der Participialmodus beschränkt sich auf das Particip der Vergangenheit.

6) Die Zeiten zerfallen in einfache und zusammengesetzte, sie sind für Indicativ und Conjunctiv des Activs und Passivs folgende:

1. Einfache:	2. Zusammengesetzte:
a) Praesens	a) Futurum *)
b) Imperfectum	b) Futurum exactum
c) Aorist	c) Perfectum
d) Imperativ	d) erstes Plusquamperfectum
e) Particip der Vergangenheit.	e) zweites Plusquamperfectum.

Es fehlt mithin:

1. der Infinitiv, wie im Neugriechischen, Bulgarischen und Wlachischen;
2. das Princip der Gegenwart. Ueber dessen Ersetzung s. §. 42.

7) Ein Modusvocal existirt nicht. — Indicativ und Conjunctiv unterscheiden sich nur in einzelnen, wenigen Formen; — das Imperfectum Indicativi und Conjunctivi sind stets gleich, letzteres unterscheidet sich nur durch das vorstehende τᴇ dass, oder νdᴇ wenn.

8) Ein Augment findet sich nur bei dem Aorist Passivi, wo ου bei allen Personalformen vor den Stamm gesetzt wird, gleichviel ob derselbe mit einem Consonanten oder Vocale beginnt **).

9) Die zusammengesetzten vergangenen Zeiten werden mit Hülfe des Particips und der Hülfszeitwörter haben im Activ, und sein im Passiv gebildet.

10) Das Futurum besteht aus dem unveränderlichen Wörtchen do ***) (ich will) und den verschiedenen Personalformen des Praesens Conjunctivi Activi oder Passivi, wobei die Partikel τᴇ auch ausgelassen werden kann: do τᴇ jέμ und do jέμ ich werde sein, do τᴇ xέᴪᴇ und do xέᴪᴇ du wirst haben, do doύχεμ oder do τᴇ doύχεμ ich werde geliebt werden.

Das Futurum exactum besteht aus dem einfachen Futurum der Hülfszeitwörter haben im Activ und sein im Passiv und dem Particip: do τᴇ xεμ dάᴪουρᴇ ich werde geliebt haben, do τᴇ jεμ dάᴪουρᴇ ich werde geliebt worden sein.

---

*) Das bedingte Futurum Conditionnel wird als Futurum conjunctivi betrachtet.

**) ζέμᴇρα μ' ουιdᴇρούα das Herz wurde mir verbittert.

***) Neugr. ϑα : ϑα ἔρϑω ich werde kommen, ϑα φᾷς du wirst essen, ϑα xάμεν wir werden gehen etc. Alle Constructionen mit ϑέλω gehören nicht dem Leben, sondern der Schule an, deren (wie uns dünkt) unglückliche Erfindungen sie sind. — In Epirus hört man sogar häufig τι ϑα να xάμω? für τι ϑα xάμω was soll (wörtl. werde) ich thun?

§. 30.
Hülfszeitwörter *).

χάμ ich habe.   jάμ ich bin.

Indicativ.

Praesens.

Sing. 1) χάμ   2) χὲ   3) χᾱ ‖ Sing. 1) jάμ   2) jὲ   3) ἰϑτε, ἒϑτε
Plur. 1) χὲμι   2) χίνι   3) χάνε ‖ Plur. 1) jὲμι   2) jίνι   3) jᾱνε.

Imperfectum.

Sing. 1) χέϑε   2) χέϑe   3) χιϑ ‖ Sing. 1) jέϑε   2) jέϑe   3) ιϑ
Plur. 1) χέϑεμ   2) χέϑετε   3) χίϑνε ‖ Plur. 1) jέϑεμ   2) jέϑετε   3) ίϑνε.

Aorist.

Sing. 1) πάτϑε   2) πάτe   3) πάτ, πάτι ‖ Sing. 1) χjέϑε   2) χjὲ   3) χjὲ
Plur. 1) πάμ, πάτεμ   2) πάτε   3) τάτνε ‖ Plur. 1) χjέμι   2) χjέτε   3) χjένε.

Futurum.

do oder { S. 1) χὲμ   2) χὲϑ   3) χὲτ ‖ do oder { S. 1) jὲμ   2) jὲϑ   3) jὲτ
do τε { P. 1) χὲμι   2) χίνι   3) χένε ‖ do τε { P. 1) jὲμι   2) jίνι   3) jένε.

Futurum exactum.

do oder { S. 1) χὲμ   2) χὲϑ   3) χὲτ   P. 1) χὲμι   2) χίνι   3) χένε } πάσουρε oder πάτουρε ‖ do oder { S. 1) χὲμ   2) χὲϑ   3) χὲτ   P. 1) χὲμι   2) χίνι   3) χένε } χjένε

do τε   do τε

Perfectum.

S. 1) χάμ   2) χε   3) χα   P. 1) χὲμι   2) χίνι   3) χάνε } πάσουρε od. πάτουρε ‖ S. 1) χάμ   2) χε   3) χα   P. 1) χὲμι   2) χίνι   3) χάνε } χjένε **).

1. Plusquamperfectum.

Sing. 1) χέϑε   2) χέϑe   3) χιϑ   Plur. 1) χέϑεμ   2) χέϑετε   3) χίϑνε } πάσουρε oder πάτουρε ‖ Sing. 1) χέϑε   2) χεϑe   3) χιϑ   Plur. 1) χέϑεμ   2) χέϑετε   3) χίϑνε } χjένε **).

---

*) Der Verfasser muss die Untersuchungen über die Consequenzen, welche sich etwa aus der auffallenden Uebereinstimmung und Regelmässigkeit dieser Verba für oder gegen das Alter der Sprache ziehen lassen, den Männern vom Fache überlassen.

**) Eine erweiterte Form schaltet auch das Particip des Hülfszeitwortes ein: im Perf. Indicat. χαμ πάσουρε χjένε; Conj. τε χεμ πάσουρε χjένε; Plusquamperf. 1.Indic. χέϑε πάσουρε χjένε; Conj. τε χέϑε πάσουρε χjένε u. s. w. siehe §. 33 Schema.

2. Plusquamperfectum.

Sing. 1) πάτŏȩ		*Sing.* 1) xjέŏȩ
2) πάτε		2) xjέ
3) πατ, πάτι	πᾰσουρȩ oder πᾰτουρȩ	3) xjĕ
Plur. 1) πᾰμ, πάτȩμ		*Plur.* 1) xjĕμ	xjένȩ
2) πᾰτȩ		2) xjέτȩ
3) xᾰτνȩ		3) xjένȩ

doch auch πάτŏȩ xjένȩ u. s. w.

Conjunctiv.

Praesens.

τȩ oder νdȩ {S. 1) xȩμ 2) xȩŏ 3) xȩτ / P. 1) xέμι 2) xίνι 3) xένȩ

τȩ oder νdȩ {S. 1) jȩμ 2) jȩŏ 3) jȩτ / P. 1) jέμι 2) jινι 3) jένȩ.

Imperfectum.

τȩ oder νdȩ

S. 1) xέŏȩ
2) xέŏe
3) xῐŏ
P. 1) xέŏȩμ
2) xέŏȩτȩ
3) xίŏνȩ

τȩ oder νdȩ

S. 1) jέŏȩ
2) jέŏe
3) ῐŏ oder xjĕ
P. 1) jέŏȩμ
2) jέŏȩτȩ
3) ῐŏνȩ oder xjένȩ.

Aorist.

Sing. 1) πᾰτŏa 2) πᾰτŏ 3) πᾰστȩ ‖ *Sing.* 1) xjŏφŏa*) 2) xjŏφŏ 3) xjŏφτȩ
Plur. 1) πᾰτŏιμ 2) πᾰτŏι 3) πᾰτŏινȩ ‖ *Plur.* 1) xjŏφŏιμ 2) xjŏφŏι 3) xjŏφŏινȩ.

Futurum.

do oder do τȩ

S. 1) xέŏȩ
2) xέŏe
3) xῐŏ
P. 1) xέŏȩμ
2) xέŏȩτȩ
3) xίŏνȩ

do oder do τȩ

S. 1) jέŏȩ
2) jέŏe
3) ῐŏ oder xjĕ
P. 1) jέŏȩμ
2) jέŏȩτȩ
3) ῐŏνȩ oder xjένȩ.

Futurum exactum.

Das vorstehende Futurum mit dem Particip πᾰσουρȩ oder πᾰτουρȩ.

Das vorstehende Futurum mit dem Particip xjένȩ.

Perfectum.

τȩ oder νdȩ

S. 1) xȩμ
2) xȩŏ
3) xȩτ
P. 1) xέμι
2) xίνι
3) xένȩ

πᾰτουρȩ oder πᾰσουρȩ

τȩ oder νdȩ

S. 1) jȩμ
2) jȩŏ
3) jȩτ
P. 1) jέŏȩμ
2) jέŏȩτȩ
3) jένȩ

xjένȩ

doch auch τȩ xεμ xjένȩ u. s. w.

*) Oder xjώφ-τ-ŏa etc., s. §. 4. f.

Plusquamperfectum 1. u. 2.

τε oder νδε und Plusquampferfect. 1. u. 2. des Indicat. und Aorist. Conj. πάτϑα πάσουρε u. s. w. *).

τε oder νδε und Plusquamferfect. 1. u. 2. des Indicat. und Aorist. Conj. xjόφϑα xjένε u. s. w. *).

Imperativ **).

Sing. 2) xῖγ

Plur. 2) xίνι

Sing. 2) jῖγ

Plur. 2) jένι

Particip.

πάσουρε u. πάτουρε gehabt.

ε πάσουρα u. πάτουρα, τε πάσουριτε u. πάτουριτε der Besitz, das Vermögen.

xjένε geworden.

ε xjένα, τε xjένιτε die Vergangenheit.

§. 31.

Endungen.

Die Personalendungen der verschiedenen Zahlen, Zeiten und Moden sind allen regelmässigen Zeitwörtern gemeinsam, demnach besteht über dieselben nur ein Endungsschema; es ist für die einfachen Zeiten folgendes:

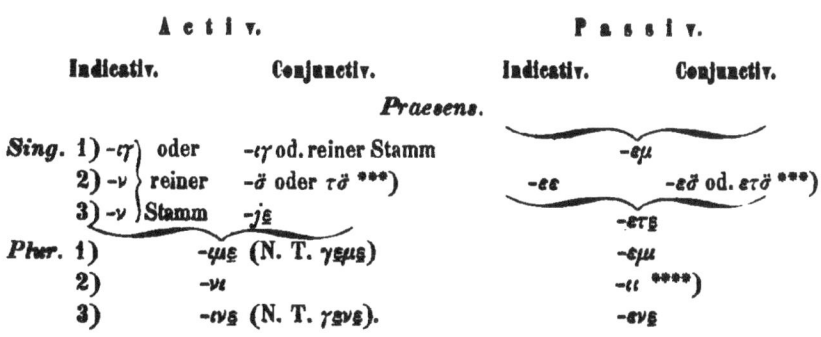

	Activ.		Passiv.	
	Indicativ.	Conjunctiv.	Indicativ.	Conjunctiv.
Praesens.				
Sing. 1)	-ιγ) oder	-ιγ od. reiner Stamm		-εμ
2)	-ν } reiner	-ᾰ oder τᾰ ***)	-εε	-εᾰ od. ετᾰ ***)
3)	-ν) Stamm	-jε		-ετε
Plur. 1)		-με (N. T. γεμε)		-εμ
2)		-νι		-ιι ****)
3)		-τνε (N. T. γενε).		-ενε

---

*) Ohne τε oder νδε wünschend: möchte ich gehabt haben, geworden sein, s. §. 29, 5. — mit τε oder νδε hypothetisch wie Plusquamperf. 1. u. 2; ein etwaiger feinerer Unterschied zwischen beiden Formen konnte noch nicht ermittelt werden.

**) Er, sie, es habe oder sei ḷje τε xετ, ḷje τε jετ (wörtl. lasse, dass er habe oder sei). — ḷje τε jετ τεx τέje οι xούντρε bεσσάβε dir geschehe, so wie du geglaubt hast, Matth. VIII, 13. — αἱ xjε do τε jετ ι πάρε, ḷje τε jετ μ' ι παστάιμι νγα τε γjίϑε der, welcher der Erste sein will, sei der Letzte von allen, Marc. IX, 36. — Das ḷj in ḷje fällt häufig aus, so dass nur ε τε xετ und ε τε jετ gehört wird; — ε τε jετ, wörtl. es sei, dem sei so, steht auch für das griechische ἀμήν. Diese Form findet sich auch bei allen übrigen Zeitwörtern, ḷje τε xερxύje er suche, ḷje τε ρύje er komme herein; s. weiteres Beispiel §. 39.

***) S. §. 4, f.

****) S. §. 4, d.

	A c t i v.		**P a s s i v.**	
	Indicativ.	Conjunctiv.	Indicativ.	Conjunctiv.
	Imperfectum.		*Imperfectum.*	
Sing. 1)		$-j\varepsilon$		$-\varepsilon\vartheta\varepsilon$
2)		$-j\varepsilon$		$-\varepsilon\vartheta\varepsilon$
3)		$-\nu$ o. reiner Stamm *)		$-\varepsilon\iota\gamma$
Plur. 1)		$-j\varepsilon\mu$		$-\varepsilon\vartheta\iota\mu$
2)		$-j\varepsilon\tau\varepsilon$		$-\varepsilon\vartheta\iota\tau\varepsilon$
3)		$-j\varepsilon\nu\varepsilon$		$-\varepsilon\vartheta\iota\nu\varepsilon$

Aorist.

Sing. 1)	$-a$	$-\vartheta a$ o. $-\tau\vartheta a$ **)	wie Indicativ. Activ.	
2)	$-\varepsilon$	$-\vartheta$ o. $-\tau\vartheta$		
3)	$-\iota$ o. $o\upsilon$	$-\tau\varepsilon$	reiner Stamm	wie Conj. Activ.
Plur. 1)	$-\mu$	$-\vartheta\iota\mu$ o. $-\tau\vartheta\iota\mu$	wie Indicativ. Activ.	
2)	$-\tau\varepsilon$	$-\vartheta\iota$ o. $-\tau\vartheta\iota$		
3)	$-\nu\varepsilon$	$-\vartheta\iota\nu\varepsilon$ o. $-\tau\vartheta\iota\nu\varepsilon$		

Imperativ.

Sing. 2) $-\iota\gamma$ oder reiner Stamm $-o\upsilon$ ***)

Plur. 2) wie Praesens Indicat.   wie Praesens Indicativ.

Particip.

$-\rho\varepsilon$.

§. 32.
Eintheilung der Zeitwörter.

Es ergeben sich jedoch theils durch den Antritt der Endung an den Stamm, theils durch den Einschub verschiedener Buchstaben oder Sylben zwischen Stamm und Endung wesentliche Verschiedenheiten zwischen den einzelnen Zeitwörtern, deren Erklärung die Aufstellung verschiedener Classen erfordert.

Die erste Classe bilden diejenigen Zeitwörter, deren Stamm mit einem Consonanten schliesst, sie hat zwei Ausnahmsclassen:

1. die auf $-\iota\varepsilon\lambda$, $-\iota\varepsilon\rho$, $-j\acute{\varepsilon}\vartheta$ und $-j\acute{\varepsilon}\mu$;

2. die auf $-a\varsigma$ und $-\varepsilon\varsigma$.

Die zweite Classe umfasst alle Zeitwörter, deren Stamm auf einen Vocal endigt. Sie zerfällt in 7 Unterabtheilungen:

1) die auf a		5) die auf o	
2) — ε		6) — $o\upsilon a$	
3) — ε		7) — $o\upsilon$ und υ.	
4) — ι			

---

*) An beide Ausgänge kann die Endung $\tau\varepsilon$ angehängt werden, $\varkappa\varepsilon\rho\varkappa\upsilon\gamma\tau\varepsilon$ er suchte, $\varkappa j\acute{\varepsilon}\vartheta\tau\varepsilon$ er schor.

**) S. §. 4, *f.*

***) S. § 49, Verneinung 2, 6.

§. 33.

Erste Conjugation.

1) **Stammschluss.** Als Endconsonant der Stämme dieser Classe wurden bisher gefunden:

a) von x-Lauten x: λjax ich netze.

                 Durch den Antritt eines Vocals wird nach der Regel x zu ἤ (§. 4, e), λjáἠεμ; ausgenommen: πλjax ich altere, νδουx ich beisse ab, βεᾰx ich welke, welche das x überall beibehalten.

      „   „   xj: τᾰφάxj ich offenbare.

      „   „   ἠ̓ od. χ: φτοἠ̓ od. φτοχ ich erkälte, νἠ̓ροἠ̓ od. νἠ̓ροχ ich erwärme.

b) von π-Lauten π: ᾰτυπ ich zerstosse.

c) von τ-Lauten ϑ: πℊρμ βℊjέϑ ich versammele, λjιϑ ich binde.

                 Durch den Antritt eines Vocals wird nach der Regel ϑ zu ð (§. 4, e), *Aorist:* λjιðα ich band, λjιϑμ wir banden. — Ausnahmen: πουϑ ich küsse; *Aorist:* πούϑα ich küsste; *Part.:* πούϑουρℊ geküsst und xjεϑ ich scheere; *Aorist:* xjέϑα ich schor; xjέϑουρℊ geschoren.

      „   „   τ: μδυτ ich ersticke.

                 Nur die auf ντ verwandeln beim Antritt eines Vocals nach der Regel in §. 4, e das τ in d: μουντ ich siege; *Aorist:* μούνδα; ebenso εντ od. ιντ ich webe, τουντ ich schüttle.

d) von liquidis λ: σιελ ich schicke.

      „   „   λj: μίελj ich melke.

      „   „   μ: νℊμ ich fluche.

      „   „   ν: ᾰπουν ich zeige.

      „   „   ρ: ϑοῦρ ich zäune.

e) von Zischlauten σ: xjᾰσ ich nähere, ðℊσ ich zünde.

      „   „   ᾱ: βℊᾱ ich kleide, ᾱᾱ ich siebe, μδουᾱ ich fülle.

f) die zu Nr. e gehörigen auf ξ und πς, wie στερξ ich willige ein, χονέπς ich verdaue, möchten, ebenso wie die auf -ις (-ίζω) und ος (-όνω), grossentheils dem Griechischen entlehnt sein.

2) **Praesens.** Der Singular Praes. Indicat. Activi und die erste Pers. Sing. Praes. Conj. Activi der ersten Conjugation haben keine Endung und werden durch den reinen Stamm vertreten *).

Ein Gleiches gilt von der 3. Sing. Imperf. Activi, wo jedoch auch -τε an den Stamm treten kann: λjιϑ und λjίϑτε er band.

---

*) Wenn der Stamm auf τ endigt, so verwandelt der gegische Dialekt dieses in der 1. Sing. gewöhnlich in ς: νδρις für νδριτ ich erleuchte; — xℊπούς für xℊπούτ ich breche; — xjις für xjιτ ich ziehe; — μℊᾱτές für μℊᾱτέτ ich unterstütze; — μας und ματ, tosk., ich messe, hat im geg. ματ.

9 *

3) **Imperfectum.** In der Umgegend von Tepelen wird zwischen den Stamm und die Endungen, welche mit *j* beginnen ein *ι* eingeschaltet: πλjάχ-ι-jε ich alterte, etc.

Ebenso in der 3. Pers. Sing. Praes. Conj. Act.: τε μbgjέδ-ι-jε dass er versammele. In der Bibelübersetzung findet sich dieser Einschub nicht.

4) **Aorist.** In dieser Conjugation treten die Aoristendungen unmittelbar an den Stamm.

Die Endung der 3. Sing. Aor. Ind. Act. ist -ι, doch haben die Zeitwörter auf *x* auch -ου: πλjάχ-ι und -ου er alterte, λjάγ-ι und -ου er netzte u. s. w.

Ausnahme: χούαρ ich erndte, hat im Aor. Sing. χόρ-α; Plur. χούαρ-μ und im Part. χόρ-ρε und χούαρτουρε.

Das *ν* in der Endung der 3. Plur. -νε fällt, besonders nach einer Liquida (s. §. 4, *d*) häufig aus: έρδ-νε und έρδ-ε sie kamen, ντσόρ-ε sie zogen.

5) **Particip.** Hier tritt in der Regel zwischen Stamm und Endung *ου* ein: πλjάχ-ου-ρε gealtert.

Endet der Stamm auf *λ*, *λj*, *νj* oder *ρ*, so wird häufig zwischen denselben und *ου* des Wohllauts wegen ein *τ* eingeschoben, z. B.:

νγούλjουρε	und νγούλjτουρε	hineingesteckt
δχέλjουρε	und δχέλjτουρε	getreten
	μbάρτουρε	geschleppt
θούρουρε	und θούρτουρε	umzäunt
μbούρρουρε	und μbούρρτουρε	gerühmt
χούνjουρε	und χούνjτουρε	erniedrigt
	θέρτουρε	geschlachtet
	βάρτουρε	gehangen
νδύρτουρε	und νδύρρε (ausn.)	befleckt
χούαρτουρε	und χόρρε (ausn.)	geerndtet.

Die Substantivformen dieser Participia haben dieselbe Doppelform.

6) Bei den Zeitwörtern, deren Stamm auf -σ und -δ schliesst, fällt dieses aus, wenn die antretende Endung mit τδ oder δ beginnt, d. h. in 2. Sing. Praes. Conj. Act. τε βε-τδ dass du kleidest, und in allen Formen des Aor. Conj. mit Ausnahme der 3. Sing., z. B.: δέ-τδα, βέ-τδα möchte ich anzünden, kleiden; 3. Sing. δέσ-τε, βέδ-τε.

7) Die einsylbigen Zeitwörter auf ες und εδ verwandeln des Wohllauts wegen in der Regel das *ε* in *ι* in der 2. Plur. Praes. Ind. Act. und im Praes. und Imperfect. Passiv: βίδνι ihr kleidet und βίδεμ ich werde, βίδεδε ich wurde gekleidet.

Ausnahme: χjέδ ich lache, behält das *ε* überall bei: χjέδ-νι, χjέδ-εμ, χjέδ-εδε.

8) Die Zeitwörter: χρέχ ich kämme, λjέχ ich belle, νγρόχ ich wärme, νδίχ ich helfe, ράχ ich schlage, φδέχ ich verstecke, φτόχ ich erkälte, werfen in der Conversation häufig das End-χ ab, gehören aber ihrem Baue nach zur 1. Conjugation; über νjοχ ich kenne und δόχ ich sehe, s. Anomal. §. 38, 13 u. 14.

A c t i v.
πλjάx ich mache alt, altere.

Passiv.
πλjάxεμ ich werde alt, altere.

| **Indicativ.** | **Conjunctiv.** | | **Indicativ.** | **Conjunctiv.** |

Praesens.

Sing. 1)	πλjαx		*Sing.* 1)	πλjάx-εμ	
2)	πλjαx	πλjax-ǒ o. -τǒ	2) πλjάx-εε	πλjάx-εǒ o. -ετǒ	
3)	πλjαx	πλjάx-ι-jε	3)	πλjάx-ετε	
Plur. 1)	πλjάx-ιαε		*Plur.* 1)	πλjάx-εμ	
2)	πλjάx-νι		2)	πλjάx-ιι	
3)	πλjάx-ινε		3)	πλjάx-ενε	

Imperfectum.

Sing. 1)	πλjάx-ι-jε	*Sing.* 1)	πλjάx-εǒε	
2)	πλjάx-ι-jε	2)	πλjάx-εǒε	
3)	πλjάx o. πλjάx-τε	3)	πλjάx-ειγ	
Plur. 1)	πλjάx-ι-jεμ	*Plur.* 1)	πλjάx-εǒιμ	
2)	πλjάx-ι-jετε	2)	πλjάx-εǒιτε	
3)	πλjάx-ι-jενε	3)	πλjάx-εǒινε	

Aorist.

S. 1) πλjάx-α	πλjάx-ǒα o. -τǒα *)	*S.* 1) ουπλjάx-α	ουπλjάx-ǒα o. -τǒα*)		
2) πλjάx-ε	πλjax-ǒ o. -τǒ	2) ουπλjάx-ε	ουπλjάx-ǒ o. -τǒ		
3) πλjάx-ι **)	πλjάx-τε	3) ουπλjάx	ουπλjάx-τε		
P. 1) πλjax-μ	πλjάx-ǒιμ o. -τǒιμ.	*P.* 1) ουπλjάx-μ	ουπλjάx-ǒιμ o. -τǒιμ		
2) πλjάx-τε	πλjάx-ǒι o. -τǒι	2) ουπλjάx-τε	ουπλjάx-ǒι o. -τǒι		
3) πλjάx-νε	πλjάx-ǒινε o. -τǒινε	3) ουπλjάx-νε	ουπλjάx-ǒινε o. -τǒινε		

Imperativ.

Sing. 2)	πλjax ***)	*Sing.* 2)	πλjάx-ου	
Plur. 2)	πλjάx-νι	*Plur.* 2)	πλjάx-ιι	

Particip.

πλjάxου-ρε.

Perfectum.

xαμ πλjάxουρε ****)	τε xεμ xλjάxουρε	jαμ πλjάxουρε	τε jεμ πλjάxουρε

---

*) Der Aorist Conj. hat ohne νdε oder τε wünschende oder befehlende Bedeutung: möchte ich altern, o dass ich alterte! — altere. — Dasselbe gilt von dem Plusquamperf. II. Conj.: xjοφǒ μαλεγjούαρε! möchtest du verflucht sein oder sei verflucht u. s. w.; s. zahlreiche Beispiele in Anhang IV u. V. — Mit νdε oder τε konnten bis jetzt beide Zeiten ihrer Bedeutung nach nicht von dem Imperf. Conj. und Plusquamperf. I. Conj. unterschieden werden.

**) Auch -ου, s. §. 33, Nr. 4.

***) 3. Sing. s. §. 30, Endnote.

****) Sämmtliche zusammengesetzte Praeterita erhalten durch den Hinzutritt des Particips des Hülfszeitwortes erweiterte Formen, z. B.: xαμ πάσουρε πλjάxουρε, wörtl. ich habe gealtert gehabt (auch in manchen deutschen Volksdialekten findet sich diese Häufung); *Conj.* τε xεμ

Indicativ.	Conjunctiv.	Indicativ.	Conjunctiv.

Plusquamperfectum I.

κέδε πλjάχουρε	τε κέδε πλjάχουρε	‖ jέδε πλjάχουρε	τε jέδε πλjάχουρε

Plusquamperfectum II.

πάτδε πλjάχουρε	πάτδα πλjάχουρε	‖ χjέδε πλjάχουρε	χjόφδα πλjάχουρε

Futurum.

do od.} πλjάχ etc. do τε} Praes. Conj.	do od.} πλjάχτjε etc. do τε} Imperfect.	‖ do od.} πλjάχεμ etc. do τε} Praes. Conj.	do od.} πλjάχεδε etc. do τε} Imperf.

Futurum exactum.

do od.} do τε} χεμ πλjάχουρε	do od.} do τε} κέδε πλjάχουρε	‖ do od.} do τε} jεμ πλjάχουρε	do od.} do τε} jέδε πλjάχουρε.

§. 34.

Erste Abweichung der ersten Conjugation.

Sie umfasst die Zeitwörter auf -ιελ, ιερ, -εϑ und -jεχ.

1) **Praesens** hat in der 1. und 3. Plur. statt -ψε, -ινε: -εμε und -ενε und der Accent weicht bei denen auf -ιελ und -ιερ auf ε zurück und ι wird dadurch j (§. 5). — σjέλ-εμε wir bringen; — πεϑτjέλ-ενε sie umwickeln. — Ebenso im Particip πεϑτjέλ-ε umwickelt; — ντζjέρ-ρε gezogen. — 2. Pers. Plur. wirft bei denen auf -ιελ und -ιερ, -jεϑ und -jεχ *) das ε aus und verwandelt es bei denen auf εϑ in ι; auch fällt das ν der Endung häufig weg: πίλνι und πίλι ihr gebäret (über diesen Ausfall s. §. 4, d).

2) **Imperfectum.** 1. und 2. Sing. und Plur. haben Doppelformen, s. das folgende Schema. — 3. Sing. und Plur. werfen das ε aus.

3) **Aorist** verwandelt ιε oder ε in ο, doch besteht im Conjunctiv neben dieser auch die regelmässige Form. — Im Plur. findet sich neben o meist auch dessen offene Form -ουα.

4) **Praes.** und **Imperf.** des Passivs wirft das ε aus oder verwandelt es in ι, s. Nr. 1.

5) **Particip,** s. Praesens und §. 33, Nr. 5.

6) Zu denen auf -ιελ gehörig fanden sich bis jetzt:

βίελ	ich übergebe mich, breche	βίελj	ich herbste
μίελj	ich melke	μβίελ	ich säe
πίελ	ich gebäre	σίελ	ich bringe, zögere
περτσίελ	ich begleite	πεϑτίελ	ich umwickle.

Im Particip fällt hier das ρ der Endung aus: μβjέλε gesäet, ε μβjέλα die Saat.

πάσουρε πλjάχουρε; **Pass.** jαμ χjένε πλjάχουρε ich bin gealtert worden (durch diese Krankheit); **Conj.** τε jεμ χjένε πλjάχουρε u. s. w. Von diesen erweiterten Formen scheint, ebenso wie im Deutschen, nur die des Plusquamperf. Conj. besondere Beachtung zu verdienen, weil sie die Form des der Zeit nach vorbedingenden Nebensatzes ist, dessen Hauptsatz das Verbum im Conjunctiv hat: τε μος κέδε πάσουρε βέρρε μβ' ατά πούνερα τε τίλjα . . . . do τε μος κίϑνε φάιγ, hätte ich an ihnen nicht solche Thaten gethan gehabt . . ., so würden sie keine Sünde haben, Joh. XV. 24.

*) Bei welch' letzterem dann j zu ι wird.

7) Zu denen auf -*ίερ* fanden sich: *ντζίερ* ich ziehe, *τίερ* ich spinne, *τӧ́ίερ* ich kratze, *πѕρμίερ* ich pisse.

Im Aorist Plur. ist die offene Form auf -*ουα* gebräuchlicher als die auf *ο*. — An diese Classe reiht sich auch: *μἄρ* ich nehme. — Es hat Praes. Sing. neben *μαρ* auch die Form *μούαρ*, im Plur. aber nur die regelmässige: *μάρ-ѕμѕ* etc. — Aorist Ind. Sing. *μӧ́ρ-α*, *μӧ́ρ-ε*, *μӧ́ρ-ι*; Plur. *μούαρ-μ*, *μούαρ-τѕ*, *μούαρ-νѕ*. — Im Aorist Conj. *μάρ-τӓα*. Im Particip *μάρ-ѕ* und *μӧ́ρѕ*.

8) Zu denen auf -*jӗ̆θ* und -*ӗ̆θ* fanden sich:

βjεθ	ich stehle	*ϭρεθ*	ich hüpfe
ŗ̇jεθ	ich lese aus	*ϭρεθ*	ich drehe
μϭѕjέθ	ich versammle	*ӧ̆ϭρεθ*	ich drehe aus
ρjεθ und *ρίεθ*	ich tropfe	*χεθ*	ich giesse.

Im Aorist Plur. ist die kurze Form gebräuchlicher: *βjοθ-υ*, *ϭρόθ-τѕ* etc. — Ihr Particip ist regelmässig: *βjέϭ-ου-ρѕ*.

Ausnahme: *χjӗ̆θ* ich scheere, welches das *ε*, aber auch das *θ* im Aorist und Particip: *χjέθ-α*, *χjέθ-ου-ρѕ*, beibehält und in der 2. Plur. Praes. Act. und Praes. und Imperf. Pass. nach der Regel: *χjέθ-νι*, *χjέθ-εμ*, *χjέθ-εӧ̆ѕ* hat, s. §. 33, Nr. 1, *c*.

An diese Classe reiht sich *ρίεπ* ich schinde; Aorist *ρόπα* (*χjӗ̆π* ich nähe und *χjελπ* ich stinke, gehen regelmässig nach der ersten).

9) Zu denen auf -*jӗ̈χ* fanden sich: *πjεχ* ich siede, begegne, *ϭjεχ* ich verbrenne etwas, *πѕρπjέχ* ich stosse zusammen, *νϭjεχ* ich verjage.

Sie verwandeln den Stammschluss *χ* in *χj*:

    a) in 2. Plur. Praes. Act. *πίχj-νι*;

    b) in 3. Sing. u. Plur. Imperf. Act. *πѕρπίχj* u. *πѕρπίχj-νѕ*;

    c) in allen Aoristen: *ϭӧ́χjα*, *ϭόχjτӓα*;

    d) im ganzen Passiv: *νϭίχj-εμ*.

Sie bilden ihre Arioste nur mit der kurzen Stammform *ο*.

πίελ ich gebähre.

		Indicativ.		**Conjunctiv.**
			Praesens.	
Sing.	1)	*πίελ*		*τѕ πίελ*
	2)	*πίελ*		*τѕ πίελ-τθ*
	3)	*πίελ*		*τѕ πίελ-ι-jѕ* u. *πjέλѕ*
Plur.	1)		*πjέλ-ѕμѕ*	
	2)		*πίλ-νι* u. *πίλ-ι*	
	3)		*πjέλ-ѕνѕ*	
			Imperfectum.	
Sing.	1)		*πjέλ-ι-jѕ* u. *πjέλ-ѕ*	
	2)		*πjέλ-ι-jε* u. *πjέλ-ε*	
	3)		*πιλ* u. *πίλ-τε*	
Plur.	1)		*πjέλ-ι-jѕμ* u. *πjέλ-ѕμ*	
	2)		*πjέλ-ι-jѕτѕ* u. *πjέλ-τѕ*	
	3)		*πίλ-νѕ*	

Indicativ.		Conjunctiv.
	Aorist.	

Sing. 1)	πδλ-α		πjέλ- u.	πόλ-τŏα
2)	πδλ-ε		„.	πόλ-τŏ
3)	πδλ-ι		„	πόλ-τ<u>ε</u>
Plur. 1)	πούαλ-μ	o. πολ-μ	„	πόλ-τŏμ
2)	πούαλ-τ<u>ε</u>	o. πύl-τ<u>ε</u>	„	πόλ-τŏι
3)	πούαλ-ν<u>ε</u> u. -<u>ε</u> o. πύλ-ν<u>ε</u> u. -<u>ε</u>		„	πόλ-τŏιν<u>ε</u>

Participium.

πjέλ-<u>ε</u>

Praes. Pass. πίλ-εμ etc.

Imperf. „ πίλ-εŏ<u>ε</u> etc.

§. 35.

Zweite Abweichung von der ersten Conjugation.

Sie umfasst die Zeitwörter auf -ας und -ες.

1) **Praesens.** 2. u. 3. Sing. verwandeln -ας und -ες in -ετ: ϑ<u>ε</u>ρρέτ, du rufst, er ruft. — 1. u. 3. Plur. haben wie die erste Abweichung -<u>ε</u>μ<u>ε</u> und -<u>ε</u>ν<u>ε</u>: bερτάσ-<u>ε</u>μ<u>ε</u> wir schreien, xερτάσ-<u>ε</u>ν<u>ε</u> sie schallen.

2) **Imperfectum** hat die im vorigen §. erwähnten Doppelformen. 3. Sing. u. Plur. hat -ες u. -ττ:

Sing. 1)	βράσ-ι-j<u>ε</u>	u. βράσ-<u>ε</u> ich tödtete
2)	βράσ-ι-j<u>ε</u>	u. βράσ-ε
3)	βρις	u. βρίσ-τε
Plur. 1)	βράσ-ι-j<u>ε</u>μ	u. βράσ-<u>ε</u>μ
2)	βράσ-ι-j<u>ε</u>τ<u>ε</u>	u. βράσ-τ<u>ε</u>
3)	βρίτν<u>ε</u>	

3. **Passiv.** Praesens und Imperfect vertauschen -ας und -ες mit -ττ: ϑ<u>ε</u>ρρίτ-εμ ich werde gerufen, βρίτ-εŏ<u>ε</u> ich wurde getödtet u. s. w.

Ueber Aorist und Particip s. nachstehende Tabelle, welche sämmtliche bisher aufgefundenen Zeitwörter dieser Classe begreift.

Praesens.		*Aorist.*	*Particip.*
β<u>ε</u>ρράς	ich blöcke	β<u>ε</u>ρίττα	β<u>ε</u>ρίττουρ<u>ε</u>
βρăς	ich tödte	βράβα	βράρ<u>ε</u>
bερτάς	ich schreie	bρίττα	bρίττουρ<u>ε</u>
bλjεγράς	ich blöcke	bλjεγρίττα	bλjεγρίττουρ<u>ε</u>
ϑ<u>ε</u>ρράς u. ϑ<u>ε</u>ρρές	ich rufe	ϑύρρα u. ϑύρρτα	ϑόρρ<u>ε</u> u. ϑύρτουρ<u>ε</u>
x<u>ε</u>λάς	ich lasse ein, begrabe	xăλλα u. xăλτα (v. xαλ)	xăλλ<u>ε</u> u. xăλτουρ<u>ε</u>
xερτσάς	ich schalle	xρίτσα	xρίτσουρ<u>ε</u>
νγăς	ich berühre	νγăβα u. νγίττα	νγăρ<u>ε</u> u. νγăττουρ<u>ε</u>

πεϟϟάς	ich brülle	πᾰλα (von πᾰλ)	πᾰλουρε
πελτσάς	ich berste	πλjᾰσα (v. πλjᾰς)	πλjᾰσουρε
ϑϰας (geg. ᾰϰjες)	ich gleite aus	ᾰϰjίττα	ᾰϰjίττουρε
φλjας	ich rede	φᾰλja	φᾰλjε u. φᾰλjτουρε
χουμϐάς	ich verliere	χούμϐα	χούμϐουρε

βδᾰς u. δᾰς *)	ich sterbe	δίϰja	δέϰουρε
δjᾰς	ich scheisse	δjᾰβα	δίερε
δᾰς	ich zünde an	δᾰζα	δᾰζουρε
dσϐρᾰς	ich steige herab	dσϐρίττα	dσϐρίττουρε
πίες u. πύες **)	ich frage	πύεττα	πύεττουρε
πρᾰς	ich erwarte	πρίττα	πρίττουρε
πρᾰς	ich schneide	πρᾰξβα	πρᾰερε
ᾰᾱς	ich verkaufe	ᾰίττα	ᾰίττουρε.

§. 36.

Die Zeitwörter auf -ος gehen ganz nach dem regelmässigen Schema. Es fanden sich hier nur zwei Ausnahmen:

1) χουλᾰς ich weide, 2. und 3. Sing. Praes. χουλ-ότ, Plur. 1. χουλόσ-εμε 2. χουλότ-νι und χουλό-νι, 3. χουλόσ-ενε.

Imperfectum mit den doppelten Endungen derer auf -ιελ, doch ohne Veränderung des Stammes.

Aorist. χουλᾰτα.

Particip. χουλότ-ου-ρε

Passiv. χουλότ-εμ etc.

2) λjᾰς ich spiele, hat Praes. und Imperf. wie χουλᾰς, bildet Aorist, Partic. und Passiv. von dem regelmässigen λjοῦαιγ.

§. 37.

Zweite Conjugation.

I. Die zweite Conjugation umfasst alle Zeitwörter, deren Stamm mit einem Vocale endigt.

II. Dieselben nehmen im Sing. Praes. Ind. Act. die Endungen -ιγ -ν, -ν an. — Sie schalten im Aor. Conjunct. zwischen Stamm und Endung ein φ ein: νdά-φ-ᾰα möchte ich theilen.

III. Die Endung des Particips tritt unmittelbar an den Stamm.

IV. Sie zerfallen in sieben Classen:

---

*) δᾰς und βδᾰς haben in 1. und 3. Plur. Praes. Act. -εμε und -ιμε, -ενε und -ινε.

**) πύες behält in allen Formen υε unverändert bei.

a) die auf -*a*-*ιγ*
b) „ „ -*ε*-*ιγ*
c) „ „ -*ξ*-*ιγ*
d) „ „ -*ι*-*ιγ*
e) „ „ -*o*-*ιγ*
f) „ „ -*oυa*-*ιγ*
g) „ „ -*oυ*-*ιγ* und *υ*-*ιγ*.

a) Die auf -*aιγ*.

1) **Aorist.** In 1. und 2. Sing. tritt zwischen Stamm und Endung ein *β* ein: *νdά-β-a*, *νdά-β-ε* ich theilte, du theiltest.

Die Endung der 3. Sing. ist -*oυ*, sie tritt ebenso wie die des Plurals unmittelbar an den Stamm: *νdά-oυ*, *νda-μ* etc. Ausser dieser besteht sowohl für Indicativ als Conjunctiv eine zweite Form, bei welcher sich der Stamm durch den Antritt der Silbe *ιτ* erweitert, (*νda*, *νdάιτ*, als ob das Praesens *νdαιτ-όιγ* laute) an diesen die Endungen der ersten Conjugation treten, (weil dann der Stamm auf einen Consonanten schliesst) und im Plural ein *ι* zwischen Stamm und Endung eingeschoben wird: *νdάιτ-a*, *νdάιτ-ε*, *νdάιτ-ι*, *νdάιτ-ι-μ*, *νdάιτ-ι-τξ*, *νdάιτ-ι-νξ*.

2) **Particip** — hat die doppelte Form des Aorist *νdάρξ* und *νdάιτ-oυ-ρξ*.

3) **Passiv.** Praesens und Imperfectum schalten zwischen Stamm und Endung ein *χ* ein: *νdά-χ-εμ*, *νdά-χ-εδξ*.

Diese Classe ist nicht zahlreich. Es gehören hierher:

ῆjάιγ	ich gleiche, jage	*θάιγ*	ich trockne
λjάιγ	ich wasche	*χjάιγ*	ich klage
μbάιγ	ich halte, s. Nr. *d.*	*μάιγ*	ich mäste
νdάιγ	ich theile	*δάιγ*	ich beschimpfe.
τδάιγ	ich zerreisse		

b) Die auf *ειγ*.

1) **Aorist.** 1. 2. 3. Sing. wie bei Nr. *a*: *xθέ-β-a*, *xθέ-β-ε*, *xθέ-oυ* ich kehrte um.

Im Plur. des Aor. Ind. Act., in der 3. Sing. und im Plur. Aor. Ind. Pass. und im Partic. tritt ein *υ* vor das *ε* des Stammes: *xθ-ύ-ε-μ*, *xθ-ύ-ε-τξ*, *xθ-ύ-ε-νξ*; Passiv. 3. Sing. *oυxθ-ύ-ε*, Plur. 1. *oυxθ-ύ-ε-μ* etc. Part. *xθύ-ε-ρξ*.

Ausgenommen: *λjέιγ* ich gebäre, und *bλjέιγ* ich kaufe:

S. 1) *λjέ-βa*   2) *λjέ-β-ε*   3) *λjέ-oυ*   *P.* 1) *λjξ̄-μ*   2) *λjέ-τξ*   3) *λjέ-νξ*

Part. *λjέ-ρξ*[*])

S. 1) *bλjέ-β-a* 2) *bλjέ-β-ε*   3) *bλjέ-oυ*   *P.* 1) *bλjξ̄-μ*   2) *bλjέ-τξ*   3) *bλjέ-νξ*

Part. *bλjέ-ρξ*

---

[*]) **Pass.** Praes. *λjέ-χ-εμ* und *λjίνdεμ*; Imp. *λjέ-χ-εδξ* und *λjίνd-εδξ*; Aor. *oυλjέβa* und *oυλjίνda*; Part. *λjέρξ* und *λjίνdoυρξ*.

Die Zeitwörter auf *ύειγ* stossen im Singular des Aorists das *υ* aus: *ϑύειγ* ich zerbreche, Aor. Sing. 1. *ϑέ-β-α*, 2. *ϑέ-β-ε*, 3. *ϑέ-ου*, aber *ϑύε-μ* u. s. w.; ebenso *λjύειγ* ich salbe, *νjjύειγ* ich tauche ein, *τɘxjύειγ* ich reisse auseinander (über die beiden letzteren s. Nr. *f*).

2) **Passiv.** Praes. und Imperf. schalten ein *ν* ein: *xϑέ-ν-εμ*, *xϑέ-ν-εɵε*.

c) Die auf *ξιγ*.

1) **Aorist.** Sing. 1. 2. 3. schalten ein *ρ* ein. Die Endung von 3. ist -*ι*: *dξ-ρ-α*, 2. *dξ-ρ-ε*, 3. *dξ-ρ-ι*; aber Plur. 1. *dξμ* u. s. w. ich berauschte u. s. w.

Diese haben die Nr. *a* erwähnte Doppelform aus dem erweiterten Stamme *ξιτ*:

Aor. Ind. **Sing.** 1) *dξιτ-α* 2) *dξιτ-ε* 3) *dξιτ-ι*

Plur. 1) *dξιτ-ι-μ* 2) *dξιτ-ι-τε* 3) *dξιτ-ι-νε*.

Aor. Conj. *dξιτ-ɵa* u. s. w.

Particip. *dξ-ρε* und *dξιτ-ου-ρε*.

Ausnahme: *bξιγ* ich mache, entbehrt dieser Doppelform, Part. *bρε* und *bξνε*. — *έτɘɛιγ* ich gehe und *ίxɛιγ* ich fliehe, bilden Aor. und Partic. nach der ersten Conjugation.

S. 1) *έτɘ-α* 2) *έτɘ-ε* 3) *έτɘ-ι* *P.* 1) *έτɘ-μ* 2) *έτɘ-τε* 3) *έτɘ-νε*

Part. *έτɘ-ου-ρε*.

S. 1) *íx-α* 2) *íx-ε* 3) *íx-ου* *P.* 1) *íx-μ* 2) *íx-τε* · 3) *íx-νε*

Part. *íx-ου-ρε*.

2) **Passiv.** Praesens und Imperfectum schalten *χ* ein: *dξ-χ-εμ*, *dξ-χ-εɵε*. Ausnahme: Von *bξιγ* ist die Form *bξνεμ* und *bξνεɵε* gebräuchlicher.

3) **Doppelformen** im Praesens haben:

χíπ nach der ersten, *χíπɛιγ* nach der zweiten ich besteige.

ɵtŏπ „ „ „ *ɵtŭπɛιγ* „ „ „ ich zerstosse.

Beide Zeitwörter bilden ihre übrigen Zeiten nach der ersten Conjugation.

4) **Zu dieser Classe gehörig** fanden sich bis jetzt:

βρξιγ	ich zürne	*bρξιγ*	ich nage
dξιγ	ich berausche	*ξιγ*	ich schwelle
νdξιγ	ich breite aus	*ντζξιγ*	ich röste
πρξιγ	ich beruhige	*πɛjξιγ*	ich beschmutze.
ɵτɛμξιγ	ich schiebe zur Seite		

d) Die auf *ιγ*.

In dieser Classe verschmilzt das *ι* des Stammes mit dem der Endung zu einem langen *ī*.

1) **Aroist** wie Nr. *a*. **Sing.** 1) *appí-β-α*, 2) *appí-β-ε*, 3) *appí-ου*.

Plur. 1) *appí-μ* u. s. w., ich kam an u. s. w.

2) **Passiv.** Praesens und Imperfect. schalten *χ* ein: *ντζί-χ-εμ*, *ντζí-χ-εɵε* ich werde, ich wurde geschwärzt.

Nach diesen Regeln gehen auch die Zeitwörter:

πεϑτίγ ich speie   ρίγ und χίγ ich gehe hinein

ϑτιγ   ich stosse   φρύγ   ich blase,

über deren zweite Form s. Nr. g.

3) Einige Zeitwörter dieser Classe haben im Sing. Praes. Indicat. Act. doppelte Formen:

$$\left.\begin{array}{l}1)\ d\bar{\imath}\ \ 2)\ d\bar{\imath}\ \ 3)\ d\bar{\imath}\\ 1)\ d\bar{\imath}\gamma\ \ 2)\ d\bar{\imath}\nu\ \ 3)\ d\bar{\imath}\nu\end{array}\right\}$$ ich weiss etc.

hat im Aor. díjτα, Part. dí-ρε und díjτ-ουρε.

Solch doppelte Präsensformen haben auch:

πι   und   πίγ ich trinke   **Aorist:** πí-β-α   **Part.** πí-ρε

xjι   „   xjíγ ich beschlafe   „   xjí-β-α   „   xjí-ρε

ρι   „   ρίγ ich sitze, s. §. 38, Nr. 9.

υba   „   μbάτγ ich halte   **Aorist.** μbάττα   „   μbάττουρε.

e) Die auf όγ.

Unter allen Zeitwortclassen ist diese die bei Weitem zahlreichste.

1) **Aorist.** 1. und 2. Sing. schalten ein β ein: παγό-β-α, παγό-β-ε ich zahlte. Die Endung der dritten ist -ι: παγό-ι.

Im Plur. wird o in ουα gedehnt: παγούα-μ, παγούα-τε, παγούα-νε.

Ebenso in der dritten Sing. des Passivs ουπαγούα er wurde bezahlt.

ρόγ ich lebe, hat doppelte Formen im Aorist des Conjunctivs: ρόφϑα und ρούαϑα u. s. w.

2) **Passiv.** Praesens und Imperfect. schalten ein ν ein: παγό-ν-εμ, παγό-ν-εδε.

3) **Particip** dehnt o in ουα: παγούα-ρε.

Doppelformen, s. in Nr. f.

f) Die auf ούατγ.

1) **Aorist** hat doppelte Formen:

a) Kurze Form wie Nr. e:

     Sing. 1) γατό-β-α   2) γατό-β-ε   3) γατό-ι ich bereitete

     Plur. 1) γατούα-μ u. s. w.

b) Erweiterte Form aus der Stammerweiterung ούαττ: γατούαττ-α u. s. w.

2) **Passiv.** Praesens und Imperfect. schalten zwischen das ου und a des Stammes ein χ ein: γατού-χ-α-εμ, γατού-χ-α-εδε.

3) Folgende Zeitwörter haben doppelte Formen:

     bουλμ-ούατγ u. bουλμ-όγ ich schmelze eine Speise

     ντσιτ-ούατγ u. -όγ   ich beeile

     παγ-ούατγ u. -όγ   ich bezahle, erfülle

     τραδεγ-ούατγ u. -όγ   ich geniesse

     τϑ-ούατγ   u. -όγ   ich spüre, suche, vom Hunde

     νεμερ-ούατγ u. -όγ   ich zähle.

g) Die auf *ούιγ* und *ύιγ*.

1) **Aorist** hat doppelte Formen:

a) Kurze Form, sie schaltet im Sing. ein *ρ* ein:

Sing. 1) *χύ-ρ-α* 2) *χύ-ρ-ε* 3) *χύ-ρ-ι* *Plur.* 1) *χυ-μ* u. s. w.

b) Von dem erweiterten Stamme *ουιτ* und *υιτ*:

μβρούιτ-α, χύιτ-α, *Conj. μβρούιτ-ᾱα, χύιτ-ᾱα.*

2) **Passiv.** Praesens u. Imperfect. schalten ein *χ* ein: *μβρού-χ-εμ* ich werde geknetet.

Als hierher gehörig fanden sich bis jetzt:

dερχούιγ ich esse zu Abend	*ρύιγ* u. *χύιγ* ich gehe hinein	
μβρούιγ ich knete, säuere Brot	*ᾱτύιγ* ich stosse	
πεᾱτύιγ ich speie	*φρύιγ* ich blase, s. auch Nr. *d.*	

A c t i v.

χερχό-ιγ ich suche.

P a s s i v.

χερχό-ν-εμ ich werde gesucht.

	Indicativ.	**Conjunctiv.**		**Indicativ.**	**Conjunctiv.**

Praesens.

		Indicativ.	**Conjunctiv.**			**Indicativ.**	**Conjunctiv.**
Sing.	1)	*χερχό-ιγ*		*Sing.*	1)	*χερχό-ν-εμ* *)	
	2)	*χερχό-ν*	*χερχό-τᾱ*		2)	*χερχό-ν-ε*	*χερχό-ν-ετᾱ*
	3)	*χερχό-ν*	*χερχό-jε*		3)	*χερχό-ν-ετε*	
Plur.	1)	*χερχό-μ* μ ε		*Plur.*	1)	*χερχό-ν-εμι*	
	2)	*χερχό-νι*			2)	*χερχό-ν-ιι*	
	3)	*χερχό-ινε*			3)	*χερχό-ν-ενε*	

Imperfectum.

Sing.	1)	*χερχό-jε*		*Sing.*	1)	*χερχύ-ν-εᾱε*	
	2)	*χερχό-je*			2)	*χερχό-ν-εᾱe*	
	3)	*χερχόν* oder *-ντε*			3)	*χερχό-ν-ειγ*	
Plur.	1)	*χερχό-jεμ*		*Plur.*	1)	*χερχό-ν-εᾱμ*	
	2)	*χερχό-jετε*			2)	*χερχό-ν-εᾱιτε*	
	3)	*χερχό-jενε*			3)	*χερχό-ν-εᾱινε*	

Aorist.

Sing.	1)	*χερχό-β-α*	*χερχό-φ-ᾱα*	*Sing.*	1)	*ουχερχό-β-α*	*ουχερχύ-φ-ᾱα*
	2)	*χερχό-β-ε*	*χερχό-φ-ᾱ*		2)	*ουχερχύ-β-ε*	*ουχερχύ-φ-ᾱ*
	3)	*χερχό-ι*	*χερχό-φ-τε*		3)	*ουχερχούα*	*ουχερχύ-φ-τε*
Plur.	1)	*χερχούα-μ*	*χερχό-φ-ᾱμ*	*Plur.*	1)	*ουχερχούα-μ*	*ουχερχύ-φ-ᾱμ*
	2)	*χερχούα-τε*	*χερχό-φ-ᾱι*		2)	*ουχερχούα-τε*	*ουχερχύ-φ-ᾱι*
	3)	*χερχούα-νε*	*χερχό-φ-ᾱινε*		3)	*ουχερχούα-νε*	*ουχερχύ-φ-ᾱινε*

---

*) *a)* -αιγ: *νdd-χ-εμ* ich werde getheilt | *d)* -ιγ: *ᾱτί-χ-εμ* ich werde gestossen
    b) -ειγ: *χᾱέ-ν-εμ* ich kehre zurück | *e)* -ουαιγ: *ẏατού-χ-α-εμ* ich werde bereitet
    c) -ειγ: *dέ-χ-εμ* ich werde berauscht | *f)* -ουιγ u. -ύιγ: *μβρού-χ-εμ* ich werde geknetet.

	Activ.		**Passiv.**	
Indicativ.	**Conjunctiv.**		**Indicativ.**	**Conjunctiv.**

a) Die auf αιγ.

	Activ		Passiv	
S. 1) νδά-β-α, νδάιτ-α, ich theilte	νδἄ-φ-ϑα und νδἄιτ-ϑα, wie oben		*S.* 1) ουνδά-βα, ουνδάιτ-α u. s. w.	ουνδά-φ-ϑα, ουνδάιτ-ϑα wie Activ.
2) νδά-β-ε, νδάιτ-ε			2) ουνδά-β-ε	
3) νδά-ου, νδάιτ-ι			3) ουνδά	
P. 1) νδἄ-μ, νδάιτ-ι-μ			*P.* 1) ουνδά-μ	
2) νδἄ-τς, νδάιτ-ι-τς			2) ουνδά-τς	
3) νδἄ-νς, νδάιτ-ι-νς			3) ουνδά-νς.	

b) Die auf ειγ.

	Activ		Passiv	
S. 1) βεjέ-β-α ich tauchte	βεjέ-φ-ϑα wie oben		*S.* 1) ουχϑέ-β-α ich kehrte um	ουχϑέ-φ-ϑα
2) βεjε-β-ε			2) ουχϑέ-β-ε	ου- wie Act.
3) βεjέ-ου			3) ουχϑέ	
P. 1) βεj-ύ-ε-μ			*P.* 1) ου- wie Act.	
2) βεj-ύ-ε-τς				
3) βεj-ύ-ε-νς				

c) Die auf εγ.

	Activ		Passiv	
S. 1) ἔ-ρ-α, ἔιτ-α ich schwoll	ἔ-φ-ϑα, ἔιτ-ϑα wie oben		*S.* 1) ουἔ-ρ-α , ουἔιτ-α etc.	ουἔ-φ-ϑα, ουἔιτ-ϑα
2) ἔ-ρ-ε, ἔιτ-ε			2) ουἔ-ρ-ε	ου- wie Activ.
3) ἔ-ρ-ι, ἔιτ-ι			3) ουἔ	
P. 1) ἔ-μ, ἔιτ-ι-μ			*P.* 1) ου- wie Activ.	
2) ἔ-τς, ἔιτ-ι-τς				
3) ἔ-νς, ἔιτ-ι-νς				

d) Die auf ιγ.

	Activ		Passiv	
S. 1) αρρί-β-α ich kam an	αρρί-φ-ϑα wie oben		*S.* 1) ουντζί-β-α ich wurde geschwärzt	ουντζί-φ-ϑα
2) αρρί-β-ε			2) όυντζί-β-ε	ου- wie Activ
3) αρρί-ου			3) ουντζί	
P. 1) αρρί-μ			*P.* 1) ου- wie Activ.	
2) αρρί-τς				
3) αρρί-νς				

A c t i v.   **P a s s i v.**

Indicativ.   **Conjunctiv.**   **Indicativ.**   **Conjunctiv.**

f) Die auf *ουαιγ*.

S. 1) ἠατό-β-α,   ἠατύ-φ-ϑα,   ‖ *S.* 1) ουἠατό-β-α,   ουἠατό-φ-ϑα,
    ἠατούαιτ-α   ἠατούαιτ-ϑα   ουἠατούαιτ-α   ουἠατούαιτ-ϑα.
    ich bereitete   wie oben
    wie die auf *όιγ*

g) Die auf *ουιγ* und *υιγ*.

S. 1) χύ-ρ-α, χύιτ-α   χύ-φ-ϑα,   ‖ *S.* 1) ουχύ-ρ-α,   ουχύ-φ-ϑα,
    ich ging hinein   χύιτ-ϑα   ουχύιτ-α etc.   ουχύιτ-ϑα
   2) χύ-ρ-ε, χύιτ-ε   wie oben   ‖   2) ουχύ-ρ-ε   ου- wie Activ.
   3) χύ-ρ-ι, χύιτ-ι   ‖   3) ουχύ
P. 1) χυ-μ,   χύιτ-ι-μ   ‖ *P.* 1) ου- wie Activ.
   2) χύ-τε,   χύιτ-ι-τε   ‖
   3) χύ-νε,   χύιτ-ι-νε   ‖

Imperativ. Activ.

	-οιγ	-ειγ	-αιγ	-ειγ	-ιγ	-ουάιγ	ούιγ u. ύιγ
2) *S.* *)	χερχό	βεϳέ	νδά-ιγ	δέ-ιγ	αρρί-(ι)γ	ἠατούα	δερχούι-(ι)γ
2) *P.*	χερχό-νι	βεϳέ-νι	νδά-νι	δέ-νι	αρρί-νι	ἠατούα-νι	δερχού-νι.

Imperativ. Passiv.

2) *S.* χερχό-ου   βεϳέ-ου   νδά-ου   δέ-ου   αρρί-ου   ἠατούα-ου   δερχούιτ-ου.
2) *P.* wie Praes. Ind. Pass.

Particip.

χερχούα-ρε   βεϳ-ύ-ε-ρε   νδά-ρε   δέ-ρε   αρρί-ρε   ἠατούα-ρε   δερχού-ρε
        und   und   und
    νδάιτ-ου-ρε, δέιτ-ου-ρε,   δερχούιτ-ου-ρε.

Über die zusammengesetzten Zeiten, s. das Schema der ersten Conjugation.

§. 38.

Anomale Verba.

Bereits oben erwähnte Anomalien:

πλϳαχ ich altere, *νδουχ* ich beisse ab, *βεϑχ* ich welke, §. 33, 1, *a*.

πουϑ ich küsse, *χϳεϑ* ich scheere, §. 33, 1, *c*.

Die auf *χ* in 3. S. Aor. I. A. §. 33, 4.

χούαρ ich erndte, §. 33, Nr. 4.

---

*) 3. Sing. s. §. 30, Endnote.

Die auf -λ, -λj, -νj, Particip. §. 33, Nr. 5.
„ „ -σ und -ϭ. 2. Sing. Praes. Conj. Act. und Aor. Conj. §. 33, Nr. 6.
„ „ -εσ und εϭ. Wandlung des ε in ι. §. 33, Nr. 7.
„ „ -ιελ, -ιερ, -εϑ und -jεκ. §. 34.
μαρ ich nehme, §. 34, Nr. 7.
Die auf -ας und -ες, §. 35.

κουλός ich weide λjος ich spiele	§. 36.	
λjέιγ ich gebäre bλjέιγ ich kaufe	§. 37, b, 1.	
die auf -υειγ, §. 37, b) 1.		
bε̱ιγ ich thue έτσε̱ιγ ich gehe ίκε̱ιγ ich fliehe	§. 37, c, 1.	
χιπ ich besteige ϭτυπ ich zerstosse	§. 37, c, 3.	
dι ich weiss πι ich trinke ρι ich sitze κjι ich beschlafe μbα ich halte	§. 37, d, 3.	
ρόιγ ich lebe, §. 37, e, 1.		

---

1) βε̱ ich setze.

Activ. Indicat.	Praes.	*S*.	1) βε̱	2) βε̱	3) βε̱	
		P.	1) βε̱με̱	2) βίρι u. βίνι	3) βε̱νε̱	
	Imperf.	*S*.	1) βε̱ρε̱	2) βε̱ρε	3) βίj u. βίν	
		P.	1) βε̱ρε̱μ	2) βε̱ρε̱τε̱	3) βίjνε̱ u. βίνε̱	
	Aor.	*S*.	1) βοῦρρα	2) βοῦρρε	3) βοῦρρι	
		P.	1) βοῦμ	2) βοῦτε̱	3) βοῦνε̱	
Conj.	Praes.	*S*.	1) τε̱ βε̱	2) βε̱ϭ	3) βε̱ρε̱	

Plur. wie Indicat.
Imperf. wie Indicat.
Aor. *S*. 1) βοῦφϭα und βοῦφτϭα
Imperat. *S*. βοῦρρε̱, *P*. βίρι und βίνι
Part. βε̱ννε̱
Pass. Praes. βίχεμ
Imperf. βίχεϭε̱.

2) ζε̱ ich berühre und νιζε̱ ich fasse, lerne.

Wie βε̱, nur Aor. Conj. ζε̱ντϭα und Imperat. *S*. ζε̆.

3) λjε̱ ich lasse.

Wie βε̱, nur Ind. Aor. *S*. 1) λjάϭε̱ 2) λjε̆ 3) λjα
P. 1) λjάμ 2) λjάτε̱ 3) λjάνε̱
Conj. Aor. *S*. λjε̱ντϭα
Imperat. *S*. λjε̆.

4) νῂρξ ich hebe auf.

Wie βξ, nur Ind. Aor. *S.* 1) νῂρίjτα 2) νῂρίjτε 3) νῂρίjτι
              P. 1) νῂρίjτιμ 2) νῂρίjτιτς 3) νῂρίjτινς

Conj. Aor. *S.* 1) νῂρίjτϑα

Imperat. νῂρῐ̈

Particip. νῂρίjτουρξ.

5) βέτε ich gehe.

Indicat. Praes. *S.* 1) βᾰ̈τε 2) βᾰ̈τε 3) βᾰ̈τε
         P. 1) βᾰ̈μι 2) βᾰ̈νι 3) βᾰ̈νς

Imperf. *S.* 1) βᾰ̈jς 2) βᾰ̈jε 3) βῑν o. βίντε
                              βῑγ o. βίγτε

         P. 1) βᾰ̈jξμ 2) βᾰ̈jξτξ 3) βῑjνς

Aor. *S.* 1) βᾰ̈ιτα 2) βᾰ̈ιτε 3) βᾰ̈τε
      P. 1) βᾰ̈ιτ-ιμ 2) βᾰ̈ιτ-ιτξ 3) βᾰ̈ιτ-ινς
      u. 1) βᾰ̈μ 2) βᾰ̈τξ 3) βᾰ̈νξ

Conj. Praes. *S.* 1) τξ βᾰ̈τε 2) βᾰ̈τῶ 3) βᾰ̈jξ
         P. wie Indicat.

Imperf. wie Indicat.

Aor. *S.* 1) βᾰ́φϑα u. βᾰ́φτϑα, regelmässig.

Imperat. fehlt. statt dessen ἔτσξ *P.* ἔτσξνι u. χᾰ́ιδε *P.* χᾰ́ιδενι
Part. βᾰ́τουρξ.

6) bίε ich falle u. ich bringe.

Indicat. Praes. *S.* 1) bίε 2) bίε 3) bίε
         P. 1) bίεμξ 2) bίνι u. bίρι 3) bίενξ

Imperf. *S.* 1) bjᾰ̈ρξ 2) bjᾰ̈ρε 3) bῑγ u. bῑν
         P. 1) bjᾰ̈ρξμ 2) bjᾰ̈ρξτξ 3) bίγνξ

Aor. *S.* 1) ρᾰ̈ξς auch ρᾰ̈τϑ ich fiel 2) ρξ 3) ρᾱ
      P. 1) ρᾱμ 2) ρᾰ̈τξ 3) ρᾰ̈νξ

  u. *S.* 1) προῦβα u. προῦρα ich brachte 2) πρού-βε u. -ρε
                            3) πρου
      P. 1) προῦμ 2) προῦτξ 3) προῦνξ

Conj. Praes. *S.* 1) τξ bίε 2) bίεῶξ 3) bjᾰ̈ρξ
         P. 1) bίεμξ 2) bίρι 3) bίενξ

Imperf. wie Indicativ.

Aor. *S.* 1) ρᾰ́φϑα u. ρᾰ́φτϑα, regelmässig.
         προῦφϑα u. προῦφτϑα

Imperat. *S.* bjᾰ̈ρξ *P.* 2) bίνι u. bίρι

Particip. ρᾰ̈ρξ gefallen
         προῦρξ gebracht

Pass. Praes. bίχεμ ich werde gebracht. regelmässig nach obigen
                                Formen.

11

7) ϑτίε ich werfe, giesse.

Praes. Ind. u. Conj. Act. u. Pass. } wie βίε
Imperf. „   „   „   „   }

Aor. *S.* 1) ϑτί-β-α 2) ϑτί-β-ε 3) ϑτί-ου
 P. 1) ϑτῑ-μ 2) ϑτί-τε 3) ϑτί-νε
u. *S.* 1) ϑτύ-ρ-α 2) ϑτύ-ρ-ε 3) ϑτύ-ρ-ι
 P. 1) ϑτυ-μ 2) ϑτύ-τε 3) ϑτύ-νε
Particip. ϑτί-ρε u. ϑτύ-ρε.

8) βῑγ ich komme.

Indicat. Praes. *S.* 1) βῑγ   2) βjέν 3) βjέν
 P. 1) βĭjεμε 2) βĭνι 3) βĭνε u. βĭjενε
Imperf. *S.* 1) βĭjε, regelmässig.
Aor. fehlt, ersetzt durch *S.* 1) ἔρδα 2) ἔρδε 3) ἔρδι
 P. 1) ἔρϑμ 2) ἔρϑτε 3) ἔρϑνε u. ἔρδε *)
Conj. Praes. *S.* 1) τε βĭjε, regelmässig [2) βιϑ u. βἔτϑ]
Imperf. wie Indicat.
Aor. ἄρτϑα u. ἀρϑϑα, regelmässig.
Imperat. *S.* έα u. έjα *P.* ένι u. έjανι
Particip. ἀρδουρε.

9) ρῑ und ρῑγ ich sitze.

Indicat. Praes. *S.* 1) ρῑ u. ρῑγ 2) ρῑ u. ρῑν 3) ρῑ u. ρῑν
 P. 1) ρĭμε   2) ρĭγι u. ρĭνι 3) ρĭνε
Imperf. *S.* 1) ρĭjε   2) ρĭjε   3) ρῑγ, ρῑν u. ρĭτε, ρĭντε
Plur. regelmässig.
Aor. fehlt, ersetzt durch 1) νδένja, regelmässig.
Conj. Praes. τε ρĭjε, regelmässig.
Imperf. wie Indĭcat.
Aor. νδένjτϑα und νδένjϑα, regelmässig.
Imperat. *S.* ρῑ *P.* ρĭνι und ρĭι, ρĭjι
Particip. νδένjουρε.

10) ῂjἔϊγ ich finde.

Indicat. Aor. *S.* 1) ῂjἔτ-α 2) ῂjἔτ-ε 3) ῂjἔτ-ι
 P. 1) ῂjἔ-μ 2) ῂjἔ-τε 3) ῂjἔ-νε
Conj. Aor. ῂjἔτϑα u. s. w.
Part. ῂjἔτ-ου-ρε
Pass. Praes. ῂjἔ-νδ-εμ
Imperf. ῂjἔ-νδ-εϑε
Aorist Indic. *S.* 1) ουῂjἔ-νδ-α 2) ουῂjἔ-νδ-ε 3) ουῂjἔ-νδ
 P. 1) ουῂjἔ-νδ-μ 2) ουῂjἔ-νδ-τε 3) ουῂjἔ-νδ-νε
Conj. ουῂjἔτϑα u. s. w.

*) S. §. 4, e.

11) χα ich esse.

Indicat. Praes. *S.* 1) χᾱ 2) χᾱ 3) χᾱ
          P. 1) χᾰμε 2) χᾰνι u. χᾰι 3) χᾰνε
    Imperf. *S.* 1) χάjε 2) χάjε 3) χαν u. χάιγ
    Aor. *S.* 1) χένϳ̓ρα, regelmässig.

Conj. Praes. *S.* 1) τε χα 2) τε χαϑ u. χατϑ, regelmässig.
    Imperf. wie Indicat.
    Aor. χένϳ̓ερϑα u. χένϳ̓ερτϑα
    Imper. *S.* χα *P.* χάι u. χάνι
    Partic. νϳ̓μέννε

Passiv. regelmässig nach obigen Formen.

12) δούα ich will, ich liebe.

Activ. Indicat. Praes. *S.* 1) δούα 2) δŏ 3) δŏ
          P. 1) δούαμε 2) δόνι u. δόι 3) δούανε
    Imperf. *S.* 1) δύjε 2) δύjε 3) δούαν
          P. 1) δύjεμ 2) δύjετε 3) δούαινε
    Aor. *S.* 1) δέϑα, regelmässig.

Conj. Praes. *S.* 1) τε δούα 2) δούαϑ 3) δύjε
          Plur. wie Indicativ.
    Imperf. wie Indicativ.
    Aor. *S.* 1) δᾰφϑα u. δᾰτϑα, von letzterem 3) *S.* δᾰτϑε,
                          Rest regelmässig.
    Imperat. *S.* δούαιγ *P.* δούανι u. δόνι
    Particip. δᾰϑουρε

Passiv. Praes. δούχεμ
     Imperf. δούχεϑε.

13) ϑŏ und ϑŏχ ich sehe.

Activ. Indicat. Praes. *S.* 1) ϑŏχ 2) ϑëχ 3) ϑëχ
          u. 1) ϑο 2) ϑε 3) ϑε
          P. 1) ϑŏχεμε 2) ϑίχνι u. ϑίνι 3) ϑŏχενε
    Imperf. *S.* 1) ϑŏχιjε 2) ϑŏχιjε 3) ϑι u. ϑιν
           ϑŏχε   ϑŏχε
          P. 1) ϑŏχιjεμ 2) ϑŏχιjετε 3) ϑίνε und
           ϑŏχεμ   ϑούχετε   ϑίχνε
    Aorist *S.* 1) πᾰϑε u. πᾰτϑε *) 2) πε 3) πᾱ
          P. 1) πᾱμ 2) πᾰτε 3) πᾰνε

Conj. Praes. *S.* 1) τε ϑŏχ 2) ϑŏτϑ 3) ϑŏχε und
                                 ϑŏχιjε
          Plur. wie Indicat.
    Imperf. wie Indicat.
    Aorist *S.* 1) πᾰϑα u. πᾰτϑα, regelmässig.

---

*) Unterscheidet sich durch das lange *a* von πᾰτϑε ich hatte, ebenso im Plur.

Imperat. *S.* ŏ̈ï u. ŏ̈ïχ   *P.* ðĩνι u. ŏ̈ïχνι
Particip. πᾶρε̨

Passiv. Indic. Praes.   *S.* 1) ŏ̈ïχε̨μ ⎫
Imperf.   *S.* 1) ŏ̈ïχεðε̨ ⎬ regelmässig.
Aorist   ουπᾶðε̨ u. ουπᾱτðε̨ ⎭

14) νjŏ̈χ ich kenne.

Wie ðοχ, bildet aber Aorist u. Particip. regelmässig:
νjŏ̈χα u. νjŏ̈χουρε̨
Passiv. Praes. νjŏ̈χε̨μ u. νjίχε̨μ
Imperf. νjŏ̈χεðε̨ u. νjίχεðε̨.

15) ᾰππ ich gebe.

		S. 1)	2)	3)
Indic.	Praes.	*S.* 1) ᾰππ	2) ε̆ππ	3) ε̆ππ
		P. 1) ᾰππε̨με̨	2) ίπνι	3) ᾰππε̨νε̨
	Imperf.	*S.* 1) ᾰπιjε̨ u. ᾰπε̨	2) ᾰπιjε̨ u. ᾰπε̨	3) ίπτε
		P. 1) ᾰπιjε̨μ u. ᾰπε̨μ	2) ᾰπιjε̨τε̨ u. ᾰπε̨τε̨	3) ίπνε̨
	Aorist	*S.* 1) ðᾰðε̨	2) ðε̨	3) ðᾱ
		P. 1) ðᾱμ	2) ðᾱτε̨	3) ðᾱνε̨
Conj.	Praes.	*S.* 1) τε̨ αππ	2) τε̨ αππτð	3) ᾰππιjε̨ u. αππ
		P. 1) τε̨ ᾰππε̨με̨	2) ίπνι	3) ᾰππε̨νε̨

Imperf. wie Indicat.
Aorist   *S.* 1) ðᾱφðα, ðᾱφτðα u. ðᾱτðα, regelmässig.
Imperat. *S.* εππ   *P.* ίπνι
Particip. ðε̨ννε̨
Passiv. Indic. Praes.   *S.* 1) ίππε̨μ, regelmässig.
Imperf.   *S.* 1) ίππεðε̨, regelmässig.
Aorist   ουðᾱðε̨ u. s. w. wie Activ.

16) ðŏ̈μ ich sage.

		S. 1)	2)	3)
Activ. Indic.	Praes.	*S.* 1) ðŏ̈μ u. ðε̨̆μ	2) ðοῠα	3) ðŏ̈τε̨
		P. 1) ðŏ̈μι u. ðε̨̆μι	2) ðŏ̈ι u. ðŏ̈νι	3) ðŏ̈νε̨
	Imperf.	*S.* 1) ðŏ̈ðε̨	2) ðŏ̈ðε	3) ðŏ̈ð und ðοῠτε
		P. 1) ðŏ̈μ	2) ðŏ̈τε̨ u. ðŏ̈ðε̨τε̨	3) ðŏ̈νε̨
	Aorist	*S.* 1) ðᾱðε̨ u. ðᾱτð	2) ðε̨	3) ðᾱ
		P. 1) ðᾱμ	2) ðᾱτε̨	3) ðᾱνε̨
Conj.	Praes.	*S.* 1) τε̨ ðομ	2) ðοῠαð u. ðοῠατð	3) ðŏ̈τε̨

Plur. wie Indicat.
Imperf. wie Indicat.
Aorist   *S.* 1) ðᾱðα   2) ðᾱð   3) ðᾱðτε̨
u.   1) ðᾱτðα   2) ðατð   3) ðᾱðτε̨

Aorist	*P.*	1) *ϑάϑμ*	2) *ϑάϑι*	3) *ϑάϑινε*
	u.	1) *ϑάτϑιμ*	2) *ϑάτϑι*	3) *ϑάτϑινε*

Imperat. *S.* *ϑούαιγ* *P.* *ϑόι* u. *ϑόνι* u. *ϑούανι*

Partic. *ϑέννε*

Passiv. Indic. Praes. *S.* 1) *ϑούχαεμ* u. *ϑούχεμ*, regelmässig.

Imperf. *S.* 1) *ϑούχαεϑε* u. *ϑούχεϑε*

Aorist *ουϑάϑε* u. s. w. wie Activ.

Conj. regelmässig nach den obigen Formen.

17) *φλjὲ* ich schlafe.

Aorist *φλjίττα* Part. *φλjὲρε* u. *φλjὲτουρε*.

18) *μbέτεμ* ich bleibe.

Imperf. *μbέτεϑε* Aor. *μbέτα* (active Form).

§. 39.
Ersatz des Infinitivs.

1) Der fehlende Infinitiv wird wie im Neugriechischen, Wallachischen und Bulgarischen durch die entsprechende Person des Praes. Conj. ersetzt; z. B. in den zusammengesetzten *temporibus*:

do χεμ oder *do τε χεμ* ich werde haben,

do jέϑε oder *do τε jέϑε* ich werde sein,

λjε τε jέτ wörtl. lass ihn, dass er sei d. h. sein = er sei; *λjε τε αρνίσετε βέτεχεν' ετίγ ε λjε τε νῆρέρε χρύχjεν' ετίγ ε λjε τε βίjε πας μέjε* wörtl. der lasse, dass er verläugne d. h. verläugnen = der verläugne das Selbst das seine d. h. sich, der hebe sein Kreuz auf sich und komme mir nach, Matth. XVI, 24.

2) Dasselbe gilt von dem deutschen Infinitiv mit der Partikel zu: *έμμε τε πιj* wörtl. gib mir, dass ich trinke (neugr. *δὸ μοῦ νὰ πjῶ*) d. h. zu trinken, Joh. II, 7. — *σ' κιᾷ νῇα τε ίχεν* wörtl. er hatte nicht wohin er flöhe, zu fliehen war ihm unmöglich.

3) Den Infinitiv der Absicht mit — um zu — drückt der Albanese häufig mit *χjε* (welches jedoch auch fehlen kann) und dem folgenden Conjunctiv aus: — *σι χούντρε bὲνε υποχρίτετε . . . χjε τε boύρρενε* so wie die Heuchler thun (wörtl. auf dass sie gelobt werden) um gelobt zu werden, Matth. VI, 2. — *δερjόινε τεχ αί τσα Φαρισέιτε χjε τ' α ζιν' ατε* sie schickten einige Pharisäer zu ihm, um ihn zu fangen, Marc. XII, 13. — *bὲνε μουϑαβερέ χόντρε ατίγ, χjε τα* (für *τε ε*) *βρίσνε ατε* sie hielten eine Berathung gegen ihn, um ihn zu tödten, Marc. III, 6; — s. weiter §. 43.

§. 40.
Gebrauch des Conjunctivs.

1) Das Verbum eines bedingenden oder hypothetischen Satzes steht in der Regel im Conjunctiv: — *ζοτ τε jέϑε χετοὐ, νούχε δούαιγ τε βδις βελάι ιμ* Herr, wärest du hier gewesen, so hätte mein Bruder nicht sterben müssen, Joh. XI, 21. — *τε μος*

κέϑε ἀρδουρε ε τε μος κέϑε θενν' ατύρε, δυ τε μος κίϑνε φάιγ wäre ich nicht gekommen und hätte ich nicht zu ihnen gesprochen, so hätten sie keine Sünde, Joh. XV, 22. — τε μος κέϑε πάσουρε βέρρε μϑ' ατά πούνερα τε τίλλja xje χούρρε νjερί σ'ι βέρρι hätte ich an ihnen nicht solche Werke gethan gehabt, wie sie noch niemals ein Mensch that, ibid. 24. — ε τε μος κιϑ ϑχουρτούαρε ζύτι δίττε, do τε μος ὄπετόνετε νjερί und wenn der Herr diese Tage nicht verkürzt hätte, so würde kein Mensch davon kommen, Marc. XIII, 20.

2) Ebenso in den mit xoup, vδε u. σι [*]) in der Bedeutung von wenn beginnenden Sätzen, z. B. γρούαja xoup πjελ, xa χελμ, σε πσε ἐρδι xoχ' εσάιγ, πο xoup τε πjέλε δjάλινε, vouχ ε xouιτόνετε με ὄτρενγίμνε, wann (mit Indicativ) eine Frau gebiert, hat sie Kummer, dass ihre Zeit gekommen ist, aber wenn (mit Conjunctiv) sie das Kind geboren hat, so erinnert sie sich der Noth nicht mehr, Joh. XVI, 22. — xoup τε νγjάλενε βδέχουριτε wenn die Todten auferstehen, ibid. 28. — τε λjούμουριτε jένι, xoup τ' ου ὄάινε joύβετ νjέρεζιτε ε τ' ου νδjέχενε ε τ' ου ϑόνε .... selig seid ihr, wenn euch die Menschen schimpfen und euch verfolgen und zu euch sagen .... Matth. V, 11. — σε vδε βέφϑι aὄτού denn wenn ihr so handelt, Matth. VI, 1. — vδε μος vδεjέφτöι νjέρεζεβετ φάjετ ε τύρε wenn ihr den Menschen ihre Sünden nicht verzeiht, Matth. VI, 15. — ε σι δεργόι ατά vδε Βίϑλεεμ ou ϑa: χάιδενι vδαöτι ε σι τε μπσούνι μίρε περ ατε τουχ ε ξετάξουρε ε σι τ' a γjένι und als (mit Indic.) er sie nach Betlehem schikte, sagte er ihnen: jetzt geht und wenn (mit Conjunct.) ihr durch Nachforschungen gut über diesen unterrichtet seid, und wenn ihr ihn gefunden habt, so .... Matth. II, 8.

3) Ebenso in den mit: derjenige, welcher oder mit: wer beginnenden Sätzen: aι xje τε vδάje γρούαν ε τιγ ε τε μάρρε τjάτερε derjenige, welcher sein Weib fortschicken und eine andere nehmen würde, Matth. XIX, 19.

§. 41.
Participialbildungen.

1. Von jedem Particip können zwei Substantive gebildet werden, nämlich:
a) ein weibliches, durch Vorsetzung des weiblichen bestimmten Artikels der Einzahl, nach welchem das Particip sowohl die unbestimmte als die bestimmte

---

[*]) xoup steht jedoch auch in dieser Bedeutung mit dem Indicativ: xjuϑ γίρε xετού, xoup vούxε xε ρύβα τε δάσμεσε? wie kamst du hieher, wenn du kein hochzeitliches Kleid hast? Matth. XXII, 12.

In der Bedeutung von: wann, als, steht xoup mit dem Indicativ: — xoup δελλj δίελι wann die Sonne aufgeht. — xoup ἐρδι als er kam.

Auch vδε steht zuweilen mit dem Indicativ: vδε do wenn du willst, vδ' ἐϑτε xje wenn es ist, dass, für: wenn, Matth. V, 29. et pass.

Ebenso σι wenn; — σι βjεν wenn er kommt. — In den übrigen Bedeutungen mit Indicativ:

1) als, nachdem, — σι ϑxύι δίελι als die Sonne unterging. — σι πάνε υλ, ouγεζούανε als sie den Stern sahen, freuten sie sich, Matth. I, 10. — ε ϑxούανε, σι ϑa xετό φjάλje, νjέρα τέτε δίττε und es vergingen, als er dies Wort sprach, bis (beiläufig) acht Tage, Luc. IX, 27.

2) wie? — σι ρa? wie fiel er? Antwort: σι ϑες wie ein Sack. — σι jε? wie ist dir? wie befindest du dich? — σι jou δούxετε νέβετ? wie scheint es euch?

Form annimmt: — ε ίχουρε Flucht, ε ίχουρα die Flucht. Beide Formen folgen, wie alle weiblichen Hauptwörter, der ersten Declination. — Der Plural ist wenig gebräuchlich.

b) Ein männliches, durch Vorsetzung des männlichen Artikels der Einzahl und Anhängung der bestimmten und unbestimmten Pluralformen der zweiten Declination: τε ίχουρε Flucht, τε ίχουριτε die Flucht: — vjέρα μbε (fordert unbestimmten Accus.) τε ίχουρε τε Babυλόνεοε bis zur Flucht nach Babylon; — vja (fordert bestimmten Nom.) τε ίχουριτ' ε Babυλόνεοε von der Flucht nach Babylon, Matth. I, 17. — Diese Form wird jedoch meistens wie die im §. 11, 1, erwähnten Substantive als Singular betrachtet, und daher steht das bezügliche Verbum im Singular: τε λέριτε ε Ισούιτ Κρίθτιτ ου bε χεθτού wörtl. die Geburten, die Jesu Christi, geschah (nicht geschahen) also, Matth. I, 18 *).

Beide Substantivformen drücken die Handlung oder den Zustand aus, welche in dem Begriff des transitiven oder intransitiven Verbums liegen, von dem sie gebildet sind **), und vertreten daher zunächst das deutsche Infinitivsubstantiv und die Verbalsubstantive auf -ung u. s. w. — Der Umfang ihrer Anwendung ist aber in der Regel ausgedehnter, als der der angegebenen deutschen und umfasst eine Masse von Nüancen, für welche unsere reiche Sprache besondere Formen oder Worte hat. — ε bέρρα (Partic. von bέιγ ich thue, mache) das Thun, Machen, Handeln, die Handlung, dann aber auch die That, Handlungsweise u. s. w. — ε·φόλjτουρα (von φλjας ich rede, spreche) das Reden, Sprechen, aber auch die Rede, Aussprache, Mundart.

II. Jedes Particip kann durch Vorsetzung des entsprechenden Artikels in eine männliche oder weibliche Adjectivform verwandelt werden, welche sich nach den für Adjective aufgestellten Regeln richten: — χύιγ ε̄τε ι bίρι μ ι dάθουρι dieser ist mein geliebter Sohn, Matth. III, 17; s. jedoch §. 16, *b*, Note. — jε βάιζα μ' ε πορσιbένvε du bist meine (wörtl. Befehl thuende) gehorsame Tochter.

Diese Adjectivformen stehen dann ebenso wie im Deutschen auch ohne Hauptwort: ι dάθουρι der Geliebte, ε dάθουρα die Geliebte.

§. 42.

Participialconstructionen.

Das der Sprache fehlende Particip Praes. wird ersetzt durch das Adverbium τουχ während — dessen ursprüngliche Form τεχ ***) des Wohllautes wegen vor dem nachfolgenden ε in τουχ verwandelt zu sein scheint — und das darauf

---

*) *N. T.* sogar πας σε jjάλτουριτε σιμ nach meiner Auferstehung, Matth. XXVI, 32, wo σε u. σιμ im Gen. Sing. und jjάλτουριτε im Nom. Plur. steht. — Die weiblichen Pluralformen der Adjective, welche die Stelle von Substantiven vertreten, haben in der Regel das betreffende Zeitwort gleichfalls im Singular: με πλεχjερόν τε μίρατ' ε μία, es ernähren mich meine Güter im Alter.

**) Beide Formen scheinen einen und denselben Sinn zu vertreten, wenigstens ist dem Verfasser kein Fall vorgekommen, in welchem nicht die eine Form für die andere gesetzt werden könnte.

***) In dieser Bedeutung steht das Adverb. mit dem Imperf.: — τεχ μεντύνειγ χετύ με βέτεχε τε τιγ indem er dies bei sich überlegte, Matth. I, 20. — ε jjέτθα τεχ χάιγ ich fand ihn, während er ass.

folgende weibliche Participialsubstantiv im unbestimmten Nominativ, so dass in den folgenden Beispielen: *τουχ ε ἑτσουρε*, — *ε λjούτουρε*, — *ε ϑένε* wörtlich mit: während des Gehens, des Flehens, des Redens zu übersetzen ist; — *βάτε μῦ' ατά Ισούι τουχ ε ἑτσουρε μῦι δετ* Jesus kam auf dem Meere gehend zu ihnen, Matth. XIV, 25. — *ρα περμβύε μῦι φάχjε τε τιγ τουχ ε λjούτουρε ε τουχ ε ϑένε* er fiel auf sein Angesicht nieder, indem er betete und indem er sprach, Matth. XXVI, 39. — *ε ϑάινε ατέ τουχ ε τούντουρε χόχεῦ ετύρε ε τουχ ε ϑένε .....* und sie beschimpften ihn, indem sie ihren Kopf schüttelten und indem sie sprachen.... Matth. XXVI, 39, 40. — *δύλλι νγα αἱ τουχ ε ουλερίτουρε* er ging heulend aus ihm heraus, Marc. I, 26. — *νίσνε μαϑιτίτ' ετίγ τουχ ε ἑτσουρε μῦ' ούδε* (oder *ούδεσε*) *τε φερχόινε χάλεσε* es fingen seine Schüler, während sie des Weges gingen, Aehren zu zerreiben an, Marc. II, 23. — *ου χϑύε τουχ ε πάρε* er (der früher Blinde) kehrte sehend zurück, Joh. IX, 7. — *σε τjέρεβετ ου ϑομ με παραβολίρα, χjε τουχ ε πάρε τε μος ϑόχενε ε τουχ ε διῖjούαρε τε μος χουπετόινε* denn zu den Andern rede ich in Gleichnissen, damit sie sehend nicht sehen und hörend nicht hören, Luc. VIII, 10.

§. 43.

Eine ähnliche Verbindung von Participialsubstantiven mit Praepositionen erlaubt eine wörtliche Uebertragung in das Deutsche noch weniger als die vorhergehende, z. B.:

Mit *περ* (die häufigste) *τι je αί χjε ξότε περ τε άρδουρε?* Bist du derjenige, welcher (wörtl. für das Ankommen ist) kommen soll? Matth. XI, 3. — *χουϑ ίστε περ τε άρδουρε, ε* (für *λje*) *τε βίje, χουϑ ίστε περ τε μος άρδουρε, ε τε ρίje;* — Redensart: wer (wörtl. für das Kommen ist) kommen will, der komme; wer nicht kommen will, der bleibe. — *jαμ περ τε νγρένε, περ τε νίσουρε* ich bin im Begriff zu essen, zu reisen. — *ρούϑτε jάνε περ τε νγρένε* die Trauben sind zum Essen; *ρούϑτε jάνε ζοτ περ τε νγρένε* die Trauben sind zum Essen tauglich (reif oder schmackhaft). — *ίστε υjερί περ τε ῖjάρε, περ τε μος φόλje, περ τε μβύτουρε* er ist (wörtl. es ist ein Mensch) beklagens-, keines Wortes, hängenswerth. — *βάιζε ίστε περ τε μαρτούαρε* dieses Mädchen ist für die Ehe reif. — *άρενε ... περ τε χάλτουρε νδε βαρρ τε χούαjτε* einen Acker ... um die Fremden zu begraben, Matth. XXVII, 7. — *χουβεντούανε χόντρε Ισούιτ περ τε βράρε ατέ* sie besprachen sich gegen Jesum, um ihn zu tödten. — *τε χαμ περ τε ϑένε τιγ υjε φjάλje* ich habe dir ein Wort zu sagen, Luc. VII, 40. (Die Verbindung des Pronomens mit dem Participialsubstantiv lässt sich hier eben so schwer erklären, als in den weiter unten folgenden Beispielen.)

Mit *μbε* — *μbε τε χϑυέρα σ' ε ῖjέττα* bei der Rückkehr fand ich es nicht.

Mit *με;* — z. B. in den sehr häufigen Fragen: *τϑ' do μ' ε ϑένε? τϑ' do μ' ε χjένε?* wörtl. was will das mit der Rede, mit dem Sein, d. h. was heisst das oder was soll das heissen? was soll das sein, daraus werden? *χjε do μ' ε ϑένε* was so viel heisst, als, Marc. XV, 22. — *με τε ϑένε αί, ατέ τϑαστ ίχου πρέιγ σιγ λέπρα* wörtl. mit dem Reden er (Jesus), diesen Augenblick wich von diesem (dem Aussätzigen) der Aussatz, Marc. I, 42. Statt *ai* könnte auch τɛ τιγ stehen, dann hiesse die Phrase: mit seiner Rede. In die obige sehr gangbare Construction lässt sich aber schwerlich Klarheit bringen. — Auch in Sätzen, wie der folgende, scheint sich der Participialbegriff mit dem substantiven zu vermischen: *ajó βjɛv πρέιγ σɛ ϑɛννɛ σɛ ρɛμ, σɛ ĵɛνjύɛρɛσɛ* wörtl. dies kommt von dem Reden lügenhaft, dem betrüglichen.

§. 44.
Absolute Participialconstruction.

1) *πα* mit dem artikellosen Particip drückt entweder einfache Verneinung oder auch die Verneinung aus, dass das durch das Particip Ausgedrückte der Zeit nach früher als das im Hauptsatz Ausgedrückte geschehen sei, wo dann gewöhnlich *ɛδέ* oder *αχόμι* in der Bedeutung von: noch, zugefügt werden. Diese Construction möchte den Namen der absoluten verdienen, weil ein und dieselbe Form mit den drei Personen der Einzahl und Mehrzahl verbunden wird und es nur der Zusammenhang erkennen lässt, mit welcher Person der verneinende Participialsatz zu verbinden sei [*]. — *ρύττα* u. s w. *ρύττινɛ νδɛ ϑτɛπί, πο, πα ρύιτουρɛ αχόμα, κέϑɛ χουπɛτούαρɛ* ich ging u. s. w. sie gingen in das Haus, aber, wörtl. noch nicht hineingegangen, d. h. bevor ich hineinging etc., bevor sie hineingingen, hatte ich bemerkt. — *ɛ νδαϑτί ου ϑάτɛ jούβɛτ πα βέρρɛ, ɛ χουρ τɛ βέvɛvɛ, τ'ι βɛσσόvι* und jetzt sage ich (es) euch, bevor es geschehen, damit ihr, wenn es geschieht, daran glaubt, Joh. XIV, 29. — *πα xjέvɛ δɛ βότα,* Joh. XVII, 5., *πα βέvvɛ ɛδέ βότα,* v. 24. bevor noch die Welt geworden oder gemacht worden.

Die Construction verträgt sich auch mit dem Subject und Object des absoluten Satzes, entsprechend dem Deutschen: bevor der Hahn gekräht, bevor mein Kind gestorben, bevor Philipp dich gerufen [**] etc. — *αί xjɛ τɛ νδάjɛ ĵρούαν ɛτίγ πα xjέvɛ χουρβɛρί νδɛ μɛς* der welcher sein Weib wegschickt, ohne dass Ehebruch vorliegt, Matth. XIX, 9. — *πα xjέvɛ ɛδέ ζέvɛ αί νδɛ βαρχ τɛ μɛμɛσɛ* bevor dieser noch in dem Leibe seiner Mutter empfangen war, Luc. II, 21. — *σɛ νδɛ xɛτɛ νάτɛ, πα xɛντούαρɛ ɛδέ χοχόϑι, τρι χέρɛ δο τɛ μɛ αρνίσɛτϑ μου* denn in dieser Nacht, bevor noch der Hahn gekräht hat, wirst du mich dreimal verläugnen, Matth. XXVI, 34. — *xjɛ νδαϑτί ου ϑομ jούβɛτ, πα ĵjάρɛ, xjɛ χουρ τɛ ĵjάjɛvɛ, τɛ βɛσσόvι, xjɛ ούvɛ jαμ* von jetzt an sage ich (es) euch, bevor es sich ereignet hat, damit, wenn es sich ereignet, ihr glaubet, dass ich es bin (*xjɛ* in drei Bedeutungen), Joh. XIII, 19. — *ζοτ έja, πα βδέχουρɛ δɛ δjάλji μ* Herr komme, bevor noch mein Knabe gestorben ist, Joh. IV, 49. — *πα σόσουρɛ αί φjάλjɛvɛ — va έρδι Ιούδα* er hatte die Rede noch nicht beendigt — siehe da kam Judas, Matth. XXVI, 47.; so auch Luc. VIII, 49. — *xjɛ πα ϑύρτουρɛ δɛ τιγ Φίλιπποι, χουρ jέϑɛ νδέvvɛ φιχ, τɛ πάϑɛ τιγ* schon ehe dich Philipp rief, als du unter dem Feigenbaum warst, sah ich dich, Joh. I, 49.

---

[*] So wie im Deutschen: ich that, sie thaten es unbekümmert um....., unbedacht etc.

[**] Doch scheint das Albanesische die Ergänzung dieser Sätze wie im Deutschen durch den Hinzutritt des Hülfszeitwortes nicht zu erlauben.

§. 45.

Ueber die von einigen Zeitwörtern geforderten Casus.

Mit dem Genitiv stehen u. a.:

βδες ουρίε (unbest. Genit.) ich sterbe Hungers; auch *neugr. φοφῶ τῆς πείνας.*

έτοϱιγ ούδϱοϱ ich gehe des Weges.

δίε δέρϱοϱ o. *νδϱ δέρϱ* ich klopfe an die Thüre.

δίε ϫάσμιτ νδϱ ϫόϫϱ ich schlage den Feind auf den Kopf; — *ου ϱᾶμ* wir schlugen
sie; auch: wir feuerten auf sie.

λjούτεμ περνδίοϱ ich flehe zu Gott. — *νjερί ϫjϱ ατίγ λjούτεμι* der Mensch, den wir
bitten.

ϫίππειγ ϫάλjιτ, μάλλjιτ ich besteige das Pferd, den Berg.

θεμ — *a)* ich spreche, sage — mit Genitiv. — *ι διδάξ ατά ε ου θοϑ* er lehrte sie
und sprach zu ihnen, Matth. V, 2. — *τοίλλιδο ϫjϱ τ' ι θύτϱ ϫϱτίγ μάλλjιτ*
jeder der zu diesem Berge sagen würde, Marc. IX, 23. — *b)* ich nenne,
heisse — mit Accus. — *δο τ' α θόνϱ ϱμϱριν ετίγ Ϝμάνουιλ* sie werden
(ihm) seinen Namen Emanuel heissen. — *ϫjυϑ τϱ θόνϱ?* wie heissen sie
dich?

Die Genitivform vertritt auch oft Präpositionen:

βίjνϱ ούδϱβετ (st. *μbι ούδϱρα*) *τϱ ϱϱμούρϱτϱ* sie setzten die Kranken auf die Wege,
Marc. VI, 56.

ϱϫότιγ φίjνϱ ϫjϱλπϱρϱοϱ ich fädele den Faden in die Nadel.

δαϫϱτίοϱ ρα φλjάμϱ wörtl. dem Weidevieh fiel die Seuche d. h. sie befiel das
Weidevieh.

Mit dem Accusativ stehen wie im Neugriechischen:

βαρ u. *ποροίτ* ich beauftrage — *μϱ βαρι, μϱ ποροίτι νjϱ φjάλjϱ, νjϱ πούνϱ* er trug
mir eine Rede, eine Sache auf — *neugr. μὲ παρήγγειλε ἕναν λόγον, ἕνα
πρᾶγμα.*

VIII. Präpositionen

und die ihnen entsprechenden Adverbien.

§. 46.

Präpositionen mit dem Nominativ.

Hieher gehören *νϳ̈α* und *τε;* beide verlangen in der Regel den bestimmten
Nominativ des Hauptwortes, mit welchem sie verbunden sind. Wenn jedoch eine
nähere Beziehung des Hauptwortes — z. B. *νjϱ*, ein — die unbestimmte Form verlangt, so hat die Verbindung mit den vorliegenden Präpositionen keinen Einfluss
auf dieselbe.

1. *νϳ̈α* *).

1) von; — *νϳ̈α βjεν?* von wo, woher kommst du? Antw. *νϳ̈α βϱϑτι* von dem
Weinberge. — *νjϱ νϳ̈α ατά* der Eine von ihnen.

---

*) Entspricht fast gänzlich dem neugriechischen ἀπό.

2) **nach**; — *χου βέτε?* wo gehst du hin? Antw. *νỳα βξϑτι* nach dem Weinberge *).

3) **an, zu**; — *σι ϑχόι νỳα ϑτξπί' ε πάρξ* als er an dem ersten Hause vorüber
kam. — *ε χέϑξ νỳα αν' ε μξνỳjξρξ* ich hatte ihn zu meiner linken Seite. —
νỳα πέμξτξ τξ τύρε do τu νίχνι an ihren Früchten werdet ihr sie erkennen,
Matth. VII, 20. — *bξρι παζάρ μι πουνξτόρε νỳα νjξ δινάρ δίτξνξ* er schloss
mit den Tagelöhnern zu einem Denar den Tag ab, Matth. XX, 2.

4) **aus, vor**; — *ϑπξτούαμ νỳα νjξ ι μαϑ ỳαζέπ* wir retteten uns aus einer
grossen Gefahr. — *διχόι νỳα πξνϑέρεja* er lugte aus dem Fenster. — *τανύ
άρτξξ νỳα φϑάτι* jetzt, so eben kam ich aus dem Dorfe. — *τσιλι ου δξφτόι
joύβετ, χjξ τξ ιχξνι νỳα ουρỳjία χjξ βιέν?* wer hat euch gelehrt vor dem Zorne
flüchten, der kommt? Matth. III, 7.

5) **je**; — *μούαρξ νỳα νjξ δινάρ* sie erhielten je einen Denar, Matth. XX, 9.

6) **als**; — *ίϑτξ μξ ι μαϑ νỳα αί* er ist grösser als dieser.

Als Adverbium hat *νỳα* folgende Bedeutungen:

woher? wohin? — *νỳα βjεν? νỳα βέτε?* woher kommst du? wohin gehst
du? — *νỳα jε τι?* woher bist du? Joh. XIX, 9. — *νουχ ε δι νỳα χjε (βέρρα)*
er wusste nicht, woher er (der Wein) war, Joh. II, 9.

νỳα σε? **warum? weswegen?**

νỳαδό (aus *νỳα* wo, wohin, und *do* du willst) **wo immer, wohin immer, überall.**
— *do τξ βιj πας τέje, νỳαδό χjξ τξ βετϑ* ich werde mit dir gehen, wohin du
immer gehen wirst.

νỳαδίττα, auch *πξρδίττα* **täglich.** — *νỳανάτξ* **allnächtlich.** — *νỳαβjέτ* **jährlich.**
— *νỳα χέρξ* und *χέρα* **jedesmal, immer.**

Bei *νỳα* fehlt mitunter das Wort, worauf es sich bezieht. — *δξρỳόι τε αί (τσα)*
νỳα πλέχjτξ er schickte zu ihm einige aus den Vorstehern, Luc. VII, 3. —
τσα kann hier auch fehlen.

2. *τε* und *νde*, vor einem Vokale *τεx*.

1) **zu**; — *πα βάτουρξ τε Ïjέρỳjουα* bevor ich (du, er) zu Georg ging. — *έρδι
τεx αί* er kam zu ihm. — *υjερ τε ỳάρδι* bis zu dem Zaune.

2) **bei**; — *jέϑξ τε Οσμάν Βέου* ich war bei Osman Bei. — *νde αί ρίji* bei ihm
verweilt, Matth. X, 11.

3) **an**; — *ε λjξ τξ bξνετξ τεx τέje σιχούνδρξ bεσσόβε* und es geschehe an dir
so wie du geglaubt, Matth. VIII, 14.

4) **in**; — *χίρι σατανάι νde Ιούδα* der Teufel fuhr in den Judas, Luc. XXII, 3.

---

*) Aus den Beispielen von 1. und 2. ebenso wie aus der Doppelbedeutung von *χρέι* erhellt, dass
das Albanesische zwischen der Richtung **von** und **nach** nicht so scharf unterscheidet, wie
andere Sprachen, sondern einfach die Bewegung, gleichviel in welcher Richtung, in's Auge
fasst; s. Note zu §. 6.

5) gegen; — *μος ου ζεμερύ τεχ μέje* zürne nicht gegen mich, Matthäus XVIII, 26 *).

Als Adverbium.

1) wo; — *τεχ ξότε χαζινέja jούαιγ, ατjέ do τε jέτε εδέ ζέμερα jούαιγ* wo euer Schatz ist, da wird auch euer Herz sein, Luc. XII, 34. — *τεχ δελλj τυμ ε τεχ λje χjεν* wo Rauch aufsteigt und ein Hund bellt, — Sprichw.

2) während, indem; — *τεχ μεντόνειγ χετώ με βέτεχε τε τιγ* indem er dies bei sich überlegte, Matth. I, 20. — *ε ήjέτϑα τεχ χάιγ* ich traf ihn, während er ass, beim Essen. — *ουχjάσνε νδε αί τεχ διδάξ* sie näherten sich ihm, während er lehrte, Matth. XXI, 23.

Über *τουχ* s. §. 42.

§. 47.
Präpositionen mit dem Genitiv.

1. *άφερ*.

bei, an; — *βάιζα χjε άφερ πόρτςος* oder *πόρτε* das Mädchen stand an der Thüre. — *άφερ ϑτεπίσε* in der Nähe des Hauses, bei dem Hause.

Als Adverbium.

1) herbei; — *ε ϑύρρι άφερ* er rief sie herbei, zu sich, Luc. XIII, 22.

2) beinahe, bei; — *με do άφερύ* oder *αφερύ νjι χjιντ ήροϑ* er schuldet mir bei 100 Piaster. — *ε πρίττα αφερό* oder *άφερ νjι σαχάτ* ich wartete auf ihn fast eine Stunde.

ατέjε s. *τέjε*.

2. *βετϑ, βέτϑμε, περβέτϑ* und *περβέτϑμε* ausser, ausgenommen.

ήjίϑε ι ϑιτι βετϑ oder *βέτϑμε ϑτεπίσε* er verkaufte Alles, das Haus ausgenommen. — *χουϑ μουνδ τε νδεjέjε φάjετε περβέτϑμε βέτεμε περνδίσε?* wer kann Sünden vergeben ausser Gott allein? Luc. V, 21.

Als Adverbium.

βουρ ε βετϑ stelle es auf die Seite, von dem Reste abgesondert. — *ήjίϑε ήjίϑε βάϑχε, ι σχjίβουρι βετϑ* alle mit einander, der Krätzige für sich, — Redensart. *βετϑ ε βετϑ* gesondert. — *τε χάτρε νδξινε βετϑ ε βετϑ* alle Vier wohnten gesondert von einander.

3. *βρένδα* und *περβρένδα* innerhalb.

χεjό ουβέ βρένδα oder *περβρένδα ϑτεπίσε* dies geschah innerhalb des Hauses.

Als Adverbium.

1) darinnen, drin; — *ίϑτε βρένδα α jάϑτε?* ist er drinnen oder draussen?

---

*) Aus den angeführten Beispielen der Bibelübersetzung erhellt, dass diese die Eingangs erwähnte Regel des Wohllautes nicht beachte.

τεχ steht mitunter auch für den einfachen deutschen Dativ: *νούχε έϑτε νδεjύερε τεχ τι*, es ist dir nicht erlaubt, Matth. XIV, 4.

2) hinein, ein; — *χύρι βρ̧ένδα νδ̧ε ὅτ̧επί* er ging in das Haus hinein. —
έα βρ̧ένδα komm herein. — *ε βούν̧ε βρ̧ένδα* sie steckten ihn ein. — *jαμ*
βρ̧ένδα ich sitze gefangen.

Davon: *βρ̧ένδαζ̧ε, βρ̧ένδαζ̧ι* und *βρ̧ένδαζ̧ιτ* von innen. — *μος μ̧ε φόλj̧ε βρ̧ένδαζ̧ε,*
δ̧ελλj jάσ̧τ̧ε sprich mir nicht von innen, komm heraus.

4 *jάσ̧τ̧ε* und *π̧ερjάσ̧τ̧ε* ausserhalb.

δόλλι jάσ̧τ̧ε πόρτ̧ε σ̧ε er trat ausser der Thüre, vor die Thüre, zur Thüre heraus.
— *ε ϑτίν̧ε π̧ερjάσ̧τ̧ε β̧έσ̧τιτ* sie warfen ihn ausserhalb des Weinberges hin,
Marc. XII, 8.

Als Adverbium, s. Nr. 3.

Davon: *jάσ̧ταζ̧ι* und *jάσ̧ταζ̧ιτ* von aussen. — *να προύν̧ε χ̧ετ̧έ χουβ̧ένδ jάσ̧ταζ̧ι*
diese Nachricht brachte man uns von aussen.

χ̧ετ̧έj̧ε diesseits, s. *τ̧έj̧ε.*

5. *δρ̧εjχj*, auch verdoppelt: *δρ̧εjχj π̧ερ δρ̧εjχj* gegenüber.

δρ̧εjχj ὅτ̧επίσ̧ε dem Hause gegenüber.

Als Adverbium.

gerade aus, direct, unmittelbar; — *δρ̧εjχj* oder *δρ̧εjχj ούδ̧ε σ̧ε* geraden
Wegs. — *δρ̧εjχj νγ̀α ὅτ̧επία* oder *νδ̧ε ὅτ̧επί* direct vom Hause oder nach
Hause.

6. *χόνδρ̧ε* oder *χούνδρ̧ε, χούνδρεχj* oder *χαρϑί.*

1) **gegen**; — *ι βίντ̧ε χούνδρ̧ε χουβ̧ένδιτ* er ging ihm gegen die Rede d. h. er
widersprach ihm.

2) **gegenüber**; — *χούνδρ̧ε* oder *χούνδρεχj* oder *χαρϑί ὅτ̧επίσ̧ε* dem Hause
gegenüber.

3) **wie oder nach**; — *χούνδρ̧ε β̧ένδι εδέ χουβ̧ένδι* wie der Ort (wo du
sprichst), so (sei deine) die Sprache.

Als Adverbium.

1) **gegen**; — *ι βάτ̧ε χούνδρ̧ε* er ging gegen ihn an.

2) **wie**; — *χούνδρ̧ε* oder *σι χούνδρ̧ε τ̧ε ϑάσ̧ε* so wie ich dir sagte.

7. *μβάν̧ε, νδάν̧ε* und *πράν̧ε* bei, neben,
(aus *μbε, νδ̧ε* und *π̧ερ* an und bei — und *άν̧ε* Seite).

χj̧εντρόβα μβάν̧ε, νδάν̧ε und *πράν̧ε βαβάιτ, ὅτ̧επίσ̧ε* ich stand bei, neben dem
Vater, dem Hause etc.

Als Adverbium.

herbei, herzu; — *χjάσου μβάν̧ε* oder *πράν̧ε!* tritt herbei, herzu! tritt näher!
— *μβάν̧ε τjάτ̧ερ̧ε* unterst zu oberst. — *εδέ φρόνετ' ε ατύρ̧ε ... ου α χϑέου*
μβάν̧ε τjάτ̧ερ̧ε und ihre Stühle warf er ihnen unter einander, Marc. XI, 15.
— *ι ερδ̧ε πράν̧ε φαρισέιτ̧ε* wörtl. die Pharisäer kamen ihm zur Seite d. h.
zu ihm, Matth. XVI, 1.

8. πας.

1) nach, zeitlich und örtlich; — πας δύβε μούαιγ nach zwei Monaten. — μέμμα χόχjι βάιζενε πας σάιγ die Mutter zog die Tochter mit, nach, hinter sich. — έρδι πας baβάιτ er kam nach, hinter oder mit seinem Vater. — ι βάνε ασάιγ πας sie gingen ihr nach, Joh. XI, 20.

2) hinter; — μέμμα ρίντε πας νέβετ die Mutter sass hinter uns. — πας ὄτεπίσε hinter dem Hause.

3) mit; — έα πας μούα oder μέjε komme mit mir. — βάνε πας τιγ sie gingen mit ihm *).

Als Adverbium.

έα πας komme mit. — ε μερρ πας er nimmt ihn mit.

9. πόθτε, περπόθ und ρεπόθ unter, unterhalb.

πόθτε μάλλjιτ unterhalb, am Fuss des Berges. — σι χούντρε μbεjέθ πούλja ζοχjτ᾽ εσάιγ περπόθ πέντεβετ wie die Henne ihre Küchlein unter ihre Flügel versammelt, Matth. XXIII, 37.

Als Adverbium, — unten, hinunter, nieder, unterhalb.

πόθτε ίστε a σίπερ? ist er unten oder oben? — χιδ᾽ ε πόθτε wirf es hinunter, hinaus (aus dem Fenster). — βουρρ᾽ ε πόθτε setze es nieder. — ε επ με πόθτε? gibst du es darunter? — μbε dυ βjετ ε πόθτε zu zwei Jahren und darunter.

Davon: πόθταζι und πόθταζιτ von unten.

10. σίπερ oben auf.

σίπερ ὄτεπίσε, μάλλjιτ oben auf dem Hause, Berge — auch σίπερ μbι ὄτεπί.

Als Adverbium.

oben; — σίπερ ίστε a πόθτε? ist er oben oder unten?

Davon: σίπεριτ und σίπραζιτ von oben. — περδέja ... ουντθούαρ ... νγα σίπεριτ (σίπερ, Matth. XXVII, 51) ε νγjέρρα περπόθ der Vorhang zerriss von oben (und) bis unten, Marc. XV, 38.

11. πράπα hinter.

πράπα νέβετ έρδι Πέτρουα hinter uns kam Peter. — πράπα ὄτεπίσε hinter dem Hause.

Als Adverbium, — hinter, hintennach.

χουθ βjεν πράπα? wer kommt hintennach d. h. hinter euch? — Frage an Reisende. — έα πράπα gehe hinter oder hintennach.

πράπε wieder, zurück; — βάτε υδε Iαννίνε ε έρδι πράπε er ging nach Jannina und kam wieder, zurück.

---

*) Bei dem Mangel an Fahrstrassen sind die Wege selten so breit ausgetreten, dass mehrere Personen neben einander gehen könnten.

πράπαζε und πράπαζιτ von hinten; — ι ουαφερούα ατίγ πράπαζε sie näherte
sich ihm von hinten, Luc. VIII, 44. — ἐρδι πράπαζε er kam von hinten. —
ἑτσερίγ πράπαζε (auch πράπετα) ich gehe rücklings, rückwärts. — ρα πρά
πετα er fiel rücklings.

12. πρέι, πρέj und πρέιγ.

1) **von**; — βιγ πρέι βέθτιτ ich komme vom Weinberge. — ατά κjε jάνε λjέρρε
πρέι (auch νῆα) γράβετ diejenigen, welche von Weibern geboren sind,
Matth. XI, 11.

2) **aus**; — ε πίνε πρέι σιγ γῆίθε und es tranken alle aus demselben, Matth. XIX, 23.

3) **über**; — χα ἄούμε τε κjάρε πρέι τύιγ oder νῆα τέjε er hat viele Klagen
über dich.

4) **nach, gegen**; — βέτε πρέι βέθτιτ ich gehe nach dem Weinberge. — δεν
ούδε πρέι Ιρουσαλήμιτ er macht den Weg, er geht gen Jerusalem, Luc. XIII, 22.

13. ρεθ, ρρότουλε, κjαρχ und κjέρθελ um — herum, ringsum.

ρεθ oder verstärkt ρεθ περ ρεθ ἄτεπίσε rings um das Haus, um das Haus herum.
— σι πα Ισούι ἄούμε βότε ρρότουλε ετίγ als Jesus viele Menschen um sich
sah, Matth. VIII, 18. — δερῆούανε ρρότουλε γῆίθ' ατίτ βένδιτ sie schickten
in dieser ganzen Gegend umher, Matth. XIV, 35.

Als Adverbium.

βίντε ρρότουλε er lief im Kreise herum, hierhin und dorthin. — ε βίε ρρότουλε
ich hin um ihn, bediene ihn. — μος ε βίε ρρότουλε schiebe es nicht auf. —
νίσνε τε βίνε ρρότουλε νδεπέρ φἄτερα sie fingen an in den Dörfern umherzuschweifen, Luc. IX, 6.

14. ρεπάρα und περπάρα.

vor, zeitlich und örtlich; — ρεπάρα τρε βίττερε vor drei Jahren. — ἐρδε χε
τού τε μουνδόθ νάβετ περπάρα κόχεσε? kamst du hieher, um uns vor der
Zeit zu quälen? Matth. VIII, 29. — djαλλj ι μίρε ρεπάρα babái (babáιτ) σ'
φλjετ ein guter Sohn spricht nicht vor, in Gegenwart des (seines) Vaters. —
ουδούχ περπάρα μβρέττιτ er erschien vor dem König. — ε ου α δα μαθιτί
βετ σε τιγ, του α βίjνε περπάρα, ε ου α βούνε περπάρα τούρμεσε und er
gab sie seinen Schülern um sie vorzusetzen, und sie setzten sie dem Volke
vor, Marc. VIII, 6.

Als Adverbium.

vorn, vorher; — τσα περπάρα, τσα πας einige vorn, andere hinten. —
βάτε ... νδ' ατε βενδ, κjε κjε περπάρα Ιοάννι er ging in diejenige Gegend,
wo früher Johannes war, Joh. X, 40. — do τε βέτε με περπάρα σε jούβετ
νδε Γαλιλέ ich werde früher als ihr nach Galiläa gehen, Matth. XXVI, 32.
Davon: περπάραζιτ und ρεπάραζιτ von vorn.

15. ρεπjέτε und περπjέτε aufwärts.

ρεπjέτε μάλλjιτ den Berg aufwärts.

Als Adverbium.

aufwärts; — *βάτε ρεπjέτε* er ging aufwärts, bergan. — *νdε μαλλj ρεπjέτε* den Berg aufwärts.

16. *τατεπjέτε* abwärts.

τατεπjέτε μάλλjιτ βίjε με λέρρε τε περβέϑουρε den Berg herunter ging er mit aufgeschürztem Ärmel — Lied.

17. *τέjε* und *περτέjε* über, jenseits, — *χετέjε* diesseits, — *ατέjε* jenseits.

χαπετόβα τέjε oder *περτέjε γάρδιτ* ich sprang über den Zaun. — *τέjε* und *περτέjε λjούμιτ* jenseits des Flusses. — *χετέjε λjούμιτ* diesseits des Flusses. — *τέjε μέjε!* fort von mir!

Als Adverbium.

ε σι βάτε πάχεζε με τέjε und wie er ein wenig weiter ging, Marc. XIV, 35. — *χετέjε ίστε α ατέjε*)*? ist er diesseits oder jenseits? — *εδέ bάϑχε με τε δυ τε τjέρε, νjε τέjε, ε νjε χετέjε, ε νdε μες Ισούνε* und mit ihm zwei andere, den einen auf der einen, den andern auf der andern Seite, und in der Mitte Jesum, Joh. XIX, 18. — *νγ̓α τϑ' βευd jε?* von welchem Orte bist du? — *χετέjε* von hier. — *χετέjε τούτjε* von jetz ab oder an.

18. *τούτjε* über, jenseits.

τούτjε μάλλjιτ, λjούμιτ jenseits des Berges, des Flusses. — *τούτjε μέjε!* fort von mir!

Als Adverbium.

zurück; — *γ̓άιδε τούτjε!* gehe zurück! — *τούτjε!* fort! zurück! — im Gegensatz von *τε γ̓ου!* vorwärts! — *τούτjε ε τε γ̓ου* rückwärts und vorwärts, hierhin und dorthin, hier und da. — *πα τούτjε πα τε γ̓ου* ohne alle Ursache. — *με ουρύενε πα τούτjε πα τε γ̓ου* sie hassten mich ohne alle Ursache, Joh. XV, 25.

§. 48.
Präpositionen mit dem Accusativ.

1. *μbε, με, νdε, νdερ,*
stehen nur mit dem unbestimmten Accusativ; s. §. 46, Nr. 2, τε.

1) nach; — *βέτε νdε (μbε) Ιαννίνε, νdε ϑτεπί* ich gehe nach Junnina, nach Hause.

2) bei; — *jέϑε νdε,* auch *νdερ δ̓ενε* ich war bei den Schafen. — *νdε (μbε) xjίελ!* beim Himmel! — *μbε bούχε!* beim Brote! — s. περ.

3) an; — *ε νγ̓ρόχειτ μbε ζjαρρ* und er wärmte sich an dem Feuer, Marc. XIV, 54. — *νdε βευd τε Ιρόδιτ* an der Stelle, anstatt des Herodes, Matth. II, 22. — *ουρεφένε τε ϳ̓ίϑα τϑ' ουδ̓ένε τε ι δαιμονίσουρι* (best. wegen τε) *εδέ τϑ'*

---

*) S. §. 29 *): *χετίγ — ατίγ*; *χετού — ατύ.*

ουбέ νdε dέρρα (unbest. wegen *νdε*) sie erzählten alles, was an dem Besessenen und was an den Schweinen geschehen war, Marc. V, 16.

4) **auf, zu;** — *ρα νdε (μбε) δε* er fiel auf die, zur Erde. — *φέϭτε με νj' άνε* das Fes auf einer Seite. — *ία με νj' άνε* komme auf die Seite. — *ιχ με νj' άνε* gehe auf die Seite.

5) **in;** — *έρδι μбε βενd τε Ισραίλιτ* er kam in das Land Israel. — *baбάι jόνε xjε je μбε, νdε* oder *νdερ* *) *xjίελ* Vater unser, der du bist in dem Himmel. — *jαμ νdε (μбε) ϭτεπί* ich bin in dem, zu Hause.

νdε μες in Mitten, zwischen.

νdεπέρ zwischen, zwischen durch. — *πάϭε νdεπέρ dέja dυ χόχε* ich sah zwischen den Zweigen zwei Köpfe. — *βίντε ρρότουλε νdεπέρ xjίϭε* er ging in der Kirche umher. — *Ισούι jεστίστε νdεπέρ ĵjίϑε Γαλιλαίε* Jesus zog durch ganz Galiläa. — *ρίjτε νdεπέρ μαλλj ε νdεπέρ βάρρε* er hielt sich in Bergen und zwischen Gräbern auf, Marc. V, 5. — *jάνε λjούμερα xjε έτσινε νdεπέρ δέτε* es gibt Flüsse, die unter der Erde fliessen. — *πλjούμбι ι ϭχόι νdεπέρ ϭάλjε* die Kugel fuhr ihm zwischen den Beinen durch.

6) **von;** — *σε πσε xjε ι βόĵελjε νdε ϭτατ* denn er war klein von Gestalt, Luc. XIX, 3. — *ι ĵjάτε νdε χουρμ* lang von Gestalt. — *ι barϑ νdε φάxjε* weiss von Gesichtsfarbe. — *ι ζι νdε συ* schwarzäugig. — *ι λjιχ νdε τε jάϭτεσμενε* schlecht von Aussehen. — *ι μίρε* oder *ι boύχουρε νdε τε πάρε* schön von Ansehen.

2. *μбι*, verstärkt *περμбί*.

1) **auf;** — *χίππι μбι μαλλj ε xjεντρόι ατjέ* er stieg auf einen Berg und blieb daselbst, Matth. V, 1.

2) **über;** — *λjαρτ μбι ϭτεπί τένε* hoch über unserm Hause. — *λjαρτ μбι μίjε* weit über tausend.

3) **an;** — *ϭτίνε dούαρτε μбι Ισούνε* sie legten Hand an Jesum, Matth. XXVI, 50.

3. *με* mit.

έρδα με μότρενε τίμε ich kam mit meiner Schwester. — *με μουνdίμ* oder *με ζι* mit Mühe. — *με μουνdίμενε* mit Gewalt.

με άνε vermittelst. — *αjό xjε ουϑά νĵα Ζότι με άνε τε προφίτιτ* das was von dem Herrn vermittelst des Propheten gesagt wurde, Matth. I, 22. — *ε μбαρόν με άνε τε ĵρόϑετ* er brachte es vermittelst Geldes zu Stande.

με χόχε zu rechter Zeit. — *έρδι με χόχε* er kam zu rechter Zeit. — *πόλλι με χόχε* sie gebar zur rechten Zeit.

4. *νdένε* unter.

ουφϭέ νdένε ĵούρινε er verbarg sich unter den Stein. — *χαμ νdένε βέτεμε τίμε τρίμα* ich habe Soldaten unter mir, Matth. VIII, 9. — *νjέρα σα τε βε ĵασμερίτ' ετού νdένε χέμπε τε τοбα* bis ich deine Feinde zu deinen Füssen lege, Luc. VII, 18.

---

*) *νdερ* scheint insbesondere unserem Ausdrucke „in dem — drin" zu entsprechen: *bάĵ νdερ μεντ!* halte im Sinne drin! erinnere dich!

5. *πα* ohne.

πσε ἐρδι πα χυσμεχjάρινε? warum kam er ohne seinen Diener?

Als Adverbium.

πα κόχε zur Unzeit. — *χεjú πούνε ἰστε πα κόχε* diese Sache kommt zur Unzeit. — *πόλλι πα κόχε* sie gebar ausser der Zeit.

S. weiter §. 44 und §. 49.

6. *περ.*

1) **für;** — *χένγρε δρέχε, ε γατύβε περ δαρχ* hast du zu Mittag gegessen, so koche für den Abend — Sprichw. — *ζίχεμ περ τύιγ* ich stehe, bürge für dich. — *περ τύιγ βούρρα κόχενε* für dich setzte ich meinen Kopf ein. — *σίου περ σι ε δέμβι περ δεμβ* Auge für (um) Auge und Zahn für Zahn. — *παγύβα δυ περ vjε* ich zahlte zwei für einen oder statt eines. — *κύιγ vjερί ἰστε σα (κάχjε) περ δjέτε* dieser Mann zieht für zehn.

2) **um, über;** — *χjερτόιγ περ τε βάρδε τε ljαράτσχεσε* ich streite über die weisse Farbe der Elster — des Esels Schatten. — *περ σε χjαν?* warum weinst du? Antw. *περ βελάνε* um meinen (verstorbenen) Bruder.

3) **wegen, nach;** — *με μόρρι μάλε περ στεπί βέτεμε περ vjε vjερί* (Lied), mich ergriff Sehnsucht nach Hause nur wegen eines Menschen. — *περ φάjετ' ετίγ ε περσόβα* wegen seiner Sünden musste ich leiden. — *περ χετέ πούνε* wegen dieser Sache, aus dieser Ursache.

4) **gegen;** — *vjε περ vjε* Mann gegen Mann. — *vjε περ δυ* einer gegen zwei.

5) **an;** — *περ τε βέδουρε πσε μεντόνενι?* warum denkt ihr an die Kleidung?

6) **zu;** — *jαμ περ τε βδέχουρε* oder *άφερ περ τε βδέχουρε* oder *ικουρε* ich bin zum sterben oder nahe am sterben oder abreisen.

7) **von;** — *ε σι διγjόι χjε φλjίτνε περ Ισούνε* und als er hörte, dass man von Jesus sprach, Luc. VII, 3. — *φλjετ χεχj περ μούα* er spricht schlecht von mir.

8) **in, binnen;** — *περ τρι δίτε δο τε βέτγ vjε τjάτερε* binnen drei Tagen werde ich einen andern (Tempel) bauen, Marc. XIV, 58.

9) **bei** — in Betheuerungen; — *περ βέσσε!* bei dem Glauben! — *περ περνδίνε!* bei Gott! — *περ βούχε!* bei dem Brote! — *περ χετέ δε!* bei dieser Erde! — *περ χετέ ζjαρρ!* bei diesem Feuer!

S. weiter: Betheuerungen.

Mit bestimmtem Genitiv: von.

χjε χουρ ι γjάου χεjú ατίγ? εδέ αι ι θα περ σε βύγελjιτ seit wann ist ihm dies zugestossen? und dieser antwortete ihm: von der Kindheit an, Marc. IX, 21. — *βεστρύινε περ σε ljάργουτ* sie sahen von Ferne zu, Marc. XV, 40. — *περ σε δύτιτ* zum zweiten Male. — *περ σε ρι* von Neuem. — *περ σε?* weswegen? warum? — *πο νδονjε vjα ατά . . . σχουπετόι περ σε ι θα ατίγ* aber keiner von ihnen verstand (nicht), weswegen er zu ihm gesprochen hatte, Joh. XIII, 28. — *πούνερατ' ετίγ βένε περ σε μόβρι, περ σε πράπθι* seine Sachen gehen vorwärts, rückwärts. — *χετέ φjάλjε ε θα περ σε γjάλι* dies Wort sagte er bei seinen Lebzeiten.

§. 49.

Adverbien und Conjunctionen.

Bejahung: — πο! — ja! — αϑτού! — αϑτού δα! — gewiss! — freilich! — sicherlich! — Die höfliche Form einer bejahenden Antwort auf eine directe Frage ist die Wiederholung des Zeitworts der letzteren und des betreffenden Pronomens. ἑρδι? ist er gekommen? Antw. ἑρδι er ist gekommen. — ε ῆέττε? hast du es gefunden? Antw. ε ῆέττα ich habe es gefunden. — ου ε δα δουχμένενε? hat er ihm den Thaler gegeben? Antw. ου ε δα er hat ihn ihm gegeben. — S. Verneinung Nr. 5.

Verneinung: — 1) νούχε nicht, nichts — steht als absolute Verneinung nur bei dem Zeitworte (mit Ausnahme des Particips) und zwar dann, wenn auf der Verneinung der Ton liegt. πο περ ατέ δίτε ... νούχε δι υjερί, ας ἑνῆjειτε χjε jάνε μδε χjιελ, ας ι δίρι, περβέτὄμε jάτι βέτεμε aber über diesen Tag weiss niemand nichts, weder die Engel, die im Himmel sind, noch der Sohn, ausser dem Vater allein, Marc. XIII, 32. — νούχε δίνι, χουρ ἴὄτε χόχα ihr wisst nicht, wann es Zeit ist, ibid. 33. — σε νούχε μεντόνε πούνερατ' ε περνδίος denn du denkst nicht an die Angelegenheiten Gottes, Marc. VIII, 33.

2) μος (neugr. μή),

a. Allein stehend bei abwehrendem Zuruf, besonders an Kinder: μος! (neugr. μή!) nicht!

b. Wird stets mit dem Imperativ verbunden: μος έα komme nicht. — μος ὄχρούαιγ schreibe nicht. — βεϑτόνι, μος φλjίνι habt Acht, schlafet nicht, Marc. XIII, 33. — Der Imperativ Sing. Passiv. setzt nach μος die Endung nicht an, sondern vor den Stamm: μος ουτρέμβ statt τρέμβου fürchte dich nicht. — μος ουῆεζό statt ῆεζόου freue dich nicht. — μος ουζεμερό τεχ μέjε zürne nicht mit mir, Matth. XVIII, 16.

c. Ebenso mit dem Futurum: do μος βίj ich werde nicht kommen. — ου ϑομ joύβετ χjε do τε μος ὄχόjε χύιγ βρες, νjέρα σα τε βένενε ῆjἰϑε χετό ich sage euch, diese Generation wird nicht vergehen, bis dass all dies geschehen ist, Marc. XIII, 30. — φjάλετ' ε μία do τε μος ὄχόjενε meine Worte werden nicht vergehen, ibid. 31.

d. Und mit dem Conjunctiv; Beispiele §. 40.

e. Fragweise: μος νουχ' ε βένε ατέ εδέ Τελόνερι τε? thun dies nicht auch die Zöllner? Matth. VI, 46.

f. Statt πα: un- — hier und da vor Adjectiven und Participien: μος λjάρε für πα λjάρε ungewaschen.

3) ας auch nicht, selbst nicht. — ας νδε Ισραίλ νούχε ῆjέτὄα κάχjε βέσσα selbst nicht in Israel fand ich solchen Glauben, Marc. VIII, 10. — Verträgt auch eine Häufung der Verneinung mit σ': σ' διῆjόβα ας νjε χουβένd ich hörte (nicht) auch nicht ein (kein) Wort. — S. §. 26, 8. — ας — ας weder — noch. — ας μουνδόχενε, ας τjέρενε weder plagen sie sich, noch spinnen sie, Matth. VI, 28. — S. Nr. 1.

ας? warum? was πσε.

ας beim Imperativ (= *neugr.* ἄς): ας τε ὄκύιμε lasst uns weiter gehen.

4) πα entspricht dem deutschen Präfix un-, und scheint wie dieses nur vor Substantiven, Adjectiven und dem Particip. praeterit. zu stehen. Ein mit diesem Präfix versehenes Hauptwort hat mitunter adverbiale Bedeutung: ἐρϑι, πόλλι πα κόχε er kam, sie gebar zur Unzeit. — Über πα mit dem Particip s. §. 44, als Präposition §. 48, 5.

5) σ als Präfix vor Zeitwörtern entspricht in der Regel unserm ent-, ver-, zer- und ist dann von dem Zeitworte unzertrennlich *). Dies Präfix kann aber mit verneinender Bedeutung auch vor jedes andere Zeitwort treten: κάχjε χjε σ' jάνε με δυ, πο νjε χουρμ so dass sie nicht mehr zwei, sondern ein Körper sind, Marc. X, 8. — Geht in dem letztern Falle dem Zeitworte die kurze Form (§. 20) eines selbstständigen Fürwortes vorher, so tritt dies σ vor dieselbe: σ' ε ῤjέτϑα ich fand ihn nicht. — σ' με βjεν dόρε es liegt nicht in meiner Hand. — Die Wiederholung des Zeitwortes der Frage mit vorgesetztem σ ist die höfliche Form einer verneinenden Antwort: ἐρϑι? ist er gekommen? Antw. σ' ἐρϑι er ist nicht gekommen (*neugr.* δὲν ἦρϑε). — ε ῤjέτϑε? fandst du es? Antw. σ' ε ῤjέτϑα ich fand es nicht; s. Bejahung.

6) jo nein. Allein stehend meist nur mit verdriesslichem, abfertigendem oder nachlässigem Tone. In lebhafter Conversation, um über die Verneinung rasch hinweg zur Exposition der eigenen entgegengesetzten Ansicht zu kommen.

jo μος — πο εδέ nicht nur — sondern auch.

jo χjε jo nein und aber nein.

7) χιτϑ nichts; verstärkt χιτϑ ῤjε oder χιτϑ ῤjε κάφϑε gar nichts, durchaus nichts.

8) φάρρε oder φάρρε und φάρρεσε ῤjε ganz und gar nicht, durchaus nicht.

dότ leicht (ἑκουσίως), dient jedoch besonders als Verstärkung der Verneinung mit der Bedeutung von: nicht können, nicht im Stande sein. — βjεν dότ? kannst du leicht kommen? — με δεμβ ῤόja, σ' χα dότ der Hals schmerzt mich, ich kann nicht essen. — σ' χαρρίχ dότ ich kann nicht hinaufreichen. — dόύα τε νῤρίχεμ, πο σ' νῤρίχεμ dότ ich möchte gerne aufstehen, aber ich kann nicht. — Auch fragweise: σ' βjεν dότ? kannst du nicht kommen?

ε, εδέ und δε:

1) und: — άτι εδέ bίρε ι τιγ der Vater und sein Sohn.

2) auch: — επ ι εδέ χεμίϑενε gib ihm auch das Hemd, Matth. V, 40.

---

*) Z. B. σβεϑ ich entkleide, beraube, von βεϑ ich kleide; σῤjιϑ ich löse, von ῤjιττ ich füge zusammen; ϑκαλμόιγ und ϑκουλj ich reisse heraus, von νῤαλμόιγ und νῤουλj ich lasse ein, stecke hinein; σbελjίϑ ich breite aus, von μbελjίϑ ich versammle; σbουλjόιγ ich entdecke, von μbουλjόιγ ich bedecke u. s. w. — Der Toske liebt es in diesen Fällen vor das σ noch einen τ-Laut treten zu lassen und daher dῖ, τσ oder τϑ vorzuschlagen; s. §. 4, f. u. Lexikon. Übrigens drückt der Vorschlag σ mitunter nur eine Verstärkung aus: bαρϑ, σbαρϑ, dῖbαρϑ ich weisse; bουχουρόιγ und σbουχουρόιγ ich verschönere; σῤjας, σῤjατόιγ und νῤjας, νῤjατόιγ ich verlängere u. s. w.

3) noch: — *πα χjξυξ δε bότα*, Joh. VII, 5. — *πα bξυξ εδέ bότα*, ibid. 24. bevor noch die Welt geworden oder gemacht worden. — *εδέ σ' χα άρδουρξ χόχα ἴμε* meine Zeit ist noch nicht gekommen, Joh. II, 4. — *σε πσε νουχ' ιϑ βξυξ εδέ νdξ χαπσάνξ Ιοάννι* denn Johannes war noch nicht in das Gefängniss geworfen worden, Joh. III, 24.

α oder: — *α τξ doύχετξ, σε νούχξ μουντ νdαϑτί τξ ljoύτεμ jάτιτ σμ?* oder scheint es dir, dass ich jetzt nicht meinen Vater bitten kann? Matth. XXVI, 53.

α — α oder *ja — ja*, *νdo — νdo* und *σε — σε* entweder — oder: — *σε ja νjέρινξ do τξ ουρέjξ ε.τjάτξρινξ do τξ dόjξ, ja νjέρινξ do τξ νdξρόjξ ε τjάτξρινξ do τξ ξενdξρόjξ* denn entweder wird er den einen hassen und den andern lieben, oder er wird den einen ehren und den andern missachten, Matth. VI, 24.

αζ s. §. 26, 8. und oben Verneinung Nr. 3.

πα, *πρα*, *μέτα* und *πα μέτα* wieder, wiederum: — *έρδε μέτα?* oder *μέτα έρδε?* kommst du (schon) wieder? — *έρδε πα* oder *πα γjξυξ?* kommst du (schon) wieder? bist du wieder da? — *τξ τjέρξ πα ϑόνξ* andere wiederum sagen. — *πα σι ίχνξ ατά* als diese wiederum — hierauf — gegangen waren.

πα und *πρα* beim Imperativ: so: — *πα έα!* so komm! (neugr. *έλα δά!*). — *πα τα ϑο!* so lass mich es sehen! — *έja πρα!* so komm!

πρα also, so, daher: — *πρα χξτού ϑούα?* also so sagst du?

πρα und *πα* nachher, später, hierauf: — *πρα* oder *πα έα!* komm nachher! — *χάιδε δε! πρα βιχ εδέ ούνξ* gehe, und später werde auch ich kommen! — *ϑόνξ νjξ ε πρα ϑόνξ dυ* man sagt eins und hierauf sagt man zwei. — Sprichw.

μι sofort, sogleich, eben, gerade: — *χξντρε?* hast du gegessen? *jo, μι χα* nein, eben esse ich, ich bin gerade darüber. — *μι τξ ζξ!* jetzt fange (habe) ich dich! — *μι τξ ϑεμ* jetzt will ich dir sagen. — *μι δεζ* jetzt stirbt er. — *τōπέιτ, μι bίε δι* schnell, denn eben wird es regnen.

μοῦ, geg. *μουῦ* bis: — *μου τξ γάρδι* bis an den Zaun her. — *μου νdξ ϑτξπί* in dem Haus drin. — *μου χου?* wo? bis wohin? — *μου χξτού!* hierher! — *μου ατjέ!* dorthin!

μούνdξυξ (μου und *νdξννξ?)*, auch *bάρι* und *τξ πάχξτξ* wenigstens.

νjjέρ und *νjjέρα* oder *νjέρ* und *νjέρα*, geg. *νdjέρ* bis: — *νjέρ χου jέδε?* bis wohin warst du? — *νjέρ τξ γάρδι* bis zu dem Zaune. — *νjέρα σα ϑβρίττι* bis dass er herabstieg. — *νjέρα νdξ πάϑχξ* bis zu Ostern. — *νjέρα ρξπάρα, νjέρα πράπξ ϑτξπίσξ* bis vor, bis hinter das Haus. — *νjέρα σα?* bis wie viel? d. h. was ist der äusserste Preis? — *νjέρ χουρ?* bis wann?

πο, geg. *πορ*, 1) aber: — *ουχjξρούανξ τξ djέτξ, ε πο τξ νέντξτξ χου jάνξ?* zehn wurden gereinigt, wo aber sind die neun? Luc. XVII, 17.

2) beständig: — *πο φλjξ, πο φλjέτ, πο χα* er schläft, schwatzt, isst beständig, ohne Unterlass, immerwährend. — *εδέ πο τξ πα μξντ jένι εδέ jούβετ* und auch ihr seid noch immer unvernünftig, Matth. XV, 16.

3) sobald, sowie: — *έα πο τξ χάϑ* komme, sobald du gegessen hast. — *πο μξ φλjέτ, ζξμξρόνεμ* sowie er zu mir spricht, werde ich aufgebracht.

4) gewiss: — *χξϑτού ίϑτξ?* so ist es? Antw. *πο!* gewiss!

xjɛ, *adv.*, 1) zugleich, alle: — *xjɛ τɛ δυ δο τɛ βίɛνɛ νδɛ πɛρούα* beide zugleich oder alle beide werden in den Graben fallen. — *ου α δɛρόι xjɛ σɛ δίβɛτ* er schenkte es ihnen allen beiden, Luc. VII, 42. — *σɛ xjɛ τɛ ởτάτɛ ɛ πάτνɛ ατɛ ̉ρούα* denn alle sieben hatten diese zur Frau, Marc. XII, 23.

2) seit, von — an: — *ɛ ι ουởɛρούα βίjα εσάιτ xjɛ ατɛ σαχάτ* und ihre Tochter wurde ihr von dieser Stunde an gesund, Matth. XV, 28. — *xjɛ ατɛ ̉ɛρɛ* von da an, Matth. XXVI, 16. — *xjɛ νδɛ *) τɛ ρι τιμ* seit meiner Kindheit, Matth. XIX, 20. — *xjɛ κιở τɛ παούδɛ xjɛ δούμɛ μότởɛτ* welcher den Teufel seit vielen Jahren hatte, Luc. VIII, 27. — *xjɛ νδαởτι* von jetzt an, Joh. XIII, 19. — *̉jίởɛ λαόι βίj xjɛ μɛν̉jɛ́ς τɛx αι νδɛ Ιɛρό* das ganze Volk kam vom (frühen) Morgen an zu ihm in den Tempel, Luc. XXI, 38. — *xjɛ xρόɛ ̉ɛ́ρɛσɛ* vom Kopfe der Zeit, von Anfang an, Luc. I, 2. — *xjɛ ν̉α *) βάρχου ι μɛ̀ρɛσɛ* von Mutterleibe an, ibid. 15. — *xjɛ ̉ɛ́ρɛν' ɛ πάρɛ* vom ersten Male an, ibid. 70.

Nicht blos zeitlich, sondern auch örtlich: — *πɛρδέjα ɛ ναόιτ ουντởούαρ μβɛ δυ xjɛ σίπɛρ (σίπɛριτ, Marc. XV, 38) ɛ ν̉έρα πɛρπόở* der Vorhang des Tempels zerriss in zwei Stücke von oben an (und) bis unten, Matth. XXVII, 51.

xουδό xjɛ, wörtl. wo du willst dass, d. h. überall wo. — *xjɛ ν̉α?* von wannen? — *xjɛ xουρ?* seit wann? von wann an?

3) *ατjέ xjɛ* da, dort wo: — *ατjέ xjɛ ας xρύμπι, ας xοπίτσα ɛ πριở, ɛ ατjέ xjɛ xουσάρɛτɛ νούxɛ ởπόινɛ ɛ νούxɛ βjέδɛνɛ. Σɛ πσɛ ατjέ xjɛ ɛ̀ởτɛ ̉jέρι jούαιτ* da wo weder der Wurm, noch die Motte sie verdirbt, und da wo die Diebe nicht einbrechen und nicht stehlen. Denn da wo euer Schatz ist, Matth. VI, 20. 21.

να! adv., da! besonders beim Geben. — *ν̉ούν, geg. auch ν̉έν!* da! als auf etwas zeigend: — *xου ίởτɛ?* wo ist er? Antw. *ν̉ούν!* da!

σα, adv., 1) wie? wie viel? wie: — *σα xjɛντρόν?* wie viel kostet? — *σα ι μαở ίởτɛ?* wie gross ist er? Antw. *σα Πέτρουα* wie Peter.

2) was: (*neugr. ὅσα*) — *ρɛφέτνɛ ̉jίởɛ σα ουδένɛ* sie berichteten alles was geschehen war, Matth. VII, 33. — *απ τɛ δjέτɛτɛνɛ νδɛ σα ̉jɛ xj' ɛ xαμ* ich gebe den Zehnten von allem Vermögen, das ich besitze, Luc. XVIII, 12. — *σα πɛρ ατɛ πούνɛ, jɛμ ι ζότι* was dies Geschäft betrifft, so verstehe ich es. — *σα πɛρ ατά ̉άσμɛριτ' ɛμί* was diese meine Feinde betrifft, hinsichtlich meiner Feinde, Luc. XIX, 27. — *σα τɛ ởτίɛτở ν̉ɛ ̉ουρ* so weit du einen Stein wirfst, Steinwurfsweite, Luc. XXII, 41.

σα — xάxjɛ je — desto: — *σα ι πορσίτι αι ατά, xάxjɛ μɛ τέxɛρ ɛ xυρίξνɛ ατά* je mehr er ihnen befahl, desto mehr verkündeten es diese, Marc. VII, 36.

ν̉ɛρ σα? bis wie viel? d. h. was ist der äusserste Preis?

ν̉ɛρ σα bis dass, so lange als: — *ν̉ɛρ σα τ' ι πα̉ούατở ̉jίởɛ* bis dass du ihm Alles bezahlt hast, Matth. V, 26. — *ν̉ɛρ σα jɛ βάởxɛ μɛ ατɛ νδɛ*

---

*) Hier steht die Präposition, welche in den übrigen Beispielen ausgefallen zu sein scheint.

ούδε so lange du mit ihm auf dem Wege bist, Matth. V, 18. — Bisweilen wird *vjep* ausgelassen: — *σα ουβέτδε, δχόι vjε σαχάτ* bis er angekleidet war, verging eine Stunde.

κάχjε und *άχjε*, *adv.*, 1) so, so viel: — *σ' jαμ κάχjε λjίκδτε* mir ist nicht so übel. — *σα?* wie viel? — *κάχjε* so viel, — und mit Substantiven: *κάχjε όχχε* so viele Occa. — *νούχε jjέτδα κάχjε béσσε* ich fand nicht so viel Glauben, Matth. VIII, 10.

2) so dass: — *κάχjε χjε σ' jάνε με δυ, πο vjε χουρμ* so dass sie nicht mehr zwei, sondern ein Körper sind, Marc. X, 8.

με mehr; s. §. 17.

χεδτού, *adv.*, also, so, ja, ja wohl: — *αδτού χεδτού* und *χεδτού χεδτού* so, so. — *χεδτού χjόφτε* so sei es. — *σ' ίδτε αδτού, ίδτε χεδτού* es ist nicht so (wie du sagst), sondern so (wie ich sage). — Also auch hier bezeichnet *α* ein ferneres, *χε* ein näheres, s. §. 23*); — doch ist dies nicht der Fall bei *χερjé*, *adv.*, weit entfernt: — *éα χερjé* suche das Weite, scheere dich! — *χjε χουρ?* seit wann? *χjε χερjé* seit Olims Zeiten.

σε, *Conj.*, 1) weil: — *σ' χα σε* (auch *σε πσε*) *σ' χαμ ου* ich esse nicht, weil ich keinen Hunger habe.

2) als — bei Vergleichung, — s. §. 17: — *jε μα ε μάδε σε δέιντετ* du bist grösser als die Heiligen, — *geg.* Litanei.

3) dass, mit Indicativ: — *δόνε σε βjεν μbρέττι* man sagt, dass der König komme. — *μος δόι σε έρδα* sagt nicht, dass ich gekommen sei, Matth. V, 17. — *ε ατε ε χαλεζούανε τεχ αι, σε ι περχάπ jjεν ετίj* und diesen verklagten sie bei ihm, dass er ihm sein Gut vergeude, Luc. XVI, 1.

4) *σε — σε* entweder — oder: — *σε bαρδ σε ζι* entweder weiss oder schwarz.

5) *geg.* wie: — *χεδτού σε* (*tosk.* χjε) *δούα τι* so, wie du sagst.

νδόνεσε, νδόνjεσε und *νδόσε*, *Conj.* mit Indicativ, obgleich: — *νδόνεσε jένι τε χεχίνj* obgleich ihr böse seid, Matth. VII, 11.

χουρ
νδε } s. §. 40.
σι

αδά, *adv.*, daher, also.

νδάjε, ανδάjε, περ ανδάjε, πρα ανδάjε darum, deswegen.

παχνδάjε und *πασανδάjε* hierauf, sodann.

αρύερε, αχέρε hierauf.

νδαδτί, τανύ jetzt.

ατjé dort.

ατύ χετού hier und da.

ρράλε selten: — *ρραλ' ε χου* hier und da, spärlich, — *neugr. άρια και πού.*

νέντουρε oft: — *βjεν νέντουρε* er kommt oft.

χουρδό immer. — *περ χέρε* jedesmal.

βάλε und *jjója* wohl, etwa.

ja und *jάβουα!* siehe!

δα also, so: — ἐα δα! so komm.

χου wó und wo? — χου jέδε? wo warst du? Antw. χου jέδε πρέμε wo ich gestern
Abend war.

χjυδ? wie? und wie: — χjυδ τε ϑόνε? wie nennen sie dich? wie heisset du? —
βεϑόνι λjουλετ ε άραβετ χjυδ μαδόνενε betrachtet die Blumen der Felder, wie
sie wachsen, Matth. VI, 28. — s. οτ.

πα τjάτερε ohne weiteres, gewiss, — neugr. χωρὶς ἄλλο.

τε dass, damit, — steht nur mit dem Conjunctiv. — s. §. 40 *).

§. 50.
Durch Verdoppelung gebildete Adverbien.

βάλjε βάλjε Welle auf Welle, reissend.

βξνδε βξνδε hier und dort, hie und da.

δάλλα δάλλα Flicklappen an Flicklappen.

δάνδε δάνδε reihenweise.

δολ δολ im Überfluss.

χαδάλε χαδάλε nach und nach.

·χόδρα χόδρα so dick wie Hügel.

χόλε χόλε haufenweise.

λjάρα λjάρα buntscheckig.

λjέτσχα λjέτσχα lauter Fetzen.

μοτ μοτ ein Jahr.

πάλjε πάλjε haufen-, schichtenweise.

παρ παρ zwei und zwei, paarweise.

πjέσε πjέσε in Stücke, stückweise.

πίχα πίχα tropfenweise.

ράδε ράδε reihenweise.

σιρί σιρί jeder Art.

στάβε στάβε haufenweise.

τέjε τέjε durch und durch.

τόγε τόγε mit vielen Falten.

τούφα τούφα reihen-, haufenweise.

τσόπα τσόπα in, zu Stücken, stückweise.

τδέτε τδέτε haufenweise.

φλjάχ φλjάχ Flamme auf Flamme.

———

δεσσ περ δεσσ wahrhaftig!

δρεjχj περ δρεjχj gegenüber **).

μες περ μες mitten durch **).

νjιμέ περ νjιμέ, geg., den Augenblick,
sogleich.

ρέϑ περ ρέϑ ringsum **).

ταδ περ ταδ, Scodra, sogleich.

βετδ ε βετδ gesondert.

———

*) δίττενε Tags, bei Tage; — νάτενε Nachts, bei Nacht; — statt des Accusativs findet
sich für letzteres, wie im Deutschen, auch der Genitiv, jedoch der der zweiten Declination: νάτιτ. — Täglich, Tag für Tag νγα δίττα; — allnächtlich νγα νάτα; — auch
περ δίττα und περ νάτα.

**) Auch mit Genitiv: — δτεχίοs dem Hause gegenüber, mitten durch das Haus, rings um
das Haus.

Anhang.

I. Ausrufungen *).

ᾱ! σε κεϑτού ϑούα, νδάλjo τε με ϑοφϑ o. νδαϑτί με ϑεφ! ach! so ist's gemeint! jetzt sollst du mich gewahr werden!

ᾰ! σετϑ ε βούχουρ' xjένε xa! ach! wie schön war sie! — tosk. auch ᾰχ!

ᾰ! σιχούρ βερτέ ϑούα? ei! wirklich? im Ernste?

ᾱᾰχ! τϑ' βέρρα! — geg. ᾰᾰ! σετϑ βόιτα ε βάνα! ach! ach! was habe ich angestellt!

ἔ! ἔ! genug! genug! besonders beim Eingiessen.

εἔ! ach! ach! bei einem schmerzlichen Verluste — μαύ βαβά! (ich habe keinen) Vater mehr!

εἔ! φολj σι τε δουϑ! nur zu! sprich was du willst! aber warte nur!

ἔ! τϑ' jάνε ατύ xjε ϑούα! ei! was sind das für Reden!

ἐχ̇! δε τι! — geg. ἔ! νε τι! ei! lass mich in Ruhe!

ἔ! τϑ' do βάινϑ? hem! was lässt sich da (anders) machen (als sich in Geduld ergeben)?

ἔ! σιχούρ τε jέτε! ach! wenn es (wahr) wäre!

ε! τϑ' ϑούα τι? he! was sagst du? (mit einem leichten Kopfschütteln, ein Zeichen der Frage auch im Neugriechischen).

ᴣ! freilich! — ατjέ ἰϑτε? dort war er? Antw. ε! freilich! — Ruf: Κωνσταντί! Antw. ᴣ? was gibt's?

ἔι! με νjι xόχε σετϑ βάιμε! ach! was trieben wir nicht dazumal! (bei der Erinnerung an glückliche vergangene Zeiten).

χ̇ἔλje! u. χ̇έλje χ̇ἔλje! — geg. ελjέ! κεϑτού ϑούα! also so sagst du! — tosk. auch als Bitte: χ̇έλje χ̇έλje! ϑούαιγ με! bitte, bitte! sag' es mir!

ἑύ χ̇ἔν χ̇ἔν? wirklich? — ἑν χ̇ἔν χ̇ἔν! schön! brav!

ῑ! νδαϑτί ουχουιτούϑε! ach! jetzt erinnere ich mich!

ὄ! ὄ! ὄ! ei! ei! ei! Ausruf bei jedem freudigen Eindruck.

ὄ χὄ χὄτϑ! ach! das schmeckt gut!

χᾰι! χᾰι! u. χᾰι! χᾰι! Ausdruck der Verwunderung in Folge von Nachdenken. — χᾰι! χᾰι! σι xjένε xa κεjό δουνjά! ach! was ist das für eine (komische) Welt! — χᾰι! χᾰι! σα πασχεϑάμ φjέτουνε! ach! wie lange habe ich geschlafen!

οῡά! o. ᴑᾰ! berat. τϑ' βέρρε! ach! was hast du angestellt!

ᴑᴣ! ach! allgemeiner Ausdruck der Verwunderung.

ᴑᴣ! ach! — schmerzlich: σ' δερόχετε μαύ! es ist nicht mehr zum aushalten!

---

*) Die zugesetzten Worte sind meistens gegisch.

ου *bουbού*! o. *ουπουπού*! — *tosk.* auch *bobó*! u. *o bobó*! — *ουν' ε βόρφνα*! oh! oh! ich Unglückliche! bei Todesfällen.

ϭ! — *tosk.* auch *ϭί*! — *σε με δεμ*! au! das thut mir weh!

ὄφ! o. *ὄφϑ*! ach! — *οφϑ*! *o περνdί*! ach! du mein Gott! besonders Ausdruck der Ungeduld *).

II. Betheuerungen.

περ bεσσ o. bέσσα bεσσ o. bεσσ περ bεσσ! — *geg. περ bέσσετ o. bέσσα*! bei dem Glauben! — meiner Treu'!

περ συ τε díελιτ! — *tosk.* bei dem Auge der Sonne!

πρ' ατε̤ χjίλ! *geg.* bei jenem Himmel! — auch *μbε̤ o. νdε̤ χjίελ*! beim Himmel!

περ χε̤τε̤ δε! bei dieser Erde!

περ χε̤τε̤ ζjαρρ! *tosk.* bei diesem Feuer!

περ bούχε̤! — auch *με bούχε̤*! beim Brote!

περ συ τε̤ bάλλιτ! bei den Augen der Stirne!

περ χόχε̤ τίμε! bei meinem Haupte!

περ bούχε̤ ε περ χρύπε̤! bei dem Brote und Salze! — auch mit dem Zusatz: *χjε̤ χέμι νγρένε̤* das wir zusammen gegessen!

περ ατε̤ χjίϑε̤! bei dieser Kirche!

περ χε̤τε̤ χρυχj! bei diesem Kreuze!

περ περε̤νdίτε̤! bei Gott!

περ Κριϑτ! bei Christus!

περ ζοτ! bei dem Herrn!

περ τε̤νε̤ ζόνε̤! *Skodra* — bei unserem Herrn!

περ μαδε̤νίτε̤ ζότιτ! *Skodra* — bei der Majestät des Herrn!

πάϑα ζότινε̤! *Skodra* — möchte ich den Herrn sehen!

περ ϑπυρτ σε βdεχούρεβε̤τ! bei der Seele der Verstorbenen!

περ ατε̤ jέτε̤ χjε̤ να πρετ! bei dem Leben, das unserer wartet!

περ daϑουρί oder *μιχjε̤σί τε̤νε̤*! bei unserer Liebe oder Freundschaft!

μος χαρρίφϑα! möge ich nicht (wörtl. ankommen) in den Himmel kommen! — *μος ουγ̇díφϑα*! und *μος ουνγ̇ρύτϑα* oder *έρρτϑα*! möge ich den Morgen, den Abend nicht erreichen! — *μος με γ̇jέττε̤ ε νεσσε̤ρμέju*! möge mich der morgende Tag nicht finden!

μος πάτϑα νjερί! möge ich keinen Verwandten behalten! — *με βdέχϑινε̤ γ̇jίϑε̤ τϭ χαμ*! mögen mir alle sterben, die ich habe!

με βράφϑινε̤! mögen sie mich tödten! — *με dάλjϑινε̤ σύτε̤*! mögen mir die Augen ausfallen! — *ουβερbόφϑα*! möge ich erblinden!

Auch sind Betheuerungen bei dem Schutzheiligen häufig: *περ ϑεν İjερχj*! bei St. Georg! — Und besonders die Weiber betheuern auch bei der Mutter Gottes: *περ δε̤ Με̤ρί o. περ ζόνje̤ τε̤ μάδε*! bei St. Maria o. bei der grossen Frau!

---

*) Schweige! stille! st! *χε̤ϑτ*! — verächtlich *τϭττ*! — *φε̤τ*! schnell! — *χοχχ*! hopp! (beim Aufheben von Kindern). — *αλά! αλά! o. jαλά! jαλά!* frisch! flink! u. s. w.

Die Weiber betheuern am häufigsten bei ihren Anverwandten. Die Mutter sagt: *ðaχ djεμ* o. *djaλj* o. *bíjε*! bei meinen Kindern! bei dem Knaben! bei dem Mädchen! — Die Schwester stets bei ihrem ältesten Bruder: *ðaχ Mítpo*! bei Demetrius! — in dessen Ermangelung: *ðaχ babá*! bei dem Vater! — dann: *ðaχ dðadðá*! bei dem Onkel!

III. Bitten und Beschwörungen.

ζέμερα íμε, dρíτa íμε, ðπυρτ íμ, ŕεζíμι íμ mein Herz, mein Augapfel, meine Seele, meine Freude — statt: ich bitte dich.

περ μιχjεσί o. *daðoupί χjε χέμι* bei der Freundschaft, der Liebe, die wir haben, thue, gehe, bleibe etc.

με χjaφð o. *με dεðερόφð* o. *με μαλενŕjέφð* möge ich sterben und mögest du mich betrauern, wenn du mir diesen Gefallen nicht thust.

dεðερόφð τε τάτε o. *τε τάμε* bei dem Leben deines Vaters.

τε χέχjενε! o. *τε μάρτða τε χέχjενε* o. *σεμούνdενε* möge das dich bedrohende Uebel oder Leiden mich treffen — *neugr. νὰ σοῦ πάρω τὸ χαχό.*

τε πάτða ðoύμε, ϑoύaιŕ μe möge ich dich lange haben, d. h. mögest du lange leben, sage mir.

τ᾽ oυbέφða χoυρbáν möchte ich für dich zum Opfer werden.

IV. Grüsse und Wünsche.

1) **Bei der Begegnung:** — *μίρε μενŕjéς* guten Morgen. — *μίρε dítτa* guten Tag. — *μίρε μbρέμμa* guten Abend. — *φάλjεμι* wir empfehlen uns. — *μ᾽ σε τε* oder *oυ ŕjέτŕ* möge ich dich oder euch wohl finden. — An Vornehme: *τ᾽ oυνŕjáτε jέττa* möge dir das Leben verlängert werden.

Antwort, welche nie dem Grusse gleichlauten darf: *μí᾽ σ᾽ έρδε,* — *contr.* aus *μίρε σε έρδε,* — oder zu einem Höheren: *μί᾽ σε oυρδερόbε (neugr. χαλῶς ὥρισες)* sei willkommen. — *φάλjεμι ζoτ* wir empfehlen uns, Herr. — *geg. φάλjεμι νdέρoς* wir empfehlen uns ehrsamst.

Auf der Reise: *oυð᾽ ε μbάρε* glückliche Reise. Antw. *μbάρε πaτð* [*]) mögest du Glück haben. — Auch bei der Begegnung zweier Unbekannten gebräuchlich, indem sie an einander vorübergehen.

2) **Bei der Trennung:** — *νατ᾽ ε μίρε* gute Nacht. — *μιρ᾽ oυŕdίφð* o. *oυŕdίφð με ðεντέτ* mögest du mit Gesundheit Tag machen. — *oυνŕ̓ρύτð* o. *oυέρτð με ðεντέτ* mögest du mit Gesundheit Abend machen (um die Morgen- oder Mittagszeit).

Antwort: — *πρίτoυ μίρε* komme wohl nach Hause. — *ðεντέτ πατð* mögest du Gesundheit haben.

geg. beim Fortgehen auch: *μίρε μbετð* bleibe wohl. — Antwort: *μίρε βoφð* gehe wohl.

---

*) Davon der Spitzname der Albanesen in Griechenland: *μbaρεπάτσηδες.*

14 *

3) **Auf der Reise**: — *μϐετϭ με ϭϱντέτ* bleibe gesund (*neugr. σ̓ ἀφίνω ὑγείαν*). Antw. *τϱ μίρϱ τϱ πϳέκουρϱ* auf fröhliches Wiedersehen (*neugr. καλὴ ἀντά-μωσι*). — *geg. μιρ᾽ ουπϳέκϭμ* mögen wir uns fröhlich wiedersehen.

4) *με ϭϱντέτ* zur Gesundheit:

   a. beim Niesen;

   b. nachdem ein höherer oder gleicher Tischgenosse den ersten Trunk gethan;

   c. nachdem einer rasirt worden;

   d. wenn man einen Bekannten zum ersten Male mit einem neuen Kleidungsstücke sieht; — *geg. ε γ̇ϱζούϭ* mögest du dich dessen freuen;

   e. nach beendigter Mahlzeit, so viel als: gesegnete Mahlzeit!

     Antw. *ϭϱντέτ πατϭ* mögest du Gesundheit haben.

5) **Bei Ankunft eines Freundes oder Empfang eines Briefes etc.**: — *μἴ σε τ᾽ ἑρϑι* möge er dir glücklich gekommen sein (*neugr. καλῶς τὸν ἐδέχϑηκες*).

6) **Bei Feier- und Namenstagen**: — *πϱρ ϭ όμϱ μοτ* o. *βϳετ* viele Jahre (mögest du leben; — *neugr. χρόνους πολλούς*); auch wohl mit dem Beisatz: *γ̇ϱζόϐαρϱ*, — *geg. γ̇ϱζούμ* in Freuden.

7) **Am Neujahrstage**: — *βιτ ι μϐάρϱ* glückliches Jahr!

8) **Bei Begegnung eines Arbeitenden**: — *πούνα μϐάρϱ* glückliche Arbeit!

9) **Bei Geburten und bei Viehkäufen**: — *κϱμϐ ε μϐάρϱ* glücklicher Fuss (wir würden in diesem Sinne etwa starke Knochen wünschen); — *geg.* auch beim Eintritt der Schwiegertochter in das Haus der Schwiegereltern; dann auch *πάστϱ κάμϱν᾽ ε μϐάρϱ* möge sie einen glücklichen Fuss haben. Die Schwiegertochter muss die Hausschwelle zuerst mit dem rechten Fuss überschreiten.

10) **Beim Kauf von Unbelebtem**: — *με χάϊρ*; — *geg. πϱρ χάϊρ* mit Glück! — *ε γ̇ϱζούαϭ* mögest du es geniessen, dich dessen freuen; — *neugr. νὰ τὸ χαίρεσαι.* — *με φαιδέ* mit Gewinn! wenn ein Kaufmann Waaren kauft.

11) **Bei Hochzeiten** — den Neuvermählten: — *ουτραϭϱγ̇ούαϭ* o. *ουτραϭϱγ̇ούαϭτ* sei oder seid glücklich! — als Toast: *ρόφϑινϱ, κϳόφϑινϱ, ουτραϭϱγ̇όφϭινϱ* mögen sie leben, sein und es ihnen wohlergehen.

12) **Beim Anblick kleiner Kinder zu den Angehörigen**: — *ζότι ε (ι) φαλϳτ᾽* möge der Herr es, sie (euch) schenken, d. h. zu dauernder Freude; — *neugr. νὰ σοῦ ζήσῃ* o. *ζήσουν* möge es euch leben!

13) **Bei Krankheiten**: — *τϱ κϳόφτϱ ε ϭκούαρϱ* möge es dir vorübergehen; — *neugr. ἀπεραστικὰ.* — *περνδία τϱ δϱντϱ ϭϱντέτϱνϱ* Gott gebe dir Gesundheit.

14) **Bei Todesfällen**: — *ζοτϱρότε ϭϱντόϭ* Euer Herrlichkeit gesund! — *geg.* auch *κρύετ τατ ϭϱντόϭ* dein Haupt gesund!

     Antw. *μίκϳτϱ ϭϱντόϭ* die Freunde gesund!

15) **Allgemeine Antworten auf dergleichen Wünsche, welche keine ausdrücklich erwähnte Antwortsformel haben**: — *ρούαϭ* o. *μϱ ρούαϭ* mögest du o. mögest du mir leben. — *μϐάρϱ πατϭ* mögest du Glück haben, besonders wenn das Wort *μϐάρϱ* im Wunsche vorkam. — *ϭϱντέτ πατϭ*

mögest du Gesundheit haben, besonders wenn das Wort *ϑ̲ϱντέτ* im Wunsche
vorkam. — *τϱ ϱούατϱ νδέϱια* möge dir die Ehre — *τϱ ϱούαϑιυϱ djέμτϱ*
die Kinder erhalten werden — beides auch als Dank.

16) **Allgemeine Wünsche, insbesondere als Dank für Empfangenes:**
— *τ' ουβϱφϑα χουϱβάν* möge ich für dich zum Opfer werden. — *πατϑ πλϵ-
xjϱϱί τϱ μίϱϱ* mögest du ein gutes Alter haben (auch gegen junge Leute).

ζαντϑ βάλjτϱ, ϵ τ' ουβάύφτϱ αϱ, geg., mögest du Erde auffassen, und sie
dir zu Gold werden, besonders Eltern an Kinder.

τϱ ϑxέλjτϱ xϱμba αϱ möge dein Fuss auf Gold treten.

πϵϱνδία τϱ j̇ϱζόφτϱ wörtl. möge dich Gott erfreuen! — u. *νδϱ νjϱ ποj̇α-
νίxϱ* wörtl. zu einem Geburtsfeste! — d. h. möge dir ein Sohn geboren werden, mögest du einen Sohn gebären!

xjοφϑ ι νδϱϱούαϱϱ. mögest du geehrt sein.

μος τ' ουπϵϱπjέxτϱ xϱμba möge dir das Bein nicht anstossen.

τϱ χένj̇ϱϱϑα δάσμϱτϱ möge ich dir die Hochzeit essen — (einem Unver-
heiratheten). — *πϵϱ τϱ μίϱϱ ουάϱτϑα* möge ich dir zum Guten kommen —
ständige Redensart, mit welcher eine Gabe an Wein, Branntwein oder Lebensmitteln an einen über einen Todesfall Trauernden begleitet wird.

βουx' ϵ ϱμbϱλjϱ ϵ πα νδάϱϱ süsses Brot und ungetrennt! — gegenseitiger
Wunsch der Schwiegereltern der Brautleute (*xϱούϑxιτϱ*).

ϑούμϱ νδϵϱ ασάj̇ δόϱϵ, geg., viele Ehre dieser Hand! — mit diesen Worten nimmt derjenige, welchem von Andern ein Getränke bezahlt (gesetzt)
wird, das Glas in die Hand. Antw. *νδέϱϱ ϵ πϵϱ νδέϱϱ xjοφϑ* sei geehrt und
ehrenwerth!

V. Verwünschungen.

τϱ μαϱϱ djάλι, τϱ μαϱϱ djάλι ϑπίϱτινϱ hole dich der Teufel, hole dir der Teufel das
Leben.

τϱ χάνj̇ϱϱ djάλι, geg., fresse dich der Teufel.

πίxα xjι τϱ ϱα o. j̇οδίτι o. τϱ ϱάφτϱ πίxα möge der Tropfen auf dich fallen — und
πίxα νδϱ μϵϛ τϱ βάλλιτ Tropfen mitten auf die Stirne — d. h. die Thräne
der gefallenen Engel, welche, wenn sie auf einen Menschen fällt, den Schlagfluss erzeugt.

τϱ χάπτϱ δέου, ϵ τϱ πϵϱπίφτϱ möge sich dir die Erde öffnen, und dich verschlingen.

τϱ λjάφτϱ νjι μόϱτϱ, ϵ μος τϱ λjάντϱ πϵϱ τϱ ζϵσϛ̇ τϱ δέουτ ϵ πϵϱ φουλϱxjϵνί möge
dich der Tod waschen, und dich nicht lassen wegen der Schwärze der Erde
und der Schande (?), *geg.*

φλjάμʺʺ!!! schwere Noth! (komme und befalle ihn) — o. *τϱ ϱάφτϱ φλjάμϱ!* möge
dich die Sucht befallen!

j̇jούχουνϱ xϱπούτουνϱ o. xαφϑούαϱ! möge dir die Zunge ausgerissen oder abgebis-
sen werden *)!

---

*) Das Particip. pass. stellt hier die Verwünschungen als bereits eingetreten ein, denn in wört-
licher Uebersetzung sagen sie: Zungen ausgerissener, abgebissener.

δούζε πλjάσουρε wörtl. mit gespaltenen Lippen! (denn man glaubt, dass Trauer und Kummer diese Wirkung auf die Lippen äussere).

ι δεϑερούαρ o. *ι μαλενjjύαρ!* mögest du den Verlust eines Verwandten, besonders der Eltern beklagen!

ουϑόφϑ ε μος μβετϑ! mögest du auslöschen und nicht (auf der Erde) bleiben!

ουβιέρτϑ περ φύτι! mögest du am Halse gehängt werden!

μος ε νjjατϑ o. *περπjέκϑ κάμενε!* mögest du das Bein nicht ausstrecken (sondern auf der Stelle sterben)!

μος τε ζάντε δρίττα! möge dich das Frühlicht nicht (mehr) treffen!

μος jεδίφϑ! mögest du nicht (mehr) Tag machen!

μος ουέρτϑ o. *ουνjρύτϑ* o. *μος τε jjετ νjρύσσμιτε!* mögest du den Abend nicht erleben (je nach der Tageszeit)!

jjoύμε ζι! Schwarzschlaf! d. h. stirb!

τε κjάφϑα o. *τε μαλενjjέφϑα* o. *τε δεϑερόφϑα!* möge ich dich beweinen (die Mutter zu bösen Kindern)!

κjαφϑ o. *μαλενjjέφϑ* o. *δεϑερόφϑ τε τάτε ε τε τάνε!* mögest du deinen Vater und deine Mutter betrauern!

μουϑκενίτε! komm Kugel, und fahre ihm durch die Lungen! — o. *πλjoύμbε νδεπέρ μουϑκενίτε!* Blei durch die Lungen! — o. *τε μάρτε πλjoύμbι ζεμερενε!* möge dir eine Kugel in's Herz fahren!

πλjoύμbι! Blei! ⎫
μόρτια! Tod! ⎬ s. *φλjάμε.*
⎭

ουϑόφϑ, ουϑόφτε! mögest du, möge er sterben! — *τ' ουϑόφτε εμερι!* möge dein Name erlöschen!

τε πλjάστε τ' άμλjετε! möge dir die Galle platzen! — *geg.*

τε bάνφτε ζότι χiύ o. *χiύ ε κρούσπουλ!* möge dich der Herr zu Asche und. — ? — machen! — *geg.*

τ' ουμbύλ τε δέρα με δρίσε! möge sich deine Thüre mit Dornsträuchern verschliessen!

τ' ουϑάφτε jόja! möge dir das Maul vertrocknen!

ζεντϑ jjoύχενε άιγ! mögest du dir die Zunge abbeissen! — *geg.*

μος αρρίφϑ, auch mit Zusatz: *τε bένϑ!* mögest du nicht hinreichen zum Leben; besonders gegen Kinder.

ουμbύτϑ νδε χαλέ! mögest du in dem Abtritt ersticken!

τε βράφτε βετετίμε! möge dich der Blitz tödten!

μος ε μbουτϑ βίνε (für *βίττινε*)! mögest du das (laufende) Jahr nicht erfüllen, d. h. zu Ende bringen!

βραφϑ βέτεχενε! mögest du dich umbringen!

τε πάϑε καλογρέ! möge ich dich als Witwe und dahin gebracht sehen, dass du vor Armuth Nonne wirst!

ουτουρπερόφϑ! mögest du entehrt, geschändet werden!

τε πρέφϑα λjέϑτε o. *λjεϑ πρέρε!* möchte ich dir (wegen eines nahen Trauerfalls) die Haare abschneiden!

κjάφε θύερε o. κεπούτουρε o. θεφϑ u. κεπούτϑ κjάφενε! mögest du das Genick brechen!

τε γένγ̇ερτε λjεϐάρχια, χαρϐούνι, μουρτάjα! möge dich die Ruhr, die Hundswuth, die Pest tödten!

τε βράφϑινε μϐε δρέχε με ϐούχε νδε γ̇όjε! mögen sie dich beim Essen mit dem Bissen im Munde tödten!

τε γ̇έχjινε με γ̇άλμε o. νγ̇α δόρα! mögen sie dich (als Blinden) am Seile, an der Hand führen!

τε πάτε σύρι ϑούμε! möge dein Auge viel (Leiden) sehen!

τ' ουϑχουρτόφϑινε δίτε! mögen dir deine Tage verkürzt werden!

κjόφϑε μαλεχούαρε! mögest du verflucht sein!

ουτερϐόφϑ ε μαρτϑ μουλίτε! mögest du die Hundswuth kriegen und zu den Mühlen laufen (wie nach dem Volksglauben die wüthenden Hunde zu thun pflegen).

u. s. w.

VI. Zeitabschnitte.

Winter — *tosk.* δίμερ-ι, — *geg.* δίμεν-ι.

Frühling — *tosk.* ϐεχάρ-ι, — *geg.* ϐεχάρ-ι, auch πρανβέρε-α.

Sommer — *tosk.* χορρίχ-ου u. βέρε, — *geg.* βέρε-α.

Herbst — βjέϑτε-α.

Januar — *tosk.* Jεννάρ-ι, — *geg.* Καλενδούρ-ι.

Februar — Σ̈χουρτ-ι (d. h. kurz).

März — *tosk.* Μαρς-ι, — *geg.* Φρού̄ρ-ι.

April — Πριλ-ι.

Mai — Μαj-ι.

Juni — Κορρίχ-ου.

Juli — *tosk.* Αλονάρ-ι u. Λονάρ-ι, — *geg.* Κjέρϑουρ-ι.

August — Γ̇οϑτ-ι u. Γ̇ουϑτ-ι.

September — Βjέϑτε-α, — *Berat.* βjέϑτ' ε πάρε.

October — ϑε Μίτρε, St. Demetrius, — *Berat.* βjέϑτ' ε δύτε.

November — *tosk.* ϑε Μεχι̮λ, St. Michael, — *geg.* ϑε Μερι ε Στρού̇ϝεϲ, St. Maria von Struga, — *Berat.* βjέϑτ' ε τρέτε.

December — *tosk.* ϑεν Ενδρέ, — *geg.* ϑε Νδερέ, St. Andreas.

Sonntag — ε Διελε, — *geg.* ε Δι̮λjε.

Montag — ε Χ̇έννε, — *geg.* ε Χ̇άννε.

Dienstag — ε Μάρτε.

Mittwoch — ε Μερχούρε.

Donnerstag — ε ένjετε, — *geg.* ε ένιτε-ja.

Freitag — ε Πρέμτε, — *geg.* ε Πρέμτε-ja.

Sonnabend — ε Σ̈ετούνε, — *geg.* ε Σ̈τού̄νε.

VII. Menschliche Altersstufen.

1) *φόδνjε-α, tosk.* — *φοδί-α, geg.*, Wickelkind, Kind bis zu 3 Jahren.

2) *τδιλιμί-ου, tosk.* — *χαλjαμά-ja, geg.*, Kind bis etwa zu 9 Jahren.

3) *τδοϋν-ι* u. *βότσ-ι, tosk.* u. *geg.*, Knabe bis zu 14 Jahren, Kleiner.

4) *τσοϋτζε-α, geg.*, Mädchen bis zu zwölf Jahren, — *tosk.* poet. für Mädchen überhaupt.

5) *βότσε-ja, tosk.* — *βότσι-α, geg.*, Mädchen bis zu etwa 12 Jahren, — in *tsam.* *χδτσε-ja.*

6) *χέδε-ja, berat.*, dasselbe.

7) *djάλjε* Knabe, Jüngling bis zu 20 Jahren, *ngr. παιδί.*

8) *βάιζε-α,* verkl. *βάδεζε-α, tosk.*, Mädchen, — *βάδε-α, geg.*, altes Wort für *νούσε.*

9) *τδούπε* u. *τδούπρε,* nur *tosk.*, Mädchen.

10) *γότσε-α,* nur *geg.*, mannbares Mädchen, jede Unverheirathete.

11) *δουρρ-ι* Mann etwa bis zu 40—45 Jahren.

12) *γρούα-ja* Frau.

13) *ι λjάδτε* u. *ε λjάδτε* vorgerückten Alters.

14) *πλjαχ-ου* Alter, Greis, — *πλjάχε-α* Alte, — *πλjαχ ι λjάδτε* ein sehr alter Mann.

VIII. Thierstufen.

<table>
<tr><th>Männlich.</th><th>Weiblich.</th></tr>
</table>

1) *χjενχj-ι, geg. χjενχj,* — *plur. δχjέρρα-τε* u. *δτjέρρα* Lamm.

Männlich.	Weiblich.
δελέχ-ου, προτοέν-ι *) wenn über 6 Monate alt,	*δελέγε-ja, προτοένε-ja* *).
δάδ-ι, plur. *δέδ-τε* Widder,	*δέλλjε-ja,* plur. *δέν-τε* u. *δέρρ-ι,* plur. *δέρρα-τε* (was *ngr. πράγματα*) Schaf.
χερροϋτ-ι (gr. χέρας) gehörnter Widder,	*χερροϋτε-α.*
περτδάχ-ου o. *γανούρι* unverschnittener Widder o. Bock,	
ι ρράχουρε o. *ι τρέδουρε* verschnittener.	

2) *χάτσ-ι, χετσ-ι,* plur. *χέτσερα-τε, geg. χέτδ-ι, χεδ-δι* Zicklein.

Männlich.	Weiblich.
βετούλj-ι, προτοέν-ι wenn über 6 Monate alt,	*φτούjε-α, προτοένε-ja.*
τδάπ-ι, plur. *τδέπ-τε, geg. σχjάπ-ι* Bock,	*δι-α, geg.* auch *χjίδ-ι* Ziege.

---

*) *προτοένε* entspricht dem *neugr. πρωτάρα* und bezeichnet das Kleinvieh, welches zwar zeugungsfähig ist, aber noch nicht gezeugt hat. — *προτοένε* wird auch eine junge Frau genannt, die noch nicht geboren hat.

3) βίτϑ-ι Kalb.

dἔμ-ι, *plur.* dἔμα-τε̱ junger Stier,   μουϑτjέρρε̱-α u. μουϑχjέρρε̱ junge Kuh.

xᾱ-ου, *plur.* xjἔ-τε̱ Ochse,   .   λjϑπε̱-α Kuh.

4) πουλίϑτ-ι Fohlen. — xαλj-ι, *plur.* xούαι-τε̱ Pferd.

μ̱εσ-ζι, *geg.* μᾰς, männliches Fohlen,   μ̱εζε-α, *geg.* μᾰζε̱, weibliches Fohlen.

ᾰτ-ι Hengst,   πέλλjε̱-α Stute.

5) xρίτϑ-ι u. xρὅτϑ-ι, *geg.* xε̱ρίτϑ Eselsfohlen.

γ̇ομάρ-ι, μαδϑάρ-ι Esel,   γ̇ομάρε̱-ja Eselin.

μουϑχjέρρε̱-α u. μούϑxε̱ Maulthier.

6) bίτσ-ι, μῖτσ-ι, bιτϑούν-ι Ferkel, — ϑῑ-ου, *geg.*, Schwein.

dἔρρ-ι Eber,   dὅσε̱-α Sau.

IX. Verwandtschaftsgrade.

φάρρε̱-α, *tosk.* — φᾰρε̱-α, *geg.*, Geschlecht, Stamm (Same).

φυλί-α, *tosk.* (*alt-*, nicht *neugr.* φυλή), — φίσ-ι, *geg.* (φύσις) Geschlecht, Stamm.

γ̇jιρί-α (γ̇jι-ρι Schoos) — jενί-α (γένος, genus) — σούα-οι Geschlecht, Verwandtschaft.

τϑἔτε̱-α, *tosk.*, Sippschaft.

φε̱μίλjε̱-α, *arg.-kastr.* φε̱μίλjε̱-α (häufiger ϑτε̱πί-α Haus), Familie im engeren Sinne.

bρέζα-τε̱, *plur.* von bρεσ-ι Gürtel, und bέρxjετε̱, *plur.* von bαρx-ου Bauch, — Menschenalter, Generation.

νjέρε̱ζ, *plur.* von νjερί-ου Mensch, — Verwandte.

1) ϑτε̱ρj̇jύϑ-ι Urgrossvater.

2) ϑτε̱ρj̇jύϑε̱-α Urgrossmutter.

3) j̇jύϑ-ι, *geg.*, Grossvater, — in *Berat* auch μᾰϑ-δι, — *tosk.* Grossvater väterlicherseits, diese Unterscheidung ist dem Gegen unbekannt.

4) j̇jύϑε̱-α, *geg.*, Grossmutter, — in *Berat* auch μᾰδε, — *tosk.* j̇jύϑε̱-ja und *argyrokastr.* j̇jύϑε̱λja Grossmutter väterlicherseits.

5) τᾰτε̱-ι, *tosk.*, Grossvater überhaupt und insbesondere Grossvater mütterlicherseits.

6) jόϑε̱-α, *tosk.*, Grossmutter mütterlicherseits.

7) bαbά-ι, τᾰτε̱-ι, jάτε̱-ι Vater, — *altgeg.* ᾰτε̱-ι, — λjάλjε̱, *tosk.*, Vater überhaupt; im *Gegischen* geben die Kinder dem Vater diese Benennung nur, wenn

er noch jung ist; sie geht, wenn der Vater alt, auf den ältesten der erwachsenen Brüder des Kindes über *). — In *Berat* und *Premeti* — ι μάτε̤ mein, — ι τάτε̤ dein, — ι jάτι sein Vater.

8) νε̤ννε̤, μέμμε̤ u. έμμε̤-α, *tosk.*, Mutter, — *geg.* μόμμε̤-α wenn die Mutter jung ist, — νάννε̤ wenn sie bejahrt ist, und dann wird die älteste Schwester von dem Kinde μόμμε̤ genannt *).

9) djε̤μτε̤, *tosk.*, — bίj-τε̤, *geg.*, Kinder.

10) bιρ-ι Sohn.

11) bίλjε̤-α, *tosk.*, — bίjε̤-α, *geg.*, Tochter.

12) νιππ-ι Enkel.

13) bέσε̤-α, *tosk.*, — μbέσε̤, *geg.*, Enkelin.

14) βε̤λά-ι Bruder, — νῖα bαbάι Stiefbruder desselben Vaters, — νῖα νε̤ννε̤ derselben Mutter; s. auch Nr. 7.

15) μότρε̤-α Schwester, — Stiefschwester wie oben; s. auch Nr. 8.

16) βε̤λάζε̤ρ-ιτε̤ Geschwister.

17) νιππ-ι Bruders-, Schwestersohn, Neffe.

18) bέσε̤-α, *tosk.*, — μbέσε̤-α, *geg.*, Bruders-, Schwestertochter, Nichte.

19) ουνχj-ι, *tosk.*, Vatersbruder, auch δαδά, — *geg.* Oheim überhaupt: ε χαμ ουνχj ich habe ihn zum Oheim; in der Anrede aber dάι-ja.

20) χάλλε̤-α, *tosk.*, Vatersschwester.

21) νdάιχο u. νdάjo, *tosk.*, Mutterbruder.

22) τέσε-ja, *tosk.*, Mutterschwester.

23) jάjε̤-α, *geg.* und in *Berat* ϑjάjε̤ Tante überhaupt. — Den *Gegen* ist die vorstehende toskische Unterscheidung unbekannt. — In *Premeti* έμτε̤ Tante überhaupt.

24) χουδε̤ρί-ου, *tosk.*, — χουδε̤ρίν-νι, *geg.*, Geschwisterkind, Vetter, — ι dύτε Nachgeschwisterkind, — ι τρέτε̤ Nachnachgeschwisterkind. Dieser letzte Verwandtschaftsgrad ist wegen des anatolischen Eheverbotes praktisch.

25) χουδε̤ρίρε̤-α, *tosk.*, — χουδε̤ρίνε̤-α, *geg.*, Base; die weiteren Grade wie Nr. 24.

26) νjερχ-ου Stiefvater.

27) νjέρχε̤-α Stiefmutter.

28) βjε̤ρρ-ι, *tosk.*, — βjέχε̤ρ-ι, *geg.* u. *Premet.*, Schwiegervater.

29) βjέρρε̤-α, *tosk.*, — βjέχε̤ρε̤-α, *geg.*, Schwiegermutter.

30) δε̤ντε̤ρ-ι, *tosk.*, — δάντε̤ρ-ι, *geg.*, der Neuvermählte, Hochzeiter; sämmtliche Glieder der Familie, in welche er geheirathet, bedienen sich dieser Bezeichnung.

31) νούσε-ja die Neuvermählte; nicht nur die Glieder der Familie, in welche sie geheirathet, sondern auch Fremde geben ihr diesen Namen. Er bleibt ihr bis zu ihrem ersten Kindbette.

---

*) Sollte etwa die Gleichheit der Benennung für Neffe und Enkel in so vielen Sprachen sich daraus erklären, dass der Grossvater im Verhältniss zu seinen Enkeln als der ältere Bruder seines Sohnes angesehen wird?

32) *χουνάτ-ι*, *tosk.*, Bruder des Mannes oder der Frau, — *geg.* nur des Mannes
  Bruder.

33) *χουνατόλ-ι*, *geg.*, der Frau Bruder.

34) *χουνάτϱ-α* des Mannes oder der Frau Schwester.

35) *χρουϑκ-ου* die Eltern des einen Ehegatten in ihrem Verhältniss zu den Eltern
  des andern, welches auch auf die übrigen Familienglieder sich ausdehnt; —
  neugr. συμπένϑερος.

X. Masse und Gewichte.

A. Längenmasse.

ῃιϑτ-ι Finger = Zoll.

ϑουπλjάχϱ-α Handbreite.

ζϱννϱ-α Faust.

τϑφουλχί-α, *φϱλχίνjϱ*, *geg.* auch *bϱρdϑίχ-ου* Spanne zwischen Daumen und Zeigefinger.

πϱλϱμπϱ-α Spanne zwischen Daumen und kleinem Finger.

ῃjούρμϱ-α o. *ῃjύρμϱ-α* (Fussspur) Fuss.

bρουλj-ι, *geg.* *bϱρύλj* (Ellenbogen), — *χουτ-ι*, *χάλλε-ja*, *ενdέζϱ-α* Elle, vom
  Ellenbogen bis zur Spitze des Mittelfingers = 2 grossen Spannen.

bόjϱ-α Mannshöhe.

παϑ-ι Armspanne, Klafter.

αρϑίν-νι, *geg.*, = drei Ellen.

χϑύϱρϱ-α (Umkehr = *neugr.* στρέμμα), *πϱντϱ-α* (Joch), Ackermasse, Tagewerk, von sehr verschiedener Ausdehnung, meist 100—150 Fuss die
  Geviertseite.

B. Trockene Masse.

Gegaria: — *τϑϱρέχε-ja*, zu 25 Okka Weizen, zerfällt in 4 *dούμϱ*. — *ϑϱνίχ-ου*
  hat 4 *τϑϱρέχε*, also 100 Okka = einer Pferdelast.

Berat: — *xjασέ-ja* Getreidemass von 30 Okka Weizen, auch in *Avlona* und
  Tepelen. In *Premeti* hält es 45—50 Okka.

Gortscha: — *xjἷλϱ-α* Getreidemass von 60 Okka.

  ζιxj = 120 Okka.

  χανδάρ = 44 Okka.

C. Gewichte.

Einheit: *όχχϱ-α* die Okka (ebenso in Griechenland) zerfällt in 350, 400 od.
  500 *dρϱχέμ-ι* Dramm.

χανδάρ-ι = 44 Okka, etwa unser Centner.

ζιxj-ι = 120 Okka = 1 Pferdelast.

D. Wagen.

τερεζί-α, geg., — βιζινέ-ja, tosk., Goldwage für alles, was drammweise vcr-
kauft wird.

ζιγαρέ-ja Wage mit 2 Schalen.

παλάντζε-α Schnappwage mit einer Schale.

χανδάρ-ι grossé Schnappwage mit Kettcnhaken.

ζιxj-ι kleinere   „   „   „

$$geg. \begin{cases} a) \; \chi\alpha\nu\delta\dot\alpha\rho \; \iota \; \rho\dot\alpha\nu\tau_{\varepsilon} \; \text{schweres Gewicht, die Okka zu 500 Dramm, auch} \\ \qquad \chi\alpha\nu\delta\dot\alpha\rho \; \beta\epsilon\nu\epsilon\delta\iota\varkappa\sigma\upsilon \; \text{genannt.} \\ b) \; \chi\alpha\nu\delta\dot\alpha\rho \; \iota \; \lambda j\acute\epsilon\tau_{\varepsilon} \; \text{leichtes Gewicht, die Okka zu 400 Dramm, auch} \\ \qquad \chi\alpha\nu\delta\dot\alpha\rho \; \iota \; \Sigma\tau\alpha\mu\beta\dot\sigma\lambda\iota\tau. \\ c) \; \tau\check\sigma\epsilon\varkappa\dot\iota\text{-}\alpha \; \text{Wage zu 350 Dramm die Okka *).} \end{cases}$$

Skodra und *Durazzo* etc. gebrauchen *b* und *c* — *Berat*, *Avlona* und
die ganze *Toskerei a* und *c*.

XI. Thierrufe.

Lockruf.	Verjagen.
χουτϑ̌! χουτϑ̌!	οϑ̌τ! (*geg.* χουτϑ̌!) der Hund.
πισσ! πισσ!	τϑ̌ϊτ! . . . . die Katze.
χξ̌τ! χξ̌τ! u. πουλj! πουλj!	τϑ̌! . . . . Hühner u. Geflügel.

νδε! — *geg.* δᾱ! vorwärts! — bei Zug- und Lastthieren.

τιϑ̌τ! — bei Ziegen und Schafen.

μjέχεσε! u. εχέ (spr. ähä) — Lockruf für Lämmer und Zicklein.

στϑ̌! — Zuruf an pflügende Ochsen zum Antreiben und Stillstehen.

υϑ̌! — *berat.* χετϑ̌! χετϑ̌! — Antrieb für den Esel; aber auch für Pferde und
Maulthiere.

βŏ! *geg.*, um Ochsen anzutreiben.

σό! σό! *geg.*, um Büffel anzutreiben.

γίδϑ̌ι! γίδϑ̌ι! *geg.*, Lockruf für das im Haus gemästete Lamm.

XII. Albanesische Eigennamen **).

1. In Süd- und Mittelalbanien.

a) *Nationale Mannsnamen.*

βέιχο, — βίττο ***) (Taube).

bib, *Elb.* bιbá, — bῖτσ (Ferkel), — boύλjo, *geg.* bῦλjo, — Joρxj, *Elb.*
Γαρίτο, — Γέγε, — Γjερxj, *Elb.*, — Γjυρxj, *Berat.*

---

*) Litra = ⅛ Okka, nur in den an Griechenland stossenden Landschaften bekannt.

**) Unsern Nachfolgern möge das Studium dieses wichtigen und von uns mehr als billig
vernachlässigten Gegenstandes dringend empfohlen sein.

***) Ueber die bestimmten Namensendungen und deren Declination s. Grammatik, §. 8 u. 9.

Déde, — *Détaxo,* — *Dĭlljo,* — *Dódo* *),* — *Dotσ̌,* — *Doúxȩ,* — *Dăínjo.*
Kjέntro, — *Kírxo,* — *Kjíro,* — *Kon,* — *Kútσo,* — *Koúlje,* — *Koútσȩ.*
Ajέxxȩ.
Mǎlljo, — *Manσ̌* u. *Monσ̌, Elb.,* — *Mátto,* — *Menxo,* — *Metσ̌,* — *Míno.*
Nóβo, Elb., — *Nouσ̌, Elb.,* — *Nélxo, Elb.*
Póȷ̇ȩ, Póȷ̇o u. *bóȷ̇o,* — *Πrέmto,* — *Πrend, geg.,* — *Poúljo, Elb.*
Ráppo (Platane), — *Σeβ,* — *Σȷ̈ápȩ* (Eidechse).
Télljo, — *Tóttȩ,* — *Tσoúlje.*
Xarίς, — *Xítto,* — *Xódo.*

b) Nationale Frauennamen.

bέllȩ, — *bĭljo* (Tochter), — *Γaljónȩ,* — *Δoxίnȩ.*
Daφίnȩ (Lorbeer), — *Dίelȩ* (Sonne), — *Dóde.*
Zέxȩ,. — *Zέrȩ, Elb. Zóro.*
Kóvdo, Kóvda, Ber. Kovdéaȩ, — *Kórȩ* (Ernte?) **).
Kótσȩ, — *Kyrátaȩ,* — *Kjŭrȩ* (s. *xjuróir*).
Λáljo — *Ajέlje* (Mähne) — *Λĭljo.*
Mίnxȩ, — *Ndĭlje,* — *Πίnȩ.*
Rrέnde, — *Roútσȩ.*
Σóse, — *Σýme,* — *Tánȩ.*
Xáβo, — *Xáιdo,* — *Xánnȩ, geg.,* *Xέnnȩ, tosk.* (Mond).

c) Christliche Mannsnamen ***).

Adamant *Tσámȩ,* — Alexander *Ajeσ̌,* — Athanas *Návȩ, Naς, Naστ, Elb.* u. *Ber. Στας,* — Anastas. *Tásoȩ,* — Andreas *Ndrȩ, Ndrέtσxȩ,* — Basil. *Σĭlȩ,* — Demetr. *βίtto, Mίtrȩ, Δίμȩ, Mιτσ̌, Elb. Mιμ,* — Elias *Λίlȩ,* — Georg *Γȷ̇έrȷ̇joυa, Γóȷ̇o,* — Keryx *Kírxo,* — Konstantin *Kovdĭl, Nίvȩ, geg. Dιv,* — Mark. *Mέrxo,* — Martin, *tosk. Mερτίρ, geg. Mερτίv,* — Michael *Mĭl, geg. Mȩχĭl,* — Nikol. *Nιx, Kolj,* — Peter *Πȷ̇έτrȩ,* — Saba *Σέβo,* — Stephan *Στεφ, Φαv.*

d) Christliche Frauennamen.

Angelika *Nȷ̈έlȩ,* — Anna *Xέvvȩ,* — Basilika *βáσo,* — Helene *Λένȩ-a* u. *Λεvί-a,* — Katharine *Kǎto,* — Maria *Mαrίvȩ,* — Zoitza *Σóȷ̇ȩ.*

e) Türkische Namen.

Emin *Mίvȩ,* — Mucharem *Rέμxo,* — Mustapha *Moúτσo,* — Suleiman *Σoúljo.*

---

f) Familiennamen aus der Riça.

βόdαιγ best. βόdαj-τ<u>ɛ</u> (der Name βόd<u>ɛ</u> scheint verloren), — Γόdἄαιγ, — Mιχυνdούλαιγ zerfallen in Νόdἄxαιγ und Kjιρxoɣjύναιγ, — Δούdαιγ, — Γjιxόνdαιγ, — Kjιλάτ, — Δοdάτ, — Μενxσάτ, — Τούραιγ, — Ζάxxαιγ, — Μάλjαιγ, — Σῖναιγ, — Ρέτἄαιγ, — Κούxjαιγ, — Ποροdίνναιγ, — Δέτἄαιγ, — Λjούλjαιγ, — Κοxόλjαιγ, — bίἄαιγ, — Πελλjούναιγ, — Τἄϊxάναιγ.

g) Familiennamen in Elbassan.

Σούλxoύj o. K<u>ɛ</u>σoυλxoύxj*), — Γεɣαινάς, — Νουdμάμα, — Μ<u>ιμ</u>ɣjίνι, — Πόπα, — Ρούττo, — Νανουϑπάλj, — Δοd<u>ɛ</u>bίbα, — bἄλα, — Περινάς, — Θούπιχ od. Kjούπιχ, — Dἄája, — Βούφ (φιχ bουφ unreife Feige), — Δινdoλάνι, — Δούda.

h) Familiennamen in Berat.

Σύxo, — Κονxίοι, — Τρούja, — Ρουϑ (Traube), — Ρότἄo, — Πιτἄ, — βεβέτἄx<u>ɛ</u>, — Πίτσνα, — Ορμάν, — Σxράμjε, — Τσάπo, — Ξхουρτ (kurz), — Λάbda, — Κορροβέϑ, — Τἄαπέλj, — bλούμι, — Καρbουνάρ, — Ποϑνjάρ, — Μαρς, — Δσίνσε, — Κόda, — Σαλαbάντα, — Γαλάν, — Κεϑ.

2. In Nordalbanien **).

a) Die gebräuchlichsten katholischen Namen.

Agata, Aghe u. Agatin, — Alessio, Alexi u. Lesch, — Andrea, Nrek, — Anna, Prenna ***), — Antonio, Noz, — Agostino, Agostin, — Baldassare, Baldo, — Cecilia, Cicile, — Cristina, Kistin, — Teodoro, Todor, — Demenico, Ded, — Francesco, Frano, — Giorgio, Gjerg, — Gregorio, Gek, — Giacomo, Jak, — Gioacchimo, Jachim, — Giovanni, Gjon, — Giuseppe, Sef, — Giuseppina, Giusta, — Gaspare, Gasper, — Caterina, Katrin, — Costantino, Costantin, — Lorenzo, Loro, — Lazzare, Laser, — Luca, Luk, — Lucia, Cile u. Cikle, — Maddallena, Len, — Marianna, Marian, —

---

*) Rothmütz, deren jetzt allgemeine Tracht, wenigstens für die Christen von Elbassan kaum 100 Jahre alt ist; früher trug man nur weisse oder schwarze Filzmützen, welche sich von dem jetzigen Fes nur durch einen etwas schmäleren Boden unterschieden und zum Theil noch getragen werden.

**) Die beiden nachstehenden Verzeichnisse verdanke ich der Güte meines Collegen Dr. Balleria, k. k. Vice-Consul in Skodra, welcher dem zweiten die beachtenswerthe Notiz beifügt, dass mehrere mirditische Orte nach den Familien benannt werden, die sie bewohnen, — eine Bemerkung, welche die Patronymalendung so vieler albanesischer Orte erklärt.

***) Ein unerwarteter Beleg zu der über die röm. Anna Perenna aufgestellten Hypothese.

Maria, Mrika u. Kuschia, — Marco, Mark, — Marta, Mart, — Martino, Martin, — Matteo, Matí, — Michele, Hil, — Nicolo, Kol, — Paolo, Palok, — Pietro, Pjeter, — Filippo, Filip, — Rocco, Rok, — Rosa, Drano, — Simone, Simon, — Stephano, Stiefen, — Teresa, Teres, — Tommaso, Tom.

b) Verzeichniss der Geschlechter (φις), aus denen die fünf Fahnen der Mirditten bestehen.

I. Fahne v. Orosch. — 1) Markolai, — 2) Dedai, — 3) Dodai, — 4) Kefalar, — 5) Skan, — 6) Mastre Kora, — 7) Ligin? — 8) Sche Merri.

II. Fahne v. Spasch. — 1) Bibbai, — 2) Ginnai, — 3) Getschiai, — 4) Sulai, — 5) Wassai, — 6) Gheghai, — 7) Patai o. Gionai, — 8) Kal-Dodai.

III. Fahne v. Koschneni. — 1) Bokai, — 2) Saluzai, — 3) Bardai, — 4) Hottai.

IV. Fahne v. Dibri. — 1) Ghegh-Pallai, — 2) Arça, — 3) Tuschiai, — 4) Gjon Kalai, — 5) Leschiai, — 6) Setuf, — 7) Willja o. Willjai, — 8) Werzak, — 9) Gulnai? — 10) Saluzai, — 11) Kazzai, — 12) Buschiala, — 13) Lallai, — 14) Gio-Bardai, — 15) Sillai, — 16) Nakai, — 17) Koschian? — 18) Mieschtz, — 19) Tokrai? — 20) Donai.

V. Fahne v. Fand. — 1) Bissakai, — 2) Konai, — 3) Singinai? — 4) Gjukai, — 5) Don-Gionai.

XIII. Einige gegische Stadt- und Landschaftsendungen und deren Derivativa *).

βεράτ- δι der Bewohner	*βεράδασ-ι*	*Πιζρέν-ι*	*Πιζρένασ-ι*
Ελβασάν-ι	*Ελβασάνασ-ι*	*Τεττόβε̱-α*	*Τεττόβασ-ι*
Καβάje-ja	*Καβάjασ-ι*	*Τιράνν̱ε̱-α*	*Τιράννασ-ι*
Πεχjίνδ-ι	*Πεχjίνδασ-ι*	*Υλχjίν̱ε̱-α*	*Υλχjίνασ-ι*
Μᾰτ-ι	*Ματjάν-ι*	*Σ̈χόδε̱ρ-α*	*Σ̈χοδράν-ι*
Dιḇε̱ρ-ρα	*Dιbρράν-ι*	*Κρούα*	*Κρουατάν-ι*
Doύρρε̱σ-ι	*Doυρσᾰχ-ου*	*Σ̈πᾰτ-ι*	*Σπαταράχ-ου.*
βλjὸν̱ε̱-α	*βλjοναράχ-ου*		

XIV. Haare.

λjεϑ-ι Haare **) überhaupt, auch Wolle, was *neugr. μαλλί.*

χjίμε-ja ein, das Haar, — *χjίμε-τε̱* die Haare.

τϑούπε-ja Haare der Kinder von 8—14 Jahren, etwa 1 Fuss lang.

_____

*) Im toskischen Dialekte finden sich keine Derivativa von Stadtnamen, hier heisst es *ίϑτε̱ γη̱α Βεράτι* er ist aus Berat. — Doch scheinen auch manche gegische Städtenamen, z. B. *Λjεϑ* Alessio, dieser Bildung zu widerstreben.

**) Diese Bedeutung ist im Lexikon ausgelassen.

120

πέρτϑε-ja u. τϑέρπε, geg. φλjοχ langes Haupthaar der Männer und Frauen.

πλεξίϑε-a u. διϑτ-ι geflochtenes Haupthaar, Zopf.

δαλλούχε-ja, geg. χερχμά-ja *) die die Stirne halb bedeckenden kurz abgeschnitt
nen Vorderhaare der Frauen, welche die Männer abrasiren.

τσουλούφε-ja Haarlocke an den Schläfen.

μjέχρε-a Bart u. Kinn.

μουστάχje-ja Schnurbart.

βέτουλε-a Augenbraue.

χjεπάλε-a, geg. χjεπίχ-ου Augenwimper.

───────

*) Fehlt gleichfalls im Lexikon.

ALBANESISCHE SPRACHPROBEN.

I. Toskische Volkspoesien.

A. Liebeslieder.

Diese Lieder verdienen ihren Titel nur in so fern, als sie Liebesverhältnisse betreffen, ihrer Natur nach würden sie wohl besser Spott- oder Necklieder genannt. Sie sind immer auf einen bestimmten Vorfall oder eine bestimmte Person gedichtet, finden aber auch analoge Anwendung. Ihre Hauptbestimmung ist, von der nachtschwärmenden Jugend vor den Häusern derjenigen gesungen zu werden, für welche sie verfasst worden, oder auf welche sie sich beziehen lassen. Sie theilen daher die skoptische Natur mit vielen unserer Schnaderhüpfeln, obgleich diese in der Regel weit allgemeiner gefasst sind. Anzügliche Wechselgesänge zwischen Einzelnen oder Mehreren hört man in Albanien noch häufiger, als in den süddeutschen Hochlanden.

Am ausgebildetsten scheint diese Art skoptischer Poesie bei den Basken. A. de Quatrefages schreibt hierüber in der Revue des deux mondes XX° année 6° livraison: „Doués d'un esprit vif et pénétrant ils (les Basques) sont inclins à la plaisanterie, à la moquerie même. L'instinct de la poésie est très développé chez eux. Parfois dans une fête les habitans de deux villages se livrent à de véritables joutes poétiques. Pendant des journées entières les improvisateurs des deux camps opposés se défient et se répondent en vers."

„Le moindre événement devient le thême d'une chanson qui court bientôt le pays et c'est une arme redoutable qui sert à faire justice de bien de petits méfaits. Par exemple tout amant trahi ou trompé chansonne sa maitresse et de quelque tems celle-ci ne peut sortir de chez elle sans entendre jusqu'au dernier gamin frédonner ses infidélités."

Der zweite Absatz beschreibt genau die albanesische Sitte.

Die unten folgenden Klagelieder und Liebeslieder stammen sämmtlich aus der Umgegend von Argyrokastron.

Die meisterhafte metrische Bearbeitung, welche den albanesischen Texten vorangeht, soll diese Naturstimmen in die deutsche Poesie einführen. Sie ist der Schwanengesang O. L. B. Wolffs, den der Tod bei dieser Arbeit überraschte.

Die den Texten beigegebene Uebersetzung soll deren Studium erleichtern; sie ist daher den Originalen so treu angepasst, als es der deutsche Sprachgeist nur immer verträgt. Es sind selbst Härten nicht vermieden worden, wenn sie zur Darstellung gedrungener oder eigenthümlicher Ausdrucksweisen unumgänglich erschienen.

Liebeslieder.
1.

Er: Liebliche Ducatenstirne,
  Was bereitest du mir Qual?
  Liebliche Piasterstirne,
  Wird uns Platz bei'm Abendmahl?
Sie: Es wär zu eng, zu heiss würd's sein.

Er: Nimm achtzig an für eine Nacht,
  Denn werth sind es die Brauen dein.
  Liebliche Orangenstirne,
  Das Sommerfieber angefacht
  Hast du in meinem armen Hirne;
  Dies Sommerfieber so mich packt,
  Dass es mich mürb' und elend zwackt.

16 *

2.

Kommt, Genossen, lasst uns gehen,
Denn um uns ist es geschehen.
Als das Vögelchen gekommen,
Hat's uns den Verstand genommen.
Möcht' ich doch zur Fliege werden,
Ueberall zu sein auf Erden,
Rings im Hof umherzufliegen,
Auf dem Dache mich zu schmiegen,
In den Busen ihr zu kriechen,
Ihn zu beissen, ihn zu färben,
O! dann würd' ich willig sterben.

3.

Liebchen, schlanker Spross, fürwahr,
Wie der Bernstein weiss und rar;
Cithersaiten gleicht dein Haar,
Bergmelissenhauch dein Duft,
Und wie Würzelein vom Krämer
Füllt dein Odem rings die Luft.

4.

Lieg' ich dem Schlafe hingegeben,
So wecket mich ein Mägdlein eben:
Steh' auf, steh' auf, mein süsses Leben,
Wann wird das Glück uns wieder segnen,
Wie Reh und Hirsch uns zu begegnen?

5.

Er: Gnade, kleine Freundin mein,
Citrone du, Orange fein,
Bist ein Geschenk für Bey's allein.
Sie: Bin kein Geschenk für Bey's, o nein,
Bin einzig für den Bräut'gam mein,
Der für Geld mich hat erstanden,
Für dreihundert Colonaten.

6.

Freundin täglich, Freundin nächtig,
Herrin mit den Kleidern prächtig,
Bitten richt' ich an dich mächtig
Für ein Liebesständchen nächtig;
Dass es schwer wird, sei bedächtig.
Auf der Trepp' drei Tag' verbrächt' ich,
Und der Herr kennt meine Qual
Und mein Nachbar auch zumal.
Sprecht den Richterspruch, Genossen,
Dass den Nachbar es verdrossen.

7.

Er: Freundin, nicht so rasch in's Weite
Mit dem Kopftuch an der Seite.
Du darfst, Holde, nicht so rennen,
Wirst sonst noch das Dorf verbrennen.
Sie: Was thu' ich dem Dorfe wieder,
So ich wandle auf und nieder?
Er: Alle jungen Bursche drinnen,
Holde Kleine, heiss dich minnen.
Sie: Mich? — Mög' sie das Böse fassen,
Dass sie mich in Ruh' nicht lassen.

8.

Rothes Beerchen an dem Hange,
Geh, willst sein mein Liebchen lange,
Geh, willst du mich wahrhaft lieben,
Haben es genug getrieben,
Und man merkt es, bin ich bange.

9.

Er: Buntes, gelbes Kopftüchlein,
Wartete am Ufer dein,
Warf drei Mal mit einem Stein.
Sie: Trafest mich zu schwerer Pein;
Werde nun der Tropfen dein [1]).

10.

Sage, Freund, doch, wie es kommt,
Dass mir rothes Haar nicht frommt,
Haar, gelb wie Ducatengold.
Komm, dein Schatz harrt, Liebchen hold,
Hinter'm Haus am Feigenbaum,
Weidenbaum und Feigenbaum.
Alle sind so wie im Traum
Durch dich, bei Verstande kaum,
Brachtest sie in grosse Noth,
Sind herunter auf ein Loth.

11.

Er: Kleine, die kein Gatte will,
Steige auf die Mauer still,
Lass dich oder die Schwägerin schauen,
Dass ich Augen seh' und Brauen.
Sprich, warum so schwarz sie sind?
Hast du sie gefärbt, mein Kind?
Sie: Nein, nein, bei Gott nicht, nein,
Denn ich selbst bin schön und fein.

---

[1]) Treffe dich der Tod.

12.

Die du dort gehst, kleine Dirne,
Du bist weiss, roth deine Stirne;
Schieb' die Locken doch hinauf,
Scheitle sie und bind' sie auf;
Weiss bist du, der Locken Fluth
Ueberströmt dich nur mit Gluth.

13.

Der ich, ach, drei Sommer habe,
Bin vertrocknet und erstarret,
Hab' umsonst auf sie geharret,
Die ich nicht gesehen habe.
Du bist Schuld an meinem Jammer,
Als du mit des Tags Beginnen
Riefst die Mädchen aus der Kammer,
Aber liessest mich darinnen.

14.

Ach, was muss ich doch ertragen,
Meine ganze Sippschaft bringt
Mir Mehlspeisen her und ringt
Ihre Hände, zu beklagen
Mich, damit ich nur gesunde
Von dem Jammer und der Pein,
Die du mir machst, du allein,
Mädchen mit dem Schachtelmunde!

15.

Wer wird bei den Ziegen weilen,
Dass in's Dorf ich nur kann eilen.
Meine Maid erkrankte schwer;
Stellte Gott sie mir nur her!
Stärbe mir die Liebste mein,
Wäsch' nicht Fluss, nicht Bach mich rein.

16.

Was verstummst du, Nachtigall,
In dem Rosenstrauche fern?
Steinhuhn mit den goldnen Schwingen,
Tritt an's Fenster wie ein Stern.
Singe, Sommernachtigall,
Dass des Maies holde Bräute,
Schmuck wie Jährlingssicklein, hören
Solch' ein liebes Festgeläute.

17.

Rothe Beere in dem Hain,
Gleich dem Abendsonnenschein,
Händchen du des Hundes, sprich!
Auf der Tenne schauert's mich
Und der Bergwind tödtet mich.

18.

Das Silberhälschen vorübergeht,
Uns Allen den Verstand verdreht.
Geht's Silberhälschen vorüber dort,
Spricht es mit uns kein Sterbenswort,
Wie sonst es pflegte wohl zu thun;
Sieht uns an wie die Sonne nun,
Wirft einen Strahl und blendet uns.

19.

Zu dem Stein macht' ich 'nen Gang,
Eine Wolke mich bezwang,
Dass ich Aermster wurde krank.
Ach, des Hirten Tochter schlank
Ist ein Kobold, macht mir bang.
Freunde, seid mir freundlich Ihr,
Sagt zwei Worte ihr von mir.

20.

Wie ich ging nach Armolith
Gestern, eine Maid ich sah.
Als sie mich gewahrte, da
Schliesst die Thür sie und entflieht.
Schliess' sie nicht, o Herzchen mein,
Schliesse nicht die Thüre dein
Vor mir zu, dem Aermsten klein.

21.

Kommt, wenn Alles ist verstummt,
Liebchen mit dem Lämpchen jetzt.
In drei Tücher wohl vermummt,
Die mit Fransen sind besetzt,
O, dann ruf' ich: — Mög' der Tod
Deinen Mann im Kampf besiegen,
Dass du mein wirst ohne Noth
Und wir Knie an Knie uns schmiegen.

22.

Sehnsucht fühl' ich in mir brennen
Nach dem Hause, schwer bedrückt
Wegen eines einz'gen Menschen,
Den die Leute Lene nennen:
Hand und Fuss sind ihr geschmückt.
Lenchen, komm sogleich heraus
Für mich Aermsten, aus dem Haus,
Sonst mach' ich gleich mich auf die Reise
In die weite, weite Welt,
Trag' das Haar nach Frankenweise,
Lass' es wachsen, wahrlich, und
Kehr' ich, heul' ich wie ein Hund.

23.

Er: Welche Leiden fühlt mein Herz!
 Esse nur mein Brot mit Schmerz;
 Zu dem Liebchen, zu der losen
 Kleinen mit den grünen Hosen
 Sandt' ich ganz besondern Boten.
 Habe dich zu mir entboten.
 Ach, vergebens harrt' ich dein.
 Täuschtest du mich? schliefst du ein?

Sie: Schlief ich, mög' mir Leid gescheh'n,
 Mutter liess nicht fort mich geh'n.

Er: Mutter, Thörin, welch' Gebot!
 Treffe deinen Sohn der Tod,
 Ob der Trennung böser Noth.

24.

Er: Liebes rundes Wängelein,
 Du wirst alt, warum nicht frei'n?

Sie: Ach wie gern, find' keinen Mann.

Er: Putze dich, ich nehm' dich dann,
 Mach' zu Silber dich fortan.

25.

Er: Liebes Rebhuhn dort im Bauer,
 Nah' ich, machst mir keine Trauer?

Sie: Komm nur, Schelm, nichts thu' ich dir,
 Komm mit Spiel und Scherz zu mir,
 Drei Palikaren hinter dir.

26.

Wie bin ich abgezehrt,
Wie ist mein Herz beschwert,
Wie ist mein Sinn verrückt
Durch Eine, reich geschmückt.
Mein Herzchen, Mädchen lieb,
Der dich liebt, den hab' lieb.

27.

Vom Berg herab schau's Dörfchen dort.
Ach, fort ist mein Verstand, ist fort!
Heraus, lieb' Schwert mit der Seiden-
 schnur!
Ach, fort ist mein Verstand, ist fort!
Gemalte Brau', Schwarzauge du!
Ach, fort ist mein Verstand, ist fort!

Beratische Lieder.

1.

Freundin, Krankheit mich verzehret!
Als mein Mann zurückgekehret
Und mich nicht gefunden wieder,
Legt' er sich zum Schlafe nieder;
Doch der Schlaf mied ihn; er wachte,
Meiner weissen Brust gedachte.
Werde drob den Meinen gram,
Dass ich fort war, als er kam.

2.

Ich Aermste, die kein Glück ich hab',
 Ich Aermste, die kein Glück ich hab'!
Ich werfe die Fenstergitter hinaus,
 Ich Aermste, die kein Glück ich hab'!
Sie freiten mir einen Alten, o Graus!
 Ich Aermste, die kein Glück ich hab'!
Einen Greis, so klein wie ein Kind an der Brust,
 Ich Aermste, die kein Glück ich hab'!
Einen Mann wie ein Krümchen, mir zum Verdruss,
 Ich Aermste, die kein Glück ich hab'!

3.

Sie lassen mich nicht, lieb' Mütterlein, jetzt,
Sie haben den Fels von Goritza besetzt;
Sie passten mir auf und ergriffen mich,
Und in der Seite verwundet bin ich.
Verwundet unter der Schulter mein
Wegen zweier lieben Aeugelein;
Wie bin ich geschlagen, wie bin ich wund;
Ich glaube, ich werde nie wieder gesund.

───

Klagelieder.

1. Für Kinder bis zu zehn Jahren.

1. Du mein einzig, einzig Kind,
 Warum hast du mich verlassen?

2. Rosenknospe, reich geschmückt,
 Blume einst, jetzt ach! gepflückt.

3. Frische Rose, ach du bist
 Abgebrochen vor der Frist.

4. Glücklich ist die Erde nun,
 In der wird dies Silber ruh'n.

5. Glücklich ist der Rasen hold,
 Unter dem wird ruh'n dies Gold.

2. Auf einen Derwen Aga, der vor dem Feinde fiel.

(Klagelied Nr. 10.)

Derwen Aga, weh, gefallen
Deinen Palikaren allen!

Dort dein Schwert spricht an der Mauer:
„Wo mein Herr?" — in tiefer Trauer —
„Wo mein Herr, dass er die Klinge
Ziehe und wie sonst sie schwinge."
Dort dein Hengst im Stall, er klaget:
„Wo mein Herr?" — er klagt und fraget:
„Wo mein Herr? — um mich zu pflegen,
Mir den Sattel aufzulegen!
Wo mein Herr? — dass er mich reite,
Ich voll Lust ihn trag' in's Weite!"

3. Klage einer Braut über den Tod ihres Neuvermählten, der in der Brautnacht erschossen wurde.

(Klagelied Nr. 11.)

In der Brautnacht, welch' ein Leid!
Wardst dem Tode du geweiht,
Drang der Schuss durch's Oberkleid.

Ihr Verwandten alle klaget,
Dass der Tod den Liebling nahm.

Ich, die Fremde, voller Gram
Scheide heut', die gestern kam.
Gestern schön geschmückt, fürwahr,
Heut' mit aufgelöstem Haar.

4. Altes, sehr verbreitetes Lied auf den Tod eines jungen albanesischen Söldners.

(Klagelied Nr. 12.)

Jenseits von Kjabese's Brücke
Fiel ich durch des Feindes Tücke.
Sagt der Mutter, o Gefährten,
Die zwei Ochsen zu verwerthen
Und das Geld dafür zu geben
Meiner Liebsten, meinem Leben.
Wenn die Mutter fragend quälet,
Sagt, ich hätte mich vermählet;
Wenn sie fragt, wer meine Lust,
Sprecht: drei Kugeln in die Brust,
Sechs in meine Arm' und Beine;
Fragt sie dann, wer zum Vereine
Sei des Hochzeitsmahls gekommen,
Sagt: die Krähen und die Raben
Kamen als Verwandte, haben
Alles fressend fortgenommen.

1.

Er: Μίχε βάλλε βενετίχε,
    Πούνε ζίνε σετδ με πίχε?
    Μίχε βάλλε χολονάτε,
    Κέμι βενδ τε βιγ περ δάρχε?
Sie: Jέμι νγούδτε, να βjεν βάχε.
Er: Μερ τέτε δjέτε περ νjε νάτε,
    Τι βεjέτνε βετουλάτε.
    Μίχε φάχjε χροτοχάλε,
    Έθετ ε Γ'ούδτιτ μ'ι χάλε,
    Έθετ ε Γ'ούδτιτ με ζούνε,
    Σα με τρετν' ε με χεχούνε.

2.

Ένι τε χέχjεμ', ο δόχε!
Σε σ' να μbένε μεντ νδε χόχε.
Να δαστίσι αjό ζύγε,
Κουρ ρυν βρένδα ε στρον νd' όde.

1.

Er: Liebe Ducatenstirne,
    Warum quälst du mich Unglücklichen so?
    Liebe Colonatenstirne a),
    Haben wir Platz, zum Abendbrot zu kommen?
Sie: Wir sind enge, uns kommt Hitze b).
Er: Nimm achtzig für eine Nacht,
    Deine Brauen sind dies werth.
    Liebe Orangen-Stirne,
    Das August-Fieber hast du mir angethan,
    Das August-Fieber hat mich c) gepackt,
    Dass es mich auflöst und mich zerknickt.

2.

Lasst uns aufbrechen, o Genossen!
Denn uns blieb kein Verstand im Kopfe.
Uns hat jenes Vöglein geblendet,
Als es hereinkam und in der Stube aufdeckte.

a) Der spanische Piaster, von den Säulen so genannt, welche zu beiden Seiten des Wappens stehen.

b) Unsere Wohnung ist zu enge, wir hätten zu heiss.

c) So stark ergriffen.

Τε με δεν ζότι νjε μίζε,
Νγα τε δόjε τε jjεσδίσjε.
Do τε βίjε ρρεθ αβλίσε,
Do τε χίπκιjε τδατίσε,
Τε φουτέσε νd' ατό σίσε,
Τε ι α νδουχ, τε ι α δέιγ κίσε,
Πρα παστάj' ε τε με βρίσνε.

Möchte mich der Herr zur Fliege machen,
Um, wo ich wollte, herumzuspazieren.
Ich würde rund um den Hof streifen,
Würde mich auf das Dach setzen,
Würde in jenen Busen schlüpfen,
Würde ihn beissen und zu Pech machen *),
Und möchten sie mich dann tödten.

3.

Μοj ε χόλλα σι λjαστάρι
Ε βάρδα σι κjεχριβάρι,
Δjεδ τε τατ σι τελj' jονγάρι,
Έρα τρενδελίνε μάλλjι,
Βούζα χαραφίλj δουκjάνι.

Liebchen, schlank wie ein Spross
Und weiss wie Bernstein,
Deine Haare (sind) wie Cithersaiten *),
Dein Duft Bergmelissen,
Dein Mund Gewürznelke des Kramladens.

4.

Νde jjoύμε κουρ bι' ε φλjε,
Βjεν νjε τδούπεζ' ε με νγρε;
Νγρέου μιχ, τε κέκjενε,
Σε κουρ do πίκjεμι με
Νjε σορκάδε με νjε δρε?

Wenn ich in dem Schlafe liege und schlummere,
Kommt ein Mägdlein und weckt mich auf;
Stehe auf. o Freund! ich bitte dich,
Denn wann werden wir wieder zusammentreffen,
Ein (gleich dem) Reh mit dem Hirsche?

5.

Er: Ας αμάν ο μοj μίκε,
Νερένδσε, προτοκάλε,
Πεδκέδ περ δελjέρε jε.
Sie: Ου σ' jαμ πεδκέδ περ δελjέρε,
Jαμ περ ατέ κjε με χα δλjέρε *),
Με χα δλjέρε με παρά,
Με τρε κjιντ κολονατά.

Er: Gnade, kleine Freundin,
Pomeranze, Orange,
Ein Geschenk für Bey's bist du.
Sie: Ich bin kein Geschenk für Bey's,
Ich bin für den, der mich gekauft hat *),
Der mich gekauft hat mit Geld,
Mit dreihundert Colonaten (spanischen
Piastern).

6.

Μίκε δίτε, μίκε νάτε,
Ζόνjε με ταχέμ τε λjάρτε,
Σούμε τι βούρα ριδδάτε
Περ τε πjέκουρε νjε νάτε;
Ε δυ κjε χολάτγ σ' ε κ' άτε.
Καμ τρι δίτε κjε ρρι νde δκάλε.
Σι περνδία μ' α δι χαλ,
Δε jjιτόνι κjε καμ μbάνε.
Jου δόχε, πσε σ' με jjουκόντι,
Κjε με μbα μερί jjιτόνι?

Freundin Tags, Freundin Nachts,
Herrin mit den prächtigen Kleidern,
Viele Bitten richte ich an dich
Für ein Stelldichein bei Nacht;
Und sieh', dass du es nicht leicht nimmst *).
Ich habe drei Tage, wo ich auf der Treppe sitze.
Und der Herr kennt meine Qual,
Und der Nachbar *), den ich neben mir habe.
Ihr Genossen, warum richtet ihr mich nicht *),
Dass der Nachbar Groll gegen mich hegt?

---

a) D. h. schwarz.
b) Feine Messingdrähte.
c) D. h. meinen Bräutigam.
d) Hüte dich, es mit meiner Bitte leicht zu nehmen.
e) Das Liebchen.
f) Sprecht ihr nicht Recht auf meine Klage?

7.

Er: *Mίxε με ὄαμί με νῇ άνε,*
Kaddλε, σε dὀjje φðάνε.
Sie: *Oυ τǎ' ι bέρρα φðάττε ὄχρέτε,*
Σε ποε ὄxόty ποðτ' ε ρεηjέτε?
Er: *Djεμερία νῇa jάνε,*
Ndε τύty ε xάνε σεbðάνε.
Sie: *Tǎ xάνε? jjέτðνε bελjάνε,*
Kjε σ' με λjένε φουxαράνε.

7.

Er: Freundin mit dem Kopftuch auf einer Seite*),
Langsam, denn du verbrennst das Dorf.
Sie: Was thue ich dem armen Dorfe,
Wenn ich hin und her wandle?
Er: So viel Bursche darin sind,
Haben sie Liebe zu dir.
Sie: Was haben sie? Mögen sie Böses finden,
Dass sie mich Aermste nicht lassen b).

8.

Mοj ðaν' ε xούxjε γdε ρίπε
Xίxjου, μοj! νdε τε xαμ μίxε,
Xίxjου, ο μοj! νdε με do,
Σε xέμι bέρρε σαdό,
Πρα να xουπετόνε.

8.

Kleine, rothe Beere an dem Abhang,
Geh, Kleine, wenn ich dich zum Liebchen habe,
Geh, Kleine, wenn du mich liebst,
Denn wir haben genug gemacht,
Sonst entdeckt man uns.

9.

Er: *Σάμι bέρdε πίxα πίxα,*
Nd' άνε τε λjούμιτ τε πρίττα,
Με τρε γούρε τε γodίττα.
Sie: *Mε bράβε, τε βράφτε πίxα!c)*

9.

Er: Gelbes Kopftuch, buntgetupft,
An dem Ufer des Flusses wartete ich dein,
Mit drei Steinen warf ich nach dir.
Sie: Du hast mich getödtet c), möge dich der Tro-
pfen tödten! d)

10.

Tǎε xεðτού, ðύxε, νdε μούa?
Λjεð xουxjένε νούxε doύa,
Λjεð βερdά σι βενετίxου.
Πα dελλj, μοj, σε τε do μίxου
Πράπα ðτεπίσε τε φίxου,
Mου τε φίxου, μου τε bλjίρι.
Πρίðε djέμτε νῇa φιχjίρι,
Nῇa φιxjίρι jjιð' ι πρίðε,
Njε dρέχέμ ι xαταντίσε.

10.

Wie ist es mit mir so (wie geht es zu), o Freund?
Dass ich das rothe Haar nicht liebe,
Das Haar gelb wie ein Venetianer (Ducaten).
So komm heraus, Kleine, denn dein Freund will dich,
Hinter das Haus, zu dem Feigenbaum,
Zu dem Feigenbaum, zu der Bastweide.
Du hast die Burschen um den Verstand gebracht,
Um den Verstand hast du sie alle gebracht,
Zu einem Lothe hast du sie herabgebracht.

11.

Er: *Ο μοj τι, xjε σ' τε do bούρρι,*
Πα dελλj πάxεζε τε μούρι,
Mοj, νdo τι, νdo joτ' xουνάτε,
Tε do συτ' ε βετουλάτε.
Bετουλάτε ποε τ' ουντζίνε?
Α μος ουβούρε μαζίνε?
Sie: *Jo xjε jo, περ περνdίνε!*
Πο xαμ βέτε bουxουρίνε.

11.

Er: Du Kleine, die dich dein Mann nicht will,
Steige ein Bischen auf die Mauer,
Entweder du, Kleine, oder deine Schwägerin,
Damit ich die Augen und die Brauen sehe.
Warum sind deine Brauen (so) schwarz?
Hast du etwa Schminke e) aufgelegt?
Sie: Nein, nein, bei Gott!
Denn ich habe selbst die Schönheit.

---

a) Das schief über die Stirne gebundene Kopftuch kleidet sehr kokett.
b) D. h. in Ruhe lassen.
c) D. h. schwer getroffen, ebenso neugr. μὰ ἐσxότωσες.
d) D. h. treffe dich der Tod! (S. Verwünschungen Heft II, S. 109.)
e) Wörtl. Galläpfel.

12.

O μoj τι, χjε βετε τoύτjε,
Βετ' ε βαρδ' ε ἅαμ χoύχjε,
Ποσε σ' ε χρε ατε τζουλούφε;
Ndo χρίχε ndo χίδε πράπα,

Σε jε βαρδ', ε τε ντζεν βάπα.

12.

O Kleine, die du dort des Weges gehst,
Selbst bist du weiss, und das Kopftuch roth,
Warum steckst du den Lockenbusch nicht bei?[a]
Entweder kämme ihn (glatt) oder wirf ihn hinter-
wärts,
Denn du bist weiss, und die Hitze[b] macht dich
glühend.

13.

I ζίoυ, τδ' χαμ τρε δεχάρε,
Κjε χαμ νγρίρε, χjε χαμ θάρε
Περ μιχενε χjε σ' χαμ πάρε.
Μιχέ νdε χjάφε με μόρρε,
Κjε με υλ τε πάρε δύλλε,
Γ'jίθε ὅχjετε μbεjύδε,
Μούα μίχνε σ' με χουτόβε.

13.

Ich Aermster, der ich drei Sommer habe,
Wo ich erfroren und vertrocknet bin
Wegen des Liebchens, das ich nicht gesehen habe.
Du nahmst mich auf den Hals, Freundin[c],
Weil du mit dem ersten Sterne[d] ausgingst,
Alle Gefährtinnen versammeltest du, (nur)
Um mich, den Freund, kümmertest du dich nicht.

14.

Σετδ ουbέδε περ με πέττα
Τε με βίjνε γjίθε τδέττα,

Γ'jίθε τδέττα τε με βίjνε,
Τε με ρεχότνε τε ζίνε
Περ μίχε βούζε χουτίνε.

14.

Wie ich heruntergekommen bin, dass zu mir
Die ganze Verwandtschaft mit Mehl- (Kranken-)
Speise kommt,
Die ganze Verwandtschaft zu mir kommt,
Um mich zu beklagen, den Aermsten,
Wegen eines Liebchens mit dem Schachtel- (d. h.
wohlgeformten) Munde.

15.

Ὅχε, με χε τε λjε δίτε
Τε βέτε νdε φδατ νjε τὅχε;
Σε χαμ μίχενε τε λjίγε;
Δεδ περνδία, ουσερρούα;
Τε με δίστε μίχjα μούα,
Σ' με λjαν ας λjουμ' ας περρούα[e].

15.

Freund, bei wem soll ich die Ziegen lassen,
Um einen Augenblick in das Dorf zu gehen?
Denn ich habe mein Mädchen krank;
Gott wollte und sie ist wieder besser;
Wäre mir mein Liebchen gestorben,
So hätten mich weder Fluss, noch Bach ge-
waschen[e].

16.

Ας χενδόν, μορέ bερbίλj,
Ndε νjε δέγε τρενδαφίλj;
Θέλεζε χράχε jεδίλ,
Δελλj νdε πενδάερέ σι υλ.
Κενδόν bερbίλι δεχάρετ,
Τε δεγjόjε νούσετ' ε Μάιτ[f].
Κετό νούσετ' ε σιβjέμε
Jάνε φτούjα προτοένε.

16.

(Warum) singst du nicht, o Nachtigall,
In einem Rosenstrauche?
Du Steinhuhn mit den grünen Flügeln,
Tritt ans Fenster wie ein Stern.
Singe, du Nachtigall des Sommers,
Dass es die Bräute des Maies[f] hören.
Diese Bräute von diesem Jahre
Sind wie schmucke Jährlingsziegen.

---

a) D. h. aus dem Gesichte.

b) Welche die stark toupirte über die halbe Stirn und Wange wallende Frisur dir verursacht.

c) Du bist Schuld an meinem Elend, neugr. μ' ἐπῆρες εἰς τὸν λαιμὸν.

d) Morgenstern.

e) D. h. so wäre meine Trauer so schwarz gewesen, dass sie u. s. w.

f) Bräute des Maies, Benennung der Jachtesme, Elfen, wird hier auf die Mädchen übertragen. —
Ueber die technische Bedeutung der Worte des letzten Verses s. Wörterbuch.

17.

Θαν' ε χούχje νδε χαρίε,
Πόσι δίελι χουρ bίε.
Φύλje, μοj χjένεζ' ε χjένιτ,
Σε νγρίβα νδε γουρ τε λjέμμιτ,
Με ὄχουρτόι ερ' ε ἀχέμbιτ.

17.

Rothe Beere in dem Haine,
Wie die Sonne, wenn sie fällt.
Sprich, kleine Hündin des Hundes,
Denn ich friere auf dem Stein der Tenne,
Mich bringt der Wind vom Felsen um.

18.

Σχόι γρυχ' ερjjένδεja,
Να χριἀι νγa μένδεja.
Γρυχ' ερjjένδεja χουρ ὄχον,
Aς να φλjετ aς χουβενδόν
Λἀτού σι ε χιὄ ζαχόν;
Σι δίελι να βεὄτρόν,
Λjεἀόν ἀεηj', ε να βερβόν.

18.

Es ging vorüber der Silberhals
Und brachte uns um den Verstand.
Wenn der Silberhals vorübergeht,
So spricht er weder, noch plaudert er mit uns,
So wie er die Gewohnheit hatte;
Wie die Sonne betrachtet er uns,
Wirft einen Strahl, und blendet uns.

19.

Δύλλα νjε τὄίχε τε γούρι,
Ἐρδι μjέργουλα με ζούρι
Δέρρε ζίνε, τὄ' με σεμούρι.
Τὄίνδε ε bηj' ε χαούριτ,
Να βεὄτρόν με bιὄτ τε σούρίτ.
Πο jού, ὄύχε, νδε με δόι,
Δυ χουβένδε τε μ' ι ὄόι.

19.

Ich ging ein Bischen zum Steine,
Da kam eine Wolke und ergriff mich
Aermsten, so dass sie mich krank machte.
Ein Kobold ist die Tochter des Hirten,
Sie sieht uns mit dem Winkel des Auges an.
Aber ihr, Genossen, wenn ihr mich liebt,
Sagt ihr zwei Worte von mir.

20.

Δόλλα πρέμε νἀ' Αρμολίθ,
Πάἀε νjε τε bούχουρε.
Ε bούχουρα χjε πα μούα,
Χοχj' ε μbύλι δέρρενε.
Μος ε μbύλε, ζέμερ' ίμε,
Μος ε μbύλε δέρρενε
Περ μου τε μjέρενε.

20.

Ich ging gestern nach Armolith
(Und) sah eine Schöne.
Die Schöne, die mich sah,
Zog sich zurück und schloss die Thüre.
Schliess' sie nicht, o Herze mein,
Schliess' sie nicht, die Thüre,
Vor mir, dem Aermsten.

21.

Κουρ δελλj μίχje με χανδίλje,
Λjίδουρε με τρι μανδίλje,
Με τρι μανδίλje με ὄάχε,
Βούρρι, μοj, χjε χε, τε δέχτε
Τε δεχτ' ε τε μάρτὄα ούνε,
Τε ρρίμε γjούνje περ γjεούνje.

21.

Wenn die Freundin mit der Lampe herauskommt,
Eingehüllt in drei Tücher,
In drei Tücher mit Fransen, (dann rufe ich:)
Der Mann, Liebchen, den du hast, möge sterben,
Er möge sterben und ich dich nehmen,
Und wir Knie bei Knie sitzen.

22.

Με μορρ' μάλι περ ὄτερί
Βέτεμε περ νjε νjερί,
Κjε ε γjούαινε Λjενί,
Κεμb' ε δούαρ δονατί.
Δελλj, μοj Λjενίτζ', νδαὄτί,
Δελλj περ μούα φουχαράνε.
Do τ' ιχειγ, τε μαρρ δυνjάνε,
Τε λjε λjέἀερα σι Φρένjτ,
Κουρ τε βιγ τε λjεχ σι χjεντ.

22.

Mich ergriff Sehnsucht nach Hause
Einzig wegen eines Menschen,
Den sie Lene nennen,
Fuss und Hand geschmückt.
Komm, lieb' Lenchen, sogleich heraus,
Komm' für mich, den Aermsten.
Ich werde fortgeh'n und nehmen die Welt*),
Werde die Haare wie die Franken b) lassen,
Wenn ich zurückkomme, gauzen wie ein Hund.

---

a) Und in die Welt hineingehen, neugr. ἐπῆρε τὰ βουνά.

b) Das Haar nach Frankenweise wachsen lassen, und

23.

Er: Τȣ̆' με χα ζέμερα ῂjedέρ !
Με ϑχον δούχα με τε ϑερμ;

Μίχε τουμάνε jeϑίλjε

Νδάιγ τε δεργύβα χαστίλjε;
Τε δεργύβα, χjε τε βίjε,
Τε πρίττα, μίχε, πσε σ' έρδε?

Τε ζου γ̇jούμι? με γ̇ενῂjέβε?
Sie: Νδε με ζου, με ζεντ' ε ρένδα,

Ιlο σ' με λja τε βίjε νέννα.
Er: Μοj νέννε, τε δέχτε δjάλjι,

Κjε να νδάβε νγ̇α μάλι.

23.

Er: Was hat mein Herz für Leid!
Das Brot (Essen) geht mir nur mit Schmerz
hinunter;
Denn dich, Liebchen (mit den) grünen
Hosen,
Beschickte ich express;
Ich schickte nach dir, dass du kämest,
Ich erwartete dich, Liebchen, warum kamst
du nicht?
Ergriff dich der Schlaf? Betrogst du mich?
Sie: Wenn er mich ergriff, möge mich die Sucht
ergreifen,
Aber die Mutter liess mich nicht gehen.
Er: Närrische Mutter, möge dir der Sohn
sterben,
Dass du uns theiltest (fern hieltst) in Leid.

24.

Er: Ο μοj φάχjε ρουμδουλάχε,
Ας μαρτόνε? σε ουμβλjάχε.

Sie: Ου μαρτόνεμ, πο σ' γ̇jέιγ δούρρε.

Er: Στολίσου, πρα τε μαρρ ούνε,
Τε τε βέιγ ερῂjένδε δούμε.

24.

Er: O liebe, runde Wange,
Warum heirathest du nicht? denn du bist
gealtert.
Sie: Ich würde (gerne) heirathen, aber ich
finde keinen Mann.
Er: Putze dich, dann nehme ich dich
Und mache dich (zu) lauter Silber.

25.

Er: Μοj ϑελέζα νδε χαφάς,
Τε βιγ δρένδα, α με χjας?

Sie: 'Εα, λjούμε, σε σ' τε νγ̇ας;
'Εα με λjοδρ' ε με γ̇ας,
Με δυ τρε σειμμένε πᾶς.

25.

Er: Liebes Rehhuhn in dem Käfig,
Wenn ich zu dir hineinkomme, nimmst du
mich auf?
Sie: Komme, Lump, denn ich thue dir nichts;
Komme mit Spiel und Gelächter,
Mit zwei, drei Palikaren hinter dir.

26.

Τȣ̆' jαμ ι ογ̇ραδίσουρε,
Νγ̇α μένδjα jαμ πρίδουρε
'Ετσειγ ι δαστίσουρε
Περ υjε τε στολίσουρε.
Μοj βάδε, μοj ζεμερό,
Δούαιγ ατέ, χjε τε δυ.

26.

Wie bin ich abgezehrt
Und mein Sinn gebrochen,
Ich gehe verstört umher
Wegen einer Geschmückten.
Liebes Mädchen, liebes Herz,
Liebe den, der dich liebt.

27.

Δελλj νδε δρëχ ε βεϑτρό φϑάνε.
Βάνε μεντ' ε μία, βάνε.
Δελλj, μοj πάλα με γ̇αιτάν.

Βάνε μεντ' ε μία, βάνε.
Συζέζ' ε βέτουλε γ̇ραμ,
Βάνε μεντ' ε μία, βάνε.

27.

Steige auf den Berg und betrachte das Dorf.
Fort ist mein Verstand, ist fort.
Komm heraus, liebes Schwert mit der Seiden-
schnur.
Fort ist mein Verstand, ist fort.
Schwarzaug' und gemalte Braue,
Fort ist mein Verstand, ist fort.

Beratische Lieder.

1.

Με μbέττι μαράζι, ϑύχjε, με μbέττι,

Kjε μ' έρδι bούρρι νγα χουρbέττι,
Kjε μ' έρδι νdε ϑτεπί, σ' με γjέττι;

Μόρρι γούνεν' ε ρα ε φλjέττι;
Kϑένετ' ε ρουχουλόνετε,
Τσιτσατ' ε bάρδα πο χουιτύνετε.
Αjανέτ πατϑ ο δέρεζ ε σίμετ a),

Kjε μ' έρδι bούρρι νdε ϑτεπί, σ' με γjέττ.

Ich habe die Auszehrung, o Freundin, ich habe sie,
Weil mir der Mann von der Reise zurückkam,
Weil er mir in's Haus kam und mich nicht fand;
Er nahm den Mantel, legte sich und schlief;
Er kehrt sich um und wälzt sich,
Denn er gedachte nur des weissen Busens.
Unglück möge über die Thüre der Meinen kommen a),
Dass mir der Mann nach Hause kam und mich nicht fand.

2.

Ε μjέρα ούνε, χjε σ' χαμ bαχτ,
Ε μjέρα, χjε σ' χαμ bαχτ!
Do χεϑ χαφάσνε νdε σοχάχ,

Ε μjέρα, χjε σ' χαμ bαχτ!
Σε με δάνε νjε bούρρε πλjαχ,
Ε μjέρα, χjε σ' χαμ bαχτ!
Βούρρε τσιλιμίνε τε με φερχόιjε γjίνε,

Ε μjέρα, χjε σ' χαμ bαχτ!
Βούρρε νjε ϑερίμε, σα τσίτσενε τίμε,

Ε μjέρα, χjε σ' χαμ bαχτ!

O Aermste ich, die ich kein Glück habe,
O Aermste, die ich kein Glück habe!
Ich werde die Fenstergitter auf die Strasse werfen b),
O Aermste, die ich kein Glück habe!
Denn sie gaben mir einen alten Mann,
O Aermste, die ich kein Glück habe!
Einen Mann, wie ein Säugling, um mir den Busen zu reiben,
O Aermste, die ich kein Glück habe!
Einen Mann, wie ein Krümchen, so gross wie meine Brust,
O Aermste, die ich kein Glück habe!

3.

Σ' με λjένε, μοj νένε, σ' με λjένε,

Σχέμbεν' ε Γορίτσεσ' μ' α χάνε ζένε.
Μ' α χάνε ζένε ε μ' α χάνε πρίτουρε;

Κόφϑε μbε χόφϑε jαμ γοδίτουρε,
Σε τϑ jαμ γοδίτουρε νdένε σχjέτουλε,

Περ νjε συ ε περ νjε βέτουλε,
Σε τϑ jαμ γοδίτουρε ϑεμτούαρε!
Ε σ' ε bεσσόιγ περ τε ϑπετούαρε.

Sie lassen mich nicht, liebe Mutter, sie lassen mich nicht,
Den Fels von Goritza haben sie mir besetzt.
Sie haben mich ergriffen und haben mich erwartet;
An der Seite bin ich verwundet,
Denn wie bin ich verwundet unter der Schulter,
Wegen eines Auges und einer Braue,
Wie bin ich geschlagen und verwundet!
Und ich glaube nicht, dass ich davonkomme.

---

a) Sie war bei ihren Verwandten.
b) D. h. jede Scham abwerfen und mich allen Blicken ausstellen.

B. Klagelieder.

Diese Klagelieder (*ljígje-ja*) beginnen, sobald das Schmerzgeheul, welches die Weiber des Hauses bei dem Hinscheiden eines Angehörigen ausstossen, und den Verwandten und Nachbarinnen zum Versammlungssignal dient, sich etwas gelegt hat. Sie bestehen in Solo-Partien und Chören. Männer nehmen nie daran Theil. Die dabei beobachtete Ordnung ist ungefähr folgende. Eine Stimme beginnt, und klagt mit langgezogenem Tone, immer auf derselben Note bleibend, ihren Schmerz in gebundener oder ungebundener Rede, z. B.: „O! du mein einziges Kind, warum hast du mich verlassen?" Hierauf geht der Ton in die höhere Quart oder Quint über, und beginnt ein Distichon in gebundener Rede, in welches auf ein Zeichen mit der Hand der Chor der übrigen Frauen einfällt, nach dessen Ende die Solo-Stimme, in den früheren Ton zurückfallend, fortklagt: „Dein Vater, der in der Fremde ist, wird zurückkehren" — Chor des früheren Distichons — „Er wird nach dir fragen und dich nicht finden" — Chor —. Nach mehreren solchen Abwechslungen unterbricht eine andere Frau durch ein Handzeichen die Klagende, und übernimmt die Solo-Stimme, wobei sie gewöhnlich auch das Distichon des Chorgesanges wechselt, mitunter auch neue Disticha erfindet. Zuweilen enthält die Solo-Klage eine Art Lebensgeschichte des Verstorbenen (s. Klagelieder auf bestimmte Personen). — Die bekanntesten Disticha sind die unten folgenden.

1. Für Kinder bis zu zehn Jahren.

1. *O τρενδαφυλί βουβούχje!*
   Ljoúlje jέσε, ουχεπούτε.

   1. O Rosenknospe!
      Eine Blume warst du, bist gepflückt worden.

2. *O τρενδαφυλί ταζέ!*
   Ουχεπούτε πα βαδέ.

   2. O frische Rose!
      Du wurdest vor der Zeit (Frist) gepflückt.

3. *Ljoúμθι αί τσόπε βενδ,*
   Kje πρέτ χετέ τσοπ' εργjέντ.

   3. Glücklich dieses Stück Erde,
      Welches dieses Stück Silber erwartet.

4. *Ljoúμθι αί τσόπε βάρ,*
   Kje πρέτ χετέ τσόπε άρ.

   4. Glücklich dieser Fleck Gras,
      Welcher dieses Stück Gold erwartet.

2. Für Männer.

1. *O γjαρπέρι πίχα πίχά*),
   Koλάγη σ' τε χjασσέτη ε ljίγα.

   1. O (du) bunte Schlange *),
      Leicht nahte sich dir nicht das Unglück.

2. *Γjάρπερ ε αστρίτι b) νde ούδε,*
   Μιχj με τουρχj ε με χαούρε.

   2. Schlange und Astrit b) auf dem Wege,
      Freund mit Türken und mit Christen.

3. *Βιν γjαρπέρι νde συνούαρ,*
   I ρρίje με ἄχοπ νde dούαρ.

   3. Kam die Schlange (der Feind) in die Gränzen,
      So sassest (standest) du ihm mit dem Stock entgegen.

4. *Νγρέου, σε τε χερχόν βένdι,*
   Σε τε δεν ljαζέμ χουβένdι.

   4. Stehe auf, denn der Ort c) verlangt nach dir,
      Denn es thut Noth deine Rede.

5. *Ζεμερά jοτέ με τőίχα*
   Σύρι jυτ με ἄτάτε δρίτα.

   5. Dein Herz mit Funken,
      Dein Auge mit sieben Sternen.

6. *Τρυμ διπλάρ βέτεμε,*
   Σ' τε ljίποειγ δοχ τjέτερε.

   6. Ein doppelter Mann (für dich) allein,
      Bedurftest du keines andern Gefährten.

---

a) Sinnbild der Tapferkeit.

b) S. Lexikon.

c) D. h. die Gemeinde, deren Vorstand du warst.

7. Ζεμερά jοτέ με μάjε,
   Κύρδα jύτε με bετάjε.

7. Dein Herz mit Spitzen,
   Dein Schwert mit der fallenden Sucht.

8. Κουρ ᾶκάjε σοχάκουτ τούτjε,
   Με ᾶτάτε νούρε νὰε σούπε.

8. Wenn du über die Strasse gingst,
   Mit sieben Strahlen auf der Schulter *).

9. Κύρδεν' ε μbάjε με ᾶέμbε,
   Δυφέκ' ν ε τᾶκρτjε με κέμbε.

9. Das Schwert hieltest du mit den Zähnen,
   Die Flinte feuertest du mit den Füssen ab *).

3. Für junge Frauen.

1. Ε μίρε ε πουρτέχε ε άρτε,
   Σι ζόνjατε ε χασαbάεε.

1. Schöne, goldene Gerte,
   Wie die Frauen der Stadt.

2. Μοj' ε bούχουρα πρέτj νούριτ,
   Σι ᾶελέζα μάτj γούριτ.

2. O! Schöne von Gesicht,
   Wie das Steinhuhn auf der Spitze des Felsens.

3. Ο ε τᾶπέjτα σι ᾶεγjέττα,
   Κου δο τε τε ᾶκόjε jέττα?

3. O! du Schnelle wie ein Weberschiffchen,
   Wo wirst du dein Leben zubringen?

4. Θέλεζ̌α νὰε ᾶκεμb τε χουχj,
   Πάjε λjένα νὰε σενδούχj.

4. Steinhuhn auf dem rothen Felsen,
   Brautschatz, zurückgelassen in der Truhe.

5. Κου δο ᾶκοᾶ bεχάρε,
   Νγα ι ζύτι νδάρε?

5. Wo wirst du den Sommer zubringen,
   Geschieden von deinem (Ehe-) Herrn?

6. Ο ε μίρε ε φjάλjε λjᾶ,
   jέᾶε νούσε με περδέ.

6. O schöne, leichte Rede,
   Du warst eine Braut mit Züchtigkeit.

7. Μοj' ε χέκjουρα σι bάρι
   Ε χουλούαρα σι άρι.

7. O! du Aufgeschossene wie der Grashalm,
   Und geläutert wie das Gold.

8. Γεζ̌α ζ̌έζε, κjε σ' γεζ̌ύβε,
   jέτενε σ' ε τραᾶεγόβε.

8. Freudenlose, die du dich nicht gefreut,
   Die du dein Leben nicht vollbracht hast.

4. Für bejahrte Männer.

1. Ο ι γjέδουρι με δύρε,
   Ποσί δάᾶι με χεμbύρε.

1. O! du mit den Händen Auserlesener,
   Wie der Widder mit der Schelle.

2. Ο πλjάχου νὰε πλjεχjεσί,
   Ι πάρι νὰε καρεσί.

2. O! Vorsteher in dem Gemeindevorstand,
   Erster unter den Ersten (des Dorfes).

3. Ο χjοᾶέεjα χjε σ' λjοτ
   Με μενντ ε με κόχε πλjοτ.

3. O! Eckstein, der nicht wankt
   Mit Verstand und mit ganzem Kopf.

4. Κέᾶε χεμbόρε τε μάᾶε,
   Σι ε χόχjε, χούjγ ε βάρε?

4. Du hattest eine grosse Schelle (Namen),
   Als du sie abnahmst, wem hängtest du sie an?

5. Πλjάχου ι ᾶτεπίσε,
   Νδερ' ι μιχjεσίσε.

5. Aeltester des Hauses,
   Ehre der Freundschaft (d. h. der Freunde).

5. Für bejahrte Frauen.

1. Ι χόχjε χjυτᾶέτ' ε bρέζιτ,
   Σι τρίμι άρμετ' ε μέσιτ *).

1. Du führtest die Schlüssel des Gürtels,
   Wie der Palikar die Waffen der Taille *).

---

*) Hattest du sieben Strahlen.
*) Wenn du der Hände nicht Herr warst.
*) Pistolen und Jatagan, welche im Gürtel stecken.

2. Εμχρίν' ε χέδε γρούα,
Πο jέδε τριμ ε φαιχούα.

3. Βέρε πιχjίνε νδε δρες,
Μbάjε πούνενε με ερς.

4. Ο βιττύρεja νδε μοῦρ,
Τεχ ρρίje, ljgδύje νοῦρ.

5. Ι᾽jίδε jέττενε με νδερ
Τε βουρόν γόja δεχjέρ.

2. Den Namen hattest du Weib,
Doch warst du ein Palikar und Adler.

3. Du stecktest den Rockschooss in den Gürtel[a]),
Standst deiner Arbeit mit Ehren vor.

4. O! Hausgeist[b]) in der Mauer,
Wo du sassest, hinterliessest du Glanz.

5. Das ganze Leben mit Ehre
Entquoll deinem Munde Zucker.

Klagelieder auf bestimmte Personen.

1. Auf Idris Aga von Schuljates.

Ο Ιδρίς Αγά, πσε σ' νγρίχε?
Τε δερρέτδ δε Καπετάνε,
Τε ορμίσιje χαράνε,
Τε μαρτδ Χύσονε Αράχνε
Τε μαρτδ εδέ Σουλjάτε κράνε.
Πρα τε με βετδ νδε Jαννίνε,
Τε χουβεντόδ με Βεζίρε,
Τε τε δύνε Μαδαλλά!
Τε τρε Παδαλάρετε,
Ι᾽jίδε Τδοχαδάρετε.
  Ο Ιδρίς Αγά,
  Ριδδάλj ε βελά!

O! Idris Aga, warum stehst du nicht auf?
Rufe dem Kapitaine,
Dass er den Rappen sattele,
Nimm Hussein den Schwarzen,
Nimm auch die Schuljaten mit dir.
Dann gehe (mir) nach Jannina,
Um dich mit dem Vezier zu bereden,
Damit zu dir sagen: Gott ist gross![c]
Die drei Paschas ausrufen,
(Welche) sämmtlich Grosswürdenträger (sind).
  O Idris Aga,
  Edelster und Bruder![d]

Entgegnung einer andern Frau, die von Idris' Schwester irgendwie zurückgesetzt worden.

Ja μba βεδ Ιδριζαγέδε,
Δε χατέρι μος τε jέδε,
Αδτού τε ρύφδινε δjέμτε,
Σε σ' jέδεμ πιχ' ε ρεχέ,
Πο jέδεμ φις ε μαδέ.
Δδουδδ Αγάι με χjεσέ,
Μbυλυbάδ νδε φδάτερα,
Τδοχαδάρ με χάρτερα;
Κερχόν βύρδδι Ιδρίς Αγάι,
Βιν ε ι χούαν babάι.
  Ου babά ζέζα!

Leih' mir dein Ohr, Schwester des Idris Aga,
Mögest du's nicht übel nehmen
Und dir deine Kinder leben,
Denn wir waren nicht Tropfen und Waldbach[e]).
Sondern wir waren ein grosses Geschlecht.
Dsudsch Aga, reich an Gütern[f]),
(War) Bulukpaschi[g]) in den Dörfern,
Würdenträger mit Diplom;
Als Idris Aga Geld suchte,
Kam er zu dem Vater und der lieh ihm.
  O ich Vaterwaise![h]

a) Zeichen grosser Geschäftigkeit.

b) S. Lexikon βιττύρε u. S. 162, Nr. 2.

c) Ausruf der Verwunderung, des Beifalls. Die drei Paschas sind Ali Pascha und seine beiden Söhne Mucharém und Weli.

d) Dieser Schlussausruf zeigt den Verwandtschaftsgrad, in welchem die Dichterin zu dem Verstorbenen steht; „mein weltberühmter Aga!" deutet stets auf eine entferntere Verwandte, seltener (wie in Nr. 3) auf die Ehefrau.

e) D. h. wir sind nicht so gemein wie Regentropfen und Waldwasser.

f) Wörtl. mit Getreidemass.

g) Etwa: Polizeimeister.

h) Wörtl.: Vaterschwarze; — schwarz entspricht dem unglücklich, unfrei, weiss dem glücklich, frei; s. Lexikon.

2. Auf einen gewissen Murtisa Aga.

Κερτσελίμα κjελσιϑ,	Himmelskrachen,
Βρουμβουλίμα μάλλjεσιϑ;	Bergesdonner;
Ουτούνδε ϑτεκίτε	Es wankten die Häuser
Ε κρίτσνε τσατίτε;	Und prasselten die Dächer;
Ρίjε βρένda νdε dιβάν	Es sass drinnen auf der Gallerie
Αγά ε πίε dουγάν,	Der Aga und schmauchte Tabak,
Στρούαρε νdε σιδδαdέ.	Hingestreckt auf die Decke.
Αγά, τεκ πίε καφέ,	Aga, während du Kaffee trankst,
Τε δάνε vjε βαταρέ.	Gaben sie eine Salve auf dich.
Ουνγρέ vjε κjεν ε ι κjένιτ	Es erhob sich ein Hund und Hundessohn,
Ε βράου Αγάν ε βένdιτ,	Und erschoss den Aga des Ortes,
Μουρτεζάν Αγά.	Den Murtisa Aga.
Ριδδάλj ε babá!	O Edelster und Vater!

3. Auf Beljulj Aga Toto a) von Progonates.

Ζοτ, ι βεjενdίσουρε	O Herr, du Zufluchtsort
Περ τσα τε καλdίσουρε,	Für viele Verfolgte,
Κjε τ' ίδνε κουμβίσουρε.	Die sich dir aufgebürdet hatten.
Ατά κjε σ' dούαιν Παδάι,	Diejenigen, welche der Pascha nicht liebte,
Ι δπετόν Βελjιούλj Αγάι,	Die rettete Beljulj Aga,
Σύτι ιμ, βάλλε χαιdούτι,	Mein Herr, der Räuber (Tapfern) Haupt,
Ριδδάλj δε Σουλτάν Μαχμούτι.	Der Würdenträger Sultans Machmut.
Με ναμ ο Αγά!	O ruhmvoller Aga!

4. Auf Selman Toto, Bruder des Vorigen, berühmter Kriegsmann, der auf einem Zuge gegen Räuber fiel.

Τσ' ίδτε ατέjε, ο jου γρα? b)	Was gibt es dort, ihr Frauen? b)
Ουβρά Σελμάν Τότυjα.	Selman Toto ist erschossen worden.
Σι ουβρά ε κου ουβρά?	Wie ward er getödtet und wo ward er getödtet?
Νde νιζά τε μβεδά.	In dem grossen Kampfe.
Κjάjι μάλλjε, κjάjι φούδα,	Klaget, Berge, klaget, Ebenen,
Ουβρά Σελμάν Τίτο Ρούδα.	Selman Toto Ruscha ward getödtet.
Ο Σελμάν ε Σελιχά	O Selman und Selicha
Δυμβεδjέτε παρ τοκά,	Mit zwölf Paar Gürtelschlössern,
Νγα δτέμbι ουγόϑ ε ρα,	Von dem Felsen stürzte sie sich und fiel,
Πσσί μύτρα περ βελά,	Wie die Schwester für den Bruder,
Κουρ dεγjύι περ Σελμάνε;	Als sie Selmans Tod erfuhr;
Τσύκε τσσ' ε βέρρι ϑτάνε.	In tausend Stücke zerschmetterte sie den Krug.

---

a) Toto heisst im Ijappischen Dialekt christlicher Priester; — ahd? Gevatter, Pathe. Dieses angesehene Geschlecht verräth durch diesen Namen, den es bei dem Uebertritt zum Islam nicht ablegte, seine christliche Abstammung. Dergleichen Beispiele finden sich häufig.

b) Dichterin ist, wie sich aus dem Schlussausruf ergibt, die Schwester Selmans, welche in ihre Klage ein in Epirus allbekanntes Factum einwebt. Selicha, die Frau des vorerwähnten Beljulj, kehrte mit dem Wasserkrug auf der Schulter von der Quelle nach dem Dorf zurück; sie hört in der Ferne das weithin schallende Todtengeheul, fragt entgegenkommende Frauen nach der Ursache, und stürzt sich, als sie erfuhr, dass ihr Schwager, der Glanz der Familie, gefallen sei, mit ihrem Krug in den Felsabgrund, der sich am Wege hinzieht. — Die letzten vier Verse beziehen sich auf Selman und sein Verhältniss zu Ali Pascha von Jannina und seine beiden Söhnen (den drei Paschas).

Ҳελμύβε ριτϑάλετε,	Du betrübtest die Würdenträger,
Τε τρε παϑαλάρετε,	Die drei Paschas,
Σε τε ᵧ̑jαj Βεσίρι βέτε,	Denn dich beweint der Vezier selber,
Σε τε κιϑ djάλλjε τε τρέτε.	Denn er hielt dich wie seinen dritten Sohn.
Ου βελά ζέζα!	O ich Bruderverwaiste!

5. Auf Abás Thane a).

Τρίμα βετ ε τρίμα Βέου,	Tapfre Krieger und tapfre Gefolgsmänner,
Σα ᵧ̑ύκjτε φάχjεν ε δέουτ!	Wie blendetet ihr die Augen der Erde!
Σαδρυζέμι τϑ᾽ ου ᵧ̑ευjέου,	Wie betrog euch der Sadrasem
Νδε Μοναστίρ σετϑ ου πρέου?	Und hieb euch in Monastir nieder?
Κουϑ τε μορ τε ϑχρέτιτ᾽ άρμε,	Wer nahm dir die lieben Waffen,
Πισχjύλατ᾽ ε jαταᵧ̑άνε,	Pistolen und Jatagan
Δε ατέ δυφέκν᾽ ε λjάρε?	Und diese silberne Flinte?
Κουϑ τε δϑβέϑι φερμελjένε? b)	Wer zog dir die Schuppenweste b) aus?
Εδέ κύχενε τ᾽ α πρένε.	Auch den Kopf hieben sie dir ab.
Κύχα τε μόρρι Σταμβύλε,	Den Kopf nahm dir (er kam nach) Stambul,
Κούρμι τε μβέττι Βιτύλjε,	Dein Leib blieb in Bitolia,
Αβάς Θάνε, λjούλjεjα!	Abás Thane, du Blume!
Τριμ σι Ασλάν Πούτϑεjα!	Tapfer wie Aslán Putsché!
Ου βελά ζέζα!	O ich Bruderverwaiste!

6. Auf einen christlichen Chef.

Νᵧ̑ρέου Καπετάν Νικύλα,	Steh' auf, Capitän Nikola,
Νᵧ̑jιϑ ε μέσινε με φύλα c),	Gürte deine Lenden mit Silberscheiben c),
Βούρε άρμε εδέ πιϑχjύλα,	Stecke die Waffen und die Pistolen zu dir,
Τε με ᵧ̑ίϑεϑ ποσί Τϑύνᵧ̑α,	Und stürze dich (in den Kampf) wie Tschonga,
Σι Τϑύνᵧ̑α, σι Λεπενjύτι,	Wie Tschonga, wie der Lepenjote,
Σι Μάρχο Βοτϑάρ Σουλjύτι.	Wie Marko Botscharis der Suljote.
Κjυϑ τε βέᵧ̑, ο Νικολό,	Was thue ich dir, o Nikolo,
Κjε μβέττε νδ᾽ Αντελικú?	Dass du in Anatolien bleibst?
Κjυϑ ουνδά αjú χουρόνε	Wie trennte sich jene (Braut-) Krone
Μαρίνα με Νικολúνε?	Die Maria und den Nikolo?
Δóλλα δέρε ζέζα.	Ich bin elend geworden.

7. Auf Hassan Dschaku.

Χασάν Δϑάχου, χύρδε σκjίμα,	Hassan Dschaku, Schwertgestalt,
Ζέρε ροπ᾽ εδέ ροβίνjα,	Du fingst Sclaven und Sclavinnen,
Λjέρε νέννα χαλοχρίνjα.	Liessest die Mutter als Nonne (kinderlos) zurück.

---

a) Im Jahre 1831 lockte der berühmte Sadrasem Reschid Mechmet Pascha den grössten Theil der meuterischen Häuptlinge von Südalbanien nach seiner Residenz Monastir (Bitolia), lud sie zu einem Gastmahle ein, und liess sie von den vor den Lustzelten aufgestellten Linientruppen sammt ihren zahlreichen Gefolgschaften in Masse niederschiessen. Man gibt die Zahl der Gefallenen auf 6—700 an. Nur einige Wenige retteten sich aus dem Blutbade. Der Besungene scheint ein Gefolgsmann gewesen zu sein. — Der am Schlusse des Liedes erwähnte Aslán Putsché war der angesehenste und tapferste Häuptling unter den Gebliebenen.

b) Eine aus aneinandergenähten Gold- oder Silbertressen gemachte Weste ohne Aermel. S. Wörterbuch.

c) Runde Silberscheiben mit Einschnitten, die an den Gürtel gereiht werden.

Κουρ χετσℓje νδε ταβούαρ,	Wenn du in eine Verschanzung sprangst,
Δάλλje με κύχε νδε δούαρ.	Kamst du mit einem Kopf in der Hand zurück.
Θοδ Βεζίρι χουδ ε μούαρ?	Es fragte der Vezier: wer nahm ihn?
Αΐ τριμ χje σ' χα συνούαρ,	Jener Jüngling, der kein Haltens hat,
Χασάν Δδάχου δεχjετάρι.	Hassan Dschaku, der Strahlende.
Κουρ δχόje νγα παζάρι,	Als du über den Markt gingst,
Τε βρδου δυφεχ Μανδδάρι.	Erschoss dich die ungarische Flinte.
Τριμ τε χιδ Δδέλλjο Πιτσάρι*),	Zum Gefolgsmann hatte dich Dschelljo Pitsari*),
Δέρδουρε μαργαριτάρι.	Uebergossen mit Perlen.
Djαλj ζεμερú!	Herzenssohn!

8. Auf einen in Monastir Gebliebenen *).

Ζέμερα jότε με μάjε,	Dein Herz mit (statt: hatte) Spitzen,
Κόρδα jότε με βετάjε;	Dein Schwert mit der fallenden Sucht;
Κουρ ε ντζίερε νγα μίλι,	Wenn du es aus der Scheide zogst,
Δεφτόje βετεμε φίλι.	Kämpftest du allein mit einem Elephanten.
Κουρ δάλλje νδε Ρουμελί,	Als du nach Rumelien zogst,
Θόδνε γjίθε: τδ τδτ' αΐ?	Fragten Alle: Wer ist das?
Αγάι με τεβαbί,	Aga mit Gefolge,
Αγά, σετδ χεσούατε	Aga, wie trautet ihr
Πλjούμβατε χje μούαρτε?	Den Kugeln, die euch trafen?
Με ναμ ο Αγά!	O ruhmvoller Aga!

9. Auf Abás Selím, der in einem schlechten Hause seinen Tod fand.

Αbάς Σελίμ, σετδ χεσόβε?	Abás Selím, was ist dir widerfahren?
Με σ' bίε νδε συνόρε,	Du schlägst dich nicht mehr an den Gränzen,
Νδε συνόρε νδε ταbόρε,	An den Gränzen in den Verschanzungen,
Με τρίματε του χje γjόδε.	Mit den Tapfern, die du dir erlesen.
Ο Αbάς Σελίμ, βελά,	O Abás Selím, Bruder,
Μος ουβράβε νδε νιζά,	Du fielst nicht in der Schlacht,
Πο ουβράβε νδεχέρ γρα!	Sondern wurdest unter Weibern getödtet!
Τουρπ με βjεν ε δοτ σ' τε χja.	Scham kommt über mich und ich beweine dich nicht.
O ου βελά ζέζα!	O ich Bruderverwaiste!

10 c). Auf einen Derwen Aga, der vor dem Feinde fiel.

Με δετ, ο Δερβέν Αγά!	O wehe! o Derwen Aga!
Τε μbένε τρίματε δάχ.	Dir hinterblieben deine Tapfern wie todt.
Θότε χάλα χje ρι βjέρρε:	Es fragt das Schwert, welches aufgehängt ist:
Κου τδτ' μ jζοτ τε με χρέje?	Wo ist mein Herr, dass er mich ziehe?
Θερρέτ χάτι νδε χατούα,	Es schrei't der Hengst in dem Stalle,
Θότε: τδ μ' ουbέ ζότι μούα?	Er sagt: was ist aus meinem Herrn geworden?
Τε με βίjε, τε με νίσιje,	Er komme zu mir (und) sattele mich,
Τε με χίπηje τε γjεστίσιje.	Er besteige mich und reite spazieren.

---

*) Dieser Häuptling lebt noch.

b) S. Nr. 5.

c) Die drei folgenden Lieder sind keine eigentlichen Todtenklagen, denn es fehlt die diesen nothwendige Schlussformel.

**11. Klage einer Braut über den Tod ihres Neuvermählten, der in der Braut-
nacht erschossen wurde.**

(Alt und sehr verbreitet.)

Ἀτέ νάτεν' ε ἠ̓ερδέχουτ	In dieser Nacht des Brautlagers
Τε ϳϳόι χοχϳ' ε δουφέχουτ	Traf dich das Korn der Flinte
Νdε σούμbουλα τε ϳελέχουτ.	In die Tressen der Weste.
Κϳάνε ϳϳίθε μχϳεσία,	Es klagt die ganze Verwandtschaft,
Σε χϳάνι νϳερίνε τούαιγ.	Denn ihr beklagt euren Verwandten.
Ούνε ϳαμ νϳε bοτ' ε χούαιγ.	Ich bin ein fremdes Wesen.
Dιέ ου άρτεξ, σοτ ου ιχειγ,	Gestern kam ich, heute geh' ich,
Dιέ με τέλϳε ἄχρουαρε,	Gestern mit Flitter geschmückt,
Σοτ με λϳεᾶ λϳεᾶούαρε.	Heute mit aufgelösten Haaren.

**12. Altes sehr verbreitetes Lied auf den Tod eines jungen albanesischen
Söldners.**

Μbέτᾶε, μύρε ᾶόχε, μbέτᾶε	Ich fiel, o Gefährten! ich fiel
Περτέϳε ούρεν' ε Κϳαbέσει	Jenseits der Brücke von Kjabese.
Τε μ' ι φάλει νενέσε,	Grüsst mir die Mutter,
Τε δυ χϳέτε τε μ' ι ᾶέσε,	Die zwei Ochsen solle sie verkaufen
Τ' ι άπε νιϳϳά σε ρέσε.	Und das Geld der Jungen geben.
Νdε πϳέτε νέννα περ μούα,	Wenn die Mutter nach mir fragt,
Τ' ι θόι σε ου μαρτούα;	Sagt ihr, ich hätte mich verheirathet;
Νdε θέντε, σετᾶ νούσε μούαρ,	Wenn sie fragt, was für eine Braut ich genom-men,
Τρε πλϳούμbα νdε χραχερούαρ,	(Sagt ihr) drei Kugeln in die Brust,
Ἰ̓ϳάᾶτε νdε χέμbε ε νdε δούαρ;	Sechs in die Füsse und Arme;
Νdε θέντε, σετᾶ χρούᾶχι βάνε,	Wenn sie fragt, was für Verwandtschaft (zum Hoehzeitsmahl) gekommen sei,
Σύρρατ' ε χύρbατ' ε χάινε ᵃ).	(Sagt ihr) Krähen und Raben hätten es gefres-sen ᵃ).

ᵃ) Derselbe Gedanke findet sich in einem griechischen Klephtenliede bei Fauriel, chants populaires
de la Grèce moderne, I, Nr. 9:

ʿΑν σ' ἐρωτῆσ' ἡ συντροφιὰ τίποτε γία ἐμένα
Να μὴν εἰπῆς πῶς χάθηκα, πῶς πέθαν ὁ χαϊμένος,
Μόνον εἰπέ, πανδρεύθηχα σ' τὰ ἔρημα τὰ ξένα,
Πῆρα τὴν πλάχα πενεθράν, τὴν μάυρην γῆν γυναῖχα
Κι' αὐτὰ τὰ λιανολίθαρα ὅλα γυναιχαδέλφια.

II. Gegische Poesien.

A. Kinderlieder.

1.

Πτυ! πτυ! δεljεζῦ!
Κου χουλότε σύντε?
Νᵈ ἀρατ' ε νε θάνατε.
Κjυᵈ να πε ανδέtjε?
Δυ ζοjεζάζ' μότραζε.
Κjυᵈ ι θοᵈν' χάνεχεσε?
Τσίλι τσίλι μανjουλί!
Παᵈ πλjάχεν νε χάλί,
Κε ι βίντε φύλλιτ ζι.
Ο jαιτάνα μυσελjά!

1.

Mäh! mäh! o Schäfchen!
Wo hast du heut Abend geweidet?
In den Feldern und bei den Cornelkirschen.
Was hast du dort gesehen?
Zwei Vögelchen (zwei) Schwesterchen.
Was für Lieder sangen sie?
Tsili tsili manguli!
Ich sah die Alte bei den Aehren,
Als sie auf der schwarzen Pfeife spielte.

2.

Βαν δαρχ' ε jά χε να.
Σ' χαμ σε χούj τ' ι α λjαν πελjάτε.

Λjεν εjά πουπαjjέλιτε.
Πουπαjjέλι ᵈάντερ.
Κουᵈ ε βάνι ᵈάντερ?
Δία μουᵈχουλύρε,
Dέλjίja φεμερύρε.
Λύτᵈχορι πλότᵈχορι!
Μjέχρασι φχjόλορι.

2.

Mach' Abendessen und komm zu uns.
Ich habe Niemanden, den ich bei den Stuten las-
sen kann.
Lasse sie bei dem Springhahn.
Der Springhahn ist ein Bräutigam.
Wer machte ihn zum Bräutigam?
Die männliche Ziege
Und das weibliche Schaf.
Lotschkori plotschkori!
Flachsrockenbart.

3.

Ορίαλεχαζε!
Σκότμ περ πουρτέχαζε
Ζαμ ζοχjτ' ε βύᵈχασε
Ja νjαρχύτμ πέλjεσε.
Πέλjα ᵈχjίτι ν' Δούρρεσε
Νε χατούντ τε Πούλjεσε ᵃ).
Πούλja λjάου χρύστε
Γ'jέλι βεᵈ άρμετε
Αρμετ ε χουχουβρίχjιτε ᵇ).
Κουχουβρίχjι βάνι βε:
Jo περ ζοτ ᵈεν Ενδρε!
Γ'ουᵈ χούχjεν' σουν ε πε?
Κjεᵈ με ε πᾶμ
Ε jjέττα πα λjάμε,
Κjεᵈ με ε πούᵈε
Ε jjέττα περχρούᵈε.

3.

Orialekase!
Wir gehen Flechtwerk holen
Und fangen die Vöglein im Reisig (?)
Und laden sie auf die Stute.
Die Stute ist in Durazzo geklitscht,
In dem Gebiet des Huhns ᵃ).
Das Huhn hat sich den Kopf gewaschen
Und der Hahn seinen Schmuck angelegt,
Den Schmuck des Menschenküchleins ᵇ).
Das Menschenküchlein schwor einen Eid:
Nein, beim heiligen Herrn Andreas!
Sahst du nicht das Rothkehlchen?
Ich ging um es zu sehen
Und fand es ungewaschen,
Ich ging um es zu küssen
Und fand es beschmutzt.

---

a) Durazzo heisst spottweise das Gebiet des Huhns, welches im Gegensatze des Hahns für furcht-
sam und unmännlich angesehen wird.

b) Dem durch Menschenwärme ausgebrüteten Hühnchen werden übernatürliche, aber bösartige
Kräfte beigelegt.

4.	4.
Ολjορία, Βολjορία!	Oloria, Boloria!
Με δεργύι ζοτενία	Mich schickte der Herr
Περ νjι σέτε,	Um ein Sieb,
Περ νjι πέτε,	Um ein Kuchenbret,
Περ νjι βάσε,	Um eine Braut,
Βουχουράσε:	Eine schöne (indem er sagte):
Ας ε νγ̇ας,	Ich thu' ihr kein Leid,
Ας ε βρας,	Ich mach' sie nicht todt,
Πο ε τᾶύιγ με δεντ ε με δι	Sondern ich schicke sie mit den Schafen und Ziegen aus
Ε ι ᾶπ βουχ' ε λjαιjϑι.	Und gebe ihr Brot und Haselnüsse.
Α μ' α νεπ, α κjυσ με ϑυύα?	Gibst du sie mir, oder was sagst du mir zum Bescheide?

B. Lieder des Neçín.

Dieser gefeiertste Dichter Nordalbaniens stammte aus Premet, einer Stadt in Südalbanien, welche östlich von den geschichtlich bekannten Engpässen des Aus (jetzt Vojussa) an dem nördlichen Ufer dieses Flusses liegt, und war der Sohn des Ali Pascha Frakull. Er blieb aus Liebe zu seinem Neffen, den er an Kindesstatt angenommen, unverheirathet, und lebte nur seiner Liebe zu dem Jünglinge. — Dieser aber starb, und Nesim Bey ging dessen Tod so sehr zu Herzen, dass er weder Speise noch Trank zu sich nahm, und Hungers zu sterben beschloss. In der vierten Nacht nach dem Tode des Jünglings hörte er eine Stimme, welche also sprach: „Nesim Bey, warum quälst und härmst du dich vergebens? Dein Sohn ist ja nicht gestorben, er lebt, und du kannst ihn zu Berat in der und der Schule finden." Da stand Nesim Bey auf, weckte seine Leute, befahl die Pferde zu satteln, und machte sich auf den Weg. Als er in Berat ankam, begab er sich sofort zu der Schule, welche ihm die nächtliche Stimme angezeigt hatte, setzte sich am Eingange nieder, und betrachtete die eintretenden Schüler. Und siehe, da kam auch ein Jüngling, der das Ebenbild seines verlornen Sohnes war. Er trat mit ihm in die Schule ein, und wohnte dem Unterrichte bei, ohne ein Auge von dem Wiedergefundenen zu wenden. Als die Schule zu Ende war, erkundigte er sich bei dem Lehrer nach dem Jungen, und erfuhr von diesem, dass er ein Sohn des Lesch Kadi, eines Einwohners von Berat, sei. Er begab sich nun zu diesem, und erzählte ihm die Geschichte seiner Leiden, was ihm die Stimme im Traume offenbart, wie er nach Berat gekommen, und in seinem Sohne das Ebenbild des verlornen Lieblings erkannt habe. Darauf bat er ihn um seine Genehmigung, den Wiedergefundenen an Sohnes Statt annehmen zu dürfen. Lesch Kadi willigte in diese Bitte, und die Adoption fand nach der Landessitte statt. Von da an wohnte Nesim Bey zu Berat im Hause des Lesch Kadi, erkrankte jedoch nach einiger Zeit, und verfiel sogar in Irrsinn. In diesem Zustande soll er ein Lied gedichtet haben, in dem er die Augenbrauen seines Lieblings mit der Grottenwölbung der Kaaba verglich, welche in den türkischen Moscheen das Allerheiligste bildet (s. Nr. 8). Die Türken sahen in dieser Vergleichung eine Gotteslästerung, und beschlossen seinen Tod. Als sie nun in dieser Absicht in das Zimmer drangen, wo er krank lag, da richtete sich Nesim Bey auf, und fragte: „Wer hat den Menschen und seine Theile erschaffen?" Sie antworteten: „Allah." Er fragte weiter: „Wer erbaut die Grotten der Kaaba, Gottes Hand oder Menschen-Hand?" Und sie antworteten: „Menschen-Hand." Da lachte der Dichter und sprach: „Und ihr rechnet es mir zum Verbrechen an, dass ich Gottes Werk mit Menschen-Werk verglichen habe?" Da wichen sie verdutzt zurück. Er aber starb bald darauf.

Dass Nesim Bey ein gelehrter und in der arabischen und persischen Literatur wohl erfahrener Mann war, erhellt aus dem orientalischen Geiste, der in seinen Liedern weht, und den vielen

persischen und arabischen Wörtern, die er in dieselben einstreut. (Sie sind, so weit es dem Verfasser möglich war, mit einem Sternchen bezeichnet worden.)

Im Besitze eines Bey's von Elbassan soll sich eine mit türkischen Buchstaben geschriebene
dickleibige Sammlung von Nesim Bey's sämmtlichen Dichtungen befinden. Ich erfuhr dies zu spät,
um mich an Ort und Stelle nach derselben erkundigen zu können.

1 *).

Τι νoj μρετ ι δουχουρίος
Ζουλούμιν * σα βjεν πο μ' α ᾶτον
Νdξ διβάν * τξ περξνδίος
Νξ τξ ζαν τᶿα χου μξ ᾶτξπόν?
Κjάτj ε χjάτj, ε τᶿ' ουπερbούᶿ!
Μbας χεντάj νo ρρι νo jax,
Τᶿ' ουδόχjᶿ ε τᶿ' ουπερβελjούᶿ,
Ε ουνdέστᶿ ᶿξνjᵢίλ ε φλjάx.
Τ' α μόρα βεᶿτ', ο Σουλειμάν *),
Κου μ' α πάσχε μαdᶿαράν *;
Ζότι ον τξ βάνᶿτξ dερμάν *
Ε τξ πjέχτξ με dᶿανάν *.

2.

Σουλειμάν, μος τξ βίν χεχj
Πξρ χξτύ dᶿεφά * χjι πο χex,
Σε χύτj dᶿνᶿτξ τᶿάρχου φελέχj,
Αᶿτούν ε μουνδόν βαφτ ζîν.
Τι, τξ dουᶿ μξ bαν μααμούρ *,
Τι, τξ dουᶿ μξ bαν μεσρούρ *,
Τι jε χαμαχούᶿ, ο μρε νούρ *!
Πoσ σ' ε σαιδίς dᶿαχίριν *?
Μξντ' ε μία bάινξ ταλάς,
Βένξ ε βίνξ jᵧαζέπ * σι dέτι — —
Γ'ύjα jότε ινdᶿί * ε ελμάς *,
Χάᶿα σ' ε jου βίχετ χιμέτι *.

3.

Μξ χε ρᵧπ ε τξ χαμ dᶿᵧν *.

Σπίρτι ιμ αᶿτούν μξ ρρουᶿ?
Νo μξ βρα νo μξ bαν dερμάν *,
Μερρ ε σjᵢᶿ τσιν τξ dουᶿ.

1 *).

Du, o König der Schönheit,
Die Tyrannei vermehrst du mir beständig;
Wenn ich vor der Herrlichkeit Gottes
Gegen dich klage, wie willst du mir entgehen? *)
Ich weine und weine, und bin erblindet! *)
Mögest du mir fern oder nahe sein,
Ich bin entflammt und verbrüht *),
Ich bin entbrannt gleich der Kohle und Flamme.
Ich errieth dich, Soliman *),
Wohin du (mir) dein Augenmerk gerichtet hast;
Unser Herr möge dir ein Mittel gewähren
Und dich mit dem Liebling vereinigen.

2.

Soliman, lass dir kein Leid zugehen
Ob des Processes, in den du gerathen *),
Denn dies ist das vorbestimmte (Glücks-) Rad,
Auf diese Weise quält es den Unglücklichen.
Du, wenn du willst, machst mich reich,
Du, wenn du willst, machst mich arm;
Du bist ein Adler, o theures Licht!
Warum erhörst du den Dichter nicht?
Meine Sinne machen einen Strudel,
Sie kommen und gehen wie das Meer — —
Dein Mund (ist) Perle und Edelstein,
Ihn zu schätzen ist unmöglich *).

3.

Mich hast du zum Knechte und ich habe dich
zum Liebling.
Mein Leben, darum flehe ich dich *);
Entweder tödte mich oder gewähre mir Heilung,
Nimm und wähle, was dir gefällt.

---

a) Mit diesem Liede beginnen in der Regel alle Festlichkeiten. — Die in Einschluss befindlichen
Worte enthalten die wörtliche Uebersetzung.

b) D. h. wie willst du dich vertheidigen?

c) Wörtl.: und wie bin ich erblindet!

d) Wörtl.: nach diesem mögest sitzen oder dich nähern, wie bin ich u. s. w.

e) Der Dichter scheint bis hierher Soliman als sprechend einzuführen und diesen nun anzureden.

f) Wörtl.: den du ziehst.

g) Wörtl.: niemals wird ihm richtige Schätzung.

h) Wörtl.: also mögest du mir leben. — Beschwörungsform.

Κjάιγ ε κjάιγ ε πυ πελτσάς,   Ich weine und weine und vergehe ª),

Σε μωυ χα μερζῖτ • δυνjάja •,   Denn mir macht Ueberdruss die Welt,

Νε βετβέτεν δυύα τ' α βρας,   Und mich selber möchte ich tödten,

Τε ὄτεπύτj νγα σεβδάja •.   Damit ich von der Liebe erlöst werde.

Μbι γjιθ' χετύ γάλλε χjε χέμι   Zu all' den Leiden, welche wir haben,

Δυλbέρατ' • με γοj σ' να φλjάσιν;   Sprechen die Geliebten nicht mit uns;

Να χjόλjετ' ε τύνε jέμι,   Wir sind ihre Sclaven,

Μαχάρ λjετ' να βράσιν.   O! möchten sie uns doch tödten!

4.

Τ' α πουθ χάμεν ε σπελjχίνε,   Ich küsse dir den Fuss und den Gewandsaum,

Τ' α χουjτύιθ ιμ ζοτ περνδίνε   Damit du gedenkest, o Herr! deines Gottes und

Σουλειμάν τατ, ο bαφτ ζίνε,   Deines Soliman's, des Unglückseligen;

Τ' α χουjτύιθ ιμ ζοτ με γjιθ' ταbίν •.   Damit du seiner gedenkest, o Herr! mit Allen,
                            die um dich sind.

Αντάj τε θύνε μbρέττι δεστούρ •   Darum nennen sie dich unbeschränkten König,

Με αδαλjέτ • μος λjαντθ χουσυύρ •   Dass du mit Grossthaten nicht eher aufhörest,

Νδjερ σα τε bάννετ' jέτα μααμούρ •   Bis dass die Welt reich geworden

Ε τε ζαὶj δίνι • χουβέτ •.   Und der (türkische) Glaube Kraft gewonnen.

Χαbέρι • μουλύιj b) δυνjάνε •,   Sein b) Ruf erfüllte (bedeckte) die Welt,

Σε τε τρε τούjατ ' ι ουδάνε,   Denn die drei Rossschweife wurden ihm gegeben,

Σι δέδεν σῦτ' εμί πάνε,   Was sie wünschten, das sahen meine Augen und

Ἰΰjε χασμίτ χάπετ' μbεττ.   Der Mund des Feindes blieb offen (vor Erstau-
                            nen).

5.

Πίχα χjε με γοδίτι σοτ,   Den Schlag, der mich heute getroffen,

Σοτ νδε βάχτιτ πλjεχτνίσε,   Heute in der Zeit des Alters,

Σ' jαμ ι ζύττι τ' α χjαj με λjοτ   Bin ich nicht fähig mit Thränen zu beklagen

Σι νδε βάχτιτ δjελμενίσε.   So wie in der Zeit der Jugend.

Πλjοτ με πλjάγε βουδδούτ' • ιμ ουμbούθ   Voll mit Wunden füllte sich mein Leib,

Κερχόβα γjιθ' δυνjάνε •   Ich suchte in der ganzen Welt

Σουν ε γjέττα νδοj χεχίμ •   Und konnte keinen Arzt finden;

Ε με θάνε περ Σειδίν Ἀγάν.   Nun spricht man mir von Seidin Aga.

Σετθ χαμ γέχουν ε πο χεχ,   Was ich gelitten und noch leide,

Μιχjτ' εμί χάλεν σ' μ' α δίνε;   Meine Freunde kennen meinen Kummer nicht;

Τθ' οὐραδίσα με νjι μελέχj •!   Was stehe ich aus mit einem Engel!

Λjοτ ε μία μούρεν γjίνε c).   Meine Thränen träufeln auf die Brust c).

6.

Με μόρρε μbε χjάφε, ο ι μjερ   Mich nahmst du auf den Hals d), den Aermsten,

Με ατε περτθέμ τε δρέθουρ,   Mit diesem gewundenen Haarzopf,

Σε χαν χjεν' νε μα τε τjερ,   Denn es waren (gab) noch andere (wie du und)

Δυνjάja σ' jι ουχά μbέτουρ.   Die Welt ist ihnen (doch) nicht geblieben.

Με βέτουλατ' σι ζινδᾶίρι   Mit Augenbrauen wie eine Kette,

Ι χαν μελέjτε • ᾶχρούαρε.   Welche die Engel gezeichnet haben.

---

a) Wörtl: und berste ohne Unterlass (πο).

b) Des Dichters Wunsch ist als vollbracht dargestellt.

c) Welch' kurzes schlagendes Bild tiefster Trauer!

d) D. h. du bist Schuld an meinen Leiden.

Πλjάγετ κjι να δα Βεκjίρι
Ελβιdά* σ' χαν τε ϑερούαρ'.
Με βέτουλατ' σι μεράδι*
Ε λje τι δικύι αϑίκου
Με φάχjετε ϑκρούαρ σι κjιτάπι*
Ε λje τι κενδύι σαdίχου*.
Κουϑ άνϑτε σι Βεκjίρι νε Σταμβόλ?
Jάνε Ριδόδλετ* ε Σεj Ισλjάμετ?
Ι μέρι ρροjός, τϑ' ουdόχj
Περκάρα Σουλτάν Οσμάνιτ!

7.

Μ' ουιdενούα βυραζέρι*
Ε με μου σ' do τε φλjάσε;
Τϑ' ι χαμ βάμε ούνα ι μjέρι?
Τϑάρε σ' ι γjέττα σεβδάσε*.
Do τε να πύστν ε do τε να ϑύνε:
Κjυϑ χε ϑκούμε με dυλβέρι?
Βε do τ' ι βαύj περ τεν' ζύνε,
Φαj σ' ι χαμ πάσε ούνα ι μjέρι!

8.

Βισμιλjαχί* ε dυλβέρετ τιμ!
Ραϑ με dέρρια* χεμάν*,
ϑέρρές ραχμάνιτ* ja ραχίμ*
Άϑχου υτ με κjοφτ ιμάν*.
Βάλι υτ dεφτέρι ραχμάν*
Ανϑτ ϑκρούαρε τdε με εζέλj*,
Ανϑτ μεχάμε* Σουλειμάν*
Επ dόετ χεσάπ* ατύ dελλj.
Μεχράδι* χjαβές*
Βαλά* βέτουλατ' ε τούα jάνε.
Νde dιζάρ* ταντ' ο Παdιϑά*
Πάdε σίρρε* ραχμάν*.
Φάχjετ' ε τούα σι μουσάφ*
 Γjιϑ' σίρρετ* ατύ jάνε
Σάτρατ'* χjεχουρε σαφ σαφ,
Βάνε ταχρίρ* μαχανάν*.
Περτσέμι υτ ιμ ζοτ ι σι ζυμβύλι;
Έρα τε βjεν γjυλαβί*,
Σύριν ερχjίς, φάχjενε γjυλj,
Βούζεν χαιραφίλj ϑεραbί.
Jαμ dαλdίσουρε με τεσπί*
Εdέ ζύχjτε ϑερρέστν' αμάν*.

Die Wunden, welche uns Bekir gegeben,
Wahrhaftig haben keine Heilung.
Mit den Brauen wie die heilige Grotte *)
Lass sie beschauen den Liebhaber,
Mit den Wangen gemalt wie ein Buch
Lass sie (nur) den reinen Anbeter lesen.
Wer ist in Stambul dem Bekir gleich?
Sind es die Würdenträger des Scheik Islam?
O du ärmste Matte, wie brennst du
Vor dem Sultan Osman *b*)!

7.

Mir grollt der Bruder (Geliebte)
Und will nicht mit mir sprechen;
Was habe ich ihm gethan, ich Aermster?
Ich fand für ihn nicht das Mittel der Liebe.
Sie werden uns fragen und werden (zu) uns sagen:
Wie verbringst du's mit dem Liebling?
Einen Schwur werde ich ihnen thun bei dem Herrn,
Dass ich keinen Fehler gegen ihn begangen habe,
ich Aermster!

8.

Mit dem Beistand Gottes und meines Lieblings!
Ich fiel in das Meer der Noth,
Ich flehe zum Barmherzigen, o Erbarmer!
Dass deine Liebe mir zum Glauben werde.
Deine Stirne ist Gottes Buch,
Geschrieben seit Ewigkeit,
Sie ist die Lehre Salomons,
Aus der die Sternkunde hervorgeht.
Wie die heilige Grotte der Kaaba
Sind wahrhaftig deine Augenbrauen.
In deinem Reiche, o Grossherr!
Sah ich göttliche Wunder.
Deine Wangen sind ein Zauberbuch,
Alle Wunder sind darin
Zeilen, reihenweise geschrieben,
Geben die Erklärung des Sinnes.
Dein Haar, o Herr! (ist) wie die Narcisse;
Duft geht von dir aus des Rosenöls,
Mandelauge, Rosenantlitz,
Dunkele Nelken-Lippen.
Ich bin verzückt wie im Gebet *c*)
Und selbst die Vöglein rufen Gnade.

---

a) Der Moscheen.

b) Vor Sultan Osman brannte die Matte, und er blieb unbeweglich — orientalisches Sprichwort; — die Härte des Besungenen, den das Lied nicht rührt, wird hiermit verglichen. — Es soll früher nicht selten gewesen sein, dass Bittsteller durch Matten oder Strohbüschel, die sie brennend über den Kopf hielten, die Aufmerksamkeit des vorüberziehenden Sultans zu erregen suchten.

c) Wörtlich: mit dem Rosenkranze.

Κjύχου ζέμερ' ε μος φλjι,
Σε σ' ε ϳjεν μα χετέ ζαμάν *.
Σ' πάτα παμ με συ διζάριν *,
Ουν' τε δίjε, σε κjυϑ ιάjε
Εϑέ νδ' άνδερ τε χαμ πάρε;
Ο ιμ ζοτ στϑ δϑεμάλj * κίϑjε!
Κουϑ χα χατ * με τε δαϑ τύι?
Πο κε τι με ρα σεβδάjα *.
Κουρ βάνα τε δικύι με συ

Θαϑ σε ουγρεμίς δυνjάjα *,
Βέσσα βέσσενε με χαχικάτ *.
Ο χαιραφίλj με βες
Τε κjουχύχεμ' νδε ϑειράτ *
Μου νδε μεστ Μεχχjεμέσε *.
Βάφττ * ιμ χεϑτού ουνίς ε ουσός,
Ραφμέτ * σ' ϳjέττα, ϑικί ε βάτε.

Κάχjι γαζέπ τι με μούα μος,
Σε σ' ι ϳjαν ζοτενία' σάνδε.
Ας ε ϑιφ στϑ ζαμάν * αϑϑτ σοτ
Βεχάρι σι δϑενέτι *.
Πρέιγ σύϑε πο με δέρδεν' λjοτ
Σι πρέιγ κjιλιϑ ρραφμέτι *.
Γ'ϳιϑ' χεϑτύ βέιτε χjι φύλjα
Κετέ χάνεχ' ε χαμ βουμ μπρεττ.
Νε μεσ' τε μειδάνιτ * δόλλjα
Ε jαμ νιες περ χαιρέτ *.

Wache, Herz, und schlafe nicht,
Denn solche Zeit findest du nicht mehr.
Ich hatte nicht mit Augen den Schöpfer gesehen,
Doch wusste ich, wie du seist,
Und in dem Traume hatte ich dich gesehen,
O mein Herr, welche Reize du hattest!
Wer hat die Kühnheit dich zu lieben?
Doch zu dir riss mich die Liebe hin.
Wenn ich mich wandte, um dich zu sehen mit
    dem Auge,
Glaubte ich, die Welt wäre untergegangen,
Glaube für Glaube a), mit Aufrichtigkeit.
O Nelke, mit Thau benetzt,
Lassen wir uns richten vor dem Gesetze
Mitten d'rin in dem Gerichte.
Mein Geschick begann und endete also:
Gnade fand ich nicht; es (ging) ist vorüber und
    vergangen.
Solchen Groll (zeige) du mir nicht,
Denn dies ziemt nicht deiner Herrlichkeit.
Sieh doch zu, welche Zeit jetzt (heute) ist,
Frühling wie (im) Paradies.
Aus den Augen strömen mir die Thränen
Wie vom Himmel der Regen.
Von allen den Versen, welche ich sprach,
Mache ich dies Lied zum König.
In die Mitte der Laufbahn bin ich hinausgegangen
Und bin auf der Reise zum künftigen Leben.

C. Heimwehlieder.

1.

Χέρε νδε Βενδέρ ε χέρε νδε Βουδίν,
Κεϑτού ε ϑχουμ ύμριν τάνε.
Ρι μοj ζέμερ' μυς βαν ταφμίν,
Σε χεϑτού ε πάσχϑεμ θάνε.
Daίμ jαμ ράνε νδε φιράχ,
Μαϳ σ' ι κjεντρόχετ χουρβέτιτ.
Σι χουρ χέμι ράνε με ϳjαχ
Ιχ ε δαλλj πρέιγ βιλjαέτιτ.
Χάλλετ' ε μία μεμί.
Σι ουν χουϑ πο μουνδύχετ?
Εϑέ νέπερχα τε πι
Πρέιγ ϳjάχουτ τεμ χελμύχετε.

1.

Bald in Bender und bald in Buda,
So verbringen wir unser Leben.
Still, närrisch Herz, mach' keine Plane,
Denn so hatten wir es gesprochen b).
Immer bin ich in Trauer versenkt,
Aber die Fremde ist nicht mehr zu ertragen.
Ist's nicht, als ob wir in Blutschuld gefallen,
Geflohen und aus der Heimath entwichen wären?
Meiner Leiden sind Tausende.
Wer ist je so wie ich gemartert worden?
Selbst die Natter, wenn sie trinkt,
Wird von meinem Blute vergiftet.

---

a) D. h. wahrhaftig.
b) Bestimmt vom Schicksal.

2.

Κϳυϑ μξ ϑούα σε δαν γαιρέτ,
Ο μεδ̃νούνι μαρρόσι,
Σε ανϑτ χουρβέτ σι μος χουρβέτ,
Κξτσί Βενδέρι σ' χα τξ σύσουνξ.
Ο υλ βατάν διν ε ιμάν!
Τξ μξ δξφτέϑ νϳι δ̃εββάπ τξ δρέιτξ!
Κϳάνι ο συτ' εμί, κϳάνι,
Σέτϳ τξ ϳένι πα βερδούαρ.

2.

Was sprichst du zu mir: habe Geduld!
O, mich hat der Wahnsinn ergriffen,
Denn das ist eine Fremde, wie keine andere,
Von diesem Bender gibt es keine Erlösung.
O glänzende Heimath, Glaube und Gottesfurcht!
Erzähle mir eine rechte (erfreuliche) Nachricht!
Weint, meine Augen, weint,
So lange ihr noch nicht erblindet seid.

D. Erotische Lieder [a]).

1.

Βαιράμιτ δυ χέρξ νδξ μοτ,
Σ̃υκϳύρ τ' ι δάνιμ περνδίσξ,
Σοτ άρφα *, νέσσξρ Βαιράμ,
Τ̃δο δυλβέρ λϳε τ' να μεντόιϳξ;
Κουϑ τξ ϳ̃ετ Τουρχ μξ διν ισλϳάχ
Αδ̃ίχουν λϳε τ' α ϳξζ̃όιϳξ.

1.

Bairam zweimal im Jahr,
Lasst uns Gott Dank bezeugen,
Heute Vorabend, morgen Bairam,
Jeder Liebling möge unserer gedenken;
Wer Türke und im Glauben treu ist,
Der möge seinen Liebhaber erfreuen.

2.

Νϳι δυλβέρ δουλλϳ νδξ Βλϳόνξ,
Ερϑ ε χονδίσι νδξ Βεράτ.
Τ̃ ι ἀχξλϳχϳέν φάχϳα σι μ̃λ,
Ε σι σερμάϳα, χουρ μερρ σαββάτ.
Βεζιστένι * τ̃ ουβάν ρεζίλϳ *.
Μϳέρι ουν' τ̃ πάσχϑαμ ϑάνξ.
Πα χίσξ δόλϳα σι ϳετίμ.
Τ̃ οϳραδίσα με δ̃άνξ!

2.

Ein Liebling ging aus Awlona weg,
Kam und kehrte in Berat ein.
Wie leuchtet ihm das Antlitz, gleich dem Apfel,
Und wie Silber, wenn es die Schwärze annimmt[b]).
Wie der Marktplatz verächtlich geworden.
Ich Aermster, was hatte ich gesprochen[c]).
Ohne Erbtheil blieb ich gleich einem Waisen.
Was erdulde ich mit dem Geliebten!

3.

Μόρα μάλλϳξτ' ε φούϳξτ'.
Βάφτι ιμ σα βϳεν πο λϳαργύν.
Μϳέρι ουν' τουχ ε κϳάρξ
Πρέιγ σύδξ ϳ̃ϳαχ πο μξ χουλόν.
Φιράχου μεντ να ι νγρίττι
Ε να ζουν με τξ μαρούμξ.
Ζέμξρα ίμε σι αϑχ κϳιβρίττι
Ουνδές ε σ' χα τξ δ̃ούμξ.

3.

Ich zog durch[d]) Berge und Ebenen.
Doch mein Glück flieht stets vor mir[e]).
O ich Aermster, während ich klage,
Träufelt mir nur Blut aus den Augen.
Der Jammer hat mir den Verstand entzogen
Und mich in Irrsinn gestürzt.
Mein Herz (ist) wie ein Schwefelsplitter,
Es entbrannte, und hat kein Löschen.

---

a) Siehe zur Erklärung: Sittenschilderungen Heft I, Abschn. III, Nr. VI, 1, S. 166 ff.

b) Schwarze Zeichnungen auf Silbergeräthen sind in der Levante noch immer Mode.

c) War mir vom Schicksal bestimmt.

d) Wörtl.: ich nahm.

e) Wörtl.: Je weiter es geht, je mehr entfernt es sich fortwährend.

4.

Νδε Σαράjετ᾿ ⁕ αρτϑ ε τε πάδε
Κε πο ρίjε ποσί ασλάν.
Ουγούϑτϑ ε νδερ χαμ τε ράδε;
Ιμ ζοτ να βαν δερμάν ⁕.
Με τσα ρύβε χίε δούμε
Βεδϑούτε ⁕ υτ ποσί μελέχj.
Σι νδε ζοτ χαμ με ουχjουχυύμ
Σε ούνε πρέτγ τέjε χαμ χέχουν χᾶχj.

4.

In den Serail kam ich und sah dich,
Wo du sassest wie ein Löwe.
Ich stürzte mich und fiel dir zu Füssen;
Mein Herr, verschaffe mir Heilung.
In den sehr kleidsamen Gewändern
War dein Körper wie ein Engel.
Wie habe ich vor dem Herrn a) zu klagen,
Dass ich habe von dir Leid erduldet.

5.

Ν᾿ ατε μειτέπ ⁕, ν᾿ ατε δϑαμί ⁕,
Κε χενδότιν᾿ τσα βιλβίλja.
Μεσύιj μίρε Μουλάχ Σαλί
Τε βούχουρ᾿ σι χαιραφίλja.
Φάjϑιν᾿ τϑ᾿ ε βάνα βέτε.
Εj! χjε τε ζούνα περ δυλβέρ!
Ουγjιχύφᾳιμ μ᾿ ατε jέτε
Κjι μ᾿ α βάνε βεχάριν ζεχέρ ⁕.

5.

In dieser Schule, in dieser Moschee,
Wo ein Paar Nachtigallen singen.
Lehre sie gut, o Molah Sali,
Sie schön wie die Nelken.
Den Fehler habe ich allein begangen.
Ach! warum wählt' ich dich zum Liebling!
Mögen wir in jenem Leben (darüber) rechten,
Dass du mir den Sommer zu Gift gemacht hast.

6.

Λjούμε χουϑ ι βαν βάχτϑεσ᾿ χυσμέτ ⁕,
Βjεν νjε βαχτ χjε τϑέλjιν᾿ τραυταφίλjατ᾿.
Τϑ᾿ ι μερρ μάλι περ δυλβέρατ᾿,
Κουρ ζαν᾿ ε χενδότιν᾿ βιλβίλjατ᾿.
Τρε ταμάμ ⁕ πο βεὶν τρι βjετ,
Μίϑι τσοχ ε γρμ᾿ ουτρϑέτ᾿,
Σε ι ϑύμι νjε φjαλj ε σ᾿ φλjετ;

Τϑ᾿ ι βαν χαμ σύνα ι μjέρι?

6.

Glücklich, wer den Dienst des Gartens thut,
Es kommt eine Zeit, wo sich die Rosen öffnen.
Wie erfasst sie Sehnsucht nach den Lieblingen,
Wenn die Nachtigallen zu schlagen anfangen.
Drei volle, drei Jahre sind es b) bereits,
Mein Fleisch löste sich zu Stückchen u. Krümchen,
Denn ich sage ihm (dem Liebling) ein Wort, und
             er spricht nicht;
Was habe ich ihm gethan, ich Aermster?

7.

Φορτ ε ϑοφ, σε σ᾿ με ζεὶ βέσε

Σε ουν᾿ τε δούα με χαχιχάτ ⁕.
Ο χαιραφίλjι με βες,
Σπίρτιν᾿ τ᾿ α δϑάε αμανέτι ⁕.
Μούj χε τϑέσμεjα ⁕ νε τϑαρτϑί ⁕
θάδε σε δο δαλλj τ᾿ α γραβίς.

Ουν᾿ ε ϑοφ σε σ᾿ αύϑτ νοj δοβί,
Σε αύϑτ νγjjιτ᾿ με νjε ζαβίτ.

7.

Klar sehe ich es, dass du mir nicht Glauben
            schenkst,
Obgleich ich dich liebe mit Aufrichtigkeit.
O Nelke mit Thau benetzt,
Das Leben habe ich dir zum Pfande gegeben.
Dort bei der Quelle des Marktes
Sagte ich (zu mir): wenn er herauskommt, werde
          ich ihn rauben, (doch)
Ich sehe es, es ist keine Möglichkeit,
Denn er hat sich einem Gewalthaber angeschlos-
          sen.

8.

Σ᾿ γjεν νδόνjι ζοχ χjι χενδόν,
Τε γjιϑ᾿ jάνε ε πο χjάνε.
Ι μjέρι αδίχ σα φορτ πο δουρόν!
Πρέι δυλβέριτ πο ε δάνε.

8.

Du findest keinen Vogel, der singt,
Alle sitzen (stumm) und weinen.
Der ärmste Liebhaber, wie schwer duldet er!
(Denn) sie trennen ihn von dem Liebling.

---

a) Des Himmels.
b) Wörtl.: mache ich.

Δἑλι κῃὲ λϳὲν νε μενῆϳέστ	Die Sonne, welche am Morgen aufgeht,
Σι τι, ο djaλj, κουρ με ζαλανδίσε;	(Ist) wie du, o Knabe, wenn du um mich bist;
Κουρ με χεϑέν σῦτ' ε ζεσ',	Wenn sich mir das schwarze Auge zuwendet,
Σπϱτ, μεντ πϱὲι χρεσ' μ' ι ϳϱεμισε.	Treibst du mir Leben und Verstand aus dem Kopfe.

9.

Μα σ' ε πρίττι λϳότια λϳότιν,	Die Thräne erwartet nicht mehr die Thräne,
Μα σουν πο ε βούιν σεβδάνε;	Ich kann nicht mehr die Liebe ertragen;
Μυναφίχετ ° πο χαλεζύιν,	Die Teufel verleumden in einem fort
Πο λϳιφτόνε με να δάμε.	Und bemühen sich, uns zu trennen.
Jου, ο χϳεν, μος χελμόχι	Ihr, o Hunde, grämt euch nicht,
Σέιϳ τε χένι Σουλλϳόγεν.	So lange ihr den Sulloh habt.
Βϳεν νϳι βαχτ κϳε ϳεζόχι,	Es kommt eine Zeit, wo ihr euch freuen werdet,
Σι τε βάιν φὲτ Μορένε.	Wenn er Morea unterwerfen wird.
Κϳυϑ τε ϳϳέιϳ νϳι μιχ τε μίρε	Wie kann ich finden einen guten Freund,
Τε με δῆτ σι τ' α δούα,	Der mich liebe, wie ich ihn liebe,
Τ' ι δεφτέιϳ ϳϳιϑ' σίρετ °	Damit ich ihm erzähle alle Geheimnisse,
Τε χϳαϳ βάϑχε με μούα.	Damit er mit mir weine.

10.

Τε χάλι Χασάν χάφπεϳα	Dich verläumdete Hassan, die Hure,
Τε μος βάινϑ Βαιράμ,	Damit du nicht den Bairam feiern mögest ᵃ),
Σε χεϑτού χϳέν' χα βεσ' ε φέϳα	Denn also war's verhängt über Treue und Glauben,
Νούρι υτ, ο Σουλειμάν!	Und deine Schönheit, o Suleiman!
Βουχουρίνε τ' α δα ζοτ υν,	Schönheit hat dir unser Herr gegeben,
Μος ουβάν μαχρούρ °.	Werde darum nicht stolz.
Τύιγ, ο τσουν, τε πούϑτϑα συτ'	Dir, Knabe, möchte ich die Augen küssen
Ε τ' ουδϳέχϑα νουρ.	Und für dich als Flamme brennen.

11.

Σα δο τα, ο δυλβέρ! σα δο τα	Was auch, o Liebling! was auch
Μος μερρ σετϑ τε ϑόνε βύτα,	Die Welt dir sage, höre nicht darauf,
Σε βύτα ϑόνε νϳ' ε δυ	Denn die Welt sagt eins und zwei,
Με να δαμ μου ε τύιγ.	Um uns zu trennen, mich und dich.
Κουϑ ουμουνδόφτ με να δαμ	Wer es versucht, uns zu trennen,
Μος πουϑόφτ τυ ε χϳάμε.	Der möge nicht aufhören zu weinen.
Σίου πουϑόν χερ' νϳα χέρε	Der Regen hört von Zeit zu Zeit auf,
Ἀῖ μος πουϑόφτ ασ δίμεν ασ βέρε.	Jener aber möge nicht aufhören, weder des Winters noch des Sommers.

12. Alphabetisches Liebeslied aus Premet ᵇ).

Aμάν σε σ' τε ουιδίς,	Gnade! denn es steht dir nicht zu,
Κϳε τα μουνδύϳϑ φουχουράνε.	Mich, den Aermsten, zu quälen.
Bέτουλα με ϳρεμίς,	Deine Brauen vernichten mich,
Κουρ χεϑένε ε ϑιχόν με νϳ' άνε.	Wenn du dich abwendest und von der Seite blickst.
Γόϳα, ο jαδιϳϳάρ °,	Aus deinem Munde, o Liebling (?),
Τε ρριϑ μϳάλϳτ εϑέ ϑεχϳέρ.	Quillt Honig und Zucker.

ᵃ) Die Türken umarmen sich am Bairamfeste bei der ersten Begegnung ebenso wie die griechischen Christen am Osterfeste.

ᵇ) Die Stadt liegt an der Wojussa (Aus), östlich von den historischen Pässen dieses Flusses. Die Sprache des Liedes ist toskisch mit gegischen Anklängen.

Δάμδι μαργαριτάρ
Με πλjάγετ τέμε δαν σεχέρ °.

Deine Perlenzähne
Sind Gift für meine Wunde.

Ε! ι μjερ νdjέζα
Κj' ουστίδ νε δουχουρίτ.

Ach, ich Aermster! wohin hin ich gerathen,
Dass ich (meine Liebe) auf die Schönheit stützte.

Ζέμεgατ' ε ζέζα
Κjε νdριτδύνε με δαδουρίτ.

O schwarze Herzen,
Welche in der Liebe glänzen!

(Η) Επ μουχαδέτ °, ο δδαν,
Σε νούρι υτ άδχουν ε σχjον.

Sprich zu mir, o Knabe,
Denn dein Glanz erweckt mein Feuer.

Θεῤῤές, χερχύιγ δερμάν °
Πρέτγ νούριτ τατ χjε με περβεgjόν.

Ich rufe, ich suche ein Heilmittel
Gegen deinen Glanz, der mich versengt.

Ιου συ! μος διχύνι,
Του απ νασιχάτ ° νjι φjάλjε.

Ihr Augen! blickt nicht um euch,
Dies eine Wort richt' ich an euch als Mahnung.

Καμ φρίχε, βερδύνι
Πρέτγ νούριτ χένι ζεβάλjε ° ª).

Sonst fürcht' ich, ihr erblindet
Von dem Glanze, der euch beschwerlich ist.

Λjαβδύν δουχουρίνε
Αδίχου νε χετέ ζεμάν °.

Es preist die Schönheit
Der Liebende in dieser Zeit.

Με γjούχουν αδιχερίνε
Ε χαμ γjυνάφ χjι τα ζαν ιμχjάρ °.

Mit der Zunge die Liebe zu läugnen
Halt' ich für Sünde.

Νουρ! χάλε τε με βρατδ;
Μος ουδάν χάιλ °, ο δυλβέρ.

O Glanz! du stelltest andere an, um mich zu tödten;
Lass dich nicht verleiten, o Liebling.

Ο δυλβέρ, τέπερ με δεμ;
Μος με σιχελδίς χάχjε πα φάιγ.

O Liebling! es schmerzt zu sehr;
Martere mich nicht so ohne Schuld.

Πρέτγ περνδίσε σε ουτρέμ,
Μος με λjερ με χάχjε βάιγ.

Denn scheue dich vor Gott
Und lass mich nicht in solchem Weh.

Ρουj̈' ε, ο περνδί,
Νατ' ε διτ' περ τύιγ θεῤῤές.

Schütze ihn, o Gott!
Ruf' ich Tag und Nacht für dich.

Σι χιτδ μος νjερί
Jαμ δουατδί μραμ ε μεγjjές.

Wie kein anderer Mensch
Bete ich am Morgen und am Abend.

Τ' α μετδέφ αδιχερίνε,
Ε χαμ γjυνάφ τ' α ζαν ιμχjάρ °.

Ich verberge dir die Liebe;
Ich halte es für Sünde, sie zu verläugnen.

(Υ) Ε δρετ ποσί χjιφίνε
Μεῤῤ νοῦρ χάλχουτ, ο jαдιγjάρ °!

Sie schmelzt ihn wie Wachs;
Nimm den Glanz der Welt, o Liebling (?).

Φάχjετ' ε τούα jάνε
Χάνα δε δίειτ χjι νdρίνε.

Deine Wangen sind
Der Mónd und die Sonne, welche scheinen.

Χαράμ ° μ' α δαν δυνjάνε;
Κουρ τε δοφ, ύμεριν μ' α ντζιρ.

Das Dasein hast du mir verhasst gemacht;
Wenn ich dich sehe, nimmt du mir das Leben.

Φε με μουνδόν, ο Σουλτάν?
Με δρετ ε ποσί χjιφίου.

Warum quälst du mich, o Sultan?
Du schmelzest mich wie das Wachs.

Ω! ουμβούδ ζέμεgα, μα σ' δᾶν;
Ινσάφ °, αδτ δατδ περνdίνε.

O! mein Herz ist voll, es fasst nicht mehr;
Genug! so weit, wenn du Gott liebst.

_____

ª) Κετσίj δέρτι μαν σ' γjjέτγ ιλjάτδ °;
Τδ' μ' ουμβούδ ζέμεgα πλjοτ σεχέρ °.

Für diese Qual find' ich kein Heilkraut mehr;
Wie füllte sich mein Herz mit Gift.

_____

III. Toskische Sprichwörter, Redensarten und Sentenzen.

Tosk. μεσελjέ (türk.), — geg. φjαλϳ̃ ε βjέτερε o. ε μότσμε, d. h. ein alter Spruch.

1. ϳϳάχου ούjε σ' ϋ̲ε̲νετε̲ (neugr. τὸ αἷμα νερὸ δὲν γίνεται).

1. Wörtl.: das Blut wird nicht zu Wasser, d. h. die Blutsverwandtschaft ist unauslöschlich.

2. μίστε̲ νϳα ϑύι σ' νδάχετε̲.

2. Das Fleisch trennt sich nicht von dem Nagel, — Sinn wie 1.

3. χουϑ λjίπε̲ν, ϳϳε̲ν τεχ do.

3. Wer sucht, der findet überall.

4. ϳϳε̲̈νε̲ ε νεχjέζιτ ε χα χε̲ρμέτ τϑουμέρτι.

4. Das Gut des Geizigen fällt dem Freigiebigen anheim.

5. χαρά ι βάρδε̲ πε̲ρ δίτε̲ τε̲ ζέ̈ε̲.

5. Den weissen Kreuzer für den schwarzen Tag, d. h. spare in der Zeit, so hast du in der Noth.

6. * φϑάτι δίϳϳετγ, χύρβα χρίχετγ a).

6. Das Dorf brannte, und die Hure kämmte sich, — zu solchen, die an andere Sachen denken, als sie sollten.

7. νjίχετε̲ χαλj̃ ι μίρε̲ νδέννε̲ μουτάφ τε̲ λjΙχ.

7. Das gute Pferd wird auch unter einer schlechten Decke erkannt.

8. * ϑούμε̲ με νjε̲ φjάλjε̲ τυύνδινε̲ μάλλje̲.

8. Viele erschüttern Berge mit einem Worte (Macht der Beredsamkeit).

9. * νjέρι χα ϳϳë̲, τjάτε̲ρι χα ζε̲̈.

9. Der Eine hat Vermögen, der Andere Stimme (Beredsamkeit).

10. * χύχα χjε̲ σ' διϳϳόν, ϑούμε̲ χε̲σύν.

10. Der Kopf, welcher nicht hört (auf guten Rath), leidet viel.

11. ούϑουλ' ε χέχjε ε̲ννε̲ν' εσάιγ πρισ.

11. Der scharfe Essig verdirbt sein Gefäss, — an Jähzornige.

12. * χουϑ με̲νϳ̃όι, βλjόι.

12. Wer früh aufstand, der mahlte; — wer zuerst kommt, der mahlt zuerst.

13. λjούφτε̲ χjόφτε̲, ϳϳαχ μος χjόφτε̲.

13. Krieg möge sein, (nur) Blut möge nicht sein (d. h. fliessen), — sehr häufige Redensart bei kleinen Unfällen, dem Fall eines Kindes, einem kleinen Zwiste etc.

14. χουϑ χα ρε̲πάρα, βε̲σ̃τρόν παστάje̲.

14. Wer vorher isst, sieht nachher zu; — wer zuletzt lacht, lacht am besten.

15. διτ' ε μίρε̲ δούχετε̲ (νδε̲) με̲νϳϳές (neugr. τὸ ψάρι βρωμᾶ ἀπὸ τὴν χεφαλήν).

15. Der schöne Tag zeigt sich am Morgen; — ex ungue leonem.

16. χουϑ χουρτσέν, με̲ε̲ ϑούμε̲ χα.

16. Wer geizig ist, der gibt mehr aus (als wenn er zur rechten Zeit in den Beutel gegriffen hätte).

17. * ι δουρούαρι ι λje̲βδούαρι.

17. Glücklich der Standhafte; — chi dura, vince.

18. * ι μάϑι ϳϳε̲με̲μάϑι (neugr. μεγάλο χαράβι μεγάλα χίνδυνα).

18. Der Grosse grossleidend (hat grössere Leiden, als der Geringe).

19. νϳόρδι μάτσι, ουνϳϳάλ μίου (neugr. λείπει ἡ γάτα, χωρεύουν τὰ πονδίχια).

19. Die Katze verreckte, die Maus ist wieder auferstanden; — wenn die Katze ausser dem Hause ist, tanzen die Mäuse auf dem Tische.

---

a) Ein grosser Theil der folgenden Sprüche ist gleich diesem in Reimform abgefasst; sie sind durch ein * neben der Nummer angezeigt.

20. *μος έτσε με βραππ, σε δίε νδε τραππ.

21. δόλλι τρενδαφύλι ε λja μανουδάχjετε.

22. χουδ δεν μίρε, γjěν χέιχj.

23. σα λjούλjε ένδενε, γjίθε σ' πίχjενε.

24. *τεκ πεδτύjτνε δούμε, βένετε λjούμε,
    oder:

25. ι δούμι σι λjούμι.

26. *ι πάχου σι γjάχου.

27. *βελαζερία σι ορδαχερία.

28. *σι βένδι εδέ χουβένδι.

29. *φδατ ε ζανάτ, δτεπί ε νασιχάτ (neugr.
    χάθε τύπος χαι ζαχόνι, χάθε μαχαλάς χαι
    τάξι).

30. δυ βέτε υjε χαλ σ' ε χάνε.

31. φολj' ι δέρεσε τε διγjύιjε πενδάέρεja (neugr.
    πέσ τὸ τῆς πενθεράς διὰ νὰ τὸ ἀχούσῃ ἡ
    νύμφη); — s. Nr. 136.

32. δέρρ πα γρούα σ' βένετε.

33. γιδτερέτε βάρας σ' jáνε.

34. δjέμτε χάνε μόλετε, πλέχjετ ουμβίχενε δε-
    μβάλετε. -

35. δάρδα νδένε δάρδε δίε.

36. δεν τρενδαφίλjι φέρρενε ε φέρρα τρενδα-
    φίλjε (neugr. χάνει τ' ἀπίδι γύριτσον χαί ἡ
    γοριτζὰ ἀπίδι).

37. ι μίρι τε μίρε σ' χα.

38. *χουδ τε χελέτ, τε βρετ.

39. χουδ δεν βάρρε τ'játερtτ, δούμε χέρε ρυν
    βέτε.

40. χουδ έτσεν φορτ, μbέτετε νδε ούδε.

20. Gehe nicht schnell, denn (sonst) du fällst in den Graben.

21. Die Rose kam auf und liess zurück (stellte in den Schatten) die Veilchen.

22. Wer Gutes thut, findet Schlechtes; — Undank ist der Welt Lohn.

23. So viel Blüthen blühen, alle reifen sie nicht (setzen keine Früchte an).

24. Wo Viele hinspeien, wird ein Fluss —
    oder:

25. Viele (Kräfte vereint sind unwiderstehlich) wie ein Strom.

26. Der Einzelne wie das Blut (was nie eine Ueberschwemmung hervorbringen kann), d. h. Einer ist Keiner.

27. Die Brüderschaft (ist) wie eine Handelsgesellschaft, — besonders wenn sich die Geschwister nach dem Tode der Eltern trennen.

28. Wie der Ort, so die Rede, d. h. richte dich nach den Umständen.

29. Dorf und Gewerbe, Haus und Handgriff, d. h. ländlich sittlich.

30. Zwei Menschen haben nicht denselben Kummer.

31. Sage es der Thüre, damit es das Fenster höre; — den Sack schlägt man, und den Esel meint man.

32. Es gibt keinen Streit ohne Weib (als Ursache).

33. Die Finger sind nicht gleich (die Glieder einer Familie sind nicht eines wie das andere).

34. Die Jungen essen die Aepfel, und den Alten werden die Backzähne stumpf, d. h. die Söhne brocken ein, und die Väter müssen es ausessen (bei Streit oder Mord, der Blutrache erzeugt).

35. Die Birne fällt unter den Birnbaum; — der Apfel fällt nicht weit vom Stamm.

36. Die Rose bringt Brombeergestrüpp hervor, und dieses erzeugt die Rose; — neugr. der Birnbaum zeugt Holzbirnen, und der Holzbirnbaum (süsse) Birnen; — Vater und Sohn sind sich oft unähnlich.

37. Der Gute hat selten das gute (Leben).

38. Wer dich verhetzt (mit einem Andern), der tödtet dich.

39. Wer dem Andern das Grab macht, fällt oftmals selbst hinein.

40. Wer rasch geht, bleibt auf dem Wege (liegen); — chi va piano, va sano.

41. χουδ έτσεν χαδάλε, σόσετε μbε τōπέιτ.

41. Wer langsam geht, kommt schneller an (als der Eilige).

42. χουδ περτύν, μbε τέjε (o. τούτjε) βέτε.

42. Wer zögert, geht weiter (als der Eilende); — chi va piano, va lontano.

43. * γόja bεχάρ, ζέμbρα χαμbάρ.

43. Der Mund Frühling, und der Leib leer, — zu dem, der seine gedrückten Umstände nicht zeigt.

44. ōούμε λjάχενε, παχ χάνε.

44. Viele waschen sich (um sich zu Tische zu setzen), und wenige essen; — viele sind berufen, aber wenige auserwählt.

45. * djάλjι πα λjέρε, ε χεσούλja bλjέρε.

45. Das Kind ist noch nicht geboren, und die Mütze schon gekauft, d. h. den zweiten Schritt vor dem ersten thun.

46. μbāp βέρε, ε πι ούjε.

46. Er trägt Wein, und trinkt Wasser, — zu einem, der ohne Gewinn in grossen Geschäften steckt.

47. σύρι πλjοτ, bάρχου θάτε (neugr. φάτε μάτια ψάρια καὶ ἡ κοιλjὰ περίδρομο).

47. Die Augen voll, der Bauch trocken, d. h. leer; — neugr. fresset ihr Augen Fische, und der Bauch möge zum Teufel gehen. — Verspottet die Augenweide ohne reelleren Genuss.

48. * νάτα νde ōεν Ενdρέ σι μεντ ε γρούασε βε.

48. Die Nacht des heiligen Andreas (Decembers) ist (unbeständig) wie der Sinn der verwitweten Frau.

49. * τε χθιέλετε ε νάτεσε σι στολί ε πλjάχεσε.

49. Die Aufheiterung des Wetters bei Nacht ist (unhaltbar) wie der Schmuck der alten Frau.

50. dίτενε ε ōε Βασίουτ χετσέν dίελι σα dρέρι νγа ōτροφάχου.

50. Am Tage des heiligen Basil's springt die Sonne (nimmt der Tag zu) wie das Reh aus der Höhle.

51. bάρχου φίρε σ' χετσέν μίρε,
bάρχου πλjοτ σ' χετσέν dοτ.

51. Der leere Bauch springt nicht gut, der volle Bauch springt gar nicht.

52. dερρ' ι τdάλjε χα dάρdεν' ε ōούνγουρε.

52. Das lahme Schwein friest die weiche Birne, z. B. wenn ein alter Mann ein junges, schönes Mädchen heirathet.

53. * χουδ έτσεν περπjέτε, βεōτρύν τατεπjέτε

53. Wer die Höhe hinaufsteigt, der sieht einen Abhang —

auch:

ε ρεπjέτα χα εδέ τε τατεπjέτε.

auch:

Aufwärts hat auch abwärts, d. h. das Glück ist ein Rad.

54. χα dρέχε ε γατούαιγ περ dάρχε (neugr. προτοῦ νὰ πεινάσης μαγείρευε).

54. Iss zu Mittag und koche für den Abend; — neugr. koche, bevor dich hungert, d. h. nimm deine Maasregeln bei Zeiten.

55. σ' χουλότ ούικου κούρρε bάōχε με δέλενε.

55. Der Wolf weidet niemals mit dem Schafe.

56. * μος ουγεζύ ι γεζούαρε, μος ουχελμύ ι χελμούαρε.

56. Freue dich nicht Freudiger, traure nicht Traurender (denn das Glück ist unbeständig).

57. ε χέχjεja τε ōπίε νde dέρε τε χάσμιτ.

57. Das Unglück führt dich an die Thüre des Feindes.

58. * μος ουbέν ουρ' ε βιχ, τε ōχόjε ι μιρ' ε ι λjιχ.

58. Mache dich nicht zur Brücke und zum Stege, damit Gute und Böse darüber gehen.

59. χουδ ε πjεχ σ' ε χα (neugr. ἄλλος χόφτει καὶ χλαδεύει, ἄλλος πίνει καὶ μεθάει).

59. Wer es brät, der isst es nicht; — sie vos' non vobis.

20

60. μος ε ϑεν κίμενε τρα.
  „ „ „ πένε λjόπε.
  „ „ „ πένε xα.

61. ° νδε μος πατᾶ ᵭύχενε, πύετ ᵭχύπενε.

62. ρούαιjου νῖα ϑϟνῖέλ᾽ ι μbουλjούαρε, σε τε djεχ δόρενε (neugr. τὸ βουβὸ ποτάμι πνίγει).

63. σι ρούαρε χjέϑουρε.

64. ας νδε ϑες, ας νδε τράστε.

65. σι έϑχα με ουρούαρε.

66. φις νδε φις, ε ούιχου νδε γομάρ.

67. πόλλι χάου, χου βίτᾶι?

68. πέσε χjε, τρι πέντε.

69. σα ε χεχj ούδα.

70. ϑένε ούϑε λjόπενε, ᵭχον εδέ αι ατjέ.

71. χjένι λjε, ούιχου πjερϑ.

72. σ᾽ χε δίερε νῖαρχούαρε.

73. σ᾽ τε ᵭχέλjι χάου ι ζι.

74. ᵭχόι πίᵭχου νδε περβᾶ.

75. Ϊ᾽jόνι δι τᾶ μbα τράστα.

76. περ τε βάρδε τε λjαράτσχεσε.

77. πο τσιρίς γομάρε, στρέξι᾽ α ᵭχjέλμετε.

78. πριτ γομάρ τε βίjε Μάι (neugr. ζήσε τὸ ° Μάι νὰ φᾶς τριφύλι).

60. Mache nicht das Haar zum Balken.
  „ „ den Faden zur Kuh.
  „ „ den Faden zum Ochsen.

61. Wenn du keinen Freund hast, frage den (deinen) Stock; — thue nichts, ohne vorher Raths zu erholen.

62. Hüte dich vor der versteckten Kohle, denn sie brennt dir die Hand; — neugr. das stille Wasser ersäuft (den Menschen).

63. Rasirt wie geschoren (gesotten wie gebacken).

64. Weder in den Sack, noch in den Schnappsack (geht der Entschluss eines Unschlüssigen).

65. Wie der Zunder mit dem Feuerstahl (sie streiten sich ohne Unterlass).

66. Natur folgt der Natur und der Wolf dem Esel; — si naturam furca expellas, tamen usque recurret.

67. Der Ochse hat geworfen, (und er fragt:) wo ist das Kalb?

68. Fünf Ochsen drei Paare (nach seiner Rechnung).

69. So wie ihn der Weg führt.

70. Die Kühe machen einen Weg, und er passirt auch dort, d. h. er schlägt ihn ebenfalls ein.

Antworten auf die Frage: was ist das für ein Mensch? statt des nackten: er ist ein Dummkopf.

71. Der Hund bellt, und der Wolf furzt (der Grosse verachtet die Angriffe des Geringen).

72. Du hast nicht beladen (mit einer Last auf dem Rücken) gekackt, d. h. du hast noch nichts durchgemacht.

73. Der schwarze Ochse hat dich noch nicht bestiegen, d. h. deine Eltern sind noch nicht gestorben, und darum hast du noch keine Sorgen.

74. Der Fisch hat die Furt passirt (die Gelegenheit ist verpasst).

75. John weiss, was der Sack enthält, denn er hatte Steine darin, als er seine Frau damit prügelte, und liess daher die Leute über diese unwirksame Procedur lachen; etwa: ich weiss am besten oder allein, wo mich der Schuh drückt.

76. Wegen der weissen Farbe der Elster; — um des Esels Schatten.

77. Wenn du den Esel stichst, so nimm auch seine Hufschläge hin.

78. Erwarte, o Esel, den (futterreichen) Mai. Antwort eines Ungeduldigen auf aufschiebende Vertröstungen.

79. χουρ τε χίπτjε γομάρι μαj' άρρεσε.

79. Wenn der Esel auf den Gipfel des Nussbaums steigt, — d. h. niemals.

80. * με μίφε vjε βε σοτ, σε vjε πούλjε μοτ.

80. Lieber ein Ei heute, als ein Huhn über's Jahr.

81. χου ε di δέρρι χεμβόρενε?

81. Wo kennt das Schwein die Schelle (die nur für das beste Stück der Schaf- und Kuhheerde bestimmt)? — wirf den Säuen keine Perlen vor.

82. πλjένdεσι χουρ λjάχετε, ε χάνε σοτερότε.

82. Wenn das Gekröse, die Därme gewaschen werden, so essen sie (selbst) die Herren.

83. * ζούρι χα σι δjάρι λjεδ, ĵjίθε bότεν' ε περχjέδ.

83. (Sobald) der Grindige hat Haare bekommen und (so) verlacht (er) alle Welt — (Uebermuth der Parvenüs).

84. σ' τρέμbετ ι μbότουρι νϳα τε λjαγουρίτε.

84. Der Ertrunkene fürchtet das Nasswerden nicht.

85. * χουθ περτόν, δεδερόν.

85. Wer zögert, der trauert — über die versäumte Gelegenheit.

86. ρι bύθε, ε δουρό bαρκ.

86. Sitze, du Hintern, und halte aus, du Bauch, — zu einem, der lieber hungert als arbeitet.

87. * πουνό σι ροπ, ε χα σι ζοτ.

87. Arbeite wie ein Knecht, und iss wie ein Herr; — arbeite viel, damit du gut essen kannst, und umgekehrt.

88. ι φελίχjουρι δόχε do.

88. Der Krätzige verlangt nach Genossen; — höre nicht auf den Rath des Schlechten.

89. ας πούλjα χέμι, ας με δέλπερε ζίχεμι.

89. Weder haben wir Hühner, noch zanken wir mit dem Fuchse, — es ist mir gleichgiltig, ich mische mich nicht hinein.

90. χουθ ε μbύλι, μος ε χόρτε.

90. Wer es gesäet hat, der möge es nicht ernten, — es ist mir gleichgiltig, denn ich habe es nicht gesäet, folglich auch an der Ernte kein Interesse.

91. χουθ χα μjέχρενε, χα εδέ χρεχέρετε.

91. Wer einen Bart hat, der hat auch die (nöthigen) Kämme, — Jeder weiss am besten für seine Verhältnisse zu sorgen.

92. χουθ χα μαδάνε, σ' διέχ δύρενε.

92. Wer eine Feuerzange hat, verbrennt sich die Hand nicht; — wem Andere zu Diensten stehen, der braucht sich selbst nicht zu bemühen.

93. ĵjέγ λjέπουρινε, ε δσbαθ ι bρέχετε.

93. Finde den Hasen und ziehe ihm die Hosen aus, — du bemühst dich um Unmögliches.

94. ι βξ φρξ πλέδτιτ.

94. Er legt dem Floh einen Zaum an, — er ist so fein, so gerieben, so geschickt, dass er sogar etc.

95. τούρπι περ τε ĵjάλε.

95. Die Schande ist für den Lebenden, — denn die Todten sind von der Scham frei. — Trostgrund für diejenigen, welche etwas thun, wovon sie Tadel erwarten.

96. τε πάλετε ε γομάριτ σ' βέτε χούρρε νdε χjίελ.

96. Der Schrei des Esels gelangt niemals in den Himmel; — des gemeinen Mannes Stimme dringt nicht zur Obrigkeit; — der Fluch des Bösen bringt keinen Schaden.

97. * χρούϑκα μϐάνε δέρεσε, σι γούνα μϐάνε φέρρεσε.

97. (Wenn) die Schwiegermutter nahe bei der Thüre (der Neuvermählten wohnt, so ist dies) wie der Mantel nahe bei dem Dornbusch (eine Last für den Schwiegersohn).

98. * χουρ τε τ' άπενε χα, χουρ τε ράχενε χja.

98. Wenn sie dir geben, so iss, wenn sie dich schlagen, so schreie; — ein blöder Hund wird nicht fett.

99. * ε μίτουρα, συ χjίτουρα.

99. Die Bestechung reisst (dem Bestochenen) die Augen aus.

100. * σα με χα άνδα πρ' άρε, άχje γjίτϑα χjε ε φάρε.

100. So viel Freude ich an dem Acker habe, ebenso (eifrig) suche ich nach Ochsen und Saatkorn, — d. h. die Sache interessirt mich nicht im Geringsten.

101. * χουρ χα τράστα φιχj, γjίϑε ϐότα jάνε μιχj.

101. Wenn der Schnappsack Feigen hat, so ist alle Welt Freund; — der volle Beutel findet überall Freunde.

102. ι πλjάσι δἒλ' ι ϐάλλιτ.

102. Ihm ist die Ader der Stirne geplatzt, — er hat alle Scham verloren.

103. σι γjέλε ε πα χρίπε.

103. Wie ungesalzene Speise, — unangenehm, nicht ansprechend.

104. τεχ λjεχ χjεν, ε τεχ δελj τυμ.

104. Wo der Hund bellt, und wo der Rauch aufsteigt. — Die Hunde versammeln sich, wo geschlachtet wird, und grosser Rauch steigt da auf, wo viel gekocht wird, — d. h. er ist ein Schmarotzer.

105. * γjέρι σι ι περδέρρεσι.

105. Der Reichthum (das Glück ist) wie der Bettler (der von Haus zu Haus streift).

106. * χουϑ σ' χα νjερί, σ' χα ας περνδί.

106. Wer keinen Menschen (als Genossen oder Beistand) hat, der hat auch keinen Gott; — der Vereinzelte ist wie von Gott verlassen.

107. ι ϐέλjετι σ' ϐεσσόν τ' ουρετίνε.

107. Der Uebersatte glaubt dem Hungernden nicht.

108. νδε ϐιϑτ χερτσέτ χοϐέja.

108. Am Schwanse knallt die Schleuder; — wer zuletzt lacht, lacht am besten.

109. χα, ε πι, ε μϐούρρου.

109. Iss, trink, und brüste dich; — er ist ein Tagedieb.

110. * χουϑ γjἒν τε τίλλε φίς, τε ϐένετε ρεγόν λἷς?

110. Wer findet solche Natur, dass der Thymian zum Baume wird? d. h. der Gemeine wird immer gemein bleiben (besonders dem sich Ueberhebenden).

111. * τϑ' ϑε νδε ϑόχε, πριτ ε νδε χόχε.

111. Was du an dem Freunde siehst, das behalte im Kopfe; — lerne an fremdem Beispiel.

112. χουϑ νούχε λjοτ ϐάλε νδε δάσμε τε ϐότερε?

112. Wer tanzt nicht auf fremder Hochzeit? — wer geizt, wenn er auf fremde Rechnung zecht?

113. ουίχουνε ϑόχεμε, ε γjούρμενε χερχόιμε.

113. Den Wolf sehen wir, und suchen die (nach seiner) Spur, — wenn etwas so offenbar ist, dass darüber kein Zweifel obwalten kann.

114. δυ μάτϑε μούνδινε νjε αρί.

114. Zwei Katzen besiegen einen Bären.

115. ϑόχε ϑούμε, τριμ ι μίρε.

115. Viele Genossen, tapferer Geselle.

116. τϑ' πίελ μάτϑε, μι γjούανε.

116. Was die Katze gebiert, das jagt Mäuse.

117. *τὅ χα βάρχου, ε ντσίερ βαρδάχου.

118. με δούμε τε δἴδ, σε δούμε τε χἔδ.

119. χο ι βέρρε χατρ' ε πέσε, χα ε πι, ε μος τε πρες.

120. *σι με χα βἄρε, με πουνόν ουγάρε.

121. *χα παχ, ε βλίγ βιδδάχ.

122. χjένι χjένιτ συ σ' ντσίερ.

123. *νjερίου σα ρον, μὃς δούμε πσον.

124. *χουδ βέτε πα φτούαρε, ε ῆjεν πα ὄτρούαρε.

125. djάλjι πα χjάρε, μἔμμα σ' ι ε πσίσε (neugr. ὅποιος δὲν ὁμιλεῖ, τὸν θάπτουν ζωντανόν).

126. θύνε νjε, ρρα θόνε δυ (neugr. φασοῦλι τὸ φασοῦλι γομίζει τὸ σαχοῦλι).

127. ρεχέτε βἔνε περύνjετε, ε περύνjετε λjούμερατε.

128. *πα δύαρε χέμβετε, νούχε λjύχενε δἔμβετε.

129. χερχόν χάλλες νdεπέρ τε βόρε.

130. dιτ' ε ρε, χερμέτ ι ρι.

131. ε πάσσουρα χουμβέτ χόχενε.

132. σ' χα πούνε, ε λjούνε δέρενε.

133. σ' χούχjενε βε με πύρδε.

134. δυ ῆjέλα με νjι' πλjέχε σ' ρίνε χοῦρ, geg.

135. βουδουλά βρίν σ' χα, geg.

136. βjερ ι πράχουτ, τ' α νεῆjύjε dἔρα, geg. — s. Nr. 31.

137. χε αὐδτ σπάτα, ατjέ βέσα, geg.

138. *ι ρίου, σι βερίου, geg.

117. Was der Bauch enthält, das zieht das (Wein-) Glas heraus; — in vino veritas.

118. Besser, dass du viel weisst, als dass du viel hast.

119. Wenn du es auf vier und fünf gebracht hast, so iss und trink, und habe kein' Prast, — wenn einer seine Angelegenheiten in den Zug gebracht hat, so gehen sie von selbst; — wo Tauben sind, fliegen Tauben zu.

120. So wie mir (der Ochse) Grass frisst, so pflügt er mir das Feld, d. h. wer viel arbeitet, muss auch viel essen.

121. Iss wenig und kaufe ein Taschenmesser (das nöthigste Hausmöbel für Jeden).

122. Der Hund reisst dem Hunde das Auge nicht aus.

123. So lange (je länger) der Mensch lebt, um so mehr lernt er.

124. Wer ungeladen kommt, der findet nicht gedeckt.

125. Einem Kinde, das nicht weint, gibt die Mutter die Brust nicht; — neugr. wer nicht spricht, den begraben sie lebendig.

126. Sie sagen (man sagt) eins, und dann sagen sie zwei; — neugr. Bohne um Bohne füllt den Sack; — wer den Groschen nicht ehrt, ist den Thaler nicht werth.

127. Die Bächlein machen Bäche, und die Bäche Flüsse.

128. Ohne die Füsse zu beschmutzen, werden die Zähne nicht gesalbt; — wer essen will, muss arbeiten.

129. Er sucht Aehren im Schnee.

130. Neuer Tag, neues Schicksal (sorge nicht für morgen).

131. Reichthum macht den Kopf verlieren.

132. Er hat nichts zu thun und macht (wie Kinder) die Thüre knarren.

133. Man färbt keine Eier mit Fürzen; — aus nichts wird nichts.

134. Zwei Hähne sitzen (verhalten sich ruhig) niemals auf einem Miste.

135. Der Dummkopf hat keine Hörner (um ihn daran sogleich zu erkennen).

136. Klopfe auf die Schwelle, damit es die Thüre höre.

137. Wo das Schwert ist, da ist auch der Glaube; — cujus est regio, ejus est religio.

138. Der Jüngling (ist unbeständig) wie der Südwind.

IV. Räthsel.

Diese Räthsel bilden einen Theil der Unterhaltung der an Winterabenden um das Feuer sitzenden und spinnenden Frauen und Mädchen. — Auch die Griechen sind reich an solchen Räthseln. — Ihre Verwandtschaft mit den deutschen Volksräthseln ist unverkennbar. — Dass hier auch Geschmackloses aufgenommen worden, wird wohl Niemand tadeln, dem es um mehr als blosse Unterhaltung zu thun ist.

1. Toskische Räthsel.

(πρᾶλε - α.)

τσ᾽ ἰᾶτε νjε χjε?

Was ist (ein) das?

1. λjοπ᾽ ε βάρδε μίλjετε, ε μαιμούνι χίδετε. s. 2, 67.

1. Die weisse Kuh wird gemolken, und der Affe tanzt. — (Spinnrocken und Spindel.)

2. άρα ε βάρδε, φάρα ε ζέζε, ε μbίελ με δύρρε, ε χούαρ με γύjε.

2. Der Acker (ist) weiss, der Samen schwarz, mit der Hand (wird es) gesäet und mit dem Munde geerntet. — (Der Brief.)

3. δυ βελάζερ αφερ jάνε, ε νjε bρεχ ι νdαν νde μες.

3. Zwei Brüder sind sich nahe, und ein Berg trennt sie in der Mitte — (Augen und Nase.)

4. βέτε ζόνjε, βjεν χοπίλλjε.

4. Es geht als Herrin, und kommt als Magd zurück. — (Der aus dem Feuer glühend aufsteigende Funken, welcher als schwarzer Russpunkt niederfällt.)

5. δυ μότρα νjjέδουρε με νjε bρες. s. 2, 34.

5. Zwei Schwestern, die mit einem Gürtel gegürtet sind. — (Die beiden Thorflügel, welche durch einen quer vorgeschobenen Balken (χανdάρ) geschlossen werden. Dieser Balken wird zu dem Ende aus einer in der Mauer angebrachten Höhlung hervorgezogen.)

6. πέσε μότρα νdιέχενε δότ δόχjενε, ε δοτ σ᾽ ε ζεν.

6. Fünf Schwestern verfolgen sich einander, und können sich nicht fangen. — (Die fünf Stricknadeln am Strickzeuge.)

7. τσα δερβίδε με χjουλjάbε τε φελdίᾶτε. 2, 33.

7. Einige Derwische mit elfenbeinernen Mützen. — (Die Finger.)

8. νjε χαλοjέρ με χοῦ νde bύθε. s. 2, 48.

8. Ein Mönch mit einem Pfahl im Hintern. — (Die schwarze Olive mit dem Stiele.)

9. νjε ζαγάρε νde χαμάρε.

9. Ein Jagdhund in der (gewölbten) Mauernische. — (Die Zunge.)

10. λjέδ περbρένda, μιδ περjάᾶτε.

10. Innen Wolle, aussen Fleisch. — (Das Talglicht.)

11. νjε χασμά νde θες.

11. Ein Karst in dem Sacke. — (Der Fuss mit dem Strumpfe.)

12. χουρ δjετ, πελέτ.

12. Wenn es sch—, so schreit es. — (Die Flinte.)

13. δπυρτ δχίε, δπυρτ bίε, δπυρτ μbι βέτεχε σ᾽ χα (neugr. ἄφυχον φυχὴν δὲν ἔχει, φυχὴν πέρνει χαὶ τρέχει).

13. Lebende Wesen bringt es hin, lebende Wesen führt es her, und hat doch kein Leben an sich. — (Das Schiff.)

14. baba: πα λjέρε, djάλλjι μόρι σεφέρε. s. 2, 74.

14. Der Vater (ist) noch nicht geboren, und der Sohn sieht in den Krieg. — (Der Rauch.)

15. χουρ ε χεχj, μbράζετε; χουρ ε βᴃ, μbούδετε.

16. vjε dίελ vdε dᴃτ. s. 2, 76.

17. vjε xλότᴃxε με ζοxj vdᴃvε dᴃ.

18. ι βόγελj σα vjε λjαιjθί, μενт ετίγ σι xadí.

19. γjίθε γjᴃν' ε χα, ε τε φρύρε σ' xa.

15. Wenn du es ziehst, wird es leer; wenn du es (auf-) setzest, wird es voll. — (Der Hut.)

16. Eine Sonne in dem Meere. — (Der in der Lampe brennende Docht.)

17. Die Gluckhenne mit Küchlein unter der Erde. — (Der Knoblauch.)

18. Klein wie eine Haselnuss, und sein Verstand wie ein Kadi. — (Die Taschenuhr).

19. All seine Habe frisst es, und Sättigung hat es nicht. — (Die Mühle.)

---

2. Gegische Räthsel.

(xάφᴃε-a.)

άvᴃτε σετᴃ άvᴃτε.

Wörtl.: Es ist was ist. — Einleitung zum Räthsel gleich unserer Frage: Was ist das?

1. vjι πᴃλ, μbας ατίγ vjι φούᴃε, μbας ασάιγ jάvε dυ ᴃτίζα, μbας ατύvε jάvε dυ γούρρνα, μbας ατύvε jάvε dυ φέτjε, μbας ατύvε άvᴃτε vjι bιλjbίλj, μbας ατίγ άvᴃτε ποσί vjερί.

1. Ein Wald, nach diesem eine Ebene, nach dieser sind zwei Lanzen, nach diesen sind zwei Quellen, nach diesen sind zwei Pfeifenlöcher, nach diesen ist eine Nachtigall, und nach dieser ist es wie ein Mensch. — (Kopfhaare, Stirne, Augenbrauen, Augen, Nasenlöcher, Mund.)

2. χα bρέᴃεν, ᴃjετ bᴃρε.

2. Es frisst Hagel und sch — Schnee. — (Mühle.)

3. dυ μότρα χάχενε ε bρίvχενε ε ντσιέρρινε ᴃxυύμε vdεπέρ γύjε.

3. Zwei Schwestern streiten sich (neugr. τρόγωνται) und nagen sich und lassen Schaum aus dem Munde hervorgehen. — (Mühlsteine.)

4. σαράιj μbρέττιτ jεᴃίλj, αῖ βέᴃουνε τε xούxj, τεβαbία τε ζίζε.

4. Der Palast des Königs grün, er selbst roth gekleidet, das Gefolge schwarz. — (Wassermelone mit grüner Schale, rothem Fleische und schwarzen Kernen.)

5. φλjέτ, φλjέτ, πύπελj.

5. Blatt, Blatt, Bollen. — (Zwiebel.)

6. ε μάδε ε μάδε σα vjι dέβε, ε βύγελj ε βόγελj σα vjι γύγελj a).

6. Gross, gross wie ein Kameel, klein, klein wie ein Wichtelmännchen. — (Die Nuss, welche in der grünen Schale grösser als in ihrer Holzschale ist.)

7. ι bίρι τσιτσιτσιτσέριτ, ι jάτι bιᴃdεργάνιτ.

7. Der Sohn des träufelnden Tropfens, der Vater des Beschweiften (Destillirhelmes). — (Der destillirende Branntwein. — Beide Genitive sind gemachte Wörter.)

8. dυ μότρα xάvε vjι μαλλj περπάρε. s. 1, 5.

8. Zwei Schwestern haben einen Berg vor sich. — (Augen und Nase).

9. xρύετ vdε bύᴃε, bύᴃετ vdε γουρ, dίτε τjέxινε, dυ περμιέρινε.

9. Kopf an dem Hintern, der Hintere auf dem Stein, zehn ziehen, zwei pissen. — (Das Melken.)

---

a) γογύλj-ι, geg., ein gespenstiges Wesen, mit dem man die Kinder schreckt.

10. κjέπρατ' τσίπερ, κάϑτα περρεπόϑ.

10. Die Dachsparren oben, und das Stroh (als Dachdecke) darunter. — (Der Tragsattel, dessen Holzgestell auf einem grossen Strohkissen ruht, welches den Rücken des Saumthieres deckt.)

11. μιϑ κενδέjε, μιϑ ανδέjε, νjι δρου νdε μέστ.

11. Fleisch diesseits, Fleisch jenseits, ein Holz in der Mitte. — (Die Ochsen und die zwischen ihnen vorstehende Deichsel.)

12. δρου κενδέjε, δρου ανδέjε, μιϑ νdε μέστ.

12. Holz diesseits und Holz jenseits, Fleisch in der Mitte. — (Die Wiege.)

13. ε μότρα ζεν τε βελάνε περ φύτι.

13. Die Schwester fasst den Bruder an der Kehle. — (Knopf und Knopfloch.)

14. δυμbεδjέτε μότρα νdjέκινε δόι δύχjενε, ε σ' ε ζάνε δότ.

14. Zwölf Schwestern verfolgen sich einander, und fangen sich niemals — (Die Leisten des Haspelgestells.)

15. νjι λjέτσκε νdε μεστ ματδάλjιτ (ο. λjιγδτεσε).

15. Ein Lappen in der Mitte einer Lache. — (Die Zunge.)

16. νjι πλjάκε πίλ νούσε τε βούχουρα.

16. Eine Alte gebiert schöne Bräute. — (Der Backofen.)

17. έτσεν, έτσεν, νjι γjούρμε βαν̀.

17. Es geht (und) geht (und) macht nur eine (einzige) Spur. — (Die abgeschossene Flintenkugel.)

18. νjι Αράπ με δορ' νd' ιj.

18. Ein Araber (d. h. Schwarzer) mit der Hand in der Seite. — (Kaffeetopf.)

19. ι βίρι ρρεφ τ' jάτιν, ι jάτι δχαλμόν δυνjάνε.

19. Der Sohn schlägt den Vater, der Vater stürzt die Welt um. — (Die Thurmglocke, welche der Hammer schlägt, und die mit ihrem Schalle die Welt erfüllt.)

20. γjιϑ' τδ' φλjίτετε νdε δυνjάτε, με νjι δρίμε φούτετε.

20. Alles was in der Welt gesprochen wird, schlüpft in ein Loch hinein. — (Das Ohr.)

21. νjι χαιδούτ νdε δετ.

21. Ein Räuber in der Erde (verborgen). — (Die Fussfalle.)

22. χουτί περμbί χουτί, bιϑτ σκίλjε νdε μάjιτ.

22. Schachtel über Schachtel, ein Fuchsschwanz auf dem Gipfel. — (Schilfrohr; — unter Schachtel versteht man die Räume zwischen den Knoten des Rohres.)

23. νjι πλjαχ, κjε δχουντ μάνdα.

23. Ein Alter, welcher die Maulbeerbäume schüttelt. — (Die Kratzbürsten zur Woll- und Flachsbereitung.)

24. δυ τσεπ δτύρενε, τε bράσνε δόι δύχjινε, ε σουν περπίχjενε.

24. Zwei Böcke werden gereizt, sich der eine den andern zu tödten, und können nicht an einander kommen. — (Die zusammengezogenen Augenbrauen.)

25. ι ρικjμάνε, τορτυμάνε, τα ρεφέιγ, ε νουχ ε δι.

25. Igelmane, Kitzelmane (τόρτε, jedes Rundgewölbte), ich sag' es dir, und du verstehst es nicht. — (Der Igel. — μάνε ist ein Zusatz, um die Worte unverständlich zu machen.)

26. νjι χουτί με ινδόϊ.

26. Eine Schachtel mit Perlen. — (Der Mund.)

27. νjι χουτί με κάτερ φέλja βούχε.

27. Eine Schachtel mit vier Stückchen Brot. — (Die Nuss.)

28. ι jάτι με ρόbε jεδϊλje, ι βίρι με ρόbε τε χούχje.

28. Der Vater mit grünem Rock, der Sohn mit rothem Rock. — (Die Nelke.)

29. νϳι ταρχάτϑ με μελϳ.	29. Ein Speisesack mit Hirse. — (Die Feige.)
30. ἰϑετ ἰϑετ σι σεχέρ, ἀμβελϳ ἀμβελϳ σι μϳάλτε.	30. Bitter bitter wie Gift, süss süss wie Honig. — (Die Nuss.)
31. πες βλάζεν νδερτύνε νϳι χαλϳά.	31. Fünf Brüder bauen einen Thurm. — (Die fünf Stricknadeln.)
32. ῃϳίϑε δίτενε χα μιϑ, ῃϳίϑε νάτενε νδεμερὸν ύϳετε.	32. Den ganzen Tag frisst es Fleisch, die ganze Nacht zählt es die Sterne. — (Der Pflug.)
33. πες βελάζεν με ράσα νδε χρύε. s. 1, 7.	33. Fünf Brüder mit Platten auf dem Kopfe. — (Die Finger.)
34. δυ μότρα νῃϳίδεν' με νϳι πρες. s. 1, 5.	34. Zwei Schwestern gürten sich mit einem Gürtel. — (Die beiden Thürflügel und der Querbalken, welcher sie verschliesst.)
35. πες τε βιτ' ε δορáχουτ μάρινε τε βίϳνε ε χουνδάχουτ, ε ε χούδινε μβας πράχουτ.	35. Die fünf Söhne des Haander (δύρα, Hand, mit einer Namenendung) nehmen die Tochter des Näsers (χούνδε, Nase, mit einer Namenendung), und werfen sie hinter die Schwelle. — (Das Schneuzen des Bauern.)
36. ῃϳίϑε δίτεν' χᾱ μιϑ, ῃϳίϑε νάτενε ρῖ με ῃύϳε χάπετε.	36. Den ganzen Tag frisst es Fleisch, die ganze Nacht sitzt es mit offenem Munde. — (Der Schuh.)
37. χέλι πρέτῃ μίϑι, μίϑι πρέτῃ χέχουρι.	37. Der Bratspiess von Fleisch, das Fleisch von Eisen. — (Der Ring am Finger.)
38. χε ρύ χάου χουχϳ, βᾱρ σ' δίνε.	38. Wo der rothe Ochse sitzt, da kommt kein Gras. — (Das Feuer.)
39. νϳι ϑτεκί με νϳι ϑτύλε.	39. Ein Haus mit einer Säule. — (Der Waldschwamm.)
40. χᾱπα χάπα βῖν τε χουχϳ βύϑεσε.	40. Sperrweit offen legt es rothe Schminke auf den Hintern. — (Der gewölbte glühende Backdeckel; — s. βιϑνίχ im Lexikon.)
41. νϳι μίζε με ζῦρρ νδεπέρ χᾱμε.	41. Eine Fliege mit Därmen zwischen den Füssen. — (Nadel und Faden.)
42. ῃϳίϑε δίτενε σι ζῦτ, ῃϳίϑε νάτενε σι ρῦπ.	42. Den ganzen Tag wie ein Herr, die ganze Nacht wie ein Knecht. — (Die Matratse.)
43. νϳι λϳῦπε ε μάδε, χυν' ε δάλλϳινε χρύμα νδεπέρ τε.	43. Eine grosse Kuh, Würmer gehen in ihr ein und aus. — (Das bewohnte Haus.)
44. ῃϳίϑ' χούχγ τ' ι α βένϑ, νῃϳῖτ.	44. An jedem, dem du es zulegst, bleibt es haften. — (Der Name.)
45. ϳάνε δυ πλϳέχϳ, ῃρέφενε ϑόι ϑύχϳινε.	45. Es sind zwei alte Männer, die sich einer den andern kämmen. — (Wollkratzbürsten.)
46. ρρουμβουλάχ σδρουμβουλάχ με τσα φλϳούτουρα νδε βαρχ.	46. Rund (das zweite Wort bedeutet nichts) mit vielen Schmetterlingen im Bauche. — (Der Kürbis mit den Samenkörnern.)
47. δυ μότρα σουν ϑόφινε ϑόχϳα ϑόχϳενε.	47. Zwei Schwestern können eine die andere nicht sehen. — (Die beiden Augen.)
48. νϳι χελόϳεν με ῃϳίϑτ μ' βύϑε. s. 1, 8.	48. Ein Mönch mit einem Finger im Hintern. — (Olive.)
49. χϳλ περτσίπερ, χϳλ περρεπύϑ, νϳι τϑάιρε νδε μέστε.	49. Himmel oben, Himmel unten, eine Wiese in in der Mitte. — (Der Krautkuchen.)
50. χα, χα, βύϑε σ' χα.	50. Es isst und isst, Hintern hat es nicht. — (Die Zecke.)
51. νϳι χοτέλϳ με χάτερ λϳούῃε.	51. Eine Holzschüssel mit vier Löffeln. — (Schildkröte.)

52. ὅίτε μότρα δύρε με δόρε τχέχινε ε σ' χε-
ποὐτενε.

52. Zehn Schwestern Hand in Hand ziehen und zerbrechen nicht. — (Die Kette, an der der Kessel über dem Feuer hängt.)

53. ἀρεν μδι ἀρεν πρέιγ γjυλπάνε̤σ' βjέτε̤ρε̤.

53. Flicklappen auf Flicklappen von der alten Nadel. — (Zwiebel.)

54. μιν μιν μδᾱρ, μιν μιν πρᾱπε.

54. Tausend tausend gerade, tausend tausend verkehrt. — (Die Hohlziegeln eines Daches.)

55. μιν μιν νέja, μιν μιν βρίμα.

55. Tausend tausend Knoten, tausend tausend Löcher. — (Das Netz.)

56. δυϑχούχjι ρρεφ δυϑε̤ζῖνε̤.

56. Der Rotharsch schlägt den Schwarzarsch. — (Das Feuer, welches wider den Kessel schlägt.)

57. μέλjι δίjετ, χαμδάρι σ' δίjετε̤.

57. Die Hirse brennt, das Kornbehälter nicht. — (Der Tabak und der Pfeifenkopf.)

58. δυ βε̤λᾱζεν μδάνε̤ ζιάρρινε̤ νᾱ' δύρε, ε σ' δί-γjενε̤.

58. Zwei Brüder halten Feuer in den Händen, und verbrennen sich nicht. — (Die Feuerzange.)

59. χάτε̤ρ δίϑε με γρυχ τέτε̤ ποϑτ.

59. Vier Flaschen mit dem Halse nach unten. — (Das Kuheuter.)

60. χα σ' άνϑτε̤ δριν χα, μαγjᾱρ σ' άνϑτε̤ σομάρ χα, νγα do ϑχον, λjεϑόν σέρμε̤.

60. Ein Ochse ist es nicht und hat Hörner, ein Esel ist es nicht und hat einen Tragsattel, wo es vorübergeht, hinterlässt es Silber.— (Schnecke.)

61. δυ ϑε̤γjέττα πεντ' ζέζζα, χε τε ϑχόινε̤, ατjέ βένε̤.

61. Zwei Pfeile mit schwarzen Flügeln gelangen (stets) dahin, wohin sie wollen. — (Die Augen.)

62. νjι γjάνζε ε γjάλε φερχούμε με ας.

62. Eine lebende Sache gerieben mit Geld, d.h. versilbert. — (Der Fisch.)

63. μιν μιν λjόζινε̤, χάτε̤ρ ι δίεν τόχε̤σε̤.

63. Tausend tausend spielen, vier schlagen den Boden. — (Das Pferd im Laufe.)

64. νjι ϑόϑε ἀρρα μδι τjέγουλατε̤.

64. Ein Sieb Nüsse über den Dachziegeln. — (Die Sterne.)

65. νjι φοϑϑε με βε, ϑχον χᾱλjι χαρμε̤ϑούρ, ε σ' ι σχελj.

65. Eine Ebene mit Kiern, ein geflügeltes Pferd geht über sie hin, und tritt sie nicht. — (Der Mond und der gestirnte Himmel.)

66. δύρα ε νδσέν, ἀρχα σ' ε νδσέν.

66. Die Hand fasst es, die Kiste fasst es nicht. — (Die Fahne.)

67. πούλja ρίπετε̤, μαιμούνι δρίϑετε̤. s. 1, 1.

67. Das Huhn wird gerupft, der Affe dreht sich. — (Der Rocken und die Spindel.)

68. νjι γjάνζε ε γjάλε με νjι φίε ἀρι ν' γύjε.

68. Eine kleine lebende Sache mit einem goldenen Faden in dem Munde. — (Die Lausnuss mit dem Haare, an dem sie hängt.)

69. χjένι ζι ρούν δέρε̤ν' ετίγ.

69. Ein schwarzer Hund bewacht seine Thüre. — (Schlüssel.)

70. χῦν ε δελλj, ε τουνδ πεϑχjίρεν' ετίγ.

70. Er geht aus und ein, und schüttelt seine Serviette. — (Der wedelnde Hund.)

71. χον ε δίja τ' ἀμμε̤νε̤.

71. Die Tochter atzt die Mutter. — (Die Schiffsbarke, welche dem Schiffe Ladung und Nahrung zuführt.)

72. τόπι φλjορίντε̤, ϑέμι χαλjάνε αργjάντε̤.

72. Die goldene Kugel schlägt den silbernen Thurm. — (Die Thurmglocke.)

73. ζόρρετ' ε ϳέβϳουτ βᾱρε.

73. Die Eingeweide des Zigeuners aufgehängt. — (Die vom Rauch geschwärzte Kessel-kette.)

74. ϳάτι πα λϳέμε, ι βίρι δεν σεφέρ. s. 1, 14.

74. Der Vater (ist noch) ungeboren, (und) der Sohn macht einen Feldzug. — (Der Rauch.)

75. βίε κάρτα νδ' ούϳε, ε σ' λϳάϳετε.

75. Es fällt das Papier in's Wasser, und wird nicht nass. — (Das Spiegelbild der Sonne.)

76. νϳε θλ νδε μες τε δέτιτ. s. 1, 16.

76. Ein Stern in der Mitte des Meeres. — (Der brennende Lampendocht.)

77. νϳε ϳϳάνζε ε ϳϳάλε, ϳϳίθε κε ὄχον, τχεχϳ ὄτε-πίνε με βέτε.

77. Eine lebende Sache, wohin sie geht, nimmt sie ihr Haus mit sich. — (Die Schnecke.)

78. ϳϳίθε κε ὄχον, ὄχρουν ὄτεπίνε με σέρμε.

78. Wohin es geht, beschreibt es das Haus (die Wände) mit Silber. — (Die Schnecke.)

79. χουσία χάϳετε, ϳϳέλα σ' χάϳετε.

79. Der Kessel wird gegessen, die Speise wird nicht gegessen. — (Die Därme und ihr In-halt.)

80. κρύετ σι στπσί, βίθτεν σι σενί.

80. Kopf wie ein Pfeifenkopf, den Schweif wie eine (metallene) Tischplatte. — (Der wel-sche Hahn.)

V. Toskische Volksmährchen.

Diese fünf Mährchen wurden im Auftrage des Verfassers von seinem toskischen Lehrer Apostolis G. Panajotides in dessen Geburtsort Ljabowo der Riça erzählenden Frauen nachgeschrieben. Sie ergeben sich unbestreitbar als zur europäischen Familiengruppe gehörig. — Wenn sie auch an Zahl zu gering sind, um einen Factor für den im vierten Abschnitte des ersten Heftes versuchten Beweis abzugeben, so halten wir uns dennoch zur Annahme berechtigt, dass eine grössere Sammlung den selbstständigen Beweis liefern werde, dass die Albanesen ein Glied des indogermanischen Völker-stammes sind; denn je mehr wir in das Wesen des Volksmährchens eindringen, desto grössere ethnologische Bedeutung müssen wir ihm zuerkennen.

Nr. 1 zeigt eine Sükjennesa, welche der Verfasser noch nicht im Neugriechischen aufgefunden hat, dagegen ist die Geschichte selbst ein Bruchstück des Mährchens vom Drako, welches in ganz Griechenland erzählt wird.

Nr. 2 wäre, wenn weniger verkümmert, eine höchst interessante Variante des Bertamythus, von welchem der Verfasser ein halbes Dutzend neugriechischer Varianten besitzt. Der Name der Magd ist albanesisch, und an die slavische Lelo zu denken wegen des fetten l bedenklich; über Kurwe s. Heft I, S. 250 u. Note 299. Zur Vermuthung dunkler Beziehungen zum Monde berechtigen die Grüsse, welche das Mädchen der Mutter mit der Sonne des Mittags schickt, die ihm also freundlich war*), und das Sitzen auf dem goldenen Sessel und Spielen mit dem goldenen Apfel (beides figurirt auch im Neugriechischen, und letzteres in den Kinder- und Hausmährchen Nr. 1). Wir vermuthen nämlich irgend eine mythische Beziehung zwischen diesem Apfel und dem Monde, und möchten in dem Urtheile des Paris den Zuspruch des streitigen Mondes an Aphrodite errathen, denn selbst in hellenischer oder pelasgischer Urzeit scheinen Here und Pallas Ansprüche auf den-selben gehabt zu haben, welche später verjährten; s. weiter Heft I, S. 238 u. 250. Auch in Nr. 49

---

*) War Falade in Kindermährchen 89 etwa ein Sonnenpferd? — Die Neugriechen haben liebliche Sonnenmährchen, in welchen diese als Mann figurirt.

der Kindermährchen geht eine jüngere Schwester ihre fernen älteren Brüder aufsuchen — dort 6, hier 7.

Nr. 3 findet sich auch neugriechisch, doch ohne Kerberus, das unsichtbarmachende Wasser und die Erde der Todten.

Nr. 4 bietet eine so schlagende Aehnlichkeit mit der Perseusmythe, dass sich der Verdacht der Fälschung nur durch die urwüchsige Sprache und Auffassung widerlegen lässt. Neugriechisch ist dasselbe noch nicht aufgefunden, und die Heirath mit der Tante bildet allerdings eine im Volksmährchen seltene Inconsequenz. — Die unsichtbar machende Mütze findet sich auch in neugriechischen, selbst in arabischen Mährchen: Saif Zuliazan stiehlt eine solche sieben streitenden Erben; die ihn als zufällig zum Streite kommenden Fremden zu ihrem Schiedsrichter gewählt hatten. Sultan Saif Zuliazan traduit de l'Arabe par Ali Bey. Constantinople, J. J. Wick 1847. S. 65.

Nr. 5 ist neugriechisch und deutsch, — Kindermährchen Nr. 37.

1.

Kje de σ' kje. — Kje vjε χέρε βάιζε ε μαρτούαρε ndε vjε βενd τε χούaj, πα βάτουρε ndε vjέρεζ τε σaj πέσε βjετ.

vjε dίτε τεχ μίρτε ούjε ndε χρούa, ρεχόντε περ vjέρεζ τε σaj; aτjέ τεχ ρεχόντε, έρθι vjε πλjάχε (ε ajό kje συχjένεζa, χjε χje χάτρε συ, δυ πράπa δυ ρεπάρa, πο βάιζa σ' ε vjόχου, σε τε δυ τε πράπεσμιτε ι χιθ λjίδουρε με θaμί) ε ι θa: ποσε χja biρύ?

ι θότε: χja ο ζόvjε, σε χaμ πέσε βjετ χje σ' χaμ πάρε babάvε ε μέμμενε τίμε, ούda ίστε ε λjάρge ε σ' χaμ vjερί τε βέτε.

ι θότε πλjάχa: ούvε τε όπίε biρύ, σε χaμ πούvε vjjέρ aτjέ, πο χάïde, ορμίσου ε χετού τε πρες.

βάτε βάιζa ndε στεπί τε σάj, ουορμίς ε τθπειjτόι τε πλjάχa, χjε ε πριτ ndε χρούa.

μούaρε vjε a δυ σαχάτ ούde, ε ουaρρουάνε ndε vjε βενd τε φάτχουρε, χjε aτjέ χje στεπί ε συχjένεζεσε, ε βάιζε ε σάj, χjε ε θόdνε μάρο, ρίντε bρένda.

aρύερε ε χουπετόι βάιζa, χjε πλjάχa χje συχjένεζa, πο σ' χιθ vγa τε ίχεν.

σι ρύjτι bρένda συχjένεζa, πορσίτι βάιζεν' ι σάj μάρονε τε δίστε φούρενε, ε βέτε δύλλι jάθτε περ τε mbεjίδουρε dρου.

Es war und war nicht. — Es war einmal eine junge Frau, die war an einem fremden Orte verheirathet, und fünf Jahre nicht zu ihren Verwandten gekommen.

Als sie eines Tages an der Quelle Wasser schöpfte, seufzte sie nach ihren Verwandten, und als sie so seufzte, kam eine Alte zu ihr (und das war die Augenhündin, welche vier Augen hatte, zwei vorne, zwei hinten, aber die junge Frau erkannte sie nicht, denn die zwei hinteren hatte sie mit dem Kopftuche verbunden) und fragte sie: Warum klagst du, Töchterchen?

Sie sagte darauf: Ach Frau, ich klage, weil es nun fünf Jahre sind, dass ich meinen Vater und meine Mutter nicht gesehen habe; der Weg ist weit und ich habe Niemand, mit dem ich gehen könnte.

Da sagte die Alte: Ich führe dich hin, Töchterchen, denn ich habe in der Gegend ein Geschäft; gehe also, schmücke dich, ich warte hier auf dich.

Da ging die junge Frau in ihr Haus, schmückte sich und eilte zu der Alten, die an der Quelle auf sie wartete.

Sie gingen ein oder zwei Stunden Weges und kamen an einen entlegenen Ort, und dort war das Haus der Augenhündin, und ihre Tochter, die Maro hiess, sass darin.

Da merkte das Mädchen, dass die Alte die Augenhündin sei, aber sie konnte ihr nicht entwischen.

Als nun die Augenhündin in's Haus trat, befahl sie ihrer Tochter Maro, den Backofen anzuzünden, und sie selbst ging hinaus, um Holz zu sammeln.

σι ἴκου συκjένεζα, πύετι βάιζα μάρονε, τὄε
ε δύι φούρενε?

ι θότε κεjό, τε τε πjέκεμε τυj τε τε χάμε.

μίρε μούα δύι τε με χάι, ᾑο ζjάρι μι δούχετε.

οὔνε ι φρύj ε δίζετε.

ε τεχ βάτε μάρουα τι φρυν ζjάριτ, ι δα βάιζα
τε du δούαρτε κράπαζεν ε ε κετσέου νδε φούρε
ὀρένδα, ε ι μὂὐλι δέρεν' ε φούρεσε.

ᾑα τε κθενέιγ συκjένεζα, ἴκου βάιζα, ε
με τε τὄπέιjτε ε με φρίχε δούμε ουκθύε νδε
φὄατ τε σάιj, ε μολοίς ζύνjεσε σάιj ᾑίὄε
κετό χjε χόχjι. ε κουὄ ε δεχjὄι, ουτδουδίτ
περ τρίμερι τε σάιj χjε δεφτύι τεχ βούρι
νδε φούρε βάιζεν' ε συκjένεζεσε. — ατjέ jέὄε
ε ᾑjε σ' ᾑjέττὄε.

II.

Κjε δε σ' χjε. — Κjε νjε χέρε νjε μέμμε,
κιὄ ὄτάτε δjέμ νδε χουρβέτ, εδέ νjε βάιζε τε
βύjελjε νδενε νδε ὄτεπί.

σι ουρίτ βάιζα, ι θὄὄνε ὀύτα: λjουμ τι χjε
κε ὄτάτε βελάζερ!

βάτε τε μέμμ' ε σάιj νjε δίτε ε ι θότε:
νένε χαμ ου βελάζερ?
κjυὄ νούχε κε ᾑjό? κε ὄτάτε βελάζερ, πο
σ' ι κε κετσού, jάνε λjαρχ νδε χουρβέτ.

νδε ίὄτε χjε χαμ βελάζερ, τε με απὄ
λjέλjε χούρβενε χυσμεχjάρενε τένε, τε βέτε
τι ᾑjέιγ.
χάιδε ὀιρό, νδε κε κάχjε μαλ.

ουνίς δε κεjό βάὄτε με λjέλjε χούρβενε
μὂε χέμὂε, ε βέτε χαλjούαρ μὂε νjε πέλjε.

σι βάνε περ ᾑjύσμουδε, ᾑjένε νjε χρούα,
ε σι χjε βάπε δούμε, ι έρδι ετ, ε δοὀρίττι
νᾑα πέλjα τε πίντε ούjε, ε πέλjενε ι α δα
χυσμεχjάρεσε τ' ε μὂάιγ.

τεχ πίντε ούjε, ja! χίππεν πέλjεσε λjέλjε
χούρβια ε ίχεν τε ρεπάρα, ε κεjό ε νδίχjτε
πας.

Als nun die Augenhündin fort war, da fragte
das Mädchen die Maro: Was willst du mit dem
Ofen?

Und diese sagte ihr: Wir wollen dich braten
und dann auffress...

Das ist mir ganz recht, dass ihr mich auffress't, aber gib Acht, dass das Feuer nicht
ausgehe.

Ich will schon blasen, und da brennt es.

Und wie nun die Maro hinging, um das Feuer
anzublasen, da stiess sie die junge Frau mit den
beiden Händen von hinten und steckte sie in den
Ofen hinein, und machte die Ofenthüre zu.

Bevor aber die Augenhündin zurückkam, floh
die junge Frau und kehrte in Eile und grossem
Schrecken in ihr Dorf zurück, und erzählte ihrer
Mutter Alles, was sie erlebt hatte; und Jeder,
der es hörte, der wunderte sich über den Muth,
den sie gezeigt hatte, dass sie die Tochter der
Augenhündin in den Ofen stiess. — Dort war ich,
fand aber Nichts (von dem was ich erzählte).

II.

Es war und war nicht. — Es war einmal eine
Mutter, die hatte sieben Söhne in der Fremde,
und eine kleine Tochter zu Hause.

Als nun das Mädchen heranwuchs, da sagten
die Leute zu ihm: Wie glücklich bist du, dass
du sieben Brüder hast!

Da ging es eines Tages zu seiner Mutter und
sagte ihr: Mutter, hab' ich Brüder?

Wie solltest du keine haben, Töchterchen?
Du hast sieben Brüder, aber du hast sie nicht
hier, sie sind weit in der Fremde.

Wenn ich wirklich Brüder habe, so gib mir
die Ljelje Kurwe, deine Magd, damit ich ausgehe, um sie zu finden.

So geh' denn, Töchterchen, wenn du solche
Sehnsucht hast.

Da machte sich diese auf den Weg zusammen
mit der Ljelje Kurwe, die zu Fuss war, und sie
selbst sass auf einer Stute.

Als sie den halben Weg gemacht hatten,
fanden sie eine Quelle, und da grosse Hitze war,
kam ihr Durst an. Sie sprang von der Stute,
um Wasser zu trinken, und gab die Stute der
Magd zu halten.

Während sie nun Wasser trank, siehe da
sprang Ljelje Kurwe auf die Stute und ritt
voraus, und das Mädchen lief ihr nach.

στ ουαφερούανε νδε βενδ κjε κjένε βελάζερίτε, ε ε πρίνε λjέλje χούρβενε στ μύτρε
τ' ετύρε, ε μύτρεν' ετύρε ε βούνε τε ρούαν
πούλjατε ε πάτατε.

ε λjέλje χούρβια ριν ‹‹‹› φρον τ' άρτε ε
λjούαν με μύλε τ' άρτε.

ε κεjύ κjάντε τεκ χουλότ πούλjατε ε πάτατε,
ε ι δερϳόν τε φάλja μέμμεσε σάιj με διελ τε
μέσιτ δίτεσε.

πας τσα δίτε ε χουπετούανε βελάζερίτε κjε
κjε μύτρε ετύρε, ε ι βούνε νδε φρον τ' άρτε ε
λjούαν με μύλε τ' άρτε, ε λjέλje χούρβενε ε
μουντούανε δούμε περ ϳενjέρε κjε ου βέρι, ε ι
βούνε τε χουλότ πούλjατε ε πάτατε.

III.

Κjένε τρε βελέζερ ε ουνίσνε περ χουρβέτ.
νδ' ούδε τεκ βίjνε, ϳϳένε νjε βέρε τε μάδε κjε
δερμόν νδε δυνjά τε πόδτερμε.

ι θόνε τε βόϳελjιτ: νούκε βjεν τε τε λjί-
διμε ε τε τε λjεδούιμε τε δο τδ' έδτε κετού
βρένδα?

με χουβέντε δούμε ε ϳενjύενε· ε λjίδε με
βρέζα ε ε λjεδούανε ε ε λjάνε, ε ρα μbι νjε
δτεπί τε νjιj πλjάχε μαϳjιστjάρε.

τδ' κερχόν? ι θότε πλjάχα· πσε έρδε κετού?

με χα δερϳόυαρε μbρέττι ι δυνjάσε σίπερμε,
τε βέτε τε μυρ νjε κjίμε νϳα ε βούχουρ' ε δέουτ.

κjυδ μουντ τε βετδ ατjέ βιρό? ατj ε ρούαν
νjε κjεν με τρι χόχε κjε σ' φλjε νάτε ε δίτε.

πο κjυδ τε βέιϳ, μεμμό?
να κετά ούjε ε σ' ι τε αφερόνεδ ατjέ, λjάτj
σουρένε τέντε, ε δο βένεδ έρρε ε κjένι σ' τε
δε. ρύιj βρένδα ε κυυρ φλjε ε βούχουρ' ε
δέουτ, να κετε βάλjτε τε σε βδέχουρετ, ε χίδι
νjε τζίχε νδε βεδ, κjε τε μος τσϳϳούχετς.
μερ ι νjε κjίμε τε φλορίτε νϳα χοχ' ε σάιj ε
έα κετού τεκ ούνε τδπέιτ.

βέρι δε κύιj, στ ι θα πλjάχα· ρυ βρένδα
ε κjένι σ' ε πα· ε ϳjέττι βούχουρινε ε δέουτ
τεκ φλjίj. ι χόδι βάλjτενε, ε ι μύρι κjίμενε ε
έρδι τε πλjάχε.

Als sie zu dem Orte kamen, wo die Brüder
waren, da nahmen diese Ljelje Kurwe wie ihre
Schwester auf, und liessen ihre Schwester Hühner und Gänse hüten.

Und Ljelje Kurwe sass auf dem goldenen
Stuhl, und spielte mit dem goldenen Apfel.

Und jene weinte, während sie die Hühner
und die Gänse hütete, und schickte ihrer Mutter
Grüsse mit der Sonne des Mittags.

Nach mehreren Tagen erfuhren die Brüder,
dass sie ihre Schwester sei, und sie setzten sie auf
den goldenen Stuhl, und sie spielte mit dem goldenen Apfel, und die Ljelje Kurwe züchtigten sie
sehr wegen des Betruges, den sie gespielt hatte,
und liessen sie die Hühner und die Gänse hüten.

III.

Es waren einmal drei Brüder, die giagen in
die Fremde. Auf dem Wege, den sie kamen,
fanden sie ein grosses Loch, welches in die Un-
terwelt hinabging.

Da sagten sie zu dem kleinsten: Wenn wir
dich binden und dich hinunterlassen, damit du
siehst, was da drinnen ist, thust du es?

Mit vielen Reden brachten sie ihn dahin. Sie
banden ihn mit ihren Gürteln, liessen ihn hinab
und liessen ihn dann los. Er fiel auf das Haus
einer alten Zauberin.

Was suchst du? sagte ihm die Alte. Warum
kamst du hierher?

Mich schickte der König der Oberwelt, um
ihm ein Haar von der Schönen der Erde zu holen.

Wie willst du dorthin kommen, Söhnchen?
Die bewacht ein Hund mit drei Köpfen, der
weder bei Tag noch bei Nacht schläft.

Wie soll ich's nun machen, Mütterchen?
Da hast du dieses Wasser, und wenn du
dorthin kommst, so wasch' dein Gesicht damit,
und du wirst so dunkel werden, dass dich der
Hund nicht sieht. Dann gehe hinein, und wenn
die Schöne der Erde schläft, da stecke ihr ein
Bischen von dieser Erde der Todten in das Ohr,
damit sie dich nicht gewahr werde. Reiss' ihr
ein goldenes Haar aus dem Kopfe und komme
schnell hierher zu mir.

Jener that, wie ihm die Alte gesagt hatte,
ging hinein, ohne dass ihn der Hund sah, und
fand die Schöne der Erde, während sie schlief.
Er warf ein Stück Erde auf sie, nahm ihr das
Haar und kam zu der Alten.

τσ̈ do τανό? ι θότε πλjάχα.
δούα τε με δεσ̈ τε χίππειj νδε δυnjά τε
σίπερμε.
μδεjόδι πλjάχα με μανγjί γjίθε σύρατε ε
κόρδερετε, ε κετjί ι λjίδι νδε βρες μιδ, ε ε
μούαρε ὄπέζατε τουχ ε νδούχουρε μίδτε ε ε
χίκνε σίχερ.

χουρ ε πάνε βελέζερıτε, ουτδουδίτνε χjυδ
δύλλı.
ου θα κύτj: πσε μορ με λjεδούατε? ε ατά
ι θόδνε: να ὄπετόβε με παχίρ.

ε βέτε τε μβρέττı ε ι δπούρı χjίμεν' ε άρτε
τε βούχουρεσε δέουτ, ε κεjύ χjίμε κıδ κετέ, χjε
χουδ ε μıρ νδε δόρρε, λάμπστε σı δίελı.

ε μόρı μβρέττı ε ja δα γρούασε τıγ, ε κετέ
ε δέρı τε μαδ ε ı δα βούχε τε μάδε ε βελέζερıτ'
ετíγ ουδένε με νδε φουντ χυσμεχjάρετε ετíγ.

IV.

Kje vje μbρετ νδε vje βενδ ε μbρετερόν, ε ι
χjε θένε χjε do τε βρίτεν νγͅα vje νıπ ı τıγ
χjε χjε ακόμα πα λjέρε. περ κετέ πούνε σα
δjεμ βένε τε δυβδάιζε τ' ετíγ, χjε κıδ, ı δττγ νδε
δετ ε ı μbυτ.

ı τρέττı δjάλjε χjε δτίου νδε δετ, νουχ'
ουμbύτ, πο ταλδάιζı ε γͅόδı νδ' άνε τε δέτıτ, ε
ατjέ ε γjένε τσα τσοbένε ε ε μούαρε νδε σταν
τε τύρε, ε ε δάνε νδε γͅρα τε τύρε περ τε
ρίτουρε.

δχο νάτε ε δχο δίτε, ουbέ δjάλjı νδε κόχε
τε τıγ νγͅjέρ μbε δυμbεδjέτε βjέτδ, πο ı bέδıμ ε
ι φόρτε δούμε.
νδ' ατέ κόχε κıδ δάλλjε vje λjουbί νδε βενδ
τε μbρέττıτ, χjε κıδνε δτρεπούαρε γjίθε ούjερατε πρε σάıγ, ε χjε θένε χjε πα νγͅρένε
λjουbία βάıζεν' ε μbρέττıτ, νούχε λjεδόν ούjερατε.

δούαıγ, σ' δούαıγ μbρέττı, σ' κıδ τδ τε
bεν, αποφάσıσı τ' αππ βάıζενε τ' α χάıγ
λjουbία, ε ε δερͅόı ε ε λjίδı νδε βενδ χjε χjε
λjουbία.

Was willst du nun? sagte ihm die Alte.
Ich will, dass du mich auf die Oberwelt
steigen machest.
Da rief die Alte mit Zauberei alle Krähen
und Raben zusammen, und band ihm Fleisch in
den Gürtel, und es nahmen ihn die Vögel, während
sie an dem Fleische zupften, und hoben ihn in
die Höhe.
Als ihn die Brüder sahen, wunderten sie sich,
wie er heraufgekommen sei.
Er aber sagte ihnen: Warum liesst ihr mich
fallen, ihr Narren? und diese sagten ihm: Du
bist uns unversehens entgleitet.
Er aber ging zum König und brachte ihm
das goldene Haar der Schönen der Erde, und
dies Haar hatte das Eigene, dass der, welcher
es in die Hand nahm, wie die Sonne glänzte.
Der König nahm es, und gab es seinem Weibe,
und jenen machte er gross und gab ihm ein grosses Einkommen, und seine Brüder wurden endlich seine Diener.

IV.

Es war einmal ein König, der herrschte
über ein Land, und dem war prophezeiht worden, dass er von einem Enkel getödtet werden
würde, der noch nicht geboren sei. Aus diesem
Grunde warf er alle Knaben, die seine zwei
Töchter bekamen, in's Meer und ersäufte sie.
Der dritte Knabe aber, den er in's Meer warf,
ertrank nicht, denn der Wellenschlag warf ihn
an das Ufer des Meeres. Dort fanden ihn ein
paar Hirten und nahmen ihn mit in ihren Pferch
und gaben ihn ihren Weibern, um ihn gross
zu ziehen.
Es verging die Nacht, es verging der Tag,
und der Knabe wuchs bis in sein zwölftes Jahr
und ward sehr schön und kräftig.
Zu dieser Zeit hatte sich eine Lubia im Lande
des Königs gezeigt, die alle Wasser hatte versiegen lassen; und es war prophezeiht worden,
dass die Lubia die Wasser nicht eher wieder
fliessen lassen würde, bis sie nicht die Tochter
des Königs gefressen hätte.
Wollte der König, oder wollte er nicht, es
blieb ihm keine Wahl, er musste sich entschliessen, das Mädchen zu geben, damit sie
die Lubia frässe, und er schickte sie, und
liess sie an einen Ort binden, wo die Lubia
sich aufhielt.

ατέ δίτε ὄκύ ατέjε εδέ djάλjι xjε ρίτνε
τσοθένετε, ε σι ε πα βάιζνε ε μθρέττιτ, ε πύετι
πσε ρίντε ατjέ ε xjάν, εδέ xεjύ ι μολόισι περ σε
ε xα δερϝούαρε bαbάι.

μος ουτρέμβ, ι θύτε, ρι ε βεϑτρύ μίρε,
χουρ τε dάλλjε λjουbία, φολj με, σε ου do
φάίχεμ.

εδέ xύιϝ υυφᾶέ πας νjιj ᾶπέλε, ε βούρι
νdε xόxε τε τιϝ νjε xjυλjάφε xjε ε μbουλjύν
ε σ' dούxειϝ.

περ νjε τσίxε dύλλι λjουbία, ε βάιζα ι
φὺλjι xαdάλjε djάλιτ xjε ερρίου, εδέ xύιϝ
dύλλι νϝα ᾶπέλα, ε σι ουαφερούα λjουbία, ι
ρα με τοπούς τρι χέρε νdε xύxε, ε ρα νϝύρ-
δουρε λjουbία. σα xάxjε χέρε ουλjεϑούανε
ούjερατε.

ι μόρι xύxε τε λjουbίσε, ε λjεϑύι βάιζεν'
ε μbρέττιτ, ε σ' ε dιj xjε xjε χαλ' ετίϝ.

σι βάτε βάιζα τε μbρέττι, ι θα xjυϑ ᾶπερτύι νϝα λjουbία, ε μbρέττι χάπι χουβένd, xjε
αί xjε βράου λjουbίνε τε βίjε τε μbρέττι, σε
do τ' α bέίjε djάλjε, ε do τ' ι άπε βάιζενε
ϝρούα.

σι dεϝjύι djάλjι, βάτε τε μbρέττι, ε ι
dεφτύι xύxεν' ε λjουbίσε, ε μόρι ϝρούα βάιζενε
xjε ε ᾶπερτύι νϝα λjουbία, ε ουdένε dάσμε τε
μbεδά.

τεx λjούαινε ε xετσέινε, χύδι τοπούσνε
djάλjι, ε με παχίρ ϝοδίτι μbρέτνε ε ε βράου,
ε ουπαϝούα ε θένα, ε ουbέ βέτε djάλjι μbρετ.
— ατjε jέϑε ε ϝjε σ' ϝjέττϑε.

V.

Kjε νjε πλjάx εδέ νjε πλjάxε, ε περνdία
σ' ου xιϑ δένε djεμ. πύετ xερούϑ πύετ ατjέ,
ου θύνε, xjε νdε dύι τε bένι djέλε νdρύϑε
σ' bένετε, πο τε μίρι νjε xατσούπ ε τ' ι φρύνι
dυζέτ dιτ' ε dυζέτ νετ, ε παστάjε do ϝjένι
bρένdα νdε xατσούπ νjε djάλjε.

Denselben Tag ging auch der Jüngling dort
vorbei, den die Hirten erzogen hatten, und als
er die Tochter des Königs sah, so fragte er sie,
warum sie dort sitze und weine; und diese erzählte ihm, wesswegen sie der Vater hierher geschickt habe.

Fürchte dich nicht, sagte er hierauf, halte
dich ruhig und habe genau Acht, wenn die Lubia
herauskommt, dann rufe mir, denn ich will mich
verstecken.

Jener versteckte sich nun hinter einem Felsen, und setzte eine Mütze auf, die ihn bedeckte,
so dass er nicht sichtbar war.

Ueber ein Weilchen kam die Lubia heraus,
und das Mädchen rief leise dem Jüngling, herbei-
zukommen, und dieser kam hinter dem Felsen
hervor, und als sich die Lubia näherte, schlug
er ihr mit der Keule dreimal auf den Kopf, und
die Lubia fiel sterbend nieder. In demselben Augenblick fingen die Wasser wieder an zu fliessen.

Er aber nahm den Kopf der Lubia und liess
die Tochter des Königs ziehen, ohne dass diese
seinen Kummer erfuhr.

Als nun das Mädchen zum König kam und
erzählte, wie sie von der Lubia befreit worden,
da liess der König das Gerücht verbreiten, dass
der, welcher die Lubia getödtet habe, zu dem
Könige kommen solle, denn er wolle ihn zu seinem Sohne machen, und ihm die Tochter zum
Weibe geben.

Als das der Jüngling hörte, ging er zum
König, und zeigte ihm den Kopf der Lubia,
und nahm das Mädchen zum Weibe, das er von
ihr befreit hatte, und es wurde eine grosse
Hochzeit gefeiert.

Während sie spielten und sprangen, warf der
Jüngling seine Keule und traf, ohne zu wollen, den
König, und tödtete ihn, und die Prophezeihung
wurde erfüllt, und der Jüngling selbst wurde
König. — Dort war ich, fand aber nichts.

V.

Es war einmal ein Alter und eine Alte, denen Gott keine Kinder gegeben hatte. Sie befragten sich hier und befragten sich dort; da
sagte man ihnen: Wenn ihr Kinder machen wollt,
so geht das nicht anders, als ihr müsst einen
Schlauch nehmen und zwanzig Tage und zwanzig Nächte hineinblasen und dann werdet ihr im
Schlauche ein Kind finden.

βἑνε δε χετά χετού, ε πας δυζέτ διτ'
ζζένε ὁρένδα νδε χατσούπ νjε djάλjε τε μαϑ
σα νjε άρρε.

ε μούαρε δε χετά ε βέϑνε ε ουϑχύενε, πο
με σ'ρίτειν, ουϑέ πέσε μbε δjέτε βjετϑ, ε σα
άρρα μbέττι.

νjε δίτε ε δερjούανε νδε άρε τε νjιτ χjέτε.
εϑέ χύιγ βάτε, χίπτι νδε μάjε τε παρμένετσε
ε τ νjιτ.

δχότε ατέjε τρε χουσάρε, ε σι πάνε χjέτε
βέτεμε (σε djάλjενε σ' ε ϑίνε), ζούνε τε τϑπερ-
θίτνε χjέτε. εϑέ χύιγ με χοστέν ου bίε νδε
δούαρ, εϑΐ χετά ουτρέμbνε ρεπάρα ϑούμε,
παστάjε βεϑτόινε ε ϑόχενε μbι μάjε τε παρμένετσε; ε μούαρε πας ε βάνε τε βίϑνε χjέτε
ε πρίφτιτ.

σι βάνε jάϑτε νδε ϑτεπί τε πρίφτιτ, χάλε
νjα πλjάσατ' ε πόρτεσε djάλjενε χjε χjε σα
άρρα, ε σι ρυ ὁρένδα, ου χάπι πόρτενε, ε ντζύρι
χjέτε jάϑτε, ε ίχνε.

ε ουϑέ νjε χουσάρ χjε σ' χιϑ τjάτερε, ε τ
μbέττι έμερτ τιγ χουσάρ άρρα, ε ϑούμε ι τρέ-
μbεϑτινε δυνjάjα, ε με νδε φουντ ουμbύτ νδε νjε
ljούμε.

Und jene machten es so, und nach zwanzig
Tagen fanden sie im Schlauche einen Knaben,
so gross wie eine Nuss.

Sie nahmen ihn heraus, kleideten ihn und
ernährten ihn, aber er wuchs nicht mehr, denn
er wurde fünfzehn Jahr, und blieb wie eine Nuss.

Eines Tages schickten sie ihn auf den Acker,
um mit den Ochsen zu pflügen; und jener ging,
sprang auf die Spitze des Pfluges und lenkte die
Ochsen.

Da kamen dort drei Räuber vorbei, und wie
sie die Ochsen allein sahen (denn den Knaben
sahen sie nicht), so fingen sie an, die Ochsen vom
Joch zu lösen. Der aber schlug sie mit der Treib-
stange auf die Hände, und diese fürchteten sich
anfangs sehr, dann aber gaben sie Acht, und
sahen ihn auf der Spitze des Pfluges und nahmen
ihn mit sich und gingen, um die Ochsen des
Priesters zu stehlen.

Wie sie nun vor das Haus des Priesters kamen,
da liessen sie den Knaben, der nur so gross wie
eine Nuss war, durch die Risse der Thür hinein,
und als dieser hineingeschlüpft war, machte er
ihnen die Thür auf und zog die Ochsen heraus,
und sie machten sich aus dem Staube.

Er aber wurde ein Räuber, der seines Gleichen nicht hatte, und sein Name blieb Räuber
Nuss, und die Welt fürchtete ihn sehr. Endlich
aber ertrank er in einem Fluss.

ALBANESISCHE STUDIEN.

HEFT III.

I. BEITRÄGE ZU EINEM ALBANESISCH-DEUTSCHEN LEXIKON.

DEUTSCH-ALBANESISCHES VERZEICHNISS DER IN DEM ALBANESISCH-DEUTSCHEN
LEXIKON ENTHALTENEN WÖRTER.

ERSTE ABTHEILUNG:

BEITRÄGE

ZU EINEM

ALBANESISCH-DEUTSCHEN LEXIKON.

Vorbemerkung.

Diesen lexicalischen Beiträgen liegt die Wörtersammlung in „R. v. Xylander's Sprache der Albanesen oder Schkipetaren, Frankfurt a. M. 1835" zu Grunde, welche den von ihr vorgefundenen Stoff mit grosser Sorgfalt verarbeitet hat. Die Hauptquelle, aus welcher dieselbe schöpfte, ist die im Jahre 1827 in Korfu erschienene toskische Uebersetzung des neuen Testamentes von Gregorius, Erzbischof von Euböa. Aus dieser Quelle waren kaum drei oder vier Worte nachzutragen und nur wenige Formen und Bedeutungen zu verändern. Derselben ist auch der grösste Theil der Beispiele in der vorliegenden Sammlung entnommen. Xylander trennte diesen Theil seiner Arbeit von den übrigen aus weniger verbürgten Quellen aufgenommenen Wörtern dadurch, dass er die letzteren in Parenthese setzte. Es gelang nun, den grössten Theil der letzteren Classe in der Sprache aufzufinden; für diejenigen Wörter und Formen, bei denen diess nicht möglich war, wurden Xylander's Parenthesen beibehalten, welche demnach die Bedeutung haben, dass der Verfasser für die Richtigkeit der Form und Bedeutung der eingeklammerten Wörter nicht einstehen kann.

Die Zusätze der vorliegenden Sammlung wurden der lebenden Sprache entnommen. Den grössten Theil lieferte eine möglichst sorgfältige dreimalige Ueberarbeitung der Grundlage mit einem toskischen und eine zweimalige mit einem gegischen Lehrer. Der Rest ward von denselben während der Arbeit zugetragen, und ich selbst fand auf meiner Reise durch Albanien Gelegenheit zu mehrfachen Zusätzen.

Die Hauptschwierigkeit bei dieser Arbeit bestand in der Herstellung eines allgemeinen Lautsystems für eine Sprache, welche nur gesprochen und zwar in sehr abweichenden Dialekten gesprochen wird. Die erwähnten Lehrer waren zwar Zöglinge des griechischen Gymnasiums von Jannina und als solche zwar in der altgriechischen Grammatik sehr fest — der Toske sprach sogar französisch und italienisch, und der Gege las und schrieb etwas türkisch (eine schwere Kunst) — aber ihre Muttersprache zu schreiben, war ihnen niemals in den Sinn gekommen. Ihre Unterstützung beschränkte sich daher in der Regel nur auf die Angabe der richtigen Aussprache. Trotz der bedeutenden Vorarbeiten verzweifelte der Verfasser mehr als einmal an der Lösung seiner Aufgabe, bis er endlich durch die Auffindung des reichsten unter den europäischen Lautsystemen für viele trockene Arbeiten entschädigt und ihm bei näherer Bekanntschaft mit dem alten Alphabete von Elbassan *) die Genugthuung zu Theil ward, dasselbe mit seinem Lautsysteme übereinstimmend zu finden.

---

*) S. Heft I.

Dennoch war es ihm nicht vergönnt, dasselbe zu vollenden und in der vorliegenden Arbeit genau durchzuführen. Er muss es namentlich seinen Nachfolgern überlassen, das reine *L*, welches hier nur durch ein Zeichen vertreten ist, in seine zwei Classen, das reine helle und das tiefe im Schlunde gebildete, zu zerlegen, das scharfe (doppelte) *R* von dem einfachen, besonders als Inlaut, schärfer zu trennen, und die Regeln zu bestimmen, nach welchen Consonanten zu verdoppeln sind [*]). Auch bedürfte wohl die Stichhaltigkeit des ζ nach *d* einer näheren Prüfung.

Die eingehaltene Orthographie des gegischen Dialektes bedarf aber wohl noch weit zahlreicherer Verbesserungen, da sie bei des Verfassers unvollkommener Kenntniss dieses an Nasallauten, Verschluckungen und Zusammenziehungen so reichen Dialektes in allen Fällen, wo die Analogie des toskischen nicht ausreichte, nur dem Gehöre folgte und der Verfasser fürchten muss, namentlich in den Endungen die toskische Analogie hier und da über Gebühr ausgedehnt zu haben.

Der Titel „Beiträge" rechtfertigt sich für die vorliegende Sammlung aus dem Grunde, weil dieselbe nur Bruchstücke des albanesischen Sprachschatzes gibt. Ganze und zwar sehr bedeutende Sprachgebiete blieben bei dieser Arbeit gänzlich unberücksichtigt; dahin gehört namentlich der tsamische Dialekt, welchen die zahlreiche albanesische Bevölkerung des griechischen Festlandes spricht, ferner die Mundarten der östlichen Landestheile, wie der beiden Drinthäler, der albanesischen Landstriche in Obermoesien.

So folgenreich aber auch eine vollständige Sammlung des ganzen albanesischen Sprachschatzes für die Wissenschaft sein würde, so möchte es doch bei Versuchen wie der vorliegende überhaupt weniger auf Vollständigkeit als auf Genauigkeit des Gelieferten ankommen, damit dasselbe der Sprachforschung eine sichere Basis gewähre. Diese aber wurde auch in geographischer Hinsicht nach Kräften angestrebt; denn für ein Idiom, welches keine Schriftsprache besitzt, dessen Dialekte aber nicht so weit auseinanderliegen, um eine getrennte Behandlung zu erfordern, schien dem Verfasser die Bestimmung der Heimath jedes Wortes und jeder Form besonders wichtig. Bei dieser Classification wurde folgendes Verfahren eingehalten.

Da die Gegend von Tepelen und Elbassan (der Heimath meiner beiden Lehrer) für diejenigen Orte gelten, wo der toskische und gegische Dialekt am reinsten gesprochen wird, so wurde die an diesen Orten gültige Wortform für die Repräsentantin der betreffenden Dialekte angenommen und ist demnach unter der Bezeichnung von *tosk.* und *geg.* speciell die Mundart von Tepelen (im engsten Sinn der südöstlich von der Stadt gelegenen Dörfer der Landschaft Riça) und von Elbassan zu verstehen. Diese Bemerkung möchte vor allem von Seiten derjenigen Beachtung verdienen, welche innerhalb der erwähnten Dialekte andere Formen und selbst Wörter als die angeführten auffinden, damit sie diese letzteren nicht als unrichtig verwerfen, sondern sie neben den ihrigen zu Recht bestehen lassen.

Steht nun ein Wort ohne Angabe seiner Heimath, so kann dasselbe in sofern als gemein albanesisch gelten, als es wenigstens sowohl in der Riça als in Elbassan

---

[*]) S. hierüber die Bemerkungen zur Lautlehre in der Grammatik.

zu Hause ist. Findet sich ein Wort mit dem Beisatze *tosk.* oder *geg.*, so heisst diess so viel, dass dasselbe in dem anderen Dialekte oder wenigstens dem als dessen Repräsentanten angenommenen Orte nicht vorkomme.

Unter mehreren Formen ist stets die erste unbezeichnete die toskische, die folgende mit *geg.* bezeichnete die gegische.

Ueber die Bezeichnungen verschiedener aus bestimmten Gegenden aufgenommener Wörter siehe die Erklärung der Zeichen.

Was die aufgenommenen dem Griechischen und Türkischen entlehnten Wörter betrifft, so verhalten sich dieselben etwa wie die lateinischen und französischen in der deutschen Sprache des beginnenden 18ten Jahrhunderts. Die in der Xylander-schen Sammlung enthaltenen griechischen Wörter wurden grösstentheils beibehalten und nur solche ausgemerzt, von denen sich mit voller Gewissheit annehmen liess, dass sie nur dem mit dem Schriftgriechischen vertrauten Albanesen verständlich und von dem Bibelübersetzer in Ermangelung eines einheimischen Wortes herübergezogen worden seien, wie αιρες, Secte, αρχιτέκτο, διαμάντ, εβροχλυδών, ιδολολάτρε, χολυβίθρε, χορβαχά, λεγεόν, ναυχληροϊ, περιχεφαλέ, συναγώγε, basadovap, *Ambassadeur*, υποχρίτ.

Die beibehaltenen wurden mit dem Zusatze *griech.* versehen, welcher so viel bedeuten soll, dass nach der Vermuthung des Verfassers das Wort aus dem Neugriechischen gleich unsern französischen Wörtern entlehnt sei; sobald dagegen das albanesische Wort Verwandtschaft mit einem altgriechischen zeigt, welches sich im Neugriechischen nicht mehr findet, blieb dieser Zusatz weg, weil dann die Frage über die Entlehnung sehr schwierig wird. Im Allgemeinen kann man annehmen, dass die aus dem Neugriechischen entlehnten Wörter mehr in den südlichen Nachbarländern gebräuchlich seien; doch fehlen sie selbst in Scodra nicht. Wo sich albanesische Synonymen fanden, wurden sie beigemerkt.

Die Bezeichnung *türk.* ist weniger zuverlässig, da der Verfasser selbst nicht türkisch versteht und die Sammlung von keinem dieser Sprache Kundigen durchgesehen wurde. Eine nähere Untersuchung möchte ergeben, dass die Zahl der dem Türkischen entlehnten Wörter grösser ist, als sie jetzt erscheint. Einige von Xylander angeführte türkische Wörter, von denen sich bestimmt annehmen liess, dass sie nur den des Türkischen Kundigen verständlich seien, fielen aus, dagegen wurden einige andere aufgenommen; bei allen aber wo möglich die albanesischen Synonyme angeführt.

Ueber die prosodischen Bezeichnungen s. Grammatik §. 5, End-Note.

Das diesen lexicalischen Beiträgen angehängte deutsch-albanesische Verzeichniss der darin enthaltenen Wörter ist von Herrn Cand. theol. A. Martin in Jena verfasst, dem ich auch für die grosse Sorgfalt, mit welcher er die Copien und Correcturen des linguistischen Theils dieses Werkes besorgte, hiermit öffentlich meinen Dank abstatte. Herr Martin hat sich mit dem Albanesischen so vertraut gemacht, dass diess Verzeichniss, dessen Durchsicht mir, wegen der grossen Entfernung meines jetzigen Aufenthaltes von Jena nicht verstattet ist, gewiss allen Anforderungen entsprechen wird.

Abkürzungen.

a. — andere.
accus. — Accusativus.
act. — activisch und Activum.
adj. — Adjectivum.
adv. — Adverbium.
alban. — albanesisch.
anom. — anomalisch*).
aor. — Aoristus.
arg. kastr. — Argyrokastron.
ber. u. berat. — beratinisch.
bes. — besonders.
best. — bestimmt.
Blanc. — Francisco de Blancis, dictionarium
    latino-epiroticum, Romae 1635.
compos. — Composition.
contr. — contrahirt und Contraction.
dur. — Durazzo.
elbass. — Elbassan.
epir. oder epir. gr. — epirotisch oder epirotisch-
    neugriechischer Dialekt.
euphem. — euphemisch, Euphemismus.
fem. — Femininum.
fr. und franz. — französisch.
geg. — gegisch.
Gegens. — Gegensatz.
genit. — Genitivus.
gr. und griech. — griechisch.
hess. — hessisch.
imp. — Imperativus.
impers. — impersonaliter.
indecl. — indeclinabile.
indicat. — Indicativus.
intr. — intransitiv.
iron. — ironisch.
lap. oder ljap. — lapisch.
masc. — Masculinum.
med. — Medium.
musac. — Musacjá.

n. gr. — neugriechisch*).
N. T. — Neues Testament in toskischer Ueber-
    setzung.
neutr. — neutraliter.
part. — Participium.
partic. — particula.
pass. — Passivum.
pl. und plur. — Pluralis.
poet. — poetisch.
pr. und praet. — Praeteritum.
praep. — Praeposition.
redupl. — reduplicirt.
s. — siehe.
scodr. — Scodra.
sing. — Singularis.
Spath — Landschaft südöstlich vom Elbassan.
spec. — speciell.
spr. — sprich.
St. — Stamm.
subst. — Substantivum.
tetragl. — Tetraglotton. Daniel's λεξικὸν τετρά-
    γλωσσον; s. Xylander, S. VII.
tosk. — toskisch.
tr. und trans. transitiv.
tsam. und tscham. — tschamisch.
türk. — türkisch.
tyr. — Tyranna.
u. a. — und andere.
unbest. — unbestimmt.
verst. — verstanden.
vorz. — vorzüglich.
weibl. — weiblich.
wörtl. — wörtlich.
Xyl. — R. v. Xylander, die Sprache der Alba-
    nesen oder Schkipetaren, Frankfurt a. M. 1835.

*) Dass die hie und da vorkommenden neugrie-
chischen Beispiele nicht der Schrift-, sondern
der Volkssprache entnommen wurden, und sich
daher die Orthographie streng an die Aussprache hielt, wird sich wohl für eden Denkenden aus der Nothwendigkeit rechtfertigen, Natursprache mit Natursprache zu vergleichen.

*) Die anomalen Formen sind in §. 38 der
Grammatik nachzuschlagen.

A.

a, oder; *a - a*, auch *ja - ja*, entweder — oder; *σε
ja* vjέρινε *do* τε ουρέjε ε *τjάτερινε do* τε *dója,
ja* vjέρινε *do* τε vdερόjε ε *τjάτερινε do* τε
ξενdερόjα, denn entweder wird er den einen
hassen und den andern lieben, oder er wird
den einen ehren und den andern missachten,
Matth. VI, 24.

a, *partic.*, entspricht dem griechischen *ἆραγε*;
a dꞟꞕό σετꝺ ꝺύνε χɛτά? hörst du wohl, was
jene sagen? Matth. XXI, 16.

ằ! *geg.*, so! ei! besonders beim Zweifel.

ᾱ ằ! *geg.*, Ausruf der Drohung.

αβίς - ι, Abgrund, *griech.*; *s.* ꞟρεμί.

αβίτεμ, *geg.*, *s.* αφεrόνεμ; — *part.* ε αβίτμεja,
die Annäherung.

αβλί - a, Hof, Palast, *griech.*; *s.* ομβύρ.

αβλιμέν u. αβλιμέντ - ι, *pl.* αβλιμέντε - τε, *tosk.*,
Webstuhl, das Weben, Werkzeug; *geg.* τε-
ζꞟꞕάχ - ου.

ằβουλ - ι, *pl.* ằβουλε - τε, *geg.* auch ằβελ, Dunst;
s. βελjόιꞟ.

αβουλόιꞟ, *intr.*, ich dampfe, dünste; *s.* αμελόιꞟ.

αβουλόχεμ, *geg.*, ich werde hitzig, beginne zornig zu werden.

abρdꝺ - ꝺι, *geg.*, Kackerlack.

ajάζμε - a, Weihwasser, *griech.*

ajύ, sie, diese; *s.* χεjύ.

ajοδίμε - a, das Allerheiligste einer Kirche (cor-
rump. aus ἅγιων βῆμα), *griech.*; *s.* χούνꞟε.

αꞟά - ι, *pl.* αꞟαλάρε - τε, Aga, *türk.*

αꞟεζότ - ι, Pulver der Zündpfanne, Zündkraut, *türk.*

αꞟεζοτλέχ - ου, Zündpfanne.

αꞟꞕενούꝺμ, *geg.*, fastenhaltend.

αꞟꞕερίμ - ι, *pl.* αꞟꞕερίμε - τε, Fasten, überhaupt
Diät (das kirchliche χρέꝺμε), *geg.* αꞟꞕενίμ,
kirchliche Fasten.

αꞟꞕερόιꞟ, *geg.* αꞟꞕενόιꞟ, ich faste; — *part.* ε
αꞟꞕερούαρα, *geg.* ε αꞟꞕενούμεja, das Fasten.

αꞟο - ja, *geg.*, in alten Liedern : Gott.

αꞟύιꞟ, *geg.*, ich tage; *s.* ꞟὃιꞟ; — *part.* ε αꞟού-
μεja, das Tagen.

αꞟουρίδε - ja, unreife Traube (dient statt des Es-
sigs), *griech.*, *geg.* ꞟρέστε.

αꝺά, *tosk.*, daher, also, *geg.* πρα.

αδιχjί - a, Ungerechtigkeit, *griech.*, *geg.* ζου-
λούμ - ι.

αδέτ - ι, *pl.* αδέτε - τε, Brauch, Gewohnheit;
adj. gewöhnlich, *türk.*; *s.* ζαχόν.

αζάτ - ι, müssig, verabschiedet (von Soldaten),
freigelassen aus der Sclaverei, *türk.*

(αϑερές), ich reize; *s.* vdες.

άϑετε, *geg.*, herbe, sauer, was die Zähne stumpf
macht; *s.* ꝺάρετε.

αΐ, ajύ, *geg.* auch άΐ, er, dieser, der, der da
verstandene, bewusste; ständige Bezeichnung
des Ehemannes und Liebhabers von Seiten
der Neuvermählten und der jungen Geliebten,
welche den Namen des Mannes niemals nennen; oder auch des Feindes, dessen Namen
man nicht aussprechen will; — *partic.* ja
wohl! gewiss!

ἄιꞟ, *tosk.*, in der Redensart ζούρα ꞟꞕούχενε άιꞟ,
ich biss mich auf die Zunge, ich schwieg stille;
— ζε ꞟꞕούχενε άιꞟ, schweige still; — με ζούρι
άιꞟ, er biss mich; *s.* ꞟουτꝺ.

άιχε - a, Rahm.

αχαταστασί - a, Unordnung, Unbeständigkeit, *gr.*

άχjε, was χάχjε, so sehr.

1

αχϳχέρε, geg., während; αχϳχέρε σα χάγγρα, άϊ σύσι, während ich aas, kam er.

άχε χϳίσι, tosk., der da, d.h. der Teufel; άχε χου, da und da; άχε χουσ̌, — τσίλλι, — τσίου; άχε τσίλλϳα, — τσία, der, die da; der, die gewisse (ὁ δεῖνας, ἡ τάδε).

αχύλε, Divra, s. χϳαρχ; βὶν αχύλε, ich gehe im Kreise herum, ich schweife rings umher.

αχύμα, tosk., noch (geg. νε, berat. δε).

άχουλ - ι, pl. άχουλε - τε, Eis, Reif; adj. kalt; — ούϳετε ίστε φτόχετε άχουλ, das Wasser ist eiskalt.

ἄλ, fem. άλε, scharlachroth (s. griech. άλιχο).

αλά, αλά, αλά etc., geg., ju! hei! ermunternder Zuruf zu gemeinschaftlicher, gleichzeitiger Anstrengung, besonders bei Hebung oder Bewegung einer schweren Last; αλά χοπίλϳα, Ruf oder Zuruf bei Leibesübungen, wie Springen, Purzelbäumen etc. (auch bei dem Fall eines Kindes), auch αλά χοπίλϳα, πούλϳα ουβράφτε, ϳϳέλϳι μός ουβράφτε! heidi ihr Jungen, das Huhn (der Schwache) möge verletzt werden, der Hahn (der Starke) aber nicht! s. ϳαλά.

αλά αλά, rasch, sogleich, geschwind, χάγγρι, σ̌χρύι αλά αλά, er aas, schrieb geschwind.

(αλαίμε), besonders.

αλβάν - ι, geg. ναλβάν, Hufschmied, türk. (er kauft die Eisen vom χοβάτσ̌ und beschränkt sich darauf, sie anzuschlagen).

αλϳεμίστρα - τε, geg., nur im plur., Ackerwerkzeuge.

(αλές), Gewohnheit.

(αλεστίς), ich bin gewohnt.

αλεστίς, geg., ich mische, besonders kaltes Wasser mit heissem im Bade; — αλεστίσεμ, ich mache Fortschritte (hess. ich mache mich); — part. ε αλεστίσμεϳα, das Mischen, Mengen, der Fortschritt; s. τραμεζότϳ.

αλλαμάν - ι, Deutscher; s. βαρβαρές.

αλονάρ - ι, tosk., die Zeit wo das Getreide gedroschen wird (Ende Juni, Juli und August); griech.; s. λϳάνμε.

αλσίβε - α, Lauge, griech.; s. φλϳϳε.

αλτζι̃ - ου, Gyps.

αλτσάμ - ου, geg., schielend; s. βένγερε.

αμβίσε - ϳα, geg., gute Hausfrau.

αμβάρ - ι, geg. χαμβάρ, viereckiges Getreidebehälter von Bretern; s. χόσ̌.

άμελϳϳε und άμβελϳϳε, geg. für έμβλϳϳε, süss; τε άμλϳετε, eingemachte Früchte.

αμελϳσότϳ, geg. für εμβλϳεσότϳ, ich mache süss, versüsse, gebe einem süsse Worte; —

part. ε αμελϳσούμεϳα, das Süssmachen, Versüssen.

αμελϳσίνε - α, geg., süsse Speise.

αμελότϳ, geg., ich wärme; s. αβουλότϳ; — αμελόχεμ, ich wärme, schmore mich; — ζϳάρρι ουαμελούα, das Feuer brennt stark, hitzt; — part. ε αμελούμεϳα, das Wärmen, Erwärmen.

άμμε, s. έμμε.

άμουλ, geg., adject., brennend, hitzend; ζϳάρρι ίστε άμουλ, das Feuer hitzt; s. αβουλ.

αναδολί - α, Morgenland, griech.

αναγχάς, ich zwinge, beeile, griech.

ανϳγερτε, geg., adject., fest; στρπίε ανϳγερτε, fest gebautes Haus.

ανϳγερτότϳ, geg., ich mache fest, befestige; μούρινε, ich baue eine Mauer fest; — βουρϳίνε, ich schraube die (losgewordene) Schraube fest; — ανϳγερτόχεμ, ich werde befestigt, befestige mich; — φόσ̌νϳϳε ουανϳγερτούα νϳα χάμετ, das Kind steht nun fest auf den Beinen; — part. ε ανϳγερτούμεϳα, das Festmachen, die Befestigung; s. νϳ̀ους.

ανϳϳίστρε - α und νϳϳίστρε, tosk., Angel (von νϳϳιτ); s. ϳϳρε̆τ.

ανδάϳε, περ ανδάϳε, πρα ανδάϳε und νδάϳε, darum, deswegen.

άνε, nur in der Redensart: μα χα άνε, es macht mir Freude, freut mich, ich habe Lust nach, mich gelüstet.

ανδέϳε und ατέϳε, geg. auch ανδύτϳ, von dort, dorthin; ανδέϳε βϳγ, ich komme von dort; — ανδέϳε βέτε, ich gebe dorthin; s. χενδέϳε, περτέϳε.

άνε - α, Theil, Seite, Saum, Ufer, Glied, Ende, Borte; halbe Pferdelast (soviel auf die eine Sattelseite gepackt wird); — μbε τόδο άνε, aller Orten, Luc. IX, 6; — χα άνε χάλϳινε, die Pferdelast hat sich auf eine Seite gesenkt; — σ' ίστε νϳε βάρε, πο νϳε άνε, es ist keine Pferdelast, sondern nur eine halbe; — με άνε, vermittelst, durch, με άνε τε Προφίτιτ, vermittelst des Propheten, durch den Propheten; — von Seiten, νδ' άνε νϳέρεζετ χεϳό έστε ε ζαγμέτσ̌με, πο νδ' άνε τε περνδίσε ϳϳίθε ϳάνε τε χολάϳτα, von Seiten der Menschen ist diess schwer, aber von Seiten Gottes ist alles leicht, Matth. XIX, 26; — χθέτϳ μb' άνε τϳάτερε, ich kehre etwas um, zu unterst und oberst.

ανε̃ρε - α, geg., kleine Wespe oder Hummel; s. δρε̃ε.

(ανεχούεμ), ich bedaure, zeige Beileid; s. νεχύτϳ.

αγεμίχ - ου, altgeg., Feind; s. αρμίχ.

ανεμιχjεσί-α, allgeg., Feindschaft.

ανθ-ι, Scodr., Alp; s. ράνδε δέουτ.

ανθίνε-α, geg., Athen.

άνι, geg., es sei, meinetwegen.

άνιγ, geg., was έιγ, ich schwelle; — aor. άνιτα; — part. άνιτουνε — ε άνιτμεja, τε άνιτμιτε Geschwulst; — pass. άνχεμ.

ακμάν, Durazzo, hierauf; s. υjανί, πασανδάje.

αχαλjάς, griech., ich umarme; s. πουθτότy.

άχουρε-α u. άνχυρε, Anker; s. ανγεδτύιγ.

αξάφνα, adv., plötzlich, griech.; s. ξαφνί.

αξί-α, Werth, Tüchtigkeit, griech.

αξούα-οι u. οξούα, geg., Wagenachse; s. βοδτ.

άπ, geg. auch νάπ, anom., ich gebe, ich gebe zu; λjίjja επ, das Gesetz gibt zu, erlaubt; — απ δπίρτινε, ich gebe den Geist auf; — απ βέσσε, ich schenke Glauben; — απ πράπε, ich gebe zurük; — ja απ πράπε χάτρε πjέσε, ich gebe es ihm vierfach zurück, Luc. XIX. 8.; s. ίπεμ; — επ ι δούρετ', geg., auf ihn! leg Hand an ihn! — απ χjιδ, ich erwidere, entgegne auf eine Auseinandersetzung; σι δα χjιδ, er wusste ihm darauf nichts zu entgegnen; — tosk. απ ούδε, n. gr. δίδω δρόμον, ich schicke weg, jage fort; — χεσάιγ πούνε ι επ ούδε? hast du diese Sache zu Ende gebracht? s. δύρε; — νέμμε τε πι, wörtl. gib mir, dass ich trinke, d. h. zu trinken, Joh. II, 7.

απιχάς, ich vermuthe, griech.

αποφασί-α, Vorsatz, Beschluss, griech.; s. δαρτ.

αποφασίς, ich beschliesse, setze fest, griech.

άρ-ι, Gold; — pl. άρε-τε, gearbeitetes (φλjορί, gemünztes).

αραμάσ-ζι, geg., Raufbold; s. βανδίλ.

(αρανχιμβρέτ), Königreich; s. μβρετ.

αράπ-ι, geg., Neger, weibl. αραπέδχε-α, Negerin.

αρατίς, geg., ich erschaffe; περνδία αρατίσι τόχεγε τδουδίτάεμ, Gott erschuf die Welt wunderbar; — χεχj, χjε ουαρατίσε, schlimm, dass du geboren, erschaffen worden, Verwünschung der Mutter gegen das Kind; — part. ε απατίσμεja, Schöpfung, Empfängniss; s. χριότy.

άρβερ-ι, weibl. άρbια, λjap. αρbερέδ-ι, αρbερέδχε-α, der Albanese, Lappe; αρbερίδτ, albanesisch. — Die allgemeine Bedeutung mehr in der Gegerei gebräuchlich, die besondere in der Toskerei. Die Lappen nennen sich selber άρbερ; s. δχjιπ.

αρbερί-α, Albanien; speciell die Lapperei.

αργάτ-ι, geg., Feldarbeiter, Taglöhner, auch Taglohn.

αργατέδε-α, geg., Taglöhnerin.

αργjάνδ-ι, geg., Silber; adj. silbern, περνδί αργjάνδ! silberner Gott! was ach Gott! s. σίρμε u. ερjjένδ.

άρδουρε-α, geg. άρδμε-ja, part. v. βjγ, Ankunft.

άρε-α, Acker, Feld, Landgut; άρε ε μβjέλε, Saatfeld.

αρεζε-α, geg. άνεζε, Wespe.

αρεσέιγ, tosk., ich tadle, ich jage fort; αρεσόχου νjα σύτ' εμί, gehe mir aus den Augen; s. αρρατίς.

αρζέν-ι, Fluss, drei Stunden südlich v. Tyranna.

αρί-ου, Bär; s. αρούδχε.

αρχ-ου, geg. άρχε-α, Lade, Kiste.

αρματολός-ι, tosk., Krieger, Klephte.

αρματός, ich bewaffne, schmücke.

αρματοσί-α, Schmuck, Putz an Kleidern und Häusern, Schiffsgeräthe.

άρμε-α, geg. άρεμ-α, Waffe, die langen, meist stahlgrünen Federn des Hahns, welche zwischen den Schwanz- und Flugfedern liegen; — μβάιγ άρεμ, ich führe Waffen, bin bewaffnet; n. gr. χρατώ όπλα.

αρμενίς, tosk, ich lande; part. ε αρμενίσουρα, Landung; s. χαρρίγ.

(αρμίγ), ich grabe; s. μεμίγ.

αρμίχ-ου, pl. αρμίχj-τε, geg. ανεμίχ, Gegner, Widersacher; s. χασμ.

αρμιχερί-α, Gegnerschaft, versteckte Feindschaft.

άρνε-α, geg., das Flicken; Flickwerk, Flicklappen.

αρνόιγ, geg., ich flicke; — part. ε αρνούμεja, das Flicken.

αρόμε-α, Specerei, griech.

αρούδχε-α, tosk., Bärin.

αρραβονιάς, tosk., ich verlobe — mich (häufiger ζε νούσσε); s. μβουυλότy.

αρρατίς, geg., ich entferne? — nur gebräuchl. αρρατίσου, fort! weg von mir! άπαγε!

άρρε-α, tetragl. χάρρε, Nuss, Nussbaum.

άρρεζε-α, geg., Nackenwirbel und Nacken überhaupt; ι ουχjεπούτ άρρεζα, er brach das Genick.

αρρίγ u. χαρρίγ, ich komme an; s. ρριν.

αρρνίς u. αρρνίσεμ, ich läugne, verweigere, griech.

αρσεγε, tosk., adj., dreist, verwegen, vorlaut.

άρδ, geg., in der Phrase σ'ι δάάε αρδ σύδε, ich würdigte ihn keines Blickes.

αρδίν-νι, geg., Längenmass von 3 Ellen.

άρτε, golden.

αρύερε, tosk., alsdann, hierauf; s. αχέρε.

αρχί-α, Obrigkeit, griech.; s. ουρδενύjμ.

ας, nicht, auch nicht, besonders als Anfang des Satzes; ας φοτίν' ε δέ͡jενε, man zündet auch nicht ein Licht an, Matth. V, 15; — ας παρά μος τέπορς, auch nicht einen Heller darüber; — ας νδς Ισραίλ νουχ γjέτθα χάχjε δέσσς, auch od. selbst in Israel fand ich nicht so vielen Glauben, Matth. VIII, 10; — ας — ας, weder — noch, ας μουνδύχενς, ας τjέρενς, weder plagen sie sich, noch spinnen sie, Matth. VI, 28; — ας? warum? was πσε? geg. — ας vor dem *imperat.* ας τε ὄχύιμς, lasst uns gehen; n. gr. ἀς.

ασεβί-α, Gottlosigkeit, *griech.*; s. παβέσσε.

ασίδ, *geg.* ατσίδ, ein solcher (χεσίδ, ein dieser, entgegengesetzt ασίδ, ein jener).

ασχjέρ-ι, *pl.* ασχjέρε-τε, Kriegsheer, *türk.*

ασλάν-ι, Löwe, *türk.*; s. χαπλάν.

ασνjέ, *geg.* ασνjί, keiner (ας νjε).

άσπρε-α, *geg.* ἄς-ι, Pfennig, Geld, alte Münzeinheit, νjί μίjε ας, 1000 Aspern.

αστρίτ-ι, *tosk.*, besondere Schlangenart, durch ihre Schnelle und Grösse ausgezeichnet; έτσεν σι αστρίτ, er geht (stolz) wie eine Schlange; s. γjάρπερ.

αδδίς, *geg.*, ich bezeuge Beileid, tröste; — *part.* ε αδδίςμεja, Beileid, Trost.

άδίχ-ου, Liebhaber (vorzüglich bei der Mannesliebe), Knöchelspiel; s. εδχ u. jαράν; — αδίχου ι δρίτσος, (wörtl. der Lichtfreund) Motte, (die sich am Licht verbrennt).

αδχ, s. εδχ.

άδχε-ι, *geg.*, Holzsplitter, Baumrinde.

άδπερε, rauh, herbe, sauer.

αδπερότγ, ich säuere, erbittere (einen); βέρρα ουαδπερούα, der Wein ist herbe geworden; — αδπερόχεμ, ich werde gereizt, bin aufgebracht, rauh; — *part.* ε αδπερούμεja, das Reizen, Aufbringen.

αδτ-ι u. άδτε-α, *geg.*, Knochen; todter Knochen; — *plur.* άδτερα-τε u. έδτερα-τε, Gehäuse der Schnecken und Schildkröten; αδτ'ε χρέσς, Hirnschädel; s. χάφχε, ρέδτε.

αδτού, ja wohl, so; αδτυύ χjόφτε, so sei es; s. χεδτού.

ἄτ-ἄτι, Hengst; — *geg.* veraltet, Vater; — ατ, ι βίρ, ι δπίρτι δεντ, Vater, Sohn und heil. Geist.

ατjέ, dort.

ατέjε, s. ανδέjε.

ατεχέρε (ατέ u. χέρε), diesen Augenblick, sogleich, plötzlich.

ατσερίμ-ι, *geg.*, das Schwären.

ατσερότγ, *geg.*, ich mache schwären, reize eine Wunde, welche dann schwärt; ατσερόχεμ, ich schwäre.

ατύ, dort; ατύ, halt! (bleibe dort, wo du stehst); — ατύ χετού, hie und da; s. χετού.

άφερ, *praep.* mit *genit.*, bei, an; βάιζα χjε άφερ πόρτεσς ο. πόρτε, das Mädchen stand an der Thüre; — άφερ δτρπίσς, in der Nähe des Hauses, bei dem Hause.

άφερ, αφερό, *adv.*, nahe, bei, herbei; ε θύρρι άφερ, er rief sie herbei, Luc. XIII, 12; — beinahe, bei, με δο άφερ ο. αφερό νjι χjιντ γροδ, er schuldet mir bei 100 Piaster; — ε πρίττα αφερό ο. άφερο νjι σαχάτ, ich wartete auf ihn fast eine Stunde.

άφερ-ι, Nachbar; *adj.* benachbart.

άφερμ, *geg.*, *adj.*, nahe; die nächsten Verwandten heissen φίς, γjαχ bis Andergeschwisterkind, von da an άφερμ; mit diesen ist von der griech. Kirche connubium gestattet.

αφερό, *tosk.*, beinahe, fast; s. ὄχουρτ.

αφερότγ, ich nähere an; αφερόνεμ, ich nähere mich, — δτεχίσς, dem Hause; s. αβίτεμ.

άφερτε, *adj.*, benachbart; φδάτρα τ'άφερτα, die benachbarten, nahe gelegenen Dörfer.

αφορμί-α, Gelegenheit, Veranlassung, Vorwand, Verläumdung, *griech.*; s. ὄχάχ.

άφτ, με άφτ, *geg.* με jαφτ, hinlänglich, hinreichend; — *geg.* χαμ αφκ μ'ατέ, ich habe Groll gegen diesen (n. gr. ἀχτι).

(αφταπύθ), *griech.*, s. έφταποθ, Seepolyp.

αχ-ου, *geg.*, Buche.

αχένε-γου, *geg.*, Gasterei; σοτ χέμι αχένε, heute haben wir ein Fest.

αχέρε, *tosk.*, N. T. αχjέρε, Matth. II, 7, alsdann, hierauf; s. αρύερε.

αχούρ-ι, Stall, *geg.* auch χjουρ, *griech.*

αχτσί-ου, *geg.* αχτσί, Koch, *türk.*

B.

βᾱ-ja, Furt; χερχότγ βάjευς, ich suche die Furt.

βόj-ι u. βάλj-ι, *plur.* βάje-τε, *geg.* βόj, *best.* βόjι, Oel, häufiger in der Pluralform mit Singularbedeutung βάjτε.

βαj-ι, *plur.* βάje-τε, Klage, Beschwerde; τδ'βαj χε? was hast du zu klagen? — Todtenklage; — χου jέδε? wo warst du? νδς βαj (είς τὸ μυριολόγημα n. griech.), im Sterbehause.

βαjτότγ, *tosk.*, ich jammere, ich klage um einen Verstorbenen.

(βαδε), Pferdestall; s. βαθ.

βάδεζε-α, *geg.* βόδε, wilde Baumfrucht, die nur faul essbar ist; n. griech. σούβρα, Mispel? Speierling?

βαδέ - ja, Frist, Termin; ι δα βαδέ, er gab ihm Frist, türk.

βαδίς, ich tränke, wässere.

βαθ - ι, geg., Ohrring, Hof, der nächste geebnete Raum um das Haus; βαθ ε βαχτίβετ, Vieh-, Schafhürde; — βεν' ε βαθ νdξ βέθτξ, schreibe es dir hinter das Ohr.

βάιζε - a, geg. βάρζξ, Mädchen; s. βάδξζξ.

βαιζξρί - a, geg. βαιζξνί, Jungfrauschaft, die Gesammtheit der Mädchen eines Ortes; δόλλι ϳϳίθξ βαιζξρία νdξ χρούα, die ganze Mädchenschaft ging zur Quelle hinaus.

(βαῖν), Wein; s. βένξ.

βαχ, ich mache lau; — part. ε βάχουρα, das Laumachen.

βάχξτξ, geg. βόχξτξ, lau.

βάχί, Ereigniss, Abenteuer; χα βέρρξ βαχί? hat sich je der Fall ereignet? geschah es je? — νdξ βέφτξ βαχί, wenn der Fall eintritt; — ε τίλλjξ σ' bξν βαχί, so was gibt es nicht, hat sich nie zugetragen, türk.

βάλξ, wohl, etwa (ἄρα); βάλξ βjεν σοτ? kommt er etwa heute? s. βέττα.

βάλξ - ja, Tanz; bξϳϳ βάλξ, ich tanze; s. χαρτσέϳϳ; geg. τχεχ βάλξ, ich führe den Tanz an.

βάλj - ι, s. βαj.

βάλjξ - a, Wallen des kochenden Wassers, Welle, Woge; βίντε λjουμ βάλjξ βάλjξ, (Lied) der Fluss strömte wogend, brausend, einher; s. βξλjόϳϳ.

βξλjόϳϳ, ich siede heftig, walle auf; — part. ε βύλjουρα, geg. ε βαλjούμεja, das Aufwallen von etwas kochendem, das Sieden; s. βουλjόϳϳ.

βανϳ - ου, Musakj., Felge, Radkranz, um den der Reif kömmt.

βανϳόθ - ι, geg., schielend; s. βένϳξρξ.

βάπξ - a, pl. βάπξρα - τξ, Hitze, Mittag; — adj. warm, heiss, χαμ βάπξ, ich habe heiss; geg. bξϳϳ βάπξνξ, ich halte Mittagsruhe; ϳϳδλjα bαυ βάπξνξ, die Heerden halten Mittagsruhe; s. μξρτζέϳϳ.

βάρ, ich hänge, tosk. einen, geg. etwas, ich trage auf; μξ βάρι νjξ φjάλjξ, νjξ πούνξ, er trug mir eine Botschaft, eine Sache auf; — βάρεμ, ich hänge, neutr.; — part. ε βάρουρα, geg. ε βάρμεja, das Hängen; μος βάρι bούζξνξ τούαϳϳ, lasst euren Mund nicht hängen, Matth. VI, 16.

βάρβαρο, Barbar, griech.

βαρβάτ - ι, unverschnittenes männliches Thier; s. πξρτδάχ, χανούρ.

βαρϳξζόϳϳ, geg., ich feire mit Lobgesang (βαρχ u. ϳξζόϳϳ).

βάρζξ, geg., s. βάιζξ.

βαρίφ - ι, Erbe, türk.; s. τραδτϳίμ.

βαριφλέχ - ου, pl. βαριφλέχε - τξ, Erbschaft, türk.

βαρχ - ϳου, die Kette, an welcher der Kessel frei über dem Feuer hängt.

βαρχ - ϳου, Reihe, Kranz; βαρχ φίχjεδ, Feigenkranz; — βαρχ ιντάἴδ, Perlenreihe.

βάρχξ - a, Boot.

βάρρ - ι, geg. βόρρ, Grab, Grabmal, Kirchhof.

βάρρξ - a, geg., Scodr., Wunde.

βαρρόϳϳ, Scodr., ich verwunde; s. πλjαϳύς.

βαρρόθ - ι, Vorstadt.

βάρφξρξ, geg. βύρφ - ι, verwaist, arm, unglücklich.

βαρφξρί - a, geg. βορφξνί - a, Armuth.

βαρφξρόϳϳ, tosk., ich mache arm; βαρφξρόνεμ, ich verarme.

βασσjέτ - ι, Testament, letzter Wille; χξτέ πούνξ τ'a bξδ, σε χξδτού, τ'a λja βασσjέτ babát, diess musst du thun, denn so hat es dir der Vater als Gebot hinterlassen.

βάσσί - ου, Vormund Unmündiger, Bevollmächtigter, Stellvertreter.

βάδξζξ - a, Mädchen, Jungfrau, bes. in dem Begriff von Tochter, s. βάιζξ, βάρζξ.

βαδξζέjξ - a, Jungfrauschaft; s. βξρϳϳξρί.

βατάν - ι, geg., Geburtsort, Vaterland; πρεϳ τδ φάρξ βατάνι je? aus welchem Orte bist du? s. βξνδ.

βάτουρα, geg. ε βόϊτμεja, das Gehen, der Gang, part. von βάτε.

βάτρξ - a, geg. βότξρξ - a, Feuerstelle, Herd.

βαχτ - ι, gelegene Zeit, türk.

βjέτξ - a, tosk., geg. βέϳϳξ, Handhabe, bes. von Hängekesseln (χουσί); auch der Haken, an dem das Gefäss über dem Feuer oder (in Bauerhäusern) an der Wand hängt; siehe βjερ (Pflugschaar).

βjεδξρόχ - ου, geg. βjεδατσάχ, diebisch.

βjέθ u. βιεθ, ich stehle; — part. ε βjέθουρα, geg. ε βjέθμεja, das Stehlen, der Diebstahl.

βjέλ u. βιελ, geg. βιλ, ich breche, übergebe mich; — part. ε βjέλα, geg. ε βjέλμεja, das Brechen, Uebergeben.

βjέλj u. βιελj, geg. βιλj, ich herbste; — part. ε βjέλja, geg. ε βjέλjμεja, Weinlese.

βjέμ - ε, geg. βjέτδμ, vorjährig; στ βjέμ, geg. σιμβjέτδμ, heurig; βέρρξ ε βjέμε, vorjähriger Wein; s. βjετ, βjετδμ.

(βjενjε-α), Ceder.

βjἔρ u. βίερ, geg. βίρ, ich hänge (einen); s. βαρ; — med. βjέρεμ, geg. βίρεμ; — part. βjέρρε, geg. ε βjέρμεjα, das Hängen, trans. u. intrans.

βjἔρ-ι, geg., Galgenstrick; αχ ι βjερ! o. αχ ι βjερ περ φύτι! der Galgenstrick!

βjέρρ-ι, geg. βjέχερ, Schwiegervater (βjέτερε?).

βjέρρε-α, geg. βjέχερε, Schwiegermutter.

βjέδτε (kahl), Herbst, September; s. βέδτε; — berat. βjέδτε ε πάρε September, — ε δύτε, October, — ε τρέτε, November.

βjἔτ, verflossenes, voriges Jahr, n. gr. πέρυσι; σιβjέτ, geg. σιμβjέτ, heuer, diess Jahr, wörtl. wie voriges Jahr! — νγαβjέτ, geg. περβjέτ u. βjετπερβjέτ, alljährlich.

βjετ u. βjετδ, s. βίττ.

βjέτερε, alt, von Menschen und Sachen.

βjετδάρ, geg. βjετδ, jährig, einjährig; δυβjετδάρ u. s. w. zweijährig; — σαβjετδάρε ίστε βέρρε? wievieljährig (alt) ist der Wein? Antw. τριβjετδάρε, dreijährig.

βjετδμ-ε. geg., s. βjἔμ.

βjετρύγ, ich mache alt, nütze ab; — med. βjετερόνεμ, geg. βjετερύχεμ, ich altere; — part. ε βjετερούαρα, geg. ε βjετερούμεjα, das Veralten und Veraltete.

βjεφτὄμ, geg., nützlich, brauchbar, werthvoll; s. βεjέτγ.

βjεφτὄμε-jα, part. v. geg. βίγ, Nützlichkeit, Brauchbarkeit; s. βεjέτγ.

(βγε), Tanne; s. δρεθ.

βδjἔρρε, geg., brachliegend; βγνδ ι βδjέρρε, unbebautes Feld; — χάννε βδjἔρε, abnehmender Mond; s. δjέρρε.

βδέχιjε-α u. δέχιjε, Tod.

βδέχουρε, gestorben, abgestorben.

βδἔς u. δἔς, ich sterbe; βδες ουρίε, geg. ούνερσε, ich sterbe Hungers.

βδόρεμ, geg., Tyranna, ich gehe verloren, unter; δπύρτι ιμ περ τύγ ουβδούρ, Lied — meine Seele ging deinetwegen unter; — ουβδούρ χάννε, der Mond ist im Abnehmen (St. δόρε).

βἔ, verwitwet; γρούα ε βε Witwe, βοῦρ ι βε, Witwer.

βἔ-jα, geg., pl. βᾱ-τε o. βαj-τε, Witwe.

βἔ-jα, pl. βἔ-τε, geg. βὄ, Ei; βε πίδχου, getrockneter Fischrogen, ital. bottarga, n. gr. αὐγοτάραχο.

βε, geg. βἄι, wehe! βε ατίγ! wehe ihm!

βἔ, geg. βεὔ, ich lege, setze, stelle; βε βεδ u. βε ρε, ich beachte, bemerke; — σ'βε ρε, ich

verachte; — βε σύνε, ich schaue, luge, fasse ins Auge; — βε μβε βε, ich beschwöre, mache einen schwören; — βε μβε δάμχε, ich drücke (ein Buch); — βεβάς, ich wette; — βε με, νδε δόρε, ich händige ein; — βε δόρε, ich lege Hand an, unternehme; — σεπσέ βούνε δόρε δοῦμε τε ρεφέτνε με ταξ ιστορίνε, da es viele unternahmen, die Geschichte etc. zu erzählen, Luc. I, 1; — βε νδερ μεντ, ich beabsichtige, ich denke nach; — μος βίρι νδερ μεντ χjυδ ε τδ' φάρε λοΐ τε περγjέγι, denkt nicht darüber nach, wie und was ihr antworten sollt, Luc. XII, 11; — βούρι νδερ μεντ τα λίγ ατε φδέχουρα, er beabsichtigte, sie heimlich zu verlassen, Matth. I, 19; — ι βούρι εμερίνε Ἰσού, er legte ihm den Namen Jesu bei; — βἔ ερί, ich beneide; — ε βούνα πὄδτε, ich warf ihn nieder, besiegte ihn; — geg. βε̄' ε νδένε γjούὄj, thue es unter das Knie, d. h. halte es geheim (von dem Sitzen mit gekreuzten Beinen); — geg. βε γιδτ, ich drücke den in die Dinte getauchten Finger unter eine Urkunde, — überhaupt, ich unterschreibe; — βε νδέρινε, ich schätze ab.

βεβαιός, ich verspreche, bewillige, bestätige, gr. (βεγατε), reich; s. βουγάτ.

βεjέτγ, geg. βίγ, ich nütze; με νjε φjάλjε με βεjέν, mit einem Worte hilft er mir; ich tauge, — σ' βεjέν γjἔ, es taugt nichts; — geg. σ' τα βίνε χεπούτσετε, es ist die Schuhe nicht werth, die du desswegen verläufst; — βιν σα περ δυ, er ist so viel als zwei werth.

βεjύερε, part. v. βεjέτγ, geg. βjεφτὄμ, nützlich, kostbar; γουρ ι βεjύερε, Edelstein; — πα βεjύερε, adv., vergebens, nutzlos; — geg. ε βjεφτὄμεjα, Nützlichkeit, Kostbarkeit.

βε̄γjε-α, geg. für βjέγε.

βεγjελί, s. βογελί.

βέδρε-α, tosk., 1. hölzernes Milchgefäss, n. gr. βετούλι, s. δέχερε; 2. Weinmass = 40 Okka.

βέζνε-jα, Wage, Goldwage, türk.

βεχάιτ-ι, Tetragl., Weber; s. χατδ.

βελά-ι, Bruder; plur. βελάζερ-ιτε u. βελάζ-ιτε, Geschwister; (so N. T., ich hörte stets βλα u. s. w.).

βελαζερί-α, geg. βελαζενί-α, Bruderschaft.

βελαζερίδτ, geg. βελαζενίδτ, brüderlich, geschwisterlich.

βελάμ-ι, tosk., der Verbrüderte, bes. der Freund, welcher Statt des Hochzeiters die Honneurs bei dem Hochzeitsfeste macht, geg. zwei Kinder, die bei der Trauung neben dem Bräutigam und der Braut stehen.

βελαμgρί-α, tosk., Verbrüderung, Bruderschaft, welche durch den Segen des Priesters über die Verbrüderten, ihre Umarmung und gegenseitige Gastmahle abgeschlossen wird.

βελαμgρίδτ, bruderschaftlich.

βελδύjα-τg, geg., plur., unversetzte Pflänzlinge, Saatpflänzchen; s. μgvjύλ.

βελjανί-α, geg., Ohnmacht; s. τχύλgτg.

βέλjεμ, geg., ich habe Widerwillen, bin überdrüssig, es widersteht mir; ουβέλτϑ νγα χgjύ γρούε, ich bin dieses Weibes überdrüssig; s. βjελ.

βελjότγ, ich siede, walle wie kochendes Wasser; s. βάλjε, πgρβελjότγ u. βουλjότγ; vom Meere δεν βάλj.

βελjότᾶχg, s. βλjέσγε.

(βελg-a), Vorhang; geg. βέλjα-τg, Segel.

βελgνᷠg-a, gewebte Wolldecke; s. jορjάν.

(βέμg-a), Made, Fleischmade.

βένgρg, schielend; s. ᷓτgνγgρg, βανγόϑ.

βgνd-ι u. βgν-ι, geg. βgνd-ι, plur. βgνdε-τg, geg. βένdε-τg, Ort, Land, Platz; νdg βgνd! halt! jjέττι βgνd, er fand Gelegenheit; — bαύ βgνd! mache Platz! — σ'χα βgνd, es ist kein Platz; — μg τϑ φαρ' βένdι λόjε? an welchem Orte, wo warst du? — geg., μg βgνd, an Statt; μg βgνd χjε τg bgχύι, μαλgχύν, an Statt zu segnen, verflucht er; — βgνd ι μίρg, heiliger Ort, in der Moschee der Ort um die heilige Nische, aber auch im Freien, wo z. B. jemand geschlafen und stumm oder taub aufgestanden ist; — βένdι jμ, meine Heimath; — βάνg ... μbg βgνd τg τύρg, sie gingen in ihre Heimath, Matth. II, 12; s. βατάν; βgνdε βgνdε, hie und da.

βένdgg-ι, geg. βένdgg, der Eingeborene, Einheimische, Gegensatz v. χούαιγ.

βενdύg, geg., ich placire, ich empfehle; βενdύg ε μίρg ο. βενdύg ε μbg βgνd τg μίρg, empfehle, placire ihn gut, gib ihm einen guten Platz; — βενdύσεμ, ich werde placirt, empfohlen, placire mich; — βενdύσου μίρg, setze dich fest, halte dich fest, z. B. auf dem Pferde; — part. ε βενdόσμεjα, die Empfehlung, Placirung.

βgνdᷓε, geg. βένdϑε, adv., örtlich, nach Ortes Sitte; χgνdό βgνdᷓε, jυ Ιανιότϑε, singe nach der Weise des Ortes und nicht nach der von Jannina.

βένg-a, geg., Wein; s. βέρρg.

βενεdίχ-ου, geg., Venedig.

βgνέρ, geg., s. βgρέρ.

βgνυg-a, part. v. βg, Aufschlag, Umschlag, Kataplasm.

βgνότγ, geg., s. βονότγ.

βέπρg-a, geg., Werk, That.

βgρβίτ, tosk., ich schleudere, verschlinge; βgρβίτεμ, ich stürze (auf einen los); — βgρβίτου! laufe! springe! — part. ε βgρβίτουρα, das Verschlingen.

βέρbgρg, geg. βερπ-bι, blind.

βερbgτσίρg-a, geg. βερbgσίνg, Blindheit.

βερbότγ, ich mache blind, blende; — part. βερbούαρε, geg. βερbούμg, erblindet, geblendet; ε βερbούαρα, geg. ε βερbούμεjα, die Blindheit.

βερjjερί-α, geg. βιφjjινί-α, Jungfrauschaft, Keuschheit; s. βαdgᷨέjg.

βερjjερέᷓg-a, geg. βιφjjινέᷓg, Jungfrau; s. βάdgᷨg.

βερdατσούχ-ου, geg., s. βερdύᷓ.

βέρdg, männl. auch βερϑ, gelb (grün); geg. βερdάχj.

βgρdgσίνg-a, geg., gelbe Farbe, gelbes Aussehen; n. griech. χιτρινάδα.

βερdύᷓ u. βερdανjάχ, geg. βερdάχj, gelblich; νjgρί βερdανjάχ, ein Mensch von gelblicher Gesichtsfarbe, leidendem Aussehen; n. griech. χιτρινάρης.

βgρdάλg, tosk., rings herum; s. χjέρυgλj.

βέρg-a, berat. βgρίμg, geg. bρίμg, team. bίρg, Loch.

βέρg-a, Sommer, Frühling.

βgρέρ-ι, geg. βgνέρ, Galle; s. βρᷓρ.

βερϑ, adj., s. βέρdg.

βερϑ, ich mache, färbe gelb; βέρdεμ, ich werde gelb, bleich; — μος ουβέρϑ! fürchte dich nicht! Antw. ας βέρdεμ ας χούχjεμ, ich werde weder blass noch roth, d. h. ich kümmere mich nicht darum; — part. ε βέρdουρα, geg. ε βέρdμεjα, das Gelb-, Blasswerden, Furcht.

βgρί-ου, Scodr. βέρι, Westwind.

βgρί-α, geg., Furche in der Hand, in einem Abhange; s. βέρg.

βερότγ, ich bringe den Frühling zu; χοϑ βερόβε βέρgνg, λούλjε ᷓλε! wo brachtest du den Frühling zu, du Scharlachblume? (Lied.)

βgρράg, tosk., ich schreie, blöcke, heule; — part. ε βgρρίτουρα, das Schreien, Blöcken, Heulen.

βέρρg-a, tosk., Wein; s. βένg.

βgρρί-α, Winterweide; s. μgρύjg.

βgρρότγ, geg., ich begrabe; s. βέρg.

βέρσε-α, geg. βέρρτσε, Alter; νδε τϑ βέρσε ίϑτε? in welchem Alter ist er?

βερσενίχ-ου, Altersgenosse (n. griech. ὁμῆλιξ); s. μοϑατάρ.

βερϑελέιγ, geg. βερϑελίν, ich pfeife, zische; — part. ε βερϑελούαρα, geg. ε βερϑελίμεja, der Pfiff, das Zischen.

βερϑελίμ-ι, der Pfiff, das Zischen.

βερϑόιγ, ich überschwemme; — part. ε βερϑούμεja, die Ueberschwemmung.

βερτέτ u. με βερτέτ, geg. auch βερτέ, με βερτέ u. βερτέτα, wahrlich! richtig! ja wohl, in der That, in Wahrheit!

βερτέτε u. βερτέτε-α, Wahrheit; adj. wahr, tugendhaft, recht, gerecht; — ουϑ' ε βερτέτε, der rechte Weg; s. ρ̃εμ.

βερτετόιγ, ich versichere (mit Worten); — part. ε βερτετούμεja, die Versicherung.

(βερτίτ), ich drehe um; s. βερβίτ.

βερτσούλjεμ, tosk., ich steige herab, stürze; erbosse mich.

βερτϑάχ-ου, Scodr., Hackmesser der Fleischer; ει τύιj τε δρεφτ βερτϑάχου, möge dich das Hackmesser tödten!

βερτύτ-ι, geg., körperliche Kraft (virtus); μ'ουμαρού βερτύτι, meine Kräfte sind verschwunden.

βεσβεσέ-ja; geg. (aus βεν, ich setze, glaube; σ'βέν, glaube nicht, u. σε, dass, wörtlich also Zweifel, αμφι-βολία), Verdacht, καμ βεσβεσέ, ich habe Verdacht.

βέσε-α, Thau, feiner Regen.

(βεσελίτ), es blitzt; s. βετετίτ.

βεσελjί-α, Ergiebigkeit.

βεσελjίτ, ich bin ergiebig, fruchtbar, von Feldern und Thieren.

βεσετόιγ u. βεσόιγ, tosk., ich kühle; — part. βεσετούαρε, kühl.

βεσόν, βεσετόν, geg. bîe βες, es thaut.

βεϑ, ich kleide an, wickle ein, hülle ein; βεϑ ρόβατε, ich lege die Kleider an; — part. ε βέϑουρα, das Ankleiden; — τε βέϑουρατε, geg. ε βέϑμεja, τε βέϑμιτε, Kleidungsstücke, Anzug; s. βίδεμ, μβάϑ.

βεϑ-ι, Ohr; βε βεϑ, ich beachte; — μba βεϑ, ich lauere, gehorche; — καμ βεϑ, ich merke auf; — νjε βεϑ ρουϑ, geg., eine Weintraube; s. πούϑε.

βεϑγίμ-ι, geg., Versuch, Forschung, Erfahrung.

βεϑγόιγ, geg., ich forsche nach, spüre nach, versuche, ϳjέλλενε, die Speise; — ich prüfe, — νjερίνε, den Menschen; — part. ε βεϑγούμεja, der Versuch, Nachspürung, Nachforschung.

βεϑελίν u. φεϑελίν, geg., ich pfeife mit dem Munde (bei Nacht verboten, weil sonst der Teufel und die bösen Geister nach der Melodie tanzen).

βέϑιjε-α, Nieren; βέϑιja-τε, Weichen, Taille (τ. βεϑ, also das in Fett eingehüllte).

βεϑχ, βέϑχεμ, geg. βῦϑχ, ich welke; — part. βέϑχουρε, geg. βῦϑχουνε, welk; ε βέϑχουρα, geg. ε βῦϑχμεja, das Welken.

βεϑνίχ-ου, geg., thönerner Sturzdeckel, der heiss gemacht und über zu backendes gestürzt wird; s. σατϑ.

βέϑουρε-α u. βέϑουρι-τε, Kleid; s. βεϑ.

βεϑτ-ι, geg. βεύϑτ, Gewächs, Weinstock, Weinberg; — plur. βρέϑτα-τε, geg. βγνέϑτα-τε; s. βjέϑτε.

βεϑτίρε, furchtbar, gewaltig; βεϑτίρε νjα ϳόjε, gewaltig in der Rede; — ιλjάτϑ ι βεϑτίρε, eine bittere Arznei; — unglücklich, ε κράκμεja 'τίγ ϳjάου ε βεϑτίρε, sein Ende war unglücklich; — με βjεν τε βεϑτίρε, es kommt mir Ekel an.

βεϑτίρεμ, geg., es ekelt mich; — part. ε βεϑτίρμεja, der Ekel.

βεϑτόιγ, βεϑτρόιγ, tosk., ich betrachte, beachte; βεϑτρόιγ χουάjτε, ich warte Pferde (wie das n. gr. κυττάζω); — part. ε βεϑτρούαρα u. βέϑτουάρα, der Blick; με γόϑι νjε τε βεϑτούαρε, er warf mir einen Blick zu.

βέτβετε, geg., in der Phrase jάμ ι βέτβετέσε σίμε, ich gehöre nur mir an, bin mein eigener Herr.

βέτε, anom., ich gehe, reise; σα βέτε? wie hoch steht? (im Curse); — Μα Σάυλα σα βγ πο φορτσόνειγ, aber Saul erstarkte mehr und mehr, Ap. G. IX, 22; — bάγτι ιμ σα βέτε πο μεργόνετε, mein Glück entfernt sich mehr und mehr von mir.

βέτε, derselbe, allein, selbst; ε βέρρι βέτε, er hat es selbst, allein gethan; — ε βέτε Δαβίδι ϑύτε νδε κάρτε τε Ψαλμόβετ, und David selbst sagt in dem Buche der Psalmen, Luc. XX, 42; — νάβετ διϳjούάμ νjα βέτε ϳοϳετίγ, wir hörten es aus seinem eigenen Munde, Luc. XXII, 71; — ίϑτε κύιϳ? ist es dieser? Antw. βέτε. o. ι βέτι, o. βέτε δόρα, derselbe, dieselbe Hand; — σα βέτε jάνε? wie viel Personen sind es? δjέτε βέτε, zehn Mann.

βέτε-ja u. βετβέτε-ja, das Selbst; βέτεja ίμε, ich selbst; — σε δούα βετβέτενε μα, ich will mich selbst nicht mehr, d. h. ich will sterben; — Schamtheil.

βέτεμε, adv., allein, einsam, nur, wenn nur:
ε νδένjε βέτεμε νδε βενδ xjε σ'xjε νjερί, und
er weilte einsam an einem Orte, wo Niemand
war, Matth. XIV, 13; — jo βέτεμε — πο εδέ,
nicht nur — sondern auch.

βέτεμε - ι, weibl. - α, der, die einzige; djάλj ι
βέτεμι, der einzige Sohn; s. δελατάς.

βετετίγ, tosk., ich strahle, blitze; βετετίτ,
es blitzt; s. ȧχρεπετίγ; — μάτσεjα βετετίν
εδ. ȧχεπετίν σύτε, die Katze funkelt mit den
Augen.

βετετίμε - α, tosk., Blitz.

βέτεχε - jα, tosk., das Selbst; Schamtheil; s.
Grammatik; — ερδι νδε βέτεχε τε σάιγ, sie kam
(wörtl.) zu dem Selbst von ihr, — zu sich selbst;
— μέρρ με με βέτεχε, nimm mich mit dir;
— θάδε, θε, θα, θαμ, θάτε, θάνε με βέτεχε,
ich sagte bei mir, du sagtest bei dir u. s. w.

βετίουτ u. βετίου, adv., von sich selbst, freiwillig; σεχε βετίουτ δέου — δαρ πίελ, denn
die Erde erzeugt Gräser aus sich selbst,
Marc. IV, 28; — βίντε βετίουτ, er kam unge-
rufen, freiwillig; — άίχνι βετίουτ ε χουπε-
τόνι xjε ίότε άφερ τε χόρρετε, so seht ihr
selbst und begreift, dass die Erntezeit nahe
sei, Luc. XXI, 30; — ε xjένε jάότε βετίουτ
νΐα νΐάζι, und sie waren ausser sich vor
Freude, Luc. XXIV, 41.

βέτουλε - α, Augenbrauen.

βετӧ, βέτӧμε, περβέτӧ u. περβέτӧμε, praep.
mit genit., ausser, ausgenommen; — ΐίθε ι
άίτι βετӧ od. βέτӧμε ότεπίσε, er verkaufte
alles, das Haus ausgenommen; — χουδ μουνδ
τε νδεjίjε φάjετε περβέτӧμε βέτεμε Περ-
δίσε? wer kann Sünden vergeben ausser Gott
allein? Luc. V, 21.

βετӧ, adv., allein; βουρ ε βετӧ, stelle es auf
die Seite, von dem Reste abgesondert; — ΐίθε
ΐίθε βάόχε, ι σχjέβουρι βετӧ, alle mit einander, der Krätzige für sich (Redensart).

βετӧ ε βετӧ, adv., gesondert; τε χάτρε νδένε
βετӧ ε βετӧ, alle Vier wohnten gesondert von
einander.

βετӧ - ι, adj., alleinstehend, vereinzelt.

βέτӧμε, adv., περ βέτӧμε, allein, ausgenommen;
s. βετӧ.

βετӧόιγ, ich sondere ab, scheide, verstosse; —
part. ε βετӧούαρα, geg. ε βετӧούμεjα, die
Scheidung, Absonderung.

βιβλjί - α, geg., Buch, bes. das in einer neuen
Sprache geschriebene; s. τӧμ.

βιβλjιӧχρέσες - ι, geg., Schriftsteller.

βίjε - α, Rinne, Furche; s. τραπ; — geg. ε βούνα
με βίjε, ich brachte es in Gang.

βίγ, geg. s. βεjέτγ.

βίγ, geg., βϊν, anom., ich komme; ich gehe auf,
vom Brotteige; ερδι βούχα? ist das Brot aufgegangen? — σ'με βίνε χεπούτσετ, die Schuhe
passen mir nicht (n. gr. δέν μου έρχονται); —
Ισούι xjε ι διj ΐjιϑ' ατό xjε δο τ'ι βίνε σίπερ,
Jesus, der all das wusste, was über ihn kommen würde, Joh. XVIII, 4; — geg. βαν τσ̈ τε
βίν περ δόραϑ, thue was du immer kannst (in
dieser Sache); — θούιγ τσ̈ τε βίν περ γόjαϑ,
nimm kein Blatt vor den Mund; — βίγ ρρύτουλε,
ich gehe um etwas herum, versuche.

βιέδουλε - α, geg., ein getreidefressender Vier-
füssler — Hamster? Dachs?

βιεϑ, s. βjέϑ.

βιελ, s. βjέλ.

βιελj, s. βjέλj.

βιερ, s. βjέρ.

(βιζεμ), s. βεӧγίμ.

βιζινέ - jα, Goldwage.

βιϑ - δι, Ulme, n. gr. φτελεά.

βίχ - ου, tosk., Steg; — βένου ούρε ε βιχ τε
ӧχύjε ι μίρι ε ι λιχ, werde Brücke und Steg,
worüber Gute und Schlechte passiren, d. h.
habe Geduld und Ausdauer (Redensart).

βιχάς, geg., s. δερτάς.

βιολί - α, Violine.

βιρ, geg., ich hänge einen; s. βᾱρ.

βιράνε - jα, geg., vernachlässigtes, verlassenes
Grundstück, was früher bebaut war, n. gr.
βαττάλιχος; — liederlich, bes. von schlechten
Hausfrauen.

βιργτνί - α, s. βερΐjερί.

βίσε, plur., geg., Orte, Plätze; — ε χιϑ βένε
νδε δυ βίσε, er hatte es an zwei Orte gelegt.

βισέχ - ου, Schaltjahr.

βισχ - ου, Tyr., das männliche Füllen.

βίӧεμ, pass. v. βεӧ, ich kleide mich an.

(βλӧνjε), Seide.

βιτӧ - ι, plur. βίτӧρε τε, Kalb; s. δεμ.

βιττ - ι, plur. βίττερο - τε, geg. βίττνα - τε, βjετ u.
βjετӧ, Jahr; σα βjετ u. βjετӧ ίότε? wie viel Jahre
ist es her? und: wie alt ist er? ίότε δυμεδjέτε
βjετӧ djάλji, das Kind ist 12 Jahre alt; s. βjετ.

βίττο - jα u. βίττοῦα, tosk., Taube.

βιττόρε - jα, Geschick, Glück; χουρ τε δόι
βιττόρεjα, wenn dich das Glück liebt, dir
günstig ist; — τε τίλλε βιττόρε χέϑε, solches
Glück hatte ich, solch Loos war mir beschieden (Trostwort bei grossen und kleinen Wider-

wärtigkeiten); Hausgeist, meist unter der Form einer kleinen Schlange gedacht; — bei einem ungewohnten kleinen Geräusche heisst es: ε βιττόρε, das ist der Hausgeist (wie im Deutschen: es regt sich); — in den Todtenklagen werden die alten Frauen häufig βιττόρε genannt, und häufig heisst es von einer verstorbenen Alten: χjε βιττόρε ε ϑτϱπίσε, sie war der gute Geist des Hauses; — geg. ein Weib, das viele Kinder gebiert; s. πρέβε.

βίχεμ, geg. βίνχεμ, v. βε, ich beschäftige, verlege mich.

βλα, s. βελα.

·(βλα.ͺͺτίρε), Feuchtigkeit.

βλαστάρ-ι, Sprosse, Gewächs, griech.

βλασφιμjάρ-ι, Gotteslästerer, griech.

βλασφιμί-α, Gotteslästerung, griech.

βλασφιμίς, ich lästere Gott, griech.

βλαχίνιχε-α, Wallachin; s. γόγε u. τϑοβάν.

ιβλjάϰε-ja, geg., Feuchtigkeit.

βλύεϑγε-α, geg. βελjότϑϰε-ja, Schale von Früchten, Eiern etc.; s. λεβέσγε.

βλjόρες-ι, Avlona und sein District.

βλjοῦχ-ου, geg., Jugendfeuer; — αύϑτ με βλjουχ τε τιγ, er ist in seiner vollen Jugendblüte; s. λjουχϑ.

βο, s. βε.

βόβε-α, geg., Wau Wau; s. δούβε.

βοj-ji, geg., Oel; s. βαj.

βόγελjε, klein; plur. tosk. βόγετj-τε, geg. männlich βέγjελι-τε, weiblich βόγελja-τε; — χjε περ σε βογελιτ, von Kindheit an, Marc. IX, 21.

βογελί-α, geg. βεγjελί-α, Kleinheit; das niedere Volk, Pöbel; — in Elbasan ουρούμ, der albanesische Christ; ουρούμ ι βύγελje, der Wallach.

βογελjότγ, ich verkleinere, verringere, erniedrige.

βογελjόνεμ, geg. βογελjόχεμ, ich nehme ab, erniedere mich; — part. ε βογελjούαρα, geg. ε βογελjούμεja, die Verkleinerung, Verringerung.

βόδε-α, s. βάδεͺε.

βότε-α u. βότε-ja, grosse Flasche von Glas oder Erde, geg. grosses Weinfass von 50 bis 100 Okka; unter 50 Okka βουτσέλjε-α (in Griechenland Weinmass von 2 Okka); s. βότζε.

βόχετε, s. βάχετε.

βόλ-ι, geg., Willen; βαύ ι βολ, thue ihm den Willen.

(βολατίχ), Flechte.

βολνέσε-α, Scodr., was βολ.

βομό-ι, Altar, griech.

βόνε u. βόνετε, adv., geg., spät; zur Abendzeit, etwa zwei Stunden vor bis sechs Stunden nach Sonnenuntergang; χσε έρδε χάχjι βόνε? warum kommst du so spät (am Abend)? — in dieser Zeit haben die Geister Gewalt über den Menschen, sie hört auf, sobald sich die Nacht bricht, ε ϑύμεja νάτεσε.

βονότγ u. βενότγ, geg., ich verspäte einen, halte ihn auf; βενόχεμ, ich verspäte mich, bin säumig; — part. ε βενούμεja, Verspätung, Säumen; s. μενότγ.

βόρδε-ja, geg., irdener Kochtopf.

βόρε-ja, Nordwind; s. βόρε.

βορρ-ι, geg. Grab; βορρότγ, geg., ich begrabe; s. βαρρ.

βορφ, s. βάρφερε.

βότερε, βότρα; s. βάτρε.

βότς-ι, Kind, Knabe.

βότσε-ja, geg. βοτσί-α, Mädchen bis zu zwölf Jahren; s. τϑουν, τσούτσε, χέδε.

βούαjγ, geg. βούjγ, ich leide körperlich, ich ertrage, τε φτόφτιτε, τε νγρόφτιτε, Hitze, Kälte; — μα σουν πο ε βούjε σεβδάνε, ich kann die Liebe nicht mehr ertragen (Lied); s. χεχj; — part. πα βούιτουνε, unerträglich; — ε βούαρα, geg. ε βούιτμεja, das Leiden; — βούχεμ, ich werde ertragen; — χύτγ νjερί σ'βούχετε, dieser Mensch ist unerträglich, n. gr. δέν ύποφέρεται.

,βούβ u. βοῦφ-βε, tosk., stumm; — βουβάχ-ου, der Stumme; — βουβός, ich verstumme; s. μεμέτε.

βοῦλje-α, Siegel; βοῦλjός, ich siegele.

βοῦλjότγ, ich siede; s. βελjότγ.

βούμεja δύρε, geg., Unternehmung; s. βε.

βούρτσε-α, Bürste; βουρτσότγ u. βουρτσός, ich bürste.

βούϑε-α, Mistkäfer.

βραμούϑ-ͺι, geg., ernst, trübe; s. βράνε.

βράνε u. βράνετε, finster, vom Wetter und Menschen; s. βρε.

βράνες-ι, ernst, trübe, düsterblickender Mensch; Gott als regengebend, der Wolkenregierende.

βράνεσίνε-α, geg., Trübwerden, Trübsein des Wetters.

βρανότγ, ich werde finster, trübe, vom Wetter; runzle die Stirne; πσε βρανόχε ο. βρανόν βέτουλατε? warum ziehst du die Brauen zusammen?

,βράππ-ι, tosk., schneller Gang, Lauf; adv. schnell; έα με βραππ, komme schnell; s. ρένde.

,βραππότγ u. βραππετότγ, tosk., ich laufe; s. ρενdότγ.

,βρας, ich tödte; βρας μέντιμ, geg., wörtlich:
ich tödte, d. h. ich quäle meinen Verstand, um
etwas aufzufinden, zu lösen; — part. ε βράρα,
geg. ε βράμεja, der Todtschlag, Mord.

βράσι-ja, geg., Mord.

βράδστε, geg., rauh, ungeebnet; ούδε ε βράδστε, holperiger Weg; — φόλjμεja εβράδστε,
rauhe Aussprache, Mundart; — υjερί ι βράδστε,
ein rauher Mensch; Gegensatz boύτς; — ε
βράδστα, die Rauhheit, Holprigkeit.

βρε̄ u. βρέρστε, geg. βράγστε, trüb; s. έρρστε.

βρέtjε-α u. βρέτιλjε, tosk., Mord, Mordlust.

βρέιγ, geg. βρανότγ, ich trübe; βρέχεμ, geg.
βρανόχεμ, ich trübe mich; — ουβρε̄ξ geg. ου-
βρανόῦ, es (das Wetter) trübt sich; auch
χόχα βρέχετε; — υjερίου βρέχετε, geg. βράνετε, er wird trübe, finster, seine Stirne um-
zieht sich.

βρεκτούαρ-ι, tosk., Mörder; s. jjακστούαρ.

βρεκτούαρε-ι, der Ermordete.

βρε̄ρ-ι, plur. βρέρετε, Galle; s. βχνέρ.

βρέρτε, gallicht.

βρόμ-ι, geg., Hauptweg, Strasse im Gegensatz
v. Fusssteigen δόλλja, βρόμιτ od. νδε βρομ,
ich kam auf die Strasse (v. Querfeld oder
Fusssteigen); s. πρέβg, welches in all seinen
Beispielen entsprechend ist.

βρομέτς, ich stinke, griech.; s. χjελjπ.

βρομστοίρε-α, Unreinlichkeit, Unzucht; adj.
schmutzig, griech.

βρουjότγ, Scodr., ich quelle; act. (ich erzeuge
Wasser); — χύτγ βχνδ βρουjόν ούjε, dieser Ort
ist quellreich, zeugt Wasser; s. δουρότγ.

βρούτι - νι, Scodr., Sumpf.

βρουλ-ι, geg., Anlauf, Losstürzen; μαρ βρουλ
τε χοφ, ich nehme einen Anlauf, um zu springen; — σ'μβάχετε βρούλι ι ζjάρριτ, die Hitze,
welche das Feuer ausströmt, ist unerträglich;
βρουλ ι ούjιτ, die Gewalt des strömenden Wassers; — βρουλ ι έρρστε, die Gewalt des Sturmes.

βρουλότγ, geg., ich stürze mich; part. ε βρου-
λούμεja, das Losstürzen, der stürmische Angriff.

βυθίς, ich tauche unter, versenke, griech.

βυᾶκ, s. βεᾶκ.

B.

babά-ι, Vater; pl. babαλάρε-τε, Eltern; s. ατ τατ.

bajaλδίς, ich werde ohnmächtig, verschmachte,
türk.

bajάμε-ja, Mandel und Mandelbaum.

bάjτε, s. bάλjτε.

baγστί-α, geg. baxτί-α, Weidevieh, Lastvieh.

bάδῶg-α, geg. bάδῶα-ja, berat., Dachluke.

(baζερjάν-ι), Kaufmann; s. beζερjάν, ρεδπε̄ρ.

bάδg-α, Saubohne.

bάθρε-α, Narzisse.

bᾱιγ, geg., ich trage auf den Schultern, transpor-
tire; s. μbᾱρ; — part. ε bάιτμεja, das Tragen,
der Transport.

bάγε-α, geg. bάγελjε-α, Losung des Grossviehs; s. χαχερδί.

baιράχ-ου, Fahne, türk.; s. bαρjάχ.

baχάλ-ι, Krämer, bes. essbarer Sachen, türk.

bάχε̄ρ-ι, plur. baχέρε-τε, geg. bάχερ, Kupfer; —
türk. μ'ουbε̄ξ σύρι baχε̄ρ, das Auge wurde
mir zu Kupfer, ich verzweifelte; s. τουνῶ u.
τουμbάχ.

baχέρτε, kupfern.

baxί-α, Verbindlichkeit, Vergeltung; χεjό χούνε
μbέττι baxί, diese Sache ist noch abzuthun;
— τ'a πάτῶα baxί, ich bin dir verbunden.

baxτί, s. baγστί.

baxτᾱῖῶ-ι u. baχᾱῖῶ, Trinkgeld, türk.

baλjόῶ, geg., blond, rothhaarig.

bᾱλjτε-α, Erde, Thon, Sumpf, Schlamm; adj.
erden, irden, irdisch; — υjερί bάλjτε, Mensch
von Erde, vergänglich.

baλγάμ-ι, geg., ausgeworfener Schleim, türk.

bάλλα bάλλα, geg., Flickwerk an Flickwerk,
überall geflickt; s. μbaλότγ.

bάλλjε-α, weisses Stirntuch der Weiber, geg.
Flickerei.

bάλλε-α, Stirne; bάλλε πρρ bάλλε, gegenüber
(Stirn an Stirn).

bάλλε-α, Anfang, Spitze; bάλλ'ι χουβ̄ρνδιτ,
Anfang der Rede; — baλλ'ιφούνδιτ, Anfang des
Endes; χουῶ χjε νδε bάλλε, wer war am Anfang, — τε ῶέριτ, des Streites, — τε βάλεσε,
des Tanzes?

bάλτσαμ-ι, baλτσόμε-τε u. bάλτσο-ja, Balsam

bᾱίjε-α, geg., Bad.

bάνγο-ja, Bank, Wechselbank, Kirchenpult.

bανδjάρε-α, Flagge.

bάνδε-α, tosk., 1. Seite; bάνῶ'ε μένγjjερε, die
linke Seite; s. άνε; — 2. Reihe, στρατιώτε
ᾶχούανε bάνδε bάνδε, die Soldaten zogen
reihenweise vorüber.

bανδίλ-ι, geg., Wildfang, Taugenichts; s. αραμάς.

bάνγεμ, geg., pass. v. bάνιγ; s. bέιγ.

bᾱρ-ι, plur. bάρερα-τε, Gras, Kraut, Heu,
Heilmittel; in der Mehrzahl bάρερα, auch Gewürz; s. bάχερα; bαρ μάτσε, Katzenkraut.

2 *

βἄρ, Tscham., ich verliere.

βαραβαρίς, ich vergleiche, mache gleich, bringe einen zur Ordnung, n. gr. ἰσιάζω.

βαραβάς u. βάραϑ, adv., gleich; s. σινjινjί.

βάραιγ u. βάρα, adv., gleich; βἔιγ βάραιγ, ich vergleiche; — ε βάρα με νέβετ ι βέρε ατά, und diese hast du mit uns gleich gemacht, Matth. XX, 12.

βαρβαρέσ - ζι, geg., Deutscher.

βαρβαρί - α, Deutschland.

βαρβαρίϑτ u. βαρβαρέϑτ, deutsch; s. νέμτς, αλλαμάν.

βαρjάχ, s. βαιράχ.

βαρδάχ-ου, 1. Töpferwaare, Flasche; geg. Trinkglas; 2. Lilie; 3. Wasser- und Seifenblase.

βαρδαχτάί-ου, Töpfer, türk.; s. ϑτεμβάρ.

βαρδόϑ u. βαρδούϑ, adj., weisslich, von weisser Gesichtsfarbe.

βαρϑ-ϑι, weiss; s. in ζι.

βαρϑ, ϑβαρϑ u. τσβαρϑ, ich weisse.

β̆αρί-ου, geg., Hirt; s. β̆αρ-ι.

β̆άρι u. μούνα β̆άρι, adv., geg., wenigstens; s. μούνδἔνγ u. τε πάχετε.

βαρίϑτε-α, geg., das Grüne, der Rasen; έτσε τε ρίμε μ' ατέ βαρίϑτε, komm, setzen wir uns auf diesen Rasen.

β̆άρχ-ου, Bauch, Leib; — plur. βέρχjε-τε, geg. βάρχjε-τε, Generationen, Geschlechter; jάνε χάχjε βέρχjετε, es sind (seitdem) so viel Geschlechter; — ϑχούανε ϑτάτε βέρχjε, es sind sieben Geschlechter verflossen (das connubium ist zwischen beiden Familien gestattet); geg., der äussere Bauch, der innere πλjάνδες; s. auch βρες.

βαρότ-ι, geg.; βαρούτ, tosk., Pulver, Schiesspulver, türk.

βαρούτ-ι, s. βαρότ.

β̆άρρε-α, Last, Ladung, Pferdelast; s. άνε.

βάρρε u. με βάρρε, adj., schwanger; — ίϑτε με βάρρε, geg. με φεδίγε, sie ist schwanger.

βαρρέ-jα, geg., Pfahlramme; χόχε βαρρέ, Dummkopf.

βαρρότγ, βαρρός u. μδουρρούς, tosk., ich beauftrage, belästige; geg. βε βάρρε.

β̆ἄς-ι u. β̆ἄστ-ι, Wette; βἔ β̆ἄς, ich wette, türk.

βαδδουλjίδε -jα, tosk., kleine Trümmertheile, die in der Luft fliegen oder im Wasser schwimmen; — με ρα νjε βαδδουλjίδε νδε συ, mir ist etwas in das Auge geflogen; s. βεϑδίλjε.

βάδχε, gemeinsam, zusammen; gebräuchlicher

γjίϑε βάδχε; βαμ ι γjίϑε βαδχε, wir gingen zusammen.

βαδχότγ, ich nähere an; ich versöhne, ich wohne bei; — part. ε βαδχούαρα, geg. ε βαδχούμεjα. Annäherung, Versöhnung, Beiwohnung.

β̆ἄϑτάρτ - ι, tosk., (βεϑτάρτ) Bastard.

β̆άϑτο-jα, tosk., Bastard.

βατάχ-ου, geg., Sumpf, adj. sumpfig, türk.

β̆άτσ-ι, Jakowa., Geselle; s. ϑοχ.

βατόϑ, berat., s. βαγτόϑ.

βάχερα u. βάρερα, s. β̆άρ, Gewürz; s. έρεωτς.

βάχτε-ι, geg. βαφτ, Geschick, Schicksal, βαφτ βαρϑ, glücklich; — βαφτζι, unglücklich; — περ βαφτ glücklicher Weise, türk.; s. φάτ.

βαχτόέ-jα, Garten, türk.; s. χόφϑε.

βαχτϑεβάν-ι, Gärtner; türk.

(βjερ), ich sorge, s. βίς.

β̆ἔ-jα, Schwur, Eid; τε βε μβε βε περνδίν'ε νγjάλε, ich beschwöre dich bei dem lebendigen Gotte, Matth. XXVI, 63; s. βετόγ.

β̆ἔβε-α, neugebornes Kind; das Spiegelbild, im Spiegel oder Wasser.

β̆ἔβεζε-α, die Pupille (ebenso wie χόρη u. pupilla).

βεδδούνjε-α, tosk., junge Taube; s. βιτσούν.

β̆ἔζε-jα, geg., jede Art in den Handel kommenden Baumwollzeuges.

βεζερjάν-ι, Kaufmann; s. ρεϑπέρ.

βεζερjανλέχ-ου, Handel.

β̆ἔγ, ich mache, thue; geg. βανj, Dibra, βύt; β̆ἔγ βε, ich schwöre; s. βετύνεμ. — β̆ἔγ γάρδε, ich umzäune; — β̆ἔγ ζϑφχ u. χjέϑ, ich unterhalte mich; — β̆ἔγ τϑαρέτ, ich winke; — β̆ἔγ παζάρ, ich komme überein, schliesse einen Handel ab; — β̆ἔγ πλjεχγούρε, ich segele und webe (n. gr. κάμνω πανjά); — β̆ἔγ χάϑα, ich verweigere; (βίε χάϑα, geg., ich läugne); — β̆ἔγ με βάρρε, mit Accusat., ich schwängere (ein Wein; s. μβαρς u. νγjίς); — β̆ἔγ ούjε, ich pisse; s. περμjέρ; — β̆ἔγ πούνε, ich arbeite; — σ'τε βεν πούνε, es nützt dir nichts; — β̆ἔγ φαρχ, ich unterscheide mich; — β̆ἔγ φούρχε, ich spinne; — β̆ἔγ φjάλjε, ich streite, zanke; — β̆ἔγ ατίγ ε. νdα ατέ ο. μbε ατέ ο. τεχ αί, ich thue ihm; — geg. βαὺ δόϑε, ich falte, lege zusammen; — geg. βανj με ατέ, ich komme mit ihm überein, schliesse ab; — βάνα με χjεραδδίνε περ νjε δυχμέν δίτεγε, ich schloss mit dem Pferdetreiber zu einem Thaler den Tag ab (verstanden χαζάρ, Handel); — βανj νdερ, ich bin gefällig, — χjένετ, dem Hund, d. h. ich bemühe mich für einen Undankbaren; — μ'ου-

bάν σε, was μ'ουδούκ, es scheint mir, als ob;
bαύj δύɔ̈ɛ, ich verdoppele, wiederhole.

bέττα, geg., vielleicht; bέττα βjεν σοτ, vielleicht
kommt er heute; s. μbἂσε u. dρούσε.

bειτάρ - ι, geg., Dichter; s. bέιγ.

bέιττε - ja, geg., Vers, Gedicht; bέιγ bέττε, ich
mache Verse, dichte; — bέττε τɛ πɛρηjέχμɛ,
gereimte Verse; — νγjις bέττε ατίγ, ich mache
auf ihn ein (Spott-) Gedicht.

bεχίμ - ι, plur. bεχίμε - τɛ, Segen, Lob.

bεχόιγ, ich segne; — part. ι bεχούαρɛ, geg. ι bε-
χούμɛ, der Gesegnete, meist iron. wie s. gr.
ὁ εὐλογημένος; — ε bεχούαρα, geg. ε bεχού-
μεjα, der Segen.

bεχδῖ - ου, geg. bεχτδῖ, Flurschütz, türk.

bέλbɛρɛ - ι, geg. auch bελɛδούχj - ι, der Stotternde.

bελj - ι, geg. Spaten, Grabscheid; s. χjυρέχ.

bελjά - ja, Unfall, Verlegenheit; γjέττα bε-
λjάνɛ, mir stiess ein Unfall zu, ich bin in
Verlegenheit gerathen; — do τ'ι bɛ̈ν νjɛ bελjά,
ich werde ihm eine Verlegenheit bereiten.

bελjbίτσɛ - α, geg., Art Süsswasserfisch.

bελjέχ - γ́ου, geg., Lärmmacher, Sausewind.

bελεντζῖχε - ja, geg. bυλυζύχ - ου, Armband.

(bελτ), Galle.

bένεμ, geg. bάγεμ, pass. v. bέιγ, ich werde
gemacht, werde, mache, stelle mich; — bένεμ πῑσμάν, ich bereue; — χαζɛ̈ρ, ich mache
mich fertig; — bένεμ ι μάρρɛ, ι δρέττɛ, ich
stelle mich närrisch, aufrichtig; — με τɛ
μάρρινɛ bένου ι μάρρɛ, με τɛ ούρτινɛ bένου
ι ούρτɛ, mit dem Narren stelle dich närrisch, mit dem Verständigen verständig; —
ουbάν νjɛ ι μαϑ, er ward ein Mann von Einfluss.

bενχ - ου, geg., Goldamsel? weibl. φούγ́ɛ; s.
σbένιγ (bεν, gelb?).

bένɛ - α u. bέρρɛ - α, geg. bάνμε - ja, das Gemachte, die That, part. v. bέιγ.

bɛρδɛλέιγ, geg., ich erbarme mich eines.

bɛρδɛλίμ - ι, geg., Erbarmen.

bɛρδɛλιμτάρ - ι, geg., u. bɛρδɛλέσταρ, der Erbarmer.

bɛρδᾶῖχ - ου, geg., Spanne zwischen Daumen
u. Zeigefinger; s. φɛλχίνjɛ.

bɛρϑάμɛ - α, geg., Kern der Baumfrüchte.

bερρ - ι, pl. bέρρα - τɛ Schaf, Weidevieh; (v. bέιγ?
sowie n. griech. πράγματα, die Schafe, Weidevieh, v. πράττω; im Sinne von Geschöpfe,
κατ' ἐξοχ.).

bερρεχjάβɛς, nur in dieser Form gebräuchlich,
ich danke, türk.

bɛρρεχjέτ - ι, Mais, Getreide, Ernte, überhaupt
Erntesegen; s. δολέχ; (v. bέρρɛ u. χjετ? wahrscheinlich aber türk.)

bɛρσί - α, geg., Wein- und Oeltrestern; die aus
ihnen entstehende schwarze Dungerde; φυτύρ
ετίγ ουbάν σι bɛρσί, sein Gesicht (eines Todten) wurde (schwarz) wie Dungerde.

bɛρτάς, geg. was βɛρράς, ich schreie; s.
βιχάς.

bɛρτσέλι, Premeti, Gerstenart, die ein feines
weisses Mehl gibt.

bέσσɛ - α, Glaube; geg. Waffenstillstand, Vertrag
über freien Abzug, Uebergabe, sicheres Geleit;
— νɛμ bέσσɛ, gib mir freien Abzug; — νjɛρί
ι bέσσɛσɛ, ein gläubiger, treuer, zuverlässiger
Mann, homme de foi; — μɛ χ̇ένjɽι με bέσσɛ,
er verrieth mich.

bέσσα ο. bέσσα bεσσ u. bέσσɛ πɛρ bέσσɛ! Betheuerung, wahrlich! auf mein Wort! — ι πα
bέσσɛ, ungläubig, treulos, undankbar; s. φε.

bεσσόιγ, geg. μεσσύιγ, ich glaube, ich vermuthe; part. bεσσούαρɛ, treu; — geg. αύτ
περ τɛ μεσσούμɛ, es ist glaubwürdig; — ε bεσ-
σούαρα, geg. ε μεσσούμεja, das Glauben;
Glaubensbekenntniss, Glaube.

bεστάρ - ι, adj., geg., gläubig, treu.

bɛδδίλjε - ja, geg., Kehricht, Körpertheilen, die
im Wasser schwimmen und dasselbe unrein
machen; s. πɛστίελ u. bαδδουλjίδɛ.

bɛτάιjɛ - α, Schrecken, fallende Sucht; s. φλjάμɛ.

bετίμɛ - α, Stellfalle mit einer Steinplatte; s.
τδᾶρχ.

bετόιγ, tosk., ich beschwöre einen, mache einen
schwören; s. bε.

bετόνεμ, ich schwöre; — part. ε bετούαρα,
die Eidesleistung; — ι bετούαρι, der Ge-
schworene.

bέφτι, geg., impers. praeter., χɛστού μɛ bέφτι,
so erging es mir.

bɛχάρ - ι, Sommer; geg. 1. Frühjahr, 2. Wohlgeruch.

bίbɛ - α, geg., junger Wasservogel.

bίjɛ - α, Tochter; s. bίλjɛ; pl. bιj - τɛ, Kinder in
Beziehung auf Eltern, sowohl Töchter als
Söhne; s. bιγ.

bιγ, geg. bιγ́, ich keime, sprosse; s. bίρɛ. —
άρα bίου, geg. bίνι, n. griech. τὸ χωράφι
ἐφύτρωσεν, die Saat (das Saatfeld) ist aufgegangen; — part. ε bίρα, geg. ε bίνμεja,
das Keimen.

bίγ́ɛ - α, Zweig, kleiner Ast, Stängel; Stangen,
welche die vom Holzschlagen für den Bräuti-

gam zurückkehrende Freundschaft in der Hand
trägt und in dessen Hof aufgepflanzt, diese
Stangen sind mit einem Tuche oder einem Laub-
strausse geziert; jeder um ein Stöckchen gebundener Blumenstrauss.

bιγονί - α, *geg.*, Verläumdung, Beschuldigung;
μg νῆjίττι o. *ντσούρι bιγονί*, er verläumdete
mich, brachte mich ins Gerede.

bιγόρρ - ι, *geg.*, poröser leichter Kalkstein zu
Gewölben etc.; s. *d͠ζjébουρg.*

bίε, *aor. p͠ά͠δg*, 1. ich falle, 2. ich klopfe, schlage,
spiele ein Instrument, mit *genit.*; *bίε δέρgοg*
o. *νdg δέρg*, ich klopfe an (der Thüre); —
bίε χάσμιτ νdg xόxg, ich schlage dem Feinde auf
den Kopf; — *bίε φλοjέρgοg,* ich spiele die
Flöte; — *bίε πόᾰτg,* ich falle nieder, werfe
mich nieder; — *geg. ι bίε φορτ τ'α μαρόιγ,*
ich bin sehr dahinter her, um es zu beendigen;
— *p͠ά͠δg μg δάρg,* ich gerieth in die Klemme;
— *ι p͠ά͠δg πράπα χάρτgοg,* ich verlege mich
auf die Wissenschaften, bin hinter dem Lernen
her; — *bίερι πράπα!* sei dahinter her!
pα μbg xουσάρ, er fiel in die Hände der Räuber,
Luc. X, 30; — *pα xύιγ pg͠δπέρ,* dieser Kaufmann ist zurückgegangen; — *σ'ι bίε φjάλja*
πόᾰτg, sein Wort fällt nicht zu Boden; was
er sagt, will, muss geschehen; — *bίε φjάλ-
jgοg,* *geg.*, ich falle von dem Worte Gottes,
verfehle mich gegen das Dogma, die kirchlichen Vorschriften; — *μg pα ἀνα* o. *ίja, geg.*,
wörtl. die Seite fiel mir, d. h. ich habe Seitenstechen; — *λίxσετg τ'ι bίε νdgp σύτg,* wörtl.
du musst ihm in die Augen schlagen, d. h. ihn
zur Einsicht seines Fehlers bringen, ihn zurecht weisen; — *μg xα p͠άνg πgρ σύδε εδέ
τjάτgρ χέρg xgjύ ῆjαή, geg.*, eine solche Sache
habe ich schon einmal gesehen, ist mir schon
einmal vorgekommen; — *xgjό μg bίε* o. *βjεν,*
diess kommt, steht mir zu; — *μg pα ούδα,*
zufällig auf dem Wege (ohne ich machte); —
μg pα xούνα, die Sache, das Geschäft kam
mir zu (ohne mein Zuthun); — *ι p͠ά͠δg μάλλjιτ,*
φᾰάτιτ πgρ τοg δpέτg, geg., ich passirte
den Berg, kam durch den Ort; s. auch *xgρᾰιοg.*

bίε, *aor. προύβα, geg. προύνα,* ich führe,
bringe her; — *xου bίε xgjό ούδg?* wo führt dieser Weg hin? — *bίε pότουλg,* ich pflege; —
xουᾰ ε bίε pότουλg? wer pflegt ihn? — *bίε
νdgρ μgνd,* ich erinnere mich; — *bίνg νdg*
o. *τεx αἴ ῆjίϑg xjg,* sie brachten zu ihm alle,
welche; s. ᾰπίε. — *bίε έρg,* ich rieche, *act.*
u. *intrans*; — *bίε* (o. *μαρ) έρg νιγ τρgντα-*

φύλιτ, ich rieche an einer Rose; — *αἴ bίε
έρg paxί,* er riecht nach Branntwein.

bιϑ͠άϑ - ι u. *bυϑ͠άϑ,* das kriechende Kind, welches
noch nicht gehen kann, der Gelähmte, der nur
kriechen kann.

bίϑg, geg., s. *bύϑg.*

bιλjbίλj u. *bιρbίλj - ι,* 1. Nachtigall, 2. kleine
Kinderpfeife von Maulbeerholz.

bίλjg - α, Tochter; *pl. bίλja - τg;* s. *bίjg.*

bίμg - α, Gewächs, was *bίρg;* s. *bίγ* u. *πέμμg.*

bινά - ja, Fundament; *bινάρα,* Gebäude, *türk.*

bινjάx - ου, Zwilling.

bινd, ich überrede, bringe durch Zwang zum
Geständniss; *ι ϑ͠ά͠δg, xο σ'ε bίνda,* o. *xο s'bιν-
dεᾰg,* ich sprach ihn, konnte ihn aber nicht
überreden.

bίνdεμ, ich willige ein, beuge mich, gestehe auf der
Folter; — *part. ε bίνdουρα, geg. ε bίνdμεja,*
der Gehorsam; — *ι bίνdουρι, geg. ι bίνdουνg,*
der gehorsame, gebändigte; — *ι πα bίνdουρι,*
der unbeugsame (Stamm: *bίε,* ich falle).

bίρ - ι, Sohn; *pl. bιj - τg,* auch Kinder; s. *bίjg.*

bιρbίλj - ι, s. *bιλjbίλj.*

bίρg - α, part. v. bίγ, Keim, Sprosse; s. *bίμg;*
tsemisch Loch; s *βάρg.*

bίρxο! tosk., adv., vortrefflich! zu rechter Zeit!
à propos!

bιρxj - ι, tosk., Haufe, Sanddüne am Meere;
auch *πιρ͠γ.*

bίσx - ου, Zweiglein (mit den Blättern.)

(*bισx*), Stickerei; s. *πιᾰxj.*

bίᾰg - α, Dachs, Hamster, Wild überhaupt; in
der Gegerei euonymon für Wolf (auch der
neugriech. Hirt nennt ihn nicht gerne geradezu
λύxος, sondern meist *ζουλάπι).*

bιᾰτ - ι, pl. bίᾰτρα - τg, Schweif; Frauenzopf; *baᾳ bιᾰτ, geg.,* ich weiche einer un-
willkommenen Begegnung aus; — *τουνd, ljούιγ
bίᾰτgνg,* ich wedele, weiche aus, brauche
Ausflüchte (bes. von einem schlechten Zahler).

bιᾰτατούνd - ι u. *bιᾰτατούνdg ς - ι, geg. bυᾰxούνd-
gς,* Bachstelze, Schmeichler; s. *χαραbίλj.*

bιᾰτέζg - α, Hinterzeug des Sattels.

bίᾰτμg - ι, der letzte.

bιτσ - ι, pl. bίτσουj - τg, Ferkel; s. *xgλjούᾰ.*

bιτσούν - ι, pl. bιτσούνjg - τg, Ferkel; s. *bεᾰᾰοbjg*
(zusammengesetzt aus *bίτς,* s. *μίτς,* u. *τᾰουν*).

bλjεγ͠gράς u. *bλjεγ͠gρίτ, geg. bλjεγ͠ουρίς,* ich
blöcke, ich schreie; — *part. ε bλjεγ͠gρούαρα, geg.
ε bλjεγ͠gρίμεja,* das Blöcken, Schreien.

(*bλjέ*), *bλjέτιγ, pass. bλίχεμ,* ich kaufe; — *part. ε
bλjέρα, geg. ε bλjέμεja,* der Kauf.

bλjễμ - ι, pl. bλjέμε - τg, tosk., Kauf, Handel.

bλjένδσg - a, Bauch; s. πένσg, πλjένδgς.

bλjέρg - a, part. v. bλjέτγ, Kauf; adj. käuflich, feil.

bλjέτg - a, Biene; bāρ bλjέτε, Melisse.

bλjύζg - a, geg., Russ.

bλjoύαιγ, geg. bλjoύίγ, ich mahle (Mehl), ich quetsche Oliven; s. πλjoύχουρ.

bλï - ρι, geg. bλίντ, Bastrinde und der Baum, welcher sie liefert, Ulme.

bλίχεμ, s. bλjέτγ.

bojατίς, ich färbe; απ bójg, ich färbe, act., μερ bójg, ich nehme Farbe an, färbe mich.

bojατᾶί - ου, Färber.

bójg - a, 1. Farbe; 2. Gestalt, in Bezug auf die Grösse; χα bójg τg μάδε, τg βύγελjg, τg μέσμg, er ist gross, klein von Gestalt, hat Mittelgrösse; 3. Mannshöhe als Maass.

bóζg - a, Getränk aus Erbsenmehl, welches mit Sauerteig geknetet und nachdem es aufgegangen mit Wasser in einem Kessel gesotten wird. Es hat einen säuerlichen Geschmack und wird wie der Salep nur im Winter getrunken. Daher singen die Kinder im Frühjahr: ιx boζαδᾶί, σε ερϑ χοσατᾶίου, gehe du Erbsenmann, denn der Milchmann ist gekommen.

boζαδᾶί - ου, der Verfertiger dieses Trankes.

boζελjόx - ου, Basilikakraut; s. σεφεργῆjέν.

boxgρί - a, Klippe, Abhang, zerrissene Felsgegend; s. μόχgρg.

bδλ, adv., viel, in Ueberfluss; σι βjετ xjίρᾶττg xjένg boλ, heuer gab es Kirschen in Ueberfluss; — xεᾶμ τg χᾶjg bυλ, wir hatten zu essen in Ueberfluss.

bύλjbg - a, geg., unglücklicher Zufall; ουbάι bόλjbg, ein unglücklicher Zufall wollte es.

boλέx - ου, Ueberfluss, Erntesegen, (Lust); σι βjετ ίᾶτg boλέx, heuer ist ein gesegnetes Jahr.

bopdᾶ - ι, geg. bópdᾶg - a, Schuld, Geldschuld, Pflicht, Verpflichtung; χαμ bυρdᾶ (n. griech. ἔχω χρέος) ich bin verpflichtet; — ε ᾶτίβα μg bopdᾶ, ich verpflichtete ihn, durch einen Dienst, eine Gefälligkeit.

bopdᾶαλέx - ου, weisser langer Weiberschleier.

bopdᾶλjί - ου, Schuldner.

bopdᾶλότγ, ich verbinde (einen), ὑποχρεώνω.

bopdᾶλόνεμ, ich bin Schuldner, ich schulde, wörtl. u. figürl.

bόρg - a, dgbόρg u. dσbόρg, Schnee; bίε bόρg, es schneit; s. βόρg.

bópςῆg - a, geg., Fichte.

boϑνjάx - ου, der Bosnier.

---

boϑνjάxτᾶε, bosnisch.

bόϑνjg - a, Bosnien.

boᾶτ - ι, Spindel, Achse; s. αξούα.

bότg - a, fette, feine gelbliche Thonart, welche in viereckigen Stücken gleich der Seife verkauft und zum Reinigen der Kopfhaare verwendet wird; — Volk, (fremde) Welt, Erde, wie le monde; γῆίᾶg bóτα τg μg βίνg, alle Welt soll zu mir kommen (Lied); — μος μερ σετϑ ϑόνg bóτα, beachte nicht was die Welt sagt (Lied); — xjεν'ι bóτgσg, jo ᾶτgπίσg, ein fremder Hund, nicht der Haushund; — jᾶνg bóτg νdg ᾶτgπί? sind Fremde, ist Besuch im Hause? (bóτg ist ein collectivum, das das verbum im Plural verlangt.)

bᾶτε - ja, irdener Wasserkrug mit engem Halse.

bύτζg - a u. botίλje - ja, Flasche; s. βόζg.

botζίελ - ι, Musak., Radnabe.

boύaλ - ι, geg. boυλ, Büffel.

boυaλίτζg - a, berat. boυάτζg, geg. boυλίτζg, Büffelkuh.

boυάνg - a, die Bojanne, Fluss bei Scodra.

boύϑg - a, geg., in der Kindersprache jedes Insect.

boύbg - a, tosk., Wau Wau, mit dem die Kinder geschreckt werden; τg χᾶjg boύba, der Wau Wau soll dich fressen; s. βόβg.

boυbίς, geg., ich laufe; — part. ε boυbίτμεja, das Laufen,

boυboύ! s. ουπουπού!

boυboύxje - ja, geg. boυρboύxje, Knospe, türk.

boυboυλίμg - a, geg., s. boυμboυλίμg.

boυboυρέxε - ja, geg., Leber.

boυboυρίς, geg., ich beginne zu kochen, beim Kochen leicht aufzuwallen; s. βαλjύτγ; — part. ε boυboυρίτμεja, das leichte Aufwallen beim Kochen.

boυboυᾶίνgxg - a, geg., ein Käfer, vielleicht Maikäfer; s. ϑουᾶίνxg.

boυjάρ - ι, der Vornehme; freigiebig, gastfrei.

boυjαρέᾶg, die vornehme Frau.

boυjαρίᾶτ, vornehm.

boυjᾶᾶxg - a, Span, Splitter; geg. Baumrinde.

boυγῆᾶτ - ι u. μούγᾶτ, geg., Tetragl. boγᾶτ, reich.

boυdᾶᾶx - ου, Winkel.

boύζg - a, Lippe, Spitze, Mundart, Rand, Schnabel oder Abguss eines Gefässes; s. λjgφύτ; — geg. baίj boύζgτ, ich ziehe verächtlich die Mundwinkel; — boύζg xjέϑουνg o. boύζg γᾶς, geg., freundlich; — βαρ boύζgτ, geg., ich

hänge das Maul; — *ndε boύζε τε ljoύμιτ, oύ-,
ϑϱoϱε*, am Rande des Flusses, des Weges; —
τε μάλλjιτ, auf dem Gipfel des Berges; — *boύζε
xουτί*, adj., mit Schachtel- (d. h. schönge-
formtem) Munde; — *σ' ι xjεϑ boύζα*, der Mund
lacht ihm nie, er ist stets finster.

bουζoύx -ου, grosse Guitarre mit sechs Drahtsaiten, wird *μbρέτι σάζεbετ*, König der In-
strumente genannt; s. *jονγάρ.*

(*boύιγ*), ich wohne.

boῦιx -ου, Bauer.

boύιν, geg., ich schlafe; s. *φλjε̄.*

boύxε -α, Brot.

boύxλjεζε -α, geg., Wiesel; s. *νoύσ' ε λjάλjεσε.*

boύxoυρε, schön; *ε boύxoυρα ϑέουτ*, wörtl.:
die Schöne der Erde, gute, keusche Fee von
übermenschlicher Schönheit, welche in einem
goldenen, von Drachen bewachten Palaste wohnt
— Gegenstand der Sehnsucht vieler Helden
und Könige und eines zahlreichen Märchen-
kreises.

boυxoυρί -α, Schönheit.

boυxoυρύιγ, ich verschönere.

boύλjμέτ -ι, pl. *boύλjμέτε -τε*, Fett, bes. Butter,
geg. Zuspeise zum Brote.

boυλμoύαιγ, ich schmelze mit Fett.

boυλoύνγε -α, geg., Beule am Körper und in Me-
tallgeräthen; s. *μελε̄.*

boυλτϑί -ρι, Backentasche; *xα boυλτϑί*, er hat
Backentaschen, ist fett.

boυμbάλε -α, geg., Wespennest, dessen Thonerde
für ein Gegengift gegen den Stich des Insectes
gilt.

boυμboυλίμε -α, Donner; s. *bουboυλίμε.*

boυμboυλίτ u. *bρουμboυλίτ*, es donnert.

boυνάτζε -α, Windstille.

boύoυρόυ -ja, geg., Schlangenart.

boυρboύxje -ja, geg., s. *bουboύxje.*

boυρboυλjέτ, tosk., ich mache einen die Fasten
brechen.

boυρboυλjέτεμ, ich breche die Fasten; — part.
ε boυρboυλjέτoυρα, der Fastenbruch; s. *πεϱ-
μελjές.*

boυργί -α, geg., Schraube.

boυρboυλάx -ου, Portulak.

boυρί -α, geg., Blechtrompete.

boύρίμ -ι, Quelle, Sprudel.

boῦρx -ου, geg., unterirdisches Vorrathshaus,
welches auf der Erdoberfläche nicht sichtbar
ist und die Habe während eines Krieges birgt;
s. *γύργε* u. *bάρx.*

boυρxϑ -ι, Heimchen, Grille (ihr Gesang ist sehr
beliebt, sie werden daher in Häusern und Back-
öfen gehegt); s. *bουρx.*

boύρμε -α, geg. *boύρμεϑ -ι*, Zündloch.

boύρμε, adj., geg., vollkommen reif, von der
Feige, wenn sie zum Trocknen geeignet; s.
πάλε.

boυρόιγ, ich quelle hervor; s. *βρουjόιγ.*

boυρράx u. *boυρρατσάx -ου*, geg., Männchen,
kleiner Mann.

boύρρε -ι, pl. *boύρρα -τε*, Mann, Ehemann, insbes.
geg. Mann bis zu 30 Jahren; — *jjύμες boύρρι
a. boυρρ ι ϑύμε*, wörtl.: halber oder gebro-
chener Mann, ein bejahrter, dem Greisenalter
nahestehender Mann; s. *ljάϑτε.*

boυρρεξρί -α, Mannsalter; alle Männer eines
Orts, wie Mannschaft.

boυρρεξρίϑτ u. *boυρρενίϑτ*, adj. u. adv., männlich, Manns-; *xεσoύλjε boυρρεξρίϑτε*, Mannsmütze; — *φόλjι boυρρεξρίϑτ*, er sprach männlich, kühn, verständig.

boυρρέτσ -ι, tosk., Weichling.

boυϑoυρdίς, tosk., ich puste Wasser über etwas
aus, feuchte an (mache einen spanischen
Nebel); s. *μbουϑ.*

boύϑτρε -α, geg. *boῦτϑε*, Hündin; s. *xjένεζε.*

boῦτ -ι, pl. *boύτε -τε*, Schenkel, Tonne, Butte.

boῦτε -ja, Butte, Tonne.

boῦτε -α, Sanftmuth; adj. zart, sanft, friedlich,
weich, glatt, eben; Gegens. geg. *βράϑετε*,
tosk. *τράϑε.*

(*boῦτε*), Kaninchen.

boῦτσέλjε -α, Tönnchen, Fässchen.

boῦτϑε, s. *boύϑτρε.*

boυχάρ -ι, Kamin; s. *οϑϑάx.*

bράβε -α, geg., Thürschloss; s. *ϑρῡ.*

bραζίμ -ι, ljapp., Reif; s. *bρύμε.*

bραxάτσε -ja, geg., s. *xαγράτϑ.*

bράν, adv., schleifend; *ε χόxjι bραν*, er zog
ihn schleifend; s. *ζβαρ* u. *oϑ.*

bρανίς u. *ζbρανίς*, ich schleppe, schleife; *ε do
του ζbρανίσjενε ndε μbρεττερί*, und sie werden
euch vor die Könige schleppen, Luc. XXI, 12.

bρε̄ϑ, tosk., ich hüpfe.

bρεϑ -ϑι, Tanne; *bρεϑτε*, tannen; s. (*βγε*).

bρέιγ, geg. *bρένιγ*, ich nage; *xjένι bρε̄ν εϑτε-
ρατε*, der Hund nagt die Knochen; — geg.
bρίνγενε ϑοxj με ϑοxj, sie streiten sich unter
einander; — s. griech. *τρόγωνται*; s. *χα.* —
part. ε *bρε̄τoυρα*, geg. ε *bρε̄τμεja*, das Nagen.

bρεx -γου, pl. tosk. *bρίγε -τε*, geg. *bρέxjε -τε*,
Hügel, Bergrücken; s. *bρίνje.*

βρέχε-a, geg. nur im pl. βρέχε-τε, Hose.

βρένda u. πςρbρένda, geg. μρένda, 1. praep.
mit genit., innerhalb; χεjύ ουbέ βρένda o.
πςρbρένda ᾱτςπίσε, diess geschah innerhalb
des Hauses; — 2. adv. a) darinnen, drin; ίᾱτε
βρένda a jᾱᾱτε? ist er drinnen oder draussen?
— b) hinein, herein; χύρι βρένda νdε ᾱτεπί,
er ging in das Haus hinein; — έα βρένda,
komm herein; — ε βούνε βρένda, sie steckten
ihn ein; — jαμ βρένda, ich sitze gefangen.

βρένdαζε, βρένdαζι u. βρένdαζετ, von innen;
μος με φύλjε βρένdαζε, dελj᾿ jᾱᾱτε, sprich
mir nicht von innen, komm heraus.

βρένdαζμ-ι, βρένdεζμ-ι u. βρένdες-ι, der innere; γρούα βρένdεσε, eine nur mit häus-
lichen Geschäften, nicht mit Feldbau etc. be-
schäftigte Frau.

βρένdαζμε-ja, die innere; s. jᾱᾱτεσμε.

βρέσ-ζι, pl. βρέζα-τε, Gürtel, Geschlecht; geg.
βρες ι μούριτ, Holzlage in der Mauer; s.
χjεμέρ.

βρεσαχύπες, adv., Tyr., s. οχτιχαλjάς.

βρέσε-a, Cichorie.

βρέᾱερ-ι, geg. βρέᾱεν-ι, Hagel.

βρέᾱχε-a, Schildkröte; — ούjεσε, Wasserschildkröte, sympathetisches Mittel gegen Speckbeu-
len; sie sollen sich im Scumbi mit langen Schwän-
zen und einer Art Schwimmhaut zwischen dem
Leib und den Füssen finden und die Badenden
beissen, ohne dass jedoch ihr Biss gefährlich
wäre.

βρέᾱχεζε-a, geg., Blattlaus.

βρι-ου u. βρι-ρι, geg. βρΐ-νι, Horn; ι βούνα
βρίτε, ich betrog ihn durch Lügen; — βεν ι
βρίτε, lüge ihn an, in dem Sinne: mache ihn
zum Ochsen.

βριμάᾱ-ᾱι, Hahnrei, s. griech. χερατάς.

βρίμε-a, geg., Loch; ρύba ετίγ ίᾱτε βρίμα
βρίμα, sein Rock hat ein Loch am andern; s.
βέρε.

βρίνjε-a, Rippe, abhängiger Boden, Anhöhe,
Küste; s. βρι u. βρεχ.

βρίνjετε, πςρ βρίνjετε, seitwärts.

βρισχ-ου, Rasiermesser, geg. jedes Taschenmesser; βρισχ ροὴjίσε, Rasiermesser; — βρισχ
βέᾱτε, gezähntes Krummmesser zum Trauben-
schneiden.

βρούλj-ι u. βςρούλj, geg. βςρύλj-ι, Ellenbogen,
Längenmass von dem Ellenbogen bis zur Spitze
des Mittelfingers = zwei Spannen; s. χουτ.

βρουμ-ι, geg., der Reif (gefrorener Thau).

βροΰμbουλ-ι, grosse Brummerfliege.

βρουμbουλίμε-a u. bουμbουλίμε, Donner.

βρουμbουλίτ, es donnert.

βροΰμε-a, pl. βροΰμε-τε, 1. Sauerteig, 2. Brotteig.

βρουτς-ι, tosk., Mantel ohne Aermel von weiss-
wollenem Flockenzeug; s. φλjοχάτε.

βρΰμε-a u. βρίμε (Winter-) Reif; s. τσίνχνε.

βυᾱάρ-ι, geg., der fleischlichen Knabenliebe ergeben.

βύᾱε-a, der Hintere, geg. Boden, Wurzel und
Baum überhaupt; βυᾱ᾿ ε χορίτεσε, der Boden des Gährbottichs; — ούjετε ι χjΐτι βύᾱεν᾿
ε dρούσε, das Wasser spühlte die Wurzel des
Baumes aus; — vjε χjωτ βύᾱε συλίνᾱε, 100
Stämme Oelbäume (frans. pied); s. ρέζε; —
βύᾱε μbας βύᾱε, Schulter an Schulter, dichtgedrängt; — τε dυ βύᾱε, die zwei Hinterbacken; s. bίᾱε u. πιᾱ.

βυx-ι, feinste Spreu (griech. ἄχνη); s. χάᾱτε.

βυλύχ-ου, Schaar, Abtheilung.

βυλυχτᾱί-ου, ihr Anführer, Adjutant des Häuptlings, galopin; s. bολέχ.

J.

Unser deutsches Jod, und das weiche neugriechische γ vor ε und ι.

jᾱ! siehe! hier! da! — potenzirt: jᾱbουα; ας
νούχε ᾱόνε, jᾱβουα χετού, a jᾱβουα ατjί,
σεπσέ jα μbρετεριαε περνdίσε νdε μες τούαιγ
έᾱτε, und sie sagen nicht: siehe hier, siehe
dort! denn siehe, das Reich Gottes ist in eurer
Mitte, Luc. XVII, 21; s. vjεύ u. χjε.

ja-ja, s. a-a.

jᾱβε-a, Woche.

jᾱjε, s. ᾱjᾱjε.

jᾱχενι! Tetragl. für έjανι! kommt! imper. von
βίγ.

jαλά! tosk., Muth! frisch! s. αλά.

jαλί-ου, geg., offene, ebene, fruchtbare Gegend.

jαμ, anom., ich bin; τᾱdο με χjένε, was ist
mit, was bedeutet? ε χερχότνε τᾱdο με χjένε
τε vῆjάλετε vῆα bdέχουριτε, und sie fragten
sich, was es mit der Auferstehung von den
Todten für eine Bewandtniss habe, Marc. IX,
10; — με χjένετε jῆτ, oi möchte es sein!
Wunsch; s. ᾱένε.

jαμουλί-a, Schabracke, Teppich.

jαπίjε-a, Statur, geg. τᾱ φάρρε jαπίjε χίᾱτε?
welche Statur hatte er? (das frans. taille);
s. ίjε.

jαπάν-ι, Liebhaber; s. αᾱίχ.

jάργε-a (ιάρνχε), Speichel, welcher von selbst

fliesst, Geifer, Schleim von Schnecken und
Gewächsen; s. πϱᾱτύμϱ, ϑϱλϑάζϱ, κjύρρϱ.

(jaρίνϱ), Reif.

jᾱᾱταζι u. jᾱᾱταζιτ, von aussen; να προύνϱ
χϱτϱ χουβϱνd jᾱᾱταζι, diese Nachricht brachte
man uns von aussen; — ἀπ' ἔξω, n. griech.

jᾱᾱτϱ u. πϱρjᾱᾱτϱ, 1. adv., ausserhalb, draussen,
darüber; — 2. praep. mit genit., ausserhalb, aus;
ἀόλλι jᾱᾱτϱ πόρτϱοϱ, er trat ausser der
Thüre, vor die Thüre, zur Thüre heraus; —
ϱ ᾱτίνϱ πϱρjᾱᾱτϱ βϱᾱτιτ, sie warfen ihn ausserhalb des Weinberges hin, Marc. XII, 8.

jᾱᾱτϱχ-ου, Kissen; s. jοστίχ.

jᾱᾱτϱομ-ι, der äussere.

jᾱᾱτϱομϱ-ja, auch πϱρjᾱᾱτϱομϱ, die Aeussere,
die Elfin, meist im pl., was im n. griech. τὸ
ἐξωτικὸν, αἱ Νϱράϊϱς; es sind Geister, die
in Bergen und Wäldern leben. Sie schaden dem
Menschen nur, wenn sie gereizt werden, entführen aber Knaben und Mädchen, die dann in
den Bergen herumirren, Nachts mit den Ne-
reiden tanzen, abzehren und sterben. (Anchises Furcht nach seiner Brautnacht mit Venus);
s. φατ, πϱρι, ϑουπλjάχϱ, ᾱχαλj.

jᾱτ-ι (aus jι u. ατ), hat keinen pl., sein Vater;
s. ατ u. τᾱτϱ.

jαταγάν-ι, Jatagan, grosses Messer, welches
der Soldat in dem Gürtel führt; s. χανdᾱᾱρ.

jᾱτϱρϱ-ι u. τjᾱτϱρϱ, geg. τjϱτϱρϱ, der andere,
- α, die andere.

jατρό-ι, Arzt, griech.

jαϱτ, s. αϱτ.

jϱ-ja, Erlaubniss; ι ᾱᾱᾱϱ jϱ, er gab ihm Erlaubniss, Urlaub; — μόρι jϱ ϱ ιχου, er nahm
Urlaub und ging; s. auch νγϱ.

ϱβjίτ-ι, berat., Zigeuner; s. jϱφχ.

βϳjϱνίᾱτ, zigeunerisch; s. jϱβjίτ.

jljϱχ-ου, Weste.

jμ, s. ιμ.

μίν-ι, Eid bei heiligen Dingen, türk.; s. bϱ.

νί-α, Geschlecht.

jϱ, geg., ich bleibe stehen, bleibe zurück; jϱτι
σαχᾱτι, die Uhr ist stehen geblieben; — ποϱ
jϱτϱ? warum bleibst du zurück? — part. ϱ
jϱτμϱja, das Stehenbleiben; s. μbϱ.

ᾱιλj-ι, grün.

ᾱιλότγ, ich grüne.

τϱ-α, Leben, Jahrhundert, Welt; s. jϱ; —
jϱτϱ παϱ jϱτϱτ, wörtl.: Leben nach dem Leben, d. h. in Ewigkeit; — ραχ jϱτϱνϱ ich
(schlage die Welt) setze Alles in Bewegung,
— daran; n. griech. ἔφαγα τὸν κόσμον.

jϱτϱχ u. jjϱτϱχ, anderswo.

jϱτίμ-ι (St. jϱϱ), elternlos, verwaist. *)

jϱφχ-jου, geg., Zigeuner, weibl. jϱφjϱ-α.

jίμ u. ιμ, mein; genit. σίμ, accus. τίμ.

jίμι u. ιμι, der meine; genit. σίμινϱ, accus.
τίμινϱ.

jίμϱja u. ιμϱja, die meine; genit. σίμϱϱϱ, accus.
τίμϱνϱ.

jo, nein; verstärkt jo κjϱ jo, nein, nein.

jόνα, die unsrige; genit. σόνϱϱϱ, accus. τόνϱνϱ
u. τϱνϱνϱ.

jονγάρ-ι, kleine Guitarre mit drei Drahtsaiten;
s. ταμουρά u. bουζούχ.

jόνϱ, unsere; πόρτα jόνϱ, unsere Thür;
genit. σϱνϱ, accus. τϱνϱ.

jοπίνγϱ, s. σπίνγϱ (Stamm λjόπϱ?).

jοργάν-ι, gesteppte Bettdecke; s. βϱλϱνϱζ.

jοστίχ-ου, geg., Kopfkissen; s. jᾱᾱτϱχ.

jόᾱϱ-α, der Mutter Mutter, Grossmutter mütter-
licher Seits; s. jjύᾱϱ.

jότϱ, deine; νγϱνα jότϱ, deine Mutter; genit.
σάτϱ, accus. τάτϱ u. τϱντϱ.

jou, euer.

jοϑάϊja, die eurige; genit. σοϑάϊϱϱ, accus.
τοϑάϊνϱ.

jοϑάϊjιτ, der eurige; genit. σοϑάϊjιτ, accus.
τοϑάϊνϱ.

jοϑάϊγ, geg., jούιγ, euer u. eure; jᾱτι jοϑάϊγ,
euer Vater; — νγϱνα jοϑάϊγ, eure Mutter;
genit. σοϑάιγ, accus. τοϑάιγ.

jουρνϱχ-ου u. υρνϱχ, Beispiel; geg. ϱ bρουϑ μι
νjϱ jουρνϱχ τϱ λjϱζϱτᾱμ, er brachte es auf geschickte Weise vor; — zu Stande; — μϱρϱ
jουρνϱχ, nimm dir ein Beispiel, türk.; s.
ᾱϱμτούρ.

jουτζί-α, Schmutzigkeit, Kothigkeit; s. λjούτοϱϱ.

jύνϱ, unser; bαbάϊ jύνϱ, unser Vater; genit.
σϱνϱ, accus. τϱνϱ.

jύνι, der unsere; genit. σύνιτ, accus. τϱνινϱ.

Γ.

Sprich gh, wie in g e b e n nach mitteldeutscher
Aussprache. In einigen südlichen Landschaften
wird dieser Laut theilweise wie das neugriech.

---

*) Abstammung nach der Sage: Eine Waise
beklagte sich bei Gott über den Verlust ihrer
Eltern und fragte: wem gehöre ich nun? —
Darauf antwortete der Herr: jϱ τιμ, du bist
mein. —

γ vor a, o und ρ ausgesprochen, welches wie ein im Kehlkopfe gebildetes gelindes ch klingt, ohne dass die Zunge an den Hintergaumen anschlägt, gerade so wie man in einigen norddeutschen Gegenden Chlaube für Glaube spricht.

γαβίτδ-ι, Weinfass.

γάδε-α, geg., Lüge, falsches Gerücht.

γαζμλίμ-ι, geg., Jubel.

γαζελότγ, geg., ich jubele; s. νγαζελότγ.

γαζία-ι, pl. γαζέπε-τε, Gefahr, Zorn, türk.

γαλλje-ja, geg., Sorge, Beschäftigung, Geschäfte; χαμ γαλλje, ich bin beschäftigt, habe zu thun.

γαλαβέρε-ja u. γαραβέλλε, Spath., offene Blume im Gegensatz zur Knospe, δουρδυύχje.

γαλjάμδ-ι, geg., kleiner Haufe feuchten, flüssigen Stoffes, z. B. Kuhfladen etc.; s. λjεμδ.

γαμίλε-α, Kameel; s. δέβε.

γαμούλje-ja, geg., Haufe, bes. von Erde, Gras u. dgl.; s. τούρρε.

γαννί-α, geg., reiche Fruchternte; s. βολέχ.

γαραβέλλε-α, Spath., s. γαλαβέρε.

γαράς-ζι, geg., Groll; χαμ γαράς με ατέ, ich habe Groll auf ihn.

γαράφε-ja, Glasflasche.

γάρδουλ-ι, geg., weisshalsiger Fliegenfänger, muscicapa albicollis Tem., lat. ficedula, griech. συχαλίς, ital. becca fico.

(γαρδούτ), Barbar.

(γαρδούτζ), barbarisch.

γαργαρά-ja, geg., das Gurgeln; βέω γαργαρά, ich gurgele.

γαργί-α, Lanze, Speer, auch mit Fähnlein, Bajonnette; s. γγέργηjεν, γέρτδ.

γαρδ-δι, pl. γάρδε-τε, Zaun; s. γραδίνε.

γαρράτδ-ι, geg., s. σαχσί.

γαρρίς, ich schreie wie ein Esel.

γάς, γάζι, pl. γάζε-τε u. γάζερα-τε, Gelächter, Freude; περ γας, zum Lachen, lächerlich; s. γεζίμ.

γασίτεμ u. γαδδίτεμ, ich scherze; s. γας.

γαστάρε-ja, geg., Glas (epir. γλάστρα, Fensterscheibe).

γαστάρε, geg., gläsern.

γάτε-α, Durazzo, Reiher.

γάτερί-α, Verwirrung.

γάτερύγ, ich verwirre; s. τραμερσύγ.

γατί-α, Scodr. γάτι, die Bereitheit; adj. bereit; — jαμ γατί, ich bin bereit, fertig.

γατούαγ, ich bereite zu, koche, knete; γjέλλα ίστε γατούαρε? ist das Essen fertig (hess. gaar)? geg. auch: ich bilde, erschaffe; s. χατούα.

γατς-ι, Scodr., brennende Kohle; s. δερηjίλλ.

γάτδχε-α, Weisskohl; s. λjάχρε.

γαυνίς, ich knurre (von Hunden), schreie, miaue (von Katzen); s. μουνγρίς, μιαυλίς.

γαφόρρε-ja, geg., Taschenkrebs; s. νγαφόρ.

γδξ-ρι, tosk., Knorren an einem Ast, Bret; s. νέjε.

γδεντ, ich behaue Holz, hobele, schneide in Holz, prügele; ίστε νjερί χje σ'γδέντετε, es ist ein ungehobelter Mensch.

γδίγ, geg. γεδίν, ich mache Tag; περνδία γδιν o. γδίου δίτενε, Gott macht, machte Tag, für: es tagt, tagte; (ἐφώτισε o. ἐξημέρωσε ὁ θεὸς τὴν ἡμέραν, n. griech.); — χjυδ do τε γδίjε νάτενε? wie werde ich die Nacht zubringen? — σόντε do τε τε γδίγ, heute Nacht behalte ich dich bei mir (kannst du in meinem Hause übernachten, n. griech. ἀπόψε θά σε ξενυχτήσω); — ουγδίφδ με ὄρεντέτ, geg. μίρε ουγεδίφδ, mögest du mit Gesundheit Tag machen (Abschiedsgruss am Abend); — part. γδίρε-α, geg. γδίμε, Tagesanbruch; μδε τε γδίρε, bei Tagesanbruch; — με τε γδίμιτε, geg., gegen Tagesanbruch; — εγδίρα ίμε ζόντε χje ε λjίγε o. ρένδε, ich hatte eine schlechte Nacht; s. αγύτγ.

γέγε-α, geg. γέγε, der Gege, der Nordalbanese; diese Benennung wird eigentlich nur von dem Südalbanesen gebraucht, der Gege hält sie für unehrenhaft und nennt sich selbst Skipetar. ✓

γεγέτγ? δούμε τούρμε πρίφτερετ γεγέτνε βέσσενε, eine grosse Masse Priester wurden dem Glauben gehorsam, Apost. Gesch. VI, 7.

γεγερί-α, Gegerei.

γεγερίδτ, gegisch.

γεζίμ-ι, pl. γεζίμε-τε, Freude.

γεζότγ, ich erfreue; γεζόνεμ, ich erfreue, belustige mich; — γεζύ! sei gegrüsst! (χαῖρε!)

γεζύφ-ι, pl. γεζύφε-τε, Pelz.

γελβάζε-α, geg. χελjδάζε, Schleim; s. jάργε; δέλjε ε γελβάσουρε, n. griech. ἀδδελιασμένον, ein (brust-) krankes Schaf.

γελjδάζεμ, ich bekomme diese Krankheit.

(γελδερε), grün, fahl.

γελjάσε-α u. γοτσίλje-ja, Vogelkoth; s. χαχερδί u. βάτγε.

γελjέπε-α, geg., Augenbutter, Exanthem entzündeter Augen.

(γελέρ), Gewinn.

γενjέτγ, tosk., ich betrüge, verführe; — part. ε γενjύερα, das Betrügen, der Betrug; — γενjύερε, falsch, irrig, betrogen; s. χενδίτ.

γενjέρε-ja u. γενjέδτρε-α, Betrug, adj. verführerisch, betrüglich, lügenhaft.

3 *

ẏεηjεŏτjάρ-ι, der Lügner.

ẏερβίŏτ, geg., ich scharre.

ẏερέσε-a, geg., Schabholz, Schabeisen, bes. der Töpfer; s. ẏερύτγ.

ẏερθές, geg., aor. ẏερθίττα, ich rede laut, gereizt, ich schreie; — part. ε ẏερθίτμεja, das Schreien.

ẏέρθẏjε-a, tosk., Taschenkrebs; s. ẏαφόρρε-ja u. χαραβίŏε.

ẏερχj-ι, Grieche; pl. ẏερχjί-τε u. ẏερχίνjε-τε; s. ẏρέχ.

ẏερχjί-a, Griechenland.

ẏερχjίŏτ, griechisch; s. ẏρεχίŏτ.

ẏερχίνjε-a, Griechin.

ẏερμότγ. ich wühle, grabe aus; s. ρεμύτγ.

ẏερρίτς, ich ritze, kratze; με ẏερρίτς μάτσεja o. φέρρα, die Katze kratzt, der Dorn ritzt mich; — ẏερρίτσεμ, ich zerkratze mich, besonders von Weibern bei Todesfällen; — part. ε ẏερρίτσμεja, das Kratzen, Zerkratzen.

(ẏερσέτε) Strikerei.

ẏερŏέρε-a, geg. ẏερŏάνε, Scheere.

ẏερŏέτ-ι, Flechte, Flechtwerk, Zopf.

ẏερŏετότγ, ich flechte; φλjύχε, die Haare; — χάσερα, Matten.

ẏέρτŏ-ι, Spitze, Horn, Vorsprung eines Berges; s. ẏαρẏί.

ẏέρύτγ, geg., ich schabe, schabe ab, besonders Schmutz; s. ẏρύετγ.

ẏερχέχ u. ẏερχές, geg., ich schnarche, spinne (von der Katze); s. χεχj.

ẏεσούτε, Abfall beim Sieben, Geflügelfutter überhaupt.

ẏεŏτέν-ι u. ẏερŏτέν, geg., Christ; s. χεŏτέρε.

ẏεŏτένjε, s. χεŏτέjε.

ẏι, s. in ẏjι.

ẏιθ, s. σẏιθ.

(ẏιουζί), Feuchtigkeit; s. jουτζί.

(ẏχερχας u. ẏχερχίτ), ich schnarche.

(ẏχιζαπσούι), Quecksilber; (St. ούjε?)

(ẏχρα), ich raube aus.

(ẏχρεχj), ich spanne aus, dehne.

(ẏυβάρδε), Barbar.

ẏοβάτε-a, Tragbret für Mörtel; geg. Trog. Mulde.

ẏοjάŏ, adj., mit krummem Munde, welcher sich nach einer Seite mehr als nach der andern öffnet. Krummmaul.

ẏόjε-a. Mund, s. ẏόλjε; 2. Beredtsamkeit, Wohlredenheit; χα ẏόjενε, er ist beredt, weiss zu reden; — geg. χα ẏόjε, er hat ein böses Maul; — νjερί με ẏόjε, ein zum Schimpfen geneigter

Mensch; — μbέττ χα ẏόjε, er blieb stumm, Luc. I, 22; — ẏόjε άμbελjε, geg., höflich in der Art sich auszudrücken; n. griech. γλυχόστομος; — ẏοj λjε ŏούμε, geg., unbedacht in der Rede.

ẏύẏε-a, geg., Spitzname des Wallachen, der in Albanien wohnt, weibl. βλαχίνιχε; s. τŏοbάν.

ẏοẏεσίγ, wallachisch.

ẏοẏεσίγ u. ẏοẏεσίτ, ich gähne.

ẏηγόλj-ι, geg., Gespenst der Kinder; τε χάjε ẏογόλjε; der Wau Wau soll dich fressen; s. bούbε.

ẏοδίτ, ich schlage, treffe; χόδι, πο σ'ε ẏοδίτι, er schoss, aber traf ihn nicht.

ẏόλjε-a, Tscham., Mund; s. ẏόjε.

ẏομάρ-ι, Esel; s. μαẏjάρ.

ẏομαρjάρ-ι, Eselshirt.

ẏορίŏτε-a, geg., der wilde Birnbaumwald; s. υυλίυŏτε.

ẏόπ-ι, υυλυα; s. πίθ u. νẏόπ.

ẏύρẏε-a, Höhle, Baumhöhlung; s. bούρχ.

ẏορρίτζε-a, Holzbirne, wilder Birnbaum (die Bären sollen sie schütteln); s. dάρδε.

ẏοστί-a, Gastmahl.

ẏοστίς u. ẏοστίτ, ich bewirthe.

ẏοστίνε-a, Dorf bei Berat.

ẏόŏdε-a, geg. Nagel, tosk. Hufnagel; s. περόνε.

(ẏυŏνε) dumm.

ẏοŏτ-ι u. ẏουŏτ-ι, pl. ẏούŏτε-τε, August.

ẏότσχε-a, Mädchen bis zum 18. Jahre.

ẏυτσίλjε-ja, s. ẏελjάσε.

ẏόφ-ι, tosk., Hüfte; s. τŏαπύχ u. χόφŏε.

ẏουβέρρμε-a, geg., Geschrei, Lärm, Getöse; υυbάν ẏουβέρρμε ε μάŏε, sie verführten grossen Lärm; s. χουβένd.

ẏουδουλίς, ich kitzle; s. χιλjιχύς.

ẏουŏσίτ, ich plage, versuche (vom Teufel).

ẏουζίτ, ich plage, necke, N. Test. ich führe in Versuchung, Math. IV, 1; s. ẏουŏσίτ.

ẏουλ-ι, geg., Hahn, Truthahn; s. πjελj.

ẏουλjτŏίμ-ι, pl. ẏουλjτŏίμε-τε, Schwerathmigkeit, Kummer, Prast; geg. Unpässlichkeit.

ẏουλjτŏύτγ (νẏουλj u. τŏύτγ), ich mache aufstehen, bes. die Hausbewohner durch meine Ankunft, bringe durch einander, beunruhige.

ẏουλjτŏύχεμ, ich bin schwerathmig, ich präste mich, beunruhige mich; μος ẏουλjτŏόχε, beunruhigt euch nicht, bleibt sitzen (sagt der Eintretende).

ẏουμέν-ι, Klosterabbt, griech.

ẏούνẏε, schwer zerbrechlich; άρρε ẏούνẏε, eine harte Nuss; s. χοχοŏάρ.

γούνε - α, Mantel überhaupt; spec. Mantel von
Ziegenhaar mit einem viereckigen Stück Zeug
auf dem Rücken befestigt, um den Kopf hinein-
zuwickeln; s. ϐρουτς u. φλϳοχάτε.

γοῦρ, γοῦρι, Stein, Fels; γοῦρ ζϳάρρι u. ϑχρέπες, Feuerstein; — γουρ μουλίριτ, Mühlstein;
s. μόχερε; — γουρ πα τϑμούαρε, geg. γουρ ι
νδερϑμ, Edelstein; — γοῦρ χάλϳι, Grünspan;
— γοῦρ ϳϳάχου, Blutstein, welcher das Blut
stillt; — γουρ κϳούμϐ̆τι, Milchstein, welchen die Weiber umhängen, denen die Milch
versagt.

γούρετε, verhärtet, hart; s. γοῦρτε.

γουρετσόιγ, ich versteinere, verhärte; — part.
γουρετσούαρε, versteinert, hartnäckig.

γουρίϑτε - α, steiniger, felsiger Ort; s. ουλίνϑτε.

γουρμάτς - ι, geg., Kieselstein; λϳούαιγ γουρ-
μάτσας, ich spiele ein Fangspiel der Kinder
mit Kieselsteinen, wobei der verlierende von
dem gewinnenden auf die Hand gekratzt wird;
— von γουρ und μάτσε, und hiervon wohl
auf den Stein übertragen, der zu dem Spiele
dient.

γούρρε - α, geg. γούρνε - α, starke Quelle, bes.
Felsquelle, Flussquelle (wall. gura, Mund; n.
griech. ἡ μάνα τοῦ νεροῦ).

γουρρμάς - ζι u. γρουμάς, Kehle.

γοῦρτε, steinern; μοῦρ ι γούρτε, Steinmauer;
s. γοῦρετε.

(γουσε), Kinn; s. μϳέχρε.

γουϑαχούχϳ - ι, Rothkehlchen.

γούϑε - α, Hals, bes. der Theil über dem Zäpfchen, das Läppchen des Hahns und Truthahns.

γουϑτ - ι u. γοϑτ - ι, August; s. οὐϑτ u. γοστί.

γουϑτοβϳέϑτε, September, Herbst.

γουτς - ι, geg., Gier, Begierde nach Speisen oder
Getränken, bes. wenn dieselben wirklich vorhanden; ι δοῦλϳ γούτσι, das Gelüste ist ihm
(zum Halse) herausgekommen, er konnte sich
vor Gier nicht halten.

γουτσόιγ, ich wage (foltere, quäle); σ' γουτσόιγ, ich wage es nicht, traue mir nicht.

γουτϑ, in der Redensart: ζε γουτϑ, ich beisse;
ζε γουτϑ χάλϳι? beisst das Pferd?

γούφχε - α, geg., Federbart des Geflügels unterhalb des Schnabels.

γουφόμε, s. χουφύμε.

γραϐίτ, ich raube, beraube.

γραδίνε - α, Garten; s. γαρϑ.

γράμμε - α, Buchstabe, griech.

γραμμάτεπσουρε - ι, Gelehrter, griech.

γραμματί - α, Schädelnaht und die Gegend um
dieselbe (wegen ihrer Aehnlichkeit mit einer
Zeile Buchstaben).

γραμματιχό - ι, Schreiber, Gelehrter, griech.

γρανί - α, geg., Frauengemach, Harem, die Ein-
wohnerschaft eines Harems; μος γυν ϐρένδα,
σε ίϑτε γρανία, gehe nicht hinein, denn es
ist ein (fremder) Harem zu Besuch darin; —
auch Frauenwelt, γϳίϑε γρανία ε Ιαννίνεσε,
die ganze Frauenwelt von Jannina; s. δϳαλλϳερί
u. πλϳαχερί.

γραϑτ - ι, pl. γράϑτε - τε, Krippe; s. χάϑτε.

γράτε, geg., s. χαμ.

γράτσχε - α, Falle, Schlinge; νγρεχ γράτσχε,
ich stelle eine Falle, lege eine Schlinge; s.
βετίμε u. τϑάρχ.

γραφ, geg., ich rufe, rufe zu; Γϳιναράλι ι γράφι
ασχέριτ τε στύρετε, der Chef rief dem Heere
zu, anzugreifen; — μέμμα με γράφι, μος ε
βέϊ, die Mutter rief mir zu, thue es nicht; —
part. ε γράφμεϳα, der Zuruf.

γράφεμε - α, geg., erstickender Qualm, z. B. des
gährenden Weins.

(γρεϐίς), ich scharre; s. γερϐίϑτ.

γρέχ - ου, Grieche; s. γερχϳί.

γρεχερί - α, Griechenland, häufiger μορέ - ϳα.

γρεχίϑτ, adj. u. adv., griechisch; s. γερχϳίϑτ.

γρεμί - α u. γρεμίνε - α, Abgrund, steile Höhe,
Abhang; s. νγρε, ρουχουλίμε, τατεπϳέτε.

γρεμίς, ich stürze herab, zerstöre; — part.
γρεμίσουρε, auch: hängenswerth, Galgenstrick;
— γρεμίσουρα, pl., Trümmer.

γρένεζε - α, geg., weibl. Wespe.

γρενϑ - δι, geg., Wespe; s. άνεζε u. βουμβάλε.

γρέπ - ι, pl. γρέπε - τε, Haken, hess. Krappen,
Angel (St. νγρε?); s. χράbε, νγϳίϑτρε.

γρεπϑ - ι, geg., Thürklinke.

γρέστε, geg., unreife Traube, die statt Essig dient.

γρέϑτε - α, Tetragl., Zopf; s. χρέϑτε.

γρίγ, geg. γριϐ, ich zerhacke (Fleisch), schneide
klein (Kraut).

(γρίγ), ich schreie; s. νγρίχ.

γριχϳ - ι, geg., Heerde; s. χοπέ.

γρίνδεμ, ich streite mich.

γρίνδες, streitsüchtig.

γρίνδες - ι, streitsüchtig, zänkisch.

γρίσσ, ich zerreisse, leicht zerreissliches wie
Papier, Zeug; ich nütze ab, zerreisse Kleider;
— part. γρίσσουρε, geg. γρίσσουνε, zerrissen,
zerlumpt, abgenützt.

(γρίτσμε), zänkisch.

γρίφϑε - α, Elster; s. λϳαράτσχε.

γρίχε - α, geg. γριϐ - χι, Schleifstein.

γ̇ρτχότγ, ich schleife.

γ̇ρομεσίγ u. γ̇ρομεσίτ, ich rülpse.

γ̇ρο̈ϰε - a, Grube, Graben; s. λύνδο̈ϰ u. oύδο̈ϰ.

γ̇ροπύτγ, ich höhle, grabe aus.

γ̇ρoϑ - ι, pl. γ̇ροϑ - τε, türkischer Piaster (auch n. griech. τὸ γρύϑι).

γ̇ρό̈ϰε - a, gebräuchlicher im pl. γ̇ρό̈ϰε - τε, Linse; s. φ̇jέρϰ.

γ̇ρούα - ja, pl. γ̇ρᾱ - τε, Frau; geg. γ̇jύμϰσ̇ γ̇ρouj̇ε, unbest. genit., oder γ̇ρouj̇ε ϑύμε, eine bejahrte, dem Greisenalter nahe Frau; s. ϑούρρε.

γ̇ρουμάς - ι u. γ̇ουρμάς, Kehle.

γ̇ρουρ - ι, geg. γ̇ρουν - ι, Getreide, Weizen.

γ̇ρουρίϑτ, von Weizen, gebräuchlicher γ̇ρύνjϰ.

γ̇ρoϑ̈τ - ι, pl. γ̇ρούϑτε - τε, Faust, hohle Hand, Handvoll, Höhlung der beiden vereinten Hände; νjϰ γ̇ρουϑτ μιελ! eine Handvoll Mehl! (Bettelwort); s. δόρϰ. ̇ — Faustschlag, ι δάϑϰ νjι γ̇ρöϑ̈τ, ich gab ihm einen Faustschlag; s. πουνγ̇ί.

γ̇ρύειγ, ich scharre, hacke Erde; πούλja γ̇ρύειν δένϰ, das Huhn scharrt in der Erde; s. χρούαιγ.

γ̇ρο̈ϰε - a, Halskehle, Schlund, Engpass, Halsentzündung; Halsgeschwür.

γ̇ρύνjϰ, zum Weizen gehörig; αρ̇ε γ̇ρύνjϰ, Weizenacker, δουϰε γ̇ρύνjϰ, Weizenbrot; s. ελjπ.

γ̇ρύνjϰρα - τε, Saaten; στ βjετ γ̇ρύνjϰρατε jάνε τε μίρα, heuer stehen die Saaten gut.

Γ̇ j.

γ̇jᾱ - ja, Jagd.

γ̇jᾱιγ, ich gleiche, mit gen. o. mit με; γ̇jάιγ βαβάιτ o. με βαβάνϰ, ich gleiche dem Vater; s. ϑϰμβϰλέιγ; ich jage, ich verfolge; s. γ̇jούαιγ; — ich kleide, stehe, — ϰϰjό ρόβϰ τε γ̇jαν, dieser Rock steht dir gut; — μϰ γ̇jάσενϰ (versetzt für μϰ γ̇jαν σϰ), mir scheint als ob o. dass; — ϰϰϑτού γ̇jάου νjϰ χέρϰ, so trug es sich einst zu; — σα μοτ χα ϰjϰ χουρ ι γ̇jάου ϰϰjό ατίγ? wie viel Jahre sind es, seitdem ihm dieses zugestossen ist? Marc. IX, 21; — part. γ̇jάιτουρϰ u. γ̇jᾱρϰ; ε γ̇jάιτουρα u. γ̇jᾱρα, geg. ε γ̇jάμεja, die Aehnlichkeit, der Vorfall; — ϰjϰ νδαϑτί ουϑύμ joύβετ πα γ̇jᾱρϰ δε, ϰjϰ χουρ τε γ̇jάjενϰ, τε βεσσόνι ϰjϰ ούνε jαμ, von jetzt an sage ich es euch, bevor es sich noch zugetragen, damit wenn es sich zuträgt, ihr glaubt, dass ich es sei. Joh. XIII, 19; — μβρετϰρία ε ϰjίελβετ χα τε γ̇jᾱρϰ μϰ, das Königreich des Himmels hat Aehnlichkeit mit

..., Matth. XX, 1; — χα τϰ γ̇jᾱρϰ, es ereignet sich, trägt sich zu; — ϑούμϰ χέρϰ χα τϰ γ̇jᾱρϰ αjό ϰjϰ σ̇παντέχ νjερίου, oft ereignet sich das, was der Mensch nicht erwartet.

γ̇jάιχϰς - ι, Jäger, Verfolger; adj. gleich, ähnlich.

γ̇jᾱx - ου, pl. γ̇jάxϰρα - τε, 1. Blut, 2. Mord, 3. Blutschuld, Blutrache, Blutfeindschaft; — χαμ γ̇jᾱx (πϰρ τϰ μάρϰ), ich habe Blut zu fordern, — πρϰj ατίγ, von ihm; — jαμ μϰ γ̇jᾱx, ich schulde Blut, — πρϰj ατίγ, an diesen (die Blutrache ist erblich); — μος βάνι γ̇jᾱx ε δόλjὸϰ, stelle kein Unheil an (in allgemeinem Sinn, bes. zu Kindern, um sie zu warnen).

γ̇jαxϰτόιγ, ich blute, ich tödte; — part. γ̇jαxϰτούαρϰ, blutig, bluttriefend.

γ̇jαxϰτούαρ, γ̇jαxϰτούρ, γ̇jαxϰτσούαρ u. γ̇jαxϰτάρ, geg. γ̇jαxϰσούρ, weibl. - όρϰ, 1. blutdürstig, blutgierig, 2. Mörder; s. βρεχτούαρ.

γ̇jαχούνδι, geg. auch γ̇jαχούνδ u. γ̇jίχουνδι, adv., irgend wo; σ̇ϰ γ̇jέττα γ̇jαχούνδι, ich fand ihn nirgends; — δο τϰ jέϰτ φϑέχουρϰ γ̇jαχούνδι, er wird irgend wo versteckt sein.

γ̇jάλϰ, lebendig; σ̇χα δέχουρϰ, ἰσ̇τϰ γ̇jάλϰ αχόμα, er ist nicht gestorben, er lebt noch; — fett, lebhaft, muthig, kräftig; geg. auch adv., gleich, — ἰσ̇τϰ γ̇jάλϰ ι jάτι, er ist ganz der Vater (der lebendige Vater); νδϰρτόj̇ε γ̇jάλϰ μϰ ατϰ̇, mache es genau wie dieses, diesem gleich; — ϰϰνδόν γ̇jάλϰ σι γ̇jέλι, er kräht genau wie ein Hahn; s. νγ̇jαλ.

γ̇jάλμϰ - ι o. γ̇jάλμϰτϰ, das Seil; γ̇jάλμϰ βρέζι, wollenes schmales Gürtelband, welches die Weiber zur Befestigung des Gürteltuches über dieses um den Leib binden.

γ̇jάλπϰ - ι o. γ̇jάλπϰτϰ, Butter; s. λjὒνϰ.

γ̇jαι s. γ̇j̄.

γ̇jᾱν (v. γ̇jάιγ), es ist passend, steht zu; σ̇ μϰ γ̇jαν, es kommt mir nicht zu; s. χίε; — geg. es muss, dass, n. griech. πρέπει να, für ich muss; γ̇jαν τϰ δᾱμι φχjίνι, wir müssen den Nächsten lieben.

γ̇jάνϰ, s. γ̇jέρϰ.

γ̇jᾱρϰ, s. γ̇jάιγ.

γ̇jάρπϰρ - ι, pl. γ̇jϰρπένjϰ - τϰ, geg. γ̇jάρπϰν - ι, pl. γ̇jαρπίν - τϰ, Schlange.

γ̇jας, geg., ich dehne aus, verlängere; γ̇jάτεμ, ich breite, dehne mich aus; — νjα φjάλja, in der Rede; — part. ε γ̇jάτμεja, das Ausdehnen, Ausbreiten, Verlängern.

γ̇jάϑψ, gleich, ähnlich, passend.

γ̇jάϑτϰ, sechs; s. jάϑτϰ (Xyland. ausserhalb der fünf Finger); — ι γ̇jάϑτϰ - ι, Sechser.

ῆjάϑγϑ, adv., sechsfach.

ῆjάϑγϱ-ι, Sechster.

ῆjάτε, lang; ἰϑτε μϑ'ε ῆjάτε σε ε ῆjέρε, es ist länger als breit; — vjερί ι ῆjάτε, ein langer Mensch; — auch von der Zeit, κgjό δίτε, με δούκετε ϑουμ' ε ῆjάτε, dieser Tag scheint mir sehr lang; — διτεῆjάτι διτεϑκούρταρε σβένετε, wem langes Leben beschieden, der stirbt nicht rasch.

ῆjάτγρε, die Länge; s. vῆjατότγ.

ῆjατότγ, geg., was κjασσ u. vῆjατότγ.

ῆjατούαρ-ι, Jäger.

ῆjἒ-ρι (spr. gjöri), ohne Plural, geg. ῆjαὺ-ja u. pl. ῆjαὺ-τε, Etwas, Sache, Eigenthum, Vermögen; χιτϑ ῆjἒ u. ῆjἒ καφϑ, nichts, durchaus nichts; — ῆjάvja o. ῆjάὑja ε ῆjάλε, geg., der Viehstand eines Hauses, das Vieh; — adv. πgρ παχ ῆjαὺ, es fehlte wenig, beinahe; — πgρ παχ ῆjαὺ πατϑ με ουβράμ, wenig fehlte, so wäre ich getödtet worden.

ῆjἒῆjεμ, Antwort auf den Ruf mit dem Namen, besonders von Frauen, so vielals: hier! (Es scheint der Stamm von πgρῆjἒῆjεμ, ich antworte, zu sein); s. ljέπε u. ῴεγέτγ.

ῆjἒῆjουνε, geg., in der Phrase χου αὺ (statt αὐϑτ) καμ ε ῆjἒῆjουν? wo ist so was gehört oder gesehen worden?

ῆjἒϑε-ja, Laub, Laubzweig; ουμβόυϑvε ῆjἒϑετε (n. griech. ἐφούντοσαν τὰ χλαρία), wörtl. die Zweige füllten sich, d. h. sie trieben Blätter; geg. Baumblatt.

ῆjἒϑγσότγ, ich bekomme Laub, schlage aus.

ῆjἒγ, geg. ῆjἒὺγ, anom., ich finde; ῆjέττα δίτγvε, ich fand Gelegenheit; — ι ῴέττα δίτγvε, ich fand Gelegenheit ihm zu schaden, mich an ihm zu rächen.

ῆjελj-ι o. ῴιλj, pl. ῆjέλjε-τε, tosk., Truthahn, geg. Hahn; ῆjελj ῴρεχ, geg., Kampfhahn (Hahnenkämpfe sind in der Gegerei sehr beliebt); — ῆjελj κόὑλjε, geg., Haushahn; — ῆjελj δέτι, geg., Truthahn; s. ῴουλ. — πσε με ρι ῆjελj? geg., warum bist du mir entgegen?

ῆjέλλε-a, geg. ῆjέλλε, Speise.

ῆjελπέρε-a, geg. ῆjυλπάνε, Nadel.

ῆjελπγρούερ-ι, Packnadel, s. χjεπ.

ῆjἒμ-ι, geg., ῆjἒμπ-ὑι, tosk., pl. ῆjέμβα-τε, Dorn; ε καμ ῆjεμ vδgρ σου, ich habe ihn (er ist mir) ein Dorn im Auge; — μ'ουβάν ῆjεμ, er ward mir zum Dorne, überlästig.

ῆjεμ ῴομάρι, Distel.

ῆjἒμε-a, Jammer, Elend.

ῆjεμεδόι-ου, Seemann; s. ῆjεμί.

ῆjἒμεμάϑ-ὑι, der Unglückliche, Aermste.

ῆjεμί-a, Schiff; s. χαράφ.

ῆjεμίμ-ι, geg. ῆjιμίμ, Donner, Stimme, Brausen, Wiederhall.

ῆjεμότγ, geg. ῆjιμότγ, ich werde laut, ich töne, klinge, ich rausche; — ῆjεμόν δέτι, das Meer rauscht; — ῆjεμόιvε μάλλjετε, die Berge hallen wieder; — ῆjεμόν ϑτgχία πρέτγ ζάvιτ, das Haus erschallte von dem Geschrei; — χgυδόβα, ῆjεμόι ϑχέμbε, ich sang und der Fels hallte wieder (Lied); — ῆjεμόν, es donnert; — part. ε ῆjεμούαρα, geg. ε ῆjιμούμεja, Schall, Getöse, das Leiden, Ungemach; auch adverb. μουνδόvετε ῆjεμούαρε, er wird hart, schwer gepeinigt, Matth. VIII, 6; — ι ῆjεμούαρι, der Leidende.

ῆjἒμπ-ὑι, s. ῆjεμ.

ῆjἒμτε, adj., von Dornen, dornig.

ῆjἒνδgρε-a, geg. ῆjάνδgρε-a, Drüse.

ῆjἒvε, wiederum, abermals; ἑα ῆjένε, komme wieder zurück; s. πgρσgρί.

ῆjἒπ-ι, geg., Rohrstückchen, worauf Garn gewickelt wird, in der Mitte des Weberschiffchens angebracht (Spule), jede kurze dünne Röhre überhaupt; — ῆjέπι ι χρούσσε, die Brunnenröhre.

ῆjεραχίvε-a, Habicht.

ῆjέρbε-a, geg., Tropfen; s. πίχε, τϑίχε.

ῆjερbότγ, geg, ich tropfe.

ῆjέρῆjεv-ι, geg., Name eines Spitzberges 3 Stunden südlich von Elbassan; s. ῴαρῴί.

ῆjερϑέχ-ου, Brautbett.

ῆjερδάv-ι, geg., Halskette, Brustriemen des Sattelzeuges; s. πgρουϑάvε.

ῆjέρε-a u. ῆjέρgτε, geg. ῆjάvε, Breite, adj. breit; — ῆjεμότγ, ich erweitere.

ῆjερίς-ζι, geg., Canal einer Wasserleitung.

(ῆjερπουv), ich verschlinge; s. πgρπίγ.

(ῆjεσδί), Belustigung.

ῆjεσδίς, ich gehe umher, schweife, gehe spazieren.

ῆjἒϑμ, reich.

ῆjἒτέχ u. jετέχ, geg. ῆjετίυ u. jετίου, Seodr. ῆjἒτι, anderswo.

ῆjι-ρι, Busen, Schoss, Meerbusen; s. ῆjιρία.

ῆjίδι-ι adv. fort! türk.; s. πράπα.

ῆjιζάρ-ι, Käsemacher, Viehhirt (verächtlich).

ῆjίζε-a, Käse, Siebkäse.

(ῆjιϑαχίvϑιμ), gemeinsam.

ῆjίϑε, 1. im Singular, ganz, indecl.; ῆjίϑε bότα, die ganze Welt; — ἰϑτε ῆjίϑε babάι, er ist ganz der Vater; — μ' ουδρόϑ ῆjίϑε χούρμι,

mein ganzer Körper wurde erschüttert; — τε
δούατŏ ζύτνε Περνδίνε τέντε με γ̈jίϑε ζέμερε
τέγντε, du sollst lieben den Herrn deinen Gott
mit deinem ganzen Herzen , Marc. XII, 30; —
selten: alle, wie: γ̈jίϑε κεjό, alles das; —
2. im Plural, alle; a) mit dem Hauptworte, meist
indecl.; γ̈jίϑε νjέρεζ, alle Menschen; — γ̈jίϑε
γρα, alle Frauen: — τε ῇjέτεν' ε τε γ̈jίϑε λjά-
χρεϐετ, den Zehnten von allen Kräutern, Luc.
XI, 42; — doch auch mitunter declinirt: ε πάρα
νγα τε γ̈jίϑα πορσίτε, die erste von allen
Vorschriften, Marc. XII, 30; — b) alleinstehend, weibl., τε γ̈jίϑα-τε, decl., ι παστάjμι
νγα τε γ̈jίϑε εδέ δερϐεδύρ ι σε γ̈jίϑεϝετ,
der letzte von Allen, und der Diener Aller,
Marc. IX, 35; — ι δι τε γ̈jίϑα, er weiss
alles (verst. πούνερα Dinge), Joh. XVI, 30; —
γ̈jίϑε χουδ, γ̈jίϑε τσίλλι, ein jeder; — γ̈jίϑε
νjε, adv., in einem fort, ohne Unterlass; —
ε κέμι γ̈jίϑε νjι, geg., wir besitzen es gemeinsam; — ουνγρίτεν γ̈jίϑε νjι, sie standen alle
mit einander auf; geg. γ̈jίϑε τŏ μος. (γ̈jίϑε,
τŏ, μος), γ̈jίϑε τŏ φάρεδε, geg., allerlei ;
jeder Art, besonders mit γ̇jαν, Sachen, Dinge
— geg. γ̈jίϑε αί, dieser grosse, starke, dicke
etc., — was τηλικοῦτος — μάτσεja χανγρι
γ̈jίϑ ατε μίν, die Katze frass diese grosse
(ganze) Maus; — γ̈jίϑε χιδ, geg., die Summe,
alles zusammen, γ̈jίϑε χιδ ϐαύ χάχjε, alles
zusammen macht so und so viel; — γ̈jίϑε
χιδ τε ϑύτε, was er auch sagen möge.

γ̈jιμότγ, Tyr., ich verfolge; — part. ε γ̈jιμού-
μεja, die Verfolgung.

γ̈jινάχ-ου u. γ̈jυνάχ, pl. γ̈jινάχε-τε, geg. γ̈jυ-
νάφ, Sünde, türk.; s. φάτγ.

γ̈jινᾳχιάρ-ι u. γ̈jυναχιάρ, geg. γ̈jυναφχjάρ, Sünder, türk.

γ̈jινδ-ι, geg., Volk, Geschlecht.

γ̈jίνδι-α, geg., Menschenmasse, Gedränge.

γ̈jινχάλε-α, geg., Cikade.

γ̈jιψί-α, Verwandtschaft, Sippschaft.

γ̈jίϭτ-ι, pl. γ̈jίϭτερα-τε u. γ̈jίϭτερε-τε, Finger;
γ̈jίϭτ ι μαϑ, Daumen; — ι πάρε, Zeigefinger;
— ι μεσμ, Mittelfinger; — ι χουνjάτεσε,
Ringfinger; — ι ϐόγελjε, kleiner Finger; —
γ̈jίϭτ ε κέμϐεσε, Zehe; — χα νjε πελάμϐε ε
δυ γ̈jίϭτε, es ist eine Spanne und zwei Finger
(Zoll) breit.

γ̈jίϭτέσε-α, geg., Fingerhut.

γ̇j τόν-ι, Nachbar, griech.; s. φχjίνjε.

γ̇jιτονί-α, Nachbarschaft, griech.; s. φχjίνjε.

γ̇joϐάρ-ι, Scodr., Vorstand eines (stets von Ver-

wandten bewohnten) Stadt- (Dorf-) Viertels,
welcher die verwirkten Bussen, γ̇jόϐε, beizu-
treiben hat.

γ̇jύϐε-α, geg., Vermögen; σ' τα ϐαύ γ̇jόϐα πίσε
πάρε, du hast keine fünf Heller im Vermögen;
Scodr. die auf ein Vergehen gesetzte Busse,
welche entweder in Geld oder einer Anzahl
Kleinvieh besteht.

γ̇jόja, geg. γ̇jυjά, als ob, etwa, zum Zeichen
(τάχα, n. griech. τάχαδες).

γ̇joλj-ι, pl. γ̇jόλjερα-τε, See, Sumpf, Pfuhl; s.
λjεχjέν.

γ̇jόξ-ι, pl. γ̇jύξε-τε, Brust.

γ̇joυ-ρι, geg. γ̇jουί-νι, Knie; accus. γ̇jούρινε
u. γ̇jουνjε, pl. γ̇jούριτε u. γ̇jούνjετε.

γ̇jούατγ (s. γ̇jάτγ), 1. ich jage; 2. treffe; 3. vermuthe; 4. ich nenne, χjυδ τε γ̇jούαιγε? wie
heissen sie dich? (πῶς σε λεν?) d. h. wie
heissest du? s. γ̇jούχε; — 5. geg., ich stehe
im Hinterhalte, passe einem auf; — part. ε
γ̇jούαρα, die Jagd, Schuss, Vermuthung; τε
τίλλε τε γ̇jούαρε σ' χαμ πάρε, einen solchen
Schuss sah ich noch niemals.

γ̇jουχάτε-α, geg., Gericht.

γ̇jουχότγ, ich richte, spreche Urtheil, spreche
Böses von einem.

γ̇jουμάδ, schläfrig, schlafliebend; σ' ίϭτε ι
δζjούαρε, ίϭτε γ̇jουμάδ, er ist nicht geweck-
ter, sondern schläfriger Natur.

γ̇jούμε-ι, Schlaf; με μερ γ̇jούμι, der Schlaf
überfällt mich (μὲ πέρνει ὁ ὕπνος, n. griech.);
— γ̇jούμεζ, berat., (Injurie) Schwarzschlaf,
wohl todeswürdig.

γ̇jουμερώνδε, geg., einer, der schweren, tiefen
Schlaf hat, schwer zu wecken ist.

γ̇jούχαεμ u. γ̇jοῦχεμ, ich heisse, werde genannt; σι ο. χjυδ γ̇jούχαε? wie heissest du?

γ̇jούχε-α, geg. γ̇jούχου-ja, Zunge, Berg-,
Landzunge, Sprache.

γ̇jυχj-ι, pl. γ̇jύχjε-τε, Gericht, Rechtsstreit;
σ' μ'ουϐέ γ̇jυχj, mein Process ist noch nicht
verhandelt; — γ̇jυχj σ' ουϐέ μίρε, der Process ist nicht gut entschieden.

γ̇jυχάτε-ι, Richter.

γ̇jυχjετάρ-ι, richterlich, Richter.

γ̇jūλjε-ja, Kanonenkugel, türk.

γ̇jυλπάνε-α, geg., Nadel (von νγουλj, ich stecke
hinein, πε, Faden); s. γ̇jελπέρε.

γ̇jυμ-ι, Kupfergefäss in Form eines Kruges,
grösser als παγράτŏ.

γ̇jύμεε-ι, geg., halb; s. γ̇jύσμε.

γ̇jυμεσάχ-ου u. γ̇jυσάχ, geg., unvollständig,

mangelhaft (in Bezug auf Handwerk, Verstand etc.).

γ̆júμε̆σε̆ - a, geg., Hälfte.

γ̆júρμε̆ - a, geg. γ̆juδ̆ρμε̆, Fuss-Spur, Fährte, Fuss als Längenmass.

γ̆jυς, Scodr., adv., halb.

γ̆jυσάχ, s. γ̆jύμε̆σάχ.

γ̆jύσε̆, Scodr., adj., halb.

γ̆júσρε̆ - a, Hälfte; adj. halb; s. γ̆júμε̆ς.

γ̆jŏδ̆ - ι, pl. γ̆jύδ̆ε̆ - τε̆ u. γ̆jύδ̆ε̆ρε̆ - τε̆, Vater des Vaters, Grossvater überhaupt; δ̆τε̆ρ-γ̆júδ̆, geg. auch τρε̆γ̆júδ̆, Urgrossvater; — χατρε̆- γ̆júδ̆, Ururgrossvater; — πε̆σε̆γ̆júδ̆, Ururur-grossvater.

γ̆júδ̆ε̆ - ja, Arg. Kastr. γ̆júδ̆ε̆λjε̆, Mutter des Vaters, Grossmutter überhaupt; s. jóδ̆ε̆.

γ̆jυτρόμ - ι, geg. (von γ̆jou, Knie, u. τρουμε̆, Haufe?), gelähmt.

γ̆jŏτδ̆, adv., schwer (zu thun), türk.; s. ρε̆νδ̆ε̆.

γ̆jυτδ̆μ - ι, adj., schwer, schwierig.

γ̆jυφχjέτγ, geg., ich bin aufs äusserste ermüdet, erschöpft, ich kann nicht mehr; γ̆jυφχjέβα τε̆ς πε̆νούμι, ich bin von der Arbeit vollkommen erschöpft; — part. ε γ̆jυφχjύμε̆ja, Erschöpfung.

Δ.

Das griechische δ.

δa, geg. δε, also, so! έa δa, so komm! — aδ̆- τού δa, richtig so! gewiss so!

δαιμόν - ι, Dämon, griech.

δαιμονίς, ich mache (einen) rasend; — part. δαιμονίσουρε̆, besessen; — ε δαιμονίσουρa, die Besessenheit, griech.

δαιμονίδ̆τ, dämonisch, griech.

(δαχαφίδ̆τ), plötzlich; s. δαχτε̆.

δάλε̆ - a, geg. δάλτε̆ - ι, saure Milch.

δαμ, s. δε̆μб.

δάμε̆ζε̆ - a, Zähnchen, besonders an den Nähten der Hirnschale.

δάνε̆ - a, geg., Gabe, Abgabe.

δάνε̆σ - ι, geg., Darleiher, Gläubiger.

δάνιμε̆ - ja, geg. (part. von aπ), Gabe, Uebergabe, Abgabe, Steuer, Hingabe, Enthusiasmus.

δάντε̆ρ, s. δε̆́ντε̆ρ.

δάρτ - ι, Dreschflegel; s. ξίλο.

δασχάλj - ι, pl. δασχάλ̇ - τε̆, Berat. δασχλε̆ν - τε̆, Lehrer, Prediger, griech.

δασχαλjέτς, ich mache den Lehrer, lehre, griech.

δασχαλjί - a, Lehre, Unterricht, griech.

δjδ̆με̆ - a u. δjδ̆με̆τε̆, Speck, Talg.

δjδ̆μτε̆, talgig, von Talg; χjε̆ρί δjδ̆μτε̆, Talgkerze.

δjάτε̆ - a, Testament, letzter Wille, Bund.

δjαφούαρ - όρι, Gewinn, Capitalzins, griech.

δjέτε̆, zehn; ι δjέτε̆ - ι, der Zehner; — ε δjέτε̆ - a, der Zehnten, von — mit genit., σε ιπνε τε̆ δjέτε̆ν' ε δjόσμε̆σε̆, denn ihr gebet den Zehnten von der Münze, Luc. XI, 42.

δjέτε̆δ̆, adv., zehnfach.

δjέτε̆τε̆ - ι, Zehnter.

δjόσμε̆ - a, geg. δjόζμε̆, Münze (Kraut).

δε̆ - ου (geg. spr. δ̆a, mit Präpositionen auch δε̆τ; νδε̆, νδε̆νε̆, νδε̆πε̆ρ δε̆τ, in, unter, durch die Erde), Erde, Land; νγ̆a τε̆ς δε jε? aus welchem Lande bist du? — ίδ̆τε νδε̆ δε τε̆ χούaτγ, er ist in fremdem Lande; — πε̆ρ χε̆τε̆ δε! bei dieser Erde! (Betheuerung); — ρι μβε̆ δε, setze dich nieder; — ρa μβι δε, ich falle zur Erde, nieder; — ε χaμ νδε̆νε̆ δε̆τ, geg., ich habe es unter der Erde (vergraben); — τε̆ πε̆ρπίφτε̆ δέου! möge dich die Erde verschlingen! — τε̆ χάπε̆τε̆ δέου! möge sich dir die Erde öffnen!

δε - ja, Erdreich; δέja ε χε̆σάτγ άρε̆ ίδ̆τε̆ ε μίρε̆, das Erdreich dieses Ackers ist gut.

δε u. εδέ, geg. ενδέ, νδε, νε, ενέ, und.

δε̆ζ, geg. νδε̆ς, ich zünde an; δέζεμ u. δίζεμ, ich brenne, habe Hitze, fiebere; — part. ε δέ- ζουρa, die Entzündung.

δεχατί - a, Zehnten, griech.; s. δjέτε̆.

δεχατίς, ich zehnte, griech.

δελατάρ - ι, geg., der einzige Sohn; δελατάρε̆, die einzige Tochter, auch neben andern Geschwistern verschiedenen Geschlechts.

(δελίνε̆), Ceder.

δέλχa, geg., Coketterien; s. νάζε̆.

δέλπε̆ρε̆ - a, Fuchs; s. σχίλje.

δελπε̆ρί - a, List.

δελφίν - ι, Delphin.

δε̆μб - ι, geg. δ̆άμ, Zahn; δε̆μб ι χjέζε̆ρε̆, (Kaiser-) Augenzahn; s. δ̆τε̆ρδε̆μι; — δε̆μб ι πάρι, Vorderzahn; — δε̆μб ι παστάμι, Hinterzahn, auch

δε̆μбάλε̆ - a, Backenzahn.

(δε̆μjε̆), Raupe.

δε̆μίζε̆ - a, s. δμίζε̆.

δε̆μπ, geg. δε̆μ, impers., es schmerzt (sehat) mich; με̆ δε̆μπ χόχa, mich schmerzt der Kopf; — δε̆μб, der Zahn; — με̆ δε̆μπ πε̆ρ νένε̆νε̆ς, ich sehne mich nach der Mutter; — δε̆́μбεμ νὴα νέννενε, (ich werde von der Mutter ersehnt) die Mutter sehnt sich nach mir; — *part.* ε δέμπουρα, geg. ε δίμτμεja, der Schmerz; — ι δέμπουρι, der Leidende.

δέμπες, stark strömend, reissend.

(δενjούαρε), berühmt.

δένε - a, geg. δάνε (*part.* v. ἄπ), Gabe, Abgabe, Steuer, Ausgabe; χα δούμε δένα ε παχ τε μάρρα, er hat viel Ausgaben und wenig Einnahmen; s. μάρρα; — τε δένατ' ε μβρέττιτ, die Einnahmen des Königs aus den Steuern.

δένες - ι, freigiebig.

δέντερι - ι, *pl.* δεντυύρε - τε, geg. δάντερ (v. απ), Bräutigam; δαντερία τίγ, wörtl.: Seiner Hochzeitlichkeit (sowie Seiner Herrlichkeit, Excellenz) statt einfach: der Bräutigam, Hochzeiter.

δέντερί - a, Hochzeit; s. δάσμε.

δεξ, ich nehme auf; — *part.* ε δέξουρα, die Aufnahme, *griech.*

δέρε, bitter; s. ϑάρετε u. ἰδετε.

δερότγ, Marc. XV, 45, was δουρότγ.

δεσπότ - ι, Erzbischof, *griech.*

δεδχρέσε - a, geg. (aus δε u. ϑχρούτγ), Erdbeschreibung.

δεδχρέσες - ι, geg., Geograph.

(δ̓ζουρ), ich bewege.

δι - a, Ziege,

διάρ - ι, Ziegenhirt (verächtlich).

διαβάς, ich lese; — *part.* διαβάσουρε, gelehrt, *griech.*

διαβασί - a, das Lesen, *griech.*; s. χενδύτγ.

διαμάντ - ι, *pl.* διαμάντε - τε, Diamant.

διδάξ, ich lehre, *griech.*

διδαγί - a, Lehre, *griech.*

διάς, ich scheisse; — *part.* διέρε, geg. δίμε; ε διέρα, geg. ε δίμεja, das Scheissen, der Schiss; — τε ὀjες, das n. *griech.* σὲ χέζω; — ε διέυυ, τὸν ἔχεσε, n. *griech.*, er beschimpfte ihn; s. μοῦτ.

δίλjε - a, Schwäche, die vom Hungern oder Fasten kommt; ε νούχε δούα τι λjεδότγ ατά πα νὴρένε, σε μος ου βίjε δίλjε μβ'ούδε, und ich will sie nicht (ungesättigt) von mir lassen, damit ihnen auf dem Wege nicht Schwäche ankomme, Matth. XV, 32; — ι πίε δίλjε, er fällt in Ohnmacht, Marc. IX, 18.

(διμζάχι), doppelt.

δμίζε - a u. δεμίζε, Fleischmade (v. διᾶς u. μίζε, wie Schmeissfliege).

διμισχjί, altgeg., nur in Märchen vorkommend, bes. ϑίχε διμισχjί, damascirt?

διμσετε, geg., *impers.*, es thut (mir) leid;

με δίμσετε πάρια, das Geld thut mir leid.

δίμσμε - ja, geg., Mitleid; s. δερδερλίμ.

δίμσουν - μι, geg., mitleidig.

δίμτμε - ja, s. δεμπ.

(δινάχ), listig; s. διναχερί.

διορί - a, Frist, *griech.*

διορίς, ich bestimme, *griech.*

διπλάρ, weibl. διπλάρε, doppelt, jedoch nur in der Bedeutung von strotzend von Kraft und Gesundheit; — vjερί διπλάρ, ὴρούα διπλάρε, ein Mann, der, eine Frau, die für zwei zählt, *griech.*

διπλός, ich falte zusammen, *griech.*

διπλόσουρε, gefaltet, doppelt.

δισχ - ου, *pl.* δίσχε - τε, Metallteller überh., bes. der Stellvertreter unseres Klingelbeutels in den Kirchen, *griech.*

δίτε - a, geg., der Zehnten; ε δίτα ὴjάνσε, Viehzehnten.

δίτεμ, geg., ich bescheisse mich; s. διάς.

δόὴε - a, Bret, Diele; s. δέὴε.

δοχιμάς, ich versuche, prüfe, *griech.*; s. βεϑὴύτγ.

δοχιμί - a, Versuchung, Prüfung, *griech.*

(δορζίμ), fleissig.

δούνε - a, Schmach, Schandfleck, Aergerniss; do δάλλjινε δούνα vδερ μες, daraus wird Scandal (Streit) entstehen.

δουνότγ, ich schmähe.

(δούρε), geil.

δουρετί - a, Geschenk; δουρετί, *adv.*, umsonst, ohne Kosten.

δουρίμ - ι, Geschenk.

δουρότγ, δερότγ, Matth. XVIII, 27, ich schenke, erlasse, verzeihe; δουρό με χετέ φάjι, verzeihe mir diesen Fehler (n. *griech.* χάρισέ με αὐτὸ τὸ λάϑος für συγχώρησέ με).

(δουσμέ), Betrug.

(δόχεμ), ich verabscheue.

δρι - a, Weinstock; s. δρου.

δρίμ, 1. 2. 3. u. 15. 16. 17. März; σοτ ίστε δρίμ, heute ist ein solcher Tag. An diesen Tagen wäscht man weder, noch beschneidet man die Weinberge; s. νεβρούς u. πλjάχε.

δριν - νι, Fluss in Nordalbanien.

δροπιχjάσουρε, wassersüchtig, *griech.*

δροπιχί - a, Wassersucht, *griech.*

D.

Das deutsche d.

daβτδί-ου, Anwalt, türk.

dάjε-a, geg., Oheim, türk.

dάdε-a, geg., Magd.

daί-ου, strammer Bursche, Räuber (παλιχάρι, *n.* griech.); — *adj.* tapfer, muthig.

dάιγ, geg., was *ν*dάιγ.

dάιχο-ja u. ουa, der Mutter Bruder; s. μίdðο.

daιμa u. dajίμ, immer, türk.; s. χέρε νγ̃a χέρε.

dάιρε-ja, Handtrommel, Tambourin.

daχιχέ-ja, geg. dεχιχά, Augenblick, türk.

daχίτð-ι, geg., Hammer.

daλενdί-a, tosk., Unruhe, geg. dάλεdί-a, Enthusiasmus.

daλενdίς, tosk., ich beunruhige, ich fasse Muth; λjούμ χjε πλjοτ, χο aί daλενdίσι ε ε γ̃όδι, der Fluss war voll, er fasste sich aber ein Herz und sprang hinüber; — geg. daλεdίς, ich widme mich mit Leib und Seele, enthusiasmire mich; — daλεdίσa νγ̃a djάλλjι — νγ̃a ε χενdούμεja, von (der Liebe zu) dem Knaben oder von dem Studiren bin ich ausser mir, wie verrückt; — daλενdίσεμ, tosk., ich bin unruhig, besorgt; — *part.*, tosk. ε daλενdίσουρa, geistige Unruhe; geg. ε daλεdίσμεja, das Aussersichsein, Vergessen seiner selbst über einer Neigung, welcher man sich mit ganzer Seele hingegeben hat; Enthusiasmus; — daλεdίσουνε, enthusiasmirt (Stamm: daλλj).

daλενdύðε, geg., s. dελανdούðε.

dάλλj, *anom.*, ich gehe heraús, hervor, sprosse, entspringe, gehe auf, reiche hin; dελλj dίελι, χ̃έννεζε, die Sonne, der Mond geht auf; — ich gehe aus, von der Farbe; — daλλj πεpπάρa ουρdενάριτε, ich erscheine vor der Obrigkeit; — νούχε dελλj bούχε, das Brot reicht nicht hin, aus; — daλλj χρᾶχε (*n.* griech. δίδω πλάτην), ich helfe, unterstütze; — daλλj ζοτ, ich vertheidige; — daλλj jάðτε, ich verrichte die Nothdurft; — ι daλλj νd' άνε, ich bringe es zu Stande; — daλλj φjάλjεσε, ich breche mein Wort; — νγ̃a dελλj dίελι, Umschreibung für das fehlende Wort Osten; do τε βljενε dούμε νγ̃a dελλj εdέ νγ̃a πεpενdόν dίελι, Viele werden kommen von Osten und von Westen, Matth. VIII, 11; — *part.* dάλλjε u. dάλλjουρε — ε dάλλjουρa, geg. ε dάλλjμεja — ούδεραβετ, Scheideweg; — dάλλjε bέσσεσε, ungläubig; — dάλλjε μεντð, wahnsinnig.

dάλλjε-a, Geschwulst.

dαλλjέ! halt! steh! s. ατύ.

dαλλjόtγ u. νdαλλjόtγ, geg., ich warte, erwarte, *trans.* u. *intrans.*, ich bleibe stehen, halte an; — *part.* ε νdάλλjμεja, das Erwarten, der Aufenthalt.

dάμ-ι, geg., Schaden, Unheil, welches Kinder anstiften; s. dεμ.

dαμbλά-ja, geg. dαμουλά; (wörtl. Tropfen), Schlagfluss, türk., s. πίχε u. ðαιτίμ.

dάμχε-a, Siegel, Presse, türk.

dαμχόtγ, ich siegele.

dαμόtγ, geg., s. dεμόtγ.

dανάtð-ι, Tyr., der Geliebte.

dάνγ̃a, geg., der Bauch (gemein); μ' ουφρύ dάνγ̃a, der Bauch ist mir angeschwollen, voll.

dανγ̃άλ-ι, geg., Dickwanst.

dανd, geg., s. dενd.

dαούλε-ja, grosse Trommel.

dάρðε-a, geg., Birne, Birnbaum; — ðεχjερλίε, Zucker-, dιμενόρε, Winterbirne.

dάρε-a, geg. dάνε, Zange, Zahnbrecher.

dάρχε-a, Abendessen (s. dρεχέtγ u. dεpχούtγ), Zeit des Abendessens, Abend; τε βίðε με dαρχ, komme am Abend.

dαρχόtγ, geg., ich esse zu Abend; s. dεpχούtγ.

dαροβί-a, Geschenk, Trinkgeld; s. ðουpετί.

dαροβίt, ich schenke, gebe ein Trinkgeld; s. dοραβίς.

dάσμε-a, Hochzeit; s. ðενtεpί.

dύð-ι, pl. dέð, Widder.

dάðεμ, geg., liebenswürdig.

dάðμε-ja, geg., Geliebte und die vor andern geliebte, Liebling.

dάðμι-tε, geg., das Lieben.

dάðουρε-ι u. dάðjουρε, geg. dάðουνε, *part.* v. dούa, liebenswürdig, geliebt; ι dάðουρι, der Geliebte; — ε dάðουρa, die Geliebte; s. aðίχ; — πα dάðουρε, ohne zu wollen, unvorsätzlich.

dαðουpί-a u. dαðjουpί, geg. dαðχτουνί-a, Liebe; s. dούa.

dαðουpίμ-ι, geg. dαðουνίμ, Liebe, Lust an etwas; χα ðύμε dαðουpίμ πεp γ̃ja, er hat grosse Lust an der Jagd.

dάτς-ι, geg., Kater; s. μαtðόχ.

dαφίνε-a, Lorbeer.

djάðε-ι u. djάðετε, Käse.

djάðτε, *adv.* u. *adj.*, rechts; von Käse, käsen; — Käse und Zuspeise hält der Albanese in der rechten, das Brot in der linken Hand.

djắλ-ι, *pl.* djaj-τg, Teufel; ε μάρτg o. χάνγgρτ djắλι! hole, fresse ihn der Teufel! *s.* δρειxj.

djaλgζί-a, *pl.*djaλgζίρg; *geg.* djaλgσί, Teufelei, Bosheit.

djắλλjg-ι, Kind, Jüngling, *geg.* insbesondere der bewaffnete Diener einer Obrigkeit (παιδί, *n. griech.*, garçon); *pl.* djℇλλjμ-τg u. djεμ-τg, *geg.* auch djελj-τg, aber bes. in obiger beschränkten Bedeutung.

djaλλjgρί-a, Kindheit, Jugendalter, die ganze Jugend eines Ortes; *s.* πλjαxgρί u. βαιζgρί.

djaλλjϑί-ρι, *geg.* djaλλjόσ-ι, Jüngling.

dje u. djέϑινg, auch dιέ, gestern; *s.* djέτgμg.

djℇx, ich brenne (etwas) an, nieder; *s.* δℇζ; — *part.* ε djέγουρα, der Brand; — ι djέγουρι, der Unglückliche (*n. griech.* ὁ xαϊμένος); *s.* dιγjεμ.

djεℓμgρί-a u. djεμgρί, *geg.* djελμgγί, Kindheit, Jugend; *s.* djắλλjg.

djℇπ-ι, *pl.* djέπε-τg, u. djέπε-ja, Wiege; τοΰντ djέπgνg, ich wiege.

djℇρρg, *geg.*, brach; βℇνδι u. άρα ίστg djℇρρg, das Feld, der Acker liegt brach; *s.* βdjℇρg.

djℇρσg-a, Schweiss; *s.* dgρσίγ.

djέτℸgμε, djεℸμ u. dιℸℸμ, *geg.*, gestrig.

dίβε-ja, *geg.*, Kameel.

dℇβρg-a, Umkreis, Rundreise; xουρ βgν δεσπύτι dℇβρgνg, wenn der Erzbischof seine (jährliche) Rundreise macht.

dgβότγ, berst., *s.* dζβότγ.

dgβόρg-a, berst., Schnee; *s.* bόρg.

dℇγg-a, Ast, Zweig, Gebüsch (*n. griech.* xλαρjά); *s.* jjℇϑε.

dgγjότγ, *s.* dιγjότγ.

dℇιγ, übermorgen (unbestimmt wie μεϑαύριον im *n. griech.*); u. πασνέσσgρ.

dℇιγ, *geg.* dℇιγ, ich berausche; — *pass.* dℇχεμ, ich berausche mich; — *part.* ε dℇιτουρα, *geg.* ε dℇιτμεja, die Trunkenheit; — ι dℇιτουρι u. dℇιρι, *geg.* ι dℇιτουνg, der Betrunkene.

dℇιμ-ι, trunken, der Trunkene.

dεxj-ι, *geg.*, List, mehr im *pl.* dέxje-τg gebräuchlich.

dέxιjg-a u. βdℇxιjg, Tod; ε dℇxουρα, *geg.* ε βdℇxμεja, das Sterben, der Sterbeact; — ι dέxουρι, *geg.* βdℇxμι, der Verstorbene; *s.* dεç.

dgxότγ, *geg.*, ich mache einem einen Bruch; dgxόνεμ u. dgxόγεμ, ich bekomme einen Bruch; — *part.* ε dgxούμεja, Bruch (Leibschaden); — dgxούμ-ι, einer mit einem Bruch; *s.* ρgνδσότγ.

dℇλ-ι, *pl.* dέι-τg; Flechse, Ader (v. daλλj).

dελανδούσε-ja, *geg.* daλgνδύσε (dℇλενδύσσg), Schwalbe (Stamm: daλgνδίς).

dℇλjε-ja, *pl.* dέντg, Schaf.

dgλένjg-a, Wachholder; xόxjε dgλένjε, -Beere.

dgλjίρ, *geg.*, ich befreie von einer Last; ljεγόνα ουδgλjίρ, die Kindbetterin ist niedergekommen, *n. griech.* ἐλευϑερόϑηxε; — *part.* ε dgλjίμεja, die Entlastung; *s.* λjιρ.

dgλjίρ, *geg.*, *adj.*, erleichtert; jαμ dgλjίρ, ich bin erleichtert, bes. von einem, der sich übergeben etc.

(dελμgρg u. dελμουάρg), Hirt, Schafhirt.

dℇμ-ι, *pl.* dέμε-τg, Schaden, Verlust, Verdammniss; *s.* dαμ.

dℇμ, tosk., vergeblich, umsonst; *s.* xότ, μbράζgτg u. δxρℇτ.

dℇμ-ι, *pl.* dέμα-τg, Rind, junger Stier.

dgμgτάρ-ι, Verschwender, Vergeuder.

dgμgτύτγ u. dgμότγ, *geg.* dαμότγ, ich vergeude, verschwende, schade, verdamme; dgμgτένgμ u. dgμόνεμ, ich leide Schaden; — *part.*, *geg.* ε dαμούμεja, Vergeudung, Verschwendung.

dενγ-ου, *geg.*, Garbe, Bund, wie Heu, Tabak, aber auch Holz und dann eine halbe Pferdelast; *s.* άνg.

dgνd, *geg.* dανd, ich mache dicht, walke, stopfe (einen) voll; *s.* ℇιγ; — dℇνdεμ, ich bin übersatt; — *part.* dℇνdουρg, *geg.* dℇνdουνg, dicht, gefüllt, häufig; — ε dℇνdουρα, *geg.* ε dℇνdμεja, das Verdichten; *s.* νℇντουρg.

dℇνgσότγ, ich verdichte; — *part.* dgντουρg, dicht.

dgννέσg-a, *geg.*, Stöhnen, Schluchzen um einen Verstorbenen; xjαν με dgννέσg, er weint mit Schluchzen, — verschieden von ljίjjε.

dgννεσσότγ, ich schluchze, stöhne über einen Todesfall.

dερβέν-ι, *pl.* dερβένε-τg, Engpass (v. dℇρε, Thüre, u. βgν o. βgνd, Ort?), auch türk.

dέρjjεμ, ich bin bettlägerig, liege darnieder, νγα έϑετg, am Fieber.

dgργότγ, ich schicke; — *part.* ι dgργώύαρι, *geg.* dgργούμι, der Abgesandte; — ε dgργούαρε, *geg.* ε dgργούμεja, das Schicken, die Sendung.

dℇρg-a, *pl.* dύερ-τg, *geg.* dύρg-τg, Thüre; dερ'ε ούdgρg, Hausthüre; *s.* πόρτg; — dℇρg bάρdι, der Glückliche; — dℇρg ζίου, der Unglückliche; *s.* bαρτ bαρϑ, πούνg bαρϑ, δxρόνjg bαρϑ, ταξgράτ, φατ; — dερ'ε μίρg, gutes Haus; dερ'ε μάdε, vornehmes Haus; — dερ'ε πάρε, das erste, reichste Haus eines Ortes; ίστg νγα dερ'ε μίρε, er ist aus gutem Hause.

δέρϵ, adj., bitter; πούνε δέρϵ, schwierig (zu thun); s. ίδϵτϵ.

δερέχ-ου, geg., Steuerruder.

δερϑ, ich giesse aus; δέρδεμ, ich stürze mich (wie z. griech. γύνομαι); — δερϑ ούjϵ, ich pisse; s. πϵρμϵέρ; — part. ε δέρδουρα, geg. ε δέρϑμεja, das Ausgiessen.

δερχοόϵγ, tosk., ich esse zu Abend; s. δαρχόϵγ, δάρχϵ u. δρέχεμ.

δερλjϵνάίϵ, geg., ich beschuldige, rede Böses nach.

δερμϵχάϵ, ich zerstreue, sprenge aus einander, vergeude.

δερμίja-τϵ, pl., geg., Trümmer, Scherben.

δερμίϵ, geg., ich nicke mit dem Kopfe, indem ich sitzend einschlafe; s. δριμίϵ.

δερμόϵγ, ich springe, stürze herab; νjα χάλjι, ich springe vom Pferde; — ϑχάλϵνϵ u. νjα ϑχάλα, die Treppe herab; — δερμόι ϑίου, der Regen stürzte herab, Matth. VII, 25; s. ζϑρϵϵ; — geg., ich zersprenge, zermalme.

δάρρ-ι, Schwein, männl.; s. δόσϵ.

δερρόάρ-ι, Schweinhirt (verächtl.).

δερρόάσϵ-α, Steinplatte, besonders zur Dachdeckung, geg. Bret (aus δρου u. ράσϵ).

δερσόίγ, geg. δερσόίφ u. δερσόίφεμ, ich schwitze; — part. ε δερσόίρα u. δερσόίτουρα, geg. ε δερσόίφμεja, das Schwitzen; s. δjάρσϵ.

δερστίλjϵ-α, Walkmühle.

δάρτ-ι, pl. δέρτε-τϵ, Seelenqual; νούχϵ χε δαρτ χϵρ νδόνjϵ, du scheust dich vor Niemanden, Matth. XXII, 16, türk.

δερτέιϵϵ-α und δερτέιλjϵ, Verfertigung, Erbauung; s. νδϵρτόσϵ.

δέρτιμεν-ι, geg., der Aermste, Unglückselige.

δερτόϵγ, ich bereite, verfertige, bessere aus, besorge; δερτόϵγ jjέλλϵ, ich bereite Speise, koche; — part. ε δερτούαρα, Verfertigung, Ausbesserung, Gebäude; s. νδϵρτόϵγ.

δϵϵ, s. βδϵϵ.

δεστεμέλ-ι, Hand-, Taschentuch; s. φουδαί.

δϵδϵρίμ-ι, (Wunsch, Lust) Sehnsucht nach, Trauer um etwas Verlorenes; s. νjαδϵρίμ.

δϵδϵρόϵγ, ich sehne mich nach, traure um etwas Verlorenes; δϵδϵρόφδτϵ τάτϵ ο. τϵ τάμϵ, geg., wörtl.: mögest du um deinen Vater, deine Mutter trauern, jedoch als Beschwörung: (ich beschwöre dich) bei dem Leben deines Vaters o. deiner Mutter; — part. δϵδϵρούαρϵ, betrübt; — ε δϵδϵρούαρα, Betrübniss.

δέτ-ι, pl. δέτε-τϵ u. δέτϵρα-τϵ, Meer, in dem best. und unbest. genit., von jenseits des Meeres,

europäisch, bes. Glaswerk; ϑταμ δέτι, ιbρίχ δέτι, φαρφουρί δέτι, Porzellan; — jjελj δέτι, Truthahn; — ρόσσϵ δέτι, türkische Ente; — μbάταν δέτιτ, jenseits des Meeres, d. h. Europa; — ϑχόι μbάταν δέτιτ, er ging über's Meer, d. h. nach Europa; — δετ ι bάρδϵ, das weisse Meer, der adriatische Golf, — ι ζι, das schwarze, — ι χούχj, das rothe Meer; s. χϵρνάλε.

δϵφ-ι, geg., kleine Handtrommel; s. δάιρϵ.

δϵφτίμ-ι, Zeichen, Anzeige, Beweis.

δϵφτόϵγ u. δϵφτέιγ, ich zeige; — part. ε δϵφτούαρα, geg. ε δϵφτύμεja, das Zeigen, Anzeige, Beweis.

δέχεμ, ich berausche mich; s. δέιγ.

δζαμάρϵ-ja*), Flöte, Pfeife.

δζάν, geg., ich lerne; s. νδζάν u. ζϵ; — part. ε δζάνμεja, das Lernen.

δζβερχ-ου, geg. σβερχ, Nacken.

δζβετϵτόϵγ, tosk., ich entarte; s. βέτϵχε; — part. ε δζβετϵτούαρα, die Entartung.

δζbάϑ, geg. τσbαϑ, ich ziehe Schuhwerk, Beinkleider aus, nehme Hufeisen ab; s. μbαϑ.

δζbϵρϑέιγ, geg. σbϵρϑέιγ, ich knüpfe auf, los, reisse angenagelte Breter los; s. μbϵρϑέιγ.

δζbύιγ, berat. δϵbύιγ, ich jage fort, verjage; — part. ε δζbούαρα, die Vertreibung; s. τbόιγ.

δζbουλjόϵγ, geg. σbουλjόϵγ, ich decke auf, entdecke, offenbare; s. μbουλjόϵγ.

δζbρϵϵ, s. σbρϵϵ.

δζjέbε-ja o. ζjέbε, geg. σjjέbε, Aussatz.

δζjέbουρϵ o. ζjέbουρϵ, geg. σχjέbουνϵ, aussätzig; jουρ ι δζjέbουρϵ, poröser Kalkstein (beliebtes Baumaterial, n. griech. πουρί).

δζjέδϵ-α u. ζjέδϵ, Ochsenjoch.

δζjέδϵζϵ-α, ein Sternbild, n. griech. οι ζυγοί.

δζjjούαιγ, ich wecke auf; δζjjούχαεμ, ich wache auf; — part. ε δζjjούαρα, das Aufwecken, Erwachen.

δζjjύρϵ-α, tosk., schwarze Farbe zum Färben von Zeugen.

δζϵ, tosk., ich fasse, enthalte; χϵjό ϵνϵ δζϵν δjέτϵ όχϵ, diess Gefäss fasst zehn Okka; s. νδζάν u. ζϵ.

δζϑ, tosk., s. σjϑ.

---

*) δζ, ζ, σ, δ, τσ u. τδ, welche als Vorschlag unserem ent- u. ab-, dem neugriechischen ξε- entsprechen, laufen auch in demselben Dialekt häufig in einander und lassen sich daher nicht scharf von einander trennen, doch ist im Ganzen δζ ebenso wie τσ u. τδ im Toskischen, ζ, σ u. δ im Gegischen beliebter; siehe daher dort weiter.

dζῖπε, tosk., s. *τσίπε*.

dζουλούφε, s. *τσουλούφε*.

dῑ, geg. *dῑγ*, ich weiss, kenne; — part. ε *dίτουρα*, geg. ε *dίτμεja*, die Gelehrsamkeit, Erkenntniss; — ι *dίτουρι*, der Weise, Gelehrte; — *γρούαja ετίγ αρρίου ατjέ πα dίτουρε ατέ χjε ουbέ*, seine Frau kam hin, ohne zu wissen, was vorgefallen war, Ap. Gesch. V, 7.

dι, N. T., zwei; s. *dυ*.

dι-a, tsam., Paar; s. *dυ*.

dίγjεμ, ich brenne, bin brennend; s. *djέχ*; — ich erleide Verlust, Schaden, bes. im Aerist ουdόχjδα, n. griech. *ἐκάικα*, auch: ich verliere beim Spiele.

dιγjόιγ o. *dεγjόιγ*, geg. auch *νdεγjόιγ*, ich höre, mit *accus.* ich höre ihn, mit *dat.* ich höre auf ihn; — ατίγ τ'ι *dιγjόνι*, auf diesen höret! Luc. IX, 35; — ich begreife, verstehe; ε *dιγjόνι, σε άφερ ξό̄τε τε κόρρετε*, und ihr begreift, dass die Ernte nahe ist, Matth. XXIV, 32; s. *νdέιγ*; — part. *dιγjούαρε*, bekannt, berühmt; n. griech. *ἀκουσμένος*.

dίε-ja, geg., Weisheit.

dιέ, *dιέθινε*, gestern; στ *dιέθινε* o. στ *dιέθινε τετ*, gestern in acht Tagen; — *dιέθινε τετ*, gestern vor acht Tagen; s. *djέ*.

dιελ-ι, geg. *dιλ-ι*, Sonne; ε *dάλλjουρα dίελιτ*, der Sonnenaufgang; — ε *πξρνdούαρα dίελιτ*, der Sonnenuntergang; — ε *dίελjε-a*, geg. ε *dίλjε-a*, Sonntag.

dιέρρε-ι, geg., unbebautes Feld, jedoch nicht das in regelmässiger Brache liegende.

dιέτō̄μ, geg., gestrig.

dιέτō̄με-ja, gestriger Tag.

dίζε-ja, Tuchend, Selbend, Anschnete.

dιζεbάχj-ι, Knieband zur Befestigung der Gamaschen.

dιζέτ, tsam., vierzig; s. *dυζέτ*.

dίκου, geg., irgendwo; *dίκου do τ'ε γjεμ*, irgendwo werden wir es finden.

dίκου u. *dίκουρ*, bisweilen; *dίκου dίκυυ*, dann und wann.

dικούδ, irgend einer, Jemand; *dικούδ έρδι*, es ist Jemand gekommen.

dικτόιγ, geg., ich entdecke, finde, fange suchend; part. ε *dικτούμεja*.

dῑλ, s. *dίελ*.

dίλjε, s. *dίελjε*.

dίμερ-ι, pl. *dίμερε-τε*, geg. *dίμεν*, Winter.

dιμερόιγ, geg. *dιμενόιγ*, ich überwintere.

dιμενούαρ-ι, geg., weibl. *όρε*, winterlich; Winter.

dιναχερί-a, N. T. Apost. Gesch. VII, 19, List; s. *dινάκ*.

dιόρε, der unglückliche, ärmste; s. *djέγjουρε*.

dιρέκ-ου, Säule.

dῑτε-a, Tag; *dίτε περ dίτε* u. *νγα dίτε*, Tag für Tag; — *dίτε γjάτε* u. *δκούρτενε* o. *ργγσούμε*, lang, kurz lebend; s. *γjάτε*; — *νjε dίτεζε* (wörtl. ein Täglein), vorgestern; — *dίτε bάρδε, -ζι*, glücklich, unglücklich.

dίτενε, *adv.*, bei Tage, Tags; s. *νάτενε*.

dίτουνε, geg., gelehrt; s. *dι*.

dιτουνί-a, geg., Gelehrsamkeit, Weisheit.

dῑτō̄, etwas, ein wenig; *dιτō̄ dί*, *πο σ'τα θεμ*, ich weiss etwas, aber ich sage es dir nicht.

dόbε, geg., schwach, v. Sachen, bes. Zeugen und v. Menschen.

dobί-a, geg., Möglichkeit; *σ'ιδτ dobί*, es ist keine Möglichkeit, nicht möglich; — *σ'τε bάξν dobί ατό dέχja*, diese List hilft dir zu nichts.

dόχρε-a, geg., Arm- und Beinknochen von Menschen und Thieren.

dολάπ-ι, Wandschrank.

dομαχjίν-ι, geg., der Reiche, Angesehene.

dομνίτō̄-ι, geg. *dō̄bίτō̄-ι*, Bastard; s. *dō̄τō̄* u. *bαō̄τάρτ*.

(*dον*), Ahorn; s. *ρᾶπ*.

dοναtί-a, Schmuck; *χεμb ε dούαρ (με) doναtί*, Füsse und Hände mit Schmuck (Lied).

dονγdίς, geg., ich überfalle, falle über einen her; *νdατdμαζάν με dονγdίςεν τρε βέτε*, plötzlich überfielen mich drei Menschen; — part. ε *dονγdίσμεja*, der Ueberfall.

dοραbίς, berat., ich helfe, gebe Almosen; — part. *dοραbίτουρε*, Almosen.

dορατσάκ o. *dοράκ-ου*, geg., handlos, ohne Hand.

dορdολjέτσ-ι, geg., Vogelscheuche, Strohmann, der auf Felder und Bäume zum Verscheuchen der Vögel gesetzt wird.

dόρε-a, pl. *dούαρ-τε*, geg. *dούρε-τε*, Hand; *σ'μέ βjεν dόρε*, es liegt nicht in meiner Hand (n. griech. *δέν μ'ἔρχεται ἀπὸ χέρι*); — *αμ' με dόρε*! hilf mir! — *σ' μ' έκ dόρε*, es convenirt mir nicht (*δέν μου dίdετ χέρι*, n. griech.); — geg., *dορ' ε πάρε*, der erste Stand (Adel); — *dορ' ε dō̄τε*, zweiter Stand (Mittelstand); beide nehmen an der Versammlung Theil, sitzen aber in der Regel gesondert; — ihnen entgegengesetzt ist ε *βογελjί* o. *βεγελjί*; — *dόρε χάπετε*, geg. *dάνες*, freigiebig; — *dύρε μbόλτουρε*, geizig; — Handvoll; — *νjε dόρε μίελ*, eine Handvoll Mehl; bei Münzen etc. 5 Stück,

die auf einen Zug eingestrichen werden , πἔσε
δούαρ δυχμένε, 25 Thaler ; — χάπεμι δόρα
δόρα , geg., wir fassen uns an den Händen ; — σ̓χύμε περ δόρασε, wir gehen Hand in
Hand.

δορέ-ja , geg., Handhabe, Griff.

δορεδάν-ι, geg., Bürge zur Leistung der Zahlung.

δορεζάν-ι , geg., Bürge für das Betragen eines
Menschen ; — jαμ δορεζάν δορεδάν , ich bin
Bürge in jeder Hinsicht.

δόρεζε-α , Handvoll (wörtl. ein Händchen); νjε
δόρεζε λjούλjε , λjἔδ̓ , eine Handvoll Blumen,
Haare.

δορεδχρέσες-ι , geg., Handschrift.

δόσε-α , Sau ; s. δερρ.

δŏτ , adv., leicht (ἑχουσίως), dient jedoch besonders als Verstärkung der Verneinung, mit
der Bedeutung von nicht können, nicht im
Stande sein ; βjεν δοτ ? kannst du leicht kommen ?
— με δεμβ γόja , σ̓χα δοτ , der Hals schmerzt
mich , ich kann nicht essen ; — σ̓χαρρίγ δοτ,
ich kann nicht hinaufreichen ; — δούα τε
νγρίχεμ, πο σ̓ νγρίχεμ δοτ , ich möchte gerne
aufstehen, aber ich kann nicht ; — auch fragweise : σ̓ βjεν δοτ ? kannst du nicht kommen ?

δοτŏ-ι (δοζ), Bastard ; s. δομνίτς.

δούα, anom., ich will, liebe ; s. δούχεμ ; — ich
bin schuldig, schulde (wie n. griech. θέλω) ;
ι δούα νjε χjιντ γρὄδ (n. griech. τὸν θέλω
ἑχατὸν γρύσσια) ich schulde ihm 100 Piaster ;
— part. δάδουρε, s. dieses.

δούαιγ, ich soll, bin schuldig (je dois).

δούαιj, best. δο-ι , genit. δό-ιτ , acc. δούαι-νε ,
pl. δούαι-τε , Garbe ; s. δένγ.

δουδί-α , berat., Lachtaube ; s. χουμρί.

δοῡχ, geg. τε δοῡχ, nur in Zusammensetzung,
Ansehen ; χα δοῡχ, es hat (gutes) Ansehen,
Aussehen ; — σ̓χα δοῡχ, es hat kein Ansehen,
ist unansehnlich ; s. δούχεμ.

δουχj-ι , geg., hölzerner Fasshahn ; s. χενέλ.

δουχjάν-ι , geg. δυχjάν, Bude des Krämers etc.

δούχεμ, ich scheine, erscheine ; — με δούχετε ,
es scheint mir ; — part. ε δούχουρα, geg. ε
δούχμεja, die Erscheinung ; — τε δούχουρετε
ετίγ, sein Aussehen ; — δούχουρε, angesehen,
ansehnlich ; — ἔδτε νjερί ι δούχουρε, er ist
von ansehnlicher Gestalt (n. griech. ἄνθρωπος
θεωρητιχός).

δουχδμ-ι , geg. (wörtl. oft gesehen), nahe, eng
befreundet, Hausfreund.

δούμε-ja , geg., Trocken-Maas und Unterabthei-
lung der τδερέχε, welche in 4 δούμε zerfällt.

δούνγε-α , geg., Taschenpistole mit Messingstiel ;
s. χουδούχρε.

δουρίμ-ι, Geduld , Ausdauer.

δουρόιγ u. δερόιγ, ich dauere aus, ertrage ; δου-
ρούαμ μουνδίμν' ε δίτσσε ε βάπενε, wir hielten die Mühen des Tages und die Hitze aus,
Matth. XX , 12 ; — σ̓ δερόν χjίμε νδε βεδτ,
geg., er verträgt auch nicht ein Haar in dem
Ohre, d. h. er ist sehr häklich, ungeduldig,
jähzornig ; — part. ε δουρούαρα, geg. ε δου-
ρούμεja , die Ausdauer.

δουρούατŏμ, geg. δουρούδμ, ausdauernd, beharrlich, geduldig, dauerhaft.

δούρρσ-ι , Durazzo ; δουρρσάχ-ου , der Durazziner ; — περράλα δούρρσετ, leeres Geschwätz ! Mährchen !

δουδχ-ου u. δρουδχ-ου , 1. Eiche ; 2. δουδχ,
Reisig.

δοῡφ-ι , geg., Groll ; χα δουφ τε χεχj με ατέ,
er hat argen Groll auf ihn ; — ντζίερ δούφινε
ich werde (durch Rache) meinen Groll los.

δουφέχ-ου, Gewehr, Soldatengewehr ; s. πιστόλjε.

δουχάν-ι , geg., Tabak , türk.

δούχαεμ u. δούχεμ, pass. v. δούα, ich bin gesucht, nothwendig ; αἱ ἔδτε νjε νjερί χjε δούχετε, das ist ein Mann, nach dem man verlangt, der brauchbar, nothwendig ist (n. griech.
ἄνθρωπος χρειαζούμενος) ; — δούχαετε , es
ist nothwendig, geziemt sich ; s. λjίπσετε ; —
αjό χjε δούχαετε τε περγjέγjενι, das was sich
ziemt, dass ihr antwortet, was ihr antworten
sollt, Matth. X , 19 ; — νδε ουδάδτε τε βδες
με τυ βάδχε , wenn ich mit dir sterben müsste,
Matth. XXVI , 35.

δραγ-νι , geg., der Bodensatz ausgelassener
Butter, Buttermus.

δραγγούα-οι , geg., Drache ; s. χουτδέδρε u.
δ̓πρόχε.

δράπ-ι , langer gerader Stab ; s. δχόπ.

δράπερ-ι, pl. δράπερε-τε, geg. δράπεν-ι, Sichel.

δράσε-α , geg. δερράσε, Tafel.

δρε ! berat. δρέ , geg. μρε, Freund ! ἐα χετού
δρε ! komm her, Freund ! — χοῦ jἔδε δρε ?
wo warst du, Freund ? besonders in der Ljape-
rei gebräuchlich (wenn von δρέγjτε , so entspricht es dem alt- u. neugriech. χαλέ) ; s. μόιjε.

δρε̄-ρι , Reh ; geg. δρε̄ν-νι, Hirsch ; s. χαπρούλj.

δρέγρζε-α , Schorf, der sich auf Wunden bildet,
Grind.

δρέδα-τε , geg. nur im pl., Wendung ; βάντγ
δρέδα, ich mache Wendungen, und ich drehe
und wende mich um etwas nicht zu thun ; s. διδτ.

δρἔδτjε-a, tosk., Thürklinke, jeder Art Drehriegel; geg. nur im pl. δρἔδτja, Wendungen,
z. B. der fliegenden Schwalbe; Finten in den
verschiedenen Bedeutungen, Ränke.

δρἔϑ, ich drehe zusammen, zwirne, ich drehe
um, neutr., verdrehe; δρεϑ φjάλjεσε, ich
verdrehe mein Wort (n. griech. γυρίζω τὸν
λόγον); — part. δρέδουρε, zusammengedreht,
zitternd; — τε δρέδουριτ' (ε δέμbεβετ, das
Zähnklappern); geg. ε δρέδμεja, das Drehen
und Wenden, Zwirnen; s. δρίδεμ.

δρἔιχj o. δρεjχj, adv., gerade aus, direct, unmittelbar; δρεjχj u. δρεjχj ούδεσε, geraden Weges;
— δρεjχj νγα ότεπία o. νδε ότεπί, direct von
Hause oder nach Hause; — φόλjε δρεjχj (χρίνε
χαλὰ, n. griech.), sage die Wahrheit; —
δρεjχj μbε χέμbε, gerade auf die Beine (droit
sur ses jambes); δρεjχj praep., gegenüber;
— δρεjχj ότεπίσε, dem Hause gegenüber,
auch verdoppelt, δρεjχj περ δρεjχj.

δρεϊχj-ι o. δρεjχj, Teufel; s. djᾰλ.

δρειχjεζί-a o. δρεjχjεζί, Teufelei; δι ϑούμε δρεjχj-
jεζί, er weiss viele Teufeleien, ist verschmitzt;
s. djᾰλεζί.

δρέτγουλε, Seodr., Gevatterin, mit welchem
Worte jedoch nur der Gevatter die Mutter des
Täuflings bezeichnet.

δρέττε o. δρἔjτε, adj., gerade, recht, gerecht;
ουδ' ε δρέττε, der gerade, rechte Weg; — σε-
ποσέ χjε ι δρέττε, weil er ein gerechter Mann
war, Matth. I, 19; — abverb., gerade aus;
χάιδε δρέττε! gehe gerad aus! geg. δρέττε
περτσ' δρέττι, n. gr. ίσjα ίσja; — ε δρἔjτε-a,
Gerechtigkeit, Wahrheit; — με τε δρἔjτε, im
Ernst, in Wahrheit (με τὰ σωστὰ, n. griech.);
— χεϑτού ίστε ε δρέjτα! das ist also das
Wahre (an der Sache)?

δρεττενί-a, geg., Gerechtigkeit.

δρέχε-a, Mittagsessen, Mittagszeit; s. δάρχε.

δρέχεμ, ich esse zu Mittag; s. δερχούιγ.

δρέγηjε-a, Wachtel; s. ϑχούρτε.

δρεγχέμ-ι, Dramm, der 400. Theil einer Okka.

δρίδεμ, ich werde gedreht, ich zittere; s. δρεϑ.
— part. geg. ε δρίϑμεja, das Zittern.

δρίζε-a, Dornbusch, n. griech. παλjούρι.

δρίϑε-ι u. δρίϑετε, Getreide überhaupt.

δρίϑμε-a, geg. δριϑτίμ-ι (δρίϑρε), Schreck;
δρίϑμε ε ζούρι, Schreck ergriff ihn.

δριϑτότιγ, geg., ich fürchte zu thun, wage nicht;
δριϑτότιγ τε bέτ χετέ πούνε, ich wage nicht
diese Sache zu thun.

δριμίς, geg., ich nicke, indem ich aufrecht
schlafe; — part. ε δριμίτμεja, das Schlafnicken; s. δερμίς.

δρίτ, geg. νδρις, ich glänze und mache glänzend; — part. δρίτουρε, glänzend, (vom Wetter) heiter.

δρίτε-a, geg. δρίτε, Licht, Glanz, Pupille des
Auges; geg. γεδίνι δρίτα, der Tag bricht an.

δριτότιγ, ich erleuchte; — part. δριτούαρε, (vom
Wetter) heiter; s. νδριττᾰότιγ.

δρου-ja, pl. δρου-τε, Holz überhaupt; — geg.
1) Baum; τδ δρουῦ δᾰτε χεjό? was für ein
Baum ist das? — 2) Holz; s. δρι, δρίζε u.
δρουϑχ.

δρου-ρι, pl. δρουῦνjερ-τε u. δρούνjε-τε, Stange,
Pfahl; χεjό δρου δο τε bένετε νjε δρου ι
μίρε, diess Holz gibt eine gute Stange ab.

δρούjτε, hölzern; νjερί ι δρούjτε, ein unwis-
sender, roher Mensch.

δρουbέτε-a, geg. τρουμbέτε, Trompete.

δρούσε, geg., vielleicht; s. bέττα u. μbάστ.

δρουϑχ-ου, s. δουϑχ.

δρουj-νι, geg., Vorhängeschloss; s. νδρύιυj.

δόγτϑ, s. σγτϑ.

δσίδσε-a, geg., Funke; s. ϑχένδιjε.

δσιδσελίμε-a, geg., Leuchtwurm.

δσιδσεμότιγ, geg., ich prickle, von eingeschlafenen Gliedern und Wunden; — part. ε δσιδσε-
μούμεja, das Prickeln.

δσιϑ, s. σγτϑ.

δϑᾰφτ-ι, geg., Bemühung; bέτγ δϑᾰφτ, ich
gebe mir Mühe, bemühe mich.

δϑβἔϑ, tosk., σβεϑ, geg., ich entkleide, beraube;
ε δϑβέδνε χαιδούτε, die Räuber raubten ihn
aus; — part. ε δϑβέδουρα, das Auskleiden,
die Beraubung.

δϑᾰ, geg., da! Ruf des Kindes welches den Versteckten findet; s. τϑᾰφ.

δϑᾰτ-ι, Abstammung, Herkunft; χα δϑᾰττυε τε
μίρε, er ist von guter Herkunft; s. τᾰττε.

δϑᾰτλί, geg., adj., von vornehmer Herkunft, Geburt.

δϑυνδ-ι, pl. δϑίνδε-τε, weibl. δϑίνδε-ja, Geist,
Kobold, welche von Kundigen beschworen
werden.

δϑυνδί-a, Geisterwelt, Gesammtheit der Geister.

δϑυνδόσεμ, ich mache einen besessen, närrisch;
— part. δϑυνδόσουρε, besessen; — ε δϑυν-
δόσουρα, geg. ε δϑυνδόσμεja, das Beses-
sensein.

δϑόχε-a, geg., was φλjοχᾰτε.

δῦ, zwei; s. δι.

δυ-ja, geg. δι-ja, Paar.

dubέκ-ου, Butterfass (in Form des unserigen); s. τάλjερ u. φελίτŏ.

᾿ δυζέτ, tsam. διζέτ, vierzig (zweimal zwanzig).

δυχμέ-ja, geg. *δυχμέν-ι*, europäischer Thaler; τŏ῎ φάρε δυχμένι ἰῶτε? was für ein Thaler ist es?

δυλbέρ-ι, Geliebter eines Mannes.

δυλjbί-a, s. δυρbί.

δύλλε-ι u. *δύλλετε*, tsam. δίλλετε, Wachs; δύλλε τε χουχj, Siegellack.

δŏλλτε, wächsern; κjερί δύλλτε, Wachskerze.

δυμέν-νι, geg., Steuerruder; μbάτγ δυμέν, ich stehe am Steuer, verwalte, leite.

δŏνjá-ja, Welt, türk.; s. bότε.

δύνχερε, überreif; s. ϑ̓ούνϳ̈ουρε.

δυρbί-a, Fernrohr; s. δυλjbί ·︓·

δυσμέ-ja, Untreue, Treulosigkeit, türk.

δŏστε, geg., eben; φού̓ε ε δύστε, eine glatte Ebene.

δυστύτγ, geg., ich ebne, gleiche aus, bringe in Ordnung; ε δυστύτγ, ich werde es einrichten, ihn vornehmen; — δυστύχεμ, ich werde geordnet; — ουδυστούα χεjό πούνε, diese Sache ist beigelegt, geordnet, durchgesetzt; s. ϑ̓σŏ῎; — *part.* τε δυστούμιτε, das Ordnen, Einrichten, Ebnen.

δυϑ̓, *adv.*, doppelt; ε μούρ ταῖμι δυϑ̓, er erhielt die Ration doppelt, Statt: eine doppelte Ration; — bέν δυϑ̓, ich falte, lege zusammen; — ungewiss, zweifelhaft; νέσσερ do τε ίκειτγ, πο δυϑ̓ ε χαμ, morgen werde ich gehen, doch bin ich noch nicht gewiss; — σ̓μ̓ε ϑ̓ύτε τε δρέιτεϑ̓, πο με δυϑ̓, er spricht mir nicht gerad heraus, sondern zweideutig.

δυϑ̓έκ-ου, Sitz, Lager, wie Kissen, Decke, Matratze.

δυϑ̓εκλέκ-ου, Wandschrank in dem unter Tags das Bettzeug aufbewahrt wird.

δύτε-ι, Zweier.

δύτετε-ι, der Zweite.

δυφέκ-ου u. *δουφέκ*, Flinte; s. πούϑ̓κε; Krieg; μbρέττι χα δυφέκ με Μουσχόφ, der König (Sultan) hat Krieg mit dem Russen.

E.

᾿ ε, und; s. εϑ̓έ u. δε; 2. δε u. εϑ̓έ, noch; — σ̓έρϑι δε, er ist noch nicht gekommen; — εϑ̓έ σ̓χα άρδουρε κόχα ίμε, meine Zeit ist noch nicht gekommen, Joh. II, 4; — σε πσε νουχ ιϑ̓ βένε εϑ̓έ νδε χαπσάνε Ἰοάννι, denn Johannes war noch nicht in das Gefängniss ge-

worfen worden, Joh. III, 24; — χα χjένε δε bότα, Joh. VII, 5; πα bένε εϑ̓έ bότα, ibid. 24, bevor noch die Welt geworden o. gemacht worden.

εbε-ja, geg., Hebamme.

έϳjερε-a, (Unkraut), schwarze Kornfrucht, deren Genuss im Brote Schwindel und Ueblichkeiten verursacht, n. griech. ἔρα.

έγρε (sprich ägre), geg. έγερ, wild, ungesellig, roh, rauh; δαρϑ̓ ε έγρε, wilde Birne.

εγρεσιλέκ-ου, Wildniss.

εγρεσίρε-a, geg. έγερσίνε, tetragl. εγρατίρα-τε, wildes reissendes Thier, Raubthier; ε χάνγρνε εγρεσίνατε, die wilden Thiere haben ihn gefressen; — εγρεσίνα χα βαγετίνε, die Raubthiere fressen das Weidevieh; s. ϑ̓τάνζε.

εγρεσίϑ̓τ, *adv.*, wild.

εγρεσύτγ, ich mache wild; εγρεσύνεμ, ich werde wild.

εϑ̓έ, und; s. ε.

ε έ! geg., gut! gut! (im iron. Sinne).

έϑ̓ε-ja, Fieber; s. έτ.

εϑ̓νιχύ-ι, Heide, griech.

έij! geg., o möchte! έij τε δετ ζύττ! Wolle es der Herr!

έιγ, geg. άνιγ, ich schwelle, anom.; s. ένδεμ, έχεμ, χ̓έχεμ u. δενδ; — *part.* ε έττουρα, das Anschwellen, die Geschwulst.

ελjbερίϑ̓τ, *adj.* u. *adv.*, zur Gerste gehörig; vjε άρε ελjbερίϑ̓τε, Gerstenacker; — bούχε ελjbερίϑ̓τε, Gerstenbrot; — χεjú άρε ίϑ̓τε μbjέλε ελjbερίϑ̓τ, dieser Acker ist mit Gerste besät; s. γρύνje.

έλjπ, έλjbι, Gerste.

έλjπτε, *adj.*, zur Gerste gehörig; bούχ ε έλjπτε, Gerstenbrot.

ελείμοσίν-ι, Almosen, griech.

ελέφϑ̓ερο, frei, griech.

ελεφϑ̓ερός, ich befreie, griech.; s. ŏπετύτγ u. ϑ̓έλλbότγ.

ελίν-ι, pl. ελίνε-τε, geg., Götzendiener, Heide; vjι χέρε μότι γjίϑ̓ε vjερεζίτε ίϑ̓εν ελίνε, einstmals waren alle Menschen Heiden — aber γ̓ρέχ der heutige Grieche.

ελτάί-ου, Gesandter, türk.; s. δεργότγ.

εμάχϑ̓-ι, geg., Alp; s. ράνδε ϑ̓ένυτ.

έμbλjε, geg. άμbελjε u. άμελjε, süss; ε έμbλje-a, Süssigkeit; — τε έμbλjετε, eingemachte Früchte.

έμbλjεσύτγ, ich versüsse.

έμερ-ι, pl. έμερε-τε, geg. έμεν-ι, Name, Ruf; μουρ έμεν, er erhielt Ruf; — vjερί με έμεν, ein Mann von Ruf; s. νάμ.

5

ἔμμε-α, geg. ἄμμε, Mutter; s. μέμμε u. νέννε.

ένjετε-α, geg. ένιτε-ja (ενδε, ίνjετε), Donnerstag.

ενγjελ-ι, geg. ένγjελ u. ενγjουλ, pl. ενγjεj-τε, geg. ενγjυι-τε, Engel.

(ενδα), Appetit.

ενδ u. ἔντ, geg., ich webe; s. ιντ; — part. ε ένδμεja, das Weben, Gewebe.

ένδε-ja, Blüthenkelch, Weinblume, Kahn.

ενδέζε-α, geg., Elle.

ἔνδεμ, ich blühe.

ἔννε-α, Gefäss, Hausgeräthe; ενν'ε δἄλjτε, Thongefäss; — ε βάjιτ, Oel-, ε χρίπεσε, Salzgefäss; — έννετ' ε ὄτεπίσε, Hausgeräthe.

ἔντ, s. ενδ.

έντερε-α, geg. ἄντερε, Traum.

εντερύτγ, ich träume.

ἔπεμ u. νέπεμ, geg., pass. v. απ, ich ergebe mich (an einen Gegner), gebe mich hin, begeistere mich; aor. ουδάδε, ich gab mich hin, war begeistert; s. δάνμεja; — με νέπετε u. σ' με νέπετε, es ist mir (von Natur) gegeben, nicht gegeben; — σ' με νέπετε χάρτε, das Studiren ist mir nicht gegeben, will mir nicht ein; — σ' με νέπετε τ'ι θεμ, ich kann es nicht über mich gewinnen, es ihm zu sagen.

(ερα), pr., ich schwelle.

εργάτ-ι, geg. αργάτ, Arbeiter, Taglöhner, griech.

εργjέντ-ι, pl. εργjέντε-τε, geg. αργjάντ, Silber, Geld (argent).

εργjέντε, geg. αργjάντε, silbern.

εργjεντσίρε-α, geg. αργjαντσίνε, Silberzeug.

εργjίς-ζι, kleine Laus; s. μορρ.

ἔρε-α, Luft, Wind, Geruch; — pl. έρερα-τε, Winde; — μαρ ἔρε, ich rieche (handelnd) u. ich stinke; — μουρ ἔρε πέδχου, μίδι, der Fisch, das Fleisch stinkt; — bίε ἔρε, ich rieche (act.) und ich stinke; — βjεν ἔρε, es riecht, stinkt; — με βjεν ἔρε, ich rieche, intrans., mir kommt Geruch zu u. ich stinke, von mir geht Geruch aus; ἔρε νοτί, Südwestwind, auch ερ' ε δίουτ, Regenwind; — ἔρε ε λjίγε, Gestank.

έρενα-τε, geg., nur im pl., Gewürze.

ερενί-τε, geg., pl., Dreschwerkzeuge; s. αλjεμίστρα.

ἔρεσύτγ, ich lüfte (ein Zimmer etc.).

ερimί-α, Wüste, griech.; s. ὄχρετετίρε.

ἔρρ, ich halte (einen) auf, verspäte (einen in die Nacht hinein); μος με ερρ, halte mich nicht auf (n. griech. μή με βραδυάζῃς); — ποσ έρδε χάχjε ἔρρετε? — με ἔρρι νjε ποῦνε, Warum kommst du so spät? — Ein Geschäft

hielt mich auf; — ουέρρ, es wird Abend (wörtl. es ist Abend geworden, wird auch eine Stunde vor Sonnenuntergang gesagt); s. νγρμε.

ἔρρεμ, ich mache Abend; τδ ουέρρε? wie hast du den Tag verbracht? — ich komme in die Nacht hinein, verspäte mich (am Abend), je m'anuite; — τδπέιτ σ'έρρεμι o. ουέρρμ, schnell, sonst kommen wir in die Nacht hinein (n. griech. ογλίγγορα διότι εβραδυάσαμεν); — μ' ουέρρεν' σύτε, es wird mir dunkel vor den Augen vor Zorn oder Liebe; s. νγρίσσεμ.

ἔρρε-α, part. v. ερρ, Dunkelheit, Finsterniss.

ἔρρεσίρε-α, Dunkelheit, Finsterniss.

ἔρρεσύτγ u. ερρετσύτγ, ich mache finster, verfinstere, betühre; ουερρεσσούα, was ουέρρ, es wird Abend.

ἔρρετε, 1. -α, Dunkelheit; 2. adj., trüb, dunkel; χόχα σ'ίδτε ε δρίτουρε, ίδτε ε ἔρρετε, das Wetter ist nicht heiter, sondern trüb; s. βρίρετε; 3. adv., spät (am Abend); s. ερρ.

ερρίτγ, geg., ich komme an; s. αρρίγ.

ἔρς, ἔρζι, Ehre; s. νδέρ.

ερσελί-ου, ehrlich (epir. τιμημένος st. τίμιος).

έσσελε u. έσσουλε, nüchtern (ungespeist).

έσσελύτγ u. jαμ έσσελε, ich bin nüchtern, habe noch nicht gegessen.

έσσελιτε, adj. u. adv., nüchtern (n. griech. νηστικός u. νηστικῶς).

εδιχούεμ, ich bin verliebt, buhle.

(εδχ), Igel; s. χαμουρίχ.

εδχ-ου, geg. αδχ-ου, Liebe (zwischen Mann und Weib); s. δάδουρε; — geg. αδχ, bes. feurige Liebe zu Gott, Hingebung an den Geliebten.

εδχε-α, geg. εδχ-ου, Feuerschwamm, Zunder.

εδχτάρ-ι, geg., Jünger, Anhänger.

εδτάφ-ι, geg., Wunsch, Begierde.

έδτενα-τε, geg., todte Knochen; s. ρέδτε u. αδτ.

εδτερχά-ι, ljap., grosse, bunte Schlange, welche für einen bösen Geist gehalten wird.

ετ-ι u. έτε-ja, Durst; χαμ ετ, ich habe Durst, dürste.

ετούαρε, durstig.

ετσέιτγ, geg. ετσιγ, ich gehe, wie im Deutschen mit dem gen.; ετσέιτγ ούδεσ', ich gehe des Weges, aber auch ετσιγ ανγε', ich gehe längs des Ufers; — ετσε νδε τε μίρε τέντε, n. griech. κόπιασε είς τὸ καλόν, Glück auf den Weg! so viel als gehe! Marc. V, 34; auch χάιδε etc.; — ετσενε νδε γjίθε πορσί, sie befolgten alle Vorschriften, Luc. I, 6; s. χετσέιτγ; — part. ε ετσουρα, geg. ε ετσμεja, Gehen, Laufen, Gang, Gangart.

ἰτϑμ, geg., durstig.

εϱταπόϑ-ϑι, essbarer Seepolyp, im n. griech. ὀχταπόδι.

εϱχαριστί-α, Zufriedenheit; Liturgie, Messe, griech.

εϱχαριστίς, ich stelle zufrieden, verpflichte, griech.

ἐχεμ u. χἐχεμ, ich schwelle; s. ἔιγ.

Z.

ζάβε-α, Schnalle; s. φύλε.

ζαbίτ-ι, pl. ζαbίτεϱε-τε, Obrigkeit, türk.

ζαγ̔αλ-ι, Bremse.

ζαγάρ-ι u. ζἄρ-ι, Jagdhund.

ζαγάρ-ι, geg., Windhund; s. λjανγ̔ούα.

ζάζε, im pl. ζάζε-τε gebräuchlich, kleine See-auster.

ζαχόν-ι, pl. ζαχόνε-τε, Gebrauch, Gewohnheit, Instinet; χα ζαχόν, er ist gewohnt; — δίχου χα ζαχόν, zuweilen ereignet es sich; — γ̔jέλjι χα ζαχόν τε χϱνδύjε, der Hahn pflegt zu krähen.

ζάλ-ι, das Geröll eines Flussbettes, Kies, Sand, das Rinnsal eines Winterbaches; κιϑ ϑούμε ούjε λjούμε? hatte der Fluss viel Wasser? — Antw. δούχετγ ζάλι, der Steingrund war sicht-bar; — μ' ουμβούϑνε χϱπούτσϱτε με ζαλ, meine Schuhe füllten sich mit (Fluss-) Sand; — κύιγ λjούμε σ' δίε ζαλ, πο βαλjτ' ϑουρ, dieser Fluss führt keinen Kies, sondern Erde und (feinen) Sand.

ζάλεμ-ι, geg., Tyrann, bes. in Liedern.

ζάλί-α, Schwindel.

ζαλίς, ich mache schwindlig; ζαλίσεμ, ich bin, werde schwindlig.

ζαλίϑτε-α, Ort der mit Geröll bedeckt ist; s. γουρίϑτε.

ζαλνίσεμ, geg., ich schlendere, ich gehe auf und ab.

ζαμάν-ι, Zeitraum, Zeit; νδε ζαμάνι Δαβίϑιτ, zu Zeiten Davids.

ζαμbάκ-ου, Lilie.

ζάμεϱε-α, geg., Nachmittag, Vesperbrot; s. ζέμεϱε.

ζαϑ, s. ζε.

ζάνάτ-ι, pl. ζανάτε-τε, Handwerk, Kunst, türk.; s. ντζε.

ζανατϑί-ου, Handwerker.

ζάνμε-ja, geg., part. von ζαϑ, das Ergreifen, Fas-sen, die Empfängniss, Zerwürfniss.

(ζαπεϱί), Falte.

(ζαπεϱύιγ), ich falte, runzele.

ζαπετόιγ u. ζαπύιγ, ich bemächtige mich, er-greife Besitz; — part. ε ζαπετούαρα und ζαπούαρα, geg. ε ζαπτούμεja, Besitzergrei-fung, widerrechtliches Bemächtigen, Eroberung.

ζάρ-ι, geg., Würfel, Jagdhund, Glück beim Spiel; ja ζαρ, komme Glück (sagt der Spieler); — χαμ ζαρ, ich bin im Glücke.

ζαράρ-ι, Schaden, türk.

ζαραρόιγ, ich schade; ζαραρόνεμ, ich leide Schaden, türk.

ζάρφε-α, der Untersatz türkischer Kaffehtäss-chen, türk.; s. φιλδόδάν.

ζάχαρ-ι, Zucker; s. ϑεχjέρ.

ζαχμέτ-ι, pl. ζαχμέτε-τε, Schwierigkeiten, türk.

ζαχμέτϑμ-ι, schwierig, türk.

*) ζβᾶρ, ζβᾰρίτ u. ζβᾰρίς, geg. ζβαρύιγ, ich ziehe, schleife; s. βαρ.

ζβάρνα, geg. ζβᾰρ u. ζβᾰρας, adv., schleifend; ε χόχjι ζβάρνα, er zog ihn schleifend; — über-tragen: ε μοῦρ σβᾶρ (wörtl. er nahm ihn, es schleifend), er trat ihn mit Füssen, figürl. oder auch: er hat sich den Ausschweifungen ergeben (er schleift sein Leben); s. οϑ.

ζβερχ, s. dζβερχ.

ζβαρνίς, s. βρανίς.

ζbουτ, ich besänftige, zähme (sprosse); ζbούτεμ, ich werde zahm; — part. ε ζbούτουρα, geg. ε ζbούτμεja, Zähmung; s. bούτε.

ζbούτϑμ, zahm, sanft.

ζbρές, s. σbρές.

ζbρίτουρε, part. von ζbρές, heruntergegangen; μονέδα ίϑτε ε ζbρίτουρα, die Münze ist her-untergegangen, —gesetzt; — ε ζbρίτουρα, der Abhang, das Herabsteigen; — νjερί ι ζbρί-τουρε, ein herab-, herunter-, zurückgekomme-ner Mann.

ζjάρεμ-ι, tyr., s. ζjάρρ.

ζjάρρ-ι, Feuer, Hitze bei Fieber etc.; ζjάρρ νδε ϑτεπί, häusliche Zwietracht; — pl. ζερ-μούρε-τε; s. dieses und auch ζέμεϱε u.ζjάρεμ.

ζjάρτε, feurig; s. auch φλjάχτε.

ζjέbε-ja, s. dζjέbε.

ζjέθε, s. dζjέθε.

ζjιθ., s. σϱιθ.

ζῆjëθ, ich lese aus; — part. ζῆjέθουρε, ausge-lesen, auserlesen; — ε ζῆjέθουρα, das Aus-wählen, die Auswahl.

ζῆjεϱύιγ u. dζῆjεϱύιγ, ich mache breit, weit, er-weitere.

─────────

*) Siehe Note zu dζαμάρε.

(ζῇιδ), ich scheide.

ζῆjύjε - α, geg., Bienenstock; s. κολjούβε.

ζῆjύρε-α, geg., Schlacke; s. κjύρρε.

ζε̄, geg. ζαύ, anom., ich berühre, greife, fange, fange an, ich empfange (vom Weibe); ich miethe; ζούρα νjε χαιδούτ, ich fing einen Räuber; — ε ζούρα χαιδούτ, ρέννες, ich ertappte ihn als Dieb, Lügner; — μος με ζε, rühre mich nicht an; — χένγρε? hast du gegessen? Antw. τανύ ζούρα, eben fange ich an; — χjε ατε̱ χέρε ζούρι Ισούι τε̱ jου τρργύν, damals fing Jesus an ihnen zu offenbaren, Matth. XVI, 21; — ζοτ ζούρα δjέτε χούατη ε γ̇jάὄτε αργ̇άτε τε̱ πουνόινε νδε̱ βέὄτε, heute miethete ich zehn Pferde und sechs Taglöhner, um in dem Weinberge zu arbeiten; — ζε̱ χάᾄα, ich läugne; — ζε̱ γ̇όje, ich führe an; — γ̇jίᾄ'ατά χjε ζένε γ̇όjε εμερίνε τέντε, alle welche deinen Namen anführen, Ap. Gesch. IX, 14; — με ζούρε λjία, ζεμερίμι, die Blattern ergriffen mich, der Zorn ergriff mich; — ζε̄ με δόρε ο. ζε̄ φιλ, ich lege Hand an, fange an; — σ'ε ζούρα με δόρε, ich legte keine Hand daran; — ζε̄ νούσε, ich nehme eine Braut, verlobe mich, n. gr. καταπιάνω; — ίᾄτε ι ο. ε ζένε ο. ίᾄτε ε ζέννε νδε̱ βούρρε, sie, ίᾄτε ι ζέννε νδε̱ νούσε, er ist verlobt; — λjε τα ζαμ, geg., nehmen wir an, dass; — μ'α ζέν σύου, geg., wörtl.: es fällt mir das Auge, d. h. es gefällt mir, es ist mir genehm, ich vermuthe, schliesse.

ζε̄-ρι, geg. ζαύ-νι, Stimme, Ton, Gerücht, Ruf; δόλλι νjε ζε̱ στιχούρ (εὐγῆκε μία φωνή, n. gr.), es entstand das Gerücht, dass; — μὸ' ατε̱ κόχε δεγ̇jύι Ιρύδι ζε̄ν' ε Ισούιτ, zu dieser Zeit vernahm Herodes den Ruf Christi; — απ ζαύ, ich zeige an, verkündige.

ζέζε - α (s. ζι), die Schwärze; ε ζέζε ε σύριτ, das Schwarze im Auge; — ε ζέζα ᾄύιτ, das Schwarze des Nagels; — ᾄτεπόᾄα με τε̱ ζέζετ ᾄύιτ, geg., ich kam bei einer Nagelbreite davon.

ζεχὄ-ι, geg., Stechfliege, von der besonders die Pflugochsen zu leiden haben.

ζεμβερέχ-ου, Drücker an der Thüre, Flinte, türk.

ζεμεράχ-ου u. ζεμβεράχ, zornmüthig, jähzornig.

ζέμερε-α, geg. ζέμερε u. ζέμβρε, 1. Herz, Leib, Bauch, Wille, Begehren, wie n. griech. χαρδία; 2. Nachmittagszeit, auch ζέμερ' χέρε (das griechische δειλινόν, welches noch heut zu Tage gebräuchlich); — έα νδε̱ ζέμερε ο. νδε̱ ζέμερ χέρε, komme Nachmittags, am Nachmittage; — με γ̇jίὄε ζέμερε, von ganzem Herzen; — πα

ζέμερε, ungern; — με νjε ζέμερε, beständig, zuverlässig; — jέμι με νjε ζέμερε, wir sind einig, einverstanden, eines Herzens; — με δυ ζέμερε, veränderlich, unbeständig, treulos; s. μεντ; — νούχε δέὄι τι πριὄ ζέμερξνε, er wollte ihrem Begehren nicht entgegen handeln, Marc. VI, 26; — σε κσε δέὄι τε̱ δεν ζέμερεν ε τούρμεσε, weil er dem Haufen den Willen thun wollte, Marc. XV, 15; — απ ζέμερε, ich mache Herz, Muth; — μαρ ζέμερε, ich fasse ein Herz, Muth; — ζέμερα ιμε! mein Herz, Herzchen! (Schmeichelwort); — geg. με ζέμερε, muthig; — πα ζέμερε, muthlos, feig; s. auch ζερμούρε.

ζεμεργ̇jάν u. ζεμερδουρούᾄεμ, geg., geduldig, langmüthig.

ζεμερίμ-ι, Zorn.

ζεμερχjέν-ι, geg., hartherzig, unbarmherzig; s. χjεν.

ζεμερνγ̇ούᾄτε, ungeduldig, jähzornig.

ζεμερότην, ich erbittere, reize; ζεμερόνεμ, ich zürne.

ζέμερτε, herzhaft, beherzt.

ζενγ̇jί - α, Steigbügel.

ζένε-α, part. v. ζε̄, 1. Fang; ε ζένε ε σόρμε εjι μίρε, der heutige Fang war gut; — 2. Faust als Maas; σα τε̱ ζένε ίᾄτε? wie viel Fäuste ist es (hoch)?

(ζερ), ich rausche.

(ζερεμίρ), Grimm; s. ζεμερίμ.

ζερμούρε-τε, pl. v. ζjάρρ, Feuerstellen, Ort, wo Feuer ist; ζύντε δούχενε νδε̱ μαλλj χάτρε ζερμούρε, heute Abend sind auf dem Berge vier (angemachte) Feuer zu sehen; s. auch ζέμερε; — περ νε σος νjε ζjάρρ, πο χουρ βίνε τε̱ τjέτερε, λjίπσενε δυ ζερμούρε, für uns reicht ein Feuer hin, wenn aber die andern kommen, sind zwei Feuer nöthig.

ζερρ-ι, geg., Sonnenstäubchen, Atom; σ'χαμ γ̇άιλjε σα νjι ζερρ, ich kümmere mich keinen Deut darum.

ζε̄ᾄχε, geg. auch ζεᾄχαμάν, schwärzlich; νjερί ι ζέᾄχε, ein Mann von brauner Gesichtsfarbe; — ε ζέᾄχα! ich Aermste! Ausruf der Weiber.

ζε̄φχ-ου, pl. ζέφχjε-τε, Unterhaltung; δέγ̇η ζερχ, ich unterhalte, vergnüge mich, türk.

ζεχέρ-ι, Gift, Pfeifensudder, türk.

ζι, weibl. ζέζε, schwarz; πούνε ζι, δέρε ζι, ᾄχρόνjε ζι, λjούμε ζι, unglücklich, im Gegensatz von πούνε βάρδε etc.; s. ζέζε.

ζι - α, Trauer; χαμ ζι, ich habe Trauer (um einen Verstorbenen); — με ζι, geg. με με ζι, kaum, mit Mühe; — geg. Hungersnoth.

ζιjάς, ich wiege; s. πεδύιγ.

ζιγαρξ-ja, Wage mit zwei Schalen; s. παλάντζε.

ζίετγ, anom., geg. ζίγ, ich siede, gähre (vom Wein); τόότό ζίεν, es gährt etwas (z. B. unter dem Volke), es geht etwas (Unbekanntes) vor.

(ζίεσε), Hülsenfrucht.

ζιxj, ζιxι, 1. Wage überhaupt; 2. Gewicht, Mass von 120 Okka (etwa 3 Centner).

ζίλjε-ja, (gegossene) Schelle; s. xεμβόρε u. τρόxε.

ζιλjί-a, geg. auch ζελjί, Neid, Eifersucht, griech.

ζιλιάρ, neidisch, eifersüchtig, griech.

ζιλίς, ich beneide, griech.

ζιμβίλε-ja, Korb.

ζινδάν-ι, geg., poet., Gefängniss; δυνjάja μ'oυδάν ζινδάν, die Welt ist mir zum Gefängniss geworden.

ζινδδΐρ-ι, Kette, Hals-, Uhrkette, überh. dünne Kette; s. χέxουρα.

ζιόσσουνε, geg., heisshungrig; s. ζι; — πσε χα ζιόσσουνε o. με βράπ, σιxούρ τε νdjεx Μουσxύβι? warum isst du so heisshungrig, als ob dich der Russe verfolge?

(ζίρεμ), ich bin ergriffen.

ζιφτ-ι, geg., Pech, Erdpech, Pfeifensudder.

ζίχεμ, geg. ζίγχεμ, pass. v. ζε, 1. ich werde ergriffen, gefangen; 2. ich bürge; ζίχεμ ούνε περ τύιγ, ich bürge für dich; 3. ich streite, zanke mich, werde handgemein; ζίχεμ με αρμίxνε, ich streite mich mit dem Gegner; — ουζούνδε φύτασε με ατέ, geg., ich wurde mit ihm handgemein, wir packten uns an der Kehle (n. griech. πιάνομαι, in allen drei Bedeutungen).

ζογράφ-ι, Maler, griech.

ζογραφί-a, Gemälde, griech.

ζογραφίς, ich male, griech.

ζοx, ζόγου, weibl. ζόγε-a, pl. ζοxj-τε, geg. ζύιj-τε, Vogel, junger Vogel, junges Thier; ζοx πούλjε, Küchlein; — ζοx περνδίε, Sperling; — ζοx νάτε, Fledermaus; s. λjαxουρέxες; — ζοx δέρι, Ferkel; — ζοx ίότε a ζόγε? ist es ein Hähnchen oder ein Hühnchen? s. μες; — N. T. Sperling, Matth. X, 29, 31; Luc. XII, 6; s. σbοράx.

ζόνjε-a, geg. ζόνjε, Herrin, Frau; ζόνjε ε ότεπίσε, Hausfrau; — jαμ ε ζύνja, (sagt eine Frau) ich bin im Stande; s. ζοτ; — περ τε 'νζόνε! Scodr., bei dem Herrn! bei Gott!

ζόρρε-a, Darm, gebräuchlicher im pl. ζύρρε-τε, Gedärme.

ζότ-ι, pl. ζύτερε-τε u. ζοτερίνjε-τε, Herr, Gott, geg. nur Gott, pl. ζοτενά-τε, insbesondere auch Kirchenbilder; ζοτ ι δείjτ Jον, der heilige Johann; — adj. m. ζοτ-ι, f. ζόνjε-a, tüchtig, geschickt, fähig; — jαμ ι ζότι, ich bin im Stande, geschickt, geeignet; — περ χετέ πούνε, für diese Sache, diess Geschäft, n. griech. είμαι άξιος; — dαλλj ζοτ, ich trete für den Abwesenden als Herr auf, z. B. bei der negotiorum gestio.

ζοτερί-a, geg. ζοτενί-a, Herrlichkeit, Obrigkeit; geg. der Diener sagt stets ζοτενία ιμε, meine Herrschaft, mein Herr (denn ζοτ ιμ, mein Gott); — ζοτενία jότε, Deine (Eure) Herrlichkeit; — ίότε ζοτε ι μαθ, er ist ein grosser Herr; s. περνdί.

ζοτερότγ u. ζοτότγ, ich herrsche, beherrsche; — part. ε ζοτερούαρα u. ζοτούαρα, die Herrschaft, das Herrschen, die Bürgschaft; — ι ζοτερούαρε-ι u. ζοτούαρε-ι, der Beherrschte, Unterthan, der Bürge.

ζοτερύτε, contr. aus ζοτερία jότε, Deine Herrlichkeit (n. griech. ή αὐθεντία σου), Anrede unter Gebildeten.

ζοτόνεμ u. ζοτόχεμ, ich bürge, verspreche; — part., geg., ε ζοτούμεja, die Verheissung; — δε ι σε ζοτούμεσε, das gelobte Land.

ζουλάπ-ι u. τδουλάπ, 1. wildes Thier; 2. das euonymon für Wolf, auch bei den neugriechischen Schäfern; s. βερρ.

ζουλούμ-ι, geg., Ungerechtigkeit, Tyrannei.

ζουλουμχjάρ-ι, geg., Tyrann; s. ζάλεμ.

(ζουρέ), Nothwendigkeit.

ζούρρνε-a, geg. ζύρρενε-a, Clarinette; s. τσουρουνά.

ζούτσε-a, Satz jeder Flüssigkeit, Bodensatz; s. μουρx.

ζυμβύλ-ι, Jonquille.

ζυφτ, s. ζιφτ.

Θ.

θάγεμε-a, geg., Wunder; s. θjάμε.

θάιγ (θερ), ich trockene (geg. anderes als Tücher; s. τερ; — ουθά xεμίδε πρέτγ τε νγρίμεσε, das Hemd ist steif gefroren), ich dürre, wische ab, mache steif; — θάχεμ, ich werde steif; — ίότε xάxjε φτόχετε σα μ'ουθάνε δούαρτε, es ist so kalt, dass mir die Hände steif geworden; — ι ουθά dόρα, die Hand wurde ihm steif, vertrocknete; — *part.* ε θάρα, *geg.* ε θάμεja, das Trocknen, das Dürren.

θάνε-α u. θάνεζε, Baum und essbare rothe beerenartige Steinfrucht desselben, *n. griech.* κρανjά.

θάρε, *part. v.* θάτy, trocken; θαρ'ε νγρίρε, *geg.* θάμουν ε νγρίμουν o. θάμε ε νγρίμε, starr und steif.

θάρετε, sauer; *s.* δέρε u. άθετε.

θάρετότy, ich mache sauer.

θάρχ-ου, *geg.,* Schafhürde, Pferch; *s.* κjαρχ u. νομέ.

θαρρύσ-ι, *pl.* θαρρύσε-τε, Muth, Vertrauen; μος τε μbάje θαρρύσι, bilde dir nicht ein, *gr.*

θάτε-ι, 1. Geschwür, Schwäre, *geg.* Gesichtsfinnen; 2. *adj.,* trocken, dürr, steif; *s.* θάρε; — δρούτε θάτε, dürres Holz; — τε θάτιτε, Trockenheit; — νjε δούαρ θάτε (wörtl.: Hand steif), ein fauler, träger Mensch, *geg.* Schimpfwort in der Bedeutung von: möge dir die Hand steif werden! — 3. *adv.,* χα θάτε (bούχενε), ich esse trocken, d. h. trockenes Brot ohne Zuspeise.

θατεσίρε-α, *geg.* θατεσίνε-α, Trockenheit, Dürre.

θατίχj, *geg.,* magerer, ausgetrockneter Mensch.

θjάje-α, berat. jάje, *geg.,* Tante.

θjάμε-α, Wunder (θαῦμα); *s.* θάγεμε.

θjάσου-ja, Mandelmilch.

θjέστε, *geg.,* ächt, rein, unverfälscht.

θjέστρε-ι, Premeti, Stiefsohn.

θέx, *geg.* auch θεχρίτς, ich wärme (am Feuer); θεx bούχενε, ich wärme, schmore, röste Brotschnitten am Feuer; — ουθέχα νγα δίελι, ich liess mich von der Sonne schmoren; — bούχε ε θέχε, gut gebackenes Brot; — *part.* ε θέχουρα, *geg.* ε θέχμεja u. ε θεχρίτσμεja, das Rösten.

θέχε-α, Franse.

θέχερε-α, Roggen, Korn.

θεχρίτς, *s.* θεx.

θέλje, tosk., *s.* φέλje.

θέλε, *geg.* φέλε, *adj.* u. *adv.,* tief, von Farbe dunkel; *s.* χάρετε.

θέλε-α u. θέλετε, Tiefe.

θελέζε-α u. θελέντσε, *geg.* φε άνζε, Rebhuhn; θελέντσε φούδεσε, Feldhuhn.

θελίμ-ι, *pl.* θελίμε-τε, 1. Brausen, Sausen, Wogen; δέτι χα θελίμ τε μαθ, wörtl.: das Meer hat grosses Wogen, Brausen; — 2. Zugwind; μbόλε πόρτενε, σε bjεν θελίμ, schliesse die Thüre, denn es kommt Zugluft; *s.* θερράς.

θελίμε-α, Wille, *griech.*

θελότy, ich mache tief, höhle aus; *s.* φελότy.

θελjπ-ι, *pl.* θελπίνje-τε, 1. innerer Kern einer Steinfrucht, Nuss-, Mandelkern; 2. Strahl im Pferdehuf; *s.* bερθάμε.

θέμ u. θόμ, *geg.* θέμι u. θόμι, *anom.,* ich sage, spreche, denke, vermuthe; ich heisse, mit *genit.* u. *accus.*; χjυθ τε θόνε? (*n. griech.* πῶς σὲ λέν? wie heissen sie dich?) wie heisst du? — πρα αντάτy ι θόνε ασάτyτ άρρετ νjέρα σοτ αρρ'ε γjάχουτ, darum nennen sie bis heute jenes Feld den Blutacker, Matth. XXVII, 8; — σε ποσ θάνε σε ίστε αι νδε δοχερί, denn sie vermutheten, dass er mit der Reisegesellschaft sei, Luc. II, 44; — νjανί σε θε τί, *geg.,* wörtl.: dann wie du sagst, d. h. hierauf, darauf, nachgehends; *s.* θούχαεμ; — *geg.* χjένε χα θάνε, es ist gesagt, d. h. vom Schicksal bestimmt.

θεμέλ-ι u. θεμελί-α, Gründung, Grundlage, *griech.*

θεμελιός, ich gründe, *griech.*

θέμπρε-α, *geg.* θέμρε, Ferse, Kuchenrand.

θενγjίλ u. θινγjίλ-ι, *pl.* θενγjίj-τε, Kohle, — ι δέσουρε, brennende, — ι δούαρε, todte Kohle.

θενέγjουλε-α, *geg.,* Ameise.

θένε-α, *geg.* θάνε, *part. v.* θέμ, das Wort, Rede, Gerücht; με θα νjε τε θένε ε με πελχjέου (*n. griech.* μοῦ εἶπε ἕναν λόγον καὶ μοῦ ἄρεσε), er sagte mir ein Wort und es gefiel mir; — ι μάρρι με νjε τε θένε σ'μερ βεθ, ein Narr hört nicht auf ein (einziges) Wort; — νjε ε θένε πα bεσσούαρε, ein unwahrscheinliches Gerücht; — do με θένε, das heisst, bedeutet, Marc. III, 17; — χjε do με θένε, was so viel heisst als, Marc. XV, 22; — τδ' do με τε θένε? was will das sagen? was bedeutet das? *s.* jαμ; — τε χαμ περ τε θένε τιγ νjε φjάλje, ich habe dir ein Wort zu sagen, Luc. VII, 40; — ε θένε ετίγ, seine Erzählung, sein Bericht.

θενί-α, *geg.,* Lausei.

(θερ), *s.* θάτy.

θερ, ich schlachte, Scodr. ich schneide, schneide ab, in allen Bedeutungen von πρες; — με θερ, es sticht, reisst, schneidet mich (bes. in den Weichen, *n. griech.* μὲ σφάζει); *s.* κρεστέν; — *part.* ε θέρτουρα, *geg.* ε θέρμεja, das Schlachten; das Stechen, Reissen als Schmerz; *s.* χέρρ.

θερί-α, Haarschuppe; *s.* φύρμελje.

θέρμ-ι, *pl.* θέρμε-τε, stechender, schneidender Schmerz (bes. in den Weichen, *n. griech.* σφάχτης), Reissen, Leibweh.

θερράς u. θερρές, *anom.*, ich rufe, schreie, lade ein, — vor; χjυϑ τε θερράσνε? wie heisst du? — mit *genit.* u. *accus.* ι o. ε θίρρα περ δρέχε, ich lud ihn zum Essen ein; — ε θύρρι άφερ, er rief sie zu sich, Luc. XIII, 12; — *part.* ε θύρμεja, *geg.*, das Rufen, die Einladung.

(θερρέσε), Berufung.

θερρίμε-ja, Splitter, Scherbe, Trümmer, Brotsame, Krümmel.

θερρμόεγ, ich zermalme, zertrümmere, zersplittere, zerreibe, verkrümmele; θερρμύεγ βούχε πούλjεβετ, krümmele den Hühnern Brot; — *part.* θερρμούαρε, zertrümmert, zermalmt, höchst ermüdet, abgeschlagen; — ε θερρμούαρα, *geg.* ε θερρμούμεja, das Zertrümmern, Zermalmen, Verkrümmeln.

θέσ-ι, *pl.* θάσε-τε, *geg.* u. *tosk.*, Sack.

θι-ου, *geg.*, Schwein; θίου ι θίουτ, Schwein des Schweines (Schimpfwort).

θιάμε-a, *s.* θjάμε.

θιάσο-ja, *s.* θjάσο.

θίειγ u. θύειγ, *geg.* θύγ, ich zerbreche; ουθύ νάτε, die Nacht ist gebrochen, etwa von der siebenten Stunde nach Sonnenuntergang; die Zeit bis zum Tagesanbruch, *geg.* ε θύμεja νάτεσε; *s.* βονύεγ; — ουθύ δίτα, *n. griech.* ἐχύπηχε ἡ ἡμέρα, der Tag ist gebrochen, neigt sich zum Abend; — ε θύερα δίτεσε, die Zeit gegen Abend; — νίσι δίτα τε θύειγ, der Tag fing an sich zu neigen, Luc. IX, 12; — με θύχετε ζέμερα, mir bricht das Herz (über den Anblick fremden Leidens), d. h. ich bemitleide.

θιέρρε-a u. θjέρρε, Linse; *s.* ͺρόδε u. φjέρε.

θίθε-a, Brustwarze.

θιθίγ, *geg.* θίθ, ich sauge; — *part.*, *geg.* ε θίθμεja, das Saugen.

θίχε-a, Messer, Schwert.

θίλέ-ja, Schlinge; *s.* χύπσε.

θινϳjίλ, *s.* θενϳjίλ.

(θίπε), Kruste; *s.* τσίπε.

θίρρε-a, *part. v.* θεμ, Ruf, Schrei, Aufruf, Vor-, Einladung.

θδμ, *s.* θεμ.

θόνε (sie sagen, *n. griech.* λέγ), es heisst, dass —; θόνε βότα, die Welt sagt; auch θύχετε, es wird gesagt, man sagt, σε — dass —.

θούα, θόι, Fingernagel, Klaue, Huf, Kralle, Hahnensporn.

θουθάχj, *adj.*, *geg.*, schwerzüngig, die bes. das ς in θ verwandeln.

θουμβύεγ u. θουμβύς, *geg.*, ich steche, stichle, reize; — *part.* ε θουμβούμεja, das Stechen, Sticheln, Reizen.

θουμπ-bι, *pl.* θούμβα-τε, Stachel, Glockenschwengel.

θούντρε-a, Huf, Klaue, der obere Vordertheil des menschlichen Fusses; με ρα νjε θενϳίλ νδε θούντρε τε χέμβεσε, mir fiel eine Kohle auf die Zehen; *geg.* auch: Absatz des Schuhes, Stiefels; *s.* θέμπρε.

θοῦρ, ich verstopfe, umzäune; — *part.* ε θούρτουρα, die Umzäunung.

θούχαεμ u. θούχεμ, *geg.* θόχεμ, *pass. v.* θεμ, ich werde gerufen, ich heisse; χjυϑ θούχαε? wie heisst du?

θύειγ, *s.* θίειγ; — *part.* θύερε, *geg.* θόμουν.

θύμ-ι u. θύμε-ja, *geg.* (v. θύειγ), das Brechen; με τε θύμιτ δίτεσε o. νάτεσε, mit abnehmendem Tage, — Nacht.

θυμϳάμε-a, Weihrauch; *s.* τυμ u. τυμjάς.

θυμjατός u. θυμjατίς, ich räuchere.

θυμjατούα-οι, *pl.* θυμjατόνjε-τε, *geg.* θυμjατόν-ι, Rauchfass.

θύρμε, *s.* θερράς.

I.

ι! ach! jetzt erinnere ich mich.

(ιάθετε), Wade; *s.* τουλj.

ιβρίχ-ϳου, Erd- oder Metallgefäss, aus welchem eingeschenkt oder ausgegossen wird, wie Waschkanne, Kaffehtopf.

(ίjατε, ίλjατε), Eingeweide; *s.* ζύρρε.

ίjε-a, *geg.*, menschliche Seite von der Schulter bis zum Knie; ουπλjαγύς νδε ίjτε, er wurde in der Seite verwundet.

ιδενύεγ, *geg.*, *s.* ιδερούαεγ.

ιδερίμ-ι, *geg.* ιδενίμ-ι (χιδενίμ), Trauer, Bitterkeit.

ιδερούαεγ, *geg.* ιδενύεγ u. ουιδενύεγ, ich erbittere; ζέμερα μ'ουιδερούα, mein Herz trauert; *s.* ουιδενύεγ.

ίδετε (ίδερε), bitter; *s.* δέρε.

ιδολολάτερ-ι, Götzendiener, *griech.*; *s.* ελίν.

ιδολολατρί-a, Götzendienst, *griech.*

ιδουλ-ι, *pl.* ίδουj-τε, *geg.*, geschnitztes Bild.

ίde-ja, *geg.*, Baum mit rothen essbaren runden Steinfrüchten.

ιερό-ι, der den Laien verschlossene Theil der griechischen Kirchen (*griech.* τέμπλον), *griech.*; *s.* χούνϳε.

ιθ, *altgeg.*, durch; — μέτja, durch mich; — τέτja, durch dich; — τσι, durch ihn.

(ιθϱνούεμ), ich erbittere; s. *ιθϱρούαιγ.*

ιχαχέτ-ι o. *χυχjαjέτ, pl.* ιχαχέτε-τϱ, Geschichte, Mythe, Erzählung, *türk.*

ιχειγ, *geg.* ιχιj, ich fliehe, gehe weg, reise; *σ' μ' ίχετϱ,* wörtl.: es ist mir nicht geberig, ich habe keine Lust, mag nicht geben; — *part.* ε *ιχυυρα, geg.* ε *ιχμεjα,* Abreise, Flucht.

ιχόνε - α, gemaltes Heiligenbild, *griech.;* s. *ιθουλ.*

ιχρα-τϱ, *geg.,* Fischeier, Laich.

ιχράμ-ι, ehrender Empfang, *βέιγ ιχράμ μίχουτ,* ich empfange den Freund mit grossen Ehren, *türk.*

ιλjάτϑ-ι, *pl.* ιλjάτϑε-τϱ, Heilmittel, *türk.;* s. *βαρ.*

(ίλιε), Eile.

ιμ, *Scodr.* jεμ, weibl. *ίμε,* mein, meine; *ψι - ι,* der meine; — *ίμε-jα, N. T. ίμια,* die meine; s. *jιμ;* — *νουχ ϱότϱ ίμια τ'ου α απ,* es steht mir nicht zu, es euch zu geben, Marc. X, 40.

ίμϱτϱ, geg., klein, fein; *θϱρμόι ε δούχϱν' τ' ίμϱτϱ,* reibe das Brot fein; — *σ' χαμ τϱ ίμϱτα,* ich habe kein kleines Geld.

ινάτ-ι, *pl.* ινάτε-τϱ, Hartnäckigkeit, Störrigkeit, Stetigkeit, Tücke, bes. von Pferden und Maulthieren; *χα ϑούμϱ ινάτ μϱ μούα,* er ist sehr tückisch auf mich; — *ε βέρρα πρέτγ ινάτ ϱτίγ,* ich that es ihm zum Aergerniss, Possen, *türk.*

ινατϑί-ου, der Zornmüthige; s. *ζϱμϱράχ.*

(ινjϱτϱ), s. *ένjϱτϱ.*

ινδ-δι, *geg.,* Webergarn, Weberzettel, Webestoff überhaupt.

ινδϑί-α, *geg.,* Perle.

ιντ, *geg.* ινδ, ich webe; — *part.* ε *ίντουρα, geg.* ε *ινδμεjα,* das Weben, Gewebe; s. *εντ, πλjϱ-χούρϱ* u. *χατϑ.*

ίπεμ, *pass. v. απ,* ich werde übergeben, übergebe, biege, beuge mich; *ϑούφρ' ε ϑέλχουτ ίπετϱ χολάιγ,* die Weidengerte biegt sich leicht; — *ίπου μϱ μου,* neige dich zu mir, lasse dich zu mir herab.

ιρίχj-ι, *geg.,* Igel, wird gegen den Keuchhusten den Kindern zu essen gegeben; s. *ουρί.*

ίσμ-ι, 1. Fluss in Mittelalbanien, gewöhnlich auf den Karten Hismo genannt; 2. die an demselben gelegene Stadt.

ιστορί-α, Geschichte, *griech.*

ιϑαρέ-jα u. *ιϑαρέτ-ι, pl.* ιϑαρέτε-τϱ, Zeichen, Wink, Augenwink, *türk.*

K.

χᾱ-ου, *pl.* χjϱ-τϱ, Ochse; *νjϱ πϱντϱ χjε,* ein Paar, ein Joch Ochsen.

χαβάλ-ι, *geg.,* Schäferflöte, als heilig betrachtet, weil David auf ihr gespielt haben soll, daher es heilsam und gottgefällig ist, sie zu spielen, doch nur zur Tageszeit; s. *φυλ.*

χαβίϑμ, stark, standhaft.

(χαβλι), Mörder.

χαδάλjε, *geg.* auch *νγαδάλj,* sachte, leise; *χαδάλjε χαδάλjε,* nach und nach, leise.

χάδε - jα, Gährbottig.

χαδιφέ-jα, *geg.* χαδυφέ, Sammt, *türk.*

χαδμέρ, *geg.,* *adj.,* sprüngig, brüchig, was Sprünge oder Risse hat; *γουρ, μουρ χαδμέρ,* ein Stein, eine Mauer, welche Sprünge hat, *türk.*

χάδρϱ, tüchtig; *νjϱ νjερί χάδρϱ ολάν,* ein tüchtiger, handfester Bursche; — *περνδία λότϱ χάδρϱ,* Gott ist allmächtig (Redensart am Krankenbett); — *σ' jαμ χάδρϱ (u. griech. δὲν εἶμαι ἄξιος)',* ich bin nicht im Stande, *türk.*

χαζάν-ι, Kessel.

χάζμϱ-α, *geg.,* Weinbergshacke, Karst; s. *ϑατ.*

χαζμόιγ, *geg.,* ich hacke die Erde.

χᾱϑ-ϑι, Augenschwären, Werner.

χαιμάχ-ου, Milchrahm; s. *άιχϱ* u. *μάχϱ.*

χαχαρίς, ich gackere (von Hühnern).

χάχϱ-α, Menschenkoth (bes. in der Kindersprache); s. *μουτ.*

χαχϱζύγϱ-α, *geg.,* Blindschleiche.

χᾱχϱζύζϱ-α, Frosch; s. *πρϱτχύσϱ.*

χαχϱρϑί-α, Losung des Kleinviehs; s. *βάιγϱ.*

χαχϱρϑιτϑχϱ-α, *geg.,* kleine, graue Eidechse; s. *ϑαπί.*

χαχϱρϑύχ-ου, *geg.* χαχϱρϑύχj, Augenkugel (das Weisse und der Augapfel); *ι ντϑόρα χαχϱρϑύχινϱ,* ich riss, schlug ihm das Auge aus.

χᾱχjϱ, *adv.,* 1. so, so viel; *σ' jαμ χάχjϱ λjῑχϑτϱ,* mir ist nicht so übel; — *σα?* wie viel? *χάχjϱ,* so viel, und mit *Substant.* χάχjϱ όχχϱ; — *νούχϱ γjέτϑα χάχjϱ βέσσϱ,* ich fand nicht so viel Glauben, Matth. VIII, 10; — *χάχjϱ γjαύ? geg.,* so wenig? *νούχϱ μαρόν χάχjϱ γjαὺ πούνϱ?* kannst du eine so geringe Sache nicht zu Wege bringen? s. *άχjϱ;* — 2. *χάχjϱ χjϱ,* so dass; *χάχjϱ χjϱ σ' jάνϱ μϱ δυ, πο νjϱ χουρμ,* so dass sie nicht mehr zwei, sondern ein Körper sind, Marc. X, 8.

χᾱλ, *geg.,* ich stifte, stelle an; *djάλνϱ τϱ βράσι ατϱ,* meinen Diener ihn zu tödten; — *part.* ε *χάλμεjα,* das Anstellen eines Andern, etwas zu thun; s. *χϱλάς.*

χάλα-τϱ, *pl., geg.,* Verläumdungen; s. *χϱλάς.*

χαλαβαλέκ-ου, *pl.* χαλαβαλέκε-τε, Unruhe, Aufruhr, bewegte Menschenmasse, Gepäck, *türk.*

χαλαίς, *geg.* auch χαλαιδίς, ich verzinne; με ερgjέντ, versilbere; *s.* λjάτγ.

χαλάμ-ι, Rohr; *s.* χαλjέμ.

χαλαμάρ-ι, Tintenzeug.

χαλαμέ-ja, Stoppel.

χαλαούς-ζι u. χουλαούς-ι, Kundschafter, Wegweiser, *türk.*

χαλαφατίς, ich verstopfe.

χαλδίς, *s.* χgλάς.

χαλgζέες-ι, Verläumder.

χαλgζῖμ-ι, Verläumdung, Zwischenträgerei.

χαλgζμτάρ-ι, Verläumder, Zwischenträger.

χαλgζόιγ, ich verläumde, klage an, rede nach, *Scodr.* ich erzähle; έα τg τg χαλgσόιγ νδg βεϑ, komme, damit ich dir (etwas) ins Ohr sage; — χαλgζόιγ πgρ τg βjέδουρg u. μδg τg βjέδουρg, ich beschuldige des Diebstahls; — *part.* ε χαλgζούαρα, die Verläumdung; — *Scodr.* ε χαλgσούμεja, die Erzählung.

χαλέμ-ι, Knochen des Armes und des Beines; speciell Unterarm; *s.* λέρρg u. χαλjέμ.

χαλκάν-ι, *geg.*, Panzer; χgμίϑ χαλκάνε, Panzerhemd.

χάλλε-ja, Elle; *s.* κοῦτ.

χάλλgς-ζι, seltener im Singular, u. χαλλί-ου, seltener im Plural, Halm, Stängel, Aehre; — νjι δέτg μίσgρι με τρε χάλλgς, ein Maisstängel mit drei Kolben; — δελjί χαλλί, ein gutgebauter kräftiger Bursche (Normandie: un beau brin de garçon, de fille).

χαλοjέρ-ι, Mönch, *griech.*; *s.* χgλόgjιν.

χᾰλοῦπ (χαλέπ), Maiskolben, Form, besonders Giessform, Leisten; *s.* χgλέφ.

χάλτουρg-a, *geg.* χάλμε-ja, *part.* von χgλάς, Begräbniss, das Ein-, Hineinlassen.

χάλφg-a, Lehrling, Geselle eines Handwerkers, *türk.*

χᾰλj-ι u. χᾰλjg-ι, *pl.* κούαj-τg, Pferd.

χᾰλjά-ja, Festung, Burg.

χᾰλjᾱμά-ja, *geg.*, Kind bis zu 8—9 Jahren, kindischer Mensch; *s.* τᾱτιλίμι.

χαλjανdάρ-ι, Kalender.

χαλjακίτϑ, *geg.*, Huckepack; *s.* χαλjικᾱτϑ.

χᾰλjβεμ, ich faule, stinke; *s.* χαλjπ. — *part.* ε χᾰλjβουρα, *geg.* ε χάλjβμεja, die Verwesung, der Gestank.

χαλjβgσίρg-a, *geg.* χαλjβgσίνg, Verwesung, Gestank.

χᾰλjβgτg, faul, stinkig.

χαλjέμ-ι, Rohr, Schreibrohr, Schreibfeder, Rebzweig, Pfropfreis; *s.* χαλέμ.

χαλjgρί-a, *geg.* χαλjουρί u. χαλjορί-a, Reiterei.

χαλjικᾱτϑ, *tosk.*, rittlings auf dem Nacken, so dass die Beine des Sitzenden über der Brust -des Tragenden herunterhängen; *s.* χατϑ.

χαλjύρg-ja, Reitgerte.

χαλjύρg-ι, Reiter.

χαλjούαρ-ι, Reiter; *adj.* u. *adv.*, beritten, zu Pferde; — τσα χαλjούαρ, τσα μδg χέμbg, einige zu Pferd, andere zu Fuss; — jαμ χαλjούαρ, ich bin zu Pferd; — βέτε χαλjούαρ νδg φϑατ, ich reite ins Dorf.

χαλjουρίϑι, *adv.*, *Elbass.*, *s.* σπτιχαλjάς.

χαλjπ, ich mache faul, mürbe; ε χάλjβα νδg δρου, *wörtl.*: ich machte ihn durch Holz mürbe, ich schlug ihn windelweich; *s.* χάλjβεμ u. χjέλπ.

χαμ, *snom.*, ich habe, ich koste; σα καϊ wie viel kostet? *n. griech.* πόσα έχει? — χαμ χρία, *geg.* νε βόjg, ich habe nöthig (*n. griech.* έχω χρείαν); — *geg.* mit dem *partic.* und με ein dem *tosk.* mit do gleichbedeutendes Futurum, χαμ με ϑχούμg, ich werde hingehen; — *geg.* σ'χα σε σι, es ist unwahrscheinlich; — χαμ τg gρáτg, ich halte vor, gebe aus; — κύιγ τg λjόνg σ'χα τg gρáτg, diese Butter gibt nicht aus; — σ'χιϑ νγα τg ιχgν, *wörtl.*: er hatte nicht wohin zu fliehen, zu fliehen war ihm unmöglich.

χαμάκ-ου, Angelruthe.

χαμαρjέρ-ι, Kammerdiener.

χαμάρg-ja, Gewölbe, bes. kleine gewölbte Mauervertiefung (wie in unsern Mittelmauern), in der Regel neben dem Kamin, als Behälter dienend; *s.* χjεμέρ.

χαμbάνg-a, *geg.* χουμbόνg, (grosse gegossene) Glocke (Stamm χgμbότγ); *s.* ζίλjε, χgμbύρg u. τρόχg.

χαμbουρjάς, ich krümme; *s.* κουρρούς; — χαμbουρjάσεμ, ich bin gekrümmt; — *part.* χαμbουρjάσουρg, bucklig.

χᾰμg-a, *geg.*, Fuss; *s.* χέμbg; Amtsgrad; — μg τϑ φάρg χάμg ίϑτg? welchen Grad hat er? — χύπι μδg χάμg, er erhielt eine Anstellung; — ε σbρίτgν νγα χάμα, sie setzten ihn ab.

χάμgζg-a, *geg.*, Drücker am Gewehr; *s.* χέμbgζg.

χαμερίε-ja, *geg.*, die mit schmalen, etwa 2 Fuss hohen, gemauerten Blumenbeeten eingefasste Terrasse, welche über einem gewölbten Gemache, χjεμέρ (Zufluchtsort bei Feuersgefahr), gebaut ist und mit dem offenen Vorplatze des ersten Stockes zusammenhängt.

κάμεϛ-ι, tosk., wohlhabend (v. καμ).

κάμεϛ-ι, geg., Fussgänger.

καμϛσί-α, geg., Fussvolk.

καμτϑί-α, geg. καμτϑίχ-ου, Peitsche, türk.

χαναχάρ-ι, verzogenes Kind (v. χα u. ναχάρ, der Gewalt hat); — ίϛτε πϛούαρϛ χαναχάρ, das Kind ist gewöhnt, seinen Willen zu haben.

χανάλ-ι, Rinne, Brunnenröhre, Quelle, das senkrechte Wasserfass, welches das Wasser auf das (Turbinen-) Mühlrad leitet.

χανάρε-ja, geg., Schlachtstätte, Schlachtgrube; χjεν χανάρεϑ, herrenloser Hund, der sich von den Abfällen der Fleischstätten nährt.

χανάτϛ-α, geg., Thürflügel, Flügel des Fensterladens; χαπ δέρϛν δυ χανάταϑ, öffne beide Flügel der Thüre.

χανδάρ, geg., s. χαντάρ.

χανδίλjε-ja, hängende Glaslampe vor Heiligenbildern.

χανδιλjέρ-ι, Leuchter.

χάνϛχϛ-α, geg., Lied; s. χένϛ̌ϛ.

χανϛχϛτούρ, weibl. -ορϛ, geg., Sänger.

χάνϛπ-ι, geg., Hanf; s. χϛρπ.

χάνϛπτϛ, geg., von Hanf; λjιν χάνϛπτϛ, Hanfhemd.

(χανέτζϛ), Haufe; s. τόχ u. διρχj.

χανίσχ-ου, Geschenk.

χἄνίστρϛ-α, Korb mit grossem Boden und schmalem Rande; s. ϑπύρτϛ u. χοϑ.

χανόν-ι, 1. Vorschrift, Regel, Busse bei der Beichte; 2. Ortsgebrauch; s. ζαχόν; — 3. Kanone, griech.

χανονίϛ, ich regele, ordne, griech.

χανός, ich drohe, schrecke; μος μϛ χανός, σε σ̌ τϛ τρέμβϛμ, drohe mir nicht, denn ich fürchte dich nicht.

χανοσί-α, Drohung, Strafe, Geldstrafe.

χαντ-δι, geg., Kante, Rand; χανδ̌ ι ρόβϛσϛ, die Kante des Kleides; — χανδ̌ι δυνjάσϛ, die Gränze, das Ende der Welt.

χαντάρ-ι, geg. χανδάρ, grosse Schnappwage ohne Schale; s. παλάντζϛ; Gewichtmass von 44 Okka; s. όχϛ.

(χαντϛρούσετ), Steigbügel.

χαούρρ-ι, der Christ im Gegensatz von Türke etc., nur im südlichen Albanien unter den Christen selbst gebräuchlich; im nördlichen dem türk. gjaur gleichgestellt und als Schimpfwort betrachtet; s. χϛϑτέρϛ.

χἄκ, geg., ich greife, fasse an; χαπ χόρδϛνϛ, ich ergreife das Schwert; — χάπϛμ, geg., ich werde handgemein, streite mich; — part.

ε κάπμεja, das Ergreifen, Zänkerei, Rauferei; s. ροχ.

χαπάχ-ου, Deckel; χαπάχ σύου, Augenlied; s. χjεπάλϛ.

χαπάρρ-ι, Drangeld (von χαπ u. άρρϛ).

χαπαρρύϛ, ich gebe Drangeld, auf, mit εεεε. wie im n. griech.; — part. ε χαπαρρόσουρα, geg. ε χαπαρρόσμεja, das Drangeldgeben.

(χάπϛ-α), Mantel; s. ϳούνϛ.

χαπϛρδίν, geg., ich kehre das untere zu oberst, stürze um; — χαπϛρδίγϛμ, ich überschlage mich, mache Purzelbäume; — part. ε χαπϛρδίϑμεja, das Ueberschlagen, Purzelbaumschlagen.

χαπϛτέλ-ι, pl. χαπϛτέλε-τϛ, vorderer (ι χάρϛ) und hinterer (ι πράπϛσμ) weit vorspringender Bock des Packsattels, welche, auf jeder Seite durch zwei Querhölzer verbunden, das Holzgestell desselben bilden, unter dem ein dickes mit Stroh gefülltes Kissen befestigt ist.

χαπϛτόιγ, ich springe, ich setze über; χουϑ χαπϛτόν μάλλjετ' ε λjάρτα? (Lied) wer steigt über die hohen Berge? s. χουπϛτόιγ; — part. ε χαπϛτούαρα, das Springen, der Sprung.

χαπιδάν-ι, der christliche Anführer einer bewaffneten Bande; Bezeichnung der christlichen Archonten in den nordalban. Städten von Seiten der Türken; in Südalbanien ist diese Bezeichnung ungebräuchlich.

χαπιστάλ u. χαπιστράν, geg. χαπίστρϛ-α, Halfter.

χαπιστάλ-ι, geg., Galgenstrick (Schimpfwort).

χαπλάν-ι, geg. (χαπ-πλίς), Löwin. (?)

χαπλίϛ, geg. (χαπ-πλίς), ich erdrücke, befalle, überfalle; χαιδούτϛτϛ χαπλίσνϛ χατούντως νάτϛ, die Räuber überfielen das Dorf bei Nacht; — μϛ χαπλίσι τϛ ράνδϛτ' ε δϑουτ, mich überfiel das Alpdrücken; — part. ε χαπλίσμεja, das Erdrücken, Befallen, der Ueberfall.

χαπνέ-ja, Russ, griech.; s. βλjύζϛ.

χαπόν-ι u. χαπούα-οι, Kapaun.

χαπόϑ-ι, Hahn; χαπόϑ δέττ, Truthahn; s. χοχόϑ u. ϳjελj.

χαπρούλj-ι, geg., Reh, Gemse; s. δρϛ.

χαπόιτϛ-α, geg. χαπόάτϛ-α, der Bissen.

χαπόιγ u. χαφόιγ, ϑετϛι, ich beisse; μϛ χαϑύι χjένι ο. ϳjάρπϛρι, der Hund, die Schlange hat mich gebissen; — χαπόχϛμ, ich werde gebissen, beisse auf die Unterlippe, zum Zeichen dass ein anderer überhaupt nicht sprechen oder das, was er sagen will, verschweigen soll; — part. τϛ χαπδούμιτϛ, das Beissen, der Biss.

χἄπτϛ-α, Rückseite eines Berges; μbϛ τϛ χάπτϛ, hinter dem Berge.

χαπτύνε-α, geg., Thierkopf.

χᾱρ-ι u. χᾱρε-α, männliches Glied.

χαραβέλjε-ja, geg., κράβελjε-ja, tosk., kleiner Brotlaib, Soldatenbrot.

χαραβίδε-ja, (Krebs-)Scheeren; s. γαφόρε, γέρθιjε u. χαράφ.

χαραβάδε-α, berat., (χαρα βάδε, schwarze Braut) schwarzer Käfer, der schaarenweise des Nachts in den Häusern erscheint, er ist von guter Vorbedeutung; Schwabe(?); s. νούσε λjάλjεσε.

χαραβουλάχ-ου, Kranich.

χαρανέτε-ι, Kavaja; s. τίνε.

χαράντζε-α, Ameise; s. θενέγουλε u. μελινγόρε.

χαραούλ-ι, pl. χαραούλε-τε, Wache, türk.

χάρασι, geg. χαράνξι, gewöhnliche Antwort der Mutter auf den Ruf der Kinder: Schreihals(?); νγα ούνja με ρα χαράνξι, geg., vor Hunger fiel mir die Kehle(?), die Stimme(?); — τουχ'ε φύλjε με ρα χάρασι, vor Schreien versagte mir die Stimme(?).

χαράφ-βι, Schiff; s. γjεμί.

χαραφίλj-ι, Gewürznelke.

χαρβούν-ι, geg., Hundswuth; s. τερβίμ.

χαρθίε-α, gespaltenes Brennholz, Scheit, geg. Reiserholz; s. δερμένδε.

χαρχαλέτσ-ι, Heuschrecke.

χαρχανδόλ-ι, geg., Gespenst, welches bei Lebzeiten Zigeuner war; s. λjουηγάτ.

χαρχαθίνα-τε, jede Art Hülsenfrüchte und Getreide, welches an Mariä Reinigung in einem Topfe gesotten wird.

χαρπούσ-ζι, Wassermelone; s. δελjχjίν.

χάρρε-α, Karren, Wagen; s. χjέρρε.

χαρρότζε-α, Wagen.

χαρρούτε-α, Gährbottig, von der Grösse unserer Stückfässer, in der Form eines halben Fasses gebaut; er steht gleich einem Schaffe auf der Bauchseite und ist nach oben zu offen; s. χερρούς.

χάρσ-ι, widerwärtig, unschwirr, rauh.

χαρδί, adv. u. praep. mit genit.; gegenüber, gegen; χαρδί στεπίσε, dem Hause gegenüber, türk.; s. χούνδρε u. χουνδρέχj.

χάρτε-α, pl. χάρτερα-τε, Papier, Brief, heilige Schrift; τδ θότε χάρτα? was sagt die heilige Schrift? — pl. χάρτερα-τε, Spielkarten; s. λέττρε.

χαρτσέτγ, geg., 1. ich springe, überspringe; γενδέχουνε, ich springe über den Graben; — 2. ich tanze zu zweien; s. χερτσέτγ.

χασαβά-ja, Stadt, türk.; s. χjουτέτ.

χασάπ-ι, Fleischer.

χασόλε-ja, Strohhütte (d. h. Behälter); s. χαθόρε.

χᾱστ-ι, pl. χάστε-τε, Zweck, Absicht; σ'ε βέρρα με χαστ, ich that es nicht mit Absicht, türk.

(χαστέχ), Schlauch; s. χαθούπ.

χαστίλjε, adv., mit Vorsatz, zu diesem Zweck, eigens; ε θάδε χαστίλjε, ich sagte es mit Absicht; — ε δεργόβα χαστίλjε, ich schickte ihn eigens, türk.

χαστραβέτς, s. χρασταβέτς.

χαθαί-α, Striegel, türk.; s. χρέδε.

χᾱστε-α, Stroh, Spreu; s. bux; — χάδτε ε λjίνιτ, Hanfstroh; — χάδτε ε χούμπτεριτ, geg., Milchstrasse, wörtl.: des Gevatters Stroh.

χαθόρε-ja, Strohhütte (Behälter); s. χασόλε.

χαταδιχάς, ich verurtheile, griech.

χαταχλισμούα-οτ, Sündfluth, Ueberschwemmung; — σοτ βέρρι χαταχλισμούα, heute hatten wir eine (wahre) Sündfluth, griech.

χατζπίε-α, berat., kleiner Holzriegel, der sich um einen Nagel dreht.

χαταφρονί-α, Verachtung, griech.

χαταφρονίς, ich verachte, griech.

χάτερ, geg., χάτρε, tosk., vier; χάτρε-ι, Vierer.

χατερδίτε, Seodr., viersig; s. δυζέτ.

χατερίμ-ι, pl. χατερίμε-τε, Fluch.

χατερόιγ, ich fluche; s. μαλεχόιγ u. νεμ; — χατερόνεμ, 1. ich werde verflucht, 2. ich sündige; — part. ε χατερούαρα, die Verfluchung, der Fluch; s. νέμε; — ε χατερούαρα (o. νέμα) jότε σ'με ζε, deine Verwünschung kümmert mich nichts.

χάτερδ, adv., vierfach.

χάτερτε-ι, Vierter.

χατμέρ, s. χαδμέρ.

χατούα-οτ, 1. Erdgeschoss, wird nie bewohnt und zerfällt in der Regel in zwei Abtheilungen, χjιλjάρ, s. d., und χατούα, insbesondere Stall für Last- und Zugvieh; — 2. Backzimmer, z. B. in Klöstern; s. γατούαιγ.

χατούντ-ι, Gebiet, Stadt, geg. Dorf; s. χjουτέτ u. δέχερ.

χατουντάρ-ι, geg., bäurischer, grober Mensch.

χατούντεσ-ι, geg., Dörfler, Dorfbewohner.

χατράφ-ι, berat., Fallthüre; s. χjεπένjj.

χάτρε, vier, s. χάτερ; χάτρε χjόδε, viereckig; s. χjόδε.

χατερχjίνδεδ, geg., verständig, wörtl.: volle 400 Dramm (Hirn) besitzend, welche die Okka bilden; s. χjιντ u. πέσεχjιντ.

κάτς-ι, Zicklein; s. κετς.

κατσίŗε-α, geg., Feuerschaufel.

κᾰτσίχj-ι, geg., Schlauch, schlauchartiger Blasebalg; s. κατσούπ.

κατσόλŗε-α, geg., Hütte; s. κασόλŗ.

κᾰτᴆ, adv., auf dem Rücken; μϐάιγ βότσινε κατᴆ, ich trage das Kind auf dem Rücken; — μερ' με κατᴆ, nimm mich auf den Rücken; — καλjικᴧτᴆ, auf dem Nacken rittlings, so dass die Beine des Sitzenden über die Brust des Tragenden hängen.

κᾰτᴆ-ι, pl. κᴇτᴆ, Weber; s. βεκᾰττ.

κατᴆέρρ-ι, Divra, s. ᴆερρ.

κατᴆίλjε-ja, berat, Tragkörbchen; s. ᴆπόρτε.

κατᴆούλj-ι, geg., Federkrone der Vögel.

κατᴆούπ-ι, Schlauch; s. κατσίχj.

καφάσ-ζι, Fenstergitter, Käfig.

κᾰφε-ja, s. καγπέ.

κᾰφκε-α, Hirnschädel, Gehäuse der Schnecken, Muschelthiere und Schildkröten (epir. griech. καύχαλον); s. κόχε u. τᴆάτᴆκε.

κᾰφᴆε-α, etwas, Sache, Thier, lebendes Wesen; τᴆ κᾰφᴆε κερχόν? was suchst du? — do ŗjᴇ κᾰφᴆε? willst du etwas? — χΐτᴆ ŗjᴇ κᾰφᴆε, gar nichts; — ε σι ε χίπκι ατέ μϐε κᾰφᴆε τε τιγ, und nachdem er ihn auf sein Thier gesetzt hatte, Luc. X, 34 (n. griech. πρᾶγμα).

κᾰφᴆε u. καφᴆεῖζε-α, geg., Räthsel, tosk. Mährchen.

καγπέ-ja u. καπέ-ja, geg. κᾰφϐε, Kebsweib, Hure; s. κούρϐε.

κε, geg., wo, allwo; κε τε ριᴆ, do τε ŗjᴇ̀ν, wo du bist, werde ich dich finden.

κεjό, weibl., diese, männl. κύιγ.

κᴇᴆε-ja, geg., Mädchen vor der Mannbarkeit; s. βότσε u. κύτσε.

κεᴆ-ᴆι, geg., Zicklein; s. κατς u. κετς.

κεϑέιγ, s. κᴆέιγ.

κεϑιλύιγ, s. κᴆιλύιγ.

κεᴆῦμε-ja, geg., Rückkehr, Uebersetzung, Gemach; σα τε κεᴆῦμε (auch κουτί) κα ᴆτεπία? wie viel Gemächer hat das Haus? — ε κεᴆῦμεja δίελιτ, die Umkehr der Sonne, Nachmittag; s. κϑέιγ.

κᴇᴆχj u. κεχj, pl. τε κεχj-τε u. κεχjίυj-τε, weibl. ε κᴇχjε, pl. τε κᴇχjε-τε, gebräuchlicher τε κεχία-τε, adj. u. adv., böse, schlecht, zornig, scharf (von Essig u. Hunden); — jαμ κᴇτχj, mir ist schlecht; — ε ϑε κεχj, du sagst es nicht richtig; — με βjεν κεχj, es thut mir leid; — τε κᴇτχjενε! oder vollständig: τε μᾰρτᴆα τε κᴇτχjενε! Schmeichelbitte, welche den Sinn

hat: thue wie ich will, und das dir beschiedene Uebel komme über mich! (n. griech. νὰ σοῦ πάρω τὸ κακόν).

κᾰεχjε-ja, Uebel, Bosheit, Schlechtigkeit; s. ᴮjίγε.

κελάς, 1. ich stecke, lasse ein, hinein, ich tauche ein; σι ε κάλι ατά βρένda, nachdem er sie (ins Haus) eingelassen hatte, Apost. Gesch. X, 23; 2. ich begrabe; 3. ich verhetze, bringe hintereinander; — part. ε κᾰλτουρα, das Begraben, Begräbniss, Verhetzen; s. καλδίς.

κελέφ-ι u. κουλούφ, Scheide, Futteral; s. καλούκ.

κελχjέρε-ja u. κερχjέλε-ja, Kalk; ŗουρ κερ κελχjέρε, Kalkstein; — κελχjέρε ε djέŗουρε, gebrannter Kalk; κελχjέρε ε ᴆούαρε, gelöschter Kalk; s. χjερέτᴆ.

κελόŗjιν-ι, geg., Mönch; s. κλόŗjερ.

κελόŗjινεᴆε-α, geg., Nonne.

κελjϐάζε, geg., s. ŗελϐάζε.

κελjικάνᴆε-α, Kraut, dessen Wurzeln die Schweine lieben und Mittel gegen die Wassersucht sind.

κελjούᴆ-ι, geg. κελjόᴆ u. κουλίᴆ-ι, das Junge (fleischfressender Thiere, bes. v. Hunden); — κουλίᴆ δέρρι, Ferkel; s. ϐιτς.

κέμϐε-α, Bein, Fuss; μϐε κέμϐε, aufrecht und zu Fuss; s. καλjούαρ u. κάμε.

κέμϐεῖζε-α, Gewehrdrücker; s. ζεμϐερέκ und κάμεῖζε.

κεμϐέσσ-ι, Tauschhändler.

κεμϐέιγ, ich wechsele, tausche; s. νᴆεργόιγ; — part. ε κεμϐύερα, der Tausch.

κέμϐεσ-ι, Fussgänger; s. κάμεσ.

κέμϐεσί-α, Fussvolk; s. καμεσί-α.

κεμϐόιγ, ich halle, töne (von der Glocke), schalle, halle wieder; κεμϐόνε μᾰλλjετε, die Berge hallen wieder; — με κεμϐόν βᴆῖ, das Ohr klingt mir; — part. ε κεμϐούαρα, das Schallen, Wiederhallen; davon

κεμϐόρε-α, geg. κεμϐόνε, grosse Viehschelle von Eisenblech; s. τρύκε u. ζίλjε.

κεμίᴆε-α, Hemd.

κενάχj, geg., ich befriedige, belohne einen reichlich; — κενάχjεμ, ich werde befriedigt; — ŗᴆŗρα σα ουκνάχjᴆ, ich ass mich an, voll; — part. ε κενάχjμεja, die Befriedigung, Zufriedenstellung; s. χjερᾰς.

κενᴧτε-α, Kanne, in einigen Gegenden auch Mass; με κενᾰτε, mit Mass, mässig; — ŗα ε πι με κενᾰτε, iss und trinke mit Mass.

κέννŗε-α, Lied; — δαᴆουρίε, Liebes-, — ŗαδουρκρίε, Räuberlied; s. κάνεκε.

κενδέjε u. κετέjε, adv. u. praep. mit genit.; diesseits und von diesseits; s. ανᴆέjε u. ατέjε

βίγ κετέjε λjούμετ, ich komme von diesseits
des Flusses.

κενδέεα-τ, Sänger, Hahn.

κενδίτ, berat., was ἠενjέτγ.

κενδόϊγ, ich singe (von Menschen und Vögeln),
krähe, lese, studire; σκόι τε κενδόϊε νε Ἀν-
θίνε, geg., er ging nach Athen, um zu studiren; —
part. ε κενδούαρα, geg. ε κενδούμεjα, Gesang, Kirchengesang, Lesen, Krähen.

κενέλ-ι, geg., Brunnenhahn von Metall; s. δουχj.
(κεντάτ), ich versuche.

κἒπ, geg., ich behaue Steine, z. B. νjε ὅτὅλε,
eine Säule, νjε μὅχρε, einen Mühlstein.

κεπούρδε-α u. κερπούδε, Schwamm, Pilz.

κεπούδε-α, Zecke (Insect); s. ρρίχjεν.

κεπούτ, geg. κεπούς, 2. u. 3. Person, κεπούτ,
1. ich reisse, pflücke ab; κεπούτ νjε λjούλjε,
δἒjε, ρουθ, ich pflücke eine Blume, reisse
einen Zweig, eine Traube ab; 2. ich zerreisse
(eine Kette, ein Seil); — μος με κεπούτ, ermüde mich nicht, mache mir den Kopf nicht toll;
— κεπούτεμ, ich reisse, zerreisse; neutr. —
μος ε χιχj, σε κεπούτετε, ziehe nicht daran,
denn sonst reisst es; — 3. ich bin müde, abgeschlagen; — part. λjόθουρε ε κεπούτουρε,
aufgelöst und abgeschlagen, im höchsten Grade
ermüdet; — ε κεπούτουρα, geg. ε κεπούτμεjα,
das Ab-, Zerreissen, die Abgeschlagenheit.

κεπούτσε-α, Schuh (von κεπούτ?); απ κεπούτσε,
ich besteche; — μαρ u. χα κεπούτσε, ich lasse
mich bestechen; — ἴδτε ι μbαθούνε, er ist
bestochen.

κεραμίδε-jα, Dachziegel, griech.; s. τjέγουλε.

κεραμιδτὅί-ου, Lehmarbeiter; s. bαρδαχτὅί,
Ziegelbrenner.

κέρbε-α, geg., ovaler Wasserkübel von der Form
unserer Butten.

κερbίδτ-ι, geg., Rückenwirbel.

κερbούῒjεμ, Kavaja, s. κερρούσεμ.

(κερδέθ), ich besitze, gehöre an.

(κερθέτγ κόπσατ'), ich knöpfe ein.

κἒρθίζε-α, Nabel, Mittelpunct, Centrum; κερθίζε δυνjάσε, Mittelpunct der Welt; — κερθίζε ε βἒνdετ, Hauptstadt des Landes; — μου
χαπ (geg. με ρα) κερθίζε ο. ζέμερε (n. griech.
μου λύθηχε ὁ ὀμφαλός ο. ἡ καρδία), der Nabel ist mir gefallen, — eigenthümliche einge-
bildete Krankheit, deren Ursache wahrscheinlich ein dumpfes Leibschneiden ist. Dieser sogenannte Nabelfall wird durch besondere Frot-
tirungen wieder eingerichtet.

κερκόγ, ich suche, durchsuche, s. συλjίτσα;
ich versuche eine Speise, geg. auch: ich reise;
κερκόγ δυνjάνε, ich durchreise die Welt; —
part. ε κερκούαρα, das Suchen, Forschen;
geg. ε κερκούμεjα, auch: das Reisen, die Reise.

κέρμε-α, Aas; s. χουρόμε.

κερμἒς-ζι, Kermes, adj. kermesroth; κερμέ-
jα, Kermesröthe.

κερμίλ-ι, geg. κρεμίλ u. κεθμίλ, pl. κερμίνj-τε,
Schnecke.

κερνάλε-jα, Ocean; s. δἒτ.

κερνελδίς, geg., μ'ουκερνελδίσεν' δἒjετ ε κάμεσε, die Flechsen des Fusses haben sich mir
zusammengezogen, ich habe den Krampf im
Fusse.

κἒρπ-ι, pl. κέρπε-τε, geg. κάνεπ, Hanf; κἒρπ
ι φjόλε, gehechelter Hanf; s. κάνεπ u. λjεν.

κἒρπίγ u. κρἒπίγ, ich salze, bestreue mit Salz, u.
bestreue überhaupt; s. κρίπε.

κἒρπτε, leinen; s. λjίjτε u. κάνεπτε.

κερράbε-α, geg., der Haken (Krappen); s. κράbε.

κερρίν, geg., s. ρριν.

κερρούς u. χουρρούς, ich beuge, biege; ὅ ζοτ
κερρούς βέδτν τατ, o Herr, beuge dein Ohr
herab! (Litanei); — κερρούσεμ, ich beuge,
bücke mich, lasse mich herab, bin gekrümmt,
buckelig; — κερρούσου! bücke dich! — μbρέττι
κερρούσετε μbε λjαούζιν, der König lässt sich
zu dem Volke herab, — part. κερρούσουρε,
gekrümmt, buckelig; — ε κερρούσουρα, geg.
ε κερρούσμεjα, das Beugen, die Herablassung;
s. κερbούῒjεμ.

κερρούτε-α, 1. gehörntes Schaf; 2. adj., kahl;
κα κόκενε κερρούτε, er hat einen Kahlkopf.
(κέρστ), Schritt.

κερὅενδέλε-τε, Weihnachtsadvent, die Fastenzeit 6 Wochen vor Weihnachten bis zu Theophania, wo das Wasser getauft wird (6. Januar), die Schwärmezeit aller Geister, ihr Car-
naval, der immer rauschender wird, je mehr
er seinem Ende naht. Zu dieser Zeit vermeidet
man das Reisen und schenkt den Träumen keinen Glauben.

κερτσάς, κελτσάς u. κρετσάς, onom., 1. ich
knarre, knirsche, schalle, krache, knacke,
halle, rausche, brause, töne, überhaupt von jedem Laute unbelebter Dinge; κεμbόρα κερτσέτ, die Schelle klingt; — κερτσάς ἠιὅτρέτε,
ich knacke mit den Fingern; — κρίτσε τύπι
νἠα Ἰαννίνα, (Lied) es schallte das Geschütz
von Jannina her; — κερτσάσνε μάλλjετε, die
Berge hallten wieder; — κερτσέτ ἔρα, der

Wind braust; — 2. ich entferne mich schnell,
laufe davon; *do* χϱτσάϛ τϱ μάϱϱ μάλλjετϱ,
ich werde mich auf die Berge flüchten (Lied);
— χϱίτστ᾽ ε μόϱι μάλλjινϱ, er floh und lief in
die Berge (wohl von dem Rauschen der Fustanelle beim raschen Lauf); — *part.* ε χϱϱτσί-
ι τουϱα, *geg.* ε χϱϱτσίτμεja, das Knarren, Knirschen, Schallen, Hallen, Krachen, Rauschen,
Brausen, Tönen.

χέϱτσϱ-α, das einzelne Blatt einer Blätterpastete,
Knorpel, Nasenknorpel; *adv.* χέϱτσϱ χέϱτσϱ,
der Laut von Reschgebackenem, wenn es gegessen wird.

χϱϱτσϱλίχ, *geg.* χϱϱτσϱλίν, ich knirsche, ϑέμ-
bϱτϱ, mit den Zähnen.

χϱϱτcί-ϱι, *pl.* χϱϱτσίνjϱ-τϱ, der Fuss zwischen
Wade und Knöchel, *geg.* der Fussknochen zwischen Knie und Knöchel.

χϱϱτσού-ϱι, *geg.* χϱϱτσούν-νι, Baumstumpf, Stück
eines Baumstammes (verstümmelt); s. χοπάτϑ᾽
berat. χϱϱτσούϱι ζι, Schimpfwort.

χϱϛ χϛϛ, *geg.*, Kinderwort wie unser gigs; *do*
τ᾽α báψϱ χϱϛ χϱϛ, wir werden es schlachten, *türk.*

χϱσέν, *geg.*, nur in der Phrase: μϱ χϱσέν báϱ-
χου, der Leib schneidet mich; s. ϑεϱ; — *part.*
ε χϱσύμεja, das Leibschneiden.

χϱσούλjϱ-α, Kopfbedeckung, Haube, Mütze,
Nachtmütze, Fes; πα χϱσούλjϱ, baarhäuptig;
s. φέστϱ u. ϑάπχϱ.

χϱϑτένjϱ-α u. ϳϱϑτένjϱ, Kastanie und Kastanien-
baum; χα συ χϱϑτένjϱ, er hat braune Augen.

χϱϑτέϱϱ-ι, gläubiger Christ; s. χαούϱϱ u. ϳϱϑτέν.

χϱϑτού, also, so, so, ja, ja wohl; αϑτού χϱϑτού u.
χϱϑτού χϱϑτού, so, so; — χϱϑτού χjόφτϱ,
so sei es; — σ᾽ίϑτϱ αϑτού, ίϑτϱ χϱϑτού, es
ist nicht so (wie du sagst), sondern so (wie
ich sage); also auch hier bezeichnet *a* ein ferneres, χϱ ein näheres; s. jedoch.

χϱτjé, *adv.*, weit entfernt; éα χϱτjé, suche das
Weite, scheere dich; — χjϱ χουϱ? seit wann?
— χjϱ χϱτjé, seit Olims Zeiten.

χϱτéjϱ u. χϱνdéjϱ, *geg.* χϱνdύτϳ, *praep.* s. τéjϱ;
adv., hier, von hier; — νϳα τϑ᾽βϱνd jε? von
welchem Orte bist du? χϱτéjϱ, von hier; —
χϱτéjϱ τούτjϱ, von jetzt ab.

χϱτéjμ-ι, diesseitig, zur Partei gehörig; s.
τéjμ.

(χéτα), Beschimpfung.

χϱτού, hier; s. ατύ.

χϛτϑ-ι, *pl.* χéτσϱϱι-τϱ, *geg.* χϛτϑ-ι, Zicklein,
junge Ziege.

χϱτσéιϳ u. χαϱτσéιϳ, ich springe; s. έτσϱϳ.

χϱτσί, *geg.*, ein solcher; χϱτσί φαϱ νϳεϱί, ein
solcher Mensch; s. τίλλϱ.

(χϑéι), Wanze; s. ταχταbίτϱ.

χϑéιϳ, *geg.* χϱϑéιϳ, *act.*, ich kehre (etwas) um,
zurück, ich übersetze; χϱϑéιϳ μbαϛ μjϱ, ich
ziehe an mich, bekehre; — χϑε ϑίϱχϱ νάϱ
βϱνd τϱ σάιϳ, stecke das Messer an seinen Ort
(zurück), Matth. XXVI, 52; — χϑε μϳντνϱ,
ändere deinen Sinn; — ουμϱνdούα ε χϑέου
πράπϱ τϱ τριϑjéτϱ τ᾽ ϱϱϳjέντατϱ νάϱ τϱ πάϱτ᾽
ε πρίφτϱϱετ, er bereute es und gab die 30
Silberstücke an die Oberpriester zurück,
Matth. XXVII, 3; — *geg.* χϱϑéιϳ φjάλjϱνϱ, ich
halte mein Wort nicht, nehme es zurück; —
ι χϱϑéιϳ φjάλjϱ, ich widerspreche ihm; —
ι χϱϑéιϳ μέντνϱ, ich mache ihn andern Sinnes;
— χϑένεμ, *geg.* χϱϑéχεμ, *poet.* χϱϑένεμ, ich
kehre zurück, wieder; — ε ουχϑέ μbϱ τϱ πράπϱ,
und er kehrte um, Luc. VIII, 37; — βάτϱ —
ε τϱ χϑένειϳ πα ϳjéνε, er ging — und um
dann wiederzukehren, Luc. XIX, 13; —
part. bέσσϱ χϑύϱρι u. ι χϑύϱρι, der Renegat; — ε χϑύϱρα, *geg.* ε χϱϑύμεja, die
Rück-, Umkehr, der Saum (eines Schnupf-
tuchs etc.), Uebersetzung, Längenmass von
40 Schritt; s. weiter χϱϑύμε.

χϑίλ u. χϑέιλ, ich heitere auf (vom Wetter und
Menschen); μουϱϱϱρι χϑίλ χόχϱνϱ, der Nordwind heitert das Wetter auf; — χϑίλεμ, ich
heitere mich auf; — χϑίλετϱ, es wird heiter;
— ουχϑιλούα, er ist wieder zu sich gekommen, bei sich (von Phantasirenden oder von
der fallenden Sucht Ergriffenen).

χϑίλετϱ, *subst.*, *adj.* u. *adv.*, Heiterkeit, heiter
(vom Wetter); μοϛ éα με ϑι, πο éα χϑίλετϱ,
komm nicht bei Regen, sondern wenn es heiter
ist; —

> τϱ χϑίλετϱ ε νάτϱϱϛ,
> σι στολί᾽ε πλjάχϱϱϛ,

das Heiterwerden (des Wetters) bei Nacht ist
wie der Feierschmuck der Alten, d. h. selten
und nicht Stand haltend.

χϑιλόιϳ u. χϱϑιλόιϳ, ich mache klar, kläre auf,
erkläre; χϑιλό ε φjάλjϱνϱ, drücke dich deut-
licher aus; — *part.* ε χϑίλουϱα, *geg.* ε χϑι-
λούμεja, das Klarwerden.

χίϳ, *geg.*, ich beschneide Bäume und Weinstöcke;
— *part.* ε χίμεja, das Beschneiden.

χίζϱ-α, *geg.* χίνζϱ, Baum-, Weinbergsmesser,
in Form der alten Harpe; s. χίϳ.

χιλjιχύϛ, *geg.*, ich kitzle; s. ϳουδουλίϛ.

(κινάμμο), Zimmt.

κίνε-α, Chinarinde und Chinin.

κίνγελε-α, wollener Sattelgurt; s. κουσκούν.

κιντ, s. κjιντ

(κλαϑ), s. κελάς.

(κλίϑμε), Schrei.

κλιρονόμ-ι, Erbe, griech.; s. βαρίφ.

κλιρονομί-α, Erbschaft, griech.

κλιρονομίς, ich erbe, griech.

(κλίρτε), Thal.

(κλις), ich bringe hinein; s. κελάς.

κλόγγερ-ι, geg. κελόγγjιν-ι, Mönch (aus καλόγερος).

(κλοκάσκε), Klinke; s. ζεμπερέκ.

(κλοϑε), Saum (n. griech.?).

κλοτῖτ, ich glucke, brüte, trete mit dem Fusse; — part. ε κλοτῖτουρα, das Glucksen, Brüten, der Fusstritt.

κλότσκε-α, Glucke, Bruthenne; s. σκjόκε.

κλjετϑ-ι u. κλjυτϑ, pl. κλjύτϑε-τε, Schlüssel; s. κjυτϑ.

(κοβάρδε), Barbar.

κοβάτϑ-ι, Feuerarbeiter (wozu der Hufschmied nicht gehört, s. αλβάν).

κύβε-α, 1. Schöpfgefäss von Holz, Metall, Leder; 2. jedes kleine, gebauchte Gefäss.

κόβε-α, geg., in der Phrase: τε γούμπτε κύβα, möge dir der Name, dein Name verloren gehen; — ι βάνα κόβγνε, ich habe ihn zu Grunde gerichtet.

κοβούρε-ja, Pistole.

(κοϑραντ), Heller.

κοδίς, geg., ich baue, erbaue, ich verfertige, verbessere; — κοδίτεμ, ich schmücke mich, putze mich, nehme zu, werde reich; — part. ε κοδίτμεja, Erbauung, Verfertigung, Zunahme, Verbesserung, Schmücken, Putz.

κύδρε-α, Hügel; νδε μάjετε κύδρεσε, auf dem Gipfel des Hügels; — βίε ϑίου κόδρα κύδρα, es regnet in Strömen.

κοϑέρε-ja, geg., altgebackenes Brot, Brotkruste.

κότγ u. κούατγ, ich atze Kinder und Kranke, ich stopfe Geflügel. (Gewöhnlich kaut die Amme die Speise und gibt sie dann dem Kinde von Mund zu Mund). — part. ε κούαρα, tosk., ε κούρεja, geg., das Atzen, Stopfen.

κοχάλ-ι, Knochen; s. άϑτε.

κόχε-α, Kopf, Hinterschädel; s. κάφκε; — κόχε λjεϑ, Strubelkopf, Dickkopf der mehr Wolle als Hirn hat; — κόχε ροῦκ (s. ρjεπ), Kahlkopf.

κόχjε-ja, 1. Saatkorn, Traubenbeere; κόχjε γροῦρι, — καλαμπόχjι, Weizen-, Maiskorn; —

2. Beere, jede Baumfrucht; vje κόχjε ρρουϑ, — δάρδε, — μόλε, — πjέπερ, eine Weinbeere, Birne, ein Apfel, eine Melone; — 3. jedes Hautexanthem; κόχjε λίε, Blatter; — κόχjε φροῦϑι, Röthelausschlag.

κοχομάρε-ja, Tyr., Melone.

κοχορέϑ, rings um den Kopf; κοχορέϑ μ' α λιϑ σάμινε, sie band mir das Tuch um den Kopf (Lied).

κόχόϑ-ι, Hahn; κοχόϑι τγρε, Specht; — ι πjελ κοχόϑι ο. κάου, ihm kalbt der Ochs; s. κακόϑ.

κοχοϑάρ-ι, leicht zerbrechlich; άρρε κοχοϑάρε, eine Nuss, die leicht zu knacken ist; s. γούγγε.

(κολ), Säbel.

κόλ-ι, pl. κόλε-τε, Haufe, Heerde, Schaar, Trupp, Partei; jαμ με κόλ ε φιλjάνιτ, ich bin von der Partei des und des; — vje κολ μιϑ κάου ο. ϑέντι, ein Ochsen-, Schafviertel; — ασκjέρι ουγάπ κόλε κύλε, das Heer löste sich in einzelne Trupps auf; s. μάνγε, κουλjουτσί.

κολάjτϑμ, adj., leicht thunlich.

κολάτγ, adv., leicht, möglich; με κολάτγ, langsam! sachte! mit Musse.

κολάν-ι, Hinterzeug des Sattels, bes. Holzsattels; s. παλδέμ.

κολέ-ja, Wurst.

κολένδρε-α, Ringbretzel aus Brotteig, welche zum Weihnachtsabend (24. December) gebacken werden; — διτ' ε κολένδραβετ, der Tag vor Weihnachten.

κύλλε-α, Husten, Schnupfen; κολλ' ε βάρδε, Keuchhusten, exon.; s. κούαλεμ.

κολόνε-α, Säule; s. διρέκ.

κολυμβίϑρε-α, Taufbecken, griech.

κολjανδίνε-α, Schaukel; s. σανδάλ.

κολjανδίς, ich schaukele; δέμβι με κολjανδίσετε, der Zahn wackelt mir; — part. κολjανδίσουρε-ι, schwindelig, abgemattet; ε κολjανδίσουρα, das Schaukeln; s. λjεχούντ.

κολjάσ-ι, geg., Hölle, n. griech. κόλασις.

κολjάσεμ, ich bin für die Hölle, mache mich durch eine Handlung reif für sie.

κολjοῦβε-ja, κολjύβε-ja u. κορούβε-ja, Bienenstock, Hüttchen, Häuschen; s. ζγjύjε.

κόμ-ι, geg., Familie, Geschlecht; νγα τϑ κομ je? von welcher Familie bist du?

κομβλότ-ι, geg., halbreife Melone, die auf der Schattenseite nicht zur Reife kommt.

κόμπ-βι, pl. κόμβε-τε, Knopf, Knoten, Fingerknöchel; βέμε κομπ? ziehen wir den Knoten? (als Wette); s. πιϑχj.

κομπᾱί-ου, Nachbar (von *κομπ*).

κονάκ-ου, Herberge; *ϐέιγ ο. ζᾱ χονάκ*, ich kehre ein, steige ab, *türk.*

κονδάκ-ου, Gewehrkolben, und Pistolenschaft.

κονδάξ, *geg.*, ich versuche, führe in Versuchung, ärgere, was *n. griech. πειράζω*; — *part. ε κονδάξεja*, Versuchung, Aergerniss.

κονδίλj-ι, Schreibfeder, *griech.*; s. *πένtε*.

κονδίς, 1. ich kehre ein, steige ab; s. *χονάκ*; — 2. *geg.*, ich verschlechtere meinen Zustand, falle in —, gerathe in; *κονδίσα με νεβύjε.* ich gerathe in Noth; — 3. ich bin zufällig, befinde mich; *κονδίσα μίκου ι τιγ*, ich war sein Freund, er hatte mich zum Freunde; — *ϐjετ κονδίσα νδε δετ*, voriges Jahr befand ich mich auf dem Meere.

κονδίσμε-α u. *κονίσμε-α*, Heiligenbild, *griech.*

χόνδρε u. *κούνδρε*, *geg.* *κούνδερ* u. *καρδί*, 1. *praep.* mit dem *genit.*, a) gegen; *ι βίντε κούνδρε κουβένδιτ*, er ging ihm gegen die Rede, ging gegen seine Rede an, d. h. er widersprach ihm; — b) gegenüber; *κούνδρε ο. καρδί δτεπίσε*, dem Hause gegenüber; — c) wie oder nach; *κούνδρε βένδι εδί κουβένδιτ*, wie der Ort (wo du sprichst), so (sei deine) die Sprache; — 2. als *adv.*, a) gegen; *ι βάτε κούνδρε*, er ging gegen ihn an, widersprach ihm; — b) so wie; *κούνδρε ο. σι κούνδρε τε θάδε*, so wie ich dir sagte.

κονέπς, ich kehre ein, steige ab; s. *χονάκ*.

κονόμ-ι, Haushälter, Verwalter, *adj.*, haushälterisch, *griech.*

κονομί-α, Sparsamkeit, *griech.*

κονομλέκ-ου, *pl. κονομλέκε-τε*, Wirthschaft, Amt eines Verwalters, *griech.*

κοπάν-ι, Stössel, Schlägel; s. *πάλε*.

κοπανίς, ich stosse (im Mörser), ich schlage mit dem Schlägel beim Waschen.

κοπάτδ-ι, Wurzelstumpf eines Baumes, Block; s. *κερτσού*.

κοπέ-ja, Heerde; s. *τρούμε*.

κόπερ-ι, *geg.*, Kraut, vielleicht Till.

κόπεδτ, s. *κόφδτε*.

κοπίλj-ι, *pl. κοπίlj-τε*, Arbeitsknecht; s. *ϑυσμεκjάρ*; *geg.* nur der Bastard und *adj.* aufgeweckt, schlau.

κοπίljε-ja, Magd; s. *δάδε*.

κοπίτζε-α, Motte, *griech.*; s. *τέννε*.

κόσσε-α, 1. Hafte (zur Schlinge, *ϑιλέ*); 2. Motte; s. *μολίτζε*.

κοράν-ι, *geg.*, Forelle.

κόρδε-α, gerader Säbel; s. *πάλλε*.

κόρδζε-α, Darm, Saite, Flechtwerk von Därmen, das am Spiess gebraten wird; s. *κουκουρέτς*.

κορδός, ich mache eitel, stolz; *αjό κούνε τε κορδόσι*, diese Sache hat dich stolz gemacht; — *κορδόσεμ*, ich brüste mich, *n. griech. τευδόνομαι*; — *part. ε κορδόσουρα*, das Brüsten.

κορίε-ja, ein mit Bäumen und Büschen bestandener Ort, Wäldchen, Hain, Remise; s. *δκορέ*.

κορίτε-α, jeder gehöhlte Baumstamm, wie Wassertrog, Krippe, Kahn der aus einem Stamme gemacht; jeder kleine Kahn; Wassertrog oder Fass, in dem das Mühlwasser auf das Rad fällt.

κορκοδίλ-ι, Krokodil.

κορκοσούρ-ι, Schwätzer, Ohrenbläser, Hinterbringer, (vorwitzig).

κορκουλούκ-ου, *geg. κερκελέκ*, Bügel des Gewehrdrückers.

κορύνε u. *κουρόρε-α*, *geg. κονούρε-α*, Krone, Kranz, Brautkrone (*n. griech. στεφάν*).

κορπ-bι, *pl. κόρbgρε-τε*, Rabe.

κορπ u. *κούαρ*, ich ernte; — *part. geg. ε κόρρεja*, die Ernte.

κόρρε-α, *part.* von *κορρ*, Ernte.

κορρέ-ja, Cichorie.

κόρρεσ-ι, Schnitter.

κορρίκ-ου, Erntemonat, Juni.

κόρσεμ, *tosk.*, etwa; s. *γjόja*; *geg.* fälschlich; *δτίρετε κόρσεμ σι χεκίμ*, er gibt sich fälschlich für einen Arzt aus.

κόσ-ι, *pl. κόσε-τε*, eine Art halbsaurer Schafmilch, *n. griech. jαούρτι.*

κόσ-ι u. *κόστρε-α*, *geg.*, Sense.

(*κοσε*), unbärtig.

κόσε-α, Zopf (Strickerei); s. *πλεξίδε.*

κοσίς, *geg.*, ich mähe.

κόσκε u. *κότσκε-α*, *tsam.* u. *berat.*, Knochen; s. *κοκάλ* u. *αδτ.*

κοσμίκ, weltlich, *griech.*

κοδ-ι, *pl. κόδε-τε*, 1. Mahltrog; 2. *geg.*, das aus Weiden geflochtene und mit Lehm ausgeschlagene Getreidebehälter; 3. grosser Tragkorb, deren zwei eine Pferdeladung bilden.

κοδαρίκε-ja, *geg.*, Handkorb, etwas grösser als *δπόρτε.*

κότ, umsonst, vergeblich; s. *δμ.*

κότε, *adj.*, vergeblich; *geg.*, *σουβαρούνε με τε κότα δίτετ τόνα*, (Psalm) unsere Tage verflossen vergebens; s. auch *φόλjμε.*

κοτέτσ-ι, Hühnerstall.

κοτύιγ, *geg.*, ich phantasire, spreche im Schlafe; s. κοτ.

κὄτσε-ja, Mädchen unter 8—10 Jahren (vor beginnender ἥβη); s. κἔδε.

κοτσιμδάρ-ι, *geg.*, s. κουδσιμδάρ.

κοτᾶάν-νι, *geg.* κοτᾶάν, der obere essbare Stiel des Krautkopfes.

κοτᾶἐκ-ου, (grösseres) Getreidemagazin, Vorrathshaus; s. χαμβάρ.

κοτᾶἰ-α, Wagen.

κοτᾶομάρε-ja, *berat.*, Zirbelnuss und ihr Nusskern; s. φεστἐκ.

κοῦ, wo, und: wo? κου jἔᾶε? wo warst du? — κου jἔᾶε πρέμε, wo ich gestern Abend war.

κούα-ja, *geg.*, Rinde des Brotes, von Wunden: ζου χούα, sie hat Haut bekommen, ist vernarbt.

κούαιγ, s. κότγ.

κούαλεμ, *geg.* κούλεμ, ich huste; — *part.* ε κουάλτουρα, *geg.* ε κούλμεja, das Husten; s. κόλλε.

κούαρ, s. κορρ.

κουβἐνδ-ι, *pl.* κουβἐνδε-τε, *geg.* κουβἐν-τ, 1. Unterredung, Verabredung; auch κουβἐνδ ε κουβίσε, als pleonast. Phrase; s. βενδ ε βίσε u. κᾶλε; — 2. Rede, Vortrag; κουβἐνδ' ι τιγ, seine Worte; — βἐρρι νjε κουβἐνδ, er hielt eine Rede; — 3. Redeweise, Ausdruck; κα κουβἐνδ τε μίρε, er drückt sich gut aus; — κα κουβἐνδ τε ἐμβλje, er hat eine höfliche Sprache.

κουβενδότγ, ich unterrede mich; — *part.* ε κουβενδούαρα, *geg.* ε κουβενδούμεja, die Unterredung.

κουβἐτ-ι, *pl.* κουβἐτε-τε, Stärke, *türk.*; s. φόρτσε.

κουβετᾶίμ, stärkend, stark, *türk.*

κουβίσε, *geg.*, s. κουβἐνδ.

κουβλἰ-α, Käfig.

κουβἐ-ja, Gewölbe.

κουβότγ u. κεβότγ, *geg.*, ich betrüge; — *part.* ε κουβούμε-ja, Betrug.

κουβούρε-ja, *geg.*, Pistole; s. κοβούρε u. τοπάνδᾶε.

κούδερε-α, Ambos; τσα τε τᾶόκουτ, τσα τε κούδερεσε, einige für den Hammer, andere für den Ambos, d. h. sie sind uneinig unter sich; s. κουθ.

κουδό, *adv.*, überall (κου do); — xje, überall, wo.

κουδσιμδάρ, *geg.*, kühn, verwegen.

κουδσότγ, *geg.*, ich wage; σ' κουδσότγ τε ρῦx

κετἐ πούνε, ich wage nicht diese Sache zu unternehmen; — *part.* ε κουδσούμεja, das Unternehmen, Wagniss; s. κουτουρίς.

κουθ-δι, *geg.*, Ambos, grosses Thongefäss in Form eines flachen Topfes; s. κούδερε.

κουιδέσ-ι, Pflege, Vorsorge; με κουιδές! vorsichtig! sachte! — χαμ κουιδές, ich habe Acht, ich sorge für einen, mit *accus.*: χαμ κουιδές djάλjενε, ich sorge für das Kind, pflege es; — xίνι κουιδές νjα βρούμα ε Φαρισέjετ, hütet euch vor dem Sauerteig der Pharisäer, Matth. XVI, 6.

κουιτότγ, κουιτόχεμ u. κουιτόνεμ, ich erinnere, besinne mich; κουιτότγ βατάνε, ich denke an die Heimath; — κουιτόχου! besinne, erinnere dich! — κουιτόχου μίρε! bedenke es wohl! — ουκουιτούα Πετρούα φjάλjεσε Ισούιτ, es erinnerte sich Petrus des Wortes Jesu, Matth. XXVI, 75. Die Passivform hat immer den *genitiv.* — *part.* ε κουιτούαρα, die Erinnerung, das Andenken; — do τε θούχετε εδέ κεjό περ τε κουιτούαρε τε σάιγ, wird auch diese genannt werden zur Erinnerung an sie, Matth. XXVI, 13.

κούxj, *adj.*, roth.

κουxj u. νγουxj, ich mache, färbe roth, röthe; κούxjεμ u. νγούxjεμ, ich werde roth, erröthe; — ρούᾶτε σ' ουκούxjνε αχόμα, die Trauben sind noch nicht reif, geröthet; — σ' κούxjενε βε με πύρδε, man färbt keine Eier mit Fürzen (Sprichwort); — *part.* ε κούxjουρα u. νγούxjουρα, *geg.* ε κούxjμεja, das Rothwerden, Erröthen; s. βερᾶ.

κουxjάλj, rothhaarig.

κούxjελε-α, *geg.*, das röthliche Wasser, welches bei der Oelbereitung abfliesst.

κουxjερέμ, *geg.* κουxjάᾶ, roth von Gesichtsfarbe, röthlich.

κούxο-ja u. κούxουα, Kukuk; s. xjύxje. Der Kukuk und das Käuschen auf dem Dach bringen den Tod ins Haus.

κουxοβρίxj-ι, *geg.*, das Küchlein, welches durch Menschenwärme ausgebrütet wird. Es heisst bei den Gegen, dass das Ei, welches ein Mensch 40 Tage unter der Achsel trägt, ein Hühnchen werde.

κουxουβάιxε-α, Eule, Käuzchen.

κὄυxοῦᾶ-δι, 1. haarige, schwarze Raupe, deren Berührung Jucken macht; 2. Gespenst; s. Nota zu λjουγάτ.

κουxουμjάτᾶε, κουxουμjάτᾶε u. κουxουμjάτᾶxεja, berat. χουκομjέτᾰκε-ja, Eule, Käuzchen; s. χουκουβάικε.

(χουκούπε), Mücke; s. μυᾰκύηjε.

χουκουρέτσ-ι, am Spiess gebratene, mit Därmen umwickelte Leberstücke; s. κύρδεζᾰε.

χουλανδρίς, geg., ich verwende, behandle; χουλανδρίς φλjορίνιτ' περ φορτσάτιν'ε μβρεττενίσε, er verwendet sein Geld zur Befestigung seiner Herrschaft; — σ'ε χουλανδρίς μίρε, er behandelt ihn nicht gut; — part. χουλανδρίσουνε, gebraucht, verbraucht; — ρρόbι ε χουλανδρίσμε, verbrauchte, abgetragene Kleider; — ε χουλανδρίσμεja, Behandlung, Verwendung.

κοῦλαούς-ζι u. κηλαούς, Kundschafter, Lauerer, Wegweiser; s. καλ.

χουλjάρ-ι, Musakja, s. τεβλίχ.

χουλjάτᾰ-ι, pl. χουλjέτᾰ (was n. griech. κουλούρα), 1. ungesäuerter, in der Asche gebackener Brotkuchen aus Mehl, Wasser und Salz; 2. Ringelbretzel; s. π̔ερτᾰελjάχ.

χουλjέτε-α, kleiner Sack, wie Tragsack, Brotsack, Beutel, auch als Geldmaas (1=500 türk. Piastern), Hodensack, geg. die kleine am Gürtel befestigte Patrontasche von Leder; s. χjεσσά.

χουλjουτσί-α, tosk., Haufe; adv. haufenweise; s. χολ.

κοῦλε-α, geg. κοῦλε, Thurm, auch Bastion.

κοῦλμ-ι, pl. κούλμε-τε, Dachfirste, Firstbalken, geg. Dach; — νδε μάjε τε χούλμιτ, auf der Spitze, der Firste des Daches.

χουλμάχ-ου, Binse, (Strick); s. δούηε.

χουλόχj, ich lasse durch, seihe; s. νδρυσσα; geg. auch: ich tröpfe, träufle; πρέκγ σύᾰε ηjᾰκ πο με χουλόν, (Lied) von den Augen träufelt mir Blut.

χουλός, ich weide, act. u. neutr., ich hüte; — part. ε χουλότουρα, geg. ε χουλόσμεja, Hut, Weide.

χουλύτας-ι, pl. χουλύτασι-τε, Hirt; s. bαρί.

χουλουμβρί-α, geg., Schlehenbaum, Schlehe.

χουλπ-bι, geg., eine Art Süsswasserfisch.

κούλπερ-ι, pl. κούλπερε-τε, Schlingpflanze, deren grüne Blätter als Zugpflaster benutzt werden; χελιδόνιον χόρτον, n. griech. χελιδονjά.

χουμ-ι, Sand; s. ρέρρε u. ᾰοῦρ.

χουμβαρά-ja, geg., Bombenkessel.

χουμβόηj, s. χεμβόηj.

χουμβόνε-α, geg., 1. Kirchen- und Viehglocke; s. ζίλjε u. χεμβόρε; 2. Verläumdungen, Ausstreuungen; do ι βεν τσα χουμβόνα, ich

werde ihm ein paar Schellen anhängen, ihn ins Gerede bringen.

χούμβουλε-α, Pflaume und Pflaumenbaum; χούμβουλε βαρβάρε, Reineclaude(?) — χούμβουλε τᾰάχjι, Mirabelle (?)

χουμέρχj-ι u. χουρμέχj-ι, Zollstätte.

χουμερχjάρ-ι, Zöllner

χούμπτερ-ι, geg., der zur Trauung zugezogene Laie, welcher die Kronen über das Brautpaar hält etc.; er ist der Taufpathe des ersten Kindes; n. griech. χουμπάρος.

χουμρί-α, geg., Lachtaube, columba risoria L. berat. δουδί; sie sollen nur in den Städten auf Bäumen nisten etc., sind sehr beliebt; wenn sie auf dem Dache eines Hauses gurren, so bedeutet diess die Rückkehr eines Verwandten aus der Fremde.

χουμσάλε-α, berat., Sand, Ufer; s. ζαλ.

χουνάτ-ι u. χουνάτε-α, des Ehemannes oder der Frau Bruder und Schwester (diese Schwäger und Schwägerin nennen den Mann δ̔ε̕ντερ, Bräutigam, und die Frau νούσε, Schnur), geg. χουνάτ, des Mannes Bruder, χουνατόλ, der Frau Bruder.

χουνγ̔άτε-α, geweihtes Brot und Wein des Abendmahls.

χούνγ̔ε, s. ιερό.

χουνγ̔ίμ-ι, pl. χουνγ̔ίμε-τε, Abendmahl, Communion.

χουνγ̔όηj, ich gehe zum Abendmahl, communicire.

χουνδερστάρ-ι, geg., Widersacher.

χούνδρε, s. χύνδρε.

κοῦνδρέχj, geg. χουνδρέχj, adv. u. praep. mit genit., gegenüber; — χουνδρέχj ᾰτεπίσε, geg. auch π̔ερ χουνδρέχj ᾰτεπίσε, dem Hause gegenüber; s. χαρᾰί.

χουνύρε-α, geg., für χουρύρε, Brautkrone, Einsegnung der Ehe.

χουνουρζόηj, geg., ich segne ein Brautpaar ein.

χουπάτσ-ι, geg., s. κούπε.

κοῦπε-α, Trinkglas, Trinkgefäss ohne Henkel; s. μαστρακά; — runde, einer Schale nachgebildete Proviantschachtel von gedrehtem Holze mit festschliessendem Deckel, geg. χουπάτσ-ι; — die innere Huffläche, geg. tiefe Schale, Schüssel.

κοῦπετόηj, tosk. (geg. μαρ βεᾰτ), ich verstehe, begreife, entdecke, fühle; χεjό κούνε ουζουπετούα, diese Sache ist entdeckt; τᾰ χουπετόν? was fühlst du? wo thut dir's weh? — part. ε χουπετούαρα, das Verständniss, Begreifen; — ι χουπετούαρι, der Kluge, Umsichtige, Scharfsinnige.

χοῦπί-α, Ruder.

χουπίς, ich rudere.

χοῦρ, 1. wann, als, mit *indicat.*; χουρ δελλj δίελι, wann die Sonne aufgeht; — χουρ ἐρδι, als er kam; — 2. wann? s. χjε χοῦρ; — 3. wenn, mit *conjunct.*; γρούαja χούρ πjελ, κα χέλμ, σε πσε ἐρδι χοχ' ε σάιγ, πο χούρ τε πjέλε δjάλjινε, νουχ ε χουιτύνετε με στρενγίμνε, wann eine Frau gebiert, so hat sie Kummer, dass ihre Zeit gekommen ist; wenn sie aber geboren hat, so erinnert sie sich der Noth nicht mehr, Joh. XVI, 22; — χουρ τε νγjάλενε τε βδέχουριτε, wenn die Todten auferstehen, ibid. v. 28; — τε λjούμουρε jένι χουρ τ'ου δάτινε jούβετ νjέρεζιτε ε τ'ου νδjέχενε ε τ'ου θόνε . . ., selig seid ihr, wenn euch die Menschen schimpfen und euch vertreiben und euch sagen . . ., Matth. V, 11; — doch auch mit *indicat.*, χjυδ χίρε κετού, χουρ νούχε κε ρόβα τε δάσμεσε? wie kamst du hierher, wenn du kein hochzeitliches Kleid hast? Matth. XXII, 12; s. auch νδε.

(χουράλε), Waffe.

χουρβjάρ-ι, Hurer.

χοῦρβε-α, Hure; s. χαχπέ.

χουρβερί-α, geg. χουρβενί, Hurerei.

χουρβερύιγ, geg. χουρβενύιγ, ich hure; — *part.* χουρβερούαρε, verhurt; — ε χουρβερούαρα, geg. ε χουρβενούμεja, das Huren.

χουρβάν-ι, Opfer, *türk.*; τ'ου βέφδα χουρβάν, möchte ich für dich zum Opfer werden; s. χέτιχjενε.

χουρβέτ-ι, *pl.* χουρβέτε-τε, Reise, die Fremde; ίστε νδε χουρβέτ, er ist in der Fremde.

χουρδύ (aus χουρ, wann, und δο, du willst; s. τόδο), immer; χουρδύ τε δούχε, geg., wann du willst.

χοῦρε, *Tyr.*, με χοῦρε, nach der Reihe, reihum.

χουρμ-ι, *pl.* χούρμε-τε, Körper, Leib; s. ὅτατ u. τρουπ.

χουρμερίδτ, leiblich.

χουρύμε-α, s. χέρμε.

χουρύρε-α, s. χορόνε.

χοῦρρε, niemals; χοῦρ? wann? Antw.: χούρρε, niemals; — verstärkt: ας χούρρε; noch mehr: χούρρε σε χούρρι.

χούρρες, s. χόρρες.

χοῦρρίσ-ζι, *pl.* χουρρίζε-τε, Rücken; χουρρίς μάλλjι, Bergrücken.

χουρρούς, s. χερρούς.

χουρρουσδάλj-ι u. χουρρισδάλj, buckelig.

χοῦρσέιγ u. χουρτσέιγ, ich bin sparsam, ich schone (ich werde ohnmächtig); χουρτσέ βέτζεχενε τέντε, ζοτ, schone dich selbst, o Herr! Matth. XVI, 22; — χουρσέιχεμ, ich werde geschont; — *part.* ε χουρσύερα ο. χουρτσύερα, geg. ε χουρσούμεja, die Sparsamkeit, Knickerei.

χουρτσίμ-ι, *pl.* χουρτσίμε-τε, geg. χουρσίμ, Sparsamkeit, Knickerei.

χοῦσάρ-ι, Dieb, geg. Räuber; s. χαιδούτ.

χοῦσερί-α, Diebstahl, geg. Raub.

χοῦσσερί u. χοῦσσερίδτ, *adv.*, diebischer Weise; μ'ε μόρι χουσερί, er nahm es mir heimlich.

χοῦσί-α, Hängekessel.

χουσχούν-ι, Sattelgurt; s. χίγγελε.

χοῦσπουλ-ι, *pl.* χοῦσπουλε-τε, gelähmt, verkrüppelt.

χουδ? wer? welcher? weibl. τσίλλja; — χουδδύ (wörtl.: wer du willst), ein jeder; — γjίδε χουδ u. γjίδε τσίλλι, ein jeder.

χουδερί-ου, geg. χουδερίν-νι, weibl. χουδερίρε-α, geg. χουδερίνε-α, Geschwisterkind, Vetter, Base; χουδερί ι πάρε, Geschwisterkind; — χουδερί ι δύιτε, Andergeschwisterkind; *n. griech.* πρῶτος, δεύτερ' ἐξαδελφός; auch χουδερί ι τρέτε, *n. griech.* τρίτ' ἐξαδελφύς.

χοῦδούλε-α, Consul.

χοῦτ, geg., Lockruf des Hundes; s. χουτδ.

χοῦτ-ι, *pl.* χούτε-τε, Elle, Längenmass von zwei Spannen; s. ϐρουλj.

χοῦτα, geg., Hund in der Kindersprache; s. χουτδ.

χουτί-α, Schachtel, geg. auch: Gemach.

χοῦτοῦρίς, ich wage, handle als Waghals, ich ermuthige; s. χουδούιγ.

χουτουρού, geg. χουτουρούμ, *adv.*, in Bausch und Bogen; βλjέβα χετέ πλjάτδχε χουτουρούμ, ich kaufte diese Sache in Bausch und Bogen.

χουτουρτδί-ου, Waghals; s. χουδσμιδάρ.

χοῦτδ-ι, *pl.* χούτδε-τε, Hund in der Kindersprache; er wird *tosk.* mit χοῦτδ! χούτδ! gelockt, geg. verjagt; s. χούτα u. πίσσο.

χουτδέδρε-α, Drache; s. δραγούα; in Wässern und Sümpfen wohnend gedacht; — ε πίου χουτδέδρα, der Drache hat sie ausgetrunken, heisst es von einer versiegten Quelle; — böses Weibsbild; — eine Schlange, welche 40 Jahre lang von keinem menschlichen Auge erblickt worden ist, wird zum Drachen.

χουφίν-κ, geg., Gränzstein, welcher eigens ge-

setzt wird; dann auch natürliche Gränze;
ljούμ Σουλjύββεσε ίστε χουφίνι Γἔγερίσε
πρέτγ Τοσχερίσε, der Fluss von Suljova ist die
Gränze zwischen der Gegerei und Toskerei.

χουφύμε-α, Leichnam, Aas; s. χέρμε.

χουφύμε u. γουφύμε-α, geg., Höhlung.

χοφίνε-α, grosser Korb; s. σ̃πύρτε.

χόφσε-α, Hüfte, Schenkel.

χόφστε-ι, pl. χόφστερα-τε, geg. χύπεστ-ι, pl.
χjίπεϑνα-τε, Garten.

χοφτό-ι, geschroteter Weizen, nach Art unserer
Gerstengraupen.

χόχε-α, pl. χύχε-τε u. χύχερα-τε, geg. χύχο-jα,
Zeit, Wetter; τσ' χύχε ίστε? was ist für Wetter? — χύχο ι δίμνιτ, geg., Winterszeit; —
με τϑδο χύχο, geg., unter allen Umständen;
ῆjέττι χύχε ο. χύχενε, er fand Gelegenheit, n.
griech. ηὗρε χαιρόν; — με δε νδε τε ῆjέτσα
χύχενε, Drohung: du siehst mich (wieder),
wenn ich dir Gelegenheit (zu schaden) finde;
— με χύχε, zu rechter Zeit; — πα χύχε, zur
Unzeit; — έρδι ο. πόλλι με ο. πα χύχε, er
kam, sie gebar zu rechter Zeit o. zur Unzeit.

χράδε-α, geg. χερράδε, Haken, hess. Krappen;
Hirtenstab (dessen Spitze hakenförmig gebogen); s. γρεπ.

χραλj-, pl. tosk. χράλjε-τε, geg. χράλjα-τε,
(fremder) König; s. μβρετ.

χράπ-ι, geg., 1. Skorpion; 2. ein rother Fisch
in der Boyanna; s. σ̃χράπjε.

χράπ, geg., in der Phrase: ε ζούρα χράπ, ich
fing ihn plötzlich, mit einem raschen Griff.

χρασταβέτε u. χαστραβέτε, Gurke; s. τρύν-
γουλ.

(χραστίτ), ich beschneide Bäume.

χραδύτγ, geg., ich vergleiche (χαρδί?).

χράχαν-ι, geg., Kamm; s. χρέχερ.

χράχε-ου, pl. χράχε-τε, Schulter, Arm, Flügel;
απ χράχε, ich helfe; — δαλλj χράχε, ich
springe bei; — χαμ χράχε, n. griech. ἔχω
χλάτην, ich habe eine Stütze (in einem Mächtigen); — σ' χαμ χράχε τε φλjουτουρύτγ, ich
habe keine Flügel um zu fliegen, d. h. ich bin
ohne Schutz, ohne Stütze.

χράχε-α, Armvoll; νjε χράχε βᾶρ, ein Armvoll
Gras; s. μένγε.

χραχενουρλί-ου, geg., Brustleidender.

χραχερούαρ-ι u. χραχερύρ-ι, geg. χραχανούρ,
Schulterblatt, Flügelknochen (aus deren Zeichen geweissagt wird), Brust überhaupt.

χρέτγ, ich ziehe hervor, heraus; s. χjιτ u. ντζίερ;
— χρέτγ δέμβινε, ich ziehe den Zahn aus; —

χρέτγ λjἔνε, ich schlage die Blattern aus, habe
die Blattern; — με ζι ε χρέβα, ich bekam es
mit Mühe heraus, z. B. den Sinn von etwas
Geschriebenem, n. griech. εὐγάζω, εὐγάλω; —
ε χρύενε ατέ περjάστε χjουτέτιτ, sie jagten
ihn zur Stadt hinaus, Luc. III, 29.

χρεμίλ (χρεμί), s. χερμίλ.

χρέμτε-jα, geg. χρέμτε, 1. Feiertag; 2. adj.,
σοτ ίστε διτ' ε χρέμτε, heute ist Feiertag;
s. λjεββρούαμε.

(χρεσμύτγ), ich streiche an.

χρέσε-α, Striegel.

χρέσμε-α, Fastenzeit.

χρεσμύτγ, ich faste kirchlich; s. αγjερόντγ.

χρεσπερότγ, ich erzürne, mache wüthend; — χρε-
σπερόνεμ, ich zürne, bin wüthend aus Zorn;
— ι ουχρεσπερούα χjίμεjα, es sträubte sich
ihm das Haar, aus Zorn.

χρέστε-α, geg., Mähne, Zwiebelwurzel, Borste,
Borstenpinsel, Bürste, tosk. nur Zwiebelwurzel; s. γρέστε.

χρέχ u. χρε, geg. χρέφ, ich kämme; — part. ε
χρέχουρα, geg. ε χρέφμεjα, das Kämmen.

χρέχερ-ι, pl. χρεχέρε-τε, geg. χράχαν, 1. Kamm;
2. Leisten des Fusses; s. δούαλ; 3. äussere
Handfläche; 4. Widerriss; 5. steiler Bergabhang; αι μάλλjι ίστε χρέχερ, dieser Berg ist
so steil, dass er nicht bestiegen werden
kann.

χρίε-jα, pl. χρέρα-τε u. χρίετε, letzteres auch
als Einzahl sehr gebräuchlich, geg. χρύε, best.
χρέτγ, pl. χρένε-τε, Kopf, Haupt, Häuptling;
s. χόχε; με δεμβ χρίετε, der Kopf schmerzt
mich; — μbι χρίε σίπερ, sehr wohl, ganz
wohl (wörtl.: ich lege dein Wort auf mein
Haupt); — geg. χρύετ ετύρε, ihr Haupt, Anführer; — χρένετε ε Σχjιπενίσε, die Häupter
Albaniens; — δεφτέ χρύετ ε πούνεσε, sage
mir den Anfang, Ursprung dieser Geschichte,
Angelegenheit; — χρύετ ε λjούμιτ, die Quelle
des Stromes; — νdε χρύετ γ̆αιδούτεβετ, an
der Spitze der Räuber; — με χρύε ν' δόρε,
geg., mit Gefahr (wörtl.: mit Kopf in der Hand);
— χεjό πούνε ίστε με χρύε ν' δόρε, diese
Sache ist lebensgefährlich; — jέϑε με χρύε
ν' δόρε, ich war in Lebensgefahr; — χρύε
νάλjτε, geg., hochmüthig; — χρίε χουνγούλ,
Kahlkopf; s. χόχε ρουκ; — χρίε χjόδεσε,
Eckstein; — χρίε χjουτᾶ, Schlussstein.

χριστάρ-ι, geg., der Schöpfer.

χριμπ-bι, pl. χρίμπα-τε, geg. χρουμ-ι, Wurm,
Raupe.

χριὕτγ, geg., ich erschaffe; s. apaτίς; — part.
ε χριούμεja, Schöpfung, Empfängniss.

χρΐπ, ich salze; s. χρῦπ u. χερπίγ.

χρΐπε-a, geg. χρῦπε, Salz.

χριπεσίρε-a, Salzsäure; s. ᾶελλίρε.

χριπεσόγ u. χριπὑτγ, geg. χρῦπ u. χρυπεσὑτγ,
ich salze.

χρίς, geg., ich springe, von Glasgeschirr, hat
aber auch die Bedeutung von χερτσάς.

χρίσε-a, geg., Sprung im Glase etc.; s. πλjάσε.

χριστάλ-ι, Krystall.

χρΐτσμε-a u. χρίδμε, geg. χρίσμε (aus χρίτσουρε,
part. v. χερτσάς, s. χρίς); Getöse, Lärm,
bes. Schuss aus einer Schiesswaffe.

χρίτᾶ-ι u. χρῦτᾶ-ι, pl. χρύτᾶε-τε, geg. χερίτᾶ,
Eselsfüllen.

χρίχεμ, geg. χρίφεμ, ich kämme mich; s. χρὲχ.

χρομάᾶ-ι, geg. χρομός-ζι, Krätziger.

χρύμε-a, Krätze; s. χρούατγ.

χροτᾶ, s. χριτᾶ.

χρούα, best. χρύι, pl. χρύνje-τε, Quelle.

χρούατγ, geg. χρούίτγ, ich kratze, schabe (St.
χρύε?); s. γρύετγ; — part. ι χρούαρι, der
Verrückte (weil er sich häufiger als andere am
Kopfe kratzen soll); — ε χρούαρα, geg. ε
χρούμεja, das Kratzen, Krauen, Schaben.

χρούμδε u. χρούνδε-ja, gebräuchlicher im pl.
χρούνδετε, Kleie.

χρούσπουλ, geg., — ? — in der Phrase: τε
bάνφτε ζῦτι χτὶ ε χρούσπουλ, möge dich der
Herr zu Asche und — ? — machen!

χρουστάλ-ι, s. χριστάλ.

χρούᾶχ-ου, pl. χρούᾶχι-τε, weibl. χρούᾶχε-a
(n. griech. συμπένθερος-a), die Eltern des einen Ehegatten im Verhältniss zu den Eltern
des andern; im weiteren Sinne gebrauchen es
auch deren Descendenten unter sich.

χρούᾶχjί-a, diess Verhältniss, etwa Verschwägerung; ató τε δυ ᾶτερί bένε χρούᾶχjί, diese
beiden Häuser haben sich verschwägert.

χρόε, s. χρίε.

χρῦᾶ, geg., ich ziehe einen schmeichelnd aus,
schmeichle ihm sein Hab und Gut ab, nehme
ihm auf irgend eine Weise Geld ab, melke ihn;
— part. ε χρύᾶμεja, die schmeichelnde Beraubung.

χρῦχj-ι, pl. χρύχje-τε, 1. Kreuz; bέιγ χρυχj,
ich bekreuze mich; — 2. adj., χρυχj, weibl.
χρύχje, Kreuz; ούᾶε χρύχje, Kreuzweg; — ᾶένε
χρύχjεja, heilige Kreuzfeier; — 3. adv., kreuzweise; ρι χερb' χρυχj, ich sitze mit gekreuzten Beinen.

χρυχjάς u. χρυχjεζὑτγ, ich bekreuzige, ich viertheile; — χρυχjεζὑχεμ, ich sitze mit gekreuzten Armen und Beinen (Zeichen der Unterwür-
figkeit).

χρυμ-ι, s. χριμπ.

χρυμόσεμ, geg., ich werde wurmstichig, bekomme Würmer (von Fleisch und Leichen); —
part. ε χρυμόσμεja, das Wurmstichigwerden,
Würmerbekommen.

χρῦπ, geg., ich streue Salz, Pfeffer, Sand etc.,
ich salze; — part. ε χρύπμεja, diess Bestreuen, das Salzen.

χρῦπε-a, geg., Salz; s. χρίπε.

χᾶίλε-a, geg., geheime Unterredung; bάνε χᾶίλε
ε χουβένδ, sie unterredeten sich heimlich und
angelegentlich.

χυβερρί-a, Leitung des Hauses, Kinder- und
Krankenpflege, griech.

χυβερρίς, ich regiere, leite, sorge, pflege einen
Kranken; χυβερρίς με, schenke mir etwas
(Bettelbitte), griech.

χῦτγ, dieser, weibl. χεjú.

χῦνὴje-ja, thönerne Wasserröhre; s. τούᾶλε.

(χύνσο), Steuer.

Kj.

χjάιγ, tsam. χλjάιγ, ich weine, klage, beschwere
mich; χjάιγ με λjίγje, geg. χjάιγ με φjαλj, ich
klage in gebundener Rede um einen Verstorbenen; — μύ χjᾶ ᾶούμε περ τύτγ ο. χjάχετε
φορτ περ τύτγ, er beklagte sich bei mir sehr
über dich (ἐχλαύθηχε, n. griech.); — χjαν
χαρᾶία, die Rebe weint (nachdem sie beschnit-
ten); — χjάχεμ, ich beklage, beschwere mich
(n. griech. χλαίομαι).

χjαρ, adj., rein, heiter; χύχα ίᾶτε χjαρ, das
Wetter ist heiter; s. χjερύτγ u. χjορρ.

χjάρε-a, tsam. χλjάρε, geg. χjάμε-ja, Weinen,
Klage; χα ᾶούμε τε χjάρα πρέτγ 'τίγ, er hat
viele Klagen über ihn.

χjαρχ-ου, pl. χjάρχε-τε, Kreis; s. αχόλε.

χjαρχ u. περχjάρχ, adv. u. praep. mit genit.,
ringsum; verstärkt ρεᾶ περχjάρχ, ringsherum;
— πρου δυ χέρε χjαρχ ε ρα, er drehte sich
zweimal herum und fiel; — πο ι bτὶ περχjάρχ,
wörtl.: ich gehe immer um ihn herum, ich
spähe nach seinen Schwächen, um ihn anzugreifen.

χjάρτε-a, Hader, Streit, Zank; s. χjερτύτγ.

χjασέ-ja, berat., Getreidemass von 30 Okka
Weizen; s. χjεσσέ.

χjᾶσσ, ich nähere etwas, bringe es nahe, nehme

auf; με *xjασσ σύντε?* nimmst du mich auf für
heute Abend? (Frage des Reisenden); — *σοτ
σ' xjασο υjερί,* heute nehme ich niemand an;
— *xjάσσεμ,* ich nähere mich; — mit *genit.*
ε *jου xjας εδέ σε δύτιτ,* und er näherte sich
auch dem zweiten, Matth. XXI, 30; — *geg.,*
ich ziehe mich zurück, gehe auf die Seite;
— *xjάσου, μος τε ότύπι κάλjι,* zieh dich zurück! zurück! damit dich das Pferd nicht
schlage; — *part. άχε τσίλλι νδε ότερπί τένε
ίότε ι xjάσσουρε,* der da ist ein fleissiger Besucher in unserm Hause; — ε *xjάσσουρα,* die
Annäherung.

xjάσσιμ-ι, annähernd, ähnlich.

xjάφε-α, Kehle, Hals, Fuss- und Handgelenk,
Pferdehals, Köthe; — *xjάφε* o. *xίαφε τε μάλλjιτ,*
Bergspalte und Berggipfel; — *μος με μὲρ νδε
xjάφε,* n. griech. μή με πάρης εἰς τὸν λαιμόν,
lade mich nicht auf (deinen) Hals, d. h. sei
nicht Schuld an meinem Unglück; — με *ρα
νδε xjάφε,* er kam mir auf den Hals, fiel mir
beschwerlich; — *geg.* ε *λjαύ νδε xjάφε τάτε,*
ich überlasse das deiner Sorge.

xjε, I. beziehendes Fürwort *indeclin.,* welcher,
welche, welches; 1.) als *nomin.:* ζε *νjερίουτ
xjε θερέτ νδε ερμί,* die Stimme eines Menschen, welche (u. welcher) in der Wüste ruft,
Marc. I, 3; — *αί xjε ἐότε μ'ι φουχίτόμι σε
ούνε,* derjenige, welcher stärker ist als ich,
ibid. I, 7; — *πᾶ xjέλτε xjε ουχάπνε,* er sahe
den Himmel, welcher sich öffnete, ibid. I, 10;
— 2.) mit dem *accus.* des selbstständigen Fürworts, welcher auch fehlen kann: *κοπίλε xjε
ε χιὄ τε δάθουρε,* der Diener, den er lieb
hatte, Luc. VII, 43; — *ντζίρε νjε τε βδέχουρε
xjε ε χιὄ τε βέτεμε μεμ' ετίγ,* sie trugen einen
Todten hinaus, den seine Mutter als einzigen
hatte, Luc. VII, 12; — 3.) mit dem *dat.* des
selbstständigen Fürworts: *αί xjε ι δερύι με τε
θούμε,* der, welchem er das Meiste geschenkt
hatte, Luc. VII, 2; — *φίχου xjε ι δε νέμενε,*
der Feigenbaum, welchem du den Fluch gabst,
Marc. XI, 21; — *αί xjε νούχε jαμ ούνε ι ζύτι
τε ούνjεμ* ε *τ'ι σjjιὃ ρίπεν' ε χερπούτσεβετ
σε τιγ,* derjenige, welchem ich nicht würdig
bin (mich zu bücken und — fügt die albane-
sischeUebersetzung zu) die Bänder seiner Schuhe
zu lösen, Marc. I, 7; — *αί xjε τε δύje βίρι τε
jα* (für ι ε) *σδουλjύιje,* derjenige, welchem der
Sohn es offenbaren wollte, Luc. X, 22; —
άερβετύρε xjε ου χjιὄ δένε άσπρετε, die Diener, welchen er die Gelder gegeben hatte,

Luc. XIX, 23. — Ausnahmsweise steht *xjε*
ohne diesen *dativ* in: *αί xjε τε μύρρε γρούα
τε νδάρε, xjε* (statt *xjε* ι) *ρον βούρρι εσάιγ,*
der, welcher ein geschiedenes Weib nimmt,
welcher ihr Mann lebt, Matth. XIX, 9; —
4.) in Verbindung mit Praepositionen und selbstständigen Fürwörtern, wo diese, ohne den Sinn
zu ändern, auch fehlen können, und daher in
den folgenden Beispielen in Parenthese stehen:
τι je βίρρι ιμ ι δάθουρι xjε (μbε τε, — Luc.
III, 22, μbι τι) *ούνε πρέχεμ,* du bist mein geliebter Sohn, auf den ich vertraue, Marc. III,
17; — *μόρρι ότράτινε xjε δέρjjειγ* (μbε τε),
er nahm das Bett, worauf er lag, Luc. V, 25;
— *xjε τε χερχύιje* (πρέιγ στγ) *βίρρι ι τιγ
βούχε,* von dem sein Sohn Brot begehrt, Matth.
VII, 9; — *jα! Ισραιλίτ ι βερτέτε, xjε* (μbε
τε) *νουχ' ἐότε δjᾶλεσί,* siehe! ein wahrer
Israelit, an dem keine Bosheit ist, Joh. I, 48;
— *χροτὂ xjε* (μb'ατε) *νούχε γίππι νδονjε
νjερί,* ein Eselsfohlen, das noch Niemand bestiegen hatte, Matth. II, 2; — *χύιγ ίότε αί,
xjε* (περ τε ο. ατέ) *ίότε όχρούαρε,* das ist
derjenige, von dem geschrieben steht, Luc. VII,
27; — *πο τόλλι ἐότε χύιγ, xjε δεjjούιγ τε θόνε*
(περ τε) *χάχjε πούνερα?* wer ist denn (πο)
derjenige, von dem ich höre, dass sie solche
Dinge sagen? Luc. IX, 9; — *jjένε νjερίνε xjε
δούαλε* (πρέιγ στγ) *τε παούδερτε,* sie fanden
den Menschen, von dem die Teufel gewichen
waren, Luc. VIII, 35; — *νjερί xjε περ ατέ
λjούτεμι,* der Mensch, für den wir bitten; —
aber *νjερί xjε ατίγ λjούτεμι,* der Mensch, zu
dem wir bitten; — *δέρρατε xjε* (νd'ατά) *χύιτινε τε παούδερτε,* die Schweine, in welche
die Teufel gefahren waren; — *μίχου jαμ xjε*
(νγα αί) *βτγ,* mein Freund, von dem ich komme;
— *ότερπί xjε* (νγα αjύ) *δύλλα,* das Haus, aus
dem ich trat; — *νjερίου xjε* (τεχ αί) *βάτα,*
der Mensch, zu dem ich ging; — *χάστι xjε*
(περ τε) *λjεφτόιμε,* die Absicht, in der wir
kämpfen. — Präposition und selbstständiges
Fürwort fehlen wirklich in: *μbε τὂδο ότερχί
xjε τε χύνι,* in jedem Hause, in das (wohin)
ihr geht, Luc. IX, 4; — *βάτε ... νd'ατέ βενd
xjε xjε περρπάρα Ιοάννε,* er ging in diejenige
Gegend, wo früher Johannes war, d. h. sich
aufhielt, Joh. X, 40. — II. *Conjunction:* auf
dass, damit, mit *conjunctiv,* in welchem Falle
es jedoch auch fehlen kann: *στ χούντρε βένε
υποχρίτετε .... xjε τε βούρρενε,* so wie die
Heuchler thun, auf dass sie gelobt werden,

Matth. VI, 2; — δℓργύίνℓ τℓκ αί τσα Φαρι-
σάίτℓ, xjℓ τ'α ζίν ατέ, sie schickten einige
Pharisäer zu ihm, damit sie ihn fingen, Matth.
XII, 13; — bένℓ μουϑαβερέ κύντρℓ ατίγ xjℓ
τα (für τℓ ε) βρίσνℓ ατέ, sie hielten eine Berathung gegen ihn, um ihn zu tödten, Marc.
III, 6. — III. *Adverbium*: 1. seit, von — an,
wobei meistens nach xjℓ eine Praeposition ausgefallen: xjℓ νdℓ τℓ ρι τμι, seit meiner Kindheit, Matth. XIX, 20; — xjℓ νγ̇α βάρχου ι μέ-
μℓσℓ, von Mutterleibe an, Luc. I, 15; — ε ι
ουδℓρούα bίja εσάιγ xjℓ ατέ σαγάτ, und ihre
Tochter wurde ihr von dieser Stunde an gesund, Matth. XV, 28; — xjℓ κιϑ τℓ παυύdℓ
xjℓ ϑούμℓ μύτdετ, welcher den Teufel seit vielen
Jahren hatte, Luc. VIII, 27; — xjℓ νdαϊτί, von
jetzt an, Joh. XIII, 19; — ṛ̇ίϑℓ λαύιbίṛ̇ xjℓ μℓν-
ṛ̇jέϛ τℓκ αί νdℓ ιℓρύ, das ganze Volk kam vom
(frühen) Morgen an zu ihm in den Tempel, Luc.
XXI, 38; — xjℓ κρύε γ̇έρℓσℓ, vom Kopfe der
Zeit, von Anfang an, Luc. I, 2; — xjℓ γ̇έρℓν'
ε πάρℓ, vom ersten Male an, ibid. 70. — Nicht
bloss zeitlich, sondern auch örtlich: πℓρdέja
ε ναόίτ ουντζούαρ μbℓ dυ xjℓ σίπℓρ (σίπℓριτ,
Marc. XV, 38) ε νjέρα πℓρπύϑ, der Vorhang
des Tempels zerriss in zwei Stücke von oben
an bis unten, Matth. XXVII, 51; — 2. ατjέ
xjℓ, da, dort wo: ατjέ xjℓ ας κρίπιτ ας κο-
πίτσα ε πριϑ ε ατjέ xjℓ κουσάρℓτℓ νούχℓ
ϑπύίνℓ ε νούχℓ βjέdℓνℓ. Σℓ πσℓ ατjέ xjℓ έϑτℓ
ṛ̇ℓέρι jούαιγ, da, wo weder der Wurm noch
die Motte sie verdirbt, und wo die Diebe
nicht einbrechen und nicht stehlen. Denn da,
wo euer Schatz ist, Matth. VI, 20, 21; —
κόγ̇ℓνℓ xjℓ φλjίνℓ, έρϑι γ̇άσμι, zur Zeit da sie
schliefen, kam der Feind, Matth. XIII, 25; —
κουdύ xjℓ, wörtl.: wo du willst, dass, d. h.
überall wo; — xjℓ νγ̇α? von wannen? —
3. zugleich, alle: xjℓ τℓ dυ do τℓ bίℓνℓ νdℓ πℓ-
ρούα, beide zugleich o. alle beide werden in
den Graben fallen; — ου α dℓρύί xjℓ σℓ dίbℓτ,
er schenkte es ihnen allen beiden, Luc. VII, 42;
— σℓ xjℓ τℓ ϑτάτℓ ε πάτνℓ ατέ γρούα, denn
alle sieben hatten diese zur Frau, Marc. XII, 23.

xjℓ κοῦρ, geg. τϑ' κουρ, seitdem, u. fragweise:
seit wann? von wann an? wann? xjℓ κοῦρ
λjέϑα, seitdem ich geboren ward (lebe); —
xjℓ κοῦρ? von wann an? Antw.: xjℓ νέσσℓρ,
von morgen an.

xjℓ! u. τϑℓ! *Dévra*, siehe! da! s. νjοϋ̈ν u. ja.

xjℓ̈-ρι, Walgerholz und rundes Teigbret mit einem
Stiele, Kuchendecke; s. οκλάjℓ.

---

xjℓϑ, ich scheere; — *part.* ε xjέϑουρα, geg. ε
xjέϑμℓja, die Schur.

xjέλbℓμ, ich stinke, faule; — *part.* ε xjέλbουρα,
geg. ε xjέλbμℓja, das Faulen, Stinken; s.
xjℓλπ u. κάλbjℓμ.

xjℓλbℓσίρℓ-α, geg. xjℓλbℓσίνℓ, Schmutz.

xjℓλbℓσόίγ, geg., ich mache riechend; γ̇άλjℓ
xjℓλbℓσόν ϑτℓπίνℓ, der Abtritt verunreinigt die
Luft des Hauses.

xjℓλjεπύτϑℓ-ja, geg., weisse Untermütze zum
Fes; s. ταχί.

xjℓλjέϑℓ-ja, geg., weisse kleine Filzmütze ohne
Schirm in der Form eines Fes; s. ϑάπκℓ.

xjℓ̈λjxj-xjι, pl. xjέλjxjℓ-τℓ, Glas, geg. Porzellan.

xjέλjxjℓτℓ, gläsern, geg. von, aus Porzellan,
porzellanen.

xjℓλί-α, Kämmerchen, Zelle.

xjℓλίμ-ι, pl. xjℓλίμℓ-τℓ, Vorsicht; μℓ xjℓλίμ!
vorsichtig! sachte!

xjℓ̈λπ, ich mache faul, mürbe; s. καλjπ u.
xjέλbℓμ.

xjℓλπ-bι, pl. xjέλbℓρα-τℓ, Eiter.

xjℓμ-ι, geg., Weihrauch.

xjεμάνℓ-ja u. xjεμένdϑℓ-ja, geg., Violine.

xjℓμέρ-ι, pl. xjℓμέρℓ-τℓ, 1. Geldgurt oder Geldgürtel; 2. Querhölzer in Lehm- und Steinmauern *); 3. Generation, Geschlecht (als
Schichte gedacht); 4. Steinbogen; πύρτℓ μℓ
xjℓμέρ od. xjℓμℓρλέϑℓ, gewölbtes Hausthor
(Zeichen des Reichthums), geg. überwölbtes
Gemach; s. χαμάρε.

xjℓμύς, geg., ich räuchere mit Weihrauch.

xjℓ̈ν-ι, pl. xjℓν-τℓ, geg. xjεν, Hund; xjℓν ι xjέ-
νιτ, du Hund des Hundes (Schimpfwort); —
xjℓν πα bέσσℓ, treuloser Hund; — χα bέσσℓ
xjℓ̈νι? hat der Hund Treue? d. h. er ist ebenso
treulos wie der Hund **).

xjℓ̈ν-ja, geg., rundes Walgerbret mit einem
Stiele, Kuchendecke.

---

*) Diese Holzschichte findet sich auch in
Mauern, deren Cement nicht bloss Erde, sondern
Kalk ist, und geben ihr den nöthigen Halt, weil
das Innere zwischen den beiden Aussenflächen
(Stirnmauern) nur aus kleinen Steinen besteht —
Emplecton — und das Spalten der Mauer (ein
Ausbauch heisst im Neugriechischen bάχχος) da-
her besonders durch die Querleisten verbindet
wird, welche die beiden in der Mauerfläche sicht-
baren Balken (*n. griech.* δέματα) verbinden.

**) Der Hund gilt im Oriente überhaupt für
treulos und wird es dort durch Erziehung.

χjενάρ-ι, geg., Rand, Ufer, Tuchrand; ᾶχύτγ χjενάρε μάλλjιτ, ich gehe längs des Fusses des Gebirgs hin; s. χαντ.

χjενδίς u. χjινδίς, geg. χjενδίς, ich sticke.

χjένδρε-α, Fussschemel.

χjενδρίμ-ι, pl. χjενδρίμε-τε, Standhaftigkeit, Ausdauer.

χjινδρόιγ, geg. χjινδρόιγ, ich bleibe stehen, verweile, (ermahne), koste; σα χjενδρόν? wie hoch steht? wie viel kostet? geg. auch: ich widerstehe, mit genit.; χjινδρόιγ χᾶσμεβετ, ich widerstehe den Feinden; — μαὺ σ'ι χjινδρόχετ' χουρβέτιτ, geg., in der Fremde ist es nicht mehr auszuhalten (Lied); — φὺᾶνjε σ'χjινδρόν, geg., das Kind kann noch nicht auf den Füssen stehen; — part. ε χjινδρούαρα, geg. ε χjινδρούμεja, das Stehenbleiben, Verweilen, Kosten, geg. auch der Widerstand.

χjένε-ja u. χjένεζε, Hündin; χjένεζ' ε χjένιτ, du Hündin des Hundes; — φόλj't χjένιτ, ο μόιj χjένε, σε μι με ρεμβὲν πρέιγ χέμβε, rufe dem Hunde, du närrische Hündin (d. h. du Liebchen)! damit er mich nicht am Fusse fasse (Lied); s. βούᾶτρε.

χjένεχου, adv., nach Hundesart, d. h. verstellter Weise; τε do? liebt er dich? — χjένεχου, scheinbar ja; — σ' ίᾶτε βερτέτ, ίᾶτε χjένεχου, es ist nicht wahr, sondern falsch.

χjένᾶ-ᾶι, geg., Geschwürchen unter der Zunge, welche bei dem von einem wüthenden Hunde Gebissenen entstehen sollen, sogar nach dem Volksglauben bei dem, der einen Wüthenden scharf ansieht; s. χᾶᾶ.

χjενχj-ι, geg. χjενχj, Lamm, pl. ᾶχjέρρα u. ᾶτjέρρα.

χjέπ-ι, Schnabel; s. γjελπέρε u. σχjουπ.

χjέπ, ich nähe, bin ein Schneider; τᾶ'jε? was bist du? Antw.: χjέπ, ein Schneider; — part. ε χjέπουρα, geg. ε χjέπμεja, das Nähen, die Näherei, die Naht.

χjεπᾶλε-α, Augenlied, Wimper.

χjέπε-α, Zwiebel.

χjεπενγjj-ι u. χjεπενγjί-α, Fallthüre; s. χατράφ.

χjέπρε-α, geg. χjέπερ-ι, Dachsparre; s. χατελε.

χjεράς u. χjιράς, ich schenke, beschenke, bes. eine Braut bei der Hochzeit, ich gebe ein Trinkgeld; s. χενάχj; — part. ε χjεράᾶουρα, Geschenk, Brautgeschenk.

χjερᾶσμε-α, Geldgeschenk, Trinkgeld.

χjέρε-ja, geg. χjέρε-α, Kopfgrind.

χjερέτᾶ-ι, Mörtel.

χjέρᾶελj-ι, Kreis, Reif, Garnschwinge; s. χjαρχ u. ρεᾶ.

χjέρᾶελj, rund.

χjέρᾶελj, praepos. mit genit., ringsum; χjέρᾶελj ᾶτεπίσε, rings um das Haus; s. ρότουλε u. ρεᾶ.

χjερᾶελjίμ-ι, pl. χjερᾶελjίμε-τε, Kreis, Um-, Einschliessung.

χjερᾶελjόιγ, ich umgehe, schliesse ein; χᾶσμετε χjερᾶελjούανε φᾶάτινε, die Feinde schliessen das Dorf ein; s. ρότουλε u. ρεᾶ.

(χjερί-α), χjιρί-ου, Kerze; χjιρί ᾶjάμτε, Talgkerze; — χjιρί δύλτε, Wachskerze.

χjερόιγ, geg. χjιρόιγ, ich fege, reinige, putze, lese aus; — part. ε χjερούαρα, die Reinigung, Reinlichkeit; — geg. χjιρούμε, rein, sauber, klar, einfach; χύχοja χjιρούμε, heiteres Wetter; — πούνε, φjάλjε χjιρούμε, eine unverfängliche Angelegenheit, Rede; s. χjαρ.

χjερόσ-ζι, geg. χjιρός, kopfgrindig.

χjέρπεν-ι, geg., dünner Balken.

χjερπεσίρε, s. χjελβεσίρε.

χjερπίχ-ου, geg., Augenwimper; s. χjεπᾶλε.

χjερπίτᾶ-ι, geg., Lehmstein, türk.; s. τούλε.

χjέρρε-α, Wagen, Karren; s. χάρρε.

χjερρεᾶᾶί-ου, Fuhrmann.

χjερᾶί-α u. χjιρᾶί-α, geg. χjερᾶί, Kirsche und Kirschbaum; χjερᾶί χρᾶπjε, grosse, fleischige Kirsche (Herzkirsche); — χjερᾶί ούjζε, Wasserkirsche, klein und sauer.

χjερτόιγ, berat. χjιρτόιγ, ich zanke, streite, tadele; πσε χjερτόνι? warum streitet ihr? — βαβάι χjερτύι βίρινε, der Vater tadelte den Sohn; — part. ε χjερτούαρα, der Streit, Zank, Tadel.

χjεσενδίς, ich habe zum Besten, necke, foppe.

χjέσσέ-ja, 1. Geldbeutel; 2. Beutel als Geldmass = 500 Piaster; 3. χjέσσετε, metallene, an Gürtel befestigte Patrontasche; s. χουλjέτε u. χjασέ.

χjέᾶ, 1. ich lache, lächele; 2. tosk. auch: ich verspotte, und 3. ich betrüge (was das n. gr. γελῶ); — part. ε χjέᾶουρα, geg. ε χjέᾶμεja, das Gelächter, Verspottung, Betrug.

χjετᾶ, geg., bis zu, bis auf; χjετᾶ χεᾶίγ δίτε, bis auf diesen Tag; — χjετᾶ με βδέχπ, bis zum Tode; s. vjερ.

χjέᾶφέλ-ι, geg. χjέᾶφελ, Barbe, n. griech. χέφαλος.

χjεφτ-ι, Batterie am Feuerschlosse; s. τᾶανάχᾶ.

χjιβάρ-ι, geg., an Aufwand gewöhnt, verwöhnt, türk.

xjίbρε -ι, geg., Pracht, Aufwand, türk.

xjιγ u. xjιt, ich beschlafe; s. γ̇jι; — part. xjίρρε; xεjú βάιζε ἰϑτε πα xjίρρε, diess Mädchen ist eine reine Jungfrau; — ε xjίρρα, geg. ε xjίμεja, der Beischlaf, die Begattung; — Schimpfrede: τε xjίφϑα τετ ἔμμε, — μύτρε, — ῤόjενε, — bέσσενε, — νόμινε etc.; n. griech. γαμῶ τὴν μάνα, τὸ στόμα, τὴν πίστιν, τὸν νόμον σου. (Der Albanese steht also hier auf Seite der östlichen Völkerhälfte Europa's, doch weicht seine Construction in sofern von der neugriechischen ab, als er den *Aorist. Conjunct.*, also den Optativ wählt, während der Neugrieche bis zum *Praesens Indicat.* vorgeht.)

xjιϑ -ι, geg., Ziege.

xjιελ -ι, pl. xjιεj -τε, geg. xjίλ, Himmel.

xjιέλεζε -α, geg. xjίλεζε, Gaumen.

xjιέλτε, geg. xjιελούρες, himmlisch.

xjιϑάρε -α, Guitarre.

xjίκεꞁjε -α, Gipfel, geg. xίκελ u. xjίκελ -ι, Spitzgipfel von Bergen, Bäumen und Gebäuden.

xjιxjερε -α, Kichererbse.

xjίλ -ι, geg., pl. xjίε -τε, Himmel; s. xjιελ.

xjιλαρτϑί -ου, Kellermeister.

xjιλjάρ -ι, Keller, d. h. das Gemach im unteren Stocke (xατούα), in welchem die Hausvorräthe, namentlich die Wein-, Oel- und Getreidebehälter stehen.

xjίλε -α, Goritsá, Getreidemass von 60 Okka Weizen.

xjιλίζμε -α, Neubruch, bes. von neugerodeten Weinbergen; tosk. βε, geg. ϑ̇τίε xjιλίζμε, ich rode; s. xjιλίς.

xjιλίμ -ι, pl. xjιλίμε -τε, Teppich.

xjιλίς, ich wälze; s. ρουxουλίς.

xjιλότγ, geg., ich erlange, erreiche, treffe (mit einem Schusse); — part. ε xjιλούμεja, das Erreichen, Treffen; s. γ̇jούαιγ; — berat. ι xjιλούμε, weibl. ε xjιλούμε (Injurie), erschiessenswerth; s. γ̇ρεμίσουρε.

xjίμε -ja, 1. Haar; xjίμε -τε, die Haare; 2. haarartiger Wasserwurm; 3. Art Geschwür, das in die Tiefe frisst.

xjιμεσέες, geg., kraushaarig.

xjίμινο -ι, geg. xjιμιόν, Kümmel.

xjίνγ̇ελjε -α, geg., Strauch mit dunkelgrünen Blättern von üblem Geruche.

xjίνδες -ι, Hauptmann (der 100 Soldaten commandirt).

xjινδίν -ι, Gefahr, griech.; s. γαζέπ.

xjιντ -ι, hundert; ἰϑτε με πέσε xjινт, er ist weinselig; s. xατρεxjίντεϑ.

xjινт - δι, pl. xjίνδα -τε, geg. xινт, Zwickel, Einsatz; xεμίϑα με τρε xjινт xjίντα, Fustanelle mit 300 Zwickeln.

xjιπάρε -τε, pl., geg., Gesichtszüge.

xjιπαρίς -ζι, Cypresse; s. σελβί.

xjίπερτε, adj., 1. kupfern, von Bronze, Messing; 2. unächt; σ' ἰϑτε φλουρί, ἰϑτε xjίπερτε, es ist nicht von Gold, sondern von unächtem Metall.

xjιπί -α, Haufe, bes. Heuhaufe, der im Freien um eine Stange herum aufgesetzt wird; s. bιρxj.

xjίπρε -α, Kupfer, Bronze, Messing.

xjιρά -ja, Miethe; ζε με xjιρά, ich miethe, türk.

xjιρατϑί -ου, Pferdetreiber; s. αγ̇ojάт.

xjιρί, s. xjερί.

xjιρίϑι, adv., geg., kerzengerade; ουνγ̇ρίττ xάλjι xιρίϑι, das Pferd stieg kerzengerade.

xjιρίx -ου, pl. xjίριxε -τε, Prediger, griech.

xjιρίξ, ich verkündige, predige, griech.

xjιρός -στ, geg., der Kopfgrindige.

xjιρόσε -α, geg., Kopfgrind; s. xjέρε.

xjιϑ, s. xjυϑ.

xjίϑε -α, geg. xίϑε -α, Kirche.

xjίτ, geg. xjις, anom., 1. ich ziehe aus, heraus; xjιτ νjε δεμbάλε, ich ziehe einen Backenzahn aus; — xjίττα δόρενε, ich fiel den Arm aus; — ε xjίττα νγα γαπζάνα, ich befreite ihn aus dem Gefängniss; — 2. ich producire, ziehe; xεjú άρε σ' xjιτ γ̇jέ, dieser Acker trägt nicht; — 3. ich gewinne, verdiene, ziehe Gewinn; σι βjετ σ' xjίττα γ̇jέ, heuer habe ich noch nichts verdient, gewonnen; — 4. ich wecke auf; με xjίτι o. νάσσουρ γ̇jούμιτ, erwecke mich; — με xjίτι o. νάσσουρ γ̇jούμιτ πάρε, erwecke mich aus dem ersten Schlaf; — part. ε xjίτουρα, geg. ε xjίτμεja, das Ausziehen, Ziehen, der Gewinn; — xjίτουνε, geg., masslos, unmässig in Leidenschaften, Neigungen; s. ντζίερ.

xjύτγ, geg., ich wecke auf; — xjύχεμ, ich werde aufgeweckt, ich wache auf; — part. ε xjούμεja, das Aufwachen, Erwecken; s. τϑύχεμ u. xjούτε.

xjόx ε xετού, geg., Phrase bei der Begegnung, indem der eine dem andern die Hand hinreicht; ihr Sinn blieb dunkel.

xjδρρ, pl. xjόρρε -τε, blind, ϑ̇νjιτ xjορρ, Scheinheiliger, türk.; s. βέρbερε.

xjόσε -ja, unbärtig (als Naturfehler, n. griech. σπανός).

xjοστέχ-ου, pl. *xjοστέχε-τε*, Kette, Uhrkette, Pferdefessel, *türk.*

xjύδε u. *xjοδέ-ja*, 1. Ecke, Winkel; 2. Kiosk; *s. βουδδάχ*; — *χάτρε xjύδε*, viereckig.

xjoδλί, viereckig.

xjoτί-ου u. *-a*, Feigling, *türk.*; *s. τρεμβελjάχ*.

xjoτιλέχ-ου, pl. *xjoτιλέχε-τε*, Feigheit.

xjoυχ, *geg.*, *berat.* *τδουπίτ*, ich picke, beisse mit dem Schnabel; *ζύγου xjoυχ ρούδενε*, der Vogel pickt die Traube; — *με xjoύχου δόρgενε*, biss mich in die Hand; *s. σχjoυπ*.

xjoύχα-τε, *geg.*, nur im pl., Blatternarben.

xjoῦλ-ι, pl. *xjoύλε-τε*, Mehlbrei, *geg.* Ragout, Sauce; — *adv.* durch und durch nass; *xje λjάγoυρε*? war er nass? Antw.: *xjoῦλ*, durch und durch; — *ουλjάχδ xjoυλ*, ich wurde bis auf die Haut nass.

xjoυλόιγ, *geg.* auch *xjoῦλ*, *pass.* *xjoύλεμ*, ich mache bis auf die Haut nass.

xjoύμεgδτε u. *xλjoύμεgδτε-ι*, Milch.

xjoυμεgδτoύαρ-ι, Milchspeise.

xjoυρ-ι, *geg.*, Magazin zu ebener Erde; *s. δουρχ*.

xjoύτε, *geg.*, wach; *jαμ xjoύτε*, ich bin wach, aufgeweckt; — *ίδτε vjερί ι xjoύτε*, es ist ein aufgeweckter Mensch; *s. xjόιγ*.

xjoυτέτ-ι u. *xjoυτέτε-ja*, für beide pl. *xjoύτε-τε-τε*, *tosk.*, Stadt; *s. xjυτδ*.

xjoυτέτδε, *adv.*, städteweise.

xjδxje-ja, Kukuk, *s. xoύxo*; *vjε δίτε σ' δίε xjύxjενε*, ein (schöner) Tag bringt den Kukuk (Frühling) noch nicht.

xjδλj-ι, Zigeuner; *adj.* blutarm; *ίδτε xjυλj, σ' xa παρά τε xoύxjε*, er ist (arm wie) ein Zigeuner, hat keinen rothen Heller; — *xjυλj χαν*, Zigeunerquartier in Elbassan. — *türk.*

xjυλjάφ-ι, kegelförmige Derwischmütze.

xjυμές-ζι, *geg.*, Stall für Geflügel; — *ε πoύλjαβετ*, Hühnerstall; — *ε πoυλoύμαβετ*, Taubenschlag; *s. xoτέτς*.

xjuυχj, *s. xύηje*.

xjδπ-ι, pl. *xjύxε-τε*, grosses rundes gebauchtes Thongefäss für Wein u. Oel (hält mitunter mehrere hundert Mass).

xjυρε-a, *geg.*, der Rücken eines Messers, Jatagans etc. (v. *xjυρόιγ*).

xjυρέχ-ου, *geg.*, Schaufel, *türk.*; *s. βέλj*.

xjυρόιγ, *geg.*, ich betrachte, sehe, sehe zu; — *part.* *xjύρε*, — *τε xjύρμιτε*, der Blick, o. *ε xjύρμεja*, das Sehen, Blicken.

xjύρρε-a, gebräuchlicher in der Mehrzahl *xjόρρα-τε*, *s. griech.* *μύξαις*, Rotz.

xjύρρο, *xjυρράδ-ι* u. *xjυρράχ-ου*, Rotzjunge.

xjυρρόιγ, ich rotze, beschmutze, verhusse; *xjuδ ε δέρρι ατέ πoύνε*? wie hat er die Sache, das Geschäft geführt? Antw.: *ε xjυρρόι*, er hat es verhunzt.

xjuδ u. *xjιδ*, *adv.*, 1. wie? *xjuδ τε δόνε*? wie nennen sie dich? wie heisst du? — 2. wie; *βεδτύνι λjoύλjετ ε άραβετ xjuδ μαδάνενε*, betrachtet die Blumen der Felder, wie sie wachsen, Matth. VI, 28; *s. σι*.

xjuτδ-ι, pl. *xjύτδε-τε*, *berat.* *xλjuτδ*, Schlüssel, Gelenk, Vorhängeschloss; *s. μούντζε* u. *τδέλλjεc*.

xjuτδενίτζε-a, Vorhängeschloss.

Λ.

λαβίτδ-ι, Gespenst; *s. χίε* u. *λjoυγάτ*.

λαγάπ-ι, *geg.*, Familienname, *türk.*

λαγέμ-ι, pl. *λαγέμε-τε*, *geg.* *λαγάμ*, Kriegsmine, unterirdischer Canal, *türk.*

λαιχό, weltlich, laisch, *griech.*

λάλε-a, *ğap.*, Sauermilch; *s. δάλε*.

λαμβουρίτ, ich glänze, *griech.*

λαμνί-a, Flinten-, Pistolenlauf; *s. ναβλί*.

λαμπάδε-a, Wachskerze, grosse Altarkerzen von mehreren Pfunden, *griech.*; *s. χαρζάνε*.

λάμπε-a, Lampe, *griech.*

λαμπς, ich scheine, strahle; — *part.* *λάμπσουρε*, strahlend, prächtig; *ε λάμπσουρα*, das Strahlen.

λάνε-a, *geg.*, Oberarm; *s. λέρρε*.

λαύ-ι, Volk, steht mit pl., *ε γjίδε λάοι σι διγoύανε*, und als das ganze Volk hörte, Luc. VII, 29; — *do τε δπετύjε λαόν ετίγ νγα φάjετ' ετύρε*, er wird sein Volk von seinen Sünden erlösen, Matth. I, 21; *s. λjαoύς*.

λᾶπ, *geg.*, ich lecke Wasser, wie der Hund und die Katze; ich fresse, jedoch nur von diesen beiden Thieren.

λᾶπε-a, 1. der dreieckige Vorsprung über den Aermellöchern der Flokate; 2. *geg.* auch: schlecht zubereitete, unappetitliche Speise.

λαπούτδχε-a, *geg.*, Deckblätter des Maiskolbens; *s. τδέφχε*.

λατίν-ι, Katholik; *s. λjετίν*.

λατινgρίδτ u. *λατινίδτ*, *adj.* u. *adv.*, katholisch. (*λατουγχε*), Lattich.

(*λαφ*), Hirsch, *griech.*; *s. δρε*.

λάφ-ι, pl. *λάφε-τε*, *geg.* *λάφε-ja*, Unterredung, Gespräch; *τδ' βen ατύ*? was macht ihr hier? *χέμι λάφ*, wir sprechen miteinander; — *jάνε λάφε*, *geg.*, das ist Gerede, leeres Geschwätz; — ϑου με φjάλjε τε δρέιταε jo λάφε, sprich mit mir im Ernste o. kurz und bündig und lasse das leere Gerede; s. λjαφτ.

λεφαζάν - ι, geg., Schwätzer, Spötter.

λαφός, ich spreche mit einem; έρδι ε με λαφόσι, er kam und sprach mit mir, u. griech. μὲ ὁμίλησε; — λαφόσεμ, ich unterrede, unterhalte mich mit einem; — ουλάφθε με μούα, er unterhielt sich mit mir; — ουλαφύσμ, wir unterhielten uns; — part. ε λαφόσουρα, geg. ε λαφόσμεjα, die mündliche Unterhaltung.

λαχταρί - α, Schreck, Zittern, heftige Begierde, griech.; s. δρίθμε.

λαχταρίς, ich zittere, erschrecke, begehre heftig, griech.; s. δρίθτύϳγ.

(λεβɣοϳε)*), Rinde, Schale; s. βλjέσϳε.

λεjέν - ι, s. λjεϳέν.

(λεζούεϑ), der Lesende.

(λεχjεχ), λjεχjέν - ι, geg., der See.

(λεχμε), Schlucken; s. λέμεζε.

λεχούντ, s. λjεχούντ.

λελέχ - ου, s. λjελjέχ.

λέμεζε - α, Schlucken; χαμ u. με ζε λέμεζε, ich habe den Schlucken; s. λjέφεζε.

λεμεζύϳγ, ich habe den Schlucken.

λέμμε - ι, pl. λεμμένjε - τε, Tenne; s. λjάνμε.

λέρρε - α, geg. λάνε, Arm, Oberarm; s. χαλέμ; — περβέϑ λέρρενε, ich entblösse den Arm, streife den Aermel auf (eine beliebte Bewegung renommirender Palikaren).

λέττρε - α, geg., Brief, Papier, Karte, Spielkarte; s. χάρτε.

λίδθε - α, geg., warme Quelle, bei Elbassan, Divra etc.; eine kleine entlegene bei Elbassan heisst λίδθε ε χίδριτ o. ε χιδράχουτ; — mehrere kleinere Quellen fliessen nicht beständig, sondern wallen nur von Zeit zu Zeit auf; bei diesen singen die Kinder dreimal:

δῦιχ παπάς! (?)
ας να βαν νjι χέρε με ϳάς —
Dschik Papa! (?)
mache uns einmal lachen —

und dann sprudelt die Quelle unfehlbar auf und die Kinder ergötzen sich an dem Schall des Sprudels.

λοχαρί - α, Rechnung, Rechenschaft; ἰϑτε νjερί πα λοχαρί, er ist ein Mensch ohne Verstand, griech.

λοχαρίς, ich rechne, denke nach; λοχαρίσου! berechne, denke nach, bedenke! griech.

λοχίς, ich denke, griech.; s. μεδόϳγ.

λοχισμώ - ι, Gedanke, griech.

λόϊ - α, Art; λοί λοί o. τϑ δο λοί, jeder Art, u. gr. χάϑε λοϳῆς; s. φάρρε.

λόμχε - α, geg. λόχμε, 1. Stück, Stückchen, Scheibchen; νjε λόμχε (τσύπε) βούχεl ein Stückchen Brot! (Bettelwort); — 2. Steinscheibe bei einem Wurfspiel, womit man die hingeworfene Scheibe des Gegners zu treffen sucht; s. πλάϳε.

λόμχατε, pl. dieses Spiel.

λονάρ - ι o. αλονάρ, Dreschmonat.

λόνδθε, geg., Höhle; s. λοϑ u. οὗδθε.

λόσσ - ζι, pl. λόζε - τε, 1. Stützholz, bes. Querbalken, der statt eines Riegels vor die Thüre geschoben wird; s. χανδάρ; 2. Prügel, Keule.

λόϑ - ι, pl. λόϑε - τε, Thiernest; ζούρρα νjε λjέπουρ νδε λοϑ, ich fing einen Hasen im Neste.

λοῦχε - α, geg., in der Verbindung: βε λοϑχε, angebrütetes Ei, Fehlei bei einer Brut.

λούλε - α, geg., 1. das Rohr des Destillirhelms; s. φύελ; 2. jedes Metallrohr.

λουπ, geg., ich verschlinge eilig und gierig; ε λούπι περ νjε χέρε, er verschlang es auf einmal; s. λjουβί.

λούρες - ι, geg., Fresser, Vielfrass.

λούτσε s. λjούτσε.

λόχε - α, Riesel-, Staubregen, Feuchtigkeit; χετέ μουρ ε ζε λόχα, diese Mauer trifft der Regen, sie steht auf der Wetterseite; — νδε σοχάχ χjε ρι τε λόχα, ϳούνεν' ε χράχουτ τ' α ϑτρόβα, (Lied) als du auf der Strasse im Regen sassest, da breitete ich dir meinen Mantel von den Schultern unter.

(λυτόϳγ), ich ringe.

Λj.

λjαβδόϳγ, s. λjεβδόϳγ.

λjαβερί, s. λjαχερί.

λjαϳθί - α, Haselnuss, geg. auch: der Fehler, das Versehen; s. λjαθίτ.

λjαχϳέν - ι, Weinkrug mit sehr weitem Halse.

λjαχεσίρε - α, geg. λjαχεσίνε, Feuchtigkeit; σοτ ἰϑτε λjαχεσίνε, heute ist ein regnerischer Tag.

λjαχεσύϳγ, ich benetze, feuchte an.

λjάχετε, pl. masc. λjάχετιτε, nass, durchnässt.

λjαζέμ - ι, Bedürfniss, Nothbedarf; με - σ' με δεν λjαζέμ, es ist mir, ist mir nicht nothwen-

---

*) λε u. λι s. weiter in λjε u. λjι.

8*

dig, ich brauche es, brauche es nicht, *türk.*;
s. *λjίϰσετε.*

λjaϑίτ, *geg.* *λjaιϑίς*, ich irre, vergesse; *geg.*
auch mit dem Zusatz: *φιϰjίριτ*; — *μένδιϑε*, ich
phantasire, verliere den Kopf; — *ἠjίϑε νάτενε*
λjαιϑίτι, er phantasirte die ganze Nacht; — *μος*
λjαιϑίτ, verliere den Kopf nicht (in einer Gefahr); — *part. ε λjαιϑίτμεja*, Irrthum,
Verstoss.

λjάιγ, ich wasche, benetze, bade; *λjάιγ bόρδ-
ὄξνε*, ich bezahle die Schuld; — *λjάιγ χυσμεϰ-
jάρινε*, ich lohne den Diener ab; — *λjάιγ με*
εργjέντ, ich versilbere; — *με bάλσο*, ich
balsamire; — *λjάιγ ε λjύιγ*, ich schmeichle; —
λjάχεμ, ich wasche mich, rechne mit einem
ab, setze mich mit ihm auseinander; — *part.*
ε λjάρα, *geg. ε λjάμεja*, das Waschen.

λjαιϑάτε-a, *geg.*, Strauch mit rothen Blüthen.

λjαιϰατίς, ich schmeichle, beschwatze, scherze,
necke (Stamm *λjάιγ?*).

λjαιϰατούαρ-ι, Schmeichler.

λjάιϰε-a, Liebkosung, Schmeichelei; *ε γενjέβα με*
λjάιϰα, ich betrog ihn mit Schmeicheleien.

λjάιϰες-ι, Schmeichler; *geg. λjάιϰεσι τε λjαὶ*
ε τε λjυὶ ε τε ϑτίε γίϑτενε νάε bύϑε, der
Schmeichler wäscht dich und salbt dich und
steckt dir dann den Finger in's .... d. h. ver-
unglimpft dich.

λjαιϰετάρ, verschmitzt, listig.

λjαϊλjά-ja, *geg.*, spanischer Flieder, Lilla.

λjάιμες, *geg.*, s. *ὄϰες.*

λjάϰ, ich benetze.

λjάϰ-ου, *pl. λjάϰε-τε*, Schlinge, Lederriemen,
bes. für die Sandalen.

λjαϰεϑίτ, ich irre, fehle; s. *λjαϑίτ.*

λjαϰεμέες, *geg. λjαϰεμές*, habsüchtig, geizig.

λjαϰεμίμ-ι, *pl. λjαϰεμίμε-τε*, Habsucht, Geiz.

λjαϰεμόιγ, ich bin habsüchtig.

λjαϰεσούιγ, ich bin heiser.

λjαϰναρμέ-ja, *geg.*, Krautkopf.

λjάϰνε-a, *geg.*, s. *λjάϰρε.*

λjαϰουρέϰες-ι, *geg.* Fledermaus; s. *ζυϰ νάτε.*

λjαϰουρίϰj-ι, nackt, *subst.* Fledermaus, Schnecke
ohne Haus.

(*λjαϰουρίϰ*), Ehefrau.

λjάϰρε-a, Kraut, bes. Gemüse, Kohl; s. *λjάϰνε.*

(*λjαϰρούαρ*), s. *λjαράσϰε.*

λjάλjε-a, Erzeuger, Vater; s. *babά, ἆτ u. τᾶτε*;
geg. das Kind nennt so seinen Vater, wenn
er noch jung ist, und seinen erwachsenen älteren Bruder; Spitzname der Bewohner der
Musakja.

λjάλjε: in der Verbindung: *γουρ λjάλjε*, ein
weisser Edelstein mit schwarzen Flecken; er
hat die Kraft eine schadhafte Mauer am Ein-
sturz zu hindern; s. *jάρε.*

λjάμε-ja, u. *τε λjάμιτε*, *geg.*, *part. v. λjάιγ*,
Wäsche, Bad.

λjαὶ, s. *λjε.*

λjανγούα-γι, Windspiel, Windhund.

λjάνδε-a, *geg.*, jeder Art Baumaterial.

λjανϰ, s. *λjενϰ.*

λjάνμε-a, *geg.*, Tenne; s. *λέμμε*; Oelmühle,
Zeit der Oelpresse (Januar, Februar, März);
λjάνμε τε γρούριτ, Zeit des Dreschens (Ende
Juli und August).

λjαούς-ζι, *geg.*, Volk; *πλjεγουρίμε λjαούζιτ*,
das Geschrei der Menge; s. *λαό*; *tosk.* das
Leichengepränge, bes. die von fremden Dörfern
kommenden Leichengäste.

λjάϰ-τ u. -δι, *pl. λjάbερε-τε*, der Lape (Chao-
nier); *ϰσε ουbέρρε σι λjαϰ?* warum bist du
geworden wie ein Lape, d. h. wie hast du deine
Kleider so zerrissen? — Der Lape hält diesen
Namen für unehrenhaft und nennt sich selbst
Ἀρbερ und sein Land *Ἀρbερί-a.*

λjάϰε-a, Lappen, Fetzen, Runzel.

λjάϰερί-a u. λjάbερί, Laperei, umfasst die Acro-
ceraunien und ihr Hinterland, den bergigen
Winkel zwischen dem Meere, dem südlichen
Ufer der Vioussa und dem westlichen des Flus-
ses von Argyrokastro; enthält die Districte von
Avlona (*βλjόρες*), Kurwelés u. a.

λjαπερίϑτ u. λjαbερίϑτ, *geg.* λjαbενίϑτ, lapisch.

λjαπς, *geg.*, ich ermüde, ich bin es müde, überdrüssig; *μος με λjαπς*, mache mich nicht ungeduldig; — *λjάπσανγα τε ϰερχούμιτε*, ich bin
des Reisens, — *νγα νjερίου*, des Menschen,
— *νγα ϳέλλα*, dieser Speise überdrüssig.

λjαραμάν, *geg.*, bunt v. Unbelebtem; s. *λjαρμάν.*

λjαράτσϰε-a, *geg. λjαράσϰε-a*, Elster.

λjάργε, *geg. λjαρϰ*, weit, fern.

λjάργετε, *geg. λjάρϰτε*, *adj.*, aus weiter Ferne;
ϰύιγ νjερί ίϑτε ι λjάρϰτε, *geg.*, dieser Mensch
ist aus weiter Ferne (zu Hause).

λjάργετε-a, die Weite, Ferne.

λjαργόιγ, ich entferne; *part. geg. ε λjαργούμεja*,
auch Entfernung eines Ortes von dem andern.

λjάργουτ, *geg. λjάργου u. περ τσε λjάργου*,
von weit her; *σε τσα νγα ατά ϰάνε άρδουρε*
λjάργουτ, denn einige von ihnen sind von weit
her gekommen, Marc. VIII, 3; — *βεϑτρόϳενε*
περ σε λjάργουτ, sie sahen aus der Ferne
zu, Marc. XV, 40.

λjάρε a. λjαρμ, part. v. λjαρύς, bunt, scheckig;
δι ε λjάρμε, scheckige Ziege; — συ λjαρμ, adj.,
blauäugig; bes. redupl. λjάρα λjάρα; κεjύ
σ̆αμί ίσ̆τε λjάρυ λjάρα, dieses Tuch ist buntscheckig; s. λjάλjε.

λjάρε, part. v. λjάιγ, Bad, Wäsche.

λjαρίσκε, geg., bunt vom Federvieh.

λjαρχ, 1. praep. mit genit., fern; λjαρχ φ̆άτ-
ττ, fern von dem Dorfe; — λjαρχ τέjε, fern
von dir*); — 2. adv. fern, weit; φ̆άτι ίσ̆τε
λjαρχ, das Dorf ist weit; — κjύφτε λjαρχ! das
sei ferne! Gott verhüte es! — ίχου λjαρχ, er
ging weit weg.

λjαρμμάν-ι, scodr., zweideutiger Mensch; s. λjαραμάν.

λjάρο-ja, geg., scheckiges Thier, bes. Hund.

λjαρύς, geg. λjαρύιγ, ich mache, färbe bunt;
geg. auch : ich pflüge; — λjαρύσεμ, ich werde
bunt; — ρούδτε ουλjαρύσνε, die Trauben werden farbig, beginnen zu reifen; s. σ̆ένχεμ; —
part. geg. ε λjάρμεja, das Buntmachen, Färben, Pflügen.

λjαρόδ, geg., bunt; συ λjαρόδ, helles, blaues Auge.

λjάρτ, adv., hoch, oben, über, mehr; λjἄρτ νγ̆α
νjεζέτ, mehr als, über zwanzig; — βουρ ε
λjαρτ, lege es bei Seite.

λjάρταζιτ, adv., von oben; νjέρα σα τε βίδεν:
φουχί λjάρταζιτ, bis dass ihr von oben mit
Stärke bekleidet werdet, Luc. XXIV, 49.

λjάρτε, adj., 1. hoch von Gestalt; νjερί ι λjάρτε,
ein hoher Mann, μαλλj ι λjάρτε, ein hoher
Berg; — 2. prächtig; ταχίμ ι λjάρτε, prächtiger Anzug; s. νάλjτε.

λjάρτε-α, Höhe.

λjάρτεσμ-ι, geg. λjάρτσ̆μ, der obere; s. πὖσ̆-
τερμ.

λjαρτύιγ, ich erhebe, erhöhe; — part. λjαρτούαρε, erhaben; ε λjαρτούαρα, Erhöhung, Erhebung, Höhe.

λjάσ̆τε, alt, von Menschen und Sachen; πλjαχ ι
λjάσ̆τε, ein uralter Greis; ρόδ' ε λjάσ̆τε, ein
altes Kleid; τε λjάσ̆τετε, die Alten, Vorfahren;
Vorfrucht eines Ackers, der in demselben Jahre
zweimal trägt; ὄτε θ̆ένντε σε λjάσ̆τεβετ, es
ist gesagt (steht geschrieben) bei den Alten.

λjασ̆τύιγ, ich mache alt, verschiebe; δίτε μὲε
δίτε λjασ̆τύν, er verschiebt es von Tag zu

Tag; — part. λjασ̆τούαρε, veraltet; χουβένδ ι
λjασ̆τούαρε, altes Gerücht, alte Zeitung.

λjατ' ε σ̆πι*), geg., zum Beispiel, arab.; s. μίρε.

λjατούρ-ι, s. μλjατούρ.

λjάφσ̆-α, Vorhaut, Hahnenkamm.

λjάφτ-ι, geg., Ruhm; s. λjαβδύιγ u. λαφ.

λjάχεμ, s. λjάιγ.

(λjαχί), s. λjαjθ̆ί.

λjαχί-α, geg., Polen.

λjαχινίσ̆τ, geg., polnisch.

λjαχιότ-ι, geg., der Pole.

λjε̄, geg. λjάν, anom., ich lasse, ver-, ent-,
hinterlasse, lasse zu, — zurück, ich gebe auf;
λjε! lass! λjε ε! lass das! λjε με! lass mich!
λjε δjάλjινε τε σ̆κύjε νδε δάσμε, lasse den
Knaben zur Hochzeit gehen; jo σ'ε λjε̄, nein
ich lasse ihn nicht; geg. λjάν κρύετ μπας τέjε,
ich lasse meinen Kopf für dich; ε λjα τε βλjε,
er liess ihn kommen; — τε λjα βjετ, er hinterliess dir Jahre, d. h. er ist gestorben, n. gr.
σέ ἄφισε χρόνους; — babái ι λjα δούμε γ̆ε̄,
der Vater hinterliess ihm vieles Vermögen;
λjε̄ φjάλjε, wörtl.: ich hinterlasse die Rede,
d. h. ich bestimme für den Todesfall und für
die Zeit meiner Abwesenheit; — ε λjα γρούαν'
ετίγ, er verliess seine Frau; — Περνδία ιμε
περ σε με λjε? Mein Gott, warum hast du mich
verlassen? Matth. XXVII, 46; s. χορρ; —
ε λjαμ δούμε λjαργ̆, wir liessen ihn weit zurück; — λjάδε ραχίνε, σχολίνε, ich habe den
Branntwein, die Schule aufgegeben; — λjε!
λjε, μος χjάjε! schweige! weine nicht! sagt
die Mutter zum weinenden Kinde, auch wohl
mit dem Zusatz: σε τε χαμ διρ, denn du bist
mein Sohn; — λjε μενт, ich wundere mich;
χουρ ε πάδε, λjάδε μέντενε, als ich ihn sah,
wunderte ich mich; — λjίγνε μέντε μάρε τε, sie
wunderten sich über ihn, Marc. XII, 17, (was
n. gr. ἀφίνω); — part. λjένντε, geg. λjάνε, verlassen u. närrisch (vom Verstande verlassen);
geg. ε λjάνμεja, Substantiv zu obigen Bedeutungen.

λjε, s. λjεχ u. λjεφ.

λjεβδίμ-ι, pl. λjεβδίμε-τε, geg. λjαβδίμ u. λjαβ-
δερίμ, Lob, Ruhm, Herrlichkeit.

λjεβδύιγ u. λjεβδουρύιγ, geg. λjαβδύιγ u. λjαβδουρύιγ, ich lobe, preise; — λjεβδύχεμ, geg.
λjαβδερύχεμ etc., ich werde gepriesen; —part
λjεβδούαρε, geg. λjαβδουρούμ etc., gepriesen,

---

*) Einschub für den, welchem man eine Wider-
wärtigkeit erzählt; με δεμ νjι δαμ — λjαρχ
τέjε, mich schmerzt ein Zahn — fern sei
(dieser Schmerz) von dir; n. gr. ἔξω ἀπὸ
τῆς αὐθεντίας σου.

*) Oft fälschlich λjατ' ε σ̆πίρτε gesprochen.

glücklich, selig; ι ἀουρούαρι ι λjεβδούαρι, glücklich der Beharrliche (ohi dura vince).

λjεβότŏχε - a, geg., s. βλjέσγε.

λjεβρούαμε-ja, o. δίτε ε λjεβρούαμε, Werktag; s. χρέμτε, περδίτŏμε.

λjεβάρχι - a, geg., Durchfall, Ruhr.

λjεγέν-ι u. λεjέν, geg. λjέν-νι, Waschbecken. (λjέδε), reif.

λjεζέτ-ι, pl. λjεζέτε-τε, Annehmlichkeit, türk.; s. ŏίδεμ.

λjεζέτŏιμ, schmackhaft, angenehm, n. gr. νόστιμος; — ίŏτε νjερί ι λjεζέτŏιμ, es ist ein angenehmer Mann.

λjεŏ - δι, tosk., pl. λjέδε-τε, der, meist erhöhte, Rand eines Grundstücks, der, meist bestrauchte, Wall, welcher es umgibt; s. λjē.

λjεŏ - ι, geg., feuchter Thon, Erde (Lette), wie sie nach Austrocknung einer Regenpfütze übrigbleibt, v. λjούτσε durch die gelbrothe Farbe geschieden, während letztere schwarz ist.

λjεíγ, anom., ich entstehe, werde geboren, gehe auf, von der Sonne; χουρ λjὲν δίελι, wenn die Sonne aufgeht; — part. λjέρρε; ε λjέρρα, gebräuchlicher im pl. τε λjέρριτε, geg. ε λjέμεja, pl. τε λjέμιτε, die Geburt.

λjειμονjάρ, barmherzig, griech.

λjειμονίς, ich bemitleide, bin barmherzig, griech.

λjειμοσίν-ι, Almosen, griech.

λjέχjεζε-a, Knieflechse; με δρίδετε λjέχjεζa, geg. με δρίδενε λjέχjετ' ε χάμεσε, mir zittert die Knieflechse, ich fürchte mich.

λjεχjέν-νι, scodr., der See; s. λjεγέν.

λjεχjενδίς, ich quäle, beunruhige; με ϑα τσα φjάλjε ε με λjεχjενδίσι, er sagte mir ein paar Worte und machte mich unruhig; — λjεχjενδίσεμ, ich werde erschüttert; — part. ε λjεχjενδίσουρα, die Erschütterung.

λjεχούντ, geg., ich schaukele. — part. ε λjεχούντουρα, das Schaukeln; s. χολjανδίς.

λjεχούρε - a, Haut, Fell, Leder, geg. auch die Schote von Bohnengewächsen; s. μοδούρχε.

λjεχούρτε, ledern oder von Haut.

λjελjέ - ja, Mähne.

λjελjέχ-ου, geg. λjειλjέχ-ου, Storch. (λjέμεζε), s. λέμεζε.

λjεμίδτε-ja, gefallene Dürrreiser, Genist.

λjεμŏ-ι, pl. λjεμŏε-τε, geg. λjαμŏ, Knäul.

λjέν-νι, geg., s. λjεγέν.

λjενjῒjμ - ι, pl. λjενjίμε - τε, Siechthum, Leiden.

λjενjύιγ, ich sieche, leide; — part. ε λjενjούαρα, geg. ε λjενjούμεja, Siechthum.

λjενjύερ-ι, tosk., Seuche; s. λjυνjύρε.

λjένδε-ja, Eichel.

λjενδí-a, geg., Acht; χαμ λjενδί με ετί, ich nehme mich vor ihm in Acht; — χα λjενδί με μούα, er nimmt sich vor mir in Acht.

λjενδύιγ, ich berühre eine wunde Stelle, tupfe auf sie; — part. ε λjενδούαρα, diese Berührung.

λjενχ - γου, pl. λjένjε-τε u. λjένγερα-τε, geg. λjανχ-γου, Brühe, Saft, Lymphe, Molken; s. χίρρε.

λjενόιγ, geg., ich erleichtere; κύιγ βαρ με λjενόι, diese Arznei hat mich erleichtert; s. λjέχετε; — λjενόχεμ, geg., ich werde erleichtert, erleichtere mich; — νγα κούνετε, mache mich von Geschäften frei; — part. ε λjενούμεja, das Erleichtern, die Erleichterung.

λjέπε, Antwort des Dieners auf den Ruf des Herrn; — χουρ τε τε ϑερράς, περγjέγου λjέπε, wenn ich dich rufe, so antworte: zu Befehl (was n. gr. ὁρίσατε), türk.

λjεπέτσε-ι, tosk., altes Rindvieh, das nicht mehr zum Feldbau tauglich und daher geschlachtet wird; ein kränklicher, ausgemergelter Mensch.

λjεπίγ, geg. λjεπίν, ich lecke; — part. ε λjεπίρα, geg. ε λjεπίμεja, das Lecken.

λjέπουρ-ι, pl. λjέπουρε-τε, Hase.

λjέπρε-a, Aussatz, griech.; s. σγjέβε.

λjεπρόσεμ, ich werde aussätzig; — part. λjεπρόσουρε-ι, der Aussätzige.

λjέρε-a, Schmutz, griech.

λjερός, ich beschmutze, griech.; s. νδυρ.

λjέρρε-a, s. λjειγ.

λjερρούαχ-ου, geg. λjαρρούάχ-ου, wilde Weinrebe und Traube mit kleinen Beeren, die sich bis in die Wipfel der Bäume hinaufzieht; wird in der Gegerei zur Essigbereitung benutzt.

λjεŏ-ι, pl. λjέδρα-τε, 1. Leichnam, Aas; μbέττι λjεŏ, er wurde eine Leiche; — 2. Wolle; λjεŏ ρούδε, feine Wolle einer besonderen Schafgattung, ρούδε genannt; — λjεŏ χjένχjι, Lammwolle.

Λjεŏ-ι, 1. Alessio; 2. Alexander.

λjεŏόιγ, geg. λjιŏόιγ, ich entlasse, lasse frei, verlasse; s. λjē; — λjεŏúκ σκλεβ ετíγ, er ließ seine Sclaven frei; — λjεŏúκ (geg. δουλj) κίδα, die Kirche ist aus, n. gr. ἀπόλυσεν ἡ ἐκκλησία; — λjεŏóιγ, ich verlasse, trenne mich von meiner Frau; — λjεŏóιγ γούριν περ δε, ich lasse den Stein zur Erde fallen; — τŏοπένετε λjεŏδούανε χjέντε, die Hirten ließen die Hunde los, hetzten die Hunde; —

λjε̱δύνεμ, geg. λjɩδύχεμ, ich stürze los; — χjέντε ουλjε̱δούανε μ̇δɩ μούα, die Hunde stürzten auf mich los; — geg. λjɩδύχεμ πε̱ρμ̇δɩ χάσμɩν o. ɩ λjɩδύχεμ χάσμɩτ, ich stürze auf den Feind; — part. ε λjε̱δούαρα, geg. ε λjɩδούμεjα, die Freilassung u. s. w.; — ɩ λjε̱δούαρɩ, geg. ɩ λjɩδούμɩτ, der Freigelassene.

λjέδτε̱, adj., wollen, von Wolle.

λjε̱τίν, s. λjɩτίν.

λjέτσχε̱-α, geg., Lumpen, Fetzen; χε̱μίδα ευ̇δάν λjέτσχα λjέτσχα, das Hemd ist zu Fetzen geworden.

λjετδίς, geg., ich lasse etwas öffentlich verkündigen, ausrufen.

λjέττρε̱-α u. λέττρε̱, geg., Brief, Papier, Karte, Spielkarte; s. χάρτε̱.

λjεφ, geg., ich belle, kläffe, belfere; s. λjεχ; — part. ε λjέφμεjα, das Gebell.

λjεφε̱ζε̱-α, tyr., s. λέμε̱ζε̱.

λjεφτερί-α, Freiheit, griech.

λjεφτερός, ich befreie, griech.; s. λjε̱δύɩγ̇.

λjεφτύɩγ̇, geg. λjɩφτόɩγ̇, ich kämpfe, ich bemühe mich; πο λjɩφτόɩνε̱ με να δάρε̱, geg., (Lied) sie bemühen sich beständig uns zu trennen; s. λjουφτύɩγ̇; — part. ε λjε̱φτούαρα, geg. ε λjɩφτούμεjα, das Kämpfen, der Kampf, das Bemühen (was n. griech. πολεμῶ).

λjε̱φύτ-ɩ, geg., der gebogene Ausguss eines Gefässes nach Art unserer Theekannen; s. δούχε̱ u. φυτ.

λjέ̱χ, λjέ̱χε̱τε̱ u. λjε̱̃, geg, λjε̱̃τε̱, adj. u. adv., leicht von Gewicht, leicht zu thun; ίστε̱ δρου ɩ λjεχ, es ist leichtes Holz; — χουν ε λjεχ, leichte Sache, leichtes Geschäft; — σοτ jαμ λjεχ o. λjέχε̱τε̱, heute bin ich (ist mir) leicht (sagt ein Kranker); — geg. νjε̱ρɩ ɩ λjέχε̱τε̱, einfacher, aufrichtiger Mensch; s. λjενόɩγ̇; — ε λjέ̱jα u. ε λjέχε̱τα, geg. ε λjέτα, die Leichtigkeit.

λjεχ, ich belle; s. λjεφ.

λjεχόνε̱-α, geg. λjɩχόνε̱, Kindbetterin; s. λjε̱̃ɩγ̇; — δɩε λjεχόνε̱, ich komme in's Kindbett.

λjεχονί-α, geg. λjɩχονί-α, Kindbett.

λjɩ-α, Blatterkrankheit.

λjɩ-ρɩ, geg. λjɩν-νɩ, Flachs, Lein, geg. auch: Hemd, insbes. Frauenhemd; s. χάνε̱πτε̱.

λjɩβότε̱δε̱-α, Schale von Eiern, Nüssen etc., Baumrinde; s. βλjέσε̱γ̇ε̱.

λjɩjτε̱ u. λίτε̱, geg. λjίντε̱, leinen, linnen; πλjεχούρε̱ ε λjɩτε̱, Leinwand; — geg. λjɩν ε λjɩντε̱, Linnenhemd; — τε̱ λjίντατε̱, ewon. statt Unterbeinkleider, wie: Inexpressibles.

λjɩ̃γ̇ u. λίγ̇ε̱ɩγ̇, geg. λjɩχ, ich mache mager; αjό σε̱μούνδε̱ δόῦμε̱ ε λίγ̇ου, diese Krankheit hat ihn sehr abgemagert; — τε̱ τ᾽απ νjε βάρ τε̱ τε̱ λjɩγ̇, ich werde dir eine Arznei geben, die dich mager machen soll; — λjίγ̇εμ, ich werde mager; — πσε ουλjίγ̇ε χάχjε̱? warum bist du so abgemagert? — δύτα νῂjδλενε̱ ε ούνε̱ λjίγ̇εμ, die Welt wird fett und ich magere ab (Ausruf Siechender).

λjɩγ̇άτε̱-α, geg., Lacke, Wasserpfütze; s. ματδάλj u. πελχ.

λjɩγ̇jάτε̱-α, tyr., s. φjάλjε̱; — νjɩ λjɩγ̇jάτε̱ ε δούζε̱ν με γ̇ας, ein Wort und den Mund mit Freude, d. h. lächelnden Mund (Bitte des Liebhabers).

λjɩγ̇je-jα, tosk., 1. Klagelied um einen Verstorbenen; χjάɩγ̇ με λjίγ̇je, ich klage in gebundener Rede um einen Verstorbenen; — 2. Reim überhaupt; χε̱νγ̇ε με λjɩγ̇je, ein gereimtes Lied; s. λjɩδ u. περπjέχμ; — 3. geg. geschriebenes Gesetz, bes. kirchliches; λjίγ̇jα επ, das Gesetz erlaubt; — σ᾽ε φαλλj λjίγ̇jα, das Gesetz erlaubt es nicht.

λjɩγ̇jε̱ρύɩγ̇, ich klage singend um einen Verstorbenen.

λjɩγ̇jφύɩγ̇, tyr., s. φλjας u. λjίγ̇je.

ε λjίγ̇ε-α, Bosheit, Uebel, Abtritt; ε λjίγ̇ε̱ ε νjε̱ρίουτ ίστε̱ ε μάδε̱, die Bosheit dieses Menschen ist gross; — ε λjίγ̇α σ᾽ μ̇γνόν τε̱ βίjε̱, das Uebel zaudert nicht zu kommen, lässt nicht lange auf sich warten; — βέτε̱ νδε̱ τε̱ λjίγ̇ε̱, ich gehe auf den Abtritt.

λjɩδε̱-α, geg. λjɩδε-jα, Band, Fessel, Garbenband, Bruchband.

λjɩδ, ich binde, verbinde eine Wunde, binde an, — zusammen, gürte; ich faste; — ε λjίδα νδε̱ χουβένδ, ich brachte ihn zum Schweigen; — λjίδεμ, ich werde gebunden, zum Schweigen gebracht; — λjίδου, geg. Zuruf der Räuber: halt! — Antwort des Widerstehenden: πρɩτ μ̇ε! erwarte mich! — part. ε λjίδουρα, geg. ε λjίθμεjα, 1. das Binden, Verband; 2. Nestelknoten bei Neuvermählten; 3. Fastnacht; n. griech. ἀποχρέας; — νjε̱ρɩ ɩ λjίδουρε̱, einer, dem der Nestelknoten geknüpft worden, ein Gebundener.

λjɩχ-γ̇υυ, weibl. -γ̇α, 1. böse; 2. mager; ίστε̱ νjε̱ρɩ ɩ λjɩχ, er ist ein böser o. ein magerer Mensch; — 3. geg. auch ein feiger Mensch; ɩ λjίγ̇ου ɩ δόσε̱ζε̱, der Feigling; — μοτ ɩ λjɩχ, schlechtes Wetter; n. griech. ἀχαμνός.

λjιχογόνε-ja, hinterer Beckentheil, heiliges Bein.

λjίχσῑε, adv., schlimm; jαμ λjίχσῑε, mir ist schlimm, schlecht; — subst. Mitleid; μῑ βjέν λjίχσῑε, mir kommt Mitleid an.

λjίχτε, was λjιχ.

λjιλθί-α, geg., Gaumenzäpfchen; s. νjερίϑ.

λjιμάν-ι, pl. λjιμάνε-τε, geg. λjιμάν-νι, Hafen.

λjιμβύζι, geg., Olymp.

λjίμε-α, Feile, geg. Teller (n. griech. λίμba).

λjιμόϑῑυε-α, geg., Todesmahl, welches 40 Tage nach einem Todesfall von der Familie des Verstorbenen seinen Verwandten und Freunden gegeben wird. Besonders bei den Katholiken gebräuchlich.

λjιύ, geg., s. λjι.

λjινάρ-ι, geg., Metalllampe.

λjίνje-α, tosk., Hemd, Frauenhemd; s. λjι.

λjινδ, geg., ich gebäre, — djάλjινε, ein Kind; s. λjῑιγ; — λjίνδεμ, ich werde geboren; part. λjίνδουρε, geg. λjίνδουνε, geboren; ε λjίνδουρα, geg. ε λjίνδμεja, die Geburt.

λjινδουρλjαβάν-ι, geg., Rosmarin.

λjινχ, adv., im Trab; χαλj ίσῑε νδε λjινχ, das Pferd ist im Trab.

λjιπ u. λjίπειγ, geg. λjύπιγ, ich fordere, verlange, bettele; νje τε πούϑουρε τε λjίπα, ας τι μ'α δε, ας ου σ'δίχja, einen Kuss verlangte ich (von) dir, weder gabst du ihn mir, noch starb ich (desswegen); — part. ε λjίπουρα, geg. ε λjύπμεja, das Betteln.

λjιπηjέτε-α, Art Spinat.

λjίπες-ι, geg. λjύπες, Bettler.

λjίπσεμ, geg. λjύπσεμ, 1. ich bin abwesend, fehle; ου λjίπσα o. λjίπσα νγα σῑεπία, ich war von Haus abwesend; — 2. ich muss, es ist nöthig, dass ich; νδε χετέ μεδδελίς λjίπσεσῑε τε jέδε εδέ ούνε, bei dieser Versammlung hätte ich auch sein müssen; — 3. λjίπσετε, es ist nöthig, zweckmässig, anständig; νδε χετέ μεδδελίς λjίπσειγ τε jέδε εδέ ούνε, es wäre nöthig gewesen, dass ich Theil an der Versammlung nahm; — part. λjίπσουρε, nothwendig; — geg. ε λjύπσμεja, die Nothwendigkeit, das Bedürfniss.

λjίπσί-α, Mangel, Armuth.

λjίπσμ, geg. λjύπσμ, nothwendig; νjερί ε λjύπσμ, ein (für die Gemeinde, für diess Geschäft) nothwendiger, unersetzlicher Mann.

λjίρ, adv. u. adj., schlaff, wohlfeil, nicht feststehend oder sitzend (von Schrauben etc.); βουργία ίσῑ' ε λjίρε, die Schraube wankt; — leer, geräumig; σῑεπία ίσῑε λjίρε νjα νjερε-

ζίτε, das Haus ist leer von Menschen, — λjίρε περ νjιζίτ βίτε, geräumig für zwanzig Personen; — ε λjίρε-α, Wohlfeilheit, Ueberschuss.

λjιρόιγ, ich spanne ab, lasse nach, schraube auf, schlage ab im Preise etc. (ich pflüge); λjιρόιγ σῑρπίνε, ich räume das Haus aus; — λjιρόνεμ ich sinke im Preise, schlage ab; — γρούρι ουλjιρούα, das Getreide hat abgeschlagen; s. σῑρενισόιγ; — part. ε λjιρούαρα, geg. ε λjιρούμεja, das Nachlassen, Wohlfeilwerden, Leermachen, Ausräumen, Geräumigkeit.

λjίσσα-ι, pl. λjίσσα-τε, Baum; s. δρου.

λjισύιγ, geg., für λjεσύιγ.

λjιτάρ-ι (v. λjιϑ), Tau, Seil von Haaf; s. τεργjούζε.

λjίτε, s. λjίjτε.

λjιττίν-νι u. λjετίν, geg., der Lateiner, d. h. der Katholik; s. λατίν.

λjιττινίσῑε, geg., lateinisch.

λjιτουργjί-α, Liturgie, griech.; s. μέσε. (λjίτουργε), gelehrt; s. δίτουργε.

λjίχεμ, ich werde verlassen, pass. v.λjά.

λjιχνάρ-ι u. λjιχνί-α, Leuchter, n. griech.

λjιχουδjάρ-ι, tosk., Feinschmecker.

λjιχουδί-α, tosk., Feinschmeckerei.

λjόδε, müde.

λjόδρε-α, Spiel, Kartenspiel; grosse Trommel; Parthie im Kartenspiel; ε φιτύβα τρε λjόδρα, ich gewann ihm drei Parthieen ab.

λjοϑ, ich ermüde einen; αjό ούδε να λjόδι, dieser Weg hat uns ermüdet; — λjόδεμ, ich ermüde, intrans.; — part. λjόδουρε, ermüdet.

λjόχje-ja, männliches Glied; geg. λjόχje-τε, Hoden; s. πιϑ, χάρε u. μβύλjε.

λjοπάρ-ι, Kuhhirt, verächtlich.

λjοπάτε-α, Schaufel, Grabscheit, Ruder.

λjόπε-α, Kuh; πένε λjόπε, wörtl.: aus dem Faden wird eine Kuh gemacht, viel Geschrei und wenig Wolle.

λjός, 1. ich spiele — χάρτατε o. λέττρατε, — Karten; — 2. ich bewege, reize; μος με λjούαιγ γjάχουνε, reize mir das Blut nicht.

λjότ-ι, pl. λjότε-τε, Thräne; δερϑ λjοτ, ich vergiesse Thränen; — τ'ουδέρϑ λjότι πίχα πίχα, (Lied) die Thräne entquell dir tropfenweise.

λjούαιγ, geg. λjούιγ (Stamm λjος), ich spiele; λjούαινε δάμβετε, die Zähne wackeln; λjουν σῑρπία, das Haus wankt (beim Erdbeben); — λjούαιγ σύνε, ich winke mit dem

Auge, — ich necke, reize einen; — λjούαιγ, λjος u. χϱτσέτγ βάλε, ich tanze; s. χαρτσέτγ; — *part. geg.* ε λjούjτμεja, das Spielen, Wanken, Necken.

λjουβάϑ-ϑι, *pl.* λjουβάδε-τϱ (λjούαϑ), Wiese.

λjουβί-α, *tosk.*, weiblicher Luftgeist, Sturm, Orkan; σ' ίᾱτϱ έρϱ, ίᾱτϱ λjουβί, das ist kein Wind, sondern ein Geisterorkan; s. λουπ.

λjουϝάτ-ι, *berat.* λjουβϝάτ, Gespenst, genau der französische *loup garroux*, *geg.* der umgehende Todte türkischer Religion; s. χαρχανδϑύλ, βουρβολάχ u. λαβίτϑ.

(λjουϝάτϱ), s. λjοπάτϱ.

λjούϝϱ-α, Löffel.

λjοῦχ-jου, *pl.* λjούϝje-τϱ, Quellbecken, der senkrechte hölzerne Canal, welcher das Wasser auf das Mühlrad leitet, Dachrinne.

λjοῦχϑ-ι, *pl.* λjούχϑε-τϱ, kleine Quelle; das Rohr, aus welchem eine Quelle läuft; s. χρούα; *geg.* menschliche Weichen; μϱ ρεφ λjούχϑι ζέμϱρϱσϱ, ich habe Seitenstechen.

λjουχουρίς, ich wälze; s. ρουχουλίς.

λjούλje-ja, Blume, monatliche Reinigung.

λjούλj' ε δίελι, Sonnenblume.

λjούλj' ε βάλλιτ, die Mitte der Stirne, die Stirnrunzeln über der Nase.

λjουλjϱσότγ u. λjυλjϱσότγ, ich blühe; s. ϝνδϱμ.

λjουμ-ι u. λjουμϑ-ι, glücklich, selig; λjούμϱ τι ι λjούμουρϱ! du Glücklicher! — *geg.* λjούμϑι βϱτ πϱρ δρειτϱνίνϱ, διτουρίνϱ, gepriesen sei er wegen seiner Gerechtigkeit, Gelehrsamkeit.

λjουμάχje-ja, Wasserschoss, Ausschlag an Bäumen und Sträuchern.

(λjουμβούρρϱμ), ich frohlocke.

λjούμϱ-ι, *pl.* λjούμϱρα-τϱ, Fluss; λjούμϱμαϑ od. -ζι, unglücklich, unglückselig.

λjούμϱ u. λjούμϱ δᾱτ o. ε πϱρούα, Lump, Taugenichts; ϱα λjούμϱ, σϱ σ' τϱ νͥας, (Lied) komme Lump, ich thu' dir nichts; — statt πϱρ λjούμϱ, für den Fluss; ίᾱτϱ νjϱρί πϱρ λjούμϱ, es ist ein Mensch, der für den Fluss, für das Ertränken geeignet ist.

λjουμϱνότγ, *geg.*, ich preise Heilige oder Verstorbene.

λjουμϑ-ι, s. λjουμ.

λjουμϑχίμ, λjούμουρϱ, *geg.* λjούμϱτϱ, selig, glückselig.

λjούνγϱ-α, Geschwür; s. λjανχ.

λjούνδρϱ-α, Flussfähre, *geg.* Kahn, Barke überhaupt.

λjοῦς u. λjοῦτ, ich flehe, feiere, bes. den Namenstag; χουϑ λjουτ σοτ? wer feiert heute

(seinen Namenstag)? — λjούτεμ, ich flehe, bitte, mit *genit.* πϱρνδίσϱ, zu Gott; — μίχουτ, ich bitte den Freund; — φjάλjεμ ε λjούτεμ, ich bete; — *part.* ι λjούτουρϱ, der Flehende; ε λjούτουρα, *geg.* ε λjούτμεja, das Flehen.

λjούτσϱ-α, *pl.* λjούτσϱρα-τϱ u. λjούτσα-τϱ, *geg.* λούτσϱ, *tosk.* λjουτσί-α u. jουτσί-α, Schmutz, Koth (häufige Benennung von Gemarkungen und Stadtvierteln).

λjουτσότγ, ich beschmutze.

λjουφέ-ja, *geg.* υλυφέ, Sold, bes. der Soldaten, Gesindelohn, *türk.*; s. ρύͥϱ.

λjούφτϱ-α, *pl.* λjούφτϱρα-τϱ, Krieg; s. λjϱφτότγ.

λjουφτότγ, λjϱφτότγ u. λjϱφτότγ, ich kämpfe, bemühe mich.

λjύειγ, *geg.* λjύιγ, ich salbe; — *part. geg.* ε λjύμεja, das Salben.

λjουλjϱσότγ, s. λjουλjϱσότγ.

λjυνjύρϱ-α, *geg.*, Seuche; τϱ ζάντϱ λjυνjύρϱ; s. λjϱνͥύερ.

λjύνͥ-τϱ, *pl.* Butter, *geg.* Salbe; s. μελχέμ.

λjύπϱς, s. λjίπϱς.

λjύπιγ, s. λjιπ.

M.

μαβί, blau, *türk.*

μάjϱ-α, Spitze, Gipfel; μάjϱ ε ͥϱλπέρϱσϱ, Nadelspitze; — δύλλα δύλλα νδϱ μάjϱτϱ μάλλjιτ, komme, komme heraus auf die Spitze des Berges (Lied); — μάj' ε χόχϱσϱ, Wirbel am Kopfe; — μάjϱ ε μίελιτ, das feinste Mehl, Ausschuss; — μάjϱ ε δjελjμϱνίσϱ, die Blüthe der Jugend; — ϱτζειγ μϱ μάjατ' ε ͥίᾱταβϱτ, ich gehe auf den Spitzen der Zehen.

μαͥαζί-α, Vorrathshaus, Kammer, Magazin.

μαͥαζύιγ, ich sammle, bringe ein.

μαͥͥάρ-ι, Divra, Esel; s. ͥομάρ.

μάͥje-ja, Mulde, Trog.

μαͥͥί-α, Zauberei, Hexerei.

μαͥͥιστjάρ-ι, *geg.* μαͥͥιστάρ, weibl. μαͥͥιστάρϱ, Zauberer, Hexer, in bösem Sinne; s. μjεχτάρ.

μαͥͥύπ-ι, *scodr.*, Knabenschänder.

μαͥͥυπί-α, *scodr.*, fleischliche Knabenliebe.

μαͥͥυπότγ, *scodr.*, Verbum vom vorigen.

μαͥρούρ-ι, *geg.*, hoffährtig, *türk.*

μαͥρουρί-α, *geg.*, Hoffahrt, *türk.*

μαͥρουρότγ, *geg.*, ich bin hoffährtig; *türk.*

μάδε-ja, *geg.* μαδϱνί-α, Stolz, Hoheit (weibl. v. μαϑ); πϱρ μαδϱνίτ' ε πϱρϱνδίσϱ! (Be-

theuerung) bei der Hoheit Gottes! im *berat.*
Grossmutter.

μαδενότγ, geg., ich lobpreise, *περγνδίνε,* Gott; —
μαδενόχεμ, intrans., ich denke gross, hoch;
pass. ich werde gepriesen; — *part.* ε *μαδε-*
νούμεja, das Lobpreisen.

μαδεϑτί-α, Stolz, Aufwand, Prunk.

μαδετσότγ u. *μαδότγ,* ich vergrössere, ich lobe;
τε μαδετσόι, er lobte dich; — *μαδετσόχεμ,*
ich vergrössere mich, nehme zu an Alter,
Stärke, Vermögen, ich werde stolz, prahle,
werde gepriesen; — *ουμαδούα ἔμερ ι ζότιτ,*
gepriesen sei der Name des Herrn; was *n. griech.*
δοξάζομαι.

μαδέ-ja, Grösse, Bedeutung; *μος* ε *δεν μαδέ,*
mache daraus nichts Ungeheures, übertreibe
es nicht.

μαδέμ-ι, pl. μαδέμε-τε, Bergwerk, Metall, *türk.*

μαδσγάλε-α, Schiessscharte; *s. φραγγί.*

Μαδϑάρ-ι, Ungar.

Μαδϑαρί-α, Ungarn.

μαδϑαρίϑτ, ungarisch.

μαϑ-ϑι, weibl. *μάδε-ja, pl.* männl. *μεδίνj-τε,*
geg. μεδέτν-τε u. *μbεδίνj-τε,* weibl. *μbεϑά-τε,*
geg. μbεϑύ-τε, gross, erwachsen; *bούρα τε*
μbεδίνj, erwachsene Männer; — *γρα τε μbεϑά,*
erwachsene Frauen; — *δjέμτε εμί τε μεϑίνj,*
meine grossen (erwachsenen) Kinder; — *τε*
μεδίνjτε ε *βένδιτ,* die Grossen, die Angesehenen des Ortes; — *geg. ἄϑτε νjερί ι μαϑ,* er
ist ein Mann in Amt und Würden; — *berat.*
ι μαϑ, der Grossvater; — in *compos. bόje μαϑ,*
gross von Gestalt; — *ljούμε μαϑ,* unglücklich.

μαζί-ου, Gallapfel, woraus auch die schwarze
Schminke für die Augenbrauen bereitet wird.

μαϑιτί-ου, Schüler, *griech.*

μαϑίμε-α, Lection.

μάϑτε-τε, pl., Grösse, Stolz, Prunk, Prahlerei.

μάιj-ι, pl. μάιje-τε, Mai.

μάιj, ich mäste; — *μάχεμ,* ich werde fett; —
part. geg. μάιτουνε u. *μάjουνε,* auch: reich;
ε *μάιτουρα, geg.* ε *μάιμεja,* Mast, Fette.

μαιδάν u. *μειδάν-ι, pl. μειδάνε-τε,* Platz; *δόλλα*
νδε μαιδάν, es wurde offenbar, *türk.*

(*μαιϑίτε*), Verirrung.

μάιμ-ι, pl. μάιμι-τε, fett.

μάιμε-ja, das Fette, Fettigkeit.

μάιμετε, fett; *τε μάιμετε,* das Fett.

μαιμούν-ι, Affe.

μάιτε, geg., adj., links, *euon.* für *σολάχ; s.*
μένjjερε.

μαχάρ! geg. auch: *μαχάρσε!* o möchte! *n. griech.*

μαχjεδονίς-ι, pl. μαχjεδονίσε-τε, Petersilie.

μαχjελjί-α, Schlachtstätte, Fleischstätte; *s.*
χανάρε.

μάχε-α, geg., Haut, welche sich auf stehenden
Flüssigkeiten bildet; *s. τσίπε.*

μαχσούλj-ι, pl. μαχσούλje-τε, Ertrag eines Grundstückes, Baumes, *türk.*

μᾱλ, μᾱλι, pl. μᾱλε-τε, 1. Sehnsucht, Heimweh;
χαμ μᾱλ, ich sehne mich; — *με μόρι μάλι*
περ στερπίε βέτεμε περ νjε νjερί, mich ergriff das Heimweh, lediglich wegen eines Wesens (Lied); — *σ' χαμ μαλ,* ich kümmere
mich nicht, *περ τύιγ,* um dich; — 2. Masse,
Fülle, Reichthum, ꜰVermögen, Ueberfluss;
χjένε ϑούμε νjέρεζ? waren viele Menschen
dort? Antw.: *μᾱλ,* eine Masse; *s. χαλχ;* —
χjέττε χερπούδε? hast du Schwämme gefunden? Antw.: *μᾱλ* o. *χjέττα μαλ,* ich habe
eine Masse gefunden; — *jεδμ βέτεμε πο βα-*
στάje να ἐρδε μᾱλ, wir waren allein, aber
später kamen eine Masse (Menschen).

μαλαφράντσε-α, geg., s. μολοφρέντζε.

μαλεχέες, zum Fluche bereit, bes. von Priestern,
die leicht den Kirchenbann aussprechen.

μαλεχίμ-ι, pl. μαλεχίμε-τε, Fluch, Kirchenbann.

μαλεχότγ, ich fluche einem, verfluche, thue in
den Kirchenbann; *πουδύ, σε do τε μαλεχότγ,*
schweige still, oder ich fluche dir (sagt der
erzürnte Vater zu seinem Sohne); — *part.*
μαλεχούαρε, geg. μαλεχούμουνε, verflucht,
verwünscht; — *ι μαλεχούαρι,* der Teufel; —
ε *μαλεχούαρα, geg.* ε *μαλεχούμεja,* Verfluchung, Verwünschung; *s. χατεχρύιγ* u. *νερ.*

μαλενjjέιγ, geg., ich erbarme mich; *μαλενjjένα*
νε, erbarme dich unser (Litanei); — *μαλεν-*
jjέχεμ, geg., ich sehne mich, *περ,* nach; —
part. ε *μαλενjjύμεja,* das Sehnen, die Sehnsucht.

μαλενjjίμ-ι, geg., Sehnsucht; *μαλενjjίμ χενδόν*
bίλbιλ, Sehnsucht singt die Nachtigall (Lied).

μαλλj-ι, pl. μάλλje-τε, Berg, Gebirg.

Μαλλjαζί-ου, Montenegriner.

μαλλjαζίϑτ, montenegrinisch.

Μαλλjεζί-α, Montenegro.

μαλλjεσί-α, Berggegend; *geg.* auch: Bauernvolk,
die Gesammtheit der Landbewohner im Gegensatz zum Städter.

μαλλjεσούαρ-ι u. *μαλλjεσόρ-ι, geg. μαλλjεσούρ,*
Bergbewohner, in Bergen lebend, roh, grob.
ungeschlacht; *s. φουϑαράχ.*

μαλλjεϑτί-α, Stolz, Hochherzigkeit, Majestät.

μαλλjεϑτότγ u. *μαλλjεϑτόχεμ, geg.,* ich bin
stolz, hochherzig, majestätisch; — *part.*

μαλλjεϑτούαρ o. μαλλjεϑτούρ, hochherzig, stolz, majestätisch.

μαλλjώχ-ου, berat., Spitzname der Gegen in Berat; s. μαλλjεσούαρ.

μαλλjτσύχεμ, geg., ich verschlimmere mich (von Wunden, Geschwüren etc.); μαλλjτσύχετε, πjλάγε, συ, χάμε, die Wunde, das Auge, der Fuss verschlimmert sich; — part. ε μαλλjτσούμεjα, die Verschlimmerung.

(μαμελετζϊ), Gläubiger.

μᾶν-ι, pl. μάνε-τε u. μᾶνεζε-α, Maulbeere und Maulbeerbaum; s. μάνδε.

μανάχ-ου, bunter Bindfaden, der am ersten März den Kindern als Armband und Halsband zum Schutz gegen die Sonne umgebunden und längs der Schwellen der Hausthüren gezogen wird; n. griech. μαρτίτϑα.

μανάλjε-ja, Kirchenleuchter, worauf viele Kerzen gesteckt werden.

μανγαζά-ja, geg., Kaufladen; s. μαγαζί.

μανγάτ, geg., weniger; jo, χάχjε μανγάτ, um so viel weniger.

μάνγε, s. μένγε.

μάνγε-α, Versammlung, Gefolge, Haufe; s. χολ; μάνγε μάνγε, haufenweise.

μάνγουτ, s. μένγουτ.

μανδάλ-ι, geg., Thürklinke, Griff.

μάνδε-ι, geg., Maulbeere u.-Baum; μάνδε φε̃ρεσε, Brombeere; s. μαν.

μανδϊλje-ja, Schnupf-, Hals-, Kopftuch; s. δαμί.

μάνεζε, s. μαν.

μαραζά-ja, Streit, Zank, türk.

μαραζύς, ich mache einen krank, auszehrend, quäle, plage; — μαραζύνεμ, ich bin auszehrend, werde gequält.

(μαρατγ), Anis.

μαράς-ζι, pl. μαράζε-τε, 1. Krankheit, Auszehrung; s. οχτίχε; 2. geg., Galle; χαμ μαράς, με ζοῦ μαράς, die Galle steigt mir, ich bin erbittert; — ουχ! μαράς με ύχε! ach! Verdruss nach Centnern!

μαρjόλ-ι, Schelm, adj. schelmisch, witzig.

μαρμαριτάρ-ι, Perle, griech.

μαρδά-ja, Flecken, Gebrechen einer Sache; πασχjύρα σ' ϊστε ε χjερούαρε, χα μαρδά o. ϊστε με μαρδά, der Spiegel ist nicht rein, er hat Flecken; — χεjό πούνε χα μαρδά, diese Sache hat ihren Haken; s. τσεν.

μάρδε-α, geg., Gänsehaut, Wirkung des Frostes auf die Haut.

(μαρδε), Betrug.

μάρε, scodr., n. μάρε.

μαρέστε-α, geg., Sandbeere, Erdbeerbaum.

μάρϑ, ich beginne zu frieren, schauere; — part. ε μάρδουρα, das Frösteln, Schauer vor Kälte, n. griech. μαργύνω; s. φτοχ, νγρίγ u. μερδίφ.

μαρμάρ-ι, geg. μερμέρ-ι Marmor.

μαρόίγ, geg., ich endige, beendige; χε φιδόν ε μαρόν, wo (die Welt) anfängt und aufhört; — ε χερχόβα χε φιδόν ε μαρόν, ich suchte ihn überall; s. μbαρόιγ.

μαρούλj-ι, pl. μαρούλje-τε, Lattichsalat.

μαρούμε-ja u. τε μαρούμε-τε, geg., part. v. μαρόιγ, das Ende.

μάρρ, anom., ich nehme, empfange, erhalte, halte, fasse; σα μερρ χεjύ γνε? wie viel fasst, hält dieses Gefäss? — με μόρρι ούja, γjούμι, μάλι, Hunger, Schlaf, Sehnsucht ergriff mich; — μαρρ γρούα, ich nehme eine Frau; — χουρ ε ζούρε, χουρ ε μόρρε? wann verlobtest du dich mit ihr (wörtl.: wann griffst du sie dir) und wann nahmst du sie? — σοτ μόρρα νjε χάρτε, heute empfing ich einen Brief; — μόρρα νjε χᾶ, ich kaufte einen Ochsen (nur von Beweglichem); — μαρρ μαϑίμε, ich nehme Unterricht; — με μόρρι χόχα ερε, Luft füllte mir den Schädel, d. h. ich wusste nicht, was ich that, war ohne Besinnung, Ueberlegung; — νγ̇ντε σαχάτ ι μούαρ περ χάτρε, neun Stunden machte er in vieren; — μούαρε νjε α δυ σαχάτ ούδε, sie machten eine oder zwei Stunden Weges (Märchen I.); — μαρρ γjούμε, ich schlafe; — μερρ ζανάτινε, er macht Fortschritte im Lernen des Handwerks, μερρ χάρτενε, im Lernen, n. griech. πέρνει τὰ γράμματα; — ι μαρρ ζανάτινε, χάρτενε, er lernt von ihm das Handwerk, Lesen und Schreiben; — μαρρ έρε, ich rieche, activ., wörtl.: ich nehme Luft; s. bίε; — μαρρ νδε̃-πέρ χεμbε, ich verfolge; — μαρρ βεϑ, geg. βεϑτ, ich verstehe, wörtl.: ich nehme mit dem Ohre; — μbάjτα βεϑ, πο σ' μόρρα βεϑ, ich horchte hin, aber verstand nichts; — μαρρ με τε μίρε, ich schmeichle, liebkose; — μαρρ με σύδε, geg., ich werfe ein böses Auge auf Jemand (bezaubere ihn); — μουρ' με σύδε φύάνjε jιμ, er warf ein böses Auge auf mein Kindchen; — με μουρ περ σύδε, er verabscheut mich; — έμερ ι τιγ μόρρι γjίϑε Συρίανε, sein Name verbreitete sich über ganz Syrien, Matth. V, 24; — χυσμεχjάρετε μερρ χουρ με τε μίρε χουρ με τε χεχj, er behandelt seine Diener bald gut bald schlecht; — μαρρ

9*

με γ̇ούρε, ich werfe mit Steinen, mit accuss.;
— geg. χάννε μουρ ζjαρρ, der Mond nahm
Feuer, d. h. ist zunehmend; — μαρρ μάλλjετ
ο. μάλλjετ ε φούδατε, geg., ich fliehe; —
μϸρέτι μουρ Ξχjπενίνε, geg., der Sultan eroberte Albanien; — pass. μίρεμ, με μίρενε
μεν̇τ, wörtl.: die Sinne werden mir genommen,
d. h. ich werde schwindelig; — ε μίρετε γ̇όjα,
er stottert; — ουμόρρα ε βύιτα νδε Σταμ-
βούλ (Lied); — μίρεμ τ' ι θέμι, πο με βjεν τουρπ,
es treibt mich es ihm zu sagen, aber ich schäme
mich; — part. μάρρε, geg. auch: μάρρουνε
u. μάρρεμε, genommen etc., närrisch, verrückt;
ε μάρρεμε χ̇ίεϑ, der von bösem Schatten be-
fallene, behexte; s. ϑουπλjάχε; — ε μάρρα u.
τε μάρρετε, Einnahme, Einkommen; — ε μάρρ'
ετίγ̇ ἴϑτε ε ϑούμε, sein Einkommen ist gross;
— ε μάρρα ε ε δέννα ο. τε μάρρετε ε τε δέννετε,
Nehmen und Geben, d. h. Geschäftsverkehr,
n. griech. λειπσοδοσία; — geg. χαμ τε μάρρα
ϑούμε, n. griech. ἔχω νὰ λάβω πολλὰ, ich
habe viele Ausstände; — geg. ε μάρμεja, die
Verrücktheit.

μαρρäϑ-ι, Narr.

μαρρεζί-α, Narrheit, Verrücktheit; s. μαρρ.

μαρρόγ̇, ich mache verrückt; — μαρρόνεμ, geg.
μαρρόσεμ, ich werde verrückt; — part. ε μαρ-
ρούαρα, geg. ε μαρρόσμεja, das Verrückt-
sein.

μϸρς-ι, pl. μάρσε-τε, März.

μάρτε-α, Dienstag.

μαρτέσε-α, Heirath.

μαρτίμ-ι, pl. μαρτίμε-τε, Heirath.

μαρτόγ̇, ich verheirathe, bίjενε, meine Tochter;
μαρτόιγ̇ φίχουνε, ich hänge einen Kranz wilder Feigen an den zahmen Feigenbaum, oder
pflanze einen wilden Feigenbaum mit einem
zahmen zusammen; — μαρτόνεμ, geg. μαρ-
τύχεμ, ich verheirathe mich, με Μαρίενε,
mit Marien; — νδε χόχε χjε δο τε νγ̇jάλενε τε
βδεχουρίτε, ας μαρτόνε ας μαρτόνενε, zur
Zeit, wann die Todten auferstehen, verheirathet man weder, noch heirathet man, Matth. XII,
30; — part. geg. ε μαρτούμεja, Verheirathung,
Heirath.

μάρτουρ-ι, geg. μάρτοῦμ, Grabstein.

μαρτύρ-ι, Zeuge, Zeugniss, Märtyrer.

μαρτυρίς, geg. μαρτυρέπς, ich zeuge, bezeuge, werde zum Märtyrer.

μας, geg., nach, zufolge; μας χετίγ̇, nach dessen Ansicht, Meinung; s. πας.

μᾶς-ζί, geg., s. μες.

μας u. ματ, ich messe; ματ δυ χουτ, miss zwei
Ellen ab; — ματ με ρύβενε, miss mir den
Rock an; — μάτεμ, geg., ich erhebe die
Hand zum Schlage, Wurfe; — μάτεμ τ'ι βίε,
ich hole aus, ihn zu schlagen; — μάτεμ τ'ι
θέμ, ich bin im Begriff, ihm zu sagen; —
part. ε μάτμεja, das Messen.

μασαντάιj, geg. für πασανδάιjε.

μᾱσε-α u. μάτε, Mass, Messen; s. μϸρε; μερρ
με μάσενε, nimm mir das Mass.

μασί, adv. geg., nachdem; μασί τε χ̇αϑ, nachdem du gegessen hast; s. μας.

μασχαρά-ι, Possenreiser, verächtlicher Mensch.

μασλαχάτ-ι, pl. μασλαχάτε-τε, Geschäft, Angelegenheit, türk.

μασσούρ-ι, Rohrstück zum Garnwickeln, Ruthe
des männlichen Gliedes; — bεν μασσούρε,
er ist ein Weber; s. χjεπ.

μαστᾶπ-ι, berat., s. σταπ.

μαστέχ-ου, Schüssel.

μαστίχ-ου, Mastix.

μαστόιγ̇, s. μβαστόιγ̇.

μαστραχά-ja (ματραπά), Trinkglas mit Henkel.

μάϑχε, adj., männlich; s. πουλιϑτ.

μάϑχουλj-ι, pl. μέϑχουλj-τε, männlich, Knabe;
χαμ νjε μάϑχουλj ε δυ βάδεζα, ich habe einen
Knaben und zwei Mädchen; — πόλλε δία νjε
μάϑχουλj ε νjε φέμερε, die Ziege hat ein
männliches und ein weibliches Junge geworfen;
— ἴϑτε μάϑχουλj, er ist mannhaft, muthig.

μάϑχουλj χάρτε, geg., Bogen Papier.

μάϑχουλj φέμερε, Zwitter.

ματ, s. μας.

ματαρόγ̇, geg., ich besorge, bestelle, führe
aus; — part. ε ματαρούμεja, das Besorgen etc.

μᾶτε, s. μάσε.

Μάτε, bestimmt Μάτja, genit. Μᾱτεσε, weibl.,
Fluss in Mittelalbanien und die nach ihm benannte Landschaft.

μᾶτες-ι, geg., was μᾱσε, auch: Elle, Messer,
Feldmesser.

ματορίχ-ου, Bewässerungsgraben.

μᾱτϑ-ι, pl. μάτϑε-τε, Kater; ματϑ μουλίρι,
Mühlkater, wohlbeleibter kerngesunder Mensch;
s. ματϑόχ.

ματϑάλj-ι, berat., Pfütze, Lache; s. λjεγ̇άτε.

μάτϑε-ja, geg. μάτσε-ja, Katze; μάτσε χούν-
γ̇ουλι, im Herbst geborene Katze, die als un-
tauglich nicht grossgezogen werden.

ματϑόχ-ου, geg., Kater; s. δᾱτς.

Μαυθί-α, eine in Gold gekleidete Fee, welche
ein mit Edelsteinen besetztes Fes hat; wer ihr
diess rauben kann, der ist glücklich für sein
Lebenlang.

μάχεμ, s. μάιj.

μba, s. μbε u. μbι.

μbā, s. μbάιγ.

μbάθ, ich ziehe an, χεπούτσετε, bρέχενε, τσου-
ράπετε, τσολούχετε, Schuhe, Beinkleider,
Strümpfe, Gamaschen (jede Beinbekleidung);
— μbαθ με φλουρί, ich fasse in Gold; — μbαθ
άρενε, συλίθτενε, βέθτε με πλjέχε, geg., ich
versehe den Acker, Oelwald, Weinberg mit
Mist; — μbαθ κάλjινε, ich beschlage das
Pferd; — μbάθεμ ohne Zusatz, je me chausse;
part. ε μbάθουρα, Schuhwerk (auch Sandalen); s. οπίνγε; — euphem. statt bρέχε,
Beinkleider; — geg. ε μbάθμεjα, das Beschuhen, Beschlagen, die Fassung eines Ringes etc.;
s. χεπούτσε.

μbάιγ u. μbā, geg. μbāι u. bάιγ, ich halte, halte
auf, zurück, enthalte vor, n. griech. χρατῶ;
μbάιγ μενt, ich erinnere mich; — με μba
χjιντ ϊροθ, er hält mir 100 Piaster zurück;
— μος με μba, halte mich nicht auf; — με
μbάιjτι τρε δίτε, er hielt mich drei Tage auf,
zurück; — με μba θτρέσε, ich nähre die
Hoffnung; — μbάιγ χράχενε, wörtl.: ich gebe
die Schulter, d. h. ich unterstütze; — μba
ϊόjενε, ich halte das Maul! — μος μba διελίνε,
gebe aus dem Lichte! — τσ’ μba χεjό χεθτού?
was bedeutet das? was soll das heissen?
μbάιγ ζαύ, ich begleite im Gesang; — μbάιγ
πάjε, geg., ich sehe nach, durch die Finger;
— μbάιγεμ, 1. ich halte mich, ich werde aufgehalten, ertragen, ich stamme ab; — νdε τε
τίλλε βέρσε μbάχετε μίρε, in solchem Alter
hält er sich gut (ist er noch rüstig); — κυθ
μbάχετε υτάτε? geg., wie befindet sich dein
Vater? wie geht es ihm? — σ’ bάχετε,
bρουλ ι ζjάρριτ, die Glut, welche das Feuer
ausströmt, ist nicht zu ertragen; — νϊα τσ’
σούα μbάχε? von welcher Familie stammst du
ab? — νϊα μbάχε? wo bist du her?
2. ich brüste, rühme mich; — μbάχεμ περ
jϊάνε, ich brüste mich mit meinem Reichthum;
— part. ι μbάιjτουρι, der Gelähmte; — ε
μbάιjτουρα, geg. ε μbάιjτμεjα, die Lähmung,
das Rühmen, Brüsten.

μbαλόμε-α, Flickerei, Flickwerk; s. άρνε.

μbαλός, geg. μbαλότιγ, ich flicke; s. αρνόιγ; —
part. ε μbαλόσουρα, das Flicken, die Flickerei.

μbάνε, νdάνε u. πράνε (aus μbε, νdε u. περ,
an u. bei, u. άνε, Seite), 1. praep. mit bestimmtem genit., bei, neben; χjεντρόbα μbάνε
(νdάνε, πράνε) babάιτ, θτεπίσε, ich stand
bei, neben dem Vater, dem Hause etc.; —
μbάνε τjάτερε, unterst zu oberst; — ε δε φρύ-
νετ’ ε ατοῦρε ου α κθέου μbάνε τjάτερε, und
ihre Stühle warf er ihnen untereinander, Marc.
XI, 15; — 2. adv., herbei, herzu, nahe;
χjάσου μbάνε o. πράνε, tritt herbei, herzu!
tritt näher!

(μbαντ), ich bändige.

μbάρ, geg. bάιγ, ich trage von einem Orte zum
andern, ich schleppe; μbαρ ούjε, dρου, ich
trage Wasser, Holz; — part. ε μbάρτουρα,
das Tragen, Schleppen.

μbάρε, eoodr. μάρε, adj. u. adv., recht, gut,
eben, glücklich (Gegensatz von πράπε); άν’ ε
μbάρε, die rechte Seite; — ούδ’ ίστε ε μbάρε,
der Weg ist gut, eben; — ούδ’ ε μbάρε! eoodr.
ουλ’ α μάρε! glückliche Reise! Antw.: μbάρε
πατθ! mögest du es gut haben! — μbαρ’ ου
πjέχθιμ! auf glückliches Wiedersehen! —
χεμb’ ε μbάρε! glücklicher Fuss! (etwa: gesunde Knochen!) Wunsch bei Geburten und
Thierkäufen); — νϊάν ι μbάρε, gutes Zeichen,
glückliche Vorbedeutung; — ι έτερε μbάρε
πούνα, seine Sache geht gut, nach Wunsch;
— χεθτού με βjεν μbάρε, n. griech. ἔτζι με
συμφέρει, so liegt es in meinem Vortheil; —
χεjύ ίστε τε μbάρετε τατ, das ist dein Vortheil, dein Glück; — χα dόρε τε μbάρε, er
hat eine glückliche Hand, ihm gelingt, was er
anfasst; besonders die Kaufleute merken auf
den ersten Kunden, der zu kaufen kommt, ob
ihnen dessen Hand für den Rest des Tages
Glück bringe oder nicht; — djαλj ι μbάρε,
ein gutes Kind.

μbαρεσί-α, Glück; χα μbαρεσί, er hat Glück.

μbαρεσόιγ, ich etablire; μbαρεσόba bίρινε, ich
habe meinen Sohn etablirt; — μbαρεσόχεμ,
ich werde verständig, lasse die Jugendstreiche
und wende mich zu meinem Geschäfte; —
part. geg. ε μbαρεσούμεjα, die Etablirung;
s. μbαρύιγ.

(μbαρερύιγ), ich brülle.

μbαρύιγ, ich beendige glücklich, reise ab (zu
guter Stunde); μbαρύba πούνενε, ich brachte
die Sache zu Stande; — σοτ μbαρόν, heute
reist er ab; — κου μbαρόν? wohin geht die
Reise? n. griech. ποῦ ὥρα χαλή? διὰ ποῦ μὲ
τὸ χαλόν?

μβαρϑ, ich schwängere (von Thieren); s. δέιγ; — part. ε μβάρσουρα, das Trächtigsein.

μβάρσε, trächtig; πέλjεν ε χαμ μβάρσε, wörtl.: ich habe die Stute trächtig, meine Stute ist trächtig.

μβάρσεμ, ich empfange, werde schwanger.

μβας, für μας, nach.

μβας, geg. für μας, ich messe.

μβάσε u. με μβάσε, vielleicht; s. βέιτα u. δρούσε.

μβαστόιγ o. μαστύιγ, geg., ich reiche hin; μέ μαστόν χάχjε βούχε, so viel Brot reicht für mich hin; s. μουλjχύιγ.

μβάϑτο-ja, Bastard, s. βαστύ.

μβjέλ, s. μβίελ.

μβjέλες-τ, Säemann.

μβε, geg. με, — νδε, geg. νε, — νδερ, praep., stehen nur mit dem unbestimmten accus.; a) nach; βέτε νδε (μβε) Ιαννίνε, νδε ϑτεπί, ich gehe nach Jannina, nach Hause; — b) bei; jέϑε νδε, auch νδερ δένrε, ich war bei den Schafen; — νδε (μβε) χjίελ, beim Himmel! — με βούχε! beim Brote! — c) an; ε νγρόχειγ μβε ζjαρρ, und er wärmte sich an dem Feuer, Marc. XIV, 54; — νδε βεvδ τε Ιρόδιτ, an der Stelle, an Statt des Herodes, Matth. II, 22; — d) auf, zu; ρα νδε (μβε) δε, er fiel auf die, zur Erde; — e) in; έρϑι μβε βεvδ τε Ισραίλιτ, er kam in das Land Israel; — babái júvε χjε jε μβε, νδε o. νδερ*) χjίελ, Vater unser, der du bist in dem Himmel; — jαμ νδε (μβε) ϑτεπί, ich bin in dem, zu Hause; — f) von; σε πσε χjε ι βύ-γεljjε νδε ϑτατ, denn er war klein von Gestalt, Luc. XIX, 3; — ι γjάτε νδε χουρμ, lang von Gestalt; — ι βάρδε νδε φάχjε, weiss von Gesichtsfarbe; — ι ζι νδε συ, schwarzäugig; — ι λjιχ νδε τε jαϑτεσμένε, schlecht von Aussehen; — ι μίρε o. ι βούχουρε νδε τε πάρε, schön von Ansehen; — g) νδε περ, zwischen, durch; πάδε νδε περ δέγα δυ χόχε, ich sah zwischen den Zweigen zwei Köpfe; — βίντε ρότουλε νδε περ χjίϑε, er ging in der Kirche umher; — Ισούι γεσττίστε νδε περ γjίϑε Γαλιλάιε, Jesus zog durch ganz Galiläa; — ρίjτε νδε περ μαλλj ε νδε περ βάρρε, er hielt sich in Bergen und zwischen Gräbern auf, Marc. V, 5.

μβε, s. μέ.

μβεγjέδιjε-a, Versammlung.

*) νδερ scheint insbesondere unserem Ausdrucke „in dem — drin" zu entsprechen; báιγ νδερ μεντ! halte im Sinne drin! erinnere dich!

μβεγjέϑ, geg. μβελjέϑ u. μελjέϑ, ich sammle, versammle, sammle ein, ernte; μβερέτι μβεjέϑ νjέρεζ, der König wirbt Soldaten; — μβεjέϑ άρεvε, ich ernte den Acker; — χίπχα νδε λι, ε μβεjύϑα χούμβουλα, ich stieg auf den Baum und sammelte Pflaumen; — μβεγjίϑ djáλjεvε, halte deinen Sohn kurz; — μβεγjίϑ' ε χάλjεvε, versammle dein Pferd; — μβεγjίϑ μέντιvε, habe Acht, nimm dich in Acht! — μβεγjίϑεμ, ich sammle mich, versammle mich; — περ σε ουμβεγjόϑενε? warum sind (diese Leute) zusammengelaufen? — part. ε μβεγjέϑουρα, geg. ε μβεjίϑθμεja, die Versammlung, Einsammlung, Bescheidenheit; — μβεγjέϑουρε, geg. μβεljέϑουνε, versammelt, gesammelt, bescheiden; s. περμβεljέϑ.

(μβεχουλίμ), Wunder.

μβεljέϑε-ja, geg., Versammlung; báιvε μβεljέϑε, sie halten Versammlung.

μβεljέϑες-τ, geg., der Sammler, bes. von Oliven; χαμ νjίζετ μβεljέϑες νδε ουλίνϑτε, ich habe 20 Sammler in dem Oelgarten.

μβερϑjέιγ, ich nagele; — χόπσατε, ich hafte die Haften ein.

μβές, geg. (aus μβε u. jες, stärker als dieses), ich bleibe (ohne Rückkehr), μβέττα νδε βεvδ, ich bleibe auf dem Platze (bei einem Kampfe); — μβέττεμ, pass. v. μβές, ich bleibe, bleibe über, — aus, werde verhindert; — μβέττι νγα ϑίου, er blieb wegen des Regens aus, wurde durch den Regen verhindert; — πσε μβέττι? warum bleibt er aus? kommt er nicht? μβέττι νδε βεvδ, er blieb auf dem (Kampf-) Platze; — ατε τϑαστ ι μβέττι τε ριεϑουριτε ε γjáχουτ, sogleich blieb ihr der Blutfluss aus, Luc. VIII, 44; — part. ε μβέττουρα, die Verhinderung, das Ausbleiben.

μβέσε-a, Nichte.

μβι, verstärkt περμβί, geg., praep., 1. auf; χίππι μβι μαλλj ε χjεντρόι ατjέ, er stieg auf einen Berg und blieb daselbst, Matth. V, 1; — 2. über; λjάρτ μβι ϑτεπί τενε, hoch über unserm Hause; — λjάρτ μβι μίjε, weit über tausend; — 3. an; ϑτίνε δούαρτε μβι Ισούνε, sie legten Hand an Jesum, Matth. XXVI, 50.

μβίγ, geg. πιν, ich mache starr; báρι μβίου δέμβεvε, das Mittel beruhigte den Zahn; — μβίχεμ, geg. πίνχεμ, ich erstarre, schlafe ein; — μ'σουμβί χέμβα, der Fuss schlief mir ein.

μβίελ u. μβjέλ, geg. μβίλ, ich säe, geg. auch: ich pflanze; — μβίλεμ, ich werde gesäet, besäet; — part. ε μβjέλα, geg. ε μβjέλμεja,

Saat, Aussaat; — δούαλε τε μβjέλατε, die Saat ist aufgegangen; — άρε ε μβjέλε, Saatfeld; — γρουρίδτ, eet., mit Korn bestellt.

μβιλ u. μβῡλ, ich schliesse, verschliesse, schliesse ein; μβῡλ ε ϑίχενε, mache das Messer zu; — μβῡλ σύτε, ich schliesse die Augen u. ich sterbe; — χάσμετε μβύλνε κασαβάνε, die Feinde (belagern) schliessen die Stadt ein; — μβυλ ε βρένδα, schliesse es ein; — part. μβύλτουρε, geschlossen, verschlossen, dunkel von Farbe; s. χάπετε; — ε μβύλτουρα, geg. ε μβύλμεja, das Schliessen, Einschliessen, die Belagerung.

μβιλj, geg., ich melke; s. μιέλj; — part. ε μβjέλjμεja, das Melken.

μβίλες-ι u. μβύλες, Deckel; s. μβουλjέσε u. μβουλίμ.

μβίρε (part. v. μβίγ), erstarrt, träge, faul; s. πίτε.

μβιτ u. μβῦτ, geg. μβῦς, ich ersticke, erdrossele, ertränke, bringe zur Verzweiflung (ich gerinne), s. griech. πνίγω; — με μβύτι κόλλα, der Husten erstickt mich, ich habe heftigen Husten; — μος με μβυτ, bringe mich nicht in Verzweiflung; — μυς με μjάλτε etc., geg., ich menge mit Honig etc.; — μβίτεμ u. μβῦτεμ, ich ersticke, ertrinke, intrans.; — part. ε μβίτουρα, geg. ε μβύτμεja, das Ersticken, Ertrinken.

μβίτε, was μβίρε.

μβλjἄχ, geg. πλjαχ, ich mache alt; ε χέχjα ε μβλjαχ υjερίνε, das Unglück macht den Menschen alt.

(μβλίμ), Pfand.

μβλjόιγ, ich fülle, tetragl. ich verlobe; s. μουλjόιγ; — ι ουμβλjούανε σύτε, die Augen füllten sich ihm (mit Thränen); — part. ε μβλjούαρα, das Füllen.

μβοδί-α, Hinderniss, griech.

μβοδίς, ich hindere, verhindere, — part. ε μβοδίσουρα, geg. ε μβοδίσμεja, Verhinderung, Hinderniss, griech.

μβοδέτσ-ι, geg., der Stab mit eisernem Stachel, mit welchem die Ochsen angetrieben werden, s. griech. βούχεντρο; s. χοστέν.

μβοδίτ, geg., ich treibe Ochsen mit dem Ochsenstachel an.

μβόλjε-τε, geg.s pl. Hoden; s. χέρδε u. λjόχjε.

(μβόρδουρι), Nutzen.

(μβύριχε), Fichte, Forche.

(μβουγάσχε), Span.

μβουγάτ, geg., reich; με μβουγάτ, adv., reichlich.

μβουγάτδμ, geg., reichlich, Ueberfluss habend.

μβουγάτδμε-ja, Ueberfluss, Reichthum.

μβουλjέσε-α, berat, s. μουλjέσε u. μβίλες.

μβουλjόιγ, geg. μουλjόιγ u. μέλjόιγ, ich bedecke, — ϑτεπίνε, ich decke das Haus (Dach); — ε μουλjόι τούρπια, er schämte sich sehr; — part. ε μβουλjούαρα, geg. ε μουλούμεja, das Bedecken.

μβουλίμ-ι, pl. μβουλίμε-τε, Decke, Deckel; s. μβίλες.

μβουλίτζε u. βουλίτζε-α, kleiner Weiberschleier.

μβοῦρρ, ich lobe, — μβούρρεμ, ich rühme mich, bin stolz, prahle; — part. ε μβούρρουρα u. μβούρτουρα, das Rühmen, Prahlen.

μβουρρετσί-α, Stolz, Prahlerei, Ruhm.

μβουρρόιγ, ich vertheidige, schütze (thätlich); μβουρρύ με νjα χjέντε! vertheidige mich vor den Hunden! — part. ε μβουρρούαρα, die Vertheidigung; s. βούρρε.

μβουρρούς, s. βαρρόιγ.

μβοῦδ, ich fülle; μβουδ χjέλχjινε, ich fülle das Glas; — τδιβούχενε, stopfe die Pfeife; — δουφέχουνε, lade die Flinte, s. griech. γεμίζω; — με ζι ι μβοῦδα χόχενε (geg. μένδινε), mit Mühe füllte ich ihm den Kopf, überredete ihn; — ι ουμβοῦδ χόχα, geg. μένδjα, der Kopf ist ihm voll davon, d. h. er ist fest entschlossen; — μβούδεμ, 1. ich werde gefüllt, werde zornig, der Kamm schwillt mir; — ουμβοῦδ δίτε, die Frist naht; — ουμβοῦδ χέννεζα, es ist Vollmond; — ουμβοῦδ πρέτy Ϟένττ Ϟπιρτ Ελισαβέτja, Elisabeth ward vom heiligen Geiste erfüllt, Luc. I, 41; — χεδτού ουμβοῦδ προφιτία, so erfüllte sich die Prophezeihung; — 2. ich bin unterrichtet, erfahre; — ουμβοῦδ σε έρδι, ich habe erfahren, dass er gekommen sei; — part. ε μβούδουρα, geg. ε μβούδμεja, das Füllen.

μβραπ, geg., ich bringe, werfe zurück; — χεjό σεμούνδε με μβράπι φορτ, diese Krankheit hat mich sehr zurückgebracht; — μβράπσεμ, geg., ich bleibe zurück; — part. ε μβράπσμεja, das Zurückbleiben.

μβράπα etc., s. πράπα.

μβράς, ich leere; — πούδχενε, ich feuere das Gewehr ab; s. τσβράς; — μβράζεμ, ich werde ausgeleert, leere mich aus; — σα χέρε ουμβράζε! wie vielmal gingst du zu Stuhl? — part. ε μβράζουρα, geg. ε μβράσμεja, das Leeren, Ausleeren.

μβράσε u. μβράζετε, leer; ουχϑύε με δούαρ μβράζετε, er kehrte mit leeren Händen zurück-

— ε μὸράζϩτα, die Leere; — μὸϩ τϩ μὸμάζϩτϩ, vergeblich, umsonst; s. ἀϩμ.

μὸρέμϩ-α, geg.-μράμα (adv.), Abend; μίρϩ μὸρέμϩ, geg. μράμα, guten Abend! — ἐα μὸρέμϩ, geg. μράμα, komme am Abend; — ἐα νjϩ μὸρέμϩ, komme einen Abend; — χαμ τρι μὸρέμα (geg. νέτϩ) χjϩ σ'φλjϩ̄, ich habe drei Abende (Nächte), dass ich nicht schlafe; s. πρϩ̄μϩ.

μὸρϩμανένϩ, adv., zur Abendzeit, gegen Abend.

μὸρϩμανέτ, adv., zur Abendzeit; s. μϩνjjέσιτ.

μὸρέσϩμ, Kraja, ich werde schadhaft, durch Stoss oder Fall, von Früchten.

μὸρέτ-ι, pl. μὸρέτϩρϩ-τϩ, König, nur der Sultan, die fremden Könige χραλj.

μὸρϩτϩρέδϩ-α, geg. μὸρϩτϩνέδϩ, Königin.

μὸρϩτϩρί-α, geg. μὸρϩτϩνί-α, Königreich, Königthum.

μὸρϩτϩρίδ̃τ, geg. μὸρϩτϩνίδ̃τ, königlich.

μὸρϩτϩρύιγ, geg. μὸρϩτϩνόιγ, ich herrsche, auch von einer Krankheit.

μὸρέτουνϩ, geg., angestossen; s. μὸρέσϩμ.

(μὸρύδουρα), Nutzen.

(μὸροϑ), ich nütze.

μὸροϑ, adv., in der Phrase: ι βjέν πούνα μὸροϑ, (geg. μὸάρϩ), seine Sachen gehen vorwärts, er kommt vorwärts.

μὸρούιγ, ich knete; — part. ε μὸρούιτουρα, geg. ε μὸρούιτμϩjα, das Kneten; — μὸρούιτουρϩ, gesäuert (vom Brote); — δούχϩ ε μὸρούιτουρϩ, gesäuertes Brot, im Gegensatz von χουλούρα; s. δρούμϩ.

(μὸρούιτουρκ), Brei.

μὸυλ, s. μὸιλ.

μὸύλϩ, geg. adj., verschlossen, zurückhaltend, zurückgezogen, leutescheu.

μὸύλϩϩ, s. μὸίλϩϩ.

μὸύλϩϩ-ι, geg., was μὸύλϩ.

μjάλτϩ-α, Honig.

μjεχ-ου, geg., Besprechen von Krankheiten etc. durch Zauberformeln; δάιν μjεχ, ich bespreche; s. ουδτ.

μjεχτάρ-ι, weibl. μjεχτάρϩ, der Wissende solcher Zauberformeln; s. μαγjϩστjάρ.

μjέχρϩ-α, Kinn, Bart.

μjέλj, s. μίελj.

μjέρ! wehe! ach! s. οφ.

μjέργουλϩ-α, Nebel; s. νjέγουλ.

μjέρϩ-ι, der Unglückliche, Aermste; μjέρι ουν ι μjέρι χjϩ σ'μϩ do δυλϑέρι, ich Aermster, ach ich Aermster, dass mich der Knabe nicht mag! (Lied).

(μjέδτρϩ), Meister, bes. Maurer; s. ουστά.

μjέττϩ-α, Abfall der Wolle und Baumwolle; χύιγ λjεδ ίστϩ γjίϑϩ μjέττϩ, diese Wolle ist lauter Abfall.

με, praep. mit accus., mit; ἐρδα με μότϩρϩνϩ τίμϩ, ich kam mit meiner Schwester; — με μουνδίμ ο. με ζι, mit Mühe; — με μουνδίμϩνϩ, mit Gewalt; — με άνϩ, mit genit., vermittelst; — αjό χjϩ ουϑά νj'α Ζότι με άνϩ τϩ προφίτι, das, was von dem Herrn vermittelst des Propheten gesagt wurde, Matth. I, 22; — ε μὸαρόν με άνϩ τϩ γρόδϩτ, er brachte es vermittelst Geldes zu Stande; — με χόχϩ, zu rechter Zeit; — ἐρδι με χόχϩ, er kam zu rechter Zeit; — πόλλι με χόχϩ, sie gebar zur rechten Zeit.

μϩ, statt μὸϩ o. μὸι, praep. mit accus.; s. μὸϩ; μϩ νjϩ άνϩ, auf die, der Seite; — φέστε μϩ νj' άνϩ, das Fes auf einer Seite (wie ein Krakeler); — ἐα μϩ νj' άνϩ, komme auf die Seite; ιχ μϩ νj' άνϩ, gehe auf die Seite.

μϩ̄ u. μὸϩ̄, gag. μᾶ, adv., mehr; μὸϩ u. μϩ μίρϩ, besser; — τδ̃ να δούχαενϩ μϩ μάρτυρε? was brauchen wir mehr Zeugen? Matth. XXVI, 65; — τϩ δέιγ πορσί ... τϩ μος χυτδ̃ μϩ ντε αί, ich befehle dir, dass du nicht mehr in denselben fahrest, Marc. IX, 25; — χάχjϩ χjϩ σ'jάνϩ μϩ δυ, πο νjϩ χουρμ, so dass sie nicht mehr zwei, sondern ein Körper sind, Marc. X, 8; s. τέjϩ u. ρϩπάρα.

μεjδίϩ-ι, geg., Mitte, Taille.

μϩζδρά-ρι, geg., μαζδράχ-ου, tosk. (μϩζδράχ) Lanze; s. γαργί.

μϩ̄ζϩ-α, geg. μάζϩ, weibliches Fohlen; s. μϩ̄ς.

μϩχάτ-ι, geg., Sünde; χύιγ μϩ μϩχάτ, ich begehe eine Sünde; s. μουχάτ u. φάιγ.

μέχϩμ, ich halte den Athem an, verliere den Athem, beim Ersticken, von Kindern beim Schreien, geg. auch: ich erstarre, bin sprachlos; — part. ε μέχουρα, geg. ε μέχμϩjα, das Athemanhalten, Erstarren, Sprachloswerden.

μϩλάγϩ-α, geg. μουλάγϩ, Malve, n. griech. μολόχα.

μϩ̄λj-ι, Hirse.

μϩλjχόιγ, s. μουλjχόιγ.

μϩ̄λjτϩ, adj., von Hirse; δούχ' ε μέλjτϩ, Hirsenbrot.

μϩλjτδ̃ί-α, geg. auch μούλjτδ̃ι, Leber; — ε ζέϩ̄ eigentliche Leber; — ε χούχjε, (rothe) Lunge; s. μουδχϩρί.

μέλϩ-α, Glied; s. άνϩ.

μϩλϩ̄-ρι, Beule; s. βουλούνϩ̄ϩ.

μελένϳε-α, geg. μουλέϊν, Schwarzamsel.

μελιγύρε-α, geg. μελινγόνε, Ameise.

βελτσόϳγ, ich mache süss; s. εμβλϳεσύϳγ.

μελχέμ-ε, pl. μελχέμε-τε, geg., Salbe, türk.; s. λϳύνε.

μεμεζΐ, geg., adv., kaum, mit Mühe; s. ζι.

μεμέτσ-ι, stumm; s. βοῦφ.

μεμίϳε, geg., tausend, unzählig; ι θα μεμίϳε ρένˉνα, er sagte ihm tausend Lügen; s. μίϳε.

(μεμίγ), ich grabe.

μέμμε-α, Mutter; s. έμμε u. νέˉννε; μέμμ' ε περνδίσˉρε, Mutter Gottes (n. griech. θεοτόχος o. παναγία).

μενϳόλ-ι, geg., Pflänzling.

μενϳόλα, s. βελάνϳα.

μενϳϳάδ̆-ι, linkhändig; s. σολάχ.

μενϳϳενέ-ϳα, geg., Schraubenmutter; s. βουργϳΐ.

μένϳϳερε, adj., tosk., links; s. σολάχ u. μάττε.

μενϳϳές-ι, Morgen; μίρε μενϳϳές! guten Morgen!

μενϳϳέσιϳε-α, Morgenröthe.

μενϳϳέσιτ, am Morgen, zur Morgenzeit.

μένϳε-α, geg. μάϳγε, Aermel, Armvoll; υϳε μένϳε δρου, ein Armvoll (hessisch: ein Aermel) Holz; s. χράχε; in das Meer vorspringende Landspitze, Meerenge, Meerbusen.

μενγόϳγ, berat. μουνγόϳγ, (ich mache Morgen) ich stehe früh auf; μενγόβα μενϳϳές με βέσε, χαρρόβα τε τε θερρέσˉε, ich stand am (thauigen) Morgen mit Thau auf (und) vergass dich zu rufen (Lied).

μενγόϳγ, geg., ich verringere; s. μένϳγ.

μένϳουτ, μάνϳουτ o. μέτε, scodr., adj., mangelhaft; φλϳορίνε μένϳουτ, ein leichtes Goldstück.

(μενδάλ) μανδάλ, geg., Klinke; s. δρέδϳε.

μενδ-δι, pl. μένδε-τε, geg. auch μεντ-ι, — weibl. μένδε-ϳα u. μέντε-ϳα, geg. μένδε-α u. μενδί-α, Verstand, Erkenntniss, Wille, Sinn, Meinung; μβάϳγ νδερ μεντ, ich habe in der Erinnerung, erinnere mich; — ϳέμι με υϳε μεντ? geg., sind wir einig, einverstanden? — υϳε μεντ με θόˉτε χεδ̆τού, τϳέτερι αδ̆τού, geg., ein Gedanke sagt mir so und ein anderer so, d. h. ich weiss nicht, was ich thun soll; — υϳερί με δυ μέντεδ̆, geg., unentschlossener Mensch; — βέρρι με μεντ, geg., er handelte vernünftig, that wohl daran; — τσα γρα νϳα νέβετ να ντσούαρε νϳα μέντε, einige Weiber von uns brachten uns um den Verstand, Luc. XXIV, 22; — ⊥ ε πύετα ε με δα υϳε μέντε, ich fragte ihn und er gab mir eine Meinung; — geg. μ' επ μεντ, er gibt mir Rath, rathet mir; — με δα μεντ, geg., er lehrte mich, war mein Lehrer, sowohl

ϳn Wissenschaften als in Handwerken; — υϳε μεντ, sogleich, auf der Stelle, im Augenblick.

μενδάφδ̆-ι, pl. μενδάφδ̆ε-τε, Seide, türk.; s. σίρμε.

μενδάφδ̆τε, adj., seiden.

μένδε, s. μενδ.

μενδόϳγ, geg., ich denke nach, bedenke; μενδόϳγ τε μράπμεν', ich denke an das hintere, d. h. folgende, bes. an den Tod; s. μεντόϳγ; — part. ε μενδούμεϳα, das Bedenken, Nachdenken.

μενέχσˉε-ϳα, geg. μενέχσε-ϳα, Veilchen.

μενί-α, geg., Groll; ε χαμ μενί, ich grolle ihm; — μόρρα μενί ϳέττˉεν τέμε, ich bin meines Lebens überdrüssig; s. μερί.

μένιϳγ, geg., aor. μένα, ich entziehe; μένιϳ χρούεσ' ούϳιτ (accus.), ich entziehe der Quelle das Wasser, — υϳερίνε βούχˉεσˉε, — dem Menschen die Nahrung; — μένˉχεμ, ich versiege, werde beraubt; — ουμέν χρόι, die Quelle ist versiegt; — ουμέν, er verlor den Gebrauch seiner Kräfte, wurde starr vor Furcht, Schreck, n. griech. έμεινε ξηρός; — ουμέν νϳα φϳάλϳα, er blieb in der Rede stecken; — πσε ουμένε χεδ̆τού? warum hast du den Muth verloren? warum wehrst du dich nicht? — part. ε μένˉμεϳα, das Versiegen, Entziehen, Berauben; s. μενγόϳγ.

μενγόϳγ, tosk., ich halte (einen) auf, trans., und: ich zögere, intrans.; μος με μενγό, halte mich nicht auf; — σ' μενγόβα φάρρε, ich zögerte keinen Augenblick; — part. μενγούαρε, langsam, zögernd; — ε μενγούαρα, Verzögerung, Aufschub; — πα μενγούαρε, ohne zu zögern, sogleich, Apost. Gesch. IX, 20; s. βενγόϳγ.

(μενγούα), langsam.

μεντ, ich sauge (von Kindern und jungen Thieren).

μεντβέρι-ου, geg., unbeständig (wörtl. Südwindsinn).

μέντεσ, geg., adj., unverständig; τδ̆ βαν' αδ̆τού ι μέντε? warum thust du so, du Unverständiger, du Narr? (Stamm μένιγ).

μεντέδ̆ε-α, Amme; s. μεντ.

μεντόϳγ, ich erinnere einen und mich, ich bedenke; — μεντόνεμ, geg. μεντόχεμ, 1. ich denke nach, erinnere mich; — μος μεντόνενς νδε σπιρτ τούαϳγ, denkt nicht an euer Leben, Matth. VI, 25; — περ τε βέδ̆ουρε πσε μεντόνενι? warum denkt ihr an die Kleidung? Matth. V, 28; (περ gebräuchlicher); s. μενδόϳγ; — 2. ich bereue, Matth. XXVII, 3; — part. μεντούαρε, bedacht, überlegt; — πα μεντούαρε, ohne Bedenken, unbedenklich, und: unbedacht, unüberlegt; — ε μεντούαρα, Ueberlegung, Nachdenken, Erinnerung.

μέντϑουρε, geg. μέντϑουμ u. μέντϑεμ, klug, vernünftig.

μεράjε-a, geg., Winterweide; s. βερρί.

μερỳjούρε-a, Pulati, der für die Braut bezahlte Kaufpreis; s. ουνάζε.

μεργỳ́ιγ; geg., ich entferne, schiebe auf; s. λjαρỳ́ιγ; — μεργό ε περ δέιγ, schiebe es bis morgen auf; — μεργόνεμ, ich entferne mich (in die Fremde); — γρύϑτε να βξινε χjε μεργόνεμι νγα ότεπία, das Geld reizt uns, uns von Hause zu entfernen (in die Fremde zu gehen); — μεργόου μέje! fort von mir! μεργόουνι νγα μέje! entfernt euch von mir! Luc. XIII, 27; — part. μεργόουαρε, entfernt, weit, zögernd, faul; — ίϑτε μεργόουαρε φϑάτε? ist das Dorf entfernt? — ε μεργόουαρα, die Entfernung.

μερϑίγ, s. μερϑίφ.

μερϑίφ, geg., μερϑίγ, tosk., ich fröstele, schauere vor Frost; — part. ε μερϑίφμεjα, das Frösteln, Frostschauer; s. μάρϑε.

μέρε-a, jedes Massmittel für Trockenes und Flüssiges; auch Elle oder Wage; μερ μέρενε ε μερ με μάσενε, nimm das (Mess-) Mass und nimm mir das Mass; s. μαρρ.

μερζίτ, geg. μερζίς, ich erbittere; ε τίλλε σεμούνδε με μερζίτι ζέμερενε, diese Krankheit hat mir das Herz vergiftet; geg. auch: ich falle beschwerlich; — μερζίτεμ, ich bin erbittert, überdrüssig; — ουμερζίτα πρέτγ χεσϑίγ γjέλλε, ich bin dieser Speise überdrüssig; — part. ε μερζίτουρα, geg. ε μερζίτμεjα, Widerwille, Abscheu, Ueberdruss.

μερί-a, tosk., was μενί, Groll.

μεριμάγε-a, geg. μρεμάνγε-a, Spinne, Spinnengewebe.

(μερμίνχ), Ameise.

(μερού-ρι), Messerklinge.

μερουϑί-a, μιρουϑί u. μυρουϑί, Wohlgeruch.

μερϑίνγε-a, tosk., Weinschlauch; ίϑτε μερϑίνε, er ist ein Säufer.

μερτζέιγ, ich ruhe während der Mittagshitze (vom Heerdenvieh, für welches in Ermangelung natürlichen Schattens Schutzdächer gebaut werden), s. griech. σταλλίζω; auch übertragen: ich feiere, ruhe aus; ποε σ'μερτζέν νjε τόιχε? warum ruhst du nicht ein wenig aus? — part. ε μερτζύερα, die Mittagsruhe des Weideviehes; s. βάπε.

μες-ζι, geg. μάς, männliches Füllen; μες ίστε α μέζε? ist es ein männliches oder weibliches Füllen? s. πουλίϑτ.

μέσ-ι, pl. μέσε-τε, Mitte, Taille; μες περ μες, mitten durch; — αβλίσε, mitten durch den Hof; — ι ϑχόι πλjούμβι μες περ μες, das Blei fuhr mitten durch ihn.

μεσάλε-a, langes schmales Tischtuch, bei Festen durch die Länge des Zimmers gebreitet, an welchem die Gäste mit gekreuzten Beinen Platz nehmen, Gastmahl; ι βέρρι νjε μεσάλε, er machte (gab) ihm ein Gastmahl, s. griech. τὸν ἔκαμε ἕνα γεῦμα; — χουρ ρίjτε αἱ νδε μεσάλε, als er bei Tische sass, Marc. II, 15.

μεσατούρ, weibl. -ορε, geg., 1. der mittlere; βελλά μεσατούρ, der mittlere Bruder; — 2. ansprechend, niedlich; γόσε μεσατύρε, ein niedliches Mädchen; — 3. von Sachen: mittlerer Gattung.

(μεσδίτε, μεστίτχε), Botschaft, Anordnung, Verordnung.

μεσεκjέ-ja, Sprichwort.

μεσίτ-ι, Vermittler.

μεσόιγ, geg., 1. ich lehre einen u. ich lerne; s. πσόιγ; 2. ich rathe; χjυϑ με μεσόν τε βέτι? wie räthst du mir, dass ich es machen soll? — 3. ich leide; s. πεσσόιγ; μεσόβα κεχj, ich gerieth in die Klemme.

μεσσόιγ, tosk., ich theile, spalte in zwei gleiche Theile, halbire.

μεσσόιγ, geg., was βεσσόιγ, ich glaube; — part. ε μεσσούμεjα, das Glauben, der Glaube, das Glaubensbekenntniss.

μέϑ-a, Liturgie, Gottesdienst (auch der morgenländischen Kirche), Messe; geg. auch: Weihbrot.

μεϑέσε-a u. πόϑεσε, geg., Besen; s. φέσεε.

μεϑίγ u. πόιγ, geg., ich kehre; s. φϑίγ.

μεϑίχ, geg., ich fülle, schwelle durch Blasen, z. B. einen Schlauch; — μεϑίχεμ, ich schwelle, intrans.; s. μοϑούρχε.

μεϑιχεζε-a, geg., Seidencocon, Brandblase; s. μποίχεζε u. πόιχjε.

μεϑόιγ, geg., 1. ich belästige einen, indem ich mich auf ihn stütze etc.; s. ρανδόιγ; αjύ φjάλjε ε μεϑύι, diess Wort wurmte ihn; — 2. ich wanke, senke mich (von der Wage); τερεζία μεϑόν με τε δjάϑτερ, die Wage neigt sich zur Rechten; — με μεϑόι ζέμερα νγα μίχου, mein Herz wandte sich von dem Freunde; — μεϑύν με δυ άνετε, er schwankt zwischen beiden Seiten, Parteien etc.

μἔϑόϝ, ich halte die Liturgie ab, lese Messe; —
part. ε μεϑούαρα, das Messelesen.

μεϑτjέρρε - a u. μεϑχjέρρε, weibliches Kalb; s.
ϑτjέρρα, μουϑχjέρρε u. dεμ.

μεϑτέτ, geg. μεϑτές, ich stütze, lehne an; μύρρα
γούνενε ε ουμεϑτέτα πας μούριτ, ich nahm
meinen Mantel und legte mich (zusammengezogen) an die Mauer; — part. ε μεϑτέτουρα,
geg. ε μεϑτέτμεja, die Stützung, Stütze.

μεϑτέλ, geg., ich sammle, versammle, πάρε, Geld,
τε πάρετε, die Ersten der Stadt; ich wickele
Garn — ein — zusammen; — part. ε μεϑτjέλ-
μεja, die Sammlung, Versammlung, das Garn-
winden, Ein-, Zusammenwickeln; s. πεϑτίελ.

μεϑτύϝ, geg., s. πεϑτγ.

μεϑτύμ, geg., ich räuchere in der Kirche; —
part. ε μεϑτύμεja, das Räuchern, Beräuchern;
s. τιμ.

μεϑτύμε-a, geg., das Speien u. der Speichel;
s. πεϑτύμε.

μέτα, wiederum; έρϑι μέτα? o. μέτα έρϑι?
kommst du (schon) wieder?

μετανί-a, Reue, kirchlicher Fussfall, geg. Rosenkranz; griech.

μετανοίς (μετοίς), ich bereue (ich büsse); — part.
ε μετανοίσουρα, das Bereuen, die Reue.

μέτε, geg., s. μένγουτ.

(μετρέτ), ich verzehre.

μετϑέλj, geg., ich verschliesse; s. τϑελλj.

μετϑέφ, geg., s. τϑέφ.

μετϑεφσίνε-a, geg., Geheimniss, Sacrament.

(μέτϑιμ), mangelhaft.

μι, geg. für μδι, praep., auf.

μί, adv., sofort, sogleich, eben, gerade; χένγρε?
hast du gegessen? jo, μι χα, nein, eben esse
ich, ich bin gerade darüber; — μι τε ζξ!
jetzt fange (habe) ich dich! — μι τε ϑεμ, jetzt
will ich dir sagen; — μι δές, jetzt stirbt er;
— τϑπέιτ, μι βίε ϑι, schnell, denn eben wird es
regnen.

μί-ου, Maus.

μιαυλίς u. μιαυνίς, ich miaue (von der Katze).

μίjε, Argyrokastr. μίλjε, tausend; s. μεμίjε.

μίδϑο-ja u. ουα, Vatersbruder; s. δάιχο.

μίελ-τ, geg. μίλ, Mehl.

μιέλj o. μjελj, ich melke; s. μδτλj; — part. ε
μjέλja u. μjέλτουρα, geg. ε μδίλμεja, das
Melken.

μίερε, s. μjέρε.

μίζε-a, Fliege; μίζε χάλjι, Pferdefliege, — μίζε
περδέτσχε, geg., Ameise, Erdfloh; s. περδέσσε.

μιχ-ου, pl. μιχj-τε, Freund.

μιχjίχ-ου, geg., Weberschiffchen; s. δεχjέττε.

μίχε-ja, geg. μιχέϑε, Freundin, Geliebte.

μιχjερίϑτ u. μιχjεσίϑτ, freundschaftlich.

μιχjεσί-a, Freundschaft, Gesammtheit der
Freunde; έρϑι μιχjεσία, die Freunde kamen.

μίλ-ι, pl. μίλε-τε, Messer-, Degenschneide, chi-
rurgische Sonde.

μιλάχj-ι, junger Hase; s. λjέπουρ.

μιλέτ-ι, pl. μιλέτε-τε, Stamm, Volk; μιλέτ ι
Σχjιπερίσε, das albanesische Volk, Stamm.

(μιλλ), Meile.

μινδέρ-ι, pl. μινδέρε-τε, Divanmatratze, über
welche ein Ueberzug (χjιλίμ o. σιδδαδέ) gebreitet wird, türk.

(μουϑντε), Auftrag.

μίρε, adj. u. adv., gut, schön, sanft, billig; in
der Contr. μι'; μι' σ' έρϑε, wörtl.: gut, dass
du kommst, aber stets in dem Sinne: sei willkommen! o. μι' σε τε γjέττα, möge ich dich
wohl gefunden haben! — ε μίρα, das Gute,
die Güte, Gefälligkeit, Wohlthat; auch τε μίρετε, pl. mit Zeitwort im sing.; s. πλεχjερύϝ;
τε μίρατε, die Güter, das Vermögen (bona,
franz. les biens); — χjοφτ περ τε μίρε, geg.,
zum Beispiel; s. λjατ.

μιρεβάνμ-ι, geg., der Wohlthäter.

μίρεμ, s. μαρρ.

μιρεμανγε, s. μεριμάγε.

μιρενί-a, geg., Güte.

(μιρεφίλ), gewiss.

(μεριμάλ), Reich.

μιριολογίς, ich beklage einen Todten singend;
— part. ε μιριολογίσουρα, Todtenklage,
griech.; s. χjάτγ.

μιριολογίτρε-a, die um einen Todten klagende
(gewerbsmässige Klageweiber unbekannt).

μιρός, geg., ich verbessere; — μιρόσεμ, ich verbessere, bessere mich, genese; — ουμιρός
νγα ρεϑπερία, er wurde durch den Handel
reich; — νδε ϑχουρτ μιρόσενε δίτε, im Februar wird das Wetter gelinder; — part. ε μι-
ρόσμεja, Besserung, Verbesserung.

(μιρουντίϑιμ), geschickt, passend (v. μίρε u.
ουδίς).

μισόρ-ι, Goldlack, Levkoje.

μισούρε-a, berat., Schüssel.

μίσσερ-ι, pl. μίσσερα-τε, Getreide, bes. Mais.

μίσσερτε, von, aus Mais gemacht; δούχε ε μίσσερτε, Maisbrot.

μίϑ-ι, pl. μίϑρα-τε, Fleisch, auch von Früchten,
z. B. die grüne Schale der Nuss oder Mandel,
das Fleisch der Steinfrucht; μάτσια μς δάνι

μιϭ ḋόρϱνϱ, *geg.*, die Katze machte meine Hand zu (rohem) Fleisch; — μιϭ ράρϱ, gefallenes Fleisch, Schimpfwort, gleich unserem Aas, Luder.

μιϭκύνjϱ-α, Mücke, Schnacke; — *s.* χάρρjϱ.

μιϭμ, fleischig, auch von Baumfrüchten.

μίϭτϱ, *adj.*, von Fleisch; λjαχρούαρ ε μίϭτϱ, Fleischkuchen.

μίτμε-ja u. τϱ μίτμτϱ, *geg.*, das Verziehen, die Verzärtelung; *s.* μίτουνϱ.

μιτύς, ich besteche; — *part.* ε μιτύσουρα u. μίτουρα, die Bestechung.

μίτουνϱ, *geg.* (*part.* eines verlorenen Zeitworts), verzärtelt, verzogen; — τϭḋο δελατάρ αϭτ ι μίτουνϱ, jeder einzige Sohn ist verzogen; *s.* μίτμε-ja.

μιτροπολί-α, erzbischöfliche Kirche und Wohnung, *griech.*

μιτροπολίτ-ι, Erzbischof, *griech.*

μιτσ-ι, *dimin.*, *s.* τϭουν, ḃιτς, ḃεḋḋούνjϱ u. ḃιτσούν.

μιχανίμ-ι, *pl.* μιχανίμε-τϱ, Maschine, Maschinerie, Intrigue, *griech.*

μιχί-α, Ehebruch, *griech.*

μιχίς, ich breche die Ehe, *griech.*; *s.* νḋύιj.

μιχό-ι, Ehebrecher, *griech.*

μλjατούρ-ι u. λjατούρ, *geg.*, Holzform, welche als Siegel auf die geweihten Brote gedrückt wird; *s.* φαραστούα.

μλjυτϭ-ι, *geg.*, eine Art Süsswasserfisch.

(μνα), Pfund.

μνιμόρϱ-α, Denkmal, *griech.*; *s.* βαρρ u. μάρτουρ.

(μοḋ), Scheffel.

μόḋϱ-α, *geg.*, schwarze runde Samenkörner im Getreide (nicht ἐγjϱρϱ), welche ausgelesen werden (Lolch, Trespe), *altgriech.* ζυζάνιον.

μόḋουλϱ-α, Erbse.

μύιjϱ o. μόιjϱ, Anruf an ein Weib, etwa wie unser: Frauchen! Mädchen! *s.* μορέ u. μαρρ.

μόχϱρϱ-α, Mühlstein, bes. der obere, auch von Handmühlen.

μολαγjέσ-ι, *geg.*, Apfelland, 5—6 Stunden von Elbassan; die Einwohner waren noch vor 50 Jahren katholisch.

μολjέπς, *geg.* μολίς, ich beflecke, stecke an; — *part.* ε μολjέπσουρα, *geg.* ε μολjίτμεja, die Ansteckung, *griech.*; *s.* μολjχίς.

μολjί-α, Befleckung, Ansteckung, Epidemie, Pest.

μολjχίς, *geg.*, ich stecke an (von Krankheiten); — μολjχίτεμ, ich werde angesteckt, ich verderbe (von Speisen durch langes Aufbewahren); — *part.* ε μολjχίτμεja, die Ansteckung, das Verderben von Speisen etc., *griech.*

μόλϱ-α, Apfel; μϭλ' ε φάχjεσϱ, Wange.

μύλϱζϱ-α, der innere fleischige Theil der Fingerspitzen ausser der des Daumens; *s.* πουλκjέρ.

μολίτζϱ-α u. μουλίτζϱ, Motte; *s.* κόπϱϱ u. τένϱ; μολίτζϱ δρούριτ, Holzwurm.

μολοίς u. μολοjίς, ich bekenne, gestehe, erzähle; *s.* ρϱφέιγ; — *part.* ε μολοίϭουρα, Geständniss, Erzählung, *griech.*

μυλοφρέντζϱ-α, *geg.* μαλαφράντϱϱ, Venerie.

μόμμϱ-α, *geg.*, Mutter, von den Kindern so genannt, wenn sie noch jung ist; diese Benennung geht, wenn die Mutter alt ist, auf die älteste Schwester über; *s.* λjάλjϱ.

μονέḋϱ-α, Münze, Geld.

μονοπάτ-ι, *pl.* μονοπάτε-τϱ, Fussteig, *griech.*

μυράιϱ-α, *geg.*, wohlriechendes Kraut, an welchem sich die Schlange, wenn sie aus dem Winterschlafe erwacht, die Augen reibt und dadurch sehend wird.

(μοράτς), Fenchel.

μόρϱ-α, Alp, Alpdrücken.

μορέ, *geg.* μρϱ, *indecl.*, Anruf an einen Mann, etwa wie unser: Landsmann! oder: Freund! *s.* μύιjϱ (Stamm μαρρ).

μορρ-ι, *pl.* μόρρα-τϱ, Laus.

μορρατσάκ-ου, *geg.*, Lauskerl (Schimpfwort).

μορρέπς, ich mache einen lausig; — μορρέπσιμ, ich werde lausig; — *part.* μορρέπσουρϱ, lausig.

μορρίτ, ich lause; — μορρίτεμ, ich lause mich; — *part.* ε μορρίτουρα, das Lausen.

μόρρτ-ι, *pl.* μόρρτε-τϱ u. μόρρτε-ja, Tod (v. μαρρ?).

μος (was *griech.* μὴ), 1. nicht, stets bei dem *Imperat.*; μος μϱ νγας, rühre mich nichtan; — βϱϭτόνι, μος φλjίνι, habt Acht, schlafet nicht, Marc. XIII, 33; — bei Bedingungen mit *conjunct.*: νḋϱ μος ουκθέφι ε τϱ βϱνενι σι ε δε δjέλμιϱ δο τϱ μος χίνι νḋϱ μϱρεττϱρί τϱ Kjιελβιτ, wenn ihr nicht umkehrt und werdet wie die Kinder, so werdet ihr nicht in das Himmelreich eingehen, Matth. XVIII, 3; — νḋϱ βḋέχτϱ νjερί χjϱ τϱ μος λjέρρϱ δjελμ, wenn einer stirbt und keine Kinder hinterlässt, Matth. XXII, 24; — beim *futurum*: ε τϱ μος κιϭ ϭκουρτούαρϱ ζότι δίττϱ, δο τϱ μος ϭπϱτόνετϱ νjερί, und hätte der Herr die (diese) Tage nicht abgekürzt, so wird kein Mensch davon kommen, Marc. XIII, 20; — 2. frageweise: etwa, *neugriech.* μὴ πῶς; — μος μούντινϱ ατά χjϱ φτόνενϱ νḋϱ δάσμϱ τ'αγjϱρότνϱ? können etwa diejenigen fasten, welche zu einer Hochzeit geladen werden? Matth. IX, 15; — μος νουκ

ε βέινε ατέ εδέ τελόνερητε, thun diess nicht
auch die Zöllner? — κjύφτε λjαρχ, καμ φρίχε
μος βδέσι, fern sei es, aber ich fürchte, dass
er sterben werde; — μος ο ζοτ! Gott verhüte
es! — μος! nicht! abwehrender Zuruf bes.
gegen Kinder; — 3. In Zusammensetzungen,
was πα; μος λjάρετε, ungewaschen; — μος
νγρένυε, nüchtern; — μος θένε, ungesagt.

μόσχ-ου, pl. μόσχε-τε, auch μισχ und μουσχ,
geg. μυάχ, Moschus.

(μοσχόχε), Muskat.

μόστρε-α, Beispiel, Muster.

μοϑατάρ-ι, Altersgenosse (Stamm μοτ u. μότϑιμ);
jέϑε μοϑατάρ, ich lebte damals, war Augenzeuge; s. βερσενίχ.

μοϑούρχε u. μουϑούρχε, Schote der Bohnen-
gewächse; s. λjεχούρε u. μεϑίχ.

μότ-ι, pl. μότε-τε, 1. Jahr, nur in der Einzahl
gebräuchlich, mitunter redupl.; σα κόχε κε
κετού? wie lange bist du hier? Antw. μοτ μοτ,
ein Jahr; — μοτ μοτάρ, Jährling; — 2. Wetter;
σοτ ίστε μοτ ι λjίχ, heute ist schlecht Wetter;
s. κόχε; — 3. künftiges Jahr; χουρ? wann?
Antw. μοτ, geg. μότιτ, künftiges Jahr, neugriech. τοῦ χρόνου; — πας μοτ, geg. πας
μότιτ, in zwei oder mehr Jahren; — 4. περ
ϑούμε μοτ! viele Lebensjahre! (Wunsch bei
Namenstagen etc., was neugriech. χρόνους
πολλούς); s. βjετ; — 5. νγα μοτ, alljährlich;
— περ μοτ, adv., jährlich; — με μοτ, jahrweise; — μόρρα κετέ στεπί με μοτ, ich miethete diess Haus jahrweise.

μότρε-α, Schwester.

μότϑ, in dem Ausrufe: σα μότϑ! wie wunderbar!
ei der tausend!

μότϑιμ, bejahrt, langjährig; νjερί ι μότϑιμ, bejahrter Mann; — σεμούνδε ε μότϑιμε, lang-
jährige Krankheit.

ποῦ, geg. μουν, bis; μου τε γάρδι, bis an den
Zaun heran; — μου νδε στεπί, in dem Hause
drin; — μου χου? wo? bis wohin? — μου
κετού! hierher! — μου ατjέ! dorthin! s. νjέρ.

μούαιγ, best. μύι, Monat.

μούαιϑμ, monatlich, einen Monat alt; δjαλj ι
μούαιϑμ, ein Kind, welches einen Monat alt ist.

μούγετε, es dämmert; ουμούγ, es dämmert; —
τανύ ουμούγ, jetzt dämmert es; s. ερρ u.
νγρισσ; — part. μούγουρε, dämmerig.

μουχ-γου, Abenddämmerung.

μουχάτ-ι, geg., Sünde; χύιγ με μουχάτε, ich
sündige; s. μεχάτ.

μουχάτες-ι, geg., der Sünder.

μουλάγε-α, geg., Malve, Molocha; s. μελάγε.

μουλάρ-ι, geg., Haufe (Erde, Steine), βάοι, Heuhaufe, der im Freien um eine Stange gesetzt ist.

μουλjάιμ, heuchlerisch, verstellt.

μουλjέσχ-α, geg., Decke, Deckel, Stöpsel, Bedeckung; μουλjέσχ' ε στεπίσε, die Dachdecke;
s. μβουλjύιγ.

μουλjχύιγ u. μελjχύιγ, geg., ich reiche hin, bes.
um etwas zu füllen oder zu sättigen; μουλjχύν
κάχjε τε λjύνε κετέ γjέλλε, so viel Butter
reicht hin für diese Speise; — δjέτε τομβύρ
σ' μουλjχόνε τε ρούνε κετέ βγνd, zehn
Bataillone reichen nicht hin, dieses Land zu
bewachen; s. μβαστύιγ; — part. ε μουλjχού-
μεja, das Hinreichen, auch Füllen, Sättigen.

μουλjύιγ, geg., ich bedecke, ich verlobe, ich
vertausche; μουλjύιγ δjάλjινε, ich verlobe den
Sohn *); — με babái, (sagt die Mutter) ich
vertausche die Streiche des Sohnes vor dem
Vater; s. μβουλjύιγ u. μβλjύιγ.

μούλεζε-α, Magen.

μουλέιν-ja, geg., Schwarzamsel; s. μελένjε.

μουλί-ου u. -ρι, geg. μουλίν-νι, Mühle; μουλίν
βόι, Oelmühle.

μουλιτάι-ου u. μουλίνε-ι, geg., Müller.

μουμχίμ u. μεμυχjύμ, möglich, türk.

μουνγρίς, ich brumme, wie das Hornvieh; —
part. ε μουνγρίσουρα, das Brummen; s. γαννίς.

μουνd o. μουντ, geg. auch μούνδεμ, ich kann,
ich siege; νούχε μουνd, neugriech. δέν ἠμπορῶ, ich bin unwohl! s. σμουνd; — part.
ε μούνδουρα, geg. ε μούνδμεja, Kraft, Sieg.

μούνdενε, wenigstens; s. βάρ.

μούνdιjε-α, Sieg, Kraft, Wohlsein; s. σμούνδιjε.

μουνdίμ-ι, pl. μουνdίμέ-τε, Qual, Marter, Mühe,
Anstrengung; με ϑούμε μουνdίμ, mit vieler
Mühe; — χούμba μουνdίμνε τιμ, all' meine
Mühe ist verloren.

μουνdύιγ, ich plage, martere, mache Mühe, geg.
ich versuche, probire; — μουνdόνεμ, geg. μουν-
dόχεμ, ich bemühe, plage mich; — με
ουμουνdά ο ζοτ, bemühe dich nicht, o Herr!
Luc. XII, 6; — part. ε μουνdούαρα, geg.
ε μουνdούμεja, Plage, Qual, Bemühung, Versuchung.

μουνλζέ-τε, pl., geg. (Stamm μουλjύιγ), was
μούντζε Nr. 2; απ μουνλζέτε, was μουντζός;
s. νάμεζε.

μούντζε-α, 1. angeschlagenes Thürschloss; s. χjυτ-

----

*) Ursprünglich nur von der Braut, welche nach
der Verlobung nur verschleiert ausgehen darf.

ὄϱϰίτζε; 2. Beschimpfung durch Ausstrecken der fünf Finger gegen Jemand mit dem Sinne, dass man ihm dadurch die Augen verschliessen, ihn blind machen wolle; der Beschimpfte replicirt: τε δάλτᾶτνε, mögen sie (die Augen) dir ausfallen.

μουντζύς, ich beschimpfe durch eine μούντζε (die Grundbedeutung „ich verschliesse" ist verloren).

μοῦρ-ι, pl. μούρε-τε, Mauer, — ι μεσμ, Mittelmauer, — ι πάρε, Hauptmauer, — ι δύιτε, Stützmauer, — ξεϱολέθ, trockene Mauer.

μουρβέτ, pl. μουρβέτε-τε (adj. reif, mürbe), subst., Wille, Vorsatz, türk.

μουρjέλε-α, geg., die grosse Pferdefliege.

μουρδάρ-ι, schmutzig, türk.

μουρδαρέπς, μουρδαρίς u. μουρδαρώγ, ich beschmutze, beflecke.

μουρξ̆-ρι, geg. -νι, Nordwind.

μουρίς-ζι, pl. μουρίζα-τε, Schwarzdorn.

μουρx-ϱου u. μούργε-α, geg., Bodensatz des Oels; adj. dunkel, schwarz, grau; s. ζούτσε.

μουρτάjε-α, Pest, Seuche; s. μορρτ.

μουσαφίρ-ι, Gast, türk.

μούσιχε-α, Musik, bes. Kirchengesang, griech.; s. σᾶζε.

μουσιχύ-ι, Musikant, griech.

μουσίτζε-α, kleine Mücke; s. μίζε.

Μουσχοβί-α, geg., Russland.

Μουσχοβνίᾶτ, geg., russisch.

Μουσχόφ-βι, geg., Russe (türkisches Schimpfwort).

μουστάχjε-ja, geg., pl. μουστάχjε-τε, Schnurrbart.

μουᾶαβερέ-ja, Versammlung, Versammlungshaus, Complett, Verschwörung, türk.; s. περμβεjέδουρα.

μουᾶχjέρρε-α, weibliches Kalb; s. μεᾶτjέρρε, δεμ u. βιτᾶ.

μούᾶχε-α, Maulesel.

μούᾶχενίτε! pl., geg., elliptische Verwünschung: komm, Kugel, und fahre ihm durch die Lungen!

μούᾶχερί-α, geg. μούᾶχενί, Lunge; s. μεℓjτᾶΐ.

μούᾶχόνjε, s. μᾶχόνjε.

μούᾶμούλε-α, Baumfrucht, welche faulen muss, um geniessbar zu werden: Mispel?

μούᾶτ-ι, geg., pl. μούᾶτε-τε, eingekochter Most.

μοῦτ-ι, pl. μούτερα-τε, Menschen-, Hunde- und Katzenkoth; s. ὑάΐγε u. χαχερᾶΐ.

μουτάφ-ι, pl. μουτάφε-τε, Pferdedecke.

μουτίν-νι, geg., Butterfass; s. ᾶχερᾶέτς.

μουφάς, geg., ich erweiche in Flüssigem (Zwieback, Leder etc.); —μουφάτεμ, ich erweiche,

werde weich, ich schwelle an in Flüssigem; — part. ε μουφάτμεja, das Erweichen, das Anschwellen in Flüssigem, bes. vom Schwamm.

(μπάσχε), Wolle.

μπσίχεζε-α μενδάφ᾽ιτ, Seidencocon; s. μεᾶΐχεζε.

μπσόιγ u. πσόιγ, geg. μεσόιγ, ich lerne, erfahre, lese, ich tadele, ich lehre; σι ε μπσόιγ μεμμ᾽ ε σάιγ, wie ihr ihre Mutter gelehrt hatte, Matth. XIV, 8; — part. μπσούαρε, gelehrt, neugriech. διαβασμένος; — ι μπσούαρι, der Gelehrte; — ε μπσούαρα, das Lernen, die Benachrichtigung, Gelehrsamkeit.

μράμα, s. μὅρεμε.

μράμε, geg., gestern Abend; s. διέ.

μρέζε-α, tetragl., Netz; s. ρjέτε.

μρένδα, s. βρένδα.

(μστέλεγε), Haspel; s. ᾶτjέλε.

(μστέτεμ), ich stütze; s. μεᾶτέτ.

(μστέτουρε), Stütze.

(μστίμε, μπστίμε), Russ; s. τιμ.

μτζόιγ, ich grolle, hasse; ε μτζύινε Γ᾽ραματέιτε — μῦε μαθιτίτ᾽ ετίγ, und die Schriftgelehrten grollten mit seinen Schülern, Luc. V, 30; s. ουρρέιγ.

μυ, s. μι.

μύζε, s. μίζε.

μὅχ-ου, Schimmel.

μυχ, ich schimmele, auch ζε μυχ; — part. μύχουρε, geg. μύχουνε, schimmelig; — ε μύχουρα, geg. ε μύχμεja, das Schimmeln.

μύχετε, schimmelig.

μυντζύρε-α, grosses Unglück, Katastrophe; s. μούντζε.

μύρο-ja, Arom, Taufsalbe.

μυσελjέ-ja, geg., weisser süsser Wein.

μυστίρ-ι, Geheimniss, griech.; s. φᾶέχουρε.

μύᾶχ, s. μοσχ.

μυχύρ-ι, pl. μυχύρε-τε, Siegel, türk.; s. βούλjε.

N.

να, wir.

να, adv., da, bes. beim Gehen.

νάβλε-α, Schiffsfracht, griech.

ναβλί-α, geg., Flinten- und Pistolenlauf; s. λαμνί.

ναβλός, ich miethe ein Schiff, griech.; — part. ε ναβλόσουρα, die Schiffsmiethe.

ναδᾶχε-ja, geg., kleines Handbeil.

νάζε-ja, s. νας.

ναζετούαρ-ι, weibl. -όρε, reizend und koketirend; s. νας.

ναχάρ-ι, Gewalt, bes. geistige; djǎλι σ'χα ναχάρ
νδε̱ τε̱ μίρε̱, der Teufel hat keine Gewalt über
die Gerechten.

ναχατύς, ich bringe durch einander, vermenge,
griech; s. τραμε̱ζόιγ.

ναχατοσί-α, Vermengung, Verwirrung, Ekel;
με̱ βιέν ναχατοσί, es kommt mir Ekel an.

νάχελj-ι, geg., Nachricht, Erzählung; ϰε̱τε̱ χου-
βε̱νδ ε βε̱ντε νάχελj, diese Erzählung machte er,
so erzählte er; — geg. neugierig; μος μ'α βαϊ
νάχελj, mache mich nicht neugierig.

ναλjτ, geg., adv., 1. hoch; χύπτε ναλjτ ναλjτ,
er stieg hoch, hoch; — 2. oben; ναλjτ ίστε̱
α πόστε̱? ist er oben oder unten?

νάλjτε̱, geg., hoch, gross von Gestalt; τε̱ νάλj-
τιτε̱, die Höhen, τε̱ χjιελιτ, des Himmels.

ναλέτ-ι, pl. ναλέτε-τε̱, Verfluchung, was griech.
ἀνάϑεμα; χjοφϖ ναλέτ! sei verflucht! — ε
βε̱ρρα ναλέτ, ich habe es verschworen, ver-
redet, türk.

νάμ-ι, pl. νάμε-τε̱, Gerücht, Ruf, Ansehen;
νjερί με̱ ναμ, ein Mann von Ruf.

νάμε̱-α, geg., Fluch; s. νε̱μ.

νάμε̱ζε̱-α, geg., was μούντε̱ς, doch sieht der
Beschimpfte hier nicht die innere Handfläche,
sondern die Hand wird nach Art eines Weg-
weisers gegen ihn ausgestreckt.

νάννε̱-α, geg., Mutter; s. νε̱ννε̱.

ναξ-ι, pl. νάξε-τε̱, jähzornig.

νάξλε̱χ-ου, Jähzorn.

ναῦ-ι, Kirche, griech.; s. χjίϑε̱.

νᾰπ, geg., s. απ.

νάππε̱-α, Käsetuch zum Ablauf der Molken; jedes
grobe durchscheinende Tuch; geg. auch Weiberschleier; s. βορδϭαλέχ.

ναράν-ι, geg., schwächlich, empfindlich gegen die
Eindrücke der Witterung.

ναρανλί, geg., bes. von empfindlichen Gewächsen,
die schwer zu ziehen sind.

ναράντϭ-ι, bittere Pomeranze.

νας-ζι, pl. νάζε-τε̱, Koketterie, Reizungen; νάζετ'
ε τούα με̱ πρίϭνε̱, (Lied) deine Koketterien
machen mich elend, türk.; s. ϭε̱λχα.

νασιχάτ-ι, Vorzug, Warnung, türk.

νάτε̱-α, pl. νέτε̱, Nacht.

νάτε̱νε̱ u. νάτιτ, adv., bei Nacht, Nachts; s. δίτε̱νε̱.

ναφτ-ι, geg., Vermögen, Besitz; τϭ' ναφτ κε̱? wie
viel Vermögen hat er? s. χjάλ.

ναχίε-ja, Landschaft.

νγ̂α, 1. praep. mit bestimmtem und unbestimmtem Nominativ: a) von; νγ̂α βjέν? von wo,
woher kommst du? Antw.: νγ̂α βέϑτι, von dem

Weinberge; — νjε̱ νγ̂α ατά, der eine von
ihnen, dieser; — b) nach; χου βέτε̱? wo
gehst du hin? Antw.; νγ̂α βέϑτι, nach dem
Weinberge;*) — c) an, χυ; στ ϭχότ νγ̂α
ϭτε̱πί' ε πάρε̱, als er an dem ersten Hause
vorüberkam; — ε χέϭε̱ νγ̂α ανε̱ με̱νγ̂jε̱ρε̱, ich
hatte ihn zu meiner linken Seite; — νγ̂α πέ-
μετε̱ τε̱ τύρε do τα νίχνι, an ihren Früchten
werdet ihr sie erkennen, Matth. VII, 20; —
βε̱ρι παζάρ με̱ πουνε̱τόρε νγ̂α νjε̱ δινάρ δίτε̱νε̱,
er schloss mit den Taglöhnern zu einem Denar
den Tag ab, Matth. XX, 2; — d) aus, vor;
ϭπε̱τούαμ νγ̂α νjε̱ ι μαϑ ϝασε̱π, wir retteten
uns aus einer grossen Gefahr; — διχότ νγ̂α
πε̱νϑέρεjα, er lugte aus dem Fenster; — τανί
άρτϭε̱ νγ̂α φϭάτι, jetzt, so eben kam ich aus
dem Dorfe; — τσίλι ουδϭε̱φτόι jούβετ χjε̱ τε̱
ἰχε̱νι νγ̂α ουργjία χjε̱ βίεν? wer hat euch gelehrt, vor dem Zorne flüchten, der kommt?
Matth. III, 7; — e) je; μούαρε̱ νγ̂α νjε̱ δινάρ,
sie erhielten je einen Denar, Matth. XX, 9; —
f) als; ίστε̱ με̱ ι μαϑ νγ̂α αί, er ist grösser als
dieser — (νγ̂α entspricht fast gänzlich dem
neugriechischen ἀπό). — 2. νγ̂α, adv., woher?
wohin? νγ̂α βjέν? νγ̂α βέτε? woher kommst du?
wohin gehst du? — νγ̂α je τι? woher bist du?
Joh. XIX, 9; — νγ̂α σε? warum? weswegen?
— νγ̂αδú (aus νγ̂α, wo, wohin, und do, du
willst), wo immer, wohin immer, überall; —
do τε̱ βιj πας τε̱je νγ̂α do χjε̱ τε̱ βετϭ, ich
werde mit dir gehen, wohin du immer gehen
wirst; — νγ̂α βjέτ, adv., jährlich; — νγ̂α
δίτα, adv., täglich; s. περ δίτα; — νγ̂α
νάτε̱, adv., allnächtlich; — νγ̂α χjέρε̱ u. χjέρα,
jedesmal, immer.

νγ̂αζελίμ-ι, geg., Freude; s. γ̂ας.

νγ̂αζελόιγ u. νγ̂αζουλόιγ, geg., ich beglück-
wünsche; s. γ̂αζε̱λόιγ; — νγ̂αζελόχεμ, ich
freue mich sehr, jubele.

νγ̂αλjαχάχj, geg., adj., hinkend, lahm; s. νγ̂ελj.

νγ̂άλjεμ, geg., ich bin durch Geschäfte verhindert,
abgehalten; πσε ουνγ̂άλjε? was hielt dich ab?
— part. ε νγ̂άλjμεjα, Abhaltung, Verhinderung.

νγ̂αλjόιγ u. νγ̂αλjόχεμ, geg., ich bin an den

---

*) Aus den Beispielen von a. und b., ebenso wie aus
der Doppelbedeutung von πρέι, erhellt, dass
das Albanesische zwischen der Richtung von
und nach nicht so scharf unterscheidet, wie
andere Sprachen, sondern einfach die Bewegung, gleichviel in welcher Richtung, in's
Auge fasst. — S. Grammat. Nota zu §. 6.

Füssen gelähmt, bes. von jungen Enten; —
part. ε νϳαλϳούμεja, die Lahmheit.

νϳαλεμόϳ, ich reize mit Worten; μος με νϳα-
λεμώ, reize mich nicht.

νϳαλμόϳ, geg., ich nagele fest, lasse ein (vom
Holze), — νδε χρυχϳ, ich nagele an das Kreuz;
s. νϳελϳ, χελάς u. μδερϑέϳ.

νϳαρχόϳ, ich lade auf, ein, ich beauftrage; —
part. ε νϳαρχούαρα, geg. ε νϳαρχούμεja, die
Ladung, z. B. Pferdelast.

νϳᾶς, anom., ich berühre, rühre an, treibe an,
reize; νϳᾶς χάλjινε, ich treibe das Pferd an; —
με νϳάσινε ἐϑετε, das Fieber plagt mich; —
με νϳὲτ χρύετ, ich leide (periodisch) am
Kopfe; — χουϑ νϳἐτ χjἐετ? wer treibt die
Ochsen an? d. h. wer pflügt? auch: νϳᾶς
άρενε, ich pflüge; — βέρρα με νϳἐτ ϳϳάχουνε,
der Wein reizt mir das Blut; — μος με νϳά!
rühre mich nicht an! s. τους; — part. ε νϳάιτ-
ουρα u. ε νϳάρα, geg. ε νϳάιτμεja, die Berührung, das Reizen, Necken.

νϳαδερίμ - ι, pl. νϳαδερίμε - τε, Sehnsucht;
s. δεϑερίμ.

νϳαφόρ-ι, Krebs; s. ϳαφόρε.

νϳάχα, was νϳα.

νϳἔ-ja, Musse; σ' χαμ νϳἔ, ich habe keine
Zeit, geg. auch: Gelegenheit; — ϳϳέττι νϳε τα
βράσι, er fand Gelegenheit, ihn zu tödten.

νϳἔλϳ, geg., ich hake fest, bes. von Dornen;
ουνϳἐλτᾶ, ich stecke in den Dornen; — χου
ουνϳἐλε? wo bist du so lange aufgehalten
worden?

νϳερτσελίν, geg., s. χερτσελίγ.

νϳἔδιμ, frei von Arbeit, unbeschäftigt; σῦτ jαμ
ι νϳἔδιμ, heute bin ich frei von Arbeit; s. νϳἔ.

νϳίδτρε-α, Angelhaken, Gewehrkrätzer, Haken,
woran der Schneider seine Näherei befestigt;
s. ϳρεπ.

νϳολάρ-ι, Stamm νϳουλϳ, concub. sine Lucina;
τ πουνόβα νϳε νϳολάρ (verst. νδε βύϑε) χjε
τα μδάjε μεντ, ich stellte ihm ein Bein, an
das er sich erinnern wird; — λϳύζεμε με
πará? spielen wir um Geld? — jο με νϳολάρ,
nein, um des Kaisers Bart; — ι βούρι δjέτε
νϳολάρε νδε βύϑε χjε σ' ι δάλϳενε χούρε, d. h.
ungefähr: ich habe ihn tüchtig ausgeschmiert
und ihm 10 Partien aufgehängt (Erinnerung
an das Schicksal der Besiegten auf alten Vasengemälden).

νϳόπ u. νϳόσσ, ich sättige; — νϳόπεμ; ich sättige
mich; — part. ε νϳόπουρα, geg. ε νϳύπμεja,
die Sättigung.

νϳορδάχj-ι, geg., adj., ausgemergelt, heruntergekommen, bes. v. Pferden; s. νϳορϑ.

νϳορδρεσίνε-α, geg., krepirter Thierkörper, Aas.
(νϳόρεν), Nordwind; s. δόρε.

νϳόρϑ, ich mache krepiren, ich verrecke, krepire; ε νϳόρϑα νϳε μάτσε, ich tödtete eine
Katze; — ε νϳόρϑα, ich schlug ihn windelweich; s. δούαιϳ; — part. νϳόρϑουρε, geg.
νϳόρϑουνε, krepirt, halbverreckt; — νϳερί
ι νϳόρϑουρε, heruntergekommener, ausgemergelter Mensch; — ε νϳόρϑουρα, geg. ε νϳύρϑ-
μεja, das Krepiren; s. τσοφ.

νϳόσσ, s. νϳόπ.

νϳουλϳ, ich stosse, stecke, tauche ein, hinein;
νϳούλja χάχjε πέμμε, δρι, ich pflanzte so und
so viel Bäume, Weinstöcke; — τε μάδενετε
σε χρέμτεσε νϳούλι χέμβϳν' ισού ε ϑύρρι με
φορτ, an dem höchsten Festtage stampfte Jesus
mit dem Fusse und rief mit starker Stimme,
Joh. VII, 37; — geg. als neutr. ich wurzele
fest; — νϳούλι ράνϳε ε σ' χα με ουτδούμε,
Redensart: die Wurzel ist festgewurzelt und
lässt sich nicht mehr ausreissen; — νϳούλjεμ,
ich schliesse mich an einen an; — ουνϳούλτᾶ
με νϳι τε μαϑ. ich schloss mich an einen
Grossen an, neugriech. προσχολλούμαι; —
δ'χούλjεμ πρέιϳ Ιαννίνεσε ε νϳούλjεμ νᾶ Αρτε,
ich ziehe von Jannina weg nach Arta; — part.
ε νϳούλjουρα o. νϳούλjτουρα, geg. ε νϳούλj-
μεjá, das Einstecken, Eintauchen, Pflanzen,
das Anschliessen.

νϳους, geg., ich beenge, zwinge; νϳους βορτδε-
λίνε τε λjάιϳ' πάρετε, ich zwinge den Schuldner,
das Geld zu zahlen; — νϳους χάλjινε, ich
treibe das Pferd an; — νϳούτεμ, ich beeile
mich, eile; — νϳούτεμ με τε χάνϳρεμιτε, τε
έτσεμιτε, ich beeile mich zu essen, ich gehe
eilig, griech. βιάζομαι; — part. ε νϳούτμεja,
Zwang, Eile, neugriech. βία; s. ανϳεδτόεϳ.

νϳοῦδτε, adj., enge; jαμ ι νϳοῦδτε, ich bin
karg, geizig.

νϳουδτόϳ, ich mache enge, verengere, beenge; —
νϳουδτόχεμ, ich werde beengt, νϳα ϳjίνδια,
von der Menschenmasse; ich bin geizig; —
part. ε νϳουδτούμεja, das Beengen, der Geiz.

νϳράνε, geg., part. v. χα, gegessen; jαμ νϳράνε,
ich bin angegessen, d. h. ich habe gegessen.

νϳρε, geg., νϳρἔ, anom., ich hebe auf, wecke
auf, erhöhe; βέρρα νϳε δτερί ε ε νϳρίτα δούμε,
ich baute ein Haus und machte es sehr hoch;
— ϳjάρπερι νϳρίτι χόχενε, die Schlange erhob den Kopf; — βένδι νϳρίτι χρόε, das Land

erhob den Kopf, erhob sich (zum Aufstande);
— ουρδενάσιν' ε νῆρίτενε, sie enthoben den
Beamten seiner Stelle, entsetzten ihn; —
ε νῆρίτι σύτε νδερ χjίελ, und er erhob die
Augen gen Himmel, Luc. IX, 16; — ε νῆρίτινε
ζένε, τουχ ε θένε, und sie erhoben ihre
Stimme, indem sie sagten, Luc. XVII, 13; —
imperat. νῆρε ε, geg. νῆρε jε, hebe es auf!
νῆρίχεμ, ich erhebe mich, stehe auf; — ουνῆρέ ε βάτε, er stand auf und ging; — ουνῆρέ
βένdi, das Land stand auf; — *imperat.* νῆρέου!
stehe auf! — *part.* ε νῆρίτουρα, geg. ε νῆρίτ-
μεja, der Aufstand, die Erhebung, das Aufstehen.

νῆρέχ u. νῆρέχ, geg. νῆρέφ, ich richte, stelle,
ziehe auf, spanne ein Gewehr, eine Instru-
mentensaite, stelle eine Falle; — dέρρι νῆρέφ
χρέδτε, geg., das Schwein sträubt die Borsten;
— νῆρέχεμ, geg. νῆρίφεμ, ich blähe mich; —
part. νῆρέχουρε, geg. νῆρέφουνε, aufgeblasen;
— κάλjι έτσεν νῆρέχουρε, das Pferd hat einen
stolzen Gang; — ε νῆρέχουρα, geg. ε νῆρέφμεja,
die Spannung, Aufrichtung, Aufgeblasenheit.

νῆρένε-α, *part.* v. χα, Speise.

νῆρένες-ι, Fresser, Vielfrass.

νῆρέχετε, geg. νῆρέφετε, *adj.* u. *adv.*, aufgeblasen; s. νῆρε.

νῆρίγ, geg. νῆριν, ich mache frieren, ich friere,
erfriere; μος με ρύχ ο. χαπ, σε με νῆριν, geg.,
fasse mich nicht an, denn du machst mich frieren; — με νῆρίνι jῆάχου, das Blut erstarrte
mir; — *part.* νῆρίρε, geg. νῆρίμε, erfroren;
— θάρ' ε νῆρίρε, steif und kalt.

νῆρίσσ u. νῆρυσσ, ich mache Abend; — περυν-
dία νῆρύσσι δίτενε, Gott machte den Tag zum
Abend, d. h. es wurde Abend (so *n. griech.*
ἐφώτισε ὁ θεὸς τὴν ἡμέραν, es tagte); — νῆρίσσεμ u. νῆρύσσεμ, ich verbringe den Abend; —
ουνῆρίτδ με δεντέτ, mögest du den Abend
wohl verbringen (Abschiedsgruss gegen Abend,
s. δdι); — jέμι νjέρες, νῆρίσσεμ πο σ' δδί-
χέμι, wir sind Menschen, wir erleben den
Abend, aber nicht den Morgen, *n. griech.*
βραδυάζομεν ἀλλὰ δὲν ξημερόνομεν; —
τδ' ουνῆρύσσε ο..έρε? wie ist dir heute Abend?
wie hast du den Tag verbracht? — νῆρίσσετε u.
ουνῆρίσσ, *impers.*, es dämmert, es wird Abend;
s. μουχ; — *part.* ε νῆρίσσουρα u. ε νῆρύσ-
σουρα, geg. ε νῆρύσσμεja, das Abendwerden,
der Abend; — μος τε jῆετ τε νῆρύσσμιτε!
möge dich der Abend nicht mehr finden! (Verwünschung); — das Verbringen des Abends; —

ε νῆρίσσουρα ίμε χjε ε ρένdε, ich hatte einen
schlechten Tag.

νῆρίτε-α, geg. νῆρίτε, Eis; s. νῆριγ u. άχουλ.

νῆρίτε, geg., *part.* v. νῆρέ.

(νῆριχ), ich schreie; s. jῆραφ.

(νῆριχ), ich bekomme, erhalte.

νῆροχ, geg. νῆρόφ, ich erwärme, wärme; geg.
πούλjα νῆροφ βέτε, das Huhn brütet; —
νῆρόχεμ, geg. νῆρόφεμ, ich wärme mich; —
part. νῆρόχουρε, geg. νῆρόφουνε, erwärmt,
warm; — geg. ε νῆρόφμεja, die Erwärmung,
das Brüten.

νῆρύχετε-α, geg. νῆρόφετε, 1. *subst.* Wärme,
Hitze; 2. *adj.* warm, heiss; s. φτύχετε.

νῆjάλ, geg. vjaλ, ich mache fett; mäste, ich
wecke von den Todten auf; auch: ich heile;
με νῆjάλι χεχίμι, der Arzt heilte mich; —
νῆjάλεμ, ich werde fett; ich auferstehe. ich
werde geheilt, genese; — *part.* νῆjάλτουρε,
geg. vjάλουνε, fleischig, fett, s. μάjι; auferstanden; — ε νῆjάλτουρα, geg. ε vjάλμεja,
die Auferstehung, die Heilung, das Mästen.

νῆjάλjε-α, geg. vjάλjε-α, Aal.

νῆjάς u. σῆjάς, geg., ich verlängere, dehne
aus; s. jῆάτε; — *part.* ε νῆjατούμεja, die
Verlängerung, Ausdehnung; s. νῆjατύtῃ.

νῆjάτε, geg., *adv.* u. *praep.* mit *genit.*, nahe;
νῆjάτε Ιαννίνενε, nahe bei Jannina.

νῆjατύtῃ, geg. jῆατύtῃ, ich verlängere, dehne
aus; s. jῆάτε; τ' ουνῆjάτε jέττα! möge sich
dir das Leben verlängern! (Wunschformel); s.
νῆjάς.

νῆjέθεμ, ich schauere; μ'ουνῆjέθ μίάτε, mir
schauderte das Fleisch, statt: die Haut; — *part.*
ε νῆjέθουρα, der Schauer; s. jῆέθε.

νῆjέxj-ι, *tosk.*, der Nebeldunst, welchen grosse
Hitze über tiefliegende Gegenden verbreitet, und
der durch den Sirocco hervorgebrachte Dunst-
schleier.

νῆjέρ u. νῆjέρα ο. vjερ u. vjέρα, geg. νdjερ, *adv.*,
bis; vjερ χου jέε? bis wohin warst du? —
vjερ τε jῆάρdι, bis zu dem Zaune; — vjερ σα
σbρίττι, bis dass er herabstieg; — vjέρα νdε
πάσχε, bis zu Ostern; — vjέρα ρεπάρα, vjέρα
πράπε δτεπίσε, bis vor, bis hinter das Haus;
— vjέρα σα? bis wie viel? d. h. was ist der
äusserste Preis? — vjερ χουρ? bis wann?

νῆjέδ (vjιδ), ich gürte, umgürte, lege den
Gürtel (einem) an; ich klatsche an, bewerfe
mit etwas Klebendem; νῆjίδεμ, ich gürte mich;
— *part.* ε νῆjέδουρα, geg. ε νῆjέδμεja, das
Gürten.

11

νῆjεται, Blanc., anderswo.

νῆjέιγ u. νῆjύειγ, ich tunke ein, färbe.

νῆῖp-ι, pl. νῆῖφε-τε, Tiefe, tiefe Stelle in einem Wasser.

νῆjίφεμ, ich bin heiser; — part. ε νῆjίφτουρα, die Heiserkeit.

νῆjίσσεμ, toak., ich verbürge mich, περ τύιγ, für dich; — bούχα σ'με νῆjίσσετε, die Speise gibt mir keine Kraft; — part. ε νῆjίσσουρα, die Bürgschaft, Kräftigung; s. νῆjίττ.

νῆῖττ, geg. νῆῖσσ, ich setze zusammen, kitte, klebe, leime, ich klettere, ich hänge an, sage nach, verläumde; μα νῆjίττεν' σε bάνα ατέ, sie sagten mir nach, dass ich dies gethan habe; — do τε νῆjίσσ τσα bιϳονί, ich werde dir verschiedene Verläumdungen anhängen, dich in's Gerede bringen; — geg. νῆjίσσ με bάρρε, ich schwängere; s. bέιγ; — νῆjίττεμ με bάρρε, ich werde schwanger; — νῆjίττεμ, mit genit. auch: ich verliebe mich; — ι ουνῆjίττ djάλjιττ, er verliebte sich in den Knaben; — ι ουνῆjίττ τε ζύτιτ, er folgte seinem Herrn; — νῆjίττεμ λjίσττ, ich klettere auf den Baum; — part. ε νῆjίττουρα, geg. ε νῆjίτμεja, das Zusammensetzen, Kleben, Kitten, Leimen, Klettern, Verläumden, Verlieben.

νdάjε, geg. ανdάιj, desswegen, daher, darum. (νdάjo u. νdάιχo), Muttersbruder; s. dάjε u. ουνχj.

νdάιγ, geg. dάιγ, ich theile, vertheile, theile aus, ich trenne, scheide (eine Ehe); — χεdτού ουνdάμ, auf diese Weise trennten wir uns, nahmen wir von einander Abschied; — βελάζεριτε ουνdάνε, die Brüder theilten ab; — νdάβα ϳρούανε, ich trennte mich von meiner Frau; — με νdάου ϳρούαja, sie trennte sich von mir; n. griech. μέ ἐχώρισε; — dάιγ λjιμόσϧνε, geg., ich gebe (den Verwandten und Freunden des Verstorbenen) ein Todesmahl; part. ε νdάρα u. νdάιτουρα, geg. ε dάμεja, pl. τε dάμιτε u. dάιτμιτε, die Theilung, Trennung, Scheidung.

νdάνε, s. άνε.

νdαρόιγ u. νdερόιγ, ich verändere, wechsele; νdερόιγ jέττενε, ich verändere das Leben, d. h. ich sterbe; — νdερό με χετέ φλjορί, wechsele mir diesen Ducaten; — νdερόιγ ϳρούανε, ich nehme zur ersten die zweite Frau (von Türken); — νdερόνεμ, ich wechsele, bes. die Wäsche, wie n. griech. ἀλλάζομαι; s. χεμbέιγ.

νdαϑτί, geg. νaϑτί, jetzt, schon; s. τανύ.

νdατϑμαζάν, geg., plötzlich, türk.

νdjέχ, ich verfolge, vertreibe, jage; — part. ε νdjέχουρα, geg. ε νdjέχμεja, die Verfolgung, Vertreibung, Begattung; s. νdέῖjεμ.

νdjέχες-ι, Verfolger.

νdjερ, geg., s. νῆῖρ.

νdjέτε, adj., abscheulich, verabscheuungswerth; αjό χjε ἐστε ε λjάρτε περπάρα νjέρεζιτ, περπάρα Περνdίσε ϧτ' ε νdjέτε, was bei den Menschen hoch steht, ist vor Gott ein Greuel, Luc. XVI, 15.

νdjέτε-α, Abscheu, Ekel; με βjέν ε νdjέτε, mir kommt Abscheu, Ekel an.

νde, adv., wenn, mit indicat.; νde do, wenn du willst; — νd' ἐστε χjε, wenn es ist dass, für wenn, Matth. V, 29 et passim; — häufiger mit conjunct., σε νde bέφτδι ασ̇τού, denn wenn ihr so handelt, Matth. VI, 1; — νde μος νdεjέφτδι νjέρεζεβετ φάjετ' ετύρε, wenn ihr nicht den Menschen ihre Sünden verzeiht, Matth. VI, 15; s. σι u. χουρ.

νde, praep. mit accus., in, zu, von; s. μbε.

νde μές, praep., in Mitten, zwischen.

νdεjέιγ u. νdελjέιγ (Stamm je), ich verzeihe, vergebe; με νdεjένι, σ' ἐστε χεdτού, verzeihen Sie, es ist nicht so; — ζύτι ε νdεjέφτε, der Herr möge ihm verzeihen (Wunsch für Verstorbene, n. griech. ὁ θεὸς νὰ τὸν συγχωρέσῃ); s. νdίειγ; — part. ε νdεjύερα u. ε νdελjύερα, geg. ε νdεjίμεja, die Verzeihung.

νdεjέσε-α, u. νdελjέσε, Vergebung, Barmherzigkeit; νdεjέσε πάστε, möge er Verzeihung haben! (gewöhnlicher Wunsch für Verstorbene).

νdεϳjόιγ u. νεϳjόιγ, geg., ich höre, gehorche (höre auf einen); — νdεϳjόχεμ, ich werde gehört, habe grossen Ruf; — part. ε νdεϳjούμεja, das Hören, der Gehorsam; s. dεϳjόιγ.

νdέιγ, s. νdίιγ.

νdέειγ, geg. νdένιχ, ich breite aus, ziehe, strecke, spanne die Saite eines Instruments; s. νdέρ; part. ε νdέρα u. ε νdέιτουρα, geg. ε νdένιτμεja, das Dehnen, Spannen, Ausbreiten.

νdεμερόιγ, geg., ich zähle, messe, — ϳροδ, ich zähle Geld; — dένε, ich messe Land; s. νούμερ.

νdένιjουρε, geg. νdέιτουρε, unou. part. zu ρι, ich sitze; χα ζανάτ τε νdένιjουρε, er hat ein sitzendes Handwerk; — νjερί ε νdένιjουρε, ein Mensch ohne Beschäftigung, ein Rentier; — ε νdένιjουρα, geg. ε νdέιτμεja, die Wohnung,

Aufenthalt, Geschäftslosigkeit, Musse, das Hinsitzen.

νdένvε, *praep.* mit unbestimmtem *accus.*, unter; ουφσέ νdένvε γούρτvε, er verbarg sich unter den Stein; — vjέρα σα τε βε χάσμερίτ᾽ ετού νdένvε κέμπε τε τουά, bis ich deine Feinde zu deinen Füssen lege, Matth. XXII, 44; — ε χαμ νdένvε βέτχε τίμε τρίμα, und ich habe unter mir Soldaten, Luc. VII, 8.

νdένχεμ, *geg.*, ich verfolge; ι νdένχεμ με ε ζαν, ich verfolge ihn (laufend) um ihn zu fangen.

νdεπέρ, *praep.* mit *accus.*, mitten durch, zwischen durch, unter durch; jάνε ljούμερα χjε έτσιvε νdεπέρ δέτε, es gibt Flüsse, die unter der Erde fliessen; — πλjούμβι ι δχόι νdεπέρ δάλjε, die Kugel fuhr ihm zwischen den Beinen durch; s. μbε.

νdερ, was νdε; μbάιγ νdερ μεντ, ich erinnere mich, halte im Sinne; s. μbε.

νdέρ, was νdέτγ, *part.* νdέρε.

νdέρ-ι, *pl.* νdέρε-τε, *geg.* νdέρ-ι u. νdέρι-ja, 1. Ehre; τε ρρούατε νdέρι u. νdερία! möge dir die Ehre leben! (Wunsch); — χα νdερ περ jdότα, er steht auswärts in Achtung; — να bάνι νdερ, sie thaten uns Ehre an; — ι αχ νdέριvε ν᾽ dύρε, wörtl.: ich gebe ihm die Ehre in die Hand, ich beschimpfe ihn; — 2. Preis, Curs; νdέρι dυχμένιτ ίστε γjιζέτ γροσ, der Curs des Thalers ist 20 Piaster; — βε νdέριvε, ich schätze ab; — σ᾽ ε χε νdέριvε με μούα, du hast keinen Werth im Vergleich zu mir, ich bin mehr werth als du; — ε χα νdέρι περ Μουδαβερdάρ, er ist fähig, hat die erforderlichen Eigenschaften zum Deputirten; — ι α dι περ νdερ, *geg.*, das rechne ich ihm hoch, zu Dank an.

νdερμjέτ, *geg.* (aus νdερ u. μjετ, Stamm μέσε), 1. *praep.* mit *genit.*, zwischen (zweien); Κρίστι νdερμjέτ χουσάρεβετ, Christus zwischen den Schächern; — 2. *adv.* χουδ βύιτε νdερμjέτ? wer ging in der Mitte?

νdερμjέτες-ι, *geg.*, Vermittler.

νdερύιγ, s. νdαρύιγ.

νdερύιγ, ich ehre, achte; — *part.* νdερούαρε, ehrbar, ehrsam; — γρούα, βάτζα ε νdερούαρα, eine ehrbare Frau, ein ehrsames Mädchen.

νdερτέσε-α, Verfertigung, Bereitung, Bau, Werk, Schöpfung; νdερτέσε ε Φιδίουτ, ein Werk des Phidias.

νdερτύιγ, *geg.*, was dερτύιγ; ε νdερτύιγ ούνε χετέ πούνε, diese Sache werde ich selbst besorgen.

(νdερρτζούρε), keusch, prächtig; s. νdέρτδεμ.

νdερσέιγ, ich hetze (Hunde); *geg.* ich locke an mich, durch Hinhalten von Brot oder Fleisch.

νdέρτδεμ-ι, *geg.*, ehrbar, ehrsam; s. νdερύιγ.

νdές, *geg.*, ich zünde an, ich reize; s. δές.

νdέσε-α, *geg.*, Eifersucht; — τε χαμ νdέσε, ich bin eifersüchtig auf dich.

νdέσσ, s. νdύδεμ.

νdέστε, für νdε έστε, wenn es ist, dass —, im Falle.

νdζαν, *geg.*, *anom.*, ich fasse, enthalte, begreife; — *part.* ε νdζάνμεja, das Fassen, Begreifen; s. dζαν.

νdζίγ, *geg.* νdζύι, ich mache, färbe schwarz; ε νdζίου dίελι, die Sonne hat ihn gebräunt; s. ζι; — νdζίχεμ, ich werde schwarz, erzürne mich; — μος ουνdζίγ, erzürne dich nicht; — *part.* ε νdζίρα, das Schwärzen, Schwarzwerden, Zürnen.

νdίγ, *geg.*, ich witterc; νdίγ χουσάρ, ich wittere Räuber, — ερε, einen Geruch; — τδ᾽ χαbέρ νdιν? was für Nachrichten hast du erwittert? — νdιν μι μάτσια, die Katze wittert Mäuse; — νdίχεμ σε βjεδ, sie sind mir auf der Spur, dass ich stehle; — χαdάλε, μος νdίχεδε, leise, damit du nicht bemerkt werdest; — *part.* ε νdίμεja, das Wittern.

νdίγjεμ, *geg.*, u. νdίχjεμ, *tosk.*, *pass.* v. djεχ, ich werde verfolgt; von vierfüssigen Thieren: ich begatte mich; s. δχελj.

νdίειγ u. νίειγ, *geg.*, ich verzeihe; s. νdεjέιγ; *part.* ε νdjέμεja, die Verzeihung.

νdίελ, *geg.* νdίλ, ich locke einem Thiere; νdίελ χjέντε, locke den Hunden, rufe sie ab.

νdίζεμ, *pass.* v. νdές, ich brenne.

νdιμύιγ, s. νdιχ.

νdίτ-ι, *pl.* νdίτε-τε, was ντζίτ, Schnelligkeit.

νdιφμεντάρ-ι, *weibl.*: —όρε, *geg.*, Helfer, Bundesgenosse.

νdιχ, *geg.* νdίφ, ich helfe, unterstütze, vertheidige; — *part.* ε νdίχουρα, *geg.* ε νdίφμεja, Hülfe, Unterstützung, Vertheidigung, Protection; s. νdιμύιγ.

νdίχμε-α, *geg.* νdίφμε-α, Hülfe, Unterstützung, Vertheidigung, Protection.

νdίχμες-ι, *Blasr.* νdιμετάρ-ι, Gehülfe, Mitarbeiter, Vertheidiger; ποτε ι dελλ νdίχμες? warum trittst du ihm als Vertheidiger hervor?

νdο — νdο, entweder — oder (aus νdε dο, wenn du willst, wie τεdο u. a.).

νδοϑ u. νδύδεμ, was νδεσσ, ich befinde mich gerade, zufälliger Weise; νδέσσα, νδόδα o. ουνδύδα με τε, ich befand mich gerade bei ihm; — ουνδύϑ τε ϑχον μβ'ατέ ούδε vjε πριφτ, es trug sich zu, dass dieses Weges ein Priester zog, Luc. X, 31; — νδέσσα με vjε vjερί τε λιχ, ich bin mit einem bösen Menschen zusammengerathen, n. griech. ἔνδεσα; — τε νδύδετε vjε ϑίχε? hast du etwa ein Messer bei dir? n. griech. σοῦ εὑρίσχεται? — part. νδύδουρε, νδύδουνε u. νδέσσουρε, verlegen, beengt; — jαμ ι νδύδουρε, ich bin in Verlegenheit; — ι νδύδουρε νδέσσουρε, der nächste beste; — vjε ϑίχε ε νδύδουρε, das nächste beste Messer; — geg. ε νδύδμεja, die zufällige Gegenwart, das zufällige Herbei-, Herzukommen; — ε νδύδμεja μίχουτ με ϑτεπύι, das Herzukommen des Freundes rettete mich.

(νδουε), um.

νδύνεσε u. νδύσε, geg. νδόνσε, obgleich, mit indicat.; νδόνεσε jένι τε χεχίvj, obgleich ihr böse seid, Matth. VII, 11.

νδύνjε, geg. νόνjι u. νόι, 1. irgend einer, jemand, einer, etwas (aus do u. vjε); — αμ' με νδόνjε παρά, νδύνjε ϑίχε, gib mir etwas Geld, ein Messer; — μερ με νδύνjε ϳ̃ϑχ, nimm mir etwas Blut, lasse mir zur Ader; — ε ϑύϑνε, σε χούρρε νούχ' ουδούχ νδύνjε ε τίλε νδε Ἰσραίλ, und sagten, dass niemals so etwas ähnliches in Israel geschehen sei, Matth. IX, 33; — μος να λjεϑύτϑ νέβετ νδε νδύνjε πιρασμό, lasse uns nicht in irgend einer Versuchung, Matth. IV, 13; — 2. Niemand; ἐρϑι νδύνjε? ist Jemand gekommen? Antw.: νδύνjε, Niemand, n. griech. χανένας; — εδέ νδύνjε vjερί βε βέρε τε ρε, und Niemand schüttet neuen Wein etc., Marc. II, 22; — geg. ἐρϑνε νδύνjε u. νϳα ϑίτε βέτε, es kamen ein (bei, an) zehn Mann; — νδύνjε σε u. νδο σε, obgleich; s. νδύνεσε.

(νδύνjε βενδ), zuweilen; s. δίχου.

νδούχ, ich rupfe (Geflügel), beisse ab, benage; — part. ε νδούχουρα, geg. ε νδούχμεja, das Rupfen, Abbeissen, Benagen; —
　ο μόj βάιζ' ε δούχουρε,
　χε φάχjενε νδούχουρε,
　ο du schönes Mädchen,
　du hast die Wange (vom Liebhaber) gebissen (Lied).

νδραχ, geg., ich beschmutze, verunreinige; — νδράγεμ, ich beschmutze mich, werde schmutzig; s. τρόχε; — part. ε νδράχμεja, die Beschmutzung.

νδρεχj, ich mache gerade, gleiche aus, vergleiche, vertrage, versöhne, verbessere; — νδρέχjεμ, ich vertrage, vergleiche, versöhne mich; geg. auch: ich putze mich, n.gr. ιστάζομαι; — part. ε νδρέχjουρα, geg. ε νδρέχjμεja, die Herstellung, Ausgleichung, Vergleich, Versöhnung.

νδρέχες-ι, der Verbesserer, Versöhner.

νδριττ, geg. νδρίσσ, ich leuchte, erhelle, erleuchte; s. δρίτε; — part. νδρίττουρε, geg. νδρίττουνε, hell, erhellt; — ε νδρίττουρα, geg. ε νδρίττμεja, die Erleuchtung.

νδριττϑμ u. νδριττϑούϑμ, erleuchtet, hochgelehrt, entspricht dem griech. ἐχλαμπρότατος; — πάϑχα ίστε διτ'ε νδριττϑούϑμε, Ostern ist ein hoher Festtag.

νδριττϑύιγ, geg., ich leuchte, scheine, strahle, bescheine; χάννα νδρίττ, δίλι νδριττϑόν der Mond scheint, die Sonne strahlt.

νδρυϑ, geg., ich renke Knochen aus, verrenke, bes. von Neulingen durch schlechte Behandlung; um diess zu verhindern, sind die Mütter und Ammen sehr ängstlich besorgt; — νδρύδεμ, ich verrenke mich; — part. ε νδρύϑμεja, das Verrenken.

νδρύιγ, geg., ich schliesse, verschliesse, δέρεζ, die Thüre; — νδρύχεμ, ich schliesse mich ein; — part. ε νδρύμεja, Schluss, Abschluss, Ende; — ε νδρύμεja χεσάπιτ, der Rechnungsschluss.

νδρύχjεμ, s. ϑτρύχjεμ.

νδρύμεσ, geg., heuchlerisch, versteckt.

νδρυσσ, ich drücke, zerquetsche, drücke, presse aus; — part. ε νδρύσσουρα, das Ausdrücken, Auspressen, Zerquetschen; s. χουλύιγ u. ϑτρυϑ.

νδρύϑε, geg. auch τjέτερε νδρύϑε, anders; jo νδρύϑε, nicht anders, durchaus so, neugriech. χωρίς ἄλλο; — σ'βένετε νδρύϑε, es geht nicht anders.

νδρύϑχ (v. νδρύϑε), ich roste, mache rosten; νδρύϑχεμ, ich verroste; — part. ε νδρύϑχουρε, geg. ε νδρύϑχμεja, das Rosten, der Rost; s. σχουρί.

νδυ, νδύιγ u. νδύτϑ, geg., adv., bis; νδύιγ με χέτε σαχάτ, bis zu dieser Stunde (Litanei); s. vjερ.

νδύιγ, geg., ich beflecke, beschmutze, verführe (Knaben); — νδύιγεμ, geg., ich werde befleckt,

beflecke mich; — ουνδύν με ϳϳαύ κϳlδε, er
befleckte sich mit, unterschlug Kirchengut; —
part. ε νδύνμεϳα, Befleckung, Ehebruch, Verführung (v. Knaben).

νδύννες-ι, *geg.*, der Beflecker, Ehebrecher, Verführer von Knaben.

νδῦρ, *tosk.*, ich beschmutze allmälig (λϳερύς,
auf einmal); — *part.* νδῦρε u. νδύρτουρε, beschmutzt; — ε νδύρτουρα, das Beschmutzen.

νδύτε, *geg.*, Ekel; με βϳεν τε νδύτε, es kommt
mir Ekel an.

νεβόϳε-α, *geg.*, Nothwendigkeit; τσ' νεβόϳε χαμ?
was habe ich es nöthig? was kümmert es mich?

νεβόϳδιμ, *geg.*, nothwendig.

νεβρούσ-ζι, Name des 13ten Märzes, der zum Beschneiden der Weinberge geeignetste Tag; *s.* δρίμ.

νέϳε-α, *geg.*, Knoten, Holzknoten, Knorz, Gelenk; κερτσάς νέϳετε, ich krache mit den
Fingern; *s.* ϳσε̄.

νεχϳεζῑ-ου, Geizhals.

νεχύϊγ, *geg.*, ich ächze; *s.* ρεχύϊγ.

νε̆μ u. νε̆μεσόϊγ, *geg.* νε̆μ, ich fluche, verfluche;
— *part.* νε̆μουρε, *geg.* νάμουνε, verflucht;
— ε νε̆μουρα, *geg.* ε νάμεϳα, die Verfluchung;
s. μαλεχύϊγ.

νέμε-α, *geg.* νάμε, Fluch, Verfluchung, Verwünschung, — ε περνδίσε, ε βαβάιτ, der Fluch
Gottes, des Vaters; der Gege braucht in letzterem Sinne nur μαλεχίμ.

νέμερ-ι, *pl.* νέμερε-τε, Zahl; *s.* νούμερ.

νεμερύϊγ, ich zähle; *s.* νουμερύϊγ.

νέμες-ι, der Fluchende, Verfluchende, Gotteslästerer.

(νεμετσ), stumm; *s.* μεμέτσ.

νέμτσ-ι, Deutscher, *geg.* Oesterreicher; *s.* βαρβαρές.

νεμτσί-α, Deutschland.

νε̆νδε, neun; νε̆νδε δϳέτε, neunzig; — νε̆νδε μbε
δϳέτε, neunzehn; — ι νε̆νδε-ι, Neuner.

νέμνδεσ, neunfach.

νε̆νδετε-ι, Neunter.

νε̆νε-α, *geg.* νάννε, Mutter; *s.* ενε, μέμμε
u. μόμμε.

νενερί-α, Mutterschaft; να σχόι νουσερία ε να
ε̆ρδι νενερία, die Brautzeit ist für uns vorüber und wir sind in den Stand der Mütter getreten; die Gesammtheit der Mütter eines Ortes;
s. βαιζερί, δϳαλλϳερί, βουρρερί, πλϳεχϳερί.

νε̆ντουρε, *adj.*, dicht, häufig; δι ι νε̆ντουρε,
dichter Regen; — ε νε̆ντουρα, Diehtigkeit,
Häufigkeit; *s.* δε̆ντουρε.

νε̆ντουρε, *adv.*, oft; βϳεν νε̆ντουρε, er kommt oft.

νεπέρχε-α, *geg.* νεπχέρε, Viper, Natter.

νέπες-ι, *geg.*, Fresser, Vielfrass; *s.* χάμες.

νέπς-ι, *geg.*, Gefrässigkeit; χαμ νεπς, ich bin
gefrässig.

νερχϳές u. νεχϳές, Geizhals; *adj.* sparsam, *türk.*

νέσσερ, *adv.*, morgen; πας νέσσερ, übermorgen, im *tosk.* unbestimmt, wie das griechische
μεθαύριον; *s.* υϳε δίτεζε.

νεσσερέτ, *geg.* νεσσερέιτε, *adv.*, folgenden,
andern Tags, Marc. I, 35; νεσσερέτ μενϳϳϳές,
am folgenden Morgen, — μbρέμε, — Abend.

νέσσερμ, morgig, morgend.

νεσσερμέ-ϳα (δίτε), der morgige, morgende
Tag; κουδ ε δι σετδ κϳιτ ε νεσσερμέϳα? wer
weiss was der morgige Tag bringt?

νεζά-ϳα, Schlacht.

νιζάμ-ι, *pl.* νιζάμε-τε (Anordnung), türkische
Linientruppe, *türk.*

νιχϳάρ-ι, *pl.* νιχϳάρε-τε, das Läugnen; ζε̄ νιχϳάρ,
ich läugne, lege mich auf's Läugnen, *türk.*

νίμε-τε, *geg.*, *pl.*, das feste Holzgestell, worauf
der Divan liegt.

νιππ-ι, *pl.* νίππερε-τε, Neffe, Enkel.

νίσ, ich fange an, beginne, ich schmücke; νισ
νούστενε, ich schmücke die Braut; — βαbδι
νισ δϳάλϳενε περ δετ τε χούαιγ, *geg.*, der
Vater rüstet den Sohn für die Fremde aus,
schickt ihn in die Fremde; — νίσεμ, ich
schmücke, verkleide mich, mache mich reisefertig, gehe auf die Reise; — νίσεμ σι ϳρούα,
ich verkleide mich als Frau; — νίσεμ περ
χουρbέττ, ich mache mich zur Reise fertig,
mache mich auf den Weg; — *part.* ε νίσουρα,
geg. ε νίσμεϳα, das Schmücken, der Schmuck,
das Abreisen, der Anfang.

νίσεϳε-α, Anfang, Schmuck, Abreise, Reise; νίσεϳ
ετίγ κϳε πα χόχε, seine Reise war zur Unzelt.

νιδάν-ι, *pl.* νιδάνε-τε, Zeichen, Narbe, Gradauszeichnung, Orden, Ziel, Korn auf Gewoh-
ren, *türk.*; *s.* δένϳε.

νιδανλί, ausgezeichnet; *s.* δενϳλί.

νιδανόϊγ, ich zeichne auf, merke vor, ziele;
s. δενόϊγ.

νιστέρ-ι, *pl.* νιστέρε-τε, Lanzette.

(νίτζιντασδ), ich schöpfe, schöpfe ein, aus.

νοίμε-α, Wink, Sinn einer Rede; επ ι νοίμε,
eröffne ihm das Verständniss, mache ihm begreiflich, *griech.*

νόμ-ι, *pl.* νόμε-τε, kirchliches Gesetz, Inbegriff
aller religiösen Satzungen, nach denen einer
lebt; *s.* λϳίγϳε.

νομέ-ja, Pferch; s. θᾶρχ.

(νοϑτρş), Pflanze.

νοτ-ι, das Schwimmen.

νοτştάρ-ι, Schwimmer.

νοτί-α, Süden, Südwest-, Regenwind, Regenwetter.

νοτύτγ u. ὸέτγ νοτ, ich schwimme.

νούεϑ-ι, pl. νούεϑι-τş, Fussballen.

νούχş, nicht.

νούμşρ-ι, geg., Zahl; τ ϑ φαρ' νούμşρι χα βşνδι? welche Volkszahl hat der Ort? s. νέμşρ.

νούμşρύτγ u. νşμşρότγ, geg., ich zähle, messe; s. νdşμşρότγ u. νşμşρότγ.

νουν-ι, pl. νούνşρε-τş, der aus der Taufe hebende, neugriech. νονός; s. φάμουλ.

νουνşρί-α, Gevatterschaft.

νοῦρ-ι, pl. νούρε-τş, Gesicht, Aussehen, Glanz; σ' ι χjεϑ νούρι, ihm lacht das Gesicht nicht, er ist stets finster, türk.

νούσε-ja, Neuvermählte, als Bezeichnung bes. von den Mitgliedern der Familie, in welche sie geheirathet hat, doch auch von Fremden gebraucht, entspricht daher sowohl unserer Schwiegertochter, als Schwägerin, n. griech. νύμφη; νούσετ' ε μάλλjιτ, die Nymphen des Berges, eine Bezeichnung der Elfen, bes. in Liedern; s. jάϑτşσμε; — νούσ' ε χjάλjşσş (wörtl. des Bruders Frau) euphem. für bούχλjşζ̧ş, Wiesel, weil es, wenn es gestört oder verjagt wird, aus Rache des Nachts Kleider und Hausrath zernagt.

νουσşρί-α, geg. νουσşνί, Zeit der Neuvermählten von der Heirath bis zur Niederkunft, die Glanzperiode des weiblichen Lebens, während welcher keine schwere Arbeit von der Neuvermählten verlangt wird. Bei der Hochzeit heisst die Braut, wiewohl seltener als der Bräutigam, νουσşρία 'σάιγ, ihre Bräutlichkeit; s. ϑέντşρ.

νουσşρότγ, geg. νουσşνότγ, ich geberde mich (schüchtern) wie eine Neuvermählte, bin unbeweglich, faul; χσε νουσşρόν? warum thust du nichts?

νουχάρ-ι, Vielfrass, Gourmand.

νουγουρῑτ, ich spüre, spüre nach, suche (vom Hunde).

νόφουλş-α, Kinnbacken.

ντζ̧ξ, geg. ντζαύ, ich lerne, fasse; χşνάτş ντζ̧ξ, geg. ντζ̧έν υjξ όχş, der Krug fasst eine Okka; — part. ε ντζ̧ένα, geg. ε ντζ̧άύμşja, das Lernen; — τş ντζ̧άνατε, pl., die Repetitionen von Lectionen; s. ζανάτ.

ντζ̧ξτγ, geg. ντζ̧ένιτγ, ich mache glühend, ich necke; — ντζ̧έρεμ, geg. ντζ̧έιγşμ, ich glühe; — part. ντζ̧ξρş, geg. ντζ̧έντουνş, glühend; — ε ντζ̧ένμşja, das Glühendmachen.

ντζ̧ίγ, geg. ντζ̧ίν, ich schwärze, dünge; s. πλεχότγ; — part. ντζ̧ίρş u. ντζ̧ίγτουρş, geg. ντζ̧ίνμş, geschwärzt.

ντζ̧ίερ, geg. ντζ̧ίρ, N. T. ντζ̧έρ, Luc. XI, 19, ich ziehe, reisse aus, heraus, ich treibe hervor, producire, ich (er-) ziehe, gewinne, ich entdecke, werfe hinaus, was n. griech. εύγάζω; χύιγ βşνδ ντζ̧ίερ δουγάν, dieser Ort producirt (zieht) Tabak; — τ ϑ ντζ̧ίερ χύιγ βşνδ? was producirt dieser Ort? — ντζ̧όρρα δόρşνş, ich fiel die Hand aus; — ντζ̧ίερ με χρύε, geg., ich richte aus, bringe zu Stande; — τ ϑ ντζ̧όρρι με χρύε? geg., was hast du ausgerichtet? zu Stande gebracht? — ντζ̧ίερ βέττε, geg., ich mache Verse; — ντζ̧ίερ χşνχ, geg., ich mache ein Lied; — ντζ̧ίερ γότσşνş, geg., ich thue die Tochter aus dem Hause, d. h. ich verheirathe sie; — μίσσşρι σ'ντζ̧όρι χαλούχ, der Mais hat noch keine Kolben getrieben; — τ ϑ ντζ̧όρρε? was hast du gewonnen? — Χριστοφόρι ντζ̧όρι Αμερχίνş, Christoph hat Amerika entdeckt; — ε ντζ̧όρι χάλιγ jάϑτş, er zog das Pferd heraus und er führte es spazieren; — ε ντζ̧ούαρş jάϑτş, sie warfen ihn hinaus, Luc. XX, 12; — ich reisse entzwei, ντζ̧ίερ μbş δυ; — ε ja περϑέja ε ναόιτ ου ντζ̧ούαρ μbş δυ, und siehe der Vorhang des Tempels riss entzwei, Matth. XXVII; 51; — pass. ντζ̧ίρεμ, ich sprosse etc.; — σ' ντζ̧ίρετş ῇξ, es kommt nichts dabei heraus; — part. ε ντζ̧ίερα, geg. ε ντζ̧έρμşja, das Ausreissen, Ausziehen, Production, Ertrag, Entdeckung; s. χjῑτ, mit dem es gleichbedeutend.

ντζ̧ίερşş-ι, weibl. ντζ̧ίερşε-ja, einer der auszieht, hervorbringt, sprossen macht, entdeckt, ein Züchter; ντζ̧ίερşş δşμbάλşβşτ, ein Zahnreisser; — ντζ̧ίερşş ι χούαιjετ, χjέβşτ, δέννετ, Pferd-, Rindvieh-, Schaf-Züchter; ein im Zureiten und Einfahren erfahrener.

ντζ̧ίτ-ι, pl. ντζ̧ίτε-τş, Schnelligkeit, Eile.

ντζ̧ίτ u. ντζ̧ιτότγ, 1. ich spute, treibe an; 2. ich eile, spute mich; auch ντζ̧ιτόνşμ, geg. ντζ̧ιτόχşμ; — part. ντζ̧ιτούαρş, eilig; — ε ντζ̧ιτούαρα, geg. ε ντζ̧ιτούμşja, Eile, Schnelligkeit.

ντζ̧ιτίμ-ι, pl. ντζ̧ιτίμε-τş; u. ντζ̧ιτιμί-α, Eile.

(ντιούρş), hässlich.

νῦjş-α, s. νέjş.

Nj.

νjανί , s. *νjεγνί.*

νjε̃ , Zahlwort: eins.

νjε̃, best. *νjέ-ρι*, weibl. *νjέ-ρα*; geg. *νjι*, best. *νjά-νι*, weibl. *νjά-να*, 1. ein, der eine, die eine; *ίσ̃τε σι νjε νjε*, es ist eins und dasselbe; — *νjε ε νjε*, eins und eins, je einer, auserlesen; — *κjένε ͧjίϑε νjε ε νjε* (geg. *σι νjι νjι*), sie waren alle auserlesene Leute; — *νjε νγa νjε*, einer nach dem andern; Matth. XXVI, 22; — 2. je eins, Stück für Stück; *νjε μbι νjε*, der eine auf den andern, haufenweise; — *μ'έρϑε τε λjίͧατε νjε μbι νjε*, mir kam das Unglück haufenweise; — *νjε με νjε*, in demselben Augenblicke, sogleich, auf der Stelle; sicher, gewiss; — *κύιγ bᾱρ ίσ̃τε νjε με νjε*, diess Heilmittel wirkt unfehlbar; — *νjε πας νjε*, geg. *νjι πας νjίου*, weibl. *νjίς*, hinter einander, ununterbrochen; — *νjε περ νjε*, Mann gegen Mann; — *δάλjεμε νjε περ νjε* (geg. *νjι μbι νjι*)? gehen wir heraus (streiten wir) Mann gegen Mann? — *με νjε* o. *με νjε χέρε*, sogleich, sofort, mit einem Mal; — *κjυϑ ουϑά φίχου με νjε χέρε*? wie ist der Feigenbaum mit einem Male vertrocknet? Matth. XXI, 20; — *νjε κόχε* u. *νjε χέρε*, zu einer Zeit, einst, ein Mal; — vereint im Anfange der Mährchen: *κjε νdε νjε κόχε νjε χέρε*, n. griech. ἦτανε μία φορὰ καὶ ἔναν καιρό, es war einmal, zu einer Zeit, geg. *νjι χέρε μύτι*, einstmals; — *νdε νjε κόχε*, zu gleicher Zeit, Matth. VI, 24; — *κεjό πούνε ίσ̃τε νjε με ατέ*, diese Sache ist eins (dieselbe) mit jener; s. *σι*; — *νjε δίτεζ̃ε*, geg. auch *νjι δίτje*, vorgestern; auch unbestimmt: die gestern vorgegangene Zeit, wie n. griech. προχθές; s. *παραδίε*; — *νjε νάτεζ̃ε*, vorverflossene Nacht; — *με νj' άνε* (für *μbε* o. *νdε νjε άνε*) auf einer, eine (die) Seite, seitwärts; — *φέστε με νj' άνε*, das Fes auf einem Ohre; — *με μόρι με νj' άνε*, er nahm mich auf die Seite; — *κϑίεγ κύκεγε με νj' άνε*, ich wende das Gesicht ab; — *νjέρι* (geg. *νjάνι*) *πας τjάτερι*, der eine hinter, nach dem andern, hinter einander; — *νjέρι με τjάτερι*, der eine mit dem andern, mit einander; — *νjέρι νγa τjάτερι*, der eine von dem andern, von einander; — *ι θα νjέτιγ* o. *νjίγ νγa ατά*, er sagte einem von ihnen, Matth. XX, 13; — *επ να νάσ̃ετ κjε τε ρίjμε* — *νjέρι μbάνε τε δjάϑετε νjέρι* (o. *τjάτερι*) *μbάνε τε μένͧjερε*, erlaube uns zu sitzen, der eine zu

deiner rechten, der andere zu deiner linken Seite, Marc. X, 37.

νjε μbε δjέτε (eins auf zehn), eilf.

νjέͧουλ-ι, geg. Nebel; s. *μjέρͧουλε.*

νjε̃ζε, berat. *νjίζε*, adv., ein Mal.

νjεζέτ, geg. *νjιζέτ*, zwanzig.

νjε̃ν, s. *νjουν̃.*

νjεγνί u. *νjανί*, geg., hierauf, nachher.

νjερ u. *νjέρα*, Arg. Kastr. u. geg. für *νγjερ.*

νjερεζ̃ί-α, Menschheit, Menschlichkeit, Menschenmenge, wie n. griech. ἀνθρωπότης; *κjένε ᾱούμε νjερεζ̃ί*, es war viel Menschheit (dialect.) dort.

νjερεζ̃ίσ̃τ, adj. u. adv., menschlich.

νjερεζ̃ίεκ-ου, Menschheit, Menschlichkeit.

νjερί-ου, pl. *νjέρεζ̃-ετε*, Mensch (auch von Frauen), Mann, was n. griech. ἄνθρωπος, Niemand; — *τϑ νjέρι ίσ̃τε Ἄννα*? was für ein Mensch (wer) ist die Anna? Antw. *νjέρι ι περνdίσε*, ein Geschöpf Gottes, d. h. was kümmert es dich; — *νjέρι ι περνdίσε*, ein Mann Gottes; — *κουϑ έρϑι*? wer ist gekommen? Antw. *νjέρι* o. *χίτϑ νjέρι*, Niemand; — *βεϑτό τε μος θούατϑ νjέρίουτ*, habe Acht, dass du es Niemand sagst, Matth. VIII, 4; s. *νdούνjε*; — *νjέρι σ'χουπετόν φάjετ ετίγ*, Niemand kennt seine Fehler; — *νjέρι με δυ φάχjε*, ein Mensch mit zwei Gesichtern, d. h. zweideutig, heuchlerisch, falsch; — *νjέρεζ̃*, Verwandte, Sippschaft; — *σ'jαμ ι σκρετ*, jαμ *νjέρι με νjέρεζ̃*, ich stehe nicht allein, ich bin ein Mann mit Sippschaft; bes. das väterliche Haus der Neuvermählten; s. *γούσε*; sie sagt z. B. *νέσσερ do βίτε νdε νjέρεζ̃*, morgen werde ich zu meinen Leuten (dialect.) gehen; — *νjερίου* (bestimmt: der Mann), man; — *τϑ do τε bέjε νjερίου*? was soll man machen? — *ͧjυτϑ ε βεσσόν νjερίου*, man kann es schwer glauben.

νjερίϑ-ι, pl. *νjερίϑ-ετε*, Halszäpfchen; s. *λjιλϑί.*

νjερκ-ου, Stiefvater.

νjέρκε-α, Stiefmutter.

νjεϑ, adv., einfach.

νjεφ, geg., ich zähle, *πάριτε*, Geld; s. *νjοχ* u. *νεμερύιγ.*

νjιμέ, geg., Jetzt; *νjιμέ περ νjιμέ*, sogleich, im Augenblicke; s. *νdασ̃τί.*

νjoμ, ich befeuchte, benetze, wässere, geg. auch: ich tränke Thiere; s. *βαδίς*; — part. ε *νjόμουρα*, geg. ε *νjόμτμεja*, das Befeuchten, Netzen, Bewässern, Tränken.

νjόμε, feucht, frisch, grün, im Gegensatz von *θάρε*; zart, jung, im Gegensatz von τράσ̃ε;

πιᾶκ ι νjύμ$, frischer Fisch; — χjέπτ$ τ$ νjύμ$, grüne Zwiebeln; — ḍρου ε νjύμ$, grünes Holz; — γ̓ρὺνjᾳρατ$ jάν$ αχύμ$ τ$ νjύμα, die Saaten sind noch grün, nicht zum Schneiden reif; — χjενχj ι νjύμ$, τ̌ύύπ$ ε νjύμ$, ein junges, zartes Lamm, Mädchen.

νjοῦν, geg. auch: νjἔν, da! als auf etwas zeigend; χου ἴ̆τ$? wo ist er? Antw.: νjοῦν! da! s. ja, χjε u. τ̌ε.

νjοχ u. νjο, geg. νjυφ, anom., ich kenne, erkenne, bemerke, verstehe, weiss, fühle; ε νjε? kennst du ihn? — ε νjύχα πgρ σ$ λjάῤγου, ich erkannte ihn aus der Ferne; — νjύχου γ̓ρούαν' ετίγ, er erkannte sein Weib; — ᾶχόι βgλάι ιμ χ$τέj$? kam mein Bruder hier vorbei? Antw.: σ' ε νjύχα, ich bemerkte ihn nicht; — νjε (u. ḍι) γ̓εϱχί̆δτ? verstehst du griechisch? — ε νjο φοϱτ μίϱ$, ich weiss es sehr wohl; — σ' νjο νδύνj$ τ$ δέμπουρ$, ich fühle keinen Schmerz; s. διγ̓jύγ u. χουπ$τύγ.

<hr/>

Ξ.

ξάιγ-jι, pl. ξάιj$-τ$, Mahlgeld (Metzen), 1 bis 1⅓ Okka von je 40 Okka Getreide.

ξαφνί-α, Getöse, Schreck.

ξαφνί u. ξαφίᾶτ, adv., plötzlich, griech.

ξεμολjάρ-ι, von der Pest geheilt, daher unansteckbar und zur Pflege der Pestkranken geeignet; nichtswürdig, griech.

ξεμολοjί$, ich beichte, griech.

ξενδgρίμ-ι, pl. ξενδgρίμε-τ$ (Stamm νδεϱ), Schande.

ξενδgρόιγ, ich entehre, verachte.

ξέϱ$-α, Sandbank, griech.

ξέϱ$, adv., trocken (vom Wetter); ὁgν ξέϱ$, es ist trocken Wetter.

ξέστϱ$-α, Krug.

ξεᾶπgρολjέιγ, ich kaufe los, ich vergelte; ὁ$ μ$ ατ$ τ$ μίϱ$ πρα τα ξεᾶπgρολjέιγ, gr. epirot. χάμε μου αὐτὸ τὸ χαλὸν χαὶ θὰ σοῦ τὸ ἐξαγοράσω, thue mir den Gefallen, ich werde dir's vergelten; — Κρίᾶτι να ξεᾶπgρολjέου ο. σπgρολjέου μ$ γ̓jάχουν' ετίγ, Christus erlöste uns mit seinem Blute.

ξεᾶπgρολjίμ-ι, pl. ξεᾶπgρολjίμ$-τ$, Vergeltung, Lösegeld, Erlösung.

ξετάξ, ich erforsche, untersuche; — part. ε ξετάξουρα, die Untersuchung, griech.

ξϱ̓jᾳ$, ich lege aus, erkläre, griech.; — part. ε ξιγ̓jίσουρα, Erklärung, Auslegung, griech.

<hr/>

ξίλο-ουνα u. -οjα, Dreschflegel, griech.; s. δᾶϱτ.

ξίνjεμ, ich schluchse heimlich, ich grämle (von Kindern); — part. ε ξίνjουρα, das unterdrückte Schluchsen, das Grämeln.

ξίστϱ$-α, Schabeisen beim Brotmachen, Trogscharre, geg. Schleifstein.

ξιφτέϱ-ι, Habicht; s. σχιφτέϱ, ᾶχjιπόν, ᾶχάβ$, (φεχούα), γ̓αμαχούᾶ, πετρίτ, σοχόλj.

ξοϑ-ϑι, pl. ξόδε-τ$, Begräbnis, griech. (gr. epir. ἐξόδι).

ξύμπλ$-α, Beispiel, Vorschrift, Muster für Stickerei etc., Skizze, Exemplar; s. jουϱνέι.

ξομπλjά$, ich ahme ein vorliegendes Muster nach, ich skizzire.

O.

οά! berat. ei! welch Unheil hast du angestiftet! (οβίλ$), Schafstall.

ογίτᾶ-ι, geg., Hauslamm oder Hausschaf, welches im Hause gemästet wird.

ογραδί-α, türk., Belästigung.

ογραδί$, ich belästige; — ογραδίσεμ, ich bin besorgt, gelangweilt, türk.

ὀδ$-ὰ, Zimmer für Männer, entspricht dem türkischen Selamlik; s. σόβ$.

οδᾶχ-ου, Kamin, Schornstein; s. βάτϱ$; altes Geschlecht; αjό ᾶτgχί ἰ̆τ$ οδᾶχ, diess ist ein altes Haus; — ἴ̆τ$ νγ̓α οδᾶχ, er ist aus einem alten Geschlechte, Hause; oder auch adj. ἴ̆τ$ οδᾶχ, es ist wahr; — βεϱτέτ σ' χα, το ἴ̆τ$ οδᾶχ, es ist wahr, er hat Nichts, aber er ist von edler Geburt; — ἴ̆τ$ οδᾶχου φιλjάν ουρδgνάϱι, er ist ein Verwandter des und des Fürsten; — νγ̓α οδᾶχου Αλι πάᾶεϱ σ'μβεττ νδονjί, von dem Hause Ali Pascha's ist Niemand mehr übrig.

οἴ! oh! Ausdruck des Schmerzes.

ὀι! oh! Ausdruck der Verwunderung.

οἴ! he! als Ruf; οἴ τι γ̓ρούα! he da Frauchen!

οχατάρ-ι, geg., jedes Maassbehälter, welches eine Okka fasst.

ὀχ$-α, Okka, Gewichteinheit in der Levante, hält 2 Pfund 9 Loth bairisch und zerfällt in 400 δϱεχέμ, im n. griech. δϱάμια; οχ' ε Σταμβόλιτ; ausserdem findet sich eine οχ' ε Βενεδίχουτ zu 500 Dramm, sie ist hauptsächlich in der Toskerei gebräuchlich, und eine leichte Okka zu 350 Dramm, οχ' ε τ̌εχjίς$; s. χανδάϱ.

οχλάjg-α, geg., Walcherholz; s. πέτϱ$.

ομβόϱ-ι, pl. ομβόϱε-τ$, geg. οὖόϱϱ, Hof; s. αβλι.

ομούϑ-δι, pl. ομούδε-τε, Hoffnung, Vertrauen.

ομούρ-ι, pl. ομούρε-τε, Gewalt, Macht; ϳϳίϑε ασχέρε αἴ χϳε με ομούρ, das ganze Heer hatte er unter seinen Befehlen.

οξούα, s. αξούα.

οπέτ, Divra, s. ταγύ.

οπίνϳε-α, geg. auch ϳοπίνϳε, Sandale, die beim Volke aus einem Lederstücke besteht, welches etwa einen Zoll hoch von allen Seiten der Sohle aufwärts gebogen und deren Rand mit Bindfaden an den Fuss befestigt ist, dessen Windungen an das antike Sandalenband erinnern. Bei den Vornehmeren besteht sie aus Juchtenleder, hat eine mit Seidenquästchen verzierte Spitze und wird durch ein Riemchen und eine Silberschnalle über den Leisten befestigt; Strümpfe mit Fuss sind ungebräuchlich; s. griech. τζαρούχι; s. auch: ϑύλλε, τοσλούχ.

οπτιχαλϳάς, adv. Kraja; ὑρεσαχύπες, adv. Tyr. und χαλϳουρίϑι, adv. Elbass., Knabenspiel; eine Partie bildet einen Kreis mit einwärts gebogenen Köpfen und Rücken, einer steht ausserhalb des Kreises und hält das eine Ende eines Gürtels gefasst, das andere hält einer im Kreise; die von der anderen Partie suchen auf den Rücken der im Kreise stehenden zu springen, ohne von dem Vertheidiger derselben, der sich jedoch nicht über Gürtellänge entfernen darf, mit dem Fusse getroffen zu werden; geschieht diess, so tritt die Partei der Angreifer an die Stelle der Angegriffenen.

ορϳί-α u. ουρϳί, Zorn, griech.

ορδί-α, Truppe, Armeecorps, Lager, türk.

ορδινϳάς, ich befehle, schreibe vor, ordne an; s. πορσίτ.

ορδινί-α, der Befehl.

όρε-α, 1. geg., weiblicher Dämon, der die Welt durchstreift, die Verwünschungen und Segenswünsche aufschreibt, die er hört, und sie in Erfüllung bringt; daher die Phrasen: ϑχόφτε όρα ε νδεϳϳόφτε, möge die Ora vorübergehen und es hören (stereotyper Schluss der Lieder bettelnder Rhapsoden); — μος! σε όχον όρα ε νδεϳϳόν! Nicht doch! denn die Ora könnte vorübergehen und es hören; — 2. tosk., Stunde, griech.; s. χέρε u. σάχάτ.

ορέξ-ι, pl. ορέξε-τε, Appetit, Lust; griech.

ορίς-ζι u. ρις-ζι, Reis.

ορμίς, ich bereite zu, vor, sattle, schmücke; — νίσουρε ε ορμίσουρε, geschniegelt und geleckt.

ορτά-ϳα, Schaar, Abtheilung, türk.

ορτάχ-ου, Handelsgesellschafter, -genosse, Associé, türk.

ορταχρί-α, geg. ορταχενί-α, Handelsgesellschaft, Compagnie, türk.

οϑ u. οϑ ε ὑράν, adv., auf der Erde schleifend; ε χοχϳ οϑ ε ὑραν, er schleppte ihn auf der Erde schleifend; s. ϑχαπουλϳάρεϑ u. ζβάρνα.

ου u. s. w., s. nach οχ.

οφ u. όφϑ, geg., ach! οφϑ ο περενδί! ach Gott!

οφϑ-ι, pl. ὑφϑε-τε, Zugwind; οφϑ ι ζϳάρριτ, die ausströmende Hitze des Feuers, Schwaden.

οχτιχϳάς, ich bin schwindsüchtig; s. μάράς; — part. οχτίχϳάσουρε, schwindsüchtig.

οχτίχε-α u. οφτιχά-ϳα, Schwindsucht.

Ου.

ου u. ούνε, ich.

ου ὑουὑού! ου πουπού! ούνε ε βόρφνα! geg., ach ach! ich Aermste! (Ausruf der Weiber, besonders bei Todesfällen).

ου-ϳα, geg. οῢν-ήϳα, Hunger; χαμ ου, häufiger με μόρρι ούϳα, ich habe Hunger; s. ουρί.

οῢϳ-ι, ούϳε-α und am gebräuchlichsten όϳετε, pl. ούϳερα-τε, geg. ούϳενα-τε, Wasser; βέϳ ούϳε u. ϑέρϑ ούϳε, ich lasse das Wasser; s. περμϳέρ.

ούϳεσε, Wasser-; ϳϳάρπεν ούϳεσε, Wasserschlange; ὑρέαχε ούϳεσε, Wasserschildkröte.

ουϳτεὑεχούμε, geg., Theophania, an welchem in der griechischen Kirche das Wasser gesegnet wird.

ουϳάρ-ι, pl. ουϳάρε-τε, das Pflügen, besonders Aufreissen der Brache; βέϳ ουϳάρ, ich reisse auf, stürze um (mit dem Pfluge), ich pflüge; s. τϑάϳγ u. τριβολίϑ; — άρε ουϳάρ, gepflügtes, bes. umgerissenes Feld.

ούϑε-α, pl. ούϑερα-τε, geg. ούλε-α, 1. Weg, Strasse; ούϑε ε μβρέττιτ, Heerstrasse; — ούϑε χρυχϳ, Kreuzweg; — μβέτϑε πα ούϑε, ich blieb ohne Weg, bin verirrt; — 2. Reise; ούϑε ετίϳ χϳε ε βεϑτίρε, seine Reise lief unglücklich ab; — βέϳ ούϑε, ich mache eine Reise, reise; — αϑτού εϑτ' ε ούϑεσε νδε νέβετ, so ist es für uns schicklich, Matth. III, 15; — 3. Gesetz, bes. kirchliches; σ'ε επ ούϑα, das Gesetz erlaubt es nicht; — σ' αϑτ με ούϑε, geg., das ist nicht recht, nicht billig; — σ'ε ϑοφ με ούϑε, diess scheint mir nicht richtig, recht, billig zu sein; — επ ι ούϑε, gib ihm Antwort, antworte ihm auf eine Behauptung, ein Problem; — ι πα ούϑι, der Teufel als ex lex; —

δέϟιγ ούϫε, ich mache Weg, reise; — χgjó μούϫε σ'ϱν ούϫε, diess Maulthier geht nicht allein.

ουϫεϛάρ-ι, Reisender.

ουϫεϛϫέλjεϛ-ι, geg., wörtl.: der Wegeröffner, d. h. der Vorläufer, Beiwort Johannes des Täufers.

ούϫϫε-α, geg., Höhle; s. λόνϫϫε.

ούϑουλε-α, Essig.

ουιϫϱνότγ, geg., ich erzürne; — ουιϫϱνύϟεμ, ich zürne, ich bedauere, es thut mir leid; — part. ε ουιϫϱνούμεjα, das Zürnen, der Zorn; s. ιϫϱνότγ.

ουιϫίϛ, ich ordne, χαϱϟεϱάτ', Papiere; — ουιϫίϛ, es schickt, passt, geziemt sich; — σ' ϟε ουιϫίϛ ϟε ϑούαϫ χεϟε φjαλj, dieses Wort schickt sich nicht für dich; — ϟε ουιϫίϛ ϱϱόϐα, πο σ'ϟε χα χίε, der Rock passt dir, aber er steht dir nicht, türk.; s. ϳ̃jαν, χίε.

(ουιϫουϱε), anständig.

ούιχ-ου, ουλjχ-ου, pl. ουχjέϱε-ϟε, geg. ουχ-ου, Wolf; ίϫϟε ουχ, er ist ein Tölpel, Dummkopf, Gegensatz des ϫέλπϱϱε.

ουιχϱίϫτ, wolfsartig, geg. tölpelhaft; μ' ε μόϱϱι ουιχϱίϫτ, er nahm mir es wolfsartig, d. h. mit Gewalt.

(ουιχϑ), Schaffell.

ουιχόνjε-α, geg. ουιχέϫε-α, Wölfin.

(ουιότγ), ich tränke.

ουίϛ, geg., ich wässere Felder; s. ϐαϫίϛ.

ούχεμε-α, geg., grosse Tageshitze; s. ϐάϟε u. νϳ̃jεχj.

(ουχούϟετ), ich schnüre.

(ουλάχ), Fussgänger.

ουλjίϟϛαϟε, geg., in der Phrase: χεϱχόϟγ ϐϱίμαϟ' ε ουλjίϟϛαϟ', ich durchsuche alle Löcher und Ritzen (?).

ουλjχ, s. ούιχ.

ούλε, seodr., s. ούϫε.

ουλεϱάϛ u. ουλεϱόϳγ, geg. ουλjουϱίν, ich heule; — part. ε ουλεϱίϟουϱα, geg. ε ουλjουϱίμεjα, das Heulen, Geheul.

ουλί-ου u. -ϱι, pl. ουλίνj-ϟε, geg. ουλίν-νι, pl. ουλίν-ϟε, Olive.

ουλίνϫϟε-α, geg., Oelwald.

Θουλχjίν-ι, Dulcigno.

ουλούχ-ου, Dachrinne; der hölzerne oder gemauerte Canal, welcher das Wasser aus dem Mühlgraben in senkrechter Richtung auf das horizontale Mühlrad (Turbine) leitet (v. ούjε u. λουχ).

ούμεϱ-ι u. ύμεϱ, pl. ύμεϱε-ϟε, geg. ύμϫεϱ, Leben, bes. ruhmvolles Leben, Ruf, Ruhm; ούμεϱ ϟε

δάϫϟε Πεϱνϫία! möge dir Gott langes und ruhmvolles Leben schenken! — ίϫϟε vjεϱί μι ύμεϱ (o. ναμ), er ist ein Mann von Ruf; — χούμϐι ούμεϱ εϟίγ, er hat seinen Ruhm, Ruf verloren; — σ' ϐϫιχjα νϳα αjό σεμούνϫε, χέϟε ούμεϱ νϳα Πεϱνϫία, ich starb nicht an dieser Krankheit, ich hatte (noch) Leben von Gott; — geg. χjι επ ύμεϱ, (Litanei) der du das Leben gibst.

ουὺ-νι, geg., Hunger; s. ου.

ουνάζε-α u. χουνάζε, 1. Ring; geg. ϐάνϟγ ουνάζε μϐε δjάλjινε o. ϳ̃ύϟϛενε, ich verlobte den Sohn, die Tochter; — 2. Pulati, Ringgeld, d. h. die erste Rate des für die Braut zu zahlenden Preises; s. μεϱϳ̃jούϱε.

ουνj u. χουνj, geg. ουνϳ̃j, ich stelle, setze herunter, nieder, erniedrige, demüthige (Gegensatz v. νϳ̃ϱε); — ουνj πλjεχούϱϟε, ich lasse die Segel herunter, ziehe sie bei; — ουνj χόϛϱε, ich beuge den Kopf; — ούνjεμ u. χούνjεμ, geg. ούνϳ̃jεμ, ich bücke mich, beuge, demüthige, erniedrige, vergleiche mich; — χούνjου! bück' dich! — ουουνϳ̃j vjέϱι μι ϟjάϟεϱινε, geg., der eine verglich sich mit dem andern; — part. ούνjουϱε u. ούνϳ̃jουϱε, demüthig, bescheiden, erniedrigt, gedemüthigt; — ε ούνϳ̃jϟουϱα, geg. ε ούνϳ̃jμεjα, Erniedrigung, Demuth, Bescheidenheit, Elend, Unglück, Vergleichung, Vergleich; — νούχε χjιλόϐα με ϟε ούνϳ̃jμενε, geg., der Vergleich glückte mir nicht.

ούνjεϟε, ούνjαϟε, χούνjεϟε, geg. ούνϳ̃jεϟε, niedrig, klein, demüthig; ίϫϟε vjεϱί ι ούνjεϟε (geg. ούνϳ̃jεϟε), er ist klein, ist demüthig; — jαμ νjε πελέμϐε μ' ι ούνjεϟε νϳα αί, ich bin eine Spanne kleiner als er; — ϟϟεϱχί ε χούνjαϟε, niedriges, einstöckiges Haus.

ουνϳ̃jίλ-ι, pl. ουνϳ̃jίλε-ϟε, Evangelium, griech.

ούνε u. ου, ich; ούνε ϟοτ (als Antwort auf einen Befehl), ganz wohl, Herr! ich werde es thun, Herr! Matth. XXI, 30.

ουνϑ-ι, seodr., hölzerner Wasserkrug, Köpe; με δjεχ ούνϑι, ich habe Sodbrennen.

ουνχj-χι, pl. ούνχjεϱε-ϟε, geg. ουνϳ̃j-ι, Oheim, Vaterbruder; s. νϫάιχο.

ούνϫεμ, geg., hungrig; s. ούϱϟε.

ουπέϫχ-ου, geg., Bischof, griech.

ουϱάϟε-α, Segen; απ ουϱάϟε, ich gebe den Segen; — παϟὸ ουϱάϟε, habe (meinen) Segen (Wunsch alter Leute gegen jüngere); s. griech. να ἔχηϛ τὴν εὐχήν μου; — geg. auch: der Priester; — ἐϱϫι ουϱάτα, der Priester ist gekommen.

ουργί, s. οργί.

οὔρδε-ja u. γούρδε, Epheu; Flechtenkrankheit; s. ουρϑ.

ουρδενάρ-ι, geg., Vorgesetzter.

ουρδενίμ-ι, geg., Obrigkeit.

οὔρδερ-ι, pl. οὔρδερε-τε, geg. οὔρδενίμ, Befehl, Macht, Vollmacht; N. T. Erlaubniss; s. ορϑινί.

ουρδερίμ-ι, pl. υυρδερίμε-τε, Befehl, Macht, Hauptstadt; Ιαννίνε ίϑτε ουρδερίμ ε Σχjπερίσε, Jannina ist die Hauptstadt (Sitz der Gewalt) von Albanien.

ουρδερόγ, geg. ουρδενύιγ, ich befehle, beherrsche, besitze; χουϑ ουρδερύν χετέ άρε? wer besitzt diesen Acker?

οὔρε-a, Brücke; angebranntes Scheit, Feuerbrand.

οὔρετε, hungrig; s. ούνδεμ.

ουρετόχεμ, ich hungere.

οὔρϑ-ι, geg., s. οὔρδε.

ουρί-a, Hunger, bes. Hungersnoth; s. ου.

ουρί-ου, geg. ουρίνϑ-ι (ουρίχ), Maulwurf; seine Pfoten werden den Kindern zum Schutz gegen das böse Auge an die Mütze genäht; s. φίχj.

ουρίτουρε, ausgehungert, heisshungrig.

ουρόιγ, ich wünsche Glück, trinke mit einem Wunsche zu; ε ουρόβε? hast du ihm (zum Namenstage etc.) Glück gewünscht? — part. ε ουρούαρα, geg. ε ουρούμεja, das Zutrinken, der Wunsch, der dabei gesprochen wird.

υυρούαρ-ι, pl. ουρόρε-τε, Feuerstahl.

ουρούμ-ι, geg., griechisch-gläubiger Christ, Grieche.

ουρρέιγ, ich hasse; ουρρέβα jέτενε τίμε, das Leben ist mir verhasst; s. μτζύιγ; — part. ε ουρρύερα, der Widerwille, Hass.

οὔρτε u. ουρτετσίϑτ, geg. ουρτεσίϑτ, demüthig, friedfertig, klug, weise.

ουρτετσί-a, geg. ουρτεσί, Demuth, Bescheidenheit, Klugheit.

ουρτετσύιγ, geg. ουρτεσύιγ, ich demüthige, besänftige, erziehe; — geg. ε ουρτεσύβα πύσι χενχj, ich besänftigte ihn, o. zähmte ihn wie ein Lamm; — part. ε ουρτετσούαρα, geg. ε ουρτεσούμεja, Demüthigung.

ουστά-ι, pl. ουσταλάρε-τε, 1. Handwerksmeister, bes. Maurer, Benennung desselben von Seiten der Gesellen; 2. adj. erfahren, geschickt im Handwerk; s. μjέϑτρε.

ουστρί-a, scodr., Heerhaufe, Aufgebot.

ουϑτ-ι, Formel bei Besprechung des bösen Auges.

υυϑέ-ja, geg., Jagdhütte für den Anstand.

ουϑκjίμ-ι, geg., Aufziehen, Erziehung, Nahrung.

ουϑκέιγ, ich nähre, ernähre, ziehe auf; χjυϑ τε κα ουϑκjύερε χάχje μίρε? wer hat dich so gut erzogen? (ironisch); — part. ουϑκjύερε, geg. ουϑκjύμε, nahrhaft, genährt; — νjερί ι ουϑκjύερε, ein wohlgenährter Mensch; — ε ουϑκjύερα, geg. ε ουϑκjύμεja, Nahrung, Ernährung, Erziehung; s. ουϑτ.

ουϑκούρ-ι, geg. (Stamm ϑκύιγ), Zugband, welches die Beinkleider festhält.

(ουϑκρε), ich mäste.

ουϑτ-ι, pl. ούϑτερε-τε, Aehre; s. γουϑτ u. ουϑκέιγ.

ουτ o. jυτ, dein.

οφ u. s. w., s. vor ωυ.

II.

πα, praep. mit accus., ohne; ποε ερδι πα χυσμεχjάρινε? Warum kam er ohne seine Diener?

πα, adv., ohne, nicht; πα ρύjτουρε, πα βάτουρε, wörtl.: noch nicht gegangen, hineingegangen, d. h. je nach dem bezüglichen: bevor ich, du, sie hineingegangen waren; s. Grammatik; — πα κόχε, zur Unzeit; — κεjό πούνε ίϑτε πα κόχε, diese Sache kommt zur Unzeit; — πόλλι πα κόχε, sie gebar ausser der Zeit.

πα, wieder, wiederum; ερδε πα o. πα γjένε? kommst du (schon) wieder? bist du wieder da? — τε τjέρε πα ϑόνε, andere wiederum sagen; πα σι ίχνε ατά, als diese wiederum, hierauf, gegangen waren, Matth. II, 13; s. πρα.

πα, beim imperat., so; πα έα! so komm! N. gr. έλα δά; — πα τα ϑο, so lass mich es sehen.

πα, vor subst. u. adj., entspricht unserm: un-.

παβέσσε, ungläubig, treulos.

παβεσσλέχ-ου, pl. παβεσσλέχε-τε, Unglaube, Treulosigkeit.

πάjε-a, Aussteuer, Mitgift.

πάγjούμε, schlaflos.

πάγε-a, Zahlung, Lohn, geg. Abgabe; s. δάνε.

παγεζίμ-ι, pl. παγεζίμε-τε, Taufe.

παγεζόρ-ι, Täufer, der aus der Taufe hebende; s. νουν u. φάμουλ; ι δε Ιάννι παγεζίρι (geg. παγεζιμτάρι), St. Johannes der Täufer.

παγόje, stumm; ι δεν τε παγόιje τσιφούτε, er machte die Juden verstummen, Apost. Gesch. IX, 22 (v. πα u. γόje).

παγύιγ, παγούαιγ u. πυγύιγ, πογούαιγ, ich zahle, erfülle, was N. griech. πληρόνω; —

part. ε παγούαρα, die Erfüllung, *geg.* ε παγούμεja, nur die Zahlung; s. *ö*παγούϊγ.

παγούα-οι, Pfau (etwa von seinem vollen Rade; s. παγόϊγ).

παγράτ*ϑ* u. πραγάτ*ϑ*-ι, s. *b*ραχατ*ϑ*ε, Kupfergefäss in Form eines Kruges; s. *ϳ̇*ϳυμ.

παδάνε (πα u. απ), *geg.*, unbeugsam, halsstarrig. (παδίς), ich beschuldige.

παδίτουρε, *geg.* παδίτουνε, unwissend, unwissentlich, unvorsätzlich; — ε *b*έρρα παδίϳτουρε, ich that es unvorsätzlich.

παζάρ-ι, *pl.* παζάρε-τε, Markt, Marktplatz, Handel; *b*έϳγ παζάρ, ich handle um etwas, schliesse einen Handel ab.

(παιχανά), Eierkuchen.

παιτόϊγ, παιχτόϊγ u. παχϳόϊγ (Stamm παχϳ), ich versöhne, *geg.* auch: ich miethe, αργάτε, Taglöhner; — παιτόνεμ, *geg.* παιτύχεμ, etc., ich versöhne mich; — *part.* ε παιτούαρα, *geg.* ε παιτούμεja, die Versöhnung.

πᾰχ, *adv.*, wenig; παχ χέρε, unlängst.

παχαλεζούμε, *geg.*, unaussprechlich; s. χαλεζύϊγ.

παχϳ, *adj.* u. *adv.*, rein, sauber; φ*ᾱ*ϊγ παχϳ! kehre rein, sauber! — ϳέμι παχϳ, wir sind quitt, wir haben uns versöhnt; — *geg.* ι *b*άϊν παχϳ, ich versöhne sie; — Φράντσα με Τούρχουνε ί*ϑ*τε παχϳ, Frankreich ist mit dem Türken in Frieden

πάχϳε-ja, Friede.

παχϳλέχ-ου, *pl.* παχϳλέχε-τε, Reinlichkeit.

πάχε, *adj.*, unbedeutend, klein, unansehnlich von Gestalt; υϳερί ι πάχε, ein kleiner, magerer Mensch; — *ϑ*τερία ϳύτε ί*ϑ*τε ε πάχε, unsere Familie ist klein; in dem Sinne auch: υϳερί ι πάχε, ein Mann der einen kleinen Hausstand o. geringes Gefolge hat; — ι πάχου σι *ϳ̇*ϳάχου, der Alleinstehende ist ohnmächtig wie das Blut im Vergleich zu einem Strome; s. Sprichwörter; — *b*εσσεπάχε, kleingläubig; — *b*οϳεπάχε, klein von Gestalt; — πούνε ε πάχε, eine unbedeutende Sache; — τε πάχετε, häufiger μ*b*ε τε πάχετε, die Minderzahl; — ε πάχα σ'ρι*ϑ*, ein wenig schadet nicht; — τε πάχετε, wenigstens; s. *b*άρι.

πάχεζε, ein wenig, einige; πάχεζε υϳέρεζ, *b*ίτερε, einige Menschen, Jahre; — περ*b*έτ*ϑ*με υδε πάχεζε τε σεμούρε *b*ούρρι δούαρτε, nur einigen Kranken legte er die Hände auf, Marc. VI, 5.

πάχετα, *geg.*, Enthaltsamkeit, Mässigkeit; ε πάχετα περμ*b*ά *ϑ*ρντέτιγε, die Mässigkeit erhält die Gesundheit.

παχετσόϊγ, *geg.* παχότϊγ, ich vermindere; — παχετσόνεμ, *geg.* παχόχεμ, ich vermindere mich, nehme ab; — *part.* ε παχετσούαρα, *geg.* ε παχούμεja, die Verminderung, Verringerung, Abnahme.

παχότϊγ, s. παχετσόϊγ.

παχτούα-οι, *geg.*, s. ποχτούα.

πᾱλ, ich brülle, v. Rindern und Eseln; s. χελλάς; — *part.* ε πάλουρα, *geg.* ε πάλμεja, das Gebrüll.

παλαμάρ-ι, Schiffstau.

παλάνεζε-a, Wage, Schnappwage mit einer Schale; s. χαντάρ u. *b*εζινέ.

παλάτ-ι, *pl.* παλάτε-τε, Palast.

παλάτσχε-a, *geg.*, Keil; s. πάλε.

παλϳαβί-a, Körperschmutz.

παλϳάρε, *geg.* παλϳάμε, ungewaschen, roh; s. μος.

πάλϳε-a, Falte, Reihe; s. πᾱρ; παλϳός *ϑ*αρ*ϑ*ε με *ϑ*υ πάλϳε, ich falte das Tuch zweimal zusammen; — σα πάλϳε *b*άλε χϳένε? wie viel Tanzreihen, Tanzpartien waren (bei einer Festlichkeit)? — πάλϳε πάλϳε, lagen-, schichten-, stossweise; — ε *b*ούρρι πάλϳε πάλϳε, er legte es schichtenweise auf einander.

πάλϳε-a, *geg.*, Kranz getrockneter Feigen; s. *b*αρχ.

παλϳός, ich falte, lege zusammen; — *part.* ε παλϳόσουρα, *geg.* ε παλϳόσμεja, das Zusammenfalten.

πάλϳτσε-a, Mark in Knochen und Holz; χ*ϳ*ερε ι πλϳαχ παχ πάλϳτσε χα, die alte Pappel hat wenig Mark (Sprachübung wie unser: Fischers Fritz etc.).

παλδέμ-ι, *pl.* παλδέμε-τε, *geg.* χαλδάμ, Hinterzeug des Sattels, bes. Holzsattels; s. χολάν.

πᾱλε-a, *geg.*, Pfahl, Holzschlägel, mit dem die Wäsche bei dem Waschen geschlagen wird; s. χοπάν.

πάλε, *adv.*, ruhig, müssig; ρι πάλε o. *b*έϊ πάλε, ich pflege der Ruhe, mache mir's bequem.

πάλλε-a, krummer türkischer Säbel; s. χόρδε.

(παλουα), Pfau; s. παγούα.

παμ*b*ούχ-ι u. πουμ*b*άχ-ι, *geg.* παμ*b*ούχ-ου, Baumwolle.

παμ*b*ούχτε, baumwollen.

πάμέντ, unverständig, kopflos.

παμέτα, abermals.

παμούνδμε-ja, *geg.*, Kraftlosigkeit, Unwohlsein, Unüberwindlichkeit; χαλϳά ε παμούνδμε, uneinnehmbare Festung; s. μουνδ.

παμούνδουνε, geg., kraftlos und unbesieglich, unüberwindlich.

πάμουνε, geg., part. v. δοχ, stattliches Aussehen; χα τε πάμουνε, π. griech. θεωρίαν, er hat ein stattliches Aussehen; s. πάρε.

πανjόχουρε, unbekannt.

πανηjίjίρ-ι, geg. παναjύρ, pl. παναjύρε-τε, Namensfest des Heiligen einer Kirche, Kirchweih, griech.

παντέχ, ich erwarte, hoffe; — part. χα παντέχουρε, unerwartet, plötzlich, auch als adv.

παντζεχέρ-ι, pl. παντζεχέρε-τε, steinartige Verhärtung, welche sich in Warzenform an dem Körper der Pferde und Esel bildet (letztere sind geschätzter) und als Talismans, bes. als Amuletts, auch als Gegengift dienen.

παξέλj, geg., ich verstopfe die Ritze von Schiffen und Fässern; — part. ε παξέλjμεja, das Verstopfen.

παξιμάθ-δι, geg. πεξιμέτ-ι, Zwieback.

παούδε-ι, Teufel; s. ούδε u. djάl.

παηjέσε-ι, Teufel; s. ηjέσε.

παπούνε u. παπούνεετ-ι, müssig, geschäftslos.

παπρίτουνε o. παπρίτουνε ε παχουιτούμε, geg., unerwartet.

πᾶρ-ι, pl. πάρε-τε, Paar, Partie, ein aus mehreren Theilen bestehendes Ganze, etwa unser: Zeug; δjέτε πᾶρ βε, zehn Paar Eier; — υjε πᾶρ πελούμβα, πούλλja, ein Paar Tauben, Hühner, und was sonst Paarweise verkauft wird; — σα πᾶρ βάλλε χjένε? wie viel Tanzpartien waren? s. πάλje; — πᾶρ πᾶρ, zwei und zwei; — υjε πᾶρ u. πάλje άρμε, eine vollständige Bewaffnung; — πουρτέχε, die fünf Stricknadeln; — βίολι, eine Musikbande; — ρόβα, ein vollständiger Anzug; — βρέχ, ein Paar Hosen, ein Beinkleid; s. πάλje.

πᾶρα, secädr., statt ρεπάρα.

πάρα, geg. παρ, contrah. aus ρεπάρα, vor; παραδίε u. παραδίθινε, geg. περδίε, vorgestern; παρμβράμε, geg., morgen Abend; — παρμβράμε τjέτερε, übermorgen Abend; — παρμράμε, vorgestern Abend; — παρμράμε τjέτερε, ehevorgestern Abend; — παρβjέτ, vor zwei Jahren.

παρά-ι, pl. παρά-τε, tosk., Para, deren 40 auf einen Piaster gehen; s. πάρε.

παραδίς-ι, Paradies; s. παρρίς.

παραθίρ-ι, geg., Fenster, bes. Fenstergeländer, π. griech.; s. πενδόερε.

παραχαλές, ich bitte; — part. ε παραχαλέσουρα, das Bitten, die Bitte, griech.

παραλjάμ-ι, geg., Missgeburt; s. λjέιη.

πάρε, geg. ὄπᾶρ, erster, vorderster.

πάρε u. πάρθινε, geg. ὄπάρθινε, adv., vor kurzem; χούρ? wann? Antw. πάρε o. χjε πάρε, geg. ὄπάρθινε, vor kurzem, eben.

πάρε-α, geg. πάμε, part. v. ὄο, Aussehen, Ansehen, Untersuchung, Sicht, Gesicht, Erscheinung; — ε πάρε ετίη ίὄτε ε λjίηε, sein Aussehen ist schlecht; — με τε πάρε τε πάρε χουρετόβα σεμούνδεν' ετίη, auf den ersten Blick erkannte ich sein Leiden; — πάὄε υjε τε πάρε, ich sah eine Erscheinung, hatte ein Gesicht; — geg. χjέὄε με τε πάμε, ich war auf Besuch, ich machte Besuch; s. πάμουνε.

πάρε-ja, geg., Para, 40 = 1 Piaster, Münze; τὄ φαρ πάρεja ε? was für Münze ist es? s. παρά.

παρεσί-α, die Gesammtheit der Ersten eines Ortes, einer Landschaft, eines Landes; s. πάρε.

παρεφύερε, geg. παρρεφύμε, unaussprechlich.

παριγορί-α, Trost, griech.

παριγορίς, ich tröste, griech.

παριμί-α, Gleichniss, griech.; s. πρᾶλε.

παρισί-α, geg., Erwähnung eines Namens, welcher der Wohlthäter einer Kirche oder eines Klosters war, in dem Kirchengebete.

παρμάχ-ου, pl. παρμάχε-τε, Gitter, Fenstergitter, türk.

παρμένε-α, geg. παρμένδε-ja, Pflug (aus παρ u. πέντε, s. dieses).

παρρίς-ζι, geg., Paradies.

(παρτάς), Theilung.

παρτί-α, geg., Gastmahl, welches die Schwiegereltern dem Schwiegersohne 14 Tage bis 4 Wochen nach der Hochzeit geben und wobei er zum erstenmale nach der Hochzeit im schwiegerelterlichen Hause erscheint, nachdem er dort die Anzahl der Gäste, welche er mitbringen wird, angezeigt hat.

πας, geg. μας, 1. präpos. mit bestimmtem und unbestimmtem genit.: a) nach (zeitlich und örtlich); πας δύβε μούαιγ, nach 2 Monaten; — μέμμα χόχjι βάιζευε πας σάιγ, die Mutter zog die Tochter mit, nach, hinter sich; — ι βάνε ασάιγ πας, sie gingen ihr nach, Joh. XI. 30; — έρδι πας babάιτ, er kam nach, hinter oder mit seinem Vater; — πας jάβεσε, geg., künftige Woche; — b) hinter; μέμμα ρίντε πας νέβετ, die Mutter sass hinter uns; — πας ὄτεπίσε, hinter dem Hause; — c) mit; έα πας μούα o. μέje, komme mit mir;

— βάνε πας τιγ, sie gingen mit ihm *); —
2. adv., nach, mit; έα πας, komme mit;
ε μερρ πας, er nimmt ihn mit.

παςανδάιξε, παςνδάιjε u. μαςαντάjε, geg.,
hierauf, künftig, sodann; s. νδάjε u. ανιμάν.

πάσε-α, geg., Habe, Vermögen; s. πάσσουρε.

παςκjίρε u. παςκjύρε-α, Spiegel (πας, part. v.
χαμ, u. κjύρε, v. κjυρύιγ, sehen).

παςνέσσερ, übermorgen; παςνέσσερ τjέτερε,
überübermorgen.

πασόσουρε, geg. πασόσουνε, unaufhörlich;
jέτε ε πασόσουρε, das ewige Leben; s. σος.
(πασπιλjάρ), Müller; s. μουλιτδί.

πάσσουρε, geg. πάσσουνε, part. v. χαμ, wohlhabend; ε πάσσουρα, Habe, Vermögen, Reichthum; πάσσουρα jουμβέτ κόχενε, Reichthum
verdreht den Kopf; — τε πάσσουρατε, Habseligkeiten.

παστάjε, adv., zuletzt, endlich.

παστάjεμ-ι, der letzte; πο αί χjε τε δουρύιjε
νήjερ τε παστάιμενε, aber der, welcher bis
an das Ende ausharrt, Matth. X, 22; — μbε
τε παστάιμενε (χέρε) zuletzt, endlich.

παστερμάγ-ου, geg. παστερμά-ja, eingesalzenes Fleisch.

παστερμύιγ, ich salze ein.

παστρύιγ, ich reinige; — part. παστρούαρε,
geg. παστρούμε, lauter, rein; — ε πασ-
τρούαρα, geg. ε παστρούμεja, Reinigung,
Reinlichkeit.

πασύ, blind; s. συ.

παδ-ι, pl. πάδε-τε, Längenmass der ausgespann-
ten Arme, Klafter.

παδά-ι, pl. παδαλάρε-τε, tosk., πάδε-α, genit.
πάδεσε, geg., der Pascha.

πάδχε-α, die vier hohen Kirchenfeste, welchen
Fasten vorhergehen: — ε μάδε, Ostern. — ε
Κρίδτιτ, Weihnachten, — ε Γούδιτ, Maria
Himmelfahrt, — ε διν Πjέτριτ, St. Peter.

παδχούδμ, geg., unwegsam, nicht umgangbar;
ίδτε νήjερί παδχούδμ, er ist kein umgangbarer
Mensch (v. πα u. δχύιγ).

παδτάτδμ, geg., körperlos; — ενγέιτε, Engel;
s. δτατ.

πᾶτ-ι, pl. πάτε-τε, Stockwerk.

πατάξ, ich mache einen staunen (griech. πα-
τάσσω); — πατάξεμ, ich staune, wundere mich.

παταξί-α, Wunder.

*) Bei dem Mangel an Fahrstrassen sind die
Wege selten so breit ausgetreten, dass mehrere Personen neben einander gehen könnten.

πᾶτε-α, geg. πᾶτε, Gans.

πατεδτίνε-α, Trabern; s. δερσί.

πατιτίρ-ι, Kelter, n. griech.

πατύχ-ου, Gänsrich.

πατύμε-α, Fusssohle; s. δύλλε.

πατρίδε-α, Vaterland, griech.; s. βενδ u. βατάν.

πατσαμούρε-ja, geg. πατδαβούρε-ja, Lumpen,
Wischlumpen.

παχέδτμ, geg., redend ohne Unterlass (v. πα
u. χεδτ, ich schweige).

παχίρ-ι u. παχιρί-α, Gewalt (v. πα u. χίρ);
με παχίρ, mit Gewalt und ohne zu wollen;
— νδε μος βjεν με χίρ, δο τ᾽ε μαρρ με παχίρ,
kommt er nicht gutwillig, so nimm ihn mit
Gewalt; — ε jοδίτι με παχίρ (o. πα δίjτουρε),
ich traf ihn, ohne es zu wollen.

πjēχ, anom., (geg. ich berühre, davon:) ich
brate, -backe, bούχενε, Brot; ich reife (von
Früchten, s. δούνjουρε); ich begegne, mit
accusat. νjε, einem, o. με νjε (?), — ι πόχjι ατέ
νjε νjερί, es begegnete ihm ein Mensch, Marc.
V, 2; — part. ε πjέχουρα, geg. ε πjέχμεja,
das Braten, Backen, Reifen, Begegnen.

πjέλ u. πίελ, geg. πīλ, anom., ich zeuge, gebäre; — part. πjέλε, erzeugt; — ε πjέλα,
geg. τε πjέλμιτε, die Geburt, Zeugung, das
Erzeugte, die Brut; s. μbίελ.

κjέπερ-ι, pl. πjέπερε-τε, geg. πjέπεν, Zuckermelone.

κjέρjουλε-α, hochgezogener Weinstock an Bäumen und Spalieren; s. βjερ.

πjερδ, anom., ich furze; s. πύρδε; πόρδι χάλι
νδε δέρε τε χάνιτ, das Pferd furzte an der
Thüre des Chanes, d. h. es ist nicht der Rede
werth, es sind leere Worte, Pfifferlinge.

πjέσε-α, Theil, Stück, Antheil; πρε ε πjέσε
πjέσε, schneide es in Stücke; — πjέσε, nach
Zahlen: -mal o. -fach; — ίδτε τρικjέσε με
ι πάσουρε νήjα αί, er ist dreimal reicher
als jener; — χjε τε μαρρ πjέσε jέτεν᾽ ε πασόσουρε, damit ich Theil nehme (χjε τε χεμ
πjέσε, damit ich Theil habe) an dem ewigen
Leben, Marc. X, 17; — χαμ u. μαρρ πjέσε
νδε ζι τάτε, ich nehme Theil an deinem Kummer; — ε δο τε μbέτετε (βέδτι) νδε νάβετ
πjέσε, und der Weinberg wird uns als Erbschaft bleiben, Marc. XII, 7; — βέδτι — χjε
ι bίε πjέσε, der Weinberg, welcher ihm als
Erbschaft zufällt, Luc. XX, 14.

πjέδχε-α, Pfirsich.

πε̄-ρι, accus. πε̄ρυε u. πε̄νε, pl. πε̄ι-τε, geg.
πεν-νι, Faden, Garn; s. φίλ; — πε̄νε λjόδε ο. ζα.

o. τρα, (sie machen) den Faden zur Kuh, zum
Ochsen, zum Balken, d. h. es ist eine Kleinig-
keit, viel Geschrei und wenig Wolle.

πε, berat., s. πρέιγ.

πεγέιγ, ich beschmutze; s. πουγάιν; — part.
πεγέρε, verunreinigt, unfläthig.

πεγέρε-α, Unrath, Unflath, Schmutz.

πεζάϊ, geg., ich rufe; πεζάϊ τε βίγε, rufe ihn,
dass er komme; ich spreche; — πσε σ' πεζάν?
warum sprichst du nicht? — μος πεζάϊ,
sprich nicht! schweige! — part. ε πεζάνμεja,
das Rufen, Schreien, Sprechen.

πεζούλj-ι, pl. πεζούλjε-τε, Absatz, Stufe, Steinsitz, Mauerkante; γύπι νde πεζούλj τε μούριτ,
steige auf die (Kante der) Mauer.

πεκjί-α, s. κικjί.

πεκουλί-α, Naschwerk, Obst, bes. in Bezug auf
Kinder; ε μπσύβε με πεκουλί, du hast es mit
Naschwerk verzogen.

πελjκj, ich verunreinige, trübe, z. B. Wasser.

πελjκjέιγ, ich gefalle, ich habe Wohlgefallen;
πελjκjέιγ κετε γjαύ, ich habe Wohlgefallen
an dieser Sache; — με πελjκjέν, es gefällt
mir; — σε πσε υύνε βέιγ κουρ do ατό κjε
ε πελκένε ατίγ, denn ich thue allezeit das
was ihm gefällt, Joh. VIII, 29; — πελjκjέχεμ,
ich gefalle; — πελjκjέχεμ νγα λjαούζι, ich
gefalle dem Volke; — part. ε πελjκjύμεja, das
Wohlgefallen; — πελjκjύερε, wohlgefällig,
angenehm.

πελjκjίμ-ι, pl. πελjκjίμε-τε, Annehmlichkeit,
Wohlgefallen, Lust.

πελjκjύσεμ, geg., was πελjκjύερε.

πελjχούρε, geg., s. πλjεχούρε.

πελεκjίς, Beil; s. σοπάτε.

πελεκjίς, ich behaue mit einem Beile, ich enthaupte.

πελέμπε-α, geg. πελάμε, Spanne mit Daumen
und kleinem Finger; s. φελκίνje u. τοφουλκί;
flache Hand, Ohrfeige; — ι δάδε νje πελέμπε,
ich gab ihm eine Ohrfeige.

πελίν-ι ο. πελίντ-ι, geg. πελjίμ, Wermuth.

πέλκ-γου, pl. πέλγjε-τε, Regenpfütze, Weiher,
geg. grosse Tiefe, auch adverbialiter: κjεγjένι
ίστε πελκ ι φέλε, der See ist bodenlos.

πελλάς, anom., ich brülle, v. Rindvieh, Eseln,
Stuten, ich ahme deren Stimme nach, ich schreie,
brülle überhaupt; — πσε πελλέτ αστού?
warum brüllst du so? s. πάλ u. χενγελάς.

πελλjάρ-ι, Pferdehirt.

πέλλje-α, geg. πέλje, Stute.

πελούμπε-α u. πελούμ-ι, geg. πουλούμε-ι, Taube;
s. βίττο.

πελτσάς, anom., ich berste, springe (von einem
Glase), gehe zu Grunde; πλjάσα! n. griech.
έσκασα! ich bin gestorben! (häufiger Ausruf
nach jeder grossen Anstrengung); s. πλjάς.

πέμμε-α, Obst, Frucht, Fruchtbaum, Baum
überhaupt; κοφστ με πέμμε, Garten mit Frucht-
bäumen; s. auch δίμε.

πενγόιγ, 1. ich binde, fessele, κάλjινε, μούσκενε,
ich binde einem Pferde, Maulthiere die Vorderfüsse zusammen, damit es sich beim Weiden
nicht zu weit verlaufe; — 2. ich necke,
reize, ärgere; νd' έστε κjε τε πενγόν τι κέμβα
jότε, wenn dich dein Fuss ärgert, Matth. IX,
45; — 3. geg. ich stelle einem ein Bein,
mache ihn fallen; — πενγόχεμ, ich stürze, falle,
νde γρύπτε, in die Grube; — part. ε πεν-
γούμεja, das Stürzen, Fallen; — κάμεσε, das
Unterstellen des Beins.

πενδίμ-ι, geg., Reue.

πενδόχεμ, geg., ich bereue; — part. ε πεν-
δούμεja, das Bereuen, die Reue.

πενδότρε-ja, Fensteröffnung, Fenster, Lugge,
geg. nur offene Mauernische, die tosk. κjαμάρε
heisst; s. παραθίρ.

(πενκατεζί), Reichthum; s. δουγάτ.

πεννές-ζι, geg., eine alte dünne biegbare Silber-
münze, welche keinen Curs mehr hat und nur
zum Schmuck verwandt wird.

πένσε-α, Bauch; s. βλjέντdσε u. πλjένdε.

πέντε-α, geg. πένde, Flugfeder, Flügel, Radfelge, löffelartige Schaufel des Mühlrades,
n. griech. φθέρα, Paar Ochsen, Tagewerk,
Joch als Bodenmass; πουνόιγ με πέντε u. νγας
πέντε, ich arbeite mit Ochsen, bin ein Ackersmann; s. παρμέντε.

περ, praep., a) mit bestimmtem und unbestimmtem accus.: 1. für; χένγρε δρέκε ε γατύβε
περ δαρκ, hast du zu Mittag gegessen, so
koche für den Abend (Sprichw.); — παγύβα
du περ νje, ich zahlte zwei für einen o. statt
eines; — σίου περ σι ε δέμbι περ δεμπ, Auge
für o. um Auge und Zahn für Zahn; — περ
τύιγ βούρρα κόκενε, für dich setzte ich meinen
Kopf ein; — ζίχεμ περ τύιγ, ich stehe, bürge
für dich; — κύιγ νjερί ίστε (κάκjε) σα περ
δjέτε, dieser Mann zieht für zehn; — 2. um,
über; κjερτόιγ περ τε bάρδε τε λjαράτσκεσε,
ich streite um oder über die weisse Farbe der
Elster, d. h. des Esels Schatten; — περ σε?
warum? — περ σε κjαν? warum weinst du?
Antwort: περ βελάνε, über o. um meinen

(verstorbenen) Bruder; — 3. wegen; πɛρ
φάϳɛτ' ɛτίϳ ɛπɛϭόβɑ, wegen seiner Sünden
musste ich leiden; — πɛρ χɛτɛ́ πούνϥ, wegen
dieser Sache, aus dieser Ursache; — 4. nach;
μɛ μύρρι μάλι πɛρ ὄτɛρπί βέτɛμϥ πɛρ νϳɛ νϳɛρί,
(Lied) mich ergriff Sehnsucht nach Hause
allein wegen eines Menschen; — 5. gegen;
νϳɛ πɛρ νϳɛ, Mann gegen Mann; — νϳɛ πɛρ ɗυ,
einer gegen zwei; — 6. an; πɛρ τɛ βέϭουρϥ
πϭɛ μɛντύνɛνι? warum denkt ihr an die Kleidung? — 7. zu; ϳɑμ πɛρ τɛ βɗέϰουρϥ u. άφϥρ
πɛρ τɛ βɗέϰουρϥ o. ίϰουρϥ, ich bin zum Sterben o. nahe am Sterben o. Abreisen; — ίϭτɛ πɛρ
τɛ βράρϥ, er ist entschlossen zu sterben (im
Kampfe etc.) u. er ist todeswürdig; — 8. von; ɛ ϭι
ɗιϳϳόι χϳɛ φλίτνϥ πɛρ Ιϭούνϥ, und als er hörte,
dass man von Jesus sprach, Luc. VII, 3; —
φλϳɛτ ϰɛχϳ πɛρ μούɑ, er spricht schlecht von
mir; — 9. in, binnen; πɛρ τρι ɗίτɛ ɗο τɛ
βɛ́ιϳ νϳɛ τϳάτɛρϥ, binnen drei Tagen werde ich
einen andern (Tempel) bauen, Marc. XIX, 58;
— 10. bei (in Betheuerungen); πɛρ βέϭϭɛ,
bei dem Glauben; — πɛρ πɛρɛνɗίνϥ! bei Gott!
— πɛρ βούχϥ, bei dem Brote; — πɛρ χɛτɛ́ ɗɛ,
bei dieser Erde; — πɛρ χɛτɛ́ ζϳάρρ, bei diesem Feuer; s. auch: νɗϥ πɛρ u. ρɛϑ πɛρ ρɛϑ;
— b) mit bestimmtem genit.: von; χϳɛ χουρ
ι ϳϳάου χɛϳό ɑτίϳ? ɛɗέ ɑί ι θɑ πɛρ ϭɛ βοϳɛλί-
ϳίτ, seit wann ist ihm diess zugestossen? und
dieser antwortete ihm: von der Kindheit an,
Marc. IX, 21; — βɛϭτρότνϥ πɛρ ϭɛ λϳάρϳουτ,
sie sahen von Ferne zu, Marc. XV, 40; —
πɛρ ϭɛ ɗύτιτ, zum zweiten Male; — πɛρ ϭɛ
ρι, von Neuem; — πɛρ ϭɛ? wesswegen?
warum? — πο νɗονϳɛ́ νϳɑ ɑτά . . . ϭϰουπϥτόι
πɛρ ϭɛ ι θɑ ɑτίϳ, aber keiner von ihnen verstand (nicht), wesswegen er zu ihnen gesprochen hatte, Joh. XIII, 28; — πούνϥρɑτ' ɛτίϳ
βɛ́νϥ πɛρ ϭɛ μϐάρι, πɛρ ϭɛ πράπϑι, seine
Sachen gehen vorwärts, rückwärts; — χɛτɛ́
φϳάλϳɛ ɛ θɑ πɛρ ϭɛ ϳϳάλι, diess Wort sagte
er bei seinen Lebzeiten.

πɛρ, als Vorschlag von Zeitwörtern, entspricht
meist unserem ver-, zer- u. ent-.

πɛρράλϥ, geg., s. πράλϥ.

πɛρράλɛμ, geg., ich unterhalte mich mit jemand;
— part. ɛ πɛρράλμɛϳɑ, die mündliche Unterhaltung.

πɛρβάν-ι, poet. πɛρβάνɛ-ϳɑ, geg., kleiner Schmetterling, Motte, welche Nachts in das Licht
fliegt; ουπɛρβɛλϳούϭ ϭι πɛρβάνɛ, (Lied) ich

verbrannte mich wie eine Motte; s. ɑɗίϰου ι
ɗρίτϥϥɛ.

πɛρβɛ́ξ, ich bewältige; s. βξ.

πɛρβɛλϳύτϳ, ich brühe, z. B. ein Huhn; ich senge,
verbrenne; ɗίɛλι πɛρβɛλϳόν, die Sonne brennt;
— ὄτɛπί ɛτίϳ ουπɛρβɛλϳούɑ, sein Haus ist
abgebrannt; — part. ɛ πɛρβɛλϳούɑρɑ, geg.
ɛ πɛρβɛλϳούμɛϳɑ, das Sengen, Verbrennen;
s. βɛλϳύτϳ.

πɛρβέϭ, ich schürze auf (wörtl.: ich entkleide,
s. βɛϭ), — ɗόρρϥνϥ, den Aermel (eine bei den
Palikaren beliebte Koketterie); s. πιχϳί u. λɛ́ρρι;
— πɛρβίϭɛμ, ich schürze mich, bereite mich
vor, unternehme; — ɗο τɛ πɛρβίϭɛμ πɛρ
ούɗϥ, πɛρ Ανθίνϥ, ich bereite mich, schürze
mich zur Reise, nach Athen zu gehen; — part.
ɛ πɛρβέϭουρɑ, geg. ɛ πɛρβέϭμɛϳɑ, das Schürzen, Vorbereiten.

πɛρβέτɛ, adv., für mich, dieb, sich, uns, euch;
ɛ ɗούɑ πɛρβέτɛ, ich will es für mich selbst;
s. βέτɛ.

πɛρβέτɗμɛ, praep. mit genit., ausser; oft auch
mit Beisatz von βέτɛμϥ, allein; χουɗ μουντ τɛ
νɗϥϳέϳɛ φάϳɛτϥ πɛρβέτɗμɛ βέτɛμϥ Πɛρνɗίϥϥ?
wer kann Sünden vergeben ausser Gott allein?
Luc. V, 21.

πɛρβούɗɛμ, geg., flink, geschickt, fähig.

πɛρβούζϥ, geg., adv., 1. bis zum Rande; μϐουϭ
χούπϥνϥ πɛρβούζϥ, fülle das Glas bis zum
Rande; — 2. zum Anschein; ϳɑ πɛρβούζϥ,
ich esse zum Anschein, thue als ob ich esse;
s. βούζϥ.

πɛρβύϑ, geg., ich würdige herab; — part. ɛ
ɛ πɛρβύϑμɛϳɑ, Herabwürdigung; s. βύϑϥ.

πɛρϳάϭτϥ, s. ϳάϭτϥ.

πɛρϳάϭτϥϭμɛ, was ϳάϭτϥϭμɛ.

πɛρϳέϳϳɛμ, ich antworte, erwiedere; — part.
ɛ πɛρϳέϳϳουρɑ, geg. ɛ πɛρϳέϳϳμɛϳɑ, Antwort,
Erwiederung.

(πɛρϳέϳɛλ), ich wende.

πɛρϳέϳɛλ-ι, geg., Cirkel (das Instrument), türk.

πɛρϳɛρότϳ, geg., ich drohe, mit accus.; s. ϰɑνός.

πɛρϳότϳ, geg. πɛρϳούɑιϳ, ich lausche, spähe,
spionire, stehe auf dem Anstand; — part.
ɛ πɛρϳούɑρɑ, geg. ɛ πɛρϳούμɛϳɑ, das Spähen, Kundschaften.

πɛρϳόνɛϥ-ι, Kundschafter, Spion; s. χουλɑɛύς.

πɛρϳούνϳ, ich mache einen knieen, unglücklich,
bringe ihn zur Unterwerfung; — πɛρϳούνϳɛμ,
ich kniee, bin unglücklich; — part. ɛ πɛρϳούν-
ϳουρɑ, das Knieen, Unglück, Unterwerfung;
s. ϳϳου.

(περδεβέρε), Frühling; s. βέρε.

περδές-ι, pl. περδέσε-τε, geg. περδέ-ου, Gicht, Rheumatism (sie fesseln den Leidenden an das Bett, die Erde, περ-δε); s. τσέρμε.

περδέσσε-α, tetragl., Ameise; s. μίζε.

περδέτσχε, geg., irdisch; — ϝεζόχενε περδέτσχατε βάδχε με χjιελόρετε, die Irdischen freuen sich mit den Himmlischen; — μίζε περδέτσχε, Erdfloh.

(περδεχέλj), s. περχεδέλj.

(περδεχέλje), s. περχεδέλjί.

περδέ-ja, geg. πέρδε-ja, Vorhang, Bescheidenheit, Verschämtheit; ίστε vjερί με περδέ u. πα περδέ, er ist ein bescheidener, ein unverschämter Mensch; türk.

περδελjέτιγ, geg., ich erbarme mich; — ε περδελjύμεja, das Erbarmen; s. νdεjέτιγ.

περδελjίμ-ι, geg., Barmherzigkeit, Gnade.

περδέρες-ι, Bettler; s. δέρε.

περδίτα, adv., täglich; s. νγαδίτα.

περδίτσμ, geg., täglich.

περδίτσμε-ja, geg., Werktag; s. λjεβρούαμε.

περδρέθ, ich schraube ein, fest, zu; s. δρεθ u. βουργί; τε περδρέθ βέστιτ, ich werde dich an den Ohren drehen, dir die Ohren zausen; — περδρέθ βούζετε, geg., ich verziehe den Mund, bes. als Zeichen der Verspottung hinter dem Rücken; — περδρίδεμ, ich verdrehe meine Worte, drehe mich hin und her, brauche Vorwände, Ausflüchte, kokettire; — part. ε περδρέθουρα, geg. ε περδρέθμεja, das Einschrauben, die Ausflüchte, Koketterie.

περζέ, geg. περζάν, ich vertreibe; s. ζε; — part. ε περζένα, geg. ε περζάνμεja, die Vertreibung; s. νdjέχ u. dζbύιγ.

περζίειγ u. περτζίειγ, geg. περζίγ, ich menge, knete, bes. den Brotteig; χύιγ vjερί περζίεν λαούζενε, dieser Mensch bringt das Volk durch einander, ist ein Demagoge; — ατό τε δυ στεπία ουπερζίενε, diese zwei Häuser haben sich verschwägert; — περζίχεμ, ich mische, menge mich; — πσε ουπερζύβε με ατέ πούνε? warum mischtest du dich in diese Sache? — με περζίχετε, mir wird übel; — part. ε περζίερα, geg. ε περζίμεja, Spaltung, Parteiung, Zwist.

περδάχεμ, geg., ich trockne aus, zehre ab, ich vernarbe; — part. ε περθάμεja, das Austrocknen, Vertrocknen, Abzehren, Vernarben; s. θάιγ.

περίερ, geg. πρίρεμ, ich drehe um, senke mich; ουπερούα ίεττα, die Welt hat sich umgedreht,

ist verdreht; — περρόρτι άνενε μούδχα, die Last des Maulthieres hat sich auf eine Seite gesenkt.

περίνj, N. T., Eltern; s. πριντ.

περιτομί-α, Beschneidung, griech.

περιτομίς, ich beschneide, griech.

περιφανί-α, Hoffarth, Stolz, griech.

περιφανέτς u. περιφανέπσεμ, ich mache und ich bin stolz, griech.

περχάς, geg., ich begegne, stosse auf, an; περχάβα με vjι, ich begegnete einem, stiess auf einen; — περχάς χρύετ νdε τράνε, ich stosse den Kopf an den Balken; s. περπjέχ.

περχjέθ, ich verlache, verspotte, mit accus. o. mit der praep.με; ε ατά περχjέθνε μετε, und sie verlachten ihn, Matth. IX, 24, wie n. gr. γελῶ; — part. ε περχjέθουρα, geg. ε περχjέθμεja, das Verspotten, der Spott; s. χjεθ.

περχjέθες-ι, Spötter.

περχjί-α, Kroja, Mitgift; s. πάje.

περχεδέλj (περδεχέλj), ich liebkose, schmeichele; — part. ε περχεδέλjουρα, die Liebkosung.

περχεδέλj, adv., liebkosend; ίστε μπσούαρε περχεδέλj, es (das Kind) ist an Liebkosungen gewöhnt.

περχεδελjί-α (περδεχέλje), Liebkosung.

περχόιγ, scodr., ich berühre, rühre an, necke; — περχόχεμ, ich werde berührt, geneckt, werde böse; — part. ε περχέτμεja, die Berührung, das Necken.

περλjάιγ, geg., ich raube (v. περ u. λjάιγ? wörtl.: ich wasche rein, ungefähr wie n. griech. παστρεύω, wegputzen); — part. ε περλjάμεja, das Rauben, der Raub.

περλjεπίν, geg., ich schmeichle; s. λjεπίγ; — περλjεπίνχεμ, ich lecke die Lippen, von Thieren: ich lecke mich.

περλjιχιούρεμ, geg., ich flehe, bitte dringend und schmeichelnd (v.περ u. λjιχούρ, die Haut; die Grundbedeutung möchte anschmiegen, streicheln sein).

περλjόιγ, geg., ich beschmiere, beschmutze, salbe, schmeichle; s. λjόιεγ.

περμβά, geg., ich halte auf, zurück, ich erhalte; s. πάχετα; περμβά χάλινε, ich verhalte das Pferd; — φούχjι' ε μβρέττιτ σ' περμβάχετε, des Königs Macht ist unwiderstehlich; — περμβάχεμ, ich halte mich fest auf dem Pferde.

περμβεjέθ, geg. περμβεjέθ, ich versammle, ich nehme auf; — jέτε ε χούαιγ ε με περμβεjούαστε, ich war fremd und ihr habt mich aufgenommen, Matth. XXV, 35; — χύιγ djάλjι

13

σ' πɛρμϐɛλjίδɛτɛ, geg., dieser Knabe ist zügellos; — part. ɛ πɛρμϐɛjέδουρɛ, geg. ɛ πɛρμϐɛλjέδουνɛ, haushälterisch, untersetzt von Gestalt; — ɛ πɛρμϐɛjέδουρα, geg. ɛ πɛρμϐɛλjέδμɛjα, die Versammlung; s. μϐɛjέϑ.

πɛρμϐύς, ich leere aus, geg. ich kehre um; πɛρμϐύς jϳέλλɛνɛ νᴅɛ σαχάν, ich leere die Speise in die Schüssel; ich stürze um, werfe hin; — ɛ πɛρμϐύσα, ich warf ihn zur Erde; — πɛρμϐύσɛμ, ich falle nach vorn um, falle auf das Gesicht.

πɛρμϐύς (v. πɛρ u. ϐούζɛ), adv., auf das Gesicht (epir. gr. ἀπίχουπα); s. πράπɛτα; ρα πɛρμϐύς, er fiel nach vorn, auf das Gesicht.

πɛρμjέρ u. πɛρμίɛρ, geg. πɛρμίρ, ich pisse (gemein, häufiger ϐɛ́ɣ o. δɛρϑ ούjɛτɛ); — πɛρμjίρɛμ, ich bepisse mich, bes. von Kindern; — part. ɛ πɛρμjέρα, geg. ɛ πɛρμjέρμɛjα, das Pissen.

πɛρμɛλjέ̆ς, geg., ich mache die Fasten brechen; s. μολίς; — πɛρμɛλjέτɛμ, ich breche die Fasten.

πɛρνάτα, geg., adv., allnächtlich.

πɛρνάτɛ, adv., nächtlich.

πɛρνάτᴅμ, geg., adj., nächtlich.

(πέρνɛ-α), Frucht; s. πέμμɛ.

πɛρνδί-α, pl. πɛρνδί-τɛ u. πɛρνδίρα-τɛ, geg. πɛρɛνδί, Gott; geg. männl.: πɛρɛνδία ɩ μαϑ, grosser Gott; tosk. weibl. (Gottheit?): vjɛ ɛ́̌̆τɛ Πɛρνδία ɛ τjάτɛρ νουχ ɛ́̌̆τɛ πɛρϐέτᴅμɛ ασᴅɩɣ, es ist nur eine Gottheit und es gibt keine andere ausser ihr, Marc. XII, 32; — ζότι Πɛρνδία jότɛ, der Herr deine Gottheit, Marc. XII, 29; — tosk. doch auch männlich gedacht in der Phrase: Πɛρνδία ἰϛτɛ ζοτ ɩ μαϑ, Gott ist ein grosser (gewaltiger) Herr.

πɛρνδιλjέμɛ-jα, geg., Mutter Gottes, griech. ϑɛοτόχος.

πɛρνδίᴅ̆ɛμ, geg., göttlich.

πɛρνδύτɣ, N. T. πɛρɛνδύτɣ, ich gehe unter (von der Sonne); χουρ πɛρνδύν δίɛλι, wenn die Sonne untergeht; s. δαλλj; — χου βέτɛ? wo gehst du hin? τɛχ πɛρνδύν (δίɛλι), dahin, wo sie untergeht, d. h. gegen Westen; — ɩ τίλλι σ' jϳένδɛτɛ τɛχ δɛλλj ɛ τɛχ πɛρνδόν (δίɛλι), ein solcher Mann wird weder im Osten noch im Westen, d. h. nirgends, gefunden; — jϳɛσδίσα δυνjάνɛ jϳίϑɛ τɛχ δɛλλj ɛ τɛχ πɛρνδόν, ich habe die ganze Welt durchstreift von Aufgang bis zum Niedergang; — σύτɛ μɛ πɛρνδύτϳɛ, die Augen fallen mir zu, epir. gr. τα μάτια μέ βασιλεύουν; s. δαλλj; — part.

ɛ πɛρνδούαρα, geg. ɛ πɛρνδούμɛjα, der Sonnenuntergang.

πɛρόνɛ-α, Nagel; s. ɣόδᴅ̆ɛ.

πɛρουδάνɛ-τɛ, pl., Stirnband von Gold, Edelsteinen o. Perlen; s. jϳɛρδάν.

πɛρπάρα, s. ρɛπάρα.

πɛρπάραζιτ, adv., von vorn.

πɛρπjέχ, ich stosse, schlage zusammen, an, auch vom Winde; — βέτɛ, ich kippe Ostereier; — πɛρπjέχ δούρɛτɛ, ich klatsche in die Hände; — σα τɛ πɛρπjέχτᴅ σύνɛ, in einem Augenblicke, Luc. IV, 5 (Stamm πjέχ); s. auch πɛρπίχjɛμ u. τᴅουνjϳουρίς.

πɛρπjέχμ, geg., gereimt; ϐέιτɛ τɛ πɛρπjέχμɛ, gereimte Verse.

πɛρπjέ̆ρɛ, abhängig.

πɛρπjέ̆τɛ, praep., s. ρɛπjέτɛ.

πɛρπjέτɛ u. ρɛπjέτɛ, adj., steil, abschüssig, abhängig (von der Tiefe aus betrachtet); — χύτɣ μάλλjι ἲ̆τɛ ɩ ρɛπjέτɛ, dieser Berg ist steil; — ɛ πɛρπjέτα, die Steilheit, von der Tiefe aus betrachtet; — ɛ πɛρπjέτα χα τατɛπjέτα, das Bergauf hat Bergab, d. h. auf Bergauf folgt Bergab, das Glück ist unbeständig; — geg. δάνι ούϐɛ πɛρπjέτɣ, er reiste aufwärts, d. h. gegen Morgen, in's Morgenland.

πɛρπίɣ, geg. πɛρπίν (Stamm: πι), ich verschlinge.

πɛρπίχjɛμ, pass. v. πɛρπjέχ, ich stosse an, ringe, istrans.; ich bemühe mich, mühe mich ab, was n. griech. πολɛμᴅ̆; do τɛ πɛρπίχjɛμ πɛρ τύτɣ, ich werde mich für dich interessiren.

πɛρπόδ u. ρɛπόδ, geg. auch πɛρɛπόδ, 1. praep. mit gen., unter, unterhalb; σɩ χούντɛ μϐɛjέϑ πούλjα ζόχjτ' ɛ σάɩɣ πɛρπόδ πέντɛϐɛτ, wie die Henne ihre Küchlein unter ihre Flügel versammelt, Matth. XXIII, 37; — 2. adv., unten, unterhalb; χjέντɛ πɛρπόδ νδένɛ σούφρα, die Hunde unten unter dem Tische, Marc. VII, 28; s. σίπɛρτ; — geg. χɛνδότɣ πɛρɛπόδ, ich buchstabire; s. πɛρτσίπɛρ.

πɛρπούρϑ, ich verunreinige; — πɛρπούρϑɛμ, ich verunreinige mich; — part. τɛ πɛρπούρϑμιτɛ u. ɛ πɛρπούρϑμɛjα, Diarrhoe.

πɛρρί-ου, geg., schöne männliche Berggeister, Elfen, die schöne Knaben lieben und mit ihnen auf den Bergen tanzen; plaudert der Knabe, so ersticken sie ihn; jɛ μα ɩ βούχουρ νϳα πɛρρίτɛ, du bist schöner als die Elfen (in vielen Liedern); s. jάδτɛσμɛ.

περρούα-οι, Fluss-, Bachbett, Thal, u. Bach,
Waldstrom, was κ. griech. ρεῦμα u. süddeutsch
Rain; s. περίερ u. ρουνγάjε.

περσερί (v. περ-σε-ρι), geg. περσί, adv., von
neuem, wiederum.

περσιάς, geg., ich messe aus.

περθίς, geg., ich brate, backe in der glühenden
Asche Brot, Fische etc.; Divra ich brate,
backe in der Pfanne.

περθεντέτ, geg. περθεντές (v. περ u. θεντέτ),
ich grüsse; έρθι ε μς περσεντέτι, er kam und
grüsste mich; — περθεντέτεμ, ich begrüsse
mich mit einem; — ουπερθεντέτμ, wir be-
grüssten uns; — part. ε περθεντέτουρα, geg.
ε περθεντέτμεja, die Begrüssung.

περθεντέτ-ι, pl. περθεντέτε-τε, Begrüssung.

(περθχάτ), ich besprenge; s. (στερχάτ).

(περθχίλειγ), ich reisse hin und her; s. θχίλειγ.

περθχόχj, geg., ich zerstreue, vergeude; — περ-
θχόχjεμ, ich werde zerstreut, zerstreue mich;
— θεντ περθχόχjενε, die Schafe zerstreuen
sich; — part. ε περθχόχjμεja, die Zerstreuung, das Vergeuden; s. θχοχj u. περχάπ.

περτέjε, s. τέjε.

περτέjμ u. περτέjεσμ, adj., jenseitig; νγα άνετ
ε περτέjμε, von dem jenseitigen Ufer.

περτερίγ, geg. περτερίν, ich erneuere (aus περτ-
τε-ρι); — περτερίχεμ, ich erneuere mich; —
χουρ ουπερτερί χέννεζα? wann erneute sich
der Mond? wann war Neumond? — part. ε
περτερίjτουρα, geg. ε περτερίμεja, die Erneuerung.

περτζελjάχ-ου, pl. περτζελjάχε-τε, kleines in
der Asche eilig gebackenes Brot ohne Sauerteig; s. χουλjάτθ.

περτζελjίγ u. περτζελjότγ, ich brenne an, senge,
z. B. gerupftes Geflügel; s. θχρουμβότγ u.
περβελjότγ; — περτζελjόχεμ, geg. περτζελjόχεμ, ich erhitze mich, brenne an, intrans.

περτζίειγ, s. περζίειγ.

περτίμ-ι, pl. περτίμε-τε, geg. πουρτίμ, Faulheit; s. πουρτέσε.

περτότγ, geg. πουρτότγ, ich faulenze; geg.
πουρτότγ τε νγρίχεμ, τε βάιν ατε πούνε, ich
bin zu faul um aufzustehen, um diess Geschäft
zu besorgen; — part. περτούαρε, faul; — ε
περτούαρα, geg. ε πουρτούμεja, die Faulheit.

περτσελjάργουτ, geg. adv. (aus περ-τε-λjάργετε),
in der, in die, aus der Ferne, von ferne.

περτσενγjάτι, geg., adv. (aus περ-τε-νγjάτ), in
der, in die Nähe, nahe; με θχόι λjέπρι περτσενγjάτι, der Hase kam nahe an mir vorbei.

περτσίελ u. περσίελ, geg. περτσίλ (Stamm σίελ),
ich gebe einem Abreisenden das Geleite; geg.
auch: ich schlinge, βούχενε, Brot, — χαπθά-
τενε, den Bissen; — περτσίλjεμ, geg., ich
schlucke, schlinge, intrans.; — part. ε περ-
τσίελja u. περτσίελjουρα, das Geleite; —
geg. ε περτσίλjμεja, auch: das Schlingen,
Schlucken.

περτσίπερ, s. σίπερ; geg. χενδότγ περτσίπερ,
ich lese, im Gegensatz vom Buchstabiren; s.
περπόθ.

περτθάχ, ich bespringe, vorzüglich von Böcken
und Widdern.

περτθάχ-ου, unverschnittener Bock, Widder;
s. βαρβάτ.

περτθάπ, geg., ich kaue (von Menschen), βούχενε, Brot; — περτθάπεμ, ich kaue, intrans.;
— part. ε περτθάπμεja, das Kauen.

περτθέ-ja u. περτθέμε-ja, geg., langes Manns-
und Frauenhaar; s. τθέπε.

περτθχjούατγ, s. τθχjούατγ, ich trenne, unterscheide; — τε θχρούαρε τατ νούχε περ-
τθχjούχαετε, deine Schreiberei lässt sich nicht
herausbringen; — part. ε περτθχjούαρα, die
Unterscheidung.

περτθχjύειγ u. περθχjύειγ, ich spalte, zerreisse,
trenne, unterscheide; s. θχjύειγ; — part. ε
περτθχjύερα u. περθχjύερα, geg. ε περθχjύ-
μεja, Spaltung, Trennung, Zwietracht, Unterscheidung.

περτθμότγ, ich verunehre, entehre; περτθμόν
σούαν ετίγ, er verunehrt seine Familie; —
part. ε περτθμούαρα, die Entehrung; s.
τθμότγ.

περτῦπ, s. θτυπ, ich kaue (von Thieren), kaue
wieder, verschlucke; ζούρρι τε θθθ νjε φjαλj
ε ε περτύπι, er begann eine Rede und ver-
schluckte sie; — part. ε περτύπουρα, geg.
ε περτύπμεja, das Kauen, Wiederkauen.

περφάλjεμ, s. φάλjεμ.

περφλjάς (Stamm φλjάς), 1. ich wiederhole;
θεν νjε τε μίρε ε μος ε περφόλjε, thue Gutes
und sprich nicht davon; — 2. ich verschwärze,
verläumde; — part. ε περφύλjτουρα, Wiederholung, Verläumdung.

περφλjές, geg. (aus περ-φλjέττε), ich blättere,
z. B. in einem Buche; — part. ε περφλjέτ-
μεja, das Blättern.

περχάπ (Stamm χαπ), ich zerstreue, verschwende,
mache Platz; περχάπι! mach Platz! s. θτε-
μένγ; — περχάπεμ, ich zerstreue mich; —
do τε περχάπενε θέντε, die Schafe werden

sich zerstreuen, Marc. XIV, 27; — *geg.* ου-
περχάπ λjαφτ΄ ι τιγ, sein Ruhm breitete sich
aus; — *part. ε* περχάπουρα, *geg. ε* περχάπ-
μεja, das Zerstreuen, Verschwenden, die Verschwendung, Ausbreitung.

περχέρε, jedes Mal; s. *χέρε.*

περχερτόμ, *adj.,* häufig.

πέσε, fünf; πέσε δjέτε, fünfzig; — πεσ΄ μbε
δjέτε, fünfzehn; — ι πέσε-ι, Fünfer.

πέσεδ, *adv.,* fünffach.

πέσετε-ι, Fünfter.

πεσσόιγ, *geg.* μεσόιγ, ich dulde, leide; —
part. ε πεσσούαρα, das Leiden, gebräuchlicher τε πεσσούαρατε Κρίστιτ, das Leiden
Christi.

πεδόιγ, πεδτίγ u. πεδτόιγ, *geg.* μεδτύιν, ich
speie, spucke; — *part. ε* πεδτόρα u. πεδ-
τύτουρα, das Speien.

πεδίμθι, *geg., adv.,* mit der Wage gewogen, im
Gegensatz von χουτουρού; χρεj ε πεδίμθι,
hebe es auf und setze es weg, z. B. ein Kind.

πεδx-ου, *geg.,* der Fisch; s. *πιδx.*

πεδxαδδί-ου, *geg.,* Fischer; s. *πιᾶχαδδί.*

πεδxjίρ-ι, *pl.* πεδxjίρε-τε, Handtuch, Serviette;
s. *φουδάι.*

πεδxόιγ, ich reinige, wische ab.

πεδλjί-ου, Jacke mit Aermeln.

πεδόιγ, *geg.,* ich wäge mit der Wage; — *part.*
ε πεδούμεja, das Wägen.

πεδτίελ, ich wickele ein; s. *μεδτίλ.*

πεδτίμε u. πεδτύμε-a, *geg.* μεδτύμε, Speichel;
s. *jάρje.*

πέταβρε-a, dünnes schmales Bret, welches die
Dachziegeln trägt.

πέτε-a, Blatt eines Blätterkuchens; s. *λjαχρούαρ.*

πέτεε-ι, Walgerholz; s. *οχλάje.*

πέτουλε-a, Steinscheibe des Wurfspiels; kleine
runde schmalzgebackene Kuchen; s. *λjόμχε* u.
λjούατγ.

πετουλάιγ, *geg.,* ich spiele mit Wurfscheiben.

πετρίτ-ι, Raubvogel, Habicht(?); s. *σοχύλj, ξιφτέρ.*

περτερέαε-a, *geg.* πριφτενέαε, Priesters Frau;
s. *πριφτ.*

πι u. πίγ, ich trinke; — πίβα vjε bᾶρ, ich
nahm Arznei; — *part.* πίρε, *geg.* πίμε, getrunken und betrunken; — ε πίρα, *geg. ε* πί-
μεja, das Trinken, Getränk.

πιανέτε-ι, *geg.,* Trunkenbold; s. *πίμεε.*

πιδάρ-ι, *geg.,* Wollüstling; s. *πιθ.*

(πιάρ), ich sorge.

πίεε, s. *πύεε.*

πίθ-δι, *pl.* πίδερα-τε, weibliche Scham; s. *jόπ.*

πιχ, ich mache bitter, versalze; — *part.* vjερί
ι πίχουρε, ein missmuthiger Mensch, s. *griech.*
πιχραμένος; — ε πίχουρα, die Bitterkeit, der
Missmuth.

πίxjεμ, 1. ich brate, *intrans.;* πίxjεμ vδε δίελ,
ich schmore mich an der Sonne; — 2. ich
begegne mich mit einem, ich treffe zusammen;
ο μίχε, χουρ πίxjεμ, πόσι ζιάρρ δίxjεμ,
(Lied) o Freundin, wenn wir uns treffen, so
brennen wir wie Feuer.

πιxjί u. πεxjί-a, *geg.* σπελjxjίν-νι, Rockschooss,
Rockflügel, Vordertheil eines Oberkleides; με
πιxjί τε περβέδουρε, mit geschürztem Ober-
kleide, bei Frauen ein Zeichen grosser Thätigkeit; — ι ζούρρα πιxjίν, *geg.* περ σπελjxjίν,
ich fasste den Saum seines Kleides, s. *griech.*
ποδιά (Begrüssung Niederer gegen Höhere);
— vδένε σπελjxjίντε περνδίσε, *geg.,* unter
dem Rockschoosse (Schutze) Gottes; — πιxjί
ε ρόbεε, N. T. der Saum des Kleides, Matth.
XIV, 36, Marc. VI, 36.

πιxόιγ, ich tropfe; δτερπία πιχόν, das Haus
(Dach) lässt Wasser ein; — βόζα πιχόν, das
Fass tropft; — *part. ε* πιχούαρα, das Tropfen;
s. *χουλόιγ.*

πίχε-a, 1. Tropfen; τε βράφτε πίχα, möge dich
der Tropfen tödten, d. h. der Schlag treffen,
Verwünschung; die Thränen der nach dem
Zauberspruche Gabriels bei dem Fall der Engel
über der Oberfläche der Erde festgebannten
gefallenen Geister fallen auf die Erde und
bewirken den Schlagfluss, wenn sie einen
Menschen treffen; — 2. Flecken, Sommer-
flecken, kleines Muttermal; s. *jjέρbε;* —
3. kleine Tupfen; δαμί με πίχα, ein Tuch
mit Tupfen; s. *πούλε;* — 4. Braten. — πίχα
πίχα, tropfenweise; — πιχ΄ ε ρεχέ, wörtl.:
Regentropfen und Bächlein, d. h. von gemeinem
Herkommen; — ίδτε πιχ΄ ε ρεχέ, es ist ein
gemeiner Kerl, armer Teufel.

πιχλίμ-ι, *pl.* πιχλίμε-τε, Missmuth, Erbitterung.

πιχλόιγ, ich erbittere; ι θάδε vjε χουβένδ ε ε
πιχλόβα, ich sagte ihm ein Wort und (das
ihn) erbitterte ihn; — πιχλόνεμ, ich bin erbittert, missmuthig, s. *griech.* πικραίνομαι;
— *part.* πιχλούαρε, erbittert, gereizt; —
ε πιχλούαρα, Erbitterung, Missmuth; s. *πιχ.*

πίχετε, *adj.,* bitter; μόλε ίδτε ε πίχετε, der
Apfel ist sauer; — δjάθετε ίδτε τε πίχετε,
der Käse ist ranzig; — ε πίχετε-a, Bitterkeit im Geschmack.

πίμες-ι, Trinker, Säufer; s. πιρjάν.

πίύ u. πίύχεμ, s. μbίtγ.

πιηjάλ-ι, geg., Dolch; s. σ̃ι̃δ.

π̃ῦτε, geg., erstarrt, träge, faul; s. μbέρε.

(πιούχε, πούκικε), Keil; s. παλάτσκε.

πίπε̨̃ε̨-a, geg., zarte Laubspitze, bes. für junge Seidenwürmer; Kinderpfeife aus grünem Kornhalm.

πιπέρ-ι, pl. πιπέρε-τε, Pfeffer; s. σπέτσε.

πίπϑ-ι, geg., der Schnabel der Lampe, welcher den Docht hält; s. φυτ.

πιπλίν, geg., ich flüstere; — part. ε πιπλίμεja, das Flüstern.

πιράξ, ich necke, griech.; s. τσυς.

πιραξί-a, Necken, Versuchung, griech.

πιρjάν-ι, Trinker, Säufer; s. πίμες u. πιανέτς.

πίρε-a, part. v. πι, Getränk.

πιρούν-ι, geg. πιρούν-νι (πιρούα), Gabel; s. πρόχε; tetragl. Kinn.

(πίσε), Fichte; s. πίδε.

(πισκότγ), ich picke; s. πιτσκότγ.

πισκόπ-ι, Bischof, griech.; s. ουπέδχ.

πισχjόλε-a, geg. πισηjόλε-ja, Pistole; s. χοβούρε, τοπάνδδε u. πιστύλjε.

πισχjολίς, ich schiesse, erschiesse mit der Pistole.

πίσσε-a, Pech, Hölle; ίδτε ζιπίσσε, es ist pechschwarz; s. ζιφτ.

πίσσο-ja, Katze in der Kindersprache, sie wird πίσσ πίσσ gelokt; s. χουτδ.

(πιστελότγ), ich flüstere; s. πιϑότγ.

πιστύλje-ja, geg., Jagdflinte; s. πισχjόλε, δουφέχ u. κούδχε.

πίδε-a, Fichte, Kien, Kienfackel; s. τδάμ.

πιδχ-ου, pl. πιδχj-τε, Fisch; ζ̃ε πιδχj, ich fische; s. πεδχ.

πιδχαδδί-ου u. πιδχετύρ-ι, Fischer; s. φιδχjάρ u. πεδχαδδί.

πιδχj-ι, geg. πίτσχε-a, Doppelknoten; λjιύ πιδχj, ich binde mit doppeltem Knoten; s. χόμπ.

πιδμάν-ι, pl. πιδμάνε-τε, Reue; bε̃νεμ πιδμάν, ich bereue, türk.; s. πενδίμ.

πιϑότγ, ich flüstere.

πίδτε, adj., von, aus Fichten; δύ̃ε ε πίδτε, Fichtenbret; s. πίδε.

πιτρόπ-ι, Vormund, Bevollmächtigter, griech.

πίτσερε, geg., adj., klein, winzig von Gestalt, Umfang; χατούντ ι πίτσερε, bύ̃ε̨λjε, μαϑ ein winziges, ein kleines, ein grosses Dorf.

πιτσερότγ, geg., ich verkleinere; — σύτε νjα δίελι, ich kneife die Augen wegen des Sonnenlichtes zusammen.

πιτσχατόρε-ja, geg., Zängchen, womit die Haare aus dem Gesichte gerissen werden.

πίτσχε-a, geg., Knoten; s. πιδχj.

πιτσχότγ, geg., ich zwicke; ε πιτσχόι νjα φάχjετε, er kniff ihn in die Wange.

πιτδ-ι, geg., vulva impudens; s. τδούχε.

πλάγε-a, Steinplatte (s. δερράσε); Spiel, bei dem mit flachen Steinen nach mehreren übereinandergesetzten Steinen, auf welchen der Einsatz liegt, geworfen wird.

πλανέτς, ich betrüge, spiegele vor; s. χjεδ; — πλανέπσεμ, ich werde betrogen, gefangen, irre umher; — χεδτού πλανέπσενε πίδχjτε, so werden die Fische getäuscht (gefangen); ουπλανέπσμ νjε σαχάτ, σε σ' δίjεμε ούδγνε, wir irrten eine Stunde herum, weil wir den Weg nicht wussten, griech.

πλεχjερί-a, geg. πλεχjενί, Greisenalter, Gesammtheit der Alten eines Ortes, Gemeinderath; s. βαιζερί.

πλεχjερύγ, tosk., ich nähre, pflege Bejahrte, meist von Kindern in Bezug auf ihre Eltern; σ' με πλεχjερόν δjάλλjι, με πλεχjερον τεμίρατ'ε μία, nicht mein Sohn, sondern meine Güter ernähren mich (im Alter, sagt ein wohlhabender Greis), geg. δjάλλjι σ' με μba πλεχjενίσε.

πλεχjεσί-a, Rath der Alten, der dem Orte vorstehende Körper, s. griech. δημογεροντία.

πλεχjεσότγ, ich bin ein disponirendes Mitglied des Gemeinderaths, habe den grössten Einfluss im Dorfe; jjίϑε χουδ πλεχjεσόν σι do νδε δτερί τε τιγ, jeder disponirt in seinem Hause wie er will.

πλεμόν-ι, pl. πλεμόνε-τε, Lunge; s. μουδχερί.

πλεξ, ich flechte, stricke, griech.; s. jερδετότγ; — part. ε πλέξουρα, das Geflechte, Strickerei, Flechtwerk.

πλεξίδε-a, Haarzopf.

πλέδτ-ι, pl. πλέδτα-τε, Floh, meist im pl.

πλεδτύγ, ich flöhe.

πλέχε-a, geg. πλjέυχε-ja, gebräuchlicher im pl. πλjέυχε-τε, Dünger.

πλεχότγ, geg. πλjεχενότγ, ich dünge; — part. ε πλεχούαρα, geg. ε πλεχενούμεja, Düngung.

πλιϑάρ-ι, s. πλjιϑάρ.

πλίσ-ι, pl. πλίσα-τε, Jochkissen, geg. Erdscholle.

πλότσχε-a, geg. Steinplatte, berat. runde hölzerne Weinflasche; s. τδούτερε.

πλούσχε-a, Blatter; s. φδίχεζ̃ε u. πδίχjε.

πλούτσε, adj., angefault, von Kernfrüchten; reif, von Geschwüren.

πλjάγε-α, Wunde, Plage; s. βάρρε.

πλjαγός, ich verwunde; — part. πλjαγόσουρε, geg. πλjαγόσουνε, verwundet; — ε πλjα-γόσουρα, geg. ε πλjαγόσμεja, die Verwundung; s. βαρρότγ.

πλjᾶκ-ου, pl. πλjεκj-τε, alt, Alter, Greis, Ortsvorstand.

πλjαχ, geg. μbλjαχ, ich mache alt; σεμούνδα πλjαχ νjερίνε, die Krankheit macht den Menschen alt; — πλjάχεμ, ich altere; — part. πλjάχουρε, geg. πλjάχουνε, alt, veraltet; — ε πλjάχουρα, geg. ε πλjάχμεja, das Altern.

πλjᾶχε-α, geg. πλjᾶχε, Alte, alte Frau; — der 30. u. 31. März u. 1. April. Wenn an diesen Tagen Kälte eintritt, so wird sie den alten Weibern Schuld gegeben; χέμι αχόμι πλjάχατε, wir haben noch diese Tage vor uns, d. h. wir sind noch nicht sicher durch den Winter; s. δρεμ.

πλjαχός, ich überfalle, griech.

πλjάς, ich berste; s. πελτσάς; — part. geg. bούζε πλjάσουνε, wörtl.: Lippen - Berster, (Schimpfwort der Mutter gegen ihre Kinder); — ζέμερε πλjάσουνε, gebrochenes Herz; — ε χαμ ζέμερε πλjάσουνε, das Herz ist mir gebrochen; — ε πλjάσουρα, geg. ε πλjάσμεja, das Bersten.

πλjᾶσε-α, Ritze, Spalte, Sprung, Schiessscharte; s. χρέσε u. μαδογάλε.

πλjᾶφ, pl. πλεφένjε, wollene, buntfarbige Decke; s. jοργάν.

πλjένdες-ι, geg. πλjάνdες, innerer Bauch, Zwölffingerdarm; s. bᾶρχ.

πλjεπ-ι, pl. πλjέπα-τε, Pappel; s. πάλjτσε.

πλjεχοῦρε-α u. πελjχοῦρε, Zeug, Segel, was n. griech. πανί; bέιγ πλjεχούρε, ich webe, ich segele, n. griech. χάμνω πανία; — νγρε πλjεχούρε, ich spanne die Segel; — ζbρες πλjεχούρε, ich ziehe die Segel ein.

πλjιθbάρ-ι, Lehmstein (Krug); s. τούλε.

πλjότ, adv., voll, viel, Masse; χjένε νjέρεζ πλjοτ, es war eine Masse Menschen dort; — μbουϑ πλjοτ, ich fülle voll, bis zum Rande; — ίᾶτε νjερί με χύχε πλjοτ, er ist ein Mensch mit dem Kopfe auf der rechten Stelle.

πλjότε, adj., voll, fett; νjε bιττ πλjότε, ein volles Jahr; — γρούα ε πλjότε, beleibte oder schwangere Frau; — χένεζε ε πλjότε, Vollmond.

πλjούαρ-ι, pl. πλjούαρε-τε (Geschlecht), Pflugschar.

πλjουμπ-ι, pl. πλjούμba-τε, geg. πλjουρ-ι, Blei, Bleikugel.

πλjούχουρ-ι, geg. πλjούχουν-ι, Staub; s. bλjούατγ.

πλjουχουρότγ, geg. πλjουχουνότγ, ich mache Staub, stäube.

πο, geg. πορ, 1. aber; 2. beständig; πο φλjῖ, πο φλᾶτ, πο χᾶ, er schläft, schwatzt, isst beständig, ohne Unterlass, immerwährend; — 3. sobald, sowie; έα, πο τε χᾶϑ, komm, sobald du gegessen hast; — πο με φλjᾶτ, ζεμερόνεμ, sowie er zu mir spricht, werde ich aufgebracht; — 4. gewiss; χεϑτού ίᾶτε? so ist es? Antw.: πο! gewiss! — 5. πο χjε u. πο σα, sobald als; πο χjε u. πο σα έρϑι, ίχα ούνε, sobald er kam, ging ich; — πο χjε πάνε ύλινε, γεσούανε, sobald als sie den Stern sahen, freuten sie sich; s. ποσί.

ποl ποl ποl wehe! s. που.

πογανίχ-ου, pl. πογανίχε-τε, Geburtsfest eines Neugeborenen am dritten Abend nach der Geburt.

πογότγ, s. παγότγ.

(ποδje) ποδjά-jα, geg., Schürze; s. φούτε.

ποπτούα-οι (ποτούα), geg. παχτούα, Hufeisen.

πολίτζε-α, Wandgestell, étagère.

(πονίτζε), Gefäss; s. ένε.

πόπελj-ι, geg., Klumpen, Scholle, Bolle; με χοῦδι νjε πόπελj ο. νjε πόπελj γούρε, er warf einen grossen Stein nach mir; — με χοῦδι νjε πόπελj, πο σ’ε νdjέϑα, γουρ ίᾶτε α δε, er warf einen Klumpen nach mir, aber ich unterschied nicht, ob es ein Stein oder Erde war.

πορδαδάχουλj-ι, geg., Wirbelwind (wörtl.: Windschlauch).

πόρδε-α, Furz; s. πjερϑ.

πορνέπς, ich hure, griech.; s. χουρbερότγ.

πορνί-α, Hurerei, griech.; s. χουρbερί.

πορρίς, geg., ich lösche aus; s. δούατγ.

ποροσί-α, geg. ποροσί-α, Auftrag, Befehl, Satzung, Brauch; τε τίλλε χορσί μόρρα, solchen Auftrag erhielt ich; — χεϑτού ίᾶτε χορσία ο. ποροσί ε νομίτ νdε βενά, so ist der Brauch oder die Satzung des Gesetzes in dem Orte.

ποροσιϑένε, adj., gehorsam (wörtl.: den Befehl vollstreckend); je βάιζα ίμε χοροσιϑένε, du bist mein gehorsames Mädchen.

ποροσίτ, geg. χοροσίς, ich trage auf, gebiete; αi χοροσίτ πες τᾶδο πούνε, dieser befiehlt in allen Stücken — einem, mit accusat.; — σι ε χοροσίτι Ένγελι, wie ihm der Engel befohlen,

Matth. I, 24; — τσίλλι έστε κύcγ κjε πορσίτ
έρgτg εδέ ούjgτg? wer ist der, welcher den
Winden und Wassern gebietet? Luc. VIII, 25;
— κgτού ουποροσίτα, so wurde es mir aufgetragen (ebenso s. griech. διατάττω); —
part. ε πορσίτουρα, geg. ε xοροσίτμεja, der
Auftrag, Befehl.

πόρτg-α, Thor; s. dέρg.

πορτοχάλε-ja, geg. πορτοχάλ-ι, s. προτοχάλε.

ποσά, s. πο.

πόσι, wie, gleich wie, potenzirtes σι.

ποσί! geg., gewiss!

πόσταζιτ, adv., von unten.

πόστg, präp. mit bestimmtem und unbestimmtem
genit., unterhalb; πόστg μάλλjετ, unterhalb,
am Fuss des Berges.

πόστg, adv., unten, hinunter, nieder; πόστg
ίστg a σίπεgρ? ist er unten oder oben? —
χίδ' ε πόστg, wirf es hinunter, hinaus (aus
dem Fenster); — βουρρ' ε πύστg, setze es
nieder; — ε επ μg πόστg? gibst du es darunter? — μbg du βjετ ε πόστg, zu zwei
Jahren und darunter, Matth. II, 16.

πόστgρg u. πόστgρμ-ι, geg. πόστgμ, adj., der
untere; vjέρgζιτ' τg πόστgρg, die niedere,
untere Menschenclasse, entgegengesetzt τg
λjάρτg (nicht τg σίπεgρμιτg).

ποστgρμέ-ja, der Hintere; s. bύθg.

ποτέρε-ja, geg., Lärm; s. δαματά.

ποτίρ-ι, pl. ποτίρε-τg, Trinkglas, geg., Kirchenkelch, griech.

ποτίς, ich tränke Thiere; s. βαδίς u. vjομ.

(ποτούα), s. ποπτούα.

(ποτπολόδχg), Wachtel; s. δρέγjg.

πgτσ-ι, geg., Flaschenkürbis, tosk. vulva.

πότσε-ja, tosk., irdener Topf, insbesondere
Nachtgeschirr.

ποῦ πού! s. ουπουπού.

πουγάιὺ, geg., ich verunreinige, stecke an;
s. πgγέιγ; — part. ε πουγάνμεja, Befleckung,
Ansteckung.

πουγάνgς-ι, der Befleckende, Verunreinigende,
Unreine, bes. in sittlicher Hinsicht.

πουγανσί-α, Unreinheit, Unreinlichkeit.

πούθ, anom., ich küsse; — part. ε πούθουρα,
'geg. ε πούθμεja, das Küssen, der Kuss;
s. λjιπ.

χουθίς, ich füge oder setze ein.

πουθτόιγ u. πgθτόιγ, geg., ich presse, χάρτατg,
Papiere; — bρέχgτg μg πουθτόιγg, die Hosen
zwängen mich, sind mir zu enge; — πουθτόχεμ, ich kleide mich enge, anliegend,

schnüre mich, umarme mich; — Φρένχjτg
χάνg ρόbgτg πουθτούμε, die Franken tragen
anliegende Kleider; — ουπουθτούανg vjάνι
μg τjέτgρινg sie umarmten einander; s. ρox;
— part. ε πουθτούμεja, das Pressen, die
Umarmung.

πούλjg-α, Huhn; πουλj' ε bάρdg, Seemöve.

πούλjg-α o. πουλjαμένε-ja, geg., Münze von
1½ Piaster oder 60 Para; — vjg χjιvτ πούλja,
150 Piaster.

πουλjίίζg-α, geg., Hühnerlaus.

πούλg-α, geg., grosse Tupfen in gefärbtem Zeug,
Flicklappen; — πούλα πούλα πα πέιv, Lappen,
Lappen ohne Faden (Räthsel), das Gehäuse
der Schildkröte; s. πίχg.

πουλίδτ-ι, Fohlen, πέλλjε, weibliches, u. μα-
σχg o. άτι, männliches; s. μgς.

πουλχjέρ-ι, pl. πουλχjέρε-τg, der innere weiche
Ballen des oberen Daumengliedes; s. μόλgζg.

πούλπg-α, Wade, der Oberschenkel des Geflügels.

πουμbάχ-ου u. πουμbούχ-ου, Baumwolle.

πουμbάχτg, adj., baumwollen.

(πουνάδχg), Beutel; s. χουλjέτg u. χjεσέ.

πουνγί - α, Faust, an welcher das Zeigefinger-
glied hervorsteht, um damit zu schlagen, sonst
γρουδτ u. τδόχg.

πούνg - α, pl. πούνgρα-τg u. πούνg-τg, Ding,
Sache, Geschäft, Werk, That, Arbeit, Vermögen, Habe, Angelegenheit; χαμ πούνg, ich
habe Arbeit; — τδ πούνg bέρρε? was hast
du gemacht, gethan? — πουν' ετίγ ίστg ε
μάδε, sein Vermögen ist gross; — δίτ πού-
νgνg τάτg ε πογούαιγ bόρτσινg τατ, verkaufe
deine Habe und bezahle deine Schulden; —
πούνgτ' ε φδάτιτ, die Angelegenheiten des
Dorfes; — πgρ χgτέ πούνg, hierum; — πgρ
ατέ πούνg, darum; — πουν' ε μάδε! merkwürdig! — άδτg πούνg μg τύιγ! du bist
merkwürdig! wunderbar! man hat seine Last
mit dir!

πουνgbάρθ, glücklich; s. dgρgbάρδι.

πουνgζί, unglücklich.

(πούνgλgζg), Kinn; s. μjέχρg.

πουνgτάρ u. πουνgτουάρ-ι, tyr. πουνgτόρ, Arbeiter; s. αργάτ.

χούνgτόιγ, ich diene, bediene.

πουνgτούρ, geg., arbeitsam; χύιγ vjερί ίστg
πουνgτούρ, dieser Arbeiter ist fleissig; —
dίτg πουνgτόρε, Werktag.

πουνόιγ, ich arbeite, wirke; — part. πουνούαρg,
geg. πουνούμ, bearbeitet; — άρ' ε πουνούαρg,

bebautes Feld; — *toak.* ροб'ε κουνούαρε, abgetragener Rock; — ε πουνούαρα, *geg.* ε κου-
νούμεja, die Arbeit, Thätigkeit, das Wirken.

πούπεg-α, Quaste; s. τδούφχε; vjε πούπε ρουδ,
eine Weintraube; s. βεδ.

πούπελjε-α, *geg.*, Flaumfeder; s. πέντε.

(πουρσουνδίς), ich besprenge.

πουρτέχε-α, Stöckchen, Gerte, Ladstock, Stricknadel, Pfeil, Schüttelstange, *geg.* Zaungeflecht.

πουρτέσg-α, *geg.*, Faulheit; s. πεgτίμ.

πουρτόιγ, *geg.*, s. πεgτόιγ.

πουρτούδμ, *geg.*, träge, faul.

ποδσ-ι, *pl.* πούσε-τε, Brunnen.

πουσί-α, Hinterhalt, Fallstrick; ε βράνε νdε
πουσί, sie tödteten ihn aus dem Hinterhalte.

ποδδ-ι, *geg.*, die Wolle, welche den Faden von
Wolltüchern deckt, der Pelz von Früchten
und Blättern; s. μδουδ.

πουδίμ-ι, *pl.* πουδίμε-τε, Aufhören, Stille.

πούδχε-α, *geg.*, Flinte; s. δουφέχ.

πουδόιγ, ich höre auf, schweige; τανύ πουδόβα,
so eben hörte ich auf; — χεjό χjε ατέ χέρε
χjε ερδι νούχε πουδόι τουχ' ε πούδτουρε χέ-
μπετ' ε μία, diese hörte von der Zeit an, als
sie kam, nicht auf, meine Füsse zu küssen,
Luc. VII, 45; — πουδό! schweige! — *part.*
ε πουδούαρα, *geg.* ε πουδούμεja, das Aufhören, Schweigen, die Stille.

ποδδτ-ι, *pl.* πούδτε-τε u. πούδτεgρε-τε, Schandbube; s. πουδτρόιγ.

πουδτέτ-ι, *geg.*, Eroberung; s. πουδτόιγ.

(πουδτίμ), Ellenbogen; s. δρουλj.

πουδτίμ-ι, *geg.*, Eroberung.

πουδτόιγ, *geg.*, ich erobere; — *part.* ε που-
δτούμεja, die Eroberung.

πουδτρόιγ u. πουδτόιγ, ich umarme, umringe,
hülle, schliesse ein; ι πουδτούανε νdε vjε
βεγνd τε γγρούδτε, sie schlossen ihn an einem
engem Orte ein; — *part.* ε πουδτρούαρα u.
πουδτούαρα, das Umarmen, Umringen, Umhüllen, Einschliessen.

πουτάνε-α, Hure; s. χούρβε.

(πουτούρ), Zaun.

πογτίς, ich erwerbe; πογτίσα djαλλj, mir ist ein
Kind geboren worden, *n. griech.* απέχτισα
παιδί; s. φιτόιγ; — *part.* ε πογτίσουρα, die
Erwerbung, *griech.*

πρα, *geg.*, so, also; έjα πρα! so komm! —
πρα χεϊτού θούα? also so sagst du?

πρα u. πα, *adv.*, nachher, später, hierauf;
πρα ο. πα έα, komme nachher; — χάιde δε!

πρα βϊγ εδέ ούνε, geht, und später werde
auch ich kommen; — θόνε vjε ε πρα θόνε dυ,
man sagt eins und hierauf sagt man zwei.

πράχ-γου, *pl.* πράγjε-τε, *geg.* πραχ-ου, Schwelle,
oberer Querbalken der Thüre, Kaminherd,
weil er gewöhnlich mit Balken eingefasst ist;
σ' dούα τε με δχελτδ πράγουνε, ich will
nicht, dass du mir die Schwelle betretest.

πράλε-α, *geg.* πεgράλε, Fabel; θεμ πράλα, ich erzähle Mährchen.

πραματάρ-ι, Kaufmann, *griech.*; s. ρεδπέρ.

πραματί-α, Handel, Gewerbe, *griech.*

πράνε (*v.* πρα u. άνε), *praep.* mit best. u. unbest.
genit., bei, neben; s. μδάνε.

πρανύιγ, πραρόιγ u. πράνιγ, *geg.* (aus πεg u. άνε),
ich schiebe auf die Seite, ich lehne mich an,
ruhe liegend oder angelehnt, ich verscheide,
ich umgebe, ich neige, senke mich, ich
gehe aus; πράνι! macht Platz! s. δτεμένγ; —
τανί πράνι, jetzt ist er verschieden; — τρίματ'
ετίγ ε πρανούν, seine Palikaren umgaben ihn;
— τερεζία πρανύν με τε djάδτε, die Wage
senkt sich auf die rechte Seite; — προτοχά-
λατε σ' πράνινε δίμεν ε βέρε μbε χετέ βενd,
geg., Orangen gehen an diesem Orte weder im
Winter noch im Sommer aus, findet man
das ganze Jahr hindurch; — *part.* δαμίν ε
πρανούμε με αρ, ein Tuch mit Gold eingefasst;
— ε πρανούμεja, die Umgebung, das Verscheiden, das Ruhen; s. πρέγ u. πρίρεμ.

πραπ, *geg.*, ich halte auf, ab, ich verhindere; με
πραπ νγα πούνα, er hält mich in der Arbeit
auf; — *part.* ε πράπμεja, das Auf-, Abhalten,
Verhindern.

πράπα, *geg.* auch: μδράπα u. μδάρα, 1. *praep.*
mit *genit.*, hinter; πράπα δτεπίσε, hinter dem
Hause; — πράπα νέβετ ερδι Πέτρουα, hinter
uns kam Peter; — 2. *adv.*, hinten, hintennach; χουδ βjεν πράπα? wer kommt hinten
oder hintennach, d. h. hinter euch? (Frage an
Reisende); — έα πράπα, geh' hinter oder
hintennach.

πράπαζ u. πράπαζτ, *adv.*, von hinten, rücklings, rückwärts; ερδι πράπαζε, er kam von
hinten; — ι ουαφερούα ατίγ πράπαζε, sie
näherte sich ihm von hinten, Luc. VIII, 44;
ετσετγ πράπαζε, ich gehe rücklings, rückwärts.

πράπε, *geg.* auch: μδράπε, *adv.*, wieder,
zurück; βάτε νdε Ιαννίνε ε ερδι πράπε,
er ging nach Jannina und kam wieder,
zurück.

πράπ℥, geg. auch: μbράπ℥, adj., verkehrt, widerwärtig, unglücklich; vjερί τ πράπ℥, ein verkehrter, böser Mensch; — ουδ' ε πράπ℥, schlechter Weg, unglückliche Reise; — χ℥μb' ε πράπ℥, unglücklicher Fuss; — ε ρύχε πράπ℥ λέττ℥ρν℥ χ℥θέι ε μbάρ℥, du hast das Papier verkehrt, drehe es auf die rechte Seite um.

πράπ℥σμ-ι, geg. auch: μbράπ℥σμ, 1. der Hinterste; χ℥μb' ε πράπ℥σμε ίστ℥ μb℥ μάιμ℥ σε ε πάρα, der Hinterfuss ist fetter als der Vorderfuss (eines Schlachtstückes); — 2. der Gefolgsmann; — ε πράπ℥σμεja, geg. ε πράπμεja, als subst.: das Hintertheil eines Hauses, Schiffes etc., der Hintere, Zukunft, Ende; — τ℥ πράπ℥ν℥ σ' ε νϳjεφ vjερί, geg., Niemand kennt die Zukunft; — τ℥ δύφιμ℥ τ℥ πράπμ℥ν' ε πούν℥σ℥, geg., lasst uns das Ende der Sache sehen, abwarten.

πράπ℥τα, geg. auch: μbράπ℥τα, adv., rücklings; ρα πράπ℥τα, er fiel rücklings, n. griech. ἀνάσκελα; s. π℥ρμbύς.

πράπ℥τ℥-a, geg. μbράπ℥τ℥, Verkehrtheit, Unglück.

πράπ℥τσί-a, geg. μbραπ℥σί-a, Umschlag zum Bösen, Widerwärtigkeit, Bosheit.

πράπ℥τσύιγ, geg. μbραπ℥τσύιγ, ich drehe um, schlage zum Schlimmen um; λjούνδρα ουπραπ℥τσούα, der Kahn schlug um; — βδέχιja ε bαbάιτ μbραπ℥τσύι ϑτ℥πίν℥, der Tod des Vaters ruinirte das Haus.

πραρύιγ, geg., (v. π℥ρ u. αρ) ich vergolde; — part. ε πραρούμεja, die Vergoldung.

πράσσ℥-a, geg. πρασσ-ι, berat. πρεϑ-ι, Lauch.

πραδίς, geg., ich behacke Weinberge, Maisfelder etc. zum zweiten Mal; s. δάτ.

πρε̆-ja, Viehdiebstahl (Beute), von πρες, ich schneide ab, ein oder mehrere Stücke von einer Heerde.

πρέβ℥-a, gangbarer Weg, Strassen-Knoten, Furth, Flussbett; χ℥jú ϑτ℥πί ίστ℥ νδ℥ πρέβ℥, diess Haus liegt an der (Haupt-) Strasse; — jέμι νδ℥ πρέβ℥, να ϳjεν (o. δε) χουδdú, wir sind auf der Strasse, es sieht uns jedermann; — ιαννίνα ίστ℥ πρέβε o. νδ℥ πρέβ℥, Jannina ist der Centralpunkt o. im Centrum; — χ℥ρού ίστ℥ πρέβ' ε λjούμιτ, hier ist die Furth des Flusses, oder das Bett des gewöhnlichen Wasserlaufes; s. βρομ.

πρέβ℥-a, Pulati, unschädliche Hausschlange, die man für dem Hause heilbringend hält und daher nie tödtet; s. βιττόρε.

πρεj o. πρε̆ι o. πρέιγ, berat. auch: πε, praep. mit bestimmtem genit.: 1. von; βιγ πρε̆ι βέϑτιτ, ich komme vom Weinberge; — ατά χj℥ jάν℥ λjέρρ℥ πρε̆ι (auch νϳ̆α) γράβετ, diejenigen, welche von Weibern geboren sind, Matth. XI, 11; — 2. aus; ε πίν℥ πρε̆ι σιγ ϳjίθ℥, und es tranken alle aus demselben, Matth. XIX, 23; — 3. über; χα δούμ℥ τ℥ χjάρ℥ πρε̆ι τύιγ o. νϳ̆α τέjε, er hat viele Klagen über dich; — 4. nach, gegen; β℥τε πρε̆ι βέϑτιτ, ich gehe nach dem Weinberge; — b℥ν ούδ℥ πρε̆ι Ιρουσαλίμιτ, er macht den Weg, er geht gen Jerusalem, Luc. XII, 22.

πρέγjίμ-ι, geg., Gastmahl bei der Geburt eines Erstgeborenen; der toskische Gebrauch des πογανίχ ist in Nordalbanien unbekannt.

πρε̆ιγ, ich erquicke, gefalle, schmecke; χ℥jú γjέλλ℥ μ℥ πρε̆ν, diese Speise schmeckt, gefällt mir; — πρέχεμ, ich ruhe, habe Wohlgefallen an, verlasse mich auf einen; — χύιγ ίστ℥ ι bίρι ιμ ι δάδουρι, χj℥ μb℥ τ℥ πρέχεμ, diess ist mein lieber Sohn, an dem ich Wohlgefallen habe, Matth. III, 17; — μ℥ πρέχετ℥ ζέμ℥ρα, ϑπίρτι, es freut sich mein Herz, meine Seele; — part. ε πρε̆ιτουρα, das Ruhen, Ausruhen; s. πρανόιγ.

(πρεχύσ℥), s. πρετχύσ℥.

πρέμ℥, adv., gestern Abend; s. μbρέμ℥.

πρέμτε-ja, geg. πρέμτε-ja, Freitag (Vorabend des Sonnabends, in dessen Nachmittagsstunden die Sonntagsfeier beginnt).

πρε̆ς, anom., aor. πρέβα, ich schneide, schneide ab, zu, beschneide; Scodra nur: ich haue zusammen, nieder; s. θερ; — ι πρέου vj℥ π℥ρ ρύβα, er schaffte ihm einen Anzug an, n. griech. τοῦ ἔχοψε; — μ℥ πρετ, es kümmert mich, ist mir angelegen, prästet mich; — μος τ℥ πρέσ℥, kümmere, präste dich nicht; — part. ε πρέρα, geg. ε πρέμεja, das Schneiden, die Beschneidung, Sorge, Prast; — τ℥ πρέρα νδ℥ ζύρρ℥, Leibschneiden; s. πρίττεμ.

πρε̆ς, anom., aor. πρίττα, ich nehme auf, erwarte; πρίττου μίρ℥, wörtl.: werde gut aufgenommen, d. h.: komme wohl nach Hause, (Wunsch beim Abschiede); — part. ε πρίττουρα, geg. ε πρίττμεja, die Aufnahme, Erwartung; δύλλα π℥ρ τ℥ πρίττουρ℥ ατέ, ich ging ihm entgegen (um ihn aufzunehmen); — πρίττεμ, pass., ich werde geschnitten; ich zerkratze mir bei einem Todesfalle das Gesicht (Pflicht der nächstverwandten Frauen); ich kümmere, präste mich, lasse mir es ange-

14

legen sein; ich werde starr, bei dem Vernehmen von Widerwärtigem; *αjό άρου σ'πρίττετε*, diess Holz lässt sich nicht schneiden, *n. griech. δὲν κόπτεται; — βέja χja ε πρίττετε*, die Witwe klagt und zerkratzt sich; — *πρίττετε π ε ρ ατ ε πούνε*, er lässt sich diese Sache sehr angelegen sein.

πρέσε-α (πρεϑίε), Schneide; s. χjύρε.

(πρέϑε), Lauch; s. *πράσσε.*

πρετχόσε-α (πρεχόσε), Frosch; s. χαχεζόζε.

πρέφ, *geg.*, ich schleife, wetze; *πριτφ ϑάμπετε!* wetze die Zähne! d. h. du bekommst nichts zu essen; — *πρίφεμ*, ich erwarte, hoffe, — *τε χύπτην νδε χάμε*, einen Grad zu erhalten, zu avanciren; — *imperat. πρίφου!* ironisch: wart' ein Weilchen! — *part. ε πρέφμεja*, das Schleifen.

πρέφετε, *geg.*, wohlgeschliffen, schneidend; *ε πρεφετα*, die Schneide.

πρέχερ-ι, Schurz als Behälter; *μbα πρέχεριvε*, halte den Schurz auf; — *vjε πρέχερ ὺρουρ*, ein Schurz voll Getreide.

πριλ-ι, *pl. πρίλε-τε*, April.

(πριvχ), Vater.

πριvτ-ι, *geg.*, Vater, Vorfahr; *πρίvτε*, Eltern, Voreltern, Vorfahren; s. *περίvj.*

πρίρεμ, *geg.*, *anom.*, ich beuge aus, beuge mich, senke mich; *πρίρου με τε djάϑτε*, beuge dich auf die rechte Seite; — *ουπρούρ τερεζία*, die Wage senkte sich; — *part. ε πρίρμεja*, das Beugen, Senken; s. *περίερ, πραvύτη.*

πρίϑ, ich verderbe, zerbreche, zerstöre; *Ιαvvίvα ουπρίϑ*, Jannina wurde zerstört; — *σαχάτι ουπρίϑ*, die Uhr ist zerbrochen; — *αχε τσίλλι ουπρίϑ*, der und der ist närrisch geworden; — *μος πι βέρρε, σε τε πριϑ*, trinke keinen Wein, denn er schadet dir; — *πρίϑι γjάvε*, er vergeudete sein Vermögen; — *ουπρίϑ djάλλjι*, der Junge ist liederlich geworden; — *ουπρίϑ γότσα*, das Mädchen ist entjungfert; — *πρίϑ γότσεvε*, ich entjungere ein Mädchen; — *ουπρίϑ χύχα*, das Wetter wird trüb, *n. griech. χαλvῶ;* — *part. πρίϑουρε*, *geg. πρίϑουvε*, verdorben; — *βέρρα, βε ε πρίϑουρα*, saurer Wein, faules Ei; — *ε πρίϑουρα*, *geg. ε πρίϑμεja*, die Zerstörung, der Unfall.

πρίϑες-ι, Verderber, Verschwender.

πρίϑτje-α, Zerstörung, Unfall, Verderben; *ι ἐρϑι πρίϑτja*, er stürzte in's Verderben; — *vδε πρίϑjατε Ἀλι Πάϑεσε*, bei dem Untergange Ali Pascha's.

πρίφτ-ι, *pl. πρίφτερε-τε*, Priester.

πρίφτερεϑε-α u. *πέφτερεϑε*, *geg. πρίφτεvϑε*, Priestersfrau.

προβότη, ich versuche, prüfe, probire; — *part. ε προβούρα*, die Probe.

προδύς, ich verrathe, *griech.*; s. χαλεζότη.

προδότ-ι, verrätherisch, Verräther, *griech.*

πρόϑη, *geg.*, ich beuge vor, — *πούvεσε*, der Sache, dem Ereigniss; — *part. ε προύμεja*, das Vorbeugen.

πρόχε-α, Gabel; s. πιρούν.

προχότς, ich gedeihe, mache Fortschritte, *griech.*

πρόπε-α, Schiffsvordertheil, *griech.*; s. aber *πράπε.*

προτοχάλε-ja, Orange.

προτοπάρε, zuerst.

(προυϑ), Segel; s. *πλjεχούρε.*

προυϑ-ι, *pl. προύϑε-τε*, brennende Kohlen, Gluth.

προυϑίς, *geg.*, ich schüre die Gluth in einer Feuerkieke.

προφίτ-ι, *pl. προφίτερε-τε*, Prophet, *griech.*

προφιτέπς, ich prophezeihe; — *part. ε προφιτέπσουρα*, die Prophezeihung, *griech.*

προφιτί-α, Prophezeihung, *griech.*

πσότη, s. μπσότη.

(πσούασιμ), beschwerlich.

πϑερετίη, ich seufze, niese; s. *ϑετίη;* — *part. ε πϑερετίτουρα*, das Seufzen, Niesen.

πϑίη, s. *φϑίη.*

πϑίχ, ich streife; *σ' ε γοδίτι μίρε, πο ε πϑίχου βέτεμε*, ich traf ihn nicht gut, sondern streifte ihn nur.

πϑίχεζε, s. *μεϑίχεζε.*

πϑίχjε-α, Blase; s. πλούσχε.

πύες u. *πίες*, *geg. πῦς*, ich frage; — *part. ε πύετουρα*, *geg. ε πύτμεja*, die Frage.

πῦλ-ι, *pl. πύλε-τε*, Wald.

πύργο-ja, Thurm, *griech.*; s. χούλε.

P.

(ρα), ich blase.

ρα-ja, Wurm in den Eingeweiden, Spuhlwurm; s. *ρρε.*

ράδε-α, Reihe, Linie, *griech. αράδε;* — *ράδε ράδε*, reihenweise; s. *ρρεjέϑτε.*

ραδύτη, *geg.*, ich reihe, setze, stelle in Reihen; — *ραδόχεμ*, ich reihe mich; — *part. ε ραδούμεja*, das Reihen, Aneinanderreihen.

ράζεvε (v. *ρά* u. *ζε*), mit Würmern behaftet, kränklich, verkommen.

(ραζότη), ich stürze herab; s. *ρεζότη.*

(ράγ), ich schere; s. ρυύαγ.

ράδε-ja, Wandbänkel; s. πέρδε.

ράχϳε-τε, pl., geg., Hausmöbel, Hausrath; s. ερενί.

ραχί-α, Branntwein.

ρραχουλέιγ, geg., s. ρουχουλίς.

ρράλε, adv., selten; ρραλ' ε χου, geg. ρραλ' ε τεχ, hie und da, spärlich; s. griech. ἀριὰ χαί ποῦ.

ρράλε, adj., selten; ῇϳαῇ ε ρράλε, eine seltene Sache; — στι' ε ρράλε, weites, grobes, — ε νένδουρε, feines, dichtes Sieb; — λίσσα τε ρράλε, spärliche, — τε νένδουρε, dichte Bäume.

ρραλόιγ, ich verringere, gäte aus; — part. ε ρραλούαρα, geg. ε ρραλούμεja, das Gäten.

ρράυϳε, s. ρρένϳε.

ράνδε, geg. für ρένδε.

ρανδόιγ, geg., ich beschwere etwas, ich belästige; s. ρενδόιγ; — part. ε ρανδούμεja, das Beschweren, Belästigen.

ράνε-α, geg., Sand; s. ρέρρε.

ρραππ, pl. ρρέππε-τε, Platane.

ρραππίδτε-α, geg., Platanengestrüpp, Platanenwald; s. ουλίνδτε.

ράρε-α, geg. ε ράνα, part. v. δίε, Fall, Sturz; ε ράρα ερε, Geruch, Gestank; s. ερε.

ρασδιτίς, ich verabscheue; — part. ι ρασδιτίσουρι, der Teufel.

ρράσε-α, geg., Steinplatte.

ρράδτε-α, geg., 1. Kehrichtschaufel; 2. jedes zerbrochene Thongefäss, woraus z. B. Thiere fressen und saufen.

ράφτ-ι, geg., Schrank der Gewerbsleute, wie Schneider, Goldarbeiter, Kürschner (n. griech. ράφι, jedes Bänkel).

ρραχ, geg., ρραφ, ich schlage, prügele, stosse in einem Mörser; s. ὀτὅπ; geg. auch von einem Kaufmanne: ρραφ Σταμβόλινε, Τριέστινε, er handelt mit Constantinopel, Triest, macht in Constantinopolitaner oder Triestiner Artikeln Geschäfte; — ρράφι πο σ' μουνδ, er bemühte sich, aber konnte nichts ausrichten; — part. τσϳάπ ι ρράχουρι, verschnittener Bock, wenn die Operation durch Klopfen geschieht (Klopfhengst); s. τρέδουρε; — ερράχυυρα, geg. ε ρράφμεja, der Schlag, das Prügeln.

ρράχε-ι, Schläger, Raufer.

ρϳέδϳε-α, das Fliessen.

ρρϳέϑ, s. ρρισϑ.

ρϳέπ, ich ziehe ab, aus, beraube; — part. ε ρϳέπουρα, geg. ε ρϳέπμεja, das Abziehen, Schinden, Schinderei, Beraubung, Raub; s. ριπ.

ρϳέπρε-ι, Schinder, Räuber; s. ρεμβέιγ.

ρϳέτε-α, Netz.

ρε, adj. fem. v. ρι, pl. ρα-τε, 1. neu; ε ρεja, das Neue, die Neuigkeit; — 2. Neuvermählte (νύμφη) und Schwiegertochter, so lange die Schwiegermutter in demselben Hause lebt.

ρε, in der Phrase: βε ρε, ich betrachte, beachte, merke auf; ε πάδε πο, σ' ε βούρρα ρε, ich sah es, aber beachtete es nicht, hatte nicht Acht darauf; — σι ε βούρρι ατέ ρε ἰσοὖι μίρε, als ihn Jesus genau betrachtet hatte, Joh. I, 43.

ρε-ja, pl. ρα-τε, Wolke; s. βρε.

ρρε-ja, pl. ρρα-τε, Eingeweidewurm; s. ρα.

ρεβέλϳ-ι, unbeständig, unruhig; ἰδτε υϳερί ρεβέλϳ, er ist ein unruhiger, unbeständiger Mensch; — ασχέρι ρεβέλϳ, leichte Truppen, im Gegensatz der Linie.

ρρεϳέδτε o. ρριϳέδτε, geg., reihenweise.

ρρεϳεδτόιγ o. ρριϳεδτόιγ, geg., ich ordne reihenweise; — part. ε ρρεϳεδτούμεja, das Ordnen in Reihen; s. ραδόιγ.

ρεῇϳ, geg., ich gerbe; — part. ε ρέῇϳμεja, das Gerben.

ρρεῇϳόιγ, geg., ich verkleinere, verringere; σα (o. με βενδ χϳε) τερρίτετε, ρρεῇϳόχετε, statt zuzunehmen, geht es zurück, bes. von Kindern; — part. ε ρρεῇϳούμεja, die Verringerung, Verkleinerung.

ρρεδόιγ, geg. ρρεϑόιγ, ich umringe, umgebe, umzingele; s. ρρεϑ; — part. ε ρρεδούαρα, Umzäunung, Umzingelung.

ρέζε-α, geg. ρράνζε, Wurzel; s. ρένϳε, Krappwurzel, Ende, Aeusserstes; Fuss des Berges, Meeresufer, ρέζε μάλλϳιτ, — δέτιτ; — Augenwinkel, ρέζε σύριτ; — πέσε χϳιντ ρράνζε ουλίύ, geg., 500 Oelbäume; s. δύϑε.

ρεζέ-ja, Thürangel, Gewerb, geg. auch: Sonnen-, Licht-Strahl.

ρεζόιγ, geg. ρρεδσόιγ (ραζόιγ), ich stürze herab; — ρεζύνεμ, ich rolle, sinke herab; — ι ουρρεδσού νδέριτ, er hat die allgemeine Achtung verloren; — part. ε ρρεδσούμεja, das Herabstürzen; — τε ρρεδσούμιτε, der Fall.

ρρεϑ-δι, geg. ρρεϑ-δι, pl. ρράδε-τε, Reif eines Fasses, Rades, Ringes; s. ρρύτε.

ρρεϑ, 1. praep. mit genit., um, herum, ringsum; ρρεϑ δτεπίσε, um das Haus, verstärkt ρρεϑ περ ρρεϑ δτεπίσε, rings um das Haus, um das Haus herum; — 2. adv., um, herum; s. ρρύτουλε.

ρρεϑόιγ, *geg.*, ρραϑόιγ, ich schliesse ein, zäune ein, umgebe, mache Reife, lege Reife an.

ρρεκ, *geg.*, ich reife, mache reif; — ρρέκεμ, ich reife, werde reif; — *part.* ρρέκουνε, reif; — ε ρρέκμεja, die Reife.

ρρεκjέϑε-τε, *pl.*, *geg.*, der Kälteschauer *).

ρρεκjέϑεμ, *geg.*, ich schauere vor Kälte.

ρεκέ-ja, Regenfurche, Bächlein; ρα ϐτ ρεκέ, der Regen fiel stromweise; *s.* πίκε u. κόδρε.

ρρέκε, *geg.*, reif; *s.* ϑούνϑουρε.

ρεκίμ-ι, *pl.* ρεκίμε-τε, *geg.* νεκίμ, Seufzen, Weheklagen.

ρεκόιγ, ich seufze, klage, bezeige Beileid, tröste; ρεκόβα μίκουνε, ich tröstete den Freund, bezeugte ihm mein Beileid; ich ächze, grunze; *s.* νεκόιγ; — *part.* ε ρεκούαρα, das Seufzen, Weheklagen, Trösten, Aechzen, Grunzen.

ρέμ, *geg.* ρρένε, *adj.*, falsch; προφίτ, ερϳϳένδ, vjερί ε ρεμ, ein falscher Prophet, falsches Silber, lügnerischer Mensch; — ουϑ' ε ρέμε, falscher Weg; *s.* ρρεν.

ρέμ, *adj.*, *tosk.*, in der Phrase: κεjό ένε ε βεν ϳϳέλλενε ρεμ, diess Gefäss macht die (darin verwahrte) Speise grün, d. h. zieht Grünspan.

ρρέμ-ι, *geg.*, Bett eines Flusses, Waldbach, die Adern und Aederchen eines Steines, im Auge; *s.* ρεμβ.

ρεμάλ-ι, Lügner.

ρεμβ-ι, *pl.* ρέμβα-τε, *tosk.*, Reihe, Runzel, Lichtstrahl, Flussarm; φυτύρ' ετίγ xjε ρέμβα ρέμβα, sein Gesicht war voll Falten; — υλίβέρι ρέμβα ρέμβα, buntgestreifter Regenbogen; — xjε λjούμι ρέμβα ρέμβα, jeder Arm des Flusses hatte Wasser; *s.* ρεμ u. ρούδα.

ρρεμβjέρε-α, *tosk.*, Raub.

ρρεμβέ̱ε-ι, räuberisch, reissend von einem Flusse.

ρρεμβέ̱ε̱σ-α, *geg.*, Raub, Räuberei.

ρρεμβέιγ, ich raube; *s.* ρjέπ; — ρρεμβέχεμ, ich werde beraubt, brenne an; — λjάκ̱νούρι ουρρεμβύ, der Kuchen ist angebrannt; — *part.* ε ρρεμβύμεja, das Rauben, die Räuberei.

ρεμβούλε-α, *geg.* ρρεμούj̱ε-α, Plünderung, Raub, Kriegsbeute; φϑάτινε ε βένε ρεμβούλε, sie plünderten das Dorf.

---

*) Der plötzliche Schauer, der über den Menschen kommt, gilt für eine Anfrage des Todes, ob er bereit sei, ihm zu folgen; der Schauernde beeilt sich daher, auf diese stille Frage mit „σ'jαμ ϳατί, ich bin nicht bereit,'' zu antworten.

ρέμε-α, *geg.*, Mühlgraben (*griech.* ρεῦμα).

ρέμε-ja, Lüge; *s.* ρρένε.

ρέμε̱ε-ι, Lügner; *s.* ρρένε̱ε.

ρεμόιγ u. ρουμόιγ, ich wühle; ρεμόν ϑίου, das Schwein wühlt; — ich grabe, erforsche, forsche aus; ρεμόιγ τ'ι ντσίερ τε τέϑφτουρατε, ich bemühe mich, ihm seine Geheimnisse herauszuziehen; *s.* ϳερμόιγ.

ρρέν, *s.* ρέμ.

ρρενατσάκ-ου, *geg.*, Lügner, lügnerisch.

ρρένj, *geg.*, ich belüge, betrüge; *s.* ϳενjέιγ; — *part.* τε ρρένjτεμιτε, das Lügen, Betrügen.

ρένjε-α, *geg.* ρραύjε, Wurzel, Quelle, Anfang, Fundament; ρενjϳ' ε ϑτεπίσε, ε λjϳϳεσε, das Fundament des Hauses, der Anfang des Unglücks; — ίϑτε πα ρένjε ο. ρένjε δαλλj, er ist kinderlos, unglücklich; — νϳα ε καρράίνε? *geg.*, von welcher Familie ist er?

ρενjός, ich wurzele, befestige; — ρενjόσεμ, ich wurzele mich fest, befestige mich; — ϑ̱ννττί jαμ ουρενjύς, meine Gesundheit hat sich befestigt; — *part.* ρενjόσουρε, eingewurzelt; — νjε σεμούνδε ε ρενjόσουρε, ein eingewurzeltes Leiden.

ρένδε, *geg.* ρράνδε, *adj.*, gewichtig, schwer von Gewicht, lästig; νjερί ε ρένδε, ein gewichtiger, einflussreicher, und ein beschwerlicher, lästiger Mensch; — βερρ' ε ρένδε, schwerer Wein.

ρένδε-α, *geg.* ρράνδε, Gewicht, Schwere, männlicher Same; *s.* ϑαλ; με βjέν ρένδε, es thut mir leid; — τε ρράνδετ' ε ϑέουτ, *geg.*, Alpdrücken; *s.* αίϑ-ι.

ρένδε-α, *geg.*, Lauf, Schnelligkeit; — με ρένδε, was με βράπε, im Laufe, schnell; — έτσε με ρένδε! gehe schnell! eile dich!

ρένδε-ja, *geg.*, Reibeisen.

ρενδόιγ, ich belästige, beschneide Bäume; *s.* ρανδόιγ.

ρενδύιγ, *geg.*, ich renne, laufe (*n. griech.* ϑρενδεύω); ποε ρενδόν αϑτού? warum rennst du so? — *part.* ε ρενδούμεja, das Laufen, dialekt. der Rannt.

ρενδύμ, *geg.*, *adv.*, gemeinsam; βδέκιja με νjε ρεζίτε δίϑτε ρενδύμ, der Tod ist den Menschen gemeinsam.

ρενδσάκ-ου, Bauchbrüchiger, Schwächling.

ρενδσύιγ, ich mache einem einen Bruch; *s.* δεκόιγ; *geg.* ich haue ab, um (ich zersprenge); — ρενδσύνεμ, ich bekomme einen Bruch; — *part.* ρενδσούαρε, bauchbrüchig.

ρρένε-α, *geg.*, Lüge.

ρρένε, *geg., adj.,* falsch; δυχμέν ρρένε, falsche Münze; — φjάλjε ρρένε, falsches Gerücht; — ρρένε με βέγjε, wahrscheinliche, glaubbare Lüge.

ρρένες-ι, *geg.,* Lügner; *s.* ρέμες.

(ρενία), Irrthum.

ρενχ-γου; *geg.,* Ränke in der Einzahl, böser hinterlistiger Streich, heimliches böswilliges Schadenstiften.

ρρεννότy, *tyr.,* ich zerstöre, seltener ich lüge; — *part.* ε ρρεννούμεja, die Zerstörung.

ρεπάρα u. πεπράρα, 1. *praep.* mit *genit.,* vor, zeitlich und örtlich; ρεπάρα τρε βίττερε, vor drei Jahren; — έρδε χετού τε μουνδύϑ νάβετ πεπράρα χύχερε? kamst du hierher, um uns vor der Zeit zu quälen? Matth. VIII, 29; — djαλλj ι μίρε ρεπάρα babáι (babáιτ) σ'φλετ, der gute Sohn spricht nicht vor, in Gegenwart des (seines) Vaters; — ουδούχ πεπράρα μβρέττιτ, er erschien vor dem Könige; — ε ου α δα μαθιτίβετ σε τιγ του α βίjνε πεπράρα ε ου α βούνε πεπράρα τούρμεσε, und er gab sie seinen Schülern, um sie vorzusetzen, und sie setzten sie dem Volke vor, Matth. VIII, 6; — 2. *adv.,* vorn; τσα πεπράρα, τσα πας, einige vorn, andere hinten; — βάτε... νδ' ατέ βενδ xjε xjε πεπράρα Ιοάννι, er ging in diejenige Gegend, wo früher Johannes war, Joh. X, 40; — do τε βέτε με πεπράρα σε jούβετ νδε Γαλιλέ, ich werde früher als ihr nach Galiläa gehen, Matth. XXVI, 32.

ρεπάραζιτ, *s.* πεπράραζιτ.

ρεπηjέτε-α, Ansteigen des Berges.

ρεπηjέτε, *geg.* ρρεπίντε u. πεππεπίντε, *adj.,* der obere; — ϑχεμβ ι ρεπηjέτε, der obere Felsen; *s.* weiter πεπηjέτε.

ρεπηjέτε u. πεπηjέτε, 1. *praep.* mit dem *genit.,* aufwärts; ρεπηjέτε μάλλjιτ, den Berg aufwärts; — 2. *adv.,* aufwärts; νδε μαλλj ρεπηjέτε, den Berg aufwärts; — βάτε ρεπηjέτε, er ging aufwärts, bergan.

ρρεπηjίντε-α u. πεππεπίντε-α, *geg.,* steiler, abschüssiger Ort.

ρεπόϑ, *s.* πεπρόϑ.

ρέρρε-α, *geg.* ράνε, Sand; *s.* χουμ u. ϑοῦρ.

ρρεσχ-ου, *geg.,* Gewöhnung; με jέττι ρρεσχ δουγάνι, ich bin an den Tabak gewöhnt.

ρρεϑχετε, *geg.,* trocken, vertrocknet, abgemagert von Menschen; *s.* ρρεχ.

ρρεϑxjές, *geg.,* ich gleite aus; *s.* ϑχάς; με ρρεϑχjίττι γόjα, mir glitt der Mund aus, d. h. das Wort entschlüpfte mir; — *part.* ε ρρεϑxjίτμεja, das Ausgleiten.

ρεϑπέρ-ι, *pl.* ρεϑπέρε-τε, Verkäufer, Händler, Krämer.

ρεϑπέρε-ja, Handelsfrau.

ρεϑπερότy, ich handle mit Waaren, ich besuche häufig, — νδε χετέ ουδε, ϑτεπί, diesen Weg, dieses Haus; — *part.* ε ρεϑπερούαρα, *geg.* ε ρεϑπερούμεja, der Handel, *geg.* ε ρεϑπερούμεja, auch der gesellschaftliche Verkehr.

(ρεϑτ), ich halte mich auf, zögere, zaudere.

ρεϑτ, ich halte zurück; ρεϑτ λαούζινε, halte das Volk ab; — xjέντε, halte die Hunde ab, treibe sie zurück; — ρέϑτεμ, ich ziehe mich zurück, mache Platz; — ρέϑτου μβας μούριτ! drücke dich an die Mauer! — *part.* ε ρέϑτμεja, das Abhalten, Vertreiben.

ρρέϑτε-α u. ρρέϑτνε-α, *geg.,* lebende Knochen; *s.* αϑτ; — με δάμβενε ρρέϑτνατε, die Knochen thun mir wehe.

ρεϑτ-ι, *geg.,* Verbannung; ε βάνε ρετ, sie verbannten ihn, er wurde verbannt; — ούνε ε βάνα ρετ σύδε, ich verbannte ihn von meinem Angesicht.

ρρεφέιy, ich gestehe, offenbare, erzähle, berichte; ρρεφέιy φάjετε, ich gestehe meine Sünden, beichte; — *part.* ε ρρεφύερα, *geg.* ε ρρεφύμεja, die Erzählung, Beichte, der Bericht.

ρρεφίμ-ι, *pl.* ρρεφίμε-τε, Erzählung, Beichte, Eröffnung.

ρεχάτ-ι, *pl.* ρεχάτε-τε, Ruhe; χα ρεχάτε τε μβρδϑ, er hat ein sehr ruhiges Leben, *türk.*

ρι, *pl.* ρι, weibl. ρε, *pl.* ρα, jung, neu; χεπούτσε τε ρα, neue Schuhe; — βερρ' ε ρε, junger Wein; — βάτj ι ρι, frisches Oel; — γρούα ε ρε, junges Weib; — xjένε ε ρι, erstes Mondviertel; — βιττ ι ρι, neues Jahr; — dίττ' ε ρε χεσμέτ ι ρι, neuer Tag, neues Schicksal (Sprichw.); — τϑ τε ρα? o. τϑ τε ρα χέμι? was haben wir neues? — μ' έρδι νjε ε ρε ε λjίγε, mir kam (ich erhielt) eine schlimme Neuigkeit; — τε ράτε, Neuigkeiten.

ρρι u. ρριy, *anom.,* ich sitze, halte mich auf, wohne, ruhe aus, bin unbeschäftigt, was *n. griech.* χάθομαι; ρρι με δει *geg.* ρρι περ δε! setze dich! — μος ρρι νδε χάμε, ρρι νδε βύϑε! bleibe nicht stehen, setze dich! — ρρι δρέjχ μβε χέμβε, ich stehe aufrecht; — ρρι χαρϑί o. χούνδρε, ich widerstehe einem (mit *genit.*); — τε μος ι ρρίjτι χαρϑίσε λjίγjουτ, wenn ihr dem Uebel nicht widersteht, Matth. V, 39.

ρίγε-α, *geg.*, Truthenne; s. γjελj.

ρρίεϑ u. ρρjέϑ, ich fliesse, quelle, rinne, tropfe; ε σι ρύδι ϑούμε τυύρμε, und als viel Volk zusammengelaufen war, Luc. VIII, 4; — *part.* ε ρρjέϑουρα, *geg.* ε ρριεϑμεja, das Fliessen, Quellen, Tropfen; — ε γjάχουτ, der Blutfluss.

ρίελ-ι, *pl.* ρίελε-τε, Wolfsmilch (die Pflanze).

ρίζε-α, *geg.*, weisses längliches, an den schmalen Seiten mit Gold gesticktes Taschentuch.

ριζιχύ-ι, Gefahr.

ριζιχόνεμ, ich wage, riskire.

ρρίκε, *geg.*, Rettig.

ρρίχjεν-ι, *geg.*, Zecke; s. χεπούϑε.

(ριχς), Schweif; s. бιϑτ.

ρίμτε, dunkelblau; — ε χάπετε, hellblau.

ρρίν, *geg.*, ich komme, komme an; χουρ ρρίντι νγα ούδα? wann kam er von der Reise? ich erreiche; — μος ε ρρίνφτε! möge er es nicht erlangen, erreichen! — ε ρρίν? kannst du (etwas Hochstehendes) es erreichen? s. αρρίν u. χερρίν.

ρρίπ-ι, *pl.* ρρίπα-τε, *geg.* ρρῠπ-ι, Riemen, Bergabhang; s. ρjέπ.

ρίς-ζι u. ορίς, Reis.

ρίϑας o. ρίϑασι, *geg.*, neuerlich, kürzlich.

ρίϑτε-ja. *geg.*, Pasta, Makaronen, trockene Nudeln etc.

ρρίτσχε-α, *geg.*, Krümchen, kleinstes Stückchen, Splitter.

ρίττ, *geg.* ρρίς, ich mache gross, übertreibe; ριττ δjεμ, ich erziehe Kinder; — μος ε ριττ, übertreibe es nicht; — ρίττεμ, ich wachse; — δjάλλjι ϑούμε ουρίττ, der Knabe ist sehr gewachsen; — χύτγ λις ίϑτε ι ρίττουρι σ' ρίττετε μέ, dieser Baum ist ausgewachsen, er wächst nicht mehr; — *part.* ρίττουρε, *geg.* ρρίττουνε, erwachsen, ausgebildet; — σ' ίϑτε δjαλλj, ίϑτε ι ρίττουρι, er ist kein Kind mehr, er ist ausgewachsen; — ε ρίττουρα, *geg.* ε ρρίτμεja, Wachsthum, Erziehung.

ρρίχεμ, *geg.* ρρίφεμ, *pass.* v. ρραχ, ich zerschlage mich, wehklage, bereue.

(ριχες), der Wehklagende.

ροб-ι, *pl.* ρύбερι-τε, weibl. ροбερέϑε-α u. ροбίνjε, Geschöpf, Diener, Sclave; ζέρα νjε ροб, ich fing einen Sclaven, machte einen Gefangenen; — α ούνε ρόбι! ach, ich Unglücklicher!

ρρύбε-α, *geg.* ρρύбε-ja, Kleid, Rock.

ροбερί-α, *geg.* ροбγνί-α, Knechtschaft. Wegführung in die Knechtschaft.

ρογjέ-ja, 1. rundes, gebauchtes Thongefäss; χόχε ρογjέ, Dick-, Dummkopf; — 2. Rakete, Bombenkugel, Blitzstrahl; — ρα νjε ρογjέ νδε μαλλj, es fiel ein Blitzstrahl auf den Berg; s. бετετίμε u. ρρουφέ.

ρύγε-α, Sold, Liedlohn; s. ρροχ, λjουφέ.

ρογετάρ-ι, Taglöhner.

ρογός-ι, Matte; s. χάσερε.

ρύδε-ja, *geg.* ρρουδέ-ja, Klette; μ' ουбέ ρόδι, er ward mir zur Klette; s. φέρρε.

ροίjε-α, *geg.*, Oelkanne, worin der tägliche Bedarf aufbewahrt wird.

ρρύιγ, 1. ich lebe, ich dauere, v. Kleidern, Möbeln; ρρύбεja νούχε ρρον, dieser Rock dauert nicht; — *part.* ε ρρούαρα, *geg.* ε ρρούμεja, das Leben, die Lebensart; — τε τίλλε τε ρρούαρε τϑ ε δούα? was soll mir ein solches Leben? u. *griech.* τοιαύτην ζωὴν τί τὴν ϑέλω? — 2. die Dauerhaftigkeit; s. jέτε.

ροίσ-ζι, *scodr.*, Wächter; s. ρούαιγ.

ροισί-α, *geg.*, Platzregen.

ρρόχ, *geg.*, ich fasse; ρροχ ε περ χάμε, περ δύρε, fasse ihn am Fusse, an der Hand; ich unternehme, — χετέ πούνε, diess Geschäft; ich schlage ein, — χετέ ούδε, diesen Weg; — ε ρροχ νδε χjάφετ, ich falle ihm um den Hals, umarme; — ρροχ νδερ δουρ, ich halte in der Hand; — ρρύχεμ, ich zanke mich, werde handgemein; — ρρύχεμι νδε χjάφετε, wir fallen uns um den Hals; — *part.* ε ρρόχμεja, das Anfassen; — με νjόφτι χράτ τε ρρύχμεσε δύρεσε, er erkannte mich an dem Anfassen der Hand, indem er meine Hand fasste; Zänkerei, Rauferei; s. χαπ.

ροκ-бι, *geg. poet.*, Mensch; s. ροб.

(ροσπούλ), listig; s. бινάχ.

ρόσσάχ-ου, Enterich.

ρόσσε-α, Ente; s. ϑότε.

ρρύτε-α, Rad, Mühlrad; s. ρρεϑ.

ρροτοβίλjε-ja, *geg.*, Rädchen.

ρρύτουλε-α, der Horn-, Glas- oder Metall-Wulst der Spindel.

ρρύτουλε, 1. *praep.* mit *genit.*, um, um-herum, ringsum; ρρότουλε ϑτεπίσε, rings um das Haus; — σι πα Ισούι ϑούμε бότε ρρότουλε ε τίγ, als Jesus viele Menschen um sich sahe, Matth. VIII, 18; — 2. *adv.*, umher, herum, im Kreise herum; бίντε ρρότουλε, er lief im Kreise herum, hierhin und dorthin; — ε бίε ρρότουλε, ich bin um ihn, bediene

ihn; — *μος ε δἱε ρρότουλε̣!* schiebe es nicht
auf, verzögere es nicht, zögere nicht! s. *ρε̣ϑ.*

ρροτουλέες-ι, Dreher, Drechsler, *geg.* auch
adj. kugelrund.

ρροτουλότγ u. *ρρουτουλότγ,* ich drehe im Kreise,
kreisförmig, ich mache rund; *τε̣ λjούτεμ τύτγ
τε̣ ροτουλότϭ σύνε̣ μϸε̣ δίρε̣ τιμ,* ich bitte
dich, dein Auge auf meinen Sohn zu wenden,
Luc. IX, 38; — *ρροτουλόνεμ,* ich drehe
mich, laufe im Kreise.

ρρο̄τᴣε̣-α, geg., metallene Röhre, aus welcher
das Brunnenwasser läuft; männliches Glied.

ρούαιγ, geg. ρούτγ, aor. ρούαιτα, geg. ρούιτα,
ich bewahre, hebe auf, hüte; *ρόυαν δι,* er
hütet Ziegen; — *δε̣χτϭίου ρόυαν άρατε̣,* der
Flurschütz hütet die Felder; — *ε τι ρούαιτι
βέρρε̣ν' ε μίρε̣ νῆjέρα νδαϭτί,* und du hast den
guten Wein bis jetzt aufgehoben, Joh. II, 10;
— *ρόυαιγ φjάλjίνε̣,* ich halte Wort; — *ρούχεμ,* ich werde erhalten, erhalte mich, ich
hüte mich; — *ρόυχουνι νῆα δρούμε̣τ ε Φαρισέjετ,* hütet euch vor dem Sauerteige der
Pharisäer, Marc. VIII, 15; — *part. ε ρούαιτ-
τουρα, geg. ε ρούιτμε̣jα,* die Erhaltung, Bewahrung, das Leben; — *ε επ τε̣ ρούαριτε̣
νδε̣ βότε̣,* und gibt der Welt das Leben,
Joh. VI, 33.

ρρόυαιγ, aor. ρρύβα, ich rasire; — *ρρόυχαεμ,*
ich rasire mich; — *part. ρρόυαρε̣,* rasirt,
kahl; — *βε̣νδ ι ρρόυαρε̣,* ein kahler Ort; —
ε ρρόυαρα, geg. ε ρρούμε̣jα, das Rasiren.

ρρουβάγ-νι, geg., Traubenstiel.

ρρουβjέϭχουλε̣-α, geg., Zeile eines Buches.

ρρουβί-α, geg., Linie, Reihe.

ρρούγε̣-α, Gasse.

ρρουγ̇ε̣τάρ-ι, geg., Reisender, Laufbursche, der
die auswärtigen Geschäfte besorgt, Holz
aus dem Walde holt, zur Mühle geht etc.

ρούϭα-τε̣, geg., Runzeln, Falten; s. *ρε̣μϭ.*

ρρουϭέ, s. *ρόϭε.*

(*ρουϭίγ*), ich drücke zusammen, runzele; s.
ρουϑ.

ρούϭο-jα, geg. ρουϭ, feine Wolle einer besondern Schafgattung, welche ebenso genannt
wird; *λjεϭ ρόυϭο* u. *ϭε̣ντε̣ ρόυϭο, geg. λjεϭ
ρόυϭε* u. *δαϭ ρουϭ.*

ρρουϑ, geg., ich knülle zusammen, verkrumpele,
ich runzele; *βού̣ζε̣τ* ich spitze die Lippen
zum Pfeifen; — *ρρούϭεμ,* ich ziehe mich zusammen, mache mich klein aus Furcht etc.;
— *τρίχjι ρρούϭετε̣,* der Igel zieht sich zusammen; — *ουρρούϭ λαούζι,* das Volk lief

zusammen; — *part. ε ρρούϭμε̣jα,* das Zusammenziehen, Knüllen, Runzeln, Auflauf des
Volkes.

ρουχουλίμε̣-α, das Herabrollen, steiler ungang-
barer Abhang, Precipiss, Bergfall.

ρουχουλίμϑι, geg., kopfüber; *ουχο̄ύϑ ρουχουλίμϑι,* er schlug Purzelbäume.

ρουχουλίς u. *ρουχουλότγ, geg. ρουχουλέτγ* u. *ραχουλέτγ,* ich rolle, wälze.

ρουμάν-ι, Wald, Dickicht.

ρουμβουλάχ, rund.

ρουμβουλότγ u. *ρουμουλότγ, geg.,* ich mache
rund; — *ρουμβουλόχεμ* u. *ρουμουλόχεμ,* ich
schwelge, bin nach einem Gastmahle in fröhlicher lustiger Stimmung; — *part. ε ρουμουλού-
με̣jα,* das Abrunden, das Schwelgen; *pl. τε̣
ρουμουλούμιτε̣,* auch: die Schwelgenden; —
*ρουμουλούμε̣jα βαν τε̣ πούνοτνε̣ ϭούμε̣ τε̣ ρου-
μβουλούμτε̣,* die Schwelgerei veranlasst die
Prassenden zu vielen tollen Streichen.

ρουμότγ, s. *ρε̣μότγ.*

ρουνγ̇άjε̣-α, das Bett eines Giessbaches oder
Bergstromes auf dem Abhange eines Berges;
s. *πε̣ρρούα.*

ρο̄ῦσσ-ι, 1. *adj.,* blond (sanft); s. *βαλjύϭ*;
2. der Russe.

ρουσσί-α, Russland; s. *μουσχοβί.*

ρρουϭ-ι, pl. ρρουϭ-τε̣, Weintraube, — *μυσχ,*
Muskateller.

ρούϭχουλ-ι, ein Kraut mit fetten Blättern, die
am Vorabend des ersten Märzes in's Feuer geworfen werden; das grössere oder geringere
Geräusch, mit dem diese verbrennen, gilt als
gutes oder schlimmes Vorzeichen für den Namen, der dabei genannt wird (*φυλλομαντεία*);
scodr. Sumach.

ρρουφέ-jα, geg., Blitzstrahl, Wetterstrahl; *ρα
νjε̣ ρρουφέ,* es schlug ein; s. *ροῆjέ.*

(*ρούφε̣*), Schnupfen.

ρούφε̣, adj., schlürfbar; *βε ρούφε̣,* weiches Ei;
s. *σούρβουλjτε̣.*

ρουφίς, ich schlürfe; s. *σουρπ;* — *part. ε ρου-
φίσουρα,* das Schlürfen, *griech.*?

ρρούχεμ, s. *ρούαιγ.*

(*ρσιχj*), Schlauch; s. *χατϭούπ.*

ρύιγ, χj̇ίγ u. *χjύιγ,* ich gehe hinein; *χε̣jό πούνε̣
σ' με̣ ρῡν νδε̣ χουλέτε̣,* wörtl.: diese Sache
steigt mir nicht in den Beutel, sie steht mir
nicht an; — *part. ε ρύιτουρα,* der Eingang,
ϭτε̣πίσε̣, des Hauses.

ρύλε̣-α, Erbse; s. *ῆρόϭε̣.*

Σ.

σα, adv., 1. wie? wie viel? wie; σα κϳϱντϱύν? wie viel kostet? — σα ι μαϑ ίϑτϱ? wie gross ist er? Antw.: σα Πέτρουα, wie Peter; — 2. was, n. griech. ὅσα; ϱϱϕένϱ γϳίϑϱ σα ου ϐένϱ, sie berichteten Alles was geschehen war, Matth. VIII, 33; — απ τϱ ϴϳέτϱτϱνϱ νάϱ σα γϳῖξ χϳ˙ ε χαμ, ich gebe den Zehnten von allem Vermögen das ich besitze, Luc. XVIII, 12; — σα πϱρ ατέ χάσμϱρττ˙ εμί, was diese meine Feinde betrifft, hinsichtlich meiner Feinde, Luc. XIX, 27; — σα πϱρ ατέ πούνϱ ϳαμ ι ζότι, was diess Geschäft betrifft, so verstehe ich es; — σα τϱ ὅτίστϴ νϳϱ ϳουρ, so weit du einen Stein wirfst, Steinwurfsweite, Luc. XXII, 41; — σα — χάχϳϱ, je — desto; σα ι πορέίτι αί ατά, χάχϳϱ μϱ τέπϱρ ε χυρίξνϱ ατά, je mehr er ihnen befahl, desto mehr verkündeten es diese, Marc. VII, 36; — σα, geg. auch an Statt μϐϱ βϱνϴ; s. ϱϱϱϳϳύιγ; — νϳϱρ σα? bis wie viel? d. i. was ist der äusserste Preis? — νϳϱρ σα, bis dass, so lange als; — νϳϱρ σα τ˙ ι παϳούατϴ γϳίϑϱ, bis dass du ihm Alles bezahlt hast, Matth. V, 26; — νϳϱρ σα ϳε βάϑχϱ μϱ ατέ νᵈ˙ ούϴϱ, so lange du mit ihm auf dem Wege bist, Matth. V, 18. — Bisweilen wird νϳϱρ ausgelassen; σα ουβέτϴϱ, ϴχύτ νϳϱ σαχάτ, bis er angekleidet war, verging eine Stunde.

σάβαν-ι, pl. σαβάνε-τϱ, geg. σάϐϱ-α, Leichentuch.

σαβούρϱ-α, Abfall, unnützes Zeug, Schiffsballast.

σαβέ-ϳα, geg., Schleuder; s. χοϐέ; σίελ με σαβέ, ich schleudere.

σαβί-α, berat., Salbei; s. σουρϐέλϳϱ.

σαδέ, einfach, einfältig, türk.

σαδύ (σα-do), genug, hinreichend.

σαδόϴμ, adj., hinreichend.

σάζε-ϳα, geg., Musik; σόντε χέμι σάζετϱ, heute Abend haben wir Musik.

σαιϳότγ, ich überlege; — part. κουνόν πα σαιϳούμϱ, er handelt unüberlegt; — ε σαιϳούμϱϳα, Ueberlegung.

(σαχ), Netz.

σαχάτ-ι, Krüppel, türk.; s. γϳυτρύμ.

σαχατέϱς, ich verkrüppele; — part. σαχατέπσουρϱ, verkrüppelt.

σαχσί-α, Blumenscherbe; s. ϳαρρҁτϴ.

σάχτϱ, sicher, erprobt; νϳϱρί ι σάχτϱ, ein erprobter Mann, ohne Leibesfehler; — χουβϱνᵈ ι σάχτϱ, eine sichere Nachricht, türk.

σαλάτϱ-α, Salat; s. σολάτϱ.

σαμάρ-ι, geg. σομάρ, Tragsattel der Saumthiere.

σαμαρός, ich sattele ein Saumthier.

σαϳίτϱ-α, scodr., Pfeil; s. ϴϱγέττϱ.

σανδϴάχ-ου, s. χαλϳανδίνϱ.

σαπούν-ι, geg. σαπούϳα-οι, Seife.

σαπουνίς, ich seife ein.

σαρϴϳ-ι, pl. σαρϴϳε-τϱ, Palast, türk.

σαράνδϴϱ-α, geg., Cisterne, Kühlfass beim Destilliren.

σαρϴέλλε-ϳα, Sardelle.

σαρράϕ-ι, pl. σαρράϕϱ-τϱ, Wechsler, Geizhals, türk.

σατέρ-ι, pl. σατέρϱ-τϱ, geg. σάτϱρ, Hackmesser der Fleischer, auch der Stiel ist häufig von Eisen; in früheren Zeiten führten auch die Nachrichter diese Messer und schlugen damit Köpfe ab.

σάτϴ-ι, pl. σάτϴε-τϱ, eiserner Sturzdeckel, der heiss gemacht, über schnell zu backendes (bes. ungesäuerte Brotkuchen) gestürzt und mit heisser Asche bedeckt wird; s. βϱϴνίχ.

σατϴμ-ι, gebräuchlicher im pl. σάτϴμα-τϱ, Schrot.

σαχάν-ι, Kupferkasserolle, in welcher das Essen bereitet und servirt wird; s. χα.

σαχάτ-ι, pl. σαχάτϱ-τϱ u. σαχάτε-τϱ, Stunde, Uhr; τϴ σαχάτ ίϑτϱ? wie viel Uhr ist es? — σουπρίϴ σαχάτι; die Uhr ist zerbrochen, türk.

σβέρχ-ου, geg., dζϐερχ, tosk., pl. dζϐέρχε-τϱ *), Nacken.

σβέϴ, geg., dϴβέϴ, tosk., ich entkleide, beraube; — σβίϴϱμ, ich kleide mich aus; — part. ε σβέϴμϱϳα, das Ent-, Auskleiden.

σβαβίσϱμ, geg., ich genese; — part. ε σβαβίτμϱϳα, die Genesung.

ϳβαϴ, geg., s. dζβαϴ.

ϳβαρδούλϳϱμ, geg., ich gehe aus (von der Farbe).

ϳβϴρϴ, ich weisse; s. βαρϴ; ι ουσβϴρϴ τϱ ϕάχϳεϳα! möge euer Gesicht geweisst werden (von jedem Fehl)! (Wunsch).

ϳβϱλϳέϴ, geg., ich breite aus, — πλϳϱχούρϱ ein Tuch, das Segel; s. μϐϱλϳέϴ; — part. ε ϳβϱλϳέϴμϱϳα, das Ausbreiten.

σβένϳγ, geg., ich mache gelb, blass; έϴετϱ ε σβένϱ. das Fieber hat ihn gelb gemacht; — σβένϳϱμ, geg., ich werde gelb, ich erblasse, vor Schreck

*) S. Note zu dζ.

ο. von einer Krankheit; — *part.* ε σβένμεja, das Erblassen; s. δενχ.

σβότγ u. dζβότγ, *tosk.*, ich jage fort.

σβοράχ-ου, Sperling; s. ζοχ.

σβουχουρότγ, *geg.*, s. βουχουρότγ.

σβουλjότγ, s. dζβουλjότγ.

σβυστ, *geg.* σβους, ich besänftige, zähme; s. βούτε, auch ζβυστ.

σβρές, *geg.*, ζβρές u. dζβρές, *tosk.*, ich steige ab, herab, mache herabsteigen, νγ̇a χάλjι u. χάλjιτ, vom Pferde; — ε σβρίτεν νγ̇a ουρδινί, sie entsetzten ihn des Amtes; — σβρίτεν πάγ̇εvε, sie setzten die Abgabe, λjουφένε, den Sold herab.

σβύδεμ, *geg.*, ich rücke sitzend zurück ohne mich umzudrehen; vom Pferde: ich hufe.

σjέλε-a, *part.* v. σιελ, Einfuhr, Einführung, Verzögerung.

σjέλε, *adj.*, langsam, spät; τδ χύγ̇ε έρδι? zu welcher Zeit kam er? Antw.: διέθινε σjέλε, gestern spät am Abend.

σγ̇αφουλότγ, *geg.*, ich entblösse, — χραχανούρινε, die Brust, — αλιπσάτινε, ich setze eine Reliquie aus; — *part.* ε σγ̇αφουλούμεja, das Entblössen.

σγ̇jας u. σγ̇jατότγ, ich verlängere, dehne aus; s. νγ̇jας u. νγ̇jατότγ.

σγ̇jέβε, s. σχjέβε.

σγ̇jέδε-a, *geg.*, Joch; s. dζjέδε.

σγ̇jούα-τύ, *geg.*, Bienenstock.

σγ̇ερδίν, *geg.*, δάμετε, ich zeige die Zähne; φίχου ουσγ̇ερδίν, die Feige ist geplatzt.

(σγ̇jερότγ), s. γ̇jερότγ.

σγ̇ῐθ u. γ̇ῐθ, *geg.*, dσγ̇ῐθ u. dζῐθ o. dσῐθ, *tosk.*, ich löse, binde auf; ε ι jου σγ̇ῐθ τε λjίλουριτ ε γ̇jούχεσε τιγ, und es löste sich ihm das Band der Zunge, Marc. VII, 35; — ι ουσγ̇ίδενε φάjετε, seine Sünden wurden ihm erlassen; — σγ̇ιθ χετέ τε δάνμε, löse diese Aufgabe; — σγ̇ιθ αμανέτινε, ich habe, erlöse einen vergrabenen Schatz unter Aussprechen einer bestimmten Zauberformel*); — *part.* ε σγ̇ίθμεja, das Lösen, die Verzeihung.

---

*) Wie in Griechenland glaubt auch in Albanien das Volk, dass in jedem alten Mauerwerk ein Schatz verborgen sei. Mitunter sind Drachen und Neger zu ihrer Wache bestellt. Wenn einer zufällig einen Schatz findet ohne die Bannformeln anzuwenden, unter denen er gebunden, oder seinen Fund ausplaudert, so verwandeln sich die gefundenen Münzen in Kohlen.

σγ̇ρῐπ-ι, *geg.*, Kante, Rand; μος ρι με σγ̇ρῐπ, bleibe nicht an dem Rande eines Abhanges, einer Mauer; s. χαντ.

σδρυπ, Divra, ich steige herab; s. σβρες.

σε, *adv.*, 1. weil; σ' χα σε (auch σεπσέ) σ'χαμ ου, ich esse nicht, weil ich keinen Hunger habe; — 2. als, bei Vergleichung; s. νγ̇a; je μα ε μάδε σε δέιντετ, du bist grösser als die Heiligen, *geg.* (Litanei); — 3. dass, mit *indie.*; s. χjε; θόνε σε βjεν μβρέττι, man sagt, dass der König komme; — μος θύι σε έρδα, sagt nicht, dass ich gekommen sei, Matth. V, 17; — ε ατέ ε χαλεζούανε τεχ αί σε ι περχάπ γ̇jεν ετίγ, und diesen verklagten sie bei ihm, dass er ihm sein Gut vergeude, Luc. XVI, 1; — 4. σε — σε, entweder — oder; σε βαρθ σε ζι, entweder schwarz oder weiss; — 5. *geg.*, wie; χεστού σε (*tosk.* χjε) θούα τι, so, wie du sagst.

σεβέπ-ι, *pl.* σεβέπε-τε, Ursache, Grund, *türk.*; s. δχαχ.

σέι, *geg.*, *adv.* mit *conjunct.*, so lange als; σέι τε ρύιδ do τε πουνύιδ, so lange du lebst, wirst du dich plagen; — σέι τε jέτε, so lange er lebt, d. h. lebenslang.

σειμμέν-ι, *pl.* σειμμένε-τε, gemeiner Soldat.

σελβί-α, *geg.*, Cypresse, *türk.*

σελίν-ι, Petersilie.

(σέλτε), gesetzt.

σεμούνδε-a, Krankheit, Epidemie; *geg.* auch: grosse Brummfliege, welche, wenn sie dem Menschen wider den Kopf fährt, Fieber verursacht; — σεμούνδ' ε λjίγ̇ε, fallende Sucht; s. σμουνδ u. λjενγ̇ίμ.

σεμούρ, *geg.* σεμούιτγ, ich mache krank; — σεβδάja jύτε με σεμούνι, die Liebe zu dir hat mich krank gemacht; — σεμούρεμ, *geg.* σεμούνχεμ, ich erkranke; — *part.* σεμούρε, *geg.* σεμούνε, krank; — ε σεμούμεja, das Erkranken.

σενδ-ι, *geg.*, Sache; γ̇jίθε τδ φαρρ' σένδί, jeder Art Sachen, Gegenstände; s. γ̇jε.

σενδούχ-ου, *pl.* σενδούχε-τε, Koffer, Kiste.

σενί-α, grosse Metallscheibe mit einem schmalen Rande, welche auf ein hölzernes Gestell gesetzt als Speisetisch dient.

σεπάτε-a, *geg.* σοπάτε, Beil.

σεπέτ-ι, *pl.* σεπέτε-τε, Koffer mit gewölbtem Deckel, *türk.*

Σερβί-α, Serbien; s. σγ̇ρπ.

σεργ̇jέν-ι, *geg.*, niederes breites an der einen Zimmerseite hinlaufendes Bänkel, worauf die Kisten stehen; s. περδέ.

σέρε-α, Theer, Hölle; τε τɗύφτε ζύτι νɗε σέρε! möge ihn der Herr in die Hölle schicken!

σέρε-ι, weibl. σέρε-ja, pechschwarz; ι ζι σέρε, pechschwarz.

σέρμε-α u. σερμά-ja, geg., 1. Silber; 2. der feine Faden, welcher die äussere Hülle des Seidencocons bildet, also zuerst abgesponnen wird; αρjjάντ u. σίρμε.

Σέρπ-δι, der Serbier.

Σέρπχε-α, Serbierin.

σέρπχτɗε, serbisch.

(σερτ), scharf, s. griech. σέρτιχος.

σες, s. σιτός.

σέτε, s. σίτε.

σέτɗ, 1. was; σετɗ ι θάɗε νούχε δι, was ich ihm sagte, weiss ich nicht; — jάτι jούαιγ ι δι σετɗ ου δούχετε, euer Vater weiss, was euch noth thut, Matth. VI, 8; — βεɗτρύ σετɗ βέινε τε ɗετούνε, siehe, was sie am Sabbath thun, Marc. II, 24; — σετɗ πίελ μάτɗε μι jjούαιγε, was die Katze gebiert jagt (wörtl. jagen) Mäuse; s. τɗε; — 2. wie; σετɗ ι βούχουρε ίɗτε! wie schön ist er! — σετɗ ɗχρούαν μίρε! wie schön schreibt er! — σετɗ χαι! wie viel isst er! — δι σετɗ βίνε, sieh' wie (viele) sie kommen!

σεφά-ja, Ruhe, Lust, türk.

σεφέρ-ι, pl. σεφέρε-τε, Feldzug, Krieg, türk.

σεφερηjjέν, scodr. φεσεεληjjέν-ι, Basilika-Kraut; s. βοζελjύχ.

σεχίρ-ι, geg. σέχιρ, Belustigung, Unterhaltung, türk.

στ, 1. als, nachdem, mit *indicat.*; στ ɗχύι δίελι, als die Sonne unterging; — στ πάνε υλ συγεζούανε, als sie den Stern sahen, freuten sie sich, Matth. I, 10; — 2. wenn, zwar auch mit *indicat.*; στ βjεν, wenn er kommt, meistens aber mit *conjunct.* στ τε χάɗ, wenn du gegessen hast; — ε στ δερjύι ατά νɗε Βιθλεέμ δυ θά: χάιδενι νδαɗτί ε στ τε μπσόνι μίρε περ ατε τουχ ε εξετάξουρε ε στ τα jjένι, und als er diese nach Bethlehem sandte, sagte er ihnen: gehet jetzt und wenn ihr durch Nachforschungen gut über diesen unterrichtet seid und wenn ihr ihn gefunden habt, so... Matth. II, 8; s. χουρ u. νɗε; — 3. so, also, so wie, mit *conjunct.*; στ τε δούɗε, geg., so wie, wie du willst; — 4. wie? mit *indicat.*; στ ρα? wie fiel er? Antw. στ θές, wie ein Sack; — στ jε? wie ist dir? wie befindest du dich? — στ jου δούχετε νέβετ? wie scheint es euch? s. χjυɗ; — στ entspricht auch unserem: gleich; ε δύτε στ

εɗε χεjύ, die zweite wörtl. wie diese, d. h. dieser gleich, Marc. XII, 32; s. νjε.

στ χούντρε, so wie; στ χούντρε τε θάɗε, so wie ich dir sagte.

στ χούρ, geg. auch στ χουρ αɗτού, als ob; ε αι δεφτόν στ χουρ δο τε βίjε με τέjε, und jener that, als ob er weiter gehen wolle, Luc. XXIV, 28; — στ χουρ βερτέ? in der That? im Ernste?

στ u. συ-ου u. -ρι *), Auge, Blick; χύδι νjε συ, er warf einen Blick; — συ ι χεχj, böses Auge u. der Mensch, welcher es hat; s. μαρ; — ι βίς νɗε σύτε, wörtl.: es fällt ihm ins Auge, schadet seiner Gesundheit, besonders von einem Pferde, welches, ohne selbst zu fressen, ein anderes fressen sieht (allgemeiner Glaube im Orient); — geg. μαρ νjε jjούμε, wörtl.: ich nehme ein Auge Schlaf, d. h. ich schlafe ein wenig; auch weibl. ljούμε ατύ στ, selig die Augen, Luc. X, 23.

σιβjέμ, geg. σιμβjέτɗμ, adj., heurig; βερρ' ε σιβjέμε ίɗτε στ ε βjέμε, der heurige Wein ist wie der vorjährige.

σιβjέτ, geg. σιμβjέτ (στ-με-βjέτ, s. dieses), adv., heuer.

στjουρές, ich bringe in Sicherheit.

στjουρί-α, Sicherheit.

σίjουρο, adv., sicherlich, gewiss.

σιɗɗαɗέ-ja, Wolldecke mit Flocken.

σιɗɗίμ-ι, pl. σιɗɗίμε-τε, grober Bindfaden; s. σπάγγο.

σίελ, geg. σίλ, ich bringe, trage, führe ein, verzögere, halte auf; χουɗ τε σόλλι? wer hat dich hergebracht, o. aufgehalten? geg. auch: ich werfe; — σίλ νjε joύρ περμβί ατέ, ich werfe einen Stein auf ihn; — σίελ με σαβέ, ich schleudere; — σίλεμ, ich zögere, verweile; — μος ουσίλ, halte dich nicht auf; s. σjέλε.

σιχλέτ-ι, pl. σιχλέτε-τε, lange Weile, Unbehagen, geg. Gefahr, türk.

σιχλετίς, ich mache lange Weile, Unbehagen; — σιχλετίσεμ o. χαμ σιχλέτ, ich langweile mich, bin unbehaglich.

σιχλέτɗεμ, geg., gefährlich; βενδ ι σιχλέτɗεμ, gefährlicher Ort.

σίλ-ι, pl. σίλε-τε, Frühstück.

σιλjάχ-ου, geg. σιλjάχε-ja, lederner Waffengürtel; s. χjεμέρ u. βρες.

---

*) ι und υ werden häufig verwechselt, siehe daher weiter in συ, welches sehr hell zu sprechen ist.

σίμε-ja, geg., Zögerung, Wurf; s. σίελ.

σιλόςγ, ich frühstücke; — part. ε σιλούαρα, das Frühstücken.

(σιμδάλε), Semmel.

σινάπ-ι, pl. σινάπε-τε, Senf.

σιηjυjί, geg., adv., einerlei, ähnlich (σι-vjt-vjι).

σίπερ, geg. τσίπερ u. περτσίπερ, 1. praep. mit genit., oben, auf; σίπερ ὄτρπίοσε, μάλλjιτ, oben auf dem Hause, Berge, auch: σίπερ μὸι ὄτρπί; — 2. adv., oben; σίπερίὄτε a πόὄτε? ist er oben oder unten?

σίπερπ u. σίπραζιτ, adv., von oben; περδέja ουντζούαρ νγα σίπερπτ (σίπερ, Matth. XXVII, 51) ε γγjέρρα περπόὄ, der Vorhang zerriss von oben (und) bis unten, Marc. XV, 38.

σίπερμ-ι, geg. περτσίπερμ-ι, weibl. σίπερμε-ja, der, die obere (nur örtlich).

σιρί-α, Geschlecht, Art; — σιρί σιρί, jeder Art.

σίρρε-α, Seide, Maishaar, Metalldraht, Mode, Brauch, Epidemie, alles was häufig ist; s. σέρμε.

σίσε-α, weibliche Brust, Zitze; δυ σίσε χα βάδρζα, χάτρε σίσε χα λjύπα, τέτε σίσε χα δούὄτρα, (Lied) zwei Brüste hat das Mädchen, vier Striche hat die Kuh, acht Zitzen hat die Hündin; — απ σίσε, ich gebe die Brust, säuge; — πι σίσε, ich trinke von der Brust; s. τσίτσε.

σίτε-α, geg. σέτε-α, Draht- u. Haarsieb; s. δόὄε.

σιτός, geg. σες, ich siebe.

σι τσίλλι u. σι τσίλλι δο, wer immer, ein jeder.

σιτσιλλίς, ich bestimme, vertheile, theile aus.

σκάθαρ-ι *), ein den Weinstöcken gefährlicher schwarzer Käfer, n. griech. μαμοῦνι.

σκαλίς, ich behäckele Hackfrüchte, Weinstöcke, geg. ich schneide in Holz (Bildwerke, Verzierungen); — part. geg. ε σκαλίτμεja, das Schneiden in Holz.

σκαλιστίρ-ι, Erdhacke mit zwei Zinken.

σκανδάλε-α, Senkblei.

σκανδαλίς, ich ärgere; s. χονδάξ; — part. ε σκανδαλίσουρα, geg. ε σκανδαλίσμεja, das Aergerniss, griech.

σκάνδαλο-ja, Aergerniss, griech.

σκάρε-α, Bratrost.

σκjαχj, geg., ich mache weich durch Reiben; — σκjάχjεμ, ich bin schlaff.

σκjάπ-ι, geg., Ziegenbock; s. τσjάπ.

σκjέβε-ja, geg. σῆjέβε-ja, Krätze; s. δζjέβε (Stamm ὄχjεπ).

σκjεβόνεμ, geg. σῆjεβόσεμ, ich werde krätzig; — part. σκjέβουρε, geg. σῆjεβόσουρε, krätzig, geg. ε σῆjεβόσμεja, das Krätzigsein.

σκjέρβουλj-ι, Kopfkneis bes. der Kinder.

σκjέτουλε, geg., s. ὄέτουλε.

σκjίμε-α, Schmuck, Putz.

σκjίμετάρ u. σκjίματούαρ, weibl. -όρε, putzsüchtig.

σκjιφτέρ-ι, weibl. ὄχjιπόνjε, ein Raubvogel, Adler? Habicht? s. ξιφτέρ.

σκjόχε-α, geg., Gluckhenne; s. χλότὄχε.

σκjόπ-ι, geg., Schnabel; s. χjουχ.

σκjούφουρ-ι u. ὄχjούφουρ, pl. σκjούφουρε-τε, Schwefel.

σκjούφουρε, schwefelig, von Schwefel.

σκjυρέ-ja, Teller, Schüssel.

σκjῖτ-ι, scodr., Schild.

σκελjχjέτγ, s. ὄχjελjχjέτγ.

σκελjχjίμ, pl. σκελjχjίμε-τε, Strahl.

σκεπάρ-ι, geg. σκjεπάρ, kleines Handbeil in Form einer Hacke, Hauptinstrument der Tischler und Zimmerleute.

σκίλjε-ja, geg., Fuchs; s. δέλπρε.

σκλαβί-α, Sclaverei, Gefangenschaft.

σκλαβός, ich nehme gefangen, mache zum Sclaven; — part. ε σκλαβόσουρα, geg. ε σκλαβόσμεja, die Gefangennehmung.

σκλάφ-βι, pl., tosk. σκλεφ-τε, geg. σκλάβε-τε, Sclave.

(σκλεπα), Trieflugigkeit; s. γελjέπε.

σκολάς, ich beendige; νουχ' ε σκολάσα αχόμα, ich habe es noch nicht beendigt.

σκολί-α, geg. auch σκόλjε-α, Schule, griech.

(σκοπίγ), ich kastrire; ὄχόπ?

σκοτάθ-ὄτ, pl. σκοτάδε-τε, Finsterniss, griech.; s. ἑρρετε.

σκουλί-α, 1. der um den Stab gewickelte Rocken; 2. Flachs-Bündel; 3. Flachs überhaupt; s. τὄχυλj.

(σκουμβρί, σκρουμβρί), Makrele.

σκούπιρε-α, Kehricht, Auswurf, griech.

σκουρί-α, Rost, griech.; s. νδρυὄχ.

σκουρίσεμ, ich roste.

σκουτέρ-ι, Oberhirt, Vorsteher anderer Hirten.

(σκουτύρε), Schild; s. σκjυτ.

σμουνδ u. σμούνδεμ, ich bin unwohl; s. μουνδ, n. griech. δὲν ἠμπορῶ; — part. σμούνδουρε, unwohl; — ι σμούνδουρι, der Kranke; —

---

*) Die meisten der mit σκ, σπ u. στ lauten, namentlich in den nördlichen Dialekten, wie ὄχ, ὄπ u. ὄτ (siehe daher auch diese) und die südlichen Dialekte möchten die vorliegende Rubrik noch vermehren; ihr liegt, wie überhaupt, der toskische Dialekt um *Tepelen* zu Grunde.

ε σμούνδουρα, geg. ε παμούνδμεja, das Unwohlsein.

σμούνdιjε-α, Unwohlsein, Unpässlichkeit; s.
μούνdιjε.

σόδε-α, Frauengemach; s. ύδε.

σόij, s. σούα.

σοιλί, von vornehmer Geburt.

σοχελάς, ich schreie.

σοχελίμε-α, das Schreien, der Schrei.

σοχόλj-ι, zoodr., s. πετρίτ, Habicht?

σολάχ, geg., links; dύρρα σολάχε, die linke
Hand; s. μενῆjερε.

σολάχ-ου, linkhandig; s. μενῆjάδ.

σολάτε-α, Salat; s. σαλάτε.

σομάρ-ι, geg., Packsattel; s. σαμάρ.

σομούνε-ja, geg., Laib Brot, türk.

σόντε, adv., heute Abend, heute Nacht.

σόπ-ι, der Balken, welcher die Spitze des
Mühlwassertroges bildet, aus dem in demselben angebrachten Loche spritzt das Wasser
auf das Mühlrad; geg. Erdhübel.

σοπάτε-α, Axt; φολj ε με σοπάτε, sprich
ihm deutlich, damit er es verstehe; s.σεπάτε.

σορμ, adj., heutig; s. σῦτῦμ.

σορράχ-ου, weibl. σορράχε-ja, geg., nichtswürdig.

σόρρε-α, Krähe (in Berat auch Schimpfwort).

σῦσ, ich endige, reiche hin, rette, erreiche;
σύσα νde Ιαννίνα, ich erreichte Jannina; —
νούχε σοσμ αχόμι? kommen wir noch nicht
(bald) an? — part. ε σύσουρα, geg. ε σύσ-
μεja, Beendigung, Errettung, Erreichung,
Ankunft. '

σῦσ, impers., es reicht hin, ist genug.

σύσε-ja, Ende, auch Frauenname.

σῦτ, adv., heute; σοτ ι πάρε, geg. σοτ ε περπάρα, künftig, von heut an, Matth. XXVI,
29; — σοτ ε τούτje, von heut an, Matth.
XXVI, 64; — σι σοτ, o. σι σοτ τέτε, heute
in acht Tagen; — σοτ τέτε, heute vor acht
Tagen.

σοτ μδε σοτ u. σοτ με σοτ, geg., heut zu Tage.

σοτῦμ, geg., heutig; s. σορμ.

σότῦμε-ja, heutiger Tag.

σούα, best. σόι, pl. σύje-τε, Verwandtschaft,
Geschlecht; ούνε ε αί jέμι σούα, ich und er
sind verwandt; — ίστε νja σούα ε μίρε, er
ist von guter Familie.

σούλjτῦ-ι, geg., Querbalken, der als Riegel vor
die Thüre geschoben wird; s. χανdάρ.

(σούμπουλ), Knoten.

σουνdουρμά-ja, geg., Schutzdach; s. τσατί.

σοῦπ-ι, pl. σούπε-τε, Rücken, Schulter; s.
χουρρίς.

σουπjέ-ja, Tintenfisch; s. τσούπιjε.

σοῦπε-α, Suppe.

σουράτ-ι, pl. σουράτε-τε, Angesicht, türk.; s.
φάχje u. φυτύρε.

σουρβέλjε, geg., Salbei; s. σαβί.

σούρβουλjτε, geg., schlürfbar; βε ε σούρβουλjτε,
weichgesottenes Ei; s. ρούφε.

σουρβύτε, geg. σοῦρπ, ich schlürfe.

σουρjούν-ι, pl. σουρjούνε-τε, geg. συρῆjύν-ι,
Verbannung, türk.; s. ρέτ.

σουρjουνίς, ich verbanne, türk.

σουρέτ-ι, geg., Portrait, Bild überhaupt, Maske,
türk.

(σουρνίτ), ich schlürfe.

σουρουλάς, geg., ich drehe um, χέλλενε, den
Bratspiess; — ε σουρλάτι χετέ πούνε, er zog
diese Angelegenheit in die Länge; — σουρουλάτεμ, ich gehe (damit) um, überlege hin und
her; — part. ε σουρλάτμεja, das Umdrehen,
Verzögern, das Ueberlegen.

σουσάμ-ι, pl. σουσάμε-τε, Steinkümmel.

σουφρά-ja, s. σύφρε.

σόφε-α, geg., Rasenbank.

σοφί-α, Weisheit, griech.

σοφύ, weise, griech.

σύφρε u. σούφρε-α, runde Tischplatte mit zwei ¹/₂
Fuss hohen Leisten, welche als Speisetisch dient.

σκάνjo-ja, geg. σκάνje-α, dünner Bindfaden;
s. σιdίjμ.

(σπέιρα), Schaar.

σπελjηjίν, s. πιχjί.

σκερdρέθ, geg., ich schraube auf; s. περdρέθ
u. δdρεθ.

σπέτσε-α, geg., Pfeffer, spanischer Pfeffer.

σπίλje-α, geg. σπιλjέ-ja, Höhle.

σπίνje-α, geg. σπίνε, Rückgrad.

σπιούν-ι, pl σπιούνε-τε, Spion; s. περῆjόνεε.

σπλίνε-α, Nieren.

(σπουdάχ), Fleiss, Emsigkeit.

σπουδαχσί-α, Studium, griech.

σπουdί-α, Fleiss, Sorgfalt, griech.

στάβε-α, Haufe; νje στάβε dρου, ein Haufen
Holz; — ι χύδι στάβε στάβε, er schich-
tete sie haufenweise.

(σταχύ), Seekrebs, griech.

στάμνε-α, geg. στάμε-α, Krug.

στάμπε-α, Buchdruck, Presse.

σταν-ι, pl. στάνε-τε, Schafpferch; s. στρούνγε.

στῦπ-ι, pl. στάπε-τε, N. T., μαστῦχ, berat,
Stab; s. δχοπ.

σταφίδε-ja, kleine Rosine.

στjέγoυλε-α, Rinne, welche der vom Dache fallende Regen bildet, Regentraufe, Gespenstersitz, wird vor Verunreinigung bewahrt und namentlich die Kranken davon abgehalten.

στέκεμ, geg., ich ziehe mich seitwärts, zurück, z. B. vor einem entgegenkommenden Wagen, ich hufe in meiner Rede.

στερέ-ja, Festland, griech.

στερεύς, ich mache fest, befestige, unterstütze; — part. ε στερεύσουρα, die Befestigung.

(στερχάτ), geg. στερχίς, ich besprenge.

στερχjύχ-ου, geg., Dohle, Krähe; s. σόρρε.

στερφύτσ-ι, geg., Kinderspritze, Spritzbüchse.

στίπες-ι, Stössel, tosk. Alaun; s. στύπες.

στίς, ich stelle, errichte; — part. ε στίσουρα, die Errichtung, Erbauung, griech.

στίχο-ja, Vers, griech.

στιχί-ja u. στιχjύ-ja, Gespenst, besonders das Schatzhütende, als eine Art flammenspeiender Drache mit Flügeln und menschlichen Zügen gedacht, griech.; s. χουτϑέδρε.

στολί-α, Kleid, Schmuck, griech.

στολίς, ich schmücke; s. νις; — part. ε στολίσουρα, die Ausschmückung, griech.

στομάχ-ου, pl. στομάχε-τε, Magen, griech.; s. μύλεζε.

στοπάν-ι, der Hirte, welcher der Butter- und Käsebereitung vorsteht.

(στουδιόνεμ), ich studire.

(στούπε), Stöpsel.

στουπί-α, Werg.

στουπόμε-α, Stöpsel.

στουπός, ich verstopfe, pfropfe zu.

στρᾶλ-ι, pl. στράλε-τε, Feuerstein.

στρεξ, ich willige ein; s. ζοτύχεμ; — part. ε στρέξουρα, die Einwilligung, griech.

στρέχε-α, der Dachvorsprung, Ueberhang an welchem der Regen herabfällt, Dach überhaupt; s. τϑατί.

στρομβουλάρ-ι, der in der Mitte der Tenne stehende Balken, an dem die dreschenden Pferde befestigt sind.

στροῦχ-ου, geg., Hobel.

(στρόφχε), Höhle; s. ϑτροφάχ.

στρυπ, geg., s. τρυπ.

στύπες-ι, Alaun; s. στίπες.

συ, s. σι.

συζί, adj., schwarzäugig.

συχjενεζε-α, wörtl.: Hundsauge, Name einer bösen menschenfressenden Fee, die zwei Augen vorn und zwei hinten hat.

συλjάρχ, adj., blauäugig; ίϑτε υjερί συλjάρχ, er ist blauäugig.

συϑ-ι, pl. σύϑε-τε, Knöchel am Fusse und Handgelenk, geg. Schlinge.

συλοΐ-α, Nachdenken, Sorgfalt, griech.

συλοίσεμ, ich denke nach; — part. ε συλοίσουρα, das Nachdenken, griech.

συμφονί-α, Uebereinkommen, Uebereinstimmung, griech.

συμφονίς, ich stimme, komme überein, griech.

συνερί-α, Eifersucht, Neid; χα συνερί με τϑύ υjερί, er beneidet Jedermann; auch: βε συνερί, ich beneide.

συνχρίς, ich vergleiche; — part. ε συνχρίσουρα, die Vergleichung, griech.

συνόρ-ι u. συνούαρ, pl. συνόρε-τε, Gränze, Gegend; υδε συνούαρ τε Ρουσσίοε, in den russischen Landen, griech.

συνορέπε, ich gränze an, griech.

σφονγάρ-ι u. σφουνγάρ-ι, geg. συνjέρ-ι, Schwamm.

σφουρχ u. τσφουρχ-ου, pl. σφουρχj-τε, 1. hölzerne Strohgabel; 2. geg. Pfahl, auf den Menschen gespiesst werden; 3. Scorpion.

σφύνγ-α, Keil; s. τσφίνγ.

σφυνός, ich spalte mit dem Keile; — part. ε σφυνόσουρα, das Spalten mit dem Keile.

σφυτυρίν, geg., ich mache ein böses Gesicht; χυν ε δελλj ε σφυτυρίν, er geht ab und zu und macht ein böses Gesicht; s. φυτύρε.

σχίμε-α, Gestalt, griech.; s. σχjίμε.

Σ̇ *).

ὁαβίς, geg., ich wasche, bade einen gründlich, wie im türkischen Dampfbade; — ὁαβίτεμ, ich wasche, bade mich gründlich.

ὁᾶλ-ι, männlicher Same; s. ρένδε.

ὁᾶπε-α, Rinde, Haut; s. τσίπε.

ὁᾶπίν-υι, geg., Eidechse; s. ὁαπί.

ὁαραβίς, geg., ich bekritzele Papier, nach Art kleiner Kinder.

ὁόϑχε, durchlöchert, bes. von alten Metallgefässen; hohl, taub, von der Nuss; s. ϑοϑ.

ὁούγε-ι, öfter im pl. ὁουγα-τε, geg., Binse; s. χουλμάχ.

ὁούνγε-α, geg., 1. Speckbeule; sympathetisches Mittel dagegen die Wasserschildkröte im Fluss Scumbi; 2. Höcker.

---

*) Sprich wie franz. j in je, jour etc.

ϑούνγεμ, ich werde durch Lagern essbar, reif
　(von Früchten); — part. ϑούνγουρς, mürbe
　(von Früchten); s. πjεχ.

ϑοῦρ-ι, geg., Sand; s. ϑουρ.

ϑουϑίνχς-a, geg., Maïkäfer(?); s. βουβουϑίνγχς.

ϑουϑίτς-a. geg., Anbrennen von Speisen.

ϑύετγ, tyr. ϑύιγ, ich beschmutze; s. ϑγρύιγ.

ϑυς, ich tauche; s. νῇίετγ u. χςλάς.

Σ.

ϑάιγ, ich beschimpfe; mit genit. χουρ τ᾿ ου
　ϑάιγς, wenn sie euch beschimpfen, Matth. V,
　11; — part. ε ϑάιτουρα u. ε ϑάρα, geg. ε
　ϑάμεjα, die Beschimpfung.

ϑαϊτίμ-ι, pl. ϑαϊτίμε-τς, tosk., Schwindel,
　Schlagfluss; τς ράφτς ϑαϊτίμι! möge dich der
　Schlag treffen! s. δαμβλά u. τγόλςτς.

ϑαχά-ja, geg. ϑάχς-a, Scherz, Witz; βέιγ ϑαχά,
　ich scherze, türk.

ϑάχουλ-ι, geg., Käseschlauch; djάύς ϑάχουλι,
　Schlauchkäse.

ϑάλ-ι, geg., Shawl; s. τϑαλέμ.

ϑαλjαβρίχ-ου, tosk., blödsinnig, tölplig.

ϑάλjς-a, 1. der Körpertheil, welcher an den Sat-
　tel schliesst, Schluss, Spalt; 2. Sattel; 3.
　grosser Schritt mit ausgespreizten Beinen;
　πλjούμbι ι ϑχόι νδςπέρ ϑάλjς, die Kugel fuhr
　ihm zwischen den Beinen durch; — πλjούμbι
　ι γοδίτινδς ϑάλjς τς djάϑτς, die Kugel fuhr ihm
　in den rechten inneren Schenkel; — ε μερ με
　τρε ϑάλjς? nimmt du (die gegebene Entfer-
　nung) es mit drei Schritten? s. χαπαϑάλjϑι
　u. τϑαπ.

ϑάλjτς-a, geg., eine Art gesalzener Sauermilch,
　die in festverschlossenen Gefässen zur Winter-
　nahrung aufbewahrt wird.

ϑαματά-ι, geg. ϑαμάτς-a, Lärm, Streit, türk.

ϑαματόιγ, ich mache Lärm, türk.

ϑαμί-a, Schnupf-, Kopf-, Halstuch.

ϑαμτίν, geg., ich seufze; — part. ε ϑαμτίμεja,
　das Seufzen, Geseufze.

ϑαμτίνγ-a, geg., der Seufzer.

ϑαπαχότ-ι, geg., Simpel, Tölpel.

ϑαπςτόρε-ja, Schnepfe.

ϑαπί-ου, tosk., Eidechse, bes. die grüne; s.
　ϑαπίν.

ϑάτχς-a, Mütze, Nachtmütze, bes. kleine weisse
　Filzmütze ohne Schirm, geg. jede schwarze
　Kopfbedeckung, der fränkische Hut; s. φέστς,
　χςσούλj, χjελjέϑς u. ταχί.

ϑάρς, s. ϑάιγ.

ϑάρχς, s. φλjοχάτς.

ϑάρρς-a, Säge.

ϑαρρςδϑί-ου, Säger.

ϑαρρόιγ, ich säge.

ϑάρτ-ι, geg., Urtheil, Beschluss, Vorsatz;
　γjυχςτάρι bάνι ϑαρτ, der Richter erliess das
　Urtheil; — μουϑαβέρια bάνι ϑαρτ, die Ver-
　sammlung fasste den Beschluss; — bάνι ϑαρτ τς
　ίχςιγ, ich fasste den Vorsatz fortzugehen.

ϑαρτέσς-a, geg., die Pfropfung; τϑ φάρς ϑαρ-
　τέσς ίϑτς? welcher Art (bereits vorgenommener)
　Pfropfung ist es?

ϑαρτόιγ, geg., ich pfropfe, oculire; — part.
　ε ϑαρτούμεja, das Pfropfen, Oculiren.

ϑαστίς, ich mache staunen, setze in Verwun-
　derung, ich staune, erschrecke; — part.
　ε ϑαστίσουρα, geg. ε ϑαστίσμεja, Ver-
　wunderung, Staunen; — ι ϑαστίσουρι, der
　Maulaffe (Stamm τϑαστ?), türk.

ϑάτ-ι, pl. ϑύεj-τς, geg. ϑάτς-a, pl. ϑάτα-τς,
　Karst, Egge.

ϑατίν-νι, Jakova, Gänsrich.

ϑατόιγ, ich hacke Erde.

ϑάχ, tosk., verloren, von aller Welt verlassen;
　μbέτεμ ϑαχ, ich bin ein verlorener, ein von
　aller Welt verlassener Mann; — Με δέτ ο ϑερ-
　βεναγά τς μbένς τρίματς ϑαχ, Oh! Unheil!
　oh Derwennaga! deine Tapfern blieben ver-
　lassen zurück (Lied); — σαχ mit dem Zusatze
　eines lebenden Verwandten, Betheuerung der
　Weiber: σαχ djεμ bei meinen Kindern; die
　Schwester betheuert stets bei dem Namen ihres
　ältesten Bruders σαχ Μίτρο bei Demetrias,
　nur in dessen Ermangelung ϑαχ babdi beim
　Vater.

ϑαχςράχ-ου, tosk., Schmäher; s. ϑάιγ.

ϑαχίτ-ι, Zeuge, Blutzeuge, Märtyrer; bίε
　ϑαχίτ, ich werde zum Märtyrer, türk.

ϑjo, dialekt. für ϑο, s. in letzterem.

ϑγουρίς *), geg., ich scharre, wühle in der
　Erde; πούλjα ε δέρρι ϑγουρίσνς, das Huhn
　scharrt und das Schwein wühlt in der Erde
　(Stamm γουρ?); — part. ε ϑγουρίτμεja, das
　Scharren, Wühlen.

ϑγρύιγ, geg., ich beschmutze; — part. ε ϑγρύ-
　μεja, das Beschmutzen; s. ϑύετγ.

ϑϑυχούϑ, geg., wer immer; ϑϑυχούϑ με χjένς,
　wer es auch sei.

---

*) S. Note zu δζϑερχ.

ởdρëở, *tosk.*, ich drehe auf; s. *δρεở*.

ởĝ, vor einem Namen: heilig, Sanct; ởĝ *Λένα*, St. Helena; ởĝ *Μερί*, St. Maria; s. *ởτν*.

ởĝ *Μίτρĝ-ι*, heil. Demetrius o. October.

ởĝ *Μĝχίλĝ-ι*, heil. Michael o. November.

ởεν *Ενδρέ-ου*, heil. Andreas o. December.

ởĝ, *Miredítt*, s. *ởt*.

ởέγĝ-a, Granatapfel, Granatbaum.

ởεγέρτ-ι, *seodr.*, Schüler, Lehrling.

ởĝγέττĝ-a, *geg.* ởτɕjέττĝ u. ởεγjέτĝλ, Pfeil, Weberschiffchen, *geg.* auch eine Schlangenart, welche sich gegen Menschen und Thiere schnellt; s. *μιχjίχ* u. *ởaύjίτĝ*.

ởεγ’ούν-ι, *geg.*, Weibsüberrock, welcher vorn offen ist.

ởειddάν-ι, Teufel; s. *παoύdĝ*.

ởĝιντ, *geg.* ởένιτ, *pl. geg.* σείντĝ u. ởεντύρ-ĝτĝ, auch ởένιττνα-τĝ, heilig.

ởĝιντεpί-a, *geg.* ởειντεγνί-a, Heiligkeit; σείντεγνία jότε, Euer Heiligkeit, Titel aller Bischöfe und Weltgeistlichen.

ởĝιντεροίγ, *geg.* ởείντεγνόιγ, ich heilige; ζότι τĝ ởείντεγνόφτĝ, *geg.*, möge dich der Herr zum Heiligen machen, (Wunsch für Priester); — *part.* ε ởĝιντεγρούaρα, *geg.* ε ởείντεγνοίμεja, die Heiligung.

ởέχĝζĝ-a, *tosk.*, ởέχjε-ja, *geg.*, hölzernes Milchgefäss.

ởεχjέρ-ι, *pl.* ởεχjέρε-τĝ, Zucker, türk.

ởεχjεpλί, zuckerig.

ởέχουλ-ι, *geg.*, Weltall, Welt.

(ởελία), Niere; s. *ởπρέτχĝ, βέởíjĝ*.

ởέλχ-γου, *pl.* ởέλjjε-τĝ, Saalweide.

ởελχjβ-νι, *geg.*, ởaλχjί, *ljap.*, Wassermelone.

ởελχjῦởτĝ-a, *geg.*, Melonenfeld.

ởελλbίμ-ι, *geg.*, Erlösung; s. *ởτĝπέσĝ*.

ởελλbόιγ, *geg.*, ich erlöse.

ởĝλλίν, *geg.*, ich salze ein; — *part.* ε ởĝλλίμεja, das Einsalzen.

ởĝλλίρĝ-a, *geg.* ởĝλλίνĝ, Salzsäure, Salzlacke, Salzbrühe.

ởεμ, *geg.*, ich zerstöre, reisse nieder, *μούρνĝ*, *χaλjάνĝ*, die Mauer, die Festung; s. *ởĝμπ*.

ởεμbĝλέιγ, ich gleiche, ich bin ähnlich; *χύιγ* νjερί ởεμbĝλέν με ατĝ, dieser Mensch ist ihm ähnlich; — *part.* ε ởεμbελύερα, *geg.* ε ởεμbĝλύμεja, die Aehnlichkeit, Vergleichung.

ởεμbĝλίμ-ι, *pl.* σεμbĝλίμε-τĝ, Aehnlichkeit.

ởέμbεμ, *geg.* ởέμεμ, ich werde wund oder sehr ermüdet, bin abgeschlagen von einem Ritte oder harter Arbeit; — *part.* ε ởεμbύερα, *geg.* ε ởέμεja, das Wundwerden, die Quetschung,

geg. auch die Zerstörung, das Niederreissen; s. *ởĝμπ*.

ởεμóιγ, *geg.*, ich schnaufe, schnaube.

ởεμπ u. ởεμbóιγ, ich mache wund, quetsche, prügele; s. *ởεμ*; ι ởεμπύι μbĝ ζέμbρĝ, es quälte ihn in seinem Herzen, Joh. XI, 33.

ởεμπτόιγ, *geg.* ởουμτόιγ, ich entstelle; σεμοόνda ởεμπτόν bουχουρίνĝ, das Leiden entstellt die Schönheit; — *part.* ởεμπτοόαρε, *geg.* ởουμτοόμĝ, scheusslich, schimpflich; — τĝ ởεμπτοόαρατĝ, die Schamtheile, *geg.* ε ởουμτοόμεja, die Hässlichkeit; s. *ởουμτόιγ*.

ởεμτούρ-ι, *geg.*, Beispiel.

ởείj, *geg.*, dίελι ởείj πέματε, die Sonne beginnt die Früchte zu reifen (zu zeichnen, färben?); — ởένχεμ, von Baumfrüchten: ich beginne zu reifen, färbe mich; s. *ljaρόσεμ*; — *part.* ε ởένμεja, das Färben, die beginnende Reife der Baumfrüchte.

ởένγ-a, Strahl.

ởένjε-a, *geg.*, Zeichen, Narbe, Orden, Gradauszeichnung.

ởένjεζ-a, *geg.* ởένjεζĝ, eine Sterngruppe, welche den kommenden Tag anzeigt, *geg.* Sternbild überhaupt; s. *ởένjε*.

ởενjετάρ-ι, strahlend.

ởεήjλί, *geg.*, ausgezeichnet.

ởενjόιγ, ich strahle; — *part.* ε ởενjoόαρα, das Strahlen.

ởενd-ι, *geg.*, jubelnde Freude; s. *γας*.

ởενdόιγ, *geg.*, ich erfreue; — ởενdόχεμ, *geg.*, ich freue mich sehr, jubele; — *part.* ε ởενdoόμεja, das Jubeln.

ởενdρίς, *geg.*, ich trage in Procession, *χρόχjενĝ*, das Kreuz, *aλιπσάνιτĝ*, ich trage die Reliquien in den Dörfern der Umgegend herum (allgemeine Sitte der Mönche in der griechischen Kirche).

ởενíχ-ου u. ởτνíχ, N. T., Scheffel, Getreidemass von 45 Okka, *geg.* von 100 Okka = 1 Pferdelast, zerfällt in 4 *τởερέχε*.

ởενóιγ, ich zeichne auf, merke vor; ε ởενύβε? hast du es, ihn vorgemerkt? ich zeichne, marquire, — ởέντĝ, Schafe; ich pfropfe, impfe, ich ziele; — ởενό μίρĝ, ziele gut; — *part.* ε ởενoόαρα, *geg.* ε ởενoόμεja, das Vormerken, Zeichnen, Pfropfen, Impfen, Zielen.

ởεντέτ-ι, *pl.* ởεντέτε-τĝ, Gesundheit; ởεντέτ! o. με ởεντέτ! zur Gesundheit!

ởεντόở, ich mache gesund, heile; — ởεντόởεμ, ich genese; — *part.* ε ởεντόởουρα, die Genesung.

ðξντόðξ, gesund, geg. τξ ðξντόðξτξ, die Tapferkeit, Genesung.

ðξρbέιγ, geg., ich bediene, diene; — part. ε ðξρbύερα, geg. ε ðξρbύμεϳα, die Bedienung.

ðξρbέðξ-α, Dienst, Amt.

ðξρbετόρ u. ðξρbετούαρ-ι, Diener.

ðξρðύιγ, s. ðουρðύιγ.

(ðερðούεμ), ich schwelge.

ðξρίμ-ι, pl. ðξρίμε-τξ, Heilung.

ðερμένðε-ϳα, geg., abgeschnittener Rebschoss, der zur Feuerung dient.

ðξρύιγ, ich heile; s. νϳϳαλ; — part. ε ðξρούαρα, geg. ε ðξρούμεϳα, Heilung, Genesung.

ðερπ-ι, wilder Sellerie.

ðερρ-ι, pl. ðέρρε-τξ, Streit, Zank; bέιγ ðερρ, ich zanke, streite.

ðερρέτ-ι, geg. ðαρρέτ, streitsüchtig, Krakeler.

ðες, anom., ich verkaufe; s. ðίτουρξ.

ðέð-ι, pl. ðέðε-τξ, geebneter Ort, Platz.

ðεðύιγ, ich ebene, gleiche aus; — part. ðεðούαρξ, geg. ðεðύνξ, geebnet, eben; — ε ðεðούαρα, geg. ε ðέðμεϳα, Ebenung, Ausgleichung.

ðετίγ, ich niese; s. πðερξτίγ u. τðεðτίν; — part. ε ðξτίτουρα, das Niesen.

ðέτουλξ, σϳέτουλξ u. ðκέτουλξ-α, geg. σχϳέτουλξ, Achsel, Achselgrube, der Schulterblattknochen der Schafe und Ziegen, aus dessen Zeichen geweissagt wird; s. ðπάτουλξ.

ðξτούνξ-α, geg. ðτυύνξ, Sonnabend.

ðξφρέιγ, ich verschnaufe, ruhe aus nach harter Anstrengung; ich fühle mich erleichtert nach einem Krankheitsanfall, wie Krämpfen; ρι ε ðξφξρέ, setze und erhole dich.

ðέχερ-ι, pl. ðξχέρε-τξ, geg., Stadt, türk.; s. χϳουτέτ.

ðι-ου, pl. ðίρα-τξ (*Mireditt.* ðξ̃), Regen; bίς ðι, es regnet.

ðίba, geg., höhnender Zuruf an einen Niesenden (der gewöhnliche lautet: με ðξντέτ, zur Gesundheit!).

ðιγ, geg. ðιν, ich dresche; — part. ε ðίρα, geg. ε ðίνμεϳα, das Dreschen.

ðιχύιγ, ich sehe aus nach etwas, passe auf; νϳα πεντðέρα, ich sehe aus dem Fenster, geg. auch: ich pflege, wie *n. griech.* κυτάζω; — ðιχόν τξ με bράσιϳξ, er sucht mich zu tödten; — part. ε ðιχύαρα, geg. ε ðιχύύμεϳα, das Aufpassen, Spähen, die Pflege; s. ðο.

ðίλϳτε-ϳα, kostbare Sitzdecke, türk.

ðιν, geg., bei einigen Heiligennamen statt ðξ, wie ðιν Πέτρι, Πάβλι, Στεφάνι, Νικόλξ, Ιον, Φιλίππι; s. χϳι.

ðιν-ου, geg., Nacken.

ðιν-α, geg., Harz.

ðινðριτάτ-ι, geg., Verklärung (ðιν u. δρίτξ).

ðινίχ, s. ðξνίχ.

ðιðτ-ι, pl. ðίðτε-τξ, geg. ðίð-τ, Dolch, Stockdegen, türk.; s. πινϳάλ.

ðίðε-ϳα, geg., Flasche, bes. Apothekerflasche, türk.

ðίðξμ, geg., schmackhaft, bes. von Speisen, anmuthig, ansprechend, liebenswürdig; φώðνϳξ ε ðίðξμε, liebenswürdiges Kind; — κα φϳάλϳξ τξ ðίðξμε, er hat eine ansprechende, anmuthige Redeweise.

ðίðξμε-ϳα u. τξ ðίðξμιτξ, geg., Schmackhaftigkeit, Anmuth.

ðίτουρξ-α, geg. ðίτμε-ϳα, part. v. ðες, Verkauf.

ðκάbξ-α, grosser Raubvogel, Lämmergeier? s. χαμαχούð.

ðκάκ-ου, geg., Vorwand, Gelegenheit.

ðκάλϳ, tosk., ich behexe; ουðκάλϳ, er ist behext, n. griech. ίσκιυπατήθη; s. ðκέλϳ; — part. ðκάλϳουρξ, behext; — ε ðκάλϳουρα, die Behexung.

ðκάλξ-α, Stufe, Treppe, Leiter, Amt, Amtsgrad; νðξ τðʹ ðκάλξ ίðτξ? in welchem Alter oder auch Amtsgrad steht er?

ðκαλμύιγ, geg., ich reisse ein, aus, — γύðτξ, einen Nagel, — δξράσξ ξ τðαρðάχουτ, Breter aus dem Fussboden; s. νϳαλμύιγ, τσχαλξμύιγ.

ðκαλύιγ, geg., ich werde närrisch (schnappe über); — part. ε ðκαλύύμεϳα, Narrheit, Wahnsinn.

ðκαμ-ι, geg., s. ðκξμb.

(ðκανδούεμ), ich schimmere; s. ðκξνδέιγ.

ðκαπουλϳάρεð, geg., in der Phrase: ε τχύχϳα κξρ ðκαπουλϳάρεð, ich schleppte es schleifend; s. οð.

ðκάρξ-α, tosk., part. v. ðκας, das Ausgleiten, Glitschen.

ðκαρξζύιγ, tosk., ich ziehe durch den Schmutz; — ðκαρξζύνεμ, ich wälze mich im Schmutz.

ðκαρχόιγ, geg., τðαρχύιγ, tosk., ich lade aus, ab; μος μξ ðκαρχό, lasse mich in Ruhe, lasse deinen Zorn nicht an mir aus; s. χαρχύιγ.

ðκας, ich gleite aus; s. ðκϳίττεμ, τσκοδίσεμ, ðκϳες u. ρξðκϳές.

ðκϳα-ου, geg., Bulgare; s. ðκϳίνιχξ.

ðκϳαð-ðι, pl. ðκϳαðε-τξ, tosk., Stroh- oder Schilfhut zum Schutz gegen die Sonne.

ðκϳέχξσα-τξ, geg., pl., die beiden Vorsprünge des Steissbeines vom Geflügel.

šχjελjμόͳ, ich trete mit Füssen, ρρούϑͳε, Trauben; ich schlage aus (vom Pferde); δυφέχου šχjελjμόν, die Flinte stösst; ich übertrete, verachte, necke; — *part.* ε šχjελjμούαρα, *geg.* ε šχjελjμούμεja, das Treten, Ausschlagen, Uebertreten, Necken.

šχjελμ-ε, *pl.* šχjέλμε-τε, Tritt mit dem Fusse oder Hufe; χεϑ šχjελμ, ich schlage aus (vom Pferde).

šχjέμεῖε-a, Lorbeereiche.

šχjενί-a, *geg.*, Bulgarei; s. šχja.

šχjενίͼτ, *geg.*, bulgarisch.

šχjέπ, *tosk.* τόjεπ, ich trenne Genähtes, trenne überhaupt; šχjέπ ατά δυ βέτε, trenne diese zwei (Streitenden); — šχjέπεμ, ich mache mich frei, trenne mich los, νͳa βόρτͼελιͳ, von den Gläubigern; νͳa σιχλέτε, ich entgehe der Gefahr; — *part.* ε šχjέπουρα, *geg.* ε šχjέπμεja, das Auftrennen, Trennen; s. χjεπ.

(šχjέπερ), hinkend; s. τϑάλjε.

šχjέρρα u. šτjέρρα-τε, *pl.* v. χενχj, Lamm.

šχjες, *geg.*, s. šχας.

šχjέειͳ, šχjύειͳ u. τšχjύειͳ, ich reisse ab; šχjύττα νjε δέͳε νͳa λίσσι, ich riss einen Ast von dem Baume; s. šχjύιͳ, τšίερ u. τšαπελόͳ; — *part.* ε šχjύερα, die Spaltung; — ε χjε μϐ' ατά τε šχjύερα, und es traten Spaltungen, Zwistigkeiten unter ihnen ein, Joh. IX, 16.

šχjίνιχε-a, *geg.*, Bulgarien; s. šχja.

šχjιπ, *adv.*, albanesisch; šχjιπ ο. νδͼ šχjιπ χεϑτού ε ϑόνͼ, albanesisch oder auf albanesisch nennen sie es so; — ϑούαιͳ να νjε χένͳε šχjιπ, singe uns ein Lied auf albanesisch; — δι šχjιπ? verstehst du albanesisch?

šχjίπε-ja (verstanden ͳjούχε), die albanesische Sprache.

šχjιπερί-a, *geg.* šχjιπενί-a, Albanien.

šχjιπεριͼτ, *geg.* šχjιπενίͼτ, *adj.* u. *adv.*, albanesisch.

šχjιπετάρ-ι, Albanese; *weibl.* šχjιπετάρε-ja, *geg.* šχjιπετάρχε-a, Albanesin.

šχjιπετάρτͼε, *adv.*, albanesisch.

šχjιπόͳ, ich verstehe; šχjιπόν τἄ τε ϑέμι? verstehst du, was ich dir sage? — šχjιπόͳ ατέ ͳjούχενε, πο σμουνδ τ' ε φλjας, ich verstehe diese Sprache, aber ich kann sie nicht sprechen; — *part.* ε šχjιπούαρα, *geg.* ε šχjιπούμεja, das Verstehen, Verständniss.

šχjιπόν-ι, ein Raubvogel, Geier? Adler? *weibl.* šχjιπύνjε-a.

šχjιρ, *geg.*, ich reisse aus einander, πελjχούρͼ, Tuch; ich reisse den Leib auf, weide aus; —

šχjίρεμ τούχε ϑύρρουνͼ, ich zerreisse mich schreiend, schreie mir den Hals aus; — *part.* ε šχjέρμεja, das Zerreissen, der Riss, das kirchliche Schisma.

(šχjίττε), Schlüpfrigkeit.

šχjίττεμ, *pass.* v. šχjες, ich gleite aus; s. šχας.

(šχjίττες), schlüpfrig.

šχjούαιͳ u. τšχjούαιͳ, *geg.* šχjούιͳ, ich unterscheide, wähle aus; — *part.* šχjούαρε, *geg.* šχjούμε, auserwählt, N. T. auch: einsam, abgelegen; — βενδ ι šχjούαρε, einsamer Ort; — βάνͼ βέτͼε μϐε βενδ τε τšχjούαρε, sie gingen allein an einen abgelegenen Ort, Marc. VI, 32; — ε šχjούαρα u. τšχjούαρα, *geg.* ε šχjούμεja, die Unterscheidung, der Scharfblick; s. šχjύιͳ.

šχjούφουρ, s. σχjούφουρ.

šχjύιͳ, *geg.*, 1. ich zerreisse (von Raubthieren); 2. ich verstehe; šχjύιͳ! verstehe! — νούχε šχjιν? verstehst du nicht? — νουχ' ι šχjιν χόχα, *n.* griech. δεν του χόφτει τὸ χεφάλι, er ist schwer von Begriff; s. šχjιπόͳ.

šχελj, ich trete, zertrete, übertrete, verachte; ich trete (vom Geflügel); ͳjέλι šχελj πούλjενͼ, der Hahn tritt die Henne; — šχελj βούχενε ε περμούδͼ χούπενͼ, ich trete das Brot mit Füssen und schütte die Schüssel aus, d. h. ich bin undankbar; — *part.* ε šχέλjουρα u. ε šχέλjτουρα, *geg.* ε šχέλjμεja, das Treten, Auftreten, Zertreten, Verachtung, Unterwerfung.

šχελjχjέͳ u. šχελjχjέͳ, *geg.*, ich glänze, bes. v. Glas und Porzellan; s. χjελjχjι.

(šχελλͼς), Kelter.

šχεμϐ-ι, *pl.* šχεμϐͼj-τε, *geg.* šχαμ-ι, Felsen, Klippe, *geg.* auch der Thron; s. (šχεπ).

šχενδέͳ, ich sprühe Funken, funkele.

šχένδιjε-a u. šχενδί-a, Funke; s. δσίδͼε.

(šχεπ, šχιπ), Fels; s. šχεμϐ.

šχεπ, *geg.*, ich gleiche, babtͼr, dem Vater; με šχεπ μούα, er gleicht mir; — *part.* ε šχέπμεja, das Gleichen, die Aehnlichkeit.

šχεπάρ, s. σχεπάρ.

šχέπετε, *geg.*, *impers.*, με, τͼ, ι etc., es kommt mir, dir, ihm etc. die Laune an, in den Sinn; με šχέπετε τͼ δέχεμ, es kommt mir die Laune an, mich zu betrinken; — ι α šχέπι βάιστͼ, τͼ χjάμͼς, ͳάζιτ mit *genit.*, ihm kam das Weinen, das Lachen an; s. τέχετͼ.

(šχέπουρ, šχίπουρ), Steinhaufe.

šχερδέͳ, ich beschlafe (gemeiner Ausdruck); χεjό ͳρούα ιστͼ šχερδύερͼ, diese Frau ist eine Hure; *geg.* nur von der fleischlichen Knabenliebe gebräuchlich; — χjίχετͼ ε šχερδέχε-

τε, von einem ganz verlorenen Weibe;
part. geg. ε ðκερδύμεја, das Beschlafen.

ðκερδέτς-ι, geg., Butterfass; s. μουτίν.

ðκές-ι, tyr., Vermittler einer Heirath, auch
Kuppler; s. λjάμες.

(ðκετ), ich schütte.

(ðκετόιγ), ich schenke ein.

(ðκιπ), s. (ðκεπ).

(ðκιπάρ), Engpass.

ðκλότγ, tyr., s. ðκjύτγ.

ðκότγ, ich gehe vorüber (auch vom Schmerze),
passire, verfliesse (von der Zeit), vergehe,
ziehe an (was n. griech. ἀπερνῶ); ðκότγ οὐ-
ðερσε u. νγα οὐðε, ich ziehe des Wegs; —
τούκε ðκούαρε ρόβατε, während des Anzie-
hens der Kleider; — ðκότγ φίјενε γjυλπάνεσε,
ich fädele den Faden in die Nadel; — ι ðκότ
πλjοὔμbι μες περ μες, das Blei fuhr mitten
durch ihn; — ε ðκον με τε ðίτμιτε, er über-
trifft ihn an Gelehrsamkeit; — χjίελι εðέ ðέου
do τε ðκόινε ε φjάλετ' ε μία do τε μος ðκόινε,
Himmel und Erde werden vergehen, aber meine Worte werden nicht vergehen, Luc. XXI,
33; — ε ατjέ κje νjε νjερί κje κιð ðκούαρε
τρίðjετ' ε τέτε βjετ νða σεμούντε τε τιγ, und
dort befand sich ein Mann, der achtunddreissig
Jahre mit seiner Krankheit verbracht hätte,
Joh. V, 5; — ðκότ σι κjένι νða ρούðτε, er
starb wie der Hund im Weinberge, d. h. ohne
dass sich jemand darum kümmerte; — part.
ε ðκούαρα, geg. ε ðκούμεја, das Vorübergehen, Passiren, der Uebergang über einen
Fluss, Verlauf der Zeit, das Anziehen, Ueber-
treffen, Einfädeln.

ðκοχj, geg., ich kerne aus, Mais, Bohnen etc.;
ðκόχjι bούκε πούλjαβετ, krümmele den Hühnern Brot vor; — part. ðκόχjουνε, auch:
liederlich; — ε ðκόχjμεја, das Auskernen.

ðκύχjετε, geg., gerieben; bουχ' ε ðκόχjετε, ge-
riebenes Brot; — τε ðκύχjετα, kleines Geld,
Scheidemünze; s. ίμετε.

ðκὄπ-ι, Stock, Stab, Maassstab, Scepter; pl.
ðκοπίνj-τε, geg. ðκjεπίν, Schläge, Streiche;
πέσε κjιντ ðκjεπίν κάμbαετ, fünfhundert
Streiche auf die Fusssohlen; — do τε ρίχετε
ðούμε ðκοπίνj, er wird mit vielen Streichen
geschlagen werden, Luc. XII, 47; — seodr.
auch das Bestallungsdecret eines Beamten, namentlich das Bujurdi, durch welches der Pascha
die Woiwoden, Bairaktars und Gemeinderäthe
der Bergdistricte einsetzt oder bestätigt.

ðκορέ-ja, Dickicht, dichter Wald; s. κορίε.

ðκουλj, geg., τάκουλj, tosk., ich reisse aus;
με ðκούλjε μεγτ, du hast mir die Seele heraus-
gerissen (durch dein Geschrei, deine Zudring-
lichkeit); — ðκούλjεμ, ich ziehe von einem
Orte weg; s. νγουλj; — part. ε ðκούλjμεја,
das Ausreissen, das Wegziehen von einem
Orte.

Ðκουμb-ι, Fluss bei Elbassan.

ðκούμε-α, Schaum.

ðκουμότγ, geg. ðκουμεζότγ, ich schäume, mache
Schaum; — part. ε ðκουμούαρα, geg. ε ðκου-
μεζούμεја, das Schäumen.

ðκοῦντ, ich schüttele, schüttele aus, rüttele,
schleudere, schwinge, ich leere, trinke aus;
ðκουντ άρρενε, ich schüttele den Nussbaum,
— ρόβατε, stäube Kleider aus, — σαχάν, leere
schüttelnd ein Gefäss aus; — ðκουντ ε κjέλ-
κjενε, leere das Glas bis auf die Neige; —
κέμ με τε ðκούντουρε? gilt es (trinken) mit
der Nagelprobe? — ðκουντ γούνενε, ich
schüttele den Rock zum Zeichen des Abscheues;
n. griech. τεινάζω τὸν jακά; s. τουντ; — part.
ðκούντουρε, verrückt; — ι ðκούντουνε, geg.,
der zu Allem entschlossene Kerl; — ε ðκούν-
τουρα, geg. ε ðκούντμεја, das Schütteln,
Schleudern, Schwingen, Ausschütten.

ðκουρ-ι, pl. ðκούρτε-τε, Februar (der kurze
Monat).

ðκουρτ, geg., adv., beinahe; s. αφερό.

ðκούρτε u. ðκούρτερε, adj., kurz; νjερί ι ðκούρτε,
ein Mensch von kurzer, kleiner Gestalt, Gegensatz: γjάτε; — adv., με φόλjε ðκούρτε,
er sprach zu mir in kurzen Worten.

ðκούρτε-α ðκούρτεζ-α, geg. u. berat., Wachtel (im Gegensatz zu dem grösseren Rebhuhn?);
s. ðρένjε.

ðκούρτεζ-α, das kurze von zwei Loosen, Loos
überhaupt; bέμε o. ðτίεμε ðκούρτεζενε?
ziehen wir das Loos? s. ðτίε.

ðκούρτερε, s. ðκούρτε.

ðκουρτότγ, ich verkürze, vernichte; — part.
ε ðκουρτούαρα, geg. ε ðκουρτούμεја, Verkürzung, Vernichtung.

ðκουðμ, geg., adj., passirbar, umgangbar (von
Wegen und Menschen); s. ðκότγ.

ðκράπjε-α, geg. ðκραπ, Scorpion; s. σφουρκ.

ðκρεπ, tetragl., es blitzt; s. ðκρεκετίγ.

ðκρεπ, ich schabe, schlage an dem glimmenden
Klotze, damit es besser brenne; ðκρεπ ζάρρε,
schüre das Feuer, geg. ich schlage Feuer; s.
τσινγρίς; — part. ε ðκρέπουρα, geg. ε ðκρέπ-
μεја, das Feuerschüren, geg. auch: das

Feuerschlagen; — τε ðχρέπμετε, geg., Feuerzeug.

ðχρέχρς-ι, Feuerstein; s. γουρ u. τðαχμάχ.

ðχρεπετίγ, geg. ðχεπτίν, ich sprühe Funken, schlage Feuer, blitze.

ðχρεπετίμε-a, geg. ðχεπτίνε-ε, Blitz; s. βετετίμε.

ðχρέτ, adv., öde, wüst, vergeblich, umsonst; s. χοτ u. ðεμ.

ðχρέτε, einsam; vjερί ι ðχρέτε, ein alleinstehender, verlassener Mensch, der keine Verwandten oder keinen Schutz hat; s. vjέρες; geg. τε ðχρέτατε, Verlassenschaft eines Verstorbenen.

ðχρέτε-a u. ðρέτε-a, Einöde.

ðχρετετίρε-a, geg. ðχρετετίνε, Einöde.

ðχρετότγ, ich verwüste, veröde; — part. ε ðχρετούαρα, geg. ε ðχρετούμεja, die Verwüstung, Verödung.

ðχρεφ, geg., s. τðχρε.

ðχρίν, geg., ich thaue auf; s. νγρίγ; — part. ε ðχρίμεja, das Aufthauen.

ðχρόνje-a, das Geschriebene, Zeichnung, Gemälde, das Geschick; ðχρόνje ζι, unglücklich, — ðχρόνje βαρϑ, glücklich (je nach der schwarzen oder weissen Note in dem Schicksalsbuche); s. ðέρε, βαχτ, πούνε.

ðχρούαιγ, geg. ðχρούγ, ich schreibe; s. χρούαιγ; μðρέτι ðχρόι vjι μίjε νιζάμ vðε Σχjιπενίτε, der Sultan schrieb tausend Recruten für Albanien aus; — ðχρούχαεμ, geg. ðχρούχεμ νιζάμ, ich werde zum Soldaten gezogen; — part. ε ðχρούαρα, geg. ε ðχρούμεja, das Schreiben, die Schrift; — geg. χα τε ðχρούμε τε βούχουρε, er hat eine schöne Schrift; Recrutenaushebung.

ðχρουμβόιγ, ich verbrenne, verkohle; πιχj ε μίρε χαφένε, μος ε ðχρουμβό o. εðεν ðχρουμπ, brenne den Kaffee gut, aber verbrenne ihn nicht.

ðχρουμπ-bι, pl. ðχρούμβε-τε, alles Verbrannte, Verkohlte.

ðð u. ðόχ, geg. ðοφ, anom., ich sehe, bemerke, sehe ein; ðι! auch: höre! — ðι σι φλjετ! höre wie er spricht!

ðόι ðοχj-ι, einer den andern, einander, gegenseitig; σ’ ðούανε ðόι ðόχjενε, sie mögen einander nicht.

ððχ-ου, pl. ðόχε-τε, Genosse, Gefährte, Associé.

ðοχρί-a, geg. ðοχjενί-a, Genossenschaft, Gesellschaft, Bündniss, Handelsgesellschaft; djέðτνε χέðεμ ðοχρί, gestern hatten wir Gesellschaft.

ðοχj-ι, Ehemann.

ðόχje-ja, Ehefrau.

ðόλλε-a, Sandale, was σπίνγε, geg. Fusssohle, — εχάμεσε; — Schuhsohle, — εχεπούτσοσε; s. ðούαλ.

ðόρτ-ι, pl. ðόρτε-τε, u. ðόρτε-ja, Loos; s. ðχούρτεζε.

ðορτάρ-ι, Wahrsager.

ðόð, ich siehe; s. σιτός.

ðόðε-ja, geg. ðóðε-ε, grobes Sieb aus einem Fell, in das runde Löcher geschlagen; s. σίτε.

ðότε-a, Jakows, Ente; s. ρόσσε.

ðούαιγ, geg. ðούγ, ich lösche aus; ðόι, er verhauchte, starb; — ε ðόβα, ich prügelte ihn windelweich, n. griech. τόν ἔσβυσα ἀπό τό ξύλον; — ðούχεμ, ich verlösche, sterbe; — ουðόφϑ o. ουðόφτεl mögest du, möge er sterben! (häufige Verwünschung); — part. ι ðούαρε, der Verruchte; — ε ðούαρα, geg. ε ðούμεja, das Auslöschen, Verhauchen, der Tod; — ε ðούαρ’ ετίγ σ’ ουχουπετούα, sein Verscheiden war nicht zu bemerken; s. πορρίς, φιχ.

ðούαλ-ι, pl. ðύετj-τε, Sohle, der untere Theil des Fusses zwischen Zehen und Ferse; s. χρέχερ u. ðόλλε.

(ðούαλ), ich verweile.

ðούατε, geg. ðουτ, unglückselig im bedauernden Sinn, n. griech. ó χαιμένος; s. ðούαιγ.

ðουβεχέ-ja, Verdacht; χαμ ðουβεχέ, ich habe Verdacht, türk.; s. βεσβεσέ.

ðοῦλj-ι, pl. ðοῦλje-τε, Stange, Prügel, Querholz.

ðοῦλj, adv., tosk., gerade aus; ðουλj o. ðουλj ούðεσε, gerade aus (vom Wege); — χε ατρίj-τουρε ðουλj ζjάρριτ, er lag ausgestreckt neben dem Feuer, geg. quer, seitab; — χεj ú πούνε με γjάου ðουλj, diese Sache kam mir in die Quere; — άρα γjένðετε ðουλj ούðεσε, der Acker liegt vom Wege seitab; — γαφόρεja έτσεν ðουλj, der Krebs läuft quer, nach der Seite hin (Taschenkrebs).

ðουλjέ-ρι, geg. ðουλjάν-νι, Sonnenlage; χύτγ βενð χα ðουλjέ, dieser Ort hat eine sonnige Lage.

ðουλjότγ, tosk., ich biege gerade; χεjόðρου ίðτε ι στρέμβερε, ðουλjό ε, diess Holz ist krumm, biege es gerade; geg. ich krümme, mache krumm; ich biege ein, hänge nach einer Seite; — ðουλjó ðρούνε τε βάjχετε τðόμαje, mache das Holz krumm, damit ein Schäferstab daraus werde; — πα ρρίμουνε γjάν τε

16*

ϑουλϳόϑ δυ χέρε με τε djάϑετε, bevor du an-
kommst, musst du zweimal rechts einbiegen;
— μος ϑουλϳό, ρι δρέιτε νδε κάλϳτε,
hänge nicht auf eine Seite, sitze gerade zu
Pferde; — part. ε ϑουλϳούμεϳα, die Krümmung, das Biegen, Beugen.

ϑουλϳτς-ι, geg., Thorriegel, was χανδάρ.

ϑούμε, adj. u. adv., viel; ε βούρρα ϑούμε νδερ
μεντ, ich dachte viel daran; — ι ϑούμι σι
λϳούμι, (Sprichw.) viele vereint sind unwiderstehlich wie ein Waldstrom; — με ϑούμε, geg.
μα ϑούμε, vorzüglich, zorzugsweise.

ϑούμετε-α, Volksmasse.

ϑούμετότϳ u. ϑουμότϳ, ich vermehre, addire; —
— part. ε ϑούμετούαρα u. ε ϑουμούαρα, die
Vermehrung, Addition.

ϑουμίτζε-α, geg., Volksmenge, Bevölkerung.

ϑουμτί-α, geg., Hässlichkeit.

ϑουμτότϳ, geg., ich verunstalte, entstelle; ε
ϑουμτότ λϳία, die Blattern haben ihn entstellt;
— part. ε ϑουμτούμεϳα, das Entstellen, die
Hässlichkeit; s. ϑεμπτότϳ.

ϑουπλϳάκε-α, Backenstreich, flache Hand, Handbreite als Maass; μουρ ϑουπλϳάκ, er erhielt
einen Backenstreich von den Geistern und ist
in Folge dessen erkrankt; — ίϑτε ι ϑουπλϳά-
κουνγ, er ist krank von einem solchen Streiche.

ϑοϑρ-ι, pl. ϑούρε-τε, tosk., Kies, Sand, Bausand; s. ϑουρ, ρέρρε u. κούμ.

ϑουρϑίμ-ι, Taubheit.

ϑουρϑότϳ u. ϑερϑότϳ, ich mache taub, betäube;
με ϑουρϑόι τούχε κουβεντούαρε, er machte
mich taub mit seinem Geschwätze; — ϑουρϑύ-
νεμ, geg. ϑουρϑόχεμ, ich werde taub; — part.
ε ϑουρϑούαρα, geg. ε ϑουρϑούμεϳα, das Taub-
werden, die Taubheit.

ϑούρρε-α, Harn; βέτγ ϑούρρενγ, ich pisse; s.
περμϳέρ; — ϑούρρε χϳένι, was ϑούρρεδέζε.

ϑουρρεδέζε-α, geg., Hautwasser, Lymphe', die
aus Wunden und Blasen fliesst; s. ϑούρρε.

ϑουρρεζένε (ϑούρρε u. ζε), an Harnverstopfung
leidend, überhaupt kränklich, verkommen,
bes. v. Kindern; s. ράζενε.

ϑουϑάλϳε-α, Rübe des Maiskolbens.

ϑουϑάτ, tosk., ϑουϑουλάς, geg., ich blende, betäube, stumpfe ab; κουϑ μθλϳάκετε ϑουϑάτετε,
geg. μαρόσετε, wer alt wird, wird stumpf.

ϑουϑούνϳε-α, Blutigel.

ϑούϑρε-α, Gerte, — ϑουϑέκου, Ladstock;
s. πουρτέκε.

ϑοϑ, s. ϑο.

ϑοχ, s. ϑπ.

ϑπαβέσσεμ, geg., ich breche den Vertrag, das
Versprechen; — part. ε ϑπαβέσμεϳα, der
Treubruch (πα u. βέσσε).

ϑπαγεστάρ-ι, geg., Vergelter, Rächer.

ϑπαγούϳ, geg., ich vergelte, räche; — part.
ε ϑπαγούμεϳα, die Vergeltung, Rache.

ϑπαλ, geg., ich entdecke, offenbare; s. σϑουλ-
ϳότϳ; — ϑπάλεμ, ich werde entdeckt, offenbare mich; — part. ε ϑπάλμεϳα, die Offenbarung; — τε ϑπάλμιτε τε ϑέιντιτ Ιοάνγ, die
Offenbarung St. Johannes.

ϑπάρ u. ϑπάρϑινε, geg., adv., vor kurzem;
s. πάρε u. πάρϑινε.

ϑπάτε-α, Schwert; ι πρέτ ϑπάτα νϳ̄α δυ άνε,
ihm schneidet das Schwert auf zwei Seiten,
ihm kalbt der Ochse.

ϑπάτουλε-α, Schulter, Schulterblatt; s. ϑέτουλε.

(ϑπεδε), dicht; s. ϑπέσε.

ϑπέττε, geg., s. τϑπέττε.

ϑπειτότϳ, geg., s. τϑπειτότϳ.

ϑπελϳάϳ, geg. ϑπλϳάϳ, ich wasche, spühle
ab; s. λϳάϳ; — part. ε ϑπελϳάρα, geg. ε
ϑπελϳάμεϳα, das Abspühlen.

ϑπέλε-α, Felsen, Felsenhöhle; s. ϑκεμβ.

ϑπενέτκε-α, geg., Nieren, Wein- und Essighefe; s. ϑπρέτκε.

ϑπερβλϳέϳ, ich vergelte; s. ξεϑπερβλϳέϳ u.
βλϳέϳ; — part. ε ϑπερβλϳέρα, geg. ε ϑπερ-
βλϳέμεϳα, die Vergeltung, Erlösung.

ϑπεργϳάν-νι, geg., Windel.

(ϑπερεσε), hoffend, muthig.

ϑπερέσε-ε u. ϑπρέσε, Hoffnung.

ϑπερέϳ u. ϑπρέϳ, ich hoffe; s. ϑπρεσσ; —
part. ε ϑπρέρα, das Hoffen, geg. von ϑπρε-
σότϳ gebildet; s. dieses.

ϑπέσε-α, geg. ϑπένζε, Vogel, Raubvogel (Sperling?); ε χένγρε ϑπέσατε, die Vögel haben
ihn gefressen, er blieb unbegraben.

ϑπέϑ, geg., adv., oft, häufig.

ϑπέϑε, geg., adj., häufig; άνϑτε πουν' ε ϑπέϑ,
das ist ein häufiges Ereigniss.

ϑπεϑότϳ, geg., ich thue etwas oft; ϑπεϑόν νδε
ϑτεπί τίμε, er kommt häufig in unser Haus;
— ϑπεϑόν με τε γϳούετμιτε, er geht häufig
auf die Jagd; — κουρ ϑπεϑόινγ γϳέλϳατε, wenn
die Hähne (oft) zu krähen beginnen, gegen
Tagesanbruch; — part. ε ϑπεϑούμεϳα, die
Wiederholung, Häufigkeit einer Handlung oder
eines Vorfalls; — ε ϑπεϑούμεϳα ϑίναβετ νδε
βϳέϑτε, die Häufigkeit der Regen im Herbste;
s. τϑπέιτε.

Ȣπɛτίμ-ɩ, pl. Ȣπɛτίμɛ-τɛ, geg. Ȣτɛπίμ, Erlö-ʹ
sung, Rettung.

Ȣπɛτότγ, geg. Ȣτɛπότγ, ich rette, befreie, erlöse; Ȣπɛτό να νȓα ɩ λίȓου, erlöse uns vom
Uebel, Matth. VI, 13; — μɛ Ȣτɛπόɩ ζύȓου
νȓα δύρα, geg., der Vogel wischte mir aus
der Hand; — part. ɛ Ȣπɛτούαρα, geg. ɛ Ȣτɛ-
πούμɛja, die Erlösung, Befreiung.

Ȣπίɛ, tosk., anom., ich führe, bringe hin;
s. ḃίɛ u. τȢύιγ.

Ȣπɩνάχj-χjɛ, pl. Ȣπɩνάχjɛ-τɛ, tosk. auch σπɩνάχj,
Spinat.

Ȣπίνɛ-a, geg., s. σπίνjɛ, Rücken, Rückseite;
χɛθέιγ Ȣπίνɛ μίχουτ, ich wende dem Freunde
den Rücken, vernachlässige ihn; — Ȣπίνɛ
ɛ Ȣτɛπίσɛ, die hintere Seite des Hauses;
s. φάχjɛ.

(Ȣπίρα), Lunge, Athem.

Ȣπίρρɛ-a, geg., Schwerathmigkeit, Engbrüstigkeit.

Ȣπίρτ-ɩ u. Ȣπῠρτ-ɩ, geg. Ȣπῑρτ, pl. Ȣπίρτɛ-τɛ,
Geist, Leben, Seele, Mann; χɛρχόν τɛ μάρɛ
Ȣπίρτɩν ɛτίγ, er sucht ihm das Leben zu
nehmen; — έρδɩ μɛ νjɛζέτ Ȣπίρτ, er kam mit
zwanzig Mann, n. griech. ψυχή; s. βέτɛ; —
Ȣπίρτ ɩ ȓόjɛσɛ, Hauch; s. φρύμɛ.

Ȣπίφ, geg., 1. ich erfinde; νdɛ χόχɛ χjɛ ουȢπίφ
ȓαστάρɛ, zur Zeit als das Glas erfunden
wurde; — 2. ich verläumde; — part. ɛ Ȣπίφ-
μɛja, die Erfindung, Verläumdung.

Ȣπίχɛμ, geg., s. τȢπίχɛμ.

Ȣπύιγ, geg., τȢπύιγ u. Ȣπούαιγ, tosk., ich
durchbohre, durchsteche, durchbreche eine
Mauer, breche ein; ȓjɛλπέρα νούχɛ τȢπον,
die Nadel geht nicht durch; — ɛ Ȣπόɩ μɛ θίχɛ,
er durchbohrte ihn mit dem Messer; — part.
ɛ τȢπούαρα, geg. ɛ Ȣπούμɛja, der Einbruch,
das Durchbohren.

Ȣπόρρ, geg., s. τȢπόρρ.

Ȣπόρτɛ-a, Henkelkorb; s. χοφίνɛ.

Ȣπουν, Divra, ich zeige, führe; Ȣπου να
ούδɛνɛ, zeige uns den Weg.

Ȣπουνζɛ-a, geg., glühende Asche.

Ȣπούρɛ-a, tosk., part. v. Ȣπίɛ, das Hinführen,
Geleite.

Ȣπρɛȓɛτί-a, Tyr., s. ουρθ (Krankheit).

Ȣπρέσɛ-a, Hoffnung.

Ȣπρέσσ, tosk., Ȣπρɛσσύιγ, geg., ich hoffe
(Stamm πρέσσ?); — part. ɛ Ȣπρέρα, geg.
ɛ Ȣπρɛσσούμɛja, das Hoffen, die Hoffnung.

Ȣπρέτχɛ-a, Milz, s. Ȣπɛγνέτχɛ. (Sie wird von dem
albanesischen Palikaren roh verzehrt).

Ȣπρόχɛ-a, Tetragl., Drache; s. δραγȓούα.

Ȣτάμɛ-a, grosser Krug, geg. Ȣτάμɛ άσɛ, Ȣτάμɛ
δυ άσɛ, je nachdem er vor Alters mit 1 oder,
wenn doppelt so gross, mit 2 As bezahlt wurde.

Ȣτανȓ, geg., ich werde starr, unbeweglich vor
Staunen, ich starre; πσɛ Ȣτανȓ χɛȢτού?
warum staunst, starrst du so? — part. ɛ Ȣτάνȓ-
μɛja, das Staunen, Starren.

Ȣτάνζɛ-a, geg., wildes Thier, was den Menschen scheut; s. ɛȓρɛσίνɛ u. baχτί.

Ȣτάτ-ɩ, pl. Ȣτάτɛ-τɛ, Gestalt, Statur.

Ȣτάτɛ, sieben; Ȣτατ' μḃɛ δjέτɛ, siebenzehn;
Ȣτάτɛ δjέτɛ, siebenzig; ɩ Ȣτάτɛ-ɩ, Siebener.

Ȣτατɛȓjάτ, gross von Gestalt.

ȢτάτɛȢ, adv., siebenfach.

Ȣτάτɛτɛ-ɩ, Siebenter.

Ȣτjέλɛ-ja, geg., Haspel, Wasserwirbel.

Ȣτjέρρα u. Ȣχjέρρα, pl. von χɛνχj.

Ȣτέχ-ȓου, pl. Ȣτίχjɛ-τɛ, der meist versteckte
Eingang zu einem umhegten Orte; Ȣτɛχ ɩ χόφ-
Ȣτɩτ, der Eingang zum Garten, Hinterhalt,
Anstand auf der Jagd; — jέdɛ πɛρ χja ɛ χέdɛ
ζένɛ Ȣτɛχ τɛ μίρɛ, ich war auf der Jagd und
hatte einen guten Stand genommen; Haarscheitel der Frauen.

Ȣτɛλίς, geg., ich breite aus, πλjɛχούρɛ, Tuch;
— bɛχάρɩ Ȣτɛλίς νjɛρɛζίνɛ, der Sommer macht
die Menschheit, dass sie nicht in den Zimmern
hocket, sondern sich im Freien ausdehnt; —
Ȣτɛλίσɛμ, ich strecke mich aus, μɛ ζjάρρ,
an's Feuer; — part. ɛ Ȣτɛλίσμɛja, das Ausbreiten, Ausstrecken.

Ȣτɛλούνȓɛ-a, Büschel kartätschter Wolle.

Ȣτɛμbάρ-ɩ, berat., Hafner.

Ȣτɛμένȓ, geg. Ȣτɛμάνȓ, ich schiebe zur Seite,
mache Platz; Ȣτɛμένȓου, Ȣτɛμένȓυ, mache,
macht Platz; — Ȣτɛμάνȓου νȓα αjό πούνɛ, lasse
ab von dieser Sache; — ουȢτɛμένȓ πα αɩ νdɛ
μαλλj βέτɛμɛ, er zog sich wiederum allein auf
den Berg zurück, Joh. VI, 15.

Ȣτένȓɛρɛ u. Ȣτɛνχ-ȓου, tosk., schielend; s. βένχ-
ȓɛρɛ.

Ȣτɛνȓούαμ, s. Ȣτρɛνȓούαμ.

Ȣτɛπjάχɛɛ-ɩ, Stubenhocker.

Ȣτɛπέσɛ-a, geg., Befreiung, Erlösung; s. dɛλλbίμ.

Ȣτɛπί-a, Haus; Ȣτɛπί πɛρdέτσχɛ, geg., einstöckiges, — ɛ νάλjτɛ, ɛ νȓρίτμɛ, geg., mehr-
stöckiges Haus; — Ȣτɛπί ɛ ουνάζɛσɛ, ɩχό-
νɛσɛ, die Fassung des Ringes, der Rahmen
des Bildes.

Ȣτɛπιάρ-ɩ, geg., zum Hause gehörig, Hausgenosse.

ʃτεπόιγ, geg., was ʃπεϱτόιγ.

ʃτεπούαμ, geg., freigelassen, befreit.

ʃτέϱ, geg., ich schneide ab, τε νγϱάνεμεν, die Nahrung, ούjετε, das Wasser; — ʃτέϱεμ, ich versiege, — νγα κjούμεϱτε, die Milch versiegt mir; — part. ε ʃτέϱμεja, das Versiegen, Vertrocknen, Abschneiden der Nahrung, des Wassers.

ʃτεϱjούϑ-ι, geg. ʃτεϱjjόϑ, Urgrossvater.

ʃτεϱjjoύϑε-ja, Urgrossmutter.

ʃτεϱδέμ-ι, geg., Augen-, Hundszahn.

ʃτεϱνγόιγ für ʃτϱενγόιγ.

ʃτέϱπε, unfruchtbar von Frauen und Thieren, n. griech. epir. ἡ στύρα, die Unfruchtbare; s. ʃτεϱ u. τσανγάδε.

ʃτεϱπόιγ u. ʃτεπόιγ. tosk., ich verstopfe, trockene aus; — ʃτεϱπόνεμ u. ʃτεπόνεμ, tosk., ich versiege; — part. ε ʃτεϱπούαϱα u. ʃτεπούαϱα, das Austrocknen, Versiegen; s. ʃτῈϱ u. στουπός.

ʃτέϱτσε-α, jap., altes Weib.

ʃτῐγ u. ʃτίε, ich werfe, schleudere, giesse aus, schiesse, mache eine Fehlgeburt; ich verwerfe (von Thieren); — ʃτίε λjεϑ, ich zupfe Wolle; — ʃτίε σίνε, ich richte den Blick, νδε ʃτεπί o. τε ʃτεπία, gegen das Haus; — ʃτίε ϑοϱτ, ich werfe das Loos, loose; — ʃτίε φϱίκε, ich flösse Furcht ein; — ʃτίνε ϑούαϱτε μbκ Ισούνε, sie legten Hand an Jesus, Matth. XXVI, 50; — ατέ γουϱ κjε ε ʃτίνε πόϑτε μjέστϱετε, der Stein, welchen die Bauleute wegwarfen, Marc. XII, 10; — ʃτίε φαλ, ich weissage, geg.; — ʃτίε ϑούϱϑατε, geg., ich stelle mich taub; s. ʃτίϱεμ; — ʃτίε νδε δετ, geg., steck' es in die Erde, d. h. halte es geheim; — part. ʃτίϱε, insbesondere ein Siebenmonatskind, verkommen, schwächlich; ε ʃτίϱα, geg. ε ʃτίμεja, der Wurf, Guss, Schuss, Abortus; — ʃτίε vjε ϑουφέκ ε βᾶτε δεμ ε ʃτίϱα, er that einen Schuss und der ging fehl, n. griech. τοῦ ἐπῆγε τοῦ κακοῦ ἡ ϱιξιά.

ʃτίζε-α, geg., Lanze, Stricknadel.

ʃτῐπ u. ʃτῠπ, ʃτιπίγ u. ʃτυπίγ, ich zerreibe, zerstosse; — ʃτίπεμ u. ʃτύπεμ, ich werde zerrieben, reibe mich (in den eigenen Kleidern), d. h. ich suche nach Vorwänden, bes. um eine Bitte nicht zu gewähren; — part. ε ʃτύπουϱα, geg. ε ʃτύπμεja, das Reiben, Zerreiben, Zerstossen.

ʃτῐπεϱ-ι, pl. ʃτίπεϱε-τε, Stössel des Mörsers.

ʃτίϱεμ, geg., ich stelle mich, ι βοϱφ, arm, σε ε bέϱϱα τϱίμενίνε, als hätte ich die Heldenthat gethan; s. ʃτιγ.

ʃτίϱουνε, geg., verstellt.

ʃτότιγ u. τότόιγ, tosk., ich vermehre, nehme zu, setze zu, füge hinzu; ε αί ʃτον ε ϑοῦ, und er setzte hinzu und sagte, Marc. XIV, 31; — ʃτο αχόμι δυ γϱοῦ, lege noch zwei Piaster darauf; — part. ε ʃτούαϱα, geg. ε ʃτούμεja, die Vermehrung, Zunahme, Multiplication.

ʃτόχ-γου, pl. ʃτόjjε-τε, Holler, Hollunder.

(ʃτοϱάσε), gerade.

ʃτουπί-α, Werg.

ʃτοῦφ-ι, pl. ʃτούφε-τε, geg. ʃτοῦχ, Eisenstein, Ocher.

ʃτρᾰτ-ι, pl. ʃτϱέτε-τε, Bettstelle, jede Breterbühne, Eierstock, Hautei des Fötus; — ʃτϱατ' ι Τουϱκινίσε ἰʃτε Αϱαbία, Arabien ist das Mutterland des Türkenthums.

ʃτϱέιτε, geg. ʃτϱέjτε, kostbar, theuer; vjε μικ ι ʃτϱέιτε, ein theurer Freund.

ʃτϱειτόιγ, geg., s. ʃτϱενϱτσόιγ.

ʃτϱέμbεϱε o. ʃτϱεμπ, geg., ʃτϱέμετε, verkehrt, bösartig, entartet, krumm, hinkend, einäugig, was n. griech. στραβός.

ʃτϱεμbόιγ, geg. ʃτϱεμενόιγ, ich krümme; δjάλjι ουʃτϱέμπ, der Junge ist ausgeartet; — part. ε ʃτϱέμbεϱα u. ʃτϱεμbούαϱα, geg. ε ʃτϱεμενούμεja, das Krümmen, Ausarten.

ʃτϱενϱίμ-ι, pl. ʃτϱενϱίμε-τε, geg. ʃτϱενϱίμ u. ʃτϱενϱέσε-α, Zwang, Strenge, Nothwendigkeit, Verlegenheit; — do βίjε ʃτϱενϱίμ, es wird nothwendig sein; — jαμ νδε ʃτϱενϱίμ o. χαμ ʃτϱενϱίμ, ich bin in Verlegenheit.

ʃτϱενϱόιγ, geg. ʃτϱεϱνϱόιγ, ich drücke, drücke oder presse aus, nöthige; — part. ʃτϱενϱούαϱε, geg. ʃτϱενϱούμε, gepresst, eng, streng, nothwendig, dringlich; — ε ʃτϱενϱούαϱα, geg. ε ʃτϱενϱούμεja, der Druck, die Nothwendigkeit, Verlegenheit, Unbehaglichkeit, Dringlichkeit.

ʃτϱενϱούαμ u. ʃτϱενϱούαμ, geg. ʃτϱενϱούμ, geizig, gedrückt, in Verlegenheit.

ʃτϱενϱούτε, geg., beengt; jαμ ʃτϱενϱούτε σ' χαμ βϱνδ, ich bin sehr beengt, habe keinen Platz; geizig.

ʃτϱενϱτσόιγ, geg. ʃτϱειτόιγ, ich schlage auf, werde theuer; σεκjέρι ουʃτϱενϱτσούα, der Zucker ist aufgeschlagen; — part. ε ʃτϱενϱτσούαϱα, geg. ε ϑϱειτούμεja, das Theuerwerden, Aufschlagen.

ʃτϱῐπ-bι, geg., Käsemade.

ʃτϱῐτε, wüste; s. ʃχϱέτε.

ϑτρίγ, geg. ϑτρύγ, ich breite aus, strecke aus, χέμβετε, die Füsse, dόρε, die Hand; ich werfe einen zu Boden; s. ϑτρύχjεμ.

ϑτρίγε-a, geg., Hexe, d. h. uraltes Weib, deren Hauch den Tod bringt, entdeckt wird sie verbrannt.

ϑτρίχεμ, ich strecke mich hin, aus, recke, dehne mich; geg. φορτ ε ϑτρίνε bύϑενε, wörtl.: du hast den Hintern zu weit ausgestreckt, du bist viel zu vorwitzig; — part. ε ϑτρίτουρα u. ε ϑτρίγτουρα, geg. ε ϑτρίμεja, das Ausbreiten, Niederwerfen, Ausdehnen, Ausrecken.

ϑτρίχ-ου, pl. ϑτριχj-τε, geizig, geg. uralter Mann, der die Eigenschaft der ϑτρίγε hat.

ϑτρόγ, ich breite, decke auf, bereite das Nachtlager, mache das Bett, ich bringe einen zur Ordnung, unterwerfe, was n. griech. στρόνω; — ϑτρόγεμ, ich unterwerfe mich, werdeordentlich; — part. ε ϑτρούαρα, geg. ε ϑτρούμεja, das Bett, Lager, Unterwerfung, Rückkehr zur Ordnung.

ϑτρόμε-a u. στρόμε, Bett, Lager.

ϑτρούνγε-a, Abtheilung des Pferches, in dem die Ziegen gemolken werden (Stamm ϑτρενγόγ, weil die Thiere darin sehr gepresst stehen?).

ϑτροφάχ-ου, geg. ϑτρόφχε-a, Höhle, Thiernest; dίτενε ε δε Βασίουτ χετσέν dίτα σα dρέρι νγα ϑτρυφάχου, am St. Basiliustage springt der Tag wie ein Reh aus dem Lager; — ε χάχα νδε ϑτρόφχετ, geg., ich fing ihn im Neste.

ϑτρυϑ, ich presse aus; νdρύσσ μάνετε, ϑτρυϑ ι χjε τε χουλότνε, quetsche die Maulbeeren, presse sie, damit sie durchlaufen; — part. ε ϑτρύδουρα, geg. ε ϑτρύδμεja, das Auspressen.

ϑτρύχjεμ u. νdρύχjεμ, geg., ich dehne, recke mich, bes. ich mache einen Katzenbuckel; — part. ε ϑτρύχjμεja, das Dehnen, Recken; s. ϑτρίγ.

ϑτύγ, geg. ϑτύγγ, ich stosse; χjέτε ϑτύχενε, die Ochsen stossen sich; — part. ε ϑτύρα, geg. ε ϑτύμεja, das Stossen.

ϑτυλαρί-ου, geg., spanischer Thaler, Colonnade, welche zwei Säulen zeigt.

ϑτύλε-a, geg., Säule; ϑτύλε ϑτεπίσε, die Säule des Hauses, d. h. der Hausherr.

ϑτῦρ, geg., ich setze über einen Fluss, ich treibe, reize, stifte an; χουϑ τε ϑτύρι? wer trieb dich dazu an? — part. ε ϑτύρμεja, Uebergang über einen Fluss, Anreizung, Anstiftung.

δῦτε, ohne Hals o. Kopf, v. Flaschen und Gefässen, v. Menschen deren Kopf zwischen den Schultern steckt; dέλjε, δι δύτε, hörnerloses Schaf, Ziege, Plattkopf.

δυτύγ, ich köpfe Flaschen und Krüge, ich schlage die Lehne von Stühlen und überhaupt das obere Ende von Sachen ab.

T.

ταβάν-ι, pl. ταϑάνε-τε, Zimmerdecke, türk.

ταβάχ-ου, Gerber, Papierbogen; σα ταβάχε χα χεjό χάρτε? wie viel Bogen hat diess Buch? türk.; s. ρεγj.

ταβάχο-ja u. -ουα, Schnupftabak.

τάjε-a, geg., Säugamme.

ταγάρ-ι, geg., Kohlenbecken.

τάγμε-a, Heerschaar, bes. ενγjεβετ, der Engel.

ταζέ, geg. τάζε, frisch, neu, v. Brot u. Esswaaren, türk.; s. νjόμε.

τάïφε-a, Partei, Faction; s. τούφε.

ταχέμ-ι, pl. ταχέμε-τε, Hausrath, Anzug, Sattelzeug, als ganzes, türk.; s. παρ u. πάλjε.

ταχί-a, berat., weisse Untermütze zum Fes; s. χεσσούλj u. χjελjεχύτδε.

ταχόγ, geg., ich begegne; — part. ε ταχούμεja, das Begegnen, die Begegnung.

ταχταβίτε-ja u. ταρdαβίχje, geg. ταφταβίχj-ι, Wanze, türk.; s. χϑε.

ταλαγάν-ι, geg. ταλαγάνε-ja, brauner Mantel aus einem Gemisch von ungefärbter Wolle und Ziegenhaaren mit Kapuze, n. griech. χάππα.

ταλαντί-a, tosk., Unruhe, Schaukeln.

ταλαντίς, tosk., ich beunruhige, quäle, schaukele; s. dαλενdίς.

ταλάσ-ζι, Welle, Woge.

ταλjάν-ι, Italiener.

ταλjανίϑτ, adj. u. adv., italienisch.

τάλjε-τε, geg., pl., ABC-Buch.

τάλjερ-ι, pl. τάλjερε-τε, runder Bottig, der, oben enger als unten, zum Traubenstampfen, Käsesalzen etc. dient.

τάλεμ, geg., ich scherze, με φόϑνjε, mit dem Kinde; — part. ε τάλμεja, das Scherzen, der Scherz.

(ταλίχ), Glück.

ταμάμ, adv., hinreichend, genug, türk.; s. σαdό.

ταμάμτε, genau; ε ταμάμτα, das Gleichgewicht.

ταμαχιάρε, habsüchtig.

τάμλjετε, s. τ'εμβλjετε.

ταμουρά-ja, kleine Guitarre mit drei Drahtsaiten; s. jονγάρ.

τάνγε, geg., in der Phrase: ι μβέττι τάνγε, es that ihm leid.

τᾶνε, geg., aber auch, und in Scodra nur τόνε, weibl. τᾶνε, ganz; δέου ι τάνε, die ganze Erde; — ϑτεπί ε τάνε, das ganze Haus, nur in der Einzahl gebräuchlich; s. ῃjίϑε u. τέρρε.

τανί, νδαϑτί, ναϑτί, ταϑτί u. ταϑ, jetzt, eben.

ταξ-ι, pl. τάξε-τε, Ordnung, Gebrauch, griech.

ταξ, ich ordne, verspreche, gelobe; — part. ε τάξουρα, geg. ε τάξμεja, das Versprechen, Gelübde, die Verheissung, griech.

(ταξαφίϑτ), plötzlich; s. ξαφίϑτ.

ταξεράτ-ι, Verhängniss, -ζι, unglücklich; s. δέρε.

ταξές-ζι, pl. ταξέζε-τε, Ueblichkeit; με βjεν ταξξές, mir wird übel.

ταξίϑ-δι, pl. ταξίδε-τε, Reise, griech.; s. χουρβὅτ u. ούδε.

ταουλjάρε-ja, geg., Teller.

ταπινός, ich demüthige; — part. ταπινόσουρε, geg. ταπινόσουνε, demüthig; — ε ταπινόσουρα, die Demuth, griech.; s. ουῃj.

ταραβοζάν-ι, geg., Wasserstein, Guasplatz, türk.

ταράτσε-a, tosk., Dach, Thurm, Balcon, Kiosk.

ταρβαδδίx-ου, lederner Proviantsack der Bauern und Schäfer; s. τόρβε.

ταρβαδίxje, s. ταxταβίτε.

τάρε-a, die Tara beim Wiegen der Waaren; s. νδάρα.

(ταρϑύρες), schief.

ταρταρός, geg., ich werde sauer, bes. von dem Brotteige, welcher zu lange gestanden, bevor er in den Ofen kommt; — part. ε ταρταρύσμεja, das Sauerwerden; s. ϑάρετε.

ταρτίς, tosk., ich wiege mit der Wage; s. τάρε; — part. ε ταρτίσουρα, das Wägen.

τᾶσσ-ι, pl. τάσσε-τε, metalione Reisetrinkschale.

ταϑτί, s. ταvί.

τατ, dein.

τάτε-a, Vater, Grossvater.

τατεxjέτε-a, tosk., Abhang.

τατεπjέτε, tosk., 1. adj. u. adv., abhängig; 2. praep. mit genit., abwärts; — τατεπjέτε μάλλjιτ βίjε με λέρρε τε περβέδουρε, den Berg herunter ging er mit aufgeschürztem Aermel; s. ρεπjέτε.

ταφταβίxj, geg., s. ταxταβίτε.

ταχμίν-ι, pl. ταχμίνε-τε, geg. ταφμέ-ja, Absicht, türk.

τδύτγ, σβότγ u. τσβότγ, tosk., ich jage fort, verjage, vertreibe; s. περτζέ; — part. ε τδούαρα, σβούαρα u. τσβούαρα, das Fortjagen, die Vertreibung.

(τjάρρε), Gewebe.

τjάτερε, jάτερε, geg. τjέτερε, der andere; πα τjάτερε, n. griech. χωρὶς ἄλλο, sicherlich, gewisslich.

τjατερνδύδε, geg. τjέτρενδύδε, adv., anders; τjετρενδύδε με ϑα μου, τjετρενδύδε τύχγ, anders sagte er zu mir, anders zu dir; s. νδρύδε.

τjέγελατϑί-ου, Ziegelbrenner.

τjέγουλε-a, Dachziegel (Stamm djέx).

τjέρ u. τίερ, geg. τίρ, ich spinne, geg. auch: ich halte gut Haus, bin sparsam; — part. ε τjέρα, geg. ε τjέρμεja, das Spinnen, Spinnerei, Gespinnst.

τε u. νδε, vor einem Vocale τεx, geg. xε, scodr. τυ, 1. praep. mit nominativ, a) zu; xα βάτουρε τε Ἰ'jέρῃjουα, bevor ich (du, er) zu Georg ging; — έρδι τεx αί, er kam zu ihm; — υjέρ τε γάρδι, bis zu dem Zaune; — b) bei; jέδε τε Οσμάν Βέου, ich war bei Osman Bei; — νδε αί ρίjε, bei ihm verweilt, Matth. X, 11; — c) an; ε λjε τε βένετε τεx τjέjε σι χούνδρε βεσσόβε, und es geschehe an dir so wie du geglaubt, Matth. VIII, 14; — d) gegen; μος ου ζεμερύ τεx μέjε, zürne nicht gegen mich, Matth. XVIII, 26; — 2. adv. a) wo; τεx έϑτε χαζινέja jούαιγ ατjέ δο τε jέτε εδέ ζέμερα jούαιγ, wo euer Schatz ist, da wird auch euer Herz sein, Luc. XII, 34; — τεx δελλj τυμ ε τεx λjε xjεν, wo Rauch aufsteigt und ein Hund bellt (Sprichw.); — b) während, indem; τεx μεντόνειγ xετό με βέτχε τε τιγ, indem er diess bei sich überlegte, Matth. I, 20; — ε ῃjέτϑα τεx χάιγ, ich traf ihn, während er ass, beim Essen; — ουxjάδνε νδε αί τεx δίδάξ, sie näherten sich ihm, während er lehrte, Matth. XXI, 23.

τε, dass, damit.

τεβαβί-a, geg., Gefolgsmann, Gefolge.

τεβλίx-γου, pl. τεβλίγjε-τε, das gebogene Holz, welches dem Ochsen um den Hals laufend ihn an das Joch schirrt; s. χουλjάρ.

τέjε u. περτέjε, 1. praep. mit genit., über, jenseits; xαπετύβα τέjε u. περτέjε γάρδι, ich sprang über den Zaun; τέjε u. περτέjε λjούμιτ, jenseits des Flusses (xετέjε λjούμιτ, diesseits des Flusses); — τέjε μάjε, fort von mir! — 2. adv., do τε ϑxόμε τέjε τέjε, wir werden weit fortgehen (bes. Kindersprache); — με τέjε, weiter hin, fürbass; — σι βάτε με τέjε, als er fürbass ging, Matth. IV, 21; — ε σι βάτε πάxεξε με τέjε, und wie er ein wenig weiter ging, Marc. XIV, 35; — εδέ βάϑxε με τε δυ τε τjέρε υjε τέjε ε υjε

χετέjε ε νδε μες ἰσούνε, und mit ihm zwei
andere, den einen jenseits, den andern diesseits und in der Mitte Jesum, Joh. XIX, 18;
s. τούτjε. ·

τεjμ-ι, der jenseitige, der Widerpart; τϑ γάιλje
xε σετϑ ϑοτ ι τέjμι? was bekümmerst du dich
darum, was ein anderer sagt?

τεjματάν, geg. (τέjε–μϑε-ατέ-άνε), durch und
durch; ε ϑπύι τεjματάν, er bohrte ihn durch
und durch, durchbohrte ihn.

τεζjjάχ-ου, geg., Webestuhl, Arbeitstisch der
Handwerker.

τέx, s. τε.

τὲx-ου, geg., das einzelne von einem Paare;
jjέττα νjι χεπούτσε τεx, ich fand einen einzelnen Schuh; ungerade; τεx α τὄιφτ? gerade
oder ungerade?; halbes Piasterstück.

τέxετε, geg., mich gelüstet, es gefällt mir;
με τέxετε περ ατέ jjέλε, mich gelüstet nach
dieser Speise; — xεϑτού μ'ουτέx, so gefiel
es mir; — part. τε τέxμιτε, zufälliges Anschwellen des Gesichtes oder anderer Körper-
theile; s. ϑxέπετε.

τελj-ι, pl. τέλjε-τε, geg. τέλjε-α, Draht, Drahtsaite, Goldfaden zum Sticken; ίϑτε τελj, er
ist ausgezeichnet.

(τέλjο), vollkommen, griech.; s. σύσσουρε.

τελjός, ich endige, sterbe, griech.; s. σος.

τελόν-ι, Zöllner, griech.; s. χουμερxjάρ.

τ'έμβλjετε, geg. τ'άμλjετε, indeclin., Galle,
exon.; s. άμελje u. έμβλje, süss; τε πλjάστε
τ'άμλjετε! geg., möge dir die Galle platzen!

τέμβλε-α, der Theil der griechischen Kirchen,
welcher den Laien unzugänglich ist, griech.

(τεμjανίτσε), Rauchfass; s. τυμ.

τεμόν-ι (τεμούντ), Steuerruder, griech.

τεμονjάρ-ι, Steuermann, griech.

τεμπελjάτε, pl., geg. ταμπελίτε, sing., Schläfe
am Kopfe.

τενjάς, tosk., ich verletze unheilbar; xεjú
xjάρτε με τενjάς, dieser Streit macht mich
ganz unglücklich, bringt mir die Auszehrung;
— τενjάσεμ, ich habe den Bandwurm; — ίϑτε
τενjάσουρε, er hat den Bandwurm.

τένdε-α, geg. τάνdε-α, Reisigdach zum Schutze
der Heerden gegen die Sonne, Reisighütte.

τένερε-α, geg. τέτέν-α, Motte, Bandwurm; s.
xοπίτσε.

τέντουρε-α, Geschwulst; s. ἕττουρε.

τεπέ-ja, geg. τέπε, Hügel, Vorsprung.

τεπελjένε, Tepelen (verlassener Hügel?).

τέπερ, τέπερε o. με μϑε τέπερ, mehr, darüber;
ας παρά μϑε τέπερ, keinen Heller mehr, darüber; — σα με τέπερ, um wie viel mehr; —
τϑ do με τέπερ xετέ α ατέ (auch με ϑούμε,
με μίρε)? was willst du lieber, diess oder
jenes?

τεπερύιγ, ich fliesse über, bin überflüssig, bleibe
übrig, übertreffe; — ι τεπερούανε νjε xjιντ
γροϑ, es blieben ihm 100 Piaster übrig; —
part. ε τεπερούαρα, geg. ε τεπερούμεja,
Ueberfluss, Rest.

τεπσί-α, Metallscheibe mit schmalem Rande zum
Backen; s. σεγνί.

τὲρ, geg., ich trockne an der Sonne, am Feuer
etwas Nasses, gr. epir. ἡλιάζω; τὲρ ε μϑε
diλ o. ζjαρρ, trockne es an der Sonne o. am
Feuer; — part. ε τέρμεja, das Trocknen in
obiger Bedeutung.

τερβίτ, geg., vor zwei Jahren; s. βjετ.

τερβίμ-ι, pl. τερβίμε-τε, Hundswuth; s. xαρβούν.

τερβύιγ, ich mache wüthend; — τερβύνεμ, geg.
τερβύχεμ, ich wüthe, bin wüthend; — part.
ε τερβούαρα, geg. ε τερβούμεja, das Wüthen.

τερjjούτσε-α, geg. τερχούτσε, Seil von Wolle oder
Ziegenhaaren; s. λjιτάρ.

(τερδίτ), ich bewege.

τερεζί-α, geg., kleine Schalwage für alles was
drammweise verkauft wird, auch Goldwage;
μβάτγ τερεζί, ich halte das Gleichgewicht,
türk.

τερές-ι, ljap., Tölpel.

τερμάν, geg., s. σίπερ.

τέρρε, tosk., s. τάνε, ganz, derselbe, gleich;
δέου ι τέρρε, die ganze Erde; — ίϑτε τέρρε
βαbάι, er ist ganz der Vater.

τέρχεμ, Tyr., s. τχεx.

τερχούν u. τετχούν, geg., hierher; ἐα τερχούν,
komm hierher.

(τέσε-ja), geg. τέζε, Mutterschwester, türk.;
s. ὑjάjε.

(τεσετίγ), ich niese; s. ϑεγτίγ.

τέσστε-ja, geg., τεστέ, berat., eine bestimmte
Anzahl gleichartiger Dinge; νjε τέσστε λέττρε,
ein Spiel Karten, ein Buch Papier; — νjε
τέσστε φέστε, ein Pack (von 4) Fesen; —
νjε τέσστε φουσέx, πλjάτε, φιλντσάν, ein
Pack von 10 Patronen, Tellern, Tassen; —
νjε τέσστε τριμαβέ, eine Schaar, Abtheilung
Bewaffneter; — jjίϑε σε τσίλλι ρι με τέσστεν
ετίγ, jedweder hält sich zu seines Gleichen,
türk.; s. πάλje.

τέτε, geg. τέτε, acht; τέτε μbε δjέτε, achtzehn; — τέτε δjέτε, achtzig; — ε τέτε-ε,
Achter.

τέτεσ͂, adv., achtfach.

τέτετε-ε, Achter (der Achte).

(τζέλετε), fröhlich.

(τζέρδε), Rest.

(τζιντζίφε), Brustbeere.

τι, τυ, τίνε, du.

Τιβάρ-ε, Elb., βάρ-ε, Scodr., Antivari.

τιγάν-ε, Pfanne, griech.

τιγανίς, ich backe in der Pfanne, griech.; s.
φερgύεγ.

τίερ, s. τjέρ.

τίλλε-ε, weibl. ε τίλλε-α, N. T., ε τίλja, tosk.,
ein solcher, so einer; ε τίλλι je? so einer bist
du? — τε τίλλε τε ρρούαρε το ε δούα? was
soll mir ein solches Leben? — σα δα τε μίρα
δόνε τε jou βένε joύβετ vjέρεζιτε, τε τίλja
τε bεvι εδέ joύβετ μb'ατά, so viel gutes also
ihr wollt, dass euch die Menschen thuen, ein
solches thuet ihnen auch, Matth. VII, 12.

τίμ-ε u. τύμ-ε, pl. τύμε-τε, Rauch.

τιμνάς, τυμνάς u. τυμjάς, geg. τυμώς, ich
rauche u. ich räuchere; — pass. τυμόσεμ, geg.,
ich rauche; — ͂τερπία τυμόσετε, das Haus
raucht.

τινάρ-ε, geg., Holzkübel, Bottig, welcher bis
zu 50 Okka fasst und oben enger ist als unten,
bes. zum Käsesalzen; s. τάλjερ.

τίνε-α, geg., grosser Weinkübel obiger Form, der
bis zu 500 Okka fasst, die obere Oeffnung
wird mit Lehm verschmiert und der Wein wie
aus einem Fasse abgezapft, scodr. auch Butterfass; s. φουτὶ.

τινεζάρ-ε, geg., ein versteckter Mensch; s. φᾶε-
χερά.

τίνεε, geg., adv., heimlich, insgeheim; ίκου
τίνεε, er machte sich heimlich aus dem Staube;
s. τᾶέφαε.

(τινχ), Strumpf; s. τᾶουρέπε.

τιφκ-ου, pl. τίφχjε-τε, Gamasche; s. τοσλούχ.

τιϲχjέ-ja, Gamaschenband.

τιϲjjίν-ε, Zügel, gestreckter Lauf, Carriere,
türk.; s. φρᾶ.

τμερύχεμ, geg., ich staune, wundere mich.

τοbύρ-ε, Bataillon, türk.

τοχ-ϳου, pl. τόϳϳε-τε, Haufe, Bausch; τόϳϳε
τόϳϳε, mit vielen Bauschen, Falten; —

     με δύϳϳε τᾶούνο με δύϳϳε
     μ'ατέ χερίδε τόϳϳε τόϳϳε,

du verbranntest mich (mein Herz), Knabe, du

verbranntest mich mit dieser faltenreichen
Fustanelle.

τοχά-ja, Hafte (Krappen und Schlinge); Gürtelschliesse der Weiber, aus grossen runden
ciselirten Metallplatten bestehend; oft decken
mehrere Paare von dem Gürtel aufwärts die
Brust bis zum Halse.

τόχε-α, geg., Erde, Land, Festland; ραρ με
τόχε, wir stiegen ans Land, a. griech. ἐπέ-
σαμεν εἰς τὴν στερεάν.

τόχε-α, eiserne oder hölzerne Platte, welche die
Stelle der Kirchenglocke vertritt.

τολουμbάς-ε, kleine Handpauke der Hu-Derwische,
aus einem Holzkessel, der mit einem Felle
überzogen, bestehend, türk.

τομ-ε, elbass., altgriechisches Buch; s. βιβλίε.

τομbρούχ-ου u. τρομbούχ, Fussstock, in welchen
die Füsse als Strafe oder Marter gespannt
werden.

τομυύα-υε, Musakjá, Deichsel.

τύνε, s. τάνε.

τὄπ-ε, pl. τύπε-τε, Kanonenkugel; adv., haufenweise, dichtgeschlossen; ἐτσινε τὄπ, sie
gehen dichtgeschlossen, türk.

τοπάνδὄg-α, geg., Pistole; s. πισχjύλε u. χου-
bούρε.

τοπυύς-ζι, pl. τοπούζε-τε, Keule, Stock an
dessen Ende eine Kugel, türk.

τύρβε-α, kleiner Sack, Futtersack der Pferde;
s. τράστε u. θες.

τορχ-ου, geg., der pressende Balken einer
Presse.

τορολάχ-ου, geg., Simpel, Tölpel; s. τρουλάχ.

τορολέτε-ε, Heimchen; s. bουρχὄ u. χαρχαλέτε.

τορολίς, geg., ich wiege Kinder auf den Armen,
lasse sie auf den Armen tanzen.

τύρτε-α, geg., jeder weiche gerundete Gegenstand; τε δυ τόρτατ' ε bύθερε, die zwei
Hinterbacken.

τὄς-ζι, pl. τόζε-τε, Staub.

τύσχε-α, der Toske, weibl. τοσχί-α, ᾶερ·
τοσχάρε-ja, die Toskin.

τυσχρί-α, geg. τοσχγί-α, die Toskerei, 1. der
Gege nennt τοσχγία das ganze südlich von
der Gegerei gelegene Albanien, 2. der Toske
nur einen kleinen am nördlichen Ufer der
Wiussa Tepelen gegenüberliegenden Landstrich.

τοσχρίὄτ, geg. τοσχγιὄτ, adj. u. adv., toskisch.

τοσχριὄτί-α, der toskische Dialekt.

τοσλούχ-ου, Gamasche; s. τιφχ.

τότϵ-ja u. -ουα, der Priester, was n. griech. Παπὰ; τύτο Ῐjέρϳjουα, Παπὰ Γϵώργιος.

τοτϑ-ι, geg., kahlgeschorener Kopf.

τούβλϵ-α, thönerne Wasserröhre; s. κύνῆjϵ.

τούχ, geg. τυ, adv. (aus τϵχ?; nur bei dem unbest. nom. des weibl. Participial-Subst. und im Verein mit diesem das part. praes. ersetzend), während, indem, durch, vermittelst; ᾱπϵτόβα τουχ ϵ ἰχουρϵ, ich entkam durch die Flucht; — δϵϱτόι τουχ ϵ νῗρένϵ, er erzählte während er ass, während des Essens; — geg. τυ ϵ βαρῗϵσούμϵ θάνϵ, (Litanei) lobsingend sagten sie; s. τα.

τουλϳ-ι, pl. τούλϳϵ-τϵ, Fleischstück ohne Knochen, Wade; ἰᾱτϵ ϳjίθϵ τουλϳ, er ist lauter Fleisch.

τούλϳτϵ, fleischig; μιᾱ ι τούλϳτϵ, Fleisch ohne Knochen.

(τουλγϵϵ), kahl.

τούλϵ-α, geg., Backstein; s. τούβλϵ, πλϳιθάρ.

τουμβάχ-ου, geg., verarbeitetes Kupfer, Messing.

τουμβάχτϵ, geg., adj., von Kupfer, Messing.

τουνϑ-ι, geg., unverarbeitetes Kupfer, Messing, türk.

τοῦντ, ich rüttele, schüttele, wiege; τουντ χϳούμϵϑτϵ, ich schlage die Milch, stosse Butter; τούνδϵτϵ δϳου, die Erde bebt; — part. ϵ τούντουρα, geg. 'ϵ τούνδμϵja, das Rütteln, Schütteln, Wanken, die Erschütterung.

τούντϵϵ-ι, geg., s. δυϐέχ.

τουντουλύϳϯ, geg., ich schottere, stosse (bes. vom Pferde); — part. ϵ τουντουλούμϵja, das Schottern, Stossen.

τουπλίϳ-νι, scodr., eine Platanenart, welche keine Samenkugeln ansetzt.

τούρϐουλ-ι u. τρούϐουλ-ι, 1. Trübe, Trübsein einer Flüssigkeit; τρούϐουλ ι σύϳϵσϵ, die Trübe des Wassers; — 2. adj., trübe; geg. ἰᾱτϵ τούρϐουλ, er ist nicht bei sich, bei Sinnen (von einem Kranken).

τουρϐουλύϳϯ u. τρουϐουλύϳϯ, ich trübe, störe; — τουρϐουλόχϵμ, auch: ich rede irre, phantasire; — part. τουρϐουλούαρϵ, geg. τουρϐουλούμϵ, getrübt, trübe; — ϵ τουρϐουλούαρα, geg. ϵ τουρϐουλούμϵja, die Störung, Trübung, das Irrereden.

τουρϳέλϵ-α u. τρουϳέλϵ, Bohrer, Schraube; s. τουρρ.

τουρί-ου, geg. τουρίϳ-νι, Rüssel; τουρί δέρρι, Schweinsrüssel; — τουρί χϳϵν, Hundsmaul (Schimpfworte).

τουρχ-ου, pl. τουρχϳ-τϵ, weibl. τούρχϵ-α, Muhamedaner; s. τυρχ.

τουρχϳέτϵ, ich mache zum Türken; — τουρχϳέπϵϵμ, ich werde zum Türken; — part. ϵ τουρχϳέπϵουρα, geg. ϵ τουρχϳέπϵμϵja, das Türkwerden.

τουρχϳϵρί-α, geg. τουρχϳϵνί-α, das Türkenthum, der Muhamedanismus, Gesammtheit der Bekenner des Islams, n. griech. τουρχϳά; s. τυρχ.

τουρχϳϳϯ̈τ, adj. u. adv., muhamedanisch.

τούρμϵ-α, geg. τρούμϵ-α, Menschen-Haufe, Menge, Heerde; s. τούρϵ.

τούρϵ̈ϵ-α, suuu., das ungezähmte in der Heerde laufende Pferd.

τουρπ-ι, geg. τούρπϵ-ja, Schande, Schimpf, Scham, Scheu; χαμ τουρπ, ich schäme mich.

τουρπ-ι, tosk., pl. τούρπϵ-τϵ, Leichnam; s. τρουπ.

τουρπϵρόϳϯ, geg. τουρπϵνόϳϯ, ich beschäme, beschimpfe; ich entehre ein Weib; — τουρπϵρύϳϵμ, geg. τουρπϵνόχϵμ, ich schäme mich; — part. τουρπϵρούαρϵ, schändlich, schimpflich; — ϵ τουρπϵρούαρα, geg. ϵ τουρπϵνούμϵja, die Beschimpfung, Schändlichkeit, Schande.

τούρπᾱ̈μ, schüchtern.

τούρπᾱ̈μϵ-ja, Schüchternheit.

τουρρ, geg., ich laufe, stürze los; ebenso: τούρρϵμ, συτούρρ μϐι τϵ, er stürzte auf ihn los; τούρρου! laufe! springe! auf ihn! Tirol bes. bei der Jagd; — part. ϵ τούρρμϵja, das Losstürzen, der Angriff, Sturm; s. χίδϵμ.

τουρρά-ja, Plumpsack für Spiele.

τούρρϵ-α, geg., 1. Plumpsack; 2. Haufe von Steinen, Waarenballen, überhaupt von festen Sachen; s. ϳαμούλϳϵ.

τούρρϵ-α u. τούρρο-ja, geg. τούρτουλ-ι, Turteltaube (columba turtur); s. χουμρί.

τούτϳϵ, 1. was τέϳϵ, praep. mit best. genit., jenseits; τούτϳϵ μάλλϳιτ, — λϳούμιτ, jenseits des Berges, des Flusses; — fort, weg; τούτϳϵ μέϳϵ! fort von mir! — 2. adv., zurück! χάιδϵ τούτϳϵ! gehe zurück! — τούτϳϵ! fort! zurück! im Gegensatz von τϵ χου, geg. τϵτ χουί, vorwärts! — τούτϳϵ ϵ τϵ χου, rückwärts und vorwärts, hierhin und dorthin, hier und da; — πα τούτϳϵ πα τϵ χου, ohne alle Ursache; — μϵ συρϵύϵνϵ πα τούτϳϵ πα τϵ χου, sie hassten mich ohne alle Ursache, Joh. XV, 25; — χϵ τέϳϵ τούτϳϵ, von jetzt an.

(τουτϐάλϵ), τουτχάλϵ-α, geg. τουτχάλ-ι, Leim, türk.

τουτουλϳάτϵμ, geg., ich verhalte mich ruhig, zurückgezogen; — part. ϵ τουτουλϳάτϵμϵja, Zurückgezogenheit, Stille.

τουφάν-ι, geg., einfältig, beschränkt, simpelhaft.

τούφε-α, Menge, Haufe, Heerde, Strauss, dichtes Laubwerk; *τούφα τούφα,* reihen-, haufenweise.

τρα-ου u. *-ρι, pl. τράρε-τε* u. *τρα-τε,* Tyranne; *τραῦ-νι, Kraja,* Tragbalken des Dachstuhls, Fussbodens etc.

τραζίμ-ι, pl. τραζίμε-τε, Aufruhr, Lärm.

τραζόιγ, ich mische; *οὐθουλε τραζούαρε με βερέρ,* Essig mit Galle vermischt; — ich bringe durcheinander, verwickele, ich bewege; — *τραζόνεμ, geg. τραζόχεμ,* ich verwickele mich; — *part. ε τραζούαρα, geg. ε τραζούμεja,* Vermischung, Verwickelung, Aufruhr; s. *τραμεζόιγ.*

(τραζόυαιγ), ich erstaune.

τραχουλίν, geg., s. *τρονγελίγ.*

τραμεζί-α u. *τραμεζίμ-ι, geg.,* Verwirrung, bes. in Kriegszeiten, Aufstand.

τραμεζόιγ, geg., ich menge, knete, rühre um, werfe durcheinander, revolutionire; — *part. ε τραμεζούμεja,* das Mengen, Kneten, Revolutioniren.

τράνγουλ, geg., s. *χαστραβέτε.*

τράπ-ι, pl. τρέπε-τε, Grube, Fallgrube, Graben; *geg.* der Aufwurf auf der einen Seite des Grabens, die Böschung.

τραπέζε-α, Tisch, *griech.*

τράστε-α, geg. τράσε-ja, Brot-, Wandersack; s. *τόρβε.*

τράδ, geg., ich mache dick, verdicke; — *τράδεμ,* ich werde verdickt, bin roh; — *part. ε τράδμεja,* das Verdicken, die Rohheit.

τράδε, dick, grob; *νjερί ι τράδε,* ein grober ungeschliffener Mensch.

τράδε-α, Dicke.

τραδεγόιγ u. *τραδεγόυαιγ, geg. τραδεγόιγ,* 1. ich freue mich einer Sache, geniesse sie; *τραδεγόιγ γjάνε τίμε, geg.,* ich geniesse mein Vermögen; — 2. *geg.,* ich erbe; *τραδεγόι νγα ουνχj ι τιγ νjίντ δυχμένα,* er erbte von seinem Onkel hundert Thaler. — Von dem *pass.* die Wunschform bei Hochzeiten: *ουτραδεγόυφά!* möge es dir wohl ergehen! — *ουτραδεγόφθινε!* möge es ihnen wohl ergehen! mögen sie das Leben geniessen! — *part., geg. ε τραδεγόύμεja,* das Geniessen, der Genuss, die Beerbung.

τραδεγίμ-ι, geg., Erbschaft. .

τραδεγμτάρ-ι, geg., Erbe.

τράδμε-ja, geg. (part. v. τράδ), die Dicke, Grobheit, Ungeschliffenheit; *ε τράδμεja μέν-*τσε, Dummheit, Stumpfsinn (Gegensatz *εχόλμεja μέντεσε,* Scharfsinn).

τρε, weibl. *τρί,* drei; *τρε δούρρα ε τρι γρα,* drei Männer und drei Weiber; — *τρε μbε δjέτε,* dreizehn; — *ι τρε-ι,* Dreier.

τρέβε, geg., in der Phrase: *σ' λjάδε βενδ ι τρέβε παχερχούμε,* er liess keinen Ort und — ? — undurchsucht.

τρεβόιγ, geg., ich gerathe, gedeihe; *σ' να τρεβόν γjαν,* es gedeiht, gelingt uns nicht; — *σ' ι τρεβότε δjέμτε,* die Kinder gedeihen ihm nicht, sterben weg.

τρεγjόδ-ι, geg. für *στεργjόδ,* Urgrossvater.

τρεγόιγ u. *τεργόιγ, tosk.,* ich zeige an, verrathe; *μος με τρεγό,* verrathe mich nicht; — *part. ε τρεγούαρα,* das Anzeigen.

τρέδ, ich verschneide (Menschen und Thiere), (Stamm: *δρεδ,* durch drehen?); s. *ραχ;* — *part. ι τρέδουρε-ι, geg. ι τρέδουνε,* der Verschnittene; — *ε τρέδουρα, geg. ε τρέδμεja,* die Verschneidung.

τρεμb, geg. τρεμ, ich schrecke, mache einen fürchten; — *τρέμbεμ, geg. τρέμεμ,* ich fürchte (einen), mit *genit.,* seltener *accus.;* — *Ιρώδι ι τρέμbειγ Ιοάννιτ (Ιοάννε),* Herodes fürchtete den Johannes, Marc. VI, 20; — *geg.* auch: ich habe die fallende Sucht; — *part. ε τρέμbουρα,* die Furcht, der Schreck.

τρεμbελjάχ-ου u. *τρεμεράχ-ου,* der Furchtsame.

τρέμες-ι, geg., der Furchtsame.

τρενδαφύλj-ι, geg. τρανδαφύλj, Rose, *griech.;* *ούjε τρενδαφύλjιτ,* Rosenwasser.

τρεστίλjε-α, Walke, ein runder nach unten spitz zulaufender halb in der Erde ruhender Kübel, in welchem das von einer gewissen Höhe einfallende Mühlwasser die zu walkenden Tücher im Kreise herumtreibt und diese sich durch die fortgesetzte Reibung in der Nässe bis zu dem gewünschten Grade zusammenziehen.

τρετ, geg. τρες, ich schmelze, *act.; geg.* auch: ich verdaue; *σ' τρες μίρε,* ich verdaue nicht gut; — *τρέτεμ,* ich schmelze, *neutr., bόρα τρέτετε,* der Schnee schmilzt; — *τρούπι τρέτετε,* der Leichnam löst sich auf, *fault, n. griech. λυώνει;* — *part. τρέτουρε, geg. τρέτουνε,* geschmolzen, aufgelöst (v. Schmerz o. Müdigkeit); — *ε τρέτουρα, geg. ε τρέτμεja,* das Schmelzen.

τρέτε-ι, Dritter.

τρι, s. *τρε; τρι δjέτε,* dreissig.

τρίμ, adj., tapfer, muthig; pl. τρίμα-τε, die bewaffneten Gefolgsmänner eines Grossen, eines Beamten; — τρίμ' ι τρίμιτ, der Tapfere des Tapfern, sehr tapfer; — κουδ τε jετ τριμ ε ι βίρι τρίμιτ λje τε dάλjι, wörtl.: wer tapfer und der Sohn eines Tapfern ist, d. h. wer Courage hat, der komme.

τρίμερί-a, geg. τριμενί, Tapferkeit, Heldenthat; bάνι dούμε τριμενί, er verrichtete viele Heldenthaten.

τριμόδ-ι u. τριμδόρ-ι, tosk., junger Mann, bewaffneter Gefolgsmann.

τρινγελίμε-a, geg., Ton, Schall.

τρινγελίν, geg., ich mache tönen, ich töne (von ·Schellen und Metall überhaupt).

τρίνε-a, geg., Hürde, Flechtwerk aus Zweigen zum Trocknen der Früchte, — ε dύρεσε, — ε κάμεσε, die äussere Fläche der Hand, des Fusses.

τρίδ, adv., dreifach.

τριδτύτγ, geg. τριστότγ, ich schrecke, mache zittern; — τριδτόνεμ, geg. τριστόχεμ, ich fahre zusammen, ich erschrecke, intrans.; — part. ε τριδτούαρα, geg. ε τριστούμεja, der Schreck.

τρόχ, s. τρονγελίγ.

τρόχε, geg., schmutzig; jaμ τρόχε, ich bin schmutzig, beschmutzt; s. ndραχ.

τρόχε-a, geg., Oberfläche; s. τρουλ.

τρόχε-a, tosk., kleine Viehschelle aus Eisenblech; s. χεμbόρε.

τροχελίμε-a, geg., das Klopfen an den Hausthüren (die Kirchendiener klopfen mit einem Holzhammer an die Thüren der Christen und rufen sie durch dieses Zeichen zum Gottesdienste).

τροχύτγ, geg., ich vernichte; μουρτάja τροχύι όεχερινε, die Pest vernichtete die Stadt, n. gr. ἀφανίζω; — part. ε τροχούμεja, die Vernichtung.

τρομάξ, ich schrecke, griech.

τρομάρε-a, Entsetzen, griech.

τρδνγελίγ, geg. τρονγελίν, τροχελίν u. τρox, ich klopfe, klappe; τδοχούδ τρονγελίτ πύρτενε, es klopft jemand an die Thüre.

τρονγελίμ-ι, pl. τρονγελίμε-τε, Getöse.

τρου-ja u. -ρι, geg. τρουν-ja, Hirn, gebräuchlicher im pl. τρούτε.

(τρούαλ), s. τρουλ.

τρούbουλ, adj., trübe; s. τούρbουλ. •

τρουbουλίρε-a, geg. τρουbουλίνε, Trübe des Wassers, Himmels, Unruhe, Aufstand.

τρουbουλότγ, ich mache trübe, verwirre; s. τουρbουλύτγ; — part. τρουbουλούαρε, trübe.

τρουλ-ι, geg. (τρούαλ), Boden, Fussboden.

τρουλ-ι, geg., s. τρόχε-a.

τρουλάx-ου u. τουρλάx, geg. τορολάx, Narr.

τρουμbέττε-a, Trompete, Trommel; s. λjύdρε.

τρούμε-a, geg., Heerde; s. τούρμε, κοπέ u. τούφε.

τρουνx-ου, Strunk, Stamm.

τρουπ-ι, tosk., menschlicher Leib, Leibesgestalt; s. δτατ u. χούρμε.

τρόφτε-a, scodr., Forelle (epir. πέστροφα).

τρυπ o. στρυπ, geg., s. σbρες, ich steige herab.

Τσ.

Gleich dem deutschen z.

τσα, einige; τσα — τσα, die einen — die anderen; — a με τσα γροδ, gib mir einiges, etwas Geld; — τσα καλjούαρ, τσα μbε χέμbε, die einen zu Pferd, die andern zu Fuss.

τσαμbούρ-ι, Traube mit wenigen Beeren.

τσανγάdε-ja, die Unfruchtbare; s. δτέρπε.

τσαπ, s. τσjάπ.

τσάρbε-a, Lumpen, Fetzen; s. τσέργε.

τσάρbουρε, zerlumpt.

τσbολj-ι, tosk., pl. τσbύλje-τε, Erdscholle.

τσbαδ, s. dζbαδ*).

τσbαρδ, ich weisse, ich bin weiss; αί μαλλj τσbαρδ, dieser Berg schillert weiss; s. bαρδ.

τσbύτγ, s. dζbύτγ.

τσbόρε-a, dεbύρε, βdόρε u. bόρε, Schnee.

τσbουχουρύτγ, σbουχουρύτγ u. bουχουρύτγ, ich verschönere.

τσbούνje-a, geg., Abfall vom Spinnrocken.

τσbράς u. σbρας, ich leere.

τσbράσετε, leer.

τσjάπ-ι, geg. τσάπ u.˙σχjάπ-ι, pl. τσjέπ, geg. τσεπ u. σχjεπ, Ziegenbock.

τσjουνίς, ich zwitschere.

τσγέζεμ, ich vernachlässige, versäume, werde sorglos.

τσέχε, geg., seicht.

τσεν-ι, pl. τσένε-τε, Gebrechen, Schaden einer Sache, eines Menschen; κα τσεν, er, es ist schadhaft, hat einen Fehler; s. μαρdά.

τσέργε-a, Spinngewebe; zottige bunte Wolldecke; s. πλjαφ; geg. Lumpen, Fetzen (v. τσίερ?).

τσέρλε-ja, geg., Amsel.

τσέρμε-a, geg., Gicht; s. περdέ.

(τσιάμπε), Frosch.

---

*) Vergleiche überhaupt dζ.

τσιγαρίς, geg., ich schmelze mit Butter; — part. ε τσιγαρίσμεja, das Schmelzen.

τσιέγουλε-a, s. τjέγουλε.

τσιλιμί-ου, geg. τσιλjιμί, Wickelkind, Säugling; s. χαλjαμά.

τσίλλι, τσίρι, weibl. τσίλλja, τσίρα, τσία, wer? welcher? ι u. ε τσίλλιτ? weasen? — ε τσίλλιτ νγα ατά do τε jέτε γρούα? weasen von ihnen wird das Weib sein? Marc. XII, 23; — ηjίθε τσίλλι, ein jeder.

τσιλλιdú (τσίλλι-do, wer du willst), ein jeder, jedermann.

τσιμb-ι, pl. τσίμbι-τε, das Zwicken.

τσίμbιdε-ja, Dachsparren.

τσιμbίθ-δι, Feuerzange.

τσιμbίς, ich zwicke, türk.; s. πιτσκύιγ.

τσιγγελj-ι, geg., dünnes, eine Spanne langes Stück Holz, welches, auf dem Boden hohl aufliegend, bogenförmig in die Luft geschleudert wird, indem der Spielende mit einem dünnen Stocke auf das nicht aufliegende Ende desselben schlägt und es dann nochmals in der Luft zu treffen sucht.

τσιγγουλj-ι, geg., kleine süsse Feigenart.

τσιγγρίς, tosk., 1. was öχρέπ; πράνε ζjάρριτ ρι, τσιγγρίς ε, πράνε γρούασε, τσιμbίς ε, sitzest du beim Feuer, so schüre es, bei einem Weibe, so zwicke sie; — 2. ich plage, necke; μος με τσιγγρίς! plage mich nicht!

τσιγδύσουρε, s. dθιγδύσουρε.

τσίγχερε, ljep, Eis.

τσίγχυε-a u. τσίγχθ-ι, tosk., Frostreif; s. bρύμε.

τσιγτσίρ-ι, Grille; s. τορολέτς.

τσίπε-a, geg., dζίπε-a, tosk, Bast, feine Haut des Eies, der Flüssigkeiten, die lange stehen, der Zwiebeln; s. μάχε.

τσίπερ, geg., s. σίπερ.

τσίπουρε-a, Weinträbern; s. bερσί.

τσίρι, s. τσίλλι.

τσιριμονί-a, Gebrauch, Ceremonie.

τσιρίς, tosk., ich kratze, necke, reize, treibe an; χουθ τσιρίς γομάρε ι διγjόν πύρδετε, wer den Esel plagt, bekommt dessen F. zu hören.

τσίτσε-a, weibliche Brust; s. σίσε.

τσχαλεμόιγ, geg., ich reisse ein, zerstöre; s. öχαλμόιγ.

τσχjύττε-a, tosk., Schnee mit Regen vermischt.

τσόπε-a, Stück, Theil, Fleck, Brocken; vjε τσόπε βενd, bούχε, μιθ, ein Stück Land, Brot, Fleisch; — vjε τσόπε χέρε, ein Bischen Zeit, ein Weilchen; — ε πρένε τσόπα τσόπα, sie hieben ihn in Stücken; s. θέλje.

τσοπεζόιγ, geg., ich zerbröckele; — part. ε τσοπεζούμεja, das Zerbröckeln.

τσουλ-ι, dur., s. τᾶουν.

τσούλje-a, geg., Flöte, Pfeife; s. δουλj.

τσουλούφε-ja, geg., dζουλούφε, tosk., Haarlocke an den Schläfen, Bart der Aehren; s. τᾶούφχε.

τσούπιje-a, geg., Sepiafisch; s. σουπjέ.

τσουρουνά-ja, geg., dζουρουνά, tosk., τσουρουνάρ-ι, geg., dζουρουνάρ-ι, tosk., Trompete, Rauschen der Quelle, Quelle; adv., stromweise.

τσούτσε-a, geg., Mädchen bis zu 12 Jahren.

τσόφ, geg., ich krepire; s. vγορθ.

τσύχε-a, geg. τσύχο-ja, Welltuch.

τσποδίσεμ, tosk., ich stolpere; s. öχας; — part. ε τσποδίσουρα, das Stolpern.

τσπόχερε-ι, tosk., Knallbüchse der Kinder von Holler.

τσπύρδεε-ι, pl. τσπύρδεσε-τε, tosk., Speisecanal der Thierkehle.

τσύς, geg., ich reize, necke; — part. ε τσύπμεja, das Reizen, Necken.

τσφίνε-a, Keil; s. σφύνε u. παλάτσχε.

τσφουρκ-ου, pl. τσφούρκjε-τε u. τσφούρχje-τε, Skorpion; s. σφουρχ.

τσφύτεε-ι, pl. τσφύτεσε-τε, tosk., Kinderspritze von Holler, Spritzbüchse.

Τᾶ.

τᾶαdέρρε-ja, geg. τᾶάδρε-a, Zelt, Regen-, Sonnenschirm, türk.

τᾶάιγ*), ich spalte, reisse den Brachboden mit dem Pfluge um; geg. τᾶάιγ δεράσα, wörtl.: ich spalte Holz, d. h. ich rede zu einem Holzblocke; — part. ε τᾶάιτουρα u. ε τᾶάρα, geg. ε τᾶάιτμεja, das Spalten, die Spalte; — ε τᾶάρα, auch: die Parteiung.

τᾶάιρ-ι, pl. τᾶάιρε-τε, geg. τᾶάιρε-ja, Wiese, Weide, türk.

τᾶαχάλ-ι, Schakal.

τᾶαχμάχ-ου, Feuerzeug, in Berat Münze von ¹/₂ Piaster, türk.; s. öχρέπεε.

τᾶαλάτε-a, geg., Scharte in Eisen und Holz; με λja vjε τᾶαλάτε, er hinterliess mir eine Scharte (ein Wort, welches mich wurmt); den Kindern ist das Hauen in das Holzwerk des Hauses verboten, weil diess Schulden und Bankerott ins Haus bringt.

---

*) Vergleiche Note zu dσβερχ.

τσαλατόιγ, *geg.*, ich mache schartig.

τσαλjαμάν-ι, *geg.*, lahm.

τσάλjε, lahm.

τσαλjόιγ u. τσαλjόνεμ, ich hinke; — *part.* ε τσαλjούαρα, *geg.* ε τσαλjούμεja, das Hinken.

τσάλεμ-ι, *geg.* τσάλεμ, Kopfbinde der Männer, Turban, *türk.*

τσάλεστίς, ich bestrebe, bemühe mich, *türk.*

τσάλεστίσιjε-α, *geg.* τσαλεστί-α, Bestrebung.

τσάμ-ι, tscham., Fichte, *geg.* Harz.

τσάμ-ι, der Tschame; weibl. τσάμε-α.

τσαμερί-α, *geg.* τσαμενί-α, die Tschamerei, der südliche Küstenstrich von Prevesa bis zur Mündung des Kalama, begreift die Districte von Paramythia (türk. Aidonat), Margariti und Parga. Filiates und Suli gehören im engeren Sinne nicht dazu.

τσαμερίστ, *adj.* u. *adv.*, tschamisch.

τσαμερίστί-α, der tschamische Dialekt.

τσάμτάξ-α, *geg.*, kleiner Wasserschlauch, den Reisende mit sich führen.

τσανάχ-ου, Schüssel; *s.* μισούρε, μαστέχ.

τσανάχθ-ι, *geg.*, Batterie am Feuerschloss.

τσάπ-ι, *pl.* τσάπε-τε, *geg.* τσάπε-α, Schritt; *s.* άάλjε u. χύφμε.

τσάπθε, *geg.*, im Schritt.

τσαπάρ-ι, tosk., Band, Aderlassband.

τσαπαρά-ja, Messingbecken der türkischen Musik, *türk.*

τσαπελύιγ, tosk., 1. ich spreize die Beine auseinander; 2. ich zerreisse (von reissenden Thieren), reisse gewaltsam auseinander; *s.* σχjίειγ u. τσίερ.

τσαπόχ-ου, tosk., das Schlüsselbein des Fusses.

τσαπούν-νι, *geg.*, Zeltergang.

τσαπούνθι, *adv.*, *geg.*, im Zeltergang, im Laufe, eilig; ίχου τσαπούνθι, er floh in vollem Laufe.

τσαπρασίς, *geg.*, ich zerschlage mit der Hacke die Schollen, welche der Pflug aufwirft, ich behacke den Weinberg zum zweiten Male (τσαπί, *s.* *griech.*, zweizinkige Hacke); — *part.* ε τσαπρασίτμεja, dieses Hacken.

τσαπρατάίτ, *adv.*, *geg.*, zerstreut, stellenweise.

τσαρδάχ-ου, Fussboden von Holz, der offene Vorplatz vor den Zimmern, *türk.*

τσάρχ-ου, *pl.* τσέρχjε-τε, Kreis, Schlinge, *geg.* Zahnrad, Flintenschloss, Hahn an der Flinte, jede Art Maschine; τσαρχ μίσε, Mausefalle; — im *pl.* Ränke, Intriguen.

τσάρτρε-ι, Scharfrichter.

τσαρτσάφ-ι, Leinwand, Leintuch, Tuch, *türk.*

τσάστ u. τσάς, sogleich; χάιδε τσαστ o. τσας, gehe sogleich, auf der Stelle; — ατέ τσαστ, gleich darauf, da, sofort; — χετέ τσαστ, diesen Augenblick (άαστίς?).

τσατί-α, Dach.

τσάτσχε-α, *geg.*, der obere Vorderschädel über der Stirne; *s.* χάφχε.

τσάφχε-α, *geg.*, Möve; *s.* πούλjε.

τσίjέρε-α, *part.* v. τσίερ, das Kratzen, Zerreissen, der Riss.

τσ̇γjίττ, ich reisse ab, aus; *s.* νγjιττ.

τσε, *indecl.*, 1. welcher? welche? welches? wer? was? τσ' νjερί ίστε? was für ein Mensch ist er? — τσ' φάρε? welcher Art? auf welche Weise? — νγ̇α τσ' βενδ jε? von welchem Orte, woher bist du? — τσ' βέν? was machst du, wie geht es dir? — 2. welcher, was, mit *pl.*; τσ' κίελ μάτσε μι γjούαινε, was die Katze gebiert, (wörtl.: jagen) jagt Mäuse; *s.* σετσ'; — με τσ' μάτες χjε μάτνι, do τ'ου μάτετε εδέ jούβετ, mit welchem Maasse (dass) ihr messet, wird euch auch gemessen werden, Matth VII, 2; — τσ' do (wer, was du willst), jeder, jedermann, allerlei (doch immer nur mit einem Hauptworte); — τσ' do vjε, ein Jeder.

τσεχάν-ι, tetragl. τσεχίτσ, Hammer, *türk.*

τσεχjί-α, *geg.*, leichte Schnappwage zu 350 Dramm die Okka.

τσεχερδέχ-ου, *geg.*, ein halbes Viertel, ein Achtel; *s.* τσερέχε.

τσελλj, tosk., ich stecke an, — ζjάρρε, ich mache Feuer an; — *geg.* ich öffne, — δέρενε, ich öffne die Thüre; — σα τε τσέλλjιτσ ε τε μβύλιτσ σύτε, so wie du die Augen auf- und zumachst, d. h. in einem Augenblick; — τσέλλjεμ, *geg.* τσίλλjεμ, ich öffne mich (von Blumen und Sprossen); — *part.* ε τσέλλjμεja, das Oeffnen; *s.* χαπ.

τσελλj-ι, zugänglich, mit vielen Verbindungen, ein Mann von Welt.

τσέλλjες-ι, *geg.*, Schlüssel; *s.* χάπες.

τσέλλjετε, aufgeweckt, munter, angesteckt.

τσεμέμειγ, *geg.*, ich werde offenbar; bes. *impers.* τσέμετε, es kommt heraus, zu Tage; — *part.* ε τσέμεja, das zu Tage kommen von etwas Verborgenem; *s.* τσφαχj.

τσενγjέλj-ι, *geg.* τσένγjελj, eiserner Haken mit vielen Spitzen zum Aufhängen von Sachen; Eisenspitzen, worauf die zum Tode Verurtheilten geworfen werden; Anker, jedes ankerartige Geräthe; *s.* νγjελj.

τϑϱνί-α, *geg.*, Porzellanteller.

τϑεπέ-ja, langes Haupthaar bei Männern und Frauen; *s.* περτϑέ.

τϑέρδε-ja, Vogelnest; *s.* φουρρίκj.

τϑερέχε-ja, trockenes Maass zu 25 Okka Weizen, 4 = ein ϑϱνίχ, *türk.*; *s.* δούμε.

τϑεϑτί, *geg.*, ich niese; *s.* ϑϱτίγ; — *part.* ε τϑεϑτίμεja, das Niesen (am Krankenbett von übeler Vorbedeutung, daher die Besuchenden sich dessen nach Kräften enthalten).

τϑέτϱ-a, *tosk.*, Verwandtschaft, Sippschaft, Familie; *dϑϱτ ι χϱσάτγ τϑέτϱ*, die Abstammung dieser Familie.

τϑέτϱ-a, *geg.*, Handschlag beim Wettrennen; der zu Fangende steht mit ausgespreizten Beinen vor dem Fangenden, dieser hält ihm in derselben Stellung die Hand hin, der zu Fangende schlägt zum Zeichen des beginnenden Laufes auf dieselbe.

τϑέτϱ τϑέτϱ, *tosk.*, haufenweise.

τϑετίλjε-ja, *geg.*, Kerbholz.

τϑέφ u. μϱτϑέφ, *geg.*, ich verstecke, verheimliche; *s.* φϑξ u. dϑε; — τϑίφεμ, ich verstecke mich; *part.* ε τϑέφμεja, das Verstecken, Verbergen, Verheimlichen.

τϑέφας, *geg.*, *adj.*, heimlich.

τϑέφϱτϱ, *geg.*, *adj.*, heimlich.

τϑέφχϱ-a, Deckblätter des Maiskolbens.

τϑϑουρ, ich reisse den Zaun aus, um; *s.* ϑουρ.

τϑίερ, *tosk.*, ich kralle, kratze, zerreisse etwas leicht zu zerreissendes, wie Papier, Zeug; *s.* τϑαπϱλύτγ; *μϱ τϑύρι μάτσεja*, die Katze hat mich gekratzt; *s.* τϑjέϱϱ u. ϑϱρίτς.

τϑίχϱ-a, *tyr.*, Dachtraufe; *s.* ϑjέρϱϱ.

τϑίχϱ-a, *tosk.*, Funke; *s.* σοίδαϱ; τϑίχϱ βέρρϱ, Leuchtwurm.

τϑίχϱ, νjϱ τϑίχϱ u. τϑίχϱζϱ, ein Wenig, ein Bischen, ein Weilchen; *ρι νjϱ τϑίχϱ*, setze dich ein wenig nieder; *s.* τϑόπϱ.

τϑιχρίχ-ου, Art Haspelrad, ähnlich dem unserer Posamentirer.

τϑίλjε-ja, *geg.*, Strang, jeder Art Faden.

τϑιλιμί, *s.* τϑιλιμί.

τϑιμύτγ, *tyr.*, ich schätze; *s.* τϑμότγ.

τϑιράχ-ου, der ausgelernte Lehrling eines Meisters, *türk.*

τϑίσμε-ja, Stiefel, *türk.*

τϑίφεμ, *s.* τϑέφ.

τϑιφλίχ-ου, Landgut, Weiler, *türk.*

τϑιφούτ-ι, Jude, *türk.*

τϑιφουτϱρίϑτ, *geg.* τϑιφουτϱνίϑτ, *adj.* u. *adv.*, jüdisch, *türk.*

τϑίφτ-ι, *pl.* τϑίφτε-τϱ, Paar; νjϱ τϑίφτ χϱπούτσϱ, — χjϱ, ein Paar Schuhe, Ochsen, *türk.*; *s.* παρ u. πάλjϱ.

τϑχjέπ, ich trenne auf; *s.* ϑχjεπ.

τϑχουλj, *s.* ϑχουλj.

τϑχjούαιγ, *s.* ϑχjούαιγ.

τϑχρε, *geg.* ϑχρεφ; *s.* νγρε; ich drücke ein Gewehr ab, werfe etwas aufgestelltes herunter, falle zu (von einer Falle); — *part.* ε ϑχρέφμεja, das Abdrücken, Ab-, Herunterlassen.

τϑχρίγ, *geg.* ϑχρίν, ich thaue auf.

τϑμότγ, *tosk.*, ich schätze ab; — *part.* τϑμούαρϱ, geschätzt; — γουρ πα ο.ι τϑμούαρϱ, Edelstein; — ε τϑμούαρα, die Schätzung; — χα τϑμούαρϱ, unschätzbar; *s.* πϱρτϑμότγ.

τϑουβάν-ι, *tosk.*, *pl.* τϑοβένϱ-τϱ, Hirt, *geg.*, der Wallache, auch wenn er in den Städten wohnt; *s.* γύγϱ.

τϑότγ u. τϑούαιγ, ich schicke; *s.* dϱργύτγ; *geg.* ich bringe, trage, führe weg; *τϑότj jάϑτϱ, λjάρτϱ*, wirf ihn hinaus, trage es hinaus, hinauf; — *τϑότj djάλjϱνϱ χε ε άμμα*, bringe das Kind zu seiner Mutter; — *τϑότj μ᾽α*, bringe mir es; — *χjένι τϑούαν λjέπουρϱνϱ*, der Hund treibt den Hasen auf; — *μνάja jύτε τϑόι ϑjέτϱ τϱ τjέρα*, deine Mine hat zehn andere gewonnen, Luc. XIX, 16; — *τϑούγεμ, tosk.*, ich entferne mich, reise ab; — *τϑόχεμ, geg.* ich werde geschickt, stehe auf von dem Lager; — *part.* ε τϑούαρα, *geg.* ε τϑούμεja, die Abreise, Entfernung, *geg.* auch: das Wegführen, Bringen.

τϑόχ-ου, *tosk.*, Fussfessel für Menschen und Pferde.

τϑοχάνε-ja, Thürklopfer.

τϑόχε-a, *geg.*, Nasenstüber; Faust und Faustschlag mit hervorstehendem Mittelfingergliede; *s.* πουνγί.

τϑοχούϑ u. τϑοτσίλλι, jemand, einer; *s.* ϑοχούϑ; τϑοχούϑ βjεν, es kommt jemand; — τϑοτσίλλι μϱ ϑα, es sagte mir einer, jemand.

τϑολάχ-ου, einhändig.

τϑομάjε-ja, *geg.*, Schäferstab.

τϑοτϑ, *indecl.*, Etwas, als Hauptwort; τϑοτϑ μϱ ϑα, er sagte mir Etwas; — τϑοτϑ χjένγϱ, du hast Etwas (Schädliches) gegessen.

τϑοτϑοβανούζε-ja, Johannisbrot-Baum u. Frucht.

τϑουδί-a, *geg.* auch: τϑούδϱ-a, Wunder; *τϑουδί μϱ χϱτϱ νjερί!* es ist wunderbar, sonderbar mit diesem Menschen!

τϑουδίτ, geg. τϑουδίς, ich mache Staunen, versetze in Erstaunen; — τϑουδίτεμ, ich staune, wundere mich, πᵌρ, über; — part. τϑουδίτουρᵌ, wunderbar; — ε τϑουδίτουρα, geg. ε τϑουδίτμεja, das Staunen.

τϑουδίτϑεμ, wunderbar.

τϑούχᵌ-α, geg., mentula impubens; s. πιτϑ.

τϑούμᵌ-α, Schöpfeimer; s. τϑύtγ.

τϑουμέρτ, geg. ꝺꝺόυμᵋρτ, freigiebig, türk.

τϑουν-τ, pl. τϑούνε-τᵌ, geg., Durazzo τϑουλ-ι, Knabe bis zu 14 Jahren; auch der Geliebte; τϑούνι ατίγ, sein Knabe, d. h. sein Geliebter; s. μιτᵌ.

τϑουνγ̇ουρίς, tosk., ich schlage, klappe aneinander, bes. ich kippe (Oster-) Eier; s. πᵌρπjéχ.

τϑούπᵌ-α, tosk., langes Kopfhaar, Mädchen.

τϑούπᵌ-ja, tosk., langes Kopfhaar.

τϑουπίτ, berat. s. χjουχ.

τϑουρáπᵌ-ja, pl. τϑουράπᵌ u. τϑουρέπᵌ, Strumpf.

τϑουρχ-γ̇ου, geg., ungefasste Quelle; βίντε ϑίου τϑουρχ, der Regen fiel in Strömen.

τϑούρχᵌ-α u. τϑούρρᵌ, Truthahn; s. γ̇jελj.

τϑουρρουβί-α, geg., Hinderniss, Verlegenheit; σ' ε βάνα, σε μᵌ δούλjεν δούμᵌ τϑουρρουβί, ich that es nicht, weil sich mir viele Hindernisse erhoben.

τϑούτᵌρρ-α, geg., runde hölzerne Weinflasche.

τϑούφχᵌ-α u. ꝺꝺούφχᵌ, Quaste, Garnstrang, Maishaar; s. τϑουλούφᵌ.

τϑούχεμ, s. τϑόιγ.

τϑύχεμ, geg., ich werde geschickt, ich wache auf; s. τϑύtγ.

τϑπέιτᵌ-α, geg. ϑπέιτᵌ, Elle.

τϑπέιτᵌ, geg. ϑπέιτᵌ, schnell, rasch; μᵌ τᵌ τϑπέιτᵌ, schnell; s. φᵋτ.

τϑπειτύιγ, geg. ϑπειτύιγ, ich beeile mich, ich eile.

τϑπᵌρϑλjéιγ, s. ϑπᵌρϑλjéιγ.

τϑπιχ, geg. ϑπιφ, ich verläumde.

τϑπίχεμ, geg. ϑπίχεμ, ich werde wieder gelenk (von eingeschlafenen Gliedern); s. μϑιγ.

τϑπύιγ, s. ϑπύιγ.

τϑπόρρ, geg. ϑπόρρ, ich jage fort; τϑπύρρου! fort! packe dich!

τϑτύιγ, tosk., s. ϑτόιγ.

τϑῦρ-ι, geg., grosse Mandoline mit 12 Drahtsaiten; φλᵋτ σι τϑυρ, er spricht unaufhörlich; s. δουζούχ.

τϑφαχj, tosk., ich offenbare, entdecke; s. φάχjᵌ. — τϑφάχjεμ, ich offenbare mich, erscheine; — part. ε τϑφάχjουρα, die Offenbarung, Erscheinung; s. τϑεμέμειj.

τϑφάχjετᵌ, tosk., offenbar.

τϑφουλχί-α, tosk., Spanne des Daumens und Zeigefingers; s. φᵌλχίνjᵌ.

τϑφρίγ u. τϑφρύιγ, ich schnaube, ich schneuze, χούνꝺᵌνᵌ, die Nase; — τϑφρύχεμ, ich nehme ab, ich vergehe (von einer Geschwulst); — μ' ουτϑφρύ δύρα, meine geschwollene Hand ist wieder geheilt; — ich schneuze, schnaube mich; s. φρίγ; — part ε τϑφρύρα, das Schnauben, Schneuzen, Fallen einer Geschwulst.

τυμ, s. τιμ.

τυμjάς, ich räuchere (nicht mit Weihrauch).

τυμός, s. τιμνάς.

τουρχ, geg., türkisch sprechender Kleinasiate, gleichviel ob Muhamedaner oder Christ; s. τουρχ.

τύτᵌ-α, geg., Mund eines Gefässes; σ' τ' ουζούν τύτα? steht dir der Mund nicht still?

τυττ! still! schweige! (beleidigend, verächtlich); s. χεϑτ.

τυφμέτ-ι, Strafe, welche die in Elbassan bestehenden Gesellschaften ihren Mitgliedern wegen Vergehungen gegen die Statuten auflegen; sie besteht in einer Quantität Wein, Branntwein u. s. w., die er für die Gesellschaft zahlen muss; — βᵌ τυφμέτ, ich lege diese Strafe auf; — απ τυφμέτ, ich erlege sie.

τχέχ, geg., tyr. τέρχεμ, ich ziehe; χάλjι τχοχj χjέρρενᵌ, das Pferd zog den Karren; s. χεχj; — part. ε τχέχμεja, das Ziehen.

τχόλ, geg., ich mache dünn, fein; τχολ πέτᵌνᵌ, ich walgere den Teig dünn; — τχολ γ̇jούλινᵌ, ρίϑτενᵌ, ich verdünne die Sauce, Suppe; — τχολ μέντινᵌ, κόχᵌνᵌ, ich bilde den Verstand; — part. ε τχόλμεja, das Verdünnen, Verfeinern.

τχύλλᵌτᵌ-α, Verfeinerung, Ohnmacht; μᵌ ρα τᵌ τχύλλᵌτᵌ, mir vergingen die Sinne, ich fiel in Ohnmacht; s. χύλᵌτᵌ.

τχυλόχεμ, geg., ich werde mager.

Y.

ύjᵌζᵌ-α, geg., Knöchel.

ϋλ-ι, pl. υj-τᵌ, Stern; υλ ι χαρβάνιτ, heller Stern, der um Mitternacht aufgeht, und bei dessen Erscheinen die Karawanen zu packen beginnen; — υλ ι μεγγ̇jέσιτ o. ι δρίτᵌσᵌ, Morgenstern; — υλ με βιϑτ, Schweifstern; — χα ϋλ, er hat ein anziehendes Aeussere.

υλιϐέρ-ι, pl. υλιϐέρε-τε, geg. υλjϐέρ-ι, Regenbogen. Er ist eine Art Schlange und steigt zur Erde um Wasser zu trinken; je nach der Lebhaftigkeit der einen oder andern seiner Farben, prophezeiht er eine gute Wein-, Oel-, Weizenernte. Wenn ein albanesisches Mädchen über den Regenbogen springt, so wird es in einen Knaben verwandelt, und dieselbe Verwandlung widerfährt dem Knaben, dem diess Kunststück gelingt.

υλτίν-νι, geg., Bügeleisen; απ υλτίν, ich bügele.

ύμερ-ι, pl. ύμερε-τε, geg. ύμϐερ, s. ούμερ.

υνδύρε-α, geg., Speise-, Schöpffett.

υρνέχ-ου, geg., Beispiel, Mittel; ʄιϋ υρνέχουνε! finde das Mittel! türk.; s. jουρνέχ.

υρυϐά-ja, geg., Vergleichung; ϐέιϋ υρυϐά, ich vergleiche, türk.

Φ.

φάϐε-α, Erbse.

φαjετόρ-ι u. φαιτούαρ-ι, Sünder, sündhaft, schuldig; s. φεjέτγ.

φαʄούρε-α, Reiz zum Kratzen, griech.

φάʄουσε-α, Krebs (Krankheit); s. φρανʄjούζε.

φάιγ-jι, pl. φάιjε-τε, Fehler, Sünde, Vergehen; s. μουχάτ.

φαιδέ-ja, geg. φάιδε, Gewinn, Zinsen, türk.; ϑάϑε παράτε με φαιδέ, ich lieh Geld auf Zinsen aus.

φαιχόιγ, tosk., ich glätte durch Reiben, polire; s. φερχόιγ; — part. φαιχούαρε, polirt; ε φαιχούαρα, das Poliren, die Politur.

φαιτούαρ, geg. φάιτουρ-ι, der Schuldhafte, Sünder.

φάχjε-ja, Wange, Angesicht, Oberfläche, Seite eines Blattes Papier, rechte Seite eines Tuches etc.; s. μϐάρε; Hausfaçade; s. ϑπίνε; σα φάχjε χα φjαλjτάρι? wie viel Seiten hat das Wörterbuch? — φάχjε βάρδε, unbefleckt, ehrenhaft, n. griech. ἀσπροπρόσωπος; — ϑαλτϑ φάχjε βάρδε! mögest du dich ehrenhaft aus dieser Affaire ziehen! — φάχjε ζί, unehrlich, unehrenhaft; — geg. ι ϑάϑε νδε φάχjετε, ich sagte es ihm ins Gesicht; — φάχjε τέja, τιγ etc., vor dir, ihm, in deinem, seinem Beisein; — μος ι επ φάχjε δjάλjττ, mache das Kind nicht zutraulich (damit es dir nicht lästig falle); — μουρρ φάχjε, er fasste Muth, legte die Scheu ab; — σ'χαμ συ ε φάχjε τε δαλλj περπάρα βότερσε, ich schäme mich

vor der Welt zu erscheinen, n. griech. δεν ἔχω πρόσωπον; — φάχjε νjέρεζιϑ, geg., Generation, Menschenalter; — τρι φάχjε νjέρεζιϑ χα χjε χjε Θεοδόρι δασχά ι Ελϐασάνιτ, es hat drei Menschenalter, dass Theodor der Lehrer von Elbassan lebte.

φάχjεζα, adv., offen, ohne Rückhalt; s. τϑφάχjετε.

φάλ-ι, geg., Weissagung; ϑτίε φάλ, ich weissage.

φαλj, 1. ich bewege, bringe einen zur Unterwerfung, n. griech. τὸν προσχυνῶ εἰς τὴν ἀρχήν; 2. ich schenke; 3. ich erlaube, verzeihe, vergebe, n. griech. συνχωρῶ; ζοτ τ'α φάλjε! der Herr verzeihe ihm! (Wunsch für Verstorbene); — ljίʄja ε φαλj, geg., das (kirchliche) Gesetz erlaubt es; s. ἄπ; — 4. geg. ich gehe unter (v. der Sonne); — ουφάλj δίελι, die Sonne ging unter (ρα δίελι νδε δετ, die Sonne fiel ins Meer); — φάλjεμ, ich bete, bete an, unterwerfe mich, grüsse, was n. griech. προσχυνῶ; — φάλjεμι ζοτ, ich empfehle mich Ihnen, mein Herr; — τϑ βεν βαβάι? was macht dein Vater? Antw.: τε φάλjετε με ὅγντέτ, er begrüsst dich mit Gesundheit, n. griech. σὲ προσχυνεῖ; mit genit. oder τε und nominat., ich bete an, bete zu —, φάλjεμ περνδίσε, ich bete zu Gott; — έρϑμ τ'ι φάλjεμι, wir kamen es anzubeten, Matth. II, 11; — ε jι ουφάλj ατίγ, und sie beteten ihn an, Matth. II, 11; — φάλjου τε jάτι jυτ, bete zu deinem Vater, Matth. VI, 6; geg. auch: ich werde begnadigt; — χύιγ χουσάρ ουφάλj νγα ουρδενί, dieser Räuber wurde von der Obrigkeit begnadigt; — part. ε φάλja u. φάλjτουρα, geg. ε φάλjμεja, die Unterwerfung, der Gruss, das Beten, die Anbetung; — geg. ε φάλjμεja δίελιτ, der Untergang der Sonne.

φαλjεδϑί-ου, der Anbetende.

φαλτούρ-ι, weibl. φαλτύρε-ja, geg., Wahrsager, Wahrsagerin; s. φαλ.

φάμουλ-ι, pl. φάμουλε-τε u. φάμουʄ-τε, der Täufling im Verhältniss zu seinem Taufpathen; s. νοϋν u. φεjάν.

(φανʄίλ), Kohle; s. ϑενʄίλ.

φάιγ, geg., ich fülle; ι φάνε τρούιτε o. μίν τινε, χύχενε, χρύετ? hast du ihm den Kopf gefüllt? d. h. hast du ihn genau unterrichtet! hast du ihm die Sache genau erzählt? — σ'ι φάχετε χόχα, er ist schwer von Begriff oder halsstarrig; s. μϐουϑ.

φαντάξ, ich prunke; — φαντάξεμ, ich werde
stolz, prahle; — part. ε φαντάξουρα, das
Gepränge, der Prunk, griech.

φαντασί-α, Stolz, Eitelkeit, (geg. nur) Geistererscheinung, griech.

φαραστούα-οι, Stempel für die Weihbrote mit
den Anfangsbuchstaben Christi etc.; s. μέξ
u. μλjατούρ.

φάρχ-ου, geg. φερχ, Verschiedenheit; υέίγ
φαρχ, ich zeichne mich aus.

φαρμάχ-ου, Gift, griech.

φαρσουλjάτε-α (Durazzo), Hals-, Schnupf-,
Kopf-Tuch; s. ὄαμί.

φάρρε-α, geg. φάρε, Same, Frucht, Nachkommenschaft, Stamm, Geschlecht; νýα τὄ'
φάρρε jε? von welchem Geschlechte, Stamme
bist du? — τὄ φάρρε? geg. auch: τὄ φάρε
jjάνja? welcher Art? was für ein? — αἴ,
κύιγ, ατέ, χετέ — φαρρ', dieser so -, βδίκι
αἴ φαρρ' τρίμι, es starb dieser so tapfere
Mann.

φάρρε, adv., auch φάρρε ο. φάρρεσε jjέ, ganz
und gar nichts, durchaus nicht, n. griech.
(doch beschränkter) σπειρί, οὔτε σπειρί, χρί.

(φάὄχε), Wickelbinde, Windel.

(φαὄχύιγ), ich wickele, binde ein Kind ein.

(φάὄνε-α), Einschlagetuch, Windel; s. φοὄί.

φάτ-ι, pl. φάτε-τε, Zufall, Verhängniss, geg.
γύτσα jjέττι φάτινε, das Mädchen fand Ver-
sorgung, d. h. wurde verheirathet; — σ'xα
φατ', sie fand keinen Mann; — γύτσεσε
ι ουθύ φάτι, das Mädchen hat (wegen eines
Leibesfehlers oder eines Fehltrittes) keine
Hoffnung sich zu verheirathen; — geg. xαμ φατ
σα τε ὄοφ υjι χέρε, wenn ich es nur einmal
sehen könnte; — geg. τε φάτετε ρα ν' δόρε ε σ'
ε πρετ, das Glück gibt es dir in die Hand,
du hast die gute Gelegenheit, und du nimmst
es nicht an; — φατ μίρε, glücklich, exon.
der Elfen, jάὄτεσμε, oft ist die Scheu so
gross, dass sie so umschrieben werden: ατú
xjε βέφὄινε νάτεν' ε μίρε, die, welche eine
günstige, gute Nacht verbringen mögen; —
φατ ζί, unglücklich.

φατί-α, Name der drei Geisterfrauen, welche
am dritten Tage nach der Geburt am Bette des
Kindes erscheinen und dessen Geschick bestimmen.

φjάλje-α, Wort, Rede, gegebenes Wort; ρούαιγ
φjάλjινε, ich halte Wort; — υέίγ φjάλje, ich
halte eine Rede; — σ' xα φjάλje, ohne Zweifel, n. griech. χωρίς λόγον; — geg. φjάλje

ε βjέτρε, Sprichwort, Sentenz; — geg. πα
φjάλje, adv., ohne Weiteres, ohne viel Redens,
ohne zu untersuchen; — μύρρα κάλjινε πα
φjάλje, ich nahm das Pferd ohne Weiteres; —
με φjάλje, adv., geg., streitig, bestritten; —
χεjú άρε ο. γύτσε άνὄτε με φjάλje, dieser
Acker, dieses Mädchen (als Verlobte) ist streitig, wird bestritten.

φjαλjτάρ-ι, geg., Wörterbuch.

φjαλjτούαρ-ι u. φjαλjτύρ-ι, tosk., Schwätzer.

φjαλjτύιγ, tosk., ich streite, zanke mit einem.

φjέρε-α, Linse; s. γρύὄε.

φε-ja, geg., Glaube, Confession; s. δέσσε.

φέjεζ' ε χούνδ$ος$ε, pl., tyr., Nasenlöcher.

φεjέιγ u. φεjέιγ, ich fehle, sündige; — part.
ε φεjύερα u. φεjύερα, geg. ε φεjύμεja, das
Fehlen, Sündigen.

φεjάν-ja, s. φιjάν.

φεδίγε-α, geg., Fötus; άνὄτε με φεδίγε, sie
ist schwanger.

(φεxούα), Adler; s. ξιφτέρ.

φελάνζε-α, geg., Steinhuhn, s. θελέζε.

φέλje-u, geg., θέλje, tosk., Stückchen (Fleisch,
Käse); s. τσύπε.

φελεσίνε-α, geg., Tiefe; s. φέλε.

φελjί-α, geg., φερλί, tyr., o. βούxε βαλj, Kuchen
aus Oel und Mehl, welcher 7 Tage nach der
Geburt eines Kindes gebacken und zu Brot-
samen gerieben zugleich mit Früchten den
Verwandten und Freunden des Hauses vorgesetzt wird, denen der wohlhabende Vater an
diesem Tage wohl auch ein Gastmahl gibt.
Solcher Kuchen wird auch wohl an den Ge-
burtstagen des Kindes gebacken und auf seinem
Kopfe zerschlagen.

φέλε, geg. für θέλε, tief, tief gelehrt; αἴ xερ-
xόν τε jjέιγ τε φέλατ' ε δέουτ, er bemüht
sich die Tiefen der Erde zu finden, d. h. den
Dingen auf den Grund zu kommen.

φελίxj, tosk., ich mache einen aussätzig; με
xουββένδετ ετίγ με φελίxjι, mit seinen Reden
machte er' mich aussätzig, d. h. sagte mir eine
Masse Lügen vor; — με ὄάου ε με φελίxjι,
er beschimpfte mich und setzte mich herunter;
s. φουλίxj; — φελίxjεμ, ich werde aussätzig;
— part. φελίxjουρε, aussätzig, unrein, verdorben; — ι φελίxjουρι ὄúxε do (Sprichw.),
gleich und gleich gesellt sich gern.

(φελίμ-ι), Aussatz.

φελίμ-ι, geg., Zugluft; s. θελίμ.

φελίτὄ-ι, pl. φελίτὄε-τε, tosk., Stössel des Butterfasses; s. δυβéx.

φελκίνjε-α, tosk., Kinnbacken; Spanne mit dem Daumen und Zeigefinger; s. τϭφουλκί.

φελόιγ, geg. für ϑελόιγ, ich mache tief, ich grabe aus, κούϭγνε, einen Brunnen; — φελόγεμ, ich vertiefe mich, με λέττρgνε, δίτουνίνε, in das Studium, die Gelehrsamkeit; — part. ε φελούμεjα, die Ausgrabung, Aushöhlung, das Vertiefen.

φέμεrε, geg. φίμεγε, weiblich.

φεμίjε-α, argyr. kastr. φεμίλjε, Familie; geg. Wickelkind.

φεμούαρ-ι, tosk., Weichling.

φεγδύελ-ι, pl. φεγδύετj-τε, tosk., Schusterahle.

φεγέρ-ι, Laterne, geg. auch: der Trichter, griech.

φέξ, ich leuchte, griech.; s. νδριτϭύιγ.

φέξ-ι, pl. φέξε-τε, Licht.

φέξουρε, adj., hell, erleuchtet.

φέξουρε-α, Licht, Beleuchtung.

φέρ-ι, geg., Hölle.

φεράκ-ου, kleiner grauer Vogel, Rohrsperling?

φεργελύιγ, tyr., ich zittere; — part. ε φεργελούμεjα, das Zittern.

φεργέϭε-α, geg., Gebackenes.

φεργύιγ, geg., ich backe in der Pfanne; — part. ε φεργούμεjα, das Backen; s. πεrϭίς.

φάρχ, s. φαρχ.

φερχύιγ, ich reibe, frottire, reibe ab; ουφερχούα κεϭούλjα, die Mütze ist abgescheuert; — pob' ε φερχούαρε, abgetragener Rock; — νίϭνε μαϑιτίτ ϭτίγ τε φερχύινε κάλεϭε, seine Schüler begannen Aehren (in den Händen) zu zerreiben , Marc. II, 23; — part. ε φερχούαρα, geg. ε φερχούμεjα, das Reiben, Abreiben; s. φαιχόιγ.

φερλί-α, tyr., s. φελjί.

φερμελjé-jα, tosk., Jacke aus Silber- oder Goldborten ohne Aermel, die über der Aermeljacke (πεϑλί) zum Staate getragen wird (Erinnerung an den Schuppenpanzer? s. φύρμελjε).

φέρρε-α, Dornbusch, Hecke; Brombeerstrauch; μάνε φέρρε, Brombeere; — κύιγ νjεrί μου ίϭτε (μου bε) φέρρε, dieser Mensch ist für mich wie eine Klette; s. ρύϑε; — φέρρε-τε, pl., geg., Reisig; s. λjεμίϭτε.

φερτέρε-α, Pfanne.

φέϭτε-jα, Fes (rothe gestrickte Wollmütze).

φεϭτέκ-ου, geg., Zirbelnuss und ihr Nusskern (Fichtenzapfen); s. κοτϭομάρε.

(φεϭτίγ), ich verabscheue.

φεϭϭελίν, geg., s. βεϭελίν.

(φεϭϭτίρε), schwerlich; s. βεϭτίρε(?).

φέϭτ, tosk., schnell; έα φετ! komme schnell! s. τϭπέττε.

φιjάν-ι, geg., der aus der Taufe gehobene; s. φάμουλ.

φιγάν-jα u. φεγάν-jα, geg., Wehklagen, bes. um einen Verstorbenen; ϭάνε φιγάν τε μαϑ, sie erhoben grosses Wehklagen; — φιγάν ε δgνέϭε, Klagen und Schluchzen.

φιδύιγ, scodr., ich beginne, fange an; s. φελόιγ.

φιδάνε-jα, geg. Pflanze, tosk. Baumsprosse.

φίε-jα, Faden, Gespinnst; s. πε; ε δϭν φίενε κάτρεϭ, er theilt den Faden vierfach, hat grossen Scharfsinn.

φίχ, tyr, ich lösche aus; s. ϭούαιγ; — part. ε φίχμεjα, das Auslöschen.

φίχ-ου, pl. φιχj-τε, Feige, Feigenbaum; geg. — νϭφ, grosse weisse Feige, — boϭφ, unreife Feige; — με ζι ϭτεπότ νδεκέρρ φιχj, nur mit grosser Noth konnte er sich heimlich davon machen.

φιχjίρ-ι, pl. φιχjίρε-τε, Gewissen, Gedanke, Bewusstsein; ρα νδε φιχjίρ, er versank in Nachdenken, er kam aus einer Ohnmacht, vom Wahnsinn, irrereden wieder zum Bewusstsein, türk.

φίλ-ι, pl. φίλj-τε, Faden; ϭπετόβα νγα φίλ, ich rettete mich an einem Faden, bei einem Haare war ich verloren; — tosk. ϭ'τε ζε φίλ, ich kümmere mich nicht um dich; — ϭ' ε ζε φίλ, ich frage nichts darnach; — ζάν φίλ, geg., ich fange an; s. φιδόιγ, πε u. φίε.

φιλj-ι, Elephant, türk.

φιλjάν-ι, geg., ein gewisser, der und der, türk.; s. αχεχούϭ.

φιλδίτϭ-ι, pl. φιλδίτϭε-τε, Elfenbein, türk.

φιλδίτϭrε, adj., von, aus Elfenbein, türk.

φιλδϭάν-ι, pl. φιλδϭάνε-τε, türkisches Kaffeetässchen.

φιλιχάτι, geg., adv., ganz allein, ohne Gesellschaft; φλjέτι νδε ϭτεπί φιλιχάτι ο. βέτεμ φιλιχάτι, ich schlief ganz allein in dem Hause.

φιλόιγ, geg., ich fange an; s. φιδόιγ, νιε u. ζί.

φιλονιχί-α, Zank, Streit, griech.; s. χjάρτε.

φιλονιχίς, ich hadere, streite, griech.

φίλjε-α, Lauge.

φίρ-ι, geg., Farrenkraut; s. φύερ.

φιράχ-ου, geg., Trauer.

φίρε-α, 1. Abgang einer Sache durch Schmelzen, Verdunsten; unbrauchbarer Bodensatz, Schlacke; 2. adj., abgängig, leer; bέιγ φίρε, ich gehe ab (durch Verdunsten, beim Schmelzen etc.).

φιρύσεμ, *geg.*, ich habe Abgang; κεjύ ῇjάλπετε ουφιρός μβασσί ουτρέτ, diese Butter hatte vielen Abgang, als sie geschmolzen wurde; — ich desertire, — νῂα τάιφα, von der Partei; — *part.* ε φιρύσμεja, das Abgangmachen.

φις-ι, *pl.* φίσε-τε, Natur, Abstammung, vornehme Geburt, männliches Glied; φίσι πσοφίσι χουὅ σ' ε πάτι ε ποχτίσι, mit dem (Erb-) Adel ist's vorbei, wer ihn nicht hatte, hat ihn erworben (Sentenz des Demos gegen die Geschlechter); — *geg.* auch: der Stamm und dessen Hauptäste; in der zweiten Bedeutung zerfällt der φις in verschiedene μαχάλ (*türk.*) oder Nachbarschaften, *griech.*

φίσκε-α, Harnblase; s. φούτσκε.

φισμ-ι, natürlich; πουν' ε φίσμε, eine natürliche sich von selbst verstehende Sache; — ι φίσμ, von vornehmer Geburt.

φιὅκ-ου, *Divra, Messer;* s. θίκε.

(φίöχjάρ-ι), Angelruthe.

φιτίλ-ι, Docht, *tetragl.* Baumwolle überhaupt (φυτ~υλ?).

φιτίμ-ι, *pl.* φιτίμε-τε, Gewinn, Erwerb.

φιτύιγ, ich gewinne durch Arbeit und Spiel; ε φιτόβα τρι λjόθρε, ich gewann ihm drei Partien; — *part.* ε φιτούαρα, *geg.* ε φιτούμεja, der Gewinn.

(φίχι), s. φίε.

φχjίνjε-α, *geg.* φχίνjε-α, 1. Nachbarschaft, *tosk.* eines Dorfes, *geg.* eines Hauses zum andern; σ' ε μαρτύιγ βάιζενε νδε φχjίνjε, *tosk.*, ich verheirathe meine Tochter nicht in die (benachbarte) Fremde, Nachbarschaft; — 2. der Nachbar aus einem nahen Dorfe, *tosk.*, Hausnachbar, *geg.*; s. ῂjιτόν.

φχjινύιγ u. φχjινερύιγ, *tosk.*, ich gränze an, verschwägere mich mit einem benachbarten Dorfe; — *part.* φχjινούαρε, in ein Nachbardorf verheirathet.

φχjόλλε-α, *geg.*, Zopf gehechelten Flachses.

φλjάκε-α, Flamme, Feuer.

φλjάχτε, feurig.

φλjάμε-α, *geg.*, weiblicher Dämon, welcher die fallende Sucht erzeugt; fallende Sucht; τε ράφτε φλjάμα! möge dich die Sucht befallen! — τε ὅτίς φλjάμετε, ich werde dich so strafen, dass dich die Sucht befällt; — *euphem.* ῇjίνδετε με ατέ χεσάπ, wörtl.: er liegt (mit dem bösen Geiste) in Abrechnung, d. h. er hat einen Anfall; — ι ρα αjό πούνε, das bewusste Ding hat ihn überfallen; — ῇjίνδετε κεκj, er liegt schwer darnieder; — *tosk.* Epidemie

unter Thieren; βαῂετίσε ρα φλjάμε, das Weidevieh ist von einer Seuche befallen.

φλjαμόσουρε, *geg.* φλjαμόσουνε, besessen.

φλjάς, *anom.*, ich rede, rufe; *geg.* φλjας νd' έρετ, ich rede in die Luft; — φλjετ κεκj περ μούα, er spricht schlecht von mir; — *geg.* μ'α φύλjι, er versprach es mir.

φλjε̄, *geg.* φλjεύ, *anom.*, ich schlafe; — *part.* ε φλjέτουρα, *geg.* ε φλjέτίτμεja, das Schlafen, der Schlaf; s. δούιν.

φλjέῂουρα-τε, *tyr.*, Nasenlöcher; s. φέjετ' ε χούνδερε.

(φλjέῂουρα, *tyr.*), Fensterflügel; s. χανάτε, φλjέτε.

φλjεpεδὅΐ-ου, Flötenspiel.

φλjέτε-α, *tosk.*, Baum-, Papier-Blatt, Fensterladen; s. φλjέῂουρα; *geg.* φλjέτε, Flügel; — δουχμέν με φλjέτε, österreichischer Thaler (mit dem Doppeladler); — Papier- (nicht Baum-) Blatt.

φλjοχ-ῂου, *geg.* -χου, *pl.* φλjύῂjε-τε, Flocke, *geg.* auch: wallendes Haupthaar von Männern und Frauen; φλjύῂου σι ζύῂου, Schneeflocken gross wie Vögel.

φλjοχάτε-ja, *tosk.*, weisswollener Ueberrock, welcher vorn offen ist und keine Aermel hat; den Oberarm deckt ein spitz zulaufender Lappen, welcher die Haut von den Füssen des Schaffelles vertritt. Zur Nachahmung des Schafpelzes sind auf der innern Seite weisse und an ein paar Stellen rothe Wollflocken (Blutspuren des geschlachteten Thieres) eingenäht; s. φλjοχ. Flokate (von Hohen und Niederen getragen) und Fustanelle bilden die eigenthümliche Tracht aller Süd-Albanesen; s. δὅύχε.

φλjορί-ου, *geg.* φλjορίν-νι, unverarbeitetes oder gemünztes Gold; s. αρ.

φλjουτουράχ-ου u. φλjουτουράχε-α, Geflügel.

φλjούτουρε-α, Schmetterling.

φλjουτουρύιγ, ich flattere, fliege; φλjουτουρύιγ νῂα ὅένδι, ich fliege, d. h. ich springe vor Freuden; — *part.* ε φλjουτουρούαρα, *geg.* ε φλjουτουρούμεja, das Fliegen, der Flug.

φλοjέρε-ja u. φλοέρε, Flöte, Pfeife.

φοβερί-α, Drohung, Ernst, Nachdruck, *griech.*

φοβερίς, ich schrecke, schüchtere ein, bedrohe, *griech.*

φοδούλj-ι, hoffährtig, frech, anmassend.

φόλε-α, Silberscheibe, deren zwei oder mehrere an dem Riemen befestigt sind, mit welchem der

Waffengürtel (σιλjάχ) angeschnallt wird, auch ζάβε genannt.

φολjέ-ja, Nest, Thierlager; s. λοθ, ότροφάχ, φουρρίχj.

\ φύλjμε-ja, pl. τε φύλjμιτε, geg. part. v. φλjάς; 1. Rede, Redeweise; χα φύλjμε τε μίρε, er hat eine schöne Redeweise, spricht gut; — 2. Aussprache, Mundart; Δίβρα χα τε φύλjμε τε βράδετε, die Landschaft Divra hat eine rauhe Aussprache, Mundart; — 3. Ermahnung, Vorstellung; γjίθε τε φύλjμιτε ίϭτνε τε χότα, alle Vorstellungen waren vergebens.

φύλjουρε-a u. φύλjτουρε, part. v. φλjάς, Mundart, Aussprache.

φούθλjε, geg., taub (v. der Nuss, der Mandel etc.)

φύρε-a, tosk., Kraft, Gewalt; με φύρε, mit Gewalt.

φύρμε-a, geg., Form, Aussehen; τϭ' φάρε φύρμε χα ? wie sieht er aus?

φόρμελjε-a, geg., Haut-, Haar-, Fisch-Schuppe; s. θερί.

φορτ, adv., sehr.

φύρτε, adj., stark.

φύρτετε-a, Kraft, Stärke.

φύρτσε-a u. φορτσάτ-ι, Kraft, Gewalt; χεjύ ϭτεπί χα φύρτσε, diess Haus ist fest gebaut.

φυρτσούιγ, ich stärke; — φορτσόχεμ, ich stärke mich, nehme zu; — τϭ' βεν, ουφορτσόβε? was machst du, bist du kräftiger? s. griech. εδυνάμωσες (Frage an einen Kranken); — τε φτόχετε, έρα φορτσόνετε, die Kälte, der Wind nimmt zu.

φύρτϭιμ, adj., stark.

φοϭί-a, geg. φόϭνjε-a, tosk., Wickelkind; s. φάϭχε u. φούτσχε.

φοτί-a, Oellampe, griech.

φούγε-a, geg., Weibchen der Goldamsel.

φουχαρά-ja, Bettler, türk.; s. βάρφερε.

φουχjί-a, Kraft, Stärke, Bedeutung eines Wortes.

φουχjίτϭιμ, geg. φουχjίϭιμ, stark, kräftig.

φουλίχj, geg., ich beschimpfe; s. φελίχj; — part. ε φουλίχjμεja, die Beschimpfung, Schande.

φοΰντ-δι, pl. φούνδε-τε, Grund, Boden, Tiefe, Ende; δέτι πα φουντ, das bodenlose Meer; — φουντ ι χουβένδιτ, das Ende der Rede; — νδε φουντ u. με νδε φουντ, endlich.

φουντύς, tosk., ich tauche ein; s. δυς, νjjίειγ.

φουρχ-ου, der Pfahl, welcher zum Spiessen der Menschen dient.

φούρχε-a, Spinnrocken, Rockenstab (hat in Albanien Gabelform), hölzerne Heugabel; s. σφουρχ, δέιγ.

(φουρχουλίτζε), Gabel; s. πρύχε.

φούρρε-a, Ofen, — περ βούχε, Backofen.

φουρρίχj-ι, geg., Vogelnest, das auf der Erde, nicht auf Bäumen steht, wie Hühner-, Gänse-, Enten-Nest; s. φολjέ.

φουρτούνε-a, See-Sturm, Sturmwind.

φούϭχε-a, geg., φούτσχε, tosk., Blatter, Blase.

φουστάν-ι, pl. φουστάνε-τε, geg. φουστάνε-ja, Weiberrock, Fustanelle.

φουϭαί-ja, geg., Handtuch, Serviette (Stamm φϭιγ?); s. πεϭχίρ u. δεστεμέλ.

φουϭάρ-ι, geg., Fuschar, Landschaft südöstlich von Elbassan.

φουϭαράχ-ου, in der Ebene lebend, dem μαλλjεσούαρ entgegengesetzt; νjερί φουϭαράχ u. μαλλjεσούαρ, Platt- und Hochländer; — θελέξε φουϭαράχε, Feldhuhn, — μαλλjεσύρε, Steinhuhn; — χάου φουϭαράχ, schwerer Ochse, der nur in der Ebene brauchbar, — μαλλjεσούαρ, Bergvieh.

φούϭε-a, Ebene, geg. auch: der Hof; φουϭ' ε λjούφτεσε, das Schlachtfeld.

φουτ, geg. φους, ich stecke ein, hinein, verstecke; δο τε φουτ νδένε δε (Drohung an Kinder), ich werde dich in die Erde stecken; — γρόϭε τε δούμε ι χα φούτουρε νδένε δε, er hat viel Geld in der Erde vergraben; — geg. auch: ich falle, breche ein; — ουφούτνε χουσάρετε νδε φϭατ, Räuber brachen in das Dorf ein; — Μοσχόβι ι ουφούτ μbρέττιτ νδυτϭ νδε Βογδανίτε, der Russe fiel dem Sultan (bis) in die Wallachei ein, geg.; — φούτεμ, ich verstecke, verkrieche mich; — φούτεμ νδε στρόμε, ich krieche in's Bett; — φούτου! φούτου! verstecke dich!

φούτε-a, Schürze; schwarzes Trauertuch, welches die Frauen um den Kopf binden.

φούτσχε-a, Harnblase, Knirps, geg. Ameisenart deren Biss Geschwulst verursacht.

φουτϭί-a, geg., grosser, ausgebauchter Webkübel; s. τίνε.

φουφουφέχε-a, Eule; s. χουχουμjάϭε.

φρανjjούζε-a, geg., Krebskrankheit; s. φάγουϭε.

φρανγί-a, geg., Schiessscharte; s. μαδϭάλε; Frankenland, Europa.

φράϭεν-ι, geg., φράϭερ-ι, tosk., Baum, aus welchem Fassreife gemacht werden, sein Holz dient zum Gelbfärben.

φραδούλε-ja, geg., Bohne; s. βάθε.

φρατ-ι, geg., katholischer Geistlicher.

(φρατινίϭτ), brüderlich; s. βελαζερίϭτ.

φρ̆ε-ρι, pl. φρἔρε-τε u. φρἔ-τε, geg. φρεὐ-νι, Pferdegebiss, Stange, Zaum überhaupt, Traubenstiel.

φρεὐθ-ι, geg., Pferdekrankheit, die ihren Sitz in der Nase haben soll.

φριγ u. φρύιγ, geg. φρῦνιγ, ich blase, wehe, sättige; φρύιγ κjύρρατε o. χοὐνδενε, ich schneuze mich; — φρίχεμ, ich schwelle, sättige mich; s. χἔχεμ; — μου φρυ δὐρα, mir schwoll die Hand; — part. ε φρύρα u. ε φρύι-τουρα, geg. ε φρύμεja, das Wehen, Blasen, das Anblasen, ein sympathetisches Mittel, bes. zur Heilung von Geschwülsten und Augenkrankheiten; s. τἔφριγ, φρύμε.

φρίχε-a, Schrecken, Furcht, — ε περνδίσε, Gottesfurcht; — geg. jάνε φρίχα, es sind unruhige, Kriegszeiten, griech.

φριχύιγ, geg. φριχετἔύιγ, ich jage Schrecken ein; — φριχύνεμ, geg. φριχετἔύχεμ, ich bin in Furcht, Schrecken, ich fürchte; — part. ε φριχούαρα, geg. ε φριχετἔούμεja, das Furcht-, Schreck-Einjagen, Drohung.

φρὄμ-ι, geg., Todtenbahre.

φρον-ι, pl. φρόνε-τε, tosk. (θρον-ι, tetragl.), Kirchenstuhl, Todtenbahre, Stuhl, Schemel.

(φριοὐτ), Frucht.

φρουθ-ι, pl. φρούθε-τε, geg. φρουνθ, Masern.

φρύμε-a, Athem, Hauch; φρύμε ε χέχjε, der böse Geist; s. φριγ.

φσἄτ-ι, pl. φσἄτερα-τε, tosk., Dorf, Flecken; s. χατούντ.

φσἄτάρ-ι, tosk., Dörfler.

φσἄτὄε, adv., dörferweise u. dem Dorf eigen; κετἔ βορτὄ ε χέμι φσἄτὄε, diese Schuld haben wir als Dorf gemeinsam.

φσἔσε-a, geg. μεδέσε, Besen.

φσἔχ, geg μετσέφ u. τἔεφ, ich verstecke, verheimliche; — part. φσἔχουρε, geg. μετἔέφουνε u. τἔέφουνε, heimlich, versteckt; — part. ε φσἔχουρα, geg ε μετἔέφμεja u. τἔέφμεja, das Geheimniss.

φσἔχεράχ-ου, tosk., Heuchler, hinterlistiger Mensch; s. τινεζἄρ.

φσἔχουρα, tosk., adv., heimlich; s. τἔέφας.

φσἔιγ, geg. μεσἔιγ u. πἄιγ, ich kehre, — aus; — τε φὄίρατε, das Kehricht; — geg. ε μεσἔίμεja u. πἄίμεja, das Kehren.

φτέσερε-ι, geg., der Einlader zu Hochzeiten etc.; s. φτούιγ.

φτούιγ, tosk., ich lade ein; ε φτούανε περ δάσμε, sie luden ihn zur Hochzeit ein; — part. ι φτούαρι, der Eingeladene, Gast; — χουὄ

βέτε πα φτούαρε, ε jjεν πα ὄτρούαρε, wer uneingeladen kommt, der findet nicht gedeckt; — ε φτούαρα, die Einladung.

φτούα-οι, Quitte, Quittenbaum, -Strauch.

φτοχ, geg. φτοφ, ich mache kalt, verletze mit Worten, tosk. auch: ich lösche aus; φτοχ ε χανδίλενε! lösche das Licht aus! — φτόχεμ, geg. φτόφεμ, ich werde kalt, erkalte, erkälte mich; — part. ε φτόχουρα, geg. ε φτόφμεja, die Kälte, Erkaltung u. Erkältung.

φτόχετε, geg. φτόφετε, adj., kalt, frisch, kühl; τε φτόχετιτε, geg. τε φτόφετιτε, pl., die Kälte.

φτοχετίρε-a, Kälte.

φύελ-ι, pl. φύειj-τε. tosk., Rohr des Destillirhelms, welches die Kinder auch als Trompete gebrauchen; s. λούλε.

φύερ-ι, tosk., Farrenkraut; s. φιρ.

φῦλ-ι, geg., Schäferpfeife, meist mit 6 Löchern; s. χαβάλ.

φυλι-a, tosk., Volk, Geschlecht; s. τἔέτε, φάρρε, μιλέτ, jjιντ, φις; νjα τἔε φυλί o. φάρρε jε? von welchem Geschlechte bist du?

φυἄεχ-ου, geg., Patrone.

φὖτ-ι, pl. φύτε-τε, Kehle, Schnabel der Lampe, Ausguss eines Gefässes; geg. jαμ τἔ' νδε φυτ, ich bin angegossen bis zur Kehle; s. δσβύρδες, jουρμάς, jρύχε, κjάφε, τύτε.

φυτέπς, ich pflanze, griech.

φυτί-a, Pflanze, griech.; s. βίμε.

φυτύρε-a, Gesichtszüge, Farbe; νjα έθεja χα φυτύρε τε βέρδε, vom Fieber hat er ein gelbes Aussehen; — νjα φρίχα jι ουπρίὄ φυτύρα, vor Schreck verlor er die Farbe; — τρι φυτύρεὄ περνδία, dreieiniger Gott; s. σφυτυρίν.

X*).

χα, anom., ich esse; με χα ζέμερα μb' ατέ νjερί, ich habe Verdacht auf diesen Menschen; — geg. χα με τε μίρε (νjερίνε), ich schmeichle einem; s. μαρρ u. χάχεμ.

χαβάν-ι, pl. χαβάνε-τε, Mörser, türk.

χαβίτεμ, geg., ich staune, sperre vor Staunen den Mund auf; — part. ε χαβίτμεja, das Staunen (Stamm χαπ); s. χουτύιγ.

χαδέμ-ι, pl. χαδέμε-τε, geg. χάδεν, Eunuch; βἔιγ χαδέμ, ich kastrire, türk.; s. τρεθ.

————————

*) Deutsch h, s. auch in χ.

χαδὅτ-ι, *pl.* χαδὅτε-τε, Sorge; χαμ χαδὅτ, ich bin besorgt; — μος xίγ χαδὅτ, sei unbesorgt, *türk.*

χαιάτ-ι, *pl.* χαιάτε-τε, Raum zu ebener Erde, dessen Decke der τϑαρδάχ bildet.

χάιδε! *imperat.* eines verlorenen *Verbums*, hierher! gehe! χάιδενι! geht!

χαιδούτ-ι, *pl.* χαιδούτ-τε, Räuber, Dieb, *türk.*; s. χοῦσάρ.

χᾰχε-α, *geg.* χᾰx-ου, Recht, der bedungene Sold, Lohn; χάχε χε, du hast Recht; — χάχα σ' χοῦμβετ', das Recht geht nicht verloren (Sentenz); — μαρρ χάχε, ich nehme mir mein Recht, ich räche mich; — περνδία με μάρτε χάχε! möge der Herr für mich Rache nehmen! *türk.*

χᾰλ-ι, *pl.* χάλε-τε, *geg.*, Kraft, Vermögen (s. ναφτ), Besitz, Umstand, Zufall; χα χᾰλ, er hat Kraft, ist vermögend, ist mächtig; — με ρα νjε χαλ, es stiess mir ein Unfall zu, *türk.*

χαλάτ-ι, *pl.* χαλάτε-τε, *geg.* χαλάτε-jα, Werkzeug, Instrument, *türk.*; s. αβλιμέν.

χᾰλje, *geg.*, s. χᾰλλje.

χᾰλje-jα, *geg.*, Abtritt, *türk.*; s. λjίγε.

χαλjινός, *geg.*, ich mache körperlich zu Schanden, ruinire; χεjύ σεμούνδε ε χαλjινόσι, diese Krankheit hat ihn zu Schanden gemacht; — χαλjινόσεμ, ich bin körperlich ruinirt; — ουχαλjινόσνε δέντε, die Schafe sind zu Schanden; — *part.* ε χαλjινόσμεjα, das zu Schanden Gehen, Sein.

χαλίχj, *pl.* χαλίχje-τε, *adj.*, steinig; βενδ χαλίχj, steiniger Ort; — βέρρε χαλίχje, schwacher (auf steinigem Boden gewachsener) Wein, *geg.* (besonders *im pl.* χαλίχjα-τε) auch Ruinen, gleichviel ob von Holz oder Stein.

χαλίτϑ-ι, *pl.* χαλίτϑε-τε, *tosk.*, Kieselstein; s. γουρμάτς.

χαλx-ου, Volkshaufe, Pöbel; χjένε ϑούμε χαλx? war eine grosse Menschenmasse dort? s. μαλ.

χάλλε-α, Tante, *türk.*; s. ϑjάjε.

χαμαχοῦϑ-ι, *geg.*, grosser Raubvogel, Lämmergeier? *); s. ὅχᾰbε.

χαμβάρ-ι, s. αμδάρ, Getreidebehälter, bei Vergleichungen stets leer gedacht; μου ὅε ζέμερα χαμβάρ, der Leib ist mir leer, wie ein Getreidebehälter, ich bin sehr hungrig; — χαμβάρ ι γjεμίσε, Schiffsbauch.

χάμρς-ι, Fresser, Vielfrass, Erpresser; σεμούνδε χάμρσε, Krankheit, welche (wie die Auszehrung etc.) den Appetit steigert; s. χα u. νέπες.

χαμουρίχ-ου, Igel? s. ουρί.

χᾰν-ι, *pl.* χάνε-τε, Herberge, Wirthshaus; s. χα.

χανδάρ-ι, *tosk.*, Querholz, welches statt des Riegels quer über die ganze Breite der Thüre oder des Thores geschoben und beim Oeffnen in einen zu dem Ende in der Mauer angebrachten Canal gestossen wird; s. δουλjτς.

χανδὅάρ-ι, breites Fleischermesser.

χανδᾰϑ-ου, Wirth.

χανούρ-ι, *geg.*, unverschnitten, von Widdern und Böcken; s. βαρβάτ.

χᾰπ, ich öffne, zerstreue; s. περγχάπ; ich streue aus; χάπι νjε χουβένδ, er streute ein Gerücht aus; — χᾰπ γόjενε, ich gaffe; — μου χαπ ζέμερε, s. χερϑίζε; — χάπεμ, ich werde geöffnet, eröffne mich, vertraue an; s. τϑελλj; — *part.* συ χάπουρε, offenes Auge, d. h. wachsam, aufmerksam; — ε χάχουρα, *geg.* ε χάπμεjα, das Oeffnen, die Eröffnung, Zerstreuung.

χαπαϑάλjϑι, *adv.*, *geg.*, mit weit geöffneten Schenkeln; έτσι χαπαϑάλjϑι, er ging mit grossen Schritten; s. ϑαλj.

χᾰπες-ι, Schlüssel; s. χjυτϑ u. τϑέλλjες.

χάπετε, offen, geöffnet, zerstreut, hell von Farbe (*s. griech.* ἀνοιχτός); s. μβύλτουρε; νjερί ι χάπετε, ein offenherziger Mensch, und ein Mensch mit vielen Verbindungen, *un homme répandu dans le monde*; s. τϑελλj u. μβύλες; — ίϑτε δύρε χάπετε, er ist eine offene Hand, freigiebig, μβύλτουρε, geizig.

χάπετε, *adv.*, offen, gerade heraus; αγjέρε τα ου ϑα ατύρε Ίσούι χάπετε, hierauf sagte ihnen Jesus gerade heraus, Joh. XI, 14.

χᾰρ, *geg.* χερρ, *Premeti* ϑερ, ich gäte aus, schneide Bäume, Weinstöcke aus, putze sie aus; — *part.* ε χάρρα, χάρρουρα u. χάρρτουρα, das Ausgäten, Ausputzen.

χαραβέλj-ι, *geg.*, Bachstelze, wird nicht gegessen, weil sie halb Maus und halb Vogel sei; s. βιϑτατούνδ.

χαραχοπί-α, Schwelgerei, Schlemmerei.

χαραχοπίς, *geg.* χαραγόbεμ, ich schwelge, schlemme.

χαρδί-α, *geg.*, Ladstock; s. ϑούφρε.

---

*) Der Albanese glaubt, dass er seine Eier nicht daraufsitzend ausbrüte, sondern dadurch, dass er sie unausgesetzt mit dem Blicke fixirt.

χάρδjε-α, geg., Halsbräune.

χάρδjε-ja, χαρδέλjε-α u. χαρδίτζε-α, geg. χαρδίτᾱζε-α, braune Eidechse.

χαρδίχ-α, geg., Weinstock.

χαρζάνε-ja, geg., kleine Altarkerze; s. λαμπάδε.

χαρμεδούρε, geg., adj., nur in καλj χαρμεδούρε, geflügeltes Pferd.

χαρράχj, geg., vergesslich; s. χαρρόιγ.

χάρρjε-ja, geg., Mücke, Schnake; s. μᾰσόνjε.

χάρρε, s. άρρε.

χαρρίγ u. αρρίγ, tosk., ich komme an, reiche bis an, reiche hin; χαρρίγ, es reicht hin, n. griech. φϑάνω; s. ρριν, αρμενίς.

χαρρίμε-ι, pl. χαρρίμε-τε u. χαρρίμε-ja, Vergesslichkeit; s. χαρρόιγ.

χαρρόιγ, ich vergesse; — χαρρόχεμ, geg., ich unterhalte mich, bringe die Zeit zu; — δαλj ε πίκjεμ με δόχετε χjε τε χαρρόχεμ, ich gehe aus und suche meine Kameraden auf, um mir die Zeit zu vertreiben; — part. χαρρούαρε, vergessen, vergesslich; — ε χαρρούαρα, geg. ε χαρρούμεja, das Vergessen, die Vergesslichkeit.

(χαρροχοπί-α), Zeitvertreib, Unterhaltung.

χαρτῖ-ι, pl. χάρτῖε-τε, geg. χάρδῖε-α, Ausgabe, Sold, türk.

χάσερε-α, geg., Matte; s. ρογύς.

χασετχjάρ-ι, Nebenbuhler.

χασμ-ι, pl. χασμ-ιτε, Feind.

χασμάχ-ου, tosk., Sumpf, Wasserloch.

χασμρί-α, geg. χασμενί-α, Feindschaft; καμ χασμερί u. jαμ νδε χασμερί με ακετσίλλινς, ich lebe in Feindschaft mit dem und dem.

χασμερῖότ, geg. χασμενῖότ, feindlich.

χασμόιγ, ich feinde an, befeinde; — χασμόνεμ, ich werde, bin Feind.

χαδαρί-ου, geg., Wildfang (nur von Kindern gebräuchlich).

χαδάδ, geg. χαδάφ δέτι, Mohn, Mohnsaft.

χαδάφ-ι, geg. χοδάφ, Art Latwerge aus Feigen, Pflaumen, Pfirsichen und Honig, bes. als Krankenspeise, türk.

χατέλγ-α, tosk., der Spitzwinkel, welcher von dem horizontalen Hausmauerende und der auf dessen äusserer Seite ruhenden schief aufsteigenden Dachfläche gebildet wird, der Zwischenraum zwischen dem Fussboden des ersten Stockes und der Mauer auf der er ruht, der durch die Tragbalken des Fussbodens gebildet wird; besonders der erstere Raum dient als eine Art Rumpelkammer, wohin altes oder

wenig gebrauchtes Hausgeräthe abgesetzt wird.

χάτελε-α u. χάτουλε-α, geg., meist nur im pl. gebräuchlich, die auf den Dachsparren ruhende Unterlage der Dachziegeln, bestehe diese nun aus Bretern, Latten, Prügel oder Matten.

χάχεμ, pass. v. χα, 1. ich werde gegessen, gefressen, νγα εγρεσίρα, von wilden Thieren; 2. ich scheuere, reibe mich ab; geg. ουχάνγρε φέστια, ρόδjα, das Fes, der Rock ist abgescheuert; — ουχάνγρε γουρ' ι πούσιτ νγα λιτάρι, der Brunnenstein ist vom Seile abgewetzt; — 3. ich streite (fortwährend); χάχετε με δύχjενε, er liegt mit seinem Weibe in den Haaren; — 4. ich bin annehmbar, erträglich; κεjύ γρούα χάχετε, diese Frau ist ganz passabel; — κύιγ νjερί σ' χάχετε, dieser Mann ist unangenehm; — αjό πjέλλε με χάχετε, ich trage Gelüste nach jener Speise, was n. griech. τράγομαι; s. δρέιγ.

χε-ja, geg., Proviant, Vorrath; δτίου γένε περ νjι μοτ, er sammelte Vorrath auf ein Jahr; s. χα.

χέjε-α, Lanze; s. χελ.

χεϑ, geg. χοϑϑ, ich werfe, giesse aus, schenke ein; χεϑ νjε γουρ μbι κjεν, ich werfe einen Stein nach dem Hunde; — tosk. χεϑ βέρε, ich schenke Wein ein; — ε χεϑ νδε ύιj, wörtl.: ich werfe es in die Sterne, ich prophezeihe, combinire, conjecturire (gleich einem Astronomen); — σ' χόδα νδε ύιj, ich bin kein Prophet, konnte es nicht (gleich einem Astrohomen) vorhersehen; — χεϑ πόδτε, ich werfe weg, werfe (einen) zu Boden; — geg. κούιγ ι α γουϑ ατό? auf wen stichelst du? spielst du an? — χεϑ όχjελμ, ich schlage aus (vom Pferde); — χούδεμ, geg., ich werde geworfen etc.; — μα νδονjέ σ' χόδι δόρενε μbι τε, aber keiner legte Hand an ihn, Joh. VII, 30; s. ότίς; — part. ε χέδουρα, geg. ε χούδμεja, das Werfen, Weg-, Niederwerfen, Einschenken, Giessen, Springen; s. χίδεμ.

χειbέ-ja, geg. χίbε, Quersack, türk.

χέχj, geg. χεχ, ich ziehe, ziehe ab, subtrahire, reisse ab, leide, dulde; χεχj νδε ρύjε, ich ziehe einen im Munde herum, rede ihm Böses nach; — χεχj δόρενε, ich ziehe die Hand ab, d. h. ich stehe ab, n. griech. τραβῶ; — part. ε χέχjουρα, geg. ε χέχμεja, das Ziehen, Leiden, Leben; — χέχjουρε ε μίρε, gutes, ε λjίγε, schlechtes Leben.

χέχϳες-ι, *tosk.*, der Leidende, Elende.

χεχϳίμ-ι, *pl.* χεχϳίμε-τε, Arzt, *türk.*

χέχουρ-ι, *pl.* χέχουρα-τε, Eisen; χέχουρα-τε, schwere Eisenkette; — ε βούης νδε χέχουρα, sie legten ihn in Eisen; — ἰστε χέχουρε, er ist von Eisen, eisenstark; — *geg.* μ' ατε φαρρ' βένδι ϳϳαν τε ϳέσε ι χέχουριτϳα ι φλϳυρίνιτ, an diesem Orte musst du von Eisen oder von Gold sein, d. h. arbeitsam oder reich, denn das Leben ist dort schwer.

χεχουρύς, *tosk.*, ich beschlage, überziehe mit Eisen, werfe in Ketten, ich bügele, wie *n. griech.* σιδερόνω; — *part.* ε χεχουρόσουρα, das Beschlagen mit Eisen, das Bügeln.

χέχουρτε, eisern.

χέλ, *best.* χέλι, *pl.* χέϳε-τε, *geg.* χέλλε-ϳα, Bratspiess, Spiess, Lanze, jedes gerade spitze Werkzeug; *s.* ϳαρϳί u. μεζδρά.

χελϳμ-ι, *pl.* χέλϳμε-τε, *geg.* χέλϳεμ-ι, Gift, Betrübniss.

χελϳμίμ-ι, *geg.*, Kummer; χαμ χελϳμίμ, ich habe Kummer.

χελϳμόϳ, *geg.* χελϳμός, ich vergifte, betrübe; — χελϳμόνεμ, *geg.* χελϳμόσεμ, ich vergifte mich, betrübe mich, bekümmere mich; — *part.* ε χελϳμούαρα, *geg.* ε χελϳμούμεϳα, die Vergiftung, Betrübniss, der Kummer.

χενϳελάς u. χενϳελίϳ, *geg.* χινϳελίν, ich wiehere; — *part.* ε χενϳελίτουρα, *geg.* ε χινϳελίμεϳα, das Gewieher, Wiehern.

χέννε-α, *geg.* χάννε, Mond, ε ρε, Neumond, ε πλιότε, Vollmond, ε ϑτούαρε, zunehmender, ε λϳίπσουρε, *geg.* ε βδϳέρε, abnehmender Mond; *s.* μαρρ.

χέννεζε-α, *geg.* χάννεζε, Möndchen, häufig für Mond.

χέρδε-ϳα, Hode.

χέρε-α, Zeit; χεϑτού ε πρου χέρα, *geg.* χύχυ-ϳα, so brachte es die Zeit, die Verhältnisse mit sich; Mal, *du* χέρε, zweimal; χέρεν' ε πάρε, ε πασταίμε, zum ersten, letzten Male; — με νϳε χέρε, mit einem Male, sogleich; — πο νούχε ἐστε με νϳε χέρε σύσεϳα, doch kommt die Rettung nicht mit einem Male, plötzlich, Luc. XXI, 9; — εδέ χϳε χϳυὁ ουϑέρρούα με νϳε χέρε, und wie sie mit einem Male, d. h. sofort genesen sei, Luc. VIII, 47; χϳε χέρεν' ε πάρε, vom ersten Male, vom Anfang an; — σα χάχϳε χέρε, denselben Augenblick; — χέρε χέρε ο. χέρε πας χέρε. dann und wann, manchmal; — σα χέρε? wie oft? — ατε χέρε, dann, hierauf; — νδε νϳε

κύχε νϳε χέρε χϳε, es war einmal (Anfang eines Märchens, *n. griech.* ἥτανε μία φορὰ καὶ ἕναν καιρόν).

(χέρε), Krieg; *s.* λϳούφτε.

χέρρ, *geg.*, *s.* χαρ, ich beschneide Weinstöcke und Bäume, putze sie aus; — *part.* ε χέρρμεϳα, das Weinstöcke- und Bäume-Beschneiden, Ausputzen; *s.* ϑερ.

χέρρες-ι, *geg.*, Bäume-, Reben-Beschneider.

χέϑτ! still! *s.* τυττ.

χέχεμ, *pass.* v. ἔϳ, ich schwelle.

χι-ρι, *pl.* χίρε-τε, *geg.* χίυ-νι, Asche; *gesit.* χίριτ, *geg.* χίνιτ, aschfarbig, grau; *geg.* τε βάυφτε ζύττ χιυ ο. χιυ ε χρούσκουλ, möge dich der Herr zu Asche und (?) machen! — ουβάν χιυ, er ist zu Grund gegangen, besonders von einem Kaufmann der Bankerott gemacht hat.

χι, *geg.*, was ϑε, heilig; χι Ινδρε, *geg.*, December; χι Μίλι, *geg.*, November; χι Μίτρι, *geg.*, October.

χίϳ, χύιϳ u. ρύϳ, *geg.* χύιϳ, *anom.*, ich gehe hinein, gerathe in; σ' χυν χόρδα νδε μελ, das Schwert geht nicht in die Scheide; — χύρρα νδε ϑτεπί, ich ging in das Haus; — χύρρα δρένδα, ich ging hinein; — φάλλϳουνι χϳε τε μος χύνι νδε πιραξί, betet, damit ihr nicht in Versuchung gerathet, Luc. XXII, 40; — χύρρα νδε λϳαχ, πουσί, ich gerieth in die Falle, den Hinterhalt; — *geg.* ι χύκ νδερ χούνδε, er stieg ihm in die Nase, d. h. er spielte ihm einen Streich, der ihn wurmt (den Mücken entnommen, welche Pferden und Ochsen in die Nase schlüpfen und sie dadurch wild machen); — *part.* ε χύιτουρα, ε χύρα, ε ρύιτουρα, ε ρύρα, *geg.* ε χύμεϳα, Eingang, Eintritt, Einzug, Einkommen, Einnahme; — τε χύιτουρατε τρι ἰστε νϳε μίϳε ϳροϑ, mein Einkommen beträgt 1000 Piaster; — *geg.* ε χύμεϳα ε δάλϳμεϳα μίχϳεβετ, das Ein- und Ausgehen der Freunde, der tägliche Verkehr mit ihnen.

χίδεμ, *geg.* χούδεμ, *pass.* v. χεϑ, ich springe, stürze (auf einen) los; χίδεμ νϳε χενδέχ, ich springe über einen Graben; — ουχόδα μπι τε, ich stürzte auf ihn los; — χούδου! χούδου! darauf! pack' an! *s.* τουρρ.

(χιδενίμ), Zorn; *s.* τδενίμ.

χιδίτῦ-ι, *pl.* χιδίτῦε-τε, verschnittenes Pferd, Wallach, *türk.*

χίδριτ, *s.* λίδδε.

χία-ja u. χε, Schatten; χίε λjίγε, schwarzer
Schatten, n. griech. ἰσχjομα; Bezauberung,
Behexung, Eingangsphrase bei Erzählung eines
unglücklichen Beispiels, geg. κjόφτε πηρ τε
μίρε, vjε νjε χέρε κεϑτού, παστ χίεν ε βέτε,
χοχj κετσί φαρ σύι, es sei zum guten, einer
ein Mal so, möge er den (schwarzen) Schatten
für sich allein haben, der erlitt folgendes; —
με χα χίε, es steht mir, steht mir zu; —
κgjό φέστε με χα χίε, diess Fes steht mir zu
Gesicht; — κύτγ χουβένd σ' τε χα χίε, diese
Rede (so zu reden) steht dir nicht zu; s. ρjαν,
ουεdίς.

χιεσόιγ, geg., ich beschatte.

χίϑερϑ-ι, pl. χίϑερϑε-τε, geg. χίνσερλ u. χίνϑες,
Brennnessel.

χίκjεμ, pass. v. χεxj, ich ziehe mich zurück;
χίκjεμ νγ̇α ουρδινία, ich werde des Amtes
entsetzt; χίκjου μέjε! fort von mir! n. griech.
τραβίξου!

(χίκις), ich entschuldige.

χίλε-ja, Betrug beim Spiel, Uebervortheilung,
türk.

χίλμ-ι, pl. χίλμε-τε, Neigung, Stimmung, Laune.

(χτνάρϑ), Artischocke.

χινγελίν, s. χενγελάς.

χίπκ u. χίπκηγ, geg. χύππιγ, ich hebe, setze
etwas auf etwas; ἐα τε τε χίκπ μbt χαλj (selt-
tener σίκηρ χάλjιτ), komm', damit ich dich
auf's Pferd hebe.

χίππειγ, 1. ich steige auf, mit genit. χάλjιτ,
μάλλjιτ, auf das Pferd, den Berg, auch mit
νdε; ε χουρ χίππι Ἰσούϊ νdε Ἰερουσαλέμ,
und als Jesus aufwärts nach Jerusalem ging,
Matth. XX, 17; — 2. ich belege, bespringe,
mit genit., von Vögeln und Vierfüsslern; χο-
κύϑι χίπκην πούλjηςε, der Hahn kappt das
Huhn; s. ϑκελλj; — 3. ich überwinde; με
ρjουχάτε, φjάjε, dιτουνί, vor Gericht, in
der Rede, in Gelehrsamkeit.

χίρ-ι, geg., die Gnade Gottes; χίρ' ι περνdίσε
να χιεσόφτ, die Gnade Gottes möge uns
beschatten.

χίρ, indeclin., με χίρ, gutwillig, bongré; με
κα χίρ, wider Willen, malgré; με χίρ α με
κα χίρ, gern oder ungern.

χίρρε-α, Molken.

χιρρύς, ich werde sauer, ich gehe ein, zusammen (von der Milch, frischem Käse etc.).

χισσέ-ja, geg. χίσσε-ja, Antheil bei einer Theilung, türk.; s. πjέσε.

χίϑμ-ι, geg., gefällig, angenehm, anständig.

χίτϑ, nichts, verstärkt χίτϑ ρjξ u. χίτϑ ρjξ
χάφξε, gar nichts, nicht das geringste;
χίτϑ νjερί, Niemand, türk.; s. φάρρε.

χίτϑι, der Niemand; bιρ ε χίτϑιτ, Sohn des
Niemand, d. h. von unbekannter Herkunft.

χοbέ-ja, tosk., Schleuder; χεϑ χοbέ, ich
schleudere; s. σαbέ.

χόjε-ja, Honigwabe, Wachswabe.

χοζούρε-α, Zins, Interessen.

χολjάς, ich trauere, betrübe mich, griech.

χολjασί-α, Trauer, Betrübniss, griech.

χόλλε, dünn, zart, fein; ἰότε ι χύλλε, er ist
ein feingebauter, feiner, scharfsinniger Mann.
(χύλλε με χύλλε), sorgfältig.

χόλλε-α, Weichen (der Taille), gebräuchlicher
im pl. τε χύλλετε; s. τχολ.

χύλλε-α, geg., Zartheit, Feinheit, — μέντιτε,
Scharfsinn, Verstandesfeinheit.

χόν-ι, pl. χόνε-τε, loch- oder spaltartige senkrechte Tiefe in Felsbergen, worin sich meist
Wasser stürzt oder fliesst; der District Kurwelesch im alten Chaonien besteht meistens
aus wagerecht gehobenen Felsplateaus, welche
durch tiefe senkrechte schmälere oder breitere
Risse von einander getrennt sind, diese Fels-
risse als Tiefe gedacht, werden χον genannt;
ουφέ νdε χον τε περότε, er versteckte sich
in der Tiefe der Schlucht; — χέϑεμε ρούρρε
νdε χον? werfen wir Steine in den Abgrund?
(zum Zeitvertreib und um das dumpfe Hallen
der fallenden Steine zu hören); — ε χαμ
bάρχουνε χον, ich habe den Bauch leer, hungere sehr.

χονέπς, ich verdaue, griech.; s. τρετ; — part.
ε χονέπσουρα, die Verdauung.

χονί-α, Trichter, griech.; s. φενέρ.

χόπ! Hopp! (Zuruf an Kinder, welche man in
die Höhe hebt); μερ' με χόπα! nimm mich auf
den Arm! s. χίππ.

χύρα, geg., s. χjαρχ; bὐ χύρα, ich gehe im
Kreise herum, rund herum.

χορύχ-ου, geg., Spitzname der Türken bei den
Christen.

χορρ-ι, das Verlassen, Verabschieden; bαύj
χορρ πρίντε, ρρούενε, ich verlasse meine
Eltern, meine Frau; — χυσμέτιτ mit genit.
o. χεχ dύρρε χυσμέτιτ, ich verlasse den
Dienst; — περνdί πσε με bάνε χορρ? mein
Gott, warum hast du mich verlassen? s. λjg.

χοστέν-ι, lange Stange, welche an der Spitze
ein (oft wie ein Haken) gekrümmtes Eisen hat

und zum Antreiben der pflügenden Ochsen
dient, n. griech. βουκέντρι.

χοϑμάρ-ι, geg., Art süsser Pfannkuchen.

χοϑνούχ, zufrieden, türk.

χοϑνουχλξχ-ου, Zufriedenheit, türk.

χου-ρι, pl. χούνjξ-τξ, geg. χούι-νι, Pfahl,
männliches Glied; s. χουνj.

χούα, geg. χουά, adv., leihweise; απ χούα,
ich leihe; — μαρρ χούα, ich entlehne.

χούαιγ-jι, geg. χούιγ, fremd.

χούαιγ, tosk., ich leihe aus (gebe in fremde
Hände); — part. χούαρξ-ι, der Entleiher,
Schuldner; — ε χουάιτουρα u. ε χούαρα, das
Leihen, Darlehen.

χουάιτμε-ja, geg., das Entleihen.

(με χούαρ), mässig.

χούϑξρξ-α, Knoblauch, geg. auch Spitzname
der Türken; άνϑτξ χούϑξρξ, er ist ein Türke.

χουϑούτ-ι, geg., Ausdehnung, Umfang eines
Landstriches.

χουλόιγ, ich mache dünn, verdünne; δρούνξ
u. χjούμξᾱτξ, das Holz und die Milch; — part.
ε χουλούαρα, das Dünnmachen, Verdünnen;
s. χύλλξ.

χουμβάς, tosk., ich verliere, verirre mich, gehe
unter, verloren; — passive Form fehlt; — geg.
χουμ, scodr. χουπ, ich verliere; — geg. χούμεμ,
scodr. χούπεμ, ich gehe verloren; — με
ϑίχε δυ τξ χουμβάσινξ, durch das Schwert
werden sie untergehen, Matth. XXVI, 52; —
τξ μος χουμβάσξ jϳξ̄, damit nichts verloren
gehe, Joh. VI, 12; — part. χούμβουρξ, geg.
χούμουνξ, verloren; — jαμ νjερί ι χούμβουρξ,
ich bin ein verlorener Mann; — ε χούμβουρα,
geg. ε χούμεja, der Verlust; — χόχja ϑύμε
τξ χούμβουρα, ich erlitt grosse Verluste.

χουμξλόιγ, geg., ich verderbe, zerstöre, was
das französische perdre; — part. ε χουμξλού-
μεja, das Verderben, die Zerstörung; s.
χουμβάς.

χουνάζ̣ξ, s. ουνάζ̣ξ.

χουνj, s. ουνj.

χούνjξτξ, niedrig, demüthig; ϑτξπί ε χούνjξτξ,
ein niedriges Haus; s. ούνjξτξ; — ε χούνjξτα,
die Niedrigkeit, Demuth.

χουνδάχ-ου, geg., ohne Nase, nasenlos.

χούνδξ-α, Nase (Stamm χουνj? part. χούνjτ̣ουρξ,
von der abwärts laufenden Form und weil die
meisten Thiere, namentlich der Hund, die
Nase dem Boden zuwenden): jede Art Spitze,

wie Messer-, Nadel-, Bergspitze; a. μάjξ;
καλέμι σ᾽ κα χούνδξ, der Bleistift hat keine
Spitze; — κα χούνδξ, er trägt die Nase hoch;
— νjερί με χούνδξ, ein hochfahrender Mensch;
— ι ρα χούνδα, ihm fiel die Nase (die er hoch
trug), er wurde gedemüthigt; — geg. καμ
χούνδξ τξ πούνξ χυσμεχjάριτ, ich schäme
mich niedrige Dienste zu thun; — ι ϑύχ ο.
ϑέβα χούνδξρξ, wörtl. ich zerbreche e. zer-
brach ihm die Nase, gab ihm eins auf die Nase
(besonders als Antwort auf hochtrabende
Reden); — ατίγ ι χουλότ χούνδα ναλjτ, er
trägt die Nase hoch; s. χιγ.

χουνδόχεμ, geg., ich lasse die Ohren hängen.

χούπεμ, geg., ich setze mich (z. B. von frisch-
aufgeworfenem Erdreiche), ich gehe zusammen.
(von einem Mehlteige).

χούπετξ, tosk., trocken; βούχε, d᷉ζβορ᷉ ε χούπετξ, trockenes Brot, fester Schnee.

χούρδξ-α, geg., tiefe Stelle eines Flusses, Loch
in einer Furth, überhaupt ein mit Wasser angefülltes Loch, Pfütze; χούρδξ φλjορίνι ο.
σίρμε, Gold- oder Silberkörner.

χούρδε-ja, geg. χούρϑ-ι, Epheu, Flechtenkrankheit; s. ούρδε.

χουρμά-ja, geg. χούρμξ-α, Dattel, Dattelbaum,
Palme, türk.

χουτάχj-ι, geg., der Vergessliche, Maulaffe.

χουτίν-ι, geg., Weihe, Taubenstösser, weibl.
χούτξ-α.

χουτόιγ, geg., ich gaffe verwundert, sperre vor
Verwunderung Augen und Mund auf; — part.
ε χουτούμεja, das Gaffen, die Verwunderung.

χούχεμ, pass. v. χούαιγ, ich entlehne.

χοφ, geg., ich springe ins Weite mit Laufsprüngen, ich springe herab; χύβι (scherzhaft),
er starb; — part. ε χόφμεja, Laufsprung; —
pl. τξ χόφμιτξ, Sprünge.

χυδᾱξρε-ja, Schublade.

χύιγ, s. χιγ.

χυνᾱξρ-ι, geg., gute Eigenschaft, Vorzug; χυνέ-
ρετ ετίγ jάνξ τξ πα νούμξρ, seine Vorzüge
sind ohne Zahl, türk.

χυσμεχjάρ-ι, Diener.

χυσμέτ-ι, pl. χυσμάτε-τξ, Dienst; βξιγ χυσμέτ
μβρέττιτ, ich bin in königlichen Diensten.

X*).

χαβέρ-ι, pl. χαβέρε-τε, Nachricht, Neuigkeit, türk.

χαβερδάρ-ι, Bote.

χαβερδίς, ich benachrichtige; — part. ε χαβερδίσουρα, die Benachrichtigung.

χαζέρ, fertig; s. γατί.

χαζινέ-ja, geg. χάζινε-a, Schatz, Casse, türk.

χαιρετίς, ich grüsse, begrüsse, griech.; s. περφάλj.

χάλ-ι, pl. χάλε-τε, Seelenqual, Sorge, Kummer, türk.

(χαλά), s. χαλάτ.

χαλαχάς, geg., ich löse auf; — χαλαχάσεμ, ich löse mich auf, bes. von faulem Fleische, aber auch metaphorisch (n. griech. χαλαρόνω); — part. ε χαλαχάτμεja, das Auflösen, die Auflösung.

χαλεστίς, ich habe Kummer, Sorge.

χαλχά-ja, geg. χάλχε-a, Kettenring, Halsband, Halseisen, Armband, türk.

χάλλjε-a, geg. χ̆άλjε, Schuppe, Gräte, Splitter, Bart der Aehren; s. φόρμελjε.

χαλτάρ-ι, geg., der Bekümmerte, Sorgenvolle.

---

*) Deutsch ch, s. auch in χ̆.

χάμ-ι, geg., Paradepferd (das nicht arbeitet).

χαμάλ-ι, pl. χαμάλε-τε, Lastträger.

χάπς-ι, pl. χάπσε-τε, χάπσε-a, χαπσάνε-a, geg. auch χαπσάνε-ja, Gefängniss.

χαπσός, tosk., ich setze gefangen; — part. χαπσόσουρε, gefangen, eingesperrt.

χαραμί-ου, der Ungerechte, türk.

χασδίσεμ, geg., ich nehme zu, bes. v. Pflanzen; ich bin ohne Scheu, bes. v. Kindern; — part. άνϑτε ι χασδίσουνε, er ist ohne Scheu, frank, geradezu; — ε χασδίσμεja, das Zunehmen, ohne Scheu-Sein.

χατέρ-ι, pl. χατέρε-τε, geg. χάτερ, Wunsch, Verlangen; σ' μα κα χατέρι, geg. σ' με do χάτερι, es ist mein Wunsch nicht, ich mag nicht; — geg. νδε do χάτερι τε βιϑ, wenn du anders Gefallen hast, so komme, kommen Sie gefälligst; — περ χατέρ τατ, dir zu Gefallen; — τε τε μος πριϑ χατέρ (ζεμερενε, Marc. VI, 26), um deinem Wunsche nicht entgegen zu handeln, n. griech. νὰ μὴν σὲ χαλάσω τὸ χατίρι, türk.

χε, s. χ̆ίε.

χεχ, geg. für χ̆εχj, tetragl., ich wiege; — part. χέχμεja dόρε, das Abstehen.

χέρσε, adj. indecl., unbebaut, brach; άρε χέρσε, brach liegender, unbebauter Acker.

χύπες, s. bρέσα.

ZWEITE ABTHEILUNG:

DEUTSCH-ALBANESISCHES VERZEICHNISS

DER IN DEM

ALBANESISCH-DEUTSCHEN LEXIKON

ENTHALTENEN WÖRTER,

VERFASST VON

CAND. THEOL. J. E. A. MARTIN IN JENA.

Aal - Abl.

A.

Aal, m., *t.* νϳϳᾱλϳε-α, *g.* νϳᾱλϳε-α.

Aas, n., χέρμε-α, χουούμε-α, χουφόμε-α, λϳέδ-ι, *g.* νϳορδεσίνε-α, als Schimpfwort: μῐδ ράρε.

abbeissen, νdοῦχ.

abbrennen, *tr.*, περβελϳόιγ; *intr.* περβελϳόνεμ.

Abcbuch, n., *g.* τάλϳε-τε.

abdrücken (ein Gewehr), *t.* τᾱχρε, *g.* ᾱχρεφ.

Abend, m., *t.* μbρέμε-α, *g.* μρᾱμε-α; s. auch d. *part.* v. νϳρισσ u. νϳρυσσ; am —, *t.* μbρέμε, *g.* μρᾱμα, βόνε u. βόνετε; gegen —, μbρεμανένε, μbρεμανέτ; gestern —, πρέμε, *g.* μρᾱμε; vorgestern—, *g.* παρμρᾱμε; ehevorgestern —, *g.* παρμρᾱμε τϳέτερε; heute —, σόντε; morgen —, *g.* παρμbρᾱμε; übermorgen —, *g.* παρμbρᾱμε τϳέτερε; am folgenden —, νεσσερέτ μbρέμε; ich mache —, έρρεμ, νϳρισσ u. νϳρυσσ; es wird —, ουέρρ, ουερρεσούα, νϳρίσσετε, ουνϳρίσσ, περνdία νϳρυσσ dίτε+ νε; ich verbringe den —, νϳρίσσεμ u. νϳρύσσεμ; ich esse zu —, *t.* dερχόιγ, *g.* dαρχόιγ.

Abenddämmerung, f., μουχ-ϳου.

Abendessen, n., dάρχε-α.

Abendmahl, n., χουνϳίμ-ι; ich gehe zum —, χουνϳόιγ.

Abendmahls-Brot u. Wein (geweihtes), χουνϳάτε-α.

Abends, *adv.*, μbρεμανέτ, *t.* μbρέμε, *g.* μρᾱμα.

Abendzeit, zur, μbρεμανέτ, μbρεμανένε, βόνε u. βόνετε; s. auch dάρχε.

Abenteuer, n., βᾰχῐ.

aber, *t.* πο, *g.* πορ.

abermals, ϳϳένε.

Abfall, m., σαβούρε-α; — beim Sieben, ϳεσούτε-α; — vom Spinnrocken, *g.* τσbούνϳε-α; — der Wolle und Baumwolle, μϳέττε-α.

abfallen, *g.* bίε.

abfeuern (ein Gewehr), μbρᾱς.

Abgabe, f., *t.* dξνε-α, *g.* dάνε-α, dάνμε-ja, πάγε-ι.

Abgang, m., (durch Schmelzen etc.), φιρε-α; ich habe —, *g.* φιρύσσεμ.

abgängig, *adj.*, φίρε.

abgehen, bίϳ φίρε.

abgelegen, *adj.*, *t.* ᾱχϳούαρε, *g.* ᾱχϳούμε.

abgemagert, *adj.*, *g.* ρρέᾱχετε.

abgemattet, *adj.*, χολϳανdίσουρε.

abgenutzt, *adj.*, *t.* ϳρίσσουρε, *g.* ϳρίσσουνε.

Abgesandter, m., *t.* dερϳούαρε-ι, *g.* dερϳούμε-ι.

abgeschlagen, *adj.* (= ermüdet), θερρμούαρε, λϳόδουρε ε χεπούτουρε; ich bin —, χεπούτεμ, *t.* δέμbεμ, *g.* δέμεμ.

Abgeschlagenheit, f., *t.* χεπούτουρε-α, *g.* χεπούτμεja.

abgesondert, *adj.*, βετᾱ, βέτᾱμε, περβέτᾱμε, βετᾱ ε βετᾱ.

abgestorben, *adj.*, βdέχουρε.

abgetragen, *adj.* (von Kleidern), *t.* φερχούαρε, πουνούαρε, *g.* χουλανdρίσμε.

Abgrund, m., ϳρεμί-α, ϳρεμίνε-α, χον-ι, αβίς-ι (gr.).

Abguss, m., (eines Gefässes), bούᾰε-α, φυτ-ι, *g.* λϳεφύτ-ι.

abhalten, ρεᾱτ, *g.* πρακ; ich bin abgehalten, *g.* νϳάλϳεμ.

Abhaltung, f., *g.* νϳάλϳμε-ja.

Abhang, m., boχερί-α, ϳρεμί-α, ϳρεμίνε-α, ζbρίτουρε-α, ρουχουλίμε-α, περπϳέτε-α, ρεπϳέτε-α, *t.* τατεπϳέτε-α, ρριπ-ι, χρέχερ-ι, *g.* ρρυπ-ι, χράχαν-ι.

abhängig, *adj.*, περπϳέρε, περπϳέτε, ρεπϳέτε, *t.* τατεπϳέτε.

abhauen, *g.* ρενdσόιγ.

abkühlen, *tr.*, *t.* βεσερτόιγ u. βεσόιγ.

abladen, *t.* τdαρχόιγ, *g.* ᾱχαρχόιγ.

ablassen, *intr.*, (v. etwas), *t.* ᾱτεμένϳ, *g.* ᾱτεμάνϳ.

Ablassen, n., *g.* ᾱχρέϕμε-ja.

ablocken (einem sein Hab und Gut), *g.* χρυϑ.

ablohnen, *λjάιγ.*

abmagern, *tr.*, *t.* λjίγ u. *λίγειγ*, *g.* λjιχ; — *intr.*, *λjίγεμ*, *g.* τχολύχεμ.

ahmessen, *μας* u. *ματ*, *g.* μόας.

abmühen, sich, *πρπίχjεμ.*

Abnahme, *f.*, *t.* παχετσούαρε-a , *g.* παχούμε-ja.

abnehmen, *tr.*, (einem Geld), *g.* χρυϑ; — Hufeisen, *t.* d˙οαϑ, *g.* τσοαϑ u. σοαϑ ; — *intr.*, *t.* βογελjύνεμ, παχετσούνεμ, τδφρύχεμ. *g.* βογελjύχεμ, παχόχεμ, ρρεγjjόχεμ; — vom Monde, *tyr.* βδύρεμ; — abnehmend, *adj.*, v. Monde, *t.* λjίπσουρε, *g.* βδjέρρε.

abnutzen, *βjετερόιγ, γρισσ.*

Abortus, *m.*, *t.* δτίρε-a , *g.* δτίμε-ja.

abpflücken, *t.* χεπούτ, *g.* χεπούς.

abrechnen, *intr.*, (mit einem), *λjάχεμ.*

abreiben, *φερχόιγ* ; — sich, *χάχεμ.*

Abreise, *f.*, *t.* νίσεje-a , *t.* νίσου-ρε-a, ίχουρε-a, τδούαρε-a, *g.* νίσμε-ja, ίχμε-ja, τδούμε-ja.

abreisen, *νίσεμ, μβαρύιγ, t.* τδούχεμ, ίχειγ, *g.* ίχιj.

abreissen, *δχjίειγ, δχjύειγ, τδχj ύειγ, τδ˙jjιττ, t.* χε-πούτ, χεχj, *g.* χεπούς, χεχ.

abrunden, *g.* ρουμβουλόιγ u. ρου-μουλόιγ.

Absatz, *m.*, πεζούλj-ι; — (des Schuhes und Stiefels), *g.* ϑούν-τρε-a.

abschaben, φερχόιγ, *g.* j˙ερύιγ; — sich, *χάχεμ.*

abschätzen, *βε νδέρινε, t.* τδμόιγ, *tyr.* τδτμόιγ.

Abscheu, *m.*, νδjέτε-a, *t.* μερ-ζίτουρε-a, *g.* μερζίτμε-ja.

abscheuern, φερχόιγ ; — sich, *χάχεμ.*

abscheulich, *adj.*, νδjέτε.

abschicken, δεργόιγ.

Abschied nehmen, *t.* νδάιγ, *g.* δάιγ.

---

abschiessen (einGewebr), μόρας.

abschlagen, *tr.*, den oberen Theil von etwas, δυτόιγ; — im Prei-se, *tr.* λjιρόιγ, *intr.* λjιρόνεμ.

abschliessen, *g.* νδρύτύj ; — ei-nen Handel mit einem, *t.* βέιγ παζάρ, *g.* baνj με νjερί.

Abschluss, *m.*, *g.* νδρύμεja.

abschmeicheln (einem sein Hab und Gut), *g.* χρυϑ.

abschneiden, πρες, *seodr.* ϑερ, *g.* δτερ.

abschüssig, *adj.*, περπjέτε u. ρεπjέτε; abschüssiger Boden, δρίνε-a; — Ort, *g.* ρρε-πjίντε u. περρεπίντε-a.

absenden, δεργόιγ.

absetzen (einen Beamten), *t.* νγρε, ζδρες u. d˙δρες , *g.* νγρε,σδρες ; ich werde abges., χίχjεμ.

Absicht,*f.*, χαδτ-ι (*tk.*), *t.* ταχ-μίν-ι, *g.* τάφμε - ja (*tk.*); mit —, χαστίλjε (*tk.*), με χαστ (*tk.*).

absichtlich,*adv.*, χαστίλje (*tk.*), με χαστ (*tk.*).

absondern, βετδύιγ.

Absonderung,*f.*,*t.*βετδούαρε-a, *g.* βετδούμε-ja.

abspannen, λjιρύιγ.

abspühlen , *t.* δπελjάιγ , *g.* δπλjάιγ.

abstammen, μβάχεμ.

Abstammung, *f.*, δδετ-ι, φις-ι (*gr.*), *t.* ρένje-a, *g.* ρράνjε-a ; vornehme —, οδδάχ-ου.

abstehen (v. etwas), χεχj δύρενε.

Abstehen, *n.*, *g.* χέχμεja δύρε.

absteigen , *t.* ζδρες u. d˙δρες, *g.* σδρες , τρυπ u. στρυπ ; =einkehren, χονδίς, χονέπς, βέιγ o.ζε χυνάχ (*tk.*).

abstumpfen, *t.* δουδάτ, *g.* δου-δουλάς.

Abt, *m.*, γουμέν-ι (*gr.*).

abtheilen, *t.* νδάιγ, *g.* δάιγ.

Abtheilung,*f.*, δυλύχ-ου, ορτά-ja (*tk.*), *g.* τέστε-ja, ber. τεσ-τέ-ja (*tk.*).

Abtritt, *m.*, λjίγε-a, *g.* χάλje-ja (*tk.*).

---

abwärts, *adv.*, *t.* τατεχjέτε.

abwaschen , *t.* δπελjάιγ , *g.* δπλjάιγ.

abwenden, χϑέιγ με νj˙άνε.

abwesend sein, *t.* λjίπσεμ , *g.* λjύπσεμ.

abwischen, ϑάιγ, πεδχόιγ.

abzehren, *intr.*, *g.* περϑάχεμ.

abziehen, *tr.*, ρjεπ , *t.* χεχj, *g.* χεχ.

Abzug, freier, *g.* δέσσε-a.

ach! *interj.*, ι! μjερ! *g.* οφ! u. οφδ! ach! ach! ουδουδού! u. ουπουπού!

Achsel, *f.*, *t.* δέτουλε-a, ϭjέ-τουλε u. δχέτουλε, *g.* σχjέ-τουλε-a.

Achselgrube, *f.*, *t.* δέτουλε, ϭjέ-τουλε u. δχέτουλε - a, *g.* σχjέτουλε-a.

Acht,*f.*, *g.* λjεγδί-a ; ich habe —, βε ρε, χαμ χουιδές, *t.* μbε-jέϑ (*g.* μbελjέϑ u. μελjέϑ) μέντινε; ich nehme mich in —, μbεjέϑ μέντινε, *g.* χαμ λjεγδί.

ächt, *adj.*, *g.* ϑjέδτε.

acht, *num.*, τέτε.

Achtel, *n.*, *g.* τδεχερδέχ-ου.

achten, νδερόιγ.

Achter, *m.*, ι τέτε-ι.

achter, *num. ord.*, τέτετε-ι.

achtfach, *adv.*, τέτεδ.

Achtung, *f.*, *t.* νδέρ-ι , *g.* νδέρ-ι u. νδέρι-ja.

achtzehn, τέτε μbε δjέτε.

achtzig, τέτε δjέτε.

ächzen , *t.* ρεχύιγ, *g.* νεχόιγ.

Acker, *m.*, άρε-a.

Ackersmann sein, πουνόιγ με πέντε o. νj˙ας πέντε.

Ackerwerkzeuge , *n. pl.*, *g.* αλj˙εμίστρα-τε.

addiren, δουμετότιγ u. δουρόιγ.

Addition, *f.*, δουμετούαρε-a u. δουμούαρε-a.

Ader, *f.*, δε˙λ-ι ; — eines Steins u. im Auge, *g.* ρρέμ-ι; ich lasse zur —, μαρρ νδόνje ˙jax.

Aderlassband, *n.*, *t.* τδαπάρ-ι.

Adjutant eines Häuptlings, *m.*, δυλυχτᾶί-ου.

Adler, *m.*, σχιφτέρ-ι, ᾰχιπόν-ι, weibl. ᾰχιπόνjε-α, (φεχουά).

adriatischer Golf, δετ ι βάρδε.

Adventzeit, *f.*, χερὄγνδέλε-τε.

Affe, *m.*, μαιμούν-ι.

Aga, *m.*, αγά-ι (*tk.*).

Ahle, *f.*, τ. φενδύελ-ι.

ähnlich, *adj.*, ῆjάιτουρε u. ῆjάρε, ῆjάιχες, ῆjάδιμ, χjάσσιμ; *adv.*, *g.* στηjιηjί; ich bin —, ῆjάιη, δεμβελάτη, *g.* ᾰχεπ.

Ähnlichkeit, *f.*, δεμβελίμ-ι, τ. δεμβελύερε-α, ῆjάιτουρε-α u. ῆjάρε-ᾱ, *g.* δεμβελύμε-ja, ῆjάμε-ja, ᾰχέπιε-ja.

Ahorn, *m.*, (δον).

Ähre, *f.*, ουᾰτ-ι, χάλλες-ζι u. χαλλί-ου.

Alaun, *m.*, στύπες-ι, τ. στί-πες-ι.

Albanese, *m.*, Σχιπετάρ-ι, Άρ-δερ-ι, ljap. Δρδερέᾰ-ι.

Albanesin, *f.*, Άρβί-α, τ. Σχι-πετάρε-ja, *g.* Σχιπετάρχε-α.

Albanesisch, *adv.*, ᾰχιπ, ᾰχι-πετάρᾰε; *adj.* u. *adv.*, τ. αρ-δεριᾰτ, ᾰχιπεριᾰτ, *g.* ᾰχι-πενίᾰτ.

Albanesische Sprache, ᾰχίπε-ja.

Albanien, τ. Άρδερί-α, Σχιπε-ρί-α, *g.* Σχιπενί-α.

Alessio (Stadt), Λjεᾰ-ι.

Alexander, *m. pr.*, Λjεᾰ-ι.

alle, *adj.*, ῆjίθε, ῆjίθε χjε; — mit einander, ῆjίθε vjι.

allein, *adv.*, βέτε, βέτεμε, βετᾰ, βέτᾰμε u. περβέτᾰμε; ganz —, *g.* φιλιχάτι.

alleinstehend; *adj.*, βετᾰ, ᾰχρέτε.

allenthalben, *adv.*, μδε τᾰδο άνε.

Allerheiligstes, *n.*, (einer Kirche), χούνγε-α, αjοδίμε-α (*gr.*), ιερύ-ι (*gr.*).

allerlei, τᾰ᾽do, *g.* ῆjίθε τᾰ᾽μος, ῆjίθε τᾰ᾽φάρεσε.

alles, ῆjίθε; — zusammen, ῆjίθε χιᾰ.

alljährlich, *adv.*, νῆα μοτ, νῆα βjετ, *g.* περ βjετ u. βjετ περ βjετ.

allmächtig, *adj.*, (von Gott), χάδρε.

allnächtlich, *adv.*, νῆα νάτε, *g.* περνάτα.

allwo, *adv.*, *g.* χε.

Almosen, *f. pl.*, ελεΐμοσίν-ι (*gr.*), λjειμοσίν-ι (*gr.*), ber. δορα-βίτουρε-α; ich gebe —, λjετ-μονίς (*gr.*), ber. δοραβίς.

Alp, *m.*, Alpdrücken, *n.*, μόρε-ᾱ, *g.* εμάχᾰ - ι, τε ράνδετ᾽ ε δέουτ, *scodr.* ανᾰ-ι.

als, *conj.*, χουρ, σι; beim *comp.* νῆα u. νῆάχα, σε; als ob, τ. ῆjύja, σιχουρ, *g.* ῆjυjά, σι-χούρ αᾰτού.

alsdann, *adv.*, τ. αρύερε, αχέρε, N. T. αχjέρε.

also, *adv.*, αᾰτού, σι; = daher, τ. αδά, *g.* πρα; also! *interj.*, τ. δaι *g.* δε!

alt, *adj.*, βjέτερε, λjάᾰτε, λjα-ᾰτούαρε, πλjαχ, τ. πλjάχου-ρε, *g.* πλjάχουνε; Alte, altes Weib, πλjάχε-α, ῆjύμεσ᾽ ῆρουῆ᾽ ε ο. ῆρουῆ᾽ ε θύμε, ljap. ᾰτέρτσε-α; Alter, alter Mann, πλjαχ-ου; die Alten, τε λjάᾰτετε; Rath der Alten, πλεχjερί-α, πλεχjεσί-α; wie alt? σα βjετ? σα βjετᾰάρ? *g.* σα βjετᾰ? ich mache alt, βjετερότη, λjαᾰτότη, τ. πλjαχ, *g.* μδλjαχ; ich werde alt, τ. βjετερόνεμ, λjαᾰτόνεμ, πλjά-χεμ, *g.* βjετερύχεμ, λjαᾰτύ-χεμ, μδλjάχεμ; — altes Rind-vieh, τ. λjεπέτς-ι.

Altar, *m.*, βομό-ι (*gr.*).

Altarkerze, *f.*, grosse, λαμπάδε-α (*gr.*); kleine, *g.* χαρζάνε-ja.

altbackenes Brot, *g.* χοᾰέρε-ja.

Alter, *n.*, τ. βέρσε-α, *g.* βέρρ-τσε-α; τ. πλεχjερί-α, *g.* πλεχjενί-α.

altern, βjετερύνεμ, πλjάχεμ, *g.* βjετερύχεμ, μδλάχεμ.

Altersgenosse, *m.*, βερσενίχ-ου, μοᾰατάρ-ι.

Altersstufe, *f.*, ᾰχάλε-α.

Ambos, *m.*, χούδερε - α, *g.* χουᾰ-δι.

Ameise, *f.*, χαράντζε-α, τ. με-λινῆόρε-α, *g.* μελινῆόνε-α, ᾰε-νέῆουλε-α, φούτσχε-α, μίζε περδέτσχε, tetragl. περ-δέσσε-α, (μερμίνχ).

Amme, *f.*, μεντέᾰε-α, *g.* τάjε-α.

Amsel, *f.*, *g.* τσέρλε-ja.

Amt, *n.*, ᾰερδέᾰε-α, ᾰχάλε-α, *g.* χάμε-α.

Amtsgrad, *m.*, ᾰχάλε-α, *g.* χά-με-α.

an, *praep.*, νῆα u. νῆάχα; τε, νδε, τεχ, *g.* χε, *scodr.* τυ; περ, μδε, *g.* με, νδε, *g.* νε, νδερ, *g.* μδι, περμδί u. μι; άφερ; μδάνε, νδάνε, πράνε.

anbeten, φάλjεμ u. περφάλjεμ.

Anbetender, Anbeter, *m.*, φα-λjεδᾰί-ου.

Anbetung, *f.*, τ. φάλjε-α u. φάλj-τουρε-α, *g.* φάλjμε-ja.

anbinden, λjιᾰ.

anblasen, τ. φριγ u. φρύιγ, *g.* φρύηγ.

Anblick, *m.*, τ. πάρε-α, *g.* πά-με-α.

anbrechen, *intr.*, (v. Tage), τ. ῆδίχεμ, *g.* ῆεδίνχεμ.

anbrennen, *tr.*, δjεχ, περτζελjίγ u. περτζελjύγ, τ. δεζ, *g.* νδεζ; — *intr.*, δέζεμ u. δίζεμ, ρρεμδέχεμ, τ. περτζελjίχεμ, *g.* περτζελjόχεμ.

Anbrennen, *n.*, (v. Speisen), *g.* δουᾰίτε-α.

Andenken, *n.*, χουιτούαρε-α.

anderer, *pron.*, τ. jάτερε u. τjά-τερε-ι, *f.* -α, *g.* τjέτερε-ι, *f.* -α; der eine — der andere, νjερί — νjερί o. τjάτερι; die einen — die andern, τσα — τσα.

Andergeschwisterkind, *n.*, χου-δερί ι δύιτε.

ändern, χᾰέτη.

anders, *adv.*, τ. νδρύᾰε, τjα-τερνδύᾰε, *g.* τjέτερε νδρύᾰε u. τjετερενδύᾰε.

anderswo, *adv.*, ῆjετέχ u. jετέχ, ῆjετί u. jετίου, *scodr.* ῆjέτι, *Blanc.* νῆjεται.

aneinanderklappen, *tr., t. τϑουνγουρίς.*

aneinanderreihen, *g. ραδύιγ.*

aneinanderschlagen, *tr., πᴇρπjέx, t. τϑουνγουρίς.*

Aufang, *m., βάλλᴇ-ι, νίσᴇjᴇ-α, t. ρένjᴇ-α, χρίε-ja, g. ρράνjᴇ-α, χρύε-χρέιγ.*

anfangen, *tr., νις, t. ζᴇ, ζᴇ μᴇ δύρᴇ, ζᴇ φιλ, g. ζαὺ, ζαύ φιλ, φιλύιγ, scodr. φιϑύιγ.*

anfassen, *g. xαπ, ρροx.*

anfeinden, *χασμύιγ.*

anfeuchten, *λjαγᴇσύιγ, t. βουϑουρδίς.*

anführen, *ζᴇ γύjᴇ; den Tanz —, g. τχεχ βάλε.*

Anführer, *m., χρίε-ja, g. χρύε, βυλυχτϑί-ου; xαπιδάν-ι.*

angebrütetes Ei, *βᴇ λούχᴇ.*

angefault, *adj., πλούτσᴇ.*

angegessen sein, *g. jαμ νγράνᴇ.*

angehören, *(χᴇρϑέϑ).*

Angel, *f., γρεπ-ι, t. ανγjίστρᴇ-α u. νγjίστρᴇ-α; — der Thür, ρεζέ-ja.*

angelegen sein, *μᴇ πρετ; ich lasse es mir angel. s., πρίττᴇμ.*

Angelegenheit, *f., πούνᴇ-α, μασλαχάτ-ι (tk.).*

Angelhaken, *m., νγίϑτρᴇ-α.*

Angelruthe, *f., χαμάx-ου, (φιϑπjάρ-ι).*

angenehm, *adj., λjεζέτϑιμ, πᴇλjχjύερᴇ, g. πᴇλjχjύϑᴇμ, χιϑμ.*

angesehen, *adj., δούχουρᴇ; der Angesehene, δομαxjίν-ι; s. auch μαϑ.*

Angesicht, *n., φάχjε-ja, φυτύρᴇ-α, σουράτ-ι (tk.).*

angreifen, *ζᴇ, g. ζαὺ, xαπ.*

angrenzen, *t. φxjινύιγ u. φxjινᴇρύιγ.*

Angriff, *m., g. τούρρμε-ja, βρουλούμε-ja.*

anhalten, *tr., g. πᴇρμϑά; intr., g. δαλλjύιγ u. νδαλλjύιγ.*

anhängen, *tr., t. νγjιττ, g. νγjισσ; intr., νγίττεμ.*

Anhänger, *m., g. εϑxτάρ-ι.*

Anhöhe, *f., βρίνjᴇ-α.*

Anis, *m., (μαράϊγ).*

Anker, *m., ανxουρᴇ-α u. ανxυρᴇ-α, t. τϑενγέλj-ι, g. τϑένγελj-ι.*

anklagen, *xαλᴇζύιγ.*

anklatschen, *νγjεϑ, (νγjιϑ).*

ankleiden, *βεϑ; — sich, βίϑεμ.*

ankommen, *αρρίγ u. χαρρίγ, σος, g. ρριὺ, ερρίγ, χερρίν; es kommt mir etwas an, μᴇ βίεν, g. μᴇ ϑέπετᴇ.*

Ankunft, *f., t. άρϑουρᴇ-α, σύσσουρᴇ-α, g. άρϑμᴇ-ja, σόσμᴇ-ja.*

anlangen, *g. ρριὺ, xερρίν.*

Anlauf, *m., g. βρουλ-ι.*

anlegen, *βᴇ; — Kleider, βεϑ.*

anlehnen, *t. μᴇϑτέτ, g. μᴇϑτές; — sich, g. πρανύιγ, πραρύιγ u. πράιγ.*

anlocken, *g. νδᴇρσέιγ.*

anmachen (Feuer), *τϑελλj.*

anmassend, *adj., φοδούλj.*

anmerken, *ϑενύιγ.*

anmessen, *t. μας u. ματ, g. μβας.*

Anmuth, *f., g. ϑίϑμε-ja.*

anmuthig, *adj., g. ϑίϑᴇμ.*

annageln, *g. νγαλμύιγ.*

annähern, *tr., αφᴇρύιγ, βαϑxύιγ, t. xjασσ, g. γjατύιγ; — sich, αφᴇρύνᴇμ, g. αβίτεμ.*

annähernd, *adj., xjάσσιμ.*

Annäherung, *t. xjάσσουρᴇ-α, g. αβίτμε-ja.*

Anne, *f., g. τσδούνjᴇ-α.*

annehmbar sein, *χάχεμ.*

annehmen (Jemand), *t. xjασσ, g. γjατύιγ; nehmen wir an, dass, g. λjᴇ τα ζαμ.*

Annehmlichkeit, *f., πᴇλjχjίμ-ι, λjεζέτ-ι (tk.).*

anordnen, *ορϑιvjάς.*

Anordnung, *f., (μᴇσδίτᴇ u. μᴇστίτxᴇ, νιζάμ).*

anreizen, *g. ϑτυρ.*

anrühren, *νγας, t. ζᴇ, g. ζαὺ, scodr. πᴇρxύιγ.*

Anschein, zum, *g. πᴇρβούζᴇ.*

anschlagen, *tr., πᴇρπjέx.*

anschliessen, · sich an Jemand, *νγούλjεμ.*

Anschrote, *f., δίζᴇ-ja, g. xjᴇνάρ-ι.*

anschwärzen, Jem., *πᴇρφλjάς.*

anschwellen, *t. έιγ, έχεμ, χέχεᴇ, g. άνᴇγ, μουφάτεμ.*

Anschwellen, *n., g. τέχμι-τᴇ.*

Ansehen, *n., πάρᴇ-α, ναμ-ι, δουx, g. πάμᴇ-α, τᴇ δουx.*

ansehnlich, *adj., δούχουρᴇ.*

anspielen, auf Jem., *g. χουϑ.*

ansprechend, *adj., μᴇσατούρ, g. ϑίϑᴇμ.*

Anstand, *m., auf der Jagd, ϑτεχγου; ich stehe auf dem —, πᴇρjγύιγ u. πᴇρjγούαιγ.*

anständig, *adj., g. χιϑμ, (ουjτουρᴇ); es ist —, λjίxᴇετᴇ.*

Anstandshütte, *f., (bei d. Jagd), g. ουϑέ-ja.*

anstatt, *praep., πᴇρ, σα, g. μᴇ βᴇνδ.*

anstecken, *t. τϑελλj; (v.Krankh.) t. μολjέτᴇ (gr.), g. πουγϑὺ, μολίς (gr), μολjχjίς (gr.); — angesteckt, adj., τϑέλλjᴇτᴇ.*

Ansteckung, *f., μολjί-α (gr.), g. πουγάνμᴇ-ja, μολjχjίτμᴇ-ja (gr.).*

Ansteigen des Berges, *n., ρᴇπjέτᴇ.*

anstellen, *g. xαλ.*

Anstellung erhalten, *g. χύxxᴇγ μβᴇ xάμᴇ.*

anstiften, *g. xαλ, ϑτυρ.*

anstossen, *tr., πᴇρxjέx; intr., πᴇρπίχjεμ, g. πᴇρxάς, Kreis μβρέσεμ; — angestossen, adj., g. μβρέτουνᴇ.*

anstreichen, *χρεσμύιγ.*

Anstrengung, *f., μουνδίμ-ι.*

Antheil, *m., πjέσᴇ-α, t. χιεσσί-ja, g. χίσσε-ja (tk.).*

Antivari (Stadt), *Τιϑάρ-ι.*

antreiben, *ντζτ u.ντζτύιγ, νγας, t. τσιρίς, g. νγους, ϑτυρ; — Ochsen mit dem Stachel, g. μβοδίτ.*

Antwort, *f., t. πᴇργjέγjουρᴇ-α, g. πᴇργjέγjμε-ja; ich gebe —, απ ούϑᴇ.*

antworten, *πᴇργjέγjεμ, απ ούϑᴇ.*

anvertrauen, *χάπεμ.*

Anwalt, m., δαβτδί-ου (tk.).

Anwesenheit, f., zufällige, g. νδύδμε-ja.

Anzeige, f., δερτίμ-ι, t. δερτούαρε-α, g. δερτύμε-ja.

anzeigen, δερτύιγ u. δερτέιγ, t. τρερύιγ u. τερρύιγ, g. απ ζάν.

anziehen, Kleider, δκύιγ, βεδ; — Beinbekleidung, μβαϑ; — sich, βίδεμ, μβάϑεμ.

Anzug, m., ταχέμ-ι (tk.), t. βέδουρα-τε, g. βέδμε-ja.

anzünden, tr., t. δεζ, τδελλί, g. νδες.

Apfel, m., μύλε-α, χύκjε μόλε.

Apfelland, n., g. Μολαγjές-ι.

Apothekerflasche, f., g. δίδε-ja (tk.).

Appetit, m., ορέξ-ι (gr.), (ενδα).

April, m., Πριλ-ι.

Arbeit, f., πούνε-α, t. πουνούαρε-α, g. πουνούμε-ja.

arbeiten, πουνόιγ, βέιγ πούνε.

Arbeiter, m., πουνετάρ-ι, πουνετουύαρ-ι, tyr. πουνετόρ-ι, t. εργάτ-ι, g. αρjάτ-ι.

Arbeiterin, f., g. αρjυτέδε-α.

arbeitsam, adj., g. πουνετούρ.

Arbeitsknecht, m., κοπίλj-ι.

Arbeitstag, λjεβρούαμε-ja e. δίτε e λjεβρούαμε, g. περδίτδμε-ja, δίτε πουνετόρε.

Arbeitstisch, m., d. Handwerker, g. τεζjάχ-ου.

Archont, m., christl., χακιδάν-ι.

ärgern, πενjόιγ, σκανδαλίς (gr.), g. χονδάξ.

Ärgerniss, f., δούνε-α, σκάνδαλο-ja (gr.), t. σκανδαλίσουρε-α, g. σκανδαλίσμε-ja (gr.), χονδάξμε-ja; zum Ärgerniss, πρέιγ τνάτ (tk.)

arm, adj., t. βάρφερε, g. βορφ, s. auch χjυλj u. πιχ'ε ρεχέ; — ich mache —, t. βαρφερύιγ; ich werde —, t. βαρφερόνεμ.

Arm, m., κράχε-ου, t. λέρρε-α, g. λάνε-α; Unter- —, χαλέμ-ι; — d. Flusses, t. ρεμό-ι.

Armband, n., t. βελεντζίχε-ja, χαλκά-ja (tk.), g. δυλυζύκ-ου, χάλκε-α (tk.).

Armeecorps, n., ορδί-α (tk.).

Ärmel, m., t. μένje-α, g. μάνje-α.

Ärmeljacke, f., πεδλjί-ου.

Armknochen, m., χαλέμ-ι, g. δόκρε-α.

Ärmster, m., jjεμεμάϑ-δι, διύρε-ι, μjέρε-ι u. ριέρε-ι, g. δέρτιμεν-ι; Ärmste, f., ζέδχε-α.

Armuth, f., λjιπσί-α, t. βαρφερί-α, g. βορφενί-α.

Armvoll, m., κράχε-α, t. μένje-α, g. μάνje-α.

Arom, n., μύρο-ja.

Arsen (Fluss), Αρζέν-ι.

Art, f., λοί-α, σιρί-α, t. φάρρε-α, g. φάρε-α; jeder —, λοί λοί e. τδ do λοί, σιρί σιρί, jjίϑε τδ μος, g. jjίϑε τδ φάρεζ; welcher —? t. τδ φάρρε? g. τδ φάρε jjάνja?

Artischocke, f., (χινάρδ).

Arzneimittel, n., βαρ-ι, ιλjάτδ-ι (tk.).

Arzt, m., jατρύ-ι (gr.), χεχjέμ-ι (tk.).

Asche, f., t. χ̇ι-ρι, g. χ̇ύ-νι; — glühende, g. δπούνζε-α; ich brate oder backe in der —, g. περοίς.

aschfarbig, adj., t. χ̇ίριτ, g. χ̇ίνιτ.

Asper (Münze), t. άσπρε-α, g. ας-ι.

Associé, m., δοκ-ου, ορτάκ-ου (tk.).

Ast, m., δέje-α; — kleiner, βίje-α.

Athem, m., φρύμε-α, (δπίρα); den — anhalten, verlieren, μέχεμ.

Athen (Stadt), g. Αϑίνε-α.

Atom, n., g. ζερρ-ι.

atzen, χόιγ u. χούαιγ.

auch, t. e, δε, εδέ, g. ενδέ, νδε, νε, ενέ; — nicht, ας, ας νούχε.

auf, praep., t. μβε, νδε, νδερ, g. με, νε; μβι, περμβί, μι;

oben —, t. σίπερ, g. τσίπερ, περτσίπερ, σίπερ μβι; τερμάν.

aufbewahren, t. ρούαιγ, g. ρούγ.

aufbinden, t. δσjιϑ, δζιϑ, δσιϑ, g. σjιϑ, jιϑ.

aufblühen, t. νjρε u. νjρεχ, g. νjρεφ; — sich, t. νjρέχεμ, g. νjρίφεμ.

aufblasen, t. νjρε u. νjρεχ, g. νjρεφ.

aufbreiten, δτρύιγ.

aufbringen, Jemanden, αδπερρύιγ; ich bin aufgebracht, αδπερρόχεμ.

auf dass, χjε.

aufdecken, δτρύιγ, t. δζδουλjόιγ, g. σδουλjόιγ.

aufdrehen, t. δδρεϑ, g. σπερδρεϑ.

Aufenthalt, m., t. νδένjσουρε-α, g. νδίττμε-ja, νδάλλjμε-ja.

auferstehen, t. νjjάλεμ, g. νjάλεμ; auferstanden, t. νjjάλτουρε, g. νjάλουνε.

Auferstehung, f., t. νjjάλτουρε-α, g. νjάλμε-ja.

auferwecken, t. νjjαλ, g. νjαλ.

auffallen, sich (v. Früchten), Kroja μβρέσεμ; aufgefallen, g. μβρέτουνε.

Aufgang d. Sonne, e δάλλjουρα δίελιτ.

aufgeben, t. λjε, g. λjαν; — d. Geist, απ δπίρτινε.

aufgeblasen, adj., t. νjρέχετε, νjρέχουρε, g. νjρέφετε, νjρέφουνε; ich bin —, t. νjρέχεμ, g. νjρίφεμ.

Aufgeblasenheit, f., t. νjρέχουρε-α, g. νjρέφμε-ja.

Aufgebot, n., (d. Heeres), seedr. ουστρί-α.

aufgehen, v. d. Sonne, δαλλj, λjέιγ; v. d. Saat, t. διγ, g. δϊ; v. Brotteige, t. βιγ, g. βϊ; — auf- u. abgehen, g. ζυλνίσεμ.

aufgeweckt, adj., τδέλλjετε, g. χjούτε, κοπίλj.

aufhalten, Jem., ερρ, t. μενόιγ, μδάιγ u. μδα, σίελ, g. βονόιγ

u. βϱνότγ, μba, bάιγ u.
πϱρμbά, σιλ, πραπ; — sich,
σίλεμ, ρρι u. ρριγ, (ρεσ̄τ),
aufheben, t. νῂρε, g. νῂρε;
t. ρούαιγ, g. ρούιγ.
aufheitern, χθιλ u. χθίελ; —
sich, χθίλεμ.
aufhören, πουδόγγ, g. μαρόιγ.
Aufhören, n., πουδίμ-ι.
aufjagen, τϑύιγ u. τϑούαιγ.
aufklären, χθιλύιγ u. χϱθιλύιγ.
aufknüpfen, t. δζ̄ϱρθέιγ, g.
σbϱρθέιγ.
aufladen, νῂαρχύιγ.
Auflauf d. Volks, g. ρρούϑμε-ja.
auflösen, t. δσῂιϑ, δζιϑ u. δσιϑ,
τρετ, g. σῂιϑ u. ῂιϑ, τρες,
χαλαχάς; — sich, τρέτεμ,
g. χαλαχάσεμ; aufgelöst, t.
τρέτουρϱ, g. τρέτουνϱ.
Auflösung, f., g. χαλαχάτμε-ja.
aufmerken, βϱ ρε, χαμ βεσ̄.
aufmerksam, adj., συ χάπυυρϱ.
Aufnahme, f., δέξουρϱ-a (gr.),
t. πρίττουρϱ-a, g. πρίττμε-ja.
aufnehmen, πρες, δεξ (gr.), t.
χjασσ, πϱρμbϱjέσ̄, g. ῂja-
τύιγ, πϱρμbϱλjέσ̄.
aufpassen, σιχύιγ, g. ῂjούαιγ.
aufquellen, g. μουφάτεμ.
aufrecht, adj.u.adv., μbϱ χέμbϱ;
ich stehe —, ρρι δρεjχ μbϱ
χέμbϱ.
aufreissen, tr., (d. Leib), σ̄χjιρ̇
(d. Feld m. d. Pfluge), bέιγ
ουῂάρ.
Aufreissen d. Brache, n.,ουῂάρ-ι.
aufrichten, t. νῂρε u. νῂρεχ, g.
νῂρεφ.
Aufruf, m., θίρρϱ-a.
Aufruhr, m., τραζίμ-ι, αχαταστασί-a (gr.), χαλαβαλέχ-ου
(tk.), t. τραζούαρϱ-a, g. τραζούμε-ja.
aufschieben, λjασ̄τύιγ, bίε
ρρότουλϱ, t. μϱνύιγ, g. μϱρ-
ῂύιγ.
Aufschlag, m., βέννϱ-a.
aufschlagen,intr.,t.σ̄τϱρντσύιγ,
g. σ̄τρειτύιγ.
aufschrauben,λjιρύιγ, t. σ̄άρεσ̄,
g. σπϱρδρέσ̄.

Aufschub, m., t. μϱνούαρϱ-a.
aufschürzen, πϱρβέσ̄; — sich,
πϱρβίδεμ.
aufspannen, t. νῂρε u. νῂρεχ,
g. νῂρεφ.
aufsperren, d. Mund v. Staunen,
χαπ ῂόjϱνϱ, g. χαbίτεμ, χουτύιγ.
Aufstand, m., τραμϱζί-a u.
τραμϱζίμ-ι, t. νῂρίτουρϱ-a,
τρουbουλίρϱ-a, g. νῂρίτ-
με-ja, τρουbουλίνϱ-a.
aufstehen, νῂρίχεμ, ῂουλjτσ̄ύ-
χεμ, μϱνῂάγ, g. τσ̄όχεμ,
ber. μουνῂόιγ; ich mache —,
ῂουλjτσ̄ύιγ.
aufsteigen, χίππειγ.
aufstellen, στις (gr.), t. νῂρε
u. νῂρεχ, g. νῂρεφ; — in
Reihen, g. ραδόιγ.
aufstossen, intr., g. πϱρχάς.
aufthauen, t. σ̄χριγ, g. σ̄χριν.
Auftrag, m., t. πορσί-a, πορ-
σίτουρϱ-a, g. ποροσί-a, ποροσίτμε-ja, (μυύσ̄ντϱ).
auftragen, βαρ, t. βαρρύιγ,
βαρρύς, μbουρρούς, πορσίτ,
g. ποροσίς, βϱ βάρρϱ.
Auftreibeholz, n., χjϱ-ρι, σχλά-
jϱ-a, πέτϱς-ι.
auftreiben, τσ̄ύιγ u. τσ̄ούαιγ.
auftrennen, t. τσ̄χjεπ, τσ̄όjεπ,
g. σ̄χjεπ.
auftreten, σ̄χελj.
aufwachen, δζ̄jjούχαεμ, g. χjόχεμ, τσ̄όχεμ.
aufwallen, βαλjύιγ; ich beginne
aufzuwallen, g. bουbουρίς.
Aufwand, m., μαδϱσ̄τί-a, g. χjί-
τϱ-ι (tk.); an A. gewöhnt,
g. χjιbάρ-ι (tk.).
aufwärts, ρϱπjέτϱ u. πϱρπjέτϱ.
aufwecken, t. δζ̄jjούαιγ, νῂρϱ,
χjιτ, g. χjύιγ, νῂρε, χjιτς;
ντζίερ ῂjούμιτ.
Aufwurf am Graben, m., τραπ-ι.
aufzeichnen, σ̄ϱνύιγ, νισ̄ανύιγ.
aufziehen, t. νῂρε u. νῂρεχ, g.
νῂρεφ; — ουσ̄χέιγ.
Aufziehen, n., g. ουσ̄χjίμ-ι.
Auge, n., στι- u. συ-ου u. -ρι; —
helles, blaues, συ λjαρόσ̄, —

λjαρμ; braunes, συ χϱσ̄τνjϱ;
böses, συ ι χεχj; ich asse in's
A., βϱ σύνϱ; ich werfe ein
böses A. auf Jem., μαρρ μϱ
σύσ̄ϱ; s. auch χαχϱρδόχ.
Augenblick, m., t. δαχιχί-ja,
g. δαχιχά-ja (tk.); im A., νjϱ
μϱντ, g. νjίμέ πϱρ νjίμέ; in
einem A., σα τϱ πϱρχjάττσ̄
σύνϱ; in demselben A., σα
χάχjϱ χϱρϱ, νjϱ με νjϱ; diesen
A., ατϱχέρϱ, χϱτέ τσ̄αστ.
augenblicklich, adv., νjϱ μϱντ.
Augenbraue, f., βέτουλϱ-a.
Augenbutter, f., Augenexanthem,
g. ῂϱλjέπϱ-a.
Augenkugel, f., t. χαχϱρδόχ-ου,
g. χαχϱρδόχj-ι.
Augenlied, n., χjϱπάλϱ-a, χαπάχ
σύου.
Augenschwären, m., χαθ-σ̄ι.
Augenwimper, f., χjϱπάλϱ-a,
g. χjϱρπίχ-ου.
Augenwink, m., ισ̄αρέ-ja u.
ισ̄αρέτ-ι (tk.).
Augenwinkel, m.,ρέζϱ (g.ράχjϱ)
σύριτ.
Augenzahn, m., δϱμb ι χjέζϱρϱ,
g. σ̄τϱρδέμ-ι.
Augenzeuge, m., μοσ̄ατάρ-ι.
August, m., Ι̇́οσ̄τ-ι u. Ι̇́ουσ̄τ-ι.
aus, praep., jάσ̄τϱ u. πϱρjάσ̄τϱ,
νῂα u. νῂαχα, πϱρ, κρϱj,
πρέτ, πρέιγ, ber. πε.
ausarten, δζ̄ϱτϱτύιγ, t. σ̄τρϱμ-
bύιγ, g. σ̄τρεμϱνόιγ; ausgeartet, adj., t. σ̄τρέμbϱρϱ u.
σ̄τρϱμχ, g. σ̄τρέμϱτϱ.
ausbessern, δϱρτόιγ, g. νδϱρτόιγ.
Ausbesserung, f., δϱρτούαρϱ-a.
ausbeugen, intr., g. κρίρεμ.
ausbilden, den Verstand, g. τῂολ
μέντινϱ o. χόχϱνϱ; ausgebildet,
adj., t. ρίττουρϱ, g. ρρίτ-
τουνϱ.
ausbleiben, μbέττεμ.
ausbreiten, πϱρχάπ , t. νδέιγ
u. νδϱρ, σ̄τριγ, g. νδέιγ,
σ̄τριγ, ῂjας, σbϱλjέσ̄, σ̄τϱ-
λίς; — sich, πϱρχάπεμ, g.
ῂjάτεμ.

Ausbreitung, f., περχάπουρε-α.

Ausdauer, f., δουρίμ-ι, κjε-νδρίμ-ι, t. δουρούαρε-α, g. δουρούμε-ja.

ausdauern, δουρότγ u. δερύτγ.

ausdauernd, adj., t. δουρού-ατöμ, g. δουρούδμ.

ausdehnen, t. νῂjατότγ, g. ῂjα-τότγ, ῂjας, νῂjας, σῂjας, σῂjατότγ, ᾰτελίς, (ῂχρεχj); — sich, g. ῂjάτεμ, ᾰτελίσεμ.

Ausdehnung, f., g. χουδούτ-ι, νῂjατούμε-ja.

Ausdruck, m., t. χουβένδ-ι, g. χουβέν-ι.

ausdrücken, νδρυσσ, t. ᾰτρε-νῂότγ, g. ᾰτερνῂότγ; — sich, χαμ χουβένδ; — höflich, χ. χ. τε έμbλjε; — gut, χ. χ. τε μίρε.

auseinanderreissen, tr., t. τᾰα-πελότγ, τᾰjερ, ᾰχjέιετγ, ᾰχjύετγ u. τᾰχjύετγ, g. ᾰχjιρ.

auseinandersetzen, sich m. Jem., λjάχεμ.

auseinanderspreizen, tr., t. τᾰα-πελότγ.

auseinandersprengen, δερμεχάς.

auserlesen, adj., ζῂjέδουρε, νjε ε νjε, g. σι νjι νjι.

auserwählt, adj., t. ζῂjέδουρε, ᾰχjούαρε, g. ᾰχjούμε.

ausfallen, tr., (d. Arm etc.), t. ντζίερ, χjιτ, g. ντζίρ, χjις.

Ausflüchte, f. pl., t. περδρέ-δουρε-α, g. περδρέᾰμε-ja; ich brauche A., περδρίδεμ, τουντ ο. λjούτγ βίᾰτενε.

ausforschen, ρεμότγ u. ρουρότγ.

ausführen, g. ματαρότγ.

Ausgabe, f., t. δένε-α, χαρτᾰ-ι (tk.), g. δάνε-α, χάρδᾰε-α (tk.).

ausgäten, ρραλότγ, χαρ, g. χερρ, Prem. θερ.

ausgeben, χαμ τε ῂράτε.

ausgehen, δαλλj, g. σβαρδούλ-jεμ, πρανότγ, πραρότγ, πράντγ.

ausgehungert, adj., ουρίτουρε.

ausgelernter Lehrling, m., τᾰι-πάχ-ου (tk.).

ausgemergelt, adj., t. νῂύρ-

δουρε, λjεπέτς, g. νῂορδάχj, θατίχj.

ausgenommen, adv., βετᾰ, βέτᾰ-με, περβέτᾰ u. πέρβέτᾰμε.

ausgewachsen, adj., t. ρίττουρε, g. ρρίττουνε.

ausgezeichnet, adj., νᾰανλί, g. ᾰεύjλί; ich bin —, jαμ τελj.

ausgiessen, δερᾰ, ᾰτιγ u. ᾰτίε, χεᾰ, g. χουᾰ.

ausgleichen, νδρεχj, δεᾰότγ, g. δυστότγ.

Ausgleichung, f., t. δεᾰούαρε-α, g. δέᾰμε-ja.

ausgleiten, t. ᾰχας, g. ρρε-ᾰχjές, ᾰχjες u. ᾰχjίττεμ.

Ausgleiten, n., t. ᾰχάρε-α.

ausgraben, ῂερμότγ, ῂροπότγ, t. θελότγ, g. φελότγ.

Ausgrabung, f., g. φελούμε-ja.

Ausguss eines Gefässes, m., βούζε-α, φυτ-ι, g. λjεφύτ-ι.

aushalten, δουρότγ u. δερότγ, μbάτγ.

Aushebung der Recruten, f., t. ᾰχρούαρε-α, g. ᾰχρούμε-ja.

aushöhlen, ῂροπότγ, θελότγ, g. φελότγ.

Aushöhlung, f., g. φελούμε-ja.

ausholen, m. d. Hand, g. μάτεμ.

auskehren, t. φᾰιγ, g. μεᾰίγ u. πᾰιγ.

auskernen, g. ᾰχοχj.

auskleiden, t. δᾰβεᾰ, g. σβεᾰ; — sich. t. δᾰβίδεμ, g. σβίδεμ.

auslachen, χjεᾰ.

ausladen, t. τᾰαρχότγ, g. ᾰχαρχότγ.

ausleeren, μbρας, περμbύς, ᾰχουντ, λjόμότγ; — sich, μbράζεμ.

auslegen, ξιτῂίς (gr.).

Auslegung, f., ξιτῂίσουρε-α (gr.).

ausleihen, t. χούατγ, απ χούα.

auslesen, ζῂjεᾰ, t. χjερότγ, g. χjιρότγ.

auslöschen, tr., t. ᾰούατγ, φτοχ, g. ᾰούτγ, πορρίς, tyr. φιχ; — intr., ᾰούχεμ.

auslösen, ξεᾰπερbljέτγ.

ausmessen, περᾰτάς.

auspressen, νδρυσσ, ᾰτρυᾰ, t. ᾰτρενῂότγ, g. ᾰτερνῂότγ.

auspusten, t. βουδουρδίς.

ausputzen, t. χjερότγ, χαρ, g. χjφότγ, χερρ, Prem. θερ.

ausrauben, t. δᾰβεᾰ, g. σβεᾰ, (ῂχρα).

ausräumen, λjεφότγ.

ausreichen, intr., δαλλj.

ausreissen, tr., τᾰῂjιττ, t. ντζίερ, τᾰχουλj, g. ντζίρ, ᾰχαλμότγ, ᾰχουλj; — den Zaun, τᾰθουρ.

ausrenken, g. νδρυᾰ.

ausrichten, g. ντζίερ με χρύε.

ausrufen lassen, g. λjετᾰίς.

ausruhen, ρρι u. ρρτγ, ᾰεφερότγ, μερτζότγ, πρέχεμ.

ausrüsten, zur Reise, νις.

Aussaat, f., t. μbjέλε-α, g. μbjέλμε-ja.

Aussatz, m., λjέπρε-α (gr.), t. δζjέbε-, ζjέbε-, σχjέbε-ja, g. σῂjέbε-ja (gr.), (φελίμ-ι).

aussätzig, adj., λjεπρόσουρε (gr.), t. φελίχjουρε, δζjέ-βουρε, ζjέbουρε, σχjέ-βουρε, g. σχjέβουνε, σῂjε-βύσουνε; ich mache —, t. φελίχj; ich werde —, λjε-πρόσεμ (gr.), t. φελίχjεμ, σχjεβόνεμ, g. σῂjεβόσεμ.

Ausschlag, m., an Bäumen, λjουμάχjε-ja; auf d. Haut, χόχjε-ja; auf d. Kopfe, t. χjέρε-ja, g. χjέρε-α, χjι-ρύσε-α.

ausschlagen, intr., v. Bäumen, ῂjεᾰεᾰότγ; v. Pferde, ᾰχjελj-μότγ, χεᾰ ᾰχjελμ; tr., die Blattern ausschlagen, χρέτγ λjίνε.

ausschmücken, νις, στολίς (gr.).

Ausschmückung, f., στολί-σουρε-α.

ausschneiden, Bäume etc., t. χαρ, g. χερρ, Prem. θερ.

ausschöpfen, (νίτζιντᾰ).

ausschreiben, t. ᾰχρούατγ, g. ᾰχρούτγ.

ausschütteln, ᾰχουντ.

ausschütten, περμbύς.

aussehen, g. χαμ φόρμε; nach etwas, ᾰιχύτγ.

Aussehen, n., ∂ουχ, νουρ-ι, φυτύρε-α, t. πάρε-α, g. πάμε-α, φόρμε-α; — stattliches, g. πάμουνε.

aussen, adv., jáδτε u. περjáδτε; v. aussen, jáδταξι u. jáδταξιτ.

ausser, praep., βετδ, βέτδμε, περβέτδ, περβετδμε, auch περβέτδμε βέτεμε; ich bin ausser mir, jαμjáδτε βετίουτ, g. δαλεδίς.

Ausserer, e, jαδτεσμ-ι, jáδτεσμε-ja, περjáδτεσμε-ja.

ausserhalb, jáδτε u. περjáδτε.

Aeusserstes, n., t. ρέ̃ξε-α, g. ράν̃ε-α.

aussetzen (Reliquien), g. σ̃α- φουλύiγ.

ausspannen, (γ̃χρεχj).

Aussprache, f., t. φόλjουρε-α u. φόλjτουρε-α, g. φόλjμε-ja.

Ausstände haben, g. χαμ τε μάρρα.

ausstäuben, δ̃χουντ.

Aussteuer, f., πájε-α.

ausstrecken, δτριγ, g. δτρύγ, δτελίς; — sich, δτρίχεμ, g. δτελίσεμ.

ausstreuen, χ̃απ.

Ausstreuungen, f. pl., g. χουμ- βύνε-α.

Auster, f., ζάζε-α.

austheilen, σιτσιλλίς, t. νδάιγ, g. dáiγ.

austrinken, δ̃χουντ.

austrocknen, tr., t. δτερπύ̃iγ u. δτερπύiγ; intr., t. δτερπόνεμ u. δτερπύνεμ, g. περδ̃άχεμ.

Auswahl, f., ζ̃jέδουρε-α.

auswählen, ζ̃jεϑ, t. δ̃χjούαιγ u. τδ̃χjούαιγ, g. δ̃χjύiγ.

auswärts, adv., περjáδτα.

ausweichen, g. στέπεμ, bαν̃jbιδτ, τουνδ o. λjoύiγ bίδτενε.

ausweiden, g. δ̃χjερ.

auswühlen, γ̃ερμύiγ.

Auswurf, m., σχoύπιρε-α (gr.), g. βαλγάμ-ι (tk.).

auszehrend machen, μαραζύ̃ς; — sein, μαραζύνεμ.

Auszehrung, f., μαράς-ζι.

auszeichnen, sich, bέ̃iγ φαρχ.

Auszeichnung, f., νιδάν-ι (tk.), g. δέν̃jε-ja.

ausziehen, tr., χρέiγ, ρjεπ, t. χjιτ, ντζίϑρ, g. χjις, ντζίρ; — Kleider, t. δ̃ββεϑ, g. σβεϑ; Beinkleidung, t. δζ̃βαϑ, g. τσβαϑ u. σβαϑ; Jem. schmeichelnd, g. χρυϑ.

Avlona (Stadt), Βλjύρες-ι.

Axe, f., boδ̃τ-ι, g. αξoύα- u. οξoύα-οι.

Axt, f., t. σεπάτε-α, g. σοπάτε-α.

B.

Bach, m., περρoύα-οι, ρρεμ-ι.

Bachbett, n., περρoύα-οι, ρουνγ̃ájε-α.

Bächlein, n., ρεχέ-ja.

Bachstelze, f., t. bιδ̃τατoύνδ-ι, bιδ̃τατoύνδες-ι, g. bιδ̃χoύνδες-ι, χ̃αραβέλj-ι.

backen, tr., πjεχ; in d. Pfanne, τιγ̃ανίς (gr.), g. φεργ̃ύiγ, Dirva περδ̃ίς; — in d. Asche, g. περδ̃ίς.

Backenstreich, m., δ̃ουπλjάχε-α.

Backentasche, f., bουλτδ̃ί-ρι.

Backenzahn, m., δεμβάλε-α, δεμβ t παστάιμ.

Backofen, m., φoύρρε περboύχε.

Backstein, m., g. τoύλε-α.

Backzimmer, n., χατoύα-οι.

Bad, n., t. λjáρε-α, g. λjáμε-ja, bάνjε-α.

baden, λjáiγ, g. dabίς; — sich, λjáχεμ, g. dabίτεμ.

Bahre, f., t. φρον-ι, g. φρομ-ι, tetragl. ϑρον-ι.

Bajonnet, n., γ̃αργ̃í-α.

Balken, m., tyr. τρα-ου, Kraj. τραγ̃-νι; — dünner, g. χjέρπεν-ι.

Balkon, m., t. ταράτσε-α.

Ballast, m., σαβoύρε-α.

Ballen, m., v. Waaren, g. τoύρρε-α; am Fuss, νoύεϑ-ι; am Daumen, πουλχjέρ-ι.

Balsam, m., bάλτσαμ-ι, bαλτσάμε-τε, bάλτσο-ja.

balsamiren, λjáiγ με bάλτσο.

Band, n., t. τδ̃απάρ-ι, λjίδε-α, g. λjίδε-ja.

bändigen, (μbαντ); gebändigt, adj., t. bίνδουρε, g. bίνδουνε.

Bandwurm, m., t. τένγε-α, g. τέτίν-α; ich habe den B., t. τενjáσεμ; einer, der den B. hat, τενjáσουρε.

Bank, f., bάνγο-ja.

Bänkel, n., ράιδε-ja, g. σερj̃jέν-ι.

Bann, m., μαλχίμ-ι.

Bär, m., αρί-ου.

Barbar, m., βάρβαρο-ι (gr.), (γ̃αρboύτ, γ̃οβάρδε, χοβάρδε).

barbarisch, adj., (γ̃αρboύτζε).

Barbe, m., t. χjεφέλ-ι, g. χjέφελ-ι.

Bärentraube, f., g. μαρέδ̃τε-α.

barhäuptig, adj., πα χεσoύλje.

Bärin, f., t. αρoύδ̃χε-α.

Barke, f., βάρχε-α, g. λjoύνδρε-α.

barmherzig, adj., λjειμονjάρ (gr.), g. bερδελμιτάρ u. bερδελέσταρ; ich bin b., λjειμονίς (gr).

Barmherzigkeit, f., νδελjέσε- u. νδελjέσε-α, g. bερδελjίμ- u. περδελjίμ-ι.

Bärmutter, f., γ̃οπ-ι, t. ποτδ̃-ι.

Bart, m., μjέχρε-α; — an den Aehren, t. δ̃ζουλoύφε-ja χάλλje-α, g. τσουλoύφε-ja, χάλje-α.

Base, f., t. χουδ̃ερίρε-α, g. χουδ̃ερίνε-α.

Basilikakraut, n., boζελjύχ-ου, σεφερj̃jέν-ι, serodr. φεσελj̃jέν-ι.

Bast, m., t. δ̃ζίπε-α, g. τσίπε-α.

Bastard, m., t. bαδ̃τάρτ-ι, bάδ̃το-ja, μbάδ̃το-ja, δομνίτδ̃-ι, δοτδ̃-ι, g. δobίτδ̃-ι, χοπίλj-ι, (bεδ̃τάρτ, δοζ̃).

Bastion, f., t. χoύλε-α, g. χoύλε-α.

Bastrinde, f., u. — baum, m., t. bλι-ρι, g. bλι-νι.

Bataillon, n., τοbóρ-ι (tk.).

Batterie am Feuerschloss, f. χjεφτ-ι, t. τδ̃ανάχϑ-ι.

Bau, m., νδϱρτέσϱ-α.

Bauch, m., βαρχ-ου, βλjένδσϱ-α, πένσϱ-α, t. ζέμϱϱϱ-α, g. ζέμϱρϱ-α u. ζέμβϱρϱ-α, δάνjα; — äusser., g. βαρχ-ου; — inner., t. πλjένδϱϛ-ι, g. πλjάνδϱϛ-ι; — s. Schiff, g. χαμβάρ-ι.

bauchbrüchig, adj., ρϱνδσάχ, ρϱνδσούαρϱ, g. δϱχούμϱ; ich mache b., ρϱνδσόιγ, g. δϱχόιγ; ich bin b., ρϱνδσόνεμ, g. δϱχόνεμ u. δϱχύχεμ.

bauen, δϱρτόιγ, g. νδϱρτόιγ, χοδίϛ.

Bauer, m., βούιχ-ου.

bäuerisch, adj., g. χατουντάρ.

Bauernvolk, n., g. μαλλjεσί-α.

Baum, m., λjίσσ-ι, πέμμϱ-α, g. δρου-ja, βίθϱ- u. βύθϱ-α; ich beschneide Bäume, ρϱνδύιγ, t. χαρ, g. χέρρ, χιγ, Prem. θϱρ, (χραστίτ).

Baummaterial, n., g. λjάνδϱ-α.

Baumbeschneider, m., g. χέρρϱϛ-ι.

Baumblatt, n., t. φλjέτϱ-α, g. γjέθϱ-ja.

Baumfrucht, f., πέμμϱ-α, χόχjε-ja.

Baumhöhlung, f., γ̇όρjϱ-α.

Baummesser, m., t. χίζϱ-α, g. χίνζϱ-α.

Baumrinde, f., g. άσχϱ-α, βουjάσχϱ-α.

Baumspross, m., t. φιδάνε-ja.

Baumstumpf, m., χοπάτδ-ι, t. χϱρτσού-ρι, g. χϱρτσούν-νι.

Baumwolle, f., t. παμβούχ-ι, πουμβάχ-ι, πουμβούχ-ι u. -ου, g. παμβούχ-ου, tetragl. φιτίλ-ι.

baumwollen, adj., παμβούχτϱ, πουμβάχτϱ.

Baumwollenabfall, m., μjέττϱ-α.

Baumwollenzeug, n., g. βέζϱ-ja.

Bausand, m., t. δουρ-ι.

Bausch, m., τοχ-γ̇ου; in Bausch und Bogen, t. χουτουρού, g. χουτουρούμ.

bauschig, adj., τόjjε τόjjε.

beabsichtigen, βϱ νδϱρ μϱντ.

beachten, βϱ βϱσ̇, βϱ ρϱ, t. βϱσ̇τόιγ u. βϱσ̇τρόιγ.

bearbeiten, χουνόιγ; bearbeitet, t. πουνούαρϱ, g. πουνούμϱ.

beauftragen, νγ̇αρχόιγ, t. βαρρύιγ, βαρρύϛ u. μβουρρούϛ, g. βϱ βάρρϱ.

bebaut, adj., t. πουνούαρϱ, g. πουνούμϱ.

beben, τούνδϱμ.

Becher, m., (ματρακά).

Becken, n., d. türk. Musik, τσ̇απαρά-ja (tk.); als Klingelbeutel i. d. Kirche, δισχ-ου; — der Quelle, λjουχ-γ̇ου.

Beckentheil, hinterer, m., λjιχο-γ̇ύνε-ja.

bedacht, adj., μεντούαρϱ.

bedauern, g. ουιδϱνύχεμ, (ανεχούεμ).

bedecken, t. μβουλjόιγ, g. μουλjόιγ u. μϱλjόιγ.

Bedeckung, f., ber. μβουλjέσϱ-α, g. μουλjέσϱ-α.

bedenken, χουιτόιγ, χουιτόχεμ u. χουιτόνεμ, λογ̇αρίϛ (gr.), t. μεντόιγ, g. μενδόιγ; ohne Bedenken, πα μεντούαρϱ.

Bedeutung, f., φουχjί-α, μαδέ-ja.

bedienen, πουνϱτόιγ, bic ρρότουλϱ, ϑϱρβέιγ.

Bedienung, f., t. ϑϱρβύερϱ-α, ϑϱρβύμε-ja.

bedrohen, φοβερίϛ (gr.).

Bedürfniss, n., λjαζέμ-ι (tk.), g. λjύπσμε-ja.

beeilen, ανανχάϛ (gr.); — sich, t. τσ̇πειτόιγ, g. σ̇πειτύιγ, νγ̇ούτεμ.

beendigen, σχολάϛ, σοϛ μβαρόιγ, g. μαρύιγ.

Beendigung, f., σόσουρϱ-α.

beengen, νγ̇ουσ̇τόιγ, g. νγ̇ους.

beengt, adj., νδόδουρϱ, νδύδου-νϱ, νδέσσουρϱ, g. σ̇τρϱνγ̇ούτϱ; ich bin b., νγ̇ους̇τύχεμ, jαμ σ̇τρϱνγ̇ούτϱ, σ' χαμ βϱνδ.

beerben, g. τραδιγ̇ύιγ.

Beerbung, f., g. τραδιγ̇ούμε-ja.

Beere, f., χόχjε-ja.

befallen, g. χαπλίϛ.

Befehl, m., ορδϱνί-α, t. ούρδϱρ-ι, ουρδϱρίμ-ι, ποροσί-α, πορσίτουρϱ-α, g. ουρδϱνίμ-ι, ποροσί-α, ποροσίτμε-ja; milit. auch ομούρ-ι; zu Befehl! λjέπε! (tk.)

befehlen, ορδινjάϛ, t. ουρδϱρύιγ, ποροσίτ, g. ουρδϱνόιγ, ποροσίϛ.

befeinden, χασμόιγ.

befestigen, στερεόϛ (gr.), ρϱνjύϛ, g. ανγ̇ϱσ̇τόιγ; — sich, ρϱνjόσεμ, g. ανγ̇ϱσ̇τόχεμ.

Befestigung, f., στερεόσουρϱ-α (gr.), g. ανγ̇ϱσ̇τούμε-ja.

befeuchten, νjομ, λjαγ̇ϱσόιγ.

befinden, sich, χονδίϛ, νδεσσ νδοσ̇, νδύδεμ, g. μβάχεμ.

beflecken, μουρδαρέϛ, μουρδαρίϛ, μουρδαρόιγ, t. μολjέϛ (gr.), g. μολjϛ (gr.), νδύνj, πουγ̇άϑ; — sich, g. νδύνχεμ.

Beflecker, m., g. νδύνϱϛ-ι, πουγ̇άνεϛ-ι.

Befleckung, f., μολjί-α (gr.), g. πουγ̇άνμϱ-ja.

befreien, ελεφθερόϛ u. λjεφθερόϛ (gr.), t. λjϱσ̇όιγ, σ̇πϱτύιγ, g. λjιδόιγ, σ̇τϱρτόιγ, σ̇ελλόιγ; — von einer Last, g. δϱλjίρ.

befreit, adj., g. σ̇τϱρπούαμ.

Befreiung, f., t. σ̇πϱτούαρϱ-α, g. σ̇τϱρπούμε-ja, σ̇τϱρπέσϱ-α.

befreundet, adj., δουχσ̇μ.

befriedigen, g. χϱνάχj.

Befriedigung, g. χϱνάχjμε-ja.

begatten, sich, t. νδίχjεμ, g. νδίγ̇jεμ; σ̇κελj.

Begattung, f., t. χjόρρϱ-α, νδjέχουρϱ-α, g. χjίμε-ja, νδjέχμε-ja.

begegnen, πjεχ u. πίχjεμ, g. πϱρχάϛ, ταχόιγ.

Begegnung, f., g. ταχούμε-ja.

begehen, eine Sünde, g. χύιγ μϱ μϱχάτ ο. μουχάτϱ.

begehren, heftig, λαχταρίϛ (gr.).

Begehren, n., t. ζέμϱρϱ-α, g. ζέμϱρϱ- u. ζέμβϱρϱ-α.

begeistert sein, sich begeistern, g. έπεμ u. νέπεμ.

Begierde, f., g. εσ̇τάφ-ι, γ̇ουτϛ-ι; — heftige, λαχταρί-α (gr.).

beginnen, νις, t. ζε, ζε με δόρε, ζε φιλ, scodr. φιδόιγ, g. φιλόιγ, ζαύ, ζαύ φιλ.

begleiten, t. περτσίελ u. περσίελ, g. περτσίλ; — im Gesang, μβάιγ ζαύ.

beglückwünschen, g. νγαζελόιγ u. νγαζουλόιγ.

begnadigt werden, g. φάλjεμ.

begraben, χαλδίς, χελάς, (χλαδ), g. βερρύιγ u. βορρύιγ.

Begräbniss, n., ξοθ-δι (gr.), t. χάλτουρε-α, g. χάλμε-ja.

begreifen, t. νδέιγ, διγjόιγ, δεγjόιγ,χουπετύιγ, μαρρ βεδ, g. νδζαύ, νδεγjόιγ, μαρρ βεδτ.

begreiflich machen, απ νοίμε.

(Begriff) im Begriff sein, g. μάτεμ; ich bin schwer von Begriff, νούχε με όχjυν χόχα, σ' με φάιγετε χόχα.

begrüssen, φάλjεμ u. περφάλjεμ, χαιρετίς (gr.), t. περδεντέτ, g. περδεντές; — sich, recipr., περδεντέτεμ.

Begrüssung, f., περδεντέτ - ι, t. περδεντέτουρε-α, g. περδεντέτμε-ja.

behäckeln, σχαλίς.

behacken, Weinberge zum zweiten Male, g. πραδίς, τδαπραδίς.

behalten, t. μβάιγ u. μβα, g. μβα u. βάιγ.

behandeln, g. χουλανδρίς; — gut oder schlecht, μαρρ με τε μίρε ο. χεχj.

Behandlung, f., g. χουλανδρίσμε-ja.

beharrlich, adj., t.δουρούατδμ, g. δουρούδμ.

behauen, m. d. Beile, πελεχjίς; — Holz, γδεντ; — Stein, g. χεπ.

beherrschen, ζοτερόιγ u. ζοτόιγ, t. ουρδερύιγ, g. ουρδενύιγ.

beherzt, adj., ζέμερτε.

behexen, t. όχαλj. g. μαρρ με σύόε; behext, t. όχάλjουρε, g. μάρρεμε χjεδ.

Behexung, f., χίε-ja u. χε-ja, t. όχάλjουρε-α.

---

bei, praep., άφερ, αφερό; μβάνε, νδάνε, πράνε; t. μδε, νδε, νδερ, g. με, νε; τε, νδε, τεχ, g. χε, scodr. τυ; περ; in Betheuerungen auch δαχ; bei sich, bei sich selbst, με βέτεχε.

Beichte, f., ρρεφίμ-ι, t. ρρεφύερε-α, g. ρρεφύμε-ja.

beichten, ρρεφέιγ φάjετε, ξεμολοjίς (gr.).

Beil, n., πελέχj-ι, t. σεπάτε-α, g. σοπάτε-α; — kleines, t. σχεπάρ-ι u. όχεπάρ-ι, g. σχjεπάρ-ι, ναδδάχε-ja; — ich behaue m. d. Beile, πελεχjίς.

beilegen, βε, g. δυστύιγ.

Beileid, g. αόδίσμε-ja; ich bezeige B., ρεχύιγ, g. αδδίς, (ανεχούεμ).

Bein, n., t. χέμβε-α, g. χάμε-α, δάλjε-α; — heiliges, λjιχογύνε-ja; — ich stelle Jem. ein Bein, g. πενγύιγ.

beinahe, adv., άφερ u. αφερό, g. όχουρτ, περ παχ γjαύ.

Beinkleid, n., μβάθουρε - α, t. βρέχε-α, g. pl. tant. βρέχε-τε; — ein B., νjε παρ βρεχ.

Beinknochen, m., χαλέμ-ι, g. δόχρε-α, χερτσί-ρι.

Beischlaf, m., t. χjίρρε-α, g. χjίμε-ja.

Beispiel, n., μόστρε-α, ξύμπλε-α, t. jουρνέχ-ου u. g. υρνέχ-ου (tk.), δεμτούρε-ι; zum B., g. λjατ'ε όπι, χjοφτ περ τε μίρε.

beispringen, δαλλj χράχε.

beissen, ζε γυυτδ, νδουχ, t. ζε άιγ, ber. χαπδύιγ u. χαφδύιγ; — m. dem Schnabel, g. χjουχ, ber. τδουπίτ.

beistehen, απ χράχε.

beiwohnen, δαδχύιγ.

bejammern, t. βαjτύιγ.

bejahrt, adj., μότδτμ; bej. Frau, g. γjύμεσ' γρουj'ε ο. γρουj'ε δύμε.

bekannt. adj., διγjούαρε.

bekehren, χθέιγ μβας μέje.

---

bekennen, ρρεφέιγ, μολοίς u. μολοjίς (gr.).

beklagen, einen Todten, t. βαjτύιγ; — singend, μιρολογίς (gr.); — sich, χjάιγ u. χjάχεμ, tsam. χλjάιγ.

bekommen, (νγριχ), ποχτίς (gr.).

bekreuzigen, χρυχjάς, χρυχjεζύιγ; — sich, βέιγ χρυχj.

bekritzeln, g. δαραβίς.

bekümmern, sich, t. χελjμόνεμ, g. χελjμόσερ.

Bekümmerter, m., g. χαλτάρ-ι.

belächeln, χjεδ.

belagern, μβιλ u. μβυλ.

Belagerung, f., t. μβύλτουρε-α, g. μβύλμε-ja.

belästigen, ογραδίς (tk.), t.βαρρόιγ, βαρρύς, μβουρρούς, ρενδόιγ, g. βε βάρρε, ρανδόιγ, μεδύιγ.

Belästigung, f., ογραδί-α (tk.).

belecken, sich, g. περλjεπίνχερ.

belegen, v. tr., χίππειγ.

beleibt, adj., πλjότε.

belesen, adj., διαβδάσουρε (gr.).

Beleuchtung, f., φέξουρε-α(gr.).

belfern, g. λjεφ.

bellen, t. λjεχ, g. λjεφ.

belohnen, g. χενάχj.

belügen, g. ρρεύj.

belustigen, sich, γεζύνεμ.

Belustigung, f., t. σεχjρ-ι, g. σέχjιρ-ι (tk.), (γjεσδί).

bemächtigen, sich, ζαπετύιγ u. ζαπίιγ.

bemerken, βε βεδ, βε ρε, t. δο u. δοχ, νjοχ u. νjο, g. δοφ, νjοφ, dial. δjο; ich werde bemerkt, νδίχεμ.

bemitleiden, λjειμονίς (gr.).

bemühen, sich, τδαλεστίς (tk.). περπίχjεμ, βέιγ δδαφτ, t. λjεφτύιγ, λjουφτύιγ, μουνδόνεμ, g. λjιεφτύιγ, μουνδύχεμ.

Bemühung, f., t. μουνδούαρε-α. g. μουνδούμε-ja, δδαφτ-ι.

benachbart, adj., άφερ, άφερτε.

benachrichtigen, χαβερδίς (tk.).

Benachrichtigung, f., μχσούαρε-α, χαβερδίσουρε-α.

benagen, νδουχ.

baneiden, ζιλίς (gr.), βε ερί, χαμ ο. βε συνερί.

benetzen, λjάτγ, λjαχ, λjαγε-σόιγ, νjομ.

bepissen, sich, περμjίφεμ.

bequem machen, sich's, ρι ο. δέτὶ πάλε.

berauben, γραβίτ, ρjεπ, ρρεμ-βέτγ, t. δῶβεῶ, g. σβεῶ, μένιγ; Jem. schmeichelnd —, g. χρυθ.

Beraubung, f., t. δῶβέθουρε-α.

beräuchern, t. μεῶτύμ.

berauschen, t. δέιγ, g. δέιγ; — sich, δέχεμ.

berechnen, λοτγαρίς (gr.).

beredt sein, χαμ γόjενε.

Beredtsamkeit, f., γόjε-α.

bereit, adj., γατί, scodr. γάτι.

bereiten, δερτόιγ, g. νδερτύιγ; — sich, περβίδεμ.

Bereitheit, f., γατί-α, scodr. γάτι-α.

Bereitung, f., νδερτέσε-α.

bereuen, μετανοίς (gr.), βένεμ πιῶμάν (tk.), t. μεντόνεμ, ρρίχεμ, g. μενδόχεμ, ρρίφεμ, πενδόχεμ, (μετοίς).

Berg, m., μαλλjέ-ι; Ansteigen des B., ρεπjέτε-α; Rück-seite des B., χάπτε-α; hinter dem B., μὸε τε χάπτε; in Bergen lebend, t. μαλλjεσούαρ u. μαλλjεσόρ-ι, g. μαλλjε-σούρ-ι.

bergab, adv., τατεπjέτε.

Bergabhang, m., t. ρριπ-ι, g. ρρυπ-ι; steiler —, t. χρέ-χερ-ι, g. χράχαν-ι.

bergan, adv., ρεπjέτε u. περ-πjέτε.

Bergbewohner, t. μαλλjεσούαρ-ι u. μαλλjεσόρ-ι, g. μαλλjε-σούρ-ι.

Berges-Ansteigen, n., ρεπjέτε-α.

Bergfall, m., ρουχουλίμε-α.

Berggegend, f., μαλλjεσί-α.

Berggipfel, m., χjάφε ο. χίαφε τε μαλλjίτ.

Berghuhn, n., θελέζε μαλλjε-σόρε.

Bergrücken, m., χουρρίς μάλλjι, ὸρεχ-γου.

Bergrückseite, f., χάπτε-α.

Bergspalte, f., χjάφε ο. χίαφε τε μάλλjιτ.

Bergspitze, f., μάjε τε μάλλjιτ, χούνδε-α.

Bergvieh, n., χάου μαλλjεσούαρ.

Bergvorsprung, m., γερτῶ-ι.

Bergwerk, n., μαδέμ-ι (tk.).

Bergzunge, f., t. γjούχε-α, g. γjούγχου-ja.

Bericht, m., t. ρρεφύερε-α, g. ρρεφύμ-ja, ῶένε-α.

berichten, ρρεφέτγ.

beritten, adj., χαλjούαρ.

bersten, πελτσάς, πλjας.

Berufung, f., (ῶερρέσε).

beruhigen, t. μὸιγ, g. πίν.

berühmt, adj., διγjούαρε, (δεν-jούαρε).

berühren, νγας, t. ζε, g. ζαὶ, πjεχ, scodr. περχύιγ; — eine wunde Stelle, λjενδύιγ.

besänftigen, t. ζῦουτ, σὸουτ, ουρτετσόιγ, g. σὸους, ουρ-τεσόιγ.

besäen, t. μὸίελ u. μὸjελ, g. μὸιλ; besäet, μὸjέλε.

beschäftigen, sich, t. βίχεμ, g. βίγχεμ.

beschäftigt sein, g. χαμ γαίλjε.

Beschäftigung, g. γαίλjε-ja.

beschäftigungslos, adj., νγέδιμ, t. νδένjιουρε, g. νδέτνουνε.

beschämen, t. τουρπερύιγ, g. τουρπενύιγ.

beschatten, g. χιεσύιγ.

bescheiden, adj., με περδέ, t. ούνjιουρε, ούνjτουρε, μὸεjέδουρε, g. μὸεjλjέθουνε.

Bescheidenheit, f., t. περδέ-ja, ουρτετσί-α, μὸεjέδουρε-α, ούνjτουρε-α, g. πέρδε-ja, ουρτετσί-α, μὸεjέθμε-α, ούνjjμε-ja.

bescheinen, g. νδρίττδόιγ.

bescheissen, g. διές; — sich, g. δίτεμ.

beschenken, χjεράς u. χjιφάς.

beschimpfen, ῶάιγ, απ νδέρινε ν'δύρε, t. τουρπερύιγ, g.

τουρπενόιγ, φουλίχj; s. auch t. μουντζύς u. g. απ μουνλ-ζέτε.

Beschimpfung, f., (χέτα), s. d. partic. d. obigen verba u. μούντζ-α, μουνλζέ-τε u. νάμεζε-α.

beschlafen, χjι u. χjιγ, ῶχερ-δέιγ.

beschlagen, t. χεχουρός; — d. Pferd, μὸαῶ.

beschliessen, αποφασίς (gr.), g. βαὶj ῶαρτ.

Beschluss, m., αποφασί-α (gr.), g. ῶαρτ-ι; ich fasse einen B., g. βαὶj ῶαρτ.

beschmieren, g. περλjύιγ.

beschmutzen, λjουτσόιγ, μουρ-δαρέης, μουρδαρίς, μουρδα-ρύιγ, πεχάιγ, χjυρρόιγ, λjε-ρός (gr.), t. νδυρ, δύιγ, τyr. ῶύιγ, g. νδυὴj, νδραχ, περλjύιγ, ῶγρύιγ, πουγάιν.

beschmutzt, adj., g. τρόχε.

beschneiden, περιτομίς (gr.), πρες, scodr. ῶερ; — Bäume etc., ρενδύιγ, t. χαρ, g. χερρ, χιγ, (χραστίτ).

Beschneider, m., g. χέρρες-ι.

Beschneidung, f., περιτομί-α (gr.), t. πρέρε-α, g. πρέμε-ja.

beschränkt, adj., g. τουφάν.

beschuhen, μὸαῶ; — sich, μὸά-θεμ.

beschuldigen, χαλεζόιγ, g. δερ-λjενδές, (παδίς).

Beschuldigung, f., g. διγονί-α.

beschwatzen, λjαιχατίς.

Beschwerde, f., βαj-ι.

beschweren, ρενδύιγ, g. ρα-νδόιγ; — sich, χjάιγ u. χjά-χεμ, tsam. χλjάιγ.

beschwerlich, adj., t. ρένδε, g. ράνδε, (πσούασιμ); ich falle b., g. μερζίς.

beschwören, Jem., t. βετύιγ, βε μὸε βε.

Besen, m., t. φῶέσε-α, g. με-ῶέσε-α u. πῶέσε-α.

besessen, adj., δαιμονίσουρε (gr.), δῶνδόσουρε, τσινδό-σουρε, φλjαμόσουρε, g. φλjαμόσουνε; ich mache b., δᾰτνδύσεμ, δαιμονίς (*gr.*).

Besessenheit, *f.*, δᾰτνδύσουρε-α, δαιμονίσουρε-α (*gr.*).

besiegen, *g.* βε πύθτε.

besinnen, sich, χουιτόιγ, χουιτόχεμ u. χουιτόνεμ, *t.* μεντόνεμ, *g.* μεντόχεμ; ich bin ohne Besinnung, με μερρ χόχα έρε.

Besitz, *m.*, *g.* ναφτ-ι, χαλ-ι (*tk.*); ich ergreife B., ζαπετόιγ u. ζαπόιγ.

besitzen, *t.* ουρδερόιγ, *g.* ουρδενόιγ, (χερδέδ).

besonders, (αλαίμε); βετδ.

besorgen, *t.* δερτόιγ, *g.* νδερτόιγ, ματαρόιγ.

besorgt sein, ογραδίσεμ (*tk.*), χαμ χαδδέτ (*tk.*), *t.* δαλενδίσεμ.

besprechen (Krankheiten), *g.* δαὶj μjεχ.

Besprechen, *n.*, *g.* μjεχ-ου.

Besprecher, *m.*, μjεχτάρ-ι.

Besprecherin, *f.*, μjεχτάρε-ja.

Besprechungsformel, *f.*, ουδτ-ι.

besprengen, *g.* στερχίς, (στερχάτ, περδχάτ, πουρσουνδίς).

bespringen, περτδάχ, χίπειγ.

besser, *adj.*, μbε u. με μίρε.

bessern, *g.* μιρύς; — sich, *g.* μιρόσεμ.

Besserung, *f.*, *g.* μιρόσμε-ja.

Bestallungsdecret, *n.*, seodr. δχοπ-ι.

beständig, *adv.*, *t.* πο, *g.* πορ.

bestätigen, βεβαιός (*gr.*).

bestechen, μιτός, απ χερπούτσε; ich lasse mich b., μαρρ ο. χα χερπούτσε; ich bin bestochen, jαμ ι μbαθούνε.

Bestechung, *f.*, μιτόσουρε- u. μίτουρε-α.

bestellen, *g.* ματαρόιγ; bestellt (v. Felde), μbjέλε.

bester, *adj.*, ι με μίρε; der nächste b., ι νδόδουρε νδέσσουρε; ich habe zum Besten, χjεσενδίς.

bestimmen, σιτσιλλίς, διορίς

(*gr.*); es ist v. Schicksal bestimmt, *g.* χjένε χα θάνε.

bestrahlen, *g.* νδριττδύιγ.

bestreben, sich, τδαλεστίς (*tk.*).

Bestrebung, *f.*, *t.* τδαλεστίστjε-α, *g.* τδαλεστί-α (*tk.*).

bestreuen, m. Salz etc., χερπίγ u. χρεπίγ, *t.* χριπ., *g.* χρυπ.

bestritten, *adj.*, *g.* με φjάλje.

Besuch machen, *g.* jαμ με τε πάμε.

besuchen, häufig, ρεδπερόις.

betäuben, ερρεσόιγ u. ερρετσόιγ, δουρδόιγ u. δερδόιγ, *t.* δουδάτ, *g.* δουδουλάς.

beten, φάλjεμ u. περφάλjεμ, φjάλjεμ ε λjούτεμ.

betrachten, βε ρε, *t.* βεδτόιγ u. βεδτρόιγ, *g.* χjυρόιγ.

betrogen, *adj.*, χενjύερε.

betrüben, *t.* χελjμύιγ, *g.* χελjμύς; — sich, χολjάς (*gr.*), *t.* χελjμόνεμ, *g.* χελjμόσεμ; betrübt, δεδερούαρε.

Betrübniss, *f.*, χολjασί-α (*gr.*), δεδερουαρε-α, *t.* χελjμ-ι, χελjμούαρε-α, *g.* χέλjεμ-ι, χελjμούμε-ja.

Betrug, *m.*, χενjέρε-ja, χενjέδτρε-α, *t.* χενjύερε-α, χjέδουρε-α, *g.* χjέδμε-ja, χουβούμε-ja, (δουσμέ, μάρδε); — beim Spiel, χίλε-ja (*tk.*).

betrügen, χjεδ, πλανέπς (*gr.*), *t.* χενjέιγ, *g.* χουβύιγ, χεδόιγ, ρρεὶj, ber. χενδίτ.

Betrüger, *m.*, χενjεδτjάρ-ι.

betrüglich, *adj.*, χενjέρε u. χενjέδτρε.

betrunken, *adj.*, *t.* πίρε, δέιτουρε u. δέρε, *g.* πίμε, δέιτουνε, δέιμ.

Bett, *n.*, δτρόμε- u. στρύμε-α, *t.*δτρούαρε-α, *g.*δτρύμε-ja; — d. Flusses, πρέβε-α, περρούα-οι, ρουνγάjε-α, ρρεμ-ι; ich mache d. B., δτρόιγ.

Bettdecke, *f.*, gesteppte, jορ-γάν-ι.

betteln, *t.* λjεπ u. λjίπειγ, *g.* λjύπιγ.

bettlägerig sein, δέρχjεμ.

Bettler, *m.*, περδέρες-ι, φουχαρά-ja (*tk.*), *t.* λjίπες-ι, *g.* λjύπες-ι

Bettstelle, *f.*, δτρατ-ι.

beugen, χερρούς u. χουρρούς, δουλjόιγ, *t.* ουνj a. χουνj, *g.* ουνjj; — sich, χερρούσεμ u. χουρρούσεμ, bίνδεμ, ίχεμ, *t.* ούνjεμ u. χούνjεμ, *g.* ούνjjεμ, πρίρεμ, Κᾶv. χερβούνjεμ.

Beule, *f.*, μελέ-ρι, *g.* δουλούνγε-α; Speckb., *g.* δούνjε-α.

beunruhigen, λjεχjενδίς, γουλjτδόιγ, *t.* δαλενδίς, ταλαντίς.

Beute, *f.*, *t.* ρεμβούλε-α, *g.* ρρεμβούjε-α, (πρε-ja).

Beutel, *m.*, χουλjέτε-α, χjεσσέ-ja, (πουνάδχε).

Bevölkerung, *f.*, *g.* δουμίτζε-α.

Bevollmächtigter, *m.*, βασσί-ου, πιτρόπ-ι (*gr.*).

Bevortheilung, *f.*, χίλε-ja (*tk.*).

bewaffnen, αρματός; ich bin bewaffnet, μbάιγ άρμε.

bewahren, *t.* ρούαιγ, *g.* ρούιγ.

Bewahrung, *f.*, *t.* ρούαιτουρε-α, *g.* ρούιτρε-ja.

bewältigen, περβέ.

bewässern, βαδίς, νjομ, *g.* ουίς.

Bewässerungsgraben, *m.*, ματορίχ-ου.

bewegen, λjος, (δζουρ, τερδίτ, τραζύιγ).

Beweis, *m.*, δεφτίμ-ι, *t.* δεφτούαρε-α, *g.* δεφτύμε-ja.

bewerfen, νγjεδ, (νγjιδ).

bewilligen, βεβαιός.

bewirthen, γοστίς u. γοστίτ.

Bewusstsein, *n.*, φιχjίρ-ι (*tk.*).

bezahlen, λjάιγ.

bezaubern, *g.* μαρρ με σύδε.

Bezauberung, *f.*, χίε-ja u. χε-ja.

bezeugen, *t.* μαρτυρίς, *g.* μαρτυρέπς.

biegen, χερρούς u. χουρρούς, δουλjόιγ; — sich, ίχεμ, χερρούσεμ, Κᾶv. χερβούνjεμ.

Biene, *f.*, bλjέτε-α.

Bienenstock, *m.*, χολjούbε-, χολjύbε-, χορούbε-ja, *g.* ζjύjε-α, σjjούα-τὶ.

Bild, n., g. σουρέτ-ι (tk.); geschnitztes, g. ἰδουλ-ι; Heiligenbild, χονδίσμg-, χονίσμg-α (gr.); gemaltes, ικόνg-α (gr.); Kirchenbjlder, g. ζοτgνά-τg.

bilden, g. γατούαιγ.

billig, adj., μίρg; es ist billig, αὐδτ με οὐδg.

binden, λjτϑ, πενγύιγ.

Bindfaden, m., grober, σιδάἰμ-ι; feiner, t. σπάνγο-ja, g. σπάνγg-α; s. auch μανάχ-ου.

binnen, praep., πgρ.

Binse, f., χουλμάχ-ου, g.ϑούγg-α.

Birnbaum, m., g. δάρδg-α; wilder, γορρίτζg-α.

Birnbaumwald, m., wilder, g. γορίδτg-α.

Birne, f., χόχje δάρδg, g. δάρδg-α; wilde, γορρίτζg-α, g. δαρδ'g ἐγρg.

bis, adv., t. μου, νῆjερ, νῆjέρα, νjερ, νjέρα, g. μουν, νάjερ, νδυ, νδύιγ, νδυτδ; bis dass, σα u. νjερ σα; b. wann? νjερ χουρ? b. wohin? μου χου? b. an — heran, μου τε; b. in — hinein, μου νδg; b. auf, zu, νjgρ τε, νjερ νδg, g. χjετδ, νδύιγ μg; b. vor, νjέρα ρgπάρα; b. hinter, νjέρα πράπg; b. hierher, μου χgτού; b. dorthin, μου ατjέ.

Bischen, n., τσόπg-α; ein B., τδίχg, νjg τδίχg o. τδίχgζg.

Bischof, m., πισχόπ-ι (gr.), g. ουπέδχ-ου.

Biss, m., ber. χαπδούμι-τg.

Bissen, m., t. χαπδίτg-α, g. χαπδάτg-α.

bisweilen, adv., δίχου, δίχουρ, χέρg χέρg, χέρg πας χέρg.

Bitte, f., παραχαλέσουρg-α (gr.).

bitten, λjούτgμ, παραχαλές (gr.), λjιπ, g. πgρλjιχούρgμ.

bitter, adj., δέρg, δάρg, ἰδgτg, πίχgτg,(ἰδgρg); ich mache b.,πιχgτg,(ἰδgρg).

Bitterkeit, f., πίχgτg-α, πίχουρg-α, t. ἰδgρίμ-ι, g. ἰδgνίμ-ι, (χἰδgνίμ).

blähen, sich, t. νγρέχgμ, g. νγρίφgμ.

Blase, f., t. πδίχjg-α, φούτσχg-α, g. μgδίχgζg-α, φούσχg-α, βαρδάχ-ου; Harnbl., φίσχg-α, φούτσχg-α.

Blasebalg, m., g. χατσίχj-ι.

blasen, t. φρcγ u. φρύγ, g. φρύιγ, (ρα).

blass machen, g. σβέκgγ; — werden, g. σβένγgμ, βέρδgμ.

Blatt, n., φλjέτg-α; Baumblatt, g. ῆjέϑg-ja; Blatt d. Blätterkuchens, πέτg-α, χέρτσg-α.

Blatter, f.,χόχje λίs, πλούσχg-α, t. φούτσχg-α, g. φούσχg-α; ich habe die Bl., χρέγ λjίνg.

Blatterkrankheit, f., λjι-α.

Blätterkuchenblatt, n., πέτg-α.

blättern, g. πgρφλjές.

Blatternarben, f. pl., g. χjούχα-τg.

Blätterpastetenblatt, n., χέρτσg-α.

Blattlaus, f., g. βρέδχgζg-α.

blau, adj., μαβί; blaues Auge, συ λjαρύδ.

blauäugig, adj., συλjάρχ, συλjάρμ, g. συλjαρύδ.

Blechtrompete, f., g. βουρί-α.

Blei, n., t. πλjουμπ-δι, g. πλjουμ-ι.

bleiben, g. μβgς, μβέττgμ, jgς, t. χjgνδρύιγ, g. χjινδρύιγ.

bleich werden, βέρδgμ, σβέιχgμ.

Bleikugel, f., t. πλjουμπ-δι, g. πλjουμ-ι.

Bleischrot, n., σατδμ-ι.

blenden, βgρδόιγ, t. δουδάτ, g. δουδουλάς.

Blick, m., σι- u. συ-ου u. -ρι, t. βgδτούαρg- u. βgδτρούαρg-α, πάρg-α, g. χjύρμι-τg, πάμg-α.

blicken, t. βgδτόιγ, g. χjυρύιγ.

blind, adj., πασύ, χjορρ (tk.), t. βέρβgρg, g. βερπ-δι; ich mache bl., βgρβόιγ.

Blindheit, f., t. βgρβgτσίφg-α, βgρβούαρg-α, g. βgρβgσίνg-α, βgρβούμg-ja.

Blindschleiche,f.,g.χαχgζύγg-α.

Blitz, m., βgτgτίμg-α, δχρgπgτίμg-α, g. δχεπτίνg-α.

blitzen, t. βgτgτίγ, δχρgπgτίγ, g. δχεπτίν; es blitzt, t. βgτgτίτ, (βgσgλίτ), tetragl. δχρεπ.

Blitzstrahl, m., ροῆjέ-ja, g. ρρουφέ-ja.

Block, m., χοπάτδ-ι, t. χgρτσού-ρι, g. χgρτσούν-νι.

blödsinnig, adj., δαλjαβρίχ.

blöken, t. βgρράς, ὀλjεγgράς, ὀλjεγgρίτ, g. ὀλjεγ̔ουρίς, ὀgρτάς, βίχάς.

blond, adj., ρουσσ, g. δαλjύδ.

blühen, ένδgμ, λjουλjgσόιγ, λjουλjgσύιγ.

Blume, f., λjούλje-ja; im Gegensatz zur Knospe, spat. γαλαβέρg-ja u. γαραβέλλg-α.

Blumenscherbe, f., g. γαρράτδ-ι, σαχσί-α.

Blumenstrauss, m., bίγg-α.

Blut, n., γῆjax-ου.

blutarm, adj., χjυλj.

blutdürstig, adj., t. γῆjαχgτούαρ, γῆjαχgτούρ, γῆjαχgτσούαρ, γῆjαχgτάρ, g. γῆjαχgσούρ.

bluten, γῆjαχgτόιγ.

Blutfeindschaft, f., γῆjax-ου.

Blutfluss, m., ρρjέδουρα g γῆjάχουτ.

blutgierig, adj., s. blutdürstig.

Blüthe, f., d. Jugend, g. μάjg g δjελjμgνίσg, βλjουχ-ου.

Blüthenkelch, m., ένδg-ja.

blutig, adj., γῆjαχgτούαρg.

Blutigel, m., δουδούνjg-α.

Blutrache, f., γῆjax-ου.

Blutschuld, f., γῆjax-ου.

Blutstein, m., γ̔ουρ γῆjάχου.

bluttriefend, adj., γῆjαχgτούαρg.

Blutzeuge, m., δαχίτ-ι (tk.), μαρτύρ-ι.

Bock, m., βαρβάτ-ι, πgρτδάχ-ου, g. χανούρ-ι; t.τσjαπ-ι, g.τσαπ-ι.σχjαπ-ι;verschnittener, τσjαπ ι ράχουρι; B. des Packsattels, χαχgτέλ-ι.

Boden, m., φουντ-δι, g. δύϑg-u. δίϑg-α, τρουλ-ι, (τρούαλ); ich werfe zu B., χjεϑ πύδτg, t. δτριγ, g. δτρίγ.

bodenlos, adj., πα φουντ, g. πgλχ ι φέλg.

Bodensatz, m.; ζούτσε-α, φίρε-α; — d. Oels, g. μουρκ-γου
u. μούργε-α; — d. Butter,
g. δραΰ-νι.

Bogen, m., Papier, ταβάκ-ου
(tk.), g. μάϑουλj χάρτε; — v.
Stein, κjεμέρ-ι; in Bausch u. B.,
t. χουτουρού, g. χουτουρούμ.

Bohne, f., g. φραϑούλε-ja.

Bohnenschote, f., μοϑούρχε- u.
μουϑούρχε-α, g. λjεχούρε-α.

Bohrer, m., τουρjέλε- u. τρουjέλε-α.

Bojanna (Fluss), Βουάννε-α.

Bolle, f., g. πόπελj-ι.

Bombenkessel, m., g. χουμβαρά-ja.

Bombenkugel, f., ροжjέ-ja.

Boot, n., βάρχε-α.

Borate, f., g. χρέϑτε-α.

Borstenpinsel, m., g. χρέϑτε-α.

Borte, f., ἁνε-α.

bösartig, adj., t. ϑτρέμϑρε.
ϑτρεμπ, g. ϑτρέμετε.

Böschung, f., g. τραπ-ι.

böse, adj., χέιχj u. χεχj, λjιχ
u. λjίχτε, t. πράπε, g. μϑράπε; ich werde b., seodr.
περχόχεμ; ich rede Jem. Bö-
ses nach, jjουχύιγ, χεχj νδε
γόje, g. δερλjενδίς.

Bosheit, f., χέιχjε-ja, λjίγε-α,
t. djαλεζΐ-α, πραπετσί α,
g. djαλεσί-α, μϑραπεσί-α.

Bosnien, Βόϑνjε-α.

Bosnier, m., Βοϑνjάχ-ου.

bosnisch, adj. βοϑνjάχτϑε.

Bote, m., χαβερδάρ-ι (tk.).

Botschaft, f., (μεσδίτε, μεστίτχε).

Bottich, m., τάλjερ-ι, g. τινάρ-ι,
τίνε-α, φουτϑί-α, Κav. χαρανέτς-ι.

brach, adj., χέρσε, g. βdjέρρε,
djέρρε; ich liege br., jαμ
djέρρε.

Brachfeld, n., ἀρε χέρσε, ἀρε
o. βενd ι βdjέρρε.

Brand, m., djέγουρε-α, ούρε-α.

Brandblase, f., g. μεϑίχεζε-α.

Branntwein, m., ραχί-α.

Braten, m., πίχε-α.

braten, tr., πjεχ, g. περϑίς;
intr., πίχjεμ.

Bratrost, m., σχάρε-α.

Bratspiess, m., t. χελ-ι, g.
χέλλε-ja.

Brauch, m., σίρμε-α, αδέτ-ι
(tk.), t. πορσί-α, g. ποροσί-α.

brauchbar, adj., t. βεjύρε, g.
βjεφτäμ; ich bin br., δούχαεμ u. δούχεμ.

Brauchbarkeit, f., g. βjεφτä-
με-ja.

brauchen, με ὁεν λjαζέμ; gebraucht, g. χουλανδρίσουνε.

braunes Auge, συ χεϑτένjε.

brausen, χερτσάς, χελτσάς,
χρετσάς, t. jjεμόιγ, g. jjι-
μύιγ.

Brausen, n., ϑελίμ-ι, t. jjεμίρ-ι,
g. jjεμίμ-ι.

brausend, adv., βάλje βάλje.

Braut, f., νούσε-ja; ich nehme
eine Br., ζε νούσε.

Brautbett, n., jjερδέχ-ου.

Brautgeschenk, n., χjεράσουρε-α; ich gebe ein Br., χjεραç
u. χjέράς.

Bräutigam, m., t. δänτερ-ι,
g. δάντερ-ι.

Brautkrone, f., t. χορόνε- u.
χουρόρε-α, g. χονούρε- u.
χουνύρε-α.

Brautschaft, f., t. νουσερί-α, g.
νουσενί-α.

brechen, t. ϑίειγ u. ϑύειγ, g.
ϑύιγ; — sich, t. βjελ u. βίελ,
g. βιλ; — den Vertrag etc.,
g. ϑπαϑέσσεμ; — das Wort,
δαλλj φjάλjεσε; — d. Ehe,
μχίς (gr.).

Brechen, n., g. ϑυμ-ι u. ϑύμε-ja.

Brei, m., (μϑρουίτουρι).

breit, adj., t. jjέρε u. jjέρετε,
g. jjάνε; ich mache br., jjε-
ρόιγ, ζjjεράιγ u. δζjjεράιγ.

Breite, f., t. jjέρε-α u. jjέρετε, g. jjάνε-α.

breiten, ϑτρόιγ.

Bremse, f., ζάγαλ-ι.

brennen, tr., περβελjόιγ; intr.,
δίjjεμ, δέζεμ u. δίζεμ, g.
νδίζεμ, αμελόχεμ.

brennend, adj., g. ἀρουλ; ich
bin br., δίjjεμ.

Brennholz, n., χαρϑίε-α.

Brennnessel, f., t. χίϑε-ι, g.
χίνσελ- u. χίνϑες-ι.

Bret, n., δύjε-α, g. δερράσε-α;
— πέταβρε-α.

Breterbühne, f., ϑτρατ-ι.

Bretzel, f., χουλjάτϑ-ι; — χο-
λάνδρε-α.

Brief, m., χάρτε-α, g. λέττρε- u.
λjέττρε-α.

bringen, bie, t. στελ, g. σιλ,
τϑύιγ u. τϑούαιγ.

Brocken, m., τσόπε-α.

Brombeere, f., μάνε φέρρε, g.
μάνδε φέρρεσε.

Brombeerstrauch, m., φέρρε-α.

Bronze, f., χjέπρε-α.

bronzen, adj., v. Bronze, χjίπερτε.

Brosame, f., ϑερρίμε-ja.

Brot, n., βούχε-α; altbackenes.
g. χοϑέρε-ja; ungesäuertes.
περτσελjάχ-ου, χουλjάτϑ-ι.

Brotkruste, f., g. χοϑέρε-ja,
χούα-ja.

Brotkuchen, m., unges., χουλj
jάτϑ-ι.

Brotlaib, m., t. χαραβέλje-ja,
g. χράβελje-ja, σομούνε-ja
(tk.).

Brotrinde, f., g. χούα-ja.

Brotsack, m., χουλjέτε-α, t.
τράστε-α, g. τράσε-ja.

Brotteig, m., ϑρούμε-α.

Bruch, m., g. δεχούμε-ja; ich
mache Jemanden einen Bruch,
ρενδσύιγ, g. δεχόιγ; ich bekomme einen Br., ρενδσύνεμ.
g. δεχόνεμ u. δεχόχεμ; Jem.
der einen Br. hat, ρενδσάχ,
ρενδσούαρε, g. δεχούμε.

Bruchband, n., t. λjίδε-α, g.
λjίδε-ja,

brüchig, adj., g. χαϑμέρ u.
χατμέρ.

Brücke, f., ούρε-α.

Bruder, m., βελά-ι.

brüderlich, adj., t. βελαζερίϑτ,
g. βελαζενίϑτ, (φρατινίϑτ).

Bruderschaft, *f.*, *t.* βελαμερί-α, βελαζερί-α, *g.* βελαζενία.

bruderschaftlich, *adj.*, *t.* βελαμερίϑτ.

Brühe, *f.*, *t.* λjενχ-γ(ω), *g.* λjανχ-γου.

brühen. περβελjόιγ.

brüllen, παλ, πελλάς, (μβαριρύιγ).

brummen, μουνγρίς.

Brummfliege, *f.*, bρούμbουλ-ι, *g.* σεμούνδε-α.

Brunnen, *m.*, πους-ι.

Brunnenhahn, *m.*, *g.* χενέλ-ι.

Brunnenröhre, *f.*, χανάλ-ι, ϳϳέπι ι χρούρες, *g.* ρρύτϑχε-α.

Brust, *f.*, ϳϳοξ-ι, *t.* χραχερούαρ-α. χραχερόρ-ι, *g.* χραχενούρ-ι; weibliche, σίσε-α, τσίτσε-α.

Brustbeere, *f.*, (τζιντζίφε).

brüsten, sich, χορδόσεμ, μbάχεμ.

brustkrank, *adj.*, ϳελbάσουρε; ich werde br., ϳελbάζεμ.

Brustleidender, *m.*, *g.* χραχενουρλί-ου.

Brustriemen d. Sattelzeuges, *g.* ϳϳερδάν-ι.

Brustwarze, *f.*, ϑίϑε-α.

Brut, *f.*, *t.* πjέλ̕ε-α, *g.* πjέλμι-τε.

brüten, χλοτϑίτ, *g.* νγροφ.

Bruthenne, *f.*, χλύτϑχε-α, *g.* σχjόχε-α.

Bueb, *n.*, χάρτε-α, *g.* βιβλjί-α; altgriechisches, *Elb.* τομ-ι; ein B. Papier, νjε τέστε λέττρε.

Buchdruck, *m.*, στάμπε-α.

Buche, *f.*, *g.* αχ-ου.

Buchstabe, *m.*, γράμμε-α (gr.).

buchstabiren, *g.* χενδόιγ περεπύϑ.

buckelig, *adj.*, χουρρουσδάλj u. χουρριοδάλj, χερρούσουρε, χαμbουρjάσουρε; ich bin b., χερρούσεμ, χαμbουρjάσεμ.

bücken, sich, χερρούσεμ, *t.* ούνjεμ u. χούνjεμ, *g.* ούνγjεμ, *Kav.* χερbούϳjεμ.

Bude, *f.*, *t.* δουχjάν-ι, *g.* δυχjάν-ι.

Büffel, *m.*, *t.* δουάλ-ι, *g.* δουλ-ι.

Büffelkuh, *f.*, *t.* δουαλίτζε-α, *ber.* δουάτζε-α, *g.* δουλίτζε-α.

Bügel des Gewehrdrückers, *t.* χορχουλούχ-ου, *g.* χερχελέχ-ου.

Bügeleisen, *n.*, *g.* υλτίν-νι.

bügeln, *t.* χεχουρός, *g.* απ υλτίν.

buhlen, εϑιχούεμ.

Bühne, *f.*, ϑτρατ-ι.

Bulgare, *m.*, *g.* Σχjα-ου.

Bulgarei, *f.*, *g.* Σχjενί-α.

Bulgarin, *f.*, *g.* Σχjίνιχε-α.

bulgarisch, *adj.*, *g.* ϑχjενίϑτ.

Bund, *m.*, ϑjάτε-α; — *g.* δενγ-ου.

Bündel, *n.*, *g.* δενγ-ου.

Bundesgenosse, *m.*, *g.* νδιφμεντάρ-ι.

Bundesgenossin, *f.*, *g.* νδιφμεντύρε-ja.

Bündniss, *n.*, ϑοχερί-α.

bunt, *adj.*, λjάρε, λjαρμ, *g.* λjαρύϑ, λjαραμάν, λjαρίσχε; ich mache, färbe b., *t.* λjαρύς, *g.* λjαρύιγ; ich werde b., λjαρύσεμ.

buntgestreift, *adj.*, *t.* ρέμbα ρέμbα.

buntscheckig, *adj.*, λjάρε λjάρε.

Burg, *f.*, χαλjά-ja.

Bürge, *m.*, ζοτερούαρε-ι, ζοτούαρε-ι, *g.* δορεδάν-ι, δορεζάν-ι.

bürgen, ζοτόνεμ u. ζοτύχεμ, *t.* νϳϳίσσευ, ζίχεμ, *g.* ζ̈ϋχεμ.

Bürgschaft, *f.*, ζυτερούαρε-α, ζοτούαρε-α, νϳϳίσσουρε-α.

Bürste, *f.*, βούρτσε-α, *g.* χρέϑε-α.

bürsten, βουρτσόιγ u. βουρτσύς.

Busen, *m.*, ϳϳι-ρι.

Busse, *f.*, χανόν-ι (gr.), *scedr.* ϳϳόbε-α.

büssen, μετανοίς, (μετοίς).

Butte, *f.*, bουτ-ι, bούστ-ja, *g.* χέρbε-α.

Butter, *f.*, ϳϳάλπε-ι u. ϳϳάλπε-τε, λjύνε-τε, bουλjμέτ-ι;

---

ich stosse B., τουντ χjούμεϑτε.

Butterfass, *n.*, δυbέχ-ου, *g.* ϑχερδέτς-ι, μουτίν-νι, τούντσς-ι.

Buttermus, *g.* δραύ-νι.

buttern, τουντ χjούμεϑτε.

C.

Carriere, *f.*, τισϳϳίν-ι (*tk.*).

Ceder, *f.*, (βϳένϳε-α, δελίνϳ).

Centner, *m.*, *t.* χαντάρ-ι, *g.* χανδάρ-ι.

Centrum, *n.*, χερϑίζε-α; πρέβε-α.

Ceremonie, *f.*, τσιριμονί-α.

Chaonier, *m.*, Λjαχ-ι u. -χ.

Chinarinde, *f.*, χίνε-α.

Chinin, *n.*, χίνε-α.

Christ, *m.*, χεϑτέρε-ι, *g.* ϳϳεϑτέν- u. ϳϳεϑτέν-ι; griech. —, *g.* ουρούμ-ι; im Gegensatz zum Türken, χαούρρ-ι.

Cicade, *f.*, *g.* ϳϳινχάλε-α.

Cichorie, *f.*, bρέσε-α, χορρέ-ja.

Cirkel, *m.*, *g.* περϳϳέλj-ι (*tk.*).

Cisterne, *g.* σαρδάνδϑε-α.

Clarinette, *f.*, *t.* ζούρρνε-α, *g.* ζούρρενε-α.

Colonnade, *f.*, *g.* ϑτυλαρί-ου.

communiciren, χουνγόιγ.

Communion, *f.*, χουνγίμ-ι.

Compagnie, *f.*, ϑοχερί-α, *t.* ορταχερί-α, *g.* ορταχενί-α (*tk.*).

Complott, *n.*, μουδαβερέ-ja (*tk.*).

Consul, *m.*, χούϑουλε-α.

Confession, *f.*, *g.* φε-ja.

Corinthe, *f.*, σταφίδε-ja.

Corps, *n.*, ορδί-α.

Curs, *m.*, *t.* νδέρ-ι, *g.* νδέρ-ι u. νδέρι-ja.

Cypresse, *f.*, χjιπαρίς-ζι, *g.* σελβί-α (*tk.*).

D.

da, *conj.*, χουρ; *adv. temp.*, ατέ τϑαστ; *loc.*, ατjέ; — *dem.*, ja! jáβουα! *Divra*

xjε! τδε! — g. δᾱε! — vjoύ!
vjεύ! beim Geben, va! da
wo, ατjέ xjε; da u. da,
ἀxε xou; hier u. da, βένdε
βένdε,ατύ xετού; der da,ἀxε
xouδ, — τσίλλι, — τσίου, —
xjίδι; f. ἀxε.τσίλλjα, — τσία.

Dach, n., τδατί-α, στρέχε-α,
t. ταράτσε-α, g. xoυλμ-ι;
Schutzdach, g. σουνdουρ-
μά-ja.

Dachdecke, f., g. μουλjέσ' ε
στεπίσε.

Dachfirste, f., xoυλμ-ι.

Dachlucke, f., g. βάδδε-α, ber.
βάδδα-ja.

Dachrinne, f., λjoυx-ŷoυ, ου-
λoύx-ου.

Dachs, m., bίσε-α, g. βιέδoυ-
λε-α (?).

Dachsparren, m., τσίμbιδε-ja,
t. xjέπρε-α, g. xjέπερ-ι.

Dachtraufe, f., tyr. τάϊxε-α.

Dachziegel, m., τjέŷoυλε- u.
τσιέŷoυλε-α, xεραμίδε-ja
(gr.).

daher, t. νdάjε, g. ανdάιj;
αδά, g. πρα.

dahinter her sein, g. bίε u. bίε
πράxα.

damascirt, adj., altg. θίxε δι-
μισxjί (?).

damit, conj., xjε, τε.

dämmerig, adj., μούŷoυρε.

dämmern, imp., μούŷετε, ου-
μούŷ, νŷρίσσετε, ουνŷρίσσ,
ουέρρ.

Dämmerung, f., μουx-ŷou.

Dämon, m., δαιμόν-ι (gr.);
— g. φλjάμε-α.

dämonisch, adj.,δαιμονίδτ (gr.).

dampfen, intr., αβουλύτγ.

Dank wissen, g. δι περ νdερ.

danken, bερρεxjάβες (tk.). .

dann, adv., ατέ χέρε; dann u.
wann, dίxou dίxou, χέρε χέρε,
χέρε πας χέρε.

daransetzen, Alles, ραχ jέτενε.

darauf, adv., πρα u. πα; g. vjενί
u. vjανί, vjανί σε θε τι;
darauf! χoύδου χoύδou!
τoύρρου!

---

darin, adv., t. bρένdα u. περ-
bρένdα, g. μρένdα.

Darlehen, n., t. χoύαιτoυρε-
u. χoύαρε-α.

Darleiher, m., g. δάνες-ι.

Darm, m., ζόρρε-α, xόρδεζε-α.

Darniederliegen, δέρjjεμ, jjί-
νdεμ με ατέ χεσάπ, jj. xεxj.

darüber, τέπερ, τέπρε, με ο.
μbε τέπερ, jάδτε u. περ-
jάδτε.

darum, περ ατέ πoύνε, ανdάjε,
περ ο. πρα ανdάjε, νdάjε,
g. ανdάιj.

darunter, πόδτε.

dass, conj., xjε, τε, σε; nach
verb. tim. μος; so d., xάxjε
xjε; bis d., σα u. vjερ σα;
o dass doch! μαxάρ! g. μα-
xάρσε! είj!

Dattel, f., u. Dattelbaum, m., t.
χoυρμά - ja, g. χoύρμε - α
(tk.).

dauerhaft, adj., t. δoυρoύατδμ,
g. δoυρoύδμ; ich bin d.
ρρόιγ.

Dauerhaftigkeit, f., t. ρρoύα-
ρε-α, g. ρρoύμε-ja.

dauern, ρρόιγ.

Daumen, m., jjιδτ ι μαθ.

Daumenballen, m., πoυλxjέρ-ι.

davonlaufen, xερτσάς, xελτσάς,
xρετσάς.

December, m., δεν ενdρέ-ου,
g. χι 'lνdρε.

Deckblätter des Maiskolbens,
τδέφxε-α, g. λαπoύτδxε-α.

Decke, f., μboυλίμ-ι, μbίλες-ι,
ber. μboυλjέσε-α, g. μουλjέσε-α; — d. Zimmers, ταβάν-ι
(tk.); — d. Daches, g. μουλjέσ'ε στεπίσε; — v. Wolle,
βελένζε-α, πλjαφ-ι. τστρ-
ŷε-α, σιδδαδέ-ja; gesteppte
Bettd., jορŷάν-ι; — als Lager,
δυδέx - ου, δίλjτε -ja (tk.);
s. auch xjιλίμ-ι; Pferded.,
μουτάφ-ι.

Deckel, m., xαπάx-ου, μbίλες-
u. μbύλες-ι, μboυλίμ-ι, ber.
μboυλjέσε-α, g.μουλjέσε-α;
— σατδ-ι; g. βεδνίx-ου.

---

decken, t. μboυλjότγ, g. μουλ-
jότγ u. μελjότγ.

Degenschneide, f., μελ-ι.

dehnen, t. νdέιγ, νdερ, g. νdέ-
ιτγ, (χρεxj); — sich, στρί-
χεμ, g. στρύxjεμ u. νdρύ-
xjεμ.

Deichsel, f., μus. τομoύα-οι.

dein, τατ; deine, jότε.

Delphin, m., δελφίν-ι.

Demagoge sein, περζίετγ λαoύ-
ζενε.

Demuth, f., ταπινόσoυρε-ε
(gr.), χoύνjετε-α, t. oυρτετσί-α, oύνjτoυρε-α, g.
oυρτετσί-α, oύνjjμε-ja.

demüthig, adj., t. oύρτε, oυρτετσίδτ, oύνjετε, oύνjατε,
χoύνjετε, oύνjjoυρε, oύνjτoυ-
ρε, ταπινόσoυρε (gr.), g.
oυρτετσίδτ, oύνjjετε, ταπι-
νόσoυνε (gr.).

demüthigen, ταπινός (gr.), t.
oυνj, χoυνj, oυρτετσότγ,
g. oυνjj, oυρτετσότγ; — sich,
t. oύνjεμ, ŷoύνjεμ, g. oύν-
jjεμ; ich werde gedemüthigt,
με bίε χoύνdε.

Demüthigung, f., t. oυρτετσoύ-
αρε-α, g. oυρτετσoύμε-ja.

denken, λοŷίς (gr.), t. θεμ u.
θομ, g. θέμι u. θόμι; an etwas —, xoυιτότγ, xoυιτόŷεμ,
xoυιτύνεμ, t. μεντότγ, μεντόνεμ, g. μενdότγ, μεντόχεμ;
— hoch, gross, μαδενόχεμ.

Denkmal, n., μνιμόρε-α (gr.),
t. βαρρ-ι, μάρτoυρ-ι, g.
βορρ-ι, μάρτoυμ-ι.

denn, adv., σε.

der (da bewusste), αί, ἀjύ, g.
ἀϊ; der da, ἀxε xouδ,
τσίλλι, — τσίou, — xjίδτ;
der u. der, g. φιλjάν-ι (tk.).

derselbe, βέτε, t. τέρρε; —
wie, vjε με; ein u. —, σι
vjε vjε.

Derwischmütze, f., xjoυλjάφ-ι.

desertiren, g. φιρόσεμ.

Destillirhelmsrohr, n., φύελ-ι.
g. λoύλε-α.

desto, κάχjε; je — d., σα — κάχjε.

desswegen, ανδάjε, πϙρ o. πρα ανδάjε, νδάjε, g. ανδάιj.

deutsch, adj., βαρβαρίδτ u. βαρβαρέδτ.

Deutscher, m., Αλλαμάν-ι, Νϙμτς-ι, g. Βαρβαρές-ζι.

Deutschland, Νϙμτσί-α, g. Βαρβαρί-α.

Diamant, m., διαμάντ-ι.

Diarrhöe, f., g. πϙρπούρθμϙ-ja u. pl.

Diät, f., αγjϙρίμ-ι.

dicht, adj., t. νέντουρϙ, δένδουρϙ, g. δένδουνϙ, (δπέδϙ); ich mache d., t. δϙνδ. g. δανδ.

dichten, g. βέιγ βέιτς.

Dichter, m., g. βειτάρ-ι.

dichtgedrängt, adj., βύθϙ μβας βύθϙ.

dichtgeschlossen, adv., τοπ.

Dichtigkeit, f., νέντουρϙ-α.

dick, adj., g. τράδϙ; ich mache d., g. τραδ; ich werde d., g. τράδϙμ.

Dicke, f., g. τράδϙ-α, τράδμϙ-ja.

Dickicht, n., δκορέ-ja, ρυυμάν-ι.

Dickkopf, m., κύχϙ λjϙδ, κύχϙ ρογjέ.

Dickwanst, m., g. δανγjάλ-ι.

die, αjό, άχϙ τσίλλja, — τσία.

Dieb, m., χαιδούτ-ι (tk.), t. χουσάρ-ι.

diebisch, adj., t. βjϙδϙράχ, g. βjϙδατσάχ; adv., χουσϙρί u. χουσϙρίδτ.

Diebstahl, m., t. χυυσϙρί-α, βjέδουρϙ-α, g. βjέδμϙ-ja; — πρϙ-ja.

Diele, f., δύγϙ-α.

dienen, πουνϙτόιγ, g. δϙρβέιγ.

Diener, m., ροδ-ι, χυσμϙχjάρ-ι, δϙρβϙτόρ- u. δϙρβϙτούαρ-ι; — djάλλjϙ-ι.

Dienerin, f., ροδϙρέδϙ- u. ροδίvjϙ-a.

Dienst, m., χυσμέτ-ι, δϙρβέδϙ-α.

Dienstag, m., μάρτϙ-α.

diese, f., αjό, χϙjό.

dieser, m., αΐ, αjύ, κύιγ, χϙσίδ; dieser so, αΐ, κύιγ, ατέ, χϙτέ — φαρρ'.

diesseitig, adj., χϙτέjϙμ.

diesseits u. von diess., praep., χϙνδέjϙ u. χϙτέjϙ.

Dill, m. (Kraut), g. κύπϙρ-ι (?).

Dille, f., φυτ-ι, g. πιπθ-ι.

Ding, n., πούνϙ-α.

Dintenfisch, m., σουπjέ-ja, g. τσούπιjϙ-α.

Dintenzeug, n., χαλαμάρ-ι.

direct, adv., δρέιχj o. δρϙjχj.

Distel, f., γjϙμ γομάρι.

Divangestell, n., g. νίμϙ-τϙ.

Divanmatratze, f., μνδέρ-ι (tk.); deren Ueberzug, χjιλίμ-ι, σιδδαδέ-ja.

Docht, m., φιτίλ-ι.

Dohle, f., g. στϙρχjύχ-ου.

Dolch, m., δτδτ-ι (tk.), g. πινjάλ-ι.

Donner, m., t. γjϙμίμ-ι, βουμβουλίμϙ- u. βρουμβουλίμϙ-α, g. γjϙμίμ-ι, βουβουλίμϙ-α.

donnern, imp., γjϙμόν, βουμβουλίτ u. βρουμβουλίτ.

Donnerstag, m., t. ένjϙτϙ-α, g. ένιτϙ-ja, (ένδϙ, ίνjϙτϙ).

Doppelknoten. m., t. πιδχj-ι. g. πίτσχϙ-α.

doppelt, adj., διπλάρ, διπλύσουρϙ, (διμζάχjι); adv., δυδ.

Dorf, n., t. φδατ-ι, g. χατούντ-ι; dem D. eigen, adv., φδάτδϙ.

Dorfbewohner. m., t. φδατάρ-ι. g. χατούντϙς-ι.

dörferweise, adv., φδάτδϙ.

Dörfler, m., t., φδατάρ-ι, g. χατούντϙς-ι.

Dorn, m., t. γjϙμπ-ι, g. γjϙμ-ι; ich stecke in den Dornen, ουνγjέλτδ; von Dornen, adj., γjέμτϙ.

Dornbusch, m., δρίζϙ-α, φέρρϙ-α.

dornig. adj., γjέμτϙ.

dörren, θάιγ, (θϙρ).

dort, ατjέ, ατύ; von d., ανδέjε, ατέjϙ, g. auch ανδύιγ; dort wo, ατjέ χjϙ.

dorthin u. dorther, ανδέjϙ, ατέjϙ, g. auch ανδύιγ; dorthin! μου ατjέ!

Drache, m., χουτδέδρϙ-α, g. δρανγjούα-οι, tetragl. δπρύχϙ-α; — στιχί-α u. στιχjύ-ja (gr.).

Draht, m., σίρμϙ-α, t. τϙλj-ι, g. τέλjϙ-ι.

Drahtsaite, f., t. τϙλj-ι, g. τέλjϙ-α.

Drahtsieb, n., t. σίτϙ-α, g. σίτϙ-α.

Dramm, m., δρϙχjέμ-ι.

Drangeld, n., χαπάρρ-ι; ich gebe D., χαπαρρός.

draussen, jάδτϙ u. πϙρjάδτϙ.

Drechsler, m., ρροτουλέϙς-ι.

drehen, δρϙθ, πϙρδρέθ; — im Kreise, ρροτουλόιγ u. ρρουτουλόιγ; — sich, ρροτουλόνϙμ; ich drehe u. wende mich, πϙρδρίδϙμ, g. βάνιγ δρέδα.

Dreher, m., ρρυτουλέϙς-ι.

Drehriegel, m., t. δρέδjϙ-α. χαταπίϙ-α.

drei, m. τρϙ, f. τρι.

dreieinig, adj., (v. Gott), τριφυτύρϙδ.

Dreier, m., τ τρϙ-ι.

dreifach, adv., τριδ, τριπjέσϙ.

dreijährig, adj., τριβjϙτδάρ.

dreimal, adv., τριπjέσϙ.

dreissig, τριδjέτϙ.

dreist, adj., t. δρσϙΐϙ.

dreizehn, τρϙ μβϙ δjέτϙ.

dreschen, t. δίγ, g. δίν.

Dreschflegel, m., δαρτ-ι, ξίλο-ουα u. -oja (gr.).

Dreschmonat, m., λονάρ- o. αλονάρ-ι.

Dreschwerkzeuge, n. pl., g. ϙρϙνί-τϙ.

Dreschzeit, f., t. αλονάρ-ι (gr.), g. λjδνμϙ τϙ γρούμιτ.

Drin (Fluss), Δριν-ι.

drin, adv., t. βρένδα u. πϙρβρένδα, g. μρένδα.

dringlich, adj.. t. ᾅτρενγούαρξ, g. ᾅτρενγούμξ.

Dringlichkeit, f., t. ᾅτρενγούαρξ-α, g. ᾅτρενγούμε-ja.

dritter, τρέτξ-ι.

drohen, χανός, g. περγͅjερόιγ.

Drohung, f., χανοσί-α, φοβερί-α (gr.), t. φριχούαρξ-α, g. φριχετᾆούμε-ja.

Druck, m., t. ᾅτρενγούαρξ-α, g.ᾅτρενγούμε-ja; — eines Buches, στάμπξ-α.

drucken (ein Buch), βξ μbξ δάμχξ.

drücken, νδρυσσ, t. ᾅτρενγͅόιγ, g. ᾅτρενγόιγ.

Drücker, m., an d. Thüre, ζεμbερέχ-ου (tk.); — am Gewehr, ζεμbερέχ-ου (tk.), χέμbξᾆξ-α, g. χάμξᾆξ-α.

Drüse, f., t. γͅjένδξρξ-α, g. γͅjά-νδξρξ-α.

du, τι, τυ, τίνξ.

Dulcigno (Stadt), Ουλχjίν-ι.

dulden, t.πξσσόιγ, χεχj, g. μξσόιγ, χεχ.

Dulder, m., t. χέχjεξ-ι.

dumm, adj., (γͅόᾆνξ).

Dummheit, f., g. ε τράᾆμεja μέντισξ.

Dummkopf, m., χόχξ ρογͅjέ, g. χόχξ βαρρέ, ουχ-ου.

Düne, f., t. bιρχj-ι, πιργͅ-ι.

düngen, t. ντζίγ, πλεχόιγ, g. ντζϊϋ, πλεχενόιγ, μbαᾆ μξ πλjέχε.

Dünger, m., t. πλέχξ-α, g. πλjένγε-ja, — bξρσί-α.

Dungerde, f., g. bξρσί-α.

Düngung, f., t. πλεχούαρξ-α, g. πλεχενούμε-ja.

dunkel, adj., έρρξτξ, μουρχ u. μούργͅξ; — v. d. Farbe, μbύλτουρξ, t. ᾆέλξ, g. φέλξ; ich werde d., έρρεμ.

dunkelblau, adj., ρίμτξ.

Dunkelheit, f., έρρξ-α, ερρξσίρξ-α, έρρξτξ-α.

dünn, adj., χόλλξ; ich mache d., χουλόιγ, g. τχόλ.

Dunst, m., αβούλ-ι, g. άβξλ-ι; t. νγͅjεχj-ι.

dünsten, intr., αβουλόιγ.

Durazziner, m., Δουρρξσάχ-ου.

Durazzo (Stadt), Δούρρξς-ι.

durch, praep., νδξπέρ, μξ άνξ; t. τουχ, g. τυ; altg. τᾆ; d. u. d., g. τεjματάν; mitten d., μες περ μες, νδξπέρ.

durchaus nichts, φάρρε, φάρρε ο. φάρρεσξ γͅjξ.

durchbohren, t. τᾆπόιγ u.ᾆπούαιγ, g. ᾆπόιγ, ᾆπόιγ τεjματάν.

durchbrechen, t. τᾆπόιγ u. ᾆπούαιγ, g. ᾆπόιγ.

durcheinanderbringen, γͅουλjτᾆόιγ, τραζόιγ, ναχατύγ (gr.), t. περᾇίειγ u. περτᾇίειγ, g. περᾇίγ, τραμξᾇόιγ.

durcheinanderwerfen, g. τραμξᾇόιγ.

Durchfall, m., g, λjεbάρχι-α, περπούρᾆμε-ja.

durchlassen, χουλόιγ.

durchlöchert, adj., ᾆύᾆχξ, g. bρίμα bρίμα.

durchnässt, adj., λjάγͅετξ, χjουλ.

durchreisen, g. χξρχόιγ.

durchseihen, χουλόιγ.

durchsetzen, g. δυστόιγ.

durchstechen, t. τᾆπόιγ u. ᾆπούαιγ, g. ᾆπόιγ.

durchsuchen, χξρχόιγ.

dürr, adj., ᾆάτξ, t. ᾆάρξ, g. ᾆάμξ, ᾆάμουνξ.

Dürre, f., ᾆάτι-τξ, t. ᾆατξσίρξ-α, g. ᾆατξσίνξ-α.

dürren, ᾆάιγ, (ᾆερ).

Dürreiser, n. pl., gefallene, λjξμίᾆτε-ja.

Durst, m., ετ-ι, έτε-ja.

dürsten, χαμ ετ.

durstig, adj., ετούαρξ, g. έτᾆμ.

düster blickend, adj., βράνξς.

E.

eben, adj., bούτξ, t. ᾆεᾆούαρξ, μbάρξ, scodr. μάρξ, g. ᾆεᾆούνξ, δύστε; ebener Platz, ᾆεᾆ-ι.

eben, adv., μι, τανί, νᾆαᾆτί, ναᾆτί, ταᾆτί, ταᾆ, t. πάρξ o. χjξ πάρξ, g. ᾆπάρᾆνξ, Divra σπέτ.

Ebene, f., φούᾆξ-α; g.jαλί-ου; ᾆεᾆ-ι; in d. E. lebend, φούᾆαράχ.

ebenen, ᾆεᾆόιγ, g. δυστόιγ.

Ebenenbewohner, m., φουᾆαράχ-ου.

Ecke, f., χjόᾆε- u. χjοᾆέ-ja.

Eckstein, m., χρίε χjόᾆεσξ.

Edelstein, m., γͅουρ τ βξjύτρξ, — τ ο.πα τᾆμούαρξ, g.γͅουρ τ νδερᾆμ.

Egge, f., t. ᾆάτ-ι, g. ᾆάτξ-α.

ehebrechen, μιχͅίς (gr.), g. νᾆύj.

Ehebrecher, m., μιχͅ-ι (gr.), g. νᾆύνξς-ι.

Ehebruch, m., μιχͅί-α (gr.), g. νᾆύνμε-ja.

Ehefrau, f., ᾆόχjε-ja, (λjαχουρίχ).

Ehemann, m., bούρρξ-ι, ᾆοχj-ι.

ehevorgestern, adv., νjξ δίτξξ, g. auch νjι δίτjε; — Abend, παρμράμξ τjέτξρε.

ehrbar, adj., νδερούαρξ, g. νδέρτᾆμ.

Ehre, f., ερς-ξι, t. νδέρ-ι, g. νδξρ-ι, νδέρτ-ja; ich thue E. an, bξτγ νδερ.

ehren, νδερόιγ.

ehrenhaft, adj., φάχjε bάρδξ.

ehrlich, adj., ερσξλί.

ehrsam, adj., νδερούαρξ, g. νδέρτᾆμ.

ei! ä! ber. oᾆ!

Ei, n., t. βε-ja, g. βο-ja; des Fötus, ᾆτρατ-ι; — angebrütetes, βξ λούχξ; — faules, βξε πρίᾆυρα; — weiches, βε ε ρούφξ, g. βε ε σούρboυλjτξ.

Eiche, f., δουᾆχ- u. δρουᾆχ-ου.

Eichel, f., λjένδε-ja.

Eid, be-ja, jεμίν-ι (tk.); Ich leiste einen E., bετόνερ, bξτγ bε.

Eidechse, f., t. ᾆαχί-ου, g. ᾆαπίν- νι; — t. χάρᾆje-ja, χαρᾆέλjξ- u. χαρᾆίτξξ-α,

g. χαρδίτᾰxε; g. xαxερ-
δίτᾰxε.

Eidesleistung, f., t. δετούαρε-α.

Eierkuchen, m., (παιχανά).

Eierschale, f., t. βλjέσγε-α, g.
βελjύτᾰxε-ja, λjεβύτᾰxε- u.
λjιβύτᾰγε-α.

Eierstock, m., δτρατ-ι.

Eifersucht, f., συνερί-α, ζιλjί-q
(gr.), g. ζελjί-α (gr.), νδέ-
σε-α.

eifersüchtig, adj., ζιλιάρ (gr.);
ich bin e., g. xαμ νδέσε.

eigens, adv., xαστίλjε (tk.).

Eigenschaft, f., gute, g. χυνέρ-ι
(tk.).

Eigenthum, n., t. ῇε-ρι, g.
ῇαν-ja.

Eile, f., νδιτ-ι, ντζιτ-ι, ντζι-
τίμι-, ντζιτιμί-α, t. ντζιτού-
αρε-α, τᾰπέιτε-α, g. ντζιτούμε-ja, ᾰπέιτε-α, νγούτ-
με-ja, (ίλιε).

eilen, ντζιτ, ντζιτύιγ, t. ντζιτύνεμ, τᾰπειτύιγ, g. ντζιτύ-
χεμ, ᾰπειτύιγ, νγούτεμ.

eilf, νjε μδε δjέτε.

eilig, adj., ντζιτούαρε; adv.,
g. τᾰπαούνθι.

Eimer, m., zum Schöpfen, τᾰού-
με-α, xόβε-α.

ein, einer, eins, t. νjε, g. νjι;
eine, t. νjε, g. νja; der eine
t. νjέ-ρι, g. νjά-νι; die eine
t. νjέ-ρα, g. νjά-να; je einer,
t. νjε ε νjε, g. σι νjι νjι; je
eins, νjε; einer, irgend einer,
διxούᴆ, τᾰοxούᴆ, τᾰοτσίλλι,
t. νδύνjε, g. νύνjι u. νύι; so
einer, τίλλε-ι; so eine, ε τίλλε-α, N. T. τίλja; ein und
derselbe, σι νjε νjε; der eine
— der andere, νjέρι — νjέρι
o. τjάτερι; die einen — die andern, τσα — τσα; der eine
den andern, δύι δοχj-ι; einer
nach dem andern, νjε νγα νjε.

ein = bei, g. νδόνja u. νja.

einander, δύι δοχj-ι; auf e.,
νjε μδε νjε; hinter e., νjε πας
νjε (g. νjι πας νjίου, f. νjίε),
νjέρι (g. νjάνι) πας τjάτερι;

mit e., νjέρι με τjάτερι,
βάᴆxε u. ῇjίᴆ βάᴆxε; nach e.,
νjέρι (g. νjάνι) πας τjάτερι,
νjε νγα νjε; unter e., μβάνε
τjάτερε; von e., νjέρι νγα
τjάτερε.

einäugig, adj., t. ᾰτρέμβερε,
ᾰτρεμπ, g. ᾰτρέμετε.

einbiegen, t. δουλjύιγ.

einbilden, sich, μβάιγ θαρρύσι.

einbinden, ein Kind, (φαᴆxόιγ).

einbrechen, t. τᾰπόιγ u. ᾰπού-
αιγ, g. ᾰπόιγ, φους.

einbringen, μαγαζύιγ, t. σίελ,
g. σιλ, N. T. τᾰ̈ιγ.

Einbruch, m., t. τᾰπούαρε-α, g.
ᾰπούμε-ja.

eine, t. νjε, g. νja.

einer, t. νjε, g. νjι.

einerlei, adv., g. σινjινjί.

einernten t. μδεjέᴆ, g. μδελjέᴆ u. μελjέᴆ.

einfach, adv., νjεᴆ; adj., σαδέ (tk.), g. xjερούμε.

einfädeln, ᾰxόιγ.

einfallen, g. φους.

einfältig, adj., σαδέ (tk.), g.
τουφάν.

einfassen, μβαᴆ, g. πρανόιγ.

einflössen, ᾰτιγ u. ᾰτίε.

einflussreich, adj., t. ρέ̣νδε, g.
ράνδε.

einfügen, πουθίς.

Einfuhr, f., σjέλε-α.

einführen, t. σίελ, g. σιλ.

Einführung, f., σjέλε-α.

Eingang, m., t. χύιτουρε-, χύρε-,
ρύιτουρε-, ρύρε-α, g. χύ-
με-ja; zu einem umhegten
Orte, ᾰτεx-γου.

Eingeborner, m., t. βένδε-ι,
g. βένδε-ι.

eingehen, ρύιγ, χιγ, χύιγ, g.
χυύj; — χιρρός.

eingemachte Früchte, t. έμ-
βλjι-τε, g. άμλjε-τε.

Eingeweide, n. pl., (ljατε, ίλjατε).

Eingeweidewurm, m., ρα-ja,
ρρε-ja.

einhaften, μβερθjέιγ xύπσατε.

einhaken, g. νγελj.

einhändig, adj., τᴆολάx.

einhändigen, βε με o. νδε δόρε.

einheften, μβερθjέιγ xύπσατε.

Einheimischer, m., t. βένδε-ι,
g. βένδε-ι.

einhüllen, βεᴆ, πουᴆτρόιγ u.
πουᴆτόιγ.

einjährig, adj., t. βjετᴆάρ, g.
βjετᴆ.

einig, adj., με νjε ζέμερε, g.
με νjε μεντ.

einige, τσα, πάxερε; einige
— andere, τσα — τσα.

einkehren, xονδίς, xονέπς, βέιγ
o. ζε xονάx.

einknöpfen, (xερθέιγ xύπσατ').

Einkommen, n., μάρρε-α, t.
χύιτουρε-, χύρε-, ρύιτουρε-,
ρύρε-α, g. χύμε-ja.

einladen, θερράς u. θερρές,
t. φτύιγ; — νγαρχόιγ.

Einlader, m., g. φτέσε-ι.

Einladung, f., θίρρε-α, t. φτού-
αρε-α, g. θύρμε-ja.

einlassen, xελάς u. xαλδίς; —
g. νγαλμόιγ.

einmal, adv., νjέζέ, ber. νjίζε;
— νjε xόχε, νjε χέρε, νδε
νjε xόχε νjε χέρε.

Einnahme, f., μάρρε-α, t. χύι-
τουρε-, χύρε-, ρύιτουρε-,
ρύρε-α, g. χύμε-ja.

einnehmen, g. μαρρ; (Arznei),
πι u. πιγ.

Einöde, f., ᾰχρετε- u. ᾰρετε-α,
t. ᾰχρετετίρε-α, g. ᾰχρετε-
τίνε-α.

einreissen, g. ᾰxαλμόιγ, τσxα-
λεμόιγ.

einrichten, g. δυστόιγ.

eins, num., νjε.

einsalzen, παστερμόιγ, g. ᾰελ-
λίν; eingesalz. Fleisch, t. παστερμάχ-ου, g. παστερμά-ja.

einsam, adj., βέτεμε, ᾰxρέτε,
ᾰxjούαρε.

einsammeln, μαγαζόιγ, t. μδεjέᴆ, g. μδελjέᴆ u. μελjέᴆ.

Einsatz, m., t. xjιντ-δι, g.
xιντ-ι.

einschenken, t. χεᴆ, g. χουᴆ,
(ᾰxετόιγ).

einschlafen, *t. μϐίχεμ , g. πίγχεμ.*

einschlagen, *tr. , g. ρροχ; intr., ϐίε νjε ρρουφέ.*

Einschlagtuch, *n., (φάδϞε-a).*

einschliessen, *μϐιλ, μϐυλ, μϐυλ ϐρένδα, g. νδρυή; — χjερϑϞλjύιγ , πουϑτρύιγ u. πουϑτύιγ , t. ρρεϑϐίγ , g. ρραϑϐίγ; — sich, g. νδρύχεμ.*

Einschliessung, *f., χjερϑϞλjίμ-ι.*

einschöpfen, *(νίτζινταϑ).*

einschrauben, *πϞρϑρέϑ.*

einschüchtern, *φοϐερίς (gr.).*

einsegnen, ein Brautpaar, *g. χουνουρζόιγ.*

Einsegnung der Ehe, *g. χουγόρϞ-a.*

einsehen, *t. ϑυ u. ϑοχ , g. ϑυφ, dial. ϑjο.*

einseifen, *σαπουνίς.*

einsetzen, *πουϑίς; — ϳϞ.*

einsperren, *t. χαπσύς; eingesperrt, t. χαπσύσουρϞ.*

einst, *νjε χύχϞ, νjε χέρϞ.*

einstecken, *χϞλάς u. χαλδίς, νγουλj, t. φουτ, g. φους; — ϐϞ ϐρένδα.*

einstmals, *g. νjι χέρϞ μύτι.*

einstossen, *νγουλj.*

eintauchen, *νγουλj, χϞλάς u. χαλδίς, νγjίειγ u. νγjύειγ, t. φουντύς; intr., ϑυς.*

eintragen, *t. σίελ, g. σιλ.*

eintreten, *t. χιγ, χύιγ, ρύιγ, g. χυή.*

Eintritt, *m., t. χύιτουρϞ-, χύρϞ-, ρύιτουρϞ-, ρύρϞ-a, g. χύμϞ-ja.*

eintunken, *νγjίειγ u. νγjύειγ.*

einverstanden, adj., *μϞ νjϞ ζέμϞρϞ, g. μϞ νjϞ μϞγτ.*

einwickeln, *ϐϞϑ, πϞϑτίελ, g. μϞϑτίλ; —e. Kind, (φαϑχόιγ).*

einwilligen, *ϐίνδϞμ, στρϞξ (gr.).*

Einwilligung, *f., στρέξουρϞ-a (gr.).*

einwurzeln, *ρϞνjόσεμ; eingewurzelt, ρϞνjόσουρϞ.*

einzäunen, *t. ρρϞϑύιγ, g. ρραϑύιγ.*

einzeln, adj., *ϐϞτϑ; das einzelne von einem Paare, g. τϞχ-ου.*

einziehen, (d. Segel) *υυνj,; — intr., χιγ.*

einzig, adj., *ϑέτϞμϞ; d. einzige Sohn, djaλj ι ϐέτϞμι, g. δϞλατάρ-ι; d. einzige Tochter, g. δϞλατάρϞ-ja.*

Einzug, *m., t. χύιτουρϞ-, χύρϞ-, ρύιτουρϞ-, ρύρϞ-a, g. χύμϞ-ja.*

Eis, *n., δχουλ-ι, t. νγρίτϞ-a, g. νγρίντϞ-a, ljap. τσίνχϞρϞ-a.*

Eisen, *n., χέχουρ-ι; ich beschlage mit E., t. χϞχουρύς.*

eisenfest, adj., *χέχουρϞ.*

Eisenkette, *f., χέχουρα-τϞ.*

Eisenspitzen, *f. pl., t. τϑϞνγέλj-ι, g. τϑϞνγϞλj-ι.*

Eisenstein, *m., t. ϑτουφ-ι, g. ϑτουπ-ι.*

eisern, adj., *χέχουρτϞ.*

eiskalt, adj., *φτύχϞτϞ δχουλ.*

eitel machen, *χορϑύς.*

Eitelkeit, *f., φαντασί-α (gr.).*

Eiter, *m., χjελπ-ϐι.*

Ekel, *m., ναχατοσί-α (gr.), νδjέτϞ-a, ϐϞϑτίρϞ-a, g. νδύτϞ, ϐϞϑτίρμϞ-ja.*

ekeln, *g. ϐϞϑτίρϞμ, ϐέλjϞμ.*

Elend, *n., γjέμϞ-a, t. ούνjτουρϞ-a, g. ούνγjjμϞ-ja.*

Elender, *m., t. ϑέχjϞς-ι.*

Elephant, *m., φιλj-ι (tk.).*

Elfen, *f. pl., jάϑτϞσμϞ- u. πϞρjάϑτϞσμϞ-ja, νούσετ'ε μαλλjιτ , φατ' μίρϞ, ατύ χjϞ ϐέφϑινϞ νάτϞν'ε μίρϞ; g. πϞρί-ου; s. Fee.*

Elfenbein, *n., φιλδίτϑ-ι (tk.); von E., adj. φιλδίτϑτϞ (tk.).*

elfenbeinern, adj., *φιλδίτϑτϞ (tk).*

Elle, *f., μέρϞ-a, χάλλε-ja, χουτ-ι, t. ϐρουλj- u. ϐϞρούλj-ι, g. ϐϞρύλj-ι, ενδέζϞ-a, μάτϞς-ι.*

Ellenbogen, *m., t. ϐρουλj- u. ϐϞρουλj-ι, g. ϐϞρύλj-ι, (πουϑτίμ).*

Elster, *f., γρίφϑϞ-a, t. ljαράτσϞ-a, g. ljαράσϞ-a, (ljαχρούαρ).*

Eltern, *f. pl., ϐαϐαλάρϞ-τϞ, g. πρίντϞ, N. T. πϞρίνj.*

elternlos, adj., *jϞτίμ.*

Empfang, ehrender, *ιχράμ-ι (tk).*

empfangen, tr., *μαρρ; Jem. mit grossen Ehren, ϐέιγ ιχράμ; intr., (v. Weibe), μϐάρϞεμ, t. ζϞ, g. ζαϝ.*

Empfängniss, *f., g. αρατίσμϞ-ja, ζάνμϞ-ja, χριούμϞ-ja.*

empfehlen, *g. ϐϞνδύς.*

Empfehlung, *f., g. ϐϞνδόσμϞ-ja.*

empfindlich (gegen d. Eindrücke d. Witterung), *g. ναράν, ναρανλί.*

Emsigkeit, *f., (σπουδάχ).*

Ende, *n., παστάjϞμ- u. παστάιμ-ι , σύσϞ-ja, άνϞ-a, χαντ-δι, φουντ-δι, t. ρέζϞ-a, πράπϞσμϞ-ja, g. ράνϞζϞ-a, πράπμϞ-ja, μαρούμϞ-ja, νδρύμϞ-ja; ich bringe zu E.. απ ούδϞ, μϐαρύιγ.*

endigen, *σος, τελjύς (gr.). μϐαρύιγ, g. μαρύιγ.*

endlich, adv., *παστάjϞ, μϐϞ τϞ παστάιμϞνϞ (χέρϞ) , νδϞ φουντ u. μϞ νδϞ φουντ.*

endlos, adj., *πα φουντ.*

eng, adj., *νγούϑτϞ, t. ϑτρϞνγούαρϞ, g. ϑτρϞνγούμϞ; ich mache e. νγουϑτόιγ; ich kleide mich e., g. πουϑτόχϞμ.*

Engbrüstigkeit, *f., ϑπίρρϞ-a.*

Engel, *m., t. ενγjϞλ-ι, g. ενγjjϞλ- u. ενγjουλ-ι; s. auch παστάτϑμ.*

Engpass, *m., γρύχϞ-a, δϞρϐέν-ι (tk.), (ϑχιπάρ).*

Enkel, *m., νιππ-ι.*

ent-, *πϞρ-.*

entarten, *t. δζϐϞτϞτύιγ.*

entartet, adj., *t. ϑτρέμϐϞρϞ u. ϑτρϞμπ, g. ϑτρέμϞτϞ.*

Entartung, *f., t. δζϐϞτϞτούαρϞ-a.*

entbinden, *g. δϞλjίρ.*

entblössen, *g. σγαφουλόιγ.*

entdecken, *t.* ντζίερ, χουπερτύιγ, δζβουλjύιγ, τὅφαχj, *g.* ντζίρ, διχτάιγ, ᾶπαλ, σβουλjύιγ.
Entdecker, *m.*, ντζίέρερ-ι.
Entdeckerin, *f.*, ντζίέρεσε-ja.
Entdeckung, *f., t.* ντζίέρε-α, *g.* ντζjέρμε-ja.
Ente, *f.*, ρύσσε-α, Jak. ὅίτε-α; — türkische, ρύσσε δέτι.
entehren, ξενδερύιγ, περτὅμύιγ, *t.* τουρπερύιγ, *g.* τουρπενύιγ.
Entennest, *n.*, φουρρίχj-ι.
Enterich, *m.*, ροσσάχ-ου.
entfernen, λjαργύιγ, *g.* μεργύιγ, αρρατίς (?); — sich, *t.* τδούχεμ, *g.* μεργύνεμ; — schnell, χερτσάς, χελτσάς u. χρετσάς.
entfernt, *adj.*, μεργούαρε.
Entfernung, *f., t.* μεργγούαρε-α, τδούαρε-α, *g.* τδούμε-ja, λjαργούμε-ja.
entgegnen, απ χjιὅ.
entgehen, ὅχjέπεμ.
enthalten, *t.* δζε, *g.* νδζάυ.
Enthaltsamkeit, *f.*, *g.* πάχετα.
enthaupten, πελεχjίς.
entheben, *t.* νγρε, *g.* νγρε.
enthusiasmiren, sich, *g.* δαλεδίς.
enthusiasmirt, *adj.*, *g.* δαλεδίσουνε.
Enthusiasmus, *m.*, *g.* δαλεδί-α, δαλεδίσμε-ja, δάνμε-ja.
entjungfern, πριδ.
entkleiden, *t.* δὅβεὅ, *g.* σβεὅ.
entladen, *t.* τδαρχότιγ, *g.* δχαμχύιγ.
entlassen, *t.* λjε, λjεὅύιγ, *g.* λjάυ, λjιὅύιγ.
entlasten, *g.* δελjίρ.
Entlastung, *f.*, *g.* δελjίρμε-ja.
entleeren, μδρας.
entlehnen, χούχεμ, μαρρ χούα.
Entleihen, *n.*, *g.* χουάιτμε-ja.
Entleiher, *m.*, χούαρε-ι.
entschlossen, *adj.*, *g.* δχούντουνε; ich bin e., μ'ουμδούδ χύχα (*g.* μένδja).
entschuldigen, (χίχις)
entsetzen, (des Amtes), *t.* νγρε, ζὅρες u. δζὅρες, *g.* νγρε,

σὅρες; ich werde entsetzt, χίχjεμ.
Entsetzen, *n.*, τρομάρε-α (gr.).
entspringen, δαλλj.
entstehen, λjέιγ.
entstellen, *t.* ᾶεμπτύιγ, *g.* δουμτύιγ.
entweder — oder, u — α. ja — ja, νδυ — νδο, σε — σε.
entziehen, *g.* μένιγ.
entzünden, *g.* νδες.
Entzündung, *f.*, δζούρε-α.
Epheu, *m., t.* ούρδε- u. χούρδε-ja, *g.* συρθ- u. χουρθ-ι.
Epidemie, *f.*, σεμούνδε-α, σίρμε-α, μολjί-α (gr.); unter Thieren, *t.* φλjάμε-α.
er, αἴ, ajύ, *g.* auch αΐ.
erbarmen, sich, *g.* βερδελέιγ, περδελjέιγ, μαλενγjέιγ.
Erbarmen, *n.*, *g.* βερδελίμ-ι, περδελjίμ-ι.
Erbarmer, *m.*, *g.* βερδελιμτάρ- u. βερδελέσταρ-ι.
erbauen, *g.* χοδίς.
Erbauung, *f., t.* δερτέιje- u. δερτέιλjε-α, νδερτέσε-α, δερτούαρε-α, στίσουρε-α (gr.), *g.* χοδίτμε-ja.
Erbe, *m.*, βαρίφ-ι (tk.), χλjρονόμ-ι (gr.), *g.* τραδίjτμτάρ-ι.
erben, χλjρονομίς (gr.), *g.* τραδίτjύιγ.
erbittern, ᾶᾶπερύιγ, πιχελύιγ, ζεμερύιγ, *t.* ιδερούαιγ, μερζίτ, *g.* ιδενύιγ, συιδενύιγ, μερζίτ, (ιθενούεμ).
erbittert, *adj.*, πιχελούαρε; ich bin e., πιχελύνεμ, μέρζίτεμ, *g.* χαμ ο. με ζούν μαράς.
Erbitterung, *f.*, πιχελίμ-ι, πίχελούαρε-α.
erbleichen, βέρδεμ.
erblassen, βέρδεμ, *g.* σβένχεμ.
erblindet, *adj., t.* βερβούαρε, *g.* βερβούμε.
erbosen, sich, *t.* βερτσούλjεμ.
Erbschaft, *f.*, βαριφλέχ-ου (tk), χλjρονομί-α (gr.), *g.* τραδίτjίμ-ι.
Erbse, *f.*, μύδουλε-α, ρύλε-α, φάβε-α.

Erbsentrank, *m.*, βόζε-α.
Erbsentrankverfertiger, *m.*, βοζαδδί-ου.
Erbtheil, *n.*, πjέσε-α.
Erdbeerbaum, *m.*, *g.* μαρέδτε-α.
Erdbeschreibung, *f.*, *g.* δεδχρέσε-α.
Erde, *f.*, δε-ου, *g.* τύχε-α; coll. βότε-α; — βάjτε- u. βάλjτε-α; —feuchte, *g.* λjεὅ-ι.
erden, *adj.*, βάjτε u. βάλjτε.
Erdfloh, *m.*, μίζε περδέτσχε.
Erdgeschoss, *n.*, χατούα-οι.
Erdhacke, *f.*, σχαλιστίρ-ι.
Erdhaufe, *m.*, *g.* γαμούλjε-ja.
Erdhübel. *m.*, *g.* σοπ-ι.
Erdpech, *g.* ζίφτ- u. ζυφτ-ι.
Erdreich, *n.* δε-ja.
erdrosseln, *t.* μδιτ u. μδυτ, *g.* μδυς.
erdrücken, *g.* χαπλίς.
Erdscholle, *f., t.* τσβολj-ι, *g.* πλις-ι; ich zerschlage E., *g.* τδαπραδίς.
ereignen, sich, *imp.*, ᾿ϳjαν, χα τε γjάρε, χα ζαχόν.
Ereigniss, *n.*, βαχί (tk.).
erfahren, *v.*, μδυύδεμ, *t.* μπσόιγ u. πσύιγ, *g.* μεσόιγ.
erfahren im Handwerk, *adj.*, ουστά.
Erfahrung, *f.*, *g.* βεδγίμ-ι, (βιζχίμ).
erfinden, *g.* ὅπιφ.
Erfindung, *f.*, *g.* ὅπίφμε-ja.
erforschen, ρεμόιγ u. ρουμόιγ, ξετάξ (gr.).
erfreuen, γεζύιγ, *g.* ὅενδόιγ; — sich, γεζύνεμ, *g.* ὅενδόχεμ; *t.* τραδεγύιγ u. τραδεγούαιγ, *g.* τραδεγjύιγ.
erfrieren, *t.* νγρίιγ, *g.* νγρίυ.
erfroren, *adj., t.* νγρίρε, *g.* νγρίμε.
erfüllen, παγύιγ, παγούαιγ, πογούαιγ, πογύιγ.
Erfüllung, *f., t.* παγούαρε-α.
ergeben, sich, *g.* έπεμ u. νέπεμ.
ergiebig sein, βεσελjίτ.
Ergiebigkeit, *f.*, βεσελjί-α.
ergreifen, μαρρ, *t.* ζε, *g.* ζάυ, χαπ; ich werde ergriffen,

t. ζίχεμ, g. ζίνχεμ; ich bin e., (ζίρεμ).

Ergreifen, n., g. ζάνμε-ja.

erhaben, adj., λjαρτούαρε.

erhalten, μαρρ, g. περμβά, (νγρίχ); — sich, ρούχεμ; ich werde erhalten, ρούχεμ.

Erhaltung, f., t. ρούαιτουρε-α, g. ρούίτμε-ja.

erheben, λjαρτόιγ, t. νγρε, g. νγρε; — d. Hand z. Schlage, μάτεμ; — sich, νγρίχεμ, νγρε (g. νγρε) κρύε.

Erhebung, f., λjαρτούαρε-α, t. νγρίτουρε-α, g. νγρίτμε-ja.

erhellen, t. νδριττ, g. νδρις.

erhitzen, sich, t. περτζελjίχεμ, g. περτζελjόχεμ.

erhöhen, λjαρτόιγ, t. νγρε, g. νγρε.

Erhöhung, f., λjαρτούαρε-α.

erholen, sich, θεφεφρέιγ.

erinnern, μεντόιγ; — sich, χουιτόιγ, χουιτόχεμ, χουιτόνεμ, μεντόιγ, μεντόνεμ, μβάιγ μενδ, μβάιγ νδερ μενδ, βίε νδερ μενδ, g. μεντόχεμ.

Erinnerung, f., χουιτούαρε-α, μεντούαρε-α, t. μενδ-ι, μενδε- u. μέντε-ja, g. μεντ-ι, μένδε-α u. μενδί-α.

erkalten, intr., t. φτύχεμ, g. φτόφεμ.

erkälten, sich, t. φτύχεμ, g. φτόφεμ.

Erkaltung u. Erkältung, f., t. φτόχουρε-α, g. φτόφμε-ja.

erkennen, t. vjo u. vjoχ, g. vjoφ.

Erkenntniss, f., t. dίτουρε-α, μενδ-ι, μένδε- u. μέντε-ja, g. μεντ-ι, μένδε-α u. μενδί-α, dίτμε-ja.

erklären, κθιλόιγ u. κεθιλόιγ, ξιγίς (gr.).

Erklärung, f., ξιγίσουρε-α (gr.).

erkranken, t. σεμούρεμ, g. σεμούιγεμ.

erlangen, g. κjιλόιγ, ρρίν, κερρίν.

erlassen, δουράιγ, δερόιγ.

erlauben, φαλj, απ, απ je.

Erlaubniss, f., je-ja, N. T. ούρδερ-t.

erleichtern, g. λjενόιγ; — sich, g. λjενόχεμ.

erleichtert, adj., g. δελjίρ; ich fühle mich e., θεφεφρέιγ.

Erleichterung, f., g. λjενούμε-ja.

erleiden, Schaden, Verlust, dίχjεμ.

erleuchten, δριτόιγ, t. νδριττ, g. νδρις; erleuchtet, νδριττάμ u. νδριττδούδμ, φέξξουρε (gr.), t. νδρίττουρε, g. νδρίττουνε.

Erleuchtung, f., t. νδρίττουρε-α, g. νδρίττμε-ja.

erlösen, ξεδπερβλjέιγ, t. δπετόιγ, dσγίθ, g. δτεπόιγ, δελλδύιγ. σγίθ.

Erlösung, f., ξεδπερβλjίμ-t. δπερβλjέρε-α, δπετίμ-t, g. δπερβλjέμε-ja, δτεπίμ-t, δτεπέσε-α, δελλδίμ-t.

ermahnen, (κjενδρόιγ).

Ermahnung, f., g. φύλjμε-ja.

ermorden, βρας.

Ermordeter, m., βρεκτούαρε-t.

ermüden, tr., λjοθ, t. κεκούτ, g. κεκούς; intr., λjόδεμ, g. λjαπς.

ermüdet, adj., λjύδουρε, κεπούτουρε, θερρμούαρε; ich bin e., t. δέμβεμ, g. δέμεμ, γjυφκjέιγ.

ermuthigen, κουτουρίς.

ernähren, ουδκέιγ; — alte Leute, t. πλεκjερόιγ.

erneuern, t. περτερίγ, g. περτερίν; — sich, περτερίχεμ.

erniedrigen, βογελjόιγ, t. ουνj u. χουνj, g. ουνjj; — sich, t. ουνjεμ u. χούνjεμ, βογελjόνεμ, g. ούνjjεμ, βογελjόχεμ.

ernst, adj., βράνερ-t, g. βραμούς-ζι.

Ernst, m., φοβερί-α (gr.); im E., με τε δρέjτε; im E.? σιχούρ βερτέ?

Ernte, f., βερρεχjέτ-t (tk.?), κόρρε-α, g. κόρμε-ja, — γαννί-α.

Erntemonat, m., κορρίκ-ου.

---

ernten, κορρ u. κούαρ, t. μbεjέθ, g. μbελjέθ u. μελjέθ.

Erntesegen, m., βολέχ-ου, βερρεχjέτ-t (tk.?).

erobern, g. πουδτόιγ.

Eroberung, f., t. ζαπετούαρε- u. ζαπούαρε-α, g. ζαπούμε-ja, πουδτούμε-ja, πουδτέτ-t, πουδτίμ-t.

eröffnen, sich, χάπεμ.

Eröffnung, f., ρρεδφίμ-t, t. χάπουρε-α, g. χάπμε-ja.

Erpresser, m., χάμες-t.

erprobt, adj., σάκτε.

erquicken, πρέιγ.

erreichen, σος, t. αρρίιγ u. χαρρίιγ, g. κjιλόιγ, ρρίν u. κερρίν.

Erreichung, f., t. σόσουρε-α, g. σόσμε-ja.

erretten, σος.

Errettung, f., t. σύσουρε-α, g. σόσμε-ja.

errichten, στις (gr.).

Errichtung, f., στίσουρε-α (gr.).

erröthen, κούχjεμ u. νjούχjεμ.

erschaffen, g. αρατίς, γατούαιγ, κριόιγ.

erschallen, κεμβόιγ u. κουμβόιγ, t. γjεμόιγ, g. γjιμόιγ.

erscheinen, dούχεμ, t. τδφάκjεμ; — dαλλj.

Erscheinung, f., t. τδφάκjουρε-, dούχουρε-, πάρε-α, g. dούχμε-ja, πάμε-α, — φαντασί-α.

erschiessen, πισχjολίς.

erschiessenswerth, adj., der κjιλούμε.

erschöpft sein, g. γjυφκjέιγ.

Erschöpfung, f., g. γjυφκjύμε-ja.

erschrecken, tr., t. τρεμβ, τριδτάιγ, g. τρεμ, τριστόιγ; intr., δαστίς (tk.), λαχταρίς (gr.), t. τριδτόνεμ, g. τριστόχεμ.

erschüttern, tr., τουντ; ich werde erschüttert, λjεκjενδίσεμ.

Erschütterung, f., λjεκjενδίσουρε-, τούντουρε-α, g τούνδμε-ja.

erstarren, t. μбίχεμ, νγριγ, g. πίνχεμ, νγριν, μεχεμ; erstarrt, t. μбίρε u. μбίτε, g. πίντε.

erstaunen, τδουδίτεμ, (τραζούαιγ); ich versetze in Erstaunen, t τδουδίτ, g. τδουδίς.

erster, t. πάρε, g. ὅπαρ; die Ersten eines Ortes etc., παρεσί-a.

ersticken, tr., t. μбιτ u. μбυτ, g. μбυς; intr., μбίτεμ u. μбύτεμ.

ertappen, t. ζε, g. ζαύ.

ertönen, χεμбύιγ u. χουδбύιγ.

Ertrag, m., t. ντζίερε-a, g. ντζjέρμε-ja; μαχσούλj-ι (tk.).

ertragen, δουρόιγ u. δερότγ, t. βούαιγ, g. βούιγ; ich werde e., βούχεμ, μбάχεμ.

erträglich, adj., g. βούιτουνε; ich bin e., χάχεμ, g. βούχεμ.

ertränken, t.μбιτ u. μбυτ, g.μбυς.

ertrinken, μбίτεμ u. μбύτεμ.

erwachen, dζjjούχαεμ, g. χjόχεμ.

erwachsen, adj., μαθ, t. ρίττουρε, g. ρρίττουνε.

erwärmen, t. νγροχ, g: νγρυφ, αμελύιγ.

erwarten, πρες, παντέχ, g. κρίφεμ, δαλλjόιγ u. νδαλλjόιγ.

Erwartung, f., t. πρίττουρε-a, g. πρίττμε-ja.

erwecken, ντζίερ γjούμιτ, t. χjιτ, g. χjις, χjότγ.

erweichen, tr., g. μουφάς; intr., g. μουφάτεμ.

erweitern, γjερόιγ, ζjjερότγ, dζjjερόιγ, (σγjερύιγ).

Erwerb, m., φιτίμ-ι.

erwerben, φιτόιγ, ποχτίς (gr.).

erwiedern, περγjέγjεμ, απ χjιδ.

erwürgen, μбιτ.

erzählen, ρρεφέιγ, μολοίς u. μολοjίς (gr.), scodr. χαλεζόιγ, g. βαιbj νάχελj.

Erzählung, f., ιχαχέτ- u. χυχjαjέτ-ι (tk.), μολοίσουρε-a (gr.), ρρεφίμ-ι, t. ρρεφύερε-a, g. ρρεφύμε-ja, νάχελj-ι, θέννε-a, scodr. χαλεζούμε-ja.

Erzbischof, m., μιτροπολίτ-ι u. δεσπότ-ι (gr.).

erzbischöfliche Kirche u. Wohnung, μιτροπολί-a (gr).

erzeugt, adj., πjέλε.

Erzeuger, m., λjάλjε-a.

erziehen, ουδχέιγ, t. ουρτεταόιγ, ριττ, ντζίερ, g. ουρτεροόιγ, ρρις, ντζίρ.

Erziehung, f., t. ρίττουρε-a, g. ρρίττμε-ja, ουδχjίμ-ι.

erzürnen, tr., χρεδπερόιγ, g. ουιδενόιγ; — sich, νdζίχεμ.

Esel, m., γουάρ-ι, Divra μαγjάρ-ι; — μούδχε-a; ich schreie wie ein E., γαρρίς.

Eselin, f., γομάρε-a.

Eselsfohlen, n., t. χριτδ- u. χροτδ-ι, g. χερίτδ-ι.

Eselshirt, m., γομαρjάρ-ι.

essbar werden, δούνγεμ.

essen, χα; zu Mittag, dρέχεμ; zu Abend, t. dερχούιγ, g. dαρχύιγ; ich habe gegessen, jαμ νγρᾶνς; ich habe noch nicht geg.. εσσελύιγ u. jαμ έσσελε.

Essig, m., ούθουλε-a.

Essighefe, f., g. ὅπενέτχε-a.

etabliren, μбαρεσύιγ.

Etablirung, f., g. μбαρεσούμε-ja.

Etagère, f., πολίτζε-a.

etwa, adv., t. χύρσεμ, γjόja, g. γjούjά; etwa? βάλε? μος?

Etwas, τδοτδ, dιτδ, χάφδε-a u. γjε χάφδε; t. γjε-ρι, νδόνjε, g. γjαν-ja, νύνjι u. νότ.

euer, jου, t. jούαΐγ, g. jούιγ.

Eule, f., φουφουφέιχε-a, χουχουβάιχε-a, χουχουμάτδε-, χουχουμjάτδε- u. χουχουμjάτδχε-ja, der. χουχομjέτδχε-ja.

Eunuch, m., t. χαdέμ-ι, g. χάdεν-ι (tk.).

eure, t. jούαΐγ, g. jούιγ.

eurige, der, jούαΐji; — die, jούαϊja.

Europa, g, Φρανγία; — μбάταν δέτιτ.

europäisch, adj., genit. v. dετ.

Evangelium, n., ουνγjίλ-ι (gr.).

ewig, adj., t. πασύσουρε, g. πασύσουνε; adv., jέτε πας jέτετ.

Exanthem auf d. Haut, χύχjε-ja; — entzündeter Augen, γελjέπε-a.

Exemplar, n., ξόμπλε-a.

F.

Fabel, f., t. πράλε-a, g. περράλε-a.

Façade d. Hauses, φάχjε-ja.

-fach, -πjέσε.

Fackel, f., πίδε-a.

Faction, f., τάιφε-a.

Faden, m., φίε-ja, φιλ-ι, t. πε-ρι, g. πεν-νι, τδίλjε-ja, (φίχι).

fähig, adj., m. ζοτ, f. ζόνjε, g. περβούδεμ; ich bin f., χαμ νdέρι.

fahl, adj., (γελбερε).

Fahne, f., βαιράχ- u. βαρjάχ-ου (tk.).

Fähre, f., λjούνdρε-a.

Fährte, f., t. γjύρμε-a, g. γjούρμε-a.

Fall, m., t. ράρε-a, g. ράνε-a, ρρεδσούμ-τε; im F., νdέδτε.

Falle, f., γράτσχε-a; βετίμε-a; τδαρχ-ου.

fallen, bίς, g. πενχόχεμ; nach vorn, περμбύσεμ, bίε περμбύς; in etwas, g. χονdίς; v. e. Geschwulst, τδφρύχεμ.

fallende Sucht, f., bετάιjε, σεμούνd'ε λjίγε, g. φλjάμε-a; ich habe die fallende Sucht, g. τρέμεμ.

Fallgrube, τραχ-ι.

Fallstrick, m., πουσί-a.

Fallthüre, f., χjεπένγjι- u. χjεπενγjι-a, der. χατράφ-ι.

falsch, adj., γενjύερε, t. ρᾶμ, g. ρρεν u. ρρένε; — με dυ φάχjε; adv., χjένεχου.

fälschlich, adv., g. χύρσεμ.

Falte, f., κάλjε-a, t. ρεμб-ι, g. ρούλα-τε, (ζαπερί).

falten, παλjός, διπλός (gr.),
g. baýj δυᵭ, (ζαπₑρύιγ); gefaltet, διπλύσουρₑ (gr.).

faltenreich, adj., ρέμba ρέμba,
τόj͡je τόj͡je.

Familie, f., φₑμίjₑ-a, φₑμίλjₑ-a,
σούα-οι, t.τᵭέτₑ-a, g. κομ-t.

Fang, m., ζένₑ-a.

fangen, t. ζₑ, g. ζαύ, διχτύιγ;
ich werde gef., t. ζίχₑμ, g.
ζίύχₑμ; — πλανέπσₑμ (gr.).

Farbe, f., bόjₑ-a; φυτύρₑ-a.

färben, bojατίς, απ bύjₑ, νj͡jίₑιγ
u. νj͡jύₑιγ; — bunt, λjαρός
u. λjαρύιγ; roth, χουχj u.
νj͡γουχj; — sich, μₑρ bύjₑ: g.
ᵭένχₑμ.

Färber, m., bojατᵭί-ου.

farbig werden, λjαρύσₑμ.

Farrenkraut, n., t. φύₑρ-t, g.
φιρ-t.

Fass, n., bυυτ-t, bούτₑ-ja, g.
bύζₑ-a, bύτζₑ-ja; bουτσέ-
λjₑ-a.

Fässchen, n., bουτσέλjₑ-a.

fassen, μαρρ, t. dῖζₑ, ντζₑ, g.
νdζαύ, ντj͡αύ, ρροχ; — (einen
Ring etc.), μbαᵭ; — in's Auge
f., bₑ σύνₑ; Muth f., μαρρζῖζ-
μₑρₑ o. φάχjₑ, t. dαλₑνdίς.

Fassen, n., g. ζάνμₑ-ja.

Fasshahn, m., g. δουχj-t.

Fassreif, m., ρρₑᵭ-ᵭt.

Fassung, f., (e. Ringes etc.), g.
μbάᵭμₑ-ja; ᵭtₑπί-a.

fast, adv., άφₑρ, αφₑρό.

fasten, λjιᵭ, t. αj͡jₑρύιγ, g.
αj͡jₑνύιγ; — χρₑᵭμόιγ.

Fasten, n., αj͡jₑρίμ-t, χρᵭᵭμₑ-a,
g. αj͡jₑνίμ-t; ich breche die F.,
t.δουρbουλjέτₑμ, g.πₑρμₑλjέ-
τₑμ; ich mache d. F. brechen,
t. δουρbουλjέτ, g. πₑρμₑλjές.

Fastenbruch, m., t. δουρbου-
λjέτουρₑ-a.

fastenhaltend, adj., g. αj͡jₑ-
νούᵭμ.

Fastenzeit, f., χρᵭᵭμₑ-a.

Fastnacht, f., t. λjίδουρₑ-a, g.
λjίᵭμₑ-ja.

faul, adj., t. πₑρτούαρₑ, μₑρ-
j͡ούαρₑ, μbίρₑ u. μbίτₑ,

g. πουρτούᵭμ, πίντₑ; — δούαρ ᵭάτₑ; — χάλjbₑτₑ; fau-
les Ei, bₑ ₑ κρίᵭουρα; ich
mache faul, χαλjπ, χjₑλjπ;
ich bin f., t. πₑρτύιγ, νουσₑ-
ρόιγ, g. πουρτύιγ νουσₑνύιγ.

faulen, χάλjbₑμ, χjέλbₑμ; τρέ-
τₑμ.

faulenzen, t. πₑρτύιγ, g. πουρτύιγ.

Faulheit, f., t. πₑρτίμ-ι, πₑρ-
τούαρₑ-a, g. πουρτίμ-ι,
πουρτέσₑ-a, πουρτούμₑ-ja.

faulig, adj., πλούτσₑ.

Faust, f., j͡ρουᵭτ-ι, πουνj͡ί-a,
g. τᵭόχₑ-a; als Mass, ζένₑ-a.

Faustschlag, m., j͡ρυυᵭτ-ι, g.
τᵭόχₑ-a.

Februar, m., Ξχουρτ-τ.

Feder, f., Flugf., t. πέντₑ-a,
g. πένdₑ-a; Flaumf., g. πυύ-
πₑλjₑ-a; die langen Federn
des Hahns zwischen den
Schwanz- u. Flugf., t. άρ-
μₑ-a, g. άρₑμ-a; Schreibf.,
χαλjέμ-ι, χονdίλj-ι (gr.).

Federbart, m., g. j͡ούφχₑ-a.

Federkrone, f., g. χατᵭούλj-ι.

Fee, f., ₑ bούχουρα δέωυτ;
Μαυᵭί-a; Συχjένₑζₑ-a; s.
Elfen.

fegen, t. χjₑρύιγ, g. χjφύιγ.

Fehlei, n., g. bₑ λούχₑ.

fehlen, t. λjίπσₑμ, g. λjύπσₑμ;
λjαχₑdίτ, λjαbίτ, g. λjαᵭίς;
φₑj͡ₑτίγ u. φₑλjₑτίγ; es fehlte
wenig, g. πₑρ παχ j͡jαύ.

Fehler, m., φάιγ-jι, g. λjαj-
ᵭί-a; τσₑν-ι, μαρᵭά-ja.

Fehlgeburt, f., t. ᵭτίρₑ-a, g.
ᵭτίμₑ-ja, ich mache eine F.,
ᵭτιγ u. ᵭτίs.

feiern, tr.. λjους u. λjουτ, g.
bαρj͡ₑζ͡ύιγ; intr., μₑρτζέιγ.

Feiertag, m., t. χρέμτₑ-ja, g.
χρέμτₑ -ja; auch: dιτ' ₑ
χρέμτₑ.

feig, adj., g. πα ζέμₑρₑ; — λjιχ.

Feige, f., φιχ-ου, grosse, g.
φιχ νοφ, kleine, g. τσῖν-
j͡ουλj-ι, unreife, g. φιχ
bουφ.

Feigenbaum, m., φιχ-ου.

Feigenkranz, m., bαρχ φίχjₑᵭ,
g. πάλjₑ-a.

Feigheit, f., χjοτιλέχ-ου (tk.).

Feigling, m., χjοτί-ου (tk.),
g. λjίj͡͡ου ι δύσₑρₑ.

feil, adj., bλjίρₑ.

Feile, f., λjίμₑ-a.

fein, adj., χόλλₑ, g. ίμₑτₑ; ich
mache f., g. τχόλ.

Feind, m., χασμ-ι, αρμίχ-ου, g.
ανₑμίχ-ου; ich werde o. bin
F., χασμόνₑμ.

feindlich, adj., t. χασμₑρίᵭτ.
g. χασμₑνίᵭτ.

Feindschaft, f., t. χασμₑρί-a,
g. χασμₑνία; αρμιχₑρί-a, g.
ανₑμιχjₑσί-a.

Feinheit, f., g. χόλλₑ-a.

Feinschmecker, m., t. λjιj͡͡ου-
δjάρ-ι; — νουj͡άρ-ι.

Feinschmeckerei, f.. t. λjιj͡͡ου-
δί-a.

feist, adj., πλjύτₑ.

Feld, n., άρₑ-a; unbebautes,
g. dίₑρρₑ-ι, bₑνd ι bdjέρρₑ.

Feldarbeiter, m., g. αρj͡άτ-ι.

Feldhuhn, n., ᵭₑλjέντσₑ φού-
ᵭₑσₑ, ᵭₑλjέζₑ φουᵭαράχₑ.

Feldmesser, m., g. μάτₑς-ι.

Feldzug, m., σεφέρ-ι (tk.).

Felge, f., mus. bανj͡-ου.

Fell, n., λjₑχούρₑ-a.

Fels, m., j͡ουρ-ι, ᵭπέλₑ-a, t.
ᵭχεμb-ι, g. ᵭχαμ-ι, (ᵭχεπ
ᵭχιχ).

Felsenhöhle, f., ᵭπέλₑ-a.

Felsgegend, zerrissene, bₑ-
χₑρί-a.

felsiger Ort, j͡ουρίᵭτₑ-a.

Felsquelle, f., t. j͡ούρρₑ-a, g.
j͡ούρνₑ-a.

Fenchel, m., (μοράτς).

Fenster, n., πενdᵭέρₑ-ja, g.
παραᵭίρ-ι.

Fensterflügel, m., g. φλjέτₑ-a.
(tyr. φλjέj͡͡ουρα).

Fenstergeländer, n., g. παραᵭίρ-ι.

Fenstergitter, n., χαφάς-ᵼᵼ.
παρμάχ-ου (tk.).

Fensterladen, m., t. φλjέτₑ-a.

Fensteröffnung, f., πενδθέρε-ja.

Ferkel, n., ὑτς-ι, ὑτσούν-ι, ζοχ δέρρι, g. χουλίθ δέρρι.

fern, adj., t. λjάρϳε, g. λjαρχ; von f., t. λjάρϳουτ, περ σε λjάρϳουτ, g. λάρϳου, περτσε λjάρϳου u. περτσελjάρϳουτ.

fern, adv., fern von, pr., λjαρχ.

Ferne, f., λjάρϳετε-a; in der, in die, aus der F., περτσελjάρϳουτ, — λjάρϳουτ; aus weiter F., adj., t. λjάρϳετε, g. λjάρχτε.

Fernrohr, n., δυρbί-a, δυλjbί-a.

Ferse, f., t. θέμπρε-a, g. θέμ-ρε-a.

fertig, adj., χαζέρ, ϳατί, sc. ϳάτι.

Fes, n., φέστε-ja, χεσούλjε-a.

Fessel, f., t. λjίδε-a, τϑοχ-ουν, g. λjίδε-ja.

fesseln, πενϳύιϳ.

fest, adj., g. άνϳεϑτε; (vom Schnee), t. χούπετε; ich mache, baue f., g. ανϳεϑτύιϳ.

festhaken, g. νϳελj.

festhalten, sich, g. περμbάχεμ, βενδόσεμ.

Festigkeit, f., φύρτσε-a.

Festland, n., στερέ-ja (gr.), g. τύχε-a.

festnageln, g. νϳαλμύιϳ.

festschrauben, περδρέϑ, ανϳεϑτόιϳ.

festsetzen, αποφασίς (gr.); — sich, νϳούλjεμ, g. βενδόσεμ.

feststehen, g. ανϳεϑτύχεμ.

Festtag, hoher, διτ' ε νδριτ-τϑούθμε.

Festung, f., χαλjά-ja.

festwurzeln, ρϳυνϳόσεμ, g. νϳουλj.

Fett, n., bουλjμέτ-ι, τε μάιμετε, g. υνθύρε-a.

fett, adj., μάιμ, μάιμετε, πλjύτε, ϳϳάλε, t. νϳϳάλτουρε, g. νjάλουνε; ich mache f., μάιϳ, t. νϳϳαλ, g. νjαλ; ich werde f., μάχεμ, νϳϳάλεμ.

Fette, n., μάιτουρε-a, g. μάι-με-ja.

Fettigkeit, f., t. μάιτουρε-a, g. μάιμε-ja.

Fetzen, m., t. λjάπε-a, τσάρ-bε-a, g. λjέτσχε-a, τσέρϳε-a; in Fetzen zerrissen, g. λjέτσχα λjέτσχα.

feucht, adj., νϳόμε, λjάϳετε.

Feuchtigkeit, f., λόχε-a, t. λjα-ϳεσίρε-a, g. λjαϳεσίνε-a, βλjάχε-ja,(βλαζετίρε,ϳιουζί).

Feuer, n., ζjαρρ-ι, tyr. ζjάρεμ-ι; φλjάχε-a; — ζερμούρε-τε; d. Jugend, g. βλjουχ-ου; ich schlage F., ϑχρεπετίϳ, g. ϑχρεπ, ϑχεπτίϳ; ich schüre d. F., t. ϑχρεπ, τσινϳρίς, g. προυσίς.

Feuerarbeiter, m. χοbάτϑ-ι.

Feuerbrand, m., ούρε-a.

Feuerschaufel, f., g. χατσίϳε-a.

Feuerschwamm, m., t. έϑχε-a, g. εϑχ-ου.

Feuerstahl, m., ουρούαρ-ι.

Feuerstein, m., ϳουρ ζjάρρι u. ϑχρέπες, στραλ-ι.

Feuerstelle, f., t. bάτρε-a, g. bύτερε, bύτρα; — pl. ζερμούρε-τε.

Feuerzange, f., τσιμbίϑ-δι.

Feuerzeug, n., τδαχμάχ-ου (tk.), g. ϑχρέπμε-τε.

feurig, adj., ζjάρτε, φλjάχτε.

Fichte, f., πίϑε-a, g. bύριϳε-a, tsam. τδαμ-ι,(πίσε, μbύριχε); von F. πίϑτε.

fichten, adj., πίϑτε.

Fichtenbret, n., δόϳε ε πίϑτε.

Fichtenzapfen, m., (φεστέχ).

Fieber, n., έϑε-ja.

Fieberhitze, f., ζjαρρ-ι, tyr. ζjά-ρεμ-ι.

fiebern, δέζεμ u. δίζεμ.

Filzmütze, f., χjελjέϑε-ja, θάπ-χε-a.

finden, t. ϳϳέιϳ, g. ϳϳέιϳ, διχτύιϳ.

Finger, m., ϳϳιϑτ-ι; kleiner, ϳϳιϑτ ι bύϳελjε; ich sehe durch d. F., g. μbάιϳ πάjε; ich krache m. d. F., χερτσάς νέjετε.

Fingerhut, m., g. ϳϳιϑτέσεϳ-a.

Fingerknöchel, m., χομπ-bι.

Fingernagel, m., θούα-σι.

Fingerspitze, f., μόλεζε-a; des Daumens, πουλχjέρ-ι.

Finnen im Gesicht, g. θάτε-a.

finster, adj., t. βρε, βρέϳετε, g. βράνε, βράνετε; ich mache f., ερρεσύιϳ u. ερρετσύιϳ, t. βρέιϳ, g. βρανόιϳ; ich werde f., t. βρέχεμ, g. βρανύχεμ, βρανύιϳ.

Finsterniss, f., ερρε-a, ερρεσί-ρε-a, σχοτάϑ-δι (gr.).

Finten, f. pl., g. δρέϑja.

Firstbalken, m., u. Firste, f., χουλμ-ι.

Fisch, m., πιϑχ-ου, g. πεϑχ-ου.

Fischeier, n. pl., g. ίχρα-τε.

fischen, ζε πίϑχj.

Fischer, m., t. πιϑχαδθί-ου u. πιϑχετύρ-ι, g. πεϑχαδθί-ου.

Fischrogen,getrockn.,βε πίϑχου.

Fischschuppe, f., g. φόρμελjε-a.

Flachs, m., σχουλί-a, t. λjι-ρι, g. λjίν-νι.

Flachsbündel, n., σχουλί-a.

fächsen, adj., t. λjίϳτε u. λίτε, g. λjίντε.

Flachszopf, m., g. φχjόλλε-a.

Flagge, f., bανδjέρε-a.

Flamme, f., φλjάχε-a.

Flasche, f., bαρδάχ-ου, bότζε-a u. bοτίλjε-ja, bύζε-a u. βύτζε-ja, ϳαράφε-ja, g. θί-δε-ja (tk.), τδούτερε-a, ber. πλjύτσχε-a.

Flaschenkürbis, m., g. ποτδ-ι.

flattern, φλjουτουρύιϳ.

Flaumfeder, f., g. πούπελjε-a.

Flechse, f., δελ-ι.

Flechte, f., ϳερδέτ-ι, (βολατίχ).

flechten, ϳερδετόιϳ, πλεξ (gr.).

Flechtenkrankheit, f., t. ούρδε-υ. χούρδε-ja, g. ουρθ-υ. χουρθ-ι, tyr. ϑπρεϳετί-a.

Flechtwerk, n., ϳερδέτ-ι, πλέξουρε-a (gr.), g. τρίνε-a.

Fleck, m., τσούχε-a.

Flecken, m., μαρδά-ja; πίχε-a.

Flecken, m., (Ort), t. φθατ-ι.

Fledermaus, f., ζοχ νάτε, λjα-χουρίχj-ι, g. λjαχουρέχες-ι.

flehen, λjους u. λjιουτ, λjούτεμ, g. περλjιχούρεμ.

23

Flehender, *m.*, *λjούτουρε-ι.*

Fleisch, *n.*, *μιϑ-ι*; — ohne Knochen, *τουλj-ι, μιϑ ι τούλjτε*; — eingesalzenes, *t. παστερμάχ-ου, g. παστερμά-ja*; von Fleisch, *adj.*, *μίϑτε.*

Fleischer, *m.*, *χασάπ-ι.*

Fleischermesser, *n.*, *χανδϑάρ-ι*; — *t. σατερ-ι, g. σάτερ-ι.*

fleischig, *adj.*, *μιϑμ, τούλjτε, t. νγjάλτουρε, g. νjάλουνε.*

Fleischkuchen, *m.*, *λjαχρούαρ ι μίϑτε.*

Fleischmade, *f.*, *διμίζε- u. δε-μίζε-α, (βέμε-α).*

Fleischlätte, *f.*, *μαχjελjί-α, g. χανάρε-ja.*

Fleischstück ohne Knochen, *τουλj-ι.*

Fleiss, *m.*, *σπουδί-α (gr.), (σπουδάχ).*

fleissig, *adj.*, *g. πουνετούρ, (δορζίμ).*

fletschen (d. Zähne), *g. σjερ-δίν.*

flicken, *t. μβαλός, g. μβαλύιγ, αρνόιγ*; überall gefl., *g. βάλλα βάλλα.*

Flicken, *n.*, *μβαλόσουρε-α, g. άρνε-α, αρνούμε-ja.*

Flickerei, *f.*, *μβαλύμε-α, μβα-λόσουρε-α, g. άρνε-α, βάλ-λje-α.*

Flicklappen, *m.*, *g. άρνε-α, πούλε-α.*

Flickwerk, *n.*, *μβαλύμε-α, g. άρνε-α*; Fl. an Fl., *g. βάλλα βάλλα.*

Flieder, *m.*, *ϑτοχ-ϝου*; spanischer, *g. λjαϊλjά-ja.*

Fliege, *f.*, *μίζε- u. μύζε-α*; — δρούμβουλ-ι, *g. σεμούνδε-α*; — *g. ζεχϑ-ι*; Pferdefl., *μίζε χάλjι, g. μουρjέλε-α.*

fliegen, *φλjουτουρύιγ.*

Fliegenfänger, *m.*, (Vogel) *g. γάρβουλ-ι.*

fliehen, *t. ίχειγ, g. ίχιj*; *χερτσάς, χελτσάς, χρετσάς, g. μαρρ μάλλjετ ο. μάλλjετ ε φούϑατε.*

fliessen, *ρρίεϑ u. ρρjεϑ.*

Fliessen, *n.*, *ρjέδιje-α, ρρjέ-δουρε-α.*

flink, *adj.*, *g. περβούϑεμ.*

Flinte, *f.*, *δουφέχ- u. δυφέχ-ου, g. πούϑχε-α, πιστύλje-ja.*

Flintenlauf, *m.*, *λαμνί-α, g. ναβλί-α.*

Flintenschloss, *n.*, *g. τϑαρχ-ου.*

Flocke, *f.*, *φλjοχ-ϝου, g. -χου.*

Floh, *m.*, *πλεϑτ-ι*; Erdfloh, *g. μίζε περδέτσχε.*

flöhen, *πλεϑτόιγ.*

Flokate, *f.*, *t. φλjοχάτε-ja, g. ϑάρχε-α, δϑύχε-α.*

Flöte, *f.*, *δζαμάρε-ja, φλjοjέρε-u. φλοέρε-ja, g. τσούλje-α*; Schäferfl., *g. χαβάλ-ι, φυλ-ι.*

Flötenspiel, *n.*, *φλjερεδϑί-ου.*

Fluch, *m.*, *χατερούαρε-α, χα-τερίμ-ι, μαλεχίμ-ι, t. νέμε-α, g. νάμε-α*; z. Fl. bereit, *μαλεχέτς.*

fluchen, *χατερύιγ, μαλεχόιγ, t. νεμ u. νεμεσόιγ, g. νεμ.*

Fluchender, *m.*, *νέμες-ι.*

Flucht, *t. ίχουρε-α, g. ίχμε-ja.*

flüchten, sich, *χερτσάς, χελτσάς, χρετσάς.*

Flug, *m.*, *t. φλjουτουρούαρε-α, g. φλjουτουρούμε-ja.*

Flügel, *m.*, *χράχε-ου, t. πέντε-α, g. πένδε-α*; am Kleid, *t. πιχjί-u. πεχjί-α, g. σπελχjίν-νι*; — d. Thür etc., *g. χανάτε-α.*

Flügelknochen, *m.*, *t. χραχε-ρούαρ- u. χραχερόρ-ι, g. χρα-χενούρ-ι.*

Flügelpferd, *n.*, *g. χαλj χαρμε-δούρε-α.*

Flugfeder, *f.*, *t. πέντε-α, g. πένδε-α.*

Flurschütz, *m.*, *t. βεχϑί-ου, g. βεχτϑί-ου (tk.).*

Fluss, *m.*, *λjούμε-ι.*

Flussarm, *m.*, *t. ρεμβ-ι.*

Flussbett, *n.*, *περρούα-οι, πρέ-βε-α, g. ρρεμ-ι.*

Flussfähre, *f.*, *λjούνδρε-α.*

Flussquelle, *f.*, *t. γούρρε-α, g. γούρνε-α.*

flüstern, *πιϑύιγ, g. πιπλίν, (πιστελύιγ).*

Fohlen, *n.*, *πουλιάτ-ι*; — männliches, *πουλίϑτ μάϑχε ο. άτι, t. μες-ζι, g. μας-ζι, tyr. βιοχ-ου*; — weibliches, *που-λίϑτ πέλλje, t. μέζε-α, g. μάζε-α*; Eselsf., *t. χριτϑ- u. χροτϑ-ι, g. χερίτϑ-ι.*

folgen, *νγjίττεμ.*

folgenden Tags, *adv.*, *t. νεσσε-ρέτ, g. νεσσερέττε*; folg. Morgen, *νεσσερέτ μενγjές*; folg. Abend, *νεσσερέτ μβρέμε.*

foltern, *(ϝουτσόιγ).*

foppen, *χjεσενδίς.*

Forche, *f.*, *(μϑύριχε).*

fordern, *t. λjίπ u. λjίπειγ, g. λjύπιγ.*

Forelle, *f.*, *g. χοράν-ι, se. τρόφτε-α.*

Form, *f.*, *χαλούπ-ι, g. φόρμε-α, (χαλέπ).*

forschen, *χερχόιγ, ρεμόιγ u. ρουμόιγ, g. βεϑγόιγ.*

Forschung, *f.*, *g. βεϑγίμ-ι, (βι-ζίμ).*

fort, *adv.*, *τούτje, τέje, περ-τέje*; — fort! *τϑπόρρου! αρρατίσου! χίχjου! γjίδι! (tk.), g. μεργγjούου!* — in einem fort, *γjίϑε νjε.*

fortgehen, *t. ίχειγ, g. ίχιj.*

fortjagen, *t. αρεσέιγ, απ ούδε, δζβόιγ, τσβόιγ, τβύιγ, σβύιγ, τϑπορρ, g. ϑπορρ, ber. δε-βύιγ.*

fortschicken, *t. απ ούδε.*

Fortschritt, *m.*, *g. αλεϑτίσμε-ja*; ich mache F., *προ-χόπς (gr.), g. αλεϑτίσεμ,* im Lernen, *μαρρ (χάρτενε, ζανάτινε).*

fortziehen, *intr.*, *ϑχούλjεμ.*

Fötus, *m.*, *g. φεδίγε-α.*

Fötusei, *n.*, *ϑτρατ-ι.*

Fracht e. Schiffes, *νάβλε-α (gr.).*

Frage, *f.*, *t. πύετουρε-α, g. πύτμε-ja.*

fragen, *t. πύες u. πίες, g. πυς.*

frank, *adj.*, *g. χασδίσουνε.*

Frankenland, *n.*, *g. Φρανγjί-α.*

Franse, *f.*, *ϑέχε-α.*

Frau, f., γρούα-ja; t. ζύνjε-α, g. ζύψε-α.

Frauchen! μόίjε! o. μόjε!

Frauengemach, n., σόbε-α, g. γρανί-α.

Frauenhemd, n., t. λjίνjε-α, g. λjιὐ-νι.

Frauenwelt, f., g. γρανί-α.

Frauenzopf, m., βιϑτ-ι.

frech, adj., φοδούλj.

frei, adj., ελέφϑερο (gr.); frei v. Arbeit, νγέϑιμ; ich mache mich fr., ϑχjέπεμ; λjενόχεμ.

Freiersmann, m., g. λjάτμεϛ-ι, tyr. ὄχεϛ-ι.

freigiebig, adj., boυjάρ, dόρε χάπετε, t. δένεϛ, τϑουμέρτ (tk.), g. δάνεϛ, dᾶυμέρτ (tk.).

Freiheit, f., λjεφτερί-α (gr.).

freilassen, t. λjεϑόίγ, g. λjιϑύίγ; freigelassen, t. λjεϑούαρε, g. λjιϑούμε, ϑερπούαμ; αζάτ (tk.).

Freilassung, f., t. λjεϑούαρε-α, g. λjιϑούμε-ja.

Freitag, m., t. πρέμτε-ja, g. πρέμτε-ja.

freiwillig, adv., βετίουτ u. βετίου.

fremd, adj., t. χούαιγ, g. χούίγ.

Fremde, f., χουρbέτ-ι.

fressen (v. Hund u. Katze), g. λαχ; ich werde gefr., χάχεμ.

Fresser, m., νγρένεϛ-ι, χάμεϛ-ι, νουχάρ-ι, g. λούπεϛ-ι, νέπεϛ-ι.

Freude, f., γαϛ-ζι, γεζίμ-ι, g. νγαζελίμ-ι, ϑενd-ι; es macht mir Fr., μα χα άνdε.

freuen, γεζύίγ; — sich, γεζύνεμ, πρέχεμ, t.τραδεγύίγ, τραδεγούαιγ, g.νγαζελύχεμ, ϑενdύχεμ, τραδιγύίγ; es freut mich, μα χα άνdε.

Freund, m., μιχ-ου; Hausfr., g. δουχόμ-ι; — Freund! dρε! μορέ! g. μρε! ber. ορέ!

Freundin, f., t. μίχε-ja, g. μιχέdε-α.

freundlich, adj., g. boύζε χjέ*δουνε o. boύζε γαϛ.

Freundschaft, f., μιχjεϛί-α.

freundschaftlich, adj., μιχjερίϑτ u. μιχjεσίϑτ.

Friede, m., πάχjε-ja.

friedfertig, adj., t. ούρτε u. ουρτετεσίϑτ, g. ουρτεσίϑτ.

friedlich, adj., boύτε.

frieren u. fr. machen, t. νγρίγ, g. νγρίν; ich beginne zu fr., μαρϑ.

frisch, adj., t. φτόχετε, g. φτόφετε; νjόμε; t. ταζέ, g. τάζε; ρι; frisch! t. jαλά!

Frist, f., βαδέ-ja (tk.), διορί-α (gr.).

fröhlich, adj., (τζέλετε).

frohlocken, (λjουμbούρρεμ).

Frosch, m., χαχρζόζε-α, πρετχόσε-α, (πρεχόσε, τσιάμπε).

frösteln, μαρϑ, t. μερδίγ, g. μερδίφ.

Frostreif, m., t. τσίχνγε-α u. τσινϑ-ι; s. Reif.

Frostschauer, m., μάρδουρε-α, g. μερδίφμε-ja, ρρεχjέϑε-τε.

frottiren, φερχόίγ.

Frucht, f., t. φάρρε-α, g. φάρε-α; — πέμμε-α, χόχjε-ja, (πέρνε-α, φριούτ); eingemachte Früchte, t. τε έμbλjετε, g. τε άμλjετε.

fruchtbar sein, βεσελjίτ; fruchtbare Gegend, g. jαλί-ου.

Fruchtbarkeit, f., βεσελjί-α.

Fruchtbaum, m., πέμμε-α.

Fruchternte, reiche, g. γαννί-α.

Fruchtschale, t. βλjέτσγε-α, g. βελjότᾶχε-ja, λjεβότᾶχε- u. λjιβότᾶγε-α.

früh aufstehen, μεγγύίγ, ber. μουνγύίγ.

früher, με περχάρα o. ρεπάρα.

Frühjahr, n., g. beχάρ-ι.

Frühling, m., βέρε-α, g. beχάρ-ι, (περδεβέρε); ich bringe d. Fr. zu, βερόίγ.

Frühstück, n., σιλ-ι.

frühstücken, σιλύίγ.

Fuchs, m., δέλπερε-α, g. σχί-λjε-ja.

fühlen, t. χουπετόίγ, νjόχ u. νjο, g. νjοφ.

führen, bίε,g. τᾶόίγ u. τᾶούαιγ; Divra ᾶπουν; — Waffen, μbάίγ άρεμ.

Fuhrmann, m., χjερρεδᾶί-ου.

Fülle, f., μαλ-ι.

füllen, μbλjόίγ, μbουᾶ, g. φάίγ.

Füllen, n., g. μουλjχούμε-ja.

Füllen, n., s. Fohlen.

Fundament, n., bινά-ja (tk.), t. ρένjε-α, g. ρράίγε-α.

fünf, πέσε; 5 Stück, dόρε-α.

Fünfer, m., ι πέσε-ι.

fünffach, adv., πέσεϛ.

Fünfter, m., πέσετε-ι.

fünfzehn, πεσ' μbε δjέτε.

fünfzig, πέσε δjέτε.

Funke, m., ᾶχένdιjε-α u. ᾶχενdί-α, t. τᾶίχε-α, g.dσίdᾶε-α; ich sprühe F., ᾶχενdέίγ, t. ᾶχρεχτύίγ, g. ᾶχεπτίν.

funkeln, ᾶχενdέίγ, βετετίγ, ᾶχρεπετίγ.

für, praep., περ; f. mich etc., περbέτε, βετᾶ.

fürbass, adv., με τέjε.

Furche, f., βίjε-α; — g. βερί-α.

Furcht, f., φρίχε-α (gr.), t. τρέμbουρε-α, βέρδουρε-α, g. βέρδμε-ja; ich jage F. ein, ᾶτίε φρίχε, t. φριχόίγ, g. φριχετύίγ; ich bin in F., t. φριχόνεμ, g. φριχετᾶόχεμ.

furchtbar, adj., βεᾶτίρε.

fürchten, t. τρέμbεμ, φριχόνεμ, g. τρέμεμ, φριχετᾶόχεμ; — etwas zu thun, g. dριϑτόίγ; ich mache f., t. τρεμb, g. τρεμ.

Furchtsamer, m., τρεμbελjάχ-u. τρεμbεράχ-ου, g. τρέμεϛ-ι.

Furt, f., βα-ja, πρέβε-α.

Furz, m., πύρdε-α.

furzen, μ., χjερϑ.

Fuschar (Landschaft), g. Φουᾶάρ-ι.

Fuss, m., t. χέμbε-α, g. χά-με-α; χερτσί-ρι; ϑούντρε-α; ϑούαλ-ι; — als Mass, t. γjύρμε-α, g. γjούρμε-α; — des Berges, ρέζε μάλλjιτ; zu F., μbε χέμbε; ich trete mit dem F., χλοτᾶίτ, ᾶχjελjμόίγ.

Fussballen, m., νούεϑ-ι.

Fussboden, m., g. τρουλ-ι, (τρούαλ); von Holz, τϑαρδάχ-ου (tk.).

Fussfall, kirchl., μετανί-a (gr.).

Fussfessel, f., t. τϑοχ-ου.

Fussfläche, äussere, g. τρίνε ε χάμεσε; s. ϑούντρε.

Fussgänger, m., t. χέμβες-ι, g. χάμες-ι, (ουλάχ).

Fussgelenk, n., χjάφε-a.

Fussknochen zwischen Knie und Knöchel, g. χερτσί-ρι.

Fussschemel, m., χjένάρε-a.

Fusssohle, f., πατόμε-a, ϑούαλ-ι, g. ϑόλλε ε χάμεσε.

Fussspitze, f., μάjε ε jjίϑταβετ.

Fussspur, f., t. jjύρμε-a, g. jjούρμε-a.

Fusssteig, m., μονοπάτ-ι (gr.).

Fussstock, m., τομβρούχ- und τρομβούχ-ου.

Fusstritt, m., χλοτϑίτουρε-a.

Fussvolk, n., t. χεμβεσί-a, g. χαμεσί-a.

Fustanelle, f., t. φουστάν-ι, g. φουστάνε-ja.

Futter für's Geflügel, jεσούτε-a.

Futteral, n., χελέρ- u. χουλούφ-ι.

Futtersack, m., τόρβε-a.

G.

Gabe, f., t. δένε-a, g. δάνε-a, δάνμε-ja.

Gabel, f., πρόχε-a, t. πιρούν-ι, g. πιρούν-νι, (πιρούα); — φούρχε-a, σφουρχ- und τσφουρχ-ου, (φουρχουλίτζε).

gackern, χαχαρίς.

gaffen, χαπ jόjενε, g. χουτότγ, χαβίτεμ.

gähnen, jοjεσίγ u. jοjεσίτ.

Gährbottich, m., χάδε-ja, χαρρούτε-a.

gähren, t. ζίειγ, g. ζίγ.

Galgenstrick, m., jρεμίσουρε-ι, g. βjερ-ι, χαπιστάλ-ι.

Gallapfel, m., μαζί-ου.

Galle, f., t. βεέρ- u. βρερ-ι, μερί-a, τ' έμβλjετε, g. βενέρ-ι, μαράς-ζι, μενί-a, τ' άμλjετε, (δελτ).

gallicht, adj., βρέρτε.

Galopin, m., δυλυχτϑί-ου.

Gamasche, f., τιρχ-ου, τοσλούχ-ου.

Gamaschenband, n., διζβάχj-ι, τισjjέ-ja.

Gang, m., t. βάτουρε-a, έτσουρε-a, g. βόϊτμε-ja, έτσμε-ja; — schneller, t. βραππ-ι; ich bringe in G., g. βε με βίjε.

Gangart, f., t. έτσουρε-a, g. έτσμε-ja.

gangbar, adj., g. ϑχουϑμ.

Gans, f., πάτε-a.

Gänsehaut, f., g. μάρδε-a.

Gänsenest, n., g. φουρρίχj-ι.

Gänserich, m., πατόχ-ου, Jak. ϑατίϑ-νι.

ganz, adj., jjίϑε, t. τέρρε, g. τάνε u. τόνε.

Garbe, f., δούαιj, δο-ι, g.δενj-ου.

Garbenband, n., t. λjίϑε-a, g. jλίϑε-ja.

Garn, n., t. πε-ρι, g. πεν-νι; — d. Weber, g. ινδ-ι; ich wickele G., μεϑτίλ.

Garnschwinge, f., χjέρϑελj-ι.

Garnspule, f., μασσούρ-ι.

Garnstrang, m., τϑούφχε- u. δϑούφχε-a.

Garten, m., jραδίνε-a, βαχτϑέ-ja, ber. βατϑά-ja (tk.), t. χύφϑτε-ι, g. χόπεϑτ-ι.

Gartenthür, f., ϑτεχ ι χύφϑτετ.

Gärtner, m., βαχτϑεβάν-ι (tk.).

Gasse, f., ρρούjε-a.

Gast, m., μουσαφίρ-ι (tk.), φτούαρε-ι.

Gasterei, f., g. αχένχ-jου.

gastfrei, adj., βουjάρ.

Gastmahl, n., jοστί-a, μεσάλε-a, g. αχένχ-jου; — nach der Hochzeit, παρτί-a; — bei der Geburt des Erstgebornen, g. πρεjjίμ-ι, sonst ποjανίχ-ου.

Gastwirth, m., χανδϑί-ου.

gäten, ρραλόιγ, t. χαρ, g. χερρ, Prem. ϑερ.

Gaumen, m., t. χjέλεζε-a, g. χjίλεζε-a.

Gaumenzäpfchen, n., υjερίϑ-ι, g. λjιλϑί-a.

gautzen, jαυνίς.

Gebackenes, n., φερjέσε-a.

gebären, πjελ u. πίελ, g. πιλ, λjιυδ; ich werde geboren, λjέτγ, g. λjίνδεμ.

Gebärmutter, f., jοπ-ι, t. ποτϑ-ι.

Gebäude, n., δινάρα-τε (tk.), δερτούαρε-a.

Gebell, n., g. λjέφμε-ja.

geben, απ, g. auch ναπ; pass., g. έπεμ u. νέπεμ.

Gebiet, n., χατούντ-ι.

gebieten, t. κορσίτ, g. κοροσίς.

Gebirge, n., μαλλj-ι.

Gebirgsbewohner, m., t. μαλλjεσούαρ- u. μαλλjεσόρ-ι, g. μαλλjεσσούρ-ι.

Gebiss, n., t. φρε-ρι, g. φρέν-νι.

Gebrauch, m., ζαχόν-ι, ταξ-ι (gr.), τσιρμονί-a; — χανόν-ι (gr.).

gebraucht, adj., g. χουλανδρίσουνε.

Gebrechen, n., μαρϑά-ja, τσεν-ι.

Gebrüll, n., t. πάλουρε-a, g. πάλμε-ja.

Geburt, f., t. πjέλε-a, λjέρρε-a, λjίνδουρε-a, g. χjέλμι-τε, λjέμε-ja, λjίνδμε-ja; — vornehme, φις-ι (gr.), οδϑάχ-ου; von vorneh. G., adj., σοιλί, φισμ (gr.), g. δϑετλί.

Geburtsfest, n., ποjανίχ-ου; — g. πρεjjίμ-ι.

Geburtsfestkuchen, m., βούχε βαλj, g. φελjί-a, tyr. φερλί-a.

Geburtsort, m., g. βατάν-ι.

Gebüsch, n., δέjε-a, χορίε-ja.

Gedanke, m., λοjισμό-ι (gr.), φιχjίρ-ι (tk.).

Gedärme, n. pl., ζόρρε-τε.

gedeihen, προχόπς (gr.), g. τρεβόιγ.

Gedicht, n., g. βέττε-ja.

Gedränge, n., g. jjίνδί-a.

gedrückt, adj., t. ϑτρενjούαμ u. ϑτενjούαμ, g. ϑτρενjούμ.

Geduld, f., δουρίμ-ι.

geduldig, adj., t. δουρούατϑμ, g. δουρούϑμ, ζεμερjjάν und ζεμερδουρούϑεμ.

geebnet, adj., t. ϑεϑούαρε, g. ϑεϑούνε; geebn. Ort, ϑεϑ-ι.

geeignet, adj., m. ζοτ-ι, f. ζύνjε-α.

Gefahr, f., ριζιχό-ι, χjινδίν-ι (gr.), γαζέπ-ι (tk.), g. σιχλέτ-ι (tk.); mit G., g. με χρύε ν'δόρε.

gefährlich, adj., g. σιχλέτϑεμ (tk.).

Gefährte, m., ϑοχ-ου.

gefallen, πελjχjέτγ, πελjχjέχεμ, πρέιγ; es gefällt mir, g. με τέχετε, μ'α ζεν σύου.

Gefallen, n., χατέρ-ι (tk.); zu G., περ χατέρ.

gefällig, adj., g. χιϑμ; ich bin g., g. βαιj νδερ.

Gefälligkeit, f., ε μίρα.

gefangen, adj., t. χαπσόσουρε; ich nehme g., σχλαβός; ich setze g., βε βρένδα, t. χαπσός; ich sitze g.,jαμ βρένδα.

Gefangennehmung, f., t. σχλαβόσουρε-α, g. σχλαβόσμε-jα.

Gefangenschaft, f., σχλαβί-α, t. ροβερί-α, g. ροβενί-α.

Gefängniss, n., χαπς-ι, χάπσε-α, χαπσάνε-α, g. auch χαπσάνε-jα, g. poet. ζινδάν-ι.

Gefäss, n., ἑννε-α, (πονίτζε); — ροjjέ-jα, χjυπ-ι, χόβε-α.

Geflecht, n., πλέξουρε-α (gr.).

Geflügel, n., φλjουτουράχ-ου u. φλjουτουράχε-α.

Geflügelfutter, n., γεσούτε-α.

Gefolge, n., μάνγε-α, g. τεβαβί-α.

Gefolgsmann, m., πράπεσμ-ι, g. auch μβράπεσμ-ι; g.τεβαβί-α; — t. τριμ-ι, τριμόϑ- und τριμϑύρ-ι; δjάλλjε-ι.

gefrässig sein, g. χαμ νεπς.

Gefrässigkeit, g. νεπς-ι.

gefüllt, adj., t. δένδουρε, g. δένδουνε.

Gege, m., Γέγε-α; ber. Μαλλjόχ-ου.

gegen, praep., t. χύνδρε und χούνδρε, g. χούνδερ, χαϑϑί (tk.); περ; πρεj, πρέι, πρέιγ.

---

ber. πε; τε, νδε, τεχ, g. χε, se. τυ.

Gegend, f., συνόρ- u. συνούαρ-ι (gr.); — ebene, g. jαλί-ου.

gegenseitig, adv., ϑύι ϑοχj.

gegenüber, praep., δρεjχj, δρεjχj περ δρεjχj; χουνδρέχj, g. χουνδρέj u. περ χουνδρέj; χόνδρε u. χούνδρε, g. χούνδερ u. χαροϑί; adv., βάλλε περ βάλλε.

Gegenwart, zufällige, g. νϑύϑμε-jα; in G., ρεπάρα u. περπάρα, se. πάρα; s. auch φάχjε.

Gegerei, (Land), Γέγερί-α.

gegisch, adj. γεγερίϑτ.

Gegner, m., t. αρμίχ-ου, g. ανεμίχ-ου.

Gegnerschaft, f., αρμιχερί-α.

Gehäuse der Schnecken, Schildkröten etc., χάφχε-α, άϑτερα-τε u. ἑϑτερα-τε.

geheim halten, g. βε νδένε γjούιjή, ϑτίε νδε δετ.

Geheimniss, n., μυστίρ-ι (gr.), t. φϑέχουρε-α, g. μετϑέφμε-u. τϑέφμε-jα, μετϑεφσίνε-α.

gehen, βέτε, t. έτσεjγ, g. έτσιγ; βέjγ ούϑε; gehe! χάιδε! geht! χάιδενι! ich gehe auf und ab, g. ζαλνίσεμ; — auf die Seite, g. χjάσσεμ; — im Kreise herum, Divra βιν αχόλε; — über etwas, ϑχόιγ; — in etwas, χιγ, χjύιγ, ρύιγ, g. χjύιj; — (v. Teig) t. βιγ, g. βιν.

Gehen, n., t. βάτουρε-α, g. βόιτμε-jα.

Geheul, n., t. ουλερίτουρε-α, g. ουλjουρίμε-jα.

gehorchen, nda βεϑ, g. νδεγjjόιγ u. νεγjjόιγ.

gehörntes Schaf, χερρούτε-α.

gehorsam, adj., πορσιβένε, t. βίνδουρε, g. βίνδουνε.

Gehorsam, m., t. βίνδουρε-α, g. βίνδμε-jα, νδεγjjούμε-jα.

Gehülfe, m., νδίχμεε-ι, Bl. νδίμετάρ-ι.

Geier, m., ϑχjιπύν-ι, f. ϑχjιπόνjε-α.

Geifer, m., jάργε-ά, (ιάρνχε).

geil, adj., (ϑούρε).

Geist, m., ϑπιρτ- u. ϑπυρτ-ι; ich gebe d. G. auf, απ ϑπίρτιντ; der böse G., φρύμε ε χέχjε; (Kobold), m., δϑινδ-ι, f., δϑινδε-jα; t. λjουβί-α.

Geistererscheinung, f., φαντασί-α (gr.).

Geisterorkan, m., t. λjουβί-α.

Geisterwelt, f., δϑινδί-α.

Geistlicher, kathol., g. φρατ-ι.

Geiz, m., λjαχεμίμ-ι, g. νjουϑτούμε-jα.

Geizhals, m., νεχjεζί-ου, νερχjές-u. νεχjές-ι (tk.), σαρράφ-ι (tk.).

geizig, adj., ϑτριχ, δόρε μβύλτουρε, νjούϑτε, t. λjαχεμέες, ϑτενγjούαμ u. ϑτενγjούαμ, g. λjαχεμές, ϑτρεγjjούμ, ϑτρεγjjούτε; ich bin geizig, νjουϑτύχεμ, jαμ ι νjούϑτε, λjαχεμίγ.

gekrümmt, adj., χερρούσουρε.

Gelächter, n., γας-ζι, t. χjέϑουρε-α, g. χjέϑμε-jα.

gelähmt, adj., χούσπουλ, βιϑαϑ u. βυϑάϑ, μβάιjτουρε, g. γjjυτρύμ; ich bin g., g.νγjαλjύιγ u. νγjαλjόγεμ.

gelangen, g. ρριν u. χερρίν.

gelangweilt sein, οῦραδίσεμ (tk.).

gelb, adj., βέρδε u. βερϑ, g. βερϑάχj; g. Farbe o. Aussehen, g. βερϑεσίνε-α; ich mache o. färbe g., βερϑ, ϑϑένιγ; ich werde g., βέρϑεμ, g. ϑϑένχεμ.

gelblich, adj., t. βερϑόϑ u. βερϑανjάχ, g. βερϑάχj u. βερϑατσούχ.

Geld, n., μονέϑε-α, t. ερjjέχντ-ι, g. αρjjάντ-ι; — t. άσπρε-α, g. ας-ι; t. παρά-ι, g. πάρε-jα; γροϑ-ι; — kleines, τε ίμετα, g. τε ϑχύχjετα.

Geldbeutel, m., χjεσσέ-jα, χουλjέτε-α.

Geldgeschenk, *n.*, κjερáσμε-α.

Geldgurt oder Geldgürtel, *m.*, κjεμέρ-ι.

Geldschuld, *f.*, *t.* βορδᾶ-ι, *g.* βόρδᾶξ-α.

Geldstrafe, *f.*, χανοσί-α.

gelegene Zeit, *f.*, βαχτ-ι (*tk.*).

Gelegenheit, *f.*, αφορμί-α (*gr.*), *g.* ᾱχαχ-ου, νγε-ja; ich finde G., γjέίγ βξνδ, δίτξνg, κόχε ο. κόχενε, *g.* γjένίγ νγε.

Gelehrsamkeit, *f.*, *t.* δίτουρg-α, μπσούαρg-α, *g.* δίτμε-ja, δι-τουνί-α.

gelehrt, *adj.*, *t.* δίτουρg, μπσούαρg, διαβάσουρg (*gr.*), *g.* δίτουνg, (λjίτουρg).

Gelehrter, *m.*, *t.* δίτουρι, ι μπσούαρι, γραμματιχό-ι u. γραμματέπσουρg-ι (*gr.*).

Geleite, *n.*, *t.* ᾱπούρg-α, πξρτσιέλjg-α u. πξρτσιέλjουρg-α; — sicheres, *g.* βέσσεg-α; ich gebe Jem. das G., *t.* πξρτσίελ u. πξρσίελ, *g.* πξρτσίλ.

geleiten, πξρτσίελ.

Gelenk, *n.*, κjυτᾱ-ι, ber. κλjυτᾱ-ι, *g.* νέjg-u. νύjg-α; — an d. Hand, συᾱ-ι, u. d. Fuss, κjάφg-α.

gelenk werden, wieder, *t.* τᾱπίχεμ, *g.* ᾱπίχεμ.

geliebt, *adj.*, δάᾱουρg u. δά-ᾱjουρg, *g.* δάᾱουνg.

Geliebte, *f.*, *t.* δάᾱουρg-α, μίχε-ja, *g.* δάᾱμε-ja, μιχέᾱg-α.

Geliebter, *m.*, δάᾱουρg - ι, τᾱουν-ι, *tyr.* δαγάτᾱ-ι, *dur.* τσουλ-ι, *Divra* μιτς-ι; — δυλβέρ-ι.

gelingen, *g.* τρεβύγγ.

geloben, ταξ (*gr.*); d. gel. Land, δε ι σg ζοτούμεσg.

Gelübde, *n.*, *t.* τάξουρg-α, *g.* τάξμε-ja (*gr.*).

Gelüste, *n.*, *g.* γούτς-ι; ich trage G., μg χάχετg.

gelüsten, *imp.*, μα κυ άνδg, μg χάχετg, *g.* μg τέχετg.

Gemach, *n.*, *g.* κgᾱύμε-ja; — *t.* Männer, όδg-α; — f. Frauen, σύδg-α, γρανί-α.

Gemälde, *n.*, ᾱχρόνjg-α, ζογραφί-α (*gr.*).

gemäss, *praep.*, *g.* μας u. μβας.

Gemeinderath, *m.*, πλεχjgσί-α, *t.* πλεχjgρί-α, *g.* πλεχjgσνί-α; ich bin im G., πλεχjgσόγγ.

gemeiner Soldat, σειμμέν-ι; v. gem. Herkommen, πιχ' ε ρgχέ.

gemeinsam, βάᾱχg u. γjίᾱg βάᾱχg, *g.* γjίᾱg νjε, ρgνδόμ, (γjιᾱα-χίνᾱιμ).

Gemse, *f.*, *g.* χαχρούλj-ι.

Gemüse, *n.*, λjάχρg-α, *g.* λjάχνg-α.

genau, *adj.*, ταμάμτg; — wie, γjάλg με ο. σι,

genehm sein, *g.* μ'α ζεν σύου.

Generation, *f.*, κjεμέρ-ι, *g.* φάχjε νjέρgζιᾱ; — *pl.*, *t.* βέρχjε-τg, *g.* βάρχjε-τg.

genesen, ᾱgντόᾱεμ, νήjάλεμ, *g.* σβαβίσεμ, μιρόσεμ.

Genesung, *f.*, *t.* ᾱgντόᾱουρg-α, ᾱgρούαρg-α, *g.* τg ᾱgντόᾱετg, ᾱgρούμε-ja, σβαβίτμε-ja.

Genick, *n.*, *g.* άρρgζg-α.

genlessen, *t.* τραᾱgγύιγ u. τρα-ᾱgγγούαιγ, *g.* τραᾱjγόιγ.

Genist, *n.*, λjgμίᾱτε-ja.

Genosse, *m.*, ᾱοχ-ου.

Genossenschaft, *f.*, ᾱοχgρί-α.

genug, *adv.*, σαδύ, ταμάμ (*tk.*), αφτ u. με αφτ, *g.* με jαφτ; es ist g., σος.

Genuss, *m.*, *g.* τραᾱγγούμε-ja.

geöffnet, *adj.*, χάπgτg.

Geograph, *m.*, *g.* ᾱεᾱχρέσgς-ι.

Geographie, *f.*, *g.* ᾱεᾱχρέσg-α.

Gepäck, *n.*, χαλαβαλέχ-ου (*tk.*).

Gepränge, *n.*, φαντάξουρg - α (*gr.*).

gepresst, *adj.*, *t.* ᾱτρgνγούαρg, *g.* ᾱτρgνγούμg.

gerade, *adj.*, δρέιτg ο. δρέjτg, (ᾱτοράσg); *adv.*, δρέιχj ο. δρεjχj; *temp.*, μι; gerade ο. ungerade, τεχ α τᾱιφτ; ich mache g., νδρεχj, *t.* ᾱουλjόιγ; — gerade aus, *adv.*, δρέιχj ο. δρεjχj, δρέιτg ο. δρέjτg, *g.* auch δρέιτg πgρ τσ' δρέιτg; *t.* ᾱουλj, ᾱουλj ούδgσg; ge-

rade heraus, *adv.*, χάχgτg; — ich sage ger. her., φλjας δρεjχj, ᾱεμ χάχgτg.

geradezu, *g.* χασδίσουνg.

gerathen, *g.* τρεβόιγ; — in etwas, *t.* χιγ, χύιγ, ρύιγ, *g.* χυίj, χονδίς.

geräumig, *adj.*, λjίρ.

Geräumigkeit, *f.*, *t.* λjιρούαρg-α, *g.* λjιρούμε-ja.

gerben, *g.* ρgᾱj.

Gerber, *m.*, ταβάχ-ου (*tk.*).

gerecht, *adj.*, δρέjτg ο. δρέjτg, βgρτέτg u. βερτέτg.

Gerechtigkeit, *f.*, δρέjτg-α, *g.* δρειτgνί-α.

Gerede, *n.*, *t.* λαφ-ι, *g.* λάφε-ja; ich bringe ins G., *g.* νγjισό ο. ντζίρ βιγονί; βε τσα χουρβόνα.

gereimt, *adj.*, *g.* πgρπjέχμ, *t.* με λjίγje.

Gericht, *n.*, γjυχj-ι, *g.* γjου-χάτg-α.

gerieben, *adj.*, *g.* ᾱχόχjgτg.

gering, *adj.*, πάχg.

gerinnen, (μβιτ ο. μβυτ).

gern, *adv.*, με ζέμgρg, με χίρ.

Geröll, *n.*, ζαλ-ι; mit G. bedeckter Ort, ζαλίᾱg-α.

Gerste, *f.*, ελjκ-ι; — Prem. βερτσέλ-ι.

gersten, *adj.*, ελjβgρίᾱτ, ελjκτg.

Gerstenacker, *m.*, άρg ελjβg-ρίᾱτε.

Gerstenbrot, *n.*, βούχg ελjβg-ρίᾱτε, βουχ' ε ελjκτg.

Gerte, *f.*, πουρτέχg-α, ᾱούφρg-α.

Geruch, *m.*, έρg-α, ε ράρα έρg.

Gerücht, *n.*, ναμ-ι, *t.* ζg-ρι, ᾱένg-α, χουβένδ-α, *g.* ζαὺ-νι, ᾱάνg-α, γάδg-α.

Gesang, *m.*, *t.* κgνδούαρg-α, *g.* κgνδούμε-ja; ich begleite im G., *g.* μβάιγ ζαὺ.

Gesandter, *m.*, ελτᾱί-ου (*tk.*), *t.* δgργούαρg-ι, *g.* δgργούμg-ι.

gesäuert, *adj.*, μβρούιτουρg.

Geschäft, *n.*, πούνg-α, μασλα-χάτ-ι (*tk.*); Geschäfte, *pl.*, *g.* γαλjίg-ja; ich mache G., *g.* ρραφ.

geschäftslos, *adj.*, πακούνε u. πακούνετ, *t.* νδένγjουρε, *g.* νδέττουνε.

Geschäftslosigkeit, *f.*, *t.* νδένγνjουρε-α, *g.* νδέττμε-ja.

Geschäftsschrank, *m.*, *g.* ραφτ-ι.

Geschäftsverkehr, *m.*, ε μάρρα ε ε δέννα.

geschätzt, *adj.*, τᾶμούαρε.

Geschenk, *n.*, δουρετί-α, δουρίμ-ι, δαροβί-α, χανίσχ-ου, χjεράσμε-α, χjεράσουρε-α; ich gebe ein G., δαροβίτ.

Geschichte, *f.*, ιστορί-α (*gr.*), ιχαχέτ- ο. χυχjαjέτ-ι (*tk.*).

Geschick, *n.*, δχρόνjε-α, βιττόρε-ja, φατ-ι, *t.* βάχτε-ι, *g.* βαφτ-ι (*tk.*).

geschickt, *adj.*, *m.* ζοτ, *f.* ζόνjε, *g.* περβούδεμ, (μιρουντίδιμ); — im Handwerk, ουστά.

Geschlecht, *n.*, jενί-α, γjιρί-α, σούα-δι, *g.* χομ-ι; *t.* φάρρε-α, *g.* φάρε-α; *t.* φυλί-α, *g.* φις-ι; στρί-α; μιλέτ-ι; *g.* γjινδ-ι; — βρεσ-ζι, χjεμέρ-ι, *t.* βέρχjε-τε, *g.* βάρχje-τε; (πλjούαρ); — altes, οδδάχ - ου. (S. auch δδετ-ι; *t.* τδέτε-α; φεμίλjε-α, *A. K.* φεμίλje-α; στεπί-α; νjέρεζ.)

geschliffen, *adj.*, *g.* πρέφετε.

geschniegelt u. geleckt, νίσσουρε ε ορμίσσουρε.

Geschöpf, *n.*, *m.* ροb-ι, *f.* ροbερέδε- u. ροbίνje-α.

Geschrei, *n.*, *g.* γουβέρρμε-α.

Geschriebenes, *n.*, δχρόνje-α.

geschroteter Weizen, χοφτύ-ι.

Geschwätz, *n.*, *g.* λάφε-ja, περράλα δούρρεσι.

geschwind, *adv.*, αλά αλά, *t.* βρακπ.

Geschwister, *pl.*, βελάζερ- u. βελέζερ-ιτε.

Geschwisterkind, *n.*, *m. t.* χουδερί-ου, *g.* χουδερίν-νι, *f. t.* χουδερίρε-α, *g.* χουδερίνε-α; — χουδερί ι πάρε; Andergschwk., *x.* ι δύιτε; drittes G., *x.* ι τρέτε.

geschwisterlich, *adj.*, *t.* βελαζερίστ, *g.* βελαζενίστ.

Geschworner, *m.*, βετούαρε-ι.

Geschwulst, *f.*, δάλλje-α, τέντουρε-α, έιτουρε-α, *g.* άνιτμε-ja.

Geschwür, *n.*, θάτε-ι, λjούνγje-α; χjίμε-ja.

Geschwürchen unter d. Zunge, *g.* χjένθ-ι.

Geselle, *m.*, Jak. βατε-ι; — d. Handwerkers, χάλφε-α (*tk.*).

Gesellschaft, *f.*, δοχερί-α; ohne G., *adv.*, *g.* φιλιχάτι.

Gesetz, *n.*, ούδε-α, *g.* ούλε-α, λjίγje-ja; νομ-ι.

gesetzt, *adj.*, (σέλτε).

Geseufze, *n.*, *g.* δαμτίμε-ja.

Gesicht, *n.*, *t.* πάρε-α, *g.* πάμε-α; φάχje-ja, σουράτ-υ. νουρ-ι (*tk.*); φυτύρε-α; auf das G., *adv.*, περμβύς, — fallen, περμβύσεμ; ich mache ein böses G., *g.* σφυτυρίν.

Gesichtsfarbe, *f.*, φυτύρε-α.

Gesichtsinnen, *f. pl.*, *g.* θάτε-ι.

Gesichtszüge, *pl. m.*, φυτύρε-α, *g.* χjιπάρε-τε.

Gesindelohn, *m.*, ρύje-α, *t.* λjουφέ-ja, *g.* υλυφέ-ja (*tk.*).

gesondert, *adv.*, βετδ ε βετδ.

Gespenst, *n.*, χουχούθ-δι, λαβίτδ-ι, στιχί-α u. στιχjύ-ja (*gr.*), λjουγ̇άτ-ι, ber. λjουβγ̇άτ-ι, *g.* χαρχανδδύλ-ι; χίε λjίγje; *t.* δούbε-α, *g.* βύββε-α, γογύλj-ι.

Gespinnst, *n.*, φιε-ja, *t.* τjέρε-α, *g.* τjέρμε-ja, (φίχι).

Gespräch, *n.*, *t.* λάφ-ι, χουβένδ-ι, χουβένδ ε χουβίσε, *g.* λάφε-ja, χουβέν-ι.

Gestalt, *f.*, στατ-ι, japίje-α, σχίμε-α (*gr.*), βύje-α; *t.* τρουπ-ι; gross v. G., στατεγjάτ-ι, βύje μαθ, *g.* νάλjτε.

Geständniss, *n.*, μολοίσουρε-α (*gr.*); ich bringe zum G., δινδ.

Gestank, *m.*, ερε ε λjίγje, ε ράρα ερε, *t.* χαλjbεσίρε-α, χάλjbουρε-α, *g.* χαχjbεσίνε-α, χάλjbμε-ja.

gestehen, ρρεφέτγ, μολοίς u. μολοjίς (*gr.*); — auf d. Folter, bίνδεμ.

gestern, *adv.*, δje, δjέθινε, διέ, διέθινε; g. Abend, πρέμε, *g.* μράμε; g. vor acht Tagen, διέθινε τετ; g. in acht Tagen, στ διέθινε ο. στ δ. τετ.

gestorben, *adj.*, βδέχουρε.

gestreckter Lauf, τισγjίν-ι (*tk.*).

gestrig, *adj.*, δjέτδμε, δjεδμ, διέτδμ, διέδμ; gestriger Tag, *g.* διέτδμε-ja.

gesund, *adj.*, δεντόδε; ich mache g., δεντόδ.

Gesundheit, *f.*, δεντέτ-ι.

Getöse, *n.*, τρονγελίμ-ι, ξαφνί-α, *t.* χρίτσμε- und χρίδμε-α, γjεμίμ-ι, γjεμούαρε-α, *g.* χρίσμε-α, γjιμίμ-ι, γjεμούμε-ja, γουβέρρμε-α.

Getränk, *n.*, *t.* πίρε-α, *g.* πίμε-ja.

Getreide, *n.*, *t.* δρίθε-ι u. δρίθετε, μίσσερ-ι, βερρεχjέτ-ι (*tk.*), *t.* γρουρ-ι, *g.* γρουν-ι.

Getreidebehälter, *m.*, *t.* αμβάρ-ι, *g.* χαμβάρ-ι, χοθ-ι.

Getreidemagazin, *n.*, χοτδέχ-ου.

Gevatter, *m.*, νουν-ι, παγεζόρ-ι, χούμπτερ-ι.

Gevatterin, *f.*, sc. δρένγjουλε-α.

Gevatterschaft, *f.*, νουνερί-α.

Gewächs, *n.*, bίμε-α, bίρε-α, βλαστάρ-ι (*gr.*), *t.* βεδτ-ι, *g.* βενδτ-ι.

Gewalt, *f.*, ομούρ-ι, ούρδερ-ι, ουρδερίμ-ι, παχίρ-ι u. παχιρί-α, φύρτσε-α u. φορτσάτ-ι, *t.* φόρε-α; — ναχάρ-ι; — des Wassers, Sturmes, *g.* βρουλ-ι; mit G., με παχίρ, με μουνδίμινε, *t.* με φόρε, ουχχερίστ.

gewaltig, *adj.*, βεδτίρε.

Gewebe, *n.*, *t.* ίντουρε-α, *g.* ίνδμε-ja, ένδμε-ja; πλjεχούρε- u. πελjχούρε-α, (τjάρρε).

geweckt, *adj.*, τδέλλετε, *g.* χjούτε, χοπίλj.

Gewehr, n., δουφέκ- u. δυφέκ-ου, g. πούϑχɛ-α, πιστύλϳɛ-ja.

Gewehrdrücker, m., ζɛμβɛρέχ-ου (tk.), χέμβɛζɛ-α, g. χάμɛ-ζɛ-α.

Gewehrkolben, m., χονϑάχ-ου.

Gewehrkrätzer, m., νϳίϑτρɛ-α.

Gewehrlauf, m., λαμνί-α, g. ναβλί-α.

Gewerbe, n., πραματί-α (gr.), ρɛζέ-ja.

Gewicht, n., t. ρένϑɛ-α, g. ράνϑɛ-α; ζιχϳ-χι.

gewichtig, adj., t. ρένϑɛ, g. ράνϑɛ.

Gewieher, n., t. χɛνϳɛλίτου-ρɛ-α, g. χινϳɛλίμɛ-ja.

Gewinn, m., φιτίμ-ι, t. φιτούαρɛ-α, g. φιτούμɛ-ja; ϑjαφούαρ-ύρι (gr.), t. φαιϑέ-ja, g. φάιϑɛ-ja; (ϳɛλέρ); ich ziehe G., t. χϳιτ, g. χϳις.

gewinnen, φιτόιγ, t. χϳιτ, ντζίɛρ, g. χϳις, ντζίρ.

gewiss, adv., vϳɛ μɛ vϳɛ, σίϳουρο, (μιρɛφίλ); gewiss! t. πο! g. πορ! ποσί! gewiss so! αϑτού ϑα!

gewisse, der, άχɛ χουϑ, — τσίλλι, — τσίου; die, άχɛ τσίλλϳα, — τσία; ein gewisser, g. φιλϳάν-ι (tk.).

Gewissen, n., φιχϳίρ-ι (tk.).

gewisslich, adv., πα τϳάτɛρɛ, βɛρτέτ u. μɛ βɛρτέτ.

gewogen, g. πɛϑίμϑι.

Gewohnheit, f., ζαχόν-ι, αϑέτ-ι (tk.), (αλές).

gewöhnlich, adj., αϑέτ (tk.).

gewohnt sein, χαμ ζαχόν, (αλɛστίς).

gewöhnt sein, g. μɛ jέττι ρρɛσχ.

Gewöhnung, f., g. ρρɛσχ-ου.

Gewölbe, n., χουϑέ-ja, χαμάρɛ-ja, χϳɛμέρ-ι.

Gewürz, n., βάχɛρα-τɛ, βάρɛρα-τɛ, g. έρɛνα-τɛ.

Gewürznelke, f., χαραφίλϳ-ι.

geziemen, sich, ϑούχαɛτɛ, ουιϑίς.

Gicht, f., t. πɛρϑές-ι, g. πɛρϑέ-ου, τσέρμɛ-α.

Gier, f., g. ϳουτς-ι.

Giessbach, m., g. ρρɛμ-ι.

Giessbachbett, n., ρουνϳάjɛ-α.

giessen, ϑτιγ, χɛϑ.

Giessform, f., χαλούπ-ι, (χαλέπ).

Gift, n., ζɛχέρ-ι (tk.), φαρμάχ-ου (gr.), t. χɛλϳμ-ι, g. χέλϳɛμ-ι.

giga! χɛς χɛς! (tk.).

Gipfel, m., μάjɛ-α, χϳίχɛλϳɛ-α, g. χίχɛλ- u. χϳίχɛλ-ι; s. auch δούζɛ-α.

Gitter, n., παρμάχ-ου (tk.), χαφάς-ι.

Glanz, m., ϑρίτɛ-α, νουρ-ι (tk.).

glänzen, λαμβουρίτ (gr.), t. ϑριτ, g. νάρις, ϑχɛλϳχϳέιγ, ϑχɛλϳχϳέιγ u. σχɛλϳχϳέιγ.

glänzend, adj., ϑρίτουρς; ich mache gl., t. ϑριτ, g. νάρις.

Glas, n., χϳɛλϳχϳ-ι, g. ϳαστάρɛ-ja; z. Trinken, χούπɛ-α, μαστραπά-ja, ποτίρ-ι (gr.), g. βαρϑάχ-ου, (ματραπά).

gläsern, adj., χϳɛλϳχϳɛτɛ, g. ϳαστάρɛ.

Glasflasche, f., ϳαρϑφɛ-ja, βόζɛ-α u. βόϑζɛ-ja.

Glaslampe, f., χανϑίλϳɛ-ja.

glatt, adj., βούτɛ.

glätten, t. φαιχύιγ.

Glaube, m., βέσσɛ-α, t. βɛσσούαρɛ-α, g. βɛσσούμɛ-ja, φɛ-ja; ich schenke Gl., απ βέσσɛ.

glauben, t. βɛσσόιγ, g. μɛσσόιγ, βɛύ.

Glaubensbekenntniss, n., t. βɛσσούαρɛ-α, g. μɛσσούμɛ-ja, φɛ-ja.

gläubig, adj., vϳɛρί ι βέσσɛσɛ, g. βɛστάρ.

Gläubiger, m., g. ϑάνɛς-ι, (μαμɛλɛτζί).

glaubwürdig, adj., g. πɛρ τɛ μɛσσούμɛ.

gleich, adj., ϳϳάτχɛς, ϳϳάττουρɛ u. ϳϳάρɛ, ϳϳάϑιμ; adv., βαραβάς u. βάραϑ, βάραιγ u. βάρα, t. τέρρɛ, g. ϳϳάλɛ, σιηϳινϳί; — στ; ich mache gl. βαραβαρίς, βέιγ βάραιγ; gl.

darauf, adv., ατέ τϑαστ; zu gl. Zeit, vϑɛ vϳɛ χόχɛ; seines Gleichen, τέστɛ-ja (tk.).

gleichen, ϳϳάιγ, ϑɛμβɛλίγ, g. ϑχɛπ.

Gleichgewicht, n., ɛ ταμάμτα; ich halte d. Gl., g. μϑάιγ τɛρɛζί.

Gleichheit, f., t. ϳϳάιτουρɛ-α u. ϳϳάρɛ-α, g. ϳϳάμɛ-ja.

Gleichniss, n., παρψί-α (gr.).

gleichwie, πόσι.

Glied, n., μέλɛ-α, άνɛ-α; d. männl. Gl., s. männlich.

Glitschen, n., t. ϑχάρɛ-α.

Glocke, f., t. χαμβάνɛ-α, χɛμβόρɛ-α, τρόχɛ-α, g. χουμβόνɛ-α, χɛμβόνɛ-α; ζίλϳɛ-ja.

Glockenschwengel, m., ϑουρπ-ϑι.

Glück, n., μβαρɛσί-α, τɛ μβάρɛτɛ, βιττύρɛ-ja, (ταλίχ); φατ-ι; beim Spiel, g. ζαρ-ι; ich wünsche Gl., ουρύιγ, νϳαζɛλόιγ u. νϳαζουλόιγ; Gl. auf d. Weg, έτσɛ vϑɛ τɛ μίρɛ τέντɛ!

Gluckhenne, f., χλότϑχɛ-α, g. σχϳόχɛ-α.

glücklich, adj., λϳουμ u. λϳουμϑ; μβάρɛ, se. μάρɛ; t. λϳɛβδούαρɛ, g. λϳαβδουρούμ; ϑάρɛ βάρϑɛ, ϑίτɛ βάρϑɛ, χουνɛβάρϑ, ϑχρόνϳɛ βαρϑ, βαφτ βαρϑ, φατ μίρɛ; glückliche Reise! ουϑ' ɛ μβάρɛ! se. ουλ' α μάρɛ! gl. Verbedeutung, νιϑάν ι μβάρɛ; auf gl. Wiedersehen! μβαρ' ουηϳέχϑιμ! glücklicher Weise, adv., g. πɛρ βαφτ; ich preise gl., g. λϳουμɛνόιγ; ich beendige gl., μβαρόιγ.

glückselig, adj., t. λϳουμϑχίμ, λϳούμουρɛ, g. λϳούμɛτɛ.

glucksen, χλοτϑίτ.

glühen, t. ντζέρɛμ, g. ντζέιγɛμ; glühend, t. ντζέρɛ, g. ντζέιτουνɛ; ich mache gl., t. ντζέιγ, g. ντζένιγ.

Gluth, f., χρουϑ-ι; ich schüre d. Gl., g. χρουϑίς.

Gnade, f., g. πɛρϑɛλϳίμ-ι; — Gottes, g. χϳρ-ι.

Gold, n., αρ-ι, t. φλjορί-ου, g. φλjορίν-νι.

Goldamsel, f., g. m. δενχ-ου, f. φούγε-α.

golden, adj., άρτε.

Goldfaden, m., t. τελj-ι, g. τέλjε-α.

Goldkörner, pl., χούρδε φλjορίνι.

Goldlack, m., μσίρ-ι.

Goldwage, f., βιζινέ-ja, βέζνε-ja, g. τερεζί-α (tk.).

Gostine (Dorf), Γοστίνg-α.

Gott, m., ζοτ-ι, περνδί-α, g. περγνδί-α, άγο-ja; — als regengebend, βράνgς-ι; ach G.! g. περνδί αρjjάνd! bei G.! so. περ τg 'νζόνg! G. ver-hüte es! μος ο ζοτ!

Gottesdienst, m., μέσg-α.

Gottesfurcht, f., φρίχg ε περ-νδίσg.

Gotteslästerer, m., νέμgς-ι, βλασφιμjάρ-ι (gr.).

Gotteslästerung, f., βλασφιμί-α (gr.).

Gottheit, f., περνδί-α.

göttlich, adj., g. περνδίδεμ.

Gottlosigkeit, f., ασεβί-α (gr.).

Götzenbild, n., g. ίδουλ-ι (gr.).

Götzendiener, m., ιδολολάτgρ-ι (gr.), g. ελίν-ι.

Götzendienst, m., ιδολολατρί-α (gr.).

Gourmand, m., νουχάρ-ι.

Grab, n., t. βαρρ-ι, g. βορρ-ι.

Graben, m., jρόπg-α, τραπ-ι; ματορίχ-ου.

graben, ρgμόιγ u. ρουμόιγ, (αρ-μίγ, μgμίγ).

Grabmal, n., t. βαρρ-ι, g. βορρ-ι.

Grabscheit, n., λjοπάτg-α, g. δελj-ι.

Grabstein, m., t. μάρτουρ-ι, g. μάρτουμ-ι.

Grad, m., σχάλg-α, g. χάμg-α.

Gradauszeichnung, f., νιδάν-ι (tk.), g. δέjjg-α.

grämeln, ξίνjεμ.

Granatapfel, m., δέjg-α.

Granatbaum, m., δέjg-α.

Gras, n., βαρ-ι.

Grashaufe, m., g. jαμούλjε-ja.

Gräte, f., t. χάλλjg-α, g. χάλjg-α.

grau, adj., μουρχ u. μούρjg, t. χίριτ, g. χίνιτ.

greifen, t. ζg, g. ζαύ, χαπ.

Greis, m., πλjαχ-ου; πλjαχ ι λjάσg.

Greisenalter, n., t. πλεχjgρί-α, g. πλεχjgνί-α.

Grenze, f., συνόρ- u. συνούαρ-g (gr.), g. χουφίν-νι; χαντ-δί.

Grenzstein, m., g. χουφίν-νι.

Greuel, m., νδjέτg-α.

Grieche, m., Γgρχj-ι, Γρεχ-ου; g. ουρούμ-ι.

Griechenland, Γgρχjί-α, Γρεχg-ρί-α, Μορέ-ja.

Griechin, f., Γgρχίνjg-α.

griechisch, adj., jgρχjίστ, jρε-χίστ; gr. Christ, g. ουρούμ-ι.

Griff, m., g. dορέ-ja, μανδάλ-ι.

Grille, f., βουρχθ-ι, τσιντσίρ-ι, τοροέτς-ι.

Grimm, m., (ζgρgμίρ).

Grind, m., dρέjgζg-α; — auf d. Kopfe, t. χjέρε-ja, g. χjέρg-α u. χjφόσg-α.

grob, adj., τράδg, t. μαλλjg-σούαg u. μαλλjgσούρ, g. μαλ-λjgσούρ, χάτουντάρ.

Grobheit, f., g. τράδμε-ja.

Groll, m., t. μgρί-α, g. μgνί-α, jαράς-ζι, δουφ-ι.

grollen, μτζόιγ, g. χαμ jαράς, μgνί, δουφ ο. αφτ.

gross, adj., μαθ; — von Gestalt, bόjg μαθ, στατgjjάτ, g. νάλjτg; die Grossen, τg μg-δίνjτg; ich mache gr., t. ρgττ, g. ρρις; ich denke gr., μα-δgνύχεμ.

Grösse, f., μαdέ-ja, μάθτg-τg; bόjg-α.

Grossmutter, f., jjύdg-ja, A. K. jjύdgλjg-α, g. jjύdg-α, ber. μάdg-ja; — jόdg-α.

Grossvater, m., jjυd-ι, τάτg-ι, ber. μαθ-δι.

Grube, f., jρόπg-α, τραπ-ι.

grün, adj., jgdίλj; νjόμg; ρgμ (βέφδg, jέλbgρg); das Grüne, g. βαρίστg-α.

Grund, m., φουντ-dι; bινά-ja (tk.); σbέπ-ι (tk.); ich gehe zu Gr. πgλτσάς, g. bάιjgμ χίν; ich richte zu Gr., g. bαίj χόbgνg.

gründen, θεμελιός (gr.).

Grundlage, f., θεμέλ-ι u. θε-μελί-α (gr.).

grundlos, adj., πα φουντ, πελχ ι φέλg.

Grundstück, vernachlässigtes, g. βιράνε-ja.

Gründung, f., θεμέλ-ι u. θε-μελί-α (gr.).

grünen, jεθιλόιγ.

Grünspan, m., joυρ χάλjι; ich ziehe Gr., bέιj jjέλλgνg ρεμ.

grunzen, ρgχόιγ.

Gruss, m., t. φάλjg- u. φάλj-τουρg-α, g. φάλjμε-ja.

grüssen, φάλjεμ u. περφάλjεμ, χαφετίς (gr.), t. περdgντέτ! g. περdgντές; sei gegrüsst! jgζό!

Guitarre, f., χjιτάρg-α; bου-ζούχ-ου; jονjάρ-ι, ταμου-ρά-ja.

gurgeln, g. bέιj jαρjαρά.

Gurgeln, n., g. jαρjαρά-ja.

Gurke, f., χρασταβέτς- u. χα-στραβέτς-ι, g. τράνjουλ-ι.

Gurt des Sattels, χουσχούν-ι, χίνjgλg-α.

Gürtel, m., bρες-ζι; χjεμέρ-ι; — zu den Waffen, t. σιλjάχ-ου, g. σιλjάχε-ja; den G. an-legen, νjjεσ, (νjjισ); — sich, νjjίσεμ.

Gürtelband, n., jjάλμg bρέζι.

Gürtelschliesse, f., τοχά-ja.

gürten, λjιθ, νjjεσ, (νjjισ); — sich, νjjίσεμ.

Gass, m., t. στίρg-α, g. στίμε-ja.

Gussplatz, m., g. ταραβοζάν-ι (tk.).

gut, adj., μίρg; μbάρg, sc. μάρg; gut! gut! g. σ̌ ε̌! das Gute, ε μίρα.

Güte, f., ε μίρα, g. μιρgνί-α.

Güter, n. pl., τg μίρατg.

gutwillig, adv., με χίρ.

Gyps, m., αλτζί-ου.

H.

Haar, n., λjεϑ-ι; χjίμε-ja; langes, t. τϑούπε-a u. τϑούπε-ja; περτϑέ-ja, περτϑέμε-ja, τϑέπε-ja, g. φλjοκ-γου; kurzes Vorderh., βαλλούχε-ja, g. χερχμά-ja; — am Mais, τϑούφχε- u. ϑϑούφχε-a.

Haarlocke, f., t. dζουλούφε-ja, g. τσουλούφε-ja.

Haarscheitel, m., ϑτεχ-γου.

Haarschuppe, f., ϑερί-a, g. φύρμελjε-a.

Haarsieb, n., t. σίτε-a, g. σέτε-a.

Haarzängchen, n., g. πιτσχατύρε-ja.

Haarzopf, m., πλεξίδε-a, βιϑτ-ι.

Habe, f., πούνε-a, πάσσουρε-a, g. πάσε-a.

haben, χαμ.

Habicht, m., γjεραχίνε-a, ξιφτέρ-ι, πετρίτ-ι; σχjιφτέρ-ι, ϑχjιπόν-ι, f., ϑχjιπύνjε-a; se. σοχόλj-ι.

Habseligkeiten, f. pl., πάσσουρα-τε.

Habsucht, f., λjαχεμίμ-ι.

habsüchtig, adj., ταμαχιάρε, t. λjαχεμέες, g. λjαχεμές; ich bin h., λjαχεμόιγ.

Hacke, f., σχαλιστίρ-ι; ϑατ-ι, g. ϑάτε-a, χάζμε-a.

hacken, Erde, γρύειγ, ϑατύιγ, g. χαζμύιγ; — Fleisch, t. γριγ, g. γρι̇.

Hackmesser der Fleischer, t. σατέρ-ι, g. σάτερ-ι, se. βερτϑάχ-ου.

Hader, m., χjάρτε-a.

hadern, φιλονιχίς (gr.).

Hafen, m., t. λjιμάν-ι, g. λjιμάν-νι.

Hafer, m., τερϑέρε-a.

Hafner, m., βαρδαχτϑί-ου (tk.), ber. ϑτεμβάρ-ι.

Hafte, f., χόπσε-a, τοχά-ja.

Hagel, m., t. βρέϑερ-ι, g. βρέϑεν-ι.

Hahn, m., χοχύϑ-ι, χαπόϑ-ι, χενδέες-ι, g. γουλ-ι, γjελj-ι; an d. Flinte, g. τϑάρχ-ου; —am Fass, g. dουχj-ι; — am Brunnen, g. χενέλ-ι.

Hahnenfedern, pl. f., t. άρμε-a, g. άρεμ-a.

Hahnenkamm, m., λjάφϑε-a.

Hahnenläppchen, n., γούϑε-a.

Hahnensporn, m., ϑούα-υε.

Hahnrei, m., βριμάϑ-ϑι.

Hain, m. χορίε-ja.

Haken, m., γρεπ-ι, t. χράβε-a, g. χερράβε-a; t. τϑενγέλj-ι, g. τϑένγελj-ι.

halb, adj., γjύσμε, g. γjύμες, se. γjύσε, γjυς; — g. γjύμεσάχ u. γjυσάχ.

halbiren, t, μεσύιγ.

halbverreckt, adj., t. νγόρδουρε, g. νγόρδουνε.

Hälfte, f., γjύσμε-a, g. γjύμεσε-a.

Halfter, f., t. χαπιστάλ- u. χαπιστράν-ι, g. χαπίστρε-a.

hallen, χεμβόιγ, χερτσάς, χελτσάς, χρετσάς, g. χρις.

Halm, m., χάλλες-ζι, χαλλί-ου.

Hals, m., χjάφε-a. γούϑε-a; ohne H., adj., ϑύτε; ich falle um d. H., ρρox νdε χjάφετε.

Halsband, n., t. χαλχά-ja, g. χάλχε-a (tk.).

Halsbräune, f., g. χάρδjε-a.

Halseisen, n., t. χαλχά-ja, g. χάλχε-a (tk.).

Halsentzündung, f., γρύχε-a.

Halsgeschwür, n., γρύχε-a.

Halskehle, f., γρύχε-a.

Halskette, f., ζινdϑίρ-ι, g. γjερdάν-ι.

halsstarrig, adj., g. παδάνε; ich bin h., g. σ' με φάγγετε χόχα.

Halstuch, n., μανdίλjε-ja, ϑαμί-a, Dwr. φαρσουλjάτε-a.

Halszäpfchen, n., νjερίϑ-ι, g. λjιλϑί-a.

halt! ατύ! dαλλjέ! νdε βγνd! g. λjίδου!

halten, μαρρ, t. μbάιγ u. μba, g. μbα u. bάιγ, περμbά, ρρox; —

— sich, μbάχεμ; — an sich, g. περμbάχεμ; — Wort, ρούαιγ φjάλjινε.

Hammer, m., τϑεχάν-ι (tk.), g. dαχίτϑ-ι, tetragl. τϑεχίτϑ-ι.

Hamster, m., βίδε-a, g. βιάϑουλε-a (?).

Hand, f., dόρε-a; — flache, ϑουπλjάχε-a, t. πελίμπε-a, g. πελάμε-a; — hohle, γρουϑτ-ι; ohne H., adj., g. dορατσάχ u. dοράχ; ich lege H. an, βε dόρε, ζε με dόρε, ζε φιλ, ϑτίε o. γεϑ dόρενε, g. αχ dούρετε; H. in H. gehen, ϑχόιμε περ dόρασε; sich an den Händen fassen, g. χάπεμ dύρα dύρα; ich klatsche in die H., περχjέχ dούρετε; ich erhebe d. H., g. μάτεμ.

Handbeil, n., t. σχεπάρ- u. ϑχεπάρ-ι, g. σχjεπάρ-ι, ναdϑύχε-ja.

Handbreite, f., ϑουπλjάχε-a.

Handel, m., βεζερjανλέχ-ου, παζάρ-ι, πραματί-a (gr.), t. βλjεμ-ι, ρεϑπερούαρε-a, g. ρεϑπερούμε-ja; ich schliesse e. H. ab, t. βέιγ παζάρ, g. bάιj.

handeln, ρεϑπερόιγ; βέιγ παζάρ; g. ρραφ.

Handelscompagnie, f., t. ορταχερί-a, g. ορταχενί-a (tk.).

Handelsfrau, f., ρεϑπέρε-ja.

Handelsgenosse, m., ϑοχ-ου, ορτάχ-ου (tk.).

Handelsgesellschaft, f., ϑοχερί-a, t. ορταχερί-a, g. ορταχενί-a (tk.).

Handelsgesellschafter, m., ορτάχ-ου (tk.).

handfest, adj., χάδρε ολάν.

Handfläche, äussere, t. χράχερ-ι, g. χράχαν-ι, τρίνε ε dύρεσε.

Handgelenk, n., χjάφε-a, συϑ-ι.

handgemein werden, t. ζίγχεμ, g. ζίγχεμ, χάπεμ, ρρύχεμ.

Handhabe, f., t. βjέγε-a, g. βίγjε-a, dορέ-ja.

Handkorb, m., g. χοϑαρίχje-ja.

Händler, m., ρεϑπέρ-ι.

handlos, adj., g. δορατσάχ, δοράχ.

Handpauke, f., τολομβάς-ι (tk.).

Handschlag beim Wettrennen, g. τϑέτε-α.

Handschrift, f., g. δορεᾱχρέσες-ι.

Handtrommel, f., δάιφε-ja, g. δεφ-ι.

Handtuch, n., δεστεμέλ-ι, πεϑχjίρ-ι, g. φουδαί-ja.

Handvoll, f., γρουϑτ-ι, δύρε-α, δύρεζε-α.

Handwerk, n., ζανάτ-ι (tk.).

Handwerker, m., ζανατϑί-ου (tk.).

Handwerksmeister, m., ουστά-ι, (μjέϑτρε).

Hanf, m., t. χερπ-ι, g. χάνεπ-ι; gehechelter, περπ ι φjόλε.

hanfen, adj., t. χέρπτε, g. χάνεπτε.

Hanfhemd, n., g. λjιν χάνεπτε.

Hanfseil, n., λjιτάρ-ι.

Hanfstroh, n., χάϑτε ε λjίνιτ.

Hängekessel, m., χουσί-α.

hängen, tr., βαρ, t. βjερ u. βίερ, g. βιρ; intr., βάρεμ, t. βjέρεμ, g. βίρεμ; — nach einer Seite, g. δουλjόιγ; ich lasse d. Ohren h., g. χουνδόχεμ.

hängenswerth, adj., γρεμίσουρε.

Harem, m., g. γρανί-α.

Harn, m., δούρρε-α; an Harnverstopfung leidend, δουρρεζένε.

Harnblase, f., φίσχε-α, φούτσχε-α.

hart, adj., γούρετε; harte Nuss, άρρε γούγε.

hartherzig, adj., g. ζεμερχjέν.

hartnäckig, adj, γουρετσούρε.

Hartnäckigkeit, f., ινάτ-ι (tk.).

Harz, n., g. ϑίν-α, τϑαμ-ι.

Hase, m., λjέπουρ-ι; junger, μιλάχj-ι.

Haselnuss, f., λjαjϑί-α, (λjαχί).

Haspel, f., g. ϑτjέλε-ja, (μστέλεγε).

Haspelrad, n., τϑιχρίχ-ου.

Hass, m., ουρρύερε-α.

hassen, ουρρέιγ, μτζύιγ.

hässlich, adj., t. ᾱμπτούαρε, g. δουμτούμε, (ντιούρε).

Hässlichkeit, f., g. δουμτί-α, δουμτούμε-ja.

Haube, f., χεσούλje-α.

Hauch, m., φρύμε-α, ϑπιρτ ι γύjεσε.

Haufe, m., τοχ-γου, χjιπί-α, μουλάρ-ι, στάβε-α, t. διρχj-ι, g. τούρρε-α, γαμούλje-ja, γαλjάμϑ-ι; χολ-ι, μάνγε-α, τούφε-α, t. χουλjουτσί-α, τούρμε-α, g.τρούμε-α; χαλχ-ου, (χανέτζε).

haufenweise, adv., τοπ, μάνγε μάνγε, στάβε στάβε, τούφα τούφα, vje μδι vje, t. χουλjουτσί, τϑέτε τϑέτε.

häufig. adj., περχjέρτϑιμ, νέντουρε, t. δένδουρε, g. δένδουνε, ϑπέϑε; adv., g. ϑπεϑ; ich thue h., g. ϑπεϑόιγ.

Häufigkeit, f., νέντουρε-α, g. ϑπεϑούμε-ja.

Haupt, n., t. χρίε-ja (auch χρίετε), g. χρύε, best. χρέιγ.

Haupthaar, n., s. Haar.

Häuptling, m., t. χρίε-ja, g. χρύε.

Hauptmann, m., χjίνδες-ι.

Hauptmauer, f., μουρ ι πάρε.

Hauptstadt, f., ουρδερίμ-ι, χερϑίζε-α.

Hauptstrasse, f., πρέβε-α.

Hauptweg, m., g. ϑρομ-ι.

Haus, n., ϑτεπί-α; gutes H., δερ' ε μίρε; vernehmes H., δερ' ε μάϑε; d. erste, reichste H., δερ' ε πάρε; altes H., οδϑάχ-ου; ich halte gut H, g. τιρ; zum H. gehörig, adj., g. ϑτεπιάρ.

Häuschen, n., χολjούϑε-, χολjύϑε- u. χορούϑε-ja.

Hausfaçade, f., φάχje-ja.

Hausfrau, f., ζόνje ε ϑτεπίσε; — gute, g. αμβίσε-ja; — schlechte, g. βίράνε-ja.

Hausfreund, m., g. δουχϑάμ-ι.

Hausgeist, m., βιττόρε-ja.

Hausgenosse, m., g. ϑτεπιάρ-ι.

Hausgeräthe, n., ένγε-α, ένγετ' ε ϑτεπίσε, ταχέμ-ι (tk.), g. πάχje-τε.

Haushahn, m., g. γjελj πούλje.

Haushälter, m., χονόμ-ι (gr.).

haushälterisch, adj., χονόμ (gr.), t. περμβεjέδουρε, g. περμβεljέδουνε.

Haushaltung, f., χονομλέχ-ου (gr.).

Hausherr, m., g. ϑτύλε ϑτεπίσε.

Hauslamm, n., g. ογίτϑ-ι.

Hausrath, m., ταχέμ-ι (tk.).

Hausschaf, n., g. ογίτϑ-ι.

Hausschlange, f., βιττόρε-ja, Pul. πρέβε-α.

Hausthür, f., δερ' ε ούδεσε.

Haut, f., λjεχούρε-α; ϑάπε-α; t. δζίπε-α, g. τσίπε-α, μάχε-α; von H., adj. λjεχούρτε.

Hautel n., ϑτρατ-ι.

Hautexanthem, n., χόχje-ja.

Hautschuppe, f., g. φόρμελjε-α.

Hautwasser, n., g. δουρρεδέζε-α, δούρρε χjένι.

he! δι!

Hebamme, f., g. έβε-ja.

heben, t. χjπ u. χjπχjειγ, g. χjύππιγ; νγρε, g. νγρε.

Hecke, f., φέρρε-α.

Heerde, f., χολ-ι, χοπέ-ja, τούφε-α, t. τούρμε-α, g. τρούμε-α, γριχj-ι.

heerdenweise, adv., τούφα τούφα.

Heerhaufe, m., se. ουστρί-α.

Heerschaar, f., τάγμε-α.

Heerstrasse, f., ούδε ε μβρέττιτ.

Hefe, f., g. ϑεγνέτχε-α.

Heftel, m., τοχά-ja, χύποε-α.

hefteln, μβερϑjέιγ χόπσατε.

hei! αλά, αλά, αλά!

Heide, m., εϑνιχύ-ι (gr.), g. ελίν-ι.

heilen, ϑεγτόϑ, ϑεγρόιγ, t. νγjαλj, g. vjαλj; v. d. Pest geheilt, ξεμολjάρ (gr.).

heilig, adj., t. ϑέντ, g. ϑένιτ; ϑε, g. ϑίν u. χji; h. Ort, βενδ ι μίρε; h. Schrift, χάρτε-α; h. Bein, λjιχογόνε-ja; ich mache zum Heiligen, *t.* ᾰϛιντϱόϊγ, *g.* ᴅειὖτϱνόϊγ.

heiligen, *t.* ᾰϛιντϱόϊγ, *g.* ᴅειὖτϱνόϊγ

Heiligenbild, *n.* χονδίσμϱ- u. χονίσμϱ-a (gr.); ιχόνϱ-a (gr.).

Heiligkeit, *f.*, *t.* ᾰϛιντϱϱί-a, *g.* ᴅειὖτϱνί-a.

Heiligung, *f.*, *t.* ᾰϛιντϱϱούαϱϱ-a, *g.* ᴅειὖτϱνούμϱ-ja.

Heilmittel, *n.*, ᴅαρ-ι, ιλjάτᴅ (*tk.*).

Heilung, *f.*, ᾰϛϱίμ-ι, *t.* ᾰϛϱούαϱϱ-a, νγjάλτουϱϱ-a, *g.* ᾰϛϱούμϱ-ja, νjάλμϱ-ja.

Heimath, *f.*, *t.* βϱνδ- u. βϱν-ι, *g.* βϱνδ-ι.

Heimchen, *n.*, ᴅουϱχᴅ-ι, τοϱολέτϛ-ι, τσιντσίϱ-ι.

heimlich, *adj.*, *t.* φᴅέχουϱϱ, *g.* μϱτᴅέφουνϱ u. τᴅέφουνϱ, τᴅέφας, τᴅέφϱτϱ; *adv.*, *t.* φᴅέχουϱα, *g.* τίνϱς; νᴅϱπέϱ φιχj; χουσϱϱί.

Heimweh, *n.*, μαλ-τ.

Heirath, *f.*, μαϱτέσϱ-a, μαϱτίμ-ι, *g.* μαϱτούμϱ-ja.

heirathen, *t.* μαϱτόνϱμ, *g.* μαϱτόχϱμ.

heiser sein, ᴇjαχϱϱόϊγ, νᴇjίϱϱμ.

Heiserkeit, *f.*, νᴇjίϱτουϱϱ-a.

heiss, *adj.*, βάπϱ, *t.* νᴇϱόχϛτϱ, *g.* νᴇϱόφϱτϱ.

heissen, *tr.*, ᴇjούαιγ, *t.* ᴅεμ u. ᴅομ; *intr.*, ᴇjούχαϱμ u. ᴇjούχϱμ, *t.* ᴅούχαϱμ u. ᴅούχϱμ, *g.* ᴅόχϱμ; das heisst, ᴅο μϱ ᴅένϱ; es heisst, dass, ᴅόνϱ σϛ; was soll das heissen? τᴅ μᴅα χϱjύ χϛᴅτού?

heisshungrig, *adj.*, ουϱίτουϱϱ, *g.* ᴈιύσουνϱ.

heiter, *adj.*, χᴅιέλϛτϱ, χjαϱ, ᴅϱίτουϱϱ, ᴅϱιτούαϱϱ, *g.* χjϱϱούμϱ; ich mache h., χᴅιλ u. χᴅιέλ; ich werde h., χᴅίλϱμ.

Heiterkeit, *f.*, χᴅιέλϛτϱ-a.

Heldenthat, *f.*, *t.* τϱιμϱϱί-a, *g.* τϱιμϱνί-a.

helfen, ᴈπ δόϱϱ o. χϱάχϱ, δαλλj χϱάχϱ, *t.* νᴅιχ, βϱjέϊγ, *g.* νᴅιφ, νᴅιμόϊγ, βϱγ, ber. δοϱαβίς.

Helfer, *m.*, *g.* νᴅιφμϱγτάϱ-ι.

Helferin, *f.*, *g.* νᴅιφμϱγτύϱϱ-ja.

hell, *adj.*, φέξουϱϱ (*gr.*), *t.* νᴅϱίτουϱϱ, *g.* νᴅϱίττουνϱ; — *v. d.* Farbe, χάπϱτϱ; helles Auge, συ ᴌjαϱύᴅ.

hellblau, *adj.*, ϱίμτϱ ϱ χάπϱτϱ.

Heller, *m.*, (χοᴅϱαντ).

Hemd, *n.*, χϱμίᴅϱ-a, *t.* ᴌjίνjϱ-a, *g.* ᴌjιὖ-νι.

Hengst, *m.*, ατ-ι.

Henkelkorb, *m.*, ᴅπόϱτϱ-a.

Henne, *f.*, πούᴌjϱ-a.

herablassen, sich, χϱϱούσϱμ, *Kav.* χϱϱούνjϱμ; ίπϱμ; βοᴇϱᴌjόνϱμ.

Herablassung, *f.*, *t.* χϱϱούσουϱϱ-a, *g.* χϱϱούσϱμϱ-ja.

herabrollen, *intr.*, ϱϛᴈόνϱμ.

Herabrollen, *n.*, ϱουχουλίμϱ-a.

herabsetzen, *t.* ᴈόϱϱς u. δᴈόϱϱς, *g.* ᴅόϱϱς.

herabsinken, ϱϛᴈόνϱμ.

herabspringen, δϱϱμόϊγ, *g.* χοφ.

herabsteigen, *t.* βϱϱτσούᴌjϱμ, ᴈόϱϱς u. δᴈόϱϱς, *g.* ᴅόϱϱς, τϱυχ u. στϱυπ, *Diera* ᴅδϱυχ; ich mache herabst., *t.* ᴈόϱϱς, *g.* ᴅόϱϱς.

Herabsteigen, *n.*, ᴈᴅϱίτουϱϱ-a.

herabstürzen, *tr.*, ᴇϱϱμίς, *t.* ϱϛᴈόϊγ, *g.* ϱϱϛᴅσόϊγ, (ϱαᴈόϊγ); *intr.*, δϱϱμόϊγ, *t.* βϱϱτσούᴌjϱμ, ϱϛᴈόνϱμ.

herabwürdigen, *g.* πϱϱύᴅ.

Herabwürdigung, *f.*, *g.* πϱϱύᴅμϱ-ja.

heraus, jάᴅτϱ u. πϱϱjάᴅτϱ.

herausbekommen, χϱέϊγ.

herausbringen, πϱϱτᴅχjούαιγ, χϱέϊγ.

herausgehen, δαλλj.

herauskommen, *imp.*, ντᴈίϱϱτϱ, *g.* τᴅέμϱτϱ.

herausreissen, *t.* ντᴈίϱϱ, τᴅχουᴌj, *N. T.* ντᴈίϱϱ, *g.* ντᴈιϱ, ᴅχουᴌj, ᴅχαλμόϊγ.

herausziehen, χϱέϊγ, *t.* χjιτ, ντᴈίϱϱ, *N. T.* ντᴈιϱϱ, *g.* χjις, ντᴈιϱ.

herbe, *adj.*, ᴅᴅπϱϱϱ, *g.* ᴅᴅϱϛτϱ; ich werde h., ᴅᴅπϱϱόχϱμ.

---

herbei, ᴅφϱϱ, ᴅφϱϱό; μᴅάνϱ, νᴅάνϱ, πϱάνϱ.

Herbeikommen, zufälliges, *g.* νᴅόᴅμϱ-ja.

herbeitreten, χjάσσϱμ μᴅάνϱ o. πϱάνϱ.

Herberge, *f.*, χαν-ι, χονάχ-ου (*tk.*).

herbringen, ᴅίϱ, *t.* ᴅίϱλ, *g.* ᴅιλ.

Herbst, *m.*, βjέᴅτϱ-a, ᴈουᴅτοβjέᴅτϱ-a.

herbsten, *t.* βjέᴌj u. βλϱᴌj, *g.* βιᴌj.

Herbstkatze, *f.*, μάτσϱ χούνϛτουλι.

Herd, *m.*, *t.* βάτϱϱ-a, *g.* βότϱϱϱ, βότϱα, Kamin., πϱαχ-γου.

herein, *t.* ᴅϱϱνδα u. πϱϱᴅϱϱνδα, *g.* μϱϱνδα.

hereinbringen, -führen o. -tragen, *t.* ᴅίϱλ, *g.* ᴅιλ.

hereinkommen, βιγ ᴅϱϱνδα.

herfallen, über Jem., *g.* δονᴇδίς.

herführen, ᴅίϱ, ᴅίϱλ.

Herkunft, *f.*, δᴅϱτ-ι; *v.* vornehmer H., *g.* δᴅτϱλί; *v.* gemeiner H., πιχ' ϱ ϱϛχέ.

Herr, *m.*, ᴈοτ-ι; ich bin mein eigener H., jαμ ϱ βέτβϱτϱϛϛ σίμϛ.

Herrin, *f.*, *t.* ᴈόνjϱ-a, *g.* ᴈόνjϱ-a.

Herrlichkeit, *f.*, *t.* ᴈοτϱϱί-a, *g.* ᴈοτϱνί-a; *t.* ᴌjαβδίμ-ι, *g.* ᴌjαβδίμ-u. ᴌjαβδϱϱίμ-ι; Deine H., ᴈοτϱϱότϱ.

Herrschaft, *f.*, ᴈοτϱϱούαϱϱ- u. ᴈοτούαϱϱ-a; ᴈοτϱϱί-a, *g.* ᴈοτϱνί-a.

herrschen, ᴈοτϱϱόϊγ u. ᴈοτόϊγ; *t.* μᴅϱτϱϱόϊγ, *g.* μᴅϱϱτϱνόϊγ.

Herstellung, *f.*, *t.* νᴅϱέχjουϱϱ-a, *g.* νᴅϱέχjμϱ-ja.

herum, *adv.*, ϱϱότουλϱ; ϱϱϱᴅ; χjαϱχ u. πϱϱχjάϱχ; *g.* χόϱα, Diera αχόλϱ.

herumdrehen, ϱϱοτουλάϊγ; — sich, ϱϱοτουλόνϱμ; πϱίϱϱμ χjαϱχ.

herumgehen, βιγ ϱϱότουλϱ, *g.* βιὖ πϱϱχjάϱχ o. χόϱα.

herumirren, πλανέπϛϱμ (*gr.*).

herumlaufen, im Kreise, ρροτου-λόνεμ.

herunter, τατϱϰjέτϱ.

heruntergegangen, adj., ζϸρί-τουρϱ.

heruntergekommen, adj., ζϸρί-τουρϱ, νγόρϑουρϱ, g. νγύρ-ϑουνϱ, νγορϑάϰj.

herunterlassen, ουνj u. χουνj, g. ουνjj; t. τᾶχρϱ, g. ᾶχρϱφ.

Herunterlassen, n., g. ᾶχρϱφ-μϱ-ja.

heruntersetzen, t. ουνj u. χουνj, g. ουνγj; t. φϱλίχj; herunter-gesetzt, ζϸρίτουρϱ.

herunterstellen, t. ουνj u. χουνj, g. ουνjj.

herunterwerfen, t. τᾶχρϱ, g. ᾶχρϱφ.

hervorbringen, t.. ντζίϱρ, g. ντζίρ, N. T. ντζjέρ.

Hervorbringer, m., ντζιέρϱϛ-ι.

Hervorbringerin, f., νζιέρϱσϱ-ja.

hervorgehen, ϑαλλj.

hervorquellen, ϸουρύιγ.

hervortreiben, t. ντζίϱρ, g. ντζίρ.

hervorziehen, tr., χρέιγ, ντζίϱρ.

Herz, n., t. ζέμϱρϱ-a, g. ζέ-μϱρϱ- u. ζέμϸϱρϱ-a; ich mache H., απ ζέμϱρϱ; ich fasse ein H., μαρϸ ζέμϱρϱ, t. ϑαλϱνϑίϛ.

herzhaft, adj., ζέμϱρτϱ.

Herzkirsche, f., χjερϸϊ χράπjϱ.

herzu, μϸάνϱ, νϑάνϱ, πράνϱ.

herzutreten, χjάσσεμ μϸάνϱ o. πράνϱ.

hetzen, t. νϑϱρσέιγ.

Heu, n., ϸαρ-ι.

Heuchler, m., t. φϱχϱρϸάχ-ου.

heuchlerisch, adj., μουλjάιμ, g. νϑρύμϱϛ; νjϱρϊ με ϸυ φά-χjϱ.

heuer, adv., σιβjέτ, g. σιμβjέτ.

Heugabel, fem., φούρχϱ-a, σφουρχ-ου.

Heuhaufe, m., χjιπί-a, μουλάρ ϸάρι.

heulen, t. ουλϱράϛ u. ουλϱρίγ, g. ουλϱρίν; t. βϱρράϛ, g. ϸϱρτάϛ u. ϸιχάϛ.

heurig, adj., t. σιβjέμ, g. σιμ-βjέτϸμ.

Heuschrecke, f., χαρχαλέτϛ-ι.

heute, adv., σοτ; v. heute an, σοτ ι πάρϱ, σοτ ϱ τούτjϱ, g. σοτ ϱ πϱρϸάρα; h. in acht Tagen, σι σοτ o. σι σοτ τέ-τϱ; h. vor acht Tagen, σοτ τέτϱ; h. Abend, σόντϱ; heut zu Tage, g. σοτ μϸϱ σοτ o. σοτ με σοτ.

heutig, adj., σομϸ, g. σοτϸμ; heutiger Tag, g. σύτϸμϱ-ja.

Hexe, f., μαγjιστάρϱ-ja; g. ϸτρίγϱ-a.

Hexer, m., t. μαγjιστjάρ-ι, μαγjιστάρ-ι; g. ϸτριχ-ου.

Hexerei, f., μαγjί-a.

hier, χϱτού; χϱτέjϱ u. χϱνϑέjϱ, g. χϱνϑύιγ; h. u. da, ατύ χϱτού, βένϑϱ βένϑϱ, ρραϊ ϱ χου, g. ρραϊ ϱ τϱχ; τούτjϱ ϱ τϱ χου; hier! ja! jάϸουα! — γjέγjϱμ!

hierauf, adv., πρα u. πα; t. αρύϱρϱ, ατϱ χέρϱ, αχέρϱ, N. T. αχjέρϱ; g. πασανϑάιjϱ, πασνϑάιjϱ u. μασαντάιjϱ, νjϱνί u. νjανί, νjανί σϱ ϑϱ τι; Dur. ανιμάϋ.

hierher, g. τϱρχούν u. τϱτχούν; hierher! μου χϱτού! χάιϸϱ!

hierhin u. dorthin, τούτjϱ ϱ τϱ χου.

hierum, πϱρ χϱτϱ πούνϱ.

Himmel, m., t. χjίϱμ-ι, g. χjιϱλ-ι.

Himmelfahrt Mariä, πάϸχϱ ϱ Ϊούϸτιτ.

himmlisch, adj., t. χjιέλτϱ, g. χjϱλούρϱϛ.

hin u. her reissen, (πϱρϸχjέιγ).

hin und her überlegen, g. σου-ρουλάτϱμ.

hinaufbringen o. -führen, τϸόιγ λjάρτϱ.

hinaufgehen, χjίππιγ.

hinaufheben o. -setzen, t. χjιππ u. χjίππϱιγ, g. χjύππιγ.

hinaufsteigen, χjίππϱιγ.

hinauftragen, τϸόιγ λjάρτϱ.

hinaus, jάϸτϱ u. πϱρjάϸτϱ.

hinausbringen o. -führen, τϸόιγ jάϸτϱ.

hinausjagen, N. T. χρέιγ.

hinauswerfen, τϸόιγ jάϸτϱ, t. ντζίϱρ, g. ντζίρ, N. T. ντζjέρ.

hinbringen, t. ϸπίϱ.

hindern, μϸοϑίϛ (gr.).

Hinderniss, n., μϸοϑί-a (gr.), t. μϸοϑίσουρϱ-a, g. μϸοϑίσ-μϱ-ja (gr.), τϸουρρουϸί-a.

hindurchgehen, ϑχύιγ.

hinein, t. ϸρένϑα, g. μρένϑα.

hineinbringen, (χλιϛ).

hineingehen, t. χιγ, χύιγ u. ρύιγ, g. χύϋ, mit oder ohne ϸρένϑα.

hineingerathen, χιγ etc.

hineinkommen, βιγ ϸρένϑα; in d. Nacht, έρρϱμ.

hineinkriechen, φούτϱμ.

hineinlassen, χϱλάϛ, χαλϑίϛ.

hineinstecken, χϱλάϛ, χαλϑίϛ, νγουλj, t. φουτ, g. φους.

hineinsteigen, χιγ etc.

hineinstossen, νγουλj.

hineintauchen, νγουλj.

hinführen, t. ϸπίϱ.

Hinführen, n., t. ϸπούρϱ-a.

Hingabe, f., g. ϑάνϱμ-ja.

hingeben, sich, g. έϱϱμ u. γέϸϱμ.

Hingebung an den Geliebten, g. αϸχ-ου.

hinken, τϸαλjόιγ u. τϸαλjόνϱμ.

hinkend, adj., τϸάλjϱ, t. ϸτρέμ-ϸϱρϱ o. ϸτρϱμϸ, g. ϸτρέμϸϱτϱ, νγαλjαχάϰj, τϸαλjαμάν, (ϸχjέ-πϱρ).

hinlänglich, adv., t. αφτ, με αφτ, g. με jαφτ.

hinreichen, ϑαλλj, σος, αρρίγ u. χαρρίγ, g. μϸαστόιγ u. μαστόιγ, μουλjχόιγ u. μϱλj-χόιγ.

hinreichend, adj., σαϑόϸιμ; adv. σαϑό, ταμάμ (fk.), t. αφτ, με αφτ, g. με jαφτ.

hinsichtlich, praep., σα πϱρ.

hinstrecken, t. ϸτρχιγ, g. ϸτρνϊj; — sich, ϸτρίχϱμ.

hinten, πράπα, g. μϸράπα u. μϸάρα; nach h., πράπϱτα, g.

μὸράπετα; von h., πράπαζε
u. πράπαζιτ.

hintennach, πράπα, g. μὸράπα u.
μὸάρα.

hinter, praep., πράπα, g. μὸράπα
u. μὸάρα; t. πος, g. μας;
h. dem Berge, μὸς τε κάπτε;
ich bin h. etwas her, ὀίε u.
ὀίε πράπα.

Hinterbacken, m., ὀύθε-α; g.
τόρτατ' ε ὀύθεσε.

Hinterbringer, m., χορχοσούρ-τ.

hintere Seite, g. ὀπίνε-α.

hintereinanderbringen, χελάς u.
χαλδίς.

Hinterer, m., t. ὀύθε-α, g.
ὀίθε-α; ποὀτερμέ-ja, t. πράπεσμε-ja, g. πράπμε-ja.

Hinterfuss, m., χεμὸ' ε πρά-
πεσμε.

hintergehen, tr., πλανέτς (gr.).

Hinterhalt, m., πουσί-α, ὀτεχ-ρ́ου;
ich stehe im H., g. ρ̀ρ́ούαιγ.

hinterlassen, t. λjε, g. λjαγ.

hinterlistig, adj., t. φὀτεχεράχ.

Hinterschädel, m., χύχε-α.

hinterster, adj., πράπεσμ, g.
μὸράπσεμ.

Hintertheil, n., t. πράπεσμε-ja,
g. πράπμε-ja.

Hinterzahn, m., ὀεμὸ τ παστάιμ,
ὀεμὸάλε-α.

Hinterzeug des Sattels, ὀι-
τέζε-α, χολάν-τ, t. παλδέμ-τ,
g. παλδάμ-τ.

hinunter, πόὀτε.

hinunterwerfen, χεθ πόὀτε.

hinwerfen, περμὸύς.

hinzufügen o. -setzen, t. ὀτότγ
u. τὀτότγ.

Hirn, n., t. τρου-ja u. -ρτ, g.
τρουὐ-ja.

Hirnschädel, m., χάφχε-α, αὀτ
ε χρέσε; χύχε-α; g. τὀά-
τὀχε-α.

Hirsch, m., g. ὀρεὐ-νι, (λαφ).

Hirse, f., μέλj-τ; von H., adj.,
μέλjτε.

Hirsenbrot, n., ὸουχ' ε μέλjτε.

Hirt, m., χουλότας-τ, ρ̀jιζάρ-τ,
στοπάν-τ, t. τὀοὸάν-τ, g.
ὸαρί-ου, (ὀελμέρε u. ὀελ-

μούαρε); Oberhirt, σχου-
τέρ-τ.

Hirtenstab, m., t. χράὸε-α, g.
χερράὸε-α.

Hismo, (Fluss), Ισμ-τ.

Hitze, f., βάπε-α; t. νρ̀ρύχετε-α,
g. νρ̀ρύφετε-α; ὸρουλ t ζjάρριτ;— d. Tages, g. ούχεμε-α;
— bei Fieber, ζjαρρ-τ, tyr.
ζjάρεμ-τ; ich habe H., ὀέζεμ
u. ὀίζεμ.

hitzen, g. αμελύτγ, jαμ άμουλ.

hitzend, adj., g. άμουλ.

hitzig werden, g. αβουλύχεμ.

Hobel, m., g. στρουχ-ου.

hobeln, ρ̀ὀγντ.

hoch, adj., λjάρτε, g. νάλjτε;
adv., λjαρτ, g. ναλjτ; h. hinauf, g. ναλjτ ναλjτ; h. über,
g. λjαρτ μὸι; hoher Fest-
tag, ὀιτ' ε νὸριττὀούὀμε; ich
mache h., t. νρ̀ρε, g. νρ̀ρε; ich
denke h., μαὀενόχεμ.

hochfahrend, adj., νjερί με
χούνὸε.

hochgelehrt, adj., νὸριττὀμ u.
νὸριττὀούὀ.

hochherzig, adj., g. μαλλjεὀ-
τούαρ u. μαλλjεὀτούρ; ich
bin h., g. μαλλjεὀτότγ u.
μαλλjεὀτόχεμ.

Hochherzigkeit, f., μαλλjεὀτί-α.

Hochländer, m., νjερί μαλλjεσούαρ.

hochmüthig, adj., χρύε νάλjτε.

Hochzeit, f., ὀγντερί-α, ὀάσμε-α.

Hochzeiter, m., t. ὀέντερ-τ, g.
ὀάντερ-τ.

Hochzeitlichkeit, f., g. ὀαν-
τερί-α.

Hochzeitsbitter, m., g. φτέσες-τ.

Hochzeitsmahl, n., g. παρτί-α.

Höcker, m., g. ὀούνρ̀ε-α.

Hode, f., χέρὀε-ja, pl.,
λjόχje-τε, μὸόλje-τε.

Hodensack, m., χουλjέτε-α.

Hof, m., αβλί-α (gr.), βαθ-τ, t.
ομὸύρ-τ, g. οὸύρρ-τ, φούὸε-α.

Hoffahrt, f., περιφανί-α (gr.), g.
μαρ̀ρουρί-α (tk.).

hoffährtig, adj., φοὀούλj, g.
μαρ̀ρούρ (tk.); ich bin h., πε-

ριφανέτς (gr.), g. μαρ̀ρου-
ρότγ (tk.).

hoffen, παντέχ, ὀπερχίγ u.
ὀπρχιγ, t. ὀπρεσσ, g. ὀπρεσ-
σότγ, πρίφεμ.

hoffend, adj., (ὀπέρεσε).

Hoffnung, f., ομούθ-ὀτ, ὀπε-
ρέσε- u. ὀπρέσε-α, t. ὀπρέ-
ρε-α, g. ὀπρεσσούμε-ja; ich
nähre d. H., με μὸα ὀπρέσε.

höflich, adj., g. ρ̀όje ἀμὸελje.

Höhe, f., λjάρτε-α, λjαρτούαρε-α, g. νάλjτι-τε; — steile,
ρ̀ρεμί-α u. ρ̀ρεμίνε-α.

Hoheit, f., t. μάὀε-ja, g. μα-
ὀενί-α.

hohl, adj., ὀόὀχε.

Höhle, f., ρ̀όρε-α, ὀπίλε-α,
t. ὀπίλje-α, ὀτροφάχ-ου, g.
ὀπιλjέ-ja, ὀτρύφχε-α, λό-
ὀὀε-α, ούὀὀε-α, (στρόφχε).

höhlen, ρ̀ροπότγ.

Höhlung, f., g. χουφόμε- u.
ρ̀ρουφόμε-α.

Hölle, f., πίσσε-α, ὀτέρε-α, g.
φερ-τ, χολjάς-τ; ich b. t. d.
Hölle reif, g. χολjάσεμ.

Holler, Hollunder, m., ὀτοχ-ρ́ου;
—spanischer, g. λjαϊλjά-ja.

holperig, adj., g. βράὀετε.

Holperigkeit, f., g. βράὀετε-α.

Holz, n., ὀρου-ja; Brennh.,
χαρθίε-α; ich behaue Holz,
ρ̀ὀγντ; ich schneide in Holz,
ρ̀ὀγντ, g. σχαλίς.

Holzbirne, f., ρ̀ρρίτζε-α.

hölzern, adj., ὀρούjτε.

Holzknoten, m., t. ρ̀ὀε-ρτ, g.
νέje- u. νύje-α.

Holzkübel, m., g. τινάρ-τ.

Holzlage i. d. Mauer, ὸρες τ μούριτ.

Holzschlägel, m., g. χάλε-α.

Holzsplitter, m., g. άὀχε-α.

Holzstempel, m., μλjατούρ- u.
λjατούρ-τ.

Holzwurm, m., μολίτζε ὀρού-
ριτ.

Honig, m., μjάλτε-α.

Honigwabe, f., χόje-ja.

Hepp! χοπ!

horchen, μὸα βεθ.

hören, *dꝝjóιγ* u. *dꝝjóιγ*, *νάέιγ*, *g.*
νdꝝjóιγ u. *νꝝjóιγ*; hōre! *ᷱt*!

Horn, *n.*, *t.* *ὀρι-ου* u. *-ρι*, *g.*
ὀριν-νε; *ꝝꝝρτᷱ-ι.*

hörnerlos, adj., *ᷱύτꝝ.*

Hose, *f.*, *bρέχꝝ-α*, *g. pl.* *bρέχꝝ-τꝝ.*

Hosenband, *n.*, *g.* *ουᷱχούρ-ι.*

Hūbel, *m.*, *g.* *σοκ-ι.*

Huckepack, *t.* *χαλjιχάτᷱ*, *g.* *χα-*
λjαπίτᷱ.

Huf, *m.*, *ϑούα-ύι*, *g.* *ϑούντρꝝ-α*;
— innere Fläche, *χούπꝝ-α.*

Hufeisen, *n.*, *t.* *ποχτούα-οι*, *g.*
παχτούα-οι, (*ποτούα*); ich
nehme H. ab, *t.* *dꝝβαᷱ*, *g.*
τᷱβαᷱ u. *ᷱβαᷱ*; ich schlage
H. auf, *μᷱαᷱ.*

hufen, *g.* *ᷱύᷱεμ*; *g.* *ᷱτέπεμ.*

Hufnagel, *m.*, *t.* *ꝝύᷱᷱꝝ-α.*

Hufschmied, *m.*, *t.* *αλbάν-ι*, *g.*
ναλbάν-ι (*tk.*).

Hüfte, *f.*, *χόφᷱꝝ-α*, *t. ꝝοφ-ι.*

Hügel, *m.*, *χόᷱρꝝ-α*, *bρεχ-ꝝου*,
t. *τεπέ-ja*, *g.* *τέπε-ja.*

hügelweise, adv., *χόᷱρα χόᷱρα.*

Huhn, *n.*, *πούλjꝝ-α.*

Hühnerlaus, *f.*, *g.* *πουλjίνꝝ-α.*

Hühnernest, *n.*, *g.* *φουρρίχj-ι.*

Hühnerstall, *m.*, *χοτέτꝝ-ι*, *χjυ-*
μέꝝ ε *χούλjαβετ.*

Hülfe, *f.*, *t.* *νdίχμꝝ-α*, *νdίχου-*
ρꝝ-α, *g.* *νdίφμꝝ-α*, *νdίφμꝝ-ja.*

Hülsenfrucht, *f.*, (*ζιέσꝝ*).

Hummel, *f.*, *g.* *άνꝝꝝ-α.*

Hund, *m.*, *t.* *χjꝝν-ι*, *g.* *χjεν-ι*;
χουτᷱ-ι, *g.* *χούτα*, *χουτ*;
nach Hundesart, *χjένεχου.*

Hundekoth, *m.*, *μουτ-ι.*

hundert, *χjιντ-ι.*

Hündin, *f.*, *χjένε-ja* u. *χjένεꝝꝝ-α*,
t. *bούᷱτρꝝ-α*, *g.* *bούᷱꝝ-α.*

hündisch, adv., *χjένεχου.*

Hundsmaul, *n.*, *τουρί* *χjꝝν.*

Hundswuth, *f.*, *τꝝρbίμ-ι*, *g. χαρ-*
bούν-ι.

Hundszahn, *m.*, *g.* *ᷱτꝝρᷱέμ-ι.*

Hunger, *m.*, *ουρί-α*, *t.* *ου-ja*, *g.*
ουί-ja u. *-νι.*

hungern, *ουρꝝτόχεμ*, *χαμ ου*,
μꝝ μόρρι ούja, ε *χαμ bάρ-*
χουνꝝ *χον*, *μ'ουᷱέ* *ζέμꝝρα*
χαμbάρ.

Hungersnoth, *f.*, *ουρί-α*, *g.* *ζι-α.*

hungrig, adj., *ούρꝝτꝝ*, *g.* *ούν-*
ᷱεμ; *ουρίτουοꝝ*; ich bin h.,
s. hungern.

hüpfen, *t.* *bρεᷱ.*

Hürde, *f.*, *g.* *τρίνꝝ-α*; *ᷱαρχ-ου*,
bαᷱ-ι.

Hure, *f.*, *πουτάνꝝ-α*, *χούρbꝝ-α*,
t. χαχπέ- u. *χαπέ-ja*, *g. χάφ-*
bꝝ-ja.

huren, *πορνέπꝝ* (*gr.*), *t. χουρ-*
bꝝρύιγ, *g.* *χουρbꝝνύιγ.*

Hurer, *m.*, *χουρbjάρ-ι.*

Hurerei, *f.*, *πορνί-α* (*gr.*), *t.*
χουρbꝝρί-α, *g.* *χουρbꝝνί-α.*

Husten, *m.*, *χύλλꝝ-α.*

husten, *t.* *χούαλεμ*, *g.* *χούλεμ.*

Hut, *m.*, *g.* *ᷱάπχꝝ-α*; *t.*
ᷱχjαᷱ-ᷱι.

Hut, *f.*, *t.* *χρυλότουρꝝ-α*, *g.*
χουλύσμꝝ-ja.

hüten, *χουλύꝝ*; *t.* *ρούαιγ*, *g.*
ρούιγ; — sich, *ρούχεμ*, *χαμ*
χουιᷱέꝝ.

Hüttchen, *n.*, *χολjούbε-*, *χολjύbε-*
u. *χορούbε-ja.*

Hütte, *f.*, *g.* *χατσόλꝝ-α*; *t.*
τένdꝝ-α, *g.* *τάνdꝝ-α*; *χα-*
σύλε- u. *χαᷱτόρε-ja*; Jagdh.,
g. *ουᷱέ-ja.*

I u. J.

ja, *αᷱτού*, *χꝝᷱτού*, *βꝝρτέτ* u.
μꝝ βꝝρτέτ, *g. βꝝρτέ*, *μꝝ βꝝρτέ*
u. *βꝝρτέτα.*

Jacke, *f.*, *πεᷱλjί-ου*; *t.* *φꝝρμꝝ-*
λjί-ja.

Jagd, *f.*, *ꝝja-ja*, *ꝝjούαρꝝ-α.*

Jagdflinte, *f.*, *g.* *πιστύλjε-ja.*

Jagdhund, *m.*, *ζαꝝάρ-* u. *ζαρ-ι.*

Jagdhütte, *f.*, *g.* *ουᷱέ-ja.*

jagen, *ꝝjáιγ*, *ꝝjούαιγ*, *νdjεχ.*

Jäger, *m.*, *ꝝjáιχꝝ-ι*, *ꝝjατούαρ-ι.*

Jahr, *n.*, *βιττ-*, *βjετ-* u. *βjετᷱ-ι*,
μοτ-ι; ein J. lang, *μοτ μοτ*;
jedes J., *νꝝα βjετ*, *νꝝα μοτ*;
dies J., *σιβjέτ*, *g. σιμβjέτ*;
künftiges J., *μοτ*, *g. μύτιτ*;
in 2 o. mehr J., *πας μοτ*, *g.*
πας μύτιτ; voriges J., *βjετ*;

vor 2 J., *παρbjέτ*, *g. τꝝρ-*
βίτ; neues J., *βιττ ι ρι.*

Jahrhundert, *n.*, *jέτꝝ-α.*

jährig, *t.* *βjετᷱάρ*, *g. βjετᷱ*;
wievieljährig? *σαβjετᷱάρ?*

jährlich, adv., *νꝝα βjετ*, *νꝝα ο.*
πꝝρ μοτ.

Jährling, *m.*, *μοτ μοτᷱάρ.*

jahrweise, adv., *μꝝ μοτ.*

Jähzorn, *m.*, *νάξλꝝχ-ου.*

jähzornig, adj., *ναξ ζεμꝝράχ*
u. *ζεμbꝝράχ*, *ζꝝμꝝρꝝούᷱτꝝ*,
τνατᷱί.

Jammer, *m.*, *ꝝjέμꝝ-α.*

jammern, *t. βαjτύιγ.*

Jatagan, *m.*, *jαταꝝάν-ι.*

ich, *ου* u. *ούνꝝ.*

je, adv., *νꝝα* u. *νꝝάχα*; je eins,
νjꝝ; je einer, *νꝝα νjι*, *νjꝝ* ε
νjꝝ, *g. σι νjι νjι*; je — desto,
σα — χάχjꝝ.

jeder, *τᷱ' do*; ein J., *τᷱ' do*
νjꝝ, *νdοχούᷱ*, *χουᷱύ*, *ꝝjίᷱꝝ*
χουᷱ, *ꝝjίᷱꝝ τσίλλι*, *σιτσίλλι*,
σιτσίλλιdο, *τσιλλιdύ*, *g. ᷱdο-*
χούᷱ.

jedermann, *τᷱ' do*, *τσιλλιdό.*

jederzeit, *νꝝα χέρꝝ* u. *χέρα.*

jedesmal, *νꝝα χέρꝝ* u. *χέρα*, *πꝝρ-*
χέρꝝ.

jemand, *dιχούᷱ*, *τᷱοχούᷱ*, *τᷱο-*
τσίλλι, *νdύνjꝝ*, *g. νόνjι* u. *νύι*,
φιλjάν (*tk.*).

jenseitig, adj., *τꝝjμ*, *πꝝρτέjμ* u.
πꝝρτέjꝝσμ.

jenseits, praep., *τέjꝝ* u. *πꝝρτέ-*
jꝝ, *τούτjε*; *ατέjꝝ* u. *ανdέjꝝ.*

jetzt, *τανί*, *νdαᷱτί*, *ναᷱτί*, *ταᷱ-*
τί u. *ταᷱ*; *μι ꝝ*; *g. νjιμέ*; Divra
οπέτ; *v. j. an*, *χꝝτέjꝝ τούτjε.*

Igel, *m.*, *χαμουρίχ-ου* (?), *g.*
φίχj-ι, (*εᷱχ*).

immer, *dαίμα* u. *dαjίμ* (*tk.*),
χέρꝝ νꝝα χέρꝝ, *νꝝα χέρꝝ* u.
χέρα, *χουαᷱύ*; wer i., *σι-*
τσίλλι u. *σιτσίλλιdο*, *νdοχούᷱ*;
wo u. wohin i., *νꝝαᷱύ.*

immerwährend, *t. πο*, *g. πορ.*

impfen, *ᷱꝝνύιγ.*

in, praep., *μbꝝ*, *g. μꝝ*; *νdꝝ*, *g.*
νꝝ; *νdꝝρ*; *πꝝρ*; *νdꝝπꝝρ.*

indem, *t.* τουχ, *g.* τυ; *t.* τε, νδε, τεχ, *g.* χε, sc. τυ.

innen, *adv.*, δρένδα; von i., δρένδαζε, δρένδαζt u. δρένδαζετ.

innerer, *adj.*, *m.* δρένδαζμ-, δρένδεζμ- u. δρένδες-t; *f.* δρένδαζμε-ja.

innerhalb, *praep.*, *t.* δρένδα u. περδρένδα, *g.* μρένδα.

inmitten, *praep.*, νδε μες.

Insect, *n.*, *g.* δούβε-a.

insgeheim, *adv.*, *g.* τίνες.

Instinkt, *m.*, ζαχόν-t.

Instrument, *n.*, *t.* χαλάτ-t, *g.* χαλάτε-ja (*tk.*), (χαλά).

Interessen, *pl.*, χοζούρε-a, δjαφούαρ-ύρι (*gr.*), *t.* φαιδέ-ja, *g.* φάιδε-ja (*tk.*).

Intrigue, *f.*, μιχανίμ-t (*gr.*), *t.* τότρχjε-τε.

Joch, *n.*, δζjέδε- u. ζjέδε-a, *g.* σjjέδε-a; — *t.* πέντε-a, *g.* πένδε-a; — s. τεβλίχ-jου u. χουλjάρ-t.

Jochkissen, *n.*, πλις-t.

Johannisbrot u. -baum, τδο-τδοβανούζε-ja.

Jonquille, *f.*, ζυμβύλ-t.

irden, *adj.*, bάλjτε u. bάjτε.

irdisch, *adj.*, bάλjτε u. bάjτε, *g.* περδέτσχε.

irgendeiner, διχούδ, *t.* νδύνjε, *g.* νύνjt u. νύι.

irgendwo, jjαχούνδι, *g.* jjάχουνδ u. jjίχουνδι, δίχου.

irren, λjαχεδίτ, *t.* λjαθίτ, *g.* λjαιθίς, λjαιθίς φιχjφιτ.

irre reden, τουρδουλύχεμ.

irrig, *adj.*, jενjύερε.

Irrthum, *m.*, *g.* λjαjθί-a, λjαι-θίτμε-ja, (ρενία).

Italiener, *m.*, Ταλjάν-t.

italienisch, *adj.*, ταλjανίδτ.

jul αλά, αλά, αλδί

Jubel, *m.*, *g.* jαζελίμ-t, δενδ-t.

jubeln, *g.* jαζελύιγ, νjαζελύ-χεμ, δενδύχεμ.

Jucken, *n.*, φαjούρε-a (*gr.*).

Jude, *m.*, Τδιφούτ-t (*tk.*).

jüdisch, *adj.*, *t.* τδιφουτερίδτ, *g.* τδιφουτενίδτ (*tk.*).

Jugend, *f.*, djαλλjερί-a, djελμερί- u. djεμερί-a, *g.* djελμενί-a.

Jugendalter, *n.*, djαλλjερί-a.

Jugendblüthe, *f.*, *g.* μάjε t djελμενίσε, βλjουχ-ου.

Jugendfeuer, *n.*, *g.* βλjουχ-ου.

jung, *adj.*, *m.* ρt, *f.* ρε; νjόμε; j. Mann, *t.* τριμύδ- u. τριμδόρ-t; j. Wasservogel, bί-bε-a; j. Vogel, Thier, *m.* ζοχ-jου, *f.* ζύjε-a; j. Thier, *t.* χελjούδ-t, *g.* χελjύδ- u. χουλίδ-t; j. Ziege, χατς-t, χετσ-t, *g.* χετδ-t, χεθ-δt; j. Stier, δεμ-t; j. Hase, μιλάχj-t.

Jünger, *m.*, *g.* εδχτάρ-t.

Jungfrau, *f.*, *t.* βερjjερέδε-a, *g.* βιρjjινέδε-a; bάδελε-a; *t.* bάιζε-a, *g.* bάρζε-a; reine J., bάιζε πα χjόρε.

Jungfrauschaft, *f.*, βαδεζέjε-a; *t.* βερjjερί-a, *g.* βιρjjινί-t; *t.* βαιζερί-a, *g.* βαιζενί-a.

Jüngling, *m.*, djάλλjε-t, *t.* djαλλjθί-ρt, *g.* djαλλjύδ-t.

Juni, *m.*, Κορρίχ-ου.

K.

Käfer, *m.*, s. *g.* δουδουδίνεχε-a.

Kaffeetässchen, türk., φιλδδάν-t; — d. Untersatz, ζάρφε-a (*tk.*).

Kaffeetopf, *m.*, ιbρίχ-jου.

Käfig, *m.*, χουβλί-a, χαφάς-ζt.

kahl, *adj.*, χερρούτε, ρρούαρε, (βjέδτε, τούλjχε).

kahlgeschorner Kopf, *g.* τοτδ-t.

Kahlkopf, *m.*, χρίε χουνjούλ, χύχε χερρούτε o. ρουπ; *g.* τοτδ-t.

Kahn, *m.*, jνδε-ja, χορίτε-a, *g.* λjούνδρε-a.

Kaiserzahn, *m.*, δεμb t χjέζερε.

Kakerlak, *m.*, *g.* αbρδδ-δt.

Kalb, *n.*, bιτδ-t, δεμ-t; *f.* με-δτjέρρε-, μεδχjέρρε- u. μου-δχjέρρε-a.

Kalender, *m.*, χαλjανδάρ-t.

Kalk, *m.*, *g.* χελχjέρε- u. χελχjέλε-ja; — gebrannter, χ. e

djέjουρε; — gelöschter, χ. e δούαρε.

Kalkstein, *m.*, jουρ περ χελχjέρε; jουρ t δζjέδουρε; *g.* διjύρρ-t.

kalt, *adj.*, άχουλ, *t.* φτόχετε, *g.* φτόφετε; νjρίρε; ich mache k., *t.* φτοχ, *g.* φτοφ; ich werde k., *t.* φτόχεμ, *g.* φτόφεμ.

Kälte, *f.*, *t.* φτόχουρε-a, φτό-χετι-τε, *g.* φτόφμε-ja, φτό-φετι-τε.

Kälteschauer, *m.*, μάρδουρε-a, *g.* μερδίφμε-ja, ρρεχjέθε-τε.

Kameel, *n.*, jαμίλε-a, *g.* δέβε-ja.

Kamin, *m.*, δουχάρ-t, οδδάχ-ου.

Kaminherd, *m.*, πραχ-jου.

Kamm, *m.*, *t.* χρέχερ-t, *g.* χρά-χαν-t; — d. Hahnes, λjάφδε-a; d. K. schwillt mir, μbούδεμ.

kämmen, *t.* χρεχ u. χρε, *g.* χρεφ; — sich, *t.* χρίχεμ, *g.* χρίφεμ.

Kammer, *f.*, μαjαζί-a.

Kämmerchen, *n.*, χjελί-a.

Kammerdiener, *m.*, χαμαρjέρ-t.

Kampf, *m.*, *t.* λjεφτούαρε-a, *g.* λjεφτούμε-ja.

kämpfen, λjεφτύιγ, λjουφτόγ, λjεφτόγ.

Kampfhahn, *m.*, *g.* jjελj jρεχ.

Kanal, *m.*, *t.* λαjέμ-t, *g.* λα-jάμ-t (*tk.*); *g.* jjερίς-ζt.

Kaninchen, *n.*, (δούτε).

Kanne, *f.*, χενάτε-a; — von Kupfer, jjυμ-t, παjράτδ- u. πραjάτδ-t, *g.* δραχδτδε-ja.

Kanone, *f.*, χανόν-t (*gr.*).

Kanonenkugel, *f.*, jjύλjε-ja u. τοπ-t (*tk.*).

Kante, *f.*, *g.* χαντ-δt, σjjηχ-t.

Kapaun, *m.*, χαπόν-t u. χα-πούα-οι.

Kapitalzins, *m.*, δjαφούαρ-ίρι (*gr.*).

kappen, χίππειγ.

Karavanenstern, *m.*, υλ t χαρ-βάνιτ.

karg sein, jαμ t νjούδτε, νjου-δτόχεμ.

Karren, *m.*, χάρρε- u. χjέρρε-a.

Karst, m., t. δατ-ι, g. ὄάτε-α, χάζμε-α; σχαλιστίρ-ι.

Karte, f., χάρτερα-τε, g. λέττρε- u. λjέττρε-αʹ.

Kartenspiel, n., λjόὄρξ-α.

Käse, m., djάθε-ι u. djάθετε, ῃjίζε-α; v. Käse, djάθτε.

Käsemacher, m., ῃjιζάρ-ι.

Käsemade, f., g. ὄτρεπ-δι.

käsen, adj., djάθτε.

Käseschlauch, m., g. ὄάχουλ-ι.

Käsetuch, n., νάππε-α.

Kasse, f., t. χαζινέ-ja, g. χάζινε-α.

Kasserolle, f., σαχάν-ι.

Kastanie u. —baum, χεὄτένjε- u. ῃεὄτένjε-α.

kastriren, τρεθ, βέιγ χαὄέμ, (σχοπίγ).

Kataplasm, n., βέννε-α.

Katastrophe, f., μυντζύρε-α.

Kater, m., ματὄ-ι, g. ματὄύχ-ου, δατς-ι.

Katholik, m., λατίν-ι, g. λjιττίν- u. λjετίν-νι.

katholisch, adj., λατινερίὄτ u. λατινίὄτ, g. λjιττινίὄτ; k. Geistlicher, g. φρατ-ι.

Katze, f., t. μάτὄε-ja, g. μάτσε-ja; πίσσο-ja.

Katzenbuckel machen, g. ὄτρύχjεμ u. νάρύχjεμ.

Katzenkoth, m., μουτ-ι.

Katzenkraut, n., δαρ μάτσε.

kauen, tr., περτύπ, g. περτὄάπ; intr., g. περτὄάπεμ.

Kauf, m., t. βλjεμ-ι, βλjέρε-α, g. βλjέμε-ja.

kaufen, βλjέτγ, (βλjέ); μαρρ.

Kaufladen, m., g. μαγῃαζά-ja.

käuflich, adj., βλjέρε.

Kaufmann, m., βεζερjάν-ι, ρεὄπέρ-ι, πραματάρ-ι (gr.), (βαζερίαν-ι).

kaum, adv., με ζι, g. μεμεζί.

Käuzchen, n., χουχουβάιχε-α, χουχουμάτὄε-,χουχουμjάτὄε- u. χουχουμjάτὄε-ja, der. χουχομjέτὄε-ja.

Kebsweib, n., t. χαχπέ- u. χαπέ-ja, g. χάφὄε-ja.

Kehle, f., ῃουρρμάς- u. ῃρουμάς-ζι, χjάφε-α, φυτ-ι, ῃρύχε-α; s. χάρασι, g. χαράνξι.

kehren, t. φὄιγ, g. μεὄίγ u. πὄιγ; — d. Unterste zu oberst, g. χαπερδίν.

Kehricht, n., φὄίρα-τε, σχούπιρε-α (gr.), g. δεὄδίλje-ja.

Kehrichtschaufel, f., g. ρρδὄτε-α.

Keil, m., σφύνjε-α, τσφίνε-α, g. παλάτσχε-α, (πιούιχε, πούχιχε); ich spalte mit d. K., σφυνός.

Keim, m., bίρε-α.

keimen, t. bίγ, g. bιν.

keiner, t. ασνjέ, g. ασνjί.

Kelch, m., ποτίρ-ι (gr.).

Keller, m., χjιλjάρ-ι.

Kellermeister, m., χjιλαρτὄί-ου.

Kelter, f., πατιτίρ-ι (gr.), (ὄχέλλες).

kennen, t. δι, vjοχ u. vjo, g. διγ, vjοφ.

Kerbholz, n., g. τὄετίλje-ja.

Kermes, m., χερμές-ζι.

kermesroth, adj., χερμές.

Kermesröthe, f., χερμέ-ja.

Kern, m., g. bεὄὄάμε-α; θελjπ-ι.

Kerze, f., χjιρί-ου, (χjερί-α); λαμπάδε-α; g. χαρζάνε-ja.

kerzengerade, adv., g. χjιρίὄτ.

Kessel, m., καζάν-ι; Hängek., χουσί-α; Bombenk., g. χουμβαρά-ja.

Kesselhaken, m., t. βjέῃε-α, g. βέῃje-α.

Kesselkette, f., βαρχ-ῃου.

Kette, f., χjέχουρα-τε, ζινδάίρ-ι, χjοστέχ-ου (tk.); — βαρχ-ῃου; ich werfe in Ketten, t. χjεχουρός.

Kettenring, m., t. χαλχά-ja, g. χάλχε-α.

Keuchhusten, m., χολλʹ ε βάρὄε.

Keule, f., λος-ζι, τοπούς-ζι (tk.).

keusch, adj., (νδερρτζούρε).

Keuschheit, f., t. βερῃjερί-α, βιρῃjνί-α.

Kichererbse, f., χjιλχjερε-α.

Kien, m., πίὄε-α.

Kienfackel, f., πίὄε-α.

Kies, m., ζαλ-ι, t. ὄουρ-ι.

Kieselstein, m., t. χαλίτὄ-ι, g. ῃουρμάτς-ι.

kiks! χες! χες! (tk.).

Kind, n., βοτς-ι, djάλλjε-ι; pl., bιj-τε; neugebornes, bέbε-α; Wickelk., t. φύὄνjε, g. φοὄί-α, t. τσιλιμί- u. τὄιλιμί-ου. g. τσιλjιμί-ου, φεμίjε-α; kriechendes, bιὄάὄ u. bυὄάὄ-ι; — bis 8 J., χαλjαμά-ja; verzogenes, χαναχάρ-ι.

Kindbett, n., t. λjεχονί-α, g. λjιχονί-α; ich komme in's K., bίε λjεχόνε.

Kindbetterin, f., t. λjεχόνε-α, g. λjεχόνε-α.

kinderlos sein, adj., jαμ πα ρέvjε o. ρένje δαλλj.

Kinderpfeife, f., bιλjόbίλj- u. bερbίλj-ι, g. πίπεζε-α.

Kinderpflege, f., χυβερρί-α (gr.).

Kinderspritze, f., t. τσφύτρες-ι, g. στερφύτς-ι.

Kindertrompete, f., φύελ-ι.

Kindheit, f., djαλλjερί-α, t. djελμερί- u. djεμερί-α, g. djελμενί-α; v. K. an, χjε περ σε βύῃελιτ.

kindischer Mensch, χαλjαμά-ja.

Kinn, n., μjέχρε-α, tetr agl. πιρούν-ι, (ῃούσε, πούνελεζε).

Kinnbacken, m., νόφουλε-α, t. φελχίνje-α.

Kiosk, m., χjόὄε- u. χjοὄέ-ja, t. ταράτσε-α.

kippen, περπjέχ, t. τὄουνῃουρίς.

Kirche, f., ναό-ι (gr.), t. χjιὄε-α, g. χίὄε-α; erzbischöfliche, μιτροπολί-α (gr.).

Kirchenbann, m., μαλεχίμ-ι; ich thue i. d. K., μαλεχόιγ; Priester, der den K. ausspricht, μαλεχέες-ι.

Kirchenbilder, n. pl., g. ζότενα-τε.

Kirchengesang, m., μουσίχε-α (gr.), t. χεὄδούαρε-α, g. χεὄδούμε-ja.

Kirchenglocke, *f., t. χαμπάνε-α,*
g. κουμπόνε-α.

Kirchenkelch, *m., g. ποτίρ-ι*
(gr.).

Kirchenleuchter, *m., μανάλje-ja.*

Kirchenpult, *n., βάνγο-ja.*

Kirchenstuhl, *m., φρον-ι, (tetr.*
θρον-ι).

Kirchhof, *m., t. βαρρ-ι, g. βορρ-ι.*

Kirchweih, *f., t. πανιγjίρ-ι , g.*
παναjύρ-ι (gr.).

Kirsche, *f., u. -baum, m., t.*
χjερθí- u. χjιρθí-α, g. χjερ-
θí-α.

Kissen, *n., δυθέχ-ου, ja-*
θτέχ-ου, g. jοστίχ-ου.

Kiste, *f., σεγδούχ-ου, t. αρχ-*
ου, g. άρχε-α.

kitten, *t. νηjιττ, g. νηjισσ.*

kitzeln, *γουδουλίς, g. χιλjιχύς.*

kläffen, *t. λjεχ, g. λjεφ.*

Klafter, *f., παθ-ι.*

Klage, *f., βαj-ι, t. χjάρε-α,*
ts. χλjάρε-α, g. χjάμε-ja.

Klagelied, *n., t. λjίγje-ja.*

klagen, *ρεχόιγ, χjάιγ, ts. χλjάιγ;*
t. βαjτόιγ; μjριολογίς (gr.),
λjιηjjερόιγ , tyr. λjιηjιρόιγ;
χjάιγ με λjίγje, g. βαηj φιγάη.

Klagende, *f., μjριολογίτρε-α.*

Klagen , *n., βαj-ι, t. ρεχίμ-ι,*
g. νεχίμ-ι, φιγάη-ι u. φεγάη-ja.

klappen, *t. τρονηjελίγ, g. τρο-*
νηjελίη, τροχελίη, τροχ, τρα-
χουλίη.

klar, *adj., g. χjερούμε; g. θχιλ-*
χjετε; ich mache kl., χθιλόιγ
u. χεθιλόιγ.

klatschen, *περπjέχ (in d. Hände).*

Klaue, *f., θούα-οι, θούντρε-α.*

kleben, *t. νηjιττ, g. νηjισσ.*

Kleid, *n., βέθουρε-α u. βέθου-*
ρι-τε, στολί-α (gr.), t. ρρύ-
βε-α, g. ρρόβε-ja.

kleiden, *βεθ; γjάιγ; — sich*
eng, g. πουθτόχεμ.

Kleidungsstücke, *n. pl., t. βέ-*
θουρα-τε, g. βέθμε-ja.

Kleie, *f., χρούμδε - u. χρού-*
νδε-ja.

klein, *adj., βόγελje; πάχε,*
βοjεπάχε; θχούρτε u. θχούρ-

τερε; *t. ούηjετε, ούηjατε,*
χούηjετε, g. ούηjjετε, πίτσε-
ρε, ίμετε; kl. Geld, g. τε ίμε-
τα, τε θχόχjετα; ich mache
mich kl., g. ρρούδεμ.

Kleinasiate, *m., g. Τυρχ-ου.*

kleingläubig, *adj. , βεσσεπάχε.*

Kleinheit, *f., t. βόγελí-α, g.*
βεηjελί-α.

Klemme, ich gerathe in die, *βíε*
με δάρε, g. μεσόιγ χεχj.

Klephte, *m., t. αρματολύς-ι.*

Klette, *f., t, ρόδε-ja, g. ρρου-*
δέ-ja.

klettern, *t. νηjιττ, g. νηjισσ;*
νηjίττεμ.

klingen, *χεμπόιγ u. χουμπόιγ,*
χερτσάς, χελτσάς u. χρε-
τσάς, t. jjεμόιγ, g. jjεμόιγ,
τριηjελίη, χρις.

Klinke, *f., ζεμπερέχ-ου (tk),*
t. δρέδυje-α, g. γρεπθ-ι, μα-
νδάλ-ι, (μενδάλ, χλοπάσχε).

Klippe, *f., βοχερί-α, t. θχεμβ-ι*
g. θχαμ-ι.

klopfen, *βíε, t. τρονηjελίγ, g.*
τρονηjελίη , τροχελίη , τροχ,
τραχουλίη.

Klopfen, *n., τρονηjελίμ-ι, g.*
τροχελίμε-α.

Klopphengst, *m., τσjαπ ι ρρά-*
χουρι.

Klosterabt, *m., γουμέν-ι (gr.).*

Klotz, *m., t. χερτσού-ρι, g.*
χερτσούη-νι.

klug, *adj., t. ούρτε u. ουρτε-*
τσίθτ, μέντθουρε, χουρετού-
αρε, g. ουρτετσίθτ, μέντθουρ
u. μέντθεμ.

Klugheit, *f., t. ουρτετσί-α, g.*
ουρτεσί-α.

Klumpen, *m., g. πύπελj-ι.*

Knabe, *m., βοτς-ι, μάθχουλj-ι;*
τθουν-ι, Dur. τσουλ-ι, Divra
μιτς-ι; ich liebe u. schände
Kn., se. μαηjυπόιγ, g. θχερ-
δέιγ.

Knabenliebe, *f., sc. μαηjυπί-α;*
ich treibe Kn., g. θχερδέιγ,
se. μαηjυπόιγ.

Knabenschänder, *m. g. βυθάρ-ι,*
se. μαηjύπ-ι.

knacken, *χερτσάς, χελτσάς,*
χρετσάς, g. χρις.

Knallbüchse, *f., t. τσχόχες-ι.*

knarren, *χερτσάς, χελτσάς,*
χρετσάς, g. χρις.

Knäuel, *m., t. λjεμθ-ι, g. λjαμθ-ι.*

Knecht, *m., χοπίλj-ι; ροб-ι*
g. ρρουγετάρ-ι.

Knechtschaft, *f., t. ροбερί-α,*
g. ροбενί-α.

kneifen, *πιτσχόιγ, τσιμβίς (tk.).*

kneten, *γατούαιγ, μβρούιγ, t.*
περζίειγ u. περτζίειγ, g. περ-
ζίγ, τραμεζόιγ.

Knickerei, *f., t. χουρτσίμ-ι,*
χουρσούερε- u. χουρτσούερε-α,
g. χουρσίμ-ι, χουρσούμε-ja.

Knie, *n., t. jjου-ρι, g. jjούη-νι.*

Knieband, *n., διζεβάχj-ι.*

Knieflechse, *f., λjέχjεζε-α.*

knien, *περjjούνεμ; ich mache*
kn., περjjούηj.

Knirps, *m., φούτσχε-α.*

knirschen, *χερτσάς, χελτσάς,*
χρετσάς, t. χερτσελίγ, g.
χερτσελίη, νηjερτσελίη, χρις.

Knoblauch, *m., χούδερε-α.*

Knöchel, *m., συθ-ι, ύjεζε-α;*
— am Finger, χομπ-бι.

Knöchelspiel, *n., αθίχ-ου.*

Knochen, *m., χοχάλ-ι, g. αθτ-ι,*
u. άθτε-α, ts. u. ber. χόσχε
u. χότσχε-α; — lebender,
g. ρρέθτε- u. ρρέθτνε-α; —
todter, g. αθτ-ι u. άθτε-α,
έθτεγνα-τε; — d. Arms u.
Beins, χαλέμ-ι, g. δύχρε-α;
— zwisch. Knie u. Knöchel,
g. χερτσί-ρι.

Knopf, *m., χομπ-бι.*

Knorpel, *m., χέρτσε-α.*

Knorren o. Knorz, *m., t. jjδε-ρι,*
g. νέje- u. νύje-α.

Knoten, *m., χομπ-бι, g. νέje-*
u. νύje-α, (σούμπουλ); — t.
πιθχj-ι, g. πίτσχε-α.

Knospe, *f., t. βουбούχje-ja, g.*
βουбούχje-ja (tk.).

knüllen, *g. ρρουθ.*

knurren, *γαυνίς.*

Kobold, *m., m. δότνδ-ι, f. δóт-*
νδε-ja.

Koch, m., t. αχτᵭί-ου, g. αχτᵭί-ου (tk.).

kochen, tr., γατούαιγ, dϱρτόιγ; ich beginne zu k., intr., g. βουβουρίς.

Kochtopf, m., g. βόρbε-ja.

Koffer, m., σϱνδούχ-ου, σεπέτ-ι (tk.).

Kohl, m., t. λjάχϱϱ-α, g. λjάχνϱ-α.

Kohle, f., ϑϱνɣ̑jίλ- u. ϑιγɣ̑jίλ-ι, (φανɣ̑ίλ); —brennende, προυᵭ-ι, ϑϱνɣ̑jίλ ι ᵭέσουρϱ, sc. γατϱ-ι; — todte, ϑϱνɣ̑jίλ ι ᵭούαρϱ.

Kohlenbecken, n., g. ταɣ̑άρ-ι.

kokett, adj., ναζϱτούαρ.

Koketterie, f., ναϛ-ζι u. νάζε-ja, t. πϱρδρέᵭουρϱ-α, g, πϱρδρέᵭμϱ-ja, δέλχα-τϱ.

kokettiren, πϱρδρίδεμ.

kokettirend, adj., ναζϱτούαρ.

Kokon, m., μπσίχϱζϱ-α μϱνδάφᵭττ, g μϱᵭίχϱζϱ-ja.

Kolben, m., am Gewehr, χονδάχ-ου; — s. Mais, χαλούπ-ι, (χαλέπ).

kombiniren, ε χϱᵭ νδϱ ύιj.

Komet, m., υλ μϱ bιᵭτ.

kommen, t. βιγ, g. βιὐ, ρριὐ u. χϱρρίὐ; kommt! ἐjανι! tetr. jάχϱνι!

konjekturiren, ε χϱᵭ νδϱ ύιj.

König, m., χραλj-ι; μbρετ-ι.

Königin, f., t. μbρετϱρέᵭϱ-α, g. μbρετϱνέᵭϱ-α.

königlich, adj., t. μbρετϱρίᵭτ, g. μbρετϱνίᵭτ.

Königreich, n., t. μbρετρί-α, g. μbρετϱνί-α, (αρανχιμbρέτ).

Königthum, n., t. μbρετϱρί-α, g. μbρετϱνι-α.

können, μουνδ o. μουντ, g. μούνδεμ; nicht k., σμουνδ o. νούχϱ μουνδ, σ' — δοτ; nicht mehr k., g. ɣ̑jυφχjέιγ.

Kopf, m., χόχϱ-α, t. χρίϱ-ja u. χρίετϱ,ǀg. χρύϱ-χρέιγ; Thierk., g. χαπτίνϱ-α; ich verliere d. K., λjαᵭίτ u. λj. μένδιᵭϱ; ich 'mache Jem. d. Kopf toll, χϱπούτ; rings um d. K., χυχο-

ρέᵭ; ohne Kopf, ᵭύτϱ; παμέντ.

Kopfbedeckung, f., χϱσούλjϱ-α; g. ᵭάπχϱ-α.

Kopfbinde, f., t. τᵭάλϱμ-ι, g. τᵭάλϱμ-ι (tk.).

köpfen, ᵭυτόιγ.

Kopfgrind, m., t. χjέρϱ-ja, g. χjέρϱ-α u. χjϱρόσϱ-α.

kopfgrindig, adj., t. χjϱρός, g. χjϱρός.

Kopfhaar, n., s. Haar.

Kopfkissen, n., g. jοστίχ-ου.

Kopfknei, m., σχjέρbουλj-ι.

kopflos, adj., ᵭύτϱ; παμέντ.

Kopfschmerzen haben, μϱ δϱμπ χύχα o. χρίετϱ.

Kopftuch, n., μανδίλjε-ja, ᵭαμί-α, Dur. φαρσουλjάτϱ-α.

kopfüber, adv., g. ρουχουλίμᵭι.

Kopfwirbel, m., μαj' ϱ χύχϱϱ.

Korb, ζιμbίλϱ -ja, χοφίνϱ-α, χοᵭ-ι; χανίστρϱ-α; ᵭπόρ-τϱ-α; g. χοᵭαρίχϱ-ja.

Korn, n., ᵭέχϱρϱ-α; χύχjε-ja; auf Gewehren, νιᵭάν-ι (tk.).

Körper, m., χουρμ-ι.

körperlos, adj., g. παᵭτάτᵭμ.

Körperschmutz, m., παλjαβί-α.

kostbar, adj., t. βϱ̑jύερϱ, ᵭτρέι-τϱ, g. βjεφτᵭμ, ᵭτρέɣ̑jτϱ.

Kostbarkeit, f., g. βjέφτᵭμϱ-ja.

kosten, intr., χαμ, t. χjϱνδρόιγ, g. χjϱνδρόιγ.

Koth, m., t. λjούτϱϱ-α, λjουτσί-u. jουτσί-α, g. λούτϱϱ-α; λjεᵭ-ι; μουτ-ι, χάχϱ-α.

Köthe, f., χjάφϱ-α.

Kothigkeit, f., jουτζί-α.

krachen, χϱρτσάς, χϱλτσάς, χρϱτσάς, g. χρις.

kräftig, adj., ɣ̑jάλϱ, t. φουχjί-τᵭιμ, g. φουχjίᵭιμ; ich werde kr., φορτσύχϱμ.

kräftigen, t. νɣ̑jίσϱεμ.

Kräftigung, t. νɣ̑jίσσουρϱ-α.

kraftlos, adj., g. παμούνδουνϱ.

Kraftlosigkeit, f., g. παμούνδμϱ-ja.

Krähe, f., σόρρϱ-α, g.στϱρχjόχ-ου.

krähen, χϱνδόιγ.

Krakeler, m., t. ᵭϱρρέτ-ι, g. ᵭαρρέτ-ι.

Kralle, f., ᵭούα-όι.

krallen, t. τᵭίϱρ.

Krämer, m., ρεᵭπέρ-ι, bαχάλ-ι (tk.).

Krampf im Fusse haben, g. μ'ου-χϱρνελδίσϱν' δέjετ ε χάμϱϱϱ.

Kranich, m., χαραβουλάχ-ου.

krank, adj., σμούνδουρϱ, t. σϱμούρϱ, g. σϱμούνϱ; ich mache kr., μαραζός, t. σϱμούρ, g. σϱμούνιγ; ich bin u. werde kr., μαραζόνεμ, t. σϱμούρϱμ, g. σϱμούνχϱμ; σμουνδ.

Krankenpflege,f.,χυβϱρρί-α(gr.).

Krankheit, f., σϱμούνδϱ-α, μαράς-ζι, (ᵭπρϱɣ̑ϱτί-α).

kränklich, adj., ράζϱνϱ, ᵭουρϱϱ-ζϱνϱ, t. λjεπέτϱ.

Kranz, m., βαρχ-ɣ̑ου, t. χορόνϱ-u. χουρόρϱ-α, g. χονούρϱ-u. χουνόρϱ-α; — v. Feigen, g. πάλjϱ-α.

Krappen, m., γρεπ-ι, t. χράбϱ-α, g. χϱρράδϱ-α.

Krappwurzel, f., t. ρϱ̑ζϱ-α, g. ρράν̑ϱ-α.

Krätze, f., χρύμϱ-α, t.σχjέbε-ja, g. σϱ̑jέbε-ja.

kratzen, γϱρρίτϱ, t. τσιρίς, τᵭίερ, χρούαιγ, g. χρούιγ.

Kratzen, n., τᵭjέρϱ-α; Reiz z. Kr., φαɣ̑ούρϱ-α (gr.).

Krätzer, m., νɣ̑ίᵭτρϱ-α.

krätzig, adj., t. σχjέbουρϱ, χρομάᵭ, g. σϱ̑jεбύσουνϱ, χρομός; ich werde u. bin kr., t. σχjεbύνεμ, g. σϱ̑jεбόσεμ.

krauen, t. χρούαιγ, g. χρούιγ.

kraushaarig, adj., g. χjιμϱσέϱς.

Kraut, n., bαρ-ι, t. λjάχϱϱ-α, g. λjάχνϱ-α.

Krautkopf, m., g. λjαχναρμέ-ja.

Krautkopfstiel, m., t. χοτᵭάν-ι, g. χοτᵭάν-νι.

Krebs, m., νγαφόρ-ι, (χαραβίδε-
ja, σταχό); γαφόρε-ja, t.
γέρθιjε-α; —Krankheit, φά-
γουσε-α, g. φρανγjούζε-α.

Krebsscheren, f. pl., χαραβίδε-
ja.

Kreis, m., χjαρχ-ου, τδαρχ-ου,
χjέρθελj-ι, χjερθελjίμ-ι,
Divra αχόλε; im Kr. drehen,
ρροτουλόιγ u. ρρουτουλόιγ;
— laufen, ρροτουλόνεμ; —
herum gehen, g. βιύ χύρα,
Divra βιύ αχόλε.

kreisförmig drehen, ρροτουλόιγ
u. ρρουτουλόιγ.

krepiren, νγορθ, g. τσοφ; ich
mache kr., νγορθ.

krepirter Thierkörper, g. νγορ-
δεσίνε-α.

Kreuz, n., χρυχj-ι, auch adj.

kreuzen, χρυχjάς u. χρυχjεζύιγ;
mit gekr. Armen u. Beinen sitzen, χρυχjεζύχεμ, ρι χεμβ'
χρυχj.

Kreuzfeier, heilige, δένε χρύχjεja.

Kreuzweg, m., ούδε χρύχjε.

kreuzweise, adv., χρυχj.

kriechend, adj., βιθάδ u. βυ-
θάδ.

Krieg, δουφέχ- u. δυφέχ-ου,
λjούφγε-α, σεφέρ-ι (tk.),
(χέρε).

Krieger, m., t. αρματολός-ι.

Kriegsbeute, f., t. ρεμβούλε-α,
g. ρρεμούjε-α.

Kriegsheer, n., ασχjέρ-ι (tk.).

Kriegsmine, f., t. λαγέμ-ι, g.
λαγάμ-ι (tk.).

Kriegszeiten, f. pl., φρίχα-τε
(gr.).

Krippe, f., γραδτ-ι, χορίτε-α.

kritzeln, δαραβίς.

Krokodil, n., χορχοδίλ-ι.

Krone, f., t. χορύνε- u. χουρύρε-α, g. χονούρε- u. χουνό-
ρε-α;—d. Vögel, g.χατδούλj-ι.

Krug, m., ξέστρε-α, t. στάμνε-α,
g. δτάμε-α, (πλιθάρ); — v.
Kupfer, γjυμ-ι, παγράτδ- u.
πραγάτδ-ι, g. βραχάτδε-ja;
irdener Wasserkr., βύτε-ja,

---

hölzerner, sc. ουύθ-ι; Wein-
kr., λjαγjέν-ι.

Krümchen, n., θερρίμε-ja, g.
ρρίτσχε-α.

krümeln, θερρμύιγ, g. δχοχj.

krumm, adj., t. δτρέμβερε u.
δτρεμπ, g. δτρέμετε; ich
mache kr., δουλjόιγ.

krümmen, χαμβουρjάς, χερρούς
u. χουρρούς, t. δτρεμβύιγ, g.
δτρεμενύιγ, δουλjόιγ; ich bin
gekr., χαμβουρjάσεμ, χερ-
ρούσεμ, Κav. χερβούύjεμ.

Krummmaul, n., γοjάδ-ι.

Krümmung, f., g. δουλjούμε-ja.

Krüppel, m., σαχάτ-ι (tk.).

Kruste, f., (θίπε); d. Brotes, g.
χοθάρε-ja.

Krystall, m., χριστάλ- u. χρουστάλ-ι.

Kübel, m., φουτδί-α, τίνε-α,
Κav. χαρανέτς-ι; g. τινάρ-ι,
χέρβε-α.

Kuchen, m., λjαχρούαρ-ι;πέτου-
λε-α;χουλjάτδ-ι;s.g. φελjί-α.

Kuchendecke, f., χjε-ρι, g. χjεν-
ja; s. τεπσί-α.

Kuchenrand, m., t. θέμπρε-α,
g. θέμρε-α.

Küchlein, n., ζοχ πούλjε; g.
χουχοβρίχj-ι.

Kugel, f., t. πλjουμπ-βι, g.
πλjουμ-ι.

kugelrund, adj., g. ρροτουλέες.

Kuh, f., λjύπε-α.

Kuhfladen, m., g. γαλjάμδ-ι.

Kuhhirt, m., λjοπάρ-ι.

kühl, adj., t. βεσετούαρε, φτύχετε, g. φτύφετε.

kühlen, t. βεσετύιγ u. βεσύιγ.

Kühlfass, n., g. σαράνδδε-α.

kühn, adj., βουρρερίδτ u. βουρ-
ρενίδτ, g. χοτσιμδάρ u. χουδσιμδάρ.

Kukuk, m., χούχο-ja u. χούχουα-
οι, χjύχjε-ja.

Kümmel, m., t. χjίμινο-ι, g. χjι-
μόν-ι.

Kummer, m., γουλjτδίμ-ι, χαλ-ι
(tk.), t. χελjμούαρε-α, g.
χελjμούμε-ja, χελjμίμ-ι; ich
habe K., χαλεστίς.

---

kümmern, sich, χρίττεμ, με
πρετ; — nicht, σ' χαμ μαι,
t. σ' — ζε φιλ.

kundschaften, περρjόιγ u. περ-
jούαιγ.

Kundschafter. m., περρjόνες-ι
χαλαούς- u. χουλαούς-ζι.

künftig, adv., t. σοτ ι πάρε, g.
σοτ ε περπάρα, χασανδδίjε,
πασνδδίjε u. μασαντάjε; k.
Jahr, t. μοτ, g. μότιτ.

Kunst, f., ζανάτ-ι (tk.).

Küpe, f., se. ουύθ-ι.

Kupfer, n., χjίπερε-α, t. βαχέρ-ι,
g. βάχερ-ι (tk.); g. τουμβάχ-
ου, τουνδ-ι (tk.).

Kupferkasserolle, f., σαχάν-ι.

kupfern, adj., χjίπερτε, βαχέρ-
τε (tk.), g. τουμβάχτε.

Kuppler, m., g. λjάμερ-ι, tgr.
δχες-ι.

Kürbis, m., g. χοτδ-ι.

kurz, adj., δχούρτε u. δχούρτε-
ρε; k. lebend, δίτε δχούρτενε
o. ρενδσούμε; vor kurzem,
t. πάρε u. πάρθενε, g. δπαρ
u. δπάρθενε; ich halte k., t.
μδεjέθ, g. μδεjέθ u. μελjέθ.

kürzlich, adv., g. ρίδτας u.
ρίδτασι.

Kuss, m., t. πούθουρε-α, g.
πούθμε-ja.

küssen, πουθ.

Küste, f., δρίνje-α.

L.

Lache, f., g. λjιγάτε-α, ber.
ματδάλj-ι.

lächeln, χjεδ.

lachen, χjεδ; zum L., περ γες.

lächerlich, adj., περ γες.

Lachtaube, f., χουμρί-α, ber.
δουδί-α.

Lade, f., t. αρχ-ου, g. δρχε-α.

Laden, m., g. μανγαζά-ja.

laden, νγαρχόιγ; ein Gewehr,
μδουδ.

Ladstock, m., πουρτεχε-α, δού-
φρε δουφέχου, g. γαρδί-α.

Ladung, f., βάρρε-α, t. νγ̇αρ-
χούαρε-α, g. νγ̇αρχούμε-ja.

lagenweise, adv., πάλjε πάλjε.

Lager, n., ϑυϑέκ-ου, ϑτρύμε-
u. στρόμε-α, t. ϑτρούαρε-α,
g. ϑτρούμε-ja; d. Thiere,
φολjέ-ja, λοϑ-ι, t. ϑτροφάκ-
ου, g. ϑτρύφχε-α; Kriegsl.,
ορδί-α (tk.); ich bereite d.
L., ϑτρόιγ.

lahm, adj., τϑάλje, g. τϑαλja-
μάν, νγ̇αλjαχάχj; βιϑάϑ; ich
bin l., g. νγ̇αλjόιγ u. νγ̇αλjύ-
χεμ.

Lahmheit, f., g. νγ̇αλjούμε-ja.

Lähmung, f., t. μβάjτουρε-α,
g. μβάjτμε-ja.

Laib Brot, t. κράβελje-ja, g.
χαραβέλje-ja, σομούνε-ja
(tk.).

Laich, m., g. ίχρα-τε.

laisch, adj., λαιχύ (gr.).

Lamm, n., t.χjενχj-ι, g: χjενχj-ι;
pl. ϑχjέρρα- u. ϑτjέρρα-τε;
Hausl., g. σγ̇ίτϑ-ι.

Lämmergeier, m., ϑκάβε-α, g.
χαμαχούϑ-ι.

Lammwolle, f., λjεϑ χjένχjι.

Lampe, f., λάμπε-α (gr.);
φοτί-α (gr.); g. λjινάρ-ι;
Glasl., χανδίλje-ja.

Lampenschnabel, m., φυτ-ι, g.
πιπϑ-ι.

Land, n., δε-ου, t. βγ̇νδ- u.
βγ̇ν-ι, g. βενδ-ι, τύχε-α.

landen, t. αρμενίς.

Landgut, n., άρε-α, τϑιφλίχ-ου
(tk.).

Landleute, pl., μαλλjεσί-α.

Landschaft, f., ναχίε-ja.

Landsmann! μορέ! g. μρε!

Landspitze, f., t. μένγ̇ε-α, g.
μάνγ̇ε-α.

Landung, f., t. αρμενίσουρε-α.

Landzunge, f., t. γ̇jούχε-α,
μένγ̇ε-α, g. γ̇jούνγ̇ου-ja,
μάνγ̇ε-α.

lang, adj., γ̇jάτε; lange lebend,
δίτε γ̇jάτε; so lange als,
νjερ σα u. σα, g. σέι.

Länge, f., γ̇jάτε-τε; ich ziehe
in die L., g. σουρουλάς.

Langewelle, f., σιχλέτ-ι (tk.);
ich mache L., σιχλετίς (tk.);
ich habe L., σιχλετίσεμ, χαμ
σιχλέτ.

langjährig, adj., μότϑιμ.

langmüthig, adj., g. ζεμερϳjάν
u. ζεμερδουρούϑεμ.

langsam, adj., σjέλε, t. μενούα-
ρε, (μενούα); langsam! με
χολάιγ!

langweilen, σιχλετίς (tk.); sich
—, σιχλετίσεμ, χαμ σιχλέτ,
σγ̇ραδίσεμ (tk.).

Lanze, f., γ̇αρϳί-α, χϳje-α, t.
χελ-ι, μαζϑράκ-ου, g. χέλλε-
ja, ϑτίζε-α, μεζϑράκ-ρι, (με-
ζϑράκ).

Lanzette, f., νιϑτέρ-ι.

Läppchen d. Hahns, γ̇ούϑε-α.

Lappe, m., Λjαπ-ι u. -δι, 'Αρ-
βερ-ι, lap. Αρβερέϑ-ι.

Lappen, m., λjάπε-α, t. πατσαμούρε-ja, g. πατϑαβούρε-ja,
πούλε-α.

Lapperei, f., Λjαπερί- u. Λja-
βερί-α, Αρβερί-α.

Lappin, f., 'Αρβι-α.

lappisch, adj., t. λjαπερϑίϑτ u.
λjαβερϑίϑτ, αρβερϑίϑτ, g. λja-
βερνίϑτ.

Lärm, m., τραζίμ-ι, t. χρίτομε-
u. χρίϑμε-α, ϑαματά-ι (tk.),
g. χρίσμε-α, ϑαμάτε-α (tk.),
γ̇ουβέρρμε-α, ποτέρε-ja; ich
mache L., ϑαματόιγ (tk.).

Lärmmacher, m., g. βελjέκ-γ̇ου.

lassen, t. λje, g. λjȧν.

Last, f., βάρρε-α.

lästern, Gott, βλασφιμίς (gr.).

lästig, adj., t. ρένδε, g. ράνδε.

Lastträger, m., χαμάλ-ι.

Lastvieh, n., t. βαγ̇ϑτί-α, g.
βαχτί-α.

Lateiner, m., Λατίν-ι, g. Λjιτίν-
u. Λjετίν-νι.

lateinisch, adj., λατινερϑίϑτ u.
λατινίϑτ, g. λjιτινίϑτ.

Laterne, f., φενέρ-ι (gr.).

Latte, f., πέταβρε-α, g. χάτελε-
u. χάτουλε-α.

Lattich, m., (λατουγχε).

Lattichsalat, m., μαρούλj-ι.

Latwerge, f., t. χαϑάφ-ι, g.
χοϑϑάφ-ι.

lau, adj., t. βάχετε, g. βόχετε;
ich mache lau, βαχ.

Laub, n., γ̇jέϑε-ja; ich bekomme L., γ̇jεϑεσύιγ.

Laubspitze, f., g. πίπεζε-α.

Laubwerk, dichtes, τούφκε-α.

Laubzweig, m., γ̇jέϑε-ja.

Lauch, m., t. πράσσε-α, g.
πρασσ-ι, ber. πρεϑ-ι, (πρέϑε).

Lauerer, m., χαλαούς- u. χουλαούς-ζι.

lauern, μβα βεϑ.

Lauf, m., t. βραπκ-ι, g. ρένδε-α;
d. Gewehre, λαμνί-α, g. ναβλί-α; im L., t. με βραπκ,
g. με ρένδε, τϑαπούνϑι.

Laufbursche, m., g. ρρουγ̇εταρ-ι.

laufen, t. βραπκόιγ u. βραπκε-
τόιγ, έτσεγ, g. ρενδόιγ, δου-
βίς, τουρρ u. τούρρεμ, έτσιγ;
laufe! t. βερβίτου!

Laufsprung, m., g. χόφμε-ja.

Lauge, f., φίνjε-α, αλσίβε-α
(gr.).

läugnen, αρρνίς u. αρρνίσεμ
(gr.), ζε νιχjάρ o. χάδα, g.
βίε χάδα.

Läugnen, n., νιχjάρ-ι (tk.); ich
lege mich aufs L., ζε νιχjάρ.

Laune, f., χιλμ-ι; es kommt mir
d. L. an, g. με ϑκέπετε.

Laus, f., μορρ-ι; ερϳjίε-ζι;
Hühnerl., g. πουλjέϑζε-α;
Blattl., g. δρέϑχεζε-α.

lauschen, περϳjόιγ u. περϳjού-
αιγ.

Lausei, n., g. ϑενί-α.

lausen, μορρίτ; —sich, μορρίτεμ.

lausig, adj., μορρέπσουρε; ich
mache l., μορρέπς; ich werde
l., μορρέπσεμ.

Lauskerl, m., g. μορρατσάκ-ου.

laut werden, t. γ̇jεμόιγ, g. γ̇jι-
μόιγ; — reden, γ̇ερϑές.

lauter, adj., t. παστρούαρε, g.
παστρούμε.

Leben, n., jέτε-α; ϑπιρτ- u.
ϑπιρτ-ι; ούμερ- u. ύμερ-ι,
g. ύμβερ-ι; s. auch d. part. v.

ρρύιγ, ρούαιγ u. χεχϳ; am L., adj., ϳϳάλɜ.

leben. ρρύιγ; lang, kurz lebend, dίτɜ ϳϳάτɜ, ϑχούρτɜνɜ o. ρɜνϑσούμɜ.

lebendes Wesen, χάϕϑɜ-a.

lebendig, adj., ϳϳάλɜ.

Lebensärt, f., t. ρρούαρɜ-a, g. ρρούμɜ-ja.

in Lebensgefahr sein, g. jαμ μɜ χρύɜ ν΄ϑόρɜ.

lebensgefährlich, adj., g. μɜ χρύɜ ν΄ϑόρɜ.

Lebensjahr, n., μοτ-ι.

lebenslang, adv., g. σέι τɜ jέτɜ.

Leber, f., μɜλϳτϑί-a, g. μυύλϳτϑι-a, βουϑουρέχɜ-ja.

lebhaft, adj., ϳϳάλɜ.

Lebzeiten, bei, πɜρ σɜ ϳϳάλι.

lecken, t. λϳɜπίγ, g. λϳɜπίν, λɜπ; — sich, πɜρλϳɜπίνχɜμ.

Lection, f., μαϑίμɜ-a (gr.).

Leder, n., λϳɜχούρɜ-a.

ledern, adj., λϳɜχούρτɜ.

Lederriemen, m., λϳαχ-ου.

leer, adj., μβράσɜ u. μβράζɜτɜ, τσβράσɜτɜ, ϕίρɜ, λϳιϕ; ich mache leer, λϳιϕύιγ, μβρας.

Leere, f., μβράζɜτɜ-a.

leeren, μβρας, τσβρας u. σβρας, ϑχουντ, λϳιϕύιγ.

legen, t. βɜ, g. βɜν; bei Seite, βɜ λϳαρτ; sich auf Etwas —, βίɜ πράπα, t. βίχɜμ, g. βίνχɜμ.

Lehmarbeiter, m., χɜραμιϑϑί-ου.

Lehmstein, m., πλϳτϑάρ- u. πλιϑάρ-ι.

Lehre, f., διϑαχί-a u. ϑασχαλϳί-a (gr.).

lehren, διϑάξ u. ϑασχαλϳέπς (gr.), t. μπσόιγ u. πσόιγ, g. μɜσόιγ, απ μɜντ.

Lehrer, m., ϑασχάλϳ-ι (gr.); ich bin L., ϑασχαλϳέπς (gr.), g. απ μɜντ.

Lehrling, χάλϕɜ-a (tk.), se. ϑɜϳέρτ-ι; ausgelernter, τϑιράχ-ου.

Leib, m., χουρμ-ι, βαρχ-ου, t. ζέμɜρɜ-a, g. ζέμɜρɜ- u. ζέμβɜρɜ-a, t. τρουπ-ι.

Leibesgestalt, f., jαπίϳɜ-a, ϑτατ-ι, t. τρουπ-ι.

leiblich, adj., χουρμɜρϑτ.

Leibschneiden, n., τɜ πρέρα νϑɜ ζύρρɜ, g. χɜσύμɜ-ja; ich habe L., t. μɜ ϑɜρ, g. μɜ χɜσέν βάρχου.

Leibweh, n., ϑɜρμ-ι.

Leiche, f., λϳɜϑ-ι.

Leichengepränge, n., t. λϳαούς-ζι.

Leichenmahl, n., g. λϳιμόϑɜνɜ-a.

Leichentuch, n., t. σάβαν-ι, g. σάβɜ-a.

Leichnam, m., χουϕόμɜ-a, λϳɜϑ-ι, t. τουρπ-ι.

leicht, adj., t. λϳɜχ, λϳέχɜτɜ u. λϳɜ, g. λϳέτɜ; χολάϳτϑμ; adv., χολάϳτγ, ϑοτ; l. Goldstück, g. ϕλϳορίνι μένϳουτ; l. Truppen, ασχέρι ρɜβέλϳ.

Leichtigkeit, f., λϳɜ-ja u. λϳέχɜτɜ-a, g. λϳέτɜ-a.

leid thun, μɜ βϳɜν χɜχϳ o. ρɜνϑɜ, g. ουιϑɜνόχɜμ, μɜ ϑίμɜɜτɜ, ι μβέττι τάνϳɜ.

leiden, λϳɜνϑόιγ; t. βούαιγ, g. βούιγ; t. πɜσσόιγ, χɜχϳ, g. μɜσόιγ, χɜχ; μɜ νϳɜτ.

Leiden, n., λϳɜνϳϳίμ-ι, u. d. part. v. λϳɜνϳόιγ, πɜσσόιγ u. ϳϳɜμόιγ, g. ϳϳιμόιγ.

leidend, adj., ϳϳɜμούαρɜ, ϑέμπουρɜ, t. χέχϳɜɜ; von leidendem Aussehen, νϳɜρί βɜρϑαϳϳάχ.

leihen, χούαιγ, απ χούα; μαρρ χούα.

leihweise, adv., t. χούα, g. χουά.

Leim, m., t. τουτχάλɜ-a, g. τουτχάλ-ι (tk.), (τουτβάλɜ).

leimen, t. νϳϳίττ, g. νϳϳισσ.

Lein, m., t. λϳι-ρι, g. λϳιν-νι.

leinen, adj., t. χέρπτɜ, λϳίϳτɜ u. λίτɜ, g. λϳίντɜ.

Leintuch, n., τϑαρτϑάϕ-ι (tk.).

Leinwand, f., πλϳɜχούρɜ ɜ λϳίτɜ, τϑαρτϑάϕ-ι (tk.).

leise, adv., χαϑάλϳɜ, χαϑάλϳɜ χαϑάλϳɜ, g. νϳαϑάλϳ.

Leisten, m., χαλούπ-ι, t. χρɜχɜρ-ι, g. χράχαν-ι, (χαλέπ).

---

leiten, χυβɜρρίς (gr.), g. μβάιγ ϑυμέν.

Leiter, f., ϑτάλɜ-a.

Leitung, f., χυβɜρρί-a (gr.).

lernen, t. μπσόιγ u. πσόιγ, ντζɜ, g. μɜσόιγ, ντζάν, ϑζάν; μαρρ.

lesen, διαβάς (gr.), χɜνϑύιγ, t. μπσόιγ u. πσόιγ, g. μɜσόιγ, χɜνϑύιγ πɜρτσίπɜρ.

Lesen, n., διαβασί-a (gr.).

Lesender, m., (λɜζούɜϑ).

Lette, f., g. λϳɜϑ-ι.

letzter, παστάμ- u. παστάϳɜμ-ι, βίϑτμɜ-ι.

leuchten, ϕɜξ (gr.), t. νάριττ, g. νάρις, νάριττϑύιγ.

Leuchter, m., χανδιλϳέρ-ι, λϳιχνάρ-ι u. λϳιχνί-a (gr.); μανάλϳɜ-ja.

Leuchtwurm, m., τϑίχɜ βέρρɜ, g. ϑσιϑσɜλίμɜ-a.

Leute, pl., βύτɜ-a.

leutescheu, adj., μβύλɜ u. μβύλɜς.

Levkoje, f., μσίρ-ι.

Licht, n., δρίτɜ-a, ϕɜξ-ι u. ϕέξουρɜ-a (gr.); gehe aus d. L., μος μβα δίɜινɜ.

Lichtstrahl, m., t. ρɜμβ-ι, g. ρɜζέ-ja.

Liebe, f., t. δαϑουρί- u. δαϑϳουρί-a, δαϑουρίμ-ι, ɜϑχ-ου, g. δαϑχτουνί-a, δαϑουνίμ-ι, αϑχ-ου.

lieben, δούα.

Lieben, n., g. δάϑμι-τɜ.

liebenswürdig, adj., t. δάϑουρɜ u. δάϑϳουρɜ, g. δάϑουνɜ, δάϑɜμ, δίϑɜμ.

lieber, adv., τέχɜρ, μɜ o. μβɜ τέχɜρ.

Liebeslied, n., χένϳɜ δαϑουρίɜ.

Liebhaber, m., jαράν-ι, αϑίχ-ου.

liebkosen, πɜρχɜδέλϳ, (πɜρϑɜχέλϳ), μαρρ μɜ τɜ μίρɜ.

liebkosend, adv., πɜρχɜϑέλϳ.

Liebkosung, f., λϳάιχɜ-a, πɜρχɜϑέλϳουρɜ-a, πɜρχɜδɜλϳί-a, (πɜρϑɜχέλϳɜ).

Liebling, g. δάϑμɜ-ja.

Lied, n., χένϳɜ-a, g. χάνɜχɜ-a; gereimtes, t. χένϳɜ μɜ λϳίϳϳɜ;

ich mache ein L., g. ντζίερ χένͅε.

liederlich, adj., g.ϑχύχjουνε, βιράνε-ja.

Liedlohn, m., ρόγͅε-a.

Lilie, f., βαρδάχ-ου, ζαμβάχ-ου.

Lilla, f., g. λjαϊλjά-ja.

Linie, f., ράδͅε-a, g. ρρουβί-a.

Linientruppe, türk., νιζάμ-ι (tk.).

linkhändig, adj., μͅνγͅjάδ, g. σολάχ.

links, adj., t.μͅνγͅjͅρͅ,g.σολάχ, μάιτͅ.

linnen, adj., t. λjίjτͅ u. λίτͅ, g. λjίντͅ.

Linnenhemd, n., g. λjίν ͅ λjίντͅ.

Linse, f., γͅρύδͅ-a, ϑιέρρͅ- u. ϑjέρρͅ-a, φjέρͅ-a.

Lippe, f., δούζͅ-a; ich spitze d. Lippen, g. ρρουϑ δυύζͅτ.

List, f., δͅλͅχͅρί-ι, g. δͅχj-ι, N. T. δινανͅρί-ι.

listig, adj., λjαιχͅτάρ, (δινάχ, ροσπούλ).

Liturgie, f., μέδͅͅ-a, ͅφχαριστί-α u. λjιτουργͅί-α (gr.); ich halte d. L. ab, μͅδύιγ.

Lob, n., δͅχίμ-ι, t. λjͅβδίμ-ι, g. λjαβδίμ- u. λjαβδͅρίμ-ι.

loben, μαδͅτͅσύιγ u. μαδύιγ, μβουρρ, t. λjͅβδύιγ u. λjͅβδουρύιγ, g. λjαβδύιγ u. λjαβδουρύιγ.

lobpreisen, μαδͅνύιγ.

lobsingen, g. βαργͅͅζύιγ.

Loch, n., t. βέρͅ-a, ber. βͅρίμͅ-a, g. βρίμͅ-a, ts. βίρͅ-a; — g. χουρδͅ-a; L. an L., g. βρίμα βρίμα.

Locke, f., t. δζουλούφͅ-ja, g. τσουλούφͅ-ja.

locken, t. νδίͅλ, g. νδιλ, νδͅρσέιγ.

locker, adj., λjιͅρ; ich mache l., λjιͅρύιγ.

Löffel, m., λjούγͅͅ-a.

Lohn, m., πάγͅͅ-a, ρύγͅͅ-a, t. χάχͅͅ-a, g. χαχ-ου.

Lolch, m., g. μόδͅͅ-a.

Loos, n., δορτ-ι u. δόρτͅ-ja, ϑχούρτͅζͅ-a; — βιττόρͅ-ja; ich ziehe d. L., βͅίγ o. ϑτίͅ ϑχούρτͅζͅνͅ o. δορτ.

loosen, βͅίγ o. ϑτίͅ ϑχούρτͅζͅνͅ o. δορτ.

Lorbeer, m., δαφίνͅ-a.

Lorbeereiche, f., ϑχjέμͅζ͙ͅ-a.

Lösegeld, n., ξͅδͅπͅρβλjίμ-ι.

lösen, t. δζͅιϑ, δζͅιϑ, δσιϑ, g. σγͅιϑ u. γͅιϑ.

loskaufen, ξͅδͅπͅρβλjέιγ.

losknüpfen, t.δζδͅρϑέιγ, g.σδͅρϑέιγ.

loslassen, t. λjͅδύιγ, g. λjιδύιγ.

losreissen, tr., ϑχjίͅιγ, t.δζδͅρθέιγ, g. σδͅρθέιγ.

losstürzen, t. βͅρβίτͅμ, χίδͅμ, λjͅδύνͅμ, g. χούδͅμ, λjιδύχͅμ, τουρρ u. τούρρͅμ, βρουλύιγ.

Losstürzen, n., g.βρουλ-ι, βρουλούμͅ-ja.

lostrennen, sich, ϑχjέπͅμ.

Losung d. Grossviehs, t.βάιγͅ-a, g. βάγͅλjͅ-a; d. Kleinviehs, χαχͅρδί-a.

Löwe, m., ασλάν-ι (tk.).

Löwin, f., χαπλάν-ι (?).

Luder, n., μιδ ράρͅ.

Luft, f., ͅρͅ-a.

lüften, ͅρͅσύιγ.

Luftgeist, weibl., t. Λjουβί-a.

Lüge, f., ρέμͅ-ja, g. ρρένͅ-a, γͅάδͅ-a.

lugen, βͅ σύνͅ.

lügen, g. ρρͅίγ, tyr. ρρͅννύιγ.

lügenhaft, adj., γͅͅνjέρͅ u. γͅͅνjέδͅτρͅ.

Lügner, m., γͅͅνjͅδͅτjάρ-ι, ρͅμάλ-ι, ρέμͅͅς-ι, g. ρρͅνͅͅς-ι, ρρͅνατσάχ-ου.

lügnerisch, adj., t. ρͅμ, g. ρρͅν, ρρͅνͅ, ρρͅνατσάχ.

Luke, f., πͅνδͅτέρͅ-ja; g. βάδδͅͅ-a, βάδδͅ-ja.

Lump, m., λjούμͅ u. λjούμͅ δͅτ o. ͅ πͅρούα.

Lumpen, m., λjάπͅ-a, τσάρδͅͅ-a, t. πατσαμούρͅ-ja, g. λjίτͅσͅͅ-a, πατδͅβούρͅ-ja, τσάρͅγͅͅ-a.

Lunge, f., πλͅμόν-ι, μͅλjιτͅιϑ ͅ χούχjͅ, t. μουδͅͅρί-a, g. μουδͅͅνί-a, (ϑπίρͅ).

Lust, f., πͅλjιχjίμ-ι, σͅφά-ja(tk.), ορέξ-ι (gr.), t. δαδουρίμ-ι,

g. δαδουνίμ-ι, (δͅδͅρίμ, βολέχ); ich habe L., μα χα δνδͅ.

Lymphe, f., t. λjͅνχ-γͅου, g. λjανχ-γͅου; δούρρͅ χjένι, g. δουρρͅδέζͅ-a.

M.

machen, t. βͅίγ, g. βαύj, Diera βόι; Muth —, απ ζͅμͅρͅ; Weg —, μαρρ ούδͅ; — sich, t.βͅνͅμ,g.βάνχͅμ, αλͅϑτίσͅμ.

Macht, f., ομοού-ι, t. ούρδͅρ-ι, ουρδͅρίμ-ι, g. ουρδͅνίμ-ι; — ναχάρ-ι.

mächtig sein, g. χαμ χαλ.

Mädchen, n., βάδͅͅͅ-a, t.τδούπͅ-a, βάιζͅ-a, g. βάρζͅ-a; χέδͅ-ja, χότσͅ-ja, t. βύτσͅ-ja, g. βοτσί-a, τσούτσͅ-a; γͅότσͅ-a; Mädchen! μύιjͅ! o. μύιjͅ!

Mädchenschaft, f., t. βαιζͅρί-a, g. βαιζͅνί-a.

Made, f., (βέμͅ-a); im Fleisch, διμίζͅ-u.δͅμίζͅ-a,(βέμͅ-a); im Käse, g. ϑτρͅχ-δι.

Magazin, n., μαγͅαζί-a; g.χjουρͅ-ι; g. δουρχ-ου; — χοτδέχ-ου.

Magd, f., χοπίλjͅ-ja, g. δάδͅ-a; — ροδͅρέδͅ- u. ροδίνjͅ-a.

Magen, m., μούλͅͅζͅ-a, στομάχ-ου (gr.).

mager, adj., λjιχ, λjίχτͅ; g. ϑατίχj; ich mache m., t. λjίγͅ u. λίγͅͅιγ, g. λjιχ; ich werde m., λjίγͅͅͅμ, g. τͅολόχͅμ.

mähen, g. χοσίͅς.

mahlen, t. βλjούαιγ, g. βλjούιγ, ξάιγ-jι.

Mahlgeld, n., ξάιγ-jι.

Mahltrog, m., χοδ-ι.

Mähne, f., λjͅλjέ-ja, g. χρέϑτͅ-a.

Mährchen, n., t. χάφδͅͅ- u. χάφδͅζͅ-a, πράλͅ-a, g. πͅρράλͅ-a; πͅρράλα Δούρρͅσι!

Mai, m., Μάιj-ι.

Majestät, f., μαλλjͅϑτί-a, t. μάδͅ-ja, g. μαδͅνί-a.

majestätisch, adj., g. μαλλjͅϑτούαρ u. μαλλjͅϑτούρ; ich

hin m., g. μαλλjȝϑτότγ u. μαλλjȝϑτόχεμ.

Maikäfer, m., g. δουδουδίνχε-α, δουϑίνχε-α.

Mais, m., μίσσερ-ι, βερρεχjέτ-ι (tk.?); von M., μίσσερτε.

Maisbrot, n., δούχε ε μίσσερτε.

Maishaar, n., σίρμε-α, τϑούφχε-ι u. δϑούφχε-α.

Maiskolben, m., χαλούπ-ι, (χαλέχ).

Maiskolbendeckblätter, n. pl., τϑέφχε-α, g. λαπούτϑχε-α.

Maiskolbenrübe, f., δουϑάλjε-α.

Maiskorn, n., χόχjε χαλαμβόχjι.

Makaronen, pl., g. ρίϑτε-ja.

Makrele, f., (σχουμβρί u. σχρουμβί).

Mal, n., χέρε-α; -mal, -πjέσε; jedes Mal, περχέρε, νϳα χέρε u. χέρα; mit einem M., με νjε o. με νjε χέρε; zum ersten M., χέρεν' ε πάρε; z. zweiten M., περ σε δύτιτ; z. letzten M., χέρεν' ε παστάμε; v. ersten M. an, χjε χέρεν' ε πάρε.

malen, ζοϳραφίς (gr.).

Maler, m., ζοϳράφ-ι (gr.).

Malve, f., t. μελάϳε-α, g. μουλάϳε-α.

man, νjερίου.

manchmal, χέρε χέρε u. χέρε πας χέρε.

Mandel, f., u. -baum, m., bajáμε-ja.

Mandelkern, m., θελjπ-ι.

Mandelmilch, f., ϑjάσο- u. ϑιάσο-ja.

Mandoline, f., g. τϑυρ-ι.

Mangel, m., λjτπσί-α.

mangelhaft, adj., g. ϳjυμεσάχ u. ϳjυσάχ, μέτε, se. μένϳουτ o. μάνϳουτ, (μέτϑμ).

mangeln, t., λjίπσεμ, g. λjύπσεμ.

Mann, m., νjερί-ου, βούρρε-ι; ϑπιρτ- u. ϑπυρτ-ι; — βέτε; kleiner, g. βουρράχ- u. βουρρατσάχ-ου; junger, t. τριμόϑ- u. τριμόϑ-ι; M. gegen M., νjε περ νjε, g. νjτ μbι νjτ.

Männchen, n., g. βουρράχ- u.

βουρρατσάχ-ου; bei Thieren, μάϑχουλj-ι.

Männerzimmer, n., όδε-α.

mannhaft, adj., μάϑχουλj.

männlich, adj., μάϑχουλj, μάϑχε, βουρρερίϑτ u. βουρρενίϑτ; männliches Glied, χαρ-ι, χάρε-α, λjύχjε-ja, φις-ι (gr.), t. χου-ρι, g. χούν-νι, ρρότϑ-χε-α; Ruthe des m. Gl., μασσούρ-ι.

Manns-, βουρρερίϑτ u. βουρρενίϑτ.

Mannsalter, n., βουρρερί-α.

Mannschaft, f., βουρρερί-α.

Mannshöhe, f., bόjε-α.

Mannsmütze, f., χεσούλjε βουρρερίϑτε.

Mantel, m., ϳούνε-α, (χάπε-α), — t. ταλαϳάν-ι, g. ταλαϳάνε-ja; — ohne Ärmel, t. bρουτς-ι, ϑάρχε-α, φλjοχάτε-ja, g. δϑόχε-α.

Mariä Himmelfahrt, πάϑχε ε Γ'ούϑτιτ.

Mark, n., πάλjτσε-α.

markiren, ϑενότγ.

Markt, m., παζάρ-ι.

Marktplatz, m., παζάρ-ι.

Marmor, m., t. μαρμάρ-ι, g. μερμέρ-ι.

Marter, f., μουνδίμ-ι.

martern, μουνδότγ.

Märtyrer, m., ϑαχίτ-ι (tk.), μαρτύρ-ι; ich werde zum M., bίε ϑαχίτ, t. μαρτυρίς, g. μαρτυρέτς.

März, m., Μαρς-ι.

Maschine, f., μιχανίμ-ι (gr.), g. τϑαρχ-ου.

Maschinerie, f., μιχανίμ-ι.

Maser, f., χόχjε φρούϑι; t. φρουϑ-ι, g. φρούνϑ-ι.

Maske, f., g. σουρέτ-ι (tk.).

Mass, n., χενάτε-α, μέρε-α; μάσε- u. μάτε-α, g. μάτες-ι.

Masse, f., μαλ-ι; πλjοτ; ϑούμετε-α.

mässig, adv., με χενάτε, (με χουάρ).

Mässigkeit, f., g. πάχετα.

masslos, adj., g. χjίτουνε.

Massstab, m., ϑχοπ-ι.

Mast, f., part. v. μάτj u. νϳjαλ.

mästen, μάτj, t. νϳjαλ, g. νjαλ, (ουϑχριε).

Mastix, m., μαστίχ-ου.

Mastschaf, n., g. σϳίτϑ-ι.

Matja (Fluss), Μάτε-ρja.

Matratze, f., δυϑέχ-ου; μνδάρ-ι (tk.).

Matte, f., ροϳός-ι, g. χάσερε-α.

Mauer, f., μουρ-ι.

Mauerkante, f., πεζούλj-ι.

Mauernische, f., χαμάρε-ja, g. πενδϑέρε-ja.

Maulaffe, m., ϑαστίσουρε-ι, g. χουτάχj-ι.

Maulbeere, f., u. -baum, m., μαν-ι u. μάνεζε-α, g. μάνδε-ι.

Maulesel, m., μούϑχε-α.

Maulwurf, m., t. ουρί-ου, g. ουρίνϑ-ι, (ουρίχ).

Maurer, m., ουστά-ι, (μjέϑτρε).

Maus, f., μι- u. μυ-ου.

Mausefalle, f., τϑαρχ μίϑε.

Meer, δετ-ι; — χερνάλε-ja.

Meerbusen, m., ϳjί-ρι, t. μένϳε-ι, g. μάνϳε-α.

Meerenge, f., t. μένϳε-α, g. μάνϳε-α.

Meeresufer, n., ρέξε δέτιτ.

Mehl, n., t. μίελ-ι, g. μιλ-ι; — das feinste, μάjε ε μίελιτ.

Mehlbrei, m., χjουλ-ι.

mehr, adv., t, μξ u. μbξ, g. μα; τέπερ, τέπερε, με o. μbξ τέπερ; λjαρτ.

Meile, f., (μιλλ).

mein, jτμ, ιμ, se. jεμ; der meine, jjμ-ι u. ιμ-ι; die meine, jίμε-ja u. ίμε-ja, N. T. ίμια.

meinetwegen, g. άν.

Meinung, f., μενδ-ι, μένδε-ja, μένδ-ι, g. μεντ-ι, μένδε-α u. μενδί-α.

Meister, m., ουστά-ι, (μjέϑτρε).

Melisse, f., bαρ βλjέτε.

melken, μιέλj u. μjελj, g. μbιλj; g. χρυϑ.

Melone, f., χόχjε χjέχαρ, tyr. χοχομάρε-ja; — halbreife, g. χομbίϑτ-ι; Zuckerm., t. χjέπερ-ι, g. χjέχεν-ι; Wasserm., καρπούς-ζι, g. δελjχjίν-νι, lap. δαλjχjί.

Melonenfeld, n., g. δελjχjίνδτε-α.

Menge, f., τούφε-α, t. τούρμε-α, g. τρούμε-α; vjερεζι̃-α, g. λjαούς-ζι.

mengen, ναχατός (gr.), t. περζίειγ u. περτζίειγ, τραζύιγ, g. περζίγ, τραμεζύιγ, αλεδτίς, μ̃υς; — sich, περζίχεμ.

Mensch, m., vjερί-ου, g. ρ̃οπ-δι.

Menschenalter, n., g. φάχjε vjέρεζιδ.

Menschenclasse, niedere, vjέρε-ζιτ' τε πόδτερε, — höhere, vjέρεζιτ' τε λjάρτε.

Menschenkoth, m., μουτ-ι, κάχε-α.

Menschenmasse, f., χαλχ-ου, g. r̃jίνδι-α; — bewegte, χαλαβαλέχ-ου (tk.).

Menschenmenge, f., vjέρεζι̃-α, t. τούρμε-α, g. τρούμε-α.

Menschheit, f., vjέρεζι̃-α, vjέρεζλέχ-ου.

menschlich, adj., vjέρεζιδτ.

Menschlichkeit, f., vjέρεζι̃-α, vjέρεζλέχ-ου.

merken, auf etwas, βε ρ̃ε.

merkwürdig! πουν' ε μάδε!

Messe, f., μέδε-α, εφχαριστί-α (gr.); Ich lese M., μεδύιγ.

messen, μας u. ματ, g. μ̃ας, νουμερόιγ, νεμερύιγ, νδεμερύιγ.

Messen, n., μάσε- u. μάτε-α, g. μάτες-ι, μάτμε-ja.

Messer, m., g. μάτες-ι.

Messer, n., θίχε-α, *Divre* φιδχ-ου; δρισχ-ου; Baum- u. Weinbergm., t. κίζε-α, g. κίν-ζε-α; d. Soldaten, jαταγάν-ι.

Messerklinge, f., (μερού-ρι).

Messerrücken, m., g. χjύρε-α.

Messerschneide, f., μιλ-ι.

Messerspitze, f., χ̃ούνδε-α.

Messing, n., χjίπρε-α, g. τουμ-βάχ-ου, τουνδ-ι (tk.).

Messingbecken d. türk. Musik, τδαπαρά-ja (tk.).

messingen, adj., χjίμερτε, g. τουμβάχτε.

Metall, n., μαδέμ-ι (tk.).

Metalldraht, m., σίρμε-α.

Metalllampe, f., g. λjινάρ-ι.

Metallrohr, n., g. λούλε-α.

Metallscheibe, als Tisch, σενί-α; zum Backen, τεπσί-α.

Metallteller, m., δισχ-ου.

Metze, f., als Mahlgeld, ξάιγ-jι.

miauen, μιαυλίς u. μιαυνίς, r̃αυνίς.

Miethe, f., χjιρά-ja (tk.).

miethen, ζε με χjιρά, t. ζε, g. ζαύ, παιτύιγ, παιχτόιγ u. παχjύιγ; — ein Schiff, ναβλός (gr.).

Milch, f., χjούμεδτε- u. κλjούμεδτε-ι; — saure, t. δάλε-α, g. δάλτε-ι, lap. λάλε-α; g. δάλjτσε-α.

Milchgefäss, n., t. βέδρε-α, δέχε-ζε-α, g. δέχjε-ja.

Milchrahm, m., καιμάχ-ου, άιχε-α.

Milchspeise, f., χjουμεδτούαρ-ι.

Milchstein, m., r̃ουρ χjούμεδτι.

Milchstrasse, f., g. κάδτε ε χούμπτεριτ.

Milz, f., δπρέτχε-α.

Minderzahl, f., τε πάχετε u. μ̃δε τε πάχετε.

Mine, f., t. λαr̃έμ-ι, g. λαr̃άμ-ι (tk.).

Mirabelle, f., χούμβουλε τδάχι (?).

mischen, τραζόιγ, περζίειγ, g. αλεδτίς, τραμεζύιγ; — sich, περζίχεμ.

Mispel, f., μουδμούλε-α, t. βάδ-δεζε-α, g. βύδε-α.

Missgeburt, f., t. δτίρε-α, g. δτίμε-ja, παραλjάμ-ι.

Missmuth, m., πιχελίμ-ι, πιχελούαρε-α, πίχουρε-α.

missmuthig, adj., πίχουρε; Ich bin m., πιχελόνεμ.

Mist, m., t. πλέχε-α, g. πλjέχ-ge-ja; Ich versehe mit M., g. μ̃βαθ με πλjέχε.

Mistkäfer, m., βούδε-α.

mit, praep. με; t. πας, g. μας.

Mitarbeiter, m., νδίχμες-ι, Bl. νδιμετάρ-ι.

Mitgift, f., πάjε-α, *Kroja* περ-χjί-α.

Mitleid, n., λjίχδτε-α, g. δίμσε-με-ja.

mitleidig, adj., g. δίμσουν.

Mittag, m., βάπε-α; Ich esse zu M., δρέχεμ.

Mittagsessen, n., δρέχε-α.

Mittagsruhe, f., μερτζύερε-α; Ich halte M., μερτζέιγ, g. βέιγ βάπενε.

Mittagszeit, f., δρέχε-α.

Mitte, f., μες-ι, g. μεjδίς-ι; in d. M., νδε μες, g. νδερμjέτ.

Mittel, n., g. υρνέχ-ου (tk.).

Mittelfinger, m., r̃jίδτ ι μεσμ.

Mittelmauer, f., μουρ ι μεσμ.

Mittelpunkt, m., χερθίζε-α.

mitten durch, praep., μες περ μες; νδεπέρ.

mittlerer, adj., μεσατούρ.

Möbel, pl., g. πάχjε-τε.

möchte! o möchte! μαχάρ! g. μαχάρσε (gr.)! ειj!

Mode, f., σίρμε-α.

möglich, adj., μουμκίμ u. μεμυχjίμ (tk.); adv., χολάιγ; es ist nicht m., g. σ' ιδτ' δοβί.

Möglichkeit, f., g. δοβί-α.

Mohn, m., t. χαδάδ, g. χαδάφ δέτι.

Mohnsaft, m., t. χαδάδ, g. χα-δάφ δέτι.

Molke, f., χjίρρε-α, t. λjενχ-r̃ου, g. λjανχ-r̃ου.

Molocha, f., t. μελάr̃ε-α, g. μου-λάr̃ε-α.

Monat, m., μούαιγ-μόι̇; einen M. alt, μούαιjδμ.

monatlich, adj., μούαιjδμ.

Mönch, m., καλοjέρ-u. κλjόjjερ-ι, g. κελόjjιν-ι (gr.).

Mond, m., t. χένε- u. χέννεζε-α, g. χάννε- u. χάννεζε-α; abnehmender, t. χ. ε λjίπσουρε, g. χ. ε βδjέρε; zunehmender, χ. ε δτούαρε; voller, χ. ε πλjότε; erstes Viertel, χ. ε ρε; d. M. ist im Abnehmen, tyr. ουβδούρ χάννε; im Zunehmen, g. χ. μουρ r̃jαρ̃ε; voll, ουμβούδ χέννεζα.

Möndchen, n., t. χένν̃ε̃ς̃ε-α, g. χάνν̃ε̃ς-α.

Montenegriner, m., Μαλλjαζι-ου.

montenegrinisch, adj., μαλλjαζιδτ.

Montenegro, Μαλλjεζι-α.

Mord, m., ϳjαχ-ου, t. βρέιjε- u. βρέιjε-α, βράρε-α, g. βράσι-ja, βράμε-ja.

morden, s. tödten.

Mörder, m., t. βρεχτούαρ-ι, ϳjαχετούαρ-, ϳjαχετούρ-, ϳjαχετσούαρ- u. ϳjαχετάρ-ι, g. ϳjαχεσούρ-ι, (χαβλι).

Mordlust, f., t. βρέιjε- u. βρέιλjε-α.

Morgen, m., μενϳjές-ι; am M., μενϳjέσιτ; am folgenden M., νεσσερέτ μενϳjές; ich mache M., μενγύιγ, ber. μουνγόιγ.

morgen, adv., νέσσερ; m. Abend, g. παρμβράμε.

morgend, adj., νέσσερμ; d. morgende Tag, νεσσερμέ-ja.

Morgenland, n., αναδολί-α (gr.).

Morgenröthe, f., μενϳjέσιγε-α.

Morgenstern, m., υλ ι μενϳjέσιτ e. ι δρίτεσε.

morgig, adj., s. morgend.

Möraer, m., χαβάν-ι (tk.).

Mörserkeule, f., δτίπες-ι.

Mörtel, m., χjερέτδ-ι.

Mörteltragbret, n., ϳοβάτε-α.

Moschus, m., t. μοσχ-, μισχ- u. μουσχ-ου, g. μυδχ-ου.

Most, m., g. μουδτ-ι.

Motte, f., αδίχου ι δρίτεσε, χοπίτζε-α (gr.), λόπσε-, μολίτζε- u. μουλίτζε-α, t. τένγε-α, περβάν-ι, g. τέτν-α, περβάνε-ja.

Möve, f., πουλj' ε βάρδε, g. τδάφχε-α.

Mücke, f., μιδχόνϳε- u. μουδχόνϳε-α, g. χάρρje-ja, (χουχούπε); — kleine, μουσίτζε-α.

müde, adj., λjόδε, λjύδουρε; ich mache m., λjοδ; ich werde m., λjόδεμ; t. δέμbεμ, g. δέμεμ; ich bin m., χερούτεμ; g. λjαπε.

Muhamedaner, m., Τουρχ-ου.

Muhamedanerin, ;., Τούρχε-α.

muhamedanisch, adj., τουρχjίδτ.

Muhamedanismus, m., t. Τουρχjερί-α, g. Τουρχjενί-α.

Mühe, f., μουνδίμ-ι; mit M., με μουνδίμ, με ζι, g. μεμεζι; ich mache M., μουνδότy; ich gebe mir M., δέιγ δδαφτ.

Mühle, f., t. μουλί-ου u. -ρι. g. μουλίν-νι.

Mühlgraben, m., g. ρέμε-α.

Mühlkater, m., ματδ μουλίρι.

Mühlrad, n., ρρότε-α.

Mühlstein, m., ϳουρ μουλίριτ, μόχερε-α.

Muhme, f., χουδερίρε-α.

Mulde, f., μάϳje-ja, g. ϳοβάτε-α.

Müller, m., g. μουλιτδί-ου u. μουλίυ-ι, (πασπιλjάρ).

Multiplication, f., t. δτούαρε-α, g. δτούμε-ja.

Mund, m., ϳύjε-α, ts. ϳόλjε-α; — eines Gefässes, δού̃ζε-α, g. τύτε-α; — mit krummem M., ϳοjάδ; ich sperre den M. auf, χαπ ϳόjενε, g. χαβίτεμ, χουτύιγ; ich verziehe den M., g. περδρέθ δού̃ζετε, βαύj δού̃ζετ.

Mundart, f., δού̃ζε-α, φόλjτουρε- u. φόλjουρε-α, g. φόλjμε-ja.

munter, adj., τδέλλjετε.

Münze, f., μονέδ-α; g. πάρε-ja; — (Kraut), t. δjόσμε-α, g. δjόζμε-α.

mürbe, adj., δούνϳουρε, (μουρβέτ); ich mache m., χαλjχ u. χjελπ; ich werde m., δούνϳεμ.

Muschel, f., χάφχε-α (?).

Musik, f., μουσίχε-α (gr.), g. σάζε-ja.

Musikant, m., μουσιχύ-ι (gr.).

Musikbande, eine, νϳε παρ βίολι.

Muskat, m., (μοσχόχε).

Muskateller, m., ρρουδ μυσχ.

Musse, f., νϳε-ja, t. νδένϳιουρε-α, g. νδέττμε-ja; mit M. ι με χρλάτγ!

müssen, t. λjίπσεμ, g. λjύπσεμ, ϳjαν.

müssig, adj., πάλε, χαπούνε u. παπούνετ, αζδτ (tk.).

Muster, n., μόστρε-α, ξύμπλε-α; ich ahme ein M. nach, ξομπλjάς.

Muth, m., θαρρύς-ι; Muth! t. jαλά! ich mache M., αr ζέμερε; ich fasse M., μαρρ ζέμερε o. φάχje, t. δαλενδίς; ich verliere den M., g. μένγτεμ.

muthig, adj., ϳjάλε, δαϊ, τρεμ, μάδχουλj, g. με ζέμερε, (δπερρεσε).

muthlos, adj., g. πα ζέμερε.

Mutter, f., t. έμμε-, μέμμε-, νέγνε-α, g. άμμε-, μόμμε-, νάννε-α; — zur Schraube, g. μενϳjενέ-ja.

Mutterbruder, m., δάχο-ja u. -ουα, (νδάjo u. νδάιχο).

Mutter-Gottes, f., μεμμ' ε περνδίσε, g. περνδιλjέμε-ja.

Muttermal, n., πίχε-α.

Mutterschaft, f., νεγνερί-α.

Mutterschwester, f., τέζε-ja (tk.), (τέσε-ja).

Mütze, f., χερσούλjε-α, δάπχε-α, φέστε-ja, g. χjελjέδτ-ja; g. χjελjεπότδε-ja, ber. ταχί-α; Derwischm., χjυλjάφ-ι.

Mythe, f., ιχαχέτ- u. χυχjαϳέτ-ι (tk.).

N.

Nabe, f., Mus. βοτζίελ-ι.

Nabel, m., χερθίζε-α.

nach, praep., t. πας, g. μας u. μbας; νϳα u. νϳάχα; t. μbε, g. με, g. νε; περ; πρεj, πρέι, πρέιγ, ber. πε; t. χόνδρε u. χούνδρε, g. χούνδερ; nach u. nach, χαδάλj, χαδάλje.

nachahmen, ein Muster, ξομπλjάς.

Nachbar, m., άφερ-ι, χομπδί-ου, ϳjιτόν-ι (gr.), t. φεχjίνϳε-α, g. φεχίνϳε-α.

Nachbarschaft, f., ϳjιτονί-α (gr.), t. φεχjίνϳε-α, g. φεχίνϳε-α.

nachdem, στ, g. μασί.

nachdenken, λοỹαρίς u. συλοίσεμ (gr.), βε νάερ μεντ, t. μεντόνεμ, g. μεντόχεμ, μενθόιγ.

Nachdenken, n., συλοί-α (gr.), φτχjίρ-t (tk.).

Nachdruck, m., φοβερί-α (gr.).

nachforschen, g. βεῤỹóιγ.

Nachforschung, f., g. βεῤỹίμ-t, βεῤỹούμε-ja.

nachgehends, adv., g. vjaví σε θε τί.

nachher, πρα u. πα, g. vjενί u. vjaví.

Nachkommenschaft, f., t. φάρρε-α, g. φάρε-α.

nachlassen, λjεϱόιγ.

Nachmittag, m., t. ζέμερε-α, auch ζέμερ’ χέρε, g. ζάμερε-ζέμερε- u. ζέμθερε-α, ε κεθύμεja δίελιτ.

nachreden, καλεζύιγ, t. νῆjιττ, g. νῆjισσ; Böses, ῤjουχόιγ, χεχj νάε ῥόje, g. δερλjενδίς.

Nachricht, f., χαβέρ-t (tk.), g. νάχελj-t.

nachsagen, t. νῆjιττ, g. νῆjισσ.

nachsehen, g. μθάιγ πάje.

nachspüren, νουχουρίτ, g. βεϑῤóιγ.

Nachspürung, f., g. βεϑῤούμε-ja.

Nacht, f., νάτε-α; bei N., νάτενε u. νάτιτ; jede N., νῆα νάτε; heute N., σόντε; vorverflossene N., vjε νάτεζε; ich bringe die N. zu, ῥóιγ νάτενε; ich komme in d. N. hinein, έρρεμ; mit abnehmender N., με τε θύμιτ νάτεσε.

Nachtgeschirr, n., t. πότθε-ja.

Nachtigall, f., δελjбίλj- u. δερбίλj-t.

Nachtlager, ich bereite das, ϑτρόιγ.

nächtlich, adj., g. περνάτôμ; adv., περνάτε, νῆα νάτε.

Nachtmütze, f., κεσούλjε-α, ϑάπχε-α.

Nachts, adv., νάτενε u. νάτιτ.

Nacken, m., t. δℓζβερχ-ου, g. σβερχ-ου, ϑίν-ου, άρρεζε-α.

Nackenwirbel, m., g. άρρεζε-α.

nackt, adj., λjaxουρίχj.

Nadel, f., t. ῆjελπέρε-α, g. ῆjυλπάνε-α; Packn., ῆjελπερύερ-t.

Nadelspitze, f., μάje ε ῆjελπέρεσε, χούνδε-α.

Nagel, m., περόνε-α, g. ῥύϑδε-α; — am Finger, θούα-οι.

nageln, μбερθjέιγ; g. νῆαλμόιγ.

nagen, t. δρέιγ, g. δρένιγ.

nahe, adj., άφερ, άφερτε, g. άφερμ; adv., άφερ, μбάνε, νδάνε, πράνε, g. νῆjάτε, περτσενῆjάτε; nahe bei, άφερ, g. νῆjάτε; ich bringe nahe, χjασσ, g. ῆjατόιγ; nahe befreundet, g. δουχôμ.

Nähe, in der o. die, g. περτσενῆjάτι.

nähen, χjεπ.

nähern, αφερόιγ, t. χjασσ, g. ῆjατόιγ; — sich, αφερύνεμ, χjάσσεμ, g. αβίτεμ.

Nähhaken, m., νῆίϑτρε-α.

Nähnadel, f., t. ῆjελπέρε-α, g. ῆjυλπάνε-α.

nähren, ουϑκέιγ; Alte, t. πλεκjαρόιγ; die Hoffnung, με μбα ϑπρέσε.

nahrhaft, adj., t. ουϑκjύερε, g. ουϑκjύμε.

Nahrung, f., t. ουϑκjύερε-α, g. ουϑκjύμε-ja, ουϑκjίμ-t.

Naht, f., t χjέπουρε-α, g. χjέπμε-ja.

Näherei, f., t. χjέπουρε-α, g. χjέπμε-ja.

Name, m., t. έμερ-t, g. έμεν-t; Familienn., λαῥάπ-t (tk.).

Napf, m., g. ῥράϑτε-α.

Narbe, f., νίϑάν-t (tk.), g. ϑέύje-α.

Narcisse, f., δάϑρε-α.

Narr, m., μαρράϑ-t, t. τρουλάχ-u. τουρλάχ-ου, g. τορολάχ-ου.

närrisch, adj., δϑινδόσουρε u. τσινδόσουρε, μάρρε, λjέννε, g. λjάνε, μάρρουνε u. μάρρε-με; ich mache närrisch, δϑινδόσεμ; ich werde närrisch, πρίϑεμ, g. ϑκαλόιγ.

Narrheit, f., μαρρεζί-α, g. ϑκαλούμε-ja.

Naschwerk, n., πεχουλί-α.

Nase, f., χούνδε-α; ohne N., g. χουνδάχ.

Nasenknorpel, m., κέρτσε-α.

Nasenlöcher, pl. n., tyr. φλjέῥουρα-τε, φέjεζ ε χούνδεσε.

nasenlos, adj., g. χουνδάχ.

Nasenstüber, m., g. τϑόχε-α.

nass, adj., λjáῥετε; λjáῥουρε; durch u. durch, χjουλ; ich mache n., λjax; χjουλόιγ, g. χjουλ; ich werde n., λjáῥεμ; χjούλεμ.

Nässe, f., λjáῥεσίρε-α.

Natter, f., t. νεπέρχε-α, g. νεπκέρε-α.

Natur, f., φις-t (gr.).

natürlich, adj., φισμ (gr.).

Nebel, m., μjέῥουλε-α, g. νjέῥουλ-t; s. auch βέσε-α.

Nebeldunst, m., t. νῆjεχj-t.

neben, praep., μбάνε, νδάνε, πράνε.

Nebenbuhler, m., χασετχjάρ-t.

necken, πιράξ (gr.), ῥουζίτ, χjεσενδίς, λjaixaτίς, πεννόιγ, δχjελjμόιγ, t. τσφίς, τσινῆρίς, λjούαιγ, ντζέιγ, g. λjούιγ, ντζέιγ, τσυς, sc. περκόιγ.

Necken, n., πιραξί-α (gr.), νῆάιτουρε-α.

Neffe, m., νιππ-t.

Neger, m., g. Δράπ-t.

Negerin, f., g. Δραχέϑχε-α.

nehmen, μαρρ.

Neid, m., συνερί-α, ζιλjί-α, g. ζελjί-α (gr.).

neidisch, adj., ζιλjάρ (gr.).

neigen, sich, ίπεμ, g. πρανόιγ, πραρύιγ u. πράνιγ, μεϑύιγ; d. Tag neigt s., ουϑύ δίτα.

Neigung, f., χιλμ-t.

nein, jo; jo χje jo.

nennen, ῥjούαιγ, t. θεμ u. θομ, g. θέμι u. θύμι.

Nest, n., λαϑ-t, φολjέ-ja, t. ϑτροφάχ-ου, g. ϑτρύφχε-α; τϑέρδε-ja, φουρρίχj-t.

Nestelknoten, m., t. λjίδουρε-α, g. λjίθμε-ja; einer dem d. N. geknüpft worden ist, vjερί ι λjίθουρε.

Netz, n., *ρjέτε-a, tetragl. μρέ-*
ζε-a, (σαx).

netzen, *vjoμ.*

neu, adj., m. *ρι*, f. *ρε*; t. *ταζέ,*
g. *τάζε*; das Neue, *ε ρέja*; von
Neuem, t. *περσερί,* g. *περσί.*

Neubruch, m., *χjελίζμε-a.*

neuerlich, adv., g. *ρίθτας* o. *ρί-*
θτασι.

neugebornes Kind, *bέbε-a.*

neugierig, adj., g. *νάxελj.*

Neuigkeit, f., *ε ρέja* u. *τε ράτε,*
χabέρ-ι (tk.).

Neumond, m., *χένvε ε ρε.*

neun, *νένdε.*

Neuner, m., *ι νένdε-τ.*

neunfach, adv., *νένdεσ.*

neunter, adj., *νένdετε.*

neunzehn, *νένdε μbε djέτε.*

neunzig, *νένdε djέτε.*

Neuvermählte, f. *νούσε-ja, ερέja.*

nicht, *σε, πα, ας, νούxε, μος*;
auch n., *ας, ας νούxε*; noch
n., *σε* o. *νούxε* o. *πα* — *δε*
o. *εδέ*; wenn n., *νdε μος*; n.
nur — sondern auch, *jo bέ-*
τεμε — *πο εδέ.*

Nichte, f., *μbέσε-a.*

Nichts, *χιτθ (tk.)*; gar N., *χιτθ*
jjε, χιτθ jjε xάφθε, φάρρε,
φάρρε o. *φάρρεσε jjε.*

nichtswürdig, adj., *ξεμολjάρ*
(gr.), g. *σορράx.*

nicken, im Schlafe, g. *δερμίς,*
δριμίς.

nieder, adv., *πόθτε.*

niederbrennen, *djεx.*

niederer, adj., *πόθτερε* u. *πύθ-*
τερμ, g. *πόθτεμ*; das n. Volk,
t. *βοjελί-a,* g. *βεjjελί-a;*
νjέρεζιτ' τε πύθτερε.

niederfallen, *bίε πόθτε* o. *μbι δε.*

niederhauen, *se. πρες, θερ.*

niederkommen, g. *δελjίρεμ.*

niederlassen; sich an einem Orte,
νjούλjεμ.

niederreissen, g. *δεμ.*

niedersetzen, *ουνj* u. *χουνj,* g.
ουνjj, βε πόθτε; — sich, *ρρι*
μbε δε.

niederstellen, *ουνj* u. *χουνj,* g.
ουνjj.

niederstrecken, t. *θτιγ,* g.
θτιvj.

niederwerfen, *χιθ* o. *βε πόθτε,*
περμbύς, θτιγ; — sich,
bίε πόθτε.

niedlich, adj., g. *μεσατούρ.*

niedrig, adj., t. *ούνjετε, ούνjατε,*
χούνjετε, g. *ούνjjετε.*

Niedrigkeit, f., *χούνjετε-a.*

Niemand, *χιτθ νjερί, νjερί-ου,*
t. *νdύνjε,* g. *νdύνjι* u. *νόι;* der
N., *χιτθι.*

niemals, *xούρρε, ας xούρρε,*
xουρρε σε xούρρι.

Niere, f., *bέθjε-a, σπλίνε-a,*
g. *θπενέτxε-a, (θελί-a).*

niesen, *πθερετίγ, θετίγ,* g.
τθεθτίv, (τεσετίγ).

nirgends, *σ' jjαxούνdι.*

Nische, f., t. *xαμάρε-ja,* g.
πενdέθρε-ja.

noch, *δε* u. *εδέ,* t. *αxύμα,* g. *νε,*
ber. *δε*; noch nicht, s. nicht;
weder — noch, *ας* — *ας.*

Nonne, f., g. *xελύjjινεθε-a.*

Nordalbanese, m., *Γέjε-a.*

Nordwind, m., *βόρε-ja, μουρέ-ρι,*
g. *μουρέ-νι, (νjόρεν).*

Nothbedarf, m., *λjαζέμ-ι (tk.).*

Nothdurft, ich verrichte die,
dαλλj jάτε.

nöthig, adj., *λjίπσουρε*; ich habe
n., *με δεν xjαζέμ, xαμ χρία,*
g. *xαμ νεβύjε*; es ist n., *λjίπ-*
σετε; g. *jjαν,* dass ich, t.
λjίπσεμ, g. *λjύπσεμ.*

nöthigen, t. *θτρενjύjγ,* g. *θτερν-*
νjύjγ.

nothwendig, adj., *λjίπσουρε,*
t. *λjίπσεμ, θτρενjούαρε,*
λjύπσεμ, θτρενjούμε, νεβόj-
θεμ; ich bin n., *δούχαεμ* u.
δούχεμ; es ist n., *δουχάετε,*
λjίπσετε, dass ich, *λjίπσεμ.*

Nothwendigkeit, f., t. *θτρενjού-*
αρε-a, θτρενjέμ-ι, g. *θτρε-*
νjούμε-ja, θτερνjέμ-ι u. *θτερ-*
νjέσε-a, λjύπσεμε-ja, νε-
βόjε-a, (ζουρέ).

November, m., *δε Μεχίλε-ι,* o.
χι Μίλι, ber. *βjέθτε ε τρέτε.*

nüchtern, adj., *έσσελε, έσσουλε,*
έσσελτε, μος νγρένε; ich bin
nücht., *εσσελόιγ* u. *jαμ έσ-*
σελε.

Nudeln, trockene, g. *ρίθτε-ja.*

nun, adv., *(νdονε).*

nur, *βέτεμε*; wenn n., *βέτεμε*;
nicht nur — sondern auch, *jo*
βέτεμε — *πο εδέ.*

Nuss, f., *άρρε-a, tetragl. χάρ-*
ρε-a; harte, *άρρε jούνjε*;
leicht zu knackende, *άρρε*
xοxοδάρε.

Nussbaum, m., *άρρε-a, tetragl.*
χάρρε-a.

Nusskern, m., *θελjx-ι.*

Nussschale, f., t. *βλjέσjε-a,*
g. *βελjότθxε-ja, λjεβότθxε-*
u. *λjίβότθjε-a.*

Nutzen, m., *(μbόρδουρε, μbρύ-*
δουρα).

nützen, t. *βεjέιγ,* g. *βιγ, (μbροθ);*
es nützt Nichts; *σ' δεν πούνε.*

nützlich, adj., t. *βεjύερε,* g.
βjεφτέμ.

Nützlichkeit, f., *βjέφτέμε-ja.*

nutzlos, adj., *πα βεjύερε.*

Nymphe, f., *νούσε-ja.*

O.

ob, als, t. *jjόja, σιxούρ,* g. *jjυ-*
já, σιxούρ αθτού.

oben, adv., *λjαρτ,* t. *σίπερ,* g.
τσίπερ u. *περτσίπερ, τερ-*
μάv, ναλjτ; von o., *σιπερτ*
u. *σιπραζίτ, λjάρταζιτ*; o.
auf, praep., t. *σίπερ, σίπερ*
μbι, g. *τσίπερ* u. *περτσίπερ,*
τερμάv.

Oberarm, m., t. *λjέρρε-a,* g. *λjά-*
νε-a.

oberer, adj., t. *σίxερμ, λjάρ-*
τεσμ, ρεxjέτε, g. *περτσί-*
περμ, λjάρτάθμ, ρρεxίντε u.
περρεπίντε.

Oberfläche, f., *φάxjε-ja,* g. *τρό-*
xε-a, τρουλ-ι.

Oberhirt, m., *σxουτέρ-ι.*

Oberschenkel d. Geflügels, *xούλ-*
πε-a.

obgleich, t. νδόνϳϧϭε. νδόνϧϭε. u. νδόϭε, g. νδόνϭε.

Obrigkeit, f., αρχί-α (gr.), ζαβίτ-ι (tk.), t. ζοτϧρί-α, g. ζοτϧνί-α, ουρϑϧνίμ-ι.

Obst, n., πέμμϧ-α; πϧκουλί-α; κύκϳε-ϳα.

Obstbaum, m., πέμμϧ-α.

Obstgarten, m., κοφϑτ μϧ πέμμϧ.

Ocean, m., κϧρνάλϧ-ϳα.

Ocher, m., t. ϑτουφ-ι, g. ϑτουπ-ι.

Ochse, m., κα-ου.

Ochsenjoch, n., dϋϳέϑϧ- u. ϋϳέϧ δϧ-α.

Ochsenstachel, m., χοστέν-ι, g. μβοδέτϛ-ι; ich treibe Ochsen mit d. O. an, g. μβοδίτ.

Ochsenviertel, ein, νϳι κολ μιϑ κάου.

October, m., ϭϧ Μίτρϧ-ι, g. χι Μίτρι, ber. ϐϳέϑτϧ ε δύτϧ.

öde, adv., ϑχρετ.

oder, a; entweder—oder, a—a, auch: ϳa — ϳa, νδo — νδo, σε — σε.

Ofen, m., φούρρϧ-α.

Ofenhocker, m., ϑτϧπϳάχϧϛ-ι.

offen, adj., χάπϧτϧ; adv., φάχϳϧϛα, χάπϧτϧ.

offenbar, adj., t. τϑφάχϳέτϧ; ich werde o., δαλλϳ νδϧ μαιδάν, g. τϋϧμέμϧτϳ.

offenbaren, ρρϧφέιϳ, t. τϑφαχϳ, dϋβουλϳύιϳ, g. σβουλϳύιϳ, ϑπαλ; — sich, t. τϑφάχϳϧμ, g. ϑπάλϧμ.

Offenbarung, f., t. τϑφάχϳουρϧ-α, g. ϑπάλμϧ-ϳα.

offenherzig, adj., χάπϧτϧ.

öffnen, χαπ, g. τϋϧλλϳ; — sich, χάπϧμ, τϋέλλϳϧμ, g. τϋίλλϳϧμ.

oft, νέντουρϧ, g. ϑπϧϑ; wie oft? σα χέρϧ? ich thue oft, g. ϑπϧϑότϳ.

oh! of! — δι!

Oheim, m., t. μίδϑο-ϳα u. -ουα, ουνκϳ-ϧι, (auch dϑαδϑά), δάικο-ϳα u. -ουα, (νδάϳο u. νδάικο), g. ουνϳϳ-ι, δάϳϧ-α (tk.).

ohne, praep., πα.

Ohnmacht, f., τϳόλϧτϧ-α, δίλϳϧ-α, g. βϧλϳανί-α.

ohnmächtig werden, βαϳυλδίϛ (tk.), (χουρσέιϳ).

Ohr, n., βϧϑ-ι; ich lasse die Ohren hängen, g. χουνδόχϧμ.

Ohrenbläser, m., κορχοσούρ-ι.

Ohrfeige, f., ϑουπλϳάχϧ-α, t. πϧλέμπϧ-α, g. πϧλάμϧ-α.

Ohrring, m., g. βαϑ-ι.

Okka, f., ύκϧ-α.

okuliren, g. ϑαρτύιϳ.

Öl, n., t. βαϳ- u. βαλϳ-ι, g.βαϳ-ι.

Ölbrot, s. Ölkuchen.

Ölgefäss, n., ϧνν' ε βάϳιτ.

Olive, f., t. ουλί-ου u. -ρι, g. ουλίν-νι; ich quetsche O., t. βλϳούαιϳ, g. βλϳούχϳ.

Olivensammler, m., g. μβϧλϳέϑϧϛ-ι.

Ölkanne, f., g. ροϳϳϧ-α.

Ölkuchen, m., βούχϧ βαλϳ, g. φϧλϳί-α, tyr. φϧρλί-α.

Öllampe, f., φοτί-α (gr.).

Ölmühle, f., g. μουλίν βόι, λϳάνϧμϧ-α.

Ölpresszeit, f., g. λϳάνϧμϧ-α.

Öltrestern, pl., g. δϧρσί-α.

Ölwald, m., g. ουλίνϑτϧ-α.

Olymp, m., g. Δϳιμβύϋι.

Opfer, n., κουρβάν-ι (tk.).

Ora, (Dämon), 'Ορϧ-α.

Orange, f., t. προτοκάλϧ- u. πορτοκάλϧ-ϳα, g. πορτοκάλ-ι.

Orden, m., νιϑάν-ι (tk.), g. ϑέύϳϧ-α.

ordentlich werden, ϑτρόχϧμ.

ordnen, ουιδίϛ (tk.), ταϧ u. κανονίϛ (gr.), g. δυστόιϳ.

Ordnung, f., ταϧ-ι (gr.); ich bringe in O., g. δυστόιϳ; — zur O., βαραβαρίϛ, ϑτρύιϳ; Rückkehr zur O., t. ϑτρούαρϧ-α, g. ϑτρούμϧ-ϳα.

Orkan, m., t. λϳουβί-α.

Ort, m., t. βϧνδ- u. βϧνι-ι, g. βϧνδ-ι; pl. g. βίσϧ; heiliger O., βϧνδ ι μίρϧ; aller Orten, μβϧ τϑδο δνϧ; nach Ortes Sitte, βϧνδτϧ.

örtlich, adv., t. βϧνδϑϧ, g. βϧνδτϑϧ.

Ortsgebrauch, m., κανόν-ι (gr.).

Ortsvorstand, m., πλϳαχ-ου; πλϧχϳϧρί-α, πλϧχϳϧρσί-α.

Osten, m., νϳα ο. τϧχ δϧλλϳ δίϧλι.

Ostern, πάϑχϧ-α u. π. ϧ μάδϧ.

Österreicher, m., g. Νϧμϛ-ι.

österreichischer Thaler, g. δουχμέν μϧ φλϳέτϧ.

Otter, f., t. νϧπϧρχϧ-α, g. νϧπχϧρϧ-α.

P.

Paar, n., τϑιφτ-ι (tk.), παρ-ι, t. δυ-ϳα, g. δι-ϳα, ts. δι-α; — Ochsen, t. πϧϛτϧ-α, g. πένδϧ-α.

paarweise, adv., παρ παρ.

packe dich! τϑπύρρουι ϧα κϧτϳέ.

Packnadel, f., ϳϳϧλπϧρύϧρ-ι.

Packsattel, m., t. σαμάρ-ι, g. σομάρ-ι.

Packsattelbock, m., καπϧτέλ-ι.

Palast, m., παλάτ-ι, αβλί-α (gr.), σαράϳ-ι (tk.).

Palme, f., t. χουρμά-ϳα, g. χούρμϧ-α (tk.).

Panzer, m., g. καλκάν-ι.

Panzerhemd, n., g. κϧμίϑ καλκάνε.

Papier, n., κάρτϧ-α, g. λέττρϧ- u. λϳέττρϧ-α.

Papierblatt, n., φλϳέτϧ-α.

Papierbogen, m., ταβάκ-ου (tk.).

Pappel, f., πλϳεπ-ι.

Para, f., παρά-ι, g. πάρϧ-ϳα.

Paradepferd, n., g. χαμ-ι.

Paradies, n., παραδίϛ-ι, g. παρρίϛ-ϋι.

Parce, f., φατί-α.

Partei, f., κολ-ι, τάιφϧ-α; zur P. gehörig, adj. κϧτέϳϧμ.

Parteiung, f., t. τϑάρϧ-α, πϧρϋϧρϧ-α, g. πϧρϋϧμϧ-ϳα.

Partie, f., παρ-ι; im Kartenspiel, λϳόδρϧ-α.

Pascha, m., t. παϑά-ι, g. πάϑϧ-α.

passabel sein, χάχϧμ.

passen, ϳϳάιϳ; ουιδίϛ; βιϳ.

passend, adj., ῇάδιμ, (μιρουντίδιμ); es ist p., ῇαν.

passirbar, adj., g. ὄχουδμ.

passiren, ὄχόιγ; g. bis.

Pasta, g. ρίϑτε-ja.

Pastetenblatt, n., κέρτσε-α.

Pathe, m., νουν-ι, παῇεῦφ-ι; Täufling, φάμουλ-ι, g. φιῇάν-ι.

Patrone, f., g. φυδέκ-ου.

Patrontasche, f., v. Metall, κjέσσετε; von Leder, g. κουλjέτε-α.

Pauke, kleine, τολομβάς-ι (tk.).

Pech, n., πίσσε-α, g. ζιφτ- u. ζυφτ-ι.

pechschwarz, adj., σέρε, ι ζι σέρε, ζι πίσσε.

Pein, f., μουνδίμ-ι.

Peitsche, f., t. καμτδί-α, g. καμτδίχ-ου (tk.).

Pelz, m., ῇεῦφ-ι; v. Früchten u. Blättern, g. πουϑ-ι.

Perle, f., μαρῇαριτάρ-ι (gr.), g. ινδδί-α.

Perlenreihe, f., βαρκ ιντϑίϑ.

Pest, f., μολjί-α, μουρτάjε-α; v. d. P. geheilt, adj. ξεμολjjάρ (gr).

St. Peter, (Fest), κάδκε ε διν Πjέτριτ.

Petersilie, f., σελίν-ι, μακjεδονίς-ι.

Pfahl, m., δρου-ρι, t. χου-ρι, g. χουν-νι, πάλε-α; t. φουρκ-ου, g. σφουρκ- u. τσφουρκ-ου.

Pfahlramme, f., g. βαρρέ-ja.

Pfand, n., (μὀλιμ).

Pfanne, f., φερτέρε-α, τιῇάν-ι (gr); ich backe in der Pf., τιῇανίς (gr.), g. φερῇόιγ, Divra περϑίς.

Pfannkuchen, m., g. χοδμάρ-ι.

Pfarreria, f., s. Priesters-Frau.

Pfau, m., παῇούα-οι, (παλουα).

Pfeffer, m., πιπέρ-ι, g. σπέτσε-α; spanischer, g. σπέτσε-α.

Pfeife, f., δῖαμάρε-ja, φλοjέρε- u. φλοέρε-ja, g. τσούλje-α; — d. Schäfer, φυλ-ι, καβάλ-ι; — d. Kinder, βιλjβίλj- u. βιρβίλj-ι, g. πίπεζε-α; ich stopfe d. Pf., μβουϑ τϑιβούχενg.

pfeifen, t. βερδελάγ, g. βερδελίν, βέδελίν u. φεδελίν.

Pfeifensudder, m., ζεχέρ-ι (tk.), g. ζιφτ- u. ζυφτ-ι.

Pfeil, m., πουρτέχε-α, t. δεῇέττε- u. δεῇjέττε-α, g. διῇέττε-α u. δεῇjέτελ-ι, se. σαϊjίτε-α.

Pfennig, m., t. άσπρε-α, g. ας-ι, πεννές-ζι.

Pferch, m., νορέ-ja, σταν-ι, g. ϑαρκ-ου; — δτρούνῇε-α.

Pferd, n., καλj-ι u. κάλje-ι; verschnittenes, χιδίτϑ-ι (tk.); in der Heerde laufendes, Mus. τούρμε-α; Paradepferd, g. χαμ-ι; geflügeltes Pferd, g. καλj χαρμεδούρε; zu Pferde, καλjούαρ.

Pferdedecke, f., μουτάφ-ι.

Pferdefessel, f., κjοστέκ-ου (tk.).

Pferdefliege, f., μίζε κάλjε; g. μυυρjέλε-α.

Pferdegebiss, n., t. φρε-ρι, g. φρέν-νι.

Pferdehals, m., κjάφε-α.

Pferdehirt, m., πελλjάρ-ι.

Pferdelast, f., βάρρε-α; halbe, άνε-α.

Pferdestall, m., (βάδε).

Pferdetreiber, m., κjίρατδί-ου.

Pferdezüchter, m., νζτιέρες ι κούαjετ.

Püff, m., βερδελίμ-ι, t. βερδελούαρε-α, g. βερδελίμε-ja.

Pürsich, m., κjέδκε-α.

Pflanze, f., φυτί-α (gr.), g. φιδάνε-ja, (νόδτρε).

pflanzen, νῇουλj, φυτέψς (gr.), g. μβιλ.

Pflänzling, m., g. μεκjόλ-ι; pl., g. μεκjόλα-τε, βελάνja-τε.

Pflaume, f., u. -baum, m., κούμβουλε-α.

Pflege, f., κουδές-ι, t. δικούαρε-α, g. δικούμε-ja; κυβερρί-α (gr.).

pflegen, καμ κουδές, δίε ρρότουλε, g. δικόιγ; — κυβερ-

ρίς (gr.); — t. πλεκjερότγ; = gewohnt sein, καμ ζακόν.

Pflicht, f., t. βορδδ-ι, g. βόρδδε-α.

pflücken, t. κερκούτ, g. κερκούς.

Pflug, m., t. παρμένγε-α, g. παρμένδε-ja.

pflügen, βέιγ ουῇάρ, νῇας κjέετ o. άρρεν, g. λjαρότιγ, (λjαρότγ); — τδάιγ.

Pflügen, n., ουῇάρ-ι.

Pflugschar, f., πλjούαρ-ι,(βjέτε). pfropfen, δεινόιγ, g. δαρτόιγ.

Pfropfreis, n., καλjέμ-ι.

Pfropfung, f., g. δαρτέσε-α.

Pfuhl, m., ῇjολj-ι.

Pfund, n., (μνα).

Pfütze, f., πελχ-ῇου. g. λjεῇάτε-α, χούρδε-α, ber. ματϑάλj-ι.

phantasiren, τουρβουλόχεμ, λjαϑίτ μένδιδ, g. χοτόιγ.

Piaster, türkischer, ῇροδ-ι; halber, g. τεχ-ου.

picken, g. κjουχ, ber. τδουκίτ, (πισκόιγ).

Pils, m., κεκούρδε- u. κεκ-ούδε-α.

Pinsel, m., g. κρέδτε-α.

pissen, βέιγ o. δερϑ ούje, βέιγ δούρρενg, t. περμjέρ u. περμίερ, g. περμίρ.

Pistole, f., t. κοδούρε-ja, πισκjόλε-α, g. πισνjύλε-ja, κουβούκρε-ja, τοκάνδδε-α; Taschenp., g. δούνῇε-α; ich schiesse mit d. P., πισκjολίς.

Pistolenlauf, m., λαμνί-α, g. ναβλί-α.

Pistolenschaft, m., κουδάκ-ου.

placiren, g. βενδός; — sich, g. βενδόσεμ.

Placirung, f., g. βενδόσμε-ja.

Plage, f., πλjέχε-α, μουνδίμ-ι.

plagen, ῇουδόιτ, ῇουζῖτ, μαραζός, μουνδόιγ, νῇας, ι τσινῇρίς, τσιρίς; — sich, t. μουνδόνεμ, g. μουνδόχεμ.

Platane, f., ρρακκ-ι; se. τευπλδ̄-νι.

Platanengestrüpp, n., g. ρρακκίδτε-α.

Platanenwald, m., g. ρραππιϑτε-α.

Platte, f., v. Stein, πλάγε-α, δερράσε-α, g. ρράσε-α, πλότσχε-α.

Plattkopf, m., ϑύτε.

Plattländer, m., υjερί φουϑαράχ.

Platz, m., μαιδάν- u. μειδάν-ι (tk.), t. βενδ- u. βεν-ι, g. βενδ-ι; pl. g. βίσε; geebneter —, δεϑ-ι; ich mache Pl., βέτγ βενδ, ρέϑτεμ, t. ϑτεμένγ, g. ϑτεμάνγ, πρανόιγ, πραρόιγ u. πράνιγ; ich gebe einen Pl., g. βενδός.

Platzregen, m., g. ροισί-α.

plötzlich, adj. u. adv., πα παντέχουρε; adv., ατεχέρε, με υjε χέρε, αξάφνα, ξαφνί u. ξαφίϑτ (gr.), g. νδατϑμαζάν (tk.), (δαχαφίϑτ, ταξαφίϑτ); g. χραπ (?).

Plumpsack, m., τουρρά-ja, g. τούρρε-α.

plündern, βέιγ ρεμβούλε.

Plünderung, f., t. ρεμβούλε-α, g. ρρεμβούjε-α.

Pöbel, m., χαλχ-ου, t.βογελί-α, g. βεγjελί-α.

Pole, m., g. Λjαχιότ-ι.

Polen, (Land) g. Λjαχί-α.

poliren, t. φαιχύτγ; polirt, t. φαιχούαρε.

Politur, f., t. φαιχούαρε-α.

polnisch, adj., g. λjαχνίϑτ.

Polyp, m., εφταπύϑ-δι, (αφταπόϑ).

Pomeranze, bittere, υαράντϑ-ι.

Portrait, n., g. σουρέτ-ι (tk.).

Portulak, m., βουρδουλάχ-ου.

Porzellan, n., ϑταμ δέτι, τβρίχ δέτι, φαρφουρί δέτι, g. χjελjχj-ι.

porzellanen, adj., g. χjέλjχjετε.

Porzellanteller, m., g. τϑενί-α.

Possenreisser, m., μασχαρά-ι.

Pracht, f., g. χjίβρε-ι (tk.).

prächtig, adj., λάμπσουρε, λjάρτε, (νδερρτζούρε).

prahlen, μαδετσόχεμ, μβούρρεμ, φαντάξεμ (gr.).

Prahlerei, f., μβουρρετσί-α, μάϑτε-τε.

prassen, g. ρουμβουλόχεμ u. ρουμουλόχεμ.

Prassende, pl. m., g. ρουμουλούμι-τε.

Prast, f., γουλjτϑίμ-ι, t. πρέρε-α, g. πρέμε-ja.

prästen, sich, γουλjτϑύχεμ, πρίττεμ, με πρετ.

Precipiss, m., ρουχουλίμε-α.

predigen, χjιρίξ (gr.).

Prediger, m., χjιρίχ-ου u. δασχάλj-ι (gr.).

Preis, m., t. νδέρ-ι, g. νδέρ-ι u. νδέρι-jα.

preisen, μαδενότγ, μαδετσότγ, μαδότγ, t. λjεβδότγ u. λjεβδουρότγ, g.λjαβδότγ u. λjαβδουρότγ; Heilige, g. λjουμενότγ; gepriesen, λjουμ u. λjουμϑ.

Pressbalken, m., g. τορχ-ου.

Presse, f., δάμχε-α (tk.), στάμπε-α.

pressen, ϑτρυϑ, t. ϑτρενγότγ, g. ϑτερνγότγ, πουϑτότγ u. πεϑτότγ.

prickeln, g. δσιδσεμότγ.

Priester, m., πριφτ-ι, τότο-ja u. -ουα, g. ουράτε-α.

Priesters-Frau, f., πεφτερέϑε-α, πρίφτερεδε-α, g. πρίφτενεδε-α.

Probe, f., προβούρε-α, g. βεϑίμ-ι.

probiren, προβότγ, g. μουνδότγ.

produciren, t. χjιτ, ντζίερ, g. χjις, ντζίρ.

Production, f., t. ντζίερε-α, g. ντζίερμε-ja.

Prophet, m., προφίτ-ι (gr.).

prophezeihen, προφιτέπς (gr.), ε χεϑ νδε ύιj.

Prophezeihung, f., προφιτί-α, προφιτέπσουρε-α (gr.).

Protection, f., t. νδίχμε-α, νδίχουρε-α, g. νδίφμε-α, νδίφμε-ja

Proviant, m., g. χε-ja.

Proviantsack, m., ταρβαδδίχ-ου.

Proviantschachtel, f., χούπε-α, g. χουπάτε-ι.

Process, m., γjυχj-ι.

in Procession tragen, g. ϑενδρίς.

prüfen, δοχιμάς (gr.), προβότγ, g. βεϑγότγ.

Prüfung, f., δοχιμί-α (gr.).

Prügel, m., λος-ζι, ϑουλj-ι.

prügeln, γϑενγ, ϑεμπ u. ϑεμβότγ, t. ρραχ, g. ρραφ.

Prunk, m., μαδετί-α, μάϑτε-τε, φαντάξουρε-α (gr.).

Pult, m., βάνγο-ja.

Pulver, n., t. βαρούτ-ι, g. βαρούτ-ι (tk.); —der Zündpfanne, αγεζότ-ι (tk.).

Pupille, f., βέβεζε-α, δρίτε-α.

Purzelbäume schlagen, g. χαπεριδίνχεμ, χουϑ ρουχουλίρϑκ.

pusten, Wasser, βουϑουρδίς.

Putz, m., αρματοσί-α, σχjίμε-α, g. χοδίτμε-ja.

putzen, t. χjερότγ, g. χjιρότγ, — sich, g. χοδίτεμ, νδρέχjεμ.

putzsüchtig, adj., σχjίμετάρ u. σχjίματούαρ.

Q.

Qual, f., μουνδίμ-ι, t. μουνδούαρε-α, g.μουνδούμε-ja; Seelenqual, δερτ- u. χαλ-ι (tk.).

quälen, λjεχjενδίς, μαραζός, μουνδότγ, ϑεμπ u. ϑεμβότγ, t. ταλαντίς, (γουτσύιγ).

Qualm, m., g. γράφεμε-α.

Quarksack, m., m., νάπχε-α.

Quaste, f., πούπε-α, τϑούφχε-α u. δϑούφχε-α.

Quecksilber, n., (γχιζαπσούι).

Quelle, f., χρούα-ότ, βουρίμ-ι, χανάλ-ι, t. δζουρουνά-ja, δζουρουνάρ-ι, g. τσουρουνά-ja, τσουρουνάρε; t. ρένjε-α, g. ρράνjε-α; t. χρύε-ja, g. χρύε-χρέτγ; — kleine, λjουχϑ-ι; — starke, t. γούρρε-α, g. γούρνε-α; — ungefasste, g. τϑουρχ-γου; — warme, g. λίδϑε-α.

quellen, ρρίεϑ u. ρρjέϑ, δουρύιγ, se. βρο jόιγ.
Quellenbecken, n., λjουκ-γ̃ου.
Quellenrohr, n., λjουκϑ-τ.
quer, adv., g. δουλj.
Querholz, n., δουλj-ι; — in
Mauern, κjεμέρ-τ.
Querriegel, m., λος-τ. t. χανδάρ-τ, g. σουλjτϑ-τ,
δουλjτς-τ.
Quersack, m., t. χέιϐέ-ja, g.
χέιϐε-ja (tk.).
quetschen, δεμπ u. δεμϐύιγ;
— Oliven, t. βλjούαιγ, g.
βλjούιγ.
Quetschung, f., t. δεμϐύερε-α,
g. δέμε-ja.
quitt sein, jέμι παχj.
Quitte, f., φτούα-οι.
Quittenbaum o. -strauch, m.,
φτούα-οι.

R.

Rabe, m., κορπ-δι.
Rache, f., g. δπαγ̃ούμε-ja; ich
nehme R., μαρρ χάχε.
rächen, g. δπαγ̃ούιγ; — sich,
μαρρ χάχε.
Rächer, m., g. δπαγ̃εστάρ-τ.
Rad, n., ρρύτε-α; Zahnr., g.
τδαρχ-ου.
Rädchen, n., g. ρροτοϐίλjέ-ja.
Radfelge, f., Mus. βανγ̃-ου.
Radkranz, m., Mus. βανγ̃-ου.
Radnabe, f., Mus. βοτζίελ-τ.
Radspeiche, f., t. πέντε-α, g.
πένδε-α.
Ragout, n., g. χjουλ-τ.
Rahm, m., δικε-α, χαιμάκ-ου.
Rain, m., t. λjεϑ-δι.
Rakete, f., ρογ̃έ-ja.
Ramme, f, g. δαρρέ-ja.
Rand, m., δούζε-α, g. σγ̃ριπ-τ,
χαντ-ǝκ, χjενάρ-τ; — eines
Grundstückes, t. λjεϑ-δι; Ku-
chenr., t. δέμπρε-α, g. δέμ-
ρε-α; bis z. R., g. περϐού́ζε.
Rank, m., g. ρενχ-γ̃ου; Ränke,
pl., τöέρχjε-τε, g. δρέϑja-τε.
Rannt, m., g., ρενδούμε-ja.

ranzig, adj., πίχετε.
rasch, adj., t. τδπέιτε, g.
δπέιτε; adv., αλά αλά.
Rasen, m., g. βαρίϑτε-α.
Rasenbank, f., g. σόφε-α.
rasend machen, δαιμονίς (gr.).
Raserei, f., δαιμονίσουρε-α
(gr.).
rasiren, ρρούαιγ; — sich, ρρού-
χαεμ; rasirt, ρρούαρε.
Rasirmesser, n., ὁρισχ-ου, g.
ὁρισχ ροίjιοε.
Rath der Alten, m., πλεχjεσί-α.
Rath geben, g. απ μεντ.
rathen, g. μεσύιγ, απ μεντ.
Räthsel, n., g. χάφξ- u. χάφ-
δεζε-α.
Raub, m., t. ρρεμϐjέρε-, ρεμ-
δούλε-, ρjέχουρε-α, g. ρρε-
μϐέξοε-, ρρεμούjε-α, ρjέπμε-ja, ρρεμϐύμε-ja, περλjά-
με-ja, χουσερί-α.
rauben, ρjεπ, ρρεμϐέιγ, γ̃ραϐίτ,
g. περλjάιγ.
Räuber, m., ρjέπε-τ, δαΐ-ου,
χαιδούτ-τ (tk.), g. χουσάρ-τ.
Räuberei, f., g. ρρεμϐέξοε-α,
ρρεμϐύμε-ja.
räuberisch, adj., ρρεμϐέες.
Räuberlied, n., κένγ̃ε χαιδου-
τερίε.
Raubthier, n., εγ̃ρεσίρε-α, g.
εγ̃ρεσίνε-α, tetragl. έγ̃ρατί-
ρα-τε.
Raubvogel, m., t. δπέσε-α, g.
δπένζε-α; δκάϐε-α, g. χαμα-
χούϑ-τ; γ̃jεραχίνε-α, πε-
τρίτ-τ, ξιφτέρ-τ, σχjιφτέρ-τ,
δχjιπόν-τ, f. δχjιπόνjε-α;
se. σοχόλj-τ; dur. γ̃άτε-α;
g. χουτίν-τ, f. χούτε-α;
(φεχουα).
Rauch, m., τιμ- u. τυμ-τ.
rauchen, t. : τιμνάς, τυμνάς u.
τυμjάς, g. τυμός u. τυμόσεμ.
räuchern, θυμjατός u. θυμjατίς,
t. τμινάς, τυμνάς u. τυμjάς,
g. τυμός; in der Kirche, g.
μεϑτύμ; mit Weihrauch, g.
χjεμός.
Rauchfass, n., t. θυμjατούα-όι,
g. θυμjατόν-τ, (τεμjανίτζε).

Raufbold, m., g. αραμάς-ζι.
Raufer, m., ρράχες-τ.
Rauferei, f., g. χάχμε-ja, ρρόχμε-ja.
rauh, adj., άδπερε, χαρς, t.
έγ̃ρε, g. έγ̃ερ, βράδετε; ich
bin r., αδπερόχεμ.
Rauhheit, f., g. ε βράδετα.
Raupe, f., t. χρίμπ-δι, g. χρυμ-τ,
(δέμjξ); — χουχούϑ-δι.
rauschen, χερτσάς, χελτσάς,
χρετσάς, t. γ̃jεμύιγ, g. γ̃jυ-
μύιγ, χρις, (ζερ).
Rauschen der Quelle, n., t.
δζουρουνά-ja, δζουρουνάρ-τ,
g. τσουρουνά-ja, τσουρου-
νάρ-τ.
Rebe, wilde, t. λjερρούσχ-ου,
g. λjαρρούδχ-ου.
Rebenbeschneider, m., g. χέρ-
ρες-τ.
Rebhuhn, n., t. θελέζε- u. θε-
λέντσε-α, g. φελάνζε-α.
Rebschoss, abgeschnittener, g.
δερμένδε-ja.
Rebzweig, m., χαλjέμ-τ.
Rechenschaft, f., λογ̃αρί-α
(gr.).
rechnen, λογ̃αρίς (gr.).
Rechnung, f., λογ̃αρί-α (gr.),
χεσάπ-τ (tk.).
Rechnungsschluss, m., g. ε νδρύ-
με-ja χεσάπιτ.
Recht, n., t. χάχε-α, g. χαχ-ου.
recht, adj., t. μϐάρε, se. μάρε;
δρέιτε o. δρέjτε; βερτέτε u.
βερτέτε; g. με ούδε; zur r.
Zeit, με χόχε; die r. Seite,
αν' ε μϐάρε, φάχjε-ja.
rechts, adj. u. adv., δjάϑτε.
Rechtsstreit, m., γ̃jυχj-τ.
recken, sich, δτρίχεμ, g. δτρύ-
χjεμ u. νδρύχjεμ.
Rede, f., φjάλje-α, t. θένε-α,
g. θάνε-α, φύλjμε-ja, tyr. λjι-
γ̃jάτε-α; t. χουβένδ-τ, g. χουβέν-τ; ich halte e. R., δέιγ
φjάλje o. νjε χουβένδ.
reden, φλjάς, θεμ, tyr. λjιγ̃jκ-
ρύιγ; — laut, g. γ̃ερϑές;
redend ohne Unterlass, g.

παχέϑτμ; ohne viel Redens, g. πα φjάλjg.

Redeweise, f., t. χουβένδ-τ, g. χουβέν-τ, φόλjμε-ja.

Regel, f., χανόν-τ (gr.).

regeln, χανδνίς (gr.).

Regen, m., ōτ-ου, Mir. ōε-ja; Rieselr., λόχε-α; feiner, βέσg-α; Platsr., g. ροισί-α.

Regenbogen, m., t. υλιbέρ-τ, g. υλjbέρ-τ.

Regenfurche, f. ρgχέ-ja.

Regenpfütze, f., πελχ-ϳου.

Regenschirm, m., t. τōαδέρρε-ja, g. τōάδρg-α (tk.).

Regentraufe, f., στjέϳουλg-α.

Regenwetter, n., νοτί-α.

Regenwind, m., νοτί-α, έρg νοτί, ερ' ε ōιουτ.

regieren, χυβερρίς (gr.).

regnen, bίε ōι; stark, bίε ōτ-ου ρgχέ ο. τōουρχ ο. χόδρα χόδρα.

Reh, n., ōρg-ρι, g. χαπρούλj-τ.

Reibeisen, n., g. ρένde-ja.

reiben, φgρρόϳ; ōgρρμόϳ, ōτιπ u. ōτυπ, ōτιπέτϳ u. ōτυπέτϳ, g. ōχοϳj; weich, g. σχjαχj; — sich, ōτίπεμ u. ōτύπεμ.

Reich, n., (μρριμάλ).

reich, adj., ϳjέōτμ, g. bουϳάτ, μούϳατ, μbουϳάτ; tetragl. bοϳάτ, (βεϳάτg); g. μάττουνg u. μάjουνg, δομαχjέν; ich werde r., g. χοδίτεμ, μgρόσεμ.

reichen, bis an, χαρρίϳ u. αρρίϳ.

reichlich, adj., g. μbουϳάτōμ; adv., g. με μbουϳάτ; ich belohne r., g. χgνάχj.

Reichthum, m., μαλ-τ, χάσσουρg-α, g. μbουϳάτōμε-ja, (πεχατεζί).

Reif, m., χjέρōελj-τ, ρρεō-ōτ; ich mache o. lege R. an, t. ρρεōόϳ, g. ρραōόϳ.

Reif, m., άχουλ-τ, bρουμ-τ, bρύμg- u. bρίμg-α, t. τσίνχ-νg-α u. τσινχō-τ, lap. bρα-ζίμ-τ (japίνg).

reif, adj., g. ρρέχg, ρρέχουνg, bούρμg; δούνϳουρg; (λjέōg, μουρβέτ) ; von Geschwüren, πλούτσg; ich mache r., g. ρρεχ; ich werde r., g. ρρέχεμ; durch Lagern, δουνϳεμ.

Reife, f., g. ρρέχμε-ja; beginnende, ōένμε-ja.

reifen, tr., g. ρρεχ; intr., πjεχ, g. ρρέχεμ; δούνϳεμ; ich beginne zu r., tr., g. ōεύj; intr., g. ōένϳεμ.

Reihe, f., βαρχ-ϳου, πάλjg-α, ράδg-α, t. bάνδg-α, ρgμb-τ, g. ρρουβί-α; nach der R., tyr. με χούρg; ich stelle in R., g. ραδύϳ.

reihen, g. ραδύϳ, ρρgϳεōτύϳ ο. ρρjεōτύϳ; — sich, g. ραδύχεμ.

reihenweise, adv., bάνδg bάνδg, ράδg ράδg, τούφα τούφα, g. ρρgϳέōτg ο. ρρjέōτg; ich ordne r., g. ρρgϳεōτύϳ ο. ρρjεōτύϳ.

Reiher, m., dur. ϳάτg-α.

reihum, adv., tyr. με χούρg.

Reim, m., t. λjίϳjg-ja.

rein, adj., χjαρ, παχj, t. παστρούαρg, g. παστρούμg, χjgρούμg, ōjέōτg.

Reineclaude, f., χούμbουλg βαρβάρg (?).

reinigen, παστρύϳ, πgχρύϳ, t. χjgρύϳ, χαρ, g. χjίρύϳ, χgρρ.

Reinigung, f., χjgρούαρg-, παστρούαρg-α; — monatliche, λjούλjg-ja.

Reinlichkeit, f., παχjλέχ-ου, χjgρούαρg-, παστρούαρg-α, g. παστρούμg-ja.

Reis, m., ορίς- u. ρις-ζί.

Reise, f., χουρβέτ-τ, ταξίō-ōι, (gr.), νίσgϳε-α, t. ούδg-α, g. ούλg-α, χgρχούμε-ja; ich mache e. R., bέϳ ούδg; ich schicke auf R., νις; ich gehe auf R., νίσεμ; wohin geht d. R.? χου μbαρόν?

reisefertig machen, νις; — sich, νίσεμ.

reisen, bέϳ ούδg, βέτε, t. ιχgρϳ, g. ιχιϳ, χgρχόϳ.

Reisender, m., ουδgτάρ-τ, g. ρρουϳgτάρ-τ.

Reiserholz, n., g. χαρōίg-α; — λjgμίōτε-ja.

Reisetrinkschale, f., τασσ-τ.

Reisig, n., δουδχ-ου, g. φέρ-ρg-τg.

Reisigdach, n., t. τένδg-α. g. τάνδg-α.

Reisighütte, f., t. τένδg-α, g. τάνδg-α.

reissen, tr., ōχjίετϳ, ōχjύετϳ, τōχjύετϳ, χgπούτ, g. ōχjφ, ōχjύϳ, χgπούς; intr., χg πούτεμ; — hin u. her, (χgρōχjίετϳ); es reisst mich, t. μg ōερ.

Reissen, n., ōερμ-τ, t.ōgρτουρg-α, g. ōέρμg-ja.

reissend, adj., ρρgμbgς, ōgμπgς; reissendes Thier, t. εϳρεσίρg-α, g. εϳρεσίνg-α, tetr. εϳρατίρα-τg.

reiten, βέτε χαλjούαρ.

Reiter, m., χαλjόρgς-τ, χαλjού-αρ-τ.

Reiterei, f., t. χαλjgρί-α, g. χαλjουρί- u. χαλjορί-α.

Reitgerte, f., χαλjόρg-ja.

Reiz, m.,νας-ζι u. νάζε-ja (tk.); z. Kratzen, φαϳούρg-α (gr.).

reizen, αōπgρόϳ, ζgμgρόϳ, νϳαλgμόϳ, νϳας, πενϳύϳ, λjος, t. λjούαιϳ, τσιρίς, g. λjούϳ, τσυς, νδις, ōουμbόϳ u. ōουμbός, (αōgρές); eine Wunde, ατσgρύϳ; gereizt, πιχgλούαρg; ich werde o. bin ger., αōπgρύχεμ.

reizend, adj., νάζgτούαρ.

Reizungen, f. pl., νας-ζι u. νάζε-ja (tk.).

Rekruten ausheben, ōχρούαιϳ νιζgμ.

Rekrutenaushebung, f., t. ōχρούαρg-α, g. ōχρούμε-ja.

Reliquie, f., αλιπσάνg-α (gr.); e. R. aussetzen, g. σϳαφουλόϳ αλιπσάνιϳg.

Remise, f., χορίg-ja.

Renegat, *m.*, βέσσε κϑύερι u. τ κϑύερι.

rennen, *g.* ρενδότγ.

Rentier, *m.*, υjερί τ νδένjουρε.

Repetitionen, *f.* *pl.*, τε ντζάνατε.

Rest, *m.*, *t.* τεπερούαρε-α, *g.* τεπερούμε-ja, (τζέρδε).

retten, σος, *t.* ᵭπετύτγ, *g.* ᵭτεπότγ.

Rettig, *m.*, *g.* ρρίχε-α.

Rettung, *f.*, *t.* ᵭπετίμ-τ, σόσουρε-α, *g.* ᵭτεπίμ-τ, σύσμε-ja.

Reue, *f.*, μετανί-α u. μετανοίσουρε-α (*gr.*), πιᵭμάν-τ (*tk.*), *g.* πενᵭίμ-τ, πενδούμε-ja.

revolutioniren, περζίετγ λαούζενε, *g.* τραμεζύτγ.

Rheumatismus, *m.*, *t.* περδές-τ, *g.* περδέ-ου.

richten, jjουκότγ.

Richter, *m.*, jjυχάτες-τ, jjυχjετάρ-τ.

richterlich, *adj.*, jjυχjετάρ.

richtig, *adj.*, βερτέτε u. βερτέτε, *g.* με ούδε; richtig! βερτέτ u. με βερτέτ, *g.* βερτέ, με βερτέ u. βερτέται! richtig so! αᵭτού δο!

riechen, *tr.*, μαρρ έρε, ϐίε έρε; *intr.*, βjεν έρε.

riechend machen, *g.* κjελᵭεσύτγ.

Riegel, *m.*, λος-ζτ, *t.* χανδάρ-τ, *g.* σουλjτᵭ-τ, δουλjτς-τ; Drehr., *t.* ᵭρέᵭτjε-α, *ber.* καταπίγ-α.

Riemen, *m.*, λjαχ-ου, *t.* ρρτπ-τ, *g.* ρρυπ-τ.

Rieselregen, *m.*, λόχε-α.

Rind, *n.*, ᵭεμ-τ.

Rinde, *f.*, ᵭάπε-α, (λεβέσγε); Baumr., *g.* ᵭᵭχε²α, ϐυυjάᵭχε-α; Brodr., *g.* κοᵭάρε-ja, κούα-ja.

Rindvieh, altes, *t.* λjεπέτς-τ.

Rindviehzüchter, *m.*, ντζιέρες τ κjέβετ.

Ring, *m.*, ουνάζε- u. χουνάζε-α; ρρεᵭ-δι; *t.* χαλχά-ja, *g.* χάλχε-α (*tk.*).

Ringelbretzel, *f.*, χουλjάτᵭ-τ; — χολένᵭρε-α.

ringen, περπίχjεμ, (λυτύτγ).

Ringfinger, *m.*, jjιᵭτ τ χουηjάτεσε.

Ringgeld, *n.*, *Pul.* ουνάζε- u. χουνάζε-α, μερjjούρε-α.

ringsherum, ρρεᵭ περχjάρχ, *t.* βερᵭάλε, *g.* χόρα, *Divr.* αχύλε.

ringsum, *praep.* u. *adv.*, κjέρᵭελj, κjαρχ, περχjάρχ, ρρεᵭ περχjάρχ, ρρεᵭ, ρρεᵭ περ ρρεᵭ, ρρύτουλε, *Divr.* αχύλε.

Rinne, *f.*, βίje-α, χανάλ-τ; λjουχjου, ουλούχ-ου.

rinnen, ρρίεᵭ u. ρρjεᵭ.

Rinnsal, *n.*, ζαλ-τ.

Rippe, *f.*, ϐρίνje-α.

riskiren, ριζιχύνεμ.

Riss, *m.*, τᵭjέρε-α, *g.* ᵭχjέρμε-ja; Widerr., *t.* χρέχερ-τ, *g.* χράχαν-τ.

rissig, *adj.*, *g.* χαδμέρ u. χατμέρ (*tk.*).

Ritze, *f.*, πλjάσε-α; *pl.*, *g.* ουλjίτσα-τε (?).

ritzen, jερρίτς.

Rock, *m.*, *t.* ρρόᵭε-α, *g.* ρρύβε-ja; d. Frauen, *t.* φουστάν-τ, *g.* φουστάνε-ja.

Rocken, *m.*, σχουλί-α, φούρχε-α.

Rockenstab, *m.*, φούρχε-α.

Rockflügel, *m.*, *t.* πιχjί- u. πεχjί-α, *g.* σπελjχjίν-γτ.

Rockschooss, *m.*, s. Rockflügel.

roden, *t.* βε, *g.* ᵭτίε χjιλίζμε.

Rogen, *m.*, βε πίᵭχου.

Roggen, *m.*, θέχερε-α.

roh, *adj.*, τράᵭε, *t.* έjρε, παλjάρε, μαλλjεσούαρ u. μαλjεσόρ, *g.* έjερ, παλjάμε, μαλjεσούρ; ich bin r., *g.* τράᵭεμ.

Rohheit, *f.*, *g.* τράᵭμε-ja,

Rohr, *n.*, χαλάμ-τ, χαλjέμ-τ; — λjουχᵭ-τ; d. Destillirhelms, *t.* φύελ-τ, *g.* λούλε-α.

Röhre, *f.*, kleine, *g.* jjεπ-τ; d. Brunnens, *g.* ρρύτᵭχε-α; Wasserr., χύηje-ja, τούβλε-α; am Arm u. Bein, χαλjέμ-τ, *g.* δόχρε-α, χερτσί-ρι.

Rohrsperling, *m.*, φεράχ-ου (?).

Rohrstückchen zum Garnwickeln, μασσούρ-τ, *g.* jjεπ-τ.

rollen, *tr.*, ρουχουλίς u. ρουχουλότγ, *g.* ρουχουλέτγ u. ραχουλέτγ.

Rose, *f.*, *t.* τρενδαφύλj-τ, *g.* τρανδαφύλj-τ (*gr.*).

Rosenkranz, *m.*, *g.* μετανί-α (*gr.*).

Rosenwasser, *n.*, ούje τρενδαφύλjι.

Rosine, kleine, σταφίδε-ja.

Rosmarin, *m.*, *g.* λjινδουρλjαβάν-τ.

Rost, *m.*, σχουρί-α, (*gr.*), *t.* νᵭρύᵭχουρε-α, *g.* νᵭρύᵭχμε-ja; zum Braten, σχάρε-α.

rosten, νᵭρυᵭχ u. νᵭρύᵭχερ, σχουρίσεμ (*gr.*); ich mache r., νᵭρυᵭχ.

rösten, ᵭεχ, *g.* ᵭεχερίτς.

roth, *adj.*, χουχj; — *t.* χουχjερέμ, *g.* χουχjάᵭ; ich mache o. färbe r., χουχj u. ηjουχj; ich werde r., χούχjεμ u. ηjούχjεμ.

Röthelausschlag, *m.*, χόχje φρούᵭκ.

röthen, χουχj u. ηjουχj.

rothhaarig, *adj.*, χουχjάλj, *g.* βαλjόᵭ.

Rothkehlchen, *n.*, jουᵭαχούχj-τ.

röthlich, *adj.*, *t.* χουχjερέμ, *g.* χουχjάᵭ.

Rotz, *m.*, χjύρρε-α u. χjύρρα-τε.

rotzen, χjυορότγ.

Rotzjunge, *m.*, χjύρρο-τ, χjυρράᵭ-τ, *g.* χjυρράχ-ου.

Rübe d. Maiskolbens, ᵭυυᵭάλje-α.

Rücken, *m.*, χουρρίς-ζτ, σουχ-τ, *g.* ᵭπίνε-α; des Messers, *g.* χjύρε-α; auf dem R., *adv.*, χατᵭ.

Rückenwirbel, *m.*, *g.* χερβίᵭτ-τ.

Rückgrat, *n.*, *t.* σπίνje-α, *g.* ᵭπίνε-α.

Rückhalt, ohne, *adv.*, φάχjεζα.

Rückkehr, *f.*, *t.* χᵭύερε-α, *g.* χεᵭύμε-ja.

rücklings, χράχαζε u. χράχαζτ, *t.* πράχετα, *g.* μᵭράχετα.

Rückseite, *f.*, *g.* ᵭπίνε-α; d. Berges, χάπτε-α.

rückwärts, πράπαζς u. πράπαζῑτ, περ σζ πράπθι, τούτje.

Ruder, n., κουπί-α, λjοπάτζ-α, (λjουγάτζ).

rudern, κουπίς.

Ruf, m., t. θίρρζ-α, ζζ-ρι, g. θύρμε-ja, ζάν-νι; ναμ-ι, t. έμζρ-ι, ούμζρ- u. ύμζρ-ι, g. έμζν-ι, ύμζρζ-ι; ich erhalte R., g. μαρρ έμζν; ich habe R., g. νδεξjόχεμ.

rufen, θζρράς u. θζρρές, φλjας, g. ϳραφ, πζζάϊ, tyr. λjεϳjιρύϳτ.

Ruhe, f., ρεχάτ-ι u. σεφά-ja (tk.); ich bringe zur R., μδιγ, g. πιν; ich pflege der R., ρι o. δέτν πάλζ.

ruhen, πράχεμ, ρρι u. ρριγ, g. κρανύτγ, κραρότγ u. πράντγ; μζρτζέιγ.

ruhig, adv., πάλζ; ich verhalte mich r., g. τουτουλjάτεμ.

Ruhm, m., μδουρρζτσί-α, t. λjζβδίμ-ι, ούμζρ- u. ύμζρ-ι, g. λjαφτ-, λjαβδίμ- u. λjαβδζρίμ-ι, ύμζρ-ι.

rühmen, sich, μδούρρεμ, μδάχεμ.

Ruhr, f., g. λjεβάρχι-α.

Ruine, f., g. χαλίχj-ι.

ruiniren, πραπζτσότγ, g. μδραπζσύτγ, χαλjινός; ich bin ruinirt, g. χαλjινόσεμ.

rülpsen, ϳρομζσίγ u. ϳρομζσίτ.

Rumpelkammer, f., t. χατέλζ-α.

rund, adj., χjέρθελj, ρουμβουλάχ, g. ρροτουλέες; ich mache rund, ρροτουλότγ u. ρρουτουλότγ, g. ρουμβουλότγ u. ρουμουλότγ.

Rundreise, f., δέβρζ-α.

Runzel, f., λjάπζ-α, t. ρζμβ-ι, pl. ρζ ρούδα-τζ; — d. Stirn, λjουλj ε βάλλετ; voller R., t. ρζμβα ρζμβα.

runzeln, g. ρουθ, (ρουδίγ, ζαπζρότγ); — die Stirn, βρανότγ.

rupfen, νδουχ.

Russ, m., χαπνέ-ja (gr.), g. δλjόζζ-α, (μστίμζ, μπστίμζ).

Russe, m., Ρουσσ-ι, g. Μουσκόφ-βι.

Rüssel, m., t. τουρί-ου, g. τουρίν-νι.

russisch, adj., g. μουσχοβνίδτ.

Russland, Ρουσσί-α, g. Μουσχοβί-α.

Ruthe d. männl. Gliedes, μασσούρ-ι.

rütteln, άχουντ, τουντ.

S.

Saalweide, f., δελχ-ϳου.

Saat, f., t. μδjέλζ-α, g. μδjέλμε-ja; pl. ϳρύνjζρα-τζ.

Saatfeld, n., άρζ ε μδjέλζ.

Saatkorn, n., κόχjε-ja.

Saatpflänzchen, n. pl., g. βζλδνja-τζ, μζνjύλα-τζ.

Säbel, m., gerader, χόρδζ-α; krummer, πάλλ-α; — (χολ).

Sache, f., χδφδ-α, πούνζ-α, t. ϳjζ-ρι, g. ϳjαϊ-ja, σενδ-ι.

sachte, adv., χαδάλjε, g. νϳαδάλj; — με χολάιγ! με χουτδές! με χjζλίμ!

Sack, m., θζς-ι; kleiner, χουλjέτζ-α, τύρβζ-α, t. τράστζ-α, g. τράσε-ja; Proviantsack, ταρβαδδίχ-ου.

Sacrament, n., g. μζτσεφσίνζ-α.

Säemann, m., μδjέλζς-ι.

säen, t. μδjέλ u. μδjελ, g. μδιλ.

Saft, m., t. λjενχ-ϳου, g. λjανχ-ϳου.

Säge, f., δάρρζ-α.

sägen, δάρρότγ.

sagen, t. θεμ u. θομ, g. θέμι u. θύμι.

Säger, m., δάρρεδδί-ου.

Sahne, f., s. Rahm.

Saite, f., χόρδζζ-α; Drahts., t. τελj-ι, g. τέλjζ-α.

Salat, m., σαλάτζ-, σολάτζ-α.

Salbe, f., g. λjόνζ-τζ, μελχέμ-ι (tk.); Taufs., μύρο-ja.

Salbei, f., g. σουρδέλjζ-α, ber. σαβί-α.

salben, t. λjύειγ, g. λjύτγ, περλjύτγ.

Salz, n., t. χρίπζ-α, g. χρύπζ-α.

Salzbrühe, f., t. δζλλίρζ-α, g. δζλλίνε-α.

salzen, χζρπίγ u. χρζπίγ, t. χριπ, χριπζσύτγ u. χρεκότγ, g. χρυπ u. χρυπζσότγ.

Salzfleisch, n., t. παστζρμάχ-ου, g. παστζρμά-ja.

Salzgefäss, n., εννʼ ε χρίπζσζ.

Salzlacke, f., t. δζλλίρζ-α, δζλλίνζ-α.

Salzsäure, f., χριπζσίρζ-α, t. δζλλίρζ-α, g. δζλλίνζ-α.

Same, m., t. φάρζ-α, g. φάρζ-α; männl., t. ρένδζ-α, g. ράνδζ-α, δαλ-ι.

Samenkorn, n., κόχjε-ja.

sammeln, t. μζζjέθ, g. μζζλjέθ u. μζλjέθ, μζδτίλ; — sich, μζζjίδεμ.

Sammet, m., t. χαδιφέ-ja, g. χαδυφέ-ja (tk.).

Sammler, m., g. μζζλjέδες-ι.

Sammlung, f., g. μζδτjέλμζ-ja.

Sanct, δζ, g. δτν, χι.

Sand, m., χουμ-ι, ζαλ-ι, t. δουρ-ι, ρέρρζ-α, g. δουρ-ι, ράνζ-α, ber. χουμσάλζ-α.

Sandale, f., δόλλζ-α, t. σπίνϳζ-α, g. jοπίνϳζ-α; μδάδουρα-α.

Sandalenriemen, m., λjαχ-ου.

Sandbank, f., ξέρζ-α (gr.).

Sandbeere, f., g. μαρέδτζ-α.

Sanddüne, f., t. δζρχj-ι, πιρϳ.

sanft, adj., βούτγ, ζβούτδιμ μίρζ, (ρουσσ).

Sanftmuth, f., βούτζ-α.

Sänger, m., χζνδέες-ι, g. χανζχζτούρ-ι.

Sängerin, f., g. χανζχζτύρε-ja.

Sardelle, f., σαρδέλλε-ja.

Sattel, m., δάλjζ-α; Packs., t. σαμάρ-ι, g. σομάρ-ι.

Sattelbock, m., χαπζτέλ-ι.

Sattelgurt, m., χουσχούν-ι, χίνϳζλζ-α.

Sattelhinterzeug, n., διδτέζζ-α, χολάν-ι, t. παλδάν-ι, g. παλδάμ-ι.

satteln, ορμίς; — ein Saumthier, σαμαρός.

Sattelzeug, n., ταχέμ-ι (tk.).

sättigen, νγόπ u. νγοσσ, t. φρτγ u. φρύιγ, g. φρύνγ, μουλjκύτγ u. μgλjκόγ; — sich, νγόπεμ, φρίχεμ.

Sättigen, n., g. μουλjκούμε-ja.

Sättigung, f., t. νγόπουρg-α, g. νγόπεμ-ja.

Satz d. Flüssigk., ζούτσg-α.

Satzung, f., t. πορσί-α, g. ποροσί-α.

Sau, f., δύσg-α.

sauber, adj., παχj, g. κjgρούμg.

Saubohne, f., βάθg-α.

Sauçe, f., κjουλ-ι.

sauer, adj., άδπgρg, θάρgτg, πίχgτg, g. άθgτg; ich mache s., θαρgτύγ, αδπgρύγ; ich werde s., αδπgρύχεμ, χjρρύς, g. ταρταρός.

Sauermilch, f., t. δάλg-α, g. δάλτg-ι, δάλjτσg-α, lap. λάλg-α.

säuern, tr., αδπgρόγ; gesäuert, μβρούιτουρg.

Sauerteig, m., δρούμg-α.

Säufer, m., πίμgς-ι, πιρjάν-ι, g. πιανέτς-ι; s. t. μgρδίνg-α.

Säugamme, f., g. τάjg-α.

säugen, απ σίσg.

saugen, πτ σίσg, μgντ, t. θιθίγ, g. θιθ.

Säugling, m., t. τσιλιμί-, τδιλιμί-ου, g. τσιλjιμί-ου.

Säule, f., δgέχ-ου, κολόνg-α, g. δτύλg-α.

Saum, m., άνg-α, N. T. πιχjί-α, t. κθύερg-α, g. κgθύμε-ja, χαντ-δι, (χλόδg).

säumen, intr., g. βgνόχεμ.

säumig sein, g. βgνόχεμ.

Sausen, n., θgλίμ-ι.

Sausewind, m., g. δελjέχ-γου.

Scepter, n., δκοπ-ι.

Schaar, f., χολ-ι, δυλύχ-ου, ορτά-ja u. g. τέστε-ja (tk.), (σπείρα).

Schabeisen, n., g. γgρέσg-α; — ξίστρg-α.

schaben, t. χρούαιγ, g. χρούιγ, γgρύιγ.

Schabholz, n., g. γgρέσg-α.

Schabracke, f., jαμουλί-α.

Schachtel, f., κουτί-α.

Schädel, m., κάφχg-α; Hintersch., κύχg-α; Vordersch., g. τδάτδχg-α.

Schädelnaht, f., γραμματί-α.

schaden, ζαραρόγ (tk.), t. dgμgτόιγ u. dgμόιγ, g. δαμόιγ.

Schaden, m., τσεν-ι, ζαράρ-ι (tk.), dgμ-ι, g. δαμ-ι; ich leide Sch., ζαραρόνεμ (tk.), δίjjεμ, dgμgτόνεμ u. dgμόνεμ.

Schadenstiften, böswilliges, g. ρενκ-γου.

schadhaft sein, χαμ τσεν; — werden, Kroj. μβρέσεμ.

Schaf, n., δερρ-ι, δέλje-ja; g. οjίτδ-ι; t. ρούδο-ja, g. ρουδ-ι; — gehörntes, χgρούτg-α.

Schäferflöte, f., g. χαβάλ-ι.

Schäferpfeife, f., g. φυλ-ι.

Schäferstab, m., g. τδομάje-ja.

Schaffell, n., (ουκθ). ·

Schafhürde, f., σταν-ι, g. θαρχ-ου, βαθ ε βαχτίβετ.

Schafmilch, halbsaure, κος-ι.

Schafpferch, m., σταν-ι.

Schafstall, m., (οβίλg).

Schaft d. Pistole, κονδάκ-ου.

Schafviertel, n., νjι κολ μιδ δέντι.

Schafzüchter, m., ντζιέρgς ι δένvετ.

Schakal, m., τδακάλ-ι.

Schale, f., dζίπg-α, g. τσίπg-α, (λεβέσγε); v. Früchten etc., t. βλjέσγg-α, λjιβότδγg-α, g. βgλjότδχg-ja, λjεβότδχg-α; — z. Trinken, τασσ-ι; — tiefe, g. χούπg-α.

Schall, m., t. jjgνίμ-ι, jjgμούαρg-α, g. jjgμίμ-ι, jjgμούμε-ja, τριγγgλίμg-α.

schallen, χgμβόιγ, χgρτσάς, χgλτσάς, χρgτσάς, t. jjgμόιγ, g. jjgμόιγ, τριγgλίν, χρις.

Schaltjahr, n., βισέχ-ου.

Schalwage, kleine, g. τερεζί-α (tk.).

Scham, f., t. τουρκ-ι, g. τούρπg-ja; — weibliche, πιθ-δι.

schämen, sich, χαμ τουρκ, t. τουρκgρόνεμ, g. τουρκgνόχεμ; g. χαμ χούνδg.

Schamtheil, m., t. βέτgχε-ja, g. βέτε- u. βετβέτε-ja; pl., t. δgμπτούαρα-τg.

Schandbube, m., κουδτ-ι.

Schande, f. ξενdgρίμ-ι, t. τουρκ-ι, τουρκgρούαρg-α, g. τούρπg-ja, τουρκgνούμε-ja, φουλίχjμε-ja; ich mache zu Schanden, g. χαλjτνός; ich bin zu Sch., g. χαλjτνόσεμ.

schänden, ξενdgρόιγ, πgρτδμόιγ, t. τουρκgρόιγ, g. τουρκgνόιγ.

Schandfleck, m., δούνg-α.

schändlich, adj., τουρκgρούαρg.

Schändlichkeit, f., t. τουρκgρούαρg-α, g. τουρκgνούμε-ja.

Schar d. Pflugs, f., κλjούαρ-ι.

scharf, adj., (σερτ); v. Essig etc., κέιχj u. κεχj.

Scharfblick, m., t. δκjούαρg- u. τδχjούαρg-α, g. δκjούμε-ja.

Scharfrichter, m., τδάρgς-ι.

Scharfsinn, m., g. χύλλg ο. χύλμεja μέντισg.

scharfsinnig, adj., χύλλg, κουπgτούαρg.

scharlachroth, adj., αλ.

scharren, γρύαιγ, g. δγουρίς, γgρβίδτ, (γρεβίς).

Scharte, f., g. τδαλάτg-α, πλjάσg-α; z. Schiessscharte.

schartig machen, g. τδαλατόιγ.

Schatten, m., χίε-ja u. χε-ja.

Schatz, m., t. χαζινέ-ja g. χάζινg-α (tk.); ich habe e. Sch., σγθ αμανέτιτg.

schätzen, t. τδμόιγ, tgr. τδμόιγ.

Schätzung, f., τδμούαρg-α.

schauen, βg σύνg, δικόιγ.

Schauer, m., jjέθουρg-α, μάρδουρg-α, g. ρρgχjέδε-τg μgρδίφμε-ja.

schauern, jjέθεμ, μαρθ, t. μgρδίγ, g. ρρgχjέθεμ, μgρδίφ.

Schaufel, f., λjοπάτg-α, g. κjόρέχ-ου (tk.); — d. Mühlrades,

t. πέντε-α, g. πένdε-α; Feuer-sch., g. κατσίjε-α.

Schaukel, f., κολjανδίνε-α, σανδᾶάx-ου.

schaukeln, tr., κολjανδίς, t. ταλαντίς, g. λεχούντ u. λjεχούντ; intr., g. λjεχούνδεμ.

Schaum, m., ᾶχούμε-α; ich mache Sch., t. ᾶχουμότγ, g. ᾶχουμεϵύτγ.

schäumen, t. ᾶχουμότγ, g. ᾶχουμεϵύτγ.

scheckig, adj., λjάρε, λjαρμ; g. λjαρίσxε; scheckiges Thier, g. λjάρο-ja.

Scheffel, m., N. T. ᾶγνίx- u. ᾶτνίx-ου, (μοᾶ).

Scheibchen, n., t. λύμxε-α, g. λύχμε-α.

Scheibenspiel, n., λόμχα-τε.

Scheide, f., χελέφ- u. χουλούφ-τ.

Scheidemünze, f., g. τε ᾶχόχjετα, τε ιμετα.

scheiden, βετᾶύτγ, t. νδάτγ, g. δάτγ, (ζηjίδ).

Scheideweg, m., t. ε δάλλjουρα, g. ε δάλλjμεja ούᾶεραβετ.

Scheidung, f., t. βετᾶούαρε-α, νδάρε- u. νδάιτουρε-α, g. βετᾶούμε-ja, δάμε-ja.

scheinen, δούχεμ, λαμπς (gr.), t. νδριττ, g. νδρισσ, νδριττᾶύτγ; es scheint mir als ob, με jjάσενε, με δούχετε, μ' ουδούx, g. μ' ουδάν σε.

Scheinheiliger, m., ᾶένjτι χjορρ.

scheissen, διές.

Scheit, n., χαρᾶίε-α; — angebranntes, ούρε-α.

Scheitel d. Haare, ᾶτεx-jου.

Schelle, f., ζίλjε-ja, t. τρύχε-α, χεμβόρε-α, g. χεμβύνε-α, χουμβύνε-α.

Schelm, m., μαρjόλ-τ.

schelmisch, adj., μαρjύλ.

Schemel, m., χjένδρε-α, t. φρονιτετραgl. ᾶρον-τ.

Schenkel, m., δουτ-ι, χύφᾶε-α; ᾶάλjε-α; — des Geflügels, πούλπε-α; mit weit geöffneten Sch., g. χαπαᾶάλjᾶι.

schenken, δουρότγ u. δερύτγ, δαροβίτ u. δοραβίτ, χjεράς u. χjφάς, φαλj.

Scherbe, f., ᾶερρίμε-ja; pl., g. δερμίja-τε.

Schere, f., t. jερᾶέρε-α, g. jερᾶάνε-α; (d. Krebses), χαραβίᾶε-ja.

scheren, χjεᾶ, (ράjγ); schere dich! έα χετjέ!

Scherz, m., jασ-ζι, t. ᾶαχά-ja, g. ᾶάχε-α (tk.), τάλμε-ja.

scherzen, jασίτεμ u. jαᾶότεμ, λjαιχατίς, βέτγ ᾶαχά, g. τάλεμ.

Scheu, f., t. τουρπ-ι, g. τούρπεja; ich bin ohne Sh., g. χασδίσεμ.

scheusslich, adj., t. ᾶεμπτούαρε, g. δουμτούμε.

schichtenweise, adv., πάλjε πάλjε.

schicken, δεργότγ, τᾶύτγ u. τᾶούαιγ; — sich, ουιδίς (tk.); ich werde gesch., g. τᾶύχεμ.

schicklich sein, ιᾶτ' ε ούδεσε.

Schicksal, n., ᾶχρύνjε-α, φατ-ι, βιττύρε-ja, t. βάχτε-ι, g. βαφτ-ι (tk.).

schieben, auf d. Seite, t. ᾶτεμένγ, g. ᾶτεμάνγ, πρανύτγ, πραρύτγ, πράνγ.

schief, adj., (ταρᾶόρες).

schielend, adj., t. βένγερε, ᾶτένγερε, ᾶτεχ, g. βανγύᾶ, αλτᾶάμ.

schiessen, ᾶτιγ u. ᾶτίε; mit d. Pistole, πισχjολίς.

Schiesspulver, n., t. βαρούτ-ι, g. βαρύτ-ι (tk.).

Schiessscharte, f., μαᾶσγάλε-α, πλjάσε-α, g. φρανγί-α.

Schiff, n., jjεμί-α, χαράφ βι; ich miethe e. Sch., ναβλύς (gr.).

Schiffsballast, m., σαβούρε-α.

Schiffsbauch, m., χαμβάρ ι jjεμίσε.

Schiffsfracht, f., νάβλε-α (gr.).

Schiffsgeräthe, n., αρματοσί-α.

Schiffshintertheil, n., t. πράπεσμε-ja, g. πράπμε-ja.

Schiffsmiethe, f., ναβλύσουρε-α (gr.).

Schiffstau, n., παλαμάρ-τ.

Schiffsvordertheil, n., πρύπε-α.

Schild, m., sc. σχjυτ-τ, (σχουτύρε).

Schildkröte, f., βρέᾶχε-α.

Schildkrötenschale, f., χάφχε-α, άᾶτερα-τε u. έᾶτερα-τε.

Schilfhut, m., t. ᾶχjαᾶ-ᾶι.

Schimmel, m., μυχ-ου.

schimmelig, adj., μύχετε, t. μύχουρε, g. μύχουνε.

schimmeln, μυχ, ζε μυχ.

schimmern, (ᾶχανδούεμ).

Schimpf, m., t.τουρπ-ι, g. τούρπε-ja.

schimpflich, adj., τουρπερούαρε, ᾶεμπτούαρε, g. δουμτούμε.

schinden, ρjεπ.

Schinder, m., ρjέπες-τ.

Schinderei, f., t. ρjέπουρε-α, g. ρjέπμε-ja.

Schisma, d. kirchliche, g. ᾶχjέρμε-ja.

Schiss, m., t. διέρε-α, g. δίμε-ja.

Schlacht, f., νιζά-ja.

schlachten, θερ.

Schlachtfeld, n., φουᾶ' ε λjούφτεσε.

Schlachtgrube, f., μαχjελjί-α, g. χανάρε-ja.

Schlachtstätte, f., μαχjελjί-α, g. χανάρε-ja.

Schlacke, f., φίρε-α, g. ζηjύρε-α.

Schlaf, m., jjούμε-ι, t. φλέτουρε-α, g. φλέτίντμε-ja; einer, der tiefen Schl. hat, g. jjούμεράνδε; ich spreche im Schl., g. κοτύτγ.

Schläfe, f., t. τεμπελjάτε, g. ταμπελίτε.

schlafen, t. φλjε, g. φλjέν, δούτν; μαρρ jjούμε.

schläfrig, adj., jjουμάᾶ.

schlaff, adj., λjίρ; ich bin schl., g. σχjάχjεμ.

schlafliebend, adj., γjουμάϑ.

schlaflos, adj., παγjούμε.

Schlafnicken, n., g. δριμίτμε-ja.

Schlag, m., t. ρράχουρε-α, g. ρράφμε-ja; pl., t. ὄχοπίνj-τε, g. ὄχjεπίν-τε; — t. ϑαΐτίμ-ι.

Schlägel, m., χοπάν-ι, g. πά-λε-α.

schlagen, γοδίτ, t. ρραχ, g. ρραφ; διε; — mit d. Schlägel, χοπανίς; — v. Pferde, ὄχjελjμότγ, χεϑ ὄχjελμ.

Schläger, m., ρράχες-ι.

Schlagfluss, m., t. ϑαΐτίμ-ι, δαμβλά-ja, g. δαμουλά-ja (tk.); πίχε-α.

Schlamm, m., βάjτε- u. βάλjτε-α.

Schlange, f., t. γjάρπερ-ι, γjάρπεν-ι; t. αστρίτ-ι; g. βουουρϋίν-ja; ljap. εὄτερχά-ι; βιττύρε-ja, Pul. πρέββε-α.

schlau, adj., g. χοπίλj.

Schlauch, m., χατϑούπ-ι, g. χατσίχj, (χαστέχ, ρσιχj); kleiner, g. τϑάμτϑε-α; Weinschl., t. μερϑίνε-α; Käseschl., g. ϑάχουλ-ι.

Schlauchkäse, m., g. djάϑε ϑάχουλι.

schlecht, adj., χέιχj u. χεχj; λjιχ u. λjίχτε; λjίχὄτε; πράπε, g. μδράπε; mir ist sehl., jαμ χέιχj o. λjίχὄτε.

Schlechtigkeit, f., χέιχjε-ja.

Schlehe, f., u. — baum, m., g. χουλουμβρί-α.

Schleier, m., βορδδαλέχ-ου, μβουλίτζε- u. δουλίτζε-α, g. νάππε-α.

schleifen, γριχότγ, g. πρεφ; — βρανίς u. ζβρανίς, t. ζβαρ, ζβαρίτ u. ζβαρίς, g. ζβαρίτγ.

schleifend, adv., βραν, οϑ u. οϑ ε βραν, t. ζβάρνα, g. ζβαρ u. ζβάρας, ὄχαπουλjάρεϑ.

Schleifstein, m., t. γρίχε-α, g. γρϋϑ-χι, ξίστρε-α.

Schleim, m., t. γελβάζε-α, g. χελjβάζε-α; ausgeworfener, βαλjάμ-ι (tk.); — v. Schne-

cken u. Gewächsen, jάρχε-α, (ιάρχνε).

schlemmen, t. χαραχοπίς, g. χαραγόβεμ.

Schlemmerei, f., χαραχοπί-α.

schlendern, g. ζαλίσεμ.

schleppen, βρανίς u. ζβρανίς, t. ζβαρ, ζβαρίτ u. ζβαρίς, χεχj οϑ ε βραν, μβαρ, g. ζβαρότγ, τχεχj περ ὄχαπουλjάρεϑ, βάτγ.

Schleuder, f., t. χοβέ-ja, g. σαβέ-ja.

schleudern, ὄχουντ, ὄτιγ u. ὄτίε, t. βερβίτ, χεϑ χοβέ, g. σίελ με σαβέ.

schliessen, μβιλj u. μβυλj, g. νδρϋϋj; — g. μ' α ζεϋ σϋου.

schlimm, adj., λjίχὄτε.

Schlinge, f., θιλέ-ja, λjαχ-ου, τϑαρχ-ου, γράτσχε-α, g. συϑ-ι; ich lege e. Schl., νγρεχ γράτσχε.

schlingen, tr., g. περτσίλj; intr., g. περτσίλεμ.

Schloss, n., μούντζε-α, g. βράββε-α; — χjυτϑενίτζε-α, g. δρϋϋ-νι; Gürtelschl., τοχά-ja; Flintenschloss, g. τϑαρχ-ου.

schluchzen, ξίνjεμ; δγννεσότγ.

Schluchzen, n., g. δγννέσε-α.

schlucken, intr., g. περτσίλεμ.

Schlucken, m., λέμεζε-α, tyr. λjέφεζε-α, (λjέμεζε, λέχμε); ich habe den Schl., λεμεζότγ, χαμ u. με ζε λέμεζε.

Schlund, m., γρύχε-α; χον-ι.

schlüpfrig, adj., (ὄχjίττε).

Schlüpfrigkeit, f., (ὄχjίττε).

schlürfbar, adj., ρούφε, g. σούρβουλjτε.

schlürfen, ρουφίς, t. σουρβότγ, g. σουρπ, (σουρνίτ).

Schluss, m., ϑάλjg-α; g. νδρϋμε-ja.

Schlüssel, m., χάπες-ι, χjυτϑ-ι, ber. χλjιτϑ- u. χλjυτϑ-ι, g. τϑέλλjες-ι.

Schlüsselbein d. Fusses, t. τϑαπόχ-ου.

Schlussstein, m., χρίε χjουτϑ.

Schmach, f., δούνε-α.

schmackhaft, adj., λjεζέτϑμ, g. ϑίϑεμ.

Schmackhaftigkeit, f., λjεζέτ-ι (tk.), g. ϑίϑεμε-ja u. ϑίϑεμι-τε.

schmähen, δουνϑγ.

Schmäher, m., t. δαχεράχ-ου.

schmecken, πρέχγ.

Schmeichelei, f., λjάιχε-α.

schmeicheln, λjάιγ ε λjύγ, λjαιχατίς, περχεδέλj, μαρρ με τε μίρε, g. περλjεπίν, περλjύγγ, χα με τε μίρε, (περδεχέλj).

Schmeichler, m., λjάιχες-ι, λjαιχατούαρ-ι, t. βιϑτατούνδ- u. βιϑτατούνδες-ι, g. βεϑχούνδες-ι.

schmelzen, tr., t. τρετ, g. τρες; intr., τρέτεμ; — mit Fett, βουλμούαιγ, g. τσιγαρίς; geschmolzen, t. τρέτουρε, g. τρέτουνε.

Schmerz, m., t. δέμχουρε-α, g. δίμτμε-ja; — stechender, ϑερμ-ι.

schmerzen, t. δμχ, g. δμχ.

Schmetterling, m., φλjούτουρε-α; g. περβάν-ι, poet. περβάνε-ja.

Schmied, m., χοβάτϑ-ι; Hufschm., t. αλδάν-ι, g. ναλβάν-ι (tk.).

schmoren, θεχ, g. θεχεριτς; — sich, πίχjεμ, g. αμελόχεμ.

Schmuck, m., αρματοσί-α, δονατί-α, σχjίμε-α, στολί-α (gr.), t. νίσεjg-α, t.νίσουρε-α, g. νίσμε-ja.

schmücken, αρματύς, ορμίς, νις, στολίς (gr.); — sich, νίσεμ, g. χοδίτεμ.

Schmutz, m., λjέρε-α (gr.), πε-γέρε-α, t. χjερπεσίρε- u. χjελδεσίρε-α, λjούτσε-α, λjουτσί- u. jουτσί-α, g. χjελβεσίνε-α, λούτσε-α; — am Körper, παλjαβί-α; ich ziehe durch d. Schm., t. ὄχαρεχότγ; ich wälze mich im Schm., t. ὄχαρεζόνεμ.

schmutzig, adj., βρομετσίρε (gr.), μουρδάρ (tk.), g. τρόχε; ich werde schm., g. νδράγεμ.

Schmutzigkeit, f., jουτζί-α, βρομετσίρε-α (gr.).

Schnabel, m., xjεπ-ι, g. σxjουπ-ι; — eines Gefässes, δού̈ε-α, φυτ-ι, g. λjεφύτ-ι; — der Lampe, φυτ-ι, g. πιπθ-ι.

Schnake, f., μδκόνjε- u. μουδκόνjε-α, g. χάρρjε-ja.

Schnalle, f., ζάβε-α; φύλε-α.

Schnappwage, f., παλάντζε-α; t. xαντάρ-ι, g. xανδάρ-ι; g. τδεxjί-α.

schnarchen, g. ϳερχέx u. ϳερχές, (ϳxερχάς u. ϳxερχίτ).

schnauben, τδφριϳ u. τδφρύιϳ; g. δεμόιϳ; — sich, τδφρύχεμ.

schnaufen, g. δεμύιϳ.

Schnautze, f., t. τουρί-ου, g. τουρίν-νι.

Schnecke, f., t. xερμίλ-ι, g. xρεμίλ- u. xεθμίλ-ι, (xρεμι); — ohne Haus, λjαxουρίxj-ι.

Schneckenhaus, n., xάφxε-α, άδτερα-τε u. έδτερα-τε.

Schnee, m., βύρε-, δεβύρε-, δσδύρε-, τσβύρε-, βάρδε-α; — mit Regen vermischt, t. τσχjύττε-α.

Schneeflocke, f., φλjοx-ϳου.

Schneide, f., μιλ-ι, πρέσε-α, g. πρέφετε-α, (πρέδιϳ).

schneiden, xρες, sc. θερ; klein, t. ϳριϳ, g. ϳριν; — in Holz, ϳδεντ, g. σxαλίς.

Schneiden, n., als Schmerz, θερμ-ι.

schneidend, adj., g. πρέφετε.

Schneider sein, xjεπ.

schneidern, xjεπ.

schneien, bie βόρε.

schnell, adj., t. τδπέιτε, g. δπέιτε; adv., με τε τδπέιτε, με ρένδε, t. βραπx u. με βραπx, φετ; ich gehe schn., t. βραπxύιϳ u. βραπxετύιϳ; schneller Gang, t. βραπx-ι.

Schnelligkeit, f., νδιτ-ι, ντζιτ-ι, ντζιτίμ-ι, ντζιτιμί-α, t. ντζι-

τούαρε-α, g. ντζιτούμε-ja, ρένδε-α.

Schnepfe, f., δαπετόρε-ja.

schneuzen, τδφριϳ u. τδφρύιϳ; — sich, τδφρύχεμ, φρύιϳ xjύρρατε o. χόνδενε.

Schnitter, m., χόρρες-ι u. xούρρες-ι.

Schnupfen, m., xόλλε-α, (ρούφε).

Schnupftaback, m., ταβάxο-ja u. -ουα.

Schnupftuch, n., μανδίλjε-ja, δαμί-α, dur. φαρσουλjάτε-α.

schnüren, (ουχούζετ); — sich, g. πουθτόχεμ.

Schnurrbart, m., g. μουστάxjε-ja.

Scholle, f., t. τσβολj-ι, g. πλις-ι, πόπελj-ι; ich zerschlage Schollen, g. τδαπραδίς.

schon, t. νδαδτί, g. ναδτί.

schön, adj., βούxουρε, μίρε.

schonen, xουρσέιϳ u. xουρτσέιϳ.

Schönheit, f., βουxουρί-α.

Schooss m., ϳjι-ρι; am Rocke, πιxjί- u. πεxjί-α, g. σπελjxjίν-νι.

Schöpfeimer, m., τδούμε-α; xόβε-α.

schöpfen, (νίτζεντατδ).

Schöpfer, m., g. xριετάρ-ι.

Schöpffett, n., g. υνδύρε-α.

Schöpfgefäss, n., xύβε-α.

Schöpfung, f., νδερτέσε-α, g. αρατίσμε-ja, xριούμε-ja.

Schorf auf Wunden, δρέϳε̈ε-α.

Schornstein, m., οδδάx-ου.

Schote, f., μοδούρxε- u. μουδούρxε-α, g. λjεxούρε-α.

schottern, g. τουντουλύιϳ.

Schrank, m., g. ραφτ-ι.

Schraube, f., τουρjέλε- u. τρουjέλε-α, g. βουρϳί-α.

schrauben, περδρέθ.

Schraubenmutter, f., g. μενϳjενέ-ja.

Schreck, m., λαxταρί-α (gr.), ξαφνι-α, τρέμβουρε-α, t. τριδτούαρε-α, δρίθμε-α, g.

τριστούμε-ja, τριθτίμ-ι, (δίθερε).

Schrecken, m., δετάιϳε-α, φρίxε-α (gr.); ich jage Schr. ein, t. φριxύιϳ, g. φριxετδύιϳ; ich bin in Schr., t. φριxόνεμ, g. φριxετδόχεμ.

schrecken, τρομάξ u. φοβερίς (gr.), xανός, t. τρεμβ, τριδτύιϳ, g. τρεμ, τριστόιϳ.

Schrei, m., θίρρε-α, σοxελίμε-α, (xλίθμε).

schreiben, t. δxρούαιϳ, g. δxρούιϳ.

Schreiber, m., ϳραμματιxύ-ι (gr.).

Schreibfeder, f., xαλjέμ-ι, xονδίλj-ι (gr.).

Schreibrohr, n., xαλjέμ-ι.

schreien, θίρρας u. θίρρές, σοxελάς, πελλάς, t. βερράς, βλjεϳεράς u. βλjεϳερίτ, g. βλjεϳουρίϳ, βερτάς, βιxάς, ϳερθές, πεζάϊϳ, ϳραφ, (ϳριϳ, νϳριχ); v. d. Katze, ϳαυνίς μιαυλίς; wie ein Esel, ϳαρρίς; v. Hornvieh, πελλάς, μουνϳρίς.

Schreien, n., σοxελίμε-α, g. πεζάύμε-ja.

Schreihals, m., t. χάρασι, g. χαράνξι (?).

Schrift, f., δxρύνjε-α, t. δxρούαρε-α, g. δxρούμε-ja; heil., xάρτε-α.

Schriftsteller, m., g. βιβλjιδxρέσες-ι.

Schritt, m., t. τδαπ-ι, g. τδάπε-α, (xέρσι); grosser, δάλjε-α; im Schr., g. τδάπθι; mit gr. Schr., g. χαπαδάλjθι.

Schrot, m., σατδμ-ι.

Schublade, f., χυδδάρε-ja.

schüchtern, adj., τούρπάιϳ; ich geberde mich sch., t. νουσερόιϳ, g. νουσενόιϳ.

Schüchternheit, f., τούρπάιϳμε-ja.

Schuh, m., xεπούτσε-α.

Schuhsohle, f., g. δύλλε ε xεπούτσερε.

Schuhwerk, n., μβάθουρε-α.

Schuld, f., t. βορδᾱ-ι, g. βόρ-δᾱε-α.

schulden, βορδᾱλόνεμ, δούα.

Schuldhafter, m., t. φαττούαρ-ι u. φαjετόρ-ι.

schuldig, adj., φαjετόρ u. φατ-τούαρ; ich bin sch., tr. δούαιγ, δούα. βορδᾱλύνεμ.

Schuldner, m., βορδᾱλjί-ου, χούαρε-ι; ich bin Sch., βορδᾱλόνεμ.

Schule, f., σχολί-α, g. σχύλjε-α (gr.).

Schüler, m., μαθιττί-ου (gr.), sc. δεγέρτ-ι.

Schulter, f., κράχε-ου, σουπ-ι, δπάτουλjε-α; Sch. an Sch., δύθε μβας δύθε; ich trage auf den Sch., g. βάιγ.

Schulterblatt, n., δπάτουλε-α, t. κράχερούαρ-ι.κραχερόρ-ι, g. κραχενούρ-ι.

Schulterblattknochen, m., t. δέ-τουλε-, σjέτουλε- u. δκέτου-λε-α, g. σχjέτουλε-α.

Schuppe, f., t. χάλλjε-α, g. χά-λjε-α, φόρμελjε-α; Haarsch., θερί-α.

Schur, f., t. κjέθουρε-α, g. κjέθ-με-ja.

Schüren, δχρεπ, t. τσιγγρίς; g. προυδίς.

Schurz, m., πρέχερ-ι.

Schürze, f., φούτε-α, g. πο-δjά-ja. (πύδjε).

schürzen, sich, περβίδεμ.

Schurzvoll, πρέχερ-ι.

Schuss, m., ῃjούαρε-α, t. δτί-ρε-α, κρίτσμε- u. κρίδμε-α, g. δτίμε-ja, κρίσμε-α.

Schüssel, f., μαστέχ-ου, σχjυ-ρέ-ja, τδανάχ-ου, g.χούρε-α, ber. μισούρε-α.

Schusterahle, f., φενδύελ-ι.

schütteln, δχουντ, τουντ.

Schüttelstange, f., πουρτέχε-α.

schütten, (δχετ).

Schutzdach, n., t. τενδε-α, g. τάνδε-α, σουνδουρμά-ja.

schützen, μβουρρύτγ.

Schwabe, f., ber. χαραβάδε-α.

schwach, adj., g. δύβε; schwacher Wein, βέρρε χαλίχjε.

Schwäche, f., δίλjε-α.

schwächlich, adj., δτίρε, g. ναράν.

Schwächling, m., ρενδσᾱχ-ου.

Schwaden, m., οφᾱ t. ζjάρριτ.

Schwager, m., χουνάτ-ι; g. χουνατύλ-ι; d. Schwester Mann, δέντερ-ι.

Schwägerin, f., χουνάτε-α; d. Bruders Frau, νούσε-ja.

Schwalbe, f., t. δελανδούδε-ja, g. δαλενδύδε-ja, (δελεν-δούσε).

Schwamm, m., κερπούρδε- u. κερπούδε-α, σφονγᾱρ- u. σφουνγᾱρ-ι, g. συνjέρ-ι; Feuerschwamm, t. έδχε-α, g. εδχ-ου.

schwanger, adj., βάρρε u. με βάρρε, πλjύτε; ich werde —, μβάρσεμ, g. νῄjίττεμ με βάρρε; ich bin —, jαμ με βάρρε, g. jαμ με φεδίγε.

schwängern, δτίγ, g. νῄjισσ με βάρρε; v. Thieren, μβαρς.

schwanken, g. μεδύιγ.

Schwären, m., θάτε-ι.

Schwären, n., g. ατσερίμ-ι.

schwären, g. ατσερύχεμ; ich mache —, g. ατσερύιγ.

schwarz, adj., m. ζι. f. ζέζε, μουρκ; das Schwarze, ζέζε-α; schwarze Farbe, t. δῄjύρε-α; ich mache o. färbe —, t. νδζίγ, ντζίγ, g. νδζίν, ντζίν; ich werde —, νδζίγεμ.

Schwarzamsel, f., t. μελένjε-α, g. μουλέν-jε.

schwarzäugig, adj., συζί, t ζι νδε συ.

Schwarzdorn, m., μουρίς-ζι.

Schwärze, f., ζέζε-α.

schwärzen, tr., t. ντζίγ, νδζίγ, g. ντζίν, νδζίν.

schwärzlich, adj., ζέδχε, g. ζε-δχαμάν.

Schwarzschlaf, m., ber. ῄjούμεζι.

Schwätzer, m., ζορχοσούρ-ι, t. φjαλjτούαρ- u. φjαλjτύρ-ι, g. λαφαζάν-ι.

Schwefel, m., σχjούφουρ- u. δχjούφουρ-ι; von —, σχjού-φουρτε.

schwefelig, adj., σχjούφουρτε.

Schweif, m., βιδτ-ι, (ριχς).

schweifen, ῄjεσδίς; rings umher, Divr. βίν αχόλε.

Schweifstern, m., υλ με βιδτ.

schweigen, πουδύτγ; schweige! πουδό! τυττ! ich bringe zum Schw., λjιθ νδε κουβένδ; ich werde z. Schw. gebracht, λjίδεμ.

Schwein, n., δερρ-ι, δόσε-α, g. δι-ου.

Schweinhirt, m., δερράρ-ι.

Schweinsrüssel, m., τουρί δέρρι.

Schweiss, m., δjέρσε-α.

schwelgen, t. χαραχοκίς, g. χαραγ-ύδεμ, ρουμβουλόχεμ u. ρουμουλόχεμ, (δερθούεμ).

Schwelgende, pl. m., g. ρου-μουλούμι-τε.

Schwelgerei, f., χαραχοπί-α, g. ρουμουλόόμε-ja.

Schwelle, f., πραχ-ρου.

schwellen, ᾱτγ, έχεμ u. χέχεμ, χέχεμ, φρίχεμ, g. δύιγ, μου-φάτεμ, (έρα); der Kamm schwillt mir, μβούδεμ.

Schwengel, m., θουμκ-δι.

schwer, adj., t. ρένδε, g. ρά-νδε; ῄjυτόμ (tk.), κούνε δέ-ρε; adv., ῄjυτό (tk.).

schwerathmig sein, ῄjουλjτόύχεμ.

Schwerathmigkeit, f., ῄjουλj-τδίμ-ι, g. δπίρρε-α.

Schwere, f., t. ρένδε-α, g. ρά-νδε-α.

schwerlich, adv., (φεδτίρε).

Schwert, n., θίχε-α, δκάτε-α.

schwerzüngig, adj., g. θουδάχj.

Schwester, f., μότρε-α.

Schwiegereltern, pl., m. κρουδχ-ου, f. κρούδχε-α.

Schwiegermutter, f., t. βjέρρε-α, g. βjέχερε-α.

Schwiegertochter, f., νούσε-ja, ρε-ja.

Schwiegervater, m., t. βjέρρ-ι, g. βjέχερ-ι.

schwierig, adj., ῇυτõμ u. ζαχμέτᾱμ (tk.). πούνϵ δέρϵ.

Schwierigkeit, f., ζαχμέτ-ι (tk.).

schwimmen, νοτάϵγ, βέϵγ νοτ.

Schwimmen, n., νοτ-ι.

Schwimmer, m., νοτϵτάρ-ι.

Schwindel, m., ζαλί-α, t. δαϊτίμ-ι.

schwindelig, adj., κολjανδίσουρϵ; ich mache —, ζαλίς; ich bin o. werde —, ζαλίσϵμ, μϵ μίρϵνϵ μϵντ.

Schwindsucht, f., οχτίκϵ-α u. οφτικά-ja.

schwindsüchtig, adj., οχτικjάσουρϵ; ich bin —, οχτικjάς.

schwingen, δκουντ.

schwitzen, t. δϵρσίγ, g. δϵρσίφ u. δϵρσίφϵμ.

schwören, βέϵγ βϵ, t. βϵτόνϵμ; ich mache —, βϵ μβϵ βϵ, t. βϵτότϵγ.

Schwur, m., βϵ-ja; jϵμίν-ι (tk.).

Scumbi, (Fluss) Σκουμβ-ι.

sechs, ῇάδτϵ.

Sechser, m., ι ῇάδτϵ-ι.

sechsfach, adw., ῇάδτϵδ.

sechster, adj., ῇάδτϵτϵ-ι.

See, m., ῇολj-ι, g. λjϵχjέν-ι, sc. λjϵχjέν-νι, (λϵχjέχ).

Seeauster, f., ζάζϵ-α.

Seekrebs, m., (στακό) (gr.).

Seele, f., δπιρτ- u. δπυρτ-ι.

Seelenqual, f., δϵρτ-ι u. χαλ-ι (tk.).

Seemann, m., ῇϵμϵρδᾱί-ου.

Seemöve, f., πουλj' ϵ βάρδϵ, g. τδάφχϵ-α.

Seepolyp, m., ϵφταπόδ-δι, (αφταπόδ).

Seesturm, m., φουρτούνϵ-α.

Segel, n., πλjϵχούρϵ- u. πϵλjχούρϵ-α, g. βέλjα-τϵ, (προυδ); die S. spannen, νῇρϵ πλjϵχούρϵ; — einziehen, ζϵρϵς πλjϵχούρϵ.

segeln, βϵϵγ πλjϵχούρϵ.

Segen, m., ουράτϵ-α, bϵκίμ-ι, t. βϵκούαρϵ-α, g. βϵκούμϵ-ja.

segnen, βϵκόϵγ.

sehen, t. δο u. δοχ, δiεl, δjο, g. δοφ, χjϵρύϵγ; nach etw.,

διχύϵγ; durch d. Finger, g. μβάϵγ πάjϵ.

sehnen, sich, δϵϵϵρύϵγ, χαμ μαλ, μϵ δϵμπ, g. μαλϵνῇέχϵμ; man sehnt sich nach mir, δϵμβϵμ.

Sehnsucht, f., δϵϵϵρίμ-ι, νῇαϵϵρίμ-ι, μαλ-ι, g. μαλϵνῇίμ-ι, μαλϵνῇύμϵ-ja.

sehr, adw., φορτ.

seicht, adj., g. τσέχϵ.

Seide, f., μϵνδάφδ-ι (tk.), σίρμϵ-α, (βίδνjϵ); äusserer Faden d. Cocons, g. σέρμϵ-α u. σϵρμά-ja.

seiden, adj., μϵνδάφϵτϵ (tk.).

Seidencocon, m., μπσίκϵζϵ-α μϵνδάφϵττ, g. μϵδίκϵζϵ-α.

Seife, f., t. σαπούν-ι, g. σαπούα-σι.

seifen, σαπουνίς.

Seifenblase, f., βαρδάκ-ου.

seihen, κουλύϵγ.

Seil, n., ῇάλμϵ-ι o. ῇάλμϵ-τϵ; λjιτάρ-ι; t. τϵρῇούζϵ-α, g. τϵρχούζϵ-α.

sein, jαμ, zufällig, κονδίς, νδϵσσ, νδοδ u. νδόδϵμ; es sei, g. άντ.

seit, χjϵ; s. wann? χjϵ χουρ? g. τδ' χουρ? seit Olims Zeiten, χjϵ χϵτjέ.

seitab, adw., t. δουλj.

seitdem, χjϵ χουρ, g. τδ' χουρ.

Seite, f., άνϵ-α, t. βάνδϵ-α; menschliche, g. ίjϵ-α; eines Blattes Papier, φάχjϵ-ja; rechte, αν' ϵ μδάρϵ, φάχjϵ-ja; linke, t. βανδ' ϵ μένῇϵρϵ; von Seiten, νδ' άνϵ; auf die, der o. einer S., μϵ νj' άνϵ; ich schiebe auf d. S., t. δτϵμένῇ, g. δτϵμάνῇ, πρανόϵγ, παρόϵγ u. πράνϵγ; ich lege o. stelle bei S., βϵ λjαρτ ο. βϵτδ; ich gehe auf d. S., g. χjάσσϵμ, στέπϵμ.

Seitenstechen haben, μϵ ρα άνα ο. ίjα, g. μϵ ρϵφ λjούχϑι ζϵμϵρϵϵϵ, sc. μϵ θϵρ.

seitwärts, βρίνjϵτϵ, πϵρ βρίνjϵτϵ, μϵ νj' άνϵ; ich ziehe mich —, g. στέπϵμ.

Selbend, n., δίζϵ-ja.

selbst, βέτϵ; ich s., βέτϵja ίμϵ; für sich s., πϵρβέτϵ; von sich s., βϵτίουτ u. βϵτίου; selbst nicht, ας νούχϵ.

Selbst, n., t. βέτϵχjϵ-ja, g. βέτϵ- u. βϵτβέτϵ-ja.

selig, adj., λjουμ u. λjουμδ, t. λjουμϵδκίμ, λjούμουρϵ, λjϵβδούαρϵ, g. λjούμϵτϵ, λjαβδουρούμ; ich preise s., g. λjουμϵνόϵγ.

Sellerie, wilder, δϵρκ-ι.

selten, adj., ρράλϵ.

Semmel, f., (σιμιδάλϵ).

senden, δϵρϒόϵγ.

Sendung, f., t. δϵρϒούαρϵ-α, g. δϵρϒούμϵ-ja.

Senf, m., σινάπ-ι.

sengen, tr., πϵρβϵλjύϵγ, πϵρτζϵλjίϵγ u. πϵρτζϵλjύϵγ.

Senkblei, n., σχανδάλϵ-α.

senken, sich, t. πϵρίϵρ, g. πρίρϵμ, πρανόϵγ, πραρόϵγ u. πράνϵγ, μϵδόϵγ.

Sense, f., g. κος-ι u. κόστρϵ-α.

Sentenz, f., g. φjάλjϵ ϵ βjέτρϵ.

Sepiafisch, m., σουπηjέ-ja, g. τσούπηjϵ-α.

September, m., Γουδτοβjέδτϵ-α, βjέδτϵ-α, der. βjέδτϵ ϵ πάρϵ.

Serbien (Land), Σϵρβί-α.

Serbier, m., Σϵρπ-δι.

Serbierin, f., Σέρπχϵ-α.

serbisch, adj., σέρπχτϵδ.

Serviette, f., πϵδκjίρ-ι, g.φουδάι-ja.

setzen, t. βϵ, g. βϵύ; auf etwas, t. χjιππ u. χjίππϵιγ, g. χjύππιγ; über etw., intr., χαπϵτόιγ; — sich, g. χούπϵμ, an einem Orte, νϒούλjϵμ.

Seuche, f., μουρτάjϵ-α, t. λjϵνϒύϵρ-ι, g. λjϵνϒύρϵ-α; unter Thieren, t. φλjάμϵ-α.

seufzen, πδϵρϵτίϒ, ρϵχόιγ, g. νϵχόιγ, δαμτίν.

Seufzen, n., t. ρϵχίμ-ι, g. νϵχίμ-ι.

Seufzer, m., g. δαμτίνϵ-α.

Shawl, m., g. δαλ-ι.

Sichel, f., t. δράπᾳρ-ι, g. δρά-πᾳν-ι.

sicher, adj., σάχτᾳ (tk.); adv., νjᾳ με νjᾳ.

Sicherheit, f., σιγουρί-a; ich bringe in S., σιγουρέπς.

sicherlich, adv., σίγουρο, πα τjάτᾳρᾳ, βᾳρτέτ u. με βᾳρ-τέτ, g. βᾳρτέ, με βᾳρτέ u. βᾳρτέτα.

sichern, σιγουρέπς.

Sicht, f., t. πάρᾳ-a, g. πάμᾳ-a.

sie, f. sing., ajό.

Sieb, n., t. σίτᾳ-a, g. σέτᾳ-a; t. ϑύϑε-ja, g. ϑύϑᾳ-a; grobes, σιτ'ε ρράλᾳ; feines, σιτ'ε νᾳνδουρᾳ.

sieben, t. σιτός, g. σᾳς; ϑοϑ.

sieben, num., ϑτάτᾳ.

Siebener, m., t ϑτάτᾳ-ι.

siebenfach, adv., ϑτάτᾳϑ.

Siebenmonatskind, n., ϑτίρᾳ.

siebenter, adj., ϑτάτᾳτᾳ-ι.

siebenzehn, ϑτατ' μbᾳ ϑjέτᾳ.

Siehkäse, m., jjίζᾳ-a.

siechen, λjᾳνγόιγ.

Siechthum, n., λjᾳνγjίμ-ι, t. λjᾳ-νγούαρᾳ-a, g. λjᾳνγούμᾳ-ja.

sieden, intr., βαλjύιγ, βᾳλjύιγ, βουλjύιγ, t. ζίειγ, g. ζιγ.

Sieg, m., μούνδιjᾳ-a, t. μού-νδουρᾳ-a, g. μούνδμᾳ-ja.

Siegel, n., βούλjᾳ-a, δάμχᾳ-a u. μυχύρ-ι (tk.).

Siegellack, m., ϑύλλᾳ τᾳ χουχj.

siegeln, βουλjός, δαμχύιγ (tk.).

siegen, μουνδ o. μουντ, g. μού-νδεμ.

siehe! ja! u. jάβουα! Divr. χjᾳ! u. τϑᾳ!

Silber, n., t. ερjjέντ-ι, g. αρ-jjάντ-ι, σᾳρμᾳ-a u. σᾳρμά-ja.

Silberkörner, pl., g. χούρδᾳ σίρμᾳ.

silbern, adj., t. ερjjέντᾳ, g. αρjjάντᾳ, αρjjάνδ.

Silberschnalle, f., φύλᾳ-a, ζάβᾳ-a.

Silberzeug, n., t. ερjjεντσίρᾳ-a, g. αρjjαντσίνᾳ-a.

Simpel, m., g. ϑαπαχύτ-ι, τορο-λάχ-ου.

simpelhaft, adj., g. τουφάν.

siegen, χᾳνδύιγ.

sinken, ρᾳζύνεμ; im Preise, λjι-ρύνεμ.

Sinn, m., t. μᾳνδ -ι, μᾳνδᾳ - u. μᾳντᾳ-ja, g. μεντ-ι, μᾳνδᾳ-a u. μενδί-a; einer Rede, νοίμᾳ-a (gr.); es kommt mir in den S., g. μᾳ ϑκᾳπᾳτᾳ; ich behalte im S., μbάιγ o. bάιγ νδᾳρ μᾳντ; ich mache jem. andern Sinnes, g. χᾳϑϑίγ μέντᾳνᾳ; ich ändere meinen S., χϑϑίγ μέντᾳνᾳ; die S. schwinden mir, μᾳ μίρᾳνᾳ μᾳντ; ich bin nicht bei S., jαμ τούρβουλ.

Sippschaft, f., jjιφί-a, νjέρᾳζ, t. τϑέτᾳ-a.

Sitte, nach Ortes, t. βᾳνδϑᾳ, g. βᾳνδτϑᾳ,

Sitz, m., δυϑέχ-ου.

Sitzdecke, f., ϑίλjτᾳ-ja (tk.).

sitzen, ρρι u. ρριγ; gefangen, jαμ bρᾳνδα; sitzend, t. νδᾳν-νjουρᾳ, g. νδέιτουρᾳ; das S., t. νδᾳνjουρᾳ-a, g. νδέιτμᾳ-ja.

Skandal, m., ϑούνᾳ-a.

Skizze, f., ξύμπλᾳ-a.

skizziren, ξομπλjάς.

Sklave, m., σχλαφ-βι, ροb-ι; ich mache zum —, σχλαβύς.

Sklaverei, f., σχλαβί-a, t. ρο-bᾳρί-a, g. ροbᾳνί-a.

Sklavin, f., ροbᾳρέϑᾳ- u. ροbί-νjᾳ-a.

Skorpion, m., σφουρχ- u. τσφουρχ-ου, t. ϑχράχjᾳ-a, g. ϑχραπ-ι, χραπ-ι.

so, αϑτού, χᾳϑτού, σι, άχjᾳ, χάχjᾳ; πα, g. πρα; so! δα! g. δε! a! durchaus so, jo νδρύϑᾳ; so, αϑτού χᾳϑ-τού, χᾳϑτού χᾳϑτού; so dass, χάχjᾳ χjᾳ; so lange als, σα u. νjερ σα, g. σέι; so sehr, so viel, άχjᾳ, χάχjᾳ; so weit, σα; so wenig? g. χάχjᾳ jjαῦ? so wie, σι, σι χούντρᾳ, σι χούνδρᾳ; χύνδρᾳ u. χούνδρᾳ, g. χούνδᾳρ; t. χᾳϑτού χjᾳ, g. χᾳϑτού σε; πο, πύσι, ποσά, πο χjᾳ, g. πορ; so einer, t.

τίλλᾳ-ι, f. ε τίλλᾳ-a, N. T. ε τίλja; dieser so, αί, χύγ, ατᾴ, χᾳτᾴ—φαρρ'.

sobald, t. πο, g. πορ; — als, πο χjᾳ u. πο σα o. ποσά.

sodann, g. χασανδάιjᾳ, ·ραᵴ-νδάιjᾳ u. μασαντάjᾳ.

Sodbrennen haben, se. μᾳ δjεχ ούνϑι.

sofort, μι, ατᾴ τϑαστ, με νjᾳ o. με νjᾳ χέρᾳ.

sogleich, αλά αλά, μι, τϑαστ u. τϑας, ατᾳχέρᾳ, με νjᾳ o. με νjᾳ χέρᾳ, νjᾳ με νjᾳ, νjᾳ μᾳντ, t. πα μᾳνούαρᾳ, g. νjᾳμέ πᾳρ νjᾳμέ.

Sohle, f., ϑούαλ-ι, g. ϑύλλᾳ-a.

Sohn, m., bιρ-ι; d. einzige, δjαλj t βέτᾳμ, g. δελατάρ-ι.

solcher, ein, τίλλᾳ-ι, f., ε τίλ-λᾳ-a, N. T. ε τίλja; t. ασίϑ, χᾳσίϑ, g. ατσίϑ, χᾳτσί, χᾳτσί φαρ'.

Sold, m., ρύjᾳ-a, t. λjουφέ-ja, χάχᾳ-a, χαρτᾳ-ι, g. υλυφέ-ja, χαχ-ου, χάρδϑᾳ-a (tk.).

Soldat, gemeiner, σειμμέν-ι; ich werde zum S. gezogen, t. ϑχρούχαεμ, g. ϑχρούχεμ νιζάμ.

Soldatenbrot, n., t. χράβᾳλjε-ja, g. χαραβέλjε-ja·

Soldatengewehr, n., δουφέχ- u. δυφέχ-ου.

sollen, δούαιγ.

Sommer, m., bᾳχάρ-ι, βέρᾳ-a.

Sommerfleck, m., πίχᾳ-a.

Sonde, f., μιλ-ι.

sonderbar! τϑουδίl χουν' ε μάδε!

sondern, conj., t. πο, g. πορ; nicht nur — s. auch, jo βέτᾳ-μᾳ — πο εδέ.

sondern, v. tr., βετϑόιγ.

Sonnabend, m., t. ϑᾳτούνᾳ-a, g. ϑτούνᾳ-a.

Sonne, f., t. δίελ-ι, g. διλ-ι.

Sonnenaufgang, m., ε δάλλjου-ρα δίελιτ.

Sonnenblume, f., λjουλj'ε δίελι.

Sonnenlage, f., t. δουλjᾴ-ρι, g. δουλjᾴν-νι.

Sonnenschirm, m., t. τϑαδέρρε-
ja, g. τϑάδρε-a.

Sonnenstäubchen, n., g. ζερρ-ι.

Sonnenstrahl, m., g. ρεζέ-ja.

Sonnenuntergang, m., t. περ-
νδούαρε-a, g. περνδούμε-ja,
φάλjμε-ja διελιτ.

Sonntag, m., t. δίελjε-a, g.
δίλjε-a.

Sorge, f., χαλ-ι u. χαδδέτ-ι
(tk.), t. πρέρε-a, g. πρέμε-ja,
γαίλjε-ja; ich habe S., χαλεστίς.

sorgen, κυβερρίς (gr.), χαμ
χουιδές, (bjερ, κjερ, πιέρ).

Sorgenvoller, m., g. χαλτάρ-ι.

Sorgfalt, f., σπουδί-a u. συλοΐ-a
(gr.).

sorgfältig, adj., (χόλλε με
χόλλε).

sorglos werden, τσγέζεμ.

spähen, διχότγ, t. περγjόιγ, g.
περγjόυαιγ.

Spalt, m., δδλjε-a.

Spalte, f., πλjάσε-a, t. τϑάι-
τουρε- u. τϑάρε-a, g. τϑάιτ-
με-ja.

spalten, τϑάιγ, περϑχjύειγ u.
περϑχjύειγ; t. μεσόιγ; mit
d. Keile, σφυνός.

Spaltung, f., t. περζίεσε-, τϑά-
ρε-, περτϑχjύερε-, ϑχjύερε-a,
g. περζίμε-ja etc.

Span, m., βουjάϑχε-a, (μβουγάσχε).

spanischer Pfeffer, g. σπέτσε-a;
— Thaler, g. ϑτυλαρί-ου.

Spanne, f., t. πελέμπε-a, g. πελάμε-a; t. τϑφουλχί-a, φελ-
χίνjε-a, g. δερδϑίχ-ου.

spannen, t. νδέιγ u. νδερ, νγρε
u. νγρεχ, g. νδένιγ, νγρεφ.

Spannung, f., t. νγρέχουρε-a, g.
νγρέφμε-ja.

spärlich, adj., ρράλε; adv.,
ρράλε, ρραλ' ε χου, g. ρραλ' ε
τεχ.

Sparren, m., τσίμδιδε-ja, t.
χjέπρε-a, g. χjέπερ-ι.

sparsam, adj., νεχχjές u. νεχjές
(tk.), χονύμ (gr.); ich bin sp.,
χουρσέιγ u. χουρτσέιγ, g. τιρ.

Sparsamkeit, f., χονομί-a, t.
χουρτσίμ-ι, χουρσύερε- u.
χουρτσύερε-a, g. χουρσίμ-ι,
χουρσούμε-ja.

spät, adj., σjέλε; adv., έρρετε,
g. βύνε u. βύνετε.

Spaten, m., g. βελj-ι.

später, adv., πρα u. πα.

spazieren gehen, γjεσδίς.

Specerei, f., αρόμε-a (gr.).

Specht, m., χοχύϑ ι έγρε.

Speck, m., δjάμε-a u. δjάμε-τε.

Speckbeule, f., g. δούνjε-a.

Speer, m., γαργί-a.

Speiche, f., t. πέντε-a, g. πένδε-a.

Speichel, m., jάργε-a, t. πεϑτί-
με- u. πεϑτύμε-a, g. μεϑτύμε-a, (ιάρνιχε).

speien, t. πεϑίγ, πεϑτίγ, πεϑ-
τύιγ, g. μεϑτύιν.

Speien, n., g. μεϑτύμε-a.

Speierling, m., t. βάδεζε-a, g.
βύϑε-a (?).

Speise, f., νγρέννε-a, t. γjέλλε-a, g. γjέλλε-a; süsse, g.
αμελjσίνε-a; unappetitliche,
g. λάπε-a.

Speisecanal, m., t. τσπόρδε-ι.

Speisefett, n., g. υνδύρε-a.

Sperling, m., σδοράχ-ου, ζοχ
περνδίς, N.T. ζοχ-γου,(t.ϑπέ-
σε-a, g. ϑπένζε-a?); — φεράχ-ου (?).

Spiegel, m., πασχjύρε- u. πασ-
χjύρε-a.

Spiegelbild, n., βέβε-a.

Spiel, n., λjόϑρε-a; ein Spiel
Karten, νjε τέστε λέττρε.

spielen, λjος, t. λjούαιγ, g.
λjούιγ; ein Instrum., βίε.

Spielkarte, f., χάρτερα-τε, g.
λέττρε- u. λjέττρε-a.

Spiess, m., t. χελ-ι, g. χέλ-
λε-a.

Spinat, m., ϑπινάχj-ι u. t. σπι-
νάχj-ι; λjιπjέτε-a.

Spindel, f., βοϑτ-ι.

Spindelwulst, f., ρρότουλε-a.

Spinne, f., t. μεριμάγε-a, g.
μιρεμάνγε-a.

spinnen, βέιγ φούρχε, t. τjερ u.

τίερ, g. τιρ; v. d. Katze, g.
γερχέχ u. γερχές.

Spinnengewebe, n., τσέργε-a,
t. μεριμάγε-a, g. μιρεμάνγε-a.

Spinnerei, f., t. τjέρε-a, g. τjέρμε-ja.

Spinnrocken, m., φούρχε-a,
σχουλί-a.

Spion, m., περγjόνες-ι, σπιούν-ι,
χουλαούς- u. χαλαούς-ζι.

spioniren, t. περγjόιγ, g. περ-
γjούαιγ.

Spitze, f., μάjε-a, γερτϑ-ι, βού-
ζε-a, χούνδε-a, βάλλε-ι;
d. Laubes, g. πίπεζε-a; von
Gebäuden, Bergen u. Bäumen,
g. χjίχελ- u. χίχελ-ι; an der
Spitze (v. Menschen), g. νδε
χρύετ.

spitzen, die Lippen, ρρουϑ βού-
ζετ.

Spitzgipfel, m., g. χjίχελ- u.
χίχελ-ι.

Splitter, m., βουjάϑχε-a, ϑερρίμε-ja, t. χάλλjε-a, g. χά-
λjε-a, ρρίτσχε-a, δϑχε-a.

Sporn des Hahns, ϑούα-ύι.

Spott, m., t. περχjέϑουρε-a, g.
περχjέϑμε-ja.

spotten, περχjέϑ.

Spötter, m., περχjέϑες-ι, g.
λαφαζάν-ι.

Sprache, f., t. γjούχε-a, g.
γjούνχου-ja.

sprachlos, adj., παγόjε; ich
bin —, g. μέχεμ.

sprechen, φλjας, t. ϑεμ u. ϑομ,
g. ϑέμι u. ϑόμι, περζάϊν, tyr.
λjιγjιγjότγ; von etwas, περφλjάς; mit Jem.. λαφός; im
Schlafe, g. χοτόιγ.

spreizen, d. Beine, t.τϑαπελjότγ.

Spreu, f., χάϑτε-a; feinste,
βυχ-ι.

Sprichwort, n., μεσελjέ-ja, g.
φjάλjε ε βjέτε-a.

springen, χετσέιγ u. χαρτσέιγ,
χαπετόιγ, t. χίδεμ, g. χούδεμ, χοφ; springe! t. βερβί-
τσυ! g. τούρρου! v. Glas etc.,
πελτσάς, πλjας, g. χρις.

Springen, n., t. χέδουρε-α, g. χούδμε-ja.

Spritzbüchse, f., t. τσφύτες-ι, g. στερφύτς-t.

Spross, m., βλαστάρ-ι (gr.), t. φιδάνε-ja, bίρε-α, g. bίμε-α.

sprossen, δαλλj, ντζίφεμ, t. bιγ, g. bιύ.

Sprudel, m., bουρίμ-τ.

sprühen, Funken, ὄχενδέιγ. t. ὄχρεπετίγ, g. ὄχεπτίύ.

Sprung, m., χαπετούαρε-α, g. χόφμε-ja; πλjάσε-α, g. χρίσε-α; was Sprünge hat, g. χαδμέρ u. χατμέρ (tk.).

sprüngig, adj., g. χαδμέρ u. χατμέρ (tk.).

spucken, t. πεδίγ, πεδτίγ, πεδτύγ, g. μεδτύίύ.

Spule, f., μασσούρ-ι, g. jjεκ-ι.

Spulwurm, m., ρα-ja, ρρε-ja.

Spur, f., t. jjύρμε-α, g. jjούρμε-α.

spüren, νουχουρίτ, g. βεδjύιγ.

sputen, ντζίτ u. ντζιτύιγ; — sich, ντζίτ u. ντζιτύιγ, t. ντζιτύνεμ, g. ντζιττύχεμ.

Stab, m., δραπ-ι, ὄχοπ-ι, N. T. σταπ-ι, ber. μαστάπ-ι.

Stachel, f., θουμπ-bι.

Stadt, f., χατούντ-ι, χασαbά-ja (tk.), t. χjουτέτ-ι u. χjουτέτε-ja, g. δέχερ-ι (tk.).

städteweise, adv., χjουτέτὄε.

Stall, m., αχούρ-ι, g. χjουρ-ι (gr.); für Zugvieh, χατούαοι; f. Geflügel. g. χjυμές-ζι.

Stamm, m., τρουνχ-ου; beim Zählen , g. bύθε- u. bίθε-α, ρρά⁄νζε-α; — μιλέτ-ι, t. φάρε-α, g. φάρε-α, φις-ι (gr.).

stampfen, νjουλj.

Stand, d. erste, δορ' ε πάρε; Mittelst., δορ' ε δύτε; dritter, βοjεljί- ο.βεjεljί-α; ich bin im St., m. jαμ ι ζύτι, f. jαμ ε ζύηjα; — nicht —, σ' δοτ, σ' jαμ χάδρε; ich bringe zu St., μbαρύιγ, δαλλj νd' άνε, g. ντζίερ με χρύε.

standhaft, adj., χαβίδιμ.

standhaftigkeit, f., χjενδρίμ-ι.

Stange, f., δουλj-ι, dρου-ρι ; — t. φρε-ρι, g. φρεν-νι; πουρτέχε-α; bei Hochzeiten, bίjε-α.

Stängel, m., bίjε-α, χάλλες-ζι u. χαλλί-ου.

stark, adj., χαβίδιμ, φύρτε, φύρτδιμ, χουβέτδιμ (tk.), t. φουχjίτδιμ, g. φουχjίδιμ; ich werde st., φορτσόχεμ.

Stärke, f., φύρτετε-α, φύρτσε-α u. φορτσάτ-ι, φουχjί-α, χουβέτ-ι (tk.).

stärken, φορτσόιγ; — sich, φορτσόχεμ.

stärkend, adj., χουβέτδιμ (tk.).

starr, adj., t. μbίρε, μbίτε, g. πίντε; starr u. steif, t. θαρ' ε νjρίρε, g. θάμουν ε νjρίμουν ο. θάμε ε νjρίμε; ich mache st., t. μbίγ, g. πίν; ich werde st., t. μbίχεμ, g. πίνχεμ; πρίττεμ, g. ὄτανj.

starren, g. ὄτανj.

Statt, f., t. βενd-ι u. βεν-ι, g. βενd-ι.

statt, praep., βερ, g. με βενd.

stattliches Aussehen, g. πάμουνε.

Statur, f., japίjε-α, ὄτατ-ι.

Staub, m., τος-ζι, t. πλjούχουρ-ι, g. πλjούχουν-ι; ich mache St., t. πλjουχουρύιγ, g. πλjουχουνόιγ.

stäuben, t. πλjουχουρύιγ, g. πλjουχουνύιγ.

Staubregen, m., λόχε-α.

staunen, πατάξεμ, ὄαστίς, τὄουδίτεμ, g. τμερύχεμ, χαbίτεμ, ὄτανj; ich mache st., πατάξ, ὄαστίς, t. τὄουδίτ, g. τὄουδίς.

Staunen, n., g. ὄτάνjμε-ja.

Stechen, n., θερμ-ι, t. θέρτουρε-α, g. θέρμε-ja.

stechen, g. θουμbύιγ u. θουμbύς; θερ.

Stechfliege, f., g. ζεχθ-ι.

stecken, tr., νjουλj; intr., in den Dornen, g. ουνjέλτὄα;

ich bleibe in d. Rede stecken, g. μέιχεμ νjα φjάλja.

Steg, m., t. βιχ-ου.

stehen bleiben, t. χjενδρόιγ, g. χjινδρόιγ, δαλλjόιγ u. νdαλλjόιγ, jες; stehl δαλλjέ! ich stehe (von Kleidern), jjάιγ, με χα χίε.

stehlen, βjεθ u. βίεθ.

steif, adj., θάτε, t. θάρε, g. θάμε u. θάμουνε; ich mache st., θάιγ; ich werde st., θάχεμ.

Steigbügel, m., ζενjjί-α, (χαντερούσετ).

steigen, auf etwas, χίπειγ; über etwas, χαπετόιγ.

steil, adj., περπjέτε u. ρεπjέτε; st. Ort, g. ορεπjίντε- u. περρεπίντε-α; st. Abhang o. Höhe, ρουχουλίμε-α, jρεμί-α u. jρεμίνε-α.

Steilheit, f., περπjέτε-α.

Stein, m., jρουρ-ι.

Steinbogen, m., χjεμέρ-ι.

steinern, adj., jούρτε.

Steinhaufe, m., g. τούρρε-α, (ὄχέπουρ, ὄχίπουρ).

Steinhuhn, n., θελέζε μαλλjεσόρε, g. φελάν⁄ζε-α.

steinig, adj., χαλίχj; st. Ort, jουρίετε-α, βενd χαλίχj.

Steinkümmel, m., σουσάμ-ι.

Steinmauer, f., μουρ ι jούρτε.

Steinplatte, f., πλάje-α, dερράσε-α, g. πλύτσχε-α, ρράσε-α.

Steinscheibe, f., t. λόμχε-α, g. λόχμε-α.

Steinsitz, m., πεζούλj-ι.

Steinwurfsweite, σα τε ὄτίετὄ νjε jουρ.

Stelle, f., βενd-ι; auf d. Stelle, τὄαστ u. τὄας, νjε μεντ, νjε με νjε.

stellen, στις (gr.), t. βε, g. βεν; in Reihen, g. ραδίγ; eine Falle, νjρε u. νjρεχ, g. νjρεφ; ein Bein, g. πενjύιγ; — sich, t. bένεμ, g. ὄτίρεμ. ὄτιγ u. ὄτίε.

Stellfalle, f., bετίμε-α.

Stellvertreter, m., βασσί-ου.

Stempel für die Weihbrote, φαραστούα-οι, g. μλjατούρ- u. λjατούρ-ι.

Stengel, m., s. Stängel.

Steppdecke, f., jορĵάν-ι.

sterben, βδες u. δες, δχόιγ, δούχεμ, τελjός (gr.), νδερρύιγ jέττενε, μθυλ σύτε, g. χοφ; v. Thieren, νĵορθ, g. τσοφ.

Sterben, n., t. δέχουρε-α, g. βδέχμε-jα.

Stern, m., υλ-ι.

Sternbild, n., g. δένjεζε-α.

Stetigkeit, f., τνάτ-ι (tk.).

Steuer, f., t. δένε-α, g. δάνε-α, δάνμε-jα.

Steuer, n., (χύνσο).

Steuermann, m., τεμονjάρ-ι (gr.).

Steuerruder, n., τεμόν-ι (gr.), . g. δερέχ-ου, δυμέν-νι, (τεμούντ).

sticheln, g. θουμβόιγ u. θουμβός, χουθ.

sticken, t. χjενδίς u. χjενδίς, g. χjενδίς.

Stiefbruder, m., βελά νĵα βαβάι ο. νέννε.

Stiefel, m., τάίσμε-jα (tk.).

Stiefmutter, f., νĵέρχε-α.

Stiefschwester, f., μύτρε νĵα βαβάι ο. νέννε.

Stiefsohn, m., prem. θjέδτρε-ι.

Stiefvater, m., νjερχ-ου.

Stiel d. Trauben, t. φρε-ρι, g. φρεν-νι.

Stier, junger, δεμ-ι.

still! τυττ ! χεδτ!

Stille, f., πουδίμ-ι, t. πουδούαρε-α, g. πουδούμε-jα, τουτουλjάτμε-jα.

stillschweigen, t. ζε ĵjούχενε άιγ; πουδότγ.

Stimme, f., t. ζε-ρι, ĵjεμίμ-ι, g. ζάν-νι, ĵjμίμ-ι; t. χάρασι u. g. χαράνξι (?).

Stimmung, f., χιλμ-ι.

stinken, βρομέπς (gr.), χάλjβεμ, χjέλβεμ, μαρρ ερε, δίε ερε, βjεν ερε.

stinkig, adj., χάλjβετε; ich mache st., g. χjελβεσόιγ.

Stirn, f., βάλjε-α; ich runzle die St., βρανόιγ.

Stirnband, n., περουδάνε-τε.

Stirnmitte, f., λjουλj' ε βάλλιτ.

Stirnrunzeln, pl., λjουλj' ε βάλλιτ.

Stirntuch d. Weiber, βάλλjε-α.

Stock, m., δχοπ-ι; τοπούς-ζι (tk.).

Stöckchen, n., πουρτέχε-α.

Stockdegen, m., t. διδτ-ι, g. δίδ-ι (tk.).

Stockwerk, n., πατ-ι.

stöhnen, δεννεσόιγ.

Stöhnen, n., g. δεννέσε-α.

Stola, f., στολί-α (gr.).

stolpern, t. τσποδίσεμ.

Stolz, m., φαντασί-α u. περιφανί-α (gr.), μθουρρετσί-α, μαλλjεδτί-α, μαδεδτί-α, μάθτε-τε, t. μάδε-jα, g. μαδενί-α.

stolz, adj., μαλλjεδτούαρ u. μαλλjεδτούρ; ich mache st., χορδός, περιφανέπς (gr.); ich werde st., μαδετσύχεμ, φαντάξεμ (gr.); ich bin st., χορδόσεμ, μθούρρεμ, μαδενόχεμ, περιφανέπσεμ (gr.), g. μαλλjεδτύιγ u. μαλλjεδτύχεμ.

stopfen, voll, t. δενδ, g. δανδ; Geflügel, χύιγ u. χούαιγ; die Pfeife, μθουδ τδιβούχενε.

Stoppel, f., χαλαμέ-jα.

Stöpsel, m., στουπύμε-α, g. μουλjέσε-α, ber. μθουλjέσε-α, (στούπε).

Storch, m., λjειλjέχ- u. λελέχ-ου, g. λjειλjέχ-ου.

stören, τουρβουλόιγ u. τρουβουλόιγ.

Störrigkeit, f., τνάτ-ι (tk.).

Störung, f., t. τουρβουλούαρε-α, g. τουρβουλούμε-jα.

Stössel, m., χοπάν-ι, στίπρε-ι, δτίπρε-ι; d. Butterfasses, t. φελίτδ-ι.

stossen, t. δτύιγ, g. δτύινγ; τουντουλόιγ; χοπανίς, t.ρραχ,

g. ρραφ; hinein, νĵουλj; auf etwas, g. περχάς; v. d. Flinte, δχjελjμύιγ.

Stösser, m., g. m. χουτίν-ι, f. χούτε-α.

stossweise, adv., πάλjε πάλjε.

stottern, με μίρετε ĵύjα.

Stotternder, m., βέλβερε-ι, g. βελβούχj-ι.

Strafe, f., χανοσί-α; τυφμέτ-ι.

Strahl, m., σχελjχjίμ-ι, δένjε-α, t. ρεμβ-ι, g. ρεζέ-jα; im Pferdehuf, θελjπ-ι.

strahlen, λαμπς (gr.), δενjύιγ, t. βετετίγ, g. νδριττόιγ.

strahlend, adj., λάμπσουρε, δενjετάρ, ρέμβα ρέμβα.

strammer Bursche, dαί-ου.

Strang, m., g. τδίλjε-jα.

Strasse, f., t. ούδε-α, g. ούλε-α; πρέβε-α, g. βρομ-ι.

Strassenknoten, m., πρέβε-α.

sträuben, t. νĵρε u. νĵρεχ, g. νĵρεφ; — sich, v. Haar, χρεσπερόχεμ.

Strauss, m., τούφε-α; βίχε-α.

strecken, t. νδέιγ, νδερ, g. νδέινγ.

Streich, böser, ρενχ-ĵου; Streiche, pl., t. δχοπίνj-τε, g. δχjεπίν-τε.

streifen, πδιχ.

Streit, m., χjάρτε-α, χjερτούαρε-α, δερρ-ι, φιλονιχί-α (gr.), μαραζέ-jα u. t. δαματά-ι, g. δαμάτε-α (tk.), Divr. χατδέρρ-ι; ĵjυχj-ι; δούνε-α; ich liege mit Jem. im —, χάχεμ.

streiten, χάχεμ, φιλονιχίς (gr.), βέιγ δερρ ο. φjάλjε, t. φjαλjτύιγ, χjερτύιγ, ber. χjιρτύιγ; — sich, ĵρίνδεμ, t. ζίχεμ, g. ζίνχεμ, χάπεμ, βρίνχενε δοχj με δοχj.

streitig, adj., g. με φjάλjε.

streitsüchtig, adj., ĵρίνδες, ĵρίνδες, t. δερρέτ, g. δαρρέτ.

streng, adj., t. δτρενĵούαρε, g. δτρενĵούμε.

Strenge, f., t. δτρενĵίμ-ι, g. δτερνĵίμ-ι, δτερνĵέσε-α.

Strich am Euter, σίσg-α.

Strick, m., (χουλμάκ); s. Seil u. Strang.

stricken, πλεξ (gr.).

Strickerei, f., πλέξουρg-α (gr.), (διοχ, γερσέτg, κύσg).

Stricknadel, f., πουρτέκg-α, g. ϑτίζg-α.

Striegel, f., χρέσg-α, χαϑαί-α (tk.).

Stroh, n., χάϑτg-α.

Strohgabel, hölzerne, σφουρκ- u. τσφουρκ-ου.

Strohhut, m., t. ϑχjαϑ-δι.

Strohhütte, f., χασύλε-ja, χαϑτύρg-ja.

Strohmann, m., g. δορδολjέτς-ι.

strömend, stark, ϑέμπgς.

stromweise, adv., t. δζουρουνά, δζουρουνάρ, g. τσουρουνα, τσουρουνάρ.

Strubelkopf, m., χόχg λjεϑ.

Strumpf, m., τϑουράπε-ja, — (τιγχ).

Strunk, m., τρουνκ-ου; als Schimpfw., ber. χgρτσούρι ζι.

Stubenhocker, m., ϑτgπjάχgς-ι.

Stück, n., πjέσg-α, τσύπg-α, t. λόμχg-α, g. λόχμg-α; Stück für Stück, υjg νγα υjg.

Stückchen, n., t. λόμχg-α, ϑέλjg-α, g. λόχμg-α, φέλjg-α, ρρίτσχg-α.

stückweise, adv., πjέσg πjέσg, τσόπα τσόπα.

studiren, χgνδότγ, (στουδιόνεμ).

Studium, n., σπουδαχοί-α (gr.).

Stufe, f., ϑχάλg-α, πεζούλj-ι.

Stuhl, m., t. φρον-ι, (tetragl. ϑρον-ι); ich gehe zu Stuhl, μϑρὀζεμ.

stumm, adj., παγύjg, μεμέτς, t. βουϑ u. βουφ, βουβάχ, (νεμέτς); ich werde st., t. βουβός.

Stumpf, m., χοπάτϑ-ι, t. χgρτσού-ρι, g. χgρτσούν-νι.

stumpf werden, ϑουϑάτεμ.

Stumpfsinn, m., g. ε τράϑμεja μέντισg.

Stunde, f., σαχάτ-ι (tk.), t. ύρg-α (gr.).

Sturm, m., φουρτούνg-α, t. λjουβί-α; — g. τούρρμε-ja.

Sturmesgewalt, f., g. βρουλ ι έρgσg.

Sturmwind, m., φουρτούνg-α.

Sturz, m., t. ράρg-α, g. ρά-νg-α.

Sturzdeckel, m., σατϑ-ι, g. βgϑνίχ-ου.

stürzen, t. βgρτσούλjεμ, g. πενγύχεμ; auf Jem. los, t. βgρβίτεμ, λjgϑύνεμ, g. λjιϑόχεμ; — sich, δέρδεμ, g. βρουλύτγ.

Stute, f., t. πέλλjg-α, g. πέλjg-α.

Stütze, f., t. μgϑτέτουρg-α, g. μgϑτέτμε-ja, (μστέτουρg); ich habe eine St., χαμ χράχg.

stützen, t. μgϑτέτ, g. μgϑτές, (μστέτεμ).

Stützholz, n., λος-ζι.

Stützmauer, f., μουρ ι δύιτg.

subtrahiren, t. χεχj, g. χεχ.

suchen, χgρχότγ, νουχουρίτ; — ϑιχύτγ; ich bin ges., δούχαεμ u. δούχεμ.

Sucht, fallende, δgτάιjg-α, σgμούνά' ε λjίγg, g. φλjάμg-α; ich habe d. f. S., g. τρέμεμ.

Süden, m., νοτί-α.

Südwestwind, m., νοτί-α, έρg νοτί, ερ' g δίουτ.

Sultan, m., μbρετ-ι.

Sumach, m., sc. ρούϑχουλ-ι.

Summe, f., g. γjίϑg χιϑ.

Sumpf, m., δάλjτg- u. δάjτg-α, γjολj-ι, t. χασμάχ-ου, g. βατάχ-ου (tk.), sc. βρούϑ-νι.

sumpfig, adj., g. βατάχ (tk.).

Sünde, f., φάιγ-jι, t. γjινάχ- u. γjινάχ-ου, g. γjυνάφ-ου (tk.), μgχάτ- u. μουχάτ-ι; ich begehe e. S., g. χύιγ μg χgχάτ ο. μουχάτg; ich erlasse S., σγιϑ φάjετg.

Sünder, m., t. φαjgτύρ- u. φαιτούαρ-ι, γjιναχιάρ- u. γjυ-ναχιάρ-ι, g. γjυναφχjάρ-ι (tk.), φάιτουρ-ι; μουχάτgς-ι.

Sündfluth, f., χαταχλισμούά-οι (gr.).

sündhaft, adj., t. φαjgτύρ u. φαιτούαρ, g. φάιτουρ.

sündigen, χατgρόνεμ, φgjέτγ u. φgλjέτγ, g. χύιγ μg μgχάτ ο. μουχάτg.

Suppe, f., σούπg-α.

süss, adj., t. έμbλjg, g. άμbελjg u. άμελjg; süsse Speise, g. αμgλjσίνε-α; ich mache s., μgλτσύιγ, t. έμbλjεσύιγ, g. αμgλjσύιγ; ich gebe Jem. s. Worte, g. αμgλjσύιγ.

Süssigkeit, f., έμbλjg-α.

T.

Tabak, m., δουχάν-ι (tk.); Schnupft., ταβάχο-ja u. -ουα.

Tadel, m., χjερτούαρg-α.

tadeln, t. αρgσέιγ, χjερτόιγ, μπσόιγ u. πσόιγ, g. μgρσόιγ, ber. χjιρτόιγ.

Tafel, f., t. δράσg-α, g. δgρρά-σg-α.

Tafeltuch, n., μgϑάλg-α.

Tag, m., δίτg-α; bei T., δίτgνg; T. für T., δίτg περ δίτg, νγα δίτg; d. morgende T., νεσ-σgρμg-ja; folgenden Tags, t. νεσσgρέτ, g. νεσσgρέτg; d. T. bricht an, g. γgδίνι δρίτα; d. T. neigt sich, ουϑύ ε δίτα; mit abnehmendem T., g. μg τg ϑύμιτ δίτgσg; ich mache T., t. γδιγ, g. γgδίγ; es kommt zu T., g. τgέμετg.

Tagelohn, m., g. αργάτ-ι.

Tagelöhner, m., ρογgτάρ-ι, t. εργάτ-ι, g. αργάτ-ι (gr.).

Tagelöhnerin, f., g. αργατέϑg-α.

tagen, περνδία γgδν δίτgνg, g. αγύιγ.

Tagesanbruch, m., t. γgδίρg-α, g. γgδίμg-α.

Tageshitze, grosse, g. ούχgμg-α.

Tagewerk, n., t. πέντg-α, g. πένδg-α.

täglich, adj., g. πgρδίτgμ; adv., πgρδίτα, νγα δίτα.

Tags, adv., δίτgνg.

Taille, f., βέϑtja-τg, μgς-ι, g. μgjδίς-ι.

Talg, m., δjάμε-α u. jδάμετε; von T., δjάμτε.

talgig, adj., δjάμτε.

Talgkerze, f., χjερί o. χjιρί δjάμτε.

Tambourin, n., dάιρε-ja.

Tanne, f., βρεθ-δι, (βγε).

tannen, adj., βρέθτε.

Tante, f., χάλλε-α u. g. τέζε-ja (tk.), jάjε-α, ber. δjάjε-α, (τέσε-ja).

Tanz, m., βάλε-ja.

tanzen, bέιγ, λjούαιγ, λjος u. χετσάιγ βάλε, g. χαρτσάιγ.

Tanzpartie, f., πάλjε o. παρ βάλε.

Tanzreihen, πάλjε βάλε.

tapfer, adj., τριμ, δαῖ.

Tapferkeit, f., τε ὄεντύὄετε, t. τριμερί-α, g. τριμενί-α.

Tara, f., τάρε-α.

Taschenkrebs, m., t. ἠέρθjε-α, g. ἠαφύρρε-ja.

Taschenmesser, n., g. βρισχ-ου.

Taschenpistole, f., g. δούνἠε-α.

Taschentuch, n., δεστεμέλ-ι; g. ρίζε-α.

Tau, n., λjιτάρ-ι, παλαμάρ-ι.

taub, adj., v. d. Nuss, δύὄχε, g. φόρολjε; ich mache t., δουρδόιγ u. ὄερδόιγ; ich werde t., t. δουρδύνεμ, g. δουρδόχεμ.

Taube, f., t. βίττο-ja u. -ουα, πελούμπε-α u. πελούμ-ι, g. πουλούμε-ι; junge, t. beδδούνjε-α.

Taubenschlag, m., g. χjυμές ε πουλούμαbeτ.

Taubenstösser, m., g. m. χουτίν-ι, f. χούτε-α.

Taubheit, f., δουρδίμ-ι, t. δουρδούαρε-α, g. δουρδούμε-ja.

tauchen, δυς.

Taufbecken, n., χολυμβίόρε-α (gr.).

Taufe, f., παἠεζίμ-ι.

Täufer, m., παἠεζόρ-ι, g. παἠεζμτάρ-ι.

Täufling, m., φάμουλ-ι, g. φτjάν-ι.

Taufpathe, m., s. Pathe.

Taufsalbe, f., μύρο-ja.

Taufzeuge, m., νουν-ι, παἠεζύρ-ι.

taugen, t. βεjέιγ, g. ϐίγ.

Taugenichts, m., λjούμε u. λjούμε det o. ε πετρούα, πετρ λjούμε, g. bανδίλ-ι.

Tausch, m., χεμbύερε-α.

tauschen, χεμbέιγ.

täuschen, πλανέπς (gr.).

Tauschhändler, m., χεμbέες-ι.

tausend, μίje, g. μεμίje, A. K. μίλje; ei d. t.! σα μοτὄ!

Teig, m., βρούμε-α.

Teigbret, n, χjε-ρι.

Teller, m., σχjυρέ-ja, g. λjίμε-α, ταουλjάρε-ja, τὄενί-α; v. Metall, δισχ-ου (gr.).

Tenne, f., λέμμε-ι, g. λjάνμε-α.

Tepelen, (Stadt). Τεπελjένε.

Teppich, m., χjιλίμ-ι, jαμουλί-α.

Termin, m., βαδέ-ja (tk.).

Terrasse, f., g. χαμερίε-ja.

Testament, n., δjάτε-α, βασσjέτ-ι.

Teufel, m., djαλ-ι, δειδάν-ι, δρέιχj- o. δρεjχj-ι, μαλεχούαρε-ι, ρασbιτίσουρε-ι, παούδε-ι, παπjέσε-ι, άχε χjίὄι; armer T., πιχ᾽ ε ρεχέ.

Teufelei, f., δρεικjεζί- o. δρεjχjεζί-α, t. djαλεζί-α, g. djaλεσί-α.

Thal, n., πετρρούα-οι, (χλίρτε).

Thaler, europäischer, t. δυχμέja, g. δυχμέν-ι; österreichischer, g. δυχμέν με φλjέτε; spanischer, g. ὄτυλαρί-ου.

That, f., πούνε-α, t. bένε- u. bέρρε-α, g. bάνμε-ja, βέπρε.α; in d. Th., βερτέτ u. με βερτέτ, g. βερτέ, με βερτέ u. βερτέτα; στιχούρ βερτέ!

Thätigkeit, f., t. πουνούαρε-α, g. πουνούμε-ja.

Thau, m., βέσε-α.

thauen, imp., βεσόν u. βεσετύν, g. bίε βες.

Theer, m., σέρρε-α.

Theil, m., πjέσε-α, τσούπε-α, άνε-α; ich habe T., χαμ πjέσε; ich nehme Th., μαρρ πjέσε.

theilen, t. μεσόιγ, νδάιγ, g. δάιγ.

Theilung, f., t. νδάρε- u. νδάιτουρε-α, g. δάμε-ja, (παρτάς).

Theophania, g. ουjτεbεχούμε.

theuer, adj., t. ὄτρέιτε, g. ὄτρέjητε; ich werde th., t. ὄτρεντύιγ, g. ὄτρειτύιγ.

Thier, n., χάφὄε-α, wildes, ζουλάπ- u. τὄουλάπ-ι, g. ὄτάνζε-α; t. εἠρεσίρε-α, g. εἠερσίνε-α, tetr. εἠρατίρα-τε.

Thierkopf, m., g. χαπτίνε-α.

Thierlager, n., φουλjέ-ja.

Thiernest, n., φουλjέ-ja, λοὄ-ι, t. ὄτροφάχ-ου, g. ὄτρύφχε-α.

Thon, m., bάλjτε- u. bάjτε-α; bύτε-α; feuchter, g. λjεὄ-ι.

Thongefäss, n., εννʹ ε bάλjτε.

Thor, n., πόρτε-α; gewölbtes, πύρτε με χjεμέρ o. χjεμερλέὄε.

Thorriegel, m., ὄουλjτς-ι, χανδάρ-ι.

Thräne, f., λjοτ-ι.

Thron, m., g. ὄχαμ-ι.

thun, t. bέιγ, g. bαίj, Divr. bύι; ich habe zu th., χαμ ἠαίλjε.

Thür, f., δέρε-α.

Thürangel, f., ρεζέ-ja.

Thürflügel, m., g. χανάτε-α.

Thürklinke, f., t. δρέλjε-α, g. ἠρεπθ-ι, μανδάλ-ι, (μενδάλ).

Thürklopfer, m., τὄοχάνε-ja.

Thurm, m., χούλε-α, πύρἠο-ja (gr.), t. ταράτσε-α.

Thürschloss, n., μούντζε-α, g. bράββε-α.

tief, adj., t. θέλε, g. φέλε; ich mache t., θελόιγ, g. φελόιγ.

Tiefe, f., θέλε-α u. θέλετε, φουντ-δι, νήjιρ-ι, g. φελεσίνε-α; χον-ι; πελχ-ἠου.

tiefgelehrt, adj., t. θέλε, g. φέλε.

Tintenfisch, m., σουπjέ-ja, g. τσούπιjε-α.

Tintenzeug, n., χαλαμάρ-ι.

Tisch, m., τραπέζε-α (gr.); ich sitze bei T., ρρι νdε μεσάλε.

Tischplatte, *f.*, σόφρε- u. σού-φρε-α, σουφρά-ja; σενί-α.

Tischtuch, *n.*, μεσάλε-α.

Tochter, *f.*, bíje-a, bílje-a; s. βάσε̃ε-α; einzige, *g.* δελα-τάρε-ja.

Tod, *m.*, βδέκιje- u. δέκιε-α, μορρτ-ι u. μόρρτε-ja, *t.* δούαρε-α, *g.* δούμε-ja.

Todesmahl, *n.*, *g.* ljιμύδ̃ενε-α; ich gebe ein —, *g.* dάιγ ljιμύδ̃ενε.

todeswürdig, *adj.*, ber. ῆjούμεζ̃ι; ich bin —, jαμ περ τε βράρε.

tödten, βρας, ῆjαχετύιγ; Thiere, νῆορδ̃.

Todtenbahre, *f.*, *t.* φρον-ι, *g.* φρομ-ι, tetr. ϑρον-ι.

Todtenklage, *f.*, μιρτολογί-σουρε-α (gr.).

Todschlag, *m.*, *t.* βράρε-α, *g.* βράμε-ja.

tollkühn, *adj.*, *g.* χοτσιμδάρ u. χουδσιμδάρ.

Tölpel, *m.*, *g.* δαπαχύτ-ι, τορο-λάχ-ου, ουχ-ου, ljαρ. τερές-ι.

tölpelhaft, *adj.*, *g.* ουιχερίδ̃τ.

tölpelig, *adj.*, *t.* δαλjαβρίχ.

Ton, *m.*, *t.* ζε-ρι, *g.* ζάν-ντ, τρι-νῆελίμε-α.

tönen, χεμβύιγ u. χουμβύιγ, χερτσάς, χελτσάς u. χρετσάς, *t.* ῆjεμύιγ, *g.* ῆjιμύιγ, χρις; τρινῆελίν; ich mache t., *g.* τρινῆελίν.

Tönnchen, *n.*, δουτσέλje-α.

Tonne, *f.*, δουτ-ι, δούτε-ja.

Topf, *m.*, *t.* βύτδε-ja, *g.* βύρδε-ja, χουδ-δι.

Töpfer, *m.*, βαρδαχτ̃δί-ου (tk.), ber. δτεμβάρ-ι.

Töpferwaare, *f.*, βαρδάχ-ου.

Toske, *m.*, Τύσχε-α.

Toskerei, *f.*, *t.* Τοσχερί-α, *g.* Τοσχενί-α.

Toskin, *f.*, Τοσχί-α, ljαρ. Τοσχάρε-ja.

toskisch, *adj.*, *t.* τοσχερίδ̃τ, *g.* τοσχενίδ̃τ.

toskischer Dialekt, τοσχερισδ̃τί-α.

Trab, im, *adv.*, ljινχ.

Träbern, *f. pl.*, πατερδτίνε-α, τσίχουρε-α, *g.* δερσί-α.

trächtig, *adj.*, μβάρσε; ich werde —, μβάρσεμ.

Trächtigkeit, *f.*, μβάρσουρε-α.

Tragbalken, *m.*, tyr. τρα-ου u. -ρι, Kroj. τραν-νι.

Tragbret für Mörtel, ῆοβάτε-α.

träge, *adj.*, μβίρε, μβίτε, *g.* πίντε, πουρτούδμ; dούαρ δάτε.

tragen, σίελ, *g.* σιλ, τδύιγ u. τδούαιγ; *t.* ubαρ, *g.* bάιγ; in Procession, *g.* δενδρίς; v. Acker, χjίτ.

Tragkorb, *m.*, *g.* χοδ-ι.

Tragkörbchen, *n.*, ber. χατδί-λje-α.

Tragsack, *m.*, χουλjέτε-α.

Tragsattel, *m.*, *t.* σαμάρ-ι, *g.* σομάρ-ι.

tränken, βαδίς, ποτίς, *g.* νjομ, (ουιύιγ).

Transport, *m.*, *g.* bάιτμε-ja.

transportiren, *g.* bάιγ.

Traube, *f.*, ρρουδ-ι, βεδ ρουδ, πούπε ρουδ; mit wenigen Beeren, τσαμβούρ-ι; wilde, *t.* ljερρούσχ-ου, *g.* ljαρ-ρούδχ-ου; unreife, αῆουρί-δε-ja (gr.), *g.* ῆρέστε-α.

Traubenbeere, *f.*, χύχje-ja.

Traubenstiel, *m.*, *t.* φρε-ρι, *g.* φρεν-ντ, ρρουδάν-ντ.

trauen, sich nicht, σ' ῆουτσύιγ.

Trauer, *f.*, ζ̃ι-α, δεδερίμ-ι, χο-λjασί-α (gr.), *t.* τδερίμ-ι, *g.* τδενίμ-ι, φιράχ-ου, (χίδε-νίμ).

trauern, χολjάς (gr.), δεδερύιγ, ιδερούαιγ.

Trauertuch, *n.*, φούτε-α.

Traufe, *f.*, στjέῆουλε-α, tyr. τδίχε-α.

träufeln, *g.* χουλύιγ.

Traum, *m.*, *t.* έντερε-α, *g.* άν-τερε-α.

träumen, εντερύιγ.

treffen, ῆοδίτ, ῆjούαιγ, *g.* χjι-λόιγ; — πίχjεμ.

Treibeholz, *n.*, πέτε-ι, χjε-ρι, *g.* οχλάje-α.

---

treiben, hervor, *t.* ντζ̃ερ, *g.* ντζ̃ιρ; es treibt mich, ρίφερ.

trennen, περτδχjούαιγ, περ-τδχjύειγ u. περδχjύειγ, βε-τδύιγ, δχjεπ, τδjεπ u. τδχjετ, *t.* νδάιγ, *g.* δάιγ; sich v. d. Frau, ljεδ̃ύιγ.

Trennung, *f.*, νδάρε-α, περ-τδχjύερε-α etc.

Treppe, *f.*, δχάλε-α.

Trespe, *f.*, *g.* μύδε-α.

Treter, *f.*, δερσί-α.

treten, δχελj; δχjελjμύιγ, χλο-τδίτ; mit Füssen, μαρρ ζ̃βαρ.

treu, *adj.*, βεσσουαρε, ι βέσ-σε̃ε̃ε, *g.* βεστάρ.

Treubruch, *m.*, *g.* δ̃παβέσμε-ja.

treulos, *adj.*, παβέσσε, με δυ ζ̃έμερε.

Treulosigkeit, *f.*, παβεσσ λέχ-ου, δυσμέ-ja (tk.).

Trichter, *m*, χονί-α u. *g.* φε-νέρ-ι (gr.).

Triefäugigkeit, *f.*, (σχλεπα).

trinken, πι u. πιγ.

Trinker, *m.*, πίμε-ι, πιφjάν-ι.

Trinkgeld, *n.*, δαροδί-α, χjεράσ-με-α, βαχτδίδ- u. βαχδίδ-ι (tk.); ich gebe ein —, δαρο-βίτ, χjεράς u. χjεράς.

Trinkgefäss, *n.*, χούπε-α.

Trinkglas, *n.*, χούπε-α, ποτίρ-ι (gr.), μαστραπά-ja, *g.* βαρ-δάχ-ου, (ματραπά).

Trinkschale, *f.*, τασσ-ι.

Tritt, *m.*, δχjελμ-ι, χλοτδίτου-ρε-α.

trocken, *adj.*, δάρε, δάτε, *t.* χούπετε, *g.* ρρέδχετε; v. Wetter, ξ̃ερε.

Trockenheit, *f.*, τε δάτιτε, *t.* δατερσίρε-α, *g.* δατερσίνε-ε.

trocknen, δάιγ, (δερ). *g.* τερ.

Trog, *m.*, μάῆje-ja, χορίτε-α, *g.* ῆοβάτε-α; Mahltrog, χοδ-ι.

Trogscharre, *f.*, ξ̃ίστρε-α.

Trommel, *f.*, τρουμβέττε-α; grosse, δαούλε-ja, ljόδράε-α; kleine, δάτρε-ja, *g.* δεφ-ι.

Trompete, *f.*, δρουβέτε-α, τρουμ-βέττε-α, *t.* δζουρουνά-ja, δζουρουνάρ-ι, *g.* τσουρου-

νά-ja, τσουρουνάρ-ι, δουρί-α;
s. φύελ-ι.

Tropfen, m., πίχε-α, g. ῑjἑρὃε-α.

tropfen, πιχόιγ, ῥρίεϑ u, ῥρjεϑ,
g. χjερὃύιγ, χουλόιγ.

tropfenweise, adv., πίχα πίχα.

Trost, m., παριγορί-α (gr.), g.
αϑϑίσμε-ja.

trösten, παργορίς (gr.), ρεχύιγ,
g. αϑϑίς.

trübe, adj., ἑρρετε, t. βρε u.
βρἑρετε, g. βραμούς, βράνε
u.βράνετε; βράνες; τούρὃουλ
u. τρούβουλ, τουρὃουλούαρε,
τρουβουλούαρε, g. τρουβου-
λούμε; ich mache tr., τρου-
ὃουλόιγ; ich werde tr., βρανόιγ, βρἑχεμ, g. βρανόχεμ;
πρίϑεμ.

Trübe, f., τούρὃουλ- u. τρού-
ὃουλ-ι, t. τρουβουλίρε-α, g.
τρουϑουλίνε-α.

trüben, τουρβουλόιγ u. τρου-
ὃουλόιγ, πελjχj, βρέιγ, g.
βρανόιγ, — sich, t. βρἑχεμ,
g. βρανόχεμ.

Trübsein, n., τούρὃουλ- u. τρού-
ὃουλ-ι, g. βρανεσίνε-α.

Trübwerden, n., g. βρανεσίνε-α.

Trümmer, f., ϑερρίμε-ja, ῑρε-
μίσουρα-τε, g. ϑερμίja-τε.

Trümmertheilchen, pl., t. βαϑ-
δουλjίϑε-ja.

trunken, adj., δἑιμ, δἑιτουρε u.
δἑρε.

Trunkenbold, m., πίμες-ι, πιρjάν-ι, g. πιανέτς-ι.

Trunkenheit, f., t. δἑιτουρε-α,
g. δἑιτμε-ja.

Trupp, m., χολ-ι.

Truppe, f., ορϑί-α (tk.); leichte,
ασκἑρι ρεὃέλj.

Truthahn, m., τϑούρχε - u.
τϑούρρε-α, χαπόϑ δἑτιτ, t.
ῑjελj-ο. ῑιἑλj-ι, g. ῑjελj δἑτι,
ῑουλ-ι.

Truthenne, f., g. ρίῑε-α.

Tschame, m., Τϑαμ-ι.

Tschamerei, f., t. Τϑαμερί-α,
g. Τϑαμεγνί-α.

Tschamin, f., Τϑάμε-α.

tschamisch, adj., τϑαμεριϑτ.

tschamischer Dialekt, τϑαμε-
ριϑτί-α.

Tuch, n., τϑαρτϑάφ-ι (tk.); πλjε-
χούρε- u. πελjχούρε-α; ϑα-
μί-α, δεστεμέλ-ι, Dur. φαρσουλjάτε-α; νάππε-α; Wollt.,
t. τσόχε-α, g. τσόχο-ja.

Tuchend, n., δίϑε-ja.

Tuchrand, m., g. χjενάρ-ι.

tüchtig, adj., χάδρε, m. ζοτ,
f. ζύνjε; χάδρε ολάν.

Tüchtigkeit, f., αξί-α (gr.).

Tücke, f., ινάτ-ι (tk.).

tückisch sein, χαμ ινάτ.

tugendhaft, adj., βερτέτε u.
βερτέτε.

Tupfen, kleine, πίχε-α; grosse,
g. πούλε-α.

tupfen, auf eine wunde Stelle,
λjενδόιγ.

Turban, m., t. τϑαλέμ-ι, g. τϑά-
λεμ-ι (tk.).

Türke, m., Τουρχ-ου; g. Τυρχ-
ου; als Spitzname, g. χορόχ-
ου, χούϑερε-α; als Gespenst,
g. λjουῑάτ-ι; ich mache zum
T., τουρχjέπς; ich werde z.
T., τουρχjέπσεμ.

Türkenthum, n., t. Τουρχjερί-α,
g. Τουρχjενί-α.

Türkin, f., Τούρχε-α.

türkisch, adj., τουρχjίϑτ.

Turteltaube, f., t. τούρρε-α u.
τούρρο-ja, g. τούρτουλ-ι.

Tyrann, m., g. ζουλουμχjάρ-ι,
ζάλεμ-ι.

Tyrannei, f., g. ζουλούμ-ι.

U.

Übel, n., χέχjε-ja, λjίῑε-α.

übel, adj., λjιχ, λjίχτε, λjίχϑτε;
mir wird ü., με περζίχετε, με
βjεν ταξές.

über, praep., τέjε u. περτέjε,
τούτjε; g. μὃι, περμὃί, μι,
περ; πρεj, πρέι ο. πρέιγ, der.
πε; λjαρτ νῑα.

überall, χουδό, νῑαδό, χε φι-
ϑόν ε μαρόν; — wo, χουδό
χjε.

überbleiben, μὃἑττεμ, τεπερόιγ.

überdrüssig sein, μερζίτεμ, g.
βέλjεμ, λjαπς, μόρρα μενί.

übereinkommen, συμφωνίς (gr.),
βέιγ παζάρ, g. βαίj.

Übereinkommen, n., συμφωνί-α
(gr.).

übereinstimmen, συμφωνίς (gr.).

Übereinstimmung, f., συμφωνί-α (gr.).

Überfall, m., g. δονῑδίσμε-ja,
χαπλίσμε-ja.

überfallen, πλjαχός (gr.), g.
δονῑδίς, χαπλίς.

überfliessen, τεπερόιγ.

Überfluss, m., δολέχ-ου, μαλ-ι,
t. τεπερούαρε-α, g. τεπερούμε-ja, μὃουῑάτϑμε-ja; —
habend, g. μὃουῑάτϑμ; in —,
βολ.

überflüssig, adv., βολ; ich bin
—, τεπερόιγ.

Übergabe, f., g. δάνμε-ja, βέσ-
σε-α.

Übergang, m., t. ϑχούαρε-α, g.
ϑχούμε-ja, ϑτύρμε-ja.

übergeben, sich, ίπεμ; t. βjελ
u. βίελ, g. βιλ; ich werde
überg., ίπεμ.

übergehen, ϑχόιγ, g. ϑτυρ.

überlegen, μεντόιγ, g. σαιjόιγ;
hin u. her, g. σουρουλάτεμ.

überlegt, adj., μεντούαρε.

Überlegung, f., μεντούαρε-α, g.
σαιjούμε-ja.

übermorgen, δέιγ, πασνέσσερ;
—Abend, παρμὃράμετjέτερε;
überübermorgen, πασνέσσερ
τjέτερε.

übernachten, ῑδιγ.

überreden, βινδ, μὃουϑ χόχενε.

überreif, adj., δύνχερε.

Überrock, m., ϑάρχε-α, t. φλjοχάτε-ja, g. δϑύχε-α; der
Frauen, g. δεῑούν-ι.

übersatt sein, δένδεμ.

überschlagen, sich, g. χαπερδίν-
χεμ.

überschnappen, g. ϑχαλόιγ.

überschreiten, ϑχόιγ.

Überschuss, λjίρε-α.

überschwemmen, β_ερδύϊγ.

Überschwemmung, f., χατα-
κλισμούα-οι (gr.), g. βε_ρ-
δούμε-ja.

übersetzen, χαπ_ετύϊγ, δχύϊγ,
g. δτυρ; — t. χθέϊγ, g. χε-
θέϊγ.

Übersetzung, f., t. χθύερ_ε-a, g.
χ_εθύμε-ja.

überspringen,χαπ_ετύϊγ, χ_ετσέϊγ,
g. χαρτσέϊγ.

übersteigen, χαπ_ετόϊγ.

übertreffen, τεπ_ερόϊγ, δχύϊγ.

übertreiben, t. ριττ, g. ρρις;
β_εϊγ μαδέ.

übertreten, δχελϊ, δχjελϊμόϊγ.

Übervortheilung,f., χίπλε-ja (tk.).

überwinden, χίππειγ, β_ε πόϊτ_ε.

überwintern, t. διμ_ερόϊγ, g.
διμ_ενόϊγ.

Überzug zur Divanmatratze, χjιλίμ-ι, σιδδαδέ-ja.

Üblichkeit, f., ταξ_ες-ζι.

übrigbleiben,μβέττεμ, τεπ_ερόϊγ.

Übung, f., (jjεστί).

Ufer, n., άνε-a, ρέζε-a, g.
χjενάρ-ι, δer. χουμσάλ_ε-a.

Uhr, f., σαχάτ-ι (tk.)

Uhrkette, f., ζινδ^{αt}ίρ-ι, χjοστέχ-
ου (tk.).

Ulme, f., βιθ-δι, t. δλι-ρι, g.
δλι-νι.

um, praep., π_ερ, ρρεθ, ρρεθ
π_ερ ρρεθ,ρρότουλ_ε; (νδονε).

umarmen, πουδτρύϊγ u. που-
δτύϊγ, ανχαλjάς (gr.), g.
ρροχ νδ_ε χjάφ_ετ; — sich,
g. πουθτύχιμ, ρρύχεμι νδ_ε
χjάφ_ετ_ε.

Umarmung, f., g. πουθτούμε-ja.

umdrehen, δρεθ, t.πραπ_ετσύϊγ,
g. μβραπ_εσύϊγ, σουρουλάς,
(βερτίτ); sich, π_ερίερ, g.
πρίρεμ.

umfallen, π_ερμβύσεμ.

Umfang, m., g. χουδούτ-ι.

umgangbar, adj., g. δχουδμ;
nicht umg., g. παδχούδμ.

umgeben, χjερθ_ελjόϊγ, ρρεδόϊγ,
t. ρρεθόϊγ, g. ρραθόϊγ, πρα-
ρόϊγ, πρανόϊγ u. πράϊγ.

Umgebung, f., g. πρανούμε-ja.

umgehen, g. σουρουλάτεμ.

umgürten, λjιθ, νγjεθ, (νγjιθ).

umhauen, g. ρ_ενδσύϊγ.

umher, ρρύτουλ_ε.

umhergehen, jjεσδίς.

umherirren, πλανέπσεμ (gr.).

umherschweifen, jjεσδίς, ει̉νr.
βιν αχόλε.

umhüllen, πουδτρύϊγ u. που-
δτύϊγ.

Umkehr, f., t. χθύερ_ε-a, g. χ_ε-
θύμε-ja.

umkehren, tr., t. χθέϊγ, g. χ_ε-
θέϊγ, π_ερμβύς, χαπ_ερδίν;
χθέϊγ μβ'άνε τjάτ_ερ_ε; intr.
t. χθένεμ, g. χ_εθέχεμ.

Umkreis, m., δέβρ_ε-α.

umreissen, d. Brache, τδάϊγ,
β_εϊγ ουγάρ; d. Zaun, τδθουρ.

umringen, πουδτρύϊγ u. που-
δτύϊγ, t. ρρεδύϊγ, g. ρρεθόϊγ.

umrühren, g. τραμ_εζύϊγ.

Umschlag, m., βέννε-a; t. πρα-
π_ετσί-a, g. μβραπ_εσί-a.

umschlagen, t. πραπ_ετσύϊγ, g.
μβραπ_εσύϊγ.

umschliessen, χjερθ_ελjόϊγ.

Umschliessung, f, χjερθ_ελjίμ-ι.

umsichtig, adj., t. χουπ_ετούαρ_ε.

umsonst, adv., δουρ_ετί; χοτ,
δχρετ, μδε τ_ε μβράζετ_ε, t.
δ_εμ.

Umstand, m., g. χαλ-ι (tk.);
unter allen U., g. με τδδο
χύχο.

umstürzen, t πραπ_ετσύϊγ, g.
μβραπ_εσύϊγ, π_ερμβύς, χα-
π_ερδίν; mit d. Pfluge, β_εϊγ
ουγάρ.

umwerfen, g. π_ερμβύς.

umzäumen, θουρ, β_εϊγ γάρδ_ε.

Umzäumung, f., θούρτουρ_ε-a,
ρρεδούαρ_ε-a.

umziehen, sich, (trübe), t. βρέχεμ, g. βρανόχεμ.

umzingeln, t. ρρεδύϊγ, g. ρρεθόϊγ.

un-. πα, μος.

unächt, adj., χjίπ_ερτ_ε.

unangenehm sein, σ' χάχεμ.

unansehnlich, adj., πάχ_ε; es
ist —, σ' χα δουχ.

unaufhörlich, adj., t. χασό-
σουρ_ε, g. πασόσουν_ε.

unaussprechlich, adj., t. παρ_ε-
φύερ_ε, g. παρρ_εφύμ_ε, πα-
χαλ_εζούμ_ε.

unbarmherzig, adj., g. ζ_εμ_ερ-
χjέν-ι.

unbärtig, adj., χjόσ_ε, (χόσ_ε).

unbebaut, adj., χέρσ_ε, g. βδjέρ-
ρ_ε, δjέρρ_ε, διέρρ_ε.

unbedacht, adj., πα μεντούαρ_ε;
in d. Rede, g. jjοj λjεδούμ_ε.

unbedenklich, adj.,παμεντούαρ_ε.

unbedeutend, adj., πάχ_ε.

unbefleckt, adj., φάχjε βάρδ_ε.

Unbehagen, n., σιχλέτ-ι (tk.);
ich mache —, σιχλετίς (tk.).

unbehaglich machen, σιχλετίς;
— sein, σιχλετίσεμ, χαμ σιχλέτ (tk.).

Unbehaglichkeit, f., t. δτρ_ε-
νγούαρ_ε-a, δτρ_ενγούμε-ja.

unbekannt, adj., πανjόχουρ_ε.

unbeschäftigt, adj., νγέδ_εμ; ich
bin —, ρρι u. ρρ_εγ.

unbesieglich, adj., g. παμούν-
δουν_ε.

unbesonnen, adj., πα μεντούαρ_ε.

unbesorgt sein, σ' χαμ χαδδέτ
(tk.).

unbeständig, adj., ρεβέλj_ε, με δυ
ζέμ_ερ_ε, g. μεντβέρ_ε.

Unbeständigkeit, f., αχατασ_α-
σί-a (gr.).

unbeugsam, adj., πα βίνδουρ_ε,
g. παδά_νχ_ε.

unbeweglich werden, g. δταν_εϊ;
— sein, t. νουσ_ενόϊγ, g. νου-
σ_ενόϊγ.

und, ε, δε, εδέ, g. ενδέ, νδε,
νε, ενέ.

undankbar, adj., πα βέσσ_ε.

uneben, adj., g. βράδ_ετ_ε.

unehrenhaft, adj., φάχjε ζι.

unehrlich, adj., φάχjε ζι.

uneingeladen, adj., πα φτούαρ_ε.

uneinnehmbar, adj., g. χαμούνδ-
με, παμούνδουν_ε.

unentschlossen, adj., g. με δυ
μεντεδ.

unerträglich, adj., g. πα βούρ-
τουν_ε; ich bin —,g.σ'βούχεμ.

unerwartet, adj., πα παντέχουρε. g. παπρίτϑυνε o. παπρίτουνε e παχουιτούμε.

Unfall, m., δελjά-ja, πρίϑιjε, t. πρίϑουρε-a, g. πρίϑμε-ja, χαλ-ι.

unfehlbar, adv., vjε με vjε.

unfruchtbar, adj., ϑτέρπε, τσανγάδε.

Unflath, m., πεγέρε-a.

unfläthig, adj., πεγέρε.

Ungar, m., Μαδϑάρ-ι.

ungarisch, adj., μαδϑαρίϑτ.

Ungara, (Land), Μαδϑαρί-a.

ungedudig, adj., ζεμερηούϑτε.

ungeebnet, adj., g. βράϑετε.

ungehorsam, adj., πα βίνδουρε.

Ungemach, n., t. jjεμούαρε-a, g. jjεμούμε-ja.

ungerade, adj., g. τεχ.

Ungerechter, m., χαραμί-ου (tk.).

Ungerechtigkeit, f., αδιχjί-a (gr.), g. ζουλούμ-ι.

ungern, adv., πα ζέμερε, με παχίρ.

ungesagt, adj., μος ϑένε.

ungesäuertes Brot, περτζελjάχ-ου.

ungeschlacht, adj., t. μαλλjεσούαρ u. μαλλjεσόρ, g. μαλλjεσούρ.

ungeschliffen, adj., τράϑε.

ungesellig, adj., t. έγρε, g. έγερ, παϑχούϑμ.

ungewaschen, adj., μος λjάρετε, t. παλjάρε, g. παλjάμε.

ungewiss, adv., δυϑ.

Unglaube, m., παβεσσλέχ-ου.

ungläubig, adj., παβέσσε, δάλλjε βέσσεσε.

Unglück, n., μυντζύρε-a, λjίjjε-a, t. πράπετε-a, περγjούvjουρε-a, ούνjτουρε-a, g. μδράπετε-a, ούνjjμε-ja, βύλjδε-a.

unglücklich, adj., βαφτ ζι, δέρε ζι, δίτε ζι, πούνε ζι, δχρούvjε ζι, ταξερράτ ζι, φατ ζι, λjούμε ζι, λjούμε μαϑ, jjεμμμάϑ, djέjουρε, διόρε, μjέρε u. μιάρε, πα ρένjε o. ρένjε δαλλj.

t. βάρφερε, g. βορφ; — βεϑτίρε, t. πράπε, g. μδράπε; s. ροϑ; ungl. Zufall, g. βύλjδε-a; ich mache —, περjjούνj; ich bin —, περjjούνjεμ.

unglückselig, adj., λjούμε μαϑ o. λjούμε ζι, t. δούατε, g. δουτ, δέρτιμεν.

Unheil, n., g. δαμ-ι, jjαχ ε βύλjδε.

unheilbar verletzen, t. τεvjάς.

Unkraut, n., (έjjερε).

unlängst, adv., παχ χέρε.

unmässig, adj., g. χjίτουνε.

unmittelbar, adv., δρέιχj o. δρεjχj.

unnützes Zeug, σαβούρε-a.

Unordnung, f., αχαταστασί-a (gr.).

Unpässlichkeit, f., σμούνδιjε-a, g. jουλjτϑίμ-ι.

Unrath, m., πεγέρε-a.

unreife Traube, g. jρόστε-a.

unrein, adj., πεγέρε, πουjάνες, βρομετσίρε (gr.), t. φελίχjουρε.

Unreinheit, f., πουjανσί-a.

Unreinlichkeit, f., πουjανσί-a, βρομετσίρε-a (gr.).

Unruhe, f., χαλαβαλέχ-ου (tk.), t. ταλαντί-a, δαλεvδί-a, δαλεvδίσουρε-a, t. τρουβουλίρε-a, g. τρουβουλίνγε-a.

unruhig, adj., ρεϑέλj; unr. Zeiten, g. φρίχα-τε; ich bin —, t. δαλεvδίσεμ.

unschätzbar, adj., t. πα τϑμούαρε.

unschwirr, adj., χαρε.

unser, jόνε; unsere, jόνε; der —, jόνι; die —, jόνα.

unsrige, s. unsere.

unten, adv., πύϑτε, περπόϑ u. ρεπόϑ, g. περεπόϑ; von u., πόϑταζιτ.

unter, praep., νδένjε; περπόϑ u. ρεπόϑ, g. περεπόϑ; unter — durch, νδεπέρ.

Unterarm, m., χαλέμ-ι.

Unterbeinkleider, pl., g. τε λjίντατε.

untereinander, μδάνε τjάτερε.

unterer, adj., t. πόϑτερε u. πύϑτερμ, g. πύϑτεμ.

Untergang, m., πρίϑιjε-a; d. Sonne, t. περνδούαρα, g. περνδούμεja o. φδλjμεja δίελιτ.

untergehen, t. χουμβάς, g. βδόρεμ; — περνδύϑ, N. T. περεvδύϑ, g. φαλj.

unterhalb, praep., πόϑτε, περπόϑ u. ρεπόϑ, g. περεπόϑ.

unterhalten, sich, βέj ζεφχ u. χjεφ, λαφόσεμ, g. περράλεμ, χαρρόχεμ.

Unterhaltung, f., ξεφχ-ου u. t. σεχίρ-ι, g. σέχιρ-ι (tk.); t. λαφόσουρε-a, g. λαφόσμε-ja, περράλμε-ja, (χαρροχοπί-a).

Unterlass, ohne, jjίϑε vjε; t. πο, g. πορ; — — redend, g. παχέϑτμ.

Untermütze, f., g. χjελjεχύτϑε-ja, ber. ταχί-a.

unternehmen, περβίϑεμ, βε δόρε g. ρροχ.

Unternehmen, n., g. χουδσούμε-ja.

Unternehmung, f., g. βούμεja δόρε.

unterreden, sich, χουβεvδόϑ, λαφόσεμ; heimlich, g. βαvj χϑίλε ε χουβένδ.

Unterredung, f., t. χουβένδ-ι, g. χουβέν-ι, χουβένδ ε χουβίσε; t. λαφ-ι, g. λάφε-ja; geheime, g. χϑίλε-a.

Unterricht, m., δασχαλjί-a (gr.); ich nehme U., μαρρ μαϑίμε.

unterrichten, μπσύιτ; ich bin unterrichtet, μβούϑεμ.

Untersatz türk. Kaffeetässchen, ζάρφε-a (tk.).

unterscheiden, περτϑχjούαιγ, περτϑχjύειγ u. περϑχjύειγ, t. ϑχjούαιγ u. ϑϑχjούαιγ, g. ϑχjούιγ; — sich, βέιγ φαρχ.

Unterscheidung, f., περτϑχjύερε-a etc.

unterschreiben, g. βε jίϑτ.

untersetzt, adj., t. περμβεjίέδουρε, g. περμβελjέδουνε.

unterst zu oberst, μδάνε τjάτερε; ich kehre — —, κθέιγ μδάνε τjάτερε, g. χαπερδίν.

unterstützen, στερεύς (gr.); απ ο. δαλλj χράχε, μδάιγ χράχενε, t. νδίχ, g. νδιφ, νδίμόιγ.

Unterstützung, f., t. νδίχμε-α, νδίχουρε-α, g. νδίφμε-α, νδίφμε-ja.

untersuchen, ξετάξ (gr.).

Untersuchung, f., ξετάξουρε-α (gr.), t. πάρε-α, g. πάμε-α.

untertauchen, βυθίς (gr.).

Unterthan, m., ζοτερούαρε-ι u. ζοτούαρε-ι.

unterwerfen, στρόιγ, φαλj, περjjούνj, σκελj, — sich, στρύχεμ, περjjούνjεμ, φάλjεμ u. περφάλjεμ.

Unterwerfung, f., t. σκέλjουρε-u. σκέλjτουρε-α, g. σκέλjμε-ja etc.; ich bringe zur —, φαλj, περjjούνj.

unterzeichnen, βε γιστ.

untreu, adj., παβέσσε.

Untreue, f., παβεσσαλέχ-ου, δυσμέ-ja (tk.).

unüberlegt, adj., πα μεντούαρε, g. πα σαιjούμε.

unüberwindlich, adj., g. παμούνδουνε.

Unüberwindlichkeit, f., g. παμούνδμε-ja.

ununterbrochen, adv., νjε πας νjε, g. νjι πας νjίου, f. νjίε.

unverfälscht, adj., g. θjέστε.

unverfänglich, adj., g. χjερούμε.

unverhohlen, adv., φάχjεζα.

unverschämt, adj., πα περδέ.

unverschnitten, adj., v. Thieren, βαρβάτ, περτόχ, g. χανούρ.

unverständig, adj., παμέντ, g. μέντε.

unvollständig, adj., g. jjυμεσάχ u. jjυσάχ.

unvorsätzlich, adj., πα δάδουρε, παδίjτουρε, g. παδίτουνε.

Unwahrheit, f., g. jάδε-α.

unwahrscheinlich sein, g. σ' χα σε σι.

unwegsam, adj., g. πασχούσμ.

unwissend, adj., t. παδίjτουρε, g. παδίτουνε.

unwissentlich, adj., t. παδίjτουρε, g. παδίτουνε.

unwohl, adj., σμούνδουρε; ich bin —, σμούνδ u. σμούνδεμ, νούχε μουνδ.

Unwohlsein, n., σμούνδjε-α, t. σμούνδουρε-α, g. παμούνδμε-ja.

unzählig, adj., g. μεμίjε.

Unzeit, zur, πα χόχε.

Unzucht, f., βρομετσίρε-α (gr.).

unzuverlässig, adj., πα βέσσε.

unzweifelhaft, adv., σ'χαφjάλjε.

uralter Greis, πλjαχ ι λjάστε; Mann, g. στριχ-ου; Weib, g. στρίjε-α.

Urgrossmutter, f., στερjjούστε-ja.

Urgrossvater, m., t. στερjjούστ-ι, g. στερjjούστ-ι, τρεjjούστ-ι; Ururgrossv., χατρεjjούστ-ι; Ururgrossv., πεσεjjούστ-ι.

Urlaub, m., je-ja.

Ursache, f., σεβέπ-ι (tk.); ohne alle Urs., πα τούτje πα τε χου.

Ursprung, m., t. χρίε-ja, g. χρύε.

Urtheil, n., g. σαρτ-ι; ich spreche Urt., jjουχόιγ, g. βαύj σαρτ.

V.

Vater, m., βαβά-ι, τάτε-α, λjάλjε-α, g. ατ-ι, πριντ-ι, (πρινχ), sein V., jατ-ι.

Vaterland, n., πατρίδε-α (gr.), βευδ-ι, g. βατάν-ι.

Vatersbruder, m., μίδδο-ja u. -ουα, t. ουνχj-χι, g. ουνjj-ι.

Veilchen, n., t. μενέχσε-ja, g. μενέχσε-ja.

Venedig, (Stadt), g. βενεδίχ-ου.

Venerie, f., μολοφρέντζε-α, g. μαλαφράντσε-α.

ver-, περ-.

Verabredung, f., t. χουβένd-ι, g. χουβέν-ι, χουβένd ε χουβίσε.

verabscheuen, ρασθετίς, μαρρ περ σύδε, με βjεν ε νdjέτε, (δόχεμ, φχεστίγ).

verabscheuenswerth, adj., νdjέτε.

Verabschieden, n., χορρ-ι.

verabschiedet, adj., αζάτ (tk.).

verachten, χαταφρονίς (gr.), ξενdερόιγ, σκελj, σκjελjμόιγ, σ' βε ρε.

verächtlicher Mensch, μασχαρά-ι.

Verachtung, f., χαταφρονί-α (gr.).

veralten, λjαστούνεμ, t. βjετερόνεμ, g. βjετερόχεμ.

veraltet, adj., λjαστούαρε, βjετερούαρε, πλjάχουρε, g. πλjάχουνε, ατ.

veränderlich, adj., με du ζέμερε.

verändern, νdαρόιγ u. νdαρόιγ.

Veranlassung, f., αφορμί-α (gr.).

verarmen, t. βαρφερόνεμ.

Verband, m., t. λjίδουρε-α, g. λjίθμε-ja.

verbannen, σουρjουνίς (tk.), g. βαύj ρετ.

Verbannung, f., t. σουρjούν-ι, g. συρjjύν-ι (tk.), ρετ-ι.

verbergen, t. φσέχ, g. μετσέφ u. τσεφ; — sich, g. τσίφεμ.

Verbesserer, m., νdρέχεε-ι.

verbessern, νdρεχj, g. χοδίς, μιρύς; — sich, g. μιρόσεμ.

Verbesserung, f., g. μιρόσμε-ja etc.

verbinden, λjιθ; βορδδλόιγ.

Verbindlichkeit, f., βαχί-α, βορdδ-ι, g. βορdδε-α.

Verbranntes, n., σχρουμπ-δι.

verbrauchen, g. χουλανdρίς; verbraucht, g. χουλανdρίσουνε.

verbrennen, περβελjόιγ, σχρουμβόιγ, βέιγ σχρουμπ.

verbringen, (Zeit), σκόιγ; den Abend, νjρίσσερ u. νjρύσσεμ.

verbrüdert, adj., t. βελάμ.

Verbrüderung, f., t. βελαμερί-α.

verbunden sein, χαμ bορdӟ, πάτӟα bαχί.

verbürgen sich, t. νῇjίσσεμ.

Verdacht, m., δουbεχέ-ja (tk.), g. βεσβεσέ-ja; ich habe Verdacht, με χα ζέμερα.

verdammen, t. dεμετύτγ u. dεμότγ, g. dαμότγ.

Verdammniss, f., dεμ-ι.

verdauen, χονέπς (gr.), g. τρες.

Verdauung, f., χονέπσουρε-α (gr.).

verderben, tr., πριӟ, g. χουμελότγ; intr., g. μολjχίτεμ (gr.); verdorben, t. φελίχjουρε, πρίӟουρε, g. πρίӟουνε.

Verderben, n., πρίӟτjε-α.

Verderber, m., πρίӟες-ι.

verdichten, dενεσότγ, t. dενd, g. dανd.

verdicken, g. τραӟ.

verdienen, t. χjιτ, g. χjις.

verdoppeln, g. bαύj dύӟε.

verdorren, ӟάχεμ.

verdrehen, dρεӟ; die Worte, περdρίdεμ; — sich, περίερ, g. πρίρεμ.

Verdruss, m., g. μαράς-ῖι.

verdünnen, χουλότγ, g. τχολ.

Verdünnung, f., τχόλλετε-α.

vereinzelt, adj., βετӟ.

verengern, νῇουӟτότγ.

verfeinern, g. τχολ.

Verfeinerung, f., τχόλλετε-α.

verfertigen, dερτότγ, g. νdερτότγ, χοdίς.

Verfertigung, f., dερτείjε- u. dερτείjε-α, dερτούαρε-α, νdερτέσε-α.

verfinstern, ερρεσότγ u. ερρεσότγ, t. βρέτγ, g. βρανύιτγ; — sich, t. βρέχεμ, g. βρανόχεμ.

verfliessen, ӟκότγ.

verfluchen, χατερύτγ, μαλεχύιγ, t. νεμ u. νεμεεσότγ, g. νεμ; bέιγ ναλέτ.

Verfluchender, m., νέμες-ι.

verflucht, adj., t. νέμουρε, g. νάμουνε.

Verfluchung, f., ναλέτ-ι (tk.), t. νέμε-α, νέμουρε-α, χατερούαρε-α, g. νάμε-α, νάμε-ja.

verfolgen, ῇjάτγ, νdjεχ, μαρρ νdεπέρ χέμbε, g. νdέὑχεμ, tyr. ῇjιμότγ.

Verfolger, m., ῇjάιχες-ι, νdjέχες-ι.

Verfolgung, f., νdjέχουρε-α etc.

verführen, ῇενjίετγ, ber. χενdίτ, g. νdυύj.

Verführer, m., g. νdύύνες-ι.

verführerisch, adj., ῇενjέρε u. ῇενjέӟρε.

Verführung, f., g. νdύύμε-ja.

vergänglicher Mensch, νjερί bάλjτε.

vergeben, φαλj, νdεjίετγ u. νdελjίετγ, g. νdίετγ u. νίετγ.

vergebens, adv., χοτ, ӟχρετ, μbε τε μbρdᾶετε, πα βεjύερε, t. dεμ.

vergeblich, adj., χότε; adv. s. vergebens.

Vergebung, f., νdεjίεσε- u. νdελjίεσε-α.

vergehen, ӟκότγ; von einer Geschwulst, τӟφρύχεμ.

Vergehen, n., φάτγ-jι.

vergelten, ӟπερbλjίετγ, τӟπερbλjίετγ, ξεӟπερbλjίετγ, g. ӟπαγούτγ.

Vergelter, m., g. ӟπαγεστάρ-ι.

Vergeltung, f., bαχί-α, ξεӟπερbλjίμ-ι, ӟπερbλjίερε-α, g. ӟπερbλjέμε-ja, ӟπαγούμε-ja.

vergessen, χαρρότγ, t. λjαӟιτ, g. λjαιӟίς, λjαιӟίς φιχjίριτ; — sich selbst, g. dαλεdίς.

vergesslich, adj., g. χαρράχj, χουτάχj.

Vergesslichkeit, f., χαρρίμ-ι u. χαρρίμε-ja, t. χαρρούαρε-α, g. χαρρούμε-ja.

vergeuden, dερμεχάς, περχάπ, πριӟ, t. dεμετύτγ u. dεμότγ, g. dαμότγ, περӟχόχj.

Vergeuder, m., dεμετάρ-ι.

Vergeudung, f., g. dαμούμε-ja.

vergiessen, dερӟ.

vergiften, t. χελjμότγ, g. χελjμώς; — sich, t. χελjμόνεμ, g. χελjμύσεμ.

Vergiftung, f., t. χελjμούαρε-α, g. χελjμούμε-ja.

Vergleich, m., t. νdρέχjουρε-α, ούνjτουρε-α, g. νdρέχjμε-ja, ούνjjμε-ja.

vergleichen, bαραbαρίς, bέιγ bάραιγ, συνχρίς (gr.), νdρεχj, g. χραӟότγ, bέιὑ υρυbά (tk.); — sich, νdρεχjεμ, t. ούνjεμ u. χούνjεμ, g. ούνjjεμ.

Vergleichung, f., συνχρίσουρε-α (gr.), t. ӟεμbελύερε-α, g. ӟεμbελύμε-ja, υρυbά-ja (tk.).

vergnügen, sich, bέιγ ζεφχ.

vergolden, g. πραρότγ.

Vergoldung, f., g. πραρούμε-ja.

vergraben, t. φουτ, g. φους.

vergrössern, μαdετσότγ u. μαdύιγ; — sich, μαdετσόχεμ.

verhalten, g. περμbά.

Verhängniss, n., ταξεράτ-ι, φατ-ι.

verhärten, γουρετσότγ.

verhärtet, adj., γούρετε.

verhauchen, t. δούαιγ, g. ӟούιγ; ӟούχεμ.

verheimlichen, t. φӟεχ, g. μετӟέφ u. τӟεφ.

verheirathen, μαρτύτγ, g. ντζίερ γότσενε; — sich, t. μαρτύνεμ, g. μαρτόχεμ, ῇjένjγ φάτινε.

Verheirathung, f., g. μαρτούμε-ja.

verheissen, ζοτύνεμ u. ζοτόχεμ, ταξ u. βεβαιύς (gr.).

Verheissung, f., τάξουρε-α (gr.), g. ζοτούμε-ja.

verhetzen, χελάς, χαλdίς.

verhindern, μbοdίς (gr.), g. πραπ; pass., μbέττεμ; ich bin verh., g. νῇάλjεμ.

Verhinderung, f., μbέττουρε-α, μbοdίσουρε-α, g. μbοdίσμε-ja (gr.), νῇάλjμε-ja.

verhunzen, χjυρρότγ.

verhurt, adj., χουρbερούαρε.

verhüte es Gott! μος ο ζοτ!

verirren, sich, t. χουμbάς.

verirrt sein, μβέτȣ̈ξ πα ούδȣ.

Verirrung, f., (μαιϑίτȣ).

verjagen, νdjεχ, t. τbύτγ, σbύτγ, τσbύτγ, dξbύτγ, ber. dȢbύτγ.

Verkauf, m., t. ȣίτουρȣ-a, g. ȣίτμε-ja.

verkaufen, ȣες.

Verkäufer, m., ρεȣπέρ-ι.

Verkehr, m., ε μάρρα ε δέννα, g. ρεȣπερούμε-ja, ε χύμεja ε dάλjμεja.

verkehrt, adj., t. πράπȣ, ȣτρέμbȢρȣ u. ȣτρȢμπ, g. μbράπȣ, ȣτρέμȣτȣ.

Verkehrtheit, f., t. πράπȣτȣ-a, g. μbράπȣτȣ-a.

Verklärung, f., g. ȣιvȣριτάτ-ι.

verkleiden, sich, νίσεμ.

verkleinern, βοȣελjύτγ, g. πιτσȣρότγ, ρρȢȣjότγ.

verknüllen, tr., g. ρρουϑ.

verkohlen, tr., ȣχρουμbύτγ, bȢιγ ȣχρουμπ.

Verkohltes, n., ȣχρουμπ-bι.

verkommen, adj., ράζȢνȣ, ȣουρρȢξένȣ, ȣτίρȣ.

verkriechen, sich, φούτεμ.

verkrümeln, ϑȢρρμότγ.

verkrumpeln, tr., g. ρρουϑ.

verkrüppeln, σαχατέπς (tk.).

verkrüppelt, adj., χούσπουλ, σαχατέπσουρȣ (tk.).

verkümmert, adj., s. verkommen.

verkündigen, χjιρίξ (gr.), g. απ ζαύ; ich lasse —, g. λjετȣίς.

verkürzen, ȣχουρτύτγ.

Verkürzung, f., t. ȣχουρτούαρȣ-a, g. ȣχουρτούμε-ja.

verlachen, χjεϑ, πȢρχjέϑ.

verlangen, t. λjιπ u. λjίπȣιγ, g. λjύπιγ; man verl. nach mir, δούχαεμ u. δούχεμ.

Verlangen, n., t. χατέρ-ι, g. χάτȢρ-ι (tk.).

verlängern, σȣjας u. σȣjατύτγ, νȣjας u. νȣατύτγ, g. ȣjας u. ȣjατύτγ.

Verlängerung, f., g. νȣjατούμε-ja.

verlassen, t. λjȣ, λjȢϑύτγ, g. λjαί, λjιϑύτγ, baύj χορρ; pass. λjίχεμ; — sich auf Jem., πρέχεμ.

verlassen, adj., t. λjȢννȣ, g. λjάνȣ; ȣχρέτȣ, t. ϑαχ.

Verlassen, n., χορρ-ι.

Verlassenschaft, f., g. τȢ ȣχρέτατȣ.

Verlauf, m., t. ȣχούαρȣ-a, g. ȣχούμε-ja.

verläumden, χαλȢζύτγ, πȢρφλjάς, t. τȣπιχ, νȣjιττ, g. ȣπιφ, νȣjισσ.

Verläumder, m., χαλȢζίες-, χαλȢjȢμτάρ-ι.

Verläumdung, f., χαλȢζίμ-ι, χαλȢζούαρȣ-a, πȢρφύλjτουρȣ-a, αφορμί-a (gr.), g. bιȣονί-a, χουμbόνȣ-a, χάλα-τȣ, ȣπίφμε-ja.

verlegen, sich auf etw., t. βίχεμ, g. βίχεμ; bίε πράπα.

verlegen, adj., νdύδουρȣ, νιύδουνȣ u. νdέσσουρȣ.

Verlegenheit, f., bελjά-ja, t. ȣτρȢνȣjίμ-ι, ȣτρȢνȣjούαρȣ-a, g. ȣτȢρνȣjίμ-ι, ȣτȢρνȣjέσȣ-a, ȣτρȢνȣjούμε-ja, τȣουρρουβί-a; in V., t. ȣτρȢνȣjούαμ u. ȣτȢνȣjύαμ, g. ȣτȢνȣjούμ; ich bin in V., jαμ νdȣ ȣτρȢνȣjίμ ο. ζαμ ȣτρȢνȣjίμ, jαμ ι νdύδουρȣ; — — gerathen, ȣjέττα bελjάνȣ.

verletzen, unheilbar, t. τȢνjάς; mit Worten, t. φτοχ, g. φτοφ.

verlieben, sich, νȣjίττεμ.

verliebt sein, εȣιχούεμ.

verlieren, t. χουμbάς, g. χουμ, sc. χουπ, tk. bαρ; — dίȣjεμ; den Kopf, λjαϑίτ u. λjαϑίτ μένdιȣȣ; die Kräfte, g. μέύχεμ; den Athem, μέχεμ.

verloben, t. αρραbονιάς, g. μουλjύτγ, tetr. μbλjύτγ; — sich, ζȣ νούσȣε, t. αρραbονιάς; ich bin v., jαμ (m.) ι (f.) ε ζȣννȣ.

verloren, adj., t. ϑαχ, χούμbουρȣ, g. χούμουνȣ; ich gehe v., t. χουμbάς, g. χούμεμ, sc. χούπεμ, tyr. bδύρεμ.

verlöschen, intr. δούχεμ.

Verlust, m., dȣμ-ι, t. χούμbουρȣ-a, g. χούμε-ja; ich erleide V., dίȣjεμ.

vermehren, δουμȢτότγ u. δουμύτγ, t. ȣτύτγ u. τȣτύτγ.

Vermehrung, f., δουμȢτούαρȣ-a u. δουμούαρȣ-a, ȣτούαρȣ-a, g. ȣτούμε-ja.

vermengen, ναχατύς (gr.).

Vermengung, f., ναχατοσί-a (gr.).

vermindern, βοȣελjύτγ, t. παχȣτσύτγ, g. παχότγ; — sich, t. παχȣτσόνεμ, g. παχύχεμ.

Verminderung, f., t. παχȣτσούαρȣ-a, g. παχούμε-ja.

vermischen, τραζότγ.

Vermischung, f., t. τραζούαρȣ-a, g. τραζούμε-ja.

vermittelst, praep., με άνȣ, τουχ, g. τυ.

Vermittler, m., μεσίτ-ι, g. νdȢρμjίτες-ι; einer Heirath, g. λjάμȢες-ι, tyr. ȣχες-ι.

Vermögen, n., μαλ-ι, τȣ μίρατȣ, πάσσουρȣ-a, πούνȣ-a, t. ȣjȢ-ρι, g. ȣjαί-ja, πάσȣ-a, ȣjόbȣ-a, ναφτ-ι, χαλ-ι.

vermögend sein, g. χαμ χαλ.

vermuthen, απιχάς (gr.), ȣjούαιγ, t. bεσσύτγ, ϑεμ u. ϑομ, g. μεσσότγ, ϑέμι u. ϑόμι, μ'α ζεύ σύου.

Vermuthung, f., ȣjούαρȣ-a.

vernachlässigen, τσȣέζεμ.

vernarben, g. πȢρϑάχεμ, ζȢ χούα.

vernichten, ȣχουρτύτγ, g. τροχύτγ.

Vernichtung, f., ȣχουρτούαρȣ-a etc.

vernünftig, adj., t. μέντȣουρȣ, g. μέντȣουμ u. μέντȣȢμ, με μεντ.

veröden, ȣχρετύτγ.

Verordnung, f., (μεσdίτȣ, μεστίτȢȣ).

verpflegen, t. πλεχjȢρύτγ.

verpflichten, εφχαριστίς (gr.), bορdȣλύτγ, ȣτίε μȣ bορdȣ; ich bin verpfl., χαμ bορdȣ.

Verpflichtung, f., t. bορdȣ-ι, g. bύρdȣȣ-a.

verrathen, προδός (gr.), t. τρȢγύτγ u. τȢρȣjύτγ; χα με bέσσȣ.

Verräther, m., προδότ-ι (gr.).

verrätherisch, adj., προδότ(gr.).

verrecken, νγορϑ, g. τσοφ.

verreden, bέιγ ναλέτ.

verreisen, t. ίχριγ, g. ίχιj.

verrenken, g. νδρυϑ; — sich, g. νδρύδεμ.

verringern, βογελjύιγ, ρραλίιγ, t. παχετσύιγ, g. παχόιγ, ρρεjjύιγ, μεvγόιγ.

verrosten, νδρύδχεμ.

Verruchter, m., δούαρε-ι.

Verruchtheit, f., ασεβί-α (gr.).

verrückt, adj., δχούντουρε, χρούαρε, t. μάρρε, g. μάρρουvε u. μάρρεμε; ich mache v., μαρρύιγ; δδινδύσεμ, δαιμονίς (gr.); ich werde v., t. μαρρόνεμ, g. μαρρύσεμ; ich bin wie v., g. δαλεδίς.

Verrücktheit, f., μαρρεζί-α, δαιμονίσουρε-α (gr.), g. μάρρμε-ja.

Vers, m., στίχο-ja (gr.), g. bέιτε-ja; ich mache V., g. bέιγ o. ντζίερ bέιτε.

versalzen, πιχ.

versammeln, t. μbεjίέϑ, περιμbεjίέϑ, g. μbεljίέϑ u. μεljίέϑ, περιμbεljίέϑ, μεϑτίλ; — sich, μbεjίδεμ.

Versammlung, f., μάνγε-α, μbεjίέδιje-α, μουδαβερέ-ja (tk.), g. μbεljίέδε-ja, μεστjέλμε-ja.

Versammlungshaus, n., μουδαβερέ-ja (tk.).

versäumen, τσγέζεμ.

Verschämtheit, f., t. πέρδε-ja, g. πέρδε-ja.

verscheiden, δούχεμ, t. δούαιγ, g. δούιγ, πρανόιγ, πραρύιγ u. πράνιγ.

verschieben, ljαϑύιγ.

Verschiedenheit, f., t. φαρχ-ου, g. φερχ-ου.

verschlechtern, seinen Zustand, g. χονδίς.

verschliessen, μbιλ u. μbυλ, g. μετϑέλj, νδρύϑj.

verschlimmern, sich, g. μαλλjτσύχεμ.

Verschlimmerung, f., g. μαλλjτσούμε-ja.

verschlingen. t. βερβίτ, περπίγ, g. περπίν, λουπ, (jjερπουν).

verschlossen, adj., μbύλτουρε, g. μbύλε u. μbύλες.

verschlucken, περτύπ.

verschmachten, bαjαλδίς (tk.).

verschmitzt, adj., ljαιχετάρ; ich bin —, dι δούμε δρεjχjεζι.

verschnaufen, δεφρεϑέιγ.

verschneiden, τρεϑ.

Verschneidung, f., t. τρέϑουρε-α, g. τρέϑμε-ja.

Verschnittener, m., t. τρέϑουρε-ι, g. τρέϑουνε-ι; verschn. Bock, τσjαπ ι ρράχουρι.

verschönern, δουχουρόιγ, τσδουχουρόιγ u. σδουχουρόιγ.

verschwägern, sich, περζίειγ, bέιγ χρουϑχjι, t. φχjινόιγ u. φχjινερόιγ.

Verschwägerung, f., χρουϑχjί-α.

verschwärzen, περφλjάς.

verschwenden, περχάκ, πριδ, t. δεμετύιγ u. δεμόιγ, g. δαμύιγ.

Verschwender, m., δεμετάρ-ι, πρίδες-ι.

Verschwendung, f., περχάπουρε-α, g. δαμούμε-ja.

verschwören, bέιγ ναλέτ.

Verschwörung, f., μουδαβερέ-ja (tk.).

Versehen, n., ljαjϑί-α.

versenken, βυϑίς (gr.).

versichern, βερτετύιγ.

Versicherung, f., βερτετούμε-ja.

versiegen, t. στερπόνεμ u. στερπόνεμ, g. στέρεμ, μένγεμ.

versilbern, ljάιγ o. χαλαΐς με ερjjέντ.

versöhnen, bαδχόιγ, νδρεχj, παιτύιγ, παιχτύιγ u. παχjόιγ, g. bαύj παχj; — sich, νδρέχjεμ, t. παιτόνεμ, g. παιτύχεμ; jέμι παχj.

Versöhner, m., νδρέχες-ι.

Versöhnung, f., t. νδρέχjουρε-α, παιτούαρε-α, g. νδρέχjμε-ja, παιτούμε-ja.

verspäten, ερρ, g. βονόιγ u. βεvόιγ; — sich, έρρεμ, g. βεvόχεμ.

verspotten, χjεϑ, περχjέϑ.

Verspottung, f., χjέϑουρε-α.

versprechen, ζοτόνεμ u. ζοτόχεμ, βεβαιός u. ταξ (gr.), g. φλjάς.

Versprechen, n., t. τάξουρε-α. g. τάξμε-ja (gr.); ich breche das V., g. ϑπαβέσσεμ.

Verstand, m., t. μενδ-ι, μένδε- u. μέντε-ja, g. μεντ-ι, μένδε-α u. μενδί-α; ohne V., πα λογαρί; ich bilde d. V., g. τχjολ μέντινγ o. χόχενε.

Verstandesfeinheit, f., g. χόλλε μέντισε.

verständig, adj., t. μέντϑουρε, βουρρεζρίδτ, g. μέντϑουμ u. μέντϑεμ, βουρρεvίϑτ, χατρεxjίνδεϑ; ich werde v., μbαρεσόχεμ.

verständlich machen, απ νοίμε (gr.).

Verständniss, n., t. χουπετούαρε-α, ϑχjιπούαρε-α, g. ϑχjιπούμε-ja.

verstärken, φορτσύιγ; — sich, φορτσύχεμ.

verstecken, t. φουτ, φϑεχ, g. φους, μετϑέφ u. τϑεφ; — sich, φούτεμ, g. τϑίφεμ.

versteckt, adj., t. φϑέχουρε. g. μετϑέφουνε u. τϑέφουνε; — g. νδρύμες.

verstehen, ϑχjιπόιγ, νδέιγ, διjjόιγ u. δεjjόιγ, t. χουπετόιγ, μαρρ βεϑ, νjοχ u. νjο, g. νjοφ, νδεjjόιγ, μαρρ βεϑτ, ϑχjύιγ, tηr. ϑχλόιγ.

versteinern, jουρετσύιγ; versteinert, jουρετσούαρε.

verstellen, sich, g. ϑτίε, ϑτίρεμ.

verstellt, adj., μουλjάμι, g. ϑτίρουvε; verstellter Weise, χjένεχου.

verstockter Mensch, g. τιvεζάρ-ι.

verstopfen, ϑουρ, χαλαφατίς, στουπύς, t. ϑτερπύιγ u. ϑτεπύιγ, g. παξέλj.

verstorben, adj., t. δέχουρε, g. βδέχμε.

Verstoss, m., g. λjαιθίτμε-ja.
verstossen, βετσύιγ.

verstummen, t. βουβύς; ich mache v., bέιγ παγόjε.

Versuch, m., g. βεϑγίμ-ι, βεϑγούμε-ja, (βιζχίμ).

versuchen, γουδσίτ, γουζίτ, πιράξ (gr.), g. χονδάξ; βιγ ρρότουλε, προβόιγ, δοχιμάς (gr.), χεῤχόιγ, g. βεϑγόιγ, μουνδύιγ, (χεντάτ).

Versuchung, f., πιραξί-a u. δοχιμί-a (gr.), t. μουνδούαρε-a, g. μουνδούμε-ja, χονδάξμε-ja; ich führe in V., γουζίτ, g. χονδάξ.

versüssen, μελτσύιγ, εμβλjεσύιγ, g. αμελjσύιγ.

vertheidigen, μδουῤῥύιγ, δαλλjζοτ, νδιμόιγ, t. νδιχ, g. νδιφ.

Vertheidiger, m., νδίχμες-ι, Bl. νδιμετάρ-ι.

Vertheidigung, f., t. μδουῤῥούαρε-a, νδίχμε-a, g. νδίφμε-a.

vertheilen, σιτσιλλίς, t. νδάιγ, g. δάιγ.

vertiefen, θελόιγ, g. φελόιγ; βυθίς (gr.); — sich, g. φελόχεμ.

Vertrag über freien Abzug, g. βέσσε-a; ich breche den V., g. ϑπαβέσσεμ.

vertragen, νδρεχj; — sich, νδρέχjεμ.

Vertrauen, n., ομούϑ-δι, θαῤῥύς-ι (gr.).

vertreiben, νδjεχ, ρεϑτ, τδόιγ, σδύιγ, τσδύιγ, δζδόιγ, t. περζέ, g. περζάν, ber. δεδύιγ; — sich die Zeit, g. χαῤῥύχεμ.

Vertreibung, f., δζδούαρε-a, τδούαρε-a, περζένε-a, g. περζάνμε-ja.

vertrocknen, θάχεμ, t. ϑτερπόνεμ u. ϑτεπόνεμ, g. περθάχεμ, ϑτέρεμ.

vertrocknet, adj., g. ῤῥέϑχετε.

vertuschen, g. μουλjύιγ.

verunehren, περτϑμόιγ.

verunreinigen, περγέιγ, περλjχj, περπούρθ, g. πουγάν; — sich, περπούρθεμ, g. νδράγεμ.

Verunreinigender, m., πουγάμες-ι.

verunstalten, t. ϑεμπτύιγ, g. ϑδουμτόιγ.

verurtheilen, χαταδιχάς (gr.).

verwaisen, t. βαρφερόνεμ.

verwaist, adj., jετίμ, t. βάρφερε, g. βορφ.

verwalten, g. μδάιγ δυμέν.

Verwalter, m., χονόμ-ι (gr.).

Verwalteramt, n., χονομλέχ-ου (gr.).

Verwandte, pl. m., νjέρες; g. φις-ι, γjαχ-ου, άφερμ-ι.

Verwandtschaft, f., νjέρες, σούαοι, γjιρί-a, t. τϑέτε-a.

verwegen, adj., t. άρσεζε, g. χουδσιμδάρ, χοτσιμδάρ.

verweigern, αρρνίς u. αρρνίσεμ (gr.), bέιγ χάδα.

verweilen, σίλεμ, t. χjενδρύιγ, g. χjενδρύιγ, (ϑούαλ).

verwelken, βεϑχ, βέϑχεμ, g. βυϑχ.

verwenden, g. χουλανδρίς.

Verwendung, f., g. χουλανδρίσμε-ja.

verwerfen, tr. u. intr., ϑτιγ u. ϑτίε.

verwesen, χάλjβεμ.

Verweaung, f., t. χαλjβεσίρε-a, χάλjβουρε-a, g. χυλjβεσίνε-a, χάλjβμε-ja.

verwickeln, τραζύιγ; — sich, t. τραζόνεμ, g. τραζύχεμ.

Verwickelung, f., t. τραζούαρε-a, g. τραζούμε-ja.

verwirren, γατερόιγ, τρυυδουλύιγ u. τουρδουλύιγ, τραμεζύιγ.

Verwirrung, f., γατερί-a, ναχατοσί-a, g. τραμεζί-a u. τραμεζίμ-ι.

verwitwet, adj., βε.

verwöhnt, adj., g. χjιβάρ (tk.).

verwunden, πλjαγός, sc. βαρρόιγ.

verwundern, sich, ϑαστίς; verwundert gaffen, g. χουτόιγ.

Verwunderung, f., t. ϑαστίσουρε-a, g. ϑαστίσμε-ja, χουτούμε-ja; ich setze in Verw., ϑαστίς.

verwünschen, μαλεχόιγ; verwünscht, t. μαλεχούαρε, g. μαλεχούμουνε.

Verwünschung, f., t. νέμε-a, χατερούαρε-a, μαλεχούαρε-a, g. νάμε-a, μαλεχούμε-ja.

verwüsten, ϑχρετόιγ.

Verwüstung, f., t. ϑχρετούαρε-a, g. ϑχρετούμε-ja.

verzärtelt, adj., g. μίτουνε.

Verzärtelung, f., g. μίτμε-ja.

verzehren, (μετρέτ).

verzeihen, δουρόιγ, δερόιγ, φαλj, νδεjέιγ u. νδελjέιγ, g. νδίειγ u. νίειγ.

Verzeihung, f., νδεjέσε- u. νδελjέσε-a, νδεjύερε- u. νδελjύερε-a, g. νδεjίμε-ja, σγίϑμε-ja.

Verziehen, n., g. μίτμε-ja.

verzinnen, χαλαίς, g. χαλαιδίς.

verzogen, adj., g. μίτουνε; verzogenes Kind, χαναχάρ-ι.

verzögern, t. μενόιγ, σίελ, g. σιλ, σουρουλάς; bie ῤῥότουλε.

Verzögerung, f., σjέλε-a, μενούαρε-a, g. σουρλάτμε-ja.

verzweifeln, με δένετε σύρε βαχέρ.

Verzweifelung, ich bringe zur, t. μδιτ u. μδυτ, g. μδυς.

Vesperbrot, n., g. ζάμερε-a.

Vetter, m., t. χουδρί-ου, g. χουδρρίν-ιτ.

Vieh, n., t. βαγτί-a, g. βαχτί-a, γjάιja o. γjάιja ε γjάλε.

Viehdiebstahl, m., πρε-ja.

Viehglocke, f., g. χουμβόνε-a.

Viehhirt, m., γjιζάρ-ι.

Viehhürde, f., βαϑ ε βαχτίβετ.

Viehschelle, f., ζίλjε-ja, t. τρόχε-a, χεμβόρε-a, g. χεμβόνε-a, χουμβόνε-a.

Viehseuche, f., t. φλjάμε-a.

Viehstand, m., g. ŋ̑jáŋ̑ja o. ŋ̑já-
ŋ̑ja ε ŋ̑jáłε.

Viehzehnten, m., g. ε δίτα ŋ̑jáŋ̑sε.

viel, adj. u. adv., ϑ̄ούμε, βολ,
πλ̇jοτ; wie v., σετ̄σ.

Vielfrass, m., χάμεϛ-ι, νŋ̑ρέν-
νεϛ-ι, νουχάρ-ι, g. νέπεϛ-ι,
λούπεϛ-ι.

vielleicht, adv., μβάσε u. με
μβάσε, g. βέιτα, δρούσε.

vier, t. χάτρε, g. χάτερ.

viereckig, adj., χάτρε χjόϑ̄ε,
χjοϑ̄λί.

Vierer, m., ι χάτρε-ι.

vierfach, adv., χάτερϑ̄.

Viertel, n., χολ-ι (?); halbes, g.
τϑ̄εχερϑ̄έχ-ου.

Viertelmeister, m., g. ŋ̑jοβάρ-ι.

vierter, adj., χάτερτε-ι.

viertheilen, χρυχjάς u. χρυχjε-
ζόŋ̑.

vierzig, δυζέτ, ts. διζέτ, sc. χα-
τερϑ̄ίτε.

Violine, f., βιολλί-α, g. χjεμάνε-
ja u. χjεμένδᾱσε-ja.

Viper, f., t. νεπέρχε-α, g. νεπ-
χέρε-α.

Vogel, m., ζοχ-ŋ̑ου, f. ζύŋ̑ε-α,
t. ᾱπέσε-α, g. ᾱπέυζε-α.

Vogelkoth, m., ŋ̑ελjάσε-α u.
ŋ̑οτσίλjε-ja.

Vogelnest, n., τᾱερϑ̄ε-ja, g.
φουρρίχj-ι.

Vogelscheuche, f., g. δορδο-
λjέτϛ-ι.

Volk, n., λαό-ι, μιλέτ-ι, t. φυλί-α, g. λjαούϛ-ζι, ŋ̑ινδ-ι;
— βότε-α; d. niedere, t. βο-
ŋ̑ελί-α, g. βεŋ̑jελί-α.

Volksauflauf, m., g. ρρούϑ̄με-ja.

Volkshaufe, m., χαλχ-ου.

Volksmasse, f., g. δούμετε-α.

Volksmenge, f., g. δουμίτζε-α.

Volksstamm, m., μιλέτ-ι, t. φυλί-α, g. ŋ̑ινδ-ι.

voll, adj., πλjότε; adv., πλjοτ.

vollkommen, adj., (τέλjο, gr.).

Vollmacht, f., ούρδερ-ι, g. ουρ-
δεϛ̄ίμ-ι.

Vollmond, m., χέννε o. χέννεϛε
ε πλjότε; es ist V., ουμβούϑ̄
χέννεϛ̄α.

vollständiger Anzug etc., vjε̄ παρ
o. πάλjε ρόβα etc.

vollstopfen, t. dενδ, g. davd.

von, praep., νŋ̑α u. νŋ̑άχα; πρεj,
πρέι, πρέŋ̑, ber. πε; περ;
vdε; von — an, χjε, g. τᾱε;
περ.

vor, praep., ρεπάρα, περπάρα,
πάρα, g. παρ; φάχjε; νŋ̑α u.
νŋ̑άχα.

Vorbedeutung, glückliche, νιᾱάν-
ι μβάρε.

vorbereiten, ορμίϛ; — sich,
περβίδεμ.

vorbeugen, g. πρόŋ̑.

Vorderfuss, m., χεμβ' ε πάρα.

Vorderschädel, m., g. τᾱάτᾱχε-α.

Vorderseite, f., φάχjε-ja.

vorderster, adj., t. πάρε, g.
ᾱπαρ.

Vordertheil d. Schiffs, πρύπε-α
(gr.); d. Oberkleides, t. πιχjί-
u. πεχjί-α, g. σπεłjχjίν-νι.

Vorderzahn, m., dεμβ ι πάρι.

Voreltern, pl., g. πρίντε.

vorenthalten, t. μβάŋ̑ u. μba,
g. μba u. βάŋ̑.

Vorfahr, m., g. πριντ-ι; pl., τε
łjάᾱτετε, g. πρίντε.

Vorfall, m., t. ŋ̑jάιτουρε- u.
ŋ̑jάρε-α, g. ŋ̑jάμε-ja.

Vorfrucht, f., τε łjάᾱτετε.

Vorgesetzter, m., g. ουρδενάρ-ι.

vorgestern, t. παραδίε u. παρα-
διᾱϑ̄ινε, vjε̄ δίτεϛε, g.παρδίε,
vjι δίτjε; —Abend, παρμράμε.

vorhalten, χαμ τε ŋ̑ράτε.

Vorhang, m., t. περδέ-ja, g.
πέρδε-ja, (βελε-α).

Vorhängeschloss, n., χjυτᾱενίτ-
ζε-α, t. χjυτᾱ-ι, ber. χλjυτᾱ-
u. χλjιτᾱ-ι, g. δρύν-νι.

Vorhaut, m., łjάφᾱε-α.

vorher, ρεπάρα u. περπάρα.

vorjährig, adj., t. βjεμ-ε, g.
βjετᾱμ.

voriges Jahr, adv., βjετ.

vorladen, ϑ̄ερράς u. ϑ̄ερρές.

Vorladung, f., ϑ̄ίρρε-α.

Vorläufer, m., g. ουδετᾱέłjεϛ-ι.

vorlaut, adj., t. άρϛεϛε.

vormerken, ᾱενίŋ̑, νιϑ̄ανόŋ̑.

Vormund, m., βασσί-ου, πιτρόπ-ι (gr.).

vorn, adv., ρεπάρα u. περπάρα,
sc. πάρα; von v., ρεπάραζιτ,
περπάραζιτ; nach v., περ-
μβύϛ; ich falle n. v., περμβύσεμ, δίε περμβύϛ.

vornehm, adj., βουjαρίᾱτ; subst.
m. βουjάρ-ι, f. βουjαρέᾱε-α;
vornehme Geburt, φιϛ-ι (gr.);
von v. G., adj., φισμ, σοιλί,
g. δᾱετλί.

vornehmen, Jem., δυστύŋ̑.

Vorplatz vor d. Zimmern, τᾱαρ-
δάχ-ου (tk.).

Vorrath, m., g. χε-ja.

Vorrathshaus, n., χοτᾱέχ-ου,
μαŋ̑αζί-α; unterirdisches, g.
βουρχ-ου.

Vorrathskammer, f., μαŋ̑αζί-α.

Vorsatz, m., αποφασί-α (gr.),
μουρβέτ-ι u. χαστ-ι (tk.),
g. δαρτ-ι; mit V., χαστίλjε
(tk.).

vorschreiben, ορδιvjάς.

Vorschrift, f., ξόμπλε-α, χανόν-ι.

Vorsicht, f., χjελλίμ-ι, χουιδέϛ-ι.

vorsichtig, adv., με χουιδέϛ, με
χjελλίμ.

Vorsorge, f., χουιδέϛ-ι.

vorspiegeln, πλανέπϛ (gr.).

Vorsprung, m., ŋ̑ερτᾱ-ι, t. τεπέ-ja, g. τέπε-ja.

Vorstadt, f., βαρρύᾱ-ι.

Vorstellung, f., g. φύλjμε-ja.

Vortrag, m., t. χουβένδ-τϛ,
χουβέν-ι.

vortrefflich! adv., t. βίρχο!

vorübergehen, ᾱχύŋ̑.

Vorwand, m., αφορμί-α (gr.),
t. περδρέδουρε-α, g. περ-
δρέθε-ja, ᾱχαχ-ου; ich
brauche Vorwände, περδρί-
δεμ; ich suche V., ᾱτίπεμ u.
ᾱτύπεμ.

vorwärts, adv., t. τε χου, g. τετ
χούŋ̑; περ σε μβάρι, μβροᾱ.

vorwärtsgehen, βίŋ̑ μβροᾱ o.
περ σε μβάρι.

vorwitzig, adj., (χορχοσούρ).

Vorzug, m., νασιχάτ-ι u. g.
χυνέρ-ι (tk.).

vorzüglich, *adv.*, *t. μg ϑούμg,*
g. μα ϑούμg.

vorzugsweise, *adv.*, *t. μg ϑούμg,*
g. μα ϑούμg.

W.

Waarenballen, *m., g. τούρρg-α.*

Wabe, *f., χύje-ja.*

wach, *adj., g. χjoύτg.*

Wache, *f., χαραoύλ-ι (tk.).*

Wachholder, *m., dgλέvjg-α.*

Wachholderbeere, *f., χόχje dg-*
λέvjg.

Wachs, *n., dύλλg-ι u. dύλλgτg,*
ts. dίλλgτg; von W., dύλλτg.

wachsam, *adj., συ χάπουρg.*

wachsen, *ρίττgμ.*

wächsern, *adj., dύλλτg.*

Wachskerze, *f., χjgρί o. χjιρί*
dύλλτg, λαμπάdg-α (gr.).

Wachsthum, *n., t. ρίττουρg-α,*
g. ρρίττgμ-ja.

Wachswabe, *f., χύje-ja.*

Wachtel, *f., dρένjg-α, g. ϑχoύρ-*
τg-α u. ϑχoύρτgζg-α, (ποτ-
πολύϑχg).

Wächter, *m., so. ροίς-ζι.*

wackelig, *adj., λjιρ; ich mache*
w., λjιρóτγ.

wackeln, *intr., χολjανdίς, t.*
λjoύαιγ, g. λjoύχγ.

Wade, *f., πoύλπg-α, τουλj-ι,*
(ιάϑgτg).

Waffe, *f., t. άρμg-α, g. άρgμ-α,*
(χουράλg).

Waffengürtel, *m., t. σιλjάχ-ου,*
g. σιλjάχg-ja.

Waffenstillstand, *m., g. βέσσg-α.*

Wage, *f., ζιχj-χι, μέρg-α, πα-*
λάντζg-α, ζιγαρέ-ja, βέζνg-ja
(tk.), βιζινέ-ja, t. χαντάρ-ι,
g. χανdάρ-ι, τϑgχjί-α, τgρg-
ζί-α.

Wagen, *m., χάρρg-α, χjέρρg-α,*
χαρρότζg-α, χοτϑί-α.

wagen, *ριζιχύνgμ, χουτουρίς,*
γουτσύγ, g. χουdσύγ; —
nicht, g. dριϑύιγ.

wägen, *ζιjάς, t. ταρτίς, g. πg-*
ϑóγ.

Wagenaxe, *f., ϑοϑτ-ι, g. αξoύα-*
u. οξoύα-οι.

Wagendeichsel, *f., Mus. το-*
μoύα-οι.

Wagenreif, *m., ρρgϑ-ϑι.*

Waghals, *m., χουτουρτϑί-ου;*
ich handle als W., *χουτουρίς.*

Wagniss, *n., g. χουdσoύμg-ja.*

Wahnsinn, *m., dαιμονίσουρg-α*
(gr.), *g. ϑχαλoύμg-ja.*

wahnsinnig, *adj., dάλλjg μgντϑ;*
ich mache w., *dαιμονίς (gr.).*

wahr, *adj., βgρτέτg u. βgρτέτg.*

während, *τουχ, g. τυ; τg, νdg,*
τgχ, g. χg, sc. τυ; g. αχjχέρg.

Wahrheit, *f., βgρτέτg- u. βgρ-*
τέτg-α, dρέjτg-α; in W., adv.,
μg τg dρέjτg, βgρτέτ u. μg
βgρτέτ, g. βgρτέ, μg βgρτέ
u. βgρτέτα.

wahrlich, *adv., βgρτέτ u. μg*
βgρτέτ, g. βgρτέ, μg βgρτέ
u. βgρτέτα; βέσσα o. βέσσα
βgσσ u. βέσσg πgρ βέσσg.

Wahrsager, *m., ϑορτάρ-ι, g.*
φαλτoύρ-ι.

Wahrsagerin, *f., g. φαλτόρg-ja.*

Währwolf, *m., λjoυγάτ-ι.*

Waise, *f., jgτίμ-ι, t. βάρφgρg-ι,*
g. βορφ-ι.

Waisenstand, *m., t. βαρφgρί-α,*
g. βορφgνί-α.

Wald, *m., πυλ-ι, ρουμάν-ι, ϑχο-*
ρέ-ja.

Waldbach, *m., ρρgμ-ι.*

Wäldchen, *n., χορίg-ja.*

Waldstrom, *m., πgρρoύα-οι.*

Walgerbret, *n., χjg-ρι, g. χjέν-ja.*

Walgerholz, *n., χjg-ρι, πέτgς-ι,*
g. σχλάjg-α.

walgern, *g. τχολ.*

Walke, *f., τρgστίλλjg-α.*

walken, *t. dgνd, g. dανd.*

Walkmühle, *f., dgρστίλjg-α.*

Wall, *m., t. λjgϑ-ϑι.*

Wallach, *m., χιdίτϑ-ι (tk.).*

Wallache, *m., g. Τϑοβάν-ι,*
Γίύγg-α, elb. ουρoύμ-ι βόγgλjg.

Wallachin, *f., βλαχίνιχg-α.*

wallachisch, *adj., γογgρίϑτ.*

wallen, *βαλjύιγ, βgλjόιγ, βου-*
λjόιγ; v. Meere, bgιγ βαλj.

Wallen, *n., βάλjg-α.*

wälzen, *χjιλίς, λjουχουρίς, t.*
ρουχουλίς u. ρουχουλόιγ, g.
ρουχουλέιγ u. ραχουλέιγ; —
sich im Schmutz, *t. ϑχαρg-*
ζόνgμ.

Wandbänkel, *n., ράιdg-ja.*

Wandersack, *m., t. τράστg-α,*
g. τράστg-ja.

Wandgestell, *n., πολίτζg-α.*

Wandschrank, *m., dολάχ-ι; dυ-*
dgχλέχ-ου.

Wange, *f., φάχje-ja, μολ' g φά-*
χjgσg.

wanken, *τούνdgιμ, t. λjoύαιγ, g.*
λjoύιγ, μgϑύιγ; wankend, λjιρ.

wann, *χουρ; wann? χουρ? χjg*
χουρ? *g. τϑ χουρ?* bis wann?
νjgρ χουρ? seit o. von wann?
χjg χουρ? g. τϑ χουρ? — von
wannen? *χjg νγα?*

Wanze, *f., ταχταβίτg- u. ταρdα-*
bίχje-ja, g. ταφταbίχj-ι (tk.),
(χϑέι).

warm, *adj., βάχg, t. νγρόχgτg,*
νγρόχουρg, g. νγρόφgτg, νγρό-
φουγg; warme Quelle, g. λί-
dóg-α.

Wärme, *f., t. νγρόχgτg-α, g.*
νγρόφgτg-α.

wärmen, *ϑgχ, t. νγρόχ, g. νγρόφ,*
ϑgχgρίτς, αμgλόιγ; — sich,
t. νγρόχgμ, g. νγρόφgιμ, αμg-
λόχgμ.

Warnung, *f, νασιχάτ-ι (tk.).*

warten, *tr., t. βgϑτρόιγ; intr.,*
g. dαλλjόιγ u. νdαλλjόιγ.

warum? *ποg? νγα σg? πgρ σg?*
ας?

Warze, *f., θίθg-α.*

was, *σgτϑ, τϑg, σα; was? τϑg?*
τϑ χάφϑg? was für ein? τϑg?
τϑ φαρρg? g. τϑ φάρg γjά-
vja?

Waschbecken, *n., t. λjgγέν-ι u.*
λgjέν-ι, g. λjέν-νι.

Wäsche, *f., t. λjάρg-α, g. λjά-*
μg-ja; ich wechsele die W.,
νdgρόνgμ.

waschen, *λjάιγ, t. ϑχgλjάιγ, g.*
ϑπλjάιγ, dαβίς; — sich, λjά-
χgμ, g. dαβίτgμ.

Waschkanne, f., ιὑρίχ-γου.

Wasser, n., ουj-ι, ούjε-a u. ού-jετε; in Blasen etc., ϑούρρε χjένι, g. ϑουρρεϑέζε-a; ich erzeuge W., se. βρουjύιγ; ich lecke W., g. λαπ; ich lasse d. W., βέιγ o. δερϑ ούjε.

Wasser-, ούjεσε.

Wasserblase, f., βαρδάχ-ου.

Wassergewalt, f., g. βρουλ ι ούjιτ.

Wassergraben, m., ματορίχ-ου.

Wasserkirsche, f., χjερδΐ ούjεζε-

Wasserkrug, m., βότε-ja; se. ουνϑ-ι.

Wasserkübel, m., g. χέρε-a.

Wasserloch, n., t. χασμάχ-ου, g. χούρδε-a.

Wassermelone, f., χαρπούς-ζι, g. ϑελχjΐν-ντ, lap. ϑαλχjΐ.

wässern, βαδίς, νjομ, g. ουίς.

Wasserpfütze, f., πελχ-γου, g. λjιγάτε-a, χούρδε-a, ber. ματϑάλj-ι.

wasserreich sein, βρουjύιγ ούjε.

Wasserröhre, f., χύνγje-ja, τού-βλε-a.

Wasserschildkröte, f., ὑρέϑχε ούjεσε.

Wasserschlange, f., γjάρπεν ού-jεσε.

Wasserschlauch, m., g. τϑάμ-τϑε-a.

Wasserschoss, m., λjουμάχje-ja.

Wasserstein, m., g. ταραβοζάν-ι (tk.).

Wassersucht, f., δροπιχί-a (gr.).

wassersüchtig, adj., δροπιχjά-σουρε (gr.).

Wassertrog, m., χορίτε-a.

Wasservogel, junger, g. blbε-a.

Wasserweihe, f., g. ουjτεβε-χούρε-a.

Wasserwirbel, m., g. στjέλε-ja.

Wasserwurm, m., χjίμε-ja.

Wau Wau, m., t. βούbε-a, g. βόβε-a, γογύλj-ι.

weben, βέιγ πλjεχούρε, t. ιντ, g. ινδ, ενδ u. ετ.

Weben, n., t. αβλιμέν- u. αβλι-μέντ-ι.

Weber, m., χατϑ-ι, tetr. βε-χάιτ-ι.

Webergarn, n., g. ινδ-ι.

Weberschiffchen, n., t. δεγέτ-τε-a, g. διγjέττε-a, δεγjέτ-τελ-ι, μιχjίχ-ου.

Weberzettel, m., g. ινδ-ι.

Webestoff, m., g. ινδ-ι.

Webstuhl, m., t. αβλιμέν- u. αβλιμέντ-ι, g. τεζjjάχ-ου.

Wechselbank, f., βάνγο-ja.

wechseln, χεμβέιγ, νδαρύιγ u. νδερύιγ, νδερρόνεμ.

Wechsler, m., σαρράφ-ι.

wedeln, τουνδ o. λjούεγ βίϑτενε.

weder — noch, ας — ας.

Weg, m., t. ούδϑ-a, g. ούλε-a; πρέββ-a, g. βρομ-ι; ich mache W., μαρρ ούδε; ich mache mich auf d. W., νίσεμ περ χουρβέττ.

weg, adv., τούτje, τέjε u. περτέjε; weg! αρρατίσου!

wegbleiben, g. μbέττεμ.

wegbringen, g. τϑούαιγ u. τϑούαιγ.

wegen, praep., περ.

wegführen, g. τϑόιγ u. τϑούαιγ.

Wegführung in die Knechtschaft, t. ροbερί-a, g. ροbενί-a.

weggehen, t. ιχειγ, g. ιχιj.

wegschicken, τϑόιγ u. τϑούαιγ, t. απ ούδε.

wegschieben, g. πρανόιγ, πραρύιγ, πράνιγ.

wegtragen, g. τϑόιγ u. τϑούαιγ.

Wegweiser, m., χαλαούς- u. χουλαούς-ζι (tk.).

wegwerfen, στιγ o. χεϑ πόϑτε.

wegziehen, intr., ϑχούλjεμ.

wehe! t. βεΐ g. βάΐ — μjερ! — ποΐ ποΐ ποΐ

wehen, t. φριγ u. φρύιγ, g. φρύνιγ.

wehklagen, ρεχύιγ, t. ρρίχει, g. ρρίφεμ.

Wehklagen, n., t. ρεχίμ-ι, g. νεχίμ-ι, φιγjάν-ja u. φεγjάν-ja.

Wehklagender, m., (ριχες).

Weib, n., γρούα-ja; altes, lap. στέρτσε-a,

Weibchen, n., φέμερε-a.

Weiberrock, m., t. φουστάν-ι, g. φουστάνε-ja; g. δεγούν-ι.

Weiberschleier, m., μbουλίτζε-u. bουλίτζε-a, bορδϑαλέχ-ου, g. νάππε-a.

weiblich, adj., t. φέμερε, g. φέμενε.

Weibsüberrock, m., g. δεγούν-ι.

weich, adj., bούτε; weiches Ei, βε ρούφε, g. βε ε σούρbουλjτε; ich mache w., g. μουφάς, durch Reiben, g. σχjαχj; ich werde w., g. μουφάτεμ.

Weichen, f. pl., βέϑja-τε, χόλjε-a u. χύλjε-τε, g. λjουχϑ-ι.

weichen, tr., g. μουφάς; intr. g. μουφάτεμ.

Weichling, m., t. bουρρέτς-ι, φεμούαρ-ι.

Weide, f., t. χουλότουρε-a, τϑαΐρ-ι (tk.), g. χουλόσμε-ja, τϑαΐρε-ja (tk.).

weiden, χουλός.

Weidevieh, n., bερρ-ι, t. βαγε-τΐ-a, g. βαχτΐ-a.

weigern, sich, βέιγ χάδα, αρρνΐς u. αρρνΐσεμ (gr.).

Weihbrot, n., g. μέδε-a.

Weihbrotstempel, m., φαρα-στούα-οι, g. μλjατούρ- u. λjατούρ-ι.

Weihe, f. u. m., g. χουτΐν-ι, f. χούτε-a.

Weiher, m., πελχ-γου.

Weihnachten, f., πάϑχε ε Κρί-ϑττ.

Weihnachtsadvent, m., χερδε-νδέλε-τε.

Weihnachtsbretzel, f., χολέ-νδρε-a.

Weihnachtsvorabend, m., διτ' ε χολένδραβετ.

Weihrauch, m., ϑυμjάμε-a, g. χjεμ-ι; ich räuchere mit W., g. χjεμός.

Weihwasser, n., αjάζμε-a (gr.).

weil, σε.

Weilchen, ein, νjε τσύπε χέρε, τϑίχε, νjε τϑίχε u. τϑίχεζε.

Weile, lange, σιχλέτ-ι (tk.); — machen, σιχλετΐς; —

haben, σικλετίσεμ ο. χαμ σικλέτ (tk.).

Weiler, m., τᾶιφλίχ-ου (tk.).

Wein, m., t. βέρρε-α, g. βέ-νε-α, (βαῖν); weisser süsser, g. μυσελjé-ja; schwacher, βέρρε χάλιχjε; saurer, βέρρα ε πρίθουρα.

Weinbeere, f., χόχjε ρρουϑ.

Weinberg, m., t. βεϑτ-ι, g. βεὐϑτ-ι.

Weinbergshacke, f., g. χάζ-με-α.

Weinbergsmesser, n., t. κίζε-α. g. κίὐζε-α, δρισχ βέϑτε.

Weinblume, f., ἐνδε-ja.

weinen, χjάιγ, ts. χλjάιγ; δερὐ λjοτ.

Weinen, n., t. χjάρε-α, ts. χλjάρε-α, g. χjάμε-ja.

Weinfass, n., ῥαβίτϑ-ι, g. βύ-ζε-α u. βύτζε-ja, βουτσέ-λjε-α.

Weinflasche, hölzerne, g. τϑού-τερε-α, ber. πλότσχε-α.

Weinhefe, f., g. ὄπενέτχε-α.

Weinkrug, m., λjαϋjέν-ι.

Weinkübel, m., g. τίνε-α, φου-τϑί-α, Κav. χαρανέτς-ι.

Weinlese, f., t. βjέλjε-α, g. βjέλjμε-ja.

Weinrebe, wilde, t. λjερρούσχ-ου, g. λjαρρούϑχ-ου.

Weinschlauch, m., t. μερϑί-νε-α.

weinselig sein, jαμ με πέσε χjιντ.

Weinstock, m., δρι-α, t. βεϑτ-ι, g. βεὐϑτ-ι, χαρϑίε-α; hoch-gezogener, πjέρϒουλε-α.

Weinträbern, f. pl., τσίπουρε-α, g. ὁερσί-α.

Weintraube, f., ρρουϑ-ι, πού-πε ρρουϑ, g. βεϑ ρρουϑ; unreife, αϒουρίδε-ja (gr.), g. ϒρέστε-α; wilde, t. λjερ-ρούσχ-ου, g. λjαρρούϑχ-ου.

Weintrester, f., τσίπουρε-α, g. ὁερσί-α.

weise, adj., σοφό (gr.), δί-τουρε, t. οὐρτε u. ουρτε-τσίϑτ, g. ουρτεσίϑτ.

Weisheit, f., σοφί-α (gr.), g. δίε-ja, διτουνί-α.

weiss, adj., βαρϑ-ϑι; βαρϑόϑ u. βαρϑούϑ; ich mache w., τσβαρϑ; ich bin w., τσβαρϑ.

weissagen, g. ὄτε φαλ.

Weissagung, f., g. φαλ-τ.

weissen, βαρϑ, σβαρϑ, τσβαρϑ.

Weisskohl, m., ϒάτϑχε-α.

weisslich, adj., βαρϑόϑ u. βαρϑούϑ.

weit, adj., μερϒούαρε, t. λjάρ-ϒε, g. λjαρχ; adv. λjαρχ; weit entfernt, adv., χετjέ; w. fort, adv., λjαρχ, τέjε τέjε; von w. her, adv., t. λjάρϒουτ u. περ σε λjάρ-ϒουτ, g. λjάρϒου u. περ τσε λjάρϒου; aus weiter Ferne, adj., t. λjάρϒετε, g. λjάρχτε; weit über, λjαρτ μbι; so weit, σα; — wei-tes Sieb, σιτ' ε ρράλε; ich mache w., ζῇjερύιγ u. δζῇjε-ρύιγ.

Weite, f., λjάρϒετε-α.

weiter, adv., με τέjε; ohne Weiteres, g. πα φjάλjε.

weiterhin, adv., με τέjε.

Weizen, m., t. ϒρουρ-ι, g. ϒρουν-ι; geschrotet., χοφτύ-ι; von W., ϒρουρίϑτ, ϒρύνjε.

weizen, adj., ϒρουρίϑτ, ϒρύνjε.

Weizenacker, m., αρ' ε ϒρύνjε.

Weizenbrot, n., βουχ' ε ϒρύνjε.

Weizengraupen, f. pl., χοφτύ-ι.

Weizenkorn, n., χόχjε ϒρούρι.

welcher, e, es, χjε; τϑε; in-terrog., τϑε? welcher? χουϑ? τσίλλι? τσίρι? welche? τσίλ-λjα? τσίρα? τσία?

welcherlei, τϑ φάρε.

welk, adj., t. βέϑχουρε, g. βύϑχουνε.

welken, t. βεϑχ, βέϑχεμ, g. βυϑχ.

Welle, f., βάλjε-α, ταλάς-ζι.

Welt, f., jέτε-α, δυνjά-ja (tk.), ὁότε-α, g. ὄεχουλ-ι.

Weltall, n., g. ὄεχουλ-ι.

weltlich, adj., χοσμίχ u. λαιχό (gr.).

wenden, δρεϑ, (περϒjέλ).

Wendung, f., g. δρέϑα-τε, δρέϑja-τε.

wenig, adj., πάχε, adv., παχ; ein w., πάχεζε, διτϑ, τϑίχε, vjε τϑίχε u. τϑίχεζε; es fehlte w., g. περ παχ ῇjαύ.

weniger, adv., g. μανϒάτ.

wenigstens, adv., τε πάχετε, μούνδενε, g. ὁάρι u. μούνα ὁάρι.

wenn, χουρ, χουρδό, σι, νδε, νδέϑτε, νϑ' ἔϑτε χjε; wenn nicht, νδε μος; wenn nur, βέτεμε.

wer? χουϑ? τϑε? m. τσίλλι? τσίρι? f. τσίλλjα? τσίρα? τσία? w. nur immer, χουϑ-δό, νδοχουϑ, ῇjίϑε χουϑ, ῇjίϑε τσίλλι, ῇjίϑε χιϑ, σι τσίλλι, σι τσίλλι do.

werben, μbεjέϑ.

werden, t. ὁένεμ, g. ὁάνϒεμ.

werfen, ὄτιγ u. ὄτίε, t. χεϑ, g. χουϑ, σιλ; s. auch μαρρ.

Werg, n., στουπί-α, ϑτουπί-α.

Werk, n., νδερτέσε-α, πούνε-α, g. βέπρε-α.

Werktag, m., λjεβρούαμε-ja, δίτε ε λjεβρούαμε, δίτε πουνετόρε, g. περδίτϑμε-ja.

Werkzeug, n., t. αβλιμέν-u. αβλιμέντ-ι, χαλάτ-ι, g. χα-λάτε-ja (tk.), (χαλά); spi-tziges, t. χελ-ι, g. χέλλε-ja.

Wermuth, m., t. πελίν- u. πε-λίντ-ι, g. πελjίμε-ι.

Werner, m., χαϑ-ι.

Werth, m., αξί-α (gr.), g. βjέφτϑμε-ja.

werth sein, t. βεjέιγ, g. βεγ.

werthvoll, adj., t. βεjύερε, g. βjεφτϑμ.

Wesen, lebendes, χάφϑε-α.

weshalb, νϒα σε.

Wespe, f., t. ἀρεζε-α, g. ἀνε-ζε-α, m. ϒρενϑ-ϑι, f. ϒρέ-νεζε-α.

Wespennest, n., g. ὁουμbά-λε-α.

wessen? ι u. ε τσίλλιτ?

Weste, f., jελjέχ-ου.

Westen, *m.*, τεχ ο. νγ̀α περνδύν (*dίελὶ*).

Westwind, *m.*, βερί-ου, *sc.* βέρι-ου.

weswegen, νγ̀α σε, περ σε.

Wette, *f.*, βας- u. βαστ-ι (*tk.*).

wetten, βε βας.

Wetter, *n.*, μοτ-ι, *t.* κόχε-α, *g.* κόχο-ja.

Wetterstrahl, *m.*, *g.* ρρουφέ-ja.

wetzen, *g.* πρεφ.

Wickelbinde, *f.*, (*φάσχε*).

Wickelkind, *n.*, *t.* τσιλιμί- u. τσιλιμί-ου, φύδήje-α, *g.* τσιλjιμί-ου, φοσί-α, φεμίje-α.

wickeln, *g.* μεστίλ.

Widder, *m.*, δασ-ι, περτσάκ-ου.

widerbärtig, *adj.*, χαρς.

Widerpart, *m.*, τεjμ-ι.

Widerriss, *m.*, *t.* χρέχερ-ι, *g.* κράχαν-ι.

Widersacher, *m.*, *t.* αρμίκ-ου, *g.* ανεμίκ-ου, χουνδερστάρ-ι, ι τέjεμ, ι περτέjεμ.

widersprechen, βέτε κούνδρε (κουβένdιτ), *g.* κεθέτγ φjάλje.

Widerstand, *m.*, *g.* κjινδρόύμε-ja.

widerstehen, ρρι χαρσί ο. κούνδρε, *g.* κjινδρότγ; *impers.*, *g.* βέλjεμ.

widerwärtig, *adj.*, πράπε, *g.* μbράπε.

Widerwärtigkeit, *f.*, *t.* πραπετσί-α, *g.* μbραπεσί-α.

Widerwille, *m.*, ουρρύερε-α, *t.* μερζίτουρε-α, *g.* μερζίτμε-ja; ich habe W., *g.* βέλjεμ.

widmen, sich mit Leib u. Seele, *g.* δαλεδίς.

wie, κjυσ u. κjισ, σα, σετσ, σι, σι κούντρε, πόσι, *t.* κόνδρε u. κούνδρε, *g.* κυύνδερ u. χαρσί; *t.* χje, *g.* σε; genau w., ήjάλε με ο. σι; — wie? σα? σι? κjυσ u. κjισ? — w. oft? σα χέρε? w. viel? σα? σετσ? — so wie, *temp.*, *t.* πο, *g.* κορ; πο κjε, πο σα.

wieder, ήjένε, μέτα, πα, πράπε, *g.* μbράπε; *t.* περσερί, *g.* περσί.

Wiederhall, *m.*, *t.* ήjεμίμ-ι, ήjεμούαρε-α, *g.* ήjιμίμ-ι, ήjιμούμε-ja.

wiederhallen, κερτσάς, κελτσάς, χρετσάς, κρετσάς, κεμbύτγ u. κουμbύτγ, *t.* ήjεμύτγ, *g.* ήjιμύτγ.

wiederherstellen, νδρεκj.

wiederholen, περφλjάς, *g.* baήj δύse.

Wiederholung, *f.*, περφόλjτουρε-α, *g.* σπεδούμε-ja.

wiederkauen, περτύπ.

wiederkehren, *t.* κθένεμ, *g.* κεθέχεμ, *poet.* κεθένεμ.

wiederkommen, βίγ ήjένε ο. μέτα ο. πράπε ο. πα.

wiederum, ήjένε, μέτα, πα, *t.* περσερί, *g.* περσί.

Wiege, *f.*, δjεπ-ι u. δjέπε-ja.

wiegen, m. d. Wiege, τουντ, τουντ δjέπεγε; auf d. Armen, *g.* τοπολίς; m. d. Wage, ζιjάς, *t.* ταρτίς, *g.* πεδύτγ; — *tetragl.* γεχ.

wiehern, *t.* χενήjελάς u. χενήjελίγ, *g.* χινήjελίγ.

Wiese, *f.*, λjουβάθ-δι, *t.* τσαίρ-ι, *g.* τσαίρε-ja (*tk.*), (λjούασθ).

Wiesel, *n.*, *g.* δούχλjεζ̃ε-α, νουσ' ε λjάλjεσε.

wild, *adj.*, *t.* έγρε, *g.* έγρ; *adv.* εγρεσίστ; wildes Thier, ζουλάπ- u. τσουλάπ-ι, *t.* εγρεσίρε-α, *g.* εγρεσίνε-α, στάνζε-α, *tetr.* εγρατίρα-τε; ich mache w., εγρεσότγ; ich werde w., εγρεσύνεμ.

Wild, *n.*, bίσε-α.

Wildfang, *m.*, *g.* bανδίλ-ι, χασαρί-ου.

Wildniss, *f.*, εγρεσιλέχ-ου.

Wille, *m.*, θελίμε-α (*gr.*), μουρβέτ-ι (*tk.*); *t.* ζέμερε-α, *g.* ζέμερε- u. ζέμbερε-α; *t.* μενδ-ι, μένδε- u. μέντε-ja, *g.* μεντ-ι, μένδε-α, μενδί-α; *g.* βολ-ι, *sc.* βολνέσε-α; — letzter W., δjάτε-α, βασαjέτ-ι; — wider W., πα δάδουρε, με παχίρ.

Wimper, *f.*, κjεπάλε-α, *g.* κjερπίκ-ου.

Wind, *m.*, έρε-α.

Windel, *f.*, *g.* σπερήjάν-νι, (φάσχε, φάσνε).

windelweich schlagen, νγ̀ορθ, καλjπ νδε δρου, δυύατγ.

winden, *g.* μεστίλ.

Windhund, *m.*, λjανήjούα-οι, *g.* ζαγάρ-ι.

Windspiel, *n.*, λjανήjούα-οι.

Windstille, *f.*, βουνάτζε-α.

Wink, *m.*, νοίμε-α (*gr.*), τσαρέ-ja u. τσαρέτ-ι (*tk.*).

Winkel, *m.*, bουδάκ-ου, κjόσε- u. κjοσέ-ja.

winken, bέτγ τσαρέτ, λjούατγ σύνε.

Winter, *m.*, *t.* δίμερ-ι, *g.* δίμεν-ι; d. W. betreffend, *g.* διμενούαρ.

Winterbirne, *f.*, *g.* δάρδε διμενόρε.

winterlich, *adj.*, *g.* διμενούαρ.

Winterreif, *m.*, bρύμε- u. bρίμε-α, *lap.* bραζίμ-ι.

Winterszeit, *f.*, *g.* κόχο ι δίμιτ.

Winterweide, *f.*, βερρί-α, *g.* μεράje-α.

winzig, *adj.*, *g.* πίτσερε.

wir, να.

Wirbel, *m.*, im Wasser, *g.* στjέλε-ja; im Rücken, *g.* κερbίστ-ι; am Kopfe, μαj ε κόκεσε.

Wirbelwind, *m.*, *g.* πορδασάκουλj-ι.

wirken, πουνότγ.

Wirth, *m.*, χανδσί-ου.

Wirthschaft, *f.*, κυνυμλέκ-ου (*gr.*).

Wirthshaus, *n.*, χαν-ι.

Wischlumpen, *m.*, *t.* πατσαμούρε-ja, *g.* πατσαβούρε-ja.

wissen, *t.* δι, νjούχ u. νjο, *g.* διγ, νjοφ.

wittern, *g.* νδίγ, νδέτγ.

Witwe, *f.*, γρούα ε βε, *g.* βε-ja.

Witwer, *m.*, δουρ ι βε.

Witz, *m.*, *t.* δαχά-ja, *g.* σάκε-α (*tk.*).

witzig, *adj.*, μαρjύλ.

wo, κου; τε, νdε, τεχ, g. χε,
sc. τυ; wo nur immer, νγαδό,
χουδό χjε; da o. dort wo,
ατjέ χjε; überall wo, χουδό
χjε; — wo? κου? μου χου?
von wo? νγα u. νγάχα?

Woche, f., jάβε-α.

Wochenbett, n., t. λjεχονί-α, g.
λjιχονί-α.

Wöchnerin, f., t. λjεχόνε-α, g.
λjιχόνε-α.

Woge, f., βάλjε-α, ταλάς-ζι.

Wogen, n., θελίμ-ι.

wogend, adv., βάλjε βάλjε.

woher? νγα u. νγάχα? χjε νγα?

wohin? νγα u. νγάχα? bis w.?
μου χου? w. immer, νγαδό.

wohl, adv., μίρε; sehr o. ganz
w., μδι χρίε σίπερ; interrog.
βάλε, α.

wohlergehen, τραδεγόιγ.

wohlfeil, adj., λjιρ.

Wohlfeilheit, f., λjίρε-α.

Wohlgefallen, n., πελjχjίμ-ι,
πελjχjύμε-ja; ich habe W.,
πελjχjέιγ, πρέχεμ.

wohlgefällig, adj., πελjχjύρε,
g. πελjχjύδεμ.

wohlgenährt, adj., t. ουδχjύρε,
g. ουδχjύμε.

Wohlgeruch, m., μερουδί-, μι-
ρουδί- u. μυρουδί-α, g. βε-
χάρ-ι.

wohlgeschliffen, adj., g. πρέφετε.

wohlhabend, adj., t. χάμες,
πάσσουρε, g. πάσσουνε.

Wohlredenheit, f., γύjε-α.

Wohlsein, n., μούνδιje-α.

Wohlthat, f., ε μίρα, τε μίρετε.

Wohlthäter, m., g. μιρεβάνμ-ι.

wohnen, ρρι u. ρριγ, (δούιγ).

Wohnung, f., t. νδένjουρε-α, g.
νδέιτμε-ja.

Wolf, m., t. ούιχ-ου, υυλjχ-ου,
g. ουχ-ου; ζουλάπ- u. τδου-
λάπ-ι, g. δίδε-α.

Wölfin, f., t. ουιχύνjε-α, g. ουι-
χέδε-α.

wolfsartig, adj., ουιχερίδτ.

Wolfsmilch, f., (Pflanze), ρίελ-ι.

Wolke, f., ρε-ja.

Wolkenregierer, m., βράνες-ι.

Wollbüschel, m., δτελούνjε-α.

Wolldecke, f., βελένζε-α,
πλjαφ-ι, τσέρjε-α, σιδδα-
δέ-ja.

Wolle, f., λjεδ-ι, (μπάσχg); t.
ρούδο-ja, λjεδ ρούδο, g.
ρουδ-ι, λjεδ ρούδε; — g.
χουδ-ι; ich zupfe W., δτίε
λjεδ; v. W., λjέδτε.

wollen, adj., λjέδτε.

wollen, v., δούα; ohne zu w.,
πα δάδουρε, με παχίρ, πα
δίjτουρε.

Wollenabfall, m., μjέττε-α.

Wolltuch, n., t. τσόχε-α, g.
τσύχο-ja.

Wollüstling, m., g. πιδάρ-ι.

Wort, n., φjάλjε-α, t. θένε-α,
g. θάνε-α, tyr. λjπjάτε-α; s.
auch χουβένd; ich halte W.,
ρούατ φjάλjιντ; ich breche d.
W., δαλλj φjάλjεσε, g. δπα-
βέσσεμ; ich nehme d. W. zurück, g. χεθέιγ φjάλjεντ; ich
verdrehe d. W., περδρίδεμ;
auf mein W.! βέσσα o. βέσσα
βεσσ u. βέσσε περ βέσσε!

Wörterbuch, n., g. φjαλjτάρ-ι.

wühlen, γερμόιγ, ρεμόιγ u. ρουμόιγ, g. δγουρίς.

wund machen, επχ u. δεμβύιγ;
— werden, t. δέμβεμ, g. δέμεμ.

Wunde, f., πλjάγε-α, g. βάρρε-α.

Wunder, n., παταξί-α, θjάμε-α,
θιάμε-α, τδουδί-α, g. τδού-
δε-α, θάγεμε-α, (μδεχουλίμ).

wunderbar, adj., τδουδίτδεμ,
τδουδίτουρε; wunderbar!
τδουδί! πουν' ε μάδε! σα
μοτδ!

wundern, sich, πατάξεμ, τδουδίτεμ, λjε μεντ, g. τμερόχεμ.

Wunsch, m., t. χατέρ-ι, g. χά-
τερ-ι (th.), εδτάφ-ι, (δεδε-
ρίμ).

Wurf, m., t. δτίρε-α, g. δτίμε-ja, σίλμε-ja.

Würfel, m., g. ζαρ-ι.

Wurfscheibe, f., πλάγε-α, πί-
τουλε-α, t. λόμχε-α, g. λόχμε-α; ich spiele mit W.,
g. πετουλάιγ.

Wurm, m., t. χρμχ-δι, g. χρυμ-ι;
Wasserw., χjίμε-ja; Holzw.,
μολίτζε δρούριτ; Eingeweidewurm, ρα-ja, ρρε-ja; ich bekomme Würmer, g. χρυμό-
σεμ; mit W. behaftet, ράζγε.

wurmen, g. μεσύιγ.

wurmstichig werden, g. χρυμόσεμ.

Wurst, f., χολέ-ja.

Wurzel, f., t. ρέζε-α, ρένjε-α,
g. ρράνjε-α, ρράνjε-α, βύ-
θε-α.

wurzeln, ρενjός u. ρενjόσεμ, g.
νjουλj.

Wurzelstumpf, m., χοπάτδ-ι.

wüst, adj., δτρέτε, δχρέτε; adv.
δχρετ.

Wüste, f., ερημί-α (gr.), δχρέ-
τε- u. δρέτε-α, t. δχρετε-
τίρε-α, g. δχρετετίνε-α.

Wuth, f., τερόιμ-ι, g. χαρδούν-ι.

wüthen, t. τερόνεμ, g. τερδό-
χεμ.

wüthend machen, τερδόιγ; χρεδπερόιγ; — sein, t. τερδόνεμ;
g. τερδύχεμ; χρεδπερόνεμ.

Z.

Zahl, f., νέμερ-ι, g. νούμερ-ι.

zählen, νεμερόιγ, g. νουμερόιγ,
νδεμερύιγ, νjεφ.

zahlen, παγόιγ, παγούαιγ, πο-
γόιγ, πογούαιγ.

Zahlung, f., πάγε-α, t. παγούαρε-α, g. παγούμε-ja.

zahm, adj., ζβούτδμ; ich werde z., ζβούτεμ.

zähmen, ζβουτ, t. σβουτ, g.
σβους; t. ουρτετσόιγ, g. ουρ-
τεσόιγ.

Zähmung, f., t. ζβούτουρε-α, g.
ζβούτμε-ja.

Zahn, m., t. δεμβ-ι, g. δαμ-ι;
ich zeige die Zähne, g. σγερ-
δίν δάμετε.

Zahnbrecher, m., t. δάρε-α, g. δάνε-α.

Zähnchen, n., δδμεζε-α.

Zähnklappern, n., τε δρέδουριτ' ε δέμεβετ.

Zahnrad, n., g. τδαρχ-ου.

Zahnreisser, m., ντζίερες δεμδάλεβετ.

Zahnschmerzen haben, με δεμπ δεμδ.

Zängchen, n., g. πιτσχατόρε-ja.

Zange, f., t. δάρε-α, g. δάνε-α.

Zank, m., φιλονικί-α (gr.), μαραζά-ja (tk.), χjάρτε-α, χjερτούαρε-α, δερρ-ι, Divra χατδέρρ-ι.

zanken, φιλονικίς (gr.), βέιγ δερρ o. φjαλjε, χjερτόιγ, ber. χjιρτόιγ, t. φjαλjτόιγ; — sich, t. ζίχεμ, g. ζίνχεμ, χάπεμ, ρρόχεμ.

Zänkerei, f., g. χάπμε-ja, ρρόχμε-ja.

zänkisch, adj., γρίνδες, t. δερρέτ, g. δαρρέτ, (γρίτσμε).

Zäpfchen d. Gaumens, vjερίθ-ι, g. λjιλθί-α.

zart, adj., βούτε, χόλλε, νjύμε.

Zartheit, f., g. χόλλε-α.

Zauberei, f., μαγjί-α.

Zauberer, m., t. μαγjιστjάρ-ι, g. μαγjιστάρ-ι, δτριχ-ου; μjεχτάρ-ι.

Zauberin, f., μαγjιστάρε-ja, g. δτρίε-α.

zaudern, (ρεδτ).

Zaum, m., t. φρε-ρι, g. φρεύ-νι.

Zaun, m., γαρθ-δι, (πουτούρ); ich reisse d. Zaun aus o. um, τδθουρ.

Zaungeflecht, n., g. πουρτέχε-α.

Zecke, f., χεπούδε-α, g. ρρίχjεν-ι.

Zehe, f., γjιδτ ε χέμβεσε.

zehn, δjέτε.

Zehner, m., ι δjέτε-ι.

zehnfach, adv., δjέτεδ.

Zehnten, m., δεχατί-α (gr.), δjέτε-α, g. δίτε-α.

zehnten, verb., δεχατίς (gr.).

zehnter, adj., δjέτετε-ι.

Zeichen, n., ιδαρέ-ja o. τδαρέτ-ι u. νιδάν-ι (tk.), g. δένjε-α; zum Z., t. jjύja, g. jjujά.

zeichnen, δενότη.

Zeichnung, f., δχρώjε-α.

Zeigefinger, m., jjιδτ ι πάρε.

zeigen, δεφτόιγ u. δεφτέιγ, Divra δπουν.

Zeigen, n., δεφτίμ-ι.

Zelle, f., g. ρρουβjέδχουλε-α.

Zeit, f., χέρε-α, t. χόχε-α, g. χόχο-ja; ζαμάν-ι; gelegene Z., βαχτ-ι (tk.); unruhige Zeiten, g. φρίχα-τε (gr.); zu einer Z., vjε χόχε u. vjε χέρε; zu jeder Z., νγα χέρε u. χέρα; zu gleicher Z., νδε vjε χόχε; zu rechter Z., με χόχε, t. δίρχο; ich habe keine Z., σ'χαμ νγε; ich vertreibe mir d. Z., g. χαρρύχεμ.

Zeitgenosse, m., μοδατάρ-ι.

Zeitraum, m., ζαμάν-ι.

Zeitvertreib, m., (χαρροχοπί-α).

Zelle, f., χjελί-α.

Zelt, n., t. τδαδέρρε-ja, g. τδάδρε-α (tk.).

Zeltergang, m., g. τδαπούν-νι; im Z., g. τδαπούνδι.

zer-, περ-.

zerbrechen, πριδ, t. θίειγ u. θύειγ, g. θύιγ.

zerbrechlich, adj., leicht, χοχοδάρ; schwer z., γούνγε.

zerbröckeln, g. τσοπεζόιγ.

zerdrücken, νδρυσσ.

zerhacken, t. γριγ, g. γρίν.

zerkratzen, γερρίτς; — sich, γερρίτσεμ, πρίττεμ.

zerlumpt, adj., τσάρδουρε, t. γρίσσουρε, g. γρίσσουνε.

zermalmen, θερρμύιγ, g. δερμόιγ.

zerquetschen, νδρυσσ.

zerreiben, θερρμόιγ, φερχόιγ, δτιπ u. δτυπ, δτιπέιγ u. δτυπέιγ, g. δχοχj.

zerreissen, tr., γρισσ, περτδχjόετη u. περδχjύετη, t. τδαπελύιγ, τδίερ, χπρούτ, g. χεπούς, δχjφ, δχjύιγ, tyr.

δχλύιγ; intr., χεπούτεμ; — sich, g. δχjίρεμ.

Zerreissen, n., τάjέρε-α.

zerschlagen, sich, t. ρρίχεμ, g. ρρίφεμ.

zerschmelzen, tr., t. τρετ, g. τρες; intr., τρέτεμ.

zersplittern, θερρμόιγ.

zersprengen, δερμεχάς, g. δερμόιγ, (ρενδσύιγ).

zerspringen, πελτσάς, g. χρις.

zerstören, γρεμίς, πριδ, g. δεμ, τσχαλεμόιγ, χουμελόιγ, tyr. ρρεννόιγ.

Zerstörung, f., πρίδjε-α, t. πρίδουρε-α, g. πρίδμε-ja etc.

zerstossen, δτιπ u. δτυπ, δτιπέιγ u. δτυπέιγ.

zerstreuen, δερμεχάς, χαπ, περχαπ, g. περδχόχj; — sich, περχάπεμ, g. περδχόχjεμ.

zerstreut, adj., χαπετε; adv., g. τδαπρατδίτ.

Zerstreuung, f., t. χάπουρε-α, g. χάπμε-ja, περδχόχjμε-ja.

zertheilen, t. μεσόιγ, νδάιγ, g. δάιγ.

zertreten, δχελj.

zertrümmern, θερρμόιγ.

Zerwürfniss, f., g. ζάνμε-ja.

Zeug, n., παρ-ι; πλjεχουούρε-α u. πελjχούρε-α.

Zeuge, m., μαρτύρ-ι, δαχίτ- (tk.).

zeugen, tr., t. πjελ u. πίελ, g. πιλ; intr., t. μαρτυρίς, g. μαρτυρέης.

Zeugniss, n., μαρτύρ-ι.

Zeugung, f., t. πjέλε-α, g. πjέλμι-τε.

Zicklein, n., χατς-ι, χετς-ι, g. χετδ-ι, χεθ-δι.

Ziege, f., δι-α, g. χjιδ-ι; junge, χατς-ι, χετς-ι, g. χετδ-ι, χεθ-δι.

Ziegel, m., χεραμίδε-ja (gr.), τjέγουλε-α, τσιτjούλε-α.

Ziegelbrenner, m., χεραμιδτδί-ου, τjεγελατδί-ου.

Ziegenbock, m., t. τσjαπ-ι, g. τσαπ- u. σχjαπ-ι.

Ziegenhirt, m., διάρ-ι.

Ziegenpferch, m., δτρούνγε-α.

ziehen, tr., t. ζβαρ, ζβαρίτ, ζβαρίς, χjιτ, ντζjερ, χεχj, νδέιγ, νδερ, g. ζβαρύιγ, χjις, ντζίρ, χεχ, τχεχ, νδένιγ, tyr. τέρχεμ o. τέρχjεμ, N. T. ντζjερ; — d. Loos, δέιγ o.στίε δκούρτεζενε; — Gewinn, t. χjετ, g. χjις; durch d. Schmutz, t. δκαρεζύιγ; — in die Länge, g. σουρουλάς; ich ziehe an mich, χθέιγ o. χεθέιγ μbας μέjε; intr., des Weges, δκύιγ; nach einem Orte, νγούλjεμ.

Ziel, n., νιδάν-ι (tk.).

zielen, δενύιγ, νιδανύιγ (tk.).

ziemen, sich, δούχαετε.

Zigeuner, m., χjυλj-ι (tk.), g. jεφχ-γου, ber. jεβjίτ-ι; als Gespenst, g. χαρχανδδύλ-ι.

Zigeunerin, f., g. jέφγε-α.

zigeunerisch, adj., jεβjγενίδτ.

Zigeunerquartier, n., χjυλj χαν.

Zimmer, n., für Männer, υδg-α, für Frauen, σόbg-α.

Zimmerdecke, f., ταβάν-ι (tk.).

Zimmet, m., (χινάμμο).

Zins, m., χjοζούρg-α, δjαφούλαρ-ύρι (gr.), t. φαιδέ-ja, g. φάιδε-ja (tk.).

Zirbelnuss, f., g. φεστέχ-ου, ber. χοτδουμάρε-ja.

Zirbelnusskern, m., g. φεστέχ-ου, ber. χοτδομάρε-ja.

zischen, t., βερδελέιγ, g. βερδελί.

Zischen, n., βερδελίμ-ι.

zittern, δρίδεμ, λαχταρίς (gr.), t. τριδτόνεμ, g. τριδτύχεμ, tyr. φεργελύιγ; ich mache z., t. τριδτύιγ, g. τριστότιγ; zitternd, δρέδουρg.

Zittern, n., λαχταρί-α (gr.).

Zitze, f., θίδg-α, σίσg-α, τσίτσg-α.

zögern, σίλεμ, bίε ρρύτουλg, t. μgνύιγ, (ριδτ); ohne zu z., t. παμgνούαρg; zögernd, μgνούαρg, μεργούαρg.

Zögerung, f., g. σίλμε-ja.

Zöllner, m., χουμερχjάρ-ι, τελόν-ι (gr.).

Zollstätte, f., χουμέρχj- u. χουρμέχj-ι.

Zopf, m., γερδετ-ι, χύσg-α, tetragl. γρέδτg-α; Haarz., πλεξίδg-α, bιδτ-ι; Flachsz., σχουλί-α, g. φχjύλλg-α.

Zorn, m., ζεμερίμ-ι, οργί- u. ουργί-α (gr.), γαζέπ-ι (tk.), g. ουιδgνούμε-ja, (χιδgνίμ).

zornig, adj., χέιχj u. χεχj; ich werde z., μbούδεμ, g. αβουλύχεμ.

zornmüthig, adj., ζεμερáχ u. ζεμbgράχ, τνατδί-ου (tk.).

zu, praep., νγα u. νγáχα; τε, νdε, τεχ, g. χε, so. τυ; t. μbε, g. μg; t. νdg, g. νg; νdερ; περ.

zubereiten, γατούαιγ, ορμίς.

zubinden, λjιθ.

zubringen, d. Zeit, g. χαρρόχεμ; d. Nacht, γδιγ νάτgνg.

Züchter, m., ντζίεργς-ι.

Züchterin, f., ντζίεργσε-ja.

Zucker, m., ζάχαο-ι, δεχjέρ-ι (tk.).

Zuckerbirne, f., g. δάρδg δεχjερλίε.

zuckerig, adj., δεχjgρλί (tk.).

Zuckermelone, f., t. πjέπgρ-ι, g. πjέπgν-ι,

zuerst, προτοπάρg.

Zufall, m., φατ-ι, g. χαλ-ι (tk.); unglücklicher, g. bόλjbg-α.

zufallen, t. τάχρε, g. δχρεφ.

zufällig sein o. sich befinden, χονδίς, νdεσσ, νdοδ u. νdόδεμ.

zufolge, praep., g. μας u. μbας.

zufrieden, adj., χοδνούχ (tk.); ich stelle z., εφχαριστίς (gr.), g. χgνάχj.

Zufriedenheit, f., εφχαριστί-α (gr.), χοδνουχλέχ-ου (tk.).

Zufriedenstellung, f., g. χgνάχjμε-ja.

zugänglich, adj., τdελλj.

Zugband der Beinkleider, g. συδχού-ι.

zugeben, απ, g. ναπ.

Zügel, m., τισjjίν-ι (tk.).

zügelles sein, g. σ'πgρμbgλjίδεμ.

zugleich, χjg, νdg νjg χύχg.

Zugluft, f., θgλίμ-ι, g. φgλίμ-ι.

Zugwind, m., θgλίμ-ι, οφδ-ι, g. φgλίμ-ι.

zukommen, imp., μg βjεν o. bίε o. γjαν.

Zukost, f., g. bουλjμέτ-ι.

Zukunft, f., t. πράπgσμε-ja, g. πράπgμε-ja.

zulassen, t. λjg, g. λjαν.

zuletzt, παστάjg, μbg τε παστάμgνg (χέρg).

zumachen, μbιλ u. μbυλ.

Zunahme, f., t. δτούαρg-α, g. δτούμε-ja, χοδίτμε-ja.

Zunder, m., t. έδχg-α, g. εδχ-ου.

Zündkraut, n., αγgζότ-ι (tk.).

Zündloch, n., t. bούρμg-α, g. bούρμgθ-ι.

Zündpfanne, f., αγgζοτλέχ-ου (tk.).

Zündpfannenpulver, αγgζότ-ι (tk.).

zunehmen, μαδgτσούχεμ, φορτσούχεμ, t. δτόιγ u. τδτόιγ, g. χοδίτεμ, χασδίσεμ; zunehmender Mond, χένg ε δτούαρg; der Mond ist zunehmend, g. χάννg μουρ ζjαρρ.

Zunge, f., t. γjούχg-α, g. γjούχου-ja.

zupfen, Wolle, δτίε λjεδ.

zupfropfen, στουπός.

zurechtweisen, bίε νdgρ σύτg.

zürnen, ζgμερύνεμ, χρεδχgρύνεμ, νdζίχεμ, g. ουιδgνύχεμ.

zurück, adv., τούτjε, γjένε, πράπg, g. μbράπg.

zurückbleiben, g. jες, μbράπσεμ.

zurückbringen, g. μbραπ.

zurückgeben, απ πράπg.

zurückgehen, (=sinken), bίε.

zurückgezogen, adj., g. μbύλg, μbύλgς; ich lebe z., g. τουτουλjάτεμ.

Zurückgezogenheit, f., g. τουτουλjάτμε-ja.

zurückhalten, ρεδτ, t. μbáιγ u. μbα, g. μbα u. bάιγ, πgρμbá.

zurückhaltend, adj., g. μbύlg,
μbύlgς.

zurückkehren, tr., t. xϑέty, g.
xgϑέty; intr., t. xϑένεμ, g.
xgϑέχεμ, poet. xgϑένεμ.

zurückkommen, βty ῆjένε o.
πράπg; — bίς; zurückge-
kommen, ζbρίτουρg.

zurücklassen, t. ljg, g. ljαύ.

zurücknehmen, sein Wort, g.
xgϑέty φjάljgνg.

zurückrücken, g. σbύϑεμ.

zurücktreiben, ρεϑτ.

zurückwerfen, g. μbραπ.

zurückziehen, sich, ρέϑτεμ,
χίχjεμ, t. ϑτgμένῆ, g. ϑτg-
μάνῆ, στέπεμ, χjάσσεμ.

Zuruf, m., g. ῆράφμε-ja.

zurufen, g. ῆραφ.

zusagen, βεβαιός (gr.).

zusammen, bάϑxg, ῆjίϑg bάϑxg;
alles zus., ῆjίϑg xιϑ.

zusammenbinden, ljιϑ, πενῆύτγ.

zusammenbringen, (= verhetzen), xgλάς u. xαλδίς.

zusammendrehen, dρεϑ.

zusammendrücken, (ρουδίγ).

zusammenfahren, intr., t. τρι-
ϑτόνεμ, g. τριστόχεμ; —
χẏρός.

zusammenfalten, παλjύς, ϑιπλός
(gr.), g. bέτν dυϑ, bαν dύϑg.

zusammengehen, χẏρός; g.
χούπεμ.

zusammengerathen, νdεσσ, νdοϑ
u. νdόϑεμ.

zusammenhauen, sc. πρες, ϑερ.

zusammenklappen, tr., πgρπjέx,
t. τϑουνῆουρίς.

zusammenkleben, tr., t. νῆjιττ,
g. νῆjισσ.

zusammenkneifen, g. πιτσgρότγ.

zusammenknüllen, g. ρρουϑ.

zusammenlaufen, μbgjίϑεμ, ρρίεϑ
u. ρρjεϑ, g. ρρούδεμ.

zusammenlegen, παλjύς, g. bέτν
dυϑ, bαν dύϑg.

zusammenschlagen, tr., πgρπjέx,
t. τϑουνῆουρίς.

zusammensetzen, t. νῆjιττ, g.
νῆjισσ; — sich, g. χούπεμ.

zusammenstossen, tr., πgρπjέx;
intr., πgρπίχjεμ.

zusammentreffen, πjεx, πίχjεμ.

zusammenwickeln, g. μgϑτίl.

zusammenziehen, sich, g. xgρ-
νελdίς; g. ρρούδεμ.

zuschliessen, μbιl u. μbυl, g.
νdρύιῆ.

zuschneiden, πρες, sc. ϑερ.

zuschrauben, πgρdρέϑ.

zusehen, g. χjυρότγ.

zusetzen, ϑτότγ u. τϑτότγ.

Zuspeise, f., g. bουλjμέτ-ι.

zustehen, imp., μg bίς o. βjεν,
μg ῆjαν, μg xα χίε.

zustöpseln, στουπός.

zustossen, intr., ῆjάτγ.

zutragen, sich, ῆjάτγ, xα τg
ῆjάρg, νdεσσ, νdοϑ u. νdόϑεμ.

zutrinken, ουρότγ.

zuverlässig, adj., τ bέσσgσg.

zuweilen, adv., dίxου u. dίxουρ,
(νdόνjg βgνd).

Zwang, m., t. ϑτgνῆίμ-ι, g.
ϑτgρνῆίμ-ι u. ϑτgρνῆέσσ-a,
νῆούτμε-ja.

zwängen, g. πουϑτότγ u. πgϑ-
τότγ.

zwanzig, t. νjgζέτ, g. νjιζέτ.

Zweck, m., xαστ-ι (tk.); zu
diesem Zw., adv., xαστίλjε
(tk.).

zweckmässig sein, ljίπσgτg.

zwei, dυ, N. T. dι; zw. u. zw.,
παρ παρ; e. Mann, der für
zw. zählt, νjgρl dτπλάρ.

zweideutig, adj., νjgρl με dυ
φάxjε, sc. ljαρμάν; adv.,
dυϑ, με dυϑ.

Zweier, m., τ dύτg-ι.

zweifach, adv., dυϑ.

Zweifel, m., g. βεσβεσέ-ja;
ohne Zweifel, σ' xα φjάljg.

zweifelhaft, adv., dυϑ.

Zweig, m., bίγg-α, dέγg-a,
ῆjέϑε-ja, βλαστάρ-ι (gr.).

Zweiglein, n., bισx-ου.

zweijährig, adj., dυϑjετϑάρ.

zweimal, dυ χέρg.

zweiter, dύτgτg-ι; zum zw.
Male, πgρ σg dύτιτ.

Zwickel, m., t. xjιντ-dι, g.
xιντ-ι.

zwicken, τσιμbίς (tk.), g.
πιτσxότγ.

Zwicken, n., τσιμb-ι.

Zwieback, m., t. παξιμάϑ-ϑι,
g. πεξιμέτ-ι.

Zwiebel, f., xjέπg-a.

Zwiebelwurzel, f., g. xρέϑg-a.

Zwietracht, f., t. πgρϑχjύερg-
u. πgρϑχjύερg-a, g πgρϑχjύ-
με-ja; häusliche, ζjαρρ νdg
ϑτgπί; s. Zwist.

Zwilling, m., bινjάx-ου.

zwingen, ανανxάς (gr.), t.
ϑτgρνῆύτγ, g. στgρνῆότγ,
νῆους.

zwirnen, dρεϑ.

zwischen, praep., νdg μες, g.
νdgρμjέτ; νdgπέρ; zw. —
durch, νdgπέρ.

Zwischenträger, m., xαλgζίμ-
τάρ-ι.

Zwischenträgerei, f., xαλgζίμ-ι.

Zwist, m., t. πgρζίερg-a, g.
πgρζίμε-ja; s. Zwietracht.

Zwistigkeit, f., ϑχjύερg-a; s.
Zwietracht.

zwitschern, τσjουνίς.

Zwitter, m., μάϑxουλj φέμgρg.

zwölf, dυ μbg djέτg.

Zwölffingerdarm, m., t. πλjg-
νdgς-ι, g. πλjάνdgς-ι.

ERRATA.

Lightning Source UK Ltd.
Milton Keynes UK
UKHW030632170921
390736UK00010B/773